The Old Testament in Greek, according to the Septuagint

THE OLD TESTAMENT

IN GREEK

ACCORDING TO THE SEPTUAGINT

London C. J. CLAY AND SONS
CAMBRIDGE UNIVERSITY PRESS WAREHOUSE
AVE MARIA LANE

Cambridge DEIGHTON BELL AND CO.
Leipzig F. A. BROCKHAUS
New York MACMILLAN AND CO.

THE first volume of this manual edition of the Cambridge Septuagint was prefaced by a brief sketch of its history and plan[1]. In publishing a second volume it will suffice to call attention to fresh details Some of these have been treated in the introduction to a separate issue of the Psalter[2]; but as the *Psalms in Greek* may escape the notice of readers who use the complete edition, such anticipations of the present volume are reprinted here together with other particulars which belong to its contents.

1. It is well known that the ninth and tenth Psalms of the Hebrew Bible form a single Psalm in the Greek of the Septuagint, and that this is also the case with the Hebrew Psalms cxiv., cxv. On the other hand each of the Hebrew Psalms cxvi., cxlvii., falls into two Psalms in the Greek. Consequently, there is a double numeration of the Psalms from ix. 22 to cxlvi. 11 (Gk), and in the particular Psalms which are differently divided, there is also to some extent a double numeration of the verses. In this edition the 'Hebrew' numbers are added to the 'Greek' and distinguished from the latter by being enclosed in brackets.

The Psalter has been broken up into its five books—a division which though not directly recognised in the Greek MSS. is sufficiently marked by the doxologies with which the first four conclude. The twenty-two stanzas of Psalm cxviii. (= cxix) are parted by slight breaks in the type. A smaller type has been employed throughout the Psalms to distinguish the titles and the διάψαλμα.

In all the MSS. which have been used for this edition, excepting the London papyrus fragments, the Psalms are written 'stichometrically,' the στίχοι usually corresponding or being intended to correspond to the members of the Hebrew parallelisms. This arrangement has been followed in the text; the second line of each couplet (and where the

---

[1] *The Old Testament in Greek*, vol. 1 (Camb., 1887), pp xi—xvii

[2] *The Psalms in Greek* (Camb , 1889), pp vi. ff

parallelism forms a triplet, the third line) having been thrown slightly back to mark its subordination to the first. The several MSS. differ however both as to the number of the lines and occasionally also as to the grouping of the words, and these variations have been recorded in the notes. The division of lines in the text is generally conformed to that in the MS. which it represents; but in Ps. cxviii. (=cxix), where ℵ throws the majority of the verses into single lines, it has been thought better to adhere to the usual division. Similar arrangements have been adopted in the other Books which are written στιχηδόν, viz.: Proverbs, Ecclesiastes, Canticles, Job, and the two Wisdoms.

2. It has been found inexpedient to exhibit in the text the numbered sections into which the Books of Proverbs, Ecclesiastes and Canticles are divided, apparently by the first hand[1], in B, and the last two less thoroughly in ℵ; and the effect of admitting these numbers into the foot-notes would have been to overcrowd and confuse the latter. A table shewing the verse or word in a verse at which each of the sections begins will be found below[2]; their purpose and method is an interesting problem, but one upon which this is not the place to enter

3. In the non-canonical books of this volume and in the extra-canonical portions of Esther, where there is either no Hebrew original, or none now known to exist, the secondary verse-numeration is that of the Latin Bible. The Latin verses often differ so seriously from the Greek, as well in their numbering and position as in the character of their text, that comparison becomes tedious and difficult; and it is hoped that the method which has been adopted may be found serviceable by students both of the LXX. and the Vulgate. In some cases the correspondence is doubtful; in many it extends to a part of a verse only. When the Latin stops short in the middle of a Greek verse, a short hyphen in the margin indicates the inferior limit of the former.

4. A remarkable divergence in the arrangement of the Septuagint and Old Latin versions of Ecclesiasticus xxx.—xxxvi calls for notice here. In

---

[1] See Cozza, *Prolegg* c. xx
[2] The sections in B begin severally as follows: Prov. i 1, 7, 8, 20, ii 1, 13, 16 (μή σε καταλάβη), 21, iii 1, 13, 27, 29, 31, 33, 34, 35, iv 1, 4 (φύλασσε), 10, 20; v. 1, 15, 22, vi 12, 21, vii 1 (υἱέ, τίμα), viii. 1; ix. 7, 13, x 1, 19, xi. 31, xiii. 20, xiv 6; xvi 10, 16, xvii 17, xix 20, xx 22, xxii. 10, 17, xxiii 12, 22; xxiv. 1, 13, 21, 24, 38, 47, 67; xxv 1, 7 (ἃ εἶδον), 16, 21; xxvi 4, 12; xxvii 1, 11, 25; xxviii 17 (παίδευε); xxix. 17, 28. Eccles. i 1, 12; ii 14 (καὶ ἔγνων), 20, 24 (καὶ γε τοῦτο), iii 14. iv. 1, 4, 15, v 9, 17; vi 7. vii 13, 23. viii. 1, 9 (καὶ ἔδωκα), 15, 17 (καὶ καρδίᾳ), ix 7, 13; x 1, 14, [a section not numbered], xi 9; xii 8. Cant i 1, 4 (εἵλκυσαν), ib (εἰσήνεγκεν), ib (ἀγαλλιασώμεθα), 5, 8, 11, 12 (νάρδος), 15, 16, ii 1, 3, [three sections not numbered]; iii 6, iv. 1, 16, v 1 (εἰσῆλθον), 2, ib (ἀνοιξον), 3, 9, 10, 17; vi 1, 3, 10 (ἰδεῖν), 12, vii 1, ib. (ἡ ἐρχομένη), 8, ib (καὶ ἔσονται), 9 (πορευόμενος), viii 5, ib (ὑπὸ μῆλον), 10, 11, 13

In ℵ section-numbers occur only in the first four chapters of Ecclesiastes and in Canticles, and the few sections that have been noted are much larger than those in B They begin as follows Eccles i 1; ii 2, iii 1; iv 9. Cant i 1, 15, iii 6, vi 3.

these chapters the Greek order fails to yield a natural sequence, whereas the Latin arrangement, which is also that of the Syriac and Armenian versions, makes excellent sense. Two sections, c. xxx. 25—xxxiii. 13ᵃ ($ὡς καλαμώμενος...φυλὰς ᾽Ιακώβ$) and c. xxxiii. 13ᵇ—xxxvi. 16ᵃ ($λαμπρὰ καρδία...ἔσχατος ἠγρύπνησα$), have exchanged places in the Latin, and the change is justified by the result. On examination it appears that these sections are nearly equal, containing in B 154 and 159 $στίχοι$ respectively, whilst ℵ exhibits 160 in each. There can be little doubt that in the *exemplar* from which, so far as is certainly known, all our Greek MSS. of this book are ultimately derived the pairs of leaves on which these sections were severally written had been transposed, whereas the Latin translator, working from a MS. in which the transposition had not taken place, has preserved the true order[1]. Under the circumstances it has been judged best to follow the guidance of the Latin, regarding it as the representative of a Greek text earlier in this particular than that which is known to us through our existing MSS.[2]

5. The Greek additions to the Book of Esther are distinguished from the chapters of the Hebrew text by successive letters of the alphabet[3], and divided into verses which agree in length, although not in numeration, with those of the corresponding Latin.

6. In the Book of Tobit the text of ℵ differs so materially from the text of either B or A that it was found inconvenient to display its variants in the *apparatus criticus*. The Sinaitic Tobit has therefore been printed *in extenso* beneath the Vatican text, but in a smaller type, to denote its secondary character. To assist comparison it has been divided into verses corresponding as nearly as possible with those of the standard text.

The published texts of seven MSS. have been collated for the present volume. Three of these (BℵA) are described in the first volume; a few particulars must be added here.

---

[1] The solution is due to O F Fritzsche (*kurzgefasstes exeg Handbuch zu den Apokryphen*, v pp 169, 170)

[2] The transposition has rendered it necessary to print $κατακληρονομήσεις$ in Sir. xxxvi 16ᵇ, instead of $κατεκληρονόμησα$, the reading of all our Uncial authorities As Fritzsche observes (*Handbuch*, v. p. 475), it is clear that $κατεκληρονόμησα$ is the result of a desperate effort on the part of the scribes to bring the verb into harmony with $ἠγρύπνησα$, which immediately precedes it in the Greek order. The imperative is suggested in the Latin order by the foregoing $σύναγε$, but it is quite possible that the future stood here originally; the O. L has *hereditabis*, and it is supported by the important cursive 106 (Parsons), which reads $κατακληρονομήσεις$.

[3] This method, in a slightly different form, is adopted by Dr Field (*Vetus Test. graec*, Oxon. 1859)

Codex Vaticanus.

This MS. continues to supply the text of the edition wherever it is available. In the Psalter ten leaves of the original Codex have been lost, and the missing portion is supplied in the manuscript by the same recent cursive hand by which the *prima manus* has been replaced in the gaps of Genesis and 2 Kings. In Genesis the text of A was in this edition installed into the place vacated by the first hand of B; in the Psalms the text of ℵ is the natural substitute[1].

Codex Sinaiticus (including Cod. Friderico-Augustanus).

According to Tischendorf the poetical books in ℵ are the work of the third of its four scribes, whom he distinguishes as C. Of the numerous correctors who have dealt with the text of ℵ, the second, ℵ$^{c\,a}$, a hand of the seventh century, has been everywhere active in these Books. His corrections have not unfrequently been erased or otherwise set aside either by himself, or by a subsequent reviser, who is not identified. In the notes to the Psalms the symbol ℵ$^{c\,b}$ has been employed for the corrector of ℵ$^{c\,a}$; but it is necessary to apprise the reader that Tischendorf has elsewhere employed this expression for another hand of the seventh century to which he denies any part in the correction of the poetical books[2]. In the remaining books of this class the ambiguity has been avoided by another method of notation.

Codex Alexandrinus.

The scribe of the third volume of the Codex Alexandrinus derived his text from a liturgical Psalter, and from it introduced into this great Bible of the fifth century a quantity of foreign matter relating to the Psalms. They are preceded in A by the Epistle of S Athanasius to Marcellinus (ff. 525 *r*—530 *r*)[3], the Argument of Eusebius Pamphili[4], a table of the contents of the Psalms, apparently due to the same author[5], and canons

---

[1] See Dr Sanday's remark in the *Academy* of Dec 24, 1887: "in the latter part of the Psalms, would not the text of ℵ be nearer to what the text of B *would have been*, if it were extant, than the text of A?"

[2] *Prolegg ad Cod Sin Petr* p 9*. "Libros vero versibus scriptos C^a maximam partem omnibus solus et magna quidem cum diligentia tractavit, C^b plane non attigit"

[3] It is headed ΑΘΑΝΑϹΙΟΥ ΑΡΧΙΕΠΙϹΚΟΠΟΥ ΑΛΕ|ΖΑΝΔΡΙΑϹ ΕΙϹ ΤΟΥϹ ΨΑΛΜΟΥϹ. The colophon is ΑΘΑΝΑϹΙΟΥ ΑΡΧΙΕΠΙϹΚΟΠΟΥ | ΑΛΕΖΑΝΔΡΙΑϹ ΕΠΙϹΤΟΛΗ | ΠΡΟϹ ΜΑΡΚΕΛΛΙΝΟΝ.

[4] ΥΠΟΘΕϹΕΙϹ (sic) ΕΥϹΕΒΕΙΟΥ ΤΟΥ ΠΑΜΦΙΛΟΥ.

[5] ΠΕΡΙΟΧΑΙ ΕΙϹ ΤΟΥϹ ΨΑΛΜΟΥϹ. α΄. Προτροπὴ θεοσεβείας καὶ ἀποτροπὴ τοῦ ἐναντίου. β΄. Προφητία περὶ Χριστοῦ καὶ κλήσεως ἐθνῶν. κ.τ.λ. These περιο-

of the Psalms for day and night use (ff. 531 r—532 v)[1]. After the Psalms, to which the ψαλμὸς ἰδιόγραφος is appended as the 151st, fourteen Canticles occur in the following order: Exod. xv. 1—19 (ᾠδὴ Μωυσέως ἐν τῇ Ἐξόδῳ), Deut. xxxii. 1—43 (ᾠδὴ Μωυσέως ἐν τῷ Δευτερονομίῳ), 1 Reg. ii. 1—10 (προσευχὴ Ἄννας μητρὸς Σαμουήλ), Esa. xxvi. 9—20 (προσευχὴ Ἐζεκίου [sic]), Ion. ii. 3—10 (προσευχὴ Ἰωνᾶ), Hab iii. 1—19 (προσευχὴ Ἀμβακούμ), Esa. xxxviii. 10—20 (προσευχὴ Ἐζεκίου), the Prayer of Manasseh, Dan. iii. 23 [2—21, Tisch.] (προσευχὴ Ἀζαρίου), Dan. iii. 23 [28—65] (ὕμνος τῶν πατέρων ἡμῶν), *Magnificat* (προσευχὴ Μαρίας τῆς θεοτόκου), *Nunc dimittis* (προσευχὴ Συμεών), *Benedictus* (προσευχὴ Ζαχαρίου), the Morning Hymn (ὕμνος ἑωθινός); the subscription being ωΔΑΙ ΙΔ.

Nine leaves of the Psalter are missing in A, with a corresponding loss in its text of Pss. xlix. 19—lxxix. 10.

For the *apparatus criticus* of the Psalms it has been thought desirable to employ the testimony of three other uncial MSS. The first two, like the archetype of A, were liturgical Psalters; the third consists of fragments of the first book which, if not of very early date, appear to preserve an early text. Each of these MSS. possesses features of singular interest.

PSALTERIUM GRAECO-LATINUM VERONENSE.

A bilingual Psalter of Western origin and attributed to the 6th century[2], in quarto, exhibiting at each opening the Greek text in Latin letters on the left-hand page and on the right a Latin version which is in the main Old Latin[3] The MS is without punctuation, but written στιχηρῶς. A few portions of the Psalms (i 1—ii. 7, lxv 20—lxviii 3, lxviii 26—33) have been replaced or supplied by a hand of the tenth century, to which the corrections throughout the MS are generally due. The ψαλμὸς ἰδιόγραφος seems to have had no place in this Psalter *prima manu*, it is added in Greek and Latin by the later hand The Canticles on the other hand appear to be in the first hand and are without correction[4]. Eight Canticles are given in the following order: Exod xv. 1—21, Deut xxxii. 1—44, 1 Reg ii 1—10, Esa v 1—9, Ion ii. 3—10, Hab iii 1—19, *Magnificat*, Dan iii 23 [27—67]

This Psalter, which is the property of the Chapter of Verona, was published by Giuseppe Bianchini, a native and at one time a Canon of

---

χαί, under the title of ὑποθέσεις, are prefixed to Eusebius's Commentary on the Psalms (Montfaucon, *Coll nov patr* i. 2—6: Paris, 1706), but "would seem to belong to some other work" (Lightfoot, *Eusebius of Caes*, Dict C B ii. p 337).

[1] They may be seen in Mr Hotham's art *Psalmody*, Dict C A ii p 1748.

[2] Blanchini, *Vindic.* i (title to Psalter):

"Psalterium duplex cum canticis prodit ex insigni Codice Graeco-latino amplissimi Capituli Veronensis uncialibus characteribus ante septimum saeculum exarato" Cf *Nouveau traité de diplomatique*, iii. 142

[3] Ronsch, *Itala u Vulgata*, p 19

[4] Blanchini, *Vindic* i. pp 258 n, 278

Verona, in his *Vindiciae canonicarum scripturarum* (tom. i., Romae, 1740). A copper-plate facsimile of Ps. cxlii. 1—6 precedes his text, which is followed[1] by a too brief description of the MS. and of the editor's manner of dealing with its contents. A specimen of the handwriting may also be seen in the *Nouveau traité de diplomatique*[2].

In the use of this MS. the transliteration of the Greek text into Latin letters creates ambiguities in places, and these are increased by Bianchini's somewhat uncertain practice with regard to the orthography. If his facsimile may be trusted, he has not only according to his professed intentions[3] aspirated the *t, c,* and *f* which the scribe had used to represent θ, χ, and ϕ, but he has tacitly corrected the spelling in other cases, changing (e.g.) *etros* into *echthros* and *acediasen* into *ecediasen*. The Latin text appears to have undergone similar corrections; *praecem* has become *precem*, and *manum, manuum*. Bianchini's MS. copy of the Verona Psalter is still preserved at Munich[4], and might throw light on some of these doubts; but a collation or a facsimile edition of the Psalter itself is to be desired.

In the notes of this edition the later hand has been distinguished as R^a; where his work has undergone revision, the symbol R^b has been employed.

The Verona MS. was not used by Parsons[5], nor does it seem to have taken its place hitherto in the *apparatus criticus* of the Greek Psalms except that which is contained in Lagarde's *Specimen*, where it is used for Ps. i.—v. Its claims are however asserted by Tischendorf, who accords it a high place among the "egregia novae editionis subsidia[6]."

Psalterium purpureum Turicense.

A quarto volume bound in hog's skin, written in uncials on vellum of the thinnest sort dyed purple. The characters are of silver, gold and vermilion, silver being used for the text, gold for the numbers titles and initial letters of the Psalms, and vermilion for the Latin renderings of the first few words of each verse which are inscribed in the ample margin. There are no accents or breathings, but *compendia scribendi* are frequent, and some of them such as do not occur in the earliest MSS There is no punctuation properly so called, but a double point resembling a semicolon is used to mark the commencement of a verse when it falls in the course of a line. When perfect this MS contained the Psalms, followed by the Canticles Of the 223 leaves which remain 209 are occupied by the Psalms, the quire marks shew that they originally filled 288. The following Psalms and portions of Psalms are missing. Pss 1—xxv ; xxx 2—xxxvi. 20, xli 6—xliii. 3; lviii 14—lix 5; lix 9—10, lix 13—lx 1, lxiv 12—lxxi. 4, xcii 3—xciii 7, xcvi 12—xcvii 8 The Canticles have also suffered loss · the first five have entirely disappeared, with parts of the sixth The remaining portion includes 1 Reg. ii

---

[1] P 278
[2] in pl xlii (1) and l. c. The plate represents Ps xcvi 1, 2. A portion of it is reproduced in Westwood, *Palaeographia sacra pictoria*, pl 10.
[3] Blanchini *Vindic* l c.
[4] Lagarde, *Nov psalt gr.edit specimen*, p 3, n
[5] *Praef ad libr Psalmorum* (ad init)
[6] *Prolegg. ad Vet Test Gr.* lviii.—lix

xi

6—10, (ζ') *Magnificat*, (η') Esa xxxviii 10—20, (θ') the Prayer of Manasseh, (ι') Dan iii. 23 [2—21], (ια') *ib.* [28—33], (ιβ') *ib.* [34—67], (ιγ') *Benedictus*, (ιδ') *Nunc dimittis* The 'Morning Hymn' follows on the last two pages, but it is imperfect through the loss of the lower part of the leaf.

This 'purple' Psalter is the pride of the municipal library of Zurich[1], where it has lain for at least two centuries. In a letter dated 1711 J. H. Hirzel deplores the neglect into which the MS. had fallen and of which there is still evidence in the loss of $7\frac{3}{4}$ quires at the beginning of the book, and in the numerous lacunae throughout the greater portion of the remainder. Attention was called to the importance of its text in a dissertation by J. J. Breitinger[2], published in 1748, and a collation was obtained by Parsons, the *continuator* of Holmes, who cites it as MS. 262[3]. Finally, the entire MS. was copied in 1856 by Tischendorf, who after comparing his copy with the original in the autumn of 1869 gave it to the world in the fourth volume of his *Monumenta sacra inedita* (Nov. Coll.)[4], adding prolegomena, and a coloured representation of Ps. cxxxvii 6—cxxxviii. 2[5]. The collation of the Zurich Psalter for the present edition is based upon Tischendorf's reproduction.

The earlier history of this princely[6] MS. is unknown. But the employment of the Latin Vulgate by a contemporary hand in the margin of the Psalms and of certain of the Canticles[7] clearly indicates its Western origin. A peculiar division of Ps. cxviii. (= cxix.) connects it with the use of the Roman Church. The Psalm is made to fall into twelve sections beginning at vv. 1, 16, 33, 49, 65, 73, 81, 97, 113, 132, 145, 161. These sections generally correspond to the portions which were said severally under one *gloria* in the Gregorian Psalter[8]. With regard to the age

---

[1] Cf H Omont, *Catalogue des manuscrits grecs des Bibliothèques de Suisse* (Leipzig, 1886), pp 57—59
[2] *De antiquissimo Turicensis bibliothecae Graeco Psalmorum libro in membrana purpurea. epistola perscripta a J. J. Breitinger, Ling Graec apud Turicenses Prof &c Turici*, 1748
[3] *Praef. ad libr Psalmorum* (sub num 262)
[4] Pp xi—xix, 1—223
[5] A facsimile of Ps lx 6—lxi 2 is also given by Breitinger, who adds a convenient plate of the *compendia scribendi* and the initial letters.
[6] Cf Mabillon *de re diplom.* p 43: "hic scribendi modus principibus et magnatibus peculiaris erat, nec tamen promiscue ab istis usurpatus"
[7] The Canticles distinguished in this way are the Song of Hannah, *Magnificat*, the Prayer of Hezekiah, *Benedicite*, *Benedictus*, *Nunc dimittis*—all of which find place in the Western offices.
[8] In the Roman Breviary Ps cxviii. is distributed into eleven sections, each under one *gloria*, two being said at prime, and three at terce sext and none respectively. The same arrangement existed in the Ambrosian Psalter, and in the Sarum (Procter and Wordsworth, pp 44—68) Nine of these sections (1, 2, 3, 4, 6, 7, 8, 10, 11) are exactly reproduced in the Zurich MS. One, the fifth, is divided into two, another, the ninth, begins at v 132 (*aspice*) instead of v 129 (*mirabilia*) But the exceptions are easily explained In each case the scribe has been led away from the Gregorian division by attending to the liturgical marks in his Greek archetype The second *stasis* of the Psalm as sung in the Greek nocturns begins in the middle of the fifth Gregorian section, the third *stasis*, at v 132 In the margin of v 132 the scribe of T has copied δο$\overset{\xi}{}$ (i e δόξα), thus betraying the source of his departures from the Western distri-

of the MS., it appears to be determined within certain limits by the character of the uncials. The somewhat compressed forms of ϵ, θ, ο, c, and the shape of such crucial letters as Γ, Δ, Η and π, justify Tischendorf's conclusion: "septimo . saeculo adscribentes vix errabimus¹."

The Zurich Psalter is free from many of the blunders which disfigure earlier MSS. The most noticeable fault is an inveterate habit of writing the forms of the aorist conjunctive for those of the future indicative. Corrections are few, as might be expected in so sumptuous a book; those which occur seem to be due to the scribe or to his *diorthota*. The readings of this MS. are in frequent agreement with Codex Alexandrinus, and to a still more remarkable extent with the second corrector of Codex Sinaiticus.

FRAGMENTA PAPYRACEA LONDINENSIA, Brit. Mus. pap. xxxvii. (A, B, C)

Fragments of the Psalms written on 30 leaves of papyrus (8¾ × 7 inches), 12 to 19 lines filling a page. The handwriting, which is singularly fresh and black, slopes considerably, and wavers between uncials and minuscules, the letters Δ, λ, ϵ, Η, Μ, Υ frequently assume a cursive form. Breathings and accents are freely employed, the latter however with great irregularity both of form and of position. The words are not separated, and there is no break at the end of a Psalm. The titles of the Psalms are not distinguished from the text and the numbers are added in the margin only in two instances (κδ′, λγ′), and possibly by another hand. A single point is occasionally used. Only two portions of this Psalter (x 2—xviii 6, xx. 14—xxxiv. 6) are preserved at the British Museum, but Tischendorf hints that other scraps may exist elsewhere in England. The London fragments (32 leaves, including two which are blank on both sides) are mounted and enclosed in glass frames, which fill three book-like cases; one of the leaves is exhibited to the public.

This papyrus was purchased in 1836 from Dr Hogg, who bought it at Thebes in Egypt where it had been "discovered among the rubbish of an ancient convent²." An account of the MS. was first given by Tischendorf in *Theol. Studien u. Kritiken* (1844). Cureton announced his intention of editing it, but other engagements having compelled him to relinquish the task, it was taken in hand by Tischendorf, and the text in uncial type with prolegomena and a facsimile appeared in the first volume of his *Monumenta sacra inedita* (Nov. Coll.), Lips., 1855³.

The age of this fragment has been very differently estimated. Notwithstanding the mixed character of the writing and the use of accents,

bution. Other Greek liturgical notes occur at the end of Pss cxviii., cxxviii., cxxxiii., cxlii., cl., each of which seems to have closed a κάθισμα in the Psalter from which the Zurich book was copied.
¹ *Prolegg* p. xiii. Thiersch (*de Penta-teuchi vers Alex*, Erlangae, 1841, p. 87 *n*) strangely places it before the Codex Alexandrinus.
² F. Hogg, M D · *Visit to Alexandria*, &c., Lond 1835, ii p 310 sqq.
³ Pp xxxiii —xxxviii, 219—278.

Tischendorf assigned it a place among the very earliest of existing Biblical MSS.[1] On the strength of Tischendorf's judgement it was described in the plate and letterpress of the Palaeographical Society's publication[2] as a MS. of the 4th or 5th century. This view is however retracted in the Introduction to the facsimiles, and the London papyrus is there adjudged to the 6th or 7th century[3]. Dr V. Gardthausen on palaeographical grounds refuses to place it earlier than the 7th[4]. On the other hand Lagarde, who examined the MS. in 1852 or 1853, has recently expressed himself in terms which transcend Tischendorf's estimate[5].

This MS. is the work of a careless and illiterate scribe, but it presents a text of much value. Its readings are often unique, or agree with the Hebrew or the versions or patristic citations against all other known MSS. The corrections, which are few and appear to be *prima manu*, or the work of a contemporary, deal merely with clerical errors.

In the rest of the poetical books the witness of BℵA has been supplemented by the surviving fragments of the great Paris palimpsest, the last of the Greek Bibles of the fourth and fifth centuries.

CODEX EPHRAEMI SYRI RESCRIPTUS PARISIENSIS, Bibliothèque Nationale 9[6].

A folio of fine vellum, written in single columns of 40—46 lines, usually 41, each line when full consisting of some 40 letters. The characters are somewhat larger and more elaborate than those of BℵA, capitals occur freely, as in A; punctuation is rare, confined to a single point nearly level with the top of the letters, and followed by a space of a letter's breadth; there are no breathings or accents *prima manu*. These and other indications seem to point to a date not later than the middle of the fifth century.

Of the 209 leaves which have survived the wreck of this great MS. Bible, the first 64 contain fragments of the LXX.; of these 19 belong to Job, 6 to Proverbs, 8 to Ecclesiastes, 7 to the Wisdom of Solomon, 23 to Sirach, whilst of Canticles only one leaf remains. The Old and New Testament portions of the MS appear to have been written by different but contemporary hands.

This MS, as its title denotes, is a palimpsest. In the twelfth century the original writing throughout the Codex was washed out by a scribe who afterwards wrote over it in a cursive hand a Greek translation of certain homilies and other works of Ephraim, the Syrian deacon.

---

[1] *Prolegg. ad vet test.* p lx.: "insigne hoc monumentum papyraceum, quo nullus codicum sacrorum antiquior videtur."
[2] *Facsimiles*, 1 (Lond. 1873—83) pl. 38 (representing Ps xxxii 19—xxxiii 2)
[3] The same view is taken in the *Catalogue of Ancient MSS in the British Museum*, pt. 1 (Greek), Lond 1881, which offers a photograph of Ps. xxiii 10—xxiv 7

[4] *Griechische Palaeographie* (Leipzig, 1879), pp 163—4
[5] *Psalterii spec.* (Göttingen, 1887) p 4: "biblicorum omnium quos noverim antiquissimus."
[6] H Omont, *Inventaire sommaire des manuscrits grecs de la biblioth nation.* 1 (Paris, 1886) p. 2.

The O. T. fragments of this Codex were edited by Tischendorf in 1845[1], as a sequel to his edition of the N. T. of C, which had appeared in 1843. The editor was confronted by unusual difficulties. The MS., already defaced by the scribe of Ephraim, has been discoloured in a recent attempt (1834) to restore the original writing. Many of the leaves are badly torn, many more are scarcely legible. From a table in Tischendorf's prolegomena[2] it appears that only three or four pages can be read with comparative ease; one of these, which contains Ecclesiastes v. 5—17, is represented by a plate at the end of his volume. A large proportion are stated to be in a condition all but desperate; and the broken lines of the facsimile are a frank confession of the editor's imperfect success. These facts suggest the need of caution in the use of C, until some attempt has been made to verify Tischendorf's results[3].

Tischendorf, who regards this Codex as the work of an Egyptian scribe, believes that it travelled from Egypt to Palestine, Syria or Asia Minor, and from thence to Constantinople, where it became a palimpsest. In the early years of the sixteenth century it was brought to the West by Andrew John Lascaris, and became the property of Lorenzo de' Medici. Subsequently the volume passed into the hands of Catharine de' Medici, and was conveyed to Paris, where it found place in the Royal Library.

The O. T. fragments of C have been corrected by a second hand (C^a) of the sixth or seventh century. The corrections are usually few, but more frequent in Ecclesiasticus.

The Editor desires to renew his acknowledgments (already offered in the notice prefixed to the Psalter[4]) to Professor Nestle of Tubingen for his generous assistance in carefully revising the text and notes of the Psalms, with especial reference to the variants of the Alexandrine MS., the Zurich Psalter, and the London papyrus fragments. He is also indebted to the Rev. H. A. Redpath, Vicar of Sparsholt, Berks, and Editor of the forthcoming Oxford Concordance to the LXX., who within the last few months has worked through the proofs of this volume, with the exception of the Psalms, and has liberally communicated a considerable number of errata and omissions which had escaped notice. A debt of another kind and one which no words can interpret is due to the Lady Margaret Pro-

---

[1] *Codex Ephr Syri rescriptus sive fragmenta Veteris Testamenti* ed. C. Tischendorf, Lips, 1845
[2] Pp 5, 6
[3] Dr Ceriani (*Rendiconti del R. Istituto Lombardo*, II xxi, fasc. xii) had on this ground suggested that it might be prudent to reserve the variants of C for the larger edition of the Cambridge Septuagint But it has been thought best to employ all existing materials which fall within the scope of the manual edition, guarding at the same time against misapprehensions which might arise from too trustful a dependence upon their testimony
[4] *The Psalms in Greek*, p. xiii.

fessor of Divinity, Dr Hort, whose patient care has watched over this edition since its commencement in 1883. Lastly, if this work has any claim to the accuracy in minute details which in undertakings of the kind is at once so essential to usefulness and so hard to attain, the credit belongs in no small measure to the vigilance of the readers and the attention of the workmen and officers of the University Press.

After the above was in type, the Editor received from Dr Nestle a list of errata and omissions detected in the first volume of this work and affecting the text and 'hands' of B. The list was obtained by comparing the text and apparatus of vol. 1. with Dr Nestle's Supplement to Tischendorf's edition of the LXX., and where the two representations differed, with the facsimile and notes of Cozza; and the result bears witness to the accuracy and serviceableness of Dr Nestle's unpretending work. His corrections are placed at the end of this volume for the sake of those who already possess vol. 1., and will for the future be bound up with copies of the volume to which they refer until the time comes for the revision which must precede a second edition.

In preparing the present volume the Editor has endeavoured to test his own results by the *Supplementum editionum*, and he trusts that greater accuracy has been secured. But no one who recognises the difficulties of this kind of work will anticipate immunity from error, or be otherwise than grateful for the friendly criticism which assists him to the attainment of ultimate success. In no corner of the field of literary labour is the saying of Koheleth more certainly true: ἀγαθοὶ δύο ὑπὲρ τὸν ἕνα.

א = Codex Sinaiticus (= S, Lagarde, Nestle)
A = Codex Alexandrinus (= III, Parsons).
B = Codex Vaticanus (= II, Parsons).
C = Codex Ephraemi Syri rescriptus Parisiensis
R = Psalterium Graeco-Latinum Veronense.
T = Psalterium Turicense (= 262, Parsons).
U = Fragmenta papyracea Londinensia.

ΠΑΡΑΛΕΙΠΟΜΕΝΩΝ Α

I 1—3 ΑΔΑΜ, Σήθ, Ἐνώς, ²Καινάν, Μαλελεήλ, Ἰάρεδ, ³Ἐνώχ, Μαθθου-
4/5 σάλα, Λάμεχ, ⁴Νῶε. υἱοὶ Νῶε· Σήμ, Χάμ, Ἰάφεθ. ⁵Υἱοὶ Ἰάφεθ·
Γάμερ, Μαγώγ, Μαδάιμ, Ἰωυάν, Ἐλεισά, Θοβέλ, Μόσοχ καὶ Θειράς.
6/7 ⁶καὶ υἱοὶ Γάμερ· Ἀσχανὰζ καὶ Ἐρειφὰθ καὶ Θοργαμά. ⁷καὶ υἱοὶ
8 Ἰωυάν· Ἐλεισὰ καὶ Θαρσείς, Κίτιοι καὶ Ῥόδιοι. ⁸Καὶ υἱοὶ Χάμ·
9 Χοὺς καὶ Μεστράιμ, Φοὺδ καὶ Χανάαν. ⁹καὶ υἱοὶ Χούς· Σαβὰτ καὶ
Εὐειλὰτ καὶ Σαβατὰ καὶ Ῥεγμὰ καὶ Σεβεκαθά. καὶ υἱοὶ Ῥεγμά·
10 Σαβὰν καὶ Ἰουδαδάν. ¹⁰καὶ Χοὺς ἐγέννησεν τὸν Νεβρώδ· οὗτος ἤρξατο
17 εἶναι γίγας κυνηγὸς ἐπὶ τῆς γῆς. ¹⁷Υἱοὶ Σήμ· Αἰλὰμ καὶ Ἀσσοὺρ
24—26 ²⁴καὶ Ἀρφαξάδ, Σαλά, ²⁵Ἔβερ, Φάλεχ, Ῥαγαύ, ²⁶Σερούχ, Ναχώρ,

Inscr παραλειπομενων βασιλεων] Ιουδα α A   I 1—45 pl retractavit A spiritus accentus passim adpinx A^b vid   1 Σηθ] Σης A   3 Μαθουσαλα A   4 Ιαφεθ] om I B* vid (hab B^a)   5 Μαγωα A | Μαδαι A | Ελισα A   6 Ασχα|ναζ B Ασχενεζ A | Ερειφαθ] Ριφαε˙| A | Θοργαμα] Θορραμ A   7 Ελισα A | Κιτιοι] ι 1º sup ras A^a (Κητιοι A* vid) | om και 3º A   8 Μεστραιαμ A | Φουτ A   9 Σαβατ] Σαβα A | Ευιλα A | Σαβαθα A | Σεβεθαχα A | Σαβαν] Σαβα A | Ιουδαδαν] Δαδαν A   10 ειναι] pr του A   11—16 και Μεσραιμ· εγεννησεν τους| Λωδιειμ· και τους Αναμιειμ·| και τους Λαβειν· και τους Νεφθαλιμ·| και τους Πατροσωνιειμ· και τους Χασι|λωνιειμ· οθεν εξηλθεν εκειθε¯| Φυλιστιειμ· και τους Χαφοριειμ· (και τους Πατροσωνιειμ Χαφοριειμ sup ras A^a)| και Χανααν εγεννησεν τον Σι|δωνα πρωτοτοκον| και τον Χετταιον·| και τον Ιεβουσαιον| και τον Αμορραιον| και τον Γεργεσαιον| και τον Ευαιον| και τον Αρουκαιον| και τον Ασενναιον·| και τον Αραδιον| και τον Σαμαραιον| και τον Αμαθι | A (om B)   17—23 υιοι Σημ· Αιλαμ· και Ασσουρ·| και Αρφαξαδ· και Λουδ· και Αραμ·| και υιοι Αραμ· Ως· και Ουδ· και Γα|θερ· και Μοσοχ· και Αρφαξαδ·| εγεννησεν τον Καιναν· και Κα|ιναν εγεννησεν τον Σαλα·| και Σαλα εγεννησεν τον Εβερ·| και τω Εβερ εγεννηθησαν δυο υιοι ονομα τω ενι Φαλεκ· οτι| εν ταις ημεραις αυτου διεμερισθη η γη· και ονομα τω αδελφω| αυτου Ιεκταν· και Ιεκταν εγεν|νησεν τον Ελμωδαδ· και τον Σα|λεφ· και τον Αραμωθ· και τον| Κεδουραν· και τον Αιξην· και το¯| Δεκλαμ· και τον Γεμιαν και το¯|| Αβιμεηλ. και τον Σαβαν· και τον Ου|φειρ· και τον Ευι και τον Ωραμ παν|τες ουτοι υιοι Ιεκταν A (om B)   25 Φαλεχ B*^b (Φαλεγ B^ab)] Φαλεκ A

ΠΑΡΑΛΕΙΠΟΜΕΝΩΝ Α

Β Θάρα, ²⁷Ἀβραάμ, ²⁸υἱοὶ δὲ Ἀβραάμ· Ἰσαὰκ καὶ Ἰσμαήλ. ²⁹αὗται 27—29 δὲ αἱ γενέσεις πρωτοτόκου Ἰσμαήλ, Ναβαιὼθ καὶ Κηδάρ, Ναβδαιήλ, Μασσά, ³⁰Μαμά, Ἰδουμά, Μανασσή, Χονδάν, Θαιμάν, ³¹Ἰεττούρ, ³⁰/₃₁ Ναφές, Κέδμα· οὗτοι υἱοὶ Ἰσμαήλ. ³²Καὶ υἱοὶ Χεττούρας παλλακῆς 32 Ἀβραάμ, καὶ ἔτεκεν αὐτῷ τὸν Ζεμβράν, Ἰεξάν, Μαδιάμ, Μαδάμ, Σοβάκ, Σῶε· καὶ υἱοὶ Ἰεξὰν Δαιδὰν καὶ Σαβαί· ³³καὶ υἱοὶ Μαδιὰμ 33 Γαφὲρ καὶ Ὀφερ καὶ Ἑνὼχ καὶ Ἀβειδὰ καὶ Ἐλλαδά· πάντες οὗτοι υἱοὶ Χεττούρας. ³⁴Καὶ ἐγέννησεν Ἀβραὰμ τὸν Ἰσαάκ. καὶ 34 υἱοὶ Ἰσαάκ· Ἰακὼβ καὶ Ἠσαύ. ³⁵Υἱοὶ Ἠσαύ· Ἐλειφὰς καὶ 35 Ῥαγουὴλ καὶ Ἰεοὺλ καὶ Ἰεγλόμ, Κόρε. ³⁶υἱοὶ Ἐλειφάς· Θαιμὰν 36 καὶ Ὠμάρ, Σωφὰρ καὶ Γοωθὰμ καὶ Κενὲζ καὶ τῆς Θαμνὰ Ἀμαλήκ. ³⁷καὶ υἱοὶ Ῥαγουήλ· Νάχες, Ζάρες, Σομὲ καὶ Ὀμοζέ. ³⁸υἱοὶ Σηείρ· ³⁷/₃₈ Λωτάν, Σωβάλ, Σεβεγών, Ἀνά, Δησών, Ὠνάν. ³⁹καὶ υἱοὶ Λωτάν· 39 Χορρεὶ καὶ Αἰμὰν καὶ Αἰλὰθ καὶ Ναμνά. ⁴⁰υἱοὶ Σωβάλ· Σωλάμ, 40 Μαχανάμ, Γαιβήλ, Σὼβ καὶ Ὠνάν. υἱοὶ δὲ Σεβεγών· Αἰθ καὶ Σωνάν. ⁴¹υἱοὶ Σωνάν· Δαισών. υἱοὶ δὲ Δαισών· Ἐμερὼν καὶ 41 Ἀσεβὼν καὶ Γεθρὰμ καὶ Χαρράν. ⁴²καὶ υἱοὶ Ὠσαρ Βαλαὰμ καὶ 42 Ζουκὰμ καὶ Ὠνάν. υἱοὶ Δαισών· Ὢς καὶ Ἀρράν. ⁴³Καὶ οὗτοι 43 οἱ βασιλεῖς αὐτῶν· Βάλακ υἱὸς Βεώρ, καὶ ὄνομα τῇ πόλει αὐτοῦ Δενναβά ⁴⁴καὶ ἀπέθανεν Βάλακ, καὶ ἐβασίλευσεν ἀντ' αὐτοῦ Ἰωβὰβ 44 υἱὸς Ζάρα ἐκ Βοσόρρας. ⁴⁵καὶ ἀπέθανεν Ἰωβάβ, καὶ ἐβασίλευσεν 45

Α 27 Αβρααμ] pr Αβραμ· αυτος Α   29 Ναβδαιηλ] και Ναβδαηλ Α | Μασσα] Μαβσαν Α   30 Μαμα] Μασμα Β^{ab}Α | Ιδουμα Μανασση] και Ιδ Μασση Α | Χονδαν] Χοδδαδ Α   31 Ιεττουρ] pr και Α | Κεδμα] και Κεδαμ Α | ουτοι]+εισιν Α | υιοι] pr οι Α   32 ετεκεν]+υιον Α | Ζεμραν Α | Ιεξαν 1°] και Ιεκσαν Α | Μαδιαμ Μαδαμ] και Μαδαν και Μαδιαν Α | Σοβακ] Ιεσ|βοκ· Α | Σωε] Σωνε· Α | Ιεξαν 2°] Ιεκσαν Α | Δαιδαν και Σαβαι] Σαβα· και| Δαιδαν Α + και υιοι Δαιδαν Ραγουηλ· και| Ναβδαιηλ και Ασσουριειμ και Λατουσ|ιειμ και Ασωνειμ| Α   33 Γαφερ] Γαιφαρ Α | Αβιδα Α | Ελλαδα] Ελδαα Α   34 Ιακωβ και Ησαυ] και Ησαυ και Ιακωβ Α   35 Ελιφαζ Α | Κορε] pr και Α 36 Ελιφαζ Α | Γοθαμ Α | Κενεζ] Κεζεζ Α | και της Θαμνα] Θαμνα δε η παλλακη Ελιφαζ | ετεκεν αυτη τον Α   37 Ναχεθ Α | Ζαρε Β^{ab}Α | Σομμε Α | Ομοζε] Μοχε Α   38 υιοι] pr και Α | Σηειρ] Σηθιρ Α | Σεβετων Α | Ωναν] και Ασαρ και Ρισων Α   39 Χορρι Α | και Αιλαθ και Ναμνα] αδελφη δε (δ 2° sup ras Α^b) Λωταν Θαμνα·| Α   40 Σωλαμ] Ιωλαμ Α | Μαναχαμ] και Μαναχαθ Α | Γαιβαλ Σωβ] και| Γαοβηλ· και Σωφαρ· Α | Αιθ και Σωναν] Αια και Ωναμ Α   41 υιοι Σωναμ] ουτοι δε υιοι Ανα Α | Δαισων 1°]+και Ελιβαμα·| θυγατηρ Ανα· Α | υιοι δε] και υιοι Α | Εμερων] Αμαδα Α | Ασεβων] Εσεβαν Α | Γεθραμ] Ιεθραν Α   42 Ωσαρ] Ασαρ Α | Βαλααμ Ωναν] Βαλααν και Αζουκαν·| και Ιωακαν· και Ουκαν· Α | υιοι 2°]+δε Α   43 αυτων]+οι βασιλευσαντες εν Εδωμ| προ του βασιλευσαι βασιλεα τοις υιοις| Ἰσλ Α | Βεωρ] Βαιωρ Α   44 Ιωβαβ Α (item 45)

ΠΑΡΑΛΕΙΠΟΜΕΝΩΝ Α

46 ἀντ' αὐτοῦ Ἀσὸμ ἐκ τῆς γῆς Θαιμανῶν. ⁴⁶καὶ ἀπέθανεν Ἀσόμ, Β καὶ ἐβασίλευσεν ἀντ' αὐτοῦ Ἀδὰδ υἱὸς Βαράδ, ὁ πατάξας Μαδιὰμ ἐν 47 τῷ πεδίῳ Μωάβ, καὶ ὄνομα τῇ πόλει αὐτοῦ Γεθθάιμ. ⁴⁷καὶ ἀπέ-49 θανεν Ἀδάδ, καὶ ἐβασίλευσεν ἀντ' αὐτοῦ ⁴⁹Βαλαεννὼρ υἱὸς Ἀχοβώρ. 50 ⁵⁰καὶ ἀπέθανεν Βαλαεννὼρ υἱὸς Ἀχοβώρ, καὶ ἐβασίλευσεν ἀντ' αὐτοῦ 51 Ἀδὰδ υἱὸς Βαράδ, καὶ ὄνομα τῇ πόλει αὐτοῦ Φόγωρ. ⁵¹καὶ ἀπέθανεν Ἀδδά, καὶ ἐβασίλευσεν ἀντ' αὐτοῦ Σαμαὰ ἐκ Μασέκκας· καὶ ἀπέθανεν Σαμαά, καὶ ἐβασίλευσεν ἀντ' αὐτοῦ Σαοὺλ ἐκ Ῥοβὼθ τῆς παρὰ ποταμόν. καὶ ἀπέθανεν Σαούλ. καὶ ἦσαν ἡγεμόνες Ἐδώμ· ἡγε-52 μὼν Θαιμάν, ἡγεμὼν Γωλά, ἡγεμὼν Ἰεθέτ, ⁵²ἡγεμὼν Ἐλειβαμᾶς, 53 ἡγεμὼν Ἠλᾶς, ἡγεμὼν Φεινών, ⁵³ἡγεμὼν Κενέζ, ἡγεμὼν Θαιμάν, ἡγε-54 μὼν Μαζάρ, ⁵⁴ἡγεμὼν Μεδιήλ, ἡγεμὼν Ζαφωείν· οὗτοι ἡγεμόνες Ἐδώμ.

II 1 ¹Ταῦτα τὰ ὀνόματα τῶν υἱῶν Ἰσραήλ· Ῥουβήν, Συμεών, Λευεί, 2 Ἰουδά, Ἰσσαχάρ, Ζαβουλών, ²Δάν, Ἰωσήφ, Βενιαμείν, Νεφθαλεί, 3 Γάδ, Ἀσήρ. ³Υἱοὶ Ἰούδα· Ἤρ, Αὐνάν, Σηλών, τρεῖς· ἐγεννήθησαν αὐτῷ ἐκ τῆς θυγατρὸς Αὔας τῆς Χαναανείτιδος. καὶ ἦν Ἤρ ὁ πρωτότοκος Ἰούδα πονηρὸς ἐναντίον Κυρίου, καὶ ἀπέκτεινεν αὐτόν· 4 ⁴καὶ Θαμὰρ ἡ νύμφη αὐτοῦ ἔτεκεν αὐτῷ τὸν Φάρες καὶ τὸν Ζάρα. ⁵/₆ πάντες υἱοὶ Ἰούδα πέντε. ⁵υἱοὶ Φάρες· Ἀρσὼν καὶ Ἰεμουήλ. ⁶καὶ υἱοὶ Ζάρα· Ζαμβρεὶ καὶ Αἰθὰμ καὶ Λιμουὰν καὶ Χαλκὰ καὶ Δάρα, 7 πάντες πέντε. ⁷καὶ υἱοὶ Χαρμεί· Ἀχὰρ ὁ ἐμποδοστάτης Ἰσραήλ, ὃς 8/9 ἠθέτησεν εἰς τὸ ἀνάθεμα. ⁸καὶ υἱοὶ Αἰθάμ· Ζαρειά. ⁹καὶ υἱοὶ Ἐσερὼν 10 οἳ ἐτέχθησαν αὐτῷ· ὁ Ἰραμεὴλ καὶ ὁ Ῥὰμ καὶ ὁ Χαβὲλ καὶ Ἀράμ. ¹⁰καὶ Ἀρρὰν ἐγέννησεν τὸν Ἀμειναδάβ, καὶ Ἀμειναδὰβ ἐγέννησεν τὸν Ναασ-11 σὼν ἄρχοντα τοῦ οἴκου Ἰούδα. ¹¹καὶ Ναασσὼν ἐγέννησεν τὸν Σαλμών, 12 καὶ Σαλμὼν ἐγέννησεν τὸν Βόος. ¹²καὶ Βόος ἐγέννησεν τὸν Ὠβήδ, 13 καὶ Ὠβὴδ ἐγέννησεν τὸν Ἰεσσαί, ¹³καὶ Ἰεσσαὶ ἐγέννησεν τὸν πρωτό-

46 Γεθθαμ A   47—49 αντ αυτου]+Σαμαα εκ Μασεκκας·| απεθανεν δε A Σαμαα· και εβασιλευσε| αντ αυτου Σαουλ· εκ Ροωβωθ· της| παρα ποταμον· και απεθανεν Σαουλ | και εβασιλευσεν αντ αυτου A   49 Βαλαεννω̄·| A (item 50) | Αχωβωρ B   50 om υιος Βαραδ A | Φογωρ]+και ονομα τη γυναικι αυτου| Μεταβεηλ· θυγατηρ· Ματραδ | A   51 Αδδα] Αδαδ A | om και εβασιλευσεν (2°) . Σαουλ 2° A | ηγεμων Θαιμαν] ηγεμονες Θαμανα A | Ιεθεθ A   52 Ελιβαμας A | Φινων A   53 Μαζαρ] Μαβσαρ A   54 Μεδιηλ] Μαγεδιηλ A | Ζαφωειν] Ιραμ A   II 1 ταυτα] pr και A | Λευι A | Ιουδας A   2 Βενιαμειν] post α ras 1 lit A? | Νεφθαλειμ A   3 Αυας] Σαυας B^ab A | Χανααντιδος A | Ηρ 2°] ανηρ A   4 η] ην A   5 Αρσων] Εσρων B^a?b ᵐᵍ Εσρωμ A 6 Ζαμβρι A | Αιθαμ A | Αιμουαν] Αιμαν A | Χαλχα A   7 Χαρμι A   8 Αιθαν A | Ζαρεια] Αζαρια A   9 Εσερων] Εσρων B^ab Εσρμ A | Χαβελ] Χαλεβ A   10 Αρραν] Αραμ A | Αμιναδαβ A (bis)   11 Σαλμαν A (bis) | Βοοζ A (item 12)   12 Ιωβηδ A (bis)

ΠΑΡΑΛΕΙΠΟΜΕΝΩΝ Α

B τοκον αὐτοῦ Ἐλιάβ· Ἀμειναδὰβ ὁ δεύτερος, Σαμαὰ ὁ τρίτος, ¹⁴Ναθα- 14
ναὴλ ὁ τέταρτος, Ζαδδαὶ ὁ πέμπτος, ¹⁵Ἀσομ ὁ ἕκτος, Δαυεὶδ ὁ ἕβδομος. 15
¹⁶καὶ ἀδελφὴ αὐτῶν Σαρουιά· καὶ υἱοὶ Σαρουιά· Ἀβεισὰ καὶ Ἰωὰβ καὶ 16
Ἀσαήλ, τρεῖς. ¹⁷καὶ Ἀβειγαία ἐγέννησεν τὸν Ἀμεσσάβ· καὶ πατὴρ 17
Ἀμεσσὰβ Ἰόθορ ὁ Ἰσμαηλείτης. ¹⁸Καὶ Χαλὲβ υἱὸς Ἐσερὼν 18
ἐγέννησεν τὴν Γαζουβὰ γυναῖκα καὶ τὴν Ἐλιώθ. καὶ οὗτοι υἱοὶ αὐτῆς·
Ἰωάσαρ καὶ Ἰασοὺβ καὶ Ὀρνά. ¹⁹καὶ ἀπέθανεν Γαζουβά, καὶ ἔλαβεν 19
ἑαυτῷ Χαλὲβ τὴν Ἐφράθ, καὶ ἔτεκεν αὐτῷ τὸν Ὥρ. ²⁰καὶ Ὢρ 20
ἐγέννησεν τὸν Οὐρεί, καὶ Οὐρεὶ ἐγέννησεν τὸν Βεσελεήλ. ²¹καὶ 21
μετὰ ταῦτα εἰσῆλθεν Ἐσερὼν πρὸς τὴν θυγατέρα Μαχεὶρ πατρὸς
Γαλαάδ, καὶ οὗτος ἔλαβεν αὐτήν, καὶ αὐτὸς ἑξήκοντα ἦν ἐτῶν, καὶ
ἔτεκεν αὐτῷ τὸν Σερούχ. ²²καὶ Σεροὺχ ἐγέννησεν τὸν Ἰαείρ. καὶ 22
ἦσαν αὐτῷ εἴκοσι τρεῖς πόλεις ἐν τῇ Γαλαάδ. ²³καὶ ἔλαβεν Γεδσοὺρ 23
καὶ Ἀρρὰν τὰς κώμας Σαεὶρ ἐξ αὐτῶν, τὴν Κααναθ καὶ τὰς κώμας
αὐτῆς, ἑξήκοντα πόλεις· πᾶσαι αὗται υἱῶν Μαχεὶρ πατρὸς Γαλαάδ.
²⁴καὶ μετὰ τὸ ἀποθανεῖν Ἐσερὼν ἦλθεν Χαλὲβ εἰς Ἐφράθα· καὶ 24
ἡ γυνὴ Ἐσερὼν Ἀβιά, καὶ ἔτεκεν αὐτῷ τὸν Ἀσχὼ πατέρα Θεκῶε.
²⁵καὶ ἦσαν υἱοὶ Ἰραμεὴλ πρωτοτόκου Ἐσερὼν ὁ πρωτότοκος Ῥάν, 25
καὶ Βαναιὰ καὶ Ἀραιὰ καὶ Ἀμβρὰμ καὶ Ἀσαν ἀδελφὸς αὐτοῦ. ²⁶καὶ 26
ἦν γυνὴ ἑτέρα τῷ Ἰερεμεήλ, καὶ ὄνομα αὐτῇ Ἀταρά· αὕτη ἐστὶν
μήτηρ Ὀζόμ. ²⁷καὶ ἦσαν υἱοὶ Ἀρὰμ πρωτοτόκου Ἰερεμαὴλ Μάας 27
καὶ Ἰαμεὶν καὶ Ἀκορ. ²⁸καὶ ἦσαν υἱοὶ Ὀζὸμ Σαμαὶ καὶ Ἰαδᾶε, καὶ υἱοὶ 28
Σαμαὶ Ναδὰβ καὶ Ἀβεισούρ. ²⁹καὶ ὄνομα τῆς γυναικὸς Ἀβεισοὺρ 29
Ἀβειχαία, καὶ ἔτεκεν αὐτῷ τὸν Ἀχαβὰρ καὶ τὸν Μωήλ. ³⁰υἱοὶ 30
Ναδάβ· Ἀλσάλαδ καὶ Ἐφράιμ· καὶ ἀπέθανεν Σάλαδ οὐκ ἔχων τέκνα.
³¹καὶ υἱοὶ Ἐφράιμ Ἰσεμιήλ, καὶ υἱοὶ Ἰσεμιὴλ Σωσάν, καὶ υἱοὶ 31

A 13 Ελιαβ] pr τον Bᵃᵇ A | Αμιναδαβ A | Σαμαια A   14 Ζαδδαι] Ζαβδαι
Bᵃᵇ Ραδδαι A   16 Σαρουια 1°] + και Αβι|γαια· A | Σαρουια 2°] Σαρουιας A |
Αβισσα κ. Ιωβαβ A   17 Αμεσσα A (bis) | Ιεθερ A | Ισμαηλιτης A
18 Εσρωμ A | εγεννησεν] ελαβεν A | Γαζουβα] Αζουβα A | Ελιωθ] Ιεριωθ A |
Ιασουβ] Σωβαβ A   19 Εφραθ] Φραθ A   20 Ουρι A (bis)   21 Εσρωμ
A | ην εξηκοντα A | Σερουχ] Σεγουβ A (item 22)   22 Σερουκ B* (Σερουχ
Bᵃᵇ) | Αειρ A   23 Γεσσουρ A | Αραμ A | Σαειρ] Ιαειρ Bᵃᵇ Ιαρειρ A |
Καναθ A | πατρος] προς (sic) A   24 Εσρωμ A (bis) | Ασχω] Ασδωδ A |
Θεκως A   25 Ιερεμεηλ A | πρωτοτοκου] πρωτοτοκος A | Εσρων A | Ραμ
A | Βαναια] Βαναα A | Αραια] Αραν A | om και Αμβραμ A | Ασομ A
26 Ιερεμιηλ A | Αταρα] Ετερα A | Οζομ] Ουνομα A   27 Αραμ] Ραμ A |
Ιερεμεηλ A | Ιαμειν] Ιαβειν A   28 Οζομ] Ουνομα A | Σαμμαι A (bis) |
Αβισουρ A (post A ras pl litt A?)   29 Αβειχαια] Αβιγαια A | Αχαβαρ |
Οζα A | Μωηλ] Μωδαδ A (δ 2° sup ras Aᵈ)   30 Αλσαλαδ] Σαλαδ A |
Εφραιμ] Αφ·φαιμ A (item 31)   31 Ισεμιηλ] Ιεσει A (bis)

ΠΑΡΑΛΕΙΠΟΜΕΝΩΝ Α

32 Σωσὰν Ἀχαί. ³²καὶ υἱοὶ Ἰδουδά· Ἀχεισαμάς, Ἰέθερ, Ἰωναθάν· καὶ
33 ἀπέθανεν Ἰέθερ οὐκ ἔχων τέκνα. ³³καὶ υἱοὶ Ἰωναθάν· Θάλεθ καὶ
34 Ὀζάμ. οὗτοι ἦσαν υἱοὶ Ῥαμεήλ. ³⁴καὶ οὐκ ἦσαν τῷ Σωσὰμ υἱοὶ ἀλλ᾽ ἢ θυγατέρες· καὶ τῷ Σωσὰμ παῖς Αἰγύπτιος, καὶ ὄνομα αὐτῷ
35 Ἰωχήλ. ³⁵καὶ ἔδωκεν Σωσὰν τὴν θυγατέρα αὐτοῦ τῷ Ἰωχὴλ παιδὶ
36 αὐτοῦ εἰς γυναῖκα, καὶ ἔτεκεν αὐτῷ τὸν Ἐθθεί. ³⁶καὶ Ἐθθεὶ ἐγέννησεν
37 τὸν Ναθάν, καὶ Ναθὰν ἐγέννησεν τὸν Ζαβέδ, ³⁷καὶ Ζαβὲδ ἐγέννησεν
38 τὸν Ἀφαμήλ, καὶ Ἀφαμὴλ ἐγέννησεν τὸν Ὠβήδ, ³⁸καὶ Ὠβὴδ ἐγέννη-
39 σεν τὸν Ἰησοῦν, καὶ Ἰησοῦς ἐγέννησεν τὸν Ἀζαρίαν, ³⁹καὶ Ἀζαριὰ
40 ἐγέννησεν τὸν Χέλλης, καὶ Χέλλης ἐγέννησεν τὸν Ἐμάς, ⁴⁰καὶ Ἐμὰς
41 ἐγέννησεν τὸν Σοσομαί, καὶ Σοσομαὶ ἐγέννησεν τὸν Σαλούμ, ⁴¹καὶ Σαλοὺμ ἐγέννησεν τὸν Ἰεχεμείαν, καὶ Ἰεχεμείας ἐγέννησεν τὸν Ἐλει-
42 σαμά. ⁴²καὶ υἱοὶ Χαλὲβ ἀδελφοῦ Ἰερεμεήλ· Μαρεισὰ ὁ πρωτότοκος
43 αὐτοῦ, οὗτος πατὴρ Ζείφ· καὶ υἱοὶ Μαρεισὰ πατρὸς Χεβρών. ⁴³καὶ υἱοὶ
44 Χεβρών· Κόρεε καὶ Θαποὺς καὶ Ῥέκομ καὶ Σεμάα. ⁴⁴καὶ Σεμάα ἐγέννησεν τὸν Ῥάμεε πατέρα Ἰακλάν, καὶ Ἰεκλὰν ἐγέννησεν τὸν
45 46 Σαμαί· ⁴⁵καὶ υἱὸς αὐτοῦ Μεών, καὶ Μεὼν πατὴρ Γεδσούρ. ⁴⁶καὶ Γαιφαὴλ παλλακὴ Χαλὲβ ἐγέννησεν τὸν Ἀρρὰν καὶ τὸν Ἰωσὰν καὶ
47 τὸν Γεζοῦε. καὶ Ἀρρὰν ἐγέννησεν τὸν Γεζοῦε. ⁴⁷καὶ υἱοὶ Ἰησοῦ· Ῥάγεμ καὶ Ἰωαθὰμ καὶ Σωγὰρ καὶ Φάλεκ καὶ Γαιφὰ καὶ Σάγαε.
48 ⁴⁸καὶ ἡ παλλακὴ Χαλὲβ Μωχὰ ἐγέννησεν τὸν Σάβερ καὶ τὸν Θαράμ.
49 ⁴⁹καὶ ἐγέννησεν Σάγαε πατέρα Μαρμηνὰ καὶ τὸν Σαοὺ πατέρα
50 Μαχαβηνὰ καὶ πατέρα Γαιβάλ· καὶ θυγάτηρ Χαλὲβ Ἀσχά. ⁵⁰οὗτοι ἦσαν υἱοὶ Χαλέβ. υἱοὶ Ὢρ πρωτοτόκου Ἐφράθα· Σωβὰρ πατὴρ
51 Καριαθιαρείμ, ⁵¹Σαλωμὼν πατὴρ Βαιθά, Λαμμὼν πατὴρ Βαιθαλάεμ,

31 Αχαι] Ααδαι A   32 Ιδουδα] Ιεδδαε A | Αχισαμμα A | Ιεθερ 1°] A pr και A | Ιωναθαν] pr και A   33 Θαλεθ] Φαλεθ A | Οζαμ] Οζαζα A | Ραμεηλ] Ιερεμεηλ A   34 Σωσαν A (bis)   35 τω Ιωχηλ] om τω A | Ιεθθι A 36 Ιεθθει A   37 Αφαμηλ 1° B^b] Αφαμηδ B* Οφλαδ A | Αφαμηλ 2°] Οφλαδ A | Ιωβηδ A (item 38)   38 Ιησουν] Ιηου A | Ιησους] Ιηου A   39 Αζαρια] Αζαριας A | Εμας] Ελεασα A (item 40)   40 Σαλλουμ A (item 41) 41 Ιεκομιαν, Ιεκομιας A | Ελισαμα A   42 Χαλεμ A | Ιερεμεηλ A | Μαρεισα 1°] Μαρισας A | ο πρωτοτ.] om ο A | Μαρεισα 2°] Μαρισα A 43 Κορε A | Θαπους] Θαφφου A | Ροκομ A | om και Σεμαα A   44 Ραμεε] Ραεμ' | A | Ιακλαν] Ιερκααν A | Ιεκλαν] Ιερκααν A | τον Σαμαι] Σαμμαι A 45 Μεων] Μαων A (bis) | Γεδσουρ] Βηθσουρ A   46 Γαιφα η παλλ. A | Ιωσα] A   47 Ιησου] Ιαδαι A | Ρεγεμ A | Σωγαρ] Γηρσωμ A | Φαλεκ] Φαλετ A | Σαγαε] Σαγαφ A (item 49)   48 Σεβερ A | Θαραμ] Θαρχνα A   49 Μαδηνα A | Σαουλ A | Μαχαμηνα A | Γαιβαα A | Ασχα] Αχσα A   50 Σωβαλ A   51 Βαιθα Λαμμων] Βαι|θλαμμων· A | Βαιθαλαεμ] Βεθλεεμ A

Β Ἀρεὶμ πατὴρ Βαιθγαιδῶν. ⁵²καὶ ἦσαν υἱοὶ τῷ Σωβὰλ πατρὶ Καρι- 52
αθιαρείμ, Αἰώ, Ἐσειρά, Μωναιώ, ⁵³Ἐμοσφεώς, πόλεις Ἰαείρ· Αἰθαλεὶμ 53
καὶ Μειφειθεὶμ καὶ Ἡσαμαθεὶμ καὶ Ἡμασαραείμ· ἐκ τούτων ἐξῆλθοσαν
οἱ Σαραθαῖοι καὶ υἱοὶ Ἐσθάαμ. ⁵⁴υἱοὶ Σαλωμών· Βαιθλάεμ, Μετω- 54
φαθεί, Ἀταρὼθ οἴκου Ἰωὰβ καὶ ἥμισυ τῆς Μαλαθεί, Ἡσαρεί, ⁵⁵πατριαὶ 55
γραμμάτων κατοικοῦντες Γαμές, Ἀργαθιείμ, Σαμαθιείμ, Σωχαθιείμ·
οὗτοι οἱ Κειναῖοι οἱ ἐλθόντες ἐκ Μεσημὰ πατρὸς οἴκου Ῥηχά.

¹Καὶ οὗτοι ἦσαν υἱοὶ Δαυεὶδ οἱ τεχθέντες αὐτῷ ἐν Χεβρών· ὁ 1 III
πρωτότοκος Ἀμνὼν τῇ Ἀχεινάαμ τῇ Ἰσραηλείτιδι, ὁ δεύτερος Δαμνιὴλ
τῇ Ἀβιγαίᾳ τῇ Καρμηλίᾳ, ²ὁ τρίτος Ἀβεσσαλὼμ υἱὸς Μωχὰ θυγατρὸς 2
Θοαμαὶ βασιλέως Γεδσούρ, ὁ τέταρτος Ἀδωνειὰ υἱὸς Ἀγγείθ, ³ὁ 3
πέμπτος Σαβατειὰ τῆς Σαβειτάλ, ὁ ἕκτος Ἰθαρὰμ τῇ Ἀλὰ γυναικὶ
αὐτοῦ. ⁴ἓξ ἐγεννήθησαν αὐτῷ ἐν Χεβρών. καὶ τριάκοντα καὶ τρία 4
ἔτη ἐβασίλευσεν ἐν Ἰερουσαλήμ. ⁵καὶ οὗτοι ἐτέχθησαν αὐτῷ ἐν 5
Ἰερουσαλήμ· Σάμαν, Σωβάν, Ναθὰν καὶ Σαλωμών, τέσσαρες τῇ
Βηρσάβεε θυγατρὶ Ἀμιήλ, ⁶καὶ Βαὰρ καὶ Ἐλεισὰ καὶ Ἐλειφαλὴθ 6
⁷καὶ Νάγαι καὶ Νάφαθ καὶ Ἰανουὲ ⁸καὶ Ἐλεισαμὰ καὶ Ἐλειδὰ καὶ 7
Ἐλειφάλα, ἐννέα· ⁹πάντες υἱοὶ Δαυείδ, πλὴν τῶν υἱῶν τῶν παλλα- 9
κῶν· καὶ Θημὰρ ἀδελφὴ αὐτῶν. ¹⁰Υἱοὶ Σαλωμών· Ῥοβοάμ, 10
Ἀβειὰ υἱὸς αὐτοῦ, Ἀσὰ υἱὸς αὐτοῦ, Ἰωσαφὰτ υἱὸς αὐτοῦ, ¹¹Ἰωρὰμ 11
υἱὸς αὐτοῦ, Ὀζειὰ υἱὸς αὐτοῦ, Ἰωὰς υἱὸς αὐτοῦ, ¹²Ἀμασίας υἱὸς 12
αὐτοῦ, Ἀζαριὰ υἱὸς αὐτοῦ, Ἰωαθὰν υἱὸς αὐτοῦ, ¹³Ἀχὰς υἱὸς αὐτοῦ, 13
Ἐζεκίας υἱὸς αὐτοῦ, Μανασσῆς υἱὸς αὐτοῦ, ¹⁴Ἀμνὼν υἱὸς αὐτοῦ, 14
Ἰωσειὰ υἱὸς αὐτοῦ. ¹⁵καὶ υἱοὶ Ἰωσειά· πρωτότοκος Ἰωανάν, ὁ δεύτερος 15
Ἰωακείμ, ὁ τρίτος Σεδεκιά, ὁ τέταρτος Σαλούμ. ¹⁶καὶ υἱοὶ Ἰωακείμ· 16

A   51 Αρει· A | Βαιθγαιδων] Βαιθγεδωρ A   52 Αιω Εσειρα Μων.} Αραα·
Εσει· Αμμανιθ | Θυμασφας· A   53 πολεις Ιαειρ] Καριαθιαειρ A | Μειφει-
θειμ] Ιφιθειν A | Ησαμαθειν A | Ημασαραειν A | υιοι Εσθααμ] οι Εσθαω-
λαιοι A   54 Βαιθλεεμ A | Μετωφαθει] και Νετω|φαθι· A | Ιωβαβ A |
Μαλαθει] Μαναθ A | Ησαραει A   55 γραμματαιων A | Γαμες] εν Γαβης A |
Σαμαθιειμ] pr και A | Σωκαθιειμ A | Κιναιοι A | εκ Μεσημα] εξ Αιμαθ A | Ρηχαβ
A   III 1 Αχιναμ A | Ισραηλιτιδι A | Δαμνιηλ] Δαλουια A | Αβιγαια A
2 Θοαμαι] Θολμει A | Γεσουρ A | Αδωνια A   3 Σαβατεια της Σαβειταλ]
Σαφατιας της Αβιταλ A | Ιθαραμ] Ιεθραμ A | Αλα] Αγλα A   4 Χεβρων]
+και εβασιλευσεν εκει επτα ετη και| εξαμηνον· A   5 Σαμαα A | Σω-
βαβ A | om και 2° A   6 Βααρ] Ιεβααρ A | Ελεισα] Ελισαμα A |
Ελιφαλετ A (item 8)   7 Ναγε A | Ναφεγ A | Ιανουε] Ιαφιε A
8 Ελισαμα A | Ελιεδα A   9 αδελφη] pr η A   10 υιος 1°] pr o A
11 Οζιας A   12 Αζαριας A | Ιωναθαν A   13 Αχας .αυτου (3°) sup
ras A¹ᵛ ᵛᵉˡ ᶠᵒʳᵗᵉ ᵃˢ   14 Αμνων] Αμως BᵃᵇA¹? ᵛᵉˡ ᶠᵒʳᵗᵉ ᵃ? | Ιωσιας A   15 Ιωσια
A | Σεδεκιας A | Σαλλουμ A

ΠΑΡΑΛΕΙΠΟΜΕΝΩΝ Α IV 8

17 Ἰεχονίας υἱὸς αὐτοῦ, Σεδεκίας υἱὸς αὐτοῦ. ¹⁷καὶ υἱοὶ Ἰεχονία· Ἀσίρ, B
18 Σαλαθιὴλ υἱὸς αὐτοῦ, ¹⁸Μελχειρὰμ καὶ Φαλδαίας καὶ Σανεσὰρ καὶ
19 Ἰεκενιὰ καὶ Ὡσαμὼθ καὶ Δενεθεί. ¹⁹καὶ υἱοὶ Σαλαθιήλ· Ζοροβάβελ·
20 Μοσολόαμος καὶ Ἀνανιά, καὶ Σαλωμεθεὶ ἀδελφὴ αὐτῶν, ²⁰καὶ Ἀσουβὲ
21 καὶ Ὀσὰ καὶ Βαραχιαὶ καὶ Ἀσαδιὰ καὶ Ἀροβάσουκ, πέντε. ²¹καὶ
υἱοὶ Ἀνανιά, Φαλεττί, καὶ Ἰσαβὰ υἱὸς αὐτοῦ, Ῥαφὰλ υἱὸς αὐτοῦ,
22 Ὀρνὰ υἱὸς αὐτοῦ, Ἀβδειὰ υἱὸς αὐτοῦ, Σεχενιὰ υἱὸς αὐτοῦ. ²²καὶ
υἱὸς Σεχενιά· Σαμαιά. καὶ υἱὸς Σαμαιά Χαττούς, καὶ Ἰωὴλ καὶ Μαρεὶ
23 καὶ Νωαδειὰ καὶ Σαφάθ, ἕξ. ²³καὶ υἱοὶ Νωαδειά· Ἐλειθανὰ καὶ Ἐζεκιὰ
24 καὶ Ἐζρεικάν, τρεῖς. ²⁴καὶ υἱοὶ Ἐλειθενάν· Ὀδολιὰ καὶ Ἀσεὶβ καὶ
Φαρὰ καὶ Ἰακοὺν καὶ Ἰωανὰν καὶ Δαλααιὰ καὶ Μανεί, ἑπτά.

IV 1 ¹Καὶ υἱοὶ Ἰούδα· Φάρες, Ἀρσὼν καὶ Χαρμεὶ καὶ Ὣρ, Σουβάλ,
2 ²καὶ Ῥαδὰ υἱὸς αὐτοῦ· καὶ Σουβὰλ ἐγέννησεν τὸν Ἴεθ, καὶ Ἴεθ
ἐγέννησεν τὸν Ἀχειμεὶ καὶ τὸν Λάαθ· αὗται αἱ γενέσεις τοῦ Ἀραθεί.
3 ³καὶ οὗτοι υἱοὶ Αἰτάν· Ἀζραήλ καὶ Ῥαγμὰ καὶ Ἰαβάς, καὶ ὄνομα
4 ἀδελφῆς αὐτῶν Ἐσηλεββών. ⁴καὶ Φανουὴλ πατὴρ Γεδώρ, καὶ Ἀζὴρ
πατὴρ Ὡσάν· οὗτοι υἱοὶ ᵃὯρ τοῦ πρωτοτόκου Ἐφράθα πατρὸς
5 Βαιθλάδεν. ⁵καὶ τῷ Σαρὰ πατρὶ Θεκῶε ἦσαν δύο γυναῖκες, Ἀωδὰ
6 καὶ Θοαδά. ⁶καὶ ἔτεκεν αὐτῷ Ἀωδὰ τὸν Ὠχαιὰ καὶ τὸν Ἡφὰλ
7 καὶ τὸν Θαιμὰν καὶ τὸν Ἀσηράν· πάντες οὗτοι υἱοὶ Ἰώδας. ⁷καὶ
8 υἱοὶ Ἀοάδας· Ἄρεθ καὶ Σάαρ καὶ Σεννών. ⁸καὶ Κῶε ἐγέννησεν
τὸν Ἐννὼν καὶ τὸν Σαβαθά, καὶ γεννήσεις ἀδελφοῦ Ῥηχὰβ υἱοῦ

17 Ιεχονιου A   18 Μελχιραμ A | Φαλδαιας Δενεθει] Φαδαιας (sic) και A Σα|νεσαρ· και Ιεκενια· και Ωσαμω· και Ναβαδιας | sup ras Aᵃ   19 Ζοροβαβελ] + και Σεμει ! και υιοι Ζοροβαβελ· A | Μοσολλαμος A | Σαλωμεθι A
20 Ασουβε] Ασεβα A ! Οσα] Οοα A | Βαραχια | A | Ασαδια A | Ασοβαεσδ· A
21 Φαλλετια A | Ισαβα] Ιεσεια A | Ραφαλ] Ραφαια A | Ορνα υιος αυτου Αβδια (sic) sup ras Aᵃ | Σεχενιας A   22 Σαμαια 1° BᵃᵇA] Σαμαα B* | υιος 2°] υιοι A | Χεττους (X sup ras Aᵇ·) A | om και 4° A | Μαρει] Βερια A | Νωαδια A (item 23) | Σαφατ A   23 Ελειθανα] Ελιωηναι A | Εσρικαμ A
24 Ελειθαναν] Ελιωνναι A | Οδολια] Ωδουια A | Ασειβ] Ελιασειβ A | Φαρα] Φαλαια A | Ιακουν] Ακκουβ A | Ιωαναμ A | Δαλαια A | Μανει] Αναντ A
IV 1 om και 1° A | Αρσων] Εσρωμ A | Χαρμι A | Σουβαλ] pr και A
2 Ραδα] Ρεια A | τον Ιεθ και Ιε (sic) εγεννησεν τον Αχιμαι sup ras et in mgg Aᵃ (om τον Ιεθ εγεννησεν [2°] A*) | Λααθ] Λαδ A | Αραθει] Σαραθι A   3 Αιταμ A | Αζραηλ] Ιεζριηλ (ρι sup ras 3 vel 4 litt) Aᵇ? | Ραγμα] Ιεσμα A | Ιαβας] Ιγαβης A | Εσηλλελφων A   4 Αζηρ] Εζερ A | του πρωτοτ.] om του A | Βαιθλαεμ A   5 Σαρα] Ασχουρ A | Θεκωμ·| A | Αωδα κ. Θοαδα] Αλαα· κ. Νοορα·| A   6 Αωδα] η Νοορα A | Ωχαια] Ωχα|ξαμ A | Ασηραν] Ασθηρα A | Ιωδας] Νοορα A   7 Αοαδας (forte Λοαδας) B*] Θοαδας Bᵇ Αλαα· A | Αρεθ] Σαρεθ A | Σεννων] Εθναδι A   8 Κωε B*ᵇ?A] Θεκωε (Θε superscr) Bᵃ·ᵛⁱᵈ | Εννων] Εγνωβ A | Σαβαθα] Σωβηβα A | γεννησεις B*ᵇA] γεννησις Bᵃᵇᵉᵗ ᶜ ⁽ᵛⁱᵈ⁾

7

Β Ἰαρείμ. ⁹Καὶ ἦν Ἰγαβὴς ἔνδοξος ὑπὲρ τοὺς ἀδελφοὺς αὐτοῦ· 9
καὶ ἡ μήτηρ ἐκάλεσεν τὸ ὄνομα αὐτοῦ Ἰγαβὴς λέγουσα Ἔτεκον ὡς
γάβης. ¹⁰καὶ ἐπεκαλέσατο Ἰγαβὴς τὸν θεὸν Ἰσραὴλ λέγων Ἐὰν 10
εὐλογῶν εὐλογήσῃς με, καὶ πληθύνῃς τὰ ὅριά μου, καὶ ᾖ ἡ χείρ σου
μετ᾽ ἐμοῦ, καὶ ποιήσῃς γνῶσιν τοῦ μὴ ταπεινῶσαί με. καὶ ἐπήγαγεν
ὁ θεὸς πάντα ὅσα ᾐτήσατο. ¹¹Καὶ Χαλὲβ πατὴρ Ἀσχὰ ἐγέννησεν 11
τὸν Μαχείρ· οὗτος πατὴρ Ἀσσαθών. ¹²ἐγέννησεν τὸν Βαθραίαν 12
καὶ τὸν Βεσσῆε καὶ τὸν Θαιμάν, πατέρα πόλεως Ναὰς ἀδελφοῦ
Ἐσελὼν τοῦ Χενεζεί· οὗτοι ἄνδρες Ῥηχάβ. ¹³καὶ υἱοὶ Κενέζ· Γοθο- 13
νιὴλ καὶ Σαραιά. καὶ υἱοὶ Γοθονιήλ· Ἀθάθ. ¹⁴καὶ Μαναθεὶ ἐγέννησεν 14
τὸν Γοφερά. καὶ Σαραιὰ ἐγέννησεν τὸν Ἰωβὰβ πατέρα Ἀγεαδδαείρ,
ὅτι τέκτονες ἦσαν. ¹⁵καὶ υἱοὶ Χαλὲβ υἱοῦ Ἰεφοννή· Ἤρ, Ἀδαὶ καὶ 15
Νόομ. καὶ υἱοὶ Ἀδά· Κενέζ. ¹⁶καὶ υἱὸς αὐτοῦ Γεσεήλ, Ἀμηαχεὶ καὶ 16
Ζαφὰ καὶ Ζαιρὰ καὶ Ἰσεραήλ. ¹⁷καὶ υἱοὶ Ἐσρεί· Ἰεθερεί, Πῶραδ καὶ 17
Ἄφερ καὶ Ἀμών. καὶ ἐγέννησεν Ἰέθερ τὸν Μαιὼν καὶ τὸν Σεμὲν καὶ
τὸν Μαρὲθ πατέρα Ἐσθαιμών. ¹⁸καὶ ἡ γυνὴ αὐτοῦ, αὕτη Ἀδεiá, ἔτεκεν 18
τὸν Ἰάρεδ πατέρα Γεδὼρ καὶ τὸν Ἀβεισὰ πατέρα Σωχὼν καὶ τὸν
Χετιὴλ πατέρα Ζαμών· καὶ οὗτοι υἱοὶ Γελιὰ θυγατρὸς Φαραὼ ἣν
ἔλαβεν Νωρωήλ. ¹⁹καὶ υἱοὶ γυναικὸς τῆς Ἰδουίας ἀδελφῆς Νάχεθ 19
καὶ Δαλειλὰ πατὴρ Κεειλά, καὶ Σεμεγὼν πατὴρ Ἰωμάν, καὶ Μαναὴμ
πατρὸς Κεειλὰ Ἀταμεὶ καὶ Ἐσθαιμωνὴ Νωχαθεί. ²⁰καὶ υἱοὶ Σεμιών· 20
Ἀμνὼν καὶ Ἀνὰ υἱὸς Φανὰ καὶ Ἰνών. καὶ υἱοὶ Σεεί· Ζωάν. καὶ
υἱοὶ Ζωάβ, ²¹υἱοὶ Σηλὼμ υἱοῦ Ἰούδα, Ἤρ πατὴρ Ληχά, καὶ Μαδὰθ 21
πατὴρ Μαιχά καὶ γενέσεις οἰκιῶν ἐφρὰθ ἀβὰκ τῷ οἴκῳ Ἐσοβά·
²²καὶ Ἰωακεὶμ καὶ ἄνδρες Σωχηθὰ Ἰωαδὰ καὶ Σαιά, οἱ κατῴκησαν 22

A 9 Ιγαβης 2°] Ιαγβης A 10 Ιγαβης] Γαβης A | ποιησεις A | om μη B*
(hab Bᵃᵇ [superscr]) A 11 Ασχας A 12 εγεννησεν] pr και Ασσαθων A |
Βαθραιαν] Βα|θρεφα A | Βεσσηε] Φεσση A | Θαιμαν] Θανα A | πολεως A]
ποχεως B | Εσελωμ A | Χενεζει] Κενεζι A | Ρηχαβ] Ρηφα A 14 Μανα|θι
A | Γοφορα A | Σαρια A | Ιωαβ A | Αγεαδδαειρ] γης Ρα|σειμ A 15 υιου
B | Ηρα A | Αδαι] Αλα A | Νααμ A | Αδα] Αλα A 16 υιοι A | αυτου
Ιεσεραηλ] Ιαλλελην (λ 2° sup ras Aᵃ· Ιαλλεληι Λ*ᵛⁱᵈ) Ζιφαι κ Ζαιφα·| κ.
Θηρια κ. Εσεραηλ A 17 υιοι Εσρει· Ιεθερει] υιοι·| Εξρι Ιεθερ· A (sic) |
Πωραδ] Μωραδ A | Αφερ] Γαφερ A | Αμων] Ιαλων A | Σεμεν] Σεμμαι A |
Μαρεθ] Ιεσαβα A | Εσθεμων A 18 Αδεια] Ιδια A | Αβεισα] Αβερ· A |
Χετιηλ] Ιεκθιηλ A* (improb ι 3° A*) | Γελια] Βεθθια A | Νωρωηλ] Μωρηδ·| A
19 Ιδουιας] Ιουδαιας A | Ναχεθ] Ναχεμ A [Δαλειλα] Δανα A | Σεμεγων] Σω-
μειων A | Ιωμαν A | Μαναημ] υιοι Ναημ A | Αταμει] ο Ταρμι A | Ιεσθεμωη A |
Νωχαθει] Μαχαθα A 20 Σεμειων A | Ανα] Ραννων A | Φανα] Αναν A |
Ινων] Θιλων A | Σεει] Es A | Ζωαν] Ζωχαθ A | Ζωαβ] Ζωχαθ A 21 Λη-
χαδ A | Μαδαθ] Αδδα A | Μαιχα] Μαρησα A | εφραθ αβακ] εβδαθ αββουs A
22 Σωχηθα] Χωζηβα A | Ιωαδα] και Ιωας A | Σαια] Σαραφ A

ΠΑΡΑΛΕΙΠΟΜΕΝΩΝ Α   IV 41

23 ἐν Μωάβ· καὶ ἀπέστρεψεν αὐτοὺς ἀβεδηρεὶν ἀθουκιείν. ²³οὗτοι κερα- Β
μεῖς οἱ κατοικοῦντες ἐν 'Αζαεὶμ καὶ Γαβαηρὰ μετὰ τοῦ βασιλέως·
ἐν τῇ βασιλείᾳ αὐτοῦ ἐνίσχυσαν καὶ κατῴκησαν ἐκεῖ.
24 ²⁴Υἱοὶ Συμεών· Ναμουὴλ καὶ Ἰαμείν, Ἰαρείν, Ζάρες, Σαούλ· ²⁵Σαλὲμ
25
26 υἱὸς αὐτοῦ, Μαβασὰμ υἱὸς αὐτοῦ, Μασμὰ υἱὸς αὐτοῦ, ²⁶Σεμεεὶ υἱὸς
27 αὐτοῦ. ²⁷τῷ Σεμεεὶ υἱοὶ ἑκκαίδεκα καὶ θυγατέρες τρεῖς· καὶ τοῖς
ἀδελφοῖς αὐτῶν οὐκ ἦσαν υἱοὶ πολλοί· καὶ πᾶσαι αἱ πατριαὶ αὐτῶν
28 οὐκ ἐπλεόνασαν ὡς υἱοὶ Ἰούδα. ²⁸καὶ κατῴκησαν ἐν Βηρσάβεε καὶ
29 Σάμα καὶ Μωαλδὰ καὶ Ἐσηρεουλάβ ²⁹Ἀβελλὰ καὶ Βοόσαλ καὶ
30 Θουλάεμ ³⁰καὶ Βαθοὺν καὶ Ἑρμὰ καὶ Ὠκλὰ ³¹καὶ Βαιθμαρειμὼθ
31
καὶ Ἡμισυσεσορὰμ καὶ οἶκον Βραουμσεωρείμ· αὗται πόλεις αὐτῶν
32 ἕως βασιλέως Δαυείδ. ³²καὶ ἐπαύλεις αὐτῶν· Λιτὰν καὶ Ῥεμμὼν
33 καὶ Θόκκα καὶ Αἰσάρ, πόλεις πέντε. ³³καὶ πᾶσαι ἐπαύλεις αὐτῶν
κύκλῳ τῶν πόλεων τούτων ἕως Βάλατ· αὕτη κατάσχεσις αὐτῶν
34 καὶ ὁ καταλοχισμὸς αὐτῶν. ³⁴καὶ Μοσωβὰβ καὶ Ἰεμολὸχ καὶ Ἰωσειὰ
35 υἱὸς Ἀμασειὰ ³⁵καὶ Ἰωήλ· καὶ οὗτος υἱὸς Ἰσαβιὰ υἱὸς Σαρααὺ υἱὸς
36 Ἀσιήλ· ³⁶καὶ Ἐλιωναὶ καὶ Ἰωκάβα καὶ Ἰασουιὰ καὶ Ἀσιὰ υἱοὶ Ἀωσὰλ
37 υἱοῦ Σαφὰλ ³⁷υἱοῦ Ἀμὼν υἱοῦ Ἰδιὰ υἱοῦ Σαμὰρ υἱοῦ Συμεών. ³⁸οὗτοι
38
οἱ διελόντες ἐν ὀνόμασιν ἀρχόντων ἐν ταῖς γενέσεσιν αὐτῶν· καὶ
39 ἐν οἴκοις πατριῶν αὐτῶν ἐπληθύνθησαν εἰς πλῆθος. ³⁹Καὶ
ἐπορεύθησαν ἕως τοῦ ἐλθεῖν Γέραρα ἕως τῶν ἀνατολῶν τῆς Γαί,
40 τοῦ ζητῆσαι νομὰς τοῖς κτήνεσιν αὐτῶν. ⁴⁰καὶ εὗρον νομὰς πίονας
καὶ ἀγαθάς· καὶ ἡ γῆ πλατεῖα ἐναντίον αὐτῶν, καὶ εἰρήνη καὶ ἡσυχία,
41 ὅτι ἐκ τῶν υἱῶν Χὰμ τῶν κατοικούντων ἐκεῖ ἔμπροσθεν. ⁴¹καὶ

22 και 4° bis scr A | αβεδηρειν αθουκιειν] αβεδ'| δηριν αθουκιειμ Α Α
23 κειραμεις Α | Αζαειμ] Αταειμ Α | Γαβαηρα] Γαδηρα Α   24 Ιαρειν]
Ιαρειβ Α | Ζαρες] Ζαραε Α   25 Μαβασαν Α | Μασμα υιος αυτου (α in αυτ.
sup ras A¹)]+Αμουηλ υιος αυτου·| Σαβουδ υιος αυτου·| Ζακχουρ υιος αυτου| Α
26 Σεμει Α (item 27)   27 τω Σ] pr και Α | υιοι 3°] sub ν latere vid lit
rotund cuiusdam vestigia in B   28 Σαμαα Α | Μωλαδα Α | Εσηρεουλαβ]
Εσερ'σουαλ' Α   29 Αβελλα] pr ϗ Bᵃ·ᵇ⁽ᵐᵍ⁾ και εν| Βαλαα Α | Βοοσαλ]
Βοασομ Α | Θουλαεμ] Θωλαδ Α   30 Βαθουν] Βαθουλ Α | Ωκλα] εν Σικελαγ Α
31 Βαιθμαρειμωθ] εν Βαιθ'·μαρχαβωθ Α | Ημισυσεσοραμ] Ημισυσωσ. Bᵃᵇ
Ημισνεωσιμ Α | Βαρουμ'·|σεωρειμ Α   32 επαυλεις] pr αι A' (superscr)
Λιταν και ην (sic) Pᵉ sup ras Aᵃ' | Θοκκα] Θοχχαν Α | Αισαν Α   33 επαυ-
λεις] pr αι Α | κυκλω] pr των Α | Βαλατ] Βααλ Α | κατασχεσις] pr η Α
34 Ιεμολοχ] Αμαλην Α | Ιωσια Bᵇ Ιωσιας Α | Αμασια BᵇA   35 ουτος] Ιηου
Bᵇ (superscr) Α | Σαραια Α   36 Ελιωνηι Α | Ιακαβα Α | Ασαια Α
36—37 υιοι Αωσαλ   Συμεων] και Εδιηλ· και Ισμαηλ | και Βαναια· και Ζουζα
υιος Σεφεϊ·| υιου Αλλων   υιου Εδια· υιου Σαμα|ριου· υιου Σαμαιου | A   38 διε-
λοντες] διελθοντες Α   39 αυτων] εαυτων Α   40 πιονας] πειονας Β*
πλειονας Bᵃᵇ A

ΠΑΡΑΛΕΙΠΟΜΕΝΩΝ Α

B ἤλθοσαν οὗτοι γεγραμμένοι ἐπ' ὀνόματος ἐν ἡμέραις Ἐζεκίου βασιλέως Ἰούδα καὶ ἐπάταξαν τοὺς οἴκους αὐτῶν καὶ τοὺς Μιναίους οὓς εὕροσαν ἐκεῖ, καὶ ἀνεθεμάτισαν αὐτοὺς ἕως τῆς ἡμέρας ταύτης· καὶ ᾤκησαν ἀντ' αὐτῶν, ὅτι νομαὶ τοῖς κτήνεσιν αὐτῶν ἐκεῖ. ⁴²καὶ ἐξ αὐτῶν 42 ἀπὸ τῶν υἱῶν Συμεὼν ἐπορεύθησαν εἰς ὄρος Σηεὶρ ἄνδρες πεντακόσιοι, καὶ Φαλαεττιὰ καὶ Νωαδειὰ καὶ Ῥαφαιὰ καὶ Ὀζειὴλ υἱοὶ Ἰεσειθὲν ἄρχοντες αὐτῶν· ⁴³καὶ ἐπάταξαν τοὺς καταλειφθέντας τοὺς καταλοί- 43 πους τοῦ Ἀμαλὴκ ἕως τῆς ἡμέρας ταύτης.

¹Καὶ υἱοὶ Ῥουβὴν πρωτοτόκου Ἰσραήλ· ὅτι οὗτος ὁ πρωτότοκος, 1 V καὶ ἐν τῷ ἀναβῆναι ἐπὶ τὴν κοίτην τοῦ πατρὸς αὐτοῦ ἔδωκεν εὐλογίαν αὐτοῦ τῷ υἱῷ αὐτοῦ Ἰωσὴφ υἱῷ Ἰσραήλ, καὶ οὐκ ἐγενεαλογήθη εἰς πρωτοτόκεια, ²ὅτι Ἰούδας δυνατὸς ἰσχύι καὶ ἐν τοῖς ἀδελφοῖς αὐτοῦ, 2 καὶ εἰς ἡγούμενον ἐξ αὐτοῦ, καὶ ἡ εὐλογία τοῦ Ἰωσήφ ³υἱοὶ Ῥουβὴν 3 πρωτοτόκου Ἰσραήλ· Ἐνὼχ καὶ Φαλλούς, Ἀρσὼν καὶ Χαρμεί. ⁴υἱοὶ 4 Ἰωήλ· Σεμεεὶ καὶ Βαναιὰ υἱὸς αὐτοῦ. καὶ υἱοὶ Γοὺγ υἱοῦ Σεμεεί· ⁵υἱὸς αὐτοῦ Ἠχά, υἱὸς αὐτοῦ Ῥηχά, υἱὸς αὐτοῦ Ἰωήλ, ⁶υἱὸς αὐτοῦ 5/6 Βεήλ, ὃν μετῴκισεν Θαλγαβανάσαρ βασιλεὺς Ἀσσούρ· οὗτος ἄρχων τῶν Ῥουβήν. ⁷καὶ ἀδελφοὶ αὐτοῦ τῇ πατρίδι αὐτοῦ ἐν τοῖς κατα- 7 λοχισμοῖς αὐτῶν κατὰ γένεσιν αὐτῶν· ὁ ἄρχων Ἰωὴλ καὶ Ζαχαριὰ καὶ Βάλεκ υἱὸς Ὀζοὺζ υἱὸς Σάμα υἱὸς Ἰωήλ. ⁸οὗτος κατῴκησεν ἐν 8 Ἀροὴρ καὶ ἐπὶ Ναβαὺ καὶ Βεελμασσών, ⁹καὶ πρὸς ἀνατολὰς κατῴ- 9 κησεν ἕως ἐρχομένων τῆς ἐρήμου ἀπὸ τοῦ ποταμοῦ Εὐφράτου, ὅτι κτήνη αὐτῷ πολλὰ ἐν γῇ Γαλαάδ. ¹⁰καὶ ἐν ἡμέραις Σαοὺλ ἐποίησαν 10 πόλεμον πρὸς τοὺς παροίκους, καὶ ἔπεσον ἐν χερσὶν αὐτῶν κατοικοῦντες ἐν σκηναῖς ἕως πάντες κατ' ἀνατολὰς τῆς Γαλαάδ.

¹¹Υἱοὶ Γὰδ κατέναντι αὐτῶν κατῴκησαν ἐν τῇ Βασὰν ἕως Ἐλχά· 11 ¹²Ἰωὴλ πρωτότοκος, καὶ Σαβὰτ ὁ δεύτερος, καὶ Ἰανεὶν ὁ γραμματεὺς 12 ἐν Βασάν. ¹³καὶ οἱ ἀδελφοὶ αὐτῶν κατ' οἴκους πατριῶν αὐτῶν· 13 Μιχαήλ, Μοσολὰμ καὶ Σέβεε καὶ Ἰωρεὲ καὶ Χιμὰ καὶ Ζοῦε καὶ Ὠβήδ,

A 41 οικους] οικητορας A | Οζιηλ A | Ιεσειθεν] Ιεσει·| A | εως] pr και κατωκησαν εκει | A pr τω A | πρωτοτοκια BᵇA 3 υιοι (υιου B)] pr και A | Αρσων] Εσρων A | Χαρμι A 5 Ηχα] Μιχα A | Ιωηλ] Βααλ A 6 Βεηλ] Βεηρα A | Θαγλαθ'| Φαλνασαρ A 7 αδελφοι (αδελφη B)] pr οι A | πατριδι] πατρια A | γενεσιν] γενεσις A 8 Βαλε A | Βεελμαων A 9 αυτω] αυτων A 10 εποιησαντο A | χειρσιν B* (χερσιν BᵇA) 11 Ελχα] Σελχα A 12 πρωτοτοκος] pr ο A | Σαβατ] Σαφαμ A | Ιανειν] Ιαναι A 13 Μοσολαμ] και Μοσολλαμ A | Σεβεε] Σοβαθε A | Ιωρες A | Χιμα] Ιαχα·| A | Ιωβηδ A
42 Σηειρ A | Φαλεττια A | Νωαδια A | 43 τους καταλοιπους τους καταλιφθεντας V 1 πρωτοτοκος]+αυτου A | Ιωσηφ] 2 Ιουδα] A* (Ιουδας [s superscr] A¹)

ΠΑΡΑΛΕΙΠΟΜΕΝΩΝ Α

14 ὀκτώ. ¹⁴οὗτοι υἱοὶ Ἀβειχαιὰ υἱοὶ Οὐρεὶ υἱοῦ Ἰδαὶ υἱοῦ Γαλαὰδ υἱοῦ Β
15 Μειχαὴλ υἱοῦ Ἰσαὶ υἱοῦ Ἰουρεὶ υἱοῦ Ζαβουχὰμ ¹⁵υἱοῦ Ἀβδεὴλ υἱοῦ
16 Γουνεί· ἄρχων οἴκου πατριῶν, ¹⁶κατοίκων ἐν Γαλαάμ, ἐν Βασὰμ
καὶ ἐν ταῖς κώμαις αὐτῶν καὶ πάντα τὰ περίχωρα Γεριὰμ ἕως ἐξόδου.
17 ¹⁷πάντων ὁ καταλοχισμὸς ἐν ἡμέραις Ἰωαθὰμ βασιλέως Ἰούδα καὶ
ἐν ἡμέραις Ἰεροβοὰμ βασιλέως Ἰσραήλ.

18 ¹⁸Υἱοὶ Ῥουβὴν καὶ Γὰδ καὶ ἥμισυ φυλῆς Μανασσὴ ἐξ υἱῶν δυνάμεως, ἄνδρες αἴροντες ἀσπίδας καὶ μάχαιραν καὶ τείνοντες τόξον καὶ δεδιδαγμένοι πόλεμον, τεσσεράκοντα καὶ τέσσαρες χιλιάδες καὶ
19 ἑπτακόσιοι καὶ ἑξήκοντα ἐκπορευόμενοι εἰς παράταξιν. ¹⁹καὶ ἐποίουν πόλεμον μετὰ τῶν Ἀγαρηνῶν καὶ Τουραίων καὶ Ναφεισαδαίων καὶ
20 Ναδαβαίων, ²⁰καὶ κατίσχυσαν ἐπ' αὐτῶν· καὶ ἐδόθησαν εἰς χεῖρας αὐτῶν οἱ Ἀγεραῖοι καὶ πάντα τὰ σκηνώματα αὐτῶν· ὅτι πρὸς τὸν θεὸν ἐβόησαν ἐν τῷ πολέμῳ καὶ ἐπήκουσεν αὐτοῖς, ὅτι ἤλπισαν
21 ἐπ' αὐτόν. ²¹καὶ ἠχμαλώτευσαν τὴν ἀποσκευὴν αὐτῶν, καμήλους πεντακισχιλίας, καὶ προβάτων διακοσίας πεντήκοντα χιλιάδας, ὄνους
22 δισχιλίους, καὶ ψυχὰς ἀνδρῶν ἑκατὸν χιλιάδας· ²²ὅτι τραυματίαι πολλοὶ ἔπεσον, ὅτι παρὰ τοῦ θεοῦ ὁ πόλεμος. καὶ κατῴκησαν ἀντ' αὐτῶν
23 ἕως τῆς μετοικεσίας. ²³Καὶ οἱ ἡμίσεις φυλῆς Μανασσὴ κατῴκησαν ἀπὸ Βασὰν ἕως Βαιλεὶμ καὶ Σανεὶρ καὶ ὄρος Ἀερμών· καὶ ἐν τῷ
24 Λιβάνῳ αὐτοὶ ἐπλεονάσθησαν. ²⁴καὶ οὗτοι ἀρχηγοὶ οἴκου πατριῶν αὐτῶν· Ὄφερ καὶ Σεεὶ καὶ Ἐλειὴλ καὶ Ἐσδριὴλ καὶ Ἰερμειὰ καὶ
Ὡδουιὰ καὶ Ἰελειήλ, ἄνδρες ἰσχυροὶ δυνάμει, ἄνδρες ὀνομαστοί, ἄρχον-
25 τες τῶν οἴκων πατριῶν αὐτῶν. ²⁵Καὶ ἠθέτησαν ἐν θεῷ πατέρων αὐτῶν, καὶ ἐπόρνευσαν ὀπίσω θεῶν λαῶν τῆς γῆς οὓς ἐξῆρεν ὁ θεὸς
26 ἀπὸ προσώπου αὐτῶν. ²⁶καὶ ἐπήγειρεν ὁ θεὸς Ἰσραὴλ τὸ πνεῦμα Φαλὼχ βασιλέως Ἀσσοὺρ καὶ τὸ πνεῦμα Θαγναφαμάσαρ βασιλέως Ἀσσούρ, καὶ μετῴκισεν τὸν Ῥουβὴν καὶ τὸν Γαδδεὶ καὶ τὸ ἥμισυ φυλῆς Μανασσή, καὶ ἤγαγεν αὐτοὺς εἰς Χαὰχ καὶ Χαβὼρ καὶ ἐπὶ ποταμὸν Χωζὰρ ἕως τῆς ἡμέρας ταύτης.

13 οκτω] επτα Bᵇ A   14 Αβιχαια A | Ουρι A | Ιδαι] Αδαι A | Μιχαηλ A
A | Ισαι] Ιεσσαι A | Ιουραι] Ιεδδαι A | Ζαβουχαμ] Αχιβουζ A   15 Αβδιηλ
A | Γουνι A   16 κατοικουν A | Γαλααδ A | Βασαν A | Γεριαμ] Σαρων A
17 Ιωθαν A   18 υιοι] υιον B | Γαδδι A | εντεινοντες A | τεσσαρακοντα B' |
τεσσαρες και τεσσερακοντα A | om και 8° A   19 Αγαραιων A | Τουραιων] Τουραια] B Ιτουραιων A | Ναφισαιων A   20 Αγοραιοι A   22 πολλαι A | κατωκησανταυτων A* (κατωκ. αντ αυτων A¹)   23 κατωκησαν] + εν γη A | Βαιλειμ]
Βααλειμ Bᵃᵇ Βααλ'·Ερμων· A   24 Σεει] Ιεισει A | Ελιηλ A | Εσδριηλ]
Ιεξριηλ A | Ιερεμια A | Ιεδιηλ A   25 λαων] pr των A   26 Φαλωχ] Φαλως
A | Θαγλαθ'·φαλνασαρ A | Γαδδι A | Χααχ] Χαλα A | Χωζαρ] Γωζᾶ| A

ΠΑΡΑΛΕΙΠΟΜΕΝΩΝ Α

B ¹Υἱοὶ Λευεί· Γεδσών, Καὰθ καὶ Μαραρεί. ²καὶ υἱοὶ Καάθ· ¹₂ (27)(28) VI (V)
Ἀμβρὰμ καὶ Ἰσσάαρ, Χεβρὼν καὶ Ὀζειήλ. ³καὶ υἱοὶ Ἀμβράν· 3 (29)
Ἀαρὼν καὶ Μωυσῆς καὶ Μαριάμ. καὶ υἱοὶ Ἀαρών· Ναδὰβ καὶ
Ἀβιούδ, Ἐλεαζὰρ καὶ Ἰθαμάρ. ⁴Ἐλεαζὰρ ἐγέννησεν τὸν Φεινεές, 4 (30)
Φεινεὲς ἐγέννησεν τὸν Ἀβεισού, ⁵Ἀβεισοὺ ἐγέννησεν τὸν Βοέ, καὶ 5 (31)
Βοὲ ἐγέννησεν τὸν Ὀζεί, ⁶Ὀζεὶ ἐγέννησε τὸν Ζαραιά, Ζαραιὰ 6 (32)
ἐγέννησεν τὸν Μαρειήλ, ⁷καὶ Μαρειὴλ ἐγέννησεν τὸν Ἀμαρειά, καὶ 7 (33)
Ἀμαρειὰ ἐγέννησεν τὸν Ἀχειτώβ, ⁸καὶ Ἀχειτὼβ ἐγέννησεν τὸν 8 (34)
Σαδώκ, καὶ Σαδὼκ ἐγέννησεν τὸν Ἀχειμάας, ⁹καὶ Ἀχειμάας ἐγέν- 9 (35)
νησεν τὸν Ἀζαριά, καὶ Ἀζαρίας ἐγέννησεν τὸν Ἰωανάς, ¹⁰καὶ 10 (36)
Ἰωανὰς ἐγέννησεν τὸν Ἀζαρίαν· οὗτος ἱεράτευσεν ἐν τῷ οἴκῳ ᾧ
ᾠκοδόμησεν Σαλωμὼν ἐν Ἱερουσαλήμ. ¹¹καὶ ἐγέννησεν Ἀζαριὰ τὸν 11 (37)
Ἀμαριά, καὶ Ἀμαριὰ ἐγέννησεν τὸν Ἀχειτώβ, ¹²καὶ Ἀχειτὼβ ἐγέν- 12 (38)
νησεν τὸν Σαδώκ, καὶ Σαδὼκ ἐγέννησεν τὸν Σαλώμ, ¹³καὶ Σαλὼμ 13 (39)
ἐγέννησεν τὸν Χελκείαν, καὶ Χελκείας ἐγέννησεν τὸν Ἀζαριά,
¹⁴καὶ Ἀζαρίας ἐγέννησεν τὸν Σαραιά, καὶ Σαραίας ἐγέννησεν τὸν 14 (40)
Ἰωσαδάκ. ¹⁵καὶ Ἰωσαδὰκ ἐπορεύθη ἐν τῇ μετοικίᾳ μετὰ Ἰούδα καὶ 15 (41)
Ἱερουσαλὴμ ἐν χειρὶ Ναβουχοδονοσόρ. ¹⁶Υἱοὶ Λευεί Γεδσών, 16 (1) (VI)
Καὰθ καὶ Μαραρεί. ¹⁷καὶ ταῦτα τὰ ὀνόματα τῶν υἱῶν Γεδσών· 17 (2)
Λοβενεὶ καὶ Σεμεεί. ¹⁸υἱοὶ Καάθ· Ἀμβρὰμ καὶ Ἰσσαάρ, Χεβρὼν καὶ 18 (3)
Ὀζειήλ. ¹⁹υἱοὶ Μαραρεί· Μοολεὶ καὶ Ὀμουσεί. καὶ αὗται αἱ πατριαὶ 19 (4)
τοῦ Λευεὶ κατὰ πατριὰς αὐτῶν. ²⁰τῷ Γεδσών, τῷ Λοβενεὶ υἱῷ αὐτοῦ, 20 (5)
Ἰεέθ υἱὸς αὐτοῦ, Ζεμμὰ υἱὸς αὐτοῦ, ²¹Ἰωὰβ υἱὸς αὐτοῦ, Ἀδεὶ υἱὸς 21 (6)
αὐτοῦ, Ἰαάρα υἱὸς αὐτοῦ, Ἰεθρεὶ υἱὸς αὐτοῦ. ²²υἱοὶ Καάθ· Ἀμεινα- 22 (7)
δὰβ υἱὸς αὐτοῦ, Κόρε υἱὸς αὐτοῦ, Ἀρεσεὶ υἱὸς αὐτοῦ, ²³Ἑλκανὰ 23 (8)

A VI 1 Λευι A | Γεδεων A | Μεραρει B^b Μεραρι A   2 Αμραμ A
(item 3)   4 Φινεες bis B^bA | Αβισου A (item 5)   5 Βωε 1°]+ϟ (superscr)
B^b Βωκαι A | Βωε 2°] Βωκαι A | Οζι A (item 6)   6 εγεννησεν A | Ζαραια
1°] Ζαραιᾳ A | Ζαραια 2°] Ζαριας A | Μαρειηλ] Μαραιωθ A (item 7)
7 Αμαρεια] Αμαρια B^b (bis) Αμαριαν (1°) Αμαριας (2°) A | Αχιτωβ A (item 8)
8 Αχιμαας A (item 9)   9 Αζαρια] Αζαριαν A | Ιωανας] Ιωαναν A
11 Αζαριας A | Αμαρια] Αμαριαν (1°) Αμαριας (2°) A | Αχιτωβ A (item
12)   12 Σαλωμ] Σελλουμ A (item 13)   13 εγεννησεν 1°] εγε̄] sup
ras B^avid | Χελκιαν B^bA | Χελκιας B^bA | Αζαριαν A   14 τον Σαραιαν
A | Ιωσεδεκ A (item 15)   15 Ιερουσαλημ] Ιηλ'· A | χειρι] χερ|σιν A
16 Λευι A (item 19) | Γεδσων] Γηρσων A (item 17, 20) | Μεραρει B^b
Μεραρι A (item 19)   17 Λοβενι A | Σεμει A   18 Αμραμ A
19 Μοολι A | Ομουσι A   20 Λοβε|νι (νι A^a'(mg)) A | Ιεθ A | Ζαμμα A
20—21 υιος αυτου· Ιωαχ (sic. seq ras 2 litt) υιος αυτου Αδδι (sic) υιος αυτου|
sup ras et in mg A^a?   21 Ιααρα] Ζαρα A | Ιεθρι (sic) υιο sup ras A^a
22 Αμειναδαβ] Ισσααρ A | Αρεσει] Ασειρ A   23—26 Ελκανα υιος] αυτου·

(9) 24 καὶ Ἀβιαθὰρ υἱὸς αὐτοῦ, Ἀσερεὶ υἱὸς αὐτοῦ, ²⁴Κάαθ υἱὸς αὐτοῦ, Β
(10) 25 Ὀριὴλ υἱὸς αὐτοῦ, Ὀζειὰ υἱὸς αὐτοῦ, Σαοὺλ υἱὸς αὐτοῦ. ²⁵καὶ υἱοὶ
(11) 26 Ἐλκανά· Ἀμεσσεὶ καὶ Ἀλειμώθ, ²⁶Ἐλκανὰ υἱὸς αὐτοῦ, Σουφεὶ υἱὸς
(12) 27 αὐτοῦ, Καῖναθ υἱὸς αὐτοῦ, ²⁷Ἐλιὰβ υἱὸς αὐτοῦ, Ἰδαὲρ υἱὸς αὐτοῦ,
(13) 28 Ἐλκανὰ υἱὸς αὐτοῦ. ²⁸υἱοὶ Σαμουήλ· ὁ πρωτότοκος Σανεὶ καὶ
(14) 29 Ἀβιά. ²⁹υἱοὶ Λοβενεὶ υἱὸς αὐτοῦ, Σομεὶ υἱὸς αὐτοῦ, Ὀζὰ υἱὸς αὐτοῦ,
(15) 30 ³⁰Σομεὰ υἱὸς αὐτοῦ, Ἀμὰ υἱὸς αὐτοῦ, Ἀσαβὰ υἱὸς αὐτοῦ. ³¹Καὶ
(16) 31
οὗτοι οὓς κατέστησεν Δαυεὶδ ἐπὶ χεῖρας ᾀδόντων ἐν οἴκῳ Κυρίου
(17) 32 ἐν τῇ καταπαύσει τῆς κιβωτοῦ. ³²καὶ ἦσαν λειτουργοῦντες ἐναντίον
τῆς σκηνῆς οἴκου μαρτυρίου ἐν ὀργάνοις ἕως οὗ ᾠκοδόμησεν Σαλω-
μὼν τὸν οἶκον ἐν Ἰερουσαλήμ·· καὶ ἔστησαν κατὰ τὴν κρίσιν
(18) 33 αὐτῶν ἐπὶ τὰς λειτουργίας αὐτῶν. ³³καὶ οὗτοι οἱ ἑστηκότες καὶ
οἱ υἱοὶ αὐτῶν ἐκ τῶν υἱῶν τοῦ Καάθ· Αἱμὰν ὁ ψαλτῳδὸς υἱὸς
(19) 34 Ἰωὴλ υἱοῦ Σαμουὴλ ³⁴υἱοῦ Ἐλκανὰ υἱοῦ Ἡαὰλ υἱοῦ Ἐλειὴλ υἱοῦ
(20) 35 Θεῖε ³⁵υἱοῦ Σοὺφ υἱοῦ Ἐλκανὰ υἱοῦ Μὲθ υἱοῦ Ἀμαθειοῦ ³⁶υἱοῦ
(21) 36
(22) 37 Ἐλκανὰ υἱοῦ Ἰωὴλ υἱοῦ Ἀζαριὰ υἱοῦ Σαφανιὰ ³⁷υἱοῦ Θάαθ υἱοῦ
(23) 38 Ἀσεὶρ υἱοῦ Ἀβιασὰρ υἱοῦ Κόρε ³⁸υἱοῦ Ἰσσαὰρ υἱοῦ Καὰθ υἱοῦ
(24) 39 Λευεὶ υἱοῦ Ἰσραήλ. ³⁹καὶ ἀδελφὸς αὐτοῦ Ἀσὰφ ὁ ἑστηκὼς ἐν
(25) 40 δεξιᾷ αὐτοῦ· Ἀσὰφ υἱὸς Βαραχιὰ υἱοῦ Σαμαὰ ⁴⁰υἱοῦ Μειχαὴλ υἱοῦ
(26) 41 Μαασαὶ υἱοῦ Μελχειὰ ⁴¹υἱοῦ Ἀθανεὶ υἱοῦ Ζααραὶ υἱοῦ Ἀζειὰ ⁴²υἱοῦ
(27) 42
(28) 43 Αἰθὰν υἱοῦ Ζαμμὰμ υἱοῦ Σεμεεὶ ⁴³υἱοῦ Ἤχα υἱοῦ Γεεδσὼν υἱοῦ
(29) 44 Λευεί. ⁴⁴καὶ υἱοὶ Μεραρεὶ ἀδελφοῦ αὐτῶν ἐξ ἀριστερῶν· Λιθὰμ
(30) 45 υἱὸς Κεισαὶ υἱοῦ Ἀβδεὶ υἱοῦ Μαλὼχ ⁴⁵υἱοῦ Ἀσεβεὶ ⁴⁶υἱοῦ Ἀμεσσειὰ
(31) 46
(32) 47 υἱοῦ Βανεὶ υἱοῦ Σέμμηρ ⁴⁷υἱοῦ Μοολεὶ Μοσεὶ υἱοῦ Μερραρεὶ
(33) 48 υἱοῦ Λευεί. ⁴⁸Καὶ ἀδελφοὶ αὐτῶν κατ᾽ οἴκους πατριῶν

και Αβιασαφ υιος αυτου Ασειρ| υιος αυτου· Θααθ υιος αυτου Ουριηλ υι|ος Α
αυτου· Οζιας υιος αυτου· Σαουλ υιος| αυτου (ρι κ Α* ᵛⁱᵈ) και υιοι Ελκανα
Αμασι και Οχιμωθ| Ελκανα υιος αυτου Σουφει υιος αυτου Κ̣ναθ'| sup ras
Aᵃ¹ 26 om υιος 3° Α (? Α*) 27 Ιδαερ] Ιεροβοαμ Α 28 Σανι Α
29 υιοι]+Μαραρει (supersci) Bᵃ+Μεραρει Bᵇ+Μεραρι· Μοολι Α | Λοβενι Α |
Σεμει Α | Αζα Α 30 Σομεα] Σαμα Α | Αμα υιος (Αμα υ sup ras Bᵃ ᵛⁱᵈ)]
Αγγια υιος Α | Ασαβα] Ασαια Α 32 οικον]+κ̅υ̅ Α | κρισιν] κρασι] Α
33 του Κααθ sup ras Α¹ | υιος] υιου Β 34 Ηααλ] Ιερεαμ Α | Ελιηλ
Α | Θειε] Θοονε Α 35 Μεθ] Μααθ Α | Αμαθειου] Αμας Α 36 Αζαριου
Α | Σαφανιου Α 37 Αβιασαφ Βᵃ⁽ᵛⁱᵈ⁾ᵇ 38 Λευι Α (item 43, 47)
39 Βαραˣ·/χια Α 40 Μιχαηλ Α | Μαασαι] Βαασια Α | Μελχια Α
41 Ζααραι] Αζαριου Α | Αζεια] Αδαια Α 42 Αιθαν] Ουρι Α | Ζαμμα Α |
Σεμει Α 43 Ηχα] Ιεεθ Α | Γεεδσων] Γηρσων Α 44 Μεραρι Α
(item 47) | Αιθαν Α | Κεισαν Α | Αβδι Α 45 Ασεβι Α 46 Αμεσσεια]
Μαεσσια Α+υιου Χελχιου·| υιου Αμασαι·| Α | Βανει] Βαανι Α 47 Μοολι
Α | Μοσει] υιου Ομουσι Α

ΠΑΡΑΛΕΙΠΟΜΕΝΩΝ Α

Β αὐτῶν οἱ Λευεῖται δεδομένοι εἰς πᾶσαν ἐργασίαν λειτουργίας σκηνῆς οἴκου τοῦ θεοῦ. ⁴⁹καὶ Ἀαρὼν καὶ οἱ υἱοὶ αὐτοῦ θυμιῶντες 49 (34) ἐπὶ τὸ θυσιαστήριον τῶν ὁλοκαυτωμάτων καὶ ἐπὶ τὸ θυσιαστήριον τῶν θυμιαμάτων εἰς πᾶσαν ἐργασίαν ἅγια τῶν ἁγίων καὶ ἐξιλάσκεσθαι περὶ Ἰσραὴλ κατὰ πάντα ὅσα ἐνετείλατο Μωυσῆς παῖς τοῦ θεοῦ. ⁵⁰Καὶ οὗτοι υἱοὶ Ἀαρών· Ἐλεαζὰρ υἱὸς αὐτοῦ, 50 (35) Φεινεὲς υἱὸς αὐτοῦ, Ἀβεισοὺ υἱὸς αὐτοῦ, ⁵¹Βωκαὶ υἱὸς αὐτοῦ, Ὀζεὶ 51 (36) υἱὸς αὐτοῦ, Ζαραιὰ υἱὸς αὐτοῦ, ⁵²Μαρειὴλ υἱὸς αὐτοῦ, Ἀλιαρειὰ 52 (37) υἱὸς αὐτοῦ, Ἀχειτὼβ υἱὸς αὐτοῦ, ⁵³Σαδὼκ υἱὸς αὐτοῦ, Ἀχεισάμα 53 (38) υἱὸς αὐτοῦ. ⁵⁴Καὶ αὗται αἱ κατοικίαι αὐτῶν ἐν ταῖς κώμαις 54 (39) αὐτῶν ἐν τοῖς ὁρίοις αὐτῶν τοῖς υἱοῖς Ἀαρὼν τῇ πατριᾷ αὐτῶν τοῦ Κααθεί, ὅτι αὐτοῖς ἐγένετο ὁ κλῆρος. ⁵⁵καὶ ἔδωκαν αὐτοῖς 55 (40) τὴν Χεβρὼν ἐν γῇ Ἰουδαίᾳ καὶ τὰ περισπόρια αὐτῆς κύκλῳ αὐτῆς. ⁵⁶καὶ τὰ πεδία τῆς πόλεως καὶ τὰς κώμας αὐτῆς ἔδωκαν τῷ Χαλὲβ 56 (41) υἱῷ Ἰεφοννή. ⁵⁷καὶ τοῖς υἱοῖς Ἀαρὼν ἔδωκαν τὰς πόλεις τῶν 57 (42) φυγαδευτηρίων, τὴν Χεβρών, καὶ τὴν Λοβνὰ καὶ τὰ περισπόρια αὐτῆς, καὶ τὴν Σελνὰ καὶ τὰ περισπόρια αὐτῆς, καὶ τὴν Ἐσθαμὼ καὶ τὰ περισπόρια αὐτῆς, ⁵⁸καὶ τὰ Ἰεθθὰρ καὶ τὰ περισπόρια 58 (43) αὐτῆς, καὶ τὴν Δαβεὶρ καὶ τὰ περισπόρια αὐτῆς, ⁵⁹καὶ τὴν Ἀσὰν 59 (44) καὶ τὰ περισπόρια αὐτῆς, καὶ τὴν Ἀττὰν καὶ τὰ περισπόρια αὐτῆς, καὶ τὴν Βασάμυς· ⁶⁰καὶ ἐκ φυλῆς Βενιαμεὶν καὶ τὴν Γάβαι 60 (45) καὶ τὰ περισπόρια αὐτῆς, καὶ τὴν Γαλέμεθ καὶ τὰ περισπόρια αὐτῆς, καὶ τὴν Ἀγχὼχ καὶ τὰ περισπόρια αὐτῆς· πᾶσαι αἱ πόλεις αὐτῶν τρισκαίδεκα πόλεις κατὰ πατριὰς αὐτῶν. ⁶¹καὶ τοῖς υἱοῖς 61 (46) Κααθ τοῖς καταλοίποις ἐκ τῶν πατριῶν ἐκ τῆς φυλῆς ἐκ τοῦ ἡμίσους φυλῆς Μανασσὴ κλήρῳ πόλεις δέκα. ⁶²καὶ τοῖς υἱοῖς 62 (47) Γεδσὼν κατὰ πατριὰς αὐτῶν ἐκ φυλῆς Ἰσσαχάρ, ἐκ φυλῆς Ἀσήρ, ἐκ φυλῆς Νεφθαλεί, ἐκ φυλῆς Μανασσὴ ἐν τῇ Βασὰν πόλεις τρισκαίδεκα. ⁶³καὶ τοῖς υἱοῖς Μεραρεὶ κατὰ πατριὰς αὐτῶν ἐκ 63 (48) φυλῆς Ῥουβήν, ἐκ φυλῆς Δάν, ἐκ φυλῆς Ζαβουλὼν κλήρῳ πόλεις

Α 48 Λευιται Α   49 αγια] αγιαν Α   50 Ααρων] Ααρω sup ras Α¹ | Φινεες Α | Αβισου Α   51 Οζι Α   52 Μαρειηλ] Μεραωθ Α | Αλιαρεια] Αμαρια Α | Αχιτωβ Α   53 Αχεισαμα] Αχιμαας Α   54 om αυτων 4° Α | Κααθι Α   55 Ιουδα Α   57 Σελνα] Νηλων Α   58 τα Ιεθθαρ] την Ιεθερ Α | περισπορια 1°] σπορια Α   59 Ατταν Βασαμυς] Βαιθισαμυς και τα περισπορια αυτης και την Βαιθθηρ και τα περισπορια αυτης | Α   60 εκ] απο της Α | Γαβεε Α | την Γαλεμεθ] Γαλημεθ Α | αυτης 2°]+και την Λαβεε και τα περισπορια αυτης| και την Αναθωθ· και τα περισπορια| αυτης· Α | Αγχως Α   61 υιοι Α   62 Γεδσων] Γηρσων Α | Νεφθαλι Α | τρισκαιδεκα] δεκα τρεις Α   63 Μεραρι Α | Δαν] Γαδ Α

ΠΑΡΑΛΕΙΠΟΜΕΝΩΝ Α　　VI 78

(49) 64 δέκα δύο. ⁶⁴καὶ ἔδωκαν οἱ υἱοὶ Ἰσραὴλ τοῖς Λευείταις τὰς πόλεις B
(50) 65 καὶ τὰ περισπόρια αὐτῶν· ⁶⁵καὶ ἔδωκαν ἐν κλήρῳ ἐκ φυλῆς
υἱῶν Ἰούδα καὶ ἐκ φυλῆς υἱῶν Συμεὼν τὰς πόλεις ταύτας ἃ ἐκά-
(51) 66 λεσεν αὐτάς. ⁶⁶καὶ ἀπὸ τῶν πατριῶν υἱῶν Καάθ, καὶ ἐγένοντο
(52) 67 πόλεις τῶν ὁρίων αὐτῶν ἐκ φυλῆς Ἐφράιμ. ⁶⁷καὶ ἔδωκαν αὐτῷ
τὰς πόλεις τῶν φυγαδευτηρίων, τὴν Συχὲμ καὶ τὰ περισπόρια
αὐτῆς ἐν ὄρει Ἐφράιμ, καὶ τὴν Γάζερ καὶ τὰ περισπόρια αὐτῆς,
(53) 68 ⁶⁸καὶ τὴν Ἰκαὰμ καὶ τὰ περισπόρια αὐτῆς, καὶ τὴν Βαιθωρὼν καὶ
(54) 69 τὰ περισπόρια αὐτῆς, ⁶⁹καὶ τὴν Ἐγλὰμ καὶ τὰ περισπόρια αὐτῆς,
(55) 70 καὶ τὴν Γεθωρὼν καὶ τὰ περισπόρια αὐτῆς· ⁷⁰καὶ ἀπὸ τῶν
ἡμίσους φυλῆς Μανασσὴ τὴν Ἀμὰρ καὶ τὰ περισπόρια αὐτῆς,
(56) 71 κατὰ πατριὰν τοῖς υἱοῖς Καὰθ τοῖς καταλοίποις. ⁷¹τοῖς υἱοῖς
Γεδσὼν ἀπὸ πατριῶν ἡμίσους φυλῆς Μανασσὴ τὴν Γωλὰν ἐκ
τῆς Βασὰν καὶ τὰ περιπόλια αὐτῆς, καὶ τὴν Ἀσηρὼθ καὶ τὰ περι-
(57) 72 σπόρια αὐτῆς· ⁷²καὶ ἐκ φυλῆς Ἰσσαχὰρ τὴν Κέδες καὶ τὰ περι-
σπόρια αὐτῆς, καὶ τὴν Δεβερεὶ καὶ τὰ περισπόρια αὐτῆς, καὶ
(59) 74 τὴν Δαβὼρ καὶ τὰ περισπόρια αὐτῆς· ⁷⁴καὶ ἐκ φυλῆς Ἀσὴρ τὴν
Μαασὰ καὶ τὰ περισπόρια αὐτῆς, καὶ τὴν Ἀβαρὰν καὶ τὰ περι-
(60) 75 σπόρια αὐτῆς, ⁷⁵καὶ τὴν Ἰκὰκ καὶ τὰ περισπόρια αὐτῆς, καὶ
(61) 76 τὴν Ῥοὼβ καὶ τὰ περισπόρια αὐτῆς· ⁷⁶καὶ ἀπὸ φυλῆς Νεφθαλεὶ
τὴν Κέδες ἐν τῇ Γαλειλαίᾳ καὶ τὰ περισπόρια αὐτῆς, καὶ τὴν Χαμὼθ
καὶ τὰ περισπόρια αὐτῆς, καὶ τὴν Καριαθάιμ καὶ τὰ περισπόρια
(62) 77 αὐτῆς. ⁷⁷τοῖς υἱοῖς Μεραρεὶ τοῖς καταλοίποις ἐκ φυλῆς Ζαβουλὼν
τὴν Ῥεμμὼν καὶ τὰ περισπόρια αὐτῆς, καὶ τὴν Θαχχειὰ καὶ
(63) 78 τὰ περισπόρια αὐτῆς ⁷⁸ἐκ τοῦ πέραν τοῦ Ἰορδάνου, καὶ τὴν Ἰερειχὼ

64 Λευιταις A　　65 κληρω εκ φυλης] ω εκ φυ sup ras Aᵃ? | α]ας A | αυ- A
τας]+επ ονοματος BᵃᵇⁱⁿᵍA　　68 Ιεκμααν A　　69 Εγλαμ] Πλων A |
Γεθωρων] Γεθρεμμων A　　70 των ημισους] του ημισου (sic) A | post
Μανασση ras φ Aᵛⁱᵈ | Αμαρ] Ενηρ A | αυτης]+και την Ιβλααμ· και τα
πε|ρισπορια αυτης· A | πατριας A　　71 Γεδσων] Γηρσων A | om απο
πατριων A | ημισυς A　　71—75 υιοις| Γηρσων ημισυς φυλης (η sup ras Aᵇ)
Μαννασση || την Γαυλων εκ της Βασαν και τα περι|σπορια αυτης· και την Ραμωθ
και τα| περισπορια αυτης· και εκ φυλης| Ισσαχαρ την Κεδες και τα πε|ρισπο|ρια
αυτης· και την Γαδερ και τα περισπορια αυτης· και την Αμως και τα|
περισπορια αυτης και την Αναμ| και τα περισπορια αυτης· και εκ φυ|λης
Ασηρ την Μασαλ και τα περισπορια| αυτης και την Αβδων και τα περισπορια
αυτης ϛ την Ιακακ| partim ad calc et in mgg partim sup ras Aᵃ　　76 Νεφ-
θαλειμ A | Γαλιλαια BᵇA | Χαμων A　　77 Μεραρι A | την Ρεμμων] pr
την Ιεκομα| και τα περισπορια αυτης· και την Καδης· και τα πε|ρισπορια αυτης·
και A | Θαχχεια] Θαβωρ A　　78 εκ του π.] εν τω π. A | om και 1° A |
Ιεριχω Bᵇ

15

ΠΑΡΑΛΕΙΠΟΜΕΝΩΝ Α

B κατὰ δυσμὰς τοῦ Ἰορδάνου· ἐκ φυλῆς Ῥουβὴν τὴν Βόσορ ἐν τῇ
ἐρήμῳ καὶ τὰ περισπόρια αὐτῆς, ⁷⁹καὶ τὴν Καδαμὼς καὶ τὰ περι- 79 (64)
σπόρια αὐτῆς, καὶ τὴν Μαέφλα καὶ τὰ περισπόρια αὐτῆς· ⁸⁰καὶ 80 (65)
ἐκ φυλῆς Γὰδ τὴν Ῥαμμὼν Γαλαὰδ καὶ τὰ περισπόρια αὐτῆς, καὶ
τὴν Μααναὶθ καὶ τὰ περισπόρια αὐτῆς, ⁸¹καὶ τὴν Ἐσεβὼν καὶ τὰ 81 (66)
περισπόρια αὐτῆς, καὶ τὴν Γαζὲρ καὶ τὰ περισπόρια αὐτῆς.

¹Καὶ τοῖς υἱοῖς Ἰσσαχάρ· Θολάεκ καὶ Φοὺτ καὶ Ἰασσοὺρ καὶ 1 VII
Σεμερών, τέσσαρες. ²καὶ υἱοὶ Θολέ· Ὀζεί, Ῥαφαρὰ καὶ Ῥειὴλ καὶ 2
Εἰικάν, Βασὰν καὶ Ἰσαμουήλ, ἄρχοντες οἴκων πατριῶν αὐτῶν τῷ
Θολαεὶ ἰσχυροὶ δυνάμει κατὰ γενέσεις αὐτῶν. ὁ ἀριθμὸς αὐτῶν
ἡμέραις Δανειδ εἴκοσι καὶ δύο χιλιάδες καὶ ἑξακόσιοι. ³καὶ υἱοὶ 3
Ζειρρεί· Ζαρειά, Μειχαήλ· καὶ υἱοὶ Ζαρειὰ Μειβδειὰ καὶ Ῥαήλ, Εἰσιά,
πέντε, ἄρχοντες πάντες. ⁴καὶ ἐπ' αὐτῶν κατὰ γενέσεις αὐτῶν 4
κατ' οἴκους πατρικοὺς αὐτῶν ἰσχυροὶ παρατάξασθαι εἰς πόλεμον
τριάκοντα καὶ ἓξ χιλιάδες, ὅτι ἐπλήθυναν γυναῖκας καὶ υἱούς. ⁵καὶ 5
ἀδελφοὶ αὐτῶν εἰς πάσας πατριὰς Ἰσσαχὰρ καὶ ἰσχυροὶ δυνάμει
ὀγδοήκοντα καὶ ἑπτὰ χιλιάδες, ὁ ἀριθμὸς αὐτῶν τῶν πάντων.

⁶Βενιαμεὶν καὶ Ἀβειρὰ καὶ Ἀδειήλ, τρεῖς. ⁷καὶ υἱοὶ Βάδεε· Ἀσε- 6/7
βὼν καὶ Ὀζεὶ καὶ Ὀζειὴλ καὶ Ἀρειμώθ, Οὐρεί, πέντε, ἄρχοντες
οἴκων πατρικῶν ἰσχυροὶ δυνάμει, καὶ ὁ ἀριθμὸς αὐτῶν εἴκοσι καὶ
δύο χιλιάδες καὶ τριάκοντα τέσσαρες. ⁸καὶ υἱοὶ Ἀβαχεί· Ἀμαρίας 8
καὶ Ἰωὰς καὶ Ἐλιέζερ καὶ Ἐλειθαινὰν καὶ Ἀμαρειὰ καὶ Αὐρημώθ
καὶ Ἀβιοὺδ καὶ Ἀναθὼθ καὶ Γεμέεθ. πάντες οὗτοι υἱοὶ Ἀμαχείρ,
⁹καὶ ὁ ἀριθμὸς αὐτῶν κατὰ γενέσεις αὐτῶν, ἄρχοντες οἴκων πατριῶν 9
αὐτῶν ἰσχυροὶ δυνάμει, εἴκοσι χιλιάδες καὶ διακόσιοι. ¹⁰καὶ υἱοὶ 10

A 79 και 1°] pr |και την Ιασα· και τα περισπορια (σ sup ras A¹⁽ᵛⁱᵈ⁾)
αυτης·| A | Καδαμως] Καμηδωθ A | Μαεφλα] Φααθ A   80 Ραμμων] Ραμωθ
A | Μααναιμ A   81 Γαζηρ A   VII 1 τοις υιοις] ουτοι υιοι A | Θολαεκ (Θωλ.
Μαι)] Θωλα A | Φουα A | Ιασσουρ] Ιασουβ A | και 4° bis scr A | Σαμραμ A
2 Θολε (Θωλ Μαι)] Θωλα A | Οζι A | Ραφαρα] και Ραφαια A | Ρειηλ] Ιερεηλ
A | Ειικαν] Ιεμου A | Βασαν] και Ιεβασαν A | Ισαμουηλ] Σαμουηλ A | οικων]
κατ οικον A | Θωλαει] Θωλα A | ημεραις] pr εν A | εξακοσιοι] α sup ras A¹
3 Ζειρρει] Οζι A | Ζαρεια] Ιεζρια (Ιεζραα A*ᵛⁱᵈ Ιεζρια A¹)· και υιοι Ιεζρια·|
A | Μιχαηλ A | om υιοι Ζαρεια A | Μειβδεια κ. Ραηλ Εισια] Οβδια και
Ιωηλ και Ιεσια A | πεντες B* (πεντε Bᵃᵇ)   4 επ] μετ A   5 αδελφοι]
pr οι A | om και 2° A   6 Αβειρα] Βο|χορ A | Ιαδιηλ A   7 Βα-
δεεα· Σεβων B Βαλε| Ασεβων A | Οζι A | Οζιηλ A | Αρειμωθ] Ιε|ριμουθ A |
Ουρει (Ουρι A)] pr και Bᵇ⁽ᵛⁱᵈ⁾ | εικοσι| A   8 Αβαχει] Βοχορ A |
Αμαριας] Ζαμαριας A | Ελειθαναν] Ελιω|ηναι A | Αμαρεια] Αμαρια A |
Αυρημωθ] Ιεριμωθ A | Αβιουδ] Αβιου A | Γεμεεθ] Ελμεθεμ A | Αμαχειρ]
Βοχορ A

ΠΑΡΑΛΕΙΠΟΜΕΝΩΝ Α VII 25

Ἀριήλ· Βαλαάν. καὶ υἱοὶ Βαλαάν· Ἰαοὺς καὶ Βενιαμεὶν καὶ Ἀὼθ Β
11 καὶ Χανάαν καὶ Ζαιθὰν καὶ Ῥαμεσσαὶ καὶ Ἀχεισάδαρ. ¹¹πάντες
οὗτοι υἱοὶ Ἀριήλ, ἄρχοντες τῶν πατριῶν ἰσχυροὶ δυνάμει, ἑπτὰ καὶ
δέκα χιλιάδες καὶ διακόσιοι, ἐκπορευόμενοι δυνάμει τοῦ πολεμεῖν·
12 ¹²καὶ Σαπφεὶν καὶ Ἀπφείν, καὶ υἱοὶ Ῥαώμ, υἱὸς αὐτοῦ Ἀέρ.
13 ¹³Υἱοὶ Νεφθαλεί· Ἰεισιήλ, Γωνεὶ καὶ Ἰσσειὴρ καὶ Σαλωμών, υἱοὶ Βαλάμ.
14 ¹⁴Υἱοὶ Μανασσῆ· Ἀσερειήλ, ὃν ἔτεκεν ἡ παλλακὴ αὐτοῦ ἡ Σύρα·
15 ἔτεκεν τὸν Μαχεὶρ πατέρα Γαλαάδ. ¹⁵καὶ Μαχεὶρ ἔλαβεν γυναῖκα τῷ
Ἀμφεὶν καὶ Μαμφείν· καὶ ὄνομα ἀδελφῆς αὐτοῦ Μοωχά, καὶ ὄνομα
16 τῇ δευτέρᾳ Σαπφαάδ. ¹⁶καὶ ἔτεκεν Μοωχὰ γυνὴ Μαχεὶρ υἱόν, καὶ
17 ἐκάλεσεν τὸ ὄνομα αὐτοῦ Σοῦρος· υἱὸς αὐτοῦ Οὐλάμ, ¹⁷Βαδάμ.
18 οὗτοι υἱοὶ Γαλαὰδ υἱοῦ Μαχεὶρ υἱοῦ Μανασσῆ. ¹⁸καὶ ἀδελφὴ αὐτοῦ
19 ἡ Μαλέχεθ ἔτεκεν τὸν Ἰσαδὲκ καὶ τὸν Ἀβιέζερ καὶ τὸν Μαελά. ¹⁹καὶ
ἦσαν υἱοὶ Σεμειρά· Ἰαεεὶμ καὶ Σύχεμ καὶ Λακεεὶμ καὶ Ἀλιαλείμ.
20 ²⁰Καὶ υἱοὶ Ἐφράιμ· Σωθάλαθ. υἱοὶ Λααδά· υἱὸς αὐτοῦ Νοομέ, ²¹υἱὸς
21
αὐτοῦ Ζάβεδ· καὶ ἀπέκτειναν αὐτὸν ἄνδρες Γὲθ οἱ τεχθέντες ἐν γῇ,
22 ὅτι κατέβησαν τοῦ λαβεῖν τὰ κτήνη αὐτῶν. ²²καὶ ἐπένθησεν Ἐφράιμ
πατὴρ αὐτῶν ἡμέρας πολλάς, καὶ ἦλθον ἀδελφοὶ αὐτῶν τοῦ παρα-
23 καλέσαι αὐτόν. ²³καὶ εἰσῆλθεν πρὸς τὴν γυναῖκα αὐτοῦ, καὶ ἔλαβεν
ἐν γαστρὶ καὶ ἔτεκεν υἱόν, καὶ ἐκάλεσεν τὸ ὄνομα αὐτοῦ Βαργαά,
24 ὅτι Ἐν κακοῖς ἐγένετο ἐν οἴκῳ μου ²⁴καὶ ἐν ἐκείνοις τοῖς κατα-
λοίποις· καὶ ᾠκοδόμησεν Βαιθωρὼν τὴν κάτω καὶ τὴν ἄνω. καὶ
25 υἱοὶ Ὀζάν· Σεηρὰ ²⁵καὶ Ῥάφη υἱοὶ αὐτοῦ, Σάραφ καὶ Θάλεες υἱοὶ

10 Αριηλ] Αδιηλ Α | Ιαους] Ιεως Α | Αωθ] Αμειδ Α | Χανααν Α | Ζαιθαν] Α Ηθαν Α | Ραμεσσαι] Θαρσεις Α | Αχεισαδαρ] Αχισααρ Α   11 ουτοι υιοι sup ras (pr ras 3 forte litt) Α | Αριηλ] Αδιηρ (ρ sup ras Aᵇ) Α   12 Σαπφειν] Σαφειμ Α | Απφειν] Αφειμ Α | Ραωμ] Ωρα· Ασοβ· Α | Αορ Α   13 Νεφθαλι Α | Ιεισιηλ] Ιασιηλ Α | Γω|υνι Α | Ισσειηρ] Σααρ Α | Σαλωμων] Σελλουμ Α | Βαλαμ] Βαλλα Α   14 Ασερειηλ] Εσριηλ Α   15 Αμφειν] Αφφειν Α | Μαμφειν] Σεφ|φειμ Α | Μοοχα Α (item 16) | Σαλπααδ Α+και εγεννηθησα| τω Σαλπααδ θυγατερες Α   16 γυνη] pr η Α | αυτου]+ Φαρες· και ονομα αδελ|φου αυτου Α | Σουρος] Σορος Α | Ουλαμ]+και υιοι Ουλαμ· Α   17 Βαδαν Α | υιου 1°] υιοι Α* (υιου Aʔ)   18 αδελφη] pr η Α | Ισαδεκ] Σουδ Α | Μοολα Α   19 Σεμιρα· Αειν· Α | Λακεια Α | Αλιαλειμ] Ανιαμ Α   20—21 Σωθαλαθ . Ζαβεδ] Σωθαλα και Βαραδ· υιοι αυτου· και Θααθ·| υιος αυτου· Ελεαλα· υιος αυτου | Νομεε υιος αυτου· Ζαβεδ· υιος αυ|του· Σωθελε· υιος αυτου Εζερ υιος| αυτου· και Ελεαδ· Α   21 Ζαβεδ]+υιος αυτου| Σωθελε Bᵃᵇ ᵐᵍ | αυτον] αυτους Α | Γεθ] Γαιθ Α | γη] pr τη Α | του λαβειν] om του Α   22 αδελφοι αυτων] οι αδ. αυτου Α   23 Βαργαα] Βαρια Α | μου]+και η θυγατηρ| αυτου Σαρα Α   25 υιοι αυτου (1°) Bᵇ] υιον B* (υιοι B¹) υιος αυτου Α | Σαραφ] και Ρασεφ· Α | Θαλεες] Θαλε Α

αὐτοῦ, Θάεν υἱὸς αὐτοῦ. ²⁶τῷ Λαδδὰν υἱῷ αὐτοῦ υἱοὶ Ἀμιονείδ, 26
υἱοὶ Ἐλειμασαί, ²⁷υἱοὶ Νούμ, υἱοὶ Ἰησοῦε, υἱοὶ αὐτοῦ. ²⁸καὶ κατά- 27 28
σχεσις αὐτῶν καὶ κατοικία αὐτῶν· Βαιθὴλ καὶ αἱ κῶμαι αὐτῆς, κατ᾽ ἀνα-
τολὰς Νααρνάν, πρὸς δυσμαῖς Γάζερ καὶ αἱ κῶμαι αὐτῆς, καὶ Συχὲμ
καὶ αἱ κῶμαι αὐτῆς ἕως Γαιὰν καὶ αἱ κῶμαι αὐτῆς· ²⁹καὶ ἕως ὁρίων 29
υἱῶν Μανασσή, Βαιθσαὰν καὶ αἱ κῶμαι αὐτῆς, Θαλμὴ καὶ αἱ κῶμαι
αὐτῆς· καὶ Βαλὰδ καὶ αἱ κῶμαι αὐτῆς, Μαγεδδεὶ καὶ αἱ κῶμαι αὐτῆς,
Δὼρ καὶ αἱ κῶμαι αὐτῆς· ἐν ταύτῃ κατῴκησαν οἱ υἱοὶ Ἰωσὴφ υἱοῦ
Ἰσραήλ.

³⁰Υἱοὶ Ἀσήρ· Ἰνινὰ καὶ Ἰσουὰ καὶ Ἰσουὶ καὶ Βεριγὰ καὶ Σορέ, καὶ 30
ἀδελφὴ αὐτῶν. ³¹υἱοὶ Βεριχά· Γάβερ καὶ Μελλειή, οὗτος πατὴρ Βηζαίθ. 31
³²καὶ Χάβερ ἐγέννησεν τὸν Ἰφαμὴλ καὶ τὸν Σαμὴρ καὶ τὸν Χωθὰν καὶ 32
τὴν Σωλὰ ἀδελφὴν αὐτῶν. ³³καὶ υἱοὶ Ἀφαλήχ· Βαισηχί, Ἰμαβαὴλ 33
καὶ Ἀσείθ· οὗτοι υἱοὶ Ἰαφαλήλ. ³⁴καὶ υἱοὶ Σέμμηρ· Ἀχιουιὰ καὶ 34
Ὠβάβ, Ἀκαρὰν ³⁵καὶ Βαλαάμ· ἀδελφοὶ αὐτοῦ Σωχὰθ καὶ Ἰμανὰ 35
καὶ Ζέμη καὶ Ἀμαά. ³⁶υἱοὶ Σωφάς· Χουχί, Ἀναρφὰρ καὶ Σουλὰ 36
καὶ Σαβρεὶ καὶ Ἰμαρή, ³⁷Σόβαλ καὶ Ὠδ καὶ Σεμὰ καὶ Σαλεισὰ καὶ 37
Θερὰ καὶ Βαιαιλά. ³⁸καὶ υἱοὶ Ἰέθηρ· Ἰφινὰ καὶ Φασφαὶ καὶ Ἀρά· 38
³⁹καὶ υἱοὶ Ὠλά· Ὀρέχ, Ἀνειὴλ καὶ Ῥασειά. ⁴⁰πάντες οὗτοι υἱοὶ 39 40
Ἀσήρ, πάντες ἄρχοντες πατριῶν ἐκλεκτοὶ ἰσχυροὶ δυνάμει, ἄρχοντες
ἡγούμενοι· ἀριθμὸς αὐτῶν εἰς παράταξιν τοῦ πολεμεῖν, ἀριθμὸς αὐτῶν
ἄνδρες εἴκοσι ἓξ χιλιάδες.

¹Καὶ Βενιαμεὶν ἐγέννησεν Βελελεὴλ πρωτότοκον αὐτοῦ καὶ Σαβὰ 1
τὸν δεύτερον, Ἰαφαὴλ τὸν τρίτον, ²Ἰωὰ τὸν τέταρτον, καὶ Ῥαφὴ τὸν 2

A   25—27 Θαεν ..αυτου] τω; Γαλααδα (Γαλ sup 1as A*) υιω αυτου· Καθααν
υιος αυτου·| Αμιουδ· υιος αυτου Ελισαμα· υιος αυτου| Νουμ· υιος αυτου·
Ιησουε υιος αυτου·| A   28 κατασχεσεις A | κατ] κατα A | Νααραν
A | Γαιαν] Γαξης A   29 Βαιθσαν A | Θαλμη] Θααναχ A | Βαλααδ A |
Μαγεδδω A | ταυτη] ταυταις A | υιου BA²] υιοι A*   30 Ινινα] Ιεμνα A |
Ιεσουα A | Ιεσουι A | Βεριγα] Βαρια A | Σορε] Σαραι A | και 5°] η A
31 υιοι] pr και A | Βεριχα] Βαρια A | Γαβερ] Χαβερ A | Μελλειη] Μελχιηλ
A | ουτος] αυτος A | Βηζαιθ] Βερζαιε A   32 Ιφαμηλ] Ιαφαλητ A |
Σαμηρ] Σωμηρ A | Χωθαμ A   33 Αφαληχ] Ιαφαλητ A | Βαισηχι]
Φεσηχι A | Ιμαβαηλ] Βαμαηλ A | Ιαφαλητ A   34 Σεμμηρ] Σωμηρ
A | Αχιουια] Αχιουρα A | και Ωβαβ] Ογα· και Οβα· A | Ακαραν] και
Αραμ A   35 Βαλααμ] υιος Ελαμ A | Σωχαθ] Σωφαρ A | Ζεμη] Σελλης
A   36 Σωφα A | Χουχι (Χουχει Bᵃˡ)] Σουε A | Αναρφαρ] Αρναφαρ A |
Σουλα] Σουαλ A | Σαβρει] Βαρι A | Ιμαρη] Ιεμρα A   37 Σοβαλ] και Βασαρ
A | Σεμα] Σαμμα A | Θερα] Ιεθερ A | Βαιαιλα] Βεηρα A   38 Ιεθηρ] Ιεθερ
A | Ιφινα] Ιεφιηλ A | Φασφα A   39 Ανιηλ] pr και A | Ρασια A   40 om
αριθμος αυτων 2° A   VIII 1 Βελελεηλ] τον Βαλε| A | Σαβα] Ασβηλ A |
Ιαφαηλ] και Ααρα A   2 Ιωα] και| Νωα A

ΠΑΡΑΛΕΙΠΟΜΕΝΩΝ Α VIII 27

³⁴ πέμπτον. ³καὶ ἦσαν υἱοὶ τῷ Βάλε· Ἀλεὶ καὶ Γηρὰ καὶ Ἀβιοὺδ ⁴καὶ B
5 Ἀβεισάμας καὶ Νοομὰ καὶ Ἀχιὰ ⁵καὶ Γερὰ καὶ Σωφαρφὰκ καὶ Ὠίμ.
6 ⁶οὗτοι υἱοὶ Ἀωδ· οὗτοί εἰσιν ἄρχοντες πατριῶν τοῖς κατοικοῦσιν Γάβερ,
7 καὶ μετῴκισαν αὐτοὺς εἰς Μαχαναθεί· ⁷καὶ Νοομὰ καὶ Ἀχειὰ καὶ Γηρά·
8 οὗτος Ἰγαάμ, ἐγέννησεν τὸν Ναανὰ καὶ τὸν Ἰαχειχώλ. ⁸καὶ Σααρὴλ
ἐγέννησεν ἐν τῷ πεδίῳ Μωὰβ μετὰ τὸ ἀποστεῖλαι αὐτὸν Σωσὶν καὶ
9 τὴν Ἰβααδὰ γυναῖκα αὐτοῦ. ⁹καὶ ἐγέννησεν ἐκ τῆς Ἄδα γυναικὸς
10 αὐτοῦ τὸν Ἰωβὰβ καὶ τὸν Ἰεβιὰ καὶ τὸν Μισὰ καὶ τὸν Μελχὰς ¹⁰καὶ
τὸν Ἰδὼς καὶ τὸν Σαβιὰ καὶ τὸν Ἰμαμά· οὗτοι ἄρχοντες πατριῶν
¹¹₁₂ ¹¹καὶ ἐκ τῆς Ὡσιμὲν ἐγέννησεν τὸν Ἀβιτὼβ καὶ τὸν Ἀλφάαδ. ¹²καὶ
υἱοὶ Ἀλφάαδ· Ὠβήδ, Μεσσαάμ, Σήμηρ· οὗτος ᾠκοδόμησεν τὴν Ὠνὰν
13 καὶ τὰς κώμας αὐτῆς· ¹³καὶ Βεριγὰ καὶ Σάμα· οὗτοι ἄρχοντες τῶν
πατριῶν τοῖς κατοικοῦσιν Αἰλάμ, καὶ οὗτοι ἐξεδίωξαν τοὺς κατοι-
¹⁴₁₅ κοῦντας Γέθ. ¹⁴καὶ ἀδελφὸς αὐτοῦ Σωκὴλ καὶ Ἰαρειμὼθ ¹⁵καὶ Ἀζα-
16 βαβιὰ καὶ Ὡρὴρ καὶ Ὠδηδ ¹⁶καὶ Μειχαὴλ καὶ Σαφὰν καὶ Ἰωχάν,
17 υἱοὶ Βαρειγά· ¹⁷καὶ Ζαβαδιὰ καὶ Μοσολλὰμ καὶ Ἀζακεὶ καὶ Ἄβαρ
¹⁸₁₉ ¹⁸καὶ Σαμαρεὶ καὶ Ζαρειὰ καὶ Ἰωάβ, υἱοὶ Ἐλχάαδ· ¹⁹καὶ Ἰακειμ
20 καὶ Ζαχρεὶ καὶ Ζαβδεὶ ²⁰καὶ Ἐλιωλιαὰ καὶ Σαλθεὶ καὶ Ἐλιηλεὶ
²¹₂₂ ²¹καὶ Ἀβιὰ καὶ Βεριγὰ καὶ Βαραιὰ καὶ Σαμαράθ, υἱοὶ Σαμαείθ· ²²καὶ
23 Ἰσφὰν καὶ Ὠβδη καὶ Ἐλεὴλ ²³καὶ Ἀβαδὼν καὶ Ζεχρεὶ καὶ Ἀνὰν
²⁴₂₅ ²⁴καὶ Ἀνανιὰ καὶ Ἀμβρεὶ καὶ Αἰλὰμ καὶ Ἀνωθαὶθ ²⁵καὶ Ἀθεὶν καὶ
26 Ἰεφερειὰ καὶ Φελιήλ, υἱοὶ Σωιήκ· ²⁶καὶ Ἰσμασαριὰ καὶ Σαραιὰ καὶ
27 Ὀγοθολιὰ ²⁷καὶ Ἰασαραιὰ καὶ Σαραιὰ καὶ Ἠλιὰ καὶ Ζαχρεὶ υἱοὶ

3 Αλει] Αρεδ·| A   4 Αβεισαμας] Αβισονε A | Νοομα] Μα|αμαν A | om και A Αχια A   5 Γηρα A | και 2°] κα B | Σωφαρφακ] Σωφαν και Αχιρα| A | Ωιμ] Ιωιμ A   6 Αωδ] Ωδ A | Γαβερ] Γαβες A | Μαχαναθει] Μαναχαθι A   7 Αχια A | Ιγλααμ A | εγεννησεν] pr και A | Ναανα] Αζα A | Ιαχειχωλ] Ιαχιχαδ A   8 Σααρημ A | αυταν B^dit | Σωσιν] Ωσιμ A | Ιβααδα] Βααρα A   9 Ιεβια] Σεβια A | Μισα] Μωσα A | Μελχαμ A   10 Ιδως] Ιεους A | Σεβια A | Ιμαμα] Μαρμα A   11 Ωσιμεν] Ωσιμ A | Αλφααλ A   12 Αλφαα A | Μεσσααμ] και Μισααλ A | Σημηρ] Σεμμηρ A | Ωναν] Ωνω A + και την Λοδ· A   13 Βαριγα A | Αιλαμ] Αδαμ A   14 αδελφος] οι αδελφοι A | Σωκηλ] Σωσηκ A | Ιαριμουθ A   15 Αζαβαδια A | Ωρηρ] Αρωδ A | Ωδηδ] Ωδερ A   16 Μιχαηλ A | Σαφαν] Εσφαχ A | Ιωχαν] Ιωαχα και Ιεζια A | Βαριγα A   17 Αζακι A   18 Σαμαρει] Ιεσαμαρι A | Ζαρεια] Εζλια A | Ιωαβ] Ιωβαβ A | Ελχααδ] Ελφααλ A   19 Ζεχρι A | Ζαβδι A   20 Ελιωλιαα] Ελιωηναι A | Σαλθει] Σαλει A | om και 3° A | Ελιηλι A   21 Αβια] Αλαια A | Σαμαειθ] Σαμαι A   22 Ισφαν] Εσφαν A | Ωβδη] Ωβηδ A   23 Αβδων A | Ζοχρι A   24 Ανανιας A*^vid | Αμβρι A | Αιλαμ] Αηλαμ A | Αναθωθια A   25 Ιεφερεια] Ιεφαδια A | Φελιηλ] Φανουηλ A | Σωιηκ] Σωσηκ A   26 Ισμασαρια] Σαμσαρια A | Σαραια] Σααρια A | Ογοθολια] Γοθολιας A   27 Ιασαραια] Ιαρασια A | Ζεχρι A

VIII 28   ΠΑΡΑΛΕΙΠΟΜΕΝΩΝ Α

B Ἰραάμ. ²⁸ οὗτοι ἄρχοντες πατριῶν, κατὰ γενέσεις αὐτῶν ἄρχοντες· 28 οὗτοι κατῴκησαν ἐν Ἰερουσαλήμ. ²⁹ καὶ ἐν Γαβαὼν κατῴκησεν 29 πατὴρ Γαβαών, καὶ ὄνομα γυναικὶ αὐτοῦ Μολχά· ³⁰ καὶ υἱὸς αὐτῆς 30 ὁ πρωτότοκος Ἀβαλών, καὶ Σοὺρ καὶ Κεὶς καὶ Βααλακαὶμ καὶ Ἀδὰδ ³¹ καὶ Δοὺρ καὶ ἀδελφὸς αὐτοῦ καὶ Ζάχουρ καὶ Μακαλώθ· ³² καὶ ³¹₃₂ Μακαλὼθ ἐγέννησεν τὸν Σεμαά. καὶ γὰρ οὗτοι κατέναντι τῶν ἀδελφῶν αὐτῶν κατῴκησαν ἐν Ἰερουσαλὴμ μετὰ τῶν ἀδελφῶν αὐτῶν. ³³ καὶ Νὴρ ἐγέννησεν τὸν Κείς, καὶ Κεὶς ἐγέννησεν τὸν Σαούλ, καὶ 33 Σαοὺλ ἐγέννησεν τὸν Ἰωναθὰν καὶ τὸν Μελχεσοῦε καὶ τὸν Ἀμειναδὰβ καὶ τὸν Ἀσάβαλ. ³⁴ καὶ υἱοὶ Ἰωναθὰν Μεριβάαλ· καὶ Μεριβάαλ ἐγέν- 34 νησεν τὸν Μιχιά. · ³⁵ καὶ υἱοὶ Μιχιά· Φιθὼν καὶ Μελχὴλ καὶ Θερέε 35 καὶ Ζάκ. ³⁶ καὶ Ζὰκ ἐγέννησεν τὸν Ἰὰδ καὶ Ἰαδά, καὶ Ἰαδὰ ἐγέννησεν 36 τὸν Σαλαιμὰθ καὶ τὸν Σαλμὼ καὶ τὸν Ζαμβρεί, καὶ ἐγέννησεν Ζαμβρεὶ τὸν Μαισά· ³⁷ καὶ Μαισὰ ἐγέννησεν τὸν Βανά· Ῥαφαὶ υἱὸς αὐτοῦ, 37 Σαλασὰθ υἱὸς αὐτοῦ, Ἐσὴλ υἱὸς αὐτοῦ. ³⁸ καὶ τῷ Ἐσὴλ ἐξ υἱοί, καὶ 38 ταῦτα τὰ ὀνόματα αὐτῶν· Ἐζρεικαὶ πρωτότοκος αὐτοῦ, καὶ Ἰσμαὴλ καὶ Σαραιὰ καὶ Ἀβδειὰ καὶ Ἀνάν· πάντες οὗτοι υἱοὶ Ἐσήλ. ³⁹ καὶ 39 υἱοὶ Ἄσηλ ἀδελφοῦ αὐτοῦ· Αἰλὰμ πρωτότοκος αὐτοῦ, καὶ Γὰγ ὁ δεύτερος· Ἐλιφάλεις ὁ τρίτος. ⁴⁰ καὶ ἦσαν υἱοὶ Αἰλεὶμ ἰσχυροὶ ἄνδρες 40 δυνάμει, τείνοντες τόξον καὶ πληθύνοντες υἱοὺς καὶ υἱοὺς τῶν υἱῶν, ἑκατὸν πεντήκοντα. πάντες οὗτοι ἐξ υἱῶν Βενιαμείν.

¹ Καὶ πᾶς Ἰσραὴλ ὁ συλλοχισμὸς αὐτῶν, καὶ οὗτοι καταγεγραμ- 1 IX μένοι ἐν βιβλίῳ τῶν βασιλέων Ἰσραὴλ καὶ Ἰούδα μετὰ τῶν κατοικισθέντων εἰς Βαβυλῶνα ἐν ταῖς ἀνομίαις αὐτῶν. ² Καὶ οἱ 2 κατοικοῦντες πρότερον ἐν ταῖς κατασχέσεσιν αὐτῶν ἐν ταῖς πόλεσιν Ἰσραήλ, υἱοὶ Λευεῖται, οἱ ἱερεῖς καὶ οἱ δεδομένοι. ³ καὶ ἐν Ἰερουσαλὴμ 3

A   27 Ιρααμ] Ιεροαμ Α   28 αρχοντες 2°] αρχηγοι Α   29 γυναικι] ρι τη Α | Μολχα] Μιλχα Bᵃ?ᵇ? (Μαι) Μααχα Α   30 αυτης] αυτη Α | ο πρωτοτ.] om ο Α | Αβαλων] Αβδων Α | Σουρ] Ισουρ Α | Βααλακαιμ] Βααλ· και Νηρ· Α | Αδαδ] Ναδαβ Α   31 Δουρ] Γεδουρ Α | αδελφοι Α | om και 3° Α | Ζαχουρ Α   32 om και Μακαλωθ Α | Σαμεα Α | om γαρ Α   33 Μελχισουε Α | Αμιναδαβ Α | Ασαβαλ] Ιεβααλ Α   34 υιοι] υιος Α | Μεφριβααλ Α (bis) | Μιχα Α (item 35)   35 Μελχηλ] Μαλωθ Α | Θαρεε Α | Ζακ] Χααζ (item 36) Α   36 Ιαδ και Ιαδα] Ιωιαδα Α | Ιαδα 2°] Ιωιαδα Α | Σαλαιμαθ] Γαλεμαθ Α | Σαλμω] Αζμωθ Α | Ζαμρι Α (bis) | Ζ. εγεννησεν Α   36? 37? Μαισα] sup M vestigia appar ras et litur in B   37 Βαανα Α | Ραφαια Α | Σαλασαθ] Ελεασα Α   38 Εζρεικαι (Εζρεικε Bᵃᵇ)] Εζρικαμ Α | πρωτοτ.] pr ο Α | Αβδια Α   39 Ασηλ] Εσελεκ Α | Αιλαμ] Ουλαμ Α | πρωτοτ.] pr ο Α | και Γαγ (ι Γ sup ras Bʼ)] Ιδιας Α | Ελιφαλεις] και Ελιφαλετ Α   40 Αιλειμ] Ουλαμ Α | πεντηκοντα] ενενηκοντα Α | παντε Α* (παντες Aᵃ?) IX 1 κατοικισθ.] αποικισθ. Α   2 υιοι Λ. οι ιερεις] οι ειερεις· οι Λευειται| Α

ΠΑΡΑΛΕΙΠΟΜΕΝΩΝ Α IX 19

κατῴκησαν ἀπὸ τῶν υἱῶν Ἰούδα καὶ ἀπὸ τῶν υἱῶν Βενιαμεὶν καὶ Β
4 τῶν υἱῶν Ἐφράιμ καὶ Μανασσῆ. ⁴καὶ Γωθεὶ καὶ υἱὸς Σαμμιοῦ υἱοῦ
5 Ἀμρεί, υἱοὶ υἱῶν Φάρες καὶ υἱοῦ Ἰούδα. ⁵καὶ ἐκ τῶν Σηλωνεὶ Ἀσαιὰ
6 πρωτότοκος αὐτοῦ. ⁶ἐκ τῶν υἱῶν Ζάρα Ἐπειὴλ καὶ ἀδελφοὶ αὐτῶν
7 ἑξακόσιοι καὶ ἐνενήκοντα. ⁷καὶ ἐκ τῶν υἱῶν Βενιαμεὶν Σαλὼμ υἱὸς
8 Μοολλὰμ υἱὸς Ὀδυιὰ υἱὸς Ἁανά, ⁸καὶ Βαναὰμ υἱὸς Ἰραάμ· καὶ
οὗτοι υἱοὶ Ὀζεὶ υἱοῦ Μαχείρ· καὶ Μασεαλὴμ υἱὸς Σαφατιὰ υἱοῦ
9 Ῥαγουὴλ υἱοῦ Βαναιά, ⁹καὶ ἀδελφοὶ αὐτῶν κατὰ γενέσεις αὐτῶν
ἐννακόσιοι πεντήκοντα ἕξ, πάντες οἱ ἄνδρες ἄρχοντες πατριῶν
10 κατ᾽ οἴκους πατριῶν αὐτῶν. ¹⁰Καὶ ἀπὸ τῶν ἱερέων Ἰωδαε καὶ
11 Ἰωαρεὶμ καὶ Ἰαχεὶν ¹¹καὶ Ἀζαριὰ υἱοὶ Χελκειὰ υἱοῦ Μοσολλὸμ υἱοῦ
12 Σαδὼκ υἱοῦ Μαρμὼθ υἱοῦ Ἀχειτὼβ ἡγούμενος οἴκου τοῦ θεοῦ, ¹²καὶ
Ἀδαιὰ υἱὸς Ἰραὰμ υἱοῦ Πασχὼρ υἱοῦ Μαλχειά, καὶ Μαασαιὰ υἱὸς
13 Ἀδιὴλ υἱοῦ Ἰεδειοῦ υἱοῦ Μοσολλὰμ υἱοῦ Μασελμὼθ υἱοῦ Ἐμήρ, ¹³καὶ
ἀδελφοὶ αὐτῶν, ἄρχοντες οἴκων πατριῶν, χίλιοι ἑπτακόσιοι ἑξήκοντα,
14 ἰσχυροὶ δυνάμει εἰς ἐργασίαν λειτουργίας οἴκου τοῦ θεοῦ. ¹⁴Καὶ ἐκ
τῶν Λευειτῶν Σαμαιὰ υἱὸς Ἀσὼβ υἱοῦ Ἐσρεικὰν υἱοῦ Ἀσαβιὰ ἐκ τῶν
15 υἱῶν Μεραρεί, ¹⁵καὶ Βακὰρ καὶ Ῥαραιήλ, Γαλαὰδ καὶ Μανθανίας υἱὸς
16 Μειχὰ υἱοῦ Ζεχρεὶ υἱοῦ Ἀσάφ, ¹⁶καὶ Ἀβδειὰ υἱὸς Σαμειὰ υἱοῦ Γαλαὰδ
υἱοῦ Ἰωθών, καὶ Βαραχεὶ υἱὸς Ὀσσὰ υἱοῦ Ἠλκανὰ ὁ κατοικῶν ἐν ταῖς
17 κώμαις Νωτεφατεί. ¹⁷οἱ πυλωροί· Σαλώμ, Ἀκούμ, Ταμμὰμ καὶ Αἱμὰμ
18 καὶ ἀδελφοὶ αὐτῶν, Σαλὼμ ὁ ἄρχων· ¹⁸καὶ ἕως ταύτης ἐν τῇ πύλῃ
τοῦ βασιλέως κατ᾽ ἀνατολάς· αὗται αἱ πύλαι τῶν παρεμβολῶν υἱῶν
19 Λευεί. ¹⁹καὶ Σαλωμὼν υἱὸς Κωρὴβ υἱοῦ Ἀβιασὰφ υἱοῦ Κόρε καὶ οἱ

3 των υιων (3°)] pr απο A   4 om και 1°, 2°, 3° A | Γωθι A | Σαμμιου] A
Αμιουδ A | Αμρι A   5 εκ] απο A | Σηλωνι A | Ασαια] Ασα A | πρωτοτ.]
pr o A | αυτου]+και υιοι αυτου A   6 Επειηλ] Ιεηλ A   7 Σαλω A |
Μοσολλαμ A | υιος 2°, 3°] υιου A | Ωδουια A | Αανα] Ασανουα A   8 Βα-
νααμ] Ιεβναα A | Ιρααμ] Ιεροαμ A | και 2°]+Ηλα A | ουτοι υιοι] υιος A |
Οζι A | Μαχειρ] Μοχορε A | Μασεαλημ] Μασαλλαμ A | Βαναια] Ιεβανααι A
10 Ιωαρειβ A   11 Αζαριας A | Χελχιου A | Μαρμωθ] Μαριωθ A | Αχιτωβ A
12 Αδαια] Σαδιας A | Ιρααμ] Ιερααμ A | Πασχωρ] Φασχωρ A | Μαλχεια]
Μελχιου A | Μαασαια] Μασαι A | Ιεδειου] Ιεξριου A | Μασελμωθ] Μοσολ-
λαμωθ A | Εμηρ] Εμμηρ A (lineol superscr A¹ᵛᵉˡᵃ?)   13 αδελφοι] pr οι A |
εξηκοντα] ενενηκοντα A   14 Λευιτων A | Εξρικαμ A | Ασαβιου A | εκ των
(2°)] υιου A | Μεραρι A   15 Βακαρ] Βακβακαρ A | Ραραιηλ] Αρες A | Γαλααδ]
και Γωληλ A | Μανθανιας] Ματθανιας A | Μιχα A | Ζεχρι A   16 Αβδεια]
Οβδια A | Σαμεια] Σαμιου A | Γαλααδ] Γωληλ A | Ιωθων] Ιδουθων A |
Βαραχιας A | Οσσα] Ασα A | Ελκανα A | Νε|τωφαθι A   17 οι πυλωροι]
και οι πυρωλοι (sic) A | Σαλλωμ (1°) A | Ακουμ] και Ακουβ A | Ταμμαν] και
Τελμαν A | Αιμαν A   18 κατ] κατα A | αι πυλαι] om αι A | Λευι A
19 Σαλωμων] Σαλωμ'· A | Κωρηβ] Χωρη A

IX 20 ΠΑΡΑΛΕΙΠΟΜΕΝΩΝ Α

B ἀδελφοὶ αὐτοῦ εἰς οἶκον πατρὸς αὐτοῦ, οἱ Κορεῖται, ἐπὶ τῶν ἔργων τῆς λειτουργίας φυλάσσοντες τὰς φυλακὰς τῆς σκηνῆς· καὶ πατέρες αὐτῶν ἐπὶ τῆς παρεμβολῆς φυλάσσοντες τὴν εἴσοδον. ²⁰καὶ Φεινεὲς 20 υἱὸς Ἐλεαζὰρ ἡγούμενος ἦν ἐπ' αὐτῶν ἔμπροσθεν, καὶ οὗτοι μετ' αὐτοῦ. ²¹Ζαχαρίας υἱὸς Μασαλαμὶ πυλωρὸς τῆς θύρας τῆς σκηνῆς τοῦ 21 μαρτυρίου. ²²πάντες οἱ ἐκλεκτοὶ ταῖς πύλαις ἐν ταῖς πύλαις δια- 22 κόσιοι καὶ δέκα δύο· οὗτοι ἐν ταῖς αὐλαῖς αὐτῶν, ὁ καταλοχισμὸς αὐτῶν· τούτους ἔστησεν Δανεὶδ καὶ Σαμουὴλ ὁ βλέπων τῇ πίστει αὐτῶν. ²³καὶ οὗτοι καὶ οἱ υἱοὶ αὐτῶν ἐπὶ τῶν πυλῶν ἐν οἴκῳ 23 Κυρίου, ἐν οἴκῳ τῆς σκηνῆς, τοῦ φυλάσσειν. ²⁴κατὰ τοὺς τέσσαρας 24 ἀνέμους ἦσαν αἱ πύλαι, κατ' ἀνατολάς, θάλασσαν, βορρᾶν, νότον. ²⁵καὶ ἀδελφοὶ αὐτῶν ἐν ταῖς αὐλαῖς αὐτῶν τοῦ εἰσπορεύεσθαι κατὰ 25 ἑπτὰ ἡμέρας ἀπὸ καιροῦ εἰς καιρὸν μετὰ τούτων· ²⁶ὅτι ἐν πίστει 26 εἰσὶν τέσσαρες δυνατοὶ τῶν πυλῶν. οἱ Λευεῖται ἦσαν ἐπὶ τῶν παστοφορίων, καὶ ἐπὶ τῶν θησαυρῶν οἴκου τοῦ θεοῦ παρεμβαλοῦσιν· ²⁷ὅτι 27
§ ℵ ἐπ' αὐτοὺς φυλακή· καὶ οὗτοι ἐπὶ τῶν κλειδῶν §τὸ πρωὶ πρωὶ ἀνοίγειν τὰς θύρας τοῦ ἱεροῦ. ²⁸καὶ ἐξ αὐτῶν ἐπὶ τὰ σκεύη τῆς λει- 28 τουργίας, ὅτι ἐν ἀριθμῷ εἰσοίσουσιν. ²⁹καὶ ἐξ αὐτῶν κατεσταμένοι 29 ἐπὶ τὰ σκεύη καὶ ἐπὶ πάντα σκεύη τὰ ἅγια, καὶ ἐπὶ τῆς σεμιδάλεως, τοῦ οἴνου, τοῦ ἐλαίου, τοῦ λιβανωτοῦ καὶ τῶν ἀρωμάτων. ³⁰καὶ ἀπὸ 30 τῶν υἱῶν τῶν ἱερέων ἦσαν μυρεψοὶ τοῦ μύρου καὶ εἰς τὰ ἀρώματα. ³¹καὶ Ματταθίας ἐκ τῶν Λευειτῶν, οὗτος ὁ πρωτότοκος τῷ Σαλὼμ 31 τῷ Κορείτῃ, ἐν τῇ πίστει ἐπὶ τὰ ἔργα τῆς θυσίας τοῦ τηγάνου τοῦ μεγάλου ἱερέως ³²καὶ Βααναίας ὁ Κααθείτης ἐκ τῶν ἀδελφῶν αὐτῶν 32 ἐπὶ τῶν ἄρτων τῆς προθέσεως, τοῦ ἑτοιμάσαι σάββατον κατὰ σάββατον. ³³καὶ οὗτοι ψαλτῳδοί, ἄρχοντες τῶν πατριῶν τῶν Λευειτῶν, 33 διατεταγμέναι ἐφημερίαι· ὅτι ἡμέρα καὶ νὺξ ἐπ' αὐτοῖς ἐν τοῖς ἔργοις. ³⁴οὗτοι ἄρχοντες τῶν πατριῶν, κατὰ γενέσεις αὐτῶν ἄρχοντες· 34 οὗτοι κατοίκησαν ἐν Ἰερουσαλήμ. ³⁵Καὶ ἐν Γαβαὼν κατῴ- 35 κησεν πατὴρ Γαβαωνεὶ Ἰήλ, καὶ ὄνομα γυναικὸς αὐτοῦ Μοωχά·

ℵA 19 Κοριται A | παρεμβολης]+ ·|κυ A 20 εμπροσθεν]+ κυ A 21 Μασαλαμι] Μοσολλαμ A 22 om και 1° A 23 οι υιοι] om οι A 24 τεσσαρες A | κατ] κατα A¹ 26 Λευιται A 27 om πρωι 2° ℵ | ανυγειν ℵ 28 εισοισουσιν]+ αυτα| και εν αριθμω· εξοισουσιν αυτα· A 29 καθεσταμενοι ℵA | σκευη 2°] pr τα ℵA | om του ελαιου ℵ* (hab ℵᵃ ⁽ᵐᵍ⁾) 31 Ματταθιʲας B* (Ματθτιʲας Bᵇᵛⁱᵈ) | Λευιτων A | Κορειτης B Κοριτη A 32 Βαναιας ℵA | Κααθιτης A | om κατα σαββατον ℵ* (hab ℵᵃ) 33 Λευιτων ℵA | διατεταγμενοι ℵᵃ (om οι ℵ*) | εφημερια ℵ 34 πατριων]+ των Λευιτων A | αρχοντες 2°] αιχοντες A pr και ℵ | κατωκησαν A | Ιερλη͞μ ℵ 35 κατωκησαν ℵ | Ιηλ] Ιεηλ ℵ Ιειηλ A | γυναικος] pr της ℵ

## ΠΑΡΑΛΕΙΠΟΜΕΝΩΝ Α												X 6

36 ³⁶καὶ υἱὸς αὐτοῦ ὁ πρωτότοκος Σαβαδών, καὶ Ἰσεὶρ καὶ Κεὶς καὶ Βάαλ καὶ Β
37 Νὴρ καὶ Ναδὰβ ³⁷καὶ Ἰεδοὺρ καὶ ἀδελφὸς καὶ Ζαχαριὰ καὶ Μακελλώθ.
38 ³⁸καὶ Μακελλὼθ ἐγέννησεν τὸν Σαμαά· καὶ οὗτοι ἐν μέσῳ τῶν ἀδελφῶν αὐτῶν κατῴκησαν ἐν Ἰερουσαλὴμ ἐν μέσῳ τῶν ἀδελφῶν αὐτῶν.
39 ³⁹καὶ Νὴρ ἐγέννησεν τὸν Κείς, καὶ Κεὶς ἐγέννησεν τὸν Σαούλ, καὶ Σαοὺλ ἐγέννησεν τὸν Ἰωναθὰν καὶ τὸν Μελχεισοῦε καὶ τὸν Ἀμειναδὰβ
40 καὶ τὸν Ἰεβάαλ. ⁴⁰καὶ υἱὸς Ἰωναθὰν Μαρειβάαλ· καὶ Μαρειβάαλ ἐγέν
41 νησεν τὸν Μειχά. ⁴¹καὶ υἱοὶ Μειχά· Φαιθὼν καὶ Μάλαχ καὶ Θαράχ.
42 ⁴²καὶ Ἀχὰζ ἐγέννησεν τὸν Ἰαδά, καὶ Ἰαδὰ ἐγέννησεν τὸν Γαμέλεθ καὶ
43 τὸν Γαζάωθ καὶ τὸν Ζαμβρεί, καὶ Ζαμβρεὶ ἐγέννησεν τὸν Μασσά, ⁴³καὶ Μασσὰ ἐγέννησεν τὸν Βαανά, Ῥαφαιὰ υἱὸς αὐτοῦ, Ἐσαὴλ υἱὸς αὐτοῦ.
44 ⁴⁴καὶ τῷ Ἐσὴλ ἓξ υἱοί, καὶ ταῦτα τὰ ὀνόματα αὐτῶν· Ἐσδρεικὰν πρωτότοκος αὐτοῦ, Ἰσμαὴλ καὶ Σαριὰ καὶ Ἀβδειὰ καὶ Ἀνάν· οὗτοι υἱοὶ Ἐσήλ.
X 1 ¹Καὶ ἀλλόφυλοι ἐπολέμησαν πρὸς Ἰσραήλ, καὶ ἔφυγον ἀπὸ προσ
2 ώπου ἀλλοφύλων καὶ ἔπεσον τραυματίαι ἐν ὄρει Γελβουέ. ²καὶ κατεδίωξαν ἀλλόφυλοι ὀπίσω Σαοὺλ καὶ ὀπίσω υἱῶν αὐτοῦ· καὶ ἐπάταξαν ἀλλόφυλοι τὸν Ἰωναθὰν καὶ τὸν Ἀμειναδὰβ καὶ τὸν Μελχεισοῦε υἱοὺς
3 Σαούλ. ³καὶ ἐβαρύνθη ὁ πόλεμος ἐπὶ Σαούλ· καὶ εὗρον αὐτοὺς οἱ
4 τοξόται ἐν τόξοις καὶ πόνοις, καὶ ἐπόνεσαν ἀπὸ τῶν τόξων. ⁴καὶ εἶπεν Σαοὺλ τῷ αἴροντι τὰ σκεύη αὐτοῦ Σπάσαι τὴν ῥομφαίαν σου καὶ ἐκκέντησόν με ἐν αὐτῇ, μὴ ἔλθωσιν οἱ ἀπερίτμητοι οὗτοι καὶ ἐμπαίξωσίν μοι. καὶ οὐκ ἐβούλετο ὁ αἴρων τὰ σκεύη αὐτοῦ, ὅτι ἐφοβεῖτο σφόδρα· καὶ ἔλαβεν Σαοὺλ τὴν ῥομφαίαν καὶ ἐπέπεσεν
5 ἐπ᾽ αὐτήν. ⁵καὶ εἶδεν ὁ αἴρων τὰ σκεύη αὐτοῦ ὅτι ἀπέθανεν Σαούλ,
6 καὶ ἔπεσεν καὶ αὐτὸς ἐπὶ τὴν ῥομφαίαν αὐτοῦ. ⁶καὶ ἀπέθανεν Σαοὺλ καὶ τρεῖς υἱοὶ αὐτοῦ ἐν τῇ ἡμέρᾳ ἐκείνῃ, καὶ πᾶς ὁ οἶκος αὐτοῦ ἐπὶ τὸ

---

36 υιος BℵᵃJ pr o ℵ*A | Σαβδων A | Κεις] Κιρ ℵ   37 Ιεδουρ] Γεδουρ A | ℵΛ αδελφοι A | και 3°] κα ℵ* (και ℵᵃ) om A | Ζαχχουρ A | Μακεδωθ A (item 38)   38 om και Μακ. ℵ | Σαμα A | αυτων· κατωκησαν A | om εν μεσω των αδ. αυτων (2°) ℵ* (hab ℵᵃ⁽ᵐᵍ⁾) | εν μεσω (2°)] μετα A   39 Μελχισουε ℵA | Αμιναδαβ A | Ιεβααλ] Ισβααλ ℵ Βααλ ℵ   40 υιος] υιους ℵ | Ιωναθαμ ℵ | Μαρειβααλ] Μαρειβαλ (1°) ℵ Μεχριβααλ A (bis) | Μιχα A (item 41)   41 Φιθων A | Μαλωχ A | Θαρα | A   42 Αχαζ] Χααζ A | Γαλεμεθ A | Γαζαωθ] Αζμωθ A | Ζαμβρι A (bis) | om και Ζαμβρει ℵ | Μασα ℵA (item 43)   43 Βανα A | Ραφαιαν ℵ | Ραφαια υιος αυτου sup ras A¹ | Εσαηλ] Ελεασα υιος αυτου· Εσηλ A   44 Εσαηλ ℵ (bis) | Εζρεικαν Ισμαηλ bis scr ℵ* (om 2° ℵᵃ) | Εσδρεικαν] Εζρικαμ A | Ισμαηλ] pr και A | Αβδια A   X 1 Γελβουθ᾽ A   2 αυτου] ουκ sup ras A¹ | Αμερναδαβ Bᵇᵛⁱᵈ Αμιναδαβ ℵA | Μελχισουε A Μελχισεδεκ ℵ   3 αυτους] αυτον A | τοξοις] pr τοις ℵA | επονεσεν ℵA   4 και εκκεντησον] κα, κ 1° sup ras Aᵇ | την ρομφ. (2°)] +αυτου A | επεπεσεν] επεσεν ℵA   5 ιδεν A (item 7) | και 3°] +γε A | αυτου 2°]+και απεθανεν·| (seq ras 4 vel 5 litt) A

23

ΠΑΡΑΛΕΙΠΟΜΕΝΩΝ Α

Β αὐτὸ ἀπέθανεν. ⁷καὶ εἶδεν πᾶς ἀνὴρ Ἰσραὴλ ὁ ἐν τῷ αὐλῶνι ὅτι 7 ἔφυγεν Ἰσραήλ, καὶ ὅτι ἀπέθανεν Σαοὺλ καὶ οἱ υἱοὶ αὐτοῦ, καὶ κατέλειπον τὰς πόλεις αὐτῶν καὶ ἔφυγον· καὶ ἦλθον ἀλλόφυλοι καὶ κατῴκησαν ἐν αὐταῖς. ⁸Καὶ ἐγένετο τῇ ἐχομένῃ καὶ ἦλθον ἀλλόφυλοι 8 τοῦ σκυλεύειν τοὺς τραυματίας, καὶ εὗρον τὸν Σαοὺλ καὶ τοὺς υἱοὺς αὐτοῦ πεπτωκότας ἐν τῷ ὄρει Γελβούε. ⁹καὶ ἐξέδυσαν αὐτόν, καὶ 9 ἔλαβον τὴν κεφαλὴν αὐτοῦ καὶ τὰ σκεύη αὐτοῦ, καὶ ἀπέστειλαν εἰς γῆν ἀλλοφύλων κύκλῳ τοῦ εὐαγγελίσασθαι τοῖς εἰδώλοις αὐτῶν καὶ τῷ λαῷ· ¹⁰καὶ ἔθηκαν τὰ σκεύη αὐτῶν ἐν οἴκῳ θεοῦ αὐτῶν, καὶ τὴν 10 κεφαλὴν αὐτοῦ ἔθηκαν ἐν οἴκῳ Δαγών. ¹¹καὶ ἤκουσαν πάντες οἱ 11 κατοικοῦντες Γαλαὰδ ἅπαντα ἃ ἐποίησαν ἀλλόφυλοι τῷ Σαοὺλ καὶ τῷ Ἰσραήλ. ¹²καὶ ἠγέρθησαν ἐκ Γαλαὰδ πᾶς ἀνὴρ δυνατός, καὶ 12 ἔλαβον τὸ σῶμα Σαοὺλ καὶ τὸ σῶμα τῶν υἱῶν αὐτοῦ, καὶ ἤνεγκαν αὐτὰ εἰς Ἰαβείς, καὶ ἔθαψαν τὰ ὀστᾶ αὐτῶν ὑπὸ τὴν δρῦν ἐν Ἰαβείς· καὶ ἐνήστευσαν ἑπτὰ ἡμέρας. ¹³καὶ ἀπέθανεν Σαοὺλ ἐν ταῖς ἀνομίαις 13 αὐτοῦ αἷς ἠνόμησεν τῷ θεῷ κατὰ τὸν λόγον Κυρίου, διότι οὐκ ἐφύλαξεν· ὅτι ἐπηρώτησεν Σαοὺλ ἐν τῷ ἐγγαστριμύθῳ τοῦ ζητῆσαι, καὶ ἀπεκρίνατο αὐτῷ Σαμουὴλ ὁ προφήτης, ¹⁴καὶ οὐκ ἐζήτησεν Κύριον· καὶ 14 ἀπέκτεινεν αὐτόν, καὶ ἐπέστρεψεν τὴν βασιλείαν τῷ Δαυεὶδ υἱῷ Ἰεσσαί.

¹Καὶ ἦλθεν πᾶς Ἰσραὴλ πρὸς Δαυεὶδ ἐν Χεβρὼν λέγοντες Ἰδοὺ 1 XI ὀστᾶ σου καὶ σάρκες σου ἡμεῖς· ²καὶ ἐχθὲς καὶ τρίτην ὄντος Σαοὺλ 2 βασιλέως σὺ ἦσθα ὁ ἐξάγων καὶ εἰσάγων τὸν Ἰσραήλ. καὶ εἶπεν Ἰσραὴλ Κύριός σοι Σὺ ποιμανεῖς τὸν λαόν μου τὸν Ἰσραήλ, καὶ σὺ ἔσῃ εἰς ἡγούμενον ἐπὶ Ἰσραήλ. ³καὶ ἦλθον πάντες πρεσβύτεροι 3 Ἰσραὴλ πρὸς τὸν βασιλέα εἰς Χεβρών, καὶ διέθετο αὐτοῖς ὁ βασιλεὺς Δαυεὶδ διαθήκην ἐν Χεβρὼν ἐναντίον Κυρίου, καὶ ἔχρισαν τὸν Δαυεὶδ εἰς βασιλέα ἐπὶ Ἰσραὴλ κατὰ τὸν λόγον Κυρίου διὰ χειρὸς

ℵA   7 om ανηρ ℵ | ο εν] ου εν ℵ* (ο εν ℵᵃ) | Ισραηλ 2°] pr πας ℵ | om και 4° ℵ | κατελιπον ℵ | κατωκισαι ℵ | αυτοις ℵ   8 σκυλευσαι A | τους τραυμ B*ℵ¹A] ο τραυμ. Bᵇ ᵛⁱᵈ τας τρ. ℵ*   9 απεστιλαν ℵ | αυτων] αυτοις ℵ   10 οικω 1°] ω sup ras B' | om κεφαλην ℵ* (superscr ℵᵃ)   11 απαντα] παντα A | και 2°] εν A   12 το σωμα 1°] om το ℵ | το σωμα 2°] τα σωματα A | om εν ℵ* (hab ℵᵃ ᵐᵍ ˢⁱⁿⁱˢᵗʳ)   13 αυτων A*ᵛⁱᵈ (αυτου Aᵇ) | θεω] κω A | Κυριου) pr του ℵ | ενγαστριμ. B*ᵇ εγγ. Bᵃᵇ | αυτω] pr αυτο ℵᵃ ᵐᵍ ˢⁱⁿⁱˢᵗʳ   14 εξεζητησεν A | Κυριον] κ̅ς̅ ℵ τον κ̅ν̅ Σαουλ A | αυτον]+καθοτι ουκ ηρωτησεν εν κ̅ω̅ A | απεστρεψεν ℵ | Δαδ ℵA (ita ubique)   XI 2 βασιλεως] βασιλευς ℵ | ο εξαγων και εισαγων] ο εισαγαγων και εξαγαγων ℵ | om Ισραηλ 2° ℵA | Κυριος]+ο θ̅ς̅| σου A | ποιμανεις] πενεις ℵ* (οιμ superscr ℵᵃ) | συ 3°] σοι ℵ | om εση ℵ*A (hab Bℵᵃ) | Ισραηλ 3°] Ι̅η̅λ̅μ̅ ℵ* (Ι̅η̅λ̅ ℵ¹)   3 εις 1°] εν A | εναντι A | εις βασ.] εις βα sup ras Aᵃ?

ΠΑΡΑΛΕΙΠΟΜΕΝΩΝ Α   XI 18

4 Σαμουήλ.   ⁴Καὶ ἐπορεύθη ὁ βασιλεὺς καὶ ἄνδρες αὐτοῦ εἰς B
Ἰερουσαλήμ, αὕτη Ἰεβούς, καὶ ἐκεῖ οἱ Ἰεβουσαῖοι οἱ κατοικοῦντες
5 τὴν Ἰεβούς ⁵εἶπαν τῷ Δαυεὶδ Οὐκ εἰσελεύσῃ ὧδε. καὶ προκατε-
6 λάβετο τὴν περιοχὴν Σειών, αὕτη ἡ πόλις Δαυείδ. ⁶καὶ εἶπεν Δαυεὶδ
Πᾶς τύπτων Ἰεβουσαῖον ἐν πρώτοις, καὶ ἔσται εἰς ἄρχοντα καὶ εἰς
στρατηγόν· καὶ ἀνέβη ἐπ᾽ αὐτῇ ἐν πρώτοις Ἰωὰβ υἱὸς Σαρουειά, καὶ
7 ἐγένετο εἰς ἄρχοντα. ⁷καὶ ἐκάθισεν Δαυεὶδ ἐν τῇ περιοχῇ· διὰ τοῦτο
8 ἐκάλεσεν αὐτὴν Πόλιν Δαυείδ· ⁸καὶ ᾠκοδόμησεν τὴν πόλιν κύκλῳ·
9 καὶ ἐπολέμησεν καὶ ἔλαβεν τὴν πόλιν. ⁹καὶ ἐπορεύετο Δαυεὶδ πο-
10 ρευόμενος, καὶ Κύριος Παντοκράτωρ μετ᾽ αὐτοῦ. ¹⁰καὶ οὗτοι οἱ ἄρ-
χοντες τῶν δυνατῶν οἳ ἦσαν τῷ Δαυείδ, οἱ κατισχύοντες μετ᾽ αὐτοῦ
ἐν τῇ βασιλείᾳ αὐτοῦ μετὰ παντὸς Ἰσραὴλ τοῦ βασιλεῦσαι αὐτὸν
11 κατὰ τὸν λόγον Κυρίου ἐπὶ Ἰσραήλ. ¹¹καὶ οὗτος ὁ ἀριθμὸς τῶν
δυνατῶν τοῦ Δαυείδ· Ἰεσεβαδὰ υἱὸς Ἀχαμανεὶ πρῶτος τῶν τριά-
κοντα· οὗτος ἐσπάσατο τὴν ῥομφαίαν αὐτοῦ ἅπαξ ἐπὶ τριακοσίους
12 τραυματίας ἐν καιρῷ ἑνί. ¹²καὶ μετ᾽ αὐτὸν Ἐλεαζὰρ υἱὸς Δωδαὶ ὁ
13 Ἀρχωνεί, οὗτος ἦν ἐν τοῖς τρισὶν δυνατοῖς. ¹³οὗτος ἦν μετὰ Δαυεὶδ
ἐν Φασοδομή, καὶ οἱ ἀλλόφυλοι συνήχθησαν ἐκεῖ εἰς πόλεμον, καὶ
ἦν μερὶς τοῦ ἀγροῦ πλήρης κριθῶν, καὶ ὁ λαὸς ἔφυγεν ἀπὸ προσ-
14 ώπου ἀλλοφύλων. ¹⁴καὶ ἔστη ἐν μέσῳ τῆς μερίδος καὶ ἔσωσεν
αὐτήν, καὶ ἐπάταξεν τοὺς ἀλλοφύλους· καὶ ἐποίησεν Κύριος σωτη-
15 ρίαν μεγάλην. ¹⁵καὶ κατέβησαν τρεῖς ἐκ τῶν τριάκοντα ἀρχόντων
εἰς τὴν πέτραν πρὸς Δαυεὶδ εἰς τὸ σπήλαιον Ὀδολλάμ, καὶ παρεμ-
16 βολὴ τῶν ἀλλοφύλων ἐν τῇ κοιλάδι τῶν γιγάντων. ¹⁶καὶ Δαυεὶδ τότε
ἐν τῇ περιοχῇ, καὶ τὸ σύστεμα τῶν ἀλλοφύλων τότε ἐν Βαιθλέεμ.
17 ¹⁷καὶ ἐπεθύμησεν Δαυεὶδ καὶ εἶπεν Τίς ποτιεῖ με ὕδωρ ἐκ τοῦ λάκκου
18 Βηθλέεμ τοῦ ἐν τῇ πύλῃ; ¹⁸καὶ διέρρηξαν οἱ τρεῖς τὴν παρεμβολὴν

4 αυτου] om א* (hab א^{a mg}) Ι̅σ̅λ̅ A | εις] om א επι A | Ιεβους 2°] γην A אA
5 ειπαν]+δε οι κατοικουντες Ιεβους A | Σιων אA   6 Ιεβουσαιον] pr του א*
(om א^a) εβ sup ras 3 litt A¹ | εστε א | εισστρατηγον A | αυτη B* (αυτην B^a) |
Σαρουια א Σαρουιας A   8 οικοδομησεν א   9 πορευομενος]+μετ αυτου א*
(om א^a)+και μεγαλυνομενος A   10 τη βασ.] om τη א | επι] εν א   11 του
Δ.] του sup ras A¹ | Ιεσσαιβαδα א Ισβααμ A | Αχαμαννι א Αχαμανι A | πρω-
τος] πρωτοτοκος A | εσπατο A* (εσπασατο A¹) | τριακοσιας א* (τριακοσιους א^a)
12 Δωδε א | Αρχωνει] Αχωνει א Αχωχι A | τρισι A | δυνατος A   13 Φασο-
δομι̅ι̅] A | εις πολεμον εκει א | πληρεις A   15 τρεις] pr οι A | παρεμβ.] pr η
A | εν τη κ.] pr παρεμβεβληκε: A   16 συστεμα] υποστεμα A | Βαιθλεεμ]
τη Βηθλεεμ א τη Βεθλ A   17 Βαιθλεεμ א   18 και διερρηξαν . πυλη om א*
(hab ϗ διερρηξαν οι γ' την παρεμβολην| των αλλοφυλων ϗ υδρευσαντο υδωρ|
εκ του λακκου του εν Βεθλεεμ ος ην| εν τη πυλη א^{a mg sup})

· 25

XI 19 ΠΑΡΑΛΕΙΠΟΜΕΝΩΝ Α

B τῶν ἀλλοφύλων καὶ ὑδρεύσαντο ὕδωρ ἐκ τοῦ λάκκου τοῦ ἐν Βαιθλέεμ, ὃς ἦν ἐν τῇ πύλῃ, καὶ ἔλαβον πρὸς Δαυείδ, καὶ οὐκ ἤθελεν Δαυεὶδ τοῦ πιεῖν αὐτό· καὶ ἔσπεισεν αὐτὸ τῷ κυρίῳ ¹⁹καὶ εἶπεν Ἵλεώς μοι 19 ὁ θεὸς τοῦ ποιῆσαι τὸ ῥῆμα τοῦτο· εἰ αἷμα ἀνδρῶν τούτων πίομαι ἐν ψυχαῖς αὐτῶν; ὅτι ἐν ψυχαῖς αὐτῶν ἤνεγκαν· καὶ οὐκ ἐβούλετο πιεῖν αὐτό. ταῦτα ἐποίησαν οἱ τρεῖς δυνατοί. ²⁰καὶ Ἀβεισὰ ἀδελφὸς 20 Ἰωάβ, οὗτος ἦν ἄρχων τῶν τριῶν, οὗτος ἐσπάσατο τὴν ῥομφαίαν αὐτοῦ ἐπὶ τριακοσίους τραυματίας ἐν καιρῷ ἑνί· καὶ οὗτος ἦν ὀνομαστὸς ἐν τοῖς τρισίν, ²¹ἀπὸ τῶν τριῶν ὑπὲρ τοὺς δύο ἔνδοξος, καὶ ἦν 21 αὐτοῖς εἰς ἄρχοντα, καὶ ἕως τῶν τριῶν οὐκ ἤρχετο ²²καὶ Βαναιὰ υἱὸς 22 Ἰωδάε υἱὸς ἀνδρὸς δυνατοῦ, πολλὰ ἔργα αὐτοῦ ὑπὲρ Καβασαηλ· οὗτος ἐπάταξεν τοὺς δύο ἀριὴλ Μωάβ, καὶ οὗτος κατέβη καὶ ἐπάταξεν τὸν λέοντα ἐν τῷ λάκκῳ ἐν ἡμέρᾳ χιόνος, ²³καὶ οὗτος ἐπάταξεν τὸν 23 ἄνδρα τὸν Αἰγύπτιον, ἄνδρα ὁρατὸν πεντάπηχυν· καὶ ἐν χειρὶ τοῦ Αἰγυπτίου δόρυ ὡς ἀντίον ὑφαινόντων καὶ κατέβη ἐπ᾽ αὐτὸν Βαναίας ἐν ῥάβδῳ καὶ ἀφείλατο ἐκ τῆς χειρὸς τοῦ Αἰγυπτίου τὸ δόρυ, καὶ ἀπέκτεινεν αὐτὸν ἐν τῷ δόρατι αὐτοῦ. ²⁴ταῦτα ἐποίησεν Βαναίας 24 υἱὸς Ἰωάδ, καὶ τούτῳ ὄνομα ἐν τοῖς τρισὶν τοῖς δυνατοῖς· ²⁵ὑπὲρ 25 τοὺς τριάκοντα ἔνδοξος οὗτος, καὶ πρὸς τοὺς τρεῖς οὐκ ἤρχετο, καὶ κατέστησεν αὐτὸν Δαυεὶδ ἐπὶ τὴν πατριὰν αὐτοῦ. ²⁶Καὶ δυνα- 26 τοὶ τῶν δυνάμεων Ἀσαὴλ ἀδελφὸς Ἰωάβ, Ἐλεανὰν υἱὸς Δωδῶε Βαιθλάεμ, ²⁷Σαμαὼθ ὁ Ἀδί, Χέλλης ὁ Φελωνεί, ²⁸Ὠραὶ υἱὸς ἐκ τῆς 27/28 Ὀθεκώ, Ἀβιέζερ ὁ Ἀναθωθεί, ²⁹Σοβοχαὶ ὁ Ἀθεί, Ἠλεὶ ὁ Ἀχωνεί, 29 ³⁰Νεερὲ ὁ Νεθωφατεί, Χθάοδ υἱὸς Νοοζὰ ὁ Νετωφατεί, ³¹Αἰρεὶ υἱὸς 30/31

ℵA 18 Βεθλεεμ ℵ Βηθλεεμ A | ελαβον]+και ηλθον B^{a mg}ℵA | ηθελεν] ηθελησεν A   19 τουτων] τουτο ℵ* (τουτων ℵ?) | ψυχαις 2°] a sup ras A^b | ηνεγκαν]+αυτον A | ηβουλοντο ℵ* (εβουλετο ℵ¹) | πιειν] πιν ℵ | αυτο] αυτον A   20 Αβεσσα A | αδελφος] pr ο A | τριων] πατριων A | εσπατο A*^{vid} (εσπασατο [ασ sup ras] A¹) | τριακοσιας ℵ* (τριακοσιους ℵ^a) εξακοσιους A | om και 2° A | τοις τρ.] ταις τρ. A   21 αυτοις] αυτος A   22 Βαναια] Καναια B^b Βαναιας A | υπερ] hactenus Cod Sin-Petr | Καβασαηλ] Βασαηλ ℵ^{vid} (certe sic inc Cod Frid-Aug) | ουτος 1°] ουτες B^{edit}   23 om ουτος ℵ | αορατον ℵ* (ορ ℵ¹) | χειρι] pr τη A | ως] ωσει ℵ | υφαινοντων pr των ℵ | Βανεας ℵ (item 24) | αφειλετο ℵ   24 Ιωαδ] Ιωδαε ℵA | τουτω] τουτο ℵ | τρισι A   25 ενδοξος] pr ην A (η sup ras A^{a'})   26 δυνατοι] pr οι A | Ιωαβ] Ιωα A | Δωδωαι A | Βαιθλαεμ] Καθλαεμ ℵ pr εκ A   27 Σαμαωθ...Φελωνει] Σαμωθ· Θαδι Χελλης·| ο Φαλλωνι A   28 εκ της Οθεκω] εκ κης Οθε|κωί· A | Αναθωθι A   29 Σοβοχαι ο Αθει] Σοβοχε ο Ιαθει ℵ και Σοβ'|βο|χαι ο Ασωθι· A | Ηλι (sup ras) A^a | ο Αχωνει] ο Αναχωνει ℵ* (ο Αχωνει ℵ¹) ο Αχωρ (sup ias seq ras) A^a   30 Νεερε..Νετωφατει] Νεερε ο Νοτωφαθει Χοαδδ. Νετωφαθει ℵ Μοορα ο Νετω|φαθι (Μ. ο Νετω sup ras pl litt A') · Ελαδ υιος Βαανα ο Νετωφαθι· A   31 Αιρει] Αιθει ℵ Ηθου A

ΠΑΡΑΛΕΙΠΟΜΕΝΩΝ Α XII 3

32 'Ρεβιὲ ἐκ βουνοῦ Βενιαμείν, Βαναίας ὁ Φαραθωνεί, ³²Οὐρεὶ ἐκ ναχαλεὶ Β
33 Γάας, Ἀβιὴλ ὁ Γαραβαιθθί, ³³Ἀζβὼν ὁ Βεερμείν, Σαμαβὰ ὁ Ὁμεί·
34 ³⁴Βενναίας ὁ Σομολογεννουνείν, Ἰωναθὰν υἱὸς Σωλὰ ὁ Ἀραχεί,
$\frac{35}{36}$ ³⁵Ἀχεὶμ υἱὸς Ἀχὰρ ὁ Ἀραρεί, Ἐλφὰτ υἱὸς Σθύρ, ³⁶"Οφαρ Μοχόρ, Ἀχειὰ
$\frac{37}{38}$ ὁ Φεδωνεί, ³⁷Ἡσερὲ ὁ Χαρμαδαί, Νααραὶ υἱὸς Ἀζωβαί, ³⁸Ἰωὴλ υἱὸς
39 Ναθάν, Μεβαὰλ υἱὸς Ἁγαρεί, ³⁹Σέλη ὁ Ἀμμωνεί, Ναχὼρ ὁ Βερθεὶ
40 αἴρων σκεύη υἱῷ Σαρουία, ⁴⁰Ἰρὰ ὁ Ἠθηρεί, Γαρηοβαί, Ἰοθηρεί·
$\frac{41}{42}$ ⁴¹Οὐρεὶ ὁ Χεττεί, Ζαβὲτ υἱὸς Ἀχαιά, ⁴²Ἀδεινὰ υἱὸς Σαιζὰ τοῦ
43 Ῥουβὴν ἄρχων καὶ ἐπ' αὐτῷ τριάκοντα, ⁴³Ἀνὰν υἱὸς Μοωχὰ καὶ
44 Ἰωσαφὰτ ὁ Βαιθανεί, ⁴⁴Ὀζειὰ ὁ Ἀσταρωθεί, Σαμαθὰ καὶ Ἰειά,
45 υἱοὶ Κωθὰν τοῦ Ἀραρεί, ⁴⁵Ἐλθειὴλ υἱὸς Σαμερὶ καὶ Ἰωάζαε ὁ ἀδελ-
46 φὸς αὐτοῦ ὁ Ἰεασεί, ⁴⁶Λειὴλ ὁ Μιεὶ καὶ Ἰαριβεὶ καὶ Ἰωσειὰ υἱὸς αὐτοῦ,
47 Ἐλλάαμ καὶ Ἐθεμὰ ὁ Μωαβείτης, ⁴⁷Δαλειὴλ καὶ Ἰωβὴθ καὶ Ἐσσειὴλ
XII 1 ὁ Μειναβειά.   ¹Καὶ οὗτοι οἱ ἐλθόντες πρὸς Δαυεὶδ εἰς Σωκλά,
ἔτι συνεχομένου ἀπὸ προσώπου Σαοὺλ υἱοῦ Κείς. καὶ οὗτοι ἐν τοῖς
2 δυνατοῖς βοηθοῦντες ἐν πολέμῳ, ²καὶ τόξῳ ἐκ δεξιῶν καὶ ἐξ ἀριστε-
ρῶν, καὶ σφενδονῆται ἐν λίθοις καὶ τόξοις, ἐν τοῖς ἀδελφοῖς Σαοὺλ
3 ἐκ Βενιαμείν· ³ὁ ἄρχων Ἀχιέζερ, καὶ Ἰωὰ ὁ υἱὸς Ἀμὰ τοῦ Γεβω-

31 Ρεβιε] Ραβειαι ℵ Ρηβαι A | Φαραθωθει ℵ* (Φαραφωνει ℵ⁻ᵃ) Φαραθωνι A ℵA
32 Ουρι A | ναχαλη A | Γαραβαιθθι] Γαραβεθ ℵ Σαραβεθθει A   33 Αζ-
βων] Αζμωθ A | Βεερμειν Bℵᶜᵃ] Βεερβειν ℵ* Βαρσαμι A | Σαμαβα ο Ομει]
Εαμαβα ο Σωμει ℵ Ελιαβα ο Σαλαβωνι A   34 Βενναιας ο Σομολογ.]
Βεννεας ο Σομογεννουνιν ℵ υιοι Ασαμ'· ο Γωυνι A | Σωλα ο Αραχει Bᵃᵇ] Σ. ο
Αραρει Bᵃᵇ ℵ Σαγη ο Αραρι A   35 Αχιαμ υ. Σαχαρ ο Αραρι A | Ελφατ] Ελι-
φααλ A   35—36 Σθυρ Οφαρ Μοχορ] Σουρ· Οφ. Μ. ℵ Ωρα· Φερομεχου|ραθι
A   36 Αχια ℵA | Φελλωνι A   37 Ησεραι ℵ Ασαραι A | Χαρμαδαι]
Καρμηλι A | Νααραι] Νοορα A | Αζωβε ℵ Αζβι A   38 υιος 1°] αδελφος
A | Μεβααλ] Μαβαρ A | Αγαρει] Αταραι A   39 Σελη] Σελ|ληκ' A |
Αμμωνειμ ℵ Αμμωνι A | Ναχωρ ο Βερθει] Νααραι ο Βηρωθ A | αιρων σκευη]
διδω|νικευη (sic) ℵ | υιω Σαρουια] Ιωαβ' υιου Σαρουιας A   40 Ιρα ο
Ηθηρει] Ια ο Ιθηρει ℵ Ιρας ο Ιεθερι A | Γαρηοβε ℵ Γαρηβ' A | Ιοθηρει] Ιεθερι
A   41 Ουρει ο Χεττει] Ουριας Χεθι A | Ζαβατ A | υιος] υιω os ℵ | Αχαια]
Αχεα ℵ Ολι A   42 Αδινα A | Σαιζα] Σεζα ℵ Σεχα A   43 Ανναν ℵ|
Μοωχα] Μαχα A | Ιωσαφας ℵ* (Ιωσαφατ ℵᶜᵃ) | Βαιθανει] Βεθανει ℵ Μαθ-
θανι A   44 Οζια A | ο Ασταρωθει] Θεσταρωθει ℵ ο Ασταρωθι A | Σαμαθα]
Σαμμα A | Ιεια] Εια ℵ Ιειηλ A | Κωθαν του Αραρει (Αρα| Bᵇ)] Χωθα| τ.
Αραρι A   45 Ελθειηλ] Ιεδιηλ A | Σαμαρι A | Ιεασει] Θωσαει A   46 Λιηλ
ℵ Ιελιηλ A | ο Μιει] ο Μαωειν A | Αριβι ℵ Ιαριβαι A | Ιωσια A | Ελλαμ
ℵᵛⁱᵈ Ελναμ A | και 3°] κα ℵ | Εθεμα] Ιεθεμα A | post ο 2° appar ras a vel δ
in B | Μωαβιτης A   47 Αλιηλ A | Ιωβηθ A | Ε|σειηλ ℵ Εσσιηλ A | Μεινα-
βεια] Μεσωβια A   XII 1 Σωκλα] Σικελαγ A   2 τοξω] pr εν ℵ | εν
τοις αδελφοις] εκ των αδελφων ℵA | εκ BℵᶜᵃA] και ℵ*   3 ο αρχων] om
ο A | Ιωα ο] Ιωας ℵ Ιωρας A | Αμα] Σαμαα A | Γεβωθειτου] Ταβαθιτου A

ΧΙΙ 4 ΠΑΡΑΛΕΙΠΟΜΕΝΩΝ Α

Β θείτου, καὶ Ἰωὴλ καὶ Ἰωφάλητ υἱοὶ Ἀσμώθ, καὶ Βερχειά, καὶ Ἰηούλ
ὁ Ἀναθωθεί, ⁴καὶ Σαμαίας ὁ Γαβαωνείτης δυνατὸς ἐν τοῖς τριάκοντα 4
καὶ ἐπὶ τῶν τριάκοντα, Ἰερμίας καὶ Ἰεζὴλ καὶ Ἰωανὰν καὶ Ἰωαζαβὰβ
ὁ Γαδαραθειείμ, ⁵Ἀζαὶ καὶ Ἀρειμούθ καὶ Βαδαιὰ καὶ Σαμαραιὰ καὶ 5
Σαφατιὰ ὁ Χαραιφεί, ⁶Ἠλκανὰ καὶ Ἰησουνεὶ καὶ Ὀζρειὴλ καὶ Ἰωζάρα, 6
Καινὰ καὶ Σοβοκὰμ καὶ οἱ Κορεῖται, ⁷καὶ Ἐλιὰ καὶ Ζαβιδιὰ υἱοὶ Ῥαὰμ 7
καὶ οἱ τοῦ Γεδώρ. ⁸καὶ ἀπὸ τοῦ Γεδδεὶ ἐχωρίσθησαν πρὸς Δαυεὶδ 8
ἀπὸ τῆς ἐρήμου ἰσχυροὶ δυνατοὶ ἄνδρες παρατάξεως πολέμου, αἴ-
ροντες θυρεοὺς καὶ δόρατα, καὶ πρόσωπον λέοντος πρόσωπα αὐτῶν,
καὶ κοῦφοι ὡς δορκάδες ἐπὶ τῶν ὀρέων τῷ τάχει· ⁹Ἀζα ὁ ἄρχων, 9
Ἀβδειὰ ὁ δεύτερος, Ἐλιὰβ ὁ τρίτος, ¹⁰Μασεμμανὴ ὁ τέταρτος, Ἱερε- 10
μειὰ ὁ πέμπτος, ¹¹Ἐθοὶ ὁ ἕκτος, Ἐλιὰβ ὁ ἕβδομος, ¹²Ἰωὰν ὁ ὄγδοος, ¹¹₁₂
Ἐλιαζὲρ ὁ ἔνατος, ¹³Ἱερεμειὰ ὁ δέκατος, Μελχαβανναὶ ὁ ἑνδέκατος. 13
¹⁴οὗτοι ἐκ τῶν υἱῶν Γὰδ ἄρχοντες τῆς στρατιᾶς, εἷς τοῖς ἑκατὸν 14
μικρὸς καὶ μέγας τοῖς χιλίοις. ¹⁵οὗτοι οἱ διαβάντες τὸν Ἰορδάνην 15
ἐν τῷ μηνὶ τῷ πρώτῳ, καὶ οὗτος πεπληρωκὼς ἐπὶ πᾶσαν κρηπίδα
αὐτοῦ, καὶ ἐξεδίωξαν πάντας τοὺς κατοικοῦντας αὐλῶνας ἀπὸ ἀνα-
τολῶν ἕως δυσμῶν. ¹⁶καὶ ἦλθον ἀπὸ τῶν υἱῶν Βενιαμεὶν καὶ Ἰούδα 16
εἰς βοήθειαν τοῦ Δαυείδ. ¹⁷καὶ Δαυεὶδ ἐξῆλθεν εἰς ἀπάντησιν αὐ- 17
τῶν καὶ εἶπεν αὐτοῖς Εἰ εἰς εἰρήνην ἥκατε πρός μέ, εἴη μοι καρδία
καθ᾽ ἑαυτὴν ἐφ᾽ ὑμᾶς· καὶ εἰ τοῦ παραδοῦναί με τοῖς ἐχθροῖς μου
οὐκ ἐν ἀληθείᾳ χειρός, ἴδοι ὁ θεὸς τῶν πατέρων ὑμῶν καὶ ἐλέγξαιτο.

ℵΑ 3 Ιωηλ] Αξιηλ Α | Ιωφαλητ] Φαλλητ Α | Ασμωθ Α | Βερχεια] Βαραχια Α |
Αναβωθει ℵ Αναθωθι Α   4 Σαμεας ℵ | Αγαβωνιτης ℵ* Γαβαωνιτης ℵ^{c.a}Α
+και Βερχεια και Ι|ηουλ ο Αναθωθει| και Σαμεας ο Γα|βαωνιτης ℵ | Ιερμιας]
Ιερμειας Β^a Ιερεμηιας ℵ* (Ιερεμιας ℵ¹) και Ιερεμιας Α | Ιεξιηλ Α | Ιωζαβαδ Α |
Γαδαραθειειμ] Γαδαρα ℵ Γαδηρωθι Α   5 Αζα] Ελιωζι· Α | Αρειμουθ]
Αριθμους ℵ Ιαριμουθ (Ι sup ras) Α | Βαδαια] Βααδια Α | Σαμαρια ℵΑ |
Σαφατεια ℵ | Χαραιφει] Αρουφι Α   6 Ιησουνει] Ιεσια Α | Οζρειηλ] Ελιηλ
Α | Ιωζαρα] Ιωζααρ Α | om Καινα Α | Σοβοκαμ] Σοβολαμ ℵ Ιεσβααμ Α |
Κοριται ℵΑ   7 Ελια ℵ Ιωηλα Α | Ζαβαδια ℵΑ | Ρααμ (Ρα non inst
spiritum tamen adpinx Β^b)] Ιεροαμ Α | και οι] υιοι ℵΑ | Γεδδωρ ℵ   8 Γαδδει
ℵ Γαδ᾽· Α | εχωρισθησαν] διεχωρ. Α | απο 2°] επι Α | ανδρες δυνατοι ℵ |
δορκαδος Α | τω ταχει] εν τ. Α   9 Αζα] Αζερ Α | Αβδια Α | Ελεαιβ ℵ
10 Μασεμαννη ℵ Μασμα· | Α | τεταρτος] δ᾽ Α | Ιερμια ℵ Ιερεμια Α   11 Εθοι]
Εθθει Α | Ελιαβ] Ελιηλ Α   12 Ιωαν] Ιωναν Α | ο ογδοος] ογδους ℵ |
Ελιαζερ] Ελεζαβαδ Α   13 Ιερεμεια] Ιερμια ℵ Ιερεμιας Α | Μελχαβαννεα ℵ
Μαχαβαναι Α | ενδεκατος] ια' ℵ   14 om Γαδ ℵ | στρατειας Β^{ab(vid)}
15 οι τοι Β*^{vid} (ουτ. Β^{ab}) | εξεδιωξαν] εδιωξαν ℵ | om απο ℵ | ες Β* (εως Β^{ab})
16 βοηθιαν ℵ   17 αυτων] αυτοις Α | αυτοις] αυτοι Β* (s superscr Β^{ab}) | ειη
μοι] ει εμοι Α | om ει του παραδουναι με ℵ | υμων] ημων ℵΑ | ελεγξαιτο]
ελεγχετο ℵ ελεγξαι· Α

28

ΠΑΡΑΛΕΙΠΟΜΕΝΩΝ Α   XII 29

18 ¹⁸καὶ πνεῦμα ἐνέδυσε τὸν Ἀμασαὶ ἄρχοντα τῶν τριάκοντα, καὶ Β εἶπεν
   Πορεύου καὶ ὁ λαός σου,
   Δαυεὶδ υἱὸς Ἰεσσαί·
   εἰρήνη εἰρήνη σοι,
   καὶ εἰρήνη τοῖς βοηθοῖς σου·
   ὅτι ἐβοήθησέν σοι ὁ θεός σου.
καὶ προσεδέξατο αὐτοὺς Δαυείδ, καὶ κατέστησεν αὐτοὺς ἄρχοντας
19 τῶν δυνάμεων. ¹⁹καὶ ἀπὸ Μανασσὴ προσεχώρησαν πρὸς Δαυεὶδ ἐν τῷ ἐλθεῖν τοὺς ἀλλοφύλους ἐπὶ Σαοὺλ εἰς πόλεμον· καὶ οὐκ ἐβοήθησαν αὐτοῖς, ὅτι ἐν βουλῇ ἐγένετο παρὰ τῶν στρατηγῶν τῶν ἀλλοφύλων λεγόντων Ἐν ταῖς κεφαλαῖς τῶν ἀνδρῶν ἐκείνων
20 ἐπιστρέψει πρὸς τὸν κύριον αὐτοῦ Σαούλ. ²⁰ἐν τῷ πορευθῆναι αὐτὸν εἰς Σωγλὰμ προσεχώρησαν αὐτῷ ἀπὸ Μανασσὴ Ἐδνὰ καὶ Τωζαβὰθ καὶ Ῥωδιὴλ καὶ Μειχαὴλ καὶ Ἰωσαβαὶθ καὶ Ἐλιμοὺθ
21 καὶ Σεμαθεί· ἀρχηγοὶ χιλιάδων εἰσὶν τοῦ Μανασσή. ²¹καὶ αὐτοὶ συνεμάχησαν τῷ Δαυεὶδ ἐπὶ τὸν γεδδούρ, ὅτι δυνατοὶ ἰσχύος πάντες·
22 καὶ ἦσαν ἡγούμενοι ἐν τῇ στρατείᾳ ἐν τῇ δυνάμει, ²²ὅτι ἡμέραν ἐξ ἡμέρας ἤρχοντο πρὸς Δαυεὶδ εἰς δύναμιν μεγάλην ὡς δύναμις
23 θεοῦ. ²³Καὶ ταῦτα τὰ ὀνόματα τῶν ἀρχόντων τῆς στρατείας, οἱ ἐλθόντες πρὸς Δαυεὶδ εἰς Χεβρὼν τοῦ ἀποστρέψαι τὴν
24 βασιλείαν Σαοὺλ πρὸς αὐτὸν κατὰ τὸν λόγον Κυρίου. ²⁴υἱοὶ Ἰούδα θυρεωφόροι καὶ δορατοφόροι ἓξ χιλιάδες καὶ ὀκτακόσιοι δυνατοὶ παρα-
25 τάξεως. ²⁵τῶν υἱῶν Συμεὼν δυνατοὶ ἰσχύος εἰς παράταξιν ἑπτὰ
26 χιλιάδες καὶ ἑκατόν. ²⁶τῶν υἱῶν Λευεὶ τετρακισχίλιοι ἑξακόσιοι·
27 ²⁷καὶ Τωαδὰς ὁ ἡγούμενος τῷ Ἀαρών, καὶ μετ' αὐτοῦ τρεῖς χιλιάδες
28 καὶ ἑπτακόσιοι· ²⁸καὶ Σαδὼκ νέος δυνατὸς ἰσχύι, καὶ τῆς πατρικῆς
29 οἰκίας αὐτοῦ ἄρχοντες εἴκοσι δύο. ²⁹καὶ τῶν υἱῶν Βενιαμεὶν τῶν ἀδελφῶν Σαοὺλ τρεῖς χιλιάδες· καὶ ἔτι τὸ πλεῖστον αὐτῶν ἀπεσκόπει

18 ενεδυσε B^{ab}] ενεδυσαι B* ενεδυσεν ℵ ενεδυναμωσεν A | Αμασε ℵ | ℵA αρχοντα] pr τον A | πορευου Δαδ υιος Ιεσσαι| και ο λαος σου· A | ο λαος] om o ℵ | om και 4° A | om σου 3° ℵ | προσεταξατο ℵ* (προσεδεξατο ℵ^{ca}) 19 εβοηθησεν A   20 Σωγλαμ] Σωκαγ ℵ Σικελαγ A | Τωζαβαθ] Ιωζαβαδ A | Ρωδιηλ] Ιεδιηλ A | Μιχαηλ B^bℵA | Ιωσαβαιθ] Ιωσαβεθ ℵ Ιωζαβεδ A | Ελιμουθ] Ελιουδ A | Σεμαθει] Γαλαθι A   21 αυτοι] ουτοι A | συνεμαχησαν] pr ει ℵ | εν 1°] επι A | στρατια ℵA | om εν τη δυναμει A   23 στρατιας ℵA | επιστρεψαι A   24 υιου ℵ | θυρεοφοροι B^{ab}ℵA | om και δορατοφοροι A | παραταξεως] πραξεως ℵ   26 των] και A | Λευι A | τετρακισχιλιοι BA (ι 1° sup ras A^a)] τετρακιχιλιαι (sic) ℵ | εξακοσιοι] εξακοσιαι ℵ pr και A   27 Τωαδας] Τωαδαε ℵ Ιωαδαε A | ο ηγ.] om o ℵ | τω A] των A. A | χιλιαδες] χιλιοι ℵ | om και 3° ℵ   28 ισχυει ℵ | δυο] ρι και A   29 των υιων] pr εκ A

29

XII 30   ΠΑΡΑΛΕΙΠΟΜΕΝΩΝ Α

B τὴν φυλακὴν οἴκου Σαούλ. ³⁰καὶ ἀπὸ υἱῶν Ἐφράιμ εἴκοσι χιλιάδες 30 καὶ ὀκτακόσιοι, δυνατοὶ ἰσχύι, ἄνδρες ὀνομαστοὶ κατ' οἴκους πατριῶν αὐτῶν. ³¹καὶ ἀπὸ τοῦ ἡμίσους φυλῆς Μανασσῆ δέκα ὀκτὼ χιλιάδες, 31 καὶ οἳ ὠνομάσθησαν ἐν ὀνόματι τοῦ βασιλεῦσαι τὸν Δαυείδ. ³²καὶ 32 ἀπὸ τῶν υἱῶν Ἰσσαχὰρ γινώσκοντες σύνεσιν εἰς τοὺς καιρούς, γινώσκοντες τί ποιῆσαι Ἰσραήλ, διακόσιοι, καὶ πάντες ἀδελφοὶ αὐτῶν μετ' αὐτῶν. ³³καὶ ἀπὸ Ζαβουλὼν ἐκπορευόμενοι εἰς παράταξιν πολέ- 33 μου ἐν πᾶσιν σκεύεσιν πολεμικοῖς πεντήκοντα χιλιάδες, βοηθῆσαι τῷ Δαυεὶδ οὐ χεροκένως. ³⁴καὶ ἀπὸ Νεφθαλεὶ ἄρχοντες χίλιοι, καὶ 34 μετ' αὐτῶν ἐν θυρεοῖς καὶ δόρασιν τριάκοντα ἑπτὰ χιλιάδες. ³⁵καὶ 35 ἀπὸ τῶν Δανειτῶν παρατασσόμενοι εἰς πόλεμον εἴκοσι ὀκτὼ χιλιάδες καὶ ὀκτακόσιοι. ³⁶καὶ ἀπὸ τοῦ Ἀσὴρ ἐκπορευόμενοι βοηθῆσαι εἰς 36 πόλεμον τεσσεράκοντα χιλιάδες. ³⁷καὶ ἐκ πέραν τοῦ Ἰορδάνου ἀπὸ 37 Ῥουβὴν καὶ Γαδδεὶ καὶ ἀπὸ τοῦ ἡμίσους φυλῆς Μανασσῆ ἐν πᾶσιν σκεύεσιν πολεμικοῖς ἑκατὸν εἴκοσι χιλιάδες ³⁸πάντες οὗτοι ἄνδρες 38 πολεμισταὶ παρατασσόμενοι παράταξιν ἐν ψυχῇ εἰρηνικῇ, καὶ ἦλθον εἰς Χεβρὼν τοῦ βασιλεῦσαι τὸν Δαυεὶδ ἐπὶ πάντα Ἰσραήλ· καὶ ὁ κατάλοιπος Ἰσραὴλ ψυχῇ μίᾳ τοῦ βασιλεῦσαι τὸν Δαυείδ ³⁹καὶ 39 ἦσαν ἐκεῖ ἡμέρας τρεῖς ἐσθίοντες καὶ πίνοντες, ὅτι ἡτοίμασαν οἱ ἀδελφοὶ αὐτῶν. ⁴⁰καὶ οἱ ὁμοροῦντες αὐτοῖς ἕως Ἰσσαχὰρ καὶ Ζαβουλὼν 40 καὶ Νεφθαλεὶ ἔφερον αὐτοῖς ἐπὶ τῶν καμήλων καὶ τῶν ὄνων καὶ τῶν ἡμιόνων καὶ ἐπὶ τῶν μόσχων βρώματα, ἄλευρα, παλάθας, σταφίδας, οἶνον καὶ ἔλαιον, μόσχους καὶ πρόβατα εἰς πλῆθος, ὅτι εὐφροσύνη ἐν Ἰσραήλ.

¹Καὶ ἐβουλεύσατο Δαυεὶδ μετὰ τῶν χιλιάρχων καὶ τῶν ἑκατον- 1 XIII τάρχων παντὶ ἡγουμένῳ· ²καὶ εἶπεν Δαυεὶδ πάσῃ ἐκκλησίᾳ Ἰσραὴλ 2 Εἰ ἐφ' ὑμῖν ἀγαθὸν καὶ παρὰ Κυρίου θεοῦ ἡμῶν εὐοδώθη, ἀποστείλωμεν πρὸς τοὺς ἀδελφοὺς ὑμῶν τοὺς ὑπολελειμμένους ἐν πάσῃ γῇ

ℵA   29 φυλακην] φυλην A   30 om και 1° ℵ | κατ οικους] κατοικουντες ℵ | αυτων]+ι B' (improb Bᵃᵗ)   31 φυλους ℵ | χιλιαδες]+χιλιοι ℵ | om και 2° A   32 Εισσαχαρ A | τι] οτι A | ποιησει ℵ | Ισραηλ]+εις τας αρχας| αυτων A | om αυτων 1° ℵ   33 και] οι ℵ | χεροκενως A] χορεκαινως B* (χεροκαινως Bᵃᵇ) χαιροκαινως A   34 Νεφθαλειμ A   35 Δανιτων ℵA | οκτω] pr και A   36 τεσσαρακ. Bᵇ | χιλιαδας A   37 Γαδδειν ℵ Γαδδι A | φυλους ℵ* (φυλης ℵᶜ¹) | σκευεσιν πολεμικοις εκατον sup ras Aᵃ   38 οι καταλοιποι ℵ* (οι καταλοιπος ℵᶜᵃ) | om του βασιλευσαι τον Δαδ̄ (2°) A   39 om και πινοντες ℵ | ητοιμασαν]+αυτοις Aᵃᵗᵐᵍ   40 ομοροουντες ℵ ομυρουντες A | Νεφθαλειμ ℵ | om των ημιονων και επι A* (hab sup ras et ιn mg Aᵃ]   XIII 2 παση 1°] pr τη A | ημων] υμων A | ευοδωθη ℵA | υμων] ημων ℵA | υπολειμμ ℵA

ΠΑΡΑΛΕΙΠΟΜΕΝΩΝ Α

Ἰσραήλ, καὶ μετ' αὐτῶν οἱ ἱερεῖς οἱ Λευεῖται ἐν πόλεσιν κατασχέ- B
σεως αὐτῶν, καὶ συναχθήσονται πρὸς ἡμᾶς, ³καὶ μετενέγκωμεν τὴν
κιβωτὸν τοῦ θεοῦ ἡμῶν πρὸς ἡμᾶς· ὅτι οὐκ ἐζήτησαν αὐτὴν ἀφ' ἡμε-
4 ρῶν Σαούλ. ⁴καὶ εἶπεν πᾶσα ἡ ἐκκλησία τοῦ ποιῆσαι οὕτως, ὅτι
5 εὐθὴς ὁ λόγος ἐν ὀφθαλμοῖς παντὸς τοῦ λαοῦ. ⁵καὶ ἐκκλησίασεν
Δαυεὶδ τὸν πάντα Ἰσραὴλ ἀπὸ ὁρίων Αἰγύπτου καὶ ἕως εἰσόδου
6 Ἡμὰθ τοῦ εἰσενέγκαι τὴν κιβωτὸν τοῦ θεοῦ ἐκ πόλεως Ἰαρείμ. ⁶καὶ
ἀνήγαγεν αὐτὴν Δαυείδ· καὶ πᾶς Ἰσραὴλ ἀνέβη εἰς πόλιν Δαυείδ,
ἣ ἦν τοῦ Ἰούδα, τοῦ ἀναγαγεῖν ἐκεῖθεν τὴν κιβωτὸν τοῦ θεοῦ Κυρίου
7 καθημένου ἐπὶ χερουβεὶν οὗ ἐπεκλήθη ὄνομα αὐτοῦ. ⁷καὶ ἐπέθηκαν
τὴν κιβωτὸν τοῦ θεοῦ ἐπὶ ἅμαξαν καινὴν ἐξ οἴκου Ἀμειναδάβ· καὶ
8 Ὀζὰ καὶ οἱ ἀδελφοὶ αὐτοῦ ἦγον τὴν ἅμαξαν. ⁸καὶ Δαυεὶδ καὶ πᾶς
Ἰσραὴλ παίζοντες ἐναντίον τοῦ θεοῦ ἐν πάσῃ δυνάμει, καὶ ἐν ψαλ-
τῳδοῖς καὶ ἐν κινύραις καὶ ἐν νάβλαις, ἐν τυμπάνοις καὶ ἐν κυμβά-
9 λοις καὶ ἐν σάλπιγξιν. ⁹καὶ ἤλθοσαν ἕως τῆς ἅλωνος· καὶ ἐξέτεινεν
Ὀζὰ τὴν χεῖρα αὐτοῦ τοῦ κατασχεῖν τὴν κιβωτόν, καὶ ἐξέκλινεν
10 αὐτὴν ὁ μόσχος. ¹⁰καὶ ἐθυμώθη Κύριος ἐπὶ Ὀζά, καὶ ἐπάταξεν αὐ-
τὸν ἐκεῖ διὰ τὸ ἐκτεῖναι τὴν χεῖρα αὐτοῦ ἐπὶ τὴν κιβωτόν· καὶ ἀπέ-
11 θανεν ἐκεῖ ἀπέναντι τοῦ θεοῦ. ¹¹καὶ ἠθύμησεν Δαυεὶδ ὅτι διέκοψεν
Κύριος διακοπὴν ἐν Ὀζά, καὶ ἐκάλεσεν τὸν τόπον ἐκεῖνον Διακοπὴ
12 Ὀζὰ ἕως τῆς ἡμέρας ταύτης. ¹²καὶ ἐφοβήθη Δαυεὶδ τὸν θεὸν ἐν τῇ
ἡμέρᾳ ἐκείνῃ λέγων Πῶς εἰσοίσω τὴν κιβωτὸν τοῦ θεοῦ πρὸς ἐμαυ-
13 τόν; ¹³καὶ οὐκ ἀπέστρεψεν Δαυεὶδ τὴν κιβωτὸν πρὸς ἑαυτὸν εἰς
πόλιν Δαυείδ, καὶ ἐξέκλινεν αὐτὴν εἰς οἶκον Ἀβεδδαρὰ τοῦ Γεθθαίου.
14 ¹⁴καὶ ἐκάθισεν ἡ κιβωτὸς τοῦ θεοῦ ἐν οἴκῳ Ἀβεδδαρὰ τρεῖς μῆνας·
καὶ εὐλόγησεν ὁ θεὸς Ἀβεδδαρὰμ καὶ πάντα τὰ αὐτοῦ.

XIV 1 ¹Καὶ ἀπέστειλεν Χειρὰμ βασιλεὺς Τύρου ἀγγέλους πρὸς Δαυεὶδ
καὶ ξύλα κέδρινα καὶ οἰκοδόμους καὶ τέκτονας ξύλων τοῦ οἰκοδο-
2 μῆσαι αὐτῷ οἶκον. ²καὶ ἔγνω Δαυεὶδ ὅτι ἡτοίμασεν αὐτὸν Κύριος
ἐπὶ Ἰσραήλ, ὅτι ηὐξήθη εἰς ὕψος ἡ βασιλεία αὐτοῦ διὰ τὸν λαὸν
3 αὐτοῦ Ἰσραήλ. ³Καὶ ἔλαβεν Δαυεὶδ ἔτι γυναῖκας ἐν Ἰερουσαλήμ·

2 Λευιται ℵA | πολεσι A | ημας] υμας ℵ   3 εξεξητησαν Aᵃ·   5 εξεκ- ℵA
κλησιασεν A | om εισοδου A   6 χερουβιν ℵ   7 Αμιναδαβ ℵA | ημαξαν (2°)
A   8 om και 1° ℵ | εναντι ℵ | om εν 3° ℵ | εν 5°] pr και A   9 αλωνος]
+Χειλῶ·| A | om την χειρα αυτου ℵ | και 3°] οτι Bᵃᵇ (superscr ℵA)   10 εθυ-
μωθη]+οργη ℵ | Κυριος]+οργη A   11 pl retractavit usque ad XVI 21 Aᵇ
12 προς εμαυτον την κιβωτον του θῡ A   13 om την κιβωτον ℵ | προς
εαυτον] pr το ℵ | πολιν] pr την A | Γεθθαιου] Χετταιου A   14 μηνας]
ημερας A | Αβεδδαραμ] Αβεδδαραν ℵ τον Αβεδδαρα A   XIV 1 Χιραμ ℵ |
om και 3° ℵ* (superscr ℵᶜᵃ) | οικοδομους]+τοιχων A   2 ητοιμακεν ℵ

ΠΑΡΑΛΕΙΠΟΜΕΝΩΝ Α   XIV 4

B καὶ ἐτέχθησαν Δαυεὶδ ἔτι υἱοὶ καὶ θυγατέρες. ⁴καὶ ταῦτα τὰ ὀνό- 4
ματα αὐτῶν τῶν τεχθέντων οἳ ἦσαν αὐτῷ ἐν Ἰερουσαλήμ· Σαμάα,
Ἰσοβοάμ, Ναθάν, Σαλωμὼν ⁵καὶ Βαὰρ καὶ Ἐκτᾶε καὶ Ἐλειφάλεθ 5
⁶καὶ Νάγεθ καὶ Νάφαθ καὶ Ἰανουοὺ ⁷καὶ Ἐλεισαμάε καὶ Βαλεγδᾶε 6
καὶ Ἐμφάλετ.   ⁸Καὶ ἤκουσαν ἀλλόφυλοι ὅτι ἐχρίσθη Δαυεὶδ 8
βασιλεὺς ἐπὶ πάντα Ἰσραήλ, καὶ ἀνέβησαν πάντες οἱ ἀλλόφυλοι
ζητῆσαι τὸν Δαυείδ· καὶ ἤκουσεν Δαυείδ, καὶ ἐξῆλθεν εἰς ἀπάντησιν
αὐτοῖς. ⁹καὶ ἀλλόφυλοι ἦλθον καὶ συνέπεσον ἐν τῇ κοιλάδι τῶν 9
γιγάντων. ¹⁰καὶ ἠρώτησεν Δαυεὶδ διὰ τοῦ θεοῦ λέγων Εἰ ἀναβῶ 10
ἐπὶ τοὺς ἀλλοφύλους καὶ δώσεις αὐτοὺς εἰς τὰς χεῖράς μου; καὶ
εἶπεν αὐτῷ Κύριος Ἀνάβηθι, καὶ δώσω αὐτοὺς εἰς τὰς χεῖράς σου.
¹¹καὶ ἀνέβη εἰς Φααλφαθισείμ, καὶ ἐπάταξεν αὐτοὺς ἐκεῖ Δαυείδ· 11
καὶ εἶπεν Δαυεὶδ Διέκοψεν τοὺς ἐχθρούς μου ἐν χειρί μου ὡς
διακοπὴν ὕδατος· διὰ τοῦτο ἐκάλεσεν τὸ ὄνομα τοῦ τόπου ἐκείνου
Διακοπὴ Φαρισίν ¹²καὶ ἐνκατέλιπον τοὺς θεοὺς αὐτῶν, καὶ εἶπεν 12
Δαυεὶδ κατακαῦσαι ἐν πυρί. ¹³καὶ προσέθεντο ἔτι ἀλλόφυλοι καὶ 13
συνέπεσαν ἔτι ἐν τῇ κοιλάδι τῶν γιγάντων. ¹⁴καὶ ἠρώτησεν Δαυεὶδ 14
ἔτι ἐν θεῷ, καὶ εἶπεν αὐτῷ ὁ θεός Οὐ πορεύσῃ ὀπίσω αὐτῶν· ἀπο-
στρέφου ἀπ' αὐτῶν, καὶ παρέσῃ αὐτοῖς πλησίον τῶν ἀπίων. ¹⁵καὶ 15
ἔσται ἐν τῷ ἀκοῦσαί σε τὴν φωνὴν τοῦ συνσεισμοῦ αὐτῶν ἄκρων
τῶν ἀπίων, τότε ἐξελεύσῃ εἰς τὸν πόλεμον, ὅτι ἐξῆλθεν ὁ θεὸς
ἔμπροσθέν σου τοῦ πατάξαι τὴν παρεμβολὴν τῶν ἀλλοφύλων. ¹⁶καὶ 16
ἐποίησεν καθὼς ἐνετείλατο αὐτῷ ὁ θεός, καὶ ἐπάταξεν τὴν παρεμ-
βολὴν τῶν ἀλλοφύλων ἀπὸ Γαβαὼν ἕως Γάζαρα ¹⁷καὶ ἐγένετο 17

ℵA 3 ετεθησαν ℵ* (ετεχθ. ℵ^c ᵃ) | Δαυειδ 2°] αυτω A   4 om οι ℵ* (hab
ℵ^c ᵃ ᵐᵍ) | Σαμαια ℵ Σαμμαου A | Ισοβοαμ] και Σωβαβ A | Σαλωμων] pr και A
5 Βααρ] Ιεβααρ A | Εκταε] Ελισαυ A | Ελειφαλετ ℵ Ελιφαλετ A   6 Ναγετ
ℵ | Ναφατ ℵ Ναφαγ A | Ιανουου] Ιαφιε A   7 Ελισαμα A | Βαλεγδαε]
Βαλλιαδα A | Εμφαλετ] Ενφαλετ ℵ Ελιφαλετ A   8 ηκουσεν Δ. και
εξηλθεν] εξηλθεν Δαδ ως ηκουσεν A | υπαντησιν A   9 συνεπεσαν ℵA |
om εν ℵ | γιγαντων] των sup ras Aᵃ   10 και (1°) . χειρας σου sup ras
Aᵃ | ηρωτησεν] επηρωτησεν Aᵃ | ει αναβω] η αναβητω ℵ | om Κυριος A
11 Φααλφαθισειμ] Φαλααδ᾽φαθεισει ℵ Βααλ᾽φαρασειν A | διεκοψεν] διακοψον
ℵ + θ͞ς A | διακοπη] διακοπῇ ℵ | Φαρισιν] Φαριειν ℵ Φαρασειν A   12 εγκατε-
λιπον Bᵇ εγκατελειπεν A + εκει A | κατακαυσαι] + αυτους A   13 προσε-
θετο ℵ | αλλοφυλοις ℵ | ετι 2°] εκει A   14 Δαυειδ] + και ειπεν ℵ*
(om ℵ^c ᵃ) | ετι] οτι A | και ειπεν αυτω] αυτω· και ειπεν ℵ* και ειπεν ειπεν
ℵ^c ᵃ | πορευθη ℵ | αιτιων B* (απιων Bᶜ A)   15 συσσεισμου Bᵃᵇ | αυτων
ακρων] των ακρων ℵ του ακρου A | αιτιων B* (απιων Bᶜ) | σου] μου ℵ
16 αυτω] μοι ℵ | απο] π superscr B' | Γαβω̑ ℵ | Γαζαρα (α 2° superscr B')]
Γαζαραν ℵ Γαζηρα A

ΠΑΡΑΛΕΙΠΟΜΕΝΩΝ Α XV 16

ὄνομα Δαυεὶδ ἐν πάσῃ τῇ γῇ, καὶ Κύριος ἔδωκεν τὸν φόβον αὐτοῦ B ἐπὶ πάντα τὰ ἔθνη.

XV 1 ¹Καὶ ἐποίησεν αὐτῷ οἰκίας ἐν πόλει Δαυείδ, καὶ ἡτοίμασεν τὸν 2 τόπον τῇ κιβωτῷ τοῦ θεοῦ καὶ ἐποίησεν αὐτῇ σκηνήν. ²τότε εἶπεν Δαυεὶδ Οὐκ ἔστιν ἆραι τὴν κιβωτὸν τοῦ θεοῦ ἀλλ᾽ ἢ τοὺς Λευείτας, 3 ὅτι αὐτοὺς ἐξελέξατο Κύριος καὶ λειτουργεῖν αὐτῷ ἕως αἰῶνος. ³καὶ ἐξεκκλησίασεν Δαυεὶδ τὸν πάντα Ἰσραὴλ εἰς Ἰερουσαλὴμ τοῦ ἀνε-4 νέγκαι τὴν κιβωτὸν Κυρίου εἰς τὸν τόπον ὃν ἡτοίμασεν αὐτῇ. ⁴καὶ 5 συνήγαγεν Δαυεὶδ τοὺς υἱοὺς Ἀαρὼν τοὺς Λευείτας. ⁵τῶν υἱῶν Καάθ, 6 Οὐριὴλ ὁ ἄρχων καὶ οἱ ἀδελφοὶ αὐτοῦ ἑκατὸν δέκα· ⁶τῶν υἱῶν Μερραρεί, Ἀσαὶ ὁ ἄρχων καὶ οἱ ἀδελφοὶ αὐτοῦ διακόσιοι πεντή-7 κοντα· ⁷τῶν υἱῶν Γηρσάμ, Ἰωὴλ ὁ ἄρχων καὶ οἱ ἀδελφοὶ αὐτοῦ 8 ἑκατὸν πεντήκοντα· ⁸τῶν υἱῶν Ἐλεισαφάτ, Σαμαίας ὁ ἄρχων καὶ οἱ 9 ἀδελφοὶ αὐτοῦ διακόσιοι· ⁹τῶν υἱῶν Χεβρών, Ἐνὴρ ὁ ἄρχων καὶ οἱ 10 ἀδελφοὶ αὐτῶν ὀγδοήκοντα· ¹⁰τῶν υἱῶν Ὀζειήλ, Ἀμειναδὰβ ὁ ἄρχων 11 καὶ οἱ ἀδελφοὶ αὐτοῦ ἑκατὸν δέκα δύο. ¹¹Καὶ ἐκάλεσεν Δαυεὶδ τὸν Σαδὼκ καὶ Ἀβιαθὰρ τοὺς ἱερεῖς καὶ τοὺς Λευείτας, τὸν Ἀριήλ, 12 Ἀσαιά, Ἰωήλ, Σαμαίαν, Ἐνήλ, Ἀμειναδάβ, ¹²καὶ εἶπεν αὐτοῖς Ὑμεῖς ἄρχοντες πατριῶν τῶν Λευειτῶν· ἁγνίσθητε ὑμεῖς καὶ οἱ ἀδελφοὶ ὑμῶν, καὶ ἀνοίσετε τὴν κιβωτὸν τοῦ θεοῦ Ἰσραὴλ οὗ ἡτοίμασα αὐτῇ. 13 ¹³ὅτι οὐκ ἐν τῷ πρότερον ὑμᾶς εἶναι διέκοψεν ὁ θεὸς ἡμῶν ἐν ἡμῖν, 14 ὅτι οὐκ ἐζητήσαμεν ἐν κρίματι. ¹⁴καὶ ἡγνίσθησαν οἱ ἱερεῖς καὶ οἱ 15 Λευεῖται τοῦ ἀνενέγκαι τὴν κιβωτὸν θεοῦ Ἰσραήλ. ¹⁵καὶ ἔλαβον οἱ υἱοὶ τῶν Λευειτῶν τὴν κιβωτὸν τοῦ θεοῦ, ὡς ἐνετείλατο Μωυσῆς ἐν 16 λόγῳ θεοῦ κατὰ τὴν γραφήν, ἐν ἀναφορεῦσιν ἐπ᾽ αὐτούς· ¹⁶καὶ εἶπεν Δαυεὶδ τοῖς ἄρχουσιν τῶν Λευειτῶν Στήσατε τοὺς ἀδελφοὺς

17 ονομα] pr το A   XV 1 τη κιβωτω BℵᶜªJτην κιβωτον ℵ* της κιβωτου A ℵA 2 αλλ η] αλλα ℵ | Λευιτας ℵA | αυτος A* (αυτους A¹) | και] pr αιρεῖ! την κιβωτον κυ A   3 εξεκκλησιασεν (εξεκλ. B)] συνηγαγε| A   3—7 Δᾱδ τον παντα Ιηλ Ιωηλ ο αρχων sup ras Aª   3 ανενεγκειν Aª | Κυριου) pr του ℵ του θῡ Aª | om εις τον τοπον ℵ* (hab ℵᶜªᵐᵍ)   4 Ααρων]+και ℵAª | Λευειτας Bℵ] Λευιτας Aª   5 δεκα] εικοσι Aª   6 Μεραρει ℵ Μεραρι Aª | Ασαιας Aª | πεντ.] pr και A   7 Γηρσων Aª | πεντηκοντα] και τριακοντα A   8 Ελισαφαν A | Σαμαιας] Σαμεας ℵ Σεμαια A   9 Ενηρ] Ενηλ ℵ Ελιηλ A | αυτων] αυτου A   10 Οζιηλ A | Αμιναδαβ ℵA | δεκα δυο] δωδεκα ℵ 11 Λευιτας ℵA | Αριηλ] Ουριηλ A | Ασαιαν A | Ιωηλ] pr και A | Σαμαιαν] Σαμαι ℵ Σεμειαν A | Ενηλ (Εμ. Μαι)] Ανελημ ℵ και Ελιηλ A | Αμιναδαβ ℵA pr και A   12 Λευιτ. ℵA (item 14, 15, 17, 22, 26) | ανοισεται A | ητοιμασας ℵ | αυτη] αυτῃ A   13 υμας] as sup ras Aª' | ημων] υμων A   14 αρχιερεις ℵ* (ιερεις ℵᶜª) | ανενεγκεν A* ανενεγκειν Aᵇ | θεου] pr του ℵ pr του κῡ A 15 Μωσης ℵ | επ αυτους] εφ εʹαυτους A   16 αρχουσι ℵ | Λευιτων A

SEPT. II.   33   C

ΠΑΡΑΛΕΙΠΟΜΕΝΩΝ Α

B αὐτῶν τοὺς ψαλτῳδοὺς ἐν ὀργάνοις, νάβλαις, κινύραις καὶ κυμβάλοις, τοῦ φωνῆσαι εἰς ὕψος ἐν φωνῇ εὐφροσύνης. ¹⁷ καὶ ἔστησαν 17 οἱ Λευεῖται τὸν Αἱμὰν υἱὸν Ἰωήλ· ἐκ τῶν ἀδελφῶν αὐτοῦ Ἀσὰφ υἱὸς Βαραχιά, καὶ ἐκ τῶν υἱῶν Μερραρεὶ ἀδελφῶν αὐτοῦ Αἰθὰν υἱὸς Κεισαίου. ¹⁸ καὶ μετ' αὐτῶν ἀδελφοὶ αὐτῶν οἱ δεύτεροι, Ζαχαρίας 18 καὶ Ὀζειὴλ καὶ Σεμειραμὼθ καὶ Ἰειὴλ καὶ Ἐλιωὴλ καὶ Ἐλιαβὰ καὶ Βαναιὰ καὶ Μαασσαιὰ καὶ Ἱματταθιὰ καὶ Ἐλειφενὰ καὶ Μακελλειὰ καὶ Ἀβαεδὸμ καὶ Ἰεειὴλ καὶ Ὀζείας, οἱ πυλωροί. ¹⁹ καὶ οἱ ψαλτῳδοί· 19 Αἱμάν, Ἀσὰφ καὶ Αἰθὰν ἐν κυμβάλοις χαλκοῖς τοῦ ἀκουσθῆναι ποιῆσαι· ²⁰ Ζαχαρίας καὶ Ὀζειήλ, Σεμειραμώθ, Εἰθήλ, Ὠνεί, Ἐλιάβ, 20 Μασσαίας, Βαναίας ἐν νάβλαις ἐπὶ ἀλαιμώθ· ²¹ καὶ Ματταθίας καὶ 21 Ἐνφαναίας, Μακενιὰ καὶ Ἀβδεδὸμ καὶ Ἰειὴλ καὶ Ὀζείας ἐν κινύραις ἀμασενεὶθ τοῦ ἰσχῦσαι· ²² καὶ Κωνενιὰ ἄρχων τῶν Λευειτῶν ἄρχων 22 τῶν ᾠδῶν, ὅτι συνετὸς ἦν. ²³ καὶ Βαραχιὰ καὶ Ἠλκανὰ πυλωροὶ τῆς 23 κιβωτοῦ. ²⁴ καὶ Σομνιὰ καὶ Ἰωσαφὰτ καὶ Ναθαναὴλ καὶ Ἀμασαὶ καὶ 24 Ζαχαριὰ καὶ Βαναὶ καὶ Ἐλιέζερ οἱ ἱερεῖς, σαλπίζοντες ταῖς σάλπιγξιν ἔμπροσθεν τῆς κιβωτοῦ τοῦ θεοῦ. καὶ Ἀβδεδὸμ καὶ Ἰειά, πυλωροὶ τῆς κιβωτοῦ τοῦ θεοῦ. ²⁵ Καὶ ἦν Δαυεὶδ καὶ πρεσβύτεροι Ἰσραὴλ 25 καὶ οἱ χιλίαρχοι οἱ πορευόμενοι τοῦ ἀναγαγεῖν τὴν κιβωτὸν τῆς διαθήκης ἐξ οἴκου Ἀβδοδὸμ ἐν εὐφροσύνῃ. ²⁶ καὶ ἐγένετο ἐν τῷ κατι- 26 σχῦσαι τὸν θεὸν τοὺς Λευείτας αἴροντας τὴν κιβωτὸν τῆς διαθήκης Κυρίου, καὶ ἔθυσαν ἂν' ἑπτὰ μόσχους καὶ ἂν' ἑπτὰ κριούς. ²⁷ καὶ 27 Δαυεὶδ περιεζωσμένος ἐν στολῇ βυσσίνῃ, καὶ πάντες οἱ Λευεῖται αἴροντες τὴν κιβωτὸν διαθήκης Κυρίου καὶ οἱ ψαλτῳδοί, Ἰεχονίας ὁ

ℵA   16 οργανοις] + ωδων A | κινυραις] pr και A | ευφροσυνης εν φωνη ℵ   17 Βαραχεια ℵ | Μεραρει ℵ Μεραρι A | Αιθαμ ℵ | Κισαιου A   18 αδελφοι] pr οι A | Οζειηλ] Ιηουλ A | Σιμιραμωθ A | Ελιωηλ] Ιωηλ ℵ Ανι| A | Ελιβα ℵ* (Ελιαβα ℵ¹) Ελιαβ A | Μασαια ℵ Αμασια A^vid | Ιματταθια] Ματταθια ℵ Ματταθιας A | Ελιφενα] Ελιφαλα A | Μακελλεια] Μακκελλα ℵ Μακενια A | Αβδεδομ ℵ Αβδεδομ A | Ιειηλ ℵA | Οζιας A   19 Ασαβ ℵ | ποιησαι] pr και ℵ* (om ℵ^c a)   20 Οζιηλ A | Σεμ. Ειθ. Ωνει] Σαμειραμωθειθ Ιλωνει· ℵ Σεμιραμωθ Ιθιηλ· και Ανανι· A | Ελιαβ] pr και A | Μασαιας ℵ και Μαα|σιας A | Βαναιας] pr και A | αλεμωθ ℵ αλημωθ A   21 Ματταθιας A | Ενφαναιας] Ενφανιας ℵ Ελιφα|λαιας A | Μακενια] και Μακενιας A | Ιειηλ] Ιθιηλ A^vid | Οζιας A | ισχυσαι] ενισχυσαι A   22 Χωνενια A   23 πυλωροι] pr και ℵ   24 Σομνια] Σοβνεια ℵ Σωβενια A | Αμασε ℵ | Ζαχαριας A | Αβδοδομ ℵ | Ιεια Bℵ¹] Εια ℵ* Ιεαια A | της κιβωτου (2°)] τη κιβωτω ℵ   25 πρεσβυτεροι] pr ℵA | om Ισραηλ ℵ* (superscr ℵ^c a) | οι πορευομ] om οι A | διαθηκης] + κυ A | Αβδεδομ A   26 om αν 1° ℵA | om αν 2° ℵ* (superscr ℵ¹) A   27 περιεζωσμενος] περιζωσαμενος ℵ | om εν (superscr ℵ¹) A | Λευιται A | διαθηκης] pr της ℵ | Ιεχονιας] Ει|εχονιας ℵ και Χενενιας A

ΠΑΡΑΛΕΙΠΟΜΕΝΩΝ Α   XVI 9

ἄρχων τῶν ᾠδῶν τῶν ᾀδόντων· καὶ ἐπὶ Δαυεὶδ στολὴ βυσσίνη. Β 28 ²⁸καὶ πᾶς Ἰσραὴλ ἀνάγοντες τὴν κιβωτὸν διαθήκης Κυρίου ἐν σημασίᾳ καὶ ἐν φωνῇ σωφὲρ καὶ ἐν σάλπιγξιν καὶ ἐν κυμβάλοις, 29 ἀναφωνοῦντες νάβλαις καὶ ἐν κινύραις. ²⁹καὶ ἐγένετο κιβωτὸς διαθήκης Κυρίου καὶ ἦλθεν ἕως πόλεως Δαυείδ· καὶ Μελχὸλ θυγάτηρ Σαοὺλ παρέκυψεν διὰ τῆς θυρίδος, καὶ εἶδεν τὸν βασιλέα Δαυεὶδ ὀρχούμενον καὶ παίζοντα, καὶ ἐξουδένωσεν αὐτὸν ἐν τῇ ψυχῇ αὐτῆς.
XVI 1 ¹καὶ εἰσήνεγκαν τὴν κιβωτὸν τοῦ θεοῦ, καὶ ἀπηρείσαντο αὐτὴν ἐν μέσῳ τῆς σκηνῆς ἧς ἔπηξεν αὐτῇ Δαυείδ, καὶ προσήνεγκαν ὁλο-2 καυτώματα καὶ σωτηρίου ἐναντίον τοῦ θεοῦ. ²καὶ συνετέλεσεν Δαυεὶδ ἀναφέρων ὁλοκαυτώματα καὶ σωτηρίου, καὶ εὐλόγησεν τὸν 3 λαὸν ἐν ὀνόματι Κυρίου. ³καὶ διεμέρισεν παντὶ ἀνδρὶ Ἰσραήλ, ἀπὸ ἀνδρὸς καὶ ἕως γυναικός, τῷ ἀνδρὶ ἄρτον ἕνα ἀρτοκοπικὸν καὶ 4 ἀμορείτην. ⁴Καὶ ἔταξεν κατὰ πρόσωπον τῆς κιβωτοῦ διαθήκης Κυρίου ἐκ τῶν Λευειτῶν λειτουργοῦντας, ἀναφωνοῦντας, καὶ ἐξομολο-5 γεῖσθαι καὶ αἰνεῖν Κύριον τὸν θεὸν Ἰσραήλ· ⁵Ἀσὰφ ὁ ἡγούμενος, καὶ δευτερεύων αὐτῷ Ζαχαρίας, Εἰειήλ, Σαμαρειμώθ, Εἰειήλ, Ματταθίας, Ἐλιὰβ καὶ Βαναίας καὶ Ἀβδοδόμ, καὶ Εἰειὴλ ἐν ὀργάνοις, νάβλαις, 6 κινύραις, καὶ Ἀσὰφ ἐν κυμβάλοις ἀναφωνῶν, ⁶καὶ Βαναίας καὶ Ὀζειὴλ οἱ ἱερεῖς ἐν ταῖς σάλπιγξιν διὰ παντὸς ἐναντίον τῆς κιβωτοῦ 7 τῆς διαθήκης τοῦ θεοῦ ⁷ἐν τῇ ἡμέρᾳ ἐκείνῃ. Τότε ἔταξεν Δαυεὶδ ἐν ἀρχῇ τοῦ αἰνεῖν τὸν κύριον ἐν χειρὶ Ἀσὰφ καὶ τῶν ἀδελφῶν αὐτοῦ.

Ὠδή.
8   ⁸Ἐξομολογεῖσθε, ἐπικαλεῖσθε αὐτὸν ἐν ὀνόματι αὐτοῦ,
       γνωρίσατε ἐν λαοῖς τὰ ἐπιτηδεύματα αὐτοῦ.
9   ⁹ᾄσατε αὐτῷ καὶ ὑμνήσατε αὐτῷ,
       διηγήσασθε πᾶσιν τὰ θαυμάσια αὐτοῦ ἃ ἐποίησεν Κύριος.

28 αναγαοντες ℵ* (αναγοντ ℵ¹) | σωφειρ ℵ | κινυραις] κιννυρα superscr Aᵇ ℵA
29 διαθηκης] pr της A | ηλθεν] καθεν Aᵇᵗ ᶜ? ᵛⁱᵈ | Μελχορλ ℵ | θυγατηρ] pr η
A | ιδεν A   XVI 1 εισενεγκαν ℵ* (εισην. ℵᶜ ᵃ) | απρισαντο ℵA | θεου]
κῡ A   3 om ανδρι 1° ℵ | αρτοκοπιακον A | αμοριτην ℵA   4 λιτουργουντων ℵ* (λιτουργουντας ℵᶜ ᵃ) | Κυριον τον θεον] κῡ θῡ ℵ τον κῡ θῡ A
5 δευτερευων] δευτε|ρων ℵ δευτερος ων A | Ειειηλ 1°] Ιειηλ Bᵗ ᵛⁱᵈ ο Ιειηλ A |
Σαμαριμωθ ℵ Σεμιραμωθ A | Ειειηλ 2°] Ιαθιηλ A | Βενιας ℵ* (Βαν. ℵᶜ ᵃ) |
Αβδεδομ A | Ειειηλ ℵ | Ιειηλ A | ναβλαις] εν ναβλες A | κινυραις] pr και A |
Ασσαφ ℵ   6 om και Οζειηλ ℵ* (hab ℵᶜ ᵃ ᵐᵍ) κ. Οζιηλ A | οι ιερεις]
pr και ℵ | εναντι ℵ | θεου] κῡ ℵ   7 κυριον] θῡ ℵ | αυτου] αυτων ℵ | om
ωδη ℵ   8 εξομολογεισθαι ℵA | επικαλεισθαι ℵA   9 αυτω 2°] αυτον
ℵ | διηγησασθαι A | πασιν] pr εν ℵ

ΠΑΡΑΛΕΙΠΟΜΕΝΩΝ Α

B   ¹⁰αἰνεῖτε ἐν ὀνόματι ἁγίῳ αὐτοῦ,
εὐφρανθήσεται καρδία ζητοῦσα τὴν εὐδοκίαν αὐτοῦ.
¹¹ζητήσατε καὶ ἰσχύσατε,
ζητήσατε τὸ πρόσωπον αὐτοῦ διὰ παντός.
¹²μνημονεύετε τὰ θαυμάσια αὐτοῦ ἃ ἐποίησεν,
τέρατα καὶ κρίματα τοῦ στόματος αὐτοῦ.
¹³σπέρμα Ἰσραὴλ παῖδες αὐτοῦ,
υἱοὶ Ἰακὼβ ἐκλεκτοὶ αὐτοῦ.
¹⁴Κύριος ὁ θεὸς ἡμῶν,
ἐν πάσῃ τῇ γῇ τὰ κρίματα αὐτοῦ.
¹⁵μνημονεύομεν εἰς αἰῶνα διαθήκης αὐτοῦ,
λόγον αὐτοῦ ὃν ἐνετείλατο εἰς χιλίας γενεάς,
¹⁶ὃν διέθετο τῷ Ἀβραάμ,
καὶ τὸν ὅρκον αὐτοῦ τῷ Ἰσαάκ.
¹⁷ἔστησεν αὐτὸν τῷ Ἰακὼβ εἰς πρόσταγμα,
τῷ Ἰσραὴλ διαθήκην αἰώνιον,
¹⁸λέγων Σοὶ δώσω τὴν γῆν Χανάαν
σχοίνισμα κληρονομίας ὑμῶν.
¹⁹ἐν τῷ γενέσθαι αὐτοὺς ὀλιγοστοὺς ἀριθμῷ
ὡς ἐσμικρύνθησαν καὶ παρῴκησαν ἐν αὐτῇ.
²⁰καὶ ἐπορεύθησαν ἀπὸ ἔθνους εἰς ἔθνος
καὶ ἀπὸ βασιλείας εἰς λαὸν ἕτερον.
²¹οὐκ ἀφῆκεν ἄνδρα τοῦ δυναστεῦσαι αὐτούς,
καὶ ἤλεγξεν περὶ αὐτῶν βασιλεῖς
²²Μὴ ἄψησθε τῶν χριστῶν μου·
ἐν τοῖς προφήταις μου μὴ πονηρεύεσθε.
²³ᾄσατε τῷ κυρίῳ πᾶσα ἡ γῆ,
ἀναγγείλατε ἐξ ἡμέρας εἰς ἡμέραν σωτηρίαν αὐτοῦ.
²⁵ὅτι μέγας Κύριος καὶ αἰνετὸς σφόδρα,
φοβερός ἐστιν ἐπὶ πάντας τοὺς θεούς.
²⁶ὅτι πάντες οἱ θεοὶ τῶν ἐθνῶν εἴδωλα,
καὶ ὁ θεὸς ἡμῶν οὐρανὸν ἐποίησεν.
²⁷δόξα καὶ ἔπαινος κατὰ πρόσωπον αὐτοῦ,
ἰσχὺς καὶ καύχημα ἐν τόπῳ αὐτοῦ.

ℵA   10 om αινειτε ℵ* (superscr ℵ^{c a})   12 μνημονευεται ℵ μνημονευσατε A
14 Κυριος] pr αυτος A   15 μνημονευομεν] μνημονευων A   16 Ισακ ℵ
18 υμων] ημων ℵ   19 γενεσθαι] λεγεσθαι A | ως] εως A   21 περι] υπερ A | βασιλις ℵ   22 εν] om ℵ pr και A   23 ημεραν] ημερας ℵ | σωτηριαν] το σωτηριον ℵA   27 τοπω] pr τω A

ΠΑΡΑΛΕΙΠΟΜΕΝΩΝ Α XVI 41

28 ²⁸δότε τῷ κυρίῳ πατρὶ τῶν ἐθνῶν, B
δότε τῷ κυρίῳ δόξαν καὶ ἰσχύν,
29 ²⁹λάβετε δῶρα καὶ ἐνέγκατε κατὰ πρόσωπον αὐτοῦ,
καὶ προσκυνήσατε Κυρίῳ ἐν αὐλαῖς ἁγίαις αὐτοῦ.
30 ³⁰φοβηθήτω ἀπὸ προσώπου αὐτοῦ πᾶσα ἡ γῆ,
κατορθωθήτω ἡ γῆ καὶ μὴ σαλευθήτω.
31 ³¹εὐφρανθήτω ὁ οὐρανὸς καὶ ἀγαλλιάσθω ἡ γῆ,
καὶ εἰπάτωσαν ἐν τοῖς ἔθνεσιν Κύριος βασιλεύων.
32 ³²βοββήσει ἡ θάλασσα σὺν τῷ πληρώματι·
ξύλον ἀγροῦ καὶ πάντα τὰ ἐν αὐτῷ.
33 ³³τότε εὐφρανθήσεται τὰ ξύλα τοῦ δρυμοῦ ἀπὸ προσώπου Κυρίου,
ὅτι ἦλθεν κρῖναι τὴν γῆν.
34 ³⁴ἐξομολογεῖσθε τῷ κυρίῳ, ὅτι ἀγαθόν,
ὅτι εἰς τὸν αἰῶνα τὸ ἔλεος αὐτοῦ.
35 ³⁵καὶ εἴπατε Ἔσωσεν ἡμᾶς ὁ θεὸς τῆς σωτηρίας ἡμῶν·
καὶ ἐξελοῦ ἡμᾶς ἐκ τῶν ἐθνῶν,
τοῦ αἰνεῖν τὸ ὄνομα τὸ ἅγιον σου
καὶ καυχᾶσθαι ἐν ταῖς αἰνέσεσίν σου.
36 ³⁶εὐλογημένος Κύριος ὁ θεὸς Ἰσραὴλ ἀπὸ τοῦ αἰῶνος.
καὶ ἐρεῖ πᾶς ὁ λαός Ἀμήν.
Καὶ ᾔνεσαν τῷ κυρίῳ.
37 ³⁷Καὶ κατέλιπον ἐκεῖ ἔναντι τῆς κιβωτοῦ διαθήκης Κυρίου τὸν
Ἀσὰφ καὶ τοὺς ἀδελφοὺς αὐτοῦ τοῦ λειτουργεῖν ἐναντίον τῆς κιβω-
38 τοῦ διὰ παντὸς τὸ τῆς ἡμέρας εἰς ἡμέραν. ³⁸καὶ Ἀβδοδὸμ καὶ οἱ
ἀδελφοὶ αὐτοῦ ἑξήκοντα καὶ ὀκτώ· καὶ Ἀβδοδὸμ υἱὸς Ἰδειθὼν καὶ
39 Ὀσσὰ εἰς πυλωρούς· ³⁹καὶ τὸν Σαδὼκ τὸν ἱερέα καὶ τοὺς ἀδελφοὺς
αὐτοῦ τοὺς ἱερεῖς ἐναντίον τῆς σκηνῆς Κυρίου ἐν Βαμὰ τῇ ἐν Γαβαών,
40 ⁴⁰τοῦ ἀναφέρειν ὁλοκαυτώματα τῷ κυρίῳ ἐπὶ τοῦ θυσιαστηρίου τῶν
ὁλοκαυτωμάτων διὰ παντὸς τὸ πρωὶ καὶ τὸ ἑσπέρας, καὶ κατὰ
πάντα τὰ γεγραμμένα ἐν νόμῳ Κυρίου ὅσα ἐνετείλατο ἐφ᾽ υἱοῖς
41 Ἰσραὴλ ἐν χειρὶ Μωυσῆ τοῦ θεράποντος τοῦ θεοῦ. ⁴¹καὶ μετ᾽ αὐτοῦ

28 πατρι] αι πατριαι A | ισχυν]+δοτε τω κω δοξαν ονοματος αυτου· A ℵA
29 προσωπον] pr το ℵ | Κυριω] pr τω A   30 κατορθωθητω] pr και ℵ*
(om ℵᶜ)   31 ο bis scr ℵ* (om 1° ℵᶜ ᵃ) | βασιλευων] εβασιλευσεν A
32 βοββησει] βομβησει Bᵃℵ (βομβησι) βοησει A | η θαλασσα] om η A | ξυλον]
pr και ℵA   34 εξομολογεισθαι ℵA   35 εσωσεν] σωσον A | της σωτη-
ριας Bℵᶜ ᵃ ᵐᵍ] ο σωτηρ ℵ*   36 αιωνος]+και εως του αιωνος A   37 κατε-
λιπον] κατελειπεν A | εναντιον A   38 Ιδεθων ℵ Ιδιθουμ A | Οσσα] Οσα
ℵ Ωσηε A   39 της σκηνης] om της ℵ   40 ενετειλατο Bℵᶜ·ᵃ ᵐᵍ A]
εγενετο ℵ* | υιοις] υιους A   41 αυτου 1°] αυτων ℵ

Αἱμὰν καὶ Ἰδειθὼν καὶ οἱ λοιποὶ ἐκλεγέντες ἐπ' ὀνόματος τοῦ αἰνεῖν τὸν κύριον, Ὅτι εἰς τὸν αἰῶνα τὸ ἔλεος αὐτοῦ· ⁴²καὶ μετ' αὐτῶν ⁴² σάλπιγγες καὶ κύμβαλα τοῦ ἀναφωνεῖν καὶ ὄργανα τῶν ᾠδῶν τοῦ θεοῦ· υἱοὶ Ἰδειθὼν εἰς τὴν πύλην. ⁴³καὶ ἐπορεύθη ἅπας ὁ λαὸς ⁴³ ἕκαστος εἰς τὸν οἶκον αὐτοῦ, καὶ ἐπέστρεψεν Δαυεὶδ τοῦ εὐλογῆσαι τὸν οἶκον αὐτοῦ.

¹Καὶ ἐγένετο ὡς κατῴκησεν Δαυεὶδ ἐν οἴκῳ αὐτοῦ, καὶ εἶπεν Δαυεὶδ ₁ XVII πρὸς Ναθὰν τὸν προφήτην Ἰδοὺ ἐγὼ κατοικῶ ἐν οἴκῳ κεδρίνῳ, καὶ ἡ κιβωτὸς διαθήκης Κυρίου ὑποκάτω δέρρεων. ²καὶ εἶπεν Ναθὰν ₂ πρὸς Δαυεὶδ Πᾶν τὸ ἐν ψυχῇ σου ποίει, ὅτι θεὸς μετὰ σοῦ. ³Καὶ ₃ ἐγένετο ἐν τῇ νυκτὶ ἐκείνῃ καὶ ἐγένετο λόγος Κυρίου πρὸς Ναθάν ⁴Πορεύου καὶ εἰπὸν πρὸς Δαυεὶδ τὸν δοῦλόν μου Οὕτως εἶπεν Κύριος ₄ Οὐ σὺ οἰκοδομήσεις οἶκον τοῦ κατοικῆσαί με ἐν αὐτῷ. ⁵ὅτι οὐ ₅ κατῴκησα ἐν οἴκῳ ἀπὸ τῆς ἡμέρας ἧς ἀνήγαγον τὸν Ἰσραὴλ ἕως τῆς ἡμέρας ταύτης, καὶ ἤμην ἐν σκηνῇ καὶ ἐν καλύμματι ⁶ἐν πᾶσιν ₆ οἷς διῆλθον ἐν παντὶ Ἰσραήλ· εἰ λαλῶν ἐλάλησα πρὸς μίαν φυλὴν τοῦ Ἰσραὴλ τοῦ ποιμαίνειν τὸν λαόν μου λέγων ὅτι Οὐκ ᾠκοδομήκατέ μοι οἶκον κέδρινον; ⁷καὶ νῦν οὕτως ἐρεῖς τῷ δούλῳ μου ₇ Δαυείδ Τάδε λέγει Κύριος Παντοκράτωρ Ἔλαβόν σε ἐκ τῆς μάνδρας ἐξόπισθεν τῶν ποιμνίων τοῦ εἶναι εἰς ἡγούμενον ἐπὶ τὸν λαόν μου Ἰσραήλ, ⁸καὶ ἤμην μετὰ σοῦ ἐν πᾶσιν οἷς ἐπορεύθης, καὶ ἐξωλέ- ₈ θρευσα πάντας τοὺς ἐχθρούς σου ἀπὸ προσώπου σου, καὶ ἐποίησά σοι ὄνομα κατὰ τὸ ὄνομα τῶν μεγάλων τῶν ἐπὶ τῆς γῆς. ⁹καὶ ₉ θήσομαι τόπον τῷ λαῷ μου Ἰσραὴλ καὶ καταφυτεύσω αὐτόν, καὶ κατασκηνώσει καθ' ἑαυτὸν καὶ οὐ μεριμνήσει ἔτι, καὶ οὐ προσθήσει ἀδικία τοῦ ταπεινῶσαι αὐτὸν καθὼς ἀρχῆς. ¹⁰καὶ ἀφ' ἡμερῶν ὧν ₁₀ ἔταξα κριτὰς ἐπὶ τὸν λαόν μου Ἰσραήλ, καὶ ἐταπείνωσα ἅπαντας τοὺς ἐχθρούς σου, καὶ αὐξήσω σε· καὶ οἰκοδομήσει σὲ Κύριος. ¹¹καὶ ₁₁ ἔσται ὅταν πληρωθῶσιν ἡμέραι σου καὶ κοιμηθήσῃ μετὰ τῶν πατέρων σου, καὶ ἀναστήσω τὸ σπέρμα σου μετὰ σέ, ὃ ἔσται ἐκ τῆς

ℵA   41 Ιδιθωμ ℵ Ιδιθουμ A | εκλεγοντες ℵ   42 υιοι] pr και οι A | Ιδιθων ℵ Ιδιθουν A | πολιν ℵ* (πυλην ℵ^{c a})   43 απας] πας A | om αυτου 2° ℵ* (hab ℵ^{c a (mg)})   XVII 1 Αθαν ℵ* (Ναθαν [N superscr] ℵ?)   2 ψυχη] pr τη ℵA | θεος] pr ο ℵA   3 Ναθαν]+λεγων A   4 δουλον] παιδα ℵA | συ] σοι ℵ | οικοδομησεις]+μοι B^{ab(vid)} A   5 κατοικησα ℵ | ανηγαγεν ℵ | καλυμματι] καταλυματι ℵA   6 του Ισραηλ] om του ℵA + ενι των κριτων (των 2° sup ras A^b)| Ισλ· οις ενετειλαμην A | οικοδομηκατε ℵ   7 ηγουμενον]+μου ℵ | om μου 2° ℵ*^{vid} hab ℵ^{c a mg})   8 εξωλοθρ. B^b   9 προσθησει Bℵ^{c a}] μντσθησει (sic) ℵ*^{vid} | αρχης] pr απ A   10 σε 2°] σοι A   11 ημεραι] pr αι ℵA | om και 2° A

ΠΑΡΑΛΕΙΠΟΜΕΝΩΝ Α   XVII 27

12 κοιλίας σου, καὶ ἑτοιμάσω τὴν βασιλείαν αὐτοῦ· ¹²αὐτὸς οἰκοδο- B
μήσει μοι οἶκον, καὶ ἀνορθώσω τὸν θρόνον αὐτοῦ ἕως αἰῶνος.
13 ¹³ἐγὼ ἔσομαι αὐτῷ εἰς πατέρα καὶ αὐτὸς ἔσται μοι εἰς υἱόν, καὶ τὸ
ἔλεός μου οὐκ ἀποστήσω ἀπ' αὐτοῦ ὡς ἀπέστησα ἀπὸ τῶν ὄντων
14 ἔμπροσθέν σου. ¹⁴καὶ πιστώσω αὐτὸν ἐν οἴκῳ μου καὶ ἐν βασιλείᾳ
αὐτοῦ ἕως αἰῶνος, καὶ θρόνος αὐτοῦ ἔσται ἀνωρθωμένος ἕως αἰῶνος.
15 ¹⁵κατὰ πάντας τοὺς λόγους τούτους καὶ κατὰ πᾶσαν τὴν ὅρασιν
16 ταύτην, οὕτως ἐλάλησεν Ναθὰν πρὸς Δαυείδ. ¹⁶Καὶ ἦλθεν ὁ
βασιλεὺς Δαυεὶδ καὶ ἐκάθισεν ἀπέναντι Κυρίου, καὶ εἶπεν Τίς εἰμι
ἐγώ, Κύριε ὁ θεός, καὶ τίς ὁ οἶκός μου, ὅτι ἠγάπησάς με ἕως αἰῶνος;
17 ¹⁷καὶ ἐσμικρύνθη ταῦτα ἐνώπιόν σου ὁ θεός, καὶ ἐλάλησας ἐπὶ τὸν
οἶκον τοῦ παιδός σου ἐκ μακρῶν, καὶ ἐπείδές με ὡς ὅρασις ἀνθρώ-
18 που καὶ ὕψωσάς με, Κύριε ὁ θεός. ¹⁸τί προσθήσει ἔτι Δαυεὶδ πρὸς
19 σὲ τοῦ δοξάσαι; καὶ σὺ τὸν δοῦλόν σου οἶδας, ¹⁹καὶ κατὰ τὴν καρ-
20 δίαν σου ἐποίησας τὴν πᾶσαν μεγαλωσύνην. ²⁰Κύριε, οὐκ ἔστιν
ὅμοιός σοι, καὶ οὐκ ἔστιν πλὴν σοῦ κατὰ πάντα ὅσα ἠκούσαμεν ἐν
21 ὠσὶν ἡμῶν. ²¹καὶ οὐκ ἔστιν ὡς ὁ λαός σου Ἰσραὴλ ἔθνος ἔτι ἐπὶ
τῆς γῆς, ὡς ὡδήγησεν αὐτὸν ὁ θεὸς τοῦ λυτρώσασθαι ἑαυτῷ λαόν,
τοῦ θέσθαι αὐτῷ ὄνομα μέγα καὶ ἐπιφανές, τοῦ ἐκβαλεῖν ἀπὸ προσ-
22 ώπου λαοῦ σου οὓς ἐλυτρώσω ἐξ Αἰγύπτου ἔθνη. ²²καὶ ἔδωκας τὸν
λαόν σου Ἰσραὴλ σεαυτῷ λαὸν ἕως αἰῶνος, καὶ σὺ Κύριος αὐτοῖς εἰς
23 θεόν. ²³καὶ νῦν, Κύριε, ὁ λόγος σου ὃν ἐλάλησας πρὸς τὸν παῖδά
24 σου καὶ ἐπὶ τὸν οἶκον αὐτοῦ πιστωθήτω ἕως αἰῶνος, ²⁴λεγόντων
Κύριε Κύριε Παντοκράτωρ θεὸς Ἰσραήλ· καὶ οἶκος Δαυεὶδ παιδός σου
25 ἀνωρθωμένος ἐναντίον σου. ²⁵ὅτι σὺ ἤνοιξας τὸ οὖς τοῦ παιδός
σου τοῦ οἰκοδομῆσαι αὐτῷ οἶκον· διὰ τοῦτο εὗρεν ὁ παῖς σου τοῦ
26 προσεύξασθαι κατὰ πρόσωπόν σου. ²⁶καὶ νῦν, Κύριε, σὺ εἶ αὐτὸς
27 θεός, καὶ ἐλάλησας ἐπὶ τὸν δοῦλόν σου τὰ ἀγαθὰ ταῦτα. ²⁷καὶ νῦν
ἦρξαι εὐλογῆσαι τὸν οἶκον τοῦ παιδός σου τοῦ εἶναι εἰς τὸν αἰῶνα
ἐναντίον σου· ὅτι σὺ εὐλόγησας, καὶ εὐλόγησον εἰς τὸν αἰῶνα.

13 υιον BN^(c a mg) A] λαον N* | αποστησω απ αυτου BN^(c a) A] απεστησα απ NA
αυτων N* | om οντων A   14 θρονος] pr ο N | ανορθωμενος A   15 λογους]
λ sup ras (ubi prius δ) B'   16 απεναντιον N | Κυριε] κ̄ς̄ N   17 επιδες
NA | κ̄ε̄] κ non inst B^b   18 om ετι N* (superscr N¹)   19 εποιησας]
+και N* (om N^(c a))   21 εθνος BN'A] εθνη N* | εαυτονω N*vid (εαυτω N¹) |
ους] ου A   22 Κυριος] κ̄ε̄ NA   23 πιστωθητω]+η χερ σου N
24 θεος] pr ο A | οικος] pr ο A   25 συ]+κ̄ε̄ A | ους του παιδος σ in mgg
et sup ras A^a (om του παιδος A*vid) | του οικοδομησαι] om του A   26 αυ-
τος] pr ο N | θεος] pr ο A   27 ηρξαι] ηρξω NA | ευλογησαι] του ευλογιν N
του ευλογησαι A | εναντιον] ναντιο sup ras A^a? | συ] σοι N+κ̄ε̄ A

XVIII 1 ΠΑΡΑΛΕΙΠΟΜΕΝΩΝ Α

B ¹Καὶ ἐγένετο μετὰ ταῦτα καὶ ἐπάταξεν Δαυεὶδ τοὺς ἀλλοφύλους 1 XVIII
καὶ ἐτροπώσατο αὐτούς, καὶ ἔλαβεν τὴν Γὲθ καὶ τὰς κώμας αὐτῆς
ἐκ χειρὸς ἀλλοφύλων. ²καὶ ἐπάταξεν τὴν Μωάβ, καὶ ἦσαν Μωὰβ 2
παῖδες τῷ Δαυεὶδ φέροντες δῶρα. ³καὶ ἐπάταξεν Δαυεὶδ τὸν 3
Ἀδραάζαρ βασιλέα Σουβὰ Ἡμάθ, πορευομένου αὐτοῦ ἐπιστῆσαι
χεῖρα αὐτοῦ ἐπὶ ποταμὸν Εὐφράτην. ⁴καὶ προκατελάβετο Δαυεὶδ 4
αὐτῶν χίλια ἅρματα καὶ ἑπτὰ χιλιάδας ἵππων καὶ εἴκοσι χιλιάδας
ἀνδρῶν· καὶ παρέλυσεν Δαυεὶδ πάντα τὰ ἅρματα, καὶ ὑπελίπετο ἐξ
αὐτῶν ἑκατὸν ἅρματα. ⁵καὶ ἦλθεν Σύρος ἐκ Δαμασκοῦ βοηθῆσαι 5
Ἀδραάζαρ βασιλεῖ Σουβά, καὶ ἐπάταξεν ἐν τῷ Σύρῳ εἴκοσι καὶ δύο
χιλιάδας ἀνδρῶν. ⁶καὶ ἔθετο Δαυεὶδ φρουρὰν ἐν Συρίᾳ τῇ κατὰ 6
Δαμασκόν, καὶ ἦσαν τῷ Δαυεὶδ εἰς παῖδας φέροντας δῶρα· καὶ
ἔσωζεν Κύριος Δαυεὶδ ἐν πᾶσιν οἷς ἐπορεύετο. ⁷καὶ ἔλαβεν Δαυεὶδ 7
τοὺς κλοιοὺς τοὺς χρυσοῦς οἳ ἦσαν ἐπὶ τοὺς παῖδας Ἀδραάζαρ, καὶ
ἤνεγκεν αὐτοὺς εἰς Ἰερουσαλήμ. ⁸καὶ ἐκ τῆς Μεταβηχὰς καὶ ἐκ 8
τῶν ἐκλεκτῶν πολέμων τῶν Ἀδραάζαρ ἔλαβεν Δαυεὶδ χαλκὸν πολὺν
σφόδρα· ἐξ αὐτοῦ ἐποίησεν Σαλωμὼν τὴν θάλασσαν τὴν χαλκῆν καὶ
τοὺς στύλους καὶ τὰ σκεύη τὰ χαλκᾶ. ⁹καὶ ἤκουσεν Θῶα βασιλεὺς 9
Ἡμὰθ ὅτι ἐπάταξεν Δαυεὶδ τὴν πᾶσαν δύναμιν Ἀδραάζαρ βασιλέως
Σουβά, ¹⁰καὶ ἀπέστειλεν τὸν Ἰδουραὰμ υἱὸν αὐτοῦ πρὸς τὸν βασιλέα 10
Δαυεὶδ τοῦ ἐρωτῆσαι αὐτὸν τὰ εἰς εἰρήνην καὶ τοῦ εὐλογῆσαι αὐτὸν
ὑπὲρ οὗ ἐπολέμησεν τὸν Ἀδραάζαρ καὶ ἐπάταξεν αὐτόν, ὅτι ἀνὴρ
πολέμιος Θῶα ἦν τῷ Ἀδραάζαρ· καὶ πάντα σκεύη ἀργυρᾶ καὶ χρυσᾶ.
¹¹καὶ ταῦτα ἡγίασεν Δαυεὶδ τῷ κυρίῳ μετὰ τοῦ ἀργυρίου καὶ τοῦ 11
χρυσίου οὗ ἔλαβεν ἐκ πάντων τῶν ἐθνῶν, ἐξ Ἰδουμαίας καὶ Μωὰβ
καὶ ἐξ υἱῶν Ἀμμὼν καὶ ἐκ τῶν ἀλλοφύλων καὶ ἐξ Ἀμαλήκ. ¹²καὶ 12
Ἀβεσσὰ υἱὸς Σαρουίας ἐπάταξεν τὴν Ἰδουμαίαν ἐν κοιλάδι τῶν ἁλῶν,
ὀκτὼ καὶ δέκα χιλιάδας, ¹³καὶ ἔθετο ἐν τῇ κοιλάδι φρουράς· καὶ ἦσαν 13
πάντες οἱ Ἰδουμαῖοι παῖδες Δαυείδ· καὶ ἔσωζεν Κύριος ἐν πᾶσιν οἷς

ℵA XVIII 2 Μωαβ 2°] Μωαβιται A   3 Αδραζαρει ℵ Αδραζαρ A | Σουβα· Ημαθ A   4 αυτων 1°] αυτω A | ανδρων]+πεζων A | υπελειπετο A | εκατον] ει|κοσι ℵ* ρ' ℵ¹ᵗ | αρματα 2° B ℵᶜ ᵃ⁺ A] ρηματα ℵ*   5 Αδραζα ℵ* Αδραζαρ ℵᶜ ᵃ⁺ A | om και 3° A   6 Δαμασκω ℵ | εσωσεν ℵ | Δανειδ] τον Δαδ ℵA   7 om Δαυειδ ℵ | χρυσους]+Δαδ ℵ | Αδραζαρ ℵA   8 Μεταβηχας] Ματεβεθ A | πολεμων] πολεων A | τω Αδραζαρ ℵ των Αδραζαρ A   9 Θωα] Θοου A | Αδραζαρ ℵA   10 Ιδουραμ ℵ Δουραμ A | εις] ις sup ras Aᵃ⁺ | Αδραζαρ (bis) ℵA | Θωα] Θοου A | χρυσα· και αργυρα· A   11 om ταυτα ℵ* (hab ℵᶜ ᵃ⁺ ⁽ᵐᵍ⁾) | χρυσειου A | εθν|ων ℵ* (εθνω| ῶν ℵ¹)   12 Αβισα A | Σαρουια ℵ | κοιλαδι] pr τη ℵ | αλλων ℵ* (αλων ℵ¹) | χιλιαδες A   13 εσω- σεν A | Κυριος]+τον Δαδ A

ΠΑΡΑΛΕΙΠΟΜΕΝΩΝ Α XIX 7

14 ἐπορεύετο. ¹⁴Καὶ ἐβασίλευσεν Δαυεὶδ ἐπὶ πάντα Ἰσραήλ, καὶ B
15 ἦν ποιῶν κρίμα καὶ δικαιοσύνην τῷ παντὶ λαῷ αὐτοῦ. ¹⁵καὶ Ἰωὰβ
υἱὸς Σαρουιὰ ἐπὶ τῆς στρατείας, καὶ Ἰωσαφὰτ υἱὸς Ἀχειὰ ὑπομνη-
16 ματογράφος, ¹⁶καὶ Σαδὼκ υἱὸς Ἀχειτὼβ καὶ Ἀχειμέλεχ υἱὸς Ἀβιαθὰρ
17 ἱερεῖς, καὶ Ἰησοῦς γραμματεύς, ¹⁷καὶ Βαναίας υἱὸς Ἰωδάε ἐπὶ τῶν
ἱερέων καὶ Φαλτειά· καὶ υἱοὶ Δαυεὶδ οἱ πρῶτοι διάδοχοι τοῦ βασι-
λέως.

XIX 1 ¹Καὶ ἐγένετο μετὰ ταῦτα ἀπέθανεν βασιλεὺς υἱῶν Ἀμμών, καὶ
2 ἐβασίλευσεν Ἀνὰν υἱὸς αὐτοῦ ἀντ᾽ αὐτοῦ. ²καὶ εἶπεν Δαυεὶδ Ποιήσω
ἔλεος μετὰ Ἀνὰν υἱοῦ Ἀνάς, ὡς ἐποίησεν ὁ πατὴρ αὐτοῦ μετ᾽ ἐμοῦ
ἔλεος· καὶ ἀπέστειλεν ἀγγέλους Δαυεὶδ τοῦ παρακαλέσαι αὐτὸν περὶ
τοῦ πατρὸς αὐτοῦ. καὶ ἦλθον παῖδες Δαυεὶδ εἰς γῆν υἱῶν Ἀμμὼν
3 τοῦ παρακαλέσαι αὐτόν. ³καὶ εἶπον ἄρχοντες Ἀμμὼν πρὸς Ἀνὰν
Μὴ δοξάζων τὸν πατέρα σου ἐναντίον σου ἀπέστειλέν σοι παρακα-
λοῦντας; οὐχ ὅπως ἐξερευνήσωσιν τὴν πόλιν τοῦ κατασκοπῆσαι τὴν
4 γῆν ἦλθον παῖδες αὐτοῦ πρὸς σέ; ⁴καὶ ἔλαβεν Ἀνὰν τοὺς παῖδας
Δαυεὶδ καὶ ἐξύρησεν αὐτούς, καὶ ἀφεῖλεν τῶν μανδυῶν αὐτῶν τὸ
5 ἥμισυ ἕως τῆς ἀναβολῆς, καὶ ἀπέστειλεν αὐτούς. ⁵καὶ ἦλθον ἀπαγ-
γεῖλαι τῷ Δαυεὶδ περὶ τῶν ἀνδρῶν, καὶ ἀπέστειλεν εἰς ἀπάντησιν
αὐτοῖς, ὅτι ἦσαν ἠτιμωμένοι σφόδρα· καὶ εἶπεν ὁ βασιλεὺς Καθίσατε
ἐν Ἰερειχὼ ἕως τοῦ ἀνατεῖλαι τοὺς πώγωνας ὑμῶν, καὶ ἀνακάμψατε.
6 ⁶καὶ εἶδον οἱ υἱοὶ Ἀμμὼν ὅτι ᾐσχύνθη λαὸς Δαυείδ· καὶ ἀπέστειλεν
Ἀνὰν καὶ οἱ υἱοὶ Ἀμμὼν χίλια τάλαντα ἀργυρίου τοῦ μισθώσασθαι
ἑαυτοῖς ἐκ Συρίας Μεσοποταμίας καὶ ἐκ Συρίας Μοοχὰ καὶ παρὰ
7 Σωβὰλ ἅρματα καὶ ἱππεῖς. ⁷καὶ ἐμισθώσαντο ἑαυτοῖς ἅρματα καὶ
ἱππεῖς, δύο καὶ τριάκοντα χιλιάδας ἁρμάτων, καὶ τὸν βασιλέα Μωχὰ
καὶ τὸν λαὸν αὐτοῦ, καὶ ἦλθον καὶ παρενέβαλον κατέναντι Μαιδαβά·
καὶ οἱ υἱοὶ Ἀμμὼν συνήχθησαν ἐκ τῶν πόλεων αὐτῶν καὶ ἦλθον εἰς

14 τω παντι] παντι τω ℵ   15 Σαρουιας A | στρατιας ℵA | Αχεια] ℵA
Αχιλουδ A | υπομνηματογρ.] pr ο A   16 Αχιτωβ ℵA | Αχιμελεχ A |
Αβιεαθερ ℵ* (Αβιαθαρ ℵ¹) | Ιησους] Σους ℵ Σουσα A | γραμματευς] pr ο ℵ
17 Βανεας ℵ | των ιερεων] του Χερηθι A | Φαλτια ℵ του Φαλεθθι A
XIX 1 βασιλευς] pr Ναας A | Ανναν ℵ | s αυτου] αντ αυτου sup ras A¹
2 Ανας] Ναας ℵA | Αμμαν ℵ   3 αρχοντες] pr οι A | δοξαζων]+Δαδ A |
om εναντιον σου ℵ | οπως] ουτως A | εξεραυνησωσιν (εξερευν Bᵃᵇ)] εραυνη-
σουσιν A   4 Αννα̃] ℵ   5 Δαυειδ] pr βασιλει ℵ | Ειεριχω ℵ Ιεριχω BᵇA |
εως] pr και ℵ   6 ιδον ℵ | οι υιοι 1° (υ sup ras Aᵃ)] om οι ℵA | εαυτοις]
αυτοις ℵ αυτους A | Μοοχα] Μαχα A | παρα Σωβαλ] παρα Σωβα ℵ εκ
Σουβα A   7 εαυτοις] αυτοις ℵ | om αρματα και ιππεις A | Μαιδαβα] Βαι-
δαβα ℵ του Μηδαβα A | οι υιοι] om οι A

41

XIX 8   ΠΑΡΑΛΕΙΠΟΜΕΝΩΝ Α

Β τὸ πολεμῆσαι. ⁸καὶ ἤκουσεν Δαυείδ, καὶ ἀπέστειλεν τὸν Ἰωὰβ καὶ 8 πᾶσαν τὴν στρατείαν τῶν δυνατῶν. ⁹καὶ ἐξῆλθον οἱ υἱοὶ Ἀμμὼν 9 καὶ παρατάσσονται εἰς πόλεμον παρὰ τὸν πυλῶνα τῆς πόλεως· καὶ οἱ βασιλεῖς οἱ ἐλθόντες παρενέβαλον καθ᾽ ἑαυτοὺς ἐν τῷ πεδίῳ· ¹⁰καὶ εἶδεν Ἰωὰβ ὅτι γεγόνασιν ἀντιπρόσωποι τοῦ πολεμεῖν πρὸς 10 αὐτὸν κατὰ πρόσωπον καὶ ἐξόπισθεν· καὶ ἐξελέξατο ἐκ παντὸς νεανίου ἐξ Ἰσραήλ, καὶ παρετάξαντο ἐναντίον τοῦ Σύρου. ¹¹καὶ 11 τὸ κατάλοιπον τοῦ λαοῦ ἔδωκεν ἐν χειρὶ Ἀβεσσὰ ἀδελφοῦ αὐτοῦ, καὶ παρετάξαντο ἐξ ἐναντίας υἱῶν Ἀμμών. ¹²καὶ εἶπεν Ἐὰν κρα-12 τήσῃ ὑπὲρ ἐμὲ Σύρος, καὶ ἔσῃ μοι εἰς σωτηρίαν· καὶ ἐὰν υἱοὶ Ἀμμὼν κρατήσωσιν ὑπὲρ σέ, καὶ σώσω σε. ¹³καὶ Κύριος τὸ ἀγα-13 θὸν ποιήσει. ¹⁴καὶ παρετάξατο Ἰωὰβ καὶ ὁ λαὸς ὁ μετ᾽ αὐτοῦ 14 κατέναντι Σύρων εἰς πόλεμον, καὶ ἔφυγον ἀπ᾽ αὐτοῦ. ¹⁵καὶ οἱ 15 υἱοὶ Ἀμμὼν εἶδον ὅτι ἔφυγον Σύροι, καὶ ἔφυγον καὶ αὐτοὶ ἀπὸ προσώπου Ἰωὰβ καὶ ἀπὸ προσώπου ἀδελφοῦ αὐτοῦ, καὶ ἦλθον εἰς τὴν πόλιν· καὶ ἦλθεν Ἰωὰβ εἰς Ἰερουσαλήμ. ¹⁶καὶ εἶδεν 16 Σύρος ὅτι ἐτροπώσατο αὐτὸν Ἰσραήλ, καὶ ἀπέστειλαν ἀγγέλους· καὶ ἐξήγαγον τὸν Σύρον ἐκ τοῦ πέραν τοῦ ποταμοῦ, καὶ Σωφὰρ ἀρχιστράτηγος δυνάμεως Ἁδρααζὰρ ἔμπροσθεν αὐτῶν. ¹⁷καὶ ἀπηγ-17 γέλη τῷ Δαυείδ, καὶ συνήγαγεν τὸν πάντα Ἰσραήλ, καὶ διέβη τὸν Ἰορδάνην καὶ ἦλθεν ἐπ᾽ αὐτοὺς καὶ παρετάξατο ἐπ᾽ αὐτούς· καὶ
¶ א παρατάσσεται Σύρος ἐξ ἐναντίας Δαυεὶδ καὶ ἐπολέμησαν αὐτόν.¶
¹⁸καὶ ἔφυγεν Σύρος ἀπὸ προσώπου Δαυείδ, καὶ ἀπέκτεινεν Δαυεὶδ 18 ἀπὸ τοῦ Σύρου ἑπτὰ χιλιάδας ἁρμάτων καὶ τεσσεράκοντα χιλιάδας πεζῶν, καὶ τὸν Σαφὰθ ἀρχιστράτηγον δυνάμεως ἀπέκτεινεν. ¹⁹καὶ 19 εἶδον παῖδες Ἁδρααζὰρ ὅτι ἐπταίκασιν ἀπὸ προσώπου Ἰσραήλ, καὶ διέθεντο μετὰ Δαυεὶδ καὶ ἐδούλευσαν αὐτῷ· καὶ οὐκ ἠθέλησεν Σύρος τοῦ βοηθῆσαι Ἀμμὼν ἔτι.

אA   8 στρατιαν אA   9 οι υιοι] om οι A | βασιλεις οι] s o sup ras Aᵃ (βασιλειοσι A*ᵛⁱᵈ)   10 γεγοναν אA | om εξ A | παρεταξατο A   11 εδωκεν] ωκε| sup ras Aᵇ | αδελφου] pr του א | παρεταξατο A   12 κρατησει A | Συρος] pr ο (superscr) Aᵃ? | υιοι] pr οι א | σωσω σε] σωσε Α+ανδριζου και ενισχυσω|μεν (ε 1° sup ras Aᵃ) περι του λαου ημων· και περι τῶ| πολεων του θῦ ημων· A   13 αγαθον] + εν οφθαλμοις αυτου A | ποιησαι א   14 εφυ א* (εφυγον אᶜ·ᵃ ’)   15 ιδον א | αδελφου] pr Αβεσσα του A | αυτου] αυτων א | ηλθον] εισηλθον A   16 ιδεν A | απεστιλεν א (απεστιλαν א’) απεστειλεν A | περα A | Σωφαρ] Εσωφαρ א* Εσωφαχ אᶜ·ᵃ? Σωφαχ A | Εδρα|αζαρ א* (Αδρ. א’) Αδραζαρ A   17 παρεταξαντο א | επ 2°] προς A | παρατασσεται (παρατασσετε A)] παρεταξατο א | Συρος εξ εν. Δ.] Δαδ̅ εξ εν. του Συρου A | επολεμησεν אA | αυτον]+κς̅ אᵛⁱᵈ   18 τεσσαρακ. Bᵃᵇ | Σαφαθ] Σωβαχ A | αρχιστρατ.] pr τον A | απεκτειναν (2°) A   19 Αδραζαρ A

42

ΠΑΡΑΛΕΙΠΟΜΕΝΩΝ Α   XXI 3

XX 1 ¹Καὶ ἐγένετο ἐν τῷ ἐπιόντι ἔτει ἐν τῇ ἐξόδῳ τῶν βασιλέων καὶ B ἤγαγεν Ἰωὰβ πᾶσαν τὴν δύναμιν τῆς στρατείας, καὶ ἔφθειραν τὴν χώραν υἱῶν Ἀμμών· καὶ ἦλθεν καὶ περιεκάθισεν τὴν Ῥάββαν. καὶ Δαυεὶδ ἐκάθητο ἐν Ἰερουσαλήμ· καὶ ἐπάταξεν τὴν Ῥαββὰ καὶ κατέ-
2 σκαψεν αὐτήν. ²καὶ ἔλαβεν Δαυεὶδ τὸν στέφανον Μολχὸλ βασιλέως αὐτῶν ἀπὸ τῆς κεφαλῆς αὐτοῦ, καὶ εὑρέθη ὁ σταθμὸς αὐτοῦ τάλαντον χρυσίου, καὶ ἐν αὐτῷ λίθος τίμιος, καὶ ἦν ἐπὶ τὴν κεφαλὴν Δαυείδ·
3 καὶ σκῦλα τῆς πόλεως ἐξήνεγκεν πολλὰ σφόδρα. ³καὶ τὸν λαὸν τὸν ἐν αὐτῇ ἐξήγαγεν καὶ διέπρισεν πρίοσιν καὶ ἐν σκεπάρνοις σιδηροῖς, καὶ οὕτως ἐποίησεν Δαυεὶδ τοῖς παισὶν υἱοῖς Ἀμμών· καὶ ἀνέστρεψεν
4 Δαυεὶδ καὶ πᾶς ὁ λαὸς αὐτοῦ εἰς Ἰερουσαλήμ. ⁴Καὶ ἐγένετο μετὰ ταῦτα καὶ ἐγένετο ἔτι πόλεμος ἐν Γάζερ μετὰ τῶν ἀλλοφύλων· τότε ἐπάταξεν Σοβοχαὶ Θωσαθεὶ τὸν Σαφοὺτ ἀπὸ τῶν υἱῶν τῶν γιγάντων
5 καὶ ἐταπείνωσεν αὐτόν. ⁵καὶ ἐγένετο ἔτι πόλεμος μετὰ τῶν ἀλλοφύλων, καὶ ἐπάταξεν Ἐλλὰν υἱὸς Ἰαεὶρ τὸν Ἐλεμεὲ ἀδελφὸν Γολιὰθ
6 τοῦ Γεθθαίου, καὶ ξύλον δόρατος αὐτοῦ ὡς ἀντίον ὑφαινόντων. ⁶καὶ ἐγένετο ἔτι πόλεμος ἐν Γέθ, καὶ ἦν ἀνὴρ ὑπερμεγέθης, καὶ δάκτυλοι αὐτοῦ ἓξ καὶ ἕξ, εἴκοσι τέσσαρες· καὶ οὗτος ἦν ἀπόγονος
7 γιγάντων. ⁷καὶ ὠνείδισεν τὸν Ἰσραήλ, καὶ ἐπάταξεν αὐτὸν Ἰωναθὰν
8 υἱὸς Σαμαά, υἱὸς ἀδελφοῦ Δαυείδ. ⁸οὗτος ἐγένετο Ῥαφὰ ἐν Γέθ· πάντες ἦσαν τέσσαρες γίγαντες, καὶ ἔπεσον ἐν χειρὶ Δαυεὶδ καὶ ἐν χειρὶ παίδων αὐτοῦ.

XXI 1 ¹Καὶ ἔστη διάβολος ἐν τῷ Ἰσραήλ, καὶ ἐπέσεισεν τὸν Δαυεὶδ
2 τοῦ ἀριθμῆσαι τὸν Ἰσραήλ. ²καὶ εἶπεν ὁ βασιλεὺς Δαυεὶδ πρὸς Ἰωὰβ καὶ πρὸς τοὺς ἄρχοντας τῆς δυνάμεως Πορεύθητε δὴ ἀριθμήσατε τὸν Ἰσραὴλ ἀπὸ Βηρσάβεε καὶ ἕως Δάν, καὶ ἐνέγκατε πρός μέ, καὶ
3 γνώσομαι τὸν ἀριθμὸν αὐτῶν. ³καὶ εἶπεν Ἰωὰβ Προσθείη Κύριος ἐπὶ τὸν λαὸν αὐτοῦ ὡς αὐτοὶ ἑκατονταπλασίως, καὶ οἱ ὀφθαλμοὶ κυρίου μου τοῦ βασιλέως βλέποντες· πάντες τῷ κυρίῳ μου παῖδες· ἵνα τί ζητεῖ κύριός μου τοῦτο, ἵνα μὴ γένηται εἰς ἁμαρτίαν τῷ Ἰσραήλ.

XX 1 στρατιας A | ηλθαν A | περιεκαθισαν A | Ραββαθ A (bis) | επα- A ταξεν]+Ιωαβ A   2 Μολχομ A   3 αυτη] seq ras 1 lit in A | εξηγαγεν] εξηνεγκεν A | τοις παισιν] πασιν ταις πολεσιν (sic) A | υιοις] υιων A
4 Σοββοχαι A | Θωσαθει] ο Ουσαθι A | Σαφουτ] Σεφφι A   5 Ελλαν] Ελεαναν A | Ιαειρ] Αδειρ A | Ελεμεε] Λεεμει A | ξυλον δορατος] το ξ. του δ. A   7 Σαμαας A   8 ουτος εγενετο] ουτοι εγενοντο A | Γεθ] εθ (pr ras 1 lit) A | επεσαν A | om Δ και εν χειρι A* (hab Aᵃ)   XXI 2 om ο βασιλευς A | om vid δη Bᵃ⁽ᵛⁱᵈ⁾ᵇ | αριθμησατε] om a 1° B* (hab B*ᵐᵍ ˢⁱⁿⁱˢᵗʳ)
3 κυριου] κυριοι A | ινα τι A] om τι B* και ινατι Bᵃᵇ | κυριος] pr ο A | Ισραηλ] pr λαω A

ΠΑΡΑΛΕΙΠΟΜΕΝΩΝ Α

B ⁴καὶ ἦλθεν εἰς Ἰερουσαλήμ. ⁵καὶ ἔδωκεν Ἰωὰβ τὸν ἀριθμὸν τῆς ⁴⁄₅ ἐπισκέψεως τοῦ λαοῦ τῷ Δαυείδ· καὶ ἦν πᾶς Ἰσραὴλ χίλιαι χιλιάδες καὶ ἑκατὸν χιλιάδες ἀνδρῶν ἐσπασμένων μάχαιραν. ⁶καὶ τὸν Λευεὶ 6 καὶ τὸν Βενιαμεὶν οὐκ ἠρίθμησεν ἐν μέσῳ αὐτῶν, ὅτι κατίσχυσεν λόγος τοῦ βασιλέως τὸν Ἰωάβ. ⁷καὶ πονηρὸν ἐναντίον τοῦ θεοῦ περὶ 7 τοῦ πράγματος τούτου, καὶ ἐπάταξεν τὸν Ἰσραήλ. ⁸καὶ εἶπεν Δαυεὶδ 8 πρὸς τὸν θεόν Ἡμάρτηκα σφόδρα ὅτι ἐποίησα τὸ πρᾶγμα τοῦτο· καὶ νῦν περίελε δὴ τὴν κακίαν παιδός σου, ὅτι ἐματαιώθην σφόδρα. ⁹καὶ ἐλάλησεν Κύριος πρὸς Γὰδ ὁρῶντα ¹⁰Πορεύου καὶ λάλησον ⁹⁄₁₀ πρὸς Δαυεὶδ λέγων Οὕτως λέγει Κύριος Τρία αἴρω ἐγὼ ἐπὶ σέ· ἔκλεξαι σεαυτῷ ἐν ἐξ αὐτῶν καὶ ποιήσω σοι. ¹¹καὶ ἦλθεν Γὰδ πρὸς 11 Δαυεὶδ καὶ εἶπεν αὐτῷ Οὕτως λέγει Κύριος Ἔκλεξαι σεαυτῷ ¹²ἢ 12 τρία ἔτη λιμοῦ, ἢ τρεῖς μῆνας φεύγειν σε ἐκ προσώπου ἐχθρῶν σου, καὶ μάχαιρα ἐξ ἐχθρῶν σου τοῦ ἐξολεθρεῦσαι, ἢ τρεῖς ἡμέρας ῥομφαίαν Κυρίου καὶ θάνατον ἐν τῇ γῇ, καὶ ἄγγελος Κυρίου ἐξολεθρεύων ἐν πάσῃ κληρονομίᾳ Ἰσραήλ· καὶ νῦν ἴδε τί ἀποκριθῶ τῷ ἀποστείλαντι λόγον. ¹³καὶ εἶπεν Δαυεὶδ πρὸς Γάδ Στενά μοι καὶ τὰ 13 τρία σφόδρα· ἐμπεσοῦμαι δὴ εἰς χεῖρας Κυρίου, ὅτι πολλοὶ οἱ οἰκτειρμοὶ αὐτοῦ σφόδρα, καὶ εἰς χεῖρας ἀνθρώπων οὐ μὴ ἐμπέσω. ¹⁴καὶ 14 ἔδωκεν Κύριος θάνατον ἐν Ἰσραήλ, καὶ ἔπεσον ἐξ Ἰσραὴλ ἑβδομήκοντα χιλιάδες ἀνδρῶν. ¹⁵καὶ ἀπέστειλεν ὁ θεὸς ἄγγελον εἰς Ἰερου- 15 σαλὴμ τοῦ ἐξολεθρεῦσαι αὐτήν· καὶ ὡς ἐξολόθρευεν, εἶδεν Κύριος καὶ μετεμελήθη ἐπὶ τῇ κακίᾳ, καὶ εἶπεν τῷ ἀγγέλῳ τῷ ἐξολοθρεύοντι Ἱκανούσθω σοι, ἄνες τὴν χεῖρά σου· καὶ ὁ ἄγγελος Κυρίου ἑστὼς ἐν τῷ ἅλῳ Ὀρνὰ τοῦ Ἰεβουσαίου. ¹⁶καὶ ἐπῆρεν Δαυεὶδ τοὺς ὀφθαλ- 16 μοὺς αὐτοῦ καὶ εἶδεν τὸν ἄγγελον Κυρίου ἑστῶτα ἀνὰ μέσον τῆς γῆς καὶ τοῦ οὐρανοῦ, καὶ ἡ ῥομφαία αὐτοῦ ἐσπασμένη ἐν τῇ χειρὶ αὐτοῦ, ἐκτεταμένη ἐπὶ Ἰερουσαλήμ· καὶ ἔπεσεν Δαυεὶδ καὶ οἱ πρεσβύτεροι περιβεβλημένοι ἐν σάκκοις ἐπὶ πρόσωπον αὐτῶν. ¹⁷καὶ εἶπεν 17

A   4 και] pr το δε ρημα του βασιλεως εκραταιωθη| επι τω Ιωαβ· και εξηλθεν Ιωαβ· και| διηλθεν εν παντι οριω Ἰσλ· A   6 και 1°] pr και Ιουδας τετρακοσιαι| και ογδοηκοντα χιλιαδες ανδρω| εσπασμενων μαχαιραν· A | Λευι A | κατισχυσεν] προσωχθισεν A | λογος] pr ο A   7 πονηρον]+εφανη A   9 ορωντα]+Δαδ·| λεγων A   10 αιρω] ερω A | εκλεξαι] pr και A | om εξ A   12 φυγειν A | μαχαιραν A | om εξ A | εξολοθρ. B⁺ | om εν 2° A | αποστ.]+με A   13 και 2°] om A* (hab ҂ A^(b(mg)) | τρια]+ταυτα A   14 επεσαν A   15 εξολοθρευσαι B^b | εξολοθρευεν] εξωλοθρευεν B^b εξωλεθρευσεν A | Ιεβουσαιου] in fine appar parva ras in B   16 ιδεν A | του ουρανου] pr ανα μεσον A

ΠΑΡΑΛΕΙΠΟΜΕΝΩΝ Α XXI 30

Δαυειδ πρὸς τὸν θεόν Οὐκ ἐγὼ εἶπα τοῦ ἀριθμῆσαι τῷ λαῷ; καὶ ἐγώ B
εἰμι ὁ ἁμαρτών, κακοποιῶν ἐκακοποίησα· καὶ ταῦτα τὰ πρόβατα τί
ἐποίησαν; Κύριε ὁ θεός, γενηθήτω ἡ χείρ σου ἐν ἐμοὶ καὶ ἐν τῷ
οἴκῳ τοῦ πατρός μου, καὶ μὴ ἐν τῷ λαῷ σου εἰς ἀπώλειαν, Κύριε.
18 ¹⁸καὶ ἄγγελος Κυρίου εἶπεν τῷ Γὰδ τοῦ εἰπεῖν πρὸς Δαυειδ ἵνα
ἀναβῇ τοῦ στῆσαι θυσιαστήριον τῷ κυρίῳ ἐν ἅλῳ Ὀρνὰ τοῦ Ἰεβου-
19 σαίου. ¹⁹καὶ ἀνέβη Δαυειδ κατὰ τὸν λόγον Γὰδ ὃν ἐλάλησεν ἐν
20 ὀνόματι Κυρίου. ²⁰καὶ ἐπέστρεψεν Ὀρνά, καὶ εἶδεν τὸν βασιλέα καὶ
τέσσαρας υἱοὺς αὐτοῦ μετ' αὐτοῦ μεθαχαβείν· καὶ Ὀρνὰ ἦν ἀλοῶν
21 πυρούς. ²¹καὶ ἦλθεν Δαυειδ πρὸς Ὀρνᾶν, καὶ Ὀρνὰ ἐξῆλθεν ἐκ τῆς
22 ἅλω καὶ προσεκύνησεν τῷ Δαυειδ τῷ προσώπῳ ἐπὶ τὴν γῆν. ²²καὶ
εἶπεν Δαυειδ πρὸς Ὀρνά Δός μοι τὸν τόπον σου τῆς ἅλω καὶ
οἰκοδομήσω ἐπ' αὐτῷ θυσιαστήριον τῷ κυρίῳ· ἐν ἀργυρίῳ ἀξίῳ δός
23 μοι αὐτόν, καὶ παύσεται ἡ πληγὴ ἐκ τοῦ λαοῦ. ²³καὶ εἶπεν Ὀρνὰ
πρὸς Δαυειδ Λάβε σεαυτῷ, καὶ ποιησάτω ὁ κύριός μου ὁ βασιλεὺς
τὸ ἀγαθὸν ἐναντίον αὐτοῦ· ἴδε δέδωκα τοὺς μόσχους εἰς ὁλοκαύτωσιν
καὶ τὸ ἄροτρον εἰς ξύλα καὶ τὸν σῖτον εἰς θυσίαν, τὰ πάντα δέδωκα.
24 ²⁴καὶ εἶπεν ὁ βασιλεὺς Δαυειδ τῷ Ὀρνά Οὐχί, ὅτι ἀγοράζων ἀγοράζω
ἐν ἀργυρίῳ ἀξίῳ ὅτι οὐ μὴ λάβω ἅ ἐστιν σοὶ Κυρίῳ, τοῦ ἀνενέγκαι
25 ὁλοκαύτωσιν δωρεὰν Κυρίῳ. ²⁵καὶ ἔδωκεν Δαυειδ τῷ Ὀρνὰ ἐν
26 τῷ τόπῳ αὐτοῦ σίκλους χρυσίου ὁλκῆς ἑξακοσίους. ²⁶καὶ ᾠκοδό-
μησεν Δαυειδ ἐκεῖ θυσιαστήριον Κυρίῳ, καὶ ἀνήνεγκεν ὁλοκαυτώματα
καὶ σωτηρίου· καὶ ἐβόησεν πρὸς Κύριον, καὶ ἐπήκουσεν αὐτῷ ἐν
πυρὶ ἐκ τοῦ οὐρανοῦ ἐπὶ τὸ θυσιαστήριον τῆς ὁλοκαυτώσεως καὶ
27 κατανάλωσεν τὴν ὁλοκαύτωσιν. ²⁷καὶ εἶπεν Κύριος πρὸς τὸν ἄγγελον,
καὶ κατέθηκεν τὴν ῥομφαίαν εἰς τὸν κολεόν.
28 ²⁸Ἐν τῷ καιρῷ ἐκείνῳ ἐν τῷ ἰδεῖν τὸν Δαυειδ ὅτι ἐπήκουσεν αὐτῷ
29 ἐν τῷ ἅλῳ Ὀρνὰ τοῦ Ἰεβουσαίου, καὶ ἐθυσίασεν ἐκεῖ. ²⁹καὶ σκηνὴ
Κυρίου ἣν ἐποίησεν Μωυσῆς ἐν τῇ ἐρήμῳ καὶ θυσιαστήριον τῶν
30 ὁλοκαυτωμάτων ἐν τῷ καιρῷ ἐκείνῳ ἐν Βαμὼθ ἐν Γαβαών. ³⁰καὶ

17 τω λαω (1°)] pr εν A | αμαρτων] ημ. A*ᵛⁱᵈ (η ras A') | απωλειαν A
Κυριε] λειαν κ̄ε̄ sup ras et ın mg Aᵇ   18 τω Γαδ ειπεν A | του
ειπειν (ειπεν B* ι superscr Bᵃᵇ) αναβη] τω ειπειν προς Δ̄ᾱδ̄ κ̄ε̄ ινα λαβη
(τω . λα sup ras et in mg Aᵃ¹) A | Ιεβουσαιου] Ιοβ. B*ᵛⁱᵈ   20 τεσσαρες
υιοι A | μεθαχαβειν] κρυβομενοι A   21 Ορναν] Ορνα A   22 αυτον]
αυτο A | om εκ A   23 ιδε] ιδου A | αροτρον]+και τας αμαξας A | εδωκα 2°
A   24 ολοκ.] pr εις A   25 εν τω τοπω] περι του τοπου A   27 κατε-
θηκεν] καθηκεν A   28 επηκουσεν] εισηκουσεν A | αυτω]+κ̄σ̄ A | τω αλω]
om τω A | εθασεν A* (superscr σι Aᵃ²)   29 Βαμωθ εν Γαβαων] Βαμα
τη εν Γαβαωνι A

Β οὐκ ἠδύνατο Δαυεὶδ τοῦ πορευθῆναι ἔμπροσθεν αὐτοῦ τοῦ ζητῆσαι τὸν θεόν, ὅτι οὐ κατέσπευσεν ἀπὸ προσώπου τῆς ῥομφαίας ἀγγέλου Κυρίου. ¹καὶ εἶπεν Δαυεὶδ Οὗτός ἐστιν ὁ οἶκος Κυρίου τοῦ θεοῦ, καὶ τοῦτο τὸ θυσιαστήριον εἰς ὁλοκαύτωσιν τῷ Ἰσραήλ. ²Καὶ εἶπεν Δαυεὶδ συναγαγεῖν πάντας τοὺς προσηλύτους ἐν γῇ Ἰσραήλ· καὶ κατέστησεν λατόμους λατομῆσαι λίθους ξυστοὺς τοῦ οἰκοδομῆσαι οἶκον τῷ θεῷ. ³καὶ σίδηρον πολὺν εἰς τοὺς ἥλους τῶν θυρωμάτων καὶ τῶν πυλῶν καὶ τοὺς στροφεῖς ἡτοίμασεν Δαυεὶδ καὶ χαλκὸν εἰς πλῆθος, οὐκ ἦν σταθμός. ⁴καὶ ξύλα κέδρινα, οὐκ ἦν ἀριθμός· ὅτι ἐφέροσαν οἱ Σειδώνιοι καὶ οἱ Τύριοι ξύλα κέδρινα εἰς πλῆθος τῷ Δαυείδ. ⁵καὶ εἶπεν Δαυεὶδ Σαλωμὼν ὁ υἱός μου παιδάριον ἁπαλόν, καὶ ὁ οἶκος τοῦ οἰκοδομῆσαι τῷ κυρίῳ εἰς μεγαλωσύνην ἄνω, εἰς ὄνομα καὶ εἰς δόξαν εἰς πᾶσαν τὴν γῆν ἑτοιμάσω αὐτῷ· καὶ ἡτοίμασεν Δαυεὶδ εἰς πλῆθος ἔμπροσθεν τῆς τελευτῆς αὐτοῦ. ⁶Καὶ ἐκάλεσεν Σαλωμὼν τὸν υἱὸν αὐτοῦ, καὶ ἐνετείλατο αὐτῷ τοῦ οἰκοδομῆσαι τὸν οἶκον τῷ κυρίῳ θεῷ Ἰσραήλ. ⁷καὶ εἶπεν Δαυεὶδ Σαλωμών Τέκνον, ἐμοὶ ἐγένετο ἐπὶ ψυχῇ τοῦ οἰκοδομῆσαι οἶκον τῷ ὀνόματι Κυρίου θεοῦ. ⁸καὶ ἐγένετό μοι λόγος Κυρίου λέγων Αἷμα εἰς πλῆθος ἐξέχεας, καὶ πολέμους μεγάλους ἐποίησας· οὐκ οἰκοδομήσεις οἶκον τῷ ὀνόματί μου, ὅτι αἵματα πολλὰ ἐξέχεας ἐπὶ τὴν γῆν ἐναντίον μου. ⁹ἰδοὺ υἱὸς τίκτεταί σοι, οὗτος ἔσται ἀνὴρ ἀναπαύσεως, καὶ ἀναπαύσω αὐτὸν ἀπὸ πάντων τῶν ἐχθρῶν κυκλόθεν, ὅτι Σαλωμὼν ὄνομα αὐτῷ, καὶ εἰρήνην καὶ ἡσυχίαν δώσω ἐπὶ Ἰσραὴλ ἐν ταῖς ἡμέραις αὐτοῦ. ¹⁰οὗτος οἰκοδομήσει οἶκον τῷ ὀνόματί μου, καὶ οὗτος ἔσται μοι εἰς υἱὸν κἀγὼ αὐτῷ εἰς πατέρα, καὶ ἀνορθώσω θρόνον βασιλείας αὐτοῦ ἐν Ἰσραὴλ ἕως αἰῶνος. ¹¹καὶ νῦν, υἱέ, ἔσται μετὰ σοῦ Κύριος, καὶ εὐοδώσει καὶ οἰκοδομήσεις οἶκον τῷ κυρίῳ θεῷ σου, ὡς ἐλάλησεν περὶ σοῦ. ¹²ἀλλ' ἢ δῴη σοι σοφίαν καὶ σύνεσιν Κύριος, καὶ κατισχύσαι σε ἐπὶ Ἰσραὴλ καὶ τοῦ φυλάσσεσθαι καὶ τοῦ ποιεῖν τὸν νόμον Κυρίου τοῦ θεοῦ σου. ¹³τότε εὐοδώσει ἐὰν φυλάξῃς τοῦ ποιεῖν τὰ προστάγματα καὶ τὰ κρίματα ἃ ἐνετείλατο Κύριος τῷ Μωυσῇ ἐπὶ Ἰσραήλ· ἀνδρίζου καὶ ἴσχυε, μὴ φοβοῦ μηδὲ πτοηθῇς. ¹⁴καὶ ἰδοὺ

A 30 του ζητ] om του A | om ου A | αγγελος A*   XXII 1 om Κυριου A
4 εφορασαν A | Σειδωνιοι B*c (Σιδ Bb)   6 κυριω θεω] ονοματι κῡ θῡ A   8 μοι] επ εμε A | εποιησας] εποι pro εποι B*vid (εποι B¹ sed in ι parva ras latet inferius) | της γης A | μου 2°] εμου A   9 εχθρων] + αυτου sup ras Aa (om A*) | κυκλοθεν sup ras et in mg Aa   10 αυτω] + εσομαι A   11 υιε] + μου A   12 κατισχυσε σαι A   13 ευοδωσει] ευοδωθησει A

ΠΑΡΑΛΕΙΠΟΜΕΝΩΝ Α XXIII 10

ἐγὼ κατὰ τὴν πτωχείαν μου ἡτοίμασα εἰς οἶκον Κυρίου χρυσίου Β
ταλάντων ἑκατὸν χιλιάδας, καὶ ἀργυρίου ταλάντων χιλίας χιλιάδας,
καὶ χαλκὸν καὶ σίδηρον οὗ οὐκ ἔστιν σταθμός, ὅτι εἰς πλῆθός
ἐστιν· καὶ ξύλα καὶ λίθους ἡτοίμασα, καὶ πρὸς ταῦτα πρόσθες
15 ¹⁵καὶ μετὰ σοῦ πρόσθες εἰς πλῆθος ποιούντων ἔργα, τεχνῖται καὶ
οἰκοδόμοι λίθων καὶ τέκτονες ξύλων, καὶ πᾶς σοφὸς ἐν παντὶ
16 ἔργῳ, ¹⁶ἐν χρυσίῳ, ἐν ἀργυρίῳ, ἐν χαλκῷ καὶ ἐν σιδήρῳ, οὐκ
17 ἔστιν ἀριθμός· ἀνάστηθι καὶ ποίει, καὶ Κύριος μετὰ σοῦ. ¹⁷καὶ ἐνε-
τείλατο Δαυεὶδ τοῖς παισὶν ἄρχουσιν Ἰσραὴλ ἀντιλαβέσθαι τῷ
18 Σαλωμὼν υἱῷ αὐτοῦ ¹⁸Οὐχὶ Κύριος μεθ' ὑμῶν; καὶ ἀνέπαυσεν
ὑμᾶς κυκλόθεν, ὅτι ἔδωκεν ἐν χερσὶν τοὺς κατοικοῦντας τὴν γῆν,
19 καὶ ὑπετάγη ἡ γῆ ἐναντίον Κυρίου καὶ ἐναντίον λαοῦ αὐτοῦ. ¹⁹νῦν
δότε καρδίας ὑμῶν καὶ ψυχὰς ὑμῶν τοῦ ζητῆσαι τῷ κυρίῳ θεῷ
ὑμῶν, καὶ ἐγέρθητε καὶ οἰκοδομήσατε ἁγίασμα τῷ θεῷ ὑμῶν, τοῦ
εἰσενέγκαι τὴν κιβωτὸν διαθήκης Κυρίου καὶ σκεύη τὰ ἅγια τοῦ
θεοῦ εἰς οἶκον τὸν οἰκοδομούμενον τῷ ὀνόματι Κυρίου.

XXIII 1 ¹Καὶ Δαυεὶδ πρεσβύτης καὶ πλήρης ἡμερῶν, καὶ ἐβασίλευσεν
2 Σαλωμὼν τὸν υἱὸν αὐτοῦ ἀντ' αὐτοῦ ἐπὶ Ἰσραήλ. ²καὶ συνήγαγεν
τοὺς πάντας ἄρχοντας Ἰσραὴλ καὶ τοὺς ἱερεῖς καὶ τοὺς Λευείτας
3 ³καὶ ἠρίθμησαν οἱ Λευεῖται ἀπὸ τριακονταετοῦς καὶ ἐπάνω, καὶ ἐγένετο
ὁ ἀριθμὸς αὐτῶν κατὰ κεφαλὴν αὐτῶν εἰς ἄνδρας τριάκοντα καὶ ὀκτὼ
4 χιλιάδας· ⁴ἀπὸ τῶν ἐργοδιωκτῶν ἐπὶ τὰ ἔργα οἴκου εἴκοσι τέσσαρες
5 χιλιάδες, καὶ γραμματεῖς καὶ κριταὶ ἑξακισχίλιοι, ⁵καὶ τέσσαρες
χιλιάδες αἰνοῦντες τῷ κυρίῳ ἐν τοῖς ὀργάνοις οἷς ἐποίησεν τοῦ αἰνεῖν
6 τῷ κυρίῳ ⁶καὶ διεῖλεν αὐτοὺς Δαυεὶδ ἐφημερίας τοῖς υἱοῖς Λευεί,
7 τῷ Γεδσών, Καάθ, Μαραρεί· ⁷καὶ τῷ Παροσώμ, τῷ Ἐδὰν καὶ τῷ
8 Σεμεεί. ⁸υἱοὶ τῷ Ἐδάν· ὁ ἄρχων Ἰηλ καὶ Ζεθὸμ καὶ Ἰωήλ. καὶ τρεῖς
9 ⁹υἱοὶ Σεμεεί· Ἀλωθεὶμ καὶ Εἰειὴλ καὶ Αἰδάν, τρεῖς· οὗτοι ἄρχοντες
10 πατριῶν τῶν Ἐδάν. ¹⁰καὶ τοῖς υἱοῖς Σεμεεί· Ἰὲθ καὶ Ζιζὰ καὶ Ἰωᾶς

14 πτωχιαν A | σταθμος] σ sup ras A¹   16 εν 1°] ε sup ras A¹ | om εν A 4° A   18 χερσιν] χειρι υμων A | λαου] pr του A   19 τω θεω] pr κω A | εισενεγκε A (seq ras 1 lit)   XXIII 2 τους παντας] παντας τους A | Λευιτ. A (item 3, 26)   4 των εργοδιωκτων] τουτων εργοδιωκται A   5 χιλιαδες] +πυλωροι και δ' χειλιαδες B^{ab mg} +π. και τεσσαρες χιλιαδες A | εποιησαν A 6 Λευι A | Γεδσων] Γηρσων A | Μεραρι A (item 21)   7 Παροσωμ] Γηρσων A | Εδαν] Λεαδαν A | Σεμει A   8 υιω BA | τω Εδαν] Λεαδαν A | Ιηλ] Ιειηλ A | Ζαιθομ A | Ιωηλ]+τρις A | om και 3° B^a (hab B^{*b}A) | om τρεις A 9 υιου B^{*b} (υιοι B^{ab}A) | Σεμει A | Αλωθειμ] Σαλωμειθ A | Ειειηλ] Αζιηλ A | και τρεις Αιδαν B^* om και τρεις B^{ab} om τρεις A | Αιδαν] pr κ B^{ab mg sinistr} (quasi και Δαν?) Αραν A | πατριων] pr των A | των Εδαν] τω Λεαδαν A 10 υιοι B^* (υιοις B^{ab}) | Σεμει A (bis) | om και Ιωας και Βερια A

47

ΠΑΡΑΛΕΙΠΟΜΕΝΩΝ Α

B καὶ Βεριά· οὗτοι υἱοὶ Σεμεεί, τέσσαρες. ¹¹καὶ ἦν Ἰέθ ὁ ἄρχων, καὶ 11
Ζιζὰ ὁ δεύτερος· καὶ Ἰῶας καὶ Βεριὰ οὐκ ἐπλήθυνεν υἱούς, καὶ ἐγένετο
εἰς οἶκον πατριᾶς εἰς ἐπίσκεψιν μίαν. ¹²υἱοὶ Καάθ· Ἀμβράμ, Ἰσσάαρ, 12
Χεβρών, Ὀζειήλ, τέσσαρες. ¹³υἱοὶ Ἀμβράμ· Ἀαρὼν καὶ Μωσῆς. 13
καὶ διεστάλη Ἀαρὼν τοῦ ἁγιασθῆναι ἅγια ἁγίων αὐτὸς καὶ οἱ υἱοὶ
αὐτοῦ ἕως αἰῶνος, τοῦ θυμιᾶν ἐναντίον τοῦ κυρίου, λειτουργεῖν καὶ
ἐπεύχεσθαι ἐπὶ τῷ ὀνόματι αὐτοῦ ἕως αἰῶνος. ¹⁴καὶ Μωυσῆς ἄνθρωπος 14
τοῦ θεοῦ, υἱοὶ αὐτοῦ ἐκλήθησαν εἰς φυλὴν τοῦ Λευεί. ¹⁵υἱοὶ Μωυσῆ· 15
Γηρσὰμ καὶ Ἐλιέζερ. ¹⁶υἱοὶ Γηρσάμ· Σουβαὴλ ὁ ἄρχων. ¹⁷καὶ 16,17
ἦσαν υἱοὶ τῷ Ἐλιέζερ Ῥααβιὰ ὁ ἄρχων, καὶ οὐκ ἦσαν υἱοὶ ἕτεροι·
καὶ υἱοὶ Ῥααβιὰ ηὐξήθησαν εἰς ὕψος. ¹⁸υἱοὶ Ἰσσαάρ· Σαλωμὼθ ὁ 18
ἄρχων. ¹⁹υἱῶν Χεβρών· Ἰδοὺδ ὁ ἄρχων, Ἀμαδιὰ ὁ δεύτερος, Ὀζιὴλ 19
ὁ τρίτος, Ἰκεμίας ὁ τέταρτος. ²⁰υἱοὶ Ὀζιήλ· Μειχᾶς ὁ ἄρχων καὶ 20
Ἰσειὰ ὁ δεύτερος. ²¹υἱοὶ Μεραρεί· Μοολεὶ καὶ Ὁμουσεί, υἱοὶ Μοήλ· 21
Ἐλεαζὰρ καὶ Κείς. ²²καὶ ἀπέθανεν Ἐλεαζάρ, καὶ οὐκ ἦσαν αὐτῷ 22
υἱοὶ ἀλλ' ἢ θυγατέρες, καὶ ἔλαβον αὐτὰς υἱοὶ Κεὶς ἀδελφοὶ αὐτῶν.
²³υἱοὶ Μουσεί· Μοολεὶ καὶ Αἰδαθ καὶ Ἀρειμώθ, τρεῖς. ²⁴οὗτοι υἱοὶ 23,24
Λευεὶ κατ' οἴκους πατριῶν αὐτῶν, ἄρχοντες τῶν πατριῶν αὐτῶν
κατὰ τὴν ἐπίσκεψιν αὐτῶν κατὰ τὸν ἀριθμὸν ὀνομάτων αὐτῶν κατὰ
κεφαλὴν αὐτῶν, ποιοῦντες τὰ ἔργα λειτουργίας οἴκου Κυρίου ἀπὸ
εἰκοσαετοῦς καὶ ἐπάνω. ²⁵ὅτι εἶπεν Δαυείδ Κατέπαυσεν Κύριος 25
ὁ θεὸς Ἰσραὴλ τῷ λαῷ αὐτοῦ, καὶ κατεσκήνωσεν ἐν Ἰερουσαλὴμ
ἕως αἰῶνος. ²⁶καὶ οἱ Λευεῖται οὐκ ἦσαν αἴροντες τὴν σκηνὴν καὶ 26
τὰ πάντα σκεύη αὐτῆς εἰς τὴν λειτουργίαν αὐτῆς· ²⁷ὅτι ἐν τοῖς λόγοις 27
Δαυεὶδ τοῖς ἐσχάτοις ἐστὶν ὁ ἀριθμὸς υἱῶν Λευεὶ ἀπὸ εἰκοσαετοῦς
καὶ ἐπάνω, ²⁸ὅτι ἔστησεν αὐτοὺς ἐπὶ χεῖρα Ἀαρὼν τοῦ λειτουργεῖν 28
ἐν οἴκῳ Κυρίου ἐπὶ τὰς αὐλὰς καὶ ἐπὶ τὰ παστοφόρια, καὶ ἐπὶ τὸν
καθαρισμὸν τῶν πάντων ἁγίων, καὶ ἐπὶ τὰ ἔργα λειτουργίας τοῦ
θεοῦ· ²⁹εἰς τοὺς ἄρτους τῆς προθέσεως, εἰς τὴν σεμίδαλιν τῆς θυσίας, 29
καὶ εἰς τὰ λάγανα τὰ ἄζυμα, καὶ εἰς τήγανον, καὶ εἰς τὴν πεφυραμένην,

A   11 Βα|ρια A | επληθυναν A | εγενοντο A   12 Αμραμ A (item 13) | Ισ-
σααρ] pr και A | Οζειηλ] και Οζιηλ A   14 Λευι A (item 24)   17 ησαν 2°]
+τω Ελιεζερ A | ζερ υιοι ετεροι και in mgg et sup ras Aᵃ (om υιοι ετ. και A*) |
ηυξησαν A* (ηυξηθησαν Aᵃ?)   18 Σαλουμωθ A   19 Ιδουδ] Ιερια A |
Αμαδια] Αμαρια A | Οζιηλ] Ιαζιηλ A   20 Μειχας] Μιχα A | Ισεια] Ιεσσια
A   21 Μοολι A (item 23) | Ομουσει] Μουσι A | Μοηλ] Μοολι A | Ελιαζαρ A
23 Μουσι A | Αιδαθ] Εδερ A | Αρειμωθ] Ιαριμωθ A | τρει B* (τρεις Bᵃᵇ)
24 om αυτων 4° A   25 Ισραηλ τω] τω Ἰσλ̅ | A   26 τα παντα] παντα τα A
27 υιων Λευει] των Λευιτω | Λευι A   28 επι 1°] επει B* (επι Bᵇ) | του
θεου] pr οικου A

ΠΑΡΑΛΕΙΠΟΜΕΝΩΝ Α   XXIV 15

30 καὶ εἰς πᾶν μέτρον· ³⁰καὶ τοῦ στῆναι πρωὶ τοῦ αἰνεῖν, ἐξομολογεῖσθαι B
31 τῷ κυρίῳ, καὶ οὕτως τὸ ἑσπέρας· ³¹καὶ ἐπὶ πάντων τῶν ἀναφερομένων
ὁλοκαυτωμάτων τῷ κυρίῳ ἐν τοῖς σαββάτοις καὶ ἐν ταῖς νεομηνίαις
καὶ ἐν ταῖς ἑορταῖς, κατὰ ἀριθμόν, κατὰ τὴν κρίσιν ἐπ' αὐτοῖς διὰ
32 παντὸς τῷ κυρίῳ. ³²καὶ φυλάξουσιν τὰς φυλακὰς σκηνῆς τοῦ
μαρτυρίου καὶ τὰς φυλακὰς υἱῶν Ἀαρὼν ἀδελφῶν αὐτῶν, τοῦ λειτουρ-
XXIV 1 γεῖν ἐν οἴκῳ Κυρίου.   ¹Καὶ τοὺς υἱοὺς Ἀαρὼν διαιρέσει Ναδὰβ
2 καὶ Ἀβιούδ, Ἐλεαζὰρ καὶ Ἰθαμάρ· ²καὶ ἀπέθανεν Ναδὰβ καὶ
Ἀβιοὺδ ἐναντίον τοῦ πατρὸς αὐτῶν, καὶ υἱοὶ οὐκ ἦσαν αὐτοῖς· καὶ
3 ἱεράτευσεν Ἐλεαζὰρ καὶ Ἰθαμὰρ υἱοὶ Ἀαρών· ³καὶ διεῖλεν αὐτοὺς
Δανείδ, καὶ Σαδὼκ ἐκ τῶν υἱῶν Ἐλεαζάρ, καὶ Ἀχειμέλεχ ἐκ τῶν
υἱῶν Ἰθαμάρ, κατὰ τὴν ἐπίσκεψιν αὐτῶν, κατὰ τὴν λειτουργίαν
4 αὐτῶν, κατ' οἴκους πατριῶν αὐτῶν. ⁴καὶ εὑρέθησαν οἱ υἱοὶ Ἐλεαζὰρ
πλείους εἰς ἄρχοντας τῶν δυνατῶν παρὰ τοὺς υἱοὺς Ἰθαμάρ· καὶ
διεῖλεν αὐτούς, τοῖς υἱοῖς Ἐλεαζὰρ ἄρχοντας εἰς οἴκους πατριῶν ἓξ καὶ
5 δέκα, τοῖς υἱοῖς Ἀαρὼν Ἰθαμὰρ κατ' οἴκους πατριῶν. ⁵καὶ διεῖλεν αὐτοὺς
κατὰ κλήρους τούτους πρὸς τούτους, ὅτι ἦσαν ἄρχοντες τῶν ἁγίων
καὶ ἄρχοντες Κυρίου ἐν τοῖς υἱοῖς Ἐλεαζὰρ καὶ ἐν τοῖς υἱοῖς Ἰθαμάρ.
6 ⁶καὶ ἔγραψεν αὐτοὺς Σαμαίας υἱὸς Ναθαναὴλ ὁ γραμματεὺς ἐκ τοῦ
Λευεὶ κατέναντι τοῦ βασιλέως καὶ τῶν ἀρχόντων, καὶ Σαδὼκ ὁ ἱερεύς,
καὶ Ἀχειμέλεχ υἱὸς Ἀβιαθάρ, καὶ ἄρχοντες τῶν πατριῶν τῶν ἱερέων
καὶ τῶν Λευειτῶν· οἴκου πατριᾶς εἷς εἷς τῷ Ἐλεαζὰρ καὶ εἷς εἷς τῷ
7 Ἰθαμάρ. ⁷καὶ ἐξῆλθεν ὁ κλῆρος ὁ πρῶτος τῷ Ἰαρείμ, τῷ Ἀναιδειὰ
8 ὁ δεύτερος, ⁸τῷ Χαρὴβ ὁ τρίτος, τῷ Σεωρεὶμ ὁ τέταρτος, ⁹τῷ Μελχειὰ
9
10 ὁ πέμπτος, τῷ Βενιαμεὶν ὁ ἕκτος, ¹⁰τῷ Κὼς ὁ ἕβδομος, τῷ Ἀβιὰ
11 ὁ ὄγδοος, ¹¹τῷ Ἰησοῦ ὁ ἔνατος, τῷ Ἰσχανιὰ ὁ δέκατος, ¹²τῷ Ἐλιαβιεὶ
12
13 ὁ ἑνδέκατος, τῷ Ἰακεὶμ ὁ δωδέκατος, ¹³τῷ Ὀχχοφφὰ ὁ τρισκαιδέ-
14 κατος, τῷ Γελβὰ ὁ τεσσαρεσκαιδέκατος, ¹⁴τῷ Ἐμμὴρ ὁ πεντεκαιδέ-
15 κατος, τῷ Χηζεὶν ὁ ἑκκαιδέκατος, ¹⁵τῷ Ἀφεσὴ ὁ ἑπτακαιδέκατος, τῷ

29 μετρον] in μ ras aliq B?   XXIV 1 τοις υιοις A | διαιρεσει Ναδαβ και] A διαιρεσει|s (sic) υιοι Ααρων Ναδαβ και sup ras et in mg Aᵃ   3 διειδεν A | Αχιμε|λεκ A   4 οι υιοι] om οι A | εξ και δεκα] εκκαιδεκα A | τοις υιοις 2°] pr και A | om Ααρων A | πατριων 2°] +οκτω A   6 Σαμμαιας A | Λευι A (item 20) | ο ιερευς] του ιερεως A | Αχιμελεχ A | υιος 2°] υιοι A* (υιου A?) | Λευιτων A   7 ο κληρος] ολοκληρος A | Ιαρειμ] Ιαρειβ A | Αναιδεια] Ιδεια A   8 Χαρηβ] Χαρημ A | τω Σεωρειμ] του Σεωριν A
9 Μελχια A | Βενιαμειν] Μειαμειν A   10 Κως] Ακκως A | ογδος A
11 Ισχανια] Σεκενια A   12 Ελιαβιει] Ελιασειβ A | Ιακειμ] Ελιακειμ A
13 Οχχοφφα] Οφφα A | Γελβα] Ισβααλ A   14 Εμμηρ] Βελγα A | πεμπτεκαιδ. B* (πεντεκαιδ. Bᵃᵇ) | Χηζειν] Εμμηρ A   15 Αφεση] Ιεζειρ A

SEPT. II.   49   D

XXIV 16 ΠΑΡΑΛΕΙΠΟΜΕΝΩΝ Α

Β Φεταιὰ ὁ ὀκτωκαιδέκατος, ¹⁶τῷ Ἑζεκὴλ ὁ ἐννεακαιδέκατος, τῷ Ἀχεὶμ ὁ 16 εἰκοστός, ¹⁷τῷ Γαμοὺλ ὁ εἷς καὶ εἰκοστός, τῷ Ἀδαλλαὶ ὁ δεύτερος καὶ 17 εἰκοστός, ¹⁸τῷ Μαασαὶ ὁ τρίτος καὶ εἰκοστός. ¹⁹αὕτη ἡ ἐπίσκεψις ₁₉¹⁸ αὐτῶν κατὰ τὴν λειτουργίαν αὐτῶν τοῦ εἰσπορεύεσθαι εἰς οἶκον Κυρίου κατὰ τὴν κρίσιν αὐτῶν διὰ χειρὸς Ἀαρὼν πατρὸς αὐτῶν, ὡς ἐνετείλατο Κύριος ὁ θεὸς Ἰσραήλ. ²⁰Καὶ τοῖς υἱοῖς Λευεὶ τοῖς 20 καταλοίποις· τοῖς υἱοῖς Ἀμβρὰμ Ἰωβαήλ, Ἰεδειά· ²¹τῷ Ῥααβιὰ ὁ ἄρχων. 21 ²²καὶ τῷ Ἰσσαρεὶ Σαλωμώθ· τοῖς υἱοῖς Σαλωμὼθ Ἰνάθ. ²³υἱοὶ Ἰηδει- 22 μού· Ἀμαδιὰ ὁ δεύτερος, Ἰασὴ ὁ τρίτος, Ἰοκὺμ ὁ τέταρτος. ²⁴Οζειὴλ 24 Μειχά· υἱοὶ Μειχὰ Σαμήρ· ²⁵ἀδελφὸς Μειχὰ Ἰσιά υἱὸς Ἰσιὰ Ζαχαριά. 25 ²⁶υἱοὶ Μεραρεὶ Μοολεὶ καὶ Ὀμουσεί. υἱοὶ Ὀζειά· ²⁷τοῦ Μεραρεὶ τῷ Ὀζειά, ²⁶₂₇ υἱοὶ αὐτοῦ Ἰσοὰμ καὶ Ζακχοὺρ καὶ Ἀβαί. ²⁸τῷ Μοολεὶ Ἐλεαζὰρ καὶ 28 Ἰθαμάρ· καὶ ἀπέθανεν Ἐλεαζὰρ καὶ οὐκ ἦσαν αὐτῷ υἱοί. ²⁹τῷ Κείς· 29 υἱοὶ τοῦ Κεὶς Ἰραμαήλ. ³⁰καὶ υἱοὶ τοῦ Μοουσεὶ Μοολλεὶ καὶ Ἠλὰ 30 καὶ Ἀρειμώθ. οὗτοι υἱοὶ τῶν Λευειτῶν κατ' οἴκους πατριῶν αὐτῶν. ³¹καὶ ἔλαβον καὶ αὐτοὶ κλήρους καθὼς οἱ ἀδελφοὶ αὐτῶν υἱοὶ Ἀαρὼν 31 ἐναντίον τοῦ βασιλέως καὶ Σαδὼκ καὶ Ἀχειμέλεχ καὶ ἄρχων τῶν πατριῶν τῶν ἱερέων καὶ τῶν Λευειτῶν πατριάρχαι Ἀραάβ, καθὼς οἱ ἀδελφοὶ αὐτοῦ οἱ νεώτεροι. ¹Καὶ ἔστησεν Δαυεὶδ ὁ βασιλεὺς 1 XXV καὶ οἱ ἄρχοντες τῆς δυνάμεως εἰς τὰ ἔργα τοὺς υἱοὺς Ἀσαφ καὶ Αἱμὰν καὶ Ἰδειθὼν τοὺς ἀποφθεγγομένους ἐν κινύραις καὶ ἐν νάβλαις καὶ ἐν κυμβάλοις· καὶ ἐγένετο ὁ ἀριθμὸς αὐτῶν κατὰ κεφαλὴν αὐτῶν ἐργαζομένων ἐν τοῖς ἔργοις αὐτῶν. ²υἱοὶ Ἀσαφ· Σακχούς, Ἰωσὴφ 2 καὶ Ναθαλίας καὶ Ἐραήλ· υἱοὶ Ἀσαφ ἐχόμενοι τοῦ βασιλέως. ³τῷ 3 Ἰδειθών, υἱοὶ Ἰδειθών· Τουνὰ καὶ Οὐρεὶ καὶ Σαιὰ καὶ Σεμεεὶ καὶ Ἀσαβιὰ

A 15 Φεταια] Αφεσση A   16 Εζεκηλ] Φεθεια A | Αχειμ] Εζεκηλ A
17 Γαμουλ] Ιαχειν A | Αδαλλαι] Γαμουηλ A | δευτερος] seq ras 1 lit in A
18 Μαασαι] Δαλαια A | εικοστος]+τω Μοοζαλ ο τεταρτος και εικοστος A
20 Αμραμ A | Ιωβαηλ] Σου|βαηλ· A | Ιεδεια] Ιαδαια· Αραδεια· A   21 αρ-
χων]+Ιεσιας A   22 Ισσαρει A   23 υιοι] pr και A | Ιηδειμου]
Ιεδιου·| A | Αμαδια] Αμαριας· A | Ιαση] Ιαζιηλ A | Ιοκομ] Ιεκεμια· A
24 Οζειηλ] υιοι Οζιηλ A | Μιχα A (bis: item 25)   25 αδελφοις A | Ισια 1°]
Ασια A | υιος] υιοι A | Ζαχαριας A   26 Μεραρι A | Μοολι A | Ομουσει]
Μουσι A | Οζεια] Οζια· υιοι Βοννι| A   27 του Μεραρει] υιοι Μεραρι A |
Οζια A | Ισσοαμ A | Αβαι] Ωβδι A   28 Μοολι A | om και Ιθαμαρ . υιοι A
30 Μοουσει] Μουσι A | Μοολλει] Μοολι A | Ηλα] Εδερ A | Αρειμωθ] Ιεριμωθ
A | Λευιτων A (item 31)   31 Αχιμελεχ A | αρχων των] αρχοντων A |
πατριαρχαι] πατριαι A | Αραaβ] Αρως A   XXV 1 Ιδιθουμ A   2 Σακ-
χους] Ζακχουρ A | Ιωσηφ] pr και A | Ναθανιας A | Εραηλ] Ιε|σιηλ A |
εχομενα A   2—3 ως τω Ιδι|θουμ υιοι in mg et sup ras Aᵃ (om υιοι
Ιδιθουμ A*)   3 Ιδιθουμ A (bis) | Τουνα] Γοδολιας· A | και Ουρει]
Σουρι· A | Σαια] Ιεεια A | Σεμει A | Ασαβιας A

ΠΑΡΑΛΕΙΠΟΜΕΝΩΝ Α XXV 23

καὶ Ματταθίας, ἕξ, μετὰ τὸν πατέρα αὐτῶν Ἰδειθὼν ἐν κινύρᾳ ἀνα- B
κρουόμενος ἐξομολόγησιν καὶ αἴνεσιν τῷ κυρίῳ. ⁴τῷ Αἱμανεί, υἱοὶ
Αἱμάν· Βουκείας καὶ Μανθανίας καὶ Ἀζαραὴλ καὶ Σουβαὴλ καὶ Ἀμσοὺ
καὶ Ἰερεμὼθ καὶ Ἀνανίας καὶ Ἡλιαθὰθ καὶ Γοδολλαθεὶ καὶ Ῥωμεί·
⁵υἱοὶ Ὤδ καὶ Ἰειβασάκα καὶ Μανθεὶ καὶ Ὠθηρεὶ καὶ Μελζώθ. ⁵πάντες
οὗτοι υἱοὶ τῷ Αἱμὰν τῷ ἀνακρουομένῳ τῷ βασιλεῖ ἐν λόγοις θεοῦ
ὑψῶσαι κέρας· καὶ ἔδωκεν θεὸς τῷ Αἱμὰν υἱοὺς δέκα τέσσαρες καὶ
θυγατέρας τρεῖς. ⁶πάντες οὗτοι μετὰ τοῦ πατρὸς αὐτῶν ὑμνῳδοῦντες
ἐν οἴκῳ θεοῦ ἐν κυμβάλοις καὶ ἐν νάβλαις καὶ ἐν κινύραις ἐχόμενα
τοῦ βασιλέως, καὶ Ἀσαφ καὶ Ἰδειθοὺν καὶ Αἱμανεί. ⁷καὶ ἐγένετο
ὁ ἀριθμὸς αὐτῶν μετὰ τοὺς ἀδελφοὺς αὐτῶν, δεδιδαγμένοι ᾄδειν Κυρίῳ,
πᾶς συνίων διακόσιοι ὀγδοήκοντα καὶ ὀκτώ. ⁸καὶ ἔβαλον καὶ αὐτοὶ
κλήρους ἐφημεριῶν κατὰ τὸν μικρὸν καὶ κατὰ τὸν μέγαν, τελείων
καὶ μανθανόντων. ⁹καὶ ἐξῆλθεν ὁ κλῆρος ὁ πρῶτος υἱῶν αὐτοῦ
καὶ ἀδελφῶν αὐτοῦ τῷ Ἀσάφ, τῷ Ἰωσήφ, Γαλουιὰ ὁ δεύτερος, Ἡνειά,
ἀδελφοὶ αὐτοῦ καὶ υἱοὶ αὐτοῦ δέκα δύο· ¹⁰ὁ τρίτος Ζαχχούθ, υἱὸς
αὐτοῦ· καὶ ἀδελφοὶ αὐτοῦ δέκα δύο· ¹¹ὁ τέταρτος Ἰεσδρεί, υἱοὶ αὐτοῦ
καὶ ἀδελφοὶ αὐτοῦ δέκα δύο· ¹²ὁ πέμπτος Ναθάν, υἱοὶ αὐτοῦ καὶ
ἀδελφοὶ αὐτοῦ δέκα δύο· ¹³ὁ ἕκτος Βουκείας, υἱοὶ αὐτοῦ καὶ ἀδελφοὶ
αὐτοῦ δέκα δύο· ¹⁴ὁ ἕβδομος Ἰσεριήλ, υἱοὶ αὐτοῦ καὶ ἀδελφοὶ αὐτοῦ
δέκα δύο· ¹⁵ὁ ὄγδοος Ἰωσειά, υἱοὶ αὐτοῦ καὶ ἀδελφοὶ αὐτοῦ δέκα δύο·
¹⁶ ¹⁶ὁ ἔνατος Μανθανίας, υἱοὶ αὐτοῦ καὶ ἀδελφοὶ αὐτοῦ δέκα δύο· ¹⁷ὁ
¹⁷
δέκατος Ἐμεεί, υἱοὶ αὐτοῦ καὶ ἀδελφοὶ αὐτοῦ δέκα δύο· ¹⁸ὁ ἑνδέκατος
Ἀζαριά, υἱοὶ αὐτοῦ καὶ ἀδελφοὶ αὐτοῦ δέκα δύο· ¹⁹ὁ δωδέκατος Ἁριά,
υἱοὶ αὐτοῦ καὶ ἀδελφοὶ αὐτοῦ δέκα δύο· ²⁰ὁ τρισκαιδέκατος Σουβαήλ,
υἱοὶ αὐτοῦ καὶ ἀδελφοὶ αὐτοῦ δέκα δύο· ²¹ὁ τεσσαρεσκαιδέκατος
Ματταθίας, υἱοὶ αὐτοῦ καὶ ἀδελφοὶ αὐτοῦ δέκα δύο· ²²ὁ πεντεκαιδέκατος
Ἐρειμώθ, υἱοὶ αὐτοῦ καὶ ἀδελφοὶ αὐτοῦ δέκα δύο· ²³ὁ ἑκκαιδέκατος

3 Ιδιθουν (3°) A | ανακρουομενοι A   4 Αιμανει] Αιμαν A | Βουκειας] A Βοκκιας A | Ματ|θανιας A | Αζαραηλ] Οζηλ A | om και Αμσου A | Ιε|ριμουθ A | Ηλιαθαθ] Ανανι· και Ελι|αθα A | Γεδολλαθι A | Ρωμει] Ρωμεμθι· A νιοι Ωδ] Εζερ· A | Ιειβασακα] Σεβα· καιταν· (sic) A | Μανθει] Μεαλωθι A | Ωθηρει] Ιω|εθιρι· A | Μελζωθ] Μααζιωθ A   5 τεσσαρας B^b | θυγατερες τρις A   6 οικω θεου] οικῶ κῦ· A | Ιδιθουν A | Αιμαν A   7 τους αδελφους] των αδελφων A | om και 2° A   9 ο κληρος] ολοκληρος A | τω Ιωσηφ] του I. A | Γαλουια] Γοδολιας A | Ηνια A | δεκα δυο] δωδεκα A (item infra [10—31] 20^ies ter)   10 Ζακχουρ A | υιος] νιοι A   11 Ιεσδρι A   12 Ναθανιας A   13 Βουκειας] Κοκκιας A   14 Ισεριηλ] Ισρεηλα· A   15 Ιωσεια] Ισιας·| A   16 Ματθανιας A   17 Εμεει] Σεμει A   18 Αζαρια] Εζριηλ A   19 Αρια] Ασαβια A   21 Ματταθιας] Ματθιας A   22 Ερειμωθ] Ιεριμωθ· A   23 δεκατος Αναν sup ras A¹ (pr ras 1 lit)

ΠΑΡΑΛΕΙΠΟΜΕΝΩΝ Α

Β Ἀνανίας, υἱοὶ αὐτοῦ καὶ ἀδελφοὶ αὐτοῦ δέκα δύο· ²⁴ὁ ἑπτακαιδέκατος 24
Βακατά, υἱοὶ αὐτοῦ καὶ ἀδελφοὶ αὐτοῦ δέκα δύο· ²⁵ὁ ὀκτωκαιδέκατος 25
Ἀνανίας, υἱοὶ αὐτοῦ καὶ ἀδελφοὶ αὐτοῦ δέκα δύο· ²⁶ὁ ἐννεακαιδέκατος 26
Μεθαθεί, υἱοὶ αὐτοῦ καὶ ἀδελφοὶ αὐτοῦ δέκα δύο· ²⁷ὁ εἰκοστὸς Αἰμαθά, 27
υἱοὶ αὐτοῦ καὶ ἀδελφοὶ αὐτοῦ δέκα δύο· ²⁸ὁ εἰκοστὸς πρῶτος Ἡθεί, 28
υἱοὶ αὐτοῦ καὶ ἀδελφοὶ αὐτοῦ δέκα δύο· ²⁹ὁ εἰκοστὸς δεύτερος Γοδομαθεί, 29
υἱοὶ αὐτοῦ καὶ ἀδελφοὶ αὐτοῦ δέκα δύο· ³⁰ὁ τρίτος καὶ εἰκοστὸς Μεαζώθ, 30
υἱοὶ αὐτοῦ καὶ ἀδελφοὶ αὐτοῦ δέκα δύο· ³¹ὁ τέταρτος καὶ εἰκοστὸς Ῥο- 31
μελχεί, υἱοὶ αὐτοῦ καὶ ἀδελφοὶ αὐτοῦ δέκα δύο. ¹Εἰς διαιρέσεις τῶν 1 XXVI
πυλῶν υἱοὶ Κορεείμ· Μοσολαὴλ υἱὸς Κωρή· ἐκ τῶν υἱῶν Ἀβιά, Σαφάρ.
²καὶ τὴν Μοσαληὰ υἱοῦ Ζαχαρίου ὁ πρωτότοκος Ἰδερήλ, Ζαχαρίας, 2
Ἰενουήλ, ³Ἰωλάμ, Ἰωνᾶς, Ἐλιωναὶς ὁ ἕβδομος. ⁴καὶ τῷ Ἀβδοδὸμ υἱοί· ³/₄
Σαμαίας ὁ πρωτότοκος, Ἰωζαβάθ, Ἰωάθ, Σαχάρ, Ναάς, Ἰειήλ, ⁵Ἀμειήλ, 5
Ἰσσαχάρ, Ἰαφθοσλααθί· ὅτι εὐλόγησεν αὐτὸν ὁ θεός. ⁶καὶ τῷ Σαμαίᾳ 6
υἱῷ αὐτοῦ ἐτέχθησαν υἱοὶ τοῦ πρωτοτόκου Ῥωσαὶ εἰς τὸν οἶκον τὸν
πατρικὸν αὐτοῦ, ὅτι δυνατοὶ ἦσαν. ⁷υἱοὶ Σαμαί· Γοονεὶ καὶ Ῥαφαὴλ 7
καὶ Ὠβὴδ καὶ Ἐληζαβὰθ καὶ Ἀχιούδ, υἱοὶ δυνατοί, Ἐννοὺ καὶ Σαβχειὰ
καὶ Ἰσβακώμ. ⁸πάντες ἀπὸ τῶν υἱῶν Ἀβδοδόμ, αὐτοὶ καὶ οἱ ἀδελφοὶ 8
αὐτῶν καὶ υἱοὶ αὐτῶν ποιοῦντες δυνατῶς ἐν τῇ ἐργασίᾳ, οἱ πάντες
ἑξήκοντα δύο τῷ Ἀβδοδόμ. ⁹καὶ τῷ Μοσομαμεὶδ υἱοὶ καὶ ἀδελφοὶ 9
δέκα καὶ ὀκτὼ δυνατοί. ¹⁰καὶ τῷ Ἰοσσὰ τῶν υἱῶν Μερραρεὶ υἱοὶ 10
φυλάσσοντες τὴν ἀρχήν, ὅτι οὐκ ἦν πρωτότοκος· καὶ ἐποίησεν αὐτὸν
ὁ πατὴρ αὐτοῦ ἄρχοντα τῆς διαιρέσεως τῆς δευτέρας. ¹¹Ταβλαὶ 11

A 24 Βακατα] Ιεσβακαταν· A   25 Ανανι A   26 Μεθαθει] Μελληθι A
27 Αιμαθα] Ελιαθ A   28 πρωτος] ρι και A | Ηθει] Ιεθιρι· A   29 Γοδομα-
θει] Γεδδελθι A   30 Μεαζωθ] Μααζιωθ· A   31 Ρομελχει (superscr ωθ
B^(ab))] Ρωμεθ'μιεζερ A | αδελφοι] pr οι A   XXVI 1 εις] και A | διαιρεσις
A | πυλων] φυλων B | υιοι] υιοις A | Κορεειμ] Κορε A | Μοσολαηλ] Μοσολλαμ
A | Κωρη] Κωρηε A | Αβια Σαφαρ] Ασαφ A   2 την Μοσαληα] τω] Μασελ-
λαμια A | υιου] υιοι· A | Ζαχαριου] Ζαχαριας A | Ιδερηλ] Ιαδιηλ A | Ζαχα-
ριας] Ζαβα¦διας ο τριτος Ναθανα· ο τεταρτος· A   2—3 Ιενουηλ Ιωλαμ]
Ιενουηλωλαμ· ο πεμπτος· A   3 Ιωνας] Ιωνᾱ· ο εκτος A | Ελιωναις] Ελιω-
ηναι· A   4 Σαμειας A | Ιωζαβαθ] Ιωζαβαδ ο δευτερος·| A | Ιωαθ] Ιωαα
ο τριτος· A | Σαχαρ] Σαχιαρ· ο τεταρτος | A | Ναας Ιειηλ] Ναθαναηλ ο πεμ-
πτος· A   5 Αμειηλ] Αμιηλ· ο εκ|τος· A | Ισσαχαρ]+ο εβδομος A |
Ιαφθοσλααθι] Φολλαθι·| ο ογδοος· A   6 Σαμεια A | τω πρωτοκω A
7 Σαμαι] Σεμεια A | Γοονει] Γοθνι A | Ωβηδ] Ιωβηδ A | Εληζαβαθ] Ελζαβαδ
A | Αχιου A | δινατοι]+ισχυι A | Εννου] Ελιου A | Σαβχεια] Σαμαχιας
A | Ισβακωμ] Ιε¦βακωβ A   8 Αβδεδομ (1°) A   9 Μοσομαμειδ] Μεσολ-
λεμια A | οκτω και A   10 Ιοσσα] Ωσα A | των υιων] pr απο A | Μεραρι
A | ην]+αυτω A   11 Ταβλαι] Χελχειας ο δευτερος· Ταβε|λιας A

ΠΑΡΑΛΕΙΠΟΜΕΝΩΝ Α XXVI 26

ὁ τρίτος, Ζαχαρίας· πάντες οὗτοι υἱοὶ καὶ ἀδελφοὶ τῷ Ἰοσσὰ τρισκαί- B
δεκα. ¹²τούτοις αἱ διαιρέσεις τῶν πυλῶν τοῖς ἄρχουσι τῶν δυνατῶν
ἐφημερίαι καθὼς οἱ ἀδελφοὶ αὐτῶν λειτουργεῖν ἐν οἴκῳ Κυρίου. ¹³καὶ
ἔβαλον κλήρους κατὰ τὸν μικρὸν καὶ κατὰ τὸν μέγαν κατ᾽ οἴκους
πατριῶν αὐτῶν εἰς πυλῶνα καὶ πυλῶνα. ¹⁴καὶ ἔπεσεν ὁ κλῆρος
τῶν πρὸς ἀνατολὰς τῷ Σαλαμειὰ καὶ Ζαχαριά, υἱοὶ Σωάζ· τῷ Μελχειὰ
ἔβαλον κλήρους, καὶ ἐξῆλθεν ὁ κλῆρος βορρᾶ· ¹⁵τῷ Ἀβδοδὸμ νότον
κατέναντι οἴκου ἐσεφείν· ¹⁶εἰς δεύτερον τῷ Ἰοσσὰ πρὸς δυσμαῖς
μετὰ τὴν πύλην παστοφορίου τῆς ἀναβάσεως· φυλακὴ κατέναντι
φυλακῆς. ¹⁷πρὸς ἀνατολὰς ἐξ τὴν ἡμέραν, βορρᾶ τῆς ἡμέρας τέσσαρες,
νότον τῆς ἡμέρας τέσσαρες, καὶ εἰς τὸ ἐσεφεῖν δύο ¹⁸εἰς διαδε-
χομένους, καὶ τῷ Ἰοσσὰ πρὸς δυσμαῖς μετὰ τὴν πύλην τοῦ παστο-
φορίου τρεῖς. φυλακὴ κατέναντι φυλακῆς τῆς ἀναβάσεως πρὸς
ἀνατολὰς τῆς ἡμέρας ἕξ, καὶ τῷ βορρᾷ τέσσαρες, καὶ τῷ νότῳ τέσσαρες,
καὶ ἐσεφείμ δύο εἰς διαδεχομένους, καὶ πρὸς δυσμαῖς τέσσαρες, καὶ
εἰς τὸν τρίβον δύο διαδεχομένους. ¹⁹αὗται αἱ διαιρέσεις τῶν πυλωρῶν
τοῖς υἱοῖς Καὰθ καὶ τοῖς Μερραρεί. ²⁰καὶ οἱ Λευεῖται ἀδελφοὶ αὐτῶν
ἐπὶ τῶν θησαυρῶν οἴκου Κυρίου καὶ ἐπὶ τῶν θησαυρῶν τῶν καθη-
γιασμένων. ²¹υἱοὶ Χαδὰν οὗτοι, Γηρσωνεί· τῷ Λαδὰν καὶ Ἰαιεὴλ τοῦ
Ἰού· υἱοὶ Ἰειὴλ ἄρχοντες πατριῶν τῷ Λαδάν· τῷ Γηρσωνεὶ Ἰειήλ.
²²υἱοὶ Ἰειὴλ Ζεθὸμ καὶ Ἰωὴλ οἱ ἀδελφοί, ἐπὶ τῶν θησαυρῶν οἴκου
Κυρίου. ²³τῷ Ἀμβρὰμ καὶ Ἰσσάαρ Χεβρὼν καὶ Ὀζειήλ. ²⁴καὶ Ἰωὴλ
ὁ τοῦ Γηρσὰμ τοῦ Μωσῆ ἐπὶ τῶν θησαυρῶν. ²⁵καὶ τῷ ἀδελφῷ αὐτοῦ
τῷ Ἐλιέζερ Ῥαβίας υἱὸς καὶ Ὠσαίας καὶ Ἰωρὰμ καὶ Ζεχρεὶ καὶ
Σαλωμώθ. ²⁶αὐτὸς Σαλωμὼθ καὶ οἱ ἀδελφοὶ αὐτοῦ ἐπὶ πάντων
τῶν θησαυρῶν τῶν ἁγίων, οὓς ἡγίασεν Δανεὶδ ὁ βασιλεὺς καὶ οἱ
ἄρχοντες τῶν πατριῶν χιλίαρχοι καὶ ἑκατόνταρχοι καὶ ἀρχηγοὶ τῆς

11 Ζαχαριας]+ο τεταρτος A | ουτοι] ου‖τοι B* υ pro ου Bᵃ ο|υτοι Bᵇ | A
Ιοσσα] Ωσα A | τρισκαιδεκα] δεκατρις A   12 η διαιρεσις A | αρχουσιν A
14 προς] κατα A | Σαλαμεια B* (Σαλαμια Bᵇ)] Σελεμια A | Σωαζ] Ιωιας A |
Μελχια A   15 εσεφειν] ασαφειν A   16 εις δευτερον] τω Σεφι|ειμ A |
Ιοσσα] Ωσα A | δυσμας A | παστοφοριου] pr του A | om φυλακη κατεναντι A
17 προς] κατ A | την ημεραν εξ] εξ· την ημεραν A | om νοτον .τεσσαρες A |
εσεφειν] ασαφειν A | δυο]+δυο A   18 Ιοσσα] Ιας A | δυσμαις 2°]
δυσμας A   19 διαιρεσις A | Κααθ] Κορε A | τοις Μερραρει] τοις υιοις
Μεραρι A   20 Λευιται A   21 Χαδαν] Λεδαν A | ουτοι] υιοι A | Γηρσωνει]
τω Γηρσωνι A | Λαδαν 1°] Λεδαν A | om και Ιαιεηλ.. Ιειηλ 1° A | Λαδαν 2°]
Λααδα· A   22 υιοι] pr και A | Ιειηλ] Ιεηλ A | Ζοθομ A | οι αδελφοι]
ο αδελφος αυτου A   23 Αμβραμ] Αμραμι A | Ισσααρ] Ισσααρι A | Οζιηλ A
24 Ιωηλ] Σουβαηλ A | Μωυση A | επι] pr ηγουμενος A   25 Ρααβιας
A | υιος]+αυτου A | Ζεχρι A   26 ους] ου A

B δυνάμεως· ²⁷ἃ ἔλαβεν ἐκ πόλεων καὶ ἐκ τῶν λαφύρων, καὶ ἡγίασεν 27
ἀπ' αὐτῶν τοῦ μὴ καθυστερῆσαι τὴν οἰκοδομὴν τοῦ οἴκου τοῦ θεοῦ·
²⁸καὶ ἐπὶ πάντων τῶν ἁγίων τοῦ θεοῦ Σαμουὴλ τοῦ προφήτου καὶ 28
Σαοὺλ τοῦ Κεὶς καὶ Ἀβεννὴρ τοῦ Νὴρ καὶ Ἰωὰβ τοῦ Σαρουιά, πᾶν
ὃ ἡγίασεν διὰ χειρὸς Σαλωμὼθ καὶ τῶν ἀδελφῶν αὐτοῦ. ²⁹τῷ Ἰσσαρεὶ 29
Χωνενειὰ καὶ υἱοὶ τῆς ἐργασίας τῆς ἔξω ἐπὶ τὸν Ἰσραὴλ τοῦ γραμμα-
τεύειν καὶ διακρίνειν. ³⁰τῷ Χεβρωνεὶ Ἀσαβίας καὶ οἱ ἀδελφοὶ αὐτοῦ 30
οἱ δυνατοί, χίλιοι καὶ ἑπτακόσιοι ἐπὶ τῆς ἐπισκέψεως τοῦ Ἰσραὴλ
πέραν τοῦ Ἰορδάνου πρὸς δυσμαῖς εἰς πᾶσαν λειτουργίαν Κυρίου
καὶ ἐργασίαν τοῦ βασιλέως. ³¹τοῦ Χεβρωνεὶ Ἰουδείας ὁ ἄρχων τῶν 31
Χεβρωνεί, κατὰ γενέσεις αὐτῶν κατὰ πατριάς· ἐν τῷ τεσσερακοστῷ
ἔτει τῆς βασιλείας αὐτοῦ ἐπεσκέπησαν, καὶ εὑρέθη ἀνὴρ δυνατὸς
ἐν αὐτοῖς ἐν Ριαζὴρ τῆς Γαλααδείτιδος. ³²καὶ οἱ ἀδελφοὶ αὐτοῦ 32
υἱοὶ δισχίλιοι οἱ δυνατοί, ἑπτακόσιοι οἱ ἄρχοντες πατριῶν· καὶ κατέ-
στησεν αὐτοὺς Δαυεὶδ ὁ βασιλεὺς ἐπὶ τοῦ Ῥουβηνεὶ καὶ Γαδδεὶ καὶ
ἡμίσους φυλῆς Μανασσῆ εἰς πᾶν πρόσταγμα Κυρίου καὶ λόγον
βασιλέως. ¹Καὶ οἱ υἱοὶ Ἰσραὴλ κατ' ἀριθμὸν αὐτῶν ἄρχοντες τῶν 1 XXVII
πατριῶν χιλίαρχοι καὶ ἑκατόνταρχοι καὶ γραμματεῖς οἱ λειτουργοῦντες
τῷ λαῷ καὶ εἰς πᾶν λόγον τοῦ βασιλέως κατὰ διαιρέσεις, πᾶν λόγον
τοῦ εἰσπορευομένου καὶ ἐκπορευομένου μῆνα ἐκ μηνός, εἰς πάντας
τοὺς μῆνας τοῦ ἐνιαυτοῦ, διαίρεσις μία εἴκοσι καὶ τέσσαρες χιλιάδες.
²καὶ ἐπὶ τῆς διαιρέσεως τῆς πρώτης τοῦ μηνὸς τοῦ πρώτου Σοβὰλ 2
ὁ τοῦ Ζαβδειήλ, καὶ ἐπὶ τῆς διαιρέσεως αὐτοῦ εἴκοσι καὶ τέσσαρες
χιλιάδες. ³ἀπὸ τῶν υἱῶν Φάρες ἄρχων· πάντων τῶν ἀρχόντων τῆς 3
δυνάμεως τοῦ μηνὸς τοῦ πρώτου. ⁴καὶ ἐπὶ τῆς διαιρέσεως τοῦ μηνὸς 4
τοῦ δευτέρου Δωδειὰ ὁ Ἐκχώχ, καὶ ἐπὶ τῆς διαιρέσεως αὐτοῦ εἴκοσι
καὶ τέσσαρες χιλιάδες, ἄρχοντες δυνάμεως. ⁵ὁ τρίτος τὸν μῆνα τὸν 5
τρίτον Βαναίας ὁ τοῦ Ἰωδάε ὁ ἱερεὺς ὁ ἄρχων, καὶ ἐπὶ τῆς διαιρέσεως
αὐτοῦ τέσσαρες καὶ εἴκοσι χιλιάδες. ⁶αὐτὸς Βαναίας δυνατώτερος 6
τῶν τριάκοντα καὶ ἐπὶ τῶν τριάκοντα, καὶ ἐπὶ τῆς διαιρέσεως αὐτοῦ

A 27 πολεων BA°] των πο|λεμων A* | δαφυρων B   28 om του θεου A |
Σαρουιας A | ηγιασαν A   29 Ισσαρει] Ικααρι A | Χωνενεια] Χωχενιας
A | υιοι]+αυτου A   30 Χεβρωνι A | οι δυνατοι] υιοι δ. A | Κυριου] τω
κ̅ω̅ A   31 του Χεβρωνει] τω Χεβρωνι A | Ιουδειας] Ιωριας A | τεσσαρα-
κοστω B^{ab} | Ριαζηρ] Ιαζηρ A | Γαλααδιτιδος A   32 δισχιλιοι οι δυν.]
δυνατοι χιλιοι A | οι αρχ.] om οι A | Ρουβηνι A | Γαδδι A | ημισεις BA | παν
προσταγμα Κυριου] παντα λογον του θ̅υ̅ A   XXVII 1 οι υιοι] om οι A |
παν λογον (2°)] εις παντα λογον A | om και 6° A   2 Σοβαλ] Ισβοαμ
A   4 Δωδια A | Εκχωχ] Αωθι A   6 τα και επι (1°)…υιος αυτου
sup ras A^a | αυτου 1°] αυτων A^a

ΠΑΡΑΛΕΙΠΟΜΕΝΩΝ Α

7 Λαιβαζὰθ υἱὸς αὐτοῦ. ⁷ὁ τέταρτος εἰς τὸν μῆνα τὸν τέταρτον Ἀσαὴλ B ὁ ἀδελφὸς Ἰωὰβ καὶ Ἀβδείας ὁ υἱὸς αὐτοῦ καὶ οἱ ἀδελφοί, καὶ ἐπὶ 8 τῆς διαιρέσεως αὐτοῦ τέσσαρες καὶ εἴκοσι χιλιάδες. ⁸ὁ πέμπτος τῷ μηνὶ τῷ πέμπτῳ ὁ ἡγούμενος Σαλαὼθ ὁ Ἐσρᾶε, καὶ ἐπὶ τῆς 9 διαιρέσεως αὐτοῦ εἴκοσι τέσσαρες χιλιάδες. ⁹ὁ ἕκτος τῷ μηνὶ τῷ ἕκτῳ Ὀδουίας ὁ τοῦ Ἐκκῆς ὁ Θεκωνείτης, καὶ ἐπὶ τῆς διαιρέσεως 10 αὐτοῦ τέσσαρες καὶ εἴκοσι χιλιάδες. ¹⁰ὁ ἕβδομος τῷ μηνὶ τῷ ἑβδόμῳ Χέσλης ὁ ἐκ Φαλλοὺς ἀπὸ τῶν υἱῶν Ἐφράιμ, καὶ ἐπὶ τῆς 11 διαιρέσεως αὐτοῦ τέσσαρες καὶ εἴκοσι χιλιάδες. ¹¹ὁ ὄγδοος τῷ μηνὶ τῷ ὀγδόῳ Σοβοχαὶ ὁ Ἰσαθεὶ τῷ Ζαριά, καὶ ἐπὶ τῆς διαιρέσεως αὐτοῦ 12 τέσσαρες καὶ εἴκοσι χιλιάδες. ¹²ὁ ἔνατος τῷ μηνὶ τῷ ἐνάτῳ Ἀβιέζερ ἐξ Ἀναθὼθ ἐκ γῆς Βενιαμείν, καὶ ἐπὶ τῆς διαιρέσεως αὐτοῦ τέσσαρες 13 καὶ εἴκοσι χιλιάδες. ¹³ὁ δέκατος τῷ μηνὶ τῷ δεκάτῳ Μεηρὰ ὁ ἐκ Νετουφὰτ τῷ Ζαρεί, καὶ ἐπὶ τῆς διαιρέσεως αὐτοῦ τέσσαρες καὶ 14 εἴκοσι χιλιάδες. ¹⁴ὁ ἑνδέκατος τῷ μηνὶ τῷ ἑνδεκάτῳ Βαναίας ὁ ἐκ Φαραθὼν τῶν υἱῶν Ἐφράιμ, καὶ ἐπὶ τῆς διαιρέσεως αὐτοῦ τέσσαρες 15 καὶ εἴκοσι χιλιάδες. ¹⁵ὁ δωδέκατος εἰς τὸν μῆνα τὸν δωδέκατον Χολδειὰ ὁ ἐκ Νετωφατεὶ τῷ Γοθονιήλ, καὶ ἐπὶ τῆς διαιρέσεως αὐτοῦ 16 τέσσαρες καὶ εἴκοσι χιλιάδες. ¹⁶Καὶ ἐπὶ τῶν φυλῶν Ἰσραήλ, τῶν Ῥουβὴν ἡγούμενος Ἐλιέζερ ὁ τοῦ Ζεχρεί· τῷ Συμεὼν Σαφατίας 17 ὁ τοῦ Μαχά· ¹⁷τῷ Λευεὶ Ἀσαβίας ὁ τοῦ Σαμουήλ· τῷ Ἀαρὼν Σαδώκ· 18 ¹⁸τῷ Ἰούδᾳ Ἐλιὰβ τῶν ἀδελφῶν Δανείδ· τῷ Ἰσσαχὰρ Ἀμβρεὶ ὁ τοῦ 19 Μεισαήλ· ¹⁹τῷ Ζαβουλὼν Σαμαίας ὁ τοῦ Ἀβδειού· τῷ Νεφθαλεὶ Ἐρειμὼθ 20 ὁ τοῦ Ἐσρειήλ· ²⁰τῷ Ἐφράιμ Ὡσὴ ὁ τοῦ Ὀζειού· τῷ ἡμίσει φυλῆς 21 Μανασσὴ Ἰωὴλ ὁ τοῦ Φαλαδαιά· ²¹τῷ ἡμίσει φυλῆς Μανασσὴ τῶν ἐν τῇ Γαλαὰδ Ἰαδδαὶ ὁ τοῦ Ζαβδειού· τοῖς υἱοῖς Βενιαμεὶν Ἀσειὴρ 22 ὁ τοῦ Ἀβεννήρ· ²²τῷ Δὰν Ἀζαραὴλ ὁ τοῦ Ἰωράμ. οὗτοι πατριάρχαι 23 τῶν φυλῶν Ἰσραήλ. ²³καὶ οὐκ ἔλαβεν Δανεὶδ τὸν ἀριθμὸν αὐτῶν ἀπὸ εἰκοσαετοῦς καὶ κάτω, ὅτι Κύριος εἶπεν πληθῦναι τὸν Ἰσραὴλ

6 Λαιβαζαθ] Αμιραζαθ A 7 Αβδειας] Ζαβδιας A 8 Σαλαωθ] A Σαμαωθ A | Εσραε] Ιεζραελ A 9 τω μηνι] om τω A | Οδουιας] Ειρα A | ο του] υιος A | Θεκωιτης A (bis) | τεσσαρες κ. εικοσι] εικοσι κ. τεσσαρες A 10 Χεσλης] Χελλης A 11 ογδος A | om ο Ισαθει τω Ζαρια A 12 εξ] pr o A 13 Μεηρα] Μοοραι A | Ζαραι A 15 Χολδαι A | Νετωφατι A 16 των P.] τω P. A | Ζεχρι A | Μααιχα A 17 Λευι A | Σαμουηλ] Καμουηλ A 18 Αμβρει] Αμαρι A | Μεισαηλ] Μιχαηλ A 19 τω Z.] ras τ A' | Αβδιου A | Νεφθαλι A | Ερειμωθ] Ιεριμουθ A | Εσρειηλ] Οζιηλ A 20 Οζιου A | τω ημισυ A | Φαλαδαια] Φαλδιι A 21 τω ημισει] τη ημισει B | των εν τη Γ.] τω εν Γ. A | Ζαβδιου A | Ασειηρ] Ασιηλ A 22 Αζαραηλ] Εζριηλ A

ΠΑΡΑΛΕΙΠΟΜΕΝΩΝ Α

B ὡς τοὺς ἀστέρας τοῦ οὐρανοῦ. ²⁴καὶ Ἰωὰβ ὁ τοῦ Σαρουιὰ ἤρξατο 24
ἀριθμεῖν ἐν τῷ λαῷ, καὶ οὐ συνετέλεσεν· καὶ ἐγένετο ἐν τούτοις
ὀργὴ ἐπὶ Ἰσραηλ, καὶ οὐ κατεχωρίσθη ὁ ἀριθμὸς ἐν βιβλίῳ λόγων
τῶν ἡμερῶν τοῦ βασιλέως Δαυείδ. ²⁵καὶ ἐπὶ τῶν θησαυρῶν τοῦ 25
βασιλέως Ἀσμὼθ ὁ τοῦ Ὠδιήλ, καὶ ἐπὶ τῶν θησαυρῶν τῶν ἐν ἀγρῷ
καὶ ἐν ταῖς κώμαις καὶ ἐν τοῖς ἐποικίοις καὶ ἐν τοῖς πύργοις Ἰωναθὰν
ὁ τοῦ Ὀζειού. ²⁶ἐπὶ δὲ τῶν γεωργούντων τὴν γῆν τῶν ἐργαζομένων 26
Ἐσδρεὶ ὁ τοῦ Χοβούδ. ²⁷καὶ ἐπὶ τῶν χωρίων Σεμεεὶ ὁ ἐκ Ραηλ, 27
καὶ ἐπὶ τῶν θησαυρῶν τῶν ἐν τοῖς χωρίοις τοῦ οἴνου Ζαχρεὶ ὁ τοῦ
Σεφνεί. ²⁸καὶ ἐπὶ τῶν ἐλαιώνων καὶ ἐπὶ τῶν συκαμίνων τῶν ἐν 28
τῇ πεδινῇ Βαλανᾶς ὁ Γεδωρείτης· ἐπὶ δὲ τῶν θησαυρῶν τοῦ ἐλαίου
Ἰωάς. ²⁹καὶ ἐπὶ τῶν βοῶν τῶν νομάδων τῶν ἐν τῷ Ἀσειδὼν 29
Ἀσαρταῖς ὁ Σαρωνείτης, καὶ ἐπὶ τῶν βοῶν τῶν ἐν τοῖς αὐλῶσιν
Σωφὰν ὁ τοῦ Ἀδαί. ³⁰ἐπὶ δὲ τῶν καμήλων Ἀβίας ὁ Ἰσμαηλείτης. 30
ἐπὶ δὲ τῶν ὄνων Ἰαδίας ὁ ἐκ Μεραθών. ³¹καὶ ἐπὶ τῶν προβάτων 31
Ἰαζεὶζ ὁ Γαρείτης. πάντες οὗτοι προστάται ὑπαρχόντων Δαυεὶδ τοῦ
βασιλέως ³²Καὶ Ἰωναθὰν ὁ πατράδελφος Δαυεὶδ σύμβουλος, 32
ἄνθρωπος συνετός· καὶ Ἰεὴλ ὁ τοῦ Ἀχαμεὶ μετὰ τῶν υἱῶν τοῦ βασιλέως.
³³Ἀχειτόφελ σύμβουλος τοῦ βασιλέως, καὶ Χουσεὶ ὁ πρῶτος φίλος 33
τοῦ βασιλέως. ³⁴καὶ μετὰ τοῦτον Ἀχειτόφελ ἐχόμενος Ἰωδάε ὁ τοῦ 34
Βαναίου καὶ Ἀβιαθάρ· καὶ Ἰωὰβ ἀρχιστράτηγος τοῦ βασιλέως.

¹Καὶ ἐξεκκλησίασεν Δαυεὶδ πάντας τοὺς ἄρχοντας Ἰσραὴλ ἄρχον- 1 XXVIII
τας τῶν κριτῶν, καὶ τοὺς ἄρχοντας τῶν ἐφημεριῶν τῶν περὶ τὸ σῶμα
τοῦ βασιλέως, καὶ ἄρχοντας τῶν χιλιάδων καὶ τῶν ἑκατοντάδων, καὶ
τοὺς γαζοφύλακας, καὶ τοὺς ἐπὶ τῶν ὑπαρχόντων αὐτοῦ, καὶ τοὺς
δυνάστας, καὶ τοὺς μαχητὰς ἐν Ἰερουσαλήμ. ²καὶ ἔστη Δαυεὶδ ἐν 2
μέσῳ τῆς ἐκκλησίας καὶ εἶπεν Ἀκούσατέ μου, ἀδελφοὶ καὶ λαός
μου. ἐμοὶ ἐγένετο ἐπὶ καρδίαν οἰκοδομῆσαι οἶκον ἀναπαύσεως τῆς
κιβωτοῦ διαθήκης Κυρίου καὶ στάσιν ποδῶν κυρίου ἡμῶν, καὶ ἡτοί-

A 24 του Σαρουια] της Σ. A | Ισραηλ] pr τον A 25 Αζμωθ A | Οζιου A
26 Εσδρει] Εζραι A | Χοβουδ] Χελουβ A 27 Σεμει A | εκ Ραηλ] Ραμα-
θαιος A | Ζαχρει] Ζαβδι A | Σεφνι A 28 πεδεινη B* (πεδινη B^{ab}A)
Βαλανας] Βαλλανα A | Γεδωρειτης] Γεδωρ A 29 Ασειδων] Σαρων A |
Ασαρταις] Σατραι A | Σαρωνιτης A | Σωφαν] Σωφατ A 30 Αβιας] Ουβιας
A | Ισμαηλιτης A | Μαραθων A 31 Ιαζειζ] Ιοσζιζ A | Γαρειτης] Αγαριτης
A 32 συνετος]+και γραμματευς αυτος· A | Ιεηλ] Ιεριηλ A | Αχαμει]
Αχαμανι A 33 Αχειτοφελ] και Αχιτοφελ A | Χουσι A | ο πρ.] om ο A
34 μετα τουτον] μετ αυτον A | Αχιτοφελ A | Ιωαδαε A XXVIII 1 τους
αρχ. 2°] pr παντας A | εν Ιερ.] pr της στριας (sic) A 2 Δαυειδ]+ο
βασιλευς A

ΠΑΡΑΛΕΙΠΟΜΕΝΩΝ Α XXVIII 13

3 μασα τὰ εἰς τὴν κατασκήνωσιν ἐπιτήδεια· ³καὶ ὁ θεὸς εἶπεν Οὐκ οἰκο- B
δομήσεις ἐμοὶ οἶκον τοῦ ἐπονομάσαι τὸ ὄνομά μου ἐπ' αὐτῷ, ὅτι
4 ἄνθρωπος πολεμιστὴς εἶ σὺ καὶ αἷμα ἐξέχεας. ⁴καὶ ἐξελέξατο Κύριος
ὁ θεὸς Ἰσραὴλ ἐν ἐμοὶ ἀπὸ παντὸς οἴκου πατρός μου εἶναι βασιλέα
ἐπὶ Ἰσραὴλ εἰς τὸν αἰῶνα· καὶ ἐν Ἰούδᾳ ᾑρέτικεν τὸ βασίλειον,
καὶ ἐξ οἴκου Ἰούδα τὸν οἶκον τοῦ πατρός μου· ἐν ἐμοὶ ἠθέλησεν,
5 τοῦ γενέσθαι με βασιλέα ἐπὶ τῷ παντὶ Ἰσραήλ. ⁵καὶ ἀπὸ πάντων
τῶν υἱῶν μου, ὅτι πολλοὺς υἱοὺς ἔδωκέν μοι Κύριος, ἐξελέξατο ἐν
Σαλωμὼν τῷ υἱῷ μου καθίσαι αὐτὸν ἐπὶ θρόνου βασιλείας Κυρίου
6 ἐπὶ τὸν Ἰσραήλ. ⁶καὶ εἶπέν μοι ὁ θεός Σαλωμὼν ὁ υἱός σου κληρονο-
μήσει τὸν οἶκόν μου καὶ τὴν αὐλήν μου, ὅτι ᾑρέτικα ἐν αὐτῷ εἶναί
7 μου υἱόν, κἀγὼ ἔσομαι αὐτῷ εἰς πατέρα. ⁷καὶ κατορθώσω τὴν
βασιλείαν αὐτοῦ ἕως αἰῶνος, ἐὰν ἰσχύσῃ τοῦ φυλάξασθαι τὰς ἐντολάς
8 μου καὶ τὰ κρίματά μου ὡς ἡ ἡμέρα αὕτη. ⁸καὶ νῦν κατὰ πρόσωπον
πάσης ἐκκλησίας Κυρίου καὶ ζητήσατε τὰς ἐντολὰς Κυρίου τοῦ θεοῦ
ἡμῶν, ἵνα κληρονομήσητε τὴν γῆν τὴν ἀγαθὴν τοῖς υἱοῖς ἡμῶν ἕως
9 αἰῶνος. ⁹καὶ νῦν, Σαλωμών, γνῶθι τὸν θεὸν τῶν πατέρων σου
καὶ δούλευε ἐν καρδίᾳ τελείᾳ καὶ ψυχῇ θελούσῃ, ὅτι πάσας καρδίας
ἐτάζει Κύριος καὶ πᾶν ἐνθύμημα γιγνώσκει· ἐὰν ζητήσῃς αὐτόν,
εὑρεθήσεταί σοι· καὶ ἐὰν καταλείψῃς αὐτόν, καταλείψει σε εἰς τέλος.
10 ¹⁰ἴδε, τοίνυν· Κύριος ᾑρέτικέν σε οἰκοδομῆσαι αὐτῷ οἶκον εἰς ἁγίασμα·
11 ἴσχυε καὶ ποίει.   ¹¹Καὶ ἔδωκεν Δαυεὶδ Σαλωμὼν τῷ υἱῷ αὐτοῦ τὸ
παράδειγμα τοῦ ναοῦ καὶ τῶν οἴκων αὐτοῦ καὶ τῶν ζακχὼ αὐτοῦ
καὶ τῶν ὑπερῴων καὶ τῶν ἀποθηκῶν τῶν ἐσωτέρων καὶ τοῦ οἴκου
12 τοῦ ἐξιλασμοῦ, ¹²καὶ τὸ παράδειγμα ὃ εἶχεν ἐν πνεύματι αὐτοῦ τῶν
αὐλῶν οἴκου Κυρίου, καὶ πάντων τῶν παστοφορίων τῶν κύκλῳ τῶν
13 εἰς τὰς ἀποθήκας Κυρίου καὶ τῶν ἀποθηκῶν τῶν ἁγίων, ¹³καὶ τῶν
καταλυμάτων τῶν ἐφημεριῶν τῶν ἱερέων καὶ τῶν Λευειτῶν εἰς πᾶσαν
ἐργασίαν λειτουργίας οἴκου Κυρίου, καὶ τῶν ἀποθηκῶν τῶν λειτουρ-

---

3 αιμα] αι|ματα A   4 πατρος 1°] pr του A | μου 2°]+και εν τοις υιοις του A πρς μου· A   5 παν|των υιων A | εδωκεν] δεδωκεν A | τον Ισραηλ] om τον A   6 κληρονομησει] οικοδομησει A   7 ισχυσει A   8 Κυριου 1°]+και ην (sic) ωσιν θῦ ημων φυλασ|σεσθαι A | τας εντ.] pr πασας A ! του θεου] om του A | αγαθην]+και κατα|κληρονομησεται A | ημων 2°] υμων A+μεθ υμας A   9 Σαλωμων] + υιε μου A | δουλευε]+αυτω A | εταζει] εξεταζει A | γινωσκει A | καταλειψης] καταλιψεις A   10 ιδε τοινυν] ειδε νυν A | Κυριος] pr οτι A   11 κων αυτου και ζακ|χω (sic) in mg et sup ras Aᵃ¹ (om αυτ. κ. ζ. A*)   12 Κυριου 2°] pr οικου A   13 Λευιτων A (item 21)

XXVIII 14 ΠΑΡΑΛΕΙΠΟΜΕΝΩΝ Α

B γησίμων σκευῶν. ¹⁴καὶ τὸν σταθμὸν τῆς ὁλκῆς αὐτῶν τῶν τε χρυσῶν 14 καὶ ἀργυρῶν, ¹⁵λυχνιῶν τὴν ὁλκὴν ἔδωκεν αὐτῷ καὶ τῶν λύχνων. 15 ¹⁶ἔδωκεν αὐτῷ ὁμοίως τὸν σταθμὸν τῶν τραπεζῶν τῆς προθέσεως, 16 ἑκάστης τραπέζης χρυσῆς καὶ ὡσαύτως τῶν ἀργυρῶν, ¹⁷καὶ τῶν 17 κρεαγρῶν καὶ σπονδείων καὶ τῶν φιαλῶν τῶν χρυσῶν, καὶ σταθμὸν τῶν χρυσῶν καὶ τῶν ἀργυρῶν, ἑκάστου σταθμοῦ. ¹⁸καὶ τὸν τοῦ 18 θυσιαστηρίου τῶν θυμιαμάτων ἐκ χρυσίου δοκίμου σταθμὸν ὑπέδειξεν αὐτῷ, καὶ τὸ παράδειγμα τοῦ ἅρματος τῶν χερουβεὶν τῶν διαπεπετασμένων ταῖς πτέρυξιν καὶ σκιαζόντων ἐπὶ τῆς κιβωτοῦ διαθήκης Κυρίου. ¹⁹πάντα ἐν γραφῇ χειρὸς Κυρίου ἔδωκεν Δαυεὶδ 19 Σαλωμὼν κατὰ τὴν περιγενηθεῖσαν αὐτῷ σύνεσιν τῆς κατεργασίας τοῦ παραδείγματος. ²⁰καὶ εἶπεν Δαυεὶδ Σαλωμὼν τῷ υἱῷ αὐτοῦ Ἴσχυε 20 καὶ ἀνδρίζου καὶ ποίει, μὴ φοβοῦ μηδὲ πτοηθῇς· ὅτι Κύριος ὁ θεός μου μετὰ σοῦ, οὐκ ἀνήσει σε καὶ οὐ μή σε ἐνκαταλίπῃ ἕως τοῦ συντελέσαι σε πᾶσαν ἐργασίαν λειτουργίας οἴκου Κυρίου. τὸ παράδειγμα τοῦ ναοῦ καὶ τοῦ οἴκου αὐτοῦ καὶ σακχὼ αὐτοῦ καὶ τὰ ὑπερῷα καὶ τὰς ἀποθήκας τὰς ἐσωτέρας καὶ τὸν οἶκον τοῦ ἱλασμοῦ, καὶ τὸ παράδειγμα οἴκου Κυρίου. ²¹καὶ ἰδοὺ αἱ ἐφημερίαι τῶν ἱερέων 21 καὶ τῶν Λευειτῶν εἰς πᾶσαν λειτουργίαν οἴκου Κυρίου, καὶ μετὰ σοῦ ἐν πάσῃ πραγματείᾳ, καὶ πᾶς πρόθυμος ἐν σοφίᾳ κατὰ πᾶσαν τέχνην, καὶ οἱ ἄρχοντες καὶ πᾶς ὁ λαὸς εἰς πάντας τοὺς λόγους σου. ¹Καὶ εἶπεν Δαυεὶδ ὁ βασιλεὺς πάσῃ τῇ ἐκκλησίᾳ Σαλωμὼν 1 XXIX ὁ υἱός μου, εἰς ὃν ᾑρέτικεν ἐν αὐτῷ Κύριος, νέος καὶ ἁπαλός, καὶ τὸ ἔργον μέγα, ὅτι οὐκ ἀνθρώπῳ ἀλλ' ἢ Κυρίῳ θεῷ. ²κατὰ πᾶσαν 2 τὴν δύναμιν ἡτοίμακα εἰς οἶκον θεοῦ μου χρυσίον, ἀργύριον, χαλκόν, σίδηρον, ξύλα, λίθους σοομ καὶ πληρώσεως καὶ λίθους πολυτελεῖς καὶ ποικίλους, καὶ πάντα λίθον τίμιον, καὶ πάριον πολύ. ³καὶ 3 ἔτι ἐν τῷ εὐδοκῆσαί με ἐν οἴκῳ θεοῦ μου ἔστιν μοι ὃ περιπεποίημαι χρυσίον καὶ ἀργύριον, καὶ ἰδοὺ δέδωκα εἰς οἶκον θεοῦ μου εἰς ὕψος, ἐκτὸς ὧν ἡτοίμακα εἰς τὸν οἶκον τῶν ἁγίων, ⁴τρισχίλια τάλαντα 4 χρυσίου τοῦ ἐκ Σουφεὶρ καὶ ἑπτακισχίλια τάλαντα ἀργυρίου δοκίμου, ἐξαλιφῆναι ἐν αὐτοῖς τοὺς τοίχους τοῦ ἱεροῦ ⁵διὰ χειρὸς τεχνιτῶν. 5

A 13 σκευων]+της λατρειας οικου κ̄ῡ A   17 σπονδιων A | σταθμον] pr τον B^{ab}A | αργυρων]+κεφφουρε A   20 και 4°] ουδ A | ενκαταλιπη (εγκ. B^{ab})] εγκαταλειπη A | εως του] εως ου A | το παραδ. 1°] pr και ειδον A | σακχω] ζακχω A   21 Κυριου] του θ̄ῡ A | πραγματια A   XXIX 1 ανθρωπω]+η οικοδομη· A   2 πολυν A   3 τον οικον] om τον A   4 δοκιμου] δοκιμιου B^{ab} (cum parva ras ante μ) | εξαλει]φθηναι A

ΠΑΡΑΛΕΙΠΟΜΕΝΩΝ Α XXIX 19

καὶ τίς ὁ προθυμούμενος πληρῶσαι τὰς χεῖρας αὐτοῦ σήμερον Κυρίῳ; Β 6 ⁶καὶ προεθύμησαν ἄρχοντες πατριῶν καὶ οἱ ἄρχοντες τῶν υἱῶν Ἰσραήλ, καὶ οἱ χιλίαρχοι καὶ οἱ ἑκατόνταρχοι, καὶ οἱ προστάται τῶν ἔργων, καὶ 7 οἱ οἰκοδόμοι τοῦ βασιλέως· ⁷καὶ ἔδωκαν εἰς τὰ ἔργα οἴκου Κυρίου χρυσίου τάλαντα πεντακισχίλια καὶ χρυσοῦς μυρίους, καὶ ἀργυρίου ταλάντων δέκα χιλιάδας, καὶ χαλκοῦ τάλαντα μύρια ὀκτακισχίλια, 8 καὶ σιδήρου ταλάντων χιλιάδας ἑκατόν. ⁸καὶ οἷς εὑρέθη παρ' αὐτοῖς λίθος, ἔδωκαν εἰς τὰς ἀποθήκας οἴκου Κυρίου διὰ χειρὸς Βεσιὴλ 9 τοῦ Γηρσομνεί. ⁹καὶ εὐφράνθη ὁ λαὸς ὑπὲρ τοῦ προθυμηθῆναι, ὅτι ἐν καρδίᾳ πλήρει προεθυμήθησαν τῷ κυρίῳ, καὶ Δαυεὶδ ὁ βασιλεὺς 10 εὐφράνθη μεγάλως. ¹⁰καὶ εὐλόγησεν ὁ βασιλεὺς Δαυεὶδ τὸν κύριον ἐνώπιον τῆς ἐκκλησίας λέγων Εὐλογητὸς εἶ, Κύριε ὁ θεὸς Ἰσραήλ, 11 ὁ πατὴρ ἡμῶν ἀπὸ τοῦ αἰῶνος καὶ ἕως τοῦ αἰῶνος. ¹¹σύ, Κύριε, ἡ μεγαλωσύνη καὶ ἡ δύναμις καὶ τὸ καύχημα καὶ ἡ νίκη καὶ ἡ ἰσχύς, ὅτι σὺ πάντων τῶν ἐν τῷ οὐρανῷ καὶ ἐπὶ τῆς γῆς δεσπόζεις· ἀπὸ 12 προσώπου σου ταράσσεται πᾶς βασιλεὺς καὶ ἔθνος. ¹²παρὰ σοῦ ὁ πλοῦτος καὶ ἡ δόξα, σὺ πάντων ἄρχεις, Κύριε ὁ ἄρχων πάσης ἀρχῆς, καὶ ἐν χειρί σου ἰσχὺς καὶ δυναστεία, καὶ ἐν χειρί σου, 13 Παντοκράτωρ, μεγαλῦναι καὶ κατισχῦσαι τὰ πάντα. ¹³καὶ νῦν, Κύριε, ἐξομολογούμεθά σοι καὶ αἰνοῦμεν τὸ ὄνομα τῆς καυχήσεώς 14 σου. ¹⁴καὶ τίς εἰμι ἐγὼ καὶ τίς ὁ λαός σου ὅτι ἰσχύσαμεν προθυμηθῆναί σοι κατὰ ταῦτα; ὅτι σὰ τὰ πάντα, καὶ τῶν σῶν δεδώ- 15 καμέν σοι. ¹⁵ὅτι πάροικοί ἐσμεν ἐναντίον σου, καὶ κατοικοῦντες ὡς πάντες οἱ πατέρες ἡμῶν· ὡς σκιὰ αἱ ἡμέραι ἡμῶν ἐπὶ γῆς, καὶ 16 οὐκ ἔστιν ὑπομονή. ¹⁶Κύριε ὁ θεὸς ἡμῶν, πρὸς πᾶν τὸ πλῆθος τοῦτο ὃ ἡτοίμακα οἰκοδομηθῆναι οἶκον τῷ ὀνόματι τῷ ἁγίῳ σου, ἐκ χειρός 17 σου ἐστίν, καὶ σοὶ τὰ πάντα. ¹⁷καὶ ἔγνων, Κύριε, ὅτι σὺ εἶ ὁ ἐτάζων καρδίας, καὶ δικαιοσύνην ἀγαπᾷς· ἐν ἁπλότητι καρδίας προεθυμήθην πάντα ταῦτα, καὶ νῦν τὸν λαόν σου τὸν εὑρεθέντα ὧδε 18 εἶδον ἐν εὐφροσύνῃ προθυμηθέντα σοι. ¹⁸Κύριε ὁ θεὸς Ἀβραὰμ καὶ Ἰσαὰκ καὶ Ἰσραὴλ τῶν πατέρων ἡμῶν, φύλαξον ταῦτα ἐν διανοίᾳ καρδίας λαοῦ σου εἰς τὸν αἰῶνα, καὶ κατεύθυνον τὰς καρδίας 19 αὐτῶν πρὸς σέ. ¹⁹καὶ Σαλωμὼν τῷ υἱῷ μου δὸς καρδίαν ἀγαθὴν

6 προεθυμωθησαν A | πατριων] pr των A | οικοδομοι] οικονομοι A 7 οικου] A pr του A 8 Βεσιηλ] in σ ras aliq B¹ Ιειηλ A | Γηρσωνι A 9 ηυφρανθη A (bis) 11 συ 1°] σοι A 12 δυναστια A | σου 3°]+ελαιος A 14 των σων] pr εκ A 15 κατοικουντες] παροικουντες A | γης] pr της A 16 om παν A 17 παντα ταυτα] ταυτα παντα A 18 om και 3° A

B ποιεῖν τὰς ἐντολάς σου καὶ τὰ μαρτύριά σου καὶ τὰ προστάγματά σου, καὶ τοῦ ἐπὶ τέλος ἀγαγεῖν τὴν κατασκευὴν τοῦ οἴκου σου. ²⁰καὶ εἶπεν Δαυεὶδ πάσῃ τῇ ἐκκλησίᾳ Εὐλογήσατε Κύριον τὸν θεὸν 20 ἡμῶν· καὶ εὐλόγησεν πᾶσα ἡ ἐκκλησία Κύριον τὸν θεὸν τῶν πατέρων αὐτῶν, καὶ κάμψαντες τὰ γόνατα προσεκύνησαν Κυρίῳ καὶ τῷ βασιλεῖ. ²¹καὶ ἔθυσεν Δαυεὶδ τῷ κυρίῳ θυσίας, καὶ ἀνήνεγκεν 21 ὁλοκαυτώματα τῷ θεῷ τῇ ἐπαύριον τῆς πρώτης ἡμέρας, μόσχους χιλίους, κριοὺς χιλίους, ἄρνας χιλίους, καὶ τὰς σπονδὰς αὐτῶν, καὶ θυσίας εἰς πλῆθος παντὶ τῷ Ἰσραήλ. ²²καὶ ἔφαγον καὶ ἔπιον ἐναντίον 22 Κυρίου ἐν ἐκείνῃ τῇ ἡμέρᾳ μετὰ χαρᾶς, καὶ ἐβασίλευσαν τὸν Σαλωμὼν υἱὸν Δαυεὶδ, καὶ ἔχρισαν αὐτὸν τῷ κυρίῳ εἰς βασιλέα καὶ Σαδὼκ εἰς ἱερωσύνην. ²³καὶ ἐκάθισεν Σαλωμὼν ἐπὶ θρόνου Δαυεὶδ τοῦ πατρὸς 23 αὐτοῦ, καὶ εὐδοκήθη, καὶ ἐπήκουσαν αὐτοῦ πᾶς Ἰσραήλ. ²⁴οἱ ἄρχοντες 24 καὶ οἱ δυνάσται καὶ οἱ υἱοὶ Δαυεὶδ τοῦ βασιλέως πατρὸς αὐτοῦ ὑπετάγησαν αὐτῷ. ²⁵καὶ ἐμεγάλυνεν Κύριος τὸν Σαλωμὼν ἐπάνωθεν, 25 ἐναντίον παντὸς Ἰσραήλ· καὶ ἔδωκαν αὐτῷ δόξαν βασιλέως ὃ οὐκ ἐγένετο ἐπὶ παντὸς βασιλέως ἔμπροσθεν αὐτοῦ.

²⁶Καὶ Δαυεὶδ υἱὸς Ἰεσσαὶ ἐβασίλευσεν ἐπὶ Ἰσραὴλ ²⁷ἔτη τεσσεράκοντα, ἐν Χεβρὼν ἔτη ἑπτά, ἐν Ἰερουσαλὴμ ἔτη τριάκοντα τρία. ²⁸καὶ 28 ἐτελεύτησεν ἐν γήρει καλῷ, πλήρης ἡμερῶν, πλούτῳ καὶ δόξῃ· καὶ ἐβασίλευσεν Σαλωμὼν υἱὸς αὐτοῦ ἀντ' αὐτοῦ. ²⁹οἱ δὲ λοιποὶ λόγοι 29 τοῦ βασιλέως Δαυεὶδ οἱ πρότεροι καὶ οἱ ὕστεροι γεγραμμένοι εἰσὶν ἐν λόγοις Σαμουὴλ τοῦ βλέποντος καὶ ἐπὶ λόγων Ναθὰν τοῦ προφήτου καὶ ἐπὶ λόγων Γὰδ τοῦ βλέποντος, ³⁰περὶ πάσης τῆς βασιλείας αὐτοῦ 30 καὶ τῆς δυναστείας αὐτοῦ, οἳ ἐγένοντο ἐπ' αὐτῷ καὶ ἐπὶ τὸν Ἰσραὴλ καὶ ἐπὶ πάσας βασιλείας τῆς γῆς. κατενίσχυσεν Σαλωμὼν υἱὸς Δαυεὶδ ἐπὶ τῆς βασιλείας αὐτοῦ· καὶ Κύριος ὁ θεὸς αὐτοῦ μετ' αὐτοῦ καὶ ηὔξησεν αὐτὸν εἰς ὕψος.

A 20 Κυριον τον θεον] το| κν̄ θν̄ A | Κυριω] pr τω A   22 εβασιλευσαν] +εκ δευτερου A | Σαδωχ A   23 ηυδοκηθη A | επηκουσαν] υπηκουσεν A   24 οι υιοι Δ του βασιλεως] παντες υιοι του βασ. Δᾱδ A   25 εδωκεν A   27 τεσσαρακ. B^{a?b} | εν 2°] pr και A   28 πλη|ρεις A | δοξη] δοξης A* (s ras A^s) | Σαλωμω A* (Σαλωμων A¹)   30 οι] pr και οι καιροι εγενοντο A | om κατενισχυσεν . εις υψος B^cA
Subscr παραλειπομενων| α B παραλειπομενων| των βασιλειων Ιουδα α A

ΠΑΡΑΛΕΙΠΟΜΕΝΩΝ Β

I 1 ΚΑΙ ἐνίσχυσεν Σαλωμὼν υἱὸς Δαυεὶδ ἐπὶ τὴν βασιλείαν αὐτοῦ, B καὶ Κύριος ὁ θεὸς αὐτοῦ μετ' αὐτοῦ καὶ ἐμεγάλυνεν αὐτὸν εἰς ὕψος· ²καὶ εἶπεν Σαλωμὼν πρὸς πάντα Ἰσραήλ, τοῖς χιλιάρχοις καὶ τοῖς ἑκατοντάρχοις καὶ τοῖς κριταῖς καὶ πᾶσιν τοῖς ἄρχουσιν ἐναντίον 3 Ἰσραήλ, τοῖς ἄρχουσιν τῶν πατριῶν. ³καὶ ἐπορεύθη Σαλωμὼν καὶ πᾶσα ἡ ἐκκλησία εἰς τὴν ὑψηλὴν τὴν ἐν Γαβαών, οὗ ἐκεῖ ἦν ἡ σκηνὴ τοῦ μαρτυρίου τοῦ θεοῦ ἣν ἐποίησεν Μωυσῆς παῖς Κυρίου ἐν τῇ 4 ἐρήμῳ. ⁴ἀλλὰ κιβωτὸν τοῦ θεοῦ ἀνήνεγκεν Δαυεὶδ ἐκ πόλεως Καρι- 5 αθιαρείμ, ὅτι ἡτοίμασεν αὐτῇ σκηνὴν εἰς Ἰερουσαλήμ. ⁵καὶ τὸ θυσιαστήριον τὸ χαλκοῦν ὃ ἐποίησεν Βεσελεὴλ υἱὸς Οὐρείου υἱοῦ Ὢρ ἐκεῖ ἦν ἔναντι τῆς σκηνῆς Κυρίου· καὶ ἐξεζήτησεν αὐτὸ Σαλωμὼν καὶ ἡ 6 ἐκκλησία, ⁶καὶ ἤνεγκεν ἐκεῖ Σαλωμὼν ἐπὶ τὸ θυσιαστήριον τὸ χαλκοῦν ἐνώπιον Κυρίου τὸ ἐν τῇ σκηνῇ, καὶ ἤνεγκεν ἐπ' αὐτὸ ὁλοκαύτωσιν 7 χιλίαν. ⁷Ἐν τῇ νυκτὶ ἐκείνῃ ὤφθη ὁ θεὸς τῷ Σαλωμὼν καὶ 8 εἶπεν αὐτῷ Αἴτησαι τί σοι δῶ. ⁸καὶ εἶπεν Σαλωμὼν πρὸς τὸν θεόν Ὁ ἐποίησας μετὰ Δαυεὶδ τοῦ πατρός μου ἔλεος μέγα, καὶ ἐβασίλευσάς 9 με ἀντ' αὐτοῦ. ⁹καὶ νῦν, Κύριε ὁ θεός, πιστωθήτω τὸ ὄνομά σου ἐπὶ Δαυεὶδ πατέρα μου, ὅτι σὺ ἐβασίλευσάς με ἐπὶ λαὸν πολὺν 10 ὡς ὁ χνοῦς τῆς γῆς. ¹⁰νῦν σοφίαν καὶ σύνεσιν δός μοι, καὶ ἐξελεύσομαι ἐνώπιον τοῦ λαοῦ τούτου καὶ εἰσελεύσομαι· ὅτι τίς κρινεῖ τὸν 11 λαόν σου τὸν μέγαν τοῦτον; ¹¹καὶ εἶπεν ὁ θεὸς πρὸς Σαλωμών Ἀνθ' ὧν ἐγένετο τοῦτο ἐν τῇ καρδίᾳ σου, καὶ οὐκ ᾔτησω πλοῦτον χρημάτων οὐδὲ δόξαν οὐδὲ τὴν ψυχὴν τῶν ὑπεναντίων, καὶ ἡμέρας

Inscr παραλειπομενων των βασιλειων Ιουδα β A   I 2 και τοις εκατον- A ταρχοις ϗ τοις A^{b(mg)} (om και τοις εκ. A*)   3 εκκλησια]+μετ αυτου A 4 σκηνην]+Δαδ A   5 Ουριου B^bA | εκκλησια]+ ολη A   6 ηνεγκεν] ανηνεγκεν A (bis) | αυτο] αυτου A   7 post δω ras aliq B¹   8 ο] συ A   9 χνους] χους A   11 την ψυχην] om την A

ΠΑΡΑΛΕΙΠΟΜΕΝΩΝ Β

B πολλὰς οὐκ ᾐτήσω, καὶ ᾔτησας σεαυτῷ σοφίαν καὶ σύνεσιν ὅπως κρίνῃς τὸν λαόν μου ἐφ' ὃν ἐβασίλευσά σε ἐπ' αὐτόν· ¹²τὴν σοφίαν 12 καὶ τὴν σύνεσιν δίδωμί σοι, καὶ πλοῦτον καὶ χρήματα καὶ δόξαν δώσω σοι, ὡς οὐκ ἐγενήθη ὅμοιός σοι ἐν τοῖς βασιλεῦσι τοῖς ἔμπροσθέ σου, καὶ μετὰ σὲ οὐκ ἔσται οὕτως. ¹³καὶ ἦλθεν Σαλωμὼν ἐκ Μαβὰ 13 τῆς ἐν Γαβαὼν τῆς ἐν Ἰερουσαλὴμ πρὸ προσώπου σκηνῆς μαρτυρίου, καὶ ἐβασίλευσεν ἐπὶ Ἰσραήλ. ¹⁴Καὶ συνήγαγεν Σαλωμὼν 14 ἅρματα καὶ ἱππεῖς, καὶ ἐγένοντο αὐτῷ χίλια καὶ τετρακόσια ἅρματα καὶ δώδεκα χιλιάδες ἱππέων· καὶ κατέλιπεν αὐτὰ ἐν πόλεσιν τῶν ἁρμάτων, καὶ ὁ λαὸς μετὰ τοῦ βασιλέως ἐν Ἰερουσαλήμ. ¹⁵καὶ 15 ἔθηκεν ὁ βασιλεὺς τὸ χρυσίον καὶ τὸ ἀργύριον ἐν Ἰερουσαλὴμ ὡς λίθους, καὶ τὰς κέδρους ἐν τῇ Ἰουδαίᾳ ὡς συκαμίνους τὰς ἐν τῇ πεδινῇ εἰς πλῆθος. ¹⁶καὶ ἡ ἔξοδος τῶν ἱππέων τῷ Σαλωμὼν ἐξ Αἰγύ- 16 πτου, καὶ ἡ τιμὴ τῶν ἐμπόρων τοῦ βασιλέως· πορεύεσθαι ἠγόραζον. ¹⁷καὶ ἐνέβαινον καὶ ἐξῆγον ἐξ Αἰγύπτου ἅρμα ἐν ἑξακοσίων ἀργυρίου, 17 καὶ ἵππον ἑκατὸν καὶ πεντήκοντα· καὶ οὕτως πᾶσιν τοῖς βασιλεῦσιν τῶν Χετταίων καὶ βασιλεῦσιν Συρίας ἐν χερσὶν αὐτῶν ἔφερον.

¹Καὶ εἶπεν Σαλωμὼν τοῦ οἰκοδομῆσαι οἶκον τῷ ὀνόματι Κυρίου 1 (18) II καὶ οἶκον τῇ βασιλείᾳ αὐτοῦ ²καὶ συνήγαγεν Σαλωμὼν ἑβδομή- 2 (1) (II) κοντα χιλιάδας ἀνδρῶν καὶ ὀγδοήκοντα χιλιάδας λατόμων ἐν τῷ ὄρει, καὶ οἱ ἐπιστάται ἐπ' αὐτῶν τρισχίλιοι ἑξακόσιοι. ³Καὶ 3 (2) ἀπέστειλεν Σαλωμὼν πρὸς Χειρὰμ βασιλέα Τύρου λέγων Ὡς ἐποίησας μετὰ τοῦ πατρός μου Δαυεὶδ καὶ ἀπέστειλας αὐτῷ κέδρους τοῦ οἰκοδομῆσαι αὐτῷ οἶκον κατοικῆσαι ἐν αὐτῷ, ⁴καὶ ἰδοὺ 4 (3) ἐγὼ ὁ υἱὸς αὐτοῦ οἰκοδομῶ οἶκον τῷ ὀνόματι Κυρίου θεοῦ μου, ἁγιάσαι αὐτὸν αὐτῷ τοῦ θυμιᾶν ἀπέναντι αὐτοῦ θυμίαμα καὶ πρόθεσιν διὰ παντός, καὶ τοῦ ἀναφέρειν ὁλοκαυτώματα διὰ παντὸς τὸ πρωὶ καὶ τὸ δείλης, καὶ ἐν τοῖς σαββάτοις καὶ ἐν ταῖς νουμηνίαις καὶ ἐν ταῖς ἑορταῖς τοῦ κυρίου θεοῦ ἡμῶν, εἰς τὸν αἰῶνα τοῦτο ἐπὶ τὸν Ἰσραήλ ⁵καὶ ὁ οἶκος ὃν ἐγὼ οἰκοδομῶ μέγας, ὅτι μέγας ὁ 5 (4)

A 11 εβασιλευσα σε] εβασιλευσας A   12 δοξαν και χρηματα A | ως]+συ A | βασιλευσιν A | εμπροσθε B*] εμπροσθεν B^abA   13 Μαβα] Βαμα A | της εν (2°)] εις A | προ] απο A | σκηνης μαρτυριου] της σκηνης του μαρτ. A   14 κατελειπεν A | om εν 2° A   15 τας εν] om τας A | πεδινη B* (πεδινη B^aA)   16 ιππεων] ιππων A | τω Σ.] των Σ. A   17 ενεβαινον] ανεβαινον A | ιππον] ιππων A | Χετταιων] Γεθθαιων A | βασιλευσι (2°) A
II 2 ανδρων] seq ras 2 linearum in A: sup ras νοτοφορων και ογδοηκον A^b   3—8 plurima retractavit spiritus et accentus passim adpinxit A^b   3 αυτω 2°] εαυτω A   4 ο υιος] om ο A | το πρωι] inter ο et π ras aliq B¹ | νεομηνιαις A | του κυριου θεου] κ̄ῡ του θ̄ῡ A

(5) 6 θεὸς ἡμῶν παρὰ πάντας τοὺς θεούς. ⁶καὶ τίς ἰσχύσει οἰκοδομῆσαι B αὐτῷ οἶκον; ὅτι ὁ οὐρανὸς καὶ ὁ οὐρανὸς τοῦ οὐρανοῦ οὐ φέρουσιν αὐτοῦ τὴν δόξαν· καὶ τίς ἐγὼ οἰκοδομῶν αὐτῷ οἶκον; ὅτι ἀλλ' ἢ
(6) 7 τοῦ θυμιᾶν κατέναντι αὐτοῦ. ⁷καὶ νῦν ἀπόστειλόν μοι ἄνδρα σοφὸν καὶ εἰδότα τοῦ ποιῆσαι ἐν τῷ χρυσίῳ καὶ ἐν τῷ ἀργυρίῳ, ἐν τῷ χαλκῷ καὶ ἐν τῷ σιδήρῳ καὶ ἐν τῇ πορφύρᾳ καὶ ἐν τῷ κοκκίνῳ, καὶ ἐπιστάμενον γλύψαι γλυφὴν μετὰ τῶν σοφῶν τῶν μετ' ἐμοῦ ἐν Ἰούδᾳ καὶ ἐν Ἰερουσαλήμ, ἃ ἡτοίμασεν Δαυεὶδ ὁ
(7) 8 πατήρ μου. ⁸καὶ ἀπόστειλόν μοι ξύλα κέδρινα καὶ ἀρκεύθινα καὶ πεύκινα ἐκ τοῦ Λιβάνου, ὅτι ἐγὼ οἶδα ὡς οἱ δοῦλοί σου οἴδασιν κόπτειν ξύλα ἐκ τοῦ Λιβάνου· καὶ ἰδοὺ οἱ παῖδες σοῦ μετὰ τῶν
(8) 9 παίδων μοῦ ⁹πορεύσονται ἑτοιμάσαι μοι ξύλα εἰς πλῆθος, ὅτι ὁ
(9) 10 οἶκος ὃν ἐγὼ οἰκοδομῶ μέγας καὶ ἔνδοξος. ¹⁰καὶ ἰδοὺ τοῖς ἐργαζομένοις τοῖς κόπτουσιν ξύλα εἰς βρώματα δέδωκα σῖτον εἰς δόματα τοῖς παισίν σου, κόρων εἴκοσι χιλιάδας, καὶ κριθῶν κόρων
(10) 11 εἴκοσι χιλιάδας, καὶ οἴνου μέτρων εἴκοσι χιλιάδας. ¹¹καὶ εἶπεν Χειρὰμ βασιλεὺς Τύρου ἐν γραφῇ καὶ ἀπέστειλεν πρὸς Σαλωμών Ἐν τῷ ἀγαπῆσαι Κύριον τὸν λαὸν αὐτοῦ ἔδωκέν σε ἐπ' αὐτοὺς
(11) 12 βασιλέα. ¹²καὶ εἶπεν Χειράμ Εὐλογητὸς Κύριος ὁ θεὸς Ἰσραὴλ ὃς ἐποίησεν τὸν οὐρανὸν καὶ τὴν γῆν, ὃς ἔδωκεν τῷ Δαυεὶδ υἱὸν σοφὸν καὶ ἐπιστάμενον σύνεσιν καὶ ἐπιστήμην, ὃς οἰκοδο-
(12) 13 μήσει οἶκον τῷ κυρίῳ καὶ οἶκον τῇ βασιλείᾳ αὐτοῦ. ¹³καὶ νῦν ἀπέσταλκά σοι ἄνδρα σοφὸν καὶ εἰδότα σύνεσιν τὸν Χειρὰμ τὸν
(13) 14 πατέρα μου· ¹⁴ἡ μήτηρ αὐτοῦ ἀπὸ θυγατέρων Δάν, καὶ ὁ πατὴρ αὐτοῦ ἀνὴρ Τύριος, εἰδότα ποιῆσαι ἐν χρυσίῳ καὶ ἐν ἀργυρίῳ καὶ ἐν χαλκῷ καὶ ἐν σιδήρῳ, ἐν λίθοις καὶ ξύλοις, καὶ ὑφαίνειν ἐν τῇ πορφύρᾳ καὶ ἐν τῇ ὑακίνθῳ καὶ ἐν τῇ βύσσῳ καὶ ἐν τῷ κοκκίνῳ, καὶ γλύψαι γλυφάς, καὶ διανοεῖσθαι πᾶσαν διανόησιν, ὅσα ἂν δῷς αὐτῷ μετὰ τῶν σοφῶν σου καὶ σοφῶν Δαυεὶδ
(14) 15 κυρίου μου πατρός σου. ¹⁵καὶ νῦν τὸν σῖτον καὶ τὴν κριθὴν καὶ τὸ ἔλαιον καὶ τὸν οἶνον, ἃ εἶπεν ὁ κύριός μου, ἀποστειλάτω τοῖς

6 αυτω οικοδομησαι A | του ουνου ου φερουσιν αυτου sup ras Aᵃ   7 εν A 3°] pr και A | κοκκινω]+και εν τη υακινθω A | γλυψαι] pr του A | α] ων A   10 δεδωκα] δωδεκα A | κορων 2°] κορου A | μετρων] inter με et τρων ins τρων κ' χειλιαδας κ ελαιου με Bᵃᵇ⁽ᵐᵍᵍ⁾ | χιλιαδας 3°]+και ελαιου| καδων εικοσι χιλιαδας A   11—14 retractavit Aᵇ   11 βασιλεα] pr εις A   12 Δαυειδ] +τω βασιλει BᵃᵇA | επιστημην και συνεσιν A | τη βασιλεια] τεᵏ βασιλειας Aᵇᵛⁱᵈ (τη βασιλειας A*?) | αυτου] εαυτου A   13 πατερα μου] παιδα μου Bᵃᵇᵐᵍ Aᵇ (A*?)   14 κοκκινων A | πατρος] pr του A   15 α] ον A

ΠΑΡΑΛΕΙΠΟΜΕΝΩΝ Β II 16

B παισὶν αὐτοῦ. ¹⁶καὶ ἡμεῖς κόψομεν ξύλα ἐκ τοῦ Λιβάνου κατὰ 16 (15) πᾶσαν τὴν χρείαν σου, καὶ ἄξομεν αὐτὰ σχεδίαις ἐπὶ θάλασσαν Ἰόππης, καὶ σὺ ἄξεις αὐτὰ εἰς Ἰερουσαλήμ. ¹⁷καὶ συνήγαγεν Σα- 17 (16) λωμὼν πάντας τοὺς ἄνδρας τοὺς προσηλύτους ἐν γῇ Ἰσραὴλ μετὰ τὸν ἀριθμὸν ὃν ἠρίθμησεν αὐτοὺς Δαυεὶδ ὁ πατὴρ αὐτοῦ, καὶ εὑρέθησαν ἑκατὸν πεντήκοντα χιλιάδες καὶ τρισχίλιοι ἑξακόσιοι. ¹⁸καὶ ἐποίησεν ἐξ αὐτῶν ἑβδομήκοντα χιλιάδας νωτοφόρων, καὶ 18 (17) ὀγδοήκοντα χιλιάδας λατόμων, καὶ τρισχιλίους ἑξακοσίους ἐπὶ τὸν λαόν.

¹Καὶ ἤρξατο Σαλωμὼν τοῦ οἰκοδομεῖν τὸν οἶκον Κυρίου ἐν Ἰερου- 1 III σαλὴμ ἐν ὄρει τοῦ Ἀμορειά, οὗ ὤφθη Κύριος τῷ Δαυεὶδ πατρὶ αὐτοῦ, ἐν τῷ τόπῳ ᾧ ἡτοίμασεν Δαυεὶδ ἐν ἅλῳ Ὀρνὰ τοῦ Ἰεβουσαίου. ²καὶ ἤρξατο οἰκοδομὴ ἐν τῷ μηνὶ τῷ δευτέρῳ ἐν τῷ ἔτει τῷ τετάρτῳ 2 τῆς βασιλείας αὐτοῦ. ³Καὶ ταῦτα ἤρξατο Σαλωμὼν τοῦ οἰκο- 3 δομῆσαι τὸν οἶκον τοῦ θεοῦ· μῆκος πήχεων ἡ διαμέτρησις ἡ πρώτη πήχεων ἑξήκοντα, καὶ εὖρος πήχεων εἴκοσι. ⁴καὶ αἰλὰμ κατὰ 4 πρόσωπον τοῦ οἴκου, μῆκος ἐπὶ πρόσωπον πλάτος τοῦ οἴκου πήχεων εἴκοσι, καὶ ὕψος πήχεων ἑκατὸν εἴκοσι· καὶ κατεχρύσωσεν αὐτὸν ἔσωθεν χρυσίῳ καθαρῷ. ⁵καὶ τὸν οἶκον τὸν μέγαν ἐξύλωσεν ξύλοις 5 κεδρίνοις, καὶ κατεχρύσωσεν χρυσίῳ καθαρῷ, καὶ ἔγλυψεν ἐπ' αὐτοῦ φοίνικας καὶ χαλαστά. ⁶καὶ ἐκόσμησεν τὸν οἶκον λίθοις τιμίοις εἰς 6 δόξαν, καὶ χρυσίῳ χρυσίου τοῦ ἐκ Φαρουάιμ, ⁷καὶ ἐχρύσωσεν τὸν 7 οἶκον καὶ τοὺς τοίχους καὶ τοὺς πυλῶνας καὶ τὰ ὀροφώματα καὶ τὰ θυρώματα χρυσίῳ, καὶ ἔγλυψεν χερουβεὶν ἐπὶ τῶν τοίχων. ⁸καὶ 8 ἐποίησεν τὸν οἶκον τοῦ ἁγίου τῶν ἁγίων, μῆκος αὐτοῦ ἐπὶ πρόσωπον, πλάτος πήχεων εἴκοσι, καὶ τὸ μῆκος πήχεων εἴκοσι, καὶ ἐχρύσωσεν αὐτὸν χρυσίῳ καθαρῷ εἰς χερουβεὶν εἰς τάλαντα ἑξακόσια. ⁹καὶ 9 ὁλκὴ τῶν ἥλων, ὁλκὴ τοῦ ἑνὸς πεντήκοντα σίκλοι χρυσίου· καὶ τὸ ὑπερῷον ἐχρύσωσεν χρυσίῳ. ¹⁰καὶ ἐποίησεν ἐν τῷ οἴκῳ τῷ ἁγίῳ 10 τῶν ἁγίων χερουβεὶν δύο, ἔργον ἐκ ξύλων, καὶ ἐχρύσωσεν αὐτὰ χρυσίῳ. ¹¹καὶ αἱ πτέρυγες τῶν χερουβεὶν τὸ μῆκος πήχεων εἴκοσι, 11

A 16 συ αξεις] συναξεις A   17 εξακοσιοι] pr και A   18 επι] inter ε et π ins ργοδιωκτας] ε B^{ab(mgg)} pr τους (του A* τους A¹) εργοδιωκτας A   III 1 Αμορια A   2 οικοδομη B*^{b(vid)}] οικοδομησαι B^a (σαι in mg) A   3 ras η διαμετρησις η πρωτη πηχεων A?   4 πλατους A^{vid} | και υψος πηχεων εικοσι|ι και κατ|ε sup ras et in mgg A^a (om και υψος πηχεων A*^{vid}) | αυτον] αυτο A | χρυσιω καθαρω (καθ. sup ras ut vid) εσωθεν A   5 εγλυψεν επ αυτου] ν επ αυ sup ras B?   6 χρυσιου] χρυσου A   8 μηκος 2°] ευρος A | εχρυσωσεν] κατεχρυσωσεν A | αυτον] αυτο A   9 εχρυσωσεν]+εν A   10 χερουβειμ A^{vid}   11 χερουβειμ (1°) A

ΠΑΡΑΛΕΙΠΟΜΕΝΩΝ Β

καὶ ἡ μία πτέρυξ πήχεων πέντε ἁπτομένη τοῦ τοίχου τοῦ οἴκου, καὶ ἡ B πτέρυξ ἡ ἑτέρα πήχεων πέντε ἁπτομένη τῆς πτέρυγος τοῦ χερουβεὶν 13 τοῦ ἑτέρου. ¹³καὶ αἱ πτέρυγες τῶν χερουβεὶν διαπεπετασμέναι πήχεων εἴκοσι, καὶ αὐτὰ ἑστηκότα ἐπὶ τοὺς πόδας αὐτῶν, καὶ τὰ πρόσωπα 14 αὐτῶν εἰς τὸν οἶκον. ¹⁴καὶ ἐποίησεν τὸ καταπέτασμα ὑακίνθου καὶ πορφύρας καὶ κοκκίνου καὶ βύσσου, καὶ ὕφανεν ἐν αὐτῷ χερουβείν. 15 ¹⁵καὶ ἐποίησεν ἔμπροσθεν τοῦ τοίχου στύλους δύο, πήχεων τριάκοντα 16 πέντε τὸ ὕψος, καὶ τὰς κεφαλὰς αὐτῶν πήχεων πέντε. ¹⁶καὶ ἐποίησεν σερσερὼθ ἐν τῷ δαβεὶρ καὶ ἔδωκεν ἐπὶ τῶν κεφαλῶν τῶν στύλων, καὶ ἐποίησεν ῥοΐσκους ἑκατὸν καὶ ἐπέθηκεν ἐπὶ τῶν χαλαστῶν. 17 ¹⁷καὶ ἔστησεν τοὺς στύλους κατὰ πρόσωπον τοῦ ναοῦ, ἕνα ἐκ δεξιῶν καὶ τὸν ἕνα ἐξ εὐωνύμων, καὶ ἐκάλεσεν τὸ ὄνομα τοῦ ἐκ δεξιῶν IV 1 Κατόρθωσις, καὶ τὸ ὄνομα τοῦ ἐξ ἀριστερῶν Ἰσχύς. ¹καὶ ἐποίησεν τὸ θυσιαστήριον χαλκοῦν, πήχεων εἴκοσι μῆκος, καὶ τὸ εὖρος πηχέων 2 εἴκοσι· ὕψος πηχέων δέκα. ²καὶ ἐποίησεν τὴν θάλασσαν χυτήν, πήχεων δέκα τὴν διαμέτρησιν, στρογγύλην κυκλόθεν, καὶ πήχεων 3 πέντε τὸ ὕψος, καὶ τὸ κύκλωμα πήχεων τριάκοντα. ³καὶ ὁμοίωμα μόσχων ὑποκάτω αὐτῆς· κύκλῳ κυκλοῦσιν αὐτήν, πήχεις δέκα περιέχουσιν τὸν λουτῆρα κυκλόθεν· δύο γένη ἐχώνευσαν τοὺς μόσχους 4 ἐν τῇ χωνεύσει αὐτῶν, ⁴ᾗ ἐποίησαν αὐτοὺς δώδεκα μόσχους, οἱ τρεῖς βλέποντες βορρᾶν, καὶ οἱ τρεῖς δυσμάς, καὶ οἱ τρεῖς νότον, καὶ οἱ τρεῖς κατ' ἀνατολάς· καὶ ἡ θάλασσα ἐπ' αὐτῶν ἄνω, ἦσαν 5 τὰ ὀπίσθια αὐτῶν ἔσω. ⁵καὶ τὸ πάχος αὐτῆς παλαιστής, καὶ τὸ χεῖλος αὐτῆς ὡς χεῖλος ποτηρίου, διαγεγλυμμένα βλαστοὺς κρίνου, 6 χωροῦσαν μετρητὰς τρισχιλίους· καὶ ἐξετέλεσεν. ⁶καὶ ἐποίησεν λουτῆρας δέκα, καὶ ἔθηκεν τοὺς πέντε ἐκ δεξιῶν καὶ τοὺς πέντε ἐξ ἀριστερῶν, τοῦ πλύνειν ἐν αὐτοῖς τὰ ἔργα τῶν ὁλοκαυτωμάτων καὶ ἀποκλύζειν ἐν αὐτοῖς· καὶ ἡ θάλασσα εἰς τὸ νίπτεσθαι τοὺς ἱερεῖς 7 ἐν αὐτῇ. ⁷καὶ ἐποίησεν τὰς λυχνίας τὰς χρυσᾶς δέκα κατὰ τὸ κρίμα

11 η μια πτερ] η πτερ. η μια A | απτομενη 1°] απτομεναι B | χερουβειν A 2°] χερουβ'| A | ετερου]+(12) και η πτερυξ·| του χερουβ'· του ενος πηχεων πεντε| απτομενη του τοιχου του οικου| και η πτερυξ η ετερα πηχεων πεντε| απτομενη της πτερυγος του χερουβ'·| του ετερου | A   13 αι πτερ.] om αι A   14 υακινθου] pr εξ A   15 ταις κε|φαλας (sic) A   16 σενσερωθ A | εδωκεν] εθηκεν A | επεθηκεν] εθηκεν A   17 τον ενα] om τον A IV 1 πηχ. εικοσι (1°)] εικοσι πηχεων A | om εικοσι υψος A   2 πεντε πηχ. A   3 υποκατωθεν A | αυτης] ης sup ras Aᵃ (αυτου A*ᵛⁱᵈ) | δεκα πηχεις A | περιεχουσαι A | μοσχους] μοχλους B   4 δυσμας] pr βλεποντες A | νοτον] pr βλεποντες A | κατ ανατ.] pr βλεποντες A   5 χωρουσα A 6 εθηκεν] επεθηκεν A

ΠΑΡΑΛΕΙΠΟΜΕΝΩΝ Β

B αὐτῶν καὶ ἔθηκεν ἐν τῷ ναῷ, πέντε ἐκ δεξιῶν καὶ πέντε ἐξ ἀριστερῶν. ⁸καὶ ἐποίησεν τραπέζας δέκα καὶ ἔθηκεν ἐν τῷ ναῷ, πέντε ἐκ δεξιῶν καὶ πέντε ἐξ εὐωνύμων· καὶ ἐποίησεν φιάλας χρυσᾶς ἑκατόν· ⁹καὶ ἐποίησεν τὴν αὐλὴν τῶν ἱερέων καὶ τὴν αὐλὴν τὴν μεγάλην, καὶ θύρας τῇ αὐλῇ, καὶ θυρώματα αὐτῶν κατακεχαλκωμένα χαλκῷ. ¹⁰καὶ τὴν θάλασσαν ἔθηκεν ἀπὸ γωνίας τοῦ οἴκου ἐκ δεξιῶν ὡς πρὸς ἀνατολὰς κατέναντι. ¹¹καὶ ἐποίησεν Χειρὰμ τὰς κρεάγρας καὶ τὰ πυρεῖα καὶ τὴν ἐσχάραν τοῦ θυσιαστηρίου καὶ πάντα τὰ σκεύη αὐτοῦ. καὶ συνετέλεσεν Χειρὰμ ποιῆσαι πᾶσαν τὴν ἐργασίαν ἣν ἐποίησεν Σαλωμὼν τῷ βασιλεῖ ἐν οἴκῳ τοῦ θεοῦ, ¹²στύλους δύο καὶ ἐπ' αὐτῶν γωλὰθ τῇ χωθαρὲθ ἐπὶ τῶν κεφαλῶν τῶν στύλων δύο, καὶ δίκτυα δύο συνκαλύψαι τὰς κεφαλὰς τῶν χωθαρὲθ ἅ ἐστιν ἐπὶ τῶν κεφαλῶν τῶν στύλων, ¹³καὶ κώδωνας χρυσοῦς τετρακοσίους εἰς τὰ δύο δίκτυα, καὶ γένη ῥοΐσκων ἐν τῷ δικτύῳ τῷ ἑνὶ τοῦ συνκαλύψαι τὰς δύο γωλὰθ τῶν χωθαρὲθ ἅ ἐστιν ἐπάνω τῶν στύλων. ¹⁴καὶ τὰς μεχωνὼθ ἐποίησεν δέκα, καὶ τοὺς λουτῆρας ἐποίησεν ἐπὶ τῶν μεχωνώθ, ¹⁵καὶ τὴν θάλασσαν μίαν καὶ τοὺς μόσχους τοὺς δώδεκα ὑποκάτω αὐτῆς, ¹⁶καὶ τοὺς ποδιστῆρας καὶ τοὺς ἀναλημπτῆρας καὶ τοὺς λέβητας καὶ τὰς κρεάγρας, καὶ πάντα τὰ σκεύη αὐτῶν ἃ ἐποίησεν Χειρὰμ καὶ ἀνήνεγκεν τῷ βασιλεῖ Σαλωμὼν ἐν οἴκῳ Κυρίου χαλκοῦ καθαροῦ. ¹⁷ἐν τῷ περιχώρῳ τοῦ Ἰορδάνου ἐχώνευσεν αὐτὰ ὁ βασιλεὺς ἐν τῷ πάχει τῆς γῆς, ἐν οἴκῳ Σεχχὼθ ⸱καὶ Ἀναμεσιρδάθαι. ¹⁸καὶ ἐποίησεν Σαλωμὼν πάντα τὰ σκεύη ταῦτα εἰς πλῆθος σφόδρα, ὅτι οὐκ ἐξέλιπεν ὁλκὴ τοῦ χαλκοῦ. ¹⁹καὶ ἐποίησεν Σαλωμὼν πάντα τὰ σκεύη οἴκου Κυρίου, καὶ τὸ θυσιαστήριον τὸ χρυσοῦν καὶ τὰς τραπέζας, καὶ ἐπ' αὐτῶν ἄρτοι προθέσεως, ²⁰καὶ τὰς λυχνίας καὶ τοὺς λύχνους τοῦ φωτὸς κατὰ τὸ κρίμα καὶ κατὰ πρόσωπον τοῦ δαβεὶρ χρυσίου καθαροῦ, ²¹καὶ λαβίδες αὐτῶν καὶ οἱ λύχνοι αὐτῶν, καὶ τὰς φιάλας καὶ τὰς θυΐσκας καὶ τὰ πυρεῖα χρυσίου καθαροῦ, ²²καὶ ἡ θύρα τοῦ οἴκου ἡ ἐσωτέρα εἰς τὰ ἅγια τῶν ἁγίων, εἰς τὰς θύρας τοῦ οἴκου τοῦ ναοῦ χρυσᾶς. ⁽¹⁾καὶ συνετελέσθη πᾶσα ἡ ἐργασία ἣν ἐποίησεν Σαλωμὼν ἐν οἴκῳ Κυρίου. ¹καὶ εἰσήνεγκεν Σαλωμὼν τὰ ἅγια Δαυεὶδ τοῦ πατρὸς αὐτοῦ, τὸ ἀργύριον καὶ τὸ χρυσίον καὶ τὰ σκεύη· ἔδωκεν εἰς θησαυρὸν Κυρίου. (1) (V)

A   9 θυρας] pr τας A | κατακεκαλκ. B* (κατακεχαλκ. Bᵃᵇ)   11 πυρια A (item 21) | Σαλωμων τω βασιλει] ο βασιλευς Σαλ. A   12 συγκαλυψαι Bᵃʔᵇ A (item 13) | επι 2°] επανω A   13 γενη] pr δυο Bᵃᵇᵐᵍ A   16 αναλημπτορας A   17 Σεχχωθ] pro χ 2° ω B*ᵛⁱᵈ (χ B¹) Σοκχωθ A | Αναμεσιρδαθαι] ανα μεσον| Σαδαθα A   18 εξελειπεν A   V 1 θησαυρον]+οικου A

ΠΑΡΑΛΕΙΠΟΜΕΝΩΝ Β V 13

2 ²Τότε ἐξεκκλησίασεν Σαλωμὼν τοὺς πρεσβυτέρους καὶ πάντας B τοὺς ἄρχοντας τῶν φυλῶν τοὺς ἡγουμένους πατριῶν υἱῶν Ἰσραὴλ εἰς Ἰερουσαλήμ, τοῦ ἀνενέγκαι κιβωτὸν διαθήκης Κυρίου ἐκ πόλεως 3 Δαυείδ, αὕτη Σειών ³καὶ ἐξεκκλησιάσθησαν πρὸς τὸν βασιλέα πᾶς 4 Ἰσραὴλ ἐν τῇ ἑορτῇ, οὗτος ὁ μὴν ἕβδομος. ⁴καὶ ἦλθον πάντες οἱ 5 πρεσβύτεροι Ἰσραήλ, καὶ ἔλαβον πάντες οἱ Λευεῖται τὴν κιβωτὸν ⁵καὶ τὴν σκηνὴν τοῦ μαρτυρίου καὶ πάντα τὰ σκεύη τὰ ἅγια τὰ ἐν τῇ 6 σκηνῇ, καὶ ἀνήνεγκαν αὐτὴν οἱ ἱερεῖς καὶ οἱ Λευεῖται. ⁶καὶ ὁ βασιλεὺς Σαλωμὼν καὶ πᾶσα συναγωγὴ Ἰσραὴλ καὶ οἱ φοβούμενοι καὶ οἱ ἐπισυνηγμένοι αὐτῶν ἔμπροσθεν τῆς κιβωτοῦ θύοντες μόσχους καὶ πρόβατα, οἳ οὐκ ἀριθμηθήσονται καὶ οἳ οὐ λογισθήσονται ἀπὸ τοῦ πλήθους. 7 ⁷καὶ εἰσήνεγκαν οἱ ἱερεῖς τὴν κιβωτὸν διαθήκης Κυρίου εἰς τὸν τόπον αὐτῆς, εἰς τὸ δαβεὶρ τοῦ οἴκου, εἰς τὰ ἅγια τῶν ἁγίων ὑποκάτω τῶν 8 πτερύγων τῶν χερουβείν. ⁸καὶ ἦν τὰ χερουβεὶν διαπεπετακότα τὰς πτέρυγας αὐτῶν ἐπὶ τὸν τόπον τῆς κιβωτοῦ, καὶ συνεκάλυπτεν τὰ χερουβεὶν τὴν κιβωτὸν καὶ ἐπὶ τοὺς ἀναφορεῖς αὐτῆς ἐπάνωθεν, 9 ⁹καὶ ὑπερεῖχον οἱ ἀναφορεῖς, καὶ ἐβλέποντο αἱ κεφαλαὶ τῶν ἀναφορέων ἐκ τῶν ἁγίων εἰς πρόσωπον τοῦ δαβείρ, οὐκ ἐβλέποντο ἔξω 10 καὶ ἦσαν ἐκεῖ ἕως τῆς ἡμέρας ταύτης. ¹⁰οὐκ ἦν ἐν τῇ κιβωτῷ πλὴν δύο πλάκες ἃς ἔθηκεν Μωυσῆς ἐν Χωρήβ, ἃ διέθετο Κύριος μετὰ τῶν 11 υἱῶν Ἰσραὴλ ἐν τῷ ἐξελθεῖν αὐτοὺς ἐκ γῆς Αἰγύπτου. ¹¹καὶ ἐγένετο ἐν τῷ ἐξελθεῖν τοὺς ἱερεῖς ἐκ τῶν ἁγίων, ὅτι πάντες οἱ ἱερεῖς οἱ εὑρεθέντες ἡγιάσθησαν· οὐκ ἦσαν διατεταγμένοι κατ' ἐφημερίαν. 12 ¹²καὶ οἱ Λευεῖται οἱ ψαλτῳδοὶ πάντες τοῖς υἱοῖς Ἀσάφ, τῷ Λίμάν, τῷ Ἰδειθοὺμ καὶ τοῖς υἱοῖς αὐτοῦ καὶ τοῖς ἀδελφοῖς αὐτοῦ, τῶν ἐνδεδυμένων στολὰς βυσσίνας ἐν κυμβάλοις καὶ ἐν νάβλαις καὶ ἐν κινύραις, ἑστηκότες κατέναντι τοῦ θυσιαστηρίου, καὶ μετ' αὐτῶν ἱερεῖς ἑκατὸν 13 εἴκοσι σαλπίζοντες ταῖς σάλπιγξιν. ¹³καὶ ἐγένετο μία φωνὴ ἐν τῷ σαλπίζειν καὶ ἐν τῷ ψαλτῳδεῖν καὶ ἐν τῷ ἀναφωνεῖν φωνῇ μιᾷ τοῦ ἐξομολογεῖσθαι καὶ αἰνεῖν τῷ κυρίῳ· καὶ ὕψωσαν φωνὴν ἐν σάλπιγξιν· καὶ ἐν κυμβάλοις καὶ ἐν ὀργάνοις τῶν ᾠδῶν καὶ ἔλεγον

---

2 πρεσβυτερους]+Ἰσλ A | πατριων] pr των A | Σιων BᵇA   3 πας] A +ανηρ A   4 Λευιται A (item 5, 12)   5 και 1°]+ανηνεγκαν την κιβωτον και A   6 και 1°] sign veluti apicem in α inferius prae se fert Bᵃᵗ | και οι ου] ουδε A   8 την κιβωτον] pr επι A   9 υπερειχον] περιειχον A   10 αυτους] αυτων A   12 Ασαφ] pr τω A | Ιδιθουν A | αυτου 2°] αυτων A | κατεναντι] κατα| ανατολας A | εικοσι] pr και A | ταις σαλπ.] om ταις A   13 υψωσαν] pr ως Bᵃᵇ (superscr) A | φωνην] την φωνη (sic) A

ΠΑΡΑΛΕΙΠΟΜΕΝΩΝ Β

Β   Ἐξομολογεῖσθε τῷ κυρίῳ, ὅτι ἀγαθόν·
ὅτι εἰς τὸν αἰῶνα τὸ ἔλεος αὐτοῦ.
καὶ ὁ οἶκος ἐνεπλήσθη νεφέλης δόξης Κυρίου· ¹⁴καὶ οὐκ ἠδύναντο οἱ 14
ἱερεῖς τοῦ στῆναι λειτουργεῖν ἀπὸ προσώπου τῆς νεφέλης, ὅτι ἐνέ-
πλησεν δόξα Κυρίου τὸν οἶκον τοῦ θεοῦ.   ¹Τότε εἶπεν Σαλωμών 1 VI
Κύριος εἶπεν τοῦ κατασκηνῶσαι ἐν γνόφῳ. ²καὶ ἐγὼ οἰκοδόμηκα οἶκον 2
τῷ ὀνόματί σου ἅγιόν σοι καὶ ἕτοιμον τοῦ κατασκηνῶσαι εἰς τοὺς
αἰῶνας. ³καὶ ἐπέστρεψεν ὁ βασιλεὺς τὸ πρόσωπον αὐτοῦ καὶ εὐλό- 3
γησεν τὴν πᾶσαν ἐκκλησίαν Ἰσραήλ, καὶ πᾶσα ἐκκλησία.Ἰσραήλ
παρειστήκει. ⁴καὶ εἶπεν Εὐλογητὸς Κύριος ὁ θεὸς Ἰσραήλ, ὃς ἐλά- 4
λησεν ἐν στόματι αὐτοῦ πρὸς Δαυεὶδ τὸν πατέρα μου καὶ ἐν χερσὶν
αὐτοῦ ἐπλήρωσεν λέγων ⁵Ἀπὸ τῆς ἡμέρας ἧς ἀνήγαγον τὸν λαόν 5
μου ἐκ γῆς Αἰγύπτου, οὐκ ἐξελεξάμην ἐν πόλει ἀπὸ πασῶν φυλῶν
Ἰσραὴλ τοῦ οἰκοδομῆσαι οἶκον τοῦ εἶναι ὄνομά μου ἐκεῖ, καὶ οὐκ ἐξε-
λεξάμην ἐν ἀνδρὶ τοῦ εἶναι εἰς ἡγούμενον ἐπὶ τὸν λαόν μου Ἰσραήλ·
⁶καὶ ἐξελεξάμην ἐν Δαυεὶδ τοῦ εἶναι ἐπὶ τὸν λαόν μου Ἰσραήλ. 6
⁷καὶ ἐγένετο ἐπὶ καρδίαν Δαυεὶδ τοῦ πατρός μου τοῦ οἰκοδομῆσαι 7
οἶκον τῷ ὀνόματι Κυρίου θεοῦ Ἰσραήλ. ⁸καὶ εἶπεν Κύριος πρὸς 8
Δαυεὶδ πατέρα μου Διότι ἐγένετο ἐπὶ καρδίαν σου τοῦ οἰκοδομῆσαι
οἶκον τῷ ὀνόματί μου, καλῶς ἐγένετο ἐπὶ καρδίαν σου ⁹πλὴν σὺ 9
οὐκ οἰκοδομήσεις τὸν οἶκον, ὅτι ὁ υἱός σου ὃς ἐξελεύσεται ἐκ τῆς
ὀσφύος σου, οὗτος οἰκοδομήσει τὸν οἶκον τῷ ὀνόματί μου. ¹⁰καὶ 10
ἀνέστησεν Κύριος τὸν λόγον τοῦτον ὃν ἐλάλησεν, καὶ ἐγενήθην ἀντὶ
Δαυεὶδ τοῦ πατρός μου καὶ ἐκάθισα ἐπὶ τὸν θρόνον Ἰσραὴλ καθὼς
ἐλάλησεν Κύριος, καὶ οἰκοδόμησα τὸν οἶκον τῷ ὀνόματι Κυρίου θεοῦ
Ἰσραήλ, ¹¹καὶ ἔθηκα ἐκεῖ τὴν κιβωτὸν ἐν ᾗ ἐκεῖ διαθήκη Κυρίου ἦν 11
διέθετο τῷ Ἰσραήλ.   ¹²Καὶ ἔστη κατέναντι τοῦ θυσιαστηρίου 12
Κυρίου ἔναντι πάσης ἐκκλησίας Ἰσραήλ, καὶ διεπέτασεν τὰς χεῖρας
αὐτοῦ· ¹³ὅτι ἐποίησεν Σαλωμὼν βάσιν χαλκῆν καὶ ἔθηκεν αὐτὴν ἐν 13
μέσῳ τῆς αὐλῆς τοῦ ἱεροῦ, πέντε πηχῶν τὸ μῆκος αὐτῆς καὶ πέντε
πήχεων τὸ εὖρος αὐτῆς καὶ τριῶν πήχεων τὸ ὕψος αὐτῆς καὶ ἔστη

A   13 εξομολογεισθαι A   14—VI 1 της νεφελης ..εν γνοφω sup ras pl
litt Aᵃ | νεφελης]+δοξης κυ Aᵃ | δοξα] pr η Aᵃ   VI 1 κατασκηνωσαι]κατοι-
κησαι Aᵃ   2 ωκοδομηκα A | κατασκηνωσαι] κατοικησαι A   3 εκκλησια]
pr η A   4 προς] πρς A   6 και]+εξελεξαμην εν Ιλημ| γενεσθαι του ειναι
το ονομα μου| εκει· και A | του] ωστε sup ras Aᵃ | τον λαον] του λαου A
8 πατερα] pr του A | καλως]+εποιησας οτι Bᵃᵇ⁽ᵐᵍ⁾ A | καρδιαν 2°] pr την Bᵃᵇ
(superscr) A   10 τουτον] αυτου A | του πατρος] om του A | μου] σου Bᶜ |
ωκοδομησα A   12 αυτου] εαυτου A   13 πηχων] πηχεων A

ΠΑΡΑΛΕΙΠΟΜΕΝΩΝ Β   VI 24

ἐπ' αὐτῆς, καὶ ἔπεσεν ἐπὶ τὰ γόνατα ἔναντι πάσης ἐκκλησίας Ἰσραήλ, Β
14 καὶ διεπέτασεν τὰς χεῖρας αὐτοῦ εἰς τὸν οὐρανὸν ¹⁴καὶ εἶπεν Κύριε
ὁ θεὸς Ἰσραήλ, οὐκ ἔστιν ὅμοιός σοι θεὸς ἐν οὐρανῷ καὶ ἐπὶ τῆς
γῆς, φυλάσσων τὴν διαθήκην καὶ τὸ ἔλεος τοῖς παισίν σου τοῖς
15 πορευομένοις ἐναντίον σου ἐν ὅλῃ καρδίᾳ. ¹⁵ἐφύλαξας τῷ παιδί
σου Δαυεὶδ τῷ πατρί μου ἃ ἐλάλησας αὐτῷ λέγων, καὶ ἐλάλησας
ἐν στόματί σου καὶ ἐν χερσίν σου ἐπλήρωσας ὡς ἡ ἡμέρα αὕτη.
16 ¹⁶καὶ νῦν, Κύριε ὁ θεὸς Ἰσραήλ, φύλαξον τῷ παιδί σου τῷ Δαυεὶδ
ἃ ἐλάλησας αὐτῷ λέγων Οὐκ ἐκλείψει σοι ἀνὴρ ἀπὸ προσώπου
καθήμενος ἐπὶ θρόνου Ἰσραήλ, πλὴν ἐὰν φυλάξωσιν οἱ υἱοί σου τὴν
ὁδὸν αὐτῶν τοῦ πορεύεσθαι ἐν τῷ ὀνόματί μου ὡς ἐπορεύθης ἐναν-
17 τίον μου. ¹⁷καὶ νῦν, Κύριε ὁ θεὸς Ἰσραήλ, πιστωθήτω δὴ τὸ ῥῆμά
18 σου ὃ ἐλάλησας τῷ παιδί σου τῷ Δαυείδ. ¹⁸ὅτι εἰ ἀληθῶς κατοι-
κήσει θεὸς μετὰ ἀνθρώπων ἐπὶ τῆς γῆς; εἰ ὁ οὐρανὸς καὶ ὁ οὐρανὸς
τοῦ οὐρανοῦ οὐκ ἀρκέσουσίν σοι, καὶ τίς ὁ οἶκος οὗτος ὃν οἰκοδό-
19 μησα; ¹⁹καὶ ἐπιβλέψῃ ἐπὶ τὴν προσευχὴν παιδός σου καὶ ἐπὶ τὴν
δέησίν μου, Κύριε ὁ θεός, τοῦ ἐπακοῦσαι τῆς δεήσεως καὶ τῆς προσ-
20 ευχῆς ἐναντίον σου σήμερον, ²⁰τοῦ εἶναι ὀφθαλμούς σου ἀνεῳγμένους
ἐπὶ τὸν οἶκον τοῦτον ἡμέρας καὶ νυκτός, εἰς τὸν τόπον τοῦτον ὃν
εἶπας ἐπικληθῆναι τὸ ὄνομά σου ἐκεῖ, τοῦ ἀκοῦσαι τῆς προσευχῆς ἧς
21 ὁ παῖς σου προσεύχεται εἰς τὸν τόπον τοῦτον. ²¹καὶ ἀκούσῃ τῆς
δεήσεως τοῦ παιδός σου καὶ λαοῦ Ἰσραὴλ ἃ ἂν προσεύξωνται εἰς
τὸν τόπον τοῦτον· καὶ σὺ εἰσακούσῃ ἐν τῷ τόπῳ τῆς κατοικήσεώς
22 σου ἐκ τοῦ οὐρανοῦ, καὶ ἀκούσῃ καὶ ἵλεως ἔσῃ. ²²ἐὰν ἁμάρτῃ ἀνὴρ
τῷ πλησίον αὐτοῦ καὶ λάβῃ ἐπ' αὐτὸν ἀρὰν τοῦ ἀρᾶσθαι αὐτόν, καὶ
23 ἔλθῃ καὶ ἀράσηται κατέναντι τοῦ θυσιαστηρίου ἐν τῷ οἴκῳ τούτῳ, ²³καὶ
σὺ εἰσακούσῃ ἐκ τοῦ οὐρανοῦ τοῦ οὐρανοῦ καὶ ποιήσεις, καὶ κρινεῖς τοὺς
δούλους σου τοῦ ἀποδοῦναι τῷ ἀνόμῳ καὶ ἀποδοῦναι ὁδοὺς αὐτοῦ εἰς
κεφαλὴν αὐτοῦ, τοῦ δικαιῶσαι δίκαιον, τοῦ ἀποδοῦναι αὐτῷ κατὰ τὴν
24 δικαιοσύνην αὐτοῦ. ²⁴καὶ ἐὰν θραυσθῇ ὁ λαός σου Ἰσραὴλ κατέναντι
τοῦ ἐχθροῦ ἐὰν ἁμάρτωσίν σοι, καὶ ἐπιστρέψωσιν καὶ ἐξομολογή-
σονται τῷ ὀνόματί σου καὶ προσεύξονται καὶ δεηθῶσιν ἐναντίον

13 γονατα]+αυτου A   15 εφυλαξας] pr α A | om αυτω λεγων A
και ελαλησας A | στοματι] pr τω A   16 τον παιδα A* (τω παιδι
A'ᵛⁱᵈ) | Δαυειδ]+τω π̅ρ̅ι̅ μου A | προσωπου]+μου BᵃA | ονοματι] νομω A
18 θεος] pr ο A | ωκοδομησα A   19 προσευχην bis scr A* (ras 1° A') |
προσευχης]+ης ο παις σου προσευχεται Bᵃᵇ ᵐᵍ ⁱⁿᶠA   20 σου 1°] μου B* (σου
BᵃᵇA)   21 λαου]+σου A   23 om του ουρανου (2°) A | αυτω] εκαστω
BᵃA   24 επιστρεψουσιν A

ΠΑΡΑΛΕΙΠΟΜΕΝΩΝ Β

Β σου ἐν τῷ οἴκῳ τούτῳ, ²⁵καὶ σὺ εἰσακούσῃ ἐκ τοῦ οὐρανοῦ καὶ ἵλεως ἔσῃ ταῖς ἁμαρτίαις λαοῦ σου Ἰσραήλ, καὶ ἀποστρέψεις αὐτοὺς εἰς τὴν γῆν ἣν ἔδωκας αὐτοῖς καὶ τοῖς πατράσιν αὐτῶν. ²⁶ἐν τῷ συσχεθῆναι τὸν οὐρανὸν καὶ μὴ γενέσθαι ὑετὸν ὅτι ἁμαρτήσονταί σοι, καὶ προσεύξονται εἰς τὸν τόπον τοῦτον καὶ αἰνέσουσιν τὸ ὄνομά σου, καὶ ἀπὸ τῶν ἁμαρτιῶν αὐτῶν ἐπιστρέψουσιν ὅτι ταπεινώσεις αὐτούς· ²⁷καὶ σὺ εἰσακούσῃ ἐκ τοῦ οὐρανοῦ καὶ ἵλεως ἔσῃ ταῖς ἁμαρτίαις αὐτῶν παίδων καὶ τοῦ λαοῦ σου Ἰσραήλ, ὅτι δηλώσεις αὐτοῖς τὴν ὁδὸν τὴν ἀγαθὴν ἐν ᾗ πορεύσονται ἐν αὐτῇ, καὶ δώσεις ὑετὸν ἐπὶ τὴν γῆν σου ἣν ἔδωκας τῷ λαῷ σου εἰς κληρονομίαν. ²⁸λιμὸς ἐὰν γένηται ἐπὶ τῆς γῆς, θάνατος ἐὰν γένηται ἐπὶ τῆς γῆς, ἀνεμοφθορία καὶ ἴκτερος, ἀκρὶς καὶ βροῦχος ἐὰν γένηται, ἐὰν θλίψῃ αὐτὸν ὁ ἐχθρὸς κατέναντι τῶν πόλεων αὐτῶν, κατὰ πᾶσαν πληγὴν καὶ πᾶν πόνον, ²⁹καὶ πᾶσα προσευχὴ καὶ πᾶσα δέησις ἣ ἐὰν γένηται ἀνθρώπῳ καὶ παντὶ λαῷ σου Ἰσραήλ, ἐὰν γνῷ ἄνθρωπος τὴν ἀφὴν αὐτοῦ καὶ τὴν μαλακίαν αὐτοῦ, καὶ διαπετάσῃ τὰς χεῖρας αὐτοῦ εἰς τὸν οἶκον τοῦτον, ³⁰καὶ σὺ εἰσακούσῃ ἐκ τοῦ οὐρανοῦ ἐξ ἑτοίμου κατοικητηρίου σου καὶ ἰάσῃ, καὶ δώσεις ἀνδρὶ κατὰ τὰς ὁδοὺς αὐτοῦ ὡς ἂν γνῷς τὴν καρδίαν αὐτοῦ, ὅτι μόνος γινώσκεις τὴν καρδίαν υἱῶν ἀνθρώπων· ³¹ὅπως φοβῶνται πάσας ὁδούς σου πάσας τὰς ἡμέρας ἃς αὐτοὶ ζῶσιν ἐπὶ προσώπου τῆς γῆς ἧς ἔδωκας τοῖς πατράσιν ἡμῶν. ³²καὶ πᾶς ἀλλότριος ὃς οὐκ ἐκ τοῦ λαοῦ Ἰσραήλ ἐστιν αὐτός, καὶ ἔλθῃ ἐκ γῆς μακρόθεν διὰ τὸ ὄνομά σου τὸ μέγα καὶ τὴν χεῖρά σου τὴν κραταιὰν καὶ τὸν βραχίονά σου τὸν ὑψηλόν, καὶ ἔλθωσιν καὶ προσεύξωνται εἰς τὸν τόπον τοῦτον, ³³καὶ εἰσακούσῃ ἐκ τοῦ οὐρανοῦ ἐξ ἑτοίμου κατοικητηρίου σου, καὶ ποιήσεις κατὰ πάντα ὅσα ἐὰν ἐπικαλέσηταί σε ὁ ἀλλότριος, ὅπως γνῶσιν πάντες οἱ λαοὶ τῆς γῆς τὸ ὄνομά σου, καὶ τοῦ φοβεῖσθαί σε ὡς ὁ λαός σου Ἰσραήλ, καὶ τοῦ γνῶναι ὅτι ἐπικέκληται τὸ ὄνομά σου ἐπὶ τὸν οἶκον τοῦτον ὃν οἰκοδόμησα. ³⁴ἐὰν δὲ ἐξέλθῃ ὁ λαός σου εἰς πόλεμον ἐπὶ τοὺς ἐχθροὺς αὐτοῦ ἐν ὁδῷ ᾗ ἀποστελεῖς αὐτούς, καὶ προσεύξονται πρὸς σὲ κατὰ τὴν ὁδὸν τῆς πόλεως ταύτης ἣν ἐξελέξω ἐν αὐτῇ καὶ οἴκου οὗ οἰκοδόμηκα τῷ ὀνόματί σου, ³⁵καὶ ἀκούσῃ ἐκ τοῦ οὐρανοῦ τῆς

A   25 λαου] pr του A   26 οτι] ι sup ras A^b   27 ταις αμαρτιαις] των αμαρτιων A | αυτων] των B^{ab}A | παιδων]+σου A   28 om επι της γης (2°) A   29 ανθρωπω] pr παντι A   30 μονος] μονωτατος A   31 φοβουνται A | πασας 1°] τας A | της γης] pr πασης A   32 λαου]+σου A | τον βραχ] om τον A | προσευξονται A   34 οικοδομηκα] ωκοδομησα A

ΠΑΡΑΛΕΙΠΟΜΕΝΩΝ Β

δεήσεως αὐτῶν καὶ τῆς προσευχῆς αὐτῶν, καὶ ποιήσεις τὸ δικαίωμα Β
αὐτῶν. ³⁶ὅτι ἁμαρτήσονταί σοι, ὅτι οὐκ ἔσται ἄνθρωπος ὃς οὐχ ἁμαρτήσεται, καὶ πατάξεις αὐτοὺς καὶ παραδώσεις αὐτοὺς κατὰ πρόσωπον ἐχθρῶν, καὶ αἰχμαλωτεύσουσιν οἱ αἰχμαλωτεύοντες αὐτοὺς εἰς γῆν ἐχθρῶν εἰς γῆν μακρὰν ἢ ἐγγύς, ³⁷καὶ ἐπιστρέψωσιν καρδίαν αὐτῶν ἐν τῇ γῇ αὐτῶν οὗ μετήχθησαν ἐκεῖ, καί γε ἐπιστρέψωσιν καὶ δεηθῶσίν σου ἐν τῇ αἰχμαλωσίᾳ αὐτῶν λέγοντες Ἡμάρτομεν, ἠδικήσαμεν, ἠνομήσαμεν, ³⁸καὶ ἐπιστρέψωσιν πρὸς σὲ ἐν ὅλῃ καρδίᾳ καὶ ἐν ὅλῃ ψυχῇ αὐτῶν ἐν γῇ αἰχμαλωτευσάντων αὐτούς, καὶ προσεύξονται ὁδὸν γῆς αὐτῶν ἧς ἔδωκας τοῖς πατράσιν αὐτῶν καὶ τῆς πόλεως ἧς ἐξελέξω καὶ τοῦ οἴκου οὗ ᾠκοδόμησα τῷ ὀνόματί σου, ³⁹καὶ ἀκούσῃ ἐκ τοῦ οὐρανοῦ ἐξ ἑτοίμου κατοικητηρίου σου τῆς προσευχῆς αὐτῶν καὶ τῆς δεήσεως αὐτῶν, καὶ ποιήσεις κρίματα καὶ ἵλεως ἔσῃ τῷ λαῷ τῷ ἁμαρτόντι σοι. ⁴⁰νῦν, Κύριε, ἔστωσαν δὴ οἱ ὀφθαλμοί σου ἀνεῳγμένοι καὶ τὰ ὦτά σου ἐπήκοα εἰς τὴν δέησιν τοῦ τόπου τούτου. ⁴¹καὶ νῦν ἀνάστηθι, Κύριε ὁ θεός, εἰς τὴν κατάπαυσίν σου, σὺ καὶ ἡ κιβωτὸς τῆς ἰσχύος σου. ἱερεῖς σου, Κύριε ὁ θεός, ἐνδύσαιντο σωτηρίαν, καὶ οἱ υἱοί σου εὐφρανθήτωσαν ἐν ἀγαθοῖς. ⁴²Κύριε ὁ θεός, μὴ ἀποστρέψῃς τὸ πρόσωπόν σου, μνήσθητι
VII τὰ ἐλέη Δαυεὶδ τοῦ δούλου σου. ¹Καὶ ὡς συνετέλεσεν Σαλωμὼν προσευχόμενος, καὶ τὸ πῦρ κατέβη ἐκ τοῦ οὐρανοῦ καὶ κατέφαγεν τὰ ὁλοκαυτώματα καὶ τὰς θυσίας, καὶ δόξα Κυρίου ἔπλησεν τὸν οἶκον. ²καὶ οὐκ ἠδύναντο οἱ ἱερεῖς εἰσελθεῖν εἰς τὸν οἶκον Κυρίου ἐν τῷ καιρῷ ἐκείνῳ, ὅτι ἔπλησεν δόξα Κυρίου τὸν οἶκον. ³καὶ πάντες οἱ υἱοὶ Ἰσραὴλ ἑώρων καταβαῖνον τὸ πῦρ, καὶ ἡ δόξα Κυρίου ἐπὶ τὸν οἶκον· καὶ ἔπεσον ἐπὶ πρόσωπον ἐπὶ τὴν γῆν ἐπὶ τὸ λιθόστρωτον, καὶ προσεκύνησαν καὶ ᾔνουν τῷ κυρίῳ

Ὅτι ἀγαθόν,
ὅτι εἰς τὸν αἰῶνα τὸ ἔλεος αὐτοῦ.

⁴καὶ ὁ βασιλεὺς καὶ πᾶς ὁ λαὸς θύοντες θύματα ἔναντι Κυρίου. ⁵καὶ ἐθυσίασεν Σαλωμὼν τὴν θυσίαν, μόσχων εἴκοσι καὶ δύο χιλιάδες· καὶ ἐνεκαίνισεν τὸν οἶκον τοῦ θεοῦ ὁ βασιλεύς· καὶ πᾶς ὁ λαὸς ⁶καὶ οἱ ἱερεῖς ἐπὶ τὰς φυλακὰς αὐτῶν ἑστηκότες, καὶ οἱ

36 εσται] εστιν A | om αυτους 3° A   37 επιστρεψουσιν A (bis: item A 38)   38 εν ολη (1°) Aᵃ!ᵐᵍ (om A*) | καρδια] καρδια αυτων sup ras Aᵃ' (om αυτων A*ᵛⁱᵈ) | προσευξωνται A | οικοδομησα A   41 ιερεις] pr οι A   42 σου] pr του χριστου| A   VII 1 Σαλωμων] Σολομων A (item 5)   3 οι υιοι] om οι A | επεσαν A   5 χιλιαδες] χιλιαδας A + και βοσκηματων| ελατον και εικοσι χιλιαδας·   6 αυτων 1°] εαυτων A

ΠΑΡΑΛΕΙΠΟΜΕΝΩΝ Β

B Λευεῖται ἐν ὀργάνοις ᾠδῶν Κυρίου τοῦ Δαυεὶδ τοῦ βασιλέως τοῦ ἐξομολογεῖσθαι ἔναντι Κυρίου, ὅτι εἰς τὸν αἰῶνα τὸ ἔλεος αὐτοῦ, ἐν ὕμνοις Δαυεὶδ διὰ χειρὸς αὐτῶν· καὶ οἱ ἱερεῖς σαλπίζοντες ταῖς σάλπιγξιν ἐναντίον αὐτῶν, καὶ πᾶς Ἰσραὴλ ἑστηκώς. ⁷καὶ ἡγίασεν 7 Σαλωμὼν τὸ μέσον τῆς αὐλῆς τῆς ἐν οἴκῳ Κυρίου· ὅτι ἐποίησεν ἐκεῖ τὰ ὁλοκαυτώματα καὶ τὰ στέατα τῶν σωτηρίων, ὅτι τὸ θυσιαστήριον τὸ χαλκοῦν ὃ ἐποίησεν Σαλωμὼν οὐκ ἐξεποίει δέξασθαι τὰ ὁλοκαυτώματα καὶ τὰ μαναὰ καὶ τὰ στέατα. ⁸καὶ ἐποίησεν Σαλωμὼν τὴν 8 ἑορτὴν ἐν τῷ καιρῷ ἐκείνῳ ἑπτὰ ἡμέραις, καὶ πᾶς Ἰσραὴλ μετ' αὐτοῦ, ἐκκλησία μεγάλη σφόδρα ἀπὸ εἰσόδου Αἰμὰθ καὶ ἕως χειμάρρου Αἰγύπτου. ⁹καὶ ἐποίησεν ἐν τῇ ἡμέρᾳ τῇ ὀγδόῃ ἐξόδιον, ὅτι ἐνκαι- 9 νισμὸν τοῦ θυσιαστηρίου ἐποίησεν ἑπτὰ ἡμέρας ἑορτήν, ¹⁰καὶ ἐν 10 τῇ τρίτῃ καὶ εἰκοστῇ τοῦ μηνὸς τοῦ ἑβδόμου ἀπέστειλεν τὸν λαὸν εἰς τὰ σκηνώματα αὐτῶν εὐφραινομένους καὶ ἀγαθῇ καρδίᾳ ἐπὶ τοῖς ἀγαθοῖς οἷς ἐποίησεν Κύριος τῷ Δαυεὶδ καὶ τῷ Σαλωμὼν καὶ τῷ Ἰσραὴλ λαῷ αὐτοῦ. ¹¹Καὶ συνετέλεσεν Σαλωμὼν τὸν οἶκον 11 Κυρίου καὶ τὸν οἶκον τοῦ βασιλέως, καὶ πάντα ὅσα ἐποίησεν ἐν τῇ ψυχῇ Σαλωμὼν τοῦ ποιῆσαι ἐν οἴκῳ Κυρίου καὶ ἐν οἴκῳ αὐτοῦ εὐοδώθη. ¹²καὶ ὤφθη ὁ θεὸς τῷ Σαλωμὼν τὴν νύκτα καὶ εἶπεν 12 αὐτῷ Ἤκουσα τῆς προσευχῆς σου, καὶ ἐξελεξάμην ἐν τῷ τόπῳ τούτῳ ἐμαυτῷ εἰς οἶκον θυσίας ¹³ἐὰν συσχῶ τὸν οὐρανὸν καὶ μὴ 13 γένηται ὑετός, καὶ ἐὰν ἐντείλωμαι τῇ ἀκρίδι καταφαγεῖν τὸ ξύλον, καὶ ἐὰν ἀποστείλω θάνατον ἐν τῷ λαῷ μου, ¹⁴καὶ ἐὰν ἐντραπῇ ὁ 14 λαός μου ἐφ' οὓς τὸ ὄνομά μου ἐπικέκληται ἐπ' αὐτούς, καὶ προσεύξωνται καὶ ζητήσωσιν τὸ πρόσωπόν μου, καὶ ἀποστρέψωσιν ἀπὸ τῶν ὁδῶν αὐτῶν τῶν πονηρῶν, καὶ ἐγὼ εἰσακούσομαι ἐκ τοῦ οὐρανοῦ καὶ ἵλεως ἔσομαι ταῖς ἁμαρτίαις αὐτῶν καὶ ἰάσομαι τὴν γῆν αὐτῶν. ¹⁵νῦν οἱ ὀφθαλμοί μου ἔσονται ἀνεῳγμένοι καὶ τὰ ὦτά μου ἐπήκοα 15 τῆς προσευχῆς τοῦ τόπου τούτου. ¹⁶καὶ νῦν ἐξελεξάμην καὶ ἡγίακα 16 τὸν οἶκον τοῦτον τοῦ εἶναι ὄνομά μου ἐκεῖ ἕως αἰῶνος, καὶ ἔσονται οἱ ὀφθαλμοί μου καὶ ἡ καρδία μου ἐκεῖ πάσας τὰς ἡμέρας. ¹⁷καὶ 17 σὺ ἐὰν πορευθῇς ἐναντίον μου ὡς Δαυεὶδ ὁ πατήρ σου, καὶ ποιήσῃς κατὰ πάντα ἃ ἐνετειλάμην σοι, καὶ τὰ προστάγματά μου καὶ τὰ

A   6 Λευειται] Δ pro Λ B*ᵛⁱᵈ Λευιται A   7 εξεποιει] εποιει A   9 εγκαινισμον Bᵃᵇ A | επτα] ημερας εποιησεν A   10 εικοστη] εικαδι A   11 εποιησεν] signa v l prae se fert Bᵗⁱˣᵗ ᵉᵗ ᵐᵍ ηθελησεν A | ευωδωθη Bᵃᵇ
12 θυσιας] του θυσιασαι A   13 συνσχω A   14 ζητησουσιν A   15 της προσευχης] τη προσευχη A   16 εως] επ A   17 om και τα προσταγματα μου A

ΠΑΡΑΛΕΙΠΟΜΕΝΩΝ Β VIII 8

18 κρίματά μου φυλάξῃ, ¹⁸καὶ ἀναστήσω τὸν θρόνον τῆς βασιλείας Β σου ὡς διεθέμην Δαυεὶδ τῷ πατρί σου λέγων Οὐκ ἐξαρθήσεταί σοι 19 ἀνὴρ ἡγούμενος ἐν Ἰσραήλ. ¹⁹καὶ ἐὰν ἀποστρέψητε ὑμεῖς, καὶ ἐνκαταλίπητε τὰ προστάγματά μου καὶ τὰς ἐντολάς μου ἃς ἔδωκα ἐναντίον ὑμῶν, καὶ πορευθῆτε καὶ λατρεύσητε θεοῖς ἑτέροις καὶ προσ-20 κυνήσητε αὐτοῖς, ²⁰καὶ ἐξαρῶ ὑμᾶς ἀπὸ τῆς γῆς ἧς ἔδωκα αὐτοῖς, καὶ τὸν οἶκον τοῦτον ὃν ἡγίασα τῷ ὀνόματί μου ἀποστρέψω ἐκ προσώπου μου, καὶ δώσω αὐτὸν εἰς παραβολὴν καὶ εἰς διήγημα ἐν 21 πᾶσιν τοῖς ἔθνεσιν. ²¹καὶ ὁ οἶκος οὗτος ὁ ὑψηλός, πᾶς ὁ διαπορευόμενος αὐτὸν ἐκστήσεται καὶ ἐρεῖ Χάριν τίνος ἐποίησεν Κύριος 22 τῇ γῇ ταύτῃ καὶ τῷ οἴκῳ τούτῳ; ²²καὶ ἐροῦσιν Διότι ἐνκατέλιπον Κύριον θεὸν τῶν πατέρων αὐτῶν τὸν ἐξαγαγόντα αὐτοὺς ἐκ γῆς Αἰγύπτου, καὶ ἀντελάβοντο θεῶν ἑτέρων καὶ προσεκύνησαν αὐτοῖς καὶ ἐδούλευσαν αὐτοῖς· διὰ τοῦτο ἐπήγαγεν ἐπ' αὐτοὺς πᾶσαν τὴν κακίαν ταύτην.

VIII 1 ¹Καὶ ἐγένετο μετὰ εἴκοσι ἔτη ἐν οἷς οἰκοδόμησεν Σαλωμὼν τὸν 2 οἶκον Κυρίου καὶ τὸν οἶκον αὐτοῦ, ²καὶ τὰς πόλεις ἃς ἔδωκεν Χειρὰμ τῷ Σαλωμών, ᾠκοδόμησεν αὐτὰς Σαλωμὼν καὶ κατῴκισεν ἐκεῖ τοὺς υἱοὺς Ἰσραήλ.

3/4 ³Καὶ ἦλθεν Σαλωμὼν εἰς Βαισωβὰ καὶ κατίσχυσεν αὐτήν. ⁴καὶ ᾠκοδόμησεν τὴν Θοεδμὸρ ἐν τῇ ἐρήμῳ καὶ πάσας τὰς πόλεις τὰς 5 ὀχυρὰς ᾠκοδόμησεν ἐν Ἡμάθ ⁵καὶ ᾠκοδόμησεν τὴν Βαιθωρὼμ τὴν ἄνω καὶ τὴν Βαιθωρὼμ τὴν κάτω, πόλεις ὀχυράς, τείχη, πύλαι καὶ 6 μοχλοί· ⁶καὶ τὴν Βαλαά, καὶ πάσας τὰς πόλεις τὰς ὀχυρὰς αἳ ἦσαν τῷ Σαλωμών, καὶ πάσας τὰς πόλεις τῶν ἁρμάτων καὶ τὰς πόλεις τῶν ἱππέων, καὶ ὅσα ἐπεθύμησεν Σαλωμὼν κατὰ τὴν ἐπιθυμίαν τοῦ οἰκοδομῆσαι ἐν Ἰερουσαλὴμ καὶ ἐν τῷ Λιβάνῳ καὶ ἐν πάσῃ τῇ βασι-7 λείᾳ αὐτοῦ. ⁷πᾶς ὁ λαὸς ὁ καταλειφθεὶς ἀπὸ τοῦ Χετταίου καὶ τοῦ Ἀμορραίου καὶ τοῦ Φερεζαίου καὶ τοῦ Εὐαίου καὶ τοῦ Ἰεβουσαίου, 8 οἳ οὐκ εἰσὶν ἐκ τοῦ Ἰσραήλ· ⁸ἦσαν ἐκ τῶν υἱῶν αὐτῶν τῶν κατα-

17 φυλαξης A   18 Ισραηλ] Ιλημ A* (Ιηλ sup ras Aᵃ)   19 εγκα- A ταλιπητε Bᵇ εγκαταλειπητε A   20 ηγιακα A | εκ] απο A   21 αυτον] pr προς A   22 εγκατελιπον Bᵇ εγκαταλειπο͡ A | θεον] pr τον A | δια τουτο] δια| το A   VIII 1 ωκοδομησεν A | αυτου] εαυτου A   2 Χε|ραμ B | om Σαλωμων ωκοδομησεν αυτας A   3 Βαισωβα] Αιμαθ'· Σωβα A 4 Θοεδομορ] Θοε|δομησεν την Θοεδομορ (Θοεδομορ Bᵇ) B* (cum signo perversae lect) Θεδμορ A | ωκοδομησεν 2°] pr as A   5 Βαιθωρωμ 1°] μ sup ras B' Βαιθωρων A | ανω] seq ras 1 lit (ν ut vid) in A | Βαιθωρωμ 2°] Βαιθωρων A 6 Βαλαας A | om πολεις 1°. πασας τας (2°) A* (hab Aᵃᵐᵍ) | τας πολεις (3°)] pr πασας A

VIII 9 ΠΑΡΑΛΕΙΠΟΜΕΝΩΝ Β

B λειφθέντων μετ' αὐτοῦ ἐν τῇ γῇ οὓς ἐξωλέθρευσαν οἱ υἱοὶ Ἰσραήλ· καὶ ἀνήγαγεν αὐτοὺς Σαλωμὼν εἰς φόρον ἕως τῆς ἡμέρας ταύτης. ⁹καὶ ἐκ τῶν υἱῶν Ἰσραὴλ οὐκ ἔδωκεν Σαλωμὼν εἰς παῖδας τῇ βασι- 9 λείᾳ αὐτοῦ, ὅτι ἰδοὺ ἄνδρες πολεμισταὶ καὶ ἄρχοντες, καὶ οἱ δυνατοὶ καὶ ἄρχοντες ἁρμάτων καὶ ἱππέων. ¹⁰καὶ οὗτοι ἄρχοντες τῶν 10 προστατῶν βασιλέως Σαλωμών, πεντήκοντα καὶ διακόσιοι ἐργοδιωκτοῦντες ἐν τῷ λαῷ. ¹¹καὶ τὴν θυγατέρα Φαραὼ Σαλωμὼν ἀνή- 11 γαγεν ἐκ πόλεως Δαυεὶδ εἰς τὸν οἶκον ὃν ᾠκοδόμησεν αὐτῇ, ὅτι εἶπεν Οὐ κατοικήσει ἡ γυνή μου ἐν πόλει Δαυεὶδ τοῦ βασιλέως Ἰσραήλ, ὅτι ἅγιός ἐστιν οὗ εἰσῆλθεν ἐκεῖ κιβωτὸς Κυρίου. ¹²Τότε 12 ἀνήνεγκεν Σαλωμὼν ὁλοκαυτώματα τῷ κυρίῳ ἐπὶ τὸ θυσιαστήριον ὃ ᾠκοδόμησεν ἀπέναντι τοῦ ναοῦ, ¹³καὶ κατὰ τὸν λόγον ἡμέρας ἐν 13 ἡμέρᾳ, τοῦ ἀναφέρειν κατὰ τὰς ἐντολὰς Μωυσῆ ἐν τοῖς σαββάτοις καὶ ἐν τοῖς μησὶν καὶ ἐν ταῖς ἑορταῖς, τρεῖς καιροὺς τοῦ ἐνιαυτοῦ, ἐν τῇ ἑορτῇ τῶν ἀζύμων, ἐν τῇ ἑορτῇ τῶν ἑβδομάδων, ἐν τῇ ἑορτῇ τῶν σκηνῶν. ¹⁴καὶ ἔστησεν κατὰ τὴν κρίσιν Δαυεὶδ τὰς διαιρέσεις 14 τῶν ἱερέων κατὰ τὰς λειτουργίας αὐτῶν· καὶ οἱ Λευεῖται ἐπὶ τὰς φυλακὰς αὐτῶν τοῦ λειτουργεῖν καὶ αἰνεῖν κατέναντι τῶν ἱερέων κατὰ τὸν λόγον ἡμέρας ἐν τῇ ἡμέρᾳ· καὶ οἱ πυλωροὶ κατὰ τὰς διαιρέσεις αὐτῶν εἰς πύλην καὶ πύλην, ὅτι οὕτως ἐντολαὶ Δαυεὶδ ἀνθρώπου τοῦ θεοῦ. ¹⁵οὐ παρῆλθον τὰς ἐντολὰς τοῦ βασιλέως περὶ 15 τῶν ἱερέων καὶ τῶν Λευειτῶν εἰς πάντα λόγον καὶ εἰς τοὺς θησαυρούς. ¹⁶καὶ ἡτοιμάσθη πᾶσα ἡ ἐργασία ἀφ' ἧς ἡμέρας ἐθεμελιώθη 16 ἕως οὗ ἐτελείωσεν Σαλωμὼν τὸν οἶκον Κυρίου. ¹⁷Τότε ᾤχετο 17 Σαλωμὼν εἰς Γασιὼν Γάβερ καὶ εἰς τὴν Αἰλὰμ τὴν παραθαλασσίαν ἐν γῇ Ἰδουμαίᾳ. ¹⁸καὶ ἀπέστειλεν Χειρὰμ ἐν χειρὶ παίδων αὐτοῦ 18 πλοῖα καὶ παῖδας εἰδότας θάλασσαν, καὶ ᾤχετο μετὰ τῶν παίδων Σαλωμὼν εἰς Σωφείρα, καὶ ἔλαβεν ἐκεῖθεν τὰ τετρακόσια καὶ πεντήκοντα τάλαντα χρυσίου, καὶ ἦλθον πρὸς τὸν βασιλέα Σαλωμών.

¹Καὶ βασίλισσα Σαβὰ ἤκουσεν τὸ ὄνομα Σαλωμών, καὶ ἦλθεν τοῦ 1 IX πειράσαι Σαλωμὼν ἐν αἰνίγμασιν εἰς Ἰερουσαλὴμ ἐν δυνάμει βαρείᾳ σφόδρα, καὶ κάμηλοι αἴρουσαι ἀρώματα καὶ χρυσίον εἰς πλῆθος καὶ

A 8 εξωλοθρ. B^b   9 ιδου] αυ|τοι A | οι δυνατοι] om οι A   10 προστατων] προσταγματω| A | βασιλεως] τω βασιλει A   11 η γυνη] om η A | αγιος] αγρος B   12 θυσιαστηριον]+κυ A   13 τρεις] τρις·| A | εν 6°] pr και A | εν 7°] pr και A   14 Λευιται A | επι] κατα A | αινειν και λειτουργειν A | εντολαι] εντολη A   15 Λευιτων A   16 ητοιμασθη] ητοιμασεν A | εθεμελιωθη] ετελιωθη (sic) A   17 γη Ιδ] τη Ιδ. A   18 ωχετο] ωχοντο A | Σωφηρα A | ελαβον A | τα τετρακ] om τα A

ΠΑΡΑΛΕΙΠΟΜΕΝΩΝ Β IX 14

λίθον τίμιον· καὶ ἦλθεν πρὸς Σαλωμὼν καὶ ἐλάλησεν πρὸς αὐτὸν Β 2 πάντα ὅσα ἐν τῇ ψυχῇ αὐτῆς. ²καὶ ἀνήγγειλεν αὐτῇ Σαλωμὼν πάντας τοὺς λόγους αὐτῆς, καὶ οὐ παρῆλθεν λόγος ἀπὸ Σαλωμών, 3 λόγος ὃν οὐκ ἀπήγγειλεν αὐτῇ. ³καὶ εἶδεν βασίλισσα Σαβὰ τὴν 4 σοφίαν Σαλωμὼν καὶ τὸν οἶκον ὃν οἰκοδόμησεν, ⁴καὶ τὰ βρώματα τῶν τραπεζῶν καὶ καθέδραν παίδων αὐτοῦ, καὶ στάσιν λειτουργῶν αὐτοῦ καὶ ἱματισμὸν αὐτῶν καὶ οἰνοχόων αὐτοῦ, καὶ στολισμὸν αὐτῶν, καὶ τὰ ὁλοκαυτώματα ἃ ἀνέφερεν ἐν οἴκῳ Κυρίου, καὶ ἐξ ἑαυτῆς ἐγέ-5 νετο. ⁵καὶ εἶπεν πρὸς τὸν βασιλέα Ἀληθινὸς ὁ λόγος ὃν ἤκουσα 6 ἐν τῇ γῇ μου περὶ τῶν λόγων σου καὶ περὶ τῆς σοφίας σου. ⁶καὶ οὐκ ἐπίστευσα τοῖς λόγοις ἕως οὗ ἦλθον καὶ εἶδον οἱ ὀφθαλμοί μου, καὶ ἰδοὺ οὐκ ἀπηγγέλη μοι ἥμισυ τοῦ πλήθους τῆς σοφίας σου· 7 προσέθηκας ἐπὶ τὴν ἀκοὴν ἣν ἤκουσα. ⁷μακάριοι οἱ ἄνδρες, μακάριοι οἱ παῖδές σου οὗτοι οἱ παρεστηκότες σοι διὰ παντός, καὶ ἀκού-8 ουσιν σοφίαν σου. ⁸ἔστω Κύριος ὁ θεός σου ηὐλογημένος ὃς ἠθέλησέν σοι τοῦ δοῦναί σε ἐπὶ θρόνον αὐτοῦ εἰς βασιλέα τῷ κυρίῳ θεῷ σου· ἐν τῷ ἀγαπῆσαι Κύριον τὸν θεόν σου τὸν Ἰσραὴλ τοῦ στῆσαι αὐτὸν εἰς αἰῶνα, καὶ ἔδωκέν σε ἐπ᾽ αὐτοὺς εἰς βασιλέα τοῦ 9 ποιῆσαι κρίμα καὶ δικαιοσύνην. ⁹καὶ ἔδωκεν τῷ βασιλεῖ ἑκατὸν εἴκοσι τάλαντα χρυσίου καὶ ἀρώματα εἰς πλῆθος πολὺ καὶ λίθον τίμιον· καὶ οὐκ ἦν κατὰ τὰ ἀρώματα ἐκεῖνα ἃ ἔδωκεν βασίλισσα 10 Σαβὰ τῷ βασιλεῖ Σαλωμών. ¹⁰καὶ οἱ παῖδες Σαλωμὼν καὶ οἱ παῖδες Χειρὰμ ἔφερον χρυσίον τῷ Σαλωμὼν ἐκ Σουφεὶρ καὶ ξύλα πεύκινα 11 καὶ λίθον τίμιον. ¹¹καὶ ἐποίησεν ὁ βασιλεὺς τὰ ξύλα τὰ πεύκινα ἀναβάσεις τῷ οἴκῳ Κυρίου καὶ τῷ οἴκῳ τοῦ βασιλέως, καὶ κιθάρας καὶ νάβλας τοῖς ᾠδοῖς, καὶ οὐκ ὤφθησαν τοιαῦτα ἔμπροσθεν ἐν γῇ 12 Ἰούδα. ¹²καὶ ὁ βασιλεὺς Σαλωμὼν ἔδωκεν τῇ βασιλίσσῃ Σαβὰ πάντα τὰ θελήματα αὐτῆς ἃ ᾔτησεν, ἐκτὸς πάντων ὧν ἤνεγκεν τῷ 13 βασιλεῖ Σαλωμών· καὶ ἀπέστρεψεν εἰς τὴν γῆν αὐτῆς. ¹³Καὶ ἦν ὁ σταθμὸς τοῦ χρυσίου τοῦ ἐνεχθέντος τῷ Σαλωμὼν ἐν ἐνιαυτῷ 14 ἑνὶ ἑξακόσια ἑξήκοντα ἓξ τάλαντα χρυσίου, ¹⁴πλὴν τῶν ἀνδρῶν τῶν ὑποτεταγμένων καὶ τῶν ἐμπορευομένων ἔφερον, καὶ πάντων τῶν βασιλέων τῆς Ἀραβίας καὶ σατραπῶν τῆς γῆς, ἔφερον χρυσίον

IX 2 om λογος 2° A   3 ιδεν A | ωκοδομησεν A   4 αυτων A 1°] αυτου (ου sup ras seq ras 1 forte lit) Aᵃ (αυτων A*ᵛⁱᵈ) | οινοχοους A | ανεφερον A   5 litt rescr passim nihil tamen ut vid mutavit Bᶜ 6 προσεθηκας] pr και A   8 θρονου A | κυριω θεω] λαω A | αιωνα] pr τον A | κριμα] κρισιν A   12 αυτης 2°] εαυτης A   14 των εμπορ] om των A | εφερον 1°] pr ων A

ΠΑΡΑΛΕΙΠΟΜΕΝΩΝ Β IX 15

Β καὶ ἀργύριον τῷ βασιλεῖ Σαλωμών. ¹⁵ καὶ ἐποίησεν ὁ βασιλεὺς 15 Σαλωμὼν διακοσίους θυρεοὺς χρυσοῦς ἐλατούς, ἑξακόσιοι χρυσοῖ καθαροὶ τῷ ἑνὶ θυρεῷ, ἑξακόσιοι χρυσοῖ καθαροὶ ἐπῆσαν ἐπὶ τὸν ἕνα θυρεόν· ¹⁶ καὶ τριακοσίας ἀσπίδας ἐλατὰς χρυσᾶς, καὶ ἔδωκεν 16 αὐτὰς ὁ βασιλεὺς ἐν οἴκῳ δρυμοῦ τοῦ Λιβάνου. ¹⁷ καὶ ἐποίησεν ὁ 17 βασιλεὺς θρόνον ἐλεφάντινον ὀδόντων μέγαν, καὶ κατεχρύσωσεν αὐτὸν χρυσίῳ δοκίμῳ. ¹⁸ καὶ ἓξ ἀναβαθμοὶ τῷ θρόνῳ ἐνδεδεμένοι χρυσίῳ, 18 καὶ ἀγκῶνες ἔνθεν καὶ ἔνθεν ἐπὶ τοῦ θρόνου τῆς καθέδρας, καὶ δύο λέοντες ἑστηκότες παρὰ τοὺς ἀγκῶνας. ¹⁹ καὶ δώδεκα λέοντες ἑστη- 19 κότες ἐκεῖ ἐπὶ τῶν ἓξ ἀναβαθμῶν ἔνθεν καὶ ἔνθεν· οὐκ ἐγενήθη οὕτως ἐν πάσῃ τῇ βασιλείᾳ. ²⁰ καὶ πάντα τὰ σκεύη τοῦ βασιλέως 20 Σαλωμὼν χρυσίου, καὶ πάντα τὰ σκεύη οἴκου δρυμοῦ τοῦ Λιβάνου χρυσίῳ κατειλημμένα· οὐκ ἦν ἀργύριον λογιζόμενον ἐν ἡμέραις Σαλωμὼν εἰς οὐθέν. ²¹ ὅτι ναῦς τῷ βασιλεῖ ἐπορεύετο εἰς Θαρσεὶς 21 μετὰ τῶν παίδων Χειράμ· ἅπαξ διὰ τριῶν ἐτῶν ἤρχετο πλοῖα ἐκ Θαρσεὶς τῷ βασιλεῖ γέμοντα χρυσίου καὶ ἀργυρίου καὶ ὀδόντων ἐλεφαντίνων καὶ πιθήκων. ²² καὶ ἐμεγαλύνθη Σαλωμὼν ὑπὲρ πάντας 22 τοὺς βασιλεῖς καὶ πλούτῳ καὶ σοφίᾳ. ²³ καὶ πάντες οἱ βασιλεῖς τῆς 23 γῆς ἐζήτουν τὸ πρόσωπον Σαλωμὼν ἀκοῦσαι τῆς σοφίας αὐτοῦ ἧς ἔδωκεν ὁ θεὸς ἐν καρδίᾳ αὐτοῦ. ²⁴ καὶ αὐτοὶ ἔφερον ἕκαστος τὰ 24 δῶρα αὐτοῦ, σκεύη ἀργυρᾶ καὶ σκεύη χρυσᾶ καὶ ἱματισμόν, στακτὴν καὶ ἡδύσματα, ἵππους καὶ ἡμιόνους, τὸ κατ' ἐνιαυτὸν ἐνιαυτόν. ²⁵ καὶ 25 ἦσαν τῷ Σαλωμὼν τέσσαρες χιλιάδες θήλειαι ἵπποι εἰς ἅρματα καὶ δώδεκα χιλιάδες ἱππέων, καὶ ἔθετο αὐτοὺς ἐν πόλεσιν τῶν ἁρμάτων καὶ μετὰ τοῦ βασιλέως ἐν Ἰερουσαλήμ. ²⁶ καὶ ἦν ἡγούμενος πάντων 26 τῶν βασιλέων ἀπὸ τοῦ ποταμοῦ καὶ ἕως γῆς ἀλλοφύλων καὶ ἕως ὁρίων Αἰγύπτου ²⁷ καὶ ἔδωκεν ὁ βασιλεὺς τὸ χρυσίον καὶ τὸ ἀργύ- 27 ριον ἐν Ἰερουσαλὴμ ὡς λίθους, καὶ τὰς κέδρους ὡς συκαμίνους τὰς ἐν τῇ πεδινῇ εἰς πλῆθος. ²⁸ καὶ ἡ ἔξοδος τῶν ἵππων ἐξ Αἰγύπτου 28 τῶν Σαλωμὼν καὶ ἐκ πάσης τῆς γῆς. ²⁹ Καὶ οἱ κατάλοιποι λόγοι 29 Σαλωμὼν οἱ πρῶτοι καὶ οἱ ἔσχατοι, ἰδοὺ γεγραμμένοι ἐπὶ τῶν λόγων

A 15 om καθαροι 2° A   16 χρυσας]+τριακοσιων χρυσων ανεφερετο| επι την ασπιδα εκαστην A | δρυμου] pr του A   18 ανκωνες B* (αγκ. BᵇA) 19 τη βασιλεια] om τη A   20 κατειλημενα A | ουκ] pr και A   21 βασιλει 1°]+Σαλωμων A | απαξ] ξ sup ras Aᵃ | πλοια] πλοιον A | γεμοντα] γεμον A   23 της 1°] perit τ in A | της 2°] s sup ras Aᵃ   24 εφερεν Aᵛⁱᵈ | ιππους] pr και A | om ενιαυτον 2° A   25 χιλιαδες 1°] μυριαδες A | ιπποι] ιππων A   26 γης] pr της A | οριων] οριου A   27 κεδρους] ου sup ras Aᵃᵗ   28 τω Σαλ. Βʹ (Mai) A

ΠΑΡΑΛΕΙΠΟΜΕΝΩΝ Β					X II

Ναθὰν τοῦ προφήτου καὶ ἐπὶ τῶν λόγων Ἀχειὰ τοῦ Σηλωνείτου καὶ B
ἐν ταῖς ὁράσεσιν Ἰωὴλ τοῦ ὁρῶντος περὶ Ἱεροβοὰμ υἱοῦ Ναβάτ.
30 ³⁰καὶ ἐβασίλευσεν Σαλωμὼν ὁ βασιλεὺς ἐπὶ πάντα Ἰσραὴλ τεσσε-
31 ράκοντα ἔτη. ³¹καὶ ἐκοιμήθη Σαλωμών, καὶ ἔθαψαν αὐτὸν ἐν πόλει
Δαυεὶδ τοῦ πατρὸς αὐτοῦ· καὶ ἐβασίλευσεν Ῥοβοὰμ υἱὸς αὐτοῦ ἀντ' αὐτοῦ.
X 1 ¹Καὶ ἦλθεν Ῥοβοὰμ εἰς Συχέμ, ὅτι εἰς Συχὲμ ἤρχετο πᾶς Ἰσραὴλ
2 βασιλεῦσαι αὐτόν. ²καὶ ἐγένετο ὡς ἤκουσεν Ἱεροβοὰμ υἱὸς Ναβάτ,
καὶ αὐτὸς ἐν Αἰγύπτῳ, ὡς ἔφυγεν ἀπὸ προσώπου Σαλωμὼν τοῦ
βασιλέως καὶ κατῴκησεν Ἱεροβοὰμ ἐν Αἰγύπτῳ, καὶ ἀπέστρεψεν
3 Ἱεροβοὰμ ἐξ Αἰγύπτου. ³καὶ ἀπέστειλεν καὶ ἐκάλεσεν αὐτόν· καὶ
ἦλθεν Ἱεροβοὰμ καὶ πᾶσα ἡ ἐκκλησία ἦλθον πρὸς Ῥοβοὰμ λέγοντες
4 ⁴Ὁ πατήρ σου ἐσκλήρυνεν τὸν ζυγὸν ἡμῶν, καὶ νῦν ἄφες ἀπὸ τῆς
δουλείας τοῦ πατρός σου τῆς σκληρᾶς καὶ ἀπὸ τοῦ ζυγοῦ αὐτοῦ τοῦ
5 βαρέος οὗ ἔδωκεν ἐφ' ἡμᾶς, καὶ δουλεύσομέν σοι. ⁵καὶ εἶπεν αὐτοῖς
Πορεύεσθε ἕως τριῶν ἡμερῶν, καὶ ἔρχεσθε πρός μέ· καὶ ἀπῆλθεν ὁ
6 λαός. ⁶καὶ συνήγαγεν ὁ βασιλεὺς Ῥοβοὰμ τοὺς πρεσβυτέρους τοὺς
ἑστηκότας ἐναντίον Σαλωμὼν τοῦ πατρὸς αὐτοῦ ἐν τῷ ζῆν αὐτὸν
λέγων, Πῶς ὑμεῖς βούλεσθε τοῦ ἀποκριθῆναι τῷ λαῷ τούτῳ λόγον;
7 ⁷καὶ ἐλάλησαν αὐτῷ λέγοντες Ἐὰν ἐν τῇ σήμερον γένῃ εἰς ἀγαθὸν
τῷ λαῷ τούτῳ, καὶ εὐδοκήσῃς καὶ λαλήσῃς αὐτοῖς λόγους ἀγαθούς,
8 καὶ ἔσονταί σοι παῖδες πάσας τὰς ἡμέρας. ⁸καὶ κατέλιπεν τὴν
βουλὴν τῶν πρεσβυτέρων οἳ συνεβουλεύσαντο αὐτῷ, καὶ συνεβου-
λεύσατο μετὰ τῶν παιδαρίων τῶν συνεκτραφέντων μετ' αὐτοῦ τῶν
9 ἑστηκότων ἐναντίον αὐτοῦ. ⁹καὶ εἶπεν αὐτοῖς Τί ὑμεῖς βούλεσθε
καὶ ἀποκριθήσομαι λόγον τῷ λαῷ τούτῳ, οἳ ἐλάλησαν πρός με λέ-
10 γοντες Ἄνες ἀπὸ τοῦ ζυγοῦ οὗ ἔδωκεν ὁ πατήρ σου ἐφ' ἡμᾶς; ¹⁰καὶ
ἐλάλησαν αὐτῷ τὰ παιδάρια τὰ ἐκτραφέντα μετ' αὐτοῦ Οὕτως λαλή-
σεις τῷ λαῷ τῷ λαλήσαντι πρὸς σὲ λέγων Ὁ πατήρ σου ἐβάρυνεν
τὸν ζυγὸν ἡμῶν καὶ σὺ ἄφες ἀφ' ἡμῶν, οὕτως ἐρεῖς Ὁ μικρὸς
11 δάκτυλός μου παχύτερος τῆς ὀσφύος τοῦ πατρός μου. ¹¹καὶ νῦν ὁ
πατήρ μου ἐπαίδευσεν ὑμᾶς ζυγῷ βαρεῖ, καὶ ἐγὼ προσθήσω ἐπὶ τὸν
ζυγὸν ἡμῶν· ὁ πατήρ μου ἐπαίδευσεν ὑμᾶς ἐν μάστιξιν, καὶ ἐγὼ

29 Αχια A | Σηλωνιτου A   30 τεσσαρακ. Bᵗ   X 2 ηκουσεν] η sup A
ras Aᵃ | υιος] s sup ras Aᵃ | απο] απ sup ras Aᵃ   2—3 βοαμ| εν Αιγυπτω
και απεστρεψεν Ιεροβοαμ εξ| Αιγυπτου· και απεστειλαν (sic) και εκαλεσαν (sic)
αυτο | sup ras Aᵃ? (om και απεστρεψεν. .Αιγυπτου A*ᵛⁱᵈ)   3 ηλθον] Ισλ
A | Ροβοαμ] pr βασιλεα A   4 δουλιας A   5 πορευεσθαι A |
ερχεσθαι A   8 κατελειπεν A   9 τω λαω| τουτω λογον A   11 ημων]
υμων A | μαστιγξιν B* (μαστιξιν BᵇA: item 14)

77

ΠΑΡΑΛΕΙΠΟΜΕΝΩΝ Β

B παιδεύσω ὑμᾶς ἐν σκορπίοις. ¹²καὶ ἦλθεν Ἱεροβοὰμ καὶ πᾶς ὁ 12
λαὸς πρὸς Ῥοβοὰμ τῇ ἡμέρᾳ τῇ τρίτῃ ὡς ἐλάλησεν ὁ βασιλεὺς
λέγων Ἐπιστρέψατε πρὸς μὲ τῇ ἡμέρᾳ τῇ τρίτῃ. ¹³καὶ ἀπεκρίθη 13
ὁ βασιλεὺς σκληρά, καὶ ἐνκατέλιπεν ὁ βασιλεὺς Ῥοβοὰμ τὴν βου-
λὴν τῶν πρεσβυτέρων, ¹⁴καὶ ἐλάλησεν πρὸς αὐτοὺς κατὰ τὴν βουλὴν 14
τῶν νεωτέρων λέγων Ὁ πατήρ μου ἐβάρυνεν τὸν ζυγὸν ἡμῶν, καὶ
ἐγὼ προσθήσω ἐπ' αὐτόν· ὁ πατήρ μου ἐπαίδευσεν ὑμᾶς ἐν μά-
στιξιν, καὶ ἐγὼ παιδεύσω ὑμᾶς ἐν σκορπίοις. ¹⁵καὶ οὐκ ἤκουσεν 15
ὁ βασιλεὺς τοῦ λαοῦ, ὅτι ἦν μεταστροφὴ παρὰ τοῦ θεοῦ λέγων
Ἀνέστησεν Κύριος τὸν λόγον αὐτοῦ ὃν ἐλάλησεν ἐν χειρὶ Ἀχειὰ
τοῦ Σηλωνείτου περὶ Ἱεροβοὰμ υἱοῦ Ναβὰτ ¹⁶καὶ παντὸς Ἰσραήλ, 16
ὅτι οὐκ ἤκουσεν ὁ βασιλεὺς αὐτῶν. καὶ ἀπεκρίθη ὁ λαὸς πρὸς τὸν
βασιλέα λέγων Τίς ἡμῶν μερὶς ἐν Δαυεὶδ καὶ κληρονομία ἐν υἱῷ
Ἰεσσαί; εἰς τὰ σκηνώματά σου, Ἰσραήλ· νῦν βλέπε τὸν οἶκόν σου,
Δαυείδ. καὶ ἐπορεύθη πᾶς Ἰσραὴλ εἰς τὰ σκηνώματα αὐτοῦ. ¹⁷καὶ 17
ἄνδρες Ἰσραὴλ καὶ οἱ κατοικοῦντες ἐν πόλεσιν Ἰούδα καὶ ἐβασί-
λευσεν ἐπ' αὐτῶν Ἱεροβοάμ. ¹⁸καὶ ἀπέστειλεν ἐπ' αὐτοὺς Ῥοβοὰμ 18
τὸν Ἀδωνειρὰμ τὸν ἐπὶ τοῦ φόρου, καὶ ἐλιθοβόλησαν οἱ υἱοὶ Ἰσραὴλ
αὐτὸν λίθοις καὶ ἀπέθανεν· καὶ ὁ βασιλεὺς Ἱεροβοὰμ ἔσπευσεν τοῦ
ἀναβῆναι εἰς τὸ ἅρμα τοῦ φυγεῖν εἰς Ἱερουσαλήμ. ¹⁹καὶ ἠθέτησεν 19
Ἰσραὴλ ἐν τῷ οἴκῳ Δαυεὶδ ἕως τῆς ἡμέρας ταύτης.

¹Καὶ ἦλθεν Ῥοβοὰμ εἰς Ἱερουσαλήμ, καὶ ἐξεκκλησίασεν τὸν 1 XI
Ἰούδαν καὶ Βενιαμείν, ἑκατὸν ὀγδοήκοντα χιλιάδες νεανίσκων ποι-
ούντων πόλεμον· καὶ ἐπολέμει πρὸς Ἰσραὴλ τοῦ ἐπιστρέψαι τὴν
βασιλείαν τῷ Ῥοβοάμ. ²καὶ ἐγένετο λόγος Κυρίου πρὸς Σαμαίαν 2
ἄνθρωπον τοῦ θεοῦ λέγων ³Εἰπὸν πρὸς Ῥοβοὰμ τὸν τοῦ Σαλωμὼν 3
καὶ πάντα Ἰούδαν καὶ Βενιαμεὶν λέγων ⁴Τάδε λέγει Κύριος Οὐκ ἀνα- 4
βήσεσθε καὶ οὐ πολεμήσετε πρὸς τοὺς ἀδελφοὺς ὑμῶν· ἀποστρέφετε
ἕκαστος εἰς τὸν οἶκον αὐτοῦ, ὅτι παρ' ἐμοῦ ἐγένετο τὸ ῥῆμα τοῦτο.
καὶ ἐπήκουσαν τοῦ λόγου Κυρίου, καὶ ἀπεστράφησαν τοῦ μὴ πορευ-

A 13 εγκατελιπεν B^b εγκατελειπεν A 14 ημων] υμων B^{ab}A | και εγω (1°)] καγω A | om και 3° A 15 Αχεια] Χια Λ* Αχια A¹ | Σηλωνιτου A 16 ημων] ημιν A | εις] pr αποτρεχε A | βλεπε] in λ ras aliq B² | και 4°] κ sup ras B² 17 om και 2°, 3° A | εβασιλευσεν επ αυτων] εβασιλευσαν| εφ εαυτων A | Ιεροβοαμ] τον Ροβοαμ A 18 om επ αυτους A | Ροβοαμ] pr ο βασιλευς A | Αδωνειραμ] Αδωραμ A | ελιθοβολ.]+αυτον A | Ιεροβοαμ] Ρο-βοαμ A | εις (1°? 2°?)] in s med ras aliq B²   XI 1 χιλιαδας A | τω Ροβοαμ] εαυτω A 3 παντα] pr προς A | Ιουδα A 4 αναβησεσθε] αναβησεται A | και ου] ουδε A | πολεμησεται A | αποστραφητε A | επηκουσαν] υπηκουσαν A

ΠΑΡΑΛΕΙΠΟΜΕΝΩΝ Β　　XI 21

5 θῆναι ἐπὶ Ἱεροβοάμ. ⁵καὶ κατῴκησεν Ῥοβοὰμ εἰς Ἱερουσαλήμ, καὶ Β
6 ᾠκοδόμησεν πόλεις τειχήρεις ἐν τῇ Ἰουδαίᾳ. ⁶καὶ ᾠκοδόμησεν τὴν
7 Βαιθσέεμ καὶ Ἀπὰν καὶ Θεκῶε, ⁷καὶ Βαιθσουρὰ καὶ τὴν Σοκχὼθ
8 καὶ τὴν Ὀδολάμ, ⁸καὶ τὴν Γὲθ καὶ τὴν Μαρεισὰν καὶ τὴν Ζείβ,
9 ⁹καὶ τὴν Ἀδωραὶ καὶ Λαχεὶς καὶ τὴν Ἀζηκά, ¹⁰καὶ τὴν Σαραὰ καὶ
10
τὴν Ἀλδὼν καὶ τὴν Χεβρὼν ἥ ἐστιν τοῦ Ἰούδα καὶ Βενιαμείν, πόλεις
11 τειχήρεις. ¹¹καὶ ὠχύρωσεν αὐτὰς τειχήρεις, καὶ ἔδωκεν ἐν αὐτοῖς
12 ἡγουμένους καὶ παραθέσεις βρωμάτων, ἔλαιον καὶ οἶνον, ¹²κατὰ
πόλιν καὶ κατὰ πόλιν θυρεοὺς καὶ δόρατα, καὶ κατίσχυσεν αὐτὰς
13 εἰς πλῆθος σφόδρα· καὶ ἦσαν αὐτῷ Ἰουδὰ καὶ Βενιαμείν. ¹³καὶ οἱ
Λευεῖται καὶ οἱ ἱερεῖς οἱ ἦσαν ἐν παντὶ Ἰσραὴλ συνήχθησαν πρὸς
14 αὐτὸν ἐκ πάντων τῶν ὁρίων· ¹⁴ὅτι ἐνκατέλιπον οἱ Λευεῖται τὰ
σκηνώματα τῆς κατασχέσεως αὐτῶν καὶ ἐπορεύθησαν πρὸς Ἰουδὰ
εἰς Ἰερουσαλήμ, ὅτι ἐξέβαλλεν αὐτοὺς Ἱεροβοὰμ καὶ οἱ υἱοὶ αὐτοῦ
15 μὴ λειτουργεῖν Κυρίῳ ¹⁵καὶ κατέστησεν αὐτῷ ἱερεῖς τῶν ὑψηλῶν
καὶ τοῖς εἰδώλοις καὶ τοῖς ματαίοις καὶ τοῖς μόσχοις, ἃ ἐποίησεν
16 Ἱεροβοάμ· ¹⁶καὶ ἐξέβαλεν αὐτοὺς ἀπὸ φυλῶν Ἰσραὴλ οἳ ἔδωκαν
καρδίαν αὐτῶν τοῦ ζητῆσαι Κύριον θεὸν Ἰσραήλ, καὶ ἦλθον εἰς
17 Ἰερουσαλὴμ θῦσαι Κυρίῳ θεῷ τῶν πατέρων αὐτῶν. ¹⁷καὶ κατίσχυσαν τὴν βασιλείαν Ἰούδα καὶ κατίσχυσεν Ῥοβοὰμ τὸν τοῦ
Σαλωμὼν εἰς ἔτη τρία, ὅτι ἐπορεύθη ἐν ταῖς ὁδοῖς Δαυεὶδ καὶ
18 Σαλωμὼν ἔτη τρία. ¹⁸καὶ ἔλαβεν ἑαυτῷ Ῥοβοὰμ γυναῖκα τὴν
Μολλὰθ θυγατέρα Ἱεριμοὺθ υἱοῦ Δαυείδ, Βαίαν θυγατέρα Ἐλιὰν
19 τοῦ Ἰεσσαί. ¹⁹καὶ ἔτεκεν αὐτῷ υἱοὺς τὸν Ἰαοὺθ καὶ τὸν Σαμαρίαν
20 καὶ τὸν Ῥοολλάμ. ²⁰καὶ μετὰ ταῦτα ἔλαβεν ἑαυτῷ τὴν Μααχὰ θυγατέρα Ἀβεσσαλώμ, καὶ ἔτεκεν αὐτῷ τὸν Ἀβιὰ καὶ τὸν Ἰεθθεὶ καὶ
21 τὸν Ζειζὰ καὶ τὸν Ἐμμώθ. ²¹καὶ ἠγάπησεν Ῥοβοὰμ τὴν Μααχαν
θυγατέρα Ἀβεσσαλὼμ ὑπὲρ πάσας τὰς γυναῖκας αὐτοῦ καὶ τὰς παλλακὰς αὐτοῦ, ὅτι γυναῖκας δέκα ὀκτὼ εἶχεν καὶ παλλακὰς τριάκοντα·

5 εις] επι A　　6 Βαιθσεεμ B*A] Βαιθλεεμ Bᵃᵇ [Βηθλεεμ B (Mai)] | A
Απαν] Αιταμ Bᵃᵇ τον Αιτανι A | Θεκωε] pr την A　　7 Βαιθσουρα] pr
την A | Οδολλαμ A　　8 Μαρισαν A | Ζειφ A　　9 Αδωραιμ A
10 Αλδων] Αιαλων A　　11 τειχηρεις] τειχεσιν A | om εν A | βρωματων]
litt ων perier in A　　11—12 οινον κατα πολιν· B　　12 om κατα πολιν και
A | θυρεους] litt θυ perier in A　　13 οι ιερεις και οι Λευιται A
14 εγκατελιπον Bᵇ εγκατελειπον A | Λευειτε (sic) A | Ιουδαν A | εξεβαλεν
BᵇA | μη] pr του A | Κυριω] pr τω A　　16 αυτων 1°] εαυτων A | Κυριον]
pr τον A | θεω] pr τω A　　17 τον του Σ.] ο του Σ. A | om εν A　　18 Μολαθ A | Ιεριμουθ] Ερμουθ A | Βαιαν] Αβαιαν Bᵃᵇᵛⁱᵈ και Αβιαιαλ A | Ελιαν]
Ελιαβ A　　19 ετεκον A | om τον Ιαουθ A | Ροολλαμ] Ζαλαμ A　　20 Ιεθθι A | Ζιζα A | Εμμωθ] Σαλημωθ A　　21 Μααχα A | τριακοντα] εξηκοντα A

ΠΑΡΑΛΕΙΠΟΜΕΝΩΝ Β

B καὶ ἐγέννησεν υἱοὺς εἴκοσι ὀκτὼ καὶ θυγατέρας ἑξήκοντα. ²²καὶ κατέστησεν εἰς ἄρχοντα Ἀβιὰ τὸν τῆς Μααχὰ εἰς ἡγούμενον ἐν τοῖς ἀδελφοῖς αὐτοῦ, ὅτι βασιλεῦσαι διενοεῖτο αὐτόν. ²³καὶ ηὐξήθη παρὰ πάντας τοὺς υἱοὺς αὐτοῦ ἐν πᾶσιν τοῖς ὁρίοις Ἰούδα καὶ Βενιαμεὶν καὶ ἐν ταῖς πόλεσιν ταῖς ὀχυραῖς, καὶ ἔδωκεν αὐταῖς τροφὰς πλῆθος πολύ, καὶ ᾐτήσατο πλῆθος γυναικῶν. ¹Καὶ ἐγένετο ὡς ἡτοιμάσθη ἡ βασιλεία Ῥοβοὰμ καὶ ὡς κατεκρατήθη, ἐνκατέλιπεν τὰς ἐντολὰς Κυρίου καὶ πᾶς Ἰσραὴλ μετ' αὐτοῦ. ²καὶ ἐγένετο ἐν τῷ πέμπτῳ ἔτει τῆς βασιλείας Ῥοβοὰμ ἀνέβη Σουσακεὶμ βασιλεὺς Αἰγύπτου ἐπὶ Ἰερουσαλήμ, ὅτι ἥμαρτον ἐναντίον Κυρίου, ³ἐν χιλίοις καὶ διακοσίοις ἅρμασιν καὶ ἑξήκοντα χιλιάσιν ἵππων, καὶ οὐκ ἦν ἀριθμὸς τοῦ πλήθους τοῦ ἐλθόντος μετ' αὐτοῦ ἐξ Αἰγύπτου, Λίβυες, Τρωγλοδύται καὶ Αἰθίοπες. ⁴καὶ κατεκράτησαν τῶν πόλεων τῶν ὀχυρῶν αἱ ἦσαν ἐν Ἰούδα· καὶ ἦλθεν εἰς Ἰερουσαλήμ ⁵καὶ Σαμμαίας ὁ προφήτης ἦλθεν πρὸς Ῥοβοὰμ καὶ πρὸς τοὺς ἄρχοντας Ἰούδα τοὺς συναχθέντας εἰς Ἰερουσαλὴμ ἀπὸ προσώπου Σουσακεὶμ καὶ εἶπεν αὐτοῖς Οὕτως εἶπεν Κύριος Ὑμεῖς ἐνκατελίπετέ με, κἀγὼ ἐνκαταλείψω ὑμᾶς ἐν χειρὶ Σουσακείμ. ⁶καὶ ᾐσχύνθησαν οἱ ἄρχοντες Ἰσραὴλ καὶ ὁ βασιλεύς, καὶ εἶπαν Δίκαιος ὁ κύριος. ⁷καὶ ἐν τῷ ἰδεῖν Κύριον ὅτι ἐνετράπησαν, καὶ ἐγένετο λόγος Κυρίου πρὸς Σαμμαίαν λέγων Ἐνετράπησαν· οὐ καταφθερῶ αὐτούς, καὶ δώσω αὐτοὺς ὡς μικρὸν εἰς σωτηρίαν, καὶ οὐ μὴ στάξῃ ὁ θυμός μου ἐν Ἰερουσαλήμ, ⁸ὅτι ἔσονται εἰς παῖδας, καὶ γνώσονται τὴν δουλείαν μου καὶ τὴν δουλείαν τῆς βασιλείας τῆς γῆς. ⁹καὶ ἀνέβη Σουσακεὶμ βασιλεὺς Αἰγύπτου, καὶ ἔλαβεν τοὺς θησαυροὺς τοὺς ἐν οἴκῳ Κυρίου καὶ τοὺς θησαυροὺς τοὺς ἐν οἴκῳ τοῦ βασιλέως, τὰ πάντα ἔλαβεν· καὶ ἔλαβεν τοὺς θυρεοὺς τοὺς χρυσοῦς οὓς ἐποίησεν Σαλωμών. ¹⁰καὶ ἐποίησεν Ῥοβοὰμ θυρεοὺς χαλκοῦς ἀντ' αὐτῶν· καὶ κατέστησεν ἐπ' αὐτὸν Σουσακεὶμ ἄρχοντας παρατρεχόντων τοὺς φυλάσσοντας τὸν πυλῶνα τοῦ βασιλέως. ¹¹καὶ ἐγένετο ἐν τῷ εἰσελθεῖν τὸν βασιλέα εἰς οἶκον Κυρίου, εἰσεπορεύοντο οἱ φυλάσσοντες καὶ οἱ παρατρέχοντες καὶ οἱ ἐπιστρέφοντες εἰς ἀπάντησιν τῶν παρατρεχόντων. ¹²καὶ ἐν τῷ ἐντραπῆναι αὐτὸν ἀπεστράφη ἀπ' αὐτοῦ ὀργὴ Κυρίου, καὶ οὐκ εἰς καταφθορὰν

A 22 Αβια] pr Ροβοαμ' | τον A   XII 1 βασιλια A | εγκατελιπεν Bᵇ εγκατελειπεν A   2 Ιερουσαλημ] Ἰσλ A   3 Τρωγοδυται B 4 Ιουδα] in o med ras aliq B? | ηλθον A   5 Σαμαιας A | εγκατελιπετε Bᵇ εγκατελειπατε A | εγκαταλειψω BᵇA   6 Ισραηλ] Ιουδα A   7 Σαμαιαν A | εν 2°] επι A   8 δουλιαν A (bis)   12 οργη] pr η A

ΠΑΡΑΛΕΙΠΟΜΕΝΩΝ Β XIII 9

13 εἰς τέλος· καὶ γὰρ ἐν Ἰούδᾳ ἦσαν λόγοι ἀγαθοί. ¹³καὶ κατίσχυσεν Β Ῥοβοὰμ ἐν Ἰερουσαλὴμ καὶ ἐβασίλευσεν καὶ τεσσεράκοντα καὶ ἑνὸς ἐτῶν Ῥοβοὰμ ἐν τῷ βασιλεῦσαι αὐτόν, καὶ ἑπτὰ καὶ δέκα ἔτη ἐβασίλευσεν ἐν Ἰερουσαλήμ, ἐν τῇ πόλει ᾗ ἐξελέξατο Κύριος ἐπονομάσαι τὸ ὄνομα αὐτοῦ ἐκεῖ ἐκ πασῶν φυλῶν υἱῶν Ἰσραήλ· καὶ 14 ὄνομα τῆς μητρὸς αὐτοῦ Νοομμὰ ἡ Ἀμμανεῖτις. ¹⁴καὶ ἐποίησεν τὸ πονηρόν, ὅτι οὐ κατεύθυνεν τὴν καρδίαν αὐτοῦ ἐκζητῆσαι τὸν κύριον. 15 ¹⁵καὶ λόγοι Ῥοβοὰμ οἱ πρῶτοι καὶ οἱ ἔσχατοι οὐκ ἰδοὺ γεγραμμένοι ἐν τοῖς λόγοις Σαμμαία τοῦ προφήτου καὶ Ἀδὼ τοῦ ὁρῶντος, καὶ πράξεις αὐτοῦ; καὶ ἐπολέμει Ῥοβοὰμ τὸν Ἰεροβοὰμ πάσας τὰς 16 ἡμέρας. ¹⁶καὶ ἀπέθανεν Ῥοβοὰμ καὶ ἐτάφη μετὰ τῶν πατέρων αὐτοῦ, καὶ ἐτάφη ἐν πόλει Δαυείδ· καὶ ἐβασίλευσεν Ἀβιὰ υἱὸς αὐτοῦ ἀντ' αὐτοῦ.

III 1 ¹Ἐν τῷ ὀκτωκαιδεκάτῳ ἔτει τῆς βασιλείας Ἰεροβοὰμ ἐβασίλευσεν 2 Ἀβιὰ ἐπὶ Ἰσραήλ. ²ἔτη τρία ἐβασίλευσεν ἐν Ἰερουσαλήμ, καὶ ὄνομα τῇ μητρὶ αὐτοῦ Μααχὰ θυγάτηρ Οὐριὴλ ἀπὸ Γαβαών· καὶ 3 πόλεμος ἦν ἀνὰ μέσον Ἀβιὰ καὶ ἀνὰ μέσον Ἰεροβοάμ. ³καὶ παρετάξατο Ἀβιὰ ἐν δυνάμει πολεμισταῖς δυνάμεως τετρακοσίαις χιλιάσιν ἀνδρῶν δυνατῶν· καὶ Ἰεροβοὰμ παρετάξατο πρὸς αὐτὸν πόλεμον ἐν 4 ὀκτακοσίαις χιλιάσιν, δυνατοὶ πολεμισταὶ δυνάμεως. ⁴καὶ ἀνέστη Ἀβιὰ ἀπὸ τοῦ ὄρους Σομορών, ὅ ἐστιν ἐν τῷ ὄρει Ἐφράιμ, καὶ εἶπεν 5 Ἀκούσατε, Ἰεροβοὰμ καὶ πᾶς Ἰσραήλ. ⁵οὐχ ὑμῖν γνῶναι ὅτι Κύριος ὁ θεὸς Ἰσραὴλ ἔδωκεν βασιλέα ἐπὶ τὸν Ἰσραὴλ εἰς τὸν αἰῶνα τῷ 6 Δαυεὶδ καὶ τοῖς υἱοῖς αὐτοῦ διαθήκη ἁλός; ⁶καὶ ἀνέστη Ἰεροβοὰμ ὁ τοῦ Ναβὰτ ὁ παῖς Σαλωμὼν τοῦ Δαυεὶδ καὶ ἀνέστη ἀπὸ τοῦ κυρίου 7 αὐτοῦ. ⁷καὶ συνήχθησαν πρὸς αὐτὸν ἄνδρες λοιμοὶ υἱοὶ παράνομοι, καὶ ἀνέστη πρὸς Ῥοβοὰμ τὸν τοῦ Σαλωμών, καὶ Ῥοβοὰμ ἦν νεώτερος 8 καὶ δειλὸς τῇ καρδίᾳ, καὶ οὐκ ἀντέστη κατὰ πρόσωπον αὐτοῦ. ⁸καὶ νῦν λέγετε ὑμεῖς ἀντιστῆναι κατὰ πρόσωπον βασιλείας Κυρίου διὰ χειρὸς υἱῶν Δαυείδ· καὶ ὑμεῖς πλῆθος πολύ, καὶ μεθ' ὑμῶν μόσχοι 9 χρυσοῖ οὓς ἐποίησεν ὑμῖν Ἰεροβοὰμ εἰς θεούς. ⁹ἢ οὐκ ἐξεβάλετε

12 Ιουδα] pr τω Α | αγαθοι]+και| αρεστοι εν πασιν Α   13 τεσσαρακ. Α Β^b | om υιων Α | Αμμανιτις Α   14 αυτου] εαυτου Α | τον κυριον] om τον Α   15 Σαμαια Α | Αδω Α | πραξεις] pr αι Α | τον Ιεροβοαμ] προς Ι. Α 16 αυτου 1°] εαυτου Α | om και εταφη (2°) Α   XIII 1 Ισραηλ] Ιουδαν Α   2 τρια ετη Α   3 Αβια]+ τον πολεμον Α | δυνατοι πολεμισται] δυνατων πολεμιστων Α   5 υμι Α* (υμιν Α^{a?}) | εδωκεν] δεδωκεν Α | διαθηκην Α   6 του Δαυειδ] τω Δαδ Α | ανεστη 2°] απεστη Α | αυτου] εαυτου Α   7 ανεστη] αντεστη Α | τον του Σ.] υιον Σ. Α   8 χρυσοι] πολλοι (πολλ sup ras) Α^a   9 εξεβαλετο Α

SEPT. II.   81   F

Β τοὺς ἱερεῖς Κυρίου τοὺς υἱοὺς Ἀαρὼν καὶ τοὺς Λευείτας, καὶ ἐποιήσατε ἑαυτοῖς ἱερεῖς ἐκ τοῦ λαοῦ τῆς γῆς πάσης; ὁ προσπορευόμενος πληρῶσαι τὰς χεῖρας ἐκ μόσχων ἐκ βοῶν καὶ κριοῖς ἑπτά, καὶ ἐγίνετο εἰς ἱερέα τῷ μὴ ὄντι θεῷ ¹⁰καὶ ἡμεῖς Κύριον τὸν θεὸν ἡμῶν οὐκ ἐνκα- 10 τελίπομεν, καὶ οἱ ἱερεῖς αὐτοῦ λειτουργοῦσιν τῷ κυρίῳ οἱ υἱοὶ Ἀαρὼν καὶ οἱ Λευεῖται ἐν ταῖς ἐφημερίαις αὐτῶν· ¹¹θυμιῶσιν τῷ κυρίῳ 11 ὁλοκαύτωμα πρωὶ καὶ δείλης καὶ θυμίαμα συνθέσεως, καὶ προθέσεις ἄρτων ἐπὶ τῆς τραπέζης τῆς καθαρᾶς, καὶ ἡ λυχνία ἡ χρυσῆ καὶ οἱ λυχνοὶ τῆς καύσεως ἀνάψαι δείλης· ὅτι φυλάσσομεν ἡμεῖς τὰς φυλακὰς Κυρίου τοῦ θεοῦ τῶν πατέρων ἡμῶν, καὶ ὑμεῖς ἐνκατελίπετε αὐτόν. ¹²καὶ ἰδοὺ μεθ' ἡμῶν ἐν ἀρχῇ Κύριος καὶ οἱ ἱερεῖς αὐτοῦ 12 καὶ αἱ σάλπιγγες τῆς σημασίας τοῦ σημαίνειν ἐφ' ἡμᾶς· οἱ υἱοὶ τοῦ Ἰσραήλ, πολεμήσετε πρὸς Κύριον θεὸν τῶν πατέρων ἡμῶν, ὅτι οὐκ εὐοδώσεται ὑμῖν. ¹³καὶ Ἰεροβοὰμ ἀπέστρεψεν τὸ ἔνεδρον ἐλθεῖν 13 αὐτῶν ἐκ τῶν ὄπισθεν, καὶ ἐγένετο ἔμπροσθεν Ἰούδα, καὶ τὸ ἔνεδρον ἐκ τῶν ὄπισθεν. ¹⁴καὶ ἀπέστρεψεν Ἰούδας, καὶ ἰδοὺ αὐτοῖς ὁ 14 πόλεμος ἐκ τῶν ἔμπρυσθεν καὶ ἐκ τῶν ὄπισθεν, καὶ ἐβόησαν πρὸς Κύριον, καὶ οἱ ἱερεῖς ἐσάλπισαν ταῖς σάλπιγξιν. ¹⁵καὶ ἐβόησαν ἄνδρες 15 Ἰούδα· καὶ ἐγένετο ἐν τῷ βοᾶν ἄνδρας Ἰουδά, καὶ Κύριος ἐπάταξεν τὸν Ἰεροβοὰμ καὶ τὸν Ἰσραὴλ ἐναντίον Ἀβιὰ καὶ Ἰούδα. ¹⁶καὶ 16 ἔφυγον οἱ υἱοὶ Ἰσραὴλ ἀπὸ προσώπου Ἰούδα, καὶ παρέδωκεν αὐτοὺς Κύριος εἰς τὰς χεῖρας αὐτῶν. ¹⁷καὶ ἐπάταξεν ἐν αὐτοῖς Ἀβιὰ καὶ 17 ὁ λαὸς αὐτοῦ πληγὴν μεγάλην, καὶ ἔπεσον τραυματίαι ἀπὸ Ἰσραὴλ πεντακόσιαι χιλιάδες ἄνδρες δυνατοί. ¹⁸καὶ ἐταπεινώθησαν οἱ υἱοὶ 18 Ἰσραὴλ ἐν τῇ ἡμέρᾳ ἐκείνῃ, καὶ κατίσχυσαν οἱ υἱοὶ Ἰούδα, ὅτι ἤλπισαν ἐπὶ Κύριον θεὸν τῶν πατέρων αὐτῶν. ¹⁹καὶ κατεδίωξεν Ἀβιὰ ὀπίσω 19 Ἰεροβοὰμ καὶ προκατελάβετο παρ' αὐτοῦ πόλεις, τὴν Βαιθὴλ καὶ τὰς κώμας αὐτῆς, καὶ τὴν Κανὰ καὶ τὰς κώμας αὐτῆς, καὶ τὴν Ἐφρὼν καὶ τὰς κώμας αὐτῆς. ²⁰καὶ οὐκ ἔσχεν ἰσχὺν Ἱεροβοὰμ ἔτι πάσας 20

A 9 Λευιτ. A (item 10) | της γης·] A | πασης] πας A | εκ μοσχων] εξ μοσχοις A   10 εγκατελιπομεν Bᵇ ενκαταιλειπομεν (sic) A | οι υιοι] om οι A | εν] pr και A | αυτων] εαυτων A   11 ολοκαυτωματα A | προθεσις A | και 4°] κ sup ras Aᵃ | εγκατελιπετε Bᵇ εγκατελειπατε A   12 αι σαλπ.] om αι A | ημας] υμας A | οι υιοι] pr και A | πολεμησεται A | ενοδω|θησεται A   13 αυτων] αυτω A   14 ο πολεμος αυτοις A | om εκ των εμπροσθεν και A   15 ανδρας Bᵃᵇ (a 2° superscr) A] ανδρες B* cum signo perversae lect   16 τας χειρας] om τας A   17 επεσαν A | χιλιαδες ανδρες] χιλι, s 2° sup ras Aᵃ?   18 αυτων] εαυτων A   19 πολις Bᵛⁱᵈ | τη Βαιθηλ A* (την B. Aᵃ?) | Κανα] Ανα A | κωμας 3°] θυ|γατερας A   20 ετι] επι Aᵛⁱᵈ

ΠΑΡΑΛΕΙΠΟΜΕΝΩΝ Β XIV 11

τὰς ἡμέρας Ἀβιά, καὶ ἐπάταξεν αὐτὸν Κύριος, καὶ ἐτελεύτησεν. ²¹καὶ κατίσχυσεν Ἀβιά, καὶ ἔλαβεν ἑαυτῷ γυναῖκας δέκα τέσσαρας, καὶ ἐγέννησεν υἱοὺς εἴκοσι δύο καὶ θυγατέρας δέκα ἕξ. ²²καὶ οἱ λοιποὶ λόγοι Ἀβιὰ καὶ αἱ πράξεις αὐτοῦ καὶ οἱ λόγοι αὐτοῦ γεγραμμένοι ἐπὶ βιβλίῳ τοῦ προφήτου Ἀδώ.

XIV ¹Καὶ ἀπέθανεν Ἀβιὰ μετὰ τῶν πατέρων αὐτοῦ, καὶ ἔθαψαν αὐτὸν ἐν πόλει Δανείδ· καὶ ἐβασίλευσεν Ἀσὰ υἱὸς αὐτοῦ ἀντ' αὐτοῦ. ²ἐν ταῖς ἡμέραις Ἀσὰ ἡσύχασεν ἡ γῆ Ἰούδα ἔτη δέκα. ²καὶ ἐποίησεν τὸ καλὸν καὶ τὸ εὐθὲς ἐνώπιον Κυρίου θεοῦ αὐτοῦ. ³καὶ ἀπέστησεν τὰ θυσιαστήρια τῶν ἀλλοτρίων καὶ τὰ ὑψηλά, καὶ συνέτριψεν τὰς στήλας καὶ ἐξέκοψεν τὰ ἄλση, ⁴καὶ εἶπεν τῷ Ἰούδᾳ ἐκζητῆσαι τὸν κύριον θεὸν τῶν πατέρων αὐτῶν καὶ ποιῆσαι τὸν νόμον καὶ τὰς ἐντολάς. ⁵καὶ ἀπέστησεν ἀπὸ πασῶν τῶν πόλεων Ἰούδα τὰ θυσιαστήρια καὶ τὰ εἴδωλα, καὶ εἰρήνευσεν. ⁶πόλεις τειχήρεις ἐν γῇ Ἰούδα, ὅτι εἰρήνευσεν ἡ γῆ καὶ οὐκ ἦν αὐτῷ πόλεμος ἐν τοῖς ἔτεσιν τούτοις, ὅτι κατέπαυσεν αὐτῷ Κύριος. ⁷καὶ εἶπεν τῷ Ἰούδᾳ Οἰκοδομήσωμεν τὰς πόλεις ταύτας, καὶ ποιήσωμεν τείχη καὶ πύργους καὶ πύλας καὶ μοχλούς, ἐνώπιον τῆς γῆς κυριεύσομεν· ὅτι καθὼς ἐζητήσαμεν Κύριον θεὸν ἡμῶν, ἐξεζήτησεν ἡμᾶς, καὶ κατέπαυσεν ἡμᾶς κυκλόθεν καὶ εὐόδωσεν ἡμῖν. ⁸καὶ ἐγένετο τῷ Ἀσὰ δύναμις ὁπλοφόρων αἰρόντων θυρεοὺς καὶ δόρατα ἐν γῇ Ἰούδα τριακόσιαι χιλιάδες, καὶ ἐν γῇ Βενιαμεὶν πελτασταὶ καὶ τοξόται διακόσιαι καὶ πεντήκοντα χιλιάδες, πάντες οὗτοι πολεμισταὶ δυνάμεως. ⁹καὶ ἐξῆλθεν ἐπ' αὐτοὺς Ζάρε ὁ Αἰθίοψ ἐν δυνάμει, ἐν χιλιάσιν καὶ ἅρμασιν τριακοσίοις, καὶ ἦλθεν ἕως Μαρισήλ. ¹⁰καὶ ἐξῆλθεν Ἀσὰ εἰς συνάντησιν αὐτῷ, καὶ παρετάξατο πόλεμον ἐν τῇ φάραγγι κατὰ βορρᾶν Μαρείσης. ¹¹καὶ ἐβόησεν Ἀσὰ πρὸς Κύριον θεὸν αὐτοῦ καὶ εἶπεν Κύριε, οὐκ ἀδυνατεῖ παρὰ σοὶ σώζειν ἐν πολλοῖς καὶ ἐν ὀλίγοις· κατίσχυσον ἡμᾶς, Κύριε ὁ θεὸς ἡμῶν, ὅτι ἐπὶ σοὶ πεποίθαμεν, καὶ ἐπὶ τῷ ὀνόματί σου ἤλθαμεν ἐπὶ τὸ πλῆθος τὸ πολὺ τοῦτο· Κύριε ὁ θεὸς ἡμῶν, μὴ κατισχυσάτω πρὸς σὲ ἄνθρωπος.

21 τεσσαρες A   22 Αδδω A   XIV 2 θεου] pr του A | αυτον] A εαυτου A   4 τον κυριον θεον] κν τον θν A | αυτων] εαυτων A   7 ενωπιον] εν ω A | κυριευομεν A | ευωδωσεν B^(ab)   8 om και 5⁰ A | παντες] πεντες A 9 ο Αιθιοψ] om ο A | χιλιασιν] χειλιασιν B* χιλιασιν B^b χιλιαις χιλιασιν A | και ηλθε] και ηλθεν A | Μαρισηλ] Μαρησα A   10 Μαρεισης] Μαρησα A   11 ουκ αδυνατει] ου δυνατει A | πεποιθαμεν] αμ sup ras A^b | ηλθομεν A

ΠΑΡΑΛΕΙΠΟΜΕΝΩΝ Β   XIV 12

B ¹²καὶ ἐπάταξεν Κύριος τοὺς Αἰθίοπας ἐναντίον Ἰούδα, καὶ ἔφυγον 12 (11) Αἰθίοπες, ¹³καὶ κατεδίωξεν Ἀσὰ καὶ ὁ λαὸς αὐτοῦ ἕως Γεδώρ· καὶ 13 (12) ἔπεσον Αἰθίοπες ὥστε μὴ εἶναι ἐν αὐτοῖς περιποίησιν, ὅτι συνετρίβησαν ἐνώπιον Κυρίου καὶ ἐναντίον τῆς δυνάμεως αὐτοῦ· καὶ ἐσκύλευσαν σκῦλα πολλά. ¹⁴καὶ ἐξέκοψαν τὰς κώμας αὐτῶν κύκλῳ 14 (13) Γεδώρ, ὅτι ἐγενήθη ἔκστασις Κυρίου ἐπ' αὐτούς, καὶ ἐσκύλευσαν πάσας τὰς πόλεις αὐτοῦ, ὅτι πολλὰ σκῦλα ἐγενήθη αὐτοῖς· ¹⁵καί 15 (14) γε σκηνὰς κτήσεων, τοὺς Ἀμαζονεῖς, ἐξέκοψαν, καὶ ἔλαβον πρόβατα πολλὰ καὶ καμήλους, καὶ ἐπέστρεψαν εἰς Ἰερουσαλήμ.   ¹Καὶ 1 XV Ἀζαρίας υἱὸς Ὠδήδ, ἐγένετο ἐπ' αὐτὸν πνεῦμα Κυρίου. ²καὶ ἐξῆλθεν 2 εἰς ἀπάντησιν αὐτῶν ἐν παντὶ Ἰούδα καὶ Βενιαμείν, καὶ εἶπεν Κύριος μεθ' ὑμῶν ἐν τῷ εἶναι ἡμᾶς μετ' αὐτοῦ· καὶ ἐὰν ἐκζητήσητε αὐτόν, εὑρεθήσεται ὑμῖν· καὶ ἐὰν καταλίπητε αὐτόν, ἐνκαταλείψει ὑμᾶς. ³καὶ ἡμέραι πολλαὶ τῷ Ἰσραὴλ ἐν οὐ θεῷ ἀληθινῷ καὶ ἐν 3 οὐ νόμῳ. ⁴καὶ ἐπιστρέψει αὐτοὺς ἐπὶ Κύριον θεὸν Ἰσραήλ, καὶ 4 εὑρεθήσεται αὐτοῖς. ⁵καὶ ἐν ἐκείνῳ τῷ καιρῷ οὐκ ἔστιν εἰρήνη 5 τῷ εἰσπορευομένῳ καὶ τῷ ἐκπορευομένῳ, ὅτι ἔκστασις Κυρίου ἐπὶ πάντας τοὺς κατοικοῦντας χώρας. ⁶καὶ πολεμήσει ἔθνος πρὸς ἔθνος 6 καὶ πύλις πρὸς πόλιν, ὅτι ὁ θεὸς ἐξέστησεν αὐτοὺς ἐν πάσῃ θλίψει. ⁷καὶ ὑμεῖς ἰσχύσατε καὶ μὴ ἐκλυέσθωσαν αἱ χεῖρες ὑμῶν, ὅτι ἔστιν 7 μισθὸς τῇ ἐργασίᾳ ὑμῶν. ⁸καὶ ἐν τῷ ἀκοῦσαι τοὺς λόγους τούτους 8 καὶ τὴν προφητείαν Ἀδὰδ τοῦ προφήτου, καὶ κατίσχυσεν καὶ ἐξέβαλεν τὰ βδελύγματα ἀπὸ πάσης τῆς γῆς Ἰούδα καὶ Βενιαμεὶν καὶ ἀπὸ τῶν πόλεων ὧν κατέσχεν ἐν ὄρει Ἐφράιμ, καὶ ἀνεκαίνισεν τὸ θυσιαστήριον Κυρίου ὃ ἦν ἔμπροσθεν τοῦ ναοῦ Κυρίου. ⁹καὶ ἐξεκκλησίασεν 9 τὸν Ἰούδαν καὶ Βενιαμεὶν καὶ τοὺς προσηλύτους τοὺς παροικοῦντας μετ' αὐτοῦ ἀπὸ Ἐφράιμ καὶ ἀπὸ Μανασσῆ καὶ ἀπὸ Συμεών, ὅτι προσετέθησαν πρὸς αὐτὸν πολλοὶ τοῦ Ἰσραὴλ ἐν τῷ ἰδεῖν αὐτοὺς ὅτι Κύριος ὁ θεὸς αὐτοῦ μετ' αὐτοῦ. ¹⁰καὶ συνήχθησαν εἰς Ἰερου- 10 σαλὴμ ἐν τῷ μηνὶ τῷ τρίτῳ ἐν τῷ πεντεκαιδεκάτῳ ἔτει τῆς βασιλείας Ἀσά. ¹¹καὶ ἔθυσεν τῷ κυρίῳ ἐν ἐκείνῃ τῇ ἡμέρᾳ ὧν ἤνεγκεν, μόσχους 11

A   12 Αιθιοπας] in Αι ras aliq Β' | Αιθιοπες] pr οι A   13 περιποιησειν A | ενωπιον] εναντιον A   XV 1 Ωδηδ] Αδαδ A   2 αυτων] Ασα A | εν 1°] και A | ειπεν]+ακουσατε μου Ασα και πας Ιουδας και Βενιαμειν· A | ημας] υμας A | καταλιπητε] εγκαταλειπητε A | εγκαταλειψει B^{ab}A (-ψι)   3 και 2°] pr και ουχ ιε|ρεως υποδεικνυοντος· A   5 om και τω εκπορευομενω A | χωρας] pr τας A   6 πολις] πολεις A   8 προφητιαν A | Αδαδ] Αζαριου A   9 τον Ιουδαν εν τω ιδειν resci A'   11 εθυσαν A | ων] pr απο των σκυλων A | ηνεγκαν A

12 ἑπτακοσίους καὶ πρόβατα ἑπτακισχίλια. ¹²καὶ διῆλθεν ἐν διαθήκῃ
ζητῆσαι Κύριον θεὸν τῶν πατέρων αὐτῶν ἐξ ὅλης τῆς καρδίας καὶ
13 ἐξ ὅλης τῆς ψυχῆς. ¹³καὶ πᾶς ὃς ἐὰν μὴ ἐκζητήσῃ Κύριον θεὸν
Ἰσραήλ, ἀποθανεῖται ἀπὸ νεωτέρου ἕως πρεσβυτέρου, ἀπὸ ἀνδρὸς
14 ἕως γυναικός. ¹⁴καὶ ὤμοσαν ἐν Κυρίῳ ἐν φωνῇ μεγάλῃ καὶ ἐν
15 σάλπιγξιν. ¹⁵καὶ ηὐφράνθησαν πᾶς Ἰουδὰ περὶ τοῦ ὅρκου, ὅτι ἐξ
ὅλης τῆς ψυχῆς ὤμοσαν, καὶ ἐν πάσῃ θελήσει ἐζήτησαν αὐτόν, καὶ
16 εὑρέθη αὐτοῖς, καὶ κατέπαυσεν αὐτοῖς Κύριος κυκλόθεν. ¹⁶καὶ τὴν
Μααχὰ τὴν μητέρα αὐτοῦ μετέστησεν τοῦ μὴ εἶναι τῇ Ἀστάρτῃ
λειτουργοῦσαν, καὶ κατέκοψεν τὸ εἴδωλον καὶ κατέκαυσεν ἐν χειμάρρῳ
17 Κεδρών. ¹⁷πλὴν τὰ ὑψηλὰ οὐκ ἀπέστησαν, ἔτι ὑπῆρχεν ἐν τῷ
Ἰσραήλ· ἀλλ' ἡ καρδία Ἀσὰ ἐγένετο πλήρης πάσας τὰς ἡμέρας αὐτοῦ.
18 ¹⁸καὶ εἰσήνεγκεν τὰ ἅγια Δαυεὶδ τοῦ πατρὸς αὐτοῦ καὶ τὰ ἅγια οἴκου
19 Κυρίου τοῦ θεοῦ, ἀργύριον καὶ χρυσίον καὶ σκεύη. ¹⁹καὶ πόλεμος
οὐκ ἦν μετ' αὐτοῦ ἕως τοῦ πέμπτου καὶ τριακοστοῦ ἔτους τῆς βασιλείας
XVI 1 Ἀσά. ¹Καὶ ἐν τῷ ὀγδόῳ καὶ τριακοστῷ ἔτει τῆς βασιλείας Ἀσὰ
ἀνέβη Βαασὰ βασιλεὺς Ἰσραὴλ ἐπὶ Ἰούδαν, καὶ ᾠκοδόμησεν τὴν
Ῥαμὰ τοῦ μὴ δοῦναι ἔξοδον καὶ εἴσοδον τῷ Ἀσὰ βασιλεῖ Ἰούδα.
2 ²καὶ ἔλαβεν Ἀσὰ χρυσίον καὶ ἀργύριον ἐκ θησαυρῶν οἴκου Κυρίου
καὶ οἴκου τοῦ βασιλέως, καὶ ἀπέστειλεν πρὸς τὸν υἱὸν τοῦ Ἀδὲρ
3 βασιλέως Συρίας τὸν κατοικοῦντα ἐν Δαμασκῷ λέγων ³Διάθου
διαθήκην ἀνὰ μέσον ἐμοῦ καὶ σοῦ, καὶ ἀνὰ μέσον τοῦ πατρός μου
καὶ ἀνὰ μέσον τοῦ πατρός σου· ἰδοὺ ἀπέσταλκά σοι χρυσίον καὶ
ἀργύριον, δεῦρο καὶ διασκέδασον ἀπ' ἐμοῦ τὸν Βαασὰ βασιλέα
4 Ἰσραήλ, καὶ ἀπελθέτω ἀπ' ἐμοῦ. ⁴καὶ ἤκουσεν υἱὸς Ἀδὲρ τοῦ
βασιλέως Ἀσά, καὶ ἀπέστειλεν πρὸς τοὺς ἄρχοντας τῆς δυνάμεως
αὐτοῦ ἐπὶ τὰς πόλεις Ἰσραήλ, καὶ ἐπάταξεν τὴν Ἰὼ καὶ τὴν Δανὼ
5 καὶ τὴν Ἀβελμὰν καὶ πάσας τὰς περιχώρους Νεφθαλεί. ⁵καὶ ἐγένετο
ἐν τῷ ἀκοῦσαι Ἀβαασά, ἀπέλιπεν τοῦ μηκέτι οἰκοδομεῖν τὴν Ῥαμὰ
6 καὶ κατέπαυσεν τὸ ἔργον αὐτοῦ. ⁶καὶ Ἀσὰ ὁ βασιλεὺς ἔλαβεν
πάντα τὸν Ἰουδά, καὶ ἔλαβεν τοὺς λίθους τῆς Ῥαμὰ καὶ τὰ ξύλα

11 επτακοσιους] επτα·| κριους A | επτακισχιλια] επτα χιλιαδας·| A 13 ος] A ο A | απο 2°] pr και A 14 ωμοσεν A | Κυριω] pr τω A | σαλπιγξιν]+και εν κερατιναις A 15 ψυχης]+αυτων A | και 2°] και| A | κυκλωθεν B* (κυκλοθεν B^{ab}) 16 om μη A 17 απεστησαν] εξηρα| A | Ισραηλ] pr Ιουδα και A XVI 1 μη δουναι] μηδου· και A 3 σου 1°] pr ανα μεσον A 4 om προς A | Ιω] Αιων A | Δανω] Δαν A | Αβελμαιν A | Νεφθαλι A 5 Αβαασα] Βαασα A | απελειπεν A | αυτου] εαυτου A 6 ελαβεν 1°] ηγαγεν A

ΠΑΡΑΛΕΙΠΟΜΕΝΩΝ Β XVI 7

B αὐτῆς ἃ ᾠκοδόμησεν Βαασά, καὶ ᾠκοδόμησεν ἐν αὐτοῖς τὴν Γάβαε καὶ τὴν Μασφά. ⁷καὶ ἐν τῷ καιρῷ ἐκείνῳ ἦλθεν Ἀναμεὶ ὁ προφήτης πρὸς Ἀσὰ βασιλέα Ἰούδα καὶ εἶπεν αὐτῷ Ἐν τῷ πεποιθέναι σε ἐπὶ βασιλέα Συρίας καὶ μὴ πεποιθέναι σε ἐπὶ Κύριον θεόν σου, διὰ τοῦτο ἐσώθη δύναμις Συρίας ἀπὸ τῆς χειρός σου. ⁸οὐχ οἱ Αἰθίοπες καὶ Λίβυες ἦσαν εἰς δύναμιν πολλὴν εἰς θάρσος, εἰς ἱππεῖς εἰς πλῆθος σφόδρα; καὶ ἐν τῷ πεποιθέναι σε ἐπὶ Κύριον παρέδωκεν εἰς τὰς χεῖράς σου. ⁹ὅτι οἱ ὀφθαλμοὶ Κυρίου ἐπιβλέπουσιν ἐν πάσῃ τῇ γῇ κατισχῦσαι ἐν πάσῃ καρδίᾳ πλήρει ἐπὶ τοῦ πρὸς αὐτόν. ἠγνόηκας ἐπὶ τούτῳ· ἀπὸ τοῦ νῦν ἔστιν μετὰ σοῦ πόλεμος. ¹⁰καὶ ἐθυμώθη Ἀσὰ τῷ προφήτῃ, καὶ παρέθετο αὐτὸν εἰς φυλακὴν ἐπὶ τούτῳ· καὶ ἐλυμήνατο Ἀσὰ ἐν τῷ λαῷ ἐν τῷ καιρῷ ἐκείνῳ. ¹¹καὶ ἰδοὺ οἱ λόγοι Ἀσὰ οἱ πρῶτοι καὶ οἱ ἔσχατοι γεγραμμένοι ἐν βιβλίῳ βασιλέων Ἰούδα καὶ Ἰσραήλ. ¹²καὶ ἐμαλακίσθη Ἀσὰ ἐν τῷ ἐνάτῳ καὶ τριακοστῷ ἔτει τῆς βασιλείας αὐτοῦ τοὺς πόδας, ἕως σφόδρα ἐμαλακίσθη· καὶ ἐν τῇ μαλακίᾳ αὐτοῦ οὐκ ἐξήτησεν Κύριον ἀλλὰ τοὺς ἰατρούς. ¹³καὶ ἐκοιμήθη Ἀσὰ μετὰ τῶν πατέρων αὐτοῦ, καὶ ἐτελεύτησεν ἐν τῷ τριακοστῷ ἔτει τῆς βασιλείας αὐτοῦ. ¹⁴καὶ ἔθαψαν αὐτὸν ἐν τῷ μνήματι ᾧ ὤρυξεν ἑαυτῷ ἐν πόλει Δαυείδ, καὶ ἐκοίμισαν αὐτὸν ἐπὶ τῆς κλίνης, καὶ ἔπλησαν ἀρωμάτων καὶ γένη μύρων μυρεψῶν, καὶ ἐποίησαν αὐτῷ ἐκφορὰν μεγάλην σφόδρα.

¹Καὶ ἐβασίλευσεν Ἰωσαφὰτ υἱὸς αὐτοῦ ἀντ' αὐτοῦ· καὶ κατίσχυσεν XVII Ἰωσαφὰτ ἐπὶ τὸν Ἰσραήλ. ²καὶ ἔδωκεν δύναμιν ἐν πάσαις ταῖς πόλεσιν Ἰούδα ταῖς ὀχυραῖς, καὶ κατέστησεν ἡγουμένους ἐν πάσαις ταῖς πόλεσιν Ἰούδα καὶ ἐν πόλεσιν Ἐφράιμ ἃς προκατελάβετο Ἀσὰ ὁ πατὴρ αὐτοῦ. ³καὶ ἐγένετο Κύριος μετὰ Ἰωσαφάτ, ὅτι ἐπορεύθη ἐν ὁδοῖς τοῦ πατρὸς αὐτοῦ ταῖς πρώταις· καὶ οὐκ ἐξεζήτησεν τὰ εἴδωλα, ⁴ἀλλὰ Κύριον τὸν θεὸν τοῦ πατρὸς αὐτοῦ ἐξεζήτησεν, καὶ ἐν ταῖς ἐντολαῖς τοῦ πατρὸς αὐτοῦ ἐπορεύθη, καὶ οὐχ ὡς τοῦ Ἰσραὴλ τὰ ἔργα. ⁵καὶ κατηύθυνεν Κύριος τὴν βασιλείαν ἐν χειρὶ αὐτοῦ, καὶ ἔδωκεν πᾶς Ἰουδὰ δῶρα τῷ Ἰωσαφάτ, καὶ ἐγένετο αὐτῷ πλοῦτος καὶ δόξα πολλή. ⁶καὶ ὑψώθη καρδία αὐτοῦ ἐν ὁδῷ Κυρίου, καὶ

A 7 Αναμει] Ανανι A | βασ. Ιουδα Ασα A | om σε 2° A | τουτο] perier litt ου in A   8 om σε A   9 om επι του A | ηγν] pr και νυν A   10 επι τουτω] pr οτι ωργισθη B^{ab mg}A   12 αυτου] εαυτου A (bis) | εξητησεν] εξεζητησεν A | Κυριον] κ̄ς B   13 αυτου 1°] εαυτου A | εν τω τριακοστω] τω ενατω ϗ τριακοστω B^{ab} (in mg et superscr) εν τω τεσσαρακοστω και ενι A   14 επλησαν] επληρωσαν A | σφοδρα] pr εως A   XVII 3 αυτου] εαυτου A (item 4)   6 και 2°]+ετι A

ΠΑΡΑΛΕΙΠΟΜΕΝΩΝ Β   XVIII 3

7 ἐξῆρεν τὰ ὑψηλὰ καὶ τὰ ἄλση ἀπὸ τῆς γῆς Ἰούδα. ⁷καὶ ἐν τῷ τρίτῳ B ἔτει τῆς βασιλείας αὐτοῦ ἀπέστειλεν τοὺς ἡγουμένους αὐτοῦ καὶ τοὺς υἱοὺς τῶν δυνατῶν, τὸν Ἀβίαν καὶ Ζαχαρίαν καὶ Ναθαναὴλ 8 καὶ Μειχαίαν, διδάσκειν ἐν πόλεσιν Ἰούδα. ⁸καὶ μετ' αὐτῶν οἱ Λευεῖται Σαμουίας καὶ Μανθανίας καὶ Ζαβδείας καὶ Ἰασειὴλ καὶ Σαμειραμὼθ καὶ Ἰωναθὰν καὶ Ἀδωνιὰν καὶ Τωβαδωβειά, Λευεῖται· οἱ 9 μετ' αὐτῶν, Ἐλεισαμὰ καὶ Ἰωρὰν οἱ ἱερεῖς. ⁹καὶ ἐδίδασκον ἐν Ἰούδᾳ, καὶ μετ' αὐτῶν βύβλος νόμου Κυρίου, καὶ διῆλθον ἐν ταῖς πόλεσιν 10 Ἰούδα καὶ ἐδίδασκον τὸν λαόν. ¹⁰καὶ ἐγένετο ἔκστασις Κυρίου ἐπὶ πάσαις ταῖς βασιλείαις τῆς γῆς κύκλῳ Ἰούδα, καὶ οὐκ ἐπολέμουν 11 πρὸς Ἰωσαφάτ. ¹¹καὶ ἀπὸ τῶν ἀλλοφύλων ἔφερον πρὸς Ἰωσαφὰτ δῶρα καὶ ἀργύριον καὶ δόματα, καὶ οἱ Ἄραβες ἔφερον αὐτῷ κριοὺς 12 προβάτων ἑπτακισχιλίους ἑπτακοσίους. ¹²καὶ ἦν Ἰωσαφὰτ πορευόμενος μείζων ἕως εἰς ὕψος, καὶ ᾠκοδόμησεν οἰκήσεις ἐν τῇ Ἰουδαίᾳ 13 καὶ πόλεις ὀχυράς. ¹³καὶ ἔργα πολλὰ ἐγένετο ἐν τῇ Ἰουδαίᾳ, καὶ 14 ἄνδρες πολεμισταὶ δυνατοὶ ἰσχύοντες ἐν Ἰερουσαλήμ. ¹⁴καὶ οὗτος ἀριθμὸς αὐτῶν κατ' οἴκους πατριῶν αὐτῶν· καὶ τῷ Ἰούδᾳ χιλίαρχοι, Ἐδνάας ὁ ἄρχων, καὶ μετ' αὐτοῦ υἱοὶ δυνατοὶ δυνάμεως τριακόσιαι 15 χιλιάδες· ¹⁵καὶ μετ' αὐτὸν Ἰωανὰν ὁ ἡγούμενος, καὶ μετ' αὐτοῦ 16 διακόσιαι ὀγδοήκοντα χιλιάδες· ¹⁶καὶ μετ' αὐτὸν Μασαίας τοῦ Ζαρεὶ ὁ προθυμούμενος τῷ κυρίῳ, καὶ μετ' αὐτοῦ διακόσιαι χιλιάδες δυνατοὶ 17 δυνάμεως. ¹⁷καὶ ἐκ τοῦ Βενιαμεὶν δυνατὸς δυνάμεως καὶ Ἐλειδά, 18 καὶ μετ' αὐτοῦ τοξόται καὶ πελτασταὶ διακόσιαι χιλιάδες· ¹⁸καὶ μετ' αὐτὸν Ἰωζαβάδ, καὶ μετ' αὐτοῦ ἑκατὸν ὀγδοήκοντα χιλιάδες 19 δυνατοὶ πολέμου. ¹⁹οὗτοι οἱ λειτουργοῦντες τῷ βασιλεῖ, ἐκτὸς ὧν ἔδωκεν ὁ βασιλεὺς ἐν ταῖς πόλεσιν ταῖς ὀχυραῖς ἐν πάσῃ τῇ Ἰουδαίᾳ.

VIII 1 ¹Καὶ ἐγενήθη τῷ Ἰωσαφὰτ ἔτι πλοῦτος καὶ δόξα πολλή, καὶ 2 ἐπεγαμβρεύσατο ἐν οἴκῳ Ἀχαάβ. ²καὶ κατέβη διὰ τέλους ἐτῶν πρὸς Ἀχαὰβ εἰς Σαμάρειαν, καὶ ἔθυσεν αὐτῷ Ἀχαὰβ πρόβατα καὶ μόσχους πολλοὺς καὶ τῷ λαῷ τῷ μετ' αὐτοῦ, καὶ ἠγάπα αὐτὸν τοῦ 3 συναναβῆναι μετ' αὐτοῦ εἰς Ῥαμὼθ τῆς Γαλααδείτιδος. ³καὶ εἶπεν

7 βασιλιας A | αυτου 2°] εαυτου A | Αβιαν] Αβδιαν A | Ζαχαριαν] pr τον A | A Ναθαναηλ] pr τον A | Μιχαιαν A   8 Λευιται A (bis) | Σαμουιας A | Μανθανιας] Ναθανιας A | Ζαβδιας A | Ιασιηλ A | Σεμιραμωθ A | Τωβαδωνια (seq ras 1 lit forte ν) | οι μετ] pr και A | Ελισαμα A | Ιωραμ A   9 βιβλος A 10 κυκλω] pr ταις A   11 επτακοσ]+τραγους επτακισχιλιους| επτακοσιους A 13 εγενετο]+αυτω A | δυνατοι πολεμισται A   16 Μασαιιας A | του Ζαρει] ο του Ζαχρι A   17 om και 2° A | Ελιαδα A   18 om εκατον A 19 οι λειτ.] om οι A | δεδωκεν A   XVIII 2 Σαμαριαν A | Ραμμωθ A (item 3) | Γαλααδιτιδος A (item 3)

ΠΑΡΑΛΕΙΠΟΜΕΝΩΝ Β

B Ἀχαὰβ βασιλεὺς Ἰσραὴλ πρὸς Ἰωσαφὰτ βασιλέα Ἰούδα Πορεύσῃ μετ' ἐμοῦ εἰς Ῥαμὼθ τῆς Γαλααδείτιδος; καὶ εἶπεν αὐτῷ Ὡς ἐγώ, οὕτως καὶ σύ· ὡς ὁ λαός μου, καὶ ὁ λαός σου μετὰ σοῦ εἰς πόλεμον. ⁴καὶ εἶπεν Ἰωσαφὰτ πρὸς βασιλέα Ἰσραὴλ Ζήτησον δὴ σήμερον τὸν κύριον. ⁵καὶ συνήγαγεν ὁ βασιλεὺς Ἰσραὴλ τοὺς προφήτας τετρακοσίους ἄνδρας καὶ εἶπεν αὐτοῖς Εἰ πορευθῶ εἰς Ῥαμὼθ Γαλαὰδ εἰς πόλεμον ἢ ἐπίσχω; καὶ εἶπαν Ἀνάβαινε, καὶ δώσει ὁ θεὸς εἰς τὰς χεῖρας τοῦ βασιλέως. ⁶καὶ εἶπεν Ἰωσαφὰτ Οὐκ ἔστιν ὧδε προφήτης τοῦ κυρίου ἔτι καὶ ἐπιζητήσομεν παρ' αὐτοῦ; ⁷καὶ εἶπεν βασιλεὺς Ἰσραὴλ πρὸς Ἰωσαφὰτ Ἔτι ἀνὴρ εἷς τοῦ ζητῆσαι τὸν κύριον δι' αὐτοῦ, καὶ ἐγὼ ἐμίσησα αὐτόν, ὅτι οὐκ ἔστιν προφητεύων περὶ ἐμοῦ εἰς ἀγαθά, ὅτι πᾶσαι αἱ ἡμέραι αὐτοῦ εἰς κακά, οὗτος Μειχαίας υἱὸς Ἰεμαάς. καὶ εἶπεν Ἰωσαφὰτ Μὴ λαλείτω ὁ βασιλεὺς οὕτως. ⁸καὶ ἐκάλεσεν ὁ βασιλεὺς εὐνοῦχον ἕνα καὶ εἶπεν Τάχος Μειχαίαν υἱὸν Ἰεμαά. ⁹καὶ βασιλεὺς Ἰσραὴλ καὶ Ἰωσαφὰτ βασιλεὺς Ἰούδα καθήμενοι ἕκαστος ἐπὶ θρόνου αὐτοῦ καὶ ἐνδεδυμένοι στολάς, καθήμενοι ἐν τῷ εὐρυχώρῳ θύρας πύλης Σαμαρείας, καὶ πάντες οἱ προφῆται ἐπροφήτευον ἐναντίον αὐτῶν. ¹⁰καὶ ἐποίησεν ἑαυτῷ Σεδεκίας υἱὸς Χανααν κέρατα σιδηρᾶ καὶ εἶπεν Τάδε λέγει Κύριος Ἐν τούτοις κερατιεῖς τὴν Συρίαν ἕως ἂν συντελεσθῇ. ¹¹καὶ πάντες οἱ προφῆται ἐπροφήτευον οὕτως λέγοντες Ἀνάβαινε εἰς Ῥαμὼθ Γαλαάδ, καὶ εὐοδωθήσῃ, καὶ δώσει Κύριος εἰς χεῖρας τοῦ βασιλέως. ¹²καὶ ὁ ἄγγελος ὁ πορευθεὶς τοῦ καλέσαι τὸν Μειχαίαν ἐλάλησεν αὐτῷ λέγων Ἰδοὺ ἐλάλησαν οἱ προφῆται ἐν στόματι ἑνὶ ἀγαθὰ περὶ τοῦ βασιλέως, καὶ ἔστωσαν δὴ οἱ λόγοι σου ὡς ἑνὸς αὐτῶν, καὶ λαλήσεις ἀγαθά. ¹³καὶ εἶπεν Μειχαίας Ζῇ Κύριος ὅτι ὃ ἐὰν εἴπῃ ὁ θεὸς πρὸς μέ, αὐτὸ λαλήσω. ¹⁴καὶ ἦλθεν πρὸς τὸν βασιλέα· καὶ εἶπεν αὐτῷ ὁ βασιλεύς Μειχαία, εἰ πορευθῶ εἰς Ῥαμὼθ Γαλαὰδ εἰς πόλεμον ἢ ἐπίσχω, καὶ εἶπεν Ἀνάβαινε, καὶ εὐοδώσεις· καὶ δοθήσονται εἰς χεῖρας ὑμῶν. ¹⁵καὶ εἶπεν αὐτῷ ὁ βασιλεύς Ποσάκις ὁρκίζω σε ἵνα μὴ λαλήσῃς πρὸς μὲ πλὴν τὴν ἀλήθειαν ἐν ὀνόματι Κυρίου; ¹⁶καὶ εἶπεν Εἶδον τὸν Ἰσραὴλ διεσπαρμένους ἐν τοῖς ὄρεσιν ὡς πρόβατα

A   3 μου] σου A | σου 1°] μου A   5 Ραμμωθ A   6 επιζητησομεν] μεν sup ras Aᵇ   7 Μιχ. A (item infra ubique) | Ιεμαας] Ιεμλα A   8 βασιλευς]+Ισλ A | Μιχαιαν Bᵇ (item 13, 14, 23, 27) | Ιεμαα] Ιεμλα A   9 Σαμαριας A   10 Χαναανα A | om αν A   11 Ραμμωθ A   12 αγαθα 1°] α 3° sup ras A¹   14 ει πορευθω] εισπορευθω A | Ραμμωθ A   15 ορκισω A | λαλησεις A | εμε A | την αληθ.] om την A   16 διεσπαρμ. τον Ισλ A

ΠΑΡΑΛΕΙΠΟΜΕΝΩΝ Β XVIII 30

οἷς οὐκ ἔστιν ποιμήν· καὶ εἶπεν Κύριος Οὐκ ἔχουσιν ἡγούμενον, B 17 ἀναστρεφέτωσαν ἕκαστος εἰς τὸν οἶκον αὐτοῦ ἐν εἰρήνῃ. ¹⁷καὶ εἶπεν ὁ βασιλεὺς Ἰσραὴλ πρὸς Ἰωσαφάτ Οὐκ εἶπά σοι ὅτι οὐ 18 προφητεύει περὶ ἐμοῦ ἀγαθὰ ἀλλ' ἢ κακά; ¹⁸καὶ εἶπεν Οὐχ οὕτως· ἀκούσατε λόγον Κυρίου. εἶδον τὸν κύριον καθήμενον ἐπὶ θρόνου αὐτοῦ, καὶ πᾶσα δύναμις τοῦ οὐρανοῦ εἰστήκει ἐκ δεξιῶν αὐτοῦ καὶ 19 ἐξ ἀριστερῶν αὐτοῦ. ¹⁹καὶ εἶπεν Κύριος Τίς ἀπατήσει τὸν Ἀχαὰβ βασιλέα Ἰσραήλ, καὶ ἀναβήσεται καὶ πεσεῖται ἐν Ῥαμὼθ Γαλαάδ; 20 καὶ εἶπεν οὗτος οὕτως, καὶ οὗτος εἶπεν οὕτως. ²⁰καὶ ἐξῆλθεν τὸ πνεῦμα καὶ ἔστη ἐνώπιον Κυρίου καὶ εἶπεν Ἐγὼ ἀπατήσω αὐτόν. 21 καὶ εἶπεν Κύριος Ἐν τίνι; ²¹καὶ εἶπεν Ἐξελεύσομαι καὶ ἔσομαι πνεῦμα ψευδὲς ἐν στόματι πάντων τῶν προφητῶν αὐτοῦ. καὶ εἶπεν 22 Ἀπατήσεις, δυνήσῃ· ἔξελθε καὶ ποίησον οὕτως. ²²καὶ νῦν ἰδοὺ ἔδωκεν Κύριος πνεῦμα ψευδὲς ἐν στόματι τῶν προφητῶν σου τούτων, καὶ 23 Κύριος ἐλάλησεν ἐπὶ σὲ κακά. ²³καὶ ἤγγισεν Σεδεκίας υἱὸς Χανάαν καὶ ἐπάταξεν τὸν Μειχαίαν ἐπὶ τὴν σιαγόνα καὶ εἶπεν αὐτῷ Ποίᾳ τῇ ὁδῷ πνεῦμα παρ' ἐμοῦ πνεῦμα πρὸς σέ, πνεῦμα Κυρίου παρ' ἐμοῦ 24 τοῦ λαλῆσαι πρὸς σέ; ²⁴καὶ εἶπεν Μειχαίας Ἰδοὺ ὄψῃ ἐν τῇ ἡμέρᾳ 25 ἐκείνῃ· εἰσελεύσεται ταμεῖον ἐκ ταμείου τοῦ κατακρυβῆναι. ²⁵καὶ εἶπεν βασιλεὺς Ἰσραὴλ Λάβετε τὸν Μειχαίαν καὶ ἀποστρέψατε πρὸς Ἐμὴρ ἄρχοντα τῆς πόλεως καὶ πρὸς Ἰωασὰ ἄρχοντα υἱὸν τοῦ 26 βασιλέως, ²⁶καὶ ἐρεῖς Οὕτως εἶπεν ὁ βασιλεύς Ἀποθέσθαι τοῦτον εἰς οἶκον φυλακῆς, καὶ ἐσθιέτω ἄρτον θλίψεως καὶ ὕδωρ θλίψεως ἕως 27 τοῦ ἐπιστρέψαι με ἐν εἰρήνῃ. ²⁷καὶ εἶπεν Μειχαίας Ἐὰν ἐπιστρέφων ἐπιστρέψῃς ἐν εἰρήνῃ, οὐκ ἐλάλησεν Κύριος ἐν ἐμοί· ἀκούσατε λαοὶ 28 πάντες. ²⁸Καὶ ἀνέβη βασιλεὺς Ἰσραὴλ καὶ Ἰωσαφὰτ βασιλεὺς 29 Ἰούδα εἰς Ῥαμὼθ Γαλαάδ. ²⁹καὶ εἶπεν βασιλεὺς Ἰσραὴλ πρὸς Ἰωσαφάτ Κατακάλυψόν με καὶ εἰσελεύσομαι εἰς τὸν πόλεμον, καὶ σὺ ἔνδυσαι τὸν ἱματισμόν μου· καὶ συνεκαλύψατο βασιλεὺς Ἰσραὴλ καὶ εἰσῆλθεν 30 εἰς τὸν πόλεμον. ³⁰καὶ βασιλεὺς Συρίας ἐνετείλατο τοῖς ἄρχουσιν τῶν ἁρμάτων τοῖς μετ' αὐτοῦ λέγων Μὴ πολεμεῖτε τὸν μικρὸν καὶ

16 ουκ εχουσιν εν ειρηνη sup ras Aᵃ | αναστρεφετω Aᵃ   17 om οτι A A
18 τον κυριον] om τον A | ειστηκει] παρειστηκει A   19 Ραμμωθ A | ουτος 1°]
+ειπεν A   21 απατησεις]+και γε A | δυνησει A   22 των προφητων] pr
παντων A   23 ηγγισεν Bᵃᵇ (ηνγ. B*)] εποιησεν A | Χαινανα A | τη οδω]
om τη A | πνευμα παρ εμου πνευμα] παρηλθεν π̄ν̄α κ̄ῡ παρ εμου του λαλησαι
A   24 εκεινη]+εν η A | εισελευση A | ταμειον, ταμιειου A   25 Εμηρ]
Σεμμηρ A | αρχοντα 1°] pr τον A | Ιωας A   26 ερειτε A | αποθεσθαι B*A]
αποθεσθε Bᵃᵇ   28 Ραμμωθ A   29 βασιλευς 2°] pr ο A   30 αυτου
B*A] αυτος Bᵃᵇ

XVIII 31 ΠΑΡΑΛΕΙΠΟΜΕΝΩΝ Β

Β τὸν μέγαν ἀλλ' ἢ τὸν βασιλέα Ἰσραὴλ μόνον. ³¹καὶ ἐγένετο ὡς 31 εἶδον οἱ ἄρχοντες τῶν ἁρμάτων τὸν Ἰωσαφάτ, καὶ αὐτοὶ εἶπαν Βασιλεὺς Ἰσραὴλ ἐστιν, καὶ ἐκύκλωσαν αὐτὸν τοῦ πολεμεῖν· καὶ ἐβόησεν Ἰωσαφάτ, καὶ Κύριος ἔσωσεν αὐτόν, καὶ ἀπέστρεψεν αὐτοὺς ὁ θεὸς ἀπ' αὐτοῦ. ³²καὶ ἐγένετο ὡς εἶδον οἱ ἄρχοντες τῶν ἁρμάτων ὅτι 32 οὐκ ἦν βασιλεὺς Ἰσραήλ, καὶ ἀπέστρεψαν ἀπ' αὐτοῦ. ³³καὶ ἀνὴρ 33 ἔτεινεν τόξον εὐστόχως καὶ ἐπάταξεν τὸν βασιλέα Ἰσραὴλ ἀνὰ μέσον τοῦ πνεύμονος καὶ ἀνὰ μέσον τοῦ θώρακος· καὶ εἶπεν τῷ ἡνιόχῳ Ἐπίστρεφε τὴν χεῖρά σου καὶ ἐξάγαγέ με ἐκ τοῦ πολέμου, ὅτι ἐπόνεσα. ³⁴καὶ ἐτροπώθη ὁ πόλεμος ἐν τῇ ἡμέρᾳ ἐκείνῃ· καὶ ὁ 34 βασιλεὺς Ἰσραὴλ ἦν ἑστηκὼς ἐπὶ τοῦ ἅρματος ἕως ἑσπέρας ἐξ ἐναντίας Συρίας, καὶ ἀπέθανεν δύναντος τοῦ ἡλίου.

¹Καὶ ἀπέστρεψεν Ἰωσαφὰτ βασιλεὺς Ἰούδα εἰς τὸν οἶκον αὐτοῦ 1 XIX εἰς Ἰερουσαλήμ. ²καὶ ἐξῆλθεν εἰς ἀπάντησιν αὐτοῦ Ἰοὺ ὁ τοῦ 2 Ἀνανεὶ ὁ προφήτης καὶ εἶπεν αὐτῷ Βασιλεὺς Ἰωσαφάτ, εἰ ἁμαρτωλῷ σὺ βοηθεῖς ἢ μισουμένῳ ὑπὸ Κυρίου φιλιάζεις; διὰ τοῦτο ἐγένετο ἐπὶ σὲ ὀργὴ παρὰ Κυρίου· ³ἀλλ' ἢ λόγοι ἀγαθοὶ ηὑρέθησαν 3 ἐν σοί, ὅτι ἐξῆρας τὰ ἄλση ἀπὸ τῆς γῆς Ἰούδα, καὶ κατηύθυνας τὴν καρδίαν σου ἐκζητῆσαι τὸν κύριον. ⁴καὶ κατῴκησεν Ἰωσαφάτ, καὶ 4 πάλιν ἐξῆλθεν εἰς τὸν λαὸν ἀπὸ Βεηρσάβεε ἕως ὄρους Ἐφράιμ, καὶ ἐπέστρεψεν αὐτοὺς ἐπὶ Κύριον θεὸν τῶν πατέρων αὐτῶν. ⁵καὶ 5 κατέστησεν κριτὰς πάσαις ταῖς πόλεσιν Ἰούδα ταῖς ὀχυραῖς ἐν πόλει καὶ πόλει. ⁶καὶ εἶπεν τοῖς κριταῖς Ἴδετε τί ὑμεῖς ποιεῖτε, 6 ὅτι οὐκ ἀνθρώπῳ ὑμεῖς κρίνετε ἀλλ' ἢ τῷ κυρίῳ, καὶ μεθ' ὑμῶν λόγοι τῆς κρίσεως. ⁷καὶ νῦν γενέσθω φόβος Κυρίου ἐφ' ὑμᾶς· 7 φυλάσσετε καὶ ποιήσετε, ὅτι οὐκ ἔστιν μετὰ Κυρίου θεοῦ ἡμῶν ἀδικία οὐδὲ θαυμάσαι πρόσωπον οὐδὲ λαβεῖν δῶρα. ⁸καὶ γὰρ ἐν Ἱε- 8 ρουσαλὴμ κατέστησεν Ἰωσαφὰτ τῶν ἱερέων καὶ τῶν Λευειτῶν καὶ τῶν πατριαρχῶν Ἰσραὴλ εἰς κρίσιν Κυρίου καὶ κρίνειν τοὺς κατοικοῦντας ἐν Ἰερουσαλήμ. ⁹καὶ ἐνετείλατο πρὸς αὐτοὺς λέγων Οὕτως 9 ποιήσετε ἐν φόβῳ Κυρίου, ἐν ἀληθείᾳ καὶ ἐν πλήρει καρδίᾳ· ¹⁰πᾶς 10

A   32 om και 2° A   33 ετεινεν] ενετεινεν A   34 δυνοντος A
XIX 1 απεστρεψεν B*] επεστρεψεν B^{ab}A | αυτου] εαυτου A | εις 2°] pr εν ειρηνη A   2 Ιηου A | Ανανι A | βασιλευς] βασιλευ B^aA   3 ευρεθησαν A | κατευθυνας A | τον κν̅] ν κν̅ sup ras A^{a*}   4 Ιωσαφατ]+εν Ιλημ A | Βηρσαβεε A   6 ποιειτ' A^{a?(mg)} (om A*) | κρισεως] pl retractavit spiritus et accentus adpinx usque ad XX 1 A^b   7 γενεσθω] seq ras 1 lit in A | φυλασσετε (-αι A)] pr και A | ποιησεται A (item 9, 10) | ημων] υμων A   8 Λευιτων A   9 εν πληρει καρδια] πληρεις καρδιας A

ΠΑΡΑΛΕΙΠΟΜΕΝΩΝ Β   XX 10

ἀνὴρ κρίσιν τὴν ἐλθοῦσαν ἐφ' ὑμᾶς τῶν ἀδελφῶν ἡμῶν τῶν κατοι- Β
κούντων ἀνὰ μέσον αἵματος, καὶ ἀνὰ μέσον προστάγματος καὶ ἐν-
τολῆς, καὶ δικαιώματα καὶ κρίματα· καὶ διαστελεῖσθε αὐτοῖς, καὶ
οὐχ ἁμαρτήσονται τῷ κυρίῳ, καὶ οὐκ ἔσται ἐφ' ὑμᾶς ὀργὴ καὶ ἐπὶ
11 τοὺς ἀδελφοὺς ὑμῶν· οὕτως ποιήσετε, καὶ οὐχ ἁμαρτήσεσθε. ¹¹καὶ
ἰδοὺ Ἀμαρίας ὁ ἱερεὺς ἡγούμενος ἐφ' ὑμᾶς εἰς πᾶν λόγον Κυρίου,
καὶ Ζαβδείας ὁ ἡγούμενος εἰς οἶκον Ἰούδα πρὸς πᾶν λόγον βασιλέως,
καὶ οἱ γραμματεῖς καὶ οἱ Λευεῖται πρὸ προσώπου ὑμῶν· ἰσχύσατε
XX 1 καὶ ποιήσατε, καὶ ἔσται Κύριος μετὰ τοῦ ἀγαθοῦ.   ¹Καὶ μετὰ
ταῦτα ἦλθον οἱ υἱοὶ Μωὰβ καὶ οἱ υἱοὶ Ἀμμὼν καὶ μετ' αὐτῶν ἐκ
2 τῶν Μειναίων πρὸς Ἰωσαφὰτ εἰς πόλεμον. ²καὶ ἦλθον καὶ ὑπέ-
δειξαν τῷ Ἰωσαφὰτ λέγοντες Ἥκει ἐπὶ σὲ πλῆθος πολὺ ἐκ πέραν
τῆς θαλάσσης ἀπὸ Συρίας, καὶ ἰδού εἰσιν ἐν Ἀσὰμ Θαμαρά, αὕτη
3 ἐστὶν Ἐνγάδει. ³καὶ ἐφοβήθη, καὶ ἔδωκεν Ἰωσαφὰτ τὸ πρόσωπον
4 αὐτοῦ ἐκζητῆσαι τὸν κύριον, καὶ ἐκήρυξαν νηστείαν. ⁴καὶ συνήχθη
Ἰούδας ἐκζητῆσαι τὸν κύριον, καὶ ἀπὸ πασῶν τῶν πόλεων Ἰούδας
5 ἦλθον ζητῆσαι τὸν κύριον. ⁵καὶ ἀνέστη Ἰωσαφὰτ ἐν ἐκκλησίᾳ Ἰούδα
ἐν Ἰερουσαλὴμ ἐν οἴκῳ Κυρίου κατὰ πρόσωπον τῆς αὐλῆς τῆς καινῆς,
6 ⁶καὶ εἶπεν Κύριε ὁ θεὸς τῶν πατέρων ἡμῶν, οὐχὶ σὺ εἶ θεὸς ἐν
οὐρανῷ ἄνω, καὶ σὺ κυριεύεις πασῶν τῶν βασιλειῶν τῶν ἐθνῶν,
καὶ ἐν τῇ χειρί σου ἰσχὺς δυναστείας, καὶ οὐκ ἔστιν πρὸς σὲ ἀντι-
7 στῆναι; ⁷οὐχὶ σὺ ὁ κύριος ἐξωλέθρευσας τοὺς κατοικοῦντας τὴν γῆν
ταύτην ἀπὸ προσώπου Ἰσραήλ, καὶ ἔδωκας αὐτὴν σπέρματι Ἀβραὰμ
8 τῷ ἠγαπημένῳ σου εἰς τὸν αἰῶνα; ⁸καὶ κατῴκησαν ἐν αὐτῇ καὶ ᾠκοδό-
9 μησαν ἐν αὐτῇ ἁγίασμα τῷ ὀνόματί σου λέγοντες ⁹Ἐὰν ἐπέλθῃ
ἐφ' ἡμᾶς κακά, ῥομφαία, κρίσις, θάνατος, λιμός, στησόμεθα ἐναντίον
τοῦ οἴκου τοῦ καὶ ἐναντίον σου, ὅτι τὸ ὄνομά σου ἐπὶ τῷ οἴκῳ
τούτῳ, καὶ βοησόμεθα πρὸς σὲ ἀπὸ τῆς θλίψεως, καὶ ἀκούσῃ καὶ
10 σώσεις. ¹⁰καὶ νῦν ἰδοὺ υἱοὶ Ἀμμὼν καὶ ὄρος Σηείρ, εἰς οὓς οὐκ ἔδω-

10 εφ 1°] προς A | των κατοικ.] om των A + εν ταις πολεσιν αιτων A | A αιματος] pr αιμα B^(ab mg) + αμαι A^(vid) | κυριω] θω̄ A   11 Ζαβδιας A + υιος Ισμαηλ A | ο ηγουμ] om ο A | Ιουδα] Ιουδα A^b | Λευιται A | om και 5° A   XX 1 Μωαβ κ. οι υιοι Αμμων] Αμμω̄ι και οι υιοι Μωαβ A | Μιναιων A   2 περαν] pr του A | Ασαμ Θαμαρα] Ανασαν Θαμαρ A | Ενγαδδει A   3 εκηρυξαν B*A] εκηρυξεν B^a εκηρυξε B^b | νηστειαν] + εν παντι Ιουδα B^(ab mg) A   4 και 1°] παι B^edit   6 θεος 2°] pr ο A | om ανω A   7 συ] + ει A | κυριος] θs̄ A | εξωλοθρευσας B' εξολεθρευσας A | Ισραηλ] pr λαου σου A   8 om εν αυτη και ωκοδομησαν B* (hab B^(ab(mg))A)   9 του 2°] τουτου B^(ab)A | σωσεις] σ 1° sup ras A^b   10 Αμμων] + και Μωαβ A

XX 11 ΠΑΡΑΛΕΙΠΟΜΕΝΩΝ Β

B κας τῷ Ἰσραὴλ διελθεῖν δι' αὐτῶν, ἐξελθόντων αὐτῶν ἐκ γῆς Αἰγύπτου, ὅτι ἐξέκλιναν ἀπ' αὐτῶν καὶ οὐκ ἐξωλέθρευσαν αὐτούς· ¹¹καὶ νῦν ἰδοὺ αὐτοὶ ἐπιχειροῦσιν ἐφ' ἡμᾶς ἐξελθεῖν ἐκβαλεῖν ἡμᾶς 11 ἀπὸ τῆς κληρονομίας ἡμῶν ἧς ἔδωκας ἡμῖν, ¹²Κύριε ὁ θεὸς ἡμῶν· 12 οὐ κρινεῖς ἐν αὐτοῖς; ὅτι οὐκ ἔστιν ἡμῖν ἰσχὺς τοῦ ἀντιστῆναι πρὸς τὸ πλῆθος τὸ πολὺ τοῦτο τὸ ἐλθὸν ἐφ' ἡμᾶς, καὶ οὐκ οἴδαμεν τί ποιήσωμεν αὐτοῖς· ἀλλ' ἢ ἐπὶ σοὶ οἱ ὀφθαλμοὶ ἡμῶν. ¹³καὶ πᾶς 13 Ἰουδὰ ἑστηκὼς ἔναντι Κυρίου, καὶ τὰ παιδία αὐτῶν καὶ αἱ γυναῖκες. ¹⁴καὶ τῷ Ὀζειὴλ τῷ τοῦ Ζαχαρίου τῶν υἱῶν Ἐλαλεὴλ τοῦ Μανθανίου 14 τοῦ Λευείτου ἀπὸ τῶν υἱῶν Ἀσάφ, ἐγένετο ἐπ' αὐτὸν πνεῦμα Κυρίου ἐν τῇ ἐκκλησίᾳ, ¹⁵καὶ εἶπεν Ἀκούσατε, πᾶς Ἰουδὰ καὶ οἱ κατοι- 15 κοῦντες Ἰερουσαλὴμ καὶ ὁ βασιλεὺς Ἰωσαφάτ. τάδε λέγει Κύριος ὑμῖν αὐτοῖς Μὴ φοβεῖσθε μηδὲ πτοηθῆτε ἀπὸ προσώπου τοῦ ὄχλου τοῦ πολλοῦ τούτου, ὅτι οὐχ ὑμῖν ἐστιν ἡ παράταξις ἀλλ' ἢ τῷ θεῷ. ¹⁶αὔριον κατάβητε ἐπ' αὐτούς· ἰδοὺ ἀναβαίνουσιν κατὰ τὴν ἀνά- 16 βασιν Ἀσᾶε, καὶ εὑρήσετε αὐτοὺς ἐπ' ἄκρου ποταμοῦ τῆς ἐρήμου Ἰεριήλ. ¹⁷οὐχ ὑμῖν ἐστιν πολεμῆσαι· ταῦτα σύνετε καὶ ἴδετε τὴν 17 σωτηρίαν Κυρίου μεθ' ὑμῶν· ἰδοὺ καὶ Ἰερουσαλὴμ μὴ πτοηθῆτε μηδὲ φοβηθῆτε αὐτόν, ἐξελθεῖν εἰς ἀπάντησιν αὐτοῖς, καὶ Κύριος μεθ' ὑμῶν· ¹⁸καὶ κύψας Ἰωσαφὰτ ἐπὶ πρόσωπον αὐτοῦ καὶ πᾶς 18 Ἰουδὰ καὶ οἱ κατοικοῦντες Ἰερουσαλὴμ ἔπεσαν ἔναντι Κυρίου προσκυνῆσαι Κυρίῳ. ¹⁹καὶ ἀνέστησαν οἱ Λευεῖται ἀπὸ τῶν υἱῶν Καὰθ 19 καὶ ἀπὸ τῶν υἱῶν Κόρε αἰνεῖν Κυρίῳ θεῷ Ἰσραὴλ ἐν φωνῇ μεγάλῃ εἰς ὕψος. ²⁰καὶ ὤρθρισαν πρωὶ καὶ ἐξῆλθον εἰς τὴν ἔρημον Θεκωέ· 20 καὶ ἐν τῷ ἐξελθεῖν ἔστη Ἰωσαφὰτ καὶ ἐβόησεν Ἀκούσατέ μου, Ἰουδὰ καὶ οἱ κατοικοῦντες ἐν Ἰερουσαλήμ· ἐνπιστεύσατε ἐν Κυρίῳ θεῷ ὑμῶν, καὶ ἐνπιστευθήσεσθε· ἐνπιστεύσατε ἐν προφήτῃ αὐτοῦ, καὶ εὐοδωθήσεσθε. ²¹καὶ ἐβουλεύσατο μετὰ τοῦ λαοῦ, καὶ ἔστησεν 21 ψαλτῳδοὺς καὶ αἰνοῦντας ἐξομολογεῖσθαι καὶ αἰνεῖν τὰ ἅγια ἐν τῷ ἐξελθεῖν ἔμπροσθεν τῆς δυνάμεως· καὶ ἔλεγεν

Ἐξομολογεῖσθε τῷ κυρίῳ,
ὅτι εἰς τὸν αἰῶνα τὸ ἔλεος αὐτοῦ.

A   10 εξωλοθρευσαν B'   11 ημας 1°] υμας A | απο] εκ A   12 ισχυς ημιν A 13 Ιουδας A | εναντιο] A   14 Οζιηλ A | των υιων 1°] + Βαναιου των | υιων A | Ελαεηλ] Ελεηλ A | Μαθανιου A | Λευιτου A   15 Ιουδας A* vid   16 om ποταμου A   17 ιδου] Ιουδα A | μη πτοηθητε μηδε φοβηθητε] μη φοβεισθαι· μηδε πτοηθη|τε A | αυτον] αυριον B^{ab}A | om αυτοις A   18 αυτου] εαυτου A | Ιερουσαλημ] pr εν A | επεσον A | εναντιον A   19 Λευιται A | θεω] pr τω A   20 πρωι] pr το A | εβοησεν] + και ειπεν A | εμπιστ. ter B^{a?b}A | om εν 3° A   21 om και αινειν ...εξομολογεισθε A | ελεγεν B*] ελεγον B^{a·b}

ΠΑΡΑΛΕΙΠΟΜΕΝΩΝ Β XX 35

22 ²²καὶ ἐν τῷ ἄρξασθαι τῆς αἰνέσεως αὐτοῦ τῆς ἐξομολογήσεως Β
ἔδωκεν Κύριος πολεμεῖν τοὺς υἱοὺς Ἀμμὼν ἐπὶ Μωὰβ καὶ ὄρος
23 Σηεὶρ τοὺς ἐξελθόντας ἐπὶ Ἰουδά, καὶ ἐτροπώθησαν. ²³καὶ ἀπέστησαν οἱ υἱοὶ Ἀμμὼν καὶ Μωὰβ ἐπὶ τοὺς κατοικοῦντας ὄρος Σηεὶρ ἐξολεθρεῦσαι καὶ ἐκτρίψαι· καὶ ὡς συνετέλεσαν τοὺς κατοικοῦντας
24 Σηείρ, ἀνέστησαν εἰς ἀλλήλους τοῦ ἐξολοθρευθῆναι. ²⁴καὶ Ἰούδας ἦλθεν ἐπὶ τὴν σκοπιὰν τῆς ἐρήμου, καὶ ἐπέβλεψεν καὶ εἶδεν τὸ πλῆθος· καὶ ἰδοὺ πάντες νεκροὶ πεπτωκότες ἐπὶ τῆς γῆς,
25 οὐκ ἦν σωζόμενος. ²⁵καὶ ἦλθεν Ἰωσαφὰτ καὶ ὁ λαὸς αὐτοῦ σκυλεῦσαι τὰ σκῦλα αὐτῶν, καὶ εὗρον κτήνη πολλὰ καὶ ἀποσκευὴν καὶ σκῦλα καὶ σκεύη ἐπιθυμητά, καὶ ἐσκύλευσεν ἐν αὐτοῖς· καὶ ἐγένοντο ἡμέραι τρεῖς σκυλευόντων αὐτῶν τὰ σκῦλα, ὅτι πολλὰ
26 ἦν. ²⁶καὶ ἐγένετο τῇ ἡμέρᾳ τῇ τετάρτῃ ἐπισυνήχθησαν εἰς τὸν αὐλῶνα τῆς εὐλογίας, ἐκεῖ γὰρ ηὐλόγησαν τὸν κύριον· διὰ τοῦτο ἐκάλεσαν τὸ ὄνομα τοῦ τόπου ἐκείνου Κοιλὰς εὐλογίας ἕως τῆς ἡμέ-
27 ρας ταύτης. ²⁷καὶ ἐπέστρεψεν πᾶς ἀνὴρ Ἰούδα εἰς Ἰερουσαλὴμ καὶ Ἰωσαφὰτ ἡγούμενος αὐτῶν ἐν εὐφροσύνῃ μεγάλῃ, ὅτι εὔφρανεν αὐ-
28 τοὺς Κύριος ἀπὸ τῶν ἐχθρῶν αὐτῶν. ²⁸καὶ εἰσῆλθον ἐν Ἰερουσαλὴμ ἐν νάβλαις καὶ ἐν κινύραις καὶ ἐν σάλπιγξιν εἰς οἶκον Κυρίου.
29 ²⁹καὶ ἐγένετο ἔκστασις Κυρίου ἐπὶ πάσας τὰς βασιλείας τῆς γῆς ἐν τῷ ἀκοῦσαι αὐτοὺς ὅτι ἐπολέμησεν Κύριος πρὸς τοὺς ὑπεναντίους
30 Ἰσραήλ. ³⁰καὶ εἰρήνευσεν ἡ βασιλεία Ἰωσαφάτ, καὶ κατέπαυσεν
31 αὐτῷ ὁ θεὸς αὐτοῦ κυκλόθεν ³¹Καὶ ἐβασίλευσεν Ἰωσαφὰτ ἐπὶ τὸν Ἰουδά, ἐτῶν τριάκοντα πέντε ἐν τῷ βασιλεῦσαι αὐτόν, καὶ εἴκοσι πέντε ἔτη ἐβασίλευσεν ἐν Ἰερουσαλήμ, καὶ ὄνομα τῇ μητρὶ αὐτοῦ
32 Ἀζουβὰ θυγάτηρ Σαλεί. ³²καὶ ἐπορεύθη ἐν ταῖς ὁδοῖς τοῦ πατρὸς αὐτοῦ Ἀσά, καὶ οὐκ ἐξέκλινεν τοῦ ποιῆσαι τὸ εὐθὲς ἐνώπιον Κυρίου.
33 ³³ἀλλὰ τὰ ὑψηλὰ ἔτι ὑπῆρχεν, καὶ ἔτι ὁ λαὸς οὐ κατεύθυνεν τὴν καρ-
34 δίαν πρὸς Κύριον θεὸν τῶν πατέρων αὐτοῦ. ³⁴καὶ οἱ λοιποὶ λόγοι Ἰωσαφὰτ οἱ πρῶτοι καὶ οἱ ἔσχατοι ἰδοὺ γεγραμμένοι ἐν λόγοις Ἰησοῦ
35 τοῦ Ἀνανεί, ὃς κατέγραψεν βιβλίου βασιλέως Ἰσραήλ. ³⁵Καὶ

22 εναρξασθαι A   22—23 τους εξελθοντας . ορος Σηειρ in mgg inf et A sup Aᵃ   22 Ιουδαν Aᵃ   23 εξολοθρευσαι B' | εξολεθρευθηναι A   25 εσκυλευσαν A | εν αυτοις] εαυτοις A | εγενοντο] εγενετο A   26 om εγενετο A   27 μεγαλη] seq ras 1 lit forte s in A | ευφραινεν Bᵃᵇ (ευφρενεν B*)] ηυφραινεν A   28 εισηλθον B*A] εισηλθεν Bᵃᵇ | εν 1°] εις A | om εν 3° A| 29 πεπολε|μησεν A   31 Ιουδαν A | om πεντε 1° A   32 om εν A | om και 2° A   33 αυτου] εαυτων A   34 Ιησου] Ιηου A | Ανανι A | βιβλιου] βιβλιον BᵃᵇA

ΠΑΡΑΛΕΙΠΟΜΕΝΩΝ Β

Β μετὰ ταῦτα ἐκοινώνησεν Ἰωσαφὰτ πρὸς Ὀχοζείαν βασιλέα Ἰσραήλ, καὶ οὗτος ἠνόμησεν ³⁶ἐν τῷ ποιῆσαι καὶ πορευθῆναι πρὸς αὐτὸν τοῦ ποιῆσαι πλοῖα τοῦ πορευθῆναι εἰς Θαρσείς· καὶ ἐποίησεν πλοῖα ἐν Γασιὼν Γάβερ. ³⁷καὶ ἐπροφήτευσεν Ἐλεαδὰ ὁ τοῦ Ὠδειὰ ἀπὸ Μαρείσης ἐπὶ Ἰωσαφὰτ λέγων Ὡς ἐφιλίασας τῷ Ὀχοζείᾳ, ἔθραυσεν Κύριος τὸ ἔργον σου, καὶ συνετρίβη τὰ πλοῖά σου. καὶ οὐκ ἐδυνάσθη τοῦ πορευθῆναι εἰς Θαρσείς.

¹Καὶ ἐκοιμήθη Ἰωσαφὰτ μετὰ τῶν πατέρων αὐτοῦ, καὶ ἐτάφη ἐν πόλει Δαυείδ· καὶ ἐβασίλευσεν Ἰωρὰμ υἱὸς αὐτοῦ ἀντ' αὐτοῦ. ²καὶ αὐτῷ ἀδελφοὶ υἱοὶ Ἰωσαφὰτ ἕξ, καὶ Ἰὴλ καὶ Ζαχαρίας καὶ Μεισαὴλ καὶ Σαφατείας· πάντες οὗτοι υἱοὶ Ἰωσαφὰτ βασιλέως Ἰούδα. ³καὶ ἔδωκεν αὐτοῖς ὁ πατὴρ αὐτῶν δόματα πολλά, ἀργύριον καὶ χρυσίον καὶ ὅπλα μετὰ πόλεων τετειχισμένων ἐν Ἰούδα· καὶ τὴν βασιλείαν ἔδωκεν τῷ Ἰωράμ, ὅτι οὗτος πρωτότοκος. ⁴καὶ ἀνέστη Ἰωρὰμ ἐπὶ τὴν βασιλείαν αὐτοῦ καὶ ἐκραταιώθη, καὶ ἀπέκτεινεν πάντας τοὺς ἀδελφοὺς αὐτοῦ ἐν ῥομφαίᾳ καὶ ἀπὸ τῶν ἀρχόντων Ἰσραήλ. ⁵ὄντος αὐτοῦ τριάκοντα καὶ δύο ἐτῶν, κατέστη Ἰωρὰμ ἐπὶ τὴν βασιλείαν αὐτοῦ, καὶ ὀκτὼ ἔτη ἐβασίλευσεν ἐν Ἰερουσαλήμ. ⁶καὶ ἐπορεύθη ἐν ὁδῷ βασιλέως Ἰσραήλ, ὡς ἐποίησεν οἶκος Ἀχαάβ, ὅτι θυγάτηρ Ἀχαὰβ ἦν αὐτοῦ γυνή, καὶ ἐποίησεν τὸ πονηρὸν ἐναντίον Κυρίου. ⁷καὶ οὐκ ἐβούλετο Κύριος ἐξολεθρεῦσαι τὸν οἶκον Δαυείδ, διὰ τὴν διαθήκην ἣν διέθετο τῷ Δαυείδ, καὶ ὡς εἶπεν αὐτῷ δοῦναι αὐτῷ λύχνον καὶ τοῖς υἱοῖς αὐτοῦ πάσας τὰς ἡμέρας. ⁸ἐν ταῖς ἡμέραις ἐκείναις ἀπέστη Ἐδὼμ ἀπὸ τοῦ Ἰούδα, καὶ ἐβασίλευσαν ἐφ' αὑτοὺς βασιλέα. ⁹καὶ ᾤχετο Ἰωρὰμ μετὰ τῶν ἀρχόντων, καὶ πᾶσα ἡ ἵππος μετ' αὐτοῦ· καὶ ἐγένετο καὶ ἠγέρθη νυκτός, καὶ ἐπάταξεν Ἐδὼμ τὸν κυκλοῦντα αὐτὸν καὶ τοὺς ἄρχοντας τῶν ἁρμάτων, καὶ ἔφυγεν ὁ λαὸς εἰς τὰ σκηνώματα αὐτῶν. ¹⁰καὶ ἀπέστη ἀπὸ Ἰούδα Ἐδὼμ ἕως τῆς ἡμέρας ταύτης· τότε ἀπέστη Λομνὰ ἐν τῷ καιρῷ ἐκείνῳ ἀπὸ χειρὸς αὐτοῦ, ὅτι ἐνκατέλιπεν Κύριον θεὸν τῶν πατέρων αὐτοῦ.

Α 35 Ιωσαφατ]+βασιλευς Ιουδα Α | Οχοζειαν]Οζιαν Α | ηνομησαι Α   36 om προς αυτον   πορευθηναι (2°) Α | εν Γασιων] εργασιων Α   37 Ελεαδα] Ελιεζερ Α | Ωδια Α | Μαρισης Α | Οχοζια Α | ηδυνασθη Α   XXI 1 αυτου 1°] εαυτου Α | εταφη]+παρα τοις πατρασιν εαυτου Α   2 και 2°] pr Αζαριας Α | Ιηλ] Ιειηλ Α | Ζαχαριας]+και Αζαριας Α | Μισαηλ Β^bΑ | Σαφατιας Β^bΑ 3 πρωτοτ.] pr ο Α   5 οντος αυτου] ων αυτος Α | αυτου 2°] εαυτου Α 6 βασιλεως] βασιλεων Β^{ab}Α | γυνη] pr η Α   7 εξωλοθρευσαν Β?   8 εβασιλευσαν] εβασιλευσεν (α sup ras Α¹) | αυτους] εαυτους Α   10 απο Ιουδα Εδωμ] Εδωμ· απο] χειρος Ιουδα Α | Λομνα] Λοβνα Α | εγκατελιπεν Β^b εγκατελειπεν Α | Κυριον] pr τον Α | αυτου 2°] εαυτου Α

ΠΑΡΑΛΕΙΠΟΜΕΝΩΝ Β   XXII 2

11 ¹¹καὶ γὰρ αὐτὸς ἐποίησεν ὑψηλὰ ἐν πόλεσιν Ἰούδα, καὶ ἐξεπόρ- Β
νευσαν τοὺς κατοικοῦντας ἐν Ἰερουσαλήμ, καὶ ἀπεπλάνησεν τὸν
12 Ἰουδά. ¹²καὶ ἦλθεν αὐτῷ ἐν γραφῇ παρὰ Ἠλειοὺ τοῦ προφήτου
λέγων Τάδε λέγει Κύριος θεὸς πατρός σου Δαυείδ Ἀνθ' ὧν οὐκ ἐπο-
ρεύθης ἐν ὁδῷ Ἰωσαφὰτ τοῦ πατρός σου καὶ ἐν ὁδοῖς Ἀσὰ βασιλέως
13 Ἰούδα, ¹³καὶ ἐπορεύθης ἐν ὁδοῖς βασιλέως Ἰσραήλ, καὶ ἐξεπόρνευσας
τὸν Ἰούδαν καὶ τοὺς κατοικοῦντας ἐν Ἰερουσαλὴμ ὡς ἐξεπόρνευσεν
οἶκος Ἀχαάβ, καὶ τοὺς ἀδελφούς σου υἱοὺς πατρός σου τοὺς ἀγα-
14 θοὺς ὑπὲρ σὲ ἀπέκτεινας· ¹⁴ἰδοὺ Κύριος πατάξει σε πληγὴν μεγάλην
ἐν τῷ λαῷ σου καὶ ἐν τοῖς υἱοῖς σου καὶ ἐν γυναιξίν σου καὶ ἐν
15 πάσῃ τῇ ἀποσκευῇ σου· ¹⁵καὶ σὺ ἐν μαλακίᾳ πονηρᾷ, ἐν νόσῳ
κοιλίας, ἕως οὗ ἐξέλθῃ ἡ κοιλία σου μετὰ τῆς μαλακίας ἐξ ἡμερῶν
16 εἰς ἡμέρας. ¹⁶καὶ ἐπήγειρεν Κύριος ἐπὶ Ἰωρὰμ τοὺς ἀλλοφύλους
17 καὶ τοὺς Ἄραβας καὶ τοὺς ὁμόρους τῶν Αἰθιόπων· ¹⁷καὶ ἀνέβησαν
ἐπὶ Ἰούδαν καὶ κατεδυνάστευον, καὶ ἀπέστρεψαν πᾶσαν τὴν ἀπο-
σκευὴν ἣν εὗρον ἐν οἴκῳ τοῦ βασιλέως καὶ τοὺς υἱοὺς αὐτοῦ καὶ
τὰς θυγατέρας αὐτοῦ, καὶ οὐ κατελείφθη αὐτῷ υἱὸς ἀλλ' ἢ Ὀχοζείας
18 ὁ μικρότατος τῶν υἱῶν αὐτοῦ. ¹⁸καὶ μετὰ ταῦτα πάντα ἐπάταξεν
19 αὐτὸν Κύριος εἰς τὴν κοιλίαν μαλακίαν ᾗ οὐκ ἔστιν ἰατρεία. ¹⁹καὶ
ἐγένετο ἐξ ἡμερῶν εἰς ἡμέρας· καὶ ὡς ἦλθεν καιρὸς τῶν ἡμερῶν
ἡμέρας δύο, ἐξῆλθεν ἡ κοιλία αὐτοῦ μετὰ τῆς νόσου, καὶ ἀπέθανεν
ἐν μαλακίᾳ πονηρᾷ· καὶ οὐκ ἐποίησεν ὁ λαὸς αὐτοῦ ἐκφορὰν καθὼς
20 ἐκφορὰν πατέρων αὐτοῦ. ²⁰ἦν τριάκοντα καὶ δύο ἐτῶν ὅτε ἐβασί-
λευσεν, καὶ ὀκτὼ ἔτη ἐβασίλευσεν ἐν Ἰερουσαλήμ· καὶ ἐπορεύθη
οὐκ ἐν ἐπαίνῳ, καὶ ἐτάφη ἐν πόλει Δαυείδ, καὶ οὐκ ἐν τάφοις τῶν
βασιλέων.

XXII 1 ¹Καὶ ἐβασίλευσαν οἱ κατοικοῦντες ἐν Ἰερουσαλὴμ τὸν Ὀχοζείαν
τὸν υἱὸν αὐτοῦ τὸν μικρὸν ἀντ' αὐτοῦ, ὅτι πάντας τοὺς πρεσβυτέ-
ρους ἀπέκτεινεν τὸ λῃστήριον τὸ ἐπελθὸν ἐπ' αὐτούς, Ἄραβες οἱ
Ἀλειμαζονεῖς· καὶ ἐβασίλευσεν Ὀχοζείας υἱὸς Ἰωρὰμ βασιλέως Ἰούδα.
2 ²ὧν εἴκοσι ἐτῶν Ὀχοζείας ἐβασίλευσεν, καὶ ἐνιαυτὸν ἕνα ἐβασί-

11 om εν 2° A | Ιουδα 2°] Ιουδα̅ A   12 Ηλιου BᵇA | θεος] pr ο A | A
πατρος σου Δαυειδ] Δα̅δ του π̅ρ̅ς σου A | om ανθ ων . πατρος σου (2°) A
13 βασιλεως] βασιλεω̅ A | om εν 2° A | οικος] pr ο A | πατρος] pr του A
15 ημερας] a sup ras A¹   17 Οχοζιας BᵇA   18 om παντα A |
μαλακια A | η] pr εν A | ιατρια A   19 καιρος] pr ο A   20 ην]
η A* (ν superscr A¹) | om εβασιλευσεν και οκτω ετη A | εν ουκ επαινω A
XXII 1 Αραβες] pr οι A | Αλιμαζονεις BᵇA | Οχοζιας BᵇA (ita identidem) |
βασιλεως] βασιλευς A   2 εβασιλευσεν] Οχοζιας A | ενα ενιαυτον A

95

λευσεν ἐν Ἰερουσαλήμ, καὶ ὄνομα τῇ μητρὶ αὐτοῦ Γοθολία θυγάτηρ Ἀμβρεί. ³καὶ οὗτος ἐπορεύθη ἐν ὁδῷ οἴκου Ἀχαάβ, ὅτι μήτηρ αὐτοῦ ἦν σύμβουλος τοῦ ἁμαρτάνειν. ⁴καὶ ἐποίησεν τὸ πονηρὸν ἐναντίον Κυρίου ὡς οἶκος Ἀχαάβ, ὅτι αὐτοὶ ἦσαν αὐτῷ μετὰ τὸ ἀποθανεῖν τὸν πατερα αὐτοῦ σύμβουλοι τοῦ ἐξολεθρεῦσαι αὐτόν, ⁵καὶ ἐν ταῖς βουλαῖς αὐτῶν ἐπορεύθη. καὶ ἐπορεύθη μετὰ Ἰωράμ υἱοῦ Ἀχαὰβ εἰς πόλεμον ἐπὶ Ἀζαὴλ βασιλέα Συρίας εἰς Ῥαμὰ Γαλαάδ· καὶ ἐπάταξαν οἱ τοξόται τὸν Ἰωράμ. ⁶καὶ ἐπέστρεψεν Ἰωρὰμ τοῦ ἰατρευ- θῆναι εἰς Ἰσραὴλ ἀπὸ τῶν πληγῶν ὧν ἐπάταξαν αὐτὸν οἱ Σύροι ἐν Ῥαμὰ ἐν τῷ πολεμεῖν αὐτὸν πρὸς Ἀζαὴλ βασιλέα Συρίας· καὶ Ὀχοζείας υἱὸς Ἰωρὰμ βασιλεὺς Ἰουδα κατέβη θεᾶσθαι τὸν Ἰωρὰμ υἱὸν Ἀχαὰβ εἰς Ἰσραήλ, ὅτι ἠρρώστει. ⁷καὶ παρὰ τοῦ θεοῦ ἐγένετο καταστροφὴ Ὀχοζείᾳ ἐλθεῖν πρὸς Ἰωράμ· καὶ ἐν τῷ ἐξελθεῖν ἐξῆλθεν μετ' αὐτοῦ Ἰωρὰμ πρὸς υἱὸν Ναμεσσεὶ χριστὸν Κυρίου τὸν οἶκον Ἀχαάβ. ⁸καὶ ἐγένετο ὡς ἐξεδίκησεν Ἰοὺ τὸν οἶκον Ἀχαάβ, καὶ εὗρον τοὺς Ἰουδα ἄρχοντας καὶ τοὺς ἀδελφοὺς Ὀχοζεία λειτουργοῦντας τῷ Ὀχοζείᾳ καὶ ἀπέκτεινεν αὐτούς. ⁹καὶ εἶπεν τοῦ ζητῆσαι τὸν Ὀχοζείαν καὶ κατέλαβον αὐτὸν ἰατρευόμενον ἐν Σαμαρείᾳ καὶ ἤγαγον αὐτὸν πρὸς Ἰού, καὶ ἀπέκτεινεν αὐτόν. καὶ ἔθαψαν αὐτόν, ὅτι εἶπαν Υἱὸς Ἰωσαφάτ ἐστιν, ὃς ἐξήτησεν τὸν κύριον ἐν ὅλῃ τῇ καρδίᾳ αὐτοῦ· καὶ οὐκ ἦν ἐν οἴκῳ Ὀχοζεία κατισχῦσαι δύναμιν περὶ τῆς βασιλείας.

¹⁰Καὶ Γοθολία ἡ μήτηρ Ὀχοζεία εἶδεν ὅτι τέθνηκεν αὐτῆς ὁ υἱός, καὶ ἠγέρθη καὶ ἀπώλεσεν πᾶν τὸ σπέρμα τῆς βασιλείας ἐν οἴκῳ Ἰούδα. ¹¹καὶ ἔλαβεν Ἰωσαβεὲ τὸν Ἰωὰς υἱὸν Ὀχοζεία, καὶ ἔκλεψεν αὐτὸν ἐκ μέσου υἱῶν τοῦ βασιλέως τῶν θανατουμένων, καὶ ἔδωκεν αὐτὸν καὶ τὴν τροφὸν αὐτοῦ εἰς ταμεῖον κλινῶν· καὶ ἔκρυψεν αὐτὸν Ἰωσαβεὲ θυγάτηρ τοῦ βασιλέως Ἰωράμ, ἀδελφὴ Ὀχοζείου καὶ γυνὴ Ἰωδαέ· καὶ ἔκρυψεν αὐτὸν ἀπὸ προσώπου Γοθολίας, καὶ οὐκ ἀπέκτεινεν αὐτόν. ¹²καὶ ἦν μετ' αὐτοῦ ἐν

A 2 Ἀμβρει] Ζαμβρι A   4 οικος] pr ο A | εξολοθρευσαι B?   5 Αχααμ A | Ραμα] Ρεμμωθ A   6 Ισραηλ] Ιξραελ A (bis) | επαταξεν A | θεασασθαι A   7 υιον] pr Ιηου A | Ναμεσσι A | om τον οικον Αχααβ A
8 Ιηου A | ευρεν A | αρχοντας Ιουδα A | om λειτουργ. τω Οχοζεια A
9 Σαμαρια A | Ιηου A | εξητησεν] εκζητησει A | τη καρδια] om τη A
10 βασιλειας]+αυτου A   11 Ιωσαβεθ A (bis)+(1°) θυγατηρ] του βασιλεως A | υιων] pr των A | ταμειον] το ταμειον A | Ιωραμ Bᵃᵇ A] Ιωας B* | και γυνη Ιωδαε] και Ιωδαε (δαε sup ras) B* γινη Ιωδαε Bᵃᵇ γ Ιωιαδα A | Ιωδαε]+αδελφοι B* (om αδ Bᵇᵛⁱᵈ A)+του ιερεως Bᵃ?ᵇ⁽ᵐᵍ⁾ A | Γοθολιας] pr του βασιλεως Ιωας B* (om Bᵇᵛⁱᵈ A)   12 αυτου] αυτης A

ΠΑΡΑΛΕΙΠΟΜΕΝΩΝ Β XXIII 12

οἴκῳ τοῦ θεοῦ κατακεκρυμμένος ἓξ ἔτη, καὶ Γοθολία ἐβασίλευσεν Β
XXIII 1 ἐπὶ τῆς γῆς. ¹Καὶ ἐν τῷ ἔτει τῷ ὀγδόῳ ἐκραταίωσεν Ἰωδαε καὶ ἔλαβεν τοὺς ἑκατοντάρχους, τὸν Ἀζαρίαν υἱὸν Ἰωρὰμ καὶ τὸν Ἰσμαὴλ υἱὸν Ἰωανὰν καὶ τὸν Ἀζαρίαν υἱὸν Ὠβὴδ καὶ τὸν Μασσαίαν υἱὸν Αζειὰ καὶ τὸν Ἐλεισαφὰν υἱὸν Ζαχαριά, μετ' αὐτοῦ εἰς οἶκον. 2 ²καὶ ἐκύκλωσαν τὸν Ἰούδαν, καὶ συνήγαγεν τοὺς Λευείτας ἐκ πασῶν τῶν πόλεων Ἰούδα καὶ ἄρχοντες πατριῶν τοῦ Ἰσραήλ, καὶ ἦλθον 3 εἰς Ἰερουσαλήμ. ³καὶ διέθεντο πᾶσα ἐκκλησία Ἰούδα διαθήκην ἐν οἴκῳ τοῦ θεοῦ μετὰ τοῦ βασιλέως· καὶ ἔδειξεν αὐτοῖς τὸν υἱὸν τοῦ βασιλέως καὶ εἶπεν αὐτοῖς Ἰδοὺ ὁ υἱὸς τοῦ βασιλέως βασιλευσάτω, 4 καθὼς ἐλάλησεν Κύριος, ἐπὶ τὸν οἶκον Δαυείδ ⁴νῦν ὁ λόγος οὗτος ὃν ποιήσετε· τὸ τρίτον ἐξ ὑμῶν εἰσπορευέσθωσαν τὸ σάββατον, τῶν 5 ἱερέων καὶ τῶν Λευειτῶν, καὶ εἰς τὰς πύλας τῶν εἰσόδων, ⁵καὶ τρίτον ἐν οἴκῳ τοῦ βασιλέως, καὶ τὸ τρίτον ἐν τῇ πύλῃ τῇ μέσῃ, καὶ πᾶς 6 ὁ λαὸς ἐν αὐλαῖς οἴκου Κυρίου. ⁶καὶ μὴ εἰσελθέτω εἰς οἶκον Κυρίου ἐὰν μὴ οἱ ἱερεῖς καὶ οἱ Λευεῖται καὶ οἱ λειτουργοῦντες τῶν Λευειτῶν· αὐτοὶ εἰσελεύσονται, ὅτι ἅγιοί εἰσιν καὶ πᾶς ὁ λαὸς φυλασσέτω φυ-
7 λακὰς Κυρίῳ. ⁷καὶ κυκλώσουσιν τὸν βασιλέα οἱ Λευεῖται κύκλῳ ἀνδρὸς σκεῦος σκεῦος ἐν χειρὶ αὐτοῦ, καὶ ὁ εἰσπορευόμενος εἰς τὸν οἶκον ἀποθανεῖται· καὶ ἔσονται μετὰ τοῦ βασιλέως εἰσπορευομένου 8 καὶ ἐκπορευομένου. ⁸καὶ ἐποίησαν οἱ Λευεῖται καὶ πᾶς Ἰούδα κατὰ πάντα ὅσα ἐνετείλατο Ἰωδαε ὁ ἱερεύς· καὶ ἔλαβον ἕκαστος τοὺς ἄνδρας αὐτοῦ ἀπ' ἀρχῆς τοῦ σαββάτου ἕως ἐξόδου τοῦ σαββάτου, ὅτι 9 οὐ κατέλυσεν Ἰωδαε τὰς ἐφημερίας. ⁹καὶ ἔδωκεν τὰς μαχαίρας καὶ τοὺς θυρεοὺς καὶ τὰ ὅπλα ἃ ἦν τοῦ βασιλέως Δαυείδ ἐν οἴκῳ τοῦ 10 θεοῦ. ¹⁰καὶ ἔστησεν πάντα τὸν λαόν, ἕκαστον ἐν τοῖς ὅπλοις αὐτοῦ, ἀπὸ τῆς ὠμίας τοῦ οἴκου τῆς δεξιᾶς ἕως τῆς ὠμίας τῆς ἀριστερᾶς 11 τοῦ θυσιαστηρίου καὶ τοῦ οἴκου ἐπὶ τὸν βασιλέα κύκλῳ. ¹¹καὶ ἐξήγαγεν τὸν υἱὸν τοῦ βασιλέως, καὶ ἔδωκεν ἐπ' αὐτὸν τὸ βασίλειον καὶ τὰ μαρτύρια· καὶ ἐβασίλευσαν καὶ ἔχρισαν αὐτὸν Ἰωδαε 12 καὶ οἱ υἱοὶ αὐτοῦ, καὶ εἶπαν Ζήτω ὁ βασιλεύς. ¹²καὶ ἤκουσεν Γοθολία

XXIII 1 ογδοω] εβδομω A | εκατονταρχας A | Ιωβηδ A | Μασιαν A | A Αζεια] Αδεια B^{ab} Αδαια A | Ελεισαφαν] Ελισαφατ A | υιον 5° bis scr B | Ζαχαριου A | μετ] μεθ A | οικον]+κυ A   2 συνηγαγον A | Λευιτ. A (ita ubique) | αρχοντας A | πατριων] pr των A   3 διαθηκην .τον υιον in mg inf et sup ras A^a (om του βασιλεως...τον υιον A*)   5 και το τριτον (sic) εν οικωι του βασιλεως A^{a?(mg)}   6 οι ιερεις] ο ιερευς A | φυλασσετω] φυλασσεσθω A | Κυριω] κυ A   7 οι Λ. τον βασιλεα A | om σκευος 2° A 8 αυτου] εαυτου A   10 αυτου] εαυτου A

SEPT. II. 97 G

ΠΑΡΑΛΕΙΠΟΜΕΝΩΝ Β

B τὴν φωνὴν τοῦ λαοῦ τρεχόντων καὶ ἐξομολογουμένων καὶ αἰνούντων τὸν βασιλέα, καὶ εἰσῆλθεν πρὸς τὸν βασιλέα εἰς οἶκον Κυρίου. ¹³καὶ εἶδεν, καὶ ἰδοὺ ὁ βασιλεὺς ἐπὶ τῆς στάσεως αὐτοῦ, καὶ ἐπὶ τῆς εἰσόδου οἱ ἄρχοντες καὶ αἱ σάλπιγγες, ἄρχοντες περὶ τὸν βασιλέα, καὶ πᾶς ὁ λαὸς ηὐφράνθη καὶ ἐσάλπισαν ταῖς σάλπιγξιν, καὶ οἱ ᾄδοντες ἐν τοῖς ὀργάνοις, ᾠδοὶ καὶ ὑμνοῦντες αἶνον· καὶ διέρρηξεν Γοθολία τὴν στολὴν αὐτῆς, καὶ ἐβόησεν Ἐπιτιθέμενοι ἐπιτίθεσθε. ¹⁴καὶ ἐξῆλθεν Ἰωδαε ὁ ἱερεύς· καὶ ἐνετείλατο Ἰωδαε ὁ ἱερεὺς τοῖς ἑκατοντάρχοις καὶ τοῖς ἀρχηγοῖς τῆς δυνάμεως καὶ εἶπεν αὐτοῖς Ἐκβάλετε αὐτὴν ἐκτὸς τοῦ οἴκου, καὶ εἰσέλθατε ὀπίσω αὐτῆς, καὶ ἀποθανέτω μαχαίρᾳ· ὅτι εἶπεν ὁ ἱερεύς Μὴ ἀποθανέτω ἐν οἴκῳ Κυρίου. ¹⁵καὶ ἔδωκαν αὐτῇ ἄνεσιν, καὶ διῆλθεν διὰ τῆς πύλης τῶν ἱππέων τοῦ οἴκου τοῦ βασιλέως, καὶ ἐθανάτωσαν αὐτὴν ἐκεῖ. ¹⁶Καὶ διέθετο Ἰωδαε διαθήκην ἀνὰ μέσον αὐτοῦ καὶ τοῦ λαοῦ καὶ τοῦ βασιλέως, εἶναι λαὸν τῷ κυρίῳ. ¹⁷καὶ εἰσῆλθεν πᾶς ὁ λαὸς τῆς γῆς εἰς οἶκον Βάαλ, καὶ κατέσπασαν αὐτὸν καὶ τὰ θυσιαστήρια καὶ τὰ εἴδωλα αὐτοῦ ἐλέπτυναν, καὶ τὸν Ματθὰν ἱερέα τῆς Βάαλ ἐθανάτωσαν ἐναντίον τῶν θυσιαστηρίων αὐτοῦ. ¹⁸καὶ ἐνεχείρησεν Ἰωδαε ὁ ἱερεὺς τὰ ἔργα οἴκου Κυρίου διὰ χειρὸς ἱερέων καὶ Λευειτῶν, καὶ ἀνέστησεν τὰς ἐφημερίας τῶν ἱερέων καὶ τῶν Λευειτῶν, ἃς διέστειλεν Δαυεὶδ ἐπὶ τὸν οἶκον Κυρίου καὶ ἀνενέγκαι ὁλοκαυτώματα Κυρίῳ, καθὼς γέγραπται ἐν νόμῳ Μωυσῆ, ἐν εὐφροσύνῃ καὶ ἐν ᾠδαῖς διὰ χειρὸς Δαυείδ. ¹⁹καὶ ἔστησαν οἱ πυλωροὶ ἐπὶ τὰς πύλας οἴκου Κυρίου, καὶ οὐκ εἰσελεύσεται ἀκάθαρτος εἰς πᾶν πρᾶγμα. ²⁰καὶ ἔλαβεν τοὺς πατριάρχας καὶ τοὺς δυνατοὺς καὶ τοὺς ἄρχοντας τοῦ λαοῦ καὶ πάντα τὸν λαὸν τῆς γῆς, καὶ ἐπεβίβασαν τὸν βασιλέα εἰς οἶκον Κυρίου, καὶ εἰσῆλθεν διὰ τῆς πύλης τῆς ἐσωτέρας εἰς τὸν οἶκον βασιλέως, καὶ ἐκάθισαν τὸν βασιλέα ἐπὶ τὸν θρόνον τῆς βασιλείας. ²¹καὶ ηὐφράνθη πᾶς ὁ λαὸς τῆς γῆς, καὶ ἡ πόλις ἡσύχασεν· καὶ τὴν Γοθολιὰ ἐθανάτωσαν.

¹*Ὢν ἑπτὰ ἐτῶν Ἰωὰς ἐν τῷ βασιλεῦσαι αὐτόν, καὶ τεσσεράκοντα ἔτη ἐβασίλευσεν ἐν Ἰερουσαλήμ, καὶ ὄνομα τῇ μητρὶ αὐτοῦ

A 12 τρεχοντων] pr των A   13 ιδεν A | ταις σαλπ.] εν σαλπ. A | αιδοντες B* (αδ. B^b A) | αυτης] εαυτης A | εβοησεν]+και ειπεν A | επιθεμενοι επιτιθεσθαι A   14 εισελθατε] εξελθατε A   17 om και 5° A | ιερεα] pr τον A   18 ενεχειρησεν B*A] ενεχειρεισεν B^a ενεχειρισεν B^bvid | και 2° Δαδ sup ras A^a | Λευειτων 1°] των| Λευιτων A^a | om as A^a | ανενεγκαι] ανηνεγκαν A | Κυριω] pr τω A | Μωυσεως B^b   20 επεβιβασαν] ανεβιβ. A | βασιλεως] pr του A   21 Γοθολιαν A | εθανατωσαν]+μαχαιρα A   XXIV 1 τεσσαοακ. B'

ΠΑΡΑΛΕΙΠΟΜΕΝΩΝ Β XXIV 14

2 Ἀβιὰ ἐκ Βηρσάβεε. ²καὶ ἐποίησεν Ἰωὰς τὸ εὐθὲς ἐνώπιον Κυρίου Β
3 πάσας τὰς ἡμέρας Ἰωδᾶε τοῦ ἱερέως. ³καὶ ἔλαβεν ἑαυτῷ Ἰωδᾶε
4 γυναῖκας δύο, καὶ ἐγέννησεν υἱοὺς καὶ θυγατέρας. ⁴καὶ ἐγένετο
μετὰ ταῦτα, καὶ ἐγένετο ἐπὶ καρδίαν Ἰωὰς ἐπισκευάσαι τὸν οἶκον
5 Κυρίου. ⁵καὶ συνήγαγεν τοὺς ἱερεῖς καὶ τοὺς Λευείτας καὶ εἶπεν
αὐτοῖς Ἐξέλθατε εἰς τὰς πόλεις Ἰούδα καὶ συναγάγετε ἀπὸ παντὸς
Ἰσραὴλ ἀργύριον κατισχῦσαι τὸν οἶκον Κυρίου ἐνιαυτὸν κατ' ἐνι-
6 αυτόν, καὶ σπεύσατε λαλῆσαι· καὶ οὐκ ἐπίστευσαν οἱ Λευεῖται. ⁶καὶ
ἐκάλεσεν ὁ βασιλεὺς Ἰωὰς τὸν Ἰωδᾶε τὸν ἄρχοντα καὶ εἶπεν αὐτῷ
Διὰ τί οὐκ ἐπεσκέψω περὶ τῶν Λευειτῶν τοῦ εἰσενέγκαι ἀπὸ Ἰούδα
καὶ Ἰερουσαλὴμ τὸ κεκριμένον ὑπὸ Μωυσῆ ἀνθρώπου θεοῦ, ὅτι
7 ἐξεκκλησίασεν τὸν Ἰσραὴλ εἰς τὴν σκηνὴν τοῦ μαρτυρίου, ⁷ὅτι
Γοθολία ἦν ἡ ἄνομος, καὶ οἱ υἱοὶ αὐτῆς κατέσπασαν τὸν οἶκον τοῦ
8 θεοῦ, καὶ γὰρ τὰ ἅγια οἴκου Κυρίου ἐποίησαν ταῖς Βααλείμ. ⁸καὶ
εἶπεν ὁ βασιλεὺς Γενηθήτω γλωσσόκομον καὶ τεθήτω ἐν πύλῃ οἴκου
9 Κυρίου ἔξω. ⁹καὶ κηρυξάτωσαν ἐν Ἰούδᾳ καὶ ἐν Ἰερουσαλὴμ εἰσε-
νέγκαι Κυρίῳ, καθὼς εἶπεν Μωυσῆς παῖς τοῦ θεοῦ ἐπὶ τὸν Ἰσραὴλ
10 ἐν τῇ ἐρήμῳ. ¹⁰καὶ ἔδωκαν πάντες ἄρχοντες καὶ πᾶς ὁ λαός, καὶ
εἰσέφερον καὶ ἐνέβαλλον εἰς τὸ γλωσσόκομον ἕως οὗ ἐπληρώθη.
11 ¹¹καὶ ἐγένετο ὡς εἰσέφερον τὸ γλωσσόκομον πρὸς τοὺς προστάτας
τοῦ βασιλέως διὰ χειρὸς τῶν Λευειτῶν, καὶ ὡς εἶδον ὅτι ἐπλεόνασεν
τὸ ἀργύριον, καὶ ἦλθεν ὁ γραμματεὺς τοῦ βασιλέως καὶ ὁ προστάτης
τοῦ ἱερέως τοῦ μεγάλου καὶ ἐξεκένωσεν τὸ γλωσσόκομον, καὶ κατέ-
στησαν εἰς τὸν τόπον αὐτοῦ· οὕτως ἐποίουν ἡμέραν ἐξ ἡμέρας, καὶ
12 συνήγαγον ἀργύριον πολύ. ¹²καὶ ἔδωκεν αὐτὸ ὁ βασιλεὺς καὶ Ἰωδᾶε
ὁ ἱερεὺς τοῖς ποιοῦσιν τὰ ἔργα εἰς τὴν ἐργασίαν οἴκου Κυρίου· καὶ
ἐμισθοῦντο λατόμους καὶ τέκτονας ἐπισκευάσαι τὸν οἶκον Κυρίου,
καὶ χαλκεῖς σιδήρου καὶ χαλκοῦ ἐπισκευάσαι τὸν οἶκον Κυρίου.
13 ¹³καὶ ἐποίουν οἱ ποιοῦντες τὰ ἔργα, καὶ ἀνέβη μῆκος τῶν ἔργων
ἐν χερσὶν αὐτῶν, καὶ ἀνέστησαν τὸν οἶκον Κυρίου ἐπὶ τὴν στάσιν
14 αὐτοῦ καὶ ἐνίσχυσαν. ¹⁴καὶ ὡς συνετέλεσαν, ἤνεγκαν πρὸς τὸν
βασιλέα καὶ πρὸς Ἰωδᾶε τὸ κατάλοιπον τοῦ ἀργυρίου, καὶ ἐποίησαν
σκεύη εἰς οἶκον Κυρίου, σκεύη λειτουργικὰ ὁλοκαυτωμάτων καὶ θυ-

3 Ιωδαε] Ιωας B^{a mg} b | δυο γυ|ναικας A | εγεννησαν A   6 Ιωας] ο A
βασιλευς A | οτι] οτε A | εξεκλησ. B   7 om γαρ A | τοις B. A   9 εισε-
νεγκειν A | Κυριω] pr τω A   11 εισεφερον] εφερον A | εξεκενωσαν B^{ab}A |
τον γλωσσ (2°) A   12 ποιουσι A | om και χαλκεις. οικον Κυριου (2°) A
14 συνετελεσαν] a sup ras B?

XXIV 15 ΠΑΡΑΛΕΙΠΟΜΕΝΩΝ Β

B ίσκας χρυσᾶς καὶ ἀργυρᾶς, καὶ ἀνήνεγκαν ὁλοκαυτώσεις ἐν οἴκῳ Κυρίου διὰ παντὸς πάσας τὰς ἡμέρας Ἰωδάε. ¹⁵Καὶ ἐγήρασεν Ἰωδάε πλήρης ἡμερῶν, καὶ ἐτελεύτησεν ὢν ἑκατὸν καὶ τριάκοντα ἐτῶν ἐν τῷ τελευτᾶν αὐτόν. ¹⁶καὶ ἔθαψαν αὐτὸν ἐν πόλει Δαυείδ μετὰ τῶν βασιλέων, ὅτι ἐποίησεν ἀγαθωσύνην μετὰ Ἰσραὴλ καὶ μετὰ τοῦ θεοῦ καὶ τοῦ οἴκου αὐτοῦ. ¹⁷καὶ ἐγένετο μετὰ τὴν τελευτὴν Ἰωδάε εἰσῆλθον οἱ ἄρχοντες Ἰούδα καὶ προσεκύνησαν τὸν βασιλέα· τότε ἐπήκουσεν αὐτοῖς ὁ βασιλεύς. ¹⁸καὶ ἐνκατέλιπον τὸν Κύριον θεὸν τῶν πατέρων αὐτῶν, καὶ ἐδούλευον ταῖς Ἀστάρταις καὶ τοῖς εἰδώλοις· καὶ ἐγένετο ὀργὴ ἐπὶ Ἰουδὰ καὶ Ἱερουσαλὴμ ἐν τῇ ἡμέρᾳ ταύτῃ. ¹⁹καὶ ἀπέστειλεν πρὸς αὐτοὺς προφήτας, ἐπιστρέψαι πρὸς Κύριον, καὶ οὐκ ἤκουσαν· καὶ διεμαρτύραντο αὐτοῖς, καὶ οὐχ ὑπήκουσαν. ²⁰καὶ πνεῦμα θεοῦ ἐνέδυσεν τὸν Ἀζαρίαν τὸν τοῦ Ἰωδάε τὸν ἱερέα, καὶ ἀνέστη ἐπάνω τοῦ λαοῦ καὶ εἶπεν Τάδε λέγει Κύριος Τί παραπορεύεσθε τὰς ἐντολὰς Κυρίου; καὶ οὐκ εὐοδωθήσεσθε· ὅτι ἐνκατελίπετε τὸν κύριον, καὶ ἐνκαταλείψει ὑμᾶς. ²¹καὶ ἐπέθεντο αὐτῷ, καὶ ἐλιθοβόλησαν αὐτὸν δι᾽ ἐντολῆς Ἰωὰς τοῦ βασιλέως ἐν αὐλῇ οἴκου Κυρίου. ²²καὶ οὐκ ἐμνήσθη Ἰωὰς τοῦ ἐλέους οὗ ἐποίησεν μετ᾽ αὐτοῦ Ἰωδάε ὁ πατὴρ αὐτοῦ, καὶ ἐθανάτωσεν τὸν υἱὸν αὐτοῦ. καὶ ὡς ἀπέθνησκεν, εἶπεν Ἴδοι Κύριος καὶ κρινάτω. ²³καὶ ἐγένετο μετὰ τὴν συντέλειαν τοῦ ἐνιαυτοῦ ἀνέβη ἐπ᾽ αὐτὸν δύναμις Συρίας, καὶ ἦλθεν ἐπὶ Ἰουδὰ καὶ ἐπὶ Ἱερουσαλήμ· καὶ κατέφθειραν πάντας τοὺς ἄρχοντας τοῦ λαοῦ ἐν τῷ λαῷ, καὶ πάντα τὰ σκῦλα αὐτῶν ἀπέστειλαν τῷ βασιλεῖ Δαμασκοῦ. ²⁴ὅτι ἐν ὀλίγοις ἀνδράσιν παρεγένετο δύναμις Συρίας, καὶ ὁ θεὸς παρέδωκεν εἰς τὰς χεῖρας αὐτῶν δύναμιν πολλὴν σφόδρα, ὅτι ἐνκατέλιπον Κύριον θεὸν τῶν πατέρων αὐτῶν· καὶ μετὰ Ἰωὰς ἐποίησεν κρίματα ²⁵καὶ μετὰ τὸ ἀπελθεῖν αὐτοὺς ἀπ᾽ αὐτοῦ ἐν τῷ ἐνκαταλιπεῖν αὐτὸν ἐν μαλακίαις μεγάλαις, καὶ ἐπέθεντο αὐτῷ οἱ παῖδες αὐτοῦ ἐν αἵμασιν υἱοῦ Ἰωδάε τοῦ ἱερέως, καὶ ἐθανάτωσαν αὐτὸν ἐπὶ τῆς κλίνης αὐτοῦ, καὶ ἀπέθανεν· καὶ ἔθαψαν αὐτὸν ἐν πόλει Δαυείδ, καὶ οὐκ ἔθαψαν αὐτὸν

A 14 ανηνεγκεν A | ολοκαυτωσιν A 15 ετελευτησεν]+εν A | εκατον] pr ετων A 16 εποιησαν A 18 εγκατελιπον B^b εγκατελειπον A | τον Κυριον θεον] κν τον θν A | τοις ειδωλοις και ταις Ασταρταις A | Ιουδαν A | Ιερουσαλημ] pr επι B^ab (superscr) A 19 διεμαρτυρα|το A | ουχ υπηκ.] ουκ ηκουσαν A 20 εγκαταλιπετε B^b εγκαταλειπ. A | εγκαταλειψει B^bA (-ψι) 22 κρινετω A 23 δυναμεις A | Ιουδαν A | κατεφθειρεν A | απεστιλεν A 24 παρεγινετο A | εγκατελιπον B^b εγκατελειπον A | θεον] pr τον A | αυτων 2°] εαυτω| A 25 εγκαταλιπειν A | μαλακιαις] αι sup ras A^a?

100

26 ἐν τῷ τάφῳ τῶν βασιλέων. ²⁶καὶ οἱ ἐπιθέμενοι ἐπ' αὐτὸν Ζαβὲλ ὁ Β τοῦ Σαμὰ ὁ Ἀμμανείτης καὶ Ζωζαβὲδ ὁ τοῦ Σομαιὼθ ὁ Μωαβείτης 27 ²⁷καὶ οἱ υἱοὶ αὐτοῦ πάντες, καὶ προσῆλθον αὐτῷ οἱ πέντε. καὶ τὰ λοιπὰ ἰδοὺ γεγραμμένα ἐπὶ τὴν γραφὴν τῶν βασιλέων καὶ ἐβασίλευσεν Ἀμασίας υἱὸς αὐτοῦ ἀντ' αὐτοῦ.

XXV 1 ¹*Ὢν πέντε καὶ εἴκοσι ἐτῶν ἐβασίλευσεν Ἀμασείας, καὶ εἴκοσι ἐννέα ἔτη ἐβασίλευσεν ἐν Ἰερουσαλήμ, καὶ ὄνομα τῇ μητρὶ αὐτοῦ 2 Ἰωναὰ ἀπὸ Ἰερουσαλήμ. ²καὶ ἐποίησεν τὸ εὐθὲς ἐνώπιον Κυρίου, 3 ἀλλ' οὐκ ἐν καρδίᾳ πλήρει. ³καὶ ἐγένετο ὡς κατέστη ἡ βασιλεία ἐν χειρὶ αὐτοῦ, καὶ ἐθανάτωσεν τοὺς παῖδας αὐτοῦ τοὺς φο-
4 νεύσαντας τὸν βασιλέα πατέρα αὐτοῦ. ⁴καὶ τοὺς υἱοὺς αὐτῶν οὐκ ἀπέκτεινεν, κατὰ τὴν διαθήκην τοῦ νόμου Κυρίου καθὼς γέγραπται, ὡς ἐνετείλατο Κύριος λέγων Οὐκ ἀποθανοῦνται πατέρες ὑπὲρ τέκνων, καὶ υἱοὶ οὐκ ἀποθανοῦνται ὑπὲρ πατέρων, ἀλλ' ἢ 5 ἕκαστος τῇ ἑαυτοῦ ἁμαρτίᾳ ἀποθανοῦνται. ⁵Καὶ συνήγαγεν Ἀμασείας τὸν οἶκον Ἰούδα, καὶ ἀνέστησεν αὐτοὺς κατ' οἴκους πατριῶν αὐτῶν εἰς χιλιάρχους καὶ ἑκατοντάρχους παντὶ Ἰούδᾳ καὶ Ἰερουσαλὴμ καὶ ἠρίθμησεν αὐτοὺς ἀπὸ εἰκοσαετοῦς καὶ ἐπάνω, καὶ εὗρεν αὐτοὺς τριακοσίας χιλιάδας, δυνατοὺς ἐξελθεῖν εἰς πόλεμον, 6 κρατοῦντας δόρυ καὶ θυρεόν. ⁶καὶ ἐμισθώσατο ἀπὸ Ἰσραὴλ ἑκατὸν 7 χιλιάδας, δυνατοὺς ἰσχύι, ἑκατὸν ταλάντων ἀργυρίου. ⁷καὶ ἄνθρωπος τοῦ θεοῦ ἦλθεν πρὸς αὐτὸν λέγων Βασιλεῦ, οὐ πορεύσεται μετὰ σοῦ δύναμις Ἰσραήλ, ὅτι οὐκ ἔστιν Κύριος μετὰ Ἰσραὴλ πάντων τῶν 8 υἱῶν Ἐφράιμ. ⁸ὅτι ἐὰν ὑπολάβῃς κατισχῦσαι ἐν τούτοις, καὶ τροπώσεταί σε Κύριος ἐναντίον τῶν ἐχθρῶν, ὅτι ἐστὶν παρὰ Κυρίου 9 καὶ ἰσχῦσαι καὶ τροπώσασθαι. ⁹καὶ εἶπεν Ἀμασίας τῷ ἀνθρώπῳ τοῦ θεοῦ Καὶ τί ποιήσω τὰ ἑκατὸν τάλαντα ἃ ἔδωκα τῇ δυνάμει Ἰσραήλ; καὶ εἶπεν ὁ ἄνθρωπος τοῦ θεοῦ Ἔστιν τῷ κυρίῳ δοῦναί 10 σοι πλεῖστα τούτων. ¹⁰καὶ διεχώρισεν Ἀμασείας τῇ δυνάμει τῇ ἐλθούσῃ πρὸς αὐτὸν ἀπὸ Ἐφράιμ ἀπελθεῖν εἰς τὸν τόπον αὐτῶν· καὶ ἐθυμώθησαν σφόδρα ἐπὶ Ἰούδαν, καὶ ἐπέστρεψαν εἰς τὸν τόπον

26 Ζαβεθ A | Σαμα] Σαμαθ A | Αμμανιτης A | Ζωζαβεδ] pro ς 2° al A lit coep B* Ιωζαβεδ A | Σομαιωθ] Σαμαριθ A | Μωαβιτης A   27 ιδου] Ιουδα A | την γραφην] om την A | Αμασιας BA   XXV 1 ων] pr και εβασιλευσεν·| B | Αμασιας B^b A (item 5, 10 et fere ubique) | εννεα] pr και A | Ιωναα] Ιωαδεν A   3 αυτου 2°] εαυτου A | φονευ|σαντα A   4 του νομου] om του A | τη] post η ras 1 lit A* | αποθανουνται 2°] αποθανειται A   5 εκατονταρχους] pr εις B^ab | παντι] pr εν B^ab (superscr) A   7 πορευσεται] παρελευσεται A   8 om σε A | εναντιον] εναντι A | και ισχυσαι] κατισχυσαι A + εν τουτοις A | τροπωσεσθαι A   9 Αμασιας BA   10 εαυτων A (bis) | επεστρεψαν] υπεστρεψεν A

.101

XXV 11 ΠΑΡΑΛΕΙΠΟΜΕΝΩΝ Β

B αὐτῶν ἐν ὀργῇ θυμοῦ. ¹¹καὶ Ἀμασείας κατίσχυσεν καὶ παρέλαβεν 11
τὸν λαὸν αὐτοῦ, καὶ ἐπορεύθη εἰς τὴν κοιλάδα τῶν ἁλῶν, καὶ ἐπά-
ταξεν ἐκεῖ τοὺς υἱοὺς Σηεὶρ δέκα χιλιάδας. ¹²καὶ δέκα χιλιάδας 12
ἐζώγρησαν οἱ υἱοὶ Ἰούδα, καὶ ἔφερον αὐτοὺς ἐπὶ τὸ ἄκρον τοῦ
κρημνοῦ, καὶ κατεκρήμνιζον αὐτοὺς ἀπὸ τοῦ ἄκρου τοῦ κρημνοῦ,
καὶ πάντες διερρήγνυντο. ¹³καὶ υἱοὶ τῆς δυνάμεως οὓς ἀπέστρεψεν 13
Ἀμασείας τοῦ μὴ εὑρεθῆναι μετ᾽ αὐτοῦ εἰς πόλεμον, καὶ ἐπέθεντο
ἐπὶ τὰς πόλεις Ἰούδα ἀπὸ Σαμαρείας ἕως Βαιθωρών, καὶ ἐπάταξεν
ἐν αὐτοῖς τρεῖς χιλιάδας καὶ ἐσκύλευσεν σκῦλα πολλά. ¹⁴Καὶ 14
ἐγένετο μετὰ τὸ ἐλθεῖν Ἀμασείαν πατάξαντος τὴν Ἰδουμαίαν, καὶ
ἤνεγκεν πρὸς αὐτοὺς τοὺς θεοὺς υἱῶν Σηείρ, καὶ ἔστησεν αὐτοὺς
αὐτῷ εἰς θεούς, καὶ ἔστησεν ἐναντίον αὐτῶν προσκυνεῖν, καὶ αὐτὸς
αὐτοῖς ἔθυεν. ¹⁵καὶ ἐγένετο ὀργὴ Κυρίου ἐπὶ Ἀμασείαν, καὶ ἀπέ- 15
στειλεν αὐτῷ προφήτας καὶ εἶπαν αὐτῷ Τί ἐξήτησας τοὺς θεοὺς τοῦ
λαοῦ οἳ οὐκ ἐξείλαντο τὸν λαὸν αὐτῶν ἐκ χειρός σου; ¹⁶καὶ ἐγένετο 16
ἐν τῷ λαλῆσαι αὐτῷ, καὶ εἶπεν αὐτῷ Μὴ σύμβουλον τοῦ βασιλέως
δέδωκά σε; πρόσεχε μὴ μαστιγωθῇς. καὶ ἐσιώπησεν ὁ προφήτης,
καὶ εἶπεν ὅτι Γινώσκω ὅτι ἐβούλετο ἐπὶ σοὶ τοῦ καταφθεῖραί σε, ὅτι
ἐποίησας τοῦτο καὶ οὐκ ἐπήκουσας τῆς συμβουλίας μου. ¹⁷Καὶ 17
ἐβουλεύσατο Ἀμασείας. ¹⁸καὶ ἀπέστειλεν Ἰωὰς βασιλεὺς Ἰσραὴλ 18
πρὸς Ἀμασείαν βασιλέα Ἰούδα λέγων Ὁ χοζεὶ ἐν τῷ Λιβάνῳ ἀπέ-
στειλεν πρὸς τὴν κέδρον τὴν ἐν τῷ Λιβάνῳ λέγων Δὸς τὴν θυγα-
τέρα σου τῷ υἱῷ μου εἰς γυναῖκα, καὶ ἰδοὺ ἐλεύσεται τὰ θηρία τοῦ
ἀγροῦ τὰ ἐν τῷ Λιβάνῳ· καὶ ἦλθαν τὰ θηρία καὶ κατεπάτησαν τὸν
ἀχούχ. ¹⁹εἶπας Ἰδοὺ ἐπάταξας τὴν Ἰδουμαίαν, καὶ ἐπαίρει σε ἡ 19
καρδία ἡ βαρεῖα· νῦν κάθησο ἐν οἴκῳ σου, καὶ ἵνα τί συμβάλλεις
ἐν κακίᾳ, καὶ πεσῇ σὺ καὶ Ἰούδας μετὰ σοῦ; ²⁰καὶ οὐκ ἤκουσεν 20
Ἀμασείας, ὅτι παρὰ Κυρίου ἐγένετο τοῦ παραδοῦναι αὐτὸν εἰς χεῖρας,
ὅτι ἐξεζήτησεν τοὺς θεοὺς τῶν Ἰδουμαίων. ²¹καὶ ἀνέβη Ἰωὰς βασι- 21
λεὺς Ἰσραήλ, καὶ ὤφθησαν ἀλλήλοις αὐτὸς καὶ Ἀμασείας βασιλεὺς
Ἰούδα ἐν Βαιθσάμυς ἥ ἐστιν τοῦ Ἰούδα. ²²καὶ ἐτροπώθη Ἰούδας 22

A 11 αυτου] εαυτου A   12 κατεκρημνισεν A | κρου B* (ακρ. B^{ab})   13 υιοι]
pr οι A | om και 2° A | Σαμαριας A | επαταξαν A   14 Αμασιαν B^bA |
παταξαντα A | αυτω 1°] εαυτω A | om εστησεν 2° A | προσεκυνει A | αυτος
αυτοις B^{ab}] αυτος αυτω B* αυτοις αυτος A   15 Αμασιαν B^b Αμεσιαν A |
ειπον A | om οι A* (hab superscr A^a) | αυτων] εαυτων A   17 Αμασειας]
+και απε|στειλεν προς Ιωας υιον Ιωαχαζ' | υιον Ιηου· βασιλεα Ισλ'· λεγων|
δευρο οφθωμεν προσωποις·| A   18 om προς 1° A | ο χοζει] ο οχος ο A | post
Λιβανω 1° ras pl litt A?   20 χειρας] as sup ras 3 litt A^vid

ΠΑΡΑΛΕΙΠΟΜΕΝΩΝ Β XXVI 7

23 κατὰ πρόσωπον Ἰσραήλ, καὶ ἔφυγεν ἕκαστος εἰς τὸ σκήνωμα. ²³καὶ Β τὸν Ἀμασείαν βασιλέα Ἰούδα τὸν τοῦ Ἰωὰς κατέλαβεν Ἰωὰς βασιλεὺς Ἰσραὴλ ἐν Βαιθσάμυς, καὶ εἰσήγαγεν αὐτοὺς εἰς Ἰερουσαλήμ, καὶ κατέσπασεν ἀπὸ τοῦ τείχους Ἰερουσαλὴμ ἀπὸ πύλης Ἐφράιμ 24 ἕως πύλης γωνίας τετρακοσίους πήχεις. ²⁴καὶ πᾶν τὸ χρυσίον καὶ τὸ ἀργύριον καὶ πάντα τὰ σκεύη τὰ εὑρεθέντα ἐν οἴκῳ Κυρίου καὶ παρὰ τῷ Ἰαβδεδὸμ καὶ τοὺς θησαυροὺς οἴκου τοῦ βασιλέως καὶ τοὺς 25 υἱοὺς τῶν συμμίξεων, καὶ ἐπέστρεψεν εἰς Σαμάρειαν.   ²⁵Καὶ ἔζησεν Ἀμασείας ὁ τοῦ Ἰωὰς βασιλεὺς Ἰούδα μετὰ τὸ ἀποθανεῖν 26 Ἰωὰς τὸν τοῦ Ἰωὰς βασιλέα Ἰσραὴλ ἔτη δέκα πέντε. ²⁶καὶ οἱ λοιποὶ λόγοι Ἀμασείου οἱ πρῶτοι καὶ οἱ ἔσχατοι οὐκ ἰδοὺ γεγραμ- 27 μένοι ἐπὶ βιβλίου Ἰούδα καὶ Ἰσραήλ; ²⁷καὶ ἐν τῷ καιρῷ ᾧ ἀπέστη Ἀμασείας ἀπὸ Κυρίου, καὶ ἐπέθεντο αὐτῷ ἐπίθεσιν, καὶ ἔφυγεν ἀπὸ Ἰερουσαλὴμ εἰς Λαχείς· καὶ ἀπέστειλεν κατόπισθεν αὐτοῦ εἰς 28 Λαχείς, καὶ ἐθανάτωσεν αὐτὸν ἐκεῖ. ²⁸καὶ ἀνέλαβον αὐτὸν ἐπὶ τῶν ἵππων, καὶ ἔθαψαν αὐτὸν μετὰ τῶν πατέρων αὐτοῦ ἐν πόλει XXVI 1 Δανείδ.   ¹Καὶ ἔλαβεν πᾶς ὁ λαὸς τῆς γῆς τὸν Ὀχοζείαν, καὶ αὐτὸς δέκα καὶ ἓξ ἐτῶν, καὶ ἐβασίλευσαν αὐτὸν ἀντὶ τοῦ πατρὸς 2 αὐτοῦ Ἀμασείου. ²αὐτὸς ᾠκοδόμησεν τὴν Αἰλάθ, αὐτὸς ἐπέστρεψεν αὐτὴν τῷ Ἰούδᾳ μετὰ τὸ κοιμηθῆναι τὸν βασιλέα μετὰ τῶν πατέρων αὐτοῦ.

3   ³Υἱὸς δέκα ἓξ ἐτῶν Ὀζείας, καὶ πεντήκοντα καὶ δύο ἔτη ἐβασίλευσεν ἐν Ἰερουσαλήμ, καὶ ὄνομα τῇ μητρὶ αὐτοῦ Χααιὰ ἀπὸ Ἰερουσαλήμ. 4 ⁴καὶ ἐποίησεν τὸ εὐθὲς ἐνώπιον Κυρίου κατὰ πάντα ὅσα ἐποίησεν 5 Ἀμασείας ὁ πατὴρ αὐτοῦ. ⁵καὶ ἦν ἐκζητῶν τὸν κύριον ἐν πάσαις ταῖς ἡμέραις Ζαχαρίου τοῦ συνιόντος ἐν φόβῳ Κυρίου, καὶ ἐν ταῖς 6 ἡμέραις αὐτοῦ ἐζήτησεν τὸν κύριον, καὶ εὐόδωσεν αὐτῷ Κύριος. ⁶καὶ ἐξῆλθεν καὶ ἐπολέμησεν πρὸς τοὺς ἀλλοφύλους, καὶ κατέσπασεν τὰ τείχη Γὲθ καὶ τὰ τείχη Ἀβεννὴρ καὶ τὰ τείχη Ἀζώτου, καὶ ᾠκο- 7 δόμησεν πόλεις Ἀζώτου καὶ ἐν τοῖς ἀλλοφύλοις. ⁷καὶ κατίσχυσεν αὐτὸν Κύριος ἐπὶ τοὺς ἀλλοφύλους καὶ ἐπὶ τοὺς Ἄραβας τοὺς κατοι-

22 εφυγον Α | σκηνωμα]+αυτου Α^avid   **23** om κατελαβεν Ιωας Α | Α αυτους] αυτον Α | κατεσπασεν] κατεστησεν Α | τετρακοσιους] τριακοσιους Α   **24** Ιαβδεδομ] Ιαβδοδομ B^b Αβδεδομ Α | Σαμαριαν Α   **25** Ιωας 3°] Ιωαχαζ Α   **26** βιβλιου (βλιου B* pr βυ B^{amg sinistr})]+βασιλεων Α   **27** επεθετο Α | απεστειλαν Α | εθανατωσαν Α   XXVI **1** Οχοζειαν] Οζιαν Α | Αμασιου Α   **2** την Αιλαθ] ην sup ras B?   **3** Οζειας] εβασιλευσε̣ Οζιας Α | Χααια] Ιεχελια Α   **4** Αμασιας Α   **5** om πασαις Α | ευωδωσεν B^{ab} **6** τειχη 2°] τειχει Α | Αβεννηρ] Ιαβεις Α

ΠΑΡΑΛΕΙΠΟΜΕΝΩΝ Β XXVI 8

B κοῦντας ἐπὶ τῆς πέτρας καὶ ἐπὶ τοὺς Μειναίους. ⁸καὶ ἔδωκαν οἱ 8
Μειναῖοι δῶρα τῷ Ὀζείᾳ, καὶ ἦν τὸ ὄνομα αὐτοῦ ἕως εἰσόδου Αἰγύπτου,
ὅτι κατίσχυσεν ἕως ἄνω. ⁹καὶ ᾠκοδόμησεν Ὀζείας πύργους ἐν 9
Ἰερουσαλὴμ καὶ ἐπὶ τὴν πύλην τῆς γωνίας καὶ ἐπὶ τὴν πύλην γωνίας
τῆς φάραγγος καὶ ἐπὶ τῶν γωνιῶν καὶ κατίσχυσεν. ¹⁰καὶ ᾠκοδόμησεν 10
πύργους ἐν τῇ ἐρήμῳ, καὶ ἐλατόμησεν λάκκους πολλούς, ὅτι κτήνη
πολλὰ ὑπῆρχεν αὐτῷ ἐν Σεφηλὰ καὶ ἐν τῇ πεδινῇ καὶ ἀμπελουργοὶ
ἐν τῇ ὀρεινῇ καὶ ἐν τῷ Καρμήλῳ, ὅτι γεωργὸς ἦν. ¹¹καὶ ἐγένετο 11
Ὀζείᾳ δυνάμεις ποιοῦσαι πόλεμον καὶ ἐκπορευόμεναι εἰς παράταξιν
εἰς ἀριθμόν· καὶ ὁ ἀριθμὸς αὐτῶν διὰ χειρὸς Ἰειὴλ τοῦ γραμματέως
καὶ Ἀμασαίου τοῦ κριτοῦ, διὰ χειρὸς Ἀνανίου τοῦ διαδόχου τοῦ
βασιλέως. ¹²πᾶς ὁ ἀριθμὸς τῶν πατριαρχῶν τῶν δυνατῶν εἰς 12
πόλεμον δισχίλιοι ἑξακόσιοι, ¹³καὶ μετ᾽ αὐτῶν δύναμις πολεμικὴ 13
τριακόσιαι χιλιάδες καὶ ἑπτακισχίλιοι πεντακόσιοι· οὗτοι οἱ ποιοῦντες
πόλεμον ἐν δυνάμει ἰσχύος βοηθῆσαι τῷ βασιλεῖ ἐπὶ τοὺς ὑπεναντίους.
¹⁴καὶ ἡτοίμαζεν αὐτοὺς Ὀζείας πάσῃ τῇ δυνάμει θυρεοὺς καὶ δόρατα 14
καὶ περικεφαλαίας καὶ θώρακας καὶ τόξα καὶ σφενδόνας εἰς λίθους.
¹⁵καὶ ἐποίησεν ἐν Ἰερουσαλὴμ μηχανὰς μεμηχανευμένας λογιστοῦ, 15
τοῦ εἶναι ἐπὶ τῶν πύργων καὶ ἐπὶ τῶν γωνιῶν βάλλειν βέλεσιν
καὶ λίθοις μεγάλοις· καὶ ἠκούσθη ἡ κατασκευὴ αὐτῶν ἕως πόρρω,
ὅτι ἐθαυμαστώθη τοῦ βοηθῆναι ἕως οὗ κατίσχυσεν. ¹⁶Καὶ ὡς 16
κατίσχυσεν, ὑψώθη ἡ καρδία αὐτοῦ τοῦ καταφθεῖραι· καὶ ἠδίκησεν
ἐν Κυρίῳ θεῷ αὐτοῦ, καὶ εἰσῆλθεν εἰς τὸν ναὸν Κυρίου θυμιᾶσαι
ἐπὶ τὸ θυσιαστήριον τῶν θυμιαμάτων. ¹⁷καὶ εἰσῆλθεν ὀπίσω αὐτοῦ 17
Ἀζαρίας ὁ ἱερεύς, καὶ μετ᾽ αὐτοῦ ἱερεῖς τοῦ κυρίου ὀγδοήκοντα υἱοὶ
δυνατοί ¹⁸καὶ ἔστησαν ἐπὶ Ὀζείαν τὸν βασιλέα καὶ εἶπαν αὐτῷ 18
Οὐ σοί, Ὀζεία, θῦσαι Κυρίῳ, ἀλλ᾽ ἢ τοῖς ἱερεῦσιν υἱοῖς Ἀαρὼν τοῖς
ἡγιασμένοις θῦσαι· ἔξελθε ἐκ τοῦ ἁγιάσματος, ὅτι ἀπέστης ἀπὸ
Κυρίου· καὶ οὐκ ἔσται σοι τοῦτο εἰς δόξαν παρὰ Κυρίου θεοῦ. ¹⁹καὶ 19
ἐθυμώθη Ὀζείας, καὶ ἐν τῇ χειρὶ αὐτοῦ τὸ θυμιατήριον τοῦ θυμιᾶσαι
ἐν τῷ ναῷ· ἐν τῷ θυμωθῆναι αὐτὸν πρὸς τοὺς ἱερεῖς, καὶ ἡ λέπρα
ἀνέτειλεν ἐν τῷ μετώπῳ αὐτοῦ ἐναντίον τῶν ἱερέων ἐν οἴκῳ Κυρίου

A   7 Μιναιους A   8 Μιναιοι A | Οζια A   9 Οζιας A (Οζι.. ubique) |
πυργον A | πυλην γωνιας] γωνιαν B^{abmg}   10 υπηρχον A | πεδεινη B*
(πεδινη B^bA) | ορινη A | γεωργος] φιλογεωργος A   11 Αμασαιου] Μασ-
σαιου A   13 επτακισχιλιοι] επτα χιλιαδες A | πεντακοσιοι] pr και A
14 αυτους] αυτοις A   15 πωρρω B* (πορρω B^{ab}) | βοηθηθηναι B
16 αυτου 2°] εαυτου A | θυμιαμασαι B* (θυμιασαι B^{ab})   18 ειπον A | θυσαι
bis] θυμιασαι A | Κυριω] pr τω A | υιοις] pr τοις A

ΠΑΡΑΛΕΙΠΟΜΕΝΩΝ Β XXVII 9

20 καὶ ἐπάνω τοῦ θυσιαστηρίου τῶν θυμιαμάτων. ²⁰καὶ ἐπέστρεψεν Β ἐπ' αὐτὸν ὁ ἱερεὺς ὁ πρῶτος καὶ οἱ ἱερεῖς, καὶ ἰδοὺ αὐτὸς λεπρὸς ἐν τῷ μετώπῳ· καὶ κατέσπευσαν αὐτὸν ἐκεῖθεν, καὶ γὰρ αὐτὸς 21 ἔσπευσεν ἐξελθεῖν, ὅτι ἤλεγξεν αὐτὸν Κύριος. ²¹καὶ ἦν Ὀζείας βασιλεὺς λεπρὸς ἕως ἡμέρας τῆς τελευτῆς αὐτοῦ, καὶ ἐν οἴκῳ ἀφφουσιὼν ἐκάθητο λεπρός, ὅτι ἀπεσχίσθη ἀπὸ οἴκου Κυρίου· καὶ Ἰωαθὰμ ὁ υἱὸς αὐτοῦ ἐπὶ τῆς βασιλείας αὐτοῦ κρίνων τὸν λαὸν τῆς γῆς. 22 ²²καὶ οἱ λοιποὶ λόγοι οἱ πρῶτοι καὶ οἱ ἔσχατοι Ὀζείου γεγραμμένοι 23 ὑπὸ Ἰεσσείου τοῦ προφήτου. ²³καὶ ἐκοιμήθη Ὀζείας μετὰ τῶν πατέρων αὐτοῦ, καὶ ἔθαψαν αὐτὸν μετὰ τῶν πατέρων αὐτοῦ ἐν τῷ πεδίῳ τῆς ταφῆς τῶν βασιλέων, ὅτι εἶπαν ὅτι Λεπρός ἐστιν· καὶ ἐβασίλευσεν Ἰωαθὰμ υἱὸς αὐτοῦ ἀντ' αὐτοῦ.

XXVII 1 ¹Εἴκοσι πέντε ἐτῶν Ἰωαθὰμ ἐν τῷ βασιλεῦσαι αὐτόν, καὶ δέκα ἓξ ἔτη ἐβασίλευσεν ἐν Ἱερουσαλήμ, καὶ ὄνομα τῆς μητρὸς αὐτοῦ 2 Ἱερουσσὰ θυγάτηρ Σαδώρ. ²καὶ ἐποίησεν τὸ εὐθὲς ἐνώπιον Κυρίου κατὰ πάντα ἃ ἐποίησεν Ὀζείας ὁ πατὴρ αὐτοῦ, ἀλλ' οὐκ εἰσῆλθεν 3 εἰς τὸν ναὸν Κυρίου, καὶ ἔτι ὁ λαὸς κατεφθείρετο. ³αὐτὸς ᾠκοδόμησεν τὴν πύλην οἴκου Κυρίου τὴν ὑψηλήν, καὶ ἐν τείχει αὐτοῦ Ὄπλα 4 ᾠκοδόμησεν πολλά· καὶ πόλεις ᾠκοδόμησεν ⁴ἐν ὄρει Ἰούδα καὶ ἐν 5 τοῖς δρυμοῖς καὶ οἰκήσεις καὶ πύργους. ⁵αὐτὸς ἐμαχέσατο πρὸς βασιλέα υἱῶν Ἀμμὼν καὶ κατίσχυσεν ἐπ' αὐτόν· καὶ ἐδίδουν αὐτῷ κατ' ἐνιαυτὸν ἑκατὸν τάλαντα ἀργυρίου καὶ δέκα χιλιάδας κόρων πυροῦ καὶ κριθῶν δέκα χιλιάδας· ταῦτα ἔφερεν αὐτῷ βασιλεὺς Ἀμμὼν 6 κατ' ἐνιαυτὸν ἐν τῷ πρώτῳ ἔτει καὶ τῷ δευτέρῳ καὶ τῷ τρίτῳ. ⁶καὶ κατίσχυσεν Ἰωαθάμ, ὅτι ἡτοίμασεν τὰς ὁδοὺς αὐτοῦ ἔναντι Κυρίου 7 θεοῦ αὐτοῦ. ⁷καὶ οἱ λοιποὶ λόγοι Ἰωαθὰμ καὶ ὁ πόλεμος καὶ αἱ πράξεις αὐτοῦ, ἰδοὺ γεγραμμένοι ἐπὶ βιβλίῳ βασιλέων Ἰούδα καὶ 9 Ἰσραήλ. ⁹καὶ ἐκοιμήθη Ἰωαθὰμ μετὰ τῶν πατέρων αὐτοῦ, καὶ ἐτάφη ἐν πόλει Δαυείδ· καὶ ἐβασίλευσεν Ἀχὰς υἱὸς αὐτοῦ ἀντ' αὐτοῦ.

19 om και 4° A   **21** βασιλευς] pr ο A | ημερας] pr της A | απφουσωθ A A | απεχισθη B*A* (απεσχ. B^bA¹)   **22** λογοι] + Οζιου του βασιλεως (του βασ. A^{a(mg)}) A | om Οζειου A | γεγραμμενοι] ιδου εισιν γεγρ (sup ras et in mg) A^a | Ιεσσιου A   **23** αυτου 1°] εαυτου A | της ταφης] pr μετα A | Ιωαθαμ] Ιωναθαν A | υιος] pr ο A   **XXVII 1** πεντε] pr και A | Ιερουσα A | Σαδωρ] Σαδωκ A   **2** α] οσα A | Οζιας A | κατεφειρετο A* (κατεφθ. A^b)   **3** την υψηλην] pι και A | αυτου] του A | Οφλα A   **5** εδιδου B^{ab} | αυτω] + οι υιοι Αμμων A | βασιλευς] + υιω A^{a¹(mg) vid} | τω δευτερω] om τω A   **6** εναντι] εναντιον A   **7** λοιποι λογοι Ιωαθαμ] λογοι Ιωαθαμ οι λοιποι A | βιβλιων A | Ισραηλ] + (8) και εικοσι και πεντε ετων·| ην βασιλευσας· και εξ και δεκα·¹ ετη εβασιλευσεν εν Ιλημ¹ A   **9** αυτου 1°] εαυτου A | εταφη] τα sup ras A^a | Αχαζ A

XXVIII 1 ΠΑΡΑΛΕΙΠΟΜΕΝΩΝ Β

B ¹Εἴκοσι ἐτῶν Ἀχὰς ἐν τῷ βασιλεῦσαι αὐτόν, καὶ δέκα ἓξ ἔτη 1 XXVIII ἐβασίλευσεν ἐν Ἰερουσαλήμ· καὶ οὐκ ἐποίησεν τὸ εὐθὲς ἐνώπιον Κυρίου ὡς Δαυεὶδ ὁ πατὴρ αὐτοῦ. ²καὶ ἐπορεύθη κατὰ τὰς ὁδοὺς 2 βασιλέως Ἰσραήλ· καὶ γὰρ γλυπτὰ ἐποίησεν ἐν τοῖς εἰδώλοις αὐτῶν· ³ἔθυεν ἐν Γαιβενθὸμ καὶ διῆγεν τὰ τέκνα αὐτοῦ διὰ πυρὸς καὶ τὰ βδε- 3 λύγματα τῶν ἐθνῶν ὧν ἐξωλέθρευσεν Κύριος ἀπὸ προσώπου υἱῶν Ἰσραήλ. ⁴καὶ ἐθυμία ἐπὶ τῶν ὑψηλῶν καὶ ἐπὶ τῶν δωμάτων καὶ 4 ὑποκάτω παντὸς ξύλου ἀλσώδους. ⁵καὶ παρέδωκεν αὐτὸν Κύριος 5 ὁ θεὸς αὐτοῦ διὰ χειρὸς βασιλέων Συρίας, καὶ ἐπάταξεν ἐν αὐτῷ καὶ ᾐχμαλώτευσαν ἐξ αὐτῶν αἰχμαλωσίαν πολλήν· καὶ γὰρ εἰς τὰς χεῖρας βασιλέων Ἰσραὴλ παρέδωκεν αὐτόν, καὶ ἐπάταξεν ἑαυτῷ πληγὴν μεγάλην. ⁶καὶ ἀπέστειλεν Φάκεε ὁ τοῦ Ῥομελιὰ βασιλεὺς 6 Ἰσραὴλ ἐν Ἰούδᾳ ἐν μιᾷ ἡμέρᾳ ἑκατὸν εἴκοσι χιλιάδας ἀνδρῶν δυνατῶν ἰσχύι, ἐν τῷ αὐτοὺς καταλιπεῖν τὸν κύριον θεὸν τῶν πατέρων αὐτῶν. ⁷καὶ ἀπέκτεινεν Ἐζεκρεὶ ὁ δυνατὸς τοῦ Ἐφράιμ τὸν Μαασαίαν τὸν 7 υἱὸν τοῦ βασιλέως καὶ τὸν Ἐγδρεικὰν ἡγούμενον τοῦ οἴκου αὐτοῦ καὶ τὸν Εἰλκανὰ τὸν διάδοχον τοῦ βασιλέως. ⁸καὶ ᾐχμαλώτισαν 8 οἱ υἱοὶ Ἰσραὴλ ἀπὸ τῶν ἀδελφῶν αὐτῶν τριακοσίας χιλιάδας, γυναῖκας υἱοὺς θυγατέρας, καὶ σκῦλα πολλὰ ἐσκύλευσαν ἐξ αὐτῶν, καὶ ἤνεγκαν τὰ σκῦλα εἰς Σαμάρειαν. ⁹καὶ ἐκεῖ ἦν ὁ προφήτης τοῦ κυρίου, Ὠδὴδ 9 ὄνομα· καὶ ἐξῆλθεν εἰς ἀπάντησιν τῆς δυνάμεως τῶν ἐρχομένων εἰς Σαμάρειαν καὶ εἶπεν αὐτοῖς Ἰδοὺ ὀργὴ Κυρίου θεοῦ τῶν πατέρων ὑμῶν ἐπὶ τὸν Ἰουδά, καὶ παρέδωκεν αὐτοὺς εἰς τὰς χεῖρας ὑμῶν, καὶ ἀπεκτείνατε ἐν αὐτοῖς ἐν ὀργῇ· ἕως τῶν οὐρανῶν ἔφθακεν. ¹⁰καὶ νῦν υἱοὺς Ἰούδα καὶ Ἰερουσαλὴμ λέγετε κατακτήσεσθαι εἰς 10 δούλους καὶ δούλας· οὐκ ἰδοὺ ὑμῖν μεθ' ὑμῶν μαρτυρῆσαι Κυρίῳ θεῷ ἡμῶν; ¹¹καὶ νῦν ἀκούσατέ μου καὶ ἀποστρέψατε τὴν αἰχμαλωσίαν 11 ἣν ᾐχμαλωτεύσατε τῶν ἀδελφῶν ὑμῶν, ὅτι ὀργὴ Κυρίου ἐφ' ὑμῖν.

A XXVIII 1 εικοσι] pr υιος A | Αχαβ A | om ετη A   2 βασιλεως] των βασιλεω| A | εποιησεν· BA | εν] και A   3 om εν B (hab A) | Γαιβενθομ] Γηβεεννομ A | και 2°] κατα B¹ᵃᵇA | των εθνων] pr παντων A | ων] pr των απεριτμητων τουτων| και A | εξωλοθρ. B¹ | υιων] pr των A   4 αλσωδου A 5 βασιλεων] βασιλεως A (bis) | ηχμαλωτευσεν A | πολλην]+· και ηγα|γεν εις Δαμασκον A | om γαρ A | παρεδωκαν A | εαυτω] εν αυτω A   6 απεστειλεν] απεκτεινεν A | Ρομελιου A | αυτων] εαυτων Aᵇ   7 Εζεχρι A | Μαασαιαν] Μασιαν A | Εγδρεικαν] Εζρι|καν A | Ελκανα A   8 ηχμαλωτευσαν A | θυγατερας] pr και A | Σαμαριαν A (item 9)   9 ονομα]+ αυτω BᵃᵇA | Ιουδαν A | εν 2° bis scr A | εως] pr και A   10 και 2°] εξ Bᵃᵇᵐᵍ | λεγετε] pr υμεις A | δουλους] δουλας B* (δουλους Bᵃᵐᵍᵇᵗˣᵗ) | υμιν] ειμι Bᵃᵇ (superscr) A | θεω] . pr τω A | ημων] υμων A   11 om και 1° A | αιχμαλωτευσατε A | οργη]+ θυμου A

ΠΑΡΑΛΕΙΠΟΜΕΝΩΝ Β XXVIII 23

12 ¹²καὶ ἀνέστησαν ἄρχοντες ἀπὸ τῶν υἱῶν Ἐφράιμ, Οὐδειὰ ὁ τοῦ Β
Ἰωανοῦ καὶ Ζαχαρίας ὁ τοῦ Μοσολαμὼθ καὶ Ἐζεκίας ὁ τοῦ Σελλὴμ
καὶ Ἀμασείας ὁ τοῦ Χοάδ, ἐπὶ τοὺς ἐρχομένους ἀπὸ τοῦ πολέμου·
13 ¹³καὶ εἶπαν αὐτοῖς Οὐ μὴ εἰσαγάγητε τὴν αἰχμαλωσίαν ὧδε πρὸς
ἡμᾶς, ὅτι εἰς τὸ ἁμαρτάνειν τῷ κυρίῳ ἐφ᾽ ἡμᾶς ὑμεῖς λέγετε, προσθεῖναι
ἐπὶ ταῖς ἁμαρτίαις ἡμῶν καὶ ἐπὶ τὴν ἄγνοιαν, ὅτι πολλὴ ἡ ἁμαρτία
14 ἡμῶν καὶ ὀργὴ Κυρίου θεοῦ ἐπὶ τὸν Ἰσραήλ. ¹⁴καὶ ἀφῆκαν οἱ
πολεμισταὶ τὴν αἰχμαλωσίαν καὶ τὰ σκῦλα ἐναντίον τῶν ἀρχόντων
15 καὶ πάσης τῆς ἐκκλησίας. ¹⁵καὶ ἀνέστησαν ἄνδρες οἳ ἐπεκλήθησαν
ἐν ὀνόματι καὶ ἀντελάβοντο τῆς αἰχμαλωσίας, καὶ πάντας τοὺς
γυμνοὺς περιέβαλον ἀπὸ τῶν σκύλων, καὶ ἐνέδυσαν αὐτοὺς καὶ
ὑπέδησαν αὐτούς, καὶ ἔδωκαν καὶ φαγεῖν καὶ ἀλείψασθαι, καὶ ἀντε-
λάβοντο καὶ ἐν ὑποζυγίοις παντὸς ἀσθενοῦντος, καὶ κατέστησαν
αὐτοὺς εἰς Ἰερειχὼ πόλιν φοινίκων πρὸς τοὺς ἀδελφοὺς αὐτῶν, καὶ
16 ἐπέστρεψαν εἰς Σαμάρειαν. ¹⁶Ἐν τῷ καιρῷ ἐκείνῳ ἀπέστειλεν
17 Ἀχὰς πρὸς βασιλέα Ἀσσοὺρ βοηθῆσαι αὐτῷ ¹⁷καὶ ἐν τούτῳ, ὅτι
Ἰδουμαῖοι ἐπέθεντο καὶ ἐπάταξαν ἐν Ἰούδᾳ καὶ ᾐχμαλώτισαν αἰχμα-
18 λωσίαν. ¹⁸καὶ οἱ ἀλλόφυλοι ἐπέθεντο ἐπὶ τὰς πόλεις τῆς πεδινῆς
καὶ ἀπὸ λιβὸς τοῦ Ἰούδα, καὶ ἔλαβον τὴν Βαιθσάμυς, τὴν Αἰλὼ
καὶ τὴν Γαληρὼ καὶ τὴν Σωχὼ καὶ τὰς κώμας αὐτῆς καὶ τὴν
19 Γαλεζὼ καὶ τὰς κώμας αὐτῆς· καὶ κατῴκησαν ἐκεῖ. ¹⁹ὅτι ἐταπεί-
νωσεν Κύριος τὸν Ἰούδαν δι᾽ Ἀχὰζ βασιλέα Ἰούδα, ὅτι ἀπέστη
20 ἀποστάσει ἀπὸ Κυρίου. ²⁰καὶ ἦλθεν ἐπ᾽ αὐτὸν Θαλγαφελλάδαρ
21 βασιλεὺς Ἀσσούρ· καὶ ἔθλιψαν αὐτόν. ²¹καὶ ἔλαβεν Ἀχὰς τὰ
ἐν οἴκῳ Κυρίου καὶ τὰ ἐν οἴκῳ τοῦ βασιλέως καὶ τῶν ἀρχόντων
καὶ ἔδωκεν τῷ βασιλεῖ Ἀσσούρ· καὶ οὐκ εἰς βοήθειαν αὐτῶν,
22 ²²ἀλλ᾽ ἢ τῷ θλιβῆναι αὐτόν. καὶ προσέθηκεν τοῦ ἀποστῆναι ἀπὸ
23 Κυρίου, καὶ εἶπεν ὁ βασιλεὺς ²³Ἐκζητήσω τοὺς θεοὺς Δαμασκοῦ
τοὺς τύπτοντάς με· καὶ εἶπεν Θεοὶ βασιλέως Συρίας αὐτοὶ κατισχύ-

12 ανεστησαν] νε sup ras Aᵃ | Ουδεια] Αζαριας A | Ιωανου] Ιωαναν A | Λ
Ζαχαριας] Βαραχιας A | Μοσολαμωθ] ο 1°improb Aᵇ | Αμασιας A | Χοαδ]
Αδδι A   13 προ|θειναι A | οργη]+θυμου A   15 περιεβαλλον A |
om και 7° A | om και 10° A | Ιεριχω A | υπεστρεψαν A | Σαμαριαν A
16 Αχαζ A   17 ηχμαλωτευσα] Λ   18 πεδεινης B | Βαιθσαμυς]+εν
οικω κυ και τα εν οικω του βασιλεως και των αρχοντων και εδωκεν τω βασιλει
B (cf. 21 : om A) | την Αιλω] και την Αιλων A | Γαληρω] Γα|δηρωθ A | αυτης
1°]+ και Θαμνα· και τας κω|μας αυτης· A | Γαλεζω] Γαμαιζαι A   19 δι]
δια A | αποστασει] απεστασει A   20 Θαγλαθ·φαλνα|σαρ· A | εθλιψαν]
εθαψαν B* επαταξεν Bᵃᵇᵐᵍ A   21 Αχαζ A | αυτων] αυτω· A   23 ειπεν A]
ειπαν B | θεοι] pr οτι A

XXVIII 24   ΠΑΡΑΛΕΙΠΟΜΕΝΩΝ Β

B σουσιν αὐτούς, αὐτοῖς τοίνυν θύσω καὶ ἀντιλήμψονταί μου· καὶ αὐτοὶ ἐγένοντο αὐτῷ εἰς σκῶλον καὶ παντὶ Ἰσραήλ. ²⁴καὶ ἀπέστησεν 24 Ἀχὰζ τὰ σκεύη οἴκου Κυρίου καὶ κατέκοψεν αὐτά, καὶ ἔκλεισεν τὰς θύρας οἴκου Κυρίου, καὶ ἐποίησεν ἑαυτῷ θυσιαστήρια ἐν πάσῃ γωνίᾳ, ²⁵καὶ ἐν πάσῃ πόλει καὶ πόλει ἐν Ἰούδα ἐποίησεν ὑψηλὰ θυμιᾶν 25 θεοῖς ἀλλοτρίοις· καὶ παρώργισαν Κύριον τὸν θεὸν τῶν πατέρων αὐτῶν. ²⁶καὶ οἱ λοιποὶ λόγοι αὐτοῦ καὶ αἱ πράξεις αὐτοῦ αἱ πρῶται 26 καὶ αἱ ἔσχαται, ἰδοὺ γεγραμμέναι ἐπὶ βιβλίῳ βασιλέων Ἰούδα καὶ Ἰσραήλ. ²⁷καὶ ἐκοιμήθη Ἀχὰζ μετὰ τῶν πατέρων αὐτοῦ, καὶ ἐτάφη 27 ἐν πόλει Δαυείδ, ὅτι οὐκ εἰσήνεγκαν αὐτὸν εἰς τοὺς τάφους τῶν βασιλέων Ἰσραήλ· καὶ ἐβασίλευσεν Ἐζεκίας υἱὸς αὐτοῦ ἀντ' αὐτοῦ.

¹Καὶ Ἐζεκίας ἐβασίλευσεν εἴκοσι καὶ πέντε ἐτῶν, καὶ εἴκοσι 1 XXIX καὶ ἐννέα ἔτη ἐβασίλευσεν ἐν Ἰερουσαλήμ, καὶ ὄνομα τῇ μητρὶ αὐτοῦ Ἀββὰ θυγάτηρ Ζαχαριά. ²καὶ ἐποίησεν τὸ εὐθὲς ἐνώπιον Κυρίου 2 κατὰ πάντα ὅσα ἐποίησεν Δαυεὶδ ὁ πατὴρ αὐτοῦ. ³καὶ ἐγένετο ὡς 3 ἔστη ἐπὶ τῆς βασιλείας αὐτοῦ, ἐν τῷ πρώτῳ μηνὶ ἀνέῳξεν τὰς θύρας οἴκου Κυρίου καὶ ἐπεσκεύασεν αὐτάς. ⁴καὶ εἰσήγαγεν τοὺς ἱερεῖς 4 καὶ τοὺς Λευείτας, καὶ κατέστησεν αὐτοὺς εἰς τὸ κλίτος τὸ πρὸς ἀνατολάς, ⁵καὶ εἶπεν αὐτοῖς Ἀκούσατε οἱ Λευεῖται· νῦν ἁγνίσθητε, 5 καὶ ἁγνίσατε τὸν οἶκον Κυρίου θεοῦ τῶν πατέρων ὑμῶν, καὶ ἐκβάλετε τὴν ἀκαθαρσίαν ἐκ τῶν ἁγίων. ⁶ὅτι ἀπέστησαν οἱ πατέρες ἡμῶν 6 καὶ ἐποίησαν τὸ πονηρὸν ἐναντίον Κυρίου καὶ ἐγκατέλιπαν αὐτόν, καὶ ἀπέστρεψαν τὸ πρόσωπον ἀπὸ τῆς σκηνῆς Κυρίου καὶ ἔδωκαν αὐχένα· ⁷καὶ ἀπέκλεισαν τὰς θύρας τοῦ ναοῦ, καὶ ἔσβεσαν τοὺς 7 λύχνους, καὶ θυμίαμα οὐκ ἐθυμίασαν, καὶ ὁλοκαυτώματα οὐ προσήνεγκαν ἐν τῷ ἁγίῳ θεῷ Ἰσραήλ. ⁸καὶ ὠργίσθη ὀργῇ Κύριος ἐπὶ 8 τὸν Ἰούδαν καὶ τὴν Ἰερουσαλήμ, καὶ ἔδωκεν αὐτοὺς εἰς ἔκστασιν καὶ εἰς συρισμόν, ὡς ὑμεῖς ὁρᾶτε τοῖς ὀφθαλμοῖς ὑμῶν. ⁹καὶ ἰδοὺ 9 πεπλήγασιν οἱ πατέρες ὑμῶν μαχαίρᾳ, καὶ οἱ υἱοὶ ὑμῶν καὶ αἱ θυγατέρες ὑμῶν καὶ αἱ γυναῖκες ὑμῶν ἐν αἰχμαλωσίᾳ ἐν γῇ οὐκ αὐτῶν,

A   23 om αυτους A | παντι] παντα A   24 εαυτω] αυτω A | γωνια]+εν Ιλημ B^{ab} + Ιλημ A   25 Ιουδα· A | εποιησεν] εποιησαν A (αν sup ras A^a) | θυμια B^{bvid} | τον θεον] om τον A | αυτων] εαυτων A   27 αυτου 1°] εαυτου A | Εζεκειας A   XXIX 1 εικοσι 1°] pr ων A | om και 4° A | Αββα] sign v l prae se fert B^{! txt et mg} Αββαθυθ A | Ζαχαριου A (seq ras 1 lit in A')   2—6 και εποιησεν ..σκηνης Κυριου rescr accentus hic illic adpinx A^b 4 κλιτος] κ ras A^b   5 των πατερων] om των A^b (? A*)   6 εγκατελιπαν] inter λ et ι ras aliq (forte ε) B' εγκατελειπον A^{*vid} (ενκ. A^b) | σκηνης] σκη ras A^{bvid}   7 om εν A   8 οργη] θυμω A | εκστασιν]+και εις αφανισμον· A | συρι|γμον A   9 και 3°] κ sup ras A^a | ουχ A

10 ὃ καὶ νῦν ἐστιν. ¹⁰ἐπὶ τούτοις νῦν ἐστιν ἐπὶ καρδίας διαθέσθαι Β
διαθήκην μου, διαθήκην Κυρίου θεοῦ Ἰσραήλ· καὶ ἀπέστρεψεν τὴν
11 ὀργὴν θυμοῦ αὐτοῦ ἀφ' ἡμῶν. ¹¹καὶ νῦν μὴ διαλίπητε, ὅτι ἐν ὑμῖν
ᾑρέτικεν στῆναι ἐναντίον αὐτοῦ λειτουργεῖν καὶ εἶναι αὐτῷ λειτουρ-
12 γοῦντας καὶ θυμιῶντας. ¹²Καὶ ἀνέστησαν οἱ Λευεῖται, Μάαθ
ὁ τοῦ Μασὶ καὶ Ἰωὴλ ὁ τοῦ Ζαχαρίου ἐκ τῶν υἱῶν Καάθ, καὶ ἐκ τῶν
υἱῶν Μεραρεὶ Κεὶς ὁ τοῦ Ἀβδεὶ καὶ Ζαχαρίας ὁ τοῦ Ἑλλή, καὶ ἀπὸ
τῶν υἱῶν Γεδσωνεὶ ἀπὸ τοῦ Ζεμμὰθ καὶ Ἰωδαν, οὗτοι υἱοὶ Ἰωαχά,
13 ¹³καὶ τῶν υἱῶν Ἐλεισαφὰν καὶ Ζαμβρεὶ καὶ Εἰιήλ, καὶ τῶν υἱῶν
14 Ἀσὰ Ἀζαρίας καὶ Μαθθανίας, ¹⁴καὶ τῶν υἱῶν ὧν Αἰμὰν Ἰειὴλ καὶ
15 Σεμεεί, καὶ τῶν υἱῶν Ἐδειθὼμ Σαμαίας καὶ Ὀζειήλ· ¹⁵καὶ συνήγαγεν
τοὺς ἀδελφοὺς αὐτῶν, καὶ ἡγνίσθησαν κατὰ τὴν ἐντολὴν τοῦ βασιλέως
16 διὰ προστάγματος Κυρίου. ¹⁶καὶ εἰσῆλθον οἱ ἱερεῖς ἕως εἰς τὸν οἶκον
Κυρίου ἁγνίσαι, καὶ ἐξέβαλον πᾶσαν τὴν ἀκαθαρσίαν τὴν εὑρεθεῖσαν
ἐν τῷ οἴκῳ Κυρίου καὶ εἰς τὴν αὐλὴν οἴκου Κυρίου· καὶ ἐδέξαντο οἱ
17 Λευεῖται ἐκβαλεῖν εἰς τὸν χειμάρρουν Κεδρὼν ἔξω. ¹⁷καὶ ἤρξαντο
τῇ ἡμέρᾳ τῇ τρίτῃ νουμηνίᾳ τοῦ μηνὸς τοῦ πρώτου ἁγνίσαι, καὶ τῇ
ἡμέρᾳ τῇ ὀγδόῃ τοῦ μηνὸς εἰσῆλθαν εἰς τὸν ναὸν Κυρίου, καὶ ἥγνισαν
τὸν οἶκον Κυρίου ἐν ἡμέραις ὀκτώ, καὶ τῇ ἡμέρᾳ τῇ τρισκαιδεκάτῃ
18 συνετέλεσαν τοῦ μηνὸς τοῦ πρώτου. ¹⁸καὶ εἰσῆλθαν ἔσω πρὸς
Ἐζεκίαν τὸν βασιλέα καὶ εἶπαν Ἡγνίσαμεν πάντα τὰ ἐν οἴκῳ Κυρίου,
τὸ θυσιαστήριον τῆς ὁλοκαυτώσεως καὶ τὰ σκεύη αὐτοῦ, καὶ τὴν
19 τράπεζαν τῆς προθέσεως καὶ τὰ σκεύη αὐτῆς, ¹⁹καὶ πάντα τὰ σκεύη
ἃ ἐμίανεν Ἄχας ὁ βασιλεὺς ἐν τῇ βασιλείᾳ αὐτοῦ ἐν τῇ ἀποστασίᾳ
αὐτοῦ ἠτοιμάκαμεν καὶ ἡγνίκαμεν· ἰδού ἐστιν ἐναντίον τοῦ θυσια-
20 στηρίου Κυρίου. ²⁰Καὶ ὤρθρισεν Ἐζεκίας ὁ βασιλεὺς καὶ
συνήγαγεν τοὺς ἄρχοντας τῆς πόλεως, καὶ ἀνέβη εἰς οἶκον Κυρίου.
21 ²¹καὶ ἀνήνεγκεν μόσχους ἑπτά, κριοὺς ἑπτά, ἀμνοὺς ἑπτά, χιμάρους

10 post διαθεσθαι ras pl litt A (forte bis scr διαθ. A*) | om διαθηκην Α
μου A | αποστρεψει A | θυμου] του θῡμου (sic) A   11 διαλειπητε A | ηρετι-
κεν]+κ̄ς A   12 Μαεθ A | Μεραρι A | Αβδι A | Ελλη] Ιαλληλ A | Γεδ-
σωνει απο] Γεδσων· Ιωα·| ο A | ουτοι υιοι] ο του Λ   13 Ελισαφᾱ| A | om
και 2° A | Ζαμβρει] Σαμβρι A | Ειιηλ] Ιειηλ A | Ασα] Ασαφ A | Αζαριας]
Ζαχαριας A | Μαθθανιας] Ματθανιας Bᵃᵇ A   14 om ων A | Σεμει A |
Ιδιθουν A | Σαμει|ας A | Οζιηλ A   15 συνηγαγον Bᵃᵇ A | Κυριου]+καθα-
ρισαι τον οικον κ̄υ A   16 εις 1°] ι sup ras Aᵇ | εξεβαλαν A   17 τριτη]
πρωτη Bᵃᵇ A | εισηλθεν A | Κυριου 1°] pr του A | τρισκαιδεκατη] εκκαιδ. A |
του μηνος του πρω|του συνετελεσαν· A   18 εισηλθον A | ηγνισᾱ|μεν Λ
19 εμιανεν Bᵇ (εμει. B*)] εμινεν A* (α superscr A¹) | Αχαζ A | αυτου 2°]
εαυτου A

ΠΑΡΑΛΕΙΠΟΜΕΝΩΝ Β XXIX 22

B αἰγῶν ἑπτὰ περὶ ἁμαρτίας, περὶ τῆς βασιλείας καὶ περὶ τῶν ἁγίων καὶ περὶ Ἰσραήλ· καὶ εἶπεν τοῖς υἱοῖς Ἀαρὼν τοῖς ἱερεῦσιν ἀναβαίνειν ἐπὶ τὸ θυσιαστήριον Κυρίου. ²²καὶ ἔθυσαν τοὺς μόσχους, καὶ ἐδέξαντο 22 οἱ ἱερεῖς τὸ αἷμα καὶ προσέχεον ἐπὶ τὸ θυσιαστήριον· καὶ ἔθυσαν τοὺς κριούς, καὶ προσέχεον τὸ αἷμα ἐπὶ τὸ θυσιαστήριον. ²³καὶ 23 προσήγαγον τοὺς χιμάρους τοὺς περὶ ἁμαρτίας ἐναντίον τοῦ βασιλέως καὶ τῆς ἐκκλησίας, καὶ ἐπέθηκαν τὰς χεῖρας αὐτῶν ἐπ' αὐτούς. ²⁴καὶ ἔθυσαν αὐτοὺς οἱ ἱερεῖς, καὶ ἐξιλάσαντο τὸ αἷμα αὐτῶν πρὸς 24 τὸ θυσιαστήριον, καὶ ἐξιλάσαντο περὶ παντὸς Ἰσραήλ· ὅτι Περὶ παντὸς Ἰσραήλ, εἶπεν ὁ βασιλεύς, ἡ ὁλοκαύτωσις καὶ τὰ περὶ ἁμαρτίας. ²⁵καὶ ἔστησεν τοὺς Λευείτας ἐν οἴκῳ Κυρίου ἐν κυμβάλοις καὶ ἐν 25 νάβλαις καὶ ἐν κινύραις κατὰ τὴν ἐντολὴν Δαυεὶδ τοῦ βασιλέως καὶ Γὰδ τοῦ προφήτου καὶ Ναθὰν τοῦ προφήτου, ὅτι δι' ἐντολῆς Κυρίου τὸ πρόσταγμα ἐν χειρὶ τῶν προφητῶν· ²⁶καὶ ἔστησαν οἱ Λευεῖται ἐν 26 ὀργάνοις Δαυεὶδ καὶ οἱ ἱερεῖς ταῖς σάλπιγξιν. ²⁷καὶ εἶπεν Ἐζεκίας 27 ἀνενέγκαι τὴν ὁλοκαύτωσιν ἐπὶ τὸ θυσιαστήριον· καὶ ἐν τῷ ἄρξασθαι ἀναφέρειν τὴν ὁλοκαύτωσιν ἤρξαντο ᾄδειν Κυρίῳ, καὶ σάλπιγγες πρὸς τὰ ὄργανα Δαυεὶδ βασιλέως. ²⁸καὶ πᾶσα ἐκκλησία προσεκύνει, 28 καὶ οἱ ψαλτῳδοὶ ᾄδοντες καὶ σάλπιγγες σαλπίζουσαι ἕως οὗ συνετελέσθη ἡ ὁλοκαύτωσις. ²⁹καὶ ὡς συνετέλεσαν ἀναφέροντες, ἔκαμψεν 29 ὁ βασιλεὺς καὶ πάντες οἱ εὑρεθέντες καὶ προσεκύνησαν. ³⁰καὶ εἶπεν 30 Ἐζεκίας ὁ βασιλεὺς καὶ οἱ ἄρχοντες τοῖς Λευείταις ὑμνεῖν τὸν κύριον ἐν λόγοις Δαυεὶδ καὶ Ἀσὰφ τοῦ προφήτου· καὶ ὕμνουν ἐν εὐφροσύνῃ, καὶ ἔπεσον καὶ προσεκύνησαν. ³¹καὶ ἀπεκρίθη Ἐζεκίας καὶ εἶπεν 31 Νῦν ἐπληρώσατε τὰς χεῖρας ὑμῶν Κυρίῳ, προσαγάγετε καὶ φέρετε θυσίας καὶ αἰνέσεως εἰς οἶκον Κυρίου· καὶ ἀνήνεγκεν ἡ ἐκκλησία θυσίας καὶ αἰνέσεως εἰς οἶκον Κυρίου, καὶ πᾶς πρόθυμος τῇ καρδίᾳ ὁλοκαυτώσεις. ³²καὶ ἐγένετο ὁ ἀριθμὸς τῆς ὁλοκαυτώσεως ἧς ἀνή- 32 νεγκεν ἡ ἐκκλησία, μόσχοι ἑβδομήκοντα, κριοὶ ἑκατόν, ἀμνοὶ διακόσιοι·

A   22 προσεχεαν (2⁰) BᵃᵇA | θυσιαστηριον 2⁰]+και εθυσαν τους αμνους | και περιεχεον το αιμα του θυσι|αστηριου A   23 τους χιμ. Bᵃᵇ] τας χ. B* | αυτων] εαυτων A   24 εξιλασαντο 2⁰] ασαν sup ras Aᵃ | οτι περι παντος.. και τα sup ras Aᵃ   25 προφητου 1⁰] ορωντος τω βασιλει· A | προφητων] προφη sup ras Bᵃᵇ   27 Εζεκειας A | ανενεγκε A | Κυριω] pr τω A | σαλπιγγες] pr αι A | οργα B* (να superscr Bᵃᵇ) | βασιλεως]+Ισλ A   28 και οι ψαλτ.] om και οι A | αιδοντες B* (αδ BᵇA) | σαλπιγγες] pr αι A | συνετελεσεν A*ᵛⁱᵈ (συνετελεσθη A?)   29 εκαμψεν] pr και A | προσκυνησαν A   30 ο βασ Εζεκιας A | οι αρχ] pr παντες A | υμνειν] υμειν A | επεσαν A   31 om και ανηνεγκεν . Κυριου A

ΠΑΡΑΛΕΙΠΟΜΕΝΩΝ Β

33 εἰς ὁλοκαύτωσιν Κυρίῳ πάντα ταῦτα. 33καὶ οἱ ἡγιασμένοι μόσχοι ἑξα- 34 κόσιοι, πρόβατα τρισχίλια πεντακόσια. 34ἀλλ' ἢ οἱ ἱερεῖς ὀλίγοι ἦσαν καὶ οὐκ ἐδύναντο ἐκδεῖραι τὴν ὁλοκαύτωσιν, καὶ ἀντελάβοντο αὐτῶν οἱ ἀδελφοὶ αὐτῶν οἱ Λευεῖται ἕως οὗ συνετελέσθη τὸ ἔργον, καὶ ἕως οὗ ἡγνίσθησαν οἱ ἱερεῖς, ὅτι οἱ Λευεῖται προθύμως ἥγνισαν παρὰ 35 τοὺς ἱερεῖς. 35καὶ ἡ ὁλοκαύτωσις πολλὴ ἐν τοῖς στέασιν τῆς τελειώσεως τοῦ σωτηρίου καὶ τῶν σπονδῶν τῆς ὁλοκαυτώσεως· καὶ 36 κατορθώθη τὸ ἔργον ἐν οἴκῳ Κυρίου. 36καὶ ηὐφράνθη Ἐζεκίας καὶ πᾶς ὁ λαὸς διὰ τὸ ἡτοιμακέναι τὸν θεὸν τῷ λαῷ, ὅτι ἐξάπινα ἐγένετο XXX 1 ὁ λόγος. 1Καὶ ἀπέστειλεν Ἐζεκίας ἐπὶ πάντα Ἰσραὴλ καὶ Ἰούδαν, καὶ ἐπιστολὰς ἔγραψεν ἐπὶ τὸν Ἐφράιμ καὶ Μανασσῆ ἐλθεῖν εἰς οἶκον Κυρίου εἰς Ἰερουσαλὴμ ποιῆσαι τὸ φάσεκ τῷ κυρίῳ θεῷ 2 Ἰσραήλ. 2καὶ ἐβουλεύσατο ὁ βασιλεὺς καὶ οἱ ἄρχοντες καὶ πᾶσα ἡ ἐκκλησία ἡ ἐν Ἰερουσαλὴμ ποιῆσαι τὸ φάσεκ τῷ μηνὶ τῷ δευτέρῳ. 3 3οὐ γὰρ ἠδυνάσθησαν αὐτὸ ποιῆσαι ἐν τῷ καιρῷ ἐκείνῳ, ὅτι οἱ ἱερεῖς οὐχ ἡγνίσθησαν ἱκανοί, καὶ ὁ λαὸς οὐ συνήχθη εἰς Ἰερουσαλήμ. 4 4καὶ ἤρεσεν ὁ λόγος ἐναντίον τοῦ βασιλέως καὶ ἐναντίον τῆς ἐκ- 5 κλησίας 5καὶ ἔστησαν λόγον διελθεῖν κήρυγμα ἐν παντὶ Ἰσραὴλ ἀπὸ Βηρσάβεε ἕως Δὰν ἐλθόντες ποιῆσαι τὸ φάσεκ Κυρίῳ θεῷ Ἰσραὴλ ἐν Ἰερουσαλήμ, ὅτι πλῆθος οὐκ ἐποίησεν κατὰ τὴν γραφήν 6 6καὶ ἐπορεύθησαν οἱ τρέχοντες σὺν ταῖς ἐπιστολαῖς παρὰ τοῦ βασιλέως καὶ τῶν ἀρχόντων εἰς πάντα Ἰσραὴλ καὶ Ἰουδὰ κατὰ τὸ πρόσταγμα τοῦ βασιλέως λέγοντες Οἱ υἱοὶ Ἰσραήλ, ἐπιστρέψατε πρὸς θεὸν Ἀβραὰμ καὶ Ἰσαὰκ καὶ Ἰσραήλ, καὶ ἐπιστρέψατε τοὺς ἀνασεσωσμένους τοὺς καταλειφθέντας ἀπὸ χειρὸς βασιλέως Ἀσσούρ. 7 7καὶ μὴ γίνεσθε καθὼς οἱ πατέρες ὑμῶν καὶ οἱ ἀδελφοὶ ὑμῶν οἳ ἀπέστησαν ἀπὸ Κυρίου θεοῦ πατέρων αὐτῶν, καὶ παρέδωκεν αὐτοὺς 8 εἰς ἐρήμωσιν καθὼς ὑμεῖς ὁρᾶτε. 8καὶ νῦν μὴ σκληρύνητε τὰς καρδίας ὑμῶν· δότε δόξαν Κυρίῳ τῷ θεῷ, καὶ εἰσέλθατε εἰς τὰ ἁγίασμα αὐτοῦ ὃ ἡγίασεν εἰς τὸν αἰῶνα, καὶ δουλεύσατε τῷ κυρίῳ θεῷ ὑμῶν, 9 καὶ ἀποστρέψει ἀφ' ὑμῶν θυμὸν ὀργῆς. 9ὅτι ἐν τῷ ἐπιστρέφειν ὑμᾶς πρὸς Κύριον οἱ ἀδελφοὶ ὑμῶν καὶ τὰ τέκνα ὑμῶν ἔσονται ἐν

33 om πεντακοσια B^{ab}   34 ηδυναντο A | εκδειραι] δειραι A | προθ. ηγνισαν] ηγνισθησαν προθυμως A   35 κατορτωθη B* κατωρθωθη B^{ab}A
XXX 2 εβουλευσατο] post εβου ras 10 vel 11 litt A¹   3 εδυνασθησαν A | ποιησαι αυτο A   5 ελθοντας A | θεω] θω (sic) A   6 Ιουδαν A | τα προσ|ταγμα A | οι υιοι] om οι A | Ισραηλ 3°] Ιακωβ A | επιστρεψατε 2°] επιστρεψει A | καταλιφθεντας A   7 γινεσθαι A   8 τας καρδιας] τους τραχηλους A

XXX 10 ΠΑΡΑΛΕΙΠΟΜΕΝΩΝ Β

B οἰκτειρμοῖς ἀντὶ πάντων αἰχμαλωτισάντων αὐτούς, καὶ ἀποστρέψει εἰς τὴν γῆν ταύτην· ὅτι ἐλεήμων καὶ οἰκτείρμων Κύριος ὁ θεὸς ἡμῶν, καὶ οὐκ ἀποστρέψει τὸ πρόσωπον αὐτοῦ ἀφ' ὑμῶν, ἐὰν ἐπιστρέψωμεν πρὸς αὐτόν. ¹⁰καὶ ἦσαν οἱ τρέχοντες διαπορευόμενοι πόλιν ἐκ 10 πόλεως ἐν τῷ ὄρει Ἐφράιμ καὶ Μανασσῆ καὶ ἕως Ζαβουλών· καὶ ἐγένοντο ὡς καταγελῶντες αὐτῶν καὶ καταμωκώμενοι. ¹¹ἀλλὰ ἄν- 11 θρωποι Ἀσὴρ καὶ ἀπὸ Μανασσῆ καὶ ἀπὸ Ζαβουλὼν ἐτράπησαν, καὶ ἦλθον εἰς Ἰερουσαλὴμ καὶ ἐν Ἰούδα. ¹²καὶ ἐγένετο χεὶρ Κυρίου 12 δοῦναι αὐτοῖς καρδίαν μίαν ἐλθεῖν τοῦ ποιῆσαι κατὰ τὰ προστάγματα τοῦ βασιλέως καὶ τῶν ἀρχόντων ἐν λόγῳ Κυρίου. ¹³καὶ συνήχθησαν 13 εἰς Ἰερουσαλὴμ λαὸς πολὺς τοῦ ποιῆσαι τὴν ἑορτὴν τῶν ἀζύμων ἐν τῷ μηνὶ τῷ δευτέρῳ, ἐκκλησία πολλὴ σφόδρα. ¹⁴καὶ ἀνέστησαν καὶ 14 καθεῖλαν τὰ θυσιαστήρια τὰ ἐν Ἰερουσαλήμ, καὶ πάντα ἐν οἷς ἐθυμιῶσαν τοῖς ψευδέσιν κατέσπασαν καὶ ἔρριψαν εἰς τὸν χειμάρρουν Κεδρών. ¹⁵καὶ ἔθυσαν τὸ φάσεκ τῇ τεσσαρεσκαιδεκάτῃ τοῦ μηνὸς 15 τοῦ δευτέρου καὶ οἱ ἱερεῖς καὶ οἱ Λευεῖται ἐνετράπησαν καὶ ἥγνισαν, καὶ εἰσήνεγκαν ὁλοκαυτώματα ἐν οἴκῳ Κυρίου. ¹⁶καὶ ἔστησαν ἐπὶ 16 τὴν στάσιν αὐτῶν κατὰ τὸ κρίμα αὐτῶν κατὰ τὴν ἐντολὴν Μωυσῆ ἀνθρώπου τοῦ θεοῦ, καὶ οἱ ἱερεῖς ἐδέχοντο τὰ αἵματα ἐκ χειρὸς τῶν Λευειτῶν. ¹⁷ὅτι πλῆθος τῆς ἐκκλησίας οὐχ ἡγνίσθη, καὶ οἱ Λευεῖται 17 ἦσαν τοῦ θύειν τὸ φάσεκ παντὶ τῷ μὴ δυναμένῳ ἁγνισθῆναι τῷ κυρίῳ. ¹⁸ὅτι πλεῖστον τοῦ λαοῦ ἀπὸ Ἐφράιμ καὶ Μανασσῆ καὶ 18 Ἰσσαχάρ, Ζαβουλών, οὐχ ἥγνισαν, ἀλλὰ ἔφαγον τὸ φάσεκ παρὰ τὴν γραφὴν τοῦτο. καὶ προσηύξατο Ἐζεκίας περὶ αὐτῶν λέγων Κύριος ἀγαθὸς ἐξιλάσθω ¹⁹ὑπὲρ πάσης καρδίας κατευθυνούσης ἐκ- 19 ζητησούσης Κύριον τὸν θεὸν τῶν πατέρων αὐτῶν, καὶ οὐ κατὰ τὴν ἁγνείαν τῶν ἁγίων. ²⁰καὶ ἐπήκουσεν Κύριος τῷ Ἐζεκίᾳ, καὶ ἰάσατο 20 τὸν λαόν. ²¹καὶ ἐποίησαν οἱ υἱοὶ Ἰσραὴλ οἱ εὑρεθέντες ἐν Ἰερου- 21 σαλὴμ τὴν ἑορτὴν τῶν ἀζύμων ἑπτὰ ἡμέρας ἐν εὐφροσύνῃ μεγάλῃ καὶ καθυμνοῦντες τῷ κυρίῳ ἡμέραν καθ' ἡμέραν, καὶ οἱ ἱερεῖς καὶ οἱ Λευεῖται ἐν ὀργάνοις τῷ κυρίῳ. ²²καὶ ἐλάλησεν Ἐζεκίας ἐπὶ πᾶσαν 22

A 9 οικτιρμοις B^b | αντι] εναντι A | αποστρεψει 1°] επιστρεψει A | οικτιρμων B^b | υμων 3°] ημων A   10 οι τρεχ. ησαν A   11 ενετραπησαν A | om εν A   12 τα προσταγματα] το προσταγμα A   13 πολυς] λαος A   14 εθυμιωσαν] εθυμιωσιν B* εθυμιων B^abA   15 τεσσαρισκαιδ. B*^bA (τεσσαρεσκαιδ. B^ah) | ηγνισαν] ηγνισθησαν B^ab (σθη in mg) A   16 αυτων] εαυτων A (bis)   18 πλειστον] το πλειστον (τ 2° sup ras 2 forte litt) A | Ζαβουλων] pr και A | ηγνισαν] ηγνισθησαν A | om τουτο A | αγαθος] pr ο A   19 εκζητησουσης] εκζητησαι A | αυτων] εαυτου A | αγνιαν A

ΠΑΡΑΛΕΙΠΟΜΕΝΩΝ Β   XXXI 5

καρδίαν τῶν Λευειτῶν καὶ τῶν συνιόντων σύνεσιν ἀγαθὴν τῷ κυρίῳ Β
καὶ συνετέλεσαν τὴν ἑορτὴν τῶν ἀζύμων ἑπτὰ ἡμέρας, θύοντες θυσίας
σωτηρίου καὶ ἐξομολογούμενοι τῷ κυρίῳ θεῷ τῶν πατέρων αὐτῶν.
23 ²³καὶ ἐβουλεύσατο ἡ ἐκκλησία ἅμα ποιῆσαι ἑπτὰ ἡμέρας ἄλλας· καὶ
24 ἐποίησαν ἑπτὰ ἡμέρας ἐν εὐφροσύνῃ. ²⁴ὅτι Ἐζεκίας ἀπήρξατο τῷ
Ἰούδᾳ τῇ ἐκκλησίᾳ μόσχους χιλίους καὶ ἑπτακισχίλια πρόβατα· καὶ
οἱ ἄρχοντες ἀπήρξαντο τῷ λαῷ μόσχους χιλίους καὶ πρόβατα δέκα
25 χιλιάδας, καὶ τὰ ἅγια τῶν ἱερέων εἰς πλῆθος. ²⁵καὶ ηὐφράνθη πᾶσα
ἡ ἐκκλησία, οἱ ἱερεῖς καὶ οἱ Λευεῖται, καὶ πᾶσα ἡ ἐκκλησία Ἰούδα,
καὶ οἱ εὑρεθέντες ἐξ Ἰσραήλ, καὶ οἱ προσήλυτοι οἱ εἰσελθόντες ἀπὸ
26 γῆς Ἰσραὴλ καὶ οἱ κατοικοῦντες ἀπὸ Ἰούδα. ²⁶καὶ ἐγένετο εὐφρο-
σύνη μεγάλη ἐν Ἰερουσαλήμ· ἀπὸ ἡμερῶν Σαλωμὼν υἱοῦ Δαυεὶδ
27 βασιλέως Ἰσραὴλ οὐκ ἐγένετο τοιαύτη ἑορτὴ ἐν Ἰερουσαλήμ. ²⁷καὶ
ἀνέστησαν οἱ ἱερεῖς οἱ Λευεῖται καὶ ηὐλόγησαν τὸν λαόν· καὶ ἐπη-
κούσθη ἡ φωνὴ αὐτῶν, καὶ ἦλθεν ἡ προσευχὴ αὐτῶν εἰς τὸ κατοι-
XXI 1 κητήριον τὸ ἅγιον αὐτοῦ, εἰς τὸν οὐρανόν. ¹Καὶ ὡς συνετελέσθη
πάντα ταῦτα, ἐξῆλθεν πᾶς Ἰσραὴλ οἱ εὑρεθέντες ἐν πόλεσιν Ἰούδα,
καὶ συνέτριψαν τὰς στήλας καὶ ἔκοψαν τὰ ἄλση καὶ κατέσπασαν τὰ
ὑψηλὰ καὶ τοὺς βωμοὺς ἀπὸ πάσης γῆς Ἰουδαίας καὶ Βενιαμεὶν καὶ
Ἐφράιμ καὶ ἀπὸ Μανασσῆ ἕως εἰς τέλος· καὶ ἐπέστρεψαν πᾶς
Ἰσραὴλ ἕκαστος εἰς τὴν κληρονομίαν αὐτοῦ καὶ εἰς τὰς πόλεις
2 αὐτῶν. ²καὶ ἔταξεν Ἐζεκίας τὰς ἐφημερίας τῶν ἱερέων καὶ τῶν
Λευειτῶν, καὶ τὰς ἐφημερίας ἑκάστου κατὰ τὴν ἑαυτοῦ λειτουργίαν,
τοῖς ἱερεῦσιν καὶ τοῖς Λευείταις, εἰς τὴν ὁλοκαύτωσιν καὶ εἰς τὴν
θυσίαν τοῦ σωτηρίου καὶ αἰνεῖν καὶ ἐξομολογεῖσθαι καὶ λειτουργεῖν
3 ἐν ταῖς πύλαις ἐν ταῖς αὐλαῖς οἴκου Κυρίου. ³καὶ μερὶς τοῦ βασι-
λέως ἐκ τῶν ὑπαρχόντων αὐτοῦ εἰς τὰς ὁλοκαυτώσεις τὴν πρωινὴν
καὶ τὴν δειλινήν, καὶ ὁλοκαυτώσεις εἰς σάββατα καὶ εἰς τὰς νουμη-
4 νίας καὶ εἰς τὰς ἑορτὰς τὰς γεγραμμένας ἐν τῷ νόμῳ Κυρίου. ⁴καὶ
εἶπαν τῷ λαῷ τοῖς κατοικοῦσιν ἐν Ἰερουσαλὴμ δοῦναι τὴν μερίδα
τῶν ἱερέων καὶ τῶν Λευειτῶν, ὅπως κατισχύσουσιν ἐν τῇ λειτουργίᾳ
5 οἴκου Κυρίου. ⁵καὶ ὡς προσέταξεν τὸν λόγον, ἐπλεόνασεν Ἰσραὴλ

22 τω κυριω (2°)] om τω A   23 εποιησα B^(bvid) | ευφροσυνη] seq ras 1 lit A
(forte ν) in A   24 οι] οι αρχ. B* (om οι 1° B^b)   25 απο 2°] εν A
26 ημερων Σαλωμων] των ημ. του Σαλ. A   27 οι Λ] pr και A
XXXI 1 εκοψαν] εξεκοψαν A | om γης A | Εφραιμ] pr εξ A | επεστρεψεν
A | αυτου] εαυτου A | αυτων] εαυτων A   2 om εν ταις πυλαις A
3 ολοκαυτωσις A (bis) | τωσις την πρωινη] 5 την δειλινην ολοκαυ A^(a(mg)) (sic)
4 ειπαν] ειπεν A   5 επλεονασαν A | Ισραηλ 1°] pr οι υιοι A

ἀπαρχὴν σίτου καὶ οἴνου καὶ ἐλαίου καὶ μέλιτος καὶ πᾶν γένημα ἀγροῦ· καὶ ἐπιδέκατα πάντα εἰς πλῆθος ἤνεγκαν οἱ υἱοὶ Ἰσραὴλ καὶ Ἰούδα. ⁶καὶ οἱ κατοικοῦντες ἐν ταῖς πόλεσιν Ἰούδα καὶ αὐτοὶ ἤνεγκαν ἐπιδέκατα μόσχων καὶ προβάτων καὶ ἐπιδέκατα αἰγῶν, καὶ ἡγίασαν τῷ κυρίῳ θεῷ αὐτῶν, καὶ εἰσήνεγκαν καὶ ἔθηκαν σωρούς. ⁷ἐν τῷ μηνὶ τῷ τρίτῳ ἤρξαντο οἱ θεμέλιοι σωροὶ θεμελιοῦσθαι, καὶ ἐν τῷ ἑβδόμῳ μηνὶ συνετελέσθησαν. ⁸καὶ ἦλθεν Ἐζεκίας καὶ οἱ ἄρχοντες καὶ εἶδον τοὺς σωρούς, καὶ ηὐλόγησαν τὸν κύριον καὶ τὸν λαὸν αὐτοῦ Ἰσραήλ· ⁹καὶ ἐπυνθάνετο Ἐζεκίας τῶν ἱερέων καὶ τῶν Λευειτῶν ὑπὲρ τῶν σωρῶν. ¹⁰καὶ εἶπεν Ἀζαρίας ὁ ἱερεὺς ὁ ἄρχων εἰς οἶκον Σαδώκ, καὶ εἶπεν Ἐξ οὗ ἦρκται φέρεσθαι ἡ ἀπαρχὴ εἰς οἶκον Κυρίου, ἐφάγομεν καὶ ἐπίομεν καὶ κατελίπομεν· ὅτι Κύριος ηὐλόγησεν τὸν λαὸν αὐτοῦ, καὶ κατελίπομεν ἐπὶ τὸ πλῆθος τοῦτο. ¹¹καὶ εἶπεν Ἐζεκίας ἑτοιμάσαι παστοφόρια εἰς οἶκον Κυρίου· καὶ ἡτοίμασαν. ¹²καὶ ἤνεγκαν ἐκεῖ τὰς ἀπαρχὰς καὶ τὰ ἐπιδέκατα ἐν πίστει, καὶ ἐπ' αὐτῶν ἐπιστάτης Χωμενίας ὁ Λευείτης, καὶ Σεμεεὶ ὁ ἀδελφὸς αὐτοῦ διαδεχόμενος, ¹³καὶ Εἰὴλ καὶ Ὀζείας καὶ Μάεθ καὶ Ἀσαὴλ καὶ Ἱερειμὼθ καὶ Ἐζαβὰθ καὶ Ἰεειὴλ καὶ Σαμαχειὰ καὶ Θάναι, Βαναίας καὶ οἱ υἱοὶ αὐτοῦ, καθεσταμένοι διὰ Χωνενίου καὶ Σεμεεὶ τοῦ ἀδελφοῦ αὐτοῦ, καθὼς προσέταξεν ὁ βασιλεὺς Ἐζεκίας καὶ Ἀζαρίας ὁ ἡγούμενος οἴκου Κυρίου. ¹⁴καὶ Κωρὴ ὁ τοῦ Αἰμὰν ὁ Λευείτης ὁ πυλωρὸς κατὰ ἀνατολὰς ἐπὶ τῶν δομάτων δοῦναι τὰς ἀπαρχὰς Κυρίῳ καὶ τὰ ἅγια τῶν ἁγίων. ¹⁵διὰ χειρὸς Ὀδομ καὶ Βενιαμεὶν καὶ Ἰησοῦς καὶ Σεμεεὶ καὶ Μαρίας καὶ Σεχονίας, διὰ χειρὸς τῶν ἱερέων ἐν πίστει δοῦναι τοῖς ἀδελφοῖς αὐτῶν κατὰ τὰς ἐφημερίας, κατὰ τὸν μέγαν καὶ τὸν μικρόν, ¹⁶ἕκαστος τῆς ἐπιγονῆς τῶν ἀρσενικῶν ἀπὸ τριετοῦς καὶ ἐπάνω, παντὶ τῷ εἰσπορευομένῳ εἰς οἶκον Κυρίου, εἰς λόγον ἡμερῶν εἰς ἡμέρας, λειτουργίαν ἐφημερίαις διατάξεως αὐτῶν. ¹⁷οὗτος ὁ καταλοχισμὸς τῶν ἱερέων κατ' οἴκους πατριῶν, καὶ οἱ Λευεῖται ἐν ταῖς ἐφημερίαις αὐτῶν ἀπὸ εἰκοσαετοῦς

A 5 ηνεγκαν εις] πληθος A   6 αυτων] εαυτων A | σωρους]+· σωρους | A
7 om θεμελιοι A   8 ειδον] ειδοντες A   10 ειπεν 1°]+προς αυτον A | om
και ειπεν 2° A | η απαρχη φερεσθαι A | κατελειπομεν A (bis) | ευλογησεν
A | αυτου] εαυτου A | επι] ετι A   11 Εζεκιας]+ετι A   12 ηνεγκαν]
εισηνεγκαν A | Χωχενιας A | Σεμει A (item 13, 15)   13 Ειηλ] Ιειηλ A |
Οζειας] Οζαζας A | Μαεθ] Ναεθ A | Ιεριμωθ A | Εζαβαθ] Ιωζαβαθ A |
Ιεειηλ] Ιειηλ A | Σαμαχια A | Θαναι] Μα|αθ A | Βαναιας] pr και A |
Χωχειιου A   14 Αιμαν] Ιεμνα A | κατα] κατ A | δωματων A   15 Ιησου
A | τον μικρον] pr κατα A   16 εκαστος] εκτος A | ημερας] ημεραν A |
λειτουργιαν] pr εις A

18 καὶ ἐπάνω ἐν διατάξει, ¹⁸ἐνκαταλοχίσαι ἐν πάσῃ ἐπιγονῇ υἱῶν αὐτῶν B καὶ θυγατέρων αὐτῶν εἰς πᾶν τὸ πλῆθος, ὅτι ἐν πίστει ἥγνισαν τὸ
19 ἅγιον· ¹⁹τοῖς υἱοῖς Ἀαρὼν τοῖς ἱερατεύουσιν καὶ οἱ ἀπὸ τῶν πόλεων αὐτῶν ἐν πάσῃ πόλει καὶ πόλει ἄνδρες οἳ ὠνομάσθησαν ἐν ὀνόματι, δοῦναι μερίδα παντὶ ἀρσενικῷ ἐν τοῖς ἱερεῦσιν καὶ παντὶ καταριθμου-
20 μένῳ ἐν τοῖς Λευείταις. ²⁰καὶ ἐποίησεν οὕτως Ἐζεκίας ἐν παντὶ Ἰούδᾳ, καὶ ἐποίησεν τὸ καλὸν καὶ τὸ εὐθὲς ἐναντίον τοῦ κυρίου θεοῦ
21 αὐτοῦ. ²¹καὶ ἐν παντὶ ἔργῳ ᾧ ἤρξατο ἐργασίᾳ ἐν οἴκῳ Κυρίου, καὶ ἐν τῷ νόμῳ καὶ ἐν τοῖς προστάγμασιν ἐξεζήτησεν τὸν θεὸν αὐτοῦ ἐξ ὅλης ψυχῆς αὐτοῦ, καὶ ἐποίησεν καὶ εὐοδώθη.

XXXII 1 ¹Καὶ μετὰ τοὺς λόγους τούτους καὶ τὴν ἀλήθειαν ταύτην ἦλθεν Σενναχηρεὶμ βασιλεὺς Ἀσσυρίων, καὶ ἦλθεν ἐπὶ Ἰούδαν καὶ παρενέβαλεν ἐπὶ τὰς πόλεις τὰς τειχήρεις, καὶ εἶπεν προκαταλαβέσθαι
2 αὐτάς. ²καὶ εἶδεν Ἐζεκίας ὅτι ἥκει Σενναχηρεὶμ καὶ τὸ πρόσωπον
3 αὐτοῦ τοῦ πολεμῆσαι ἐπὶ Ἰερουσαλήμ ³καὶ ἐβουλεύσατο μετὰ τῶν πρεσβυτέρων αὐτοῦ καὶ τῶν δυνατῶν ἐμφράξαι τὰ ὕδατα τῶν πηγῶν
4 ἃ ἦν ἔξω τῆς πόλεως· καὶ συνεπίσχυσαν αὐτῷ. ⁴καὶ συνήγαγεν λαὸν πολὺν καὶ ἐνέφραξεν τὰ ὕδατα τῶν πηγῶν καὶ τὸν ποταμὸν τὸν διορίζοντα διὰ τῆς πόλεως, λέγων Μὴ ἔλθῃ βασιλεὺς Ἀσσοὺρ
5 καὶ εὕρῃ ὕδωρ πολὺ καὶ κατισχύσῃ ⁵καὶ κατίσχυσεν Ἐζεκίας καὶ ᾠκοδόμησεν πᾶν τὸ τεῖχος τὸ κατεσκαμμένον καὶ πύργους καὶ ἔξω προτείχισμα ἄλλο, καὶ κατίσχυσεν τὸ ἀνάλημμα πόλεως Δαυείδ,
6 καὶ κατεσκεύασεν ὅπλα πολλά. ⁶καὶ ἔθετο ἄρχοντας τοῦ πολέμου ἐπὶ τὸν λαόν, καὶ συνήχθησαν πρὸς αὐτὸν ἐπὶ τὴν πλατεῖαν τῆς πύλης τῆς φάραγγος, καὶ ἐλάλησεν ἐπὶ καρδίαν αὐτῶν λέγων
7 ⁷Ἰσχύσατε καὶ ἀνδρίζεσθε, μὴ πτοηθῆτε ἀπὸ προσώπου βασιλέως Ἀσσοὺρ καὶ ἀπὸ προσώπου παντὸς τοῦ ἔθνους τοῦ μετ' αὐτοῦ·
8 ὅτι μεθ' ἡμῶν πλείονες ἢ μετ' αὐτοῦ. ⁸μετὰ αὐτοῦ βραχίονες σάρκινοι, μεθ' ἡμῶν δὲ Κύριος ὁ θεὸς ἡμῶν, τοῦ σώζειν καὶ τοῦ πολεμεῖν τὸν πόλεμον ἡμῶν. καὶ κατεθάρσησεν ὁ λαὸς ἐπὶ τοῖς λόγοις
9 Ἐζεκίου βασιλέως Ἰούδα. ⁹Καὶ μετὰ ταῦτα ἀπέστειλεν Σενναχηρεὶμ βασιλεὺς Ἀσσυρίων τοὺς παῖδας αὐτοῦ ἐπὶ Ἰερουσαλήμ,

18 εγκαταλοχισαι B^{ab} εν καταλοχιαις A | ηγνισαν το αγιον] ηγιασαν τον A αγ. A   20 του κυριου] om του A   21 ω] pr εν A | αυτου 1°] εαυτου A | ψυχης] pr της A | om και 4° A | ευοδωθη B^{ab}   XXXII 2 και το] κατα A   3 αυτου] εαυτου A | των δυνατων] om των A   4 βασιλευς] pr ο A   5 κατεσκαμμενον] κατεσπασμενον A   6 επι 1°] εις A | καρδιαν] pr την A   7 του εθνους] om του A   8 om μετα αυτου A   9 αυτου] εαυτου A   9—28 (Ασσυριων...σιτου) retractavit spiritus et accentus adpinxit A^b

ΠΑΡΑΛΕΙΠΟΜΕΝΩΝ Β

B καὶ αὐτὸς ἐπὶ Λαχεὶς καὶ πᾶσα ἡ στρατεία μετ' αὐτοῦ, καὶ ἀπέστειλεν πρὸς Ἐζεκίαν βασιλέα Ἰούδα καὶ πρὸς πάντα Ἰουδὰ τὸν ἐν Ἰερουσαλὴμ λέγων ¹⁰Οὕτως λέγει ὁ βασιλεὺς Ἀσσυρίων Ἐπὶ τί ὑμεῖς πεποίθατε; καθήσεσθε ἐν τῇ περιοχῇ ἐν Ἰερουσαλήμ; ¹¹οὐχὶ Ἐζεκίας ἀπατᾷ ὑμᾶς τοῦ παραδοῦναι ὑμᾶς εἰς θάνατον καὶ εἰς λιμὸν καὶ εἰς δίψαν, λέγων Κύριος ὁ θεὸς ἡμῶν σώσει ὑμᾶς ἐκ χειρὸς βασιλέως Ἀσσούρ; ¹²οὗτός ἐστιν Ἐζεκίας ὃς περιεῖλεν τὰ θυσιαστήρια αὐτοῦ καὶ τὰ ὑψηλὰ αὐτοῦ, καὶ εἶπεν τῷ Ἰούδᾳ καὶ τοῖς κατοικοῦσιν ἐν Ἰερουσαλὴμ λέγων Κατέναντι τοῦ θυσιαστηρίου τούτου προσκυνήσετε καὶ ἐπ' αὐτῷ θυμιάσετε. ¹³οὐ γνώσεσθε ὅ τι ἐποίησα ἐγὼ καὶ οἱ πατέρες μου πᾶσι τοῖς λαοῖς τῶν χωρῶν; μὴ δυνάμενοι ἠδύναντο θεοὶ τῶν ἐθνῶν πάσης τῆς γῆς σῶσαι τὸν λαὸν αὐτῶν ἐκ χειρός μου; ¹⁴τίς ἐν πᾶσι τοῖς θεοῖς τῶν ἐθνῶν τούτων οὓς ἐξωλέθρευσαν οἱ πατέρες μου; μὴ ἠδύναντο σῶσαι τὸν λαὸν αὐτῶν ἐκ χειρός μου, ὅτι δυνήσεται ὁ θεὸς ὑμῶν σῶσαι ὑμᾶς ἐκ χειρός μου; ¹⁵νῦν μὴ ἀπατάτω ὑμᾶς Ἐζεκίας, καὶ μὴ πεποιθέναι ὑμᾶς ποιείτω κατὰ ταῦτα, καὶ μὴ πιστεύετε αὐτῷ ὅτι οὐ μὴ δύνηται ὁ θεὸς παντὸς ἔθνους καὶ βασιλείας τοῦ σῶσαι τὸν λαὸν αὐτοῦ ἐκ χειρός μου καὶ ἐκ χειρὸς πατέρων μου, ὅτι ὁ θεὸς ὑμῶν οὐ μὴ σώσει ὑμᾶς ἐκ χειρός μου. ¹⁶καὶ ἔτι ἐλάλησαν παῖδες αὐτοῦ ἐπὶ Κύριον θεὸν καὶ ἐπὶ Ἐζεκίαν παῖδα αὐτοῦ. ¹⁷καὶ βιβλίον ἔγραψεν ὀνειδίζειν τὸν κύριον θεὸν Ἰσραήλ, καὶ εἶπεν περὶ αὐτοῦ λέγων Ὡς θεοὶ τῶν ἐθνῶν τῆς γῆς οὐκ ἐξείλαντο λαοὺς αὐτῶν ἐκ χειρός μου, οὕτως οὐ μὴ ἐξέληται ὁ θεὸς Ἐζεκίου λαὸν αὐτοῦ ἐκ χειρός μου. ¹⁸καὶ ἐβόησεν φωνῇ μεγάλῃ Ἰουδαϊστὶ ἐπὶ λαὸν Ἰερουσαλὴμ τὸν ἐπὶ τοῦ τείχους τοῦ βοηθῆσαι αὐτοῖς καὶ κατασπάσαι, ὅπως προκαταλάβωνται τὴν πόλιν. ¹⁹καὶ ἐλάλησεν ἐπὶ θεὸν Ἰερουσαλὴμ καὶ ὡς καὶ ἐπὶ θεοὺς λαῶν τῆς γῆς, ἔργα χειρῶν ἀνθρώπων. ²⁰καὶ προσηύξατο Ἐζεκίας ὁ βασιλεὺς καὶ Ἠσαίας υἱὸς Ἀμὼς ὁ προφήτης περὶ τούτων, καὶ ἐβόησεν εἰς τὸν οὐρανόν. ²¹καὶ ἀπέστειλεν Κύριος ἄγγελον ἐξέτριψεν πᾶν δυνατὸν καὶ πολεμιστὴν καὶ ἄρχοντα καὶ στρατηγὸν ἐν

A 9 στρατια A | Ιουδα 2°] Ιουδαν A 10 λεγει]+Σενναχηρειμ A | τι] τινι A | καθησεσθε] καθησθαι A 11 om εις 2° A | διψαν] θλιψιν A | ημων] υμων A 12 περιειλε A (?A*) | om εν A | προσκυνησεται A | αυτω] αυτου A | θυμιασεται A 13 ο τι] τι A | εγω εποιησα A | πασιν A | εδυναντο A 14 τις εν πασι non inst B^b | πασιν A | εξωλοθρ B^b | αυτων] εαυτων A 15 αυτου] εαυτου A | ο θεος (2°)] om ο A 17 λαους αυτων] τους λ. εαυτων A | αυτου 2°] εαυτου A 18 λαον Ιερ] Ιλημ και τον! λαον A 19 θεον] pr τον A | om και 2° A | θεους λαων A] θῡ Σαλωμων B | εργα A] εργων B 20 εβοησαν A 21 αγγελου B* (αγγελον B¹) | εξετριψεν] pr και B^ab (ϟ superscr) A | παν] παντα A

ΠΑΡΑΛΕΙΠΟΜΕΝΩΝ Β XXXII 33

τῇ παρεμβολῇ βασιλέως Ἀσσούρ· καὶ ἀπέστρεψεν μετὰ αἰσχύνης Β προσώπου εἰς τὴν γῆν αὐτοῦ. καὶ ἦλθεν εἰς οἶκον θεοῦ αὐτοῦ, καὶ τῶν ἐξελθόντων ἐκ κοιλίας αὐτοῦ κατέβαλον αὐτὸν ἐν ῥομφαίᾳ 22 ²²καὶ ἔσωσεν Κύριος Ἐζεκίαν καὶ τοὺς κατοικοῦντας ἐν Ἰερουσαλὴμ ἐκ χειρὸς Σενναχηρεὶμ βασιλέως Ἀσσούρ καὶ ἐκ χειρὸς πάντων, καὶ 23 κατέπαυσεν αὐτοὺς κυκλόθεν. ²³καὶ πολλοὶ ἔφερον δῶρα τῷ κυρίῳ εἰς Ἰερουσαλὴμ καὶ δόματα τῷ Ἐζεκίᾳ βασιλεῖ Ἰούδα, καὶ ὑπερήρθη 24 κατ᾽ ὀφθαλμοὺς πάντων τῶν ἐθνῶν μετὰ ταῦτα. ²⁴Ἐν ταῖς ἡμέραις ἐκείναις ἠρρώστησεν Ἐζεκίας ἕως θανάτου, καὶ προσηύξατο 25 πρὸς Κύριον, καὶ ἐπήκουσεν αὐτῷ, καὶ σημεῖον ἔδωκεν αὐτῷ. ²⁵καὶ οὐ κατὰ τὸ ἀνταπόδομα ὃ ἔδωκεν αὐτῷ ἀπέδωκεν Ἐζεκίας, ἀλλὰ ὑψώθη ἡ καρδία αὐτοῦ· καὶ ἐγένετο ἐπ᾽ αὐτὸν ὀργὴ καὶ ἐπὶ Ἰουδὰ 26 καὶ Ἰερουσαλήμ. ²⁶καὶ ἐταπεινώθη Ἐζεκίας ἀπὸ τοῦ ὕψους τῆς καρδίας αὐτοῦ, καὶ οἱ κατοικοῦντες Ἰερουσαλήμ, καὶ οὐκ ἐπῆλ- 27 θεν ἐπ᾽ αὐτοὺς ὀργὴ θεοῦ ἐν ταῖς ἡμέραις Ἐζεκίου. ²⁷καὶ ἐγένετο τῷ Ἐζεκίᾳ πλοῦτος καὶ δόξα πολλὴ σφόδρα· καὶ θησαυροὺς ἐποίησεν αὐτῷ ἀργυρίου καὶ χρυσίου καὶ τοῦ λίθου τοῦ τιμίου, καὶ εἰς τὰ 28 ἀρώματα καὶ ὁπλοθήκας καὶ εἰς σκεύη ἐπιθυμητά, ²⁸καὶ πόλεις εἰς τὰ γενήματα σίτου καὶ ἐλαίου καὶ οἴνου, καὶ φάτνας παντὸς κτήνους 29 καὶ μάνδρας εἰς τὰ ποίμνια, ²⁹καὶ πόλεις ἃς ᾠκοδόμησεν αὑτῷ καὶ ἀποσκευὴν προβάτων καὶ βοῶν εἰς πλῆθος, ὅτι ἔδωκεν αὐτῷ Κύριος 30 ἀποσκευὴν πολλὴν σφόδρα ³⁰αὐτὸς Ἐζεκίας ἐνέφραξεν τὴν ἔξοδον τοῦ ὕδατος Σειὼν τὸ ἄνω, καὶ κατηύθυνεν αὐτὰ κάτω πρὸς λίβα τῆς πόλεως Δαυείδ· καὶ εὐοδώθη Ἐζεκίας ἐν πᾶσι τοῖς ἔργοις αὐτοῦ. 31 ³¹καὶ οὕτως τοῖς πρεσβύταις τῶν ἀρχόντων ἀπὸ Βαβυλῶνος τοῖς ἀποσταλεῖσιν πρὸς αὐτὸν πυθέσθαι παρ᾽ αὐτοῦ τὸ τέρας ὃ ἐγένετο ἐπὶ τῆς γῆς, ἐγκατέλιπεν αὐτὸν Κύριος τοῦ πειράσαι αὐτόν, εἰδέναι 32 τὰ ἐν τῇ καρδίᾳ αὐτοῦ. ³²καὶ τὰ κατάλοιπα τῶν λόγων Ἐζεκίου καὶ τὸ ἔλεος αὐτοῦ, ἰδοὺ γέγραπται ἐν τῇ προφητείᾳ Ἡσαίου υἱοῦ Ἀμὼς 33 τοῦ προφήτου καὶ ἐπὶ βιβλίου βασιλέων Ἰούδα καὶ Ἰσραήλ. ³³καὶ

21 μετα αισχ προσ] το προσωπον μετα αισχυνης A | αυτου 1°] εαυτου A A | ηλθεν] εισηλθεν A | θεου] pr του A | αυτου 2°] εαυτου A | κατελαβον A*ᵛⁱᵈ (κατεβαλον Aᵇ) 22 om εν A | Ασσουρ] Ασσυριω¦ A | κυκλωθεν Aᵇ (κυκλοθεν A*ᵛⁱᵈ) 23 υπερηρθη] υπηρθη A | μετα] pr και A (distinx ante μετα B ante και A) 24 εκειναις ηρ sup ras Aᵃ | αυτω 1°] αυτου BᵃᵇA 25 απεδωκεν] ανταπεδωκεν A | αλλα] αλλ A | Ιουδαν A 26 αυτου] εαυτου A | θεου] κ̅υ̅ A 27 αυτω] εαυτω A 28 και 4°]+κωμας ϛ Bᵃᵇᵐᵍ+κωμας A 29 αυτω 1°] εαυτω A 30 Σειων] Σιων Bᵇ Γιων A | ευωδωθη Bᵃᵇ | πασιν A | αυτου] εαυτου A 31 πρεσβευταις BᵃᵇA | γης]+και A | εγκατελειπεν A 32 καταλοιπα] λοιπα A | προφητια A

117

ΠΑΡΑΛΕΙΠΟΜΕΝΩΝ Β

Β ἐκοιμήθη Ἐζεκίας μετὰ τῶν πατέρων αὐτοῦ, καὶ ἔθαψαν αὐτὸν ἐν ἀναβάσει τάφων υἱῶν Δαυείδ· καὶ δόξαν καὶ τιμὴν ἔδωκαν αὐτῷ ἐν τῷ θανάτῳ αὐτοῦ πᾶς Ἰουδὰ καὶ οἱ κατοικοῦντες ἐν Ἰερουσαλήμ· καὶ ἐβασίλευσεν Μανασσῆ υἱὸς αὐτοῦ ἀντ' αὐτοῦ.

¹*Ὢν δέκα δύο ἐτῶν Μανασσῆς ἐν τῷ βασιλεῦσαι αὐτόν, καὶ πεντή- 1 XXXIII κοντα πέντε ἔτη ἐβασίλευσεν ἐν Ἰερουσαλήμ. ²καὶ ἐποίησεν τὸ 2 πονηρὸν ἐναντίον Κυρίου, ἀπὸ πάντων τῶν βδελυγμάτων τῶν ἐθνῶν οὓς ἐξωλέθρευσεν Κύριος ἀπὸ προσώπου τῶν υἱῶν Ἰσραήλ. ³καὶ 3 ἐπέστρεψεν καὶ ᾠκοδόμησεν τὰ ὑψηλὰ ἃ κατέσπασεν Ἐζεκίας ὁ πατὴρ αὐτοῦ, καὶ ἔστησεν στήλας τοῖς Βααλεὶμ καὶ ἐποίησεν ἄλση, καὶ προσεκύνησεν πάσῃ τῇ στρατείᾳ τοῦ οὐρανοῦ καὶ ἐδούλευσεν αὐτοῖς. ⁴καὶ ᾠκοδόμησεν θυσιαστήρια ἐν οἴκῳ Κυρίου οὗ εἶπεν Κύριος 4 Ἐν Ἰερουσαλὴμ ἔσται τὸ ὄνομά μου εἰς τὸν αἰῶνα. ⁵καὶ ᾠκοδόμησεν 5 θυσιαστήρια τῇ πάσῃ στρατείᾳ τοῦ οὐρανοῦ ἐν ταῖς δυσὶν αὐλαῖς οἴκου Κυρίου. ⁶καὶ αὐτὸς διήγαγεν τὰ τέκνα αὐτοῦ ἐν πυρὶ ἐν γὲ 6 βανὲ Ἐννόμ· καὶ ἐκληδονίζετο καὶ ἐφαρμακεύετο καὶ οἰωνίζετο, καὶ ἐποίησεν ἐνγαστριμύθους καὶ ἐπαοιδούς· ἐπλήθυνεν τοῦ ποιῆσαι τὸ πονηρὸν ἐναντίον Κυρίου τοῦ παροργίσαι αὐτόν. ⁷καὶ ἔθηκεν τὸ 7 γλυπτὸν τὸ χωνευτον, εἰκόνα ἣν ἐποίησεν, ἐν οἴκῳ θεοῦ οὗ εἶπεν ὁ θεὸς πρὸς Δαυεὶδ καὶ Σαλωμὼν τὸν υἱὸν αὐτοῦ Ἐν τῷ οἴκῳ τούτῳ καὶ Ἰερουσαλήμ, ἣν ἐξελεξάμην ἐκ πασῶν φυλῶν Ἰσραήλ, θήσω τὸ ὄνομά μου εἰς τὸν αἰῶνα. ⁸καὶ οὐ προσθήσω σαλεῦσαι τὸν πόδα 8 Ἰσραὴλ ἀπὸ τῆς γῆς ἧς ἔδωκα τοῖς πατράσιν αὐτῶν, πλὴν ἐὰν φυλάσσωνται τοῦ ποιῆσαι πάντα ἃ ἐνετειλάμην αὐτοῖς κατὰ πάντα τὸν νομον, τὰ προστάγματα καὶ τὰ κρίματα ἐν χειρὶ Μωυσῆ. ⁹καὶ 9 ἐπλάνησεν Μανασσῆς τὸν Ἰούδαν καὶ τοὺς κατοικοῦντας ἐν Ἰερουσαλήμ, τοῦ ποιῆσαι τὸ πονηρὸν ὑπὲρ πάντα τὰ ἔθνη ἃ ἐξῆρεν Κύριος ἀπὸ προσώπου υἱῶν Ἰσραήλ. ¹⁰καὶ ἐλάλησεν Κύριος ἐπὶ Μανασσῆ 10 καὶ ἐπὶ τὸν λαὸν αὐτοῦ, καὶ οὐκ ἐπήκουσεν. ¹¹καὶ ἤγαγεν Κύριος 11 ἐπ' αὐτοὺς τοὺς ἄρχοντας τῆς δυνάμεως βασιλέως Ἀσσύρ, καὶ

A 33 αυτου 1°] εαυτου A | Μανασσης Aᵃ° (Μανασση A*)   XXXIII 1 om Μανασσης A | om πεντε A   2 εναντιον] ενωπιον A | εξωλοθρ. Bᵇ   3 τοις Βααλειμ] ταις B. A | στρατια A (item 5)   5 τη παση] παση τη A 6 διηγαγεν] διηγεν A | γε βανε Εννομ] γη] Βεεννομ· A | οιωνιζετο κ εφαρμ. A | εγγαστριμ Bᵇ | επληθυνεν] εποιησεν A   7 το χων.] pr και A | θεου] κ͞υ A | Σαλωμων] pr προς A | τον υιον] om τον A | θησω] σωθητω A 8 κριματα]+και δικαιωματα A   9 om Κυριος A | ιων] pr των A 10 επηκουσεν] επηκουσαν Bᵃᵇ° ηκουσαν A   11 αυτους] αυτον A | δυναμεως] δυναστειας A

ΠΑΡΑΛΕΙΠΟΜΕΝΩΝ Β   XXXIII 23

κατέλαβον Μανασσῆ ἐν δεσμοῖς καὶ ἔδησαν αὐτὸν ἐν πέδαις καὶ Β
12 ἤγαγον εἰς Βαβυλῶνα. ¹²καὶ ὡς ἐθλίβη, ἐζήτησεν τὸ πρόσωπον
τοῦ κυρίου θεοῦ αὐτοῦ, καὶ ἐταπεινώθη σφόδρα ἀπὸ προσώπου θεοῦ
13 τῶν πατέρων αὐτοῦ· ¹³καὶ προσηύξατο πρὸς αὐτόν, καὶ ἐπήκουσεν
αὐτοῦ· καὶ ἐπήκουσεν τῆς βοῆς αὐτοῦ, καὶ ἐπέστρεψεν αὐτὸν εἰς
Ἰερουσαλὴμ ἐπὶ τὴν βασιλείαν αὐτοῦ· καὶ ἔγνω Μανασσῆς ὅτι Κύριος
14 αὐτός ἐστιν θεος. ¹⁴Καὶ ᾠκοδόμησεν μετὰ ταῦτα τεῖχος ἔξω τῆς
πόλεως Δαυεὶδ ἀπὸ λιβὸς κατὰ Γιὸν ἐν τῷ χειμάρρῳ καὶ ἐκπορευο-
μένων τὴν πύλην τὴν κυκλόθεν καὶ εἰς αὐτὸν Ὅπλα, καὶ ὕψωσεν
σφόδρα· καὶ κατέστησεν ἄρχοντας τῆς δυνάμεως ἐν πάσαις ταῖς
15 πόλεσιν ταῖς τειχήρεσιν ἐν Ἰούδᾳ. ¹⁵καὶ περιεῖλεν τοὺς θεοὺς τοὺς
ἀλλοτρίους καὶ τὸ γλυπτὸν ἐξ οἴκου Κυρίου, καὶ πάντα τὰ θυσιαστήρια
ἃ ᾠκοδόμησεν ἐν ὄρει οἴκου Κυρίου καὶ ἐν Ἰερουσαλὴμ καὶ ἔξωθεν τῆς
16 πόλεως. ¹⁶καὶ κατώρθωσεν τὸ θυσιαστήριον Κυρίου, καὶ ἐθυσίασεν
ἐπ' αὐτὸ θυσίαν σωτηρίου καὶ αἰνέσεως, καὶ εἶπεν τῷ Ἰούδᾳ τοῦ
17 δουλεύειν Κυρίῳ θεῷ Ἰσραήλ. ¹⁷πλὴν ὁ λαὸς ἔτι ἐπὶ τῶν ὑψηλῶν·
18 πλὴν Κύριος ὁ θεὸς αὐτῶν. ¹⁸καὶ τὰ λοιπὰ τῶν λόγων Μανασσῆ
καὶ ἡ προσευχὴ αὐτοῦ πρὸς τὸν θεὸν καὶ λόγοι τῶν ὁρώντων λαλούν-
19 των πρὸς αὐτὸν ἐπ' ὀνόματι θεοῦ Ἰσραήλ, ¹⁹ἰδοὺ ἐπὶ λόγων ⁽¹⁹⁾προσ-
ευχῆς αὐτοῦ, καὶ ἐπήκουσεν αὐτοῦ· καὶ πᾶσαι αἱ ἁμαρτίαι αὐτοῦ
καὶ ἀποστάσεις αὐτοῦ, καὶ οἱ τόποι ἐφ' οἷς ᾠκοδόμησεν τὰ ὑψηλὰ καὶ
ἔστησεν ἐκεῖ ἄλση καὶ γλυπτὰ πρὸ τοῦ ἐπιστρέψαι, ἰδοὺ γέγραπται
20 ἐπὶ τῶν λόγων τῶν ὁρώντων. ²⁰καὶ ἐκοιμήθη Μανασσῆς μετὰ τῶν
πατέρων αὐτοῦ, καὶ ἔθαψαν αὐτὸν ἐν παραδείσῳ οἴκου αὐτοῦ· καὶ
ἐβασίλευσεν ἀντ' αὐτοῦ Ἀμὼς υἱὸς αὐτοῦ
21   ²¹*Ὢν εἴκοσι καὶ δύο ἐτῶν Ἀμὼς ἐν τῷ βασιλεύειν αὐτόν, καὶ δύο
22 ἔτη ἐβασίλευσεν ἐν Ἰερουσαλήμ. ²²καὶ ἐποίησεν τὸ πονηρὸν ἐνώπιον
Κυρίου ὡς ἐποίησεν Μανασσῆς ὁ πατὴρ αὐτοῦ· καὶ πᾶσιν τοῖς εἰδώλοις
οἷς ἐποίησεν Μανασσῆς ὁ πατὴρ αὐτοῦ ἔθυεν Ἀμὼς καὶ ἐδούλευσεν
23 αὐτοῖς. ²³καὶ οὐκ ἐταπεινώθη ἐναντίον Κυρίου ὡς ἐταπεινώθη

11 κατελαβοντο| A   12 του κυριου] κ̄ῡ του A | θεου 2°] pr του A
A | αυτου 2°] εαυτου A   13 om και επεστρεψεν βασιλειαν αυτου A |
θεος] pr ο A   14 μετα ταυτα ωκοδομησεν A | Γιον] νοτον B^{ab}A | και
2°]+κατα την εισοδον την δια της πυλης της ιχθυικης και περιεκυκλωσεν
(-σε B^{ab}) το αδυτον και B^{ab ing inf}A | εκπορευομενων] πορευομενων A | αυτον]
αυτο A | Οφλα A   15 om εν 2° A | εξωθεν] εξω A   18 προς 1°] pr η
B^{ab vid}A | λογοι] pr οι A | θεου] pr κ̄ῡ A   19 επηκουσεν] pr ως A | απο-
στασεις] αι αποστασιαι A | των λογων] om των A   20 αυτου 1°] εαυτου
A   21 ετων εικοσι και δυο A   22 ο π̄η̄ρ̄| αυτου Μανασσης (2°) A |
εδουλευεν A

ΠΑΡΑΛΕΙΠΟΜΕΝΩΝ Β

Μανασσὴ ὁ πατὴρ αὐτοῦ, ὅτι υἱὸς Ἀμὼς ἐπλήθυνεν πλημμέλειαν. ²⁴καὶ ἐπέθεντο αὐτῷ οἱ παῖδες αὐτοῦ, καὶ ἐπάταξαν αὐτὸν ἐν οἴκῳ αὐτοῦ. ²⁵καὶ ἐπάταξεν ὁ λαὸς τῆς γῆς τοὺς ἐπιθεμένους ἐπὶ τὸν βασιλέα Ἀμώς· καὶ ἐβασίλευσεν ὁ λαὸς τῆς γῆς τὸν Ἰωσείαν υἱὸν αὐτοῦ ἀντ' αὐτοῦ.

¹ Ὢν ὀκτὼ ἐτῶν Ἰωσείας ἐν τῷ βασιλεῦσαι αὐτόν, καὶ τριάκοντα ἓν ἔτος ἐβασίλευσεν ἐν Ἱερουσαλήμ. ²καὶ ἐποίησεν τὸ εὐθὲς ἐναντίον Κυρίου, καὶ ἐπορεύθη ἐν ὁδοῖς Δαυεὶδ τοῦ πατρὸς αὐτοῦ, καὶ οὐκ ἐξέκλινεν δεξιὰ καὶ ἀριστερά. ³καὶ ἐν τῷ ὀγδόῳ ἔτει τῆς βασιλείας αὐτοῦ, καὶ αὐτὸς ἔτι παιδάριον, ἤρξατο τοῦ ζητῆσαι Κύριον τὸν θεὸν Δαυεὶδ τοῦ πατρὸς αὐτοῦ· καὶ ἐν τῷ δωδεκάτῳ ἔτει τῆς βασιλείας αὐτοῦ ἤρξατο τοῦ καθαρίσαι τὸν Ἰουδὰ καὶ τὴν Ἱερουσαλὴμ ἀπὸ τῶν ὑψηλῶν καὶ τῶν ἀλσέων, καὶ ἀπὸ τῶν χωνευτῶν· ⁴καὶ κατέσπασεν τὰ κατὰ πρόσωπον αὐτοῦ τὰ θυσιαστήρια τῶν Βααλεὶμ καὶ τὰ ὑψηλὰ τὰ ἐπ' αὐτῶν, καὶ ἔκοψεν τὰ ἄλση καὶ τὰ γλυπτά, καὶ τὰ χωνευτὰ συνέτριψεν καὶ ἐλέπτυνεν καὶ ἔρριψεν ἐπὶ πρόσωπον τῶν μνημάτων τῶν θυσιαζόντων αὐτοῖς· ⁵καὶ ὀστᾶ ἱερέων κατέκαυσεν ἐπὶ τὰ θυσιαστήρια, καὶ ἐκαθάρισεν τὸν Ἰουδὰ καὶ τὴν Ἱερουσαλήμ, ⁶καὶ ἐν πόλεσιν Ἐφράιμ καὶ Μανασσὴ καὶ Συμεὼν καὶ Νεφθαλεὶ καὶ τοῖς τόποις αὐτῶν κύκλῳ. ⁷καὶ κατέσπασεν τὰ ἄλση καὶ τὰ θυσιαστήρια, καὶ τὰ εἴδωλα κατέκοψεν λεπτά, καὶ πάντα τὰ ὑψηλὰ ἔκοψεν ἀπὸ πάσης τῆς γῆς Ἰσραήλ, καὶ ἀπέστρεψεν εἰς Ἱερουσαλήμ. ⁸Καὶ ἐν τῷ ὀκτωκαιδεκάτῳ ἔτει τῆς βασιλείας αὐτοῦ, τοῦ καθαρίσαι τὴν γῆν καὶ τὸν οἶκον, [ἀπέστειλεν] Σαφὰν υἱὸν Σελιὰ καὶ τὸν Μαασὰ ἄρχοντα τῆς πόλεως καὶ τὸν Ἰουὰχ υἱὸν Ἰωὰχ τὸν ὑπομνηματογράφον αὐτοῦ, κραταιῶσαι τὸν οἶκον Κυρίου τοῦ θεοῦ αὐτοῦ. ⁹καὶ ἦλθον πρὸς Χελκείαν τὸν ἱερέα τὸν μέγαν, καὶ ἔδωκαν τὸ ἀργύριον τὸ εἰσενεχθὲν εἰς οἶκον θεοῦ, ὃ συνήγαγον οἱ Λευεῖται φυλάσσοντες τὴν πύλην ἐκ χειρὸς Μανασσὴ καὶ Ἐφράιμ καὶ τῶν ἀρχόντων καὶ ἀπὸ παντὸς κατα-

A   23 Μανασσης A | υιος]+αυτου A | πλημμελιαν A   25 επιτιθεμενους A | Ιωσιαν BᵇA   XXXIV 1 Ιωσιας BᵇA | βασιλευσαι] βασιλευειν A   2 αυτου] εαυτου A | και 4°] η A   3 δωδεκατω] δεκατω A | Ιουδαν A   4 κατεσπασεν] κατεστρεψαν A | τα κατα πρ] om τα A | τα επ αυτ.] om τα A   5 εκαθερισεν A | Ιουδαν A   6 Νεφθαλειμ A   7 κατεκοψεν A | om πασης A | Ιερουσαλημ (Ιλη̅μ̅) seq ras 3 vel 4 litt in A   8 του καθαρισαι] pr οτε συνετελεσε͜ A | οικον 1°]+της βασιλειας· απεστειλεν τον A | om απεστειλεν B | Μαασιαν A | πολεως] δυναμεως A | Ιουςχ] Ιωας A | Ιωαχ] Ιωαχαζ A | αυτου 2°, 3°] εαυτου A   9 Χελκιαν BᵇA | ιερεαν A | εδωκεν A | θεου] κ̅υ̅ A

ΠΑΡΑΛΕΙΠΟΜΕΝΩΝ Β XXXIV 21

λοίπου ἐν Ἰσραὴλ καὶ υἱῶν Ἰούδα καὶ Βενιαμεὶν καὶ οἰκούντων Β
10 ἐν Ἰερουσαλήμ. ¹⁰καὶ ἔδωκαν αὐτὸ ἐπὶ χεῖρα ποιούντων τὰ ἔργα
οἱ κατεσταμένοι ἐν οἴκῳ Κυρίου, καὶ ἔδωκαν αὐτὸ ποιοῦσι τὰ ἔργα οἱ
11 ἐποίουν ἐν οἴκῳ Κυρίου, ἐπισκευάσαι κατισχῦσαι τὸν οἶκον. ¹¹καὶ
ἔδωκαν τοῖς τέκτοσι καὶ τοῖς οἰκοδόμοις, καὶ ἀγοράσαι λίθους τετρα-
πέδους καὶ ξύλα εἰς δοκοὺς στεγάσαι τοὺς οἴκους οὓς ἐξωλέθρευσαν
12 βασιλεῖς Ἰούδα. ¹²καὶ οἱ ἄνδρες ἐν πίστει ἐπὶ τῶν ἔργων, καὶ
ἐπ' αὐτῶν ἐπίσκοποι Ἰὲ καὶ Ἀβδειὰ οἱ Λευεῖται ἐξ υἱῶν Μεραρεί,
καὶ Ζαχαρίας καὶ Μοσολλὰμ ἐκ τῶν υἱῶν Καὰθ ἐπισκοπεῖν, καὶ πᾶς
13 Λευείτης πᾶς συνιῶν ἐν ὀργάνοις ᾠδῶν. ¹³καὶ ἐπὶ τῶν νωτοφόρων
καὶ ἐπὶ πάντων τῶν ποιούντων τὰ ἔργα ἐργασίᾳ καὶ ἐργασίᾳ, καὶ
14 ἀπὸ τῶν Λευειτῶν γραμματεῖς καὶ κριταὶ καὶ πυλωροί. ¹⁴καὶ ἐν
τῷ ἐκφέρειν αὐτοὺς τὸ ἀργύριον τὸ εἰσοδιασθὲν εἰς οἶκον Κυρίου
εὗρεν Χελκείας ὁ ἱερεὺς βιβλίον νόμου Κυρίου διὰ χειρὸς Μωυσῆ.
15 ¹⁵καὶ ἀπεκρίθη Χελκείας καὶ εἶπεν πρὸς Σαφὰν τὸν γραμματέα Βιβλίον
νόμου εὗρον ἐν οἴκῳ Κυρίου· καὶ ἔδωκεν Χελκείας τὸ βιβλίον τῷ
16 Σαφάν. ¹⁶καὶ εἰσήνεγκεν Σαφὰν τὸ βιβλίον πρὸς τὸν βασιλέα,
καὶ ἀπέδωκεν ἔτι τῷ βασιλεῖ λόγον Πᾶν τὸ δοθὲν ἀργύριον ἐν χειρὶ
17 τῶν παίδων σου τῶν ποιούντων. ¹⁷καὶ ἐχώνευσαν τὸ ἀργύριον
τὸ εὑρεθὲν ἐν οἴκῳ Κυρίου· καὶ ἔδωκεν ἐπὶ χεῖρα τῶν ἐπισκόπων
18 τῶν ποιούντων ἐργασίαν. ¹⁸καὶ ἀπήγγειλεν Σαφὰν ὁ γραμμα-
τεὺς τῷ βασιλεῖ λόγον λέγων Βιβλίον ὃ ἔδωκέν μοι Χελκείας
19 ὁ ἱερεύς· καὶ ἀνέγνω αὐτὸ Σαφὰν ἐναντίον τοῦ βασιλέως. ¹⁹καὶ
ἐγένετο ὡς ἤκουσεν ὁ βασιλεὺς τοῦ νόμου, καὶ διέρρηξεν τὰ ἱμάτια
20 αὐτοῦ. ²⁰καὶ ἐνετείλατο ὁ βασιλεὺς τῷ Χελκείᾳ καὶ τῷ Ἀχεικὰμ υἱῷ
Σαφὰν καὶ τῷ Ἀβδοδὸμ υἱῷ Μειχαίᾳ καὶ τῷ Σαφὰν τῷ γραμματεῖ
21 καὶ τῷ Ἰσαίᾳ παιδὶ τοῦ βασιλέως λέγων ²¹Πορεύθητε, ζητήσατε Κύριον
περὶ ἐμοῦ καὶ περὶ παντὸς τοῦ καταλειφθέντος ἐν Ἰσραὴλ καὶ Ἰούδᾳ
περὶ τῶν λόγων τοῦ βιβλίου τοῦ εὑρεθέντος· ὅτι μέγας ὁ θυμὸς

9 Ισραηλ] Ιλημ A | Ιουδα]+και Ισλ A   10 κατεσταμενοι] καθι- A
σταμενοι A | ποιουσιν A   11 τεκτοσιν A | om και 3° B^{ab} | τετραπο-
δους A | οικους] seq ras 2 vel 3 litt in A (ους bis scr A*^{vid}) | εξωλοθρ. B!
12 om εν 1° A | Ιε (ιε B^{a mg} ιε B^{b})] Ιεθ A | Αβδια B^{b} Αβδιας A | Μεραρι A |
om πας 2° A   14 το αργ.] om το A | Χελχιας B^{b}A (sed ε sup ras
η ut vid)   15 Χελχιας B^{b}A (bis) | γραμματαιαν A | Σαφαν 2°]
Ασαφ A   16 ετι B^{b} (ετει B*)] επι A | ποιουντων]+το εργον A
17 εδωκαν A   18 om λογον A | βιβλιον]+νομου A | om ο 2° B^{ab}A
19 του νομου] pr τους λογους A | om και 2° A   20 Αβδοδομ] Αβδων
A | Μιχαια B^{b}A | Ισαια] Ασαια A   21 Κυριον] pr τον A | καταλειφθεν-
τος] περιλειφθ. A | Ιουδα] pr εν A

ΠΑΡΑΛΕΙΠΟΜΕΝΩΝ Β

B Κυρίου ἐκκέκαυται ἐν ἡμῖν, διότι οὐκ ἤκουσαν οἱ πατέρες ἡμῶν τῶν λόγων Κυρίου τοῦ ποιῆσαι κατὰ πάντα τὰ γεγραμμένα ἐν τῷ βιβλίῳ τούτῳ. ²²καὶ ἐπορεύθη Χελκείας καὶ οἷς εἶπεν ὁ βασιλεὺς πρὸς Ὁλδὰν τὴν προφῆτιν γυναῖκα Σελλὴμ υἱοῦ Καθουὰλ υἱοῦ Χελλῆς φυλάσσουσαν τὰς ἐντολάς, καὶ αὕτη κατοίκει ἐν Ἰερουσαλὴμ ἐν μαασαναί· καὶ ἐλάλησαν αὐτῇ κατὰ ταῦτα. ²³καὶ εἶπεν αὐτοῖς Οὕτως εἶπεν Κύριος ὁ θεὸς Ἰσραήλ Εἴπατε τῷ ἀνδρὶ τῷ ἀποστείλαντι ὑμᾶς πρὸς μέ ²⁴Οὕτως λέγει Κύριος Ἰδοὺ ἐγὼ ἐπάγω κακὰ ἐπὶ τὸν τόπον τοῦτον, τοὺς πάντας λόγους τοὺς γεγραμμένους ἐν τῷ βιβλίῳ τῷ ἀνεγνωσμένῳ ἐναντίον τοῦ βασιλέως Ἰούδα, ²⁵ἀνθ᾽ ὧν ἐνκατέλιπόν με καὶ ἐθυμίασαν θεοῖς ἀλλοτρίοις, ἵνα παροργίσωσίν με ἐν πᾶσιν τοῖς ἔργοις τῶν χειρῶν αὐτῶν· καὶ ἐξεκαύθη ὁ θυμός μου ἐν τῷ τόπῳ τούτῳ καὶ οὐ σβεσθήσεται. ²⁶καὶ ἐπὶ βασιλέα Ἰούδα τὸν ἀποστείλαντα ὑμᾶς τοῦ ζητῆσαι τὸν κύριον, οὕτως ἐρεῖτε αὐτῷ Οὕτως λέγει Κύριος ὁ θεὸς Ἰσραήλ Τοὺς λόγους οὓς ἤκουσας, ²⁷καὶ ἐνετράπη ἡ καρδία σου, καὶ ἐταπεινώθης ἀπὸ προσώπου μου ἐν τῷ ἀκοῦσαί σε τοὺς λόγους μου ἐπὶ τὸν τόπον τοῦτον καὶ ἐπὶ τοὺς κατοικοῦντας αὐτόν, καὶ ἐταπεινώθης ἐναντίον μου καὶ διέρρηξας τὰ ἱμάτιά σου καὶ ἔκλαυσας κατεναντίον μου, καὶ ἐγὼ ἤκουσα, φησὶν Κύριος. ²⁸ἰδοὺ προστίθημί σε πρὸς τοὺς πατέρας σου, καὶ προστεθήσῃ πρὸς τὰ μνήματά σου ἐν εἰρήνῃ, καὶ οὐκ ὄψονται οἱ ὀφθαλμοί σου ἐν πᾶσιν τοῖς κακοῖς οἷς ἐγὼ ἐπάγω ἐπὶ τὸν τόπον τοῦτον καὶ ἐπὶ τοὺς κατοικοῦντας αὐτόν. καὶ ἀπέδωκαν τῷ βασιλεῖ λόγον. ²⁹Καὶ ἀπέστειλεν ὁ βασιλεὺς καὶ συνήγαγεν τοὺς πρεσβυτέρους Ἰούδα καὶ Ἰερουσαλήμ. ³⁰καὶ ἀνέβη ὁ βασιλεὺς εἰς οἶκον Κυρίου, καὶ πᾶς Ἰουδὰ καὶ κατοικοῦντες Ἰερουσαλὴμ καὶ οἱ ἱερεῖς καὶ οἱ Λευεῖται καὶ πᾶς ὁ λαὸς ἀπὸ μεγάλου ἕως μικροῦ· καὶ ἀνέγνω ἐν ὠσὶν αὐτῶν τοὺς πάντας λόγους βιβλίου τῆς διαθήκης τοὺς εὑρεθέντας ἐν οἴκῳ Κυρίου. ³¹καὶ ἔστη ὁ βασιλεὺς ἐπὶ τὸν στύλον, καὶ διέθετο διαθήκην ἐναντίον Κυρίου τοῦ πορευθῆναι ἐνώπιον Κυρίου, τοῦ φυλάσσειν τὰς ἐντολὰς αὐτοῦ καὶ μαρτύρια καὶ προστάγματα αὐτοῦ ἐν ὅλῃ καρδίᾳ καὶ ἐν ὅλῃ ψυχῇ, τοὺς λόγους τῆς διαθήκης τοὺς γεγραμμένους ἐπὶ τῷ βιβλίῳ

A   21 ηκουσαν] εισηκουσαν A   22 Χελχιας Bᵇ (Χελκειας B*A) | om και 2° A | Καθουαλ] Θακουιαθ A | Χελλης] Εσσερη A | κατωκει A | μαασαναι] μεσαναι A   25 εγκατελιπον Bᵇ εγκατελειπον A | εθυμιασαν] εθυσαν A | αλλοτριοις] ετεροις A | αυτων] εαυτων A   27 μου 4°] εμου A   30 βασιλευς]+Ιουδα A | τους παντας] om τους A | της διαθηκης] om της - A | του ευρεθεντος A   31 εστη] ανεστη A | τας εντολας] om τας A | μαρτυρια]+αυτου A | προσταγματα] pr τα A | γεγραμμενους] ενγεγραμμ. A

ΠΑΡΑΛΕΙΠΟΜΕΝΩΝ Β   XXXV 8

32 τούτῳ. ³²καὶ ἔστησεν πάντας τοὺς εὑρεθέντας ἐν Ἰερουσαλὴμ καὶ Β Βενιαμείν· καὶ ἐποίησαν οἱ κατοικοῦντες Ἰερουσαλὴμ διαθήκην ἐν οἴκῳ
33 Κυρίου θεοῦ πατρὸς αὐτῶν. ³³καὶ περιεῖλεν Ἰωσείας τὰ πάντα βδελύγματα ἐκ πάσης τῆς γῆς ἣ ἦν υἱῶν Ἰσραήλ, καὶ ἐποίησεν πάντας τοὺς εὑρεθέντας ἐν Ἰερουσαλὴμ καὶ ἐν Ἰσραὴλ τοῦ δουλεύειν Κυρίῳ θεῷ αὐτῶν πάσας τὰς ἡμέρας αὐτοῦ· οὐκ ἐξέκλινεν ἀπὸ ὄπισθεν Κυρίου θεοῦ πατέρων αὐτοῦ.

XXXV 1 ¹Καὶ ἐποίησεν Ἰωσείας τὸ φάσεχ τῷ κυρίῳ θεῷ αὐτοῦ καὶ ἔθυσαν
2 τὸ φάσεχ τῇ τεσσαρεσκαιδεκάτῃ τοῦ μηνὸς τοῦ πρώτου. ²καὶ ἔστησεν τοὺς ἱερεῖς ἐπὶ τὰς φυλακὰς αὐτῶν, καὶ κατίσχυσεν αὐτοὺς
3 εἰς τὰ ἔργα οἴκου Κυρίου. ³καὶ εἶπεν τοῖς Λευείταις τοῖς δυνατοῖς ἐν παντὶ Ἰσραὴλ τοῦ ἁγιασθῆναι αὐτοὺς τῷ κυρίῳ· καὶ ἔθηκαν τὴν κιβωτὸν τὴν ἁγίαν εἰς τὸν οἶκον ὃν ᾠκοδόμησεν Σαλωμὼν υἱὸς Δαυεὶδ τοῦ βασιλέως Ἰσραήλ. καὶ εἶπεν ὁ βασιλεύς Οὐκ ἔστιν ὑμῖν ἆραι ἐπ' ὤμων οὐθέν· νῦν οὖν λειτουργήσατε τῷ κυρίῳ θεῷ ὑμῶν καὶ
4 τῷ λαῷ αὐτοῦ Ἰσραήλ· ⁴καὶ ἑτοιμάσθητε κατ' οἴκους πατριῶν ὑμῶν καὶ κατὰ τὰς ἐφημερίας ὑμῶν, κατὰ τὴν γραφὴν Δαυεὶδ βασιλέως
5 Ἰσραὴλ καὶ διὰ χειρὸς βασιλέως Σαλωμὼν υἱοῦ αὐτοῦ· ⁵καὶ στῆτε ἐν τῷ οἴκῳ κατὰ τὰς διαιρέσεις οἴκων πατριῶν ὑμῶν τοῖς ἀδελφοῖς
6 ὑμῶν υἱοῖς τοῦ λαοῦ, καὶ μερὶς οἴκου πατριᾶς τοῖς Λευείταις· ⁶καὶ θύσατε τὸ φάσεχ, καὶ ἑτοιμάσατε τοῖς ἀδελφοῖς ὑμῶν τοῦ ποιῆσαι
7 κατὰ τὸν λόγον Κυρίου διὰ χειρὸς Μωυσῆ. ⁷καὶ ἀπήρξατο Ἰωσείας τοῖς υἱοῖς τοῦ λαοῦ πρόβατα καὶ ἀμνοὺς καὶ ἐρίφους ἀπὸ τῶν τέκνων τῶν αἰγῶν, πάντα εἰς τὸ φάσεχ· καὶ πάντας τοὺς εὑρεθέντας εἰς ἀριθμὸν τριάκοντα χιλιάδας· καὶ μόσχων τρεῖς χιλιάδας· ταῦτα ἀπὸ
8 τῆς ὑπάρξεως τοῦ βασιλέως. ⁸καὶ οἱ ἄρχοντες αὐτοῦ ἀπήρξαντο τῷ λαῷ καὶ τοῖς ἱερεῦσιν καὶ Λευείταις· ἔδωκεν Χελκείας καὶ Ζαχαρίας καὶ Ἰειὴλ οἱ ἄρχοντες οἴκου θεοῦ τοῖς ἱερεῦσιν, καὶ ἔδωκαν εἰς τὸ φάσεχ πρόβατα καὶ ἀμνοὺς καὶ ἐρίφους δισχίλια ἑξακόσια καὶ

32 Ιερουσαλημ 2°] pr εις A | διαθηκην] ν sup ras A¹ | πατρος] πρων A | A αυτων] εαυτων A   33 Ιωσιας BᵃᵇA | τα παντα] παντα τα A | της γης] om της A | αυτων] εαυτων A | αυτου 2°] εαυτων A*ᵛⁱᵈ εαυτου (ου sup ras) A¹   XXXV 1 και εποιησεν εαυτου (sic) και εθυσεν (sic) το sup ras A¹ | Ιωσιας BᵃᵇA | φασεκ A (ubique in hoc cap) | τεσσαρεσκαιδ. B*A] τεσσαρισκαιδ. Bᶜ   2 αυτων] εαυτων A   3 τω κυριω (1°)] om τω A | αγιαν] α 1°, αν sup ras Aᵃ? | αραι] επαραι A | τω λαω] om τω A   5 υιοις] pr τοις A   6 ετοιμασατε] pr τα αγια A   7 Ιωσιας A | αιγων A] αγιων B   8 εδωκεν] pr και A | Χελκιας BᵇA | θεου] pr του A

XXXV 9 ΠΑΡΑΛΕΙΠΟΜΕΝΩΝ Β

B μόσχους τριακοσίους. ⁹καὶ Χωνενίας καὶ Βαναίας καὶ Σαμαίας καὶ 9
Ναθαναὴλ ἀδελφὸς αὐτοῦ καὶ Ἀσαβιὰ καὶ Ἰωὴλ καὶ Ἰωζαβὰδ ἄρχοντες
τῶν Λευειτῶν ἀπήρξαντο τοῖς Λευείταις εἰς τὸ φάσεχ πεντακισχίλια
καὶ μόσχους πεντακοσίους. ¹⁰καὶ κατορθώθη ἡ λειτουργία, καὶ ἔστησαν 10
οἱ ἱερεῖς ἐπὶ τὴν στάσιν αὐτῶν καὶ οἱ Λευεῖται ἐπὶ τὰς διαιρέσεις
αὐτῶν κατὰ τὴν ἐντολὴν τοῦ βασιλέως. ¹¹καὶ ἔθυσαν τὸ φάσεχ, 11
καὶ προσέχεαν οἱ ἱερεῖς τὸ αἷμα ἐκ χειρὸς αὐτῶν, καὶ οἱ Λευεῖται
ἔδειραν ¹²καὶ ἡτοίμασαν τὴν ὁλοκαύτωσιν παραδοῦναι αὐτοῖς κατὰ 12
τὴν διαίρεσιν κατ' οἴκους πατριῶν τοῖς υἱοῖς τοῦ λαοῦ, τοῦ προσάγειν
τῷ κυρίῳ, ὡς γέγραπται ἐν βιβλίῳ Μωυσῆ· καὶ οὕτως εἰς τὸ πρωί.
¹³καὶ ὤπτησαν τὸ φάσεχ ἐν πυρὶ κατὰ τὴν κρίσιν, καὶ τὰ ἅγια 13
ἥψησαν ἐν τοῖς χαλκείοις καὶ ἐν τοῖς λέβησιν· καὶ εὐοδώθη, καὶ
ἔδραμον πρὸς πάντας τοὺς υἱοὺς τοῦ λαοῦ ¹⁴καὶ μετὰ τὸ ἑτοιμάσαι 14
αὐτοῖς καὶ τοῖς ἱερεῦσιν, ὅτι οἱ ἱερεῖς ἐν τῷ ἀναφέρειν τὰ στέατα καὶ
τὰ ὁλοκαυτώματα ἕως νυκτός, καὶ οἱ Λευεῖται ἡτοίμασαν αὐτοῖς καὶ
τοῖς ἀδελφοῖς αὐτῶν υἱοῖς Ἀαρών. ¹⁵καὶ οἱ ψαλτῳδοὶ υἱοὶ Ἀσὰφ 15
ἐπὶ τῆς στάσεως αὐτῶν κατὰ τὰς ἐντολὰς Δανείδ, καὶ Ἀσὰφ καὶ
Αἰμὰν καὶ Ἰδιθὼμ οἱ προφῆται τοῦ βασιλέως· καὶ οἱ ἄρχοντες καὶ
οἱ πυλωροὶ πύλης καὶ πύλης, οὐκ ἦν αὐτοῖς κινεῖσθαι ἀπὸ τῆς
λειτουργίας ἁγίων, ὅτι οἱ ἀδελφοὶ αὐτῶν οἱ Λευεῖται ἡτοίμασαν αὐτοῖς.
¹⁶καὶ κατορθώθη καὶ ἡτοιμάσθη πᾶσα ἡ λειτουργία Κυρίου ἐν τῇ 16
ἡμέρᾳ ἐκείνῃ, τοῦ ποιῆσαι τὸ φάσεχ καὶ ἐνεγκεῖν τὰ ὁλοκαυτώματα
ἐπὶ τὸ θυσιαστήριον Κυρίου κατὰ τὴν ἐντολὴν τοῦ βασιλέως Ἰωσεία.
¹⁷καὶ ἐποίησαν οἱ υἱοὶ Ἰσραὴλ οἱ εὑρεθέντες τὸ φάσεχ τῷ καιρῷ 17
ἐκείνῳ καὶ τὴν ἑορτὴν τῶν ἀζύμων ἑπτὰ ἡμέρας. ¹⁸καὶ οὐκ ἐγένετο 18
φάσεχ ὅμοιον αὐτῷ ἐν Ἰσραήλ· ἀπὸ ἡμερῶν Σαμουὴλ τοῦ προφήτου
καὶ παντὸς βασιλέως Ἰσραὴλ οὐκ ἐποίησαν ὡς τὸ φάσεχ ὃ ἐποίησεν
Ἰωσείας καὶ οἱ ἱερεῖς καὶ οἱ Λευεῖται καὶ πᾶς Ἰουδὰ καὶ Ἰσραὴλ ὁ
εὑρεθεὶς καὶ οἱ κατοικοῦντες ἐν Ἰερουσαλὴμ τῷ κυρίῳ ¹⁹τῷ ὀκτω- 19
καιδεκάτῳ ἔτει τῆς βασιλείας Ἰωσεία. ¹⁹ᵃκαὶ τοὺς ἐγγαστριμύθους καὶ 19 a

A 8 μοσχοις B* (μοσχους Bᵃ) 9 Χωνενιας BA*] Χωχενιας (χ sup ras)
A' | αδελφος] pr ο A | Ιωηλ] Ιειηλ A | πεντακισχ.] pr προβατα A 10 κατ-
ωρθωθη Bᵃᵇ | αυτων 1°] εαυτων A 11 εκ] ε sup ras A¹ | εδειραν] εξεδειραν A
12 του λαου] ras του A'ᵛⁱᵈ | βιβλιω]+νομω A 13 χαλκιοις A | ευωδωθη
Bᵃᵇ 14 οιερεις B* (οι ιερ. Bᵃ?ᵇ) 15 οι 1°] αι A*ᵛⁱᵈ (ο sup ras
Aᵇ) | Ιδιθοῦ| A | πυλης 1°] pr της A | οι αδελφοι] om οι A 16 κατωρ-
θωθη BᵃᵇA | Ιωσια A 17 ευρεθεν B* (+τες Bᵃᵇ ᵐᵍ) | τω καιρω] pr εν
Bᵃᵇ (superscr) A 18 Σαμουηλ] Ισλμουηλ A*ᵛⁱᵈ | παντος βασιλεως]
παντες βασιλεις A | Ιωσιας A | οι Λευειται] om οι A 19 Ιωσια BᵃᵇA
19 a εγγαστριμ. Bᵃᵇ

τοὺς γνώστας καὶ τὰ θαραφεὶν καὶ τὰ εἴδωλα καὶ τὰ καρασεὶμ ἃ ἦν Β ἐν γῇ Ἰούδα καὶ ἐν Ἰερουσαλὴμ ἐνεπύρισεν ὁ βασιλεὺς Ἰωσείας, ἵνα στήσῃ τοὺς λόγους τοῦ νόμου τοὺς γεγραμμένους ἐπὶ τοῦ βιβλίου οὗ 19 b εὗρεν Χελκείας ὁ ἱερεὺς ἐν τῷ οἴκῳ Κυρίου. ¹⁹ᵇ ὅμοιος αὐτῷ οὐκ ἐγενήθη ἔμπροσθεν αὐτοῦ ὃς ἐπέστρεψεν πρὸς Κύριον ἐν ὅλῃ καρδίᾳ αὐτοῦ καὶ ἐν ὅλῃ ψυχῇ αὐτοῦ καὶ ἐν ὅλῃ τῇ ἰσχύι αὐτοῦ κατὰ πάντα τὸν νόμον 19 c Μωυσῆ, καὶ μετ' αὐτὸν οὐκ ἀνέστη ὅμοιος. ¹⁹ᶜ πλὴν οὐκ ἀπεστράφη Κύριος ἀπὸ ὀργῆς θυμοῦ αὐτοῦ τοῦ μεγάλου, οὗ ὠργίσθη θυμῷ Κύριος ἐν τῷ Ἰούδᾳ ἐπὶ πάντα τὰ προστάγματα ἃ παρώργισεν Μανασσῆς. 19 d ¹⁹ᵈ καὶ εἶπεν Κύριος Καὶ τὸν Ἰούδαν ἀποστήσω ἀπὸ προσώπου, καθὼς ἀπέστησα τὸν Ἰσραήλ, καὶ ἀπωσάμην τὴν πόλιν ἣν ἐξελεξάμην, τὴν Ἰερουσαλήμ, καὶ τὸν οἶκον ὃν εἶπα Ἔσται τὸ ὄνομά μου ἐκεῖ.

20 ²⁰ Καὶ ἀνέβη Φαραὼ Νεχαὼ βασιλεὺς Αἰγύπτου ἐπὶ τὸν βασιλέα Ἀσσυρίων ἐπὶ τὸν ποταμὸν Εὐφράτην, καὶ ἐπορεύθη βασιλεὺς 21 Ἰωσείας εἰς συνάντησιν αὐτῷ. ²¹ καὶ ἀπέστειλεν πρὸς αὐτὸν ἀγγέλους λέγων Τί ἐμοὶ καὶ σοί, βασιλεῦ Ἰούδα; καὶ οὐκ ἐπὶ σὲ ἥκω σήμερον πόλεμον πολεμῆσαι· καὶ ὁ θεὸς εἶπεν κατασπεῦσαί με· 22 πρόσεχε ἀπὸ τοῦ θεοῦ τοῦ μετ' ἐμοῦ, μὴ καταφθείρῃ σε. ²² καὶ οὐκ ἀπέστρεψεν Ἰωσείας τὸ πρόσωπον αὐτοῦ ἀπ' αὐτοῦ, ἀλλ' ἢ πολεμεῖν αὐτὸν ἐκραταιώθη, καὶ οὐκ ἤκουσεν τῶν λόγων Νεχαὼ διὰ στόματος θεοῦ, καὶ ἦλθεν τοῦ πολεμῆσαι ἐν τῷ πεδίῳ Μαγεδών. 23 ²³ καὶ ἐτόξευσαν οἱ τοξόται ἐπὶ βασιλέα Ἰωσείαν· καὶ εἶπεν ὁ βασιλεὺς 24 τοῖς παισὶν αὐτοῦ Ἐξαγάγετέ με, ὅτι ἐπόνεσα σφόδρα. ²⁴ καὶ ἐξήγαγον αὐτὸν οἱ παῖδες αὐτοῦ ἀπὸ τοῦ ἅρματος καὶ ἀνεβίβασαν αὐτὸν ἐπὶ τὸ ἅρμα τὸ δευτερεῦον ὃ ἦν αὐτῷ, καὶ ἤγαγον αὐτὸν εἰς Ἰερουσαλὴμ καὶ ἀπέθανεν, καὶ ἐτάφη μετὰ τῶν πατέρων αὐτοῦ· καὶ πᾶς Ἰουδὰ 25 καὶ Ἰερουσαλὴμ ἐπένθησαν ἐπὶ Ἰωσείαν. ²⁵ καὶ ἐθρήνησεν Ἰερεμίας ἐπὶ Ἰωσείαν, καὶ εἶπαν πάντες οἱ ἄρχοντες καὶ αἱ ἄρχουσαι θρῆνον ἐπὶ Ἰωσείαν ἕως τῆς σήμερον, καὶ ἔδωκαν αὐτὸν εἰς πρόσταγμα 26 ἐπὶ Ἰσραήλ, καὶ ἰδοὺ γέγραπται ἐπὶ τῶν θρήνων. ²⁶ καὶ ἦσαν λόγοι 27 Ἰωσεία καὶ ἡ ἐλπὶς αὐτοῦ γεγραμμένα ἐν νόμῳ Κυρίου, ²⁷ καὶ οἱ

19 a θεραφειμ A | καραισειμ A | γη] pr τη A | om εν 2° A | ενεπυρισεν] A pr και A | Ιωσιας B^{ab}A (ita infra identidem) | του βιβλιου] om του A | Χελκιας B^bA   **19 b** ομοιος 1°] ομοιως A*^vid (o 3° sup ras A^b) | αυτου 1°, 2°, 3°] εαυτου A | τη ισχυι] om τη A | ομοιος 2°]+αυτω A   **19 c** προσταγματα] παροργισματα A   **19 d** τον Ιουδαν] pr γε A | προσωπου]+μου A 20 επι 2°] pr και A | βασιλευς 2°] pr ο A   21 om και 3° A | πολεμησαι] ποιησαι A   22 ηκουεν A   23 βασιλεαν A | αυτου] εαυτου A   24 ανεβιβασεν B | αυτου 2°] εαυτου A   25 om και 5° A   26 Ιωσια A

XXXVI 1   ΠΑΡΑΛΕΙΠΟΜΕΝΩΝ Β

Β λόγοι αὐτοῦ οἱ πρῶτοι καὶ οἱ ἔσχατοι, ἰδοὺ γεγραμμένοι ἐπὶ βιβλίῳ βασιλέων Ἰσραὴλ καὶ Ἰούδα.

¹Καὶ ἔλαβεν ὁ λαὸς τῆς γῆς τὸν Ἰωαχὰζ υἱὸν Ἰωσείου, καὶ ἔχρισαν 1 XXXVI αὐτὸν καὶ κατέστησαν αὐτὸν εἰς βασιλέα ἀντὶ τοῦ πατρὸς αὐτοῦ. ²εἴκοσι καὶ τριῶν ἐτῶν Ἰωαχὰζ ἐν τῷ βασιλεύειν αὐτόν, καὶ τρίμηνον 2 ἐβασίλευσεν ἐν Ἰερουσαλήμ   ²ᵃκαὶ ὄνομα τῆς μητρὸς αὐτοῦ Ἀβειτὰλ 2 a θυγάτηρ Ἰερεμίου ἐκ Λοβενά. ²ᵇκαὶ ἐποίησεν τὸ πονηρὸν ἐνώπιον 2 b Κυρίου κατὰ πάντα ἃ ἐποίησαν οἱ πατέρες αὐτοῦ· ²ᶜκαὶ ἔδησεν αὐτὸν 2 c Φαραὼ Νεχαὼ ἐν Δαβλαθὰ ἐν γῇ Ἰεμὰθ τοῦ μὴ βασιλεύειν ἐν Ἰερουσαλήμ. ³καὶ μετήγαγεν αὐτὸν ὁ βασιλεὺς εἰς Αἴγυπτον, καὶ ἐπέβαλεν 3 φόρον ἐπὶ τὴν γῆν ἑκατὸν τάλαντα ἀργυρίου καὶ τάλαντον χρυσίου ⁴καὶ κατέστησεν Φαραὼ Νεχαὼ τὸν Ἐλιακεὶμ υἱὸν Ἰωσείου βασιλέως 4 Ἰούδα ἀντὶ Ἰωσείου τοῦ πατρὸς αὐτοῦ, καὶ μετέστρεψεν τὸ ὄνομα αὐτοῦ Ἰωακείμ· καὶ τὸν Ἰωαχὰζ ἀδελφὸν αὐτοῦ ἔλαβεν Φαραὼ Νεχαω καὶ εἰσήγαγεν αὐτὸν εἰς Αἴγυπτον, καὶ ἀπέθανεν ἐκεῖ. ⁴ᵃκαὶ τὸ ἀργύριον 4 a καὶ τὸ χρυσίον ἔδωκεν τῷ Φαραώ· τότε ἤρξατο ἡ γῆ φορολογεῖσθαι, τοῦ δοῦναι τὸ ἀργύριον ἐπὶ στόμα Φαραώ· καὶ ἕκαστος κατὰ δύναμιν ἀπῄτει τὸ ἀργύριον καὶ τὸ χρυσίον παρὰ τοῦ λαοῦ τῆς γῆς, δοῦναι τῷ Φαραὼ Νεχαώ.

⁵ᵃὪν εἴκοσι καὶ πέντε ἐτῶν Ἰωακεὶμ ἐν τῷ βασιλεύειν αὐτόν, 5 καὶ ἕνδεκα ἔτη ἐβασίλευσεν ἐν Ἰερουσαλήμ, καὶ ὄνομα τῆς μητρὸς αὐτοῦ Ζεχωρὰ θυγάτηρ Νηρείου ἐκ Ῥαμά. καὶ ἐποίησεν τὸ πονηρὸν ἐναντίον Κυρίου κατὰ πάντα ὅσα ἐποίησαν οἱ πατέρες αὐτοῦ. ⁵ᵃἐν 5 a ταῖς ἡμέραις αὐτοῦ ἦλθεν Ναβουχοδονοσὸρ βασιλεὺς Βαβυλῶνος εἰς τὴν γῆν, καὶ ἦν αὐτῷ δουλεύων τρία ἔτη, καὶ ἀπέστη ἀπ' αὐτοῦ ⁵ᵇκαὶ ἀπέστειλεν Κύριος ἐπ' αὐτοῦ τοὺς Χαλδαίους καὶ λῃστήρια Σύρων 5 b καὶ λῃστήρια Μωαβειτῶν καὶ υἱῶν Ἀμμὼν καὶ τῆς Σαμαρείας· καὶ ἀπέστησαν μετὰ τὸν λόγον τοῦτον, κατὰ τὸν λόγον Κυρίου ἐν χειρὶ τῶν παίδων αὐτοῦ τῶν προφητῶν. ⁵ᶜπλὴν θυμὸς Κυρίου ἦν ἐπὶ 5 c Ἰούδαν, τοῦ ἀποστῆναι αὐτὸν ἀπὸ προσώπου αὐτοῦ διὰ Μανασσὴ ἐν πᾶσιν οἷς ἐποίησεν, ⁵ᵈκαὶ ἐν αἵματι ἀθῴῳ ᾧ ἐξέχεεν Ἰωακείμ· 5 d

A   27 λογοι] pr λοιποι A   XXXVI 1 Ιωσιου A | om και κατεστησαν αυτον A | αυτου]+εν Ιλημ A   2 εικοσι] pr υιος A   2 a Αβειταλ] Αμιταλ A | Λοβνα A   2 c ελησεν Bᵇᵛⁱᵈ (εδησεν B*A) | Ιεμαθ] Αιμαθ A | βασιλευειν] +αυτον Bᵃᵇ (superscr) A   4 Ιωσιου A (bis) | βασιλεως] βασιλεα A | Νεχαω 2°] χ sup ras Aᵇ   4 a εδωκαν A | om τοτε ηρξατο . Φαραω (2°) A | δουναι 2°]+αυτο A | τω Φαραω (2°)] om τω A   5 Ζεκχωρα A   5 b αυτου 1° B*A] αυτους Bᵃᵇ | om και ληστηρια Συρων A | Μωαβιτων A | Σαμαριας A 5 c αποστηναι] αποστησαι A | αυτου] εαυτου A | δια]+τας αμαρτιας Bᵃᵇ⁽ᵐᵍ⁾ A 5 d αθοω B* (αθωω Bᵃᵇ)

ΠΑΡΑΛΕΙΠΟΜΕΝΩΝ Β   XXXVI 17

ἐνέπλησεν τὴν Ἰερουσαλὴμ αἵματος ἀθῴου· καὶ οὐκ ἠθέλησεν Κύριος
6 ἐξολεθρεῦσαι αὐτούς. ⁶καὶ ἀνέβη ἐπ' αὐτὸν Ναβουχοδονοσὸρ βασιλεὺς Βαβυλῶνος, καὶ ἔδησεν αὐτὸν ἐν χαλκαῖς πέδαις καὶ ἀπή-
7 γαγεν αὐτὸν εἰς Βαβυλῶνα. ⁷καὶ μέρος τῶν σκευῶν οἴκου Κυρίου ἀπήνεγκεν εἰς Βαβυλῶνα, καὶ ἔθηκεν αὐτὰ ἐν τῷ ναῷ αὐτοῦ ἐν
8 Βαβυλῶνι. ⁸καὶ τὰ λοιπὰ τῶν λόγων Ἰωακεὶμ καὶ πάντα ἃ ἐποίησεν, οὐκ ἰδοὺ ταῦτα γεγραμμένα ἐπὶ βιβλίῳ λόγων τῶν ἡμερῶν τοῖς βασιλεῦσιν Ἰούδα; καὶ ἐκοιμήθη Ἰωακεὶμ μετὰ τῶν πατέρων αὐτοῦ, καὶ ἐτάφη ἐν γανοζαὴ μετὰ τῶν πατέρων αὐτοῦ· καὶ ἐβασίλευσεν Ἰεχονίας υἱὸς αὐτοῦ ἀντ' αὐτοῦ.

9 ⁹Ὀκτὼ ἐτῶν Ἰεχονίας ἐν τῷ βασιλεύειν αὐτόν, καὶ τρίμηνον καὶ δέκα ἡμέρας ἐβασίλευσεν ἐν Ἰερουσαλήμ, καὶ ἐποίησεν τὸ πονηρὸν
10 ἐνώπιον Κυρίου. ¹⁰καὶ ἐπιστρέφοντος τοῦ ἐνιαυτοῦ ἀπέστειλεν ὁ βασιλεὺς Ναβουχοδονοσὸρ καὶ εἰσήνεγκεν αὐτὸν εἰς Βαβυλῶνα μετὰ τῶν σκευῶν τῶν ἐπιθυμητῶν οἴκου Κυρίου· καὶ ἐβασίλευσεν Σεδεκίαν ἀδελφὸν τοῦ πατρὸς αὐτοῦ ἐπὶ Ἰούδαν καὶ Ἰερουσαλήμ

11 ¹¹Ἐτῶν εἴκοσι ἑνὸς Σεδεκίας ἐν τῷ βασιλεύειν αὐτόν, καὶ ἕνδεκα
12 ἔτη ἐβασίλευσεν ἐν Ἰερουσαλήμ. ¹²καὶ ἐποίησεν τὸ πονηρὸν ἐνώπιον Κυρίου θεοῦ αὐτοῦ· οὐκ ἐνετράπη ἀπὸ προσώπου Ἰερεμίου τοῦ
13 προφήτου καὶ ἐκ στόματος Κυρίου, ¹³ἐν τῷ τὰ πρὸς τὸν βασιλέα Ναβουχοδονοσὸρ ἀθετῆσαι ἃ ὥρκισεν αὐτὸν κατὰ τοῦ θεοῦ, καὶ ἐσκλήρυνεν τὸν τράχηλον αὐτοῦ καὶ τὴν καρδίαν αὐτοῦ κατίσχυσεν
14 τοῦ μὴ ἐπιστρέψαι πρὸς Κύριον θεὸν Ἰσραήλ. ¹⁴καὶ πάντες οἱ ἔνδοξοι Ἰούδα καὶ οἱ ἱερεῖς καὶ ὁ λαὸς τῆς γῆς ἐπλήθυνεν τοῦ ἀθετῆσαι ἀθετήματα βδελυγμάτων ἐθνῶν, καὶ ἐμίαναν τὸν οἶκον Κυρίου τὸν
15 ἐν Ἰερουσαλήμ. ¹⁵καὶ ἐξαπέστειλεν Κύριος ὁ θεὸς τῶν πατέρων αὐτῶν ἐν χειρί, ὀρθρίζων καὶ ἀποστέλλων τοὺς ἀγγέλους αὐτοῦ, ὅτι
16 ἦν φειδόμενος τοῦ λαοῦ αὐτοῦ καὶ τοῦ ἁγιάσματος αὐτοῦ. ¹⁶καὶ ἦσαν μυκτηρίζοντες τοὺς ἀγγέλους αὐτοῦ καὶ ἐξουδενοῦντες τοὺς λόγους αὐτοῦ καὶ ἐμπαίζοντες ἐν τοῖς προφήταις αὐτοῦ, ἕως ἀνέβη ὁ θυμὸς Κυρίου
17 ἐν τῷ λαῷ αὐτοῦ, ἕως οὐκ ἦν ἴαμα. ¹⁷καὶ ἤγαγεν ἐπ' αὐτοὺς βασιλέα

5 d ενεπλησεν] και ε|πλησεν A | εξολοθρ. B* 6 απηγαγεν] ανηγαγεν A A
7 αυτου] εαυτου A   8 αυτου 1°, 2°] εαυτου A | γανοζαν A   9 οκτω] pr
υιος A | ετων] pr και δεκα A | πονηρον bis scr A*ᵛⁱᵈ (ras 2° A?)   10 επι-
στραφεντος A | εισηνεγκεν] εισηγαγεν A | Σεδεκιαν] pr τον A   11 ενο-
σεδεκ. B* (ενος Σεδ Bᵃᵇ)   13 αυτου 2°] εαυτου A   14 οι] οι ιερ. A |
εν Ιερους] ν Ιλημ sup ras A¹   15 ο θς των πρων sup ras A¹ | χειρι]
+προφητων A | αυτου 1°, 2°] εαυτου A | om αυτου 3° A   16 τους
αγγελους] om τους A | εξουθενουντας A | ο θυμος] om ο A

ΠΑΡΑΛΕΙΠΟΜΕΝΩΝ Β XXXVI 18

B Χαλδαίων, καὶ ἀπέκτεινεν τοὺς νεανίσκους αὐτῶν ἐν ῥομφαίᾳ ἐν οἴκῳ ἁγιάσματος αὐτοῦ· καὶ οὐκ ἐφείσατο τοῦ Σεδεκίου, καὶ τὰς παρθένους αὐτῶν οὐκ ἠλέησαν, καὶ τοὺς πρεσβυτέρους αὐτῶν ἀπήγαγον· τὰ πάντα παρέδωκεν ἐν χερσὶν αὐτῶν. ¹⁸καὶ πάντα τὰ σκεύη οἴκου θεοῦ τὰ μεγάλα καὶ τὰ μικρὰ καὶ τοὺς θησαυρούς, καὶ πάντας τοὺς θησαυροὺς βασιλέως καὶ μεγιστάνων, καὶ πάντα εἰσήνεγκεν εἰς Βαβυλῶνα. ¹⁹καὶ ἐνέπρησεν τὸν οἶκον Κυρίου, καὶ κατέσκαψεν τὸ τεῖχος Ἰερουσαλήμ, καὶ τὰς βάρεις αὐτῆς ἐνέπρησεν ἐν πυρί, καὶ πᾶν σκεῦος ὡραῖον εἰς ἀφανισμόν. ²⁰καὶ ἀπῴκισεν τοὺς καταλοίπους εἰς Βαβυλῶνα, καὶ ἦσαν αὐτῷ καὶ τοῖς υἱοῖς αὐτοῦ εἰς δούλους ἕως βασιλείας Μήδων, ²¹τοῦ πληρωθῆναι λόγον Κυρίου διὰ στόματος Ἰερεμίου, ἕως τοῦ προσδέξασθαι τὴν γῆν τὰ σάββατα αὐτῆς σαββατίσαι, εἰς συνπλήρωσιν ἐτῶν ἑβδομήκοντα.

²²Ἔτους πρώτου βασιλέως Περσῶν, μετὰ τὸ πληρωθῆναι ῥῆμα Κυρίου διὰ στόματος Ἰερεμίου, ἐξήγειρεν Κύριος τὸ πνεῦμα Κύρου βασιλέως Περσῶν, καὶ παρήγγειλεν κηρῦξαι ἐν πάσῃ τῇ βασιλείᾳ αὐτοῦ ἐν γραπτῷ λέγων ²³Τάδε λέγει Κῦρος βασιλεὺς Περσῶν πάσαις ταῖς βασιλείαις τῆς γῆς Ἔδωκέν μοι Κύριος ὁ θεὸς τοῦ οὐρανοῦ, καὶ αὐτὸς ἐνετείλατό μοι οἰκοδομῆσαι οἶκον αὐτῷ ἐν Ἰερουσαλὴμ ἐν τῇ Ἰουδαίᾳ· τίς ἐξ ὑμῶν ἐκ παντὸς τοῦ λαοῦ αὐτοῦ; ἔσται ὁ θεὸς αὐτοῦ μετ' αὐτοῦ, καὶ ἀναβήτω

A 17 ηλεησεν A   18 τα μεγαλα] τα με sup ras A¹ | om και 6° A
20 του καταλ. A* (τους καταλ. A¹)   21 σαββατισαι]+πασας τας ημερας ερημωσεως αυτης σαββατισαι A | συμπληρωσιν Bᵃᵇ A   22 βασιλεως 1°] pr Κυρου A | κηρυξαι] pr του A   23 πασας τας βασιλειας A | αυτω οικον A
Subscr παραλειπομενων| β B παραλειπομενων| των βασιλειων (βασιλεων Aᵛⁱᵈ) Ιουδα| β A

ΕΣΔΡΑΣ Α

1 1 ΚΑΙ ἤγαγεν Ἰωσείας τὸ πάσχα ἐν Ἰερουσαλὴμ τῷ κυρίῳ αὐτοῦ, B
καὶ ἔθυσαν τὸ πάσχα τῇ τεσσαρεσκαιδεκάτῃ ἡμέρᾳ τοῦ μηνὸς τοῦ
2 πρώτου, ²στήσας τοὺς ἱερεῖς κατ᾽ ἐφημερίας ἐστολισμένους ἐν τῷ
3 ἱερῷ τοῦ κυρίου. ³καὶ εἶπεν τοῖς Λευείταις, ἱεροδούλοις τοῦ Ἰσραήλ,
ἁγιάσαι αὐτοὺς τῷ κυρίῳ ἐν τῇ θέσει τῆς ἁγίας κιβωτοῦ τοῦ κυρίου
ἐν τῷ οἴκῳ ᾧ ᾠκοδόμησεν Σαλωμὼν ὁ τοῦ Δαυεὶδ ὁ βασιλεύς·
4 ⁴Οὐκ ἔσται ὑμῖν ἆραι ἐπ᾽ ὤμων αὐτήν· καὶ νῦν λατρεύετε τῷ κυρίῳ
θεῷ ὑμῶν, καὶ θεραπεύετε τὸ ἔθνος αὐτοῦ Ἰσραήλ, καὶ ἑτοιμάσατε
κατὰ τὰς πατριὰς καὶ τὰς φυλὰς ὑμῶν ⁽⁵⁾κατὰ τὴν γραφὴν Δαυεὶδ
βασιλέως Ἰσραὴλ καὶ κατὰ τὴν μεγαλειότητα Σαλωμὼν τοῦ υἱοῦ
5 αὐτοῦ· ⁵καὶ στάντες ἐν τῷ ἁγίῳ κατὰ τὴν μεριδαρχίαν τὴν πατρικὴν
ὑμῶν τῶν Λευειτῶν τῶν ἔμπροσθεν τῶν ἀδελφῶν ὑμῶν υἱῶν Ἰσραὴλ
6 ⁶ἐν τάξει, ⁽⁶⁾θύσατε τὸ πάσχα, καὶ τὰς θυσίας ἑτοιμάσατε τοῖς ἀδελφοῖς
ὑμῶν, καὶ ποιήσατε τὸ πάσχα κατὰ τὸ πρόσταγμα τοῦ κυρίου τὸ
7 δοθὲν τῷ Μωυσῇ. ⁷καὶ ἐδωρήσατο Ἰωσείας τῷ λαῷ τῷ εὑρεθέντι
ἀρνῶν καὶ ἐρίφων τριάκοντα χιλιάδας, μόσχους τρισχιλίους· ⁽⁸⁾ταῦτα
ἐκ τῶν βασιλικῶν ἐδόθη κατ᾽ ἐπαγγελίαν τῷ λαῷ καὶ τοῖς ἱερεῦσιν
8 καὶ Λευείταις. ⁸καὶ ἔδωκεν Χελκείας καὶ Ζαχαρίας καὶ Ἡσύηλος
οἱ ἐπιστάται τοῦ ἱεροῦ τοῖς ἱερεῦσιν εἰς πάσχα πρόβατα δισχίλια
9 ἑξακόσια, μόσχους τριακοσίους. ⁹καὶ Ἰεχονίας καὶ Σαμαίας καὶ
Ναθαναὴλ ὁ ἀδελφὸς καὶ Σαβίας καὶ Ὀχίηλος καὶ Ἰωρὰμ χιλίαρχοι

Inscr ο ιερευς A   I 1 Ιωσιας BᵇA (ita fere ubique) | αυτου] εαυτου A
A | εθυσαν] εθυσεν Bᵃᵇ+οι υιοι I̅η̅λ̅ A | τεσσαρεσκαιδ. (τεσσαρισκαιδ. B¹)]
τε ιδ' A (improb τε Aˢ)   3 Λευιταις A (Λευιτ. ubique) | αυτους]
εαυτους A | του Δ] pr υιος A   4 τω κυριω θεω] κ̅ω̅ τω θω A | υμων 1°]
ημων A | τας φυλας] om τας A   5 αγιω] ιερω A   5—6 Ισλ'·| εν ταξει
A   6 του κυριου] κ̅υ̅ A   7 χιλιαδες A   8 Χελχιας BᵇA | Ησυηλος
B*A] η συνοδος Bᵃ˙ᵇ | post εξακοσια ras 1 lit Aˀ   9 Οχιηλος] Οξιηλος Aᵃˀ
(ˀ A*)

ΕΣΔΡΑΣ Α

Β ἔδωκαν τοῖς Λευείταις εἰς πάσχα πρόβατα χίλια, μόσχους ἑπτακοσίους. ¹⁰καὶ ταῦτα τὰ γενόμενα· εὐπρεπῶς ἔστησαν οἱ ἱερεῖς 10 καὶ οἱ Λευεῖται, ἔχοντες τὰ ἄζυμα, κατὰ τὰς φυλὰς ⁽¹¹⁾καὶ κατὰ (11) τὰς μεριδαρχίας τῶν πατέρων ἔμπροσθεν τοῦ λαοῦ, προσενεγκεῖν τῷ κυρίῳ κατὰ τὰ γεγραμμένα ἐν βιβλίῳ Μωυσῆ καὶ οὕτω τὸ πρωινόν. ¹¹καὶ ὤπτησαν τὸ πάσχα ἐν πυρὶ ὡς καθήκει, καὶ 11 (12) τὰς θυσίας ἥψησαν ἐν τοῖς χαλκίοις καὶ λέβησιν μετ' εὐωδίας, ⁽¹³⁾καὶ ἀπήνεγκαν πᾶσι τοῖς ἐκ τοῦ λαοῦ. ¹²μετὰ δὲ ταῦτα ἡτοί- 12 (13) μασαν ἑαυτοῖς τε καὶ τοῖς ἱερεῦσιν ἀδελφοῖς αὐτῶν υἱοῖς Ἀαρών. ¹³οἱ γὰρ ἱερεῖς ἀνέφερον τὰ στέατα ἕως ἀωρίας· καὶ οἱ Λευεῖται 13 (14) ἡτοίμασαν ἑαυτοῖς καὶ τοῖς ἱερεῦσιν ἀδελφοῖς αὐτῶν υἱοῖς Ἀαρών ¹⁴καὶ οἱ ἱεροψάλται υἱοὶ Ἀσὰφ ἦσαν ἐπὶ τῆς τάξεως αὐτῶν κατὰ 14 (15) τὰ ὑπὸ Δαυεὶδ τεταγμένα, καὶ Ἀσὰφ καὶ Ζαχαρίας καὶ Ἐδδεινοῦς οἱ παρὰ τοῦ βασιλέως. ¹⁵καὶ οἱ θυρωροὶ ἐφ' ἑκάστου πυλῶ- 15 (16) νος οὐκ ἔστιν παραβῆναι ἕκαστον τὴν ἑαυτοῦ ἐφημερίαν· οἱ γὰρ ἀδελφοὶ αὐτῶν οἱ Λευεῖται ἡτοίμασαν ἑαυτοῖς. ¹⁶καὶ συνετε- 16 (17) λέσθη τὰ τῆς θυσίας τοῦ κυρίου ⁽¹⁸⁾ἐν ἐκείνῃ τῇ ἡμέρᾳ, ἀχθῆναι (18) τὸ πάσχα καὶ προσαχθῆναι τὰς θυσίας ἐπὶ τὸ τοῦ κυρίου θυσιαστήριον κατὰ τὴν ἐπιταγὴν τοῦ βασιλέως Ἰωσείου. ¹⁷καὶ ἠγά- 17 (19) γοσαν οἱ υἱοὶ Ἰσραὴλ οἱ εὑρεθέντες ἐν τῷ καιρῷ τούτῳ τὸ πάσχα καὶ τὴν ἑορτὴν τῶν ἀζύμων ἡμέρας ἑπτά ¹⁸καὶ οὐκ ἤχθη τὸ 18 (20) πάσχα τοιοῦτο ἐν τῷ Ἰσραὴλ ἀπὸ τῶν χρόνων Σαμουὴλ τοῦ προφήτου· ¹⁹καὶ πάντες οἱ βασιλεῖς τοῦ Ἰσραὴλ οὐκ ἠγάγοσαν 19 (21) πάσχα τοιοῦτον οἷον ἤγαγεν Ἰωσείας καὶ οἱ ἱερεῖς καὶ οἱ Λευεῖται καὶ οἱ Ἰουδαῖοι καὶ πᾶς Ἰσραὴλ ὁ εὑρεθεὶς ἐν τῇ κατοικήσει αὐτῶν ἐν Ἰερουσαλήμ. ²⁰ὀκτωκαιδεκάτῳ ἔτει βασιλεύοντος Ἰω- 20 (22) σείου ἤχθη τὸ πάσχα τοῦτο. ²¹καὶ ὠρθώθη τὰ ἔργα Ἰωσείου 21 (23) ἐνώπιον τοῦ κυρίου αὐτοῦ ἐν καρδίᾳ πλήρει εὐσεβείας. ²²καὶ 22 (24) τὰ κατ' αὐτὸν δὲ ἀναγέγραπται ἐν τοῖς ἔμπροσθεν χρόνοις, περὶ τῶν ἡμαρτηκότων καὶ ἠσεβηκότων εἰς τὸν κύριον παρὰ πᾶν ἔθνος καὶ βασιλείαν, καὶ ἃ ἐλύπησαν αὐτὸν ἔστιν· καὶ οἱ λόγοι

A 9 χιλια] πεντακεισχιλια (εισχ sup ras Aᵃ) A   10 ταυτα τα γενομενα] τουτων γενομενων A | οι Λευειται] om οι A* (hab superscr A¹) | Μωση A | ουτως A   11 om εν 1° Bᵃᵇ | ηψησαν] ωπτησαν A | πασιν A | εκ] ε sup ras Aᵃ   12 αυτων] εαυτων A   13 αυτων] ων sup ras Aᵈ   14 υιοι] ιοι sup ras Aᵃ | αυτων] εαυτων A | Εδδινους A | οι παρα] ο παρα A   15 εαυτοις] αυτοις A   16 του κυριου] τῶ κῶ A | προσαχθηναι] προσενεχθηναι A   17 ηγαγον A   19 τοιουτο A | ο ευρεθεις] οι ευρεθεντες A   21 εν] ε sup ras Aᵃ¹ | πληρεις BᵃᵇA   22 ησεβηκ.] η 1° sup ras Aᵃ | om α A | εστιν] εν αισθησει A

ΕΣΔΡΑΣ Α

²³ Καὶ μετὰ πᾶσαν τὴν πρᾶξιν ταύτην Ἰωσείου συνέβη Φαραὼ βασιλέα Αἰγύπτου ἐλθόντα πόλεμον ἐγεῖραι ἐν Χαρκαμὺς ἐπὶ τοῦ Εὐφράτου· καὶ ἐξῆλθεν εἰς ἀπάντησιν αὐτῷ Ἰωσείας. ²⁴ καὶ διεπέμψατο βασιλεὺς Αἰγύπτου πρὸς αὐτὸν λέγων Τί ἐμοὶ καὶ σοί ἐστιν, βασιλεῦ τῆς Ἰουδαίας; ²⁵ οὐχὶ πρὸς σὲ ἐξαπέσταλμαι ὑπὸ Κυρίου τοῦ θεοῦ, ἐπὶ γὰρ τοῦ Εὐφράτου ὁ πόλεμός μού ἐστιν· καὶ νῦν Κύριος μετ' ἐμοῦ ἐστίν, καὶ Κύριος μετ' ἐμοῦ ἐπισπεύδων ἐστίν· ἀπόστηθι, καὶ μὴ ἐναντιοῦ τῷ κυρίῳ. ²⁶ καὶ οὐκ ἀπέστρεψεν ἑαυτὸν Ἰωσείας ἐπὶ τὸ ἅρμα αὐτοῦ, ἀλλὰ πολεμεῖν αὐτὸν ἐπεχείρει, οὐ προσέχων ῥήμασιν Ἰερεμίου προφήτου ἐκ στόματος Κυρίου· ²⁷ ἀλλὰ συνεστήσατο πρὸς αὐτὸν πόλεμον ἐν τῷ πεδίῳ Μεταδδοῦς· καὶ κατέβησαν οἱ ἄρχοντες πρὸς βασιλέα Ἰωσείαν. ²⁸ καὶ εἶπεν ὁ βασιλεὺς τοῖς παισὶν αὐτοῦ Ἀποστήσατέ με ἀπὸ τῆς μάχης, ἠσθένησα γὰρ λίαν. καὶ εὐθέως ἀπέστησαν αὐτὸν οἱ παῖδες αὐτοῦ ἀπὸ τῆς παρατάξεως, ²⁹ καὶ ἀνέβη ἐπὶ τὸ ἅρμα τὸ δευτέριον αὐτοῦ· καὶ ἀποκατασταθεὶς εἰς Ἰερουσαλὴμ μετήλλαξεν τὸν βίον αὐτοῦ, καὶ ἐτάφη ἐν τῷ πατρικῷ τάφῳ. ³⁰ καὶ ἐν ὅλῃ τῇ Ἰουδαίᾳ ἐπένθησαν τὸν Ἰωσείαν· καὶ ἐθρήνησεν Ἰερεμίας ὁ προφήτης ὑπὲρ Ἰωσείου, καὶ οἱ προκαθήμενοι σὺν γυναιξὶν ἐθρηνοῦσαν αὐτὸν ἕως τῆς ἡμέρας ταύτης· καὶ ἐξεδόθη τοῦτο γενέσθαι αἰεὶ εἰς πᾶν τὸ γένος Ἰσραήλ. ³¹ ταῦτα δὲ ἀναγέγραπται ἐν τῇ βύβλῳ τῶν ἱστορουμένων περὶ τῶν βασιλέων τῆς Ἰουδαίας, καὶ τὸ καθ' ἓν πραχθὲν τῆς πράξεως Ἰωσείου καὶ τῆς δόξης αὐτοῦ καὶ τῆς συνέσεως αὐτοῦ ἐν τῷ νόμῳ Κυρίου· τά τε πραχθέντα ὑπ' αὐτοῦ καὶ τὰ νῦν ἱστόρηται ἐν τῷ βυβλίῳ τῶν βασιλέων Ἰσραὴλ καὶ Ἰούδα. ³² Καὶ ἀναλαβόντες οἱ ἐκ τοῦ ἔθνους τὸν Ἰεχονίαν υἱὸν Ἰωσείου ἀνέδειξαν βασιλέα ἀντὶ Ἰωσείου τοῦ πατρὸς αὐτοῦ, ὄντα ἐτῶν εἴκοσι τριῶν. ³³ καὶ ἐβασίλευσεν ἐν Ἰσραὴλ καὶ Ἰερουσαλὴμ μῆνας τρεῖς· καὶ ἀπεκατέστησεν αὐτὸν

---

23 Χαρκαμυς] Καλχαμυς A | Ιωσεις B* (Ιωσειας B^(a et ut vid b)) 24 προς A αυτον βασιλευς Αιγυπτου A 26 αυτου] εαυτου A | επεχειρι (εχ sup ras A^(a²)) A 27 Μεταεδδαους A | βασιλεα] pr τον A 28 αυτου 1°] εαυτου A 29 δευτερον B^a | αυτου] εαυτου A (bis) | αποκατασταθει A* (s superscr A¹) 30 επενθησαν] pr και A | εθρηνουσαν] εθρηνουν A | γενεσθαι B*] γειν. B^a γιν. B^bA | αει A | παν] απαν A 31 βυβλω] βιβλω A | Κυριου] pr του A | πραχθεντα] προπραχθεντα B^(ab) προσπροαχθ. A | τω βυβλιω] τη βιβλω A | βασιλεων 2°] ε sup ras A^a (βασιλαιων A* vid) 32 Ιεχονιαν] Ιωχαζ A 33 Ισραηλ] Ιουδα A | απεκατεστησεν] απεστησεν A

I 34 ΕΣΔΡΑΣ Α

B βασιλεὺς Αἰγύπτου βασιλεύειν ἐν Ἰερουσαλήμ, ³⁴καὶ ἐζημίωσεν 34 (36)
τὸ ἔθνος ἀργυρίου ταλάντοις ἑκατὸν καὶ χρυσίου ταλάντῳ ἑνί.
³⁵ καὶ ἀνέδειξεν ὁ βασιλεὺς Αἰγύπτου βασιλέα Ἰωακεὶμ τὸν ἀδελ- 35 (37)
φὸν αὐτοῦ βασιλέα τῆς Ἰουδαίας καὶ Ἰερουσαλήμ. ³⁶ καὶ ἔδησεν 36 (38)
Ἰωακεὶμ τοὺς μεγιστᾶνας, Ζάριον δὲ τὸν ἀδελφὸν αὐτοῦ συλλα-
βὼν ἀνήγαγεν ἐξ Αἰγύπτου. ³⁷Ἐτῶν δὲ ἦν εἴκοσι πέντε 37 (39)
Ἰωακεὶμ ὅτε ἐβασίλευσεν τῆς Ἰουδαίας καὶ Ἰερουσαλήμ, καὶ
ἐποίησεν τὸ πονηρὸν ἐνώπιον Κυρίου. ³⁸μετ' αὐτὸν δὲ ἀνέβη 38 (40)
Ναβουχοδονοσὸρ βασιλεὺς Βαβυλῶνος, καὶ ἔδησεν αὐτὸν ἐν χαλ-
κείῳ δεσμῷ καὶ ἀπήγαγεν εἰς Βαβυλῶνα. ³⁹ καὶ ἀπὸ τῶν ἱερῶν 39 (41)
σκευῶν τοῦ κυρίου λαβὼν Ναβουχοδονοσὸρ καὶ ἀπενέγκας ἀπη-
ρείσατο ἐν τῷ ναῷ αὐτοῦ ἐν Βαβυλῶνι. ⁴⁰τὰ δὲ ἱστορηθέντα 40 (42)
περὶ αὐτοῦ καὶ τῆς αὐτοῦ ἀκαθαρσίας καὶ δυσσεβείας ἀναγέ-
γραπται ἐν τῇ βίβλῳ τῶν χρόνων τῶν βασιλέων. ⁴¹Καὶ 41 (43)
ἐβασίλευσεν ἀντ' αὐτοῦ Ἰωακεὶμ ὁ υἱὸς αὐτοῦ· ὅτε γὰρ ἀνε-
δείχθη, ἦν ἐτῶν ὀκτώ. ⁴²βασιλεύει δὲ μῆνας τρεῖς καὶ ἡμέρας 42 (44)
δέκα ἐν Ἰερουσαλήμ, καὶ ἐποίησεν τὸ πονηρὸν ἔναντι Κυ-
ρίου. ⁴³Καὶ μετ' ἐνιαυτὸν ἀποστείλας Ναβουχοδονοσὸρ μετή- 43 (45)
γαγεν αὐτὸν εἰς Βαβυλῶνα ἅμα τοῖς ἱεροῖς σκεύεσιν τοῦ κυρίου,
⁴⁴καὶ ἀνέδειξεν Σεδεκίαν βασιλέα τῆς Ἰουδαίας καὶ Ἰερουσαλήμ, 44 (46)
Σεδεκίαν ὄντα ἐτῶν εἴκοσι ἑνός· βασιλεύει δὲ ἔτη ἔνδεκα. ⁴⁵καὶ 45 (47)
ἐποίησεν τὸ πονηρὸν ἐνώπιον Κυρίου, καὶ οὐκ ἐνετράπη ἀπὸ
τῶν ῥηθέντων λόγων ὑπὸ Ἰερεμίου τοῦ προφήτου ἐκ στόματος
τοῦ κυρίου ⁴⁶ καὶ ὁρκισθεὶς ἀπὸ τοῦ βασιλέως Ναβουχοδονοσὸρ 46 (48)
τῷ ὀνόματι τοῦ κυρίου, ἐφιορκήσας ἀπέστη, καὶ σκληρύνας αὐτοῦ
τὸν τράχηλον καὶ τὴν καρδίαν αὐτοῦ παρέβη τὰ νόμιμα Κυρίου
θεοῦ Ἰσραήλ. ⁴⁷καὶ οἱ ἡγούμενοι δὲ τοῦ λαοῦ καὶ τῶν ἱερέων 47 (49)
πολλὰ ἠσέβησαν καὶ ἠνόμησαν ὑπὲρ πάσας τὰς ἀκαθαρσίας
πάντων τῶν ἐθνῶν, καὶ ἐμίαναν τὸ ἱερὸν τοῦ κυρίου τὸ ἁγια-
ζόμενον ἐν Ἰερουσαλήμ. ⁴⁸καὶ ἀπέστειλεν ὁ βασιλεὺς τῶν πατέ- 48 (50)

A 33 βασιλευειν] pr του μη BᶜA 34 αργυριω Bᵃ?ᵇ | χρυσιω Bᵃ?ᵇ
35 ο βασιλευς] om ο Λ | Ιαωακειμ (ακειμ sup ras) Aᵃᵛⁱᵈ 36 Ιωκειμ
Λ* Ιαωκ. Aᵃ' | Ζαριον] Ζαρα|κην Α 37 Ιωακειμ] ακειμ sup ras Aᵃ |
ενωπιον] εναντι Α 38 μετ] επ Α | εδησεν] δησας Α | om και 2° Α
39 εαυτου Λ 40 ακαθαρσιας αυτου Α 41 ο υιος] om ο Α | οκτω] pr δεκα
Α 44 βασιλευει] εβασιλευσεν Α 45 πηνηρον B* (πον. Bᵇ) 46 επι-
ορκησας BᵃᵇΑ | αυτου] εαυτου Α (bis) 47 ησεβησαν και ηνομ.] ηνομησαν
και παρεβησαν Α | αγιαζομενον] αγιασθεν Α | Ιερουσαλημ] Ιεροσολυμοις Α
48 βασιλευς] ο θς Bᵃᵐᵍ θς BᵇᵐᵍΑ

ΕΣΔΡΑΣ Α

ρων αὐτῶν διὰ τοῦ ἀγγέλου αὐτοῦ μετακαλέσαι αὐτούς, καθὸ ἐφεί- B
(51) 49 δετο αὐτῶν καὶ τοῦ σκηνώματος αὐτοῦ. ⁴⁹ αὐτοὶ δὲ ἐμυκτήρισαν
ἐν τοῖς ἀγγέλοις αὐτοῦ, καὶ ᾗ ἡμέρᾳ ἐλάλησεν Κύριος, ἦσαν
(52) ἐκπαίζοντες τοὺς προφήτας αὐτοῦ· ⁽⁵²⁾ἕως οὗ θυμῶντα αὐτὸν ἐπὶ
τῷ ἔθνει αὐτοῦ διὰ τὰ δυσσεβήματα προστάξαι ἀναβιβάσαι
(53) 50 ἐπ᾽ αὐτοὺς τοὺς βασιλεῖς τῶν Χαλδαίων. ⁵⁰ οὗτοι ἀπέκτειναν
τοὺς νεανίσκους αὐτῶν ἐν ῥομφαίᾳ περικύκλῳ τοῦ ἁγίου ἱεροῦ,
καὶ οὐκ ἐφείσαντο νεανίσκου καὶ παρθένου καὶ πρεσβύτου καὶ
(54) νεωτέρου, ⁽⁵⁴⁾ἀλλὰ πάντας παρέδωκαν εἰς τὰς χεῖρας αὐτῶν.
51 ⁵¹ καὶ πάντα τὰ ἱερὰ σκεύη τοῦ κυρίου, τὰ μεγάλα καὶ τὰ μικρά,
καὶ τὰς κιβωτοὺς τοῦ κυρίου καὶ τὰς βασιλικὰς ἀποθήκας ἀνα-
(55) 52 λαβόντες ἀπήνεγκαν εἰς Βαβυλῶνα. ⁵² καὶ ἐνεπύρισαν τὸν οἶκον
τοῦ κυρίου, καὶ ἔλυσαν τὰ τείχη Ἰερουσαλήμ, καὶ τοὺς πύργους
(56) 53 αὐτῆς ἐνεπύρισαν ἐν πυρί, ⁵³ καὶ συνετέλεσαν πάντα τὰ ἔνδοξα
αὐτῆς ἀχρεῶσαι καὶ τοὺς ἐπιλοίπους ἀπήγαγεν μετὰ ῥομφαίας
(57) 54 εἰς Βαβυλῶνα. ⁵⁴ καὶ ἦσαν παῖδες αὐτῷ καὶ τοῖς υἱοῖς αὐτοῦ μέχρι
οὗ βασιλεῦσαι Πέρσας, εἰς ἀναπλήρωσιν τοῦ ῥήματος τοῦ κυρίου
(58) 55 ἐν στόματι Ἰερεμίου ⁵⁵ Ἕως τοῦ εὐδοκῆσαι τὴν γῆν τὰ σάββατα
αὐτῆς, πάντα τὸν χρόνον τῆς ἐρημώσεως αὐτῆς σαββατιεῖ εἰς
συνπλήρωσιν ἐτῶν ἑβδομήκοντα.

II 1 ¹ Βασιλεύοντος Κύρου Περσῶν ἔτους πρώτου, εἰς συντέλειαν ῥή-
2 ματος Κυρίου ἐν στόματι Ἰερεμίου, ² ἤγειρεν Κύριος τὸ πνεῦμα Κύρου
βασιλέως Περσῶν, καὶ ἐκήρυξεν ὅλῃ τῇ βασιλείᾳ αὐτοῦ καὶ ἅμα διὰ
3 γραπτῶν λέγων ³ Τάδε λέγει ὁ βασιλεὺς Περσῶν Κῦρος Ἐμὲ ἀνέ-
δειξεν βασιλέα τῆς οἰκουμένης ὁ κύριος τοῦ Ἰσραήλ, Κύριος ὁ ὕψιστος,
4 ⁴ καὶ ἐσήμηνέν μοι οἰκοδομῆσαι αὐτῷ οἶκον ἐν Ἰερουσαλὴμ τῇ ἐν τῇ
5 Ἰουδαίᾳ. ⁵ εἴ τίς ἐστιν οὖν ὑμῶν ἐκ τοῦ ἔθνους αὐτοῦ, ἔστω ὁ κύριος
αὐτοῦ μετ᾽ αὐτοῦ, καὶ ἀναβὰς εἰς τὴν Ἰερουσαλὴμ τὴν ἐν τῇ Ἰουδαίᾳ
οἰκοδομείτω τὸν οἶκον τοῦ κυρίου τοῦ Ἰσραήλ· οὗτος ὁ κύριος ὁ
6 κατασκηνώσας ἐν Ἰερουσαλήμ. ⁶ ὅσοι οὖν κατὰ τοὺς τόπους οἰ-
κοῦσιν, βοηθείτωσαν αὐτῷ οἱ ἐν τῷ τόπῳ αὐτοῦ ἐν χρυσίῳ καὶ ἐν

48 αυτου] εαυτου A (bis)   49 εμυκτηρισαν] εξεμυκτηριζον A | ου] του A | A θυμωντα] θυμωθεντα A | αυτου 3°] εαυτου A   50 αγιου]+αυτων A | νεωτερου]+αυτων A | παντα A   51 ιερεα B* (ιερα BᵇA) | τας κιβωτους] τα σκευη κιβωτου A   52 του κυριου] om του A | αυτης] αυτων A   53 αχρειωσαι BᵃᵇA | μετα] απο A   54 μεχρι ου] μεχρις ου Bᵃᵇ μεχρι του A | του ρηματος του κυριου] λογου κ̄ῡ A   55 συμπληρωσιν BᵇA   II 2 ολη] pr εν A | αυτου] εαυτου A   4 αυτω] εαυτω A   5 ο κυριος 1°]+κ̄σ A | του κυριου] om του A   6 τους τοπους] om τους A

133

ΕΣΔΡΑΣ Α

B ἀργυρίῳ, ⁽⁷⁾ἐν δόσεσιν, μεθ' ἵππων καὶ κτηνῶν, σὺν τοῖς ἄλλοις (7)
τοῖς κατ' εὐχὰς προστεθειμένοις εἰς τὸ ἱερὸν τοῦ κυρίου τὸ ἐν Ἰερουσαλήμ. ⁷Καὶ καταστήσαντες οἱ ἀρχίφυλοι τῶν πατριῶν τῆς 7 (8)
Ἰούδα καὶ Βενιαμεὶν φυλῆς, καὶ οἱ ἱερεῖς καὶ οἱ Λευεῖται, καὶ
πάντων ὧν ἤγειρεν Κύριος τὸ πνεῦμα ἀναβῆναι οἰκοδομῆσαι
οἶκον τῷ κυρίῳ τὸν ἐν Ἰερουσαλήμ· ⁸καὶ οἱ περικύκλῳ αὐτῶν 8
⁽⁹⁾ἐβοήθησαν ἐν πᾶσιν, ἐν ἀργυρίῳ καὶ χρυσίῳ, ἵπποις, κτήνεσιν (9)
καὶ εὐχαῖς ὡς πλείσταις πολλῶν ὧν ὁ νοῦς ἠγέρθη. ⁹καὶ ὁ 9 (10)
βασιλεὺς Κῦρος ἐξήνεγκεν τὰ ἅγια σκεύη τοῦ κυρίου, ἃ μετήγαγεν
Ναβουχοδονοσὸρ ἐξ Ἰερουσαλὴμ καὶ ἀπηρείσατο αὐτὰ ἐν τῷ εἰδωλίῳ αὐτοῦ ¹⁰ἐξενέγκας δὲ αὐτὰ Κῦρος ὁ βασιλεὺς Περσῶν 10 (11)
παρέδωκεν αὐτὰ Μιθριδάτῃ τῷ ἑαυτοῦ γαζοφύλακι· ¹¹διὰ δὲ τού- 11 (12)
του παρεδόθησαν Σαναμασσάρῳ προστάτῃ τῆς Ἰουδαίας. ¹²ὁ δὲ 12 (13)
τούτων ἀριθμὸς ἦν, σπονδεῖα χρυσᾶ χίλια, σπονδεῖα ἀργυρᾶ
χίλια, θυίσκαι ἀργυραῖ εἴκοσι ἐννέα, φιάλαι χρυσαῖ τριάκοντα,
ἀργυραῖ ͵βυʹ δέκα, καὶ ἄλλα σκεύη χίλια. ¹³τὰ δὲ πάντα σκεύη 13 (14)
ἐκομίσθη, χρυσᾶ καὶ ἀργυρᾶ, πεντακισχίλια τετρακόσια ἑξήκοντα ἐννέα· ¹⁴ἀνηνέχθη δὲ ὑπὸ Σαμανασσάρου ἅμα τοῖς ἐκ τῆς 14 (15)
αἰχμαλωσίας ἐκ Βαβυλῶνος εἰς Ἰερουσαλήμ. ¹⁵Ἐν δὲ τοῖς 15 (16)
ἐπὶ Ἀρταξέρξου τοῦ Περσῶν βασιλέως χρόνοις κατέγραψεν αὐτῶν
κατὰ τῶν κατοικούντων ἐν τῇ Ἰουδαίᾳ καὶ Ἰερουσαλὴμ Βήλεμος
καὶ Μιθραδάτης καὶ Ταβέλλιος καὶ Ῥάθυμος καὶ Βεέλτεθμος καὶ
Σαμέλλιος ὁ γραμματεὺς καὶ οἱ λοιποὶ οἱ τούτοις συντασσόμενοι,
οἰκοῦντες δὲ ἐν Σαμαρείᾳ καὶ τοῖς ἄλλοις τόποις, τὴν ὑπογεγραμμένην ἐπιστολήν ¹⁶Βασιλεῖ Ἀρταξέρξῃ ⁽¹⁷⁾κυρίῳ οἱ παῖδές σου 16 (17)
Ῥάθυμος ὁ τὰ προσπίπτοντα καὶ Σαμέλλιος ὁ γραμματεὺς καὶ
οἱ ἐπίλοιποι τῆς βουλῆς αὐτῶν καὶ οἱ ἐν κοίλῃ Συρίᾳ καὶ Φοινίκῃ ¹⁷καὶ νῦν γνωστὸν ἔστω τῷ κυρίῳ βασιλεῖ ὅτι Ἰουδαῖοι 17 (18)

A 7 καταστησαντες] καταστάντες A | αρχιφιλοι A*ᵛⁱᵈ (αρχιφυλ. Aʹ) 8 om εν 2° A | κτηνεσιν] pr και A | ως] ως ταις A*ᵛⁱᵈ ωσται A? 9 αγια] ιερα A | μετηγαγεν] μετηνεγ|κεν A | ειδωλιω αυτου] εαυτου ειδ A 10 Μιθραδατη A (ατ sup ras Aᵃ) | γαζοφυλακι] αϛ sup ras Aᵃ 11 Σαναβασσαρω (αναβ sup ras) Aᵃ | προστατη] pr τω A 12 σπονδια B* σπονδεια BᵃᵇA, 1° σπονδεια B σπονδια A, 2° | χρυσεαι A | ͵βυʹ] τρισχιλιαι τετρα|κοσιαι A 13 εκομισθη] διεκομισθη A 14 ανηνεχθη] η 1° sup ras Aᵃ | Σαναβασσαρου A | Ιεροσολυμα A 15 Αρταρξερξου A | αυτων] αιτω A | Μιθραδατης B*Aᵃ] Μιθριδ. BᵃᵇA*ᵛⁱᵈ | Ραθυμος και Βεελτεθμος] Ραθυος και Βα|ελτεθμος (ος και Βα sup ras) Aᵃ | Σεμελλιος A | οικουντες] pr οι A οικο sup ras Aᵃ 16 Αρταρξερξη A | Σαμελλιος] Σεβελλιος A | οι 3°] pr κραταιοι A 17 κυριω] +μου A | οτι] διοτι A | Ιουδαιοι] pr οι A

ΕΣΔΡΑΣ Α

ἀναβάντες παρ' ὑμῶν πρὸς ἡμᾶς, ἐλθόντες εἰς Ἰερουσαλήμ, τὴν B πόλιν τὴν ἀποστάτιν καὶ πονηρὰν οἰκοῦσιν, τάς τε ἀγορὰς αὐ-
(19) 18 τῆς καὶ τὰ τείχη θεραπεύουσιν καὶ ναὸν ὑποβάλλονται. [18] ἐὰν οὖν ἡ πόλις αὕτη οἰκοδομηθῇ καὶ τὰ τείχη συντελεσθῇ, φορολογίαν οὐ μὴ ὑπομείνωσιν δοῦναι, ἀλλὰ καὶ βασιλεῦσιν ἀντιστή-
(20) σονται· [20] καὶ ἐπεὶ ἐνεργεῖται τὰ κατὰ τὸν ναόν, καλῶς ἔχειν
(21) ὑπολαμβάνομεν μὴ ὑπεριδεῖν τὸ τοιοῦτο [21] ἀλλὰ προσφωνῆσαι τῷ κυρίῳ βασιλεῖ ὅπως, ἂν φαίνηταί σοι, ἐπισκεφθῇ ἐν τοῖς ἀπὸ
(22) 19 τῶν πατέρων σου βιβλίοις. [19] καὶ εὑρήσεις ἐν τοῖς ὑπομνηματισμοῖς τὰ γεγραμμένα περὶ τούτων, καὶ γνώσῃ ὅτι ἡ πόλις ἦν
(23) ἐκείνη ἀποστάτις καὶ βασιλεῖς καὶ πόλεις ἐνοχλοῦσα, [23] καὶ οἱ Ἰουδαῖοι ἀποστάται καὶ πολιορκίας συνεσταμένοι ἐν αὐτῇ ἔτι ἐξ
(24) 20 αἰῶνος, δι' ἣν αἰτίαν ἡ πόλις αὕτη ἠρημώθη. [20] νῦν οὖν ὑποδεικνύομέν σοι, κύριε βασιλεῦ, ὅτι ἐὰν ἡ πόλις αὕτη οἰκοδομηθῇ καὶ τὰ ταύτης τείχη ἀνασταθῇ, ἔξοδός σοι οὐκέτι ἔσται εἰς κοί-
(25) 21 λην Συρίαν καὶ Φοινίκην. [21] τότε ἀντέγραψεν ὁ βασιλεὺς Ῥαθύμῳ τῷ γράφοντι τὰ προσπίπτοντα καὶ Βεελτέθμῳ καὶ Σαμελλίῳ γραμματεῖ καὶ τοῖς λοιποῖς τοῖς συντασσομένοις καὶ οἰκοῦσιν ἐν
(26) 22 Σαμαρείᾳ καὶ Συρίᾳ καὶ Φοινίκῃ τὰ ὑπογεγραμμένα [22] Ἀνέγνων τὴν ἐπιστολὴν ἣν πεπόμφατε πρός μέ. ἐπέταξα οὖν ἐπισκέψασθαι· καὶ εὑρέθη ὅτι ἐστὶν ἡ πόλις ἐκείνη ἐξ αἰῶνος βασι-
(27) 23 λεῦσιν ἀντιπαρατάσσουσα, [23] καὶ οἱ ἄνθρωποι ἀποστάσεις καὶ πολέμους ἐν αὐτῇ συντελοῦντες, καὶ βασιλεῖς ἰσχυροὶ καὶ σκληροὶ ἦσαν ἐν Ἰερουσαλὴμ κυριεύοντες καὶ φορολογοῦντες κοίλην Συ-
(28) 24 ρίαν καὶ Φοινίκην. [24] νῦν οὖν ἐπέταξα ἀποκωλῦσαι τοὺς ἀνθρώπους ἐκείνους τοῦ οἰκοδομῆσαι τὴν πόλιν, καὶ προνοηθῆναι ὅπως
(29) μηθὲν παρὰ ταῦτα γένηται [29] καὶ μὴ προβῇ ἐπὶ πλεῖον τὰ τῆς
(30) 25 κακίας εἰς τὸ βασιλεῖς ἐνοχλῆσαι. [25] τότε ἀναγνωσθέντων τῶν παρὰ τοῦ βασιλέως Ἀρταξέρξου γραφέντων ὁ Ῥάθυμος καὶ

17 πονηραν] pr την A | οικουσιν] οικοδομουσιν B^a (οικοδομους B^{b?}) A A 18 επι B* (επει B^{ab}) | υπερδειν B* (υπεριδειν B[?]) | το τοιουτο] om το A αν] εαν A | φανηται A   19 υπομνηματισμοις] υπομνημασιν A | αποστατις] απ sup ras A^a | συνεσταμενοι B^{ab} (συνετ. B*)] συνισταμενοι A | η πολις 2°] pr και A   20 υποδικνυμεν A | οτι] διοτι A | εξοδος] καθοδος A | ουκετι σοι A | Φοινεικ. B* (Φοινικ. B^b: item 21, 23)   21 Βεελτεμωθ' A | συντασσομενοις] ο 1° sup ras A^a | Σαμαρεια] pr τη A | om και Συρια A   22 επεταξα] ετ sup ras A^a (επατ. A*^{vid}) | ηυρεθη A | αντιπαρατασσ.] ι sup ras A^a   24 om ουν A | επεταξα B^{ab}A] επαταξα B* | μηθεν] μηδεν A | εις το] επι το A | ενοχλησαι] ενοχλισθαι A   25 Αρταρξερξου A

ΕΣΔΡΑΣ Α

Σαμέλλιος ὁ γραμματεὺς καὶ οἱ τούτοις συντασσόμενοι, ἀναζεύξαντες κατὰ σπουδὴν εἰς Ἰερουσαλὴμ μεθ' ἵππου καὶ ὄχλου παρατάξεως, ⁽³¹⁾ἤρξαντο κωλύειν τοὺς οἰκοδομοῦντας· καὶ ἤργει ἡ (31) οἰκοδομὴ τοῦ ἱεροῦ τοῦ ἐν Ἰερουσαλὴμ μέχρι τοῦ δευτέρου ἔτους τῆς βασιλείας Δαρείου τοῦ Περσῶν βασιλέως.

¹Καὶ βασιλεὺς Δαρεῖος ἐποίησεν δοχὴν μεγάλην πᾶσιν τοῖς ὑπ' αὐ- 1 III τόν, καὶ πᾶσιν τοῖς οἰκογενέσιν αὐτοῦ, καὶ πᾶσιν τοῖς μεγιστᾶσιν τῆς Μηδείας καὶ τῆς Περσίδος, ²καὶ πᾶσιν τοῖς σατράπαις καὶ στρατηγοῖς 2 καὶ τοπάρχαις τοῖς ὑπ' αὐτὸν ἀπὸ τῆς Ἰνδικῆς μέχρι Αἰθιοπίας ἐν ταῖς ἑκατὸν εἴκοσι ἑπτὰ σατραπείαις. ³καὶ ἐφάγοσαν καὶ ἐπίοσαν, 3 καὶ ἐμπλησθέντες ἀνέλυσαν· ὁ δὲ Δαρεῖος ὁ βασιλεὺς ἀνέλυσεν εἰς τὸν κοιτῶνα καὶ ἐκοιμήθη, καὶ ἔξυπνος ἐγένετο. ⁴τότε οἱ τρεῖς 4 νεανίσκοι οἱ σωματοφύλακες, οἱ φυλάσσοντες τὸ σῶμα τοῦ βασιλέως, εἶπαν ἕτερος πρὸς τὸν ἕτερον ⁵Εἴπωμεν ἕκαστος ἡμῶν ἕνα λόγον 5 ὃς ὑπερισχύσει· καὶ οὗ ἂν φανῇ τὸ ῥῆμα αὐτοῦ σοφώτερον τοῦ ἑτέρου, δώσει αὐτῷ Δαρεῖος ὁ βασιλεὺς δωρεὰς μεγάλας καὶ ἐπινίκια μεγάλα, ⁶καὶ πορφύραν περιβαλέσθαι καὶ ἐν χρυσώμασιν πίνειν καὶ 6 ἐπὶ χρυσῷ καθεύδειν καὶ ἅρμα χρυσοχάλινον καὶ κίδαριν βυσσίνην καὶ μανιάκην περὶ τὸν τράχηλον, ⁷καὶ δεύτερος καθιεῖται Δαρείου διὰ 7 τὴν σοφίαν αὐτοῦ, καὶ συγγενὴς Δαρείου κληθήσεται. ⁸καὶ τότε 8 γράψαντες ἕκαστος τὸν ἑαυτοῦ λόγον ἐσφραγίσαντο καὶ ἔθηκαν ὑπὸ τὸ προσκεφάλαιον Δαρείου τοῦ βασιλέως, ⁽⁹⁾καὶ εἶπαν ⁹Ὅταν ἐγερθῇ 9 ὁ βασιλεύς, δώσουσιν αὐτῷ τὸ γράμμα· καὶ ὃν ἂν κρίνῃ ὁ βασιλεὺς καὶ οἱ τρεῖς μεγιστᾶνες τῆς Περσίδος ὅτι οὗ ὁ λόγος αὐτοῦ σοφώτερος, αὐτῷ δοθήσεται τὸ νῖκος, καθὼς γέγραπται. ¹⁰ὁ εἷς ἔγραψεν 10 Ὑπερισχύει ὁ οἶνος. ¹¹ὁ ἕτερος ἔγραψεν Ὑπερισχύει ὁ βασιλεύς 11 ¹²ὁ τρίτος ἔγραψεν Ὑπερισχύουσιν αἱ γυναῖκες, ὑπὲρ δὲ πάντα 12 νικᾷ ἡ ἀλήθεια. ¹³καὶ ὅτε ἐξηγέρθη ὁ βασιλεύς, λαβόντες τὸ γράμμα 13 ἔδωκαν αὐτῷ, καὶ ἀνέγνω. ¹⁴καὶ ἐξαποστείλας ἐκάλεσεν πάντας 14 τοὺς μεγιστᾶνας τῆς Περσίδος καὶ τῆς Μηδείας καὶ σατράπας καὶ στρατηγοὺς καὶ τοπάρχας καὶ ὑπάτους, ⁽¹⁵⁾καὶ ἐκάθισεν ἐν τῷ χρηματι-

A 25 Σεμελλιος A | εις Ιλημ κατα σπουδην A | μεθ] μετ A | Δαριου B*A (Δαρειου Bᵃ?ᵇ)   III 1 Δαριος B*A (Δαρειος Bᵃ?ᵇ) | Μηδιας A   2 υπ αυτον] μετ αυτων A | Αιθιοπιας Bᵇ (Αιθιοπιαις B*)] pr της A | σατραπιαις BᵇA   3 και 1°]+οτε A | εφαγον A | επιον A | ο δε] τοτε A | Δαριος A   4 προς τον ετερον] τω ετερω A   5 αν] εαν A | αυδω B* (αυτω BᵃᵇA)   6 τραχηλον]+αυτου A   7 αυτου] εαυτου A   9 om αν A | om ου A | νικος] νικημα A   10 ο εις A¹] οις A*   12 ο τριτος Bᵃᵇ (οτι τρ. B*)] ο αλλος A   13 εδωκαν] επεδωκαν A

ΕΣΔΡΑΣ Α

(16) 15 στηρίῳ, καὶ ἀνεγνώσθη τὸ γράμμα ἐνώπιον αὐτῶν. ¹⁵καὶ εἶ- B
πεν Καλέσατε τοὺς νεανίσκους, καὶ αὐτοὶ δηλώσουσιν τοὺς λό-
(17) 16 γους αὐτῶν· καὶ ἐκλήθησαν, καὶ εἰσήλθοσαν. ¹⁶καὶ εἶπαν αὐτοῖς
Ἀπαγγείλατε ἡμῖν περὶ τῶν γεγραμμένων.   Καὶ ἤρξατο ὁ
(18) 17 πρῶτος ὁ εἴπας περὶ τῆς ἰσχύος τοῦ οἴνου, ⁽¹⁸⁾καὶ ἔφη οὕτως ¹⁷ᵛἌν-
δρες, πῶς ὑπερισχύει ὁ οἶνος. πάντας τοὺς ἀνθρώπους τοὺς
(19) 18 πιόντας αὐτὸν πλανᾷ τὴν διάνοιαν, ¹⁸τοῦ τε βασιλέως καὶ τοῦ
ὀρφανοῦ ποιεῖ τὴν διάνοιαν μίαν, τήν τε τοῦ οἰκέτου καὶ τὴν τοῦ
(20) 19 ἐλευθέρου, τήν τε τοῦ πένητος καὶ τὴν τοῦ πλουσίου· ¹⁹καὶ
πᾶσαν διάνοιαν μεταστρέφει εἰς εὐωχίαν καὶ εὐφροσύνην, καὶ
(21) 20 οὐ μέμνηται πᾶσαν λύπην καὶ πᾶν ὀφείλημα· ²⁰καὶ πάσας καρ-
δίας ποιεῖ πλουσίας, καὶ οὐ μέμνηται βασιλέα οὐδὲ σατράπην·
(22) 21 καὶ πάντα διὰ ταλάντων ποιεῖ λαλεῖν. ²¹καὶ οὐ μέμνηται ὅταν
πίνωσιν φιλιάζειν φίλοις καὶ ἀδελφοῖς, καὶ μετ' οὐ πολὺ σπῶν-
(23) 22 ται μαχαίρας· ²²καὶ ὅταν ἀπὸ τοῦ οἴνου ἐγερθῶσιν, οὐ μέμνηται ἃ
(24) 23 ἔπραξαν. ²³ὦ ἄνδρες, οὐχ ὑπερισχύει ὁ οἶνος ὅτι οὕτως ἀναγκάζει
IV 1 ποιεῖν; καὶ ἐσίγησεν οὕτως εἴπας.   ¹Καὶ ἤρξατο ὁ δεύτερος
2 λαλεῖν ὁ εἴπας περὶ τῆς ἰσχύος τοῦ βασιλέως ²Ὦ ἄνδρες, οὐχ ὑπερι-
σχύουσιν οἱ ἄνθρωποι, τὴν γῆν καὶ τὴν θάλασσαν κατακρατοῦντες καὶ
3 πάντα τὰ ἐν αὐτοῖς; ³ὁ δὲ βασιλεὺς ὑπερισχύει καὶ κυριεύει αὐτῶν
4 καὶ δεσπόζει αὐτῶν, καὶ πᾶν ὃ ἐὰν εἴπῃ αὐτοῖς ἐνακούουσιν ⁴ἐὰν
εἴπῃ αὐτοῖς ποιῆσαι πόλεμον ἕτερος πρὸς τὸν ἕτερον, ποιοῦσιν
ἐὰν δὲ ἐξαποστείλῃ αὐτοὺς πρὸς τοὺς πολεμίους, βαδίζουσιν καὶ
5 κατεργάζονται τὰ ὄρη καὶ τὰ τείχη καὶ τοὺς πύργους. ⁵φονεύουσιν
καὶ φονεύονται, καὶ τὸν λόγον τοῦ βασιλέως οὐ παραβαίνουσιν· ἐὰν
δὲ νικήσωσιν, τῷ βασιλεῖ κομίζουσιν πάντα, καὶ ἐὰν προνομεύσωσιν
6 καὶ τὰ ἄλλα πάντα. ⁶καὶ ὅσοι οὐ στρατεύονται οὐδὲ πολεμοῦσιν
ἀλλὰ γεωργοῦσιν τὴν γῆν, πάλιν ὅταν σπείρωσι, θερίσαντες ἀνα-
φέρουσιν τῷ βασιλεῖ· καὶ ἕτερος τὸν ἕτερον ἀναγκάζοντες ἀναφέ-
7 ρουσι τοὺς φόρους τῷ βασιλεῖ. ⁷καὶ αὐτὸς εἰ μόνος ἐστίν, ἐὰν

15 δηλουσουσιν A | αυτων] εαυτων A   17 πινοντας A | τη διανοια A A
18 την 5°] ras aliq in τ B¹   20 καρδιας] pr τας A | βασιλεια A (i improb
vid Aᵃ˙ᵐᵍ)   21 φιλιαζειν] φιαλιζειν A | μαχαιρας] pr τας A   22 εγερ-
θωσιν] γενηθωσιν A | ου] ουδε A | μεμνηται] μνηνται (sic) A | επραξεν A
23 om οτι A | ειπας] ειπων A   IV 1 ειπας] ειπων A   2 θρωποι την
γη| sup ras Bᵃᵗ ᵇ   3 βασιλευ A* (βασιλευς A¹) | κυριει B* (κυριευει Bᵃᵗ A) |
αυτων 1°] παντων A | παν] παντα A | εαν] αν A | ενακουουσιν] ποιησουσιν A
4 ποιουσιν] ποιησουσιν A | πολεμους A* (πολεμιους A¹)   5 εαν 2°] pr οσα A
6 σπειρωσιν A | αναφερουσιν (2°) A   7 ει B* (εις Bᵃᵇ A)

IV 8 ΕΣΔΡΑΣ Α

B εἴπῃ ἀποκτεῖναι, ἀποκτέννουσιν· εἶπεν ἀφεῖναι, ἀφίουσιν· ⁸εἶπε 8
πατάξαι, τύπτουσιν· εἶπεν ἐρημῶσαι, ἐρημοῦσιν· εἶπεν οἰκοδομῆσαι,
οἰκοδομοῦσιν· ⁹εἶπεν ἐκκόψαι, ἐκκόπτουσιν· εἶπεν φυτεῦσαι, φυτεύ- 9
ουσιν· ¹⁰καὶ πᾶς ὁ λαὸς αὐτοῦ καὶ αἱ δυνάμεις αὐτοῦ ἐνακούουσιν. 10
πρὸς δὲ τούτοις αὐτὸς ἀνάκειται, ἐσθίει καὶ πίνει καὶ καθεύδει·
¹¹αὐτοὶ δὲ τηροῦσιν κύκλῳ περὶ αὐτόν, καὶ οὐ δύνανται ἕκαστος 11
ἀπελθεῖν καὶ ποιεῖν τὰ ἔργα αὐτοῦ, οὐδὲ παρακούουσιν αὐτοῦ. ¹²ὦ 12
ἄνδρες, πῶς οὐχ ὑπερισχύει ὁ βασιλεὺς ὅτι οὕτως ἐπάκουστός ἐστιν;
καὶ ἐσίγησεν.   ¹³Ὁ δὲ τρίτος ὁ εἴπας περὶ τῶν γυναικῶν καὶ τῆς 13
ἀληθείας, οὗτός ἐστιν Ζοροβαβέλ, ἤρξατο λαλεῖν ¹⁴Ἄνδρες, οὐ μέγας 14
ὁ βασιλεύς, καὶ πολλοὶ οἱ ἄνθρωποι, καὶ ὁ οἶνος ἰσχύει; τίς οὖν ὁ
δεσπόζων αὐτῶν, ἢ τίς ὁ κυριεύων; ⁽¹⁵⁾οὐχ αἱ γυναῖκες; ¹⁵αἱ γυναῖκες 15
ἐγέννησαν τὸν βασιλέα καὶ πάντα τὸν λαὸν ὃς κυριεύει τῆς θαλάσσης
καὶ τῆς γῆς· ¹⁶καὶ ἐξ αὐτῶν ἐγένοντο, καὶ αὗται ἐξέθρεψαν αὐτοὺς 16
τοὺς φυτεύσαντας τοὺς ἀμπελῶνας ἐξ ὧν ὁ οἶνος γίνεται, ¹⁷καὶ αὗται 17
ποιοῦσιν τὰς στολὰς τῶν ἀνθρώπων, καὶ αὗται ποιοῦσιν δόξαν τοῖς
ἀνθρώποις, καὶ οὐ δύνανται οἱ ἄνθρωποι εἶναι χωρὶς τῶν γυναικῶν.
¹⁸ἐὰν δὲ συναγάγωσιν χρυσίον καὶ ἀργύριον καὶ πᾶν πρᾶγμα ὡραῖον, 18
καὶ ἴδωσιν γυναῖκα μίαν καλὴν τῷ εἴδει καὶ τῷ κάλλει, ¹⁹καὶ ταῦτα 19
πάντα ἀφέντες εἰς αὐτὴν κέχηναν, καὶ χάσκοντες τὸ στόμα θεω-
ροῦσιν αὐτήν, καὶ πάντες αὐτὴν αἱρετίζουσιν μᾶλλον ἢ τὸ χρυσίον
καὶ τὸ ἀργύριον καὶ πᾶν πρᾶγμα ὡραῖον. ²⁰ἄνθρωπος τὸν ἑαυτοῦ 20
πατέρα ἐνκαταλείπει ὃς ἐξέθρεψεν αὐτὸν καὶ τὴν ἰδίαν χώραν, καὶ
πρὸς τὴν ἰδίαν γυναῖκα κολλᾶται, ²¹καὶ μετὰ τῆς γυναικὸς ἀφίησι 21
τὴν ψυχήν, καὶ οὔτε τὸν πατέρα μέμνηται οὔτε τὴν μητέρα οὔτε τὴν
χώραν. ²²καὶ ἐντεῦθεν δεῖ ὑμᾶς γνῶναι ὅτι αἱ γυναῖκες κυριεύουσιν 22
ὑμῶν· οὐχὶ πονεῖτε καὶ μοχθεῖτε, καὶ πάντα ταῖς γυναιξὶν δίδοτε
καὶ φέρετε, ²³καὶ λαμβάνει ἄνθρωπος τὴν ῥομφαίαν αὐτοῦ καὶ 23
ἐκπορεύεται ἐξοδεύειν καὶ λῃστεύειν καὶ κλέπτειν, καὶ εἰς τὴν θά-

A   7 αποκτεινουσιν A* αποκτενουσιν A' | ειπεν] εαν ειπη A | αφειναι] αφει-
ειναι A   8 om ειπεν ερημωσαι ερημουσιν A   9 εκκοπτουειν B^{edit}
10 ενακουουσιν] ν sup ras 2 litt A^a   11 αυτοι] ουτοι A | κυκλω περι
αυτον] περι αυτον (ον sup ras A^a) κυκλω A | δυναται A   13 ειπας]
ειπων A   14 ανδρες] pr ω A | om αυτων B* (hab superscr B^{ab})
15 κυριει B* (κυριενει B^{ab}A)   16 φυτευοντας A   17 αυται 2° B*A]
αυτοι B* | δοξαν   γυναικων] τας δοξας] των ανων και ου δυνανται οι ἀν͞οι χωρεις
των γυν. ειναι A (τας των γυ sup ras et in mg A^a)   18 και παν πραγμα
ωραιον και ιδωσιν] ουχι αγαπωσιν A | ιδει B*A (ειδει B^{ab})   19 κεχηναν]
εγκεχηναν A | πραγμαν A* (ν ras A')   20 εγκαταλειπει A   21 αφιησιν
A   23 αυτου BA*] εαυτου A¹ | εξοδευειν] εις εξοδιαν A | om και 3° A

ΕΣΔΡΑΣ Α   IV 40

24 λασσαν πλεῖν καὶ ποταμούς, ²⁴καὶ τὸν λέοντα θεωρεῖ, καὶ ἐν σκότει Β
βαδίζει· καὶ ὅταν κλέψῃ καὶ ἁρπάσῃ καὶ λωποδυτήσῃ, τῇ ἐρωμένῃ
25 ἀποφέρει. ²⁵καὶ πλεῖον ἀγαπᾷ ἄνθρωπος τὴν ἰδίαν γυναῖκα μᾶλλον
26 ἢ τὸν πατέρα καὶ τὴν μητέρα. ²⁶καὶ πολλοὶ ἀπενοήθησαν ταῖς ἰδίαις
27 διανοίαις διὰ τὰς γυναῖκας, καὶ δοῦλοι ἐγένοντο δι' αὐτάς· ²⁷καὶ
πολλοὶ ἀπώλοντο καὶ ἐσφάλησαν καὶ ἡμάρτοσαν διὰ τὰς γυναῖκας.
28 ²⁸καὶ νῦν οὐ πιστεύετέ μοι; οὐχὶ μέγας ὁ βασιλεὺς τῇ ἐξουσίᾳ
29 αὐτοῦ; οὐχὶ πᾶσαι αἱ χῶραι εὐλαβοῦνται ἅψασθαι αὐτοῦ; ²⁹ἐθεώ-
ρουν αὐτὸν καὶ Ἀπάμην τὴν θυγατέρα Βαρτάκου τοῦ θαυμαστοῦ
30 τὴν παλλακὴν τοῦ βασιλέως καθημένην ἐν δεξιᾷ τοῦ βασιλέως, ³⁰καὶ
ἀφαιροῦσαν τὸ διάδημα ἀπὸ τῆς κεφαλῆς τοῦ βασιλέως καὶ ἐπιτι-
31 θοῦσαν αὑτῇ· καὶ ἐράπιζεν τὸν βασιλέα τῇ ἀριστερᾷ. ³¹καὶ πρὸς
τούτοις ὁ βασιλεὺς χάσκων τὸ στόμα ἐθεώρει αὐτήν· καὶ ἐὰν γελάσῃ
αὐτῷ, γελᾷ· ἐὰν δὲ πικρανθῇ ἐπ' αὐτόν, κολακεύει αὐτὴν ὅπως
32 διαλλαγῇ αὐτῷ. ³²ὦ ἄνδρες, πῶς οὐκ ἰσχυραὶ αἱ γυναῖκες ὅτι
33 οὕτως πράσσουσιν, ³³καὶ τότε ὁ βασιλεὺς καὶ οἱ μεγιστᾶνες ἔβλε-
34 πον εἰς τὸν ἕτερον. καὶ ἤρξατο λαλεῖν περὶ τῆς ἀληθείας ³⁴Ἄνδρες,
οὐκ ἰσχυραὶ αἱ γυναῖκες; μεγάλη ἡ γῆ, καὶ ὑψηλὸς ὁ οὐρανός, καὶ
ταχὺς τῷ δρόμῳ ὁ ἥλιος, ὅτι στρέφεται ἐν τῷ κύκλῳ τοῦ οὐρανοῦ
35 καὶ πάλιν ἀποτρέχει εἰς τὸν ἑαυτοῦ τόπον ἐν μιᾷ ἡμέρᾳ. ³⁵οὐχὶ
μέγας ὃς ταῦτα ποιεῖ; καὶ ἡ ἀλήθεια μεγάλη καὶ ἰσχυροτέρα παρὰ
36 πάντα. ³⁶πᾶσα ἡ γῆ τὴν ἀλήθειαν καλεῖ, καὶ ὁ οὐρανὸς αὐτὴν
εὐλογεῖ, καὶ πάντα τὰ ἔργα σείεται καὶ τρέμει, καὶ οὐκ ἔστι μετ' αὐ-
37 τοῦ ἄδικον οὐθέν. ³⁷ἄδικος ὁ οἶνος, ἄδικος ὁ βασιλεύς, ἄδικοι αἱ
γυναῖκες, ἄδικοι πάντες οἱ υἱοὶ τῶν ἀνθρώπων καὶ ἄδικα πάντα τὰ
ἔργα αὐτῶν, πάντα τὰ τοιαῦτα· καὶ οὐκ ἔστιν ἐν αὐτοῖς ἀλήθεια, καὶ
38 ἐν τῇ ἀδικίᾳ αὐτῶν ἀπολοῦνται. ³⁸καὶ ἡ ἀλήθεια μένει καὶ ἰσχύει
39 εἰς τὸν αἰῶνα, καὶ ζῇ καὶ κρατεῖ εἰς τὸν αἰῶνα τοῦ αἰῶνος. ³⁹καὶ
οὐκ ἔστιν παρ' αὐτὴν λαμβάνειν πρόσωπα οὐδὲ διαφορά, ἀλλὰ τὰ
δίκαια ποιεῖ ἀπὸ πάντων τῶν ἀδίκων καὶ πονηρῶν· καὶ πάντες
40 εὐδοκοῦσι τοῖς ἔργοις αὐτῆς, ⁴⁰καὶ οὐκ ἔστιν ἐν τῇ κρίσει αὐτῆς
οὐθὲν ἄδικον. καὶ αὕτη ἡ ἰσχὺς καὶ τὸ βασίλειον καὶ ἡ ἐξουσία καὶ

23 πλει A   24 ερωμενη] ερη|μωμενη A   28 ευλαβουνται]+αυτον A A
30 αυτη] εαυτη A | ερραπιζεν B^ab   31 αυτην 1° B^abA] αυτω B* | κολοκαυει
B* κολοκευει B¹ (κολακευει B^bA)   32 ουκ B^b] ουχ B* ουχι A | ισχυραι]
pro σ αλιq al coep B*^vid   33 εβλεπον] ενεβλεπον A | εις] ετερος προς A
34 εαυ B* (εαυτου B^ab)   36 εστι] A | ουδεν A   37 αυτων 2°] εαυτων A
38 και η] η δε A | ισχυσει A   39 αυτην] αυτη A | διαφθορα A* (διαφορα
A') | om και 2° A | ευδοκουσιν A   40 ουδεν A

Β ἡ μεγαλειότης τῶν πάντων αἰώνων· εὐλογητὸς ὁ θεὸς τῆς ἀληθείας.
⁴¹καὶ ἐσιώπησεν τοῦ λαλεῖν· καὶ πᾶς ὁ λαὸς τότε ἐφώνησεν καὶ τότε 41
εἶπον Μεγάλη ἡ ἀλήθεια καὶ ὑπερισχύει. ⁴²Τότε ὁ βασιλεὺς εἶπεν 42
αὐτῷ Αἴτησαι ὃ θέλεις πλείω τῶν γεγραμμένων, καὶ δώσομέν σοι, ὃν
τρόπον εὑρέθης σοφώτερος· καὶ ἐχόμενός μου καθήσῃ, καὶ συγγενής
μου κληθήσῃ. ⁴³τότε εἶπεν τῷ βασιλεῖ Μνήσθητι τὴν εὐχὴν ἣν 43
ηὔξω οἰκοδομῆσαι τὴν Ἰερουσαλὴμ ἐν τῇ ἡμέρᾳ ᾗ τὸ βασιλείόν σου
παρέλαβες, ⁴⁴καὶ πάντα τὰ σκεύη τὰ λημφθέντα ἐξ Ἰερουσαλὴμ καὶ 44
ἐκπέμψαι ἃ ἐχώρισεν Κῦρος, ὅτε ηὔξατο ἐκκόψαι Βαβυλῶνα, καὶ
ηὔξατο ἐξαποστεῖλαι ἐκεῖ. ⁴⁵καὶ σὺ εὔξω οἰκοδομῆσαι τὸν ναὸν ὃν 45
ἐνεπύρισαν οἱ Ἰουδαῖοι, ὅτε ἐρημώθη ἡ Ἰουδαία ὑπὸ τῶν Χαλδαίων.
⁴⁶καὶ νῦν τοῦτό ἐστιν ὅσα ἀξιῶ, κύριε βασιλεῦ, καὶ ὃ αἰτοῦμαί σε, 46
καὶ αὕτη ἐστὶν ἡ μεγαλωσύνη ἡ παρὰ σοῦ· δέομαι οὖν ἵνα ποιήσῃς
τὴν εὐχὴν ἣν ηὔξω τῷ βασιλεῖ τοῦ οὐρανοῦ ποιῆσαι ἐκ στόματός
σου ⁴⁷Τότε ἀναστὰς Δαρεῖος ὁ βασιλεὺς κατεφίλησεν αὐτόν, 47
καὶ ἔγραψεν αὐτῷ τὰς ἐπιστολὰς πρὸς πάντας οἰκονόμους καὶ το-
πάρχας καὶ στρατηγοὺς καὶ σατράπας, ἵνα προπέμψωσιν αὐτὸν καὶ
τοὺς μετ' αὐτοῦ πάντας ἀναβαίνοντας οἰκοδομῆσαι τὴν Ἰερουσαλήμ.
⁴⁸καὶ πᾶσι τοῖς τοπάρχαις ἐν κοίλῃ Συρίᾳ καὶ Φοινίκῃ καὶ τοῖς ἐν 48
τῷ Λιβάνῳ καὶ ἔγραψεν ἐπιστολάς, μεταφέρειν ξύλα κέδρινα ἀπὸ
τοῦ Λιβάνου εἰς Ἰερουσαλήμ, καὶ ὅπως οἰκοδομήσωσιν μετ' αὐτοῦ τὴν
πόλιν. ⁴⁹καὶ ἔγραψεν πᾶσι τοῖς Ἰουδαίοις τοῖς ἀναβαίνουσιν ἀπὸ 49
τῆς βασιλείας εἰς τὴν Ἰουδαίαν ὑπὲρ τῆς ἐλευθερίας, πάντα δυνατὸν
καὶ σατράπην καὶ τοπάρχην καὶ οἰκονόμον μὴ ἐπελεύσεσθαι ἐπὶ τὰς
θύρας αὐτῶν, ⁵⁰καὶ πᾶσαν τὴν χώραν ἣν κρατήσουσιν ἀφορολόγητον 50
αὐτοῖς ὑπάρχειν· καὶ ἵνα οἱ Χαλδαῖοι ἀφίουσι τὰς κώμας ἃς διακρα-
τοῦσιν τῶν Ἰουδαίων· ⁵¹καὶ εἰς τὴν οἰκοδομὴν τοῦ ἱεροῦ δοθῆναι 51
κατ' ἐνιαυτὸν τάλαντα εἴκοσι μέχρι τοῦ οἰκοδομηθῆναι· ⁵²καὶ ἐπὶ τὸ 52
θυσιαστήριον ὁλοκαυτώματα καρποῦσθαι καθ' ἡμέραν, καθὰ ἔχουσιν
ἐντολὴν ἑπτὰ καὶ δέκα προσφέρειν, ἄλλα τάλαντα, δέκα κατ' ἐνιαυ-
τόν· ⁵³καὶ πᾶσιν τοῖς προσβαίνουσιν ἀπὸ τῆς Βαβυλωνίας κτίσαι 53

A 41 ειπεν A   42 ον τροπον] ανθ ων A | μου 2°] μοι A* (μου Aˀ)
44 om και 2° A | εχωρισεν] εξεχωρησεν A   45 ηυξω A | Ιουδαιοι] Ιδουμαιοι
A | ηρημωθη A   46 οσα] ο σε Bᵃᵇ (ε superscr) A | η μεγαλ.] om η A
47 οικονομοις] pr τους A | σατραπας sup ras Aᵃ* | μετ] μ sup ras Aᵃ
48 πασιν A | Φοινικη] Φοινεικη B* (Φοινικ. Bᵇ) Φοινικ sup ras Aᵃ | om και 4°
A   49 πασιν A | μη] και A* (improb Aᵃ') | επιλευεσθαι B* (σ superscr
Bᵃᵇ)   50 κρατησουσιν] κρατουσιν A | Χαλδαιοι] Ιδουμαιοι A | αφιουσι]
αφοριουσι (op superscr) Bᵃᵇ αφιωσιν A

ΕΣΔΡΑΣ Α   V 6

τὴν πόλιν, ὑπάρχειν τὴν ἐλευθερίαν αὐτοῖς τε καὶ τοῖς τέκνοις αὐτῶν, B
54 καὶ πᾶσι τοῖς ἱερεῦσι τοῖς προσβαίνουσιν. ⁵⁴ἔγραψεν δὲ καὶ τὴν
χορηγίαν καὶ τὴν ἱερατικὴν στολὴν ἐν τίνι λατρεύουσιν ἐν αὐτῇ.
55 ⁵⁵καὶ τοῖς Λευείταις ἔγραψεν δοῦναι τὴν χορηγίαν ἕως τῆς ἡμέρας ᾗ
56 ἐπιτελεσθῇ ὁ οἶκος καὶ Ἰερουσαλὴμ οἰκοδομηθῆναι. ⁵⁶καὶ πᾶσι τοῖς
φρουροῦσι τὴν πόλιν, ἔγραψε δοῦναι αὐτοῖς κλήρους καὶ ὀψώνια.
57 ⁵⁷καὶ ἐξαπέστειλεν πάντα τὰ σκεύη ἃ ἐχώρισεν Κῦρος ἀπὸ Βαβυ-
λῶνος· καὶ πάντα ὅσα εἶπεν Κῦρος ποιῆσαι, καὶ αὐτὸς ἐπέταξεν
58 ποιῆσαι καὶ ἐξαποστεῖλαι εἰς Ἰερουσαλήμ.   ⁵⁸Καὶ ὅτε ἐξῆλθεν ὁ
νεανίσκος, ἄρας τὸ πρόσωπον εἰς τὸν οὐρανὸν ἐναντίον Ἰερουσαλὴμ
59 εὐλόγησεν τῷ βασιλεῖ τοῦ οὐρανοῦ ⁽⁵⁹⁾λέγων ⁵⁹Παρὰ σοῦ νίκη, καὶ
60 παρὰ σοῦ ἡ σοφία, καὶ σὴ ἡ δόξα, καὶ ἐγὼ σὸς οἰκέτης. ⁶⁰εὐλο-
γητὸς εἶ, ὃς ἔδωκάς μοι σοφίαν· καὶ σοὶ ὁμολογῶ, δέσποτα τῶν
61 πατέρων. ⁶¹καὶ ἔλαβεν τὰς ἐπιστολὰς καὶ ἐξῆλθεν εἰς Βαβυλῶνα
62 καὶ ἀπήγγειλεν τοῖς ἀδελφοῖς αὐτοῦ πᾶσιν. ⁶²καὶ εὐλόγησαν τὸν
θεὸν τῶν πατέρων αὐτῶν, ὅτι ἔδωκεν αὐτοῖς ἄνεσιν καὶ ἄφεσιν
63 ⁶³ἀναβῆναι καὶ οἰκοδομῆσαι Ἰερουσαλὴμ καὶ τὸ ἱερὸν οὗ ὠνομάσθη
τὸ ὄνομα αὐτοῦ ἐπ᾽ αὐτῷ· καὶ ἐκωθωνίζοντο μετὰ μουσικῶν καὶ
χαρᾶς ἡμέρας ἑπτά.

V 1   ¹Μετὰ δὲ ταῦτα ἐξελέγησαν ἀναβῆναι ἀρχηγοὶ οἴκου πατριῶν
κατὰ φυλὰς αὐτῶν, καὶ αἱ γυναῖκες αὐτῶν καὶ οἱ υἱοὶ καὶ αἱ θυγα-
τέρες καὶ οἱ παῖδες αὐτῶν, καὶ αἱ παιδίσκαι καὶ τὰ κτήνη αὐτῶν.
2 ²καὶ Δαρεῖος συναπέστειλεν μετ᾽ αὐτῶν ἱππεῖς χιλίους ἕως τοῦ ἀπο-
καταστῆσαι αὐτοὺς εἰς Ἰερουσαλὴμ μετ᾽ εἰρήνης καὶ μετὰ μουσικῶν,
3 τυμπάνων καὶ αὐλῶν. ³καὶ πάντες οἱ ἀδελφοὶ αὐτῶν παίζοντες
4 καὶ ἐποίησεν αὐτοῖς συναναβῆναι μετ᾽ ἐκείνων   ⁴Καὶ ταῦτα τὰ
ὀνόματα τῶν ἀνδρῶν τῶν ἀναβαινόντων κατὰ πατριὰς αὐτῶν εἰς τὰς
5 φυλὰς ἐπὶ τὴν μεριδαρχίαν αὐτῶν. ⁵οἱ ἱερεῖς υἱοὶ Φινεὲς υἱοὶ
Ἀαρών, Ἰησοῦς ὁ τοῦ Ἰωσεδὲκ τοῦ Σαραίου, καὶ Ἰωακεὶμ ὁ τοῦ Ζορο-
βαβὲλ τοῦ Σαλαθιὴλ ἐκ τοῦ οἴκου τοῦ Δανείδ, ἐκ τῆς γενεᾶς Φάρες,
6 φυλῆς δὲ Ἰούδα, ⁶ὃς ἐλάλησεν ἐπὶ Δαρείου τοῦ βασιλέως Περσῶν
λόγους σοφοὺς ἐν τῷ δευτέρῳ ἔτει τῆς βασιλείας αὐτοῦ μηνὶ Νισὰν

53 τε και τοις τε | και τοις B* (improb postea ras και τοις τε Bᵃ) [πασιν τ. A
ιερευσιν A   55 της ημερας] om της A | om η BA   56 πα-
σιν τ. φρουρουσιν A (φρουρου| sup ras Aᵃ)   57 εχωρισεν] εξεχωρησεν A
58 ηυλογησεν A   59 νικη] pr η A | ση] σου A   60 σοι] σ sup ras
Aᵃ?   62 ηυλογησαν A   V 1 α|βηναι B*ᵛⁱᵈ (αναβ. B?) | οικου] οικων
A | θυγατερες] +αυτων A | παιδισκαι]+αυτων A   2 Δαριος A   3 αυ-
τοις] αυτους A   5 υιοι 1°] pr οι A   6 Δαριου A

ΕΣΔΡΑΣ Α

B τοῦ πρώτου μηνός. ⁷εἰσὶν δὲ οὗτοι οἱ ἐκ τῆς Ἰουδαίας οἱ ἀναβάντες 7
ἐκ τῆς αἰχμαλωσίας τῆς παροικίας, οὓς μετοίκισεν Ναβουχοδονοσὸρ
βασιλεὺς Βαβυλῶνος εἰς Βαβυλῶνα, ⁸καὶ ἐπέστρεψεν εἰς Ἰερουσαλὴμ 8
⁽⁸⁾καὶ τὴν λοιπὴν Ἰουδαίαν ἕκαστος εἰς τὴν ἰδίαν πόλιν, οἱ ἐλθόντες
μετὰ Ζοροβαβὲλ καὶ Ἰησοῦ, Νεεμίου, Ζαραίου, Ῥησαίου, Ἐνήνιος,
Μαρδοχαίου, Βεελσάρου, Ἀσφαράσου, Βορολείου, Ῥοείμου, Βαανά,
τῶν προηγουμένων αὐτῶν. ⁹ἀριθμὸς τῶν ἀπὸ τοῦ ἔθνους καὶ οἱ 9
προηγούμενοι αὐτῶν· υἱοὶ Φορός, ἑβδομήκοντα δύο χιλιάδες· ¹⁰υἱοὶ 10
Ἀρές, ἑπτακόσιοι πεντήκοντα ἕξ. ¹¹υἱοὶ Φθαλειμωάβ, εἰς τοὺς 11
υἱοὺς Ἰησοῦ καὶ Ῥοβοάβ, δισχίλιοι ὀκτακόσιοι δύο· ¹²υἱοὶ Ἰωλάμου, 12
δύο· υἱοὶ Ζατόν, ἐννακόσιοι ἑβδομήκοντα· υἱοὶ Χορβέ, ἑπτακόσιοι
πέντε· υἱοὶ Βανεί, ἑξακόσιοι τεσσεράκοντα ὀκτώ· ¹³υἱοὶ Βηβαί, 13
ἑξακόσιοι τριάκοντα τρεῖς· υἱοὶ Ἀργαί, χίλιοι τριακόσιοι εἴκοσι
δύο· ¹⁴υἱοὶ Ἀδωνεικάμ, τριάκοντα ἑπτά· υἱοὶ Βοσαί, δισχίλιοι ἑξα- 14
κόσιοι ἕξ· υἱοὶ Ἀδειλίου, τετρακόσιοι πεντήκοντα τέσσαρες· ¹⁵υἱοὶ 15
Ἀζήρ Ἐζεκίου, υἱοὶ Κειλὰν καὶ Ἀζητάς, ἑξήκοντα ἑπτά· υἱοὶ Ἀζάρου,
τετρακόσιοι τριάκοντα δύο· ¹⁶υἱοὶ Ἀννείς, ἑκατὸν εἷς· υἱοὶ Ἀρόμ, υἱοὶ 16
Βασσαί, τριακόσιοι εἴκοσι τρεῖς· υἱοὶ Ἀρσειφουρείθ, ¹⁷υἱοὶ Βαιτηροῦς, 17
τρισχίλιοι πέντε· υἱοὶ ἐκ Ῥαγεθλωμῶν, ἑκατὸν εἴκοσι τρεῖς. ¹⁸οἱ ἐκ 18
Νετέβας, πεντήκοντα πέντε· οἱ ἐξ Ἐνάτου, ἑκατὸν πεντήκοντα ὀκτώ·
οἱ ἐκ Βαιτασμῶν Ζαμμώθ· ¹⁹οἱ ἐκ Καρταθειαρειός, εἴκοσι πέντε· οἱ 19
ἐκ Πείρας καὶ Βηρόγ, ἑπτακόσιοι· ²⁰οἱ Χαδιάσαι καὶ Ἀμμίδιοι, τετρα- 20

A 7 om οι 1° A | μετωκισεν A 8 επεστρεψαν B^(ab)A | μετα] μ sup ras A^(a?) |
Ζοροβαβελ] α sup ras A^(a') | Ιησους A | Ζαρεου A | Ενηνιος] Μαιαιναμνιος
B^(abmg) Ενηνιου A | Βορολειου] Ρεελιου A | Ροειμου] Ρομελιου (ομελιου sup ras) A^(a)
9 χιλιαδες]+ϛ ροβ'| υιοι Ασαφ τοβ' B^(ab)ᵐᵍ +και| εκατον εβδομηκοντα δυο·
υιοι Σαφατ'· τετρακοσιοι εβδομη|κοντα δυο· A   11 Φθαλειμ.] Φααθ'μ.
A | του υιου B | Ροβοαβ] Ιωαβ A | δυο] pr δεκα A   12 Ιωλαμου] Ηλαμ
A | δυο] χιλιοι διακοσιοι πεντηκοντα τεσσαρες A | Ζατον] Ζαθουι A | εννακο-
σιοι improb vid A^(a') | εβδομηκοντα] τεσσερακο|τα πεντε A | εξακοσιοι] εξακοσι
B* (+ οι B^(abmg)) | τεσσερακοντα] τεσσαρακ. B^b (item 22, 25, 41, 42) ο sup
ras A¹   13 τριακοντα] εικοσι A | Αργαι] Ασταα'| A | χιλιοι τριακοσιοι]
τρισχιλιοι εξακοσιοι A   14 Αδωνικαμ | τριακοντα επτα] εξακοσι|οι
τεσσερακοντα επτα A | Βοσαι] Βαγοι A | εξακοσιοι] εξηκοντα A | Αδειλιου]
Αδινου A | τετρακοσιοι] τετρακοσι B* (οι superscr B^(ubc?))   15 Αζηρ] Ατηρ
A | Εζεκιου]+ενενηκοντα δυο A | Κιλαν A | Αζαρου] Αζουρου A   16 Αν-
νιας A | Βασσα A | Αρσιφουρειθ A+εκατον δεκα δυο·| A   17 τρεισχ. B*
(τρισχ. B^b) | Ραγεθλωμων] Βαιθλωμων A   18 Νετεβας] Νετωφαε A | Ενα-
του] Αναθωθ A | Βαιτασμων Ζαμμωθ] Βαιθασμωθ A+τεσσεϊρακοντα δυο A
19 οι εκ (1°) A] ει B | Καριαθιαριος A | Πειρας] Καφιρας A | Βηρογ] Βηρωθ
(?Βηρωε) A [επτακοσιοι]+τεσσερακοντα τρεις A   20 οι 1°] ου A* (improb
υ A^(a?)) | Χαδιασαι] Χαδ'ασαι A^(vid) | Αμμιδαιοι A

142

ΕΣΔΡΑΣ Α   V 34

21 κόσιοι εἴκοσι δύο· οἱ ἐκ Κειράμας Κάββης, ἑξακόσιοι εἴκοσι εἷς· ²¹οἱ Β ἐκ Μακαλῶν, ἑκατὸν εἴκοσι δύο· οἱ ἐκ Βετολιώ, πεντήκοντα δύο·
22 Νειφεῖς, ἑκατὸν πεντήκοντα ἕξ· ²²υἱοὶ Καλαμωκάλου καὶ Ὠνοῦς, ἑπτακόσιοι εἴκοσι πέντε· ⁽²³⁾υἱοὶ Ἱερέχου, διακόσιοι τεσσεράκοντα πέντε·
23 ²³υἱοὶ Σαμά, τρισχίλιοι τριακόσιοι εἷς· ²⁴οἱ ἱερεῖς ⁽²⁴⁾οἱ υἱοὶ Ἰέδδου τοῦ
24 υἱοῦ Ἰησοῦ, εἰς τοὺς υἱοὺς Σαναβείς, ὀκτακόσιοι ἑβδομήκοντα δύο· υἱοὶ
25 Ἑρμήρου, διακόσιοι πεντήκοντα δύο· ²⁵υἱοὶ Φασσόρου, χίλιοι διακό-
26 σιοι τεσσεράκοντα ἑπτά· υἱοὶ Χαρμή, διακόσιοι δέκα ἑπτά· ²⁶οἱ Λενεῖται υἱοὶ Ἰησουείς, Κοδοήλου καὶ Βάννου καὶ Σουδίου, ἑβδομή-
(28) 27 κοντα τέσσαρες· ²⁷υἱοὶ ἱεροψάλται υἱοὶ Ἀσάφ, ἑκατὸν εἴκοσι ὀκτώ·
(29) 28 ²⁸οἱ θυρωροί, τετρακόσιοι· οἱ Ἰσμαήλου, υἱοὶ Λακουβάτου, χίλιοι
(30) 29 υἱοὶ Τωβείς, πάντες ἑκατὸν τριάκοντα ἐννέα· ²⁹οἱ ἱερόδουλοι, υἱοὶ Ἡσαύ, υἱοὶ Τασειφά, υἱοὶ Ταβαώθ, υἱοὶ Κηράς, υἱοὶ Σουά, υἱοὶ
30 Φαλαίου, υἱοὶ Λαβανά, ³⁰υἱοὶ Ἀκούδ, υἱοὶ Οὐτά, υἱοὶ Κητάβ, υἱοὶ
31 Ἀκκαβά, υἱοὶ Συβαεί, υἱοὶ Ἀνάν, υἱοὶ Κουά, υἱοὶ Κεδδούρ, ³¹υἱοὶ Ἰαείρου, υἱοὶ Δαισάν, υἱοὶ Νοεβά, υἱοὶ Χασεβά, υἱοὶ Καζηρά, υἱοὶ Ὀζείου, υἱοὶ Φινόε, υἱοὶ Ἀσαρά, υἱοὶ Βασθαί, υἱοὶ Ἀσσανά, υἱοὶ Μανεί, υἱοὶ Ναφεισεί, υἱοὶ Ἀκούφ, υἱοὶ Ἀχειβά, υἱοὶ Ἀσούρ, υἱοὶ Φαρακέμ,
32 υἱοὶ Βασαλέμ, ³²υἱοὶ Δεδδά, υἱοὶ Βαχούς, υἱοὶ Σεράρ, υἱοὶ Θόμθει, υἱοὶ
33 Νασεί, υἱοὶ Ἀτεφά· ³³υἱοὶ παίδων Σαλωμών, υἱοὶ Ἀσσαφείωθ, υἱοὶ
34 Φαρειδά, υἱοὶ Ἰειηλεί, υἱοὶ Λοζών, υἱοὶ Ἰσδαήλ, υἱοὶ Σαφυεί, ³⁴υἱοὶ Ἁγιά, υἱοὶ Φακαρέθ Σαβειή, υἱοὶ Σαρωθεί, υἱοὶ Μεισαιάς, υἱοὶ Γάς, υἱοὶ

20 Κιραμα A | Καββης] και Γαββης A   21 εκ 1°] seq lineola in A B* non inst B^b | Βητολιω A | Νειφεις] pr υιοι B^ab (superscr) υιοι Φινεις A
22 Καλαμωλαλου A | Ωνους A | Ιερειχου (ins ι) B^a | διακοσιοι] τριακοσιοι A   23 Σαμα] Σαναας A | τρεισχ. B* (τρισχ. B^b) | εις] τριακοντα A
24 οι ιερε B* (cum ras in o) ις superscr B^ab | οι υιοι] om οι A | Εδδου A* | om υιον A | Σαναβεις] Ανασειβ A | οκτακοσιοι] εννακοσιοι A | Ερμηρου] Εμμηρουθ A | διακοσιοι] χιλιοι A   25 Φασσουρου A | χιλιοι] ante χ ras 1 lit A? | διακοσιοι 2°] χιλιοι A   26 οι Λενειται] οι δε Λευιται A (post δε ras 1 lit A') | Ιησουεις] Ιησουε A | Κοδοηλου] και Καδμιηλου A   27 εικοσι] τεσσερακοντα A | εκατον] ε sup ras A^a?   28 τετρακοσιοι Τωβεις] υιοι Σαλουμ·' υιοι| Αταρ· υιοι Τολμαν· υιοι Δακουβι·|υιοι Ατητα· υιοι Σαβει A | παντες] pr οι A   29 Τασειφα] Ασειφα A | Ταβωθ A | Σουσα A | Λαβανα]+υιοι Αγγαβα B^ab mg A   30 υιοι 1°] υι sup ras A^1 | Ακκαβα] Γαβα A | υιοι 5°] υ sup ras A^1 | Ανναν A | Κουα] Καθουα A | Κεδδουρ] Γεδδουρ A   31 Ιαιρου A | Δεσαν A | Καζηρα] Γαζηρα A | Οζιου A | Ασανα A | Μανει] Μιανι A (Μ sup ras A^1) | Ναφισι A | Ακουμ A | Αχιφα A | Φαρακειμ A | Βασαλεμ] Βααλωθ A   32 Δεδδα] Μεεδδα·| υιοι Κουθα (Κ, θ sup ras A^a)· υιοι Χαρεα· A | Βαχους] Βαρχουε A | Θομει A (ε sup ras A^a) | Νασιθ A   33 Ασαφφιωθ·' A | Φαριδα A | Ιεηλι A | Σαφυθι A   34 Σαβειη] υιοι Σαβιη A | Σαρωθιε A | Μεισαιας] Μασιας A

ΕΣΔΡΑΣ Α

B Ἀδδούς, υἱοὶ Σουβάς, υἱοὶ Ἀφερρά, υἱοὶ Βαρωδείς, υἱοὶ Σαφάγ, υἱοὶ
Ἀλλών· ³⁵πάντες οἱ ἱερόδουλοι καὶ οἱ υἱοὶ τῶν παίδων Σαλωμὼν 35
τριακόσιοι ἑβδομήκοντα δύο. ³⁶οὗτοι ἀναβάντες ἀπὸ Θερμελὲθ καὶ 36
Θελερσάς· ἡγούμενος αὐτῶν Χαρααθαλὰν καὶ Ἀλλάρ. ³⁷καὶ οὐκ ἠδύ- 37
ναντο ἀπαγγεῖλαι τὰς πατριὰς αὐτῶν καὶ γενεάς, ὡς ἐκ τοῦ Ἰσραὴλ
εἰσιν· υἱοὶ Ἀσὰν τοῦ υἱοῦ τοῦ Βαενάν, υἱοὶ Νεκωδάν, ἑξακόσιοι πεντή-
κοντα δύο. ³⁸καὶ ἐκ τῶν ἱερέων οἱ ἐμποιούμενοι ἱερωσύνης, καὶ 38
οὐχ εὑρέθησαν· υἱοὶ Ὀββειά, υἱοὶ Ἀκβώς, υἱοὶ Ἰαδδοὺς τοῦ λαβόντος
Αὐγίαν γυναῖκα τῶν θυγατέρων Φαηζελδαίου, ⁽³⁹⁾καὶ ἐκλήθη ἐπὶ
τῷ ὀνόματι αὐτοῦ. ³⁹καὶ τούτων ζητηθείσης τῆς γενικῆς γραφῆς 39
ἐν τῷ καταλοχισμῷ καὶ μὴ εὑρεθείσης, ἐχωρίσθησαν τοῦ ἱερα-
τεύειν. ⁴⁰καὶ εἶπεν αὐτοῖς Ναιμίας καὶ Ἀθαρίας μὴ μετέχειν τῶν 40
ἁγίων ἕως ἀναστῇ ἱερεὺς ἐνδεδυμένος τὴν δήλωσιν καὶ τὴν ἀλή-
θειαν. ⁴¹Οἱ δὲ πάντες ἦσαν Ἰσραὴλ ἀπὸ δωδεκαετοῦς, χωρὶς 41
παίδων καὶ παιδισκῶν, μυριάδες τέσσαρες δισχίλιοι τριακόσιοι
ἑξήκοντα. ⁽⁴²⁾παῖδες τούτων καὶ παιδίσκαι ἑπτακισχίλιοι τρια- (42)
κόσιοι τριάκοντα ἑπτά· ψάλται καὶ ψαλτῳδοί, διακόσιοι τεσσε-
ράκοντα πέντε. ⁴²κάμηλοι τετρακόσιοι τριάκοντα πέντε, καὶ 42 (43)
ἵπποι ἑπτακισχίλιοι τριάκοντα ἕξ, ἡμίονοι διακόσιοι τεσσεράκοντα
πέντε, ὑποζύγια πεντακισχίλια πεντακόσια εἴκοσι πέν-
τε. ⁴³Καὶ ἐκ τῶν ἡγουμένων κατὰ τὰς πατριὰς ἐν τῷ παρα- 43 (44)
γίνεσθαι αὐτοὺς εἰς τὸ ἱερὸν τοῦ θεοῦ τὸ ἐν Ἰερουσαλὴμ εὔξαντο
ἐγεῖραι τὸν οἶκον ἐπὶ τοῦ τόπου αὐτοῦ κατὰ τὴν αὐτῶν δύναμιν,
⁴⁴καὶ δοῦναι εἰς τὸ ἱερὸν γαζοφυλάκιον τῶν ἔργων χρυσίου μνᾶς 44 (45)
χιλίας καὶ ἀργυρίου μνᾶς πεντακισχιλίας καὶ στολὰς ἱερατικὰς
ἑκατόν. ⁴⁵καὶ κατοικίσθησαν οἱ ἱερεῖς καὶ οἱ Λευεῖται καὶ οἱ 45 (46)
ἐκ τοῦ λαοῦ αὐτοῦ ἐν Ἰερουσαλὴμ καὶ τῇ χώρᾳ, οἵ τε ἱεροψάλται
καὶ οἱ θυρωροὶ καὶ πᾶς Ἰσραὴλ ἐν ταῖς κώμαις αὐτῶν.

⁴⁶Ἐνστάντος δὲ τοῦ ἑβδόμου μηνός, καὶ ὄντων τῶν υἱῶν Ἰσ- 46 (47)
ραὴλ ἑκάστου ἐν τοῖς ἰδίοις, συνήχθησαν ὁμοθυμαδὸν εἰς τὸ εὐρύ-

A   34 Αδδους] δ 1º B⁰ᵐᵍ ᵛⁱᵈ | Σαφαγ] Σαφατ Α | Αλλων] Αδλων Α   36 Θε-
λερσας] Θελσας Α | Χαρααθαλαν και Αλλαρ] Χαρα· Αθαλαρ' και Αλαρ'· Α
37 ως sup ras 3 litt Aᵃ | Ασαν] Δαλαν Α | Βαεναν] Βαν Α   38 εμποιου-
μενοι] ras aliq in ι 1º B' (forte εμπορ. B*) | Οββεια] Οβδια Α | Ακβως]
Ακκως Α | Ιοδδους Α | Φαηζελδαιου] Ζοριζελλεου Α   39 om και 2º Α
40 Ναιμιας] Νεεμιας Α | αγιων]+αυτους Α | εως]+ου Α | αναστη] αν στη
Α | ιερευς] αρχιερευς Α   41 om τριακοσιοι 1º επτακισχ Α   42 κα-
μηλοι] pr και Α   43 παραγιγνεσθαι Α | ηυξαντο Α   45 om αυτου
Α | χωρα] χ sup ras Aᵃ | ιεροψαλται] λ sup ras Aᵃ   46 εστάντος BA*
(ενστάντος Aˀ)

ΕΣΔΡΑΣ Α   V 56

(48) 47 χώρον τοῦ πρώτου πυλῶνος τοῦ πρὸς τῇ ἀνατολῇ. ⁴⁷καὶ κατα- B
στὰς Ἰησοῦς ὁ τοῦ Ἰωσεδὲκ καὶ οἱ ἀδελφοὶ αὐτοῦ οἱ ἱερεῖς καὶ
Ζοροβαβὲλ ὁ τοῦ Σαλαθιὴλ καὶ οἱ τούτου ἀδελφοὶ ἡτοίμασαν τὸ
(49) 48 θυσιαστήριον τοῦ θεοῦ Ἰσραήλ, ⁴⁸προσενέγκαι ἐπ' αὐτοῦ ὁλο-
καυτώσεις ἀκολούθως τοῖς ἐν τῇ Μωσέως βίβλῳ τοῦ ἀνθρώπου
(50) 49 τοῦ θεοῦ διηγορευμένοις. ⁴⁹καὶ ἐπισυνήχθησαν αὐτοῖς ἐκ τῶν
ἄλλων ἐθνῶν τῆς γῆς καὶ κατωρθώθησαν ἐπὶ τὸ θυσιαστήριον
ἐπὶ τοῦ τόπου αὐτῶν· ὅτι ἐν ἔχθρᾳ ἦσαν αὐτοῖς· κατίσχυσαν
αὐτοὺς πάντα τὰ ἔθνη τὰ ἐπὶ τῆς γῆς· καὶ ἀνέφερον θυσίας κατὰ
τὸν καιρὸν καὶ ὁλοκαυτώματα Κυρίῳ τὸ πρωινὸν καὶ τὸ δειλινόν.
(51) 50 ⁵⁰καὶ ἠγάγοσαν τὴν τῆς σκηνοπηγίας ἑορτὴν ὡς ἐπιτέτακται ἐν
(52) 51 τῷ νόμῳ, καὶ θυσίας καθ' ἡμέραν, ὡς προσῆκον ἦν· ⁵¹καὶ μετὰ
ταῦτα προσφορὰς ἐνδελεχισμοῦ, καὶ θυσίας σαββάτων καὶ νουμη-
(53) 52 νιῶν καὶ ἑορτῶν πασῶν ἡγιασμένων. ⁵²καὶ ὅσοι εὔξαντο εὐχὴν
τῷ θεῷ ἀπὸ τῆς νουμηνίας τοῦ πρώτου μηνός, ἤρξατο προσφέρειν
(54) 53 θυσίας τῷ θεῷ, καὶ ὁ ναὸς τοῦ θεοῦ οὔπω ᾠκοδόμητο. ⁵³καὶ
ἔδωκαν ἀργύριον τοῖς λατόμοις καὶ τέκτοσι, καὶ ποτὰ καὶ βρωτὰ
(55)   ⁽⁵⁵⁾καὶ χάρα τοῖς Σειδωνίοις καὶ Τυρίοις εἰς τὸ παράγειν αὐτοὺς ἐκ
τοῦ Λιβάνου ξύλα κέδρινα, διαφέρειν σχεδίας εἰς τὸν Ἰόππης
λιμένα, καὶ τὸ πρόσταγμα τὸ γραφὲν αὐτοῖς παρὰ Κύρου τοῦ
(56) 54 Περσῶν βασιλέως. ⁵⁴καὶ τῷ δευτέρῳ ἔτει παραγενόμενος εἰς
τὸ ἱερὸν τοῦ θεοῦ εἰς Ἰερουσαλὴμ μηνὸς δευτέρου ἤρξατο Ζορο-
βαβὲλ ὁ τοῦ Σαλαθιὴλ καὶ Ἰησοῦς ὁ τοῦ Ἰωσεδὲκ καὶ οἱ ἀδελφοὶ
αὐτῶν καὶ οἱ ἱερεῖς οἱ Λευεῖται καὶ πάντες οἱ παραγενόμενοι ἐκ
(57) 55 τῆς αἰχμαλωσίας εἰς Ἰερουσαλήμ, ⁵⁵καὶ ἐθεμελίωσαν τὸν ναὸν τοῦ
θεοῦ τῇ νουμηνίᾳ τοῦ δευτέρου μηνὸς τοῦ δευτέρου ἔτους ἐν τῷ
(58) 56 ἐλθεῖν εἰς τὴν Ἰουδαίαν καὶ Ἰερουσαλήμ. ⁵⁶καὶ ἔστησαν τοὺς
Λευείτας ἀπὸ εἰκοσαετοῦς ἐπὶ τῶν ἔργων τοῦ κυρίου· καὶ ἔστη
Ἰησοῦς καὶ οἱ υἱοὶ καὶ οἱ ἀδελφοί, καὶ ὁ Δαμαδιὴλ ὁ ἀδελφός,
καὶ οἱ υἱοὶ Ἰησοῦ Ἡμαδαβούν, καὶ οἱ υἱοὶ Ἰούδα τοῦ Εἰλιαδοὺν
σὺν τοῖς υἱοῖς καὶ ἀδελφοῖς, πάντες οἱ Λευεῖται ὁμοθυμαδὸν ἐργο-

46 την ανατολην A   47 Ισραηλ] pr του A   48 αυτου] αυτο A | A
Μωυσεως A   49 κατωρθωθησαν] κατωρθωσαν A | om επι 1° A | αυτων]
αυτου A | κατισχυσαν] pr και B^{ab} (superscr κ) A | Κυριω] pr τω A   50 την
της σκ.] τας σκ. A   52 ηυξαντο A | πρωτου] εβδομου A | ηρξαντο A
53 τεκτοσιν A | βρωτα και ποτα A | βρωτα· και χ. B | χαρα] καρρα A | Σιδω-
νιοις B^bA | και 7°] κατα A | του II. β.] των II. β. A   55 ναον] οικον A
56 ο Δαμαδιηλ] Καδωηλ A | Ιουδα] Ιωδα A | Ιλιαδουν A

ΕΣΔΡΑΣ Α

B διῶκται, ποιοῦντες εἰς τὰ ἔργα ἐν τῷ οἴκῳ τοῦ κυρίου· καὶ
οἰκοδόμησαν οἱ οἰκοδόμοι τὸν ναὸν τοῦ κυρίου. ⁵⁷Καὶ ἔστη- 57 (59)
σαν οἱ ἱερεῖς ἐστολισμένοι μετὰ μουσικῶν καὶ σαλπίγγων, καὶ
οἱ Λευεῖται υἱοὶ Ἀσὰφ ἔχοντες τὰ κύμβαλα ⁽⁶⁰⁾ὑμνοῦντες τῷ (60)
κυρίῳ καὶ εὐλογοῦντες κατὰ Δαυεὶδ βασιλέα τοῦ Ἰσραήλ· ⁵⁸καὶ 58 (61)
ἐφώνησαν δι' ὕμνων εὐλογοῦντες τῷ κυρίῳ, ὅτι ἡ χρηστότης αὐτοῦ
καὶ ἡ δόξα εἰς τοὺς αἰῶνας παντὶ Ἰσραήλ. ⁵⁹καὶ πᾶς ὁ λαὸς 59 (62)
ἐσάλπισαν καὶ ἐβόησαν φωνῇ μεγάλῃ, ὑμνοῦντες τῷ κυρίῳ ἐπὶ
τῇ ἐγέρσει τοῦ οἴκου Κυρίου. ⁶⁰καὶ ἤλθοσαν ἐκ τῶν ἱερέων τῶν 60 (63)
Λευειτῶν καὶ τῶν προκαθημένων κατὰ τὰς πατριὰς αὐτῶν οἱ
πρεσβύτεροι ἑωρακότες τὸν πρὸ τοῦ οἴκον ⁽⁶⁴⁾πρὸς τὴν τούτου (64)
οἰκοδομὴν μετὰ κραυγῆς καὶ κλαυθμοῦ μεγάλου, ⁶¹καὶ πολλοὶ διὰ 61
σαλπίγγων, καὶ χαρὰ μεγάλῃ τῇ φωνῇ· ⁶²ὥστε τὸν λαὸν μὴ 62 (65)
ἀκούειν τῶν σαλπίγγων διὰ τὸν κλαυθμὸν τοῦ λαοῦ· ὁ γὰρ ὄχλος
ἦν ὁ σαλπίζων μεγάλως, ὥστε μακρόθεν ἀκούεσθαι.   ⁶³Καὶ 63 (66)
ἀκούσαντες οἱ ἐχθροὶ τῆς φυλῆς Ἰούδα καὶ Βενιαμεὶν ἤλθοσαν
ἐπιγνῶναι τίς ἡ φωνὴ τῶν σαλπίγγων, ⁶⁴καὶ ἐπέγνωσαν ὅτι οἱ 64 (67)
ἐκ τῆς αἰχμαλωσίας οἰκοδομοῦσιν τὸν ναὸν τῷ κυρίῳ θεῷ Ἰσραήλ.
⁶⁵καὶ προσελθόντες τῷ Ζοροβαβὲλ καὶ Ἰησοῦ καὶ τοῖς ἡγουμένοις 65 (68)
τῶν πατριῶν λέγουσιν αὐτοῖς Συνοικοδομήσομεν ὑμῖν· ⁶⁶ὁμοίως 66 (69)
γὰρ ὑμῖν ἀκούομεν τοῦ κυρίου ὑμῶν, καὶ αὐτῷ ἐπιθύσομεν ἀπὸ
ἡμερῶν Ἀσβακαφὰθ βασιλέως Ἀσσυρίων, ὃς μετήγαγεν ἡμᾶς
ἐνταῦθα. ⁶⁷καὶ εἶπεν αὐτοῖς Ζοροβαβὲλ καὶ Ἰησοῦς καὶ οἱ ἡγού- 67 (70)
μενοι τῶν πατριῶν τοῦ Ἰσραήλ ⁽⁷¹⁾Οὐχ ὑμῖν τοῦ οἰκοδομῆσαι τὸν (71)
οἶκον Κυρίῳ θεῷ ἡμῶν· ⁶⁸ἡμεῖς γὰρ μόνοι οἰκοδομήσομεν τῷ 68
κυρίῳ τοῦ Ἰσραήλ, ἀκολούθως οἷς προσέταξεν ἡμῖν Κῦρος ὁ
βασιλεὺς Περσῶν. ⁶⁹τὰ δὲ ἔθνη τῆς γῆς ἐπικοιμώμενα τοῖς ἐν 69 (72)
τῇ Ἰουδαίᾳ καὶ πολιορκοῦντες εἶργον τοῦ οἰκοδομεῖν, ⁷⁰καὶ βουλὰς 70 (73)
καὶ δημαγωγοῦντες καὶ συστάσεις ποιούμενοι ἀπεκώλυσαν τοῦ
ἀποτελεσθῆναι τὴν οἰκοδομὴν πάντα τὸν χρόνον τῆς ζωῆς τοῦ

A 56 κυριου 2°] θυ A | ωκοδομησαν A 57 υιοι] pr οι A 58 υμνον B*
(υμνων Bᵃᵇ A) | ευλογουντες] ομολογουντες A | παντι] pr εν A 59 μεγαλην
A | Κυριου] pr του A 60 ιερων A | εωρακοτες] οι προεωρ. A | προ του]
προ τουτου Bᵃˀᵇ (του 2° superscr) A 61 χαρας A | τη φωνη] om τη A
62 μεγαλως] μεγαλωστι A | ωστε 2°] ωστα A 64 θω (sic) A 65 υμιν sup
ras 5 ut vid litt Aᵃˀ 66 επιθυομεν A | Ασβακαφαθ] Ασβασαρεθ A | εν-
τευθα A 67 ειπαν A | υμιν] pr ημῖ| και A | θεω] pr τω A 70 βουλας]
επιβουλας A | δημαγωγουντες] δημαγωγοιντας Bᵃᵇ δημαγωγιας A | συστα-
σεις] επισυστασις (sic) A | αποτελεσθηναι Bⁿᵇ (αποελ. B*)] επιτελεσθηναι A

ΕΣΔΡΑΣ Α

βασιλέως Κύρου· καὶ εἴρχθησαν τῆς οἰκοδομῆς ἔτη δύο ἕως τῆς Δαρείου Β βασιλείας.

VI 1 ¹Ἐν δὲ τῷ δευτέρῳ ἔτει τῆς Δαρείου βασιλείας ἐπροφήτευσεν Ἀγγαῖος καὶ Ζαχαρίας ὁ τοῦ Ἐδδεὶν οἱ προφῆται ἐπὶ τοὺς Ἰουδαίους τοὺς ἐν τῇ Ἰουδαίᾳ καὶ Ἰερουσαλήμ, ἐπὶ τῷ ὀνόματι Κυρίου θεοῦ 2 Ἰσραὴλ ἐπ᾽ αὐτούς. ²τότε στὰς Ζοροβαβὲλ ὁ τοῦ Σαλαθιὴλ καὶ Ἰησοῦς ὁ τοῦ Ἰωσεδὲκ ἤρξαντο οἰκοδομεῖν τὸν οἶκον τοῦ κυρίου τὸν ἐν Ἰερουσαλήμ, ⁽³⁾συνόντων τῶν προφητῶν τοῦ κυρίου βοηθούντων 3 αὐτοῖς. ³ἐν αὐτῷ τῷ χρόνῳ παρῆν πρὸς αὐτοὺς Σισίννης ὁ ἔπαρχος Συρίας καὶ Φοινίκης καὶ Σαθραβουζάνης καὶ οἱ συνέταιροι· ⁽⁴⁾καὶ εἶπεν 4 αὐτοῖς ⁴Τίνος ὑμῖν συντάξαντος τὸν οἶκον τοῦτον οἰκοδομεῖτε καὶ τὴν στέγην ταύτην καὶ τἆλλα πάντα ἐπιτελεῖτε, καὶ τίνες εἰσὶν οἱ 5 οἰκοδόμοι οἱ ταῦτα τελοῦντες; ⁵καὶ ἔσχοσαν χάριν ἐπισκοπῆς γενόμενοι ἐπὶ τὴν αἰχμαλωσίαν παρὰ τοῦ κυρίου οἱ πρεσβύτεροι τῶν 6 Ἰουδαίων, ⁶καὶ οὐκ ἐκωλύθησαν τῆς οἰκοδομῆς μέχρις οὗ ἀποση-7 μανθῆναι Δαρείῳ περὶ αὐτῶν καὶ προσφωνηθῆναι. ⁷Ἀντίγραφον ἐπιστολῆς ἧς ἔγραψεν Δαρείῳ καὶ ἀπέστειλαν Σισίννης ὁ ἔπαρχος Συρίας καὶ Φοινίκης καὶ Σαθραβουρζάνης καὶ οἱ συνέταιροι 8 οἱ ἐν Συρίᾳ καὶ Φοινίκῃ ἡγεμόνες Βασιλεῖ Δαρείῳ χαίρειν. ⁸πάντα γνωστὰ ἔστω τῷ κυρίῳ ἡμῶν τῷ βασιλεῖ· ὅτι παραγενόμενοι εἰς τὴν χώραν τῆς Ἰουδαίας καὶ Ἰερουσαλὴμ τὴν πόλιν κατελάβομεν τῆς αἰχμαλωσίας τοὺς πρεσβυτέρους τῶν Ἰουδαίων ἐν Ἰερουσαλὴμ (9) τῇ πόλει οἰκοδομοῦντας οἶκον τῷ κυρίῳ μέγαν καινόν, ⁽⁹⁾διὰ (10) 9 λίθων ξυστῶν πολυτελῶν, ξύλων τιθεμένων ἐν τοῖς οἴκοις, ⁹καὶ τὰ ἔργα ἐκεῖνα ἐπὶ σπουδῆς γινόμενα, καὶ εὐοδούμενον τὸ ἔργον ἐν ταῖς χερσὶν αὐτῶν, καὶ ἐν πάσῃ δόξῃ καὶ ἐπιμελείᾳ συντε-(11) 10 λούμενα. ¹⁰τότε ἐπυνθανόμεθα τῶν πρεσβυτέρων τούτων λέγοντες Τίνος ὑμῖν προστάξαντος οἰκοδομεῖτε τὸν οἶκον τοῦτον καὶ (12) 11 τὰ ἔργα ταῦτα ἐθεμελιοῦτε; ¹¹ἐπερωτήσαμεν οὖν αὐτοὺς ἕνεκεν τοῦ γνωρίσαι σοι καὶ γράψαι σοι τοὺς ἀνθρώπους τοὺς ἀφηγουμένους, καὶ τὴν ὀνοματογραφίαν ᾐτοῦμεν αὐτοὺς τῶν προκαθηγουμένων.

VI 1 Δαρειου] του Δαριου A | Εδδειν] Αδδω A   3 συνεταιροι]+αυτου A A | ειπαν A   4 συνταξαντος] a 2° sup ras A¹ | om και 3° A | ταυτα| τα B* (τα 1° improb Bᵃᵇ) | τελουντες] επιτελουντες BᵃᵇA   5 γενομενης A 6 μεχρις ου] μεχρι του A | υποσημανθηναι A   7 απεστειλε| A | · Σισιννης BA | Σαθραβουζανης A | χαιρει A   8 Ιερουσαλημ 1°] pr ελθοντες εις Bᵃᵇ⁽ᵐᵍᵍ⁾A | πολυτελων] pr και A | οικοις] τοιχοις A   9 σπουδην A | γιγνομενα A   11 επερωτησαμεν] μ sup ras A¹ | εινεκεν BᵃᵇA | προκαθηγουμενων] προκαθημενω| A

ΕΣΔΡΑΣ Α

B ¹²οἱ δὲ ἀπεκρίθησαν ἡμῖν λέγοντες Ἐσμὲν παῖδες τοῦ κυρίου 12(13) τοῦ κτίσαντος τὸν οὐρανὸν καὶ τὴν γῆν. ¹³καὶ οἰκοδομεῖτο ὁ 13(14) οἶκος ἔμπροσθεν ἐτῶν πλειόνων διὰ βασιλέως τοῦ Ἰσραὴλ μεγάλου καὶ ἰσχυροῦ, καὶ ἐπετελέσθη. ¹⁴καὶ ἐπεὶ οἱ πατέρες 14(15) ἡμῶν παραπικράναντες ἥμαρτον εἰς τὸν κύριον τοῦ Ἰσραὴλ τὸν οὐράνιον, παρέδωκεν αὐτοὺς εἰς χεῖρας Ναβουχοδονοσὸρ βασιλέως Βαβυλῶνος, βασιλέως τῶν Χαλδαίων· ¹⁵τόν τε οἶκον καθε- 15(16) λόντες ἐνεπύρισαν, καὶ τὸν λαὸν ᾐχμαλώτευσαν εἰς Βαβυλῶνα. ¹⁶ἐν δὲ τῷ πρώτῳ ἔτει βασιλεύοντος Κύρου χώρας Βαβυλωνίας 16(17) ἔγραψεν βασιλεὺς Κῦρος οἰκοδομῆσαι τὸν οἶκον τοῦτον, ¹⁷καὶ 17(18) τὰ ἱερὰ σκεύη τὰ χρυσᾶ καὶ τὰ ἀργυρᾶ, ἃ ἐξήνεγκεν Ναβουχοδονοσὺρ ἐκ τοῦ οἴκου τοῦ ἐν Ἰερουσαλὴμ καὶ ἀπηρείσατο αὐτὰ ἐν τῷ αὐτοῦ ναῷ, πάλιν ἐξήνεγκεν αὐτὰ Κῦρος ὁ βασιλεὺς ἐκ τοῦ ναοῦ τοῦ ἐν Βαβυλωνίᾳ, καὶ παρεδόθη Ζοροβαβὲλ καὶ Σαβανασσάρῳ τῷ ἐπάρχῳ. ¹⁸καὶ ἐπετάγη αὐτῷ, καὶ ἀπήνεγκεν 18(19) πάντα τὰ σκεύη ταῦτα ἀποθεῖναι ἐι τῷ ναῷ τῷ ἐν Ἰερουσαλήμ, καὶ τὸν ναὸν τοῦ κυρίου οἰκοδομηθῆναι ἐπὶ τοῦ τόπου. ¹⁹τότε 19(20) ὁ Σαναβάσσαρος παραγενόμενος εἰσεβάλλετο τοὺς θεμελίους τοῦ οἴκου Κυρίου τοῦ ἐν Ἰερουσαλήμ, καὶ ἀπ᾽ ἐκείνου μέχρι τοῦ νῦν οἰκοδομούμενος οὐκ ἔλαβεν συντέλειαν. ²⁰νῦν οὖν κρίνεται, 20(21) βασιλεῦ· ἐπισκεπήτω ἐν τοῖς βασιλικοῖς βιβλιοφυλακίοις τοῦ κυρίου βασιλέως τοῖς ἐν Βαβυλῶνι, ²¹καὶ ἐὰν εὑρίσκηται μετὰ 21(22) τῆς γνώμης Κύρου τοῦ βασιλέως γενομένην τὴν οἰκοδομὴν τοῦ κυρίου τοῦ ἐν Ἰερουσαλήμ, καὶ κρίνηται τῷ κυρίῳ βασιλεῖ ἡμῶν, προσφωνησάτω ἡμῖν περὶ τούτων.   ²²Τότε ὁ βασιλεὺς 22(23) Δαρεῖος προσέταξεν ἐπισκέψασθαι ἐν τοῖς βιβλιοφυλακίοις τοῖς κειμένοις ἐν Βαβυλῶνι, καὶ εὑρέθη ἐν Ἐκβατάνοις τῇ βάρει τῇ ἐν Μηδείᾳ χώρᾳ τόπος ἐν ᾧ ὑπομνημάτιστο τάδε ²³Ἔτους 23(24) πρώτου βασιλεύοντος Κύρου βασιλεὺς Κῦρος προσέταξεν τὸν οἶκον τοῦ κυρίου τὸν ἐν Ἰερουσαλὴμ οἰκοδομῆσαι, ὅπου ἐπι-

A   12 εσμεν] pr ημεις A   13 ωκοδομειτο A   14 Βαβυλωνος] της Βαβυλωνιας A   16 βασιλευς] pr ο A | οικοδομησαι τον οικον τουτον] τον οικον τουτον οικοδομηθηναι A   17 αργυρεα A | αυτου] εαυτου A | Βαβυλωνια] Βαβυλωνι A | Σαβανασσαρω] Σα|ναβασσαρω A   18 και απηνεγκεν] απενεγκαντι A | om παντα A | ταυτα τα σκευη A | κυριου]+ τουτον A   19 Σαναβασσαρος]+εκεινος A | εισεβαλλετο] ενεβαλλετο B^ab ενεβαλετο A | Κυριου] pr του A | οικοδομουμενον A   20 κρινεται] pr ει A | om βασιλεως τοις εν Βαβυλωνι A   21 κυριου] pr οικου B^ab mg A   22 βιβλιοφυλακιοις] pr βασιλικοις A | Μηδια B* (Μηδεια B^abA) | τοπος] τομος εις A | υπεμνηματιστο A

148

ΕΣΔΡΑΣ Α   VI 33

(25) 24 θύουσιν διὰ πυρὸς ἐνδελεχοῦς, ²⁴οὗ τὸ ὕψος πηχέων ἑξήκοντα, Β πλάτος πηχέων ἑξήκοντα, διὰ δόμων λιθίνων ξυστῶν τριῶν καὶ δόμου ξυλίνου ἐγχωρίου καινοῦ ἑνός, καὶ τὸ δαπάνημα δοθῆναι
(26) 25 ἐκ τοῦ οἴκου Κύρου τοῦ βασιλέως. ²⁵καὶ τὰ ἱερὰ σκεύη τοῦ οἴκου Κυρίου τά τε χρυσᾶ καὶ ἀργυρᾶ, ἃ ἐξήνεγκεν Ναβουχοδονοσὸρ ἐκ τοῦ οἴκου τοῦ ἐν Ἰερουσαλήμ, ἀπήνεγκεν εἰς Βαβυλῶνα, ἀποκατασταθῆναι εἰς τὸν οἶκον τὸν ἐν Ἰερουσαλὴμ οὗ
(27) 26 ἦν κείμενα, ὅπως τεθῇ ἐκεῖ. ²⁶προσέταξεν δὲ ἐπιμεληθῆναι Σισίννῃ ἐπάρχῳ Συρίας καὶ Φοινίκης καὶ Σαθραβουζάνῃ καὶ τοῖς συνεταίροις καὶ τοῖς ἀποτεταγμένοις ἐν Συρίᾳ καὶ Φοινίκῃ ἡγεμόσιν ἀπέχεσθαι τοῦ τόπου, ἐᾶσαι δὲ τὸν παῖδα Κυρίου Ζοροβαβέλ, ὕπαρχον δὲ τῆς Ἰουδαίας, καὶ τοὺς πρεσβυτέρους τῶν Ἰουδαίων
(28) 27 τὸν οἶκον τοῦ κυρίου ἐκεῖνον οἰκοδομεῖν ἐπὶ τοῦ τόπου. ²⁷κἀγὼ δὲ ἐπέταξα ὁλοσχερῶς οἰκοδομῆσαι, καὶ ἀτενίσαι ἵνα συνποιῶσιν τοῖς ἐκ τῆς αἰχμαλωσίας τῆς Ἰουδαίας μέχρι τοῦ ἐπιτελεσθῆναι
(29) 28 τὸν οἶκον τοῦ κυρίου· ²⁸καὶ ἀπὸ τῆς φορολογίας κοίλης Συρίας καὶ Φοινίκης ἐπιμελῶς σύνταξιν δίδοσθαι τούτοις τοῖς ἀνθρώποις εἰς θυσίαν τῷ κυρίῳ, Ζοροβαβὲλ ἐπάρχῳ, εἰς ταύρους καὶ κριοὺς
(30) 29 καὶ ἄρνας, ²⁹ὁμοίως δὲ καὶ πυρὸν καὶ ἅλα καὶ οἶνον καὶ ἔλαιον ἐνδελεχῶς κατ' ἐνιαυτόν, καθὼς ἂν οἱ ἱερεῖς οἱ ἐν Ἰερουσαλὴμ ὑπαγορεύσωσιν ἀναλίσκεσθαι καθ' ἡμέραν ἀναμφισβητήτως,
(31) 30 ³⁰ὅπως προσφέρωνται σπονδαὶ τῷ θεῷ τῷ ὑψίστῳ ὑπὲρ τοῦ βασιλέως καὶ τῶν παίδων, καὶ προσεύχωνται περὶ τῆς αὐτῶν
(32) 31 ζωῆς· ³¹καὶ προστάξαι ἵνα ὅσοι ἐὰν παραβῶσίν τι τῶν γεγραμμένων καὶ ἀκυρώσωσιν, λημφθῆναι ξύλον ἐκ τῶν ἰδίων αὐτοῦ καὶ ἐπ' αὐτοῦ κρεμασθῆναι, καὶ τὰ ὑπάρχοντα αὐτοῦ εἶναι
(33) 32 βασιλικά. ³²διὰ ταῦτα καὶ ὁ κύριος, οὗ τὸ ὄνομα αὐτοῦ ἐπικέκληται ἐκεῖ, ἀφανίσαι πάντα βασιλέα καὶ ἔθνος ὃς ἐκτενεῖ χεῖρα αὐτοῦ κωλῦσαι ἢ κακοποιῆσαι τὸν οἶκον Κυρίου ἐκεῖνον
(34) 33 τὸν ἐν Ἰερουσαλήμ. ³³ἐγὼ βασιλεὺς Δαρεῖος δεδογμάτικα ἐπιμελῶς κατὰ ταῦτα γίγνεσθαι.

24 πηχων A (bis) | εν|χωριου A   **25** τα τε χρυσα και αργυρα] τα| A χρυσεα· και τα αργυρεα A | om a A | απηνεγκεν] pr και A   **26** Φοινικη] Φοινεικη B* (Φοινικη B^b A) | om δε 2° A | Κυριου] pr του A | υπαρχον] επαρχον A | του κυριου] om του A   **27** καγω] και εγω A | om δε A | ολο|σχερως B* ολοσ|χερως B^(bvid) | συμποιωσιν B^b | της Ιουδαιας] των Ιουδαιων A | μεχρι] μεχρεις A   **28** θυσιας A   **29** κα (1°) B* (και B^(ab)) | αναμφι|σβητητως B* αναμφισ|βητητως B^b αναμφισβητως A   **31** προσταξαι] προσεταξεν A | εαν] αν A | γεγραμμενων] προειρημενων| και των προσγεγραμμενων A | και 2°] pr η A | επ αυτου] επι τουτω A   **32** Κυριου] pr του A   **33** γινεσθαι A

ΕΣΔΡΑΣ Α

¹Τότε Σισίννης ἔπαρχος κοίλης Συρίας καὶ Φοινίκης καὶ Σαθρα-
βουζάνης καὶ οἱ συνέταιροι, κατακολουθήσαντες τοῖς ὑπὸ τοῦ βασι-
λέως Δαρείου προσταγεῖσιν, ²ἐπεστάτουν τῶν ἱερῶν ἔργων ἐπιμε-
λέστερον συνεργοῦντες τοῖς πρεσβυτέροις τῶν Ἰουδαίων καὶ ἱερο-
στάταις. ³καὶ εὔοδα ἐγίνετο τὰ ἱερὰ ἔργα, προφητευόντων Ἀγγαίου
καὶ Ζαχαρίου τῶν προφητῶν. ⁴καὶ συνετέλεσαν ταῦτα διὰ προσ-
τάγματος τοῦ κυρίου θεοῦ Ἰσραήλ, καὶ μετὰ τῆς γνώμης τοῦ Κύρου καὶ
Δαρείου καὶ Ἀρταξέρξου βασιλέως Περσῶν. ⁵συνετελέσθη ὁ οἶκος
ἕως τρίτης καὶ εἰκάδος μηνὸς Ἀδὰρ τοῦ ἕκτου ἔτους βασιλέως
Δαρείου. ⁶καὶ ἐποίησαν οἱ υἱοὶ Ἰσραὴλ καὶ οἱ ἱερεῖς καὶ οἱ Λευεῖται
καὶ οἱ λοιποὶ οἱ ἐκ τῆς αἰχμαλωσίας οἱ προστεθέντες ἀκολούθως τοῖς
ἐν τῇ Μωσέως βίβλῳ ⁷καὶ προσήνεγκαν εἰς τὸν ἐνκαινισμὸν τοῦ
ἱεροῦ τοῦ κυρίου ταύρους ἑκατόν, κριοὺς διακοσίους, ἄρνας τετρα-
κοσίας, ⁸χιμάρους ὑπὲρ ἁμαρτίας παντὸς τοῦ Ἰσραὴλ δώδεκα, πρὸς
ἀριθμὸν ἐκ τῶν φυλάρχων τοῦ Ἰσραὴλ δώδεκα. ⁹καὶ ἔστησαν οἱ
ἱερεῖς καὶ οἱ Λευεῖται ἐστολισμένοι κατὰ φυλὰς ἐπὶ τῶν ἔργων
Κυρίου θεοῦ Ἰσραὴλ ἀκολούθως τῇ Μωυσέως βίβλῳ, καὶ οἱ θυρωροὶ
ἐφ' ἑκάστου πυλῶνος. ¹⁰Καὶ ἠγάγοσαν οἱ υἱοὶ Ἰσραὴλ τῶν ἐκ τῆς
αἰχμαλωσίας τὸ πάσχα ἐν τῇ τεσσαρεσκαιδεκάτῃ τοῦ πρώτου μηνός,
ὅτε ἡγνίσθησαν οἱ ἱερεῖς καὶ οἱ Λευεῖται ἅμα ¹¹καὶ πάντες οἱ υἱοὶ
τῆς αἰχμαλωσίας· ὅτι ἡγνίσθησαν. ὅτι οἱ Λευεῖται ἅμα πάντες ἡγνί-
σθησαν, ¹²καὶ ἔθυσαν τὸ πάσχα πᾶσιν τοῖς υἱοῖς τῆς αἰχμαλωσίας
καὶ τοῖς ἀδελφοῖς αὐτῶν τοῖς ἱερεῦσιν καὶ ἑαυτοῖς. ¹³καὶ ἐφάγοσαν
οἱ υἱοὶ Ἰσραὴλ οἱ ἐκ τῆς αἰχμαλωσίας, πάντες οἱ χωρισθέντες ἀπὸ
τῶν βδελυγμάτων τῶν ἐθνῶν τῆς γῆς, ζητοῦντες τὸν κύριον. ¹⁴καὶ
ἠγάγοσαν τὴν ἑορτὴν τῶν ἀζύμων ἑπτὰ ἡμέρας εὐφραινόμενοι ἔναντι
Κυρίου, ¹⁵ὅτι μετέστρεψεν τὴν βουλὴν τοῦ βασιλέως Ἀσσυρίων
ἐπ' αὐτούς, κατισχῦσαι τὰς χεῖρας αὐτῶν ἐπὶ τὰ ἔργα Κυρίου θεοῦ
Ἰσραήλ.

¹Καὶ μεταγενέστερος τούτων ἐστίν, βασιλεύοντος Ἀρταξέρξου τοῦ

A   VII 1 επαρχος] pr ο A | Φοινεικης B* (Φοινικης B^bA)   2 Ιουδαιων]
ιεραιων A   4 του Κυρου] om του A | Αρταρξερξου A | βασιλεων A
5 συνετελεσθη] pr εως του εκτου ετους Δαρειου βασιλεως Περσων A | οικος]
+ ο αγιος A   6 λοιποι]+ |υιοι Ισλ· και οι ιερεις και οι Λευ¹ιται· και οι
λοιποι A   7 εγκαινισμον B^abA | τετρακοσιους A   8 φυλαρχων] λαρ
sup ras A^a   9 κατα φυλας εστολισμενοι A | θεου] pr του A | Μωσεως A
10 του πασχα A | τεσσαρισκαιδεκ. B^ab | οτε] οτι A   14 Κυριου] pr του A
VIII 1 εστιν· B εστί | A (και εστιν ad praeced vid pertinere in B) | Αρ-
ταρξερξ. A (item 6, 8, 9, 19, 28)

ΕΣΔΡΑΣ Α   VIII 13

βασιλέως Περσῶν, προσέβη Ἔσρας Ἀζαραίου τοῦ Ζεχρίου τοῦ Χελ- B
2 κείου τοῦ Σαλήμου ²τοῦ Σαδδουλούκου τοῦ Ἀχειτὼβ τοῦ Ἀμαρθείου τοῦ
Ὀζείου τοῦ Βοκκὰ τοῦ Ἀβεισαὶ τοῦ Φινεὲς τοῦ Ἐλεαζὰρ τοῦ Ἀαρὼν
3 τοῦ πρώτου ἱερέως. ³οὗτος Ἔσρας ἀνέβη ἐκ Βαβυλῶνος ὡς γραμματεὺς εὐφυὴς ὢν ἐν τῷ Μωυσέως νόμῳ τῷ ἐκδεδομένῳ ὑπὸ τοῦ
4 θεοῦ τοῦ Ἰσραήλ, ⁴καὶ ἔδωκεν αὐτῷ ὁ βασιλεὺς δόξαν, εὑρόντος
5 χάριν ἐναντίον αὐτοῦ ἐπὶ πάντα τὰ ἀξιώματα αὐτοῦ. ⁵καὶ συνανέβησαν ἐκ τῶν υἱῶν Ἰσραὴλ καὶ τῶν ἱερέων καὶ Λευειτῶν καὶ
6 ἱεροψαλτῶν καὶ θυρωρῶν καὶ ἱεροδούλων εἰς Ἰερουσαλήμ, ⁶ἔτους
ἑβδόμου βασιλεύοντος Ἀρταξέρξου ἐν τῷ πέμπτῳ μηνί· οὗτος ἐνιαυτὸς ὁ δεύτερος βασιλεῖ· ἐξελθόντος γὰρ ἐκ Βαβυλῶνος τῇ νουμηνίᾳ
(7) τοῦ πρώτου μηνὸς ⁽⁷⁾παρεγένοντο εἰς Ἰερουσαλὴμ κατὰ τὴν
(8) 7 δοθεῖσαν αὐτοῖς εὐοδίαν παρὰ τοῦ κυρίου ἐπ' αὐτῷ. ⁷ὁ γὰρ
Ἀψάρας πολλὴν ἐπιστήμην περιεῖχεν, εἰς τὸ μηδὲν παραλείπειν
τῶν ἐκ τοῦ νόμου Κυρίου καὶ ἐκ τῶν ἐντολῶν πάντα τὸν
(9) 8 Ἰσραήλ, δικαιώματα καὶ κρίματα. ⁸Προσπεσόντος παρὰ
Ἀρταξέρξου βασιλέως πρὸς Ἔσραν τὸν ἱερέα καὶ ἀναγνώστην τοῦ
(10) 9 νόμου Κυρίου, οὗ ἐστιν ἀντίγραφον τὸ ὑποκείμενον ⁹Βασιλεὺς
Ἀρταξέρξης Ἔσρᾳ τῷ ἱερεῖ καὶ ἀναγνώστῃ τοῦ νόμου Κυρίου
(11) 10 χαίρειν. ¹⁰καὶ τὰ φιλάνθρωπα ἐγὼ κρίνας προσέταξα τοὺς
βουλομένους ἐκ τοῦ ἔθνους τῶν Ἰουδαίων αἱρετίζοντας καὶ τῶν
ἱερέων καὶ τῶν Λευειτῶν καὶ τῶνδε ἐν τῇ ἡμετέρᾳ βασιλείᾳ
(12) 11 συμπορεύεσθαί σοι εἰς Ἰερουσαλήμ. ¹¹ὅσοι οὖν ἐνθυμοῦνται,
συνεξορμάσθωσαν, καθάπερ δέδοκται ἐμοί τε καὶ τοῖς ἑπτὰ
(13) 12 φίλοις συμβουλευταῖς· ¹²ὅπως ἐπισκέψωνται κατὰ τὴν Ἰουδαίαν
(14) 13 καὶ κατὰ Ἰερουσαλὴμ ἀκολούθως ᾧ ἔχει νόμῳ Κυρίου, ¹³καὶ

1 Περσων βασιλεως A | Εξρας A (Εξρ ubique exc IX 1) | Αξαραιου] A
Σαραιου A | Ζεχριου] Εξεριου A | Χελκιου BᵇA   2 Σαδδουλουκου]
Σαδ|δουκου A | Αχιτωβ A | Αμαρθειου] Αμαριου A | Οξειου] Οξιου Bᵇ Εξιου
A+του Μαρερωθ· του| Ζαραιου· του Σαουια· A | Αβισουαι A | Φινεες A |
Ελεαζαρ] ras aliq in ϛ Bᵗ (forte Ελεαρ.. B*) | πρωτου ιερεως] ιερεως| του
πρωτου A   3 νομω Μωυσεως A   4 ευροντες A   5 Ιεροσολυμα
A   6 ενιαυτος ο δευτερος] ο ενιαυτος εβδομος A | βασιλει] pr τω A | εξελθοντες A | μηνος]+εν τη νουμηνια·| του πεμπτου μηνος A | Ιεροσολυμα A |
om επ αυτω A   7 Αψαρας] Εξρας A | παραλιπειν Bᵇ | om εκ 2° A |
εντολων]+διδαξαι A | τον παντα Ισλ A | δικαιωματα (διωματα B* superscr
ϛ Bᵃᵇ)] pr παντα| τα A | κριματα] pr τα A   8 προσπεσοντος]+δε του
γραφεντος προσταγματος A | βασιλεως] pr του A | ιερεαν A   10 και
τωνδε] οντω| δε αυτων A | ημετερα] ημερα A   11 συνεξορματωσαν A
12 κατα 1°] pr τα A | om κατα 2° A | ω] ως A | νομω] pr εν τω A | Κυριου]
pr του A

VIII 14   ΕΣΔΡΑΣ Α

B ἀπενεγκεῖν δῶρα τῷ κυρίῳ ἃ ηὐξάμην ἐγώ τε καὶ οἱ φίλοι εἰς
Ἰερουσαλήμ, καὶ πᾶν χρυσίον καὶ ἀργύριον ὃ ἐὰν εὑρεθῇ ἐν
τῇ χώρᾳ τῆς Βαβυλωνίας τῷ κυρίῳ εἰς Ἰερουσαλὴμ ⁽¹⁵⁾σὺν τῷ   (15)
δεδωρημένῳ ὑπὸ τοῦ ἔθνους εἰς τὸ ἱερὸν τοῦ κυρίου αὐτῶν τὸ
ἐν Ἰερουσαλὴμ ¹⁴συναχθῆναι, τό τε χρυσίον καὶ ἀργύριον εἰς 14
ταύρους καὶ κριοὺς καὶ ἄρνας καὶ τὰ τούτοις ἀκόλουθα, ¹⁵ὥστε 15 (16)
προσενεγκεῖν θυσίας ἐπὶ τὸ θυσιαστήριον τοῦ κυρίου αὐτῶν
τὸ ἐν Ἰερουσαλήμ. ¹⁶καὶ πάντα ὅσα ἂν βούλῃ μετὰ τῶν ἀδελ- 16 $\binom{17}{20}$
φῶν σου ποιῆσαι χρυσίῳ καὶ ἀργυρίῳ, ἐπιτέλει κατὰ τὸ θέλημα
τοῦ θεοῦ σου· ¹⁷καὶ κατὰ τὰ ἱερὰ σκεύη σου τὰ διδόμενα εἰς 17 (18)
τὴν χρείαν τοῦ ἱεροῦ τοῦ θεοῦ σου τοῦ ἐν Ἰερουσαλήμ. ⁽¹⁹⁾καὶ   (19)
τὰ λοιπὰ ὅσα ἂν ὑποπίπτῃ σοι εἰς τὴν χρείαν τοῦ ἱεροῦ τοῦ
θεοῦ σου ¹⁸δώσεις ἐκ τοῦ βασιλικοῦ γαζοφυλακίου. ¹⁹καὶ ἐγὼ $\begin{smallmatrix}18\\19\end{smallmatrix}$ (21)
ἰδοὺ Ἀρταξέρξης ὁ βασιλεὺς προσέταξα τοῖς γαζοφύλαξι Συρίας
καὶ Φοινίκης, ἵνα ὅσα ἂν ἀποστείλῃ Ἔσδρας ὁ ἱερεὺς καὶ ἀνα-
γνώστης τοῦ νόμου τοῦ θεοῦ τοῦ ὑψίστου ἐπιμελῶς διδῶσιν
αὐτῷ ἕως ἀργυρίου ταλάντων ἑκατόν, ²⁰ὁμοίως δὲ καὶ ἕως πυροῦ 20 (22)
κόρων ἑκατὸν καὶ οἴνου μετρητῶν ἑκατόν· ²¹κατὰ τὸν τοῦ θεοῦ 21 (23)
νόμον ἐπιτελεσθήτω τῷ θεῷ τῷ ὑψίστῳ, ἕνεκα τοῦ μὴ γενέσθαι
ὀργὴν εἰς τὴν βασιλείαν τοῦ βασιλέως καὶ τῶν υἱῶν. ²²καὶ 22 (24)
ὑμῖν δὲ λέγεται ὅπως πᾶσι τοῖς ἱερεῦσιν καὶ τοῖς Λευείταις
καὶ ἱεροψάλταις καὶ θυρωροῖς καὶ ἱεροδούλοις καὶ πραγματικοῖς
τοῦ ἱεροῦ τούτου ⁽²⁵⁾μηδεμία φορολογία μηδὲ ἄλλη ἐπιβουλὴ γίνη-   (25)
ται, μηδένα ἔχειν ἐξουσίαν ἐπιβαλεῖν τούτοις. ²³καὶ σύ, Ἔσρα, 23 (26)
κατὰ τὴν σοφίαν τοῦ θεοῦ ἀνάδειξον κριτὰς καὶ δικαστάς, ὅπως
δικάζωσιν ἐν ὅλῃ Συρίᾳ καὶ Φοινίκῃ πάντας τοὺς ἐπισταμένους
τὸν νόμον τοῦ θεοῦ σου· καὶ τοὺς μὴ ἐπισταμένους διδάξεις.
²⁴καὶ πάντες ὅσοι ἐὰν παραβαίνωσι καὶ τὸν νόμον τοῦ θεοῦ σου 24 (27)

A 13 τω κυριω (1°)]+του Ισλ A | om τω κυριω (2°) A   13—15 εις
Ιερουσαλημ .ωστε ın mg et sup ras Aᵃ   13 κυριου]+θῡ A | αυτων]
διαιτων Aᵃ   14 om τε Aᵃ   15 θυσιας]+τω κῶ A | κυριου] θῡ A
17 om κατα A | σου 1°] του κῡ A | διδομενα]+οι A* (σοι A¹) | αν] εαν A
18 βασιλικου] ιερου A   19 και εγω ιδου] καγω δε A | Αρταξερξης (Αρταρξ.
Bᵃᵇ) ο βασιλευς] ο βασιλευς Αρταρ|ξερξης A | γαζοφυλαξιν A | Φοινεικ. B*
(Φοινικ. BᵇA: item 23) | αν] εαν A   20 εκατον 2°]+και αλλα εκ
πληθους| παντα A   21 επιτελεσθητω]+επιμελως A | εις] επι A | υιων]
+αυτου A   22 πασιν A | ιεροψαλταις] pr τοις A | τουτου A] του B |
αλλη επιβουλη] αλλα βουλη A | γιγνηται A | μηδενα εχειν εξουσιαν] και
εξουσιαν μηδενα εχειν A | επιβαλειν]+τι A   23 επισταμενους]+δε A
24 παραβαινουσιν A | om και 2° A

ΕΣΔΡΑΣ Α   VIII 39

καὶ τοῦ βασιλικοῦ ἐπιμελῶς κολασθήσονται, ἐάν τε καὶ θανάτῳ B
(28) 25 ἐάν τε καὶ τιμωρίᾳ, μὴ ἀργυρίῳ ζημίᾳ ἢ ἀπαγωγῇ. ²⁵εὐλογητὸς
μόνος ὁ κύριος ὁ δούς ταῦτα εἰς τὴν καρδίαν μου τοῦ βασιλέως,
(29) 26 δοξάσαι τὸν οἶκον αὐτοῦ τὸν ἐν Ἰερουσαλήμ. ²⁶καὶ ἐμὲ ἐτίμησεν
ἔναντι τῶν βασιλευόντων καὶ πάντων τῶν φίλων καὶ μεγιστά-
(30) 27 νων αὐτοῦ. ²⁷καὶ ἐγὼ εὐθαρσὴς ἐγενόμην κατὰ τὴν ἀντίλημψιν
Κυρίου θεοῦ μου, καὶ συνήγαγον ἐκ τοῦ Ἰσραὴλ ἄνδρας ὥστε
(31) 28 συναναβῆναί μοι. ²⁸Καὶ οὗτοι οἱ προηγούμενοι κατὰ τὰς
πατριὰς αὐτῶν καὶ τὰς μεριδαρχίας, οἱ ἀναβάντες μετ᾽ ἐμοῦ ἐκ
(32) 29 Βαβυλῶνος ἐν τῇ βασιλείᾳ Ἀρταξέρξου τοῦ βασιλέως. ²⁹ἐκ τῶν
υἱῶν Φορός, Ταροσότομος· ἐκ τῶν υἱῶν Ἰεταμάρου, Γάμηλος· τῶν
(33) 30 υἱῶν Δαυείδ, ³⁰Φαρές, Ζαχαρίας, καὶ μετ᾽ αὐτοῦ ἀπὸ γραφῆς
(34) 31 ἄνδρες ἑκατὸν πεντήκοντα· ³¹ἐκ τῶν Μααθμωάβ, Ἐλιαλωνίας
(35) 32 Ζαραίου, καὶ μετ᾽ αὐτοῦ ἄνδρες διακόσιοι· ³²ἐκ τῶν υἱῶν Ζαθοής,
Εἰεχονίας Ἰεθήλου, καὶ μετ᾽ αὐτοῦ ἄνδρες διακόσιοι· τῶν υἱῶν
Ἀδείν, Οὐβὴν Ἰωνάθου, καὶ μετ᾽ αὐτοῦ ἄνδρες διακόσιοι πεντή-
(36) 33 κοντα· ³³ἐκ τῶν υἱῶν Λάμ, Ἐσίας Γυθολίου, καὶ μετ᾽ αὐτοῦ
(37) 34 ἄνδρες ἑβδομήκοντα· ³⁴ἐκ τῶν υἱῶν Σοφοτίου, Ζαραίας Μειχαήλου,
(38) 35 καὶ μετ᾽ αὐτοῦ ἄνδρες ἑβδομήκοντα· ³⁵ἐκ τῶν υἱῶν Ἰωάβ, Ἀβαδίας
(39) 36 Ἰεζήλου, καὶ μετ᾽ αὐτοῦ ἄνδρες διακόσιοι δέκα δύο· ³⁶ἐκ τῶν
υἱῶν Βανιάς, Σαλειμὼθ Ἰωσαφίου, καὶ μετ᾽ αὐτοῦ ἄνδρες ἑκατὸν
(40) 37 ἑξήκοντα· ³⁷ἐκ τῶν Βαιήρ, Ζαχαριαὶ Βημαί, καὶ μετ᾽ αὐτοῦ ἄνδρες
(41) 38 εἴκοσι ὀκτώ· ³⁸υἱοὶ Ἀστάθ, Ἰωάνης Ἀκατάν, καὶ μετ᾽ αὐτοῦ
(42) 39 ἄνδρες ἑκατὸν δέκα· ³⁹ἐκ τῶν υἱῶν Ἀδωνιακαὶμ οἱ ἔσχατοι, καὶ
ταῦτα τὰ ὀνόματα αὐτῶν· Ἐλειφάλα τοῦ Γεουὴλ καὶ Σαμαίας,

24 τον βασιλεικον A | μη] η A | αργυριω] αργυρικη A   25 ευλο- A
γητος] pr και ειπεν Εζρας ο γραμματευς·| A | κυριος]+των πα|τερων μου A |
om μου A   26 εναντιον A | των βασιλευοντων] του βασιλεως· και των
συμβα|σιλευοντων· A   27 και εγω] καγω A | θεου] pr του A   28 ανα-
βαντες] αναβαινοντες Λ | Αρταξερξου Bᵃᵇ A   29 Φορος] Φινεες A | Ταροσο-
τομος] Γηρσων A | Ιεταμαρου] Ιθαμαρ A | Γαμηλος] Γαμαηλ A | των υιων 3°]
pr εκ A | Δαυειδ]+Αττους| ο Σεχενιου A   30 Φαρες] των υιων Φορος A |
Ζαχαριας και] ζαι (sic) A   31 Μααθμωαβ] υιων Φααθ᾽μ. A | Ελιαωνιας A
32 Ειεχονιας (Ιεχ Bᵇ)] Σεχενιας A | Ιεθηλου] Ιεζηλου A | διακοσιοι 1°]
τριακοσιοι A | των υιων 2°] pr εκ Λ | Αδιν A | Ουβην] Ωβηθ A   33 Λαμ]
Ελαμ A | Εσιας] Ιεσσιας A   34 om A | Μιχαηλου Bᵇ   35 δεκα δυο]
δωδεκα A   36 Βανιας (Βανειας Bᵃᵇ)] Σαλειμωθ] Βανι· Ασσαλιμωθ᾽ A |
εκατον εξηκοντα] εξηκ. και εκατον A   37 Βαιηρ] υιων Βαβι A | Ζαχαριας
A | Βημαι] Βηβαι A | οκτω| A (sic)   38 υιοι] εκ των υιων A | Ιωαν-
νης A   39 Αδωνικαμ A | Ελειφαλα του Γεουηλ] Ελι;φαλατος· Ιεουηλ᾽·
A

ΕΣΔΡΑΣ Α

B καὶ μετ' αὐτῶν ἄνδρες ἑβδομήκοντα· ⁴⁰ἐκ τῶν υἱῶν Βαναὶ Οὐτοῦ 40
Ἰστακάλκου, καὶ μετ' αὐτοῦ ἄνδρες ἑβδομήκοντα. ⁴¹Καὶ 41 (43)
συναγαγὼν αὐτοὺς ἐπὶ τὸν λεγόμενον Ποταμόν, καὶ παρενεβάλο-
μεν αὐτόθι ἡμέρας τρεῖς, καὶ κατέμαθον αὐτούς. ⁴²καὶ ἐκ τῶν 42 (44)
ἱερέων καὶ ἐκ τῶν Λευειτῶν οὐχ εὑρὼν ἐκεῖ, ⁴³ἀπέστειλα πρὸς 43 (45)
Ἐλεάζαρον καὶ Ἰδούηλον καὶ Μαασμᾶν καὶ Ἐναατὰν καὶ Σαμαίαν
καὶ Ἰώριβον, Ναθάν, Ἐννατάν, Ζαχαρίαν καὶ Μεσολαβών, τοὺς
ἡγουμένους καὶ ἐπιστήμονας, ⁴⁴καὶ εἶπα αὐτοῖς ἐλθεῖν πρὸς 44 (46)
Λααδαῖον τὸν ἡγούμενον τὸν ἐν τῷ τόπῳ γαζοφυλακίου, ⁴⁵ἐντει- 45 (47)
λάμενος αὐτοῖς διαλεγῆναι Λοδαίῳ καὶ τοῖς ἀδελφοῖς αὐτοῦ καὶ
τοῖς ἐν τῷ τόπῳ γαζοφύλαξιν ἀποστεῖλαι ἡμῖν τοὺς ἱερα-
τεύσαντας ἐν τῷ οἴκῳ τοῦ κυρίου ἡμῶν, ⁴⁶ἄνδρα ἐπιστήμονα, 46 (48)
τῶν υἱῶν Μοολεὶ τοῦ Λευεὶ τοῦ Ἰσραὴλ Ἀσεβηβίαν, καὶ τοὺς
υἱοὺς καὶ τοὺς ἀδελφοὺς δέκα· ⁴⁷οἱ ἐκ τῶν υἱῶν Χανουναίου καὶ 47 (49)
οἱ υἱοὶ αὐτῶν, εἴκοσι ἄνδρες· ⁴⁸καὶ ἐκ τῶν ἱεροδούλων ὧν ἔδωκεν 48 (50)
Δανείδ, καὶ οἱ ἡγούμενοι εἰς τὴν ἐργασίαν τῶν Λευειτῶν, ἱερόδουλοι,
διακόσιοι εἴκοσι· πάντων ἐσημάνθη ὀνοματογραφία ⁴⁹καὶ εὐξά- 49 (51)
μην ἐκεῖ νηστείαν τοῖς νεανίσκοις ἔναντι κυρίου ἡμῶν, ⁵⁰ζητῆσαι 50
παρ' αὐτοῦ εὐοδίαν ἡμῖν τε καὶ τοῖς τέκνοις ἡμῶν καὶ κτήνεσιν.
⁵¹ἐνετράπην γὰρ ἱππεῖς καὶ πεζοὺς προπομπὴν ἕνεκεν ἀσφαλείας 51 (52)
τῆς πρὸς τοὺς ἐναντίους ἡμῖν. ⁵²εἴπαμεν γὰρ τῷ βασιλεῖ ὅτι 52 (53)
Ἰσχὺς τοῦ κυρίου ἡμῶν ἔσται μετὰ τῶν ἐπιζητούντων αὐτὸν εἰς
πᾶσαν ἐπανόρθωσιν. ⁵³καὶ πάλιν ἐδεήθημεν τοῦ κυρίου ἡμῶν 53 (54)
πάντα ταῦτα, καὶ ἐτύχομεν εὐιλάτου. ⁵⁴καὶ ἐχώρισα τῶν φυλάρ- 54 (55)
χων τῶν ἱερέων ἄνδρας δέκα δύο, καὶ Ἐσερεβίαν καὶ Ἀσσαμίαν,

A 40 Βαναι Ουτου Ιστακαλκου] Βαγο· Ουθι ο του Ισταλκουρου A 41 συνα-
γαγων] συνηγαγον A | ποταμον] pr Θεραν A 42 ιερεων] υιων των
ιεραιων A 43 Εναατα] Ελναθαν A | Μεσολαβων] Μοσολλαμον A
44 Λααδαιον] Δολδαιον A | γαζοφυλακιου] pr του A 45 διαλεγηναι]
διαλεχθηναι A | Λοδαιω] Δολδαιω A | ιερατευσοντας B^(ab) | τω οικω] τοπω A
46 ανδρα επιστημονα] και ηγαγεν ημιν κατα την κραται|αν χειρα του κ̄ῡ ημων
ανδρας επιστημονας A | Μοολι A | Λευι A | υιους]+αυτου A | δεκα] οντας
(sup ras A^a) δεκα οκτω A 47 οι 1°] και Ασεβιαν· και Αννουνον·| και
Ωσαιαν αδελφον A | Χανουναιου και sup ras A^a° | ανδρες εικοσι A 48 ιερο-
δουλους διακοσιους A | εικοσι] pr και A | εσημανθη] ονομασθη A | ονοματο-
γραφια] pr η A 49 ηυξαμην A | τοις νεανισκοις νηστιαν A | κυριου]
+του θ̄ῡ A 50 τεκνοις] pr συνουσειν (sic) ημιν A 51 ιππεις και
πεζους] αι|τησαι τον βασιλεα πεζζους (sic) τε· | και ιππεις και A | ασφαλιας
A | εναντιους] εναντιουμενους A 53 παντα] κατα A | ετυχομεν ευιλατου]
ιλατου (ιλαστου A^a°) ετυχομεν A 54 ανδρας 1°] a 2° sup ras A^a | δεκα
δυο] δωδεκα A | Ασαμιαν A

ΕΣΔΡΑΣ Α   VIII 63

(56) 55 καὶ μετ' αὐτῶν ἐκ τῶν ἀδελφῶν αὐτῶν ἄνδρας δέκα. ⁵⁵καὶ B
ἔστησα αὐτοῖς τὸ ἀργύριον καὶ τὸ χρυσίον καὶ τὰ ἱερὰ σκεύη
τοῦ οἴκου τοῦ κυρίου ἡμῶν· οὕτως ἐδωρήσατο ὁ βασιλεὺς καὶ οἱ
(57) 56 σύμβουλοι αὐτοῦ καὶ μεγιστᾶνες καὶ πᾶς Ἰσραήλ. ⁵⁶καὶ παρέ-
δωκεν αὐτοῖς στήσας τάλαντα ἀργυρίου ἑξακόσια πεντήκοντα,
καὶ σκεύη ἀργυρᾶ ταλάντων ἑκατόν, καὶ χρυσίου ταλάντων ἑκα-
(58)   τόν, ⁽⁵⁸⁾χρυσώματα εἴκοσι, καὶ σκεύη χαλκᾶ ἀπὸ χαλκοῦ χρηστοῦ
(59) 57 στίλβοντα σκεύη δέκα. ⁵⁷καὶ εἶπα αὐτοῖς Καὶ ὑμεῖς ἅγιοί ἐστε
τῷ κυρίῳ, καὶ τὰ σκεύη τὰ ἅγια καὶ τὸ ἀργύριον καὶ τὸ χρυσίον
(60) 58 εὐχὴ τῷ κυρίῳ, κυρίῳ τῶν πατέρων ἡμῶν. ⁵⁸ἀγρυπνεῖτε καὶ
φυλάσσετε ἕως τοῦ παραδοῦναι αὐτὰ ὑμᾶς τοῖς φυλάρχοις τῶν
ἱερέων καὶ τῶν Λευειτῶν καὶ τοῖς ἡγουμένοις τῶν πατριῶν τοῦ
Ἰσραὴλ ἐν Ἰερουσαλὴμ ἐν τοῖς παστοφορίοις τοῦ οἴκου τοῦ κυρίου
(61) 59 ἡμῶν. ⁵⁹καὶ οἱ παραλαβόντες οἱ ἱερεῖς καὶ οἱ Λευεῖται τὸ ἀργύ-
ριον καὶ τὸ χρυσίον καὶ τὰ σκεύη τὰ ἐν Ἰερουσαλὴμ ἤνεγκαν
(62) 60 εἰς τὸ ἱερὸν τοῦ κυρίου.   ⁶⁰Καὶ ἀναζεύξαντες ἀπὸ τοῦ τόπου
Θερὰ τῇ δωδεκάτῃ τοῦ πρώτου μηνὸς ἕως ἤλθοσαν εἰς Ἰερουσαλὴμ
κατὰ τὴν κραταιὰν χεῖρα τοῦ κυρίου ἡμῶν τὴν ἐφ' ἡμῖν καὶ
ἐρύσατο ἡμᾶς ἀπὸ τῆς εἰσόδου ἀπὸ παντὸς ἐχθροῦ· καὶ ἦλθον
(63) 61 εἰς Ἰερουσαλήμ. ⁶¹καὶ γενομένης αὐτόθι ἡμέρας τρίτης, σταθὲν
τὸ ἀργύριον καὶ τὸ χρυσίον παρεδόθη ἐν τῷ οἴκῳ Κυρίου Μαρμωθὶ
(64) 62 Οὐρείᾳ ἱερεῖ, ⁶²καὶ μετ' αὐτοῦ Ἐλεαζὰρ ὁ τοῦ Φεινεές· καὶ ἦσαν
μετ' αὐτῶν Ἰωσαβεὲς Ἰησοῦς καὶ Μωὲθ Σαβάννου, οἱ Λευεῖται,
(65)   πρὸς ἀριθμὸν καὶ ὁλκὴν πάντα· ⁽⁶⁵⁾καὶ ἐγράφη πᾶσα ἡ ὁλκὴ αὐτῇ
(66) 63 τῇ ὥρᾳ. ⁶³οἱ δὲ παραγενόμενοι ἐκ τῆς αἰχμαλωσίας προσ-
ήνεγκαν θυσίας τῷ θεῷ τοῦ Ἰσραὴλ Κυρίῳ ἐνενήκοντα ἕξ·
(67)   ⁽⁶⁷⁾ἄρνας ἑβδομήκοντα ἕξ, τράγους ὑπερ σωτηρίου δέκα δύο·

55 μεγιστανες] pr οι A   **56** παρεδωκεν αυτοις (Bᵃᵇ: αυτους B*) A
στησας] στησας παρεδωκα αυτοις A | αργυριου ταλαντα A | πεντηκοντα]
pr και A | αργυρεα A | om χρυσιου ταλαντων εκατον A | χαλκα] χαλκαια
A | χρηστου χαλκου A | σκευη 3°] pr χρυσοειδη A | δεκα] δωδεκα A   **57** τω
κυριω (1°)]+‾κ̅ς̅ A | τα αγια] om τα A | το χρυσιον και το αργυριον A
58 φυλασσετε (φυλασσεται A) εως] αι ε sup ras A | ηγουμενοις] ηγεμονοις A
60 τοπου] ποταμου A | δωδεκατη του] η τ sup ras Aᵃ | om πρωτου A |
ηλθοσαν] εισηλι|θομεν A | ερρυσατου A | εισοδου]+‾κ̅ς̅ A | ηλθον] ηλθεν B
ηλθομεν A   **61** σταθεν] pr τη δε ημερα τη τε|ταρτη A | Κυριου] του ‾κ̅υ̅
ημων A | Μαρμαθι· A | Ουρια Bᵇ Ουρι A   **62** Φινεες A | Ιωσαβεες]
Ιωσαβδος A | Ιησου A   **63** ενενηκοντα δεκα δυο] ταυρους δωδεκα υπερ
παντος ‾Ι̅σ̅λ̅ | κριους ενενηκοντα εξ· αρνας| εβδομηκοντα δυο· τραγους| υπερ
σωτηριου δωδεκα· A

VIII 64   ΕΣΔΡΑΣ Α

Β ἅπαντα θυσίαν τῷ κυρίῳ. ⁶⁴καὶ ἀπέδωκαν τὰ προστάγματα τοῦ 64 (68)
βασιλέως τοῖς βασιλικοῖς οἰκονόμοις καὶ τοῖς ἐπάρχοις Συρίας
καὶ Φοινίκης, καὶ ἐδόξασαν τὸ ἔθνος καὶ τὸ ἱερὸν τοῦ κυρίου.

⁶⁵Καὶ τούτων τελεσθέντων προσήλθοσάν μοι οἱ ἡγούμενοι 65 (69)
λέγοντες ⁶⁶Οὐκ ἐχώρισαν καὶ οἱ ἄρχοντες καὶ οἱ ἱερεῖς καὶ οἱ 66
Λευεῖται ⁽⁷⁰⁾καὶ ἀλλογενῆ ἔθνη τῆς γῆς ἀκαθαρσίας αὐτῶν, Χανα-   (70)
ναίων καὶ Χετταίων καὶ Φερεζαίων καὶ Ἰεβουσαίων καὶ Μωαβει-
τῶν καὶ Αἰγυπτίων καὶ Ἰδουμαίων. ⁶⁷συνῴκισάν τινας τῶν θυγα- 67 (71)
τέρων αὐτῶν, καὶ αὐτοὶ καὶ οἱ υἱοὶ αὐτῶν καὶ ἐπεμίγη τὸ σπέρμα
τὸ ἅγιον εἰς τὰ ἀλλογενῆ ἔθνη τῆς γῆς, καὶ μετεῖχον οἱ προηγού-
μενοι καὶ οἱ μεγιστᾶνες τῆς ἀνομίας ταύτης ἀπὸ τῆς ἀρχῆς τοῦ
πράγματος. ⁶⁸καὶ ἅμα τῷ ἀκοῦσαί με ταῦτα ἔρρηξα τὰ ἱμάτια 68 (72)
καὶ τὴν ἱερὰν ἐσθῆτα κατέτεινον τοῦ τριχώματος τῆς κεφαλῆς
καὶ τοῦ πώγωνος, καὶ ἐκάθισα σύννους καὶ περίλυπος. ⁶⁹καὶ 69 (73)
ἐπισυνήχθησαν πρὸς μὲ ὅσοι ποτὲ ἐπεκινοῦντο τῷ ῥήματι Κυρίου
τοῦ Ἰσραὴλ ἐμοῦ πενθοῦντος ἐπὶ τῇ ἀνομίᾳ, καὶ ἐκαθήμην
περίλυπος ἕως τῆς δειλινῆς θυσίας. ⁷⁰καὶ ἐξεγερθεὶς ἐκ τῆς 70 (74)
νηστείας, διερρηγμένα ἔχων τὰ ἱμάτια καὶ τὴν ἱερὰν ἐσθῆτα,
κάμψας τὰ γόνατα καὶ ἐκτείνας τὰς χεῖρας πρὸς τὸν κύριον
ἔλεγον ⁷¹Κύριε, ᾔσχυμμαι, ἐντέτραμμαι κατὰ πρόσωπόν σου 71 (75)
⁷²αἱ γὰρ ἁμαρτίαι ἡμῶν ἐπλεόνασαν ὑπὲρ τὰς κεφαλὰς ἡμῶν, αἱ 72 (76)
δὲ ἄγνοιαι ἡμῶν ὑπερήνεγκαν ἕως τοῦ οὐρανοῦ ⁷³ἀπὸ τῶν χρόνων 73 (77)
τῶν πατέρων ἡμῶν, καί ἐσμεν ἐν μεγάλῃ ἁμαρτίᾳ ἕως τῆς ἡμέρας
ταύτης. ⁷⁴καὶ διὰ τὰς ἁμαρτίας ἡμῶν καὶ τῶν πατέρων ἡμῶν 74 (78)
παρεδόθημεν σὺν τοῖς ἀδελφοῖς ἡμῶν, σὺν τοῖς βασιλεῦσιν ἡμῶν
καὶ σὺν τοῖς ἱερεῦσιν ἡμῶν, τοῖς βασιλεῦσιν τῆς γῆς, εἰς ῥομφαίαν
καὶ αἰχμαλωσίαν καὶ προνομὴν μετὰ αἰσχύνης μέχρι τῆς σήμερον
ἡμέρας. ⁷⁵καὶ νῦν κατὰ πόσον τι ἡμῖν ἐγενήθη ἔλεος παρὰ τοῦ 75 (79)
κυρίου Κυρίου, καταλειφθῆναι ἡμῖν ῥίζαν καὶ ὄνομα ἐν τῷ τόπῳ

A   64 Συριας] pr κοιλης A | Φοινεικης Β* (Φοινικ. Bᵇ A)   65 τουτων A]
των B | προσηλθον A   66 και 2°] pr το εθνος| του Ἰσλ A | om και 4° A |
αλλογενη] pr τα A | ακαθαρσιας] pr και τας A | αυτων] απο των εθνων A |
Χαναναιων] pr των A | Μωαβιτων A   67 συνωκισαν] συνηκησαν γαρ A |
τινας (τας B)] μετα A | om και 1° A   68 και 1°] + εγενετο A | ερρηξα] διερ-
ρηξα A | κατετεινον] και κατετιλα A | περιλυπος] υ pro ε B* (ε B¹)   69 οσοι]
+ ησαν ζηλωται· και οσοι A | επεκινουντο] ου sup ras Aᵃ· | τω ρηματι] pr
επι A | του Ισρ.] θῦ Ἰσλ A   72 αι δε αγνοιαι] και αι αγνοαι A   73 απο]
pr ετι A   74 συν 2°] pr και A | τοις βασιλευσιν 2°] pr και A | om
εις B (hab A)   75 εγενηθη ημιν A | του κυριου Κυριου] σου] κε· A

ΕΣΔΡΑΣ Α   VIII 89

(80) 76 τούτῳ ἁγιάσματος, ⁷⁶καὶ τοῦ ἀνακαλύψαι φωστῆρα ἡμῶν ἐν τῷ B
οἴκῳ τοῦ κυρίου ἡμῶν, δοῦναι ἡμῖν τροφὴν ἐν τῷ καιρῷ τῆς
(81) δουλείας ἡμῶν· ⁽⁸¹⁾καὶ ἐν τῷ δουλεύειν ἡμᾶς οὐκ ἐνκατελείφθημεν
77 ὑπὸ τοῦ κυρίου ἡμῶν, ⁷⁷ἀλλὰ ἐποίησεν ἡμᾶς ἐν χάριτι ἐνώπιον
(82) 78 τῶν βασιλέων Περσῶν, δοῦναι ἡμῖν τροφὴν ⁷⁸καὶ δοξάσαι τὸ
ἱερὸν ἡμῶν καὶ ἐγεῖραι τὴν ἔρημον Σειών, δοῦναι ἡμῖν στερέωμα
(83) 79 ἐν τῇ Ἰουδαίᾳ καὶ Ἰερουσαλήμ. ⁷⁹καὶ νῦν τί ἐροῦμεν, Κύριε,
ἔχοντες αὐτά; παρέβησαν τὰ προστάγματά σου ἃ ἔδωκας ἐν χειρὶ
(84) 80 τῶν παίδων σου τῶν προφητῶν ⁽⁸⁴⁾λέγων ⁸⁰ὅτι Ἡ γῆ εἰς ἣν εἰσέρ-
χεσθε κληρονομῆσαι, ἔστιν γῆ μεμολυσμένη μολυσμῷ τῶν ἀλλο-
γενῶν τῆς γῆς, καὶ τῆς ἀκαθαρσίας αὐτῶν ἐνέπλησαν αὐτήν·
(85) 81 ⁸¹καὶ νῦν τὰς θυγατέρας ὑμῶν μὴ συνοικίσητε τοῖς υἱοῖς αὐτῶν,
(86) 82 καὶ τὰς θυγατέρας αὐτῶν μὴ λάβητε τοῖς υἱοῖς ὑμῶν, ⁸²καὶ οὐ
ζητήσετε εἰρηνεῦσαι τὰ πρὸς αὐτοὺς τὸν ἅπαντα χρόνον, ἵνα
ἰσχύσαντες φάγητε τὰ ἀγαθὰ τῆς γῆς καὶ κατακληρονομήσητε
(87) 83 τοῖς υἱοῖς ὑμῶν ἕως αἰῶνος. ⁸³καὶ τὰ συμβαίνοντα πάντα ἡμῖν
γίνεται διὰ τὰ ἔργα ἡμῶν τὰ πονηρὰ καὶ τὰς μεγάλας ἁμαρτίας.
(88) 84 σὺ γάρ, Κύριε, ὁ κουφίσας τὰς ἁμαρτίας ἡμῶν, ⁸⁴ἔδωκας ἡμῖν
τοιαύτην ῥίζαν· πάλιν ἀνεκάμψαμεν παραβῆναι τὸν νόμον σου
(89) 85 εἰς τὸ ἐπιμιγῆναι τῇ ἀκαθαρσίᾳ τῶν ἐθνῶν τῆς γῆς. ⁸⁵οὐχὶ
ὠργίσθης ἡμῖν ἀπολέσαι ἡμᾶς ἕως τοῦ μὴ καταλιπεῖν ῥίζαν καὶ
(90) 86 σπέρμα καὶ ὄνομα ἡμῶν. ⁸⁶κύριε τοῦ Ἰσραήλ, ἀληθινὸς εἶ· κατε-
(91) 87 λείφθημεν γὰρ ῥίζα ἐν τῇ σήμερον. ⁸⁷ἰδοὺ ἐσμὲν ἐνώπιόν σου
ἐν ταῖς ἀνομίαις ἡμῶν· οὐ γάρ ἐστιν στῆναι ἔτι ἔμπροσθέν σου
(92) 88 ἐπὶ τούτοις.   ⁸⁸Καὶ ὅτε προσευχόμενος Ἔσρας ἀνθωμολογεῖτο
κλαίων χαμαιπετὴς ἔμπροσθεν τοῦ ἱεροῦ, ἐπισυνήχθησαν πρὸς
αὐτὸν ἀπὸ Ἰερουσαλὴμ ὄχλος πολὺς σφόδρα, ἄνδρες καὶ γυναῖκες,
(93) 89 νεανίαι· κλαυθμὸς γὰρ ἦν μέγας ἐν τῷ πλήθει. ⁸⁹καὶ φωνήσας

75 om τουτω A | αγιασματος] του αγιασμ. σου A   76 ανακαλυψαι] A αναψαι A | κυριου]+θυ A | ημων 2°] Ιηλ A*ᵛⁱᵈ | δουλιας A | εγκατελει-φθημεν BᵃᵇA | υπο] απο A   77 αλλ A   78 ημων] pr του κυ A | Σιων BᵇA   79 αιρουμεν A | αυτα] ταυτα A | παρεβησαν] παρεβημεν γαρ A 80 μεμολυμμενη A   81 υμων 1°] αυτων A | υιοις 1°] τεκνοις A | αυτων 1°] υμων A | αυτων 2°] ημων A | λαβητε] δωτε A | υιοις 2°] τεκνοις A | υμων 2°] αυτων A   82 αιωνος] pr του A   83 γιγνεται A | αμαρτιας 1°]+ημων A | ο κουφισας] εκουφισας A   84 εδωκας] pr και A   85 κατα-λειπειν A | om ημων B* (hab Bᵃᵇ ᵐᵍ A)   86 om κυριε B* (hab Bᵃᵇ ᵐᵍ [forte prius κ̅ς̅ Bᵃᵗˣᵗ] A)   87 ιδου]+νυν A   88 απο] εξ A | Ιερουσαλημ] ras aliq in σα B? | νεανιαι] pr και A | γαρ] ην sup ras Bᵃᵇ

B Ἰεχονίας Ἰεήλου τῶν υἱῶν Ἰσραὴλ εἶπεν Ἔσρα Ἡμεῖς ἡμάρτομεν
εἰς τὸν κύριον· καὶ κατῴκησαν γυναῖκες ἀλλογενεῖς ἐκ τῶν ἐθνῶν
τῆς γῆς· ⁽⁹⁴⁾καὶ νῦν ἐστιν ἐπάνω πᾶς Ἰσραήλ. ⁹⁰ἐν τούτῳ γε- 90 (94)
νέσθω ἡμῖν ὁρκωμοσία πρὸς τὸν κύριον, ἐκβαλεῖν πάσας τὰς
γυναῖκας ἡμῶν τὰς ἐκ τῶν ἀλλογενῶν σὺν τοῖς τέκνοις αὐτῶν,
⁽⁹⁵⁾ὡς ἐκρίθη σοι, καὶ ὅσοι πειθαρχήσουσιν τοῦ νόμου τοῦ κυρίου. (95)
⁹¹ἀναστὰς ἐπιτέλει· ⁽⁹⁶⁾πρὸς σὲ γὰρ τὸ πρᾶγμα, καὶ ἡμεῖς μετὰ 91 (96)
σοῦ ἰσχὺν ποιεῖν. ⁹²καὶ ἀναστὰς Ἔσρας ὥρκισεν τοὺς φυλάρχους 92 (97)
τῶν ἱερέων καὶ τῶν Λευειτῶν παντὸς τοῦ Ἰσραὴλ ποιῆσαι κατὰ
ταῦτα, καὶ ὤμοσαν. ¹Καὶ ἀναστὰς Ἔσρας ἀπὸ τῆς αὐλῆς 1 IX
τοῦ ἱεροῦ ἐπορεύθη εἰς τὸ παστοφόριον Ἰωνᾶ τοῦ Νασείβου, ²καὶ 2
αὐλισθεὶς ἐκεῖ ἄρτου οὐκ ἐγεύσατο οὐδὲ ὕδωρ ἔπιεν, πενθῶν ὑπὲρ
τῶν ἀνομιῶν τῶν μεγάλων τοῦ πλήθους. ³καὶ ἐγένετο κήρυγμα 3
ἐν ὅλῃ τῇ Ἰουδαίᾳ καὶ Ἰερουσαλὴμ πᾶσι τοῖς ἐκ τῆς αἰχμαλωσίας,
συναχθῆναι εἰς Ἰερουσαλήμ· ⁴καὶ ὅσοι ἂν μὴ ἀπαντήσουσιν ἐν 4
δυσὶν ἢ τρισὶν ἡμέραις κατὰ τὸ κρίμα τῶν προκαθημένων πρεσ-
βυτέρων, ἀνιερωθήσονται τὰ κτήνη αὐτῶν, καὶ αὐτὸς ἀλλοτριωθή-
σεται ἀπὸ τοῦ πλήθους τῆς αἰχμαλωσίας. ⁵Καὶ ἐπισυνήχθησαν 5
οἱ ἐκ τῆς φυλῆς Ἰούδα καὶ Βενιαμεὶν ἐν τρισὶν ἡμέραις εἰς Ἰερου-
σαλήμ· οὗτος ὁ μὴν ἔνατος τῇ εἰκάδι τοῦ μηνός. ⁶καὶ συνε- 6
κάθισαν πᾶν τὸ πλῆθος ἐν τῇ εὐρυχώρῳ τοῦ ἱεροῦ τρέμοντες τὸν
ἐνεστῶτα χειμῶνα. ⁷καὶ ἀναστὰς Ἔσρας εἶπεν αὐτοῖς Ὑμεῖς ἠνομή- 7
σατε καὶ συνοικήσατε γυναιξὶν ἀλλογενέσιν, προσθεῖναι ἁμαρτίαν
τῷ Ἰσραήλ. ⁸καὶ νῦν δότε ὁμολογίαν δόξαν τῷ κυρίῳ θεῷ τῶν 8
πατέρων ἡμῶν, ⁹καὶ ποιήσατε τὸ θέλημα αὐτοῦ καὶ χωρίσθητε ἀπὸ 9
τῶν ἐθνῶν τῆς γῆς καὶ ἀπὸ τῶν ἀλλογενῶν. ¹⁰καὶ ἐφώνησαν πᾶν 10
τὸ πλῆθος καὶ εἶπον μεγάλῃ τῇ φωνῇ Οὕτως ὡς εἴρηκας ποιήσομεν.
¹¹ἀλλὰ τὸ πλῆθος πολὺ καὶ ὥρα χειμερινή, καὶ οὐκ ἰσχύσομεν στῆναι 11
αἴθριοι καὶ οὐχ εὕρομεν· καὶ τὸ ἔργον ἡμῖν οὐκ ἔστιν ἡμέρας μιᾶς

A 89 Ιεηλ A | των υιων] pr ο A | · Εσρα· B · Εξρα· A | κυριον]+θν̄
A | κατωκησαν] συνωκισαμεν A | γυναικας A | εκ] απο A   90 γενεσθω]
η|γνεσθω A (sic) | πειθαρχουσιν A | του νομου] τω νομω A | του κυριου]
om του A   92 των Λευειτων] om των A   IX 1 Εδρας A | Ιωνα]
Ιωαναν A | Νασειβου] Ελιασιβου A   2 αυλισθει B* (s superscr Bᵃᵇ) |
ετευσατο A | υπερ] επι A   3 πασιν A   4 αν] εαν A | απαντησωσιν A
6 συνεκαθισεν A   7 συνωκισατε A | γυναικας αλλογενεις A | προσθειναι]
pr του A | αμαρτιας A   9 των αλλογενων] pr των γυναικων A   10 παν]
απαν A | ειπαν A   11 ωρα] pr η A | ισχυομεν A | om και ουχ ευρομεν
A | ουκ εστιν ημιν A

ΕΣΔΡΑΣ Α   IX 28

12 οὐδὲ δύο, ἐπὶ πλεῖον γὰρ ἡμάρτομεν ἐν τούτοις ¹²στήτωσαν δὲ οἱ B
προηγούμενοι τοῦ πλήθους, καὶ πάντες οἱ ἐκ τῶν κατοικιῶν ἡμῶν ὅσοι
ἔχουσιν γυναῖκας ἀλλογενεῖς ⁽¹³⁾παραγενηθήτωσαν λαβόντες χρόνον·
13 ¹³ἑκάστου τόπου τοὺς πρεσβυτέρους καὶ τοὺς κριτάς, ἕως τοῦ λῦσαι
14 τὴν ὀργὴν Κυρίου ἀφ' ἡμῶν τοῦ πράγματος τούτου. ¹⁴Ἰωνάθας
Ἀζαήλου καὶ Ἐζείας Θοκάνου ἐπεδέξαντο κατὰ ταῦτα, καὶ Μοσόλ-
15 λαμος καὶ Λευεὶς καὶ Σαββαταῖος συνεβράβευσαν αὐτοῖς. ¹⁵καὶ ἐποί-
16 ησαν κατὰ πάντα ταῦτα οἱ ἐκ τῆς αἰχμαλωσίας.   ¹⁶Καὶ ἐπελέξατο
αὑτῷ Ἔσρας ὁ ἱερεὺς ἄνδρας ἡγουμένους τῶν πατριῶν αὐτῶν πάντας
κατ' ὄνομα, καὶ συνεκλείσθησαν τῇ νουμηνίᾳ τοῦ μηνὸς τοῦ δεκάτου
17 ἐτάσαι τὸ πρᾶγμα.   ¹⁷καὶ ἤχθη ἐπὶ πέρας τὰ κατὰ τοὺς ἄνδρας τοὺς
ἐπισυναχθέντας γυναῖκας ἀλλογενεῖς ἕως τῆς νουμηνίας τοῦ πρώτου
18 μηνός.   ¹⁸καὶ εὑρέθησαν τῶν ἱερέων οἱ ἐπισυναχθέντες ἀλλογενεῖς
19 γυναῖκας ἔχοντες ¹⁹ἐκ τῶν υἱῶν Ἰησοῦ τοῦ Ἰωσεδὲκ καὶ τῶν ἀδελφῶν
20 αὐτοῦ Μαεήλας καὶ Ἐλεάζαρος καὶ Ἰώριβος καὶ Ἰώδανος· ²⁰καὶ ἐπέ-
βαλον τὰς χεῖρας ἐκβαλεῖν τὰς γυναῖκας αὐτῶν, καὶ εἰς ἐξιλασμὸν
21 κριοὺς ὑπὲρ τῆς ἀγνοίας αὐτῶν· ²¹καὶ ἐκ τῶν υἱῶν Ἐμήρ, Ἀνανίας
22 καὶ Ζαβδαῖος καὶ Μάνης καὶ Θαμαῖος καὶ Ἱερεὴλ καὶ Ἀζαρίας· ²²καὶ
ἐκ τῶν υἱῶν Φαισούρ, Ἐλιωναίς, Ἀσσείας, Ἰσμάηλος καὶ Ναθανάηλος
23 καὶ Ὠκαίληδος καὶ Σάλθας· ²³καὶ ἐκ τῶν Λευειτῶν, Ἰώζαβδος καὶ
Σενσεὶς καὶ Κῶνος, οὗτος Καλειταίς, καὶ Παθαῖος· καὶ Ὠούδας καὶ
24 Ἰωανᾶς, ²⁴ἐκ τῶν ἱεροψαλτῶν Ἐλιάσεβος, Βάκχουρος, ²⁵ἐκ τῶν θυρω-
25
26 ρῶν Σάλλουμος καὶ Τολβάνης· ²⁶ἐκ τοῦ Ἰσραὴλ ἐκ τῶν υἱῶν Φορός,
Ἱερμὰ καὶ Ἰεζείας καὶ Μελχείας καὶ Μίηλος καὶ Ἐλεάζαρος καὶ
27 Ἀσεβείας καὶ Βανναίας· ²⁷ἐκ τῶν υἱῶν Ἠλά, καὶ Ματὰν καὶ Ζαχαρίας,
28 Ἰεζόρικλος καὶ Ὠαβδεῖος καὶ Ἰερεμὼθ καὶ Ἀηδείας ²⁸καὶ ἐκ τῶν
υἱῶν Ζαμόθ, Ἐλιαδᾶς, Ἐλειάσειμος, Ὀθονίας, Ἰαρειμὼθ καὶ Σάβαθος

12 κατοικων] A   13 εκαστου] και εκ δε A | τας κιτας A | Κυριου] pr A
του A   14 Εζειας] Εζεκιας A | Θωκανου A | Λευις A   16 αυτω] εαυτω
A | κατ ονομα παντας A | συνεκλεισθησαν] συνεκαθισαν A   17 επισυναχθεν-
τας] συνεχοντας A | της νουμ.] του νουμ. A   19 om αυτου A | Μαθηλας
A | Ιωαδανος A   20 αυτων 1°] εαυτων A   21 Εμμηρ A | Θαμαιος]
Σαμαιος A   22 Φαισου A | Ελιωναις] pro E al lit coep B* Ελιωνας A |
Ασσειας] Μασσιας A | om και Ναθαναηλος A | Ωκαιληδος] Ωκειδηλος A |
Σαλθας] Σαλοας A   23 Σενσεις] Σεμεις A | Κωνος] Κω|λιος A | Καλει-
ταις και (κε B) Παθαιος (forte καλειται Σκεπαθαιος)] εστιν Καλιτας· και
Φαθαιος· A | Ιωνας A   24 Ελιασιβος A   25 θυρωρων A] θυ|γα-
τερων B | Σαλλουμος B*ᵇ] Σαλλουμου Bᵃᵗᶜ·   26 νιων]+νιων A | Ιερμας
A | Ιεζειας] Ιεδδιας A | Μελχιας BᵇA | Μιληλος] Μαηλος A | Ασιβιας A
27 Ματαν] Ματθανιας A | om και 2° A | Ιεζορικλος] Ιεζριηλος A | Ωαβδιος
A | Αηδιας A   28 Ελιασιμος A | Ιαριμωθ A

ΕΣΔΡΑΣ Α

B καὶ Ζεραλίας· ²⁹καὶ ἐκ τῶν υἱῶν Βηβαί, Ἰωάννης καὶ Ἀνανίας καὶ Ζάβδος καὶ Ἐμαθθίς· ³⁰καὶ ἐκ τῶν υἱῶν Μανί, Ὤλαμος, Μάμουχος, Ἰεδαῖος, Ἰάσουβος καὶ Ἀσάηλος καὶ Ἰερεμώθ· ³¹καὶ ἐκ τῶν υἱῶν Ἀδδείν, Λάθος καὶ Μοοσσείας, Λακκοῦνος καὶ Νάαιδος, καὶ Βεσκασπασμὺς καὶ Σεσθὴλ καὶ Βαλνοῦς καὶ Μανασσήας· ³²καὶ ἐκ τῶν υἱῶν Ἀννάν, Ἐλιωδᾶς καὶ Ἀσαίας καὶ Μελχείας καὶ Σαββαίας καὶ Σίμων Χοσάμαος ³³καὶ ἐκ τῶν υἱῶν Ἀσόμ, Μαλταννάιος καὶ Ματταθίας καὶ Σαβανναιοὺς καὶ Ἐλειφαλὰτ καὶ Μανασσὴ καὶ Σεμεεί· ³⁴καὶ ἐκ τῶν υἱῶν Βαανεί, Ἰερεμίας, Μομδεῖος, Μάηρος, Ἰουνά, Μαμδαὶ καὶ Πεδίας καὶ Ἄνως, Καραβασειὼν καὶ Ἐνάσειβος καὶ Μαμτάναιμος, Ἐλιασείς, Βαννούς, Ἐδιαλείς, Σομεείς, Σελεμίας, Ναθανίας· καὶ ἐκ τῶν υἱῶν Ἐζωρά, Σεσείς, Ἐζρείλ, Ἀζάηλος, Σάματος, Ζαμβρεί, Φόσηπος· ³⁵ἐκ τῶν Ὀομά, Ζειτίας, Ζαβαδαίας, Ἡδός, Οὐήλ, Βαναίας. ³⁶πάντες οὗτοι συνῴκησαν γυναιξὶν ἀλλογενέσιν, καὶ ἀπέλυσαν αὐτὰς σὺν τέκνοις. ³⁷Καὶ κατῴκησαν οἱ ἱερεῖς καὶ οἱ Λευεῖται καὶ οἱ ἐκ τοῦ Ἰσραὴλ ἐν Ἰερουσαλὴμ καὶ ἐν τῇ χώρᾳ τῇ νουμηνίᾳ τοῦ ἑβδόμου μηνός, καὶ οἱ υἱοὶ Ἰσραὴλ ἐν ταῖς κατοικίαις αὐτῶν.

³⁸Καὶ συνήχθη πᾶν τὸ πλῆθος ὁμοθυμαδὸν ἐπὶ τὸ εὐρύχωρον τοῦ πρὸς ἀνατολὰς ἱεροῦ πυλῶνος, ³⁹καὶ εἶπεν Ἔσρᾳ τῷ ἱερεῖ καὶ ἀναγνώστῃ κομίσαι τὸν νόμον Μωσέως τὸν παραδοθέντα ὑπὸ τοῦ θεοῦ Ἰσραήλ. ⁴⁰καὶ ἐκόμισεν Ἔσρας ὁ ἀρχιερεὺς τὸν νόμον παντὶ τῷ πλήθει ἀπὸ ἀνθρώπου ἕως γυναικὸς καὶ πᾶσιν τοῖς ἱερεῦσι, ἀκοῦσαι τὸν νόμον, νουμηνίᾳ τοῦ ἑβδόμου μηνός ⁴¹καὶ ἀνεγίνωσκεν ἐν τῷ πρὸ τοῦ ἱεροῦ πυλῶνος εὐρυχώρου ἀπὸ ὄρθρου ἕως μεσημβρινοῦ ἐνώπιον τῶν ἀνδρῶν καὶ γυναικῶν· καὶ ἐπέδωκαν πάντα τὸν νοῦν εἰς τὸν νόμον.

A 28 Ζεραλιας] Ζαρδαιας A 29 om και 1° A | Ζαβδος] Ωξαβαδος A | Εμαθεις A 30 om και 1° A 31 Αδδειν Λαθος] Αδδι·| Ναάθος A | Μοοσσειας] Μοος· Σιας A | Ναειδος A | Βεσκασπασμυς] Ματθανιας·| A | Βαλνουος A 32 Αννας A | Ελιωνας A | Μελχ.ας A | Χοσομαιος A 33 Μαλτανναιος] Αλτανναιος A | Σαβανναιους] Βανναιους A | Μανασσης A | Σεμει A 34 Βαανι A | Μομδεις A | Μαηρος] Ισμαηρος A | Μανδαι A | Πεδιας] Παιδειας A | Καραβασιων A | Ενασιβος A | Μαμνιταναι|μος A | Εδιαλεις] Ελιαλει·. A | Σεσσεις A | Εξριλ A | Αξαηλ A | Ζαμβρις A | Φοσηπος] Ιωσηφος A 35 εκ] pr και A | Οομα Ζειτιας] υιων Νο|λομα· Μαξιτιας A | Ηδος] Ηδαις A | Ουηλ] Ιουηλ A 36 συνωκησαν γυναιξιν αλλογενεσιν] συνωκισαν γυναι|κας αλλογενεις A 37 του εβδομου μηνος] του μηνος του εβδομου A 38 ιερου] pr του A 39 ιερει] αρχιερει A | Μωσεως] Μωυσῆ A | θεου] pr κυ A 40 εδοκιμασεν B (εκομισεν A) | ιερευσιν B^{b?c?}A | τον νομον] του νομου A 41 ανεγιγνωσκεν A | προ] o sup ras A^a° (πρω A*^{vid}) | ευρυχωρω A | απο] εξ A | μεσημβρινου] μεσου ημερας A | και 2°] pr τε A | παντα] παν το πληθος A

ΕΣΔΡΑΣ Α   IX 55

42 ⁴²καὶ ἔστη Ἔσρας ὁ ἱερεὺς καὶ ἀναγνώστης τοῦ νόμου ἐπὶ τοῦ ξυλί- B
43 νου βήματος τοῦ κατασκευασθέντος· ⁴³καὶ ἔστησεν αὐτῷ Ματταθίας,
Σαμμού, Ἀνανίας, Ἀζαρίας, Οὐρείας, Ἐζεκίας, Βαάλσαμος ἐκ δεξιῶν,
44 ⁴⁴καὶ ἐξ εὐωνύμων Φαλαδαῖος, Μεισαήλ, Μελχείας, Λωθάσουβος, Να-
45 βαρείας, Ζαχαρίας. ⁴⁵καὶ ἀναλαβὼν Ἔσρας τὸ βιβλίον τοῦ πλήθους
46 ἐνώπιον, προεκάθητο γὰρ ἐπιδόξως ἐνώπιον πάντων, ⁴⁶καὶ ἐν τῷ
λῦσαι τὸν νόμον πάντες ὀρθοὶ ἔστησαν· καὶ εὐλόγησεν Ἀζαρίας τῷ
47 ὑψίστῳ θεῷ σαβαὼθ Παντοκράτορι, ⁴⁷καὶ ἐφώνησεν πᾶν τὸ πλῆθος
Ἀμήν, ἀμήν· καὶ ἄραντες ἄνω τὰς χεῖρας προσπεσόντες ἐπὶ τὴν
48 γῆν προσεκύνησαν τῷ θεῷ. ⁴⁸Ἰησοῦς καὶ Ἀννιοὺθ καὶ Σαραβίας,
Ἰάδεινος, Ἰαρσούβοος, Ἀβταῖος, Αὐταίας, Μαιάννας καὶ Καλείτας, Ἀζα-
(49) ρίας, Κατέθζαβδος, Ἄννας, Φαλίας, οἱ Λευεῖται, ⁽⁴⁹⁾ἐδίδασκον τὸν
νόμον Κυρίου, καὶ πρὸς τὸ πλῆθος ἀνεγίνωσκον τὸν νόμον τοῦ
(50) 49 κυρίου, ἐμφυσιοῦντες ἅμα τὴν ἀνάγνωσιν.   ⁴⁹Καὶ εἶπεν
Ἀτταρατὴ Ἔσρᾳ τῷ ἀρχιερεῖ καὶ ἀναγνώστῃ καὶ τοῖς Λευείταις
(51) 50 τοῖς διδάσκουσι τὸ πλῆθος ἐπὶ πάντας ⁵⁰Ἡ ἡμέρα αὕτη ἐστὶν ἁγία
(52) 51 τῷ κυρίῳ· καὶ πάντες ἔκλαιον ἐν τῷ ἀκοῦσαι τὸν νόμον· ⁵¹βαδί-
σαντες οὖν φάγετε λιπάσματα καὶ ἀποστείλατε ἀποστολὰς τοῖς
(53) 52 μὴ ἔχουσιν. ⁵²ἁγία γὰρ ἡ ἡμέρα τῷ κυρίῳ, καὶ μὴ λυπεῖσθε· ὁ
(54) 53 γὰρ· κύριος δοξάσει ὑμᾶς. ⁵³καὶ οἱ Λευεῖται ἐκέλευον τῷ δήμῳ
(55) 54 πάντα λέγοντες Ἡ ἡμέρα αὕτη ἁγία, μὴ λυπεῖσθε. ⁵⁴καὶ ᾤχοντο
πάντες φαγεῖν καὶ πιεῖν καὶ εὐφραίνεσθαι, καὶ δοῦναι ἀποστολὰς
55 τοῖς μὴ ἔχουσιν, καὶ εὐφρανθῆναι μεγάλως· ⁵⁵ὅτι καὶ ἐνεφυσιώθησαν
ἐν τοῖς ῥήμασιν οἷς ἐδιδάχθησαν. καὶ ἐπισυνήχθησαν.

43 εστησαν A | αυτω] pr παρ A | Σαμμους A | Ανανιας] pr και A | Ουριας A
Bᵇ A   44 Φαλδαιος A | Μισαηλ Bᵇ A | Μελχιας Bᵇ A | Ναβαριας Bᵇ A
45 βιβλιον] + του νομου A | του πλ. ενωπιον] ενωπιον του πλ A   46 ορθροι
A | ηυλογησεν A | Αζαριας] Εζρας A | υψιστω] pr κω̄ θω̄ τω A   47 επε-
φωνησεν A | om αμην 2° A | θεω] κω̄ A   48 Ιησους] s improb vid Bᵃ | Αννιουθ]
Αννους A | Σαραιας A*ᵛⁱᵈ (Σαραβιας A¹) | Ιαδινος A | Ιαρσουβοος] Ιακουβος
A | Αβταιος] Σαββαταιας A | Αζαρειας A | Κατεθζαβδος] και Ιωζαβδος A |
Αννας] Ανανιας A | Φαλιας] Φιαθας A | om και προς το πλ. ανεγ τον ν. του
κυριου A   49 Ατταρατη] Αθαρατης A | διδασκουσιν A   50 του νομου A
51 λιπασματα] + και πιετε| γλυκασματα A   52 om και A | λυπεισθαι A
(item 53) | κυριος] pr θ̄ς A   53 τω δημω παντα] τα παντα τω δημω A
54 πιεῖ sup ras Bʔ ⁽ᵐᵍ⁾   55 om και 1° A

Subscr Εσδρας α B Εζρας α A

ΕΣΔΡΑΣ Β

B ΚΑΙ ἐν τῷ πρώτῳ ἔτει Κύρου τοῦ βασιλέως Περσῶν, τοῦ τελε- 1 I
σθῆναι ἀπὸ στόματος Ἰερεμίου, ἐξήγειρεν τὸ πνεῦμα Κύρου βασιλέως
Περσῶν, καὶ παρήγγειλεν φωνὴν ἐν πάσῃ βασιλείᾳ αὐτοῦ καί γε
ἐν γραπτῷ λέγων ²Οὕτως εἶπεν Κῦρος βασιλεὺς Περσῶν Πάσας 2
τὰς βασιλείας ἔδωκέν μοι ὁ θεὸς τοῦ οὐρανοῦ, καὶ αὐτὸς ἐπεσκέψατό
με ἐπ' ἐμὲ οἰκοδομῆσαι αὐτῷ οἶκον ἐν Ἰερουσαλὴμ τῇ ἐν Ἰούδᾳ.
³τίς ἐν ὑμῖν ἀπὸ παντὸς τοῦ λαοῦ αὐτοῦ; καὶ ἔσται ὁ θεὸς αὐτοῦ 3
μετ' αὐτοῦ, καὶ ἀναβήσεται εἰς Ἰερουσαλήμ. ⁴καὶ πᾶς ὁ καταλει- 4
πόμενος ἀπὸ πάντων τῶν τόπων οὗ αὐτὸς παροικεῖ ἐκεῖ, καὶ λήμ-
ψονται αὐτὸν ἄνδρες τοῦ τόπου αὐτοῦ ἐν ἀργυρίῳ καὶ χρυσίῳ καὶ
ἀποσκευῇ καὶ κτήνεσιν μετὰ τοῦ ἑκουσίου εἰς οἶκον τοῦ θεοῦ
τοῦ ἐν Ἰερουσαλήμ. ⁵καὶ ἀνέστησαν ἄρχοντες τῶν πατριῶν τῷ 5
Ἰούδᾳ καὶ Βενιαμεὶν καὶ οἱ ἱερεῖς καὶ οἱ Λευεῖται, πάντων ὧν ἐξή-
γειρεν ὁ θεὸς τὸ πνεῦμα αὐτῶν τοῦ ἀναβῆναι οἰκοδομῆσαι τὸν οἶκον
τὸν ἐν Ἰερουσαλήμ. ⁶καὶ πάντες οἱ κυκλόθεν ἐνίσχυσαν ἐν χερσὶν 6
αὐτῶν ἐν σκεύεσιν ἀργυρίου, ἐν χρυσῷ, ἐν ἀποσκευῇ καὶ ἐν κτήνεσιν
καὶ ἐν ξενίοις, παρὲξ τῶν ἑκουσίων. ⁷καὶ ὁ βασιλεὺς Κῦρος ἐξή- 7
νεγκεν τὰ σκεύη οἴκου, ἃ ἔλαβεν Ναβουχοδονοσὸρ ἀπὸ Ἰερου-
σαλὴμ καὶ ἔδωκεν αὐτὰ ἐν οἴκῳ θεοῦ αὐτοῦ· ⁸καὶ ἐξήνεγκεν αὐτὰ 8
Κῦρος βασιλεὺς Περσῶν ἐπὶ χεῖρα Μιθραδάτου Τασβαρηνοῦ, καὶ

A Inscr ιερευς A   I 1 τελεσθηναι]+λογον B^ab (superscr)+λογο| κ̄υ A |
εξηγειρεν]+κ̄ς A   2 βασιλειας]+της γης A | ο θεος] pr κ̄ς A | om με A |
οικοδομησαι] pr του A | τη] την B | Ιουδα] τη Ιουδαια A   3 Ιερουσαλημ]
+η εν τη Ιουδαια· και οικο|δομησατω τον οικον θ̄υ Ἰσλ αυτος ο θ̄ς ο εν
Ιλημ· A   4 των bis scr A | χρυσιω] pr εν A | αποσκευη] pr εν B^ab
(superscr) A   5 τω Ιουδα] των I. A | om και οι ιερεις A | Λευιται A |
παντων] παντες A | οικον]+κ̄υ A   6 ενισχυσαν (forte ενεισχ. B*)] ισχυ-
σαν A | αυτων] εαιτων A | αργυριου B* (αργυριου B^ab) | εν +°] pr και A |
εκουσιων] εν εκουσιοις A   7 οικου]+κ̄υ A   8 Μιθραδατου] Μιθρι-
δατου B^d.b A | Τασβαρηνου] Γαρ|βαρηνου A

ΕΣΔΡΑΣ Β   II 20

9 ἠρίθμησεν αὐτὰ τῷ Σαβανασὰρ ἄρχοντι τοῦ Ἰούδα. ⁹καὶ οὗτος ὁ B
ἀριθμὸς αὐτῶν· Κυρίῳ χρυσοῖ τριάκοντα καὶ ἀργυροῖ χίλιοι, παρη-
10 γμένα ἐννέα καὶ εἴκοσι, ¹⁰κεφφουρῆς χρυσοῖ τριάκοντα καὶ ἀργυροῖ
11 ἕξ, καὶ σκεύη ἕτερα χίλια. ¹¹πάντα τὰ σκεύη τῷ χρυσῷ καὶ τῷ
ἀργυρῷ πεντακισχίλια καὶ τετρακόσια, τὰ πάντα ἀναβαίνοντα ἀπὸ
τῆς ἀποικίας ἐκ Βαβυλῶνος εἰς Ἰερουσαλήμ.

II 1 ¹Καὶ οὗτοι υἱοὶ τῆς χώρας οἱ ἀναβαίνοντες ἐκ τῆς αἰχμαλωσίας
τῆς ἀποικίας ἧς ἀπῴκισεν Ναβουχοδονοσὸρ βασιλεὺς Βαβυλῶνος εἰς
Βαβυλῶνα, καὶ ἐπέστρεψεν εἰς Ἰερουσαλὴμ καὶ Ἰουδὰ ἀνὴρ εἰς
2 πόλιν αὐτοῦ· ²οἳ ἦλθον μετὰ Ζοροβαβέλ, Ἰησοῦς, Νεέμιος, Ἀραίας,
Ῥεελειά, Μαραθχαῖος, Βασφάμ, Μαλσάρ, Βατουσί, Βαλλειά. ἀνδρῶν
3 ἀριθμὸς Ἰσραήλ· ³υἱοὶ Φαρές, δισχίλιοι ἑκατὸν ἑβδομήκοντα δύο·
⁴
⁵ ⁴καὶ υἱοὶ Ἀσάφ, τετρακόσιοι ἑβδομήκοντα δύο· ⁵υἱοὶ Ἠρά, ἑπτα-
6 κόσιοι ἑβδομήκοντα πέντε· ⁶υἱοὶ Φαλαβμωάβ, τοῖς υἱοῖς Ἰησοῦε
7 Ἰωβάβ, δισχίλιοι ὀκτακόσιοι δέκα δύο· ⁷υἱοὶ Μαλάμ, χίλιοι διακόσιοι
8 πεντήκοντα τέσσαρες· ⁸υἱοὶ Ζαθουά, ἐννακόσιοι τεσσεράκοντα πέντε
⁹
¹⁰ ⁹υἱοὶ Ζακχού, ἑπτακόσιοι ἑξήκοντα· ¹⁰υἱοὶ Βανού, ἑξακόσιοι τεσσε-
¹¹
¹² ράκοντα δύο· ¹¹υἱοὶ Βαβεί, ἑξακόσιοι εἴκοσι τρεῖς· ¹²υἱοὶ Ἀσγάδ,
13 τρισχίλιοι διακόσιοι εἴκοσι δύο· ¹³υἱοὶ Ἀδωνικάν, ἑξακόσιοι ἑξήκοντα
¹⁴
¹⁵ ἕξ. ¹⁴υἱοὶ Βαογεί, δισχίλιοι πεντήκοντα ἕξ· ¹⁵υἱοὶ Ἀδίν, τετρακόσιοι
16 πεντήκοντα τέσσαρες· ¹⁶υἱοὶ Ἀτὴρ τῷ Ἐζεκία, ἐνενήκοντα δύο·
¹⁷
¹⁸ ¹⁷υἱοὶ Βασού, τριακόσιοι εἴκοσι τρεῖς· ¹⁸υἱοὶ Οὐρά, ἑκατὸν δέκα δύο·
¹⁹
²⁰ ¹⁹υἱοὶ Ἀσέμ, διακόσιοι εἴκοσι τρεῖς· ²⁰υἱοὶ Ταβέρ, ἐνενήκοντα πέντε·

___

8 Σαβανασαρ] Σασαβασσαρω A | αρχοντι] pr τω A   9 om Κυριω A | A
κω̅· χρυσοι B | χρυσοι] pr ψυκτηρες A | αργυροι] pr ψυκτηρες A | παρηγμενα]
παρηλλαι|γμενα A   10 κεφφουρης] χεφουρη (ε sup ras A^{a?}) A | χρυσεοι A |
om εξ A | om και 2° A | σκευητερα B* (ε superscr B^{ab} et post ε ιας aliq B^?)
11 τετρακοσια] a 2° sup ras A^a | αναβαινοντα] τα αναβ μετα Σασαβασσαρ'|
A | αποκιας B* (αποικ. B^{ab})   II 1 υιοι] pr οι A | εκ] απο A | επεστρεψαν
A | πολι B* (πολιν B^{ab} [λι sup ras ut vid B^?])   2 Νεεμιας A | Αραιας]
Σαραιας A^{a?} | Ρεελιας A | Μαραθχαιος] Μαρδοχαιος A | Βασφαμ] Βα|λασαμ
A | Μαλσαρ] Μασφαρ A | Βατουσι] Βαγουα· Ιρεουμ'· A | Βαλλεια] Βαανα
A | αριθμος]+λαου A   3 Φαρες] Φορος A^{vid}   4 om και A | Ασαφ]
Σαφατια A | τετρακοσιοι] τριακοσιοι A   5 Ηρα] Αρες A   6 Φαλαβμω-
αβ] Φααθμωαβ A | Ἰωβαβ] Ιωαβ A   7 Μαλαμ] Αιλαμ A   8 Ζαθουα A |
τεσσαρακοντα B^b (item 10, 24, 25, 34, 38, 41, 66) ακ sup ras A^a   9 Ζακχαν
A^{vid}   10 Βανουι A   11 Βαβαι A   12 Ασγαδ] Αβγαδ A | τρεισ-
χειλιοι B* (τρισχιλ. B^b)] χιλιοι A   13 Αδωνικαμ A   14 Βαογει]
Βαγουα A^{vid}   15 Αδδιν A | τεσσερας B* τεσσερες B^a τεσσαρες B^bA (τε
sup ras A^a)   16 ενενηκοντα B^a (ins ε 2°· sup ras η et ντ) A] εννακοσιοι
B*^{vid} | δυο] οκτω A   17 Βασσου A   18 Ουρα] Ιωρα A   19 Ασεμ]
Ασουμ A   20 Ταβερ] Γαβερ A

163   L 2

ΕΣΔΡΑΣ Β

B ²¹υἱοὶ Βαρθαλέεμ, ἑκατὸν εἴκοσι τρεῖς· ²²υἱοὶ Νετωφά, πεντήκοντα ἕξ· ²³υἱοὶ Ἀναθώθ, ἑκατὸν εἴκοσι ὀκτώ· ²⁴υἱοὶ Ἀσμώθ, τεσσεράκοντα δύο· ²⁵υἱοὶ Καριωθιαρόμ, Καφειρὰ καὶ Βηρώθ, ἑπτακόσιοι τεσσεράκοντα τρεῖς ²⁶υἱοὶ Ἀράμ καὶ Γάβαα, ἑξακόσιοι εἴκοσι εἷς· ²⁷ἄνδρες Μαχμάς, ἑκατὸν εἴκοσι δύο· ²⁸ἄνδρες Γαιθὴλ καὶ Ἀιά, διακόσιοι εἴκοσι τρεῖς· ²⁹υἱοὶ Ναβού, πεντήκοντα δύο ³⁰υἱοὶ Μαγεβώς, ἑκατὸν πεντήκοντα ἕξ· ³¹υἱοὶ Ἠλαμάρ, δισχίλιοι διακόσιοι πεντήκοντα τέσσαρες· ³²υἱοὶ Ἡράμ, τριακόσιοι εἴκοσι ³³υἱοὶ Λύδ, Ἀρὼθ καὶ Ὠνών, ἑξακόσιοι εἴκοσι πέντε ³⁴υἱοὶ Ἰερειά, τριακόσιοι τεσσεράκοντα πέντε· ³⁵υἱοὶ Σαανά, τρισχίλιοι ἑξακόσιοι τριάκοντα ³⁶καὶ οἱ ἱερεῖς υἱοὶ Ἰεουδὰ τῷ οἴκῳ Ἰησοῖ, ἐννακόσιοι ἑβδομήκοντα τρεῖς· ³⁷υἱοὶ Ἐμμήρ, ͵α πεντήκοντα δύο· ³⁸υἱοὶ Φασσούρ, ͵α διακόσιοι τεσσεράκοντα ἑπτά ⁴⁰καὶ οἱ Λευεῖται· υἱοὶ Ἰησοῦε καὶ Καδμιὴλ τοῖς υἱοῖς Σοδουιά, ἑβδομήκοντα τέσσαρες· ⁴¹οἱ ᾄδοντες υἱοὶ Ἀσάφ, ἑκατὸν τεσσεράκοντα ὀκτώ· ⁴²υἱοὶ τῶν πυλῶν υἱοὶ Σαλούμ, υἱοὶ Ἀτήρ, υἱοὶ Τελμών, υἱοὶ Ἀκούμ, υἱοὶ Ἀτητά, υἱοὶ Ἀβαού, οἱ πάντες ἑκατὸν τριάκοντα ἐννέα. ⁴³οἱ Ναθεινίμ· υἱοὶ Σουθιά, υἱοὶ Ἀσουφέ, υἱοὶ Ταβώθ, ⁴⁴υἱοὶ Καδής, υἱοὶ Σωήλ, υἱοὶ Φαδών, ⁴⁵υἱοὶ Λαβανώ, υἱοὶ Ἀγαβά, υἱοὶ Ἀκαβώθ, ⁴⁶υἱοὶ Ἀγάβ, υἱοὶ Σαμαάν, υἱοὶ Ἀνάν, ⁴⁷υἱοὶ Κεδέδ, υἱοὶ Γάελ, υἱοὶ Ῥεήλ, ⁴⁸υἱοὶ Ῥασών, υἱοὶ Νεχωδά, υἱοὶ Γαζέμ, ⁴⁹υἱοὶ Οὐσά, υἱοὶ Φισόν, υἱοὶ Βασεί, ⁵⁰υἱοὶ Ἀσενά, υἱοὶ Μανωεμείν, υἱοὶ Ναφεισών, ⁵¹υἱοὶ Βακκούκ, υἱοὶ Ἀφεικά, υἱοὶ Ἀρούρ, ⁵²υἱοὶ Βασαδῶε, υἱοὶ Μαουδά, υἱοὶ Ἀρησά, ⁵³υἱοὶ Βαρκούς, υἱοὶ Θέμα, ⁵⁴υἱοὶ Νασούς, υἱοὶ Ἀτουφά, ⁵⁵υἱοὶ Ἀβ-

A 21 Βαρθαλεεμ] Βεθλαεμ A 22 Νετωφα] Νεφωτα A 24 Αζμωθ A 25 Καριαθιαρειμ A | Καφιρα A 26 Αραμ] της Ραμα A | εις sup ras Aᵃ 27 ανδρες] ανδ sup ras Aᵃ | Μαχμας] Χαμ|μας A 28 Γαιθηλ] Βαιθηλ A | διακοσιοι] τετρακοσιοι A 29 Ναβω A 30 Μαγεβις A 31 δισχιλιοι] χιλιοι A 33 Λοδ Αρωθ] Λυδδων Λοδ Αδιδ A | Ωνω A | εξακοσιοι] επτακοσιοι A 34 Ιερεια] Ιερειχω A 35 Σαανα] Σενναα A 36 Ιεουδα] Ιεδδουα A | Ιησου A 37 ͵α] χιλιοι A 38 Φασσουρα] B* Φασσουρ| ͵ᾱ B' Φασουρ' | χιλιοι A | επτα]+(39) υιοι Ηρεμ'· χιλιοι επτα· 40 Λευιται A (item 70) | Ιησου A | Σωδουια A 41 τεσσερακοντα] εικοσι A 42 πυλων] πυλωρων A | Σελλουμ A | Αττηρ A | Ατιτα A | Αβαου] Σωβαι A 43 Ναθεινιμ] Ναθιναιοι A | Σουθια] Σουαα A | υιοι 2°] υιου A | Ασουφα A | Ταββαωθ A 44 Καδης] Κηραος A | Σωηλ] Ασαα Aᵛⁱᵈ 45 Ακαβωθ] Ακουβ A 46 Σαμααν] Σελαμι A 47 Κεδεδ] Γεδδηλ A | Γαελ] Γααρ A | Ρεηλ] Ραια A 48 Νεκωδα] A 49 Ουσα] Αζα A | Φισον] Φαση A | Βασι A 50 Μανωεμειν] Μοουνειμ A | Ναφεισων] Νεφουσειμ A 51 Βακβουκ A | Αφεικα] Ακουφα A 52 Βασαδωε] Βασαλωθ A 53 Βαρκος A | υιοι 2°] |υιοι B* υιοι| Bᵃ ᵛⁱᵈ ⁽ᵐᵍ⁾ pr υιοι Σισαραα A 54 Νασους] Νεθιε A | Ατιφα A 55 Αβδησελ] δουλω| Σαλωμων· A

ΕΣΔΡΑΣ Β   ΙΙ 70

56 δησέλ, υἱοὶ Σατεί, υἱοὶ Ἀσεφῆραθ, υἱοὶ Φαδουρά, ⁵⁶υἱοὶ Ἰεηλά, υἱοὶ Β
57 Δαρκών, υἱοὶ Γεδηά, ⁵⁷υἱοὶ Σαφατειά, υἱοὶ Ἀτειά, υἱοὶ Φασράθ, υἱοὶ
58 Ἀσεβωείν, υἱοὶ Ἠμεί· ⁵⁸πάντες οἱ Ναθεινὶν καὶ υἱοὶ Ἀσεδησελμὰ τοβ΄.
59 ⁵⁹καὶ οὗτοι οἱ ἀναβάντες ἀπὸ Θερμέλεθ, Θααρησά, Χαρούς, Ἡδάν,
Ἐμήρ· καὶ οὐκ ἠδυνάσθησαν ἀναγγεῖλαι οἶκον πατριᾶς αὐτῶν καὶ
60 σπέρμα αὐτῶν εἰ ἐν Ἰσραήλ εἰσίν· ⁶⁰υἱοὶ Λαχεά, υἱοὶ Βουά, υἱοὶ
61 Τωβειά, υἱοὶ Νεκωδά, ἑξακόσιοι πεντήκοντα δύο. ⁶¹καὶ ἀπὸ τῶν
υἱῶν τῶν ἱερέων υἱοὶ Λαβειά, υἱοὶ Ἀκούς, υἱοὶ Ζαρβελθεί, ὃς ἔλαβεν
ἀπὸ θυγατέρων Βερζελλαεὶ τοῦ Γαλααδείτου γυναῖκα καὶ ἐκλήθη ἐν
62 ὀνόματι αὐτῶν· ⁶²οὗτοι ἐζήτησαν γραφὴν αὐτῶν οἱ μεθωεσείμ, καὶ
63 οὐχ εὑρέθησαν, καὶ ἠγχιστεύθησαν ἀπὸ τῆς ἱερατείας. ⁶³καὶ εἶπεν
Ἀθερσαὰ αὐτοῖς τοῦ μὴ φαγεῖν ἀπὸ τοῦ ἁγίου τῶν ἁγίων ἕως ἀναστῇ
64 ἱερεὺς τοῖς φωτίζουσιν καὶ τοῖς τελείοις.   ⁶⁴Πᾶσα δὲ ἡ ἐκκλησία
65 ὡσεὶ τέσσαρες μυριάδες δισχίλιοι τριακόσιοι ἑξήκοντα, ⁶⁵χωρὶς δούλων
αὐτῶν παιδισκῶν, οὗτοι ἑπτακισχίλιοι τριακόσιοι τριάκοντα τέσσαρες·
66 καὶ οὗτοι ᾄδοντες καὶ ᾠδαὶ διακόσιοι.   ⁶⁶ἵπποι αὐτῶν ἑπτακόσιοι
67 τριάκοντα καὶ ἡμίονοι αὐτῶν διακόσιοι τεσσεράκοντα πέντε· ⁶⁷κάμηλοι αὐτῶν τετρακόσιοι τριάκοντα πέντε· ὄνοι αὐτῶν ἑπτακό-
68 σιοι εἴκοσι.   ⁶⁸Καὶ ἀπὸ ἀρχόντων πατριῶν ἐν τῷ ἐλθεῖν
αὐτοὺς εἰς οἶκον Κυρίου τὸν ἐν Ἰερουσαλὴμ ἠκουσιάσαντο εἰς οἶκον
69 τοῦ θεοῦ τοῦ στῆσαι αὐτὸν ἐπὶ τὴν ἑτοιμασίαν αὐτοῦ· ⁶⁹ὡς ἡ δύναμις
αὐτῶν, ἔδωκαν εἰς θησαυρὸν τοῦ ἔργου χρυσίον καθαρόν· μναῖ ἓξ
μυριάδες καὶ χίλιαι, καὶ ἀργυρίου μναῖ πεντακισχίλιαι, καὶ κοθωνοὶ
70 τῶν ἱερέων ἑκατόν. ⁷⁰καὶ ἐκάθισαν οἱ ἱερεῖς καὶ οἱ Λευεῖται καὶ
ἀπὸ τοῦ λαοῦ καὶ οἱ ᾄδοντες καὶ οἱ πυλωροὶ καὶ οἱ Θανιεὶμ ἐν πύλεσιν
αὐτῶν, καὶ πᾶς Ἰσραὴλ ἐν πόλεσιν αὐτῶν.

55 Σατει] Σωται Α | Ασεφοραθ Α   56 Ιεηλα] Ιελα Α | Δερκων Α | Α
Γεδηα] Γεδδηλ Α   57 Σαφατια Α | Αττεια] Αττιλ Α | Φασραθ] Φακεραθ
Α | om υιοι 4° Α | Ασεβωειμ Α   58 Ναθεινιν] Ναθινειμ Α | υιοι]
pr οι Α | Ασεδησελμα] Αβδησελμα Α | τοβ΄] τριακοντα ενενηκοντα δυο | Α
59 Θερμελεθ] Θελμεχελ Α | Θααρησα] Θελαρησα Α | Χαρους] Χερουβ Α |
Εμμηρ Α | ηδυνηθησαν Α | αναγγειλαι] pr του Α   60 Λαχεα] Δαλαια
Α | om υιοι Βουα Α | Τωβεια] Τωβιου Α   61 Λαβεια] Οβαια Α | Ακκους
Α | Ζαρβελθει] Ζερβελλαι Α | Βερζελλαι Α | Γαλααδιτου Α | εν ονοματι]
επι τω ον. Α   62 ιερατιας Α   63 Αθερσαθα Α   64 εκκλησια]+
ομου Α | τεσσερας Β* τεσσερες Βᵃ (τεσσαρες ΒᵇΑ)   65 παιδισκων] και
παιδ αυτων Α | τεσσαρες] επτα Α | ωδαι] αδουσαι Α   66 τριακοντα]+εξ Α |
om και Α | om διακοσιοι Βᵃᵇ   67 επτακοσιοι] pr 5̄ Βᵇ ᵗˣᵗ (superscr) pr εξακισχιλιοι Βᵇ ᵐᵍ Α   68 ηκουσιασαντο Α | του θεου] om του Α   69 καθαρον
μναι] δραχμας Α | μυριαδας κ. χιλιας Α | αργυριον Α | κοθωνοι] χιτωνας Α |
ιερεων] ερεων Β   70 απο] pr οι Α | om και 4° Α | Θανιειμ] Ναθινειμ Α

165

ΕΣΔΡΑΣ Β

III 1

B ¹Καὶ ἔφθασεν ὁ μὴν ὁ ἕβδομος καὶ οἱ Ἰσραὴλ ἐν πόλεσιν αὐτῶν, καὶ συνήχθη ὁ λαὸς ὡς ἀνὴρ εἷς εἰς Ἰερουσαλήμ. ²καὶ ἀνέστη ὁ Ἰησοῦς ὁ τοῦ Ἰωσεδὲκ καὶ οἱ ἀδελφοὶ αὐτοῦ καὶ ᾠκοδόμησαν τὸ θυσιαστήριον θεοῦ Ἰσραήλ, τοῦ ἀνενέγκαι ἐπ' αὐτὸ ὁλοκαυτώσεις κατὰ τὰ γεγραμμένα ἐν νόμῳ Μωυσῆ ἀνθρώπου τοῦ θεοῦ. ³καὶ ἡτοίμασαν τὸ θυσιαστήριον ἐπὶ τὴν ἑτοιμασίαν αὐτοῦ, καὶ ἀνέβη ἐπ' αὐτὸ ὁλοκαύτωσις τῷ κυρίῳ τὸ πρωὶ καὶ εἰς ἑσπέραν. ⁴καὶ ἐποίησαν τὴν ἑορτὴν τῶν σκηνῶν κατὰ τὸ γεγραμμένον, καὶ ὁλοκαυτώσεις ἡμέραν ἐν ἡμέρᾳ ἐν ἀριθμῷ ὡς ἡ κρίσις, λόγον ἡμέρας ἐν ἡμέρᾳ· ⁵καὶ μετὰ τοῦτο ὁλοκαυτώσεις ἐνδελεχισμοῦ, καὶ εἰς τὰς νουμηνίας καὶ εἰς πάσας ἑορτὰς τὰς ἡγιασμένας, καὶ παντὶ ἑκουσιαζομένῳ ἑκούσιον τῷ κυρίῳ. ⁶ἐν ἡμέρᾳ μιᾷ τοῦ μηνὸς τοῦ ἑβδόμου ἤρξαντο ἀναφέρειν ὁλοκαυτώσεις τῷ κυρίῳ· καὶ ὁ οἶκος Κυρίου οὐκ ἐθεμελιώθη. ⁷καὶ ἔδωκαν ἀργύριον τοῖς λατόμοις καὶ τοῖς τέκτοσιν, καὶ βρώματα καὶ ποτὰ καὶ ἔλαιον τοῖς Σηδαμεὶν καὶ τοῖς Σωρεὶν ἐνέγκαι ξύλα κέδρινα ἀπὸ τοῦ Λιβάνου πρὸς θάλασσαν Ἰόππης, κατ' ἐπιχώρησιν Κύρου βασιλέως Περσῶν ἐπ' αὐτούς. ⁸Καὶ ἐν τῷ ἔτει τῷ δευτέρῳ τοῦ ἐλθεῖν αὐτοὺς εἰς οἶκον τοῦ θεοῦ εἰς Ἰερουσαλήμ, ἐν μηνὶ τῷ δευτέρῳ, ἤρξατο Ζοροβαβὲλ ὁ τοῦ Σαλαθιὴλ καὶ Ἰησοῦς ὁ τοῦ Ἰωσεδὲκ καὶ οἱ κατάλοιποι τῶν ἀδελφῶν οἱ ἱερεῖς καὶ οἱ Λευεῖται καὶ πάντες οἱ ἐρχόμενοι ἀπὸ τῆς αἰχμαλωσίας εἰς Ἰερουσαλήμ, καὶ ἔστησαν τοὺς Λευείτας ἀπὸ εἰκοσαετοῦς καὶ ἐπάνω ἐπὶ τὰ ἔργα Κυρίου. ⁹καὶ ἔστη Ἰησοῦς καὶ οἱ υἱοὶ αὐτοῦ καὶ οἱ ἀδελφοὶ αὐτοῦ, Καδμιὴλ καὶ οἱ υἱοὶ αὐτοῦ υἱοὶ Ἰούδα, ἐπὶ τοὺς ποιοῦντας τὰ ἔργα ἐν οἴκῳ τοῦ θεοῦ· υἱοὶ Ἡναάδ, υἱοὶ αὐτῶν καὶ ἀδελφοὶ αὐτῶν οἱ Λευεῖται. ¹⁰καὶ ἐθεμελίωσαν τοῦ οἰκοδομῆσαι τὸν οἶκον Κυρίου· καὶ ἔστησαν οἱ ἱερεῖς ἐστολισμένοι ἐν σάλπιγξιν καὶ οἱ Λευεῖται υἱοὶ Ἀσὰφ τοῦ αἰνεῖν τὸν κύριον ἐπὶ χεῖρας Δαυεὶδ βασιλέως Ἰσραήλ. ¹¹καὶ ἀπεκρίθησαν ἐν αἴνῳ καὶ ἀνθομολογήσει τῷ κυρίῳ

Ὅτι ἀγαθόν,

ὅτι εἰς τὸν αἰῶνα τὸ ἔλεος αὐτοῦ ἐπὶ Ἰσραήλ.

A III **1** οι] ο A   **2** ο Ιησους] om ο A | αυτου]+ιερεις· και| Ζοροβαβελ ο του Σαλαθιηλ και οι| αδελφοι αυτων A | Μωυσεως A   **3** αυτου]+οτι εν κατα|πληξει επ αυτους απο των λαων| των γαιων· A   **4** ημερα 2°]+αυτου A **5** ολοκαυτωσεις] ολοκαυτωσις ut vid B¹ᵒ | εορτας]+κω A   **7** Σηδαμειν] Σιδωνιοις A | Σωρειν] Τυριοις A | ενεγκαι] pr και A   **8** αδελφων]+αυτων A | Λευιτ A (bis: item 9, 10, 12) | τα εργα] pr τους ποιουντας A | Κυριου] pr θν οικω A   **9** εστης Aᵛⁱᵈ (forte pro εστη ο) | Καδμιηλ] pr και A | υιοι 3°] pr οι A | Ηναδαδ A   **10** Ασαφ]+εν κυμβαλοις Bᵃᵇ⁽ⁿⁱᵍ⁾+λυμβα|λοις A **11** ανθομολογησει B* (ανθομ. Bᵃ?ᵇ)

καὶ πᾶς ὁ λαὸς ἐσήμαινον φωνὴν μεγάλην αἰνεῖν τῷ κυρίῳ ἐπὶ B
12 θεμελιώσει οἴκου Κυρίου. ¹²καὶ πολλοὶ ἀπὸ τῶν ἱερέων καὶ τῶν
Λευειτῶν καὶ ἄρχοντες τῶν πατριῶν οἱ πρεσβύτεροι οἳ εἴδοσαν τὸν
οἶκον τὸν πρῶτον ἐν θεμελιώσει αὐτοῦ, καὶ τοῦτον τὸν οἶκον ἐν
ὀφθαλμοῖς αὐτῶν, ἔκλαιον φωνῇ μεγάλῃ, καὶ ὄχλος ἐν σημασίᾳ
13 μετ' εὐφροσύνης τοῦ ὑψῶσαι ᾠδήν. ¹³καὶ οὐκ ἦν λαὸς ἐπιγινώσκων
φωνὴν σημασίας τῆς εὐφροσύνης ἀπὸ τῆς φωνῆς τοῦ κλαυθμοῦ, ὅτι ὁ
λαὸς ἐκραύγασεν φωνῇ μεγάλῃ, καὶ ἠκούετο ἕως ἀπὸ μακρόθεν.

IV 1 ¹Καὶ ἤκουσαν οἱ θλίβοντες Ἰουδὰ καὶ Βενιαμὶν ὅτι οἱ υἱοὶ τῆς
2 ἀποικίας οἰκοδομοῦσιν οἶκον τῷ κυρίῳ θεῷ Ἰσραήλ· ²καὶ ἤγγισαν
πρὸς Ζοροβαβὲλ καὶ πρὸς τοὺς ἄρχοντας τῶν πατριῶν, καὶ εἶπαν
αὐτοῖς Οἰκοδομήσομεν μεθ' ὑμῶν, ὅτι ὡς ὑμεῖς ἐκζητοῦμεν τῷ θεῷ
ἡμῶν, καὶ αὐτῷ ἡμεῖς θυσιάζομεν ἀπὸ ἡμερῶν Ἀσαρεαθὼν βασι-
3 λέως Ἀσσοὺρ τοῦ ἐνέγκαντος ἡμᾶς ὧδε. ³καὶ εἶπεν πρὸς αὐτοὺς
Ζοροβαβὲλ καὶ Ἰησοῦς καὶ οἱ κατάλοιποι τῶν ἀρχόντων τῶν πατριῶν
τοῦ Ἰσραήλ Οὐχ ἡμῖν καὶ ὑμῖν τοῦ οἰκοδομῆσαι οἶκον τῷ θεῷ ἡμῶν,
ὅτι ἡμεῖς ἐπὶ τὸ αὐτὸ οἰκοδομήσομεν τῷ κυρίῳ θεῷ ἡμῶν, ὡς ἐνε-
4 τείλατο ἡμῖν Κῦρος βασιλεὺς Περσῶν. ⁴καὶ ἦν ὁ λαὸς τῆς γῆς
5 ἐκλύων χεῖρας λαοῦ Ἰούδα, καὶ ἐνεπόδιζον αὐτοὺς οἰκοδομεῖν, ⁵καὶ
μισθούμενοι ἐπ' αὐτοὺς βουλόμενοι διασκεδάσαι βουλὴν αὐτῶν, πάσας
τὰς ἡμέρας Κύρου βασιλέως Περσῶν καὶ ἕως βασιλείας Δαρείου
6 βασιλέως Περσῶν. ⁶καὶ ἐν βασιλείᾳ Ἀσθηροὺ ἐν ἀρχῇ βασιλείας
7 αὐτοῦ ἔγραψεν ἐπὶ οἰκοῦντας Ἰουδὰ καὶ Ἱερουσαλήμ. ⁷καὶ ἐν ἡμέ-
ραις Ἀσαρδαθὰ ἔγραψεν ἐν εἰρήνῃ Μιθραδάτῃ Ταβεὴλ καὶ τοῖς
λοιποῖς συνδούλοις· πρὸς βασιλέα Περσῶν ἔγραψεν ὁ φορολό-
8 γος γραφὴν Συριστὶ καὶ ἑρμηνευμένην. ⁸Ῥαοὺλ βαδαταμὲν καὶ
Σαμασὰ ὁ γραμματεὺς ἔγραψαν ἐπιστολὴν μίαν κατὰ Ἱερουσαλὴμ τῷ
9 Ἀρσαρθὰ βασιλεῖ. ⁹τάδε ἔκρινεν Ῥαοὺμ βάαλ καὶ Σαμαὲ ὁ γραμμα-

11 εσημανεν A | φωνη μεγαλη A | θεμελιωσει] pr τη A   12 αυτων] A
εαυτων A   13 λαος 1°] pr ο A | φωνην] pr την A | φωνης] ευφρο-
συνης A | κλαυθμου]+|του λαου· A | ο λαος] om ο A | και 2°]+η φωνη A |
ηκουετο] post κ ras 1 lit A° (forte ρ)   IV 1 οι υιοι] om οι A   2 ειπον A |
ημων] υμων A | Ασαρεαθων] Ασαραδδων A | Ασουρ A   3 ημεις]+αυτοι A |
βασιλευς] pr ο A   4 λαου] pr του A | αυτοις A | οικοδομειν] pr του A
5 βουλευομενοι A | διασκεδασαι] pr του A | Δαριου A | om Περσων 2° A
6 om και 1° A | Ασθηρου] Ασσουηρου Περσων A | εν 2°] pr και A | εγραψεν]
+επιστολην Bᵃ (sup ras et in mg) A   7 Ασαρδαθα] Αρθασασθα A | εγραψαν
A | Μιθραδατης A | και 2°] pr συν A | συνδουλοις]+αυτου A | βασιλεα] pr
Αρθασασθα A | Συριστει A | ηρμηνευμενην A   8 Ραουλ βαδαταμεν] Ρεουμ'·|
βααλταμ'· A | Σαμασα] Σαμσαι A | εγραψεν A | Αρτασασθα A   9 Ρεουμ'·
βααλταμ'· A | Σαμσαι A

IV 10 ΕΣΔΡΑΣ Β

B τεὺς καὶ οἱ κατάλοιποι σύνδουλοι ἡμῶν, Δειναῖοι, Φαρεσθαχαῖοι, Ταραφαλλαῖοι, Ἀφρασαῖοι, Ἀρχοῦοι, Βαβυλώνιοι, Σουσυναχαῖοι οἵ εἰσιν Ἠλαμαῖοι, ¹⁰ καὶ οἱ κατάλοιποι ἐθνῶν ὧν ἀπῴκισεν Ἀσενναφὰρ 10 ὁ μέγας καὶ ὁ τίμιος καὶ κατῴκισεν αὐτοὺς ἐν πόλεσιν τῆς Σωμωρῶν καὶ τὸ κατάλοιπον πέραν τοῦ ποταμοῦ. ¹¹ αὕτη ἡ διαταγὴ τῆς ἐπι- 11 στολῆς ἧς ἀπέστειλαν πρὸς αὐτόν Πρὸς Ἀρσαρθὰ βασιλέα παῖδές σου ἄνδρες πέραν τοῦ ποταμοῦ. ¹² γνωστὸν ἔστω τῷ βασιλεῖ ὅτι οἱ 12 Ἰουδαῖοι ἀναβάντες ἀπὸ Κύρου ἐφ' ἡμᾶς ἦλθοσαν εἰς Ἰερουσαλήμ· τὴν ἀποστάτιν καὶ πονηρὰν οἰκοδομοῦσιν, καὶ τὰ τείχη αὐτῆς κατηρτισμένοι εἰσίν, καὶ θεμελίους αὐτῆς ἀνύψωσαν ¹³ νῦν οὖν γνωστὸν 13 ἔστω τῷ βασιλεῖ ὅτι ἐὰν ἡ πόλις ἐκείνη οἰκοδομηθῇ καὶ τὰ τείχη αὐτῆς καταρτισθῶσιν, φόροι οὐκ ἔσονταί σοι οὐδὲ δώσουσιν· καὶ τοῦτο βασιλεῖς κακοποιεῖ. ¹⁴ καὶ ἀσχημοσύνην βασιλέως οὐκ ἔξεστιν 14 ἡμῖν ἰδεῖν· διὰ τοῦτο ἐπέμψαμεν καὶ ἐγνωρίσαμεν τῷ βασιλεῖ, ¹⁵ ἵνα 15 ἐπισκέψηται ἐν βιβλίῳ ὑπομνηματισμοῦ τῶν πατέρων σου, καὶ εὑρήσεις καὶ γνώσῃ ὅτι ἡ πόλις ἐκείνη πόλις ἀποστάτις, καὶ κακοποιοῦσα βασιλεῖς καὶ χώρας, καὶ φυγαδεῖα δούλων ἐν μέσῳ αὐτῆς ἀπὸ ἡμερῶν αἰῶνος· διὰ ταῦτα ἡ πόλις αὕτη ἠρημώθη. ¹⁶ γνωρίζομεν 16 ἡμεῖς τῷ βασιλεῖ ὅτι ἐὰν ἡ πόλις ἐκείνη οἰκοδομηθῇ καὶ τὰ τείχη αὐτῆς καταρτισθῇ, οὐκ ἔστιν σοι εἰρήνη. ¹⁷ καὶ ἀπέστειλεν ὁ βασι- 17 λεὺς πρὸς Ῥαοὺμ βαλγὰμ καὶ Σαμεαῒς γραμματέα καὶ τοὺς καταλοίπους συνδούλους αὐτῶν τοὺς οἰκοῦντας ἐν Σαμαρείᾳ καὶ τοὺς καταλοίπους πέραν τοῦ ποταμοῦ εἰρήνην καὶ φάσιν ¹³ Ὁ φορο- 18 λόγος ὃν ἀπεστείλατε πρὸς ἡμᾶς ἐκλήθη ἔμπροσθεν ἐμοῦ. ¹⁹ καὶ 19 παρ' ἐμοῦ ἐτέθη γνώμη καὶ ἐπεσκεψάμεθα, καὶ εὕραμεν ὅτι ἡ πόλις ἐκείνη ἀφ' ἡμερῶν αἰῶνος ἐπὶ βασιλεῖς ἐπαίρεται, καὶ ἀποστάσεις καὶ φυγαδεῖα γίνονται ἐν αὐτῇ ²⁰ καὶ βασιλεῖς ἰσχυροὶ γίνονται ἐπὶ 20 Ἰερουσαλήμ, καὶ ἐπικρατοῦντες ὅλης τῆς ἑσπέρας τοῦ ποταμοῦ, καὶ φόροι πλήρεις καὶ μέρος δίδοται αὐτοῖς ²¹ νῦν θέτε γνώμην 21 καταργῆσαι τοὺς ἄνδρας ἐκείνους, καὶ ἡ πόλις ἐκείνη οὐκ οἰκοδο-

A 9 Δειναιοι Αρχουοι] Διναιοι· Αφαρ|σαθαχαιοι· Ταρφαλλαιοι· Αφαρσαιοι| Αχναιοι A | Αρχουσι B | Σουσαναχαιοι A | om οι εισιν A | Ηλαμαιοι] Δαυαιοι A   10 Απενναφαρ] Ναφαρ A | Σομορων A   11 Αρσαρθα] Αρ|θα A | παιδες] pr οι A   12 Κυρου] σου A | εφ] προς A | Ιερουσαλημ]+πολιν B^(ab mg)+την πολιν A | πονηραν]+ην A   13 ανοικοδομηθη A | καταρτισθωσιν] καταρτισωσειν A   14 ημιν] in η ras aliq B'   15 και κακοποιουσα] |καικοποιουσα A* (pr και| A^a) | δουλων]+γιγνον|ται A | ημερων] χρονων A 16 γνωριζομεν]+ουν B^(ab) (superscr) A | ημεις sup ras B^(ab)   17 Ρεουμ'· βααλταμ'· A | Σαμσαι A   19 φυγαδιαι A | γιγνονται (νον sup ras A¹) A 20 γιγνονται A   21 νυν] pr και A

168

ΕΣΔΡΑΣ Β

22 μηθήσεται ἔτι ἀπὸ τῆς γνώμης. ²²πεφυλαγμένοι ἦτε ἄνεσιν ποιῆσαι B περὶ τούτου, μή ποτε πληθυνθῇ ἀφανισμὸς εἰς κακοποίησιν βασιλεῦσιν. 23 ²³τότε ὁ φορολόγος τοῦ Ἀρσαρθὰ βασιλέως ἀνέγνω ἐνώπιον Ῥαοὺμ καὶ Σαμεσὰ γραμματέως συνδούλων αὐτῶν· καὶ ἐπορεύθησαν ἐν σπουδῇ εἰς Ἰερουσαλήμ καὶ ἐν Ἰούδᾳ, καὶ κατήργησαν αὐτοὺς ἐν 24 ἵπποις καὶ δυνάμει. ²⁴τότε ἤργησεν τὸ ἔργον οἴκου τοῦ θεοῦ τοῦ ἐν Ἰερουσαλήμ, καὶ ἦν ἀργῶν ἕως ἔτους δευτέρου Δαρείου τοῦ βασιλέως Περσῶν.

V 1 ¹Καὶ ἐπροφήτευσεν Ἀγγαῖος ὁ προφήτης καὶ Ζαχαρίας ὁ τοῦ Ἀδὼ προφητείαν ἐπὶ τοὺς Ἰουδαίους τοὺς ἐν Ἰούδᾳ καὶ Ἱερουσαλὴμ 2 ἐν ὀνόματι θεοῦ Ἰσραὴλ ἐπ' αὐτούς. ²τότε ἀνέστησαν Ζοροβαβὲλ ὁ τοῦ Σαλαθιὴλ καὶ Ἰησοῦς ὁ υἱὸς Ἰωσεδὲκ καὶ ἤρξαντο οἰκοδομῆσαι τὸν οἶκον τοῦ θεοῦ τὸν ἐν Ἰερουσαλήμ, καὶ μετ' αὐτῶν οἱ προφῆται 3 τοῦ θεοῦ βοηθοῦντες αὐτοῖς. ³ἐν αὐτῷ τῷ καιρῷ ἦλθεν ἐπ' αὐτοὺς Θαναναὶ ἔπαρχος πέραν τοῦ ποταμοῦ καὶ Σαβαρβουζανὰ καὶ οἱ σύνδουλοι αὐτῶν, καὶ τοῖα εἶπαν αὐτοῖς Τίς ἔθηκεν ὑμῖν γνώμην τοῦ οἰκοδομῆσαι τὸν οἶκον καὶ τὴν χορηγίαν ταύτην καταρτίσασθαι; 4 ⁴τότε ταῦτα εἴποσαν αὐτοῖς Τίνα ἐστὶν τὰ ὀνόματα τῶν ἀνδρῶν 5 τῶν οἰκοδομούντων τὴν πόλιν ταύτην; ⁵καὶ οἱ ὀφθαλμοὶ τοῦ θεοῦ ἐπὶ τὴν αἰχμάλωσιν Ἰούδα, καὶ οὐ κατήργησαν αὐτοὺς ἕως γνώμη τῷ Δαρείῳ ἀπενέχθη· καὶ τότε ἀπεστάλη τῷ φορολόγῳ ὑπὲρ τοῦ 6 αὐτοῦ. ⁶διασάφησις ἐπιστολῆς ἧς ἀπέστειλεν Θανθανᾶς ἔπαρχος τοῦ πέραν καὶ Σαβαρβουζανὰ καὶ οἱ σύνδουλοι αὐτῶν Ἀφαρσακκαῖοι 7 ἐν τῷ πέραν τοῦ ποταμοῦ Δαρείῳ τῷ βασιλεῖ· ⁷ῥῆσιν ἀπέστειλαν πρὸς αὐτόν, καὶ τάδε γέγραπται ἐν αὐτῷ Δαρείῳ τῷ βασιλεῖ εἰ-8 ρήνη πᾶσα. ⁸γνωστὸν ἔστω τῷ βασιλεῖ ὅτι ἐπορεύθημεν εἰς τὴν Ἰουδαίαν χώραν εἰς οἶκον τοῦ θεοῦ τοῦ μεγάλου, καὶ αὐτὸς οἰκοδομεῖται λίθοις ἐκλεκτοῖς, καὶ ξύλα ἐντίθεται ἐν τοῖς τοίχοις, καὶ τὸ ἔργον ἐκεῖνο ἐπιδέξιον γίνεται καὶ εὐοδοῦται ἐν ταῖς χερσὶν αὐτῶν. 9 ⁹τότε ἠρωτήσαμεν τοὺς πρεσβυτέρους ἐκείνους, καὶ οὕτως εἴπαμεν

21 απο] pr οπως A 22 om ητε A | του B* (τουτου B^ab [superscr του 2°] A A) 23 Αρθασασθα A | Ρεουμ A | Σαμσαι A | αυτων] εαυτου A | om εν 1° A 24 om οικου A | του εν] το εν A | αργων BA | δευτερου ετους A | Δαρειου] pr της βασιλειας A V 1 Αδδω A | θεου] pr κυ A 2 οικοδομησαι] οικοδομειν A 3 Θαθθαναι A | Σαθαρβουζαναι A | ειπον A | οικον] +τουτον A 4 ειποσαν] ειπον A 5 αιχμαλωσιαν A | Δαριω A | απηνεχθη A | του αυτου] τουτου A 6 επιστολη A | Θαθθαναις A | περαν 1°]+|του ποταμου A | Σαθαρβουζανης A | Αφαρσαιχαιοι A | εν] pr οι A 7 αυτω] αυτη A 8 τοχοις B* (τοιχοις B^ab) | γιγνεται A | ταις χερσιν] om ταις A 9 ειπομεν A

ΕΣΔΡΑΣ Β

B αὐτοῖς Τίς ἔθηκεν ὑμῖν γνώμην τοῦ οἰκοδομῆσαι τὴν χορηγίαν ταύτην καὶ καταρτίσασθαι; ¹⁰καὶ τὰ ὀνόματα αὐτῶν ἠρωτήσαμεν αὐτοὺς γνωρίσαι σοι, ὥστε γράψαι τὰ ὀνόματα τῶν ἀνδρῶν τῶν ἀρχόντων αὐτῶν. ¹¹καὶ τοῦτο τὸ ῥῆμα ἀπεκρίθησαν ἡμῖν λέγοντες Ἡμεῖς ἐσμεν δοῦλοι τοῦ θεοῦ τοῦ οὐρανοῦ καὶ τῆς γῆς, καὶ οἰκοδομοῦμεν τὸν οἶκον ὃς ἦν οἰκοδομημένος πρὸ τούτου ἔτη πολλά, καὶ βασιλεὺς τοῦ Ἰσραὴλ μέγας ᾠκοδόμησεν αὐτὸν καὶ κατηρτίσατο αὐτὸν αὐτοῖς. ¹²ἀφ' ὅτε δὲ παρώργισαν οἱ πατέρες ἡμῶν τὸν θεὸν τοῦ οὐρανοῦ, ἔδωκεν αὐτοὺς εἰς χεῖρας Ναβουχοδονοσὸρ βασιλέως Βαβυλῶνος, καὶ τὸν οἶκον ἔλυσεν τοῦτον, καὶ τὸν λαὸν ἀπῴκισεν εἰς Βαβυλῶνα. ¹³ἀλλ' ἐν ἔτει πρώτῳ Κύρου τοῦ βασιλέως Κῦρος βασιλεὺς ἔθηκεν γνώμην τὸν οἶκον τοῦ θεοῦ τοῦτον οἰκοδομηθῆναι. ¹⁴καὶ τὰ σκεύη τοῦ θεοῦ τὰ ἀργυρᾶ καὶ τὰ χρυσᾶ, ἃ Ναβουχοδονοσὸρ ἐξήνεγκεν ἀπὸ οἴκου τοῦ ἐν Ἰερουσαλὴμ καὶ ἀπήνεγκεν αὐτὰ εἰς ναὸν τοῦ βασιλέως, καὶ ἔδωκεν τῷ Βαγασὰρ τῷ θησαυροφύλακι τῷ ἐπὶ τοῦ θησαυροῦ, ¹⁵καὶ εἶπεν αὐτῷ Πάντα τὰ σκεύη λάβε· πορεύου, θὲς αὐτὰ ἐν οἴκῳ τῷ ἐν Ἰερουσαλὴμ εἰς τὸν ἑαυτῶν τόπον. ¹⁶τότε Σαρβαγὰρ ἐκεῖνος ἦλθεν καὶ ἔδωκεν θεμελίους τοῦ οἴκου τοῦ θεοῦ τοῦ εἰς Ἰερουσαλήμ· καὶ ἀπὸ τότε ἕως τοῦ νῦν ᾠκοδομήθη, καὶ οὐκ ἐτελέσθη. ¹⁷καὶ νῦν εἰ ἐπὶ τὸν βασιλέα ἀγαθόν, ἐπισκεπήτω ἐν οἴκῳ τῆς γάζης τοῦ βασιλέως Βαβυλῶνος, ὅπως γνῷς ὅτι ἀπὸ βασιλέως Κύρου ἐγένετο γνώμη οἰκοδομῆσαι τὸν οἶκον τοῦ θεοῦ ἐκεῖνον τὸν ἐν Ἰερουσαλήμ· καὶ γνοὺς ὁ βασιλεὺς περὶ τούτου πεμψάτω πρὸς ἡμᾶς. ¹Τότε VI Δαρεῖος ὁ βασιλεὺς ἔθηκεν γνώμην, καὶ ἐπεσκέψατο ἐν βιβλιοθήκαις ὅπου ἡ γάζα κεῖται ἐν Βαβυλῶνι. ²καὶ εὑρέθη ἐν πόλει ἐν τῇ βάρει κεφαλὶς μία, καὶ τοῦτο γεγραμμένον ἐν αὐτῇ ὑπόμνημα ³Ἐν ἔτει πρώτῳ Κύρου βασιλέως Κῦρος βασιλεὺς ἔθηκεν γνώμην περὶ οἴκου ἱεροῦ θεοῦ τοῦ ἐν Ἰερουσαλὴμ καὶ τόπου οὗ θυσιάζουσιν τὰ θυ-

A 9 του οικοδομησαι.. καταρτισασθαι] τον οικον τουτον οικοδομη|σαι και την χορηγιαν (χορ. sup ras Aᵃ) ταυτην καταριτισασθαι A   10 γραψαι]+σοι A   11 τουτο το] τοιουτον A | ημιν] αυτοις A | ωκοδομημενος A   12 απ A | Βαβυλωνος]+του Χαλδαιου A | ελυσεν τουτον] τ. κατελυσεν A   13 βασιλευς] pr o A | εθηκεν] εθετο A   14 του θεου] pr του οικου A | τα αργυρα και τα χρυσα] τα χρυσεα· και τα αργυρα A | και 4⁰] pr | εξηνεγκεν αυτα Κυρος ο βασι|λευς απο ναου του βασιλεως| A | Βαγασαρ] Σασαβασσαρω A   15 πορευου] pr και A | εαυτων τοπον] τοπον αυτων A   16 Σαρβαγαρ] Σασαβασσαρ' A | του εις] εν A | του νυν] om του A   17 Βαβυλως B* (Βαβυλωνος Bᵃᵇ) | βασιλεως 2⁰] pr του A | εγενετο] ετεθη A   VI 1 βιβλιοθηκαις] pr ταις A   2 εν πολει] pr εν A|μαθα A | τουτο]+ην A   3 πρωτου B | βασιλευς] pr o A | om ιερου A | θεου] pr του A | Ιερουσαλημ]+|οικος οικοδομηθητω A | τοπου] τοπος A

ΕΣΔΡΑΣ Β   VI 14

4 σιάσματα. καὶ ἔθηκεν ἔπαρμα ὕψος πήχεις ἑξήκοντα, ⁴καὶ δόμοι B
λίθινοι τρεῖς, καὶ δόμος ξύλινος εἶς· καὶ ἡ δαπάνη ἐξ οἴκου τοῦ
5 βασιλέως δοθήσεται. ⁵καὶ τὰ σκεύη οἴκου θεοῦ τὰ ἀργυρᾶ καὶ τὰ
χρυσᾶ, ἃ Ναβουχοδονοσὸρ ἐξήνεγκεν ἀπὸ οἴκου τοῦ ἐν Ἰερουσαλήμ,
6 ἐπὶ τόπου ἐτέθη ἐν οἴκῳ τοῦ θεοῦ. ⁶νῦν δώσετε, ἔπαρχοι πέραν
τοῦ ποταμοῦ, Σαθαρβουζανὰ καὶ οἱ σύνδουλοι αὐτῶν Ἀφαρσαχαῖοι
7 ἐν πέρα ποταμοῦ, μακρὰν ὄντες ἐκεῖθεν· ⁷ἄφετε τὸ ἔργον οἴκου τοῦ
θεοῦ· καὶ πρεσβύτεροι τῶν Ἰουδαίων οἶκον τοῦ θεοῦ ἐκεῖνον οἰκοδο-
8 μείτωσαν ἐπὶ τοῦ τόπου αὐτοῦ. ⁸καὶ ἀπ' ἐμοῦ ἐτέθη γνώμη μή
ποτέ τι ποιήσητε μετὰ πρεσβυτέρων τῶν Ἰουδαίων τοῦ οἰκοδομῆσαι
οἶκον τοῦ θεοῦ ἐκεῖνον· καὶ ἀπὸ ὑπαρχόντων βασιλέως τῶν φόρων
πέραν τοῦ ποταμοῦ ἐπιμελῶς δαπάνη ἔστω διδομένη τοῖς ἀνδράσιν
9 ἐκείνοις, τὸ μὴ καταργηθῆναι· ⁹καὶ ὃ ἂν ὑστέρημα, καὶ υἱοὺς βοῶν
καὶ κριῶν καὶ ἀμνοὺς εἰς ὁλοκαυτώσεις τῷ θεῷ τοῦ οὐρανοῦ, πυρούς,
ἅλας, οἶνον, ἔλαιον, κατὰ τὸ ῥῆμα ἱερέων τῶν ἐν Ἰερουσαλήμ, ἔστω
10 διδόμενον αὐτοῖς ἡμέραν ἐν ἡμέρᾳ ὃ ἐὰν αἰτήσωσιν, ¹⁰ἵνα ὦσιν προσ-
φέροντες εὐωδίας τῷ θεῷ τοῦ οὐρανοῦ, καὶ προσεύχωνται εἰς ζωὴν
11 τοῦ βασιλέως καὶ υἱῶν αὐτοῦ. ¹¹καὶ ἀπ' ἐμοῦ ἐτέθη γνώμη ὅτι πᾶς
ἄνθρωπος ὃς ἀλλάξει τὸ ῥῆμα τοῦτο, καὶ καθαιρεθήσεται ξύλον ἐκ
τῆς οἰκίας αὐτοῦ καὶ ὠρθωμένος πληγήσεται ἐπ' αὐτοῦ, καὶ ὁ οἶκος
12 αὐτοῦ τὸ κατ' ἐμὲ ποιηθήσεται. ¹²καὶ ὁ θεὸς οὗ κατασκηνοῖ τὸ
ὄνομα ἐκεῖ καταστρέψει πάντα βασιλέα καὶ λαὸν ὃς ἐκτενεῖ τὴν
χεῖρα αὐτοῦ ἀλλάξαι ἢ ἀφανίσαι οἶκον θεοῦ τὸν ἐν Ἰερουσαλήμ.
13 ἐγὼ Δαρεῖος ἔθηκα γνώμην, ἐπιμελῶς ἔσται. ¹³Τότε Τανθαναὶ
ἔπαρχος πέραν τοῦ ποταμοῦ, Σαθαρβουζὰν καὶ οἱ σύνδουλοι αὐτοῦ,
πρὸς ὃ ἀπέστειλεν Δαρεῖος ὁ βασιλεύς, οὕτως ἐπιμελῶς ἐποίησαν.
14 ¹⁴καὶ οἱ πρεσβύτεροι τῶν Ἰουδαίων οἰκοδομοῦσιν καὶ οἱ Λευεῖται
ἐν προφητείᾳ Ἀγγαίου τοῦ προφήτου καὶ Ζαχαρίου υἱοῦ Ἀδώ· καὶ

3 εξηκοντα]+πλατος αυτου·|πηχαιων εξηκοντα· Α   4 λιθινοι]+κραταιοι Α Α
5 θεου 1°] pr του Α | χρυσεα Α | Ιερουσαλημ]+και εκοσμισεν (sic) εις| Βαβυ-
λωνα· και δοθητω· και απελ|θατω· εις τον λαον τον εν Ιλημ̄·| Α | ετεθη] τεθη Α
6 Σαθαρβουζανε Α | εν περα] οι εν τω περαν Α   7 αφετε] pr και νυν Α | om
οικου Α | και] οι αφηγουμε|νοι των Ιουδαιων· και οι Α   8 γνωμη ετεθη
Α | πρεσβυτερων] pr των Α   9 om ελαιον Α | ιερεων] pr των Α | αιτη-
σωσιν] ιτη sup ras B^vid   10 τουρανου Β* (του ουρ. Β^ab) | υιων] pr
των Α   11 om και 2° Α | πληγησεται Β^ab (πληγησεσται Β*)] παγη-
σεται Α   12 αυτου] εαυτου Α | οικον θεου] τον οικον του| θῡ εκεινον Α
13 Τανθαναι] Θαθθαναι Α | Σαθαρβουζαναι Α | εποιησαν επιμελως Α
14 οικοδομουσιν] ωκοδομουσαν Α^vid | Λευιτ. Α (item 16, 18, 20) | προφητια Α |
Αδδω Α

ΕΣΔΡΑΣ Β

B ᾠκοδόμησαν καὶ κατηρτίσαντο ἀπὸ γνώμης θεοῦ Ἰσραὴλ καὶ ἀπὸ γνώμης Κύρου καὶ Δαρείου καὶ Ἀσταρθὰ βασιλέων Περσῶν. ¹⁵καὶ ἐτέλεσαν τὸν οἶκον τοῦτον ἕως ἡμέρας τρίτης μηνὸς Ἀδάρ, ὅς ἐστιν ἔτος ἕκτον τῇ βασιλείᾳ Δαρείου τοῦ βασιλέως. ¹⁶καὶ ἐποίησαν οἱ υἱοὶ Ἰσραήλ, οἱ ἱερεῖς καὶ οἱ Λευεῖται καὶ οἱ κατάλοιποι υἱῶν ἀποικεσίας, ἐνκαίνια τοῦ οἴκου τοῦ θεοῦ ἐν εὐφροσύνῃ. ¹⁷καὶ προσήνεγκαν εἰς τὰ ἐνκαίνια τοῦ οἴκου τοῦ θεοῦ μόσχους ἑκατόν, κριοὺς διακοσίους, ἀμνοὺς τετρακοσίους, χιμάρους αἰγῶν περὶ ἁμαρτίας ὑπὲρ παντὸς Ἰσραὴλ δώδεκα, εἰς ἀριθμὸν φυλῶν Ἰσραήλ ¹⁸καὶ ἔστησαν τοὺς ἱερεῖς ἐν διαιρέσει αὐτῶν καὶ τοὺς Λευείτας ἐν μερισμοῖς αὐτῶν ἐπὶ δουλείᾳ θεοῦ τοῦ ἐν Ἰερουσαλήμ, κατὰ τὴν γραφὴν βιβλίου Μωυσῆ.

¹⁹Καὶ ἐποίησαν οἱ υἱοὶ τῆς ἀποικεσίας τὸ πάσχα τῇ τεσσαρεσκαιδεκάτῃ τοῦ μηνὸς τοῦ πρώτου. ²⁰ὅτι ἐκαθερίσθησαν οἱ ἱερεῖς καὶ οἱ Λευεῖται, ἕως εἷς πάντες καθαροί· καὶ ἔσφαξαν τὸ πάσχα τοῖς πᾶσιν υἱοῖς τῆς ἀποικεσίας καὶ τοῖς ἀδελφοῖς αὐτῶν τοῖς ἱερεῦσιν καὶ ἑαυτοῖς. ²¹καὶ ἔφαγον οἱ υἱοὶ Ἰσραὴλ τὸ πάσχα, ἀπὸ τῆς ἀποικεσίας, καὶ πᾶς ὁ χωριζόμενος εἰς ἀκαθαρσίας ἐθνῶν τῆς γῆς πρὸς αὐτοὺς τοῦ ἐκζητῆσαι Κύριον θεὸν Ἰσραήλ ²²καὶ ἐποίησαν τὴν ἑορτὴν τῶν ἀζύμων ἑπτὰ ἡμέρας ἐν εὐφροσύνῃ, ὅτι εὔφρανεν αὐτούς, καὶ ἐπέστρεψεν καρδία βασιλέως Ἀσσοὺρ ἐπ' αὐτοὺς κραταιῶσαι τὰς χεῖρας αὐτῶν ἐν ἔργοις οἴκου θεοῦ Ἰσραήλ.

¹Καὶ μετὰ τὰ ῥήματα ἐν βασιλείᾳ Ἀρθασεσθὰ βασιλέως Περσῶν VII ἀνέβη Ἔσρας υἱὸς Σαραίου υἱοῦ Ζαρείου υἱοῦ Ἑλκειὰ ²υἱοῦ Σελοὺμ υἱοῦ Σαδδοὺκ υἱοῦ Ἀχειτὼβ ³υἱοῦ Σαμαρειὰ υἱοῦ Ἐσρειὰ υἱοῦ Μαρερὼθ ⁴υἱοῦ Ζαραιὰ υἱοῦ Σαουιὰ υἱοῦ Βοκκεὶ ⁵υἱοῦ Ἀβεισουὲ υἱοῦ Φινεὲς υἱοῦ Ἐλεαζὰρ υἱοῦ Ἀαρὼν τοῦ ἱερέως τοῦ πατρῴου ⁶ἀνέβη ἐκ Βαβυλῶνος, καὶ αὐτὸς γραμματεὺς ταχὺς ἐν νόμῳ Μωυσῆ ὃν ἔδωκεν Κύριος ὁ θεὸς Ἰσραήλ καὶ ἔδωκεν αὐτῷ ὁ βασιλεύς, ὅτι χεὶρ θεοῦ αὐτοῦ ἐπ' αὐτὸν ἐν πᾶσιν οἷς ἐζήτει αὐτός. ⁷καὶ ἀνέβησαν ἀπὸ υἱῶν

A 14 ωκοδομησαν] ανωκοδομησαν A | Ασταρθα] Αρθασα|σθα A | βασιλεως A
15 os] o A | της βασιλειας A | Δαριου A 16 εγκαινια B^bA (item 17)
17 om του οικου A 18 και 1°] in a ras aliq B' | διαιρεσεσιν A | Μωση A
19 τεσσαρισκαιδεκ. B^ab 20 εκαθαρισθησαν B^a?b 21 απο] pr οι A |
εις] της A | θεον] pr τον A 22 αυτους 1°]+κ̄ς A | και 2°]+κ̄ς A | καρδιαν
A | θεου] pr του A VII 1 Αρθασασθα A | Εξρας A (Εξρ. ubique) | Ζαρειου] Αξαριου A | Ελκεια] Χελκειο (sic) A 2 Σελλουμ A | Σααδουκ A |
Αχιτωβ A 3 Εξρια A | Μαρερωθ] Μαραιωθ A 4 Σαουια] Οξυι A |
Βοκκι A 5 Αβισουε A 6 ανεβη] pr αυτος Εξρας A | θεου] pr κ̄ῡ A

ΕΣΔΡΑΣ Β   VII 21

Ἰσραὴλ καὶ ἀπὸ τῶν ἱερέων καὶ ἀπὸ τῶν Λευειτῶν καὶ οἱ ᾄδοντες Β
καὶ οἱ πυλωροὶ καὶ οἱ Ναθινεὶμ εἰς Ἰερουσαλὴμ ἐν ἔτει ἑβδόμῳ τῷ
8 Ἀσαρθαθὰ τῷ βασιλεῖ. ⁸καὶ ἤλθοσαν εἰς Ἰερουσαλὴμ τῷ μηνὶ τῷ
9 πέμπτῳ, τοῦτο τὸ ἔτος ἕβδομον τῷ βασιλεῖ. ⁹ὅτι ἐν μιᾷ τοῦ μηνὸς
τοῦ πέμπτου ἤλθοσαν εἰς Ἰερουσαλήμ, ὅτι χεὶρ θεοῦ αὐτοῦ ἦν ἀγαθὴ
10 ἐπ᾽ αὐτόν. ¹⁰ὅτι Ἔσρας ἔδωκεν ἐν καρδίᾳ αὐτοῦ ζητῆσαι τὸν νόμον
11 καὶ ποιεῖν καὶ διδάσκειν ἐν Ἰσραὴλ προστάγματα καὶ κρίμα. ¹¹Καὶ
αὕτη ἡ διασάφησις τοῦ διατάγματος οὗ ἔδωκεν Ἀσαρθαθὰ τῷ Ἔσρᾳ
τῷ ἱερεῖ τῷ γραμματεῖ βιβλίου λόγων ἐντολῶν Κυρίου καὶ προστα-
12 γμάτων αὐτοῦ ἐπὶ τὸν Ἰσραήλ ¹²Ἀσαρθαθὰ βασιλεὺς βασιλέων
Ἔσρᾳ γραμματεῖ νόμου τοῦ θεοῦ τοῦ οὐρανοῦ τετέλεστο λόγος καὶ
13 ἡ ἀπόκρισις. ¹³ἀπ᾽ ἐμοῦ ἐτέθη γνώμη ὅτι πᾶς ἑκουσιαζόμενος ἐν
βασιλείᾳ μου ἀπὸ λαοῦ Ἰσραὴλ καὶ ἱερέων καὶ Λευειτῶν πορευθῆναι
14 εἰς Ἰερουσαλήμ, μετὰ σοῦ πορευθῆναι. ¹⁴ἀπὸ προσώπου τοῦ βασιλέως
καὶ τῶν ἑπτὰ συμβούλων ἀπεστάλη ἐπισκέψασθαι ἐπὶ τὴν Ἰουδαίαν
15 καὶ εἰς Ἰερουσαλὴμ νόμῳ θεοῦ αὐτῶν τῷ ἐν χειρί σου. ¹⁵καὶ εἰς
οἶκον Κυρίου ἀργύριον καὶ χρυσίον ὁ βασιλεὺς καὶ οἱ σύμβουλοι
ἠκουσιάσθησαν τῷ κυρίῳ τοῦ Ἰσραὴλ τῷ ἐν Ἰερουσαλὴμ κατασκη-
16 νοῦντι, ¹⁶καὶ πᾶν ἀργύριον καὶ χρυσίον ὅ τι ἐὰν εὕρῃς ἐν πάσῃ
χώρᾳ Βαβυλῶνος μετὰ ἑκουσιασμοῦ τοῦ λαοῦ καὶ ἱερέων τῶν ἑκουσια-
17 ζομένων εἰς οἶκον θεοῦ τὸν ἐν Ἰερουσαλήμ· ¹⁷καὶ πᾶν προσπορευό-
μενον, τοῦτον ἑτοίμως ἔνταξον ἐν βιβλίῳ τούτῳ, μόσχους, κριούς,
ἀμνούς, καὶ θυσίας αὐτῶν καὶ σπονδὰς αὐτῶν· καὶ προσοίσεις· αὐτὰ
18 ἐπὶ θυσιαστηρίου τοῦ οἴκου τοῦ θεοῦ ὑμῶν τοῦ ἐν Ἰερουσαλήμ. ¹⁸καὶ
ἔτι ἐπὶ σὲ καὶ τοὺς ἀδελφούς σου ἠγαθύνθη ἐν καταλοίπῳ τοῦ
ἀργυρίου καὶ τοῦ χρυσίου ποιῆσαι, ὡς ἀρεστὸν τῷ θεῷ ὑμῶν ποιήσατε
19 ¹⁹καὶ τὰ σκεύη τὰ διδόμενά σοι εἰς λειτουργίαν οἴκου θεοῦ παράδος
20 ἐνώπιον θεοῦ ἐν Ἰερουσαλήμ ²⁰καὶ κατάλοιπον χρείας οἴκου θεοῦ ὃ
21 ἂν φανῇ σοι δοῦναι δώσεις ἀπὸ οἴκων γάζης βασιλέως. ²¹καὶ ἀπ᾽ ἐμοῦ,
ἐγὼ γ᾽ Ἀρσαρθαθὰ βασιλεὺς ἔθηκα γνώμην πάσαις ταῖς γάζαις

7 Λευιτ. A (item 13, 24) | Αρθασασθα A   8 ηλθον A | το ετος] om A
το A   9 ηλθον A   10 εν καρδια] καρδιαν A | αυτου] εαυτου A | om
εν 2° A | κριματα A   11 διασαφησι B* (s superscr Bᵃᵇ) | Αρθασασθα A
(item 12)   12 του θεου] κ̄ν̄ θ̄ν̄ A | τετελεσται A | λογος] pr ο A
13 εκουσιαζομενος] pr ο A   14 συμβολων A | επισκεψα|σασθαι A | νομου B |
του εν B   15 εκουσιασθησαν A | κυριω] θω̄ A | του εν B   16 εαν] αν
A | εκουσιαζομενων A] ακουσιαζ. B   18 ετι] ει| τι A | αγαθυνθη A | αρ-
γυριου] αρτουριου A | του χρυσιου] om του A   19 θεου] pr του A
20 καταλοιπον] pr το A | θεου]+σου A   21 om γ A | Αρθασασθα A

VII 22   ΕΣΔΡΑΣ Β

B ταῖς ἐν πέρα τοῦ ποταμοῦ, ὅτι πᾶν ὃ ἂν αἰτήσῃ ὑμᾶς Ἔσρας ὁ ἱερεὺς γραμματεὺς τοῦ νόμου τοῦ θεοῦ τοῦ οὐρανοῦ ἑτοίμως γινέσθω, ²²ἕως 22 ἀργυρίου ταλάντων καὶ ἕως πυροῦ κόρων ἑκατόν, καὶ ἕως οἴνου ἀποθηκῶν ἑκατόν, καὶ ἅλας οὗ οὐκ ἔστιν γραφή. ²³πᾶν ὅ ἐστιν 23 ἐν γνώμῃ θεοῦ τοῦ οὐρανοῦ γινέσθω. προσέχετε ἐπιχειρῆσαι μήτι εἰς οἶκον θεοῦ τοῦ οὐρανοῦ, μή ποτε γένηται ὀργὴ ἐπὶ τὴν βασιλείαν τοῦ βασιλέως καὶ τῶν υἱῶν αὐτοῦ. ²⁴καὶ ὑμῖν ἐγνώρισται ἐν πᾶσιν 24 τοῖς ἱερεῦσιν καὶ τοῖς Λευείταις, ᾄδουσιν, πυλωροῖς, Ναθεινεὶμ καὶ λειτουργοῖς οἴκου θεοῦ τούτου, φόρος μὴ ἔστω σοι· οὐκ ἐξουσιάσεις καταδουλοῦσθαι αὐτούς. ²⁵καὶ σύ, Ἔσρα, ᾧ ἡ σοφία τοῦ θεοῦ ἐν 25 χειρί σου, κατάστησον γραμματεῖς καὶ κριτάς, ἵνα ὦσιν κρίνοντες παντὶ τῷ λαῷ τῷ ἐν πέρα τοῦ ποταμοῦ πᾶσιν τοῖς εἰδόσιν νόμον τοῦ θεοῦ καὶ τῷ μὴ εἰδότι γνωριεῖτε. ²⁶καὶ πᾶς ὃς ἂν μὴ ᾖ ποιῶν 26 νόμον τοῦ θεοῦ καὶ νόμον τοῦ βασιλέως ἑτοίμως, τὸ κρίμα ἔσται γινόμενον ἐξ αὐτοῦ, ἐὰν εἰς θάνατον ἐὰν εἰς παιδείαν ἐὰν εἰς ζημίαν βίου ἐὰν εἰς παράδοσιν. ²⁷εὐλογητὸς Κύριος ὁ θεὸς τῶν πατέρων 27 ἡμῶν, ὃς ἔδωκεν οὕτως ἐν καρδίᾳ τοῦ βασιλέως, τοῦ δοξάσαντος οἶκον τὸν ἐν Ἰερουσαλήμ, ²⁸καὶ ἐπ' ἐμὲ ἔκλινεν ἔλεος ἐν ὀφθαλμοῖς 28 τοῦ βασιλέως καὶ τῶν συμβούλων αὐτοῦ καὶ πάντων τῶν ἀρχόντων τοῦ βασιλέως τῶν ἐπηρμένων. καὶ ἐγὼ ἐκραταιώθην ὡς χεὶρ θεοῦ ἡ ἀγαθὴ ἐπ' ἐμέ, καὶ συνῆξα ἀπὸ Ἰσραὴλ ἄρχοντας ἀναβῆναι μετ' ἐμοῦ.

¹Καὶ οὗτοι οἱ ἄρχοντες πατριῶν αὐτῶν, οἱ ὁδηγοὶ ἀναβαίνοντες 1 VIII μετ' ἐμοῦ ἐν βασιλείᾳ Ἀρθασθὰ τοῦ βασιλέως Βαβυλῶνος. ²ἀπὸ 2 υἱῶν Φεινεές, Γηρσώμ· ἀπὸ υἱῶν Ἰθαμάρ, Δανιήλ· ἀπὸ υἱῶν Δαυείδ, Τούς· ³ἀπὸ υἱῶν Σαναχιὰ ἀπὸ υἱῶν Φορός, Ζαχαρίας, καὶ μετ' αὐτοῦ 3 τὸ σύστρεμμα ἑκατὸν καὶ πεντήκοντα· ⁴ἀπὸ υἱῶν Φααθμωάβ, 4 Ἐλιανὰ υἱὸς Ζαρειά, καὶ μετ' αὐτοῦ διακόσιοι τὰ ἀρσενικά ⁶καὶ ἀπὸ 6

A   21 αν (in a ras aliq B')] εαν A | αιτησει A | γραμματευς] pr και A | γιγνεσθω A   22 ταλαντων]+ρ' B^{ab}+εκατον A | αποθηκων] βαδων A | εκατον 2°]+ και ελαιου βαδων εκατον·| A   23 θεου 1°] pr του A | γινεσθω] ε sup ras B' γιγνεσθω A | προσεχε A | επιχειρησαι μητι (μητε B^{ab vid})] μητις επιχειρηση A | θεου 2°] pr του A   24 αδουσι A | Ναθινειμ A | τουτου] του B τουτο| A   25 ω] ως A | εν χειρι] pr η A | ωσιν] ωσει A | τω λαω] ω 1° sup ras B' | πασι A | θεου 2°]+σου A   26 νομον 1°] pr τον A | γιγνομενον A | εαν quater]+ τε A | βιου] pr του A | παραδοσιν] δεσμα A   27 δοξασαντος] δοξασαι A | οικον] τον οικον κ̄ῡ A   28 θεου] κ̄ῡ A VIII 1 οι αρχ] om οι A | Αρθασασθα A   2 Τους] Αττους A   3 Σα||ναχια B^{+vid} (Σα||αχια B^{ab})] Σαχανια A   4 απο] pr και A | Ελια|ανα A | Ζαραια A | αρσενικα]+(5) και απο υιων| Ζαθοης Σεχονιας· υιος Αζιηλ'·| και μετ αυτου τριακοσιοι τα αρ|σενικα· A

ΕΣΔΡΑΣ Β VIII 20

υἱῶν Ἀδείν, Ὠβὴθ υἱὸς Ἰωναθάν, καὶ μετ' αὐτοῦ πεντήκοντα τὰ
7 ἀρσενικά· ⁷καὶ ἀπὸ υἱῶν Ἡλά, Ἰοσειὰ υἱὸς Ἀθελεί, καὶ μετ' αὐτοῦ
8 ἑβδομήκοντα τὰ ἀρσενικά· ⁸καὶ ἀπὸ υἱῶν Σαφατειά, Ζαβδειὰ υἱὸς
9 Μειχαήλ, καὶ μετ' αὐτοῦ ὀγδοήκοντα τὰ ἀρσενικά· ⁹καὶ ἀπὸ υἱῶν
Ἰωάβ, Ἀδειὰ υἱὸς Ἰεμά, καὶ μετ' αὐτοῦ διακόσιοι δέκα ὀκτὼ τὰ
10 ἀρσενικά· ¹⁰καὶ ἀπὸ υἱῶν Σαλειμοὺθ υἱὸς Ἰωσεφειά, καὶ μετ' αὐτοῦ
11 ἑκατὸν ἑξήκοντα τὰ ἀρσενικά· ¹¹καὶ ἀπὸ υἱῶν Βαβεί, καὶ Ἀζαριὰ
12 υἱὸς Βαβεί, καὶ μετ' αὐτοῦ ἑβδομήκοντα ὀκτὼ τὰ ἀρσενικά· ¹²καὶ ἀπὸ
υἱῶν Ἀστάδ, Ἰωνὰν υἱὸς Ἁκατάν, καὶ μετ' αὐτοῦ ἑκατὸν δέκα τὰ
13 ἀρσενικά· ¹³καὶ ἀπὸ υἱῶν Ἀδανεικὰμ ἔσχατοι, καὶ ταῦτα τὰ ὀνόματα
αὐτῶν· Ἀλειφὰτ καὶ Εὐειὰ καὶ Σαμαιά, ἑξήκοντα τὰ ἀρσενικά·
14 ¹⁴καὶ ἀπὸ υἱῶν Βαγὸ Οὐθί, καὶ μετ' αὐτοῦ ὀγδοήκοντα τὰ ἀρσε-
15 νικά. ¹⁵Καὶ συνῆξα αὐτοὺς πρὸς τὸν ποταμὸν τὸν ἐρχόμενον
πρὸς τὸν Εὐείμ, καὶ παρενεβάλομεν ἐκεῖ ἡμέρας τρεῖς· καὶ συνῆκα
ἐν τῷ λαῷ καὶ ἐν τοῖς ἱερεῦσιν, καὶ ἀπὸ υἱῶν Λευεὶ οὐχ εὗρον
16 ἐκεῖ. ¹⁶καὶ ἀπέστειλα τῷ Ἐλεαζάρ, τῷ Ἀριήλ, τῷ Σαμαιὰ καὶ τῷ
Ἀλωνὰμ καὶ τῷ Ἀρέβ καὶ τῷ Ἐλναθὰμ καὶ τῷ Ναθὰν καὶ τῷ
Ζαχαρίᾳ καὶ τῷ Μεσουὰμ ἄνδρας καὶ τῷ Ἀρεὶβ καὶ τῷ Ἐαναθὰν
17 συνιόντας. ¹⁷καὶ ἐξήνεγκα αὐτοὺς ἐπὶ ἄρχοντος ἐν ἀργυρίῳ τοῦ
τόπου, καὶ ἔθηκα ἐν στόματι αὐτῶν λόγους λαλῆσαι πρὸς τοὺς ἀδελ-
φοὺς αὐτῶν τῶν Ἀθανεὶμ ἐν ἀργυρίῳ τόπου τοῦ ἐνέγκαι ἡμῖν ᾄδοντας
18 εἰς οἶκον θεοῦ ἡμῶν. ¹⁸καὶ ἤλθοσαν ἡμῖν, ὡς χεὶρ θεοῦ ἡμῶν
ἀγαθὴ ἐφ' ἡμᾶς, ἀνὴρ σαχὼχ ἀπὸ υἱῶν Μοολεὶ υἱοῦ Λευεὶ υἱοῦ
Ἰσραήλ· καὶ ἀρχὴν ἤλθοσαν υἱοὶ αὐτοῦ καὶ ἀδελφοὶ αὐτοῦ ὀκτὼ καὶ
19 δέκα· ¹⁹καὶ τὸν Ἀσεβειὰ καὶ τὸν Ὠσαίαν ἀπὸ υἱῶν Μεραρεί, ἀδελφοὶ
20 αὐτοῦ καὶ υἱοὶ αὐτῶν εἴκοσι· ²⁰καὶ ἀπὸ τῶν Ναθεινεὶμ ὧν ἔδωκεν
Δαυεὶδ καὶ οἱ ἄρχοντες εἰς δουλείαν τῶν Λευειτῶν, Ναθεινεὶμ δια-

6 Αδιν A | Ωβῆ· | A   7 Ηλαμ A | Ιοσεια] Ησαια A | Αθελει] Αθλια A A
8 Σαφατια A | Ζαβδιας A | Μαχαηλ A   9 Αδεια] Αβαδια A | Ιεμα] Ιεειηλ A
10 Σαλειμουθ] Βαανισ|ελειμμουθ'· A^vid | Ιωσεφια A   11 om και 2° A | Αζαρια]
Ζα|χαριας A   12 Ασταδ] Αζ'γαδ A | Ιωαναν A | Ακκαταν A   13 Αδωνι-
καμ A | Αλειφατ και Ευεια] Ελιφαλαθειηλ'· A^vid | Σαμαεια A   14 Βαγο]
Γαβοναει A | Ουθι] Ουθαι και Ζαβουδ' A | ογδοηκοντα] εβδομηκοντα A
15 Ευει A | τω λαω] quae seq in A vix possunt legi usque 19   16 Σεμεια A |
Αλωναμ] αμ non inst B^b (quasi Αλων) | Αρεβ] Ιαριβ A | Μεσουαμ] Μεσολλαμ
A | om ανδρας A | Αρειβ] Ιωαρειμ A | Εαναθαν] Ελναθαν A | συνιοντας
(συνειοντας B^a vid)] συνιεντας A   17 αδοντας] οδοντας B   18 σαχω
A | Μοολι A | Λευι A | ηλθον A | υιοι] pr οι A | οκτω και δεκα] δεκα οκτω A
19 Ασεβια A | Ωσαιαν] Ισαια A | Μεραρι A | υιοι] pr οι A   20 Ναθεινειμ
bis (Ναθειν 1° B^b vid [ειμ non inst])] Ναθιρειμ A | δουλιαν A | Λευιτ. A (item
29, 30, 33)

175

ΕΣΔΡΑΣ Β VIII 21

B κόσιοι καὶ εἴκοσι· πάντες συνήχθησαν ἐν ὀνόμασιν. ²¹καὶ ἐκάλεσα ἐκεῖ νηστείαν ἐπὶ τὸν ποταμὸν Θουὲ τοῦ ταπεινωθῆναι ἐνώπιον θεοῦ ἡμῶν, ζητῆσαι παρ' αὐτοῦ ὁδὸν εὐθεῖαν ἡμῖν καὶ τοῖς τέκνοις ἡμῶν καὶ πάσῃ τῇ κτήσει ἡμῶν. ²²ὅτι ᾐσχύνθην αἰτήσασθαι παρὰ τοῦ βασιλέως δύναμιν καὶ ἱππεῖς σῶσαι ἡμᾶς ἀπὸ ἐχθροῦ ἐν τῇ ὁδῷ, ὅτι εἴπαμεν τῷ βασιλεῖ λέγοντες Χεὶρ θεοῦ ἡμῶν ἐπὶ πάντας τοὺς ζητοῦντας αὐτὸν εἰς ἀγαθόν, καὶ κράτος αὐτοῦ καὶ θυμὸς αὐτοῦ ἐπὶ πάντας ἐνκαταλείποντας αὐτόν ²³καὶ ἐνηστεύσαμεν καὶ ἐζητήσαμεν παρὰ τοῦ θεοῦ ἡμῶν περὶ τούτου, καὶ ἐπήκουσεν ἡμῖν. ²⁴καὶ διέστειλα ἀπὸ ἀρχόντων τῶν ἱερέων δώδεκα, τῷ Σαραιά, Ἀσαβιά, καὶ μετ' αὐτῶν ἀπὸ ἀδελφῶν αὐτῶν δώδεκα. ²⁵καὶ ἔστησα αὐτοῖς τὸ ἀργύριον καὶ τὸ χρυσίον καὶ τὰ σκεύη ἀπαρχῆς οἴκου θεοῦ ἡμῶν, ἃ ὕψωσεν ὁ βασιλεὺς καὶ οἱ σύμβουλοι αὐτοῦ καὶ οἱ ἄρχοντες αὐτοῦ καὶ πᾶς Ἰσραὴλ οἱ εὑρισκόμενοι. ²⁶καὶ ἔστησα ἐπὶ χεῖρας αὐτῶν ἀργυρίου τάλαντα ἑξακόσια καὶ πεντήκοντα, καὶ σκεύη ἀργυρᾶ ἑκατόν, καὶ τάλαντα χρυσίου ἑκατόν· ²⁷καὶ καφουδὴθ χρυσοῖ εἴκοσι εἰς τὴν ὁδὸν χαμανεὶμ χίλιοι, καὶ σκεύη χαλκοῦ στίλβοντος ἀγαθοῦ διάφορα, ἐπιθυμητὰ ἐν χρυσίῳ ²⁸καὶ εἶπα πρὸς αὐτούς Ὑμεῖς ἅγιοι τῷ κυρίῳ, καὶ τὰ σκεύη ἅγια καὶ τὸ ἀργύριον καὶ τὸ χρυσίον ἑκούσια τῷ κυρίῳ θεῷ πατέρων ἡμῶν· ²⁹ἀγρυπνεῖτε καὶ τηρεῖτε, ἕως στῆτε ἐνώπιον ἀρχόντων τῶν ἱερέων καὶ τῶν Λευειτῶν καὶ τῶν ἀρχόντων τῶν πατριῶν ἐν Ἰερουσαλήμ, εἰς σκηνὰς οἴκου Κυρίου. ³⁰καὶ ἐδέξαντο οἱ ἱερεῖς καὶ οἱ Λευεῖται σταθμὸν τοῦ ἀργυρίου καὶ τοῦ χρυσίου καὶ τῶν σκευῶν, ἐνεγκεῖν εἰς Ἰερουσαλὴμ εἰς οἶκον θεοῦ ἡμῶν. ³¹Καὶ ἐξήραμεν ἀπὸ τοῦ ποταμοῦ Θουὲ ἐν τῇ δωδεκάτῃ τοῦ μηνὸς τοῦ πρώτου τοῦ ἐλθεῖν εἰς Ἰερουσαλήμ· καὶ χεὶρ θεοῦ ἡμῶν ἦν ἐφ' ἡμῖν, καὶ ἐρύσατο ἡμᾶς ἀπὸ χειρὸς ἐχθροῦ καὶ πολεμίου ἐν τῇ ὁδῷ. ³²καὶ ἤλθομεν εἰς Ἰερουσαλήμ, καὶ ἐκαθίσαμεν ἐκεῖ ἡμέρας τρεῖς. ³³καὶ ἐγενήθη τῇ ἡμέρᾳ τῇ τετάρτῃ ἐστήσαμεν τὸ ἀργύριον καὶ τὸ χρυσίον καὶ τὰ σκεύη ἐν οἴκῳ θεοῦ ἡμῶν ἐπὶ χεῖρα Μερειμὼθ υἱοῦ Οὐρεία τοῦ ἱερέως, καὶ μετ' αὐτοῦ Ἐλεαζὰρ υἱὸς Φεινεές,

A 20 om και 3° A   21 Θουε] Αουε A   22 ησχυνθην] seq ras 1 lit in A | ειπομεν A^vid | θεου] pr του A | εγκαταλειποντας B^ab A   23 του θεου] om του A   24 Ασαβια] Σαβια A^vid | δωδεκα] δεκα A^vid   25 συμβουλοι] συμβολοι A*^vid (ουλ sup ras A?)   26 om και 2° A   27 καφουδηθ] καφουρη A | χρυσοι] χρυσαιοι A | χαμανειμ] δραχμων·|ειν A   28 κυριω 1°] + θω A | αγια] pr τα (superscr) B^ab | ημων] υμων A   29 αρχοντων 1°] pr των A   31 Θουε B^+vid] Αουε B* (A sup ras) A pr του A | τη δωδεκατη] om τη A | πρωτου] π sup ras B*   33 εστησαμεν] αμ sup ras A^a | Μερειμωθ] Μαριμωθ A^vid | Ουρια B^b A

176

ΕΣΔΡΑΣ Β

καὶ μετ' αὐτῶν Ἰωζαβὰδ υἱὸς Ἰησοῦ καὶ Νοαδεὶ ἀπὸ Ἐβανναιὰ οἱ Β
Λευεῖται· ³⁴ἐν ἀριθμῷ καὶ ἐν σταθμῷ τὰ πάντα, καὶ ἐγράφη πᾶς
ὁ σταθμός. ἐν τῷ καιρῷ ἐκείνῳ ³⁵διελθόντες ἐκ τῆς αἰχμαλωσίας
υἱοὶ τῆς παροικίας προσήνεγκαν ὁλοκαυτώσεις τῷ θεῷ Ἰσραήλ,
μόσχους δώδεκα περὶ παντὸς Ἰσραήλ, κριοὺς ἐνενήκοντα ἕξ, ἀμνοὺς
ἑβδομήκοντα καὶ ἑπτά, χιμάρους περὶ ἁμαρτίας δώδεκα, τὰ πάντα
ὁλοκαυτωμάτων. ³⁶καὶ ἔδωκαν τὸ νόμισμα τοῦ βασιλέως τοῖς διοικη-
ταῖς τοῦ βασιλέως καὶ ἐπάρχοις πέραν τοῦ ποταμοῦ· καὶ ἐδόξασαν
τὸν λαὸν καὶ τὸν οἶκον τοῦ θεοῦ.

IX ¹Καὶ ὡς ἐτελέσθη ταῦτα, ἤγγισαν πρὸς μὲ οἱ ἄρχοντες λέγοντες
Οὐκ ἐχωρίσθη ὁ λαὸς Ἰσραὴλ καὶ οἱ ἱερεῖς καὶ οἱ Λευεῖται ἀπὸ λαῶν
τῶν γαιῶν ἐν μακρύμμασιν αὐτῶν· τῷ Χανανεί, ὁ Ἐθεί, ὁ Φερεσθεί,
ὁ Ἰεβουσεί, ὁ Ἀμμωνεί, ὁ Μωάβ, ὁ Μοσερεὶ καὶ ὁ Ἀμορεί· ²ὅτι
ἐλάβοσαν ἀπὸ θυγατέρων αὐτῶν αὐτοῖς καὶ τοῖς υἱοῖς αὐτῶν, καὶ
παρήχθη σπέρμα τὸ ἅγιον ἐν λαοῖς τῶν γαιῶν, καὶ χεὶρ τῶν ἀρ-
χόντων ἐν τῇ ἀσυνθεσίᾳ ταύτῃ. ³καὶ ὡς ἤκουσα τὸν λόγον τοῦ-
τον, διέρρηξα τὰ ἱμάτιά μου καὶ ἐπαλλόμην, καὶ ἔτιλλον ἀπὸ τῶν
τριχῶν τῆς κεφαλῆς μου καὶ ἀπὸ τοῦ πώγονός μου, καὶ ἐκαθήμην
ἠρεμάζων. ⁴καὶ συνήχθησαν πρὸς μὲ πᾶς ὁ διώκων λόγον θεοῦ
Ἰσραὴλ ἐπὶ ἀσυνθεσίᾳ τῆς ἀποικίας· καὶ ἐγὼ καθήμενος ἠρεμάζων
ἕως τῆς θυσίας τῆς ἑσπερινῆς. ⁵καὶ ἐν θυσίᾳ τῇ ἑσπερινῇ ἀνέστην
ἀπὸ ταπεινώσεώς μου· καὶ ἐν τῷ διαρρῆξαί με τὰ ἱμάτιά μου καὶ
ἐπαλλόμην, καὶ κλίνω ἐπὶ τὰ γόνατά μου καὶ ἐκπετάζω χεῖράς μου
πρὸς τὸν θεόν, ⁶καὶ εἶπα, Ἠσχύνθην καὶ ἐνετράπην τοῦ ὑψῶσαι
τὸ πρόσωπόν μου πρὸς σέ, ὅτι αἱ ἀνομίαι ἡμῶν ἐπληθύνθησαν
ὑπὲρ κεφαλῆς ἡμῶν, καὶ αἱ πλημμέλειαι ἡμῶν ἐμεγαλύνθησαν ἕως
εἰς οὐρανόν. ⁷ἀπὸ ἡμερῶν πατέρων ἡμῶν ἐσμεν ἐν πλημμελείᾳ
μεγάλῃ ἕως τῆς ἡμέρας ταύτης· καὶ ἐν ταῖς ἀνομίαις ἡμῶν παρεδό-
θημεν ἡμεῖς καὶ οἱ βασιλεῖς ἡμῶν καὶ οἱ υἱοὶ ἡμῶν ἐν χειρὶ βασι-
λέων τῶν ἐθνῶν, ἐν ῥομφαίᾳ καὶ ἐν αἰχμαλωσίᾳ, ἐν διαρπαγῇ καὶ
ἐν αἰσχύνῃ προσώπου ἡμῶν, ὡς ἡ ἡμέρα αὕτη. ⁸καὶ νῦν ἐπεσκευά-
σατο ἡμῖν ὁ θεὸς ἡμῶν τοῦ καταλιπεῖν ἡμῖν εἰς σωτηρίαν καὶ δοῦναι

33 Νοαδει] Νωαδα A* | απο Εβανναια] υιος Βαναια A   35 διελθοντες] A
οι ελθοντες A | εκ] απο A | ολοκαυτωματων] ολοκαυτωμα|τα τω κ͞ω A
36 εδωκα A   IX 1 Χανανι A | Εθθι A | Φερεζι A | Αμμωνι A | Μωσρι A |
Αμορι A   2 αυτοις] εαυτοις A | αυτων 2°] εαυτων A | ταυτη]+ εν αρχη A
3 ερεμαζων A   4 αποικεσιας A | και εγω] καγω A   5 ταπεινωσεως] pr
της A | χειρας] pr τας A | τον θεον] pr κ͞ν A   6 ησχυνθην] pr κε A |
υψωσαι]+ θεε μου A | πλημμελιαι A   7 πλημμελια A | εν 6°] pr και A
8 ο θεος] pr κ͞ς A | καταλειπειν A

SEPT. II.   177   M

Β ἡμῖν στήρισμα ἐν τόπῳ ἁγιάσματος αὐτοῦ, τοῦ φωτίσαι ὀφθαλμοὺς
ἡμῶν καὶ δοῦναι ζωοποίησιν μικρὰν ἐν τῇ δουλείᾳ ἡμῶν. ⁹ὅτι δοῦλοί 9
§ ℵ ἐσμεν, καὶ ἐν τῇ δουλείᾳ ἡμῶν οὐκ ἐνκατέλειπεν ἡμᾶς ⁵Κύριος ὁ θεὸς
ἡμῶν, καὶ ἔκλινεν ἐφ᾽ ἡμᾶς ἔλεος ἐνώπιον βασιλέων Περσῶν, δοῦναι
ἡμῖν ζωοποίησιν, τοῦ ὑψῶσαι αὐτοὺς τὸν οἶκον τοῦ θεοῦ ἡμῶν καὶ ἀνα-
στῆσαι τὰ ἔρημα αὐτῆς, καὶ τοῦ δοῦναι ἡμῖν φραγμὸν ἐν Ἰούδᾳ καὶ
ἐν Ἰερουσαλήμ. ¹⁰τί εἴπωμεν, ὁ θεὸς ἡμῶν, μετὰ τοῦτο; ὅτι ἐνκατε- 10
λίπομεν ἐντολάς σου ¹¹ἃς ἔδωκας ἡμῖν ἐν χειρὶ δούλων σου τῶν 11
προφητῶν Ἡ γῆ εἰς ἣν εἰσπορεύεσθε κληρονομῆσαι αὐτὴν γῆ μετα-
κινουμένη ἐστὶν ἐν μετακινήσει λαῶν τῶν ἐθνῶν, ἐν μακρύμμασιν
αὐτῶν, ὧν ἔπλησαν αὐτὴν ἀπὸ στόματος ἐπὶ στόμα ἐν ἀκαθαρσίαις
αὐτῶν. ¹²καὶ νῦν τὰς θυγατέρας ὑμῶν μὴ δῶτε τοῖς υἱοῖς αὐτῶν, 12
καὶ ἀπὸ θυγατέρων αὐτῶν μὴ λάβητε τοῖς υἱοῖς ὑμῶν, καὶ οὐκ ἐκζη-
τήσετε εἰρήνην αὐτῶν καὶ ἀγαθὸν αὐτῶν ἕως αἰῶνος, ὅπως ἐνισχύ-
σητε καὶ φάγητε τὰ ἀγαθὰ τῆς γῆς καὶ κληροδοτήσητε τοῖς υἱοῖς
ὑμῶν ἕως αἰῶνος ¹³καὶ μετὰ πᾶν τὸ ἐρχόμενον ἐφ᾽ ὑμᾶς ἐν ποι- 13
ήμασιν ὑμῶν τοῖς πονηροῖς καὶ ἐν πλημμελείᾳ ὑμῶν τῇ μεγάλῃ· ὅτι
οὐκ ἔστιν ὡς ὁ θεὸς ἡμῶν, ὅτι ἐκούφισας ἡμῶν τὰς ἀνομίας καὶ
ἔδωκας ἡμῖν σωτηρίαν ¹⁴ὅτι ἐπεστρέψαμεν διασκεδάσαι ἐντολάς 14
σου καὶ γαμβρεῦσαι τοῖς λαοῖς· μὴ παροξυνθῇς ἐν ἡμῖν ἕως συντε-
λείας τοῦ μὴ εἶναι ἐνκατάλειμμα καὶ διασωζόμενον. ¹⁵Κύριε ὁ θεὸς 15
Ἰσραήλ, δίκαιος σύ, ὅτι κατελείφθημεν διασωζόμενοι ὡς ἡ ἡμέρα

ℵA 8 στηρισμα] σωτηρισμα Β* σωτηριαγμα ut vid B'ᵗˣᵗ (αγ superscr) στηριγμα
Bᵃ ᵐᵍ A | δουλια A (item 9)   9 εγκατελειπεν Bᵇ A | βασιλεως ℵ* (βασιλεων
ℵᶜ ᵃ) | ζωοποιησειν ℵ* (ε ras ℵᵛ ᵛⁱᵈ) | αυτους]+και ℵ* (om ℵ⁹) | οικον] κον (sic)
θῡ ημων ℵ* οικον ℵ¹ om θῡ ημ. ℵ¹ᶜ ᵃ | ημιν 2°] om ℵ* (hab ℵᵃ ⁽ᵐᵍ⁾)   10 τι]
pr ϟ νυν ℵᶜ ᵃ | εγκατελιπομεν Bᵇ εγκατελειπομεν A + η̣μις ℵ   11 δουλων
Bℵᶜ ᵃA] δουλου ℵ* | η γη] pr λεγων ℵA | εισπορευεσθαι ℵA (+†‡‡ μεχρι
τουτου σημειου τῷ τριων σταυρων εστι] το τελος των επτα] φυλλων τῶ,
περισσων ϟ μη οντῶ] του Εσ'δρα ℵᶜ ᵃ ᵐᵍ ⁱⁿᶠ) | εν μετακεινησιν (sic) A | μα-
κρυμμασιν Bℵᶜ ᵃA] μακρυνσει ℵ* | om αυτων 1° A | ων] οις superscr ℵᶜ ᵃ (ras
ℵᶜ ᴸ) | επλησαν Bℵ*A] επλανησαν ℵ* | om αυτων 2° ℵ* (hab superscr
ℵᶜ ᵃ) A   12 θυγατερων] pr των ℵA | εκζητησεται Bℵ (ε 2° sup ras
ℵᶜ ᵇ⁾) A | κληροδοτισητε ℵ* (κληροδοτησ. ℵᶜ ᵃ) κληρονομησητε A   13 παν
το ερχομενον] παντα τα εισελθοντα ℵᶜ ᵃ (ras ℵᶜ ᵇ) | υμας] ημας ℵᵃA | υμων
1°] ημων A | πλημμελια A | υμων 2° Bℵ*] ημων ℵᶜ ᵃA | οτι 1°]+συ ο θ͞ς ημων
κατεπαυσας το σκηπτρον ημων δια τας αμαρτιας ημων ℵᶜ ᵃ (ras ℵᶜ ᵇ) | ο θεος
ημων] συ ℵᶜ ᵃ (ras ℵᶜ ᶜ) | οτι 2° Bℵᶜ ᵃA] και ℵ* | εκουφισας] εκουφισα A* (s
superscr A¹)   14 εαπε'στρεψαμεν (sic) A | επιγαμβρευσαι ℵA | λαοις]
+τουτων ℵᶜ ᵃ (ras ℵᶜ ᵇ)+των γαιων A | μη 1°] και ου ℵᶜ ᵃ (ras ℵᶜ ᵇ) | om
εν ℵ* (hab ℵ*ᶜ ᵇ) | εγκαταλειμμα BᵇA ενκαταλιμμα ℵ   14—15 om δια-
σωζομενον κατελειφθημεν A   15 κατελειφθημεν] κατελιφθ. ℵ* pr ουκ εν
ℵᶜ ᵃ ᵐᵍ | ως Bℵ*A] ωσει ℵᶜ ᵃ ⁽ᵐᵍ⁾ | η ημερα] om η ℵ

ΕΣΔΡΑΣ Β   X 10

αὕτη· ἐναντίον σου ἐν πλημμελείαις ἡμῶν, ὅτι οὐκ ἔστιν στῆναι B
1 ἐνώπιόν σου ἐπὶ τούτῳ. ¹Καὶ ὡς ἐπροσηύξατο Ἔσρας, καὶ
ὡς προσηγόρευσεν κλαίων προσευχόμενος ἐνώπιον οἴκου τοῦ θεοῦ,
συνήχθησαν πρὸς αὐτὸν ἀπὸ Ἰσραὴλ ἐκκλησία πολλὴ σφόδρα,
ἄνδρες καὶ γυναῖκες καὶ νεανίσκοι· ὅτι ἔκλαυσεν ὁ λαὸς καὶ ὕψωσεν
2 κλαίων ²καὶ ἀπεκρίθη Σεχενίας υἱὸς Ἰεὴλ ἀπὸ υἱῶν Ἠλὰμ καὶ
εἶπεν τῷ Ἔσρᾳ Ἡμεῖς ἠσυνθετήσαμεν τῷ θεῷ ἡμῶν καὶ ἐκαθίσαμεν
γυναῖκας ἀλλοτρίας ἀπὸ λαῶν τῆς γῆς· καὶ νῦν ἐστὶν ὑπομονὴ τῷ
3 Ἰσραὴλ ἐπὶ τούτῳ ³καὶ νῦν διαθώμεθα διαθήκην τῷ θεῷ ἡμῶν
ἐκβαλεῖν πάσας τὰς γυναῖκας καὶ τὰ γενόμενα ἐξ αὐτῶν, ὡς ἂν
βούλῃ· ἀνάστηθι καὶ φοβέρισον αὐτοὺς ἐν ἐντολαῖς θεοῦ ἡμῶν, καὶ
4 ὡς ὁ νόμος γενηθήτω. ⁴ἀνάστα, ὅτι ἐπὶ σὲ τὸ ῥῆμα, καὶ ἡμεῖς μετὰ
5 σοῦ· κραταιοῦ καὶ ποίησον. ⁵καὶ ἀνέστη Ἔσρας καὶ ὥρκισεν τοὺς
ἄρχοντας, τοὺς Λευείτας καὶ πάντα Ἰσραήλ, τοῦ ποιῆσαι κατὰ τὸ
6 ῥῆμα τοῦτο καὶ ὤμοσαν. ⁶καὶ ἀνέστη Ἔσρας ἀπὸ προσώπου οἴκου
τοῦ θεοῦ, καὶ ἐπορεύθη εἰς γαζοφυλάκιον Ἰωανὰν υἱοῦ Ἐλεισούβ, καὶ
ἐπορεύθη ἐκεῖ ἄρτον οὐκ ἔφαγεν καὶ ὕδωρ οὐκ ἔπιεν, ὅτι ἐπένθει
7 ἐπὶ ἀσυνθεσίᾳ τῆς ἀποικίας ⁷καὶ παρήνεγκαν φωνὴν Ἰούδᾳ καὶ
8 ἐν Ἰερουσαλήμ. ⁸Πᾶς ὃς ἂν μὴ ἔλθῃ εἰς τρεῖς ἡμέρας ὡς ἡ βουλὴ
τῶν ἀρχόντων καὶ τῶν πρεσβυτέρων, ἀναθεματισθήσεται πᾶσα ἡ
ὕπαρξις αὐτοῦ, καὶ αὐτὸς διασταλήσεται ἀπὸ ἐκκλησίας τῆς ἀποι-
9 κίας. ⁹Καὶ συνήχθησαν πάντες ἄνδρες Ἰούδα καὶ Βενιαμεὶν
εἰς Ἰερουσαλὴμ εἰς τὰς τρεῖς ἡμέρας, οὗτος μὴν ὁ ἔνατος· ἐν εἰκάδι
τοῦ μηνὸς ἐκάθισεν πᾶς ὁ λαὸς ἐν πλατείᾳ οἴκου τοῦ θεοῦ, ἀπὸ
10 θορύβου αὐτῶν περὶ τοῦ ῥήματος καὶ ἀπὸ τοῦ χειμῶνος. ¹⁰ καὶ

15 εναντιον] pr ιδου ημεις ℵ⁽ᵐᵍ⁾ A | σου 1°]+ως η ημερα αυτη ℵ* (ras ℵ?) | ℵA πλημμελιαις ℵ | τουτω BℵᶜᵃA] τουτο ℵ*   X 1 προσηυξατο Bᵇ | Εσδρας ℵ (Εσδρ. ubique) | om ως 2° ℵ (superscr ℵ?) | προσηγορευσεν] εξηγορευσεν Bᵃᵇᵐᵍ ℵA | προσευχ] pr και A | οικου] pr του ℵ | om απο Ισραηλ ℵ* (hab απο Ισλ ℵᶜᵃᵐᵍ)   2 Ιεηλ] Ιεειηλ A | εκαθισαμεν] ελαβομεν ℵᶜᵃ (ras ℵᶜᵇ) 3 εκβαλειν ℵ* (ras λ 1° ℵ?) | γενομενα] γεννωμενα ℵᶜᵇ | ως 1°] εως ℵ* (ως ℵ?) | ως ο ν. γενηθητω] εν βουλη κυ και των τρεμοντων εν εντολαις αυτου και ποιηθησεται κατα τον νομον του θυ ημων ℵᶜᵃ (ras ℵᶜᵇ)   4 αναστα Bℵ*] αναστηθι ℵᵃA | om οτι A   5 om τους αρχοντας ℵ | τους Λευειτας] ιερεις και Λευιτας ℵᶜᵃ⁽ᵐᵍᵍ⁾A | και 3°] pr και τους αρχοντας ℵ   6 Ιωαναν] ras a 1° ℵᶜᵃ | Ελισουβ ℵA | ασυνθεσια] pr τη A | αποικεσιας A   7 Ιουδα] pr εν ℵA | Ιερουσαλημ]+πασιν τοις υιοις της αποικιας του συναχθηναι εις Ιλημ ℵᶜᵃ⁽ⁱⁿᵍ ˢᵘᵖ⁾   8 πας] pr και ℵ | ως η] ος αν ℵ* (ως η ℵᵃ ᵛⁱᵈ) ως αν A | om των αρχοντων ℵ* (superscr ℵᶜᵃ) | αποκιας B* (αποικ. Bᵃᵇ)   9 ανδρες] pr οι ℵ | μην] pr ο ℵA' | εκαθισεν] pr κ ℵᶜᵃ⁽ᵐᵍ⁾ | om πας ℵ (superscr ℵ?) | πλατια A | θορυβου] pr του A

B ἀνέστη Ἔσρας ὁ ἱερεὺς καὶ εἶπεν πρὸς αὐτούς Ὑμεῖς ἠσυνθετήκατε
καὶ ἐκαθίσατε γυναῖκας ἀλλοτρίας, τοῦ προσθεῖναι ἐπὶ πλημμέλειαν
Ἰσραήλ. ¹¹καὶ νῦν δότε αἴνεσιν τῷ θεῷ τῶν πατέρων ἡμῶν, καὶ 11
ποιήσατε τὸ ἀρεστὸν ἐνώπιον αὐτοῦ, καὶ διαστάλητε ἀπὸ λαῶν τῆς
γῆς καὶ ἀπὸ τῶν γυναικῶν τῶν ἀλλοτρίων. ¹²καὶ ἀπεκρίθησαν 12
πᾶσα ἐκκλησία καὶ εἶπαν Μέγα τοῦτο τὸ ῥῆμά σου ἐφ᾽ ἡμᾶς ποι-
ῆσαι. ¹³ἀλλὰ ὁ λαὸς πολύς, καὶ ὁ τόπος χειμερινός, καὶ οὐκ ἔστιν 13
δύναμις στῆναι ἔξω· καὶ τὸ ἔργον οὐκ εἰς ἡμέραν μίαν καὶ οὐκ εἰς
δύο, ὅτι ἐπληθύναμεν τοῦ ἀδικῆσαι ἐν τῷ ῥήματι τούτῳ. ¹⁴στήτωσαν 14
δὴ ἄρχοντες ἡμῶν· καὶ πᾶσιν τοῖς ἐν πόλεσιν ἡμῶν ὃς ἐκάθισεν
γυναῖκας ἀλλοτρίας, ἐλθέτωσαν εἰς καιροὺς ἀπὸ συναγωγῶν, καὶ
μετ᾽ αὐτῶν πρεσβύτεροι πόλεως καὶ πόλεως καὶ κριταί, τοῦ ἀπο-
στρέψαι ὀργὴν θυμοῦ θεοῦ ἡμῶν ἐξ ἡμῶν περὶ τοῦ ῥήματος τούτου.
¹⁵πλὴν Ἰωναθὰν υἱὸς Ἀσὴλ καὶ Λαζειὰ υἱὸς Ἑλκειὰ μετ᾽ ἐμοῦ περὶ 15
τούτου, καὶ Μεσουλὰμ καὶ Σαβαθαὶ ὁ Λευείτης βοηθῶν αὐτοῖς. ¹⁶καὶ 16
ἐποίησαν οὕτως υἱοὶ τῆς ἀποικίας· καὶ διεστάλησαν Ἔσρας ὁ ἱερεὺς
καὶ ἄνδρες ἄρχοντες πατριῶν τῷ οἴκῳ καὶ πάντες ἐν ὀνόμασιν, ὅτι
ἐπέστρεψαν ἐν ἡμέρᾳ τοῦ μηνὸς τοῦ δεκάτου ἐκζητῆσαι τὸ ῥῆμα.
¹⁷καὶ ἐτέλεσαν ἐν πᾶσιν ἀνδράσιν οἳ ἐκάθισαν γυναῖκας ἀλλοτρίας 17
ἕως ἡμέρας μιᾶς τοῦ μηνὸς τοῦ πρώτου. ¹⁸Καὶ εὑρέθη ἀπὸ 18
υἱῶν τῶν ἱερέων οἳ ἐκάθισαν γυναῖκας ἀλλοτρίας· ἀπὸ υἱῶν Ἰησοῦ
υἱοῦ Ἰωσεδέκ, καὶ ἀδελφοὶ αὐτοῦ Μεεσσὴλ καὶ Ἐλιέζερ καὶ Ἰαρεὶμ
καὶ Γαδαλειά· ¹⁹καὶ ἔδωκαν χεῖρα αὐτῶν τοῦ ἐξενέγκαι γυναῖκας αὐτῶν 19
καὶ πλημμελείας κριὸν ἐκ προβάτων περὶ πλημμελήσεως αὐτῶν· ²⁰καὶ 20
ἀπὸ υἱῶν Ἐμμήρ, Ἀνανεὶ καὶ Ζαβδειά ²¹καὶ ἀπὸ υἱῶν Ἡράμ, Μασαὴλ 21

ℵA 10 εκαθισατε] ελαβετε ℵ^{ca} (ras ℵ^{cb}) | πλημμελιαν ℵA 11 τω θεω] pr
κω ℵ^{c a mg} τω κω θω A | ημων] υμων ℵ^{ca} 12 εκκλησια] pr η ℵA | ειπαν]+φωνη
ℵ^{c a mg} 13 τοπος] καιρος ℵA 14 αρχοντες] pr οι A | ημων 1°]+τη παση
εκκλησια ℵ* (pr εν ℵ^{ca} ras ℵ^{cb}) A | πασιν (πασι ℵ*) τοις εν] παντες οι εν
ταις ℵ^{ca} (ras ℵ^{cb}) | ος εκαθισεν] οι λαβοντες ℵ^{ac} (ras ℵ^{cb}) | συναγωγων]
συνταγων ℵ^{c a (vid) mg} A | om θυμου A 15 Ασηλ] Σαηλ ℵ* Ασαηλ ℵ¹A
Λαζειας ℵ^a Ιαζιας A | Ελκεια] Θεκουε A | Μεσουλαμ] Μετασολλαμ A |
Σαβαθαι] Καββαθαι A | Λευιτης ℵA 16 υιοι] pr οι A | διεσταλησαν]
διεστιλεν ℵ^{ca} (ras ℵ^{cb}) | om και 3° ℵ* (hab ϗ ℵ^{c b(vid)}) | om και ανδρες ℵ^{ca} |
αρχοντας ℵ^{ca} | των οικων ℵ* (τω οικω ℵ^{?vid}) A | και 4°]+σ ℵ* (improb ℵ') |
εν 1°] επ ℵ^{ca}A | ημερα]+μια ℵA | δεκατου] δωδεκατου ℵ^{ca} (δεκ. ℵ^{cb})
17—18 om εως ημερας αλλοτριας ℵ* (hab ℵ^{c a mg}) 17 μια A 18 ευρε-
θησαν ℵ^{c a mg} A | νιων 1°] pr των ℵ^{c a mg} | εκαθισαν] ελαβον ℵ^{c a mg} | αδελφοι]
pr οι ℵ | Μεεσσηλ] Μαασηα ℵ Μαασηια A | Ιαρειμ] Ιωρειμ ℵ Ιαριβ A | Γα-
λα|δεια ℵ 19 om του εξηνεγκαι πλημμ. αυτων ℵ* (hab ℵ^{a mgg}) | αυτων 2°]
εαυτων ℵ^{a mg}A | πλημμελιας ℵ^{a mg}A | πλημμελησεως] πλημμελληματος ℵ^{a mg}
20 Αμμηρ ℵ* (Εμμηρ ℵ') | Ανα|νια A | Ζαβδια A 21 Μασαηλ] Μασειας A

ΕΣΔΡΑΣ Β   X 37

22 καὶ Ἐλειὰ καὶ Σαμαιὰ καὶ Ἰεὴλ καὶ Ὀζειά· ²²καὶ ἀπὸ υἱῶν Β
Φασούρ, Ἐλιωνά, Μαασαιὰ καὶ Σαμαὴλ καὶ Ναθαναὴλ καὶ Ἰωζαβὰδ
23 καὶ Ἠλασά· ²³καὶ ἀπὸ τῶν Λευειτῶν Ἰωζαβὰδ καὶ Σαμοὺ καὶ Κωλειά,
24 αὐτὸς Κωλιεύ, καὶ Φαδαιὰ καὶ Ἰοδὸμ καὶ Ἐλιέζερ, ²⁴καὶ ἀπὸ τῶν
ᾀδόντων Ἐλεισάφ, καὶ ἀπὸ τῶν πυλωρῶν Γελλὴμ καὶ Τέλημ καὶ
25 Ὠδούθ· ²⁵καὶ ἀπὸ Ἰσραὴλ ἀπὸ υἱῶν Φορός, Ῥαμιὰ καὶ Ἀζειὰ καὶ
26 Μελχειὰ καὶ Ἀμαμεὶν καὶ Ἐλεαζὰρ καὶ Βαναιά· ²⁶καὶ ἀπὸ υἱῶν
Ἠλάμ, Μαθανιά, Ζαχαριὰ καὶ Ἰαὴλ καὶ Ἀβδειὰ καὶ Ἰαρειμοὶθ καὶ
27 Ἠλία· ²⁷καὶ ἀπὸ υἱῶν Ζαθουιά, Ἐλιωνά, Ἐλεισούβ, Ἀλαθανιὰ καὶ
28 Ἀμὼν καὶ Ζαβαδὰβ καὶ Ὀζειά· ²⁸καὶ ἀπὸ υἱῶν Βαβεί, Ἰωανάν,
29 Νιανὰ καὶ Ζαβού, Θαλί· ²⁹καὶ ἀπὸ υἱῶν Βανουεί, Μελουσάμ, Ἀλούμ,
30 Ἀδά, Ἰασοὺδ καὶ Σαλουιὰ καὶ Μημών· ³⁰καὶ ἀπὸ υἱῶν Φααδμωάβ,
Αἰδαινέ, Χαήλ, Βαναία, Μασηά, Μαθανιά, Βεσελὴλ καὶ Θανουεὶ καὶ
31 Μανασσή· ³¹καὶ ἀπὸ υἱῶν Ἡράμ, Ἐλειέζερ, Ἰεσσειά, Μελχειά, Σα-
32 μαιά, Σεμεών, ³²Βενιαμείν, Μαλούχ, Σαμαρειά· ³³ἀπὸ υἱῶν Ἡσάμ,
33
34 Μαθανιά, Ἀθά, Ζαβέλ, Ἐλειφάνεθ, Ἱεραμείμ, Μανασσή, Σεμεεί· ³⁴ἀπὸ
35 υἱῶν Ἀνεί, Μοδεδειά, Μαρεί, Οὐήλ, ³⁵Βαναία, Βαραιά, Χελκειά, ³⁶Οὐ-
36
37 ιεχωά, Ἱεραμώθ, Ἐλειασείφ, ³⁷Μαθανιά, Μαθανάν· καὶ ἐποίησαν.

21 Ελια Α | Ιειηλ Α | Οζια Α   22 Ελιωνα] Ελιωηναι Α | Μαασαια] ℵΑ
Μαασια Α | Σαμαηλ] Σαμαιηλ ℵ Ισμαηλ Α   23 Λευειτων] pr νιων των
ℵᶜᵃ (ras ℵᶜᵇ) | Σαμουδ ℵ | Κωλεια] Κωλαα Α | Κωλιευ] Κωλιταυ ℵᵃᵛⁱᵈ
Κωλιτας Α | Φαδαια] Φααια ℵ Φεθεια Α | Ιοδομ] Ιεδομ ℵ Ιουδας Α | Ελιαζαρ ℵ
24 αδοντων] ωδων ℵᶜᵃ (ras ℵᶜᵇ) | Ελισαφ ℵΑ | Γελλημ] Γαιλλειμ ℵ
Σολλημ Α | Τελημ] Τελλημ ℵΑ | Ωδουθ] Ωδουε Α   25 Φορος] Φαρες
ℵᶜᵃ (ras ℵᶜᵇ) | Αζεια] Αδεια ℵ Αζια Α | Μελχια Α | Αμαμειν] Μεαμιμ Α |
Ελεαζαρ] Ελεαζα Α+και Σαβια ℵ+και Ασαβια· | Α | Βαναια] Μαναια ℵ
26 Μαθθανια Α | Ζαχαρια] pr και ℵΑ | Ιαηλ] Ιαειηλ ℵ Αιειηλ Α | Αβδια Α |
Ιαριμωθ ℵ Ιεριμωθ Α   27 Ζαθουα Α | Ελιωναν ℵ Ελιωηναι Α¹ (Ελιων
Α*ᵛⁱᵈ) | Ελισου ℵ Ελισουβ Α | Αλαθανια] Βαλαθανιαν ℵ Μαθθαναι Α | Αμων]
Αρμων ℵ Ιαρμωθ Α | Ζαβαδ ℵΑ | Οζεια] Οζιζα Α   28 Βαβι ℵ | Νιανα]
Ανεια ℵ* Ανανεια ℵᵃ ᵐᵍ Ανανια Α | Θαλι] Θαλειμ ℵ Οθαλι Α   29 Βα-
νουει. .Ιασουδ] Βα|νουειμ|ελουσαμα|ελουμα|δαασουαι ℵ Βανει Μοσολ|λαμ'· Μα-
λουχ· Αδαιας· Ιασουβ'· Α | Σαλουια] Σααλ Α | Μημων] Μηνων ℵ Ρημωθ Α
30 Φααθμ. Α | Αιδαινε (Εδαινε Βᵃᵇ) Χαηλ] Εδενεχ'·| Ηλ ℵ Εδνε και Χαληλ Α |
Βαναια] pr και Α | Μαση ℵ Μαασηα Α | Αμαθανεια ℵ (μ improb ℵᵗ ᵛⁱᵈ) Μαθ-
θανια Α | Βεσσεληλ ℵ | Θανουει] Βανουι Α | Μανασεη Βᵃ'   31 Ιεσσια Α |
Σαμαια] Σεμεα ℵ Σαμαιας Α   32 Μαλουχ] Μαδουχ ℵ' | Σαμαρια ℵΑ
33 απο] pr και ℵΑ | Ησαμ] Ησιαμ ℵ Ασημ Α | Μαθανια] Μαθθαναι Α | Αθα]
Μαθθαθα Α | Ζαβελ] Ζαβαδ Α | Ελειφανεθ] Ελειφαλεθ Βᵃᵇ ℵ Ελιφαλετ Α | Ιε-
ραμει ℵ Ιερεμι Α | Σεμει Α   34 απο] pr και ℵᶜ ᵃ ᵐᵍ Α | Ανει] Βανει Α | Μοδεδια
ℵ Μοοδεια Α | Μαρει Ουηλ] Μαρει Θυηλ Βᵃᵗᵇ Μαρι Θυηλ ℵ Αμβραμ και Ουηλ Α
35 Βαραια] Μαδαια ℵ Βαδαια Α | Χελκεια] Χελια Α   36 Ουιεχωα] Ουιε-
ρε|χω ℵ Ουουνια Α | Ιεραμωθ] Μαρεμωθ Α | Ελειασειφ] Ελειασειβ ℵ Ελια-
σειβ Α   37 Μαθανια] Μαθθανια Α | Μαθαναν] Μαθθανα ℵ Μαθθαναι Α

ΕΣΔΡΑΣ Β

B ³⁸ οἱ υἱοὶ Βανουὶ καὶ υἱοὶ Σεμεεί, ³⁹ καὶ Σελεμιὰ καὶ Ναθὰν καὶ Ἀδαιά, ⁴⁰ Μαχαδναβού, Σεσεί, Σαριού, ⁴¹ Ἐζερὴλ καὶ Σελεμιὰ καὶ Σαμαρειὰ ⁴² καὶ Σαλούμ, Μαριά, Ἰωσήφ· ⁴³ ἀπὸ υἱῶν Ναβού, Ἰαήλ, Θαμαθιά, Σεδέμ, Ζανβινά, Διὰ καὶ Ἰωὴλ καὶ Βαναιά. ⁴⁴ πάντες οὗτοι ἐλάβοσαν γυναῖκας ἀλλοτρίας, καὶ ἐγέννησαν ἐξ αὐτῶν υἱούς.

¹ ΛΟΓΟΙ Νεεμία υἱοῦ Χελκειά   XI (I)

Καὶ ἐγένετο ἐν μηνὶ Σεχεηλοῦ ἔτους εἰκοστοῦ καὶ ἐγὼ ἤμην ἐν Σουσὰν ἀβιρά ² καὶ ἦλθεν Ἀνανὶ εἷς ἀπὸ τῶν ἀδελφῶν μου, αὐτὸς καὶ ἄνδρες Ἰούδα, καὶ ἠρώτησα αὐτοὺς περὶ τῶν σωθέντων οἳ κατελίπησαν ἀπὸ τῆς αἰχμαλωσίας καὶ περὶ Ἰερουσαλήμ. ³ καὶ εἴποσαν πρὸς μέ Οἱ καταλειπόμενοι οἱ καταλειφθέντες ἀπὸ τῆς αἰχμαλωσίας ἐκεῖ ἐν τῇ χώρᾳ, ἐν πόλει, ἐν πονηρίᾳ μεγάλῃ καὶ ἐν ὀνειδισμῷ, καὶ τείχη Ἰερουσαλὴμ καθῃρημένα, καὶ αἱ πύλαι αὐτῆς ἐνεπρήσθησαν ἐν πυρί. ⁴ καὶ ἐγένετο ἐν τῷ ἀκοῦσαί με τοὺς λόγους τούτους ἐκάθισα καὶ ἔκλαυσα καὶ ἐπένθησα ἡμέρας, καὶ ἤμην νηστεύων καὶ προσευχόμενος ἐνώπιον θεοῦ τοῦ οὐρανοῦ. ⁵ καὶ εἶπα Μὴ δή, Κύριε ὁ θεὸς τοῦ οὐρανοῦ ὁ ἰσχυρὸς ὁ μέγας καὶ φοβερός, φυλάσσων τὴν διαθήκην καὶ τὸ ἔλεός σου τοῖς ἀγαπῶσιν αὐτὸν καὶ τοῖς φυλάσσουσιν τὰς ἐντολὰς αὐτοῦ· ⁶ ἔστω δὴ τὸ οὖς σου προσέχον καὶ οἱ ὀφθαλμοί σου ἀνεῳγμένοι τοῦ ἀκοῦσαι προσευχὴν δούλου σου, ἣν ἐγὼ προσεύχομαι ἐνώπιόν σου σήμερον ἡμέραν καὶ νύκτα περὶ υἱῶν Ἰσραὴλ δούλων σου, καὶ ἐξαγορεύων ἐπὶ ἁμαρτίαις υἱῶν Ἰσραὴλ ἃς ἡμάρτομέν

ℵA 38 υιοι 2°] pr οι A | Σεμει A   39 Σελεμεια ℵ Σελεμιας A | Αδαια] Αδειαμ Αδαιας A   40 Μαχαδναβου] Αχαδναβου ℵ Μαχναδααβου· A | Σαριου] Σαρουε ℵ Αρου A   41 Εζερηλ] Εσριηλ ℵ Εζριηλ A | Σελεμεια ℵ Σελεμιας A | Σαμαρειας A   42 om και A | Σελλουμ A | Μαρια] Αμαριας A 43 Ιαηλ] Ιεειηλ A | Θαμαθια] Μαθθαθιας A | om Σεδεμ A | Ζανβινα] Ζαμβεινα ℵ om A | Δια] Ιαδει A   XI 1 λογοι] pr εντευθεν τα περι Νεεμιου B^(c mg sup) | Χελκεια] Αχαλια ℵA | Σεχεηλου] Σεχενλου B*^vid Σεχεηλ ℵ* Χεσελευ ℵ^(c.a mg) Χασεηλου A | ετους] pr τοις| Σουσοις μητρο|πολει Περσων| ℵ* (improb ℵ^(c.1)) | αβειρρα A   2 Ανανι εις] Ανανεις ℵ | των αδελφων] om των ℵA | κατελιπησαν] κατελιφθησαν B^aℵ (κατελειφθησαν B^bA)   3 ειποσαν Bℵ^(c a)] εποιησαν ℵ* ειπον A | om οι καταλειφθεντες A | εν πολει] εν τη πολει ℵ om A | τειχη] pr τα ℵ^(c a) (ras ℵ^(c b)) | καθειρημενα B*ℵ (καθηρ. B^(ab)A) | αι πυλαι] om αι ℵ* (superscr ℵ^(c a)) A   4 επενθησα] ειπέ| θησα ℵ* (ras ι ℵ') | θεου] pr του ℵ   5 om μη δη ℵ*^vid (hab ℵ*^(mg)) | om του ουρανου ℵ* (hab ℵ^(c a mg)) | φοβερος] pr ο ℵA | om σου A | φυλασσουσι ℵ   6 ηνεωγμενοι ℵ | προσευχην] pr την ℵ^(c a) | ημεραν] κα pro η B* (ημ. .B¹) | νυκταν ℵ* | εξαγορευω ℵA | αμαρτιας A

ΕΣΔΡΑΣ Β (ΝΕΕΜΙΑΣ) XII 6

7 σοι, καὶ ἐγὼ καὶ ὁ οἶκος πατρός μου ἡμάρτομεν. ⁷διαλύσει διελύ- Β
σαμεν, καὶ οὐκ ἐφυλάξαμεν τὰς ἐντολὰς καὶ τὰ προστάγματα καὶ τα
8 κρίματα ἃ ἐνετείλω τῷ Μωυσῇ παιδί σου. ⁸μνήσθητι δὴ τὸν λόγον
ὃν ἐνετείλω τῷ Μωυσῇ παιδί σου λέγων Ὑμεῖς ἐὰν ἀσυνθετήσητε,
9 ἐγὼ διασκορπιῶ ὑμᾶς ἐν τοῖς λαοῖς· ⁹καὶ ἐὰν ἐπιστρέψητε πρός μέ,
καὶ φυλάξητε τὰς ἐντολάς μου καὶ ποιήσητε αὐτάς, ἐὰν ᾖ ἡ διασπορὰ
ὑμῶν ἀπ᾽ ἄκρου τοῦ οὐρανοῦ, ἐκεῖθεν συνάξω αὐτούς, καὶ εἰσάξω αὐ-
τοὺς εἰς τὸν τόπον ὃν ἐξελεξάμην κατασκηνῶσαι τὸ ὄνομά μου ἐκεῖ.
10 ¹⁰καὶ αὐτοὶ παῖδές σου καὶ λαός σου, οὓς ἐλυτρώσω ἐν τῇ δυνάμει
11 σου τῇ μεγάλῃ καὶ ἐν τῇ χειρί σου τῇ κραταιᾷ. ¹¹μὴ δή, ἀλλ᾽ ἔστω
τὸ οὖς σου προσέχον εἰς τὴν προσευχὴν τοῦ δούλου σου καὶ εἰς
τὴν προσευχὴν παίδων σου τῶν θελόντων φοβεῖσθαι τὸ ὄνομά
σου· καὶ εὐόδωσον δὴ τῷ παιδί σου σήμερον καὶ δὸς αὐτὸν εἰς
οἰκτειρμοὺς ἐνώπιον τοῦ ἀνδρὸς τούτου. καὶ ἐγὼ ἤμην εὐνοῦχος
11) XII 1 τῷ βασιλεῖ. ¹Καὶ ἐγένετο ἐν μηνὶ Νισὰν ἔτους εἰκοστοῦ
Ἀρσαθερθὰ βασιλεῖ καὶ ἦν οἶνος ἐνώπιον ἐμοῦ, καὶ ἔλαβον τὸν
2 οἶνον καὶ ἔδωκα τῷ βασιλεῖ, καὶ οὐκ ἦν ἕτερος ἐνώπιον αὐτοῦ, ²καὶ
εἶπέν μοι ὁ βασιλεύς Διὰ τί τὸ πρόσωπόν σου πονηρόν, καὶ οὐκ εἶ
μετριάζων; οὐκ ἔστιν τοῦτο εἰ μὴ πονηρία καρδίας. καὶ ἐφοβήθην
3 πολὺ σφόδρα, ³καὶ εἶπα τῷ βασιλεῖ Ὁ βασιλεὺς εἰς τὸν αἰῶνα
ζήτω. διὰ τί οὐ μὴ γένηται πονηρὸν τὸ πρόσωπόν μου, διότι ἡ
πόλις, οἶκος μνημείων πατέρων μου, ἠρημώθη καὶ αἱ πύλαι αὐτῆς
4 κατεβρώθησαν ἐν πυρί; ⁴καὶ εἶπέν μοι ὁ βασιλεὺς Περὶ τίνος τοῦτο
5 συνζητεῖς; καὶ προσηυξάμην πρὸς τὸν θεὸν τοῦ οὐρανοῦ, ⁵καὶ εἶπα
τῷ βασιλεῖ Εἰ ἐπὶ τὸν βασιλέα ἀγαθόν, καὶ εἰ ἀγαθυνθήσεται ὁ παῖς
σου ἐνώπιόν σου ὥστε πέμψαι αὐτὸν εἰς Ἰουδά, εἰς πόλιν μνημείων
6 πατέρων μου, καὶ ἀνοικοδομήσω αὐτήν. ⁶καὶ εἶπέν μοι ὁ βασιλεὺς

6 πατρος] pr του ℵ   7 διελυσαμεν] εδιελυσαμεν ℵ* (improb e 1° ℵ?) ℵA
+προς σε ℵ^{c.a mg} A | παιδω A   8 τω M. παιδι σου] M. παιδι σ. ℵ τω
π. σ. M. A | om λεγων ℵ* (hab ℵ^{c.a mg}) | αθετησητε ℵ* (ασυνθ. ℵ^{c.a})
9 om η 2° ℵ* (superscr ℵ^{c.a}) | ουρανου]+εως ακρου του ουρανου ℵ^{c.a mg sup}
αυτους 1°] αυτου ℵ* (αυτους ℵ^{c.a}) | εισαξω] pr και ℵ^{c.a}   10 τη δυναμει] om
τη ℵA | om τη μεγαλη ℵ* (hab ℵ^{c.a mg})   11 δη]+κε μη αποστρεψης
το προσωπον σου ℵ^{c.a mg} | οικτιρμους B^b ℵ | om τουτου A | και εγω] καγω A |
ευνουχος] οινοχοος ℵ* (ευν. ℵ^{c.a}) A   XII 1 Νισα ℵ* (ν superscr ℵ^{c.a}) Νει-
σαν A | Αρσαθερθα] Αρσαρσαθα ℵ*^{c.b} (ubique) Αρταξερξη ℵ^{c.a} Αρθασασθα A |
βασιλει 1°] του βασιλεως ℵ^{c.b} ι 2° sup ras A^{a?} | οινος] pr ℵ^{c.a} (ras ℵ^{c.b})
A | αυτου]+και ημην σκυθρωπος ℵ^{c.a mg sup}   3 ειπα] ειπον ℵ | τους αιωνας
ℵ | διοτι] δια τι A | μου 2°] σου ℵ* (μου ℵ^{c.a}) | om ηρημωθη ℵ*^{vid} (hab
ℵ^{1 mg}) | κατεβρωθησαν] και εβρ. A^{vid}   4 συνζητεις] συ ζητεις B^{1?ℵ} (συζητις) |
προσευξαμην A   5 om ει 1° ℵ* (hab ℵ^{c.b(mg)}) | επι] επιστιαμαι ℵ^{c.a} |
ει 2°]+αγαθον επι τον βασιλεα και ℵ^{c.a} (ras ℵ^{c.b})

x 38 ΕΣΔΡΑΣ Β

B ³⁸ οἱ υἱοὶ Βανουὶ καὶ υἱοὶ Σεμεεί, ³⁹ καὶ Σελεμιὰ καὶ Ναθὰν καὶ ³⁸/₃₉
Ἀδαιά, ⁴⁰ Μαχαδναβού, Σεσεί, Σαριού, ⁴¹ Ἐζερὴλ καὶ Σελεμιὰ καὶ ⁴⁰/₄₁
Σαμαρειὰ ⁴² καὶ Σαλούμ, Μαριά, Ἰωσήφ· ⁴³ ἀπὸ υἱῶν Ναβού, Ἰαήλ, ⁴²/₄₃
Θαμαθιά, Σεδέμ, Ζανβινά, Διὰ· καὶ Ἰωὴλ καὶ Βαναιά. ⁴⁴ πάντες οὗτοι 44
ἐλάβοσαν γυναῖκας ἀλλοτρίας, καὶ ἐγέννησαν ἐξ αὐτῶν υἱούς.

² ΛΟΓΟΙ Νεεμία υἱοῦ Χελκειά.   1   XI (I)

Καὶ ἐγένετο ἐν μηνὶ Σεχεηλοῦ ἔτους εἰκοστοῦ καὶ ἐγὼ ἤμην ἐν
Σουσὰν ἀβιρά· ²καὶ ἦλθεν Ἀνανὶ εἷς ἀπὸ τῶν ἀδελφῶν μου, αὐτὸς 2
καὶ ἄνδρες Ἰούδα, καὶ ἠρώτησα αὐτοὺς περὶ τῶν σωθέντων οἳ κατε-
λίπησαν ἀπὸ τῆς αἰχμαλωσίας καὶ περὶ Ἰερουσαλήμ. ³καὶ εἴποσαν 3
πρός με Οἱ καταλειπόμενοι οἱ καταλειφθέντες ἀπὸ τῆς αἰχμαλωσίας
ἐκεῖ ἐν τῇ χώρᾳ, ἐν πόλει, ἐν πονηρίᾳ μεγάλῃ καὶ ἐν ὀνειδισμῷ· καὶ
τείχη Ἰερουσαλὴμ καθῃρημένα, καὶ αἱ πύλαι αὐτῆς ἐνεπρήσθησαν ἐν
πυρί. ⁴καὶ ἐγένετο ἐν τῷ ἀκοῦσαί με τοὺς λόγους τούτους ἐκάθισα 4
καὶ ἔκλαυσα καὶ ἐπένθησα ἡμέρας, καὶ ἤμην νηστεύων καὶ προσευ-
χόμενος ἐνώπιον θεοῦ τοῦ οὐρανοῦ. ⁵καὶ εἶπα Μὴ δή, Κύριε ὁ θεὸς 5
τοῦ οὐρανοῦ ὁ ἰσχυρὸς ὁ μέγας καὶ φοβερός, φυλάσσων τὴν δια-
θήκην καὶ τὸ ἔλεός σου τοῖς ἀγαπῶσιν αὐτὸν καὶ τοῖς φυλάσσουσιν
τὰς ἐντολὰς αὐτοῦ· ⁶ἔστω δὴ τὸ οὖς σου προσέχον καὶ οἱ ὀφθαλμοί 6
σου ἀνεῳγμένοι τοῦ ἀκοῦσαι προσευχὴν δούλου σου, ἣν ἐγὼ προσ-
εύχομαι ἐνώπιόν σου σήμερον ἡμέραν καὶ νύκτα περὶ υἱῶν Ἰσραὴλ
δούλων σου, καὶ ἐξαγορεύων ἐπὶ ἁμαρτίαις υἱῶν Ἰσραὴλ ἃς ἡμάρτομεν

ℵA 38 υιοι 2°] pr οι A | Σεμει A   39 Σελεμεια ℵ Σελεμιας A | Αδαια] Αδειαμ Αδαιας A   40 Μαχαδναβου] Αχαδναβου ℵ Μαχραδααβου A | Σαριου] Σαρουε ℵ Αρου A   41 Εζερηλ] Εσριηλ ℵ Εζριηλ A | Σελεμεια ℵ Σελεμιας A | Σαμαρειας A   42 om και A | Σελλουμ A | Μαρια] Αμαριας A   43 Ιαηλ] Ιεειηλ A | Θαμαθια] Μαθθαθιας A | om Σεδεμ A | Ζανβινα] Ζαμβεινα ℵ om A | Δια] Ιαδει A   XI 1 λογοι] pr εντευθεν τα περι Νεεμιου ℵ^{c.a mg sup} | Χελκεια] Αχαλια ℵA | Σεχεηλου] Σεχενλου B* ^{vid} Σεχεηλ ℵ* Χεσελευ ℵ^{c.a mg} Χασεηλου A | ετους] pr τοις Σουσοις μητροπολει Περσων ℵ* (improb ℵ^{c.a}) | αβειρρα A   2 Ανανι εις] Ανανεις· ℵ | των αδελφων] om των ℵA | κατελιπησαν] κατελιφθησαν B^{ab} ℵ (κατελειφθησαν B^b A)   3 ειπο-σαν Bℵ^{c.a}] εποιησαν ℵ* ειπον A | om οι καταλειφθεντες A | εν πολει] εν τη πολει ℵ om A | τειχη] pr τα ℵ^{c.a} (ras ℵ^{c.b}) | καθειρημενα B*ℵ (καθηρ. B^{ab} A) | αι πιλαι] om αι ℵ* (superscr ℵ^{c.a})   4 επενθησα] ειπε-θησα ℵ* (ras ι ℵ^?) | θεου] pr του ℵ   5 om μη δη ℵ*^{vid} (hab ℵ? ^{mg}) | om του ουρανου ℵ* (hab ℵ^{c.a mg}) | φοβερος] pr ο ℵA | om σου A | φυλασ-σουσι ℵ   6 ηνεωγμενοι ℵ | προσευχην] pr την ℵ^{c.a} | ημεραν] κα pro η B* (ημ...B¹) | νυκταν ℵ* | εξαγορευω ℵA | αμαρτιας A

182

ΕΣΔΡΑΣ Β (ΝΕΕΜΙΑΣ) XII 6

7 σοι, καὶ ἐγὼ καὶ ὁ οἶκος πατρός μου ἡμάρτομεν. ⁷διαλύσει διελύ- B
σαμεν, καὶ οὐκ ἐφυλάξαμεν τὰς ἐντολὰς καὶ τὰ προστάγματα καὶ τα
8 κρίματα ἃ ἐνετείλω τῷ Μωυσῇ παιδί σου. ⁸μνήσθητι δὴ τὸν λόγον
ὃν ἐνετείλω τῷ Μωυσῇ παιδί σου λέγων Ὑμεῖς ἐὰν ἀσυνθετήσητε,
9 ἐγὼ διασκορπιῶ ὑμᾶς ἐν τοῖς λαοῖς· ⁹καὶ ἐὰν ἐπιστρέψητε πρός μέ,
καὶ φυλάξητε τὰς ἐντολάς μου καὶ ποιήσητε αὐτάς, ἐὰν ᾖ ἡ διασπορὰ
ὑμῶν ἀπ' ἄκρου τοῦ οὐρανοῦ, ἐκεῖθεν συνάξω αὐτούς, καὶ εἰσάξω αὐ-
τοὺς εἰς τὸν τόπον ὃν ἐξελεξάμην κατασκηνῶσαι τὸ ὄνομά μου ἐκεῖ.
10 ¹⁰καὶ αὐτοὶ παῖδές σου καὶ λαός σου, οὓς ἐλυτρώσω ἐν τῇ δυνάμει
11 σου τῇ μεγάλῃ καὶ ἐν τῇ χειρί σου τῇ κραταιᾷ. ¹¹μὴ δή, ἀλλ' ἔστω
τὸ οὖς σου προσέχον εἰς τὴν προσευχὴν τοῦ δούλου σου καὶ εἰς
τὴν προσευχὴν παίδων σου τῶν θελόντων φοβεῖσθαι τὸ ὄνομά
σου καὶ εὐόδωσον δὴ τῷ παιδί σου σήμερον καὶ δὸς αὐτὸν εἰς
οἰκτειρμοὺς ἐνώπιον τοῦ ἀνδρὸς τούτου. καὶ ἐγὼ ἤμην εὐνοῦχος
(II) XII 1 τῷ βασιλεῖ. ¹Καὶ ἐγένετο ἐν μηνὶ Νισὰν ἔτους εἰκοστοῦ
Ἀρσαθερθὰ βασιλεῖ καὶ ἦν οἶνος ἐνώπιον ἐμοῦ, καὶ ἔλαβον τὸν
2 οἶνον καὶ ἔδωκα τῷ βασιλεῖ, καὶ οὐκ ἦν ἕτερος ἐνώπιον αὐτοῦ, ²καὶ
εἶπέν μοι ὁ βασιλεύς Διὰ τί τὸ πρόσωπόν σου πονηρόν, καὶ οὐκ εἶ
μετριάζων; οὐκ ἔστιν τοῦτο εἰ μὴ πονηρία καρδίας. καὶ ἐφοβήθην
3 πολὺ σφόδρα, ³καὶ εἶπα τῷ βασιλεῖ Ὁ βασιλεὺς εἰς τὸν αἰῶνα
ζήτω. διὰ τί οὐ μὴ γένηται πονηρὸν τὸ πρόσωπόν μου, διότι ἡ
πόλις, οἶκος μνημείων πατέρων μου, ἠρημώθη καὶ αἱ πύλαι αὐτῆς
4 κατεβρώθησαν ἐν πυρί; ⁴καὶ εἶπέν μοι ὁ βασιλεύς Περὶ τίνος τοῦτο
5 συνζητεῖς; καὶ προσηυξάμην πρὸς τὸν θεὸν τοῦ οὐρανοῦ, ⁵καὶ εἶπα
τῷ βασιλεῖ Εἰ ἐπὶ τὸν βασιλέα ἀγαθόν, καὶ εἰ ἀγαθυνθήσεται ὁ παῖς
σου ἐνώπιόν σου ὥστε πέμψαι αὐτὸν εἰς Ἰουδά, εἰς πόλιν μνημείων
6 πατέρων μου, καὶ ἀνοικοδομήσω αὐτήν ⁶καὶ εἶπέν μοι ὁ βασιλεὺς

6 πατρος] pr του ℵ   7 διελυσαμεν] εδιελυσαμεν ℵ* (improb ε 1° ℵ') ℵA
+προς σε ℵ^(c a mg) A | παιδω A   8 τω Μ. παιδι σου] Μ παιδι σ. ℵ τω
π. σ. Μ. A | om λεγων ℵ* (hab ℵ^(c a mg)) | αθετησητε ℵ* (ασυνθ. ℵ^(c a))
9 om η 2° ℵ* (superscr ℵ^(c a)) | ουρανου]+εως ακρου του ουρανου ℵ^(c a mg sup) |
αυτους 1°] αυτου ℵ* (αυτους ℵ^(c a)) | εισαξω] pr και ℵ^(c a)   10 τη δυναμει] om
τη ℵA | om τη μεγαλη ℵ* (hab ℵ^(c a mg))   11 δη]+κε μη αποστρεψης
το προσωπον σου ℵ^(c a mg) | οικτιρμους B^bℵ | om τουτου A | και εγω] καγω A |
ευνουχος] οινοχοος ℵ* (ευν ℵ^(c a))A   XII 1 Νισα ℵ* (ν superscr ℵ^(c.a)) Νει-
σαν A | Αρσαθερθα] Αρσαρσαθα ℵ^(*c b) (ubique) Αρταξερξη ℵ^(c a) Αρθασασθα A |
βασιλει 1°] του βασιλεως ℵ^(c b) ι 2° sup ras A^(a?) | οινος] pr o ℵ^(c a) (ras ℵ^(c b))
A | αυτου]+και ημην σκυθρωπος ℵ^(c a mg sup)   3 ειπα] ειπον ℵ | τους αιωνας
ℵ | διοτι] δια τι A | μου 2°] σου ℵ* (μου ℵ^(c a)) | om ηρημωθη ℵ^(*vid) (hab
ℵ^(1 mg)) | κατεβρωθησαν] και εβρ. A^(vid)   4 συνζητεις] συ ζητεις B^bℵ (συζητις)
προσευξαμην A   5 om ει 1° ℵ* (hab ℵ^(c b(mg))) | επι] επισταμαι ℵ^(c a) |
ει 2°]+αγαθον επι τον βασιλεα και ℵ^(c a) (ras ℵ^(c b))

XII 7 ΕΣΔΡΑΣ Β (ΝΕΕΜΙΑΣ)

Β καὶ ἡ παλλακὴ ἡ καθημένη ἐχόμενα αὐτοῦ Ἕως πότε ἔσται ἡ πορεία σου, καὶ πότε ἐπιστρέψεις; καὶ ἠγαθύνθη ἐνώπιον τοῦ βασιλέως, καὶ ἀπέστειλέν με, καὶ ἔδωκα αὐτῷ ὅρον. ⁷καὶ εἶπα τῷ βασιλεῖ 7 Εἰ ἐπὶ τὸν βασιλέα ἀγαθόν, ἐπιστολὰς δότω μοι πρὸς τοὺς ἐπάρχους πέραν τοῦ ποταμοῦ, ὥστε παραγαγεῖν με ἕως ἔλθω ἐπὶ Ἰουδά, ⁸καὶ 8 ἐπιστολὴν ἐπὶ Ἀσὰφ φύλακα τοῦ παραδείσου ὅς ἐστιν τῷ βασιλεῖ, ὥστε δοῦναί μοι ξύλα στεγάσαι τὰς πύλας καὶ εἰς τὸ τεῖχος τῆς πόλεως καὶ εἰς οἶκον ὃν εἰσελεύσομαι εἰς αὐτόν· καὶ ἔδωκέν μοι ὁ βασιλεύς, ὡς χεὶρ θεοῦ ἡ ἀγαθή.

⁹Καὶ ἦλθον πρὸς τοὺς ἐπάρχους πέραν τοῦ ποταμοῦ, καὶ ἔδωκα 9 αὐτοῖς τὰς ἐπιστολὰς τοῦ βασιλέως· καὶ ἀπέστειλεν μετ' ἐμοῦ ὁ βασιλεὺς ἀρχηγοὺς δυνάμεως καὶ ἱππεῖς. ¹⁰καὶ ἤκουσεν Σαναβαλλὰτ 10 Ἀρωνεί, καὶ πονηρὸν αὐτοῖς ἐγένετο ὅτι ἥκει ἄνθρωπος ζητῆσαι ἀγαθὸν τοῖς υἱοῖς Ἰσραήλ. ¹¹καὶ ἦλθον εἰς Ἰερουσαλήμ, καὶ ἤμην ἐκεῖ 11 ἡμέρας τρεῖς. ¹²καὶ ἀνέστην νυκτὸς ἐγὼ καὶ ἄνδρες ὀλίγοι μετ' ἐμοῦ, 12 καὶ οὐκ ἀπήγγειλα ἀνθρώπῳ τί ὁ θεὸς δίδωσιν εἰς καρδίαν μου τοῦ ποιῆσαι μετὰ τοῦ Ἰσραήλ, καὶ κτῆνος οὐκ ἔστιν μετ' ἐμοῦ εἰ μὴ τὸ κτῆνος ᾧ ἐγὼ ἐπιβαίνω ἐπ' αὐτῷ. ¹³καὶ ἐξῆλθον ἐν πύλῃ τοῦ 13 γωληλὰ καὶ πρὸς στόμα πηγῆς τῶν συκῶν καὶ εἰς πύλην τῆς κοπρίας· καὶ ἤμην συντρίβων ἐν τῷ τείχει Ἰερουσαλὴμ ὃ αὐτοὶ καθαιροῦσιν, καὶ πύλαι αὐτῆς κατεβρώθησαν πυρί. ¹⁴καὶ παρῆλθον 14 ἐπὶ πύλην τοῦ Αἰνὰ καὶ εἰς κολυμβήθραν τοῦ βασιλέως, καὶ οὐκ ἦν τόπος τῷ κτήνει παρελθεῖν ὑποκάτω μου. ¹⁵καὶ ἤμην ἀναβαίνων 15 ἐν τῷ τείχει χειμάρρους νυκτός, καὶ ἤμην συντρίβων ἐν τῷ τείχει καὶ ἤμην ἐν πύλῃ τῆς φάραγγος, καὶ ἐπέστρεψα ¹⁶καὶ οἱ φυλάσ- 16 σοντες οὐκ ἔγνωσαν τί ἐπορεύθην καὶ τί ἐγὼ ποιῶ· καὶ τοῖς Ἰουδαίοις καὶ τοῖς ἱερεῦσιν καὶ τοῖς ἐντίμοις καὶ τοῖς καταλοίποις τοῖς ποιοῦσιν

ΝΑ   6 αυτου]+ινα τι καθησαι παρ εμοι ℵ^{c.a} (ras ℵ^{c b}) | εως] pr και ℵ* (om ℵ^{c a}) | πορεια] πορια ℵ παρου|σια A   7 om ει B* (hab B^{ab} [superscr] ℵA) | δοτω μοι επιστολας ℵA | εως]+ου ℵ^{c a} (superscr) | Ιουδαν ℵA   8 φυλακα του παραδεισου] τον φυλασσοντα τας ημιονους του βασιλεως και τον παραδεισον ℵ^{c a} (ras ℵ^{c b}) | μοι] μ sup ras A¹ | πυλας]+της βαρεως του οικου ℵ^{c a} (ras ℵ^{c b}) π sup ras A¹ | οικον] pr τον ℵ | ον] pr εις ℵ^{c a} (ras ℵ^{c b}) | εις 3°] προς ℵ^{c a} (superscr) | θεου]+μου ℵ^{c a} (ras ℵ^{c b})   9 δυναμεως] pr της A   10 Σα|ναβαλατ ℵ | Αρωνει] pr ο B^{ab} Αηρωνει ℵ^{ud} ο Αρωνι A+Τωβια ο δουλος Αμμωνει B^{ab mg}+και Τ. ο δ. Αμμωνει· ℵ+και Τ. ο δ ο Αμμωνι· A   12 απῆι-γειλα B | καρδιαν] pr την ℵ | εστιν] ην ℵ^{c a} (1as ℵ^{c b}) | μετ εμου (2°)]+αλλο ℵ^{c a} | ω] ο A   13 γωληλα]+νυκτος ℵ^{c a} (ras ℵ^{c b}) | προστομα BℵA | πυρι] pr εν ℵA   14 Αινα] Αιν A   15 χειμαρρου A | πυλη] pr τη ℵ 16 τι 1°] οτι ℵ | εντιμοις]+και τοις βασιλευσιν ℵ*+και τοις στρατηγοις, ℵ^{c a mg sup}A | om και τοις καταλοιποις ℵ* (hab ℵ^{c a mg sup})

184

ΕΣΔΡΑΣ Β (ΝΕΕΜΙΑΣ) XIII 6

17 τὰ ἔργα ἕως τότε οὐκ ἀπήγγειλα. ¹⁷καὶ εἶπα πρὸς αὐτούς Ὑμεῖς B βλέπετε τὴν πονηρίαν ἐν ᾗ ἐσμεν ἐν αὐτῇ, πῶς Ἰερουσαλὴμ ἔρημος καὶ αἱ πύλαι αὐτῆς ἐδόθησαν πυρί· δεῦτε καὶ διοικοδομήσωμεν τὸ 18 τεῖχος Ἰερουσαλήμ, καὶ οὐκ ἐσόμεθα ἔτι ὄνειδος. ¹⁸καὶ ἀπήγγειλα αὐτοῖς τὴν χεῖρα τοῦ θεοῦ ἥ ἐστιν ἀγαθὴ ἐπ' ἐμέ, καὶ πρὸς λόγους τοῦ βασιλέως οὓς εἶπέν μοι· καὶ εἶπα Ἀναστῶμεν καὶ οἰκοδομή-19 σωμεν. καὶ ἐκραταιώθησαν αἱ χεῖρες αὐτῶν εἰς ἀγαθόν ¹⁹καὶ ἤκουσεν Σαναβαλλὰτ ὁ Ἀρωνεὶ καὶ Τωβιὰ ὁ δοῦλος Ἀμμωνεὶ καὶ Γήσαμ ὁ Ἀραβεί, καὶ ἐξεγέλασαν ἡμᾶς, καὶ ἦλθον ἐφ' ἡμᾶς καὶ εἶπαν Τί τὸ ῥῆμα τοῦτο ὑμεῖς ποιεῖτε; ἢ ἐπὶ τὸν βασιλέα ὑμεῖς 20 ἀποστατεῖτε; ²⁰καὶ ἐπέστρεψα αὐτοῖς λόγον καὶ εἶπα αὐτοῖς Ὁ θεὸς τοῦ οὐρανοῦ, αὐτὸς εὐοδώσει ἡμᾶς, καὶ ἡμεῖς δοῦλοι αὐτοῦ καθαροί, καὶ οἰκοδομήσωμεν· καὶ ὑμῖν οὐκ ἔστιν μερὶς καὶ δικαιοσύνη καὶ μνημόσυνον ἐν Ἰερουσαλήμ

(III) XIII 1 ¹Καὶ ἀνέστη Ἐλεισοὺβ ὁ ἱερεὺς ὁ μέγας καὶ οἱ ἀδελφοὶ αὐτοῦ οἱ ἱερεῖς καὶ ᾠκοδόμησαν τὴν πύλην τὴν προβατικήν· αὐτοὶ ἡγίασαν αὐτήν, καὶ ἔστησαν θύρας αὐτῆς, καὶ ἕως πύργου τῶν ἑκατὸν ἡγί-2 ασαν, ἕως πύργου Ἀνανεήλ. ²καὶ ἐπὶ χεῖρας ἀνδρῶν υἱῶν Ἱερει-3 χώ, καὶ ἐπὶ χεῖρας υἱῶν Ζαβαοὺρ υἱοῦ Ἀμαρεί ³καὶ τὴν πύλην τὴν ἰχθυηρὰν οἰκοδόμησαν υἱοὶ Ἀσάν αὐτοὶ ἐστέγασαν αὐτήν, καὶ 4 ἐστέγασαν θύρας αὐτῆς καὶ κλεῖθρα αὐτῆς καὶ μοχλοὺς αὐτῆς. ⁴καὶ ἐπὶ χεῖρα αὐτῶν κατέσχεν ἐπὶ Ραμὼθ υἱοῦ Οὐρεία υἱοῦ Ἀκὼς καὶ 5 ἐπὶ χεῖρα αὐτῶν κατέσχεν Σαδὼκ υἱὸς Βαανά. ⁵καὶ ἐπὶ χεῖρα αὐτῶν κατέσχοσαν οἱ Θεκωείν, καὶ ἀδωρηὲμ οὐκ εἰσήνεγκαν τράχηλον αὐτῶν 6 εἰς δουλείαν αὐτῶν. ⁶καὶ τὴν πύλην Ἰσανὰ ἐκράτησαν Ἰοειαὰ υἱὸς

16 απηγγειλα] λ sup ras A¹ 17 διωκοδομησωμεν B* (διοικοδ BᵃᵇA)] ℵA διοικοδομησομεν ℵ 18 εστιν] εστι sup ras A¹ | αγαθα ℵ* (αγαθη ℵᶜᵃ) | προς] τους ℵA 19 Σαλαβαλ|λατ ℵ | Αρωνι A | Τωβεια ℵA | ο Αμμωνει ℵ | ο Αμμωνι A | Αραβι A | ηλθαν ℵ | ειπον A | υμεις 1°] pr ο ℵᶜᵃ ᵛⁱᵈ A 20 ημας] ημιν ℵA | οικοδομησομεν ℵA | υμιν] ημιν ℵ* (υ superscr ℵᶜᵃ) XIII 1 Ελισουβ ℵA | αυτων ℵ* (αυτου ℵᶜᵃ) | οι ιερεις sup ras Aᵃ | οικοδομησαν ℵ | αυτοι] in οι ras aliq Bᵛ pr και ℵ* (om ℵᵛ) | om αυτην ℵ | πυργου 1°] πυργους Bℵ* (s improb ℵᵛ) | Ανανεηλ] Ναεηλ ℵ Ανα|μεηλ A 2 υιων ανδρων A | Ιεριχω Bᵇ | Ζαβαουρ] Ζαχχουρ ℵ Ζακ|χουρ A | Αμαρει] Μιαρι A 3 ιχθηραν ℵ* (ιχθυηρ. ℵ¹) | ωκοδομησαν BᵃᵇℵA | Ασαν] Ασα|ναα ℵ Ασανα A | αυτοι] pr και (sup ras) Bᵃᵇ | εστεγασαν 2°] εστησαν A | θυρας] pr τας ℵ | κλειθρα] pr τα ℵᶜᵃ (ras ℵᶜᵇ) 4 χειρα 1°] θυρας ℵ* χιρας ℵᶜᵃ ᵛⁱᵈ χειρας A | επι 2°] απο ℵA | Ουρια ℵA | Ακως] Ακκως A + και επι χειρα αυτῷ κατεσχεν Μοσολ|λαμ'· υιος Βαραχιου| υιον Μασεζεβηα·| ℵ + και επει| χειρα αυτων κατεσχεν Μοσολλαμ'·| υιος Βαραχιου υιου Μασεζειηλ' | (ζει sup ras) A | om και 2° .Βαανα A | Σαδουκ ℵ 5 κατεσχοσαν] κατεσχον A | Θεκωειμ ℵA | αδωρην A | αυτων 2°] εαυτων A | δουλιαν ℵA 6 Ισανα] του Αισανα ℵA | Ιοειαα] υιοι Εδα· ℵ Ιοειδα A

XIII 8   ΕΣΔΡΑΣ Β (ΝΕΕΜΙΑΣ)

B Φασὲκ καὶ Μεσουλὰμ υἱὸς Βαδιά· αὐτοὶ ἐστέγασαν αὐτήν, καὶ ἔστησαν θύρας αὐτῆς καὶ κλεῖθρα αὐτῆς καὶ μοχλοὺς αὐτῆς. ⁸καὶ ἐπὶ 8 χεῖρα αὐτῶν ἐκράτησαν Ἀνανίας υἱὸς τοῦ Ἰωακείμ, καὶ κατέλιπον Ἰερουσαλὴμ ἕως τείχους τοῦ πλατέως. ⁹καὶ ἐπὶ χεῖρα αὐτῶν ἐκρά- 9 τησεν Ῥαφαιά, ἄρχων ἡμίσους περιχώρου Ἰερουσαλήμ. ¹⁰καὶ ἐπὶ 10 χεῖρα αὐτῶν ἐκράτησεν Ἰεδαιὰ υἱὸς Ἐρωμάθ, καὶ κατέναντι οἰκίας αὐτοῦ. καὶ ἐπὶ χεῖρα αὐτοῦ ἐκράτησεν Ἀτοὺθ υἱὸς Ἀσβανάμ. ¹¹καὶ 11 δεύτερος ἐκράτησεν Μελχείας υἱὸς Ἡρὰμ καὶ Ἀσοὺβ υἱὸς Φααβμωάβ, καὶ ἕως πύργου τῶν ναθουρείμ. ¹²καὶ ἐπὶ χεῖρα αὐτοῦ ἐκράτησεν 12 Σαλοὺμ υἱὸς Ἡλειά, ἄρχων ἡμίσους περιχώρου Ἰερουσαλήμ, αὐτὸς καὶ αἱ θυγατέρες αὐτοῦ ¹³τὴν πύλην τῆς φάραγγος ἐκράτησαν 13 Ἀνοὺν καὶ οἱ κατοικοῦντες Ζανώ· αὐτοὶ ᾠκοδόμησαν αὐτήν, καὶ ἔστησαν θύρας αὐτῆς καὶ κλεῖθρα αὐτῆς καὶ μοχλοὺς αὐτῆς, καὶ χιλίους πήχεις ἐν τῷ τείχει ἕως πύλης τῆς κοπρίας. ¹⁴καὶ τὴν 14 πύλην τῆς κοπρίας ἐκράτησεν Μελχειὰ υἱὸς Ῥηχάβ, ἄρχων περιχώρου Βηθαχάμ, αὐτὸς καὶ οἱ υἱοὶ αὐτοῦ· καὶ ἐσκέπασαν αὐτήν, καὶ ἔστησαν θύρας αὐτῆς καὶ κλεῖθρα αὐτῆς καὶ μοχλοὺς αὐτῆς. ¹⁵καὶ τὸ τεῖχος κολυμβήθρας τῶν κωδίων τῇ κουρᾷ τοῦ βασιλέως, 15 καὶ ἕως τῶν κλιμάκων τῶν καταβαινουσῶν ἀπὸ πόλεως Δαυείδ. ¹⁶ὀπίσω αὐτοῦ ἐκράτησεν Νεεμίας υἱὸς Ἀζαβούχ, ἄρχων περιχώρου 16 Βησούρ, ἕως κήπου τάφου Δαυεὶδ καὶ ἕως τῆς κολυμβήθρας τῆς γεγονυίας καὶ ἕως Βηθαβαρείμ. ¹⁷ὀπίσω αὐτοῦ ἐκράτησαν οἱ Λευεῖται, 17 Βασοὺθ υἱὸς Βανεί. ἐπὶ χεῖρα αὐτοῦ ἐκράτησεν Ἀσαβιά, ἄρχων ἡμίσους περιχώρου Κεειλά, τῷ περιχώρῳ αὐτοῦ. ¹⁸μετ' αὐτὸν ἐκρά- 18

ℵA   6 Βαδια] Αβδεια ℵ Βασω·| Δια· A^vid | om και κλειθρα αυτης 3° A | κλειθρα] pr τα ℵ^c a   8 επι χειρα] επει|ρα A | εκρατησεν ℵA | Ιωακειμ] Ρωκεειμ A | κατελειπον A | τειχους] pr του ℵA | πλατεως] πλαταιος A   9 αυτων] αυτου ℵ^a   10 Ιεδαια] Ιεδδεια ℵ | Ερωμαθ] Ειωμαθ ℵ Ερωμαφ A | om και 2° ℵ | οικια A | χειρα αυτου] χειρας αυτων ℵ* (χειρα αυτου ℵ^c a) | Ατουθ] Αυτους A | Ασβαναμ] Ασβανεαμ B^ab(vid) Ασβενεαμ ℵ Ασβανια A   11 δευτερος] δ sup ras A^a | Μελχεια ℵ | υιος 1°] pr ο ℵ | Ιραμ] Ηρμα A | Φααβμωαβ (μ sup ras B^ab)] Φααθμωαβ A | ναθουρειμ] θαννουρειμ A   12 Σαλουμ] Οαλουμ ℵ Σαλλουμ A | Ηλεια] Αλλωης A | αυτου 2°] ου sup ras A'   13 φαραγγος·| εκρατησαν A | θυρας] pr τας ℵ | μοχλου ℵ | χιλιοι ℵ* (χιλιους ℵ^c a) | τειχει] τειχ A (seq ras 2 litt) | εως] ως ℵ* (ε superscr ℵ^c a) | πυλης] pr της ℵ*A   14 Βηθαχαμ] Βηθακαμ ℵ Βηθαχχαρμα A | μοχλου A* (s superscr A^a')   15 κολυμβηθρα ℵ* (s superscr ℵ^c.a) | om κωδιων ℵ* (hab κωλιων ℵ^c a mg) + θε|του Σιλωαμ ℵ   16 Νεεμειας ℵ | Αζαβουχ] Αζαβου ℵ Αζβουχ ℵ | περιχωρου] pr ημισους ℵ^c a mg | Βησορ] Βηθ'σουρ A | Βηθαβαρειμ] Βηθ'αγγαρειμ ℵ* Βηθ'αγγαβαρειμ ℵ^c a (superscr βα) Βηθθαγααρειμ A   17 Λευιται ℵA | Βασουθ] Ραουμ ℵA | Βανει] Βαανει ℵ | Κεειλα] Καιει|λα ℵ | περιχωρω ℵ* (περιχωρου [ου sup ras] ℵ^c a)

186

ΕΣΔΡΑΣ Β (ΝΕΕΜΙΑΣ) XIII 30

τησαν ἀδελφοὶ αὐτῶν Βεδεὶ υἱὸς Ἡναδαλάτ, ἄρχων ἡμίσους περι- B
19 χώρου Κεειλά. ¹⁹καὶ ἐκράτησεν ἐπὶ χεῖρα αὐτοῦ Ἄζουρ υἱὸς Ἰησοῦ,
ἄρχων τοῦ Μασφέ, μέτρον δεύτερον πύργου ἀναβάσεως τῆς συνα-
20 πτούσης τῆς γωνίας. ²⁰μετ' αὐτὸν ἐκράτησεν Βαροὺχ υἱὸς Ζαβοὺ
μέτρον δεύτερον ἀπὸ τῆς γωνίας ἕως θύρας Βηθελισοὺβ τοῦ ἱερέως
21 τοῦ μεγάλου. ²¹μετ' αὐτὸν ἐκράτησεν Μεραμὼθ υἱὸς Οὐρεία υἱοῦ
Ἀκὼβ μέτρον δεύτερον ἀπὸ θύρας Βηθελισοὺβ ἕως ἐκλείψεως Βηθε-
22 λεισούβ. ²²καὶ μετ' αὐτὸν ἐκράτησαν οἱ ἱερεῖς ἄνδρες ἀχεχάρ.
23 ²³καὶ μετ' αὐτὸν ἐκράτησεν Βενιαμεὶν καὶ Ἀσοὺβ κατέναντι οἴκου
αὐτῶν. μετ' αὐτὸν ἐκράτησεν Ἀζαρία υἱὸς Μαδασὴλ υἱὸς Ἀνανία
24 ἐχόμενα οἴκου αὐτοῦ. ²⁴μετ' αὐτὸν ἐκράτησεν Βανεὶ υἱὸς Ἡναδὰδ
μέτρον δεύτερον ἀπὸ Βηθαζαριὰ ἕως τῆς γωνίας καὶ ἕως τῆς καμπῆς
25 ²⁵Φαλὰλ υἱοῦ Εὐεὶ ἐξ ἐναντίας τῆς γωνίας, καὶ ὁ πύργος ὁ ἐξέχων
ἐκ τοῦ οἴκου τοῦ βασιλέως ὁ ἀνώτερος ὁ τῆς αὐλῆς τῆς φυλακῆς.
26 καὶ μετ' αὐτὸν Φαδαιὰ υἱὸς Φορός ²⁶καὶ οἱ Καθεινεὶμ ἦσαν οἰ-
κοῦντες ἐν τῷ Ὠφαλ ἕως κήπου πύλης τοῦ ὕδατος εἰς ἀνατολάς
27 καὶ ὁ πύργος ἐξέχων. ²⁷μετ' αὐτὸν ἐκράτησαν οἱ Θεκωεὶν μέτρον
δεύτερον ἐξ ἐναντίας τοῦ πύργου τοῦ μεγάλου τοῦ ἐξέχοντος καὶ ἕως
28 τοῦ τείχους Ὀφοαλ. ²⁸ἀνώτερον πύλης τῶν ἵππων ἐκράτησαν οἱ
29 ἱερεῖς, ἀνὴρ ἐξ ἐναντίας οἴκου αὐτοῦ ²⁹μετ' αὐτὸν Σαδδοὺκ υἱὸς
Ἐμμὴρ ἐξ ἐναντίας οἴκου αὐτοῦ. καὶ μετ' αὐτὸν ἐκράτησεν Σαμαιὰ
30 υἱὸς Ἐχενιά, ὁ φύλαξ οἴκου τῆς ἀνατολῆς. ³⁰μετ' αὐτὸν ἐκράτησεν
Ἀνανιὰ υἱὸς Τελεμιὰ καὶ Ἀνοὺμ υἱὸς Σελὲ ἕκτος μέτρον δεύτερον.
μετ' αὐτὸν ἐκράτησεν Μεσουλὰμ υἱὸς Βαρχειὰ ἐξ ἐναντίας γαζοφυ-

18 Βεδει] Βεζερ ℵ Βενει A | Ηναδαδ A   19 Αζορ ℵ* (Αζουρ ℵ^(c a)) | ℵA
Μασφε] Μαμφε ℵ | της γωνιας] om της A   20 μετ] pr και A | αυτου|
ℵ* (αυτο| ℵ^(?vid)) | Ζαβρου ℵ | Βηθελισουβ] Βηθαιλισουβ ℵ Βηθελει'| Ασσουβ A
21 Ουρεια] Σουρια ℵ Ουρια A | Ακωβ] Ακκως ℵA | μετρος A | om θυρας ℵ' |
Βηθελισουβ] Βηθαιλεισου ℵ Βηθελησουβας A | εκλειψεως] εκλιψεως ℵ εκθλι-
ψεως A | Βηθελεισουβ] Βηθαιλεισουβ ℵ Βηθελιασουβ A   22 αχεχαρ]
χεχαρ ℵ αχχεχξαρ A   23 Σουβ ℵ* Ασουβ ℵ¹ (A superscr) | αυτων] ων
sup ras A^(a1) | μετ 2°] pr και ℵ | Μαδασηλ] Μαασιου A | υιος 2°] υιου ℵ*
(υιος ℵ^(c a)) A   24 μετ] pr και ℵ | Βηθαζαρεια ℵ   25 Φαλαλ] Φαλακ ℵ
Φαλαξ A | Ενει] Ευζαι A   26 Καθεινειμ] Ναθεινιμ ℵ Ναθινειμ A | εως|
κηπου πυλης εν| τω Ωφαλ ℵ | εξεχων] pr ο ℵA   27 Θεκωειμ A | του 2°] το
sup ras A¹ | Οφοαλ] του Οφλα ℵ του Σοφλα A   28 αυτου] εαυτου ℵ
pr μετ A   29 μετ αυτον 1°]+εκρατησεν B^(ab) (superscr) ℵA | Σαδουχ ℵ |
αυτου] εαυτου ℵA | Σαμαια] Σεμεια ℵ | Εχενια] Σεχενια ℵA | ο φυλαξ
οικου] φυλαξ της πυλης ℵA   30 Τελεμια .Σελε] Τελεμιας | και Ανουμ
υιος| Τελεμια· και Τελε|μιας υιος Σαλεφ' ℵ |Σεεμια· και Ανωμ'· υιος Σελεφ'
A | εκτος] pr ο ℵ^(c a vid) (φ ο| εκτο ℵ^(c a)) A | μετ 2°] pr και ℵ | Βαρχεια] Βαρια
A | γαζζοφυλακειου (sic) ℵ

187

XIII 31 ΕΣΔΡΑΣ Β (ΝΕΕΜΙΑΣ)

B λακίου αὐτοῦ. ³¹μετ' αὐτὸν ἐκράτησεν Μελχειὰ υἱὸς τοῦ Σαραφεὶ ἕως 31 Βηθαναθείμ, καὶ οἱ ῥοβοπῶλαι ἀπέναντι πύλης τοῦ Μαφεκὰδ καὶ ἕως ἀνὰ μέσον τῆς καμπῆς. ³²καὶ ἀνὰ μέσον ἀναβάσεως τῆς πύλης τῆς 32 προβατικῆς ἐκράτησαν οἱ χαλκεῖς καὶ οἱ ῥοβοπῶλαι

¹Καὶ ἐγένετο ἡνίκα ἤκουσεν Ἀναβαλλὰτ ὅτι ἡμεῖς οἰκοδομοῦ- 1 (33) XIV μεν τὸ τεῖχος, καὶ πονηρὸν αὐτῷ ἐφάνη, καὶ ὠργίσθη ἐπὶ πολύ, καὶ ἐξεγέλα ἐπὶ τοῖς Ἰουδαίοις. ²καὶ εἶπεν ἐνώπιον τῶν ἀδελ- 2 (34) φῶν αὐτοῦ Αὕτη ἡ δύναμις Σομορών, ὅτι οἱ Ἰουδαῖοι οὗτοι οἰκοδομοῦσιν τὴν ἑαυτῶν πόλιν; ³καὶ Τωβίας ὁ Ἀμμανείτης 3 (35) ἐχόμενα αὐτοῦ ἦλθεν καὶ εἶπαν πρὸς ἑαυτούς Μὴ θυσιάσουσιν ἢ φάγονται ἐπὶ τοῦ τόπου αὐτῶν; οὐχὶ ἀναβήσεται ἀλώπηξ καὶ καθελεῖ τὸ τεῖχος λίθων αὐτῶν, ⁴ἄκουσον ὁ θεὸς ἡμῶν, ὅτι ἐγε- 4 (36) νήθημεν εἰς μυκτηρισμόν, ⁵καὶ ἐπίστρεψον ὀνειδισμὸν αὐτῶν εἰς 5 (37) κεφαλὴν αὐτῶν, καὶ δὸς αὐτοὺς εἰς μυκτηρισμὸν ἐν γῇ αἰχμαλωσίας, ⁶καὶ μὴ καλύψῃς ἐπὶ ἀνομίαν. ⁷Καὶ ἐγένετο ὡς ἤκου- 6 (38) / 7 (1) (IV) σεν Σαναβαλλὰτ καὶ Τωβιὰ καὶ οἱ Ἄραβες καὶ οἱ Ἀμμανεῖται ὅτι ἀνέβη ἡ φυὴ τοῖς τείχεσιν Ἰερουσαλήμ, ὅτι ἤρξαντο αἱ διασφαγαὶ ἀναφράσσεσθαι, καὶ πονηρὸν αὐτοῖς ἐφάνη σφόδρα. ⁸καὶ συνή- 8 (2) χθησαν πάντες ἐπὶ τὸ αὐτὸ ἐλθεῖν παρατάξασθαι ἐν Ἰερουσαλήμ ⁹καὶ προσηυξάμεθα πρὸς τὸν θεὸν ἡμῶν, καὶ ἐστήσαμεν προφύ- 9 (3) λακας ἐπ' αὐτοὺς ἡμέρας καὶ νυκτὸς ἀπὸ προσώπου αὐτῶν. ¹⁰καὶ 10 (4) εἶπεν Ἰούδας Συνετρίβη ἡ ἰσχὺς τῶν ἐχθρῶν, καὶ ὄχλος πολύς, καὶ ἡμεῖς οὐ δυνησόμεθα οἰκοδομεῖν ἐν τῷ τείχει. ¹¹καὶ εἶπαν 11 (5) οἱ θλίβοντες ἡμᾶς Οὐ γνώσονται καὶ οὐκ ὄψονται ἕως ὅτου ἔλθωμεν εἰς μέσον αὐτῶν καὶ φονεύσωμεν αὐτοὺς καὶ καταπαύσωμεν τὸ ἔργον. ¹²καὶ ἐγένετο ὡς ἤλθοσαν οἱ Ἰουδαῖοι οἱ οἰκοῦντες 12 (6) ἐχόμενα αὐτῶν, καὶ εἴποσαν ἡμῖν Ἀναβαίνουσιν ἐκ πάντων τῶν τόπων ἐφ' ἡμᾶς· ¹³καὶ ἔστησα εἰς τὰ κατώτατα τοῦ τόπου κατό- 13 (7)

ℵA   31 Μελχια A | Σαραφει] Σεραφειν ℵ Σαρεφι A | Βηθαναθειμ] Βηθαναθιω ℵ*ᵛⁱᵈ του Βηθαναθι ℵᶜ ᵃ Βηθανναθινιμ A | ροποπωλαι ℵᶜ ᵃ ᵛⁱᵈ A (item 32) | Μαφεκαδ] Μαφεθαδ ℵ | ανα μεσον] αναβασεως ℵA   32 αναβασεως] pr της ℵᶜ ᵃ (superscr) om A   XIV 1 Σαναβαλλατ A | οτι]+ο ℵ* (improb ℵ') | αυτω εφανη] ην αυτω ℵA   3 Τωβις ℵ* (a superscr ℵᶜ ᵃ) | Αμμανιτης ℵA | αυτοι ℵ*ᵛⁱᵈ (αυτου ℵ') | ειπεν ℵ   5 αυτους] αυτοις A | μυκτηρισμον] ονειδισμον ℵᶜ ᵃ ᵐᵍ   6 ανομια ℵ   7 Σαναβαλατ ℵ | Αμμανιται ℵ + ς οι Αζωτιοι ℵᶜ ᵃ ᵐᵍ ⁱⁿᶠ | η φυη] om η ℵ   8 παραταξασθαι] pr και A | εν] εις ℵ   10 οχλος Bℵ* (υ superscr ℵᶜ ᵃ)] ο χους A | om ημεις ℵ* (hab ℵᶜ ᵃ ᵐᵍ) 11 om ου ℵ* (superscr ℵᶜ ᵃ)   12 οι οικουντες] om οι ℵ* (superscr ℵᶜ ᵃ) | ειποσαν] ειπον A | om παντων ℵ* (hab ℵᶜ ᵃ ᵐᵍ) | τοπων]+ επιστρεψετε ℵᶜ ᵃ ⁽ᵐᵍ⁾ (seq ras 6 fere litt in ℵ) παντων (sic) A | εφ ημας] εφ ημερας ℵᵀ ᵛⁱᵈ (εις ημας ℵᶜ ᵇ)   13 εστησαν ℵ (bis)

ΕΣΔΡΑΣ Β (ΝΕΕΜΙΑΣ) XIV 23

πισθεν τοῦ τείχους ἐν τοῖς σκεπεινοῖς, καὶ ἔστησα τὸν λαὸν B κατὰ δήμους μετὰ ῥομφαιῶν αὐτῶν, λόγχας αὐτῶν καὶ τόξα
(8) 14 αὐτῶν. ¹⁴καὶ εἶδον, καὶ ἀνέστην καὶ εἶπα πρὸς τοὺς ἐντίμους καὶ πρὸς τοὺς καταλοίπους τοῦ λαοῦ Μὴ φοβηθῆτε ἀπὸ προσώπου αὐτῶν· μνήσθητε τοῦ θεοῦ ἡμῶν τοῦ μεγάλου καὶ φοβεροῦ, καὶ παρατάξασθε περὶ τῶν ἀδελφῶν ὑμῶν, υἱῶν ὑμῶν, θυγατέ-
(9) 15 ρων ὑμῶν, γυναικῶν ὑμῶν καὶ οἴκων ὑμῶν. ¹⁵καὶ ἐγένετο ἡνίκα ἤκουσαν οἱ ἐχθροὶ ἡμῶν ὅτι ἐγνώσθη ἡμῖν, καὶ διεσκέδασεν ὁ θεὸς τὴν βουλὴν αὐτῶν· καὶ ἐπεστρέψαμεν πάντες ἡμεῖς εἰς τὸ
(10) 16 τεῖχος, ἀνὴρ εἰς τὸ ἔργον αὐτοῦ. ¹⁶καὶ ἐγένετο ἀπὸ τῆς ἡμέρας ἐκείνης ἥμισυ τῶν ἐκτετιναγμένων ἐποίουν τὸ ἔργον, καὶ ἥμισυ αὐτῶν ἀντείχοντο, καὶ λόγχαι καὶ θυρεοὶ καὶ τὰ τόξα καὶ οἱ
(11) 17 θώρακες καὶ οἱ ἄρχοντες ὀπίσω παντὸς οἴκου Ἰούδα ¹⁷τῶν οἰκοδομούντων ἐν τῷ τείχει. καὶ οἱ αἴροντες ἐν τοῖς ἀρτῆρσιν ἐν ὅπλοις· ἐν μιᾷ χειρὶ ἐποίει αὐτὸ τὸ ἔργον, καὶ μιᾷ ἐκράτει τὴν
(12) 18 βολίδα. ¹⁸καὶ οἰκοδόμοι, ἀνὴρ ῥομφαίαν αὐτοῦ ἐζωσμένος ἐπὶ ὀσφὺν αὐτοῦ, καὶ οἰκοδομοῦσαν· καὶ ὁ σαλπίζων ἐν τῇ κερατίνῃ
(13) 19 ἐχόμενα αὐτοῦ. ¹⁹καὶ εἶπα πρὸς τοὺς ἐντίμους καὶ πρὸς τοὺς ἄρχοντας καὶ πρὸς τοὺς καταλοίπους τοῦ λαοῦ Τὸ ἔργον πλατὺ καὶ πολύ, καὶ ἡμεῖς σκορπιζόμεθα ἐπὶ τοῦ τείχους μακρὰν ἀνὴρ
(14) 20 ἀπὸ τοῦ ἀδελφοῦ αὐτοῦ. ²⁰ἐν τόπῳ οὗ ἐὰν ἀκούσητε τὴν φωνὴν τῆς κερατίνης, ἐκεῖ συναχθήσεσθε πρὸς ἡμᾶς, καὶ ὁ θεὸς ἡμῶν
(15) 21 πολεμήσει περὶ ἡμῶν. ²¹καὶ ἡμεῖς ποιοῦντες τὸ ἔργον, καὶ ἥμισυ αὐτῶν κρατοῦντες τὰς λόγχας ἀπὸ ἀναβάσεως ἕως τοῦ ὄρθρου,
(16) 22 ἕως ἐξόδου τῶν ἄστρων. ²²καὶ ἐν τῷ καιρῷ ἐκείνῳ εἶπα τῷ λαῷ Αὐλίσθητε ἐν μέσῳ Ἰερουσαλήμ, καὶ ἔστω ὑμῖν ἡ νὺξ προφυ-
(17) 23 λακή, καὶ ἡ ἡμέρα ἔργον. ²³καὶ ἤμην ἐγὼ καὶ οἱ ἄνδρες τῆς

---

13 τοις]+δι|ακοσιοι εικοσι ℵ* (improb ℵᵃ) | σκεπεινοις]+οπου ευεπιβατα ℵA ην ℵ* (improb ℵᵃ) | αυτων 1°] εαυτων A | τοξα] pr τα ℵᶜ ᵃ ᵐᵍ ᵛⁱᵈ | αυτων 3°] εαυτων A*ᵛⁱᵈ (ras ε A?) 14 ιδον A | ανεστη ℵ* (ν superscr ℵᶜ ᵃ) | ειπα] ειπον ℵA | και 4°] + προς τους στρατηγους ϛ ℵᶜ ᵃ ⁽ᵐᵍᵍ⁾ A | om μη ℵ*ᵛⁱᵈ (hab ℵᶜ ᵃ⁽ᵐᵍ⁾) | θυγατερων] pr και A | οικων] οικιων ℵ 15 ηκουσαν] εγνωσαν A 16 εκτετιναγμενων] εκτεταγμενων ℵA | αντειχοντο] αντιχον ℵᶜ ᵃ ᵛⁱᵈ | λουχαι A | τα τοξα] το ταξα A 17 αιροντες] διαιροντες ℵ | αυτο] αυτου ℵᶜ ᵃ (ν 2° superscr) εαυτου A | μια 2°] pr εν ℵA | βολιδαν ℵ* (ν improb ℵᵃ) 18 οικοδομοι] pr οι ℵA | αυτου 1°] εαυτου A | οσφυν]οσφυος ℵ pr την A | αυτου 2°] εαυτου ℵA | ωκοδομουσαν ℵA | αυτου 3°] εαυτου ℵ 19 αρχοντας] pr ενδοξους ℵ* (improb ℵᵃ) 20 συναχθησεσθαι ℵA | πολεμησει] + το εργον ℵ* (improb ℵᵃ) 21 ημεις] ημις ℵ ημισυ A | κρατουντες] pr οι ℵ | om εως 1° Bˡᵗᵃᵗᵇ ℵA

XV 1 ΕΣΔΡΑΣ Β (ΝΕΕΜΙΑΣ)

B προφυλακῆς ὀπίσω μου, καὶ οὐκ ἦν ἐξ ἡμῶν ἐκδιδυσκόμενος ἀνὴρ τὰ ἱμάτια αὐτοῦ.

¹Καὶ ἦν κραυγὴ τοῦ λαοῦ καὶ γυναικῶν αὐτῶν μεγάλη πρὸς τοὺς 1 XV (V) ἀδελφοὺς αὐτῶν τοὺς Ἰουδαίους. ²καὶ ἦσάν τινες λέγοντες Ἐν υἱοῖς 2 ἡμῶν καὶ ἐν θυγατράσιν ἡμῶν ἡμεῖς πολλοί· καὶ λημψόμεθα σῖτον, καὶ φαγόμεθα καὶ ζησόμεθα. ³καὶ εἰσίν τινες λέγοντες Ἀγροὶ ἡμῶν 3 καὶ ἀμπελῶνες ἡμῶν καὶ οἰκίαι ἡμῶν, ἡμεῖς διεγγυῶμεν· καὶ λημψόμεθα σῖτον καὶ φαγόμεθα. ⁴καὶ εἰσίν τινες λέγοντες Ἐδανισάμεθα 4 ἀργύριον εἰς φόρους τοῦ βασιλέως, ἀγροὶ ἡμῶν καὶ ἀμπελῶνες ἡμῶν καὶ οἰκίαι ἡμῶν. ⁵νῦν ὡς σὰρξ ἀδελφῶν ἡμῶν σὰρξ ἡμῶν, ὡς υἱοὶ 5 ἡμῶν υἱοὶ αὐτῶν· καὶ ἰδοὺ ἡμεῖς καταδυναστεύομεν τοὺς υἱοὺς ἡμῶν καὶ τὰς θυγατέρας ἡμῶν εἰς δούλας, καὶ εἰσὶν ἀπὸ θυγατέρων ἡμῶν καταδυναστευόμεναι· καὶ οὐκ ἔστιν δύναμις χειρὸς ἡμῶν, καὶ ἀγροὶ ἡμῶν καὶ ἀμπελῶνες ἡμῶν τοῖς ἐντίμοις. ⁶καὶ ἐλυπήθην 6 σφόδρα καθὼς ἤκουσα τὴν κραυγὴν αὐτῶν καὶ τοὺς λόγους τούτους ⁷καὶ ἐβουλεύσατο καρδία μου ἐπ' ἐμέ, καὶ ἐμαχεσάμην πρὸς τοὺς 7 ἐντίμους καὶ τοὺς ἄρχοντας καὶ εἶπα αὐτοῖς Ἀπαιτήσει ὁ ἀνὴρ τὸν ἀδελφὸν αὐτοῦ ὑμεῖς ἀπαιτεῖτε· καὶ ἔδωκα ἐπ' αὐτοὺς ἐκκλησίαν μεγάλην, ⁸καὶ εἶπα αὐτοῖς Ἡμεῖς κεκτήμεθα τοὺς ἀδελφοὺς ἡμῶν 8 τοὺς Ἰουδαίους τοὺς πωλουμένους τοῖς ἔθνεσιν ἐν ἑκουσίῳ ἡμῶν· καὶ ὑμεῖς πωλεῖτε τοὺς ἀδελφοὺς ἡμῶν; καὶ ἡσύχασαν καὶ οὐχ εὕροσαν λόγον. ⁹καὶ εἶπα Οὐκ ἀγαθὸς λόγος ὃν ὑμεῖς ποιεῖτε οὐχ οὕτως 9 ἐν φόβῳ θεοῦ ἡμῶν ἀπελεύσεσθε ἀπὸ ὀνειδισμοῦ τῶν ἐχθρῶν ἡμῶν ¹⁰καὶ οἱ ἀδελφοί μου καὶ οἱ γνωστοί μου καὶ ἐγὼ ἐθήκαμεν αὐτοῖς 10 ἀργύριον καὶ σῖτον, ἐνκατελίπομεν δὲ τὴν ἀπαίτησιν ταύτην. ¹¹ἐπι- 11 στρέψατε δὴ αὐτοὶ ὡς σήμερον ἀγροὺς αὐτῶν, ἀμπελῶνας αὐτῶν, ἐλαίας αὐτῶν καὶ οἰκίας αὐτῶν, καὶ ἀπὸ τοῦ ἀργυρίου τὸν σῖτον καὶ τὸν οἶνον καὶ ἐξενέγκατε ἑαυτοῖς. ¹²καὶ εἶπαν Ἀποδώσομεν 12

ℵA 23 οπισω] pr οι ℵ^{c a} (superscr) | om εξ ημων ℵ* (superscr ℵ^{c a}) | αυτου] εαυτου ℵ^a'A XV 1 αυτων 2°] εαυτων ℵA 2 αγομεθα ℵ* (φ superscr ℵ^{c a}) 3 αγροι] εν υιοις ℵ* (improb ℵ? superscr αγροι ℵ^{c a}) 4 εδανεισαμεθα B^{a?b} 5 νυν] pr και A | υιοι αυτων υιοι υμων A | τοις υιοις A | om και τας θυγατερας ημων ℵ* (hab ℵ^{c a mg inf}) | δουλας] δουλους ℵA | χειρος] χειρων ℵ* (χειρος ℵ^{c a}) A 6 ελυπηθησαν A* (σα ras A°) 7 ειπα] ειπον A | ο ανηρ] om ο A | αυτου] εαυτου ℵA 8 ειπα] ειπον A | ημεις] υμεις B* (ημ. B^{ab}) | τοις πωλ. ℵ*^{vid} | υμεις] ημεις A | ημων 3°] υμων ℵ^{c a} A 9 λογος] pr ο ℵA | απελευσεσθε] επελευσεσθαι ℵ απελεισεσθαι A | εχθρων] pr εθνω[των ℵ^{c a (mgg)} 10 αυτοις] εαυτοις ℵA | εγκατελιπομεν] εγκατελειπομεν A | δε] δη B^{ab}ℵA 11 αυτοι] αυτοις ℵA | σημερον] η ημερον A | αμπελωνας] pr και ℵA | ελαιας] ελαιωνας ℵ^{c a}A pr και ℵ | οινον]+και το ελαιον ℵ^{c a mg} A | om και 4° A

ΕΣΔΡΑΣ Β (ΝΕΕΜΙΑΣ)

καὶ παρ' αὐτῶν οὐ ζητήσομεν· οὕτως ποιήσομεν καθὼς σὺ λέγεις. Β καὶ ἐκάλεσα τοὺς ἱερεῖς καὶ ὥρκισα αὐτοὺς ποιῆσαι ὡς τὸ ῥῆμα τοῦτο. ¹³καὶ τὴν ἀναβολήν μου ἐξετίναξα καὶ εἶπα Οὕτως ἐκτινάξαι ὁ θεὸς πάντα ἄνδρα ὃς οὐ στήσει τὸν λόγον τοῦτον ἐκ τοῦ οἴκου αὐτοῦ καὶ ἐκ κόπου αὐτοῦ, καὶ ἔσται οὕτως ἐκτετιναγμένος καὶ κενός. καὶ εἶπεν πᾶσα ἡ ἐκκλησία Ἀμήν, καὶ ᾔνεσαν τὸν κύριον· καὶ ἐποίησεν ὁ λαὸς τὸ ῥῆμα τοῦτο. ¹⁴Ἀπὸ ἡμέρας ἧς ἐνετείλατό μοι εἶναι εἰς ἄρχοντα αὐτῶν ἐν γῇ Ἰούδα, ἀπὸ ἔτους εἰκοστοῦ καὶ ἕως ἔτους τριακοστοῦ καὶ δευτέρου τῷ Ἀρσεναθά, ἔτη δώδεκα, ἐγὼ καὶ οἱ ἀδελφοὶ ἡμῶν βίαν αὐτῶν οὐκ ἔφαγον. ¹⁵καὶ τὰς βίας τὰς πρώτας ἃς πρὸ ἐμοῦ ἐβάρυναν ἐπ' αὐτούς, καὶ ἐλάβοσαν παρ' αὐτῶν ἐν ἄρτοις καὶ ἐν οἴνῳ ἔσχατον ἀργύριον, δίδραχμα τεσσεράκοντα, καὶ οἱ ἐκτετιναγμένοι αὐτῶν ἐξουσιάζονται ἐπὶ τὸν λαόν· καὶ ἐγὼ οὐκ ἐποίησα οὕτως ἀπὸ προσώπου φόβου θεοῦ. ¹⁶καὶ ἐν ἔργῳ τοῦ τείχους τούτων οὐκ ἐκράτησα, ἀγρὸν οὐκ ἐκτησάμην· καὶ πάντες οἱ συνηγμένοι ἐκεῖ ἐπὶ τὸ ἔργον. ¹⁷καὶ οἱ Ἰουδαῖοι ἑκατὸν καὶ πεντήκοντα ἄνδρες, καὶ ἐρχόμενοι πρὸς ἡμᾶς ἀπὸ τῶν ἐθνῶν τῶν κύκλῳ ἡμῶν ἐπὶ τράπεζάν μου. ¹⁸καὶ ἦν γινόμενον εἰς ἡμέραν μίαν μόσχος εἷς, καὶ πρόβατα ἐκλεκτὰ καὶ χίμαρος ἐγίνοντό μοι, καὶ ἀνὰ μέσον δέκα ἡμερῶν ἐν πᾶσιν οἶνος τῷ πλήθει· καὶ σὺν τούτοις ἄρτους τῆς βίας οὐκ ἐζήτησα, ὅτι βαρεῖα ἡ δουλία ἐπὶ τὸν λαὸν τοῦτον. ¹⁹μνήσθητί μου ὁ θεὸς εἰς ἀγαθὸν πάντα ὅσα ἐποίησα τῷ λαῷ τούτῳ

vi) XVI ¹Καὶ ἐγένετο καθὼς ἠκούσθη τῷ Σαναβαλλὰτ καὶ Τωβίᾳ καὶ τῷ Γήσαμ τῷ Ἀραβὶ καὶ τοῖς καταλοίποις ἐχθροῖς ἡμῶν ὅτι ᾠκοδομήθη τὸ τεῖχος, καὶ οὐ κατελείφθη ἐν αὐτοῖς πνοή. ἕως τοῦ καιροῦ ἐκείνου θύρας οὐκ ἐπέστησα ἐν ταῖς πύλαις. ²καὶ ἀπέστειλεν Σαναβαλλὰτ καὶ Γήσαμ πρὸς μὲ λέγων Δεῦρο καὶ συναχθῶμεν ἐπὶ τὸ αὐτὸ ἐν ταῖς κώμαις ἐν πεδίῳ Ἐνώ· καὶ αὐτοὶ λογιζόμενοι ποιῆσαί μοι πονηρίαν

12 καθως συ λεγεις] καθως οι λεγοντες ℵ* κ. σοι λεγεις ℵᵃ **13** εξετιναξα] εξετεινα ℵ* εξετειναξα ℵᶜᵃ | ειπα] ειπον Α | τον κυριον] τον λογον κ̅υ̅ ℵᶜᵃ | το ρημα τουτο] τον λογον τουτον ℵᶜᵃᵐᵍ **14** απο 1°] pr και γε ℵᶜ ᵃ ᵐᵍ ᵛⁱᵈ | ημερας] pr της ℵ* (improb ℵᶜ ᵃ ᵛⁱᵈ) Α | Αρσεναθα] Σαρσαθα ℵ Αρθασασθαι Α + τω βασιλει ℵᶜ ᵃ ᵐᵍ | ημων] μου ℵΑ **15** ελαβον ℵ* (ελαβοσαν ℵᶜ ᵃ) | εν αρτοις Βℵᶜ·ᵃ] αρτον ℵ* εν αυτοις Α | om εν 2° ℵ* (hab ℵᶜ ᵃ) | διδραγμα Α | τεσσαρακοντα Β'Α | εκταγμενοι ℵ* (εκτεταγμ. ℵᶜ ᵃ) | και εγω] καγω Α **17** om και 2° ℵΑ | εχομενοι ℵ* (ερχ ℵᶜ·ᵃ) **18** γιγνομενον Α | om μιαν ℵ* (hab ℵᵃ'ᵐᵍ) | προβατα] + εξ ℵΑ | δεκα] pr των Α | αρτος Α | δουλεια Βᵃ ᵇΑ XVI 1 Αραβει Βᵃ ᵇ ℵ | εχθροις] των εχθρων ℵΑ | ωκοδομηθη] ωκοδομησα ℵᶜ ᵃΑ | om εν 1° Α | εως] pr και γε ℵᶜ ᵃ (superscr) Α | λαου ℵ* (καιρου ℵᶜ ᵃ) | εν 2°] επι ℵ* (improb ℵᶜ ᵃ) **2** Ενω] Ωνα ℵΑ | μοι ποιησαι Α

XVI 3 ΕΣΔΡΑΣ Β (ΝΕΕΜΙΑΣ)

B ³καὶ ἀπέστειλα ἐπ' αὐτοὺς ἀγγέλους λέγων Ἔργον μέγα ἐγὼ ποιῶ, 3
καὶ οὐ δυνήσομαι καταβῆναι, μή ποτε καταπαύσῃ τὸ ἔργον· ὡς ἂν
τελειώσω αὐτό, καταβήσομαι πρὸς ὑμᾶς. ⁴καὶ ἀπέστειλαν πρὸς 4
μὲ ὡς τὸ ῥῆμα τοῦτο, καὶ ἀπέστειλα αὐτοῖς κατὰ ταῦτα ⁵καὶ ἀπέ- 5
στειλεν πρὸς μὲ Σαναβαλλὰτ τὸν παῖδα αὐτοῦ, καὶ ἐπιστολὴν ἀνεῳ-
γμένην ἐν χειρὶ αὐτοῦ. ⁶καὶ ἦν γεγραμμένον ἐν αὐτῇ Ἐν ἔθνεσιν 6
ἠκούσθη ὅτι σὺ καὶ οἱ Ἰουδαῖοι λογίζεσθε ἀποστατῆσαι· διὰ τοῦτο
οἰκοδομεῖς τὸ τεῖχος, καὶ σὺ ἔσῃ αὐτοῖς εἰς βασιλέα. ⁷καὶ πρὸς 7
τούτοις προφήτας ἔστησας σεαυτῷ, ἵνα καθίσῃς ἐν Ἰερουσαλὴμ εἰς
βασιλέα ἐπὶ Ἰούδᾳ· καὶ νῦν ἀπαγγελήσονται τῷ βασιλεῖ οἱ λόγοι
οὗτοι. καὶ νῦν δεῦρο βουλευσώμεθα ἐπὶ τὸ αὐτό. ⁸καὶ ἀπέστειλα 8
πρὸς αὐτὸν λέγων Οὐκ ἐγενήθη ὡς οἱ λόγοι οὗτοι οὓς σὺ λέγεις·
ὅτι ἀπὸ καρδίας σου σὺ ψεύδῃ αὐτούς ⁹ὅτι πάντες φοβερίζουσιν 9
ἡμᾶς λέγοντες Ἐκλυθήσονται χεῖρες αὐτῶν ἀπὸ τοῦ ἔργου τούτου,
καὶ οὐ ποιηθήσεται· καὶ νῦν ἐκραταίωσα τὰς χεῖράς μου. ¹⁰Καὶ 10
ἐγὼ εἰσῆλθον εἰς οἶκον Σεμεεὶ υἱοῦ Δαλεά, υἱὸν Μειταήλ, αὐτὸς συνε-
χόμενος· καὶ εἶπεν Συναχθῶμεν εἰς οἶκον τοῦ θεοῦ ἐν μέσῳ αὐτοῦ
καὶ κλείσωμεν τὰς θύρας αὐτοῦ, ὅτι ἔρχονται νυκτὸς φονεῦσαί σε.
¹¹καὶ εἶπα Τίς ἐστιν ὁ ἀνὴρ ὃς εἰσελεύσεται εἰς τὸν οἶκον καὶ ζήσεται; 11
¹²καὶ ἐπέγνων, καὶ ἰδοὺ ὁ θεὸς οὐκ ἀπέστειλεν αὐτόν, ὅτι ἡ προφητεία 12
λόγος κατ' ἐμοῦ· καὶ Τωβιὰ καὶ Σαναβαλλὰτ ἐμισθώσαντο ¹³ἐπ' ἐμὲ 13
ὄχλον, ὅπως φοβηθῶ καὶ ποιήσω οὕτως καὶ ἁμάρτω καὶ γένωμαι
αὐτοῖς εἰς ὄνομα πονηρόν, ὅπως ὀνειδίσωσίν με. ¹⁴μνήσθητι ὁ θεὸς 14
Τωβία καὶ Ἀναβαλλάτ, ὡς τὰ ποιήματα αὐτοῦ ταῦτα καὶ τῷ Νοαδίᾳ
τῷ προφήτῃ καὶ καταλοίποις τῶν ἱερέων οἳ ἦσαν φοβερίζοντές
με. ¹⁵καὶ ἐτελέσθη τὸ τεῖχος πέμπτῃ καὶ εἰκάδι τοῦ Ἐδούδ εἰς 15

ℵA 3 επ] προς ℵ* (επ ℵ^(c a mg) | αγγελους] αγγε sup ras 5 forte litt A¹ 4 om και απεστειλαν τουτο A 5 απεστιλαν ℵ* (απεστιλεν ℵ^(c a)) | Σανα-βαλλατ]+κατα τον λογον τουτον το πεμπτον ℵ^(c a mg) | αυτου 1°] εαυτου A 6 ηκουσθη]+ϗ Γοσεμ' ειπεν ℵ^(c a mg) | om οτι συ A | τουτο] τι A | οικοδομεις] pr συ ℵA | εση] γινη ℵ γιγνη A 7 επι] εν ℵA 8 απεστειλα B^(ab) ℵ^(c a) (απεστειλα) A] απεστειλας B* απεστιλεν ℵ*^(vid) | ους B ℵ^(c a)] ως ℵ*A | om συ 2° ℵ* (superscr ℵ^(c a)) 9 φοβερουσιν ℵ* (φοβεριζουσιν ℵ^(c a)) | χειρες] χειρας ℵ* (χειρες [ε sup ras] ℵ^(c a)) pr αι A | om νυν ℵ^(c a) 10 και εγω] καγω A | Σεμει A | Δαλαια ℵA | υιον] υιου ℵ^(c a) | Μειταηλ] Μιταηλ ℵ Μη-ταβεηλ A | αυτος] pr ϗ B^(ab mg)ℵA | φονευσαι σε νυκτος ℵ^(c a vid) 11 ειπα] ειπαν ℵ ειπον A | ανηρ]+οιος εγω φευξεται| η τις οιος εγω ℵ^(c a mg)+οιος ε. φ | η τις οιος ο ανηρ A | ζησεται]+ουκ εισελευσομαι: ℵ^(c a(mg)) 12 προφητια ℵA | Τωβιας ℵA 13 επ εμε] επε A 14 Αναβαλλατ] Σαναβ B^(ab) τω Σαναβαλλατ ℵA | Νωαδια A | καταλοιποις] pr τοις ℵA | ιερεων] προφητων ℵ^(c a) (προφητ sup ras) A 15 post τειχος seq χ| in ℵ* | Εδουδ] Ελουλ B^bℵA^(vid)+μηνος ℵ

192

ΕΣΔΡΑΣ Β (ΝΕΕΜΙΑΣ)

16 πεντήκοντα καὶ δύο ἡμέρας. ¹⁶καὶ ἐγένετο ἡνίκα ἤκουσαν οἱ ἐχθροὶ B ἡμῶν, καὶ ἐφοβήθησαν πάντα τὰ ἔθνη τὰ κύκλῳ ἡμῶν, καὶ ἐπέπεσεν φόβος σφόδρα ἐν ὀφθαλμοῖς αὐτῶν, καὶ ἔγνωσαν ὅτι παρὰ τοῦ θεοῦ 17 ἡμῶν ἐγενήθη τελειωθῆναι τὸ ἔργον τοῦτο. ¹⁷καὶ ἐν ταῖς ἡμέραις ἐκείναις ἀπὸ πολλῶν ἐντίμων Ἰούδα ἐπιστολαὶ ἐπορεύοντο πρὸς 18 Τωβίαν, καὶ αἱ Τωβία ἤρχοντο πρὸς αὐτούς· ¹⁸ὅτι πολλοὶ ἐν Ἰούδᾳ ἔνορκοι ἦσαν αὐτῷ, ὅτι γαμβρὸς ἦν τοῦ Σεχενιὰ υἱοῦ Ἡρᾶε, καὶ Ἰωνὰν υἱὸς αὐτοῦ ἔλαβεν τὴν θυγατέρα Μεσουλὰμ υἱοῦ Βαραχειὰ εἰς γυναῖκα. 19 ¹⁹καὶ τοὺς λόγους αὐτοῦ ἦσαν λέγοντες πρὸς μέ, καὶ λόγους μου ἦσαν ἐκφέροντες αὐτῷ· καὶ ἐπιστολὰς ἐπέστειλεν Τωβίας φοβερίσαι με.

(VII) XVII 1 ¹Καὶ ἐγένετο ἡνίκα ᾠκοδομήθη τὸ τεῖχος, καὶ ἔστησα τὰς θύρας, 2 καὶ ἐπεσκέπησαν οἱ πυλωροὶ καὶ οἱ ᾄδοντες καὶ οἱ Λευεῖται. ²καὶ ἐνετειλάμην τῷ Ἀνανίᾳ ἀδελφῷ μου καὶ τῷ Ἀνανίᾳ ἄρχοντι τῆς βειρὰ ἐν Ἰερουσαλήμ, ὅτι αὐτὸς ὡς ἀνὴρ ἀληθὴς καὶ φοβούμενος 3 τὸν θεὸν παρὰ πολλούς· ³καὶ εἶπα αὐτοῖς Οὐκ ἀνοιγήσονται πύλαι Ἰερουσαλὴμ ἕως ἅμα τῷ ἡλίῳ, καὶ ἔτι αὐτῶν ἐγρηγορούντων κλεισθώσαν αἱ θύραι καὶ σφηνούσθωσαν· καὶ στῆσον προφύλακας οἰκούντων ἐν Ἰερουσαλήμ, ἀνὴρ ἐν προφυλακῇ αὐτοῦ, καὶ ἀνὴρ ἀπέναντι οἰκίας 4 αὐτοῦ. ⁴καὶ ἡ πόλις πλατεῖα καὶ μεγάλη, καὶ ὁ λαὸς ὀλίγος ἐν αὐτῇ, 5 καὶ οὐκ ἦσαν οἰκίαι ᾠκοδομημέναι ⁵Καὶ ἔδωκεν ὁ θεὸς εἰς τὴν καρδίαν μου, καὶ συνῆξα τοὺς ἐντίμους καὶ τοὺς ἄρχοντας καὶ τὸν λαὸν εἰς συνοδίας· καὶ εὗρον βιβλίον τῆς συνοδίας οἳ ἀνέβησαν ἐν 6 πρώτοις, καὶ εὗρον γεγραμμένον ἐν αὐτῷ ⁶Καὶ οὗτοι υἱοὶ τῆς χώρας οἱ ἀναβάντες ἀπὸ αἰχμαλωσίας τῆς ἀποικίας ἧς ἀπῴκισεν Ναβουχοδονοσὸρ βασιλεὺς Βαβυλῶνος, καὶ ἐπέστρεψεν εἰς Ἰερουσαλὴμ καὶ 7 εἰς Ἰούδα ἀνὴρ εἰς τὴν πόλιν αὐτοῦ ⁷μετὰ Ζοροβαβὲλ καὶ Ἰησοῦ καὶ Νεεμία· Ἀζαριά, Νααμιά, Ναεμάνει, Μαλδόχεος, Βαλσάν,

---

15 om και 3° A 16 οι εχθροι] pr παντες ℵA | ημων 1°] υμων ℵ* (ημ. ℵA ℵ^{c a}) | επεπεσεν] επεσεν A | φοβος]+μεγας ℵ | τουτο το εργον ℵ 17 om αι Bℵ* (hab pr αι ℵ^{c.a} [superscr] A) 18 ορκοι B* (ενορκοι B¹?a?b ℵA) | ην] η B* (ν ins B^{a?b}) | Ιωναν] Ιωαναν ℵ* Ιωναθαν ℵ^{c a}A | Μεσουλαβμ ℵ*^{vid} (ras β ℵ^{c a}) 19 επιστολας] pr α ℵ* (ras ℵ') | απεστειλεν ℵA XVII 1 εγενετο] ν sup ras A¹ | Λευιται ℵA 2 ως] ην A | φοβουμενοι ℵ 3 ειπα] ειπον A | ανυγησονται B* (ανοιγ. B^{ab}) | ετι Bℵ^{c a?}] οτι ℵ*^{vid c b°}A | εγρηγορουντων] γρηγ ℵA pr ετι ℵA | κλεισθωσαν] κλι|εσθωσαν ℵ κλειαισθωσα| A | σφηνοισθω ℵ*+|σα ℵ^a | στησω ℵ? | αυτου 1°] εαυτου ℵA | αυτου 2°] εαυτου A 5 ανεβησαν] α sup ras A¹ 6 υιοι] pr οι A | αιχμαλωσιας] pr της ℵA | επεστρεψαν A | om εις 2° ℵ* (superscr ℵ^{c a}) | om ανηρ εις την ℵ*^{vid} (hab ℵ^{c a(mg)}) | αυτου] εαυτου A 7 μετα] pr οι ελθοντες ℵ^{c a mg} | Αζαρεα A | Νααμια] Ναεμια B^{ab} Δαεμια ℵ Ρεελμα A | Ναεμανει] Νααμμανει ℵ Νασμανι A | Μαλδοχεος] Βαρδοχαιου ℵ Μαρδοχεου A | Βαλσαν] Βασφαν ℵ Βαασαν A

XVII 8 ΕΣΔΡΑΣ Β (ΝΕΕΜΙΑΣ)

B Μασφέραν, Ἐσρά, Βατοεί, Ναούμ, Βαανά, Μασφάρ. ἄνδρες υἱοῦ
Ἰσραήλ· ⁸υἱοὶ Φόρος, δισχίλιοι ἑκατὸν ἑβδομήκοντα δύο· ⁹υἱοὶ Σαφατιά, ⁸
τριακόσιοι ἑβδομήκοντα δύο· ¹⁰υἱοὶ Ἡρά, ἑξακόσιοι πεντήκοντα δύο· 10 ⁹
¹¹υἱοὶ Φααθμωὰβ τοῖς υἱοῖς Ἰησοῦ Ἰωβάβ, δισχίλιοι ὀκτακόσιοι 11
δέκα ὀκτώ· ¹²υἱοὶ Αἰλάμ, χίλιοι διακόσιοι πεντήκοντα τέσσαρες· 12
¹³υἱοὶ Ζαθουιά, ὀκτακόσιοι τεσσεράκοντα· ¹⁴υἱοὶ Ζαθού, ὀκτακόσιοι ¹³
ἑξήκοντα· ¹⁵υἱοὶ Βανουί, ἑξακόσιοι τεσσεράκοντα ὀκτώ· ¹⁶υἱοὶ Βηβί, ¹⁵
ἑξακόσιοι εἴκοσι ὀκτώ· ¹⁷υἱοὶ Ἀσγάδ, δισχίλιοι τριακόσιοι εἴκοσι 17
ὀκτώ· ¹⁸υἱοὶ Ἀδεικάμ, ἑξακόσιοι ἑξήκοντα ἑπτά· ¹⁹υἱοὶ Βατοεί, δισ- ¹⁸
χίλιοι ἑξήκοντα ἑπτά· ²⁰υἱοὶ Ἰδείν, ἑξακόσιοι πεντήκοντα πέντε· 20
²¹υἱοὶ Ἀτὴρ τῷ Ἐζεκία, ἐνενήκοντα ὀκτώ· ²²υἱοὶ Ἡσάμ, τριακόσιοι ²¹
εἴκοσι ὀκτώ· ²³υἱοὶ Βεσεί, τριακόσιοι εἴκοσι τέσσαρες· ²⁴υἱοὶ Ἀρείφ, ²³
ἑκατὸν δώδεκα ²⁵υἱοὶ Γαβαών, ἐνενήκοντα πέντε· ²⁸ἄνδρες Βηθα- ²⁵
σμώθ, τεσσεράκοντα δύο ²⁹ἄνδρες Καριθιαρείμ, Καφειρὰ καὶ Βηρώς, 29
ἑπτακόσιοι εἴκοσι εἷς ³⁰ἄνδρες Ἀραμὰ καὶ Τάμαλ, ἑξακόσιοι εἴκοσι 30
εἷς ³¹ἄνδρες Μαχεμάς, ἑκατὸν εἴκοσι δύο· ³²ἄνδρες Βηθὴλ καὶ Ἀλειά, ³¹
ἑκατὸν εἴκοσι τρεῖς· ³³ἄνδρες Ναβιὰ ἀάρ, πεντήκοντα δύο· ³⁴ἄνδρες ³³
Ἠλὰμ ἀάρ, χίλιοι διακόσιοι πεντήκοντα ³⁵ υἱοὶ Ἡράμ, τριακόσιοι εἴ- 35
κοσι· ³⁶υἱοὶ Ἱεριχώ, τριακόσιοι τεσσεράκοντα πέντε· ³⁷ υἱοὶ Λώδ, Ἀδιὰ ³⁶
καὶ Ὠνώ, ἑπτακόσιοι εἴκοσι εἷς· ³⁸υἱοὶ Σανανάτ, ἐννακόσιοι τριάκοντα. 38

ℵA 7 Μασφεραν] Μασφαραδ ℵ Μαασφαραθ A | Εσδρα ℵ Εζρα A | Βατοει]
Βαγουιαι A | υιου] του B^(ab) λαου ℵA   10 Ηραμ ℵ | εξακοσιοι] επτακοσιοι ℵ
χ' ℵ^(c a mg) | πεντηκοντα] εβδομηκοντα A   11 Ιωβαβ] Ιωαβ ℵ και Ιωαβ A |
om οκτακοσιοι A   12 Αιλαμ] Ελαμ ℵ | διακοσιοι] οκτακοσιοι ℵ s' ℵ^(c a mg)
13 Ζαθουια] Ζαθουεια ℵ Ζαθθουα A | οκτακοσιοι] εννακοσιοι (ras 1 lit forte
ν post ο 1° ℵ') ℵ pr ω̄ ℵ^(c a? mg) | τεσσερακοντα (τεσσαρακ. B) item 15, 28,
36, 41, 44, 62, 67)]+πεντε ℵA   14 Ζαθου] Ζακχουρ A | οκτακοσιοι]
pr vid ω' ℵ*? ψ' ℵ^(c a mg sup) επτακοσιοι A   16 Βηβει ℵA | εικοσι] ειλο sup
ras A¹   17 Ασγαδ] Ασταδ ℵ Αγεταδ A | οκτω] δυο ℵA   18 Αδεικαμ]
Αδενικαμ ℵ Αδωνικαμ A   19 Βατοει] Βαγοει ℵ Βαγουει A   20 Ηδιν A |
πεντε] τεσσαρες A   22 Ησαμι A | τριακοσιοι] οι sup ras vel litur ut vid
in ℵ   23 Βασι A   24 Αρειφ] Αρειμ A | δωδεκα] δεκα δυο A+υιοι
Ασεν διακοσι[οι εικοσι τρεις·| ℵ   (26, 27) |υιοι Βεθλλεεμ' ε|κατον εικοσι
τρις! υιοι Νετωφα· πεν,τηκοντα εξ'·| υιοι Αναθωθ' εκα|τον εικοσι οκτω | ℵ |υιοι
Βαισαλεεμ' εκατον εικοσι τρεις | υιοι Ανετωφα πεντηκοντα εξ | υιοι Ναθωθ'·
εκατον εικοσι οκτω·| A (om B)   28 Βηθασμωθ] Βηθ'· A   29 Καρια-
θιαριμ ℵ Καριαθιαρειμ A | Καφειρα] Χαφιρα (ι sup ras 2 litt A^(a?)) A | Βηρωθ
ℵA | εικοσι εις] τεσσερακοντα τρεις ℵA   30 κα B | Ταμαλ] Ταβαα ℵ
Γαβαα A | εις] μια sup ras ℵ^(c a vid)   31 Μαχμας ℵ^(c a)   32 Βεθηλ ℵ^(c a) Βαι-
θηλ A | Αλεια] Αι A   33 Ναβια ααρ] Ναβιαα ρ' B Ναβεια (Ναβια A) εκατον
ℵA | δυο]+υιοι Μαγμως (Μαγεβως A) εκατον πεντηκοντα εξ ℵA   34 χι-
λιοι] δισχιλιοι ℵ | πεντηκοντα]+δ' ℵ^(c a)+τεσσαρες A   36 Ιεριχω B^b
37 Αδιδ A | Ωνων ℵA   38 Σαναναγ B^(a vid) Σανανα ℵA | εννακοσιοι (ενακ.
ℵ* ν 2° superscr ℵ^(c a) sup ras A¹)] pr τρισχιλιοι ℵA

194

ΕΣΔΡΑΣ Β (ΝΕΕΜΙΑΣ)

39 ³⁹οἱ ἱερεῖς, υἱοὶ Ἰωδᾶε εἰς οἶκον Ἰησοῦ, ἐννακόσιοι ἑβδομήκοντα τρεῖς· Β
40 ⁴⁰υἱοὶ χίλιοι πεντήκοντα δύο· ⁴¹υἱοὶ Φασεδούρ, ͵ας' τεσσεράκοντα
41
42 ἑπτά· ⁴²υἱοὶ Ἡράμ, χίλιοι δέκα ἑπτά. ⁴³οἱ Λευεί, υἱοὶ Ἰησοῦ τῷ
43
44 Καβδιὴλ τοῖς υἱοῖς τοῦ Θουδουιά, ἑβδομήκοντα τέσσαρες· ⁴⁴οἱ ᾄδοντες,
45 υἱοὶ Ἀσάφ, ἑκατὸν τεσσεράκοντα ὀκτώ· ⁴⁵οἱ πυλωροί, υἱοὶ Σαλούμ,
υἱοὶ Ἀτήρ υἱοῦ Ἀτήρ, υἱοὶ Τελαμών, υἱοὶ Ἀκού, υἱοὶ Ἀτειτά, υἱοὶ
46 Σαβεί, ἑκατὸν τριάκοντα ὀκτώ. ⁴⁶οἱ Ναθεινείμ υἱοὶ Σηά, υἱοὶ Ἀσφά,
47 υἱοὶ Γαβαώθ, ⁴⁷υἱοὶ Κειρά, υἱοὶ Ἀσουιά, υἱοὶ Φαδών, ⁴⁸υἱοὶ Λαβανά,
48
49 υἱοὶ Ἁγαβά, υἱοὶ Σαλαμεί, ⁴⁹υἱοὶ Ἀνάν, υἱοὶ Γαδήλ, ⁵⁰υἱοὶ Ῥαεά,
50
51 υἱοὶ Ῥασών, υἱοὶ Νεκωδά, ⁵¹υἱοὶ Γηζάμ, υἱοὶ Ὀζεί, υἱοὶ Φεσή, ⁵²υἱοὶ
52
53 Βησεί, υἱοὶ Μεσεινώμ, υἱοὶ Νεφωσασεί, ⁵³υἱοὶ Βακβού, υἱοὶ Ἀχειφά,
54 υἱοὶ Ἀρούμ, ⁵⁴υἱοὶ Βασαώθ, υἱοὶ Μεειδά, υἱοὶ Ἀδασάν, ⁵⁵υἱοὶ Βαρκοῦε,
55
56 υἱοὶ Σεσειράθ, υἱοὶ *Ημαθ, ⁵⁶υἱοὶ Ἀσειά, υἱοὶ Ἀτειφά. ⁵⁷υἱοὶ δούλων
57
58 Σαλωμών υἱοὶ Σουτεί, υἱοὶ Σαφάραθ, υἱοὶ Φερειδά, ⁵⁸υἱοὶ Ἰελήλ, υἱοὶ
59 Δορκών, υἱοὶ Γαδήλ, ⁵⁹υἱοὶ Σαφατιά, υἱοὶ Ἐγήλ, υἱοὶ Φακάραθ, υἱοὶ
60 Σαβαείμ, υἱοὶ Ἡμείμ· ⁶⁰πάντες οἱ Ναθεινείμ καὶ υἱοὶ δούλων Σαλωμὼν
61 τριακόσιοι ἐνενήκοντα δύο. ⁶¹καὶ οὗτοι ἀνέβησαν ἀπὸ Θελμέλεθ·
Ἁρησά, Χαρούβ, Ἡρών, Ἰεμήρ· καὶ οὐκ ἠδυνάσθησαν ἀπαγγεῖλαι
62 οἴκους πατριῶν αὐτῶν καὶ σπέρμα αὐτῶν εἰ ἀπὸ Ἰσραήλ εἰσιν· ⁶²υἱοὶ
63 Δαλεά, υἱοὶ Τωβιά, υἱοὶ Νεκωδά, ἑξακόσιοι τεσσεράκοντα δύο· ⁶³καὶ
ἀπὸ τῶν ἱερέων υἱοὶ Ἐβειά, υἱοὶ Ἀκώς, υἱοὶ Βερζελλεί, ὅτι ἔλαβεν ἀπὸ

39 υιοι] pr οι ℵ | εννακοσιοι] εκατον superscr ℵᵃ   40 υιοι]+Χεμηρ ℵ ℵA
+Εμμηρ A | χιλιοι] χειλισι Bᵃᵇ   41 Φασεουρ ℵA | ͵ας'] χιλιοι διακοσιοι
ℵA   42 Ηρα ℵ   43 Λευει] Λευιται ℵA | υιοι] pr οι ℵ | Καβδιηλ]
Καδμιηλ ℵA | Θουδουια] Ουδουια ℵA   44 υιοι] pr οι ℵ   45 Σελλουμ
A | om υιου Ατηρ ℵA | Τελαμων] Τολμων A | Ακουμ ℵA | Ατιτα A | Σα-
βαι A   46 Ναθινειμ A | Σηα] Οιαα Aᵛⁱᵈ | Ασφα] Ασειφα ℵA | Γαβαωθ]
Ταβαωθ ℵ Ταββαωθ A   47 Κειρας ℵA | Ασουια] Ιασουια ℵ Σιαια A
48 Αγαβα] Αγγαβα A+υιοι Ακουα| υιοι Ουτα| υιοι Κηταρ| υιοι Γαβα| ℵ+υιοι
Ακουδ'· υιοι Ουτα'| υιοι Κηταρ'· υιοι Αγαβ' A | Σαλαμει] Σαμαει ℵ Σελμει
A   49 Αναν] Γαναν ℵ | Γαδηλ] Σαδηλ A+υιοι Γααρ'·| A   50 Ραεα]
Ρααια A | Ρασων] Ραεσων ℵ | Νεκωδαμ ℵ   51 Οζι A | Φεση] Φαιση ℵ
Φεσση A   52 Βησει] Βαισει ℵ | Μεσσεινωμ ℵ Μεεινωμ A | Νεφωσασειμ
ℵ Νεφωσαειμ A   53 Βακβου] Νεκουβ ℵ Βακβουκ A | Αχειφα] Ακειφα ℵ
Αχιφα A | Αρουρ A   54 Βασαλωθ ℵA   55 Σεισαραθ A | Ημαθ]
Θημα A   56 Ασεια] Νεισεια A   57 om Σαλωμων ℵ*ᵛⁱᵈ (hab
ℵᶜᵃ⁽ᵐᵍ⁾) | Σουτιει ℵᶜᵃ⁽ᵛⁱᵈ⁾ (Σουτιη ℵ*ᵛⁱᵈ) | Σαφαραθι ℵ | Φαρειδα A   58 Ιε-
ληλ] Ιεαηλ ℵA | Γαδηηλ A   59 Εγηλ] Εττηλ A | Φακαραθ] Φαχαρατ ℵ
Φαχαραθ A   60 Ναθει|νεινειμ Β* Ναθι| (vel potius ℵλθι) νεινειμ Bᵇ
Ναθιν|ινειμ ℵ Ναθανειμ A | om δουλων ℵ   61 Θελμελεθ] Θερμελεθ ℵ
Θελμελεχ A | Αρησα] Θελαρσα A | Χαρουβ] Χερουβ ℵᵃᶜᵃᵒA | Ιεμηρ] Εμηρ
A*ᵛⁱᵈ | εδυνασθησα| A | εαυτων εἰ (bis) | om ει ℵ* (superscr ℵᶜᵃ)   62 Δα-
λαια ℵA+υιοι| Βουα A | τεσσερακοντα] pr και ℵ   63 Εβεια] Αβεια ℵ |
Ακκως A | υιοι 3⁰ sup ras 5 ut vid litt A | Βερζελλαι A (bis) | ελαβον ℵA

ΕΣΔΡΑΣ Β (ΝΕΕΜΙΑΣ)

B θυγατέρων Βερζελλεὶ τοῦ Γαλααδείτου γυναῖκας καὶ ἐκλήθη ἐπ' ὀνόματι αὐτῶν· ⁶⁴οὗτοι ἐζήτησαν γραφὴν αὐτῶν τῆς συνοδίας καὶ οὐχ εὑρέθη, 64 καὶ ἠγχιστεύθησαν ἀπὸ τῆς ἱερατείας. ⁶⁵καὶ εἶπεν Ἀσερσαθὰ ἵνα μὴ 65 φάγωσιν ἀπὸ τοῦ ἁγίου τῶν ἁγίων ἕως ἀναστῇ ὁ ἱερεὺς φωτίσων. ⁶⁶καὶ ἐγένετο πᾶσα ἡ ἐκκλησία ὡσεὶ τέσσαρες μυριάδες δισχίλιοι 66 τριακόσιοι ὀκτώ, ⁶⁷παρὲξ δούλων αὐτῶν καὶ παιδισκῶν αὐτῶν, οὗτοι 67 τριακόσιοι τριάκοντα ἑπτά· καὶ ᾄδοντες καὶ ᾄδουσαι διακόσιοι τεσσεράκοντα πέντε· ⁶⁹ὄνοι δισχίλιοι ἑπτακόσιοι. ⁷⁰καὶ ἀπὸ μέρους ἀρχη- 69/70 γῶν τῶν πατριῶν ἔδωκαν εἰς τὸ ἔργον τῷ Νεεμίᾳ εἰς θησαυρὸν χρυσοῦς ͵α, φιάλας πεντήκοντα καὶ μεχωνὼθ τῶν ἱερέων τριάκοντα. ⁷¹καὶ ἀπὸ ἀρχηγῶν τῶν πατριῶν ἔθηκαν εἰς θησαυρὸν τοῦ ἔτους, τοῦ 71 χρυσίου δύο μυριάδας, καὶ ἀργυρίου μνᾶς δισχιλίας διακοσίας, ⁷²καὶ 72 μεχωνὼθ τῶν ἱερέων ἑξήκοντα ἑπτά. ⁷³καὶ ἐκάθισαν οἱ ἱερεῖς καὶ 73 οἱ Λευεῖται καὶ οἱ πυλωροὶ καὶ οἱ ᾄδοντες καὶ οἱ ἀπὸ τοῦ λαοῦ καὶ οἱ Ναθινεὶμ καὶ πᾶς Ἰσραὴλ ἐν πόλεσιν αὐτῶν

¹Καὶ ἔφθασεν ὁ μὴν ὁ ἕβδομος καὶ οἱ υἱοὶ Ἰσραὴλ ἐν πόλεσιν 1 XVIII αὐτῶν, ⁽¹⁾καὶ συνήχθησαν πᾶς ὁ λαὸς ὡς ἀνὴρ εἷς εἰς τὸ πλάτος τὸ (VIII) ἔμπροσθεν πύλης τοῦ ὕδατος. καὶ εἶπαν τῷ Ἔσρᾳ τῷ γραμματεῖ ἐνέγκαι τὸ βιβλίον νόμου Μωυσῆ ὃ ἐνετείλατο τῷ Ἰσραήλ. ²καὶ 2 ἤνεγκεν Ἔσρας ὁ ἱερεὺς τὸν νόμον ἐνώπιον τῆς ἐκκλησίας, ἀπὸ

ℵA 63 Βερζελλει 2°] pr του ℵ | Γαλααδιτου A | επ] το (sic) A   64 αυτων] εαυτων ℵA | συνοδειας B*ℵ (συνοδιας B^bA) | ευρεθη] ηυρεθησαν ℵ* ηυρεθη ℵ^caA | ιερατιας A   65 Αθερσαθα ℵA+αυτοις A | εως]+αν ℵ | ανεστε A 66 ωσει τεσσαρες μυριαδες] εις τεσσαρας μυριαδας A | δισχιλιοι τριακοσιοι (δισχιλιαι τριακοσιαι ℵ*)] δισχιλιους τριακοσιους A | οκτω B*^b] εξηκοντα B^a^vℵA   67 om αυτων και ℵ | τριακοσιοι] pr ͵ζ B^ab pr επτακιχιλιοι ℵA (επτακισχιλιοι:) | αιδοντες, αιδουσαι B* (αδ. bis B^ab) | τεσσαρακοντα B*ℵ | πεντε]+ (68) ιπποι επτακοσιοι τριακοντα εξ'·| ημιονοι διακοσιοι τεσσερα|κοντα πεντε· (69) καμηλοι τετρακο'σιοι τριακοντα πεντε A   69 δισχιλιοι επτακοσιοι] εξακισχιλιοι ℵ+ψκ' ℵ^ca εξακισχιλιοι επτ. εικοσι· A+ιπποι επτακοσιοι| τριακοντα εξ'·| ημιονοι διακοσι(οι τεσσερακοντα| πεντε | καμηλοι (+ αυτων ℵ^ca) τετρακο|σιοι τριακοντα| πεντε·| ℵ   70 Νεεμια] Αθαρσαθα εδωκεν ℵ^camg Αθ. εδωκαν A | ͵α] χιλιους ℵA | μεχωνωθ] χοθωνωθ ℵ^caA   71 εθηκαν Bℵ^ca] εδωκα ℵ*vid εδωκαν A | θησαιρους ℵ^caA | ετους (εγους ℵ*vid)] εργου ℵ^caA | του χρυσιου] om του B^abℵA | μνας] pr μυριας A | διακοσιας] o' ℵ^camg+και εδωκαν οι κατα|λοιποι του λαου| χρυσιου εβδομη|κοντα μυριαδας| και αργυριου μνας| χιλιαδας διακο|σιας ℵ*vid (asteriscos adpinx ℵ^ca)+και δεδωσαν (sic ut vid) οι κατα|λ. του λ | χρυσους εν νομισμασιν| δυο μυριαδας| και αργυρα σκευη δισ|χιλια: ℵ^ca   72 μεχωνωθ] χοθωνωθ ℵ^camgA | ιερων ℵ   73 Λευιται ℵA | Ναθεινειμ ℵ   XVIII 1 αυτων] εαυτων A+και εφθασεν ο μη| ο εβδομος ℵ* (om ℵ^c) | ανηρ] εις B* ανηρ εις| εις B¹ ανηρ εις| ℵ ανηρ εις εις A | ειπον A | Εσδρα ℵ Εζρα A (Εσδρ. ℵ Εζρ A ubique) | ενετειλατο]+κ̄ς̄ ℵ^aA | Ισραηλ 2°] coep Ισ ℵ*vid Ιηλ ℵ¹   2 ηνεγκαν B* (ηνεγκεν B¹(vid)) | om τον νομον A

ΕΣΔΡΑΣ Β (ΝΕΕΜΙΑΣ) XVIII 12

ἀνδρὸς ἕως γυναικὸς καὶ πᾶς ὁ συνίων ἀκούειν, ἐν ἡμέρᾳ μιᾷ τοῦ B
3 μηνὸς τοῦ ἑβδόμου· ³καὶ ἀνέγνω ἐν αὐτῷ ἀπὸ τῆς ὥρας τοῦ διαφω-
τίσαι τὸν ἥλιον ἕως ἡμίσους τῆς ἡμέρας ἀπέναντι τῶν ἀνδρῶν καὶ
τῶν γυναικῶν, καὶ αὐτοὶ συνιέντες· καὶ ὦτα παντὸς τοῦ λαοῦ εἰς τὸ
4 βιβλίον τοῦ νόμου. ⁴καὶ ἔστη Ἔσρας ὁ γραμματεὺς ἐπὶ βήματος
ξυλίνου, καὶ ἔστησαν ἐχόμενα αὐτοῦ Ματταθίας καὶ Σαμαίας καὶ
Ἀνανιὰ καὶ Οὐρειὰ καὶ Ἑλκειὰ καὶ Μαασσαιὰ ἐκ δεξιῶν αὐτοῦ, καὶ
5 ἐξ ἀριστερῶν Φαδαίας καὶ Μεισαὴλ καὶ Μελχείας καὶ Ζαχαρίας. ⁵καὶ
ἤνοιξεν Ἔσρας τὸ βιβλίον ἐνώπιον παντὸς τοῦ λαοῦ, ὅτι αὐτὸς ἦν
ἐπάνω τοῦ λαοῦ· καὶ ἐγένετο ἡνίκα ἤνοιξεν αὐτό, ἔστη πᾶς ὁ λαός.
6 ⁶καὶ ηὐλόγησεν τὸν κύριον τὸν θεὸν τὸν μέγαν, καὶ ἀπεκρίθη πᾶς
ὁ λαὸς καὶ εἶπαν Ἀμήν, καὶ ἔκυψαν καὶ προσεκύνησαν τῷ κυρίῳ
7 ἐπὶ πρόσωπον ἐπὶ τὴν γῆν. ⁷καὶ Ἰησοῦς καὶ Βαναιὰ καὶ Σαραβιὰ
ἦσαν συνετίζοντες τὸν λαὸν εἰς τὸν νόμον· καὶ ὁ λαὸς ἐν τῇ στάσει
8 αὐτοῦ. ⁸καὶ ἀνέγνωσαν ἐν βιβλίῳ νόμου τοῦ θεοῦ, καὶ ἐδίδασκεν
Ἔσρας καὶ διέστελλεν ἐν ἐπιστήμῃ Κυρίου, καὶ συνῆκεν ὁ λαὸς ἐν
9 τῇ ἀναγνώσει. ⁹καὶ εἶπεν Νεεμίας, καὶ Ἔσρας ὁ ἱερεὺς καὶ γραμ-
ματεὺς καὶ οἱ Λευεῖται συνετίζον τὸν λαόν, καὶ εἶπαν παντὶ τῷ λαῷ
Ἡμέρα ἁγία ἐστὶν Κυρίῳ τῷ θεῷ ἡμῶν, μὴ πενθεῖτε μηδὲ κλαίετε·
10 ὅτι ἔκλαιεν πᾶς ὁ λαός, ὡς ἤκουσαν τοὺς λόγους τοῦ νόμου. ¹⁰καὶ
εἶπεν αὐτοῖς Πορεύεσθε, φάγετε λιπάσματα καὶ πίετε γλυκάσματα
καὶ ἀποστείλατε μερίδα τοῖς μὴ ἔχουσιν, ὅτι ἁγία ἐστὶν ἡ ἡμέρα τῷ
11 κυρίῳ ἡμῶν· καὶ μὴ διαπέσητε, ὅτι ἐστὶν ἰσχὺς ἡμῶν ¹¹καὶ οἱ
Λευεῖται κατεσιώπων τὸν λαὸν λέγοντες Σιωπᾶτε, ὅτι ἡ ἡμέρα ἁγία,
12 καὶ μὴ καταπίπτετε. ¹²καὶ ἀπῆλθεν πᾶς ὁ λαὸς φαγεῖν καὶ πιεῖν

2 εως] pr και ℵA   3 φωτισαι ℵ*ᵛⁱᵈ (pr δια| ℵᶜᵃ⁽ᵐᵍ⁾) | ℵA
ηλιον] Ἰήλιον ℵ*ᵛⁱᵈ | ημισους] μεσουσης Bᵃᵐᵍ ℵᶜᵇᵐᵍ μεσου A | ωτα] pr τα ℵ
4 εστη] εστησεν ℵ* (improb σεν ℵ') γραμματευς Bℵᶜᵃᵐᵍ A] ιερευς ℵ* | εστη-
σεν] εστησαν ℵᶜᵃ | Ματ|θαθιας ℵ* (Ματ|ταθιας ℵᵃᶜᵃ﹖⁽ᵛⁱᵈ⁾)| Ανανιας ℵA | Ου-
ριας ℵ* Ουρια ℵᶜᵃA | om και 6° ℵ* (ϟ superscr ℵᶜᵃ) | Ελκεια] Χελκια ℵ
Χελκεια A | Μαασαια ℵ Μαασια A | αριστερων] ευωνυμων A | Μισαηλ A |
Μελχειας]+ϟ Ωσαμ ϟ Ασαβδανα· ℵᶜᵃᵐᵍ ᵈᵉˣᵗʳ +και Ωσαμ και Ασαβααμα A |
Ζαχαριας]+και Μοσολλαμ ℵᶜᵃᵐᵍ ˢⁱⁿⁱˢᵗʳ A   5 λαου 2°]+ο|τι αυτος ην ℵ*
(impr ℵ')   6 ευλογησεν ℵ+Εσδρας ℵᶜᵃᵐᵍ A | τον κυριον] om τον ℵA |
αμην]+επαραντες χειρας αυτων ℵᶜᵃA   7 Βαναιας ℵA   8 βιβλιω] pr
τω ℵA | om εν 2° A | λαος]+κ̄ῡ ℵ   9 Λευιται ℵ | συνετιζον] και οι
συνετιζοντες ℵA | εστιν αγια (αγιαν ℵ*) η ημερα ℵ αγια η ημ. εστιν A |
Κυριω] pr τω ℵ | ηκουσαν Bℵᶜᵃ ηκουσεν ℵ*A   10 φαγετε] ϟ superscr
ℵᶜᵃ | μεριδας ℵA | om μη 1° ℵ* (superscr ℵᶜᵃ) | η ημερα εστιν ℵA |
ημων 2°] υμων ℵᶜᵃA   11 Λευιται ℵA (item 13) | τον λαον] pr πᾱ|τα
A | η ημερα] om η ℵA   12 πηλθεν ℵ* (a superscr ℵᶜᵃ) | πιειν BᵇℵᶜᵃA]
πειν B* πιν ℵ*

197

ΕΣΔΡΑΣ Β (ΝΕΕΜΙΑΣ) XVIII 13

B καὶ ἀποστέλλειν μερίδας καὶ ποιῆσαι εὐφροσύνην μεγάλην, ὅτι συνῆκαν ἐν τοῖς λογοις οἷς ἐγνώρισεν αὐτοῖς. ¹³ Καὶ ἐν τῇ ἡμέρᾳ τῇ δευτέρᾳ συνήχθησαν οἱ ἄρχοντες τῶν πατριῶν σὺν τῷ παντὶ λαῷ οἱ ἱερεῖς καὶ οἱ Λευεῖται πρὸς Ἔσραν τὸν γραμματέα, ἐπιστῆσαι πρὸς πάντας τοὺς λόγους τοῦ νόμου. ¹⁴ καὶ εὕροσαν γεγραμμένον ἐν τῷ νόμῳ ᾧ ἐνετείλατο Κύριος τῷ Μωσῇ, ὅπως κατοικήσωσιν οἱ υἱοὶ Ἰσραὴλ ἐν σκηναῖς ἐν ἑορτῇ ἐν μηνὶ τῷ ἑβδόμῳ, ¹⁵ καὶ ὅπως σημαίνωσιν σάλπιγξιν ἐν πάσαις ταῖς πόλεσιν αὐτῶν καὶ ἐν Ἰερουσαλήμ. καὶ εἶπεν Ἔσρας Ἐξέλθετε εἰς τὸ ὄρος καὶ ἐνέγκετε φύλλα ἐλαίας καὶ φύλλα ξύλων κυπαρισσίνων καὶ φύλλα μυρσίνης καὶ φύλλα φοινίκων καὶ φύλλα ξύλου δασέος, ποιῆσαι σκηνὰς κατὰ τὸ γεγραμμένον. ¹⁶ καὶ ἐξῆλθεν ὁ λαὸς καὶ ἤνεγκαν, καὶ ἐποίησαν ἑαυτοῖς σκηνὰς ἀνὴρ ἐπὶ τοῦ δώματος αὐτοῦ καὶ ἐν ταῖς αὐλαῖς αὐτῶν καὶ ἐν ταῖς αὐλαῖς οἴκου τοῦ θεοῦ καὶ ἐν ταῖς πλατείαις τῆς πόλεως καὶ ἕως πύλης Ἐφράιμ. ¹⁷ καὶ ἐποίησαν πᾶσα ἡ ἐκκλησία οἱ ἐπιστρέψαντες ἀπὸ τῆς αἰχμαλωσίας σκηνάς, καὶ ἐκάθισαν ἐν σκηναῖς· ὅτι οὐκ ἐποίησαν ἀπὸ ἡμερῶν Ἰησοῦ υἱοῦ Ναυὴ οὕτως οἱ υἱοὶ Ἰσραὴλ ἕως τῆς ἡμέρας ἐκείνης καὶ ἐγένετο εὐφροσύνη μεγάλη ¹⁸ καὶ ἀνέγνω ἐν βιβλίῳ νόμου τοῦ θεοῦ ἡμέραν ἐν ἡμέρᾳ ἀπὸ τῆς ἡμέρας τῆς πρώτης ἕως τῆς ἡμέρας τῆς ἐσχάτης· καὶ ἐποίησαν ἑορτὴν ἑπτὰ ἡμέρας, καὶ τῇ ἡμέρᾳ τῇ ὀγδόῃ ἐξόδιον.

¹ Καὶ ἐν ἡμέρᾳ εἰκοστῇ καὶ τετάρτῃ τοῦ μηνὸς τούτου συνήχθησαν XIX (IX) οἱ υἱοὶ Ἰσραὴλ ἐν νηστείᾳ καὶ ἐν σάκκοις. ² καὶ ἐχωρίσθησαν οἱ υἱοὶ Ἰσραὴλ ἀπὸ παντὸς υἱοῦ ἀλλοτρίου, καὶ ἔστησαν καὶ ἐξηγόρευσαν τὰς ἁμαρτίας αὐτῶν καὶ τὰς ἀνομίας τῶν πατέρων αὐτῶν. ³ καὶ ἔστησαν ἐπὶ στάσει αὐτῶν, καὶ ἀνέγνωσαν ἐν βιβλίῳ νόμου θεοῦ αὐτῶν, καὶ ἦσαν ἐξαγορεύοντες τῷ κυρίῳ καὶ προσκυνοῦντες τῷ θεῷ

ℵA 12 ποιησαι] ποιειν ℵᶜᵃ | εγνωρισεν] ν sup ras A¹ 13 om συν ℵA 14 Μωυση ℵA | om εν 3° ℵ* (superscr ℵᶜᵃ) 15 πως ℵ* (o superscr ℵᶜᵃ) | σημανωσιν ℵ*A | εξελθατε A | ενεγκατε BᵃᵇℵA 15—16 και φυλλα φοινικων σκη in mgg inf et sup necnon sup ras Aᵃ 15 δασεως ℵAᵃ | σκηνας]+αυτοις Aᵃ 16 εαυτοις σκηνας] [σκη]νας αυτοις Λ | αυτου] εαυτου ℵ | αυτων] εαυτων ℵ | ταις αυλαις (2°)] om ταις A | ταις πλατειαις (πλατιαις ℵ)] om ταις ℵA | πυλης] οικου A 17 εποιησα (1°) A | σκηνας] εν σκηναις ℵ* (εν, ι improb ℵ?) 18 νομω ℵ | τη ημερα] pr εν ℵ* (om ℵ?) | εξοδιον]+κατα το κριμα ℵᶜᵃ⁽ᵐᵍ⁾A XIX 1 εικοστη και τεταρτη] τε[ταρτη και εικαδι| ℵ | Ισραηλ] pr ε ℵ* + εν νηστια και εν σακκοις| και εχωρισθησα| οι υιοι Ἰσλ ℵ* (om ℵᶜ) 3 om και εστησαν ℵ* (hab ℵᶜᵃᵐᵍ) | στασει] pr τη A | αυτων 2°, 3°] εαυτων ℵ | θεω] pr κ̄ω̄ ℵA

ΕΣΔΡΑΣ Β (ΝΕΕΜΙΑΣ) XIX 13

4 αὐτῶν. ⁴καὶ ἔστη ἐπὶ ἀναβάσει τῶν Λενειτῶν Ἰησοῦς καὶ υἱοὶ Β
Καδμιήλ, Σαραβιὰ υἱὸς Ἀραβιά, καὶ ἐβόησαν φωνῇ μεγάλῃ πρὸς
5 Κύριον τὸν θεὸν αὐτῶν. ⁵καὶ εἴποσαν οἱ Λευεῖται Ἰησοῦς καὶ
Καδμιὴλ Ἀνάστητε, εὐλογεῖτε Κύριον τὸν θεὸν ἡμῶν ἀπὸ τοῦ αἰῶνος
καὶ ἕως τοῦ αἰῶνος· καὶ εὐλογήσουσιν ὄνομα δόξης σου, καὶ ὑψώ-
6 σουσιν ἐπὶ πάσῃ εὐλογίᾳ καὶ αἰνέσει. ⁶καὶ εἶπεν Ἔσρας Σὺ εἶ
αὐτὸς Κύριος μόνος· σὺ ἐποίησας τὸν οὐρανὸν τοῦ οὐρανοῦ καὶ
πᾶσαν τὴν στάσιν αὐτῶν, τὴν γῆν καὶ πάντα ὅσα ἐστὶν ἐν αὐτῇ,
τὰς θαλάσσας καὶ πάντα τὰ ἐν αὐταῖς, καὶ σὺ ζωοποιεῖς τὰ πάντα·
7 καὶ σοὶ προσκυνοῦσιν αἱ στρατεῖαι τῶν οὐρανῶν ⁷σὺ εἶ ὁ θεός, σὺ
ἐξελέξω ἐν Ἀβρὰμ καὶ ἐξήγαγες αὐτὸν ἐκ τῆς χώρας τῶν Χαλδαίων,
8 καὶ ἐπέθηκας αὐτῷ ὄνομα Ἀβραάμ. ⁸καὶ εὗρες τὴν καρδίαν αὐτοῦ
πιστὴν ἐνώπιόν σου, καὶ διέθου πρὸς αὐτὸν διαθήκην δοῦναι αὐτῷ
τὴν γῆν τῶν Χαναναίων καὶ Χετταίων καὶ Ἀμορραίων καὶ Φερεζαίων
καὶ Ἰεβουσαίων καὶ Γεργεσαίων καὶ τῷ σπέρματι αὐτοῦ· καὶ ἔστησας
9 τοὺς λόγους σου, ὅτι δίκαιος σύ. ⁹καὶ εἶδες τὴν ταπείνωσιν τῶν
πατέρων ἡμῶν ἐν Αἰγύπτῳ, καὶ τὴν κραυγὴν αὐτῶν ἤκουσας ἐπὶ
10 θάλασσαν ἐρυθράν ¹⁰καὶ ἔδωκας σημεῖα καὶ τέρατα ἐν Αἰγύπτῳ, ἐν
Φαραὼ καὶ ἐν πᾶσιν τοῖς παισὶν αὐτοῦ καὶ ἐν παντὶ τῷ λαῷ τῆς
γῆς αὐτοῦ, ὅτι ἔγνως ὅτι ὑπερηφάνησαν ἐπ᾿ αὐτούς· καὶ ἐποίησας
11 σεαυτῷ ὄνομα, ὡς ἡ ἡμέρα αὕτη. ¹¹καὶ τὴν θάλασσαν ἔρηξας ἐνώ-
πιον αὐτοῦ, καὶ παρήλθοσαν ἐν μέσῳ τῆς θαλάσσης ἐν ξηρασίᾳ, καὶ
τοὺς καταδιώξαντας αὐτοὺς ἔριψας εἰς βυθὸν ὡσεὶ λίθον ἐν ὕδατι
12 σφοδρῷ. ¹²καὶ ἐν στύλῳ νεφέλης ὡδήγησας αὐτοὺς ἡμέρας καὶ ἐν
στύλῳ πυρὸς τὴν νύκτα, τοῦ φωτίσαι αὐτοῖς τὴν ὁδὸν ἐν ᾗ πορεύ-
13 σονται ἐν αὐτῇ. ¹³καὶ ἐπὶ ὄρος Σεινὰ κατέβης καὶ ἐλάλησας πρὸς
αὐτοὺς ἐξ οὐρανοῦ, καὶ ἔδωκας αὐτοῖς κρίματα εὐθέα καὶ νόμους

4 Λευιτ. ℵA (item 5) | Σαραβια] Σαραδια ℵ Σαχανια A | Αραβια] Σαρα- ℵA
βια ℵ Σαραβαια A + υιοι Χανανι ℵᶜᵃA | om μεγαλη A | αυτων] εαυτων ℵ
5 ειποσαν] ειπαν A | Λευειται] pr υιοι ℵ* (ras ℵ?) | ευλογειτε] pr και ℵ |
Κυριον τον θεον] τον κ̄ν̄ θ̄ῡ A | ημων] υμων ℵᶜᵃ | om και 3⁰ BᵃᵇA | om εως
του αιωνος A | om και 4⁰ ℵ* (ϛ superscr ℵᶜᵃ) | υψωσουσιν] υψους σου ℵᶜᵃ
6 κ̄ς̄ αυτος ℵ | τον ουρανον] + και τον ουρανον ℵ | εν αυτη] + την γην και ℵ*
(improb ℵᶜᵃ) | σοι Bᵃᵇ] συ B*ℵA | στρατιαι ℵA   7 συ ει ο θεος] συ
ει κ̄ς̄ ο θ̄ς̄ ℵᶜᵃᵐᵍ (om ℵ*) A | εν Αβραμ] εν Αβρααμ B*ᵛⁱᵈ (ras 1 lit post α
in Αβραμ B?) ενα] Αβρααμ ℵ | χωρα ℵ* (s superscr ℵᶜᵃ)   8 ευρας
ℵ | και 8⁰] δουναι ℵᶜᵃ   9 ιδες A | ταπεινωσιν] κακιαν ℵᶜᵃᵐᵍ | επι]
ι sup ras Aᵃ   10 εδωκες A | om και τερατα ℵA | πασιν ℵ | om και εν
παντι τω λαω της γης αυτου ℵ* (hab ℵᶜᵃᵐᵍ ˢᵘᵖ)   11 ερρηξας BᵃᵇℵA |
αιτου] αυτων ℵA | καταδιωκοντας A | ερειψας B* ερριψας BᵇℵA   12 πυ-
ρος] + ωδηγησας ℵ* (improb ℵ?)   13 Σινα ℵA Σιναι ℵᶜᵇ | ευθεια ℵA

ΧΙΧ 14   ΕΣΔΡΑΣ Β (ΝΕΕΜΙΑΣ)

B ἀληθείας, προστάγματα καὶ ἐντολὰς ἀγαθάς. ¹⁴καὶ τὸ σάββατόν 14
σου τὸ ἅγιον ἐγνώρισας αὐτοῖς, ἐντολὰς καὶ προστάγματα καὶ νό-
μον ἐνετείλω αὐτοῖς ἐν χειρὶ Μωυσῆ δούλου σου. ¹⁵καὶ ἄρτον ἐξ 15
οὐρανοῦ ἔδωκας αὐτοῖς εἰς σιτοδείαν αὐτῶν, καὶ ὕδωρ ἐκ πέτρας
ἐξήνεγκας αὐτοῖς εἰς δίψαν αὐτῶν. καὶ εἶπας αὐτοῖς εἰσελθεῖν κλη-
ρονομῆσαι τὴν γῆν ἐφ᾽ ἣν ἐξέτεινας τὴν χεῖρά σου δοῦναι αὐτοῖς.
¹⁶καὶ ἐσκλήρυναν τὸν τράχηλον αὐτῶν, καὶ οὐκ ἤκουσαν τῶν ἐντο- 16
λῶν σου. ¹⁷καὶ ἀνένευσαν τοῦ εἰσακοῦσαι, καὶ οὐκ ἀνεμνήσθησαν 17
τῶν θαυμασίων σου ὧν ἐποίησας μετ᾽ αὐτῶν· καὶ ἐσκλήρυναν τὸν
τράχηλον αὐτῶν, καὶ ἔδωκαν ἀρχὴν ἐπιστρέψαι εἰς δουλείαν αὐτῶν
ἐν Αἰγύπτῳ. καὶ σὺ θεὸς ἐλεήμων καὶ οἰκτείρμων, μακρόθυμος καὶ
πολυέλεος, καὶ οὐκ ἐνκατέλιπες αὐτούς. ¹⁸ἔτι δὲ καὶ ἐποίησαν 18
ἑαυτοῖς μόσχον χωνευτὸν καὶ εἶπαν Οὗτοι οἱ θεοὶ οἱ ἐξαγαγόντες
ἡμᾶς ἐξ Αἰγύπτου· καὶ ἐποίησαν παροργισμοὺς μεγάλους. ¹⁹καὶ σὺ 19
ἐν οἰκτειρμοῖς σου τοῖς πολλοῖς οὐκ ἐνκατέλιπες αὐτοὺς ἐν τῇ ἐρήμῳ·
τὸν στύλον τῆς νεφέλης οὐκ ἐξέκλινας ἀπ᾽ αὐτῶν ἡμέρας ὁδηγῆσαι
αὐτοὺς ἐν τῇ ὁδῷ, καὶ τὸν στύλον τοῦ πυρὸς τὴν νύκτα φωτίζειν
αὐτοῖς τὴν ὁδὸν ἐν ᾗ πορεύσονται ἐν αὐτῇ. ²⁰καὶ τὸ πνεῦμά σου 20
τὸ ἀγαθὸν ἔδωκας συνετίσαι αὐτούς, καὶ τὸ μάννα σου οὐκ ἀφυ-
στέρησας ἀπὸ στόματος αὐτῶν, καὶ ὕδωρ ἔδωκας αὐτοῖς τῷ δίψει
αὐτῶν. ²¹καὶ τεσσεράκοντα ἔτη διέθρεψας αὐτοὺς ἐν τῇ ἐρήμῳ· 21
οὐχ ὑστέρησας ἱμάτια αὐτῶν οὐκ ἐπαλαιώθησαν, καὶ πόδες αὐτῶν
οὐ διερράγησαν. ²²καὶ ἔδωκας αὐτοῖς βασιλέας καὶ λαούς, καὶ ἐμέ- 22
ρισας αὐτοῖς, καὶ ἐκληρονόμησαν τὴν γῆν Σηὼν καὶ τὴν *Ωγ βασι-
λέως τοῦ Βασάν ²³καὶ τοὺς υἱοὺς αὐτῶν ἐπλήθυνας ὡς τοὺς ἀστέρας 23
τοῦ οὐρανοῦ, καὶ εἰσήγαγες αὐτοὺς εἰς τὴν γῆν ἣν εἶπας τοῖς πα-
τράσιν αὐτῶν, καὶ ἐκληρονόμησαν αὐτήν. ²⁴καὶ ἐξέτριψας ἐνώπιον 24
αὐτῶν τοὺς κατοικοῦντας τὴν γῆν τῶν Χαναναίων, καὶ ἔδωκας αὐτοὺς

ℵA 14 νομον] + ον ℵ^{c a} | δουλου] pr του ℵ^{a?c a?}A   15 ουννου (sic) A | σειτοδειαν B* σιτοδιαν B^bA σιτοδοινα ℵ* (σιτοδειαν ℵ^{c a}) | εφ] εις A   16 και 1°] pr και αυτοι και οι πατερες ημων υπερηφανευσαντο ℵ^{c a mg}A | om σου ℵ* (superscr ℵ^{c a})   17 ανεμνησθησαν] εμνησθησαν ℵ^c.A | αυτων 2°] εαυτων A | δουλιαν ℵ | θεος] + αφιων ℵ^{c a mg} | οικτιρμων B^bℵ | εγκατελιπες B^b εγκατελειπες A (item 19)   19 συ εν] συν ℵ | οικτιρμοις B^bℵ (item 27, 28, 31) | πολλοις] μεγαλοις A | αυτους 1°] αυτοις A*^{vid} (αυτους A?) | αυτων] αυτω B* (ν superscr B^{b(vid)}) | φωτιζειν] pr του ℵ | την οδον (οδον sup ras B^{1 ᵃ ᵃ})] pr ϗ (superscr) B^{a(vid)}ℵ^{c a}   20 εδωκας 1°] εδωκα ℵ*^{vid} (s ins ℵ') | αυτους αυτους συνετισαι ℵ* (αυτ. 1° improb ℵ')   21 τεσσαρακοντα B^b | υστερησας] υστερησαν B^{ab}ℵA | ποδες] τα υποδηματα ℵ υποδ. A   22 βασιλειας ℵA | om και 3° ℵA | εμερισας] διεμερισας A | την γην] om την A | Σηων] + βασιλεως Εσεβων ℵ^{c a mg}A | την 2°] + γην ℵA   24 τους κατοικουντας] pr και ℵ* (improb ℵ')

200

ΕΣΔΡΑΣ Β (ΝΕΕΜΙΑΣ) XIX 32

εἰς τὰς χεῖρας αὐτῶν καὶ τοὺς βασιλεῖς αὐτῶν καὶ τοὺς λαοὺς τῆς Β
25 γῆς, ποιῆσαι αὐτοῖς ὡς ἀρεστὸν ἐνώπιον αὐτῶν. ²⁵καὶ κατελάβοσαν
πόλεις ὑψηλάς, καὶ ἐκληρονόμησαν οἰκίας πλήρεις πάντων ἀγαθῶν,
λάκκους λελατομημένους, ἀμπελῶνας καὶ ἐλαιῶνας καὶ πᾶν ξύλον
βρώσιμον εἰς πλῆθος· καὶ ἐφάγοσαν καὶ ἐνεπλήσθησαν καὶ ἐλι-
26 πάνθησαν, καὶ ἐτρύφησαν ἐν ἀγαθωσύνῃ σου τῇ μεγάλῃ. ²⁶καὶ
ἠλάλαξαν καὶ ἀπέστησαν ἀπο σοῦ, καὶ ἔρριψαν τὸν νόμον σου
ὀπίσω σώματος αὐτῶν, καὶ τοὺς προφήτας σου ἀπέκτειναν οἳ διε-
μαρτύραντο ἐν αὐτοῖς ἐπιστρέψαι αὐτοὺς πρὸς σέ, καὶ ἐποίησαν
27 παροργισμοὺς μεγάλους. ²⁷καὶ ἔδωκας αὐτοὺς ἐν χειρὶ θλιβόντων
αὐτούς, καὶ ἔθλιψαν αὐτούς· καὶ ἀνεβόησαν πρὸς σὲ ἐν καιρῷ θλί-
ψεως αὐτῶν, καὶ σὺ ἐξ οὐρανοῦ σου ἤκουσας, καὶ ἐν οἰκτειρμοῖς
σου τοῖς μεγάλοις ἔδωκας αὐτοῖς σωτῆρας καὶ ἔσωσας αὐτοὺς ἐκ
28 χειρὸς θλίβοντος αὐτούς ²⁸καὶ ὡς ἀνεπαύσαντο, ἐπέστρεψαν ποι-
ῆσαι τὸ πονηρὸν ἐνώπιόν σου· καὶ ἐγκατέλιπες αὐτοὺς εἰς χεῖρας
ἐχθρῶν αὐτῶν, καὶ κατῆρξαν ἐν αὐτοῖς. καὶ πάλιν ἀνεβόησαν πρὸς
σέ, καὶ σὺ ἐξ οὐρανοῦ εἰσήκουσας καὶ ἐρρύσω αὐτοὺς ἐν οἰκτειρ-
29 μοῖς σου πολλοῖς, ²⁹καὶ ἐπεμαρτύρω αὐτοῖς ἐπιστρέψαι αὐτοὺς εἰς
τὸν νόμον σου καὶ οὐκ ἤκουσαν, ἀλλὰ ἐντολαῖς σου καὶ ἐν τοῖς
κρίμασί σου ἡμάρτοσαν, ἃ ποιήσας αὐτὰ ἄνθρωπος ζήσεται ἐν αὐ-
τοῖς· καὶ ἔδωκαν νῶτον ἀπειθοῦντα καὶ τράχηλον αὐτῶν ἐσκλήρυ-
30 ναν, καὶ οὐκ ἤκουσαν. ³⁰καὶ εἵλκυσας ἐπ' αὐτοὺς ἔτη πολλά, καὶ
ἐπεμαρτύρω αὐτοῖς ἐν πνεύματί σου ἐν χειρὶ προφητῶν σου· καὶ
31 οὐκ ἠνωτίσαντο, καὶ ἔδωκας αὐτοῖς ἐν χειρὶ λαῶν τῆς γῆς. ³¹καὶ
σὺ ἐν οἰκτειρμοῖς σου τοῖς πολλοῖς οὐκ ἐποίησας αὐτοὺς συντέλειαν
καὶ οὐκ ἐγκατέλιπες αὐτούς, ὅτι ἰσχυρὸς καὶ ἐλεήμων καὶ οἰκτείρ-
32 μων. ³²καὶ νῦν ὁ θεὸς ἡμῶν, ὁ ἰσχυρὸς ὁ μέγας ὁ κραταιὸς καὶ ὁ
φοβερός, φυλάσσων τὴν διαθήκην σου καὶ τὸ ἔλεός σου, μὴ ὀλι-
γωθήτω ἐνώπιόν σου πᾶς ὁ μόχθος ὃς εὗρεν ἡμᾶς καὶ τοὺς βασι-
λεῖς ἡμῶν καὶ τοὺς ἄρχοντας ἡμῶν καὶ τοὺς ἱερεῖς ἡμῶν καὶ τοὺς

24 τας χειρας] om τας ℵ* (superscr ℵ^(c a)) | αρεστα ℵ   25 om ελαιωνας ℵA και ℵ* (hab ελεωνας ϛ ℵ^(a mg)) | ετρυφησαν] ενετρυφησαν A   26 ηλαλαξαν Bℵ^(a(vid))] ηλλαξαν ℵ*A | ερρειψαν B*ℵ (ερριψαν B^bA) | αυτων] εαυτων ℵ | διεμαρτυρουντο A   27 om σου 1° A | σωτηριας A | θλιβοντος] θλιβοντων ℵ (θλειβ) A   28 ενκατελιπες ℵ εγκατελειπες A (item 31)   29 αλλ A | εντολαις] pr εν ταις ℵA | om εν A | κριμασιν A | ημαρτον ℵ* (ημαρτοσαν ℵ^(a(vid))) | α B*^b] ο B^(ab mg) | om εν αυτοις A | τραχηλον αυτων εσκληρυναν] εσκληρυναν τον τραχ. αυτ. ℵ τραχ. εαυτων εσκληρ. A   30 ηλκυσας A | ετη] εθνη (θνη sup ras) ℵ^(c a) | ενωτισαντο ℵA | αυτοις B* et sup ras A^a (αυτους B^abℵA*)   31 αυτοις] αυτους ℵA | ισχυρος]+ει ℵ^(c a)A | οικτειρμων]+ει ℵ^(c a)   32 om ημων 1° ℵ* (superscr ℵ^a) | ο φοβερος] om ο A | φυλασσων] pr ο ℵ | om σου 1° A

XIX 33   ΕΣΔΡΑΣ Β (ΝΕΕΜΙΑΣ)

B προφήτας ἡμῶν καὶ τοὺς πατέρας ἡμῶν καὶ ἐν παντὶ τῷ λαῷ σου ἀπὸ ἡμερῶν βασιλέων Ἀσσουρ καὶ ἕως τῆς ἡμέρας ταύτης. ³³καὶ σὺ δίκαιος ἐπὶ πᾶσι τοῖς ἐρχομένοις ἐφ' ἡμᾶς, ὅτι ἀλήθειαν ἐποίησας· καὶ ἡμεῖς ἐξημάρτομεν, ³⁴καὶ οἱ βασιλεῖς ἡμῶν καὶ οἱ ἄρχοντες ἡμῶν καὶ οἱ ἱερεῖς ἡμῶν καὶ οἱ πατέρες ἡμῶν οὐκ ἐποίησαν τὸν νόμον σου, καὶ οὐ προσέσχον τῶν ἐντολῶν σου καὶ τὰ μαρτύριά σου ἃ διεμαρτύρω αὐτοῖς. ³⁵καὶ αὐτοὶ ἐν βασιλείᾳ σου καὶ ἐν ἀγαθωσύνῃ τῇ πολλῇ ᾗ ἔδωκας αὐτοῖς καὶ ἐν τῇ γῇ τῇ πλατείᾳ καὶ λιπαρᾷ ᾗ ἔδωκας ἐνώπιον αὐτῶν οὐκ ἐδούλευσάν σοι, καὶ οὐκ ἀπέστρεψαν ἀπὸ ἐπιτηδευμάτων αὐτῶν τῶν πονηρῶν ³⁶ἰδού ἐσμεν σήμερον δοῦλοι, καὶ ἡ γῆ ἣν ἔδωκας τοῖς πατράσιν ἡμῶν φαγεῖν τὸν καρπὸν αὐτῆς, ³⁷τοῖς βασιλεῦσιν οἷς ἔδωκας ἐφ' ἡμᾶς ἐν ἁμαρτίαις ἡμῶν· καὶ ἐπὶ τὰ σώματα ἡμῶν ἐξουσιάζουσιν καὶ ἐν κτήνεσιν ἡμῶν ὡς ἀρεστὸν αὐτοῖς, καὶ ἐν θλίψει μεγάλῃ ἐσμέν. ³⁸καὶ 38 (1) (X) ἐν πᾶσι τούτοις ἡμεῖς διατιθέμεθα πίστιν καὶ γράφομεν, καὶ ἐπισφραγίζουσιν ἄρχοντες ἡμῶν, Λευεῖται ἡμῶν, ἱερεῖς ἡμῶν.

¹Καὶ ἐπὶ τῶν σφραγιζόντων Νεεμίας υἱὸς Ἀχελιά, καὶ Σεδεκίας ²υἱὸς Σαραιά, καὶ Ἀζαριά, καὶ Ἰερμιά, ³Φασούρ, Ἀμαριά, Μελχειά, ⁴Τούς, Εβανεί, Μαλούχ, ⁵Εἰράμ, Ἀμεραμώς, Ἀβδειά, ⁶Δανιήλ, Τνατόθ, Βαρούχ, ⁷Μεσουλάμ, Ἀβειά, Μιαμείμ, ⁸Ναδειά, Βελσειά, Σαμαιά, οὗτοι ἱερεῖς ⁹καὶ οἱ Λευεῖται, Ἰησοῦς υἱὸς Ἀζανειά, Βαναιοῦ ἀπὸ υἱῶν Ἡναδάβ, Καδμιήλ ¹⁰καὶ οἱ ἀδελφοὶ αὐτοῦ, Σαβανιά, Ὡδουιά, Καντά, ¹²Ζαχώρ, Ζαραβιά, Σεβανιά, 12 (13)

ℵA   33 δικαιος] διος ℵ* (και superscr ℵᵃ) +ει ℵᶜᵃA | πασιν ℵA | εχομενοις ℵ* (ρ superscr ℵᶜᵃ)   34 μεμαρτυρω B* (διεμαρτυρω BᵃᵇℵA)   35 αγαθωσυνη (αθωσυνη A)]+σου ℵA | τη πλατεια] om τη A | ουκ 1°] pr αι ℵ*ᵛⁱᵈ (ras αι ℵ') | απεστρεψαν] επεστρεψαν A | αυτων 2°] εαυτων ℵ om A   37 οις εδωκας] οις ε sup ras Aᵃ? | om και επι ημων 3° ℵ* (hab ℵᵃ ᵐᵍ ⁱⁿᶠ partim retract ℵᶜ ᵇ) | κτηνεσιν] pr τοις ℵᵃ ᵛⁱᵈ   38 πασι BℵA | om ημεις ℵ* (hab ℵᵃ (ᵐᵍ)) διατιθεμεθα] pro θ al lit coep B*ᵛⁱᵈ | αρχοντες] pr παντες ℵ* (improb ℵ') A | Λευειται Bℵ (Λευιτ. A)] pr και ℵ* (ras ℵ') | ιερεις] pr και ℵ* (ras ℵ')   XX 1 σφραγιζοντων] εσφραγισμενων ℵᶜᵃ | Αχαλια A   2 Αζαρια] Ζαχαριας ℵ* (Αζ ℵᶜᵃ) | Ιερεμια ℵ   3 Μελχια ℵ   4—5 Τουσεβα· Νειμ· Αλουχειραμ· B Τουσαβανει· Μαλου|χειραμ ℵ* Ατους Σαβανει· M. ℵᶜᵃ Ατρους· Σεβανι· Μαλουχ'·| Ιραμ· A   5 Αμεραμως] Αμεραμωθ Μεραμωθ A | Αβδια Λ   6 Τνατοθ] Ανατωθ ℵ Γααννάθων A   7 Αβια A | Μιαμειμ] Μειαμων ℵ Μιαμειν A   8 Ναδεια] Αξεια ℵ Μααξεια A | Βελσεια] Βελσια ℵ Βελγαι A   9 οι Λευειται] Λευιται ℵ οι Λευιτ. A | Αζανεια] Αζανιηλ ℵ Αζανια A | Βαναιου] Αβαναιου ℵᶜᵃ | Ηναδαβ] Ηναλαβ Bᵇᵛⁱᵈ Ηηλαδ A   10 αυου ℵ* (τ superscr ℵ') | Σεβανια ℵA | Καντα] Κανθαν ℵ* Καλιτα ℵᶜᵃ Καλιταν A+Φελεια· Αναν· ℵᶜᵃ(ᵐᵍ)A   (11) Μιχα Ροοβ (Ροωβ A)· Εσεβιας· ℵᶜᵃ(ᵐᵍ)A (om B)   12 Ζαχχωρ ℵ' Ζακχωρ A | Ζαραβια] Ζαθαρια ℵ*ᵛⁱᵈ Σαραβια ℵᶜᵃA

ΕΣΔΡΑΣ Β (ΝΕΕΜΙΑΣ)   XX 33

(14) 13 ¹³ Ὠδούμ, υἱοὶ Βενιαμείν· ¹⁴ ἄρχοντες τοῦ λαοῦ Φόρος, Φααδμωάβ, Β
(15) 14
(16) 15 Ἠλάμ, Ζαθουιά· υἱοὶ Βανί, ¹⁵ Ἀσγάδ, Βηδαί, ¹⁶ Ἐδανιά, Βαγοσί,
(17) 16
(18—20) 17—19 Ἡδείν, ¹⁷ Ἀδήρ, Ἐζεκιά, Ἀδούρ, ¹⁸ Ὀδουιά, Ἠσάμ, Βησεί, ¹⁹ Ἀρείφ,
(21) 20 Ἀναθώθ, Βωναί, ²⁰ Βαγαφής, Μεσουλάμ, Ἡζείρ, ²¹ Μεσωζεβήλ,
(22) 21
(23—25) 22—24 Σαδδούκ, ²² Φαλτιά, Ἀνάν, Αἰά, ²³ Ὠσηθά, Ἀνανιά, Ἀσούθ, ²⁴ Ἀλωής,
(26) 25 Φαδαείς, Σωβήκ, ²⁵ Ῥαούμ, Ἐσαβανά, Μαασαιὰ ²⁶ καὶ Ἀρά, Αἰνάν,
(27) 26
(28) 27 Ἠνάμ, ²⁷ Μαλούχ, Ἡράμ, Βαανά.   ²⁸ Καὶ οἱ κατάλοιποι τοῦ λαοῦ,
(29) 28
οἱ ἱερεῖς, οἱ Λευεῖται, οἱ πυλωροί, οἱ ᾄδοντες, οἱ Ναθινείμ, καὶ πᾶς
ὁ προσπορευόμενος ἀπὸ λαῶν τῆς γῆς πρὸς νόμον τοῦ θεοῦ, γυ-
ναῖκες αὐτῶν, υἱοὶ αὐτῶν, θυγατέρες αὐτῶν· πᾶς ὁ εἰδὼς καὶ συνίων
(30) 29 ²⁹ ἐνίσχυον ἐπὶ τοὺς ἀδελφοὺς αὐτῶν, κατηράσαντο αὐτοὺς καὶ εἰσ-
ήλθοσαν ἐν ἀρᾷ καὶ ἐν ὅρκῳ Τοῦ πορεύεσθαι ἐν νόμῳ τοῦ θεοῦ ὃς
ἐδόθη ἐν χειρὶ Μωυσῆ δούλου τοῦ θεοῦ, καὶ φυλάσσεσθαι καὶ ποιεῖν
(31) 30 πάσας τὰς ἐντολὰς ἡμῶν καὶ κρίματα αὐτοῦ, ³⁰ καὶ τοῦ μὴ δοῦναι
θυγατέρας ἡμῶν τοῖς λαοῖς τῆς γῆς, καὶ τὰς θυγατέρας αὐτῶν οὐ
(32) 31 λημψύμεθα τοῖς υἱοῖς ἡμῶν· ³¹ καὶ λαοὶ τῆς γῆς οἱ φέροντες τοὺς
ἀγορασμοὺς καὶ πᾶσαν πρᾶσιν ἐν ἡμέρᾳ τοῦ σαββάτου ἀποδόσθαι,
οὐκ ἀγορῶμεν παρ' αὐτῶν ἐν σαββάτῳ καὶ ἐν ἡμέρᾳ ἁγίᾳ· καὶ
(33) 32 ἀνήσομεν τὸ ἔτος τὸ ζ' καὶ ἀπαίτησιν πάσης χειρός. ³² καὶ ποι-
ήσομεν ἐφ' ἡμᾶς ἐντολάς, δοῦναι ἐφ' ἡμᾶς τρίτον τοῦ διδράχμου
(34) 33 κατ' ἐνιαυτὸν εἰς δουλείαν οἴκου θεοῦ ἡμῶν, ³³ εἰς ἄρτους τοῦ προσ-
ώπου καὶ θυσίαν τοῦ ἐνδελεχισμοῦ, καὶ εἰς ὁλοκαύτωμα τοῦ ἐνδε-

13 Ωδουμ] Ωδουα A | Βενιαμειν] Βανουαιαι A   14 Φααθμωαβ ℵA | ℵA Ζαθθουια A   14—16 Βανιας· Γαδβηδαι|ε· Δανια· B Βανιας|ταδ|βηδαιε· Δανια· ℵ Βα|νι· Αϛγαδ'· Βηβαι· Ααναα A   16 Βαγοσι] Βαγοει ℵA | Ηδιν ℵ   17 Αδηρ] Ατηρ A | Αδουρ] Αϛουρ ℵA   18 Βησει] Βηθει ℵ   19 Αρειφα·| Ναθωθ B Αρει|φαναθωθ ℵ Αριφ' | Αναθωθ A | Βωναι] Νωβαι A   20 Βαγα-φης] Μαιαφης A   21 Σαδδουκ] Σαδουκ A+Ιεδδουα ℵ ᶜ ᵃ+Ιεδδουκ A 22 Φαλδεια ℵ * Φαλτεια ℵ? | Ανανια Bᵛⁱᵈ Αναν Ανανια ℵ*A Αναν Ανανια ℵ ᶜ ᵃ 23 Ωσηθα] Ωσηε A | Ασουθ] Ασουβ A   24 Αλωης] Αδω A   24—25 Φα-δαεις Μαασαια] Φαδα|εισσω· Βηκραουμεσα·| Βαναμα· Ασαια B Φαδαειοσ|ω-βηκ|ραουμεσαι|βανα|μαασαιαι] ℵ Φαλαει Σωβηκ' Ραουμ' Εσαβανα· Μααλσια A   26—27 Αρα· Αιναην· Αμμαλουχηραμ· B Αια| Αινα| Ηνα| Μααλουχ'| Ηραμ ℵᵛⁱᵈ Αια· Αινα·| Ηναν· Μαλουχ'· Ρεουμ' A   28 οι Λευειται (Λευιτ. ℵ)] pr και A | Ναθεινιμ ℵ | λαων] του λαου A | της γης] om γης ℵ* (superscr ℵᵃ) | νομον] pr του A | ειδως] ειδων A   29 αυτων] εαυτων A | κατηρασαντο] pr και A | εισηλθον ℵ | om και 3° A | ημων] του θ͞υ (superscr) ℵ ᶜ ᵃ κ͞υ A | κριματα] pr τα ℵ | αυτου] +κ προσταγματα αυτου ℵᶜᵃᵐᵍ 30 λημψ. B*ᵇ (Bᵇ " praeter morem ")   31 πασαν] την ℵ*ᵛⁱᵈ (π. ℵᶜᵃ) | αγορωμεν] αγορασωμεν ℵ ᶜ ᵃ (ασ impr ℵ ᶜ ᵇ ᵛⁱᵈ) | ζ'] εβδομον ℵA   32 ποι-ησομεν] στησομεν ℵA | ημας 1°] υμας ℵ* (ημας ℵᵃ) | om εφ 2° ℵ | διδραγ-μου A | δουλιαν ℵ | θεου] pr του A   33 του ενδελεχ. (1°)] om του A

ΕΣΔΡΑΣ Β (ΝΕΕΜΙΑΣ)

B λεχισμοῦ τῶν σαββάτων, τῶν νουμηνιῶν, εἰς τὰς ἑορτὰς καὶ εἰς τὰ ἅγια, καὶ τὰ περὶ ἁμαρτίας ἐξιλάσασθαι περὶ Ἰσραήλ, καὶ εἰς ἔργα οἴκου θεοῦ ἡμῶν. ³⁴καὶ κλήρους ἐβάλομεν περὶ κλήρου 34 (35) ξυλοφορίας οἱ ἱερεῖς καὶ οἱ Λευεῖται καὶ ὁ λαὸς ἐνέγκαι εἰς οἶκον θεοῦ ἡμῶν, εἰς οἶκον πατριῶν ἡμῶν, εἰς καιροὺς χρόνων ἐνιαυτὸν κατ' ἐνιαυτόν, ἐκκαῦσαι περὶ τὸ θυσιαστήριον τοῦ θεοῦ ἡμῶν, ὡς γέγραπται ἐν βιβλίῳ· ³⁵καὶ ἐνέγκαι τὰ πρωτογενήματα τῆς 35 (36) γῆς ἡμῶν καὶ πρωτογενήματα καρποῦ παντὸς ξύλου ἐνιαυτὸν κατ' ἐνιαυτὸν εἰς οἶκον, ³⁶καὶ τὰ πρωτότοκα υἱῶν ἡμῶν καὶ κτη- 36 (37) νῶν ἡμῶν, ὡς γέγραπται ἐν τῷ νόμῳ, καὶ τὰ πρωτότοκα βοῶν ἡμῶν καὶ ποιμνίων ἡμῶν ἐνέγκαι εἰς οἶκον θεοῦ ἡμῶν τοῖς ἱερεῦσιν τοῖς λειτουργοῦσιν ἐν οἴκῳ θεοῦ ἡμῶν. ³⁷καὶ τὴν ἀπαρχὴν 37 (38) σίτων ἡμῶν καὶ τὸν καρπὸν παντὸς ξύλου, οἴνου καὶ ἐλαίου, οἴσομεν τοῖς ἱερεῦσι, εἰς γαζοφυλάκιον οἴκου τοῦ θεοῦ, καὶ δεκάτην γῆς ἡμῶν τοῖς Λευείταις· καὶ αὐτοὶ οἱ Λευεῖται δεκατοῦντες ἐν πάσαις πόλεσιν δουλείας ἡμῶν. ³⁸καὶ ἔσται ὁ ἱερεὺς Ἀαρὼν μετὰ 38 (39) τοῦ Λευείτου ἐν τῇ δεκάτῃ τοῦ Λευείτου, καὶ οἱ Λευεῖται ἀνοίσουσιν τὴν δεκάτην τῆς δεκάδος εἰς οἶκον θεοῦ ἡμῶν εἰς τὰ γαζοφυλάκια εἰς οἶκον τοῦ θεοῦ. ³⁹ὅτι εἰς τοὺς θησαυροὺς οἴσουσιν οἱ υἱοὶ 39 (40) Ἰσραὴλ καὶ οἱ Λευεῖται ἀπαρχὰς τοῦ σίτου καὶ τοῦ οἴνου καὶ τοῦ ἐλαίου, καὶ ἐκεῖ σκεύη τὰ ἅγια καὶ οἱ ἱερεῖς καὶ οἱ λειτουργοὶ καὶ οἱ πυλωροὶ καὶ οἱ ᾄδοντες· καὶ οὐκ ἐνκαταλείψομεν τὸν οἶκον τοῦ θεοῦ ἡμῶν.

¹Καὶ ἐκάθισαν οἱ ἄρχοντες τοῦ λαοῦ ἐν Ἰερουσαλήμ· καὶ οἱ 1 XXI (XI) κατάλοιποι τοῦ λαοῦ ἐλάβοσαν κλήρους ἐνέγκαι ἕνα ἀπὸ τῶν δέκα καθίσαι ἐν Ἰερουσαλήμ, πόλει τῇ ἁγίᾳ, καὶ ἐννέα μέρη ἐν ταῖς πόλεσιν. ²καὶ εὐλόγησεν ὁ λαὸς τοὺς πάντας ἄνδρας τοὺς ἑκουσια- 2

ℵA 33 θεου] pr τα ℵ* pr του ℵᵃ (ras et τα et του ℵʳ) A   34 Λευιται ℵ | οικον 2°] οικους ℵA | χρονων] pr απο ℵA | περι 2°] επι ℵ | του θεου] κῡ θῡ ℵA | βιβλιω] τω νομω ℵA   35 καρποι] pr παντος ℵᶜ ᵃ ᵐᵍ | οικον]+κῡ ℵᶜ ᵃ⁽? (λυ ℵ* ᵛⁱᵈ) A   36 και 1°] αι ℵ* (κ superscr ℵᶜ ᵃ⁾) | υιων] pr των ℵ | κτηνων] pr των ℵ | προτοτοκα A | βοων] pr των A | ποιμνιων] ποιμνημιων A | οικω] οικῡω ℵ*ᵛⁱᵈ (ras ῡ ℵʳ)   37 οινου] pr και ℵ | ιερευσιν BᵃbA | γαζοφυλακιον] pr το ℵA | γαζοφυλακιον ημων 2°] γαμων A | δεκατην γης] δε|κατας γης ℵ* δεκατην της γης (την της superscr) ℵᶜ ᵃ ras της ℵᶜ ᵇ | Λευιταις A | Λευιται ℵA | δουλιας ℵA   38 Ααρων] pr υιος ℵᶜ ᵃ ᵐᵍ A | Λευιτ. ℵA (ter) | δεκαδος] γης Χανααν δεκατης ℵ* δεκατης ℵᶜ ᵃ A | θεου 2°] θησαυρου ℵᶜ ᵃ ᵐᵍ seq ras in A (θῡ ημῶ· A*ᵛⁱᵈ)   39 οισουσιν] εισοισουσιν ℵA | Λευειται] υιοι του Λευει (Λευι A) ℵA | απαρχας] pr τας ℵA | του σιτου] om του ℵ* (hab του ℵᶜ ᵃ) | om και 6° A | εγκαταλειψομεν BᵃbA | του θεου] κῡ θῡ A   XXI 1 του] ου ℵ* (του λαου ℵᵃ) | ελαβοσαν] εβαλον ℵᶜ ᵃ ᵐᵍ A | ενα] α ras ℵᶜ ᵃ   2 ηυλογησαν ℵ

ΕΣΔΡΑΣ Β (ΝΕΕΜΙΑΣ) XXI 15

3 ζομένους καθίσαι ἐν Ἰερουσαλήμ. ³καὶ οὗτοι οἱ ἄρχοντες τῆς χώρας B
οἳ ἐκάθισαν ἐν Ἰερουσαλήμ· καὶ ἐν πόλεσιν Ἰούδα ἐκάθισεν ἀνὴρ ἐν
κατασχέσει αὐτοῦ ἐν πόλεσιν αὐτῶν, Ἰσραήλ, οἱ ἱερεῖς καὶ οἱ Λευεῖται
4 καὶ οἱ υἱοὶ δούλων Σαλωμών. ⁴καὶ ἐν Ἰερουσαλὴμ ἐκάθισαν ἀπὸ
υἱῶν Ἰούδα καὶ ἀπὸ υἱῶν Βενιαμείν. ἀπὸ υἱῶν Ἰούδα· Ἀθεὰ υἱὸς
Ἀζεδ υἱὸς Ζαχαριὰ υἱὸς Σαμαρειὰ υἱὸς Σαφατιὰ υἱὸς Μαλελήμ, καὶ
5 ἀπὸ υἱῶν Φάρες. ⁵καὶ Μαασειὰ υἱὸς Βαρούχ υἱὸς Χαλεὰ υἱὸς Ὀζειὰ
6 υἱὸς Δαλεὰ υἱὸς Ἰωρεὶβ υἱὸς Θηζειὰ υἱὸς τοῦ Δηλωνέ. ⁶πάντες υἱοὶ
Σέρες οἱ καθήμενοι ἐν Ἰερουσαλήμ τετρακόσιοι ἑξήκοντα ὀκτὼ ἄνδρες
7 δυνάμεως. ⁷καὶ οὗτοι υἱοὶ Βενιαμείν· Σηλὼ υἱὸς Ἀμεσουλά, Ἰωὰδ
8 υἱὸς Φαλαιὰ υἱὸς Κοδιὰ υἱὸς Μαγαὴλ υἱὸς Αἰθιὴλ υἱὸς Ἰεσιά· ⁸καὶ
9 ὀπίσω αὐτοῦ Γηβή, Σηλεί, ἐννακόσιοι εἴκοσι ὀκτώ. ⁹καὶ Ἰωὴλ υἱὸς
Ζεχρεὶ ἐπίσκοπος ἐπ᾽ αὐτούς, καὶ Ἰούδας υἱὸς Ἀσανὰ ἐπὶ τῆς πόλεως
10 δεύτερος. ¹⁰ἀπὸ τῶν ἱερέων καὶ Δαδειὰ υἱὸς Ἰωρείβ, Ἰαχείν, ¹¹Σαραιὰ
11 υἱὸς Ἑλκειὰ υἱὸς Μεισουλὰμ υἱὸς Σαδδοὺκ υἱὸς Μαριὼθ υἱὸς Ἀπωβώχ,
12 ἀπέναντι οἴκου τοῦ θεοῦ. ¹²καὶ ἀδελφοὶ αὐτῶν ποιοῦντες τὸ ἔργον
13 τοῦ οἴκου· Ἀμασεὶ υἱὸς Ζαχαρειὰ υἱὸς Φασσοὺρ υἱὸς Μελχειά, ¹³ἄρχοντες
πατριῶν διακόσιοι τεσσεράκοντα δύο. καὶ Ἀμασειὰ υἱὸς Ἐσδριήλ,
14 ¹⁴καὶ ἀδελφοὶ αὐτοῦ δυνατοὶ παρατάξεως ἑκατὸν εἴκοσι ὀκτώ, καὶ ἐπί-
15 σκοπος Βαδιήλ. ¹⁵καὶ ἀπὸ τῶν Λευειτῶν Σαμαιὰ υἱὸς Ἀσοὺβ υἱὸς

3 εκαθισεν Bℵ^(ca)] εκαθισαν ℵ*A | αυτου] εαυτου ℵ^(ca) | Λευιται ℵA+και οι ℵA Ναθιναιοι ℵ^(camg)A | υιοι δουλων] οι δ sup ras A¹   4 εν Ιερουσαλημ] ενι Ιλημ ℵ* (ι ras ℵ?) | υιων 2°] υ repet ℵ^(cavid) | Βενιαμιν B* (-μειν B^(ab)) | Αθεε ℵ Αθεαι A | Αζεδ] Αζεδνα ℵ Οζια A | Σαμαρεια] Αμαρια ℵ Σαμαρια A | Μαλελημ] Μαλελεηλ'· A   5 Μαασεια] Μεσεια ℵ* Αμεσεια ℵ^(ca) Μαλσια A | Χαλεα] Χαλαζα A | Οζια A | Δαλεα] Αχαια A | Ιωρειβ Bℵ^(ca(vid))] Ιωρειμ ℵ* Ιωιαριβ A | Θηζεια] Θηδεια ℵ Ζαχαριου A | Δηλωνε] Δηλωνει ℵ Ηλωνι A   6 Σερες] Φαρες ℵA   7 ουτοι] αυτοι ℵ | Σηλωμ' ℵ^(ca) | Αμεσουλα] Αμεσουλαμ ℵ Μεσουλαμ A | Ιωαδ] υιος Ιωαβ ℵ υιος Ιωαδ A | Φαλαια] Φαδαια A | Κοδια] Κολεια ℵ Κωλεια A | inter υιος 4° et Μαγαηλ lineol ins B* | Μαγαηλ] Ματαηλ ℵ Μαασιου A | Αιθιηλ] Σεθιηλ ℵ | Ιεσια] Ιες| B*^(vid)+ια B^b Ιεσσια ℵ Ιες|σεια A   8 Γηβη Σηλει] Γη|βεις· Ηλει ℵ Γηβεει·| Σηλει· A | εννακοσιοι] πεντακοσιοι ℵ* (λ' ℵ^(?img vid))   9 Ζεχρι A | Ιουδα ℵ | om υιος 2° A | επι] απο A   10 απο] ο rescr ℵ' | Δαδεια] Δαλεια ℵ Ιαδια A | Ιωρειβ] Ιωρειμ ℵ Ιωριβ A   11 Ελκεια] Ελχια A | Μεσουλαμ ℵA | Σαδουκ ℵ | Απωβωχ] Αποβωκ ℵ Αιτωβ A   12 οικου]+κβ' ℵ^(c.a(mg))+ϛ Αδαια· υιος Ιροαμ υιον Φαλαλια υιου ℵ^(camg inf)+οκτακοσιοι εικοσι δυο| και Αδαια υιος Ιεροαμ'· υιον Φα|λαλια A | Αμασει] Αμεσσει ℵ Αμασι A | υιος 1°] υιου ℵ^(ca) | Ζαχαρια ℵA | Φασεουρ ℵA | om υιος 3° A | Μελχεια] Μελχια A+ϛ αδελφοι αυτου ℵ^(camg) οκτω ℵ* (β' ℵ^(ca(mg)) | Αμασεια] Αμασια ℵ Αμεσαι A | Εσδριηλ] Εξριηλ A +υιου Αζαχιου· υιον Μασαλαμιθ υιον Εμμηρ· ℵ^(camg inf)   14 παρα||ξεως B* (τα ins B^b?) | επισκοπος]+επ αυτω| ℵ^(ca(mg))A | Βαδιηλ] Βαξιηλ ℵ* Ζεχριηλ ℵ^(camg) Ζοχριηλ A+υιος των μεγαλων ℵ^(ca(mg))   15 Λευιτων ℵA

B Ἐζερεί 17 καὶ Μαθανιὰ υἱὸς Μαχά, καὶ Ὠβὴβ υἱὸς Σαμουεί, 18 δια- 17 18
κοσιοι ὀγδοήκοντα τέσσαρες. 19 καὶ οἱ πυλωροὶ Ἀκοὺβ, Τελαμείν, 19
καὶ οἱ ἀδελφοὶ αὐτῶν ἑκατὸν ἑβδομήκοντα δύο. 22 καὶ ἐπίσκοπος 22
Λευειτῶν υἱὸς Βανεί, Ὀζεὶ υἱὸς Ἁσαβιὰ υἱὸς Μειχά. ἀπὸ υἱῶν
Ἀσὰβ τῶν ᾀδόντων ἀπέναντι ἔργου οἴκου τοῦ θεοῦ· 23 ὅτι ἐντολὴ 23
τοῦ βασιλέως εἰς αὐτούς. 24 καὶ Παθαιὰ υἱὸς Βασηζὰ πρὸς χεῖρα 24
τοῦ βασιλέως εἰς πᾶν χρῆμα τῷ λαῷ. 25 καὶ πρὸς τὰς ἐπαύλεις ἐν 25
ἀγρῷ αὐτῶν. καὶ ἀπὸ υἱῶν Ἰούδα ἐκάθισαν ἐν Καριαθὰρ 26 καὶ ἐν 26
Ἰησοὺ 27 καὶ ἐν Βεηρσάβεε, 30 καὶ ἐπαύλεις αὐτῶν, Λαχεὶς καὶ ἀγροὶ 27 30
αὐτῆς· καὶ παρενεβάλοσαν ἐν Βεηρσάβεε. 31 καὶ οἱ υἱοὶ Βενιαμεὶν ἀπὸ 31
Γάλα, Μαχαμάς. 36 καὶ ἀπὸ τῶν Λευειτῶν μερίδες Ἰούδα τῷ Βενιαμείν. 36
1 Καὶ οὗτοι οἱ ἱερεῖς καὶ οἱ Λευεῖται οἱ ἀναβαίνοντες μετὰ Ζορο- 1 XXII(XII)
βαβὲλ υἱοῦ Σαλαθιὴλ καὶ Ἰησοῦ· Σαραιά, Ἰερμιά, Ἐσδρά, 2 Μαριά, 2

ℵA 15 Εζερει] Εεχρει ℵ* vid Εζρικαν ℵ c a Εσζρι A + (16) υιος Ασαβιου· υιου Βονναι ϗ| Σοββαθαιος ϗ Ιωζαβαδ· επι| του εργου του εξωτατου οικου| του θυ : απο των αρχηγων τω| Λευιτων ℵ c a mg sup 17 Μαθθανια ℵ* Μαθθανιας ℵ c a A | Μαχα] Μιχα A + υοι (sic) Ζεχρι· υιου Ασαφ' αρχηγος του αινου| του Ιουδα εις προσευχην ϗ Βακβακιας| δευτερος εκ των αδελφων εαυτου ϗ Αβδας| υιος Σαμμουε· υιου Γαλελ υιου Ιδιθουν | παντες οι Λευιται εν τη πολει τη αγια ℵ c a mg sup | και Ωβηβ υιος Σαμουει] και Ιωρηβ υιος Σ. ℵ* (om ℵ c a (vid)) και Ιωβηβ υιος Σαμουι A 19 αυτων] + οι φυλασ|σοντες εν| ταις πυλαις ℵ c a mg | δυο] + (20) το δε λοιπον του Ισλ οι ιερεις ℵ c a (mg) + ϗ οι Λευιται εν πασαις ταις πολεσιν της| Ιουδαιας εκαστος εν τη κληρουχια ἑαυτου | (21) οι δε Ναθιναιοι κατωκησαν εν Οφελ' ϗ| Σιαλ ϗ Γεσφα· επι τοις Ναθιναιοις·| ℵ c a mg inf 22 Λευειτων] + εν Ιλημ· Αζα ℵ c a (mg) | υιος ter] υιου ℵ c a | Βανει] Βονει ℵ c a Βανι A | om Οζει ℵ c a Οζι A | Ασαβεια ℵ + υιου Μαθθανιου ℵ c a (mg) | Μειχα Bℵ°] Αμειχα ℵ* Μιχα A | υιων] pr των ℵ | Ασαβ] Ασαφ A | αιδοντων B*b (αδ. Ba) | οικου εργου ℵ* 23 εις] επ ℵA | αυτους] + και διεμεινεν επι τοις ωδοις εκαστης ημερας αυθημερον ℵ c a (mg) 24 Παθαια] Παθεια ℵ* Φαθεια ℵ c a Φαθαια A | Βασηζα] Βασηζαβεηλ απο των Ζαρε υιου Ιουδα ℵ c a | χρημα] ρημα ℵ c a (ras χ) 25 Καριαθαρ] Καριαθαρβα ℵ c a Καριαθαρβο A 26 εν Ιησου] εν ταις θυ|γατρασιν αυ|της ϗ την Δι|βων ϗ τας| θυγατερας| αυτης ϗ εν| Καβσεηλ ϗ| εν ταις κω|μαις αυτης ϗ| εν Ιησου ϗ| Μωλαδα ϗ| εν Βηβφαλτ'| ϗ εν Εσερσο|αλ' ℵ c a mg 27 Βηρσαβεε ℵ Βερσαβεε A + ϗ ταις θυγατρασιν αυτης (28) ϗ εν Σικε|λετ' ϗ εν Μαχνα ϗ εν ταις θυγατρασιν| αυτης (29) ϗ εν Ρεμμιον ϗ εν Σαραα· ϗ εν| Ιριμουθ Ζανωε· Οδολλαμ | ℵ c a mg inf 30 επαυλεις] pr αι ℵ | αγροι] pr οι ℵA | αυτης] + Αζηκα ϗ| εν ταις θυγα|τρασιν ϗ ℵ c a mg | παρενεβαλον ℵ* (παρενεβαλοσαν ℵ c a) | Βηρσαβεε ℵ Βερσαβεε A + εως φαραγγος Εννομ ℵ c a (mg) 31 οι υιοι] om οι A | Γαλα] Γαβα ℵ* Γαβαα ℵ c a A | Μαχαμας] Μαχμας ℵ c a + ϗ Αιω ϗ Βηθηρ ϗ των θυγατερων αυτης| (32) Αναθωθ Νοβ· Anania· (33) Ασωρ· Ραμα Γεθθιμ | (34) Αδωδ Σεβοειμ· Ναβαλλατ· (35) Λυδδα ϗ Ωνω| Γηαρασιμ.| ℵ c a mg inf (om ℵ*) XXII 1 Λευιται ℵA (item 8) | om οι 3° ℵ* (superscr ℵ a?) | αναβαινοντες] αναβαντες ℵ? A | Ιερμεια Bab ℵ 1—2 Εσδραμ· Αριαμ Αλουλ· B Εσδρα| Μαρεια (Αμαρεια ℵ c a) |Μαλουχ| ℵ Εζρα· Αμαρια Μαλουχ | A + Αττους ℵ c a (mg)

ΕΣΔΡΑΣ Β (ΝΕΕΜΙΑΣ) XXII 27

³/₇ Μαλούλ, ³Σεχενιά· ⁷οὗτοι ἄρχοντες τῶν ἱερέων καὶ ἀδελφοὶ αὐτῶν ἐν B 8 ἡμέραις Ἰησοῖ. ⁸καὶ οἱ Λευεῖται· Ἰησού, Βανουί, Καδμιήλ, Σαραβιά, Ἰουδά, Μαχανιά· ἐπὶ τῶν χειρῶν αὐτὸς καὶ οἱ ἀδελφοὶ αὐτοῦ εἰς 10 τὰς ἐφημερίας. ¹⁰καὶ Ἰησοῦς ἐγέννησεν τὸν Ἰωακείμ, καὶ Ἰωακεὶμ 11 ἐγέννησεν τὸν Ἐλιασείβ, καὶ Ἐλειασεὶβ τὸν Ἰωδά, ¹¹καὶ Ἰωδὰ ἐγέννη-12 σεν τὸν Ἰωναθάν, καὶ Ἰωναθὰν ἐγέννησεν τὸν Ἰαδού. ¹²καὶ ἐν ἡμέραις Ἰωακεὶμ ἀδελφοὶ αὐτοῦ οἱ ἱερεῖς καὶ οἱ ἄρχοντες τῶν πα-13 τριῶν· τῷ Σαραιὰ Μαρεά, τῷ Ἰερεμιά, ¹³τῷ Ἔσρᾳ Μεσουλάμ, τῷ ¹⁴/₂₂ Ἀμαρειὰ Ἰωανάν, ¹⁴τῷ Μαλούχ. ²²οἱ Λευεῖται ἐν ἡμέραις Ἐλιασείβ, Ἰωαδὰ καὶ Ἰωὰ καὶ Ἰωανὰν καὶ Ἰαδού, γεγραμμένοι ἄρχοντες πατριῶν, 23 καὶ οἱ ἱερεῖς ἐν βασιλείᾳ Δαρείου τοῦ Πέρσου· ²³υἱοὶ Λευεὶ ἄρχοντες τῶν πατριῶν γεγραμμένοι ἐπὶ βιβλίῳ λόγων τῶν ἡμερῶν καὶ ἕως 24 ἡμερῶν Ἰωανὰν υἱοῦ Ἐλεισούε. ²⁴καὶ ἄρχοντες τῶν Λευειτῶν· Ἀβιὰ καὶ Σαραβιὰ καὶ Ἰησού, καὶ υἱοὶ Καδμιὴλ καὶ οἱ ἀδελφοὶ αὐτῶν κατεναντίον αὐτῶν εἰς ὑμνεῖν, αἰνεῖν, ἐντολῇ Δαυεὶδ ἀνθρώπου τοῦ 25 θεοῦ, ἐφημερία πρὸς ἐφημερίαν, ²⁵ἐν τῷ συναγαγεῖν με τοὺς πυλω-26 ροὺς ²⁶ἐν ἡμέραις Ἰωακεὶμ υἱοῦ Ἰησοῦ Εἰωσεδέκ, ἐν ἡμέραις Νεεμία 27 καὶ Ἔσρας ὁ ἱερεὺς ὁ γραμματεύς ²⁷Καὶ ἐν ἐγκαινίοις τείχους

3 Σεχενια] Εενια ℵ* Εχενια ℵ^{c a} + (3) Ρεουμ Μαριμωθ· ℵ^{c a (mg)} + (4) ℵA Αδαιας· Γεννηθουι Αβιας·| (5) Μειμιν· Μααδιας Βαλγας·| (6) Σεμειας Ιωιαριβ Ιδειας·| (7) Σαλουαι Αμουκ· Χελκιας·| Ιδειας ℵ^{c a mg sup}   7 Ιησου ℵ   8 Ιουδα Bℵ^{c a}] Ιωδαε ℵ*A | Μαχανια] Μαθανια A | και 2°]+ς (ras ℵ^{c b}) οι αδελφοι αυτου ς Βακβαιας ჴ Ιανα ℵ^{c a mg} | αυτου] αυτων ℵA + αντικρυς αυτων ℵ^{c a mg}   10 Ελιασιβ (1°) ℵ Ελιασειβ A (bis) | Ιωδα] Ιωδαε ℵ Ιωαδα A   11 Ιωδα ℵ* (Ιωδαε ℵ^{c a}) Ιωαδα A | Ιωναθαν 1°] Ιωναθα͞ ℵ* Ιωαναθα͞ ℵ^{c a} | Ιωναθαν (2°) ℵ   12 οι ιερεις και οι αρχ.] και οι αρχ και οι ιερεις ℵ* (και οι ιερεις και οι αρχ ℵ^c) | Μαραια ℵ Μαρια A | Ιερεμεια ℵ Ιερμια A + Ανανια ℵ^{c a mg} A   13 Αραμια ℵ* (Αμαρια ℵ^{c a}A)   14—21 Μαλουχ]+Ιωναθαν· τω Σεχελιου· Ιωσηφ· (15) τω! Ορεμ· Αδανας τω Μαριωθ Ελκαι·| (16) τω Αδδαι· Ζαχαριας τω Γαναθωμ| Μοσολλαμ· (17) τω Αβια· Ζεχρει· τω! Βενιαμειν εν καιροις τω Φελητει·| (18) τω Βαλγα· Σναμουε τω Σεμεια·| Ιωναθαν· (19) τω Ιω-ιαριβ Ματθαναι·| τω Ιδια· Οζι· (20) τω Σαλλαι Καλλαι·| τω Αμου Αβεδ· (21) τω Ελκια· Ασαβιας·| τω Ιδειου· Ναθαναηλ: ℵ^{c a mg inf} (om Bℵ*A)   22 Λευιται ℵA | Ελειασειβ ℵ | Ιωιαδα (ι ins) ℵ^{c a} | om και Ιωα ℵ^{c a} | Ιαδου] Αδουα ℵ*^{vid} Ιδουα ℵ¹ | πατριων] pr των A   23 Λευι A | βιβλιου ℵ^{c a} | υιον] υιος ℵ* (υιου ℵ^{c a}) | Ελεισουε] Ελεισουβ ℵ* Ελειασουβ ℵ^{c a} Ελισουε A   24 αρ-χοντες] pr οι ℵ | Λευιτων A | Αβια] Ασαβιας ℵ^{c a} Ασαβια A | οι αδελφοι] om οι A | υμνειν αινειν] υμνιν και αινιν ℵ αινειν· και υμνειν A | εντολην ℵ* (ν ras ℵ^{c a}) | εφημεριαν εις ℵ* (εφημερια προς ℵ^{c a})   25 εν τω] pr Ματθανιας· ς Βακβακιας | Οβδιας· Μοσολλαμ· Ταλμων·| Ακουβ· φυλακες πυλωροι φυ|λακης ℵ^{c a mg sup} (om Bℵ*A)   26 εν 1°] pr ουτοι ℵ^{c a (mg)} | Ειωσεδεκ] υιου Ιω-σεδεκ ℵ Ιωσεδεκ A | εν 2°] pr και ℵ^{c a} (ras ℵ^{c b vid}) A | Νεεμια]+του αρχοντος ℵ^{c a mg} | Εσδρα ℵ Εζρα A | ο 2°] pr και ℵA   27 ενκαινιοις ℵ

XXII 28   ΕΣΔΡΑΣ Β (ΝΕΕΜΙΑΣ)

B Ἰερουσαλὴμ ἐζήτησαν τοὺς Λευείτας ἐν τοῖς τόποις αὐτῶν τοῦ ἐνέγκαι
αὐτοὺς εἰς Ἰερουσαλήμ, ποιῆσαι ἐνκαίνια καὶ εὐφροσύνην ἐν θωλαθὰ
καὶ ἐν ᾠδαῖς, κυμβαλίζοντες καὶ ψαλτήρια. ²⁸καὶ συνήχθησαν οἱ 28
υἱοὶ τῶν ᾀδόντων καὶ ἀπὸ τῆς περιχώρου κυκλόθεν εἰς Ἰερουσαλὴμ
καὶ ἀπὸ ἐπαύλεων ²⁹καὶ ἀπὸ ἀγρῶν· ὅτι ἐπαύλεις οἰκοδόμησαν 29
ἑαυτοῖς οἱ ᾄδοντες ἐν Ἰερουσαλήμ. ³⁰καὶ ἐκαθαρίσθησαν οἱ ἱερεῖς καὶ 30
οἱ Λευεῖται, καὶ ἐκαθάρισαν τὸν λαὸν καὶ τοὺς πυλωροὺς καὶ τὸ
τεῖχος. ³¹καὶ ἀνήνεγκαν τοὺς ἄρχοντας Ἰούδα ἐπάνω τοῦ τείχους. 31
³²καὶ ἐπορεύθη ὀπίσω αὐτῶν Ὡσαιὰ καὶ ἥμισυ ἀρχόντων Ἰούδα, 32
³³καὶ Ζαχαρίας, Ἔσρας καὶ Μεσουλάμ, ³⁴Ἰουδὰ καὶ Βενιαμεὶν καὶ 33
Σαραιὰ καὶ Ἰερεμιά· ³⁵καὶ ἀπὸ υἱῶν τῶν ἱερέων ἐν σάλπιγξιν Ζαχαρίας 35
υἱὸς Ἰωανὰν υἱὸς Σαμαιὰ υἱὸς Ναθανιὰ υἱὸς Μειχαιὰ υἱὸς Ζακχοὺρ
υἱὸς Ἀσάφ, ³⁶καὶ ἀδελφοὶ αὐτοῦ Σαμαιὰ καὶ Ὀζειήλ, αἰνεῖν ἐν ᾠδαῖς 36
Δαυεὶδ ἀνθρώπου τοῦ θεοῦ· καὶ Ἔσρας ὁ γραμματεὺς ἔμπροσθεν
αὐτοῦ. ³⁷ἐπὶ πύλης τοῦ αἰνεῖν κατέναντι αὐτῶν ἀνέβησαν ἐπὶ κλί- 37
μακας πόλεων Δαυείδ, ἐν ἀναβάσει τοῦ τείχους, ἐπάνωθεν τοῦ οἴκου
Δαυεὶδ καὶ ἕως πύλης τοῦ ὕδατος ³⁹Ἐφράιμ, καὶ ἐπὶ πύλην ἰχθυηρὰν 39
καὶ πύργῳ Ἀνανεὴλ καὶ ἕως πύλης τῆς προβατικῆς. ⁴²καὶ ἠκού- 42
σθησαν οἱ ᾄδοντες, καὶ ἐπεσκέπησαν. ⁴³καὶ ἔθυσαν ἐν τῇ ἡμέρᾳ 43

ℵA   27 Λευιτας ℵA | εν|και B*ᵛⁱᵈ (ενεγκαι Bᵃ) | εγκαινια BᵃᵇA | θωλαθας ℵ
+εν εξομολογησει ℵ | ψαλτηρια]+ϟ κινυρας ℵᶜ ᵃ⁽ᵐᵍ⁾   28 ηχθησαν ℵ*
(συν superscr ℵ*) | επαυλεων]+του Νετωφαθι· (29) ϟ εκ Βηθ|αγ'γαλγαλ:
ℵᶜ ᵃ ᵐᵍ   29 αγρων]+Γαβαε: ϟ Αζμωθ ℵᶜ ᵃ ᵐᵍ | οικοδομησαν] ᵈ non inst
Bᵇ ωκοδομησαν ℵA   30 εκαθερισθησαν A | Λευιται A   31 τειχους]
+ϟ εστησα δυο περι αινεσεως μεγαλους ϟ δι|ηλθον εκ δεξιων επανω του|
τειχους (+ της πυλης superscr) της κοπριας| ℵᶜ ᵃ⁽ᵐᵍ⁾   33 Ζαχαριας] Αζαριας
A | Εσδρα ℵ Εζρα A | Μεσουλλαμ ℵᶜ ᵃ Μοσολλαμ A   34 Σαραια]
Σααμαιας A | Ιερεμιας A   35 om εν A | Ιωαναν] Ιωναθαν ℵᶜ ᵃA | υιος 3°
bis scr ℵ* (ras 1° ℵ') | Ναθανια] Μαθανια ℵ* Μαθθανια ℵᶜ ᵃA | υιος 4°]
pr ο A | Μιχαια A   36 Οζριηλ (ρ superscr) ℵᶜ ᵃ+Γελωλαι· Μααι· Μαθα-
ναηλ ᵇ' Ιουδας· Ανανι· εν σκευεσιν ℵᶜ ᵃ ᵐᵍ ⁱⁿᶠ | ωδαις] ωδης ℵ | Εσδρα ℵ
Εζρας A | αυτου 2°] αυτων ℵA   37 πυλης 1°] pr της ℵᶜ ᵃ | ανεβησαν (ανεβο-
ησαν ℵ* ο ras ℵ')] pr και A | πολεων] πολεως ℵA | εως πυλης] εμπυλης A
37—38 υδατος]+κατα ανατολας (38) ϟ περι αινεσεως| η δευτερα επορευετο συν·
αντωσα| αυτοις ϟ εγω οπισω αυτης ϟ το ημισυ| του λαου επανω του τειχους
υπερανω| του πυργου των θεννουριμ· ϟ εως του| τειχους του πλατεος ϟ υπερανω|
της πυλης ℵᶜ ᵃ ᵐᵍ ˢᵘᵖ   39 πυλην] pr την ℵᶜ ᵃ | ιχθυηραν] pr την ℵ*A
pr της Ισανα ϟ επι την πυλην την ℵᶜ ᵃ | πυργου A | Αναμεηλ A | εως]
pr απο πυργου του Ηηα· ϟ ℵᶜ ᵃ⁽ᵐᵍᵍ⁾ | πυλης] pr της ℵᶜ ᵃ | προβατικης]+
εστησαν (pr ϟ ℵᶜ ᵇ?) εν πυλη της φυλα|κης (40) ϟ εστησαν αι δυο της αι|ρε-
σεως εν οικω του θυ· ϟ εγω| ϟ το ημισυ των στρατηγω| μετ εμου (41) ϟ οι
ιερεις· Ελιακιμ· Μαασιας·| Βενιαμειν· Μιχαιας· Ελιωηναι· Ζαχαριας· Ανανιας·
εν σαλπιγξιν· (42) ϟ Μαασιας· ᵇ' Σεμειας· ϟ Ελεαζαρ ϟ Οζι· ϟ Ιωαναν ᵇ' Μελ-
χειας ϟ Αιλαμ· ᵇ' Ιεςουρ· ℵᶜ ᵃ ᵐᵍ (om Bℵ*A)   42 αδοντες]+ᵇ' Ιεζριας ℵᶜ ᵃ⁽ᵐᵍ⁾

ΕΣΔΡΑΣ Β (ΝΕΕΜΙΑΣ) XXIII 5

ἐκείνῃ θυσιάσματα μεγάλα καὶ ηὐφράνθησαν, ὅτι ὁ θεὸς ηὔφρανεν Β
αὐτοὺς μεγάλως· καὶ αἱ γυναῖκες αὐτῶν καὶ τὰ τέκνα αὐτῶν ηὐ-
φράνθησαν, καὶ ἠκούσθη ἡ εὐφροσύνη ἐν Ἰερουσαλὴμ ἀπὸ μακρό-
44 θεν. ⁴⁴Καὶ κατέστησαν ἐν τῇ ἡμέρᾳ ἐκείνῃ ἄνδρας ἐπὶ τῶν
γαζοφυλακίων, τοῖς θησαυροῖς, ταῖς ἀπαρχαῖς καὶ ταῖς δεκάταις καὶ
τοῖς συνηγμένοις ἐν αὐτοῖς ἄρχουσιν τῶν πόλεων, μερίδας τοῖς ἱερεῦσι
καὶ τοῖς Λευείταις, ὅτι εὐφροσύνη ἐν Ἰουδα ἐπὶ τοὺς ἱερεῖς καὶ ἐπὶ
45 τοὺς Λευείτας τοὺς ἑστῶτας. ⁴⁵καὶ ἐφύλαξαν φυλακὰς θεοῦ αὐτῶν
καὶ φυλακὰς τοῦ καθαρισμοῦ καὶ τοὺς ᾄδοντας καὶ τοὺς πυλωρούς,
46 ὡς ἐντολαὶ Δαυεὶδ καὶ Σαλωμὼν υἱοῦ αὐτοῦ ⁴⁶ὅτι ἐν ἡμέραις Δαυεὶδ
Ἀσὰφ ἀπ' ἀρχῆς πρῶτος τῶν ᾀδόντων καὶ ὕμνον καὶ αἴνεσιν τῷ
47 θεῷ. ⁴⁷καὶ πᾶς Ἰσραὴλ ἐν ἡμέραις Ζοροβαβὲλ διδόντες μερίδας τῶν
ᾀδόντων καὶ τῶν πυλωρῶν, λόγον ἡμέρας ἐν ἡμέρᾳ αὐτοῦ, καὶ ἁγιά-
ζοντες τοῖς Λευείταις, καὶ οἱ Λευεῖται ἁγιάζοντες τοῖς υἱοῖς Ἀαρών

XXIII 1 ¹Ἐν τῇ ἡμέρᾳ ἐκείνῃ ἀνεγνώσθη ἐν βιβλίῳ Μωυσῆ ἐν ὠσὶν τοῦ
(XIII) λαοῦ καὶ εὑρέθη γεγραμμένον ἐν αὐτῷ ὅπως μὴ εἰσέλθωσιν Ἀμ-
2 μανεῖται καὶ Μωαβεῖται ἐν ἐκκλησίᾳ θεοῦ ἕως αἰῶνος, ²ὅτι οὐ συνήν-
τησαν τοῖς υἱοῖς Ἰσραὴλ ἐν ἄρτῳ καὶ ἐν ὕδατι, καὶ ἐμισθώσαντο
ἐπ' αὐτὸν τὸν Βαλαὰμ καταράσασθαι, καὶ ἔστρεψεν ὁ θεὸς ἡμῶν τὴν
3 κατάραν εἰς εὐλογίαν. ³καὶ ἐγένετο ὡς ἤκουσαν τὸν νόμον, καὶ
4 ἐχωρίσθησαν πᾶς ἐπίμικτος ἐν Ἰσραήλ. ⁴Καὶ πρὸ τούτου
Ἐλιασὶβ ὁ ἱερεὺς οἰκῶν ἐν γαζοφυλακίῳ οἴκου θεοῦ ἡμῶν ἐγγίων
5 Τωβιά. ⁵καὶ ἐποίησεν ἑαυτῷ γαζοφυλάκιον μέγα, καὶ ἐκεῖ ἦσαν τὸ
πρότερον διδόντες τὴν μαναὰμ καὶ τὸν λίβανον καὶ τὰ σκεύη, καὶ
τὴν δεκάτην τοῦ σίτου καὶ τοῦ οἴνου καὶ τοῦ ἐλαίου, ἐντολὴν τῶν

43 αυτους]+ευφροσυνη ℵ^(c a mg) | om αυτων 1° ℵ^(c a) | η ευφρ] om η A | εν ℵA
2°] pr η ℵ^(c a) 44 κατεστησεν ℵ* (-σαν ℵ^(a(vid))) | μεριδας]+του νομου ℵ^(c a (mg)) |
ιερευσιν ℵA | Λευιταις ℵA | ευφροσυνη]+ην ℵA | επι 2°] pr και ℵA | τοις
ιερ. A* (τους ιερ. A') | τοις Λευειταις B* τους Λευειτας B^(ab)ℵ τους Λευιτας A
45 εφυλαξεν ℵ (-ξαν ℵ^(a(vid))) | αυτων] εαυτων A | om και 2° A 46 αρχης] seq
parva ras in B 47 και πας] pr |και πας Ισλ' εν ημειραις'· (sic) διδοντες
μεριδας των αδοντω| και υμνον και αι|νεσιν τω θω̄ ℵ* (om ℵ') | Ζοροβαβελ]
+ ϛ εν ταις ημεραις Νεεμιου ℵ^(c a) και εν τ | ημ. Νεεμια A | Λευιταις, Λευιται
ℵA   XXIII 1 βιβλω ℵ* (βιβλιω ℵ^(a(vid))) | γεγραμμενον] pr το ℵ* (om
ℵ') | om μη ℵ* (superscr ℵ^a) | Αμμωνιται ℵ* Αμμανιται ℵ^(a(vid))A | Μωα-
βιται A | εν 5°] εις ℵ^(c a(mg)vid) | εκκλησιαν ℵ^(c a) | θεου] κ̄ῡ ℵ* του θῡ ℵ^(c a)A
2 εστρεψεν] επεστρεψεν A 3 Ισραηλ] Ιλημ A* (ras μ A') 4 ενγειων
B εν Σιων ℵ*^(vid) εγγιων ℵ'A | Τωβια] seq ras in B 5 εαυτω] αυτω A
5-7 om γαζοφυλακιον. ποιησαι αυτω B* (hab B^(a•b?mg inf) 5 το προ-
τερον] om το ℵA | μαναav ℵA | om οινου και του ℵ* (hab ℵ^(c a mg))

XXIII 6   ΕΣΔΡΑΣ Β (ΝΕΕΜΙΑΣ)

B Λευειτῶν καὶ τῶν ᾀδόντων καὶ τῶν πυλωρῶν, καὶ ἀπαρχαὶ τῶν ἱερέων. ⁶καὶ ἐν παντὶ τούτῳ οὐκ ἤμην ἐν Ἰερουσαλήμ, ὅτι ἐν ἔτει 6 τριακοστῷ καὶ δευτέρῳ τοῦ Ἀρσασαθὰ βασιλέως Βαβυλῶνος ἦλθον πρὸς τὸν βασιλέα, καὶ μετὰ τέλος ἡμερῶν ᾐτησάμην τὸν βασιλέα, ⁷καὶ ἦλθον εἰς Ἰερουσαλήμ· καὶ συνῆκα ἐν πονηρίᾳ, ποιῆσαι αὐτῷ 7 γαζοφυλάκιον ἐν αὐλῇ οἴκου τοῦ θεοῦ. ⁸καὶ πονηρόν μοι ἐφάνη 8 σφόδρα, καὶ ἔρριψα πάντα τὰ σκεύη οἴκου Τωβιὰ ἀπὸ τοῦ γαζοφυλακίου· ⁹καὶ εἶπα, καὶ ἐκαθάρισα τὰ γαζοφυλάκια, καὶ ἐπέστρεψα 9 ἐκεῖ σκεύη οἴκου τοῦ θεοῦ, τὴν μαννὰ καὶ τὸν λίβανον. ¹⁰Καὶ 10 ἔγνων ὅτι μερίδες τῶν Λευειτῶν οὐκ ἐδόθησαν, καὶ ἐφύγοσαν ἀνὴρ εἰς ἀγρὸν αὐτοῦ οἱ Λευεῖται καὶ οἱ ᾄδοντες ποιοῦντες τὸ ἔργον. ¹¹καὶ 11 ἐμαχεσάμην καὶ εἶπα Διὰ τί ἐγκατελείφθη ὁ οἶκος τοῦ θεοῦ, καὶ συνήγαγον αὐτούς, καὶ ἔστησαν αὐτοὺς ἐπὶ τῇ στάσει αὐτῶν. ¹²καὶ 12 πᾶς Ἰούδας ἤνεγκαν δεκάτην τοῦ πυροῦ καὶ τοῦ οἴνου καὶ τοῦ ἐλαίου εἰς τοὺς θησαυρούς, ¹³ἐπὶ χεῖρα Σελεμιὰ τοῦ ἱερέως καὶ Σαδδούκ 13 τοῦ γραμματέως καὶ Φαλαιὰ ἀπὸ τῶν Λευειτῶν· καὶ ἐπὶ χεῖρα αὐτῶν Ἀνὰν υἱὸς Ζακχοὺρ υἱὸς Ναθανιά, ὅτι πιστοὶ ἐλογίσθησαν ἐπ' αὐτοὺς μερίζειν τοῖς ἀδελφοῖς αὐτῶν. ¹⁴μνήσθητί μου ὁ θεὸς ἐν αὐτῇ, καὶ μὴ 14 ἐξαλειφθήτω ἔλεός μου ὃ ἐποίησα ἐν οἴκῳ Κυρίου τοῦ θεοῦ. ¹⁵Ἐν 15 ταῖς ἡμέραις ἐκείναις εἶδον ἐν Ἰούδᾳ πατοῦντας ληνοὺς ἐν τῷ σαββάτῳ· καὶ φέροντες δράγματα καὶ ἐπιγεμίζοντες ἐπὶ τοὺς ὄνους καὶ οἶνον καὶ σταφυλὴν καὶ σῦκα καὶ πᾶν βάσταγμα, καὶ φέροντες εἰς Ἰερουσαλὴμ ἐν ἡμέρᾳ τοῦ σαββατου· καὶ ἐπεμαρτυράμην ἐν ἡμέρᾳ πράσεως αὐτῶν. ¹⁶καὶ ἐκάθισαν ἐν αὐτῇ φέροντες ἰχθὺν καὶ πᾶσαν 16

ℵA   5 Λευιτων ℵA | απαρχαι] pr αι ℵ απαρχας A   6 τριακοστω] pr και ℵ* (improb ℵ?) | Αρσασαθα] Αρθασασθα A | τελος ημερων] το τ τω| ημ. A | του βασιλεα 2°] παρα του| βασιλεως A   7 πονηρια] pr τη ℵA | ποιησαι] pr η εποιησε, Ελισουβ (Ελιασ. ℵ^(c a ?c.b!)) Τωβι|α· ℵ pr η ε|ποιησεν Ελιασειβ· Τωβια A | του]τ sup ras Aª*   8 απο] pr εξω ℵA   9 εκαθαρισαν ℵ εκαθερισαν A | μαννα B* μανναειμ B^(ab) βαανα ℵ* μαανα ℵª μανααν A   10 εγνω ℵ* (εγνων ℵ^(c a (vid))) | Λευιτων, Λευιται ℵA | αυτου] εαυτου ℵ   11 εμαχεσαμην]+τοις στρατηγοις ℵ^(c a mg) | ειπα] ειπον A | ενκατελιφθη ℵ | ο οικος] ο οι sup ras Aª* | εστησα ℵA | τη στασει] om τη A   12 Ιουδα ℵA | του πυρου (πυρρου ℵ*)] om του A   13 επι 1°] pr ἧ ενετειλαμην ℵ^(c a (mg)) | χειρα 1°] χειρας ℵA | Σελεμια] Ιελεμια ℵ | Σαδωκ A | Φαδαια ℵA | Λευιτων ℵA | Ααναν ℵ | Ναθανια] Μαθανια ℵ* Μαθθανια ℵ^(c a) Μαθθανιου A | αυτων 2°] εαυτων ℵ^(c a)   14 ο θεος]+μου ℵ^(c a) | εν αυτη] ενταυθα τη ℵ* εν ταυτη ℵ*A | om ο 2° ℵ (superscr ℵ^(c a)) οτι A | Κυριου του θεου] θ̄ῡ κ̄ῡ ℵ* κ̄ῡ θ̄ῡ ℵ^(c a) A + κ̄ εν ταις φυλακαις αυτου ℵ^(c a (mg))   15 ιδον A | τω σαββατω] om τω A | φεροντες 1°] φεροντας B^(ab)ℵA | επιγεμιζοντες] επιγεμιζοντας B^(ab)ℵ^(a(vid))A | φεροντες 2°] φεροντας B^(ab)ℵ^(a(vid))A

ΕΣΔΡΑΣ Β (ΝΕΕΜΙΑΣ) XXIII 26

πρᾶσιν πωλοῦντες ἐν τῷ σαββάτῳ τοῖς υἱοῖς Ἰούδα καὶ ἐν Ἰερου- B
17 σαλήμ. ¹⁷καὶ ἐμαχεσάμην τοῖς υἱοῖς Ἰούδα τοῖς ἐλευθέροις καὶ εἶπα
αὐτοῖς Τίς ὁ λόγος ὁ πονηρὸς οὗτος ὃν ὑμεῖς ποιεῖτε, καὶ βεβηλοῦτε
18 τὴν ἡμέραν τοῦ σαββάτου; ¹⁸οὐχὶ οὕτως ἐποίησαν οἱ πατέρες ὑμῶν,
καὶ ἤνεγκεν ἐπ᾽ αὐτοὺς ὁ θεὸς ἡμῶν καὶ ἐφ᾽ ἡμᾶς πάντα τὰ κακὰ
ταῦτα καὶ ἐπὶ τὴν πόλιν ταύτην; καὶ ὑμεῖς προστίθετε ὀργὴν ἐπὶ
19 Ἰσραήλ, βεβηλῶσαι τὸ σάββατον; ¹⁹καὶ ἐγένετο ἡνίκα κατέστησαν
πύλαι Ἰερουσαλὴμ πρὸ τοῦ σαββάτου, καὶ ἔκλεισα τὰς πύλας, καὶ
εἶπα ὥστε μὴ ἀνοιγῆναι αὐτὰς ὀπίσω τοῦ σαββάτου· καὶ ἔστησα
ἐπὶ τὰς πύλας, ὥστε μὴ αἴρειν βαστάγματα ἐν ἡμέρᾳ τοῦ σαββάτου.
20 ²⁰καὶ ηὐλίσθησαν πάντες καὶ ἐποίησαν πρᾶσιν ἔξω Ἱερουσαλὴμ ἅπαξ
21 καὶ δίς. ²¹καὶ ἐπεμαρτυράμην ἐν αὐτοῖς καὶ εἶπα πρὸς αὐτούς Διὰ τί
ὑμεῖς αὐλίζεσθε ἀπέναντι τοῦ τείχους; ἐὰν δευτερώσητε, ἐκτενῶ
χεῖρά μου ἐν ὑμῖν. ἀπὸ τοῦ καιροῦ ἐκείνου οὐκ ἦλθοσαν ἐν σαββάτῳ.
22 ²²καὶ εἶπα τοῖς Λευείταις, οἳ ἦσαν καθαριζόμενοι καὶ ἐρχόμενοι φυλάσ-
σοντες τὰς πύλας, ἁγιάζοντες τὴν ἡμέραν τοῦ σαββάτου. πρὸς ταῦτα
μνήσθητί μου, ὁ θεός, καὶ φεῖσαί μου κατὰ τὸ πλῆθος τοῦ ἐλέους
23 σου. ²³Καὶ ἐν ταῖς ἡμέραις ἐκείναις εἶδον τοὺς Ἰουδαίους οἳ
24 ἐκάθισαν γυναῖκας Ἀζωτίας, Ἀμμανείτιδας, Μωαβείτιδας, ²⁴καὶ οἱ
υἱοὶ αὐτῶν ἥμισυ λαλοῦντες Ἀζωτιστί, καὶ οὐκ εἰσὶν ἐπιγινώσκοντες
25 λαλεῖν Ἰουδαϊστί. ²⁵καὶ ἐμαχεσάμην μετ᾽ αὐτῶν καὶ ἐκαταρασάμην
αὐτούς· καὶ ἐπάταξα ἐν αὐτοῖς ἄνδρας καὶ ὥρκισα αὐτοὺς ἐν τῷ
θεῷ Ἐὰν δῶτε τὰς θυγατέρας ὑμῶν τοῖς υἱοῖς αὐτῶν, καὶ ἐὰν λάβητε
26 ἀπὸ τῶν θυγατέρων αὐτῶν τοῖς υἱοῖς ὑμῶν. ²⁶οὐχ οὕτως ἥμαρτεν
Σαλωμὼν βασιλεὺς Ἰσραήλ; καὶ ἐν ἔθνεσιν πολλοῖς οὐκ ἦν βασιλεὺς
ὅμοιος αὐτῷ, καὶ ἀγαπώμενος τῷ θεῷ ἦν, καὶ ἔδωκεν αὐτὸν ὁ θεὸς
εἰς βασιλέα ἐπὶ πάντα Ἰσραήλ, καὶ τοῦτον ἐξέκλιναν αἱ γυναῖκες

16 om εν 2º ℵ* (superscr ℵᵃ⁽ᵛⁱᵈ⁾) A   17 ουτος ο πονηρος ℵ   18 υμων] ℵA
ημων ℵ* (υμ. ℵᶜᵃ) | τα κακα ταυτα] ταυκατκαταυτα ℵ*ᵛⁱᵈ (υ 1º, τ 2º ras ℵ') |
ταυτην] seq : in Bᵃ·ᵇ   19 πυλαι] seq λ in ℵ* (om ℵ') | Ιερουσαλημ] pr
εν ℵA | εκλεισα] ειπα και εκλεισαν ℵA | και ειπα] και ει sup ras B¹·ᵃ¹ |
οπισω] pr εως ℵᶜᵃ | και 4º]+εκ των παιδαριων μου ℵᵃ⁽ᵛⁱᵈ⁾ᵐᵍ | σαββατου 3º] σ
sup ras Aᵃ   20 απαξ] pr ϛ ℵᶜᵃ   21 επεμαρτυραμην] διεμαρτ. ℵA |
εκτενω]+|την μαχους· εαν δευτερωσητε·| εκτενω A | χειρα] pr την ℵA | ουκ
ℵA] ου B   22 Λευιταις ℵA | αγιαζοντες] αγιαζειν ℵA   23 ιδον A |
Αζωτι|δας ℵ | Αμμανωτιδας ℵ* Αμμανιτιδας ℵᶜᵃ⁽ᵛⁱᵈ⁾A | Μωαβιτιδας ℵᶜᵃ⁽ᵐᵍ⁾A
(om Μωαβ. ℵ*)   24 λαλουντες] λαλου|σειν A | Αζωτιστει A | Ιουδαιστει A
+αλλα κατα γλωσσαν λαου| ϛ λαου ℵ*ᶜᵃ ᵐᵍ ⁱⁿᶠ   25 εκαταρασαμην] κατηρασα-
μην ℵA | αυτους 1º] αυτοις ℵ*ᵛⁱᵈ | ωρκισα] ενωρκισα A | εαν 1º] αν A | δοτε
ℵ*ᵛⁱᵈ (δωτε ℵᵃ) | υμων 2º]+ϛ εαυτοις ℵᶜᵃ⁽ᵐᵍ⁾   26 om ουτως ℵ*ᵛⁱᵈ (hab
ℵᶜᵃ⁽ᵐᵍ⁾) | πολλοις] pr τοις ℵᶜᵃ | τω θεω] om τω A

XXIII 27   ΕΣΔΡΑΣ Β (ΝΕΕΜΙΑΣ)

B αἱ ἀλλότριαι. ²⁷καὶ ὑμῶν μὴ ἀκουσόμεθα ποιῆσαι πᾶσαν πονηρίαν 27
ταύτην, ἀσυνθετῆσαι ἐν τῷ θεῷ ἡμῶν, καθίσαι γυναῖκας ἀλλοτρίας.
²⁸ καὶ ἀπὸ υἱῶν Ἰωαδὰ τοῦ Ἐλεισοὺβ τοῦ ἱερέως τοῦ μεγάλου νυμφίου 28
τοῦ Σαναβαλλάτ· καὶ ἐξέβρασα αὐτοὺς ἀπ' ἐμοῦ. ²⁹μνήσθητι αὐτοῖς ὁ 29
θεὸς ἐπὶ ἀγχιστείᾳ τῆς ἱερατείας καὶ διαθήκης τῆς ἱερατείας καὶ τοὺς
Λευείτας. ³⁰καὶ ἐκαθάρισα αὐτοὺς ἀπὸ πάσης ἀλλοτριώσεως, καὶ 30
ἔστησα ἐφημερίας τοῖς ἱερεῦσιν καὶ τοῖς Λευείταις, ἀνὴρ ὡς τὸ ἔργον
αὐτοῦ, ³¹καὶ τὸ δῶρον τῶν ξυλοφόρων ἐν καιροῖς ἀπὸ χρόνων καὶ 31
ἐν τοῖς βακχουρίοις. μνήσθητί μου ὁ θεὸς ἡμῶν εἰς ἀγαθωσύνην.

ℵA   27 ακουσμεθα ℵ* (ακουσομεθα ℵᶜ ᵃ) | πασαν] pr την ℵA | ταυτην] pr την
μεγαλην ℵᶜ ᵃ⁽ᵐᵍ⁾   28 Ιωιαδα A | Ελισουβ ℵ*A Ελιασουβ ℵᵃ·ᶜ ᵃ· | Σανα-
βαλλατ] +του Ωρανιτου ℵᶜ ᵃ⁽ᵐᵍ⁾ | αυτους] αυτον ℵ   29 αγχιστια ℵ | ιερα|
τιας (bis) A | Λευιτας ℵA   30 Λευιταις ℵA   31 βακχουροις ℵ* (βακ-
χουριοι| ℵ¹⁽ᵛⁱᵈ⁾)
    Subscr Εσδρας β Bℵ Εζρας β A
    † Κλήμης μοναχός † Bᵇ?
        αντεβληθη προς παλαιω|τατον λιαν αντιγραφον| δεδιορθωμενον χειρι του|
    αγιου μαρτυρος Παμφιλου| οπερ αντιγραφον προς τω| τελει υποσημειωσις τις|
    ιδιοχειρος αυτου υπεκειτο| εχουσα ουτως | μετελημφθη και διορθωθη| προς τα
    εξαπλα Ωριγενους| Αντωνινος αντεβαλεν·| Παμφιλος διορθωσα:| ℵ ¹° ᵐᵍ ⁱⁿᶠ

ΨΑΛΜΟΙ

I

I 1 ΜΑΚΑΡΙΟΣ ἀνὴρ ὃς οὐκ ἐπορεύθη ἐν βουλῇ ἀσεβῶν,   B
    καὶ ἐν ὁδῷ ἁμαρτωλῶν οὐκ ἔστη,
    καὶ ἐπὶ καθέδραν λοιμῶν οὐκ ἐκάθισεν·
2 ²ἀλλ' ἢ ἐν τῷ νόμῳ Κυρίου τὸ θέλημα αὐτοῦ,
    καὶ ἐν τῷ νόμῳ αὐτοῦ μελετήσει ἡμέρας καὶ νυκτός.
3 ³καὶ ἔσται ὡς τὸ ξύλον τὸ πεφυτευμένον παρὰ τὰς διεξόδους
       τῶν ὑδάτων,
    ὃ τὸν καρπὸν αὐτοῦ δώσει ἐν καιρῷ αὐτοῦ,
    καὶ τὸ φύλλον αὐτοῦ οὐκ ἀπορρυήσεται·
    καὶ πάντα ὅσα ἂν ποιῇ κατευοδωθήσεται.
4 ⁴οὐχ οὕτως οἱ ἀσεβεῖς, οὐχ οὕτως,
    ἀλλ' ἢ ὡς ὁ χνοῦς ὃν ἐκριπτεῖ ὁ ἄνεμος ἀπὸ προσώπου
       τῆς γῆς.
5 ⁵διὰ τοῦτο οὐκ ἀναστήσονται οἱ ἀσεβεῖς ἐν κρίσει,
    οὐδὲ ἁμαρτωλοὶ ἐν βουλῇ δικαίων·
6 ⁶ὅτι γινώσκει Κύριος ὁδὸν δικαίων,
    καὶ ὁδὸς ἀσεβῶν ἀπολεῖται.

Β'

II 1 ¹ἵνα τί ἐφρύαξαν ἔθνη, καὶ λαοὶ ἐμελέτησαν κενά;
2   ²παρέστησαν οἱ βασιλεῖς τῆς γῆς
      καὶ οἱ ἄρχοντες συνήχθησαν ἐπὶ τὸ αὐτὸ
      κατὰ τοῦ κυρίου καὶ κατὰ τοῦ χριστοῦ αὐτοῦ.   διάψαλμα.

Inscr ψαλμοι B deest in ℵ ψαλτηριον A ψαλτηριον τω Δδ Rᵃ   I 1— ℵAR
II 7 μακαριος ει συ Rᵃ (deest in R*)   1 εστη] εστιν Rᵃ | καθεδρα A
2 αλλ η] αλλα ην A*ᵛⁱᵈ   3 ποιηση A   4 ο ανεμος] om ο Rᵃ   5 οι
ασεβεις] om οι ℵᶜARᵃ | αμαρτωλοι] pr οι A — Stich 15 BℵA 8 Rᵃᵛⁱᵈ
II 1 pr ψαλμος τω Δδ Rᵃ   2 διαψαλμα non inst Bᵇ (ita ubique) om Rᵃ

B ³διαρρήξωμεν τοὺς δεσμοὺς αὐτῶν,
   καὶ ἀπορρίψωμεν ἀφ' ἡμῶν τὸν ζυγὸν αὐτῶν.
⁴ὁ κατοικῶν ἐν οὐρανοῖς ἐκγελάσεται αὐτούς,
   καὶ ὁ κύριος ἐκμυκτηριεῖ αὐτούς
⁵τότε λαλήσει πρὸς αὐτοὺς ἐν ὀργῇ αὐτοῦ,
   καὶ ἐν τῷ θυμῷ αὐτοῦ ταράξει αὐτούς.
⁶ἐγὼ δὲ κατεστάθην ὑπ' αὐτοῦ
   ἐπὶ Σειὼν ὄρος τὸ ἅγιον αὐτοῦ,
⁷διαγγέλλων τὸ πρόσταγμα Κυρίου.
Κύριος εἶπεν πρὸς μέ Υἱός μου εἶ σύ,
   ἐγὼ σήμερον γεγέννηκά σε·
⁸αἴτησαι παρ' ἐμοῦ, καὶ δώσω σοι ἔθνη τὴν κληρονομίαν σου,
   καὶ τὴν κατάσχεσίν σου τὰ πέρατα τῆς γῆς·
⁹ποιμανεῖς αὐτοὺς ἐν ῥάβδῳ σιδηρᾷ,
   ὡς σκεῦος κεραμέως συντρίψεις αὐτούς.
¹⁰καὶ νῦν, βασιλεῖς, σύνετε·
   παιδεύθητε, πάντες οἱ κρίνοντες τὴν γῆν.
¹¹δουλεύσατε τῷ κυρίῳ ἐν φόβῳ,
   καὶ ἀγαλλιᾶσθε αὐτῷ ἐν τρόμῳ.
¹²δράξασθε παιδείας, μή ποτε ὀργισθῇ Κύριος,
   καὶ ἀπολεῖσθε ἐξ ὁδοῦ δικαίας,
   ὅταν ἐκκαυθῇ ἐν τάχει ὁ θυμὸς αὐτοῦ.
   μακάριοι πάντες οἱ πεποιθότες ἐπ' αὐτῷ

Γ´

Ψαλμὸς τῷ Δαυείδ, ὁπότε ἀπεδίδρασκεν ἀπὸ
προσώπου Ἀβεσσαλὼμ τοῦ υἱοῦ αὐτοῦ

²Κύριε, τί ἐπληθύνθησαν οἱ θλίβοντές με,
   πολλοὶ ἐπανίστανται ἐπ' ἐμέ·
³πολλοὶ λέγουσιν τῇ ψυχῇ μου
   Οὐκ ἔστιν σωτηρία ἐν τῷ θεῷ αὐτοῦ.   διάψαλμα.

ℵAR 3 απoριψ. Rᵃ   4 ενγελασεται A | εκμικτεριει A   5 post ταραξει ras 1 lit (forte s) Λ' | αυτους 2°] s rescr Aᵃ ᵛⁱᵈ   6 κατεσταθην] + βασιλευς ARᵇ   7 διαγγελων A | γεγεννκα A* (η superscι Aᵃ')   8 περα A   9 ως] pr και A | σκευη ℵᶜ ᵃ ARᵃ   12 δραξεσθε R* (-ασθε Rᵃ) | παιδειας] παιδιας ℵ παιδειαν (? παιδιαν) R | Κυριος] pr o R | ενκαυθη Rᵃ | αυτω] αιτον R — Stich 27 BℵA 19 Rᵛⁱᵈ   III 1 om ψαλμος A | οποτε] αποτε R*ᵛⁱᵈ | απεδιδρασκε R   2 επανιστανται] επανιστaντo ℵᶜ ᵃ επανεστησαν A   3 σωτηρια] + αυτω A + αυτου R

ΨΑΛΜΟΙ   IV 9

4 ⁴σὺ δέ, Κύριε, ἀντιλήμπτωρ μου εἶ,   B
δόξα μου καὶ ὑψῶν τὴν κεφαλήν μου.
5 ⁵φωνῇ μου πρὸς Κύριον ἐκέκραξα,
καὶ ἐπήκουσέν μου ἐξ ὄρους ἁγίου αὐτοῦ.   διάψαλμα.
6 ⁶ἐγὼ ἐκοιμήθην καὶ ὕπνωσα·
ἐξηγέρθην, ὅτι Κύριος ἀντιλήμψεταί μου.
7 ⁷οὐ φοβηθήσομαι ἀπὸ μυριάδων λαοῦ
τῶν κύκλῳ ἐπιτιθεμένων μοι.
8 ⁸ἀνάστα, Κύριε, σῶσόν με ὁ θεός μου·
ὅτι σὺ ἐπάταξας πάντας τοὺς ἐχθραίνοντάς μοι ματαίως,
ὀδόντας ἁμαρτωλῶν συνέτριψας.
9 ⁹τοῦ κυρίου ἡ σωτηρία, καὶ ἐπὶ τὸν λαόν σου ἡ εὐλογία σου

Δ´

IV   Εἰς τὸ τέλος, ἐν ψαλμοῖς· ᾠδὴ τῷ Δαυείδ.

2 ²Ἐν τῷ ἐπικαλεῖσθαί με εἰσήκουσέν μου ὁ θεὸς τῆς δικαιο-
σύνης μου,
ἐν θλίψει ἐπλάτυνάς μοι·
οἰκτείρησόν με καὶ εἰσάκουσον τῆς προσευχῆς μου
3 ³υἱοὶ ἀνθρώπων, ἕως πότε βαρυκάρδιοι;
ἵνα τί ἀγαπᾶτε ματαιότητα καὶ ζητεῖτε ψεῦδος;   διάψαλμα.
4 ⁴καὶ γνῶτε ὅτι ἐθαυμάστωσεν Κύριος τὸν ὅσιον αὐτοῦ·
Κύριος εἰσακούσεταί μου ἐν τῷ κεκραγέναι με πρὸς αὐτόν.
5 ⁵ὀργίζεσθε καὶ μὴ ἁμαρτάνετε·
ἃ λέγετε ἐν καρδίᾳ, ἐπὶ ταῖς κοίταις ὑμῶν κατανύγητε
διάψαλμα.
6 ⁶θύσατε θυσίαν δικαιοσύνης, καὶ ἐλπίσατε ἐπὶ Κύριον.
7 ⁷πολλοὶ λέγουσιν Τίς δείξει ἡμῖν τὰ ἀγαθά;
ἐσημειώθη ἐφ᾽ ἡμᾶς τὸ φῶς τοῦ προσώπου σου, Κύριε·
8 ⁸ἔδωκας εὐφροσύνην εἰς τὴν καρδίαν μου,
ἀπὸ καρποῦ σίτου καὶ οἴνου καὶ ἐλαίου αὐτῶν ἐπληθύνθησαν
9 ⁹ἐν εἰρήνῃ ἐπὶ τὸ αὐτὸ κοιμηθήσομαι καὶ ὑπνώσω·
ὅτι σύ, Κύριε, κατὰ μόνας ἐπ᾽ ἐλπίδι κατῴκισάς με.

4 om Κυριε A | υψων την κεφ] ν την κε sup ras Aᵃ ᵛⁱᵈ   5 επηκουσεν] ℵAR
εισηκουσεν AR   6 εγω]+δε A | αντελαβετο ℵ* (αντιλημψ. ℵᶜ ᵃ)   7 κυκ-
λων A | συνεπιτιθεμενων ℵAR   8 του (sic) εχθραινοντας (αιν [ι sup ras] Aᵃ ᵛⁱᵈ)
A — Stich 16 B 15 ℵAR   IV 1 εν ψαλμοις] ψαλμος AR ¦ om ωδη A ωδης
R | τω Δ] του Δ. R   3 βαρυκαρδιοι] υ sup ras 2 forte litt Aᵃ | ματαιοτητας
A   5 καρδια] ταις καρδιαις υμων BᵃʰℵAR | επι] pr και R | κατανοιγητε A
9 κοιμηθησομαι] ο sup ras Aᵃ | επι 2°] επ AR — Stich 16 BℵA 17 R

Ε΄

Εἰς τὸ τέλος, ὑπὲρ τῆς κληρονομούσης
ψαλμὸς τῷ Δαυείδ.

² Τὰ ῥήματά μου ἐνώτισαι, Κύριε,
  σύνες τῆς κραυγῆς μου.
³ πρόσχες τῆς φωνῆς τῆς δεήσεώς μου.
  ὁ βασιλεύς μου καὶ ὁ θεός μου·
  ὅτι πρὸς σὲ προσεύξομαι, Κύριε.
⁴ τὸ πρωὶ εἰσακούσῃ τῆς φωνῆς μου·
  τὸ πρωὶ παραστήσομαί σοι καὶ ἐπόψομαι
⁵ ὅτι οὐχὶ θεὸς θέλων ἀνομίαν σὺ εἶ·
  οὐδὲ παροικήσει σοι πονηρευόμενος.
⁶ οὐ διαμενοῦσιν παράνομοι κατέναντι τῶν ὀφθαλμῶν σου·
  ἐμίσησας, Κύριε, πάντας τοὺς ἐργαζομένους τὴν ἀνομίαν
⁷ ἀπολεῖς πάντας τοὺς λαλοῦντας τὸ ψεῦδος·
  ἄνδρα αἱμάτων καὶ δόλιον βδελύσσεται Κύριος.
⁸ ἐγὼ δὲ ἐν τῷ πλήθει τοῦ ἐλέους σου εἰσελεύσομαι εἰς τὸν οἶ-
  κόν σου,
  προσκυνήσω πρὸς ναὸν ἅγιόν σου ἐν φόβῳ σου.
⁹ Κύριε, ὁδήγησόν με ἐν τῇ δικαιοσύνῃ σου ἕνεκα τῶν ἐχθρῶν μου,
  κατεύθυνον ἐνώπιόν σου τὴν ὁδόν μου.
¹⁰ ὅτι οὐκ ἔστιν ἐν τῷ στόματι αὐτῶν ἀλήθεια,
  ἡ καρδία αὐτῶν ματαία·
  τάφος ἀνεῳγμένος ὁ λάρυγξ αὐτῶν,
  ταῖς γλώσσαις αὐτῶν ἐδολιοῦσαν
¹¹ κρῖνον αὐτούς, ὁ θεός·
  ἀποπεσάτωσαν ἀπὸ τῶν διαβουλιῶν αὐτῶν·
  κατὰ τὸ πλῆθος τῶν ἀσεβειῶν αὐτῶν
  ἔξωσον αὐτούς, ὅτι παρεπίκρανάν σε, Κύριε
¹² καὶ εὐφρανθήτωσαν ἐπὶ σοὶ πάντες οἱ ἐλπίζοντες ἐπὶ σε
  εἰς αἰῶνα ἀγαλλιάσονται, καὶ κατασκηνώσεις ἐν αὐτοῖς.
  καὶ καυχήσονται ἐπὶ σοὶ πάντες οἱ ἀγαπῶντες τὸ ὄνομά σου,

ℵAR   V 2 τη κραυγη A   3 τη φωνη AR   4 εποψομαι] εποψη ℵ^{c a}
εποψη με AR^a   5 ουδε] ου ℵ^{c a}R   6 ου] ουδε ℵ^{c a}AR | om κε B' ℵ
8 ελεοι] ελαιοις ℵ ελεους R   9 σου 1° Bℵ^{c a}AR] μου ℵ* | μου 2°
Bℵ^{c a}AR] σου ℵ*   10 τω στοματι] om τω ℵ* (hab ℵ^{c a}) | λαρυξ A
11 διαβολιων R^a   12 om επι 1° ℵ^{c a}R | σοι 1°] σε ℵ | αιωνα] pr τον R |
επι 3°] εν ℵAR | om παντες 2° ℵ

ΨΑΛΜΟΙ

13 ¹³ὅτι σὺ εὐλογεῖς δίκαιον.
Κύριε, ὡς ὅπλῳ εὐδοκίας ἐστεφάνωσας ἡμᾶς.

Ϛ´

VI Εἰς τὸ τέλος, ἐν ὕμνοις, ὑπὲρ τῆς ὀγδόης·
ψαλμὸς τῷ Δαυείδ

2 ²Κύριε, μὴ τῷ θυμῷ σου ἐλέγξῃς με,
μηδὲ τῇ ὀργῇ σου παιδεύσῃς με.

3 ³ἐλέησόν με, Κύριε, ὅτι ἀσθενής εἰμι·
ἴασαί με, ὅτι ἐταράχθη τὰ ὀστᾶ μου.

4 ⁴καὶ ἡ ψυχή μου ἐταράχθη σφόδρα·
καὶ σύ, Κύριε, ἕως πότε;

5 ⁵ἐπίστρεψον, Κύριε, ῥῦσαι τὴν ψυχήν μου,
σῶσόν με ἕνεκεν τοῦ ἐλέους σου.

6 ⁶ὅτι οὐκ ἔστιν ἐν τῷ θανάτῳ ὁ μνημονεύων σου·
ἐν δὲ τῷ ᾅδῃ τίς ἐξομολογήσεταί σοι;

7 ⁷ἐκοπίασα ἐν τῷ στεναγμῷ μου,
λούσω καθ᾽ ἑκάστην νύκτα τὴν κλίνην μου,
ἐν δάκρυσίν μου τὴν στρωμνήν μου βρέξω·

8 ⁸ἐταράχθη ἀπὸ θυμοῦ ὁ ὀφθαλμός μου,
ἐπαλαιώθην ἐν πᾶσιν τοῖς ἐχθροῖς μου

9 ⁹ἀπόστητε ἀπ᾽ ἐμοῦ πάντες οἱ ἐργαζόμενοι τὴν ἀνομίαν,
ὅτι εἰσήκουσεν Κύριος τῆς φωνῆς τοῦ κλαυθμοῦ μου·

10 ¹⁰εἰσήκουσεν Κύριος τῆς δεήσεώς μου,
Κύριος τὴν προσευχήν μου προσεδέξατο.

11 ¹¹αἰσχυνθείησαν καὶ ταραχθείησαν σφόδρα πάντες οἱ ἐχθροί μου,
ἐπιστραφείησαν καὶ αἰσχυνθείησαν σφόδρα διὰ τάχους.

Ζ´

VII Ψαλμὸς τῷ Δαυείδ, ὃν ᾖσεν τῷ κυρίῳ
ὑπὲρ τῶν λόγων Χουσεὶ υἱοῦ Ἰεμενεί

2 ²Κύριε ὁ θεός μου, ἐπὶ σοὶ ἤλπισα·
σῶσόν με ἐκ πάντων τῶν διωκόντων με καὶ ῥῦσαί με,

---

13 ευλογεις] ευλογησεις ℵR | δικαιον] pr τον R — Stich 30 BℵA 29 R ℵAR
VI 1 om εν υμνοις A εν τω κυριου (sic) Rᵃᵛⁱᵈ **3** με 2°]+κε ℵAR **8** πασι ℵ |
εχθροις] χθρο s sup ras A¹ **9—10** om της φωνης Κυριος (3°) ℵ* (hab ℵᶜᵃ)
10 εισηκουσεν] ηκουσεν ℵᶜᵃA **11** αισχυνθειησαν 1°] αισχυνθητωσαν R |
ταραχθεισαν] εντραπετωσαν R | om σφοδρα 1° BᶜℵᶜᵃR | επιστραφειησαν]
αποστραφειησαν (-φιησαν A) εις τα οπισω ℵA αποστραφετωσαν R | αισχυν-
θειησαν 2°] καταισχυνθειησαν ℵᶜᵃA (-θιησαν) καταισχυνθητωσαν R — Stich
21 BR 20 ℵA   VII **1** ησεν] ηνεσεν Rᵛⁱᵈ | Χουσι A | Ιεμενι A

ΨΑΛΜΟΙ VII 3

B ³μή ποτε ἁρπάσῃ ὡς λέων τὴν ψυχήν μου, 3
μὴ ὄντος λυτρουμένου μηδὲ σώζοντος.
⁴Κύριε ὁ θεός μου, εἰ ἐποίησα τοῦτο, 4
εἰ ἔστιν ἀδικία ἐν χερσίν μου,
⁵εἰ ἀνταπέδωκα τοῖς ἀνταποδιδοῦσίν μοι κακά, 5
ἀποπέσοιμι ἄρα ἀπὸ τῶν ἐχθρῶν μου κενός·
⁶καταδιώξαι ἄρα ὁ ἐχθρὸς τὴν ψυχήν μου καὶ καταλάβοι, 6
καὶ καταπατήσαι εἰς γῆν τὴν ζωήν μου,
καὶ τὴν δόξαν μου εἰς χοῦν κατασκηνώσαι.   διάψαλμα
⁷ἀνάστηθι, Κύριε, ἐν ὀργῇ σου, 7
ὑψώθητι ἐν τοῖς πέρασι τῶν ἐχθρῶν μου·
ἐξεγέρθητι, Κύριε ὁ θεός μου, ἐν προστάγματι ᾧ ἐνετείλω.
⁸καὶ συναγωγὴ λαῶν κυκλώσει σε· 8
καὶ ὑπὲρ ταύτης εἰς ὕψος ἐπίστρεψον.
⁹Κύριος κρινεῖ λαούς· 9
κρῖνόν με, Κύριε, κατὰ τὴν δικαιοσύνην μου
καὶ κατὰ τὴν ἀκακίαν μου ἐπ' ἐμοί.
¹⁰συντελεσθήτω δὴ πονηρία ἁμαρτωλῶν, 10
καὶ κατευθυνεῖς δίκαιον
ἐτάζων καρδίας καὶ νεφροὺς ὁ θεός.
¹¹δικαία ἡ βοήθειά μου παρὰ τοῦ θεοῦ 11
τοῦ σώζοντος τοὺς εὐθεῖς τῇ καρδίᾳ.
¹²ὁ θεὸς κριτὴς δίκαιος καὶ ἰσχυρὸς καὶ μακρόθυμος, 12
μὴ ὀργὴν ἐπάγων καθ' ἑκάστην ἡμέραν
¹³ἐὰν μὴ ἐπιστραφῆτε, τὴν ῥομφαίαν αὐτοῦ στιλβώσει· 13
τὸ τόξον αὐτοῦ ἐνέτεινεν, καὶ ἡτοίμασεν αὐτό
¹⁴καὶ ἐν αὐτῷ ἡτοίμασεν σκεύη θανάτου, 14
τὰ βέλη αὐτοῦ τοῖς καιομένοις ἐξειργάσατο
¹⁵ἰδοὺ ὠδίνησεν ἀνομίαν, 15
συνέλαβεν πόνον καὶ ἔτεκεν ἀδικίαν·

NAR 3 μηντος B* (o superscr Bᵃᵇ)   5 ανταπεδωκας A | ανταποδιδοσιν A | κακα] πονηρα R | αποπεσοιμι BᵃᵇNᶜᵃR] αποπεσοιν B* αποπεσοιν N*A | κενος] καινος A   6 καταλαβοι]+αυτην R | καταπατησε, κατασκηνωσε Nᶜᵃ (postea ipse forte del) καταπατησει, κατασκηνωσει Rᵛⁱᵈ   7 τοις περασιν A (οις ε retract Aᵇ) R | εχθρων μου] ν ου retract Aᵇ εχθρ σου R | εξεγερθητι] pr και NᶜᵃAR | om Κυριε N* (hab κε̅ N¹)   9 με] μοι A | εμοι] εμε R   11 του θεου] κυριου R   12 μη] pr ϗ Nᶜᵃ (ias Nᶜᵇ?)   13 εαν] ias aliq in ν B? | στιλβωσιν A   15 ανομιαν] αδικιαν NAR | συνελαβεν] συν sup ras Bᵃᵇ | αδικιαν] ανομιαν NAR

ΨΑΛΜΟΙ IX 2

16 ¹⁶λάκκον ὤρυξεν καὶ ἀνέσκαψεν αὐτόν, B
καὶ ἐνπεσεῖται εἰς βόθρον ὃν εἰργάσατο·
17 ¹⁷ἐπιστρέψει ὁ πόνος αὐτοῦ εἰς κεφαλὴν αὐτοῦ,
καὶ ἐπὶ κορυφὴν αὐτοῦ ἡ ἀδικία αὐτοῦ καταβήσεται
18 ¹⁸ἐξομολογήσομαι Κυρίῳ κατὰ τὴν δικαιοσύνην αὐτοῦ,
καὶ ψαλῶ τῷ ὀνόματι Κυρίου τοῦ ὑψίστου.

Η´

VIII Εἰς τὸ τέλος, ὑπὲρ τῶν ληνῶν· ψαλμὸς τῷ Δαυειδ.

2 ²Κύριε ὁ κύριος ἡμῶν, ὡς θαυμαστὸν τὸ ὄνομά σου ἐν πάσῃ τῇ γῇ·
ὅτι ἐπήρθη ἡ μεγαλοπρεπία σου ὑπεράνω τῶν οὐρανῶν.
3 ³ἐκ στόματος νηπίων καὶ θηλαζόντων κατηρτίσω αἶνον
ἕνεκα τῶν ἐχθρῶν σου, τοῦ καταλῦσαι ἐχθρὸν καὶ ἐκδικητήν.
4 ⁴ὅτι ὄψομαι τοὺς οὐρανούς, ἔργα τῶν δακτύλων σου,
σελήνην καὶ ἀστέρας ἃ σὺ ἐθεμελίωσας·
5 ⁵τί ἐστιν ἄνθρωπος ὅτι μιμνήσκῃ αὐτοῦ,
ἢ υἱὸς ἀνθρώπου ὅτι ἐπισκέπτῃ αὐτόν;
6 ⁶ἠλάττωσας αὐτὸν βραχύ τι παρ' ἀγγέλους,
δόξῃ καὶ τιμῇ ἐστεφάνωσας αὐτόν.
7 ⁷καὶ κατέστησας αὐτὸν ἐπὶ τὰ ἔργα χειρῶν σου·
πάντα ὑπέταξας ὑποκάτω τῶν ποδῶν αὐτοῦ,
8 ⁸πρόβατα καὶ βόας πάσας,
ἔτι δὲ καὶ τὰ κτήνη τοῦ πεδίου,
9 ⁹τὰ πετεινὰ τοῦ οὐρανοῦ καὶ τοὺς ἰχθύας τῆς θαλάσσης,
τὰ διαπορευόμενα τρίβους θαλασσῶν.
10 ¹⁰Κύριε ὁ κύριος ἡμῶν, ὡς θαυμαστὸν τὸ ὄνομά σου ἐν πάσῃ
τῇ γῇ.

Θ´

IX Εἰς τὸ τέλος, ὑπὲρ τῶν κρυφίων τοῦ υἱοῦ·
ψαλμὸς τῷ Δαυειδ.

2 ²Ἐξομολογήσομαι σοι, Κύριε, ἐν ὅλῃ καρδίᾳ μου,
διηγήσομαι πάντα τὰ θαυμάσιά σου·

16 εμπεσειται B?ℵA (ενπ. B* R) **18** Κυριω Bℵ^{c a}] pr τω ℵ*AR ℵAR — Stich 38 B 37 ℵAR   VIII **2** μεγαλοπρεπεια B^{ab}   **3** σου] σ sup ras Λ^a (μου A*)   **4** α] ας R   **5** τι] τις A   **6** αγγελλους A* (ras λ 1° Λ°) | δοξαν R | τιμην AR   **7** χειρων] pr των ℵAR   **8** απασας ℵ^{c a}AR   **9** om και τους ιχθυας R* (hab R^a) — Stich 18 BℵAR IX **1** om του υιου R   **2** om διηγησομαι ..σου ℵ* (hab ℵ^{c a}) | τα θαυμασια] om τα R

E ³εὐφρανθήσομαι καὶ ἀγαλλιάσομαι ἐν σοί,
  ψαλῶ τῷ ὀνόματί σου, Ὕψιστε.
⁴ἐν τῷ ἀποστραφῆναι τὸν ἐχθρόν μου εἰς τὰ ὀπίσω,
  ἀσθενήσουσιν καὶ ἀπολοῦνται ἀπὸ προσώπου σου.
⁵ὅτι ἐποίησας τὴν κρίσιν μου καὶ τὴν δίκην μου,
  ἐκάθισας ἐπὶ θρόνου, ὁ κρίνων δικαιοσύνην.
⁶ἐπετίμησας ἔθνεσιν, καὶ ἀπώλετο ὁ ἀσεβής·
  τὸ ὄνομα αὐτῶν ἐξήλειψας εἰς τὸν αἰῶνα καὶ εἰς τὸν αἰῶνα
  τοῦ αἰῶνος.
⁷τοῦ ἐχθροῦ ἐξέλιπον αἱ ῥομφαῖαι εἰς τέλος, καὶ πόλεις καθεῖλες·
  ἀπώλετο τὸ μνημόσυνον αὐτῶν μετ' ἠχοῦς·
⁸καὶ ὁ κύριος εἰς τὸν αἰῶνα μένει·
  ἡτοίμασεν ἐν κρίσει τὸν θρόνον αὐτοῦ.
⁹καὶ αὐτὸς κρινεῖ τὴν οἰκουμένην ἐν δικαιοσύνῃ,
  κρινεῖ λαοὺς ἐν εὐθύτητι.
¹⁰καὶ ἐγένετο Κύριος καταφυγὴ τῷ πένητι,
  βοηθὸς ἐν εὐκαιρίαις ἐν θλίψει.
¹¹καὶ ἐλπισάτωσαν ἐπὶ σὲ οἱ γινώσκοντες τὸ ὄνομά σου,
  ὅτι οὐκ ἐνκατέλιπες τοὺς ἐκζητοῦντάς σε, Κύριε.
¹²ψάλατε τῷ κυρίῳ τῷ κατοικοῦντι ἐν Σιών,
  ἀναγγείλατε ἐν τοῖς ἔθνεσιν τὰ ἐπιτηδεύματα αὐτοῦ
¹³ὅτι ἐκζητῶν τὰ αἵματα αὐτῶν ἐμνήσθη,
  οὐκ ἐπελάθετο τῆς δεήσεως τῶν πενήτων.
¹⁴ἐλέησόν με, Κύριε· ἴδε τὴν ταπείνωσίν μου ἐκ τῶν ἐχθρῶν μου,
  ὁ ὑψῶν με ἐκ τῶν πυλῶν τοῦ θανάτου,
¹⁵ὅπως ἂν ἐξαγγείλω πάσας τὰς αἰνέσεις σου
  ἐν ταῖς πύλαις τῆς θυγατρὸς Σιών·
  ἀγαλλιάσομαι ἐπὶ τῷ σωτηρίῳ σου.
¹⁶ἐνεπάγησαν ἔθνη ἐν διαφθορᾷ ᾗ ἐποίησαν,
  ἐν παγίδι ταύτῃ ᾗ ἔκρυψαν συνελήμφθη ὁ ποὺς αὐτῶν
¹⁷γινώσκεται Κύριος κρίματα ποιῶν,

ℵAR **4** προσωπου] pr του R   **6** αυτων] αυτου ℵ^(c a) σου A   **7** εξελειπον A | καθειλας ℵ^(c a) R | ηχου B^(b v id)   **9** δικαιοσυνη] ευθυτητι R | ευθυτητι] δικαιοσυνη R* (ευθ. R^a)   **10** θλιψεσι ℵ θλιψεσιν R   **11** σε 1°] σοι A | οι γιν] pr παντες A | εγκατελιπες B^b ℵ*A (εγκαταιλ.) εγκατελιπας ℵ^(c a) R (ενκ.)   **13** ελζητων] pr ο ℵ^a (ras ℵ^(c b'')) | δεησεως] κραυγης ℵR φωνης A   **14** ειδε A   **15** αγαλλιασομαι] θα superscr ℵ^(c a) (ras ℵ^(c b'')) αγαλλιασομεθα R^a | επι] εν A | τω σωτηριω] το σωτηριον R   **16** εποιησαν] α sup ras A^a | παγιδι ταυτη] τη παγ. R* τη π. ταυτη R^a | η 2° sup ras A^a

ΨΑΛΜΟΙ IX 30

ἐν τοῖς ἔργοις τῶν χειρῶν αὐτοῦ συνελήμφθη ὁ ἁμαρτωλός. B
ᾠδὴ διαψάλματος.

18 ¹⁸ἀποστραφήτωσαν οἱ ἁμαρτωλοὶ εἰς τὸν ᾅδην,
πάντα τὰ ἔθνη τὰ ἐπιλανθανόμενα τοῦ θεοῦ.
19 ¹⁹ὅτι οὐκ εἰς τέλος ἐπιλησθήσεται ὁ πτωχός,
ἡ ὑπομονὴ τῶν πενήτων οὐκ ἀπολεῖται εἰς τὸν αἰῶνα.
20 ²⁰ἀνάστηθι, Κύριε, μὴ κραταιούσθω ἄνθρωπος,
κριθήτωσαν ἔθνη ἐνώπιόν σου.
21 ²¹κατάστησον, Κύριε, νομοθέτην ἐπ' αὐτούς,
γνώτωσαν ἔθνη ὅτι οἱ ἄνθρωποί εἰσιν   διάψαλμα.
(X) (1) 22 ²²ἵνα τί, Κύριε, ἀφέστηκας μακρόθεν;
ὑπερορᾷς ἐν εὐκαιρίαις ἐν θλίψει;
(2) 23 ²³ἐν τῷ ὑπερηφανεύεσθαι τὸν ἀσεβῆ ἐνπυρίζεται ὁ πτωχός·
συνλαμβάνονται ἐν διαβουλίοις οἷς διαλογίζονται.
(3) 24 ²⁴ὅτι ἐπαινεῖται ὁ ἁμαρτωλὸς ἐν ταῖς ἐπιθυμίαις τῆς ψυχῆς
αὐτοῦ,
καὶ ὁ ἀδικῶν ἐνευλογεῖται.
(4) 25 ²⁵παρώξυνεν τὸν Κύριον ὁ ἁμαρτωλός,
κατὰ τὸ πλῆθος τῆς ὀργῆς αὐτοῦ οὐκ ἐκζητήσει
οὐκ ἔστιν ὁ θεὸς ἐνώπιον αὐτοῦ.
(5) 26 ²⁶βεβηλοῦνται αἱ ὁδοὶ αὐτοῦ ἐν παντὶ καιρῷ·
ἀνταναιρεῖται τὰ κρίματά σου ἀπὸ προσώπου αὐτοῦ,
πάντων τῶν ἐχθρῶν αὐτοῦ κατακυριεύσει.
(6) 27 ²⁷εἶπεν γὰρ ἐν καρδίᾳ αὐτοῦ Οὐ μὴ σαλευθῶ ἀπὸ γενεᾶς εἰς
γενεὰν ἄνευ κακοῦ.
(7) 28 ²⁸οὗ ἀρᾶς τὸ στόμα αὐτοῦ γέμει καὶ πικρίας καὶ δόλου,
ὑπὸ τὴν γλῶσσαν αὐτοῦ κόπος καὶ πόνος
(8) 29 ²⁹ἐνκάθηται ἐνέδρᾳ μετὰ πλουσίων
ἐν ἀποκρύφοις ἀποκτεῖναι ἀθῶον·
οἱ ὀφθαλμοὶ αὐτοῦ εἰς τὸν πένητα ἀποβλέπουσιν
(9) 30 ³⁰ἐνεδρεύει ἐν ἀποκρύφῳ, ὡς λέων ἐν τῇ μάνδρᾳ αὐτοῦ·
ἐνεδρεύει τοῦ ἁρπάσαι πτωχόν,

17 αμαρτωλος] αμαρτω sup ras 8 circ litt Aᵃ | ωδη διαψ. non inst Bᵇ ℵAR
18 επιστραφητωσαν R* (αποστρ. Rᵃ)   19 επιλησθησεται] επιλισθη-
σεται (επιλισ sup ras) Λᵃ | τον αιωνα] τελος ℵᶜᵃA   20 αναστα R
21 γνωτωσαν] pr του R | οι ανθρ.] om οι ℵAR   22 θλιψεσιν ℵR
23 ασεβην A | εμπυριζεται Bᵃᵇ | συλλαμβ. BᵇℵA | διαλογιζονται] α 1º sup
ras Aᵃ   24 εν] επι ℵ* (εν ℵᶜᵃ)   26 σου] αυτου R   29 εγκα-
θηται Bᵃᵇ   30 om εν αποκρυφω   ενεδρευει 2º A

ΨΑΛΜΟΙ IX 31

B ἁρπάσαι πτωχὸν ἐν τῷ ἑλκύσαι αὐτόν·
ἐν τῇ παγίδι αὐτοῦ ³¹ταπεινώσει αὐτόν·   31 (10)
κύψει καὶ πεσεῖται ἐν τῷ αὐτὸν κατακυριεῦσαι τῶν
πενήτων.
³²εἶπεν γὰρ ἐν τῇ καρδίᾳ αὐτοῦ Ἐπιλέλησται ὁ θεός,   32 (11)
ἀπέστρεψεν τὸ πρόσωπον αὐτοῦ τοῦ μὴ βλέπειν εἰς τέλος.
³³ἀνάστηθι, Κύριε ὁ θεός, ὑψωθήτω ἡ χείρ σου·   33 (12)
μὴ ἐπιλάθῃ τῶν πενήτων
³⁴ἕνεκεν τίνος παρώξυνεν ὁ ἀσεβὴς τὸν θεόν,   34 (13)
εἶπεν γὰρ ἐν καρδίᾳ αὐτοῦ Οὐ ζητήσει.
³⁵βλέπεις, ὅτι σὺ πόνον καὶ θυμὸν κατανοήσεις,   35 (14)
τοῦ παραδοῦναι αὐτοὺς εἰς χεῖράς σου.
σοὶ οὖν ἐνκαταλέλειπται ὁ πτωχός,
ὀρφανῷ σὺ ἦσθα βοηθός.
³⁶σύντριψον τὸν βραχίονα τοῦ ἁμαρτωλοῦ καὶ πονηροῦ·   36 (15)
ζητηθήσεται ἡ ἁμαρτία αὐτοῦ, καὶ οὐ μὴ εὑρεθῇ δι' αὐτήν.
³⁷βασιλεύσει Κύριος εἰς τὸν αἰῶνα καὶ εἰς τὸν αἰῶνα τοῦ αἰῶνος·   37 (16)
ἀπολεῖσθε, ἔθνη, ἐκ τῆς γῆς αὐτοῦ
³⁸τὴν ἐπιθυμίαν τῶν πενήτων εἰσήκουσεν Κύριος,   38 (17)
τὴν ἑτοιμασίαν τῆς καρδίας αὐτῶν προσέσχεν τὸ οὖς σου,
³⁹κρῖναι ὀρφανῷ καὶ ταπεινῷ,   39 (18)
ἵνα μὴ προσθῇ ἔτι μεγαλαυχεῖν ἄνθρωπος ἐπὶ τῆς γῆς

Ι´

Εἰς τὸ τέλος· τῷ Δαυεὶδ ψαλμός.   X (XI)

Ἐπὶ τῷ κυρίῳ πέποιθα· πῶς ἐρεῖτε τῇ ψυχῇ μου   1
Μεταναστεύου ἐπὶ τὰ ὄρη ὡς στρουθίον,
²ὅτι ἰδοὺ οἱ ἁμαρτωλοὶ ἐνέτειναν τόξον,   2
§ U   ἡτοίμασαν βέλη ³εἰς φαρέτραν,

ℵARU   31 αυτον 2°] ν sup ras Aᵃ?ᵛⁱᵈ   32 τη καρδια] om τη ℵAR
33 θεος] +μου ℵᶜ¹AR | επιλαθης A | πενητων]+εις τελος R   34 παρωξυνεν]
παρωργισεν ℵ | ου ζητησει] ουκ εκζητησει ℵAR   35 πονον] κοπον AR |
κατανοησεις] κατανοεις BᶜℵAR | αυτους] αυτον ℵᶜᵃ | σοι] συ A | om ουν
ℵᶜᵃR | εγκατελελ. Bᵇ | βοηθος BℵᶜᵃRᵃ] βοηθων ℵ*AR*   36 om δι
αυτην ℵᶜᵃ δι αυτον R   37 κ̄ς̄ βασιλευσει ℵ | απολεισθαι B*A (-σθε
BᵃᵇℵRᵛⁱᵈ)   38 εισηκουσεν Κυριος] εισηκουσας κ̄ε̄ ℵᶜᵃ | σου] αυτου A
39 κριναι] αι sup ras 3 circ litt Aᵃ' | μεγαλαυχειν] pr του ℵA | ανθρωπος
BℵA'Rᵈ] ανθρωπον A*R* — Stich 81 B 80 ℵA 83 R   X 1 ψαλμος τω Δ
ℵA | αρειτε B | την ψυχην μου (ψυχην μ sup ras Aᵃ') A   2 inc [ε]ις
φαρετραν U

ΨΑΛΜΟΙ

τοῦ κατατοξεῦσαι ἐν σκοτομήνῃ τοὺς εὐθεῖς τῇ καρδίᾳ. B

3 ³ὅτι ἃ κατηρτίσω καθεῖλον·
ὁ δὲ δίκαιος τί ἐποίησεν;

4 ⁴Κύριος ἐν ναῷ ἁγίῳ αὐτοῦ
Κύριος, ἐν οὐρανῷ ὁ θρόνος αὐτοῦ.
οἱ ὀφθαλμοὶ αὐτοῦ εἰς τὸν πένητα ἀποβλέπουσιν,
τὰ βλέφαρα αὐτοῦ ἐξετάζει τοὺς υἱοὺς τῶν ἀνθρώπων.

5 ⁵Κύριος ἐξετάζει τὸν δίκαιον καὶ τὸν ἀσεβῆ·
ὁ δὲ ἀγαπῶν ἀδικίαν μισεῖ τὴν ἑαυτοῦ ψυχήν.

6 ⁶ἐπιβρέξει ἐπὶ ἁμαρτωλοὺς παγίδας·
πῦρ καὶ θεῖον καὶ πνεῦμα καταιγίδος ἡ μερὶς τοῦ ποτηρίου
αὐτῶν.

7 ⁷ὅτι δίκαιος Κύριος καὶ δικαιοσύνας ἠγάπησεν,
εὐθύτητα εἶδεν τὸ πρόσωπον αὐτοῦ.

ΙΑ′

XI
(XII)

Εἰς τὸ τέλος, ὑπὲρ τῆς ὀγδόης· ψαλμὸς τῷ Δαυείδ

2 ²Σῶσόν με, Κύριε· ὅτι ἐκλέλοιπεν ὅσιος,
ὅτι ὠλιγώθησαν αἱ ἀλήθειαι ἀπὸ τῶν υἱῶν τῶν ἀνθρώπων.

3 ³μάταια ἐλάλησεν ἕκαστος πρὸς τὸν πλησίον αὐτοῦ,
χείλη δόλια ἐν καρδίᾳ καὶ ἐν καρδίᾳ ἐλάλησαν.

4 ⁴ἐξολεθρεύσαι Κύριος πάντα τὰ χείλη τὰ δόλια καὶ γλῶσσαν
μεγαλορήμονα,

5 ⁵τοὺς εἰπόντας Τὴν γλῶσσαν ἡμῶν μεγαλυνοῦμεν,
τὰ χείλη ἡμῶν παρ᾽ ἡμῶν ἐστίν· τίς ἡμῶν κύριός ἐστιν,

6 ⁶ἀπὸ τῆς ταλαιπωρίας τῶν πτωχῶν καὶ ἀπὸ τοῦ στεναγμοῦ
τῶν πενήτων
νῦν ἀναστήσομαι, λέγει Κύριος·
θήσομαι ἐν σωτηρίᾳ, παρησιάσομαι ἐν αὐτῷ.

2 σκοτομενη B* (σκοτομηνην B^(a(vid)b)) σκοτωμε|νη A . |[τ]ομη U | τη καρ ℵARU διαι A   3 α]+συ ℵ^(c a)A | καθειλον] pr αυτοι ℵ^(c a)A καθειλαν R^a   4 τον πενητα] την οικουμενην U   5 ασεβην Λ | αδικιαν] pr την ℵ^(c b)ARU | ψυχη U   6 πακιδας ℵ* παγιδα ℵ^(c a(vid)) (postea παγιδας) A | θιον BAU | η μερις] om η R   7 Κυριος] pr ο U | δικαιοσυνην ℵ* (-νας ℵ^(c a)) U^(vid) | ηγαπησεν B* η γαπησεν B^b | ευθυτητας ℵ^(c a)A | om αυτου R* (hab R^a) — Stich 17 Bℵ A 16 R   XI 1 ψ. τω Δ υπερ της ογδ A   2 ολιγωθησαν U | των υιον U   3 ελαλησαν ℵ | το πλησιον U | bis scr και εν καρδια A* (improb 1° A^b) | ελαλησαν (-σεν U)]+κακα ℵ^(c a) (ras ℵ^(c b)) A+πονηρα R   4 εξολοθρευσαι B^b εξολεθρευσι U* (-θρευσε U^1) εξολοθρευσι R | om και ℵ^(c a) | μεγαλορημονων R   5 τις inc stich in Bℵ   6 απο 1°] ενεκεν ℵ^(c a)R | om απο 2° ℵ^(c a)RU | σωτηριω ℵ^(c a)AR^a | παρρησιασομαι B^(ab)A

223

B ⁷τὰ λόγια Κυρίου λόγια ἁγνά,   7
   ἀργύριον πεπυρωμένον, δοκίμιον τῇ γῇ,
   κεκαθαρισμένον ἑπταπλασίως.
⁸σύ, Κύριε, φυλάξεις ἡμᾶς,   8
   καὶ διατηρήσεις ἡμᾶς ἀπὸ τῆς γενεᾶς ταύτης καὶ εἰς τὸν
   αἰῶνα.
⁹κύκλῳ οἱ ἀσεβεῖς περιπατοῦσιν·   9
   κατὰ τὸ ὕψος σου ἐπολυώρησας τοὺς υἱοὺς τῶν ἀνθρώπων.

ΙΒ΄

Εἰς τὸ τέλος· ψαλμὸς τῷ Δαυείδ.   XII
(XIII)

²Ἕως πότε, Κύριε, ἐπιλήσῃ μου εἰς τέλος;   2
   ἕως πότε ἀποστρέψεις τὸ πρόσωπόν σου ἀπ' ἐμοῦ;
³ἕως τίνος θήσομαι βουλὰς ἐν ψυχῇ μου,   3
   ὀδύνας ἐν καρδίᾳ μου ἡμέρας;
   ἕως πότε ὑψωθήσεται ὁ ἐχθρός μου ἐπ' ἐμέ;
⁴ἐπίβλεψον, εἰσάκουσόν μου, Κύριε ὁ θεός μου   4
   φώτισον τοὺς ὀφθαλμούς, μή ποτε ὑπνώσω εἰς θάνατον,
⁵μή ποτε εἴπῃ ὁ ἐχθρός μου Ἴσχυσα πρὸς αὐτόν·   5
   οἱ θλίβοντές με ἀγαλλιάσονται ἐὰν σαλευθῶ.
⁶ἐγὼ δὲ ἐπὶ τῷ ἐλέει σου ἤλπισα   6
   ἀγαλλιάσεται ἡ καρδία μου ἐν τῷ σωτηρίῳ σου·
   ᾄσω τῷ κυρίῳ τῷ εὐεργετήσαντί με,
   καὶ ψαλῶ τῷ ὀνόματι Κυρίου τοῦ ὑψίστου.

ΙΓ΄

Εἰς τὸ τέλος· ψαλμὸς τῷ Δαυείδ.   XIII
(XIV)

Εἶπεν ἄφρων ἐν καρδίᾳ αὐτοῦ Οὐκ ἔστιν θεός.   1
   διέφθειραν καὶ ἐβδελύχθησαν ἐν ἐπιτηδεύμασιν,

RU 7 τη γη] pr εν U | κεκαθερισμενον A κεκαρισμενον U | om επταπλα-
σιως R* (hab Rᵃ)   8 συ]+δε U | διατηρ!ρησης A   9 τους υιους] pr
παντας A — Stich 17 B 18 ℵ 19 AR   XII 2 αποστρεψεις Bℵ U (απο-
στεψις)] αποστρεφεις AR | εμουν U   3 τινος] ποτε U | ημερας]+η
νυκτος ℵᶜᵃ+και νυκτος A   4 επιβλεψον] στρεψον U | εισακουσον] pr
και R | om μου 1° ℵ | οφθαλμους]+μου ℵARU   6 εν] επι ℵARU | τω
σωτηριω] το σωτηριον R | ευεργητωσαντι U | με] μοι R — Stich 13 Bℵ R
14 A   XIII 1 τω Δ. ψαλμος ℵ | καρδια] pr τη U | διεφθειραν Bℵ* U]
διεφθαρησαν ℵᶜᵃ AR

ΨΑΛΜΟΙ XIII 7

οὐκ ἔστιν ποιῶν χρηστότητα, οὐκ ἔστιν ἕως ἑνός.

2 ²Κύριος ἐκ τοῦ οὐρανοῦ διέκυψεν ἐπὶ τοὺς υἱοὺς τῶν ἀνθρώπων,
τοῦ ἰδεῖν εἰ ἔστιν συνίων ἢ ἐκζητῶν τὸν θεόν.

3 ³πάντες ἐξέκλιναν, ἅμα ἠχρεώθησαν,
οὐκ ἔστιν ποιῶν χρηστότητα, οὐκ ἔστιν ἕως ἑνός.
τάφος ἀνεῳγμένος ὁ λάρυγξ αὐτῶν,
ταῖς γλώσσαις αὐτῶν ἐδολιοῦσαν·
ἰὸς ἀσπίδων ὑπὸ τὰ χείλη αὐτῶν,
ὧν τὸ στόμα ἀρᾶς καὶ πικρίας γέμει·
ὀξεῖς οἱ πόδες αὐτῶν ἐκχέαι αἷμα·
σύντριμμα καὶ ταλαιπωρία ἐν ταῖς ὁδοῖς αὐτῶν,
καὶ ὁδὸν εἰρήνης οὐκ ἔγνωσαν·
οὐκ ἔστιν φόβος θεοῦ ἀπέναντι τῶν ὀφθαλμῶν αὐτῶν.

4 ⁴οὐχὶ γνώσονται πάντες οἱ ἐργαζόμενοι τὴν ἀδικίαν,
οἱ κατέσθοντες τὸν λαόν μου βρώσει ἄρτου, τὸν κύριον οὐκ ἐπεκαλέσαντο.

5 ⁵ἐκεῖ ἐδειλίασαν φόβῳ οὗ οὐκ ἦν φόβος·
ὅτι ὁ θεὸς ἐν γενεᾷ δικαίᾳ.

6 ⁶βουλὴν πτωχοῦ κατῃσχύνατε,
ὅτι Κύριος ἐλπὶς αὐτοῦ ἐστιν.

7 ⁷τίς δώσει ἐκ Σιὼν τὸ σωτήριον τοῦ Ἰσραήλ;
ἐν τῷ ἐπιστρέψαι Κύριον τὴν αἰχμαλωσίαν τοῦ λαοῦ αὐτοῦ
ἀγαλλιάσθω Ἰακὼβ καὶ εὐφρανθήτω Ἰσραήλ.

---

1 χρηστοτητα] αγαθον R   1—3 om. ουκ εστιν εως ενος (1°). ηχρε- ℵARU ωθησαν A* (hab Aᵃ ᵐᵍ ˢᵘᵖ ᵉᵗ ⁱⁿᶠ)   2 Κυριος] pr ο U | υιον B* (υιους Bᵃᵇ) | η] και U | εξη[των] U* (εζ. U¹ᵛⁱᵈ) | των θ̄ῡ U   3 ηχρειωθ. BᵃᵇR | ποιων] pr ο ℵ* (om ℵᶜᵃ) U | χρηστοτητα] αγαθον R | om ταφος...οφθαλμων αυτων ℵᶜᵃ (uncis incl) A | λαρυξ U* (γ superscr U¹) | om ταις γλωσσαις αυτων U | ασπιδος U | ων το στομα] αν το στοματ αυτων Rᵛⁱᵈ | om αρας R | καικαι π U | γεμει και πικριας R | οξοις Rᵛⁱᵈ | εκχεαι] εις εκκεχηεναι (?-χειεναι) Rᵛⁱᵈ | αιμα] pr το R   4 αδικιαν] ανομιαν ℵAU | κατεσθοντες] εσθιοντες ℵ κατεσθιοντες AU | βρωσει] pr εν A   5 φοβω Bℵᶜᵃ AU] φοβον ℵ* R | ου] ω A οπου U | ο θεος] pr κ̄ς ℵᶜᵃ | εν γενεα] εις γενεαν R | δικαια] δικαιων ℵᶜᵃ AU δικαιαν R   6 κατῃσχυνετε U | οτι] ο δε ℵᶜᵃ U | Κυριος] ο θ̄ς R* (Κυριος Rᵃᵛⁱᵈ) | ελπις] pr η R   7 τω σωτηριον U | Κυριον] κ̄ς U | αγαλλιασθω] αγαλλιασεται ℵAU | ευφρανθητω] ευφρανθησεται ℵAU — Stich 24 Bℵ 14 A* (17 Aᵃ) 25 R

SEPT. II. 225 P

B
ΙΔ΄

Ψαλμὸς τῷ Δαυείδ.

Κύριε, τίς παροικήσει ἐν τῷ σκηνώματί σου; 1
καὶ τίς κατασκηνώσει ἐν τῷ ὄρει τῷ ἁγίῳ σου;
² πορευόμενος ἄμωμος καὶ ἐργαζόμενος δικαιοσύνην, 2
λαλῶν ἀλήθειαν ἐν καρδίᾳ αὐτοῦ·
³ ὃς οὐκ ἐδόλωσεν ἐν γλώσσῃ αὐτοῦ, 3
οὐδὲ ἐποίησεν τῷ πλησίον αὐτοῦ κακόν,
καὶ ὀνειδισμὸν οὐκ ἔλαβεν ἐπὶ τοὺς ἔγγιστα αὐτοῦ·
⁴ ἐξουδένωται ἐνώπιον αὐτοῦ πονηρευόμενος, 4
τοὺς δὲ φοβουμένους Κύριον δοξάζει·
ὁ ὀμνύων τῷ πλησίον αὐτοῦ καὶ οὐκ ἀθετῶν·
⁵ τὸ ἀργύριον αὐτοῦ οὐκ ἔδωκεν ἐπὶ τόκῳ, 5
καὶ δῶρα ἐπ' ἀθῴοις οὐκ ἔλαβεν·
ὁ ποιῶν ταῦτα οὐ σαλευθήσεται εἰς τὸν αἰῶνα.

ΙΕ΄

Στηλογραφία τῷ Δαυείδ.

Φύλαξόν με, Κύριε, ὅτι ἐπὶ σοὶ ἤλπισα. 1
² εἶπα τῷ κυρίῳ Κύριός μου εἶ σύ. 2
³ τοῖς ἁγίοις τοῖς ἐν τῇ γῇ αὐτοῦ 3
ἐθαυμάστωσεν πάντα τὰ θελήματα αὐτοῦ ἐν αὐτοῖς.
⁴ ἐπληθύνθησαν αἱ ἀσθένειαι αὐτῶν, 4
μετὰ ταῦτα ἐτάχυναν·
οὐ μὴ συναγάγω τὰς συναγωγὰς αὐτῶν ἐξ αἱμάτων,
οὐδὲ μὴ μνησθῶ τῶν ὀνομάτων αὐτῶν διὰ χειλέων μου
⁵ Κύριος ἡ μερὶς τῆς κληρονομίας μου καὶ τοῦ ποτηρίου μου 5
σὺ εἶ ὁ ἀποκαθιστῶν τὴν κληρονομίαν μου ἐμοί.

ℵARU XIV 1 και] η ℵ^{c a}ARU | κατασκηνωσει] καταπαυσει U | τω ορει τω αγιω] ορει αγιω ℵ^{c a}R ορι τω αγιω A   3 ος] και R | εδολιωσεν U | γλωσση] pr τη U | ουδε] ϗ ουκ ℵ^{c a} και ουκ R | om λακον ℵ* (hab ℵ^{c a(mg)}) | εγγιστας A   4 εξουδενωθη R | πονηρευομενος] pr πας AU | Κυριον] pr τον RU | δοξασει R | om αυτου 2° ℵ* (hab ℵ^{c a})   5 αθοοις B* (αθωοις B^{ab}) | ου] +μη R* (om R^a) — Stich 13 BℵAR   XV 1 Κυριε] ο θ̅ς̅ ℵ* (κ̅ε̅ ℵ^{c a}) | ηλπισα] πεποιθα U   2 Κυριος] θ̅ς̅ ℵ* (κ̅ς̅ ℵ^{c a}) | ει συ]+οτι των αγαθων μου ου χριαν (χρειαν R) εχεις ℵAR+οτι τ. αγ. μ. χρειαν ουκ εχεις U   3 θελημα A   4 αυτων 1°] εν αυ̅οις U | ουδε] ουδ ου AU | ονομα B* (ονοματων [των superscr] B^{ab})   5 η μερις] om η ℵ^{c a}U | του ποτηριον U

ΨΑΛΜΟΙ

6 ⁶σχοινία ἐπέπεσάν μοι ἐν τοῖς κρατίστοις, B
   καὶ γὰρ ἡ κληρονομία μου κρατίστη μοί ἐστιν.
7 ⁷εὐλογήσω τὸν κύριον τὸν συνετίσαντά με·
   ἔτι δὲ καὶ ἕως νυκτὸς ἐπαίδευσάν με οἱ νεφροί μου.
8 ⁸προορώμην τὸν κύριον ἐνώπιόν μου διὰ παντός,
   ὅτι ἐκ δεξιῶν μού ἐστιν, ἵνα μὴ σαλευθῶ.
9 ⁹διὰ τοῦτο ηὐφράνθη ἡ καρδία μου
   καὶ ἠγαλλιάσατο ἡ γλῶσσά μου,
   ἔτι δὲ καὶ ἡ σάρξ μου κατασκηνώσει ἐπ' ἐλπίδι.
10 ¹⁰ὅτι οὐκ ἐνκαταλείψεις τὴν ψυχήν μου εἰς ᾅδην,
   οὐδὲ δώσεις τὸν ὅσιόν σου ἰδεῖν διαφθοράν.
11 ¹¹ἐγνώρισάς μοι ὁδοὺς ζωῆς·
   πληρώσεις με εὐφροσύνης μετὰ τοῦ προσώπου σου·
   τερπνότητες ἐν τῇ δεξιᾷ σου εἰς τέλος.

ΙϚ'

XVI
(XVII)

Προσευχὴ τοῦ Δαυείδ.

1 Εἰσάκουσον, Κύριε, τῆς δικαιοσύνης μου,
   πρόσχες τῇ δεήσει μου·
   ἐνώτισαι τῆς προσευχῆς μου οὐκ ἐν χείλεσιν δολίοις.
2 ²ἐκ προσώπου σου τὸ κρίμα μου ἐξέλθοι,
   οἱ ὀφθαλμοί μου ἰδέτωσαν εὐθύτητας.
3 ³ἐδοκίμασας τὴν καρδίαν μου, ἐπεσκέψω νυκτός·
   ἐπύρωσάς με, καὶ οὐχ εὑρέθη ἐν ἐμοὶ ἀδικία.
4 ⁴ὅπως ἂν μὴ λαλήσῃ τὸ στόμα μου ⁽⁴⁾τὰ ἔργα τῶν ἀνθρώπων,
   διὰ τοὺς λόγους τῶν χειλέων σου ἐφύλαξα ὁδοὺς σκληράς.

---

6 επεπεσαν] επεσαν ℵ | μοι 1°] με U | κρατιστοις]+μου R | η κληρονομια] ℵARU ε (sic) κληρονομιαν U | μοι 2°] εμοι R   **8** προορωμην B^{ab} | εστι R   **9** ευφρανθη ℵ | η σαρξ ... ελπ.] rescr ℵ¹   **10** ενκαταλειψεις A (-λιψ. Bℵ)] εγκαταλιψεις B^{ab} εγκαταλειψης U ενκαταλειπεις R^{vid} | αδην] pr τον ℵ* (om ℵ^{ca}) U αδου A   **11** ευφροσυνην AR* (-νης R^{avid}) | τερπνοτης ℵ^{cc(vid)}ARU | εις τελος] pr εως R — Stich 24 Bℵ R 23 A   **XVI 1** του Δ] om του R* τω Δ R^a | Κυριε] ο θεος R | της δικ.] om της ℵ^{ca}A | της δεησεως U | την προσευχην B^{ab}ℵAR | χειλεσι U   **2** μου 1°] μοι ℵ* (μου ℵ^{ca}) | om οι οφθαλμοι ... ευθ. ℵ* (hab ℵ^{ca}) | ειδετωσαν A | ευθυτητας Bℵ^{ca}AR^a] ευθυτητα R*U   **3** την καρδια U | επεσκεψω] pr και RU | ουχ ευρεθη (κ ευρε sup ras A^{a²}) A ου] ευρεθη R ουκ ευρες U | αδικιαν U   **4** λαλησαν U | εφυλαξα] pr εγω ARU

XVI 5   ΨΑΛΜΟΙ

B ⁵καταρτίσαι τὰ διαβήματά μου ἐν ταῖς τρίβοις σου, 5
ἵνα μὴ σαλευθῇ τὰ διαβήματά μου.
⁶ἐγὼ ἐκέκραξα, ὅτι ἐπήκουσάς μου, ὁ θεός· 6
κλῖνον τὸ οὖς σου ἐμοὶ καὶ εἰσάκουσον τῶν ῥημάτων μου.
⁷θαυμάστωσον τὰ ἐλέη σου, 7
ὁ σῴζων τοὺς ἐλπίζοντας ἐπὶ σὲ
ἐκ τῶν ἀνθεστηκότων τῇ δεξιᾷ σου.
⁸φύλαξόν με ὡς κόραν ὀφθαλμοῦ· 8
ἐν σκέπῃ τῶν πτερύγων σου σκεπάσεις με
⁹ἀπὸ προσώπου ἀσεβῶν τῶν ταλαιπωρησάντων με. 9
οἱ ἐχθροί μου τὴν ψυχήν μου περιέσχον,
¹⁰τὸ στέαρ αὐτῶν συνέκλεισαν, 10
τὸ στόμα αὐτῶν ἐλάλησεν ὑπερηφανίαν·
¹¹ἐκβάλλοντές με νυνὶ περιεκύκλωσάν με, 11
τοὺς ὀφθαλμοὺς αὐτῶν ἔθεντο ἐκκλῖναι ἐν τῇ γῇ·
¹²ὑπέλαβόν με ὡσεὶ λέων ἕτοιμος εἰς θήραν, 12
καὶ ὡσεὶ σκύμνος οἰκῶν ἐν ἀποκρύφοις.
¹³ἀνάστηθι, Κύριε, πρόφθασον αὐτοὺς καὶ ὑποσκέλισον αὐτούς, 13
ῥῦσαι τὴν ψυχήν μου ἀπὸ ἀσεβοῦς,
ῥομφαίαν σου ¹⁴ἀπὸ ἐχθρῶν τῆς χειρός σου· 14
Κύριε ἀπολύων ἀπὸ γῆς,
διαμέρισον αὐτοὺς ἐν τῇ ζωῇ αὐτῶν·
καὶ τῶν κεκρυμμένων σου ἐπλήσθη ἡ γαστὴρ αὐτῶν,
ἐχορτάσθησαν υἱείων
καὶ ἀφῆκαν τὰ κατάλοιπα τοῖς νηπίοις αὐτῶν.
¹⁵ἐγὼ δὲ ἐν δικαιοσύνῃ ὀφθήσομαι τῷ προσώπῳ σου, 15
χορτασθήσομαι ἐν τῷ ὀφθῆναι τὴν δόξαν σου

ℵARU 5 καταρτισαι] κατηρτισα U | σαλευθη] σαλευθωσιν ℵAR | om τα δια-
βηματα μου R* (hab Rᵃ) | μου 2°]+εν ταις τριβοις σου A* (ras Aˢ)
6 επηκουσας BℵᶜᵃR] εισηκουσας ℵ*U εισηκουσεν A   7 θαυμασ-
τωσαν U | του ελπιζοντας U | τη δεξια] pr ρυσαι με U   8 με 1°]
+κε ℵᶜᵃ | κορην BᵃᵇℵᶜᵃARU   9 ασεβους A | ταλαιπωρισαντων
ℵ* (-ρησ. ℵᶜᵃ)   10 συνεκλεισα R* (-σαν Rᵃ)   11 εκβαλλοντες]
εκβαλοντες ℵᶜᵃ βαλλοντες R | νυνι] νυν R | εκλειναι A   12 υπελαβον]
υπεβαλον U | ως (2°) ℵ* (ωσει ℵᶜᵃ) | αποκυφοις U   13 ρομφαιας ℵᶜᵃ |
om σου U   14 εχθρων απο U | απολυων] απο ολιγων Bᵃᵐᵍ (non inst Bᵇ)
ℵAR απολαυων U | κεκρυμενων Bᵉᵈⁱᵗ | επλησθη] εμπλησθητω U | υειων
Bℵ] υιων A υων U [? R]   15 δικαιοσυνη] +σου R | τω προσωπου B*
(τω προσωπω Bᵃᵇ) A | οφθηναι]+μοι ℵᶜᵃARᵃ οφθή|σομαι U — Stich 36 B
34 ℵA 31 R

ΨΑΛΜΟΙ

IZ´

XVII
(XVIII)

Εἰς τὸ τέλος· τῷ παιδὶ Κυρίου τῷ Δαυείδ, ἃ
ἐλάλησεν τῷ κυρίῳ τοὺς λόγους τῆς ᾠδῆς ταύτης
ἐν ἡμέρᾳ ᾗ ἐρύσατο αὐτὸν Κύριος ἐκ χειρὸς
πάντων τῶν ἐχθρῶν αὐτοῦ καὶ ἐκ χειρὸς Σαούλ·
²καὶ εἶπεν·

Ἀγαπήσω σε, Κύριε ἰσχύς μου.

3 ³Κύριος στερέωμά μου καὶ καταφυγή μου καὶ ῥύστης μου·
ὁ θεός μου βοηθός, καὶ ἐλπιῶ ἐπ' αὐτόν·
ὑπερασπιστής μου καὶ κέρας σωτηρίας, ἀντιλήμπτωρ μου.

4 ⁴αἰνῶν ἐπικαλέσομαι Κύριον, καὶ ἐκ τῶν ἐχθρῶν μου σωθήσομαι.

5 ⁵περιέσχον με ὠδῖνες θανάτου,
καὶ χείμαρροι ἀνομίας ἐξετάραξάν με·

6 ⁶ὠδῖνες ᾅδου περιεκύκλωσάν με,
προέφθασάν με παγίδες θανάτου.

7 ⁷καὶ ἐν τῷ θλίβεσθαί με ἐπεκαλεσάμην τὸν κύριον,
καὶ πρὸς τὸν θεόν μου ἐκέκραξα·
ἤκουσεν ἐκ ναοῦ ἁγίου αὐτοῦ φωνῆς μου,
καὶ ἡ κραυγή μου ἐνώπιον αὐτοῦ εἰσελεύσεται εἰς τὰ ὦτα
αὐτοῦ.

8 ⁸καὶ ἐσαλεύθη καὶ ἔντρομος ἐγενήθη ἡ γῆ,
καὶ τὰ θεμέλια τῶν ὀρέων ἐταράχθησαν
καὶ ἐσαλεύθησαν, ὅτι ὠργίσθη αὐτοῖς ὁ θεός.

9 ⁹ἀνέβη καπνὸς ἐν ὀργῇ αὐτοῦ,
καὶ πῦρ ἐναντίον αὐτοῦ κατεφλόγισεν,
ἄνθρακες ἀνήφθησαν ἀπ' αὐτοῦ.

10 ¹⁰καὶ ἔκλινεν οὐρανὸν καὶ κατέβη,
καὶ γνόφος ὑπὸ τοὺς πόδας αὐτοῦ.

11 ¹¹καὶ ἐπέβη ἐπὶ χερουβεὶν καὶ ἐπετάσθη,
ἐπετάσθη ἐπὶ πτερύγων ἀνέμων.

XVII 1 om α U | om η R | ερρυσατο BᵃᵇℵU   2 ισχυς] pr η ℵARU
3 Κυριος] κυριε R | βοηθος]+μου ℵARU | om και 3° U | σωτηριας]+μου
ℵARU | αντιλημπτωρ] pr και ℵᶜᵃ αντιληπτωρ R   4 επικαλεσομαι]
επικαλεσωμοι Rᵛⁱᵈ | Κυριον] pr τον ℵᶜᵃRU   6 περιεκυκλωσαν] περιεσχον U | πακιδες ℵ* (παγ. ℵᶜᵃ)   7 om και 1° U | τω θλιβεσθαι με] τη
θλιψει μου R | ηκουσεν] και εισηκουσεν R | φωνης] pr της RU | εις] ες U
8 om και 1°, 3° U | οργισθη U   9 εναντιον] απο προσωπου ℵARU |
κατεφλογισεν] καταφλεγησεται ℵᶜᵃRᵃ (-γωσεται R*)   10 ουρανον] ουρανους ℵᶜᵃ τον ουνον (sic) U   11 επεβη] ανεβη U | χερουβειν] χερουβ ℵ*
χερουβιν ℵᶜᵃ | επετασθη 2°] pr και ℵ* (om ℵᶜᵃ)

229

B   ¹²καὶ ἔθετο σκότος ἀποκρυφὴν αὐτοῦ,   12
κύκλῳ αὐτοῦ ἡ σκηνὴ αὐτοῦ,
σκοτινὸν ὕδωρ ἐν νεφέλαις ἀέρων.
¹³ἀπὸ τῆς τηλαυγήσεως ἐνώπιον αὐτοῦ αἱ νεφέλαι διῆλθον,   13
χάλαζα καὶ ἄνθρακες πυρός.
¹⁴καὶ ἐβρόντησεν ἐξ οὐρανοῦ Κύριος,   14
καὶ ὁ ὕψιστος ἔδωκεν φωνὴν αὐτοῦ·
¹⁵καὶ ἐξαπέστειλεν βέλη καὶ ἐσκόρπισεν αὐτούς,   15
καὶ ἀστραπὰς ἐπλήθυνεν καὶ συνετάραξεν αὐτούς.
¹⁶καὶ ὤφθησαν αἱ πηγαὶ τῶν ὑδάτων,   16
καὶ ἀνεκαλύφθη τὰ θεμέλια τῆς οἰκουμένης
ἀπὸ ἐπιτιμήσεώς σου, Κύριε,
ἀπὸ ἐνπνεύσεως πνεύματος ὀργῆς σου.
¹⁷ἐξαπέστειλεν ἐξ ὕψους καὶ ἔλαβέν με,   17
προσέλαβε ἐξ ὑδάτων πολλῶν.
¹⁸ῥύσεταί με ἐξ ἐχθρῶν μου δυνατῶν   18
καὶ ἐκ τῶν μισούντων με,
ὅτι ἐστερεώθησαν ὑπὲρ ἐμέ.
¹⁹προέφθασάν με ἐν ἡμέρᾳ κακώσεώς μου,   19
καὶ ἐγένετο Κύριος ἀντιστήριγμά μου,
²⁰καὶ ἐξήγαγέν με εἰς πλατυσμόν·   20
ῥύσεταί με, ὅτι ἠθέλησέν με.
²¹ῥύσεταί με ἐξ ἐχθρῶν μου δυνατῶν   21
καὶ ἐκ τῶν μισούντων με.
καὶ ἀνταποδώσει μοι Κύριος κατὰ τὴν δικαιοσύνην μου,
καὶ κατὰ τὴν καθαριότητα τῶν χειρῶν μου ἀνταποδώσει μοι.
²²ὅτι ἐφύλαξα τὰς ὁδοὺς Κυρίου,   22
καὶ οὐκ ἠσέβησα ἀπὸ τοῦ θεοῦ μου
²³ὅτι πάντα τὰ κρίματα αὐτοῦ ἐνώπιόν μου,   23
καὶ τὰ δικαιώματα αὐτοῦ οὐκ ἀπέστησαν ἀπ' ἐμοῦ.

ℵARU   12 om κυκλω αυτου (3°) A* (hab A^{a(mg)}) | σκοτεινον B^{a*b}   14 εβροντησεν εν (sic) U | Κυριος] pr o ℵ^{c.a}AU   15 om και 1° ℵ^{c.a}AU | συν|εταραξεν B* συνε'ταρ B^b συνεταραξειν U   16 ανεκαλυφθησαν AU | ενπνευσεως B*R] εμπν. B^b ℵAU | οργησου U   17 προσελαβε] προσελαβετο με B^{ab} (superscr το με) ℵARU   18 υπερ] επ R   19 εγενετο] εγενηθη U | Κυριος] pr o R | μου 2°] μοι ℵ   20 πλατυνασμον U | εθελησεν U   21 ρυσεται...δυνατων (δικ. μου Tisch^{comm}) uncis incl ℵ^{c a} | om και εκ των μισ. με ℵ | καθαριοτα U (item 25) | ανταποδωσει 2° Bℵ^{c a}A] αποδωσει ℵ*RU   23 μου sup ras U¹ | απεστησαν] απεστη U

ΨΑΛΜΟΙ   XVII 36

24 ²⁴καὶ ἔσομαι ἄμωμος μετ' αὐτοῦ,   B
    καὶ φυλάξομαι ἀπὸ τῆς ἀνομίας μου.
25 ²⁵καὶ ἀνταποδώσει μοι Κύριος κατὰ τὴν δικαιοσύνην μου
    καὶ κατὰ τὴν καθαριότητα τῶν χειρῶν μου
    ἐνώπιον τῶν ὀφθαλμῶν αὐτοῦ.
26 ²⁶μετὰ ὁσίου ὁσιωθήσῃ,
    καὶ μετὰ ἀνδρὸς ἀθῴου ἀθῷος ἔσῃ,
27 ²⁷καὶ μετὰ ἐκλεκτοῦ ἐκλεκτὸς ἔσῃ,
    καὶ μετὰ στρεβλοῦ διαστρέψεις.
28 ²⁸ὅτι σὺ λαὸν ταπεινὸν σώσεις,
    καὶ ὀφθαλμοὺς ὑπερηφάνων ταπεινώσεις·
29 ²⁹ὅτι σὺ φωτιεῖς λύχνον μου, Κύριε·
    ὁ θεός μου, φωτιεῖς τὸ σκότος μου.
30 ³⁰ὅτι ἐν σοὶ ῥυσθήσομαι ἀπὸ πειρατηρίου,
    καὶ ἐν τῷ θεῷ μου ὑπερβήσομαι τεῖχος
31 ³¹ὁ θεός μου, ἄμωμος ἡ ὁδὸς αὐτοῦ,
    τὰ λόγια Κυρίου πεπυρωμένα,
    ὑπερασπιστής ἐστιν πάντων τῶν ἐλπιζόντων ἐπ' αὐτόν.
32 ³²ὅτι τίς θεὸς πλὴν τοῦ κυρίου;
    καὶ τίς θεὸς πλὴν τοῦ θεοῦ ἡμῶν;
33 ³³ὁ θεὸς ὁ περιζωννύων με δύναμιν,
    καὶ ἔθετο ἄμωμον τὴν ὁδόν μου·
34 ³⁴ὁ καταρτιζόμενος τοὺς πόδας μου ὡς ἐλάφου,
    καὶ ἐπὶ τὰ ὑψηλὰ ἱστῶν με·
35 ³⁵διδάσκων χεῖράς μου εἰς πόλεμον,
    καὶ ἔθου τόξον χαλκοῦν τοὺς βραχίονάς μου·
36 ³⁶καὶ ἔδωκάς μοι ὑπερασπισμὸν σωτηρίας μου,
    καὶ ἡ δεξιά σου ἀντελάβετό μου·
    καὶ ἡ παιδία σου ἀνώρθωσέν με εἰς τέλος,

25 μου 2°]+ανταποδωσει μοι AR   26 μετα 1°] και τα U | οσιωθηση] ℵARU οσιος εση ℵ^(c a)R | και μετα bis scr U | αθωος εση] αθωωθηση U   27 εκλεκτος] εκλεκτως U   28 λαον] pr τον U | σωσεις] υψωσεις U   30 συ B* (σοι B^(ab)) | ρυθησομαι U | τειχος] τιχον U   31 πεπυρωμενα] περιεργυρωμένα (sic) U   32 πλην 1°] παρεξ ℵU (παρξ) | om και τις θεος πλην του θεου U | και] η ℵ^(c a) R   34 ο καταρτιζομενος] om ο ℵ ο καταρτιζων AU | ως] ωσει ℵ^(c a)R | ελαφου] ελαφους AR^(a vid) ελαφων U   35 διδασκων] pr ο RU | τοξον] pr εις U | βραχιονας] post α 1° ras 1 lit et χιο sup ras A^a βραχειωνας U   36 om μου 1° U | αντιλαβοιτο R^(vid) αντιλαβετο U | παιδεια (bis) B^(ab)U | ανωρθωσεν] αναρθωσεν R ανορθωσεν U | om εις τελος.. διδαξει ℵ* (hab ℵ^(c a))

231

ΨΑΛΜΟΙ

B καὶ ἡ παιδία σου, αὐτή με διδάξει.
37 ἐπλάτυνας τὰ διαβήματά μου ὑποκάτω μου, 37
  καὶ οὐκ ἠσθένησαν τὰ ἴχνη μου.
38 καταδιώξω τοὺς ἐχθρούς μου καὶ καταλήμψομαι αὐτούς, 38
  καὶ οὐκ ἀποστραφήσομαι ἕως ἂν ἐκλίπωσιν·
39 ἐκθλίψω αὐτοὺς καὶ οὐ μὴ δύνωνται στῆναι, 39
  πεσοῦνται ὑπὸ τοὺς πόδας μου.
40 καὶ περιέζωσάς με δύναμιν εἰς πόλεμον, 40
  συνεπόδισας πάντας τοὺς ἐπανιστανομένους ἐπ' ἐμὲ ὑποκάτω μου.
41 καὶ τοὺς ἐχθρούς μου ἔδωκάς μοι νῶτον, 41
  καὶ τοὺς μισοῦντάς με ἐξωλέθρευσας.
42 ἐκέκραξαν, καὶ οὐκ ἦν ὁ σώζων· 42
  πρὸς Κύριον, καὶ οὐκ εἰσήκουσεν αὐτῶν.
43 καὶ λεπτυνῶ αὐτοὺς ὡς χνοῦν κατὰ πρόσωπον ἀνέμου, 43
  ὡς πηλὸν πλατειῶν λεανῶ αὐτούς.
44 ῥῦσαί με ἐξ ἀντιλογιῶν λαοῦ, 44
  καταστήσεις με εἰς κεφαλὴν ἐθνῶν·
  λαὸς ὃν οὐκ ἔγνων ἐδούλευσέν μοι,
45 εἰς ἀκοὴν ὠτίου ὑπήκουσέν μοι· 45
  υἱοὶ ἀλλότριοι ἐψεύσαντό μοι,
46 υἱοὶ ἀλλότριοι ἐπαλαιώθησαν 46
  καὶ ἐχώλαναν ἀπὸ τῶν τρίβων αὐτῶν.
47 ζῇ Κύριος, καὶ εὐλογητὸς ὁ θεός μου, 47
  καὶ ὑψωθήτω ὁ θεὸς τῆς σωτηρίας μου·
48 ὁ θεὸς ὁ διδοὺς ἐκδικήσεις ἐμοί, 48
  καὶ ὑποτάξας λαοὺς ὑπ' ἐμέ,
49 ὁ ῥύστης μου ἐξ ἐχθρῶν ὀργίλων· 49

ℵARU 38 καταδιωξω] pr και U | αποστρε|φησονμαι U | om αν U | εκλειπωσιν
AU   39 αυτους] αυτου U | στηναι] στηκαι R   40 εις πολεμον] εως
πο|λεμον (sic) U | om παντας ℵ* (hab ℵ^{c a}) | επανισταμενους B^b | υποκατων
U   41 om και τους εχθρους μου εδωκας μοι U | εξωλοθρ. B'   42 σω-
ζων] ζωσω U | εισηκουεν (ras σ) ℵ^{c a} | αυτων] αυτους RU   43 ως 1°]
ωσει AR   44 ρυσαι] ρυσαιτε A ρυσης RU | αντιλογιων] αντιλ sup
ras B^a? αντιλογιας ℵ^{c a}R | λαου] λαων A+μου U | ον] ος A | εγνω R^{vid}
45 ακοην] υπακοην U^{vid} | ωτιου] ωτος U | υπηκουσεν Bℵ^{c a}RU] υπηκουσαν
ℵ* επηκουσας A' | μοι 1°] μου ℵ^{c a}RU | υιοι] pr οι A | μοι 2°] με ℵ^{c a} μου
U   46 εχωλαναν] εχωραναν U | απο] εκ A   47 om μου 1° ℵ^{c a}U
49 εχθρων]+μου ARU

ΨΑΛΜΟΙ

ἀπὸ τῶν ἐπανιστανομένων ἐπ' ἐμὲ ὑψώσεις με,
ἀπὸ ἀνδρὸς ἀδίκου ῥύσῃ με.
50 διὰ τοῦτο ἐξομολογήσομαί σοι ἐν ἔθνεσιν, Κύριε,
καὶ τῷ ὀνόματί σου ψαλῶ·
51 μεγαλύνων τὰς σωτηρίας τοῦ βασιλέως αὐτοῦ,
καὶ ποιῶν ἔλεος τῷ χριστῷ αὐτοῦ,
τῷ Δαυεὶδ καὶ τῷ σπέρματι αὐτοῦ ἕως αἰῶνος.

ΙΗ΄

XVIII (XIX)

Εἰς τὸ τέλος· ψαλμὸς τῷ Δαυείδ.

2 ²Οἱ οὐρανοὶ διηγοῦνται δόξαν θεοῦ,
ποίησιν δὲ χειρῶν αὐτοῦ ἀναγγέλλει τὸ στερέωμα.
3 ³ἡμέρα τῇ ἡμέρᾳ ἐρεύγεται ῥῆμα,
καὶ νὺξ νυκτὶ ἀναγγέλλει γνῶσιν.
4 ⁴οὐκ εἰσὶν λαλιαὶ οὐδὲ λόγοι ὧν οὐχὶ ἀκούονται αἱ φωναὶ αὐτῶν·
5 ⁵εἰς πᾶσαν τὴν γῆν ἐξῆλθεν ὁ φθόγγος αὐτῶν,
καὶ εἰς τὰ πέρατα τῆς οἰκουμένης τὰ ῥήματα αὐτῶν.
6 ⁶ἐν τῷ ἡλίῳ ἔθετο τὸ σκήνωμα αὐτοῦ·
καὶ αὐτὸς ὡς νυμφίος ἐκπορευόμενος ἐκ παστοῦ αὐτοῦ,
ἀγαλλιάσεται ὡς γίγας δραμεῖν ὁδὸν αὐτοῦ.¶   ¶U
7 ⁷ἀπ' ἄκρου τοῦ οὐρανοῦ ἡ ἔξοδος αὐτοῦ,
καὶ τὸ κατάντημα αὐτοῦ ἕως ἄκρου τοῦ οὐρανοῦ·
καὶ οὐκ ἔστιν ὃς ἀποκρυβήσεται τὴν θέρμην αὐτοῦ.
8 ⁸ὁ νόμος τοῦ κυρίου ἄμωμος, ἐπιστρέφων ψυχάς·
ἡ μαρτυρία Κυρίου πιστή, σοφίζουσα νήπια.
9 ⁹τὰ δικαιώματα Κυρίου εὐθεῖα, εὐφραίνοντα καρδίαν·
ἡ ἐντολὴ Κυρίου τηλαυγής, φωτίζουσι ὀφθαλμούς.
10 ¹⁰ὁ φόβος Κυρίου ἁγνός, διαμένων εἰς αἰῶνα αἰῶνος·
τὰ κρίματα Κυρίου ἀληθινά, δεδικαιωμένα ἐπὶ τὸ αὐτό,

49 απο 1°] pr και ℵ* (om ℵ^ca) U | επανιστανομενων (-νον U)] επανιστα- ℵARU μενων B^bA | ρυσαι ℵ^ca (ρυση ℵ*^cb?) A ρυσης U   50 εθνεσι U   51 μεγαλυνων] pr ο U | om αυτου 1° ℵ^ca | αινος B* (αιωνος B^ab) — Stich 116 B 112 ℵ 115 A 117 R   XVIII 2 ποιησιν δε] ποιησειν δε A και ποιησεν U | αναγγελει AU | τω στερεωμα U   3 ημερα 1°] pr η ℵA | αναγγελει AU   4 λαλειαι AU | ουδε] o rescr A? | αι φωνη U | om αυτων A* (hab A^a)   6 ηλιω εθετο] ηλιηθετο U | εκπορευομενος] ορενο sup ras B^ab | γιγγας U | om αυτου 3° ℵ^caR cett desunt in U usque XX 14   7 του ουρανου 2°] om του ℵ* (hab ℵ^ca)   8 του κυριου] om του A   9 ευθεα B^b

XVIII 11　　　　　　ΨΑΛΜΟΙ

B ¹¹ἐπιθυμητὰ ὑπὲρ χρυσίον καὶ λίθον τίμιον πολὺν　　11
　　καὶ γλυκύτερα ὑπὲρ μέλι καὶ κηρίον.
¹²καὶ γὰρ ὁ δοῦλός σου φυλάσσει αὐτά·　　12
　　ἐν τῷ φυλάσσειν αὐτὰ ἀνταπόδοσις πολλή.
¹³παραπτώματα τίς συνήσει;　　13
　　ἐκ τῶν κρυφίων μου καθάρισόν με,
¹⁴καὶ ἀπὸ ἀλλοτρίων φεῖσαι τοῦ δούλου σου·　　14
　　ἐὰν μή μου κατακυριεύσουσιν, τότε ἄμωμος ἔσομαι
　　καὶ καθαρισθήσομαι ἀπὸ ἁμαρτίας μεγάλης.
¹⁵καὶ ἔσονται εἰς εὐδοκίαν τὰ λόγια τοῦ στόματός μου　　15
　　καὶ ἡ μελέτη τῆς καρδίας μου ἐνώπιόν σου διὰ παντός,
　　Κύριε, βοηθέ μου καὶ λυτρωτά μου.

ΙΘ′

Εἰς τὸ τέλος· ψαλμὸς τῷ Δαυείδ.　　XIX
(XX)
²Ἐπακούσαι σου Κύριος ἐν ἡμέρᾳ θλίψεως,　　2
　　ὑπερασπίσαι σου τὸ ὄνομα τοῦ θεοῦ Ἰακώβ.
³ἐξαποστείλαι σοι βοήθειαν ἐξ ἁγίου,　　3
　　καὶ ἐκ Σιὼν ἀντιλάβοιτό σου·
⁴μνησθείη πάσης θυσίας σου,　　4
　　καὶ τὸ ὁλοκαύτωμά σου πιανάτω.　　διάψαλμα.
⁵δῴη σοι κατὰ τὴν καρδίαν σου,　　5
　　καὶ πᾶσαν τὴν βουλήν σου πληρώσαι.
⁶ἀγαλλιασώμεθα ἐν τῷ σωτηρίῳ σου,　　6
　　καὶ ἐν ὀνόματι θεοῦ ἡμῶν μεγαλυνθησόμεθα.
　　πληρώσαι Κύριος πάντα τὰ αἰτήματά σου.
⁷νῦν ἔγνων ὅτι ἔσωσεν Κύριος τὸν χριστὸν αὐτοῦ·　　7
　　ἐπακούσεται αὐτοῦ ἐξ οὐρανοῦ ἁγίου αὐτοῦ,
　　ἐν δυναστείαις ἡ σωτηρία τῆς δεξιᾶς αὐτοῦ.
⁸οὗτοι ἐν ἅρμασιν καὶ οὗτοι ἐν ἵπποις,　　8
　　ἡμεῖς δὲ ἐν ὀνόματι Κυρίου θεοῦ ἡμῶν, μεγαλυνθησόμεθα.
⁹αὐτοὶ συνεποδίσθησαν καὶ ἔπεσαν,　　9

ℵAR　　13 με]+Κυριε R　　14 απο 1°] απ ℵ* (απο ℵ^{c a}) | κατακυριευσωσιν ℵ
15 σου]+εστιν A — Stich 31 BℵR 30 A　　XIX 3 Σειων A　　4 θυσια
A* (s superscr A^{a}) | ολοκαυστωμα R | διαψαλμα "praeter morem" inst B^{b}
5 σοι]+κς ℵ^{c a} AR | πληρωσει AR　　6 αγαλλιασομεθα B^{ab}ℵA | εν 1°]
επι A | θεου] pr κ̄ῡ ℵR | πληρωσει R^{vid}　　7 δυναστιαις B* (-τειαις B^{ab} ℵA)
8 αρμα+ν] ασμασιν R | om Κυριου A | μεγαλυνθησομεθα] αγαλλιασομεθα
ℵ* επικαλεσομεθα ℵ^{c.a}

234

ΨΑΛΜΟΙ

ἡμεῖς δὲ ἀνέστημεν καὶ ἀνωρθώθημεν.   B

10 ¹⁰Κύριε, σῶσον τὸν βασιλέα σου,
καὶ ἐπάκουσον ἡμῶν ἐν ᾗ ἂν ἡμέρᾳ ἐπικαλεσώμεθά σε.

Κ´

XX
(XXI) Εἰς τὸ τέλος· ψαλμὸς τῷ Δαυείδ.

2 ²Κύριε, ἐν τῇ δυνάμει σου εὐφρανθήσεται ὁ βασιλεύς,
καὶ ἐπὶ τῷ σωτηρίῳ σου ἀγαλλιάσεται σφόδρα.
3 ³τὴν ἐπιθυμίαν τῆς ψυχῆς αὐτοῦ ἔδωκας αὐτῷ,
καὶ τὴν δέησιν τῶν χειλέων αὐτοῦ οὐκ ἐστέρησας αὐτόν.
διάψαλμα.
4 ⁴ὅτι προέφθασας αὐτὸν ἐν εὐλογίαις χρηστότητος,
ἔθηκας ἐπὶ τὴν κεφαλὴν αὐτοῦ στέφανον ἐκ λίθου τιμίου.
5 ⁵ζωὴν ᾐτήσατό σε, καὶ ἔδωκας αὐτῷ,
μακρότητα ἡμερῶν εἰς αἰῶνα αἰῶνος.
6 ⁶μεγάλη ἡ δόξα αὐτοῦ ἐν τῷ σωτηρίῳ σου,
δόξαν καὶ μεγαλοπρέπειαν ἐπιθήσεις ἐπ᾽ αὐτόν·
7 ⁷ὅτι δώσεις αὐτῷ εὐλογίαν εἰς αἰῶνα αἰῶνος,
εὐφρανεῖς αὐτὸν ἐν χαρᾷ μετὰ τοῦ προσώπου σου.
8 ⁸ὅτι ὁ βασιλεὺς ἐλπίζει ἐπὶ Κύριον,
καὶ ἐν τῷ ἐλέει τοῦ ὑψίστου οὐ μὴ σαλευθῇ.
9 ⁹εὑρεθείη ἡ χείρ σου πᾶσιν τοῖς ἐχθροῖς σου,
ἡ δεξιά σου εὕροι πάντας τοὺς μισοῦντάς σε.
10 ¹⁰θήσεις αὐτοὺς ὡς κλίβανον πυρὸς εἰς καιρὸν τοῦ προσώπου σου·
Κύριε, ἐν ὀργῇ σου συνταράξεις αὐτούς, καὶ καταφάγεται
αὐτοὺς πῦρ.
11 ¹¹τὸν καρπὸν αὐτῶν ἀπὸ γῆς ἀπολεῖς,
καὶ τὸ σπέρμα αὐτῶν ἀπὸ υἱῶν ἀνθρώπων.
12 ¹²ὅτι ἔκλιναν εἰς σὲ κακά,
διελογίσαντο βουλὴν ἣν οὐ μὴ δύνωνται στῆσαι.

9 ανορθωθημεν ℵA   10 om σου ℵ^(c.a)AR | ημων] ημας R — Stich ℵAR
20 BℵR 19 A   XX 2 τω σωτηριω] το σωτηριον R   3 ψυχης] καρδιας
ℵ^(c a) | δεησιν] θελησιν ℵ^(c a)R   4 τιμιου]+διαψαλμα R^a   5 om σε R*
(hab R^a) | αιωνος] pr και εις αιωνα του (superscr) B^(ab)R pr και εις τον αιωνα
του ℵ* (om ℵ^(c a))   6 μεγαλοπρεπιαν ℵA   7 αιωνα αιωνος Bℵ^(c a)R]
τον αιωνα και εις τον αιωνα του αιωνος ℵ*   8 σαλευθω ℵ* (σαλευθη ℵ^(c a))
9 πασι ℵ*R (πασιν Bℵ^(c a))   10 θησεις] pr οτι ℵ* (om ℵ^(c a)) | Κυριε] κ̄ς̄
ℵ^(c a)R | σου 2°] αυτου ℵ^(c a)R | συνταραξει ℵ^(c c(vid)) R   11 απο της γης ℵ^(c a)
12 εκκλιναν A | βουλην ην] βουλας ας ℵ^(c a)A | στησαι Bℵ*] στηναι ℵ^(c a)AR

XX 13 ΨΑΛΜΟΙ

B ¹³ὅτι θήσεις αὐτοὺς νῶτον,
ἐν τοῖς περιλοίποις σου ἑτοιμάσεις τὸ πρόσωπον αὐτῶν.
¹⁴ὑψώθητι, Κύριε, ἐν τῇ δυνάμει σου,
ˢU ᾄσομεν καὶ ψαλοῦμεν ˢτὰς δυναστείας σου.

ΚΑ′

Εἰς τὸ τέλος, ὑπὲρ τῆς ἀντιλήμψεως τῆς ἑωθινῆς· XXI
ψαλμὸς τῷ Δαυείδ. (XXII)

²Ὁ θεὸς ὁ θεός μου, πρόσχες μοι· ἵνα τί ἐγκατέλιπές με;
μακρὰν ἀπὸ τῆς σωτηρίας μου οἱ λόγοι τῶν παραπτωμάτων
μου.
³ὁ θεός μου, κεκράξομαι ἡμέρας πρὸς σε καὶ οὐκ εἰσακούσῃ,
καὶ νυκτός, καὶ οὐκ εἰς ἄνοιαν ἐμοί.
⁴σὺ δὲ ἐν ἁγίοις κατοικεῖς, ὁ ἔπαινος Ἰσραήλ.
⁵ἐπὶ σοὶ ἤλπισαν οἱ πατέρες ἡμῶν,
ἤλπισαν καὶ ἐρύσω αὐτούς·
⁶πρὸς σὲ ἐκέκραξαν καὶ ἐσώθησαν,
ἐπὶ σοὶ ἤλπισαν καὶ οὐ κατῃσχύνθησαν.
⁷ἐγὼ δέ εἰμι σκώληξ καὶ οὐκ ἄνθρωπος,
ὄνειδος ἀνθρώπου καὶ ἐξουδένημα λαοῦ.
⁸πάντες οἱ θεωροῦντές με ἐξεμυκτήρισάν με,
ἐλάλησαν ἐν χείλεσιν, ἐκίνησαν κεφαλήν
⁹"Ἤλπισεν ἐπὶ κύριον, ῥυσάσθω αὐτόν·
σωσάτω αὐτόν, ὅτι θέλει αὐτόν,
¹⁰ὅτι σὺ εἶ ὁ ἐκσπάσας με ἐκ γαστρός,
ἡ ἐλπίς μου ἀπὸ μαστῶν τῆς μητρός μου
¹¹ἐπὶ σὲ ἐπερίφην ἐκ μήτρας,
ἐκ κοιλίας μητρός μου θεός μου εἶ σύ

ℵARU 14 ψαλομεν R^vid | τας δυναστειας] inc εν ταις δυναστειαις U — Stich 26
Bℵא 27 R   XXI 1 εις] ες U | om ψαλμος τω Δ. A   2 προσχες]
προσθες R*^vid | εγκατελειπες AU ενκατελιπες R   3 εκεκραξα R* (κεκρ
R^a) | ημερας προς σε] om ℵ^c^a προς σε ημερα R | εισακουση]+μου U
4 αγιοις] αγιω ℵ^c^a | κατηκεις U | Ισραηλ] pr του ℵ^c^aU   5 ερρυσω
B^abℵRU   6 σοι] σε R^vid | κατησχυθησαν B* (κατησχυνθ. B^ab) |χυν-
θησαν U   7 ουκ] ουχι A | ανθρωπου] ανθρωπων ℵRU | εξουθενημα
ℵAR   8 παντας U | ελαλησαν] pr και ℵU | χειλεσι U | εκινησαν] pr και
U | κεφαλην]+και ειπαν U   9 ηλπισαν B* (ηλπισεν B^ab) | αυτον 1°] αυτων
U | οτι θελει αυτον] εθελει αυτου U   10 εκπασας AR*U | μαστρων B*
(μαστων B^ab) | της μητρος] om της U   11 επερριφην B^abRU | εκ κοιλιας]
απο γαστρος ℵ^c^a | θεος μου ει συ] συ ει ο θεος μου R ο θ̅ς μου ει συ U

236

ΨΑΛΜΟΙ XXI 24

μὴ ἀποστῇς ἀπ' ἐμοῦ, ὅτι θλίψις ἐγγύς, B

12 ¹²ὅτι οὐκ ἔστιν ὁ βοηθῶν.
13 ¹³περιεκύκλωσάν με μόσχοι πολλοί,
  ταῦροι πίονες περιέσχον με·
14 ¹⁴ἤνοιξαν ἐπ' ἐμὲ τὸ στόμα αὐτῶν,
  ὡς λέων ὁ ἁρπάζων καὶ ὠρυόμενος.
15 ¹⁵ὡσεὶ ὕδωρ ἐξεχύθην
  καὶ διεσκορπίσθη πάντα τὰ ὀστᾶ μου,
  ἐγενήθη ἡ καρδία μου ὡσεὶ κηρὸς τηκόμενος ἐν μέσῳ τῆς
  κοιλίας μου.
16 ¹⁶ἐξηράνθη ὡσεὶ ὄστρακον ἡ ἰσχύς μου,
  καὶ ἡ γλῶσσά μου κεκόλληται τῷ λάρυγγί μου,
  καὶ εἰς χοῦν θανάτου κατήγαγές με.
17 ¹⁷ὅτι ἐκύκλωσάν με κύνες πολλοί,
  συναγωγὴ πονηρευομένων περιέσχον με·
  ὤρυξαν χεῖράς μου καὶ πόδας.
18 ¹⁸ἐξηρίθμησαν πάντα τὰ ὀστᾶ μου·
  αὐτοὶ δὲ κατενόησαν καὶ ἐπεῖδόν με.
19 ¹⁹διεμερίσαντο τὰ ἱμάτιά μου ἑαυτοῖς,
  καὶ ἐπὶ τὸν ἱματισμόν μου ἔβαλον κλῆρον.
20 ²⁰σὺ δέ, Κύριε, μὴ μακρύνῃς τὴν βοήθειάν μου,
  εἰς τὴν ἀντίλημψίν μου πρόσχες.
21 ²¹ῥῦσαι ἀπὸ ῥομφαίας τὴν ψυχήν μου,
  καὶ ἐκ χειρὸς κυνὸς τὴν μονογενῆ μου·
22 ²²σῶσόν με ἐκ στόματος λέοντος,
  καὶ ἀπὸ κεράτων μονοκερώτων τὴν ταπείνωσίν μου.
23 ²³διηγήσομαι τὸ ὄνομά σου τοῖς ἀδελφοῖς μου,
  ἐν μέσῳ ἐκκλησίας ὑμνήσω σε.
24 ²⁴οἱ φοβούμενοι Κύριον, αἰνέσατε αὐτόν·
  ἅπαν τὸ σπέρμα Ἰακώβ, δοξάσατε αὐτόν,

11 εγγυς]+μου U **12** εστιν] εν U | βοηθων]+μοι ℵ^{c a} (ras ℵ^{c b?}) ℵARU **14** το στομα] om το U | αυτων] αυτω U | ο αρπαζων] om ο U **15** εξεχυθη ℵ^{c a}R εξεχυνθην U | οστα] διαβηματα ℵ* (οστα ℵ^{c a}) **16** ωσει] ως ℵARU [η 1°] ην U | εις] ες U | θανατον U **17** ποδας]+μου ℵ^{c a}AR^aU +διηγησομαι παντα τα θαυμασιασσου (sic) U **18** εξηριθμηθησαν U | επιδον A **19** διεμερισαν ℵ* (διεμερισαντο ℵ^{c a}) | εαυτοις τα ιμ. μ R **20** μου 1°] σου ℵ* σου απ εμου ℵ^{c a}RU | προσχες] προσθες R^{vid} **21** την ψ. μ. απο ρομφ. U | κυνων U | μονογενην A **22** μεκ B* (με εκ B^{ab}) | μονοκερατων U **24** Κυριον] pr τον ℵ^{c a}RU | αινεσατε] αισατε R*^{vid} (αιν. R^a)

B φοβηθήτωσαν αὐτὸν ἅπαν τὸ σπέρμα Ἰσραήλ.
²⁵ὅτι οὐκ ἐξουδένωσεν οὐδὲ προσώχθισεν τῇ δεήσει τοῦ πτωχοῦ,
  οὐδὲ ἀπέστρεψεν τὸ πρόσωπον αὐτοῦ ἀπ' ἐμοῦ,
  καὶ ἐν τῷ κεκραγέναι με πρὸς αὐτὸν εἰσήκουσέν μου.
²⁶παρὰ σοῦ ὁ ἔπαινός μου ἐν ἐκκλησίᾳ μεγάλῃ,
  τὰς εὐχάς μου ἀποδώσω ἐνώπιον τῶν φοβουμένων αὐτόν.
²⁷φάγονται πένητες καὶ ἐμπλησθήσονται,
  καὶ αἰνέσουσιν Κύριον οἱ ἐκζητοῦντες αὐτόν·
  ζήσονται αἱ καρδίαι αὐτῶν εἰς αἰῶνα αἰῶνος.
²⁸μνησθήσονται καὶ ἐπιστραφήσονται πρὸς Κύριον πάντα τὰ
    πέρατα τῆς γῆς,
  καὶ προσκυνήσουσιν ἐνώπιον αὐτοῦ πᾶσαι αἱ πατριαὶ τῶν
    ἐθνῶν·
²⁹ὅτι τοῦ κυρίου ἡ βασιλεία,
  καὶ αὐτὸς δεσπόζει τῶν ἐθνῶν.
³⁰ἔφαγον καὶ προσεκύνησαν πάντες οἱ πίονες τῆς γῆς,
  ἐνώπιον αὐτοῦ προπεσοῦνται πάντες οἱ καταβαίνοντες εἰς
    τὴν γῆν·
  καὶ ἡ ψυχή μου αὐτῷ ζῇ.
  ³¹καὶ τὸ σπέρμα μου δουλεύσει αὐτῷ·
  ἀναγγελήσεται τῷ κυρίῳ γενεὰ ἡ ἐρχομένη,
  ³²καὶ ἀναγγελοῦσιν τὴν δικαιοσύνην αὐτοῦ
  λαῷ τῷ τεχθησομένῳ, ὃν ἐποίησεν ὁ κύριος.

ΚΒ′

Ψαλμὸς τῷ Δαυείδ.

Κύριος ποιμαίνει με, καὶ οὐδέν με ὑστερήσει.
²εἰς τόπον χλόης, ἐκεῖ με κατεσκήνωσεν·
ἐπὶ ὕδατος ἀναπαύσεως ἐξέθρεψέν με·
³τὴν ψυχήν μου ἐπέστρεψεν.

ℵARU 24 φοβηθητωσαν] φοβηθητω δη ℵ^(c a) | αυτον] απ αυτου ℵ^(c a)U   25 την δεησιν R | εισηκουσεν] επηκουσεν A   26 σου] σοι U | μεγαλη] + εξομολογησομαι σοι ℵ^(c a) | αποδωσω] pr τω κω̄ ℵ^(c a) (ras ℵ^(c b?)) R | ενωπιον] εναντιον R | των φοβ.] pr παντων ARU   27 εμπλησθησονται] εμπλησ sup 1as A^a ενπλ. R | αινεσουσι U | Κυριον] pr τον U | ζησεται U | αι καρδιαι] η καρδια U   28 προς] τον U | περα A   29 om και U | των εθνων] pr παντων U   30 προσπεσουνται U | την γην] om την ℵ^(c a) | η ψυχη] ε ψυχην U | ζη] ζων U   31 μου] αυτου A   32 αναγγελουσι U | ο κυριος] om ο ℵAR — Stich 68 B 65 ℵ 66 AR   XXII 1 ποιμαινει Bℵ^(c a)RU] ποιμανει ℵ*A | με 2°] pr ου μη ℵU | υστερηση ℵ   2 επι] εφ U | εξεθρεψε] B* εξεθρεψε με B^b (με B^avıd)

ΨΑΛΜΟΙ

ὡδήγησέν με ἐπὶ τρίβους δικαιοσύνης
ἕνεκεν τοῦ ὀνόματος αὐτοῦ.
4 ⁴ἐὰν γὰρ καὶ πορευθῶ ἐν μέσῳ σκιᾶς θανάτου,
οὐ φοβηθήσομαι κακά, ὅτι σὺ μετ' ἐμοῦ εἶ·
ἡ ῥάβδος σου καὶ ἡ βακτηρία σου, αὗταί με παρεκάλεσαν.
5 ⁵ἡτοίμασας ἐνώπιόν μου τράπεζαν ἐξ ἐναντίας τῶν θλιβόντων με·
ἐλίπανας ἐν ἐλαίῳ τὴν κεφαλήν μου,
καὶ τὸ ποτήριόν σου μεθύσκον ὡς κράτιστον.
6 ⁶καὶ τὸ ἔλεός σου καταδιώξεταί με πάσας τὰς ἡμέρας τῆς ζωῆς μου,
καὶ τὸ κατοικεῖν με ἐν οἴκῳ Κυρίου εἰς μακρότητα ἡμερῶν.

ΚΓ΄

XXIII (XXIV)

Ψαλμὸς τῷ Δαυείδ· τῆς μιᾶς σαββάτων.
1 Τοῦ κυρίου ἡ γῆ καὶ τὸ πλήρωμα αὐτῆς,
ἡ οἰκουμένη καὶ πάντες οἱ κατοικοῦντες ἐν αὐτῇ.
2 ²αὐτὸς ἐπὶ θαλασσῶν ἐθεμελίωσεν αὐτήν,
καὶ ἐπὶ ποταμῶν ἡτοίμασεν αὐτήν.
3 ³τίς ἀναβήσεται εἰς τὸ ὄρος τοῦ κυρίου,
καὶ τίς στήσεται ἐν τόπῳ ἁγίῳ αὐτοῦ;
4 ⁴ἀθῷος χερσὶν καὶ καθαρὸς τῇ καρδίᾳ,
ὃς οὐκ ἔλαβεν ἐπὶ ματαίῳ τὴν ψυχὴν αὐτοῦ,
καὶ οὐκ ὤμοσεν ἐπὶ δόλῳ τῷ πλησίον αὐτοῦ.
5 ⁵οὗτος λήμψεται εὐλογίαν παρὰ Κυρίου,
καὶ ἐλεημοσύνην παρὰ θεοῦ σωτῆρος αὐτοῦ.
6 ⁶αὕτη ἡ γενεὰ ζητούντων αὐτόν,
ζητούντων τὸ πρόσωπον τοῦ θεοῦ Ἰακώβ.   διάψαλμα.
7 ⁷ἄρατε πύλας, οἱ ἄρχοντες ὑμῶν,
καὶ ἐπάρθητε, πύλαι αἰώνιοι,

---

4 κακα] πονηρα R | ραβδον Α | βακτη|ριασσου U | αυται] αυτα Α ℵᴬ
5 μεθυσκον]+με ℵᶜᵃ Rᵃ | ως] ωσει ℵᶜᵃ   **6** καταδιωξει ℵᶜᵃ | τας ημερας] τα της ημ. U | και 2°] δια U — Stich 14 BAR 13 ℵ   XXIII **1** om της μιας σαββατων ℵ μια σαββατου Α τη μια των σαββατων U | η οικουμενη] οικουμενης U | om εν αυτη U   **2** θαλασων U* (σ superscr U¹) | ητοιμασεν] ητοιμασας| εν Α   **3** αναβησεται] βη sup ras 3 ut vid litt Αᵃ (αναστησ Α*ᵛⁱᵈ) | και] η ℵᶜᵃU | αγιω] αγιασματος U   **4** χερσι U | επι ματαιως Α | αυτου 1°] μου Α | και ουκ] ουδε U | om αυτου 2° ℵ* (hab ℵᶜᵃ) Α   **5** ελεημοσυνην] ελεος U   **6** η γενεα] η sup ras: item post γεν ras 1 lit Αᵃ | ζητουντων 1°] ϛ sup ras Αᵃ | αυτον] τον κν ℵᶜᵃ (αυτον ℵᶜᵇ*) R των (sic) κν U | το προσωπον] om το U | om διαψαλμα Α   **7** υμων] ημων R

ΧΧΙΙΙ 8   ΨΑΛΜΟΙ

B   καὶ εἰσελεύσεται ὁ βασιλεὺς τῆς δόξης.
  ⁸τίς ἐστιν οὗτος ὁ βασιλεὺς τῆς δόξης;   8
  Κύριος κραταιὸς καὶ δυνατός,
  Κύριος δυνατὸς ἐν πολέμῳ.
⁹ἄρατε πύλας, οἱ ἄρχοντες ὑμῶν,   9
  καὶ ἐπάρθητε, πύλαι αἰώνιοι,
  καὶ εἰσελεύσεται ὁ βασιλεὺς τῆς δόξης.
¹⁰τίς ἐστιν οὗτος ὁ βασιλεὺς τῆς δόξης;   10
  Κύριος τῶν δυνάμεων, αὐτός ἐστιν
  οὗτος ὁ βασιλεὺς τῆς δόξης.

ΚΔ'

Ψαλμὸς τῷ Δαυείδ.   XXIV
                                                 (XXV)

Πρὸς σέ, Κύριε, ἦρα τὴν ψυχήν μου, ²ὁ θεός μου·   1
  ἐπὶ σοὶ πέποιθα· μὴ καταισχυνθείην,   2
  μηδὲ καταγελασάτωσάν μου οἱ ἐχθροί μου.
³καὶ γὰρ πάντες οἱ ὑπομένοντές σε οὐ μὴ καταισχυνθῶσιν· 3
  αἰσχυνθήτωσαν οἱ ἀνομοῦντες διὰ κενῆς.
⁴τὰς ὁδούς σου, Κύριε, γνώρισόν μοι,   4
  καὶ τὰς τρίβους σου δίδαξόν με·
⁵ὁδήγησόν με ἐπὶ τὴν ἀλήθειάν σου   5
  καὶ δίδαξόν με, ὅτι σὺ εἶ ὁ θεὸς ὁ σωτήρ μου,
  καὶ σὲ ὑπέμεινα ὅλην τὴν ἡμέραν.
⁶μνήσθητι τῶν οἰκτειρμῶν σου,   6
  καὶ τὰ ἐλέη σου, ὅτι ἀπὸ τοῦ αἰῶνός εἰσιν.
⁷ἁμαρτίας νεότητός μου καὶ ἀγνοίας μὴ μνησθῇς·   7
  κατὰ τὸ ἔλεός σου μνήσθητί μου
  ἕνεκα τῆς χρηστότητός σου, Κύριε.

ℵARU   8 om τις εστιν .δοξης A* (hab Aᵃ⁽ᵐᵍ⁾) | δυνατος και κραταιος U | εν] εξ Rᵛⁱᵈ | πολεμω]+διαψαλμα U   9 υμων] ημων R | επαρθη U   10 om τις εστιν. δοξης A* (hab Aᵃ⁽ᵐᵍ⁾) | των δυναμεων] om των U | om ουτος 2° ℵᶜᵃAR — Stich 24 Bℵ 22 A 23 R   XXIV 1 ψαλμος] pr εις το τελος RU 2 ο θεος μου cum seqq coniung R | πεποιθα μη· U | καταισχυνθειην]+εις τον αιωνα ℵᶜᵃ (ras ℵᶜᵇ*) Rᵃ | καταγελατωσαν U   3 και γαρ] και γ sup ras A¹ (om γαρ A*) | αισχυνθητωσαν] αισχυνθειησαν U | οι ανομουντες] pr παντες Bᵃᵇ (postea ıas Bᵇ*) AR   4 γνωρισον μοι κε U | τριβουσου U* (s superscr U¹) 5 επι την αληθειαν Bℵᶜᵃ] εν τη αληθεια ℵ*A (αληθειαν) RU | αληθειασσου U | υπεμεινα] υπομενω U   6 σου 1°]+κε ℵARU | om οτι U | εισι U 7 post και ras aliq Bᵗ | αγνοιας] pr τας ℵ* (om ℵᶜᵃ) U + μου ℵᶜᵃARU | ελεος] πληθος του ελεους U | μου 2°]+σου ℵᶜᵃ Rᵃᵛⁱᵈ U | ενεκεν R

ΨΑΛΜΟΙ XXIV 22

8 ⁸χρηστὸς καὶ εὐθὴς ὁ κύριος· Β
  διὰ τοῦτο νομοθετήσει ἁμαρτάνοντας ἐν ὁδῷ.
9 ⁹ὁδηγήσει πραεῖς ἐν κρίσει,
  διδάξει πραεῖς ὁδοὺς αὐτοῦ.
10 ¹⁰πᾶσαι αἱ ὁδοὶ Κυρίου ἔλεος καὶ ἀλήθεια
  τοῖς ἐκζητοῦσιν τὴν διαθήκην αὐτοῦ καὶ τὰ μαρτύρια αὐτοῦ.
11 ¹¹ἕνεκα τοῦ ὀνόματός σου, Κύριε,
  καὶ ἱλάσῃ τῇ ἁμαρτίᾳ μου· πολλὴ γάρ ἐστιν.
12 ¹²τίς ἐστιν ἄνθρωπος ὁ φοβούμενος τὸν κύριον;
  νομοθετήσει αὐτῷ ἐν ὁδῷ ᾗ ᾑρετίσατο·
13 ¹³ἡ ψυχὴ αὐτοῦ ἐν ἀγαθοῖς αὐλισθήσεται,
  καὶ τὸ σπέρμα αὐτοῦ κληρονομήσει γῆν.
14 ¹⁴κραταίωμα Κύριος τῶν φοβουμένων αὐτόν, καὶ τὸ ὄνομα Κυρίου
  τῶν φοβουμένων αὐτόν,
  καὶ ἡ διαθήκη αὐτοῦ τοῦ δηλῶσαι αὐτοῖς·
15 ¹⁵οἱ ὀφθαλμοί μου διὰ παντὸς πρὸς τὸν κύριον,
  ὅτι αὐτὸς ἐκσπάσει ἐκ παγίδος τοὺς πόδας μου.
16 ¹⁶ἐπίβλεψον ἐπ' ἐμὲ καὶ ἐλέησόν με,
  ὅτι μονογενὴς καὶ πτωχός εἰμι ἐγώ.
17 ¹⁷αἱ θλίψεις τῆς καρδίας μου ἐπληθύνθησαν,
  ἐκ τῶν ἀναγκῶν μου ἐξάγαγέ με.
18 ¹⁸ἴδε τὴν ταπείνωσίν μου καὶ τὸν κόπον μου,
  καὶ ἄφες πάσας τὰς ἁμαρτίας μου.
19 ¹⁹ἴδε τοὺς ἐχθρούς μου, ὅτι ἐπληθύνθησαν,
  καὶ μῖσος ἄδικον ἐμίσησάν με.
20 ²⁰φύλαξον τὴν ψυχήν μου καὶ ῥῦσαί με·
  μὴ καταισχυνθείην, ὅτι ἤλπισα ἐπὶ σέ.
21 ²¹ἄκακοι καὶ εὐθεῖς ἐκολλῶντό μοι, ὅτι ὑπέμεινά σε, Κύριε.
22 ²²λύτρωσαι, ὁ θεός, τὸν Ἰσραὴλ ἐκ πασῶν τῶν θλίψεων αὐτοῦ.

8 ευθυς A   9 om διδαξει πραεις οδους αυτου B* hab B^(ab ing inf)ℵA (post ℵARU διδ. ras 1 lit [forte s] A?) RU (ουδους)   10 εκζητουσι U   11 ενεκεν RU | ιλαση] ιλασθητι RU | ταις αμαρτιαις R* (τη αμαρτια R^a) | εστι U   13 γην] pr την U   14 των φοβου (1°) sup ras A¹ | om και το ονομα αυτον B^(b vid) (non inst) ℵ | φοβουμενων 2°] επικαλουμενων A | του δηλωσαι] δηλωσει ℵ^(c a) δηλωσαι U   15 εκπασει A | πακιδος ℵ   16 εγω ειμι R   17 επληθυνθησαν] επλατυνθησαν U | εξαγαγε] ρυσαι R   18 την ταπεινωσει U   19 επληθυνθησαν] επλατυνθησαν U   20 ελπισα U   21 εκολλωτο R* (εκολλωντο R^a) | om Κυριε ℵ   22 την Ιηλ U
— Stich 44 BR 45 A 43 ℵ

ΚΕ΄

Τοῦ Δαυείδ.

1 Κρῖνόν με, Κύριε, ὅτι ἐγὼ ἐν ἀκακίᾳ μου ἐπορεύθην,
καὶ ἐπὶ τῷ κυρίῳ ἐλπίζων οὐ μὴ σαλευθῶ.
2 δοκίμασόν με, Κύριε, καὶ πείρασόν με,
πύρωσον τοὺς νεφρούς μου καὶ τὴν καρδίαν μου.
3 ὅτι τὸ ἔλεός σου κατέναντι τῶν ὀφθαλμῶν μού ἐστιν,
καὶ εὐηρέστησα ἐν τῇ ἀληθείᾳ σου.
4 οὐκ ἐκάθισα μετὰ συνεδρίου ματαιότητος,
καὶ μετὰ παρανομούντων οὐ μὴ εἰσέλθω·
5 ἐμίσησα ἐκκλησίαν πονηρευομένων,
καὶ μετὰ ἀσεβῶν οὐ μὴ καθίσω.
6 νίψομαι ἐν ἀθῴοις τὰς χεῖράς μου,
καὶ κυκλώσω τὸ θυσιαστήριόν σου·
7 τοῦ ἀκοῦσαι φωνὴν αἰνέσεως,
καὶ διηγήσασθαι πάντα τὰ θαυμάσιά σου.
8 Κύριε, ἠγάπησα εὐπρέπειαν οἴκου σου
καὶ τόπον σκηνώματος δόξης σου.
9 μὴ συναπολέσῃς μετὰ ἀσεβῶν τὴν ψυχήν μου,
καὶ μετὰ ἀνδρῶν αἱμάτων τὴν ζωήν μου
10 ὧν ἐν χερσὶν ἀνομίαι,
ἡ δεξιὰ αὐτῶν ἐπλήσθη δώρων
11 ἐγὼ δὲ ἐν ἀκακίᾳ μου ἐπορεύθην·
λύτρωσαί με καὶ ἐλέησόν με.
12 ὁ γὰρ πούς μου ἔστη ἐν εὐθύτητι·
ἐν ἐκκλησίαις εὐλογήσω σε, Κύριε.

ℵARU XXV 1 του Δ.] ψαλμος τω Δ. U | om μου R | σαλευθω] ασθενησω
ℵAR 2 om δοκιμασον 2° με ℵ* (hab δοκ. με κε̄ και πιρασον με ℵ^{c a}) |
πειρασον B^{ab} (πιρ B*)] περασον U | καρδια U 3 μου] σου A | ευηρεστησα]
+σοι U 4 ματαιοτητας A | εισηλ|θω U 5 εκκλησια U 6 σου]
+κε̄ ℵARU 7 φωνην] pr την ℵ^{c a} (ras ℵ^{c b*}) | αινεσεως] ενεως
σου U 8 ευπρεπειαν B^{ab}AU 9 συναπωλεσης U 10 ων] ω
U | ανομιαι] ανομια ℵ* αι (ε A) ανομιαι ℵ^{c a}AR ανομιαν U | η δεξια] pr και
R 11 ακακιαν U | με 1°]+κε̄ ℵ^{c a}A | με 2°]+Κυριε R^a 12 om
γαρ B^a (ras) ℵ^{c a}R | ευλογησω σε] ευλογησωσει U — Stich 24 BR 23 ℵ
25 A

ΨΑΛΜΟΙ XXVI 8

ΚϚ΄

XXVI
(XXVII)

Τοῦ Δαυείδ, πρὸ τοῦ χρισθῆναι.

1 ¹Κύριος φωτισμός μου καὶ σωτήρ μου, τίνα φοβηθήσομαι;
  Κύριος ὑπερασπιστὴς τῆς ζωῆς μου, ἀπὸ τίνος δειλιάσω;
2 ²ἐν τῷ ἐγγίζειν ἐπ' ἐμὲ κακοῦντας τοῦ φαγεῖν τὰς σάρκας μου,
  οἱ θλίβοντές με καὶ οἱ ἐχθροί μου αὐτοὶ ἠσθένησαν καὶ
  ἔπεσαν.
3 ³ἐὰν παρατάξηται ἐπ' ἐμὲ παρεμβολή, οὐ φοβηθήσεται ἡ καρδία
  μου·
  ἐὰν ἐπαναστῇ ἐπ' ἐμὲ πόλεμος, ἐν ταύτῃ ἐγὼ ἐλπίζω
4 ⁴μίαν ᾐτησάμην παρὰ Κυρίου, ταύτην ἐκζητήσω·
  τοῦ κατοικεῖν με ἐν οἴκῳ Κυρίου πάσας τὰς ἡμέρας τῆς
  ζωῆς μου,
  τοῦ θεωρεῖν με τὴν τερπνότητα τοῦ κυρίου
  καὶ ἐπισκέπτεσθαι τὸν ναὸν αὐτοῦ.
5 ⁵ὅτι ἔκρυψέν με ἐν σκηνῇ ἐν ἡμέρᾳ κακῶν μου
  ἐσκέπασέν με ἐν ἀποκρύφῳ τῆς σκηνῆς αὐτοῦ,
  ἐν πέτρᾳ ὕψωσέν με.
6 ⁶καὶ νῦν ἰδοὺ ὕψωσεν τὴν κεφαλήν μου ἐπ' ἐχθρούς μου
  ἐκύκλωσα καὶ ἔθυσα ἐν τῇ σκηνῇ αὐτοῦ θυσίαν ἀλαλαγμοῦ,
  ᾄσομαι καὶ ψαλῶ τῷ κυρίῳ.
7 ⁷εἰσάκουσον, Κύριε, τῆς φωνῆς μου ἧς ἐκέκραξα·
8 ἐλέησόν με καὶ εἰσάκουσόν μου, ⁸σοὶ εἶπεν ἡ καρδία μου
  ἐξεζήτησα τὸ πρόσωπόν σου·
  τὸ πρόσωπόν σου, Κύριε, ζητήσω.

XXVI 1 ψαλμος τω Δ. U | χρισθῆ א χρισθη A | inc κ̅ς̅ φωτ. μου T (deest אAR tit ut vid) | ζωης] σωτηριας U   2 κακουντας] τους κακ. με U | οι εχθροι] om οι U   3 εαν 1°] ην R εαν γαρ U | παραταξητε B* (-ται Bᵃᵇ) | παρεμβολην U | εαν 2°] pr και RU | επαναστη] επανεστη R επαναστησεται U | ελπιω RU   4 εκζητησω] ras εκ Bᶜ Rᵃ¹ ζητησω T | το κατοικειν א* (του κ. אᶜ¹) A | οικω] pr τω R | Κυριου] pr του א* (om אᶜ ᵃ) R | του κυριου] om του AT | ναον] λαον א* (ναον אᶜ ᵃ) U τον αγιον ν. AR   5 με εν (1°)] μεν A* (με εν Aᵃ') | σκηνη] + αυτου אᶜ ᵃARTU | om μου RU | αποκρυφω] αποκροις R* (αποκρυφω Rᵃ) αποκρυφου U   6 ιδου] ειον (forte ετου) U | υψωσεν] υψωσε Bᶜ + κ̅ς̅ A | την κεφαλην] om την BᶜאᶜᵃT | αλαλαγμου] pr αινεσεως και אᶜ ᵃ (om אᶜ ᵇ) T αινεσεως U | ασω אT   7 om μου 1° U | εκεκραξα] + προς σε A με] + κ̅ε̅ U   8 σοι] o sup ras Bᵃ¹ συ T | μου] + κ̅ν̅ ζητησω אᶜ ᵃ (om אᶜ ᵇ) T | εξεζητησα] εζητησεν א*U εξεζητησεν σε אᶜᵃT εζητησα R* ζητησω Rᵃ | σου 1°] μου אT

B ⁹μὴ ἀποστρέψῃς τὸ πρόσωπόν σου ἀπ' ἐμοῦ, 9
μὴ ἐκκλίνῃς ἐν ὀργῇ ἀπὸ τοῦ δούλου σου·
βοηθός μου γενοῦ, μὴ ἐγκαταλίπῃς με
καὶ μὴ ὑπερίδῃς με, ὁ θεὸς ὁ σωτήρ μου.
¹⁰ὅτι ὁ πατήρ μου καὶ ἡ μήτηρ μου ἐγκατέλιπόν με, 10
ὁ δὲ κύριος προσελάβετό με.
¹¹νομοθέτησόν με, Κύριε, τῇ ὁδῷ σου, 11
καὶ ὁδήγησόν με ἐν τρίβῳ εὐθείᾳ ἕνεκα τῶν ἐχθρῶν μου.
¹²μὴ παραδῷς με εἰς ψυχὰς θλιβόντων με, 12
ὅτι ἐπανέστησάν μοι μάρτυρες ἄδικοι,
καὶ ἐψεύσατο ἡ ἀδικία ἑαυτῇ.
¹³πιστεύσω τοῦ ἰδεῖν τὰ ἀγαθὰ Κυρίου ἐν γῇ ζώντων. 13
¹⁴ὑπόμεινον τὸν κύριον· 14
ἀνδρίζου, καὶ κραταιούσθω ἡ καρδία σου, καὶ ὑπόμεινον τὸν κύριον.

KZ'

Τοῦ Δαυείδ. XXVII (XXVIII)

¹Πρὸς σέ, Κύριε, ἐκέκραξα, ὁ θεός μου, 1
μὴ παρασιωπήσῃς ἐπ' ἐμοί·
μή ποτε παρασιωπήσῃς ἐπ' ἐμοὶ καὶ ὁμοιωθήσομαι τοῖς καταβαίνουσιν εἰς λάκκον.
²εἰσάκουσον τῆς φωνῆς τῆς δεήσεώς μου ἐν τῷ δέεσθαί με 2
πρὸς σέ,
ἐν τῷ με αἴρειν χεῖράς μου εἰς ναὸν ἅγιόν σου.
³μὴ συνελκύσῃς μετὰ ἁμαρτωλῶν τὴν ψυχήν μου, 3
καὶ μετὰ ἐργαζομένων ἀδικίαν μὴ συναπολέσῃς με,

ARTU   9 μη 2°] pr και ℵ^{c a} (om ℵ^{c b}) RT | δουλουσσου U | εγκαταλιπης B*A (εγκαταλειπ.) R (ενκαταλιπ.)] αποσκορακισης B^{b(vid)}ℵ^{c a}TU' (αποσκαρακ. U*^{vid}) | om υπεριδης η μητηρ μου U | υπεριδης] εγκαταλιπης ℵ^{c a}T (ενκαταλειπ.)   10 ενκατελειπον AT ενκατελιπον R εκκαταλειπον U   11 με 1°] μοι R | τη οδω] pr εν ℵ^{c a}R^aTU | τριβων ευθειαν U   12 θλιβοντων] pr των U | επαναστησαν A | μοι] επ εμε R | εαυτη] εαυτης A εαυτω R^a αυτη U   13 πιστευω B^bARTU | Κυριον] pr του R | εν τη γη των ζωντων U   14 υπομεινον] υπομενω U | κραταιουθω B* (-σθω B^{ab}) | σου] μου A — Stich 34 BℵR 33 A 39 T   XXVII 1 του Δ.] τω Δ. T ψαλμος τω Δ. U | εκεκραξα] κεκραξομαι ℵAT | επ εμοι bis] απ εμου ℵARTU | παρασιωπησας (2°) U   2 εισακουσον]+κε ℵ^{c a} (om ℵ^{c b}) T | εν τω δεεσθαι με] ης εκεκραξα A | εν 2°] pr και U | με αιρειν] om με ℵ* αιρειν με ℵ^{c a}ART | εις] προς ℵ^{c a}ARTU   3 συνελκυσης]+με ℵTU | om την ψυχην μου ℵT | εργαζομενων] pr ανδρων ℵ* (om ℵ^{c a}) | αδικιαν Bℵ^{c a}] την ανομιαν ℵ*RU την (sic) A* (sign adpinx A^b') | συναπωλεσης U

ΨΑΛΜΟΙ XXVIII 3

τῶν λαλούντων εἰρήνην μετὰ τῶν πλησίον αὐτῶν,
κακὰ δὲ ἐν ταῖς καρδίαις αὐτῶν.
4 ⁴δὸς αὐτοῖς κατὰ τὰ ἔργα αὐτῶν
καὶ κατὰ τὴν πονηρίαν τῶν ἐπιτηδευμάτων αὐτῶν·
κατὰ τὰ ἔργα τῶν χειρῶν αὐτῶν δὸς αὐτοῖς,
ἀπόδος τὸ ἀνταπόδομα αὐτῶν αὐτοῖς.
5 ⁵ὅτι οὐ συνῆκαν εἰς τὰ ἔργα Κυρίου
καὶ εἰς τὰ ἔργα τῶν χειρῶν αὐτοῦ,
καθελεῖς αὐτοὺς καὶ οὐ μὴ οἰκοδομήσεις αὐτούς.
6 ⁶εὐλογητὸς Κύριος, ὅτι εἰσήκουσεν τῆς φωνῆς τῆς δεήσεώς μου.
7 ⁷Κύριος βοηθός μου καὶ ὑπερασπιστής μου·
ἐπ' αὐτῷ ἤλπισεν ἡ καρδία μου, καὶ ἐβοηθήθην,
καὶ ἀνέθαλεν ἡ σάρξ μου·
καὶ ἐκ θελήματός μου ἐξομολογήσομαι αὐτῷ.
8 ⁸Κύριος κραταίωμα τοῦ λαοῦ αὐτοῦ,
καὶ ὑπερασπιστὴς τῶν σωτηρίων τοῦ χριστοῦ αὐτοῦ ἐστιν.
9 ⁹σῶσον τὸν λαόν σου καὶ εὐλόγησον τὴν κληρονομίαν σου,
καὶ ποίμανον αὐτοὺς καὶ ἔπαρον αὐτοὺς ἕως τοῦ αἰῶνος.

ΚΗ'

XXVIII (XXIX)

Ψαλμὸς τῷ Δαυείδ· ἐξοδίου σκηνῆς.

1 Ἐνέγκατε τῷ κυρίῳ, υἱοὶ θεοῦ,
ἐνέγκατε τῷ κυρίῳ υἱοὺς κριῶν·
ἐνέγκατε τῷ κυρίῳ δόξαν καὶ τιμήν,
2 ²ἐνέγκατε τῷ κυρίῳ δόξαν ὀνόματι αὐτοῦ·
προσκυνήσατε τῷ κυρίῳ ἐν αὐλῇ ἁγίᾳ αὐτοῦ.
3 ³φωνὴ Κυρίου ἐπὶ τῶν ὑδάτων,
ὁ θεὸς τῆς δόξης ἐβρόντησεν,
Κύριος ἐπὶ ὑδάτων πολλῶν.

---

3 αυτων 1°] αυτου R | κακα] πονηρα R   4 αυτοις 1°]+κε ℵᶜᵃ(om ℵᶜᵇ) ℵΑΓ
T | κατα 3°] pr και U | om αυτων 3° A   5 ου 1°] ο U | συνηκα A (improb
vid Aᵇ) | om εις τα εργα Κυριου και εις U | οικοδομη....ους T   6 οτι
rescr A¹ | της φ] rescr τη A¹ | δεεσεως U   7 ηλπισεν] ηαλπ. ℵ* (ηλπ. ℵ¹)
ελπ. U | και εβοηθηθην] εφοβηθην U | ανεθαλλεν A | η σαρξ μου ανεθαλεν U
8 τω λαω T | αυτου 1°]+εισтιν U | om εστιν R   9 των λαον U | σου]
+Κυριε R | του αιωνος] om του ℵ* (hab ℵᶜᵃ) — Stich 25 BA 24 ℵR 26 T
XXVIII 1 εξοδου TU (εξοδουσσκ) | υιους] υιος U   2 om τω κυριω (1°)
T | ονοματι] pr τω U | om αγια αυτου R* (hab Rᵃ)

245

XXVIII 4　　　　　ΨΑΛΜΟΙ

⁴φωνὴ Κυρίου ἐν ἰσχύι,　　　　　　　　　　　　　4
　φωνὴ Κυρίου ἐν μεγαλοπρεπίᾳ.
⁵φωνὴ Κυρίου συντρίβοντος κέδρους·　　　　　　5
　συντρίψει Κύριος τὰς κέδρους τοῦ Λιβάνου,
⁶καὶ λεπτυνεῖ αὐτὰς ὡς τὸν μόσχον τὸν Λίβανον·　6
　καὶ ὁ ἠγαπημένος ὡς υἱὸς μονοκερώτων.
⁷φωνὴ Κυρίου διακόπτοντος φλόγα πυρός.　　　　7
⁸φωνὴ Κυρίου συνσείοντος ἔρημον,　　　　　　　8
　συνσείσει Κύριος τὴν ἔρημον Καδής.
⁹φωνὴ Κυρίου καταρτιζομένου ἐλάφους,　　　　　9
　καὶ ἀποκαλύψει δρυμούς·
　καὶ ἐν τῷ ναῷ αὐτοῦ πᾶς τις λέγει δόξαν.
¹⁰Κύριος τὸν κατακλυσμὸν κατοικιεῖ·　　　　　　10
　καὶ καθιεῖται Κύριος βασιλεὺς εἰς τὸν αἰῶνα
¹¹Κύριος ἰσχὺν τῷ λαῷ αὐτοῦ δώσει,　　　　　　11
　Κύριος εὐλογήσει τὸν λαὸν αὐτοῦ ἐν εἰρήνῃ

ΚΘ'

　Εἰς τὸ τέλος· ψαλμὸς ᾠδῆς τοῦ ἐνκαινισμοῦ　　XXIX
　　τοῦ οἴκου, τοῦ Δαυείδ.　　　　　　　　　(XXX)
²Ὑψώσω σε, Κύριε, ὅτι ὑπέλαβές με,　　　　　　2
　καὶ οὐκ ηὔφρανας τοὺς ἐχθρούς μου ἐπ' ἐμέ.
³Κύριε ὁ θεός μου, ἐκέκραξα πρὸς σὲ καὶ ἰάσω με·　3
⁴Κύριε, ἀνήγαγες ἐξ ᾅδου τὴν ψυχήν μου,　　　　4
　ἔσωσάς με ἀπὸ τῶν καταβαινόντων εἰς λάκκον.
⁵ψάλατε τῷ κυρίῳ, οἱ ὅσιοι αὐτοῦ,　　　　　　　5
　καὶ ἐξομολογεῖσθε τῇ μνήμῃ τῆς ἁγιωσύνης αὐτοῦ.
⁶ὅτι ὀργὴ ἐν τῷ θυμῷ αὐτοῦ,　　　　　　　　　6
　καὶ ζωὴ ἐν τῷ θελήματι αὐτοῦ

4 ισχυι] δυναμει R | μεγαλοπρεπεια BᵃᵇℵU　　5 συντριψει] pr και ℵ*ᵃTU
6 μονοκερωτος U　　7 φλογαν A　　8 συνσιοντ. B*T (συνσειοντ. BᵃℵU)
συσειοντ. A (σ 2° rescr A¹) συσσειοντ. Bᵇ | ερημον 1°] pr τη U | συνσεισει B*ℵ
(? R) T συνσεισ. Bᵇ (? R) U (συνσεισε) συσσεισει BᵇA pr και ℵRT | τηρημον Rᵛⁱᵈ
9 καταρτιζομενου] καταρτιζομενη Bᵇ ᶠᵒʳᵗ (non inst ou) ℵᶜᵃT | δοξαν] την δ. αυ-
του U　　10 om και U* (hab U¹) | καθιεται B*ℵ*U (καθιειται BᵃᵇℵᶜᵃA
[·τε] RT) | βασιλευσει U　　11 Κυριος 1°] και U | τον λαον] τον λαω U |
αυτουν U* (αυτ. εν U¹) | εν ειρηνη] εις τον αιωνα R — Stich 24 BℵT 23 AR
XXIX 1 om εις το τελος ℵAT | τωδης ℵ* (om τ ℵ¹') | ενκαινισμου BᵇℵU
ενκαινιασμου Rᵃ | του οικου] om του U | του Δ] τω Δ. ℵA Δ. RU　　2 ευ-
φρανας Bᵃᵇℵ | εμε] εμοι ℵA　　4 απο] εκ ℵ* (απο ℵᶜᵃ)　　5 ψαλλατε
Bᵉᵈⁱᵗ | την μνημην U | αγιοσυνης T　　6 τω θυμω] αυ|τω θ. U

ΨΑΛΜΟΙ XXX 4

τὸ ἑσπέρας αὐλισθήσεται κλαυθμός, B
καὶ εἰς τὸ πρωὶ ἀγαλλίασις.
7 ⁷ἐγὼ δὲ εἶπα ἐν τῇ εὐθηνίᾳ μου Οὐ μὴ σαλευθῶ εἰς τὸν αἰῶνα
8 ⁸Κύριε, ἐν τῷ θελήματί σου παράσχου τῷ κάλλει μου δύναμιν·
ἀπέστρεψας δὲ τὸ πρόσωπόν σου, καὶ ἐγενήθην τεταραγμένος.
9 ⁹πρὸς σέ, Κύριε, κεκράξομαι,
καὶ πρὸς τὸν θεόν μου δεηθήσομαι.
10 ¹⁰τίς ὠφελία ἐν τῷ αἵματί μου, ἐν τῷ καταβῆναί με εἰς διαφθοράν;
μὴ ἐξομολογήσεταί σοι χοῦς,
ἢ ἀναγγελεῖ τὴν ἀλήθειάν σου;
11 ¹¹ἤκουσεν Κύριος καὶ ἠλέησέν με,
Κύριος ἐγενήθη βοηθός μου.
12 ¹²ἔστρεψας τὸν κοπετόν μου εἰς χαρὰν ἐμοί,
διέρρηξας τὸν σάκκον μου καὶ περιέζωσάς με εὐφροσύνην,
13 ¹³ὅπως ἂν ψάλῃ σοι ἡ δόξα μου, καὶ οὐ μὴ κατανυγῶ.
Κύριε ὁ θεός μου, εἰς τὸν αἰῶνα ἐξομολογήσομαί σοι.

Λ'

XXX
(XXXI)   Εἰς τὸ τέλος· ψαλμὸς τῷ Δαυείδ, ἐκστάσεως.

2 ²Ἐπὶ σοί, Κύριε, ἤλπισα, μὴ καταισχυνθείην εἰς τὸν αἰῶνα· ¶ T
ἐν τῇ δικαιοσύνῃ σου ῥῦσαί με καὶ ἐξελοῦ με
3 ³κλῖνον πρὸς μὲ τὸ οὖς σου,
τάχυνον τοῦ ἐξελέσθαι με·
γενοῦ μοι εἰς θεὸν ὑπερασπιστήν,
καὶ εἰς οἶκον καταφυγῆς τοῦ σῶσαί με.
4 ⁴ὅτι κραταίωμά μου καὶ καταφυγή μου εἶ σύ,
καὶ ἕνεκεν τοῦ ὀνόματός σου ὁδηγήσεις με καὶ διαθρέψεις με.

7 ειπον TU   8 τω θεληματι] λ sup ras Aa² το θεληματι U | παρεσχου ℵAR·
TU | απεστρεψας] εστρεψας R | om δε R   9 κεκραξομαι] εκεκραξα
R* (κεκραξομαι Rᵃ) καικραξ. U | δεηθησομαι] εδεηθην R* (δεηθησ. Rᵃ)
10 ωφελεια BᵃᵇU | καταβηναι] καταβαινιν ℵᶜ ᵃ | διαφθοραν] pr την U | οι U*
(σοι U¹) | η] μη U   11 Κυριος 2°] pr και ℵ* (om ℵᶜ ᵃ) κε̅ U
12 εστραψας U | μου 1°]+κε̅ ℵᶜ ᵃ   13 δοξα] δεξια U | εις] ει U — Stich
25 B 23 ℵAR 22 T   XXX 1 om εκστασεως ℵ   2 ηλπισα κε̅ U | εις]
ει U | εν τη δικ.] pr και ℵ* (om ℵᶜ ᵃ) | om και εξελου με ℵ   3 του ους U |
εις 2°] οις A   4 κραταιωσις ℵAU | om μου 1° ℵU | καταφυγην U | om
και 2° U | ενενκεν U | σου] σ rescr A¹

⁵ἐξάξεις με ἐκ παγίδος ταύτης ἧς ἔκρυψάν μοι,
ὅτι σὺ εἶ ὁ ὑπερασπιστής μου.
⁶εἰς χεῖράς σου παραθήσομαι τὸ πνεῦμά μου·
ἐλυτρώσω με, Κύριε ὁ θεὸς τῆς ἀληθείας.
⁷ἐμίσησας τοὺς φυλάσσοντας ματαιότητας διὰ κενῆς·
ἐγὼ δὲ ἐπὶ τῷ κυρίῳ ἤλπισα.
⁸ἀγαλλιάσομαι καὶ εὐφρανθήσομαι ἐπὶ τῷ ἐλέει σου,
ὅτι ἐπεῖδες τὴν ταπείνωσίν μου,
ἔσωσας ἐκ τῶν ἀναγκῶν τὴν ψυχήν μου·
⁹καὶ οὐ συνέκλεισάς με εἰς χεῖρας ἐχθροῦ,
ἔστησας ἐν εὐρυχώρῳ τοὺς πόδας μου.
¹⁰ἐλέησόν με, Κύριε, ὅτι θλίβομαι·
ἐταράχθη ἐν θυμῷ ὁ ὀφθαλμός μου,
ἡ ψυχή μου καὶ ἡ γαστήρ μου.
¹¹ὅτι ἐξέλιπεν ἐν ὀδύνῃ ἡ ζωή μου,
καὶ τὰ ἔτη μου ἐν στεναγμοῖς·
ἠσθένησεν ἐν πτωχίᾳ ἡ ἰσχύς μου,
καὶ τὰ ὀστᾶ μου ἐταράχθησαν.
¹²παρὰ πάντας τοὺς ἐχθρούς μου ἐγενήθην ὄνειδος,
καὶ τοῖς γείτοσίν μου σφόδρα,
καὶ φόβος τοῖς γνωστοῖς μου·
οἱ θεωροῦντές με ἔξω ἔφυγον ἀπ' ἐμοῦ·
¹³ἐπελήσθην ὡσεὶ νεκρὸς ἀπὸ καρδίας,
ἐγενήθην ὡσεὶ σκεῦος ἀπολωλός.
¹⁴ὅτι ἤκουσα ψόγον πολλῶν παροικούντων κυκλόθεν·
ἐν τῷ συναχθῆναι αὐτοὺς ἅμα ἐπ' ἐμὲ
τοῦ λαβεῖν τὴν ψυχήν μου ἐβουλεύσαντο.
¹⁵ἐγὼ δὲ ἐπὶ σὲ ἤλπισα, Κύριε·
εἶπα Σὺ εἶ ὁ θεός μου.
¹⁶ἐν ταῖς χερσίν σου οἱ κλῆροί μου·

ℵARU 5 πακιδος ℵ | μου 2°]+κε ℵᶜᵃARᵃ   7 εμιμησας B* (εμισ. Bᵃᵇ) | διαφυλασσοντας AU | ματαιοτητα ℵᶜᵃ   8 το ελεει U | επιδες ℵ εφειδες A pr συ U | εσωσας] pr και U   9 om και R* (hab Rᵃ) | ου] ο U | εχθρων R | ευρυχω A   10 θλιβομαι U | εν θυμω] απο θυμου R εν τω θυμω σου U | η ψυχη] pr και U | om μου 2° R* (hab Rᵃ)   11 om οτι U | εξελειπεν AU | εν 1°] ον A ε U | πτωχεια BᵃᵇU | οστα μο sup ras Aᵃ꜠   12 γνωστης U 13 επελησθην BᵃᵇℵAᵃ꜠R] επλησθην B*A* pr οτι U | απολωλος] απωλωλος A pr ει U   14 επισυναχθηναι ℵARU   15 σε ℵ*U] σα B* σοι BᵃᵇℵᶜᵃAR | ηλπισα επι σε U | κε ηλπισα A | συ] pr οτι U

ΨΑΛΜΟΙ XXX 25

ῥῦσαί με ἐκ χειρὸς ἐχθρῶν μου B
καὶ ἐκ τῶν καταδιωκόντων με.
17 ¹⁷ἐπίφανον τὸ πρόσωπόν σου ἐπὶ τὸν δοῦλόν σου,
σῶσόν με ἐν τῷ ἐλέει σου.
18 ¹⁸Κύριε, μὴ καταισχυνθείην, ὅτι ἐπεκαλεσάμην σε·
αἰσχυνθείησαν οἱ ἀσεβεῖς καὶ καταχθείησαν εἰς ᾅδου.
19 ¹⁹ἄλαλα γενηθήτωσαν τὰ χείλη τὰ δόλια,
τὰ λαλοῦντα κατὰ τοῦ δικαίου ἀνομίαν
ἐν ὑπερηφανίᾳ καὶ ἐξουδενώσει.
20 ²⁰ὡς πολὺ τὸ πλῆθος τῆς χρηστότητός σου, Κύριε,
ἧς ἔκρυψας τοῖς φοβουμένοις σε·
ἐξειργάσω τοῖς ἐλπίζουσιν ἐπὶ σὲ
ἐναντίον τῶν υἱῶν τῶν ἀνθρώπων.
21 ²¹κατακρύψεις αὐτοὺς ἐν ἀποκρύφῳ τοῦ προσώπου σου
ἀπὸ ταραχῆς ἀνθρώπων·
σκεπάσεις αὐτοὺς ἐν σκηνῇ ἀπὸ ἀντιλογίας γλωσσῶν.
22 ²²εὐλογητὸς Κύριος, ὅτι ἐθαυμάστωσεν τὸ ἔλεος αὐτοῦ ἐν πόλει
περιοχῆς
23 ²³ἐγὼ δὲ εἶπα ἐν τῇ ἐκστάσει μου
Ἀπέρριμμαι ἄρα ἀπὸ προσώπου τῶν ὀφθαλμῶν σου·
διὰ τοῦτο εἰσήκουσας, Κύριε, τῆς φωνῆς τῆς δεήσεώς μου
ἐν τῷ κεκραγέναι με πρὸς σέ.
24 ²⁴ἀγαπήσατε τὸν κύριον, πάντες οἱ ὅσιοι αὐτοῦ,
ὅτι ἀληθείας ἐκζητεῖ Κύριος,
καὶ ἀνταποδίδωσιν τοῖς περισσῶς ποιοῦσιν ὑπερηφανίαν.
25 ²⁵ἀνδρίζεσθε, καὶ κραταιούσθω ἡ καρδία ὑμῶν,
πάντες οἱ ἐλπίζοντες ἐπὶ Κύριον.

16 om εκ 2° U   17 τω προσωπον U* (το πρ. U¹)   18 οι ασεβεις] ℵARU
om οι ℵ^{c a}A | αδου] τον αδην U   19 γενηθητω ℵARU   20 τω πλ. U |
om Κυριε ℵ | εξειργαζω U | σε 2°] σοι A   21 κατακρυψεις] pr και AU |
αποκρυφοις ℵ* (-φω ℵ^{c a}) | ανθρωπων Bℵ^{c a}RU (ανθρωπον)] αν͞ο͞υ ℵ* | σκηνη]
σκηπη U^{edit} | αντιαντιλογιαν (sic) U* (s pro ν 3° U¹)   22 αυτου]
+επ εμε U   23 απερριμαι B*ℵ*U (απερριμμ. B^c ℵ^{c a}AR) | om αρα
ℵ^{c.a} | om προσωπου ℵ* (hab ℵ^{c a}) | σου] σ rescr A¹ (μου A*) | εισηκουσεν
A¹ (-σας A*^{vid}) | om Κυριε ℵAU | δεεσεως U   24 om οτι ℵ* (hab
ℵ^{c a}) | Κυριος] pr ο A | ανταποδιδωσιν] δ 2° rescr A¹ ανταποδωσει U | υπερ-
ηφανια U   25 οιλπιζοντες U | Κυριον] pr τον ℵ — Stich 63 B 59
ℵR 62 A

249

XXXI 1   ΨΑΛΜΟΙ

B   ΛΑ'
                    Συνέσεως τῷ Δαυείδ.   XXXI
                                                                (XXXII)
    Μακάριοι ὧν ἀφέθησαν αἱ ἀνομίαι,   1
      καὶ ὧν ἐπεκαλύφθησαν αἱ ἁμαρτίαι.
    ²μακάριος ἀνὴρ οὗ οὐ μὴ λογίσηται Κύριος ἁμαρτίαν,   2
      οὐδέ ἐστιν ἐν τῷ στόματι αὐτοῦ δόλος.
    ³ὅτι ἐσίγησα, ἐπαλαιώθη τὰ ὀστᾶ μου   3
      ἀπὸ τοῦ κράζειν με ὅλην τὴν ἡμέραν.
    ⁴ὅτι ἡμέρας καὶ νυκτὸς ἐβαρύνθη ἐπ' ἐμὲ ἡ χείρ σου,   4
      ἐστράφην εἰς ταλαιπωρίαν ἐν τῷ ἐνπαγῆναι ἄκανθαν
          διάψαλμα.
    ⁵τὴν ἁμαρτίαν μου ἐγνώρισα,   5
      καὶ τὴν ἀνομίαν μου οὐκ ἐκάλυψα·
      εἶπα Ἐξαγορεύσω κατ' ἐμοῦ τὴν ἁμαρτίαν μου τῷ κυρίῳ,
      καὶ σὺ ἀφῆκας τὴν ἀσέβειαν τῆς καρδίας μου. διάψαλμα.
    ⁶ὑπὲρ ταύτης προσεύξεται πᾶς ὅσιος πρὸς σὲ ἐν καιρῷ εὐθέτῳ· 6
      πλὴν ἐν κατακλυσμῷ ὑδάτων πολλῶν πρὸς αὐτὸν οὐκ ἐγγι-
          οῦσιν.
    ⁷σύ μου εἶ καταφυγὴ ἀπὸ θλίψεως τῆς περιεχούσης με·   7
      τὸ ἀγαλλίαμά μου, λύτρωσαί με ἀπὸ τῶν κυκλωσάντων με.
          διάψαλμα.
    ⁸συνετιῶ σε καὶ συνβιβῶ σε ἐν ὁδῷ ταύτῃ ᾗ πορεύσῃ,   8
      ἐπιστηριῶ ἐπὶ σὲ τοὺς ὀφθαλμούς μου.
    ⁹μὴ γίνεσθε ὡς ἵππος καὶ ἡμίονος, οἷς οὐκ ἔστιν σύνεσις· 9
      ἐν χαλινῷ καὶ κημῷ τὰς σιαγόνας αὐτῶν ἄγξαι
      τῶν μὴ ἐγγιζόντων πρὸς σέ.
    ¹⁰πολλαὶ αἱ μάστιγες τοῦ ἁμαρτωλοῦ,   10
      τὸν δὲ ἐλπίζοντα ἐπὶ Κύριον ἔλεος κυκλώσει.

ARU   XXXI 1 συνεσεως τω Δ.] τω Δ. συνεσεως ℵRU ψαλμος τω Δ. A | αφει-
θησαν ℵ αφθεισαν U | απεκαλυφθησαν U   2 ου 1°] ω ℵ^c ¹R^d | om ου 2°
R   3 εσιγησα οτι U | απο του κρ.] εν τω κρ. U   4 ενπαγηναι B*R (εμπ.
B^ab ℵU)] παγηναι A | ακανθαν] pr μοι A pr μου R pr με ως U | om διαψαλμα A
5 αμαρτιαν 1°] ανομιαν ℵ^c ªA | ανομιαν] αμαρτιαν ℵ^c ªA | εκαλυψα] εκρυψα
U | την κατ εμου αμ. U | αμαρτιαν 2°] ανομιαν ℵAR   6 πας οσιος προς σε
Bℵ*^c ᵇ] προς σε πας οσιος ℵ^c ªARU | αυτων U | εγγιουσιν (ενγ B* εγγ. B^b)]
+διαψαλμα R   7 τον κυκλ U   8 συμβιβω B^ab ℵ συμβιβασω U |
ταυτην U   9 ημιονος] ως ημιονοσι (sic) U | χαλινω και κημω (κιμω
B^b)] κημω και χαλινω ℵ^c ªA | αγξαι] αγξης ℵ^c ªR αγξις A | εγγιζοντον U
10 μαστιγγες U | τους αμαρτωλου U | επι κ̄ν̄ bis scr A* (sign adpinx A^b)

                                250

ΨΑΛΜΟΙ

11 ¹¹εὐφράνθητε ἐπὶ Κύριον καὶ ἀγαλλιᾶσθε, δίκαιοι· Β
καὶ καυχᾶσθε, πάντες οἱ εὐθεῖς τῇ καρδίᾳ.

ΛΒ΄

XXXII
(XXXIII)
Τῷ Δαυείδ.

1 Ἀγαλλιᾶσθε, δίκαιοι, ἐν τῷ κυρίῳ·
τοῖς εὐθέσι πρέπει αἴνεσις.

2 ²ἐξομολογεῖσθε τῷ κυρίῳ ἐν κιθάρᾳ,
ἐν ψαλτηρίῳ δεκαχόρδῳ ψάλατε αὐτῷ·

3 ³ᾄσατε αὐτῷ ᾆσμα καινόν,
καλῶς ψάλατε ἐν ἀλαλαγμῷ.

4 ⁴ὅτι εὐθὴς ὁ λόγος τοῦ κυρίου,
καὶ πάντα τὰ ἔργα αὐτοῦ ἐν πίστει·

5 ⁵ἀγαπᾷ ἐλεημοσύνην καὶ κρίσιν,
τοῦ ἐλέους Κυρίου πλήρης ἡ γῆ

6 ⁶τῷ λόγῳ τοῦ κυρίου οἱ οὐρανοὶ ἐστερεώθησαν,
καὶ τῷ πνεύματι τοῦ στόματος αὐτοῦ πᾶσα ἡ δύναμις αὐτῶν·

7 ⁷συνάγων ὡς ἀσκὸν ὕδατα θαλάσσης,
τιθεὶς ἐν θησαυροῖς ἀβύσσους.

8 ⁸φοβηθήτω τὸν κύριον πᾶσα ἡ γῆ,
ἀπ' αὐτοῦ δὲ σαλευθήτωσαν πάντες οἱ κατοικοῦντες τὴν οἰκουμένην.

9 ⁹ὅτι αὐτὸς εἶπεν, καὶ ἐγενήθησαν·
αὐτὸς ἐνετείλατο, καὶ ἐκτίσθησαν.

10 ¹⁰Κύριος διασκεδάζει βουλὰς ἐθνῶν,
ἀθετεῖ δὲ λογισμοὺς λαῶν,
καὶ ἀθετεῖ βουλὰς ἀρχόντων·

11 ¹¹ἡ δὲ βουλὴ τοῦ κυρίου εἰς τὸν αἰῶνα μένει,
λογισμοὶ τῆς καρδίας αὐτοῦ ἀπὸ γενεῶν εἰς γενεάς

11 ευφραθησητε R*ᵛⁱᵈ (ευφρανθητε Rᵃ) — Stich 25 BꞐ 26 A 24 R ꞐA
XXXII 1 τω Δ]+ψαλμος ανεπιγραφος παρ Εβραιοις Rᵃ | εν τω κυριω] εν κ̄ω̄
Ꞑᶜ ᵃ των κ̄ν̄ U | πρεπει] p10 ε 1° al lit coep B*   3 om ασατε αυτω ασμα
καινον R | ψαλατε]+αυτω Ꞑᶜ ᵃ (ras Ꞑᶜ ᵇ) RU   5 κρισιν]+ο κ̄ς̄ Ꞑᶜ ᵃ (om Ꞑᶜ ᵇ)
A | Κυριου] pr του U   6 τω λογω] pr και U | του κυριου] om τουꞐA αυτου
U | πασαι [αι δυ]ναμεις U   7 συναγων] pr o U | ωσει Ꞑᶜ ᵃ (ως Ꞑ* ᶜ ᵇ) A |
ασκον] pr εις R | τιθεις] pr o U | αβυσσοις Ꞑᶜ ᵃA* (αβυσσους Ꞑ* ᶜ ᵇAˀ)
8 σαλευθητωσαν] σαλευθητω η| πασα και U | την οικουμενην] εν αυτη U
10 διασκεδασει U | βουλας 1°] βουλην U | αθετει] αθετησει U (bis) | om και
αθετει βουλας αρχοντων Ꞑ* (hab και αθετι β. αρχ. Ꞑᶜ ᵃ)   11 του κυριου]
om του U | απο γενεων εις γενεας] εις γενεαν και γενεαν ꞐᶜᵃAU εις τον
αιωνα του αιωνος R

XXXII 12 ΨΑΛΜΟΙ

Β ¹²μακάριον τὸ ἔθνος οὗ ἐστιν Κύριος ὁ θεὸς αὐτοῦ, 12
λαὸς ὃν ἐξελέξατο εἰς κληρονομίαν ἑαυτῷ.
¹³ἐξ οὐρανοῦ ἐπέβλεψεν ὁ κύριος, 13
εἶδεν πάντας τοὺς υἱοὺς τῶν ἀνθρώπων·
¹⁴ἐξ ἑτοίμου κατοικητηρίου αὐτοῦ 14
ἐπέβλεψεν ἐπὶ πάντας τοὺς κατοικοῦντας τὴν γῆν,
¹⁵ὁ πλάσας κατὰ μόνας τὰς καρδίας αὐτῶν, 15
ὁ συνιεὶς πάντα τὰ ἔργα αὐτῶν.
¹⁶οὐ σώζεται βασιλεὺς διὰ πολλὴν δύναμιν, 16
καὶ γίγας οὐ σωθήσεται ἐν πλήθει ἰσχύος αὐτοῦ
¹⁷ψευδὴς ἵππος εἰς σωτηρίαν, 17
ἐν δὲ πλήθει δυνάμεως αὐτοῦ οὐ σωθήσεται.
¹⁸ἰδοὺ οἱ ὀφθαλμοὶ Κυρίου ἐπὶ τοὺς φοβουμένους αὐτόν, 18
τοὺς ἐλπίζοντας ἐπὶ τὸ ἔλεος αὐτοῦ,
¹⁹ῥύσασθαι ἐκ θανάτου τὰς ψυχὰς αὐτῶν, 19
καὶ διαθρέψαι αὐτοὺς ἐν λιμῷ.
²⁰ἡ ψυχὴ ἡμῶν ὑπομένει τῷ κυρίῳ, 20
ὅτι βοηθὸς καὶ ὑπερασπιστὴς ἡμῶν ἐστιν
²¹ὅτι ἐν αὐτῷ εὐφρανθήσεται ἡ καρδία ἡμῶν, 21
καὶ ἐν τῷ ὀνόματι τῷ ἁγίῳ αὐτοῦ ἠλπίσαμεν.
²²γένοιτο τὸ ἔλεός σου, Κύριε, ἐφ᾽ ἡμᾶς, καθάπερ ἠλπίσαμεν 22
ἐπὶ σέ.

ΛΓ´

Τῷ Δαυείδ, ὁπότε ἠλλοίωσεν τὸ πρόσωπον   XXXI
αὐτοῦ ἐναντίον Ἀβειμέλεχ, καὶ ἀπέλυσεν   (XXXI
αὐτόν, καὶ ἀπῆλθεν.

²Εὐλογήσω τὸν κύριον ἐν παντὶ καιρῷ, 2
διὰ παντὸς ἡ αἴνεσις αὐτοῦ ἐν τῷ στόματί μου

ℵARU   12 μακαριος B* (μακαριον BᵃᵇℵAR) | τω εθνος U | αυτου] αυτων R¹ | εξελεξατο]+Κυριος RU | εαυτω] αυτω U   13 ειδεν] του ιδειν U   14 τους] του U   15 πλασας] πλασσων U | συνιεις B*ᵇℵAR] συνιων BᵃᵇU | παντα] pr εις ℵᶜ ᵃ (om ℵᶜ ᵇ)   16 δυναμιν]+αυ αιτου U* (om αυ 1º Uᶜ) | γιγασσου U   17 εις] ες U | εν δε πλ.] εν τω πλ. U | δυναμεως] pr της U   18 τους ελπ] pr και επι R   19 ρυσασθαι] pr του U | διαθρεψει R διαθλεψαι U   20 η δε ψ. ℵᶜ ᵃ (om δε ℵᶜ ᵇ) | τω κυριω] τον κυριον U | υπεραστης U | ημων 2º] υμων U   21 το αγιω U   22 γενοιτο] γενσθω (sic) R* (γενοιτο Rᵃ⁽ᵛⁱᵈ⁾) γενετο U | κε το ελεος σου ℵᶜ ᵃ (ℵᶜ ᵇ ut B) ARU | κ̄ε̄ non inst Bᵇ | σε] σοι A — Stich 44 BA 42 ℵ 41 R   XXXIII 1 τω Δ.] pr ψαλμος RU | οποτε] αποτε R | το προσωπον] την οψιν U | εναντιον] απεναντι U | Αβιμελεχ A Αχειμελεχ U | αυτον] αυτων U

ΨΑΛΜΟΙ XXXIII 16

3 ³ἐν τῷ κυρίῳ ἐπαινεσθήσεται ἡ ψυχή μου·
ἀκουσάτωσαν πραεῖς καὶ εὐφρανθήτωσαν.
4 ⁴μεγαλύνατε τὸν κύριον σὺν ἐμοί,
καὶ ὑψώσωμεν τὸ ὄνομα αὐτοῦ ἐπὶ τὸ αὐτό.
5 ⁵ἐξεζήτησα τὸν κύριον, καὶ ἐπήκουσέν μου
καὶ ἐκ πασῶν τῶν παροικιῶν μου ἐρύσατό με.
6 ⁶προσέλθατε πρὸς αὐτὸν καὶ φωτίσθητε,
καὶ τὰ πρόσωπα ὑμῶν οὐ μὴ καταισχυνθῇ.
7 ⁷οὗτος ὁ πτωχὸς ἐκέκραξεν, καὶ ὁ κύριος εἰσήκουσεν αὐτοῦ
καὶ ἐκ πασῶν τῶν θλίψεων αὐτοῦ ἔσωσεν αὐτόν.
8 ⁸παρεμβαλεῖ ἄγγελος Κυρίου κύκλῳ τῶν φοβουμένων αὐτὸν καὶ
ῥύσεται αὐτούς.
9 ⁹γεύσασθε καὶ ἴδετε ὅτι χρηστὸς ὁ κύριος·
μακάριος ἀνὴρ ὃς ἐλπίζει ἐπ' αὐτόν.
10 ¹⁰φοβήθητε τὸν κύριον πάντες οἱ ἅγιοι αὐτοῦ,
ὅτι οὐκ ἔστιν ὑστέρημα τοῖς φοβουμένοις αὐτόν.
11 ¹¹πλούσιοι ἐπτώχευσαν καὶ ἐπείνασαν,
οἱ δὲ ἐκζητοῦντες τὸν κύριον οὐκ ἐλαττωθήσονται παντὸς
ἀγαθοῦ.   διάψαλμα.
12 ¹²δεῦτε, τέκνα, ἀκούσατέ μου,
φόβον Κυρίου διδάξω ὑμᾶς.
13 ¹³τίς ἐστιν ἄνθρωπος ὁ θέλων ζωήν,
ἀγαπῶν ἰδεῖν ἡμέρας ἀγαθάς;
14 ¹⁴παῦσον τὴν γλῶσσάν σου ἀπὸ κακοῦ,
καὶ χείλη τοῦ μὴ λαλῆσαι δόλον·
15 ¹⁵ἔκκλινον ἀπὸ κακοῦ καὶ ποίησον ἀγαθόν,
ζήτησον εἰρήνην καὶ δίωξον αὐτήν.
16 ¹⁶ὅτι ὀφθαλμοὶ Κυρίου ἐπὶ δικαίους,
καὶ ὦτα αὐτοῦ εἰς δέησιν αὐτῶν·

3 επαινεθησεται Bᵇℵᶜ ᵃU (επεναιθ.)   4 εμου U | υψωσομεν A [υ]ψω- ℵARU σατε U   5 εξεζητησα] pr εγω U | παροικιων] θλιψεων ℵᶜ ᵃΛ (θλιψαιων) R | ερρυσατο Bᵇ⁽ᵛⁱᵈ⁾ℵARU (ερ[ρυ]σ.)   6 προσηλθατε U   7 αυτου 1° Bℵᶜ ᵃAU] αυτων ℵ*R | εσωσεν] ερρυσατο U   8 αγγελος Κυριου] αγγ. αυτου A ο αγγ. Κ. ℵᶜ ᵃ (om ℵ*ᶜ ᵇ) U ο αγγ. του Κ. R | αυτους] αυτον A   9 γευσατε R* (γευσασθε Rᵃ) | ος ελπιζει] ο ελπιζων R ος ηλπιζε U   10 om παντες ℵ*ᶜ ᵇ (hab ℵᶜ ᵃ) U | αγιοι] οσιοι R   11 om διαψαλμα Λ* (hab Aᵐᵍ) 13 αγαπων] pr και U | ημερας ιδειν ℵΛ (ημ. ειδειν) R   14 χειλη]+σου ℵᶜ ᵃAR τα χ σου U | λαλησει R* (-σαι Rᵃ)   16 om οτι ℵᶜ ᵃAR | οφθαλμοι] pr οι U | ωτα] pr τα RU | δεησιν] pr την U

253

¹⁷πρόσωπον δὲ Κυρίου ἐπὶ ποιοῦντας κακά,
τοῦ ἐξολεθρεῦσαι ἐκ γῆς τὸ μνημόσυνον αὐτῶν.
¹⁸ἐκέκραξαν οἱ δίκαιοι, καὶ ὁ κύριος εἰσήκουσεν αὐτῶν
καὶ ἐκ πασῶν τῶν θλίψεων αὐτῶν ἐρύσατο αὐτούς.
¹⁹ἐγγὺς Κύριος τοῖς συντετριμμένοις τὴν καρδίαν,
καὶ τοὺς ταπεινοὺς τῷ πνεύματι σώσει.
²⁰πολλαὶ αἱ θλίψεις τῶν δικαίων,
καὶ ἐκ πασῶν αὐτῶν ῥύσεται αὐτούς.
²¹Κύριος φυλάσσει πάντα τὰ ὀστᾶ αὐτῶν,
ἓν ἐξ αὐτῶν οὐ συντριβήσεται.
²²θάνατος ἁμαρτωλῶν πονηρός,
καὶ οἱ μισοῦντες τὸν δίκαιον πλημμελήσουσιν.
²³λυτρώσεται Κύριος ψυχὰς δούλων αὐτοῦ,
καὶ οὐ μὴ πλημμελήσουσιν πάντες οἱ ἐλπίζοντες ἐπ' αὐτόν.

ΛΔ´

Τῷ Δανείδ.

Δίκασον, Κύριε, τοὺς ἀδικοῦντάς˙ με,
πολέμησον τοὺς πολεμοῦντάς με˙
²ἐπιλαβοῦ ὅπλου καὶ θυρεοῦ, καὶ ἀνάστηθι εἰς βοήθειάν μου
³ἔκχεον ῥομφαίαν καὶ σύνκλεισον ἐξ ἐναντίας τῶν καταδιω-
κόντων με
εἰπὸν τῇ ψυχῇ μου Σωτηρία σου ἐγώ εἰμι.
⁴αἰσχυνθείησαν καὶ ἐντραπείησαν οἱ ζητοῦντες τὴν ψυχήν μου,
ἀποστραφείησαν εἰς τὰ ὀπίσω καὶ καταισχυνθείησαν οἱ
λογιζόμενοί μοι κακά.

17 εξολοθρ. B'AR εξολευθρ U | γης] pr της U   18 εκεκρ. οι δικαιοι] δικαιοι εκεκρ U | αυτων 1°] αυτους R | om αυτων 2° U | ερρυσατο B^(vid) ℵAR εσωσεν U | αυτους]+ο κ̅ς̅ ℵ^(c a) (om ο ℵ^(c b))   19 τη καρδια U | των π̅ν̅ι̅ U   20 om αυτων U | αυτους]+ο κ̅ς̅ AU   21 φυλασσει κ̅ς̅ ℵ^(c a)A κ̅ς̅ φυλασσε . | ει U^(vid) | εν] pr και U   22 ο μισου[ντες] U | των δικαιον U 23 ψυχας δουλων] τας ψ. [των]| δουλων U | πλημμελησωσιν ℵ — Stich 43 B 42 ℵA 41 R^(vid)   XXXIV 1 τω Δ.] pr ψαλμος A του Δ. U   1—2 omnia perier in U ab αδ[ικουντας] usque ε[εκχεον ρομφ]αιαν   2 βοηθειαν (-θιαν ℵA)] pr την R   3 ρομφαιαν]+σου A | συγκλ. B^(ab)U καταδιωκοντων] θλιβωντων U | την ψυχη U | σωτηρια] σωτηρ U | ειμι εγω AR   4 αισχυνθειησαν] αισχυνθητωσαν ℵAU | εντραπειησαν] εντραπητωσαν ℵAU | οι ζητουντες] pr παντες U | αποστραφειησαν] αποστραφητωσαν ℵAU | καταισχυνθειησαν] καταισχυνθητωσαν ℵAU (κατε[σ]χυνθ.) | διαλογιζομενοι U

ΨΑΛΜΟΙ XXXIV 18

⁵γενηθήτωσαν ώσεὶ χνοῦς κατὰ πρόσωπον ἀνέμου,
καὶ ἄγγελος Κυρίου ἐκθλίβων αὐτούς·
⁶γενηθήτω ἡ ὁδὸς αὐτῶν σκότος καὶ ὀλίσθημα,
καὶ ἄγγελος Κυρίου καταδιώκων αὐτούς.
⁷ὅτι δωρεὰν ἔκρυψάν μοι διαφθορὰν παγίδος αὐτῶν,
μάτην ὠνείδισαν τὴν ψυχήν μου.
⁸ἐλθέτω αὐτοῖς παγὶς ἣν οὐ γινώσκουσιν,
καὶ ἡ θήρα ἣν ἔκρυψαν συλλαβέτω αὐτούς,
καὶ ἐν τῇ παγίδι πεσοῦνται ἐν αὐτῇ.
⁹ἡ δὲ ψυχή μου ἀγαλλιάσεται ἐπὶ τῷ κυρίῳ,
τερφθήσεται ἐπὶ τῷ σωτηρίῳ αὐτοῦ
¹⁰πάντα τὰ ὀστᾶ μου ἐροῦσιν Κύριε, τίς ὅμοιός σοι;
ῥυόμενος πτωχὸν ἐκ χειρὸς στερεωτέρων αὐτοῦ,
καὶ πτωχὸν καὶ πένητα ἀπὸ τῶν διαρπαζόντων αὐτόν.
¹¹ἀναστάντες μάρτυρες ἄδικοι ἃ οὐκ ἐγίνωσκον ἐπηρώτων με·
¹²ἀνταπεδίδοσάν μοι πονηρὰ ἀντὶ καλῶν,
καὶ ἀτεκνίαν τῇ ψυχῇ μου·
¹³ἐγὼ δὲ ἐν τῷ αὐτοὺς παρενοχλεῖν μοι ἐνεδυόμην σάκκον,
καὶ ἐταπείνουν ἐν νηστίᾳ τὴν ψυχήν μου,
καὶ ἡ προσευχή μου εἰς κόλπον μου ἀποστραφήσεται
¹⁴ὡς πλησίον, ὡς ἀδελφὸν ἡμέτερον, οὕτως εὐηρέστουν·
ὡς πενθῶν καὶ σκυθρωπάζων οὕτως ἐταπεινούμην
¹⁵καὶ κατ' ἐμοῦ ηὐφράνθησαν καὶ συνήχθησαν,
συνήχθησαν ἐπ' ἐμὲ μάστιγες καὶ οὐκ ἔγνων,
διεσχίσθησαν καὶ οὐ κατενύγησαν·
¹⁶ἐπείρασάν με, ἐξεμυκτήρισάν με μυκτηρισμόν,
ἔβρυξαν ἐπ' ἐμὲ τοὺς ὀδόντας αὐτῶν.
¹⁷Κύριε, πότε ἐπόψῃ;
ἀποκατάστησον τὴν ψυχήν μου ἀπὸ τῆς κακουργίας αὐτῶν,
ἀπὸ λεόντων τὴν μονογενῆ μου
¹⁸ἐξομολογήσομαί σοι, Κύριε, ἐν ἐκκλησίᾳ πολλῇ,
ἐν λαῷ βαρεῖ αἰνέσω σε.

5 Κυριου] pr ο ℵ   **6** ολισθημα]+αυτοις U | καταδιωκ[ω]ν.. U ℵARU
7 πακιδος ℵ   **8** ελθατω A | αυτοις] αυτω ℵ^(c a) | γινωσκει ℵ^(c a) (-σκι) R^a |
εκρυψεν ℵ^(c a) | συνλαβ. AR | αυτους] αυτον ℵ^(c a) A | πακιδι ℵ | πεσειται
ℵ^(c a) (πεσιτ.) A   **9** επι 1°] εν ℵ* (επι ℵ^(c a))   **10** Κυριε]+κε A |
ρυομενον A | om χειρος A   **11** επηρωτων] ηρωτων ℵAR   **12** ανταπο-
διδοσαν A | καλων] αγαθεια B^(ab) A | **13** νηστεια B^(ab) A | αποστραφησεται]
αποστραφητω (seq ras 1 lit) A   **15** ευφρανθησαν ℵ   **16** εξεμυκτηρισαν]
pr και R   **17** μονογενην ℵ^(c a) (ras ν 2° ℵ^(c.b)) AR   **18** om Κυριε ℵA

255

B ¹⁹μὴ ἐπιχαρείησάν μοι οἱ ἐχθραίνοντές μοι ματαίως,
οἱ μισοῦντές με δωρεὰν καὶ διανεύοντες ὀφθαλμοῖς.
²⁰ὅτι ἐμοὶ μὲν εἰρηνικὰ ἐλάλουν,
καὶ ἐπ' ὀργῇ δόλους διελογίζοντο·
²¹καὶ ἐπλάτυναν ἐπ' ἐμὲ τὸ στόμα αὐτῶν,
εἶπαν Εὖγε εὖγε, εἶδαν οἱ ὀφθαλμοὶ ἡμῶν.
²²εἶδες, Κύριε, μὴ παρασιωπήσῃς·
Κύριε, μὴ ἀποστῇς ἀπ' ἐμοῦ.
²³ἐξεγέρθητι, Κύριε, καὶ πρόσχες τῇ κρίσει μου,
ὁ θεός μου καὶ ὁ κύριός μου, εἰς τὴν δίκην μου.
²⁴κρῖνόν με, Κύριε, κατὰ τὴν δικαιοσύνην σου, Κύριε ὁ θεός μου,
καὶ μὴ ἐπιχαρείησάν μοι.
²⁵μὴ εἴπαισαν ἐν καρδίαις αὐτῶν Εὖγε εὖγε τῇ ψυχῇ ἡμῶν·
μηδὲ εἴπαισαν Κατεπίομεν αὐτόν.
²⁶αἰσχυνθείησαν καὶ ἐντραπείησαν ἅμα οἱ ἐπιχαίροντες τοῖς κακοῖς μου·
ἐνδυσάσθωσαν αἰσχύνην καὶ ἐντροπὴν οἱ μεγαλορημονοῦντες
ἐπ' ἐμέ
²⁷ἀγαλλιάσαιντο καὶ εὐφρανθείησαν οἱ θέλοντες τὴν δικαιοσύνην
μου,
καὶ εἰπάτωσαν διὰ παντός Μεγαλυνθείη ὁ κύριος,
οἱ θέλοντες τὴν εἰρήνην τοῦ δούλου αὐτοῦ.
²⁸καὶ ἡ γλῶσσά μου μελετήσει τὴν δικαιοσύνην σου,
ὅλην τὴν ἡμέραν τὸν ἔπαινόν σου.

ΛΕ'

Εἰς τὸ τέλος· τῷ δούλῳ Κυρίου τῷ Δαυείδ.

²Φησὶν ὁ παράνομος τοῦ ἁμαρτάνειν ἐν ἑαυτῷ,
οὐκ ἔστιν φόβος θεοῦ ἀπέναντι τῶν ὀφθαλμῶν αὐτοῦ·

ΝAR   19 επιχαριησαν Β*ΝA (επιχαρεισ. Βᵃᵇ) | ματαιως] αδικως ΝAR | om με A
20 οργην ΝAR   21 επλατυνα A | ειπον A | ειδαν] ιδον Ν (?R) ειδον A (?R)
22 om Κυριε 2° A* (hab κ̅ε̅ A⁹⁽ⁱⁿᵍ⁾)   23 om Κυριε Νᶜᵃ | om και προσχες
R   24 με] μοι A | om Κυριε 1° Ν | δικαιοσυνην] ελεημοσυνην Ν* (δικ. Νᶜᵃ) |
σου] μου R | επιχαριησαν Β* (επιχαρεισ. Βᵃᵇ Ν επιχαρησαν [sic] A) | μοι]+
οι εχθροι μου Ν* (om Νᶜᵃ) R   25 ειπαισαν bis Βᵃᵇ (ειπεσαν Β*Ν*)] ειποισαν
ΝᶜᵃAR | τη ψυχη ΒΝ*ARᵃ] η ψ. ΝᶜᵃR* | κατεπιομεν R   26 εντραπιησαν Β*ΝA (εντραπεισ. Βᵃᵇ) | μεγαλορρημ. R   27 αγαλλιασοιντο A |
ευφρανθειησαν]+επι σοι A | μεγαλυνθητω ΝAR | ο κυριος] ο θς Ν* (ο κ̅ς̅
Νᶜᵃ)   28 τον επαινον ΒΝAᵃ?] (ο επαινος A*)] την αινεσιν R — Stich 59
BR 60 Ν 64 A   XXXV 1 om τω δουλω Κυριου A | τω Δ.]+ψαλμος A

ΨΑΛΜΟΙ XXXVI 1

3 ³ὅτι ἐδόλωσεν ἐνώπιον αὐτοῦ
   τοῦ εὑρεῖν τὴν ἀνομίαν αὐτοῦ καὶ μισῆσαι.
4 ⁴τὰ ῥήματα τοῦ στόματος αὐτοῦ ἀνομία καὶ δόλος,
   οὐκ ἐβουλήθη συνιέναι τοῦ ἀγαθῦναι.
5 ⁵ἀνομίαν ἐλογίσατο ἐπὶ τῆς κοίτης αὐτοῦ,
   παρέστη πάσῃ ὁδῷ οὐκ ἀγαθῇ,
   τῇ δὲ κακίᾳ οὐ προσώχθισεν.
6 ⁶Κύριε, ἐν τῷ οὐρανῷ τὸ ἔλεός σου,
   καὶ ἡ ἀλήθειά σου ἕως τῶν νεφελῶν·
7 ⁷καὶ ἡ δικαιοσύνη ὡσεὶ ὄρη θεοῦ,
   τὰ κρίματά σου ὡσεὶ ἄβυσσος πολλή.
   ἀνθρώπους καὶ κτήνη σώσεις, Κύριε,
8 ⁸ὡς ἐπλήθυνας τὸ ἔλεός σου, ὁ θεός·
   οἱ δὲ υἱοὶ τῶν ἀνθρώπων ἐν σκέπῃ τῶν πτερύγων σου
   ἐλπιοῦσιν.
9 ⁹μεθυσθήσονται ἀπὸ πιότητος τοῦ οἴκου σου,
   καὶ τὸν χειμάρρουν τῆς τρυφῆς σου ποτιεῖς αὐτούς.
10 ¹⁰ὅτι παρὰ σοὶ πηγὴ ζωῆς,
   ἐν τῷ φωτί σου ὀψόμεθα φῶς.
11 ¹¹παράτεινον τὸ ἔλεός σου τοῖς γινώσκουσίν σε,
   καὶ τὴν δικαιοσύνην σου τοῖς εὐθέσι τῇ καρδίᾳ.
12 ¹²μὴ ἐλθέτω μοι πούς ὑπερηφανίας,
   καὶ χεὶρ ἁμαρτωλῶν μὴ σαλεύσαι με.
13 ¹³ἐκεῖ ἔπεσον πάντες οἱ ἐργαζόμενοι τὴν ἀνομίαν,
   ἐξώσθησαν καὶ οὐ μὴ δύνωνται στῆναι.

ΛΖ'

XXXVI
(XXXVII)
              Τοῦ Δαυείδ.

1   Μὴ παραζήλου ἐν πονηρευομένοις,
    μηδὲ ζήλου τοὺς ποιοῦντας τὴν ἀνομίαν·

4 συνιεναι] συνειναι ℵ* (συνειεναι ℵ^{c a})   5 ελογισατο] διελογισατο ℵAR | ℵΛ τη δε κακια] κακια δε ℵ^{c a}AR   7 om και 1° B^{ab}ℵAR | δικαιοσυνη]+σου ℵA | ωσει 1°] ως ℵ^{c a}A | om ωσει 2° ℵAR   .8 οι δε] οιδε οι A | εν σκεπη Bℵ^{c a}AR] εις σκεπην ℵ*   9 πιοτητος] pr της R | του οικου] om του A | om σου 1° ℵ^{c a}   12 ελθατω AR | αμαρτωλου ℵ^{c a}A | μη σαλευσαι] μη σαλευσει ℵ^{c a} (-σι) A ου σαλευσει R   13 επεσαν ℵ^{c a}A | om παντες ℵ* (hab ℵ^{c a}) — Stich 26 Bℵ AR   XXXVI 1 του Δ.] εις το τελος ψαλμος τω Δ. A τω Δ. R^{fort}

SEPT. II.   257   R

XXXVI 2   ΨΑΛΜΟΙ

B   ²ὅτι ὡσεὶ χόρτος ταχὺ ἀποξηρανθήσονται,
      καὶ ὡσεὶ λάχανα χλόης ταχὺ ἀποπεσοῦνται.
     ³ἔλπισον ἐπὶ Κύριον καὶ ποίει χρηστότητα,
      καὶ κατασκήνου τὴν γῆν
      καὶ ποιμανθήσῃ ἐπὶ τῷ πλούτῳ αὐτῆς.
     ⁴κατατρύφησον τοῦ κυρίου, καὶ δώσει σοι τὰ αἰτήματα τῆς
      καρδίας σου.
     ⁵ἀποκάλυψον πρὸς Κύριον τὴν ὁδόν σου
      καὶ ἔλπισον ἐπ' αὐτόν, καὶ αὐτὸς ποιήσει·
     ⁶καὶ ἐξοίσει ὡς φῶς τὴν δικαιοσύνην σου,
      καὶ τὸ κρίμα σου ὡς μεσημβρίαν.
     ⁷ὑποτάγηθι τῷ κυρίῳ καὶ ἱκέτευσον αὐτόν·
      μὴ παραζήλου ἐν τῷ κατευοδουμένῳ ἐν τῇ ζωῇ αὐτοῦ,
      ἐν ἀνθρώπῳ ποιοῦντι παρανομίας.
     ⁸παῦσαι ἀπὸ ὀργῆς καὶ ἐνκατάλιπε θυμόν,
      μὴ παραζήλου ὥστε πονηρεύεσθαι.
     ⁹ὅτι οἱ πονηρευόμενοι ἐξολοθρευθήσονται,
      οἱ δὲ ὑπομένοντες τὸν κύριον αὐτοὶ κληρονομήσουσιν τὴν
      γῆν.
     ¹⁰καὶ ἔτι ὀλίγον καὶ οὐ μὴ ὑπάρξῃ ἁμαρτωλός,
      καὶ ζητήσεις τὸν τόπον αὐτοῦ καὶ οὐ μὴ εὕρῃς·
     ¹¹οἱ δὲ πραεῖς κληρονομήσουσιν γῆν,
      καὶ κατατρυφήσουσιν ἐπὶ πλήθει εἰρήνης.
     ¹²παρατηρήσεται ὁ ἁμαρτωλὸς τὸν δίκαιον,
      καὶ βρύξει ἐπ' αὐτὸν τοὺς ὀδόντας αὐτοῦ·
     ¹³ὁ δὲ κύριος ἐκγελάσεται αὐτόν,
      ὅτι προβλέπει ὅτι ἥξει ἡ ἡμέρα αὐτοῦ.
     ¹⁴ῥομφαίαν ἐσπάσαντο οἱ ἁμαρτωλοί,
      ἐνέτειναν τόξον αὐτῶν,
     τοῦ καταβαλεῖν πτωχὸν καὶ πένητα,
     τοῦ σφάξαι τοὺς εὐθεῖς τῇ καρδίᾳ·

ℵAR   3 ελπισον] pr ϛ ℵ$^{c\,a}$ | ποιμανθησει A ποιμανθης R   4 κατατρυφησον] καταφρυτησον (sic) A | του κυριου] τω κυριω R | δωσει] δωη A   5 om και 1° ℵ* (hab ℵ$^{c\,a}$)   6 το κριμα σου ως sup ras A¹   7 ζωη] οδω ℵ$^{c\,a}$R οδου A | παρανομιαν ℵ$^{c.a}$AR^a 8 οργης] κακου R | εγκαταλιπε B^{ab} εγκαταλειπε A | ωστε] εν τω ℵ* (ωστε ℵ$^{c\,a}$)   9 εξολεθρευθησονται ℵA (o 2° rescr A¹) | κληρονομησουσι ℵ | την γην] om την AR   10 om και 2° R | υπαρξει A | αμαρτωλος] pr ο ℵAR | om και 3° ℵ* (hab ϛ ℵ$^{c\,a}$) | αυτου] ου sup ras A$^{a?}$ 11 ειρηνης]+επ αυτης A   14 ανετειναν R | πενητα κ. πτωχον R

ΨΑΛΜΟΙ XXXVI 28

15 ¹⁵ἡ ῥομφαία αὐτῶν εἰσέλθοι εἰς τὴν καρδίαν αὐτῶν, B
καὶ τὰ τόξα αὐτῶν συντριβείησαν.
16 ¹⁶κρεῖσσον ὀλίγον τῷ δικαίῳ ὑπὲρ πλοῦτον ἁμαρτωλῶν πολύν.
17 ¹⁷ὅτι βραχίονες ἁμαρτωλῶν συντριβήσονται,
ὑποστηρίζει δὲ τοὺς δικαίους Κύριος.
18 ¹⁸γινώσκει Κύριος τὰς ὁδοὺς τῶν ἀμώμων,
καὶ ἡ κληρονομία αὐτῶν εἰς τὸν αἰῶνα ἔσται·
19 ¹⁹οὐ καταισχυνθήσονται ἐν καιρῷ πονηρῷ,
καὶ ἐν ἡμέραις λιμοῦ χορτασθήσονται.
20 ²⁰ὅτι οἱ ἁμαρτωλοὶ ἀπολοῦνται,
οἱ δὲ ἐχθροὶ τοῦ κυρίου ἅμα τῷ δοξασθῆναι αὐτοὺς καὶ
§ ὑψωθῆναι § Τ
ἐκλιπόντες ὡσεὶ καπνὸς ἐξέλιπον.
21 ²¹δανίζεται ὁ ἁμαρτωλὸς καὶ οὐκ ἀποτίσει,
ὁ δὲ δίκαιος οἰκτείρει καὶ διδοῖ.
22 ²²ὅτι οἱ εὐλογοῦντες αὐτὸν κληρονομήσουσι γῆν,
οἱ δὲ καταρώμενοι αὐτὸν ἐξολοθρευθήσονται.
23 ²³παρὰ Κυρίου τὰ διαβήματα ἀνθρώπου κατευθύνεται,
καὶ τὴν ὁδὸν αὐτοῦ θελήσει·
24 ²⁴ὅταν πέσῃ οὐ καταραχθήσεται,
ὅτι Κύριος ἀντιστηρίζει χεῖρα αὐτοῦ.
25 ²⁵νεώτερος ἐγενόμην καὶ γὰρ ἐγήρασα,
καὶ οὐκ ἴδον δίκαιον ἐνκαταλελιμμένον
οὐδὲ τὸ σπέρμα αὐτοῦ ζητοῦν ἄρτους.
26 ²⁶ὅλην τὴν ἡμέραν ἐλεᾷ καὶ δανίζει,
καὶ τὸ σπέρμα αὐτοῦ εἰς εὐλογίαν ἔσται.
27 ²⁷ἔκκλινον ἀπὸ κακοῦ καὶ ποίησον ἀγαθόν,
καὶ κατασκήνου εἰς αἰῶνα αἰῶνος.
28 ²⁸ὅτι Κύριος ἀγαπᾷ κρίσιν,
καὶ οὐκ ἐνκαταλείψει τοὺς ὁσίους αὐτοῦ,

15 εισελθοι] εισελθατω R | την καρδιαν] ψυχην ℵ* τας καρδιας ℵ ᶜ ᵃ | συν- ℵART τριβειη ℵ ᶜ ᵃA (-βιη) R   **17** Κυριος Bℵ*ᶜ ᵇ R*] pr ο ℵ ᶜ ᵃARᵃ   **18** τον αιωνα] om τον ℵ ᶜ ᵃA   **20** τω δοξασθηναι] του δοξ. R | εκλιποντες B*ᵇ⁽ᵛⁱᵈ⁾ℵ] εκλειποντες BᵃAT | εξελειπον AT   **21** δανειζ. Bᵃᵇ (item 26) | διδοι] διδωσιν ℵ ᶜ ᵃ (διδοι ℵ ᶜ ᵇ) AT   **22** κληρονομησουσιν RT | εξολεθρ. ℵART   **23** τα διαβ. ανθρωπου (ανου sic T) κατευθ.] κατευθ. τα διαβ. ανδρι ℵ* τα δ. ανδρι κατευθ. ℵ ᶜ ᵃ | θελησει]+σφοδρα ART   **24** πεσειται R   **25** ειδον BᵃᵇA | εγκαταλελειμμ. Bᵃᵇ εγκαταλειμμ A | ζητειν R   **26** ελεει BᵃᵇA | δανιζει]+ο δικαιος AT   **27** om αιωνος ℵ* (hab ℵ ᶜ ᵃ)   **28** εγκαταλειψ. BᵃᵇA

XXXVI 29　　　　　　ΨΑΛΜΟΙ

Ε　　εἰς τὸν αἰῶνα φυλαχθήσονται·
　　ἄμωμοι ἐκδικηθήσονται,
　　καὶ σπέρμα ἀσεβῶν ἐξολοθρευθήσεται.
²⁹δίκαιοι δὲ κληρονομήσουσι γῆν,　　　　　　　　　　　29
　　καὶ κατασκηνώσουσιν εἰς αἰῶνα αἰῶνος ἐπ' αὐτῆς.
³⁰στόμα δικαίου μελετήσει σοφίαν,　　　　　　　　　　30
　　καὶ ἡ γλῶσσα αὐτοῦ λαλήσει κρίσιν·
³¹ὁ νόμος τοῦ θεοῦ αὐτοῦ ἐν καρδίᾳ αὐτοῦ,　　　　　　31
　　καὶ οὐχ ὑποσκελισθήσεται τὰ διαβήματα αὐτοῦ.
³²κατανοήσει ὁ ἁμαρτωλὸς τὸν δίκαιον, καὶ ζητεῖ τοῦ θανατῶσαι 32
　　αὐτόν·
　　　³³ὁ δὲ κύριος οὐ μὴ ἐνκαταλίπῃ αὐτὸν εἰς τὰς χεῖρας αὐτοῦ, 33
　　οὐδὲ μὴ καταδικάσῃ αὐτὸν ὅταν κρίνηται αὐτῷ.
³⁴ὑπόμεινον τὸν κύριον καὶ φύλαξον τὴν ὁδὸν αὐτοῦ,　　　34
　　καὶ ὑψώσει σε τοῦ κατακληρονομῆσαι τὴν γῆν,
　　ἐν τῷ ἐξολεθρεύεσθαι ἁμαρτωλοὺς ὄψῃ
³⁵εἶδον ἀσεβῆ ὑπερυψούμενον　　　　　　　　　　　　35
　　καὶ ἐπαιρόμενον ὡς τὰς κέδρους τοῦ Λιβάνου·
³⁶καὶ παρῆλθον, καὶ ἰδοὺ οὐκ ἦν·　　　　　　　　　　36
　　καὶ ἐζήτησα αὐτόν, καὶ οὐχ εὑρέθη ὁ τόπος αὐτοῦ.
³⁷φύλασσε ἀκακίαν καὶ ἴδε εὐθύτητα,　　　　　　　　　37
　　ὅτι ἐστὶν ἐνκατάλιμμα ἀνθρώπῳ εἰρηνικῷ.
³⁸οἱ δὲ παράνομοι ἐξολεθρευθήσονται ἐπὶ τὸ αὐτό,　　　　38
　　τὰ ἐνκαταλίμματα τῶν ἀσεβῶν ἐξολεθρευθήσονται.
³⁹σωτηρία δὲ τῶν δικαίων παρὰ Κυρίῳ,　　　　　　　　39
　　καὶ ὑπερασπιστὴς αὐτῶν ἐστιν ἐν καιρῷ θλίψεως·
⁴⁰καὶ βοηθήσει αὐτοῖς Κύριος καὶ ῥύσεται αὐτούς,　　　　40

ℵART　　28 αιωνα] ν sup ras A^a | φυλαχθησονται] φ sup ras A^a | αμωμοι εκδικη-
θησονται] ανομοι δε εκδιωχθησονται ℵ^(c a) (ras ανομοι δε ℵ^(c b)) ART | εξολεθρ.
ℵART　　29 om δε ℵ* (hab ℵ^(c a)) | κληρονομησουσιν ART　　30 μελε-
τηση T | λαλησει] μελετησει ℵ* (λαλ. ℵ^(c a))　　31 υποσκελισθησονται R
32 κατανοει ℵART　　33 εγκαταλιπη B^(ab)ℵR^(vid) εγκαταλειπη A ενκατα-
λειπη T | ουδε] ουδ ου A | καταδικαση T (-σαι B)] καταδικασηται ℵAR^(vid) |
om οταν A | κρινεται A　　34 την οδον] τας οδους R | την γην] om την B^(ab)
ℵART | εξολεθρευεσθαι (εξολοθρ. B¹)] εξολεθρευσαι R | οψει B^(ab)　　35 ιδον
T | ασεβη] pr τον ℵ^(c a) (ras ℵ^(c b)) AT　　36 ηυρεθη T　　37 ακακιαν T* |
εγκαταλειμμα B^(ab)A　　38 εξωλεθρ. B* εξολοθρ. B^(ab) (εξολεθρ. ℵART) bis |
εγκαταλειμματα B^(ab)A εγκαταλιμματα ℵ　　39 Κυριω] κῡ ℵ^(c a)ART | om
εστιν ℵ* (hab ℵ^(c a))　　40 om και βοηθησει.. αυτους (1°) ℵ* (hab ҕ βοηθησι
αυτοις κ̄ς και ρυσεται αυτους ℵ^(c a)) | βοηθηση T | αυτοις] αυτους R | ρυσηται T
　— Stich 88 B 86 ℵA 85 R

ΨΑΛΜΟΙ XXXVII 12

καὶ ἐξελεῖται αὐτοὺς ἐξ ἁμαρτωλῶν καὶ σώσει αὐτούς, ὅτι B
ἤλπισαν ἐπ' αὐτόν.

ΛΖ'

1) Ψαλμὸς τῷ Δανείδ· εἰς ἀνάμνησιν περὶ σαββάτου.
2 ²Κύριε, μὴ τῷ θυμῷ σου ἐλέγξῃς με,
   μηδὲ τῇ ὀργῇ σου παιδεύσῃς με.
3 ³ὅτι τὰ βέλη σου ἐνεπάγησάν μοι,
   καὶ ἐπεστήρισας ἐπ' ἐμὲ τὴν χεῖρά σου·
4 ⁴καὶ οὐκ ἔστιν ἴασις ἐν τῇ σαρκί μου ἀπὸ προσώπου τῆς ὀργῆς
       σου,
   οὐκ ἔστιν εἰρήνη τοῖς ὀστέοις μου ἀπὸ προσώπου τῶν
       ἁμαρτιῶν μου.
5 ⁵ὅτι αἱ ἀνομίαι μου ὑπερῆραν τὴν κεφαλήν μου,
   ὡσεὶ φορτίον βαρὺ ἐβαρύνθησαν ἐπ' ἐμέ.
6 ⁶προσώζεσαν καὶ ἐσάπησαν οἱ μώλωπές μου
   ἀπὸ προσώπου τῆς ἀφροσύνης μου·
7 ⁷ἐταλαιπώρησα καὶ κατεκάμφθην ἕως τέλους,
   ὅλην τὴν ἡμέραν σκυθρωπάζων ἐπορευόμην·
8 ⁸ὅτι ἡ ψυχή μου ἐπλήσθη ἐνπαιγμῶν,
   καὶ οὐκ ἔστιν ἴασις ἐν τῇ σαρκί μου.
9 ⁹ἐκακώθην καὶ ἐταπεινώθην ἕως σφόδρα,
   ὠρυόμην ἀπὸ στεναγμοῦ τῆς καρδίας μου.
10 ¹⁰καὶ ἐναντίον σου πᾶσα ἡ ἐπιθυμία μου,
   καὶ ὁ στεναγμός μου οὐκ ἐκρύβη ἀπὸ σοῦ·
11 ¹¹ἡ καρδία μου ἐταράχθη,
   ἐνκατέλιπέν με ἡ ἰσχύς μου,
   καὶ τὸ φῶς τῶν ὀφθαλμῶν μου οὐκ ἔστιν μετ' ἐμοῦ
12 ¹²οἱ φίλοι μου καὶ οἱ πλησίον μου ἐξ ἐναντίας μου ἤγγισαν καὶ
       ἔστησαν,
   καὶ οἱ ἔγγιστά μου μακρόθεν ἔστησαν·

XXXVII 1 om εις R* (hab Rᵃ) | αμνησιν A | σαββατου] pr του A ℵART
2 ελεγξεις A   3 επεστηριξας T | χειραν R   4 om και ℵART | om εν
ℵ* (hab ℵᶜᵃ) | τοις οστεοις] pr εν AT   5 om βαρυ A   8 η ψυχη]
αι ψυχαι ℵᶜᵃ αι ψυαι AT αι ψοαι R | επλησθησαν ℵᶜᵃART | εμπαιγμων
Bᵃᵇℵ* εμπαιγματων ℵᶜᵃT ενπεγματων A | om εν ℵ* (hab ℵᶜᵃ)   9 ωρυ-
ομενον Rᵛⁱᵈ   10 και 1°] κε̄ ℵAT om R | μου 1°] σου R | απο σου ουκ εκρυβη
ℵAR α.σ.ο.απεκρυβη T   11 εγκατελιπεν Bᵃᵇℵ ενκατελειπεν AT (ενκαγελ.
Tᵉᵈⁱᵗ) | μου 3°]+και αυτο ℵᶜᵃAT   12 μακροθεν] pr απο ℵᶜᵃAT

XXXVII 13   ΨΑΛΜΟΙ

B ¹³καὶ ἐξεβιάσαντο οἱ ζητοῦντες τὴν ψυχήν μου,   13
καὶ οἱ ζητοῦντες τὰ κακά μοι ἐλάλησαν ματαιότητας,
καὶ δολιότητας ὅλην τὴν ἡμέραν ἐμελέτησαν.
¹⁴ἐγὼ δὲ ὡσεὶ κωφὸς οὐκ ἤκουον,   14
καὶ ὡσεὶ ἄλαλος οὐκ ἀνοίγων τὸ στόμα αὐτοῦ·
¹⁵καὶ ἐγενόμην ὡσεὶ ἄνθρωπος οὐκ ἀκούων   15
καὶ οὐκ ἔχων ἐν στόματι αὐτοῦ ἐλεγμούς.
¹⁶ὅτι ἐπὶ σοὶ ἤλπισα, Κύριε·   16
σὺ εἰσακούσῃ, Κύριε ὁ θεός μου.
¹⁷ὅτι εἶπα Μή ποτε ἐπιχαρῶσίν μοι οἱ ἐχθροί μου,   17
καὶ ἐν τῷ σαλευθῆναι πόδας μου ἐπ᾽ ἐμὲ ἐμεγαλορημόνησαν.
¹⁸ὅτι ἐγὼ εἰς μάστιγας ἕτοιμος,   18
καὶ ἡ ἀλγηδών μου ἐνώπιόν μου διὰ παντός.
¹⁹ὅτι τὴν ἀνομίαν μου ἀναγγελῶ,   19
καὶ μεριμνήσω ὑπὲρ τῆς ἁμαρτίας μου.
²⁰οἱ δὲ ἐχθροί μου ζῶσιν καὶ κεκραταίωνται ὑπὲρ ἐμέ,   20
καὶ ἐπληθύνθησαν οἱ μισοῦντές με ἀδίκως·
²¹οἱ ἀνταποδιδόντες κακὰ ἀντὶ ἀγαθῶν   21
ἐνδιέβαλλόν με, ἐπεὶ κατεδίωκον δικαιοσύνην.
²²μὴ ἐνκαταλίπῃς με, Κύριε·   22
ὁ θεός μου, μὴ ἀποστῇς ἀπ᾽ ἐμοῦ·
²³πρόσχες εἰς τὴν βοήθειάν μου, Κύριε τῆς σωτηρίας μου.   23

ΛΗ´

Εἰς τὸ τέλος, τῷ Ἰδιθούν· ᾠδὴ τῷ Δαυείδ.   XXXVIII
(XXXIX)
²Εἶπα Φυλάξω τὰς ὁδούς μου τοῦ μὴ ἁμαρτάνειν ἐν γλώσσῃ μου·   2
ἐθέμην τῷ στόματί μου φυλακὴν
ἐν τῷ συστῆναι τὸν ἁμαρτωλὸν ἐναντίον μου.

ART 13 εξεβιαζοντο ℵT | ματαιοτητα ℵ* (-τας ℵ^{c a}) | δολιοτητα ℵ* (-τας ℵ^{c a})
15 εγενομην] εγενηθην R | στοματι] pr τω ℵ^{c a}AT   16 om οτι ℵ* (hab
ℵ^{c a}) | κε ηλπισα ℵART | συ B^cℵAT] σοι B*R   17 ειπα] ειπε R* (ειπα
R^a) ειπον T | μη ποτε bis scr A | επιχαρωσιν] επιχαρειησαν R | om οι εχθροι
μου ℵ* (hab ℵ^{c a})   18 μου 2⁰] + εστιν ℵ^{c a}ART   19 αναγγελω]
αναγγελλω ℵ pr εγω ℵ^{c a} (om ℵ^{c b}) ART   20 οι δε] οιδε οι R | υπερ] επ
R | om με A   21 ανταποδιδοντες] + μοι ℵ^{c a}ART | κακα] πονηρα R |
επι B*AT (επει B^{ab}ℵR^a) om R* | δικαιοσυνην] αγαθωσυνην ℵ^{c a}R^a + και
απερριψαν με τον αγαπητον ωσει νεκρον εβδελυγμενον R   22 εγκατα-
λιπης B^{ab}ℵ εγκαταλειπης AT (ενκ.) | Κυριε ο θεος μου coniung AR
23 προσχες] προσθες R^{vid} | βοηθιαν T — Stich 45 BT 42 ℵR 44 A
XXXVIII 1 Ιδιθουμ AR^{vid}T   2 αμαρτανειν (-ταννειν A*^{vid})] + με
ℵ^{c a} (om ℵ^{c b}) AR^aT | φυλακην] + εναντιον μου R

ΨΑΛΜΟΙ XXXVIII 14

3 ³ἐκωφώθην καὶ ἐταπεινώθην καὶ ἐσίγησα ἐξ ἀγαθῶν, B
καὶ τὸ ἄλγημά μου ἀνεκαινίσθη.
4 ⁴ἐθερμάνθη ἡ καρδία μου ἐντός μου,
καὶ ἐν τῇ μελέτῃ μου ἐκκαυθήσεται πῦρ·
5 ἐλάλησα ἐν γλώσσῃ μου ⁵Γνώρισόν μοι, Κύριε, τὸ πέρας μου,
καὶ τὸν ἀριθμὸν τῶν ἡμερῶν μου τίς ἐστιν,
ἵνα γνῶ τί ὑστερῶ ἐγώ.
6 ⁶ἰδοὺ παλαιὰς ἔθου τὰς ἡμέρας μου,
καὶ ἡ ὑπόστασίς μου ὡσεὶ οὐδὲν ἐνώπιόν σου·
πλὴν τὰ σύμπαντα ματαιότης, πᾶς ἄνθρωπος ζῶν.   διάψαλμα.
7 ⁷μέντοι γε ἐν εἰκόνι διαπορεύεται ἄνθρωπος,
πλὴν μάτην ταράσσονται·
θησαυρίζει, καὶ οὐ γινώσκει τίνι συνάξει αὐτά.
8 ⁸καὶ νῦν τίς ἡ ὑπομονή μου; οὐχὶ ὁ κύριος;
καὶ ἡ ὑπόστασίς μου παρὰ σοῦ ἐστιν.
9 ⁹ἀπὸ πασῶν τῶν ἀνομιῶν μου ῥῦσαί με,
ὄνειδος ἄφρονι ἔδωκάς με.
10 ¹⁰ἐκωφώθην καὶ οὐκ ἤνοιξα τὸ στόμα μου, ὅτι σὺ εἶ ὁ ποιήσας με.
11 ¹¹ἀπόστησον ἀπ' ἐμοῦ τὰς μάστιγάς σου·
ἀπὸ τῆς ἰσχύος τῆς χειρός σου ἐγὼ ἐξέλιπον.
12 ¹²ἐν ἐλεγμοῖς ὑπὲρ ἀνομίας ἐπαίδευσας ἄνθρωπον,
καὶ ἐξέτηξας ὡς ἀράχνην τὴν ψυχὴν αὐτοῦ·
πλὴν μάτην ταράσσεται πᾶς ἄνθρωπος.   διάψαλμα
13 ¹³εἰσάκουσον τῆς προσευχῆς μου καὶ τῆς δεήσεώς μου,
ἐνώτισαι τῶν δακρύων μου.
μὴ παρασιωπήσῃς· ὅτι πάροικος ἐγώ εἰμι ἐν τῇ γῇ
καὶ παρεπίδημος, καθὼς πάντες οἱ πατέρες μου.
14 ¹⁴ἄνες μοι ἵνα ἀναψύξω
πρὸ τοῦ με ἀπελθεῖν καὶ οὐκέτι μὴ ὑπάρξω.

5 om μου 2° A   **6** παλαιας B*ℵ*R] παλαιστας Bᵃᵇℵᶜᵃ παλεστας AT | ℵARΓ ουθεν ℵᶜᵃART | συνπαντα ℵAR | om διαψαλμα T   **7** διαπορευεται] post δ ras 1 lit A | ταρασσεται BᵇℵᶜᵃRT | om ου R* (hab Rᵃ) | συναξει] συναγει (γ sup ras) Aᵃ   **8** ο κυριος] om ο ℵᶜᵃRT | σου] σοι Bᵇ   **9** ρυσαι] καθαρισον ℵ* (ρυσαι ℵᶜᵃ)   **10** οτι] ουχι R* (οτι Rᵃ) | ει ο ποιησας] εποιησας ℵᶜᵃART | om με ℵᶜᵃ ᵛⁱᵈ T   **11** απο]+γαρ ℵᶜᵃAT | εξελειπον AT   **12** αυτου] μου R | om ταρασσεται ℵAT | ανθρωπος]+ζων R | om διαψαλμα AT   **13** μου 1°]+κ̅ε̅ ℵART | μου 2°]+ενωτισαι ℵᶜ ᵃ (ipse rursus del) | των δακρυων] τα δακρυα R | παρασιωπησης (-πησησης ℵ)]+απ εμου R | ειμι εγω ℵ* (εγω ειμι ℵᶜ ᵃ) | εν τη γη] παρα σοι ℵAT παρα σου R   **14** μη] pr ου AT — Stich 32 BR 30 ℵ 33 AT

263

ΨΑΛΜΟΙ

ΛΘ´

Εἰς τὸ τέλος· τῷ Δαυειδ ψαλμός.

² Ὑπομένων ὑπέμεινα τὸν κύριον, καὶ προσέσχεν μοι
καὶ εἰσήκουσεν τῆς δεήσεώς μου·
³ καὶ ἀνήγαγέν με ἐκ λάκκου ταλαιπωρίας
καὶ ἀπὸ πηλοῦ ἰλύος,
καὶ ἔστησεν ἐπὶ πέτραν τοὺς πόδας μου,
καὶ κατηύθυνεν τὰ διαβήματά μου·
⁴ καὶ ἐνέβαλεν εἰς τὸ στόμα μου ᾆσμα καινόν,
ὕμνον τῷ θεῷ ἡμῶν·
ὄψονται πολλοὶ καὶ φοβηθήσονται, καὶ ἐλπιοῦσιν ἐπὶ Κύριον
⁵ μακάριος ἀνὴρ οὗ ἐστιν τὸ ὄνομα Κυρίου ἐλπὶς αὐτοῦ,
καὶ οὐκ ἐνέβλεψεν εἰς ματαιότητας καὶ μανίας ψευδεῖς.
⁶ πολλὰ ἐποίησας σύ, Κύριε ὁ θεός μου, τὰ θαυμάσιά σου,
καὶ τοῖς διαλογισμοῖς σου οὐκ ἔστιν τίς ὁμοιωθήσεται·
ἀπήγγειλα καὶ ἐλάλησα, ἐπληθύνθησαν ὑπὲρ ἀριθμόν.
⁷ θυσίαν καὶ προσφορὰν οὐκ ἠθέλησας,
σῶμα δὲ κατηρτίσω μοι·
ὁλοκαύτωμα καὶ περὶ ἁμαρτίας οὐκ ᾔτησας.
⁸ τότε εἶπον Ἰδοὺ ἥκω,
ἐν κεφαλίδι βιβλίου γέγραπται περὶ ἐμοῦ·
⁹ τοῦ ποιῆσαι τὸ θέλημά σου ὁ θεός μου ἐβουλήθην,
καὶ τὸν νόμον σου ἐν μέσῳ τῆς καρδίας μου.
¹⁰ εὐηγγελισάμην δικαιοσύνην ἐν ἐκκλησίᾳ μεγάλῃ·
ἰδοὺ τὰ χείλη μου οὐ μὴ κωλύσω.
Κύριε, σὺ ἔγνως ¹¹ τὴν δικαιοσύνην μου·
οὐκ ἔκρυψα ἐν τῇ καρδίᾳ μου τὴν ἀλήθειάν σου,
καὶ τὸ σωτήριόν σου εἶπα·
οὐκ ἔκρυψα τὸ ἔλεός σου καὶ τὴν ἀλήθειάν σου ἀπὸ συναγωγῆς πολλῆς.

ℵART   XXXIX 1 ψαλμος τω Δ. A   3 λακου T | απο] υπο A | υλεως] ιλυος B^c(mg) | κατευθυνεν ℵ   4 πολλοι] δικαιοι R   5 ελπις] pr η R | ενεβλεψεν B*ᵇAᵇ] επεβλεψεν Bᵃℵ RT   6 ομοιωθησεται Bℵ ARᵃT] ομοιος R*+σοι RT   7 ολοκαυτωματα ART | ητησας] εξητησας ℵART   9 εβουληθην B*ℵ RᵃT] ηβουληθην BᵃᵇA εθελησα R* | καρδιας] κοιλιας ℵAT   10 δικαιοσυνην] την δ. σου R   11 την δικ. inc stich in ART | μου 1° B*ᵇ] σου BᵃℵᶜᵃART | την αληθειαν (1°) inc stich in ART | ειπα] ειπον T

ΨΑΛΜΟΙ XL 3

12 ¹²σὺ δέ, Κύριε, μὴ μακρύνῃς τοὺς οἰκτιρμούς σου ἀπ' ἐμοῦ· B
τὸ ἔλεός σου καὶ ἡ ἀλήθειά σου διὰ παντὸς ἀντελάβοντό μου.
13 ¹³ὅτι περιέσχον με κακὰ ὧν οὐκ ἔστιν ἀριθμός,
κατέλαβόν με αἱ ἀνομίαι μου, καὶ οὐκ ἠδυνάσθην τοῦ βλέπειν·
ἐπληθύνθησαν ὑπὲρ τὰς τρίχας τῆς κεφαλῆς μου,
καὶ ἡ καρδία μου ἐνκατέλιπέν με.
14 ¹⁴εὐδόκησον, Κύριε, τοῦ ῥύσασθαί με·
Κύριε, εἰς τὸ βοηθῆσαί μοι πρόσχες.
15 ¹⁵καταισχυνθείησαν καὶ ἐντραπείησαν ἅμα οἱ ζητοῦντες τὴν ψυχήν μου τοῦ ἐξᾶραι αὐτήν·
ἀποστραφείησαν εἰς τὰ ὀπίσω καὶ ἐντραπείησαν οἱ θέλοντές μοι κακά.
16 ¹⁶κομισάσθωσαν παραχρῆμα αἰσχύνην αὐτῶν οἱ λέγοντές μοι
Εὖγε εὖγε.
17 ¹⁷ἀγαλλιάσαιντο καὶ εὐφρανθείησαν ἐπὶ σοὶ πάντες οἱ ζητοῦντές σε, Κύριε,
καὶ εἰπάτωσαν διὰ παντός Μεγαλυνθήτω ὁ κύριος,
οἱ ἀγαπῶντες τὸ σωτήριόν σου διὰ παντός.
18 ¹⁸ἐγὼ δὲ πτωχὸς καὶ πένης εἰμί, Κύριος φροντιεῖ μου·
βοηθός μου καὶ ὑπερασπιστής μου σὺ εἶ, ὁ θεός μου, μὴ χρονίσῃς.

Μ'

XL (XLI)
Εἰς τὸ τέλος· ψαλμὸς τῷ Δαυείδ.

2 ²Μακάριος ὁ συνίων ἐπὶ πτωχὸν καὶ πένητα,
ἐν ἡμέρᾳ πονηρᾷ ῥύσεται αὐτὸν ὁ κύριος.
3 ³Κύριος φυλάξαι αὐτόν, καὶ μακαρίσαι αὐτὸν ἐν τῇ γῇ,
καὶ μὴ παραδοῖ αὐτὸν εἰς χεῖρας ἐχθροῦ αὐτοῦ.

12 αντιλαβοιντο AR αντελαβοιντο (sic) T   **13** ουκ ηδυνασθην Bᵃᵇ (-θη ℵART B*)] ουκ ηδυνηθην ℵARᵃᵛⁱᵈT ου μη δυνηθην (sic) R* | εγκατελιπεν Bᵃᵇℵ εγκατελειπεν A ενκατελειπεν T   **14** προσχες] σπευσον AT προσθες Rᵛⁱᵈ
15 αποστραφεισαν] αποστραφητωσαν R | εντραπεισαν 2°] καταισχυνθεισαν ℵᶜᵃ (εντραπ. ℵᶜᵇ) (? R) καταισχυνθεισαν A (? R) T   **16** κομισατωσαν R
17 αγαλλειασοιντο A αγαλλιασθωσαν T | σου] αυτου R | om δια παντος 2° ℵART   **18** ειμι και πενης AR (ειμι sup ras Rᵃ) T | Κυριος] pr ο AT | ει συ ℵT ει σοι A | ο θεος μου] Κυριε R κ̅ε̅ T — Stich 43 B 42 ℵ 47 A 44 RT
XL 2 ο κυριος] om ο ℵR   **3** φυλαξαι] διαφυλαξαι ℵART | αυτον 1°]+και ζησαι αυτον ℵART | παραδωη ℵAR παραδω T | εχθρου] εχθρων ℵAT των εχθρων R

265

ΨΑΛΜΟΙ

B ⁴Κύριος βοηθήσαι αὐτῷ ἐπὶ κλίνης ὀδύνης αὐτοῦ,
ὅλην τὴν κοίτην αὐτοῦ ἔστρεψας ἐν τῇ ἀρρωστίᾳ αὐτοῦ.
⁵ἐγὼ εἶπα Κύριε, ἐλέησόν με·
ἴασαι τὴν ψυχήν μου, ὅτι ἥμαρτόν σοι.
⁶οἱ ἐχθροί μου εἶπαν κακά μοι
Πότε ἀποθανεῖται καὶ ἀπολεῖται τὸ ὄνομα αὐτοῦ;
⁷καὶ εἰ εἰσεπορεύετο τοῦ ἰδεῖν, μάτην ἐλάλει·
ἡ καρδία αὐτοῦ συνήγαγεν ἀνομίαν ἑαυτῷ,
ἐξεπορεύετο ἔξω καὶ ἐλάλει ⁸ἐπὶ τὸ αὐτὸ κατ' ἐμοῦ.
ἐψιθύριζον πάντες οἱ ἐχθροί μου κατ' ἐμοῦ·
ἐλογίζοντο κακά μοι·
⁹λόγον παράνομον κατέθεντο κατ' ἐμοῦ
Μὴ ὁ κοιμώμενος οὐχὶ προσθήσει τοῦ ἀναστῆναι;
¹⁰καὶ γὰρ ὁ ἄνθρωπος τῆς εἰρήνης μου, ἐφ' ὃν ἤλπισα,
ὁ ἐσθίων ἄρτους μου, ἐμεγάλυνεν ἐπ' ἐμὲ πτερνισμόν.
¹¹σὺ δέ, Κύριε, ἐλέησόν με καὶ ἀνάστησόν με, καὶ ἀνταποδώσω
αὐτοῖς.
¹²ἐν τούτῳ ἔγνων ὅτι τεθέληκάς με,
ὅτι οὐ μὴ ἐπιχαρῇ ὁ ἐχθρός μου ἐπ' ἐμέ.
¹³ἐμοῦ δὲ διὰ τὴν ἀκακίαν ἀντελάβου,
καὶ ἐβεβαίωσάς με ἐνώπιόν σου εἰς αἰῶνα.

¹⁴εὐλογητὸς Κύριος ὁ θεὸς Ἰσραὴλ
ἀπὸ τοῦ αἰῶνος καὶ εἰς τὸν αἰῶνα· γένοιτο, γένοιτο.

ℵART 4 βοηθησει AR βοηθηση T   6 ειπαν] ειπον T | κακα] πονηρα R   7 ει B^{ab}(η B*) ℵ*] om ℵ^{c a}ART | om ματην ελαλει B* (hab B^{ab}) | αυτου] αυτων R | συνηγαγον R | εαυτω] αυτω A εαυτοις R | εξεπορευετο] και εξεπορευοντο R | ελαλει R   8 επι το αυτο inc stich in AT | om κατ εμου 2° ℵ* (hab ℵ^{c a}) inc stich in AT | κακα μοι] μοι πονηρα R   10 ηλπισα] επηλπισα R | ο εσθιων] ος εσθιων R^{vid} | αρτους] pr τους R   11 αναστησο|μαι B*^{vid} (αναστησον [B^a] με B^{ab})   12 τεθεληκας] ηθελησας ℵ* (τεθ ℵ^{c a}) | επιχαιρη A^{vid}   13 ακακιαν]+μου R | αντελαβου] αντιλαβου (sic) μου R | εβεβαιωσας] στερεωσας R | αιωνα] pr τον ℵART   14 Ισραηλ] pr του R | εις τον αιωνα] εως του αιωνος R — Stich 26 BART 24 ℵ

ΨΑΛΜΟΙ

II

ΜΑ´

Εἰς τὸ τέλος· εἰς σύνεσιν τοῖς υἱοῖς Κόρε.

² Ὃν τρόπον ἐπιποθεῖ ἡ ἔλαφος ἐπὶ τὰς πηγὰς τῶν ὑδάτων,
οὕτως ἐπιποθεῖ ἡ ψυχή μου πρὸς σέ, ὁ θεός.
³ἐδίψησεν ἡ ψυχή μου πρὸς τὸν θεὸν τὸν ζῶντα·
πότε ἥξω καὶ ὀφθήσομαι τῷ προσώπῳ τοῦ θεοῦ;
⁴ἐγενήθη τὰ δάκρυά μου ἄρτος ἡμέρας καὶ νυκτός,
ἐν τῷ λέγεσθαί μοι καθ᾽ ἑκάστην ἡμέραν Ποῦ ἐστιν ὁ θεός σου;
⁵ταῦτα ἐμνήσθην, καὶ ἐξέχεα ἐπ᾽ ἐμὲ τὴν ψυχήν μου·
ὅτι διελεύσομαι ἐν τόπῳ σκηνῆς θαυμαστῆς ἕως τοῦ οἴκου τοῦ θεοῦ,
ἐν φωνῇ ἀγαλλιάσεως καὶ ἐξομολογήσεως, ἤχου ἑορταζόντων
⁶ἵνα τί περίλυπος εἶ, ἡ ψυχή, καὶ ἵνα τί συνταράσσεις με;
ἔλπισον ἐπὶ τὸν θεόν, ὅτι ἐξομολογήσομαι αὐτῷ·
σωτήριον τοῦ προσώπου μου ὁ θεός μου.
⁷πρὸς ἐμαυτὸν ἡ ψυχή μου ἐταράχθη·
διὰ τοῦτο μνησθήσομαί σου ἐκ γῆς Ἰορδάνου καὶ Ἑρμωνιείμ, ἀπὸ ὄρους μικροῦ.
⁸ἄβυσσος ἄβυσσον ἐπικαλεῖται εἰς φωνὴν τῶν καταρακτῶν σου·
πάντες οἱ μετεωρισμοί σου καὶ τὰ κύματά σου ἐπ᾽ ἐμὲ διῆλθον
⁹ἡμέρας ἐντελεῖται Κύριος τὸ ἔλεος αὐτοῦ, καὶ νυκτὸς δηλώσει·
παρ᾽ ἐμοὶ προσευχὴ τῷ θεῷ τῆς ζωῆς μου.
¹⁰ἐρῶ τῷ θεῷ Ἀντιλήμπτωρ μου εἶ, διὰ τί μου ἐπελάθου;
ἵνα τί σκυθρωπάζων πορεύομαι ἐν τῷ ἐκθλίβειν τὸν ἐχθρόν μου;

XLI 1 Κορε]+ψαλμος τω Δαδ A ψαλμος RT   3 τον θεον]+τον ℵARΓ ισχυρον BᶜℵᶜᵃAT   4 εγενηθη]+μοι R | μου]+μοι ℵᶜᵃ+εμοι AT
5 διελευσομαι] εισελευσομαι R | εν τοπω] εις τοπον R | σκηνης] σκηνωματος R | θαυμαστως Rᵛⁱᵈ | ηχους ART | εορταζοντος ℵᶜᵃART   6 ψυχη]+μου ℵᶜᵃART | τον θεον] Κυριον R | μου 1°] σου ℵ* (μου ℵᶜᵃ) | ο θεος] pr και ℵᶜᵃAR   7 σου]+κε ℵ* (om ℵᶜᵃ) AR | Ιορδανου R | Ερνωμειν R*ᵛⁱᵈ (Ερμωνιειμ sup ras Rᵃ)   8 φωνας R* (φωνην Rᵃ)   9 νυκτος] εν νυκτι R | δηλωσει] ωδη αυτω ℵᶜᵃ ω. αυτου A | om παρ εμοι ℵ* (hab ℵᶜᵃ sed ipse rursus del vid) c praec coniung A | εμοι] εμαυτου R   10 om ει A | επελαθου]+ινα τι απωσω με R | ινα τι] pr και ℵᶜᵃAR | om μου 3° ℵᶜᵃ

XLI 11 ΨΑΛΜΟΙ

B ¹¹ἐν τῷ καταθλάσαι τὰ ὀστᾶ μου ὠνείδισάν με οἱ θλίβοντές με, 11
ἐν τῷ λέγειν αὐτούς μοι καθ' ἑκάστην ἡμέραν Ποῦ ἐστιν ὁ
θεός σου;
¹²ἵνα τί περίλυπος εἶ, ἡ ψυχή, καὶ ἵνα τί συνταράσσεις με; 12
ἔλπισον ἐπὶ τὸν θεόν, ὅτι ἐξομολογήσομαι αὐτῷ
ἡ σωτηρία τοῦ προσώπου μου ὁ θεός μου.

ΜΒ'

Ψαλμὸς τῷ Δαυείδ.   XLII
(XLIII)

Κρῖνόν με, ὁ θεός, καὶ δίκασον τὴν δίκην μου ἐξ ἔθνους 1
οὐχ ὁσίου·
ἀπὸ ἀνθρώπου ἀδίκου καὶ δολίου ῥῦσαί με.
²ὅτι σὺ εἶ ὁ θεὸς κραταίωμά μου· 2
ἵνα τί ἀπώσω με;
καὶ ἵνα τί σκυθρωπάζων πορεύομαι ἐν τῷ ἐκθλίβειν τὸν
ἐχθρόν μου;
³ἐξαπόστειλον τὸ φῶς σου καὶ τὴν ἀλήθειάν σου· 3
αὐτά με ὡδήγησαν καὶ ἤγαγόν με εἰς ὄρος ἅγιόν σου
καὶ εἰς τὰ σκηνώματά σου.
⁴καὶ εἰσελεύσομαι πρὸς τὸ θυσιαστήριον τοῦ θεοῦ, 4
πρὸς τὸν θεὸν τὸν εὐφραίνοντα τὴν νεότητά μου·
ἐξομολογήσομαί σοι, Κύριε ὁ θεός μου, ἐν κιθάρᾳ.
⁵ἵνα τί περίλυπος εἶ, ψυχή, καὶ ἵνα τί συνταράσσεις με; 5
ἔλπισον ἐπὶ τὸν θεόν, ὅτι ἐξομολογήσομαι αὐτῷ·
σωτήριον τοῦ προσώπου μου ὁ θεός μου

ΜΓ'

Εἰς τὸ τέλος· τοῖς υἱοῖς Κόρε εἰς σύνεσιν ψαλμός.   XLIII
(XLIV)

²Ὁ θεός, ἐν τοῖς ὠσὶν ἡμῶν ἠκούσαμεν, 2
οἱ πατέρες ἡμῶν ἀνήγγειλαν ἡμῖν,

ℵAR 11 καταθλασθαι ℵ^{c a} | ωνειδιζον ℵ^{c a}A | με 1°] seq ras 2 litt in A | οι
θλιβοντες με] οι εχθροι μου ℵ^{c a}A | λεγεσθαι R | om αυτους R | μοι] μν (sic)
R* με R^{a vid} | καθεκαθεκαστην A | εστιν]+ων R   12 η ψυχη] om η
B^{ab}+μου AR | τον θεον] Κυριον R | η σωτηρια] σωτηριον ℵ^{c a}AR | ο θεος]
pr και ℵ^{c a}AR — Stich 25 Bℵ 30 AR   XLII 1 ψαλμος τω Δ.] τω
Δ. ψαλμος ℵ pr εις το τελος συνεσεως τοις υιοις Κορε A+ανεπιγραφος παρ
Εβραιοις R | με 1°] μοι A   2 om ει ℵ^{c a}A | ο θεος]+μου ℵR | om και ℵ*
(hab ℵ^{c a}) | om μου 2° ℵ^{c a}   4 om Κυριε ℵA | εν κιθαρα ο θς μου ℵ*A εν
κιθ. ο θς ο θς μου ℵ^{c a vid} R   5 ψυχη] η ψ. μου ℵ^{c a}AR | τον θεον] Κυριον R |
ο θεος] pr και ℵ^{c a}AR — Stich 14 BA 13 ℵR   XLIII 1 om εις συνεσιν
A (sign adpinx A^{b?}) | om ψαλμος ℵ

ΨΑΛΜΟΙ XLIII 14

ἔργον ὃ εἰργάσω ἐν ταῖς ἡμέραις αὐτῶν, ἐν ἡμέραις ἀρχαίαις. Β

3 ³ἡ χείρ σου ἔθνη §ἐξωλόθρευσεν, καὶ κατεφύτευσας αὐτούς, §Τ
ἐκάκωσας λαοὺς καὶ ἐξέβαλες αὐτούς.

4 ⁴οὐ γὰρ ἐν τῇ ῥομφαίᾳ αὐτῶν ἐκληρονόμησαν γῆν,
καὶ ὁ βραχίων αὐτῶν οὐκ ἔσωσεν αὐτούς·
ἀλλ' ἡ δεξιά σου καὶ ὁ βραχίων σου καὶ ὁ φωτισμὸς τοῦ προσώπου σου,
ὅτι εὐδόκησας ἐν αὐτοῖς.

5 ⁵σὺ εἶ αὐτὸς ὁ βασιλεύς μου καὶ ὁ θεός μου,
ὁ ἐντελλόμενος τὰς σωτηρίας Ἰακώβ.

6 ⁶ἐν σοὶ τοὺς ἐχθροὺς ἡμῶν κερατιοῦμεν,
καὶ ἐν τῷ ὀνόματί σου ἐξουθενώσομεν τοὺς ἐπανισταμένους ἡμῖν.

7 ⁷οὐ γὰρ ἐπὶ τῷ τόξῳ μου ἐλπιῶ,
καὶ ἡ ῥομφαία μου οὐ σώσει με·

9 ⁹ἐν τῷ θεῷ ἐπαινεσθησόμεθα ὅλην τὴν ἡμέραν,
καὶ ἐν τῷ ὀνόματί σου ἐξομολογησόμεθα εἰς τὸν αἰῶνα.
διάψαλμα.

10 ¹⁰νυνὶ δὲ ἀπώσω καὶ κατῄσχυνας ἡμᾶς,
καὶ οὐκ ἐξελεύσῃ ἐν ταῖς δυνάμεσιν ἡμῶν.

11 ¹¹ἀπέστρεψας ἡμᾶς εἰς τὰ ὀπίσω παρὰ τοὺς ἐχθροὺς ἡμῶν,
καὶ οἱ μισοῦντες ἡμᾶς διήρπαζον ἑαυτοῖς·

12 ¹²ἔδωκας ἡμᾶς ὡς πρόβατα βρώσεως,
καὶ ἐν τοῖς ἔθνεσιν διέσπειρας ἡμᾶς·

13 ¹³ἀπέδου τὸν λαόν σου ἄνευ τιμῆς,
καὶ οὐκ ἦν πλῆθος ἐν τοῖς ἀλαλάγμασιν αὐτῶν·

14 ¹⁴ἔθου ἡμᾶς ὄνειδος τοῖς γείτοσιν ἡμῶν,
μυκτηρισμὸν καὶ καταγέλωτα τοῖς κύκλῳ ἡμῶν·

2 εργον ο] εργον ον R (nisi forte εργων ων)   3 εξωλοθρευσεν] εξωλεθρ. ℵART BᵇℵARᵛⁱᵈ . .σεν T | εξεβαλας ART   4 εκληρονομησαν] κληρονομησασιν R | ηυδοκησας T   5 ο εντελλ.] ει εντελλ. R   6 εξουθενωσομεν] εξουθενησομεν ℵ* εξουδενωσομεν ℵᶜᵃA*ᵛⁱᵈRT εξουδενωσωμεν (ω 2° rescr) A¹ | επανιστανομενους A* (ras ν 1° A¹) επανισταμομενους R επανισταμενους BᶜT   7 σωσει με] + (8) εσωσας γαρ ημας εκ των θλιβοντων ημας| και τους μισουντας (μεισ. ℵT) ημας κατησχηνας (-σχυνας ℵART) Bᵇ⁽ᵛⁱᵈ⁾ℵART   9 επαινεθησομεθα ℵᶜᵃA (επενεθ.) T | εξομολογησωμεθα T | om διαψαλμα AT   10 κατησχυνας] εξουδενωσας R | εξελευση]+ο θς ℵᶜᵃART   13 αυτων] ημων ℵᶜᵃART   14 ονειδος] pr εις A   14—15 om μυκτηρισμον . εθνεσιν ℵ* (hab ℵᶜᵃ)   14 καταγελωτα] χλευασμον ℵᶜᵃART | ημων 2°] +και οι εχθροι ημων εμυκτηρισαν ημας (sup ras) A¹ᵛᵃ¹

ΨΑΛΜΟΙ

B ¹⁵ἔθου ἡμᾶς εἰς παραβολὴν ἐν τοῖς ἔθνεσιν, 15
κίνησιν κεφαλῆς ἐν τοῖς λαοῖς.
¹⁶ὅλην τὴν ἡμέραν ἡ ἐντροπή μου κατεναντίον μού ἐστιν, 16
καὶ ἡ αἰσχύνη τοῦ προσώπου μου ἐκάλυψέν με,
¹⁷ἀπὸ φωνῆς ὀνειδίζοντος καὶ παραλαλοῦντος, 17
ἀπὸ προσώπου ἐχθροῦ καὶ ἐκδιώκοντος.
¹⁸ταῦτα πάντα ἦλθεν ἐφ' ἡμᾶς, καὶ οὐκ ἐπελαθόμεθά σου, 18
καὶ οὐκ ἠδικήσαμεν ἐν διαθήκῃ σου·
¹⁹καὶ οὐκ ἀπέστη εἰς τὰ ὀπίσω ἡ καρδία ἡμῶν, 19
καὶ ἐξέκλινας τοὺς τρίβους ἡμῶν ἀπὸ τῆς ὁδοῦ σου.
²⁰ὅτι ἐταπείνωσας ἡμᾶς ἐν τόπῳ κακώσεως, 20
καὶ ἐπεκάλυψεν ἡμᾶς σκιὰ θανάτου.
²¹εἰ ἐπελαθόμεθα τοῦ ὀνόματος τοῦ θεοῦ ἡμῶν, 21
καὶ εἰ διεπετάσαμεν χεῖρας ἡμῶν πρὸς θεὸν ἀλλότριον,
²²οὐχὶ ὁ θεὸς ἐκζητήσει ταῦτα; 22
αὐτὸς γὰρ γινώσκει τὰ κρύφια τῆς καρδίας.
²³ὅτι ἕνεκα σοῦ θανατούμεθα ὅλην τὴν ἡμέραν, 23
ἐλογίσθημεν ὡς πρόβατα σφαγῆς.
²⁴ἐξεγέρθητι· ἵνα τί ὑπνοῖς, Κύριε; 24
ἀνάστηθι καὶ μὴ ἀπώσῃ εἰς τέλος.
²⁵ἵνα τί τὸ πρόσωπόν σου ἀποστρέφεις; 25
ἐπιλανθάνῃ τῆς πτωχίας ἡμῶν καὶ τῆς θλίψεως ἡμῶν,
²⁶ὅτι ἐταπεινώθη εἰς χοῦν ἡ ψυχὴ ἡμῶν, 26
ἐκολλήθη εἰς γῆν ἡ γαστὴρ ἡμῶν.
²⁷ἀνάστα, Κύριε, βοήθησον ἡμῖν 27
καὶ λύτρωσαι ἡμᾶς ἕνεκεν τοῦ ὀνόματός σου.

ΜΔ′

Εἰς τὸ τέλος, ὑπὲρ τῶν ἀλλοιωθησομένων· τοῖς υἱοῖς   XLIV
Κόρε εἰς σύνεσιν· ᾠδὴ ὑπὲρ τοῦ ἀγαπητοῦ.   (XLV)

²Ἐξηρεύξατο ἡ καρδία μου λόγον ἀγαθόν, 2
λέγω ἐγὼ τὰ ἔργα μου τῷ βασιλεῖ·
ἡ γλῶσσά μου κάλαμος γραμματέως ὀξυγράφου.

ℵART   15 κεφαλην Aᵃ⁽   16 κατεναντιον] κατενωπιον A   17 παραλαλουντος] καταλαλ. ℵᶜᵃAT | προσωπου] φοβου ℵ* (προσ. ℵᶜᵃ)   19 τας τριβους BᵇᵛⁱᵈT   20 επεκαλυψεν] εκαλυψεν R   21 om του ονοματος A | χειρας] pr τας R   23 ενεκεν ℵAT | προβατα] προτα ℵ   24 απωση] απωσης ημας R   25 το προσ.] om το A | πτωχειας Bᵃᵇ   26 εις] ε sup ras Aᵃ⁺ — Stich 55 B 53 ℵ 57 A 54 R   XLIV 1 om εις το τελος ωδη A om ωδη R | υπερ του αγαπητου sup ras Aᵃ pr Δαδ A

270

ΨΑΛΜΟΙ XLIV 14

³ὡραῖος κάλλει παρὰ τοὺς υἱοὺς τῶν ἀνθρώπων, B
ἐξεχύθη ἡ χάρις ἐν χείλεσίν σου·
διὰ τοῦτο εὐλόγησέν σε ὁ θεὸς εἰς τὸν αἰῶνα.
⁴περίζωσαι τὴν ῥομφαίαν σου ἐπὶ τὸν μηρόν σου, Δυνατέ,
τῇ ὡραιότητί σου καὶ τῷ κάλλει σου,
⁵καὶ ἔντεινον, καὶ κατευοδοῦ καὶ βασίλευε
ἕνεκεν ἀληθείας καὶ πραΰτητος καὶ δικαιοσύνης,
καὶ ὁδηγήσει σε θαυμαστῶς ἡ δεξιά σου
⁶τὰ βέλη σου ἠκονημένα, Δυνατέ·
λαοὶ ὑποκάτω σου πεσοῦνται
ἐν καρδίᾳ τῶν ἐχθρῶν τοῦ βασιλέως.
⁷ὁ θρόνος σου ὁ θεὸς εἰς αἰῶνα αἰῶνος,
ῥάβδος εὐθύτητος ἡ ῥάβδος τῆς βασιλείας σου.
⁸ἠγάπησας δικαιοσύνην καὶ ἐμίσησας ἀνομίαν·
διὰ τοῦτο ἔχρισέν σε ὁ θεός, ὁ θεός σου,
ἔλαιον ἀγαλλιάσεως παρὰ τοὺς μετόχους σου.
⁹σμύρνα καὶ στακτὴ καὶ κασία ἀπὸ τῶν ἱματίων σου,
ἀπὸ βάρεων ἐλεφαντίνων, ἐξ ὧν ηὔφρανάν σε.
¹⁰θυγατέρες βασιλέων ἐν τῇ τιμῇ σου·
παρέστη ἡ βασίλισσα ἐκ δεξιῶν σου, ἐν ἱματισμῷ διαχρύσῳ
περιβεβλημένη πεποικιλμένη.
¹¹ἄκουσον, θύγατερ, καὶ ἴδε καὶ κλῖνον τὸ οὖς σου,
καὶ ἐπιλάθου τοῦ λαοῦ σου καὶ τοῦ οἴκου τοῦ πατρός σου
¹²ὅτι ἐπεθύμησεν ὁ βασιλεὺς τοῦ κάλλους σου,
ὅτι αὐτός ἐστιν ὁ κύριός σου.
¹³καὶ προσκυνήσουσιν αὐτῷ θυγατέρες Τύρου ἐν δώροις,
τὸ πρόσωπόν σου λιτανεύσουσιν οἱ πλούσιοι τοῦ λαοῦ τῆς γῆς.
¹⁴πᾶσα ἡ δόξα αὐτῆς θυγατρὸς βασιλέως Ἐσεβών
ἐν κροσωτοῖς χρυσοῖς περιβεβλημένη πεποικιλμένη.

3 η χαρις] om η ℵ^{c a}AT   4 om σου 3° R   6 εν καρδια] ενωπιον R ℵART
7 αιωνα αιωνος] τον αιωνα του αιωνος ℵART   8 ανομιαν] αδικιαν A
9 σμυρναν κ. στακτην κ. κασιαν (κασσ. R) ℵ^{c a}RT   10 βασιλεως A |
πεποικιλμενοις ℵ   12 οτι επεθυμησεν] και επιθυμησει ℵ^{c a}AT | καλλουσου
A | ο κυριος] om ο ℵ^{c a}T ο θεος R   13 προσκυνησουσιν] προσκυνησις ℵ^{c a}
προσκυνησης T | αυτω] αυτων R | θυγατερες Τυρου] θυγατηρ Τυρου ℵ* και
θυγατηρ Τυρου ℵ^{c a} T om Τυρου A*^{vid} (θυγα| Τυρου A^a) | λιτανευσωσιν T |
om της γης ℵART   14 αυτης θυγατρος B*ℵ* R^a] της θυγατρος B^b (αυ non
inst) ℵ^{c a}AT αυτης θυγατερες R* | βασιλεως] pr του ℵ^{c a}AT βασιλεων R |
Εσεβων] εσωθεν B^{ab}ℵ^{c a}ART | κροσσωτοις ℵ^{c a}RT | πεποικιλμενοις ℵ* (-νη ℵ^{c a})

B ¹⁵ἀπενεχθήσονται τῷ βασιλεῖ παρθένοι ὀπίσω αὐτῆς,
   αἱ πλησίον αὐτῆς ἀπενεχθήσονταί σοι·
  ¹⁶ἀπενεχθήσονται ἐν εὐφροσύνῃ καὶ ἀγαλλιάσει,
   ἀχθήσονται εἰς ναὸν βασιλέως.
  ¹⁷ἀντὶ τῶν πατέρων σου ἐγεννήθησάν σοι υἱοί·
   καταστήσεις αὐτοὺς ἄρχοντας ἐπὶ πᾶσαν τὴν γῆν.
  ¹⁸μνησθήσονται τοῦ ὀνόματός σου ἐν πάσῃ γενεᾷ καὶ γενεᾷ·
   διὰ τοῦτο λαοὶ ἐξομολογήσονταί σοι
   εἰς τὸν αἰῶνα καὶ εἰς τὸν αἰῶνα τοῦ αἰῶνος.

ΜΕ΄

Εἰς τὸ τέλος· ὑπὲρ τῶν υἱῶν Κόρε, ὑπὲρ τῶν κρυφίων ψαλμός.

XLV (XLVI)

²Ὁ θεὸς ἡμῶν καταφυγὴ καὶ δύναμις,
 βοηθὸς ἐν θλίψεσιν ταῖς εὑρούσαις ἡμᾶς σφόδρα.
³διὰ τοῦτο οὐ φοβηθησόμεθα ἐν τῷ ταράσσεσθαι τὴν γῆν
 καὶ μετατίθεσθαι ὄρη ἐν καρδίαις θαλασσῶν.
⁴ἤχησαν καὶ ἐταράχθησαν τὰ ὕδατα αὐτῶν,
 ἐταράχθησαν τὰ ὄρη ἐν τῇ κραταιότητι αὐτοῦ.   διάψαλμα.
⁵τοῦ ποταμοῦ τὰ ὁρμήματα εὐφραίνουσιν τὴν πόλιν τοῦ θεοῦ·
 ἡγίασεν τὸ σκήνωμα αὐτοῦ ὁ ὕψιστος.
⁶ὁ θεὸς ἐν μέσῳ αὐτῆς, οὐ σαλευθήσεται·
 βοηθήσει αὐτῇ ὁ θεὸς τῷ προσώπῳ.
⁷ἐταράχθησαν ἔθνη, ἔκλιναν βασιλεῖαι·
 ἔδωκεν φωνὴν αὐτοῦ, ἐσαλεύθη ἡ γῆ.
⁸Κύριος τῶν δυνάμεων μεθ᾽ ἡμῶν,
 ἀντιλήμπτωρ ἡμῶν ὁ θεὸς Ἰακώβ.   διάψαλμα.

ℵART   15 αυτης 1°] αυτου Λ | αι πλησιον] οι πλ. A   17 εγεννηθησαν] εγενηθησαν Bᵇ AT εγενηθη ℵ | om σοι T | υιοι] + σου ℵᶜ·ᵃ T | καταστησης T   18 μνησθησονται] pr και ℵ* A μνησθησομαι ℵᶜ ᵃ RT | σου του ονοματος ℵ | om λαοι A*ᵛⁱᵈ (δια τουτο λ. in mg et sup ras Aᵃ) — Stich 41 BAT 39 ℵ 37 R   XLV 1 om εις το τελος...κρυφιων A | υιων Κορε υπερ των κρυφιων] κρ. τοις υιοις K ℵ | ψαλμος] pr του Δαδ A + τω Δαδ T   3 εν καρδιαις θαλασσων c seqq coniung ℵ   4 υδατα αυτων] κυματα ℵ* (υδ. αυτ. ℵᶜ·ᵃ) | εταραχθησαν 2°] εταραχθη Λ | αυτου] αυτων ℵ* (αυτου ℵᶜ ᵃ) | om διαψαλμα T   6 ου] pr και ℵᶜ ᵃ T | βοηθησαι ℵ | τω προσωπω] το (τω ℵᶜ ᵃ) προς πρωι πρωι Bᵇ ℵᶜ ᵃ AT πρωι πρωι Rᵃ   7 εκλιναν] post ε ras 1 lit (forte κ) A᾿ | αυτου] + ο υψιστος ℵᶜ ᵃ (om ℵᶜ·ᵇ) ART | εσαλευθη] pr και R   8 om διαψαλμα A*ᵛⁱᵈ (hab διαψ Aᵃ⁽ᵐᵍ⁾) T

ΨΑΛΜΟΙ XLVI 10

9 ⁹δεῦτε, ἴδετε τὰ ἔργα Κυρίου, B
ἃ ἔθετο τέρατα ἐπὶ τῆς γῆς·
10 ¹⁰ἀνταναιρῶν πολέμους μέχρι τῶν περάτων τῆς γῆς,
τόξον συντρίψει καὶ συνκλάσει ὅπλον,
καὶ θυρεοὺς κατακαύσει ἐν πυρί.
11 ¹¹σχολάσατε, καὶ γνῶτε ὅτι ἐγώ εἰμι ὁ θεός·
ὑψωθήσομαι ἐν τοῖς ἔθνεσιν, ὑψωθήσομαι ἐν τῇ γῇ.
12 ¹²Κύριος τῶν δυνάμεων μεθ' ἡμῶν,
ἀντιλήμπτωρ ἡμῶν ὁ θεὸς Ἰακώβ.

ΜϚ'

Εἰς τὸ τέλος· ὑπὲρ τῶν υἱῶν Κόρε ψαλμός

2 ²Πάντα τὰ ἔθνη κροτήσατε χεῖρας,
ἀλαλάξατε τῷ θεῷ ἐν φωνῇ ἀγαλλιάσεως.
3 ³ὅτι Κύριος Ὕψιστος φοβερός,
βασιλεὺς μέγας ἐπὶ πᾶσαν τὴν γῆν.
4 ⁴ὑπέταξεν λαοὺς ἡμῖν, καὶ ἔθνη ὑπὸ τοὺς πόδας ἡμῶν·
5 ⁵ἐξελέξατο ἡμῖν τὴν κληρονομίαν αὐτοῦ,
τὴν καλλονὴν Ἰακώβ ἣν ἠγάπησεν.   διάψαλμα.
6 ⁶ἀνέβη ὁ θεὸς ἐν ἀλαλαγμῷ,
Κύριος ἐν φωνῇ σάλπιγγος.
7 ⁷ψάλατε τῷ θεῷ ἡμῶν, ψάλατε·
ψάλατε τῷ βασιλεῖ ἡμῶν, ψάλατε·
8 ⁸ὅτι βασιλεὺς πάσης τῆς γῆς ὁ θεός,
9 ψάλατε συνετῶς. ⁹ἐβασίλευσεν ὁ θεὸς ἐπὶ τὰ ἔθνη,
ὁ θεὸς κάθηται ἐπὶ θρόνου ἁγίου αὐτοῦ.
10 ¹⁰ἄρχοντες λαῶν συνήχθησαν μετὰ τοῦ θεοῦ Ἀβραάμ,
ὅτι τοῦ θεοῦ οἱ κραταιοὶ τῆς γῆς σφόδρα ἐπήρθησαν.

9 ιδετε] ιδατε A pr και ℵ^{c a}ART | κυριου] του θῦ ℵ^{c a}AT   **10** ανταναι- ℵART ρων (-νερων T)] αντανελων A | της γης] om γης A | συνκλασει (συγκλ. B^{ab})] σὖιθλασει T   **11** θεος] κυριος R | υψωθησομαι 2°] pr και R   **12** om Κυριος A* (hab κ̅ς̅ A^{a†(mg)}) Κυριος ο θεος ℵR — Stich 23 BAT 22 ℵ 20 R XLVI **1** om εις το τελος R | om υπερ των υιων Κορε A τοις υιοις Κορε R | ψαλμος]+τω Δα̅δ̅ ART   **3** Κυριος] ο θεος R   **4** υπεταξεν] υπαταξεν Λ* επαταξεν A^{v vid} | τας ποδας A   **5** αυτου] εαυτου ℵART | om διαψαλμα AT   **6** αναλαγμω A   **9** ο θεος (1°)] Κυριος R | τα εθνη] pr παντα AR — Stich 16 BAT 17 ℵ 15 R

SEPT. II.   273   S

ΨΑΛΜΟΙ

ΜΖ'

Ψαλμὸς ᾠδῆς τοῖς υἱοῖς Κόρε, δευτέρᾳ σαββάτου.

XLVII (XLVIII)

²Μέγας Κύριος καὶ αἰνετὸς σφόδρα
ἐν πόλει τοῦ θεοῦ ἡμῶν, ὄρει ἁγίῳ αὐτοῦ,
³εὐρίζῳ ἀγαλλιάματι πάσης τῆς γῆς·
ὄρη Σιών, τὰ πλευρὰ τοῦ βορρᾶ,
ἡ πόλις τοῦ βασιλέως τοῦ μεγάλου.
⁴ὁ θεὸς ἐν ταῖς βάρεσιν αὐτῆς γινώσκεται,
ὅταν ἀντιλαμβάνηται αὐτῆς.
⁵ὅτι ἰδοὺ οἱ βασιλεῖς συνήχθησαν, ἤλθοσαν ἐπὶ τὸ αὐτό·
⁶αὐτοὶ ἰδόντες οὕτως ἐθαύμασαν,
ἐταράχθησαν, ἐσαλεύθησαν· ⁷τρόμος ἐπελάβετο αὐτῶν,
ἐκεῖ ὠδῖνες ὡς τικτούσης.
⁸ἐν πνεύματι βιαίῳ συντρίψεις πλοῖα Θαρσείς.
⁹καθάπερ ἠκούσαμεν, οὕτως εἴδομεν
ἐν πόλει Κυρίου τῶν δυνάμεων,
ἐν πόλει τοῦ θεοῦ ἡμῶν·
ὁ θεὸς ἐθεμελίωσεν αὐτὴν εἰς τὸν αἰῶνα.   διάψαλμα.
¹⁰ὑπελάβομεν, ὁ θεός, τὸ ἔλεός σου ἐν μέσῳ τοῦ λαοῦ σου.
¹¹κατὰ τὸ ὄνομά σου, ὁ θεός, οὕτως καὶ ἡ αἴνεσίς σου ἐπὶ τὰ
  πέρατα τῆς γῆς·
δικαιοσύνης πλήρης ἡ δεξιά σου.
¹²εὐφρανθήτω τὸ ὄρος Σιών,
ἀγαλλιάσθωσαν αἱ θυγατέρες τῆς Ἰουδαίας
ἕνεκα τῶν κριμάτων σου, Κύριε.
¹³κυκλώσατε Σιὼν καὶ περιβάλετε αὐτήν,
διηγήσασθε ἐν τοῖς πύργοις αὐτῆς·

ℵART   XLVII 1 ψαλμος σαββατου] εις το τελος ψαλμος τω Δαδ A | ψαλμος ωδης] ωδη ψαλμου ℵT   2 αινετοσφοδρα A | ορει] pr εν ℵ^{c a vid} (ras εν ℵ^{c b}) RT   3 ευριζω B^{a vid}] ευριζων B*^bℵART | πασης της γης] πασα (sic) τη γη A | ορη] ορος R | Σειων ℵT   4 αντιλαμβανεται A   5 βασιλεις]+της γης AR | ηλθοσαν] διηλθοσαν ℵA^{a'}RT pr και R   6 αυτοι] αυτο ℵ | ιδοντες] ιδοτες A   7 υπελαβετο A | αυτων] αυτους R   8 συντριψει A   9 ειδομεν] ιδαμεν A^{a mg}R^{vid}T pr και ℵ^{c a}RT | εν πολει (1°) εις τον αιωνα sup ras A^a | του θεου sup ras A^{a vid} | om διαψαλμα AT   11 επι] εις R | πληρεις B* (-ρης B^{ab})   12 το ορος] om το RT | Σειων T (item 13) | αγαλλιασθωσαν] pr και ℵ^{c a}ART | Ιουδαιας] Ιουδαις R*^{vid} Ιουδαιας R^a | ενεκεν ℵART | om Κυριε ℵ* (hab κε ℵ^{c a})   13 περιβαλετε] περιλαβετε B^bℵART

ΨΑΛΜΟΙ

14 ¹⁴θέσθε τὰς καρδίας ὑμῶν εἰς τὴν δύναμιν αὐτῆς,
καὶ καταδιέλεσθε τὰς βάρεις αὐτῆς,
ὅπως ἂν διηγήσησθε εἰς γενεὰν ἑτέραν.
15 ¹⁵ὅτι οὗτός ἐστιν ὁ θεὸς ἡμῶν
εἰς τὸν αἰῶνα καὶ εἰς τὸν αἰῶνα τοῦ αἰῶνος.

MH′

XLVIII (XLIX)
Εἰς τὸ τέλος· τοῖς υἱοῖς Κόρε ψαλμός.
2 ²Ἀκούσατε ταῦτα, πάντα τὰ ἔθνη,
ἐνωτίσασθε, πάντες οἱ κατοικοῦντες τὴν οἰκουμένην,
3 ³οἵ τε γηγενεῖς καὶ οἱ υἱοὶ τῶν ἀνθρώπων,
ἐπὶ τὸ αὐτὸ πλούσιος καὶ πένης.
4 ⁴τὸ στόμα μου λαλήσει σοφίαν,
καὶ ἡ μελέτη τῆς καρδίας μου σύνεσιν.
5 ⁵κλινῶ εἰς παραβολὴν τὸ οὖς μου,
ἀνοίξω ἐν ψαλτηρίῳ τὸ πρόβλημά μου.
6 ⁶ἵνα τί φοβοῦμαι ἐν ἡμέρᾳ πονηρᾷ;
ἡ ἀνομία τῆς πτέρνης μου κυκλώσει με,
7 ⁷οἱ πεποιθότες ἐπὶ τῇ δυνάμει αὐτῶν
καὶ ἐπὶ τῷ πλήθει τοῦ πλούτου αὐτῶν καυχώμενοι.
8 ⁸ἀδελφὸς οὐ λυτροῦται· λυτρώσεται ἄνθρωπος;
οὐ δώσει τῷ θεῷ ἐξίλασμα αὐτοῦ,
9 ⁹καὶ τὴν τιμὴν τῆς λυτρώσεως τῆς ψυχῆς αὐτοῦ·
10 καὶ ἐκοπίασεν εἰς τὸν αἰῶνα, ¹⁰καὶ ζήσεται εἰς τέλος,
11 ὅτι οὐκ ὄψεται καταφθοράν, ¹¹ὅταν ἴδῃ σοφοὺς ἀποθνή-
σκοντας.
ἐπὶ τὸ αὐτὸ ἄνους καὶ ἄφρων ἀπολοῦνται,
καὶ καταλείψουσιν ἀλλοτρίοις τὸν πλοῦτον αὐτῶν.
12 ¹²καὶ οἱ τάφοι αὐτῶν οἰκίαι αὐτῶν εἰς τὸν αἰῶνα,
σκηνώματα αὐτῶν εἰς γενεὰν καὶ γενεάν·
ἐπεκαλέσαντο τὰ ὀνόματα αὐτῶν ἐπὶ τῶν γαιῶν αὐτῶν·

14 om και καταδιελεσθε τας β. αυτης ℵ* (hab κ. καταδιελεσθαι τ. β. αυτ. ℵ ℵᶜⁿ) | διηγησεσθαι A   15 αιωνος] + αυτος ποιμανει ημας εις τον αιωνα ℵ + αυτος π. η. εις τους αιωνας ART — Stich 28 BA 29 ℵ 30 RT
XLVIII 1 om εις το τελος...Κορε A | ψαλμος] om RT + τω Δαδ A   2 τα εθνη] α εθνη sup ras Aᵃ   3 οι υιοι] om οι RT   4 λαληση T | συνεσεις Bᵃ (-σιν B*ᵇ)   6 κυκλωσω T   7 αυτων 1°] αυτου A*ᵛⁱᵈ (αυτῳ [ω sup ras] Aᵃ)
8 λυτρουται] λυτρωται A | λυτρωσεται] λυτρωσηται T | αυτου] εαυτω R εαυτου T   10 om οτι ℵᶜᵃA* (hab Aᵃ⁽ⁱⁿᵍ⁾) T   11 αφρων και ανους ℵART | καταλιψουσιν ℵA καταλειψωσιν T   12 om αυτων 5° ℵᶜᵃT

XLVIII 13 ΨΑΛΜΟΙ

B. ¹³καὶ ἄνθρωπος ἐν τιμῇ ὢν οὐ συνῆκεν· 13
παρασυνεβλήθη τοῖς κτήνεσιν τοῖς ἀνοήτοις καὶ ὡμοιώθη
αὐτοῖς.
¹⁴αὕτη ἡ ὁδὸς αὐτῶν σκάνδαλον αὐτοῖς, 14
καὶ μετὰ ταῦτα ἐν τῷ στόματι αὐτῶν εὐλογήσουσιν.
διάψαλμα.
¹⁵ὡς πρόβατα ἐν ᾅδῃ ἔθεντο, θάνατος ποιμαίνει αὐτούς· 15
καὶ κατακυριεύσουσιν αὐτῶν οἱ εὐθεῖς τὸ πρωί,
καὶ ἡ βοήθεια αὐτῶν παλαιωθήσεται ἐν τῷ ᾅδῃ ἐκ τῆς δόξης
αὐτῶν.
¹⁶πλὴν ὁ θεὸς λυτρώσεται τὴν ψυχήν μου ἐκ χειρὸς ᾅδου, ὅταν 16
λαμβάνῃ με. διάψαλμα.
¹⁷μὴ φοβοῦ ὅταν πλουτήσῃ ἄνθρωπος, 17
καὶ ὅταν πληθυνθῇ ἡ δόξα τοῦ οἴκου αὐτοῦ·
¹⁸ὅτι οὐκ ἐν τῷ ἀποθνῄσκειν αὐτὸν λήμψεται τὰ πάντα, 18
οὐδὲ συνκαταβήσεται αὐτῷ ἡ δόξα αὐτοῦ.
¹⁹ὅτι ἡ ψυχὴ αὐτοῦ ἐν τῇ ζωῇ αὐτοῦ εὐλογηθήσεται, 19
ἐξομολογήσεταί σοι ὅταν ἀγαθύνῃς αὐτῷ.
²⁰εἰσελεύσεται ἕως γενεᾶς πατέρων αὐτοῦ, 20
ἕως αἰῶνος οὐκ ὄψεται φῶς.
²¹ἄνθρωπος ἐν τιμῇ ὢν οὐ συνῆκεν, 21
παρασυνεβλήθη τοῖς κτήνεσιν τοῖς ἀνοήτοις καὶ ὡμοιώθη
αὐτοῖς.

ΜΘ΄

Ψαλμὸς τῷ Ἀσάφ. XLIX
(L)

Θεὸς θεῶν Κύριος ἐλάλησεν καὶ ἐκάλεσεν τὴν γῆν 1
ἀπὸ ἀνατολῶν ἡλίου καὶ μέχρι δυσμῶν·

ℵART 13 παρεσυνεβληθη ℵ^{c a}AT | κτηνεσι ℵT 14 σκανδαλον αυτοις sup ras et in mg A^{a?} | ευλογησουσιν] ευδοκησουσιν ℵ^{c a}ART | om διαψαλμα A* (hab A¹⁽ᵐᵍ⁾) 15 εθετο ℵ | ποιμανει B^{ab}ℵART | κατακυριευσωσιν A | βοηθια T | επαλαιωθη ℵ* (παλαιωθησεται ℵ^{c a}) | εκ της δοξης inc stich in A | αυτων 3°]+εξωσθησαν ℵ^{c a}AT 16 λυτρωσεται T | λαμβανει R^{vid}T | om διαψαλμα A 17 πλουτησει A | ανθρωπος] pr o R | και] η ℵ^{c a}AT 18 om οτι ουκ .. η δοξα αυτου ℵ* (hab ℵ^{c a}) | ληψεται T | συγκαταβ. B^{ab} | αυτω] μετ αυτου R | αυτου] pr του οικου ℵ^{c a}R 19 εξομολογηθησεται ℵ* (-γησεται ℵ¹) | αυτω] αυτον R 20 αιωνος] pr του R 21 ανθρωπος] pr και ℵAT pr o R | παρεσυνεβληθη AT | κτηνεσι RT — Stich 40 B 38 ℵ 42 AR 43 T XLIX 1 ψαλμος] pr εις το τελος A | Ασαφ] Δαδ AR | απο] απ ℵ | om και 2° ℵ^{c.a}RT

ΨΑΛΜΟΙ XLIX 16

2 ²ἐκ Σιὼν ἡ εὐπρεπία τῆς ὡραιότητος αὐτοῦ. B
3 ³ὁ θεὸς ἐμφανῶς ἥξει, ὁ θεὸς ἡμῶν, καὶ οὐ παρασιωπήσεται
πῦρ ἐναντίον αὐτοῦ καυθήσεται,
καὶ κύκλῳ αὐτοῦ καταιγὶς σφόδρα
4 ⁴προσκαλέσεται τὸν οὐρανὸν ἄνω
καὶ τὴν γῆν, διακρῖναι τὸν λαὸν αὐτοῦ.
5 ⁵συναγάγετε αὐτῷ τοὺς ὁσίους αὐτοῦ,
τοὺς διατιθεμένους τὴν διαθήκην αὐτοῦ ἐπὶ θυσίαις.
6 ⁶καὶ ἀναγγελοῦσιν οἱ οὐρανοὶ τὴν δικαιοσύνην αὐτοῦ,
ὅτι θεὸς κριτής ἐστιν. διάψαλμα
7 ⁷ἄκουσον, λαός μου, καὶ λαλήσω σοι·
Ἰσραήλ, καὶ διαμαρτύρομαί σοι·
ὁ θεὸς ὁ θεός σού εἰμι ἐγώ.
8 ⁸οὐκ ἐπὶ ταῖς θυσίαις σου ἐλέγξω σε,
τὰ δὲ ὁλοκαυτώματά σου ἐνώπιόν μού ἐστιν διὰ παντός·
9 ⁹οὐ δέξομαι ἐκ τοῦ οἴκου σου μόσχους,
οὐδὲ ἐκ τῶν ποιμνίων σου χιμάρους.
10 ¹⁰ὅτι ἐμά ἐστιν πάντα τὰ θηρία τοῦ δρυμοῦ,
κτήνη ἐν τοῖς ὄρεσιν καὶ βόες·
11 ¹¹ἔγνωκα πάντα τὰ πετεινὰ τοῦ οὐρανοῦ,
καὶ ὡραιότης ἀγροῦ μετ' ἐμοῦ ἐστιν
12 ¹²ἐὰν πεινάσω, οὐ μή σοι εἴπω·
ἐμὴ γάρ ἐστιν ἡ οἰκουμένη καὶ τὸ πλήρωμα αὐτῆς.
13 ¹³μὴ φάγομαι κρέα ταύρων;
ἢ αἷμα τράγων πίομαι;
14 ¹⁴θῦσον τῷ θεῷ θυσίαν αἰνέσεως,
καὶ ἀπόδος τῷ ὑψίστῳ τὰς εὐχάς σου·
15 ¹⁵καὶ ἐπικάλεσαί με ἐν ἡμέρᾳ θλίψεως, καὶ ἐξελοῦμαί σε, καὶ
δοξάσεις με. διάψαλμα
16 ¹⁶τῷ δὲ ἁμαρτωλῷ εἶπεν ὁ θεός
Ἵνα τί σὺ διηγῇ τὰ δικαιώματά μου,

2 Σειων T | ευπρεπεια Bᵃᵇℵ   3 ενφανως AR | εναντιον] ενωπιον ℵᵃRT
RT | καταιγισφοδρα A   4 προσκαλεσηται T | διακριναι] pr του ℵᶜᵃART
6 αυτου]+διαψ Aᵃ⁽ᵐᵍ⁾ | θεος] pr ο ℵRT | om διαψαλμα AT   7 om σοι
1⁰ R* (hab Rᵃ) | Ισραηλ] Ιηδ (sic) A | διαμαρτυρουμαι ℵᶜᵃT | ο θεος ο θεος
σου] οτι θς θς σου ℵᶜ·ᵃ   10 δρυμου Bℵ*ᶜᵇRT] αγρου ℵᶜᵃA   13 φαγω-
μαι A | πιωμαι A   15 θλιψεως]+σου ℵᶜᵃAR (θλιψωσον) T | om δια-
ψαλμα A   16 ο θεος]+διαψ Aᵃ⁽ᵐᵍ⁾ | διηγη Bℵ*ᶜᵇR] εκδιηγη
ℵᶜᵃAT

ΨΑΛΜΟΙ

B   καὶ ἀναλαμβάνεις τὴν διαθήκην μου διὰ στόματός σου;
¹⁷σὺ δὲ ἐμίσησας παιδίαν,
   καὶ ἐξέβαλλες τοὺς λόγους μου εἰς τὰ ὀπίσω.
¹⁸εἰ ἐθεώρεις κλέπτην, συνέτρεχες αὐτῷ,
   καὶ μετὰ μοιχῶν τὴν μερίδα σου ἐτίθεις·
¹⁹τὸ στόμα σου ἐπλεόνασεν κακίαν,
¶ Α   καὶ ἡ γλῶσσά σου περιέπλεκεν δολιότητα.¶
²⁰καθήμενος κατὰ τοῦ ἀδελφοῦ σου κατελάλεις,
   καὶ κατὰ τοῦ υἱοῦ τῆς μητρός σου ἐτίθεις σκάνδαλον.
²¹ταῦτα ἐποίησας καὶ ἐσίγησα,
   ὑπέλαβες ἀνομίαν ὅτι ἔσομαί σοι ὅμοιος·
   ἐλέγξω σε καὶ παραστήσω κατὰ πρόσωπόν σου.
²²σύνετε δὴ ταῦτα, οἱ ἐπιλανθανόμενοι τοῦ θεοῦ,
   μή ποτε ἁρπάσῃ, καὶ μὴ ᾖ ὁ ῥυόμενος.
²³θυσία αἰνέσεως δοξάσει με,
   καὶ ἐκεῖ ὁδὸς ᾗ δείξω αὐτῷ τὸ σωτήριον τοῦ θεοῦ.

Ν'

Εἰς τὸ τέλος· ψαλμὸς τῷ Δαυείδ, ²ἐν τῷ ἐλθεῖν   L
πρὸς αὐτὸν Ναθὰν τὸν προφήτην, ἡνίκα εἰσῆλθεν   (LI)
πρὸς Βηρσάβεε.

³Ἐλέησόν με, ὁ θεός, κατὰ τὸ μέγα ἔλεός σου,
   καὶ κατὰ τὸ πλῆθος τῶν οἰκτιρμῶν σου ἐξάλειψον τὸ ἀνό-
   μημά μου·
⁴ἐπὶ πλεῖον πλῦνόν με ἀπὸ τῆς ἀνομίας μου,
   καὶ ἀπὸ τῆς ἁμαρτίας μου καθάρισόν με.
⁵ὅτι τὴν ἀνομίαν μου ἐγὼ γινώσκω,
   καὶ ἡ ἁμαρτία μου ἐνώπιόν μού ἐστιν διὰ παντός.
⁶σοὶ μόνῳ ἥμαρτον, καὶ τὸ πονηρὸν ἐνώπιον σου ἐποίησα·
   ὅπως ἂν δικαιωθῇς ἐν τοῖς λόγοις σου,
   καὶ νικήσῃς ἐν τῷ κρίνεσθαί σε.

ℵART   16 αναλανβανεις R`vid`   17 παιδειαν B`ab` | εξεβαλλες] εξεβαλες ℵ εξεβαλας ART | τας λογους A   18 μοιχου T   19 δολιοτητα] δολιοτητας ℵ`ca` R`a` hiat A usque LXXIX 10   20 κατελαλεις R`a` | της μητρος] s 1° non inst B`b`   21 ανομιαν] ανομε ℵ* (ανομιαν vel forte ανομειαν ℵ`ca`) | προσωπον] του προσωπου R | σου] + τας αμαρτιας σου B`c` ℵ`ca` (om ℵ`cb`) T   22 αρπαση]+ως λεων R | μη 2°] pr ου ℵ`ca`RT | om η R   23 δοξαση T | η] ην ℵ`ca` T | του θεου Bℵ*`cb`R]μου ℵ`ca` T — Stich 48 BR 46 ℵ 49 T   L 1 Ναθαμ R | Βηρσαβεε Bℵ R`a`T (·βεαι)] Βηθσαβεε R*   3 οικτειρμων ℵ

ΨΑΛΜΟΙ

7 ⁷ἰδοὺ γὰρ ἐν ἀνομίαις συνελήμφθην,
 καὶ ἐν ἁμαρτίαις ἐκίσσησέν με ἡ μήτηρ μου.
8 ⁸ἰδοὺ γὰρ ἀλήθειαν ἠγάπησας,
 τὰ ἄδηλα καὶ τὰ κρύφια τῆς σοφίας σου ἐδήλωσάς μοι.
9 ⁹ῥαντιεῖς με ὑσσώπῳ καὶ καθαρισθήσομαι,
 πλυνεῖς με καὶ ὑπὲρ χιόνα λευκανθήσομαι.
10 ¹⁰ἀκουτιεῖς με ἀγαλλίασιν καὶ εὐφροσύνην·
 ἀγαλλιάσονται ὀστᾶ τεταπεινωμένα.
11 ¹¹ἀπόστρεψον τὸ πρόσωπόν σου ἀπὸ τῶν ἁμαρτιῶν μου,
 καὶ πάσας τὰς ἀνομίας μου ἐξάλειψον.
12 ¹²καρδίαν καθαρὰν κτίσον ἐν ἐμοί, ὁ θεός,
 καὶ πνεῦμα εὐθὲς ἐνκαίνισον ἐν τοῖς ἐγκάτοις μου.
13 ¹³μὴ ἀπορρίψῃς με ἀπὸ τοῦ προσώπου σου,
 καὶ τὸ πνεῦμα τὸ ἅγιόν σου μὴ ἀντανέλῃς ἀπ' ἐμοῦ.
14 ¹⁴ἀπόδος μοι τὴν ἀγαλλίασιν τοῦ σωτηρίου σου,
 καὶ πνεύματι ἡγεμονικῷ στήρισόν με.
15 ¹⁵διδάξω ἀνόμους τὰς ὁδούς σου,
 καὶ ἀσεβεῖς ἐπὶ σὲ ἐπιστρέψουσιν.
16 ¹⁶ῥῦσαί με ἐξ αἱμάτων, ὁ θεὸς ὁ θεὸς τῆς σωτηρίας μου·
17 ἀγαλλιάσεται ἡ γλῶσσά μου τὴν δικαιοσύνην σου, ¹⁷Κύριε.
 τὰ χείλη μου ἀνοίξεις, καὶ τὸ στόμα μου ἀναγγελεῖ τὴν αἴνεσίν σου.
18 ¹⁸ὅτι εἰ ἠθέλησας θυσίαν, ἔδωκα ἄν·
 ὁλοκαυτώματα οὐκ εὐδοκήσεις.
19 ¹⁹θυσία τῷ θεῷ πνεῦμα συντετριμμένον,
 καρδίαν συντετριμμένην καὶ τεταπεινωμένην ὁ θεὸς οὐκ ἐξουθενώσει.
20 ²⁰ἀγάθυνον, Κύριε, ἐν τῇ εὐδοκίᾳ σου τὴν Σιών,
 καὶ οἰκοδομηθήτω τὰ τείχη Ἰερουσαλήμ.
21 ²¹τότε εὐδοκήσεις θυσίαν δικαιοσύνης,
 ἀναφορὰν καὶ ὁλοκαυτώματα·
 τότε ἀνοίσουσιν ἐπὶ τὸ θυσιαστήριόν σου μόσχους.

---

7 εκισσησεν R   **9** υσωπω R | λευκανθησομαι] ras aliq in ν et ante θ B' ℵRT
10 οστεα ℵ^(ca) T   **12** εγκαινισον B^(ab) ℵ | ενκατοις RT   **13** απορριψης
T | σου το αγιον ℵ^(ca) (το αγ. σου ℵ*^(cb)) T   **14** στηριξον RT   **17** Κυριε
cum seqq coniung RT   **18** θυσιατ R*^(vid) (θυσιαν R^a) | ευδοκησης T
19 εξουδενωσει ℵRT   **20** om Κυριε ℵ* (hab κε ℵ^(ca)) | Σειων T   **21** ευδοκησης T | ανοισωσιν T — Stich 39 Bℵ R 40 T^(vid)

ΨΑΛΜΟΙ

ΝΆ

Εἰς τὸ τέλος· συνέσεως τῷ Δαυείδ, ²ἐν τῷ ἐλθεῖν Δωὴκ τὸν Ἰδουμαῖον καὶ ἀναγγεῖλαι τῷ Σαοὺλ καὶ εἰπεῖν αὐτῷ Ἦλθεν Δαυεὶδ εἰς τὸν οἶκον Ἀβιμέλεχ.

³Τί ἐνκαυχᾷ ἐν κακίᾳ, ὁ δυνατός,
ἀνομίαν ὅλην τὴν ἡμέραν;
⁴ἀδικίαν ἐλογίσατο ἡ γλῶσσά σου·
ὡσεὶ ξυρὸν ἐξηκονημένον ἐποίησας δόλον.
⁵ἠγάπησας κακίαν ὑπὲρ ἀγαθωσύνην,
ἀδικίαν ὑπὲρ τὸ λαλῆσαι δικαιοσύνην.   διάψαλμα.
⁶ἠγάπησας πάντα τὰ ῥήματα καταποντισμοῦ, γλῶσσαν δολίαν.
⁷διὰ τοῦτο ὁ θεὸς καθελεῖ σε εἰς τέλος·
ἐκτίλαι σε καὶ μεταναστεύσαι σε ἀπὸ σκηνώματος,
καὶ τὸ ῥίζωμά σου ἐκ γῆς ζώντων.   διάψαλμα
⁸καὶ ὄψονται δίκαιοι καὶ φοβηθήσονται,
καὶ ἐπ' αὐτὸν γελάσονται καὶ ἐροῦσιν
⁹Ἰδοὺ ἄνθρωπος ὃς οὐκ ἔθετο τὸν θεὸν βοηθὸν αὐτοῦ,
ἀλλὰ ἐπήλπισεν ἐπὶ τὸ πλῆθος τοῦ πλούτου αὐτοῦ,
καὶ ἐδυναμώθη ἐπὶ τῇ ματαιότητι αὐτοῦ.
¹⁰ἐγὼ δὲ ὡσεὶ ἐλαία κατάκαρπος ἐν τῷ οἴκῳ τοῦ θεοῦ·
ἤλπισα ἐπὶ τὸ ἔλεος τοῦ θεοῦ εἰς τὸν αἰῶνα καὶ εἰς τὸν
αἰῶνα τοῦ αἰῶνος·
¹¹ἐξομολογήσομαί σοι εἰς τὸν αἰῶνα, ὅτι ἐποίησας
καὶ ὑπομενῶ τὸ ὄνομά σου, ὅτι χρηστὸν ἐναντίον τῶν
ὁσίων σου.

ΝΒ́

Εἰς τὸ τέλος, ὑπὲρ μαελέθ· συνέσεως τῷ Δαυειδ

²Εἶπεν ἄφρων ἐν καρδίᾳ αὐτοῦ
Οὐκ ἔστιν θεός.
διέφθειραν καὶ ἐβδελύχθησαν ἐν ἀνομίαις,
οὐκ ἔστιν ὁ ποιῶν ἀγαθόν.

ℵRT   LI 1 συνεσεως] ψαλμος R   2 ειπεν R* (ειπειν Rᵃ) | om αυτω R | Αβειμελεχ ℵ   3 εγκαυχα Bᵃᵇ   4 εξηκονημενον] ηκονημενον Bᵇᵛⁱᵈ ℵᶜ ᵃ T ηκονωμενον R   5 αγαθοσυνην T   6 τα ρηματα] om τα ℵᶜ ᵃ T   7 καθελει σε ο θεος R | καθελοι Bᶜ ᵛⁱᵈ | εκτειλαι Bℵ | μεταναστευσει Rᵛⁱᵈ | σκηνωματος] pr του ℵᶜ ᵃ + σου RT   8 om και 1° ℵT   9 αλλα] αλλ RT | εφηλπισεν T | το πληθος] τω πληθει ℵᶜ ᵃ (-θι) T | εδυναμωθη] ενεδυναμωθη Bᵃᵇ ℵᶜ ᵃ Rᵃ T | επι 2°] εν T   10 θεου 1°] κυριου R   11 εποιησας Bℵᶜ ᵃ RT] επηκουσας μου ℵ* —
Stich 19 B 20 ℵ 17 R 21 T   LII 2 διεφθειραν Bℵ*ᶜ ᵇ] διεφθαρησαν ℵᶜ ᵃ RT | ανομιαις] επιτηδευμασιν R | ο ποιων] om ο ℵRT | αγαθον] + ουκ εστιν εως ενος R

ΨΑΛΜΟΙ LIII 8

3 ³ὁ θεὸς ἐκ τοῦ οὐρανοῦ διέκυψεν ἐπὶ τοὺς υἱοὺς τῶν ἀνθρώπων, B
τοῦ ἰδεῖν εἰ ἔστιν συνίων ἢ ἐκζητῶν τὸν θεόν.

4 ⁴πάντες ἐξέκλιναν, ἅμα ἠχρεώθησαν,
οὐκ ἔστιν ποιῶν ἀγαθόν, οὐκ ἔστιν ἕως ἑνός.

5 ⁵οὐχὶ γνώσονται πάντες οἱ ἐργαζόμενοι τὴν ἀνομίαν,
οἱ ἔσθοντες τὸν λαόν μου βρώσει ἄρτου; τὸν θεὸν οὐκ ἐπε-
καλέσαντο.

6 ⁶ἐκεῖ φοβηθήσονται φόβον οὗ οὐκ ἦν φόβος,
ὅτι ὁ θεὸς διεσκόρπισεν ὀστᾶ ἀνθρωπαρέσκων·
κατῃσχύνθησαν, ὅτι ὁ θεὸς ἐξουδένωσεν αὐτούς.

7 ⁷τίς δώσει ἐκ Σιὼν τὸ σωτήριον τοῦ Ἰσραήλ;
ἐν τῷ ἀποστρέψαι Κύριον τὴν αἰχμαλωσίαν τοῦ λαοῦ αὐτοῦ
ἀγαλλιάσεται Ἰακὼβ καὶ εὐφρανθήσεται Ἰσραήλ.

ΝΓ´

LIII
(LIV)
Εἰς τὸ τέλος, ἐν ὕμνοις· συνέσεως τῷ Δαυείδ, ²ἐν
τῷ ἐλθεῖν τοὺς Ζειφαίους· καὶ εἶπεν τῷ Σαοὺλ
Οὐκ ἰδοὺ Δαυεὶδ κέκρυπται παρ᾽ ἡμῖν;

3 ³Ὁ θεός, ἐν τῷ ὀνόματί σου σῶσόν με,
καὶ ἐν τῇ δυνάμει σου κρῖνόν με.

4 ⁴ὁ θεός, εἰσάκουσον τῆς προσευχῆς μου,
ἐνώτισαι τὰ ῥήματα τοῦ στόματός μου.

5 ⁵ὅτι ἀλλότριοι ἐπανέστησαν ἐπ᾽ ἐμέ,
καὶ κραταιοὶ ἐζήτησαν τὴν ψυχήν μου·
οὐ προέθεντο τὸν θεὸν ἐνώπιον αὐτῶν.   διάψαλμα.

6 ⁶ἰδοὺ γὰρ ὁ θεὸς βοηθεῖ μοι,
καὶ ὁ κύριος ἀντιλήμπτωρ τῆς ψυχῆς μου.

7 ⁷ἀποστρέψει τὰ κακὰ τοῖς ἐχθροῖς μου·
ἐν τῇ ἀληθείᾳ σου ἐξολόθρευσον αὐτούς.

3 ³ἑκουσίως θύσω σοι,

4 αμα BℵᶜᵃRT] επι το αυτο ℵ* | ηχρειωθησαν BᵃᵇT (ηχριωθ.) | αγαθον ℵRΓ
BℵᶜᵃRT] χρηστοτητα ℵ*   **5** εσθοντες Bℵ*ᶜᵇ] κατεσθοντες ℵᶜᵃ κατεσθι-
οντες RT (καταισθ.) | βρωσει] pr εν T | θεον Bℵᶜᵃ] κυριον ℵ*R   **6** φο-
βηθησονται Bℵ*ᶜᵇ] εφοβηθησαν ℵᶜᵃT εδειλιασαν R | φοβον] φοβω ℵᶜᵃT |
ου] ω T   **7** Σειων T | αποστρεψαι] επιστρεψαι BᵇℵRᵃ (επιστρεψεν [sic]
R*) T | Κυριον] τον θν̄ ℵᶜᵃRᵃT — Stich 15 Bℵ 17 R 16 T   LIII **2** Ζι-
φεους T | ειπειν BᵃᵇℵRT   **3** κρινον ℵᶜᵃ (κρεινις) T | με 2°] μοι T
4 την προσευχην R   **5** ου] pr και ℵᶜᵃ (om ℵᶜᵇ) RT   **7** τα κακα]
πονηρα R | τοις εχθροις] pr εν R | εξολεθρευσον ℵRT

ΨΑΛΜΟΙ LIII 9

B ἐξομολογήσομαι τῷ ὀνόματί σου, ὅτι ἀγαθόν·
⁹ὅτι ἐκ πάσης θλίψεως ἐρύσω με,
καὶ ἐν τοῖς ἐχθροῖς μου ἐπεῖδεν ὁ ὀφθαλμός μου.

ΝΔ´

Εἰς τὸ τέλος, ἐν ὕμνοις συνέσεως τῷ Δαυείδ.   LIV (LV)

²Ἐνώτισαι, ὁ θεός, τὴν προσευχήν μου,
καὶ μὴ ὑπερίδῃς τὴν δέησίν μου,
³πρόσχες μοι καὶ εἰσάκουσόν μου.
ἐλυπήθην ἐν τῇ ἀδολεσχίᾳ μου, καὶ ἐταράχθην
⁴ἀπὸ φωνῆς ἐχθροῦ καὶ ἀπὸ θλίψεως ἁμαρτωλοῦ·
ὅτι ἐξέκλιναν ἐπ᾿ ἐμὲ ἀνομίαν, καὶ ἐν ὀργῇ ἐνεκότουν μοι.
⁵ἡ καρδία μου ἐταράχθη ἐν ἐμοί, καὶ δειλία θανάτου ἐπέπεσεν
ἐπ᾿ ἐμέ·
⁷καὶ εἶπα Τίς δώσει μοι πτέρυγας ὡσεὶ περιστερᾶς, καὶ
πετασθήσομαι καὶ καταπαύσω,
⁸ἰδοὺ ἐμάκρυνα φυγαδεύων, καὶ ηὐλίσθην ἐν τῇ ἐρήμῳ.
διάψαλμα.
⁹προσεδεχόμην τὸν σώζοντά με ἀπὸ ὀλιγοψυχίας καὶ καταιγίδος.
¹⁰καταπόντισον, Κύριε, καὶ καταδίελε τὰς γλώσσας αὐτῶν,
ὅτι εἶδον ἀνομίαν καὶ ἀντιλογίαν ἐν τῇ πόλει.
¹¹ἡμέρας καὶ νυκτὸς κυκλώσει αὐτὴν ἐπὶ τὰ τείχη αὐτῆς,
ἀνομία καὶ πόνος ἐν μέσῳ αὐτῆς ¹²καὶ ἀδικία,
καὶ οὐκ ἐξέλιπεν ἐκ τῶν πλατειῶν αὐτῆς κόπος καὶ δόλος.
¹³ὅτι εἰ ἐχθρὸς ὠνείδισέν με, ὑπήνεγκα ἄν,
καὶ εἰ ὁ μισῶν ἐπ᾿ ἐμὲ ἐμεγαλορημόνησεν, ἐκρύβην ἂν
ἀπ᾿ αὐτοῦ.
¹⁴σὺ δέ, ἄνθρωπε ἰσόψυχε, ἡγεμών μου καὶ γνωστέ μου·
¹⁵ὃς ἐπὶ τὸ αὐτὸ ἐγλύκανας ἐδέσματα,
ἐν τῷ οἴκῳ τοῦ θεοῦ ἐπορεύθημεν ἐν ὁμονοίᾳ.

ℵRT   8 εξομολογησομαι] pr και R | σου]+κε ℵRT   9 ερρυσω BᵇℵR | επειδεν] εφ'ιδεν T — Stich 15 BℵT 16 R   LIV 3 αδολεσχεια Bᵃᵇ
4 ανομιαι ℵᶜᵃT   5 εμε]+(6) φοβος και τρομος ηλθεν επ εμε και εκαλυψεν (εκαλυψε Bᵃᵗᵇᵗ) με σκοτος Bᵃᵗᵇᵗⁱⁿᵍ ⁱⁿᶠℵRT   7 ειπα] ειπον T | ως ℵ* (ωσει ℵᶜᵃ)   8 εμακρυνου R   9 τον σωζοντα] pr τον θν̄ ℵᶜᵃT | καταιγιδος] pr απο ℵᶜᵃT   10 ιδον ℵT | πολει] γη ℵ* (πολι ℵᶜᵃ)
11 κυκλωση T | αυτης 1°] σαυτης B* (αυτ. Bᵃᵇ) | ανομια] pr και ℵᶜᵃT | πονος] κοπος ℵRT   12 εξελειπεν T | κοπος] τοκος ℵᶜᵃRT   13 μισων]+με RT   14 γνωστα ℵᶜᵃRT   15 εγλυκανας] pr μοι ℵ*R+μοι ℵᶜᵃT | θεου] κυριου R

ΨΑΛΜΟΙ LV 2

16 ¹⁶ἐλθέτω θάνατος ἐπ' αὐτούς, καὶ καταβήτωσαν εἰς ᾅδου ζῶντες B
ὅτι πονηρίαι ἐν ταῖς παροικίαις αὐτῶν ἐν μέσῳ αὐτῶν.
17 ¹⁷ἐγὼ πρὸς τὸν θεὸν ἐκέκραξα, καὶ ὁ κύριος εἰσήκουσέν μου
18 ¹⁸ἑσπέρας καὶ πρωὶ καὶ μεσημβρίας διηγήσομαι·
ἀπαγγελῶ, καὶ εἰσακούσεται τῆς φωνῆς μου.
19 ¹⁹λυτρώσεται ἐν εἰρήνῃ τὴν ψυχήν μου ἀπὸ τῶν ἐγγιζόντων μοι,
ὅτι ἐν πολλοῖς ἦσαν σὺν ἐμοί.
20 ²⁰εἰσακούσεται ὁ θεὸς καὶ ταπεινώσει αὐτοὺς ὁ ὑπάρχων πρὸ
τῶν αἰώνων.   διάψαλμα.
οὐ γάρ ἐστιν αὐτοῖς ἀντάλλαγμα,
καὶ οὐκ ἐφοβήθησαν τὸν θεόν.
21 ²¹ἐξέτεινεν τὴν χεῖρα αὐτοῦ ἐν τῷ ἀποδιδόναι·
ἐβεβήλωσαν τὴν διαθήκην αὐτοῦ,
22 ²²διεμερίσθησαν ἀπὸ ὀργῆς τοῦ προσώπου αὐτοῦ, καὶ ἤγγισεν
ἡ καρδία αὐτοῦ·
ἡπαλύνθησαν οἱ λόγοι αὐτοῦ ὑπὲρ ἔλαιον, καὶ αὐτοί εἰσιν
βολίδες.
23 ²³ἐπίριψον ἐπὶ Κύριον τὴν μέριμνάν σου, καὶ αὐτός σε διαθρέψει·
οὐ δώσει εἰς τὸν αἰῶνα σάλον τῷ δικαίῳ.
24 ²⁴σὺ δέ, ὁ θεός, κατάξεις αὐτοὺς εἰς φρέαρ διαφθορᾶς·
ἄνδρες αἱμάτων καὶ δολιότητος οὐ μὴ ἡμισεύσωσιν τὰς
ἡμέρας αὐτῶν·
ἐγὼ δὲ ἐλπιῶ ἐπὶ σέ, Κύριε.

ΝΕ'

LV
(LVI)
Εἰς τὸ τέλος, ὑπὲρ τοῦ λαοῦ τοῦ ἀπὸ τῶν ἁγίων
μεμακρυμμένου· τῷ Δαυεὶδ εἰς στηλογραφίαν, ὁπότε
ἐκράτησαν αὐτὸν οἱ ἀλλόφυλοι ἐν Γέθ.

2 ²'Ἐλέησόν με, Κύριε, ὅτι κατεπάτησέν με ἄνθρωπος,
ὅλην τὴν ἡμέραν πολεμῶν ἔθλιψέν με.

16 ελθατω ℵT+δη T | καταβηωσαν R | πονηρια R   **17** εγω]+δε ℵ* ℵRT
(om ℵ^(c a)) R   **18** απαγγελω] pr και ℵ^(c a)RT | εισακουσεται]+Κυριος R
20 εισακουσεται]+με R | ο θεος] Κυριος R | om διαψαλμα T | και 2°] οτι T
21 om εξετεινεν την χειρα αυτου ℵ* (hab εξετινεν την χ. α. ℵ^(c a)) | om
εβεβηλωσαν την δ. αυτου ℵ* (hab ℵ^(c a))   **22** διεμερισθησαν] pr και ℵ |
ηγγισαν αι καρδιαι T | αυτου 2°, 3° Bℵ*^(c.b)R] αυτων ℵ^(c a)T   **23** επιρριψον
B^(ab)R | διαθρεψῃ T   **24** καταξῃς T | ημισευσουσιν R | ελπιω επι σε
Κυριε] κε ελπιω επι σοι ℵ^(c a) επι σε ελπιω Κυριε ℵ*^(c b)R ελπιω επι σοι
κε T — Stich 40 B 42 ℵ 46 R 53 T   LV 2 Κυριε] ο θ̅ς̅ ℵRT

ΨΑΛΜΟΙ LV 3

B ³κατεπάτησάν με οἱ ἐχθροί μου ὅλην τὴν ἡμέραν ἀπὸ ὕψους ἡμέρας·
ὅτι πολλοὶ οἱ πολεμοῦντές με ⁴φοβηθήσονται,
ἐγὼ δὲ ἐπὶ σοὶ ἐλπιῶ.
⁵ἐν τῷ θεῷ ἐπαινέσω τοὺς λόγους μου ὅλην τὴν ἡμέραν
ἐν τῷ θεῷ ἤλπισα, οὐ φοβηθήσομαι τί ποιήσει μοι σάρξ.
⁶ὅλην τὴν ἡμέραν τοὺς λόγους μου ἐβδελύσσοντο,
κατ' ἐμοῦ πάντες οἱ διαλογισμοὶ αὐτῶν εἰς κακόν.
⁷παροικήσουσιν καὶ κατακρύψουσιν·
αὐτοὶ τὴν πτέρναν μου φυλάξουσιν, καθάπερ ὑπέμεινα τῇ ψυχῇ μου·
⁸ὑπὲρ τοῦ μηθενὸς σώσεις αὐτούς,
ἐν ὀργῇ λαοὺς κατάξεις.
ὁ θεός, ⁹τὴν ζωήν μου ἐξήγγειλά σοι,
ἔθου τὰ δάκρυά μου ἐνώπιόν σου ὡς καὶ ἐν τῇ ἐπαγγελίᾳ σου
¹⁰ἐπιστρέψουσιν οἱ ἐχθροί μου εἰς τὰ ὀπίσω,
ἐν ᾗ ἂν ἡμέρᾳ ἐπικαλέσωμαί σε
ἰδοὺ ἔγνων ὅτι θεός μου εἶ σύ.
¹¹ἐπὶ τῷ κυρίῳ αἰνέσω ῥῆμα,
ἐπὶ τῷ κυρίῳ αἰνέσω λόγον.
¹²ἐπὶ τῷ θεῷ ἤλπισα, οὐ φοβηθήσομαι τί ποιήσει μοι ἄνθρωπος.
¹³ἐν ἐμοί, ὁ θεός, αἱ εὐχαὶ ἃς ἀποδώσω αἰνέσεως·
¹⁴ὅτι ἐρύσω τὴν ψυχήν μου ἐκ θανάτου,
καὶ τοὺς πόδας μου ἐξ ὀλισθήματος,
τοῦ εὐαρεστῆσαι ἐνώπιον τοῦ θεοῦ ἐν φωτὶ ζώντων.

ℵRT 3 οτι πολλοι οι πολ | με απο υψους ημερας ℵ^{c a}T (distinx ante απο T)
4 φοβηθησονται] ου φοβηθησομαι ℵ^{c a}T | επι σοι ελπιω] επι σε ελπ. ℵ
ελπ. επι σοι T + Κυριε R   5 εν 1°] επι R | om ολην την ημεραν ℵT | εν
2°] επι ℵRT | θεω 2°] κ̄ω̄ ℵ* (θ̄ω̄ ℵ^{c a})   6 κατ εμου] pr και R | κακον
Bℵ*^{c b}RT] κακα ℵ^{c a}   7 υπεμειναν ℵ^{c a}RT | την ψυχην ℵ^{c a}RT
8 μηδενος R | σωσοις R^{vid} | μηθενοσωσης T | καταξης T   9 om μου 1°
R* (hab R^a)   10 επιστρεψουσιν] pr τοτε ℵ^{c a} (om ℵ^{c b}) επιστρεψωσιν
T | θεος μου ει συ] συ ει ο θεος μου R   11 κυριω 1°] θ̄ω̄ ℵRT | κυριω 2°]
θεω R   12 θεω Bℵ^{c a}RT] κ̄ω̄ ℵ*   13 αι ευχαι] om αι R | αινεσεως] + σοι
ℵRT   14 ερρυσω B^bℵR | θανατου] + τους οφθαλμους μου απο δακρυων
B^{b (vid) mg inf}ℵ^{c a} (ras ℵ^{c b}) RT | εξ] απο ℵ^{c a}RT | του ευαρεστησαι] ευαρεστησω
ℵ^{c a}T | του θεου Bℵ*^{c b}] κ̄ῡ θ̄ῡ ℵ^{c a} Κυριου RT — Stich 26 B 25 ℵ
27 RT

ΨΑΛΜΟΙ LVI 11

NF´

LVI
(LVII)

Εἰς τὸ τέλος· μὴ διαφθείρῃς· τῷ Δαυειδ εἰς στηλογραφίαν, ἐν τῷ αὐτὸν ἀποδιδράσκειν ἀπὸ προσώπου Σαοὺλ εἰς τὸ σπήλαιον.

2 ²Ἐλέησόν με, ὁ θεός, ἐλέησόν με·
ὅτι ἐπὶ σοὶ πέποιθεν ἡ ψυχή μου,
καὶ ἐν τῇ σκιᾷ τῶν πτερύγων σου ἐλπιῶ
ἕως οὗ παρέλθῃ ἡ ἀνομία.
3 ³κεκράξομαι πρὸς τὸν θεὸν τὸν ὕψιστον,
τὸν θεὸν τὸν εὐεργετήσαντά με.   διάψαλμα.
4 ⁴ἐξαπέστειλεν ἐξ οὐρανοῦ καὶ ἔσωσέν με,
ἔδωκεν εἰς ὄνειδος τοὺς καταπατοῦντάς με·
ἐξαπέστειλεν ὁ θεὸς τὸ ἔλεος αὐτοῦ καὶ τὴν ἀλήθειαν αὐτοῦ,
5 ⁵καὶ ἐρύσατο τὴν ψυχήν μου ἐκ μέσου σκύμνων.
ἐκοιμήθην τεταραγμένος·
υἱοὶ ἀνθρώπων, οἱ ὀδόντες αὐτῶν ὅπλον καὶ βέλη,
καὶ ἡ γλῶσσα αὐτῶν μάχαιρα ὀξεῖα.
6 ⁶ὑψώθητι ἐπὶ τοὺς οὐρανούς, ὁ θεός,
καὶ ἐπὶ πᾶσαν τὴν γῆν ἡ δόξα σου.
7 ⁷παγίδας ἡτοίμασαν τοῖς ποσίν μου,
καὶ κατέκαμψαν τὴν ψυχήν μου·
ὤρυξαν πρὸ προσώπου μου βόθρον,
καὶ ἐνέπεσαν εἰς αὐτόν.   διάψαλμα.
8 ⁸ἑτοίμη ἡ καρδία μου, ὁ θεός,
ἑτοίμη ἡ καρδία μου, ᾄσομαι καὶ ψαλῶ.
9 ⁹ἐξεγέρθητι ἡ δόξα μου,
ἐξεγέρθητι, ψαλτήριον καὶ κιθάρα·
ἐξεγερθήσομαι ὄρθρου.
10 ¹⁰ἐξομολογήσομαί σοι ἐν λαοῖς, Κύριε,
ψαλῶ σοι ἐν ἔθνεσιν·
11 ¹¹ὅτι ἐμεγαλύνθη ἕως τῶν οὐρανῶν τὸ ἔλεός σου,
καὶ ἕως τῶν νεφελῶν ἡ ἀλήθειά σου.

LVI 1 αποδιδρασκειν αυτον R   2 η ψυχην ℵ | τη σκια] σκεπη R* (τη ℵRT σκια Rᵃ)   3 τον υψιστον] om τον R | om διαψαλμα ℵ   4 του καταπατουντας ℵ* (τους καταπ. ℵᶜ ᵃ) | με 2°] + διαψαλμα ℵ   5 ερρυσατο BᵇℵR (καιρρυσατο) | οπλον] Bℵ*ᶜ ᵇ] οπλα ℵᶜ ᵃRT   7 παγιδας (πακιδας ℵ*)] παγιδα B¹ (ras s) ℵᶜ ᵃRT | τοις ποσιν] την ψυχην ℵ | om διαψαλμα T   8 ασωμαι T | ψαλω]+σοι εν τη δοξη μου ℵ* (om σοι ℵᶜ ᵃ)   9 κιθαρα] κιραραμ Rᵛⁱᵈ   11 η αληθεια σου εως των νεφελων ℵ — Stich 30 Bℵ 26 R 29 T

B ¹²ὑψώθητι ἐπὶ τοὺς οὐρανούς, ὁ θεός,   12
   καὶ ἐπὶ πᾶσαν τὴν γῆν ἡ δόξα σου.

ΝΖ΄

Εἰς τὸ τέλος· μὴ διαφθείρῃς· τῷ Δαυεὶδ   LVII
εἰς στηλογραφίαν.   (LVIII)

²Εἰ ἀληθῶς ἄρα δικαιοσύνην λαλεῖτε;   2
 εὐθεῖα κρίνετε, οἱ υἱοὶ τῶν ἀνθρώπων;
³καὶ γὰρ ἐν καρδίᾳ ἀνομίας ἐργάζεσθε ἐν τῇ γῇ,   3
 ἀδικίαν αἱ χεῖρες ὑμῶν συμπλέκουσιν.
⁴ἀπηλλοτριώθησαν οἱ ἁμαρτωλοὶ ἀπὸ μήτρας,   4
 ἐπλανήθησαν ἀπὸ γαστρός, ἐλάλησαν ψεύδη.
⁵θυμὸς αὐτοῖς κατὰ τὴν ὁμοίωσιν τοῦ ὄφεως,   5
 ὡσεὶ ἀσπίδος κωφῆς καὶ βυούσης τὰ ὦτα αὐτῆς,
⁶ἥτις οὐκ εἰσακούσεται φωνὴν ἐπᾳδόντων   6
 φαρμάκου τε φαρμακευομένου παρὰ σοφοῦ.
⁷ὁ θεὸς συνέτριψεν τοὺς ὀδόντας αὐτῶν ἐν τῷ στόματι αὐτῶν, 7
 τὰς μύλας τῶν λεόντων συνέθλασεν Κύριος.
⁸ἐξουδενωθήσονται ὡς ὕδωρ διαπορευόμενον,   8
 ἐντενεῖ τὸ τόξον αὐτοῦ ἕως οὗ ἀσθενήσουσιν.
⁹ὡσεὶ κηρὸς ὁ τακεὶς ἀνταναιρεθήσονται·   9
 ἐπέπεσε πῦρ, καὶ οὐκ εἶδον τὸν ἥλιον.
¹⁰πρὸ τοῦ συνεῖναι τὰς ἀκάνθας ὑμῶν   10
 τὴν ῥάμνον, ὡσεὶ ζῶντας, ὡσεὶ ἐν ὀργῇ καταπίεται ὑμᾶς
¹¹εὐφρανθήσεται δίκαιος ὅταν ἴδῃ ἐκδίκησιν ἀσεβῶν.   11
 τὰς χεῖρας αὐτοῦ νίψεται ἐν τῷ αἵματι τοῦ ἁμαρτωλοῦ.
¹²καὶ ἐρεῖ ἄνθρωπος Εἰ ἄρα ἐστὶν καρπὸς τῷ δικαίῳ,   12
 ἄρα ἐστὶν ὁ θεὸς κρίνων αὐτοὺς ἐν τῇ γῇ.

ℵRT   LVII 1 μη διαφθειρης τω Δαυειδ· ℵ | Δαυεδ B   2 λαλοιτε R^vid | ευθειας B^ab R^a | κρινετε B^a⋆b ℵ (κρινεται B*)] κρινατε T | οι υιοι] om οι RT   3 ανομιαν R | συμπλεκουσιν RT   6 επαδοντος R | φαρμακου τε] φαρμακουται B^ab T | φαρμακευομενου] φαρμακευομενη ℵ^c a RT   7 συνετριψεν] συντριψει B^ab ℵ^c a RT | Κυριος] pr ο ℵ^c a (om ℵ^c b) RT   9 ο τακεις] om ο ℵ^c a RT | επεπεσε Bℵ*] επεπεσεν R επεσεν ℵ^c a T | πυρ]+επ αυτους ℵ^c a T | ιδον T   10 συνειναι (συνιν. B*)] συνιεναι B^ab | τη ραμνω ℵ^c a T | υμας] αυτους ℵR   11 om ασεβων ℵT | του αμαρτωλου] om του R   12 om ει R* (hab R^a) — Stich 22 Bℵ RT

ΨΑΛΜΟΙ

ΝΗ´

Εἰς τὸ τέλος· μὴ διαφθείρῃς· τῷ Δαυεὶδ εἰς στηλογραφίαν, ὁπότε ἀπέστειλεν Σαοὺλ καὶ ἐφύλαξεν τὸν οἶκον αὐτοῦ τοῦ θανατῶσαι αὐτόν.

2 ²Ἐξελοῦ με ἐκ τῶν ἐχθρῶν μου, ὁ θεός,
 καὶ ἐκ τῶν ἐπανισταμένων ἐπ' ἐμὲ λύτρωσαί με·
3 ³ῥῦσαί με ἐκ τῶν ἐργαζομένων τὴν ἀνομίαν,
 καὶ ἐξ ἀνδρῶν αἱμάτων σῶσόν με.
4 ⁴ὅτι ἰδοὺ ἐθήρευσαν τὴν ψυχήν μου,
 ἐπέθεντο ἐπ' ἐμὲ κραταιοί·
 οὔτε ἡ ἀνομία μου οὔτε ἡ ἁμαρτία μου, Κύριε·
5 ⁵ἄνευ ἀνομίας ἔδραμον καὶ κατεύθυνα·
 ἐξεγέρθητι εἰς συνάντησίν μου καὶ ἴδε,
6 ⁶καὶ σύ, Κύριε ὁ θεὸς τῶν δυνάμεων, ὁ θεὸς Ἰσραήλ,
 πρόσχες τοῦ ἐπισκέψασθαι πάντα τὰ ἔθνη,
 μὴ οἰκτειρήσῃς πάντας τοὺς ἐργαζομένους τὴν ἀνομίαν
 διάψαλμα.
7 ⁷ἐπιστρέψουσιν εἰς ἑσπέραν καὶ λιμώξουσιν ὡς κύων, καὶ
 κυκλώσουσιν πόλιν.
8 ⁸ἰδοὺ ἀποφθέγξονται ἐν τῷ στόματι αὐτῶν, καὶ ῥομφαία ἐν
 τοῖς χείλεσιν αὐτῶν·
9 ὅτι τίς ἤκουσεν; ⁹καὶ σύ, Κύριε, ἐκγελάσῃ αὐτούς,
 ἐξουδενώσεις πάντα τὰ ἔθνη.
10 ¹⁰τὸ κράτος μου πρὸς σὲ φυλάξω,
 ὅτι θεὸς ἀντιλήμπτωρ μου εἶ.
11 ¹¹ὁ θεός μου, τὸ ἔλεος αὐτοῦ προφθάσει με·
 ὁ θεός μου δείξει μοι ἐν τοῖς ἐχθροῖς μου.
12 ¹²μὴ ἀποκτείνῃς αὐτούς, μή ποτε ἐπιλάθωνται τοῦ νόμου σου·
 διασκόρπισον αὐτοὺς ἐν τῇ δυνάμει σου
 καὶ κατάγαγε αὐτούς, ὁ ὑπερασπιστής μου Κύριε.

LVIII 1 εἰστηλογρ. B* (εἰς στηλογρ. Bᵃᵇ)   2 εξελου με] +κε ℵ* (om ℵRT ℵᶜᵃ) | ο θεος]+μου ℵ* (om ℵᶜᵃ) | επανισταμενων BᵇT   4 η αμαρτια] om η R   5 κατηυθυνα T   6 Ισραηλ] pr του ℵᶜᵃRT | οικτιρησεις T | παντας] παντες R | om διαψαλμα T   7 επιστρεψωσιν T | λιμωξωσιν T | κυκλωσωσιν T   8 αποφθεγξονται] pr αυτοι ℵᶜᵃ (ras ℵᶜᵇ) T   9 εξουδενωσης T   10 θεος] ο θς ℵ*R συ ο θς ℵᶜᵃ (om συ ℵᶜᵇ) T | om ει ℵ 11 προφθαση T | με] μοι R* (με Rᵃ) | δειξει] διξη T   12 νομου] ονοματος ℵᶜᵃ

B ¹³ἁμαρτίαν στόματος αὐτῶν, λόγον χειλέων αὐτῶν, 13
καὶ συνλημφθήτωσαν ἐν τῇ ὑπερηφανίᾳ αὐτῶν·
καὶ ἐξ ἀρᾶς καὶ ψεύδους διαγγελήσονται ¹⁴συντέλειαι, 14

¶ T ἐν ὀργῇ συντελείας, καὶ οὐ μὴ ὑπάρξουσιν·¶
καὶ γνώσονται ὅτι ὁ θεὸς τοῦ Ἰακὼβ δεσπόζει τῶν περάτων
τῆς γῆς   διάψαλμα.
¹⁵ἐπιστρέψουσιν εἰς ἑσπέραν καὶ λιμώξουσιν ὡς κύων, καὶ 15
κυκλώσουσιν πόλιν·
¹⁶αὐτοὶ διασκορπισθήσονται τοῦ φαγεῖν, 16
ἐὰν δὲ χορτασθῶσιν, καὶ γογγύσουσιν.
¹⁷ἐγὼ δὲ ᾄσομαι τῇ δυνάμει σου, 17
καὶ ἀγαλλιάσομαι τὸ πρωὶ τὸ ἔλεός σου·
ὅτι ἐγενήθης ἀντιλήμπτωρ μου
καὶ καταφυγὴ ἐν ἡμέρᾳ θλίψεως.
¹⁸βοηθός μου, σοὶ ψαλῶ, ὁ θεός μου· 18
ὅτι ἀντιλήμπτωρ μου εἶ,
ὁ θεός μου, τὸ ἔλεός μου.

Νθ′

Εἰς τὸ τέλος· τοῖς ἀλλοιωθησομένοις, ἔτι εἰς στηλο-   LIX (LX)
γραφίαν τῷ Δαυείδ, εἰς διδαχήν, ²ὁπότε ἐνεπύρισεν 2
τὴν Μεσοποταμίαν Συρίας καὶ τὴν Συρίαν Σωβάλ,
καὶ ἐπέστρεψεν Ἰωὰβ καὶ ἐπάταξεν τὴν
φάραγγα τῶν ἁλῶν δώδεκα χιλιάδας.

³Ὁ θεός, ἀπώσω ἡμᾶς καὶ καθεῖλες ἡμᾶς, 3
ὠργίσθης καὶ ᾠκτείρησας ἡμᾶς.
⁴συνέσεισας τὴν γῆν καὶ συνετάραξας αὐτήν· 4
ἴασαι τὰ συντρίμματα αὐτῆς, ὅτι ἐσαλεύθησαν,
⁵ἔδειξας τῷ λαῷ σου σκληρά, 5
ἐπότισας ἡμᾶς οἶνον κατανύξεως.

§ T ⁶ἔδωκας τοῖς φοβουμένοις σε σημείωσιν, τοῦ φυγεῖν ἀπὸ 6
προσώπου τόξου.   διάψαλμα.

ℵRT 13 αμαρτια ℵ^(c a) (-τιαν ℵ^(c b)) RT | λογος ℵ^(c a) (-γον ℵ^(c b)) RT | χειλεων] pr
των R | συλλημφθ. B^(ab)ℵ   14 συντελειαι] εν συντελεια ℵ^(c.a) RT | συν-
τελιας B* (-λειας B^(ab)) T | υπαρξουσιν (υμας. R)] υπαρξωσιν ℵT | δεσποζει
του Ιακωβ ℵR | των περατων] pr και ℵ^(c a) (ras 5 ℵ^(c b)) R   16 εαν δε]
+ μη ℵ^(c a) R   17 τη δυναμει] την δυναμειν (sic) ℵ^(c a) (ras ν 1°, 3° ℵ^(c b)) την
δυναμιν R | καταφυγη]+μου R | θλιψεως]+μου ℵ   18 om ο θς μου (1°)
ℵ^(c a) R | οτι]+ο θς ℵ^(c a) R — Stich 39 Bℵ 40 R   LIX 1 om ετι R |
εισστηλογρ. B* (εις στηλογρ. B^(ab))   2 Συριας] Συριαν R | δωδεκα] ιβ′ ℵ
3 οικτειρησας ℵ   4 εσαλευθη ℵR   6 om διαψαλμα T

ΨΑΛΜΟΙ

7 ⁷ὅπως ἂν ῥυσθῶσιν οἱ ἀγαπητοί σου,
   σῶσον τῇ δεξιᾷ σου καὶ ἐπάκουσόν μου.
8 ⁸ὁ θεὸς ἐλάλησεν ἐν τῷ ἁγίῳ αὐτοῦ
   Ἀγαλλιάσομαι καὶ διαμεριῶ Σίκιμα,
   καὶ τὴν κοιλάδα τῶν σκηνῶν διαμετρήσω.¶
9 ⁹ἐμός ἐστιν Γαλαάδ, καὶ ἐμός ἐστιν Μανασσή,
   καὶ Ἐφράιμ κραταίωσις τῆς κεφαλῆς μου·
   Ἰούδας βασιλεύς μου,
10 ¹⁰Μωὰβ λέβης τῆς ἐλπίδος μου·
   §ἐπὶ τὴν Ἰδουμαίαν ἐκτενῶ τὸ ὑπόδημά μου,
   ἐμοὶ ἀλλόφυλοι ὑπετάγησαν.
11 ¹¹τίς ἀπάξει με εἰς πόλιν περιοχῆς;
   τίς ὁδηγήσει με ἕως τῆς Ἰδουμαίας;
12 ¹²οὐχὶ σύ, ὁ θεός, ὁ ἀπωσάμενος ἡμᾶς;
   καὶ οὐχὶ ἐξελεύσῃ, ὁ θεός, ἐν ταῖς δυνάμεσιν ἡμῶν;
13 ¹³δὸς ἡμῖν βοήθειαν ἐκ θλίψεως,¶
   καὶ ματαία σωτηρία ἀνθρώπου.
14 ¹⁴ἐν δὲ τῷ θεῷ ποιήσομεν δύναμιν,
   καὶ αὐτὸς ἐξουδενώσει τοὺς θλίβοντας ἡμᾶς.

Ξ′

LX (LXI)
         Εἰς τὸ τέλος, ἐν ὕμνοις· §τῷ Δαυείδ.
2 ²Εἰσάκουσον τῆς δεήσεώς μου,
   πρόσχες τῇ προσευχῇ μου.
3 ³ἀπὸ τῶν περάτων τῆς γῆς πρὸς σὲ ἐκέκραξα, ἐν τῷ ἀκηδιάσαι
      τὴν καρδίαν μου.
   ἐν πέτρᾳ ὕψωσάς με,
4 ὡδήγησάς με, ⁴ὅτι ἐγενήθης ἐλπίς μου,
   πύργος ἰσχύος ἀπὸ προσώπου ἐχθροῦ.
5 ⁵παροικήσω ἐν τῷ σκηνώματί σου εἰς τοὺς αἰῶνας,   διάψαλμα.
   σκεπασθήσομαι ἐν σκέπῃ τῶν πτερύγων σου.
6 ⁶ὅτι σύ, ὁ θεός, εἰσήκουσας τῶν προσευχῶν μου,
   ἔδωκας κληρονομίαν τοῖς φοβουμένοις τὸ ὄνομά σου.

8 αγαλλιασωμαι T   9 Μανασσης ℵ^{ca} | βασιλευς] pr ο R   10 επι ℵRT
την Ιδουμαιαν] εν τη Ιδουμαια R   11 τις 2°] pr η ℵ^{ca} (ipse fort del)
RT   12 ουχι 2°] ουκ ℵ^{ca}RT   14 om δε ℵ^{ca} — Stich 26 Bℵ 27 R
LX 1 τω Δαυειδ] pr ψαλμος ℵRT (.μος T: quae praecess perier)   2 εισ-
ακουσον]+ο θς B^{ub}ℵRT | τη προσευχη ℵRT   5 om διαψαλμα T |
σκεπη] pr τη T   6 των προσευχων Bℵ^{ca}] της προσευχης ℵ* των ευχων
RT | ο ονομα ℵ* (το ον. ℵ¹) | σου]+Κυριε R^a

SEPT. II.   289

ΨΑΛΜΟΙ

B ⁷ἡμέρας ἐφ' ἡμέρας βασιλέως προσθήσεις ἔτη αὐτοῦ, 7
ἕως ἡμέρας γενεᾶς καὶ γενεᾶς.
⁸διαμενεῖ εἰς τὸν αἰῶνα ἐνώπιον τοῦ θεοῦ· 8
ἔλεος καὶ ἀλήθειαν αὐτοῦ τίς ἐκζητήσει αὐτῶν;
⁹οὕτως ψαλῶ τῷ ὀνόματί σου εἰς τὸν αἰῶνα τοῦ αἰῶνος, 9
τοῦ ἀποδοῦναί με τὰς εὐχάς μου ἡμέραν ἐξ ἡμέρας.

ΞΑ΄

Εἰς τὸ τέλος, ὑπὲρ Ἰδιθούν· ψαλμὸς τῷ Δαυείδ. LXI
(LXII)

²Οὐχὶ τῷ θεῷ ὑποταγήσεται ἡ ψυχή μου; 2
παρ' αὐτοῦ γὰρ τὸ σωτήριόν μου.
³καὶ γὰρ αὐτὸς ὁ θεός μου καὶ σωτήρ μου, 3
ἀντιλήμπτωρ μου· οὐ μὴ σαλευθῶ ἐπὶ πλεῖον.
⁴ἕως πότε ἐπιτίθεσθε ἐπ' ἄνθρωπον; 4
φονεύετε πάντες
ὡς τοίχῳ κεκλιμένῳ καὶ φραγμῷ ὠσμένῳ.
⁵πλὴν τὴν τιμήν μου ἐβουλεύσαντο ἀπώσασθαι, 5
ἔδραμον ἐν δίψει·
τῷ στόματι αὐτῶν εὐλογοῦσαν, καὶ τῇ καρδίᾳ αὐτῶν κατηρῶντο. διάψαλμα.
⁶πλὴν τῷ θεῷ ὑποτάγηθι, ψυχή μου, 6
ὅτι παρ' αὐτοῦ ἡ ὑπομονή μου.
⁷ὅτι αὐτὸς ὁ θεός μου καὶ σωτήρ μου, 7
ἀντιλήμπτωρ μου· οὐ μὴ μεταναστεύσω.
⁸ἐπὶ τῷ θεῷ τὸ σωτήριόν μου καὶ ἡ δόξα μου· 8
ὁ θεὸς τῆς βοηθείας μου, καὶ ἡ ἐλπίς μου ἐπὶ τῷ θεῷ.
⁹ἐλπίσατε ἐπ' αὐτόν, πᾶσα συναγωγὴ λαοῦ· 9
ἐκχέετε ἐνώπιον αὐτοῦ τὰς καρδίας ὑμῶν

ℵRT 7 βασιλεως] pr του ℵ^(c a)T βασιλευς R^(vid) | προσθησεις ετη] προσθησεις τα ετη ℵ^(c a) προς τα ετη R* (προσθησεις εις τα ετη R^a) προσθησης τα ετη T 8 om αυτων ℵT 9 τον αιωνα του αιωνος Bℵ*^(c b)R] αιωνα ℵ^(c a) τους αιωνας T — Stich 16 B 17 ℵT 15 R LXI 1 Ιδιθουμ T 2 παρ αυτου γαρ] οτι παρ αυτου R | το σωτηριον] η υπομονη R 3 αυτος]+εστιν R | ο θεος] om ο B^(ab)ℵT | σαλευθω επι πλειον] μεταναστευσω R 4 παντες]+υμεις ℵ^(c a) (υμις) T | κεκλιμενω R 5 ευλογουν B^(bb)ℵ^(c a)T | κατηρουντο R | om διαψαλμα T 6 υποταγηθι] υποταγησεται R | ψυχη] pr η ℵRT 7 ο θεος] om ο RT | om μη ℵ* (hab ℵ^(c a)) 9 om ελπισατε . . . λαων ℵ* (hab ελπισαται επ αυτον π. σ. λαων ℵ^(c a)) | λαων R | εκχεατε ℵT | αιτου τας] αυτας B* (του superscr B^(ab))

ὁ θεὸς βοηθὸς ἡμῶν. διάψαλμα.

10 ¹⁰πλὴν μάταιοι οἱ υἱοὶ τῶν ἀνθρώπων,
ψευδεῖς οἱ υἱοὶ τῶν ἀνθρώπων ἐν ζυγοῖς τοῦ ἀδικῆσαι,
αὐτοὶ ἐκ ματαιότητος ἐπὶ τὸ αὐτό.

11 ¹¹μὴ ἐλπίζετε ἐπὶ ἀδικίαν,
καὶ ἐπὶ ἁρπάγματα μὴ ἐπιποθεῖτε·
πλοῦτος ἐὰν ῥέῃ, μὴ προστίθεσθε καρδίαν.

12 ¹²ἅπαξ ἐλάλησεν ὁ θεός, δύο ταῦτα ἤκουσα,

13 ὅτι τὸ κράτος τοῦ θεοῦ, ¹³καὶ σοῦ, Κύριε, τὸ ἔλεος,
ὅτι σὺ ἀποδώσεις ἑκάστῳ κατὰ τὰ ἔργα αὐτοῦ.

ΞΒ′

LXII (LXIII)

Ψαλμὸς τῷ Δαυείδ, ἐν τῷ εἶναι αὐτὸν ἐν τῇ ἐρήμῳ τῆς Ἰδουμαίας.

2 ²Ὁ θεὸς ὁ θεός μου, πρὸς σὲ ὀρθρίζω·
ἐδίψησέν σοι ἡ ψυχή μου,
ποσαπλῶς σοι ἡ σάρξ μου,
ἐν γῇ ἐρήμῳ καὶ ἀβάτῳ καὶ ἀνύδρῳ,

3 ³οὕτως ἐν τῷ ἁγίῳ ὤφθην σοι,
τοῦ ἰδεῖν τὴν δύναμίν σου καὶ τὴν δόξαν σου.

4 ⁴ὅτι κρεῖσσον τὸ ἔλεός σου ὑπὲρ ζωάς·
τὰ χείλη μου ἐπαινέσουσίν σε.

5 ⁵οὕτως εὐλογήσω σε ἐν τῇ ζωῇ μου,
ἐν τῷ ὀνόματί σου ἀρῶ τὰς χεῖράς μου.

6 ⁶ὡσεὶ στέατος καὶ πιότητος ἐμπλησθείη ἡ ψυχή μου,
καὶ χείλη ἀγαλλιάσεως αἰνέσει τὸ ὄνομά σου.

7 ⁷εἰ ἐμνημόνευόν σου ἐπὶ τῆς στρωμνῆς μου, ἐν τῷ ὄρθρῳ μου
ἐμελέτων εἰς σέ·

8 ⁸ὅτι ἐγενήθης βοηθός μου,
καὶ ἐν τῇ σκέπῃ τῶν πτερύγων σου ἀγαλλιάσομαι.

9 ⁹ἐκολλήθη ἡ ψυχή μου ὀπίσω σου,
ἐμοῦ ἀντελάβετο ἡ δεξιά σου.

---

9 ο θεος] pr οτι ℵ^(c a) (ras ℵ^(c b)) T | om διαψαλμα T   10 οι υιοι bis] om ℵRT οι R   11 επι 1°] επ ℵT | αρπαγμα ℵ^(c a) RT | καρδια ℵ^(c a)   13 σου] συ B* σοι R^(vid) | συ] σου ℵ^(c a) | αποδωσης T — Stich 28 BR 25 ℵ 29 T
LXII 1 Ιδουμαιας] Ιουδαιας ℵT   2 σοι 1°] σε B^(h et fort c) ℵ^(c a) T   4 κρεισσων B (κρεισσον ℵT)   6 εμπλησθειη] επλησθη R | η ψυχη] om η R | το ονομα σου] το στομα μου ℵ^(c a) T στομα μου R^(vid)   7 τω ορθρω] τοις ορθροις B^a ℵRT | om μου 2° ℵRT   8 τη σκεπη] om τη R   9 εμου] +δε ℵ^(c a) RT

B ¹⁰αὐτοὶ δὲ εἰς μάτην ἐζήτησαν τὴν ψυχήν μου,
    εἰσελεύσονται εἰς τὰ κατώτατα τῆς γῆς,
  ¹¹παραδοθήσονται εἰς χεῖρας ῥομφαίας,
    μερίδες ἀλωπέκων ἔσονται.
  ¹²ὁ δὲ βασιλεὺς εὐφρανθήσεται ἐπὶ τῷ θεῷ,
    ἐπαινεσθήσεται πᾶς ὁ ὀμνύων ἐν αὐτῷ,
    ὅτι ἐνεφράγη στόμα λαλούντων ἄδικα.

ΞΓ'

Εἰς τὸ τέλος· ψαλμὸς τῷ Δαυείδ.   LXIII
                                                  (LXIV)

²Εἰσάκουσον, ὁ θεός, τῆς προσευχῆς μου ἐν τῷ δέεσθαί με
    πρὸς σέ,
  ἀπὸ φόβου ἐχθροῦ ἐξελοῦ τὴν ψυχήν μου.
⁴οἵτινες ἠκόνησαν ὡς ῥομφαίαν τὰς γλώσσας αὐτῶν,
  ἐνέτειναν τόξον πρᾶγμα πικρόν,
⁵τοῦ κατατοξεῦσαι ἐν ἀποκρύφοις ἄμωμον·
  ἐξάπινα κατατοξεύσουσιν αὐτὸν καὶ οὐ φοβηθήσονται.
⁶ἐκραταίωσαν ἑαυτοῖς λόγον πονηρόν,
  διηγήσαντο τοῦ κρύψαι παγίδας·
  εἶπαν Τίς ὄψεται αὐτούς;
⁷ἐξηραύνησαν ἀνομίαν,
  ἐξέλιπον ἐξεραυνῶντες ἐξεραυνήσει·
  προσελεύσεται ἄνθρωπος καὶ καρδία βαθεῖα,
⁸καὶ ὑψωθήσεται ὁ θεός.
  βέλος νηπίων ἐγενήθησαν αἱ πληγαὶ αὐτῶν,
⁹καὶ ἐξουθένησαν αὐτὸν αἱ γλῶσσαι αὐτῶν.
  ἐταράχθησαν πάντες οἱ θεωροῦντες αὐτούς,
¹⁰καὶ ἐφοβήθη πᾶς ἄνθρωπος·

ℵRT **11** om παραδοθησονται ρομφαιας ℵ* (hab ℵ^{c a}) **12** θεω] κ̅ω̅ ℵ* (θ̅ω̅ ℵ^{c a}) R | επαινεθησεται B^b ℵ^{c a} T — Stich 23 B 24 ℵR 25 T   LXIII **2** της προσευχης] της φωνης ℵ* φωνης ℵ^{c a} T | δεεσθαι με προς σε B ℵ^{c a} R^a T] om προς σε ℵ* θλιβεσθαι με R* | εξελου] ρυσαι R | μου 2°] + (3) εσκεπασας (εσκεπ. B^{ab} ℵ^{*c b} σκεπασον ℵ^{c a} T σκεπασας R) με απο συστροφης πονηρευομενων απο πληθους εργαζομενων αδικιαν (αδ. B^{ab} ℵ^{c a} T την αδ. ℵ* την ανομιαν R) B^{ab mg inf} ℵRT   **4** τοξον]+αυτων ℵ^{c a} (om ℵ^{c b}) T   **5** κατατοξευσωσιν T | φοβηθησεται ℵ^{c a} T   **6** παγιδας (πακιδας ℵ*)] παγιδα ℵ^{c a} ειπον T   **7** εξηρευνησαν B^{ab} ℵRT | εξελειπον T | εξερευνωντες B^{ab} RT | εξεραυνησει] εξερευνησει B^{ab} εξερευνησεις ℵ^{c a} T (εξερευν.) εξαρευνησιν R*^{vid} (εξερευνησιν R^a)   **9** εξουθενησαν] εξησθενησαν B^{ab} ℵRT | αυτον] επ αυτους B^{ab} ℵ R^a (αυτον επ αυτους R*) T

ΨΑΛΜΟΙ

καὶ ἀνήγγειλαν τὰ ἔργα τοῦ θεοῦ,
καὶ τὰ ποιήματα αὐτοῦ συνῆκαν.
11 ¹¹εὐφρανθήσεται δίκαιος ἐπὶ τῷ κυρίῳ, καὶ ἐλπιεῖ ἐπ᾽ αὐτόν·
καὶ ἐπαινεσθήσονται πάντες οἱ εὐθεῖς τῇ καρδίᾳ.

ΞΔ´

LXIV
(LXV)

Εἰς τὸ τέλος· ψαλμὸς τῷ Δαυείδ, ᾠδή.

2 ²Σοὶ πρέπει ὕμνος, ὁ θεός, ἐν Σιών,
καὶ σοὶ ἀποδοθήσεται εὐχή.
3 ³εἰσάκουσον προσευχῆς μου, πρὸς σὲ πᾶσα σὰρξ ἥξει.
4 ⁴λόγοι ἀνόμων ὑπερηδυνάμωσαν ἡμᾶς,
καὶ τὰς ἀσεβείας ἡμῶν σὺ ἱλάσῃ.
5 ⁵μακάριος ὃν ἐξελέξω καὶ προσελάβου,
κατασκηνώσει ἐν ταῖς αὐλαῖς σου.
πλησθησόμεθα ἐν τοῖς ἀγαθοῖς τοῦ οἴκου σου·
6 ἅγιος ὁ ναός σου, ⁶θαυμαστὸς ἐν δικαιοσύνῃ
ἐπάκουσον ἡμῶν, ὁ θεὸς ὁ σωτὴρ ἡμῶν,
ἡ ἐλπὶς πάντων τῶν περάτων τῆς γῆς·
7 ⁷ἑτοιμάζων ὄρη ἐν τῇ ἰσχύι σου,
περιεζωσμένος ἐν δυναστίᾳ·
8 ⁸ὁ συνταράσσων τὸ ὕδωρ τῆς θαλάσσης, ἤχους κυμάτων
αὐτῆς.
9 ταραχθήσονται τὰ ἔθνη ⁹καὶ φοβηθήσονται οἱ κατοικοῦντες τὰ
πέρατα ἀπὸ τῶν σημείων σου·
ἐξόδους πρωίας καὶ ἑσπέρας τέρψεις
10 ¹⁰ἐπεσκέψω τὴν γῆν καὶ ἐμέθυσας αὐτήν,
ἐπλήθυνας τοῦ πλουτίσαι αὐτήν·
ὁ ποταμὸς τοῦ θεοῦ ἐπληρώθη ὑδάτων·
ἡτοίμασας τὴν τροφὴν αὐτῶν, ὅτι οὕτως ἡ ἑτοιμασία σου.

11 επι] εν א*ᶜᵃRT | ελπισει R | επαινεθησονται BᵇT — Stich 23 Bא אR1 20 R 22 T   LXIV 1 τω Δ. ψαλμος א | om ωδη אT   2 σοι 1°] σε R συ T | Σειων T | σοι 2°] συ T | ευχη]+εν Ιηλμ אT (Ιλημ T) εν Ιερουσαλημ R 3 om μου א* (hab אᶜᵃ) | σαρηξει B* (σαρξ ηξ. Bᵃᵇ)   4 υπερεδυναμωσαν Bᵃᵇאᶜᵃ | ταις ασεβειαις אᶜᵃT (-βιαις)   5 κατασκηνωσει Bאᶜᵃ (κατασκηνωση T)] κατοικησει א* | πλησθησωμεθα T   6 γης]+και εν θαλασσα μακραν Bᵃᵇᵐᵍא*R και των εν θ. μ. אᶜᵃT   7 σου] αυτου אT | δυναστεια Bᵃᵇא   8 υδωρ] κυτος אRT | αυτης]+τις υποστησεται אᶜᵃRᵃT   9 τα περατα Bאᶜᵃ RT] την γην א*   10 αυτων Bאᶜᵃ RT] αυτης א* | om σου אᶜᵃ

293

B ¹¹τοὺς αὔλακας αὐτῆς μέθυσον, 11
   πλήθυνον τὰ γενήματα αὐτῆς,
   ἐν ταῖς σταγόσιν αὐτῆς εὐφρανθήσεται ἀνατέλλουσα.
¶ Γ ¹²εὐλογήσεις τὸν στέφανον τοῦ ἐνιαυτοῦ τῆς χρηστότητός᛭ σου, 12
   καὶ τὰ πεδία σου πλησθήσονται πιότητος·
   ¹³πιανθήσεται τὰ ὄρη τῆς ἐρήμου, 13
   καὶ ἀγαλλίασιν οἱ βουνοὶ περιζώσονται.
   ¹⁴ἐνεδύσαντο οἱ κριοὶ τῶν προβάτων, 14
   καὶ αἱ κοιλάδες πληθυνοῦσι σῖτον·
   κεκράξονται, καὶ γὰρ ὑμνήσουσιν.

ΞΕ'

Εἰς τὸ τέλος· ᾠδὴ ψαλμοῦ ἀναστάσεως.

LXV
(LXVI)

Ἀλαλάξατε τῷ θεῷ, πᾶσα ἡ γῆ, 1
²ψάλατε δὴ τῷ ὀνόματι αὐτοῦ, 2
δότε δόξαν αἰνέσει αὐτοῦ·
³εἴπατε τῷ θεῷ Ὡς φοβερὰ τὰ ἔργα σου· 3
ἐν τῷ πλήθει τῆς δυνάμεώς σου ψεύσονταί σε οἱ ἐχθροί
σου.
⁴πᾶσα ἡ γῆ προσκυνησάτωσάν σοι καὶ ψαλάτωσάν σοι, 4
ψαλάτωσαν τῷ ὀνόματί σου.   διάψαλμα.
⁵δεῦτε, τέκνα, καὶ ἴδετε τὰ ἔργα τοῦ θεοῦ, 5
φοβερὸς ἐν βουλαῖς ὑπὲρ τοὺς υἱοὺς τῶν ἀνθρώπων
⁶ὁ μεταστρέφων τὴν θάλασσαν εἰς ξηράν, 6
ἐν ποταμῷ διελεύσονται ποδί·
ἐκεῖ εὐφρανθησόμεθα ἐπ᾽ αὐτῷ,
⁷τῷ δεσπόζοντι ἐν τῇ δυναστίᾳ τοῦ αἰῶνος αὐτοῦ. 7
οἱ ὀφθαλμοὶ αὐτοῦ ἐπὶ τὰ ἔθνη ἐπιβλέπουσιν,
οἱ παραπικραίνοντες μὴ ὑψούσθωσαν ἐν ἑαυτοῖς. διάψαλμα.
⁸εὐλογεῖτε, ἔθνη, τὸν θεὸν ἡμῶν, 8
καὶ ἀκουτίσασθε τὴν φωνὴν τῆς αἰνέσεως αὐτοῦ,

ℵRT **11** αυτης 1°] αυτος R   **12** ευλογησης T | της χρη T | πλησθησεται ℵ* (πλησθησονται ℵ^(c a))   **13** πιανθησονται ℵ^(c a) | ορη] ωραια ℵ^(c a) ορια R | περιεζωσονται (sic) R   **14** πληθυνουσιν R | κραξονται R — Stich 30 Bℵ 28 R   LXV **1** om αναστασεως ℵ   **3** σε] σοι R   **4** ψαλατωσαν 2°]+δη ℵ^(c a) | σου]+υψιστε ℵ^(c a) (ras ℵ^(c b)) R^a   **5** om τεκνα B^(ab)ℵR | om και ℵ* (hab κ ℵ^(c a)) | θεου] κυριου R | φοβερος] pr ως ℵ^(c a)   **7** δυναστια (-τεια B^(ab))]+αυτου ℵ^(c a) | του αιωνος αυτου] om αυτου ℵ αυτου του αιωνος R   **8** ακουτισασθε B^(ab) (-σθαι B*)] ακουτισατε ℵ^(c a) | της αινεσεως] τ. αινεσεσως ℵ ταινεσεως (sic) R

ΨΑΛΜΟΙ LXVI 2

9 ⁹τοῦ θεμένου τὴν ψυχήν μου εἰς ζωήν,
καὶ μὴ δόντος εἰς σάλον τοὺς πόδας μου.
10 ¹⁰ὅτι ἐδοκίμασας ἡμᾶς, ὁ θεός, καὶ ἐπύρωσας ἡμᾶς ὡς πυροῦται
τὸ ἀργύριον.
11 ¹¹εἰσήγαγες ἡμᾶς εἰς τὴν παγίδα,
ἔθου θλίψεις ἐνώπιον ἡμῶν,
12 ¹²ἐπεβίβασας ἀνθρώπους ἐπὶ τὰς κεφαλὰς ἡμῶν·
διήλθομεν διὰ πυρὸς καὶ ὕδατος,
καὶ ἐξήγαγες ἡμᾶς εἰς ἀναψυχήν.
13 ¹³εἰσελεύσομαι εἰς τὸν οἶκόν σου ἐν ὁλοκαυτώμασιν,
14 ἀποδώσω σοι τὰς εὐχάς μου, ¹⁴ἃς διέστειλεν τὰ χείλη μου
καὶ ἐλάλησεν τὸ στόμα μου ἐν τῇ θλίψει μου·
15 ¹⁵ὁλοκαυτώματα μεμυαλωμένα ἀνοίσω σοι μετὰ θυμιάματος καὶ
κριῶν,
ποιήσω σοι βόας μετὰ χιμάρων.   διάψαλμα.
16 ¹⁶δεῦτε ἀκούσατε καὶ διηγήσομαι, πάντες οἱ φοβούμενοι τὸν
κύριον,
ὅσα ἐποίησεν τῇ ψυχῇ μου.
17 ¹⁷πρὸς αὐτὸν τῷ στόματί μου ἐκέκραξα,
καὶ ὕψωσα ὑπὸ τὴν γλῶσσάν μου
18 ¹⁸ἀδικίαν εἰ ἐθεώρουν ἐν καρδίᾳ, μὴ εἰσακουσάτω Κύριος.
19 ¹⁹διὰ τοῦτο εἰσήκουσέν μου ὁ θεός,
προσέσχεν τῇ φωνῇ τῆς προσευχῆς μου.
20 ²⁰εὐλογητὸς ὁ θεὸς ὃς οὐκ ἀπέστησεν τὴν προσευχήν μου καὶ
τὸ ἔλεος αὐτοῦ ἀπ᾽ ἐμοῦ.

ΞϚ'

LXVI
(LXVII)   Εἰς τὸ τέλος, εν ὕμνοις· ψαλμὸς τῷ Δαυειδ.
2 ²ʽΟ θεος, οἰκτειρήσαι ἡμᾶς καὶ εὐλογήσαι ἡμᾶς,
ἐπιφάναι τὸ πρόσωπον αὐτοῦ ἐφ᾽ ἡμᾶς.   διάψαλμα.

9 τους ποδας Bℵ*cᵇR] τον ποδα ℵᶜᵃ   10 om και ℵR   11 πακιδα ℵR
ℵ* (παγ. ℵᶜᵃ) | ενωπιον] επι τον νωτον ℵᶜᵃR   13 αποδωσω σοι
τας ευχας μου] τας ευχ. μου αποδ. ℵ* αποδ. τας ευχ. μου ℵᶜᵃ   15 με-
μυολωμενα Rᵛⁱᵈ | ποιησω] ανοισω BᵃᵇℵᶜᵃR   16 διηγησομαι]+υμιν
ℵᶜᵃR | κυριον] θῦ ℵᶜᵃ   18 καρδια]+μου ℵR | εισακουσατω]+μου ℵᶜᵃ
(om ℵᶜᵇ) | Κυριος] ο θεος R   19 προσεσχεν] pr και R | προσευχης]
δεησεως ℵᶜᵃR   20 os ουκ   LXVIII 3 υποστασις rescr Rᵃ | μου Bℵᶜᵃ Rᵃ]
αυτου ℵ* — Stich 38 B 40 ℵ 36 R   LXVI 1 ψαλμος] ωδη Rᵃ |
τω Δαυειδ] ωδης ℵ   2 ημας 2°]+και ελεησαι ημας ℵᶜᵃRᵃ | om δια-
ψαλμα Rᵃ

B ³τοῦ γνῶναι ἐν τῇ γῇ τὴν ὁδόν σου, 3
καὶ ἐν πᾶσιν ἔθνεσιν τὸ σωτήριόν σου
⁴ἐξομολογησάσθωσαν λαοί, ὁ θεός, 4
ἐξομολογησάσθωσαν λαοὶ πάντες.
⁵εὐφρανθήτωσαν καὶ ἀγαλλιάσθωσαν ἔθνη, 5
ὅτι κρινεῖς λαοὺς ἐν εὐθύτητι,
καὶ ἔθνη ἐν τῇ γῇ ὁδηγήσεις. διάψαλμα
⁶ἐξομολογησάσθωσάν σοι λαοί, ὁ θεός, 6
ἐξομολογησάσθωσάν σοι λαοὶ πάντες.
⁷γῆ ἔδωκεν τὸν καρπὸν αὐτῆς· 7
εὐλογήσαι ἡμᾶς ὁ θεὸς ὁ θεὸς ἡμῶν, ⁸εὐλογήσαι ἡμᾶς ὁ 8
θεός,
καὶ φοβηθήτωσαν αὐτὸν πάντα τὰ πέρατα τῆς γῆς.

ΞΖ'

Εἰς τὸ τέλος· τῷ Δαυείδ, ψαλμὸς ᾠδῆς. LXVII
(LXVIII)
²Ἀναστήτω ὁ θεός, καὶ διασκορπισθήτωσαν οἱ ἐχθροὶ αὐτοῦ, 2
καὶ φυγέτωσαν οἱ μισοῦντες αὐτὸν ἀπὸ προσώπου αὐτοῦ.
·³ὡς ἐκλείπει καπνὸς ἐκλιπέτωσαν· 3
ὡς τήκεται κηρὸς ἀπὸ προσώπου πυρός,
οὕτως ἀπόλοιντο οἱ ἁμαρτωλοὶ ἀπὸ προσώπου τοῦ θεοῦ
⁴καὶ οἱ δίκαιοι εὐφρανθήτωσαν, διάψαλμα. 4
ἀγαλλιάσθωσαν ἐνώπιον τοῦ θεοῦ,
τερφθήτωσαν ἐν εὐφροσύνῃ.
⁵ᾄσατε τῷ θεῷ, ψάλατε τῷ ὀνόματι αὐτοῦ· 5
ὁδοποιήσατε τῷ ἐπιβεβηκότι ἐπὶ δυσμῶν· Κύριος ὄνομα
αὐτῷ·
καὶ ἀγαλλιᾶσθε ἐνώπιον αὐτοῦ.
⁶ταραχθήσονται ἀπὸ προσώπου αὐτοῦ, 6
τοῦ πατρὸς τῶν ὀρφανῶν καὶ κριτοῦ τῶν χηρῶν·
ὁ θεὸς ἐν τόπῳ ἁγίῳ αὐτοῦ.

ℵR 3 και εν πασιν εθνεσιν] και εν πασι τοις λαοις ℵ* εν πασι (sic) εθνεσιν ℵ^{c a}
εν πασιν εθνεσιν R^a   4 εξομολογησασθωσαν 1°, 2°]+σοι B^{ab}ℵR^a   5 οτι]
+κρινει την οικουμενην εν δικαιοσυνη ℵ* (om ℵ^{c a}) | κρινεις] κρινει ℵ | οδη-
γησει ℵ | om διαψαλμα R^a — Stich 14 B 15 ℵ (de R non liquet)
LXVII 2 απο προσωπου αυτου οι μισ. αυτου R^a   3 εκλιπει B*ℵ (εκλειπει
B^{ab}) | απολοιντο] απολουνται R^a   4 om διαψαλμα ℵR^a | αγαλλιασθωσαν]
pr και ℵ* (om ℵ^{c a})   5 om και αγαλλιασθε ενωπιον αυτου ℵ* (hab κ.
αγαλλιασθαι εν. αυτου ℵ^{c a})   6 ταραχθησονται] ταραχθητωσαν ℵ¹ (-θηωσαν
ℵ*) R^a

ΨΑΛΜΟΙ

7 ⁷ὁ θεὸς κατοικίζει μονοτρόπους ἐν οἴκῳ, B
ἐξάγων πεπεδημένους ἐν ἀνδρίᾳ,
ὁμοίως τοὺς παραπικραίνοντας, τοὺς κατοικοῦντας ἐν τάφοις.
8 ⁸ὁ θεός, ἐν τῷ ἐκπορεύεσθαί σε ἐνώπιον τοῦ λαοῦ σου,
ἐν τῷ διαβαίνειν σε τὴν ἔρημον, διάψαλμα.
9 ⁹γῆ ἐσείσθη, καὶ γὰρ οἱ οὐρανοὶ ἔσταξαν ἀπὸ προσώπου τοῦ
θεοῦ τοῦ Σινά,
ἀπὸ προσώπου τοῦ θεοῦ Ἰσραήλ.
10 ¹⁰βροχὴν ἑκούσιον ἀφοριεῖς, ὁ θεός, τῇ κληρονομίᾳ σου·
καὶ ἠσθένησεν, σὺ δὲ κατηρτίσω αὐτήν.
11 ¹¹τὰ ζῷά σου κατοικοῦσιν ἐν αὐτῇ,
ἡτοίμασας ἐν τῇ χρηστότητί σου τῷ πτωχῷ.
12 ¹²ὁ θεὸς ⁽¹²⁾κύριος δώσει ῥῆμα τοῖς εὐαγγελιζομένοις δυνάμει
πολλῇ,
13 ¹³ὁ βασιλεὺς τῶν δυνάμεων τοῦ ἀγαπητοῦ,
τοῦ ἀγαπητοῦ, καὶ ὡραιότητι τοῦ οἴκου διελέσθαι σκῦλα.
14 ¹⁴ἐὰν κοιμηθῆτε ἀνὰ μέσον τῶν κλήρων,
πτέρυγες περιστερᾶς περιηργυρωμέναι,
καὶ τὰ μετάφρενα αὐτῆς ἐν χλωρότητι χρυσίου. διάψαλμα.
15 ¹⁵ἐν τῷ διαστέλλειν τὸν ἐπουράνιον βασιλεῖς ἐπ' αὐτῆς,
χιονωθήσονται ἐν Σελμών.
16 ¹⁶ὄρος τοῦ θεοῦ ὄρος πῖον,
ὄρος τετυρωμένον, ὄρος πῖον.
17 ¹⁷ἵνα τί ὑπολαμβάνετε, ὄρη τετυρωμένα;
τὸ ὄρος ὃ εὐδόκησεν ὁ θεὸς κατοικεῖν ἐν αὐτῷ·
καὶ γὰρ ὁ κύριος κατασκηνώσει εἰς τέλος.
18 ¹⁸τὸ ἅρμα τοῦ θεοῦ μυριοπλάσιον,
χιλιάδες εὐθηνούντων·
ὁ κύριος ἐν αὐτοῖς ἐν Σινά, ἐν τῷ ἁγίῳ.
19 ¹⁹ἀναβὰς εἰς ὕψος ᾐχμαλώτευσας αἰχμαλωσίαν,

7 ανδρεια Bᵃᵇ   **8** την ερημον] εν·τη ερημω אRᵃ | om διαψαλμα Rᵃ אR
9 εσσεισθη Rᵃ | om του Σινα του θεου א* (hab אᶜᵃ) | τουτο Σινα Bᵃᵇ (το
superscr)   **10** βροχην] βρωσιν Rᵃ fort | εκουσιαν אᶜᵃRᵃ | την κληρονομιαν Rᵃ   **12** om ο θ̅ς̅ Bᵇᵗ post θ̅ς̅ distinx אᶜᵃ   **13** om του αγαπητου
(2°) אRᵃ | και ωρ. Bא*ᶜᵇ] τη ωρ. אᶜᵃRᵃ | διελεσθε Bᵃᵇ   **14** μεσον]
μεσα Rᵃ | περιαργυρωμεναι Rᵃ | χρυσου Rᵃ | om διαψαλμα Rᵃ   **15** Σελμω Rᵃ
17 υπολαμβανεται B* (-τε Bᵃᵇ) א | om ο θεος א   **18** ο κυριος] om ο אᶜᵃRᵃ |
Σεινα א Σιναιν Rᵃ   **19** αναβας] ανεβης Bᵃᵇאᶜᵃ (ανεβη א*) Rᵃ | ηχμαλωτευσεν א⁺ (-σας אᶜᵃ)

ΨΑΛΜΟΙ LXVII 20

B
ἔλαβες δόματα ἐν ἀνθρώπῳ,
καὶ γὰρ ἀπειθοῦντες τοῦ κατασκηνῶσαι.
²⁰Κύριος ὁ θεὸς εὐλογητός, 20
εὐλογητὸς Κύριος ἡμέραν καθ' ἡμέραν,
καὶ κατευοδώσει ἡμῖν ὁ θεὸς τῶν σωτηρίων ἡμῶν. διάψαλμα.
²¹ὁ θεὸς ἡμῶν ὁ θεὸς τοῦ σώζειν, 21
καὶ τοῦ κυρίου αἱ διέξοδοι τοῦ θανάτου.
²²πλὴν ὁ θεὸς συνθλάσει κεφαλὰς ἐχθρῶν αὐτοῦ, 22
κορυφὴν τριχὸς διαπορευομένων ἐν πλημμελίαις αὐτοῦ.
²³εἶπεν Κύριος Ἐκ Βασὰν ἐπιστρέψω, 23
ἐπιστρέψω ἐν βυθοῖς θαλάσσης·
²⁴ὅπως ἂν βαφῇ ὁ πούς σου ἐν αἵματι, 24
ἡ γλῶσσα τῶν κυνῶν σου ἐξ ἐχθρῶν παρ' αὐτοῦ.
²⁵ἐθεωρήθησαν αἱ πορίαι σου, ὁ θεός, 25
αἱ πορίαι τοῦ θεοῦ μου τοῦ βασιλέως τοῦ ἐν τῷ ἁγίῳ·
²⁶προέφθασαν ἄρχοντες ἐχόμενοι ψαλλόντων, 26
ἐν μέσῳ νεανίδων τυμπανιστριῶν.
²⁷ἐν ἐκκλησίαις εὐλογεῖτε τὸν θεόν, 27
τὸν κύριον ἐκ πηγῶν Ἰσραήλ.
²⁸ἐκεῖ Βενιαμεὶν νεώτερος ἐν ἐκστάσει, 28
ἄρχοντες Ἰούδα ἡγεμόνες αὐτῶν,
ἄρχοντες Ζαβουλών,
ἄρχοντες Νεφθαλεί.
²⁹ἔντειλαι, θεός, τῇ δυνάμει σου, 29
δυνάμωσον, ὁ θεός, τοῦτο ὃ κατηρτίσω ἡμῖν.
³⁰ἀπὸ τοῦ ναοῦ σου ἐπὶ Ἰερουσαλὴμ 30
σοὶ οἴσουσιν βασιλεῖς δῶρα.
³¹ἐπιτίμησον τοῖς θηρίοις τοῦ καλάμου· 31
ἡ συναγωγὴ τῶν ταύρων ἐν ταῖς δαμάλεσιν τῶν λαῶν
τοῦ μὴ ἀποκλεισθῆναι τοὺς δεδοκιμασμένους τῷ ἀργυρίῳ·

אR 19 ανθρωπω B*ᵇ] ανθρωποις BᵃאRᵃ | απειθουντες Bᵃᵇ (απιθ. B*)] απει-
θουντας אᶜᵃ (απιθ) Rᵃ   20 om και אRᵃ | om διαψαλμα Rᵃ   21 ο θεος
2° Bאᶜᵃ Rᵃ] om o א* | σωζειν] σωσαι Rᵃ | του κυριου]+κυ אᶜᵃ Rᵃ   22 πλημ-
μελιαις (-λειαις Bᵃᵇ) BאᶜᵃRᵃᵛⁱᵈ] πλημμελια א* | αυτου 2°] αυτων Bᵃᵇאᶜᵃ om
א*   25 πορίαι bis] πορειαι Bᵃᵇא | βασιλεως]+μου אᶜᵃ   26 εχομενα אRᵃ
27 του κυριου] om τον אᶜᵃRᵃ   28 om αρχοντες Ιουδα ηγ. αυτων א* (hab
אᶜᵃ) | Νεφθαλειμ א Νεφθαλειν Rᵃ   29 θεος] pr ο BᵃᵇאRᵃ | κατηρτισω]
κατιργασω אᶜᵃ κατηργασω Rᵃ | ημιν] pr εν Rᵃ   31 δαμαλεσι Bᵛⁱᵈ | των
λαων] λαων sup ras א¹ του λαου Rᵃ (των λαων Rᵇ) | om μη אᶜᵃRᵃ | απο-
κλεισθηναι] εκκλεισθηναι אᶜᵃRᵃ

ΨΑΛΜΟΙ LXVIII 6

διασκόρπισον ἔθνη τὰ τοὺς πολέμους θέλοντα. B

32 ³²ἥξουσιν πρέσβεις ἐξ Αἰγύπτου,
Αἰθιοπία προφθάσει χεῖρα αὐτῆς τῷ θεῷ.
33 ³³αἱ βασιλεῖαι τῆς γῆς, ᾄσατε τῷ θεῷ, ψάλατε τῷ κυρίῳ.
διάψαλμα.
34 ³⁴ψάλατε τῷ θεῷ τῷ ἐπιβεβηκότι ἐπὶ τὸν οὐρανὸν τοῦ οὐρανοῦ
κατὰ ἀνατολάς.
ἰδοὺ δώσει ἐν τῇ φωνῇ αὐτοῦ φωνὴν δυνάμεως.
35 ³⁵δότε δόξαν τῷ θεῷ·
ἐπὶ τὸν Ἰσραὴλ ἡ μεγαλοπρεπία αὐτοῦ,
καὶ ἡ δύναμις αὐτοῦ ἐν ταῖς νεφέλαις.
36 ³⁶θαυμαστὸς ὁ θεὸς ἐν τοῖς ὁσίοις αὐτοῦ·
ὁ θεὸς Ἰσραήλ, αὐτὸς δώσει δύναμιν καὶ κραταίωσιν τῷ λαῷ
αὐτοῦ·
καὶ εὐλογητὸς ὁ θεός.

ΞΗ΄

LXVIII
(LXIX)
Εἰς τὸ τέλος, ὑπὲρ τῶν ἀλλοιωθησομένων·
τῷ Δαυείδ.

2 ²Σῶσόν με, ὁ θεός, ὅτι εἰσήλθοσαν ὕδατα ἕως ψυχῆς μου.
3 ³ἐνεπάγην εἰς ὕλην βυθοῦ, καὶ οὐκ ἔστιν ὑπόστασις·
ἦλθον εἰς τὰ βάθη τῆς θαλάσσης, καὶ καταιγὶς κατεπόν-
τισέν με.
4 ⁴ἐκοπίασα κράζων, ἐβραγχίασεν ὁ λάρυγξ μου,
ἐξέλιπον οἱ ὀφθαλμοί μου ἀπὸ τοῦ ἐγγίζειν ἐπὶ τὸν θεόν μου.
5 ⁵ἐπληθύνθησαν ὑπὲρ τὰς τρίχας τῆς κεφαλῆς μου οἱ μισοῦντές
με δωρεάν·
ἐκραταιώθησαν οἱ ἐχθροί μου οἱ ἐκδιώκοντές με ἀδίκως·
ἃ οὐχ ἥρπασα τότε ἀπετίννυον.
6 ⁶ὁ θεός, σὺ ἔγνως τὴν ἀφροσύνην μου,
καὶ αἱ πλημμέλειαί μου ἀπὸ σοῦ οὐκ ἐκρύβησαν.

32 θεω] κ̅ω̅ ℵ* (θ̅ω̅ ℵ^{c a})   33 θεω] κ̅ω̅ ℵ* (θ̅ω̅ ℵ^{c a}) | κυριω] θ̅ω̅ ℵ* (κ̅ω̅ ℵR ℵ^{c a}) | om διαψαλμα R^a   34 om ψαλατε τω θεω ℵ | θεω] κυριω R^a | κατα B ℵ^{c a} R^a] κατ ℵ* | om ιδου ℵ* (hab ℵ^{c a}) | om εν ℵR^a | τη φωνη] την φωνην R^b   35 μεγαλοπρεπεια B^{ab}   36 οσιοις] αγιοις ℵR^a | Ισραηλ] pr του ℵ* (om ℵ^{c a}) | om και 2° ℵ^{c a} R^a — Stich 84 B 80 ℵ (de R non liq)   LXVIII 3 ενεπαγη R^a (-γην R^b) | υλην] ιλυν B^b (ιλην Cozz^{comm}) R^a | βυθου] β non inst B^b | αποστασις R^a (υπ. R^b)   4 εβραγχνιασεν B*ℵ* (εβραγχιασεν B^bℵ^{c a}R) | εγγιζειν] ελπιζειν B^{a(mg) b(txt)}ℵR +με R   5 εκδιωκοντες] διωκοντες ℵ
6 πλημμελειαι B^{ab} | εκρυβησαν] απεκρυβησαν ℵ^{c a}

299

LXVIII 7 ΨΑΛΜΟΙ

B. ⁷μὴ αἰσχυνθείησαν ἐπ' ἐμοὶ οἱ ὑπομένοντές σε, Κύριε τῶν δυνά- 7
μεων·
μὴ ἐντραπείησαν ἐπ' ἐμοὶ οἱ ζητοῦντές σε, ὁ θεὸς τοῦ Ἰσραήλ
⁸ὅτι ἕνεκα σοῦ ὑπήνεγκα ὀνειδισμόν, 8
ἐκάλυψεν ἐντροπὴ τὸ πρόσωπόν μου·
⁹ἀπηλλοτριωμένος ἐγενήθην τοῖς ἀδελφοῖς μου, 9
καὶ ξένος τοῖς υἱοῖς τῆς μητρός μου·
¹⁰ὅτι ὁ ζῆλος τοῦ οἴκου σου καταφάγεταί με, 10
καὶ οἱ ὀνειδισμοὶ τῶν ὀνειδιζόντων σε ἐπέπεσαν ἐπ' ἐμέ.
¹¹καὶ συνέκαμψα ἐν νηστίᾳ τὴν ψυχήν μου, 11
καὶ ἐγενήθη εἰς ὀνειδισμὸν ἐμοί·
¹²καὶ ἐθέμην τὸ ἔνδυμά μου σάκκον, 12
καὶ ἐγενόμην αὐτοῖς εἰς παραβολήν.
¹³κατ' ἐμοῦ ἠδολέσχουν οἱ καθήμενοι ἐν πύλῃ, 13
καὶ εἰς ἐμὲ ἔψαλλον οἱ πίνοντες τὸν οἶνον.
¹⁴ἐγὼ δὲ τῇ προσευχῇ μου πρὸς σέ, Κύριε· 14
καιρὸς εὐδοκίας, ὁ θεός·
ἐν τῷ πλήθει τοῦ ἐλέους σου
ἐπάκουσον, ἐν ἀληθείᾳ τῆς σωτηρίας σου.
¹⁵σῶσόν με ἀπὸ πηλοῦ, ἵνα μὴ ἐνπαγῶ· 15
ῥυσθείην ἐκ τῶν μισούντων με καὶ ἐκ τοῦ βάθους τῶν ὑδάτων.
¹⁶μή με καταποντισάτω καταιγὶς ὕδατος, 16
μηδὲ καταπιέτω με βυθός,
μηδὲ συνσχέτω ἐπ' ἐμὲ φρέαρ τὸ στόμα αὐτοῦ.
¹⁷εἰσάκουσόν μου, Κύριε, ὅτι χρηστὸν τὸ ἔλεός σου· 17
κατὰ τὸ πλῆθος τῶν οἰκτειρμῶν σου ἐπίβλεψον ἐπ' ἐμέ·
¹⁸ὅτι θλίβομαι, ταχὺ ἐπάκουσόν μου. 18
¹⁹πρόσχες τῇ ψυχῇ μου καὶ λύτρωσαι αὐτήν, 19
ἕνεκα τῶν ἐχθρῶν μου ῥῦσαί με.
²⁰σὺ γὰρ γινώσκεις τὸν ὀνειδισμόν μου 20

ℵR   7 εμοι bis] εμε Bᵃᵗᵇ R | Κυριε] +κε ℵR   10 ζολος R* (ζηλος Rᵃ) |
καταφαγεται] κατεφαγε Bᵇ κατεφαγεν ℵᶜᵃR   11 συνεκαμψα] σινεκαλυψα
ℵᶜᵃR | νηστεια Bᵃᵇ | εγενηθη]+μοι R | ονιδισμους ℵᶜᵃ | om εμοι R
12 εγενομην BℵᶜᵃR] εγενηθην ℵ*   13 πυλαις ℵᶜᵃR | τον οινον] om τον
ℵᶜᵃ   14 επακουσον]+μου BᵃᵇR | σωτηριας σου] σωτηρια εμου Bᵉᵈⁱᵗ
15 εμπαγω Bᵃᵇ | του βαθους] των βαθεων ℵᶜᵃRᵃ   16 συνσχετω
(συσχ. Bᵇℵ)] συνεχετω R   17 εισακουσον (οισακ. ℵ* εισακ ℵ¹⁽ᵛⁱᵈ⁾)] επα-
κουσον R | εμε]+ς (om και ℵR) μη αποστρεψης το προσωπον σου απο του
παιδος σου BᵃᵇᵐᵍˢᵘᵖℵR   18 ταχῦ ℵ*   20 om γαρ ℵ | μου] εμου
ℵᶜ (μου ℵᶜᵃ)

ΨΑΛΜΟΙ LXVIII 33

καὶ τὴν αἰσχύνην μου καὶ τὴν ἐντροπήν μου· B
ἐναντίον σου πάντες οἱ θλίβοντές με.

21 ²¹ὀνειδισμὸν προσεδόκησεν ἡ ψυχή μου καὶ ταλαιπωρίαν·
καὶ ὑπέμεινα συνλυπούμενον, καὶ οὐχ ὑπῆρξεν,
καὶ παρακαλοῦντα, καὶ οὐχ εὗρον.

22 ²²καὶ ἔδωκαν εἰς τὸ βρῶμά μου χολήν,
καὶ εἰς τὴν δίψαν μου ἐπότισάν με ὄξος.

23 ²³γενηθήτω ἡ τράπεζα αὐτῶν ἐνώπιον αὐτῶν εἰς παγίδα,
καὶ εἰς ἀνταπόδοσιν καὶ σκάνδαλον·

24 ²⁴σκοτισθήτωσαν οἱ ὀφθαλμοὶ αὐτῶν τοῦ μὴ βλέπειν,
καὶ τὸν νῶτον αὐτῶν διὰ παντὸς σύνκαμψον·

25 ²⁵ἔκχεον ἐπ᾽ αὐτοὺς τὴν ὀργήν σου,
καὶ ὁ θυμὸς τῆς ὀργῆς σου καταλάβοι αὐτούς.

26 ²⁶γενηθήτω ἡ ἔπαυλις αὐτῶν ἠρημωμένη,
καὶ ἐν τοῖς σκηνώμασιν αὐτῶν μὴ ἔστω ὁ κατοικῶν·

27 ²⁷ὅτι ὃν σὺ ἐπάταξας αὐτοὶ κατεδίωξαν,
καὶ ἐπὶ τὸ ἄλγος τῶν τραυμάτων μου προσέθηκαν.

28 ²⁸πρόσθες ἀνομίαν ἐπὶ τὴν ἀνομίαν αὐτῶν,
καὶ μὴ εἰσελθέτωσαν ἐν δικαιοσύνῃ σου·

29 ²⁹ἐξαλειφθήτωσαν ἐκ βίβλου ζώντων,
καὶ μετὰ δικαίων μὴ γραφήτωσαν.

30 ³⁰πτωχὸς καὶ ἀλγῶν εἰμι ἐγώ,
καὶ ἡ σωτηρία τοῦ προσώπου σου ἀντελάβετό μου.

31 ³¹αἰνέσω τὸ ὄνομα τοῦ θεοῦ μετ᾽ ᾠδῆς,
μεγαλυνῶ αὐτὸν ἐν αἰνέσει,

32 ³²καὶ ἀρέσει τῷ θεῷ ὑπὲρ μόσχον νέον κέρατα ἐκφέροντα καὶ
ὁπλάς.

33 ³³ἰδέτωσαν πτωχοὶ καὶ εὐφρανθήτωσαν,
ἐκζητήσατε τὸν θεὸν καὶ ζήσεσθε.

20 εναντιον] ενωπιον R   21 ψυχη BΝ^{ca}R] καρδια Ν*^{cb} | συλλυ- ΝΝ πουμενον B^b | και ουχ υπηρξεν ..ουχ ευρον] και ουχ ευρον και παρακ. και ουχ υπηρχεν Ν* και ουχ υπηρχεν και παρακαλουντας (ita et R) και ουχ ευρον Ν^{ca}   23 πακιδα Ν | σκανδαλον] pr εις ΝR   24 συγκαμψον B^b   25 ο θυμος της οργης σου καταλαβοι BΝ^{ca}R] ο θ. σου λαβοι Ν*   26—32 om γενηθητω .οπλας R* (hab R^{mg vid})   27 om ον R^a   28 εισελθατωσαν R^a   30 om και 2° Ν^{ca} | om του προσωπου Ν^{ca}R^a | αντελαβετο] pr ο θεος ΝR^a   31 του θεου]+μου Ν^{ca}R^b | μετ] μετα Ν   32 om εκφεροντα Ν* (hab Ν^{ca})   33 εκζητησατε] ζητησατε R | θεον] κυριον R | ζησεσθε B^{ab} (-σθαι B*)] ζησεται η ψυχη ημων (υμων Ν^{ca}) Ν*R

³⁴ὅτι εἰσήκουσεν τῶν πενήτων ὁ κύριος,
καὶ τοὺς πεπεδημένους αὐτοῦ οὐκ ἐξουδένωσεν.
³⁵αἰνεσάτωσαν αὐτὸν οἱ οὐρανοὶ καὶ ἡ γῆ,
θάλασσα καὶ πάντα τὰ ἕρποντα ἐν αὐτοῖς.
³⁶ὅτι ὁ θεὸς σώσει τὴν Σιών,
καὶ οἰκοδομηθήσονται αἱ πόλεις τῆς Ἰουδαίας,
καὶ κατοικήσουσιν ἐκεῖ καὶ κληρονομήσουσιν αὐτήν·
³⁷καὶ τὸ σπέρμα τῶν δούλων αὐτοῦ καθέξουσιν αὐτήν,
καὶ οἱ ἀγαπῶντες τὸ ὄνομα αὐτοῦ κατασκηνώσουσιν ἐν αὐτῇ

Ξθ´

Εἰς τὸ τέλος· τῷ Δαυειδ εἰς ἀνάμνησιν, εἰς τὸ
Σῶσαί με Κύριον.

²Ὁ θεός, εἰς τὴν βοήθειάν μου πρόσχες·
³αἰσχυνθείησαν καὶ ἐντραπείησαν οἱ ζητοῦντές μου τὴν ψυχήν,
ἀποστραφείησαν εἰς τὰ ὀπίσω καὶ καταισχυνθείησαν οἱ βουλό-
    μενοί μοι κακά·
⁴ἀποστραφείησαν παραυτίκα αἰσχυνόμενοι οἱ λέγοντές μοι
Εὖγε εὖγε.
⁵ἀγαλλιάσθωσαν καὶ εὐφρανθήτωσαν ἐπὶ σοὶ πάντες οἱ ζη-
    τοῦντές σε,
καὶ λεγέτωσαν διὰ παντός Μεγαλυνθήτω ὁ θεός, οἱ ἀγα-
    πῶντες τὸ σωτήριόν σου.
⁶ἐγὼ δὲ πτωχὸς καὶ πένης· ὁ θεός, βοήθησόν μοι·
βοηθός μου καὶ ῥύστης μου εἶ σύ· Κύριε, μὴ χρονίσῃς.

Ο´

Τῷ Δαυειδ, υἱῶν Ἰωναδὰβ καὶ τῶν πρώτων
αἰχμαλωτισθέντων.

Ὁ θεός, ἐπὶ σοὶ ἤλπισα, μὴ καταισχυνθείην εἰς τὸν αἰῶνα.
²ἐν τῇ δικαιοσύνῃ σου ῥῦσαί με καὶ ἐξελοῦ με,

ℵR 34 εξουδενωσει ℵ* (-σεν ℵ꜀ᵃ) R   35 ερποντα εν αυταις Bℵ꜀ᵃR] περατα της γης ℵ*   36 Σειων ℵ   37 αυτου 2°] σου ℵ — Stich 76 B 75 ℵ (64 R*)   LXIX 1 om εις το σωσαι με Κυριον R   2 προσχες]+κε εις το βοηθησαι μοι σπευσον Bᵃᵗ ᵇᵗⁱⁿᵍ ⁱⁿᶠℵ꜀ᵃR+κε εις το β. μ. θελησον ℵ*   3 αισχυνθειησαν] αισχυνθητωσαν ℵR | εντραπειησαν] εντραπητωσαν ℵR | την ψυχην μοι ℵ꜀ᵃR | βουλομενοι] λογιζομενοι R   4 αποστραφειησαν] αποστραφητωσαν R   5 και ευφρανθητωσαν sup ras Rᵇ | σε]+κε ℵ꜀ᵃR | θεος] κι.ριος R   6 πτωχος]+ειμι ℵ꜀ᵃ | πενης]+ειμι R | βοηθησον] βοηθει R | ρυστης] υπερασπιστης R | συ ει R — Stich 9 B 10 ℵR   LXX 1 τω Δαυειδ]+ψαλμος ℵR | υιων] pr των R | Ιωναδαβ] Αμιναδαμ R | om ο θεος ℵR | ηλπισα]+κε ℵR   2 om και εξελου με ℵ* (hab ꞅ εξ. με ℵ꜀ᵃ)

ΨΑΛΜΟΙ LXX 14

κλῖνον πρὸς μὲ τὸ οὖς σου καὶ σῶσόν με. B

3 ³γενοῦ μοι εἰς θεὸν ὑπερασπιστήν,
εἰς τόπον ὀχυρὸν τοῦ σῶσαί με·
ὅτι στερέωμά μου καὶ καταφυγή μου εἶ σύ.

4 ⁴ὁ θεός, ῥῦσαί με ἐκ χειρὸς ἁμαρτωλοῦ,
ἐκ χειρὸς παρανομοῦντος καὶ ἀδικοῦντος·

5 ⁵ὅτι σὺ εἶ ἡ ὑπομονή μου, Κύριε·
Κύριος ἡ ἐλπίς μου ἐκ νεότητός μου.

6 ⁶ἐπὶ σὲ ἐπεστηρίχθην ἀπὸ γαστρός,
ἐκ κοιλίας μητρός μου σύ μου εἶ σκεπαστής·
ἐν σοὶ ἡ ὕμνησίς μου διὰ παντός.

7 ⁷ὡσεὶ τέρας ἐγενήθην τοῖς πολλοῖς,
καὶ σὺ βοηθὸς κραταιός.

8 ⁸πληρωθήτω τὸ στόμα μου αἰνέσεως,
ὅπως ὑμνήσω τὴν δόξαν σου,
ὅλην τὴν ἡμέραν τὴν μεγαλοπρεπίαν σου.

9 ⁹μὴ ἀπορίψῃς με εἰς καιρὸν γήρους,
ἐν τῷ ἐκλιπεῖν τὴν ἰσχύν μου μὴ ἐνκαταλίπῃς με.

10 ¹⁰ὅτι εἶπαν οἱ ἐχθροί μου ἐμοί,
καὶ οἱ φυλάσσοντες τὴν ψυχήν μου

11 ἐβουλεύσαντο ἐπὶ τὸ αὐτό, ¹¹λέγοντες Ὁ θεὸς ἐνκατέλιπεν αὐτόν·
καταδιώξατε καὶ καταλάβετε αὐτόν,
ὅτι οὐκ ἔστιν ὁ ῥυόμενος.

12 ¹²ὁ θεός, μὴ μακρύνῃς ἀπ᾽ ἐμοῦ,

13 ¹³αἰσχυνθήτωσαν καὶ ἐκλιπέτωσαν οἱ ἐνδιαβάλλοντες τὴν ψυχήν μου,
περιβαλέσθωσαν αἰσχύνην καὶ ἐντροπὴν οἱ ζητοῦντες τὰ κακά μοι.

14 ¹⁴ἐγὼ δὲ διὰ παντὸς ἐλπιῶ,

3 εις τοπον] pr και ℵR   **4** ο θεος]+μου ℵR | εκ 2°] pr και R ℵR
6 επεστηριχθην] επερριφην R | απο γαστρος] εκ ματρος (sic) R | μητρος] pr της R | μου ει σκεπαστης BℵRᵃ] ει ο υπερασπιστης μου R* | υμνησις] υπομνησις ℵ   **7** βοηθος]+μου ℵᶜᵃR   **8** αινεσεως]+Κυριε R | om οπως υμν. την δ. σου ℵ* (hab ℵᶜᵃ) | την μεγαλοπρεπιαν (-πειαν Bᵃᵇ) B*ℵᶜᵃR] της μεγαλοπρεπιας ℵ*   **9** απορριψης Bᵃᵇℵ | γηρως ℵ* (γηρους ℵᶜᵃ) | εκλιπειν ℵ (εκλιπιν B*)] εκλειπειν Bᵃᵇ | ισχυν] ψυχην ℵ | εγκαταλιπης Bᵃᵇℵ
11 εγκατελιπεν Bᵃᵇℵ | ρυομενος]+αυτον R   **12** ο θεος]+μου BᵃᵇℵᶜᵃR | εμου] + ο θ̅ς̅ μου εις την βοηθειαν μου προσχες ℵR   **13** εκλιπετωσαν (εκλειπ. Bᵃᵇ)] εντραπετωσαν R | τα κακα] om τα R   **14** ελπιω] επι σε ελπιω ℵ* R (ελπια) ελπιω επι σε ℵᶜᵃ

303

LXX 15 ΨΑΛΜΟΙ

B   καὶ προσθήσω ἐπὶ πᾶσαν τὴν αἴνεσίν σου.
  ¹⁵τὸ στόμα μου ἐξαγγελεῖ τὴν δικαιοσύνην σου,   15
     ὅλην τὴν ἡμέραν τὴν σωτηρίαν σου,
     ὅτι οὐκ ἔγνων πραγματιας.
  ¹⁶εἰσελεύσομαι ἐν δυναστίᾳ Κυρίου·   16
     Κύριε, μνησθήσομαι τῆς δικαιοσύνης σου μονου.
  ¹⁷ἐδίδαξάς με, ὁ θεός, ἐκ νεότητός μου,   17
     καὶ μέχρι νῦν ἀναγγελῶ τὰ θαυμάσιά σου,
  ¹⁸καὶ ἕως γήρους καὶ πρεσβείου· ὁ θεός, μὴ ἐνκαταλίπῃς με 18
     ἕως ἂν ἀπαγγείλω τὸν βραχίονά σου πάσῃ τῇ γενεᾷ τῇ
        ἐρχομένῃ,
     τὴν δυναστίαν σου ¹⁹καὶ τὴν δικαιοσύνην σου,   19
     ὁ θεός, ἕως ὑψίστων, ἃ ἐποίησας μεγαλεῖα.
     ὁ θεός, τίς ὅμοιός σοι;
  ²⁰ὅτι ἔδειξάς μοι θλίψεις πολλὰς καὶ κακά,   20
     καὶ ἐπιστρέψας ἐζωοποίησάς με,
     καὶ ἐκ τῶν ἀβύσσων τῆς γῆς πάλιν ἀνήγαγές με, ²¹πλεο- 21
        νάσας τὴν δικαιοσύνην σου.
     καὶ ἐπιστρέψας παρεκάλεσάς με,
     καὶ ἐκ τῶν ἀβύσσων πάλιν ἀνήγαγές με.
  ²²καὶ γὰρ ἐξομολογήσομαί σοι ἐν σκεύει ψαλμοῦ τὴν ἀλήθειάν 22
        σου,
     ψαλῶ σοι, ὁ θεός, ἐν κιθάρᾳ, ὁ ἅγιος τοῦ Ἰσραήλ.
  ²³ἀγαλλιάσονται τὰ χείλη μου ὅταν ψάλω σοι,   23
     καὶ ἡ ψυχή μου ἣν ἐλυτρωσω.
  ²⁴ἔτι δὲ καὶ ἡ γλῶσσά μου ὅλην τὴν ἡμέραν μελετήσει τὴν δικαι- 24
        οσύνην σου,
     ὅταν αἰσχυνθῶσιν καὶ ἐντραπῶσιν οἱ ζητοῦντες τὰ κακά μοι.

ℵR 15 εξαγγελει] αναγγελει ℵR | πραγματιας] γραμματιας Bᵃᵇℵ (-τειας)
  16 δυναστεια Bᵃᵇℵ   17 εδιδαξας με ο θεος] ο θ̅ς̅ μου α εδιδ. με ℵᶜᵃ |
  νυν] pr του ℵᶜᵃ | αναγγελω] απαγγελω ℵ απαγγελλω R   18 γηρως Bᵃᵇ |
  πρεσβιου B* (πρεσβειου Bᵃᵇℵ) | ο θεος]+μου ℵᶜᵃ | εγκαταλιπῃς Bᵃ?ᵇ ενκατε-
  λιπες R | om αν ℵ* (hab ℵᶜᵃ) R* ου Rᵃ | απαγγειλω] απαγγελλω R*
  απαγγελω Rᵃ | πασῃ τῃ γενεᾳ] τῃ γενεα πασῃ ℵᶜᵃ πασῃ γενεα γενεα (sic) R |
  ερχομενῃ] επερχομενη R | δυναστειαν Bᵃᵇ   19 εποιησας]+μοι ℵᶜᵃ | μεγα-
  λεια] τα θαυμασια σου R   20 οτι] οσας ℵᶜᵃ | κακα] κακας R   21 πλεο-
  νασας] επλεονασας ℵR+επ εμε R | δικαιοσυνην] μεγαλωσυνην R | om και
  εκ των αβ. π. ανηγαγες με ℵ | αβυσσων]+της γης ℵR   22 και γαρ]+εγω
  BᵃᵇℵR | om εν σκευει ψαλμου ℵ | σκευει] σκευεσιν R | ο θ̅ς̅ ψαλω σοι ℵ |
  αγιος Ισραηλ R* (ο αγ. του Ισρ. Rᵃ) — Stich 53 B 51 ℵ 52 R

ΨΑΛΜΟΙ

ΟΑ´
Εἰς Σαλομών.

1 Ὁ θεός, τὸ κρίμα σου τῷ βασιλεῖ δός,
  καὶ τὴν δικαιοσύνην σου τῷ υἱῷ τοῦ βασιλέως,
2 ²κρίνειν τὸν λαόν σου ἐν δικαιοσύνῃ καὶ τοὺς πτωχούς σου
  ἐν κρίσει.
3 ³ἀναλαβέτω τὰ ὄρη εἰρήνην τῷ λαῷ σου καὶ οἱ βουνοί.
4 ⁴ἐν δικαιοσύνῃ κρινεῖ τοὺς πτωχοὺς ¹τοῦ λαοῦ·
  καὶ σώσεις τοὺς υἱοὺς τῶν πενήτων,
  καὶ ταπεινώσει συκοφάντην·
5 ⁵καὶ συνπαραμενεῖ τῷ ἡλίῳ,
  καὶ πρὸ τῆς σελήνης γενεὰς γενεῶν.
6 ⁶καὶ καταβήσεται ὡς ὑετὸς ἐπὶ πόκον,
  καὶ ὡσεὶ σταγόνες στάζουσαι ἐπὶ τὴν γῆν.
7 ⁷ἀνατελεῖ ἐν ταῖς ἡμέραις αὐτοῦ δικαιοσύνη,
  καὶ πλῆθος εἰρήνης ἕως οὗ ἀνταναιρεθῇ ἡ σελήνη.
8 ⁸καὶ κατακυριεύσει ἀπὸ θαλάσσης ἕως θαλάσσης,
  καὶ ἀπὸ ποταμοῦ ἕως περάτων τῆς οἰκουμένης.
9 ⁹ἐνώπιον αὐτοῦ προπεσοῦνται Αἰθίοπες,
  καὶ οἱ ἐχθροὶ αὐτοῦ χοῦν λίξουσιν·
10 ¹⁰βασιλεῖς Θαρσεὶς καὶ αἱ νῆσοι δῶρα προσοίσουσιν,
  βασιλεῖς Ἀράβων καὶ Σαβὰ δῶρα προσάξουσιν·
11 ¹¹καὶ προσκυνήσουσιν αὐτῷ πάντες οἱ βασιλεῖς,
  πάντα τὰ ἔθνη δουλεύσουσιν αὐτῷ.
12 ¹²ὅτι ἐρύσατο πτωχὸν ἐκ χειρὸς δυνάστου,
  καὶ πένητα ᾧ οὐχ ὑπῆρχεν βοηθός·
13 ¹³φείσεται πτωχοῦ καὶ πένητος,
  καὶ ψυχὰς πενήτων σώσει·
14 ¹⁴ἐκ τόκου καὶ ἐξ ἀδικίας λυτρώσεται τὰς ψυχὰς αὐτῶν,
  καὶ ἔντιμον τὸ ὄνομα αὐτῶν ἐνώπιον αὐτοῦ.

LXXI 1 Σαλομων B^(ab)ℵ Σαλομωνα R+ψαλμος R | τω 2°] ω R | υιω του ℵRT βασιλεως sup ras B^(1?a?) 2 λαον] λεων R 3 αναλαβετωσαν ℵ^(c a)R | om σου ℵ 4 εν δικαιοσυνη] om εν R* δικαιοσυνην ℵ^(c a)R^a | σωσει B^(ab)ℵRT 5 συμπαραμενει B^(a?b)R 6 om και 1° ℵ^(c a)T | ως] ωσει ℵRT | της γης T 7 ου] του ℵ* (ου ℵ^(1 c a) 8 κατακυριευση T 10 αι νησοι] om αι RT | προσοισουσιν] προσαξουσιν ℵ* (προσοισ. ℵ^(c a)) προσοισωσιν T | προσαξωσιν T 11 προσκυνησωσιν T | αυτω 1°] αυτου R | βασιλεις] +της γης ℵRT | δουλευσωσιν T 12 ερρυσατο B^(ab)ℵR | om εκ χειρος ℵ^(c a) om χειρος T 14 λυτρωσηται T | αυτων 2°] αυτου RT | αυτου] αυτων ℵRT

B ¹⁵καὶ ζήσεται καὶ δοθήσεται αὐτῷ ἐκ τοῦ χρυσίου τῆς Ἀραβίας, 15
καὶ προσεύξονται περὶ αὐτοῦ διὰ παντός,
ὅλην τὴν ἡμέραν εὐλογήσουσιν αὐτόν.
¹⁶ἔσται στήριγμα ἐν τῇ γῇ ἐπ' ἄκρων τῶν ὀρέων· 16
ὑπεραρθήσεται ὑπὲρ τὸν Λίβανον ὁ καρπὸς αὐτοῦ,
καὶ ἐξανθήσουσιν ἐκ πόλεως ὡσεὶ χόρτος τῆς γῆς.
¹⁷ἔστω τὸ ὄνομα αὐτοῦ εὐλογημένον εἰς τοὺς αἰῶνας, 17
πρὸ τοῦ ἡλίου διαμενεῖ τὸ ὄνομα αὐτοῦ·
καὶ εὐλογηθήσονται ἐν αὐτῷ πᾶσαι αἱ φυλαὶ τῆς γῆς,
πάντα τὰ ἔθνη μακαριοῦσιν αὐτόν.

¹⁸εὐλογητὸς Κύριος ὁ θεὸς Ἰσραήλ, ὁ ποιῶν θαυμάσια μόνος, 18
¹⁹καὶ εὐλογητὸν τὸ ὄνομα τῆς δόξης αὐτοῦ εἰς τὸν αἰῶνα καὶ 19
εἰς τὸν αἰῶνα τοῦ αἰῶνος·
καὶ πληρωθήσεται τῆς δόξης αὐτοῦ πᾶσα ἡ γῆ.
γένοιτο, γένοιτο.

²⁰Ἐξέλιπον οἱ ὕμνοι Δαυεὶδ τοῦ υἱοῦ Ἰεσσαί. 20

ℵRT   **15** ευλογησωσιν T   **16** αυτου] αυτων T | εξανθησωσιν T   **17** εστω] εσται T | αυτου 1° Bℵ*ᶜ ᵇ RT] του κυ ℵᶜ ᵃ | ευλογηθησονται] ενευλογ. ℵᶜ ᵃ RT   **18** Ισραηλ] pr του R   **19** ευλογητον] ευλογημενον ℵᶜ ᵃ | om εις τον αιωνα (1°)...της δοξης αυτου ℵ* (hab ℵᶜ ᵃ) | πασα η γη Bℵᶜ ᵃ RT] εν παση τη γη ℵ*   **20** εξελειπον T | του υιου] om του T — Stich 41 B 40 ℵ 42 R

III

OB´

Ψαλμὸς τῷ Ἀσάφ.

1 Ὡς ἀγαθὸς τῷ Ἰσραὴλ ὁ θεός, τοῖς εὐθέσι τῇ καρδίᾳ.
2 ²ἐμοῦ δὲ παρὰ μικρὸν ἐσαλεύθησαν οἱ πόδες,
  παρ' ὀλίγον ἐξεχύθη τὰ διαβήματά μου.
3 ³ὅτι ἐζήλωσα ἐπὶ τοῖς ἀνόμοις, εἰρήνην ἁμαρτωλῶν θεωρῶν·
4 ⁴ὅτι οὐκ ἔστιν ἀνάνευσις ἐν τῷ θανάτῳ αὐτῶν,
  καὶ στερέωμα ἐν τῇ μάστιγι αὐτῶν·
5 ⁵ἐν κόποις ἀνθρώπων οὐκ εἰσίν,
  καὶ μετὰ ἀνθρώπων οὐ μαστιγωθήσονται.
6 ⁶διὰ τοῦτο ἐκράτησεν αὐτοὺς ἡ ὑπερηφανία,
  περιεβάλοντο ἀδικίαν καὶ ἀσέβειαν αὐτῶν.
7 ⁷ἐξελεύσεται ὡς ἐκ στέατος ἡ ἀδικία αὐτῶν,
  διῆλθον εἰς διάθεσιν καρδίας·
8 ⁸διενοήθησαν καὶ ἐλάλησαν ἐν πονηρίᾳ,
  ἀδικίαν εἰς τὸ ὕψος ἐλάλησαν·
9 ⁹ἔθεντο εἰς οὐρανὸν τὸ στόμα αὐτῶν,
  καὶ ἡ γλῶσσα αὐτῶν διῆλθεν ἐπὶ τῆς γῆς.
10 ¹⁰διὰ τοῦτο ἐπιστρέψει ὁ λαός μου ἐνταῦθα,
  καὶ ἡμέραι πλήρεις εὑρεθήσονται αὐτοῖς,
11 ¹¹καὶ εἶπαν Πῶς ἔγνω ὁ θεός;
  καὶ εἰ ἔστιν γνῶσις ἐν τῷ ὑψίστῳ;
12 ¹²ἰδοὺ ἁμαρτωλοὶ καὶ εὐθηνοῦνται·
  εἰς τὸν αἰῶνα κατέσχον πλούτου.
13 ¹³καὶ εἶπα Ἄρα ματαίως ἐδικαίωσα τὴν καρδίαν μου,
  καὶ ἐνιψάμην ἐν ἀθῴοις τὰς χεῖράς μου,
14 ¹⁴καὶ ἐγενόμην μεμαστιγωμένος ὅλην τὴν ἡμέραν,
  καὶ ὁ ἔλεγχός μου εἰς τὰς πρωίας.

LXXII 1 τω Ισρ. ο θεος] ο θ̄ς̄ τω Ισρ. ℵ*ᵃ ο θεος του Ισρ. RT | ευθεσι ℵRΓ BℵRT   4 om εν 1° ℵ* (hab ℵ*ᵃ) R   6 υπερηφανια] + εις τελος ℵ*ᵃ (ras ℵ*ᵇ) RᵃT | ασεβειαν και αδικιαν ℵ* (αδ. και ασ. ℵ*ᵃ) | ασεβειαν T | αυτων] εαυτων T   7 ως] ωσει ℵ* (ως ℵ*ᵃ) | διηλθοσαν RT   8 ελαλησαν] σ non inst Bᵇ | εν πονηρια] πονηρα T   10 δια το B* (δ. τουτο Bᵃᵇ⁽ᵛⁱᵈ⁾) | ημεραι] pr αι ℵ*ᵃT | αυτοις] pr εν ℵRT   11 ειπον T | ει εστιν] εστιν R   12 αμαρτωλοι] pr ουτοι BᵃᵇᵐᵍℵRT | ευθηνουνται] ℵ*ᵃ ευθηνουντες RT   13 ειπα] ειπον T

LXXII 15   ΨΑΛΜΟΙ

B ¹⁵εἰ ἔλεγον Διηγήσομαι οὕτως,   15
   ἰδοὺ τῇ γενεᾷ τῶν υἱῶν σου ἠσυνθέτηκα.
   ¹⁶καὶ ὑπέλαβον τοῦ γνῶναι·   16
   τοῦτο κόπος ἐναντίον μου,
   ¹⁷ἕως εἰσέλθω εἰς τὸ ἁγιαστήριον τοῦ θεοῦ,   17
   καὶ συνῶ εἰς τὰ ἔσχατα.
   ¹⁸πλὴν διὰ τὰς δολιότητας ἔθου αὐτοῖς.   18
   ¹⁹πῶς ἐγένοντο εἰς ἐρήμωσιν;   19
   ἐξάπινα ἐξέλιπον, ἀπώλοντο διὰ τὴν ἀνομίαν αὐτῶν.
   ²⁰ὡσεὶ ἐνύπνιον ἐξεγειρομένου,   20
   Κύριε, ἐν τῇ πόλει σου τὴν εἰκόνα αὐτῶν ἐξουδενώσεις.
   ²¹ὅτι ηὐφράνθη ἡ καρδία μου, καὶ οἱ νεφροί μου ἠλλοιώθησαν·   21
   ²²καὶ ἐγὼ ἐξουδενωμένος καὶ οὐκ ἔγνων,   22
   κτηνώδης ἐγενόμην παρὰ σοί.
   ²³καὶ ἐγὼ διὰ παντὸς μετὰ σοῦ·   23
   ἐκράτησας τῆς χειρὸς τῆς δεξιᾶς μου,
   ²⁴ἐν τῇ βουλῇ σου ὡδήγησάς με,   24
   καὶ μετὰ δόξης προσελάβου με.
   ²⁵τί γάρ μοι ὑπάρχει ἐν τῷ οὐρανῷ;   25
   καὶ παρὰ σοῦ τί ἠθέλησα ἐπὶ τῆς γῆς;
   ²⁶ἐξέλιπεν ἡ καρδία μου καὶ ἡ σάρξ μου, ὁ θεὸς τῆς καρδίας μου,   26
   καὶ ἡ μερίς μου ὁ θεὸς εἰς τὸν αἰῶνα.
   ²⁷ὅτι ἰδοὺ οἱ μακρύνοντες ἑαυτοὺς ἀπὸ σοῦ ἀπολοῦνται·   27
   ἐξωλέθρευσας πάντα τὸν πορνεύοντα ἀπὸ σοῦ.
   ²⁸ἐμοὶ δὲ τὸ προσκολλᾶσθαι τῷ κυρίῳ ἀγαθόν ἐστιν,   28
   τίθεσθαι ἐν τῷ κυρίῳ τὴν ἐλπίδα μου,
   τοῦ ἐξαγγεῖλαι πάσας τὰς αἰνέσεις σου
   ἐν ταῖς πύλαις τῆς θυγατρὸς Σιών.

ℵRT   **15** της γενεα R* (της γενεας Rᵃ) | ησυνθετηκα Bℵ*ᶜᵇ] ησυνθετηκας ℵᶜᵃR* ᵛⁱᵈ
(ras penitus Rᵃ) ησυντεθικας T   **16** τουτο . μου bis scr R | κοπος]+εστιν
BᵃᵇᵐᵍℵᶜᵃRT | εναντιον] ενωπιον ℵᶜᵃRT | μου] εμου ℵᶜᵃ   **17** εως]+ου
ℵᶜᵃRT | om και R | εσχατα]+αυτων ℵᶜᵃR (εις τα εσχ. αυτ. bis scr R* [om
1° ᵛⁱᵈ Rᵃ]) T   **18** δολιοτητας]+αυτων ℵᶜᵃRT | αυτοις]+κακα ℵᶜᵃ (ras ℵᶜ·ᵇ)
T+κατεβαλες αυτους εν τω επαρθηναι BᵃᵇᵐᵍℵR+κατεβαλας αυτ. εν τω επ. T
19 distinx post εξαπινα ℵᶜᵃT | εξελειπεν T   **20** εξεγιρομενων T | εικοναν
ℵ* (-να ℵᶜᵃ) | εξουδενωσης T   **21** ηυφρανθη] εξεκαυθη ℵᶜᵃRT   **22** εγε-
νομην] εγενηθην ℵ Γ   **24** εν] pr ϛ ℵᶜᵃT | δοξας R | προελαβου R* (προσελ.
Rᵃ)   **25** υπαρχει] εστιν R   **26** εξελειπεν T   **27** om εαυτους
R | εξολεθρευσας T | πορνευοντα εκπορν.   **28** το προσκολλασθαι] του
προσκολλας (sic) R | τω κυριω 1°] τω θῶ ℵT τω θεω| τω θεω R* (om τω θ.
1° Rᵃ) | Σειων T — Stich 55 Bℵ 54 R 56 T

ΨΑΛΜΟΙ

ογ'

LXXIII
LXXIV)

Συνέσεως τῷ Ἀσάφ.

1 Ἵνα τί ἀπώσω, ὁ θεός, εἰς τέλος;
ὠργίσθη ὁ θυμός σου ἐπὶ πρόβατα νομῆς σου;

2 ²μνήσθητι τῆς συναγωγῆς σου ἧς ἐκτήσω ἀπ' ἀρχῆς·
ἐλυτρώσω ῥάβδον κληρονομίας σου,
ὄρος Σιὼν τοῦτο ὃ κατεσκήνωσας ἐν αὐτῷ.

3 ³ἔπαρον τὰς χεῖράς σου ἐπὶ τὰς ὑπερηφανίας αὐτῶν εἰς τέλος,
ὅσα ἐπονηρεύσατο ὁ ἐχθρὸς ἐν τοῖς ἁγίοις σου.

4 ⁴καὶ ἐνεκαυχήσαντο οἱ μισοῦντές σε ἐν μέσῳ τῆς ἑορτῆς σου,

5 ⁵ὡς εἰς τὴν εἴσοδον ὑπεράνω·

6 ὡς ἐν δρυμῷ ξύλων ἀξίναις ἐξέκοψαν ⁶τὰς θύρας αὐτῆς·
ἐπὶ τὸ αὐτὸ ἐν πελέκει καὶ λαξευτηρίῳ κατέρραξαν αὐτήν.

7 ⁷ἐνεπύρισαν ἐν πυρὶ τὸ ἁγιαστήριόν σου·
εἰς τὴν γῆν ἐβεβήλωσαν τὸ σκήνωμα τοῦ ὀνόματός σου.

8 ⁸εἶπαν ἐν τῇ καρδίᾳ αὐτῶν ἡ συγγενία αὐτῶν ἐπὶ τὸ αὐτό
Δεῦτε καὶ καταπαύσωμεν τὰς ἑορτὰς Κυρίου ἀπὸ τῆς γῆς.

9 ⁹τὰ σημεῖα ἡμῶν οὐκ εἴδομεν,
οὐκ ἔστιν ἔτι προφήτης, καὶ ἡμᾶς οὐ γνώσεται ἔτι.

10 ¹⁰ἕως πότε, ὁ θεός, ὀνειδιεῖ ὁ ἐχθρός;
παροξυνεῖ ὁ ὑπεναντίος τὸ ὄνομά σου εἰς τέλος;

11 ¹¹ἵνα τί ἀποστρέφεις τὴν χεῖρά σου
καὶ τὴν δεξιάν σου ἐκ μέσου τοῦ κόλπου σου εἰς τέλος;

12 ¹²ὁ δὲ βασιλεὺς ἡμῶν πρὸ αἰῶνος,
εἰργάσατο σωτηρίαν ἐν μέσῳ τῆς γῆς.

13 ¹³σὺ ἐκραταίωσας ἐν τῇ δυνάμει σου τὴν θάλασσαν,
σὺ συνέτριψας τὰς κεφαλὰς τῶν δρακόντων ἐπὶ τοῦ ὕδατος·

LXXIII 1 απωσω ο θεος] ο θς απωσω ℵ^c.a T απωσω ημας ο θεος R ℵRT
2 Σειων T 3 οσα B*ℵ^c.a RT] οσας B^ab ℵ* | τοις αγιοις] τω αγιω ℵ^c.a T
4 εορτης] οργης ℵ* (εορτ. ℵ^c.a) | σου]+εθεντο τα σημεια αυτων σημεια και ουκ εγνωσαν B^ab mg inf ℵRT 5 εισοδον] οδον ℵ* εξοδον ℵ^c.a R^a T | εξεκοψαν] διεκοψαν ℵ* (εξεκ. ℵ^c.a) 6 πελυκι T 7 om ενεπυρισαν...σου (1°) R
8 ειπον T | η συγγενια (-νεια B^ab)] αι συγγενειαι ℵ^c.a T (-νιαι) | om και B^ab ℵ* (hab ℵ^c.a) R | τας εορτας] pr πασας ℵ^c.a RT | Κυριου] του θῦ ℵRT
9 ημων] αυτων T | ειδομεν] ειδαμεν (? ιδ.) R ιδομεν T | ουκ εστιν] pr και R
10 om ο θεος ℵ* (hab superscr ℵ¹) 11 χειραν R | om και την δεξιαν σου ℵ* (hab ℵ^c.a) 12 βασιλευς] pr θεος B^ab ℵRT 13 δυναμει] δυναστεια ℵ* (δυναμ. ℵ^c.a)

ΨΑΛΜΟΙ

B ¹⁴ἔδωκας αὐτὸν βρῶμα λαοῖς τοῖς Αἰθίοψιν. 14
¹⁵σὺ διέρρηξας πηγὰς καὶ χειμάρρους, 15
¹⁶σὴ ἐστιν ἡ ἡμέρα, καὶ σή ἐστιν ἡ νύξ· 16
σὺ κατηρτίσω ἥλιον καὶ σελήνην.
¹⁷σὺ ἐποίησας πάντα τὰ ὅρια τῆς γῆς· 17
θέρος καὶ ἔαρ σὺ ἐποίησας· ¹⁸μνήσθητι ταύτης τῆς κτίσεώς 18
σου.
ἐχθρὸς ὠνείδισεν τὸν κύριον,
καὶ λαὸς ἄφρων παρώξυνεν τὸ ὄνομα αὐτοῦ.
¹⁹μὴ παραδῷς τοῖς θηρίοις ψυχὴν ἐξομολογουμένην σοι, 19
τῶν ψυχῶν τῶν πενήτων σου μὴ ἐπιλάθῃ εἰς τέλος.
²⁰ἐπίβλεψον εἰς τὴν διαθήκην σου, 20
ὅτι ἐπληρώθησαν οἱ ἐσκοτωμένοι τῆς γῆς οἴκων ἀνομιῶν..
²¹μὴ ἀποστραφήτω τεταπεινωμένος καὶ κατῃσχυμμένος· 21
πτωχὸς καὶ πένης αἰνέσουσιν τὸ ὄνομά σου.
²²ἀνάστα, ὁ θεός, δίκασον τὴν δίκην σου· 22
μνήσθητι τῶν ὀνειδισμῶν σου τῶν ὑπὸ ἄφρονος ὅλην τὴν
ἡμέραν.
²³μὴ ἐπιλάθῃ τῆς φωνῆς τῶν ἱκετῶν σου, 23
ἡ ὑπερηφανία τῶν μισούντων σε ἀναβαίη διὰ παντὸς πρὸς
σέ.

ΟΔ´

Εἰς τὸ τέλος· μὴ διαφθείρῃς· ψαλμὸς τῷ LXXIV
Ἀσὰφ ᾠδῆς. (LXXV)

²Ἐξομολογησόμεθά σοι, ὁ θεός, 2
ἐξομολογησόμεθα καὶ ἐπικαλεσόμεθα τὸ ὄνομά σου·
διηγήσομαι πάντα τὰ θαυμάσιά σου, ³ὅταν λάβω καιρόν· 3

ℵRT 14 εδωκας] pr συ συνετριψας τας κεφαλας του δρακοντος B^(ab mg inf) pr συ συνεθλασας την κεφαλην του δρακ. ℵT pr συ συνεθλ. τας κεφαλας του δρακοντος του μεγαλου R   15 χειμαρρους] +συ εξηρανας ποταμους Hθam RT 16 η ημερα] om η R | η νυξ om η R | κατηρτισω] εποιησας R | ηλιον και σεληνην] φαυσιν κ. ηλιον ℵ^(c a)T   17 εποιησας 2°] επλασας ℵ^(c a)T +αυτα ℵT   18 om της κτισεως σου ℵT | εχθρος] pr ο R | τον κυριον] τω κυριω R | αυτου] σου ℵRT   19 om σου ℵ* (hab ℵ^(c a))   20 εσκοτισμενοι B^(ab)ℵRT   21 om και 1° RT   22 των ονειδισμων σου των] του ονιδισμου σου του ℵ^(c a) | ολην την ημεραν] των ικετων σου R* (ολ. την ημ. R^a)   23 μη επιλαθη της φωνης] η υπερηφανια R* (μη επιλαθης τ. φ R^a) | επιλαθη B^(ab) (επιλαθε B*) | αναβαιη] ανεβη ℵ^(c a)RT | om προς σε ℵ^(c a)T — Stich 45 BT 44 ℵ 49 R   LXXIV 1 ψ. τω Ασαφ ωδης] τω Α. ψ. R   2 εξομολογησωμεθα T bis | εξομολογ. 2°]+σοι ℵRT | επικασομεθα B* (επικαλεσ. B^(ab)) επικαλεσωμεθα T | διηγησωμαι T | om παντα ℵ*^(c b) (hab ℵ^(c a))

ΨΑΛΜΟΙ LXXV 4

ἐγὼ εὐθύτητας κρινῶ. B

4 ⁴ἐτάκη ἡ γῆ καὶ πάντες οἱ κατοικοῦντες αὐτήν,
ἐγὼ ἐστερέωσα τοὺς στύλους αὐτῆς. διάψαλμα.

5 ⁵εἶπα τοῖς παρανομοῦσιν μὴ παρανομεῖν,
καὶ τοῖς ἁμαρτάνουσιν Μὴ ὑψοῦτε κέρας·

6 ⁶μὴ ἐπαίρετε εἰς ὕψος τὸ κέρας ὑμῶν,
μὴ λαλεῖτε κατὰ τοῦ θεοῦ ἀδικίαν·

7 ⁷ὅτι οὔτε ἀπὸ ἐξόδων οὔτε ἀπὸ δυσμῶν
8 οὔτε ἀπὸ ἐρήμων, ⁸ὅτι ὁ θεὸς κριτής ἐστιν·
τοῦτον ταπεινοῖ καὶ τοῦτον ὑψοῖ.

9 ⁹ὅτι ποτήριον ἐν χειρὶ Κυρίου, οἴνου ἀκράτου πλῆρες κεράσματος,
καὶ ἔκλινεν ἐκ τούτου εἰς τοῦτο· πλὴν ὁ τρυγίας αὐτοῦ
οὐκ ἐξεκενώθη,
καὶ πίονται πάντες οἱ ἁμαρτωλοὶ τῆς γῆς.

10 ¹⁰ἐγὼ δὲ ἀγαλλιάσομαι εἰς τὸν αἰῶνα,
ψαλῶ τῷ θεῷ Ἰακώβ·

11 ¹¹καὶ πάντα τὰ κέρατα τῶν ἁμαρτωλῶν συνκλάσω,
καὶ ὑψωθήσεται τὰ κέρατα τοῦ δικαίου.

ΟΕ΄

LXXV
(LXXVI) Εἰς τὸ τέλος, ἐν ὕμνοις· ψαλμὸς τῷ Ἀσάφ,
ᾠδή, πρὸς τὸν Ἀσσύριον.

2 ²Γνωστὸς ἐν τῇ Ἰουδαίᾳ ὁ θεός,
ἐν τῷ Ἰσραὴλ μέγα τὸ ὄνομα αὐτοῦ.

3 ³καὶ ἐγενήθη ἐν εἰρήνῃ ὁ τόπος αὐτοῦ,
καὶ τὸ κατοικητήριον αὐτοῦ ἐν Σιών·

4 ⁴ἐκεῖ συνέτριψεν τὰ κράτη τῶν τόξων,
ὅπλον καὶ ῥομφαίαν καὶ πόλεμον·
ἐκεῖ συνκλάσει τὰ κέρατα. διάψαλμα.

3 ευθυτητα R   4 κατοικουντες]+σοι κατοικουντες Rᵃ | αυτην]+εν ℵRT αυτη ℵRT | στερεωσα R | στυλ|ͅ|λους T | om διαψαλμα RT   5 ειπα] ειπον T | παρανομουσι ℵ | παρανομειν] παρανομειτε ℵᶜ ᵃ (-ται) RT   6 μη 2°] pr ϗ ℵᶜ ᵃT και μηδε R | κατα του θεου] om θεου B* (superscr Bᵃᵇ)   7 απο 1°] εξ ℵᶜ ᵃT | ερημων]+ορεων ℵRT   9 πληρες] πληρης ℵᶜ ᵃ (mox ipse restit -ρες) | εκκλινεν R | om και 2° Bᵃᵇℵ RT   10 αγαλλιασομαι (-σωμαι T)]+κῶ ℵ* (om ℵᶜ ᵃ)   11 συνκλασω] συνθλασω Bᵃᵇ RT | τα κερατα 2°] το κερας ℵᶜ ᵃRT — Stich 20 Bℵ 21 R 24 T   LXXV 1 του Ασαφ R | om ωδη ℵ ωδης T | om προς τον Ασσυριον ℵT   2 εν τω Ισρ.] om εν τω R   3 Σειων T   4 om εκει συνκλασει τα κερατα Bᵃᵇℵ RT | om διαψαλμα T

ΨΑΛΜΟΙ

B ⁵φωτίζεις σὺ θαυμαστῶς ἀπὸ ὀρέων αἰωνίων.
⁶ἐταράχθησαν πάντες οἱ ἀσύνετοι τῇ καρδίᾳ·
   ὕπνωσαν ὕπνον αὐτῶν, καὶ οὐχ εὗρον οὐδὲν
   πάντες οἱ ἄνδρες τοῦ πλούτου ταῖς χερσὶν αὐτῶν.
⁷ἀπὸ ἐπιτιμήσεώς σου, ὁ θεὸς Ἰακώβ,
   ἐνύσταξαν οἱ ἐπιβεβηκότες τοὺς ἵππους.
⁸σὺ φοβερὸς εἶ, καὶ τίς ἀντιστήσεταί σοι
   ἀπὸ τῆς ὀργῆς σου;
⁹ἐκ τοῦ οὐρανοῦ ἠκόντισας κρίσιν,
   γῆ ἐφοβήθη καὶ ἡσύχασεν, ¹⁰ἐν τῷ ἀναστῆναι εἰς κρίσιν
   τὸν θεόν,
   τοῦ σῶσαι πάντας τοὺς πραεῖς τῇ καρδίᾳ   διάψαλμα.
¹¹ὅτι ἐνθύμιον ἀνθρώπου ἐξομολογήσεταί σοι,
   καὶ ἐνκατάλιμμα ἐνθυμίου ἑορτάσει σοι.
¹²εὔξασθε καὶ ἀπόδοτε Κυρίῳ τῷ θεῷ ἡμῶν·
   πάντες οἱ κύκλῳ αὐτοῦ οἴσουσιν δῶρα
¹³τῷ φοβερῷ καὶ ἀφαιρουμένῳ πνεύματα ἀρχόντων,
   φοβερῷ παρὰ τοῖς βασιλεῦσι τῆς γῆς.

ΟϚ´

Εἰς τὸ τέλος, ὑπὲρ Ἰδιθούμ· τῷ Ἀσὰφ ψαλμός.   LXXVI
                                                       (LXXVII)
²Φωνῇ μου πρὸς Κύριον ἐκέκραξα,
   καὶ ἡ φωνή μου πρὸς τὸν θεόν, καὶ προσέσχεν μοι.
³ἐν ἡμέρᾳ θλίψεώς μου τὸν θεὸν ἐξεζήτησα,
   ταῖς χερσίν μου νυκτὸς ἐναντίον αὐτοῦ, καὶ οὐκ ἠπατήθην
   ἀπηνήνατο παρακληθῆναι ἡ ψυχή μου.
⁴ἐμνήσθην τοῦ θεοῦ καὶ εὐφράνθην·
   ἠδολέσχησα καὶ ὠλιγοψύχησεν τὸ πνεῦμά μου.   διάψαλμα

ℵRT 5 φωτισει R | απο] απ R   6 ταις χερσιν] pr εν R   7 οι επιβεβηκοτες] pr παντες R | τους ιππους] τοις ιπποις ℵᶜᵃT   8 απο] pr τοτε R+τοτε Bᵃᵇℵ T | της οργης σου] η οργη σου Bᵃᶠᵇℵ η ορ[γη]T   9 ηκοντισας] ηκουτισας Bᵇᵗˣᵗ (-σαν Bᵇᶜᵒᵐᵐ) ℵRT   10 τη καρδια] της γης BᵃᵇᵐᵍℵᶜᵃRT | om διαψαλμα T   11 om οτι ενθυμιον .σοι (1°) R | ενκαταλειμμα Bᵃᵇ (εγκ. B¹ᵗ) | εορταση T   12 τω κ̄ω̄ θ̄ω̄ ℵ* (κ̄ω̄ τω θ̄ω̄ ℵᶜᵃ) | οισωσιν T   13 βασιλευσιν T — Stich 24 B 22 ℵ 20 R 23 T   LXXVI 1 Ιδιθουν ℵ | ψαλμος τω Ασαφ T   2 και η φωνη] om και η Bᵇ (inst prius) ℵT | θεον]+μου R   3 ταις χερσιν] pr εν R | απηνηνατο] επηνηνατο R* (απ. Rᵃ) απενηνατο T   4 ηυφρανθην T | ολιγοψυχησεν T | om διαψαλμα T

ΨΑΛΜΟΙ

5 ⁵προκατελάβοντο φυλακὰς οἱ ἐχθροί μου·
ἐταράχθην καὶ οὐκ ἐλάλησα.
6 ⁶διελογισάμην ἡμέρας ἀρχαίας,
7 καὶ ἔτη αἰώνια ⁷ἐμνήσθην καὶ ἐμελέτησα·
νυκτὸς μετὰ τῆς καρδίας μου ἠδολέσχουν, καὶ ἔσκαλεν τὸ πνεῦμά μου.
8 ⁸μὴ εἰς τοὺς αἰῶνας ἀπώσεται Κύριος,
καὶ οὐ προσθήσει τοῦ εὐδοκῆσαι ἔτι;
9 ⁹ἢ εἰς τέλος ἀποκόψει τὸ ἔλεος ἀπὸ γενεᾶς καὶ γενεᾶς;
10 ¹⁰ἢ ἐπιλήσεται τοῦ οἰκτειρῆσαι ὁ θεός,
ἢ συνέξει τοὺς οἰκτειρμοὺς αὐτοῦ ἐν τῇ ὀργῇ αὐτοῦ.
διάψαλμα.
11 ¹¹καὶ εἶπα Νῦν ἠρξάμην,
αὕτη ἡ ἀλλοίωσις τῆς δεξιᾶς τοῦ ὑψίστου.
12 ¹²ἐμνήσθην τῶν ἔργων Κυρίου,
ὅτι μνησθήσομαι ἀπὸ τῆς ἀρχῆς τῶν θαυμασίων σου,
13 ¹³καὶ μελετήσω ἐν πᾶσιν τοῖς ἔργοις σου,
καὶ ἐν τοῖς ἐπιτηδεύμασίν σου ἀδολεσχήσω.
14 ¹⁴ὁ θεός, ἐν τῇ ἁγίῳ ἡ ὁδός σου
τίς θεὸς μέγας ὡς ὁ θεὸς ἡμῶν;
15 ¹⁵σὺ εἶ ὁ θεὸς ἡμῶν ὁ ποιῶν θαυμάσια,
ἐγνώρισας ἐν τοῖς λαοῖς σου τὴν δύναμίν σου·
16 ¹⁶ἐλυτρώσω ἐν τῷ βραχίονί σου τὸν λαόν σου,
τοὺς υἱοὺς Ἰακὼβ καὶ Ἰωσήφ. διάψαλμα.
17 ¹⁷εἴδοσάν σε ὕδατα, ὁ θεός,
εἴδοσάν σε ὕδατα καὶ ἐφοβήθησαν,
18 καὶ ἐταράχθησαν ἄβυσσοι· ¹⁸πλῆθος ἤχους ὕδατος·
φωνὴν ἔδωκαν αἱ νεφέλαι, καὶ γὰρ τὰ βέλη σου διαπορεύονται

5 οι εχθροι] pr παντες B^{ab mg}ℵ¹ (ο παντες ℵ* om ℵ^{c a}) οι οφθαλμοι ℵRT RT | μου] αυτου T   7 εσκαλεν B*^{vid} (εσκαλε B^{b vid}) εσκαλον B^{a vid} εσκαλαν B^{? vid} εσκαλλον ℵ* R^a (σκαλλουν R*^{vid}) εσκαλλεν ℵ^{c a} T   8 μη] pr και ειπα R | απωσηται T | Κυριος] ο θεος RT   9 om αποκοψει ℵRT | ελεος]+αυτου ℵ*+αυτου αποκοψει ℵ^{c a}RT (-ψη) | απο] pr συντελεσει ρημα ℵ^{c a} pr συνετελεσεν ρ. T | και γενεας] εις γενεαν RT   10 η 1°] μη RT | η 2°] μη ℵ^{c a} | συνεξη T | εν τη οργη αυτ. τους οικτειρμους (οικτιρμ T) αυτου ℵ^{c a}RT | om διαψαλμα T   11 ειπα] ειπον T   12 απο της αρχης] απ αρχ. RT   13 πασι ℵ   14 τη αγιω] τω αγ. B^bℵRT | τις] pr ο R* (om R^a) | om θεος 2° ℵ* (hab ℵ^{c a})   15 om ημων B^{ab}ℵRT | θαυμασια] +μονος ℵ^{c a} (ras ℵ^{c b}) R | om σου 1° ℵRT   16 Ιακωβ] Ισραηλ R | om διαψαλμα RT   17 ιδοσαν T bis | om και 2° T | αβυσσοι] pr αι ℵ^{c a} 18 υδατος] υδατων ℵ^{c a}R

E ¹⁹φωνὴ τῆς βροντῆς σου ἐν τῷ τροχῷ,   19
ἐσαλεύθη καὶ ἔντρομος ἐγενήθη ἡ γῆ.
²⁰ἐν τῇ θαλάσσῃ ἡ ὁδός σου,   20
καὶ αἱ τρίβοι σου ἐν ὕδασι πολλοῖς,
καὶ τὰ ἴχνη σου οὐ γνωσθήσονται.
²¹ὡδήγησας ὡς πρόβατα τὸν λαόν σου ἐν χειρὶ Μωυσῆ καὶ 21
Ἀαρών.

ΟΖ΄

Συνέσεως τῷ Ἀσάφ.   LXXVII (LXXVIII)

Προσέχετε λαός μου τὸν νόμον μου,   1
κλίνατε τὸ οὖς ὑμῶν εἰς τὰ ῥήματα τοῦ στόματός μου.
²ἀνοίξω ἐν παραβολαῖς τὸ στόμα μου,   2
φθέγξομαι προβλήματα ἀπ' ἀρχῆς,
³ὅσα ἠκούσαμεν καὶ ἔγνωμεν αὐτά,   3
καὶ οἱ πατέρες ἡμῶν διηγήσαντο ἡμῖν·
⁴οὐκ ἐκρύβη ἀπὸ τῶν τέκνων αὐτῶν εἰς γενεὰν ἑτέραν,   4
ἀπαγγέλλοντες τὰς αἰνέσεις Κυρίου
καὶ τὰς δυναστίας αὐτοῦ,
καὶ τὰ θαυμάσια αὐτοῦ ἃ ἐποίησεν.
⁵καὶ ἀνέστησεν μαρτύριον ἐν Ἰακώβ,   5
καὶ νόμον ἔθετο ἐν Ἰσραήλ,
ὃν ἐνετείλατο τοῖς πατράσιν ἡμῶν
γνωρίσαι αὐτὸν τοῖς υἱοῖς αὐτῶν,
⁶ὅπως ἂν γνῷ γενεὰ ἑτέρα,   6
υἱοὶ οἱ τεχθησόμενοι,
καὶ ἀναστήσονται καὶ ἀπαγγελοῦσιν αὐτὰ τοῖς υἱοῖς αὐτῶν·
⁷ἵνα θῶνται ἐπὶ τὸν θεὸν τὴν ἐλπίδα αὐτῶν,   7
καὶ μὴ ἐπιλάθωνται τῶν ἔργων τοῦ θεοῦ,
καὶ τὰς ἐντολὰς αὐτοῦ ἐκζητήσουσιν·

RT   **19** τροχω] + εφαναν αι αστραπαι σου τη οικουμενη B^(ab mg inf)ℵRT   **20** υδασιν R | γνωσθησεται ℵ — Stich 40 Bℵ 42 R 44 T   LXXVII **2** παραβολη ℵ* (-λαις ℵ^(c a)) | φθεγξομαι T   **4** om εις R* (hab R^a) | Κυριου] pr του RT | δυναστειας B^(ab)ℵ | εποιησαν ℵ* (-σεν ℵ¹)   **5** ον] οσα ℵ^(c a)T | ενετειλατο (ενετειλα B* -λατο B^(ab))] εθετο ℵ* (ενετιλ. ℵ^(c a)) | γνωρισαι] pr του ℵRT | αυτον] αυτα ℵ^(c a)RT   **6** οι τεχθησομενοι] om οι RT | απαγγελουσιν] αναγγελ. ℵR | om αυτα ℵ* (hab ℵ^(c a))   **7** θεον] θν (sic) ℵ | μη] pr ου R | εκζητησωσιν T

ΨΑΛΜΟΙ LXXVII 20

8 ⁸ἵνα μὴ γένωνται ὡς οἱ πατέρες αὐτῶν B
γενεὰ σκολιὰ καὶ παραπικραίνουσα,
γενεὰ ἥτις οὐ κατηύθυνεν ἐν τῇ καρδίᾳ αὐτῆς,
καὶ οὐκ ἐπιστώθη μετὰ τοῦ θεοῦ τὸ πνεῦμα αὐτῆς.
9 ⁹υἱοὶ Ἐφράιμ ἐντείνοντες καὶ βάλλοντες τόξον
ἐστράφησαν ἐν ἡμέρᾳ πολέμου·
10 ¹⁰οὐκ ἐφυλάξαντο τὴν διαθήκην τοῦ θεοῦ,
καὶ ἐν τῷ νόμῳ αὐτοῦ οὐκ ἤθελον πορεύεσθαι.
11 ¹¹καὶ ἐπελάθοντο τῶν εὐεργεσιῶν αὐτοῦ
καὶ τῶν θαυμασίων αὐτοῦ ὧν ἔδειξεν αὐτοῖς,
12 ¹²ἐναντίον τῶν πατέρων αὐτῶν ἃ ἐποίησεν θαυμάσια,
ἐν γῇ Αἰγύπτῳ ἐν πεδίῳ Τάνεως.
13 ¹³διέρρηξεν θάλασσαν καὶ διήγαγεν αὐτούς,
ἔστησεν ὕδατα ὡσεὶ ἀσκόν·
14 ¹⁴καὶ ὡδήγησεν αὐτοὺς ἐν νεφέλῃ ἡμέρας,
καὶ ὅλην τὴν νύκτα ἐν φωτισμῷ πυρός·
15 ¹⁵διέρρηξεν πέτραν ἐν ἐρήμῳ,
καὶ ἐπότισεν αὐτοὺς ὡς ἐν ἀβύσσῳ πολλῇ·
16 ¹⁶καὶ ἐξήγαγεν ὕδωρ ἐκ πέτρας,
καὶ κατήγαγεν ὡς ποταμοὺς ὕδατα.
17 ¹⁷καὶ προσέθεντο ἔτι τοῦ ἁμαρτάνειν αὐτῷ·
παρεπίκραναν τὸν ὕψιστον ἐν ἀνύδρῳ,
18 ¹⁸καὶ ἐξεπείρασαν τὸν θεὸν ἐν ταῖς καρδίαις αὐτῶν,
τοῦ αἰτῆσαι βρώματα ταῖς ψυχαῖς αὐτῶν.
19 ¹⁹καὶ κατελάλησαν τοῦ θεοῦ
καὶ εἶπαν Μὴ δυνήσεται ὁ θεὸς ἑτοιμάσαι τράπεζαν ἐν
ἐρήμῳ;
20 ²⁰ἐπεὶ ἐπάταξεν πέτραν, καὶ ἐρρύησαν ὕδατα,
καὶ χείμαρροι κατεκλύσθησαν·
μὴ καὶ ἄρτον δυνήσεται δοῦναι;
ἢ ἑτοιμάσαι τράπεζαν τῷ λαῷ αὐτοῦ;

8 ενωνται ℵ* (γεν. ℵ¹) | κατευθυνεν ℵ | εν τη καρδια] την καρδιαν ℵ^(c a)RT | ℵRT αυτης 1°] εαυτης ℵ^(c a)   9 Εφρεμ (? R) T | τοξον] τοξοις B^(ab)ℵRT   10 εφυλαξαν B^(ab)ℵRT | ηθελον] ηβουληθησαν ℵ^(c a) εβουλ. T   11 επελαθεντο B* (επελαθοντο B^b)   12 α] οσα R | Αιγυπτου RT   13 εστησεν] παρεστησεν ℵ^(c a)T | ωσει] ως εις R   14 πυρος] φωτος ℵ* (πυρος ℵ^(c a))   15 διερηξεν T | ερημω] pr τη ℵ   16 ως] ωσει ℵ* (ως ℵ^(c a))   17 παρεπικραναν] παρεπικρανεν R* (-ναν R^a) pr και R   18 εξεπειρασαν] επειρασαν R   19 ειπον T   20 ερυησαν T | δυνησεται] δυναται ℵR^(v.d)T

315

B 21διὰ τοῦτο ἤκουσεν Κύριος καὶ ἀνεβάλετο,
   καὶ πῦρ ἀνήφθη ἐν Ἰακώβ,
   καὶ ὀργὴ ἀνέβη ἐπὶ τὸν Ἰσραήλ·
22ὅτι οὐκ ἐπίστευσαν ἐν τῷ θεῷ,
   οὐδὲ ἤλπισαν ἐπὶ τὸ σωτήριον αὐτοῦ.
23καὶ ἐνετείλατο νεφέλαις ὑπεράνωθεν,
   καὶ θύρας οὐρανοῦ ἠνέῳξεν·
24καὶ ἔβρεξεν αὐτοῖς μάννα φαγεῖν,
   καὶ ἄρτον οὐρανοῦ ἔδωκεν αὐτοῖς·
25ἄρτον ἀγγέλων ἔφαγεν ἄνθρωπος,
   ἐπισιτισμὸν ἀπέστειλεν αὐτοῖς εἰς πλησμονήν.
26καὶ ἐπῆρεν νότον ἐξ οὐρανοῦ,
   καὶ ἐπήγαγεν ἐν τῇ δυναστίᾳ αὐτοῦ λίβα,
27καὶ ἔβρεξεν ἐπ' αὐτοὺς ὡσεὶ χοῦν σάρκας,
   καὶ ὡσεὶ ἄμμον θαλασσῶν πετεινὰ πτερωτά·
28καὶ ἐπέπεσον εἰς μέσον τῆς παρεμβολῆς αὐτῶν,
   κύκλῳ τῶν σκηνωμάτων αὐτῶν.
29καὶ ἐφάγοσαν καὶ ἐνεπλήσθησαν σφόδρα,
   καὶ τὴν ἐπιθυμίαν αὐτῶν ἤνεγκεν αὐτοῖς.
30οὐκ ἐστερήθησαν ἀπὸ τῆς ἐπιθυμίας αὐτῶν·
   ἔτι τῆς βρώσεως αὐτῶν οὔσης ἐν τῷ στόματι αὐτῶν,
31καὶ ὀργὴ τοῦ θεοῦ ἀνέβη ἐπ' αὐτοὺς
   καὶ ἀπέκτεινεν ἐν τοῖς πλείοσιν αὐτῶν,
   καὶ τοὺς ἐκλεκτοὺς τοῦ Ἰσραὴλ συνεπόδισεν.
32ἐν πᾶσιν τούτοις ἥμαρτον ἔτι,
   καὶ οὐκ ἐπίστευσαν τοῖς θαυμασίοις αὐτοῦ·
33καὶ ἐξέλιπον ἐν ματαιότητι αἱ ἡμέραι αὐτῶν,
   καὶ τὰ ἔτη αὐτῶν μετὰ σπουδῆς.
34ὅταν ἀπέκτεννεν αὐτοὺς ἐζήτουν αὐτόν,
   καὶ ἐπέστρεφον καὶ ὤρθριζον πρὸς τὸν θεόν·
35καὶ ἐμνήσθησαν ὅτι ὁ θεὸς βοηθὸς αὐτῶν ἐστιν,
   καὶ ὁ θεὸς ὁ ὕψιστος λυτρωτὴς αὐτῶν ἐστιν.

ℵRT   22 om εν τω θεω ουδε ηλπισαν R   23 ανεωξεν BabℵRT   24 om και 2° R   26 om και 1° ℵRT | επηρεν] απηρεν Babℵრট | om εν R* (hab Ra) | δυναστια (-τεια Bab)] δυναμει T   27 χουν] χνουν ℵT   28 επεπεσον Bℵc a R] επεσον ℵ* επεπεσεν T   29 εφαγοσαν] εφαγον ℵRT | ηνεγκεν] εδωκεν ℵ* (ην. ℵc a)   30 om αυτων 2° ℵc aT   32 πασι ℵ* (πασιν ℵc a) RT | τοις θαυμ.] pr εν ℵRT   33 εξελειπον T   34 απεκτενεν B'vid | εζητουν] εξεζητουν ℵRT pr τοτε ℵT   35 om ο θεος (2°) ℵ* (hab ℵc a)

ΨΑΛΜΟΙ

36 ³⁶καὶ ἠγάπησαν αὐτὸν ἐν τῷ στόματι αὐτῶν,
καὶ τῇ γλώσσῃ αὐτῶν ἐψεύσαντο αὐτῷ·

37 ³⁷ἡ δὲ καρδία αὐτῶν οὐκ εὐθεῖα μετ' αὐτοῦ,
οὐδὲ ἐπιστώθησαν ἐν τῇ διαθήκῃ αὐτοῦ.

38 ³⁸αὐτὸς δέ ἐστιν οἰκτίρμων
καὶ ἱλάσεται ταῖς ἁμαρτίαις αὐτῶν,
καὶ οὐ διαφθερεῖ·
καὶ πληθυνεῖ τοῦ ἀποστρέψαι τὸν θυμὸν αὐτοῦ,
καὶ οὐχὶ ἐκκαύσει πᾶσαν τὴν ὀργὴν αὐτοῦ.

39 ³⁹καὶ ἐμνήσθη ὅτι σάρξ εἰσιν,
πνεῦμα πορευόμενον καὶ οὐκ ἐπιστρέφον.

40 ⁴⁰ποσάκις παρεπίκραναν αὐτὸν ἐν τῇ ἐρήμῳ,
παρώργισαν αὐτὸν ἐν γῇ ἀνύδρῳ;

41 ⁴¹καὶ ἐπέστρεψαν καὶ ἐπείρασαν τὸν θεόν,
καὶ τὸν ἅγιον τοῦ Ἰσραὴλ παρώξυναν.

42 ⁴²οὐκ ἐμνήσθησαν τῆς χειρὸς αὐτοῦ,
ἡμέρας ἧς ἐλυτρώσατο αὐτοὺς ἐκ χειρὸς θλίβοντος·

43 ⁴³ὡς ἔθετο ἐν Αἰγύπτῳ τὰ σημεῖα αὐτοῦ,
καὶ τὰ τέρατα αὐτοῦ ἐν πεδίῳ Τάνεως·

44 ⁴⁴καὶ μετέστρεψεν εἰς αἷμα τοὺς ποταμοὺς αὐτῶν,
καὶ τὰ ὀμβρήματα αὐτῶν ὅπως μὴ πίωσιν·

45 ⁴⁵ἐξαπέστειλεν εἰς αὐτοὺς κυνόμυιαν καὶ κατέφαγεν αὐτούς,
καὶ βάτραχον καὶ διέφθειρεν αὐτούς·

46 ⁴⁶καὶ ἔδωκεν τῇ ἐρυσίβῃ τὸν καρπὸν αὐτῶν,
καὶ τοὺς πόνους αὐτῶν τῇ ἀκρίδι·

47 ⁴⁷ἀπέκτεινεν ἐν χαλάζῃ τὴν ἄμπελον αὐτῶν,
καὶ τὰς συκαμίνους αὐτῶν ἐν τῇ πάχνῃ·

48 ⁴⁸καὶ παρέδωκεν ἐν χαλάζῃ τὰ κτήνη αὐτῶν,
καὶ τὴν ὕπαρξιν αὐτῶν τῷ πυρί·

49 ⁴⁹ἐξαπέστειλεν εἰς αὐτοὺς ὀργὴν θυμοῦ αὐτοῦ,
θυμὸν καὶ ὀργὴν καὶ θλῖψιν,
ἀποστολὴν δι' ἀγγέλων πονηρῶν·

50 ⁵⁰ὡδοποίησεν τρίβον τῇ ὀργῇ αὐτοῦ,

36 αυτω] αυτον T   37 ευθια T   38 οικτειρμων ℵ | ιλασηται T | ℵR¹ διαφθιρει T | πληθυνω R* (-νει Rᵃ)   40 γη ανυδρω] τη ερημω ℵ* (γη αν. ℵᶜ ᵃ)   41 επειρασαντο R   42 ουκ] pr και R | ης ελυτρωσατο] ηλυτρωσατο Rᵛⁱᵈ | χειρος 2°] pos (sic) ℵ | θλιβοντων ℵ   46 τον καρπον] τους καρπους T   47 συκαμινας R   48 εν χαλαζη] εις αιχμαλωσιαν ℵ* εις χαλαζαν ℵᶜ ᵃ T εις την χ. R | υπαρξιαν R   49 εξαπεστειλ sup ras ℵ¹   50 οδοποιησεν ℵT

ΨΑΛΜΟΙ

B οὐκ ἐφείσατο ἀπὸ θανάτου τῶν ψυχῶν αὐτῶν,
καὶ τὰ κτήνη αὐτῶν εἰς θάνατον συνέκλεισεν·
⁵¹καὶ ἐπάταξεν πᾶν πρωτότοκον ἐν Αἰγύπτῳ,
ἀπαρχὴν τῶν πόνων αὐτῶν ἐν τοῖς σκηνώμασι Χάμ.
⁵²καὶ ἀπῆρεν ὡς πρόβατα τὸν λαὸν αὐτοῦ
καὶ ἤγαγεν αὐτοὺς ὡς ποίμνιον ἐν ἐρήμῳ·
⁵³καὶ ὡδήγησεν αὐτοὺς ἐν ἐλπίδι καὶ οὐκ ἐδειλίασαν,
καὶ τοὺς ἐχθροὺς αὐτῶν ἐκάλυψεν θάλασσα.
⁵⁴καὶ εἰσήγαγεν αὐτοὺς εἰς ὄρος ἁγιάσματος αὐτοῦ,
ὄρος τοῦτο ὃ ἐκτήσατο ἡ δεξιὰ αὐτοῦ·
⁵⁵καὶ ἐξέβαλεν ἀπὸ προσώπου αὐτῶν ἔθνη,
καὶ ἐκληροδότησεν αὐτοὺς ἐν σχοινίῳ κληροδοσίας,
καὶ κατεσκήνωσεν ἐν τοῖς σκηνώμασιν αὐτῶν ταῖς φυλαῖς
τοῦ Ἰσραήλ.
⁵⁶καὶ ἐπείρασαν καὶ παρεπίκραναν τὸν θεὸν τὸν ὕψιστον,
καὶ τὰ μαρτύρια αὐτοῦ οὐκ ἐφυλάξαντο·
⁵⁷καὶ ἐπέστρεψαν καὶ ἠσυνθέτησαν καθὼς καὶ οἱ πατέρες αὐτῶν
καὶ μετεστράφησαν εἰς τόξον στρεβλόν·
⁵⁸καὶ παρώργισαν αὐτὸν ἐπὶ τοῖς βουνοῖς αὐτῶν,
καὶ ἐν τοῖς γλυπτοῖς αὐτῶν παρεζήλωσαν αὐτόν.
⁵⁹ἤκουσεν ὁ θεός, καὶ ὑπερεῖδεν
καὶ ἐξουδένωσεν τὸν Ἰσραὴλ σφόδρα·
⁶⁰καὶ ἀπώσατο τὴν σκηνὴν Σηλώμ,
σκήνωμα αὐτοῦ οὗ κατεσκήνωσεν ἐν ἀνθρώποις·
⁶¹καὶ παρέδωκεν εἰς αἰχμαλωσίαν τὴν ἰσχὺν αὐτῶν,
καὶ τὴν καλλονὴν αὐτοῦ εἰς χεῖρας ἐχθροῦ·
⁶²καὶ συνέκλεισεν εἰς ῥομφαίαν τὸν λαὸν αὐτοῦ,
καὶ τὴν κληρονομίαν αὐτοῦ ὑπερεῖδεν.
⁶³τοὺς νεανίσκους αὐτῶν κατέφαγεν πῦρ,
καὶ αἱ παρθένοι αὐτῶν οὐκ ἐπένθησαν·

ℵRT   51 Αιγυπτω] γη Αιγυπτου ℵRT | των πονων] των πρωτοτοκων ℵ* παντος πονου ℵ^(c.a)RT | σκηνωμασιν RT   52 ηγαγεν] ανηγαγεν ℵRT | ως 2°] ωσει ℵ^(c.a)RT   53 εν] επ ℵ^(c.a)T | θαλασσα pr η ℵ^(c.a)   55 ταις φυλαις] τας φυλας B^bℵRT | του Ισραηλ] om του R   56 παρεπικρανεν R   57 επεστρεψαν] απεστρεψαν B^(ab)RT | ησυνθετησαν] ηθετησαν ℵ^(c.a)RT | καθως] ως R | om και 3° RT | om και 4° ℵ^(c.a)RT | εις] ως R   58 επι] εν ℵRT   59 ηκουσεν] pr και ℵ* (om ℵ^(c.a)) | ο θεος] κ̅ς̅ ℵ* (ο θ̅ς̅ ℵ^(c.a)) R | υπεριδε| T | σφοδρα τον Ισρ. ℵRT   60 Σηλω ℵ* (Σηλωμ ℵ^(c.a)) | om αυτου ℵ^(c.a)RT | ου] ο ℵ^(c.a)T   61 αυτου] αυτων ℵRT | εχθρου] εχθρων R   62 αυτου 2°] αυτων ℵ | υπεριδεν ℵT   63 επενθησαν] επενηθησαν ℵ^(c.a)T

ΨΑΛΜΟΙ LXXVIII 4

64 ⁶⁴οἱ ἱερεῖς αὐτῶν ἐν ῥομφαίᾳ ἔπεσαν,
καὶ αἱ χῆραι αὐτῶν οὐ κλαυσθήσονται.
65 ⁶⁵καὶ ἐξηγέρθη ὡς ὁ ὑπνῶν Κύριος,
ὡς δυνατὸς κεκραιπαληκὼς ἐξ οἴνου·
66 ⁶⁶καὶ ἐπάταξεν τοὺς ἐχθροὺς αὐτῶν εἰς τὰ ὀπίσω,
ὄνειδος αἰώνιον ἔδωκεν αὐτοῖς.
67 ⁶⁷καὶ ἀπώσατο τὸ σκήνωμα Ἰωσήφ,
καὶ τὴν φυλὴν Ἐφράιμ οὐκ ἐξελέξατο·
68 ⁶⁸καὶ ἐξελέξατο τὴν φυλὴν Ἰούδα,
τὸ ὄρος τὸ Σειὼν ἠγάπησεν.
69 ⁶⁹καὶ ᾠκοδόμησεν ὡς μονοκερώτων τὸ ἁγίασμα αὐτοῦ,
ἐν τῇ γῇ ἐθεμελίωσεν αὐτὴν εἰς τὸν αἰῶνα.
70 ⁷⁰καὶ ἐξελέξατο Δαυεὶδ τὸν δοῦλον αὐτοῦ,
καὶ ἀνέλαβεν αὐτὸν ἐκ τῶν ποιμνίων τῶν προβάτων·
71 ⁷¹ἐξόπισθεν τῶν λοχευομένων ἔλαβεν αὐτόν,
ποιμαίνειν Ἰακὼβ τὸν δοῦλον αὐτοῦ
καὶ Ἰσραὴλ τὴν κληρονομίαν αὐτοῦ.
72 ⁷²καὶ ἐποίμανεν αὐτοὺς ἐν τῇ ἀκακίᾳ τῆς καρδίας αὐτοῦ,
καὶ ἐν τῇ συνέσει τῶν χειρῶν αὐτοῦ ὡδήγησεν αὐτούς.

ΟΗ´

LXXVIII
(LXXIX)
Ψαλμὸς τῷ Ἀσάφ.

1 Ὁ θεός, ἤλθοσαν ἔθνη εἰς τὴν κληρονομίαν σου,
ἐμίαναν τὸν ναὸν τὸν ἅγιόν σου,
ἔθεντο Ἰερουσαλὴμ εἰς ὀπωροφυλάκιον·
2 ²ἔθεντο τὰ θνησιμαῖα τῶν δούλων σου βρώματα τοῖς πετεινοῖς
τοῦ οὐρανοῦ,
τὰς σάρκας τῶν ὁσίων σου τοῖς θηρίοις τῆς γῆς·
3 ³ἐξέχεαν τὸ αἷμα αὐτῶν ὡς ὕδωρ κύκλῳ Ἰερουσαλήμ, καὶ
οὐκ ἦν ὁ θάπτων.
4 ⁴ἐγενήθημεν εἰς ὄνειδος τοῖς γείτοσιν ἡμῶν,
μυκτηρισμὸς καὶ χλευασμὸς τοῖς κύκλῳ ἡμῶν.

64 κλανθησονται R　　65 εξηγερθην R | κεκραιπαληκως Bᵃᵇ (κεκρεπ. B*ℵT)] pr ϗ Bᵃᵇ　　66 αυτων] αυτου ℵ* (-των ℵᶜ ᵃ) T | ονειδος] ονειδισμον R　　68 το Σειων] Σιων ℵR (? Σειων) | ηγαπησεν] pr ο ℵRT　　69 μονοκερωτος T | αυτην] αυτο ℵ　　72 τη συνεσει] ταις συνεσεσι ℵᶜ ᵃ T (-σιν) — Stich 162 B 159 ℵT 160 R　　LXXVIII 1 Ασαφ] Δαυειδ ℵ | κληρονομιαν] ο 2° rescr ℵ¹ (κληρονωμ. ℵ* ᶠᵒʳᵗ) | εις 2°] ως R　　3 ως] ωσει ℵᶜ ᵃ T　　4 om εις T

ΨΑΛΜΟΙ

B ⁵ἕως πότε, Κύριε, ὀργισθήσῃ εἰς τέλος;
ἐκκαυθήσεται ὡς πῦρ ὁ ζῆλός σου;
⁶ἔκχεον τὴν ὀργήν σου ἐπὶ ἔθνη τὰ μὴ ἐπεγνωκότα σε,
καὶ ἐπὶ βασιλείας αἳ τὸ ὄνομά σου οὐκ ἐπεκαλέσαντο·
⁷ὅτι κατέφαγον τὸν Ἰακώβ, καὶ τὸν τόπον αὐτοῦ ἠρήμωσαν.
⁸μὴ μνησθῇς ἡμῶν ἀνομιῶν ἀρχαίων·
ταχὺ προκαταλαβέτωσαν ἡμᾶς οἱ οἰκτειρμοί σου,
ὅτι ἐπτωχεύσαμεν σφόδρα.
⁹βοήθησον ἡμῖν, ὁ θεὸς ὁ σωτὴρ ἡμῶν,
ἕνεκα τῆς δόξης τοῦ ὀνόματός σου· Κύριε, ῥῦσαι ἡμᾶς,
καὶ ἱλάσθητι ταῖς ἁμαρτίαις ἡμῶν ἕνεκα τοῦ ὀνόματός σου·
¹⁰μή ποτε εἴπωσιν ἐν τοῖς ἔθνεσιν Ποῦ ἐστιν ὁ θεὸς αὐτῶν;
καὶ γνωσθήτω ἐν τοῖς ἔθνεσιν ἐνώπιον τῶν ὀφθαλμῶν ἡμῶν
ἡ ἐκδίκησις τοῦ αἵματος τῶν δούλων σου τοῦ ἐκκεχυμένου.
¹¹εἰσελθάτω ἐνώπιόν σου ὁ στεναγμὸς τῶν πεπεδημένων,
κατὰ τὴν μεγαλωσύνην τοῦ βραχίονός σου,
περιποίησαι τοὺς υἱοὺς τῶν τεθανατωμένων.
¹²ἀπόδος τοῖς γείτοσιν ἡμῶν ἑπταπλάσια εἰς τὸν κόλπον αὐτῶν,
τὸν ὀνειδισμὸν αὐτῶν ὃν ὠνείδισάν σε, Κύριε.
¹³ἡμεῖς γὰρ λαός σου καὶ πρόβατα τῆς νομῆς σου
ἀνθομολογησόμεθά σοι εἰς τὸν αἰῶνα,
εἰς γενεὰν καὶ γενεὰν ἐξαγγελοῦμεν τὴν αἴνεσίν σου

ΟΘ΄

Εἰς τὸ τέλος, ὑπὲρ τῶν ἀλλοιωθησομένων· μαρτύριον τῷ Ἀσάφ, ψαλμὸς ὑπὲρ τοῦ Ἀσσυρίου.

²Ὁ ποιμαίνων τὸν Ἰσραὴλ πρόσχες,
ὁ ὁδηγῶν ὡσεὶ πρόβατα τὸν Ἰωσήφ·
ὁ καθήμενος ἐπὶ τῶν χερουβεὶμ ἐμφάνηθι,

אRT 6 om εκχεον σε א*(hab εκχ. τ. ο. σου επι εθνη τα μη ειδοτα σε א¹⁽ᵛⁱᵈ⁾) | εθνη] pr τα אᶜᵃRT | επεγνωκοτα] γινωσκοντα אᶜᵃRT 8 ημων ανομιων] των ανομιων ημων R | οικτιρμοι T | σου]+κε T 9 ημιν] ημας R | ενεκα 1°] ενεκεν אᶜᵃT | om σου 1° א | ενεκα 2°] ενεκεν אᶜᵃRT | σου 2°] αυτου א* (σου א¹) 10 εν τοις εθνεσιν (1°)] τα εθνη אᶜᵃRT 11 εισελθετω Bᵃᵇ | κατα] και א* (κατα א¹) | μεγαλοσυνην T 12 επταπλασιονα אRT | om αυτων 2° R | σε] σοι R 13 γαρ] δε אRT | της νομης] om της אᶜᵃRT | ανθομολογησομεθα] εξομολογησομεθα R ανθομολογησωμεθα T | σοι] +ο θς אᶜᵃ (om אᶜᵇ) T — Stich 30 Bא 34 R 33 T LXXIX 1 om υπερ του Ασσυριου א 2 προβατον RT | τον Ιωσηφ] om τον R | χερουβιν BᵇT | εμφανητι א ενφανηθι RT

ΨΑΛΜΟΙ LXXIX 17

3 ³ἐναντίον Ἐφράιμ καὶ Βενιαμεὶν καὶ Μανασσῆ,
ἐξέγειρον τὴν δυναστείαν σου καὶ ἐλθὲ εἰς τὸ σῶσαι ἡμᾶς.
4 ⁴ὁ θεός, ἐπίστρεψον ἡμᾶς καὶ ἐπίφανον τὸ πρόσωπόν σου, καὶ
σωθησόμεθα.
5 ⁵Κύριε ὁ θεὸς τῶν δυνάμεων,
ἕως πότε ὀργίζῃ ἐπὶ τὴν προσευχὴν τοῦ δούλου σου;
6 ⁶ψωμιεῖς ἡμᾶς ἄρτον δακρύων,
καὶ ποτιεῖς ἡμᾶς ἐν δάκρυσιν ἐν μέτρῳ;
7 ⁷ἔθου ἡμᾶς εἰς ἀντιλογίαν τοῖς γείτοσιν ἡμῶν,
καὶ οἱ ἐχθροὶ ἡμῶν ἐμυκτήρισαν ἡμᾶς.
8 ⁸Κύριε ὁ θεὸς τῶν δυνάμεων, ἐπίστρεψον ἡμᾶς
καὶ ἐπίφανον τὸ πρόσωπόν σου, καὶ σωθησόμεθα
διάψαλμα.
9 ⁹ἄμπελον ἐξ Αἰγύπτου μετῆρας,
ἐξέβαλες ἔθνη καὶ κατεφύτευσας αὐτήν·
10 ¹⁰ὡδοποίησας ἔμπροσθεν αὐτῆς,
καὶ κατεφύτευσας τὰς ῥίζας αὐτῆς, καὶ ἐπλήσθη ἡ γῆ.
11 ¹¹ἐκάλυψεν ὄρη ἡ σκιὰ αὐτῆς,
καὶ αἱ ἀναδενδράδες αὐτῆς ¹τὰς κέδρους τοῦ θεοῦ·
12 ¹²ἐξέτεινεν τὰ κλήματα αὐτῆς ἕως θαλάσσης,
καὶ ἕως ποταμοῦ τὰς παραφυάδας αὐτῆς.
13 ¹³ἵνα τί καθεῖλες τὸν φραγμὸν αὐτῆς,
καὶ τρυγῶσιν αὐτὴν πάντες οἱ παραπορευόμενοι τὴν ὁδόν,
14 ¹⁴ἐλυμήνατο αὐτὴν σῦς ἐκ δρυμοῦ,
καὶ ὄνος ἄγριος κατενεμήσατο αὐτήν.
15 ¹⁵ὁ θεὸς τῶν δυνάμεων, ἐπίστρεψον δή,
ἐπίβλεψον ἐξ οὐρανοῦ καὶ ἴδε,
καὶ ἐπίσκεψαι τὴν ἄμπελον ταύτην·
16 ¹⁶καὶ κατάρτισαι αὐτὴν ἣν ἐφύτευσεν ἡ δεξιά σου,
καὶ ἐπὶ υἱὸν ἀνθρώπου ὃν ἐκραταίωσας σεαυτῷ.
17 ¹⁷ἐμπεπυρισμένη πυρὶ καὶ ἀνεσκαμμένη·
ἀπὸ ἐπιτιμήσεως τοῦ προσώπου σου ἀπολοῦνται.

3 Βενιαμιν T | δυναστιαν אT   5 εως] ες R^{vid} | του δουλου] των δουλων אART א^{c a}T   7 εμυκτηρισαν] εμυκτηριζον א^{c a}   8 om διαψαλμα אT   9 εξεβαλας T   10 οδοποιησας T | επλησθη η γη] επληρωσεν την γην א^{c a}T   12 σληματα B* (κληματα B^{ab}) | ποταμων א^{c a}AR   13 καθειλας RT (καθιλας) | αυτην παντες οι παραπο sup ras et in mg A^a (om αυτην A*)   14 συς] υς א[?]ART | ονος] μεσονιος B^c μονιος א^{c a}AR a[?]T | κατενωμεσατο R   15 επιβλεψον] pr και א^{c a} (ras ϛ א^{c b}) AT   17 ενπεπυρισμενη R

B ¹⁸γενηθήτω ἡ χείρ σου ἐπ' ἄνδρα δεξιᾶς σου, 18
   καὶ ἐπὶ υἱὸν ἀνθρώπου ὃν ἐκραταίωσας σεαυτῷ·
¹⁹καὶ οὐ μὴ ἀποστῶμεν ἀπὸ σοῦ· 19
   ζωώσεις ἡμᾶς, καὶ τὸ ὄνομά σου ἐπικαλεσόμεθα.
²⁰Κύριε ὁ θεὸς τῶν δυνάμεων, ἐπίστρεψον ἡμᾶς 20
   καὶ ἐπίφανον τὸ πρόσωπόν σου, καὶ σωθησόμεθα.

Π′

Εἰς τὸ τέλος, ὑπὲρ τῶν ληνῶν· τῷ Ἀσὰφ ψαλμός.   LXXX (LXXXI)

²Ἀγαλλιᾶσθε τῷ θεῷ τῷ βοηθῷ ἡμῶν, 2
  ἀλαλάξατε τῷ θεῷ Ἰακώβ·
³λάβετε ψαλμὸν καὶ δότε τύμπανον, 3
  ψαλτήριον τερπνὸν μετὰ κιθάρας·
⁴σαλπίσατε ἐν νεομηνίᾳ σάλπιγγι, 4
  ἐν εὐσήμῳ ἡμέρᾳ ἑορτῆς ἡμῶν,
⁵ὅτι πρόσταγμα τῷ Ἰσραήλ ἐστιν, 5
  καὶ κρίμα τῷ θεῷ Ἰακώβ·
⁶μαρτύριον ἐν τῷ Ἰωσὴφ ἔθετο αὐτόν, 6
  ἐν τῷ ἐξελθεῖν αὐτὸν ἐκ γῆς Αἰγύπτου.
  γλῶσσαν ἣν οὐκ ἔγνω ἤκουσεν,
⁷ἀπέστησεν ἀπὸ ἄρσεων τὸν νῶτον αὐτοῦ, 7
  αἱ χεῖρες αὐτοῦ ἐν τῷ κοφίνῳ ἐδούλευσαν.
⁸ἐν θλίψει ἐπεκαλέσω με καὶ ἐρυσάμην σε· 8
  ἐπήκουσά σου ἐν ἀποκρύφῳ καταιγίδος,
  ἐδοκίμασά σε ἐπὶ ὕδατος Ἀντιλογίας.   διάψαλμα.
⁹ἄκουσον, λαός μου, καὶ λαλήσω σοι· Ἰσραήλ, καὶ διαμαρτύρο- 9
  μαί σοι.
  ἐὰν ἀκούσῃς μου, ¹⁰οὐκ ἔσται ἐν σοὶ θεὸς πρόσφατος, 10
  οὐδὲ προσκυνήσεις θεῷ ἀλλοτρίῳ.
¹¹ἐγὼ γάρ εἰμι Κύριος ὁ θεός σου, 11
  ὁ ἀναγαγών σε ἐκ γῆς Αἰγύπτου

ART 18 δεξιαν A   19 ζωσης T | επικαλεσωμεθα AT — Stich 39 BT 38 ℵ 37 R   LXXX 1 om υπερ των ληνων T | ληνων] αλλοιωθησομενων A | τω Ασαφ ψαλμος] ψ. τω Ασαφ ℵ°ᵃRT ψ. τω Δᾱδ A   4 ημερας A | ημων] υμων ℵ°ᵃ (statim restit ημ.)   6 αυτον 1°] αυτο T | εξελθειν] εξελθεν ℵ* (ι superscr ℵ¹) εξειλειν R*ᵛⁱᵈ (εξελθειν Rᵃ)   7 αυτου 1°] αυτων A   8 ερρυσαμην AR | om διαψαλμα AT   9 om λαλησω σοι Ισρ. και ℵ°ᵃAT | om Ισραηλ R | διαμαρτυρουμαι AT | εαν] pr Ιηλ (inc stich) ℵ°ᵃART   10 προσκυνησης T   11 ο αναγαγων] οναγαγων Rᵛⁱᵈ

ΨΑΛΜΟΙ

πλάτυνον τὸ στόμα σου καὶ πληρώσω αὐτό. B

12 ¹²καὶ οὐκ ἤκουσεν ὁ λαός μου τῆς φωνῆς μου,
καὶ Ἰσραὴλ οὐ προσέσχεν μοι·
13 ¹³καὶ ἐξαπέστειλα αὐτοὺς κατὰ τὰ ἐπιτηδεύματα τῶν καρδιῶν αὐτῶν,
πορεύσονται ἐν τοῖς ἐπιτηδεύμασιν αὐτῶν.
14 ¹⁴εἰ ὁ λαός μου ἤκουσέν μου Ἰσραήλ,
ταῖς ὁδοῖς μου εἰ ἐπορεύθη,
15 ¹⁵ἐν τῷ μηδενὶ τοὺς ἐχθροὺς αὐτῶν ἐταπείνωσα,
καὶ ἐπὶ τοὺς θλίβοντας αὐτοὺς ἐπέβαλον τὴν χεῖρά μου.
16 ¹⁶οἱ ἐχθροὶ Κυρίου ἐψεύσαντο αὐτῷ,
καὶ ἔσται ὁ καιρὸς αὐτῶν εἰς τὸν αἰῶνα·
17 ¹⁷καὶ ἐψώμισεν αὐτοὺς ἐκ στέατος πυροῦ,
καὶ ἐκ πέτρας μέλι ἐχόρτασεν αὐτούς.

ΠΑ΄

.XXXI
.XXXII) Ψαλμὸς τῷ Ἀσάφ.

1 Ὁ θεὸς ἔστη ἐν συναγωγῇ θεῶν,
ἐν μέσῳ δὲ θεοὺς διακρίνει.
2 ²ἕως πότε κρίνετε ἀδικίαν,
καὶ πρόσωπα ἁμαρτωλῶν λαμβάνετε;   διάψαλμα.
3 ³κρίνατε ὀρφανὸν καὶ πτωχόν,
ταπεινὸν καὶ πένητα δικαιώσατε
4 ⁴ἐξέλεσθε πένητα καὶ πτωχόν,
ἐκ χειρὸς ἁμαρτωλοῦ ῥύσασθε.
5 ⁵οὐκ ἔγνωσαν οὐδὲ συνῆκαν.
ἐν σκότει διαπορεύονται·
σαλευθήσονται πάντα τὰ θεμέλια τῆς γῆς.
6 ⁶ἐγὼ εἶπα Θεοί ἐστε καὶ υἱοὶ Ὑψίστου πάντες·
7 ⁷ὑμεῖς δὲ ἀν ὡς ἄνθρωποι ἀποθνήσκετε,
καὶ ὡς εἷς τῶν ἀρχόντων πίπτετε.

11 αυτο] αυτην R   **12** της φωνης] την φωνην R   **13** εξαπεστεστειλα ℵAR ℵ   **14** λαος]+μου ℵ^{c a}ART | Ισραηλ (Ισραλ ℵ* η superscr ℵ¹) c scqq coniung B^{a(vid)}ART   **15** μηδενι]+αν ℵART | αυτους] αυτου ℵ | επεβαλον]+αν ℵ^{c a}AT — Stich 34 BℵA 35 RT   LXXXI **3** κρινατε] κρινεται A | ορφανον και πτωχον] πτωχον κ. ορφανον ℵ* ορφανω κ. πτωχω ℵ^{c a}ART   **4** εξελεσθε] ανταναιρειτε R* (εξελ. R^a) | ρυσασθε] +αυτον ℵ^{c a} (om ℵ^{c b}) T+αυτους A   **5** σαλευθησονται] σαλευθητωσαν ℵ^{c a}R   **7** αν] δη ℵ* om B^cℵ^{c a}ART | ανθρωπος R | εις] ις T (ante ι ras τ T¹^{vid}) | αρχοντων] αρχων ℵ

ᵉἀνάστα, ὁ θεός, κρῖνον τὴν γῆν·   8
ὅτι σὺ κατακληρονομήσεις ἐν πᾶσιν τοῖς ἔθνεσιν.

ΠΒ'

Ὠδὴ ψαλμοῦ τῷ Ἀσάφ.   LXXXII (LXXXIII)

²Ὁ θεός, τίς ὁμοιωθήσεταί σοι;   2
μὴ σιγήσῃς μηδὲ καταπραΰνῃς, ὁ θεός·
³ὅτι ἰδοὺ οἱ ἐχθροί σου ἤχησαν,   3
καὶ οἱ μισοῦντές σε ἦραν κεφαλήν·
⁴ἐπὶ τὸν λαόν σου κατεπανουργεύσαντο γνώμην,   4
καὶ ἐβουλεύσαντο κατὰ τῶν ἁγίων σου·
⁵εἶπαν Δεῦτε καὶ ἐξολεθρεύσωμεν αὐτοὺς ἐξ ἔθνους,   5
καὶ οὐ μὴ μνησθῇ τὸ ὄνομα Ἰσραὴλ ἔτι·
⁶ὅτι ἐβουλεύσαντο ἐν ὁμονοίᾳ ἐπὶ τὸ αὐτό,   6
κατὰ σοῦ διαθήκην διέθεντο,
⁷τὰ σκηνώματα τῶν Ἰδουμαίων καὶ οἱ Ἰσμαηλεῖται,   7
Μωὰβ καὶ οἱ Ἁγγαρηνοί,
⁸Ναιβὰλ καὶ Ἀμμὼν καὶ Ἀμαλήκ,   8
καὶ ἀλλόφυλοι μετὰ τῶν κατοικούντων Τύρον·
⁹καὶ γὰρ καὶ Ἀσσοὺρ συνπαρεγένετο μετ' αὐτῶν,   9
ἐγενήθησαν εἰς ἀντίλημψιν τοῖς υἱοῖς Λώτ.   διάψαλμα.
¹⁰ποίησον αὐτοῖς ὡς τῇ Μαδιὰμ καὶ τῷ Σεισαρά,   10
ὡς ὁ Ἰαβεὶν ἐν τῷ χειμάρρῳ Κεισών·
¹¹ἐξολεθρεύθησαν ἐν Ἀενδώρ,   11
ἐγενήθησαν ὡς κόπρος τῇ γῇ.
¹²θοῦ τοὺς ἄρχοντας αὐτῶν ὡς τὸν Ὠρὴβ καὶ Ζὴβ καὶ Ζέβεε   12
καὶ Σελμανά, πάντας τοὺς ἄρχοντας αὐτῶν,
¹³οἵτινες εἶπαν Κληρονομήσωμεν ἑαυτοῖς τὸ θυσιαστήριον τοῦ   13
θεοῦ.

8 κατακληρονομησεις BℵᶜᵃA (-σης A* [εις sup ras Aᵃ*] T)] εξολεθρευσεις ℵ* +αυτους A¹⁽ᵐᵍ⁾ — Stich 16 Bℵ 15 A 14 R 17 T   LXXXII 1 ψαλμος R   4 σου 1°]+κε A | των αγιων] αγνων R   5 ειπον T | ου μη μνησθη] ουκ εσται εις μνημοσυνον R   6 οτι] και ℵ* (οτι ℵᶜ·ᵃ)   7 Ισμαηλιται T | Αγαρηνοι BᵇT   8 Ναιβαλ] Γαιβαλ ℵᶜᵃ⁽?R⁾ Γεβαλ A (?R)T | om και 3° ℵᶜᵃT | αλλοφυλοι μετα] οι μ sup ras 4 vel 5 litt Aᵃ? 9 συμπαρεγενετο Bᵇ | Λωθ Rᵛⁱᵈ | om διαψαλμα ART   10 αυτους R | Μαδιαμ] Μαζιαμ R | Σισαρα BᵇAT | Ιαβιν T | Κισσω¦ A Κισων T 11 εξωλεθρευθησαν BᵃᵇA | ως] ωσει ℵART | τη γη] της γης R   12 Σαλμανα ℵARᵃ (Σαλμαν R*) T   13 ειπον T | θυσιαστηριον] αγιαστηριον ℵAT

ΨΑΛΜΟΙ LXXXIII 8

14 ¹⁴ὁ θεός μου, θοῦ αὐτοὺς ὡς τροχόν, B
ὡς καλάμην κατὰ πρόσωπον ἀνέμου.
15 ¹⁵ὡσεὶ πῦρ ὃ διαφλέξει δρυμόν,
ὡς εἰ φλὸξ κατακαύσαι ὄρη,
16 ¹⁶οὕτως καταδιώξεις αὐτοὺς ἐν τῇ καταιγίδι σου,
καὶ ἐν τῇ ὀργῇ σου ταράξεις αὐτούς.
17 ¹⁷πλήρωσον τὰ πρόσωπα αὐτῶν ἀτιμίας,
καὶ ζητήσουσιν τὸ ὄνομά σου, Κύριε.
18 ¹⁸αἰσχυνθήτωσαν καὶ ταραχθήτωσαν εἰς τὸν αἰῶνα τοῦ αἰῶνος,
καὶ ἐντραπήτωσαν καὶ ἀπολέσθωσαν·
19 ¹⁹καὶ γνώτωσαν ὅτι ὄνομά σοι Κύριος,
σὺ μόνος εἶ Ὕψιστος ἐπὶ πᾶσαν τὴν γῆν.

ΠΓ'

XXXIII
(XXXIV)
Εἰς τὸ τέλος, ὑπὲρ τῶν ληνῶν· τοῖς υἱοῖς Κόρε ψαλμός.
2 ²Ὡς ἀγαπητὰ τὰ σκηνώματά σου, Κύριε τῶν δυνάμεων.
3 ³ἐπιποθεῖ καὶ ἐκλείπει ἡ ψυχή μου εἰς τὰς αὐλὰς τοῦ κυρίου·
ἡ καρδία μου καὶ ἡ σάρξ μου ἠγαλλιάσαντο ἐπὶ θεὸν ζῶντα.
4 ⁴καὶ γὰρ στρουθίον εὗρεν ἑαυτῷ οἰκίαν,
καὶ τρυγὼν νοσσιὰν ἑαυτῇ οὗ θήσει τὰ νοσσία αὐτῆς·
τὰ θυσιαστήριά σου, Κύριε τῶν δυνάμεων, ὁ βασιλεύς μου
καὶ ὁ θεός μου.
5 ⁵μακάριοι πάντες οἱ κατοικοῦντες ἐν τῷ οἴκῳ σου,
εἰς τοὺς αἰῶνας τῶν αἰώνων αἰνέσουσίν σε. διάψαλμα.
6 ⁶μακάριος ἀνὴρ οὗ ἐστιν ἡ ἀντίλημψις αὐτοῦ παρὰ σοῦ, Κύριε·
ἀναβάσεις ἐν τῇ καρδίᾳ αὐτοῦ διέθετο,
7 ⁷ἐν τῇ κοιλάδι τοῦ κλαυθμῶνος, εἰς τόπον ὃν ἔθετο.
καὶ γὰρ εὐλογίας δώσει ὁ νομοθετῶν·
8 ⁸πορεύσονται ἐκ δυνάμεως εἰς δύναμιν,
ὀφθήσεται ὁ θεὸς τῶν θεῶν ἐν Σιών.

14 ανεμου] πυρος ℵ* (αν. ℵ^{c.a})   **15** om ο T | κατακαυσει R   **16** κατα- ℵ διωξης T | ταραξεις (-ξης T)] συνταραξεις R   **17** ζητησωσιν T | ονομα] προσωπον A   **18** και ταραχθητωσαν ... αιωνα] και ταραχθητ, εις τον αιω sup ras ℵ¹   **19** om ει ART | υψιστος] pr ο R — Stich 34 Bℵ 36 AR 35 T   LXXXIII **1** τοις υιοις] om τοις R   **3** επεποθει R | κυριου] θῦ ℵ* (κῦ ℵ^{c.a}) | θεον ζωντα] τον θ. τον ζ R   **4** νοσιαν T* (νοσσ. T^{1(vid)}) | om εαυτη ℵ* (hab ℵ^{c a}) | αυτης] εαυτης ℵ^{c a}AT   **5** om παντες RT | τους αιωνας των αιωνων] τον αιωνα του αιωνος R | om διαψαλμα AT   **6** η αντιλημψις] om η ℵAT | αυτου 1°] αυτω T | om Κυριε ℵ^{c a}T   **7** εν τη κοιλαδι] εις την κοιλαδα ℵ^{c a}AT | κλαυθμονος A | εθετο] διεθετο R | ευλογιαν R   **8** Σειων ℵT

325

ΨΑΛΜΟΙ LXXXIII 9

B⁹Κύριε ὁ θεὸς τῶν δυνάμεων, εἰσάκουσον τῆς προσευχῆς μου, 9
ἐνώτισαι, ὁ θεὸς Ἰακώβ. διάψαλμα.
¹⁰ὑπερασπιστὰ ἡμῶν ἴδε ὁ θεός, 10
καὶ ἐπίβλεψον ἐπὶ τὸ πρόσωπον τοῦ χριστοῦ σου.
¹¹ὅτι κρείσσων ἡμέρα μία ἐν ταῖς αὐλαῖς σου ὑπὲρ χιλιάδας· 11
ἐξελεξάμην παραριπτεῖσθαι ἐν τῷ οἴκῳ τοῦ θεοῦ μᾶλλον ἢ
οἰκεῖν ἐπὶ σκηνώμασιν ἁμαρτωλῶν.
¹²ὅτι ἔλεον καὶ ἀλήθειαν ἀγαπᾷ Κύριος ὁ θεός, 12
χάριν καὶ δόξαν δώσει·
Κύριος οὐχ ὑστερήσει τὰ ἀγαθὰ τοὺς πορευομένους ἐν
ἀκακίᾳ.
¹³Κύριε τῶν δυνάμεων, μακάριος ἄνθρωπος ὁ ἐλπίζων ἐπὶ σέ. 13

ΠΔ´

Εἰς τὸ τέλος· τοῖς υἱοῖς Κόρε ψαλμός. LXXXIV (LXXXV)

²Εὐδόκησας, Κύριε, τὴν γῆν σου, 2
ἀπέστρεψας τὴν αἰχμαλωσίαν Ἰακώβ
³ἀφῆκας τὰς ἀνομίας τῷ λαῷ σου, 3
ἐκάλυψας τὰς ἁμαρτίας αὐτῶν. διάψαλμα.
⁴κατέπαυσας τὴν ὀργήν σου, 4
ἀπέστρεψας ἀπὸ ὀργῆς θυμοῦ σου.
⁵ἐπίστρεψον ἡμᾶς, ὁ θεὸς τῶν σωτηρίων ἡμῶν, 5
καὶ ἀπόστρεψον τὸν θυμόν σου ἀφ᾽ ἡμῶν.
⁶μὴ εἰς τὸν αἰῶνα ὀργισθήσῃ ἡμῖν; 6
ἢ διατενεῖς τὴν ὀργήν σου ἀπὸ γενεᾶς εἰς γενεάν;
⁷ὁ θεός, σὺ ἐπιστρέψας ζωώσεις ἡμᾶς, 7
καὶ ὁ λαός σου εὐφρανθήσεται ἐπὶ σοί.
⁸δεῖξον ἡμῖν, Κύριε, τὸ ἔλεός σου, 8
καὶ τὸ σωτήριόν σου, Κύριε, δῴης ἡμῖν.

RT 9 om διαψαλμα AT 10 επι] εις T 11 κρεισσω B* (κρεισσων Bᵇˀcˀ [?R]) κρισσον A(?R)T | παραριπτεσθαι ℵART | θεου]+μου ℵᶜᵃAT κυριου R | οικειν]+με ℵᶜᵃRT | επι] εν ℵᶜᵃART 12 ο θεος c seqq coniung vid ℵ* (post ο θς distinx ℵᶜᵃ) | post κς 2° distinx T | ουχ (ουκ ℵ*) υστερησει] ο στερησει (sic ut vid) Bᵇ ου στερησει ℵᶜᵃT (-ση) 13 Κυριε]+ο θς ℵᶜᵃRT σε] σοι T—Stich 24 B 25 ℵ 26 A 29 R 28 T LXXXIV 1 ψαλμος]+τω Δαδ T 2 απεστρεψας] επεστρεψας A+ο θεος R 3 τω λαω] του λαου R | τας αμαρτιας] pr πασας ℵART | om διαψαλμα A* (hab διαψ Aᵇ) T 4 την οργην] pr πασαν BˡˀⁱⁿᵍℵART | απο] απ R 6 τον αιωνα Bℵ* ᶜᵇᵛⁱᵈR] τους αιωνας ℵᶜᵃAT | οργισθηση] οργισθης ℵᶜᵃAᵃ (οργισθεις A*ᵛⁱᵈ) RT | γενεας] γενεαν (sic) ℵ 7 ζωωσης T 8 om Κυριε 2° ℵT

ΨΑΛΜΟΙ LXXXV 8

9 ⁹ἀκούσομαι τί λαλήσει ἐν ἐμοὶ Κύριος ὁ θεός,
ὅτι λαλήσει εἰρήνην ἐπὶ τὸν λαὸν αὐτοῦ
καὶ ἐπὶ τοὺς ὁσίους αὐτοῦ καὶ τοὺς ἐπιστρέφοντας πρὸς αὐτὸν καρδίαν.
10 ¹⁰πλὴν ἐγγὺς τῶν φοβουμένων αὐτὸν τὸ σωτήριον αὐτοῦ,
τοῦ κατασκηνῶσαι δόξαν ἐν τῇ γῇ ἡμῶν.
11 ¹¹ἔλεος καὶ ἀλήθεια συνήντησαν,
δικαιοσύνη καὶ εἰρήνη κατεφίλησαν·
12 ¹²ἀλήθεια ἐκ τῆς γῆς ἀνέτειλεν,
καὶ δικαιοσύνη ἐκ τοῦ οὐρανοῦ διέκυψεν.
13 ¹³καὶ γὰρ ὁ κύριος δώσει χρηστότητα,
καὶ ἡ γῆ ἡμῶν δώσει τὸν καρπὸν αὐτῆς.
14 ¹⁴δικαιοσύνη ἐναντίον αὐτοῦ προπορεύσεται,
καὶ θήσει εἰς ὁδὸν τὰ διαβήματα αὐτοῦ.

ΠΕ'

LXXXV
(LXXXVI)

Προσευχὴ τῷ Δαυείδ.

1 Κλῖνον, Κύριε, τὸ οὖς σου καὶ εἰσάκουσόν μου,
ὅτι πτωχὸς καὶ πένης εἰμὶ ἐγώ.
2 ²φύλαξον τὴν ψυχήν μου, ὅτι ὅσιός εἰμι·
σῶσον τὸν δοῦλόν σου, ὁ θεός μου, τὸν ἐλπίζοντα ἐπὶ σέ.
3 ³ἐλέησόν με, Κύριε, ὅτι πρὸς σὲ κεκράξομαι ὅλην τὴν ἡμέραν
4 ⁴εὔφρανον τὴν ψυχὴν τοῦ δούλου σου,
ὅτι πρὸς σέ, Κύριε, ἦρα τὴν ψυχήν μου.
5 ⁵ὅτι σύ, Κύριε, χρηστὸς καὶ ἐπιεικὴς
καὶ πολυέλεος πᾶσιν τοῖς ἐπικαλουμένοις σε.
6 ⁶ἐνώτισαι, Κύριε, τὴν προσευχήν μου,
καὶ πρόσχες τῇ φωνῇ τῆς δεήσεώς μου.
7 ⁷ἐν ἡμέρᾳ θλίψεώς μου ἐκέκραξα πρὸς σέ, ὅτι εἰσήκουσάς μου.
8 ⁸οὐκ ἔστιν ὅμοιός σοι ἐν θεοῖς, Κύριε,
καὶ οὐκ ἔστιν κατὰ τὰ ἔργα σου.

9 λαλησῃ T (bis) | om και 2° ℵ* (hab ℵ^(c a)) | τους επιστρεφ.] pr επι ℵ^(c a)ART | καρδιαν επ αυτον ℵ^(c a)T   10 πλην]+η R   12 om και A   13 ο κυριος] ος κ. R   14 εναντιον] ενωπιον ℵ^(c a)AT | προπορευσεται Bℵ^(c a)A^(a?)R] πορευσεται ℵ* προπορευεται A* προπορευσηται T — Stich 27 Bℵ^(c a)T 28 AR   LXXXV 1 om προσευχη A | του Δαυειδ ℵ | εισακουσον] επακουσον ℵART   2 φυλαξον την ψ. μου οτι ο sup ras ℵ¹ | οσιος] ο rescr A¹ | σε] σοι T   3 κεκραξομαι] μ sup ras A^a   4 om Κυριε ℵ* (hab ℵ^(c a)) T | ηρα την ψυχην μου sup ras A^a | μου]+ ο θ̄σ̄ ℵ* (om ℵ^(c a))   5 πασι ℵ   6 δεησιος R^(vid)   7 εισηκουσας] επηκουσας ℵ^(c a)AT

327

⁹πάντα τὰ ἔθνη ὅσα ἐποίησας ἥξουσιν
  καὶ προσκυνήσουσιν ἐνώπιόν σου, Κύριε,
  καὶ δοξάσουσιν τὸ ὄνομά σου·
¹⁰ὅτι μέγας εἶ σὺ καὶ ποιῶν θαυμάσια,
  σὺ εἶ ὁ θεὸς μόνος ὁ μέγας.
¹¹ὁδήγησόν με, Κύριε, τῇ ὁδῷ σου,
  καὶ πορεύσομαι τῇ ἀληθείᾳ σου·
  εὐφρανθήτω ἡ καρδία μου τοῦ φοβεῖσθαι τὸ ὄνομά σου.
¹²ἐξομολογήσομαί σοι, Κύριε ὁ θεός μου, ἐν ὅλῃ καρδίᾳ μου,
  καὶ δοξάσω τὸ ὄνομά σου εἰς τὸν αἰῶνα·
¹³ὅτι τὸ ἔλεός σου μέγα ἐπ' ἐμέ,
  καὶ ἐρρύσω τὴν ψυχήν μου ἐξ ᾅδου κατωτάτου.
¹⁴ὁ θεός, παράνομοι ἐπανέστησαν ἐπ' ἐμέ,
  καὶ συναγωγὴ κραταιῶν ἐζήτησαν τὴν ψυχήν μου·
  οὐ προέθεντό σε ἐνώπιον αὐτῶν.
¹⁵καὶ σύ, Κύριε ὁ θεός, οἰκτίρμων καὶ ἐλεήμων,
  μακρόθυμος καὶ πολυέλεος καὶ ἀληθινός.
¹⁶ἐπίβλεψον ἐπ' ἐμὲ καὶ ἐλέησόν με,
  δὸς τὸ κράτος σου τῷ παιδί σου, καὶ σῶσον τὸν υἱὸν τῆς παιδίσκης σου.
¹⁷ποίησον μετ' ἐμοῦ σημεῖον εἰς ἀγαθόν,
  καὶ ἰδέτωσαν οἱ μισοῦντές με καὶ αἰσχυνθήτωσαν,
  ὅτι σύ, Κύριε, ἐβοήθησάς μοι καὶ παρεκάλεσάς με.

ΠϚ'

Τοῖς υἱοῖς Κόρε ψαλμὸς ᾠδῆς.

Οἱ θεμέλιοι αὐτοῦ ἐν τοῖς ὄρεσιν τοῖς ἁγίοις·
²ἀγαπᾷ Κύριος τὰς πύλας Σιὼν ὑπὲρ πάντα τὰ σκηνώματα Ἰακώβ.
³δεδοξασμένα ἐλαλήθη περὶ σοῦ, ἡ πόλις τοῦ θεοῦ.
  διάψαλμα.

9 προσκυνησου (sic) ℵ | δοξασωσιν T   10 om ο μεγας B^c ℵAT
11 τη οδω] pr εν RT | τη αληθεια] pr εν ℵRT   12 om μου 1° R* (hab R^a) | καρδια] pr τη ℵ^c·a   13 ερυσω T   14 επανεστηστησαν ℵ | συναγωγη κραταιων] κραταιοι ℵ* (συν. κρατ. ℵ^c a) | εζητησαν] εξεζητησαν R | ου] pr και ℵ^c·a ART | προσεθεντο ℵ   15 θεος]+μου ℵ^c aT | οικτειρμων ℵA
16 om σου 1° R   17 και 1°] ινα R | με 1° B*^b] σε B^a | αισχυνθητωσαν] ευφρανθητωσαν R — Stich 36 BAT 35 ℵR   LXXXVI 1 τοις υιους R^vid | ορεσι ℵT   2 Σειων ℵT   3 om διαψαλμα A* (hab διαψ A^a) T

ΨΑΛΜΟΙ

4 ⁴μνησθήσομαι Ῥαὰβ καὶ Βαβυλῶνος τοῖς γινώσκουσίν με· B
καὶ ἰδοὺ ἀλλόφυλοι καὶ Τύρος καὶ λαὸς Αἰθιόπων, οὗτοι
ἐγενήθησαν ἐκεῖ.

5 ⁵Μήτηρ Σειών, ἐρεῖ ἄνθρωπος,
καί Ἄνθρωπος ἐγενήθη ἐν αὐτῇ,
καὶ Αὐτὸς ἐθεμελίωσεν αὐτὴν ὁ ὕψιστος.

6 . ⁶Κύριος διηγήσεται ἐν γραφῇ λαῶν καὶ ἀρχόντων τούτων τῶν
γεγενημένων ἐν αὐτῇ. διάψαλμα

7 ⁷ὡς εὐφραινομένων πάντων ἡ κατοικία ἐν σοί.

ΠΖ'

LXXXVII
.XXXVIII)
Ὠδὴ ψαλμοῦ τοῖς υἱοῖς Κόρε· εἰς τὸ τέλος,
ὑπὲρ μαελὲθ τοῦ ἀποκριθῆναι· συνέσεως Αἰμὰν
τῷ Ἰσραηλείτῃ.

2 ²Κύριε ὁ θεὸς τῆς σωτηρίας μου,
ἡμέρας ἐκέκραξα καὶ ἐν νυκτὶ ἐναντίον σου·

3 ³εἰσελθέτω ἐνώπιόν σου ἡ προσευχή μου,
κλῖνον τὸ οὖς σου εἰς τὴν δέησίν μου, Κύριε.

4 ⁴ὅτι ἐπλήσθη κακῶν ἡ ψυχή μου,
καὶ ἡ ζωή μου τῷ ᾅδῃ ἤγγισεν.

5 ⁵προσελογίσθην μετὰ τῶν καταβαινόντων εἰς λάκκον,
6 ἐγενήθην ὡς ἄνθρωπος ἀβοήθητος, ⁶ἐν νεκροῖς ἐλεύθερος·
ὡσεὶ τραυματίαι ἐρριμμένοι καθεύδοντες ἐν τάφῳ, ὧν οὐκ ἐμνήσθης ἔτι,
καὶ αὐτοὶ ἐκ τῆς χειρός σου ἀπώσθησαν·

7 ⁷ἔθεντό με ἐν λάκκῳ κατωτάτῳ,
ἐν σκοτεινοῖς καὶ ἐν σκιᾷ θανάτου.

8 ⁸ἐπ' ἐμὲ ἐπεστηρίχθη ὁ θυμός σου,
καὶ πάντας τοὺς μετεωρισμούς σου ἐπ' ἐμὲ ἐπήγαγες.
διάψαλμα.

9 ⁹ἐμάκρυνας τοὺς γνωστούς μου ἀπ' ἐμοῦ,

4 γινωσκουσι ℵ* (-σιν ℵ^{c.a}) | om και 2° R | Αιθιοπων] pr των ℵ^{c a}T | om ℵ.
ουτοι εγενηθησαν εκει ℵ* (hab ℵ^{c a})   5 Σιων A   6 γεγεννημενων R |
om διαψαλμα AT   7 κατοικια]+σου T — Stich 10 Bℵ 11 AR 13 T
LXXXVII 1 om εις το τελος ℵ | Αιμαν] Αιθαμ A | Ισραηλιτη B^bAT
2 εκεκραξα] κεκραξομαι A   3 εισελθατω ℵART | προσ|ευχη B* προσευ|χη
B^b | om Κυριε B^{c(vid)}ℵT   5 προσελογισθης R | ως] ωσει ℵART
6 ερριμμενοι καθευδοντες] om ερριμμενοι ℵ^{c a}AT καθευδοντες ερριμ R
7 εθετο ℵ* (εθεντο ℵ¹) | om εν 3° ℵ^{c a}T   8 ο θυμους B^{edit} | επηγαγες επ
εμε ℵAT | om διαψαλμα A* (hab διαψ A^a) T

329

ΨΑΛΜΟΙ

ἔθεντό με βδέλυγμα ἑαυτοῖς·
παρεδόθην καὶ οὐκ ἐξεπορευόμην.
10 οἱ ὀφθαλμοί μου ἠσθένησαν ἀπὸ πτωχείας·
καὶ ἐκέκραξα πρὸς σέ, Κύριε, ὅλην τὴν ἡμέραν,
διεπέτασα τὰς χεῖράς μου·
11 μὴ τοῖς νεκροῖς ποιήσεις θαυμάσια;
ἢ ἰατροὶ ἀναστήσουσιν καὶ ἐξομολογήσονταί σοι;
12 μὴ διηγήσεταί τις ἐν τάφῳ τὸ ἔλεός σου,
καὶ τὴν ἀλήθειάν σου ἐν τῇ ἀπωλίᾳ;
13 μὴ γνωσθήσεται ἐν τῷ σκότει τὰ θαυμάσιά σου,
καὶ ἡ δικαιοσύνη σου ἐν γῇ ἐπιλελησμένῃ;
14 κἀγώ, Κύριε, πρὸς σὲ ἐκέκραξα,
καὶ τὸ πρωὶ ἡ προσευχή μου προφθάσει σε.
15 ἵνα τί, Κύριε, ἀπωθεῖς τὴν προσευχήν μου,
ἀποστρέφεις τὸ πρόσωπόν σου ἀπ᾽ ἐμοῦ;
16 πτωχός εἰμι ἐγὼ καὶ ἐν κόποις ἐκ νεότητός μου,
ὑψωθεὶς δὲ ἐταπεινώθην καὶ ἐξηπορήθην.
17 ἐπ᾽ ἐμὲ διῆλθον αἱ ὀργαί σου,
καὶ οἱ φοβερισμοί σου ἐτάραξάν με.
18 ἐκύκλωσάν με ὡς ὕδωρ ὅλην τὴν ἡμέραν,
περιέσχον με ἅμα.
19 ἐμάκρυνας ἀπ᾽ ἐμοῦ φίλον
καὶ τοὺς γνωστούς μου ἀπὸ ταλαιπωρίας.

ΠΗ΄

Συνέσεως Αἰθὰν τῷ Ἰσραηλείτῃ.

2 Τὰ ἐλέη σου, Κύριε, εἰς τὸν αἰῶνα ᾄσομαι,
εἰς γενεὰν καὶ γενεὰν ἀπαγγελῶ τὴν ἀλήθειάν σου ἐν τῷ
στόματί μου.

10 πτωχιας ℵAT | om και ℵAT | ολην την ημ. c seqq coniung ℵRT | τας χειρας μου]+προς σε B(vid) pr προς σε Bb(vid)ℵc a AT　11 ποιησης T　12 ταφω] pr τω ℵc a T | απωλεια Bab　13 γνωσθησεται] γνωσθητω ℵc a (-θησεται ℵc b)　14 καγω] και εγω ℵAT | προς σε Κυριε ℵART | προφθαση T　15 επωθεις R | προσευχην] ψυχην ℵ¹ (rescr πωθεις την ψ. μο) AT | απ εμου το προσωπον σου R　16 εν κοποις και ℵ* (και εν κοποις ℵc a) | om και εξηπορηθην A* (hab ⸖ εξεπορηθῆ Aa(mg))　17 om και ℵc a A* (hab Aa) T | εταραξαν] εξεταραξαν ℵART　18 ως] ωσει ℵc a T　19 φιλον] +και πλησιον ℵc a ART — Stich 38 BAT 37 ℵR　LXXXVIII 1 Αιθαν] Αιμαν R Αιθαμ T | Ισραηλειτη B*edit (Ισραηλειτα ℵ) Ισραηλιτη BbAT Ισραηλιτης R　2 ασωμαι T | om και R* (hab R¹(vid)) | απαγγελλω R*vid (απαγγελω Ra).

ΨΑΛΜΟΙ LXXXVIII 16

3 ³ὅτι εἶπας Εἰς τὸν αἰῶνα ἔλεος οἰκοδομηθήσεται, B
ἐν τοῖς οὐρανοῖς ἑτοιμασθήσεται ἡ ἀλήθειά σου·
4 ⁴διεθέμην διαθήκην τοῖς ἐκλεκτοῖς μου,
ὤμοσα Δαυεὶδ τῷ δούλῳ μου
5 ⁵Ἕως τοῦ αἰῶνος ἑτοιμάσω τὸ σπέρμα σου,
καὶ οἰκοδομήσω εἰς γενεὰν καὶ γενεὰν τὸν θρόνον σου.
διάψαλμα.
6 ⁶ἐξομολογήσονται οἱ οὐρανοὶ τὰ θαυμάσιά σου, Κύριε,
καὶ τὴν ἀλήθειάν σου ἐν ἐκκλησίᾳ ἁγίων.
7 ⁷ὅτι τίς ἐν νεφέλαις ἰσωθήσεται τῷ κυρίῳ;
καὶ τίς ὁμοιωθήσεται τῷ κυρίῳ ἐν υἱοῖς θεοῦ;
8 ⁸ὁ θεὸς ἐνδοξαζόμενος ἐν βουλῇ ἁγίων,
μέγας καὶ φοβερὸς ἐπὶ πάντας τοὺς περικύκλῳ αὐτοῦ.
9 ⁹Κύριε ὁ θεὸς τῶν δυνάμεων, τίς ὅμοιός σοι;
δυνατὸς εἶ, Κύριε, καὶ ἡ ἀλήθειά σου κύκλῳ σου.
10 ¹⁰σὺ δεσπόζεις τοῦ κράτους τῆς θαλάσσης,
καὶ τὸν σάλον τῶν κυμάτων αὐτῆς σὺ καταπραΰνεις.
11 ¹¹σὺ ἐταπείνωσας ὡς τραυματίαν ὑπερήφανον,
καὶ ἐν τῷ βραχίονι τῆς δυνάμεώς σου διεσκόρπισας τοὺς
ἐχθρούς σου.
12 ¹²σοί εἰσιν οἱ οὐρανοί, καὶ σή ἐστιν ἡ γῆ·
τὴν οἰκουμένην καὶ τὸ πλήρωμα αὐτῆς σὺ ἐθεμελίωσας.
13 ¹³τὸν βορρᾶν καὶ θαλάσσας σὺ ἔκτισας,
Θαβὼρ καὶ Ἑρμωνιεὶμ τῷ ὀνόματί σου ἀγαλλιάσονται.
14 ¹⁴σὸς ὁ βραχίων μετὰ δυναστείας·
κραταιωθήτω ἡ χείρ σου, ὑψωθήτω ἡ δεξιά σου.
15 ¹⁵δικαιοσύνη καὶ κρίμα ἑτοιμασία τοῦ θρόνου σου·
ἔλεος καὶ ἀλήθεια προπορεύσεται πρὸ προσώπου σου.
16 ¹⁶μακάριος ὁ λαὸς ὁ γινώσκων ἀλαλαγμόν·
Κύριε, ἐν τῷ φωτὶ τοῦ προσώπου σου πορεύσονται,

---

4 μου 2°]+υψωσα εκλεκτον εκ του λαου μου ℵ* (improb ℵᶜᵃ)   5 γενεαν ℵART
2°] pr εις R | om διαψαλμα AT   6 και]+γαρ ℵᶜᵃAT | αγιων] οσιων R
7 και τις] om ℵᶜᵃAT η τις R | κυριω 2°] θεω ℵ* (κῶ ℵᶜᵃ) R   8 φοβερος]
+εστιν ℵᶜᵃAT | επι παντας sup ras Aᵃ   9 ομοιος] ομοιωθησεται R
10 και τον σαλον] τον δε σ. ℵᶜᵃART   11 om και ℵᶜᵃAT   12 σοι]
συ T   13 θαλασσας] την θαλασσαν ℵᶜᵃAT θαλασσαν R | Ερμωνιιμ
T (ιμ fort rescr T¹) | om σου R* (hab Rᵃ)   14 δυναστιας ℵT |
υψωθητω] pr και R   15 προπορευσεται] προπορευσονται ℵT πορευσονται A

B 17καὶ ἐν τῷ ὀνόματί σου ἀγαλλιάσονται ὅλην τὴν ἡμέραν,
   καὶ ἐν τῇ δικαιοσύνῃ σου ὑψωθήσονται.
18ὅτι τὸ καύχημα τῆς δυνάμεως αὐτῶν εἶ σύ,
   καὶ ἐν τῇ εὐδοκίᾳ σου ὑψωθήσεται τὸ κέρας ἡμῶν.
19ὅτι τοῦ κυρίου ἡ ἀντίλημψις,
   καὶ τοῦ ἁγίου Ἰσραὴλ βασιλέως ἡμῶν.
20τότε ἐλάλησας ἐν ὁράσει τοῖς υἱοῖς σου,
   καὶ εἶπας Ἐθέμην βοήθειαν ἐπὶ δυνατόν,
   ὕψωσα ἐκλεκτὸν ἐκ τοῦ λαοῦ μου·
21εὗρον Δαυεὶδ τὸν δοῦλόν μου,
   ἐν ἐλέει ἁγίῳ ἔχρισα αὐτόν.
22ἡ γὰρ χείρ μου συναντιλήμψεται αὐτῷ,
   καὶ ὁ βραχίων μου κατισχύσει αὐτόν·
23οὐκ ὠφελήσει ἐχθρὸς ἐν αὐτῷ,
   καὶ υἱὸς ἀνομίας οὐ προσθήσει τοῦ κακῶσαι αὐτόν·
24καὶ συγκόψω τοὺς ἐχθροὺς αὐτοῦ ἀπὸ προσώπου αὐτοῦ,
   καὶ τοὺς μισοῦντας αὐτὸν τροπώσομαι.
25καὶ ἡ ἀλήθειά μου καὶ τὸ ἔλεός μου μετ' αὐτοῦ,
   καὶ ἐν τῷ ὀνόματί μου ὑψωθήσεται τὸ κέρας αὐτοῦ·
26καὶ θήσομαι ἐν θαλάσσῃ χεῖρα αὐτοῦ,
   καὶ ἐν ποταμοῖς δεξιὰν αὐτοῦ.
27αὐτὸς ἐπικαλέσεταί με Πατήρ μου εἶ σύ,
   θεός μου καὶ ἀντιλήμπτωρ τῆς σωτηρίας μου·
28κἀγὼ πρωτότοκον θήσομαι αὐτόν,
   ὑψηλὸν παρὰ τοῖς βασιλεῦσιν τῆς γῆς.
29εἰς τὸν αἰῶνα φυλάξω αὐτῷ τὸ ἔλεός μου,
   καὶ ἡ διαθήκη μου πιστὴ αὐτῷ·
30καὶ θήσομαι εἰς τὸν αἰῶνα τοῦ αἰῶνος τὸ σπέρμα αὐτοῦ,
   καὶ τὸν θρόνον αὐτοῦ ὡς τὰς ἡμέρας τοῦ οὐρανοῦ.

RT 17 και εν τω ονοματι] και ε, τι inst ℵ? | τ, ολην τῇ| ημεραν· και εν τη δικαιοσυνη σου υψωθησοντ, sup ras et in mgg Aᵃ   18 το καυχημα] om το ℵᶜᵃAT | συ ει RT   19 αντιληψις T   20 bis scr ορασει R* (om oρ. 2° Rᵃ) | βοηθιαν ℵT   21 ελεει] ελεω Bᵃ(? R) ελαιω Bᵇℵ A(? R)T | αγιω]+μου ℵᶜᵃART | εχρισω R* (εχρισα Rᵃ)   23 προσθησει του κακωσαι] κακωσει ℵ* (προσθησι του κακ. ℵᶜᵃ) A*ᵛⁱᵈ (προσθησει του κακωσι αυτο| sup ras et in mg Aᵃ)   24 συνκοψω ℵARᵛⁱᵈT | απο προσωπου αυτου τους εχθρους αυτου ℵT τους εχθρ. μου απο πρ. αυτου A   25 η αληθεια] om η R* (hab Rᵃ)   26 χειρα] pr την R   27 επικαλεσηται T | θεος] pr o AR   28 καγω] και εγω ℵA | βασιλευσι ℵR   30 ως] ωσει R

ΨΑΛΜΟΙ   LXXXVIII 45

31 ³¹ἐὰν ἐγκαταλίπωσιν οἱ υἱοὶ αὐτοῦ τὸν νόμον μου,   B
   καὶ τοῖς κρίμασίν μου μὴ πορευθῶσιν·
32 ³²ἐὰν τὰ δικαιώματά μου βεβηλώσουσιν,
   καὶ τὰς ἐντολάς μου μὴ φυλάξωσιν·
33 ³³ἐπισκέψομαι ἐν ῥάβδῳ ἀνομίας αὐτῶν,
   καὶ ἐν μάστιξιν τὰς ἁμαρτίας αὐτῶν.
34 ³⁴τὸ δὲ ἔλεός μου οὐ μὴ διασκεδάσω ἀπ᾿ αὐτοῦ,
   οὐδὲ μὴ ἀδικήσω ἐν τῇ ἀληθείᾳ μου,
35 ³⁵οὐδὲ μὴ βεβηλώσω τὴν διαθήκην μου,
   καὶ τὰ ἐκπορευόμενα διὰ τῶν χειλέων μου οὐ μὴ ἀθετήσω.
36 ³⁶ἅπαξ ὤμοσα ἐν τῷ ἁγίῳ μου, εἰ τῷ Δαυεὶδ ψεύσομαι·
37 ³⁷τὸ σπέρμα αὐτοῦ εἰς τὸν αἰῶνα μενεῖ,
   καὶ ὁ θρόνος αὐτοῦ ὡς ὁ ἥλιος ἐναντίον μου,
38 ³⁸καὶ ὡς ἡ σελήνη κατηρτισμένη εἰς τὸν αἰῶνα·
   καὶ ὁ μάρτυς ἐν οὐρανῷ πιστός.   διάψαλμα.
39 ³⁹σὺ δὲ ἀπώσω καὶ ἐξουδένωσας,
   ἀνεβάλου τὸν χριστόν σου·
40 ⁴⁰κατέστρεψας τὴν διαθήκην τοῦ δούλου σου,
   ἐβεβήλωσας εἰς τὴν γῆν τὸ ἁγίασμα αὐτοῦ.
41 ⁴¹καθεῖλες πάντας τοὺς φραγμοὺς αὐτοῦ,
   ἔθου τὰ ὀχυρώματα αὐτοῦ δειλίαν·
42 ⁴²διήρπασαν αὐτὸν πάντες οἱ διοδεύοντες ὁδόν,
   ἐγενήθη ὄνειδος τοῖς γείτοσιν αὐτοῦ.
43 ⁴³ὕψωσας τὴν δεξιὰν τῶν ἐχθρῶν αὐτοῦ,
   εὔφρανας πάντας τοὺς ἐχθροὺς αὐτοῦ·
44 ⁴⁴ἀπέστρεψας τὴν βοήθειαν τῆς ῥομφαίας αὐτοῦ,
   καὶ οὐκ ἀντελάβου αὐτοῦ ἐν τῷ πολέμῳ.
45 ⁴⁵κατέλυσας ἀπὸ καθαρισμοῦ αὐτόν,
   τὸν θρόνον αὐτοῦ εἰς τὴν γῆν κατέρραξας·

31 εγκαταλειπωσιν A ενκαταλιπ. R ενκαταλειπ. T | οι υιοι] om οι R | ℵART τοις κριμασιν] pr εν R   32 βεβηλωσωσιν T   33 επισκεψωμαι T | ανομιας] pr τας ℵART | αμαρτιας] αδικιας ℵAT   34 αυτου] αυτων ℵ^{c a} RT | ουδε] ουδ ου A | αληθια A   35 την διαθηκην] εν τη διαθηκη ℵ* (την δ. ℵ^{c a}) | δια] εκ R   37 ο θρονος] om ο R   38 ως η σελ] ωσει σελ. R^{vid} | om διαψαλμα A* (hab διαψ A^a) T   39 εξουδενωσας]+ημας ℵ* (ℵ^{c a}) | ανεβαλου] pr και Λ*+Κυριε R   40 om αυτου B*^{vid} (hab subscr B⁹)   41 καθειλας ℵ καθιλας T | δειλεια] B* (δειλια] B^b διλιαν ℵAT)   42 διηρπαζον ℵ^{c a}T | διοδευοντες] παραπορευομενοι Λ | οδον] pr την A   43 εχθρων αυτου] θλιβοντων αυτον ℵ^{c a}AT | ηυφρανας T   44 βοηθιαν AT   45 αυτον] αυτου ℵ^{c a} (mox revoc αυτον)

LXXXVIII 46   ΨΑΛΜΟΙ

R ⁴⁶ἐσμίκρυνας τὰς ἡμέρας τοῦ θρόνου αὐτοῦ,   46
κατέχεας αὐτοῦ αἰσχύνην.   διάψαλμα.
⁴⁷ἕως πότε, Κύριε, ἀποστρέψεις εἰς τέλος;   47
ἐκκαυθήσεται ὡς πῦρ ἡ ὀργή σου;
⁴⁸μνήσθητι τίς μου ἡ ὑπόστασις·   48
μὴ γὰρ ματαίως ἔκτισας πάντας τοὺς υἱοὺς τῶν ἀνθρώπων.
⁴⁹τίς ἐστιν ὁ ἄνθρωπος ὃς ζήσεται καὶ οὐκ ὄψεται θάνατον;   49
ῥύσεται τὴν ψυχὴν αὐτοῦ ἐκ χειρὸς ᾅδου;   διάψαλμα.
⁵⁰ποῦ ἐστιν τὰ ἐλέη σου τὰ ἀρχαῖα, Κύριε,   50
ἃ ὤμοσας τῷ Δαυεὶδ ἐν τῇ ἀληθείᾳ σου;
⁵¹μνήσθητι, Κύριε, τοῦ ὀνειδισμοῦ τῶν δούλων σου,   51
οὗ ὑπέσχου ἐν τῷ κόλπῳ μου πολλῶν ἐθνῶν·
⁵²οὗ ὠνείδισαν οἱ ἐχθροί σου, Κύριε,   52
οὗ ὠνείδισαν τὸ ἀντάλλαγμα τοῦ χριστοῦ σου.

⁵³εὐλογητὸς Κύριος εἰς τὸν αἰῶνα. γένοιτο, γένοιτο.   53

ℵART   46 εμικρυνας R* (εσμικρ. Rᵃ) | θρονου] χρονου ℵART | αυτου 2°] αυτω ℵᶜᵃ (mox revoc αυτου) T | om διαψαλμα T   47 αποστρεφεις ℵAR αποστρεφη T   49 ο ανθρωπος] om ο ℵART | θανατον] ν sup ras Aᵃ | om διαψαλμα T   50 εστιν] εισιν ℵᶜᵃART   51 υπεσχου AR υπεσχω T   52 το ανταλλαγμα] pr τι R*ᵛⁱᵈ (om Rᵃ)   53 ευλογητος Κυριος] ευλογια Κυριου R — Stich 103 B 104 ℵR 102 AT

IV

πθ´

LXXXIX
(XC)

Προσευχὴ τοῦ Μωυσῆ ἀνθρώπου τοῦ θεοῦ.

1 Κύριε, καταφυγὴ ἡμῖν ἐγενήθης ἐν γενεᾷ καὶ γενεᾷ·
2 ²πρὸ τοῦ ὄρη γενηθῆναι καὶ πλασθῆναι τὴν γῆν καὶ τὴν οἰκουμένην,
καὶ ἀπὸ τοῦ αἰῶνος ἕως τοῦ αἰῶνος σὺ εἶ
3 ³μὴ ἀποστρέψῃς ἄνθρωπον εἰς ταπείνωσιν,
καὶ εἶπας Ἐπιστρέψατε υἱοὶ ἀνθρώπων;
4 ⁴ὅτι χίλια ἔτη ἐν ὀφθαλμοῖς σου ὡς ἡ ἡμέρα ἡ ἐχθὲς ἥτις διῆλθεν, καὶ φυλακὴ ἐν νυκτί.
5 ⁵τὰ ἐξουδενώματα αὐτῶν ἔτη ἔσονται,
τὸ πρωὶ ὡσεὶ χλόη παρέλθοι·
6 ⁶τὸ πρωὶ ἀνθήσαι καὶ παρέλθοι,
τὸ ἑσπέρας ἀποπέσοι, σκληρυνθείη καὶ ξηρανθείη.
7 ⁷ὅτι ἐξελίπομεν ἐν τῇ ὀργῇ σου,
καὶ ἐν τῷ θυμῷ σου ἐταράχθημεν
8 ⁸ἔθου τὰς ἀνομίας ἡμῶν ἐνώπιόν σου,
ὁ αἰὼν ἡμῶν εἰς φωτισμὸν τοῦ προσώπου σου.
9 ⁹ὅτι πᾶσαι αἱ ἡμέραι ἡμῶν ἐξέλιπον,
καὶ ἐν τῇ ὀργῇ σου ἐξελίπομεν·
τὰ ἔτη ἡμῶν ὡς ἀράχνην ἐμελέτων.
10 ¹⁰αἱ ἡμέραι τῶν ἐτῶν ἡμῶν ἐν ἐνιαυτοῖς ἑβδομήκοντα ἔτη,
ἐὰν δὲ ἐν δυναστείαις, ὀγδοήκοντα ἔτη,
καὶ τὸ πλεῖον αὐτῶν κόπος καὶ πόνος
ὅτι ἐπῆλθεν πραΰτης ἐφ᾽ ἡμᾶς, καὶ παιδευθησόμεθα.

LXXXIX 1 του Μωυση] τω Μωυση ℵR τω Μωση A Μωσεως T | ανθρωπω ℵA | εγενηθης ημιν ℵ^(c a)ART | εν γενεα και γενεα] απο γενεας εις γενεαν R   2 γενηθηναι] εδρασθηναι ℵ* (γεν. ℵ^(c a)) | πλασθηναι την γην και την οικ.] πλ. γην οικ. A*^(vid) πλ. την (sic) και την οικ sup ras et in mg A^a | εως] pr και ℵ^(c a) AT | om συ ει ℵ* (hab ℵ^(c a))   3 υιοι] pr οι A | ανθρωπων] pr των ART   4 σου]+κε ℵ^(c a) (ras ℵ^(c b)) AT | ως η ημερα] ως ημερα ℵ ωσει ημ. R^(vid) | χθες B^b R^(vid) εκχθες A   5 ετη] ετι B^b   6 ανθησοι ℵ^(c a) (mox revoc -σαι) ανθησει R   7 εξελειπομεν AT   8 ενωπιον] εναντιον ℵ^(c a)T   9 εξελειπον AT | om και ℵ^(c a) | εξελειπομεν AT | ως]ωσει ℵAT | αραχνη ℵ^(c a)ART   10 ενιαυτοις] αυτοις ℵART | δυναστιαις T | εφ ημας πραυτης ℵ* (πρ. εφ ημ. ℵ^(c a)) R πραοτης εφ ημ AT | παιδευθησωμεθα T

LXXXIX 11　　　　　ΨΑΛΜΟΙ

B ¹¹τίς γινώσκει τὸ κράτος τῆς ὀργῆς σου, 11
καὶ ἀπὸ τοῦ φόβου τοῦ θυμοῦ σου ἐξαριθμήσασθαι; ¹²τὴν 12
δεξιάν σου γνώρισον,
καὶ τοὺς πεπαιδευμένους τῇ καρδίᾳ ἐν σοφίᾳ.
¹³ἐπίστρεψον, Κύριε· ἕως πότε; 13
καὶ παρακλήθητι ἐπὶ τοῖς δούλοις σου.
¹⁴ἐνεπλήσθημεν τὸ πρωὶ τοῦ ἐλέους σου, 14
καὶ ἠγαλλιασάμεθα καὶ εὐφράνθημεν
ἐν πάσαις ταῖς ἡμέραις ἡμῶν,
¹⁵ἀνθ' ὧν ἡμερῶν ἐταπείνωσας ἡμᾶς, 15
ἐτῶν ὧν εἴδομεν κακά.
¹⁶καὶ ἴδε ἐπὶ τοὺς δούλους σου καὶ τὰ ἔργα σου, 16
καὶ ὁδήγησον τοὺς υἱοὺς αὐτῶν.
¹⁷καὶ ἔστω ἡ λαμπρότης Κυρίου θεοῦ ἡμῶν ἐφ' ἡμᾶς, 17
καὶ τὰ ἔργα τῶν χειρῶν ἡμῶν κατεύθυνον ἐφ' ἡμᾶς.

q'

Αἶνος ᾠδῆς τῷ Δαυείδ. XC
(XCI)

Ὁ κατοικῶν ἐν βοηθείᾳ τοῦ ὑψίστου 1
ἐν σκέπῃ τοῦ θεοῦ τοῦ οὐρανοῦ αὐλισθήσεται.
²ἐρεῖ τῷ θεῷ Ἀντιλήμπτωρ μου εἶ· 2
καὶ καταφυγή μου ὁ θεός μου, ἐλπιῶ ἐπ' αὐτόν.
³ὅτι αὐτὸς ῥύσεταί ἐκ παγίδος θηρευτῶν, 3
καὶ ἀπὸ λόγου ταραχώδους·
⁴ἐν τοῖς μεταφρένοις αὐτοῦ ἐπισκιάσει σοι, 4
καὶ ὑπὸ τὰς πτέρυγας αὐτοῦ ἐλπιεῖς·
ὅπλῳ κυκλώσει σε ἡ ἀλήθεια αὐτοῦ.
⁵οὐ φοβηθήσῃ ἀπὸ φόβου νυκτερινοῦ, 5
ἀπὸ βέλους πετομένου ἡμέρας,

RT　11 φοβου]+σου AT | τον θυμον ℵ^(c a)ART　12 σου]+ουτως ℵ^(c a)ART | γνωρισον]+μοι ℵ^(c a)ART | πεπαιδημενους ℵ^(c a(? R)) πεπεδημενους A(? R)T　13 τους δουλους R　14 το ελεος R | ελεους ημων in mg et sup ras A^a | ηυφρανθημεν A^aT | ημων]+ευφρανθημεν ℵ^(c a)A^(a(mg))R+ηυφρανθημεν T (c seqq coniung RT)　15 εταπεινωσας] pr ων R | ιδομεν T | κακα] pr τα R　16 τα εργα] pr επι ℵ^(c a)ART | οδηγησον A　17 θεου] pr του ℵ^(c a)ART | ημας 2°]+και το εργον των χειρων ημων κατευθυνον ℵART — Stich 35 B 34 ℵ 38 A 37 R 41 T　XC 1 βοηθια T　2 θεω] κω B^(ab)ℵ^(c a)AT o θεος μου inc stich in AT | ελπιω] pr και R | αυτω T　3 ρυσεται]+με ℵAR ρυσηται με T | πακιδος ℵ　4 επισκιαση T | κυκλωση T　5 απο 2°] pr και ℵ* (om ℵ^(c a))

ΨΑΛΜΟΙ XCI 3

6 ⁶ἀπὸ πράγματος διαπορευομένου ἐν σκότει,
   ἀπὸ συμπτώματος καὶ δαιμονίου μεσημβρινοῦ.
7 ⁷πεσεῖται ἐκ τοῦ κλίτους σου χιλιάς,
   καὶ μυριὰς ἐκ δεξιῶν σου,
   πρὸς σὲ δὲ οὐκ ἐγγιεῖ·
8 ⁸πλὴν τοῖς ὀφθαλμοῖς σου κατανοήσεις,
   καὶ ἀνταπόδοσιν ἁμαρτωλῶν ὄψῃ.
9 ⁹ὅτι σύ, Κύριε, ἡ ἐλπίς μου·
   τὸν ὕψιστον ἔθου καταφυγήν σου.
10 ¹⁰οὐ προσελεύσεται πρὸς σὲ κακά,
   καὶ μάστιξ οὐκ ἐγγιεῖ τῷ σκηνώματί σου·
11 ¹¹ὅτι τοῖς ἀγγέλοις αὐτοῦ ἐντελεῖται περὶ σοῦ
   τοῦ διαφυλάξαι σε ἐν ταῖς ὁδοῖς σου·
12 ¹²ἐπὶ χειρῶν ἀροῦσίν σε,
   μή ποτε προσκόψῃς πρὸς λίθον τὸν πόδα σου.
13 ¹³ἐπ' ἀσπίδα καὶ βασιλίσκον ἐπιβήσῃ,
   καὶ καταπατήσεις λέοντα καὶ δράκοντα.
14 ¹⁴ὅτι ἐπ' ἐμὲ ἤλπισεν, καὶ ῥύσομαι αὐτόν·
   σκεπάσω αὐτόν, ὅτι ἔγνω τὸ ὄνομά μου.
15 ¹⁵ἐπικαλέσεταί με, καὶ εἰσακούσομαι αὐτοῦ,
   μετ' αὐτοῦ εἰμι ἐν θλίψει,
   καὶ ἐξελοῦμαι καὶ δοξάσω αὐτόν.
16 ¹⁶μακρότητι ἡμερῶν ἐμπλήσω αὐτόν,
   καὶ δείξω αὐτῷ τὸ σωτήριόν μου.

ϞΑ'

XCI (XCII) Ψαλμὸς ᾠδῆς, εἰς τὴν ἡμέραν τοῦ σαββάτου.
2 ²Ἀγαθὸν τὸ ἐξομολογεῖσθαι τῷ κυρίῳ, καὶ ψάλλειν τῷ ὀνόματί σου, Ὕψιστε·
3 ³τοῦ ἀναγγέλλειν τὸ πρωὶ τὸ ἔλεός σου, καὶ τὴν ἀλήθειάν σου κατὰ νύκτα,

6 εν σκοτ. διαπορευομενου אᶜᵃT | συμπτωματος (ευμπτ. B^dit)] σνπτω- אAR' ματος א   7 κλιτουσου A (ras 1 lit ante τ) T κλιτους R* (κλιτους σου Rᵃ) 8 κατανοησης T | οψει Bᵃᵇ   9 συ]+ει R   11 ταις οδοις] ρι πασαις A (-σες) T pr πασιν R   12 επι] pr και א* (om אᶜᵃ)   13 επ] ετι אᶜᵃART | καταπατησης T   15 επικαλεσεται με] κεκραξεται (καικρ A) προς με אAT | εισακουσομαι] επακουσομαι אᶜᵃAT | om και 2° אᶜᵃRT | εξελουμαι]+αυτον אᶜᵃ (ras אᶜᵇ) AT   16 μακροτητα ART — Stich 35 BRT 33 אA   XCI 1 σαββατου] προσαββατου א

SEPT. II.   337   Y

XCI 4 ΨΑΛΜΟΙ

B ⁴ἐν δεκαχόρδῳ ψαλτηρίῳ μετ' ᾠδῆς ἐν κιθάρᾳ· 4
⁵ὅτι εὔφρανάς με, Κύριε, ἐν τῷ ποιήματί σου, 5
καὶ ἐν τοῖς ἔργοις τῶν χειρῶν σου ἀγαλλιάσομαι.
⁶ὡς ἐμεγαλύνθη τὰ ἔργα σου, Κύριε, 6
σφόδρα ἐβαρύνθησαν οἱ διαλογισμοί σου.
⁷ἀνὴρ ἄφρων οὐ γνώσεται, 7
καὶ ἀσύνετος οὐ συνήσει ταῦτα.
⁸ἐν τῷ ἀνατεῖλαι τοὺς ἁμαρτωλοὺς ὡς χόρτον, καὶ διέκυψαν 8
πάντες οἱ ἐργαζόμενοι τὴν ἀνομίαν,
ὅπως ἂν ἐξολεθρευθῶσιν εἰς τὸν αἰῶνα τοῦ αἰῶνος.
⁹σὺ δὲ Ὕψιστος εἰς τὸν αἰῶνα, Κύριε. 9
¹⁰ὅτι ἰδοὺ οἱ ἐχθροί σου ἀπολοῦνται, 10
καὶ διασκορπισθήσονται πάντες οἱ ἐργαζόμενοι τὴν ἀνομίαν.
¹¹καὶ ὑψωθήσεται ὡς μονοκέρωτος τὸ κέρας μου, 11
καὶ τὸ γῆράς μου ἐν ἐλαίῳ πίονι·
¹²καὶ ἐπεῖδεν ὁ ὀφθαλμός μου ἐν τοῖς ἐχθροῖς μου, 12
καὶ ἐν τοῖς ἐπανισταμένοις ἐπ' ἐμὲ πονηρευομένοις εἰσακούσεται τὸ οὖς μου.
¹³δίκαιος ὡς φοῖνιξ ἀνθήσει, 13
ὡς ἡ κέδρος ἡ ἐν τῷ Λιβάνῳ πληθυνθήσεται
¹⁴πεφυτευμένοι ἐν τῷ οἴκῳ Κυρίου 14
ἐν ταῖς αὐλαῖς τοῦ θεοῦ ἡμῶν ἐξανθήσουσιν·
¹⁵τότε πληθυνθήσονται ἐν γήρει πίονι, 15
καὶ εὐπαθοῦντες ἔσονται·
¹⁶τοῦ ἀναγγεῖλαι ὅτι εὐθὴς Κύριος ὁ θεός μου, 16
καὶ οὐκ ἔστιν ἀδικία ἐν αὐτῷ.

ℵART 4 μετα ℵ* (μετ ℵᶜᵃ)   5 om οτι A* (hab Aᵃ⁽ⁱⁿᵍ ˢⁱⁿⁱˢᵗʳ⁾) | ηυφρανας T   6 σφοδρα] pr η (? ει) R*ᵛⁱᵈ (om Rᵃ) | εβαρινθησαν] εβαθυνθησαν BᵃᵇℵᶜᵃRT   8 τους αμαρτωλους] om τους ℵᶜᵃAT | ως] ωσει ℵARᵃT   9 Υψιστος] pr ο R   10 οτι ιδου] pr οτι ιδου οι εχθροι σου κε ℵAᵃ⁽ᵐᵍ⁾RT   11 υψωθησεται] ωθ sup ras Aᵃ | ελαιω BᵃᵇℵA(? R)T] ελεω B*(? R)   12 και επειδεν] και εφιδεν (και ε, ι sup ras Aᵃ) AT | μου 1°] σου R | om εν τοις A* (hab Aᵃ) | επανιστανομενοις ℵAR | εισακουσεται] ακουσεται ℵᶜᵃART   13 ανθηση T | ως η] ωσει Rᵛⁱᵈ   14 πεφυτευμενοι (υ 1° sup ras Aᵃ)] πεφυτευμενη T | Κυριου] pr του R | ταις αυλαις] om ταις R | του θεου] τ sup ras Aᵃ⸴ οικου θεου R | εξανθησωσιν T   15 τοτε] om ℵ* ετι ℵᶜᵃART   16 post αναγγειλαι distinx ℵᶜᵃ | μου] ημων ℵARᵃT — Stich 27 BA 24 ℵ 29 R 30 T

ϙβ΄

XCII (XCIII)

Εἰς τὴν ἡμέραν τοῦ προσαββατου, ὅτε κατῴκισται ἡ γῆ· αἶνος ᾠδῆς τῷ Δαυείδ.

1 Κύριος ἐβασίλευσεν, εὐπρέπειαν ἐνεδύσατο·
ἐνεδύσατο Κύριος δύναμιν καὶ περιεζώσατο,
καὶ γὰρ ἐστερέωσεν τὴν οἰκουμένην, ἥτις οὐ σαλευθήσεται
2 ²ἕτοιμος ὁ θρόνος σου ἀπὸ τότε·
ἀπὸ τοῦ αἰῶνος σὺ εἶ.
3 ³ἐπῆραν οἱ ποταμοί, Κύριε,
ἐπῆραν οἱ ποταμοὶ φωνὰς⸆ αὐτῶν.
4 ⁴ἀπὸ φωνῶν ὑδάτων πολλῶν θαυμαστοὶ οἱ μετεωρισμοὶ τῆς θαλάσσης·
θαυμαστὸς ἐν ὑψηλοῖς ὁ κύριος.
5 ⁵τὰ μαρτύριά σου ἐπιστώθησαν σφόδρα
τῷ οἴκῳ σου πρέπει ἁγίασμα, Κύριε, εἰς μακρότητα ἡμερῶν.

ϙγ΄

XCIII (XCIV)

Ψαλμὸς τῷ Δαυείδ, τετράδι σαββάτων.

1 Ὁ θεὸς ἐκδικήσεων Κύριος, ὁ θεὸς ἐκδικήσεων ἐπαρρησιάσατο.
2 ²ὑψώθητι ὁ κρίνων τὴν γῆν,
ἀπόδος ἀνταπόδοσιν τοῖς ὑπερηφάνοις.
3 ³ἕως πότε ἁμαρτωλοί, Κύριε,
ἕως πότε ἁμαρτωλοὶ καυχήσονται,
4 ⁴φθέγξονται καὶ λαλήσουσιν ἀδικίαν,
λαλήσουσιν πάντες οἱ ἐργαζόμενοι τὴν ἀνομίαν;
5 ⁵τὸν λαόν σου, Κύριε, ἐταπείνωσαν,
καὶ τὴν κληρονομίαν σου ἐκάκωσαν·
6 ⁶χήραν καὶ ὀρφανὸν ἀπέκτειναν,
καὶ προσήλυτον ἐφόνευσαν·
7 ⁷καὶ εἶπαν Οὐκ ὄψεται Κύριος, οὐδὲ συνήσει ὁ θεὸς τοῦ Ἰακώβ.

XCII 1 αινος ωδης τω Δ εις την ημεραν τ. πρ. ο. κ. η γη R | προ-ℵ σαββατου] σαββατου ART | Κυριος 1°] pr ο BᶜℵART | ευπρεπιαν ℵAT | στερεωσεν R   2 σου]+ο θεος R | απο 1°] απ sup ras Aᵃ | απο 2°] pr και R   3 φωνας] φω .T | αυτων]+αρουσιν οι ποταμοι επιτριψεις (επιτριψις A [ε sup ras Aᵃ⁺]) αυτων ℵᶜᵃA   4 μετεωρισμοι] μ 1° sup ras Aᵃ — Stich 11 BR 10 ℵ 15 A   XCIII 1 ψαλμος]+ωδης A | σοββατου A | ο θεος (1°)] om ο BᶜℵA | ο θεος (2°)] om ο BᶜA ras ο ℵ*   6 ορφανους R | προσηλυτους R   7 οψεται]+ταυτα R | Κυριος] pr ο ℵ* (ras ℵᶜ) | συνησει]+ταυτα R

₨ ⁸σύνετε δή, ἄφρονες ἐν τῷ λαῷ· καὶ μωροί, ποτὲ φρονήσατε. 8
⁹ὁ φυτεύσας τὸ οὖς, οὐχὶ ἀκούει; 9
  ἢ ὁ πλάσας ὀφθαλμούς, οὐ κατανοεῖ;
¹⁰ὁ παιδεύων ἔθνη, οὐχὶ ἐλέγξει, 10
  ὁ διδάσκων ἄνθρωπον γνῶσιν;
¹¹Κύριος γινώσκει τοὺς διαλογισμοὺς τῶν ἀνθρώπων, ὅτι εἰσὶν 11
  μάταιοι.
¹²μακάριος ὁ ἄνθρωπος ὃν ἂν σὺ παιδεύσῃς, Κύριε, 12
  καὶ ἐκ τοῦ νόμου σου διδάξῃς αὐτόν,
¹³τοῦ πραῦναι αὐτῷ ἀφ' ἡμερῶν πονηρῶν, 13
  ἕως οὗ ὀρυγῇ τῷ ἁμαρτωλῷ βόθρος.
¹⁴ὅτι οὐκ ἀπώσεται Κύριος τὸν λαὸν αὐτοῦ, 14
  καὶ τὴν κληρονομίαν αὐτοῦ οὐκ ἐγκαταλείψει,
¹⁵ἕως οὗ δικαιοσύνη ἐπιστρέψῃ εἰς κρίσιν, 15
  καὶ ἐχόμενοι αὐτῆς πάντες οἱ εὐθεῖς τῇ καρδίᾳ. διάψαλμα.
¹⁶τίς ἀναστήσεταί μοι ἐπὶ πονηρευομένους, 16
  ἢ τίς συνπαραστήσεταί μοι ἐπὶ ἐργαζομένους τὴν ἀνομίαν;
¹⁷εἰ μὴ ὅτι Κύριος ἐβοήθησέν μοι, 17
  παρὰ βραχὺ παρῴκησεν τῷ ᾅδῃ ἡ ψυχή μου.
¹⁸εἰ ἔλεγον Σεσάλευται ὁ πούς μου, 18
  τὸ ἔλεός σου, Κύριε, βοηθεῖ μοι.
¹⁹Κύριε, κατὰ τὸ πλῆθος τῶν ὀδυνῶν μου ἐν τῇ καρδίᾳ μου, αἱ 19
  παρακλήσεις σου ἠγάπησαν τὴν ψυχήν μου.
²⁰μὴ συνπροσέσται σοι θρόνος ἀνομίας, 20
  ὁ πλάσσων κόπον ἐπὶ προστάγματι;
²¹θηρεύσουσιν ἐπὶ ψυχὴν δικαίου, 21
  καὶ αἷμα ἀθῷον καταδικάσονται.
²²καὶ ἐγένετό μοι Κύριος εἰς καταφυγήν, 22
  καὶ ὁ θεός μου εἰς βοηθὸν ἐλπίδος μου·

ℵART   9 οφθαλμους] οφθαλμον ℵᶜᵃ τον οφθαλμον A τους οφθαλμους R | ου] ουχει ℵᶜᵃ ουχι AT   12 ο ανθρωπος] om ο ℵART | om συ ℵᶜᵃAT   13 αυτω] αυτον R   14 εγκαταλειψει Bᵃᵇ (-λιψει B*)] ενκατελιψεν ℵ¹ (ουκ εν rescr ℵ¹) ενκαταλιψει ℵᶜᵃ ενκαταλειψει AR ενκαταλειψη T   15 om διαψαλμα A* (hab διαψ Aᵃ) T   16 συμπαραστησεται Bᵇ | εργαζομενους] pr τους ℵᶜᵃAT   18 om το ελεος σου A* (hab Aᵈ⁽ᵐᵍ⁾) | εβοηθει ℵᶜᵃA   19 om Κυριε ℵᶜᵃAT | παρακλησις A | ηγαπησαν] ευφραναν Bᵇ⁽?R⁾T ηυφραναν ℵᶜᵃA⁽?R⁾ | ψυχην] καρδιαν ℵ* (ψυχ. ℵᶜᵃ)   20 συμπροσεσται Bᵇ συνπροσεστω ℵᶜᵃAT | προσταγμα ℵᶜᵃAT   21 θηρευσωσιν T | καταδικασωνται T   22 εγενετο] εγενηθη R

23 ²³καὶ ἀποδώσει αὐτοῖς τὴν ἀνομίαν αὐτῶν
    καὶ τὴν πονηρίαν αὐτῶν·
    ἀφανιεῖ αὐτοὺς Κύριος ὁ θεὸς ἡμῶν.

ϟΔ′

XCIV
(XCV)

Αἶνος ᾠδῆς τῷ Δαυείδ.

1   Δεῦτε ἀγαλλιασώμεθα τῷ κυρίῳ,
    ἀλαλάξωμεν τῷ θεῷ τῷ σωτῆρι ἡμῶν·
2   ²προφθάσωμεν τὸ πρόσωπον αὐτοῦ ἐν ἐξομολογήσει,
    καὶ ἐν ψαλμοῖς ἀλαλάξωμεν αὐτῷ.
3   ³ὅτι θεὸς μέγας Κύριος
    καὶ βασιλεὺς μέγας ἐπὶ πάντας τοὺς θεούς.
4   ⁴ὅτι οὐκ ἀπώσεται Κύριος τὸν λαὸν αὐτοῦ,
    ὅτι ἐν τῇ χειρὶ αὐτοῦ τὰ πέρατα τῆς γῆς
    καὶ τὰ ὕψη τῶν ὀρέων αὐτοῦ ἐστιν·
5   ⁵ὅτι αὐτοῦ ἐστιν ἡ θάλασσα καὶ αὐτὸς ἐποίησεν αὐτήν,
    καὶ τὴν ξηρὰν αἱ χεῖρες αὐτοῦ ἔπλασαν.
6   ⁶δεῦτε προσκυνήσωμεν καὶ προσπέσωμεν αὐτῷ,
    καὶ κλαύσωμεν ἐναντίον Κυρίου τοῦ ποιήσαντος ἡμᾶς·
7   ⁷ὅτι αὐτός ἐστιν ὁ θεὸς ἡμῶν,
    καὶ ἡμεῖς λαὸς νομῆς αὐτοῦ
    καὶ πρόβατα χειρὸς αὐτοῦ.
8   ⁸σήμερον ἐὰν τῆς φωνῆς αὐτοῦ ἀκούσητε,
    μὴ σκληρύνητε τὰς καρδίας ὑμῶν, ὡς ἐν τῷ παραπικρασμῷ,
    κατὰ τὴν ἡμέραν τοῦ πειρασμοῦ ἐν τῇ ἐρήμῳ·
9   ⁹οὗ ἐπείρασαν οἱ πατέρες ὑμῶν,
    ἐδοκίμασαν καὶ ἴδοσαν τὰ ἔργα μου
10 ¹⁰τεσσεράκοντα ἔτη προσώχθισα τῇ γενεᾷ ἐκείνῃ,
    καὶ εἶπα Ἀεὶ πλανῶνται τῇ καρδίᾳ,
    καὶ αὐτοὶ οὐκ ἔγνωσαν τὰς ὁδούς μου.

23 αποδωση T | αυτοις]+κς ℵ^{c a}ART | την ανομιαν] pr κατα AR | και ℵART την πονηριαν] κατα την πον. ℵ^{c a} και κατα την πον. ART | αφανιει] εξολεθρευσει R — Stich 41 B 40 ℵ 44 A 45 R   XCIV 1 αγαλλιασομεθα A 3 παντας τους θεους] πασαν την γην ℵ^{c a}AT   4 om οτι ουκ...λαον αυτου ℵ* (hab ℵ^{c a}) AT | τη χειρι] om τη ℵ* (hab ℵ^{c a}) | τα περατα] pr παντα ℵ* (om ℵ^{c a}) | εστιν] εισιν ℵ^{c a}AR   6 προσκυνησωμεν (sic) A | κλαυσομεν A | εναντιον] ενωπιον ℵ* (εναντ. ℵ^{c a})   7 ο θεος] pr Κυριος R | χειρος] pr της A   9 επειρασαν]+με ℵ^{c a}T | εδοκιμασαν]+με ℵ^{c a}AT | ιδοσαν] ειδοσαν B^{ab}(?R) ιδον ℵAT   10 τεσσαρακοντα B^{ab}RT | προσωχθισα] pr διο R | ειπα] ειπον AT | και αυτοι] αυτοι δε ℵAT

XCIV 11   ΨΑΛΜΟΙ

B   ¹¹ὡς ὤμοσα ἐν τῇ ὀργῇ μου Εἰ εἰσελεύσονται εἰς τὴν κατά- 11
παυσίν μου.

ϘΕ´

Ὅτε ὁ οἶκος οἰκοδομεῖται μετὰ τὴν αἰχμαλωσίαν·
ᾠδὴ τῷ Δαυείδ.   XCV (XCVI)

Ἄσατε τῷ κυρίῳ ᾆσμα καινόν,   1
ᾄσατε τῷ κυρίῳ, πᾶσα ἡ γῆ·
²ᾄσατε τῷ κυρίῳ, εὐλογήσατε τὸ ὄνομα αὐτοῦ,   2
εὐαγγελίζεσθε ἡμέραν ἐξ ἡμέρας τὸ σωτήριον αὐτοῦ.
³ἀναγγείλατε ἐν τοῖς ἔθνεσιν τὴν δόξαν αὐτοῦ,   3
ἐν πᾶσιν τοῖς λαοῖς τὰ θαυμάσια αὐτοῦ.
⁴ὅτι μέγας Κύριος καὶ αἰνετὸς σφόδρα,   4
φοβερός ἐστιν ἐπὶ πάντας τοὺς θεούς·
⁵ὅτι πάντες οἱ θεοὶ τῶν ἐθνῶν δαιμόνια,   5
ὁ δὲ κύριος τοὺς οὐρανοὺς ἐποίησεν.
⁶ἐξομολόγησις καὶ ὡραιότης ἐνώπιον αὐτοῦ,   6
ἁγιωσύνη καὶ μεγαλοπρέπεια ἐν τῷ ἁγιάσματι αὐτοῦ.
⁷ἐνέγκατε τῷ κυρίῳ, αἱ πατριαὶ τῶν ἐθνῶν,   7
ἐνέγκατε τῷ κυρίῳ δόξαν καὶ τιμήν·
⁸ἐνέγκατε τῷ κυρίῳ δόξαν ὀνόματι αὐτοῦ,   8
ἄρατε θυσίας καὶ εἰσπορεύεσθε εἰς τὰς αὐλὰς αὐτοῦ.
⁹προσκυνήσατε τῷ κυρίῳ ἐν αὐλῇ ἁγίᾳ αὐτοῦ·   9
σαλευθήτω ἀπὸ προσώπου αὐτοῦ πᾶσα ἡ γῆ.
¹⁰εἴπατε ἐν τοῖς ἔθνεσιν Ὁ κύριος ἐβασίλευσεν,   10
καὶ γὰρ κατώρθωσεν τὴν οἰκουμένην, ἥτις οὐ σαλευθήσεται·
κρινεῖ λαοὺς ἐν εὐθύτητι.
¹¹εὐφραινέσθωσαν οἱ οὐρανοὶ καὶ ἀγαλλιάσθω ἡ γῆ,   11
σαλευθήτω ἡ θάλασσα καὶ τὸ πλήρωμα αὐτῆς·
¹²χαρήσεται τὰ πεδία καὶ πάντα τὰ ἐν αὐτοῖς,   12
τότε ἀγαλλιάσονται πάντα τὰ ξύλα τοῦ δρυμοῦ

ℵART   11 ει] η ℵA^{a (mg sinistr)} (om A*) | καταπαυσιν] αναπαυσιν R — Stich 25 BR 23 ℵT 22 A   XCV 1 οτε   Δαυειδ] ωδη τω Δ. οτε ο οικος οικοδ. μ. τ. αιχμαλωσιαν ℵA | οικοδομειται] οικοδομειτο B^cℵT ωκοδομειτο AR 2 ευαγγελισασθε T   3 om αναγγειλατε   δοξαν αυτου A* (hab A^{a (mg)}) R | πασι ℵ   6 εξομολογησεις A | αγιοσυνη T | μεγαλοπρεπια AT 7 ενεγκατε τω κ̄ω̄ δοξαν και τιμην| ενεγκατε τω κ̄ω̄ αι πατριαι των εθνων ℵ* 8 om αρατε   αυλας αυτου R   10 ειπα A* (ειπατε A^{a?}) | ο κυριος] οτι κ̄ς̄ ℵ^{c d}AT | εβασιλευσεν]+απο ξυλου R

342

ΨΑΛΜΟΙ XCVI 10

13 ¹³πρὸ προσώπου Κυρίου, ὅτι ἔρχεται, B
ὅτι ἔρχεται κρῖναι τὴν γῆν·
κρινεῖ τὴν οἰκουμένην ἐν δικαιοσύνῃ
καὶ λαοὺς ἐν τῇ ἀληθείᾳ αὐτοῦ.

ϟϛ'

XCVI
(XCVII)
Τῷ Δαυείδ, ὅτε ἡ γῆ αὐτοῦ καθίσταται.

1 Ὁ κύριος ἐβασίλευσεν, ἀγαλλιάσεται ἡ γῆ,
εὐφρανθήτωσαν νῆσοι πολλαί.
2 ²νεφέλη καὶ γνόφος κύκλῳ αὐτοῦ,
δικαιοσύνη καὶ κρίμα κατόρθωσις τοῦ θρόνου αὐτοῦ
3 ³πῦρ ἐναντίον αὐτοῦ προπορεύσεται,
καὶ φλογιεῖ κύκλῳ τοὺς ἐχθροὺς αὐτοῦ·
4 ⁴ἔφαναν αἱ ἀστραπαὶ αὐτοῦ τῇ οἰκουμένῃ,
εἶδεν καὶ ἐσαλεύθη ἡ γῆ.
5 ⁵τὰ ὄρη ἐτάκησαν ὡσεὶ κηρὸς ἀπὸ προσώπου Κυρίου,
ἀπὸ προσώπου Κυρίου πάσης τῆς γῆς.
6 ⁶ἀνήγγειλαν οἱ οὐρανοὶ τὴν δικαιοσύνην αὐτοῦ,
καὶ εἴδοσαν πάντες οἱ λαοὶ τὴν δόξαν αὐτοῦ.
7 ⁷αἰσχυνθήτωσαν πάντες οἱ προσκυνοῦντες τοῖς γλυπτοῖς,
οἱ ἐγκαυχώμενοι ἐν τοῖς εἰδώλοις αὐτῶν·
προσκυνήσατε αὐτῷ πάντες οἱ ἄγγελοι αὐτοῦ.
8 ⁸ἤκουσεν καὶ εὐφράνθη Σειών,
καὶ ἠγαλλιάσαντο αἱ θυγατέρες τῆς Ἰουδαίας,
ἕνεκεν τῶν κριμάτων σου, Κύριε·
9 ⁹ὅτι σὺ εἶ Κύριος ὁ ὕψιστος ἐπὶ πᾶσαν τὴν γῆν,
σφόδρα ὑπερυψώθης ὑπὲρ πάντας τοὺς θεούς.
10 ¹⁰οἱ ἀγαπῶντες τὸν κύριον, μισεῖτε πονηρόν·
φυλάσσει Κύριος τὰς ψυχὰς τῶν ὁσίων αὐτοῦ,
ἐκ χειρὸς ἁμαρτωλῶν ῥύσεται αὐτούς.

13 προ] απο ℵ^{c a}AT — Stich 29 BℵAT 27 R   XCVI 1 η γη] ℵART
om η R | σιλευσεν αγαλλια sup ras ℵ¹ | αγαλλιασεται] αγαλλιασθω B^cℵ^{c a}
ART | νησοι] νησσοι ℵ^{c a}   3 εναντιον] ενωπιον T | προπορευσηται T |
του εχθρους B* (τους ε. B^{ab})   4 ιδεν T   5 ωσει κηρος ετακησαν ℵT |
om Κυριου 2° ℵ | της γης] της γη της R^{vid}   6 om και ℵ* (hab ℵ^{c a}) |
ειδοσαν] ιδοσαν ℵ*A^a(? R] ιδον ℵ^{c a}A*T   7 προσκυνουντες] πεποιθοτες
επι ℵ (προσκ. ℵ^{c a}) | ενκαυχωμενοι ℵART | αυτω] αυτον R   8 ηυφρανθη
AT | Σειων] η Σιων B^c Σιων ℵA | ηγαλλιασονται (sic) R   9 om ει
ℵ^{c a}AT | ο υψιστος] om ο ℵAT | υπερ] επι ℵ   10 πονηρα B^cℵ^{c a}AT |
αμαρτωλου AT | ρυσηται T | αυτους] αυτον R* (-τους R^a)

343

¹¹φῶς ἀνέτειλεν τῷ δικαίῳ, 11
καὶ τοῖς εὐθέσι τῇ καρδίᾳ εὐφροσύνη.
¹²εὐφράνθητε, δίκαιοι, ἐπὶ τῷ κυρίῳ, 12
καὶ ἐξομολογεῖσθε τῇ μνήμῃ τῆς ἁγιωσύνης αὐτοῦ

ϘΖ´
Ψαλμὸς τῷ Δαυείδ.

XCVII
(XCVIII)

Ἄσατε τῷ κυρίῳ ᾆσμα καινόν, ὅτι θαυμαστὰ ἐποίησεν Κύριος· 1
ἔσωσεν αὐτῷ ἡ δεξιὰ αὐτοῦ
καὶ ὁ βραχίων ὁ ἅγιος αὐτοῦ.
²ἐγνώρισεν Κύριος τὸ σωτήριον αὐτοῦ ἐναντίον τῶν ἐθνῶν 2
ἀπεκάλυψεν τὴν δικαιοσύνην αὐτοῦ.
³ἐμνήσθη τοῦ ἐλέους αὐτοῦ τῷ Ἰακώβ, 3
καὶ τῆς ἀληθείας αὐτοῦ τῷ οἴκῳ Ἰσραήλ·
εἴδοσαν πάντα τὰ πέρατα τῆς γῆς τὸ σωτήριον τοῦ θεοῦ ἡμῶν
⁴ἀλαλάξατε τῷ θεῷ πᾶσα ἡ γῆ, 4
ᾄσατε καὶ ἀγαλλιᾶσθε καὶ ψάλατε.
⁵ψάλατε τῷ κυρίῳ ἐν κιθάρᾳ, ἐν κιθάρᾳ καὶ φωνῇ ψαλμοῦ, 5
⁶ἐν σάλπιγξιν ἐλαταῖς καὶ φωνῇ σάλπιγγος κερατίνης· 6
ἀλαλάξατε ἐνώπιον τοῦ βασιλέως Κυρίῳ.
⁷σαλευθήτω ἡ θάλασσα καὶ τὸ πλήρωμα αὐτῆς, 7
ἡ οἰκουμένη καὶ οἱ κατοικοῦντες αὐτήν·
⁸ποταμοὶ κροτήσουσιν χειρὶ ἐπὶ τὸ αὐτό, 8
τὰ ὄρη ἀγαλλιάσονται, ⁹ὅτι ἥκει κρῖναι τὴν γῆν 9
κρινεῖ τὴν οἰκουμένην ἐν δικαιοσύνῃ
καὶ λαοὺς ἐν εὐθύτητι.

ϘΗ´
Ψαλμὸς τῷ Δαυείδ

XCVIII
(XCIX)

Κύριος ἐβασίλευσεν, ὀργιζέσθωσαν λαοί· 1
ὁ καθήμενος ἐπὶ τῶν χερουβείμ, σαλευθήτω ἡ γῆ.

11 ευφροσυνη ℵ* (ras lineol ℵ¹) ευφροσυνην A   12 επι] εν ℵ^{c a}ART |
αγιοσυ T — Stich 27 BART 26 ℵ   XCVII 1 Κυριος] pr ο A | αυτω]
αυτον B^{ab} | αυτου 1°] ου rescr A¹   2 bis scr το σωτηριον R | εναντιον των
εθν. c seqq coniung AR   3 τω Ιακωβ] om ℵ* (hab ℵ^{c a}) του I. A | αληθιας ℵ | ιδοσαν A   4 θεω] κ̄ω̄ B^{ab}ℵA | η γη] om η R* (hab R^a)
5 και] η R* (και R^a)   6 φωνης ℵA | Κυριω] κ̄ῡ B^{† vid}ℵ^{c a}AR   7 οι
κατοικουντες] pr παντες ℵ^{c a}AR | αυτην] εν αυτη ℵAR   8 αγαλλιασονται]
— απο προσωπου κ̄ῡ οτι ερχεται ℵ^{c a}AT   9 δικαιοσυνη] seq ras 1 lit
(forte ν) in A — Stich 19 Bℵ 22 A 21 R   XCVIII 1 Κυριος] pr ὁ B^c pr
ο ℵ^{c a}ART | χερουβιν ℵT(? R) χερουβειν A(? R)

ΨΑΛΜΟΙ

2 ²Κύριος ἐν Σειὼν μέγας, καὶ ὑψηλός ἐστιν ἐπὶ πάντας τοὺς B λαούς.
3 ³ἐξομολογησάσθωσαν πάντες τῷ ὀνόματί σου τῷ μεγάλῳ,
ὅτι φοβερὸν καὶ ἅγιόν ἐστιν.
4 ⁴καὶ τιμὴ βασιλέως κρίσιν ἀγαπᾷ·
σὺ ἡτοίμασας εὐθύτητας,
κρίσιν καὶ δικαιοσύνην ἐν Ἰακὼβ σὺ ἐποίησας.
5 ⁵ὑψοῦτε Κύριον τὸν θεὸν ἡμῶν,
καὶ προσκυνεῖτε τῷ ὑποποδίῳ τῶν ποδῶν αὐτοῦ
6 ⁶ἅγιός ἐστιν ⁽⁶⁾Μωυσῆς καὶ Ἀαρὼν ἐν τοῖς ἱερεῦσιν αὐτοῦ
καὶ Σαμουὴλ ἐν τοῖς ἐπικαλουμένοις τὸ ὄνομα αὐτοῦ·
ἐπεκαλοῦντο τὸν κύριον, καὶ αὐτὸς ἐπήκουσεν αὐτοῖς,
7 ⁷ἐν στύλῳ νεφέλης ἐλάλει πρὸς αὐτούς·
ἐφύλασσον τὰ μαρτύρια αὐτοῦ,
καὶ τὰ προστάγματα ἃ ἔδωκεν αὐτοῖς.
8 ⁸Κύριε ὁ θεὸς ἡμῶν, σὺ ἐπήκουες αὐτῶν·
ὁ θεός, εὐίλατος ἐγίνου αὐτοῖς,
καὶ ἐκδικῶν ἐπὶ πάντα τὰ ἐπιτηδεύματα αὐτῶν.
9 ⁹ὑψοῦτε Κύριον τὸν θεὸν ἡμῶν,
καὶ προσκυνεῖτε εἰς ὄρος ἅγιον αὐτοῦ,
ὅτι ἅγιος Κύριος ὁ θεὸς ἡμῶν

۹θ'

XCIX (C)
Ψαλμὸς εἰς ἐξομολόγησιν

1 Ἀλαλάξατε τῷ κυρίῳ, πᾶσα ἡ γῆ,
2 ²δουλεύσατε τῷ κυρίῳ ἐν εὐφροσύνῃ,
εἰσέλθατε ἐνώπιον αὐτοῦ ἐν ἀγαλλιάσει.
3 ³γνῶτε ὅτι Κύριος, αὐτός ἐστιν ὁ θεός
αὐτὸς ἐποίησεν ἡμᾶς καὶ οὐχ ἡμεῖς,

2 Σιων B^b ("sic et inferius pluries") A | λαους] in λα ιας aliq B^a' 3 εξο- ℵART μολογισθωσαν ℵ*^c^b (εξομολογησασθ. ℵ^c^a) | om παντες ℵAT 4 om και τιμη αγαπα ℵ* (hab ℵ^c^a) 5 τω υποποδιω] το υποποδιον R 6 αγιος] pr οτι ℵ^c^aRT οτι αγιον A | Μωυσης inc stich in ART | επηκουσεν αυτοις] εισηκουσεν αυτων ℵA εισηκουει αυτων T επηκουσεν αυτους R 7 εφυλασσον] pr οτι ℵ^c^dAT | τα προσταγματα α] το προσταγμα ο ℵ* τα προσταγματα αυτου α ℵ^c^aAT 8 επηκουσας ℵ* (επηκουες ℵ^c^a) | αυτων 1°] αυτους R | ευιλατος] pr συ B^a^tbℵART | εγινου] εγενου ℵ* (εγεινου ℵ^c^a) 9 προσκυνητε R^vid — Stich 22 BℵR 24 A 23 T XCIX 1 κυριω 1°] θεω RT 2 εισελθετε ℵ* (-θατε ℵ^c^a) 3 ο θεος]+ημων ℵ^c^aAT | ουχι R

345

ΨΑΛΜΟΙ

E λαὸς αὐτοῦ καὶ πρόβατα τῆς νομῆς αὐτοῦ.
⁴εἰσέλθατε εἰς τὰς πύλας αὐτοῦ ἐν ἐξομολογήσει,
τὰς αὐλὰς αὐτοῦ ἐν ὕμνοις·
ἐξομολογεῖσθε αὐτῷ,
αἰνεῖτε τὸ ὄνομα αὐτοῦ, ⁵ὅτι χρηστὸς Κύριος,
εἰς τὸν αἰῶνα τὸ ἔλεος αὐτοῦ,
καὶ ἕως γενεᾶς καὶ γενεᾶς ἡ ἀλήθεια αὐτοῦ.

Ρ′

Τῷ Δαυείδ ψαλμός.

C
(CI)

Ἔλεος καὶ κρίσιν ᾄσομαί σοι, Κύριε·
²ψαλῶ καὶ συνήσω ἐν ᾠδῇ ἀμώμῳ· πότε ἥξεις πρός με;
διεπορευόμην ἐν ἀκακίᾳ καρδίας μου, ἐν μέσῳ τοῦ οἴκου μου.
³οὐ προεθέμην πρὸ ὀφθαλμῶν μου πρᾶγμα παράνομον,
ποιοῦντας παραβάσεις ἐμίσησα·
οὐκ ἐκολλήθη μοι καρδία σκαμβή,
⁴ἐκκλίνοντος ἀπ᾽ ἐμοῦ τοῦ πονηροῦ οὐκ ἐγίνωσκον.
⁵τὸν καταλαλοῦντα λάθρα τοῦ πλησίον αὐτοῦ, τοῦτον ἐξεδίωκον
ὑπερηφάνῳ ὀφθαλμῷ καὶ ἀπλήστῳ καρδίᾳ, τούτῳ οὐ συνήσθιον.
⁶οἱ ὀφθαλμοί μου ἐπὶ τοὺς πιστοὺς τῆς γῆς,
τοῦ συνκαθῆσθαι αὐτοὺς μετ᾽ ἐμοῦ
πορευόμενος ἐν ὁδῷ ἀμώμῳ, οὗτός μοι ἐλειτούργει.
⁷οὐ κατῴκει ἐν μέσῳ τῆς οἰκίας μου ποιῶν ὑπερηφανίαν·
λαλῶν ἄδικα οὐ κατεύθυνεν ἐναντίον τῶν ὀφθαλμῶν μου.
⁸εἰς τὰς πρωίας ἀπέκτεννον πάντας τοὺς ἁμαρτωλοὺς τῆς γῆς,
τοῦ ἐξολεθρεῦσαι ἐκ πόλεως Κυρίου πάντας τοὺς ἐργαζομένους τὴν ἀδικίαν

ART   3 λαος] pr ημεις δε ℵ*ᵃART | της νομης] om της ℵ*ᵃART   4 εισ-
ελθετε ℵ* (-θατε ℵ*ᵃ) | τας αυλας] pr εις ℵART   5 εις] pr οτι A |
αληθια ℵ — Stich 12 Bℵ 11 ART   C 1 ψαλμος τω Δαδ ℵ om ψαλμος
A | ελεος] ελεον ℵ*ᵃT ελαιον A | ασωμαι T   2 ωδη] δ tantum inst Bᵇ
οδω ART | τω οικω ℵ* (του οικου ℵ*ᵃ) | μου 2°] σου R* (μ. Rᵃ)   3 προεθε-
μην] προετιθεμην ℵ*ᵃ | om πραγμα παρανομον B*ᵛⁱᵈ (subscr B?) | ποιουντα ℵ*
(-τας ℵ*ᵃ) | παραβασεις] παρα βασιλεις ℵ* (παραβασεις ℵ*ᵃ)   5 του] τον T
6 μου] αυτου ℵ* (μου ℵ*ᵃ) | συγκαθησθαι Bᵃ   7 οικιας bis scr R | κατηυθυνεν
AT | εναντιον] ενωπιον ℵA   8 απεκτινον ℵ* (απεκτεννον ℵ*ᵃ) απεκτενον
A | τους αμαρτωλους] om τους A* (hab Aᵃʔ) | αδικιαν] ανομιαν ℵART —
Stich 16 Bℵ 17 ART

ΨΑΛΜΟΙ

ΡΑ´

Προσευχὴ τῷ πτωχῷ, ὅταν ἀκηδιάσῃ
καὶ ἐναντίον Κυρίου ἐκχέῃ τὴν
δέησιν αὐτοῦ.

2 ²Εἰσάκουσον, Κύριε, τῆς προσευχῆς μου,
καὶ ἡ κραυγή μου πρὸς σὲ ἐλθάτω.

3 ³μὴ ἀποστρέψῃς τὸ πρόσωπόν σου ἀπ' ἐμοῦ·
ἐν ᾗ ἂν ἡμέρᾳ θλίβωμαι, κλῖνον τὸ οὖς σου πρός με·
ἐν ᾗ ἂν ἡμέρᾳ ἐπικαλέσωμαί σε, ταχὺ εἰσάκουσόν μου.

4 ⁴ὅτι ἐξέλιπον ὡσεὶ καπνὸς αἱ ἡμέραι μου,
καὶ τὰ ὀστᾶ μου ὡσεὶ φρύγιον συνεφρύγησαν.

5 ⁵ἐπλήγην ὡσεὶ χόρτος καὶ ἐξηράνθη ἡ καρδία μου,
ὅτι ἐπελαθόμην τοῦ φαγεῖν τὸν ἄρτον μου.

6 ⁶ἀπὸ φωνῆς τοῦ στεναγμοῦ μου ἐκολλήθη τὸ ὀστοῦν μου
τῇ σαρκί μου.

7 ⁷ὡμοιώθην πελεκᾶνι ἐρημικῷ,
ἐγενήθην ὡσεὶ νυκτικόραξ ἐν οἰκοπέδῳ,

8 ⁸ἠγρύπνησα καὶ ἐγενήθην ὡσεὶ στρουθίον μονάζον ἐπὶ δώ-
ματι.

9 ⁹ὅλην τὴν ἡμέραν ὠνείδιζόν με οἱ ἐχθροί μου,
καὶ οἱ ἐπαινοῦντές με κατ' ἐμοῦ ὤμνυον.

10 ¹⁰ὅτι σποδὸν ὡσεὶ ἄρτον ἔφαγον,
καὶ τὸ πόμα μου μετὰ κλαυθμοῦ ἐκίρνων,

11 ¹¹ἀπὸ προσώπου τῆς ὀργῆς σου καὶ τοῦ θυμοῦ σου,
ὅτι ἐπάρας κατέρραξάς με.

12 ¹²αἱ ἡμέραι μου ὡσεὶ σκιὰ ἐκλίθησαν,
καὶ ἐγὼ ὡσεὶ χόρτος ἐξηράνθην.

13 ¹³σὺ δέ, Κύριε, εἰς τὸν αἰῶνα μένεις,
καὶ τὸ μνημόσυνόν σου εἰς γενεὰν καὶ γενεάν.

14 ¹⁴σὺ ἀναστὰς οἰκτειρήσεις τὴν Σειών,
ὅτι καιρὸς τοῦ οἰκτειρῆσαι αὐτήν, ὅτι ἥκει καιρός

CI 1 εναντιον] ενωπιον ℵ εναντι A   2 κε εισακουσον ℵAT | την προσ- ℵAΓ
ευχην R | ελθετω BᶜℵᶜªR   3 θλιβομαι ℵAT | προς με το ους σου ℵAT |
om προς με B*ᵛⁱᵈ | αν 2°] α A* (ν superscr Aª?) | επικαλεσομαι A | εισα-
κουσον] επακουσον ℵT   4 εξελειπον AT   5 επληγη ℵ* (ν superscr ℵᶜª)
6 το οστουν] τα οστα R   7 ωμοιωθη A* (ν superscı Aª?)   8 εγενηθην]
εγενομην ℵᶜªAT | ωσει στρουθιον] ωστρουθιον A ως στρ T | μοναζων A
11 κατεραξας ℵ* (κατερρ. ℵᶜª) T   12 σκιαι ℵᶜªT | και εγω] καγω Bᶜ | εξηραν-
θησαν ℵ* (-θην ℵᶜª)   14 οικτιρησης T | Σιων ℵA | καιρος 1°] pr ερχεται R

¹⁵ὅτι εὐδόκησαν οἱ δοῦλοί σου τοὺς λίθους αὐτῆς,
καὶ τὸν χοῦν αὐτῆς οἰκτειρήσουσιν·
¹⁶καὶ φοβηθήσονται τὰ ἔθνη τὸ ὄνομά σου, Κύριε,
καὶ πάντες οἱ βασιλεῖς τὴν δόξαν σου·
¹⁷ὅτι οἰκοδομήσει Κύριος τὴν Σειών,
καὶ ὀφθήσεται ἐν τῇ δόξῃ αὐτοῦ.
¹⁸ἐπέβλεψεν ἐπὶ τὴν προσευχὴν τῶν ταπεινῶν,
καὶ οὐκ ἐξουδένωσεν τὴν δέησιν αὐτῶν.
¹⁹γραφήτω αὕτη εἰς γενεὰν ἑτέραν,
καὶ λαὸς ὁ κτιζόμενος αἰνέσει τὸν κύριον·
²⁰ὅτι ἐξέκυψεν ἐξ ὕψους ἁγίου αὐτοῦ,
Κύριος ἐξ οὐρανοῦ ἐπὶ τὴν γῆν ἐπέβλεψεν·
²¹τοῦ ἀκοῦσαι τὸν στεναγμὸν τῶν πεπεδημένων,
τοῦ λῦσαι τοὺς υἱοὺς τῶν τεθανατωμένων,
²²τοῦ ἀναγγεῖλαι ἐν Σειὼν τὸ ὄνομα Κυρίου
καὶ τὴν αἴνεσιν αὐτοῦ ἐν Ἰερουσαλήμ,
²³ἐν τῷ συναχθῆναι λαοὺς ἐπὶ τὸ αὐτὸ καὶ βασιλείας τοῦ
δουλεύειν τῷ κυρίῳ.
²⁴ἀπεκρίθη αὐτῷ ἐν ὁδῷ ἰσχύος αὐτοῦ
Τὴν ὀλιγότητα τῶν ἡμερῶν μου ἀνάγγειλόν μοι.
²⁵μὴ ἀναγάγῃς με ἐν ἡμίσει ἡμερῶν μου·
ἐν γενεᾷ γενεῶν τὰ ἔτη σου.
²⁶κατ' ἀρχὰς τὴν γῆν σύ, Κύριε, ἐθεμελίωσας,
καὶ ἔργα τῶν χειρῶν σού εἰσιν οἱ οὐρανοί
²⁷αὐτοὶ ἀπολοῦνται, σὺ δὲ διαμένεις
καὶ πάντες ὡς ἱμάτιον παλαιωθήσονται,
καὶ ὡσεὶ περιβόλαιον ἑλίξεις αὐτοὺς καὶ ἀλλαγήσονται·
²⁸σὺ δὲ ὁ αὐτὸς εἶ, καὶ τὰ ἔτη σου οὐκ ἐκλείψουσιν.

ART 15 οικτιρησωσιν T   16 om τα εθνη אc* (hab אc a) | σου Κυριε] κυ
אA*vid (σου κε sup ras et in mg Aa) T | βασιλεις]+της γης אART   17 κς
την Σιων sup ras Aa? | Σιων א   18 ταπεινων] πτωχων א* (ταπινων
אc a) R | εξωδενωσεν א   19 ετεραν] εταιραν א | αινεση T   20 εξε-
κυψαν B* (-ψεν Bab) | υψου א* (υψους אc a) | εξ ουρανου] εκ του ουρανου R |
επι] εις R   21 τον στεναγμον] του στεναγμου T   22 αναγγειλαι Bאc a
RT (αναγγιλ.)] αναγγεληναι א* | Σιων אA   23 συναχθηναι] επισυναχθηναι
אc aAT | βασιλειας] βασιλεις אc aAT   25 εν γενεα γενεων] εις γενεαν
και γενεαν R   26 συ κε την γην ART | om συ Κυριε א* (hab אc a) |
των χειρων] om των א   27 ελιξεις (ελειξ. A)] αλλαξεις א* αιλιξ. אc a
ελιξης T | αλλαγησονται] αγαλλησονται A* (improb A')   28 συ] σοι A |
εκλειψωσιν T

ΨΑΛΜΟΙ

29 ²⁹οἱ υἱοὶ τῶν δούλων σου κατασκηνώσουσιν,
καὶ τὸ σπέρμα αὐτῶν εἰς τὸν αἰῶνα κατευθυνθήσεται.

ΡΒ´

CII
(CIII)

Τῷ Δαυείδ.

1 Εὐλόγει ἡ ψυχή μου τὸν κύριον,
καὶ πάντα τὰ ἐντός μου τὸ ὄνομα τὸ ἅγιον αὐτοῦ.

2 ²εὐλόγει ἡ ψυχή μου τὸν κύριον,
καὶ μὴ ἐπιλανθάνου πάσας τὰς αἰνέσεις αὐτοῦ·

3 ³τὸν εὐιλατεύοντα πάσαις ταῖς ἀνομίαις σου,
τὸν ἰώμενον πάσας τὰς νόσους σου·

4 ⁴τὸν λυτρούμενον ἐκ φθορᾶς τὴν ζωήν σου,
τὸν στεφανοῦντά σε ἐν ἐλέει καὶ οἰκτειρμοῖς,

5 ⁵τὸν ἐμπιμπλῶντα ἐν ἀγαθοῖς τὴν ἐπιθυμίαν σου·
ἀνακαινισθήσεται ὡς ἀετοῦ ἡ νεότης σου.

6 ⁶ποιῶν ἐλεημοσύνας ὁ κύριος,
καὶ κρίμα πᾶσι τοῖς ἀδικουμένοις.

7 ⁷ἐγνώρισεν τὰς ὁδοὺς αὐτοῦ τῷ Μωυσῇ,
τοῖς υἱοῖς Ἰσραὴλ τὰ θελήματα αὐτοῦ.

8 ⁸οἰκτείρμων καὶ ἐλεήμων ὁ κύριος,
μακρόθυμος καὶ πολυέλεος.

9 ⁹οὐκ εἰς τέλος ὀργισθήσεται,
οὐδὲ εἰς τὸν αἰῶνα μηνιεῖ·

10 ¹⁰οὐ κατὰ τὰς ἁμαρτίας ἡμῶν ἐποίησεν ἡμῖν,
οὐδὲ κατὰ τὰς ἀνομίας ἡμῶν ἀνταπέδωκεν ἡμῖν.

11 ¹¹ὅτι κατὰ τὸ ὕψος τοῦ οὐρανοῦ ἀπὸ τῆς γῆς
ἐκραταίωσεν Κύριος τὸ ἔλεος αὐτοῦ ἐπὶ τοὺς φοβουμένους
αὐτόν·

12 ¹²καθ' ὅσον ἀπέχουσιν ἀνατολαὶ ἀπὸ δυσμῶν,
ἐμάκρυνεν ἀφ' ἡμῶν τὰς ἀνομίας ἡμῶν.

13 ¹³καὶ καθὼς οἰκτείρει πατὴρ υἱούς,
οἰκτείρησεν Κύριος τοὺς φοβουμένους αὐτόν,

---

29 οι υιοι] om οι AR | κατασκηνωσωσιν T — Stich 54 B 55 ℵ 56 AT 57 R ℵART
CII 1 τω Δ.] pr ψαλμος T   2 επιλανθανε R | αινεσεις] αποδοσις ℵ αντα-
ποδοσεις ART   4 οικτειρμοις] οικτιρμω ℵ* (οικτιρμοις ℵ^c a) R   5 εμπι-
πλωντα AT ενπιμπλωντα R   6 πασιν AT   7 τω Μωυση] om τω
ℵ* (hab ℵ^c a)   8 οικτιρμων B^b ("et alias") T | πολυελεος]+ ϗ αληθεινος
A^a⁹(mg)   11 κς (sic) T | om αυτου R* (hab R^a)   12 ανομιας] αμαρ-
τιας R   13 om και ℵ^c a ART | οικτειρησεν] ωκτειρησεν B^ab pr ουτως R

349

ΨΑΛΜΟΙ

¹⁴ὅτι αὐτὸς ἔγνω τὸ πλάσμα ἡμῶν·
  μνήσθητι ὅτι χοῦς ἐσμεν.
¹⁵ἄνθρωπος, ὡσεὶ χόρτος αἱ ἡμέραι αὐτοῦ·
  ὡσεὶ ἄνθος τοῦ ἀγροῦ, οὕτως ἐξανθήσει.
¹⁶ὅτι πνεῦμα διῆλθεν ἐν αὐτῷ καὶ οὐχ ὑπάρξει,
  καὶ οὐκ ἐπιγνώσεται ἔτι τὸν τόπον αὐτοῦ.
¹⁷τὸ δὲ ἔλεος τοῦ κυρίου ἀπὸ τοῦ αἰῶνος καὶ ἕως τοῦ αἰῶνος
  ἐπὶ τοὺς φοβουμένους αὐτόν·
  καὶ ἡ δικαιοσύνη αὐτοῦ ἐπὶ υἱοὺς υἱῶν·
¹⁸τοῖς φυλάσσουσιν τὴν διαθήκην αὐτοῦ,
  καὶ μεμνημένοις τῶν ἐντολῶν αὐτοῦ τοῦ ποιῆσαι αὐτάς.
¹⁹Κύριος ἐν τῷ οὐρανῷ ἡτοίμασεν τὸν θρόνον αὐτοῦ,
  καὶ ἡ βασιλεία αὐτοῦ πάντων δεσπόζει.
²⁰εὐλογεῖτε τὸν κύριον, πάντες οἱ ἄγγελοι αὐτοῦ,
  δυνατοὶ ἰσχύι, ποιοῦντες τὸν λόγον αὐτοῦ,
  τοῦ ἀκοῦσαι τῆς φωνῆς τῶν λόγων αὐτοῦ.
²¹εὐλογεῖτε τὸν κύριον, πᾶσαι αἱ δυνάμεις αὐτοῦ,
  λειτουργοὶ αὐτοῦ ποιοῦντες τὰ θελήματα αὐτοῦ.
²²εὐλογεῖτε τὸν κύριον, πάντα τὰ ἔργα αὐτοῦ
  ἐν παντὶ τόπῳ τῆς δυναστείας αὐτοῦ·
  εὐλόγει, ἡ ψυχή μου, τὸν κύριον.

ΡΓ´

Τῷ Δαυείδ.

Εὐλόγει, ἡ ψυχή μου, τὸν κύριον·
  Κύριε, Κύριε, ὁ θεός μου, ὡς ἐμεγαλύνθης σφόδρα.
  ἐξομολόγησιν καὶ εὐπρέπειαν ἐνεδύσω,
²ἀναβαλλόμενος φῶς ὡς ἱμάτιον,
  ἐκτείνων τὸν οὐρανὸν ὡσεὶ δέρριν·
³ὁ στεγάζων ἐν ὕδασιν τὰ ὑπερῷα αὐτοῦ,
  ὁ τιθεὶς νέφη τὴν ἐπίβασιν αὐτοῦ,
  ὁ περιπατῶν ἐπὶ πτερύγων ἀνέμων·

14 μνησθητι] εμνησθη ℵ^(c.a) AT + Κυριε R   15 ημεραι] ραι ℵ | ωσει 2°] οτι ει ℵ* (ωσει ℵ^(c.a))   16 υπαξει R* (υπαρξ. R^(a vid)) υπαρξη T   17 υιους] υιον B^(c vid)   18 φυλασσουσι T   19 αυτου 2°] ου sup ras A^a (αυτων A^(* vid))   20 οι αγγελοι] om οι ℵ* (hab ℵ^(c a))   21 τα θεληματα] το θελημα ℵ^(c a)ART   22 δυναστειας (-τιας ℵ*)] δεσποτιας ℵ^(c a)ART — Stich 46 BT 45 ℵR 47 A
CIII 1 τω Δ.] pr ψαλμος T | om Κυριε 2° ℵART | om ως ℵ^(c a)ART | ευπρεπειαν (-πιαν ℵ*)] μεγαλοπρεπιαν ℵ^(c a)AT   3 νεφη Bℵ^(c a)A² (νεφην A^(* vid)) RT] νεφελην ℵ* | την επιβασιν] om την ℵ* (hab ℵ^(c a))

ΨΑΛΜΟΙ

⁴ὁ ποιῶν τοὺς ἀγγέλους αὐτοῦ πνεύματα,
καὶ τοὺς λειτουργοὺς αὐτοῦ πῦρ φλέγον.
⁵ἐθεμελίωσεν τὴν γῆν ἐπὶ τὴν ἀσφαλίαν αὐτῆς,
οὐ κλιθήσεται εἰς τὸν αἰῶνα τοῦ αἰῶνος.
⁶ἄβυσσος ὡς ἱμάτιον τὸ περιβόλαιον αὐτοῦ,
ἐπὶ τῶν ὀρέων στήσονται ὕδατα·
⁷ἀπὸ ἐπιτιμήσεώς σου φεύξονται,
ἀπὸ φωνῆς βροντῆς σου δειλιάσουσιν.
⁸ἀναβαίνουσιν ὄρη, καὶ καταβαίνουσιν πεδία
εἰς τόπον ὃν ἐθεμελίωσας αὐτοῖς·
⁹ὅριον ἔθου ὃ οὐ παρελεύσονται,
οὐδὲ ἀποστρέψουσιν καλύψαι τὴν γῆν.
¹⁰ὁ ἀποστέλλων πηγὰς ἐν φάραγξιν,
ἀνὰ μέσον τῶν ὀρέων διελεύσονται ὕδατα
¹¹ποτιοῦσιν πάντα τὰ θηρία τοῦ ἀγροῦ,
προσδέξονται ὄναγροι εἰς δίψαν αὐτῶν.
¹²ἐπ' αὐτὰ τὰ πετεινὰ τοῦ οὐρανοῦ κατασκηνώσει,
ἐκ μέσου τῶν πετρῶν δώσουσιν φωνήν.
¹³ποτίζων ὄρη ἐκ τῶν ὑπερῴων αὐτοῦ,
ἀπὸ καρποῦ τῶν ἔργων σου χορτασθήσεται ἡ γῆ.
¹⁴ἐξανατέλλων χόρτον τοῖς κτήνεσιν
καὶ χλόην τῇ δουλείᾳ τῶν ἀνθρώπων,
τοῦ ἐξαγαγεῖν ἄρτον ἐκ τῆς γῆς·
¹⁵καὶ οἶνος εὐφραίνει καρδίαν ἀνθρώπου,
τοῦ ἱλαρῦναι πρόσωπον ἐν ἐλαίῳ,
καὶ ἄρτος καρδίαν ἀνθρώπου στηρίζει.
¹⁶χορτασθήσεται τὰ ξύλα τοῦ πεδίου,
αἱ κέδροι τοῦ Λιβάνου ἃς ἐφύτευσεν·
¹⁷ἐκεῖ στρουθία ἐννοσσεύσουσιν,

4 πυρ φλεγον] πυρος φλεγα (sic) Aᵃ   **5** εθεμελιωσεν] ο θεμελιων ℵᶜᵃAT | ℵART ασφαλειαν Bᵃᵇ | κλιθησεται Bℵᶜᵃ(?R)T] κληθησεται ℵ*(?R) κεινηθησεται A
7 φωνης]+σου ℵ* (om ℵᶜᵃ) | διλιασωσιν T   **8** τοπον] pr τον ℵT | αυτοις] αυτους ℵ* (-τοις ℵᶜᵃ)   **9** ο] ον R* (ο Rᵃ) | αποστρεψουσιν] επιστρεψουσιν ℵART   **10** αποστελλων] εξαποστελλων ℵART   **11** προσδεξονται] εξοντ sup ras Bᵃᵇ προσδεξωνται T   **12** κατασκηνωση T | πετρων] πτερων ℵ* (πετρ. ℵ¹) | δωσουσι A δωσουσιν T | φωνην]+αυτων R   **14** εξανατελλων] pr ο ℵᶜᵃART | κτηνεσι T | δουλια ℵAT | εξαγαγεν T   **16** χορτασθησονται AR | πεδιου] κυ ℵ* (πεδ. ℵᶜᵃ) | αι κεδροι] και κεδρ R | εφυτευσας ℵᶜᵃAT
17 εννοσσευσουσιν B* (εννοσσ. Bᵃᵇ) εννοσσευσωσιν T

B τοῦ ἐρωδιοῦ ἡ οἰκία ἡγεῖται αὐτῷ.
  ¹⁸ὄρη τὰ ὑψηλὰ ταῖς ἐλάφοις,   18
   πέτρα καταφυγὴ τοῖς χοιρογρυλλίοις.
  ¹⁹ἐποίησεν σελήνην εἰς καιρούς,   19
   ὁ ἥλιος ἔγνω τὴν δύσιν αὐτοῦ.
  ²⁰ἔθου σκότος καὶ ἐγένετο νύξ,   20
   ἐν αὐτῇ διελεύσονται πάντα τὰ θηρία τοῦ δρυμοῦ,
  ²¹σκύμνοι ὠρυόμενοι ἁρπάσαι   21
   καὶ ζητῆσαι παρὰ τοῦ θεοῦ βρῶσιν αὐτοῖς.
  ²²ἀνέτειλεν ὁ ἥλιος καὶ συναχθήσονται,   22
   καὶ ἐν ταῖς μάνδραις αὐτῶν κοιτασθήσονται·
  ²³ἐξελεύσεται ἄνθρωπος ἐπὶ τὸ ἔργον αὐτοῦ,   23
   καὶ ἐπὶ τὴν ἐργασίαν αὐτοῦ ἕως ἑσπέρας.
  ²⁴ὡς ἐμεγαλύνθη τὰ ἔργα σου, Κύριε,   24
   πάντα ἐν σοφίᾳ ἐποίησας
   ἐπληρώθη ἡ γῆ τῆς κτίσεώς σου.
  ²⁵αὕτη ἡ θάλασσα ἡ μεγάλη καὶ εὐρύχωρος·   25
   ἐκεῖ ἑρπετὰ ὧν οὐκ ἔστιν ἀριθμός,
  ζῷα μικρὰ μετὰ μεγάλων,
   ²⁶δράκων οὗτος ὃν ἔπλασας ἐμπαίζειν αὐτῷ.   26
  ²⁷πάντα πρὸς σὲ προσδοκῶσιν, δοῦναι τὴν τροφὴν αὐτοῖς εὔ- 27
  καιρον·
   ²⁸δόντος σου αὐτοῖς συλλέξουσιν,   28
  ἀνοίξαντος δέ σου τὴν χεῖρα τὰ σύμπαντα ἐμπλησθήσεται
   χρηστότητος.
  ²⁹ἀποστρέψαντος δέ σου τὸ πρόσωπον ταραχθήσονται·   29
  ἀντανελεῖς τὸ πνεῦμα αὐτῶν καὶ ἐκλείψουσιν,
   καὶ εἰς τὸν χοῦν αὐτῶν ἐπιστρέψουσιν.

ℵART 17 ερωδιου] αρωδιου A ηρωδιου T | οικια] κατοικια T | αυτω] αυτων ℵART
18 χοιρογρυλλιοις] λαγωοις ℵ^{c a}AT 19 εποιησαν R 20 om και εγενετο
νυξ (est litur 3 litt) R | διελευσεται ℵ 21 ορυομενοι ℵ ορυωμενοι T | αρ-
πασαι] pr του ℵ^{c a}AT | του θεου] om του R 22 συναχθησονται] συνηχθησαν
ℵART | εν ταις μανδραις] επι ταις μανδραις ℵ* εις τας μανδρας ℵ^{c a}AT
23 εως] μεχρι ℵ* (εως ℵ^{c a}) | εσπεραν R 26 δρακων] pr εκει πλοια δια-
πορευονται B^{ab}ℵART | επλασας] εφυτευσας R | ενπαιζειν R | αυτω] αυτοις R
27 δουναι] pr του R | την τροφην αυτοις] τ. τροφην αυτων ℵ^{c a}AT αυτοις
τροφην R | ευκαιρον] εις καιρον A εν ευκαιρια R εις ευκαιρον T 28 αυτοις]
αυτοι T | συλλεξωσιν T | ανυξαντος A* (ανοιξ. A^a) | συμπαντα] παντα ℵ*
(συμπ. ℵ^{c a}) συνπαντα R | εμπλησθησεται] πλησθησονται ℵAT πλησθησεται
R | χρηστοτητος] πιοτητος A 29 εκλειψωσιν T | επιστρεψωσιν T

ΨΑΛΜΟΙ　　　　　　　　　CIV 7

30 ³⁰ἐξαποστελεῖς τὸ πνεῦμά σου καὶ κτισθήσονται,　　B
    καὶ ἀνακαινιεῖς τὸ πρόσωπον τῆς γῆς.
31 ³¹ἤτω ἡ δόξα Κυρίου εἰς τὸν αἰῶνα,
    εὐφρανθήσεται Κύριος ἐπὶ τοῖς ἔργοις αὐτοῦ·
32 ³²ὁ ἐπιβλέπων ἐπὶ τὴν γῆν καὶ ποιῶν αὐτὴν τρέμειν,
    ὁ ἁπτόμενος τῶν ὀρέων καὶ καπνίζονται.
33 ³³ᾄσω τῷ κυρίῳ ἐν τῇ ζωῇ μου,
    ψαλῶ τῷ θεῷ μου ἕως ὑπάρχω·
34 ³⁴ἡδυνθείη αὐτῷ ἡ διαλογή μου,
    ἐγὼ δὲ εὐφρανθήσομαι ἐπὶ τῷ κυρίῳ.
35 ³⁵ἐκλίποισαν ἁμαρτωλοὶ ἀπὸ τῆς γῆς
    καὶ ἄνομοι, ὥστε μὴ ὑπάρχειν αὐτούς·
    εὐλόγει, ἡ ψυχή μου, τὸν κύριον.

ΡΔ΄

CIV
(CV)　　　　　　　Ἀλληλουιά.

1   Ἐξομολογεῖσθε τῷ κυρίῳ καὶ ἐπικαλεῖσθε τὸ ὄνομα αὐτοῦ,
    ἀπαγγείλατε ἐν τοῖς ἔθνεσιν τὰ ἔργα αὐτοῦ.
2   ²ᾄσατε αὐτῷ καὶ ψάλατε αὐτῷ,
    διηγήσασθε πάντα τὰ θαυμάσια αὐτοῦ.
3   ³ἐπαινεῖσθε ἐν τῷ ὀνόματι τῷ ἁγίῳ αὐτοῦ·
    εὐφρανθήτω καρδία ζητούντων τὸν κύριον.
4   ⁴ζητήσατε τὸν κύριον καὶ κραταιώθητε,
    ζητήσατε τὸ πρόσωπον αὐτοῦ διὰ παντός·
5   ⁵μνήσθητε τῶν θαυμασίων αὐτοῦ ὧν ἐποίησεν,
    τὰ τέρατα αὐτοῦ καὶ τὰ κρίματα τοῦ στόματος αὐτοῦ·
6   ⁶σπέρμα Ἀβραὰμ δοῦλοι αὐτοῦ,
    υἱοὶ Ἰακὼβ ἐκλεκτοὶ αὐτοῦ.
7   ⁷αὐτὸς Κύριος ὁ θεὸς ἡμῶν·
    ἐν πάσῃ τῇ γῇ τὰ κρίματα αὐτοῦ.

31 τον αιωνα] τους αιωνας ℵ$^{c\,a}$AT | επι] εν R　　**32** των ορεων] om ℵART των ℵ$^{c\,a}$　　**33** om ψαλω υπαρχω A* (hab A$^{?(mg)}$)　　**35** εκλειποισαν B^{ab}AT | απο της γης] υπαρξειν αυτους R*^{vid} (απο της γης R^a) | υπαρχε.ν] υπαρξειν R*^{vid} (-χειν R^a) — Stich 76 B 77 ℵA 79 R 78 T　　CIV **1** αλληλουια] τ pro α 1° ℵ* (αλλ. ℵ^1) | τω κυριω] pr κα (sic) ℵ* (om ℵ^1) | αναγγειλατε R^{vid} | εργα] μεγαλια ℵ* (εργα ℵ$^{c\,a}$)　　**3** γιω αυτου sup ras A^1　　**4** το προσωπον] om το R* (hab R^a)　　**5** αυτου 1°] του sup ras 3 vel 4 litt A^a　　**6** δουλου R* (δουλοι R$^{1(vid)}$) | εκλεκτοι α sup ras A^1

CIV 8   ΨΑΛΜΟΙ

B   ⁸ἐμνήσθη εἰς τὸν αἰῶνα διαθήκης αὐτοῦ,   8
    λόγου οὗ ἐνετείλατο εἰς χιλίας γενεάς,
    ⁹ὃν διέθετο τῷ Ἀβραάμ,   9
    καὶ τοῦ ὅρκου αὐτοῦ τῷ Ἰσαάκ·
    ¹⁰καὶ ἔστησεν αὐτὴν τῷ Ἰακὼβ εἰς πρόσταγμα   10
    καὶ τῷ Ἰσραὴλ διαθήκην αἰώνιον,
    ¹¹λέγων Σοὶ δώσω τὴν γῆν Χανάαν,   11
    σχοίνισμα κληρονομίας ὑμῶν·
    ¹²ἐν τῷ εἶναι αὐτοὺς ἀριθμῷ βραχεῖς,   12
    ὀλιγοστοὺς καὶ παροίκους ἐν αὐτῇ.
    ¹³καὶ διῆλθον ἐξ ἔθνους εἰς ἔθνος   13
    ἐκ βασιλείας εἰς λαὸν ἕτερον·
    ¹⁴οὐκ ἀφῆκεν ἄνθρωπον ἀδικῆσαι αὐτούς,   14
    καὶ ἤλεγξεν ὑπὲρ αὐτῶν βασιλεῖς
    ¹⁵Μὴ ἅψησθε τῶν χριστῶν μου,   15
    καὶ ἐν τοῖς προφήταις μου μὴ πονηρεύεσθε.
    ¹⁶καὶ ἐκάλεσεν λιμὸν ἐπὶ τὴν γῆν,   16
    πᾶν στήριγμα ἄρτου συνέτριψεν.
    ¹⁷ἀπέστειλεν ἔμπροσθεν αὐτῶν ἄνθρωπον,   17
    εἰς δοῦλον ἐπράθη Ἰωσήφ.
    ¹⁸ἐταπείνωσαν ἐν πέδαις τοὺς πόδας αὐτοῦ,   18
    σίδηρον διῆλθεν ἡ ψυχὴ αὐτοῦ·
    ¹⁹μέχρι τοῦ ἐλθεῖν τὸν λόγον αὐτοῦ,   19
    τὸ λόγιον τοῦ κυρίου ἐπύρωσεν αὐτόν.
    ²⁰ἐξαπέστειλεν βασιλεὺς καὶ ἔλυσεν αὐτόν, ·   20
    ἄρχων λαῶν, καὶ ἀφῆκεν αὐτόν·
    ²¹κατέστησεν αὐτὸν κύριον τοῦ οἴκου αὐτοῦ   21
    καὶ ἄρχοντα πάσης τῆς κτήσεως αὐτοῦ,
    ²²τοῦ παιδεῦσαι τοὺς ἄρχοντας αὐτοῦ ὡς ἑαυτόν,   22
    καὶ τοὺς πρεσβυτέρους αὐτοῦ σοφίσαι.

ΝΑRT   9 του ορκου] τω ορκω A | Ισακ Ν   10 αυτην BΝ꜀ ᵃARᵃT] αυτον Ν* αυτο
R* | διαθηκην] pr εις Ν꜀ ᵃRT   13 εκ] pr και ΝART | εις 2°] προς R
14 αυτους] αυτοις R* (-τους Rᵃ) om και Ν* (hab ҕ Ν꜀ ᵃ) | αυτων] αυτους
R* (-των Rᵃ) | βασιλις Ν   15 αψησθε] απτεσθαι ΝΑ απτεσθε T | των
χριστων] τους χριστους R   16 αρτου] αυτου Ν* (αρτου Ν꜀ ᵃ)   17 απε-
στειλεν] εξαπεστειλεν ΛᵃR   18 εταπεινωσαν] εταπεινωθησαν R* (-νωσαν
Rᵃ)   19 του κυριου] om του T   20 εξαπεστειλεν] απεστειλεν Ν꜀ ᵃART |
αυτον 1°]+το λογιον του κ̄ῡ επυρωσεν αυτον Ν* (om Ν¹꜀ ᵃ)   21 κτησεως]
κτισεως ΝΑRᵛⁱᵈ

ΨΑΛΜΟΙ CIV 36

23 ²³καὶ εἰσῆλθεν Ἰσραὴλ εἰς Αἴγυπτον, B
   καὶ Ἰακὼβ παρῴκησεν ἐν γῇ Χάμ·
24 ²⁴καὶ ηὔξησεν τὸν λαὸν αὐτοῦ σφόδρα,
   καὶ ἐκραταίωσεν αὐτὸν ὑπὲρ τοὺς ἐχθροὺς αὐτοῦ.
25 ²⁵καὶ μετέστρεψεν τὴν καρδίαν αὐτῶν τοῦ μισῆσαι τὸν λαὸν αὐτοῦ,
   τοῦ δολιοῦσθαι ἐν τοῖς δούλοις αὐτοῦ.
26 ²⁶ἐξαπέστειλεν Μωυσῆν τὸν δοῦλον αὐτοῦ,
   Ἀαρὼν ὃν ἐξελέξατο αὐτόν·
27 ²⁷ἔθετο αὐτοῖς τοὺς λόγους τῶν σημείων αὐτοῦ
   καὶ τῶν τεράτων ἐν γῇ Χάμ.
28 ²⁸ἐξαπέστειλεν σκότος καὶ ἐσκότασεν,
   καὶ παρεπίκραναν τοὺς λόγους αὐτοῦ.
29 ²⁹μετέστρεψεν τὰ ὕδατα αὐτῶν εἰς αἷμα,
   καὶ ἀπέκτεινεν τοὺς ἰχθύας αὐτῶν·
30 ³⁰ἐξῆρψεν ἡ γῆ αὐτῶν βατράχους,
   ἐν τοῖς ταμείοις τῶν βασιλειῶν αὐτῶν.
31 ³¹εἶπεν, καὶ ἦλθεν κυνόμυια
   καὶ σκνῖπες ἐν πᾶσι τοῖς ὁρίοις αὐτῶν.
32 ³²ἔθετο τὰς βροχὰς αὐτῶν χάλαζαν,
   πῦρ καταφλέγον ἐν τῇ γῇ αὐτῶν·
33 ³³καὶ ἐπάταξεν τὰς ἀμπέλους αὐτῶν καὶ τὰς συκᾶς αὐτῶν,
   καὶ συνέτριψεν πᾶν ξύλον ὁρίου αὐτῶν.
34 ³⁴εἶπεν, καὶ ἦλθεν ἀκρὶς καὶ βροῦχος οὗ οὐκ ἦν ἀριθμός,
35 ³⁵καὶ κατέφαγεν πάντα τὸν χόρτον ἐν τῇ γῇ αὐτῶν,
   καὶ κατέφαγεν τὸν καρπὸν τῆς γῆς αὐτῶν.
36 ³⁶καὶ ἐπάταξεν πᾶν πρωτότοκον ἐκ τῆς γῆς αὐτῶν,
   ἀπαρχὴν παντὸς πόνου αὐτῶν.

25 om και ℵ^c·a ART | αυτων] αυτου ℵ^c·a AT   26 εξαπεστειλεν] απεστειλεν R | αυτον] εαυτω ℵ^c·a ART   27 αυτοις] pr εν B^ab ℵ^c·a ART | τερατων]+αυτου ℵ^c·a AT   28 σκοτους R* (-τος R^a) | και 2°] οτι ℵ^c·a AT | παρεπικρανεν ℵ* (-ναν ℵ^c·a)   29 μετεστρεψεν] pr και R | απεκτεινε R   30 εξηρψεν] εξηρευξατο R | ταμιοις B*ℵT (ταμειοις B^ab A) | βασιλειων Bℵ^c·a T] βασιλεων ℵ*A^a R   31 κυνομυια] a sup ras A^a (seq ras 1 lit) | σκνειπες B* (σκνιπες B^b A*^vid R)] σκνιφες ℵA^a R*T (-φαις) | πασιν AR   33 om παν ℵ* (hab ℵ^c·a) | οριου] οριων R^a vid   35 τον χορτον] om τον ℵ^c·a AT | εν τη γη] της γης R | om και κατεφαγεν (2°) ..της γης αυτων R | τον καρπον] τον χορτον ℵ* (τον κ. ℵ^c·a) pr παντα ℵ^c·a AT   36 εκ της γης] εν τη γη ℵART

355   Z 2

ΨΑΛΜΟΙ

B ³⁷καὶ ἐξήγαγεν αὐτοὺς ἐν ἀργυρίῳ καὶ χρυσίῳ,
καὶ οὐκ ἦν ἐν ταῖς φυλαῖς αὐτῶν ἀσθενῶν·
³⁸εὐφράνθη Αἴγυπτος ἐν τῇ ἐξόδῳ αὐτῶν,
ὅτι ἐπέπεσεν ὁ φόβος αὐτῶν ἐπ᾽ αὐτούς.
³⁹διεπέτασεν νεφέλην εἰς σκέπην αὐτοῖς,
καὶ πῦρ τοῦ φωτίσαι αὐτοῖς τὴν νύκτα·
⁴⁰ᾔτησαν, καὶ ἦλθεν ὀρτυγομήτρα,
καὶ ἄρτον οὐρανοῦ ἐνέπλησεν αὐτούς.
⁴¹διέρρηξεν πέτραν, καὶ ἐρρύησαν ὕδατα,
ἐπορεύθησαν ἐν ἀνύδροις ποταμοί.
⁴²ὅτι ἐμνήσθη τοῦ λόγου τοῦ ἁγίου αὐτοῦ,
τοῦ πρὸς Ἀβραὰμ τὸν δοῦλον αὐτοῦ·
⁴³καὶ ἐξήγαγεν τὸν λαὸν αὐτοῦ ἐν ἀγαλλιάσει,
καὶ τοὺς ἐκλεκτοὺς αὐτοῦ ἐν εὐφροσύνῃ.
⁴⁴καὶ ἔδωκεν αὐτοῖς χώρας ἐθνῶν,
καὶ πόνους λαῶν ἐκληρονόμησαν,
⁴⁵ὅπως ἂν φυλάξωσιν τὰ δικαιώματα αὐτοῦ,
καὶ τὸν νόμον αὐτοῦ ἐκζητήσωσιν.

ΡΕ´

Ἀλληλουιά.

Ἐξομολογεῖσθε τῷ κυρίῳ, ὅτι χρηστός,
ὅτι εἰς τὸν αἰῶνα τὸ ἔλεος αὐτοῦ.
²τίς λαλήσει τὰς δυναστείας τοῦ κυρίου,
ἀκουστὰς ποιήσει πάσας τὰς αἰνέσεις αὐτοῦ;
³μακάριοι οἱ φυλάσσοντες κρίσιν καὶ ποιοῦντες δικαιοσύνην ἐν
παντὶ καιρῷ.
⁴μνήσθητι ἡμῶν, Κύριε, ἐν τῇ εὐδοκίᾳ τοῦ λαοῦ σου,
ἐπίσκεψαι ἡμᾶς ἐν τῷ σωτηρίῳ σου,

ℵART 37 ασθενων] pr o ℵ^{c a} (ras ℵ^{c b}) T   38 o φοβος] om o R   39 νεφελην] νεφελη ℵ* (-λην ℵ^{c a}) | om αυτοις 2° ℵ* (hab αυτους ℵ^{c a}) T   41 διερηξεν T | ερυησαν T | ποταμοις ART   43 εγλεκτους B* (εκλ. B^b) | om αυτου 2^c A   44 εκληρονομησαν] κατεκληρονομησαν ℵ^{c a} (εκληρ. ℵ^{c b}) AT   45 εκζητησουσιν AR — Such 89 BℵA 90 RT   CV 1 χρηστος] os sup ras A^a   2 δυναστιας ℵT | ακουστα ℵ | αινεσις ℵA   4 επισκεψαι] pr και R

ΨΑΛΜΟΙ

5 ⁵τοῦ ἰδεῖν ἐν τῇ χρηστότητι τῶν ἐκλεκτῶν σου,
τοῦ εὐφρανθῆναι ἐν τῇ εὐφροσύνῃ τοῦ ἔθνους σου,
τοῦ ἐπαινεῖσθαι μετὰ τῆς κληρονομίας σου.

6 ⁶ἡμάρτομεν μετὰ τῶν πατέρων ἡμῶν,
ἠνομήσαμεν, ἠδικήσαμεν·

7 ⁷οἱ πατέρες ἡμῶν ἐν Αἰγύπτῳ οὐ συνῆκαν τὰ θαυμάσιά σου,
καὶ οὐκ ἐμνήσθησαν τοῦ πλήθους τοῦ ἐλέους σου,
καὶ παρεπίκραναν ἀναβαίνοντες ἐν τῇ ἐρυθρᾷ θαλάσσῃ.

8 ⁸καὶ ἔσωσεν αὐτοὺς ἕνεκεν τοῦ ὀνόματος αὐτοῦ,
τοῦ γνωρίσαι τὴν δυναστείαν αὐτοῦ·

9 ⁹καὶ ἐπετίμησεν τῇ ἐρυθρᾷ θαλάσσῃ καὶ ἐξηράνθη,
καὶ ὡδήγησεν αὐτοὺς ἐν ἀβύσσῳ ὡς ἐν ἐρήμῳ·

10 ¹⁰καὶ ἔσωσεν αὐτοὺς ἐκ χειρῶν μισούντων,
καὶ ἐλυτρώσατο αὐτοὺς ἐκ χειρὸς ἐχθροῦ·

11 ¹¹καὶ ἐκάλυψεν ὕδωρ τοὺς θλίβοντας αὐτούς,
εἷς ἐξ αὐτῶν οὐχ ὑπελείφθη.

12 ¹²καὶ ἐπίστευσαν ἐν τοῖς λόγοις αὐτοῦ,
καὶ ᾔνεσαν τὴν αἴνεσιν αὐτοῦ.

13 ¹³ἐτάχυναν, ἐπελάθοντο τῶν ἔργων αὐτοῦ,
οὐχ ὑπέμειναν τὴν βουλὴν αὐτοῦ·

14 ¹⁴καὶ ἐπεθύμησαν ἐπιθυμίαν ἐν τῇ ἐρήμῳ,
καὶ ἐπείρασαν τὸν θεὸν ἐν ἀνύδρῳ.

15 ¹⁵καὶ ἔδωκεν αὐτοῖς τὸ αἴτημα αὐτῶν,
καὶ ἐξαπέστειλεν πλησμονὴν εἰς τὴν ψυχὴν αὐτῶν.

16 ¹⁶καὶ παρώργισαν Μωυσῆν ἐν τῇ παρεμβολῇ
καὶ Ἀαρὼν τὸν ἅγιον Κυρίου·

17 ¹⁷ἠνοίχθη ἡ γῆ καὶ κατέπιεν Δαθάν,
καὶ ἐκάλυψεν ἐπὶ τὴν συναγωγὴν Ἀβειρών·

B

5 μετα της κληρονομιας] εν τη κληρονομια ℵ* (μετα της κληρονομια [sic] ℵ^{c a}) ℵAR Γ
7 om και 1º ℵAT | παραπικραναν ℵ* (παρεπ. ℵ¹) | αναβαινοντας R | ερυθα A* (superscr ρ A¹) | θαασση T* (superscr λ T¹)   8 δυναστιαν ℵT   9 επετιμησεν] ε 2º sup ras A^b | ερημω] pr τη R   10 χειρων] χειρος ART | μισουντων (μισουντ rescr ℵ¹)] μισουντος ℵ^{c a}ART | εχθρου] εχθρων ℵ^{c a}
11 om και AT   12 επιστευσαν] ηπιστησαν R | εν τοις λογοις] τω λογω ℵ^{c a} | ηνεσαν] ησαν ℵ^{c a}T | την αινεσιν] τας αινεσεις R   13 εταχυνεν R* (-ναν R^a)   15 το αιτημα] τα αιτηματα R | om και 2º AT | εξαπεστειλεν (εξαποστ. A)] εισηγαγεν R | την ψυχην] τας ψυχας ℵ^{c a}ART   16 Μωυσην (Μωσ. A)] pr τον ℵAT | om και 2º ℵ^{c a}AT | Ααρων] pr τον ℵ* (om ℵ^{c a}) AT   17 ηνυχθη ℵ | συναγωγην] συ sup ras A^{d?}

(B) (א)   ¹⁸καὶ ἐξεκαύθη πῦρ ἐν τῇ συναγωγῇ αὐτῶν,   18
καὶ φλὸξ κατέφλεξεν ἁμαρτωλούς.
¹⁹καὶ ἐποίησαν μόσχον ἐν Χωρήβ,   19
καὶ προσεκύνησαν τῷ γλυπτῷ·
²⁰καὶ ἠλλάξαντο τὴν δόξαν αὐτῶν   20
ἐν ὁμοιώματι μόσχου ἔσθοντος χόρτον.
²¹ἐπελάθοντο τοῦ θεοῦ τοῦ σώζοντος αὐτούς,   21
τοῦ ποιήσαντος μεγάλα ἐν Αἰγύπτῳ,
²²θαυμαστὰ ἐν γῇ Χάμ,   22
καὶ φοβερὰ ἐπὶ θαλάσσης ἐρυθρᾶς.
²³καὶ εἶπεν τοῦ ἐξολεθρεῦσαι αὐτούς,   23
εἰ μὴ Μωυσῆς ὁ ἐκλεκτὸς αὐτοῦ ἔστη
ἐν τῇ θραύσει ἐνώπιον αὐτοῦ,
τοῦ ἀποστρέψαι ἀπὸ θυμοῦ ὀργῆς αὐτοῦ
τοῦ μὴ ἐξολεθρεῦσαι.
²⁴καὶ ἐξουδένωσαν γῆν ἐπιθυμητήν,   24
καὶ οὐκ ἐπίστευσαν τῷ λόγῳ αὐτοῦ·
²⁵καὶ ἐγόγγυσαν ἐν τοῖς σκηνώμασιν αὐτῶν,   25
οὐκ εἰσήκουσαν τῆς φωνῆς Κυρίου.
²⁶καὶ ἐπῆρεν τὴν χεῖρα αὐτοῦ αὐτοῖς,   26
¶ B   τοῦ καταβαλεῖν αὐτοὺς ἐν τῇ ἐρήμῳ,¨
²⁷καὶ τοῦ καταβαλεῖν τὸ σπέρμα αὐτῶν ἐν τοῖς ἔθνεσιν   27
καὶ διασκορπίσαι αὐτοὺς ἐν ταῖς χώραις.
²⁸καὶ ἐτελέσθησαν τῷ Βεελφεγώρ,   28
καὶ ἔφαγον θυσίας νεκρῶν·
²⁹καὶ παρώξυναν αὐτὸν ἐν τοῖς ἐπιτηδεύμασιν αὐτῶν,   29
καὶ ἐπληθύνθη ἐπ' αὐτοὺς ἡ πτῶσις.

אART   **18** om και 2° אART   **19** Χωβηβ R^vid   **20** αυτων] αυτου א^c a ART | εσθιοντος RT (αισθ.)   **21** του θεου] κ̄ῡ א* θ̄ῡ א^c a AT του θεον R | σωζοντος] ρυσαντος (sic) R | μεγαλα] μεγαλεια A¹R   **22** θαυμασια א^c a (-στα א^c b) ART | om και אART   **23** εγλεκτος B* (εκλ. B^ab) | τη θραυσει] om τη א* (hab א^c.a) | του αποστρ.] του μη αποστρ. א* (om μη א^c a vid) | απο θυμου οργης] την οργην א* R του θ. א^c a vid AT | εξολεθρευσαι] +αυτους ART   **24** om και 2° אART | επιστρευσαν א^edit   **25** εγογγυζον R   **26** αυτοις] επ αυτους ART | ερημω] ερη.. B* μω praeter lineas subscr B^?: deest B* usque CXXXVII 6   **27** om και 2° T | διασκορπισαι (-σε A)] α 1° sup ras A^a   **28** θυσιαν R   **29** παρωξυναν] παρεπικραναν R | επ] εν ART | αυτους] αυτοις א^c a ART

ΨΑΛΜΟΙ CV 43

30 ³⁰καὶ ἔστη Φινεὲς καὶ ἐξιλάσατο,   א
   καὶ ἐκόπασεν ἡ θραῦσις·
31 ³¹καὶ ἐλογίσθη αὐτῷ εἰς δικαιοσύνην
   εἰς γενεὰν καὶ γενεὰν ἕως τοῦ αἰῶνος.
32 ³²καὶ παρώργισαν ἐφ᾽ ὕδατος Ἀντιλογίας,
   καὶ ἐκακώθη Μωυσῆς δι᾽ αὐτούς,
33 ³³ὅτι παρεπίκραναν τὸ πνεῦμα αὐτοῦ,
   καὶ διέστειλεν τοῖς χείλεσιν αὐτοῦ.
34 ³⁴οὐκ ἐξωλέθρευσαν τὰ ἔθνη ἃ εἶπεν Κύριος,
35   ³⁵καὶ ἐμίγησαν ἐν τοῖς ἔθνεσιν
   καὶ ἔμαθον τὰ ἔργα αὐτῶν·
36 ³⁶καὶ ἐδούλευσαν τοῖς γλυπτοῖς αὐτῶν,
   καὶ ἐγενήθη αὐτοῖς εἰς σκάνδαλον·
37 ³⁷καὶ ἔθυσαν τοὺς υἱοὺς αὐτῶν
   καὶ τὰς θυγατέρας αὐτῶν τοῖς δαιμονίοις,
38 ³⁸καὶ ἐξέχεαν αἷμα ἀθῷον,
   αἷμα υἱῶν αὐτῶν καὶ θυγατέρων·
   ἔθυσαν τοῖς γλυπτοῖς Χανάαν·
   καὶ ἐφονοκτονήθη ἡ γῆ ἐν τοῖς αἵμασιν,
39 ³⁹καὶ ἐμιάνθη ἐν τοῖς ἔργοις αὐτῶν·
   καὶ ἐπόρνευσαν ἐν τοῖς ἐπιτηδεύμασιν αὐτῶν.
40 ⁴⁰καὶ ὠργίσθη θυμῷ Κύριος ἐπὶ τὸν λαὸν αὐτοῦ,
   καὶ ἐβδελύξατο τὴν κληρονομίαν αὐτοῦ·
41 ⁴¹καὶ παρέδωκεν αὐτοὺς εἰς χεῖρας ἐθνῶν,
   καὶ ἐκυρίευσαν αὐτῶν οἱ μισοῦντες αὐτούς·
42 ⁴²καὶ ἔθλιψαν αὐτοὺς οἱ ἐχθροὶ αὐτῶν,
   καὶ ἐταπεινώθησαν ὑπὸ τὰς χεῖρας αὐτῶν.
43 ⁴³πλεονάκις ἐρρύσατο αὐτούς,
   αὐτοὶ δὲ παρεπίκραναν ἐν τῇ βουλῇ αὐτῶν,
   καὶ ἐταπεινώθησαν ἐν ταῖς ἀνομίαις αὐτῶν.

32 παρωργισαν]+αυτον א^{c.a}ART | εφ] επι A   33 τοις χειλεσιν] pr εν ART א^{c.a}ART   34 εξολεθρ. T | Κυριος]+αυτοις א^{c.a}ART   36 εισκανδαλον A   38 εθυσαν] ων εθυον א^{c.a} ων εθυσαν AT και εθυσαν R | εφονοκτονηθη] εφονοκτηνηθη א* (εφονοκτον. א¹) ονοκτονη sup ras A^a εφονοκτη (? -κθη) R^{vid} | αιμασιν]+αυτων A   39 om και εμιανθη ..αυτων 2° A (not adscr A^{†mg}) | εμιανθη]+η γη R   40 επι] εις R   41 εθνων] εχθρων A^a (sup ras) 42 θησαν υπο τας χειρας αυτω| sup ras A^a   43 ερυσατο T | παρεπικραναν]+αυτον א^{c.a}ART   43—48 εν τη βουλη ..γενοιτο rescr R^a

359

CV 44 ΨΑΛΜΟΙ

א ⁴⁴καὶ ἴδεν ἐν τῷ θλίβεσθαι αὐτούς,   44
 ἐν τῷ αὐτὸν εἰσακοῦσαι τῆς δεήσεως αὐτῶν·
⁴⁵καὶ ἐμνήσθη τῆς διαθήκης αὐτοῦ,   45
 καὶ μετεμελήθη κατὰ τὸ πλῆθος τοῦ ἐλέους αὐτοῦ,
⁴⁶καὶ ἔδωκεν αὐτοὺς εἰς οἰκτιρμοὺς   46
 ἐναντίον πάντων αἰχμαλωτισάντων αὐτούς.
⁴⁷σῶσον ἡμᾶς, Κύριε ὁ θεὸς ἡμῶν,   47
 καὶ ἐπισυνάγαγε ἡμᾶς ἐκ τῶν ἐθνῶν,
τοῦ ἐξομολογήσασθαι τῷ ὀνόματι τῷ ἁγίῳ σου,
τοῦ ἐνκαυχᾶσθαι ἐν τῇ αἰνέσει σου.

⁴⁸εὐλογητὸς Κύριος ὁ θεὸς Ἰσραηλ   48
 ἀπὸ τοῦ αἰῶνος καὶ ἕως τοῦ αἰῶνος·
 καὶ ἐρεῖ πᾶς ὁ λαός Γένοιτο.

AR'I   44 ιδεν] +κ̄ς̄ AR^{b(vid)} T | της δεησεως] τας δεησεις R^a   45 om αυτου 1° A* (hab A^{a(mg)}) | μετεμελήθη] pr ras 1 lit (ε ut vid) A   46 οικτειρμους A | εναντιον] ενωπιον R^a | αιχμαλωτισαντων] των αιχμαλωτισ. A των αιχμαλωτευσαντων R^aT   47 ημας κ̄ε̄ ο θ̄ς̄ ημων sup ras et in mg A^a (om ημας A*) | σου τω αγιω AT   48 θ̄ς̄ (sic) A | Ισραηλ] pr του R^a | γενοιτο] +γενοιτο AR^aT — Stich 100 א 104 AT 105 R^{vid}

ΨΑΛΜΟΙ CVI 14

V

PΓ′ ℵ

Ἀλληλουιά.

CVI
(CVII)

1 Ἐξομολογεῖσθε τῷ κυρίῳ, ὅτι χρηστός,
   ὅτι εἰς τὸν αἰῶνα τὸ ἔλεος αὐτοῦ.
2 ²εἰπάτωσαν οἱ λελυτρωμένοι ὑπὸ Κυρίου,
   οὓς ἐλυτρώσατο ἐκ χειρὸς ἐχθροῦ.
3 ³ἐκ τῶν χωρῶν συνήγαγεν αὐτούς,
   ἀπὸ ἀνατολῶν καὶ δυσμῶν καὶ βορρᾶ καὶ θαλάσσης.
4 ⁴ἐπλανήθησαν ἐν τῇ ἐρήμῳ ἐν ἀνύδρῳ,
   ὁδὸν πόλιν κατοικητηρίου οὐχ εὗρον·
5 ⁵πεινῶντες καὶ διψῶντες,
   ἡ ψυχὴ αὐτῶν ἐν αὐτοῖς ἐξέλιπεν.
6 ⁶καὶ ἐκέκραξαν πρὸς Κύριον ἐν τῷ θλίβεσθαι αὐτούς,
   καὶ ἐκ τῶν ἀναγκῶν αὐτῶν ἐρρύσατο αὐτούς·
7 ⁷καὶ ὡδήγησεν αὐτοὺς εἰς ὁδὸν εὐθεῖαν
   τοῦ πορευθῆναι εἰς πόλιν κατοικητηρίου.
8 ⁸ἐξομολογησάσθωσαν τῷ κυρίῳ τὰ ἐλέη αὐτοῦ
   καὶ τὰ θαυμάσια αὐτοῦ τοῖς υἱοῖς τῶν ἀνθρώπων,
9 ⁹ὅτι ἐχόρτασεν ψυχὴν κενήν,
   καὶ ψυχὴν πεινῶσαν ἐνέπλησεν ἀγαθῶν.
10 ¹⁰καθημένους ἐν σκότει καὶ σκιᾷ θανάτου,
   πεπεδημένους ἐν πτωχίᾳ καὶ ἐν σιδήρῳ·
11 ¹¹ὅτι παρεπίκραναν τὰ λόγια τοῦ θεοῦ,
   καὶ τὴν βουλὴν τοῦ ὑψίστου παρώξυναν·
12 ¹²καὶ ἐταπεινώθη ἐν κόποις ἡ καρδία αὐτῶν,
   ἠσθένησαν καὶ οὐκ ἦν ὁ βοηθῶν.
13 ¹³καὶ ἐκέκραξαν πρὸς Κύριον ἐν τῷ θλίβεσθαι αὐτούς,
   καὶ ἐκ τῶν ἀναγκῶν αὐτῶν ἔσωσεν αὐτούς·
14 ¹⁴καὶ ἐξήγαγεν αὐτοὺς ἐκ σκότους καὶ ἐκ σκιᾶς θανάτου,
   καὶ τοὺς δεσμοὺς αὐτῶν διέρρηξεν.

CVI 1—2 rescr R^a   2 Κυριω R^a | εχθρου] εχθρων ℵ^(c a)   3 εκ] pr ART και ℵ^(c d)T   4 πολιν] πολεως ℵ^(c a)ART   5 εξελειπεν AT   6 ερυσατο AT   8 τοις υιοις] om τοις R   9 κενην] καινην ℵA πενην R*^vid (κεν. R^a)   10 om εν 3° ℵ^(c a)ART   11 του θεου] Κυριου R   12 ησθενησαν] pr και A   14 εξηγαγεν] ωδηγησεν R | εκ 1° ℵ^(c a) (εν ℵ*) | om εκ 2° ART

361

א ¹⁵ἐξομολογησάσθωσαν τῷ κυρίῳ τὰ ἐλέη αὐτοῦ
καὶ τὰ θαυμάσια αὐτοῦ τοῖς υἱοῖς τῶν ἀνθρώπων,
¹⁶ὅτι συνέτριψεν πύλας χαλκᾶς,
καὶ μοχλοὺς σιδηροῦς συνέκλασεν.
¹⁷ἀντελάβετο αὐτῶν ἐξ ὁδοῦ ἀνομίας αὐτῶν,
διὰ γὰρ τὰς ἀνομίας αὐτῶν ἐταπεινωθησαν.
¹⁸πᾶν βρῶμα ἐβδελύξατο ἡ ψυχὴ αὐτῶν,
καὶ ἤγγισαν ἕως τῶν πυλῶν τοῦ θανάτου.
¹⁹καὶ ἐκέκραξαν πρὸς Κύριον ἐν τῷ θλίβεσθαι αὐτούς,
καὶ ἐκ τῶν ἀναγκῶν αὐτῶν ἔσωσεν αὐτούς,
²⁰ἀπέστειλεν τὸν λόγον αὐτοῦ καὶ ἰάσατο αὐτούς,
καὶ ἐρρύσατο αὐτοὺς ἐκ τῶν διαφθορῶν αὐτῶν.
²¹ἐξομολογησάσθωσαν τῷ κυρίῳ τὰ ἐλέη αὐτοῦ
καὶ τὰ θαυμάσια αὐτοῦ τοῖς υἱοῖς τῶν ἀνθρώπων,
²²καὶ θυσάτωσαν θυσίαν αἰνέσεως,
καὶ ἐξαγγειλάτωσαν τὰ ἔργα αὐτοῦ ἐν ἀγαλλιάσει.
²³οἱ καταβαίνοντες εἰς τὴν θάλασσαν ἐν πλοίοις,
ποιοῦντες ἐργασίαν ἐν ὕδασι πολλοῖς,
²⁴αὐτοὶ εἴδοσαν τὰ ἔργα Κυρίου
καὶ τὰ θαυμάσια αὐτοῦ ἐν τῷ βυθῷ.
²⁵εἶπεν, καὶ ἔστη πνεῦμα καταιγίδος,
καὶ ὑψώθη τὰ κύματα αὐτῆς·
²⁶ἀναβαίνουσιν ἕως τῶν οὐρανῶν,
καὶ καταβαίνουσιν ἕως τῶν ἀβύσσων·
ἡ ψυχὴ αὐτῶν ἐν κακοῖς ἐτήκετο,
²⁷ἐταράχθησαν, ἐσαλεύθησαν ὡς ὁ μεθύων,
καὶ πᾶσα ἡ σοφία αὐτῶν κατεπόθη.
²⁸καὶ ἐκέκραξαν πρὸς Κύριον ἐν τῷ θλίβεσθαι αὐτούς,
καὶ ἐκ τῶν ἀναγκῶν αὐτῶν ἐξήγαγεν αὐτούς,
²⁹καὶ ἔστησεν καταιγίδα αὐτῆς,
καὶ ἐσίγησαν τὰ κύματα αὐτῆς·
³⁰καὶ εὐφράνθησαν ὅτι ἡσύχασαν,

ART **15** και τα] κατα R **16** συνεκλασεν] συνεθλασεν AT **17** αυτων 1°]
αυτους R **20** ερυσατο T **22** θυσατωσαν]+αυτω AT **23** om εις R*
(hab Rᵃ) | την θαλασσαν] om την RT | ποιουντες] pr οι Aᵃ¹ | υδασιν RT
24 ειδοσαν] ειδον אᶜᵃ ιδον AT | Κυριου] pr του R | τω βυθω] om τω R
27 εσαλευθησαν] pr και אᶜᵃR **29** εστησεν καταιγιδα αυτης] επετιμησεν
(+τη R) καταιγιδι και εστη εις αυραν אᶜᵃR επεταξεν τη καταιγιδι και εστη
εις αυραν AT **30** ηυφρανθησαν AT | ησυχασαν] ησυ sup ras Aᵃ'

ΨΑΛΜΟΙ

καὶ ὡδήγησεν αὐτοὺς ἐπιμελίᾳ θελήματος αὐτοῦ.   א

31 ³¹ἐξομολογησάσθωσαν τῷ κυρίῳ τὰ ἐλέη αὐτοῦ
καὶ τὰ θαυμάσια αὐτοῦ τοῖς υἱοῖς τῶν ἀνθρώπων,

32 ³²ὑψωσάτωσαν αὐτὸν ἐν ἐκκλησίαις λαοῦ,
καὶ ἐν καθέδραις πρεσβυτέρων αἰνεσάτωσαν αὐτόν.

33 ³³ἔθετο ποταμοὺς εἰς ἔρημον,
καὶ ἐξόδους ὑδάτων εἰς δίψαν,

34 ³⁴γῆν καρποφόρον εἰς ἅλμην,
ἀπὸ κακίας τῶν κατοικούντων ἐν αὐτῇ.

35 ³⁵ἔθετο ἔρημον εἰς λιμένας ὑδάτων,

36 ³⁶καὶ κατῴκισεν ἐκεῖ πεινῶντας,
καὶ συνεστήσαντο πόλιν κατοικεσίας,

37 ³⁷καὶ ἔσπειραν ἀγροὺς καὶ ἐφύτευσαν ἀμπελῶνας,
καὶ ἐποίησαν καρπὸν γενήματος.

38 ³⁸καὶ εὐλόγησεν αὐτοὺς καὶ ἐπληθύνθησαν σφόδρα,
καὶ τὰ κτήνη αὐτῶν οὐκ ἐσμίκρυνεν.

39 ³⁹καὶ ὠλιγώθησαν καὶ ἐκακώθησαν
ἀπὸ θλίψεως κακῶν καὶ ὀδύνης.

40 ⁴⁰ἐξεχύθη ἐξουδένωσις ἐπ' ἄρχοντας,
καὶ ἐπλάνησεν αὐτοὺς ἐν ἀβάτῳ καὶ οὐχ ὁδῷ.

41 ⁴¹καὶ ἐβοήθησεν πένητι ἐκ πτωχίας,
καὶ ἔθετο ὡς πρόβατα πατριάς.

42 ⁴²ὄψονται εὐθεῖς καὶ εὐφρανθήσονται,
καὶ πᾶσα ἀνομία ἐμφράξει τὸ στόμα αὐτῆς.

43 ⁴³τίς σοφὸς καὶ φυλάξει ταῦτα,
καὶ συνήσουσιν τὰ ἐλέη τοῦ κυρίου;

PZ´

Ὠδὴ ψαλμοῦ τῷ Δαυείδ.

2 ²Ἑτοίμη ἡ καρδία μου, ὁ θεός, ἑτοίμη ἡ καρδία μου,
ᾄσομαι καὶ ψαλῶ ἐν τῇ δόξῃ μου·

30 επιμελια] επι λιμενα אc a ART | αυτου] αυτων R   32 εκκλησια ART אc a AT | καθεδρα אc a T | πρεσβυτην (?τεν) R   33 εξοδους] διεξοδους אc.a ART   34 αυτη] αυταις Rvid   35 λιμενας] λιμνας ART | υδατων] +και γην ανυδρον εις διεξοδους υδατων אc a ART   36 κατωκισεν (-κησεν A*)] κατεσκηνωσεν R | πολιν] πολεις אc a (vid) ART   38 εσμηκρυναν A   40 αρχοντας]+αυτων AT | ουχ οδω] ουκ εν οδω R   41 εκ] απο R   42 εμφραξη T | το στομα] om το A   43 φυλαξει] συνησει R — Stich 83 א 87 A 81 R 86 T   CVII 1 ωδη ψαλμου] ψαλμος A   2 ασωμαι T | μου 3°]+εξεγερθητι (εξηγ. אc.a) η δοξα μου אc a T

ΨΑΛΜΟΙ

א ³ἐγέρθητι, ψαλτήριον καὶ κιθάρα· ἐξεγερθήσομαι ὄρθρου. 3
⁴ἐξομολογήσομαί σοι ἐν λαοῖς, Κύριε, 4
καὶ ψαλῶ σοι ἐν ἔθνεσιν·
⁵ὅτι μέγα ἐπάνω τῶν οὐρανῶν τὸ ἔλεός σου, 5
καὶ ἕως τῶν νεφελῶν ἡ ἀλήθειά σου.
⁶ὑψώθητι ἐπὶ τοὺς οὐρανούς, ὁ θεός, 6
καὶ ἐπὶ πᾶσαν τὴν γῆν ἡ δόξα σου.
⁷ὅπως ἂν ῥυσθῶσιν οἱ ἀγαπητοί σου, 7
σῶσον τῇ δεξιᾷ σου καὶ ἐπάκουσόν μου.
⁸ὁ θεὸς ἐλάλησεν ἐν τῷ ἁγίῳ αὐτοῦ 8
Ὑψωθήσομαι καὶ διαμεριῶ Σίκιμα,
καὶ τὴν κοιλάδα τῶν σκηνωμάτων ἐκμετρήσω.
⁹ἐμός ἐστιν Γαλαάδ, καὶ ἐμός ἐστιν Μανασσή, 9
καὶ Ἐφράιμ ἀντίλημψις τῆς κεφαλῆς μου·
Ἰούδας βασιλεύς μου,
¹⁰Μωὰβ λέβης τῆς ἐλπίδος μου· 10
ἐπὶ τὴν Ἰδουμαίαν ἐκτενῶ τὸ ὑπόδημά μου,
ἐμοὶ οἱ ἀλλόφυλοι ὑπετάγησαν.
¹¹τίς ἀπάξει με εἰς πόλιν περιοχῆς; 11
τίς ὁδηγήσει με ἕως τῆς Ἰδουμαίας;
¹²οὐχὶ σύ, ὁ θεός, ὁ ἀπωσάμενος ἡμᾶς; 12
καὶ οὐχὶ ἐξελεύσῃ, ὁ θεός, ἐν ταῖς δυνάμεσιν ἡμῶν,
¹³δὸς ἡμῖν βοήθειαν ἐκ θλίψεως, 13
καὶ ματαία σωτηρία ἀνθρώπου.
¹⁴ἐν τῷ θεῷ ποιήσομεν δύναμιν, 14
καὶ αὐτὸς ἐξουδενώσει τοὺς ἐχθροὺς ἡμῶν.

PH′

Εἰς τὸ τέλος· τῷ Δαυεὶδ ψαλμός. CVIII (CIX)

Ὁ θεός, τὴν αἴνεσίν μου μὴ παρασιωπήσῃς· 1
²ὅτι στόμα ἁμαρτωλοῦ καὶ στόμα δολίου ἐπ᾽ ἐμὲ ἠνοίχθη, 2

ΑRΓ 3 εγερθητι] εξεγερθητι א^{c a}ART 4 om και א^{c a}ART 5 μεγα] εμεγαλινθη R | επανω] εως R 8 υψωθησομαι] αγαλλιασομαι R | σκηνωματων] σκηνων ART | εκμετρησω] διαμετρησω ART 9 Γαλααδ] δ sup ras A^a | Μανασσης ART | Εφρεμ (? R) T | αντιλημψις] κραταιωσις R | βασιλευς] pr o R 10 εκτενω] επιβαλω א^{c a}AT | οι αλλοφυλοι] om οι א^{c a}ART 11 απαξη T | τις 2°] pr η א^{c a}ART | οδηγηση T 12 ουχι 2°] ουκ א^{c a}ART 13 βοηθιαν ΑΤ 14 ποιησωμεν AT | εξουδενωση T | εχθρους ημων] θλιβοντας ημας A¹ — Stich 27 א 29 A 28 R 30 T   CVIII 1 ψαλμος τω Δ. ART 2 ηνοιχθη] οι sup ras A^a

ΨΑΛΜΟΙ CVIII 16

ἐλάλησαν κατ' ἐμοῦ γλώσσῃ δολίᾳ· ℵ

3 ³καὶ λόγοις μίσους ἐκύκλωσάν με,
 καὶ ἐπολέμησάν με δωρεάν.

4 ⁴ἀντὶ τοῦ ἀγαπᾶν με ἐνδιέβαλλόν με,
 ἐγὼ δὲ προσευχόμην·

5 ⁵καὶ ἔθεντο κατ' ἐμοῦ κακὰ ἀντὶ ἀγαθῶν,
 καὶ μῖσος ἀντὶ τῆς ἀγαπήσεώς μου.

6 ⁶κατάστησον ἐπ' αὐτὸν ἁμαρτωλόν,
 καὶ διάβολος στήτω ἐκ δεξιῶν αὐτοῦ·

7 ⁷ἐν τῷ κρίνεσθαι αὐτὸν ἐξέλθοι καταδεδικασμένος,
 καὶ ἡ προσευχὴ αὐτοῦ γενέσθω εἰς ἁμαρτίαν.

8 ⁸γενηθήτωσαν αἱ ἡμέραι αὐτοῦ ὀλίγαι,
 καὶ τὴν ἐπισκοπὴν αὐτοῦ λάβοι ἕτερος·

9 ⁹γενηθήτωσαν οἱ υἱοὶ αὐτοῦ ὀρφανοί,
 καὶ ἡ γυνὴ αὐτοῦ χήρα·

10 ¹⁰σαλευόμενοι μεταναστήτωσαν οἱ υἱοὶ αὐτοῦ καὶ ἐπαιτησάτωσαν.
 ἐκβληθήτωσαν ἐκ τῶν οἰκοπέδων αὐτῶν.

11 ¹¹καὶ ἐξερευνησάτω δανιστὴς πάντα ὅσα ὑπάρχει αὐτῷ·
 διαρπασάτωσαν ἀλλότριοι πάντας τοὺς πόνους αὐτοῦ·

12 ¹²μὴ ὑπαρξάτω αὐτῷ ἀντιλήμπτωρ,
 μηδὲ γενηθήτω οἰκτίρμων τοῖς ὀρφανοῖς αὐτοῦ·

13 ¹³γενηθήτω τὰ τέκνα αὐτοῦ εἰς ἐξολέθρευσιν,
 ἐν γενεᾷ μιᾷ ἐξαλειφθήτω τὸ ὄνομα αὐτοῦ.

14 ¹⁴ἀναμνησθείη ἡ ἁμαρτία τῶν πατέρων αὐτοῦ ἔναντι Κυρίου,
 καὶ ἡ ἁμαρτία τῆς μητρὸς αὐτοῦ μὴ ἐξαλειφθείη·

15 ¹⁵γενηθήτωσαν ἔναντι Κυρίου διὰ παντός,
 καὶ ἐξολεθρευθείη ἐκ γῆς τὸ μνημόσυνον αὐτῶν

16 ¹⁶ἀνθ' ὧν οὐκ ἐμνήσθη τοῦ ποιῆσαι ἔλεος,
 καὶ κατεδίωξεν πένητα καὶ πτωχὸν
 καὶ κατανενυγμένον τῇ καρδίᾳ τοῦ θανατῶσαι.

2 γλωσσαν δολιαν R 4 ενδιαβαλλον ℵ* (ενδιεβ. ℵ¹) | προσευχομην] ART προσηυχομην AT προσευχομαι R 5 κακα] πονηρα R 8 λαβοι] λαβετω R 9 οι υιοι] om οι R 10 οι υιοι] om οι R | om αυτου R 11 om και ℵ^{c a}A* (hab A^a) RT | εξερεινησατω RT | διαρπασατωσαν] pr και AT | om παντας ℵ^{c a}AT | αυτου] υ sup ras A^{a?} 12 οικτειρμων A | ορφανοις] pr φοβουμ (sic) ℵ* punctis et uncis improb ℵ¹ 13 εξαλειφθητω] εξαλιφθηι ℵ^{c a}T(-φθειη) | αυτου 2°] αυτων R 14 αμαρτια 1°] ανομια ℵ^{c a}ART 15 εναντι] εναντιον ℵ^{c a}AT | εξολθρ. T* (εξολεθρ. T¹) | αυτων] αυτου AR 16 εμνησθησαν RT | του ποιησαι] om του ℵ^{c a}T | κατεδιωξαν RT | πενητα] pr α͞ν̄ο̄ν̄ ℵ^{c a}ART | κατανυγμενον R | post θανατωσαι ras 2 vel 3 litt A˙

א ¹⁷καὶ ἠγάπησεν κατάραν, καὶ ἥξει αὐτῷ·
καὶ οὐκ ἠθέλησεν εὐλογίαν, καὶ μακρυνθήσεται ἀπ' αὐτοῦ.
¹⁸καὶ ἐνεδύσατο κατάραν ὡς ἱμάτιον,
καὶ εἰσῆλθεν ὡς ὕδωρ εἰς τὰ ἔνκατα αὐτοῦ
καὶ ὡς ἔλαιον ἐν τοῖς ὀστέοις αὐτοῦ·
¹⁹γενηθήτω αὐτῷ ὡς ἱμάτιον ὃ περιβάλλεται,
καὶ ὡσεὶ ζώνη ἣν διὰ παντὸς ζώννυται.
²⁰τοῦτο τὸ ἔργον τῶν ἐνδιαβαλλόντων με παρὰ Κυρίῳ
καὶ τῶν λαλούντων πονηρὰ κατὰ τῆς ψυχῆς μου.
²¹καὶ σύ, Κύριε κύριε, ποίησον μετ' ἐμοῦ ἔλεος ἕνεκα τοῦ ὀνό-
ματός σου,
ὅτι χρηστὸν τὸ ἔλεός σου, ῥῦσαί με
²²ὅτι πτωχὸς καὶ πένης ἐγώ εἰμι,
καὶ ἡ καρδία μου τετάρακται ἐντός μου.
²³ὡσεὶ σκιὰ ἐν τῷ ἐκκλῖναι αὐτὴν ἀντανηρέθη,
ἐξετινάχθην, ὡσεὶ ἀκρίδες.
²⁴τὰ γόνατά μου ἠσθένησαν ἀπὸ νηστίας,
καὶ ἡ σάρξ μου ἠλλοιώθη δι' ἔλαιον.
²⁵καὶ ἐγὼ ἐγενήθην ὄνειδος αὐτοῖς·
εἴδοσάν με, ἐσάλευσαν κεφαλὰς αὐτῶν.
²⁶βοήθησόν μοι, Κύριε ὁ θεός μου,
σῶσόν με κατὰ τὸ μέγα ἔλεός σου·
²⁷καὶ γνώτωσαν ὅτι ἡ χείρ σου αὕτη,
καὶ σύ, Κύριε, ἐποίησας αὐτήν.
²⁸καταράσονται αὐτοί, καὶ σὺ εὐλογήσεις·
οἱ ἐπανιστανόμενοί μοι αἰσχυνθήτωσαν,
ὁ δὲ δοῦλός σου εὐφρανθήσεται.
²⁹ἐνδυσάσθωσαν οἱ ἐνδιαβάλλοντές με ἐντροπήν,
καὶ περιβαλλέσθωσαν αἰσχύνην ὡσεὶ διπλοΐδα αὐτῶν.
³⁰ἐξομολογήσομαι τῷ κυρίῳ σφόδρα τῷ στόματί μου,

ART   17 καταραν] a 2° sup ras Aᵃ   18 εισηλθε R | ως 2°] ωσει AT | ως 3°] ωσει אᶜᵃART   19 ζωνη אᶜᵃTR] ζωνην א*A | ζωννυται] περιζωννυται אᶜᵃART   20 Κυριου R   21 om ελεος 1° אᶜᵃA* (hab Aᵃ') R | ενεκεν אᶜᵃART   22 ειμι εγω ART | τεταρακται] εταραχθη R   23 εκκλινειν R | αντανηρεθη] αντανηρεθην אᶜ·ᵃRT ανταναιρεθην A   24 νηστειας A | ελεον א   25 ιδοσαν AT   26 σωσον] pr και AT | om μεγα אᶜᵃART   28 ευλογησῃς T | επανισταμενοι T | αισχυνθητωσαν] αισχυνθησονται R   29 με] μοι R | περιβαλεσθωσαν ART | αισχυνην ωσει διπλοιδα (-δαν א)] ωσει διπλ. αισχ. אᶜᵃR ως διπλ. αισχ. AT   30 τω κυριω] om τω אᶜᵃ | τω στοματι] pr εν אᶜᵃART

ΨΑΛΜΟΙ CX 3

καὶ ἐν μέσῳ πολλῶν αἰνέσω αὐτόν· ℵ
31 ³¹ ὅτι παρέστη ἐκ δεξιῶν πένητος,
τοῦ σῶσαι ἐκ τῶν διωκόντων τὴν ψυχήν μου.

PΘ´

CIX
(CX)
Τῷ Δανειδ ψαλμός.

1 Εἶπεν ὁ κύριος τῷ κυρίῳ μου Κάθου ἐκ δεξιῶν μου
ἕως ἂν θῶ τοὺς ἐχθρούς σου ὑποπόδιον τῶν ποδῶν σου.
2 ²ῥάβδον δυνάμεως ἐξαποστελεῖ Κύριος ἐκ Σιών·
καὶ κατακυρίευε ἐν μέσῳ τῶν ἐχθρῶν σου.
3 ³μετὰ σοῦ ἀρχὴ ἐν ἡμέρᾳ τῆς δυνάμεώς σου,
ἐν τῇ λαμπρότητι τῶν ἁγίων·
ἐκ γαστρὸς πρὸ ἑωσφόρου ἐξεγέννησά σε.
4 ⁴ὤμοσεν Κύριος καὶ οὐ μεταμεληθήσεται
Σὺ εἶ ἱερεὺς εἰς τὸν αἰῶνα κατὰ τὴν τάξιν Μελχισέδεκ.
5 ⁵κύριος ἐκ δεξιῶν σου συνέθλασεν ἐν ἡμέρᾳ ὀργῆς αὐτοῦ βασιλεῖς·
6 ⁶κρινεῖ ἐν τοῖς ἔθνεσιν, πληρώσει πτῶμα,
συνθλάσει κεφαλὰς ἐπὶ γῆν πολλήν.
7 ⁷ἐκ χειμάρρου ἐν ὁδῷ πίεται·
διὰ τοῦτο ὑψώσει κεφαλήν.

PI´

CX
(CXI)
Ἀλληλουιά.

1 Ἐξομολογήσομαί σοι, Κύριε, ἐν ὅλῃ καρδίᾳ μου,
ἐν βουλῇ εὐθείων καὶ συναγωγῇ.
2 ²μεγάλα τὰ ἔργα Κυρίου,
ἐξεζητημένα εἰς πάντα τὰ θελήματα αὐτοῦ·
3 ³ἐξομολόγησις καὶ μεγαλοπρέπεια τὸ ἔργον αὐτοῦ,
καὶ ἡ δικαιοσύνη αὐτοῦ μένει εἰς τὸν αἰῶνα τοῦ αἰῶνος.

31 διωκοντων] καταδιωκοντων ℵ^{c.a}ART — Stich 64 ℵAR 62 T   CIX 1 ο ART κυριος] om ο R   2 δυναμεως]+σου R | εξαποστελει] εξαποστελλει R +σοι ℵ^{c a}T | Σειων T   3 αρχη] pr η ℵ^{c a}ART | τη λαμπροτητι] ταις λαμπροτεσι ℵ^{c a}T ταις λαμπροτησιν A | αγιων]+σου ℵ^{c a}AT | εξεγεννησα] εγεννησα ℵ^{c a}AT   4 om ει AT   5 οργης] pr της R   6 κρινει εν ART| κρινιν ℵ* κρινι ε ℵ^{c a vid} | πληρωση T | πτωματα ART | συνθλαση T | γην πολλην] γης πολλην (sic) ℵ^{c a} γης πολλων ART   7 πιεται]+υδωρ A | υψωση T — Stich 14 ℵT 15 A 13 R   CX 1 ευθιων ℵAT   2 Κυριου] pr του R | εξεζητημενα] εξητημενα R   3 εξομολογησεις ℵA | μεγαλοπρεπια T

ℵ ⁴μνείαν ἐποιήσατο τῶν θαυμασίων αὐτοῦ, 4
ἐλεήμων καὶ οἰκτίρμων ὁ κύριος·
⁵τροφὴν ἔδωκεν τοῖς φοβουμένοις αὐτόν, 5
μνησθήσεται εἰς τὸν αἰῶνα διαθήκης αὐτοῦ.
⁶ἰσχὺν ἔργων ἑαυτοῦ ἀνήγγειλεν τῷ λαῷ ἑαυτοῦ, 6
τοῦ δοῦναι αὐτοῖς κληρονομίαν ἐθνῶν.
⁷ἔργα χειρῶν αὐτοῦ ἀλήθεια καὶ κρίσις· 7
πισταὶ πᾶσαι αἱ ἐντολαὶ αὐτοῦ,
⁸ἐστηριγμέναι εἰς τὸν αἰῶνα τοῦ αἰῶνος, 8
πεποιημέναι ἐν ἀληθείᾳ καὶ εὐθύτητι.
⁹λύτρωσιν ἀπέστειλεν τῷ λαῷ αὐτοῦ· 9
ἐνετείλατο εἰς τὸν αἰῶνα διαθήκην αὐτοῦ·
ἅγιον καὶ φοβερὸν τὸ ὄνομα αὐτοῦ.
¹⁰ἀρχὴ σοφίας φόβος Κυρίου, 10
σύνεσις ἀγαθὴ πᾶσι τοῖς ποιοῦσιν αὐτήν·
ἡ αἴνεσις αὐτοῦ μένει εἰς τὸν αἰῶνα τοῦ αἰῶνος.

PIA΄

Ἀλληλουιά. CXI (CXII)

Μακάριος ἀνὴρ ὁ φοβούμενος τὸν κύριον, 1
ἐν ταῖς ἐντολαῖς αὐτοῦ θέλει σφόδρα·
²δυνατὸν ἐν τῇ γῇ ἔσται τὸ σπέρμα αὐτοῦ, 2
γενεὰ εὐθείων εὐλογηθήσεται·
³δόξα καὶ πλοῦτος ἐν τῷ οἴκῳ αὐτοῦ, 3
καὶ ἡ δικαιοσύνη αὐτοῦ μένει εἰς τὸν αἰῶνα τοῦ αἰῶνος.
⁴ἐξανέτειλεν ἐν σκότει φῶς τοῖς εὐθέσι· 4
ἐλεήμων καὶ οἰκτίρμων καὶ δίκαιος.
⁵χρηστὸς ἀνὴρ ὁ οἰκτίρμων καὶ κιχρῶν, 5
οἰκονομήσει τοὺς λόγους αὐτοῦ ἐν κρίσει·

ART   4 οικτειρμων A   5 αυτον] αυτου R   6 εαυτου bis] αυτου ℵ^{c a} ART |
ενηγγειλεν R   7 αληθια ℵ (item 8)   8 στηριγμεναι R   9 απεστειλεν]
+κs ℵ^{c a} T | διαθηκης ℵ^{c a}   10 συνεσις (-σεις A)]+δε ℵ^{c a} (ras ℵ^{c b}) |
πασιν ℵ^{c a} AR — Stich 21 ℵART   CXI 1 αλληλουια]+της επιστροφης
Αγγαιου και Ζαχαριου R+Ζαχαριου T | θελει] θελησει ℵ^{c a} ART | om σφοδρα
A*^{vid} (hab A^{a?})   2 εσται εν τη γη R | ευθιων ℵT (ευθειων A)   4 εξανε-
τειλεν (seq ras 4 litt [τοις ut vid] in A) | ευθεσιν RT | οικτειρμων A | δικαιος]
+κs ο θs A+ο κυριος R   5 οικτιρμων] οικτειρων A(? R) οικτιρων (? R)T |
οικονομηση T

ΨΑΛΜΟΙ CXII 9

6 ⁶ὅτι εἰς τὸν αἰῶνα οὐ σαλευθήσεται·
εἰς μνημόσυνον αἰώνιον ἔσται δίκαιος.
7 ⁷ἀπὸ ἀκοῆς πονηρᾶς οὐ φοβηθήσεται·
ἑτοίμη ἡ καρδία αὐτοῦ ἐλπίζειν ἐπὶ τὸν κύριον.
8 ⁸ἐστήρικται ἡ καρδία αὐτοῦ, οὐ φοβηθήσεται,
ἕως οὗ ἐφίδῃ τοὺς ἐχθροὺς αὐτοῦ.
9 ⁹ἐσκόρπισεν, ἔδωκεν τοῖς πένησιν,
ἡ δικαιοσύνη αὐτοῦ μένει εἰς τὸν αἰῶνα τοῦ αἰῶνος·
τὸ κέρας αὐτοῦ ὑψωθήσεται ἐν δόξῃ.
10 ¹⁰ἁμαρτωλὸς ὄψεται καὶ ὀργισθήσεται,
τοὺς ὀδόντας αὐτοῦ βρύξει καὶ τακήσεται·
ἐπιθυμία ἁμαρτωλῶν ἀπολεῖται.

PIB´

CXII
(CXIII)
Ἀλληλουιά.

1 Αἰνεῖτε, παῖδες, Κύριον,
αἰνεῖτε τὸ ὄνομα αὐτοῦ.
2 ²εἴη τὸ ὄνομα Κυρίου εὐλογημένον
ἀπὸ τοῦ νῦν καὶ ἕως τοῦ αἰῶνος·
3 ³ἀπὸ ἀνατολῶν ἡλίου μέχρι δυσμῶν
αἰνεῖται τὸ ὄνομα Κυρίου.
4 ⁴ὑψηλὸς ἐπὶ πάντα τὰ ἔθνη ὁ κύριος,
ἐπὶ τοὺς οὐρανοὺς ἡ δόξα αὐτοῦ.
5 ⁵τίς ὡς Κύριος ὁ θεὸς ἡμῶν;
ὁ ἐν ὑψηλοῖς κατοικῶν,
6 ⁶καὶ τὰ ταπεινὰ ἐφορῶν
ἐν τῷ οὐρανῷ καὶ ἐν τῇ γῇ·
7 ⁷ὁ ἐγείρων ἀπὸ γῆς πτωχόν,
καὶ ἀπὸ κοπρίας ἀνυψῶν πένητα,
8 ⁸τοῦ καθίσαι αὐτὸν μετὰ ἀρχόντων,
μετὰ ἀρχόντων λαοῦ αὐτοῦ·
9 ⁹ὁ κατοικίζων στεῖραν ἐν οἴκῳ,
μητέρα τέκνων εὐφραινομένων.

7 τον κυριον] om τον ART   8 ου φοβηθησεται] ου μη φοβηθη ℵ^{c.a}AT ART ου μη σαλευθησεται R | εως] pr ετοιμη η καρδια αυτου ελπιζειν επι τον κ͞υ ℵ* (om ℵ^{1c.a}) | εφιδη] επιδη AR^{vid} | τους εχθρους] pr επι ℵ^{c.a} (ras ℵ^{c.b}) ART — Stich 23 ℵ 22 ART   CXII 1 αινειται bis ℵA | Κυριον] pr τον AR | αυτου] κ͞υ ℵ^{c.a}ART   3 μεχρι] pr και AR | αινειται ℵ*R^{vid}] αιναιτον A αινετον ℵ^{c.a}T   8 λαου] pr του R   9 τεκνων] επι τεκνοις ℵ^{c.a}AT | ευφραινομενη ℵ^{c.a edit} ευφραινομενην ART — Stich 11 ℵ 17 AT 16 R

ΨΑΛΜΟΙ

ℵ   ΡΙΓ΄

Ἀλληλουιά.   CXIII (CXIV)

Ἐν ἐξόδῳ Ἰσραὴλ ἐξ Αἰγύπτου,   1
οἴκου Ἰακὼβ ἐκ λαοῦ βαρβάρου,
²ἐγενήθη ἡ Ἰουδαία ἁγίασμα αὐτοῦ,   2
Ἰσραὴλ ἡ ἐξουσία αὐτοῦ.
³ἡ θάλασσα εἶδεν καὶ ἔφυγεν,   3
ὁ Ἰορδάνης ἐστράφη εἰς τὰ ὀπίσω·
⁴τὰ ὄρη ἐσκίρτησαν ὡς κριοί,   4
καὶ οἱ βουνοὶ ὡς ἀρνία προβάτων.
⁵τί ἐστιν, θάλασσα, ὅτι ἔφυγες;   5
καὶ σύ, Ἰορδάνη, ὅτι ἀνεχώρησας εἰς τὰ ὀπίσω,
⁶τὰ ὄρη, ἐσκιρτήσατε ὡς κριοί;   6
⁷ἀπὸ προσώπου Κυρίου ἐσαλεύθη ἡ γῆ,   7
ἀπὸ προσώπου τοῦ θεοῦ Ἰακώβ,
⁸τοῦ στρέψαντος τὴν πέτραν εἰς λίμνας ὑδάτων   8
καὶ τὴν ἀκρότομον εἰς πηγὰς ὑδάτων·
⁹μὴ ἡμῖν, Κύριε, μὴ ἡμῖν   9 (1) (CXV)
ἀλλ' ἢ τῷ ὀνόματί σου δὸς δόξαν
ἐπὶ τῷ ἐλέει σου καὶ τῇ ἀληθείᾳ σου.
¹⁰μὴ ποτε εἴπωσιν τὰ ἔθνη   10 (2)
Ποῦ ἐστιν ὁ θεὸς αὐτῶν;
¹¹ὁ δὲ θεὸς ἡμῶν ἐν τῷ οὐρανῷ ἄνω   11 (3)
ἐν τοῖς οὐρανοῖς καὶ ἐπὶ τῆς γῆς
πάντα ὅσα ἠβούλετο ἐποίησεν.
¹²τὰ εἴδωλα τῶν ἐθνῶν ἀργύριον καὶ χρυσίον,   12 (4)
ἔργα χειρῶν ἀνθρώπων

ΑRΓ   CXIII 1 εξοδου A | οικου] οικοι ℵ   2 η Ιουδαια] om η ℵ^{c.a}ART | Ισραηλ η εξουσια] Ιηλ εξουσια A*^{vid} (Ιηλ εις εξουσια [sic] A^a) R^{vid}T 3 η θαλασσα] om η R | ιδεν AT | ο Ιορδανη A* (ο Ιορδανης A^{a?}) Ιορδανης R   4 ως 1°] ωσει ART   5 τι]+σοι ℵ^{c.a}ART | Ιορδανης R | ανεχωρησας] εστραφης ℵ^{c.a}Λ (-φη A* -φης A^a) T   6 εσκιρτησατε] pr οτι ℵ^{c.a}A^a (τα ορη οτι εσκι sup ras) RT | ως] ωσει ℵ^{c.a}ART | κριοι]+και οι βουνοι ως αρνια προβατων ℵ^{c.a}ART   8 την πετραν] om την R 9 αληθια ℵA   10 τα εθνη] εν τοις εθνεσιν R   11 om ανω εν τοις ουρανοις ℵ^{c.a}AT (hab ανω εν τω ουρανω R) | επι της γης] εν τη γη ℵ^{c.a}ART | ηβουλετο] ηθελησεν ℵ^{c.a}ART

ΨΑΛΜΟΙ   CXIII 26

(5) 13   ¹³στόμα ἔχουσιν καὶ οὐ λαλοῦσιν,   א
         ὀφθαλμοὺς ἔχουσιν καὶ οὐκ ὄψονται·
(6) 14   ¹⁴ὦτα ἔχουσιν καὶ οὐκ ἀκούσονται,
         ῥῖνας ἔχουσιν καὶ οὐκ ὀσφρανθήσονται·
(7) 15   ¹⁵χεῖρας ἔχουσιν καὶ οὐ ψηλαφήσουσιν,
         πόδας ἔχουσιν καὶ οὐ περιπατήσουσιν·
         οὐ φωνήσουσιν ἐν τῷ λάρυγγι αὐτῶν.
(8) 16   ¹⁶ὅμοιοι αὐτοῖς γένοιντο οἱ ποιοῦντες αὐτὰ
         καὶ πάντες οἱ πεποιθότες ἐπ' αὐτοῖς.
(9) 17   ¹⁷οἶκος Ἰσραὴλ ἤλπισεν ἐπὶ Κύριον·
         βοηθὸς αὐτῶν καὶ ὑπερασπιστὴς αὐτῶν ἐστιν.
(10) 18 ¹⁸οἶκος Ἀαρὼν ἤλπισεν ἐπὶ Κύριον·
         βοηθὸς αὐτῶν καὶ ὑπερασπιστὴς αὐτῶν ἐστιν.
(11) 19 ¹⁹οἱ φοβούμενοι τὸν κύριον ἤλπισαν ἐπ' αὐτόν·
         βοηθὸς αὐτῶν καὶ ὑπερασπιστης αὐτῶν ἐστιν.
(12) 20 ²⁰Κύριος ἐμνήσθη ἡμῶν καὶ εὐλόγησεν ἡμᾶς,
         εὐλόγησεν τὸν οἶκον Ἰσραήλ,
         εὐλόγησεν τὸν οἶκον Ἀαρών·
(13) 21 ²¹εὐλόγησεν τοὺς φοβουμένους τὸν κύριον,
         τοὺς μικροὺς μετὰ τῶν μεγάλων.
(14) 22 ²²προσθείη Κύριος ἐφ' ὑμᾶς,
         ἐφ' ὑμᾶς καὶ ἐπὶ τοὺς υἱοὺς ὑμῶν·
(15) 23 ²³εὐλογημένοι ὑμεῖς ἐστε τῷ κυρίῳ,
         τῷ ποιήσαντι τὸν οὐρανὸν καὶ τὴν γῆν.
(16) 24 ²⁴ὁ οὐρανὸς τοῦ οὐρανοῦ τῷ κυρίῳ,
         τὴν δὲ γῆν ἔδωκεν τοῖς υἱοῖς τῶν ἀνθρώπων.
(17) 25 ²⁵οὐχ οἱ νεκροὶ αἰνέσουσίν σε, Κύριε,
         οὐδὲ πάντες οἱ καταβαίνοντες εἰς ᾅδου·
(18) 26 ²⁶ἀλλ' ἡμεῖς οἱ ζῶντες εὐλογήσωμεν τὸν κύριον
         ἀπὸ τοῦ νῦν καὶ ἕως τοῦ αἰῶνος.

13 λαλησουσιν ART   15 φωνησωσιν T   16 αυτοις 1°] αυτων ART
AT | οι ποιουντες] pr παντες RT | επ] εν R   17 om αυτων 1° אᶜᵃAT |
υπερασπις R (item 18, 19)   18 om αυτων 1° אᶜᵃAT   19 τον κυριον]
om τον A | επ αυτον] επι κ̄ν̄ ART | om αυτων 1° אᶜᵃAT   20 εμνησθη
ημων και] μνησθεις ημων אᶜᵃ (-θις) AT   21 τους φοβουμενους] pr παντας
R | των μεγαλων] μεγαλους R   22 υμας 1°] ημας A   23 om εστε
(εσται א*) אᶜᵃART | του ποιησαντος R   24 τω ουρανω AR   25 ουχι
T   26 ευλογησομεν Rᶠᵒʳᵗ — Stich 48 א 54 A 51 R 53 T

371   AA 2

ΨΑΛΜΟΙ

א

ΡΙΔ'
Ἀλληλουιά.

Ἠγάπησα ὅτι εἰσακούσεται ὁ θεὸς
τῆς φωνῆς τῆς δεήσεως μου,
²ὅτι ἔκλινεν τὸ οὖς αὐτοῦ ἐμοί,
καὶ ἐν ταῖς ἡμέραις αὐτοῦ ἐπεκαλεσάμην.
³περιέσχον με ὠδῖνες θανάτου,
κίνδυνοι ᾅδου εὕροσάν με·
θλίψιν καὶ ὀδύνην εὗρον.
⁴καὶ τὸ ὄνομα Κυρίου ἐπεκαλεσάμην
Ὦ Κύριε, ῥῦσαι τὴν ψυχήν μου.
⁵ἐλεήμων καὶ δίκαιος ὁ κύριος,
καὶ Κύριος ὁ θεὸς ἡμῶν ἐλεᾷ.
⁶φυλάσσων τὰ νήπια ὁ κύριος·
ἐταπεινώθην, καὶ ἔσωσέν με.
⁷ἐπίστρεψον, ἡ ψυχή μου, εἰς τὴν ἀνάπαυσίν σου,
ὅτι Κύριος εὐηργέτησέν σε·
⁸ὅτι ἐξείλατο τὴν ψυχήν μου ἐκ θανάτου,
τοὺς ὀφθαλμούς μου ἀπὸ δακρύων,
καὶ τοὺς πόδας μου ἀπὸ ὀλισθήματος.
⁹εὐαρεστήσω ἐναντίον Κυρίου ἐν χώρᾳ ζώντων.

ΡΙΕ'
Ἀλληλουιά.

Ἐπίστευσα, διὸ ἐλάλησα·
ἐγὼ δὲ ἐταπεινώθην σφόδρα.
²ἐγὼ εἶπα ἐν τῇ ἐκστάσει μου
Πᾶς ἄνθρωπος ψεύστης.
³τί ἀνταποδώσω τῷ κυρίῳ
περὶ ὧν ἀνταπέδωκέν μοι;

ART   CXIV 1 ο θεος] κ̅ς̅ אᶜᵃART   2 αυτου 2°] μου אᶜᵃART | επεκαλεσαμην] επικαλεσομαι אᶜᵃAR επικαλεσωμαι T   3 περιεσχον] περιεκυκλωσαν R   4 επεκαλεσαμην] επεκαλεσα Aᵃ επικαλεσομαι R   5 και δικαιος ο κυριος] ο κ̅ς̅ και δικ. אᶜᵃAT Κυριος και δικ. R | om κυριος 2° אᶜᵃART | ελεει AT   7 η ψυχη] om η אᶜᵃAT | ευεργετησεν T | σε] με AR   8 εξειλατο] ερρυσατο R   9 εναντιον] ενωπιον אᶜᵃAT — Stich 15 א 18 ART   CXV 2 εγω]+δε RT | ειπα] ειπον T   3 ων] pr παντων אᶜᵃART

ΨΑΛΜΟΙ   CXVII 3

(13) 4   ¹ποτήριον σωτηρίου λήμψομαι,   א
         καὶ τὸ ὄνομα Κυρίου ἐπικαλέσομαι
(15) 6   ⁶τίμιος ἐναντίον Κυρίου
         ὁ θάνατος τῶν ὁσίων αὐτοῦ
(16) 7   ⁷ὦ Κύριε, ἐγὼ δοῦλος σός,
         ἐγὼ δοῦλος σὸς καὶ υἱὸς τῆς παιδίσκης σου·
         διέρρηξας τοὺς δεσμούς μου.
(17) 8   ⁸σοὶ θύσω θυσίαν αἰνέσεως·
(18) 9   ⁹τὰς εὐχάς μου ἀποδώσω τῷ κυρίῳ
         ἐναντίον παντὸς τοῦ λαοῦ αὐτοῦ,
(19) 10 ¹⁰ἐν αὐλαῖς οἴκου Κυρίου,
         ἐν μέσῳ σου, Ἰερουσαλήμ.

PIϚ´

CXVI   Ἀλληλουιά.
(CXVII)
1   Αἰνεῖτε τὸν κύριον, πάντα τὰ ἔθνη,
         αἰνεσάτωσαν αὐτὸν πάντες οἱ λαοί·
2   ²ὅτι ἐκραταιώθη τὸ ἔλεος αὐτοῦ ἐφ᾽ ἡμᾶς,
         καὶ ἡ ἀλήθεια τοῦ κυρίου μένει εἰς τὸν αἰῶνα.

PIZ´

CXVII   Ἀλληλουιά.
(CXVIII)
1   Ἐξομολογεῖσθε τῷ κυρίῳ, ὅτι ἀγαθος,
         ὅτι εἰς τὸν αἰῶνα τὸ ἔλεος αὐτοῦ.
2   ²εἰπάτω δὴ οἶκος Ἰσραὴλ ὅτι ἀγαθός,
         ὅτι εἰς τὸν αἰῶνα τὸ ἔλεος αὐτοῦ·
3   ³εἰπάτω δὴ οἶκος Ἀαρὼν ὅτι ἀγαθός,
         ὅτι εἰς τὸν αἰῶνα τὸ ἔλεος αὐτοῦ.

4 ληψομαι T | επικαλεσωμαι T   **7** εγω δουλος σος (2⁰) και υιος sup ras et AR in mg Λᵃ | διερηξας T   **8** σοι] συ T | αινεσεως]+και εν ονοματι κυ και επικαλεσομαι א ᶜᵈ + και εν ονοματι κῡ επικαλεσομαι A (και κῡ sup ras Aᵃ) +και εν ον. κῡ επικαλεσωμαι T   **9** τω κω αποδωσω א ᶜᵃ ART   **9—10** εν αυλαις οικου Κυριου εναντιον παντος του λαου αυτου R   **10** κυ (sic) T^(edit) — Stich 14 אT 16 A 13 R   CXVI **1** αινεσατωσαν] επαινεσαται א ᶜᵃ T (-τε) ϗ (Aᵃˀ⁽ᶦⁿᵍ⁾) επεναισατωσαν A και επαινεσατε R   **2** εφ ημας το ελαιος (? ελεος R) αυτου AR | η αληθεια (-θια א)] om η R* (hab Rᵃ) | του κυριου] om του T — Stich 4 אART   CXVII **3** αυτου]+(4) ειπατωσαν δη παντες οι φοβουμενοι τον κῡν| οτι εις τον αιωνα το ελαιος αυτου A ειπατωσαν δη π. οι φοβ. τον κυριον οτι αγαθος οτι εις τ. αιωνα το ελεος αυτου RT

373

ΨΑΛΜΟΙ

א ⁵ἐν θλίψει ἐπεκαλεσάμην τὸν κύριον, 5
καὶ ἐπήκουσέν μοι εἰς πλατυσμόν.
⁶Κύριος ἐμοὶ βοηθός, οὐ φοβηθήσομαι· 6
τί ποιήσει μοι ἄνθρωπος;
⁷Κύριος ἐμοὶ βοηθός, 7
κἀγὼ ἐπόψομαι τοὺς ἐχθρούς μου.
⁸ἀγαθὸν πεποιθέναι ἐπὶ Κύριον 8
ἢ πεποιθέναι ἐπ' ἄνθρωπον·
⁹ἀγαθὸν ἐλπίζειν ἐπὶ Κύριον 9
ἢ ἐλπίζειν ἐπ' ἄρχοντας.
¹⁰πάντα τὰ ἔθνη ἐκύκλωσάν με, 10
καὶ τῷ ὀνόματι Κυρίου ἠμυνάμην αὐτούς·
¹¹κυκλώσαντες ἐκύκλωσάν με, 11
καὶ τῷ ὀνόματι Κυρίου ἠμυνάμην αὐτούς·
¹²ἐκύκλωσάν με ὡσεὶ μέλισσαι κηρίον, 12
καὶ ἐξεκαύθησαν ὡσεὶ πῦρ ἐν ἀκάνθαις,
καὶ τῷ ὀνόματι Κυρίου ἠμυνάμην αὐτούς.
¹³ὠσθεὶς ἀνετράπην τοῦ πεσεῖν, 13
καὶ Κύριος ἀντελάβετό μου.
¹⁴ἰσχύς μου καὶ ὕμνησίς μου ὁ κύριος, 14
καὶ ἐγένετό μοι εἰς σωτηρίαν.
¹⁵φωνὴ ἀγαλλιάσεως καὶ σωτηρίας ἐν σκηναῖς δικαίων. 15
δεξιὰ Κυρίου ἐποίησεν δύναμιν,
¹⁶δεξιὰ Κυρίου ὕψωσέν με. 16
¹⁷οὐκ ἀποθανοῦμαι ἀλλὰ ζήσομαι, 17
καὶ ἐκδιηγήσομαι τὰ ἔργα Κυρίου
¹⁸παιδεύων ἐπαίδευσέν με Κύριος, 18
καὶ τῷ θανάτῳ οὐ παρέδωκέν με.
¹⁹ἀνοίξατέ μοι πύλας δικαιοσύνης· 19
εἰσελθὼν ἐν αὐταῖς ἐξομολογήσομαι τῷ κυρίῳ.
²⁰αὕτη ἡ πύλη τοῦ κυρίου, 20
δίκαιοι εἰσελεύσονται ἐν αὐτῇ.

ART 5 εν θλιψει] εκ θλιψαιως AT (-ψεως) | μοι] μου אᶜ ᵃART 6 ου] pr και אᶜ ᵃAT | ποιηση T 7 καγω] και εγω AT 9 αρχοντας א*AᵃR] αρχουσιν אᶜ ᵃA*T 12 ωσει 2°] ως T 13 ωθεις R | Κυριος] pr ο אᶜ ᵃART | αντιλαβετο R 14 ισχυς] pr η R | υμνησεις A 16 με] +δεξια κῡ εποιησεν δυναμιν אᶜ ᵃART 17 ελδιηγησομαι] διηγησομαι אᶜ ᵃRT | Κυριου] pr του R 18 καιδευων א* (παιδ. אᶜ ᵃ) | Κυριος] pr ο ART

ΨΑΛΜΟΙ CXVIII 4

21 ²¹ἐξομολογήσομαί σοι, ὅτι ἐπήκουσάς μου ℵ
καὶ ἐγένου μοι εἰς σωτηρίαν.
22 ²²λίθον ὃν ἀπεδοκίμασαν οἱ οἰκοδομοῦντες,
οὗτος ἐγενήθη εἰς κεφαλὴν γωνίας·
23 ²³παρὰ Κυρίου ἐγένετο αὕτη,
καὶ ἔστιν θαυμαστὴ ἐν ὀφθαλμοῖς ἡμῶν.
24 ²⁴αὕτη ἡμέρα ἣν ἐποίησεν Κύριος·
ἀγαλλιασώμεθα καὶ εὐφρανθῶμεν ἐν αὐτῇ.
25 ²⁵ὦ Κύριε, σῶσον δή,
ὦ Κύριε, εὐόδωσον δή.
26 ²⁶εὐλογημένος ὁ ἐρχόμενος ἐν ὀνόματι Κυρίου
εὐλογήκαμεν ὑμᾶς ἐξ οἴκου Κυρίου.
27 ²⁷θεὸς Κύριος καὶ ἐπέφανεν ἡμῖν·
συστήσασθε ἑορτὴν ἐν τοῖς πυκάζουσιν
ἕως τῶν κεράτων τοῦ θυσιαστηρίου.
28 ²⁸θεός μου εἶ σύ, καὶ ἐξομολογήσομαί σοι·
θεός μου εἶ σύ, καὶ ὑψώσω σε·
ἐξομολογήσομαί σοι, ὅτι ἐπήκουσάς μου
καὶ ἐγένου μοι εἰς σωτηρίαν.
29 ²⁹ἐξομολογεῖσθε τῷ κυρίῳ, ὅτι ἀγαθός,
ὅτι εἰς τὸν αἰῶνα τὸ ἔλεος αὐτοῦ.

ΡΙΗ΄

CXVIII (CXIX)

Ἀλληλουιά.

1 Μακάριοι ἄμωμοι ἐν ὁδῷ,
οἱ πορευόμενοι ἐν νόμῳ Κυρίου.
2 ²μακάριοι οἱ ἐξεραυνῶντες τὰ μαρτύρια αὐτοῦ,
ἐν ὅλῃ καρδίᾳ ἐκζητοῦσιν αὐτόν·
3 ³οὐ γὰρ οἱ ἐργαζόμενοι τὴν ἀνομίαν
ἐν ταῖς ὁδοῖς αὐτοῦ ἐπορεύθησαν.
4 ⁴σὺ ἐνετείλω τὰς ἐντολάς σου
φυλάξασθαι σφόδρα.

21 σοι] + Κυριε R   24 ημερα] pr η RT | Κυριος] pr ο ART   26 υμας] ART υ sup ras Aᵃ' (ημ. A*)   27 θεος] pr ο R   28 om συ 1° A* (superscr Aᵃ') | σοι 2°] + Κυριε R — Stich 48 ℵ 59 A 55 R 56 T   CXVIII 1 αμωμοι] pr οι ART   2 εξερευνωντες T | εκζητησουσιν ℵᶜᵃ ART   4 φυλαξασθαι] φυλασσεσθαι A¹ (φυλασεσθ. A*) RT

375

ΨΑΛΜΟΙ

א ⁵ὄφελον κατευθυνθείησαν αἱ ὁδοί μου
τοῦ φυλάξασθαι τὰ δικαιώματά σου·
⁶τότε οὐ μὴ ἐπαισχυνθῶ,
ἐν τῷ με ἐπιβλέπειν ἐπὶ πάσας τὰς ἐντολάς σου.
⁷ἐξομολογήσομαί σοι, Κύριε, ἐν εὐθύτητι καρδίας,
ἐν τῷ μεμαθηκέναι με τὰ κρίματα τῆς δικαιοσύνης σου.
⁸τὰ δικαιώματά σου φυλάξω,
μή με ἐνκαταλίπῃς ἕως σφόδρα

⁹Ἐν τίνι κατορθώσει ὁ νεώτερος τὴν ὁδὸν αὐτοῦ,
ἐν τῷ φυλάσσεσθαι τοὺς λόγους σου
¹⁰ἐν ὅλῃ καρδίᾳ ἐξεζήτησά σε,
μὴ ἀπώσῃ με ἀπὸ τῶν ἐντολῶν σου.
¹¹ἐν τῇ καρδίᾳ μου ἔκρυψα τὰ λόγιά σου,
ὅπως ἂν μὴ ἁμάρτω σοι
¹²εὐλογητὸς εἶ, Κύριε,
δίδαξόν με τὰ δικαιώματά σου
¹³ἐν τοῖς χείλεσίν μου ἐξήγγειλα
πάντα τὰ κρίματα τοῦ στόματός σου·
¹⁴ἐν τῇ ὁδῷ τῶν μαρτυρίων σου ἐτέρφθην
ὡς ἐπὶ παντὶ πλούτῳ.
¹⁵ἐν ταῖς ἐντολαῖς σου ἀδολεσχήσω,
καὶ ἐκζητήσω τὰς ὁδούς σου·
¹⁶ἐν τοῖς δικαιώμασίν σου μελετήσω,
οὐκ ἐπιλήσομαι τῶν λόγων σου.

¹⁷Ἀνταπόδος τῷ δούλῳ σου·
ζήσομαι, καὶ φυλάξω τοὺς λόγους σου.
¹⁸ἀποκάλυψον τοὺς ὀφθαλμούς μου,
καὶ κατανοήσω τὰ θαυμάσιά σου ἐκ τοῦ νόμου σου.
¹⁹πάροικός εἰμι ἐν τῇ γῇ,
μὴ ἀποστρέψῃς ἀπ' ἐμοῦ τὰς ἐντολάς σου·
²⁰ἐπεπόθησεν ἡ ψυχή μου τοῦ ἐπιθυμῆσαι

ART 6 επαισχυνθω (επεσχ א*)] αισχυνθω אᶜ ᵃ (εσχ) RT   7 om Κυριε
אᶜ ᵃ T   8 εγκαταλειπης A ενκαταλειπης T   9 κατορθωση T | ο νεωτερος]
om ο אᶜ ᵃ AT | φυλασσεσθαι] φυλαξασθαι R   10 καρδια] + μου אᶜ ᵃ RT |
απωσης R   12 με] μ sup ras Aᵃ   15 εκζητησω] κατανοησω אᶜ ᵃ ART
17 ανταποδος] adscr β′ Tᵐᵍ   18 om σου 1° R | νομους A   19 ειμι]
pr εγω אᶜ ᵃ ART | αποστρεψης] αποκρυψης אᶜ ᵃ ART

ΨΑΛΜΟΙ CXVIII 35

εἰς τὰ δικαιώματά σου ἐν παντὶ καιρῷ. ℵ

21 ²¹ἐπετίμησας ὑπερηφάνοις·
ἐπικατάρατοι οἱ ἐκκλίνοντες ἀπὸ τῶν ἐντολῶν σου.

22 ²²περίελε ἀπ' ἐμοῦ ὄνειδος καὶ ἐξουδένωσιν,
ὅτι τὰ μαρτύριά σου ἐξεζήτησα.

23 ²³καὶ γὰρ ἐκάθισαν ἄρχοντες, κατ' ἐμοῦ κατελάλουν·
ὁ δὲ δοῦλός σου ἠδολέσχει ἐν τοῖς δικαιώμασίν σου·

24 ²⁴καὶ γὰρ τὰ μαρτύριά σου μελέτη μού ἐστιν,
καὶ αἱ συμβουλίαι μου τὰ δικαιώματά σου

25 ²⁵Ἐκολλήθη τῷ ἐδάφει ἡ ψυχή μου·
ζήσομαι κατὰ τὸ λόγιόν σου.

26 ²⁶τὰς ὁδούς σου ἐξήγγειλα, καὶ ἐπήκουσάς μου·
δίδαξόν με τὰ δικαιώματά σου,

27 ²⁷καὶ ὁδὸν δικαιωμάτων σου συνέτισόν με,
καὶ ἀδολεσχήσω ἐν τοῖς θαυμασίοις σου.

28 ²⁸ἐνύσταξεν ἡ ψυχή μου ἀπὸ ἀκηδίας,
βεβαίωσόν με ἐν τοῖς λόγοις σου·

29 ²⁹ὁδὸν ἀδικίας ἀπόστησον ἀπ' ἐμοῦ,
καὶ τῷ νόμῳ σου ἐλέησόν με.

30 ³⁰ὁδὸν ἀληθείας ᾑρετισάμην·
τὰ κρίματά σου οὐκ ἐπελαθόμην.

31 ³¹ἐκολλήθην τοῖς μαρτυρίοις σου·
Κύριε, μή με καταισχύνῃς.

32 ³²ὁδὸν ἐντολῶν σου ἔδραμον,
ὅταν ἐπλάτυνας τὴν καρδίαν μου.

33 ³³Νομοθέτησόν με, Κύριε, τὴν ὁδὸν τῶν δικαιωμάτων σου,
καὶ ἐκζητήσω αὐτὴν διὰ παντός.

34 ³⁴συνέτισόν με, καὶ ἐκζητήσω τὸν νόμον σου,
καὶ φυλάξω αὐτὸν ἐν ὅλῃ καρδίᾳ μου.

35 ³⁵ὁδήγησόν με ἐν τρίβῳ τῶν ἐντολῶν σου,
ὅτι αὐτὸν ἠθέλησα.

20 om εις ℵ^(c.a)ART | δικαιωματα] κριματα ℵ^(c.a)ART 23 κατ εμου] ΑRΓ pr και ℵ^(c.a)ART 24 η συμβουλια ℵ^(c.a)ART 25 ζησομαι] ζησον με ΑRT | το λογιον ℵA^(a.o)R] τον λογον A⁺T 27 om και 1° ℵ^(c.a)ART | δικαιωματων] pr των R 33 νομοθετησον] adscr γ' T^(mg) | με] μοι R 34 εκζητησω] εξεραυνησω ℵ^(c.a)AR εξερευν. T | αυτον] αυτην R 35 τριβω pr τη ℵ^(c.a)T | αυτον] αυτην ℵ^(c.a)ART

ΨΑΛΜΟΙ

א ³⁶κλῖνον τὴν καρδίαν μου εἰς τὰ μαρτύριά σου 36
καὶ μὴ εἰς πλεονεξίαν.
³⁷ἀπόστρεψον τοὺς ὀφθαλμούς μου τοῦ μὴ ἰδεῖν ματαιότητα, 37
ἐν τῇ ὁδῷ σου ζῆσόν με.
³⁸στῆσον τῷ δούλῳ σου εἰς τὸ λόγιόν σοι, 38
εἰς τὸν φόβον σου.
³⁹περίελε τὸ ὄνειδός μου ὃ ὑπώπτευσα, 39
τὰ γὰρ κρίματα σου χρηστά.
⁴⁰ἰδοὺ ἐπεθύμησα τὰς ἐντολάς σου· 40
ἐν τῇ δικαιοσύνῃ σου ζῆσόν με.

⁴¹Καὶ ἔλθοι ἐπ' ἐμὲ τὸ ἔλεός σου, Κύριε, 41
τὸ σωτήριόν σου κατὰ τὸ ἔλεός σου·
⁴²καὶ ἀποκριθήσομαι τοῖς ὀνειδίζουσί με λόγον, 42
ὅτι ἤλπισα ἐπὶ τοὺς λόγους σου.
⁴³καὶ μὴ περιέλῃς ἐκ τοῦ στόματός μου λόγον ἀληθείας ἕως 43
σφόδρα,
ὅτι ἐπὶ τὰ κρίματά σου ἐπήλπισα.
⁴⁴καὶ φυλάξω τὸν νόμον σου διὰ παντός, 44
εἰς τὸν αἰῶνα καὶ εἰς τὸν αἰῶνα τοῦ αἰῶνος.
⁴⁵καὶ ἐπορευόμην ἐν πλατυσμῷ, 45
ὅτι τὰς ἐντολάς σου ἐξεζήτησα·
⁴⁶καὶ ἐλάλουν ἐν τοῖς μαρτυρίοις σου ἐναντίον βασιλέων, 46
καὶ οὐκ ᾐσχυνόμην·
⁴⁷καὶ ἐμελέτων ἐν ταῖς ἐντολαῖς σου 47
αἷς ἠγάπησας σφόδρα·
⁴⁸καὶ ἦρα τὰς χεῖράς μου πρὸς τὰς ἐντολάς σου αἷς ἠγάπησας 48
σφόδρα,
καὶ ἠδολέσχουν ἐν τοῖς δικαιώμασίν σου.

⁴⁹Μνήσθητι τὸν λόγον σου τῶν δούλων σου 49
ᾧ ἐπήλπισάς με.

ART   36 την א¹ᶜᵃ (τα ην א*)   38 om εις 1° א¹ART   39 το ονειδος] τον ονιδισμον אᶜᵃART | ο] ον אᶜᵃART | τα γαρ] οτι τα אᶜᵃAT   40 ζησον με] ζησομαι R   41 το ελεος (2°)] τον λογον אᶜᵃRT λογιον A   42 ονιδιζουσιν אᶜᵃART | με] μοι אᶜᵃRT   43 τα κριματα] τοις κριμασιν אᶜᵃART | εφηλπισα AT   45 τας εντολας] τα μαρτυρια R   47 ηγαπησα ART | om σφοδρα אᶜᵃ   48 αις] ας א¹ᶜᵃAT | ηγαπησα ART | om σφοδρα A*ᵛⁱᵈRT   49 μνησθητι] adscr δ' Tᵐᵍ | των λογων אᶜᵃ | των δουλων] τω δουλω אᶜᵃAR του δουλου T | ω] pr εν R | εφηλπισας AT

ΨΑΛΜΟΙ CXVIII 64

50 ⁵⁰αὕτη με παρεκάλεσεν ἐν τῇ ταπεινώσει μου, נ
    ὅτι τὸ λόγιόν σου οὐκ ἐξέκλινα.
52 ⁵²ἐμνήσθην τῶν κριμάτων σου, Κύριε, ἀπ' αἰῶνος
    καὶ παρεκλήθην.
53 ⁵³ἀθυμία κατέσχεν με
    ἀπὸ ἁμαρτωλῶν τῶν ἐνκαταλιμπανόντων τὸν νόμον σου.
54 ⁵⁴ψαλτὰ ἦσάν μοι τὰ δικαιώματά σου
    ἐν τόπῳ παροικίας μου.
55 ⁵⁵ἐμνήσθην ἐν νυκτὶ τὸ ὄνομά σου, Κύριε,
    καὶ ἐφύλαξα τὸν νόμον σου.
56 ⁵⁶αὕτη ἐγενήθη μοι,
    τὰ δικαιώματά σου ἐξεζήτησα

57 ⁵⁷Μερίς μου, Κύριε·
    εἶπα φυλάξασθαι τὰς ἐντολάς σου.
58 ⁵⁸ἐδεήθην τοῦ προσώπου σου ἐν ὅλῃ καρδίᾳ μου,
    ἐλέησόν με κατὰ τὸ λόγιόν σου.
59 ⁵⁹ὅτι διελογισάμην κατὰ τὰς ὁδούς σου,
    καὶ ἀπέστρεψα τοὺς πόδας μου εἰς τὰ μαρτύριά σου.
60 ⁶⁰ἡτοιμάσθην καὶ οὐκ ἐταράχθην
    φυλάξασθαι τὰς ἐντολάς σου.
61 ⁶¹σχοινία ἁμαρτωλῶν περιεπλάκησάν μοι,
    καὶ τοῦ νόμου σου οὐκ ἐπελαθόμην.
62 ⁶²μεσονύκτιον ἐξηγειρόμην τοῦ ἐξομολογεῖσθαί σοι
    ἐπὶ τὰ κρίματα τῆς δικαιοσύνης σου.
63 ⁶³μέτοχος ἐγώ εἰμι πάντων τῶν φοβουμένων σε
    καὶ φυλασσόντων τὰς ἐντολάς σου.
64 ⁶⁴τοῦ ἐλέους σου, Κύριε, πλήρης πᾶσα ἡ γῆ·
    τὰ δικαιώματά σου, Κύριε, δίδαξόν με.

50 αυται T | παρεκαλεσαν T | ουκ εξεκλινα] εζησεν με אᶜᵃ εζησεν με| (**51**) ART υπερηφανοι παρηνομουν (παρεν. A) εως σφοδρα; απο δε του νομου σου ουκ εξεκλινα ART   **52** απ αιωνος κε אᶜᵃ ART   **53** αθυμια] ακηδια R | με] μου R   **55** του ονοματος אᶜᵃART   **56** τα δικ.] pr οτι אᶜᵃART   **57** μου]+ει אᶜᵃARᵃT | ειπα] ειπον T | φυλαξασθαι] φυλαξασθε A pr του אᶜᵃT | τας εντολας] τον νομον אᶜᵃART   **58** το προσωπον R | το λογιον] om το A   **59** om οτι אᶜᵃAΓ | om κατα אᶜᵃRT | επεστρεψα ART   **60** φυλαξασθαι] pr του אᶜᵃART   **62** εξεγειρομην AT (εξεγιρ.) | εξομολογησασθαι AR   **63** φυλασσοντων] pr των אᶜᵃART   **64** το ελεος R | om σου 1° A | Κυριε 1°] κυ A | om πασα אᶜᵃART | om Κυριε 2° אᶜᵃART

ΨΑΛΜΟΙ

א ⁶⁵Χρηστότητα ἐποίησας μετὰ τοῦ δούλου σου, 65
Κύριε, κατὰ τὸ λόγιόν σου.
⁶⁶χρηστότητα καὶ παιδίαν καὶ γνῶσιν δίδαξόν με, 66
ὅτι ταῖς ἐντολαῖς σου ἐπίστευσα.
⁶⁷πρὸ τοῦ με ταπεινωθῆναι ἐγὼ ἐπλημμέλησα, 67
διὰ τοῦτο τὸ λόγιόν σου ἐγὼ ἐφύλαξα.
⁶⁸χρηστὸς εἶ σύ, Κύριε, καὶ ἐν τῇ χρηστοτητί σου 68
δίδαξόν με τὰ δικαιώματά σου.
⁶⁹ἐπληθύνθη ἐπ' ἐμὲ ἀδικία ὑπερηφάνων, 69
ἐγὼ δὲ ἐν ὅλῃ καρδίᾳ μου ἐξεραυνήσω τὰς ἐντολάς σου.
⁷⁰ἐτυρώθη ὡς γάλα ἡ καρδία αὐτῶν, 70
ἐγὼ δὲ τὸν νόμον σου ἐμελέτησα.
⁷¹ἀγαθόν μοι ὅτι ἐταπείνωσάς με, 71
ὅπως ἂν μάθω τὰ δικαιώματά σοι
⁷²ἀγαθόν μοι ὁ νόμος τοῦ στόματός σου 72
ὑπὲρ χιλιάδας χρυσίου καὶ ἀργυρίου

⁷³Αἱ χεῖρές σου ἔπλασάν με καὶ ἡτοίμασάν με 73
συνέτισόν με καὶ μαθήσομαι τὰς ἐντολάς σου.
⁷⁴οἱ φοβούμενοί σε ὄψονταί με καὶ εὐφρανθήσονται, 74
ὅτι εἰς τοὺς λόγους σου ἐπήλπισα.
⁷⁵ἔγνων, Κύριε, ὅτι δικαιοσύνῃ καὶ ἀληθείᾳ 75
τὰ κρίματά σου ἐταπείνωσάν με.
⁷⁶γενηθήτω δὴ τὸ ἔλεός σου τοῦ παρακαλέσαι με 76
καὶ τὸ λόγιόν σου τῷ δούλῳ σου·
⁷⁷ἐλθέτωσάν μοι οἱ οἰκτιρμοί σου καὶ ζήσομαι, 77
ὅτι ὁ νόμος σου μελέτη μοί ἐστιν.
⁷⁸αἰσχυνθήτωσαν ὑπερήφανοι, ὅτι ἀδίκως ἠνόμησαν εἰς ἐμέ 78
ἐγὼ δὲ ἀδολεσχήσω ἐν ταῖς ἐντολαῖς σου.
⁷⁹ἐπιστρεψάτωσαν οἱ φοβούμενοί σε 79

ΑΡΓ 65 χρηστοτητα] adscr ε' Tᵐᵍ | το λογιον] τον λογον א*ᵃT 66 παιδειαν T 67 επλημϑ;μελησα (sic) T | om εγω 2° א*ᶜᵃRT 68 om συ R 69 μου] σου א' (improb א¹) | εξερευνησω T 70 αυτων] αυτουων א* (ου improb א¹) μου R 72 αγαθον] αγαθος א*ᵃ | σου] μου א* (σου א*ᶜᵃ) 73 αι χειρες] adscr ς' Tᵐᵍ | επλασαν] εποιησαν א*ᶜᵈ ΑRT | ητοιμασαν] επλασαν א*ᶜᵃΑRT (επλασσαν) 74 εφηλπισα ΑΤ 75 και αληθεια τα κριματα σου] τα κρ. σου και αληθεια א*ᵃ (-θια א) ΑΤ τα κρ σου και τη αληθεια σου R | εταπινωσας א*ᶜᵃΑ (εταπειν) RT 76 και] κατα א*ᶜᵃΑRT 77 ελθατωσαν ΑΤ | οικτειρμοι Α | ζησομαι] ζησον μαι Α | μοι 2°] μου א*ᶜᵃΑRT 79 επιστρεψατωσαν] +με א*ᶜᵃΑΤ +εις εμε R

ΨΑΛΜΟΙ   CXVIII 93

καὶ οἱ γινώσκοντες τὰ μαρτύριά σου.   ℵ

80 ⁸⁰γενηθήτω ἡ καρδία μου ἄμωμος ἐν τοῖς δικαιώμασίν σου,
ὅπως ἂν μὴ αἰσχυνθῶ.

81 ⁸¹Ἐκλείπει εἰς τὸ σωτήριόν σου ἡ ψυχή μου,
καὶ εἰς τὸν λόγον σου ἐπήλπισα.

82 ⁸²ἐξέλιπον οἱ ὀφθαλμοί μου εἰς τὸ λόγιόν σου,
λέγοντες Παρεκάλεσάν με.

83 ⁸³ὅτι ἐγενήθην ὡς ἀσκὸς ἐν πάχνῃ·
τὰ δικαιώματά σου οὐκ ἐπελαθόμην.

84 ⁸⁴πόσαι εἰσὶν αἱ ἡμέραι τοῦ δούλου σου;
πότε ποιήσεις μοι ἐκ τῶν καταδιωκόντων με κρίσιν;

85 ⁸⁵διηγήσαντό μοι παράνομοι ἀδολεσχίας,
ἀλλ' οὐχ ὡς ὁ νόμος σου, Κύριε.

86 ⁸⁶πᾶσαι αἱ ἐντολαί σου ἀλήθεια·
ἀδίκως κατεδίωξάν με, βοήθησόν μοι.

87 ⁸⁷παρὰ βραχὺ συνετέλεσάν με ἐν τῇ γῇ,
ἐγὼ δὲ οὐκ ἐνκατέλειπον τὰς ἐντολάς σου.

88 ⁸⁸κατὰ τὸ ἔλεός σου ζήσομαι,
καὶ φυλάξω τὰ μαρτύρια τοῦ στόματός σου.

89 ⁸⁹Εἰς τὸν αἰῶνα, Κύριε,
ὁ λόγος σου διαμένει ἐν τῷ οὐρανῷ.

90 ⁹⁰εἰς γενεὰν καὶ γενεὰν ἡ ἀλήθειά σου·
ἐθεμελίωσας τὴν γῆν καὶ διαμένει.

91 ⁹¹τῇ διατάξει σου διαμένει ἡ ἡμέρα,
ὅτι τὰ σύμπαντα δοῦλά σου.

92 ⁹²εἰ μὴ ὅτι ὁ νόμος σου μελέτη μού ἐστιν,
τότε ἂν ἀπωλόμην ἐν τῇ ταπεινώσει μου·

93 ⁹³εἰς τὸν αἰῶνα οὐ μὴ ἐπιλάθωμαι τῶν δικαιωμάτων σου,
ὅτι ἐν αὐτοῖς ἔζησάς με, Κύριε

80 οπως αν] ινα R   81 εκλειπει] adscr ζ' Tᵐᵏ | η ψυχη μου εις το ART σωτ. σου T | om και ℵ*ᵃAT | τον λογον] τους λογους ℵ*ᵃT το λογιον R | εφηλπισα AT   82 εξελιπον AT | om λεγοντες παρεκ. με A | παρεκαλεσαν] ποτε παρακαλεσεις ℵ¹RT   83 ως] ωσει AR   84 ποσται Rᵛⁱᵈ | ποιησης T | om μοι R   85 παρανομοι] αμαρτωλοι R | αδολεσχια R* (-χιας Rᵃ⁽ᵛⁱᵈ⁾) | ως] ουτως R   88 ζησομε ℵ ζησον με ART | του στομ] σου στομ. ℵ* (του ℵ¹)   89 διαμενει ο λ. σου R   90 αληθια ℵA
91 τη διαταξει σου c seqq coniung ART | συνπαντα A | σου 2°] σα ℵ*ᵃAT
92 ο νομος] om ο R   93 om Κυριε AT

א ⁹⁴σός εἰμι, Κύριε, σῶσόν με,
ὅτι τὰ δικαιώματά σου ἐξεζήτησα·
⁹⁵τὰ δὲ μαρτύριά σου συνῆκα.
⁹⁶πάσης συντελείας εἶδον πέρας,
πλατεῖα ἡ ἐντολή σου σφόδρα

⁹⁷Ὡς ἠγάπησα τὸν νόμον σου, Κύριε·
ὅλην τὴν ἡμέραν μελέτη μού ἐστιν.
⁹⁸ὑπὲρ τοὺς ἐχθρούς μου ἐσόφισάς με τὰς ἐντολάς σου,
ὅτι εἰς τὸν αἰῶνά μοί ἐστιν.
⁹⁹ὑπὲρ πάντας τοὺς διδάσκοντάς με συνῆκα,
ὅτι τὰ μαρτύριά σου μελέτη μού ἐστιν.
¹⁰⁰ὑπὲρ πρεσβυτέρους συνῆκα,
ὅτι τὰς ἐντολάς σου ἐζήτησα.
¹⁰¹ἐκ πάσης ὁδοῦ πονηρᾶς ἐκώλυσα τοὺς πόδας μου,
ὅπως ἂν φυλάξω τοὺς λόγους σου·
¹⁰²ἀπὸ τῶν κλιμάτων σου οὐκ ἐξέκλινα,
ὅτι σὺ ἐνομοθέτησάς μοι.
¹⁰³ὡς γλυκέα τῷ λάρυγγί μου τὰ λόγιά σου,
ὑπὲρ μέλι καὶ κηρίον τῷ στόματί μου
¹⁰⁴ἀπὸ τῶν ἐντολῶν σου συνῆκα
διὰ τοῦτο ἐμίσησα πᾶσαν ὁδὸν ἀδικίας, ὅτι σὺ ἐνομοθέτησάς μοι.

¹⁰⁵Λύχνος τοῖς ποσίν μου ὁ νόμος σου,
καὶ φῶς ταῖς τρίβοις μου.
¹⁰⁶ὀμώμοκα καὶ ἔστησα
τοῦ φυλάξασθαι τὰ κρίματα τῆς δικαιοσύνης σου.
¹⁰⁷ἐταπεινώθην ἕως σφόδρα
Κύριε, ζῆσόν με κατὰ τὸ λόγιόν σου.
¹⁰⁸τὰ ἑκούσια τοῦ στόματός μου εὐλόγησον, Κύριε,

ART 94 ειμι]+εγω א^{c a}ART | om Κυριε א^{c a}ART   95 τα δε μαρτ.] om δε ART pr εμε υπεμειναν (υπεμιναν א^{c a} υπεμεινα A) αμαρτωλοι του απολεσαι με א^{c a}ART   96 συντελιας T | ιδον AT | πλατια T   97 ως] adscr η′ T^{mg}   98 υπερ] επι R | τας εντολας] την εντολην א^{c a}ART | μοι] εμοι א^{c a}R εμη T   100 εζητησα] εξεζητησα ART   102 κλιματων] κριματων א^{c a}ART | μοι] με AT μου R^{vid}   103 γλυκεια א^{c a}(? R) γλυκια A(? R)T | om και κηριον א^{c a}AT   104 om οτι συ ενομοθ. μοι א^{c a}T | μοι] με AR   106 ομωμοκα] ωμοσα ART   107 το λογιον] τον λογον א^{c a}AT   108 ευλογησον] ευδοκησον δη א^{c a}AT ευδοκησον R

ΨΑΛΜΟΙ CXVIII 122

καὶ τὰ κρίματά σου δίδαξόν με.   נ

109 ¹⁰⁹ἡ ψυχή μου ἐν ταῖς χερσὶ διὰ παντός,
καὶ τὸν νόμον σου οὐκ ἐπελαθόμην.

110 ¹¹⁰ἔθεντο ἁμαρτωλοὶ παγίδα μοι,
καὶ ἐκ τῶν ἐντολῶν σου οὐκ ἐπλανήθην.

111 ¹¹¹ἐκληρονόμησα τὰ μαρτύριά σου εἰς τὸν αἰῶνα,
ὅτι ἀγαλλίαμα τῆς καρδίας μού εἰσιν·

112 ¹¹²ἔκλινα τὴν καρδίαν μου τοῦ ποιῆσαι τὰ δικαιώματά σου
εἰς τὸν αἰῶνα διὰ παντὸς ἄμειψιν

113 ¹¹³Παρανόμους ἐμίσησα,
καὶ τὸν νόμον σου ἠγάπησα.

114 ¹¹⁴βοηθός μου καὶ ἀντιλήμπτωρ μου εἶ σύ,
καὶ εἰς τὸν λαόν σου ἤλπισα.

115 ¹¹⁵ἐκκλίνατε ἀπ' ἐμοῦ, οἱ πονηρευόμενοι,
καὶ ἐξεραυνήσω τὰς ἐντολὰς τοῦ θεοῦ μου.

116 ¹¹⁶ἀντιλαβοῦ κατὰ τὸ λόγιόν σου καὶ ζῆσόν με,
καὶ μὴ καταισχύνῃς με ἀπὸ τῆς προσδοκίας μου.

117 ¹¹⁷βοήθησόν μοι καὶ σωθήσομαι,
καὶ μελετήσω ἐν τοῖς δικαιώμασίν σου διὰ παντός.

118 ¹¹⁸ἐξουδένωσας πάντας τοὺς ἀποστατοῦντας ἀπὸ τῶν δικαιωμάτων σου,
ὅτι ἄδικον τὸ ἐνθύμημα αὐτῶν.

119 ¹¹⁹παραβαίνοντας ἐλογισάμην πάντας τοὺς ἁμαρτωλοὺς τῆς γῆς,
διὰ τοῦτο ἠγάπησα τὰ μαρτύριά σου διὰ παντός.

120 ¹²⁰καθήλωσον ἐκ τοῦ φόβου σου τὰς σάρκας μου,
ἀπὸ γὰρ τῶν κριμάτων σου ἐφοβήθην.

121 ¹²¹Ἐποίησα κρίμα καὶ δικαιοσύνην,
μὴ παραδῷς με τοῖς ἀδικοῦσίν με.

122 ¹²²ἔκδεξαι τὸν δοῦλόν σου εἰς ἀγαθά,
μὴ συκοφαντησάτωσάν με ὑπερήφανοι.

109 χερσι] χερσιν σου $\aleph^{c\,a}$RT χερσιν μου A | του νομου $\aleph^{c\,a}$ART ΑΓ
110 εκ] απο R   111 εισιν] εστιν T   112 δια παντος αμειψιν (αμιψειν $\aleph^*$)]
δι ανταμειψιν $\aleph^{c\,a}$ (-μιψειν) A (-μιμψιν) R^{vid}T (-μιψιν)   113 παρανομους]
adscr θ' T^{nig} | και τον νομον] τον δε ν $\aleph^{c\,a}$ART   114 συ] σοι A | om
και 2° $\aleph^{c\,a}$AT | τον λαον] τους λογους $\aleph^{c\,a}$AT τον λογον R | ηλπισα] εφηλπισα $\aleph^{c\,a}$AT επηλπισα R   115 οι πονηρευομενοι] om οι ART | εξερευνησω
T   116 αντιλαβου]+μου $\aleph^{c\,a}$ART | ζησον με] ζησομαι RT   119 om
παντας R | om δια παντος $\aleph^{c\,a}$AT   122 αγαθον ART | με] μοι R

CXVIII 123   ΨΑΛΜΟΙ

א   ¹²³οἱ ὀφθαλμοί μου ἐξέλιπον εἰς τὸ σωτήριόν σου   123
   καὶ εἰς τὸ λόγιον τῆς δικαιοσύνης σου.
  ¹²⁴ποίησον μετὰ τοῦ δούλου σου κατὰ τὸ λόγιόν σου,   124
   καὶ κατὰ τὰ δικαιώματά σου δίδαξόν με
  ¹²⁵δοῦλος σού εἰμι ἐγώ· συνέτισόν με,   125
   καὶ γνώσομαι τὰ μαρτύριά σου.
  ¹²⁶καιρὸς τοῦ ποιῆσαι τῷ κυρίῳ·   126
   διεσκέδασαν τὸν νόμον σου.
  ¹²⁷διὰ τοῦτο ἠγάπησα τὰς ἐντολάς σου   127
   ὑπὲρ τὸ χρυσίον καὶ τοπάζιον·
  ¹²⁸διὰ τοῦτο πρὸς πάσας τὰς ἐντολάς σου κατωρθούμην,   128
   πᾶσαν ὁδὸν ἄδικον ἐμίσησα.

  ¹²⁹Θαυμαστὰ τὰ μαρτύριά σου,   129
   διὰ τοῦτο ἐξηρεύνησεν αὐτὰ ἡ ψυχή μου.
  ¹³⁰ἡ δήλωσις τῶν λόγων σου φωτιεῖ,   130
   καὶ συνετιεῖ νηπίους.
  ¹³¹τὸ στόμα μου ἤνοιξα καὶ ἥλκυσα πνεῦμα,   131
   ὅτι τὰς ἐντολάς σου ἐπεπόθουν.
  ¹³²ἐπίβλεψον ἐπ' ἐμὲ καὶ ἐλέησόν με   132
   κατὰ τὸ κρίμα τῶν ἀγαπώντων τὸ ὄνομά σου.
  ¹³³τὰ διαβήματά μου κατεύθυνον κατὰ τὸ λόγιόν σου,   133
   καὶ μὴ κατακυριευσάτω μου πᾶσα ἀνομία·
  ¹³⁴λύτρωσαί με ἀπὸ συκοφαντίας ἀνθρώπων,   134
   καὶ φυλάξω τὰς ἐντολάς σου.
  ¹³⁵τὸ πρόσωπόν σου ἐπίφανον ἐπὶ τὸν δοῦλόν σου,   135
   καὶ δίδαξόν με τὰ δικαιώματά σου.
  ¹³⁶διεξόδους ὑδάτων κατέβησαν οἱ ὀφθαλμοί μου,   136
   ἐπεὶ οὐκ ἐφύλαξαν τὸν νόμον σου.

  ¹³⁷Δίκαιος εἶ, Κύριε,   137
   καὶ εὐθὴς ἡ κρίσις σου·

ART   **123** εξελειπον AT   **124** σου 1°]+κε A | λογιον] ελεος א^{c.a}RT | om κατα 2° ART   **127** σου ART] το א* (om א¹) συ א^{c.a} | το χρυσιον] om το א^{c.a}T | τοπαδιον R* (-ζιον R^a)   **128** κατορθουμην T   **129** δια τουτο] δια του A | εξηραυνησεν AR   **131** ηλκυσα] ειλκυσα א^{c.a}RT (ιλκ.)   **132** επιβλεψον] adscr ι' T^{mg} | αγαπουντων A   **133** om και μη ανομια A* (subscr A^a)   **134** φυλαξαι א* (φυλαξω א¹ART)   **136** κατεβησαν] διεβησαν A | εφυλαξαν] εφυλαξα א^{c.a}AT   **137** ευθεις A | η κρισις] αι κρις (sic) A

ΨΑΛΜΟΙ CXVIII 152

138 ¹³⁸ἐνετείλω δικαιοσύνην τὰ μαρτύριά σου ℵ
καὶ ἀλήθειαν σφόδρα.
139 ¹³⁹ἐξέτηξέν με ὁ ζῆλος τοῦ οἴκου σου,
ὅτι ἐπελάθοντο τῶν ἐντολῶν σου οἱ ἐχθροί μου.
140 ¹⁴⁰πεπυρωμένον τὸ λόγιόν σου σφόδρα,
καὶ ὁ δοῦλός σου ἠγάπησεν αὐτό.
141 ¹⁴¹νεώτερός εἰμι ἐγὼ καὶ ἐξουδενωμένος·
τὰ δικαιώματά σου οὐκ ἐπελαθόμην.
142 ¹⁴²ἡ δικαιοσύνη σου δικαιοσύνη εἰς τὸν αἰῶνα,
καὶ ὁ λόγος σου ἀλήθεια.
143 ¹⁴³θλίψεις καὶ ἀνάγκη εὕροσάν με
αἱ ἐντολαί σου μελέτη μου.
144 ¹⁴⁴δικαιοσύνη τὰ μαρτύριά σου εἰς τὸν αἰῶνα·
συνέτισόν με καὶ ζήσόν με.

145 ¹⁴⁵Ἐκέκραξα ἐν ὅλῃ καρδίᾳ, ἐπάκουσόν μου, Κύριε,
τὰ δικαιώματά σου ἐκζητήσω.
146 ¹⁴⁶ἐκέκραξά σε, σῶσόν με,
καὶ φυλάξω τὰ μαρτύριά σου.
147 ¹⁴⁷προέφθασάν με ἐν ἀωρίᾳ καὶ ἐκέκραξα,
εἰς τοὺς λόγους σου ἐπήλπισα.
148 ¹⁴⁸προέφθασαν οἱ ὀφθαλμοί μου πρὸς σὲ ὀρθροῦν,
τοῦ μελετᾶν τὰ λόγιά σου.
149 ¹⁴⁹τῆς φωνῆς μου ἄκουσον, Κύριε, κατὰ τὸ λόγιόν σου,
κατὰ τὸ κρίμα σου ζῆσόν με.
150 ¹⁵⁰προσήγγισαν οἱ καταδιώκοντές με ἀνομίᾳ,
ἀπὸ δὲ τοῦ νόμου σου ἐμακρύνθησαν.
151 ¹⁵¹ἐγγὺς εἶ, Κύριε,
καὶ πᾶσαι αἱ ὁδοί σου ἀλήθεια
152 ¹⁵²κατ' ἀρχὰς ἔγνων ἐκ τῶν μαρτυρίων σου,
ὅτι εἰς τὸν αἰῶνα ἐθεμελίωσας αὐτά.

138 αληθεια R   139 εξετηξεν] κατεφαγεν R | om του οικου ℵ^{c a}A*^{vid} ART (hab A^a) T | εντολων] λογων ℵ^{c a}RT   141 νεωτερο ℵ* (s superscr ℵ¹) | εγω ειμι ART   142 λογος] νομος ℵ^{c a}ART   143 αναγκαι AT | μου] +εισιν R   144 ζησον με] ζησομαι T   145 εκεκραξα] adscr ια' T^{mg} | καρδια]+μου ℵ^{c a}ART   146 σε] σοι ℵ^{c a}T om R   147 προεφθασαν με] προεφθασα ℵ^{c a}ART | εφηλπισα AT   148 προς σε ορθρουν] προς ορθρον ℵ^{c a}AT προς σε ορθρου R   149 λογιον] ελεος ℵ¹A (ελαιος) RT | κατα 2°] pr και R   150 ανομια] αδικως R   151 ει]+συ AT   152 κατ αρχας] απ αρχης R | om εγνων ℵ* (hab ℵ^{c a}ART)

ΨΑΛΜΟΙ

נ ¹⁵³Ἴδε τὴν ταπείνωσίν μου καὶ ἐξελοῦ με,
ὅτι τὸν νόμον σου οὐκ ἐπελαθόμην.
¹⁵⁴κρῖνον τὴν κρίσιν μου καὶ λύτρωσαί με·
διὰ τὸν λόγον σου ζῆσόν με.
¹⁵⁵μακρὰν ἀπὸ ἁμαρτωλῶν ἡ σωτηρία,
ὅτι τὰ δικαιώματά σου οὐκ ἐξεζήτησαν·
¹⁵⁶οἱ οἰκτιρμοί σου πολλοί, Κύριε, σφόδρα·
κατὰ τὰ κρίματά σου ζῆσόν με.
¹⁵⁷πολλοὶ οἱ ἐκδιώκοντές με καὶ ἐκθλίβοντές με·
ἐκ τῶν μαρτυρίων σου οὐκ ἐξέκλινα.
¹⁵⁸εἶδον ἀσυνθετοῦντας καὶ ἐξετηκόμην,
ὅτι τὰ λόγιά σου οὐκ ἐφυλάξαντο.
¹⁵⁹ἴδε ὅτι τὰς ἐντολάς σου ἠγάπησα, Κύριε·
ἐν τῷ ἐλέει σου ζῆσόν με.
¹⁶⁰ἀρχὴ τῶν λόγων σου ἀλήθεια,
καὶ εἰς τὸν αἰῶνα πάντα τὰ κρίματα τῆς δικαιοσύνης σου.

¹⁶¹Ἄρχοντες κατεδίωξάν με δωρεάν,
καὶ ἀπὸ τῶν λόγων σου ἐδειλίασεν ἡ καρδία μου
¹⁶²ἀγαλλιάσομαι ἐγὼ ἐπὶ τὰ λόγιά σου,
ὡς ὁ εὑρίσκων σκῦλα πολλά.
¹⁶³ἀδικίαν ἐμίσησα καὶ ἐβδελυξάμην,
τὸν δὲ νόμον σου ἠγάπησα.
¹⁶⁴ἑπτάκις τῆς ἡμέρας ᾔνεσά σοι
ἐπὶ τὰ κρίματα τῆς δικαιοσύνης σου.
¹⁶⁵εἰρήνη πολλὴ τοῖς ἀγαπῶσιν τὸν νόμον σου,
καὶ οὐκ ἔστιν αὐτοῖς σκάνδαλον.
¹⁶⁶προσεδόκων τὸ σωτήριόν σου, Κύριε,
καὶ τὰς ἐντολάς σου ἠγάπησα·
¹⁶⁷καὶ ἐφύλαξεν ἡ ψυχή μου τὰ μαρτύριά σου,
καὶ ἠγάπησεν αὐτὰ σφόδρα·

ART 153 του νομου ℵ^{c a}AT   155 η σωτηρια] om η ℵ^{c a}ART | om σου R* (hab R^a)   156 οικτειρμοι A | πολλαι R^{vid} | om σφοδρα ℵ^{c a}ART | τα κριματα] το κριμα ℵ^{c a}ART   157 εκθλιβοντες] θλιβοντες ℵ^{c a}T   158 ιδον AT | ασυνθετουντας] ασυνετουντας ℵ^{c a}ART   159 Κυριε c seqq coniung ART   160 παντα] απαντα R   161 αρχοντες] adscr ιβ′ T^{mg}   163 om και ℵ* (hab ℵ¹)   164 ηνεσα] αινεσω R   165 αγαπωσι T | τον νομον] το ονομα A   166 προσεδοκουν A   167 om και 1° ℵ^{c a}ART

ΨΑΛΜΟΙ CXIX 4

168 ¹⁶⁸ἐφύλαξα τὰς ἐντολάς σου καὶ τὰ μαρτύριά σου,
ὅτι πᾶσαι αἱ ὁδοί μου ἐναντίον σου.

נ

169 ¹⁶⁹Ἐγγισάτω δὴ ἡ δέησίς μου ἐνώπιόν σου, Κύριε, Κύριε·
κατὰ τὸ λόγιόν σου συνέτισόν με.
170 ¹⁷⁰εἰσέλθοι τὸ ἀξίωμά μου ἐνώπιόν σου
κατὰ τὸ λόγιόν σου ῥῦσαί με
171 ¹⁷¹ἐξηρεύξαντο τὰ χείλη μου ὕμνον,
ὅταν διδάξῃς με τὰ δικαιώματά σου·
172 ¹⁷²φθέγξαιτο ἡ γλῶσσά μου τὸ λόγιόν σου,
ὅτι πᾶσαι αἱ ἐντολαί σου δικαιοσύνη ἐστίν.
173 ¹⁷³γενέσθω ἡ χείρ σου τοῦ σῶσαι,
ὅτι τὰς ἐντολάς σου ᾑρετισάμην.
174 ¹⁷⁴ἐπεπόθησα τὸ σωτήριόν σου, Κύριε,
καὶ ὁ νόμος σου μελέτη μού ἐστιν.
175 ¹⁷⁵ζήσεται ἡ ψυχή μου καὶ αἰνέσει σε,
καὶ τὰ κρίματά σου βοηθήσει μοι.
176 ¹⁷⁶ἐπλανήθην ὡσεὶ πρόβατον ἀπολωλός·
ζήτησον τὸν δοῦλόν σου, ὅτι τὰς ἐντολάς σου οὐκ ἐπελαθόμην.

ΡΙΘ´

CXIX
(CXX)

Ὠδὴ τῶν ἀναβαθμῶν.

1 Πρὸς Κύριον ἐν τῷ θλίβεσθαί με ἐκέκραξα, καὶ εἰσήκουσέν μου.
2 ²Κύριε, ῥῦσαι τὴν ψυχήν μου ἀπὸ χειλέων ἀδίκων καὶ ἀπὸ γλώσσης δολίας.
3 ³τί δοθείη σοι καὶ τί προστεθείη σοι πρὸς γλῶσσαν δολίαν,
4 ⁴τὰ βέλη τοῦ δυνατοῦ ἠκονημένα σὺν τοῖς ἄνθραξιν τοῖς ἐρημικοῖς.

168—169 εφυλαξα σου (4°) sup ras pl litt A$^{a?}$ | **168** εναντιον] ενω- ART πιον A$^{a?}$ | σου 3°]+κε אc^{a}A$^{a?}$RT   **169** om δη אc^{a}A$^{a?}$RT | ενωπιον] εναντιον A$^{a?}$R | om Κυριε 1° A$^{a?}$ | om Κυριε 2° אc^{a}A$^{a?}$RT | κατα] pr κε A **170** σου 1°]+κε אc^{a}RT | κατα] pr κε A | λογιον] κριμα A | ρυσαι] ζησον A **171** εξερευξονται AT   **172** φθεγξαιτο] φθεγξοιτο אc^a φθεγξεται AR φθεγξηται T | μου]+Κυριε R | τα λογια אc^{a}RT | om εστιν אc^{a}ART **173** γενεσθω] γενηθητω R | σωσαι]+με ART   **174** επεποθα א   **175** αινεση T | βοηθηση T   **176** ωσει] ως אc^{a}ART | ζησον] ζητησον ART — Stich 241 א 330 A 314 R 331 T   CXIX **2** αδικιων R   **3** και] η R **4** τη βελη R^{vid} | ηκονωμενα R

ΨΑΛΜΟΙ

⁵οἴμοι ὅτι ἡ παροικία μου ἐμακρύνθη,
κατεσκήνωσα μετὰ τῶν σκηνωμάτων Κηδάρ.
⁶πολλὰ παρῴκησεν ἡ ψυχή μου
μετὰ τῶν μισούντων τὴν εἰρήνην. ⁷ἤμην εἰρηνικός·
ὅταν ἐλάλουν αὐτοῖς, ἐπολέμουν με δωρεάν.

ΡΚ΄

Ὠδὴ τῶν ἀναβαθμῶν.

Ἦρα τοὺς ὀφθαλμούς μου εἰς τὰ ὄρη· πόθεν ἥξει ἡ βοήθειά 1
μου;
²ἡ βοήθειά μου παρὰ Κυρίου τοῦ ποιήσαντος τὸν οὐρανὸν 2
καὶ τὴν γῆν.
³μὴ δῷς εἰς σάλον τὸν πόδα σου, μηδὲ νυστάξει ὁ φυλάσσων σε. 3
⁴ἰδοὺ οὐ νυστάξει οὐδὲ ἐξυπνώσει ὁ φυλάσσων τὸν Ἰσραήλ. 4
⁵Κύριος φυλάξει σε, Κύριος σκέπη σου ἐπὶ χεῖρα δεξιάν σου· 5
⁶ἡμέρας ὁ ἥλιος οὐκ ἐκκαύσει σε, καὶ ἡ σελήνη τὴν νύκτα. 6
⁷Κύριος φυλάξει σε ἀπὸ παντὸς κακοῦ, φυλάξαι τὴν ψυχήν σου. 7
⁸Κύριος φυλάξει τὴν εἴσοδόν σου καὶ τὴν ἔξοδόν σου ἀπὸ 8
τοῦ νῦν καὶ ἕως τοῦ αἰῶνος

ΡΚΑ΄

Ὠδὴ τῶν ἀναβαθμῶν· τῷ Δαυείδ

Εὐφράνθην ἐπὶ τοῖς εἰρηκόσιν μοι Εἰς οἶκον Κυρίου πορευσό- 1
μεθα·
²ἑστῶτες ἦσαν οἱ πόδες ἡμῶν ἐν ταῖς αὐλαῖς Ἰερουσαλήμ 2
³Ἰερουσαλὴμ οἰκοδομουμένη ὡς πόλις ἧς ἡ μετοχὴ αὐτῆς ἐπὶ 3
τὸ αὐτό
⁴ἐκεῖ γὰρ ἀνέβησαν αἱ φυλαὶ Κυρίου, μαρτύριον τοῦ Ἰσραήλ, 4
τοῦ ἐξομολογήσασθαι τῷ ὀνόματι Κυρίου·

ART 5 οιμμοι ℵAT | εμακρυνθη] seq ras 2 vel 3 litt in A 6 την ειρηνην] om την A — Stich 9 ℵ 11 A 10 RT CXX 2 τον ουραν rescr A¹ 3 δωης ℵ^(c a)AR | νυσταξει T (item 4) 4 εξυπνωσει] υπνωσει ART (·ση) 5 φυλαξη T | δεξιαν ℵA*^(vid)T] δεξιας A^a R 6 ουκ εκκαυσει] ου συνκαυσει ℵ^(c a)RT (·ση) | και] ουδε ℵ^(c a)ART 7 φυλαξαι] φυλαξει ART | σου]+ο κ̅ς̅ ℵ^(c a)AR+κ̅ς̅ T 8 om Κυριος R | φυλαξεις ℵ* (φυλαξει ℵ^(1 c a)) — Stich 8 ℵ 13 ART CXXI 1 om τω Δαυειδ ART | πορευσωμεθα A(?R)T 2 αυλαις]+σου ℵ^(c a)ART 3 οικοδομουμενη] κ rescr A° pr η R ωκοδομουμ. T | η μετοχη] οι μετοχοι A 4 φυλαι]+φυλαι ℵ^(c a)T+αι φυλαι AR | κυ μαρτυριον sup ras A^a | του Ισρ.] τω Ισρ. ART

ΨΑΛΜΟΙ

5 ⁵ὅτι ἐκεῖ ἐκάθισαν θρόνοι εἰς κρίσιν, θρόνοι ἐπὶ οἶκον Δαυειδ, א
6 ⁶καὶ εὐθηνία τοῖς ἀγαπῶσίν σε·
ἐρωτήσατε δὴ τὰ εἰς εἰρήνην τῇ Ἰερουσαλήμ.
7 ⁷γενέσθω δὴ εἰρήνη σου ἐν τῇ δυνάμει σου,
καὶ εὐθηνία ἐν τοῖς πυργοβάρεσίν σου,
8 ⁸ἕνεκα τῶν ἀδελφῶν μου καὶ τῶν πλησίον μου.
ἐλάλουν δὲ εἰρήνην περὶ σοῦ·
9 ⁹ἕνεκα τοῦ οἴκου Κυρίου τοῦ θεοῦ ἡμῶν ἐξεζήτησά σοι.

ΡΚΒ´

CXXII
(CXXIII)

Ὠδὴ τῶν ἀναβαθμῶν.

1 Πρὸς σὲ ἦρα τοὺς ὀφθαλμούς μου, τὸν κατοικοῦντα ἐν τῷ οὐρανῷ.
2 ²ἰδοὺ ὡς ὀφθαλμοὶ δούλων εἰς χεῖρας τῶν κυρίων αὐτῶν,
ὡς ὀφθαλμοὶ παιδίσκης εἰς χεῖρας τῆς κυρίας αὐτῆς,
οὕτως οἱ ὀφθαλμοὶ ἡμῶν πρὸς Κύριον τὸν θεὸν ἡμῶν,
ἕως οὗ οἰκτειρῆσαι ἡμᾶς.
3 ³ἐλέησον ἡμᾶς, Κύριε, ἐλέησον ἡμᾶς,
ὅτι ἐπὶ πολὺ ἐπληθύνθημεν ἐξουδενώσεως·
4 ⁴ἐπὶ πλεῖον ἐπληθύνθη ἡ ψυχὴ ἡμῶν·
τὸ ὄνειδος τοῖς εὐθηνοῦσιν
καὶ ἡ ἐξουδένωσις τοῖς ὑπερηφάνοις.

ΡΚΓ´

CXXIII
(CXXIV)

Ὠδὴ τῶν ἀναβαθμῶν· τῷ Δαυειδ.

1
2 Εἰ μὴ ὅτι Κύριος ἦν ἐν ἡμῖν, εἰπάτω δὴ Ἰσραήλ, ²εἰ μὴ ὅτι Κύριος ἦν ἐν ἡμῖν,
3 ἐν τῷ ἐπαναστῆναι ἀνθρώπους ἐφ᾿ ἡμᾶς, ³ἄρα ζῶντας ἂν κατέπιον ἡμᾶς,
ἐν τῷ ὀργισθῆναι τὸν θυμὸν αὐτῶν ἐφ᾿ ἡμᾶς.

---

5 επι] επ A   **6** ερωτησατε δη τα εις ειρ τη (om τη R την T) Ιερ. ART και ευθηνια (-νιαν T) τοις αγ. σε אᶜᵃART   **7** γενεσθω] γενηθητω R | δη] δε A om R | om σου 1° ART | ταις πυργοβ. אᶜᵃART   **8** ενεκεν A | δε] δη T   **9** ενεκεν A | ημων] μου RT | εξεζητησα] εξητησα T | σοι] αγαθα A pr αγαθα אᶜᵃRT — Stich 13 א 18 AT 17 R   CXXII **2** ως 2°] pr και R | οικτειρησει (?-ση) R οικτιρηση T   **3** επληθυνθημεν] επλησθημεν אᶜᵃART   **4** επληθυνθη] επλησθη ART | η ψυχη] η ψυ rescr A¹ — Stich 10 אT 11 A 9 R   CXXIII **1** om τω Δαυειδ ART

ΨΑΛΜΟΙ

א ⁴ἄρα τὸ ὕδωρ κατεπόντισεν ἡμᾶς, 4
χείμαρρον διῆλθεν ἡ ψυχὴ ἡμῶν·
⁵ἄρα διῆλθεν ἡ ψυχὴ ἡμῶν τὸ ὕδωρ τὸ ἀνυπόστατον. 5
⁶εὐλογητὸς Κύριος ὃς οὐκ ἔδωκεν ἡμᾶς εἰς θήραν τοῖς ὀδοῦσιν 6
αὐτῶν
⁷ἡ ψυχὴ ἡμῶν ὡς στρουθίον ἐρρύσθη 7
ἐκ τῆς παγίδος τῶν θηρευόντων·
ἡ παγὶς συνετρίβη, καὶ ἡμεῖς ἐρύσθημεν.
⁸βοήθεια ἡμῶν ἐν ὀνόματι Κυρίου τοῦ ποιήσαντος τὸν οὐρανὸν 8
καὶ τὴν γῆν.

ΡΚΔ΄

Ὠδὴ τῶν ἀναβαθμῶν. CXXIV (CXXV)

Οἱ πεποιθότες ἐπὶ Κύριον ὡς ὄρος Σιών· 1
οὐ σαλευθήσεται εἰς τὸν αἰῶνα ὁ κατοικῶν Ἰερουσαλήμ.
²ὄρη κύκλῳ αὐτῆς, καὶ Κύριος κύκλῳ τοῦ λαοῦ αὐτοῦ 2
ἀπὸ τοῦ νῦν καὶ ἕως τοῦ αἰῶνος.
³ὅτι οὐκ ἀφήσει τὴν ῥάβδον τῶν ἁμαρτωλῶν ἐπὶ τὸν κλῆρον 3
τῶν δικαίων,
ὅπως ἂν μὴ ἐκτείνωσιν οἱ δίκαιοι ἐν ἀνομίᾳ χεῖρας αὐτῶν.
⁴ἀγάθυνον, Κύριε, τοῖς ἀγαθοῖς καὶ τοῖς εὐθέσι τῇ καρδίᾳ· 4
⁵τοὺς δὲ ἐκκλίνοντας εἰς τὰς στραγγαλιὰς 5
ἀπάξει Κύριος μετὰ τῶν ἐργαζομένων τὴν ἀνομίαν.
εἰρήνη ἐπὶ τὸν Ἰσραήλ.

ΡΚΕ΄

Ὠδὴ τῶν ἀναβαθμῶν CXXV (CXXVI)

Ἐν τῷ ἐπιστρέψαι Κύριον τὴν αἰχμαλωσίαν Σιὼν 1
ἐγενήθημεν ὡς παρακεκλημένοι
²τότε ἐπλήσθη χαρᾶς τὸ στόμα ἡμῶν 2
καὶ ἡ γλῶσσα ἡμῶν ἀγαλλιάσεως·

ΑRΤ   4 υδωρ]+αν א^{ca} (ras א^{cb}) T   7 ωστρουθιον אA | ερυσθη AT | της παγιδος] om της R | θηρευοντων] νοντων sup ras A^a | ερρυσθημεν R   8 βοηθεια (-θια T)] pr η ΑRΤ — Stich 11 א 15 AR 13 T   CXXIV 1 Σειων T | Ιερουσαλημ] pr εν R   2 Κυριος] pr ο R   3 αφησει (-ση T)]+κ̅ς̅ א^{ca}RT | ανομιαις T   4 αγαθοις] pr ευθες א* (om א¹)   5 ταστραγγαλιας A | απαξη T — Stich 10 אT 14 A 11 R   CXXV 1 Σειων T | ως] ωσει א^{ca}T   2 χαρα A

ΨΑΛΜΟΙ   CXXVI 5

τότε ἐροῦσιν ἐν τοῖς ἔθνεσιν   א
Ἐμεγάλυνεν Κύριος τοῦ ποιῆσαι μετ' αὐτῶν.
3 ³ἐμεγάλυνεν Κύριος τοῦ ποιῆσαι μεθ' ἡμῶν,
ἐγενήθημεν εὐφραινόμενοι.
4 ⁴ἐπίστρεψον, Κύριε, τὴν αἰχμαλωσίαν ἡμῶν
ὡς ὁ χειμάρρους ἐν τῷ νότῳ.
5 ⁵οἱ σπείροντες ἐν δάκρυσιν
ἐν ἀγαλλιάσει θεριοῦσιν.
6 ⁶πορευόμενοι ἐπορεύοντο, καὶ ἔκλαιον αἴροντες τὰ σπέρματα αὐτῶν·
ἐρχόμενοι δὲ ἥξουσιν ἐν ἀγαλλιάσει αἴροντες τὰ δράγματα αὐτῶν.

ΡΚΖ'

CXXVI
(CXXVII)
Ὠδὴ τῶν ἀναβαθμῶν.

1 Ἐὰν μὴ Κύριος οἰκοδομήσῃ οἶκον, εἰς μάτην ἐκοπίασαν οἱ οἰκοδομοῦντες αὐτόν·
ἐὰν μὴ Κύριος φυλάξῃ πόλιν, εἰς μάτην ἠγρύπνησεν ὁ φυλάσσων.
2 ²εἰς μάτην ἐστὶν ὑμῖν τοῦ ὀρθρίζειν,
ἐγείρεσθαι μετὰ τὸ καθῆσθαι,
οἱ ἔσθοντες ἄρτον ὀδύνης,
ὅταν δῷ τοῖς ἀγαπητοῖς αὐτοῦ ὕπνον.
3 ³ἰδοὺ ἡ κληρονομία Κυρίου υἱοί,
ὁ μισθὸς τοῦ καρποῦ τῆς γαστρὸς αὐτῆς.
4 ⁴ὡσεὶ βέλη ἐν χειρὶ δυνατοῦ,
οὕτως οἱ υἱοὶ τῶν ἐκτετιναγμένων.
5 ⁵μακάριος ὃς πληρώσει τὴν ἐπιθυμίαν αὐτοῦ ἐξ αὐτῶν·
οὐ καταισχυνθήσεται, ὅταν λαλῶσι τοῖς ἐχθροῖς αὐτῶν ἐν πύλῃ.

2—3 om μετ αυτων του ποιησαι (2°) R   3 του ποιησαι] τι ποιησαι R ΑΡΤ
4 ο χειμαρρους] om ο א^{c a}   6 αιροντες 1°] βαλλοντες א^{c a}T | αιροντες 2°
(ερ. T)] φεροντες R — Stich 14 א 15 ΑΤ 12 R   CXXVI 1 αναβαθμων]+τω Σαλωμων R | Κυριος 1°] pr ο A | οικοδομησει AR^{vid} | om αυτον א^{c a}T | Κυριος 2°] pr ο A | ηγρυπνησεν T   2 υμιν εστιν א^{c a}ΑΡΤ | ορθιζιν א | εγειρεσθε R^{vid}T (εγιρ.) | εσθιοντες א^{c a}RT (αισθ.)   3 om αυτης א^{c a}ΑΡΤ   5 ος] pr ανθρωπος AR | πληρωση T | αυτου] αυτο R | καταισχυνθησεται] καταισχυνθησονται א^{c a} (κατεσχ.) T καταισχυνθωσιν A | λαλωσιν ΑΡΤ | αυτων 2°] αυτου R | πυλη] πυλαις א^{c a} — Stich 12 א 14 ΑΤ 13 R

ΡΚΖ΄

Ὠδὴ τῶν ἀναβαθμῶν.

Μακάριοι πάντες οἱ φοβούμενοι τὸν κύριον,
οἱ πορευόμενοι ἐν ταῖς ὁδοῖς αὐτοῦ.
²τοὺς καρποὺς τῶν πόνων σου φάγεσαι,
μακάριος εἶ καὶ καλῶς σοι ἔσται
³ἡ γυνή σου ὡς ἄμπελος εὐθηνοῦσα ἐν τοῖς κλίτεσι τῆς οἰκίας σου·
οἱ υἱοί σου ὡς νεόφυτα ἐλαιῶν κύκλῳ τῆς τραπέζης σου.
⁴ἰδοὺ οὕτως εὐλογηθήσεται ὁ ἄνθρωπος ὁ φοβούμενος τὸν κύριον.
⁵εὐλογήσαι σε Κύριος ἐκ Σιών, καὶ ἴδοις τὰ ἀγαθὰ Ἰερουσαλὴμ
πάσας τὰς ἡμέρας τῆς ζωῆς σου,
⁶καὶ ἴδοις υἱοὺς τῶν υἱῶν σου.
εἰρήνη ἐπὶ τὸν Ἰσραήλ.

ΡΚΗ΄

Ὠδὴ τῶν ἀναβαθμῶν

Πλεονάκις ἐπολέμησάν με ἐκ νεότητός μου,
εἰπάτω δὴ Ἰσραήλ
²πλεονάκις ἐπολέμησάν με ἐκ νεότητός μου,
καὶ γὰρ οὐκ ἠδυνήθησάν μοι.
³ἐπὶ τοῦ νώτου μου ἐτέκταινον οἱ ἁμαρτωλοί,
ἐμάκρυναν τὴν ἀνομίαν αὐτῶν·
⁴Κύριος δίκαιος συνέκοψεν αὐχένα ἁμαρτωλῶν.
⁵αἰσχυνθήτωσαν καὶ ἀποστραφήτωσαν εἰς τὰ ὀπίσω πάντες οἱ μισοῦντες Σιών·
⁶γενηθήτωσαν ὡς χόρτος δωμάτων,
ὃς πρὸ τοῦ ἐκσπασθῆναι ἐξηράνθη·
⁷οὗ οὐκ ἐπλήρωσεν τὴν χεῖρα αὐτοῦ ὁ θερίζων,
καὶ τὸν κόλπον αὐτοῦ ὁ τὰ δράγματα συλλέγων·

R1 CXXVII 2 καρπους των πονων] πονους των καρπων ℵ^{c a} RT   3 τοις κλιτεσιν A ταις κλιτεσιν ℵ^{c a} ταις κλιτεσι RT | νεοφυτα] θ pro ε ℵ^{a vid}   4 ο ανθρωπος] πας ανθρωπος ℵ^{c a}T ανθρωπος AR   5 ευλογησει AR^{vid} ευλογηση T | Σειων AT   6 ιδης ℵ — Stich 11 ℵ 14 A 12 RT
CXXVIII 1 ειπατω δη Ιηλ c seqq coniung A   2 εδυνηθησαν A   3 του νωτου] τω νωτω A τον νωτον (? των νωτων) R | om μου A   4 αυχενας ℵ^{c a}ART   5 Σειων T   6 ως] ωσει ℵ^{c a}AT | δοματων A | εκπασθηναι R* (εκσπ. R^a)   7 συλλεγων A*^{vid} (συλλ. A^a)

ΨΑΛΜΟΙ CXXX 2

8 ⁸καὶ οὐκ εἶπαν οἱ παράγοντες Εὐλογία Κυρίου ἐφ' ἡμᾶς,   א
εὐλογήσομεν ὑμᾶς ἐν ὀνόματι Κυρίου.

ΡΚΘ'

CXXIX
(CXXX)
Ὠδὴ τῶν ἀναβαθμῶν.

1 Ἐκ βαθέων ἐκέκραξά σε, Κύριε·
2 ²Κύριε, εἰσάκουσον τῆς φωνῆς μου·
γενηθήτω τὰ ὦτά σου προσέχοντα εἰς τὴν φωνὴν τῆς δεήσεώς
μου
3 ³ἐὰν ἀνομίας παρατηρήσῃ, Κύριε, Κύριε, τίς ὑποστήσηται;
4 ⁴ὅτι παρὰ σοὶ ὁ ἱλασμός ἐστιν.
5 ἕνεκεν τοῦ ὀνόματός σου ⁵ὑπέμεινα, Κύριε·
ὑπέμεινεν ἡ ψυχή μου εἰς τὸν νόμον αὐτοῦ.
6 ⁶ἤλπισεν ἡ ψυχή μου ἐπὶ τὸν κύριον
ἀπὸ φυλακῆς πρωίας μέχρι νυκτός·
7 ⁷ὅτι παρὰ τῷ κυρίῳ τὸ ἔλεος, καὶ πολλὴ παρ' αὐτῷ λύτρωσις,
8 ⁸καὶ αὐτὸς λυτρώσεται τὸν Ἰσραὴλ ἐκ πασῶν τῶν ἀνομιῶν αὐτοῦ.

ΡΛ'

CXXX
(CXXXI)
Ὠδὴ τῶν ἀναβαθμῶν· τῷ Δαυείδ.

1 Κύριε, οὐχ ὑψώθη μου ἡ καρδία,
οὐδὲ ἐμετεωρίσθησαν οἱ ὀφθαλμοί μου·
οὐδὲ ἐπορεύθην ἐν μεγάλοις
2 οὐδὲ ἐν θαυμασίοις ὑπὲρ ἐμέ, ²εἰ μὴ ἐταπεινοφρόνουν
καὶ ὕψωσα τὴν ψυχήν μου,
ὡς τὸ ἀπογεγαλακτισμένον ἐπὶ τὴν μητέρα αὐτοῦ,
ἕως ἀνταποδώσεις ἐπὶ ψυχήν μου.

8 ειπον T | ημας] υμας AR | ευλογησομεν] ευλογηκαμεν א^(c a)ART ART
— Stich 14 אT 13 A 15 R   CXXIX 1 σε] σοι א^(c a)T προς σε R   2 της
φωνης] της προσευχης A την προσευχην R   4 ενεκεν] pr και R | ονο-
ματος] νομου R   5 υπεμεινα]+σε א^(c a)ART | νομον αυτου] λογον αυτου
א^(c a) λογον σου ART   6 απο φυλακης] pr απο φυλακης πρωιας ελπισατω Ι̅η̅λ
επι τον κ̅υ̅ א^(c a) | νυκτος]+απο φυλακης πρωιας ελπισατω Ι̅η̅λ επι τον κ̅υ̅
ART   7 ελεος]+εστιν A | αυτω] αυτου R   8 λυτρωσηται T — Stich
11 א 16 A 13 RT   CXXX 1 om τω Δαυειδ T | η καρδια μου T
1—2 ουδε εν θαυμ. υ. ε. ει μη εταπ ουδε επορ. εν μεγαλοις א* (transp א¹)
2 εταπεινοφορουν A | και] αλλα א^(c a)ART | ψυχην 1°] καρδιαν A | εως] ως
א^(c a)ART | ανταποδοσεις A ανταποδοσις R^(vid)T | ψυχην 2°] pr την א^(c a)ART

CXXX 3   ΨΑΛΜΟΙ

א   ³ἐλπισάτω Ἰσραὴλ ἐπὶ τὸν κύριον   3
ἀπὸ τοῦ νῦν καὶ ἕως τοῦ αἰῶνος.

ΡΛΑ΄

Ὠδὴ τῶν ἀναβαθμῶν.   CXXXI
(CXXXII)

Μνήσθητι, Κύριε, τοῦ Δαυεὶδ καὶ πάσης τῆς πραΰτητος αὐτοῦ·   1
²ὡς ὤμοσεν τῷ κυρίῳ, ηὔξατο τῷ θεῷ Ἰακώβ   2
³Εἰ εἰσελεύσομαι εἰς σκήνωμα οἴκου μου,   3
εἰ ἀναβήσομαι ἐπὶ κλίνης στρωμνῆς μου,
⁴εἰ δώσω ὕπνον τοῖς ὀφθαλμοῖς μου καὶ τοῖς βλεφάροις μου   4
νυσταγμὸν
καὶ ἀνάπαυσιν τοῖς κροτάφοις μου,
⁵ἕως οὗ εὕρω τόπον τῷ κυρίῳ, σκήνωμα τῷ θεῷ Ἰακώβ   5
⁶ἰδοὺ ἠκούσαμεν αὐτὴν ἐν Ἐφραθά,   6
εὕρομεν αὐτὴν ἐν ταῖς δασέσι τοῦ δρυμοῦ·
⁷εἰσελεύσομαι εἰς τὰ σκηνώματα αὐτοῦ,   7
προσκυνήσομεν εἰς τὸν τόπον οὗ ἔστησαν οἱ πόδες αὐτοῦ.
⁸ἀνάστηθι, Κύριε, εἰς τὴν ἀνάπαυσίν σου,   8
σὺ καὶ ἡ κιβωτὸς τοῦ ἁγιάσματός σου·
⁹οἱ ἱερεῖς σου ἐνεδύσαντο δικαιοσύνην,   9
καὶ οἱ ὅσιοί σου ἀγαλλιάσονται
¹⁰ἕνεκεν Δαυεὶδ τοῦ δούλου σου,   10
μὴ ἀποστρέψῃς τὸ πρόσωπον τοῦ χριστοῦ σου
¹¹ὤμοσεν Κύριος τῷ Δαυεὶδ ἀλήθειαν, καὶ οὐ μὴ ἀθετήσει αὐτήν   11
Ἐκ καρποῦ τῆς κοιλίας σου θήσομαι ἐπὶ τὸν θρόνον σου.
¹²ἐὰν φυλάξωνται οἱ υἱοί σου τὴν διαθήκην μου,   12
καὶ τὰ μαρτύριά μου ταῦτα ἃ διδάξω αὐτούς,
καὶ οἱ υἱοὶ αὐτῶν ἕως αἰῶνος καθιοῦνται ἐπὶ τὸν θρόνον σου

ART   3 Ιηλ (sic) T^edit — Stich 9 אAT 10 R   CXXXI (ρλε' א) 1 του Δαυειδ] τω Δ. R | πραοτητος T   2 ως] ος T   3 ει 1°] η A | εισκηνωμα A | ωμα οικου μου sup ras A^a   4 μου 2°] μοι A* (μου A^a)   5 τω κυριω] τω ω א* (τω κω א¹)   6 Ευφραθα A Ευφρατα R^vid | ευραμεν AT | ταις δασεσι (-σει A)] τοις πεδιοις א^ca (παιδ) RT   7 εισελευσομαι (-με א*)] εισελευσομεθα א^ca AR^vid εισελευσωμεθα T | αυτου 1°] ου sup ras A^a | προσκυνησωμεν AT | τον τοπον] om τον AR   9 ενεδυσαντο] ενδυσονται א^ca ART | αγαλλιασονται] pr αγαλλιασει A   11 αθετηση T | αυτην] αυτον ART | κοιλιας] οσφυος R | του θρονου א^ca T   12 οι υιοι (1°)] om οι A | μου 2° (μ sup ras A^b)] σου A* | εως αιωνος καθιουνται] εως του αιωνος καθ. א^c¹RT καθειουνται εως του αιωνος A | τον θρονον] του θρονου א^ca A¹ (sup ras) RT

ΨΑΛΜΟΙ

13 ¹³ὅτι ἐξελέξατο Κύριος τὴν Σιών,
    ᾑρετίσατο αὐτὴν εἰς κατοικίαν ἑαυτῷ·
14 ¹⁴αὕτη ἡ κατάπαυσίς μου εἰς αἰῶνα αἰῶνος·
    ὧδε κατοικήσω, ὅτι ᾑρετισάμην αὐτήν.
15 ¹⁵τὴν χήραν αὐτῆς εὐλογῶν εὐλογήσω,
    τοὺς πτωχοὺς αὐτῆς χορτάσω ἄρτων·
16 ¹⁶τοὺς ἱερεῖς αὐτῆς ἐνδύσω σωτηρίαν,
    καὶ οἱ ὅσιοι αὐτῆς ἀγαλλιάσει ἀγαλλιάσονται.
17 ¹⁷ἐκεῖ ἐξανατελῶ κέρας τῷ Δανειδ,
    ἡτοίμασα λύχνον τῷ χριστῷ σου·
18 ¹⁸τοὺς ἐχθροὺς αὐτοῦ ἐνδύσω αἰσχύνην,
    ἐπὶ δὲ αὐτὸν ἐξανθήσει τὸ ἁγίασμά μου.

ΡΛΒ'

CXXXII
(XXXIII)

Ὠδὴ τῶν ἀναβαθμῶν· τῷ Δανειδ.

1 Ἰδοὺ δὴ τί καλὸν ἢ τί τερπνόν, ἢ τὸ κατοικεῖν ἀδελφοὺς ἐπὶ τὸ αὐτό;
2 ²ὡς μύρον ἐπὶ κεφαλὴν τὸ καταβαῖνον ἐπὶ πώγωνα,
    τὸν πώγωνα τὸν Ἀαρών,
    τὸ καταβαῖνον ἐπὶ τὴν ᾤαν τοῦ ἐνδύματος αὐτοῦ·
3 ³ὡς δρόσος Ἀερμὼν ἡ καταβαίνουσα ἐπὶ τὰ ὄρη Σιών·
    ὅτι ἐκεῖ ἐνετείλατο Κύριος τὴν εὐλογίαν καὶ ζωὴν ἕως τοῦ αἰῶνος.

ΡΛΓ'

CXXXIII
(CXXXIV)

Ὠδὴ τῶν ἀναβαθμῶν.

1 Ἰδοὺ δὴ εὐλογεῖτε τὸν κύριον, πάντες οἱ δοῦλοι Κυρίου,
    οἱ ἑστῶτες ἐν αὐλαῖς οἴκου θεοῦ ἡμῶν·
2 ²ἐν ταῖς νυξὶν ἐπάρατε χεῖρας ὑμῶν εἰς τὰ ἅγια, καὶ εὐλογεῖτε τὸν κύριον.

13 οτι]+εκει A | εξελαξατο ℵ* (εξελεξ ℵ¹) | Σειων T   14 αιωνα] pr ART του A*ᵛⁱᵈ   15 χηραν] θηραν ℵᶜᵃT | τους πτωχους] pr και R | αρτους R   16 αυτης 2°] αυτου R   17 κερας] pr το R | ητοιμασας A   17–18 χ̅ω̅ σου, δυσω αι, ησει τ inst ℵ'   17 λυχνον τω χρ. σου] τω χ̅ω̅ μου λυχνον A λ. τω χρ. μου RT   18 εξανθηση T — Stich 34 ℵ 39 A 35 R 36 T
CXXXII 1 om τω Δανειδ A*ᵛⁱᵈT | η 1°] και R | η 2°] pr αλλ ℵᶜᵃART
2 κεφαλης ℵᶜᵃRT | επι πωγωνα sup ras pl litt Aᵃ | καταβαινων (2°) ℵ
3 Σειων T | ευλογιαν]+αυτου A | om και ℵᶜᵃT — Stich 6 ℵ 8 ART
CXXXIII 1 δη] νυν R | εν αυλαις] pr εν οικω κ̅υ̅ ℵ¹ART   2 χειρας] pr τας ℵᶜᵃART

³εὐλογήσει σε Κύριος ἐκ Σιών,
ὁ ποιήσας τὸν οὐρανὸν καὶ τὴν γῆν.

ΡΛΔ'
Ἀλληλουιά.

Αἰνεῖτε τὸ ὄνομα Κυρίου, αἰνεῖτε δοῦλοι Κύριον,
²οἱ ἑστῶτες ἐν οἴκῳ Κυρίου, ἐν αὐλαῖς οἴκου θεοῦ ἡμῶν.
³αἰνεῖτε τὸν κύριον, ὅτι ἀγαθὸς Κύριος·
ψάλατε τῷ ὀνόματι αὐτοῦ, ὅτι καλόν·
⁴ὅτι τὸν Ἰακὼβ ἐξελέξατο ἑαυτῷ ὁ κύριος,
Ἰσραὴλ εἰς περιουσιασμὸν αὐτοῦ.
⁵ὅτι ἔγνων ὅτι μέγας Κύριος,
καὶ ὁ κύριος ἡμῶν παρὰ πάντας τοὺς θεούς·
⁶πάντα ὅσα ἠθέλησεν ἐποίησεν ὁ κύριος
ἐν τῷ οὐρανῷ καὶ ἐν τῇ γῇ,
ἐν ταῖς θαλάσσαις καὶ ἐν ταῖς ἀβύσσοις·
⁷ἀνάγων νεφέλας ἐξ ἐσχάτου γῆς,
ἀστραπὰς εἰς ὑετὸν ἐποίησεν·
ὁ ἐξάγων ἀνέμους ἐκ θησαυρῶν αὐτοῦ.
⁸ὃς ἐπάταξεν τὰ πρωτότοκα Αἰγύπτου
ἀπὸ ἀνθρώπου ἕως κτήνους·
⁹ἐξαπέστειλεν σημεῖα καὶ τέρατα ἐν μέσῳ σου, Αἴγυπτε,
ἐν Φαραὼ καὶ ἐν πᾶσι τοῖς δούλοις αὐτοῦ.
¹⁰ἐπάταξεν ἔθνη πολλά, καὶ ἀπέκτεινεν βασιλεῖς κραταιούς,
¹¹τὸν Σηὼν βασιλέα τῶν Ἀμορραίων,
καὶ τὸν Ὢγ βασιλέα τῆς Βασάν,
καὶ πάσας τὰς βασιλείας Χανάαν·
¹²καὶ ἔδωκεν τὴν γῆν αὐτῶν κληρονομίαν,
κληρονομίαν Ἰσραὴλ δούλῳ αὐτοῦ.
¹³Κύριε, τὸ ὄνομά σου εἰς τὸν αἰῶνα,
Κύριε, τὸ μνημόσυνόν σου εἰς γενεὰν καὶ γενεάν

ART 3 ευλογησει] ευλογησαι A ευλογηση T | Σειων T — Stich 5 ℵ 8 A 4 R 7 T   CXXXIV 1 Κυριον] pr τον R   3 καλον] ηδυ Aᵃ (sup ras) R 4 Ἰσλ c praec coniung A*ᵛⁱᵈ | αυτου] εαυτω ℵᶜᵃRT   5 οτι]+εγω ℵᶜᵃAR | εγνων] εγνωκα ℵᶜᵃT | Κυριος] pr ο R   6 εποιησεν ο κυριος] om ο κ̅ς̅ ℵᶜᵃ ο κ̅ς̅ εποιησεν AT Κυριος εποιησεν R | αλασσαις ℵ* (θαλ. ℵ¹) | ταις αβυσσοις] pr πασαις ℵᶜᵃT πασιν τοις αβυσσοις R   7 γης] pr της ART | ο εξαγων] om ο R | αυτου] αυτων R   8 πρωτοτοα ℵ* (-τοκα ℵ¹)   9 πασιν ART   10 επαταξεν ℵ¹ (απεκτινεν ℵ*)] pr ος ℵᶜᵃART   13 Κυριε 2° ℵ*ᶜᵇAR] και ℵᶜᵃT

ΨΑΛΜΟΙ   CXXXV 5

14 ¹⁴οἰκτείρει Κύριος τὸν λαὸν αὐτοῦ,   א
    καὶ ἐπὶ τοῖς δούλοις αὐτοῦ παρακληθήσεται.
15 ¹⁵τὰ εἴδωλα τῶν ἐθνῶν ἀργύριον καὶ χρυσίον,
    ἔργα χειρῶν ἀνθρώπων.
16 ¹⁶στόμα ἔχουσιν καὶ οὐ λαλοῦσιν,
    ὀφθαλμοὺς ἔχουσιν καὶ οὐκ ὄψονται·
17 ¹⁷ὦτα ἔχουσιν καὶ οὐκ ἐνωτισθήσονται,
    οὐδὲ γάρ ἐστιν πνεῦμα ἐν τῷ στόματι αὐτῶν.
18 ¹⁸ὅμοιοι αὐτοῖς γένοιντο πάντες οἱ ποιοῦντες αὐτὰ
    καὶ πάντες οἱ πεποιθότες ἐν αὐτοῖς.
19 ¹⁹οἶκος Ἰσραήλ, εὐλογήσατε τὸν κύριον,
    οἶκος Ἀαρών, εὐλογήσατε τὸν κύριον·
20 ²⁰οἶκος Λευεί, εὐλογήσατε τὸν κύριον,
    οἱ φοβούμενοι τὸν κύριον, εὐλογήσατε τὸν κύριον.
21 ²¹εὐλογητὸς Κύριος ἐκ Σιών,
    ὁ κατοικῶν Ἰερουσαλήμ.

                      ΡΛΕ΄

CXXXV   Ἀλληλουιά.
(CXXXVI)
1   Ἐξομολογεῖσθε τῷ κυρίῳ, ὅτι χρηστός,
    ὅτι εἰς τὸν αἰῶνα τὸ ἔλεος αὐτοῦ.
2   ²ἐξομολογεῖσθε τῷ θεῷ τῶν θεῶν,
    ὅτι εἰς τὸν αἰῶνα τὸ ἔλεος αὐτοῦ.
3   ³ἐξομολογεῖσθε τῷ κυρίῳ τῶν κυρίων,
    ὅτι εἰς τὸν αἰῶνα τὸ ἔλεος αὐτοῦ·
4   ⁴τῷ ποιοῦντι θαυμάσια μεγάλα μόνῳ,
    ὅτι εἰς τὸν αἰῶνα τὸ ἔλεος αὐτοῦ·
5   ⁵τῷ ποιήσαντι τοὺς οὐρανοὺς ἐν συνέσει,
    ὅτι εἰς τὸν αἰῶνα τὸ ἔλεος αὐτοῦ·

14 οικτειρει (οικτιρι א*)] οτι κρινι אᶜᵃ οτι κρινει ART | Κυριος τον] ART k̄s̄ τ rescr A¹   **16** λαλουσιν] λαλησουσιν ART   **17** ενωτισθησονται] ακουσονται AR+ρινας (ρεινας A) εχουσιν και ουκ οσφρανθησονται| χειρας εχουσιν και ου ψηλαφησουσιν| ποδας εχουσιν και ου περιπατησουσιν| ου φωνησουσιν εν τω λαρυγγι αυτων AR   **18** αυτοις 1°] αυτων T | om παντες 1° אᶜᵃT | εν] επ אᶜᵃART   **19—20** ευλογησατε] ευλογειτε quater R   **20** Λευι T   **21** ευλογητος] ευλογησει σε R | Σειων T | Ιερουσαλημ] pr εν R — Stich 41 א 51 A 47 R 44 T   CXXXV **1** αλληλουια]+αλληλουια T | χρηστος] αγαθος אᶜᵃRT   **4** ποιουντι] ποιησαντι אᶜᵃAT

אׄ ⁶τῷ στερεώσαντι τὴν γῆν ἐπὶ τὸ ὕδωρ,
ὅτι εἰς τὸν αἰῶνα τὸ ἔλεος αὐτοῦ·
⁷τῷ ποιήσαντι φῶτα μεγάλα μόνῳ,
ὅτι εἰς τὸν αἰῶνα τὸ ἔλεος αὐτοῦ,
⁸τὸν ἥλιον εἰς ἐξουσίαν τῆς ἡμέρας,
ὅτι εἰς τὸν αἰῶνα τὸ ἔλεος αὐτοῦ,
⁹τὴν σελήνην καὶ τὰ ἄστρα εἰς ἐξουσίαν τῆς νυκτός,
ὅτι εἰς τὸν αἰῶνα τὸ ἔλεος αὐτοῦ·
¹⁰τῷ πατάξαντι Αἴγυπτον σὺν τοῖς πρωτοτόκοις αὐτῶν,
ὅτι εἰς τὸν αἰῶνα τὸ ἔλεος αὐτοῦ·
¹¹καὶ ἐξαγαγόντι Ἰσραὴλ ἐκ μέσου αὐτῶν,
ὅτι εἰς τὸν αἰῶνα τὸ ἔλεος αὐτοῦ,
¹²ἐν χειρὶ κραταιᾷ καὶ ἐν βραχίονι ὑψηλῷ,
ὅτι εἰς τὸν αἰῶνα τὸ ἔλεος αὐτοῦ·
¹³τῷ καταδιελόντι τὴν ἐρυθρὰν θάλασσαν εἰς διαιρέσεις,
ὅτι εἰς τὸν αἰῶνα τὸ ἔλεος αὐτοῦ·
¹⁴καὶ διαγαγόντι τὸν Ἰσραὴλ ἐν μέσῳ αὐτῆς,
ὅτι εἰς τὸν αἰῶνα τὸ ἔλεος αὐτοῦ·
¹⁵καὶ ἐκτινάξαντι Φαραὼ καὶ τὴν δύναμιν αὐτοῦ εἰς θάλασσαν ἐρυθράν,
ὅτι εἰς τὸν αἰῶνα τὸ ἔλεος αὐτοῦ·
¹⁶τῷ διαγαγόντι τὸν λαὸν αὐτοῦ ἐν ἐρήμῳ,
ὅτι εἰς τὸν αἰῶνα τὸ ἔλεος αὐτοῦ
¹⁷τῷ πατάξαντι βασιλεῖς μεγάλους,
ὅτι εἰς τὸν αἰῶνα τὸ ἔλεος αὐτοῦ·
¹⁸καὶ ἀποκτείναντι βασιλεῖς κραταιούς,
ὅτι εἰς τὸν αἰῶνα τὸ ἔλεος αὐτοῦ,
¹⁹τὸν Σηὼν βασιλέα τῶν Ἀμορραίων,
ὅτι εἰς τὸν αἰῶνα τὸ ἔλεος αὐτοῦ,
²⁰καὶ τὸν Ὢγ βασιλέα τῆς Βασάν,
ὅτι εἰς τὸν αἰῶνα τὸ ἔλεος αὐτοῦ·

ART 6 το υδωρ] των υδατων ℵ*ᶜᵃ*AT τα υδατα R | αυτου] υ 1° inst A? 7 λα μονω] οτι εις τον αιωνα το ελεος αυτου sup ras pl litt Aᵃ 9 τα αστρα] τους αστερας ℵ*ᶜᵃ*T 11 Ισραηλ] pr τον ℵ*ᶜᵃ*ART 14 εν μεσω] δια μεσου ℵ*ᶜᵃ*AT εκ μεσου R | αυτης] ης sup ras Aᵃ 15 και εκτιναξαντι] τω εκτιν. A | αυτου 1°] του resci A¹ | οτι εις τον αιωνα το ελεος αυτου Aᵃ⁽ᵐᵍ⁾ 16—17 τω διαγαγοντι τω παταξαντι sup ras Aᵃ 16 ερημω] pr τη ℵ*ᶜᵃ*AᵃRT | αυτου 2°]+και εξαγαγοντι υδωρ εκ πετρας ακροτομου| οτι εις τον αιωνα το ελεος αυτου R

ΨΑΛΜΟΙ

21 ²¹καὶ δόντι τὴν γῆν αὐτῶν κληρονομίαν,
    ὅτι εἰς τὸν αἰῶνα τὸ ἔλεος αὐτοῦ,
22 ²²κληρονομίαν Ἰσραὴλ δούλῳ αὐτοῦ,
    ὅτι εἰς τὸν αἰῶνα τὸ ἔλεος αὐτοῦ.
24 ²⁴καὶ ἐλυτρώσατο ἡμᾶς ἐκ χειρὸς ἐχθρῶν ἡμῶν,
    ὅτι εἰς τὸν αἰῶνα τὸ ἔλεος αὐτοῦ·
25 ²⁵ὁ διδοὺς τροφὴν πάσῃ σαρκί,
    ὅτι εἰς τὸν αἰῶνα τὸ ἔλεος αὐτοῦ
26 ²⁶ἐξομολογεῖσθε τῷ κυρίῳ τοῦ οὐρανοῦ,
    ὅτι εἰς τὸν αἰῶνα τὸ ἔλεος αὐτοῦ

ΡΛΓ΄

CXXXVI
(XXXVII)

Τῷ Δαυείδ.

1 Ἐπὶ τῶν ποταμῶν Βαβυλῶνος ἐκεῖ ἐκαθίσαμεν, καὶ ἐκλαύσαμεν
    ἐν τῷ μνησθῆναι ἡμᾶς τῆς Σιών·
2 ²ἐπὶ ταῖς ἰτέαις ἐν μέσῳ αὐτῆς ἐκρεμάσαμεν τὰ ὄργανα ἡμῶν.
3 ³ὅτι ἐκεῖ ἠρώτησαν ἡμᾶς οἱ αἰχμαλωτεύσαντες ἡμᾶς λόγους
    ᾠδῶν,
    καὶ οἱ ἀπαγαγόντες ἡμᾶς Ὑμνήσατε ἡμῖν ἐκ τῶν ᾠδῶν Σιών.
4 ⁴πῶς ᾄσωμεν τὴν ᾠδὴν Κυρίου ἐπὶ γῆς ἀλλοτρίας,
5 ⁵ἐὰν ἐπιλάθωμαί σου, Ἰερουσαλήμ, ἐπιλησθείη ἡ δεξιά μου·
6 ⁶κολληθείη ἡ γλῶσσά μου τῷ λάρυγγί μου, ἐὰν μή σου
    μνησθῶ,
    ἐὰν μὴ προανατάξωμαι τὴν Ἰερουσαλὴμ ἐν ἀρχῇ τῆς εὐφρο-
    σύνης μου.
7 ⁷μνήσθητι, Κύριε, τῶν υἱῶν Ἐδὼμ τὴν ἡμέραν Ἰερουσαλήμ,
    τῶν λεγόντων Ἐκκενοῦτε, ἐκκενοῦτε, ἕως ὁ θεμέλιος ἐν αὐτῇ.

21 δοντι] εδωκεν R   **22** δουλω] λαω ℵ^{c.a}T | αυτου 2°]+(23) οτι εν τη ART ταπεινωσει (ταπιν. ℵ^{c.a}T) ημων εμνησθη ημων ο κ̄ς̄ οτι εις τον αιωνα το ελεος (ελαιος A) αυτου ℵ^{c.a}ART   **24** om χειρος AT | εχθρων] pr των ART   **26** κυριω] θω̄ ℵ^{c.a}RT — Stich 25 ℵ 51 A 54 R 52 T   CXXXVI **1** Σειων T   **2** εκρεμασαμεν] pr εκει A   **3** ηρωτησαν] επηρωτησαν ℵ^{c.a}ART | αιχμαλωτευσαντες] εκχμαλωτευοντες A | ημας 3°] η sup ras A^a (υμας A*) +υμνον| AT | υμνησατε] υμνον ασατε ℵ^{c.a}R ασατε AT (inc stich) | Σειων T   **5** επιλαθωμαι] επιλαθωμεν A* (επιλαθωμε A[?]) | επιλησθειη]+μου R   **6** λαρυγγι] post γ 1° ras 2 litt (forte γι|) A' | προανατα̣ξωμεν A* (-ξωμε A[?]) | εν αρχη] pr ως ℵ^{c.a}   **7** την ημεραν] εν ημερα R | εκκενουται bis A(?R) T | εως]+ου AR | ο θεμελιος εν αυτη] των θεμελιων αυτης ℵ^{c.a}T θεμελιων αυτης R

CXXXVI 8 ΨΑΛΜΟΙ

א) (Ľ) ⁸θυγάτηρ Βαβυλῶνος ἡ ταλαίπωρος,   8
μακάριος ὃς ἀνταποδώσει σοι τὸ ἀνταπόδομά σου ὃ ἀντα-
πέδωκας ἡμῖν·
⁹μακάριος ὃς κρατήσει καὶ ἐδαφιεῖ τὰ νήπιά σου πρὸς τὴν 9
πέτραν.

ΡΛΖ΄

Τῷ Δαυείδ   CXXXVII
(CXXXVIII

Ἐξομολογήσομαί σοι, Κύριε, ἐν ὅλῃ καρδίᾳ μου,   1
ὅτι ἤκουσας τὰ ῥήματα τοῦ στόματός μου·
καὶ ἐναντίον ἀγγέλων ψαλῶ σοι.
²προσκυνήσω πρὸς ναὸν ἅγιόν σου, καὶ ἐξομολογήσομαι τῷ ὀνό- 2
ματί σου
ἐπὶ τῷ ἐλέει σου καὶ τῇ ἀληθείᾳ σου,
ὅτι ἐμεγάλυνας ἐπὶ πᾶν ὄνομα τὸ ἅγιόν σου.
³ἐν ᾗ ἂν ἡμέρᾳ ἐπικαλέσωμαι, ταχὺ ἐπάκουσόν μου·   3
πολυωρήσεις με ἐν ψυχῇ μου ἐν δυνάμει πολλῇ.
⁴ἐξομολογησάσθωσάν σοι, Κύριε, πάντες οἱ βασιλεῖς τῆς γῆς,   4
ὅτι ἤκουσαν πάντα τὰ ῥήματα τοῦ στόματός σου
⁵καὶ ᾀσάτωσαν ἐν ταῖς ὁδοῖς Κυρίου,   5
ὅτι ἡ δόξα Κυρίου μεγάλη·
⁶ὅτι ὑψηλὸς Κύριος, καὶ τὰ ταπεινὰ ἐφορᾷ,   6
§ Β   ⁵καὶ τὰ ὑψηλὰ ἀπὸ μακρόθεν γινώσκει.
⁷ἐὰν πορευθῶ ἐν μέσῳ θλίψεως, ζήσεις με·   7
ἐπ᾽ ὀργὴν ἐχθρῶν ἐξέτεινας χεῖράς μου,
καὶ ἔσωσέν με ἡ δεξιά σου.
⁸Κύριε, ἀνταποδώσεις ὑπὲρ ἐμοῦ·   8

ΑΡΓ 8 θυγατηρ pr η R^vid — Stich 14 א 16 ART   CXXXVII 1 τω Δαυειδ]+Ζαχαριου A+Ζαχαριας T | om οτι ηκουσας στομ. μου A | και εναντιον αγγ. ψ. σοι! οτι ηκ. τα ρ. του στ. μου א^c a T | ηκουσας] εισηκουσας R 2 προς] προ R^edit | εξομολογησομαι τω] ι τ rescr A¹ | παν] παντας ART | ονομα] pr το א^c a ART | το αγιον σου] σου το αγιον σου A* (ras σου 2° A^s) 3 αν rescr A¹ | επικαλεσωμαι (-σομαι A)]+σε א^c a ART | πολυωρησης T | om εν 3° א^c a T | δυναμει]+σου T | om πολλη א^c a ART 4 βασιλεις] ασιλ sup ras A^a* 5 οδοις Κυριου] ωδαις σου κε T | μεγαλη η δοξα κυ א^c a ART 7 εν] ν sup ras A^a* | ζησεις] ζωσις A ζησης T | εχθρων]+μου א^c a A^a RT | εξετεινας Bא^c a A^a RT] εξετεινα א A*^fort | χειρας] την χειρα R χειρα T | μου] σου א^c a (σοι א*^vid) ART   8 Κυριε 1°] κς א^s AT | ανταποδωσει A ανταποδωση T | εμου] εμε R

400

Κύριε, τὸ ἔλεός σου εἰς τὸν αἰῶνα,
Κύριε, τὰ ἔργα τῶν χειρῶν σου μὴ παρῇς.

ΡΛΗ'
Εἰς τὸ τέλος· ψαλμὸς τῷ Δαυείδ.

(XXXVIII
XXXIX)

1   Κύριε, ἐδοκίμασάς με καὶ ἔγνως με·
2   ²σὺ ἔγνως τὴν καθέδραν μου καὶ τὴν ἔγερσίν μου,
    σὺ συνῆκας πάντας τοὺς διαλογισμούς μου ἀπὸ μακρόθεν·
3   ³τὴν τρίβον μου καὶ τὴν σχοῖνόν μου ἐξιχνίασας,

CXXXVI 8 ΨΑΛΜΟΙ

(א)(E)   ⁸θυγάτηρ Βαβυλῶνος ἡ ταλαίπωρος,   8
  μακάριος ὃς ἀνταποδώσει σοι τὸ ἀνταπόδομά σου ὃ ἀντα-
  πέδωκας ἡμῖν·
  ⁹μακάριος ὃς κρατήσει καὶ ἐδαφιεῖ τὰ νήπιά σου πρὸς τὴν 9
  πέτραν.

ras Aᵃ? **5** οδοις Κυριου] ωδαις σου κ̅ε̅ T | μεγαλη η δοξα κυ א^{c.a} ART **7** εν] ν sup ras Aᵃ? | ζησεις] ζωσις A ζησης T | εχθρων] +μου א^{c.a} Aᵃ RT | εξετεινας B א^{c.a} Aᵃ RT] εξετεινα א^{b} A° ᶠᵒʳᵗ | χειρας] την χειρα R χεφα T | μου] σου א^{c.a} (σοι א* ᵛⁱᵈ) ART   **8** Κυριε ιʹ] κ̅ς̅ א¿ AT | ανταποδωσει A ανταποδωση T | εμου] εμε R

ΨΑΛΜΟΙ

Κύριε, τὸ ἔλεός σου εἰς τὸν αἰῶνα,
Κύριε, τὰ ἔργα τῶν χειρῶν σου μὴ παρῇς.

ΡΛΗ'

Εἰς τὸ τέλος· ψαλμὸς τῷ Δαυείδ.

XXXVIII
(CXXXIX)

1 Κύριε, ἐδοκίμασάς με καὶ ἔγνως με·
2 ²σὺ ἔγνως τὴν καθέδραν μου καὶ τὴν ἔγερσίν μου,
   σὺ συνῆκας πάντας τοὺς διαλογισμούς μου ἀπὸ μακρόθεν
3 ³τὴν τρίβον μου καὶ τὴν σχοῖνόν μου ἐξιχνίασας,
   καὶ πάσας τὰς ὁδούς μου προίδες,
4 ⁴ὅτι οὐκ ἔστιν λόγος ἄδικος ἐν γλώσσῃ μου·
5 ἰδού, Κύριε, σὺ ἔγνως πάντα ⁵τὰ ἔσχατα καὶ τὰ ἀρχαῖα·
   σὺ ἔπλασάς με καὶ ἔθηκας ἐπ' ἐμὲ τὴν χεῖρά σου.
6 ⁶ἐθαυμαστώθη ἡ γνῶσίς σου ἐξ ἐμοῦ
   ἐκραταιώθη, οὐ μὴ δύνωμαι πρὸς αὐτήν.
7 ⁷ποῦ πορευθῶ ἀπὸ τοῦ πνεύματός σου;
   καὶ ἀπὸ τοῦ προσώπου σου ποῦ φύγω;
8 ⁸ἐὰν ἀναβῶ εἰς τὸν οὐρανόν, σὺ εἶ ἐκεῖ·
   ἐὰν καταβῶ εἰς τὸν ᾅδην, πάρει·
9 ⁹ἐὰν ἀναλάβω τὰς πτέρυγάς μου κατ' ὀρθὸν
   καὶ κατασκηνώσω εἰς τὰ ἔσχατα τῆς θαλάσσης,
10 ¹⁰καὶ γὰρ ἐκεῖ ἡ χείρ σου ὁδηγήσει με,
   καὶ καθέξει με ἡ δεξιά σου.
11 ¹¹καὶ εἶπα Ἆρα σκότος καταπατήσει με,
   καὶ νὺξ φωτισμὸς ἐν τῇ τρυφῇ μου·
12 ¹²ὡς τὸ σκότος αὐτῆς, οὕτως καὶ τὸ φῶς αὐτῆς.
13 ¹³ὅτι σὺ ἐκτήσω τοὺς νεφρούς μου, Κύριε,

8 om Κυριε 3° ℵ^{c.a}AT | παρῃς] παριδῃς ℵAT ενπαριδῃς R — Stich 20 ℵAR 21 T   CXXXVIII 1 ψαλμος τω Δαυειδ] τω Δαδ ψαλμος A+Zαχαριου A+εν τη διασπορα A^{a(mg)}· τω Δ. ψ. Z. εν τη δ. T   2 om παντας ℵ^{c.a}ART | ante μου 3° ras 1 lit (σ ut vid) A'   3 εξιχνιασας] pr συ ℵA (σ rescr A^a) RT | προειδες B^{ab}A   4 λογος αδικος] δολος ℵ^{c.a}RT   5 αρχαια Bℵ^{c.a}ART] δικαια ℵ*   6 αυτον ℵ* (αυτην ℵ¹)   7 που απο πρ σου φυγω ℵ* (που φ απο πρ. σου ℵ^{c.a})   8 ει εκει] εκει ει ℵ^{c.a} RT   9 εαν] ει R | αναλαβω] λαβοιμι ℵ* αναλαβοιμι ℵ^{c.a}T αναλαβω μοι R^{vid} | ορθον] ορθρον A (ο 2° rescr A¹) RT | τας εσχ. A* (ιας s A')   10 οδηγηση T | καθςξη T   11 ειπον T | καταπατηση T   12 ως] pr οτι το (om το ℵRT) σκοτος ου σκοτισθησεται απο σου | και νυξ ως ημερα φωτισθησεται B^{ab mg inf}ℵRT pr οτι το σκοτος ου σκοτισθησεται απο σου A   13 om συ A* (superscr A^a) | κε εκτησω τοις νεφρους μου ℵ* (om κε ℵ^{c.a})

ἀντελάβου μου ἐκ γαστρὸς μητρός μου.
¹⁴ἐξομολογήσομαί σοι, ὅτι φοβερῶς ἐθαυμαστώθης·
θαυμάσια τὰ ἔργα σου, καὶ ἡ ψυχή μου γινώσκει σφόδρα.
¹⁵οὐκ ἐκρύβη τὸ ὀστοῦν μου ἀπὸ σοῦ ὃ ἐποίησας ἐν κρυφῇ,
καὶ ἡ ὑπόστασίς μου ἐν τοῖς κατωτάτω τῆς γῆς·
¹⁶τὸ ἀκατέργαστόν σου εἴδοσαν οἱ ὀφθαλμοί μου,
καὶ ἐπὶ τὸ βιβλίον σου πάντες γραφήσονται
ἡμέρας πλασθήσονται, καὶ οὐδεὶς ἐν αὐτοῖς
¹⁷ἐμοὶ δὲ λίαν ἐτιμήθησαν οἱ φίλοι σου, ὁ θεός·
λίαν ἐκραταιώθησαν αἱ ἀρχαὶ αὐτῶν·
¹⁸ἐξαριθμήσομαι αὐτοὺς καὶ ὑπὲρ ἄμμον πληθυνθήσονται
ἐξηγέρθην, καὶ ἔτι εἰμὶ μετὰ σοῦ.
¹⁹ἐὰν ἀποκτείνῃς ἁμαρτωλούς, ὁ θεός·
ἄνδρες αἱμάτων, ἐκκλίνατε ἀπ' ἐμοῦ
²⁰ὅτι ἐρεῖς εἰς διαλογισμόν·
λήμψονται εἰς ματαιότητα τὰς πόλεις σου.
²¹οὐχὶ τοὺς μισοῦντάς σε, Κύριε, ἐμίσησα,
καὶ ἐπὶ τοῖς ἐχθροῖς σου ἐξετηκόμην;
²²τέλειον μῖσος ἐμίσουν αὐτούς,
εἰς ἐχθροὺς ἐγένοντό μοι.
²³δοκίμασόν με, ὁ θεός, καὶ γνῶθι τὴν καρδίαν μου·
ἔτασόν με καὶ γνῶθι τὰς τρίβους μου·
²⁴καὶ ἴδε εἰ ἴδες ἀνομίας ἐν ἐμοί,
καὶ ὁδήγησόν με ἐν ὁδῷ αἰωνίᾳ.

ΡΛΘ'

Εἰς τὸ τέλος· τῷ Δαυεὶδ ψαλμός.

²Ἐξελοῦ με, Κύριε, ἐξ ἀνθρώπου πονηροῦ,
ἀπὸ ἀνδρὸς ἀδίκου ῥῦσαί με,

13 αντελαβου] αντελ sup ras B^vid | μητρος] pr της R   14 σοι]+ Κυριε R | εθαυμαστωθην א* (-θης א^c a)   15 κατωτατοις אART   16 σου 1°] μου א^c a RT | ειδοσαν] ειδον B^ab א^c a ιδον T | μου] σου א^c a RT | πλιασθησονται T* (ι 1° ras T?) | ουθεις AT   18 σου]+ εγω א* (om א^c a)   19 αποκτενης R (nisi potius -νεις) | εξαμαρτωλοις א* (αμ. א^c a)   20 ερεις (ερις B^ab)] ερεισται εσται א^c a ερισται εστε T ερειτε R | εις διαλογισμον] εις διαλογισμους א^c a T εν διαλογισμω R | εις ματαιοτητα] εν ματαιοτητι R   21 τους εχθρους RT   23 δοκιμασον] pr δοκιμασον με και γνωθι τας τριβους μου א* (om א^c a [prius superscr ο θ̄ς post με]) | ο θεος] κ̄ε ART   24 ιδε] ειδε אA | ει] η A | ιδες] ειδες B^ab א*A οδος א^c a RT | ανομιας] pr οδον A — Stich 46 B 48 אT 47 AR   CXXXIX 1 ψαλμος τω Δᾱδ ART

ΨΑΛΜΟΙ   CXXXIX 14

3 ³οἵτινες ἐλογίσαντο ἀδικίας ἐν καρδίᾳ,   B
   ὅλην τὴν ἡμέραν παρετάσσοντο πολέμους
4 ⁴ἠκόνησαν γλῶσσαν αὐτῶν ὡσεὶ ὄφεως,
   ἰὸς ἀσπίδων ὑπὸ τὰ χείλη αὐτῶν.   διάψαλμα.
5 ⁵φύλαξόν με, Κύριε, ἐκ χειρὸς ἁμαρτωλοῦ,
   ἀπὸ ἀνθρώπων ἀδίκων ἐξελοῦ με,
   οἵτινες ἐλογίσαντο ὑποσκελίσαι τὰ διαβήματά μου·
6 ⁶ἔκρυψαν ὑπερήφανοι παγίδα μοι,
   καὶ σχοινία διέτειναν, παγίδας τοῖς ποσίν μου
   ἐχόμενα τρίβου σκάνδαλον ἔθεντό μοι.   διάψαλμα
7 ⁷εἶπα τῷ κυρίῳ Θεός μου εἶ σύ·
   ἐνώτισαι Κύριος τὴν φωνὴν τῆς δεήσεώς μου.
8 ⁸Κύριε, Κύριε, δύναμις τῆς σωτηρίας μου,
   ἐπεσκίασας ἐπὶ τὴν κεφαλήν μου ἐν ἡμέρᾳ πολέμου.
9 ⁹μὴ παραδῷς με, Κύριε, ἀπὸ τῆς ἐπιθυμίας μου ἁμαρτωλῷ
   διελογίσαντο κατ' ἐμοῦ, μὴ ἐγκαταλίπῃς με, μή ποτε ὑψω-
      θῶσιν   διάψαλμα.
10 ¹⁰ἡ κεφαλὴ τοῦ κυκλώματος αὐτῶν,
   κόπος τῶν χειλέων αὐτῶν καλύψει αὐτούς.
11 ¹¹πεσοῦνται ἐπ' αὐτοὺς ἄνθρακες πυρὸς ἐπὶ τῆς γῆς,
   καὶ καταβαλεῖς αὐτούς.
   ἐν ταλαιπωρίαις οὐ μὴ ὑποστῶσιν·
12 ¹²ἄνδρα ἄδικον κακὰ θηρεύσει εἰς καταφθοράν.
13 ¹³ἔγνων ὅτι ποιήσει Κύριος τὴν κρίσιν τοῦ πτωχοῦ
   καὶ τὴν δίκην τῶν πενήτων.
14 ¹⁴πλὴν δίκαιοι ἐξομολογήσονται τῷ ὀνόματί σου,
   καὶ κατοικήσουσιν εὐθεῖς ἐν τῷ προσώπῳ σου.

3 αδικιας] ras aliq fort B? αδικιαν ℵ^{c a}ART   5 om Κυριε ℵ | ανθρωπου ℵART αδικου A | εξελου] ρυσαι Λ | υποσκελισαι] pr του RT   6 παγιδας] παγιδα RT | σκανδαλα T | om διαψαλμα T   7 ειπα] pr ρμ′ errore rubricatoris ℵ (postea om) ειπον T | Κυριος] κε ℵART   9 om με 1° T | ενκαταλειπης A(? R)T | om διαψαλμα AT   10 κοπος αυτους sup ras et in mg A^a | καλυψη T   11 πυρος] εν πυρι ℵ^{c a}ΛRT | και καταβαλεις αυτους επι της γης ℵ* | επι της γης] om ℵ^{c a}AT εν τη γη R (c seqq coniung) | om και ART | εν ταλαιπ. c praec coniung ℵ^{c a} | ου μη] pr ϗ ℵ^{c a}   12 ανδρα] pr ανηρ γλωσσωδης ου (+μη ℵ* om ℵ^{c a}) κατευθυνθησεται επι της γης B^{ab mg inf}ℵART | θηρευσαι T | καταφθοραν] διαφθοραν ℵΛ^{a?} (διαφθραν A*) RT   13 ποιηση T | των πτωχων ℵ^{c a}T | του πενητος ℵ* (των πενητων ℵ^{c a})   14 om και Λ* (hab ϗ A^{a?(mg)}) | εν] συν ℵ^{c a}ART | προσωπου ℵ — Stich 28 BℵAT 27 R

PM′

Ψαλμὸς τῷ Δαυείδ.

¹Κύριε, πρὸς σὲ ἐκέκραξα, εἰσάκουσόν μου·
πρόσχες τῇ φωνῇ τῆς δεήσεώς μου
ἐν τῷ κεκραγέναι με πρὸς σέ.
²κατευθυνθήτω ἡ προσευχή μου ὡς θυμίαμα ἐνώπιόν σου,
ἔπαρσις τῶν χειρῶν μου θυσία ἑσπερινή.
³θοῦ, Κύριε, φυλακὴν τῷ στόματί μου,
καὶ θύραν περιοχῆς περὶ τὰ χείλη μου.
⁴μὴ ἐκκλίνῃς τὴν καρδίαν μου εἰς λόγους πονηρίας,
τοῦ προφασίζεσθαι προφάσεις ἐν ἁμαρτίαις,
σὺν ἀνθρώποις ἐργαζομένοις ἀνομίαν,
καὶ οὐ μὴ συνδοιάσω μετὰ τῶν ἐκλεκτῶν αὐτῶν.
⁵παιδεύσει με δίκαιος ἐν ἐλέει καὶ ἐλέγξει με,
ἔλαιον δὲ ἁμαρτωλοῦ μὴ λιπανάτω τὴν κεφαλήν μου·
ὅτι ἔτι καὶ ἔτι ἡ προσευχή μου ἐν ταῖς εὐδοκίαις αὐτῶν.
⁶κατεπόθησαν ἐχόμενα πέτρας οἱ κραταιοὶ αὐτῶν·
ἀκούσονται τὰ ῥήματά μου, ὅτι ἡδυνήθησαν.
⁷ὡσεὶ πάχος γῆς διερράγη ἐπὶ τῆς γῆς,
διεσκορπίσθη τὰ ὀστᾶ ἡμῶν παρὰ τὸν ᾅδην.
⁸ὅτι πρὸς σέ, Κύριε, Κύριε, οἱ ὀφθαλμοί μου,
ἐπὶ σὲ ἤλπισα, μὴ ἀντανέλῃς τὴν ψυχήν μου·
⁹φύλαξον με ἀπὸ παγίδος ἧς συνεστήσαντό μοι,
καὶ ἀπὸ σκανδάλων τῶν ἐργαζομένων τὴν ἀνομίαν.
¹⁰πεσοῦνται ἐν ἀμφιβλήστρῳ αὐτοῦ ἁμαρτωλοί·
κατὰ μόνας εἰμὶ ἐγὼ ἕως οὗ ἂν παρέλθω.

ΨΑΛΜΟΙ CXLII 1

PMA´

CXLI
(CXLII)

Συνέσεως τῷ Δαυειδ ἐν τῷ εἶναι αὐτὸν ἐν τῷ σπηλαίῳ· προσευχή.

2 ²Φωνῇ μου πρὸς Κύριον ἐκέκραξα,
φωνῇ μου πρὸς Κύριον ἐδεήθην.
3 ³ἐκχεῶ ἐναντίον αὐτοῦ τὴν δέησίν μου,
τὴν θλίψιν μου ἐνώπιον αὐτοῦ ἀπαγγελῶ.
4 ⁴ἐν τῷ ἐκλείπειν ἐξ ἐμοῦ τὸ πνεῦμά μου, καὶ σὺ ἔγνως τὰς τρίβους μου·
ἐν ὁδῷ ταύτῃ ᾗ ἐπορευόμην ἔκρυψάν μοι παγίδα.
5 ⁵κατενόουν εἰς τὰ δεξιὰ καὶ ἐπέβλεπον,
ὅτι οὐκ ἦν ὁ ἐπιγινώσκων με·
ἀπώλετο φυγὴ ἀπ' ἐμοῦ,
καὶ οὐκ ἔστιν ὁ ἐκζητῶν τὴν ψυχήν μου.
6 ⁶πρὸς σέ, Κύριε, ἐκέκραξα, καὶ εἶπα Σὺ εἶ ἡ ἐλπίς μου,
μερίς μου ἐν γῇ ζώντων.
7 ⁷πρόσχες πρὸς τὴν δέησίν μου,
ὅτι ἐταπεινώθην σφόδρα·
ῥῦσαί με ἐκ τῶν καταδιωκόντων με,
ὅτι ἐκραταιώθησαν ὑπὲρ ἐμέ.
8 ⁸ἐξάγαγε ἐκ φυλακῆς τὴν ψυχήν μου,
τοῦ ἐξομολογήσασθαι τῷ ὀνόματί σου, Κύριε·
ἐμὲ ὑπομενοῦσιν δίκαιοι ἕως οὗ ἀνταποδῷς μοι.

PMB´

CXLII
(CXLIII)

Ψαλμὸς τῷ Δαυειδ, ὅτε αὐτὸν ὁ υἱὸς καταδιώκει.

1 Κύριε, εἰσάκουσον τῆς προσευχῆς μου,
ἐνώτισαι τὴν δέησίν μου ἐν τῇ ἀληθείᾳ σου,
ἐπάκουσόν μου ἐν τῇ δικαιοσύνῃ σου·

CXLI 2 φωνη 2°] pr και η A | Κυριον 2°] τον θν̄ AT τον θεον μου R | ℵAR ἐδεηθην] και προσεσχεν μοι A   3 εναντιον] ενωπιον ℵ^{c.a}ART | απαγγελω] αναγγελλω R   4 εκλιπειν ℵ | παγιδα μοι ℵ^{c.a}AT   5 οτι] και ℵ^{c.a}RT | απολετο A | εστιν] ην R   6 εκεκραξα προς σε κε̄ ℵ^{c.a}ART | om και ℵ^{c.a}ART | ειπα] ειπον T | μερις μου]+ει ℵ^{c.a}T   7 προς] εις AR | εταπεινωθην σφοδρα sup ras R^a   8 om Κυριε ℵ^{c.a}RT | υπομενουσι ℵ | ου sup ras A^a | ανταποδωσεις R (fort -σης) — Stich 19 BℵR 20 A 17 T
CXLII 1 ο υιος καταδιωκει] υιος κατεδιωξεν A εδιωκεν Αβεσσαλωμ ο υιος αυτου R ο υιος αυτου κατεδιωκεν T | επακουσον] εισακουσον ART

B ²καὶ μὴ εἰσέλθῃς εἰς κρίσιν μετὰ τοῦ δούλου σου,
   ὅτι οὐ δικαιωθήσεται ἐνώπιόν σου πᾶς ζῶν.
³ἐταπείνωσεν εἰς τὴν γῆν τὴν ζωήν μου·
   ἐκάθισέν με ἐν σκοτεινοῖς ὡς νεκροὺς αἰῶνος·
⁴καὶ ἠκηδίασεν ἐπ᾽ ἐμὲ τὸ πνεῦμά μου,
   ἐν ἐμοὶ ἐταράχθη ἡ καρδία μου.
⁵ἐμνήσθην ἡμερῶν ἀρχαίων,
   καὶ ἐμελέτησα ἐν πᾶσι τοῖς ἔργοις σου,
   ἐν ποιήμασιν τῶν χειρῶν σου ἐμελέτων.
⁶διεπέτασα τὰς χεῖράς μου πρὸς σέ,
   ἡ ψυχή μου ὡς γῆ ἄνυδρός σοι.   διάψαλμα.
⁷ταχὺ εἰσάκουσόν μου, Κύριε,
   ἐξέλιπεν τὸ πνεῦμά μου·
   μὴ ἀποστρέψῃς τὸ πρόσωπόν σου ἀπ᾽ ἐμοῦ,
   καὶ ὁμοιωθήσομαι τοῖς καταβαίνουσιν εἰς λάκκον.
⁸ἀκουστὸν ποίησόν μοι τὸ πρωὶ τὸ ἔλεός σου,
   ὅτι ἐπὶ σοὶ ἤλπισα·
   γνώρισόν μοι, Κύριε, ὁδὸν ἐν ᾗ πορεύσομαι,
   ὅτι πρὸς σὲ ἦρα τὴν ψυχήν μου.
⁹ἐξελοῦ με ἐκ τῶν ἐχθρῶν μου, Κύριε,
   ὅτι πρὸς σὲ κατέφυγον.
¹⁰δίδαξόν με τοῦ ποιεῖν τὸ θέλημά σου, ὅτι θεός μου εἶ σύ·
   τὸ πνεῦμά σου τὸ ἅγιον ὁδηγήσει με ἐν τῇ εὐθείᾳ
¹¹ἕνεκα τοῦ ὀνόματός σου, Κύριε, ζήσεις με ἐν τῇ δικαιοσύνῃ σου,
   ἐξάξεις ἐκ θλίψεως τὴν ψυχήν μου·
¹²καὶ ἐν τῷ ἐλέει σου ἐξολεθρεύσεις τοὺς ἐχθρούς μου,
   καὶ ἀπολεῖς πάντας τοὺς θλίβοντας τὴν ψυχήν μου·
   ὅτι δοῦλός σού εἰμι ἐγώ.

ℵART 2 των δουλων ℵ* (του δουλου ℵ¹) 3 εταπεινωσεν] pr οτι κατεδιωξεν ο εχθρος την ψυχην μου B^{ab(mg)}ℵRT | την γην] om την ART | εκαθισαν ℵR | σκοτινοις AT | νεκροις A* (νεκρους A^s) 4 επ εμε] εν εμοι R 5 εμνησθη R | om και ℵ^{c a}T | πασιν ART 6 προς σε τας χειρας μου ℵ^{c a}ART | om διαψαλμα T 7 μου 1° bis scr T | εξελειπεν AT 8 ακουστον]+μοι ℵ* (om ℵ^{c a}) | πορευσωμαι T | προς σε]+κε ℵ^{c a} 9 om οτι ℵ^{c a}T | κατεφυγα ℵ^{c a}RT 10 θεος μου ει συ] συ ει ο θς μου ℵ^{c a}RT om A | αγιον] αγαθον ℵ^{c a}RT | τη ευθεια] γη ευθεια ART 11 ενεκεν RT | ζησης T | εν τη δικαιοσ. σου c seqq coniung RT | εξαξης T 12 εξολεθρευσης T | δουλος σου ειμι εγω] εγω δουλος σου ειμι ℵ^{c a}AT δουλος σος ειμι R — Stich 31 B 29 ℵT 30 A 31 R

ΡΜΓ´

Τῷ Δανείδ, πρὸς τὸν Γολιάδ.

1 Εὐλογητὸς Κύριος ὁ θεός μου, ὁ διδάσκων τὰς χεῖράς μου εἰς παράταξιν,
τοὺς δακτύλους μου εἰς πόλεμον·
2 ²ἔλεός μου καὶ καταφυγή μου,
ἀντιλήμπτωρ μου καὶ ῥύστης μου,
ὑπερασπιστής μου καὶ ἐπ' αὐτῷ ἤλπισα,
ὁ ὑποτάσσων τὸν λαόν μου ὑπ' ἐμέ
3 ³Κύριε, τί ἐστιν ἄνθρωπος ὅτι ἐγνώσθης αὐτῷ,
ἢ υἱὸς ἀνθρώπου ὅτι λογίζῃ αὐτόν;
4 ⁴ἄνθρωπος ματαιότητι ὡμοιώθη,
αἱ ἡμέραι αὐτοῦ ὡσεὶ σκιὰ παράγουσιν.
5 ⁵Κύριε, κλῖνον οὐρανούς σου καὶ κατάβηθι,
ἅψαι τῶν ὀρέων καὶ καπνισθήσονται·
6 ⁶ἄστραψον ἀστραπὴν καὶ σκορπιεῖς αὐτούς,
ἐξαπόστειλον τὰ βέλη σου καὶ συνταράξεις αὐτούς.
7 ⁷ἐξαπόστειλον τὴν χεῖρά σου ἐξ ὕψους,
ἐξελοῦ με καὶ ῥῦσαί με ἐξ ὑδάτων πολλῶν,
ἐκ χειρὸς υἱῶν ἀλλοτρίων,
8 ⁸ὧν τὸ στόμα ἐλάλησεν ματαιότητα,
καὶ ἡ δεξιὰ αὐτῶν δεξιὰ ἀδικίας.
9 ⁹ὁ θεός, ᾠδὴν καινὴν ᾄσομαί σοι,
ἐν ψαλτηρίῳ δεκαχόρδῳ ψαλῶ σοι,
10 ¹⁰τῷ διδόντι τὴν σωτηρίαν τοῖς βασιλεῦσιν,
τῷ λυτρουμένῳ Δανείδ τὸν δοῦλον αὐτοῦ.
11 ἐκ ῥομφαίας πονηρᾶς ¹¹ῥῦσαί με, καὶ ἐξελοῦ με ἐκ χειρὸς υἱῶν ἀλλοτρίων,
ὧν τὸ στόμα ἐλάλησεν ματαιότητα,
καὶ ἡ δεξιὰ αὐτῶν δεξιὰ ἀδικίας·

CXLIII 1 om προς τον Γολιαδ A | Γολιαθ T   2 ο υποτασσων] ℵA om ο ℵ* (hab ℵ^(c a)) | μου 6° B ℵ^(c a) RT] σου ℵ* αυτου A   3 τι] τις AT | εγνωσθης] εγνωρισθης ℵ | αυτω] αυτον R   4 ωμοιωθη] ομοιοτητι R | σκιαι ℵ^(c a) A*T   5 κε (sic) T^(edit) | om σου R | των ορεων] ορη R   6 αστραπην]+σου A^(a') T | σκορπιεις] εις sup ras B^(a (ʋid) b) | συνταραξης T   8 ματαιοτητας T   9 ασωμαι T   10 την σωτηριαν] om την A | βασιλευσιν (βασιλεσουσιν (sic) R^(ʋid))]+αυτου R | om τον δουλον αυτου R | εκ ρομφαιας πονηρας c praeced coniung ART   11 εξελου με και ρυσαι με R | om εξελου με ℵ* (hab εξελου μαι ℵ^(c a)) | ματαιοτητας T

CXLIII 12   ΨΑΛΜΟΙ

B   ¹²ὧν οἱ υἱοὶ ὡς νεόφυτα ἡδρυμμένα ἐν τῇ νεότητι αὐτῶν,   12
αἱ θυγατέρες αὐτῶν κεκαλλωπισμέναι, περικεκοσμημέναι ὡς ὁμοίωμα ναοῦ·
¹³τὰ ταμεῖα αὐτῶν πλήρη, ἐξερευγόμενα ἐκ τούτου εἰς τοῦτο·   13
τὰ πρόβατα αὐτῶν πολύτοκα, πληθύνοντα ἐν ταῖς ἐξόδοις αὐτῶν,
¹⁴οἱ βόες αὐτῶν παχεῖς·   14
οὐκ ἔστιν κατάπτωμα φραγμοῦ οὐδὲ διέξοδος
οὐδὲ κραυγὴ ἐν ταῖς ἐπαύλεσιν αὐτῶν.
¹⁵ἐμακάρισαν τὸν λαὸν ᾧ ταῦτά ἐστιν,   15
μακάριος ὁ λαὸς οὗ Κύριος ὁ θεὸς αὐτοῦ.

ΡΜΔ´

Αἴνεσις τοῦ Δαυείδ.   CXLIV (CXLV)

Ὑψώσω σε, ὁ θεός μου ὁ βασιλεύς μου,   1
καὶ εὐλογήσω τὸ ὄνομά σου εἰς τὸν αἰῶνα καὶ εἰς τὸν αἰῶνα τοῦ αἰῶνος·
²καθ' ἑκάστην ἡμέραν εὐλογήσω σε,   2
καὶ αἰνέσω τὸ ὄνομά σου.
³μέγας ὁ κύριος καὶ αἰνετὸς σφόδρα,   3
καὶ τῆς μεγαλωσύνης αὐτοῦ οὐκ ἔστιν πέρας.
⁴γενεὰ καὶ γενεὰ ἐπαινέσει τὰ ἔργα σου, καὶ τὴν δύναμίν σου   4
ἀπαγγελοῦσιν·
⁵καὶ τὴν μεγαλοπρέπειαν τῆς δόξης τῆς ἁγιωσύνης σου λαλή-   5
σουσιν,
καὶ τὰ θαυμάσιά σου διηγήσονται·
⁶καὶ τὴν δύναμιν τῶν φοβερῶν σου ἐροῦσιν,   6

ℵART   12 ων sup ras Aᵃ | οι υιοι] om οι ℵR+αυτων ℵᶜᵃAT | ηδρυμμενα] ηδρυμενα BᵇR (nisi fort ιδρυμενα) ιδρυμμενα ℵᶜᵃT | ως ομοιωμα] εν ομοιωματι R   13 ταμια AT | εξερευομενα A | τουτου]+του ℵ* (om ℵ¹) | πλυτοκα ℵ* (πολυτ. ℵ¹) | εξοδοις] διεξοδοις R   14 επαυλεσιν] πλατιαις ℵᶜᵃRT   15 εμακαρισα ℵ* (-σαν ℵᶜᵃ) | ου] σου ℵ* (ου ℵᶜᵃ) | αυτου]+εστιν ℵ* (om ℵᶜᵃ) — Stich 35 Bℵ 36 AR 38 T   CXLIV 1 αινεσεως ℵAT | τω Δᾱδ ART | θε̄ ℵ* (ο θεος ℵᶜᵃ) | om μου 1° A* (hab Aᵃᵗᵐᵍ) T | βασιλευ ℵ* (ο βασιλευς ℵᶜᵃ)   2 ημερα A | σου]+εις τον αιωνα | και εις τον αιωνα του αιωνος ℵART   3 ο κυριος] om ο ℵᶜᵃART | μεγαλοσυνης T   4 γενεα 2°]+α ℵ* | επαινεσει (-ση T)] αινεσει A* (αιπενεσει Aᵃ) | δυναμιν] δυναμι sup ras Bᵃ' | απαγγελουσιν] αναγγελουσιν A*ᵛⁱᵈ   5 om και 1° ℵᶜᵃRT | μεγαλοπρεπιαν ℵAT | δοξης]+σου A | της αγιωσυνης (αγιοσ. AT)] s, s sup ras Aᵃ

408

ΨΑΛΜΟΙ CXLIV 18

καὶ τὴν μεγαλωσύνην σου, διηγήσομαι αὐτήν, B
καὶ τὴν δυναστείαν σου λαλήσουσιν.
7 ⁷μνήμην τοῦ πλήθους τῆς χρηστοτητός σου ἐξερεύξονται,
καὶ τῇ δικαιοσύνῃ σου ἀγαλλιάσονται.
8 ⁸οἰκτίρμων καὶ ἐλεήμων ὁ κύριος,
μακρόθυμος καὶ πολυέλεος·
9 ⁹χρηστὸς Κύριος τοῖς ὑπομένουσιν,
καὶ οἱ οἰκτειρμοὶ αὐτοῦ ἐπὶ πάντα τὰ ἔργα αὐτοῦ.
10 ¹⁰ἐξομολογησάσθωσάν σοι, Κύριε, πάντα τὰ ἔργα σου,
καὶ οἱ ὅσιοί σου εὐλογησάτωσάν σε·
11 ¹¹δόξαν τῆς βασιλείας σου ἐροῦσιν,
καὶ τὴν δυναστείαν σου λαλήσουσιν,
12 ¹²τοῦ γνωρίσαι τοῖς υἱοῖς τῶν ἀνθρώπων τὴν δυναστείαν σου
καὶ τὴν δόξαν τῆς μεγαλοπρεπείας τῆς βασιλείας σου
13 ¹³ἡ βασιλεία σου βασιλεία πάντων τῶν αἰώνων,
καὶ ἡ δεσποτία σου ἐν πάσῃ γενεᾷ καὶ γενεᾷ
14 ¹⁴πιστὸς Κύριος ἐν τοῖς λόγοις αὐτοῦ,
καὶ ὅσιος ἐν πᾶσι τοῖς ἔργοις αὐτοῦ·
ὑποστηρίζει Κύριος πάντας τοὺς καταπίπτοντας,
καὶ ἀνορθοῖ πάντας τοὺς κατερραγμένους.
15 ¹⁵οἱ ὀφθαλμοὶ πάντων εἰς σὲ ἐλπίζουσιν,
καὶ σὺ δίδως τὴν τροφὴν αὐτῶν ἐν εὐκαιρίᾳ·
16 ¹⁶ἀνοίγεις σὺ τὰς χεῖράς σου, καὶ ἐμπιπλᾷς πᾶν ζῷον εὐδοκίας.
17 ¹⁷δίκαιος Κύριος ἐν πάσαις ταῖς ὁδοῖς αὐτοῦ, καὶ ὅσιος ἐν πᾶσιν
τοῖς ἔργοις αὐτοῦ.
18 ¹⁸ἐγγὺς Κύριος πᾶσιν τοῖς ἐπικαλουμένοις αὐτόν,
πᾶσι τοῖς ἐπικαλουμένοις αὐτὸν ἐν ἀληθείᾳ·

6 και την μεγαλωσυνην σου διηγησομαι αυτην non inst B^b om ℵ* (hab ℵART και την μεγ σου διηγησονται ℵ^(ca)) | την μεγ. σου διηγησωνται sup ras A^a | μεγαλοσυνην T | διηγησομαι αυτην] διηγησονται RT | om και την δυναστειαν σου λαλησουσιν ℵ^(ca)RT | δυναστιαν ℵ*A   7 την δικαιοσυνην R | αγαλλιασονται] υψωθησονται sup ras A^a   8 οικτιρμων ℵA   9 υπομενουσιν]+αυτον A συνπασιν ℵ^(ca)RT | οικτιρμοι B^bT   10 εξομολογεισθωσαν ℵ   11 βασιλιας B*ℵ (-λειας B^(ab)ΛT) | δυναστιαν ℵT   12 δυναστειαν (-τιαν ℵT)] δυναμιν A | μεγαλοπρεπιας ℵAT | βασιλιας B* (-λειας B^(ab)) 13 σου 1°]+Κυριε R | βασιλεια 2°] βαλεια B*ℵ* (βασιλεια [σι superscr] B^(ab)ℵ^1) | δεσποτεια B^(ab)   14 τοις λογοις] pr πασιν ℵ^(ca)RT | πασι] πασιν RT | κατεραγμενους T   15 διδους R   16 ανοιξεις A | τας χειρας] την χειρα ℵ^(ca)RT | ενπιπλας R εμπιμπλας T   17 αυτου 1°] αυ sup ras A^a | οσιοις ℵ* (οσιος ℵ^c) | πασιν] πασι ℵ   18 om πασι τοις επικαλουμενοις αυτον (2°) ℵ*A* (hab πασιν τοις επικ. αυτον ℵ^(ca)A^a) | πασι] πασιν RT |

R. ¹⁹θέλημα τῶν φοβουμένων αὐτὸν ποιήσει, 19
καὶ τῆς δεήσεως αὐτῶν ἐπακούσεται καὶ σώσει αὐτούς.
²⁰φυλάσσει Κύριος πάντας τοὺς ἀγαπῶντας αὐτόν, καὶ πάντας 20
τοὺς ἁμαρτωλοὺς ἐξολεθρεύσει.
²¹αἴνεσιν Κυρίου λαλήσει τὸ στόμα μου, 21
καὶ εὐλογείτω πᾶσα σὰρξ τὸ ὄνομα τὸ ἅγιον αὐτοῦ
εἰς τὸν αἰῶνα καὶ εἰς τὸν αἰῶνα τοῦ αἰῶνος.

PME′

Ἀλληλουιά Ἀγγαίου καὶ Ζαχαρίου. CXLV
(CXLV

Αἴνει, ἡ ψυχή μου, τὸν κύριον· 1
²αἰνέσω Κύριον ἐν ζωῇ μου, 2
ψαλῶ τῷ θεῷ μου ἕως ὑπάρχω.
³μὴ πεποίθατε ἐπ᾽ ἄρχοντας καὶ ἐφ᾽ υἱοὺς ἀνθρώπων, οἷς 3
οὐκ ἔστιν σωτηρία·
⁴ἐξελεύσεται τὸ πνεῦμα αὐτοῦ 4
καὶ ἐπιστρέψει εἰς τὴν γῆν αὐτοῦ
ἐν ἐκείνῃ τῇ ἡμέρᾳ ἀπολοῦνται πάντες οἱ διαλογισμοὶ αὐτῶν.
⁵μακάριος οὗ ὁ θεὸς Ἰακὼβ βοηθός, 5
ἡ ἐλπὶς αὐτοῦ ἐπὶ Κύριον τὸν θεὸν αὐτοῦ·
⁶τὸν ποιήσαντα τὸν οὐρανὸν καὶ τὴν γῆν, 6
τὴν θάλασσαν καὶ πάντα τὰ ἐν αὐτοῖς
τὸν φυλάσσοντα ἀλήθειαν εἰς τὸν αἰῶνα,
⁷ποιοῦντα κρίμα τοῖς ἀδικουμένοις, 7
διδόντα τροφὴν τοῖς πεινῶσιν
Κύριος λύει πεπεδημένους·
⁸Κύριος ἀνορθοῖ κατερραγμένους 8
Κύριος σοφοῖ τυφλούς·
Κύριος ἀγαπᾷ δικαίους·

ℵART 19 ποιηση T | επακουσεται] επακουσει ℵ* εισακουσει ℵᶜ ᵃ εισακουσεται RT
20 εξολεθρευει ℵ   21 λαλησει] ει rescr A¹ λαληση T | τω αιωνος R*
(του αι. R¹) — Stich 42 B 36 ℵ 46 ART   CXLV 1 Αγγεου
AT | Ζακκαριου (vel potius Ζακχ) R   2 ζωη] pr τη R   3 om
και ℵᶜᵃT | εφ] επι ℵᶜᵃRT επ A   4 αυτου 2°] αυτος ℵ* (αυτου ℵᶜ ᵃ) |
αυτων] αυτου T   5 ου] σου ℵ* (ου ℵᶜ ᵃ) | βοηθος]+αυτου ℵᶜᵃRT   6 τον
ποιησαντα] του ποιησαντος R | αυτοις] αυτη T | αληθιαν ℵ   8 κϲ σοφοι
τυφλους κϲ ανορθοι κατερραγμενους (κατεραγμ. T) ℵᶜᵃT

ΨΑΛΜΟΙ

⁹Κύριος φυλάσσει τοὺς προσηλύτους,
  ὀρφανὸν καὶ χήραν ἀναλήμψεται,
  καὶ ὁδὸν ἁμαρτωλῶν ἀφανιεῖ.
¹⁰βασιλεύσει Κύριος εἰς τὸν αἰῶνα, ὁ θεός σου, Σιών,
  εἰς γενεὰν καὶ γενεάν.

ΡΜϚ´

Ἀλληλουιά· Ἀγγαίου καὶ Ζαχαρίου.

Αἰνεῖτε τὸν κύριον, ὅτι ἀγαθὸν ψαλμός·
  τῷ θεῷ ἡμῶν ἡδυνθείη αἴνεσις.
²οἰκοδομῶν Ἰερουσαλὴμ ὁ κύριος,
  καὶ τὰς διασπορὰς τοῦ Ἰσραὴλ ἐπισυνάξει·
³ὁ ἰώμενος τοὺς συντετριμμένους τὴν καρδίαν,
  καὶ δεσμεύων τὰ συντρίμματα αὐτῶν·
⁴ὁ ἀριθμῶν πλήθη ἄστρων,
  καὶ πᾶσιν αὐτοῖς ὀνόματα καλῶν.
⁵μέγας ὁ κύριος ἡμῶν,
  καὶ μεγάλη ἡ ἰσχὺς αὐτοῦ,
  καὶ τῆς συνέσεως αὐτοῦ οὐκ ἔστιν ἀριθμός.
⁶ἀναλαμβάνων πραεῖς ὁ κύριος,
  ταπεινῶν δὲ ἁμαρτωλοὺς ἕως τῆς γῆς.
⁷ἐξάρξατε τῷ κυρίῳ ἐν ἐξομολογήσει,
  ψάλατε τῷ θεῷ ἡμῶν ἐν κιθάρᾳ,
⁸τῷ περιβάλλοντι τὸν οὐρανὸν ἐν νεφέλαις,
  τῷ ἑτοιμάζοντι τῇ γῇ ὑετόν,
  τῷ ἐξανατέλλοντι ἐν ὄρεσι χόρτον
  καὶ χλόην τῇ δουλείᾳ τῶν ἀνθρώπων,
⁹καὶ διδόντι τοῖς κτήνεσι τροφὴν αὐτῶν
  καὶ τοῖς νοσσοῖς τῶν κοράκων τοῖς ἐπικαλουμένοις αὐτόν.
¹⁰οὐκ ἐν τῇ δυναστείᾳ τοῦ ἵππου θελήσει,
  οὐδὲ ἐν ταῖς κνήμαις τοῦ ἀνδρὸς εὐδοκεῖ·

---

9 αφανισει A   10 αιωνα] seq ras 1 lit in A | Σειων T | εις γενεαν κ. ℵART γενεαν] εν γενεα κ. γενεα R — Stich 23 Bℵ T 22 AR   CXLVI 1 Αγγεου AT | Ζαχαριου R | τον κυριον] om τον ℵ | αγαθον BℵᶜᵃAT] αγαθος ℵ*R | αινεσις] pr η RT   2 om και ℵᶜᵃT | επισυναξη T   3 τη καρδια ℵᶜᵃRT 5 αυτου 1°] ου sup ras A¹   6 της γης] om της T   8 om και χλοην τη δουλεια των ανθρ A | δουλια ℵT   9 om και 1° ℵᶜᵃRT | διδοντι] pr τω R | κτηνεσιν R | νεοσσοις ℵᶜᵃART   10 τη δυναστεια (-τια ℵT)] om τη R | θελησει] seq ras 1 lit in A θελησῃ T | κνημαις] σκηναις R | ευδοκει] ευδοκησει R

411

ΨΑΛΜΟΙ

B ¹¹εὐδοκεῖ Κύριος ἐν τοῖς φοβουμένοις αὐτὸν 11
καὶ ἐν πᾶσιν τοῖς ἐλπίζουσιν ἐπὶ τὸ ἔλεος αὐτοῦ.

PMZ´

Ἀλληλουιά· Ἀγγαίου καὶ Ζαχαρίου.   CXLVII

Ἐπαίνει, Ἰερουσαλήμ, τὸν κύριον,   1 (12)
αἴνει τὸν θεόν σου, Σειών·
²ὅτι ἐνίσχυσεν τοὺς μοχλοὺς τῶν πυλῶν σου,   2 (13)
εὐλόγησεν τοὺς υἱούς σου ἐν σοί
³ὁ τιθεὶς τὰ ὅριά σου εἰρήνην,   3 (14)
καὶ στέαρ πυροῦ ἐμπιπλῶν σε·
⁴ὁ ἀποστέλλων τὸ λόγιον αὐτοῦ τῇ γῇ,   4 (15)
ἕως τάχους δραμεῖται ὁ λόγος αὐτοῦ·
⁵τοῦ διδόντος χιόνα ὡσεὶ ἔριον,   5 (16)
ὁμίχλην ὡσεὶ σποδὸν πάσσοντος·
⁶βάλλοντος κρύσταλλον αὐτοῦ ὡσεὶ ψωμούς,   6 (17)
κατὰ πρόσωπον ψύχους αὐτοῦ τίς ὑποστήσεται;
⁷ἀποστελεῖ τὸν λόγον αὐτοῦ καὶ τήξει αὐτά·   7 (18)
πνεύσει τὸ πνεῦμα αὐτοῦ, καὶ ῥυήσεται ὕδατα.
⁸ἀπαγγέλλων τὸν λόγον αὐτοῦ τῷ Ἰακώβ,   8 (19)
δικαιώματα καὶ κρίματα αὐτοῦ τῷ Ἰσραήλ.
⁹οὐκ ἐποίησεν οὕτως παντὶ ἔθνει,   9 (20)
καὶ τὰ κρίματα αὐτοῦ οὐκ ἐδήλωσεν αὐτοῖς

PMH´

Ἀλληλουιά· Ἀγγαίου καὶ Ζαχαρίου.   CXLVIII

Αἰνεῖτε τὸν κύριον ἐκ τῶν οὐρανῶν,   1
αἰνεῖτε αὐτὸν ἐν τοῖς ὑψίστοις.
²αἰνεῖτε αὐτόν, πάντες οἱ ἄγγελοι αὐτοῦ·   2

ℵART   11 ευδοκει] ευδοκησεν (vel ηυδ) R | εν bis] επι R | om πασιν ℵ^{c a}RT | τους ελπιζοντας R — Stich 25 Bℵ 20 A 23 R 24 T   CXLVII 1 Αγγεου AT | Ζαχαριου R | αινεις ℵ* (s ras ℵ^c) | Σιων B^bA   3 ειρηνην] seq ras 2 vel 3 litt in A | ενπιμπλων R εμπιπλων T | σε] σοι ℵ^{c a}   4 ο αποστελλων] om ο ℵ* (hab ℵ^{c a}) | το λογιον] τον λογον T | ως ταχυς ℵ* (εως ταχους ℵ^{c a})   5 του διδοντος] om του T | χιονα]+αυτου ℵ^{c a}T | ομιχλη ℵ* (-χλην ℵ^{c a})   6 ψυχους rescr A¹ | υποστησεται] υ rescr A¹   7 αποστελει] εξαποστελλει R εξαποστελει T | πνευσει] πνευσαι ℵ* (-σει ℵ^{c a}) πνευση T   8 απαγγελλων] απαγγελων A pr o ℵ^{c a}RT | τον λογον] το λογιον R | και κριματα αυτου τω Ιηλ sup ras et in mg A^a — Stich 18 Bℵ ART   CXLVIII 1 Αγγεου AT | Ζαχαριου R | ταν κ̄ν̄ ℵ* (τον κ̄ν̄ ℵ¹)   2 οι αγγελοι] om οι ℵ

ΨΑΛΜΟΙ   CXLIX 1

αἰνεῖτε αὐτόν, πᾶσαι αἱ δυνάμεις αὐτοῦ.   B

3   ³αἰνεῖτε αὐτόν, ἥλιος καὶ σελήνη·
    αἰνεῖτε αὐτόν, πάντα τὰ ἄστρα καὶ τὸ φῶς.
4   ⁴αἰνεῖτε αὐτόν, οἱ οὐρανοὶ τῶν οὐρανῶν,
    καὶ τὸ ὕδωρ τὸ ὑπεράνω τῶν οὐρανῶν.
5   ⁵αἰνεσάτωσαν τὸ ὄνομα Κυρίου·
    ὅτι αὐτὸς εἶπεν καὶ ἐγενήθησαν,
    αὐτὸς ἐνετείλατο καὶ ἐκτίσθησαν.
6   ⁶ἔστησεν αὐτὰ εἰς τὸν αἰῶνα
    καὶ εἰς τὸν αἰῶνα τοῦ αἰῶνος·
    πρόσταγμα ἔθετο, καὶ οὐ παρελεύσεται.
7   ⁷αἰνεῖτε τὸν κύριον ἐκ τῆς γῆς,
    δράκοντες καὶ πᾶσαι ἄβυσσοι·
8   ⁸πῦρ, χάλαζα, χιών, κρύσταλλος, πνεῦμα καταιγίδος,
    τὰ ποιοῦντα τὸν λόγον αὐτοῦ·
9   ⁹τὰ ὄρη καὶ πάντες βουνοί,
    ξύλα καρποφόρα καὶ πᾶσαι κέδροι·
10 ¹⁰τὰ θηρία καὶ πάντα τὰ κτήνη,
    ἑρπετὰ καὶ πετεινὰ πτερωτά·
11 ¹¹βασιλεῖς τῆς γῆς καὶ πάντες λαοί,
    ἄρχοντες καὶ πάντες κριταὶ γῆς·
12 ¹²νεανίσκοι καὶ παρθένοι,
    πρεσβῦται μετὰ νεωτέρων·
13 ¹³αἰνεσάτωσαν τὸ ὄνομα Κυρίου,
    ὅτι ὑψώθη τὸ ὄνομα αὐτοῦ μόνου,
    ἡ ἐξομολόγησις αὐτοῦ ἐπὶ γῆς καὶ οὐρανοῦ·
14 ¹⁴καὶ ὑψώσει κέρας λαοῦ αὐτοῦ,
    τοῖς υἱοῖς Ἰσραήλ, λαῷ ἐγγίζοντι αὐτῷ

                    ΡΜΘ΄
XLIX   Ἀλληλουιά.
1   Ἄσατε τῷ κυρίῳ ᾆσμα καινόν,
    ἡ αἴνεσις αὐτοῦ ἐν ἐκκλησίᾳ ὁσίων.

9 βουνοι] pr οι ℵcªART   10 θηρια και παντα τα κτηνη rescr A¹ | ℵART ερπετα] ερπετινα ℵ*   11 ντες κριται sup ras Aª   12 και] καιναι Rᵛⁱᵈ | πρεσβυται] πρεσβυτεροι ℵT   14 υψωση T | τοις υιοις] pr υμνος πασι (-σιν ART) τοις οσιοις αυτου Bᵃᵇ⁽ᵐᵍ⁾ℵART | λαω εγγιζοντι] ω ε sup ras Aª — Stich 31 BℵA 28 R 30 T   CXLIX 1 om αλληλουια necnon ρμθ΄ rubricator in ℵ | αλληλουια]+Αγγαιου και Ζαχαριου R | ασατω R

413

B ²εὐφρανθήτω Ἰσραὴλ ἐπὶ τῷ ποιήσαντι αὐτόν,
  καὶ υἱοὶ Σειὼν ἀγαλλιάσθωσαν ἐπὶ τῷ βασιλεῖ αὐτῶν·
³αἰνεσάτωσαν τὸ ὄνομα αὐτοῦ ἐν χορῷ,
  ἐν τυμπάνῳ καὶ ψαλτηρίῳ ψαλάτωσαν αὐτῷ.
⁴ὅτι εὐδοκεῖ Κύριος ἐν λαῷ αὐτοῦ,
  καὶ ὑψώσει πραεῖς ἐν σωτηρίᾳ.
⁵καυχήσονται ὅσιοι ἐν δόξῃ,
  καὶ ἀγαλλιάσονται ἐπὶ τῶν κοιτῶν αὐτῶν
⁶αἱ ὑψώσεις τοῦ θεοῦ ἐν λάρυγγι αὐτῶν,
  καὶ ῥομφαῖαι δίστομοι ἐν ταῖς χερσὶν αὐτῶν,
⁷τοῦ ποιῆσαι ἐκδίκησιν ἐν τοῖς ἔθνεσιν,
  ἐλεγμοὺς ἐν τοῖς λαοῖς,
⁸τοῦ δῆσαι τοὺς βασιλεῖς αὐτῶν ἐν πέδαις
  καὶ τοὺς ἐνδόξους αὐτῶν ἐν χειροπέδαις σιδηραῖς,
⁹τοῦ ποιῆσαι ἐν αὐτοῖς κρίμα ἔγγραπτον·
  δόξα αὕτη ἐστὶν πᾶσι τοῖς ὁσίοις αὐτοῦ

PN′

Ἀλληλουιά.   CL

Αἰνεῖτε τὸν θεὸν ἐν τοῖς ἁγίοις αὐτοῦ,
  αἰνεῖτε αὐτὸν ἐν στερεώματι δυνάμεως αὐτοῦ·
²αἰνεῖτε αὐτὸν ἐπὶ ταῖς δυναστείαις αὐτοῦ,
  αἰνεῖτε αὐτὸν κατὰ τὸ πλῆθος τῆς μεγαλωσύνης αὐτοῦ.
³αἰνεῖτε αὐτὸν ἐν ἤχῳ σάλπιγγος,
  αἰνεῖτε αὐτὸν ἐν ψαλτηρίῳ καὶ κιθάρᾳ·
⁴αἰνεῖτε αὐτὸν ἐν τυμπάνῳ καὶ χορῷ,
  αἰνεῖτε αὐτὸν ἐν χορδαῖς καὶ ὀργάνῳ·
⁵αἰνεῖτε αὐτὸν ἐν κυμβάλοις εὐήχοις,
  αἰνεῖτε αὐτὸν ἐν κυμβάλοις ἀλαλαγμοῦ.
⁶πᾶσα πνοὴ αἰνεσάτω τὸν κύριον. ἀλληλουιά.

ℵART 2 υιοι] pr οι ℵ | Σιων Bᵇ A | βασιλεια A   4 λαω] pr τω ℵᶜᵃT
5 αγαλλιασονται] αγαλλιασθωσαν R* (-σονται Rᵃ)   6 αι υψωσεις του θεου]
υψωσεις θῦ ℵ* υψ. του θῦ ℵᶜᵃ | λαρυγγι] pr τω ℵART | ρομφαιαι] pr αι R
7 om εν 1° T   9 om εν ℵ* (hab ℵᶜᵃ) | εγγραπτον Bᵃᵇ | εστιν αυτη ℵ*
(αυτη εστιν ℵᶜᵃ) | πασιν ℵART | αυτου] αυτων ℵ* (-του ℵᶜᵃ) — Stich 18
BℵAT 17 R   CL 2 δυναστιαις ℵAT | μεγαλοσυνης T   4 οργανοις A
5 ευηχοιοις ℵ* (-χοις ℵᶜᵃ) | αλαλαγμω T   6 αλληλουια] post a 2° ras
aliq B' αλλ. ps seq foit inscr ℵ om ART — Stich 11 BℵART
Subscr βιβλος ψαλμων ρν′ B βιβλος ψαλμῶ Δᾱδ ρν′ T

414

ΨΑΛΜΟΙ [CLI] 7

[CLI] Οὗτος ὁ ψαλμὸς ἰδιόγραφος εἰς Δαυεὶδ B
καὶ ἔξωθεν τοῦ ἀριθμοῦ, ὅτε ἐμονομά-
χησεν τῷ Γολιάδ.

1   Μικρὸς ἤμην ἐν τοῖς ἀδελφοῖς μου,
    καὶ νεώτερος ἐν τῷ οἴκῳ τοῦ πατρός μου·
    ἐποίμαινον τὰ πρόβατα τοῦ πατρός μου.
2   ²αἱ χεῖρές μου ἐποίησαν ὄργανον,
    οἱ δάκτυλοί μου ἥρμοσαν ψαλτήριον.
3   ³καὶ τίς ἀναγγελεῖ τῷ κυρίῳ μου;
    αὐτὸς Κύριος, αὐτὸς εἰσακούει.
4   ⁴αὐτὸς ἐξαπέστειλεν τὸν ἄγγελον αὐτοῦ,
    καὶ ἦρέν με ἐκ τῶν προβάτων τοῦ πατρός μου,
    καὶ ἔχρισέν με ἐν τῷ ἐλαίῳ τῆς χρίσεως αὐτοῦ·
5   ⁵οἱ ἀδελφοί μου καλοὶ καὶ μεγάλοι,
    καὶ οὐκ εὐδόκησεν ἐν αὐτοῖς Κύριος.
6   ⁶ἐξῆλθον εἰς συνάντησιν τῷ ἀλλοφύλῳ,
    καὶ ἐπικατηράσατό με ἐν τοῖς εἰδώλοις αὐτοῦ·
7   ⁷ἐγὼ δὲ σπασάμενος τὴν παρ' αὐτοῦ μάχαιραν
    ἀπεκεφάλισα αὐτόν, καὶ ἦρα ὄνειδος ἐξ υἱῶν Ἰσραήλ.

[CLI] 1 ιδιωταγραφος R* (ιδιογρ. Rᵃ) | εις Δαυειδ] του Δ RT | τω Γο- ℵARΤ λιαδ] προς τον Γολιαθ ΑΤ προς τον Γολιαδ R   3 αναγγελλει ℵ αναγγελω R | εισακουει] pr παντων ℵ εισακουσεται μου Α   4 om εν R | ελαιω] ελεει ℵAR | της χρισεως] pr της χρισεν (sic) με εν τω ελαιω T* (om T¹)   5 ηυδοκησεν T | Κυριος] pr ο ΑRTᵛⁱᵈ   6 συναν- τησι Α* (·σιν Α¹) απαντησιν R | επηκατηρασατο Α*ᵛⁱᵈ (επικατηρ. Α¹) επι- καταρασατο R επεκατηρασατο Τ   7 αυτου] εκεινου Α — Stich 16 Bℵ 17 Α 14 Rᵛⁱᵈ

Subscr ψαλμοι Δαα (sic) ρνα' ℵ ψαλμοι ρν' και ιδιογραφος α' Α

ΠΑΡΟΙΜΙΑΙ

B   ΠΑΡΟΙΜΙΑΙ Σαλωμῶντος υἱοῦ Δαυεὶδ   1   I
     ὃς ἐβασίλευσεν ἐν Ἰσραήλ,
   ²γνῶναι σοφίαν καὶ παιδείαν   2
C   ⁵νοῆσαί τε λόγους φρονήσεως,
   ³δέξασθαί τε στροφὰς λόγων,   3
     νοῆσαί τε δικαιοσύνην ἀληθῆ
     καὶ κρίμα κατευθύνειν·
   ⁴ἵνα δῷ ἀκάκοις πανουργίαν,   4
     παιδὶ δὲ νέῳ αἴσθησίν τε καὶ ἔννοιαν.
   ⁵τῶνδε γὰρ ἀκούσας σοφὸς σοφώτερος ἔσται,   5
     ὁ δὲ νοήμων κυβέρνησιν κτήσεται,
   ⁶νοήσει τε παραβολὴν καὶ σκοτεινὸν λόγον   6
     ῥήσεις τε σοφῶν καὶ αἰνίγματα.

   ⁷Ἀρχὴ σοφίας φόβος θεοῦ,   7
     σύνεσις δὲ ἀγαθὴ πᾶσι τοῖς ποιοῦσιν αὐτήν·
     εὐσέβεια δὲ εἰς θεὸν ἀρχὴ αἰσθήσεως,
     σοφίαν δὲ καὶ παιδείαν ἀσεβεῖς ἐξουθενήσουσιν.
   ⁸ἄκουε, υἱέ, παιδείαν πατρός σου,   8
     καὶ μὴ ἀπώσῃ θεσμοὺς μητρός σου·
   ⁹στέφανον γὰρ χαρίτων δέξῃ σῇ κορυφῇ,   9
     καὶ κλοιὸν χρύσεον περὶ σῷ τραχήλῳ.

ℵAC   I **1** Σολομωντος A   **2** παιδιαν A   **5** τωνδε] των τε AC | om γαρ ℵ* (hab ℵ^(c a)) | εσται] εστιν C   **6** σκοτινον ℵAC   **7** θεου] κ̄ν̄ AC | ευσεβια ℵ | αρχη 2°] αρετη A | παιδιαν C | ασεβεις rescr C² | εξουθενησουσιν] εξουθενουσιν ℵ εξουδενησουσιν sup ras C¹   **8** παιδειαν] νομους ℵAC   **9** στεφανος ℵ* (-νον ℵ^(c a)) | δεξη] εξη A

ΠΑΡΟΙΜΙΑΙ   I 23

10 ¹⁰υἱέ, μή σε πλανήσωσιν ἄνδρες ἀσεβεῖς,
11 μηδὲ βουληθῇς ¹¹ἐὰν παρακαλέσωσί σε λέγοντες
    Ἐλθὲ μεθ' ἡμῶν, κοινώνησον αἵματος,
    κρύψωμεν δὲ εἰς γῆν ἄνδρα δίκαιον ἀδίκως,
12 ¹²καταπίωμεν δὲ αὐτὸν ὥσπερ ᾅδης ζῶντα,
    καὶ ἄρωμεν αὐτοῦ τὴν μνήμην ἐκ γῆς·
13 ¹³τὴν κτῆσιν αὐτοῦ τὴν πολυτελῆ καταλαβώμεθα,
    πλήσωμεν δὲ οἴκους ἡμετέρους σκύλων·
14 ¹⁴τὸν δὲ σὸν κλῆρον βάλε ἐν ἡμῖν,
    κοινὸν δὲ βαλλάντιον κτησώμεθα πάντες
    καὶ μαρσίππιον ἓν γενηθήτω ἡμῖν.
15 ¹⁵μὴ πορευθῇς ἐν ὁδῷ μετ' αὐτῶν,
    ἔκκλινον δὲ τὸν πόδα σου ἐκ τῶν τρίβων αὐτῶν·
17 ¹⁷οὐ γὰρ ἀδίκως ἐκτείνεται δίκτυα πτερωτοῖς.
18 ¹⁸αὐτοὶ γὰρ οἱ φόνου μετέχοντες θησαυρίζουσιν ἑαυτοῖς κακά,
    ἡ δὲ καταστροφὴ ἀνδρῶν παρανόμων κακή.
19 ¹⁹αὗται αἱ ὁδοί εἰσιν πάντων τῶν συντελούντων τὰ ἄνομα·
    τῇ γὰρ ἀσεβείᾳ τὴν ἑαυτῶν ψυχὴν ἀφαιροῦνται.

20 ²⁰Σοφία ἐν ἐξόδοις ὑμνεῖται,
    ἐν δὲ πλατείαις παρρησίαν ἄγει·
21 ²¹ἐπ' ἄκρων δὲ τειχέων κηρύσσεται,
    ἐπὶ δὲ πύλαις δυναστῶν παρεδρεύει,
    ἐπὶ δὲ πύλαις πόλεως θαρροῦσα λέγει
22 ²²Ὅσον ἂν χρόνον ἄκακοι ἔχωνται τῆς δικαιοσύνης, οὐκ αἰσχυνθή-
        σονται·
    οἱ δὲ ἄφρονες, τῆς ὕβρεως ὄντες ἐπιθυμηταί,
    ἀσεβεῖς γενόμενοι ἐμίσησαν αἴσθησιν,
23 ²³καὶ ὑπεύθυνοι ἐγένοντο ἐλέγχοις.
    ἰδοὺ προήσομαι ὑμῖν ἐμῆς πνοῆς ῥῆσιν,
    διδάξω δὲ ὑμᾶς τὸν ἐμὸν λόγον.

10 πλανησουσιν C   11 παρακαλεσωσιν ℵAC   12 μνημης A* (-μην Aᵃ') ℵAC
13 κτισιν A | πολυτελην ℵ* (-λη ℵᶜ ᵃ) | ημετερων ℵ   14 om εν 2° ℵ*
(superscr ℵ¹) | γενηθηθητω ℵ* (ras θη 2° ℵ')   15 μη] pr υιε ℵᶜ ᵃ | εν οδω]
οδους A | ποδα σου]σον ποδα A om o 1° C*ᵛⁱᵈ (superscr C') | αυτων 2°] + (16) οι
γαρ ποδες αυτων εις κακιαν τρεχουσιν και ταχινοι (+εισιν ℵᶜ ᵃ) του εγχεαι
αιμα ℵᶜ ᵃ A   20 σοφια]+δε C | πλατειαις] λατιαι sup ras 7 vel 8 litt Cᵃ
21 πολεως] πολ sup ras Aᵃ | θαρουσα C   22 υβρεως] ως sup ras Aᵃ | ασεβεις
c praec coniung A   23 υπευθυνοι εγενοντο Bℵᶜ ᵃAC] υπευθυνοντο ℵ*

ΠΑΡΟΙΜΙΑΙ

B ²⁴ἐπειδὴ ἐκάλουν καὶ οὐχ ὑπηκούσατε, 24
    καὶ ἐξέτεινον λόγους καὶ οὐ προσείχετε,
²⁵ἀλλὰ ἀκύρους ἐποιεῖτε ἐμὰς βουλάς, 25
    τοῖς δὲ ἐμοῖς ἐλέγχοις ἠπειθήσατε·
²⁶τοιγαροῦν κἀγὼ τῇ ὑμετέρᾳ ἀπωλείᾳ ἐπιγελάσομαι, 26
    καταχαροῦμαι δὲ ἡνίκα ἂν ἔρχηται ὑμῖν ὄλεθρος,
²⁷καὶ ὡς ἂν ἀφίκηται ὑμῖν ἄφνω θόρυβος, 27
    ἡ δὲ καταστροφὴ ὁμοίως καταιγίδι παρῇ,
    καὶ ὅταν ἔρχηται ὑμῖν θλίψις καὶ πολιορκία,
    ἢ ὅταν ἔρχηται ὑμῖν ὄλεθρος.
²⁸ἔσται γὰρ ὅταν ἐπικαλέσησθέ με, ἐγὼ δὲ οὐκ εἰσακούσομαι ὑμῶν· 28
    ζητήσουσίν με κακοί, καὶ οὐχ εὑρήσουσιν.
²⁹ἐμίσησαν γὰρ σοφίαν, τὸν δὲ λόγον τοῦ κυρίου οὐ προείλαντο, 29
    ³⁰οὐδὲ ἤθελον ἐμαῖς προσέχειν βουλαῖς, 30
    ἐμυκτήριζον δὲ ἐμοὺς ἐλέγχους.
³¹τοιγαροῦν ἔδονται τῆς ἑαυτῶν ὁδοῦ τοὺς καρπούς, 31
    καὶ τῆς ἑαυτῶν ἀσεβείας πλησθήσονται·
³²ἀνθ' ὧν γὰρ ἠδίκουν νηπίους φονευθήσονται, 32
    καὶ ἐξετασμὸς ἀσεβεῖς ὀλεῖ.
³³ὁ δὲ ἐμοῦ ἀκούων κατασκηνώσει ἐπ' ἐλπίδι, 33
    καὶ ἡσυχάσει ἀφόβως ἀπὸ παντὸς κακοῦ.

¹Υἱέ, ἐὰν δεξάμενος ῥῆσιν ἐμῆς ἐντολῆς κρύψῃς παρὰ σεαυτῷ, 1 II
²ὑπακούσεται σοφίας τὸ οὖς σου, 2
    καὶ παραβαλεῖς καρδίαν σου εἰς σύνεσιν,
    παραβαλεῖς δὲ αὐτὴν ἐπὶ νουθέτησιν τῷ υἱῷ σου.
³ἐὰν γὰρ τὴν σοφίαν ἐπικαλέσῃ 3
    καὶ τῇ συνέσει δῷς φωνήν σου,
⁴καὶ ἐὰν ζητήσῃς αὐτὴν ὡς ἀργύριον 4
    καὶ ὡς θησαυροὺς ἐξερευνήσῃς αὐτήν·

ℵAC 24 επειδη] seq ras 3 vel 4 litt in C | υπηκουσατε] υπηκουετε ℵA   25 ηπειθησατε] και ου προσειχετε ℵ* ου προσειχετε ℵ^{c a}A (-τ,) C   26 αν] εαν ℵ   27 και 2°] η AC | om η οταν ερχηται υμιν ολεθρος C   28 επικαλεσασθαι ℵ* (-σησθαι ℵ¹AC)   29 σοφιαν] παιδιαν A | λογον] φοβον ℵ^{c a}C | του κυριου] om του ℵ^{c a}AC   30 εμου C* (εμους C^c)   33 επ] εν ℵA | ησυχασει] η sup ras A^a   II 1 εαν] αν C   2 αυτην] αυτον C | νουθετησιν] νουθεσιαν C   3 και τη συνεσει δως φ σου C^{a(mg)} | σου]+την δε αισθησιν ζητησης μεγαλη τη φωνη B^{ab in g inf}A sup ras C^a (om ut vid C*)   4 εξερευνησης B^{ab}ℵ^{c a} εξεραυνησεις A εξερεινησεις C

ΠΑΡΟΙΜΙΑΙ II 20

⁵τότε συνήσεις φόβον Κυρίου, B
   καὶ ἐπίγνωσιν θεοῦ εὑρήσεις.
⁶ὅτι Κύριος δίδωσιν σοφίαν,
   καὶ ἀπὸ προσώπου αὐτοῦ γνῶσις καὶ σύνεσις·
⁷καὶ θησαυρίζει τοῖς κατορθοῦσι σωτηρίαν,
   ὑπερασπιεῖ τὴν πορείαν αὐτῶν ⁸τοῦ φυλάξαι ὁδοὺς δικαιω-
       μάτων,
   καὶ ὁδὸν εὐλαβουμένων αὐτὸν διαφυλάξει.¶ ¶C
⁹τότε συνήσεις δικαιοσύνην καὶ κρίμα,
   καὶ κατορθώσεις πάντας ἄξονας ἀγαθούς.
¹⁰ἐὰν γὰρ ἔλθῃ ἡ σοφία εἰς τὴν διάνοιαν,
   ἡ δὲ αἴσθησις τῇ σῇ ψυχῇ καλὴ εἶναι δόξῃ,
¹¹βουλὴ καλὴ φυλάξει σε,
   ἔννοια δὲ ὁσία τηρήσει σε·
¹²ἵνα ῥύσηταί σε ἀπὸ ὁδοῦ κακῆς
   καὶ ἀπὸ ἀνδρὸς λαλοῦντος μηδὲν πιστόν.
¹³ὦ οἱ ἐγκαταλείποντες ὁδοὺς εὐθείας
   τοῦ πορεύεσθαι ἐν ὁδοῖς σκότους,
¹⁴οἱ εὐφραινόμενοι ἐπὶ κακοῖς
   καὶ χαίροντες ἐπὶ διαστροφῇ κακῇ,
¹⁵ὧν αἱ τρίβοι σκολιαὶ καὶ καμπύλαι αἱ τροχιαὶ αὐτῶν,
   ¹⁶τοῦ μακράν σε ποιῆσαι ἀπὸ ὁδοῦ εὐθείας
   καὶ ἀλλότριον τῆς δικαίας γνώμης.
   υἱέ, μή σε καταλάβῃ κακὴ βουλή,
¹⁷ἡ ἀπολείπουσα διδασκαλίαν νεότητος,
   καὶ διαθήκην θείαν ἐπιλελησμένη.
¹⁸ἔθετο γὰρ παρὰ τῷ θανάτῳ τὸν οἶκον αὐτῆς,
   καὶ παρὰ τῷ ᾅδῃ μετὰ τῶν γηγενῶν τοὺς ἄξονας αὐτῆς·
¹⁹πάντες οἱ πορευόμενοι ἐν αὐτῇ οὐκ ἀναστρέψουσιν
   οὐδὲ μὴ καταλάβωσιν τρίβους εὐθείας·
   οὐ γὰρ καταλαμβάνονται ὑπὸ ἐνιαυτῶν ζωῆς.
²⁰εἰ γὰρ ἐπορεύοντο τρίβους ἀγαθάς,
   εὕροσαν ἂν τρίβους δικαιοσύνης λείους.

6 συνεσεις A   7 κατορθουσιν ℵA κατορθωσιν C | υπερασπιει]+δε ℵ^{c a} | ℵAC ποριαν ℵAC   8 οδους] οδον AC   9 αυξονας A (item 18)   10 η σοφια] σοφια ℵ* (η σ. ℵ^{c a}) | την διαν.] σην διαν. ℵA | ειναι] ειη A*^{fort}
12 om σε A   13 εγκαταλιποντες ℵ   15 τροχειαι B* (-χιαι B^b ℵA)
17 απολιπουσα ℵ   19 πορευοιμενοι ℵ | καταλαμβανωνται A

ΠΑΡΟΙΜΙΑΙ

B ²¹ὅτι εὐθεῖς κατασκηνώσουσι γῆν,
   καὶ ὅσιοι ὑπολειφθήσονται ἐν αὐτῇ·
²²ὁδοὶ ἀσεβῶν ἐκ γῆς ὀλοῦνται,
   οἱ δὲ παράνομοι ἐξωσθήσονται ἀπ' αὐτῆς.

¹Υἱέ, ἐμῶν νομίμων μὴ ἐπιλανθάνου,   III
   τὰ δὲ ῥήματά μου τηρείτω σὴ καρδία·
²μῆκος γὰρ βίου καὶ ἔτη ζωῆς καὶ εἰρήνην προσθήσουσίν σοι.
³ἐλεημοσύναι καὶ πίστεις μὴ ἐκλιπέτωσάν σε,
   ἄφαψαι δὲ αὐτὰς ἐπὶ σῷ τραχήλῳ, καὶ εὑρήσεις χάριν·
⁴καὶ προνοοῦ καλὰ ἐνώπιον Κυρίου καὶ ἀνθρώπων.
⁵ἴσθι πεποιθὼς ἐν ὅλῃ τῇ καρδίᾳ ἐπὶ θεῷ,
   ἐπὶ δὲ σῇ σοφίᾳ μὴ ἐπαίρου·
⁶πάσαις ὁδοῖς σου γνώριζε αὐτήν,
   ἵνα ὀρθοτομῇ τὰς ὁδούς σου.
⁷μὴ ἴσθι φρόνιμος παρὰ σεαυτῷ,
   φοβοῦ δὲ τὸν θεὸν καὶ ἔκκλινε ἀπὸ παντὸς κακοῦ·
⁸τότε ἴασις ἔσται τῷ σώματί σου,
   καὶ ἐπιμέλεια τοῖς ὀστέοις σου.
⁹τίμα τὸν κύριον ἀπὸ σῶν δικαίων πόνων,
   καὶ ἀπάρχου αὐτῷ ἀπὸ σῶν καρπῶν δικαιοσύνης·
¹⁰ἵνα πίμπληται τὰ ταμεῖά σου πλησμονῆς σίτῳ,
   οἴνῳ δὲ αἱ ληνοί σου ἐκβλύζωσιν.

¹¹Υἱέ, μὴ ὀλιγώρει παιδείας Κυρίου,
   μηδὲ ἐκλύου ὑπ' αὐτοῦ ἐλεγχόμενος·
¹²ὃν γὰρ ἀγαπᾷ Κύριος ἐλέγχει,
   μαστιγοῖ δὲ πάντα υἱὸν ὃν παραδέχεται.
¹³μακάριος ἄνθρωπος ὃς εὗρεν σοφίαν,
   καὶ θνητὸς ὃς εἶδεν φρόνησιν.

אA   21 οτι] pr χρηστοι εσονται οικητορες γης και οσιοι υπολιφθησονται εν αυτη
א* +χρ εσ. οικ. γης ακακοι δε υπολιφθησονται (υπολειφθ. A) εν αυτη א^{c a}A |
κατασκηνωσουσιν א | om και οσιοι   εν αυτη א* (hab ϗ οσιοι υπολιφθ. εν αυτη
א^{c a})   22 οδοι]+δε A   III 3 πιστις אA | εκλειπετωσαν B^{ab}A | σε]
τε א* (σε א¹) | χαριν]+γραψον δε αυτας επι το πλατος της καρδιας σου A
5 τη καρδια] om τη א^{c a}A   6 πασαις] pr εν A | σου 2°]+ο δε πους σου μη
προσκοπτη א^{c a}   7 εκκλιναι A   8 επιμελια א   10 πιμπλωνται א*
(πιμπληται א^{c a}) | ταμεια B^{ab} (-μια B*א)] ταμειa A | σιτου א^{c a}A | εκ-
βλυζωσιν] εκβυζ. א* (εκβλυζ. א¹)   11 παιδιας B*א (-δειας B^{ab}A)
12 ελεγχει] παιδευει אA   13 ιδεν A

ΠΑΡΟΙΜΙΑΙ   III 27

14   ¹⁴κρεῖττον γὰρ αὐτὴν ἐμπορεύεσθαι   B
     ἢ χρυσίου καὶ ἀργυρίου θησαυρούς.
15   ¹⁵τιμιωτέρα δέ ἐστιν λίθων πολυτελῶν·
     οὐκ ἀντιτάξεται αὐτῇ οὐδὲν πονηρόν.
     εὔγνωστός ἐστιν πᾶσιν τοῖς ἐγγίζουσιν αὐτῇ,
     πᾶν δὲ τίμιον οὐκ ἄξιον αὐτῆς ἐστιν.
16   ¹⁶μῆκος γὰρ βίου καὶ ἔτη ζωῆς ἐν τῇ δεξιᾷ αὐτῆς,
     ἐν δὲ τῇ ἀριστερᾷ αὐτῆς πλοῦτος καὶ δόξα·
16a ¹⁶ᵃἐκ τοῦ στόματος αὐτῆς ἐκπορεύεται δικαιοσύνη,
     νόμον δὲ καὶ ἔλεον ἐπὶ γλώσσης φορεῖ.
17   ¹⁷αἱ ὁδοὶ αὐτῆς ὁδοὶ καλαί,
     καὶ πάντες οἱ τρίβοι αὐτῆς ἐν εἰρήνῃ·
18   ¹⁸ξύλον ζωῆς ἐστιν πᾶσι τοῖς ἀντεχομένοις αὐτῆς,
     καὶ τοῖς ἐπερειδομένοις ἐπ' αὐτὴν ὡς ἐπὶ Κύριον.
19   ¹⁹ὁ θεὸς τῇ σοφίᾳ ἐθεμελίωσεν τὴν γῆν,
     ἡτοίμασεν δὲ οὐρανοὺς φρονήσει·
20   ²⁰ἐν αἰσθήσει ἄβυσσοι ἐρράγησαν,
     νέφη δὲ ἐρρύησαν δρόσους.

21   ²¹Υἱέ, μὴ παραρυῇς,
     τήρησον δὲ ἐμὴν βουλὴν καὶ ἔννοιαν·
22   ²²ἵνα ζήσῃ ἡ ψυχή σου, καὶ χάρις ᾖ περὶ σῷ τραχήλῳ.
22a ²²ᵃἔσται δὲ ἴασις ταῖς σαρξί σου,
     καὶ ἐπιμέλεια τοῖς σοῖς ὀστέοις·
23   ²³ἵνα πορεύῃ πεποιθὼς ἐν εἰρήνῃ πάσας τὰς ὁδούς σου,
     ὁ δὲ πούς σου οὐ μὴ προσκόψῃ.
24   ²⁴ἐὰν γὰρ κάθῃ, ἄφοβος ἔσῃ,
     ἐὰν δὲ καθεύδῃς, ἡδέως ὑπνώσεις·
25   ²⁵καὶ οὐ φοβηθήσῃ πτόησιν ἐπελθοῦσαν
     οὐδὲ ὁρμὰς ἀσεβῶν ἐπερχομένας·
26   ²⁶ὁ γὰρ Κύριος ἔσται ἐπὶ πασῶν ὁδῶν σου,
     καὶ ἐρείσει σὸν πόδα ἵνα μὴ σαλευθῇς.
27   ²⁷μὴ ἀπόσχῃ εὖ ποιεῖν ἐνδεῆ,
     ἡνίκα ἂν ἔχῃ ἡ χείρ σου βοηθεῖν.

15 αντιτασσεται ℵᶜᵃA | εστιν 2°] εστι A   17 αι τριβοι Bᵃᵗᶜ' | om εν ℵ ℵA
18 εστι ℵA | επι Κυριον]+ασφαλη Bᵃᵇ+ασφαλης ℵᶜᵃA   19 φρονησει] pr
εν ℵᶜᵃA   20 αισθησει]+αυτου ℵᶜᵃ | εφη A* (νεφη A?) | δροσους] δροσω
ℵᶜᵃ   22 a σαρξιν ℵᶜᵃA | επιμελια ℵ | σοις (οις ℵ* σοις ℵ¹) οστεοις] οστ. σου
ℵᶜᵃA   24 om γαρ A   25 ου]+μη A   27 βοηθειν] ευ ποιει (sic) A

ΠΑΡΟΙΜΙΑΙ

B ²⁸μὴ εἴπῃς Ἐπανελθὼν ἐπάνηκε, αὔριον δώσω,
δυνατοῦ σου ὄντος εὖ ποιεῖν
οὐ γὰρ οἶδας τί τέξεται ἡ ἐπιοῦσα.
²⁹μὴ τεκτήνῃ ἐπὶ σὸν φίλον κακά,
παροικοῦντα καὶ πεποιθότα ἐπὶ σοί.
³⁰μὴ φιλεχθρήσῃς πρὸς ἄνθρωπον μάτην,
μή τί σε ἐργάσηται κακόν.
³¹μὴ κτήσῃ κακῶν ἀνδρῶν ὀνείδη,
μηδὲ ζηλώσῃς τὰς ὁδοὺς αὐτῶν.
³²ἀκάθαρτος γὰρ ἔναντι Κυρίου πᾶς παράνομος,
ἐν δὲ δικαίοις οὐ συνεδριάζει
³³κατάρα θεοῦ ἐν οἴκοις ἀσεβῶν,
ἐπαύλεις δὲ δικαίων εὐλογοῦνται.
³⁴Κύριος ὑπερηφάνοις ἀντιτάσσεται,
ταπεινοῖς δὲ δίδωσιν χάριν.
³⁵δόξαν σοφοὶ κληρονομήσουσιν,
οἱ δὲ ἀσεβεῖς ὕψωσαν ἀτιμίαν.

¹Ἀκούσατε, παῖδες, παιδείαν πατρός,
καὶ προσέχετε γνῶναι ἔννοιαν.
²δῶρον γὰρ ἀγαθὸν δωροῦμαι ὑμῖν,
τὸν ἐμὸν νόμον μὴ ἐγκαταλίπητε.
³υἱὸς γὰρ ἐγενόμην κἀγὼ πατρὶ ὑπήκοος
καὶ ἀγαπώμενος ἐν προσώπῳ μητρός,
⁴οἳ ἔλεγον καὶ ἐδίδασκόν με
Ἐρειδέτω ὁ ἡμέτερος λόγος εἰς σὴν καρδίαν·
φύλασσε ἐντολάς, ⁵μὴ ἐπιλάθῃ·
μηδὲ παρίδῃς ῥῆσιν ἐμοῦ στόματος
⁶μηδὲ ἐγκαταλίπῃς αὐτήν, καὶ ἀνθέξεταί σου
ἐράσθητι αὐτῆς, καὶ τηρήσει σε.
⁸περιχαράκωσον αὐτήν, καὶ ὑψώσει σε·
τίμησον αὐτήν, ἵνα σε περιλάβῃ·

ℵA 28 επανηκε] επανη'και ℵ* επανηκε| και ℵᶜᵃA   29 τεκτηνη] τεκτενε
ℵᶜᵃA   30 om σε ℵ* εις σε ℵᶜᵃA   31 ζηλωση A   32 om γαρ ℵ
IV 1 παιδιαν A   2 εγκαταλειπητ, A   4 καρδιαν] διανοιαν ℵ | εντολας]
+μου ℵᶜᵃ   5 επιλαθη]+κτησαι σοφιαν και συνεσιν ℵᶜᵃ | στοματος]+κτησαι
σοφιαν κτησαι συνεσιν μη επιλαθη| μηδε εκκλεινης απο ρηματων στοματος μου|
A   6 μηδε] μη A | ενκαταλιπης ℵ εγκαταλειπης A

ΠΑΡΟΙΜΙΑΙ IV 23

9 ⁹ἵνα δῷ τῇ σῇ κεφαλῇ στέφανον χαρίτων,
στεφάνῳ δὲ τρυφῆς ὑπερασπίσῃ σου   B

10 ¹⁰Ἄκουε, υἱέ, καὶ δέξαι ἐμοὺς λόγους,
καὶ πληθυνθήσεται ἔτη ζωῆς σου,
ἵνα σοι γένωνται πολλαὶ ὁδοὶ βίου.

11 ¹¹ὁδοὺς γὰρ σοφίας διδάσκω σε,
ἐμβιβάζω δέ σε τροχιαῖς ὀρθαῖς.

12 ¹²ἐὰν γὰρ πορεύῃ, οὐ συνκλεισθήσεταί σου τὰ διαβήματα·
ἐὰν δὲ τρέχῃς, οὐ κοπιάσεις.

13 ¹³ἐπιλαβοῦ ἐμῆς παιδείας, μὴ ἀφῇς,
ἀλλὰ φύλαξον αὐτὴν σεαυτῷ εἰς ζωήν σου.

14 ¹⁴ὁδοὺς ἀσεβῶν μὴ ἐπέλθῃς,
μηδὲ ζηλώσῃς ὁδοὺς παρανόμων·

15 ¹⁵ἐν ᾧ ἂν τόπῳ στρατοπεδεύσωσιν, μὴ ἐπέλθῃς ἐκεῖ,
ἔκκλινον δὲ ἀπ' αὐτῶν καὶ παράλλαξον.

16 ¹⁶οὐ γὰρ μὴ ὑπνώσωσιν, ἐὰν μὴ κακοποιήσωσιν·
ἀφήρηται ὁ ὕπνος αὐτῶν, καὶ οὐ κοιμῶνται·

17 ¹⁷οἵδε γὰρ σιτοῦνται σῖτα ἀσεβείας,
οἴνῳ δὲ παρανόμῳ μεθύσκονται.

18 ¹⁸αἱ δὲ ὁδοὶ τῶν δικαίων ὁμοίως φωτὶ λάμπουσιν,
προπορεύονται καὶ φωτίζουσιν ἕως κατορθώσῃ ἡ ἡμέρα.

19 ¹⁹αἱ δὲ ὁδοὶ τῶν ἀσεβῶν σκοτειναί,
οὐκ οἴδασιν πῶς προσκόπτουσιν.

20 ²⁰Υἱέ, ἐμῇ ῥήσει πρόσεχε,
τοῖς δὲ ἐμοῖς λόγοις παράβαλε σὸν οὖς,

21 ²¹ὅπως μὴ ἐκλίπωσίν σε αἱ πηγαί σου,
φύλασσε αὐτὰς ἐν καρδίᾳ·

22 ²²ζωὴ γάρ ἐστιν τοῖς εὑρίσκουσιν αὐτήν,
καὶ πάσῃ σαρκὶ ἴασις.

23 ²³πάσῃ φυλακῇ τήρει σὴν καρδίαν·
ἐκ γὰρ τούτων ἔξοδοι ζωῆς.

9 στεφανω] τρεφανω ℵ* (στ. ℵᶜᵃ)   10 πληθυνθησεται] +σοι ℵᶜᵃ A ℵA
11 τροχειαις B* (-χιαις Bᵇ ℵA)   12 συγκλεισθησεται Bᵃᵇᵛⁱᵈ (εγκλ. Cozzᵃᵖᵖ) A
13 παιδιας ℵA | om αλλα A   15 om τοπω ℵ* (hab ℵᶜᵃ)   16 αυτων] pr
απ ℵᶜᵃA | om και A   18 κατορθωσει A   19 σκοτιναι ℵA | οιδασι ℵ
20 παραβαλλε A   21 εκλειπωσιν Bᵃᵇ A λιπωσιν ℵ* (εκλιπ. ℵᶜ ᵃ) | καρδια]
pr ση ℵᶜᵃA   22 αυτην] αυτας ℵA | σαρκι] +αυτου ℵᶜᵃA

ΠΑΡΟΙΜΙΑΙ

B ²⁴περίελε σεαυτοῦ σκολιὸν στόμα, 24
καὶ ἄδικα χείλη ἀπὸ σοῦ μακρὰν ἄπωσαι.
²⁵οἱ ὀφθαλμοί σου ὀρθὰ βλεπέτωσαν, 25
τὰ δὲ βλέφαρά σου νευέτω δίκαια.
²⁶ὀρθὰς τροχιὰς ποίει σοῖς ποσίν, 26
καὶ τὰς ὁδούς σου κατεύθυνε.
²⁷μὴ ἐκκλίνῃς εἰς τὰ δεξιὰ μηδὲ εἰς τὰ ἀριστερά, 27
ἀπόστρεψον δὲ σὸν πόδα ἀπὸ ὁδοῦ κακῆς.
²⁷ᵃὁδοὺς γὰρ τὰς ἐκ δεξιῶν οἶδεν ὁ θεός, 27 a
διεστραμμέναι δέ εἰσιν αἱ ἐξ ἀριστερῶν·
²⁷ᵇαὐτὸς δὲ ὀρθὰς ποιήσει τὰς τροχιάς σου, 27 b
τὰς δὲ πορείας σου ἐν εἰρήνῃ προάξει.

¹Υἱέ, ἐμῇ σοφίᾳ πρόσεχε, 1 V
ἐμοῖς δὲ λόγοις παράβαλλε σὸν οὖς,
²ἵνα φυλάξῃς ἔννοιαν ἀγαθήν· 2
αἴσθησις δὲ ἐμῶν χειλέων ἐντέλλεταί σοι.
³μὴ πρόσεχε φαύλῃ γυναικί· 3
μέλι γὰρ ἀποστάζει ἀπὸ χειλέων γυναικὸς πόρνης,
ἣ πρὸς καιρὸν λιπαίνει σὸν φάρυγγα
⁴ὕστερον μέντοι πικρότερον χολῆς εὑρήσεις 4
καὶ ἠκονημένον μᾶλλον μαχαίρας διστόμου
⁵τῆς γὰρ ἀφροσύνης οἱ πόδες κατάγουσιν 5
τοὺς χρωμένους αὐτῇ μετὰ θανάτου εἰς τὸν ᾅδην,
τὰ δὲ ἴχνη αὐτῆς οὐκ ἐρείδεται·
⁶ὁδοὺς γὰρ ζωῆς οὐκ ἐπέρχεται, 6
σφαλεραὶ δὲ αἱ τροχιαὶ αὐτῆς καὶ οὐκ εὔγνωστοι
⁷νῦν οὖν, υἱέ, ἄκουέ μου, 7
καὶ μὴ ἀκύρους ποιήσῃς ἐμοὺς λόγους
⁸μακρὰν ποίησον ἀπ' αὐτῆς σὴν ὁδόν, 8
μὴ ἐγγίσῃς πρὸς θύραις οἴκων αὐτῆς·
⁹ἵνα μὴ πρόῃ ἄλλοις ζωήν σου, 9
καὶ σὸν βίον ἀνελεήμοσιν·

ℵA   24 μακραν απο σου ℵ | απωσον A   26 τροχειας B* (-χιας BᵇℵA)
item 27 b   27 a αι εξ] om αι ℵ   27 b ποριας ℵA | προαξαι A   V 1 παρα-
βαλε ℵ   2 αισθησιν ℵᶜᵃ (αισθησις ℵ*(ᵛⁱᵈ)ᶜᵇ) A | εντελλομαι ℵᶜᵃ (εν-
τελλεται ℵ*(ᵛⁱᵈ)) A   4 μεντοι] δε A   5 καταγουσι A   6 τροχειαι
B* (-χιαι BᵇℵA) | εγνωστοι A   7 ακυρους] μακρυνης ℵ* (ακ ℵᶜᵃ ᵉᵗ ᶜᶜ) |
ποιησαι ℵ¹!ᵃ! (-σης ℵ*)   8 μη] pr ₅ ℵᶜᵃ | προς θυραις] προθυραις A
9 ανελαιημοσι ℵ

ΠΑΡΟΙΜΙΑΙ

10 ¹⁰ἵνα μὴ πλησθῶσιν ἀλλότριοι σῆς ἰσχύος,
οἱ δὲ σοὶ πόνοι εἰς οἴκους ἀλλοτρίων ἔλθωσιν·

11 ¹¹καὶ μεταμεληθήσῃ ἐπ' ἐσχάτων,
ἡνίκα ἂν κατατριβῶσιν σάρκες σώματός σου,

12 ¹²καὶ ἐρεῖς Πῶς ἐμίσησα παιδείαν,
καὶ ἐλέγχους ἐξέκλινεν ἡ καρδία μου·

13 ¹³οὐκ ἤκουον φωνὴν παιδεύοντός με καὶ διδάσκοντός με,
οὐδὲ παρέβαλλον τὸ οὖς μου·

14 ¹⁴παρ' ὀλίγον ἐγενόμην ἐν παντὶ κακῷ
ἐν μέσῳ ἐκκλησίας καὶ συναγωγῆς.

15 ¹⁵πῖνε ὕδατα ἀπὸ σῶν ἀγγείων
καὶ ἀπὸ σῶν φρεάτων πηγῆς·

16 ¹⁶μὴ ὑπερεκχείσθω σοι ὕδατα ἐκ τῆς σῆς πηγῆς,
εἰς δὲ σὰς πλατείας διαπορευέσθω τὰ σὰ ὕδατα·

17 ¹⁷ἔστω σοι μόνα ὑπάρχοντα,
καὶ μηδεὶς ἀλλότριος μετασχέτω σοι·

18 ¹⁸ἡ πηγή σου τοῦ ὕδατος ἔστω σοι ἰδία,
καὶ συνευφραίνου μετὰ γυναικὸς τῆς ἐκ νεότητός σου.

19 ¹⁹ἔλαφος φιλίας καὶ πῶλος σῶν χαρίτων ὁμιλείτω σοι,
ἡ δὲ ἰδία ἡγείσθω σου καὶ συνέστω σοι ἐν παντὶ καιρῷ
ἐν γὰρ τῇ ταύτης φιλίᾳ συνπεριφερόμενος πολλοστὸς ἔσῃ

20 ²⁰μὴ πολὺς ἴσθι πρὸς ἀλλοτρίαν,
μηδὲ συνέρχου ἀγκάλαις τῆς μὴ ἰδίας·

21 ²¹ἐνώπιον γάρ εἰσιν τῶν τοῦ θεοῦ ὀφθαλμῶν ὁδοὶ ἀνδρός,
εἰς δὲ πάσας τὰς τροχιὰς αὐτοῦ σκοπεύει.

22 ²²παρανομίαι ἄνδρα ἀγρεύουσιν,
σειραῖς δὲ τῶν ἑαυτοῦ ἁμαρτιῶν ἕκαστος σφίγγεται.

23 ²³οὗτος τελευτᾷ μετὰ ἀπαιδεύτων,
ἐκ δὲ πλήθους τῆς ἑαυτοῦ βιότητος ἐξερίφη
καὶ ἀπώλετο δι' ἀφροσύνην.

10 om μη A | ελθωσιν] εισελθωσιν A   **11** μεταμεληθηση (μεταμεληθ. ℵA ℵ* μεταμεληθ. ℵ¹)] pr μη A | εσχατων]+σου ℵ^{c a}   **12** παιδιαν ℵA   **13** παρεβαλον ℵ   **14** κακω] καιρω ℵ* (κακω ℵ¹)+μου A   **15** αγγειων] αγιων ℵ* αγγιων ℵ^{c a} A   **16** om μη ℵ*A | υδατα 1°] pr τα A   **17** μονω ℵA   **19** ιδια] ηδια ℵ* (ιδ. ℵ^{c a}) pr vid φιλια ℵ^{c c mg} (φιλη ℵ^{c a fort}) | τη ταυτης] ταυτη τη A | συμπεριφερομενος B^b   **20** ισθι] ησθι A | προς] pr μη ℵ* (om μη ℵ¹) | συνερχου συνεχη ℵA | της μη ιδιας] ταις μη ιδιαις A   **21** πασας τας] σας A | τροχειας B*A (-χιας B^bℵ) | αυτου] αυτους A   **22** εκαστος των εαυτου αμ. ℵ   **23** ουτος] ος A* (ουτος A^a) | δι] δια ℵA

ΠΑΡΟΙΜΙΑΙ

B ¹Υἱέ, ἐὰν ἐγγυήσῃ σὸν φίλον,
παραδώσεις σὴν χεῖρα ἐχθρῷ.
²παγὶς γὰρ ἰσχυρὰ ἀνδρὶ τὰ ἴδια χείλη,
καὶ ἁλίσκεται χείλεσιν ἰδίου στόματος.
³ποίει, υἱέ, ἃ ἐγώ σοι ἐντέλλομαι, καὶ σώζου·
ἥκεις γὰρ εἰς χεῖρας κακῶν διὰ σὸν φίλον·
ἴσθι μὴ ἐκλυόμενος,
παρόξυνε δὲ καὶ τὸν φίλον σου ὃν ἐνεγυήσω.
⁴μὴ δῷς ὕπνον σοῖς ὄμμασιν,
μηδὲ ἐπινυστάξῃς σοῖς βλεφάροις,
⁵ἵνα σώζῃ ὥσπερ δορκὰς ἐκ βρόχων
καὶ ὥσπερ ὄρνεον ἐκ παγίδος.

⁶Ἴσθι πρὸς τὸν μύρμηκα, ὦ ὀκνηρέ,
καὶ ζήλωσον ἰδὼν τὰς ὁδοὺς αὐτοῦ,
καὶ γενοῦ ἐκείνου σοφώτερος·
⁷ἐκείνῳ γὰρ γεωργίου μὴ ὑπάρχοντος,
μηδὲ τὸν ἀναγκάζοντα ἔχων
μηδὲ ὑπὸ δεσπότην ὤν,
⁸ἑτοιμάζεται θέρους τὴν τροφήν,
πολλήν τε ἐν τῷ ἀμήτῳ ποιεῖται τὴν παράθεσιν.
⁸ᵃἢ πορεύθητι πρὸς τὴν μέλισσαν
καὶ μάθε ὡς ἐργάτις ἐστιν,
τήν τε ἐργασίαν ὡς σεμνὴν ποιεῖται·
⁸ᵇἧς τοὺς πόνους βασιλεῖς καὶ ἰδιῶται πρὸς ὑγείαν προσφέρονται,
ποθεινὴ δέ ἐστιν πᾶσιν καὶ ἐπίδοξος·
⁸ᶜκαίπερ οὖσα τῇ ῥώμῃ ἀσθενής,
τὴν σοφίαν τιμήσασα προήχθη.
⁹ἕως τίνος, ὀκνηρέ, κατάκεισαι;
πότε δὲ ἐξ ὕπνου ἐγερθήσῃ;
¹⁰ὀλίγον μὲν ὑπνοῖς, ὀλίγον δὲ κάθησαι, μικρὸν δὲ νυστάζεις,
ὀλίγον δὲ ἐναγκαλίζῃ χερσὶν στήθη·
¹¹εἶτ᾽ ἐνπαραγίνεταί σοι ὥσπερ κακὸς ὁδοιπόρος ἡ πενία,

ℵA VI 1 εγγυη A | χειρας A   2 τα ιδια χειλη ανδρι A   3 παροξυνε B*ᵇℵA] παρωξυνε Bᵃ | φιλον σου] σον φιλον ℵ | ενεγυησω B*ℵA] ενηγγυησω Bᵃ⁽ᵛⁱᵈ⁾ᵇ   6 ισθι B*ℵA] ιθι Bᵃᵇ A*   7 εκεινου ℵᶜᵃA | γεωργιου γαρ ℵ* (γαρ γεωργ. ℵᶜ·ᵃ)   8 a ως εργατις] ωργατις A   8 b υγειαν ℵ (-γιαν B*A)] υγιειαν Bᵃᵇ | προσφερονται] φερονται A   9 υπνου] pr o ℵ* (om ℵ¹)   11 om σοι ℵ

426

ΠΑΡΟΙΜΙΑΙ VI 23

καὶ ἡ ἔνδεια ὥσπερ ἀγαθὸς δρομεύς.
11a ¹¹ᵃἐὰν δὲ ἄοκνος ᾖς, ἥξει ὥσπερ πηγὴ ὁ ἀμητός σου,
ἡ δὲ ἔνδεια ὥσπερ κακὸς δρομεὺς ἀπαυτομολήσει.

12 ¹²Ἀνὴρ ἄφρων καὶ παράνομος πορεύεται ὁδοὺς οὐκ ἀγαθάς·
13 ¹³ὁ δ' αὐτὸς ἐννεύει ὀφθαλμῷ, σημαίνει δὲ ποδί,
διδάσκει δὲ ἐννεύμασιν δακτύλων·
14 ¹⁴διεστραμμένῃ καρδίᾳ τεκταίνεται κακὰ ἐν παντὶ καιρῷ·
ὁ τοιοῦτος ταραχὰς συνίστησιν πόλει.
15 ¹⁵διὰ τοῦτο ἐξαπίνης ἔρχεται ἡ ἀπώλεια αὐτοῦ,
διακοπὴ καὶ συντριβὴ ἀνίατος·
16 ¹⁶ὅτι χαίρει πᾶσιν οἷς μισεῖ ὁ θεός,
συντρίβεται δὲ δι' ἀκαθαρσίαν ψυχῆς·
17 ¹⁷ὀφθαλμὸς ὑβριστοῦ, γλῶσσα ἄδικος,
χεῖρες ἐκχέουσαι αἷμα δικαίου,
18 ¹⁸καὶ καρδία τεκταινομένη λογισμοὺς κακούς,
καὶ πόδες ἐπισπεύδοντες κακοποιεῖν.
19 ¹⁹ἐκκαίει ψευδῆ μάρτυς ἄδικος,
καὶ ἐπιπέμπει κρίσεις ἀνὰ μέσον ἀδελφῶν.

20 ²⁰Υἱέ, φύλασσε νόμους πατρός σου,
καὶ μὴ ἀπώσῃ θεσμοὺς μητρός σου·
21 ²¹ἄφαψαι δὲ αὐτοὺς ἐπὶ σῇ ψυχῇ διὰ παντός,
καὶ ἐνκλοίωσαι ἐπὶ σῷ τραχήλῳ.
22 ²²ἡνίκα ἂν περιπατῇς ἐπάγου αὐτὴν καὶ μετὰ σοῦ ἔστω·
ὡς δ' ἂν καθεύδῃς φυλασσέτω σε,
ἵνα ἐγειρομένῳ συλλαλῇ σοι.
23 ²³ὅτι λύχνος ἐντολὴ νόμου,
καὶ φῶς ὁδὸς ζωῆς καὶ ἔλεγχος καὶ παιδεία,

11 a ηξει] pr ω ℵ* (om ω ℵ¹ ras ℵ?) +σοι A | σου] σοι ℵ | δρομευς] ανηρ ℵA A | απαυτομολησει] απαυτομολογησει ℵ* (om ογ ℵ¹ ⁽ᵛⁱᵈ⁾) αυτομολησει A **13** εννευμασι ℵ | δακτυλων sup ras Aᵃ? **14** διεστραμμενη]+δε ℵA | τεκταινεται] κατασκευαζει Bᵃ'ᵐᵍ | εν παντι καιρω c seqq coniung A **15** δια] +δε BᵃᵇℵᶜᵃA | απωλια ℵ | διακοπη]+δε ℵ **16** θεος] κ̅ς̅ ℵA | συντριβεται B (συντρειβ) ℵᶜᵃA] συντριβη ℵ* | δι] δια A **17** δικαιου] δικαιον ℵᶜᵃA **18** επιδπευδοντες A*ᵛⁱᵈ (επισπ. Aᵃ?) **19** κρισις BℵA | αδελφου ℵ* (-φων ℵ¹) **20** φυλασσε υιε A **21** αφασψαι ℵ* (αφαψ. ℵ¹) | αυτους BℵᶜᵃA] αυτας ℵ* | εγκλοιωσαι BⁿᵇA (-σε) | επι 2°] περι ℵᶜᵃA **22** αν 1°] εαν ℵ | συλλαλη] συνλαλη ℵ συλλαλησω A **23** και φως c praec coniung A | οδος] pr και ℵᶜᵃA | om και 2° BᶜℵA | παιδια ℵA

427

ΠΑΡΟΙΜΙΑΙ

B ²⁴τοῦ διαφυλάσσειν σε ἀπὸ γυναικὸς ὑπάνδρου 24
καὶ ἀπὸ διαβολῆς γλώσσης ἀλλοτρίας.
²⁵μή σε νικήσῃ κάλλους ἐπιθυμία, 25
μηδὲ ἀγρευθῇς σοῖς ὀφθαλμοῖς,
μηδὲ συναρπασθῇς ἀπὸ τῶν αὐτῆς βλεφάρων.
²⁶τιμὴ γὰρ πόρνης ὅση καὶ ἑνὸς ἄρτου, 26
γυνὴ δὲ ἀνδρῶν τιμίας ψυχὰς ἀγρεύει
²⁷ἀποδήσει τις πῦρ ἐν κόλπῳ, τὰ δὲ ἱμάτια οὐ κατακαύσει; 27
²⁸ἢ περιπατήσει τις ἐπ' ἀνθράκων πυρός, τοὺς δὲ πόδας οὐ 28
κατακαύσει;
²⁹οὕτως ὁ εἰσελθὼν πρὸς γυναῖκα ὕπανδρον· 29
οὐκ ἀθῳωθήσεται, οὐδὲ πᾶς ὁ ἁπτόμενος αὐτῆς.
³⁰οὐ θαυμαστὸν ἐὰν ἁλῷ τις κλέπτων, 30
κλέπτει γὰρ ἵνα ἐμπλήσῃ τὴν ψυχὴν πεινῶν·
³¹ἐὰν δὲ ἁλῷ, ἀποτίσει ἑπταπλάσια, 31
καὶ πάντα τὰ ὑπάρχοντα αὐτοῦ δοὺς ῥύσεται ἑαυτόν·
³²ὁ δὲ μοιχὸς δι' ἔνδειαν φρενῶν ἀπώλειαν τῇ ψυχῇ αὐτοῦ 32
περιποιεῖται,
³³ὀδύνας τε καὶ ἀτιμίας ὑποφέρει· 33
τὸ δὲ ὄνειδος αὐτοῦ οὐκ ἐξαλειφθήσεται εἰς τὸν αἰῶνα.
³⁴μεστὸς γὰρ ζήλου θυμὸς ἀνδρὸς αὐτῆς, 34
οὐ φείσεται ἐν ἡμέρᾳ κρίσεως·
³⁵οὐκ ἀνταλλάξεται οὐδενὸς λύτρου τὴν ἔχθραν, 35
οὐδὲ μὴ διαλυθῇ πολλῶν δώρων.

¹Υἱέ, φύλασσε ἐμοὺς λόγους, 1 VII
τὰς δὲ ἐμὰς ἐντολὰς κρύψον παρὰ σεαυτῷ·
¹ᵃυἱέ, τίμα τὸν κύριον καὶ ἰσχύσεις, 1a
πλὴν δὲ αὐτοῦ μὴ φοβοῦ ἄλλον.
²φύλαξον ἐμὰς ἐντολὰς καὶ βιώσεις, 2
τοὺς δὲ ἐμοὺς λόγους ὥσπερ κόρας ὀμμάτων·
³περίθου δὲ αὐτοὺς σοῖς δακτύλοις, 3

ℵA 24 διαφυλασσειν Bℵ^{c a}A] φυλασσειν ℵ* | αλοτριας ℵ 25 συναρπασης A 27 om ου ℵ* (superscr ℵ¹) 29 αθοωθησεται B*ℵA (αθωωθ. Bᵃ'ᵇ) 30 εμπλησει A | την ψυχην] om την ℵ^{c a}A | πεινων] πινωσαν A 32 απωλιαν ℵ 33 εφξαλιφθησεται ℵ* (impiob φ ℵ¹) 34 om μεστος . αυτης ℵ 35 αταλλαξεται ℵ* (αντ. ℵ^{c a}) | διαλυθη] δια A VII 1 υιε] +μου ℵ* (om ℵ¹) 2 λογους εμους ℵ* (εμ. λογ. ℵ^{c a}) 3 περιθου] περι ℵ* (περιθου ℵ^{c a}) | om δε 1° A | αυτοις A

ΠΑΡΟΙΜΙΑΙ

ἐπίγραψον δὲ ἐπὶ τὸ πλάτος τῆς καρδίας σου B
4 ⁴εἰπὸν τὴν σοφίαν σὴν ἀδελφὴν εἶναι,
 τὴν δὲ φρόνησιν γνώριμον περιποίησαι σεαυτῷ,
5 ⁵ἵνα σε τηρήσῃ ἀπὸ γυναικὸς ἀλλοτρίας καὶ πονηρᾶς,
 ἐάν σε λόγοις τοῖς πρὸς χάριν ἐμβάληται.
6 ⁶ἀπὸ γὰρ θυρίδος ἐκ τοῦ οἴκου αὐτῆς εἰς τὰς πλατείας παρα-
  κύπτουσα,
7 ⁷ὃν ἂν ἴδῃ τῶν ἀφρόνων τέκνων νεανίαν ἐνδεῆ φρενῶν,
8 ⁸παραπορευόμενον παρὰ γωνίαν ἐν διόδοις οἴκων αὐτῆς
9 καὶ λαλοῦντα ⁹ἐν σκότει ἑσπερινῷ,
 ἡνίκα ἂν ἡσυχία νυκτερινὴ καὶ γνοφώδης,
10 ¹⁰ἡ δὲ γυνὴ συναντᾷ αὐτῷ, εἶδος ἔχουσα πορνικόν,
 ἣ ποιεῖ νέων ἐξίπτασθαι καρδίας.
11 ¹¹ἀνεπτερωμένη δέ ἐστιν καὶ ἄσωτος,
 ἐν οἴκῳ δὲ οὐχ ἡσυχάζουσιν οἱ πόδες αὐτῆς·
12 ¹²χρόνον γάρ τινα ἔξω ῥέμβεται,
 χρόνον δὲ ἐν πλατείαις παρὰ πᾶσαν γωνίαν ἐνεδρεύει.
13 ¹³εἶτα ἐπιλαβομένη ἐφίλησεν αὐτόν,
 ἀναιδεῖ δὲ προσώπῳ προσεῖπεν αὐτῷ
14 ¹⁴Θυσία εἰρηνική μοί ἐστιν·
 σήμερον ἀποδίδωμι τὰς εὐχάς μου·
15 ¹⁵ἕνεκα τούτου ἐξῆλθον εἰς ὑπάντησίν σοι,
 ποθοῦσα τὸ σὸν πρόσωπον, εὕρηκά σε.
16 ¹⁶κειρίᾳ τέτακα τὴν κλίνην μου,
 ἀμφιτάποις δὲ ἔστρωκα τοῖς ἀπ' Αἰγύπτου·
17 ¹⁷διέρραγκα τὴν κοίτην μου κρόκῳ,
 τὸν δὲ οἶκόν μου κινναμώμῳ·
18 ¹⁸ἐλθὲ καὶ ἀπολαύσωμεν φιλίας ἕως ὄρθρου,
 δεῦρο καὶ ἐγκυλισθῶμεν ἔρωτι.
19 ¹⁹οὐ γὰρ πάρεστιν ὁ ἀνήρ μου ἐν οἴκῳ,
 πεπόρευται δὲ ὁδὸν μακράν,

3 πλατος] πλαθος ℵ* (πλατ. ℵ^(c a))   4 τη σοφια ℵ* (την σοφιαν ℵ^(l(vid))) ℵA
9 ενσπερινω ℵ | νυκτερινη]+η ℵA | γνοφωδης] γνοφος A   10 η 1°] ει ℵ*
(η ℵ¹)   13 om δε ℵ | ειπεν ℵ* (προσειπεν ℵ^(c a))   14 ειρηνικοι ℵ* (-κη ℵ¹)
15 υπαντησιν] συναντησιν B^(ab)ℵA | σοι] μου A   16 κειρια B^b (κειρεια B*
κιρια ℵ*)] κιριαις ℵ^(c a) κηριαις Λ   17 διερραγκα B^(ab) (-νκα B*) A] διερρακα
ℵ | κροκω B*^(vid)ℵ^(c a)A] κροκινω B² (ινω sup ras) ℵ*   18 ορθου ℵ | εγκυ-
λισθωμεν B^(ab)Λ

B ²⁰ἔνδεσμον ἀργυρίου λαβὼν ἐν χειρὶ αὐτοῦ, 20
δι' ἡμερῶν πολλῶν ἐπανήξει εἰς τὸν οἶκον αὐτοῦ.
²¹ἀπεπλάνησεν δὲ αὐτὸν πολλῇ ὁμιλίᾳ, 21
βρόχοις τε τοῖς ἀπὸ χειλέων ἐξώκειλεν αὐτόν·
²²ὁ δὲ ἐπηκολούθησεν αὐτῇ κεπφωθείς, 22
ὥσπερ δὲ βοῦς ἐπὶ σφαγὴν ἄγεται,
καὶ ὥσπερ κύων ἐπὶ δεσμούς,
²³ἢ ὡς ἔλαφος τοξεύματι πεπληγὼς εἰς τὸ ἧπαρ· 23
σπεύδει δὲ ὥσπερ ὄρνεον εἰς παγίδα,
οὐκ εἰδὼς ὅτι περὶ ψυχῆς τρέχει.
²⁴νῦν οὖν, υἱέ, ἄκουέ μου, καὶ πρόσεχε ῥήμασιν στόματός μου. 24
²⁵μὴ ἐκκλινάτω εἰς τὰς ὁδοὺς αὐτῆς ἡ καρδία σου· 25
²⁶πολλοὺς γὰρ τρώσασα καταβέβληκεν, 26
καὶ ἀναρίθμητοί εἰσιν οὓς πεφόνευκεν·
²⁷ὁδοὶ ᾅδου ὁ οἶκος αὐτῆς, 27
κατάγουσαι εἰς τὰ ταμεῖα τοῦ θανάτου.

¹Σὺ τὴν σοφίαν κηρύξεις, ἵνα φρόνησίς σοι ὑπακούσῃ. 1 VIII
²ἐπὶ γὰρ τῶν ὑψηλῶν ἄκρων ἐστίν, 2
ἀνὰ μέσον δὲ τῶν τρίβων ἔστηκεν·
³παρὰ γὰρ πύλαις δυναστῶν παρεδρεύει, 3
ἐν δὲ εἰσόδοις ὑμνεῖται
⁴Ὑμᾶς, ὦ ἄνθρωποι, παρακαλῶ, 4
καὶ προίεμαι ἐμὴν φωνὴν υἱοῖς ἀνθρώπων.
⁵νοήσατε, ἄκακοι, πανουργίαν, 5
οἱ δὲ ἀπαίδευτοι, ἔνθεσθε καρδίαν.
⁶εἰσακούσατέ μου· σεμνὰ γὰρ ἐρῶ, 6
καὶ ἀνοίσω ἀπὸ χειλέων ὀρθά.
⁷ὅτι ἀλήθειαν μελετήσει ὁ φάρυγξ μου, 7
ἐβδελυγμένα δὲ ἐναντίον ἐμοῦ χείλη ψευδῆ·
⁸μετὰ δικαιοσύνης πάντα τὰ ῥήματα τοῦ στόματός μου, 8
οὐδὲν ἐν αὐτοῖς σκολιὸν οὐδὲ στραγγαλῶδες·

ℵA 21 τοις] των ℵ   22 κεφφωθεις A   23 om δε ℵ* (hab ℵ^(c a))
24 ρημασιν] ρησιν A   25 om εις τας οδους ℵ* (hab ℵ^(c a)) | σου]+και
μη πλανηθης εν ατραποις αυτης ℵ^(c a)A   27 εις] pr τα ℵ* (om ℵ¹) |
τα ταμεια] om τα ℵ^(c a)A | ταμιεια A | του θανατου] om του ℵ^(c a vid)
VIII 2 αναβμεσον ℵ* (om β ℵ^(1c a))   3 δυνατων ℵ* (δυναστ. ℵ¹)   6 σεμνα]
πολλα ℵ* (σεμνα ℵ^(c a)) | ανοισω] ανοιγω A   8 s παντα τα ρημα sup ras
B^(ab) | ρηματα] κριματα A | μου] σου ℵ* (μου ℵ¹) | στραγγαλιωδες ℵ^(c a)

ΠΑΡΟΙΜΙΑΙ VIII 21 a

9 ⁹πάντα ἐνώπια τοῖς συνιοῦσιν, καὶ ὀρθὰ τοῖς εὑρίσκουσι Β
   γνῶσιν.
10 ¹⁰λάβετε παιδείαν καὶ μὴ ἀργύριον,
   καὶ γνῶσιν ὑπὲρ χρυσίον δεδοκιμασμένον·
11 ¹¹κρείσσων γὰρ σοφία λίθων πολυτελῶν,
   πᾶν δὲ τίμιον οὐκ ἄξιον αὐτῆς ἐστιν
12 ¹²ἐγὼ ἡ σοφία κατεσκήνωσα βουλήν,
   καὶ γνῶσιν καὶ ἔννοιαν ἐγὼ ἐπεκαλεσάμην·
   κρείσσων γὰρ σοφία λίθων πολυτελῶν.
13 ¹³φόβος Κυρίου μισεῖ ἀδικίαν,
   ὕβριν τε καὶ ὑπερηφανίαν καὶ ὁδοὺς πονηρῶν·
   μεμίσηκα δὲ ἐγὼ διεστραμμένας ὁδοὺς κακῶν.
14 ¹⁴ἐμὴ βουλὴ καὶ ἀσφάλεια,
   ἐμὴ φρόνησις, ἐμὴ δὲ ἰσχύς·
15 ¹⁵δι' ἐμοῦ βασιλεῖς βασιλεύουσιν,
   καὶ οἱ δυνάσται γράφουσιν δικαιοσύνην·
16 ¹⁶δι' ἐμοῦ μεγιστᾶνες μεγαλύνονται,
   καὶ τύραννοι δι'· ἐμοῦ κρατοῦσι γῆς.
17 ¹⁷ἐγὼ τοὺς ἐμὲ φιλοῦντας ἀγαπῶ,
   οἱ δὲ ἐμὲ ζητοῦντες εὑρήσουσιν.
18 ¹⁸πλοῦτος καὶ δόξα ἐμοὶ ὑπάρχει,
   καὶ κτῆσις πολλῶν καὶ δικαιοσύνη.
19 ¹⁹βέλτιον ἐμὲ καρπίζεσθαι ὑπὲρ χρυσίον καὶ λίθον τίμιον,
   τὰ δὲ ἐμὰ γενήματα κρείσσω ἀργυρίου ἐκλεκτοῦ.
20 ²⁰ἐν ὁδοῖς δικαιοσύνης περιπατῶ,
   καὶ ἀνὰ μέσον τρίβων δικαιώματος ἀναστρέφομαι,
21 ²¹ἵνα μερίσω τοῖς ἐμὲ ἀγαπῶσιν ὕπαρξιν,
   καὶ τοὺς θησαυροὺς αὐτῶν ἐμπλήσω ἀγαθῶν.
21a ²¹ᵃἐὰν ἀναγγείλω ὑμῖν τὰ καθ' ἡμέραν γινόμενα,
   μνημονεύσω τὰ ἐξ αἰῶνος ἀριθμῆσαι.

9 ευρισκουσιν ℵ   **10** παιδιαν A | δεδοκιμασμενον]+αντερεισθαι δε ℵA αισθησει χρυσιου καθαρου B^{b(vid)mg inf}+αντανερεισθαι εσθησιν χρυσιου και αργυριου A   **12** κρεισσων πολυτελων unc incl B^a om ℵA (hab B*^c) **13** αδικιαν] αδικ sup ras B^{c vid} | υπερηφανιαν υβριν τε και αδικιαν ℵ* (αδ. υβριν τε και υπ. ℵ^{c a})   **14** ασφαλια ℵA   **15** γραφουσιν] γαρ αφουσιν A **17** φιλουντας] ζητουντας ℵ* (φιλ. ℵ¹) | ευρησουσιν] +χαριν ℵ^{c a}A   **18** κτησεις A   **19** τιμιον]+πολυν A | κρεισσω] κρισσων ℵ κρισσον A   **20** τριβων] οδων ℵ* (τριβ. ℵ^{c a mg}) | δικαιωματος] ϗ δικοσυνης ℵ^{c a mg} δικαιοσυνης A **21** θησαυρους B

431

VIII 22 ΠΑΡΟΙΜΙΑΙ

B ²²Κύριος ἔκτισέν με ἀρχὴν ὁδῶν αὐτοῦ εἰς ἔργα αὐτοῦ, 22
²³πρὸ τοῦ αἰῶνος ἐθεμελίωσέν με ἐν ἀρχῇ, 23
πρὸ τοῦ τὴν γῆν ποιῆσαι ²⁴καὶ πρὸ τοῦ τὰς ἀβύσσους ποιῆσαι, 24
πρὸ τοῦ προελθεῖν τὰς πηγὰς τῶν ὑδάτων,
²⁵πρὸ τοῦ ὄρη ἑδρασθῆναι, 25
πρὸ δὲ πάντων βουνῶν γεννᾷ με.
²⁶Κύριος ἐποίησεν χώρας καὶ ἀοικήτους 26
καὶ ἄκρα οἰκούμενα τῆς ὑπ' οὐρανῶν.
²⁷ἡνίκα ἡτοίμαζεν τὸν οὐρανόν, συνπαρήμην αὐτῷ, 27
καὶ ὅτε ἀφώριζεν τὸν ἑαυτοῦ θρόνον ἐπ' ἀνέμων·
²⁸καὶ ὡς ἰσχυρὰ ἐποίει τὰ ἄνω νέφη, 28
καὶ ὡς ἀσφαλεῖς ἐτίθει πηγὰς τῆς ὑπ' οὐρανόν,
²⁹καὶ ὡς ἰσχυρὰ ἐποίει τὰ θεμέλια τῆς γῆς, 29
³⁰ἤμην παρ' αὐτῷ ἁρμόζουσα· 30
ἐγὼ ἤμην ᾗ προσέχαιρεν,
καθ' ἡμέραν δὲ εὐφραινόμην ἐν προσώπῳ αὐτοῦ ἐν παντὶ καιρῷ,
³¹ὅτε ἐνευφραίνετο τὴν οἰκουμένην συντελέσας, 31
καὶ εὐφραίνετο ἐν υἱοῖς ἀνθρώπων.
³²νῦν οὖν, υἱέ, ἄκουέ μου. 32
³⁴μακάριος ἀνὴρ ὃς εἰσακούσεταί μου, 34
καὶ ἄνθρωπος ὃς τὰς ἐμὰς ὁδοὺς φυλάξει,
ἀγρυπνῶν ἐπ' ἐμαῖς θύραις καθ' ἡμέραν,
τηρῶν σταθμοὺς ἐμῶν εἰσόδων.
³⁵αἱ γὰρ ἔξοδοί μου ἔξοδοι ζωῆς, 35
καὶ ἑτοιμάζεται θέλησις παρὰ Κυρίου.
³⁶οἱ δὲ εἰς ἐμὲ ἁμαρτάνοντες ἀσεβοῦσιν τὰς ἑαυτῶν ψυχάς, 36
καὶ οἱ μισοῦντές με ἀγαπῶσιν θάνατον.

ℵA 23 om εν αρχη A   25 ορη] ο sup ras Aᵃ | εδρασθηναι]+και πλασθηναι την γην ℵ   26 υπ ουρανων] υπο τον ουρανον ℵ* υπ ουρανον ℵᶜ ᵃA
27 συμπαρημην Bᵇ   28 και ως (1°)] ηνικα ℵA | ουρανον]+εν τω τιθεναι αυτον τη θαλασση ακριβασμον αυτου | και υδατα ου παρελευσονται στοματος αυτου ℵᶜ·ᵃA   29 om ως ℵA | θεμελια] θεληματα A* (improb Aᵃ)
31 ενευφραινετο] ηυφραινετο A | ευφραινετο] ενηυφραινετο A   32 ουν υιε ακο sup ras B¹ᵃ? | μου]+μακαριοι οι οδους μου φυλασσοντες· (33) ακουσαται παιδιαν και σοφισθηται και μη αποφραγηται ℵᶜ ᵃ+και μακαριοι οι οδ. μ. φυλασσοντες| (33) ακουσατε σοφιαν και σοφισθητε και μη αποφραγητε A
34 θυραις καθ ημεραν] θυραν ℵ* (θυραις κ. η. ℵᶜ ᵃ)   36 αμαρτανοντες εις εμε ℵ | ασεβουσιν]+εις ℵᶜ ᵃA | om με ℵ* (hab ℵᶜ ᵃ)

432

ΠΑΡΟΙΜΙΑΙ

IX 1 ¹Ἡ σοφία οἰκοδόμησεν ἑαυτῇ οἶκον,
καὶ ὑπήρεισεν στύλους ἑπτά·
2 ²ἔσφαξεν τὰ ἑαυτῆς θύματα,
ἐκέρασεν εἰς κρατῆρα τὸν ἑαυτῆς οἶνον,
καὶ ἡτοιμάσατο τὴν ἑαυτῆς τράπεζαν·
3 ³ἀπέστειλεν τοὺς ἑαυτῆς δούλους,
συγκαλοῦσα μετὰ ὑψηλοῦ κηρύγματος ἐπὶ κρατῆρα, λέγουσα
4 ⁴Ὅς ἐστιν ἄφρων, ἐκκλινάτω πρός μέ·
καὶ τοῖς ἐνδεέσι φρενῶν εἶπεν
5 ⁵Ἔλθατε, φάγετε τῶν ἐμῶν ἄρτων,
καὶ πίετε οἶνον ὃν ἐκέρασα ὑμῖν·
6 ⁶ἀπολείπετε ἀφροσύνην, ἵνα εἰς τὸν αἰῶνα βασιλεύσητε,
καὶ ζητήσατε φρόνησιν,
καὶ κατορθώσατε ἐν γνώσει σύνεσιν.

7 ⁷Ὁ παιδεύων κακοὺς λήμψεται ἑαυτῷ ἀτιμίαν·
ἐλέγχων δὲ τὸν ἀσεβῆ μωμήσεται ἑαυτόν.
8 ⁸μὴ ἔλεγχε κακούς, ἵνα μὴ μισῶσίν σε·
ἔλεγχε σοφόν, καὶ ἀγαπήσει σε.
9 ⁹δίδου σοφῷ ἀφορμήν, καὶ σοφώτερος ἔσται·
γνώριζε δικαίῳ, καὶ προσθήσει τοῦ δέχεσθαι.
10 ¹⁰ἀρχὴ σοφίας φόβος Κυρίου,
καὶ βουλὴ ἁγίων σύνεσις·
τὸ γὰρ γνῶναι νόμον διανοίας ἐστὶν ἀγαθῆς.
11 ¹¹τούτῳ γὰρ τῷ τρόπῳ πολὺν ζήσεις χρόνον,
καὶ προστεθήσεταί σοι ἔτη ζωῆς σου.
12 ¹²υἱέ, ἐὰν σοφὸς γένῃ σεαυτῷ, σοφὸς ἔσῃ καὶ τοῖς πλησίον·
ἐὰν δὲ κακὸς ἀποβῇς, μόνος ἂν ἀντλήσεις κακά.
12 a ¹²ᵃὃς ἐρείδεται ἐπὶ ψεύδεσιν, οὗτος ποιμαίνει ἀνέμους,
ὁ δ' αὐτὸς διώξεται ὄρνεα πετόμενα·
12 b ¹²ᵇἀπέλιπεν γὰρ ὁδοὺς τοῦ ἑαυτοῦ ἀμπελῶνος,
τοὺς δὲ ἄξονας τοῦ ἰδίου γεωργίου πεπλάνηται·

IX 1 ωκοδομησεν ℵA   3 συνκαλουσα ℵ   5 ελθετε ℵ   6 ινα ℵA βασιλευσητε] ινα ζησεσθαι ℵᶜ ᵃ | φρονησιν]+ινα βιωσηται ℵᶜ ᵃA   7 μωμησεται εαυτον] μωμησετε αυτον ℵ   8 σε 2º]+ασοφον κ μισησι σε ℵᶜ ᵃ+ασ. και μισησει σε A   9 γνωριζε]+δε A   10 βουλημα ℵ* (βουλη ℵᶜ ᵃ) | γαρ] δε ℵᶜ ᵃA   11 ζησεις] ζησῃ A | om σου A   12 εαν 1º] εα A* (εαν Aᵃ?) | τοις πλησιον] τω πλ. A | om αποβης ℵ* (hab ℵᶜ ᵃ) | om αν ℵ | αντλησης Bᵃᵇ   12 a ποιμανει ℵ* (ποιμαινει ℵᶜ ᵃ) A | om ο δ αυτος διωξεται ορνεα πετομενα ℵ   12 b απελειπεν A

ΠΑΡΟΙΜΙΑΙ

B ¹²ᶜδιαπορεύεται δὲ δι' ἀνύδρου ἐρήμου
   καὶ γῆν διατεταγμένην ἐν διψώδεσιν,
   συνάγει δὲ χερσὶν ἀκαρπίαν.

¹³Γυνὴ ἄφρων καὶ θρασεῖα ἐνδεὴς ψωμοῦ γίνεται,
   ἣ οὐκ ἐπίσταται αἰσχύνην·
¹⁴ἐκάθισεν ἐπὶ θύραις τοῦ ἑαυτῆς οἴκου ἐπὶ δίφρου,
   ἐμφανῶς ἐν πλατείαις ¹⁵προσκαλουμένη τοὺς παριόντας
   καὶ κατευθύνοντας ἐν ταῖς ὁδοῖς αὐτῶν
¹⁶Ὅς ἐστιν ὑμῶν ἀφρονέστατος, ἐκκλινάτω πρός μέ·
   ἐνδεέσι δὲ φρονήσεως παρακελεύομαι λέγουσα
¹⁷Ἄρτων κρυφίων ἡδέως ἅψασθε,
   καὶ ὕδατος κλοπῆς γλυκεροῦ.
¹⁸ὁ δὲ οὐκ οἶδεν ὅτι γηγενεῖς παρ' αὐτῇ ὄλλυνται,
   καὶ ἐπὶ πέτευρον ᾅδου συναντᾷ.
¹⁸ᵃἀλλὰ ἀποπήδησον, μὴ χρονίσῃς ἐν τῷ τόπῳ,
   μηδὲ ἐπιστήσῃς τὸ σὸν ὄνομα πρὸς αὐτήν·
   οὕτως γὰρ διαβήσῃ ὕδωρ ἀλλότριον·
¹⁸ᵇἀπὸ δὲ ὕδατος ἀλλοτρίου ἀπόσχου,
   καὶ ἀπὸ πηγῆς ἀλλοτρίας μὴ πίῃς,
¹⁸ᶜἵνα πολὺν ζήσῃς χρόνον,
   προστεθῇ δέ σοι ἔτη ζωῆς.

¹Υἱὸς σοφὸς εὐφραίνει πατέρα,
   υἱὸς δὲ ἄφρων λύπη τῇ μητρί.
²οὐκ ὠφελήσουσιν θησαυροὶ ἀνόμους,
   δικαιοσύνη δὲ ῥύσεται ἐκ θανάτου.
³οὐ λιμοκτονήσει Κύριος ψυχὴν δικαίαν,
   ζωὴν δὲ ἀσεβῶν ἀνατρέψει.
⁴πενία ἄνδρα ταπεινοῖ,
   χεῖρες δὲ ἀνδρείων πλουτίζουσιν.
⁴ᵃυἱὸς πεπαιδευμένος σοφὸς ἔσται,
   τῷ δὲ ἄφρονι διακόνῳ χρήσεται.

ℵA 14 επι διφρου c seqq coniung A | ενφανως A   15 παριοντας]+οδον A
16 αφρων ℵ* (αφρονεστατος ℵᶜᵃ)   17 κλοπης] κοπης A   18 ολλυνται]
ολουνται ℵᶜᵃ | πεταυρον Bᵃᵇℵᶜᵃ   18 a χρονισης] ενχρονισης A | τοπω]+
αυτης ℵᶜᵃ | επιστησης] επιστης A | ονομα] ομμα A | διαβησεται ℵ* (διαβηση
ℵᶜᵃ) | αλλοτριον]+και υπερβηση ποταμον αλλοτριον ℵᶜᵃA   18 c ζηση
A | δε σοι] σοι δε ℵ   X 1 τη μητρι] om τη ℵ   3 δικαιω̄] ℵ* (δικαιαν
ℵᶜᵃ)   4 a σοφος πεπαιδευμενος ℵ

ΠΑΡΟΙΜΙΑΙ   X 21

5 ⁵διεσώθη ἀπὸ καύματος υἱὸς νοήμων, B
 ἀνεμόφθορος δὲ γίνεται ἐν ἀμήτῳ υἱὸς παράνομος.
6 ⁶εὐλογία Κυρίου ἐπὶ κεφαλὴν δικαίου,
 στόμα δὲ ἀσεβῶν καλύψει πένθος ἄωρον.
7 ⁷μνήμη δικαίων μετ' ἐγκωμίων,
 ὄνομα δὲ ἀσεβοῦς σβέννυται.
8 ⁸σοφὸς καρδίᾳ δέξεται ἐντολάς,
 ὁ δὲ ἄστεγος χείλεσιν σκολιάζων ὑποσκελισθήσεται.
9 ⁹ὃς πορεύεται ἁπλῶς, πορεύεται πεποιθώς·
 ὁ δὲ διαστρέφων τὰς ὁδοὺς αὐτοῦ γνωσθήσεται.
10 ¹⁰ὁ ἐννεύων ὀφθαλμοῖς μετὰ δόλου συνάγει ἀνδράσι λύπας,
 ὁ δὲ ἐλέγχων μετὰ παρρησίας εἰρηνοποιεῖ.
11 ¹¹πηγὴ ζωῆς ἐν χειρὶ δικαίου,
 στόμα δὲ ἀσεβοῦς καλύψει ἀπώλεια.
12 ¹²μῖσος ἐγείρει νεῖκος,
 πάντας δὲ τοὺς μὴ φιλονεικοῦντας καλύπτει φιλία·
13 ¹³ῥάβδῳ τύπτει ἄνδρα ἀκάρδιον.
14 ¹⁴σοφοὶ κρύψουσιν αἴσθησιν,
 στόμα δὲ προπετοῦς ἐγγίζει συντριβῇ.
15 ¹⁵κτῆσις πλουσίων πόλις ὀχυρά,
 συντριβὴ δὲ ἀσεβῶν πενία.
16 ¹⁶ἔργα δικαίων ζωὴν ποιεῖ,
 καρποὶ δὲ ἀσεβῶν ἁμαρτίας.
17 ¹⁷ὁδοὺς δικαίας ζωῆς φυλάσσει παιδεία,
 παιδεία δὲ ἀνεξέλεγκτος πλανᾶται.
18 ¹⁸καλύπτουσιν ἔχθραν χείλη δίκαια,
 οἱ δὲ ἐκφέροντες λοιδορίας ἀφρονέστατοί εἰσιν
19 ¹⁹ἐκ πολυλογίας οὐκ ἐκφεύξῃ ἁμαρτίαν,
 φειδόμενος δὲ χειλέων νοήμων ἔσῃ.
20 ²⁰ἄργυρος πεπυρωμένος γλῶσσα δικαίου,
 καρδία δὲ ἀσεβοῦς ἐκλείψει.
21 ²¹χείλη δικαίων ἐπίσταται ὑψηλά,
 οἱ δὲ ἄφρονες ἐν ἐνδείᾳ τελευτῶσιν.

6 κεφαλης ℵ* (-ληv ℵ^{c a}) 'A   7 ασεβουσβεννυται A   10 οφθαλμω ℵ ℵA
11 απωλια B*^bℵA (-λεια B^a)   12 καλυψει A   13 ραβδω] pr ος εκ
χειλεων (χιλ. ℵ) προφερει σοφιαν ℵA | καρδιον ℵ* (ακ. ℵ¹)   15 κτη-
σις ℵ* (κτησις ℵ^{c a}) κτησεις A   16 αμαρτιαι ℵ* (-τιας ℵ^{c a})   17 om
δικαιας ℵ^{c a}A | παιδια bis ℵA | ανεξελεκτος B* (ανεξελεγκτ. B^{ab})   19 εκ-
φευξη αμαρτιαν] εκφευξεται αμαρτια A   20 πεπωρωμενος A   21 om
εν ℵ* (hab ℵ^{c a}) | τελευτησωσιν ℵ* (τελευτωσιν ℵ^{c.a})

435   EE 2

B ²²εὐλογία Κυρίου ἐπὶ κεφαλὴν δικαίου·
    αὕτη πλουτίζει, καὶ οὐ μὴ προστεθῇ αὐτῇ λύπη ἐν καρδίᾳ.
²³ἐν γέλωτι ἄφρων πράσσει κακά,
    ἡ δὲ σοφία ἀνδρὶ τίκτει φρόνησιν.
²⁴ἐν ἀπωλείᾳ ἀσεβὴς περιφέρεται,
    ἐπιθυμία δὲ δικαίου δεκτή.
²⁵παραπορευομένης καταιγίδος ἀφανίζεται ἀσεβής,
    δίκαιος δὲ ἐκκλίνας σῴζεται εἰς τὸν αἰῶνα.
²⁶ὥσπερ ὄμφαξ ὀδοῦσι βλαβερὸν καὶ καπνὸς ὄμμασιν,
    οὕτως παρανομία τοῖς χρωμένοις αὐτήν.
²⁷φόβος Κυρίου προστίθησιν ἡμέρας,
    ἔτη δὲ ἀσεβῶν ὀλιγωθήσεται.
²⁸ἐνχρονίζει δικαίοις εὐφροσύνη,
    ἐλπὶς δὲ ἀσεβῶν ἀπολεῖται.
²⁹ὀχύρωμα ὁσίου φόβος Κυρίου,
    συντριβὴ δὲ τοῖς ἐργαζομένοις κακά.
³⁰δίκαιος τὸν αἰῶνα οὐκ ἐνδώσει,
    ἀσεβεῖς δὲ οὐκ οἰκήσουσιν γῆν.
³¹στόμα δικαίου ἀποστάζει σοφίαν,
    γλῶσσα δὲ ἀδίκου ἐξολεῖται.
³²χείλη ἀνδρῶν δικαίων ἀποστάζει χάριτας,
    στόμα δὲ ἀσεβῶν ἀποστρέφεται.
¹ζυγοὶ δόλιοι βδέλυγμα ἐνώπιον Κυρίου,
    στάθμιον δὲ δίκαιον δεκτὸν αὐτῷ.
²οὗ ἐὰν εἰσέλθῃ ὕβρις, ἐκεῖ καὶ ἀτιμία·
    στόμα δὲ ταπεινῶν μελετᾷ σοφίαν.
³ἀποθανὼν δίκαιος ἔλιπεν μετάμελον,
    πρόχειρος δὲ γίνεται καὶ ἐπίχαρτος ἀσεβῶν ἀπώλεια.
⁵δικαιοσύνη ἀμώμους ὀρθοτομεῖ ὁδούς,
    ἀσέβεια δὲ περιπίπτει ἀδικίᾳ.

ℵA 22 κεφαλης ℵA | om αυτη πλουτιζει A 24 απωλια ℵA (πωλια sup ras A¹) | περιφερεται]+δουλευσει δε αφρων φρονιμω A | δεκτη]+καρδια δε ασεβους εκλειψει A 25 om παραπορευομενης.. ασεβης ℵ* (hab ℵ^(c a)) | ασεβης] pr ο ℵ^(c a)A 26 βλαβερος A | αυτην] αυτα A 28 εγχρονιζει B^(ab) | απολειται] ολλυται ℵA 30 ουκηκουσιν B* ουκ οικησουσιν B^(ab)A (-σι) ουκηοικησουσιν ℵ* (om η 1° ℵ^(c a)) 32 δικαια ℵ* (δικαιων ℵ^(c a)) | αποστραφεται ℵ* (καταστρεφ. ℵ^(c a)) XI 2 εαν] αν ℵ 3 αποθανων] pr τελειοτης ευθειων οδηγησει αυτους| και υποσκελισμος αθετουντων προνομευσει αυτους| (4) ουκ ωφελησει υπαρχοντα εν ημερα θυμου| και δικαιοσυνη ρυσεται απο θανατου| A | ελειπεν A | απωλια ℵ 5 αμωμου ℵA | om ασεβεια...αδικια ℵ* (hab ασεβια δε περιπιπτι αδικεια ℵ^(c a))

ΠΑΡΟΙΜΙΑΙ   XI 20

6 ⁶δικαιοσύνη ἀνδρῶν ὀρθῶν ῥύεται αὐτούς,   B
   τῇ δὲ ἀπωλείᾳ αὐτῶν ἁλίσκονται παράνομοι.
7 ⁷τελευτήσαντος ἀνδρὸς δικαίου οὐκ ὄλλυται ἐλπίς,
   τὸ δὲ καύχημα τῶν ἀσεβῶν ὄλλυται.
8 ⁸δίκαιος ἐκ θήρας ἐκδύνει,
   ἀντ' αὐτοῦ δὲ παραδίδοται ὁ ἀσεβής.
9 ⁹ἐν στόματι ἀσεβῶν παγὶς πολίταις,
   αἴσθησις δὲ δικαίων εὔοδος.
10 ¹⁰ἐν ἀγαθοῖς δικαίων κατώρθωσεν πόλις,
11 ¹¹στόμασιν δὲ ἀσεβῶν κατεσκάφη.
12 ¹²μυκτηρίζει πολίτας ἐνδεὴς φρενῶν,
   ἀνὴρ δὲ φρόνιμος ἡσυχίαν ἄγει.
13 ¹³ἀνὴρ δίγλωσσος ἀποκαλύπτει βουλὰς ἐν συνεδρίῳ,
   πιστὸς δὲ πνοῇ κρύπτει πράγματα.
14 ¹⁴οἷς μὴ ὑπάρχει κυβέρνησις, πίπτουσιν ὥσπερ φύλλα,
   σωτηρία δὲ ὑπάρχει ἐν πολλῇ βουλῇ.
15 ¹⁵πονηρὸς κακοποιεῖ ὅταν συνμίξῃ δικαίῳ,
   μισεῖ δὲ ἦχον ἀσφαλείας.
16 ¹⁶γυνὴ εὐχάριστος ἐγείρει ἀνδρὶ δόξαν,
   θρόνος δὲ ἀτιμίας γυνὴ μισοῦσα δίκαια.
   πλούτου ὀκνηροὶ ἐνδεεῖς γίνονται,
   οἱ δὲ ἀνδρεῖοι ἐρείδονται πλούτῳ.
17 ¹⁷τῇ ψυχῇ αὐτοῦ ἀγαθὸν ποιεῖ ἀνὴρ ἐλεήμων,
   ἐξολλύει δὲ αὐτοῦ σῶμα ὁ ἀνελεήμων.
18 ¹⁸ἀσεβὴς ποιεῖ ἔργα ἄδικα,
   σπέρμα δὲ δικαίων μισθὸς ἀληθείας.
19 ¹⁹υἱὸς δίκαιος γεννᾶται εἰς ζωήν,
   διωγμὸς δὲ ἀσεβοῦς εἰς θάνατον.
20 ²⁰βδέλυγμα Κυρίῳ διεστραμμέναι ὁδοί,
   προσδεκτοὶ δὲ αὐτῷ πάντες ἄμωμοι ἐν ταῖς ὁδοῖς αὐτῶν.

6 om δικαιοσυνη . αυτους ℵ* (hab ℵ^{c a}) | ρυσεται ℵ^{c a}A | απωλεια Bℵ* ℵA (-λια)] ασεβια ℵ^{c a} αβουλεια A | om αυτων A   **8** εκδυνει] δινει A   **9** ασεβων] αμαρτων ℵ* (αμαρτωλων ℵ^{c a}) | αισθησεις ℵA   **10** δικαιων] διων ℵ* (διχων ℵ^{c a}) | πολις]+και επ απωλεια ασεβων αγαλλιαμα (11) εν ευλογιαις δικαιων υψωθησεται πολις B^{b mg sup} + και εν απωλια (-λεια A) ασ. αγαλλ. (11) εν ευλογια (-γεια A) ευθιων (-θεων A) υψ. πολις ℵ^{c a}A   **12** ενδεεις A | φρονιμος] pr ο ℵ* (om ℵ^{c a})   **14** φυλλον ℵ* (φυλλα ℵ^{c a}) | om δε ℵ* (hab ℵ^{c a})   **15** συνμειξη B* συμμειξη ℵ συμμιξη B^bA   **17** εξολλυει] εξολλυσι ℵ^{c a} | αυτου 2°] το εαυτου ℵ^{c a}

ΠΑΡΟΙΜΙΑΙ

B ²¹χειρὶ χεῖρας ἐμβαλὼν ἀδίκως οὐκ ἀτιμώρητος ἔσται, 21
ὁ δὲ σπείρων δικαιοσύνην λήμψεται μισθὸν πιστόν.
²²ὥσπερ ἐνώτιον ἐν ῥινὶ ὑός, 22
οὕτως γυναικὶ κακόφρονι κάλλος.
²³ἐπιθυμία δικαίων πᾶσα ἀγαθή, 23
ἐλπὶς δὲ ἀσεβῶν ἀπολεῖται.
²⁴εἰσὶν οἱ τὰ ἴδια σπείροντες πλείονα ποιοῦσιν· 24
εἰσὶν καὶ οἱ συνάγοντες ἐλαττονοῦνται.
²⁵ψυχὴ εὐλογουμένη πᾶσα ἁπλῆ, 25
ἀνὴρ δὲ θυμώδης οὐκ εὐσχήμων.
²⁶ὁ συνέχων σῖτον, ὑπολίποιτο αὐτὸν τοῖς ἔθνεσιν· 26
εὐλογία δὲ εἰς κεφαλὴν τοῦ μεταδιδόντος.
²⁷τεκταινόμενος ἀγαθὰ ζητεῖ χάριν ἀγαθήν, 27
ἐκζητοῦντα δὲ κακὰ καταλήμψεται αὐτόν.
²⁸ὁ πεποιθὼς ἐπὶ πλούτῳ, οὗτος πεσεῖται, 28
ὁ δὲ ἀντιλαμβανόμενος δικαίων, οὗτος ἀνατελεῖ.
²⁹ὁ μὴ συνπεριφερόμενος τῷ ἑαυτοῦ οἴκῳ κληρονομήσει ἄνεμον, 29
δουλεύσει δὲ ἄφρων φρονίμῳ.
³⁰ἐκ καρποῦ δικαιοσύνης φύεται δένδρον ζωῆς, 30
ἀφαιροῦνται δὲ ἄωροι ψυχαὶ παρανόμων.
³¹εἰ ὁ μὲν δίκαιος μόλις σώζεται, ὁ ἀσεβὴς καὶ ἁμαρτωλὸς ποῦ 31
φανεῖται;
¹ὁ ἀγαπῶν παιδείαν ἀγαπᾷ αἴσθησιν, 1 XII
ὁ δὲ μισῶν ἐλέγχους ἄφρων.
²κρείσσων ὁ εὑρὼν χάριν παρὰ Κυρίῳ, 2
ἀνὴρ δὲ παράνομος παρασιωπηθήσεται.
³οὐ κατορθώσει ἄνθρωπος ἐξ ἀνόμου, 3
αἱ δὲ ῥίζαι τῶν δικαίων οὐκ ἐξαρθήσονται.
⁴γυνὴ ἀνδρεία στέφανος τῷ ἀνδρὶ αὐτῆς· 4
ὥσπερ δὲ ἐν ξύλῳ σκώληξ, οὕτως ἄνδρα ἀπόλλυσιν γυνὴ
κακοποιός.
⁵λογισμοὶ δικαίων κρίματα, 5
κυβερνῶσιν δὲ ἀσεβεῖς δόλους.

ℵA 21 χειρας] χειρα ℵ* (-ρας ℵᶜ ᵃ) | πιστων A   22 ενωτιον]+χρυσουν ℵᶜ·ᵃ |
υος] υιος A   24 εισιν 2°]+δε ℵᶜ ᵃ | ελαττονουνται (ελατον. ℵᶜ ᵃ)] pr τα αλλο-
τρια ℵᶜ ᵃ   25 ευλογουμενη] ηυλογημενη A   26 υπολειποιτο ℵ υπολειποτο
A   29 συμπεριφερ. Bᵇ | τω οικω εαυτου ℵ   31 αμαρτωλος και ασεβης ℵ
XII 1 παιδιαν ℵA   2 παρανομος] παρανο sup ras Bᵃ?   4 απολλυσι ℵ
5 λογοισμοι ℵ* (λογισμ. ℵ¹⁽ᵛⁱᵈ⁾ᶜ ᵃ) | δολους] λογοις ℵ* (δολους ℵᶜ ᵃ)

ΠΑΡΟΙΜΙΑΙ XII 19

6 ⁶λόγοι ἀσεβῶν δόλιοι,
στόμα δὲ ὀρθῶν ῥύσεται αὐτούς.
7 ⁷οὗ ἐὰν στραφῇ, ἀσεβὴς ἀφανίζεται,
οἶκοι δὲ δικαίων παραμένουσιν.
8 ⁸στόμα συνετοῦ ἐγκωμιάζεται ὑπὸ ἀνδρός,
νωθροκάρδιος δὲ μυκτηρίζεται.
9 ⁹κρείσσων ἀνὴρ ἐν ἀτιμίᾳ δουλεύων ἑαυτῷ,
ἢ τιμὴν ἑαυτῷ περιτιθεὶς καὶ προσδεόμενος ἄρτου.
10 ¹⁰δίκαιος οἰκτείρει ψυχὰς κτηνῶν αὐτοῦ,
τὰ δὲ σπλάγχνα τῶν ἀσεβῶν ἀνελεήμονα.
11 ¹¹ὁ ἐργαζόμενος τὴν ἑαυτοῦ γῆν ἐμπλησθήσεται ἄρτων,
οἱ δὲ διώκοντες μάταια ἐνδεεῖς φρενῶν.
11a ¹¹ᵃὅς ἐστιν ἡδὺς ἐν οἴνων διατριβαῖς,
ἐν τοῖς ἑαυτοῦ ὀχυρώμασιν καταλείψει ἀτιμίαν.
12 ¹²ἐπιθυμίαι ἀσεβῶν κακαί,
αἱ δὲ ῥίζαι τῶν εὐσεβῶν ἐν ὀχυρώμασιν.
13 ¹³δι' ἁμαρτίαν χειλέων ἐμπίπτει εἰς παγίδας ἁμαρτωλός,
ἐκφεύγει δὲ ἐξ αὐτῶν δίκαιος.
13a ¹³ᵃὁ βλέπων λεῖα ἐλεηθήσεται,
ὁ δὲ συναντῶν ἐν πύλαις ἐκθλίψει ψυχάς.
14 ¹⁴ἀπὸ καρπῶν στόματος ψυχὴ ἀνδρὸς πλησθήσεται ἀγαθῶν,
ἀνταπόδομα δὲ χειλέων αὐτοῦ δοθήσεται αὐτῷ.
15 ¹⁵ὁδοὶ ἀφρόνων ὀρθαὶ ἐνώπιον αὐτῶν,
εἰσακούει δὲ συμβουλίας σοφός.
16 ¹⁶ἄφρων αὐθημερὸν ἐξαγγέλλει ὀργὴν αὐτοῦ,
κρύπτει δὲ τὴν ἑαυτοῦ ἀτιμίαν πανοῦργος.
17 ¹⁷ἐπιδεικνυμένην πίστιν ἀπαγγέλλει δίκαιος,
ὁ δὲ μάρτυς τῶν ἀδίκων δόλιος.
18 ¹⁸εἰσὶν οἱ λέγοντες τιτρώσκουσιν μάχαιραι,
γλῶσσαι δὲ σοφῶν ἰῶνται.
19 ¹⁹χείλη ἀληθινὰ κατορθοῖ μαρτυρίαν,
μάρτυς δὲ ταχὺς γλῶσσαν ἔχει ἄδικον.

7 ασεβης] pr ο A | αφανιζεται] pr ο ℵ* (om ℵ¹ᶜ ᵃ?) 9 περιθεις ℵ | ℵA αρτων A 10 οικτειρει δικαιος A | αυτου] εαυτου ℵ* (αυτ. ℵᶜ ᵃ) 11 εμπλησθησηται B 11a καταλιψω ℵ* (-ψει ℵ¹) | ατιμιαν Bℵᶜ·ᵃA] αμαρτιαν ℵ* 12 ευσεβων] ασεβων B 13 δι] δια ℵA | αμαρτιας A | αμαρτωλος] pr ο ℵ* (om ο ℵᶜ ᵃ) | εκφενει ℵ* (εκφευγ. ℵᶜ ᵃ) 14 καρπων] γαρπων A 16 εξαγγελει ℵ | πανουργος] pr ο ℵᶜ ᵃ 18 μαχαιραν A

439

ΠΑΡΟΙΜΙΑΙ

²⁰δόλος ἐν καρδίᾳ τεκταινομένου κακά,
οἱ δὲ βουλόμενοι εἰρήνην εὐφρανθήσονται.
²¹οὐκ ἀρέσει τῷ δικαίῳ οὐδὲν ἄδικον,
οἱ δὲ ἀσεβεῖς πλησθήσονται κακῶν.
²²βδέλυγμα Κυρίῳ χείλη ψευδῆ,
ὁ δὲ ποιῶν πίστεις δεκτὸς παρ' αὐτῷ.
²³ἀνὴρ συνετὸς θρόνος αἰσθήσεως,
καρδία δὲ ἀφρόνων συναντήσεται ἀραῖς.
²⁴χεὶρ ἐκλεκτῶν κρατήσει εὐχερῶς,
δόλιοι δὲ ἔσονται ἐν προνομῇ.
²⁵φοβερὸς λόγος καρδίαν ταράσσει ἀνδρὸς δικαίου,
ἀγγελία δὲ ἀγαθὴ εὐφραίνει αὐτόν.
²⁶ἐπιγνώμων δίκαιος ἑαυτοῦ φίλος ἔσται,
ἁμαρτάνοντας δὲ καταδιώξεται κακά,
ἡ δὲ ὁδὸς τῶν ἀσεβῶν πλανήσει αὐτούς.
²⁷οὐκ ἐπιτεύξεται δόλιος θήρας,
κτῆμα δὲ τίμιον ἀνὴρ καθαρός.
²⁸ἐν ὁδοῖς δικαιοσύνης ζωή,
ὁδοὶ δὲ μνησικάκων εἰς θάνατον.

¹Υἱὸς πανοῦργος ὑπήκοος πατρί,
υἱὸς δὲ ἀνήκοος ἐν ἀπωλείᾳ.
²ἀπὸ καρπῶν δικαιοσύνης φάγεται ἀγαθός,
ψυχαὶ δὲ παρανόμων ὀλοῦνται ἄωροι.
³ὃς φυλάσσει τὸ ἑαυτοῦ στόμα τηρεῖ τὴν ἑαυτοῦ ψυχήν,
ὁ δὲ προπετὴς χείλεσιν πτοήσει ἑαυτόν.
⁴ἐν ἐπιθυμίαις ἐστὶν πᾶς ἀεργός,
χεῖρες δὲ ἀνδρείων ἐν ἐπιμελείᾳ.
⁵λόγον ἄδικον μισεῖ δίκαιος,
ἀσεβὴς δὲ αἰσχύνεται καὶ οὐχ ἕξει παρρησίαν.
⁷εἰσὶν οἱ πλουτίζοντες ἑαυτοὺς μηδὲν ἔχοντες,
καὶ εἰσὶν οἱ ταπεινοῦντες ἑαυτοὺς ἐν πολλῷ πλούτῳ.

ℵA   23 καρδιαι ℵ* (ras ι 2° postea inst ℵᶜ)   24 ευχερως] εχθρων A | εν προνομη] εις προνομη| A   25 ευφρανει ℵ* (ευφραιν. ℵᶜ¹) A   26 εσται] +αι δε γνωμαι των ασεβων ανεπιεικεις A | αμαρτανοντας κακα uncis incl ℵᶜᵃ   XIII 1 πατρι] μητρι ℵ* (πατρι ℵᶜᵃ)   2 καρπου A | ολουνται] ολλυνται ℵ   5 παρρησιαν]+(6) δικαιοσυνη φυλασσει ακακους οδω| τους δε ασεβεις φαυλους ποιει αμαρτια A   7 πλουτιζουσιν A

ΠΑΡΟΙΜΙΑΙ XIII 20

8 ⁸λύτρον ἀνδρὸς ψυχῆς ὁ ἴδιος πλοῦτος,
πτωχὸς δὲ οὐχ ὑφίσταται ἀπειλήν.
9 ⁹φῶς δικαίοις διὰ παντός,
φῶς δὲ ἀσεβῶν σβέννυται.
9a ⁹ᵃψυχαὶ δόλιαι πλανῶνται ἐν ἁμαρτίαις,
δίκαιοι δὲ οἰκτείρουσιν καὶ ἐλεῶσιν.
10 ¹⁰κακὸς μεθ' ὕβρεως πράσσει κακά,
οἱ δὲ ἑαυτῶν ἐπιγνώμονες σοφοί.
11 ¹¹ὕπαρξις ἐπισπουδαζομένη μετὰ ἀνομίας ἐλάσσων γίνεται,
ὁ δὲ συνάγων ἑαυτῷ μετ' εὐσεβείας πληθυνθήσεται·
δίκαιος οἰκτείρει καὶ κιχρᾷ.
12 ¹²κρείσσων ἐναρχομένοις βοηθῶν καρδίᾳ
τοῦ ἐπαγγελλομένου καὶ εἰς ἐλπίδα ἄγοντος
δένδρον γὰρ ζωῆς ἐπιθυμία ἀγαθή.
13 ¹³ὃς καταφρονεῖ πράγματος, καταφρονηθήσεται ὑπ' αὐτοῦ·
ὁ δὲ φοβούμενος ἐντολήν, οὗτος ὑγιαίνει.
13a ¹³ᵃυἱῷ δολίῳ οὐδὲν ἔσται ἀγαθόν·
οἰκέτῃ δὲ σοφῷ εὔοδοι ἔσονται πράξεις,
καὶ κατευθυνθήσεται ἡ ὁδὸς αὐτοῦ.
14 ¹⁴νόμος σοφοῦ πηγὴ ζωῆς,
ὁ δὲ ἄνους ὑπὸ παγίδος θανεῖται.
15 ¹⁵σύνεσις ἀγαθὴ δίδωσιν χάριν,
τὸ δὲ γνῶναι νόμον διανοίας ἐστὶν ἀγαθῆς,
ὁδοὶ δὲ καταφρονούντων ἐν ἀπωλείᾳ.
16 ¹⁶πᾶς πανοῦργος πράσσει μετὰ γνώσεως,
ὁ δὲ ἄφρων ἐξεπέτασεν ἑαυτοῦ κακίαν.
17 ¹⁷βασιλεὺς θρασὺς ἐμπεσεῖται εἰς κακά,
ἄγγελος δὲ σοφὸς ῥύσεται αὐτόν.
18 ¹⁸πενίαν καὶ ἀτιμίαν ἀφαιρεῖται παιδεία,
ὁ δὲ φυλάσσων ἐλέγχους δοξασθήσεται.
19 ¹⁹ἐπιθυμίαι εὐσεβῶν ἡδύνουσιν ψυχήν,
ἔργα δὲ ἀσεβῶν μακρὰν ἀπὸ γνώσεως
20 ²⁰συμπορευόμενος σοφοῖς σοφὸς ἔσῃ,

8 υπιστατια ℵ* (υφ. ℵ¹)   9a ελεουσι| A   12 εν αρχ. B^fort εναρ- ℵA χομενος ℵA | βοηθων] βοηθειν ℵ^(c a) (-θιν) A | αγαθη] om ℵ* (hab ℵ^(c a)) κακη A   13a δουλιω ℵ* (δολ. ℵ^(1·c a)) | εσταγαθον ℵ* (εσται αγ. ℵ^(c a)) | πραξις ℵ*^vid (-ξεις ℵ^(c a))   15 διδωσι A | απωλια ℵ   16 εξεπετασε ℵ   17 σοφος] πιστος ℵ* (σοφ. ℵ^(c a))   18 παιδια ℵA   19 ηδυνουσι ℵ   20 συμπορευομενος 1°] pr ο ℵ^(c a)A | εση] εσται ℵ^(c a)A

ὁ δὲ συμπορευόμενος ἄφροσι γνωσθήσεται.
²¹ἁμαρτάνοντας καταδιώξεται κακά,
τοὺς δὲ δικαίους καταλήμψεται ἀγαθά.
²²ἀγαθὸς ἀνὴρ κληρονομήσει υἱοὺς υἱῶν,
θησαυρίζεται δὲ δικαίοις πλοῦτος ἀσεβῶν.
²³δίκαιοι ποιήσουσιν ἐν πλούτῳ ἔτη πολλά,
ἄδικοι δὲ ἀπολοῦνται συντόμως.
²⁴ὃς φείδεται τῆς βακτηρίας, μισεῖ τὸν υἱὸν αὐτοῦ,
ὁ δὲ ἀγαπῶν ἐπιμελῶς παιδεύει.
²⁵δίκαιος ἔσθων ἐμπιπλᾷ τὴν ψυχὴν αὐτοῦ,
ψυχαὶ δὲ ἀσεβῶν ἐνδεεῖς.
¹σοφαὶ γυναῖκες ᾠκοδόμησαν οἴκους,
ἡ δὲ ἄφρων κατέσκαψεν ταῖς χερσὶν αὐτῆς.
²ὁ πορευόμενος ὀρθῶς φοβεῖται τὸν κύριον,
ὁ δὲ σκολιάζων ταῖς ὁδοῖς αὐτοῦ ἀτιμασθήσεται
³ἐκ στόματος ἀφρόνων βακτηρία ὕβρεως,
χείλη δὲ σοφῶν φυλάσσει αὐτούς.
⁴οὗ μή εἰσιν βόες, φάτναι καθαραί·
οὗ δὲ πολλὰ γενήματα, φανερὰ βοὸς ἰσχύς.
⁵μάρτυς πιστὸς οὐ ψεύδεται,
ἐκκαίει δὲ ψευδῆ μάρτυς ἄδικος.
⁶ζητήσεις σοφίαν παρὰ κακοῖς καὶ οὐχ εὑρήσεις,
αἴσθησις δὲ παρὰ φρονίμοις εὐχερής.
⁷πάντα ἐναντία ἀνδρὶ ἄφρονι,
ὅπλα δὲ αἰσθήσεως χείλη σοφά.
⁸σοφία πανούργων ἐπιγνώσεται τὰς ὁδοὺς αὐτῶν,
ἄνοια δὲ ἀφρόνων ἐν πλάνῃ.
⁹οἰκίαι παρανόμων ὀφειλήσουσιν καθαρισμόν,
οἰκίαι δὲ δικαίων δεκταί.
¹⁰καρδία ἀνδρὸς αἰσθητική, λυπηρὰ ψυχὴ αὐτοῦ·
ὅταν δὲ εὐφραίνηται, οὐκ ἐπιμίγνυται ὕβρει.
¹¹οἰκίαι ἀσεβῶν ἀφανισθήσονται,
σκηναὶ δὲ κατορθούντων στήσονται.

ℵA 20 συμπορευομενος 2°] συνρεμβομενος A | αφροσι] αφρονι ℵ* (αφροσι ℵᶜᵃ) αφροσιν A 22 αγαθος] pr ο A 25 εσθων] εσθιων ℵᶜᵃ XIV 1 κατεσκαψεν] κατεστρεψεν A 2 om δε ℵ* (hab ℵᶜᵃ) 3 φυλαξει A 5 εκκαει ℵ* (εκκαιει ℵᶜᵃ) 9 παρανομων] αφρονων A | οφιλησουσι ℵ* (-σῖ ut vid ℵᶜᵃ) 10 υβρει Bᵃᵇ (υβρι B*ℵ)] υβριν A

ΠΑΡΟΙΜΙΑΙ XIV 27

12 ¹²ἔστιν ὁδὸς ἣ δοκεῖ παρὰ ἀνθρώποις ὀρθὴ εἶναι,
τὰ δὲ τελευταῖα αὐτῆς ἔρχεται εἰς πυθμένα ᾅδου.

13 ¹³ἐν εὐφροσύναις οὐ προσμίγνυται λύπη,
τελευταία δὲ χαρὰ εἰς πένθος ἔρχεται.

14 ¹⁴τῶν ἑαυτοῦ ὁδῶν πλησθήσεται θρασυκάρδιος,
ἀπὸ δὲ τῶν διανοημάτων αὐτοῦ ἀνὴρ ἀγαθός.

15 ¹⁵ἄκακος πιστεύει παντὶ λόγῳ,
πανοῦργος δὲ ἔρχεται εἰς μετάνοιαν.

16 ¹⁶σοφὸς φοβηθεὶς ἐξέκλινεν ἀπὸ κακοῦ,
ὁ δὲ ἄφρων ἑαυτῷ πεποιθὼς μίγνυται ἀνόμῳ.

17 ¹⁷ὀξύθυμος πράσσει μετὰ ἀβουλίας,
ἀνὴρ δὲ φρόνιμος πολλὰ ὑποφέρει.

18 ¹⁸μεριοῦνται ἄφρονες κακίαν,
οἱ δὲ πανοῦργοι κρατήσουσιν αἰσθήσεως.

19 ¹⁹ὀλισθήσουσιν κακοὶ ἔναντι ἀγαθῶν,
καὶ ἀσεβεῖς θεραπεύσουσιν θύρας δικαίων.

20 ²⁰φίλοι μισήσουσιν φίλους πτωχούς,
φίλοι δὲ πλουσίων πολλοί.

21 ²¹ὁ ἀτιμάζων πένητας ἁμαρτάνει,
ἐλεῶν δὲ πτωχοὺς μακαριστός.

22 ²²πλανώμενοι τεκταίνουσι κακά,
ἔλεον δὲ καὶ ἀλήθειαν τεκταίνουσιν ἀγαθοί·
οὐκ ἐπίστανται ἔλεον καὶ πίστιν τέκτονες κακῶν,
ἐλεημοσύναι δὲ καὶ πίστεις παρὰ τέκτοσιν ἀγαθοῖς.

23 ²³ἐν παντὶ μεριμνῶντι ἔνεστιν περισσόν,
ὁ δὲ ἡδὺς καὶ ἀνάλγητος ἐν ἐνδείᾳ ἔσται.

24 ²⁴στέφανος σοφῶν πανοῦργος,
ἡ δὲ διατριβὴ ἀφρόνων κακή.

25 ²⁵ῥύσεται ἐκ κακῶν ψυχὴν μάρτυς πιστός,
ἐκκαίει δὲ ψευδῆ δόλιος.

26 ²⁶ἐν φόβῳ Κυρίου ἐλπὶς ἰσχύος,
τοῖς δὲ τέκνοις αὐτοῦ καταλείπει ἔρεισμα.

27 ²⁷πρόσταγμα Κυρίου πηγὴ ζωῆς,
ποιεῖ δὲ ἐκκλίνειν ἐκ παγίδος θανάτου.

12 ορθη ειναι παρα α̅ν̅ο̅ι̅ς̅ A | αυτης] αυτου A   13 ευφροσυνη ℵ | ℵA χαρας A   16 εαυτω] pr εν ℵ* (om ℵ^(c a))   20 μισησωσιν A   21 μακαριστος] μακαριος εστ, A   22 τεκταινουσι] τεκτενουσιν A | πιστεις] πιστις ℵA   26 καταλειπει] καταλιψι ℵ^(c a) | ερισμα B*ℵA (ερεισμα B^(ab))

ΠΑΡΟΙΜΙΑΙ

B ²⁸ἐν πολλῷ ἔθνει δόξα βασιλέως, 28
ἐν δὲ ἐκλείψει λαοῦ συντριβὴ δυνάστου.
²⁹μακρόθυμος ἀνὴρ πολὺς ἐν φρονήσει, 29
ὁ δὲ ὀλιγόψυχος ἰσχυρὸς ἄφρων.
³⁰πραΰθυμος ἀνὴρ καρδίας ἰατρός, 30
σὴς δὲ ὀστέων καρδία αἰσθητική.
³¹ὁ συκοφαντῶν πένητα παροξύνει τὸν ποιήσαντα αὐτόν, 31
ὁ δὲ τιμῶν αὐτὸν ἐλεᾷ πτωχόν.
³²ἐν κακίᾳ αὐτοῦ ἀπωσθήσεται ἀσεβής, 32
ὁ δὲ πεποιθὼς τῇ ἑαυτοῦ ὁσιότητι δίκαιος.
³³ἐν καρδίᾳ ἀγαθῇ ἀνδρὸς σοφία, 33
ἐν δὲ καρδίᾳ ἀφρόνων οὐ διαγινώσκεται.
³⁴δικαιοσύνη ὑψοῖ ἔθνος, 34
ἐλασσονοῦσι δὲ φυλὰς ἁμαρτίαι.
³⁵δεκτὸς βασιλεῖ ὑπηρέτης νοήμων, 35
τῇ δὲ ἑαυτοῦ εὐστροφίᾳ ἀφαιρεῖται ἀτιμίαν.
¹ὀργὴ ἀπόλλυσιν καὶ φρονίμους, 1 XV
ἀπόκρισις δὲ ὑποπίπτουσα ἀποστρέφει θυμόν,
λόγος δὲ λυπηρὸς ἐγείρει ὀργάς.
²γλῶσσα σοφῶν καλὰ ἐπίσταται, 2
στόμα δὲ ἀφρόνων ἀναγγελεῖ κακά.
³ἐν παντὶ τόπῳ ὀφθαλμοὶ Κυρίου· 3
σκοπεύουσιν κακούς τε καὶ ἀγαθούς.
⁴ἴασις γλώσσης δένδρον ζωῆς, 4
ὁ δὲ συντηρῶν αὐτὴν πλησθήσεται πνεύματος
⁵ἄφρων μυκτηρίζει παιδίαν πατρός, 5
ὁ δὲ φυλάσσων ἐντολὰς πανουργότερος.
⁶ἐν πλεοναζούσῃ δικαιοσύνῃ ἰσχὺς πολλή, 6
οἱ δὲ ἀσεβεῖς ὁλόριζοι ἐκ γῆς ἀπολοῦνται·
οἴκοις δικαίων ἰσχὺς πολλή,
καρποὶ δὲ ἀσεβῶν ἀπολοῦνται.
⁷χείλη σοφῶν δέδεται αἰσθήσει, 7
καρδίαι δὲ ἀφρόνων οὐκ ἀσφαλεῖς.

ℵA   29 ολιγοσχος ℵ* (ολιγοψυχος ℵ¹) | ισχιρως BᵃᵇℵᶜᵃA   31 ελεα] ελεει Bᵃᵇ   33 ανδρος] αναπαυσεται ℵᶜᵃ   34 ελασσονουσι (sic) BℵA   XV 1 om δε 2° ℵ   2 αναγγελλει Aᵛⁱᵈ   4 πνευματος] πιοτητος ℵ* των καρπων αυτης ℵᶜᵃ   5 παιδειαν Bᵃᵇ   6 απολουνται 1°] ολουνται ℵᶜᵃA | om οικοις απολουνται (2°) ℵ* (hab ℵᶜ¹)   7 χειλη] + δ ℵ* (om δ ℵ¹)

ΠΑΡΟΙΜΙΑΙ   XV 23

8 ⁸θυσίαι ἀσεβῶν βδέλυγμα Κυρίῳ,   B
  εὐχαὶ δὲ κατευθυνόντων δεκταὶ παρ' αὐτῷ.
9 ⁹βδέλυγμα Κυρίῳ ὁδοὶ ἀσεβοῦς,
  διώκοντας δὲ δικαιοσύνην ἀγαπᾷ.
10 ¹⁰παιδεία ἀκάκου γνωρίζεται ὑπὸ τῶν παριόντων,
  οἱ δὲ μισοῦντες ἐλέγχους τελευτῶσιν αἰσχρῶς.
11 ¹¹ᾅδης καὶ ἀπώλεια φανερὰ παρὰ τῷ κυρίῳ,
  πῶς οὐχὶ καὶ αἱ καρδίαι τῶν ἀνθρώπων;
12 ¹²οὐκ ἀγαπήσει ἀπαίδευτος τοὺς ἐλέγχοντας αὐτόν,
  μετὰ δὲ σοφῶν οὐχ ὁμιλήσει.
13 ¹³καρδίας εὐφραινομένης πρόσωπον θάλλει,
  ἐν δὲ λύπαις οὔσης σκυθρωπάζει.
14 ¹⁴καρδία ὀρθὴ ζητεῖ αἴσθησιν,
  στόμα δὲ ἀπαιδεύτων γνώσεται κακά.
15 ¹⁵πάντα τὸν χρόνον οἱ ὀφθαλμοὶ τῶν κακῶν προσδέχονται κακά,
  οἱ δὲ ἀγαθοὶ ἡσυχάσουσιν διὰ παντός.
16 ¹⁶κρείσσων μικρὰ μερὶς μετὰ φόβου Κυρίου
  ἢ θησαυροὶ μεγάλοι μετὰ ἀφοβίας.
17 ¹⁷κρείσσων ξενισμὸς μετὰ λαχάνων πρὸς φιλίαν καὶ χάριν
  ἢ παράθεσις μόσχων μετὰ ἔχθρας.
18 ¹⁸ἀνὴρ θυμώδης παρασκευάζει μάχας,
  μακρόθυμος δὲ καὶ τὴν μέλλουσαν καταπραΰνει·
18a ¹⁸ᵃμακρόθυμος ἀνὴρ κατασβέσει κρίσεις,
  ὁ δὲ ἀσεβὴς ἐγείρει μᾶλλον.
19 ¹⁹ὁδοὶ ἀεργῶν ἐστρωμέναι ἀκάνθαις,
  αἱ δὲ τῶν ἀνδρείων τετριμμέναι.
20 ²⁰υἱὸς σοφὸς εὐφραίνει πατέρα,
  υἱὸς δὲ ἄφρων μυκτηρίζει μητέρα αὐτοῦ.
21 ²¹ἀνοήτου τρίβοι ἐνδεεῖς φρενῶν,
  ἀνὴρ δὲ φρόνιμος κατευθύνων πορεύεται.
22 ²²ὑπερτίθενται λογισμοὺς οἱ μὴ τιμῶντες συνέδρια,
  ἐν δὲ καρδίαις βουλευομένων μένει βουλή.
23 ²³οὐ μὴ ὑπακούσῃ ὁ κακὸς αὐτῇ,

8 ασεβων] αμαρτωλων ℵ   9 αγαπα] απατα ℵ* (αγ. ℵ^(c a))   10 παιδια ℵA
ℵA   13 ουσης B^(ab)ℵ] ουσαις B* ουσα A   14 απαιδευτων] ασεβων
ℵ* (απαιδ. ℵ^(c a))   15 ησυχαζουσιν A   17 om μετα 1° A | μετα 2°] μετ A
18 a κρισις ℵA   21 ανηρ δε φρονιμος] ο δε φρ ανηρ ℵ   22 υπερτι-
θονται ℵ* (-θενται ℵ^(c a)) | τιμωτες ℵ* (-ντες ℵ^(c a))   23 ου] υ A* (pr ο
A^(a? mg)) | κακος] ακακος ℵ^(c a)

ΠΑΡΟΙΜΙΑΙ

B   οὐδὲ μὴ εἴπῃ καίριόν τι καὶ καλὸν τῷ κοινῷ.
²⁴ὁδοὶ ζωῆς διανοήματα συνετοῦ,   24
ἵνα ἐκκλίνας ἐκ τοῦ ᾅδου σωθῇ.
²⁵οἴκους ὑβριστῶν κατασπᾷ Κύριος,   25
ἐστήρισεν δὲ ὅριον χήρας.
²⁶βδέλυγμα Κυρίῳ λογισμὸς ἄδικος,   26
ἁγνῶν δὲ ῥήσεις σεμναί
²⁷ἐξόλλυσιν ἑαυτὸν ὁ δωρολήμπτης,   27
ὁ δὲ μισῶν δώρων λήμψεις σώζεται.
⁽⁶⁾ἐλεημοσύναις καὶ πίστεσιν ἀποκαθαίρονται ἁμαρτίαι,   (6) (XVI)
τῷ δὲ φόβῳ Κυρίου ἐκκλίνει πᾶς ἀπὸ κακοῦ.
²⁸καρδίαι δικαίων μελετῶσιν πίστεις,   28
στόμα δὲ ἀσεβῶν ἀποκρίνεται κακά.
⁽⁷⁾δεκταὶ παρὰ Κυρίῳ ὁδοὶ ἀνθρώπων δικαίων,   (7)
διὰ δὲ αὐτῶν καὶ οἱ ἐχθροὶ φίλοι γίνονται.
²⁹μακρὰν ἀπέχει ὁ θεὸς ἀπὸ ἀσεβῶν,   29
εὐχαῖς δὲ δικαίων ἐπακούει.

§ C   ^{§(8)}κρείσσων ὀλίγη λῆμψις μετὰ δικαιοσύνης   (8)
ἢ πολλὰ γενήματα μετὰ ἀδικίας.
¹καρδία δὲ ἀνδρὸς λογιζέσθω δίκαια,   1 (9) XVI
ἵνα ὑπὸ τοῦ θεοῦ διορθωθῇ τὰ διαβήματα αὐτοῦ
²θεωρῶν ὀφθαλμὸς καλὰ εὐφραίνει καρδίαν,   2 (30) (XV)
φήμη δὲ ἀγαθὴ πιαίνει ὀστᾶ.
³ὃς ἀπωθεῖται παιδείαν μισεῖ ἑαυτόν,   3 (32)
ὁ δὲ τηρῶν ἐλέγχους ἀγαπᾷ ψυχὴν αὐτοῦ.
⁴φόβος θεοῦ παιδεία καὶ σοφία,   4 (33)
καὶ ἀρχὴ δόξης ἀποκριθήσεται αὐτῇ.   —
⁵πάντα τὰ ἔργα τοῦ ταπεινοῦ φανερὰ παρὰ τῷ θεῷ,   5
οἱ δὲ ἀσεβεῖς ἐν ἡμέρᾳ κακῇ ὀλοῦνται.
⁶ἀκάθαρτος παρὰ θεῷ πᾶς ὑψηλοκάρδιος,   6 (5) (XVI)
χειρὶ δὲ χεῖρας ἐμβαλὼν ἀδίκως οὐκ ἀθῳωθήσεται   —
⁷ἀρχὴ ὁδοῦ ἀγαθῆς τὸ ποιεῖν τὰ δίκαια,   7

ℵAC   25 εστηρισεν] εστησεν ℵ* (εστηρ. ℵ^{c a})   27 λημψις A | ελαιημοσυναι ℵ* (-ναις ℵ^{c.a nisi forte 1}) | πιστισιν ℵ* (-τεσιν ℵ^{1c a})   28 καρδια ℵ* (-διαι ℵ^{1c a (vid)}) | πιστις ℵA   29 επακουει] υπακουει ℵ | ληψις C   XVI 1 om δε AC | θεου] κ̄ῡ C   3 παιδιαν ℵA   4 παιδια ℵ | δοξης]+αυτου A | αυτη] αυτω A+προσπορευεται δε ταπινοις δοξα ℵ^{c a}+προσπορευεται ταπεινος (sic) δοξα A   5 ασεβης B* (-βεις B^{ab})   6 θεω] pr τω A | αθοωθησεται B*ℵAC (αθωωθ. B^b)

ΠΑΡΟΙΜΙΑΙ   XVI 21

δεκτὰ δὲ παρὰ θεῷ μᾶλλον ἢ θύειν θυσίας.   B

3   ⁸ὁ ζητῶν τὸν κύριον εὑρήσει γνῶσιν μετὰ δικαιοσύνης,
     οἱ δὲ ὀρθῶς ζητοῦντες αὐτὸν εὑρήσουσιν εἰρήνην.

(4) 9   ⁹πάντα τὰ ἔργα τοῦ κυρίου μετὰ δικαιοσύνης,
     φυλάσσεται δὲ ὁ ἀσεβὴς εἰς ἡμέραν κακήν.

10   ¹⁰μαντεῖον ἐπὶ χείλεσιν βασιλέως,
     ἐν δὲ κρίσει οὐ μὴ πλανηθῇ τὸ στόμα αὐτοῦ.

11   ¹¹ῥοπὴ ζυγοῦ δικαιοσύνη παρὰ Κυρίῳ,
     τὰ δὲ ἔργα αὐτοῦ στάθμια δίκαια.

12   ¹²βδέλυγμα βασιλεῖ ὁ ποιῶν κακά,
     μετὰ γὰρ δικαιοσύνης ἑτοιμάζεται θρόνος ἀρχῆς.

13   ¹³δεκτὰ βασιλεῖ χείλη δίκαια,
     λόγους δὲ ὀρθοὺς ἀγαπᾷ.

14   ¹⁴θυμὸς βασιλέως ἄγγελος θανάτου,
     ἀνὴρ δὲ σοφὸς ἐξιλάσεται αὐτόν.

15   ¹⁵ἐν φωτὶ ζωῆς υἱὸς βασιλέως,
     οἱ δὲ προσδεκτοὶ αὐτῷ ὥσπερ νέφος ὄψιμον.

16   ¹⁶νοσσιαὶ σοφίας αἱρετώτεραι χρυσίου,
     νοσσιαὶ δὲ φρονήσεως αἱρετώτεραι ὑπὲρ ἀργύριον.

17   ¹⁷τρίβοι ζωῆς ἐκκλίνουσιν ἀπὸ κακῶν,
     μῆκος δὲ βίου ὁδοὶ δικαιοσύνης.
     ὁ δεχόμενος παιδείαν ἐν ἀγαθοῖς ἔσται,
     ὁ δὲ φυλάσσων ἐλέγχους σοφισθήσεται.
     ὃς φυλάσσει τὰς ἑαυτοῦ ὁδοὺς τηρεῖ τὴν ἑαυτοῦ ψυχήν,
     ἀγαπῶν δὲ ζωὴν αὐτοῦ φείσεται στόματος αὐτοῦ.

18   ¹⁸πρὸ συντριβῆς ἡγεῖται ὕβρις,
     πρὸ δὲ πτώματος κακοφροσύνη.

19   ¹⁹κρείσσων πραΰθυμος μετὰ ταπεινώσεως
     ἢ ὃς διαιρεῖται σκῦλα μετὰ ὑβριστῶν.

20   ²⁰συνετὸς ἐν πράγμασιν εὑρετὴς ἀγαθῶν,
     πεποιθὼς δὲ ἐπὶ θεῷ μακαριστός.

21   ²¹τοὺς σοφοὺς καὶ συνετοὺς φαύλους καλοῦσιν,
     οἱ δὲ γλυκεῖς ἐν λόγῳ πλείονα ἀκούσονται.

7 δεκται ℵ | θεω] pr τω ℵ | θυσιαν C   **9** του κυριου] om του A ℵAC
10 κρισει] seq ras 2 litt in C   **11** Κυριω] κῡ A θω C   **13** ορθους] αγαθους
C | αγαπα periit in C   **15** οψιμοι ℵ* (-μον ℵc·a)   **16** χρυσιω A   **17** εκκι-
νουσιν ℵ | παιδιαν AC | εν] επ ℵ | αυτου 1°] εαυτου C   **19** πραυθυμος]
προθυμος A | ταπεινωσεως] ταπινοφροσυνης C | υβριστων] υβρεως Λ   **20** θεω]
κῶ AC   **21** πλειονα] πλιον A πλειον C | ακουσονται] ακουοντ, A

447

ΠΑΡΟΙΜΙΑΙ

B ²²πηγὴ ζωῆς ἔννοια τοῖς κεκτημένοις, 22
παιδεία δὲ ἀφρόνων κακή
²³καρδία σοφοῦ νοήσει τὰ ἀπὸ τοῦ ἰδίου στόματος, 23
ἐπὶ δὲ χείλεσιν φορέσει ἐπιγνωμοσύνην.
²⁴κηρία μέλιτος λόγοι καλοί, 24
γλύκασμα δὲ αὐτοῦ ἴασις ψυχῆς.
²⁵εἰσὶν ὁδοὶ δοκοῦσαι εἶναι ὀρθαὶ ἀνδρί, 25
τὰ μέντοι τελευταῖα αὐτῶν βλέπει εἰς πυθμένα ᾅδου.
²⁶ἀνὴρ ἐν πόνοις πονεῖ ἑαυτῷ 26
καὶ ἐκβιάζεται ἑαυτοῦ τὴν ἀπώλειαν·
ὁ μέντοι σκολιὸς ἐπὶ τῷ ἑαυτοῦ στόματι φορεῖ τὴν ἀπώλειαν.
²⁷ἀνὴρ ἄφρων ὀρύσσει ἑαυτῷ κακά, 27
ἐπὶ δὲ τῶν ἑαυτοῦ χειλέων θησαυρίζει πῦρ.
²⁸ἀνὴρ σκολιὸς διαπέμπεται κακά, 28
καὶ λαμπτῆρα δόλου πυρσεύσει κακοῖς, καὶ διαχωρίζει φίλους.
²⁹ἀνὴρ παράνομος ἀποπειρᾶται φίλων, 29
καὶ ἀπάγει αὐτοὺς ὁδοὺς οὐκ ἀγαθάς.
³⁰στηρίζων δὲ ὀφθαλμοὺς αὐτοῦ διαλογίζεται διεστραμμένα, 30
ὁρίζει δὲ τοῖς χείλεσιν αὐτοῦ πάντα τὰ κακά,
οὗτος κάμινός ἐστιν κακίας.
³¹στέφανος καυχήσεως γῆρας, 31
ἐν δὲ ὁδοῖς δικαιοσύνης εὑρίσκεται.
³²κρείσσων ἀνὴρ μακρόθυμος ἰσχυροῦ, 32
ὁ δὲ κρατῶν ὀργῆς κρείσσων καταλαμβανομένου πόλιν.
³³εἰς κόλπους ἐπέρχεται πάντα τοῖς ἀδίκοις, 33
παρὰ δὲ Κυρίου πάντα τὰ δίκαια.
¹κρείσσων ψωμὸς μεθ' ἡδονῆς ἐν εἰρήνῃ 1 XVII
¶ C ἢ οἶκος πολλῶν ἀγαθῶν καὶ ἀδίκων θυμάτων μετὰ μάχης.

ℵAC 22 παιδεια (-δια A)] και παιδια ℵ* (om και ℵ^(c a)) 23 του ιδιου] om του ℵ* (hab ℵ^(c a)) | χειλεσι C 24 αυτου] αυτων AC 25 μεντοι] δε C | αυτων] αυτου C 26 εαυτου 1°] αυτου ℵC | σκολιοις C | φορει] φερει C | απωλειαν 2° B^b AC] απωλιαν B*ℵ 27 θησαυριζει] θησαυριζεται ℵ* (-ζει ℵ^(c a)) ορυσσει A 28 δολου] χολου ℵ | πυρσευει ℵA | διαχωριζει] διαχωρι C 30 om δε 1° AC | διαλογιζεται] λογιζεται ℵAC | οριζει] οργιζει A | εστι C | κακιας] κακων A 31—32 εν δε οδοις . ισχυρου rescr C* 32 ισχυρου] + και ανηρ φρονησιν εχων γεωργιου μεγαλου ℵ^a AC^a | κρεισσων 2°] κρισσου (sic) A | καταλαμβανομενου] pr του A 33 αδικοις] δικαιοις ℵ* (αδ ℵ^(c a)) | παντα 2°] πασιν ℵ^(c a) XVII 1 ηδονης] ειδονης A | οικος] pr ο C | πολλων] pr πληρης ℵAC

ΠΑΡΟΙΜΙΑΙ XVII 15

2 ²οἰκέτης νοήμων κρατήσει δεσποτῶν ἀφρόνων, B
ἐν δὲ ἀδελφοῖς διελεῖται μέρη.
3 ³ὥσπερ δοκιμάζεται ἐν καμίνῳ ἄργυρος καὶ χρυσός,
οὕτως ἐκλεκταὶ καρδίαι παρὰ Κυρίῳ.
4 ⁴κακὸς ὑπακούει γλώσσης παρανόμων,
δίκαιος δὲ οὐ προσέχει χείλεσιν ψευδέσιν.
5 ⁵ὁ καταγελῶν πτωχοῦ παροξύνει τὸν ποιήσαντα αὐτόν,
ὁ δὲ ἐπιχαίρων ἀπολλυμένῳ οὐκ ἀθῳωθήσεται·
ὁ δὲ ἐπισπλαχνιζόμενος ἐλεηθήσεται.
6 ⁶στέφανος γερόντων τέκνα τέκνων,
καύχημα δὲ τέκνων πατέρες αὐτῶν.
6a ⁶ᵃτοῦ πιστοῦ ὅλος ὁ κόσμος τῶν χρημάτων,
τοῦ δὲ ἀπίστου οὐδὲ ὀβολός.
7 ⁷οὐχ ἁρμόσει ἄφρονι χείλη πιστά,
οὐδὲ δικαίῳ χείλη ψευδῆ.
8 ⁸μισθὸς χαρίτων παιδεία τοῖς χρωμένοις,
οὗ δ' ἂν ἐπιστρέψῃ, εὐοδωθήσεται.
9 ⁹ὃς κρύπτει ἀδικήματα ζητεῖ φιλίαν,
ὃς δὲ μισεῖ κρύπτειν διίστησιν φίλους καὶ οἰκείους.
10 ¹⁰συντρίβει ἀπειλὴ καρδίαν φρονίμου,
ἄφρων δὲ μαστιγωθεὶς οὐκ αἰσθάνεται.
11 ¹¹ἀντιλογίας ἐγείρει πᾶς κακός,
ὁ δὲ Κύριος ἄγγελον ἀνελεήμονα ἐκπέμψει αὐτῷ.
12 ¹²ἐμπεσεῖται μέριμνα ἀνδρὶ νοήμονι,
οἱ δὲ ἄφρονες διαλογιοῦνται κακά.
13 ¹³ὃς ἀποδίδωσιν κακὰ ἀντὶ ἀγαθῶν,
οὐ κινηθήσεται κακὰ ἐκ τοῦ οἴκου αὐτοῦ.
14 ¹⁴ἐξουσίαν δίδωσιν λόγοις ἀρχὴ δικαιοσύνης,
προηγεῖται δὲ τῆς ἐνδείας στάσις καὶ μάχη.
15 ¹⁵ὃς δίκαιον κρίνει τὸν ἄδικον, ἄδικον δὲ τὸν δίκαιον,

2 δεσποτην ℵ* (-των ℵ¹)   3 εκλεκται καρδιαι] καρδια εκλεγεται ℵ* ℵA καρδιαι εκλεκται ℵᶜᵃ | Κυριω] θῶ A   4 γλωσσης] γλωσση ℵ' | ψευδεσιν]+ του πιστου ολος ο κοσμος των χρηματων του δε απιστου οιδε οβολος A   5 καταγελων] καταγγελλων A | αθοωθησεται Β*ℵA (αθιωθ Bᵇ) | επισπλαγχνιζομενος] σπλαγχνιζομενος A   6a om του πιστου οβολος A   7 om πιστα   χειλη 2° ℵ | ψευδη] πιστα ℵᶜᵃ   8 παιδια Β*ℵ (-δεια BᵃᵇA)] pr η BᵃᵇA | ευοδωθησεται] αδικηθησεται ℵ   10 καρδιαν sup ras ℵˡ   13 εκ του οικου] εις τους οικους A   14 αρχην ℵ* (ν ras postea inst ℵ') | ενδιαστασις ℵ* (ενδιας στ. ℵᶜᵃ) | στασεις A   15 αδικον 1°] δικαιον ℵ

ἀκάθαρτος καὶ βδελυκτὸς παρὰ θεῷ.
¹⁶ἵνα τί ὑπῆρξεν χρήματα ἄφρονι;
κτήσασθαι γὰρ σοφίαν ἀκάρδιος οὐ δυνήσεται.
⁽¹⁹⁾ὃς ὑψηλὸν ποιεῖ τὸν ἑαυτοῦ οἶκον ζητεῖ συντριβήν,
⁽²⁰⁾ὁ δὲ σκολιάζων τοῦ μαθεῖν ἐμπεσεῖται εἰς κακά.
¹⁷εἰς πάντα καιρὸν φίλος ὑπαρχέτω σοι,
ἀδελφοὶ δὲ ἐν ἀνάγκαις χρήσιμοι ἔστωσαν,
τούτου γὰρ χάριν γεννῶνται.
¹⁸ἀνὴρ ἄφρων ἐπικροτεῖ καὶ ἐπιχαίρει ἑαυτῷ,
ὡς καὶ ὁ ἐγγυώμενος ἐγγύην τῶν ἑαυτοῦ φίλων.
¹⁹φιλαμαρτήμων χαίρει μάχαις,
²⁰ὁ δὲ σκληροκάρδιος οὐ συναντᾷ ἀγαθοῖς.
ἀνὴρ εὐμετάβολος γλώσσῃ ἐμπεσεῖται εἰς κακά,
²¹καρδία δὲ ἄφρονος ὀδύνη τῷ κεκτημένῳ αὐτήν.
οὐκ εὐφραίνεται πατὴρ ἐπὶ υἱῷ ἀπαιδεύτῳ,
υἱὸς δὲ φρόνιμος εὐφραίνει μητέρα αὐτοῦ
²²καρδία εὐφραινομένη εὐεκτεῖν ποιεῖ,
ἀνδρὸς δὲ λυπηροῦ ξηραίνεται τὰ ὀστᾶ
²³λαμβάνοντος δῶρα ἐν κόλποις ἀδίκως οὐ κατευοδοῦνται ὁδοί,
ἀσεβὴς δὲ ἐκκλίνει ὁδοὺς δικαιοσύνης
²⁴πρόσωπον συνετὸν ἀνδρὸς σοφοῦ,
οἱ δὲ ὀφθαλμοὶ τοῦ ἄφρονος ἐπ' ἄκρα γῆς
²⁵ὀργὴ πατρί ἐστιν υἱὸς ἄφρων,
καὶ ὀδύνη τῇ τεκούσῃ αὐτοῦ.
²⁶ζημιοῦν ἄνδρα δίκαιον οὐ καλόν,
οὐδὲ ὅσιον ἐπιβουλεύειν δυνάσταις δικαίοις
²⁷ὃς φείδεται ῥῆμα προελέσθαι σκληρὸν ἐπιγνώμων,
μακρόθυμος δὲ ἀνὴρ φρόνιμος.
²⁸ἀνοήτῳ ἐπερωτήσαντι σοφίαν σοφία λογισθήσεται,
ἐνεὸν δέ τις ἑαυτὸν ποιήσας δόξει φρόνιμος εἶναι
¹προφάσεις ζητεῖ ἀνὴρ βουλόμενος χωρίζεσθαι ἀπὸ φίλων,
ἐν παντὶ δὲ καιρῷ ἐπονείδιστος ἔσται.
²οὐ χρείαν ἔχει σοφίας ἐνδεὴς φρενῶν,
μᾶλλον γὰρ ἄγεται ἀφροσύνῃ.

ℵA 16 γαρ] δε A | σοφιας A   17 φιλος] pr o ℵ^{c a}   18 εγγυην] εγγυη ℵ'A | τον εαυτ. φιλον ℵ^{c a}A   19 χαιρει] κειρει A   21 επι] εφ A | ευφραινει] ευφρανει A   23 κολπω ℵA | αδικω ℵ   25 om εστιν ℵ^{c a}A | αιτου] αυτον B'ℵ^{c a}   27 προελεσθαι] προεσθαι ℵ^{c a}A   28 σοφιαν] σοφια ℵ° om A   XVIII 2 αγεται] αγαγεται A

ΠΑΡΟΙΜΙΑΙ XVIII 18

3 ³ὅταν ἔλθῃ ἀσεβὴς εἰς βάθος κακῶν, καταφρονεῖ,   B
ἐπέρχεται δὲ αὐτῷ ἀτιμία καὶ ὄνειδος.
4 ⁴ὕδωρ βαθὺ λόγος ἐν καρδίᾳ ἀνδρός,
ποταμὸς δὲ ἀναπηδύει καὶ πηγὴ ζωῆς.
5 ⁵θαυμάσαι πρόσωπον ἀσεβοῦς οὐ καλόν,
οὐδὲ ὅσιον ἐκκλίνειν τὸ δίκαιον ἐν κρίσει
6 ⁶χείλη ἄφρονος ἄγουσιν αὐτὸν εἰς κακά,
τὸ δὲ στόμα αὐτοῦ τὸ θρασὺ θάνατον ἐπικαλεῖται.
7 ⁷στόμα ἄφρονος συντριβὴ αὐτῷ,
τὰ δὲ χείλη αὐτοῦ παγὶς τῇ ψυχῇ αὐτοῦ.
8 ⁸ὀκνηροὺς καταβάλλει φόβος,
ψυχαὶ δὲ ἀνδρογύνων πεινάσουσιν
9 ⁹ὁ μὴ ἰώμενος αὐτὸν ἐν τοῖς ἔργοις αὐτοῦ
ἀδελφός ἐστιν τοῦ λυμαινομένου ἑαυτόν.
10 ¹⁰ἐκ μεγαλωσύνης ἰσχύος ὄνομα Κυρίου,
αὐτῷ δὲ προσδραμόντες δίκαιοι ὑψοῦνται.
11 ¹¹ὕπαρξις πλουσίου ἀνδρὸς πόλις ὀχυρά,
$ἡ δὲ δόξα αὐτῆς μέγα ἐπισκιάζει.   § C
12 ¹²πρὸ συντριβῆς ὑψοῦται καρδία ἀνδρός,
καὶ πρὸ δόξης ταπεινοῦται.
13 ¹³ὃς ἀποκρίνεται λόγον πρὶν ἀκοῦσαι,
ἀφροσύνη αὐτῷ ἐστιν καὶ ὄνειδος.
14 ¹⁴θυμὸν ἀνδρὸς πραΰνει θεράπων φρόνιμος,
ὀλιγόψυχον δὲ ἄνδρα τίς ὑποίσει,
15 ¹⁵καρδία φρονίμου κτᾶται αἴσθησιν,
ὦτα δὲ σοφῶν ζητεῖ ἔννοιαν.
16 ¹⁶δόμα ἀνθρώπου ἐμπλατύνει αὐτόν,
καὶ παρὰ δυνάσταις καθιζάνει αὐτόν.
17 ¹⁷δίκαιος ἑαυτοῦ κατήγορος ἐν πρωτολογίᾳ·
ὡς δ' ἂν ἐπιβάλῃ ὁ ἀντίδικος, ἐλέγχεται.
18 ¹⁸ἀντιλογίας παύει σιγηρός,
ἐν δὲ δυναστείαις ὁρίζει.

•

4 αναπηδυει BℵA   6 αυτον] αυτα A | θρασυν A   8 ανδρογυναιων ℵAC ℵ* (-γυνων ℵᶜᵃ)   9 αυτον] εαυτον ℵᶜᵃA   10 Κυριου] κω̄ ℵ* (κῡ ℵᶜᵃ) | om δε ℵ* (hab ℵᶜᵃ) | προσδραμουντες ℵ* (-μοντες ℵ?)   11 υπαρξεις A | μεγα] μεγαλα ℵᶜᵃ | επισκιαζει] επισκειασει A   13 αυτω bis scr A | εστι C 14 υποισει] οιποισει ℵ* (υπ ℵᶜᵃ)   16 ενπλατυνει ℵ (-νι) AC   18 σιγηρος] adpinx κληρος ℵᶜᵃᵐᵍ | δυναστιαις ℵ δυναστais AC

XVIII 19   ΠΑΡΟΙΜΙΑΙ

B ¹⁹ἀδελφὸς ὑπὸ ἀδελφοῦ βοηθούμενος ὡς πόλις ὀχυρὰ καὶ ὑψηλή,   19
   ἰσχύει δὲ ὥσπερ τεθεμελιωμένον βασίλειον.
   ²⁰ἀπὸ καρπῶν στόματος ἀνὴρ πίμπλησιν κοιλίαν αὐτοῦ,   20
   ἀπὸ δὲ καρπῶν χειλέων αὐτοῦ ἐμπλησθήσεται.
   ²¹θάνατος καὶ ζωὴ ἐν χειρὶ γλώσσης,   21
   οἱ δὲ κρατοῦντες αὐτῆς ἔδονται τοὺς καρποὺς αὐτῆς.
   ²²ὃς εὗρεν γυναῖκα ἀγαθὴν εὗρεν χάριτας,   22
   ἔλαβεν δὲ παρὰ θεοῦ ἱλαρότητα·
   ²²ᵃὃς ἐκβάλλει γυναῖκα ἀγαθὴν ἐκβάλλει τὰ ἀγαθά,   22 a
   ὁ δὲ κατέχων μοιχαλίδα ἄφρων καὶ ἀσεβής.
   ²³ἀφροσύνη ἀνδρὸς λυμαίνεται τὰς ὁδοὺς αὐτοῦ,   23 (3)   (XIX)
   τὸν δὲ θεὸν αἰτιᾶται τῇ καρδίᾳ αὐτοῦ.
   ¹πλοῦτος προστίθησιν φίλους πολλούς,   1 (4)   XIX
   ὁ δὲ πτωχὸς καὶ ἀπὸ τοῦ ὑπάρχοντος φίλου λείπεται.
   ²μάρτυς ψευδὴς οὐκ ἀτιμώρητος ἔσται,   2 (5)
   ὁ δὲ ἐγκαλῶν ἀδίκως οὐ διαφεύξεται.
   ³πολλοὶ θεραπεύουσιν πρόσωπα βασιλέων,   3 (6)
   πᾶς δὲ ὁ κακὸς γίνεται ὄνειδος ἀνδρί.
   ⁴πᾶς ὃς ἀδελφὸν πτωχὸν μισεῖ, καὶ φιλίας μακρὰν ἔσται·   4 (7)
   ἔννοια ἀγαθὴ τοῖς εἰδόσιν αὐτὴν ἐγγιεῖ,
   ἀνὴρ δὲ φρόνιμος εὑρήσει αὐτήν.
   ὁ πολλὰ κακοποιῶν τελεσιουργεῖ κακίαν,
   ὃς δὲ ἐρεθίζει λόγους οὐ σωθήσεται.
   ⁵ὁ κτώμενος φρόνησιν ἀγαπᾷ ἑαυτόν,   5 (8)
   ὃς δὲ φυλάσσει φρόνησιν εὑρήσει ἀγαθά.
   ⁶μάρτυς ψευδὴς οὐκ ἀτιμώρητος ἔσται,   6 (9)
   ὃς δ' ἂν ἐκκαύσῃ κακίαν ἀπολεῖται ὑπ' αὐτῆς.
   ⁷οὐ συμφέρει ἄφρονι τρυφή,   7 (10)
   καὶ ἐὰν οἰκέτης ἄρξηται μεθ' ὕβρεως δυναστεύειν.
   ⁸ἐλεήμων ἀνὴρ μακροθυμεῖ,   8 (11)
   τὸ δὲ καύχημα αὐτοῦ ἐπέρχεται παρανόμοις.

ℵAC   20 καρπων 1°] καρπου AC | πιμπλησει A πιμπλησι C | εμπλησθησεται] πλησθησεται ℵ   21 θανατος και ζωη] θανατος ζωης A   22 δε] τε C^vid (ε tantum superest) | θεου] κ̄ῡ ℵ^(c a)A   22 a τα αγαθα] om τα C   23 λοιμαινεται B* (λυμ. B^(ab)ℵA[? C])   XIX 1—6 πλουτος ατιμωρητος] plurima perier in C   1 προστιθησι ℵ προστιθησει A   2 δε] δ ℵC   3 πολλοι]+δε ℵ* (om ℵ^(c a)) | θεραπευουσι C | ο κακος] om ο B^bℵ^(c a)A | ονειδος] αδικος A   4 μισει] ποιει ℵ* (μισ. ℵ^(c a)) | ιδοσιν A | ο]+μεν C | om πολλα C | τελεσιουρει A* (ργει A^a) | σωθησεται] σωζεται C   6 απολειται] απολιπεται ℵ* (απολιται ℵ^(c a))

452

ΠΑΡΟΙΜΙΑΙ　　　　　　　　　XIX 22

(12) 9　⁹βασιλέως ἀπειλὴ ὁμοία βρυγμῷ λέοντος,　　B
　　　ὥσπερ δὲ δρόσος ἐπὶ χόρτῳ, οὕτως τὸ ἱλαρὸν αὐτοῦ.
(13) 10　¹⁰αἰσχύνη πατρὶ υἱὸς ἄφρων·
　　　οὐχ ἁγναὶ εὐχαὶ ἀπὸ μισθώματος ἑταίρας.
(14) 11　¹¹οἶκον καὶ ὕπαρξιν μερίζουσιν πατέρες παισίν,
　　　παρὰ δὲ θεοῦ ἁρμόζεται γυνὴ ἀνδρί.
(15) 12　¹²δειλία κατέχει ἀνδρογύναιον,
　　　ψυχὴ δὲ ἀεργοῦ πεινάσει.
(16) 13　¹³ὃς φυλάσσει ἐντολὴν τηρεῖ τὴν ἑαυτοῦ ψυχήν,
　　　ὁ δὲ καταφρονῶν τῶν ἑαυτοῦ ὁδῶν ἀπολεῖται.
(17) 14　¹⁴δανίζει θεῷ ὁ ἐλεῶν πτωχόν,
　　　κατὰ δὲ τὸ δόμα αὐτοῦ ἀνταποδοθήσεται αὐτῷ.
(18) 15　¹⁵παίδευε υἱόν σου, οὕτως γὰρ ἔσται εὔελπις,
　　　εἰς δὲ ὕβριν μὴ ἐπαίρου τῇ ψυχῇ σου.
(19) 16　¹⁶κακόφρων ἀνὴρ ζημιωθήσεται·
　　　ἐὰν δὲ λοιμεύηται, καὶ τὴν ψυχὴν αὐτοῦ προσθήσει.

(20) 17　¹⁷Ἄκουε, υἱέ, παιδείαν πατρός σου,
　　　ἵνα σοφὸς γένῃ ἐπ' ἐσχάτων σου.
(21) 18　¹⁸πολλοὶ λογισμοὶ ἐν καρδίᾳ ἀνδρός,
　　　ἡ δὲ βουλὴ τοῦ κυρίου εἰς τὸν αἰῶνα μένει.
(22) 19　¹⁹καρπὸς ἀνδρὶ ἐλεημοσύνη,
　　　κρείσσων δὲ πτωχὸς δίκαιος ἢ πλούσιος ψευδής.
(23) 20　²⁰φόβος Κυρίου εἰς ζωὴν ἀνδρί,
　　　ὁ δὲ ἄφοβος αὐλισθήσεται ἐν τόποις οὗ οὐκ ἐπισκοπεῖται
　　　γνῶσις.
(24) 21　²¹ὁ ἐγκρύπτων εἰς τὸν κόλπον αὐτοῦ χεῖρας ἀδίκως,
　　　οὐδὲ τῷ στόματι οὐ μὴ προσενέγκῃ αὐτάς.
(25) 22　²²λοιμοῦ μαστιγουμένου ἄφρων πανουργότερος γίνεται·
　　　ἐὰν δὲ ἐλέγχῃς ἄνδρα φρόνιμον, νοήσει αἴσθησιν.

10 αφρων]+· και οδυνη τη τεκουση αυτου· A | ουχ] pr ҕ ℵ^{c a} και ουκ C ℵAC
11 μεριουσιν AC | θεου] κυ AC | αρμοζεται] συνοικει B^{a mg}　　**12** ανδρογυναιον] ανδρογυνον ℵ^{c a}AC　　**13** τηρει] inter η et ρ est ras in C　　**14** δανειζει B^{ab}C | κατα] a 2° sup ras A^{a*} | ανταποδοθησεται (-δωθησεται B*)] ανταποδωσει B^{ab}ℵAC　　**16** κακοφρων] κακοφρονων C | ζημιωθησεται] pr πολλα AC　　**17** παιδιαν ℵA | εσχατω ℵ* (-των ℵ^{c a})　　**18—19** καρδια... ψευδης] plurima perier in C　　**18** εις τον αιωνα μενει B*AC] μενει εις τον αιωνα B'ℵ　　**19** δικαιος η πλουσιος] καιος η πλου sup ras A^a | ψευδης Bℵ*C^{vid}] ψευστης ℵ^{c a}A　　**20** ου] οις ℵ^{c a}　　**21** ενκρυπτων ℵ εκκρυπτων C | προσενεγκῃ] προσαγαγη B^bℵAC　　**22** γινεται] εσται A | ελεγχης] ελεγξης C

XIX 23 ΠΑΡΟΙΜΙΑΙ

B ²³ὁ ἀτιμάζων πατέρα καὶ ἀπωθούμενος μητέρα αὐτοῦ   23 (26)
ℵC καταισχυνθήσεται καὶ ἐπονείδιστος ἔσται.
²⁴υἱὸς ἀπολειπόμενος φυλάξαι παιδείαν πατρὸς   24 (27)
μελετήσει ῥήσεις κακάς.
²⁵ὁ ἐγγυώμενος παῖδα ἄφρονα καθυβρίζει δικαίωμα,   25 (28)
στόμα δὲ ἀσεβῶν καταπίεται κρίσεις.
²⁶ἑτοιμάζονται ἀκολάστοις μάστιγες,   26 (29)
καὶ τιμωρίαι ὁμοίως ἄφροσιν.
¹ἀκόλαστον οἶνος καὶ ὑβριστικὸν μέθη,   1   XX
πᾶς δὲ ἄφρων τοιούτοις συμπλέκεται.
²οὐ διαφέρει ἀπειλὴ βασιλέως θυμοῦ λέοντος,   2
ὁ δὲ παροξύνων αὐτὸν ἁμαρτάνει εἰς τὴν ἑαυτοῦ ψυχήν.
³δόξα ἀνδρὶ ἀποστρέφεσθαι λοιδορίας,   3
πᾶς δὲ ἄφρων τοιούτοις συμπλέκεται.
⁴ὀνειδιζόμενος ὀκνηρὸς οὐκ αἰσχύνεται,   4
ὡσαύτως καὶ ὁ δανιζόμενος σῖτον ἐν ἀμήτῳ.
⁵ὕδωρ βαθὺ βουλὴ ἐν καρδίᾳ ἀνδρός,   5
ἀνὴρ δὲ φρόνιμος ἐξαντλήσει αὐτήν.
⁶μέγα ἄνθρωπος καὶ τίμιον ἀνὴρ ἐλεήμων.   6
ἄνδρα δὲ πιστὸν ἔργον εὑρεῖν.
⁷ὃς ἀναστρέφεται ἄμωμος ἐν δικαιοσύνῃ,   7
μακαρίους τοὺς παῖδας αὐτοῦ καταλείψει.
⁸ὅταν βασιλεὺς δίκαιος καθίσῃ ἐπὶ θρόνου,   8
οὐκ ἐναντιοῦται ἐν ὀφθαλμοῖς αὐτοῦ πᾶν πονηρόν.
⁹τίς καυχήσεται ἁγνὴν ἔχειν τὴν καρδίαν;   9
ἢ τίς παρρησιάσεται καθαρὸς εἶναι ἀπὸ ἁμαρτιῶν;
¹⁰κακολογοῦντος πατέρα ἢ μητέρα σβεσθήσεται λαμπτήρ,   10 (20)
αἱ δὲ κόραι τῶν ὀφθαλμῶν αὐτοῦ ὄψονται σκότος.
¹¹μερὶς ἐπισπουδαζομένη ἐν πρώτοις   11 (21)
ἐν τοῖς τελευταίοις οὐκ εὐλογηθήσεται.
¹²μὴ εἴπῃς Τίσομαι τὸν ἐχθρόν·   12 (22)
ἀλλὰ ὑπόμεινον τὸν κύριον, ἵνα σοι βοηθήσῃ.

ℵA   24 απολιπομενος ℵ | παιδιαν ℵA   25 κρισις ℵA   26 ακολαστοι ℵ*
(-τοις ℵ^(c a))   XX 1 μεθη]+πας δε ο συμμιγνυμενος αυτη ουκ εσται σοφος
ℵ^(c a) + πας δε ο συμμενομενος ουκ εστ, σοφος A | τοιουτος ℵ* (-τοις ℵ^(1(vid)))
2 αυτον] εαυτον A   4 ουκ αισχυνεται] ου καταισχυνεται ℵ | δανει-
ζομενος B^(ab)ℵ   8 καθιση βασιλευς δικαιος A   9 την καρδιαν] om την
ℵ* (hab την ℵ^(c a))   10 οψονται] εσονται ℵ   12 αλλα] αλλ ℵ

ΠΑΡΟΙΜΙΑΙ   XXI 4

(10) 13   ¹³στάθμιον μέγα καὶ μικρὸν καὶ μέτρα δισσά,   B
           ἀκάθαρτα ἐνώπιον Κυρίου καὶ ἀμφότερα·
(11) 14   ¹⁴καὶ ὁ ποιῶν αὐτὰ ἐν τοῖς ἐπιτηδεύμασιν αὐτοῦ συνπο-
           δισθήσεται,
           νεανίσκος μετὰ ὁσίου· καὶ εὐθεῖα ἡ ὁδὸς αὐτοῦ.
(12) 15   ¹⁵οὖς ἀκούει καὶ ὀφθαλμὸς ὁρᾷ· Κυρίου ἔργα καὶ ἀμφότερα.
(13) 16   ¹⁶μὴ ἀγάπα καταλαλεῖν, ἵνα μὴ ἐξαρθῇς·
           διάνοιξον τοὺς ὀφθαλμούς σου καὶ ἐμπλήσθητι ἄρτων.
(23) 17   ¹⁷βδέλυγμα Κυρίῳ δισσὸν στάθμιον,
           καὶ ζυγὸς δόλιος οὐ καλὸν ἐνώπιον αὐτοῦ
(24) 18   ¹⁸παρὰ Κυρίου εὐθύνεται τὰ διαβήματα ἀνδρί,
           θνητὸς δὲ πῶς ἂν νοήσαι τὰς ὁδοὺς αὐτοῦ;
(25) 19   ¹⁹παγὶς ἀνδρὶ ταχύ τι τῶν ἰδίων ἁγιάσαι,
           μετὰ γὰρ τὸ εὔξασθαι μετανοεῖν γίνεται.
(26) 20   ²⁰λικμήτωρ ἀσεβῶν βασιλεὺς σοφός,
           καὶ ἐπιβαλεῖ αὐτοῖς τροχόν.
(27) 21   ²¹φῶς Κυρίου πνοὴ ἀνθρώπων,
           ὃς ἐραυνᾷ ταμεῖα κοιλίας.
(28) 22   ²²ἐλεημοσύνη καὶ ἀλήθεια φυλακὴ βασιλεῖ,
           καὶ περικυκλώσουσιν ἐν δικαιοσύνῃ τὸν θρόνον αὐτοῦ.
(29) 23   ²³κόσμος νεανίαις σοφία,
           δόξα δὲ πρεσβυτέρων πολιαί.
(30) 24   ²⁴ὑπώπια καὶ συντρίμματα συναντᾷ κακοῖς,
           πληγαὶ δὲ εἰς ταμεῖα κοιλίας.
XXI 1   ¹ὥσπερ ὁρμὴ ὕδατος, οὕτως καρδία βασιλέως ἐν χειρὶ θεοῦ·
           οὗ ἐὰν θέλων νεῦσαι, ἐκεῖ ἔκλινεν αὐτήν.
     2   ²πᾶς ἀνὴρ φαίνεται ἑαυτῷ δίκαιος,
           κατευθύνει δὲ καρδίας Κύριος.
     3   ³ποιεῖν δίκαια καὶ ἀληθεύειν
           ἀρεστὰ παρὰ θεῷ μᾶλλον ἢ θυσιῶν αἷμα.
     4   ⁴μεγαλόφρων ἐφ' ὕβρει θρασυκάρδιος·
           λαμπτὴρ δὲ ἀσεβῶν ἁμαρτία.

13 om και 3° ℵ   14 συμποδισθησεται BᵇℵA   16 διανοιξον] + δε ℵA
ℵA | αρτων] αυτων ℵ* (αρτ. ℵᶜ ᵃ)   18 τα διαβηματα] om τα A | δε] ε
inst ℵᵃ   19 αγιασαι] prius απαται ℵ*   21 os] pr η λυχνος A | ερεινα
BᵃᵇℵA | ταμεια Bᵃᵇ (ταμια Bℵ*)] ταμεια A   24 ταμεια Bᵘ⁽ᵛⁱᵈ⁾ ᵇ (ταμια
B*ℵ)] ταμιεια A pr τα ℵ⁺ (om τα ℵᶜ ᵃ)   XXI 1 εαν] δ αν ℵA | νευση
ℵᶜ ᵃA | om ελει A   4 αμαρτιαι ℵᶜ ᵃA

455

⁶ὁ ἐνεργῶν θησαυρίσματα γλώσσῃ ψευδεῖ
μάταια διώκει ἐπὶ παγίδας θανάτου
⁷ὄλεθρος ἀσεβέσιν ἐπιξενωθήσεται,
οὐ γὰρ βούλονται πράσσειν τὰ δίκαια.
⁸πρὸς τοὺς σκολιοὺς σκολιὰς ὁδοὺς ἀποστέλλει ὁ θεός,
ἁγνὰ γὰρ καὶ ὀρθὰ τὰ ἔργα αὐτοῦ
⁹κρεῖσσον οἰκεῖν ἐπὶ γωνίας ὑπαίθρου
ἢ ἐν κεκονιαμένοις μετὰ ἀδικίας καὶ ἐν οἴκῳ κοινῷ
¹⁰ψυχὴ ἀσεβοῦς οὐκ ἐλεηθήσεται ὑπ' οὐδενὸς τῶν ἀνθρώπων
¹¹ζημιουμένου ἀκολάστου πανουργότερος γίνεται ὁ κακός,
συνίων δὲ σοφὸς δέξεται γνῶσιν.
¹²συνίει δίκαιος καρδίας ἀσεβῶν
καὶ φαυλίζει ἀσεβεῖς ἐν κακοῖς
¹³ὃς φράσσει τὰ ὦτα τοῦ μὴ ἐπακοῦσαι ἀσθενοῦς,
καὶ αὐτὸς ἐπικαλέσεται καὶ οὐκ ἔσται ὁ εἰσακούων
¹⁴δόσις λάθριος ἀνατρέπει ὀργάς,
δώρων δὲ ὁ φειδόμενος θυμὸν ἐγείρει ἰσχυρόν.
¹⁵εὐφροσύνη δικαίων ποιεῖ κρίμα,
ὅσιος δὲ ἀκάθαρτος παρὰ κακούργοις.
¹⁶ἀνὴρ πλανώμενος ἐξ ὁδοῦ δικαιοσύνης
ἐν συναγωγῇ γιγάντων ἀναπαύσεται.
¹⁷ἀνὴρ ἐνδεὴς ἀγαπᾷ εὐφροσύνην,
φιλῶν οἶνον καὶ ἔλαιον εἰς πλοῦτον·
¹⁸περικάθαρμα δὲ δικαίου ἄνομος
¹⁹κρεῖσσον οἰκεῖν ἐν τῇ ἐρήμῳ
ἢ μετὰ γυναικὸς γλωσσώδους καὶ μαχίμου καὶ ὀργίλου
²⁰θησαυρὸς ἐπιθυμητὸς ἀναπαύσεται ἐπὶ στόματος σοφοῦ,
ἄφρονες δὲ ἄνδρες καταπίονται αὐτόν.
²¹ὁδὸς δικαιοσύνης καὶ ἐλεημοσύνης εὑρήσει ζωὴν καὶ δόξαν.
²²πόλεις ὀχυρὰς ἐπέβη σοφὸς
καὶ καθεῖλεν τὸ ὀχύρωμα ἐφ' ᾧ ἐπεποίθεισαν οἱ ἀσεβεῖς
²³ὃς φυλάσσει τὸ στόμα αὐτοῦ καὶ τὴν γλῶσσαν,
διατηρεῖ ἐκ θλίψεως τὴν ψυχὴν αὐτοῦ

ℵA 6 διωκει]+και ερχεται ℵ^{c a}A   8 αποστελει A   9 κρεισσον] κρισσων A | επι] εν ℵ* (επι ℵ^{c a}) | η εν] η ε sup ras A^a | οικω] κοινω ℵ* (οικ. ℵ^{c a}) | κοινω]+μετα γυναικος μαχημης (sic) B^c   11 κακος] ακακος B^{ab}ℵA   13 ωτα]+αυτου A | υπακουσαι A | εισακουων] επακουων ℵ   15 δικαιω ℵ* (-ων ℵ^{c a}) | ποιειν ℵA   17 φιλον ℵ* (-λων ℵ^{c a}) | ελαιον] ελεον A   19 κρεισσων B (κρισσον ℵA) | μαχιμου κ. γλωσσωδους ℵA | οργιλους ℵ* (-λου ℵ')   22 πολις A

ΠΑΡΟΙΜΙΑΙ XXII 9

B

24 ²⁴θρασὺς καὶ αὐθάδης καὶ ἀλαζὼν λοιμὸς καλεῖται,
ὃς δὲ μνησικακεῖ παράνομος.
25 ²⁵ἐπιθυμίαι ὀκνηρὸν ἀποκτείνουσιν,
οὐ γὰρ προαιροῦνται αἱ χεῖρες αὐτοῦ ποιεῖν τι.
26 ²⁶ἀσεβὴς ἐπιθυμεῖ ὅλην τὴν ἡμέραν ἐπιθυμίας κακάς,
ὁ δὲ δίκαιος ἐλεᾷ καὶ οἰκτείρει ἀφειδῶς.
27 ²⁷θυσίαι ἀσεβῶν βδέλυγμα Κυρίῳ,
καὶ γὰρ παρανόμως προσφέρουσιν αὐτάς.
28 ²⁸μάρτυς ψευδὴς ἀπολεῖται,
ἀνὴρ δὲ ὑπήκοος φυλασσόμενος λαλήσει.
29 ²⁹ἀσεβὴς ἀνὴρ ἀναιδῶς ὑφίσταται προσώπῳ,
ὁ δὲ εὐθὴς αὐτὸς συνίει τὰς ὁδοὺς αὐτοῦ.
30 ³⁰οὐκ ἔστιν σοφία, οὐκ ἔστιν ἀνδρία,
οὐκ ἔστιν βουλὴ πρὸς τὸν ἀσεβῆ.
31 ³¹ἵππος ἑτοιμάζεται εἰς ἡμέραν πολέμου,
παρὰ δὲ Κυρίου ἡ βοήθεια.

XXII 1 ¹αἱρετώτερον ὄνομα καλὸν ἢ πλοῦτος πολύς·
ὑπὲρ δὲ ἀργύριον καὶ χρυσίον χάρις ἀγαθή.
2 ²πλούσιος καὶ πτωχὸς συνήντησαν ἀλλήλοις,
ἀμφοτέρους δὲ ὁ κύριος ἐποίησεν.
3 ³πανοῦργος ἰδὼν πονηρὸν τιμωρούμενον
κραταιῶς αὐτὸς παιδεύεται,
οἱ δὲ ἄφρονες παρελθόντες ἐζημιώθησαν.
4 ⁴γενεὰ σοφίας φόβος Κυρίου
καὶ πλοῦτος καὶ δόξα καὶ ζωή.
5 ⁵τρίβολοι καὶ παγίδες ἐν ὁδοῖς σκολιαῖς,
ὁ δὲ φυλάσσων τὴν ἑαυτοῦ ψυχὴν ἀφέξεται αὐτῶν.
7 ⁷πλούσιοι πτωχῶν ἄρξουσιν,
καὶ οἰκέται ἰδίοις δεσπόταις δανιοῦσιν.
8 ⁸ὁ σπείρων φαῦλα θερίσει κακά,
πληγὴν δὲ ἔργων αὐτοῦ συντελέσει.
8 a ⁸ᵃἄνδρα ἱλαρὸν καὶ δότην εὐλογεῖ ὁ θεός,
ματαιότητα δὲ ἔργων αὐτοῦ συντελέσει.
9 ⁹ὁ ἐλεῶν πτωχὸν αὐτὸς διατραφήσεται,

25 οκνηρον] οκνηρουσιν ℵ* (-ρον ℵ?) | αποκτεννουσιν ℵᶜᵃ αποκτενουσιν A ℵA
26 ημεραν] ν sup ras ℵ? | ελεει Bᵃᵇ   XXII 1 χρυσιον κ. αργυριον ℵ
2 συνητησαν A   3 παρελθοντες] inter ρ et ε ins ο ℵ* (om ℵ¹ postea ras ℵ?)   7 δανειουσιν B¹⁽ᵛⁱᵈ⁾ᵇ   9 διαστραφησεται Λ

XXII 9a ΠΑΡΟΙΜΙΑΙ

B τῶν γὰρ ἑαυτοῦ ἄρτων ἔδωκεν τῷ πτωχῷ.
9a νίκην καὶ τιμὴν περιποιεῖται ὁ δῶρα δούς,
   τὴν μέντοι ψυχὴν ἀφαιρεῖται τῶν κεκτημένων.
10 ἔκβαλε ἐκ συνεδρίου λοιμόν, καὶ συνεξελεύσεται αὐτῷ νεῖκος·
   ὅταν γὰρ καθίσῃ ἐν συνεδρίῳ πάντας ἀτιμάζει.
11 ἀγαπᾷ Κύριος ὁσίας καρδίας,
   δεκτοὶ δὲ αὐτῷ πάντες ἄμωμοι·
   χείλεσιν ποιμαίνει βασιλεύς.
12 οἱ δὲ ὀφθαλμοὶ Κυρίου διατηροῦσιν αἴσθησιν,
   φαυλίζει δὲ λόγους παράνομος.
13 προφασίζεται καὶ λέγει ὀκνηρός
   Λέων ἐν ταῖς ὁδοῖς, ἐν δὲ ταῖς πλατείαις φονευταί.
14 βόθρος βαθὺς στόμα παρανόμου,
   ὁ δὲ μισηθεὶς ὑπὸ Κυρίου ἐμπεσεῖται εἰς αὐτόν.
14a εἰσὶν ὁδοὶ κακαὶ ἐνώπιον ἀνδρός.
    καὶ οὐκ ἀγαπᾷ τοῦ ἀποστρέψαι ἀπ' αὐτῶν·
    ἀποστρέφειν δὲ δεῖ ἀπὸ ὁδοῦ σκολιᾶς καὶ κακῆς.
15 ἄνοια ἐξῆπται καρδίας νέου,
   ῥάβδος δὲ καὶ παιδία μακρὰν ἀπ' αὐτοῦ.
16 ὁ συκοφαντῶν πένητα πολλὰ ποιεῖ τὰ ἑαυτοῦ·
   δίδωσιν δὲ πλουσίῳ ἐπ' ἐλάσσονι

17 Λόγοις σοφῶν παράβαλλε σὸν οὖς καὶ ἄκουε ἐμὸν λόγον,
§ C ᾿τὴν δὲ σὴν καρδίαν ἐπίστησον, ἵνα γνῷς ὅτι καλοί εἰσιν
18 καὶ ἐὰν ἐμβάλῃς αὐτοὺς εἰς τὴν καρδίαν σου, εὐφρανοῦσίν σε
   ἅμα ἐπὶ σοῖς χείλεσιν·
19 ἵνα σου γένηται ἐπὶ Κύριον ἡ ἐλπίς,
   καὶ γνωρίσῃ σοι τὴν ὁδόν σου.
20 καὶ σὺ δὲ ἀπόγραψαι αὐτὰ σεαυτῷ τρισσῶς
   εἰς βουλὴν καὶ γνῶσιν ἐπὶ τὸ πλάτος τῆς ψυχῆς σου.
21 διδάσκω οὖν σε ἀληθῆ λόγον καὶ γνῶσιν ἀγαθὴν ὑπακούειν,

ℵAC 9 εδωκεν] δεδωκεν A   9a δους] διδους A   12 διατηρησουσιν A
13 οκνηρος κ. λεγει ℵ   14a ανδρος] pr π ℵ* (om π ℵ¹)   15 καρδιας]
καρδια B^{ab}ℵ* (pr εν ℵ^{ca}) A | παιδεια B^{ab}   16 εαυτου]+κακα ℵ^{ca}A
17 παραβαλε ℵ^{ca}A | γνως] γνοις ℵ* (γνως ℵ^{ca})+αυτους ℵ | εισι C   18 om
εαν ℵ | ευφρανουσιν] ευφραινουσιν C pr ҕ ℵ^{ca}   19 γνωρισοι ℵ* (γνωριση
σοι ℵ^{ca}) | σου 2°] αυτου ℵAC   20 om δε C | ψυχης] καρδιας AC
21 διδασκων C | αγαθην] αληθη A | υπακουειν] εῖ inst ℵ^{cc}

ΠΑΡΟΙΜΙΑΙ XXIII 7

τοῦ ἀποκρίνεσθαι λόγους ἀληθείας τοῖς προβαλλομένοις σοι. Β
22 ²²μὴ ἀποβιάζου πένητα, πτωχὸς γάρ ἐστιν,
 καὶ μὴ ἀτιμάσῃς ἀσθενῆ ἐν πύλαις.
23 ²³ὁ γὰρ Κύριος κρινεῖ αὐτοῦ τὴν κρίσιν, καὶ ῥύσῃ σὴν ἄσυλον
 ψυχήν.
24 ²⁴μὴ ἴσθι ἑταῖρος ἀνδρὶ θυμώδει,
 φίλῳ δὲ ὀργίλῳ μὴ συναυλίζου,
25 ²⁵μή ποτε μάθῃς τῶν ὁδῶν αὐτοῦ καὶ λάβῃς βρόχους τῇ σῇ
 ψυχῇ.
26 ²⁶μὴ δίδου σεαυτὸν εἰς ἐγγύην, αἰσχυνόμενος πρόσωπον·
27 ²⁷ἐὰν γὰρ μὴ ἔχῃ πόθεν ἀποτίσῃ,
 λήμψονται τὸ στρῶμα τὸ ὑπὸ τὰς πλευράς σου.
28 ²⁸μὴ μέταιρε ὅρια αἰώνια ἃ ἔθεντο οἱ πατέρες σου.
29 ²⁹ὁρατικὸν ἄνδρα καὶ ὀξὺν ἐν τοῖς ἔργοις αὐτοῦ
 βασιλεῦσι δεῖ παρεστάναι,
 καὶ μὴ παρεστάναι ἀνδράσι νωθροῖς.
XXIII 1 ¹ἐὰν καθίσῃς δειπνεῖν ἐπὶ τραπέζης δυναστῶν,
2 νοητῶς νόει τὰ παρατιθέμενά σοι, ²καὶ ἐπίβαλλε τὴν χεῖρά
 σου,
 εἰδὼς ὅτι τοιαῦτά σε δεῖ παρασκευάσαι.
3 εἰ δὲ ἀπληστότερος εἶ, ³μὴ ἐπιθύμει τῶν ἐδεσμάτων αὐτοῦ
 ταῦτα γὰρ ἔχεται ζωῆς ψευδοῦς.
4 ⁴μὴ παρεκτείνου πένης ὢν πλουσίῳ,
 τῇ δὲ σῇ ἐννοίᾳ ἀπόσχου.
5 ⁵ἐὰν ἐπιστήσῃς τὸ σὸν ὄμμα πρὸς αὐτόν, οὐδαμοῦ πεσεῖται·
 κατεσκεύασται γὰρ αὐτῷ πτέρυγες ὥσπερ ἀετοῦ,
 καὶ ὑποστρέφει εἰς τὸν οἶκον τοῦ προεστηκότος αὐτοῦ.
6 ⁶μὴ συνδείπνει ἀνδρὶ βασκάνῳ, μηδὲ ἐπιθύμει τῶν βρωμάτων
 αὐτοῦ·
7 ⁷ὃν τρόπον γὰρ εἴ τις καταπίοι τρίχα,
 οὕτως ἐσθίει καὶ πίνει.

21 αποκρινασθαι A +σε AC | λογους] λογον ℵ λογοις A | αληθιαν ℵ* ℵAC (αληθιας ℵᶜᵃ) | σοι] σε A   **22** om γαρ C   **23** om Κυριος ℵ* (hab ℵᶜᵃ) | αυτου] εαυτου A | κρισιν] ψυχην ℵ* (κρ. ℵᶜᵃ) δικην Λ | ψυχην ασυλον ℵ   **27** εχης AC | αποτεισης ℵᶜᵃ αποτισης ACᵗˣᵗ (-σεις Cᵃᵖᵖ) | ληψονται C | πλερας C*ᵛⁱᵈ (υ superscr Cˀ)   **29** βασιλευσιν ℵ | παραστηναι bis C παρισταναι (2°) A | ανδρασιν ℵ   **XXIII 1** δυναστου AC   **2** την χειρα] τας χειρας C   **3** επιθυμα C   **4** παρεκτεινου (-τινου ℵᶜᵃAC)] παρεκτινης ℵ*   **5** προς] επ ℵ* (προς ℵᶜᵃ) | πεσειται] φανιται ℵᶜᵃ φανειται AC | πτερυγας ℵ* (-γαις ℵᶜᵃ) | αυτου] αυτον C   **6** βρωματων] εδεσματων C

XXIII 8 ΠΑΡΟΙΜΙΑΙ

B μηδὲ πρὸς σὲ εἰσαγάγῃς αὐτὸν καὶ φάγῃς τὸν ψωμόν σου μετ' αὐτοῦ·
⁸ἐξεμέσει γὰρ αὐτὸν καὶ λυμανεῖται τοὺς λόγους σου τοὺς 8
καλούς.
⁹εἰς ὦτα ἄφρονος μηδὲν λέγε, 9
μή ποτε μυκτηρίσῃ τοὺς συνετοὺς λόγους σου.
¹⁰μὴ μεταθῇς ὅρια αἰώνια, 10
εἰς δὲ κτῆμα ὀρφανῶν μὴ εἰσέλθῃς·
¹¹ὁ γὰρ λυτρούμενος αὐτοὺς Κύριος· 11
κραταιός ἐστιν, καὶ κρινεῖ τὴν κρίσιν αὐτῶν μετὰ σοῦ.
¹²δὸς εἰς παιδείαν τὴν καρδίαν σου, 12
τὰ δὲ ὦτά σου ἑτοίμασον λόγοις αἰσθήσεως
¹³μὴ ἀπόσχῃ νήπιον παιδεύειν, 13
ὅτι ἐὰν πατάξῃς αὐτὸν ῥάβδῳ, οὐ μὴ ἀποθάνῃ·
¹⁴σὺ μὲν γὰρ πατάξεις αὐτὸν ῥάβδῳ, 14
τὴν δὲ ψυχὴν αὐτοῦ ἐκ θανάτου ῥύσῃ.
¹⁵υἱέ, ἐὰν σοφὴ γένηταί σου ἡ καρδία, 15
εὐφρανεῖς καὶ τὴν ἐμὴν καρδίαν,
¹⁶καὶ ἐνδιατρίψει λόγοις τὰ σὰ χείλη πρὸς τὰ ἐμὰ χείλη, ἐὰν 16
ὀρθὰ ὦσιν.
¹⁷μὴ ζηλούτω ἡ καρδία σου ἁμαρτωλούς, 17
ἀλλὰ ἐν φόβῳ Κυρίου ἴσθι ὅλην τὴν ἡμέραν.
¹⁸ἐὰν γὰρ τηρήσῃς αὐτά, ἔσται σοι ἔκγονα, 18
ἡ δὲ ἐλπίς σου οὐκ ἀποστήσεται.
¹⁹ἄκουε, υἱέ, καὶ σοφὸς γενοῦ, 19
καὶ κατεύθυνε ἐννοίας σῆς καρδίας.
²⁰μὴ ἴσθι οἰνοπότης, μηδὲ ἐκτείνου συμβολαῖς, κρεῶν ἀγορασμοῖς· 20
²¹πᾶς γὰρ μέθυσος καὶ πορνοκόπος πτωχεύσει, 21
καὶ ἐνδύσεται διερρηγμένα καὶ ῥακώδη πᾶς ὑπνώδης.
²²ἄκουε, υἱέ, πατρὸς τοῦ γεννήσαντός σε, 22
καὶ μὴ καταφρόνει ὅτι γεγήρακέν σου ἡ μήτηρ.

ℵAC 8 λοιμανειται B*C (λυμ. BᵇℵA)   9 μυκτηρισει C   10 αιωνια]+α εθεντο οι πατερες σου A   11 κραταιος εστιν c praec coniung AC   12 παιδιαν B*ℵA (-δειαν BᵃᵇC)   13 παιδευων A   15 σοφος C   16 ενδιατριψη A   17 ζηλωτου B* (-λουτω Bᵃᵇ)   18 εκγονα] εγγονα A   19 γενου] γεινου Bᵃℵ γινου BᵇAC | εννοιας] εννοιαν ℵᶜᵃ   20 εκτεινου] εκλυου C | κρεων]+τε ℵᶜᵃAC   21 πτωχευσει] pr και ℵ* (om και ℵ¹) πτωχευ (πτωχευει nisi potius πτωχευσι) C | ρακωδη] ρακκωδη ℵᶜᵃ ρα (cett perier usque fin lin) C

ΠΑΡΟΙΜΙΑΙ

24 ²⁴καλῶς ἐκτρέφει πατὴρ δίκαιος,
ἐπὶ δὲ υἱῷ σοφῷ εὐφραίνεται ἡ ψυχὴ αὐτοῦ.
25 ²⁵εὐφραινέσθω ὁ πατὴρ καὶ ἡ μήτηρ ἐπὶ σοί,
καὶ χαιρέτω ἡ τεκοῦσά σε.¶
26 ²⁶δός μοι, υἱέ, σὴν καρδίαν·
οἱ δὲ σοὶ ὀφθαλμοὶ ἐμὰς ὁδοὺς τηρείτωσαν.
27 ²⁷πίθος γὰρ τετρημένος ἐστὶν ἀλλότριος οἶκος
καὶ φρέαρ στενὸν ἀλλότριον.
28 ²⁸οὗτος γὰρ συντόμως ἀπολεῖται,
καὶ πᾶς παράνομος ἀναλωθήσεται.
29 ²⁹τίνι οὐαί; τίνι θόρυβος; τίνι κρίσις,
τίνι δὲ ἀηδία καὶ λέσχαι,
τίνι συντρίμματα διὰ κενῆς,
τίνος πελιοὶ οἱ ὀφθαλμοί;
30 ³⁰οὐ τῶν ἐγχρονιζόντων ἐν οἴνοις;
οὐ τῶν ἰχνευόντων ποῦ πότοι γίνονται;
31 ³¹μὴ μεθύσκεσθε ἐν οἴνοις, ἀλλὰ ὁμιλεῖτε ἀνθρώποις δικαίοις,
καὶ ὁμιλεῖτε ἐν περιπάτοις·
ἐὰν γὰρ εἰς τὰς φιάλας καὶ τὰ ποτήρια δῷς τοὺς ὀφθαλμούς
σου,
ὕστερον περιπατήσεις γυμνότερος ὑπέρου·
32 ³²τὸ δὲ ἔσχατον ὥσπερ ὑπὸ ὄφεως πεπληγὼς ἐκτείνεται,
καὶ ὥσπερ ὑπὸ κεράστου διαχεῖται αὐτῷ ὁ ἰός.
33 ³³οἱ ὀφθαλμοί σου ὅταν ἴδωσιν ἀλλοτρίαν,
τὸ στόμα σου τότε λαλήσει σκολιά,
34 ³⁴καὶ κατακείσῃ ὥσπερ ἐν καρδίᾳ θαλάσσης,
καὶ ὥσπερ κυβερνήτης ἐν πολλῷ κλύδωνι.
35 ³⁵ἐρεῖς δέ Τύπτουσίν με καὶ οὐκ ἐπόνεσα,
καὶ ἐνέπαιξάν μοι, ἐγὼ δὲ οὐκ ᾔδειν·
πότε ὄρθρος ἔσται, ἵνα ἐλθὼν ζητήσω μεθ' ὧν συνελεύσομαι,
XXIV 1 ¹υἱέ, μὴ ζηλώσῃς κακοὺς ἄνδρας,
μηδὲ ἐπιθυμήσῃς εἶναι μετ' αὐτῶν·

26 εμας] pr ο ℵ* (om ο ℵ¹)   27 εστιν τετρημενος ℵ   23 ουτως A ℵA
29 om δε ℵᶜ ᵃA | αηδιαι ℵA | πελιοι ℵ* (πελειοι B*ᵛⁱᵈA)] πελιδνοι Bᵇ˙ᶜ˙ (sup ras) μελανες Bᵃᵐᵍ et superius φλυαριαι (φλοιαριαι corr) ομιλιαι ενφιλονικοι ℵᵉ | οι οφθαλμοι] om οι A   30 εγχρονιζοντων Bᵃᵇ   31 εν οινοις] οινοις ℵ οινω A | τα ποτηρια] pr εις ℵA | γυμνοτερος] γυμνος ℵ* (-νοτερος ℵᶜ ᵃ) | υπερου] υπεροης ℵ* (-ρου ℵᶜ ᵃ)   32 αυτω] αυτου A   35 ορθρος] ορθος ℵ

B ²ψευδῆ γὰρ μελετᾷ ἡ καρδία αὐτῶν,
καὶ πόνους τὰ χείλη αὐτῶν λαλεῖ.
³μετὰ σοφίας οἰκοδομεῖται οἶκος,
καὶ μετὰ συνέσεως ἀνορθοῦται·
⁴μετὰ αἰσθήσεως ἐμπίμπλανται ταμεῖα
ἐκ παντὸς πλούτου τιμίου καὶ καλοῦ.
⁵κρείσσων σοφὸς ἰσχυροῦ,
καὶ ἀνὴρ φρόνησιν ἔχων γεωργίου μεγάλου.
⁶μετὰ κυβερνήσεως γίνεται πόλεμος,
βοήθεια δὲ μετὰ καρδίας βουλευτικῆς.
⁷σοφία καὶ ἔννοια ἀγαθὴ ἐν πύλαις σοφῶν
σοφοὶ οὐκ ἐκκλίνουσιν ἐκ στόματος Κυρίου,
⁸ἀλλὰ λογίζονται ἐν συνεδρίοις
ἀπαιδεύτοις συναντᾷ θάνατος,
⁹ἀποθνήσκει δὲ ἄφρων ἐν ἁμαρτίαις.
ἀκαθαρσία δὲ ἀνδρὶ λοιμῷ ἐμμολυνθήσεται
¹⁰ἐν ἡμέρᾳ κακῇ καὶ ἐν ἡμέρᾳ θλίψεως ἕως ἂν ἐκλίπῃ
¹¹ῥῦσαι ἀγομένους εἰς θάνατον
καὶ ἐκπρίου κτεινομένους, μὴ φείσῃ
¹²ἐὰν δὲ εἴπῃς Οὐκ οἶδα τοῦτον,
γίνωσκε ὅτι Κύριος καρδίας πάντων γινώσκει·
καὶ ὁ πλάσας πνοὴν πᾶσιν αὐτὸς οἶδεν πάντα,
ὃς ἀποδίδωσιν ἑκάστῳ κατὰ τὰ ἔργα αὐτοῦ.
¹³φάγε μέλι, υἱέ, ἀγαθὸν γὰρ κηρίον,
ἵνα γλυκανθῇ σου ὁ φάρυγξ.
¹⁴οὕτως αἰσθηθήσῃ σοφίαν τῇ σῇ ψυχῇ·
ἐὰν γὰρ εὕρῃς, ἔσται καλὴ ἡ τελευτή σου
καὶ ἐλπίς σε οὐκ ἐγκαταλείψει.
¹⁵μὴ προσαγάγῃς ἀσεβῆ νομῇ δικαίων,
μηδὲ ἀπατηθῇς χορτασίᾳ κοιλίας.
¹⁶ἑπτάκι γὰρ πεσεῖται δίκαιος καὶ ἀναστήσεται,
οἱ δὲ ἀσεβεῖς ἀσθενήσουσιν ἐν κακοῖς.
¹⁷ἐὰν πέσῃ ὁ ἐχθρός σου, μὴ ἐπιχαρῇς αὐτῷ,

ℵA XXIV 4 εμπιπλανται ℵ εμπιπλαται A | ταμεια B^{ab} (ταμια B*ℵ)] ταμεια A   6 βοηθει ℵ* (-θεια ℵ^{c a})   9 om δε 2° A | εν|μολυνθησεται ℵ   10 om εως ℵ* (hab ℵ^{c a}) | εκλειπη A   11 εκπριω A   12 Κυριος] pr o A   14 αισθηση ℵA | σοφιας A | τελευτη] τελ^{ευ}τη ras σου ut vid ℵ¹   15 ασεβην ℵ | νομην B   16 επτακις A | δικαιος] pr o A

ΠΑΡΟΙΜΙΑΙ XXIV 27

ἐν δὲ τῷ ὑποσκελίσματι αὐτοῦ μὴ ἐπαίρου· B
18 ¹⁸ὅτι ὄψεται Κύριος καὶ ✢ οὐκ ἀρέσει αὐτῷ,
   καὶ ἀποστρέψει τὸν θυμὸν αὐτοῦ ἀπ' αὐτοῦ.
19 ¹⁹μὴ χαῖρε ἐπὶ κακοποιοῖς,
   μηδὲ ζήλου ἁμαρτωλούς·
20 ²⁰οὐ γὰρ μὴ γένηται ἔκγονα πονηρῷ,
   λαμπτὴρ δὲ ἀσεβῶν σβεσθήσεται.
21 ²¹φοβοῦ τὸν θεόν, υἱέ, καὶ βασιλέα,
   καὶ μηθετέρῳ αὐτῶν ἀπειθήσῃς·
22 ²²ἐξαίφνης γὰρ τίσονται τοὺς ἀσεβεῖς,
   τὰς δὲ τιμωρίας ἀμφοτέρων τίς γνώσεται;
22a ²²ᵃλόγον φυλασσόμενος υἱὸς ἀπωλείας ἐκτὸς ἔσται,
    δεχόμενος δὲ ἐδέξατο αὐτόν.
22b ²²ᵇμηδὲν ψεῦδος ἀπὸ γλώσσης βασιλεῖ λεγέσθω,
    καὶ οὐδὲν ψεῦδος αὐτοῦ ἀπὸ γλώσσης μὴ ἐξέλθῃ.
22c ²²ᶜμάχαιρα γλῶσσα βασιλέως καὶ οὐ σαρκίνη·
    ὃς δ' ἂν παραδοθῇ, συντριβήσεται.
22d ²²ᵈἐὰν γὰρ ὀξυνθῇ ὁ θυμὸς αὐτοῦ,
    σὺν νεύροις ἀνθρώπους ἀναλίσκει,
22e ²²ᵉκαὶ ὀστᾶ ἀνθρώπων κατατρώγει,
    καὶ συνκαίει ὥσπερ φλόξ,
    §ὥστε ἄβρωτα εἶναι νεοσσοῖς ἀετῶν §C

XXX) (1) 24 ²⁴Τοὺς ἐμοὺς λόγους, υἱέ, φοβήθητι,
             καὶ δεξάμενος αὐτοὺς μετανόει
             τάδε λέγει ὁ ἀνὴρ τοῖς πιστεύουσιν θεῷ, καὶ παύομαι
     (2) 25 ²⁵ἀφρονέστατος γάρ εἰμι πάντων ἀνθρώπων,
             καὶ φρόνησις ἀνθρώπων οὐκ ἔστιν ἐν ἐμοί.
     (3) 26 ²⁶θεὸς δεδίδαχέν με σοφίαν, καὶ γνῶσιν ἁγίων ἔγνωκα.
     (4) 27 ²⁷τίς ἀνέβη εἰς τὸν οὐρανὸν καὶ κατέβη;

18 υποστρεψει ℵ* (αποστρ. ℵᶜ ᵃ)   19 κακοποιοις] κακοτητι ℵ* (-ποιοις ℵAC ℵᶜ ᵃ)   20 πονηρων ℵA   21 μηδετερω A   22 a λογον] asterisc adpinx A'ᵐᵍ
22 b βασιλει] βασιλεως A | om αυτου ℵA | γλωσσης]+αυτου ℵA | μη] pr ου ℵ
22 d συνευροις ℵ* (συν ν. ℵᶜ ᵃ) | ανθρωπους] α̅ν̅ο̅υ̅ A   22 e συνκαιει (συγκ. Bᵃ ᵇA)] εκκαιει ℵ | ωστε] ως τα ℵ* (ωστε ℵᶜ ᵃ)   24 τους]+δε A | δεξαμενους ℵ* (-νος ℵᶜ·ᵃ) | ταδε] τι δε ℵ* (ταδε ℵᶜ ᵃ) | παυσομαι ℵ* (παυομαι ℵᶜ ᵃ)
25 ανθρωπων 1°] pr των C | ανθρωπων 2°] α̅ν̅ο̅υ̅ AC   26 θεος] pr ο ℵC | δεδιδαχεν] εδιδαξεν ℵ | αγιων] α̅ν̅ω̅ν̅ A*ᵛⁱᵈ

ΠΑΡΟΙΜΙΑΙ

B τίς συνήγαγεν ἀνέμους ἐν κόλπῳ;
τίς συνέστρεψεν ὕδωρ ἐν ἱματίῳ,
τίς ἐκράτησεν τῶν ἄκρων τῆς γῆς,
τί ὄνομα αὐτῷ; ἢ τί ὄνομα τοῖς τέκνοις αὐτοῦ;
²⁸πάντες γὰρ λόγοι θεοῦ πεπυρωμένοι,   28 (5)
ὑπερασπίζει δὲ αὐτὸς τῶν εὐλαβουμένων αὐτόν.
²⁹μὴ προσθῇς τοῖς λόγοις αὐτοῦ, ἵνα μὴ ἐλέγξῃ σε καὶ ψευδὴς   29 (6)
γένῃ.
³⁰δύο αἰτοῦμαι παρὰ σοῦ,   30 (7)
μὴ ἀφέλῃς μου χάριν πρὸ τοῦ ἀποθανεῖν με·
³¹μάταιον λόγον καὶ ψευδῆ μακράν μου ποίησον,   31 (8)
πλοῦτον δὲ καὶ πενίαν μή μοι δῷς,
σύνταξον δέ μοι τὰ δέοντα καὶ τὰ αὐτάρκη·
³²ἵνα μὴ πλησθεὶς ψευδὴς γένωμαι καὶ εἴπω Τίς με ὁρᾷ,   32 (9)
ἢ πενηθεὶς κλέψω καὶ ὀμόσω τὸ ὄνομα τοῦ θεοῦ.
³³μὴ παραδῷς οἰκέτην εἰς χεῖρας δεσπότου,   33 (10)
μή ποτε καταράσηταί σε καὶ ἀφανισθῇς
³⁴ἔκγονον κακὸν πατέρα καταρᾶται,   34 (11)
τὴν δὲ μητέρα οὐκ εὐλογεῖ.
³⁵ἔκγονον κακὸν δίκαιον ἑαυτὸν κρίνει,   35 (12)
τὴν δὲ ἔξοδον αὐτοῦ οὐκ ἀπένιψεν.
³⁶ἔκγονον κακὸν ὑψηλοὺς ὀφθαλμοὺς ἔχει,   36 (13)
τοῖς δὲ βλεφάροις αὐτοῦ ἐπαίρεται.
³⁷ἔκγονον κακὸν μαχαίρας τοὺς ὀδόντας ἔχει   37 (14)
καὶ τὰς μύλας τομίδας, ὥστε ἀναλίσκειν
καὶ κατεσθίειν τοὺς ταπεινοὺς ἀπὸ τῆς γῆς
καὶ τοὺς πένητας αὐτῶν ἐξ ἀνθρώπων.

³⁸Ταῦτα δὲ λέγω ὑμῖν τοῖς σοφοῖς ἐπιγινώσκειν·   38 (23) (XXIV)
αἰδεῖσθαι πρόσωπον ἐν κρίσει οὐ καλόν.
³⁹ὁ εἰπὼν τὸν ἀσεβῆ Δίκαιός ἐστιν,   39 (24)

ℵAC 27 ανεμουν A*ᵛⁱᵈ (-μους Aᶜ) | των ακρων] pr παντων AC | om τι ονομα (2°)
A | τοις τεκνοις] τωι υιωι (sic) Aᵇ?ᶜ' | αυτου]+ινα γνως AC   28 om γαρ
AC | υπερασπισει A υπερασπιει C   29 ελεγξη] εξελεγξη ℵ   31 πενιαν]
παιδιαν A | τα δεοντα] pr παντα A | om και 3° ℵᶜᵃA | τα αυταρκη] om τα
ℵ* (hab ℵᶜᵃ sed postea del) A   32 ομασω C   33 καταρησηται ℵ* (κατα-
ρασηται ℵˡ⁽ᵛⁱᵈ⁾ᶜᵃ) καταρασεται C   35 εαυτον] αυτον C | αυτου] εαυτου ℵ
37 μαχαιρας] pr της C*ᵛⁱᵈ (ras 3 litt C') | στομιδας ℵA | om και κατεσ-
θιειν A | ταπεινους] ασθενεις C   38 om αιδεισθαι. ου καλον ℵ | αιδεσθαι
A | ου καλον εν κρισι A

ΠΑΡΟΙΜΙΑΙ XXIV 52

ἐπικατάρατος λαοῖς ἔσται καὶ μισητὸς εἰς ἔθνη· B
(25) 40 ⁴⁰οἱ δὲ ἐλέγχοντες βελτίους φανοῦνται,
ἐπ᾽ αὐτοὺς δὲ ἥξει εὐλογία.
(26) 41 ⁴¹χείλη δὲ φιλήσουσιν ἀποκρινόμενα λόγους ἀγαθούς.
(27) 42 ⁴²ἑτοίμαζε εἰς τὴν ἔξοδον τὰ ἔργα σου,
καὶ παρασκευάζου εἰς τὸν ἀγρόν,
καὶ πορεύου κατόπισθέν μου
καὶ ἀνοικοδομήσεις τὸν οἶκόν σου.
(28) 43 ⁴³μὴ ἴσθι ψευδὴς μάρτυς ἐπὶ σὸν πολίτην,
μηδὲ πλατύνου σοῖς χείλεσιν.
(29) 44 ⁴⁴μὴ εἴπῃς Ὃν τρόπον ἐχρήσατό μοι χρήσομαι αὐτῷ,
τίσομαι δὲ αὐτὸν ἅ με ἠδίκησεν.
(30) 45 ⁴⁵ὥσπερ γεώργιον ἀνὴρ ἄφρων,
καὶ ὥσπερ ἀμπελὼν ἄνθρωπος ἐνδεὴς φρενῶν·
(31) 46 ⁴⁶ἐὰν ἀφῇς αὐτόν, χερσωθήσεται
καὶ χορτομανήσει ὅλος, καὶ γίνεται ἐκλελιμμένος,
οἱ δὲ φραγμοὶ τῶν λίθων αὐτοῦ κατασκάπτονται.
(32) 47 ⁴⁷ὕστερον ἐγὼ μετενόησα,
ἀπέβλεψα τοῦ ἐκλέξασθαι παιδείαν.
(33) 48 ⁴⁸ὀλίγον νυστάζω, ὀλίγον δὲ καθυπνῶ,
ὀλίγον δὲ ἐναγκαλίζομαι χερσὶν στήθη
(34) 49 ⁴⁹ἐὰν δὲ τοῦτο ποιῇς, ἥξει προπορευομένη ἡ πενία σου,
καὶ ἡ ἔνδειά σου ὥσπερ ἀγαθὸς δρομεύς.

XXX) (15) 50 ⁵⁰Τῇ βδέλλῃ τρεῖς θυγατέρες ἦσαν ἀγαπήσει ἀγαπώμεναι,
καὶ αἱ τρεῖς αὗται οὐκ ἐνεπίμπλασαν αὐτήν.
καὶ ἡ τετάρτη οὐκ ἠρκέσθη εἰπεῖν Ἱκανόν·
(16) 51 ⁵¹ᾅδης καὶ ἔρως γυναικὸς
καὶ τάρταρος καὶ γῆ οὐκ ἐμπιπλαμένη ὕδατος
καὶ ὕδωρ καὶ πῦρ οὐ μὴ εἴπωσιν Ἀρκεῖ.
(17) 52 ⁵²ὀφθαλμὸν καταγελῶντα πατρὸς καὶ ἀτιμάζοντα γῆρας μητρός,
ἐκκόψαισαν αὐτὸν κόρακες ἐκ τῶν φαράγγων,
καὶ καταφάγοισαν αὐτὸν νεοσσοὶ ἀετῶν.

40 ευλογια]+αγαθη ℵ^(c a) AC   **41** αγαθους] σοφους ℵ^(c a) AC   **42** αγρον] ℵAC +σου ℵ^(c a)   **44** με] μα A* (μαι A¹)   **45** αμπελος C   **46** εκλελειμμενος B^(ab)C   **47** επεβλεψα ℵ^(c a)C | παιδιαν ℵ   **48** om δε 1° ℵ   **49** ποιης] ο sup ras B' ποιησις ℵ | om σου 2° AC   **50** βδελλι C | ενεμπιπλασαν A   **51** αδης] αρης A* (αδ. A^(a')) | εμπιμλαμενη C | πυρ και υδωρ C | επωσιν C* (ειπ. C')   **52** εκκοψαισαν B^(ab) (οκκ. B^(edit))ℵC (-ψεσαν B*)] εκκολαψαισαν A | αυτον 1°] αυτην A | αυτον 2°] αυτην A* (-τον A¹)

ΠΑΡΟΙΜΙΑΙ

⁵³τρία δέ ἐστιν ἀδύνατά μοι νοῆσαι, καὶ τὸ τέταρτον οὐκ ἐπι- 53 (18)
γινώσκω·
⁵⁴ἴχνη ἀετοῦ πετομένου, 54 (19)
καὶ ὁδοὺς ὄφεως ἐπὶ πέτρας,
καὶ τρίβους νηὸς ποντοπορούσης,
καὶ ὁδοὺς ἀνδρὸς ἐν νεότητι.
⁵⁵τοιαύτη ὁδὸς γυναικὸς μοιχαλίδος, 55 (20)
ἣ ὅταν πράξῃ, ἀπονιψαμένη οὐδέν φησιν πεπραχέναι
ἄτοπον.
⁵⁶διὰ τριῶν σείεται ἡ γῆ, 56 (21)
τὸ δὲ τέταρτον οὐ δύναται φέρειν·
⁵⁷ἐὰν οἰκέτης βασιλεύσῃ, 57 (22)
καὶ ἄφρων πλησθῇ σιτίων,
⁵⁸καὶ οἰκέτις ἐὰν ἐκβάλῃ τὴν ἑαυτῆς κυρίαν, 58 (23)
καὶ μισητὴ γυνὴ ἐὰν τύχῃ ἀνδρὸς ἀγαθοῦ.
⁵⁹τέσσαρα δέ ἐλάχιστα ἐπὶ τῆς γῆς, 59 (24)
ταῦτα δέ ἐστιν σοφώτερα τῶν σοφῶν·
⁶⁰οἱ μύρμηκες οἷς μὴ ἔστιν ἰσχύς, 60 (25)
καὶ ἑτοιμάζονται θέρους τὴν τροφήν·
⁶¹καὶ οἱ χοιρογρύλλιοι, ἔθνος οὐκ ἰσχυρόν, 61 (26)
οἳ ἐποιήσαντο ἐν πέτραις τοὺς ἑαυτῶν οἴκους·
⁶²ἀβασίλευτόν ἐστιν ἡ ἀκρίς, 62 (27)
καὶ στρατεύει ἀφ' ἑνὸς κελεύσματος εὐτάκτως·
⁶³καὶ καλαβώτης χερσὶν ἐρειδόμενος καὶ εὐάλωτος ὤν, 63 (28)
κατοικεῖ ἐν ὀχυρώμασιν βασιλέων.
⁶⁴τρία δέ ἐστιν ἃ εὐόδως πορεύεται, 64 (29)
καὶ τέταρτον ὃ καλῶς διαβαίνει·
⁶⁵σκύμνος λέοντος ἰσχυρότερος κτηνῶν, 65 (30)
ὃς οὐκ ἀποστρέφεται οὐδὲ καταπτήσει κτῆνος,
⁶⁶καὶ ἀλέκτωρ ἐνπεριπατῶν θηλείαις εὔψυχος, 66 (31)
καὶ τράγος ἡγούμενος αἰπολίου,
καὶ βασιλεὺς δημηγορῶν ἐν ἔθνει.
⁶⁷ἐὰν πρόῃ σεαυτὸν ἐν εὐφροσύνῃ, 67 (32)
καὶ ἐκτείνῃς τὴν χεῖρά σου μετὰ μάχης, ἀτιμασθήσῃ

ℵAC 54 νηος] νηως ℵᶜᵃ νεως C   55 φησι C   58 οικετης ℵᶜᵃ   59 τεσσαρα
B' | δε 1°] +εστιν ℵᶜᵃ A   61 χοιρογρυλλιοι ℵ*A] χοιρογυλιοι B χυρο-
γρυλλιοι ℵᶜᵃ   62 εκστρατευει A   63 βασιλεως ℵA   64 om δε ℵ* (hab
ℵᶜᵃ) | πορευονται A | τεταρτον] pr το ℵA   65 καταπτησει A   66 εμπε-
ριπατων Bᵇ   67 εν ευφροσυνη] εις ευφροσυνην ℵA

ΠΑΡΟΙΜΙΑΙ XXV 2

(33) 68   ⁶⁸ἄμελγε γάλα, καὶ ἔσται βούτυρον·   B
         ἐὰν δὲ ἐκπιέζῃς μυκτῆρας, ἐξελεύσεται αἷμα·
         ἐὰν δὲ ἐξέλκῃς λόγους, ἐξελεύσονται κρίσεις καὶ μάχαι.

XXXI) (1) 69   ⁶⁹Οἱ ἐμοὶ λόγοι εἴρηνται ὑπὸ θεοῦ·
         βασιλέως χρηματισμὸς ὃν ἐπαίδευσεν ἡ μήτηρ αὐτοῦ

(2) 70   ⁷⁰τί, τέκνον, τηρήσεις; τί; ῥήσεις θεοῦ
         πρωτογενές, σοὶ λέγω, υἱέ·
         τί, τέκνον ἐμῆς κοιλίας;
         τί, τέκνον ἐμῶν εὐχῶν;

(3) 71   ⁷¹μὴ δῷς γυναιξὶ σὸν πλοῦτον,
         καὶ τὸν σὸν νοῦν καὶ βίον εἰς ὑστεροβουλίαν

(4) 72   ⁷²μετὰ βουλῆς πάντα ποίει,
         μετὰ βουλῆς οἰνοπότει.
         οἱ δυνάσται θυμώδεις εἰσίν,
         οἶνον δὲ μὴ πινέτωσαν·

(5) 73   ⁷³ἵνα μὴ πιόντες ἐπιλάθωνται τῆς σοφίας,
         καὶ ὀρθὰ κρῖναι οὐ μὴ δύνωνται τοὺς ἀσθενεῖς

(6) 74   ⁷⁴δίδοτε μέθην τοῖς ἐν λύπαις,
         καὶ οἶνον πίνειν τοῖς ἐν ὀδύναις,

(7) 75   ⁷⁵ἵνα ἐπιλάθωνται τῆς πενίας, καὶ τῶν πόνων μὴ μνησθῶ-
         σιν ἔτι.

(8) 76   ⁷⁶ἄνοιγε σὸν στόμα λόγῳ θεοῦ,
         καὶ κρῖνε πάντας ὑγιῶς

(9) 77   ⁷⁷ἄνοιγε σὸν στόμα καὶ κρῖνε δικαίως,
         διάκρινε δὲ πένητα καὶ ἀσθενῆ.

XXV 1   ¹Αὗται αἱ παιδεῖαι Σαλωμῶντος αἱ ἀδιάκριτοι, ἃς ἐξεγράψαντο
       οἱ φίλοι Ἐζεκίου τοῦ βασιλέως τῆς Ἰουδαίας.

2   ²Δόξα θεοῦ κρύπτει λόγον,
    δόξα δὲ βασιλέως τιμᾷ πράγματα.

68 εσται] εσθε ℵ* (εστε ℵ^{c a}) | μυκτηρα ℵ | εξελκης] εξελκυσης ℵ | κρισις ℵ ℵA
70 om τι 1° ℵ* (hab ℵ^{c a}) | om τηρησεις ℵ^{c a}   **71** γυναιξιν ℵA | σον 1°]
σου A   **72** θυμωδει B* (-δεις B^{ab}) | om δε A   **73** επιλαθωνται] επιλαθων
ℵ* (-νται ℵ^{c a}) επιλανθωνται (sic) A | ῥιναι] κρινειν A   **75** πονων] ποδων
ℵ* (πον. ℵ¹) | μνησ|σθωσιν B* (μνη|σθ. B^{ab})   **77** κρινε] διακρινε ℵ κριναι
A | om δε ℵ   XXV **1** παιδειαι] παροιμιαι ℵ^{c a}A | Σαλωμωντος ℵ
Σολομωντος A   **2** πραγματα] προσταγματα B^cA

ΠΑΡΟΙΜΙΑΙ

Β ³οὐρανὸς ὑψηλός, γῆ δὲ βαθεῖα,   3
καρδία δὲ βασιλέως ἀνεξέλεγκτος.
⁴τύπτε ἀδόκιμον ἀργύριον,   4
καὶ καθαρισθήσεται καθαρὸν ἅπαν·
⁵κτεῖνε ἀσεβεῖς ἐκ προσώπου βασιλέως,   5
καὶ κατορθώσει ἐν δικαιοσύνῃ ὁ θρόνος αὐτοῦ.
⁶μὴ ἀλαζονεύου ἐνώπιον βασιλέως,   6
μηδὲ ἐν τόποις δυναστῶν ὑφίστασο·
⁷κρεῖσσον γάρ σοι τὸ ῥηθῆναι Ἀνάβαινε πρός με,   7
ἢ ταπεινῶσαί σε ἐν προσώπῳ δυνάστου.
ἃ εἶδον οἱ ὀφθαλμοί σου λέγε.
⁸μὴ πρόσπιπτε εἰς μάχην ταχέως,   8
ἵνα μὴ μεταμεληθῇς ἐπ᾽ ἐσχάτῳ,
ἡνίκα ἄν σε ὀνειδίσῃ ὁ σὸς φίλος.
⁹ἀναχώρει εἰς τὰ ὀπίσω, μὴ καταφρόνει,   9
¹⁰μή σε ὀνειδίσῃ μὲν ὁ φίλος·   10
ἡ δὲ μάχη σου καὶ ἡ ἔχθρα οὐκ ἀπέσται,
ἀλλ᾽ ἔσται σοι ἴση θανάτῳ.
¹⁰ᵃχάρις καὶ φιλία ἐλευθεροῖ,   10a
ἃς τήρησον σεαυτῷ, ἵνα μὴ ἐπονείδιστος γένῃ,
ἀλλὰ φύλαξον τὰς ὁδούς σου εὐσυναλλάκτως.
¹¹μῆλον χρυσοῦν ἐν ὁρμίσκῳ σαρδίου,   11
οὕτως εἰπεῖν λόγον.
¹²εἰς ἐνώτιον χρυσοῦν καὶ σάρδιον πολυτελὲς δέδεται,   12
λόγος σοφὸς εἰς εὐήκοον οὖς.
¹³ὥσπερ ἔξοδος ἐν ἀμήτῳ κατὰ καῦμα ὠφελεῖ,   13
οὕτως ἄγγελος πιστὸς τοὺς ἀποστείλαντας αὐτόν·
ψυχὰς γὰρ τῶν αὐτῷ χρωμένων ὠφελεῖ.
¹⁴ὥσπερ ἄνεμοι καὶ νέφη καὶ ὑετοὶ ἐπιφανέστατα,   14
οὕτως ὁ καυχώμενος ἐπὶ δόσει ψευδεῖ.
¹⁵ἐν μακροθυμίᾳ εὐοδία βασιλεῦσιν,   15
γλῶσσα δὲ μαλακὴ συντρίβει ὀστᾶ.
¹⁶μέλι εὑρὼν φάγε τὸ ἱκανόν,   16

ℵA   4 τυπτε] κρυπτε A   6 δυνατων ℵ* (-στων ℵ^{c a})   7 το ρηθηναι σοι ℵA | ταπεινωσαι] ταπινωθηναι ℵ | ιδον A   8 εσχατω] ℵA | αν] pr δ A | om σος A   10 om σου ℵ | εχθρα]+σου ℵ   11 χρυσεον A | λογον]+επι αρμοζουσιν ℵ^{c a}   12 om και ℵ^{c a} A   13 εξοδος]+χιονος ℵA   14 επιφανεστατοι ℵ^{c a} A | οι καυχωμενοι B^{ab}ℵA

ΠΑΡΟΙΜΙΑΙ XXVI 1

μή ποτε πλησθεὶς ἐξεμέσῃς. B

17 ¹⁷σπάνιον εἴσαγε σὸν πόδα πρὸς σεαυτοῦ φίλον,
μή ποτε πλησθείς σου μισήσῃ σε.

18 ¹⁸ῥόπαλον καὶ μάχαιρα καὶ τόξευμα ἀκιδωτόν,
οὕτως καὶ ἀνὴρ ὁ καταμαρτυρῶν τοῦ φίλου αὐτοῦ μαρτυρίαν ψευδῆ.

19 ¹⁹ὁδὸς κακοῦ καὶ πούς παρανόμου ὀλεῖται ἐν ἡμέρᾳ κακῇ.

20 ²⁰ὥσπερ ὄξος ἕλκει ἀσύμφορον,
οὕτως προσπεσὸν πάθος ἐν σώματι καρδίαν λυπεῖ.

20 a ²⁰ᵃὥσπερ σὴς ἐν ἱματίῳ καὶ σκώληξ ξύλῳ,
οὕτως λύπη ἀνδρὸς βλάπτει καρδίαν.

21 ²¹ἐὰν πεινᾷ ὁ ἐχθρός σου, ψώμιζε αὐτόν,
ἐὰν διψᾷ, πότιζε αὐτόν·

22 ²²τοῦτο γὰρ ποιῶν ἄνθρακας πυρὸς σωρεύσεις ἐπὶ τὴν κεφαλὴν αὐτοῦ,
ὁ δὲ Κύριος ἀνταποδώσει σοι ἀγαθά.

23 ²³ἄνεμος βορέας ἐξεγείρει νέφη,
πρόσωπον δὲ ἀναιδὲς γλῶσσαν ἐρεθίζει.

24 ²⁴κρεῖττον οἰκεῖν ἐπὶ γωνίας δώματος
ἢ μετὰ γυναικὸς λοιδόρου ἐν οἰκίᾳ κοινῇ.

25 ²⁵ὥσπερ ὕδωρ ψυχρὸν ψυχῇ διψώσῃ προσηνές,
οὕτως ἀγγελία ἀγαθὴ ἐκ γῆς μακρόθεν.

26 ²⁶ὥσπερ εἴ τις πηγὴν φράσσοι καὶ ὕδατος ἔξοδον λυμαίνοιτο,
οὕτως ἄκοσμον δίκαιον πεπτωκέναι ἐνώπιον ἀσεβοῦς.

27 ²⁷ἐσθίειν μέλι πολὺ οὐ καλόν,
τιμᾶν δὲ χρὴ λόγους ἐνδόξους.

28 ²⁸ὥσπερ πόλις τὰ τείχη καταβεβλημένη καὶ ἀτείχιστος,
οὕτως ἀνὴρ ὃς οὐ μετὰ βουλῆς τι πράσσει.

XXVI 1 ¹ὥσπερ δρόσος ἐν ἀμήτῳ καὶ ὥσπερ ὑετὸς ἐν θέρει,
οὕτως οὐκ ἔστιν ἄφρονι τιμή.

16 πλησθεις] εμπλησθεις ℵ   17 εισαγαγε ℵ | σεαυτου] pr τον ℵA | ℵA μισησει A   18 ροπανον ℵ* (ροπαλον ℵᶜᵃ) | ακιδωτον] ακηλιδωτον ℵᶜᵃA | om και 3° ℵᶜᵃ | ανηρ] pr ο A | καταμαρτυρων]+κατα A | αυτου] εαυτου A   19 οδους A   20 om εν ℵA   20 a om εν ℵ | βλαπτει] βαπτει ℵ* (βλ ℵᶜᵃ)   21 ψωμιζε] τρεφε ℵA   22 ποιων] ποιησας ℵ* (ποιων ℵᶜᵃ) | om πυρος A | της κεφαλης ℵ* (την κεφαλην ℵᶜᵃ) | ανταποδωσει] ανταποδειδωσει A   23 βορρεας Bᵇᵗᶜ?   24 κρισσον A   25 διψωσῃ] ζωσῃ ℵ* (διψ. ℵᶜᵃ)   26 λοιμαινοιτο B* (λυμ. Bᵇ)   28 πολι ℵ* (πολις ℵᶜᵃ)

469

ΠΑΡΟΙΜΙΑΙ

B ²ὥσπερ ὄρνεα πέταται καὶ στρουθοί,
οὕτως ἀρὰ ματαία οὐκ ἐπελεύσεται οὐδενί.
³ὥσπερ μάστιξ ἵππῳ καὶ κέντρον ὄνῳ,
οὕτως ῥάβδος ἔθνει παρανόμῳ.
⁴μὴ ἀποκρίνου ἄφρονι πρὸς τὴν ἐκείνου ἀφροσύνην,
ἵνα μὴ ὅμοιος γένῃ αὐτῷ·
⁵ἀλλὰ ἀποκρίνου ἄφρονι κατὰ τὴν ἀφροσύνην αὐτοῦ,
ἵνα μὴ φαίνηται σοφὸς παρ' ἑαυτῷ.
⁶ἐκ τῶν ἑαυτοῦ ὁδῶν ὄνειδος ποιεῖται
ὁ ἀποστείλας δι' ἀγγέλου ἄφρονος λόγον.
⁷ἀφελοῦ πορείαν σκελῶν
καὶ παρανομίαν ἐκ στόματος ἀφρόνων.
⁸ὃς ἀποδεσμεύει λίθον ἐν σφενδόνῃ,
ὅμοιός ἐστιν τῷ διδόντι ἄφρονι δόξαν.
⁹ἄκανθαι φύονται ἐν χειρὶ μεθύσου,
δουλεία δὲ ἐν χειρὶ τῶν ἀφρόνων.
¹⁰πολλὰ χειμάζεται πᾶσα σὰρξ ἀφρόνων,
συντρίβεται γὰρ ἡ ἔκστασις αὐτῶν.
¹¹ὥσπερ κύων ὅταν ἐπέλθῃ ἐπὶ τὸν ἑαυτοῦ ἔμετον καὶ μισητὸς γένηται,
οὕτως ἄφρων τῇ ἑαυτοῦ κακίᾳ ἀναστρέψας ἐπὶ τὴν ἑαυτοῦ ἁμαρτίαν.
¹¹ᵃἔστιν αἰσχύνη ἐπάγουσα ἁμαρτίαν,
καὶ ἔστιν αἰσχύνη δόξα καὶ χάρις.
¹²εἶδον ἄνδρα δόξαντα παρ' ἑαυτῷ σοφὸν εἶναι,
ἐλπίδα μέντοι ἔσχεν μᾶλλον ἄφρων αὐτοῦ.
¹³λέγει ὀκνηρὸς ἀποστελλόμενος εἰς ὁδόν
Λέων ἐν ταῖς ὁδοῖς.
¹⁴ὥσπερ θύρα στρέφεται ἐπὶ τοῦ στρόφιγγος,
οὕτως ὀκνηρὸς ἐπὶ τῆς κλίνης αὐτοῦ.
¹⁵κρύψας ὀκνηρὸς τὴν χεῖρα ἐν τῷ κόλπῳ αὐτοῦ
οὐ δυνήσεται ἐπενεγκεῖν ἐπὶ στόμα.

ℵA   XXVI 2 πεταντται A   4 προς] κατα A   5 κατα] προς A   6 εαυτου] αυτου ℵ | ο αποστειλας] om ο ℵ* (pr ο ℵ¹ ᵐᵍ ˢⁱⁿⁱˢᵗʳ)   7 πορειαν] πορνιαν ℵ* (ποριαν ℵᶜ ᵃ)   8 διδουντι ℵ   9 μεθυσου] pr του ℵA | δουλια ℵ   11 εαυτου εμετον] εμ αυτου A | αναστρεψας κακια ℵ   12 ιδον A | εσχε ℵ* (εσχεν ℵᶜ ᵃ) | αφρων μαλλον A   13 οδοις]+εν δε ταις πλατειαις (-τιαις ℵ) φονευται Bᵇ ⁽ᵐᵍ⁾ ℵA   14 του στροφιγγος] τω στροφιγγι A   15 δυνησεται] δυναται ℵA | επι στομα] επι το στομα ℵᶜ ᵃ εις το στ. A

ΠΑΡΟΙΜΙΑΙ XXVII 1

16 ¹⁶σοφώτερος ἑαυτῷ ὀκνηρὸς φαίνεται B
τοῦ ἐν πλησμονῇ ἀποκομίζοντος ἀγγελίαν.

17 ¹⁷ὥσπερ ὁ κρατῶν κέρκου κυνός,
οὕτως ὁ προεστὼς ἀλλοτρίας κρίσεως.

18 ¹⁸ὥσπερ οἱ ἰώμενοι προβάλλουσιν λόγους εἰς ἀνθρώπους,
ὁ δὲ ἀπαντήσας τῷ λόγῳ πρῶτος ὑποσκελισθήσεται·

19 ¹⁹οὕτως πάντες οἱ ἐνεδρεύοντες τοὺς ἑαυτῶν φίλους,
ὅταν δὲ ὁραθῶσιν, λέγουσιν ὅτι Παίζων ἔπραξα.

20 ²⁰ἐν πολλοῖς ξύλοις θάλλει πῦρ,
ὅπου δὲ οὐκ ἔστιν δίθυμος, ἡσυχάζει μάχη

21 ²¹ἐσχάρα ἄνθραξιν καὶ ξύλα πυρί,
ἀνὴρ δὲ λοίδορος εἰς ταραχὴν μάχης.

22 ²²λόγοι κερκώπων μαλακοί,
οὗτοι δὲ τύπτουσιν εἰς ταμεῖα σπλάγχνων.

23 ²³ἀργύριον διδόμενον μετὰ δόλου ὥσπερ ὄστρακον ἡγητέον·
§χείλη λεῖα καρδίαν καλύπτει λυπηράν. §C

24 ²⁴χείλεσιν πάντα ἐπινεύει ἀποκλαιόμενος ἐχθρούς,
ἐν δὲ τῇ καρδίᾳ τεκταίνεται λόγους.

25 ²⁵ἐάν σου δέηται ὁ ἐχθρὸς μεγάλῃ τῇ φωνῇ, μὴ πεισθῇς
ἑπτὰ γὰρ πονηρίαι ἐν τῇ ψυχῇ αὐτοῦ.

26 ²⁶ὁ κρύπτων ἔχθραν συνίστησιν δόλον,
ἐνκαλύπτει δὲ τὰς ἑαυτοῦ ἁμαρτίας εὔγνωστος ἐν συνεδρίοις.

27 ²⁷ὁ ὀρύσσων βόθρον τῷ πλησίον ἐμπεσεῖται εἰς αὐτόν·
ὁ δὲ κυλίων λίθον ἐφ' ἑαυτὸν κυλίει.

28 ²⁸γλῶσσα ψευδὴς μισεῖ ἀλήθειαν,
στόμα δὲ ἄστεγον ποιεῖ ἀκαταστασίας.

XXVII 1 ¹μὴ καυχῶ τὰ εἰς αὔριον,
οὐ γὰρ γινώσκεις τί τέξεται ἡ ἐπιοῦσα.

16 οκνηρος εαυτω A   **18** ιωμενοι] πιρωμενοι ℵ^{c a} | προβαλλουσι ℵ ℵAC
19 ουτω ℵ | οραθωσιν] φοραθωσιν ℵ^{c a} φωραθωσιν A   **20** διθυμος] οξυθυμος
ℵ^{c a}A   **21** ανθραξι ℵ   **22** κερκωπων] κεκορπων B | ταμεια B^{ab}
(ταμια B*ℵ)] ταμιεια A | σπλαγχνων] κοιλιας ℵ^{c a}   **23** λεια] δολια ℵ
24 χειλεσι C | αποκλαιομενος] pr ο A | εχθρους] εχθρος B^{ab}AC | τη καρδια]
om τη ℵ | λογους] δολους B^{ab mg}A^{a?}C δολος A*   **25** πεισθης]+αυτω
AC | γαρ]+εισιν B^{ab mg}ℵA+εισι C | ψυχη] καρδια AC   **26** συνιστησι
C | ενκαλυπτει (εγκ. B^{ab}) B*ℵ^{c a}] συνκαλυπτει ℵ* εκκαλυπτει AC | συνεδριοις B^b (-δρειοις B*ℵ*)] συνεδριω ℵ^{c a}AC   **27** ορυσσον ℵ* (-σων
ℵ^{1 fort c a}) | βοθρον] βοθυνον ℵ | εαυτον] εαυτου C   **28** ποιει] μιοιει (sic)
A* vid

ΠΑΡΟΙΜΙΑΙ

1: ²ἐγκωμιαζέτω σε ὁ πέλας καὶ μὴ τὸ σὸν στόμα,
ἀλλότριος καὶ μὴ τὰ σὰ χείλη.
³βαρὺ λίθος καὶ δυσβάστακτον ἄμμος,
ὀργὴ δὲ ἄφρονος βαρυτέρα ἀμφοτέρων.
⁴ἀνελεήμων θυμὸς καὶ ὀξεῖα ὀργή,
ἀλλ' οὐδένα ὑφίσταται ζῆλος.
⁵κρείσσους ἔλεγχοι ἀποκεκαλυμμένοι κρυπτομένης φιλίας.
⁶ἀξιοπιστότερά ἐστιν τραύματα φίλου
ἢ ἑκούσια φιλήματα ἐχθροῦ.
⁷ψυχὴ ἐν πλησμονῇ οὖσα κηρίοις ἐμπαίζει,
ψυχῇ δὲ ἐν ἐνδεεῖ καὶ τὰ πικρὰ γλυκέα φαίνεται.
⁸ὥσπερ ὅταν ὄρνεον καταπετασθῇ ἐκ τῆς ἰδίας νοσσιᾶς,
οὕτως ἄνθρωπος δουλοῦται ὅταν ἀποξενωθῇ ἐκ τῶν ἰδίων
τόπων.
⁹μύροις καὶ οἴνοις καὶ θυμιάμασιν τέρπεται καρδία,
καταρήγνυται δὲ ὑπὸ συμπτωμάτων ψυχή.
¹⁰φίλον σὸν ἢ φίλον πατρῷον μὴ ἐγκαταλίπῃς,
εἰς δὲ τὸν οἶκον τοῦ ἀδελφοῦ σου μὴ εἰσέλθῃς ἀτυχῶν
κρείσσων φίλος ἐγγὺς ἢ ἀδελφὸς μακρὰν οἰκῶν.

¹¹Σοφὸς γίνου, υἱέ, ἵνα σου εὐφραίνηται ἡ καρδία,
καὶ ἀπόστρεψον ἀπὸ σοῦ ἐπονειδίστους λόγους.
¹²πανοῦργος κακῶν ἐπερχομένων ἀπεκρύβη,
ἄφρονες δὲ ἐπελθόντες ζημίαν τίσουσιν.
¹³ἀφελοῦ τὸ ἱμάτιον αὐτοῦ, παρῆλθεν γάρ·
ὑβριστὴς ὅστις τὰ ἀλλότρια λυμαίνεται.
¹⁴ὃς ἂν εὐλογῇ φίλον τὸ πρωὶ μεγάλῃ τῇ φωνῇ,
καταρωμένου οὐδὲν διαφέρειν δόξει.
¹⁵σταγόνες ἐκβάλλουσιν ἄνθρωπον ἐν ἡμέρᾳ χειμερινῇ ἐκ τοῦ
οἴκου·

ℵAC   XXVII 2 το πελας A   4 ουδενα] ουδεν AC | υφιστατο C   5 αποκεκαλυμμενοι] αποκαλυπτομενοι AC   6 om εστιν AC   7 om εν 2° ℵ$^{c\,a}$ AC | γλυκια ℵAC (-κεια) | φαινεται] φερει ℵ* (φενεται ℵ$^{c\,a}$)   8 ορνεον οταν AC | δουλουται] καταδουλουται C   9 και 2°] θαι A* (και Λ^{a}) | θυμιασιν ℵ θυμιαμασι C | καταρρηγνυται A | συμπτωματων ℵC   10 η 1°] και A | εγκαταλειπῃς AC | κρεισσων] κρισσον ℵA | om η 2° ℵ* (hab ℵ$^{c\,a}$)   11 σου ευφραινηται] ευφαινηται (-τε ℵ) σου ℵA ευφρ. μου C   12 επελθοντες] ελθοντες A παρελθοντες C   13 post γαρ distinx AC | λυμαινεται B^{b}] λοιμαινεται B*ℵA (λοιμενετε) C   14 διαφερει A | δοξῃ C   15 ημερα] ημερ sup ras 3 fort litt B? | οικου 1°]+αυτου AC

ΠΑΡΟΙΜΙΑΙ XXVIII 1

ὡσαύτως καὶ γυνὴ λοίδορος ἐκ τοῦ ἰδίου οἴκου.

16 ¹⁶βορέας σκληρὸς ἄνεμος,
ὀνόματι δὲ ἐπιδέξιος καλεῖται.

17 ¹⁷σίδηρος σίδηρον ὀξύνει,
ἀνὴρ δὲ παροξύνει πρόσωπον ἑταίρου.

18 ¹⁸ὃς φυτεύει συκῆν φάγεται τοὺς καρποὺς αὐτῆς,
ὃς δὲ φυλάσσει τὸν ἑαυτοῦ κύριον τιμηθήσεται.

19 ¹⁹ὥσπερ οὐχ ὅμοια πρόσωπα προσώποις,
οὕτως οὐδὲ αἱ διάνοιαι τῶν ἀνθρώπων.

20 ²⁰ᾅδης καὶ ἀπώλεια οὐκ ἐμπίμπλανται,
ὡσαύτως καὶ οἱ ὀφθαλμοὶ τῶν ἀνθρώπων ἄπληστοι.

20 a ²⁰ᵃβδέλυγμα Κυρίῳ στηρίζων ὀφθαλμόν,
καὶ οἱ ἀπαίδευτοι ἀκρατεῖς γλώσσῃ.

21 ²¹δοκίμιον ἀργύρῳ καὶ χρυσῷ πύρωσις,
ἀνὴρ δὲ δοκιμάζεται διὰ στόματος ἐγκωμιαζόντων αὐτόν.

21 a ²¹ᵃκαρδία ἀνόμου ἐκζητεῖ κακά,
καρδία δὲ εὐθὴς ζητεῖ γνῶσιν.

22 ²²ἐὰν μαστιγοῖς ἄφρονα ἐν μέσῳ συνεδρίου ἀτιμάζων,
οὐ μὴ περιέλῃς τὴν ἀφροσύνην αὐτοῦ.

23 ²³Γνωστῶς ἐπιγνώσῃ ψυχὰς ποιμνίου σου,
καὶ ἐπιστήσεις καρδίαν σου σαῖς ἀγέλαις·

24 ²⁴ὅτι οὐ τὸν αἰῶνα ἀνδρὶ κράτος καὶ ἰσχύς,
οὐδὲ παραδίδωσιν ἐκ γενεᾶς εἰς γενεάν.

25 ²⁵ἐπιμελοῦ τῶν ἐν τῷ πεδίῳ χλωρῶν καὶ κερεῖς πόαν,
26 καὶ σύναγε χόρτον ὀρινόν, ²⁶ἵνα ἔχῃς πρόβατα εἰς ἱματισμόν·
τίμα πεδίον, ἵνα ὦσίν σοι ἄρνες.

27 ²⁷υἱέ, παρ' ἐμοῦ ἔχεις ῥήσεις ἰσχυρὰς εἰς τὴν ζωήν σου
καὶ εἰς τὴν ζωὴν σῶν θεραπόντων.

XVIII 1 ¹Φεύγει ἀσεβὴς μηδενὸς διώκοντος,
δίκαιος δὲ ὥσπερ λέων πέποιθεν.

15 εκ 2°] απο ℵ   16 βορρεας Bᵃᵇ   17 παροξυνει] παροξυνον ℵ* (-νι ℵᶜᵃ) | ℵAC εταιρου] ετερου AC   18 τιμηθηθησεται C   19 διανοιαι] καρδιαι ℵᶜᵃAC + ομοιαι ℵ* (om ℵᶜᵃ) | ανθρωπων]+ ομοιαι C   20 απωλια ℵ | ενπιπλανται A   21 αργυριω AC | χρυσιω AC | om αυτον ℵ* (hab ℵᶜᵃ)   21 a ζητει] εκζητει ℵAC   22 αφρονα] pr τον ℵᶜᵃAC | συνεδριω AC   23 ποιμνιων C | επιστησης A   24 αιωνανδρι C | εκ γενεας εις γενεαν] εις γενεας και γενεας A εις γενεας και γενεαν C   25 χλωρω Aˢᵛⁱᵈ | ποαν] ποιαν A | συναγε] συναγαγε AC | ορεινον Bᵇ   27 σων] pr των ℵ

473

ΠΑΡΟΙΜΙΑΙ

B ²δι' ἁμαρτίας ἀσεβῶν κρίσεις ἐγείρονται, 2
¶ C   ἀνὴρ δὲ πανοῦργος κατασβέσει αὐτάς.¶
³ἀνδρεῖος ἐν ἀσεβείαις συκοφαντεῖ πτωχούς. 3
ὥσπερ ὑετὸς λάβρος καὶ ἀνωφελής,
⁴οὕτως οἱ ἐγκαταλιπόντες τὸν νόμον ἐγκωμιάζουσιν ἀσέβειαν· 4
οἱ δὲ ἀγαπῶντες τὸν νόμον περιβάλλουσιν ἑαυτοῖς τεῖχος
⁵ἄνδρες κακοὶ οὐ συνήσουσιν κρίμα, 5
οἱ δὲ ζητοῦντες τὸν κύριον συνήσουσιν ἐν παντί.
⁶κρείσσων πτωχὸς πορευόμενος ἐν ἀληθείᾳ πλουσίου ψευδοῦς. 6
⁷φυλάσσει νόμον υἱὸς συνετός, 7
ὃς δὲ ποιμαίνει ἀσωτίαν ἀτιμάζει πατέρα.
⁸ὁ πληθύνων τὸν πλοῦτον αὐτοῦ μετὰ τόκων καὶ πλεονασ- 8
μῶν
τῷ ἐλεῶντι πτωχοὺς συνάγει αὐτόν.
⁹ὁ ἐκκλίνων τὸ οὖς αὐτοῦ μὴ εἰσακοῦσαι νόμου, 9
καὶ αὐτὸς τὴν προσευχὴν αὐτοῦ ἐβδέλυκται.
¹⁰ὃς πλανᾷ εὐθεῖς ἐν ὁδῷ κακῇ 10
εἰς διαφθορὰν αὐτὸς ἐμπεσεῖται,
οἱ δὲ ἄνομοι διελεύσονται ἀγαθὰ
καὶ οὐκ εἰσελεύσονται εἰς αὐτά.
¹¹σοφὸς παρ' ἑαυτῷ ἀνὴρ πλούσιος, 11
πένης δὲ νοήμων καταγνώσεται αὐτοῦ.
¹²διὰ βοήθειαν δικαίων πολλὴ γίνεται δόξα, 12
ἐν δὲ τόποις ἀσεβῶν ἁλίσκονται ἄνθρωποι.
¹³ὁ ἐπικαλύπτων ἀσέβειαν ἑαυτοῦ οὐκ εὐοδωθήσεται, 13
ὁ δὲ ἐξηγούμενος ἐλέγχους ἀγαπηθήσεται.
¹⁴μακάριος ἀνὴρ ὃς καταπτήσσει πάντα δι' εὐλάβειαν, 14
ὁ δὲ σκληρὸς τὴν καρδίαν ἐμπεσεῖται κακοῖς.
¹⁵λέων πεινῶν καὶ λύκος διψῶν 15
ὃς τυραννεῖ πτωχὸς ὢν ἔθνους πενιχροῦ
¹⁶βασιλεὺς ἐνδεὴς προσόδων μέγας συκοφάντης, 16

ℵAC   XXVIII 2 δι] δια AC | κρισις ℵ   4 εγκαταλειποντες A | εγκωμιαζουσιν] pr και ℵ* (om ℵ^(c.a))   5 συνησουσιν 1°] νοησουσιν B^(ab)ℵ   6 εν αληθεια πλουσιου] εν αλ πλουσιο sup ras B¹^(fort) om εν αληθεια ℵ* (hab ℵ^(c.a)): πλουσιους ℵ* (-σιου ℵ')   7 νομους ℵ* (νομον ℵ¹) | πατερα]+αυτου ℵ^(c.a)A   8 πλεονασμων] pι με ℵ* (om ℵ¹) | ελεουντι B^(ab)ℵA   9 μη] pr του A   10 αγαθα] pr εις ℵ αγαθας A   12 βοηθιαν ℵ   13 εαυτου] αυτου ℵA   14 om δι ℵ* (hab ℵ^(c.a)) | ευλαβιαν B* (-βειαν B^(ab))   15 εθνου A   16 προσοδων] χρηματων ℵ^(c.a)

ΠΑΡΟΙΜΙΑΙ XXIX 2

ὁ δὲ μισῶν ἀδικίαν μακρὸν χρόνον ζήσεται. B

17 ¹⁷ἄνδρα τὸν ἐν αἰτίᾳ φόνου ὁ ἐγγυώμενος
φυγὰς ἔσται καὶ οὐκ ἐν ἀσφαλείᾳ.

17 a ¹⁷ᵃπαίδευε υἱὸν καὶ ἀγαπήσει σε,
καὶ δώσει κόσμον τῇ σῇ ψυχῇ·
οὐ μὴ ὑπακούσῃς ἔθνει παρανόμῳ.

18 ¹⁸ὁ πορευόμενος δικαίως βεβοήθηται,
ὁ δὲ σκολιαῖς ὁδοῖς πορευόμενος ἐμπλακήσεται.

19 ¹⁹ὁ ἐργαζόμενος τὴν ἑαυτοῦ γῆν πλησθήσεται ἄρτων,
ὁ δὲ διώκων σχολὴν πλησθήσεται πενίας.

20 ²⁰ἀνὴρ ἀξιόπιστος πολλὰ εὐλογηθήσεται,
ὁ δὲ κακὸς οὐκ ἀτιμώρητος ἔσται.

21 ²¹ὃς οὐκ αἰσχύνεται πρόσωπα δικαίων οὐκ ἀγαθός,
ὁ τοιοῦτος ψωμοῦ ἄρτου ἀποδώσεται ἄνδρα.

22 ²²σπεύδει πλουτεῖν ἀνὴρ βάσκανος,
καὶ οὐκ οἶδεν ὅτι ἐλεήμων κρατήσει αὐτοῦ.

23 ²³ὁ ἐλέγχων ἀνθρώπου ὁδοὺς
χάριτας ἕξει μᾶλλον τοῦ γλωσσοχαριτοῦντος.

24 ²⁴ὃς ἀποβάλλεται πατέρα ἢ μητέρα καὶ δοκεῖ μὴ ἁμαρτάνειν,
οὗτος κοινωνός ἐστιν ἀνδρὸς ἀσεβοῦς.

25 ²⁵ἄπιστος ἀνὴρ κρίνει εἰκῇ,
ὃς δὲ πέποιθεν ἐπὶ Κύριον ἐν ἐπιμελείᾳ ἔσται.

26 ²⁶ὃς πέποιθεν θρασείᾳ καρδίᾳ, ὁ τοιοῦτος ἄφρων·
ὃς δὲ πορεύεται σοφίᾳ σωθήσεται.

27 ²⁷ὃς δίδωσιν πτωχοῖς οὐκ ἐνδεηθήσεται,
ὃς δὲ ἀποστρέφει τὸν ὀφθαλμὸν αὐτοῦ ἐν πολλῇ ἀπορίᾳ
ἔσται.

28 ²⁸ἐν τόποις ἀσεβῶν στένουσι δίκαιοι,
ἐν δὲ τῇ ἐκείνων ἀπωλείᾳ πληθυνθήσονται δίκαιοι.

XXIX 1 ¹κρείσσων ἀνὴρ ἐλέγχων ἀνδρὸς σκληροτραχήλου,
ἐξαπίνης γὰρ φλεγομένου αὐτοῦ οὐκ ἔστιν ἴασις.

2 ²ἐγκωμιαζομένων δικαίων εὐφρανθήσονται λαοί,

17 ασφαλια א   17a υπακουσεις א* -σει אᶜ ᵃ -ση A   18 δικαιος אA
א* (-ως אᶜ ᵃ) | εμπλακησεται] εμπλακησετ sup ras B¹ fort   20 αξιοπιστο-
τερος A   24 αποβαλλεται] αποβιαζεται A   25 απιστος] απληστος
A | ος] ο א* (ος אᶜ ᵃ)   27 πτωχοις] pro ο inst θ א¹ | απορεια א   28 στε-
νουσιν אA | απωλια א   XXIX 1 εστιν] εσται אA   2 εγκωμιαζομενων
δικαιων] εγκωμιαζομενου δε δικαιου A

ΠΑΡΟΙΜΙΑΙ

B　ἀρχόντων δὲ ἀσεβῶν στένουσιν ἄνδρες.
³ἀνδρὸς φιλοῦντος σοφίαν εὐφραίνεται πατὴρ αὐτοῦ,
　ὃς δὲ ποιμαίνει πόρνας ἀπολεῖ πλοῦτον.
⁴βασιλεὺς δίκαιος ἀνίστησιν χώραν,
　ἀνὴρ δὲ παράνομος κατασκάπτει.
⁵ὃς παρασκευάζεται ἐπὶ πρόσωπον τοῦ ἑαυτοῦ φίλου δίκτυον,
　περιβάλλει αὐτὸ τοῖς ἑαυτοῦ ποσίν.
⁶ἁμαρτάνοντι ἀνδρὶ μεγάλη παγίς,
　δίκαιος δὲ ἐν χαρᾷ καὶ ἐν εὐφροσύνῃ ἔσται.
⁷ἐπίσταται δίκαιος κρίνειν πενιχροῖς,
　ὁ δὲ ἀσεβὴς οὐ νοεῖ γνῶσιν,
　καὶ πτωχῷ οὐχ ὑπάρχει νοῦς ἐπιγνώμων.
⁸ἄνδρες ἄνομοι ἐξέκαυσαν πόλιν,
　σοφοὶ δὲ ἀπέστρεψαν ὀργήν.
⁹ἀνὴρ σοφὸς κρίνει ἔθνη,
　ἀνὴρ δὲ φαῦλος ὀργιζόμενος καταγελᾶται καὶ οὐ καταπτήσσει.
¹⁰ἄνδρες αἱμάτων μέτοχοι μισοῦσιν ὅσιον,
　οἱ δὲ εὐθεῖς ἐκζητήσουσιν ψυχὴν αὐτοῦ.
¹¹ὅλον τὸν θυμὸν αὐτοῦ ἐκφέρει ἄφρων,
　σοφὸς δὲ ταμιεύεται κατὰ μέρος.
¹²βασιλέως ἐπακούοντος λόγον ἄδικον,
　πάντες οἱ ὑπ' αὐτὸν παράνομοι.
¹³δανιστοῦ καὶ χρεωφιλέτου ἀλλήλοις συνελθόντων,
　ἐπισκοπὴν ἀμφοτέρων ποιεῖται ὁ κύριος
¹⁴βασιλέως ἐν ἀληθείᾳ κρίνοντος πτωχούς,
　ὁ θρόνος αὐτοῦ εἰς μαρτύριον κατασταθήσεται.
¹⁵πληγαὶ καὶ ἔλεγχοι διδόασιν σοφίαν,
　παῖς δὲ πλανώμενος αἰσχύνει γονεῖς αὐτοῦ.
¹⁶πολλῶν ὄντων ἀσεβῶν πολλαὶ γίνονται ἁμαρτίαι,
　οἱ δὲ δίκαιοι ἐκείνων πιπτόντων κατάφοβοι γίνονται.
¹⁷παίδευε υἱόν σου καὶ ἀναπαύσει σε,
　καὶ δώσει κόσμον τῇ ψυχῇ σου.

ℵA　2 ασεβου ℵ* (ασεβων ℵ¹)　3 πατηρ] pr ο ℵ^{c a}A　5 παρασκευεται ℵ* (-αζεται ℵ^{c a}) | περιβαλει ℵ　6 om εν 2° A　7 νοει] συνησει ℵ^{c a}A | νους] γνους ℵ* (νους ℵ^c)　8 ανομοι] λοιμοι A | απεκρυψαν ℵ　10 μισουσιν] μεισησουσιν ℵ ζητησουσιν A　12 υπακουοντος A　13 δανειστου B^{a?b} | χρεωφειλετου B^{a?b} χρεοφειλ. ℵ χρεοφιλ. A | αλληλων A | ποιειται αμφοτερων B?ℵA　14 αληθια ℵ　15 πηγαι A* (πλ. A^{a?})

ΠΑΡΟΙΜΙΑΙ XXIX 31

18 ¹⁸οὐ μὴ ὑπάρξῃ ἐξηγητὴς ἔθνει παρανόμῳ, B
    ὁ δὲ φυλάσσων τὸν νόμον μακαριστός.
19 ¹⁹λόγοις οὐ παιδευθήσεται οἰκέτης σκληρός·
    ἐὰν γὰρ καὶ νοήσῃ, ἀλλ' οὐχ ὑπακούσεται.
20 ²⁰ἐὰν ἴδῃς ἄνδρα ταχὺν ἐν λόγοις,
    γίνωσκε ὅτι ἐλπίδα ἔχει μᾶλλον ἄφρων αὐτοῦ.
21 ²¹ὃς κατασπαταλᾷ ἐκ παιδὸς οἰκέτης ἔσται,
    ἔσχατον δὲ ὀδυνηθήσεται ἐφ' ἑαυτῷ.
22 ²²ἀνὴρ θυμώδης ἐγείρει νεῖκος,
    ἀνὴρ δὲ ὀργίλος ἐξώρυξεν ἁμαρτίας.
23 ²³ὕβρις ἄνδρα ταπεινοῖ,
    τοὺς δὲ ταπεινόφρονας ἐρείδει δόξῃ Κύριος.
24 ²⁴ὃς μερίζεται κλέπτῃ, μισεῖ τὴν ἑαυτοῦ ψυχήν·
    ἐὰν δὲ ὅρκου προτεθέντος ἀκούσαντες μὴ ἀναγγείλωσιν,
25 ²⁵φοβηθέντες καὶ αἰσχυνθέντες ἀνθρώπους ὑπεσκελίσθησαν·
    ὁ δὲ πεποιθὼς ἐπὶ Κυρίῳ εὐφρανθήσεται.
    ἀσέβεια ἀνδρὶ δίδωσιν σφάλμα,
    ὃς δὲ πέποιθεν ἐπὶ τῷ δεσπότῃ σωθήσεται.
26 ²⁶πολλοὶ θεραπεύουσιν πρόσωπα ἡγουμένων,
    παρὰ δὲ Κυρίου γίνεται τὸ δίκαιον ἀνδρί.
27 ²⁷βδέλυγμα δίκαιος ἀνὴρ ἀδίκῳ,
    βδέλυγμα δὲ ἀνόμῳ κατευθύνουσα ὁδός.

XXXI) (10) 28 ²⁸Γυναῖκα ἀνδρείαν τίς εὑρήσει;
    τιμιωτέρα δέ ἐστιν λίθων πολυτελῶν ἡ τοιαύτη.
(11) 29 ²⁹θαρσεῖ ἐπ' αὐτῇ ἡ καρδία τοῦ ἀνδρὸς αὐτῆς,
    ἡ τοιαύτη καλῶν σκύλων οὐκ ἀπορήσει·
(12) 30 ³⁰ἐνεργεῖ γὰρ τῷ ἀνδρὶ ἀγαθὰ πάντα τὸν βίον.
(13) 31 ³¹μηρυομένη ἔρια καὶ λίνον ἐποίησεν εὔχρηστον ταῖς χερσὶν
    αὐτῆς.

18 υπαρξει A   **19** σκληροτραχηλος ℵ* (-ρος ℵ¹?ᶜᵃ) | om αλλ A ℵA
20 ταχυν] τραχυν Bᵃᵇ | αφρων] pr ο ℵA   **22** εγειρει] ορυσσει ℵA
23 ερειδει ℵ*A] εριζει B εγιρι ℵᶜᵃ   **24** μεριζεται] εριζεται ℵ* συνμεριζεται
ℵᶜᵃ | αναγγειλωσι ℵ   **25** υπεσκελισθησαν] υποσκελισθησονται A | Κυριω]
κ̄ῡ A | ος δε πεποιθεν] ο δε πεποιθως A | δεσποτη] σωτηρι ℵ   **27** αδι-
κω] pr ανδρι BᵃᵇℵA   **28** ανδριαν ℵA | om η τοιαυτη ℵ   **29** θαρρει
ℵ | αυτη] αυτην ℵA   **30** αγαθα] αγαθον και ου κακον A   **31** ευχρη-
στα A

ΠΑΡΟΙΜΙΑΙ

B ³²ἐγένετο ὡσεὶ ναῦς ἐμπορευομένη μακρόθεν·   32 (14)
συνάγει δὲ αὕτη τὸν βίον, ³³καὶ ἀνίσταται ἐκ νυκτῶν.   33 (15)
καὶ ἔδωκεν βρώματα τῷ οἴκῳ
καὶ ἔργα ταῖς θεραπαίναις.
³⁴θεωρήσασα γεώργιον ἐπρίατο,   34 (16)
ἀπὸ δὲ καρπῶν χειρῶν αὐτῆς κατεφύτευσεν κτῆμα.
³⁵ἀναζωσαμένη ἰσχυρῶς τὴν ὀσφὺν αὐτῆς   35 (17)
ἤρεισεν τοὺς βραχίονας αὐτῆς εἰς ἔργον.
³⁶καὶ ἐγεύσατο ὅτι καλόν ἐστιν τὸ ἐργάζεσθαι,   36 (18)
καὶ οὐκ ἀποσβέννυται ὁ λύχνος αὐτῆς ὅλην τὴν νύκτα
³⁷τοὺς πήχεις αὐτῆς ἐκτείνει ἐπὶ τὰ συμφέροντα,   37 (19)
τὰς δὲ χεῖρας αὐτῆς ἐρείδει εἰς ἄτρακτον.
³⁸χεῖρας δὲ αὐτῆς διήνοιξεν πένητι,   38 (20)
καρπὸν δὲ ἐξέτεινεν πτωχῷ.
³⁹οὐ φροντίζει τῶν ἐν οἴκῳ ὁ ἀνὴρ αὐτῆς ὅταν που χρονίζῃ,   39 (21)
πάντες γὰρ οἱ παρ' αὐτῆς ἐνδιδύσκονται
⁴⁰δισσὰς χλαίνας ἐποίησεν τῷ ἀνδρὶ αὐτῆς,   40 (22)
ἐκ δὲ βύσσου καὶ πορφύρας ἑαυτῇ ἐνδύματα.
⁴¹περίβλεπτος δὲ γίνεται ἐν πύλαις ὁ ἀνὴρ αὐτῆς,   41 (23)
ἡνίκα ἂν καθίσῃ ἐν συνεδρίῳ μετὰ τῶν γερόντων κατοί-
κων τῆς γῆς.
⁴²σινδόνας ἐποίησεν καὶ ἀπέδοτο,   42 (24)
περιζώματα τοῖς Χαναναίοις.
⁴³στόμα αὐτῆς διήνοιξεν προσεχόντως καὶ ἐννόμως,   43 (26)
καὶ τάξιν ἐστείλατο τῇ γλώσσῃ αὐτῆς.
⁴⁴ἰσχὺν καὶ εὐπρέπειαν ἐνεδύσατο,   44 (25)
καὶ εὐφράνθη ἐν ἡμέραις ἐσχάταις.
⁴⁵στεγναὶ διατριβαὶ οἴκων αὐτῆς,   45 (27)
σῖτα δὲ ὀκνηρὰ οὐκ ἔφαγεν.

ℵA   32 εγενετο]+δε A | ωσει] ως η ℵ* (ωσει ℵᶜᵃ) | ευπορευομενη A | μακραθεν ℵᶜᵃ (postea restit -κροθεν) | αυτη] εαυτη ℵ* εαυτης ℵᶜᵃ αυτης A | βιον] πλουτον ℵᶜᵃA   33 εκ] εν ℵ* (εκ ℵ¹)   36 και εγευσατο] εγ. δε A | οληv την νυκτα ο λυχνος αυτης ℵA   37 τους πηχεις] τας χειρας ℵᶜᵃ (mox ipse ut vid del) A | εκτεινει] εκτενεις ℵ* (εκτεινει ℵᶜᵃ) | τας δε χειρας] τους δε πηχεις A | ερειδει] ερισει ℵ ερδει Aᵛⁱᵈ | αδρακτον ℵ   38 διηνυξεν ℵ 39 φροντιζη A   40 om δε ℵ   41 πυλαις] ρυμαις ℵ | γεροντων κατοικων] πρεσβυτερων BᵃℵᶜᵃA   42 απεδοτο] απεδετο ℵ* +τοις Φοινιξιν ℵᶜᵃ | περιζωματα]+δε ℵA | Χαναναιοις]+(44) ισχυν και ευπρεπειαν ενεδυσατο| και ηυφρανθη εν ημεραις εσχαταις A   43 στοματα ℵ   44 om ισχυν... εσχαταις A | ευπρεπιαν ℵ

ΠΑΡΟΙΜΙΑΙ   XXIX 49

    τὸ στόμα δὲ ἀνοίγει σοφοῖς νομοθέσμως,   B

(28) 46 ἡ δὲ ἐλεημοσύνη αὐτῆς ⁴⁶ἀνέστησεν τὰ τέκνα αὐτῆς καὶ
     ἐπλούτησαν,
    καὶ ὁ ἀνὴρ αὐτῆς ᾔνεσεν αὐτήν

(29) 47 ⁴⁷Πολλαὶ θυγατέρες ἐκτήσαντο πλοῦτον,
    πολλαὶ ἐποίησαν δυνατά·
    σὺ δὲ ὑπέρκεισαι καὶ ὑπερῆρας πάσας.

(30) 48 §⁴⁸ψευδεῖς ἀρέσκειαι καὶ μάταιον κάλλος γυναικός· § C
    γυνὴ γὰρ συνετὴ εὐλογεῖται,
    φόβον δὲ Κυρίου αὕτη αἰνείτω.

(31) 49 ⁴⁹δότε αὐτῇ ἀπὸ καρπῶν χειλέων αὐτῆς,
    καὶ αἰνείσθω ἐν πύλαις ὁ ἀνὴρ αὐτῆς

45 το στομα δε] στομα δε ℵ στ. δε αυτης A | σοφοις] σοφως και ℵ^{c.a} A | ℵAC νομοθεσμους ℵ* (-σμως ℵ^{c.a}) **46** ανεστησε ℵ **47** δυνατα] δυναμιν B^{ab}ℵ^{c.a} | υπερηρες ℵ **48** αρεσκιαι ℵ | om γυναικος C
 Subscr παροιμιαι B π. Σαλομωντος ℵ π. Σολομωντος Λ π. Σολομωντος παρα εβδομηκοντα C
 Stich 1930 B 1915 ℵ 1924 A

ΕΚΚΛΗΣΙΑΣΤΗΣ

B ῬΗΜΑΤΑ Ἐκκλησιαστοῦ υἱοῦ Δαυεὶδ   1
   βασιλέως Ἰσραὴλ ἐν Ἰερουσαλήμ.

²Ματαιότης ματαιοτήτων, εἶπεν ὁ ἐκκλησιαστής,   2
§ C   ³ματαιότης ματαιοτήτων, τὰ πάντα ματαιότης.
³τίς περισσεία τῷ ἀνθρώπῳ   3
ἐν παντὶ μόχθῳ αὐτοῦ ᾧ μοχθεῖ ὑπὸ τὸν ἥλιον;
⁴γενεὰ πορεύεται καὶ γενεὰ ἔρχεται,   4
καὶ ἡ γῆ εἰς τὸν αἰῶνα ἕστηκεν.
⁵καὶ ἀνατέλλει ὁ ἥλιος καὶ δύνει ὁ ἥλιος   5
καὶ εἰς τὸν τόπον αὐτοῦ ἕλκει·
αὐτὸς ἀνατέλλων ⁶ἐκεῖ πορεύεται πρὸς νότον
καὶ κυκλοῖ πρὸς βορρᾶν·   6
κυκλοῖ κυκλῶν, πορεύεται τὸ πνεῦμα,
καὶ ἐπὶ κύκλους αὐτοῦ ἐπιστρέφει τὸ πνεῦμα.
⁷πάντες οἱ χείμαρροι πορεύονται εἰς τὴν θάλασσαν,   7
καὶ ἡ θάλασσα οὐκ ἔσται ἐμπιμπλαμένη·
εἰς τόπον οἱ χείμαρροι πορεύονται,
ἐκεῖ αὐτοὶ ἐπιστρέφουσιν τοῦ πορευθῆναι.
⁸πάντες οἱ λόγοι ἔγκοποι·   8
οὐ δυνήσεται ἀνὴρ τοῦ λαλεῖν,
καὶ οὐ πλησθήσεται ὀφθαλμὸς τοῦ ὁρᾶν,
καὶ οὐ πληρωθήσεται οὖς ἀπὸ ἀκροάσεως.

ℵAC I 2 ματαιοτης 2°] μανταιοτης ℵ   3 περισσια AC | ω] pr εν ℵ   5 om και 1° C | ανατελλων αυτος ℵAC   6 βορρα A   7 εμπιπλαμενη BᵇℵA ενπιπλ. C | τοπον] pr τον C | οι χειμ 2°] pr ου ℵAC | του πορευθηναι] om του ℵ   8 ενκοποι ℵ | ου πλησθησεται] ουκ εμπλησθησεται ℵAC | ου πληρωθησεται] ουκ εμπλησθησεται ℵ πληρω rescr C¹ | αποκροασεως C

ΕΚΚΛΗΣΙΑΣΤΗΣ

9 ⁹τί τὸ γεγονός; αὐτὸ τὸ γενησόμενον·
καὶ τί τὸ πεποιημένον; αὐτὸ τὸ ποιηθησόμενον·
καὶ οὐκ ἔστιν πᾶν πρόσφατον ὑπὸ τὸν ἥλιον.
10 ¹⁰ὃς λαλήσει καὶ ἐρεῖ Ἴδε τοῦτο καινόν ἐστιν,
ἤδη γέγονεν ἐν τοῖς αἰῶσιν
τοῖς γενομένοις ἀπὸ ἔμπροσθεν ἡμῶν.
11 ¹¹οὐκ ἔστιν μνήμη τοῖς πρώτοις,
καί γε τοῖς ἐσχάτοις γενομένοις·
οὐκ ἔσται αὐτῶν μνήμη
μετὰ τῶν γενησομένων εἰς τὴν ἐσχάτην.

12 ¹²Ἐγὼ Ἐκκλησιαστὴς ἐγενόμην
βασιλεὺς ἐπὶ Ἰσραὴλ ἐν Ἰερουσαλήμ·
13 ¹³καὶ ἔδωκα τὴν καρδίαν μου τοῦ ἐκζητῆσαι
καὶ τοῦ κατασκέψασθαι ἐν τῇ σοφίᾳ περὶ πάντων
τῶν γινομένων ὑπὸ τὸν οὐρανόν,
ὅτι περισπασμὸν πονηρὸν
ἔδωκεν ὁ θεὸς τοῖς υἱοῖς τῶν ἀνθρώπων
τοῦ περισπᾶσθαι ἐν αὐτῷ.
14 ¹⁴εἶδον σὺν πάντα τὰ ποιήματα
τὰ πεποιημένα ὑπὸ τὸν ἥλιον,
καὶ ἰδοὺ τὰ πάντα ματαιότης καὶ προαίρεσις πνεύματος
15 ¹⁵διεστραμμένον οὐ δυνήσεται ἐπικοσμηθῆναι,
καὶ ὑστέρημα οὐ δυνήσεται ἀριθμηθῆναι.
16 ¹⁶ἐλάλησα ἐγὼ ἐν τῇ καρδίᾳ μου τῷ λέγειν
Ἐγὼ ἰδοὺ ἐμεγαλύνθην,
καὶ προσέθηκα σοφίαν ἐπὶ πᾶσιν
οἳ ἐγένοντο ἔμπροσθέν μου ἐν Ἰερουσαλήμ
17 ¹⁷καὶ καρδία μου εἶδεν πολλά, σοφίαν καὶ γνῶσιν,

9 γεγονος] γενος A | πεποιημενον] ποιησομενον ℵ* (πεποιημ. ℵᶜᵃ) ℵAC
10 ηδη] pr αυτο ℵᶜᵃ | om εν A | ενπροσθεν C   11 εσται] εστιν AC | αυτων] αυτοις C | γενησομενων] γενηθησομενων A   12 om επι C   13 περι] υπερ ℵ* (περι ℵᶜᵃ) | γενομενων ℵAC | ουρανον] ηλιον ℵᶜᵃ | οτι του rescr Cᵃ | πονηρον] seq ras in B | των ανθρωπων] του α̅ν̅ο̅υ̅ AC (του υ) | περισπασθαι] περισπασθηναι ℵ   14 ιδον A | συν παντα] συμπαντα AC | τα ποιηματα τα πεποιημενα] τα ποιημενα ℵ* τα πεπ. ℵ¹ (τα ποιημ. τα πεπ ℵᶜᵃ) | προαιρεσεις A   15 επικοσμηθηναι] του επικοσμ ℵᶜᵃ του κοσμηθηναι A | αριθμηθηναι] pr του A   16 τω λεγειν] του λεγειν ℵ | ιδου εγω ℵ | προεθηκα ℵ | οι] οις ℵ   17 καρδια] καρδιαν ℵ* (-δια ℵᶜᵃ) | ιδεν A

ΕΚΚΛΗΣΙΑΣΤΗΣ

B (17) καὶ ἔδωκα καρδίαν μου τοῦ γνῶναι σοφίαν καὶ γνῶσιν,
παραβολὰς καὶ ἐπιστήμην ἔγνων ἐγώ.
ὅτι καί γε τοῦτ' ἔστιν προαίρεσις πνεύματος,
¹⁸ὅτι ἐν πλήθει σοφίας πλῆθος γνώσεως,
καὶ ὁ προστιθεὶς γνῶσιν προσθήσει ἄλγημα.

¹Εἶπον ἐγὼ ἐν καρδίᾳ μου
Δεῦρο δὴ πειράσω σε ἐν εὐφροσύνῃ, καὶ ἴδε ἐν ἀγαθῷ·
καὶ ἰδοὺ καί γε τοῦτο ματαιότης.
²τῷ γέλωτι εἶπα περιφοράν,
καὶ τῇ εὐφροσύνῃ Τί τοῦτο ποιεῖς,
³καὶ κατεσκεψάμην εἰ ἡ καρδία μου
ἑλκύσει ὡς οἶνον τὴν σάρκα μου·
καὶ καρδία μου ὡδήγησεν ἐν σοφίᾳ
καὶ τοῦ κρατῆσαι ἐπ' εὐφροσύνῃ,
ἕως οὗ ἴδω ποῖον τὸ ἀγαθὸν τοῖς υἱοῖς τῶν ἀνθρώπων
ὃ ποιήσουσιν ὑπὸ τὸν ἥλιον
ἀριθμὸν ἡμερῶν ζωῆς αὐτῶν.
⁴ἐμεγάλυνα ποίημά μου,
ᾠκοδόμησά μοι οἴκους,
ἐφύτευσά μοι ἀμπελῶνας,
⁵ἐποίησά μοι κήπους καὶ παραδείσους,
καὶ ἐφύτευσα ἐν αὐτοῖς ξύλον πᾶν καρποῦ
⁶ἐποίησά μοι κολυμβήθρας ὑδάτων
τοῦ ποτίσαι ἀπ' αὐτῶν δρυμὸν βλαστῶντα·
⁷ἐκτησάμην δούλους καὶ παιδίσκας,
καὶ οἰκογενεῖς ἐγένοντό μοι,
καί γε κτῆσις βουκολίου καὶ ποιμνίου πολλὴ ἐγένετό μοι
ὑπὲρ πάντας τοὺς γενομένους
ἔμπροσθέν μου ἐν Ἰερουσαλήμ·
⁸συνήγαγόν μοι καί γε ἀργύριον καί γε χρυσίον,
καὶ περιουσιασμοὺς βασιλέων καὶ τῶν χωρῶν
ἐποίησά μοι ᾄδοντας καὶ ᾀδούσας,

ℵΑ   17 γνωναι] επιγνωναι ℵ | om εγω Α | τουτ] τουτο ℵΑ   18 προστιθεις] προσθεις ℵ προτηθεις Α | γνωσιν] γνωσει Α   II 2 περιφοραν] adnot κινησιν Bᵃᵇ   3 ωδηγησεν]+με ℵᶜᵃ | κρατησαι] κρατιν ℵᶜᵃ | επ] επι ℵ | των ανθρωπων] του ανου Α | αριθμον] εν αριθμω ℵᶜᵃ   6 βλαστωντα]+ξυλα ℵΑ   7 κτησεις Α | om πολλη ℵ* (hab ℵᶜᵃ) | υπερ] pr εις ℵ* (om ℵ¹ᶜᵃ)   8 om γε 2° ℵ

ΕΚΚΛΗΣΙΑΣΤΗΣ II 15

ἐντρυφήματα υἱῶν ἀνθρώπων,
οἰνοχόον καὶ οἰνοχόας·
9 ⁹καὶ ἐμεγαλύνθην καὶ προσέθηκα
παρὰ πάντας τοὺς γενομένους
ἀπὸ ἔμπροσθέν μου ἐν Ἰερουσαλήμ·
καί γε σοφία μου ἐστάθη μοι.
10 ¹⁰καὶ πᾶν ὃ ᾔτησαν οἱ ὀφθαλμοί μου
οὐκ ἀφεῖλον ἀπ' αὐτῶν,
οὐκ ἀπεκώλυσα τὴν καρδίαν μου
ἀπὸ πάσης εὐφροσύνης μου,
ὅτι καρδία μου εὐφράνθη ἐν παντὶ μόχθῳ μου·
καὶ τοῦτο ἐγένετο μερίς μου
ἀπὸ παντὸς μόχθου μου.
11 ¹¹καὶ ἐπέβλεψα ἐγὼ ἐν πᾶσιν ποιήμασίν μου
οἷς ἐποίησαν αἱ χεῖρές μου,
καὶ ἐν μόχθῳ ᾧ ἐμόχθησα τοῦ ποιεῖν,
καὶ ἰδοὺ τὰ πάντα ματαιότης καὶ προαίρεσις πνεύματος,
καὶ οὐκ ἔστιν περισσεία ὑπὸ τὸν ἥλιον.

12 ¹²Καὶ ἐπέβλεψα ἐγὼ τοῦ ἰδεῖν σοφίαν
καὶ παραφορὰν καὶ ἀφροσύνην·
ὅτι τίς ἄνθρωπος ὃς ἐπελεύσεται ὀπίσω τῆς βουλῆς;
τὰ ὅσα ἐποίησεν αὐτήν.
13 ¹³καὶ εἶδον ἐγὼ ὅτι ἔστιν περισσεία τῇ σοφίᾳ ὑπὲρ τὴν ἀφρο-
σύνην,
ὡς περισσεία τοῦ φωτὸς ὑπὲρ τὸ σκότος.
14 ¹⁴τοῦ σοφοῦ οἱ ὀφθαλμοὶ αὐτοῦ ἐν κεφαλῇ αὐτοῦ,
καὶ ὁ ἄφρων ἐν σκότει πορεύεται.
καὶ ἔγνων καί γε ἐγὼ
ὅτι συνάντημα ἓν συναντήσεται τοῖς πᾶσιν αὐτοῖς.
15 ¹⁵καὶ εἶπα ἐγὼ ἐν καρδίᾳ μου
Ὡς συνάντημα τοῦ ἄφρονος,

8 εντρυφηματα B^(a?b) ℵ^(c a) A (εν τρυφη μετα B*^(vid))] pr και ℵA | ανθρω- ℵA πων] του ανου ℵA | οινοχοον] οινοχοους ℵ^(c a) A   9 om απο ℵA | ενπροσθεν A 10 ουκ αφειλον] ουχ υφειλον A | om μου 3° ℵA   11 ποιημασιν] pr τοις ℵ^(c) A | μοχθω] + μου A | ματαιοτης] pr παντα ℵ | προαιρεσις (-σεις A)] περισσεια ℵ | περισσεια A   12 παραφοραν] περιφοραν ℵA | om ος A | απελευσεται ℵ^(c a) | τα οσα] συν οσα ℵ^(c a(vid)) | εποιησαν A | αυτη ℵ   13 ιδον A | εστιν περισσεια] περισσια εστιν ℵ   15 ως] εως ℵ* (ε ras postea inst ℵ?)

ΕΚΚΛΗΣΙΑΣΤΗΣ

B
καί γε ἐμοί, συναντήσεταί μοι·
καὶ ἵνα τί ἐσοφισάμην;
ἐγὼ περισσὸν ἐλάλησα ἐν καρδίᾳ μου
ὅτι καί γε τοῦτο ματαιότης,
διότι ὁ ἄφρων ἐκ περισσεύματος λαλεῖ.
¹⁶ὅτι οὐκ ἔστιν μνήμη τοῦ σοφοῦ
μετὰ τοῦ ἄφρονος εἰς τὸν αἰῶνα,
καθότι ἤδη αἱ ἡμέραι ἐρχόμεναι
τὰ πάντα ἐπελήσθη·
καὶ πῶς ἀποθανεῖται ὁ σοφὸς μετὰ τοῦ ἄφρονος;
¹⁷καὶ ἐμίσησα σὺν τὴν ζωήν,
ὅτι πονηρὸν ἐπ' ἐμὲ τὸ ποίημα
τὸ πεποιημένον ὑπὸ τὸν ἥλιον,
ὅτι πάντα ματαιότης καὶ προαίρεσις πνεύματος
¹⁸καὶ ἐμίσησα ἐγὼ σύμπαντα μόχθον μου
§ C
ὃν ἐγὼ κοπιῶ [§]ὑπὸ τὸν ἥλιον,
ὅτι ἀφίω αὐτὸν τῷ ἀνθρώπῳ τῷ γινομένῳ μετ' ἐμέ
¹⁹καὶ τίς εἶδεν εἰ σοφὸς ἔσται ἢ ἄφρων;
καὶ εἰ ἐξουσιάζεται ἐν παντὶ μόχθῳ μου
ᾧ ἐμόχθησα καὶ ἐσοφισάμην ὑπὸ τὸν ἥλιον;
καί γε τοῦτο ματαιότης.
²⁰καὶ ἐπέστρεψα ἐγὼ τοῦ ἀποτάξασθαι τὴν καρδίαν μου
ἐν παντὶ μόχθῳ μου ᾧ ἐμόχθησα ὑπὸ τὸν ἥλιον,
²¹ὅτι ἐστὶν ἄνθρωπος, ὅτι μόχθος αὐτοῦ
ἐν σοφίᾳ καὶ ἐν γνώσει καὶ ἐν ἀνδρείᾳ·
καὶ ἄνθρωπος ᾧ οὐκ ἐμόχθησεν ἐν αὐτῷ,
δώσει αὐτῷ μερίδα αὐτοῦ·
καί γε τοῦτο ματαιότης καὶ πονηρία μεγάλη.
²²ὅτι γίνεται ἐν τῷ ἀνθρώπῳ ἐν παντὶ μόχθῳ αὐτοῦ
καὶ ἐν προαιρέσει καρδίας αὐτοῦ

ℵAC   15 om μοι ℵ^{c a} | εσοφισαμην] +εγω ℵ^{c a} | εγω 2°] +τοτε ℵ^{c a}A | οτι και γε λαλει] διοτι αφρων εκ περισσ λαλει οτι και γε τουτο ματαιοτης (ματης ℵ* ματαιοτης ℵ^{c a}) ℵA   16 μνημη] pr η ℵ* (om η ℵ^{c a}) | τον αιωνα] om τον B^{ib}ℵA | αι ημεραι ερχομεναι] ταις ημεραις ταις επερχομεναις ℵ^{c a}A | ο σοφος] om o ℵ   17 παντα] pr τα ℵA | προαιρεσεις A   18 συμπαντα] συν παντα ℵA | μοχθον] pr τον ℵ | κοπιω] μοχθω ℵA | γινομενω] γενησομενω AC | εμε] εμου C   19 ειδεν] οιδεν ℵAC | ει 1°] η ℵA | εξουσιασεται C | και 3°] +ω B^{ab}ℵ^{c a}AC   20 τη καρδια ℵA | εν] επι AC | μοχθω] pr τω A | om μου 2° AC   21 ανδρια ℵC | ω] ος ℵ^{c a} om A | εμοχθησα C | αυτω 2°] αυτον AC   22 om εν 1° ℵAC | προαιρεσει] pr τη ℵ* (om ℵ^{c a})

484

ΕΚΚΛΗΣΙΑΣΤΗΣ

ᾧ αὐτὸς μοχθεῖ ὑπὸ τὸν ἥλιον.
23 ²³ὅτι πᾶσαι αἱ ἡμέραι αὐτοῦ
ἀλγημάτων καὶ θυμοῦ περισπασμὸς αὐτοῦ·
καί γε ἐν νυκτὶ οὐ κοιμᾶται ἡ καρδία αὐτοῦ.
καί γε τοῦτο ματαιότης ἐστίν.

24 ²⁴Οὐκ ἔστιν ἀγαθὸν ἀνθρώπῳ,
ὃ φάγεται καὶ ὃ πίεται καὶ ὃ δείξει τῇ ψυχῇ αὐτοῦ
ἀγαθὸν ἐν μόχθῳ αὐτοῦ·
καί γε τοῦτο εἶδον ἐγὼ ὅτι ἀπὸ χειρὸς τοῦ θεοῦ ἐστιν·
25 ²⁵ὅτι τίς φάγεται καὶ τίς πίεται παρὲξ αὐτοῦ;
26 ²⁶ὅτι τῷ ἀνθρώπῳ τῷ ἀγαθῷ
πρὸ προσώπου αὐτοῦ ἔδωκεν σοφίαν
καὶ γνῶσιν καὶ εὐφροσύνην·
καὶ τῷ ἁμαρτάνοντι ἔδωκεν περισπασμὸν
τοῦ προσθεῖναι καὶ τοῦ συναγαγεῖν·
τοῦ δοῦναι τῷ ἀγαθῷ πρὸ προσώπου τοῦ θεοῦ.
ὅτι καί γε τοῦτο ματαιότης καὶ προαίρεσις πνεύματος.

III 1 ¹Τοῖς πᾶσιν ὁ χρόνος,
καὶ καιρὸς παντὶ πράγματι τῷ ὑπὸ τὸν οὐρανόν.
2 ²καιρὸς τοῦ τεκεῖν καὶ καιρὸς τοῦ ἀποθανεῖν,
καιρὸς τοῦ φυτεῦσαι καὶ καιρὸς τοῦ ἐκτῖλαι πεφυτευμένον,
3 ³καιρὸς τοῦ ἀποκτεῖναι καὶ καιρὸς τοῦ ἰάσασθαι,
καιρὸς τοῦ καθελεῖν καὶ καιρὸς τοῦ οἰκοδομεῖν,
4 ⁴καιρὸς τοῦ κλαῦσαι καὶ καιρὸς τοῦ γελάσαι,
καιρὸς τοῦ κόψασθαι καὶ καιρὸς τοῦ ὀρχήσασθαι,
5 ⁵καιρὸς τοῦ βαλεῖν λίθους καὶ καιρὸς τοῦ συναγαγεῖν λίθους,
καιρὸς τοῦ περιλαβεῖν καὶ καιρὸς τοῦ μακρυνθῆναι ἀπὸ περιλήμψεως,
6 ⁶καιρὸς τοῦ ζητῆσαι καὶ καιρὸς τοῦ ἀπολέσαι,

22 om ω ℵ* (hab ℵ^(c a))   24 ανθρωπω] pr εν ℵ pr τω C | ο 1° (os A*)] ℵAC pr πλην ℵ^(c a) pr ει μη C | om ο 2° A | ιδον A | om εγω C   26 αυτου] του θυ C | εδωκε (2°) C | του συναγαγειν] om του ℵ   III 1 ο χρονος] om ο ℵ* (hab ℵ^(c a)) | om και C | παντι πραγματι τω] τω παντι πραγματι B^(ab) ℵAC | ουρανον] ηλιον ℵ^(c a)   2 καιρος 1°] pr και ℵ* (om ℵ^(c a)) | εκτειλαι BAC | πεφυτευμενον] pr το ℵ^(c a) C   3 οικοδομειν] οικοδομησαι ℵAC 4 γελασαι] γε λαλησαι ℵ* (γελασαι ℵ^(1 (vid) c a fort))   5 περιλημψεως] περιλημματος AC

ΕΚΚΛΗΣΙΑΣΤΗΣ III 7

B. καιρὸς τοῦ φυλάξαι καὶ καιρὸς τοῦ ἐκβαλεῖν,
⁷καιρὸς τοῦ ῥῆξαι καὶ καιρὸς τοῦ ῥάψαι,
καιρὸς τοῦ σιγᾶν καὶ καιρὸς τοῦ λαλεῖν,
⁸καιρὸς τοῦ φιλῆσαι καὶ καιρὸς τοῦ μισῆσαι,
καιρὸς πολέμου καὶ καιρὸς εἰρήνης.
⁹τίς περισσεία τοῦ ποιοῦντος ἐν οἷς αὐτὸς μοχθεῖ;
¹⁰εἶδον σὺν πάντα τὸν περισπασμὸν ὃν ἔδωκεν ὁ θεὸς
τοῖς υἱοῖς τῶν ἀνθρώπων τοῦ περισπᾶσθαι ἐν αὐτῷ.
¹¹τὰ σύμπαντα ἃ ἐποίησεν καλὰ ἐν καιρῷ αὐτοῦ·
καί γε σύμπαντα τὸν αἰῶνα ἔδωκεν ἐν καρδίᾳ αὐτῶν,
ὅπως μὴ εὕρῃ ὁ ἄνθρωπος
τὸ ποίημα ὃ ἐποίησεν ὁ θεὸς ἀπ' ἀρχῆς καὶ μέχρι τέλους.
¹²ἔγνων ὅτι οὐκ ἔστιν ἀγαθὸν ἐν αὐτοῖς,
εἰ μὴ τοῦ εὐφρανθῆναι καὶ τοῦ ποιεῖν ἀγαθὸν ἐν ζωῇ αὐτοῦ·
¹³καί γε πᾶς ὁ ἄνθρωπος ὃς φάγεται καὶ πίεται
καὶ ἴδῃ ἀγαθὸν ἐν παντὶ μόχθῳ αὐτοῦ,
δόμα θεοῦ ἐστιν.
¹⁴ἔγνων ὅτι πάντα ὅσα ἐποίησεν ὁ θεὸς
αὐτὰ ἔσται εἰς τὸν αἰῶνα·
ἐπ' αὐτῷ οὐκ ἔστιν προσθεῖναι,
καὶ ἀπ' αὐτοῦ οὐκ ἔστιν ἀφελεῖν
καὶ ὁ θεὸς ἐποίησεν ἵνα φοβηθῶσιν ἀπὸ προσώπου αὐτοῦ.
¹⁵τὸ γενόμενον ἤδη ἐστίν,
καὶ ὅσα τοῦ γίνεσθαι ἤδη γέγονεν,
καὶ ὁ θεὸς ζητήσει τὸν διωκόμενον.

¹⁶Καὶ ἔτι εἶδον ὑπὸ τὸν ἥλιον τόπον τῆς κρίσεως,
ἐκεῖ ὁ ἀσεβής·
καὶ τόπον τοῦ δικαίου,
ἐκεῖ ὁ εὐσεβής.

ℵAC 8 πολεμου] pr του ℵ* (om ℵ^(c a))   9 περισσια C   10 ιδον AC | om παντα ℵAC | περισπασμον] πειρασμον A | δωκεν ο θς τοις υιοις bis scr ℵ* (1° unc incl ℵ^(1 c a)) | των ανθρωπων] του ανθρωπου ℵAC | του περισπασθαι Bℵ^(c a) AC] περισπασθηναι ℵ*   11 τα συμπαντα] om τα ℵ^c A συν παντα C | om α ℵ* (hab ℵ^(c a)) | εν καιρω] ενωπιον ℵ* (εν ϗρω ℵ^(c a)) | αυτου] αυτων ℵ^(c a) | συμπαντα 2°] συν ℵA συν παντα C | αιτων] αυτου A   12 εν αυτοις αγαθον ℵ | ποιειν] πιειν ℵ* (ποιειν ℵ^(1 fort))   13 ο ανθρωπος] om ο ℵAC | om ος ℵ* (hab ℵ^(c a)) | δομα] pr τουτο A | θεου] του κ̄ῡ C   14 εγνων] pr και C | αυτω] αυτων ℵAC | εστι (1°) C | αυτου 1°] αυτων ℵAC   15 γενομενον] γεννωμενον A | γινεσθαι] γενεσθαι ℵ^(c a) | γεγονεν] εγονεν A   16 ιδον AC | των δικαιων A

ΕΚΚΛΗΣΙΑΣΤΗΣ

17 ¹⁷καὶ εἶπα ἐγὼ ἐν καρδίᾳ μου
Σὺν τὸν δίκαιον καὶ σὺν τὸν ἀσεβῆ κρινεῖ ὁ θεός·
ὅτι καιρὸς τῷ παντὶ πράγματι
καὶ ἐπὶ παντὶ τῷ ποιήματι.
18 ¹⁸καὶ εἶπα ἐγὼ ἐν καρδίᾳ μου
περὶ λαλιᾶς υἱῶν τοῦ ἀνθρώπου,
ὅτι διακρινεῖ αὐτοὺς ὁ θεός,
καὶ τοῦ δεῖξαι ὅτι αὐτοὶ κτήνη εἰσίν.
19 ¹⁹καί γε αὐτοῖς οὐ συνάντημα υἱῶν τοῦ ἀνθρώπου
καὶ συνάντημα τοῦ κτήνους;
συνάντημα ἓν αὐτοῖς·
ὡς ὁ θάνατος τούτου, οὕτως ὁ θάνατος τούτου,
καὶ πνεῦμα ἐν τοῖς πᾶσιν.
καὶ τί ἐπερίσσευσεν ὁ ἄνθρωπος παρὰ τὸ κτῆνος,
οὐδέν, ὅτι πάντα ματαιότης.
20 ²⁰τὰ πάντα εἰς τόπον ἕνα,
τὰ πάντα ἐγένετο ἀπὸ τοῦ χόος,
καὶ τὰ πάντα ἐπιστρέψει εἰς τὸν χοῦν.
21 ²¹καὶ τίς οἶδεν πνεῦμα υἱῶν τοῦ ἀνθρώπου,
εἰ ἀναβαίνει αὐτὸ εἰς ἄνω;
καὶ πνεῦμα τοῦ κτήνους,
εἰ καταβαίνει αὐτὸ κάτω εἰς γῆν;
22 ²²καὶ εἶδον ὅτι οὐκ ἔστιν ἀγαθόν,
εἰ μὴ ὃ εὐφρανθήσεται ὁ ἄνθρωπος
ἐν ποιήμασιν αὐτοῦ, ὅτι αὐτὸ μερὶς αὐτοῦ·
ὅτι τίς ἄξει αὐτὸν τοῦ ἰδεῖν ἐν ᾧ ἐὰν γένηται μετ' αὐτόν;

IV 1 ¹Καὶ ἐπέστρεψα ἐγὼ καὶ εἶδον
συμπάσας τὰς συκοφαντίας

17 και 1°] om ℵ εκει AC | ειπα] ειπον ℵAC | ασεβην ℵ | τω ποιηματι] ℵAC om τω ℵA   18 και ειπα εγω] εκι επαγω ℵ* εκι ειπα εγω ℵᶜᵃ εκει ειπα εγω AC | του δειξαι] διξαι ℵ* τουτο διξαι ℵᶜᵃ τουτο δειξαι A   19 ου] ως ℵ om AC | αυτοις 2°] τοις πασιν ℵᶜᵃ | ουτως]+και ℵ | τοις] αυτοις ℵ* (improb αυ ℵᶜᵃ) | τι επερισσευσεν ο ανθρωπος] τις περισσεια τω ανθρωπω ℵᶜᵃ: in C superest tantum σσευσεν ανος (sic) | ουδεν] οιδεν A*ᵛⁱᵈ (ουδ A?) | παντα] pr τα AC   20 εις] pr πορευεται ℵᶜᵃAC | τα παντα (2°)] om τα AC | επιστρεψει] επιστρεφει ℵ (-φι) AC   21 και τις οιδεν evan in C | πνευμα 1°] pr το ℵᶜᵃA | πνευμα 2°] pr το ℵ | γην] pr την A   22 ιδον A | ευφρανθησεται] ευφρ.....ται C | ο ανθρωπος] om ο ℵA | εαν] ᾱ| A | αυτον] αυτων ℵ* (-του ℵᶜᵃ)   IV 1—V 3 multa evanuer in C   IV 1 ιδον AC | συμπασας] πασας ℵ συν πασας A hiat C | συκοφαντειας B* (-τιας BᵇℵA) de C non liq

ΕΚΚΛΗΣΙΑΣΤΗΣ

B τὰς γινομένας ὑπὸ τὸν ἥλιον·
ἰδοὺ δάκρυον τῶν συκοφαντουμένων,
καὶ οὐκ ἔστιν αὐτοῖς παρακαλῶν,
καὶ ἀπὸ χειρὸς συκοφαντούντων αὐτοὺς ἰσχύς,
καὶ οὐκ ἔστιν αὐτοῖς παρακαλῶν.
²καὶ ἐπῄνεσα ἐγὼ σύμπαντας τοὺς τεθνηκότας
τοὺς ἤδη ἀποθανόντας ὑπὲρ τοὺς ζῶντας,
ὅσοι αὐτοὶ ζῶσιν ἕως τοῦ νῦν·
³καὶ ἀγαθὸς ὑπὲρ τοὺς δύο τούτους
ὅστις οὔπω ἐγένετο,
ὃς οὐκ εἶδεν σὺν πᾶν τὸ ποίημα τὸ πονηρὸν
τὸ πεποιημένον ὑπὸ τὸν ἥλιον.

⁴Καὶ ἴδον ἐγὼ σύμπαντα τὸν μόχθον
καὶ σύμπασαν ἀνδρείαν τοῦ ποιήματος,
ὅτι τὸ ζῆλος ἀνδρὶ ἀπὸ τοῦ ἑταίρου αὐτοῦ·
καί γε τοῦτο ματαιότης καὶ προαίρεσις πνεύματος.
⁵ὁ ἄφρων περιέβαλεν τὰς χεῖρας αὐτοῦ
καὶ ἔφαγεν τὰς σάρκας αὐτοῦ.
⁶ἀγαθὸν πλήρωμα δρακὸς ἀναπαύσεως
ὑπὲρ πλήρωμα δύο δρακῶν μόχθου
καὶ προαιρέσεως πνεύματος.

⁷Καὶ ἐπέστρεψα ἐγὼ καὶ ἴδον ματαιότητα ὑπὸ τὸν ἥλιον·
⁸ἔστιν εἷς καὶ οὐκ ἔστιν δεύτερος,
καί γε υἱὸς καί γε ἀδελφὸς οὐκ ἔστιν αὐτῷ
καὶ οὐκ ἔστιν περασμὸς τῷ παντὶ μόχθῳ αὐτοῦ,
καί γε ὀφθαλμὸς αὐτοῦ οὐκ ἐμπίπλαται πλούτου.
καὶ τίνι ἐγὼ μοχθῶ

ℵAC 1 γινομενας Bℵ^{c a} (γειν.)] γενομενας ℵ*A hiat C | ιδου] pr και ℵAC^{vid} | και απο . ισχυν (sic) sup ras B^{1 fort a}" | om και απο   παρακαλων (2°) C | ισχυς] ισχυν B^{1 fort a}ℵ* ισχυ ουκ εστιν ℵ^{c a} | om και 5° ℵ | παρακαλων 2°] pr o ℵA 2 συμπαντας BC^{vid}] συν ℵA   3 om και αγαθος   ηλιον ℵ* (hab και αγ. υπερ τους δ τ. οστις ουπω εγενετο ος ουκ ιδεν συν το ποιημα το πεποιημενον υπο τ. ηλιον ℵ^{c ?}) | συν παν BC^{vid}] om παν A   4 ειδον ℵ | συμπαντα] συν παντα ℵ hiat C | συνπασαν] συν πασαν ℵA hiat C | ανδριαν ℵA hiat C | το ζηλος] αυτο ϛ. B^{ab}A | ανδρι] ανδρος ℵA hiat C | εταιρου] ετερου ℵA   5 ο αφρων] om o ℵA | περιεβαλεν] περιελαβεν ℵA   6 πληρωματα ℵAC   7 γω ℵ* (εγω ℵ^{1 c}) | ειδον ℵC^{vid}   8 om ιος και γε ℵ* (hab ℵ^{c a}) | οφθαλμος] pr o ℵ | om αυτου 2° ℵ* (hab ℵ^{c a}) | ενπιπλαται A de C non liq

ΕΚΚΛΗΣΙΑΣΤΗΣ

καὶ στερίσκω τὴν ψυχήν μου ἀπὸ ἀγαθωσύνης; B
καί γε τοῦτο ματαιότης
καὶ περισπασμὸς πονηρός ἐστιν.

9 ⁹ἀγαθοὶ δύο ὑπὲρ τὸν ἕνα,
οἷς ἐστιν αὐτοῖς μισθὸς ἀγαθὸς ἐν μόχθῳ αὐτῶν·
10 ¹⁰ὅτι ἐὰν πέσωσιν, ὁ εἷς ἐγερεῖ τὸν μέτοχον αὐτοῦ·
καὶ οὐαὶ αὐτῷ τῷ ἑνὶ ὅταν πέσῃ
καὶ μὴ ᾖ δεύτερος ἐγεῖραι αὐτόν.
11 ¹¹καί γε ἂν κοιμηθῶσιν δύο, καὶ θέρμη αὐτοῖς·
καὶ ὁ εἷς πῶς θερμανθῇ;
12 ¹²καὶ ἐὰν ἐπικραταιωθῇ ὁ εἷς,
οἱ δύο στήσονται κατέναντι αὐτοῦ,
καὶ τὸ σπαρτίον τὸ ἔντριτον οὐ ταχὺ ἀπορραγήσεται.

13 ¹³Ἀγαθὸς παῖς πένης καὶ σοφὸς
ὑπὲρ βασιλέα πρεσβύτερον καὶ ἄφρονα,
ὃς οὐκ ἔγνω τοῦ προσέχειν ἔτι·
14 ¹⁴ὅτι ἐξ οἴκου τῶν δεσμίων ἐξελεύσεται τοῦ βασιλεῦσαι,
ὅτι καί γε ἐν βασιλείᾳ αὐτοῦ ἐγενήθη πένης.
15 ¹⁵ἴδον σύμπαντας τοὺς ζῶντας
τοὺς περιπατοῦντας ὑπὸ τὸν ἥλιον
μετὰ τοῦ νεανίσκου τοῦ δευτέρου,
ὃς στήσεται ἀντ' αὐτοῦ·
16 ¹⁶οὐκ ἔστιν περασμὸς τῷ παντὶ λαῷ,
τοῖς πᾶσιν οἳ ἐγένοντο ἔμπροσθεν αὐτῶν·
καί γε οἱ ἔσχατοι οὐκ εὐφρανθήσονται ἐπ' αὐτῷ.
ὅτι καί γε τοῦτο ματαιότης καὶ προαίρεσις πνεύματος

17 ¹⁷Φύλαξον τὸν πόδα σου ἐν ᾧ ἐὰν πορεύῃ εἰς οἶκον τοῦ θεοῦ,
καὶ ἐγγὺς τοῦ ἀκούειν·

8 περισπασμος] πιρασμος A   9 δυο] pr οι ℵAC   10 εγερει] εγειρει ℵAC A hiat C | εγειραι] ras 1 lit inter ρ et α B? pr του ℵAC   11 αν] εαν AC | δυο] pr οι ℵA | θερμη] θερμανη C   12 om εαν ℵ* (hab ℵ^(c a)) | οι δυο] pr και ℵ* (om ℵ^(c a)) | ταχυ] ταχεως ℵAC   14 δεσμιων] δεσμων ℵA | του βασιλευσαι] om του ℵA   15 ειδον ℵC | στησεται] αναστησεται ℵAC   16 οι εγενοντο] οτι εγενετο ℵ οσοι εγενοντο A | επ] εν ℵA   17 του ποδα] om του ℵ* (hab ℵ^(c a)) | εν ω εαν πορευη] εν ω αν πορευη ℵ*A εν τω πορευεσθαι ℵ^(c a) | οικον] pr τον A hiat C | του θεου] om του ℵ hiat C | εγγυς] εγγισον ℵ^(c a)

489

ΕΚΚΛΗΣΙΑΣΤΗΣ

B   ὑπὲρ δόμα τῶν ἀφρόνων θυσία σου,
    ὅτι οὐκ εἰσὶν εἰδότες τοῦ ποιεῖν κακόν.
¹μὴ σπεῦδε ἐπὶ στόματί σου,
    καὶ καρδία σου μὴ ταχυνάτω
    τοῦ ἐξενέγκαι λόγον πρὸ προσώπου τοῦ θεοῦ·
ὅτι ὁ θεὸς ἐν τῷ οὐρανῷ ἄνω, καὶ σὺ ἐπὶ τῆς γῆς·
    διὰ τοῦτο ἔστωσαν οἱ λόγοι σου ὀλίγοι.
²ὅτι παραγίνεται ἐνύπνιον ἐν πλήθει πειρασμοῦ,
    καὶ φωνὴ ἄφρονος ἐν πλήθει λόγων.
³καθὼς εὔξῃ εὐχὴν τῷ θεῷ,
    μὴ χρονίσῃς τοῦ ἀποδοῦναι αὐτήν.
οὐκ ἔστιν θέλημα ἐν ἄφροσιν·
    σὺ οὖν ὅσα ἐὰν εὔξῃ ἀπόδος.
⁴ἀγαθὸν τὸ μὴ εὔξασθαί σε,
    ἢ τὸ εὔξασθαί σε καὶ μὴ ἀποδοῦναι.
⁵μὴ δῷς τὸ στομα σου τοῦ ἐξαμαρτῆσαι τὴν σάρκα σου,
    καὶ μὴ εἴπῃς πρὸ προσώπου τοῦ θεοῦ ὅτι Ἀγνοιά ἐστιν,
ἵνα μὴ ὀργισθῇ ὁ θεὸς ἐπὶ φωνῇ σου
    καὶ διαφθείρῃ τὰ ποιήματα χειρῶν σῶν.
⁶ὅτι ἐν πλήθει ἐνυπνίων καὶ ματαιοτήτων καὶ λόγων πολλῶν·
    ὅτι σὺ τὸν θεὸν φοβοῦ.

⁷Ἐὰν συκοφαντίαν πένητος καὶ ἁρπαγὴν κρίματος καὶ δικαιο-
    σύνης ἴδῃς ἐν χώρᾳ,
μὴ θαυμάσῃς ἐπὶ τῷ πράγματι·
ὑψηλὸς ἐπάνω ὑψηλοῦ φυλάξαι,
    καὶ ὑψηλοὶ ἐπ' αὐτούς· ⁸καὶ περισσεία γῆς·
ἐπὶ παντί ἐστι βασιλεὺς τοῦ ἀγροῦ εἰργασμένου.

ℵAC   17 δομα των αφρονων] το δουναι αφροσυνης ℵ^{c a} | θυσια σου] θυσιας ℵ | ποιειν] ποιησαι ℵAC | κακον] το καλον ℵ   V 1 σπευδε] σπευσης ℵ | ταχυνετω ℵA hiat C | εξενεγκαι] ras aliq in ν superius B* | ο θεος] om o ℵ | om ανω ℵA | γης]+κατω ℵ* (om κατω ℵ^{c a}) | δια τουτο Bℵ^{c a}] επι τουτω ℵ*AC   2 om ενυπνιον ℵ* (hab ℵ^{c a})   3 καθως]+αν ℵAC | του αποδουναι] om του C | ουκ] pr οτι ℵAC | εαν] αν AC^{vid}   4 om μη 2° ℵ* (superscr ℵ¹)   5 στομα] αιμα A* (στομα A^a) | εξαμαρτησαι] εξαμαρτανειν ℵ* εξαμαρτειν ℵ^{c a}AC | προ προσωπου] το προσωπον ℵ | τα ποιηματα] om τα ℵ^{c a} | σων] σου ℵAC   6 συ] συν AC   7 κριματος ℵ* (improb π ℵ^{1 c a}) | δικαιοσυνην ℵ | ιδης] ειδης A | υψηλος] pr οτι ℵAC | φυλαξαι] φιλαξει ℵ^{c a} φυλασσει AC | αυτους] αυτης ℵAC   8 και περισσεια] κα, ισ fort sup ras in B | περισσια ℵAC | εστιν ℵAC | βασιλευς] pr και C | του αγρου] om του ℵ* (hab ℵ^{c a})

ΕΚΚΛΗΣΙΑΣΤΗΣ   V 17

⁹ἀγαπῶν ἀργύριον οὐ πλησθήσεται ἀργυρίου·   B
καὶ τίς ἠγάπησεν ἐν πλήθει αὐτῶν γένημα;
καί γε τοῦτο ματαιότης.
10 ¹⁰ἐν πλήθει ἀγαθωσύνης ἐπληθύνθησαν ἔσθοντες αὐτήν·
καὶ τί ἀνδρεία τῷ παρ' αὐτῆς;
ὅτι ἀρχὴ τοῦ ὁρᾶν ὀφθαλμὸν αὐτοῦ.
11 ¹¹γλυκὺς ὕπνος τοῦ δούλου
εἰ ὀλίγον καὶ εἰ πολὺ φάγεται,
καὶ τῷ ἐμπλησθέντι τοῦ πλουτῆσαι
οὐκ ἔστιν ἀφίων αὐτὸν τοῦ ὑπνῶσαι
12 ¹²ἔστιν ἀρρωστία ἣν ἴδον ὑπὸ τὸν ἥλιον,
πλοῦτον φυλασσόμενον τῷ παρ' αὐτοῦ εἰς κακίαν αὐτῷ,
13 ¹³καὶ ἀπολεῖται ὁ πλοῦτος ἐκεῖνος ἐν περισπασμῷ πονηρῷ,
καὶ ἐγέννησεν υἱόν, καὶ οὐκ ἔστιν ἐν χειρὶ αὐτοῦ οὐδέν·
14 ¹⁴καθὼς ἐξῆλθεν ἀπὸ γαστρὸς μητρὸς αὐτοῦ γυμνός,
ἐπιστρέψει τοῦ πορευθῆναι ὡς ἥκει,
καὶ οὐδὲν οὐ λήμψεται ἐν μόχθῳ αὐτοῦ,
ἵνα πορευθῇ ἐν χειρὶ αὐτοῦ.
15 ¹⁵καί γε τοῦτο πονηρὰ ἀρρωστία·
ὥσπερ γὰρ παρεγένετο, οὕτως καὶ ἀπελεύσεται·
καὶ ἡ περισσεία αὐτοῦ ᾗ μοχθεῖ εἰς ἄνεμον.
16 ¹⁶καί γε πᾶσαι αἱ ἡμέραι αὐτοῦ ἐν σκότει καὶ ἐν πένθει
καὶ θυμῷ πολλῷ καὶ ἀρρωστίᾳ καὶ χόλῳ.

17 ¹⁷Ἰδοὺ εἶδον ἐγὼ ἀγαθὸν ὅ ἐστιν καλόν,
τοῦ φαγεῖν καὶ τοῦ πιεῖν
καὶ τοῦ ἰδεῖν ἀγαθωσύνην
ἐν παντὶ μόχθῳ αὐτοῦ
ᾧ ἐὰν μοχθῇ ὑπὸ τὸν ἥλιον
ἀριθμὸν ἡμερῶν ζωῆς αὐτοῦ

9 αυτων] αυτου ℵ^{c a} AC | γενηματα ℵ   10 εν πλ. αγαθ. c praec coniung ℵAC B | εσθοντες] pr οι ℵAC | τι] τις ℵ^{c a} | ανδρεια] ανδρι ℵ* ανδρια ℵ^{c a} AC | αρχη] αλλ η ℵ^{c a} | οφθαλμοις B^{ab}ℵAC   12 αρρωστεια B* (αρρωστια B^b) | ειδον ℵ | αυτω] αυτου ℵAC   13 περισπασμω] πιρασμω ℵ+αυτου A | om πονηρω A   14 πορευθηναι]+εκει ℵ | om ου AC | χειρι αυτου] ρι a, ου sup ras B^{? vid}   15 αρρωστεια B* (αρρωστια B^b) | η περ.] pr τις ℵAC | αυτου] αυτω ℵAC   16 om πασαι ℵ* (hab ℵ^{c a}) | αρρωστεια B* (αρρωστια B^b)   17 ειδον εγω] εγω ο ειδον ℵ* (ειδον εγω ℵ^{c a}) ο ιδον εγω A ο ειδον εγω C | om ο 1° A | εστι C | εαν] αν ℵ | μοχθη] μοχθηση ℵAC

ΕΚΚΛΗΣΙΑΣΤΗΣ

B
ὧν ἔδωκεν αὐτῷ ὁ θεός·
ὅτι αὐτὸ μερὶς αὐτοῦ.
¹⁸καί γε πᾶς ἄνθρωπος ᾧ ἔδωκεν αὐτῷ ὁ θεὸς
πλοῦτον καὶ ὑπάρχοντα, καὶ ἐξουσίασεν αὐτῶν,
φαγεῖν ἀπ' αὐτοῦ καὶ λαβεῖν τὸ μέρος αὐτοῦ
καὶ τοῦ εὐφρανθῆναι ἐν μόχθῳ αὐτοῦ,
τοῦτο δόμα θεοῦ ἐστίν.
¹⁹ὅτι οὐκ ἄλλα μνησθήσεται τὰς ἡμέρας τῆς ζωῆς αὐτοῦ·
ὅτι ὁ θεὸς περισπᾷ αὐτὸν ἐν εὐφροσύνῃ καρδίας αὐτοῦ.

¹Ἔστιν πονηρία ἣν ἴδον ὑπὸ τὸν ἥλιον,
καὶ πολλή ἐστιν ὑπὸ τὸν ἄνθρωπον·
²ἀνὴρ ᾧ δώσει αὐτῷ ὁ θεὸς
πλοῦτον καὶ ὑπάρχοντα καὶ δόξαν,
καὶ οὐκ ἔστιν ὑστερῶν τῇ ψυχῇ αὐτοῦ
ἀπὸ πάντων ὧν ἐπιθυμήσει·
καὶ οὐκ ἐξουσιάσει αὐτῷ ὁ θεὸς τοῦ φαγεῖν ἀπ' αὐτοῦ,
ὅτι ἀνὴρ ξένος φάγεται αὐτόν.
τοῦτο ματαιότης καὶ ἀρρωστία πονηρά ἐστιν.
³ἐὰν γεννήσῃ ἀνὴρ ἑκατόν, καὶ ἔτη πολλὰ ζήσεται,
καὶ πλῆθος ὅ τι ἔσονται ἡμέραι ἐτῶν αὐτοῦ,
καὶ ψυχὴ αὐτοῦ οὐ πλησθήσεται ἀπὸ τῆς ἀγαθωσύνης,
καί γε ταφὴ οὐκ ἐγένετο αὐτῷ,
εἶπα Ἀγαθὸν ὑπὲρ αὐτὸν τὸ ἔκτρωμα·
⁴ὅτι ἐν ματαιότητι ἦλθεν καὶ ἐν σκότει πορεύεται,
καὶ ἐν σκότει ὄνομα αὐτοῦ καλυφθήσεται,
⁵καί γε ἥλιον οὐκ εἶδεν, καὶ οὐκ ἔγνω ἀναπαύσεις
τούτῳ ὑπὲρ τοῦτον.
⁶καὶ εἰ ἔζησεν χιλίων ἐτῶν καθόδους,
καὶ ἀγαθωσύνην οὐκ εἶδεν,

ℵAC 17 ων] ην ℵ* (ων ℵ^(c a)) 18 υπαρχοντα] χον sup ras B¹ | αυτων] αυτον ℵA αυτω C | φαγειν] pr του ℵAC 19 ουκ αλλα] ου πολλα B^(ab) ου πολλας ℵAC VI 1 ειδον B^(ab)ℵC | υπο 2°] επι ℵ^(c a)AC 2 παντων ων] παντος ου AC | επιθυμησει] επιθυμει A | του φαγειν] om του A | φαγεται] καταφαγεται ℵ* (φαγ. ℵ^(c a)) | αυτον] αυτα A | τουτο] pr οτι και γε ℵ pr και γε AC | αρρωστια B* (αρρωστεια B^b) 3 ημεραι] pr αι AC | ετων] pr των C | ψυχη] pr η ℵAC | ου πλησθησεται] ουκ εμπλησθησεται ℵAC | απο της αγαθωσυνης] om της ℵA om απο της C | ταφη] ἰαφη ℵ 5 αναπαυσις (inc stich) C | τουτω] τουτο ℵ* (-τω ℵ^(c a)) 6 ειδε C

ΕΚΚΛΗΣΙΑΣΤΗΣ VII 5

μὴ οὐκ εἰς τόπον ἕνα πορεύεται; B

7 ⁷πᾶς μόχθος ἀνθρώπου εἰς στόμα αὐτοῦ,
καί γε ἡ ψυχὴ οὐ πληρωθήσεται.
8 ⁸ὅτι περισσεία τῷ σοφῷ ὑπὲρ τὸν ἄφρονα,
διότι ὁ πένης οἶδεν πορευθῆναι κατέναντι τῆς ζωῆς.
9 ⁹ἀγαθὸν ὅραμα ὀφθαλμῶν ὑπὲρ πορευόμενον ψυχῇ·
καί γε τοῦτο ματαιότης καὶ προαίρεσις πνεύματος.

10 ¹⁰Εἴ τι ἐγένετο, ἤδη κέκληται ὄνομα αὐτοῦ,
καὶ ἐγνώσθη ὅ ἐστιν ἄνθρωπος,
καὶ οὐ δυνήσεται κριθῆναι μετὰ τοῦ ἰσχυροῦ ὑπὲρ αὐτόν·
11 ¹¹ὅτι εἰσὶν λόγοι πολλοὶ πληθύνοντες ματαιότητα.
VII 1 ¹τί περισσὸν τῷ ἀνθρώπῳ;
(VI) (12) ⁽¹²⁾ὅτι τίς οἶδεν ἀγαθὸν τῷ ἀνθρώπῳ ἐν τῇ ζωῇ,
ἀριθμὸν ἡμερῶν ζωῆς ματαιότητος αὐτοῦ;
καὶ ἐποίησεν αὐτὰ ἐν σκιᾷ·
ὅτι τίς ἀπαγγελεῖ τῷ ἀνθρώπῳ
τί ἔσται ὀπίσω αὐτοῦ ὑπὸ τὸν ἥλιον;

(VII) (1) 2 ²Ἀγαθὸν ὄνομα ὑπὲρ ἔλαιον ἀγαθόν,
καὶ ἡμέρα τοῦ θανάτου ὑπὲρ ἡμέραν γεννήσεως.
(2) 3 ³ἀγαθὸν πορευθῆναι εἰς οἶκον πένθους
ἢ ὅτι πορευθῆναι εἰς οἶκον πότου,
καθότι τοῦτο τέλος παντὸς ἀνθρώπου,
καὶ ὁ ζῶν δώσει ἀγαθὸν εἰς καρδίαν αὐτοῦ
(3) 4 ⁴ἀγαθὸν θυμὸς ὑπὲρ γέλωτα,
ὅτι ἐν κακίᾳ προσώπου ἀγαθυνθήσεται·
(4) 5 ⁵καρδία σοφῶν ἐν οἴκῳ πένθους,

6 πορευεται] πορευσεται ℵ +τα παντα ℵAC   7 ανθρωπου] pr ℵAC του ℵAC | η ψυχη] om η AC   8 οτι]+τις ℵᶜᵃAC | περισσια ℵC | πορευθηναι] pr που (sic) C   10 ει] η AC | κεκληται] κεκληκεν A | ονομα] pr το ℵᶜᵃ | εγνωσθη] pr ο ℵ | ο] οτι C | κριθηναι] pr του ℵA | ισχυρου] ισχυροτερου ℵ   11 λογοι] ολιγοι ℵ   VII 1 τι] οτι ℵ* (om ο ℵᶜᵃ) | αγαθον] pr τις ℵ* pr τι ℵᶜᵃA | om εν τη ζωη .τω ανθρωπω (2°) C | ζωη] +αυτου ℵA | αυτα] αυτας A | εν σκια] εως σκιας ℵᶜᵃ | ηλιον]+και καθως εστε τις απαγγελει αυτω A   2 του θανατου] om του C | γεννησεως] γενεσεως ℵAC+αυτου ℵᶜᵃAC   3 η (pr ε ℵ* improb ℵ¹) οτι] παρα το ℵᶜᵃ | τελος] pr το A | ανθρωπου] pr του ℵC | εις καρδιαν] εν καρδια A   4 αγαθον] αγαθος ℵ | αγαθυνθησεται]+καρδια ℵAC

493

ΕΚΚΛΗΣΙΑΣΤΗΣ

Β   καὶ καρδία ἀφρόνων ἐν οἴκῳ εὐφροσύνης.
⁶ἀγαθὸν τὸ ἀκοῦσαι ἐπιτίμησιν σοφοῦ   6 (5)
   ὑπὲρ ἄνδρα ἀκούοντα ᾆσμα ἀφρόνων.
⁷ὡς φωνὴ ἀκανθῶν ὑπὸ τὸν λέβητα,   7 (6)
   οὕτως γέλως τῶν ἀφρόνων·
   καί γε τοῦτο ματαιότης.
⁸ὅτι ἡ συκοφαντία περιφέρει σοφὸν   8 (7)
   καὶ ἀπόλλυσι τὴν καρδίαν εὐγενείας αὐτοῦ.
⁹ἀγαθὴ ἐσχάτη λόγων ὑπὲρ ἀρχὴν αὐτοῦ,   9 (8)
   ἀγαθὸν μακρόθυμος ὑπὲρ ὑψηλὸν πνεῦμα τιμῆς.
¹⁰μὴ σπεύσῃς ἐν πνεύματί σου τοῦ θυμοῦσθαι,   10 (9)
   ὅτι θυμὸς ἐν κόλπῳ ἀφρόνων ἀναπαύσεται.
¹¹μὴ εἴπῃς Τί ἐγένετο   11 (10)
   ὅτι αἱ ἡμέραι αἱ πρότεραι ἦσαν ἀγαθαὶ ὑπὲρ ταύτας,
   ὅτι οὐκ ἐν σοφίᾳ ἐπηρώτησας περὶ τούτου.
¹²ἀγαθὴ σοφία μετὰ κληρονομίας   12 (11)
   καὶ περισσεία τοῖς θεωροῦσιν τὸν ἥλιον·
¹³ὅτι ἐν σκιᾷ αὐτῆς ἡ σοφία ὡς σκιὰ ἀργυρίου,   13 (12)
   καὶ περισσεία γνώσεως τῆς σοφίας
   ζωοποιήσει τὸν παρ' αὐτῆς.
¹⁴ἴδε τὰ ποιήματα τοῦ θεοῦ·   14 (13)
   ὅτι τίς δυνήσεται κοσμῆσαι
   ὃν ἂν ὁ θεὸς διαστρέψῃ αὐτόν;
¹⁵ἐν ἡμέρᾳ ἀγαθωσύνης   15 (14)
   ζῆθι ἐν ἀγαθῷ, καὶ ἴδε ἐν ἡμέρᾳ κακίας.
   ἴδε καί γε σὺν τούτῳ συμφώνως
   τοῦτο ἐποίησεν ὁ θεὸς περὶ λαλιᾶς,
   ἵνα μὴ εὕρῃ ὁ ἄνθρωπος ὀπίσω αὐτοῦ οὐδέν.

ℵAC   5 αφρονος C   7 ως] pr οτι AC | ακανθων] pr των ℵAC | γελως] pr o AC | των αφρονων] pr o AC | και γε τ ματ. c seqq coniung ℵ   8 συκοφαντεια A | απολλυσι] απολλυει ℵAC | ευγενειας (-νιας C)] ευτονιαν ℵ* ευτονιας ℵᶜᵃA   9 πνευμα τιμης (π̄ν̄α τιμης Bℵ*)] π̄ν̄ατι ℵ* (ras μης) π̄ν̄ῑ AC   11 προτεραι] προτερον AC | επερωτησας C   12 κληρονομιας] κληροδοσιας ℵAC | περισσια ℵC   13 η σοφια] της σοφιας ℵᶜᵃ | αργυριου] pr του ℵAC | περισσια ℵC | τη σοφια ℵ* (της σοφιας ℵᶜ¹) | ζωοποιησει] pr η σοφια ℵ | τον παρ αυτης] τον εχοντα αυτη| ℵᶜᵃ   14 κοσμησαι] pr του ℵᶜᵃAC | ον] ο C | διαστρεψει ℵ   15 εν ημερα αγαθ. c praec coniung ℵ | αγαθωσυνης] +αυτου ℵ | αγαθω] αγαθωσυνη ℵ* (-θω ℵᶜᵃ) | om ιδε 2° ℵᶜᵃ | συν τουτω] τουτο ℵAC | συμφωνως] συμφωνον ℵA συμφωνει C | τουτο] τουτω ℵC (c praec coniung C) | εποιησεν] pr o ℵ | ο ανθρωπος] om.o ℵAC | ουδεν] μηδεν ℵAC

ΕΚΚΛΗΣΙΑΣΤΗΣ VII 27

(15) 16   ¹⁶Τὰ πάντα εἶδον ἐν ἡμέραις ματαιότητός μου· B
          ἔστιν δίκαιος ἀπολλύμενος ἐν δικαίῳ αὐτοῦ,
          καὶ ἔστιν ἀσεβὴς μένων ἐν κακίᾳ αὐτοῦ.
(16) 17   ¹⁷μὴ γίνου δίκαιος πολὺ
          μηδὲ σοφίζου περισσά, μή ποτε ἐκπλαγῇς
(17) 18   ¹⁸μὴ ἀσεβήσῃς πολὺ καὶ μὴ γίνου σκληρός,
          ἵνα μὴ ἀποθάνῃς ἐν οὐ καιρῷ σου.
(18) 19   ¹⁹ἀγαθὸν τὸ ἀντέχεσθαί σε ἐν τούτῳ,
          καί γε ἀπὸ τούτου μὴ μιάνῃς τὴν χεῖρά σου,
          ὅτι φοβουμένοις τὸν θεὸν ἐξελεύσεται τὰ πάντα.

(19) 20   ²⁰Ἡ σοφία βοηθήσει τῷ σοφῷ
          ὑπὲρ δέκα ἐξουσιάζοντας τοὺς ὄντας ἐν τῇ πόλει·
(20) 21   ²¹ὅτι ἄνθρωπος οὐκ ἔστιν δίκαιος ἐν τῇ γῇ,
          ὃς ποιήσει ἀγαθὸν καὶ οὐχ ἁμαρτήσεται.
(21) 22   ²²καί γε εἰς πάντας λόγους οὓς λαλήσουσιν ἀσεβεῖς
          μὴ θῇς καρδίαν σου,
          ὅπως μὴ ἀκούσῃς τοῦ δούλου σου καταρωμένου σε·
(22) 23   ²³ὅτι πλειστάκις πονηρεύσεταί σε
          καὶ καθόδους πολλὰς κακώσει καρδία σου,
          ὅτι ὡς καί γε σὺ κατηράσω ἑτέρους.

(23) 24   ²⁴Πάντα ταῦτα ἐπείρασα ἐν σοφίᾳ.
          εἶπα Σοφισθήσομαι·
(24) 25   ²⁵καὶ αὕτη ἐμακρύνθη ἀπ' ἐμοῦ· μακρὰν ὑπὲρ ὃ ἦν,
          καὶ βαθὺ βάθος, τίς εὑρήσει αὐτό;
(25) 26   ²⁶ἐκύκλωσα ἐγώ, καὶ ἡ καρδία μου τοῦ γνῶναι
          καὶ τοῦ κατασκέψασθαι καὶ ζητῆσαι σοφίαν καὶ ψῆφον,
          καὶ τοῦ γνῶναι ἀσεβοῦς ἀφροσύνην
          καὶ ὀχληρίαν καὶ περιφοράν·
(26) 27   ²⁷καὶ εὑρίσκω ἐγὼ αὐτήν,

16 τα παντα] συν τα παντα ℵ*C συν παντα α ℵᶜᵃ συν παντα A | ιδον A | ℵAC απολλυομενος A   **17** πολυ] pr επι ℵ | μηδε] και μη AC   **18** αποθανη C* (-νης Cᵃ)   **19** φοβουμενοις] ο φοβουμενος A φοβουμενος C   **20** om οντας ℵ   **21** ποιησει] ποιησεται C   **22** om ους ℵ | om ασεβεις ℵᶜᵃAC | θης] δως ℵ   **23** πολλα ℵ* (πολλας ℵᶜᵃ) | καρδιαν ℵAC | om ως ℵᶜᵃ | και γε]+ως ℵ   **24** σοφια] pr τη ℵAC   **25** μακραν απ εμου C | αυτο] αυτην ℵ* (-το ℵᶜᵃ)   **26** ζητησαι] pr του ℵAC | περιφοραν] παραφοραν A   **27** αυτην]+ ϛ ευφροσυνην πλανας (sic) ℵᶜᵃ ⁱⁿᵍ (de cett non liq)

ΕΚΚΛΗΣΙΑΣΤΗΣ

B
καὶ ἐρῶ πικρότερον ὑπὲρ θάνατον·
σὺν τὴν γυναῖκα ἥτις ἐστὶν θήρευμα,
καὶ σαγῆναι καρδία αὐτῆς,
δεσμὸς εἰς χεῖρας αὐτῆς·
ἀγαθὸς πρὸ προσώπου τοῦ θεοῦ ἐξαιρεθήσεται ἀπ' αὐτῆς,
καὶ ἁμαρτάνων συλλημφθήσεται ἐν αὐτῇ.
²⁸ἴδε τοῦτο εὗρον, εἶπεν ὁ ἐκκλησιαστής,   28 (27)
μία τῇ μιᾷ, τοῦ εὑρεῖν λογισμὸν
²⁹ὃν ἐπεζήτησεν ἡ ψυχή μου, καὶ οὐχ εὗρον·   29 (28)
καὶ ἄνθρωπον ἕνα ἀπὸ χιλίων εὗρον,
καὶ γυναῖκα ἐν πᾶσι τούτοις οὐχ εὗρον.
³⁰πλὴν ἴδε τοῦτο εὗρον ὃ ἐποίησεν ὁ θεὸς   30 (29)
σὺν τὸν ἄνθρωπον εὐθῆ·
καὶ αὐτοὶ ἐζήτησαν λογισμοὺς πολλούς.

⁽¹⁾Τίς οἶδεν σοφούς; καὶ τίς οἶδεν λύσιν ῥήματος;   (1) (VIII)
¹σοφία ἀνθρώπου φωτιεῖ πρόσωπον αὐτοῦ,   1 VIII
καὶ ἀναιδὴς προσώπῳ αὐτοῦ μισηθήσεται.
²στόμα βασιλέως φύλαξον,   2
καὶ περὶ λόγου ὅρκου θεοῦ μὴ σπουδάσῃς·
³ἀπὸ προσώπου αὐτοῦ πορεύσῃ,   3
μὴ στῇς ἐν λόγῳ πονηρῷ·
ὅτι πᾶν ὃ ἐὰν θελήσει ποιήσει,
⁴καθὼς βασιλεὺς ἐξουσιάζων,   4
καὶ τίς ἐρεῖ αὐτῷ Τί ποιεῖς;
⁵ὁ φυλάσσων ἐντολὴν οὐ γνώσεται ῥῆμα πονηρόν,   5
καὶ καιρὸν κρίσεως γινώσκει καρδία σοφοῦ·
⁶ὅτι παντὶ πράγματί ἐστιν καιρὸς καὶ κρίσις,   6
ὅτι γνῶσις τοῦ ἀνθρώπου πολλὴ ἐπ' αὐτόν·
⁷ὅτι οὐκ ἔστιν γινώσκων τί τὸ ἐσόμενον,   7
ὅτι καθὼς ἔσται τίς ἀναγγελεῖ αὐτῷ;
⁸οὐκ ἔστιν ἄνθρωπος ἐξουσιάζων ἐν πνεύματι   8

ℵAC   27 και ερω] και ειπα ℵ^(c a) om AC | πικροτεραν C | θηρευματα ℵA | αμαρτανων] pr o ℵ | συλλημφθησεται A συλληφθ C   28 ιδε] ειδε AC | ειπειν C   29 επεζητησεν] εζητησεν A | ειρεν C | πασι BℵAC   30 θεος] κ̄ς A | ευθη] ευρεθη A   VIII 1 προσωπον] pr το ℵ | om αυτου 1° A   2 om θεου ℵA   3 εαν] αν A | θελησῃ B^(ab)   4 καθως] και ως ℵ* (καθ. ℵ^(c a)) | εξουσιαζων] +λαλει ℵ^(c a) (-λι) AC | ποιεις] ποιησεις ℵ (-σις) AC   6 πραγμα ℵ^(?) (-ματι ℵ^(c a))   7 αυτω] αυτοις A

ΕΚΚΛΗΣΙΑΣΤΗΣ VIII 14

τοῦ κωλῦσαι σὺν τὸ πνεῦμα· B
καὶ οὐκ ἔστιν ἐξουσία ἐν ἡμέρᾳ θανάτου,
καὶ οὐκ ἔστιν ἀποστολὴ ἐν ἡμέρᾳ πολέμου,
καὶ οὐ διασώσει ἀσέβεια τὸν παρ' αὐτῆς.

9 ⁹καὶ σύμπαν τοῦτο εἶδον,
καὶ ἔδωκα τὴν καρδίαν μου εἰς πᾶν τὸ ποίημα
ὃ πεποίηται ὑπὸ τὸν ἥλιον,
τὰ ὅσα ἐξουσιάσατο ὁ ἄνθρωπος
ἐν ἀνθρώπῳ τοῦ κακῶσαι αὐτόν·

10 ¹⁰καὶ τότε ἴδον ἀσεβεῖς εἰς τάφους εἰσαχθέντας,
καὶ ἐκ τοῦ ἁγίου·
καὶ ἐπορεύθησαν καὶ ἐπῃνέθησαν ἐν τῇ πόλει,
ὅτι οὕτως ἐποίησαν.
καί γε τοῦτο ματαιότης.

11 ¹¹ὅτι οὐκ ἔστιν γινομένη ἀντίρρησις
ἀπὸ τῶν ποιούντων τὸ πονηρὸν ταχύ,
διὰ τοῦτο ἐπληροφορήθη καρδία υἱῶν τοῦ ἀνθρώπου
ἐν αὐτοῖς τοῦ ποιῆσαι τὸ πονηρόν.

12 ¹²ὃς ἥμαρτεν, ἐποίησεν τὸ πονηρὸν
ἀπὸ τότε καὶ ἀπὸ μακρότητος αὐτῶν·
ὅτι καί γε γινώσκω ἐγὼ
ὅτι ἐστὶν ἀγαθὸν τοῖς φοβουμένοις τὸν θεόν,
ὅπως φοβῶνται ἀπὸ προσώπου αὐτοῦ·

13 ¹³καὶ ἀγαθὸν οὐκ ἔσται τῷ ἀσεβεῖ,
καὶ οὐ μακρυνεῖ ἡμέρας ἐν σκιᾷ
ὃς οὐκ ἔστιν φοβούμενος ἀπὸ προσώπου τοῦ θεοῦ

14 ¹⁴ἔστιν ματαιότης ἣ πεποίηται ἐπὶ τῆς γῆς,
ὅτι εἰσὶν δίκαιοι ὅτι φθάνει ἐπ' αὐτοὺς
ὡς ποίημα τῶν ἀσεβῶν·
καί εἰσιν ἀσεβεῖς ὅτι φθάνει πρὸς αὐτοὺς

8 εξουσια] εξουσιαζων ℵAC | εν ημερα 1°] ημερας A | πολεμου] θανατου ℵAC A | ασεβεια] ασεβει C* ασεβεις Cᵃ 9 συμπαν] συν παν AC | ιδον A | το ποιημα] om το ℵAC | τα οσα] om τα ℵᶜᵃ | εξουσιασατο] εξουσιαζεται A | ο ανθρωπος] om ο ℵᶜᵃ 10 ειδον C | εισαχθεντας] αχθεντας C | αγιου]÷επορευθησαν ℵᶜᵃ | om και 3° ℵᶜᵃ | επηνεσθησαν C 11 αντιρησεις ℵ | το πονηρον 1°] om το A 12 εποιησαι (sic) C | πονηρον]+απεθανεν και μακροθυμι επ (inst απ pro επ) αυτω ℵᶜᵃ | οτι 2°]+και ℵ* (om και ℵᶜᵃ) | εστιν] εσται ℵ (-τε) AC | αυτου] αυτων ℵ* (-του ℵ¹) 13 εν σκια] pi ως ℵ* (om ως ℵᶜᵃ) 14 φθαννει bis AC | επ] προς ℵAC | om οτι 2° ℵ

VIII 15   ΕΚΚΛΗΣΙΑΣΤΗΣ

B   ὡς ποίημα τῶν δικαίων
    εἶπα ὅτι καί γε τοῦτο ματαιότης.
  ¹⁵καὶ ἐπῄνεσα ἐγὼ σὺν τὴν εὐφροσύνην,   15
    ὡς δ' οὐκ ἔστιν ἀγαθὸν τῷ ἀνθρώπῳ ὑπὸ τὸν ἥλιον,
    ὅτι εἰ μὴ τοῦ φαγεῖν καὶ τοῦ πιεῖν καὶ τοῦ εὐφρανθῆναι·
    καὶ αὐτὸ συμπροσέσται αὐτῷ
    ἐν μόχθῳ αὐτοῦ ἡμέρας ζωῆς αὐτοῦ
    ὅσας ἔδωκεν αὐτῷ ὁ θεὸς ὑπὸ τὸν ἥλιον.

  ¹⁶Ἐν οἷς ἔδωκα τὴν καρδίαν μου γνῶναι τὴν σοφίαν   16
    καὶ τοῦ ἰδεῖν τὸν περισπασμὸν
    τὸν πεποιημένον' ἐπὶ τῆς γῆς·
    ὅτι καὶ ἐν ἡμέρᾳ καὶ ἐν νυκτὶ
    ὕπνον ὀφθαλμοῖς αὐτοῦ οὐκ ἔστιν βλέπων·
  ¹⁷καὶ ἴδον σύμπαντα τὰ ποιήματα τοῦ θεοῦ,   17
    ὅτι οὐ δυνήσεται ἄνθρωπος
    τοῦ εὑρεῖν σὺν τὸ ποίημα
    τὸ πεποιημένον ὑπὸ τὸν ἥλιον·
    ὅσα ἂν μοχθήσῃ ἄνθρωπος τοῦ ζητῆσαι,
    καὶ οὐχ εὑρήσει·
    καί γε ὅσα ἂν εἴπῃ σοφὸς τοῦ γνῶναι,
    οὐ δυνήσεται τοῦ εὑρεῖν·
  ¹⁾ὅτι σύμπαν τοῦτο ἔδωκα εἰς καρδίαν μου,   (1) (IX)
    καὶ καρδία μου σύμπαν ἴδον τοῦτο·
  ¹ὡς οἱ δίκαιοι καὶ οἱ σοφοὶ   1 IX
    καὶ ἐργασίαι αὐτῶν ἐν χειρὶ τοῦ θεοῦ,
    καί γε ἀγάπην καί γε μῖσος οὐκ ἔστιν εἰδὼς ὁ ἄνθρωπος
    τὰ πάντα πρὸ προσώπου αὐτῶν,
    ματαιότης ἐν τοῖς πᾶσιν.
  ²συνάντημα ἐν τῷ δικαίῳ καὶ τῷ ἀσεβεῖ,   2
    τῷ ἀγαθῷ καὶ τῷ κακῷ,

ℵAC   15 ως δ] οτι B^{ab}ℵAC | αυτο] αυτος B | συνπροσεσται ℵAC | ημερα ℵ | οσας] ας ℵA ων C   16 γνωναι] pr του ℵAC | περισπασμον] πιρασμον A | οφθαλμοις] pr εν ℵAC | βλεπων] βλεπιν A   17 ιδον 1°] ειδον B^{ab}ℵ | συμπαντα] συν παντα ℵA | δυνησεται 1°] δησεται ℵ* (δυνησ. ℵ¹) | ποιημα] πεποιημα ℵ* (ποιημα ℵ¹) | αν 1°] εαν AC | μοχθηση] ποιηση A | ανθρωπος] pr ο ℵ | σοφος] pr ο ℵAC | συμπαν] συν παν bis ℵA | καρδιαν] pr την A | ιδον 2°] ειδεν ℵC ιδεν A   IX 1 ως] οτι ℵ^{c a}AC | οι δι⌊καιοι σοφοι ℵ* (οι δι⌊οι⌊ και οι σ. ℵ^{c a}) | εργασιαι] pr αι AC | αγαπη ℵ | ειδως (ιδ. A) ο ανθρωπος] ανθρ. ειδως ℵ | προ] προς ℵ* (προ ℵ^{c.a}) | προσωπον ℵ (-που ℵ^{c a}) | προσωπου αυτων rescr C^a

ΕΚΚΛΗΣΙΑΣΤΗΣ IX 9

καὶ τῷ καθαρῷ καὶ τῷ ἀκαθάρτῳ,
καὶ τῷ θυσιάζοντι καὶ τῷ μὴ θυσιάζοντι.
ὡς ὁ ἀγαθός, ὡς ὁ ἁμαρτάνων,
ὡς ὁ ὀμνύων καθὼς ὁ τὸν ὅρκον φοβούμενος.

3 ³τοῦτο πονηρὸν ἐν παντὶ πεποιημένῳ ὑπὸ τὸν ἥλιον
ὅτι συνάντημα ἐν τοῖς πᾶσιν·
καί γε καρδία υἱῶν τοῦ ἀνθρώπου ἐπληρώθη πονηροῦ,
καὶ περιφέρεια ἐν καρδίᾳ αὐτῶν ἐν ζωῇ αὐτῶν,
καὶ ὀπίσω αὐτῶν πρὸς τοὺς νεκρούς.

4 ⁴ὅτι τίς ὃς κοινωνεῖ πρὸς πάντας τοὺς ζῶντας;
ἔστιν ἐλπίς· ὅτι ὁ κύων ὁ ζῶν αὐτὸς ἀγαθὸς
ὑπὲρ τὸν λέοντα τὸν νεκρόν.

5 ⁵ὅτι οἱ ζῶντες γνώσονται ὅτι ἀποθανοῦνται,
καὶ οἱ νεκροὶ οὐκ εἰσὶν γινώσκοντες οὐδέν·
καὶ οὐκ ἔστιν αὐτοῖς ἔτι μισθός,
ὅτι ἐπελήσθη ἡ μνήμη αὐτῶν·

6 ⁶καί γε ἀγάπη αὐτῶν καί γε μῖσος αὐτῶν
καί γε ζῆλος αὐτῶν ἤδη ἀπώλετο,
καί γε μερὶς οὐκ ἔστιν αὐτοῖς ἔτι εἰς αἰῶνα
ἐν παντὶ τῷ πεποιημένῳ ὑπὸ τὸν ἥλιον.

7 ⁷Δεῦρο φάγε ἐν εὐφροσύνῃ ἄρτον σου,
καὶ πίε ἐν καρδίᾳ ἀγαθῇ οἶνόν σου,
ὅτι ἤδη εὐδόκησεν ὁ θεὸς τὰ ποιήματά σου.

8 ⁸ἐν παντὶ καιρῷ ἔστωσαν ἱμάτιά σου λευκά,
καὶ ἔλαιον ἐπὶ κεφαλήν σου μὴ ὑστερησάτω·

9 ⁹καὶ ἴδε ζωὴν μετὰ γυναικὸς ἧς ἠγάπησας
πάσας ἡμέρας ζωῆς ματαιότητός σου
τὰς δοθείσας σοι ὑπὸ τὸν ἥλιον.
πᾶσαι ἡμέραι ἡμέραι ἀτμοῦ σου·
ὅτι αὐτὸ μερίς σου ἐν τῇ ζωῇ σου
καὶ ἐν τῷ μόχθῳ σου ᾧ σὺ μοχθεῖς ὑπὸ τὸν ἥλιον

2 om και 3° AC | om και 5° C   3 πονηρον] pr το A | πασιν] πασι C ℵAC
4 om οτι 2° ℵ   5 επελησθη] επλησθη ℵA   6. αγαπη] απατη ℵ | μισος]
μισθος A | om γε 4° ℵᶜᵃAC   7 αρτον] pr τον ℵAC | om ηδη AC   8 ιμα-
τια] pr τα ℵC | κεφαλης ℵ   9 πασαι.. ατμου σου] non inst Bᵇ om A
πασας ημερας ματαιοτητος σου (σοι ℵ* σου ℵ¹) ℵC | αυτο] αυτος ℵ | τη ζωη]
om τη C | om εν 2° ℵ | om συ A

ΕΚΚΛΗΣΙΑΣΤΗΣ

B ¹⁰πάντα ὅσα ἂν εὕρῃ ἡ χείρ σου τοῦ ποιῆσαι,
  ὡς ἡ δύναμίς σου ποίησον,
  ὅτι οὐκ ἔστιν ποίημα καὶ λογισμὸς καὶ γνῶσις
  καὶ σοφία ἐν ᾅδῃ, ὅπου σὺ πορεύῃ ἐκεῖ.

¹¹Ἐπέστρεψα καὶ ἴδον ὑπὸ τὸν ἥλιον
  ὅτι οὐ τοῖς κούφοις δρόμος
  καὶ οὐ τοῖς δυνατοῖς πόλεμος,
  καί γε οὐ τῷ σοφῷ ἄρτος
  καὶ οὐ τοῖς συνετοῖς πλοῦτος,
  καί γε οὐ τοῖς γινώσκουσιν χάρις·
  ὅτι καιρὸς καὶ ἀπάντημα συναντήσεται σύμπασιν αὐτοῖς.
¹²ὅτι καί γε καὶ οὐκ ἔγνω ὁ ἄνθρωπος τὸν καιρὸν αὐτοῦ
  ὡς οἱ ἰχθύες οἱ θηρευόμενοι ἐν ἀμφιβλήστρῳ καλῷ,
  καὶ ὡς ὄρνεα τὰ θηρευόμενα ἐν παγίδι,
  ὡς αὐτὰ παγιδεύονται οἱ υἱοὶ τοῦ ἀνθρώπου
  εἰς καιρὸν πονηρόν,
  ὅταν ἐπιπέσῃ ἐπ' αὐτοὺς ἄφνω.

¹³Καί γε τοῦτο ἴδον σοφίαν ὑπὸ τὸν ἥλιον,
  καὶ μεγάλη ἐστὶν πρός μέ.
¹⁴πόλις μικρὰ καὶ ἄνδρες ἐν αὐτῇ ὀλίγοι,
  καὶ ἔλθῃ ἐπ' αὐτὴν βασιλεὺς μέγας καὶ κυκλώσῃ αὐτὴν
  καὶ οἰκοδομήσῃ ἐπ' αὐτὴν χάρακας μεγάλους,
¹⁵καὶ εὕρῃ ἐν αὐτῇ ἄνδρα πένητα σοφόν,
  καὶ διασώσῃ αὐτὸς τὴν πόλιν ἐν τῇ σοφίᾳ αὐτοῦ,
  καὶ ἄνθρωπος οὐκ ἐμνήσθη σὺν τοῦ ἀνδρὸς τοῦ πένητος
    ἐκείνου
¹⁶καὶ εἶπα ἐγώ Ἀγαθὴ σοφία ὑπὲρ δύναμιν·

ℵAC 10 αν] εαν ℵ | ως η] pr ως αι ℵ* (om ως αι ℵ^(c a)) | οπου] οτι ου B^edit
11 επεστρεψα] υπεστρεψα ℵ | ειδον ℵ | δρομος] pr ο ℵAC | πολεμος] pr ο ℵAC |
τω σοφω] τοις σοφοις ℵAC | αρτος] pr ο ℵAC | και 4°]+γε ℵAC | πλουτος]
pr ο ℵAC | συμπασιν] τοις πασιν ℵAC   12 om οτι AC | om και 2°
ℵAC | ο ανθρωπος] om ο C | εν 1°] pr ω ℵ* (om ω ℵ^(1(vid) c a)) | καλω] κακω
ℵA om C | ταγιδει ℵ* (παγ. ℵ¹) | οι υιοι] pr vid ουτως κρατηθησονται ℵ^(c a)
13 ειδον B^(ab)ℵ | om προς με ℵ   14 πολις] pr εστιν προς με ℵ* |
πολις μικρα c praec coniung BC πολις ολιγοι c praec coniung A | οι-
κοδομησει ℵ   15 ευρη] ευρησει ℵ* (-ρη ℵ¹) | σοφον] pr και A | διασωσει
ℵAC   16 om εγω C

ΕΚΚΛΗΣΙΑΣΤΗΣ

καὶ σοφία τοῦ πένητος ἐξουδενωμένη,
καὶ οἱ λόγοι αὐτοῦ οὐκ εἰσακουόμενοι.

17 ¹⁷Λόγοι σοφῶν ἐν ἀναπαύσει ἀκούονται
ὑπὲρ κραυγὴν ἐξουσιαζόντων ἐν ἀφροσύναις.
18 ¹⁸ἀγαθὴ σοφία ὑπὲρ σκεύη πολέμου,
καὶ ἁμαρτάνων εἷς ἀπολέσει ἀγαθωσύνην πολλήν.
X 1 ¹μυῖαι θανατοῦσαι σαπριοῦσιν σκευασίαν, ἔλαιον ἡδύσματος·
τίμιον ὁ λόγος σοφίας ὑπὲρ δόξαν ἀφροσύνης μεγάλης.
2 ²καρδία σοφοῦ εἰς δεξιὸν αὐτοῦ,
καὶ καρδία ἄφρονος εἰς ἀριστερὸν αὐτοῦ.
3 ³καί γε ἐν ὁδῷ ὅταν ἄφρων πορεύηται,
καρδία αὐτοῦ ὑστερήσει,
καὶ ἃ λογιεῖται πάντα ἀφροσύνη ἐστίν.
4 ⁴ἐὰν πνεῦμα τοῦ ἐξουσιάζοντος ἀναβῇ ἐπὶ σέ,
τόπον σου μὴ ἀφῇς,
ὅτι ἴαμα καταπαύσει ἁμαρτίας μεγάλας.
5 ⁵ἔστιν πονηρία ἣν ἴδον ὑπὸ τὸν ἥλιον,
ὡς ἀκούσιον ἐξῆλθεν ἀπὸ προσώπου ἐξουσιάζοντος.
6 ⁶ἐδόθη ὁ ἄφρων ἐν ὕψεσι μεγάλοις,
καὶ πλούσιοι ἐν ταπεινῷ καθήσονται·
7 ⁷ἴδον δούλους ἐφ' ἵππους
καὶ ἄρχοντας πορευομένους ὡς δούλους ἐπὶ τῆς γῆς.
8 ⁸ὁ ὀρύσσων βόθρον εἰς αὐτὸν ἐμπεσεῖται,
καὶ καθαιροῦντα φραγμόν, δήξεται αὐτὸν ὄφις·
9 ⁹ἐξαίρων λίθους διαπονηθήσεται ἐν αὐτοῖς,
σχίζων ξύλα κινδυνεύσει ἐν αὐτοῖς.
10 ¹⁰ἐὰν ἐκπέσῃ τὸ σιδήριον,
καὶ αὐτὸς πρόσωπον ἐτάραξεν·
καὶ δυνάμεις δυναμώσει,
καὶ περισσεία τοῦ ἀνδρείου σοφία·

16 οι λογοι] om οι ℵAC | εισακουομενοι] εισιν ακουομενοι ℵAC   X 1 σκευ- ℵAC ασῖ] ℵ* (-σιαν ℵᶜᵃ) | ελαιου ℵᶜᵃAC | ο λογος] ολιγον BᵃℵAC | μεγαλην A   3 αφρων] αφνω ℵ | καρδια] pr και ℵ   5 ειδον Bᵃᵇℵ | εξηλθεν] pr ο A | εξουσιαζοντος] pr του AC   6 ο αφρων] om ο ℵ | υψεσι BℵAC | πλουσιοι] +μεγαλοι ℵ   7 ειδον ℵC | ως δουλους πορευομενους A | om επι της γης ℵ* (hab επι γης ℵᶜᵃ)   8 εις αυτον] εν αυτω ℵAC | εμπεσειται]+και ο κυλιων λιθον εφ εαυτον κυλιει· A   9 κινδυνευει ℵ | εν αυτοις (2°) rescr Cᵃ ᵛⁱᵈ   10 δυναμις ℵA δυναμιν C | περισσια ℵC | του ανδρειου] τω ανδριου (? τω ανδρι ου) B του ανδριου ℵAC

ΕΚΚΛΗΣΙΑΣΤΗΣ

B ¹¹ἐὰν δάκῃ ὄφις ἐν οὐ ψιθυρισμῷ, 11
καὶ οὐκ ἔστιν περισσεία τῷ ἐπᾴδοντι.
¹²λόγοι στόματος σοφοῦ χάρις, 12
καὶ χείλη ἄφρονος καταποντιοῦσιν αὐτόν·
¹³ἀρχὴ λόγων στόματος αὐτοῦ ἀφροσύνη, 13
καὶ ἐσχάτη αὐτοῦ περιφέρεια πονηρά·
¹⁴καὶ ὁ ἄφρων πληθύνει λόγους. 14
οὐκ ἔγνω ἄνθρωπος τί τὸ γενόμενον
καὶ τί τὸ ἐσόμενον·
τί ὀπίσω αὐτοῦ τίς ἀναγγελεῖ αὐτῷ;
¹⁵μόχθος τῶν ἀφρόνων κακώσει αὐτούς, 15
ὃς οὐκ ἔγνω τοῦ πορευθῆναι εἰς πόλιν
¹⁶οὐαί σοι, πόλις, ἧς ὁ βασιλεύς σου νεώτερος, 16
καὶ οἱ ἄρχοντές σου πρωὶ ἐσθίουσιν.
¹⁷μακαρία, γῆ, ἧς ὁ βασιλεύς σου υἱὸς ἐλευθέρων, 17
καὶ οἱ ἄρχοντές σου πρὸς καιρὸν φάγονται ἐν δυνάμει
καὶ οὐκ αἰσχυνθήσονται.
¹⁸ἐν ὀκνηρίαις ταπεινωθήσεται ἡ δόκωσις, 18
καὶ ἐν ἀργείᾳ χειρῶν στάξει ἡ οἰκία.
¹⁹εἰς γέλωτα ποιοῦσιν ἄρτον, 19
καὶ οἶνον καὶ ἔλαιον τοῦ εὐφρανθῆναι ζῶντας,
καὶ τοῦ ἀργυρίου ταπεινώσει ἐπακούσεται τὰ πάντα.
²⁰καί γε ἐν συνειδήσει σου βασιλέα μὴ καταράσῃ, 20
καὶ ἐν ταμείοις κοιτώνων σου μὴ καταράσῃ πλούσιον·
ὅτι πετεινὸν τοῦ οὐρανοῦ ἀποίσει σου τὴν φωνήν,
καὶ ὁ τὰς πτέρυγας ἀπαγγελεῖ λόγον σου.

¹Ἀπόστειλον τὸν ἄρτον σου ἐπὶ πρόσωπον τοῦ ὕδατος, 1 XI

ℵAC 11 οφις] pr ο C | περισσια C 12 λογοι] λογοις ℵ^{c.a} | καταποντισουσιν ℵΑ 13 εσχατη]+στοματος ℵAC (στοματοματος) | περιφερια C 14 ανθρωπος] pr ο ℵAC | εσομενον] γενησομενον ℵ* (εσομ. ℵ^{1 c a}) | τι 3°] οτι ℵAC | απαγγελλει ℵ απαγγελει A 15 των αφρονων] του αφρονος ℵΑ | κακωσει] κοπωσει ℵC σκοτωσει A | αυτους] αυτον ℵΛ 16 πρωι] πρωιας ℵ εν πρωια AC | εσθιουσι C 17 γη] pr συ B^{ab}ℵAC | ελευθερου ℵAC 18 αργια B^b | σταξει] στεναξει A σταξει C | οικεια C 19 οινος ℵAC | om και ελαιον AC | του ευφρανθηναι] ευφραινει ℵAC | ζωντας] pr τους C | αργυρου C | om ταπεινωσει ℵ^{c a}AC | τα παντα] τα συνπαντα ℵ^{c a} συν τα παντα AC 20 και γε]+συ C | συνηδησει C | om σου . καταραση (1°) C^{vid} | ταμειοις B^{ab} (-μιοις B*ℵ)] ταμειεις AC | αποισει] α ποιησει C | om σου 3° ℵ* (hab ℵ^{c a}) | την φωνην σου AC | ο]+εχων ℵAC | τας πτερυγας]om τας ℵAC   XI 1 om αποστειλον. υδατος B* (hab B^{ab mg inf}ℵAC)

ΕΚΚΛΗΣΙΑΣΤΗΣ

ὅτι ἐν πλήθει ἡμερῶν εὑρήσεις αὐτόν. B

2 ²δὸς μερίδα τοῖς ἑπτὰ καί γε τοῖς η΄,
ὅτι οὐ γινώσκεις τί ἔσται πονηρὸν ἐπὶ τὴν γῆν.

3 ³ἐὰν πλησθῶσιν τὰ νέφη ὑετοῦ,
ἐπὶ τὴν γῆν ἐκχέουσιν·
καὶ ἐὰν πέσῃ ξύλον ἐν τῷ νότῳ
καὶ ἐὰν ἐν τῷ βορρᾷ, τόπῳ
οὗ πεσεῖται τὸ ξύλον ἐκεῖ ἔσται.

4 ⁴τηρῶν ἄνεμον οὐ σπερεῖ,
καὶ βλέπων ἐν ταῖς νεφέλαις οὐ θερίσει.

5 ⁵ἐν οἷς οὐκ ἔστιν γινώσκων τίς ἡ ὁδὸς τοῦ πνεύματος
ὡς ὀστᾶ ἐν γαστρὶ κυοφορούσης,
οὕτως οὐ γνώσῃ τὰ ποιήματα τοῦ θεοῦ
ὅσα ποιήσει τὰ σύμπαντα.

6 ⁶ἐν τῷ πρωὶ σπεῖρον τὸ σπέρμα σου,
καὶ ἐν ἑσπέρᾳ μὴ ἀφέτω ἡ χείρ σου,
ὅτι οὐ γινώσκεις ποῖον στοιχήσει, ἢ τοῦτο ἢ τοῦτο,
καὶ ἐὰν τὰ δύο ἐπὶ τὸ αὐτὸ ἀγαθά.

7 ⁷καὶ γλυκὺ τὸ φῶς, καὶ ἀγαθὸν τοῖς ὀφθαλμοῖς
τοῦ βλέπειν σὺν τὸν ἥλιον.

8 ⁸ὅτι καὶ ἐὰν ἔτη πολλὰ ζήσεται ὁ ἄνθρωπος,
ἐν πᾶσιν αὐτοῖς εὐφρανθήσεται,
καὶ μνησθήσεται τὰς ἡμέρας τοῦ σκότους,
ὅτι πολλαὶ ἔσονται·
πᾶν τὸ ἐρχόμενον ματαιότης.

9 ⁹Εὐφραίνου, νεανίσκε, ἐν νεότητί σου,
καὶ ἀγαθυνάτω σε ἡ καρδία σου ἐν ἡμέραις νεότητός σου,
καὶ περιπάτει ἐν ὁδοῖς ἄμωμος
καὶ μὴ ἐν ὁράσει ὀφθαλμῶν σου·
καὶ γνῶθι ὅτι ἐπὶ πᾶσι τούτοις ἄξει σε ὁ θεὸς ἐν κρίσει

---

1 ημερων] pr των ℵAC   2 η] οκτω B^(vid)(mg) ℵAC | πονηρον] pr το ℵ ℵAC
3 πλησθωσιν] πληρωθωσιν ℵAC | om εαν 3° ℵ   4 σπειρει A   5 εν
οις . πνευματος c praec coniung ℵ | κυοφορουσης] pr της ℵAC | συμπαντα]
συν παντα AC   6 τω πρωι] τω πρωια ℵ πρωια AC | εν εσπερα] εις εσπεραν
ℵ | αφετω] αφιτω A | στοιχηση ℵ | αγαθον A   7 ηλιον]+ου ει B* (non
inst B^b om ℵAC)   8 εστη A* (ετη A?) | μνησθησεται] μνησθησαν C
9 οδοις]+καρδιας σου ℵAC | om μη ℵ^(c a)AC | ορασει] ο sup ras B^(?vid) | γνω-
θι] γνωση ℵ* (γνωθι ℵ^(c a)) | πασιν AC

ΕΚΚΛΗΣΙΑΣΤΗΣ

B ¹⁰καὶ ἀπόστησον θυμὸν ἀπὸ καρδίας σου,
καὶ πάραγε πονηρίαν ἀπὸ σαρκός σου,
ὅτι ἡ νεότης καὶ ἡ ἄνοια ματαιότης.
¹καὶ μνήσθητι τοῦ κτίσαντός σε
ἐν ἡμέραις νεότητός σου,
ἕως ὅτου μὴ ἔλθωσιν αἱ ἡμέραι τῆς κακίας,
καὶ φθάσουσιν ἔτη ἐν οἷς ἐρεῖς
Οὐκ ἔστιν μοι ἐν αὐτοῖς θέλημα·
²ἕως οὗ μὴ σκοτισθῇ ὁ ἥλιος καὶ τὸ φῶς
καὶ ἡ σελήνη καὶ οἱ ἀστέρες,
καὶ ἐπιστρέψουσιν τὰ νέφη ὀπίσω τοῦ ὑετοῦ
³ἐν ἡμέρᾳ ᾗ ἐὰν σαλευθῶσιν φύλακες τῆς οἰκίας,
καὶ διαστραφῶσιν ἄνδρες τῆς δυνάμεως,
καὶ ἤργησαν αἱ ἀλήθουσαι ὅτι ὠλιγώθησαν,
καὶ σκοτάσουσιν αἱ βλέπουσαι ἐν ταῖς ὀπαῖς·
⁴καὶ κλείσουσιν θύρας ἐν ἀγορᾷ
ἐν ἀσθενείᾳ φωνῆς τῆς ἀληθούσης,
καὶ ἀναστήσεται εἰς φωνὴν τοῦ στρουθίου,
καὶ ταπεινωθήσονται πᾶσαι αἱ θυγατέρες τοῦ ᾄσματος,
⁵καὶ εἰς τὸ ὕψος ὄψονται, καὶ θάμβοι ἐν τῇ ὁδῷ·
καὶ ἀνθήσῃ τὸ ἀμύγδαλον,
καὶ παχυνθῇ ἡ ἀκρίς,
καὶ διασκεδασθῇ ἡ κάππαρις,
ὅτι ἐπορεύθη ὁ ἄνθρωπος εἰς οἶκον αἰῶνος αὐτοῦ,
καὶ ἐκύκλωσαν ἐν ἀγορᾷ οἱ κοπτόμενοι·
⁶ἕως ὅτου μὴ ἀνατραπῇ τὸ σχοινίον τοῦ ἀργυρίου,
καὶ συντριβῇ τὸ ἀνθέμιον τοῦ χρυσίου,
καὶ συντριβῇ ὑδρεία ἐπὶ τῇ πηγῇ,
καὶ συντροχάσῃ ὁ τροχὸς ἐπὶ τὸν λάκκον·

ℵAC 10 παραγε] in πα ras aliq B*ᵛⁱᵈ απαγαγε ℵ* παραγαγε ℵ¹AC | η νεοτης] η (1° ut vid) saltem sup ras B? | ια ματαιοτης sup ras Bᵃᵇ   XII 1 οτου] ου ℵAC | αι ημεραι] om αι ℵAC | κακιας]+σου ℵA | φθασωσιν ℵAC | ετη] om ℵ* (hab ℵᶜᵃ) ras 1 lit inter ε et τ Cᵃ | om εν 3° ℵ* (hab ℵᶜᵃ)   2 επιστρεψωσιν ℵAC | του υετου] om του A   3 η] ην C | εαν] αν AC 4 θυρας] θυραι ℵ* (-ρας ℵ¹ᶠᵒʳᵗ ᶜᵃ) θυραν A | φωνης] φωνη A | αναστησονται ℵ 5 και 1°]+γε ℵAC | εις το υψος] απο υψους ℵAC | θαμβος C | ανθησει AC | η καππαρις] om η C | ο ανθρωπος] om ο A | εκυκλωσαν] κυκλωσουσιν ℵᶜᵃ 6 om μη ℵ | το σχοινιον] om το ℵAC | συντριβη 1°] συνθλιβη ℵA | υδρεια] υδρια Bᵇ η υδρια ℵAC | τη πηγη] την γην ℵ την πηγην AC | συντροχασει C

ΕΚΚΛΗΣΙΑΣΤΗΣ XII 14

7 ⁷καὶ ἐπιστρέψῃ ὁ χοῦς ἐπὶ τὴν γῆν ὡς ἦν, B
καὶ τὸ πνεῦμα ἐπιστρέψῃ πρὸς τὸν θεὸν ὃς ἔδωκεν αὐτό.

8 ⁸ματαιότης ματαιοτήτων, εἶπεν ὁ ἐκκλησιαστής,
τὰ πάντα ματαιότης.

9 ⁹Καὶ περισσὸν ὅτι ἐγένετο Ἐκκλησιαστὴς σοφός,
ὅτι ἐδίδαξεν γνῶσιν σὺν τὸν ἄνθρωπον,
καὶ οὖς ἐξιχνιάσεται κόσμιον παραβολῶν.

10 ¹⁰πολλὰ ἐζήτησεν Ἐκκλησιαστὴς
τοῦ εὑρεῖν λόγους θελήματος
καὶ γεγραμμένον εὐθύτητος, λόγους ἀληθείας.

11 ¹¹Λόγοι σοφῶν ὡς τὰ βούκεντρα
καὶ ὡς ἧλοι πεφυτευμένοι,
οἳ παρὰ τῶν συνθεμάτων ἐδόθησαν

12 ἐκ ποιμένος ἑνός, ¹²καὶ περισσὸν ἐξ αὐτῶν.
υἱέ μου, φύλαξαι τοῦ ποιῆσαι βιβλία πολλά
οὐκ ἔστιν περασμός, καὶ μελέτη πολλὴ κόπωσις σαρκός

13 ¹³Τέλος λόγου τὸ πᾶν ἄκουε
Τὸν θεὸν φοβοῦ καὶ τὰς ἐντολὰς αὐτοῦ φύλασσε,
ὅτι τοῦτο πᾶς ὁ ἄνθρωπος.

14 ¹⁴ὅτι σύμπαν τὸ ποίημα ὁ θεὸς ἄξει ἐν κρίσει
ἐν παντὶ παρεωραμένῳ,
ἐὰν ἀγαθὸν καὶ ἐὰν πονηρόν.

7 επιστρεψει bis AC | επι την γην ο χους ℵ | ος] ως ℵ* (ος ℵᶜᵃ)   9 εκ- ℵAC κλησιαστης] pr ο A | οτι 2°] pr και ℵAC | εδιδαξεν] εδιδασκεν ℵᶜᵃC | ους] +αυτου ℵᶜᵃ | εξιχνιασατο ℵᶜᵃ | κοσμον C   10 εκκλησιαστης] pr ο ℵᶜᵃ om και A | αληθιας ℵ   11 πεφυτευμενοι] πεπυρωμενοι ℵAC | συνθεματων] συναγματων ℵ*A συνταγματων ℵᶜᵃ   12 φυλαξαι] φυλασσου ℵAC | του ποιησαι] om του ℵ* (hab του ℵᶜᵃ)   13 ο ανθρωπος] om ο C 14 συμπαν] συν παν ℵA | αξει ο θ̅ς̅ ℵAC | εαν 1°]+τε ℵ | και εαν] εαν τε ℵ
Subscr εκκλησιαστης BℵAC
Stich 735 B 257 ℵ 667 A

ΑΣΜΑ

ΑΣΜΑ ᾀσμάτων, ὅ ἐστιν τῷ Σαλωμών.

²Φιλησάτω με ἀπὸ φιλημάτων στόματος αὐτοῦ·
ὅτι ἀγαθοὶ μαστοί σου ὑπὲρ οἶνον,
³καὶ ὀσμὴ μύρων σου ὑπὲρ πάντα τὰ ἀρώματα·
μύρον ἐκκενωθὲν ὄνομά σου.
διὰ τοῦτο νεάνιδες ἠγάπησάν σε, ⁴εἵλκυσάν σε·
ὀπίσω σου εἰς ὀσμὴν μύρων σου δραμοῦμεν.
εἰσήνεγκέν με ὁ βασιλεὺς εἰς τὸ ταμεῖον αὐτοῦ.
ἀγαλλιασώμεθα καὶ εὐφρανθῶμεν ἐν σοί·
ἀγαπήσομεν μαστούς σου ὑπὲρ οἶνον·
εὐθύτης ἠγάπησέν σε.

⁵Μέλαινά εἰμι καὶ καλή, θυγατέρες Ἰσραήλ,
ὡς σκηνώματα Κηδάρ, ὡς δέρρις Σαλωμών.
⁶μὴ βλέψητέ με, ὅτι ἐγώ εἰμι μεμελανωμένη,
ὅτι παρέβλεψέν με ὁ ἥλιος·
υἱοὶ μητρός μου ἐμαχέσαντο ἐν ἐμοί,
ἔθεντό με φυλάκισσαν ἐν ἀμπελῶσιν·
ἀμπελῶνα ἐμὸν οὐκ ἐφύλαξα.

Inscr ασμα ασματων ℵC ασματα ασματων A   I **1** Σαλομων ℵ
2 φιλησατω] pr (minio omnia huiusmodi) η νυμφη ℵA   **3** τα αρωματα]
om τα C | εκκαινωθεν ℵ | σου 2°] σοι A | δια τουτο] pr ο νυμφιος A   **4** ειλ-
κυσαν σε c seqq coniung ℵ | εισηνεγκεν] pr ταις νεανισιν η νυμφη| διηγειται
τα περι του νυμ|φιου α εχαρισατο αυτη ℵ | ταμειον Bᵃℵ (-μιον B*C)] ταμειον
A | αγαλλιασωμεθα] pr της νυμφης διηγησαμε|νης ταις νεανισιν· αἱ δε· ειπαν ℵ |
αγαπησωμεν BᵇC | ευθυτης] pr αι νεανιδες τω νυμφιω| βοωσιν το ονομα της
νυμ|φης ευθυτης ηγαπησεν σε ℵ   **5** μελαινα] pr η νυμφη ℵA | Ισραηλ]
Ιλ͞η͞μ C | δερρεις ℵ | Σολομων ℵ   **6** παρεβλεψε C | με 2°] μοι ℵ | εφυ-
λαξα] A

ΑΣΜΑ I 17

7 ⁷ἀπάγγειλόν μοι, ὃν ἠγάπησεν ἡ ψυχή μου, B
πoῦ ποιμαίνεις, ποῦ κοιτάζεις ἐν μεσημβρίᾳ,
μή ποτε γένωμαι ὡς περιβαλλομένη ἐπ' ἀγέλας ἑταίρων σου.

8 ⁸'Εὰν μὴ γνῷς σεαυτήν, ἡ καλὴ ἐν γυναιξίν,
ἔξελθε σὺ ἐν πτέρναις τῶν ποιμνίων,
καὶ ποίμαινε τὰς ἐρίφους σου
ἐπὶ σκηνώμασιν τῶν ποιμένων.

9 ⁹Τῇ ἵππῳ μου ἐν ἅρμασιν Φαραὼ
ὡμοίωσά σε, ἡ πλησίον μου.

10 ¹⁰τί ὡραιώθησαν σιαγόνες σου ὡς τρυγόνες,
τράχηλός σου ὡς ὁρμίσκοι;

11 ¹¹ὁμοιώματα χρυσίου ποιήσομέν σοι
μετὰ στιγμάτων τοῦ ἀργυρίου.

12 ¹²Ἕως οὗ ὁ βασιλεὺς ἐν ἀνακλίσει αὐτοῦ,
νάρδος μου ἔδωκεν ὀσμὴν αὐτοῦ.

13 ¹³ἀπόδεσμος τῆς στακτῆς ἀδελφιδός μου ἐμοί,
14 ¹⁴ἐν ἀμπελῶσιν Ἐνγαδδεί.

15 ¹⁵'Ιδοὺ εἶ καλή, ἡ πλησίον μου,
ἰδοὺ εἶ καλή· ὀφθαλμοί σου περιστεραί.

16 ¹⁶'Ιδοὺ εἶ καλός, ἀδελφιδός μου,
καί γε ὡραῖος· πρὸς κλίνῃ ἡμῶν σύσκιος,
17 ¹⁷δοκοὶ οἴκων ἡμῶν κέδροι,
φατνώματα ἡμῶν κυπάρισσοι.

7 απαγγειλον] pr προς τον νυμφιον χν ℵ | ποιμανεις A | αγελαις ℵAC | ℵAC εταιρων] ετερων ℵC   8 εαν] pr ο νυμφιος προς την νυμφην ℵ | om και ℵ* (hab ϗ ℵᵃ⁽ᵐᵍ⁾) | ποιμενων]+σου A   9 τη] γη A | εν] επ A | αρμασι C   10 τι ωραιωθ.] pr αι νεανιδες προς την νυμφην ℵ | ωσστρυγονες A ως τρυγονος C | ορμισκος A   11 ομοιωμα ℵ* (-ματα ℵᵃ)   12 ανακλησει C | ναρδος] pr η νυμφη προς εαυτην| και προς τον νυμφιον ℵ pr ο νυμφιος A   13 τηστακ- της C | εμοι]+ανα μεσον των μαστων μου αυλισθησεται| βοτρυς της κυπρου αδελφιδος μου εμοι ℵAC   14 Ενγαδδι AC   15 ιδου 1°] pr ο νυμφιος προς την νυμφην ℵ | ει bis] η C | οφθαλμοι σου πε|ριστεραι sup ras Bᵃ οφθαλμος σου π. A   16 ιδου] pr η νυμφη· προς τον νυμφιō| ℵ pr η νυμφη A | αδελφιδος] pr ο ℵA | και γε ωραιος c praec coniung ℵA | om προς C 17 om οικων ℵ* (hab ℵᵃⁱⁿᵍ : hiat C sed vid habuisse) | φατνωματα] πατμω- ματα ℵ* (φατν. ℵᶜᵃ)

ΑΣΜΑ II 1

B ¹ἐγὼ ἄνθος τοῦ πεδίου,
κρίνον τῶν κοιλάδων.

²'Ως κρίνον ἐν μέσῳ ἀκανθῶν,
οὕτως ἡ πλησίον μου ἀνὰ μέσον τῶν θυγατέρων.

³'Ως μῆλον ἐν τοῖς ξύλοις τοῦ δρυμοῦ,
οὕτως ἀδελφιδός μου ἀνὰ μέσον τῶν υἱῶν·
ἐν τῇ σκιᾷ αὐτοῦ ἐπεθύμησα καὶ ἐκάθισα,
καὶ καρπὸς αὐτοῦ γλυκὺς ἐν λάρυγγί μου.
⁴εἰσαγάγετέ με εἰς οἶκον τοῦ οἴνου,
τάξατε ἐπ' ἐμὲ ἀγάπην.
⁵στηρίσατέ με ἐν μύροις,
στοιβάσατέ με ἐν μήλοις, ὅτι τετρωμένη ἀγάπης ἐγώ.
⁶εὐώνυμος αὐτοῦ ὑπὸ τὴν κεφαλήν μου,
καὶ ἡ δεξιὰ αὐτοῦ περιλήμψεταί με.

⁷Ὥρκισα ὑμᾶς, θυγατέρες Ἰερουσαλήμ,
ἐν δυνάμεσιν καὶ ἐν ἰσχύσεσιν τοῦ ἀγροῦ,
ἐὰν ἐγείρητε καὶ ἐξεγείρητε τὴν ἀγάπην ἕως οὗ θελήσῃ

⁸Φωνὴ ἀδελφιδοῦ μου·
ἰδοὺ οὗτος ἥκει πηδῶν ἐπὶ τὰ ὄρη,
διαλλόμενος ἐπὶ τοὺς βουνούς.
⁹ὅμοιός ἐστιν ἀδελφιδός μου τῇ δορκάδι
ἢ νεβρῷ ἐλάφων ἐπὶ τὰ ὄρη Βαιθήλ
ἰδοὺ οὗτος ὀπίσω τοῦ τοίχου ἡμῶν,
παρακύπτων διὰ τῶν θυρίδων
ἐκκύπτων διὰ τῶν δικτύων.
¹⁰ἀποκρίνεται ἀδελφιδός μου καὶ λέγει μοι
Ἀνάστα ἐλθέ, ἡ πλησίον μου, καλή μου, περιστερά μου.

ℵAC   II 1 εγω] pr ο νυμφιος προς εαυτον ℵ   2 ως κρινον] pr και προς την νυμφην ℵ   3 ως μηλον] pr η νυμφη προς τον νυμφιον ℵ   4 εισαγαγετε] pr ταις νεανισιν η νυμφη φησιν ℵ   5 om με 2° A | μημηλοις (sic) C   6 ευωννυμος] pr προς τον νυμφιον η νυμφη ℵ | περιληψεται C   7 ωρκισα] pr ταις νεανισιν η νυμφη ℵ | δυναμεσιν] pr ταις ℵAC^vid | ισχυσεσιν] pr ταις ℵAC^vid | ου] αν ℵ   8 φωνη] pr ακηκοεν του νυμφιου· η νυμφη ℵ   9 ελαβων A [τα ορη] om τα ℵ | ιδου] pr η νυμφη προς τας νεανιδας| σημαινουσα αυταις· τον νυμφιον ℵ | οπισω] pr εστηκεν AC | ημων]+εστηκεν ℵ   10 om μοι ℵ | αναστα] pr ο νυμφιος A | η πλησιον] om η ℵ

ΑΣΜΑ III 3

11 ¹¹ὅτι ἰδοὺ ὁ χειμὼν παρῆλθέν,
ὁ ὑετὸς ἀπῆλθεν, ἐπορεύθη ἑαυτῷ·
12 ¹²τὰ ἄνθη ὤφθη ἐν τῇ γῇ,
καιρὸς τῆς τομῆς ἔφθακεν,
φωνὴ τοῦ τρυγόνος ἠκούσθη ἐν τῇ γῇ ἡμῶν·
13 ¹³ἡ συκῆ ἐξήνεγκεν ὀλύνθους αὐτῆς,
αἱ ἄμπελοι κυπρίζουσιν, ἔδωκαν ὀσμήν.
ἀνάστα ἐλθέ, ἡ πλησίον μου, καλή μου, περιστερά μου.
14 καὶ ἐλθέ, ¹⁴σὺ περιστερά μου, ἐν σκέπῃ τῆς πέτρας,
ἐχόμενα τοῦ προτειχίσματος
δεῖξόν μοι τὴν ὄψιν σου,
καὶ ἀκούτισόν με τὴν φωνήν σου,
ὅτι ἡ φωνή σου ἡδεῖα, καὶ ἡ ὄψις σου ὡραία.
15 ¹⁵πιάσατε ἡμῖν ἀλώπεκας
μικροὺς ἀφανίζοντας ἀμπελῶνας·
καὶ αἱ ἄμπελοι ἡμῶν κυπρίζουσαι.
16 ¹⁶ἀδελφιδός μου ἐμοὶ κἀγὼ αὐτῷ·
ὁ ποιμαίνων ἐν τοῖς κρίνοις,
17 ¹⁷ἕως οὗ διαπνεύσῃ ἡ ἡμέρα καὶ κινηθῶσιν αἱ σκιαί.
ἀπόστρεψον, ὁμοιώθητι σύ, ἀδελφιδέ,
τῷ δόρκωνι ἢ νεβρῷ ἐλάφων
ἐπὶ ὄρη κοιλωμάτων.
III 1 ¹ἐπὶ κοίτην μου ἐν νυξὶν
ἐζήτησα ὃν ἠγάπησεν ἡ ψυχή μου·
ἐζήτησα αὐτὸν καὶ οὐχ εὗρον αὐτόν,
ἐκάλεσα αὐτὸν καὶ οὐχ ὑπήκουσέν μου.
2 ²ἀναστήσομαι δὴ καὶ κυκλώσω ἐν τῇ πόλει,
ἐν ταῖς ἀγοραῖς καὶ ἐν ταῖς πλατείαις,
καὶ ζητήσω ὃν ἠγάπησεν ἡ ψυχή μου·
ἐζήτησα αὐτὸν καὶ οὐχ εὗρον αὐτόν
3 ³εὕροσάν με οἱ τηροῦντες, οἱ κυκλοῦντες ἐν τῇ πόλει

11 om ιδου ℵ* (hab ℵᶜᵃ)   12 εφθακεν (·κε C)] εφθασεν ℵ | της τρυγ. ℵAC ℵᶜᵃC   14 την φωνην] ην φωνην sup ras ℵ¹ᶠᵒʳᵗ   15—17 multa evanuer in C   15 πιασατε] pr τοις νεανιαις|ο νυμφιος· ταδε ℵ | om και ℵ* (hab ϛ ℵᶜᵃ) | κυπριζουσιν ℵAC   16 αδελφιδος] pr η νυμφη ταδε ℵ 17 η ημερα] om η A | αποστρεψον] pr η νυμφη A | αδελφιδε]+μου ℵAC | ολαφων ℵ* (ελ ℵ¹) | ορη] pr τα C   III 1—9 plurima evan in C 2 om δη (nisi potius και) Cᵛⁱᵈ om και 1° A | πλατιαις B*ᵛⁱᵈℵA (-τειαις B²C) 3 ευροσαν] pr εκαλεσα αυτον και ουχ υπηκουσεν μου AC

ΑΣΜΑ III 4

β̔ Μὴ ὃν ἠγάπησεν ἡ ψυχή μου εἴδετε;
⁴ὡς μικρὸν ὅτε παρῆλθον ἀπ' αὐτῶν,
ἕως οὗ εὗρον ὃν ἠγάπησεν ἡ ψυχή μου
ἐκράτησα αὐτὸν καὶ οὐκ ἀφῆκα αὐτόν,
ἕως οὗ εἰσήγαγον αὐτὸν εἰς οἶκον μητρός μου
καὶ εἰς ταμεῖον τῆς συλλαβούσης με.

⁵Ὥρκισα ὑμᾶς, θυγατέρες Ἰερουσαλήμ,
ἐν ταῖς δυνάμεσιν καὶ ἐν ταῖς ἰσχύσεσιν τοῦ ἀγροῦ,
ἐὰν ἐγείρητε καὶ ἐξεγείρητε τὴν ἀγάπην ἕως ἂν θελήσῃ.

⁶Τίς αὕτη ἡ ἀναβαίνουσα ἀπὸ τῆς ἐρήμου,
ὡς στελέχη καπνοῦ τεθυμιαμένη
σμύρναν καὶ λίβανον ἀπὸ πάντων κονιορτῶν μυρεψοῦ;
⁷ἰδοὺ ἡ κλίνη τοῦ Σαλωμών,
ἑξήκοντα δυνατοὶ κύκλῳ αὐτῆς
ἀπὸ δυνατῶν Ἰσραήλ·
⁸πάντες κατέχοντες ῥομφαίαν,
δεδιδαγμένοι πόλεμον·
ἀνὴρ ῥομφαία αὐτοῦ ἐπὶ μηρὸν αὐτοῦ
ἀπὸ θάμβους ἐν νυξίν.
⁹φορεῖον ἐποίησεν ἑαυτῷ ὁ βασιλεὺς Σαλωμὼν
ἀπὸ ξύλων τοῦ Λιβάνου·
¹⁰στύλους αὐτοῦ ἐποίησεν ἀργύριον,
καὶ ἀνάκλιτον αὐτοῦ χρύσεον·
ἐπίβασις αὐτοῦ πορφυρᾶ,
ἐντὸς αὐτοῦ λιθόστρωτον,
ἀγάπην ἀπὸ θυγατέρων Ἰερουσαλήμ
¹¹ἐξέλθατε καὶ ἴδετε
ἐν τῷ βασιλεῖ Σαλωμών,

ℵAC   3 μη ον ηγαπ.] pr η νυμφη τοις φυλαξιν ειπεν ℵ | ιδετε B^bΛC   4 εκρατησα] pr ευρουσα τον νυμφιον ειπεν: mox in txt pr ευρουσα αυτον ℵ | αφηκα] αφησω A | μητρος] pr της C | ταμειον B^aC (-μιον B*^bℵ)] ταμειον A   5 ωρκισα] pr τας νεανιδας ορκιζει η νυμφη| τουτο δευτερον ℵ   6 τις αυτη] pr ο νυμφιος προς την νυμφην ℵ pr ο νυμφιος Λ | ωστελεχη A | ζμυρναν ℵ | μυρεψικου ℵ* (-ψου ℵ^c a)   7 Σολομων ℵ   8 ρομφαια] ρομφαιαν ℵC^vid | μηρον] pr τον C   9 φοριον ℵA hiat C | Σαλωμων] Σολομων ℵ: cett perier in C | ξυλου ℵ   10 χρυσιον ℵ | επιβασεις A   11 ιδετε]+θυγατερες Σιω] A | Σαλωμων] Σολομων ℵ+θυγατερες Σιων ℵ^c a

ΑΣΜΑ

ἐν τῷ στεφάνῳ ᾧ ἐστεφάνωσεν αὐτὸν ἡ μήτηρ αὐτοῦ   B
ἐν ἡμέρᾳ νυμφεύσεως αὐτοῦ
καὶ ἐν ἡμέρᾳ εὐφροσύνης καρδίας αὐτοῦ.

IV 1   ¹Ἰδοὺ εἶ καλὴ πλησίον μου, ἰδοὺ εἶ καλή
       ὀφθαλμοί σου περιστεραὶ
       ἐκτὸς τῆς σιωπήσεώς σου.
       τρίχωμά σου ὡς ἀγέλαι τῶν αἰγῶν
       αἳ ἀπεκαλύφθησαν ἀπὸ τοῦ Γαλαάδ.
2   ²ὀδόντες σου ὡς ἀγέλαι τῶν κεκαρμένων
       αἳ ἀνέβησαν ἀπὸ τοῦ λουτροῦ,
       αἱ πᾶσαι διδυμεύουσαι,
       καὶ ἀτεκνοῦσα οὐκ ἔστιν ἐν αὐταῖς.
3   ³ὡς σπαρτίον τὸ κόκκινον χείλη σου,
       καὶ ἡ λαλιά σου ὡραία·
       ὡς λέπυρον ῥόας μῆλόν σου
       ἐκτὸς τῆς σιωπήσεώς σου
4   ⁴ὡς πύργος Δαυεὶδ τράχηλός σου,
       ὁ ᾠκοδομημένος εἰς Θαλπιώθ.
       χίλιοι θυρεοὶ κρέμανται ἐπ' αὐτόν,
       πᾶσαι βολίδες τῶν δυνατῶν.
5   ⁵δύο μαστοί σου ὡς δύο νεβροὶ δίδυμοι δορκάδος
       οἱ νεμόμενοι ἐν κρίνοις.
6   ⁶ἕως οὗ διαπνεύσῃ ἡ ἡμέρα καὶ κινηθῶσιν αἱ σκιαί,
       πορεύσομαι ἐμαυτῷ πρὸς τὸ ὄρος τῆς σμύρνης
       καὶ πρὸς τὸν βουνὸν τοῦ Λιβάνου.
7   ⁷ὅλη καλὴ εἶ πλησίον μου, καὶ μῶμος οὐκ ἔστιν ἐν σοί
8   ⁸δεῦρο ἀπὸ Λιβάνου, νύμφη, δεῦρο ἀπὸ Λιβάνου·
       ἐλεύσῃ καὶ διελεύσῃ ἀπὸ ἀρχῆς πίστεως,
       ἀπὸ κεφαλῆς Σανείρ καὶ Ἑρμών,
       ἀπὸ μανδρῶν λεόντων, ἀπὸ ὀρέων παρδάλεων
9   ⁹ἐκαρδίωσας ἡμᾶς, ἀδελφή μου νύμφη·
       ἐκαρδίωσας ἡμᾶς ἐνὶ ἀπὸ ὀφθαλμῶν σου,

IV 1 πλησιον] pr η ℵA | αι] οι ℵ* (αι ℵ^(c a)) | απο] εκ ℵ   2 αυταις] ℵA αυτοις A   3 το κοκκινον] om το A | ροας] pr της A   4 οικοδομημενος ℵ | εις] εν ℵ* (εις ℵ^(c a)) | Θαλφιωθ A | βολιδες] pr αι ℵ   5 νεβροι] νεβλοι ℵ^(c b(?)) | διδυμοι]+δι ℵ* (improb ℵ¹)   6 om ου A | η ημερα] om η ℵ* (hab η ℵ^(c.a)) | ζμυρνης ℵ | τον βουνον] om τον B^(ab)   7 ει καλη ℵ | πλησιον] pr η ℵA   8 απο 3°] απ ℵA | Σανιειρ ℵ | Ερμων] Αερμων ℵA   9 ενι] εν A

ΑΣΜΑ IV 10

B ἐν μιᾷ, ἐν θέματι τραχήλων σου.
¹⁰τί ἐκαλλιώθησαν μαστοί σου ἀπὸ οἴνου,
    καὶ ὀσμὴ ἱματίων σου ὑπὲρ πάντα ἀρώματα,
¹¹κηρίον ἀποστάζουσιν χείλη σου, νύμφη·
    μέλι καὶ γάλα ὑπὸ τὴν γλῶσσάν σου,
    καὶ ὀσμὴ ἱματίων σου ὡς ὀσμὴ Λιβάνου.
¹²κῆπος κεκλεισμένος ἀδελφή μου νύμφη,
    κῆπος κεκλεισμένος, πηγὴ ἐσφραγισμένη·
¹³ἀποστολαί σου παράδεισος μετὰ καρποῦ ἀκροδρύων,
    κύπροι μετὰ νάρδων·
¹⁴νάρδος καὶ κρόκος,
    κάλαμος καὶ κιννάμωμον
    μετὰ πάντων ξύλων τοῦ Λιβάνου,
    σμύρνα ἀλὼθ μετὰ πάντων πρώτων μύρων·
¹⁵πηγὴ κήπου καὶ φρέαρ ὕδατος ζῶντος
    καὶ ῥοιζοῦντος ἀπὸ τοῦ Λιβάνου.

¹⁶Ἐξεγέρθητι, βορρᾶ· καὶ ἔρχου, νότε,
    καὶ διάπνευσον κῆπόν μου, καὶ ῥευσάτωσαν ἀρώματά μου.
¹καταβήτω ἀδελφιδός μου εἰς κῆπον αὐτοῦ   1 V
    καὶ φαγέτω καρπὸν ἀκροδρύων αὐτοῦ.

⁽¹⁾Εἰσῆλθον εἰς κῆπον, ἀδελφή μου νύμφη·   (1)
    ἐτρύγησα σμύρναν μου μετὰ ἀρωμάτων μου,
    ἔφαγον ἄρτον μου μετὰ μέλιτός μου,
    ἔπιον οἶνόν μου μετὰ γάλακτός μου.
    φάγετε, πλησίοι, καὶ πίετε καὶ μεθύσθητε, ἀδελφοί

²Ἐγὼ καθεύδω, καὶ ἡ καρδία μου ἀγρυπνεῖ.

ℵA   9 μια] ενι ℵ$^{c\,a}$ | τραχηλου ℵA   10 σου 1°]+αδελφη μου (νου ℵ* μου ℵ¹) νυμφη| οτι εκαλλιωθησαν (-ωθη ℵ) μαστοι σου B$^{b(vid)}$ℵA | ιματιων] μυρων ℵ | αρωματα] pr τα ℵA   13 αποστολη ℵ$^{c\,a}$ (-λαι ℵ*$^{c\,b}$) | παραδεισος]+ροων ℵ$^{c\,a}$A* (ras ρ. A?)   14 καλαμον ℵ* (-μος ℵ$^{c\,a}$) | κιναμμωμον ℵ* (κινναμωμος ℵ$^{c\,a}$) | Λιβανου] Λαβανου ℵ*^{vid} | ζμυρνα ℵ | αλωθ] αλοη ℵ pr και ℵ$^{c\,a}$ | πρωτων] των A* (πρωτ. A^a)   15 κηπου] κηπων ℵA | om και 1° ℵΛ   16 εξεγερθητι] pr η νυμφη A$^{a\,!mg}$ | om και 2° A   V 1 καταβητω] pr η νυμφη αιτειται τον πρα ινα| καταβη ο νυμφιος αυτου ℵ | αυτου 1°] μου Λ | εισηλθον] pr ο νυμφιος προς την νυμφην ℵ pr ο νυμφιος A | κηπον 2°]+μου ℵ$^{c\,a}$A | σμυρναν] σταφυλην ℵ | φαγετε] pr τοις πλησιον ο νυμφιος ℵ | πλησιοι] οι πλησιον μου ℵ$^{c\,a}$ οι πλησιον A

ΑΣΜΑ

φωνὴ ἀδελφιδοῦ μου, κρούει ἐπὶ τὴν θύραν
Ἄνοιξόν μοι, ἀδελφή μου, ἡ πλησίον μου,
περιστερά μου, τελεία μου,
ὅτι ἡ κεφαλή μου ἐπλήσθη δρόσου
καὶ οἱ βόστρυχοί μου ψεκάδων νυκτός.

3 ³ἐξεδυσάμην τὸν χιτῶνά μου, πῶς ἐνδύσωμαι αὐτόν;
ἐνιψάμην τοὺς πόδας μου, πῶς μολυνῶ αὐτούς;

4 ⁴ἀδελφιδός μου ἀπέστειλεν χεῖρα αὐτοῦ ἀπὸ τῆς ὀπῆς,
καὶ ἡ κοιλία μου ἐθροήθη ἐπ' αὐτόν.

5 ⁵ἀνέστην ἐγὼ ἀνοῖξαι τῷ ἀδελφιδῷ μου,
χεῖρές μου ἔσταξαν σμύρναν,
δάκτυλοί μου σμύρναν πλήρη
ἐπὶ χεῖρας τοῦ κλείθρου.

6 ⁶ἤνοιξα ἐγὼ τῷ ἀδελφιδῷ μου,
ἀδελφιδός μου παρῆλθεν·
ψυχή μου ἐξῆλθεν ἐν λόγῳ αὐτοῦ·
ἐζήτησα αὐτὸν καὶ οὐχ εὗρον αὐτόν,
ἐκάλεσα αὐτὸν καὶ οὐχ ὑπήκουσέν μου.

7 ⁷εὕροσάν με οἱ φύλακες οἱ κυκλοῦντες ἐν τῇ πόλει,
ἐπάταξάν με, ἐτραυμάτισάν με·
ἦραν τὸ θέριστρόν μου ἀπ' ἐμοῦ φύλακες τῶν τειχέων.

8 ⁸Ὥρκισα ὑμᾶς, θυγατέρες Ἰερουσαλήμ,
ἐν ταῖς δυνάμεσιν καὶ ἐν ταῖς ἰσχύσεσιν τοῦ ἀγροῦ,
ἐὰν εὕρητε τὸν ἀδελφιδόν μου, τί ἀπαγγείλητε αὐτῷ;
ὅτι τετρωμένη ἀγάπης ἐγώ.

9 ⁹Τί ἀδελφιδός σου ἀπὸ ἀδελφιδοῦ, ἡ καλὴ ἐν γυναιξίν,
τί ἀδελφιδός σου ἀπὸ ἀδελφιδοῦ, ὅτι οὕτως ὥρκισας ἡμᾶς,

10 ¹⁰Ἀδελφιδός μου λευκὸς καὶ πυρρός,

2 φωνη] pr η νυμφη εσθετε τον νυμφιον| κρουοντα επι την θυραν ℵ | ανοιξον] ℵA pr η νυμφη ταδε ℵ* (unc incl et pr ο νυμφιος ℵ¹) | οι βοστρυχοι (βοστριχοι ℵ)] om οι ℵ* (hab οι ℵᶜᵃ) | ψεχαδων ℵ 3 εξεδυσαμην] pr η νυμφη ταδε ℵ pr η νυμφη A 5 ανοιξαι εγω ℵ | χειρες] pr αι A'ᵐᵍ | επι χ. τ. κλ c seqq coniung Bℵ 6 παρηλθεν] ε ex θ corr ℵ? | ψυχη] pr η A | εξηλθεν] απηλθεν ℵ | ουχ υπηκουσεν] ουκ επηκουσεν A 7 om μου ℵ 8 αδελφιδον] αδελφον ℵ* (-φιδον ℵᶜᵃ) | τι απαγγειλητε] απαγγειλατε ℵ | τετρωμενη αγαπης] αγαπης τετρωμενης ℵ* (-νη ℵᶜᵃ) | εγω] ειμι Bᵃ ᵉᵗ ⁽ˢᵘᵖ ʳᵃˢ⁾ᵇ pr ειμι ℵA 9 τι 1°] pr αι θυγατερες Ιηλμ' και οι φυλακες πῦ των τιχεων| πυνθανονται της νυμφης ℵ | σου 1°] μου ℵ* (σου ℵᶜᵃ) | αδελφιδου 1°]+μου ℵ* (om μου ℵᶜᵃ) 10 αδελφιδος] pr η νυμφη σημαινι τον α|δελφιδον οποιος εστιν ℵ

B   ἐκλελοχισμένος ἀπὸ μυριάδων.
¹¹κεφαλὴ αὐτοῦ χρυσίον καὶ φάζ,   11
βόστρυχοι αὐτοῦ ἐλάται, μέλανες ὡς κόραξ.
¹²ὀφθαλμοὶ αὐτοῦ ὡς περιστεραὶ ἐπὶ πληρώματα ὑδάτων   12
λελουσμέναι ἐν γάλακτι,
καθήμεναι ἐπὶ πληρώματα.
¹³σιαγόνες αὐτοῦ ὡς φιάλαι τοῦ ἀρώματος φύουσαι μυρεψικά,   13
χείλη αὐτοῦ κρίνα στάζοντα σμύρναν πλήρη.
¹⁴χεῖρες αὐτοῦ τορευταὶ χρυσαῖ πεπληρωμέναι Θαρσείς.   14
κοιλία αὐτοῦ πυξίον ἐλεφάντινον ἐπὶ λίθου σαπφείρου.
¹⁵κνῆμαι αὐτοῦ στύλοι μαρμάρινοι   15
τεθεμελιωμένοι ἐπὶ βάσεις χρυσᾶς·
εἶδος αὐτοῦ ὡς Λίβανος, ἐκλεκτὸς ὡς κέδροι.
¹⁶φάρυγξ αὐτοῦ γλυκασμοὶ καὶ ὅλος ἐπιθυμία.   16
οὗτος ἀδελφιδός μου
καὶ οὗτος πλησίον μου, θυγατέρες Ἰερουσαλήμ.

¹⁷Ποῦ ἀπῆλθεν ὁ ἀδελφιδός σου, ἡ καλὴ ἐν γυναιξίν;   17 (1) (VI)
ποῦ ἀπέβλεψεν ὁ ἀδελφιδός σου;
καὶ ζητήσομεν αὐτὸν μετὰ σοῦ.

¹Ἀδελφός μου κατέβη εἰς κῆπον αὐτοῦ   1 (2) VI
εἰς φιάλας τοῦ ἀρώματος,
ποιμαίνειν ἐν κήποις καὶ συλλέγειν κρίνα.
²ἐγὼ τῷ ἀδελφιδῷ μου καὶ ἀδελφιδός μου ἐμοί,   2 (3)
ὁ ποιμαίνων ἐν τοῖς κρίνοις.

³Καλὴ εἶ πλησίον μου, ὡς εὐδοκία,   3 (4)
ὡραία ὡς Ἰερουσαλήμ,
θάμβος ὡς τεταγμέναι.
⁴ἀπόστρεψον ὀφθαλμούς σου ἀπεναντίον μου,   4 (5)
ὅτι αὐτοὶ ἀνεπτέρωσάν με.

ℵA   **10** απο] εκ ℵ* (απο ℵ^{c a})   **11** και φαζ] κεφαζ ℵ   **12** οφθαλμοι] pr
οι ℵA | λελουμεναι ℵA | πληρωματα 2°]+υδατων ℵA   **13** φιαλες A |
ζμυρναν ℵ   **15** βασις ℵA | ιδος A   **17** που 1°] pr πυνθανονται της νυμφης| αι
θυγατερες Ιηλμ που| απηλθεν ο αδελφιδος| αυτης ℵ   VI **1** αδελφος] αδελ-
φιδος ℵA pr η δε νυμφη αποκρινεται ℵ | αυτου] μου A   **2** αδελφιδος] pr
ο ℵA   **3** καλη] pr ο νυμφιος προς την νυμφην ℵ pr ο νυμφιος A | ει] η ℵ
4 απεναντιον μου οφθ. σου ℵ | μου] εμου A

ΑΣΜΑ

τρίχωμά σου ὡς ἀγέλαι τῶν αἰγῶν
αἳ ἀνεφάνησαν ἀπὸ τοῦ Γαλαάδ,
(6) 5 ⁵ὀδόντες σου ὡς ἀγέλαι τῶν κεκαρμένων
αἳ ἀνέβησαν ἀπὸ τοῦ λουτροῦ,
αἱ πᾶσαι διδυμεύουσαι,
καὶ ἀτεκνοῦσα οὐκ ἔστιν ἐν αὐταῖς.
ὡς σπαρτίον τὸ κόκκινον χείλη σου,
καὶ ἡ λαλιά σου ὡραία.
(7) 6 ⁶ὡς λέπυρον ῥόας μῆλόν σου
ἐκτὸς τῆς σιωπήσεώς σου.
(8) 7 ⁷ἑξήκοντά εἰσιν βασίλισσαι, καὶ ὀγδοήκοντα παλλακαί,
καὶ νεάνιδες ὧν οὐκ ἔστιν ἀριθμός
(9) 8 ⁸μία ἐστὶν περιστερά μου, τελεία μου,
μία ἐστὶν τῇ μητρὶ αὐτῆς,
ἐκλεκτή ἐστιν τῇ τεκούσῃ αὐτῆς.
εἴδοσαν αὐτὴν θυγατέρες καὶ μακαριοῦσιν αὐτήν,
βασίλισσαι καί γε παλλακαί, καὶ αἰνέσουσιν αὐτήν
(10) 9 ⁹Τίς αὕτη ἡ ἐκκύπτουσα ὡσεὶ ὄρθρος,
καλὴ ὡς σελήνη, ἐκλεκτὴ ὡς ὁ ἥλιος,
θάμβος ὡς τεταγμέναι,
(11) 10 ¹⁰Εἰς κῆπον καρύας κατέβην ἰδεῖν ἐν γενήμασιν τοῦ χειμάρρου,
ἰδεῖν εἰ ἤνθησεν ἡ ἄμπελος,
ἐξήνθησαν αἱ ῥόαι·
ἐκεῖ δώσω τοὺς μαστούς μου σοί.
(12) 11 ¹¹οὐκ ἔγνω ἡ ψυχή μου· ἔθετό με ἅρματα Ἀμειναδάβ
(VII) (1) 12 ¹²Ἐπίστρεφε, ἐπίστρεφε, ἡ Σουμανεῖτις·

4 ανεφανησαν] ανεβησαν ℵ | νεφανησαν απο του Γαλααδ sup ras B¹ᵛⁱᵈ ℵA
5 ατεκνουσαι ℵ*ᶜᵇ (ras ι ℵᶜ ᵃ⁽ᵛⁱᵈ⁾) | αυταις] αυτοις A | το κοκκινον] om το ℵA
6 ροας] pr της BᵃᵇℵA   8 om εστιν 3° ℵ* (hab ℵᶜ ᵃ) | αυτης 2°] αυτην
ℵᶜ ᵃ | om γε A | om και 3° ℵ   9 τις] pr θυγατερες και βασιλισσαι ειδον
την νυμφην| και εμακαρισαν αυτην ℵ pr η νυμφη A | εκκυπτουσα] εγκυπτουσα (εγκυπτ sup ras) Aᵃ | εκλεκτη c praec coniung ℵ | ο ηλιος] om o ℵ |
τεταγμενη B¹ᵇ   10 εις κηπον] pr ο νυμφιος προς την νυμφην ℵ | καρυας]
καροιας ℵ | γενηματι ℵA | εξηνθησαν] ει ηνθησαν A | εκει] pr η νυμφη ταδε
προς τον νυμφιον ℵ | σοι] σου A   11 η ψυχη] om η ℵ | Αμειναδαβ BA*ᵛⁱᵈ]
Αμιναδαβ ℵAᵃ   12 επιστρεφε 1°] pr ο νυμφιος προς την νυμφην ℵ | Σουμανειτις] Σουλαμιτις ℵA

ΑΣΜΑ

B ἐπίστρεφε, ἐπίστρεφε, καὶ ὀψύμεθα ἐν σοί.

¹Τί ὄψεσθε ἐν τῇ Σουμανείτιδι;
ἡ ἐρχομένη ὡς χοροὶ τῶν παρεμβολῶν.

⁽²⁾'Ὡραιώθησαν διαβήματά σου ἐν ὑποδήμασιν, (2)
θύγατερ Ναδάβ.
ῥυθμοὶ μηρῶν σου ὅμοιοι ὁρμίσκοις,
ἔργον τεχνίτου.
²ὀμφαλός σου κρατὴρ τορευτός, 2 (3)
μὴ ὑστερούμενος κρᾶμα·
κοιλία σου θιμωνιὰ σίτου πεφραγμένη ἐν κρίνοις.
³δύο μαστοί σου ὡς δύο νεβροὶ δίδυμοι δορκάδος· 3 (4)
⁴ὁ τράχηλός σου ὡς πύργος ἐλεφάντινος. 4 (5)
οἱ ὀφθαλμοί σου ὡς λίμναι ἐν Ἐσεβών,
ἐν πύλαις θυγατρὸς πολλῶν.
μυκτήρ σου ὡς πύργος τοῦ Λιβάνου
σκοπεύων πρόσωπον Δαμασκοῦ.
⁵κεφαλή σου ἐπὶ σὲ ὡς Κάρμηλος, 5 (6)
καὶ πλόκιον κεφαλῆς σου ὡς πορφύρα,
βασιλεὺς δεδεμένος ἐν παραδρομαῖς.
⁶τί ὡραιώθης, καὶ τί ἡδύνθης, 6 (7)
ἀγάπη, ἐν τρυφαῖς σου;
⁷τοῦτο μέγεθός σου· 7 (8)
ὡμοιώθης τῷ φοίνικι,
καὶ οἱ μαστοί σου τοῖς βότρυσιν.
⁸εἶπα Ἀναβήσομαι ἐπὶ τῷ φοίνικι, 8 (9)
κρατήσω τῶν ὕψεων αὐτοῦ·
καὶ ἔσονται δὴ μαστοί σου ὡς βότρυες τῆς ἀμπέλου,
καὶ ὀσμὴ ῥινός σου ὡς μῆλα,
⁹καὶ ὁ λάρυγξ σου ὡς οἶνος ὁ ἀγαθός, 9 (10)
πορευόμενος τῷ ἀδελφιδῷ μου εἰς εὐθύτητα,

ℵA VII 1 τι] pr ταις βασιλισσσαις και ταις θυγατρασιν ο νυμφιος ταδε ℵ |
Σουμανειτιδι] Σουλαμιτιδι ℵA | ωραιωθησαν] pr τι A | Ναδαβ] Αμιναδαβ A |
εργον] εργω χειρων A   2 κραματος ℵA | θειμωνια ℵ   4 ο τραχηλος]
om ℵA | οι οφθαλμοι] om οι ℵA   6 ηδυνθης] ηδυνηθης ℵ   7 ωμοιωθης]
ομοιωθητι ℵ ωμοιωθη A (c praec coniung) | βοτρυσι A   8 επι] εν
A | κρατησω] pr και ℵ* (om και ℵc a) | om και 1° ℵ* (hab ℵc a)   9 ο
λαρυγξ] om ο ℵA* (superscr Ad?) | ο αγαθος] om ο A | πορευομενος] pr η
νυμφη ℵ

ἱκανούμενος χείλεσίν μου καὶ ὀδοῦσιν.

(11) 10 ¹⁰Ἐγὼ τῷ ἀδελφιδῷ μου,
καὶ ἐπ' ἐμὲ ἡ ἐπιστροφὴ αὐτοῦ.

(12) 11 ¹¹ἐλθέ, ἀδελφιδέ μου, ἐξέλθωμεν εἰς ἀγρόν,
αὐλισθῶμεν ἐν κώμαις·

(13) 12 ¹²ὀρθρίσωμεν εἰς ἀμπελῶνας,
ἴδωμεν εἰ ἤνθησεν ἡ ἄμπελος,
ἤνθησεν ὁ κυπρισμός, ἤνθησαν αἱ ῥόαι·
ἐκεῖ δώσω τοὺς μαστούς μου σοί.

(14) 13 ¹³οἱ μανδραγόραι ἔδωκαν ὀσμήν,
καὶ ἐπὶ θύραις ἡμῶν πάντα ἀκρόδρυα,
νέα πρὸς παλαιά, ἀδελφιδέ μου, ἐτήρησά σοι.

VIII 1 ¹τίς δῴη σε ἀδελφιδόν μου, θηλάζοντα μαστοὺς μητρός μου;
εὑροῦσά σε ἔξω φιλήσω σε, καί γε οὐκ ἐξουδενώσουσίν μοι.

2 ²παραλήμψομαί σε, εἰσάξω σε εἰς οἶκον μητρός μου
καὶ εἰς ταμεῖον τῆς συλλαβούσης με
ποτιῶ σε ἀπὸ οἴνου τοῦ μυρεψικοῦ,
ἀπὸ νάματος ῥοῶν σου.

3 ³εὐώνυμος αὐτοῦ ὑπὸ τὴν κεφαλήν μου,
καὶ ἡ δεξιὰ αὐτοῦ περιλήμψεταί με.

4 ⁴Ὥρκισα ὑμᾶς, θυγατέρες Ἰερουσαλήμ,
ἐν ταῖς δυνάμεσιν καὶ ταῖς ἰσχύσεσιν τοῦ ἀγροῦ,
ἐὰν ἐγείρητε καὶ ἐξεγείρητε τὴν ἀγάπην ἕως ἂν θελήσῃ

5 ⁵Τίς αὕτη ἡ ἀναβαίνουσα λελευκαθισμένη,
ἐπιστηριζομένη ἐπὶ τὸν ἀδελφιδὸν αὐτῆς;

Ὑπὸ μῆλον ἐξήγειρά σε·
ἐκεῖ ὠδίνησέν σε ἡ μήτηρ σου,
ἐκεῖ ὠδίνησέν σε ἡ τεκοῦσά σου.

6 ⁶Θές με ὡς σφραγῖδα ἐπὶ τὴν καρδίαν σου,

9 χειλεσιν] pr εν Λ   12 ειδωμεν ℵ   13 μανδραγορες A | οσμην]+ ℵA αυτων ℵ | ημων] υμων A   VIII 1 αδελφιδε A | εξουδενησουσιν A | μοι] με ℵᵃ⁽ᵛⁱᵈ⁾ᶜ ᵃ A   2 εις 2°] pr εισαξω σε ℵᵃ ᵐᵍ | ταμειον (-μιον ℵ)] ταμειειον A | σου] μου BᵃᵇA   3 η δεξια] om η A   4 ταις ισχ.] pr εν ℵA | εαν] τι ℵA | εξεγειρητε] pi εαν Bᵃᵇ pr τι ℵᶜ·ᵃ A   5 τις] pr αι θυγατερες και αι βασιλισσαι και οι του νυμφιου ειπαν ℵ | λελευκανθισμενη ℵA | υπο] pr ο νυμφιος ταδε προς την νυμφην ℵ pr ο νυμφιος A | σου 2°] σε Bᵇℵᶜ ᵃ

ΑΣΜΑ VIII 7

B ὡς σφραγῖδα ἐπὶ τὸν βραχίονά σου
ὅτι κραταιὰ ὡς θάνατος ἀγάπη,
σκληρὸς ὡς ᾅδης ζῆλος·
περίπτερα αὐτῆς περίπτερα πυρός, φλόγες αὐτῆς·
⁷ὕδωρ πολὺ οὐ δυνήσεται σβέσαι τὴν ἀγάπην, 7
καὶ ποταμοὶ οὐ συνκλύσουσιν αὐτήν.
ἐὰν δῷ ἀνὴρ τὸν πάντα βίον αὐτοῦ ἐν τῇ ἀγάπῃ,
ἐξουδενώσει ἐξουδενώσουσιν αὐτόν

⁸Ἀδελφὴ ἡμῖν μικρὰ καὶ μαστοὺς οὐκ ἔχει. 8
τί ποιήσωμεν τῇ ἀδελφῇ ἡμῶν
ἐν ἡμέρᾳ ᾗ ἐὰν λαληθῇ ἐν αὐτῇ;
⁹εἰ τεῖχός ἐστιν, οἰκοδομήσωμεν ἐπ' αὐτὴν ἐπάλξεις ἀργυρᾶς· 9
καὶ εἰ θύρα ἐστίν, διαγράψωμεν ἐπ' αὐτὴν σανίδα κεδρίνην.

¹⁰Ἐγὼ τεῖχος, καὶ μαστοί μου πύργοι· 10
ἐγὼ ἤμην ἐν ὀφθαλμοῖς αὐτῶν ὡς εὑρίσκουσα εἰρήνην.
¹¹ἀμπελὼν ἐγενήθη τῷ Σαλωμὼν ἐν Βεεθλαμών· 11
ἔδωκεν τὸν ἀμπελῶνα αὐτοῦ τοῖς τηροῦσιν,
ἀνὴρ οἴσει ἐν καρπῷ αὐτοῦ χιλίους ἀργυρίου
¹²ἀμπελών μου ἐμὸς ἐνώπιόν μου· 12
οἱ χίλιοι Σαλωμών, καὶ οἱ διακόσιοι
τοῖς τηροῦσι τὸν καρπὸν αὐτοῦ

¹³Ὁ καθήμενος ἐν κήποις, 13
ἑταῖροι προσέχοντες τῇ φωνῇ σου· ἀκούτισόν με.

¹⁴Φύγε, ἀδελφιδέ μου, καὶ ὁμοιώθητι τῇ δορκάδι 14
ἢ τῷ νεβρῷ τῶν ἐλάφων ἐπὶ ὄρη ἀρωμάτων.

ℵA 6 σκληρον A | ζηλος] in ras aliq B? (ζηλος B*fort) | πτεριπτερα (1°) A ͨ |
φλογες] φλογος ℵ* ανθρακες πυρος φλογες ℵ ͨ ᵃ   7 σινκλυσουσιν (συγκλ Bᵇ)]
σινκλισουσιν A | εξουδενωσουσιν] εξουθενησουσιν ℵ εξουδενησεισιν A   8 ημιν
B*ᵇℵ*] ημων Bᵃ ᵇℵ ͨ ᵃA | εαν] αν ℵA   9 ει 2°] η ℵ* (ει ℵ ͨ ᵃ)   10 εγω 1°] pr
η νυμφη παρρησιαζετε ℵ | μαστοι] pr οι ℵ | πυργοι] pr ως ℵA | αυτων] αυτου ℵA |
om ως A | ειρηνην] χαριν ℵ   11 εγενηθην A | Σολομων ℵ | Βεεθλαμων]
Βεελλαμων ℵ Βεελαμων A | om ανηρ   αργυριου A | αργυριου] αργυριους (αργυριου
ℵ ͨ ᵃ) αυτου ℵ*   12 Σαλωμων] τω Σολομων ℵ | διακοσιοι] δισχιλιοι ℵ* (διακ.
ℵ ͨ ᵃ) | τηρουσιν ℵ   13 ο καθημ.] pr η νυμφη ℵ | εταιροι] ετεροι ℵ | τη φωνη
σου] την φωνην σ ℵ c seqq commug ℵA   14 φυγε] φευγε A | om μου ℵ*
(hab ℵ ͨ ᵃ) | τω νεβρω] om τω A | των ελαφων] om των ℵ* (hab ℵ ͨ ᵈ) A | ορη]
pr τα ℵA | αρωματων Bℵ ͨ ᵃ] κοιλωματων ℵ*A
Subscr ασμα B ασμα ασματων ℵA
Stich 351 Bℵ 357 A

ΙΩΒ

I 1 ΑΝΘΡΩΠΟΣ τις ἦν ἐν χώρᾳ τῇ Αὐσίτιδι ᾧ ὄνομα Ἰώβ· B
καὶ ἦν ὁ ἄνθρωπος ἐκεῖνος ἀληθινός, ἄμεμπτος, δίκαιος,
θεοσεβής,
ἀπεχόμενος ἀπὸ παντὸς πονηροῦ πράγματος.
2 ²ἐγένοντο δὲ αὐτῷ υἱοὶ ἑπτὰ καὶ θυγατέρες τρεῖς.
3 ³καὶ ἦν τὰ κτήνη αὐτοῦ πρόβατα ἑπτακισχίλια,
κάμηλοι τρισχίλιαι,
ζεύγη βοῶν πεντακόσια,
ὄνοι θήλειαι νομάδες πεντακόσιαι.
καὶ ὑπηρεσία πολλὴ σφόδρα
καὶ ἔργα μεγάλα ἦν αὐτῷ ἐπὶ τῆς γῆς·
καὶ ἦν ὁ ἄνθρωπος ἐκεῖνος εὐγενὴς τῶν ἀφ' ἡλίου ἀνατολῶν.
4 ⁴συμπορευόμενοι δὲ οἱ υἱοὶ αὐτοῦ πρὸς ἀλλήλους
ἐποιοῦσαν πότον καθ' ἑκάστην ἡμέραν,
συμπαραλαμβάνοντες ἅμα καὶ τὰς τρεῖς ἀδελφὰς αὐτῶν
ἐσθίειν καὶ πίνειν μετ' αὐτῶν.
5 ⁵καὶ ὡς ἂν συνετελέσθησαν αἱ ἡμέραι τοῦ πότου,
ἀπέστελλεν Ἰὼβ καὶ ἐκαθάριζεν αὐτοὺς ἀνιστάμενος τὸ
πρωί,
καὶ προσέφερεν περὶ αὐτῶν θυσίαν κατὰ τὸν ἀριθμὸν αὐτῶν
καὶ μόσχον ἕνα περὶ ἁμαρτίας περὶ τῶν ψυχῶν αὐτῶν·

I 1 om τις A | Αυσειτιδι ℵ | αμεμπτος δικαιος αληθεινος A   3 τρισχι- ℵA
λιοι A | πεντακοσιαι] πεντακοσιοι A   4 συνπορευομενοι ℵ | αυτου οι υιοι
ℵ* (οι υιοι αυτου ℵ^(c a)) | αλληλους] εαυτους ℵ* (αλλ. ℵ^(c a)) | εποιουσαν] εποιουν
ℵ^(c a) A | συνπαραλαμβανοντες ℵ   5 συνεελεσθησαν ℵ* (συνετ ℵ¹) | απε-
στειλεν A | και προσεφερεν] προσεφερεν τε A | περι αυτων θυσιαν] π. αυτ.
ευσιας ℵ^(c a) θυσιας π αυτ. A | αριθμον] καθαρισμον ℵ* (αριθμ. ℵ^(c a)) | περι
3°] υπερ A

ΙΩΒ

ἔλεγεν γὰρ Ἰὼβ Μή ποτε οἱ υἱοί μου ἐν τῇ διανοίᾳ αὐτῶν
κακὰ ἐνενόησαν πρὸς θεόν.
οὕτως οὖν ἐποίει Ἰὼβ πάσας τὰς ἡμέρας.

⁵Καὶ ὡς ἐγένετο ἡ ἡμέρα αὕτη,
   καὶ ἰδοὺ ἦλθον οἱ ἄγγελοι τοῦ θεοῦ παραστῆναι ἐνώπιον
     τοῦ κυρίου,
   καὶ ὁ διάβολος ἦλθεν μετ' αὐτῶν.
⁷καὶ εἶπεν ὁ κύριος τῷ διαβόλῳ Πόθεν παραγέγονας;
   καὶ ἀποκριθεὶς ὁ διάβολος τῷ κυρίῳ εἶπεν
   Περιελθὼν τὴν γῆν καὶ ἐμπεριπατήσας τὴν ὑπ' οὐρανὸν
     πάρειμι.
⁸καὶ εἶπεν αὐτῷ ὁ κύριος
   Προσέσχες τῇ διανοίᾳ σου κατὰ τοῦ παιδός μου Ἰώβ,
ὅτι οὐκ ἔστιν κατ' αὐτὸν τῶν ἐπὶ τῆς γῆς,
ἄνθρωπος ἄμεμπτος, ἀληθινός, θεοσεβής,
ἀπεχόμενος ἀπὸ παντὸς πονηροῦ πράγματος.
⁹ἀπεκρίθη δὲ ὁ διάβολος καὶ εἶπεν ἐναντίον τοῦ κυρίου
   Μὴ δωρεὰν σέβεται Ἰὼβ τὸν κύριον;
¹⁰οὐ σὺ περιέφραξας τὰ ἔξω αὐτοῦ καὶ τὰ ἔσω τῆς οἰκίας αὐτοῦ
   καὶ τὰ ἔξω πάντων τῶν ὄντων αὐτῷ κύκλῳ;
τὰ ἔργα τῶν χειρῶν αὐτοῦ εὐλόγησας,
   καὶ τὰ κτήνη αὐτοῦ πολλὰ ἐποίησας ἐπὶ τῆς γῆς.
¹¹ἀλλὰ ἀπόστειλον τὴν χεῖρά σου καὶ ἅψαι πάντων ὧν ἔχει
   εἰ μὴν εἰς πρόσωπόν σε εὐλογήσει.
¹²τότε εἶπεν ὁ κύριος τῷ διαβόλῳ
   Ἰδοὺ πάντα ὅσα ἐστὶν αὐτῷ δίδωμι ἐν τῇ χειρί σου,
   ἀλλὰ αὐτοῦ μὴ ἅψῃ.
καὶ ἐξῆλθεν ὁ διάβολος παρὰ τοῦ κυρίου

ℵA   **5** διανοια] καρδια A | θεον] pr τον Aℵ | om ουν A | om Ιωβ 3° A | ημερας]+αυτων A   **6** εγενετο ως A | om ιδου A | κυριου] θῦ ℵ* (κῦ ℵᶜᵃ) | αυτων]+περιελθων την γην και εμπεριπατησας την υπ ουρανο͂ A   **7** τω διαβολω] προς τον διαβολον A | ενπεριπατησας ℵ   **8** κυριος] θ̄ς A | παιδος] θεραποντος A | κατ αυτον] αν̄ο̄ς ομοιος αυτω A | της γης] om της ℵ | αμεμπτος]+δικαιος ℵᶜᵃ⁽ᵛⁱᵈ⁾ A   **9** om και ειπεν A | εναντιον] εναντι ℵ | του κυριου] om του A | Ιωβ σεβεται A | κυριον] θ̄ν A   **10** αυτου τα εξω A | εξω 2°] εξωθεν A | αυτω] αυτου ℵ | κυκλω] κυκλοθεν A | τα εργα] τα δε ε. A | αυτου 3°] ου rescr A¹ (αυτων A*ᵛⁱᵈ)   **11** σε] σου ℵ* (σε ℵᶜᵃ)   **12** τοτε] και A | αυτω] αυτου ℵ* (-τω ℵᶜᵃ) | om διδωμι A | σου]+δεδωκα A | αλλα] αλλ ℵ | παρα του κυριου] απο προσωπου κ̄υ A

ΙΩΒ

13 ¹³καὶ ἦν ὡς ἡ ἡμέρα αὕτη,
   οἱ υἱοὶ Ἰὼβ καὶ αἱ θυγατέρες αὐτοῦ
   ἔπινον οἶνον ἐν τῇ οἰκίᾳ τοῦ ἀδελφοῦ αὐτῶν τοῦ πρεσβυ-
   τέρου.
14 ¹⁴καὶ ἰδοὺ ἄγγελος ἦλθεν πρὸς Ἰὼβ καὶ εἶπεν αὐτῷ
   Τὰ ζεύγη τῶν βοῶν ἠροτρία,
   καὶ αἱ θήλειαι ὄνοι ἐβόσκοντο ἐχόμεναι αὐτῶν·
15 ¹⁵καὶ ἐλθόντες οἱ αἰχμαλωτεύοντες ἠχμαλώτευσαν αὐτάς,
   καὶ τοὺς παῖδας ἀπέκτειναν ἐν μαχαίραις·
   σωθεὶς δὲ ἐγὼ μόνος ἦλθον τοῦ ἀπαγγεῖλαί σοι.
16 ¹⁶ἔτι τούτου λαλοῦντος ἦλθεν ἕτερος ἄγγελος καὶ εἶπεν πρὸς
   Ἰώβ
   Πῦρ ἔπεσεν ἐκ τοῦ οὐρανοῦ καὶ κατέκαυσεν τὰ πρόβατα, καὶ
   τοὺς ποιμένας κατέφαγεν ὁμοίως·
   σωθεὶς δὲ ἐγὼ μόνος ἦλθον τοῦ ἀπαγγεῖλαί σοι.
17 ¹⁷ἔτι τούτου λαλοῦντος ἦλθεν ἕτερος ἄγγελος καὶ εἶπεν πρὸς
   Ἰώβ
   Οἱ ἱππεῖς ἐποίησαν ἡμῖν κεφαλὰς γ΄,
   καὶ ἐκύκλωσαν τὰς καμήλους καὶ ἠχμαλώτευσαν αὐτάς,
   καὶ τοὺς παῖδας ἀπέκτειναν μαχαίραις·
   ἐσώθην δὲ ἐγὼ μόνος καὶ ἦλθον τοῦ ἀπαγγεῖλαί σοι.
18 ¹⁸ἔτι τούτου λαλοῦντος ἄλλος ἄγγελος ἔρχεται λέγων τῷ Ἰὼβ
   Τῶν υἱῶν σου καὶ τῶν θυγατέρων σου ἐσθιόντων καὶ πι-
   νόντων παρὰ τῷ ἀδελφῷ αὐτῶν τῷ πρεσβυτέρῳ,
19 ¹⁹ἐξαίφνης πνεῦμα μέγα ἐπῆλθεν ἐκ τῆς ἐρήμου καὶ ἥψατο
   τῶν τεσσάρων γωνιῶν τῆς οἰκίας
   καὶ ἔπεσεν ἡ οἰκία ἐπὶ τὰ παιδία σου, καὶ ἐτελεύτησαν

13 ην] εγενετο Α | η ημερα] om η ℵ* (hab ℵ^(c a)) | οι υιοι] pr και Α | ℵA Ιωβ] pr του Α | om αυτου ℵ* (hab ℵ^(c a)) | επινον] pr ησθιον και ℵ^(c a)A 15 αιχμαλωτευσαντες ℵ | αυτας] αυτους Α | απεκτειναν] επαταξαν Α | μαχαιραις] στοματι μαχαιρας Α | σωθεις δε] και εσωθην Α | ηλθον] pr και Α   16 αγγελος]+προς Ιωβ Α | προς Ιωβ] αυτω Α | ουρανου]+επι την γην Α | κατεκαυσεν] κατεφαγεν Α | κατεφαγεν] κατεφλεξεν ℵ* (κατεφαγ ℵ^(c a)) κατεκαυσεν Α | σωθεις δε] και σωθεις ℵ και εσωθην Α | ηλθον] pr και Α   17 ηλθεν προς Ιωβ] ετερος (τ rescr Α¹) αγγελος ερχεται προς Ιωβ| και λεγει αυτω Α | om προς Ιωβ ℵ* (hab ℵ^(c a)) | κεφαλας] αρχας ℵ^(c a)A | γ΄] τρεις ℵA (τρις) | απεκτειναν] απωλεσαν ℵ* (απεκτιναν ℵ^(c a)) | μαχαιραις] pr εν ℵA | εσωθην δε] και εσωθην Α   18 αλλος αγγ ερχεται] ερχ. ετερος αγγ. ℵ | λεγων τω Ιωβ] προς Ιωβ λεγων Α | τω αδελφω] pr του (sic) υιω σου Α   19 επηλθεν] om ℵ* (hab ℵ^(c a)) ηλθεν Α | εκ] απο Α | ετελευτησεν ℵ* (-σαν ℵ¹)

ΙΩΒ

B ἐσώθην δὲ ἐγὼ μόνος καὶ ἦλθον τοῦ ἀπαγγεῖλαί σοι.
²⁰οὕτως ἀναστὰς Ἰὼβ διέρρηξεν τὰ ἱμάτια ἑαυτοῦ
καὶ ἐκείρατο τὴν κόμην τῆς κεφαλῆς,
καὶ πεσὼν χαμαὶ προσεκύνησεν ²¹καὶ εἶπεν
Αὐτὸς γυμνὸς ἐξῆλθον ἐκ κοιλίας μητρός μου·
γυμνὸς καὶ ἀπελεύσομαι ἐκεῖ.
ὁ κύριος ἔδωκεν, ὁ κύριος ἀφείλατο·
ὡς τῷ κυρίῳ ἔδοξεν, οὕτως ἐγένετο·
εἴη τὸ ὄνομα Κυρίου εὐλογημένον.
²²ἐν τούτοις πᾶσιν τοῖς συμβεβηκόσιν αὐτῷ
οὐδὲν ἥμαρτεν Ἰὼβ ἐναντίον τοῦ κυρίου,
καὶ οὐκ ἔδωκεν ἀφροσύνην τῷ θεῷ

¹Ἐγένετο δὲ ὡς ἡ ἡμέρα αὕτη   II
καὶ ἦλθον οἱ ἄγγελοι τοῦ θεοῦ παραστῆναι ἔναντι Κυρίου,
καὶ ὁ διάβολος ἦλθεν ἐν μέσῳ αὐτῶν
παραστῆναι ἐναντίον τοῦ κυρίου.
²καὶ εἶπεν ὁ κύριος τῷ διαβόλῳ Πόθεν σὺ ἔρχῃ;
τότε εἶπεν ὁ διάβολος ἐνώπιον τοῦ κυρίου
Διαπορευθεὶς τὴν ὑπ' οὐρανὸν καὶ ἐμπεριπατήσας τὴν
σύμπασαν πάρειμι.
³εἶπεν δὲ ὁ κύριος πρὸς τὸν διάβολον   3
Προσέσχες οὖν τῷ θεράποντί μου Ἰώβ,
ὅτι οὐκ ἔστιν κατ' αὐτὸν τῶν ἐπὶ τῆς γῆς,
ἄνθρωπος ἄκακος, ἀληθινός, ἄμεμπτος, θεοσεβής,
ἀπεχόμενος ἀπὸ παντὸς κακοῦ.
ἔτι δὲ ἔχεται ἀκακίας·
σὺ δὲ εἶπας τὰ ὑπάρχοντα αὐτοῦ διὰ κενῆς ἀπολέσαι.

ℵA 19 εσωθην δε] και εσωθην A   20 ουτως]+ ακουσας A | Ιωβ αναστας A | εαυτου] αυτου ℵA | κεφαλης]+αυτου ℵ^{c a}+αυτου και κατεπασατο γῆ| επι της κεφαλης αυτου A | προσεκυνησεν]+τω κω ℵ^{c d}A   21 om εκει ℵ^{c a} (restit ℵ^c) | αφειλατο (-λετο B^c)] pr o ℵ* (om o ℵ¹) | ουτως] ουτως 𝔎 ℵ^{c a} ουτω και A | ευλογημενον]+ εις τους αιωνας A   22 συμβεβησῖ] A* (-βηκοσῖ] A^{a?}) ουδεν] ουχ A | Ιωβ]+ουδεν A | εναντιον] εναντι ℵA | του κυριου] κ͞υ ουδε εν τοις χιλεσιν αυτου A   II 1 εναντι] εναντιον ℵ ενωπιον A | Κυριου] pr του ℵ | εν μεσω αυτων ηλθεν A | om παραστηναι κυριου (2°) ℵ* (hab ℵ^{c a}) | εναντιον] εναντι A | του κυριου] om του A   2 ενωπιον] εναντι A | του κυριου] om του A | ενπεριπατησας A | συμπασαν] γην A   3 διαβολον] Σαταναν A | ανθρωπος]+ομοιος αυτω A | ακακος . αμεμπτος] αμεμπτος δικαιος αληθεινος A | απολεσαι δια κενης A

ΙΩΒ   II 9 d

4 ⁴ὑπολαβὼν δὲ ὁ διάβολος εἶπεν τῷ κυρίῳ   B
    Δέρμα ὑπὲρ δέρματος·
    ὅσα ὑπάρχει ἀνθρώπῳ ὑπὲρ τῆς ψυχῆς αὐτοῦ ἐκτίσει.
5 ⁵οὐ μὴν δὲ ἀλλὰ ἀποστείλας τὴν χεῖρά σου ἅψαι τῶν ὀστῶν
    αὐτοῦ καὶ τῶν σαρκῶν αὐτοῦ
    εἰ μὴν εἰς πρόσωπόν σε εὐλογήσει.
6 ⁶εἶπεν δὲ ὁ κύριος τῷ διαβόλῳ Ἰδοὺ παραδίδωμί σοι αὐ-
    τόν·
    μόνον τὴν ψυχὴν αὐτοῦ διαφύλαξον.
7 ⁷ἐξῆλθεν δὲ ὁ διάβολος ἀπὸ τοῦ κυρίου,
    καὶ ἔπαισεν τὸν Ἰὼβ ἕλκει πονηρῷ ἀπὸ ποδῶν ἕως
    κεφαλῆς.
8 ⁸καὶ ἔλαβεν ὄστρακον ἵνα τὸν ἰχῶρα ξύῃ,
    καὶ ἐκάθητο ἐπὶ τῆς κοπρίας ἔξω τῆς πόλεως.
9 ⁹χρόνου δὲ πολλοῦ προβεβηκότος εἶπεν αὐτῷ ἡ γυνὴ αὐτοῦ
    Μέχρι τίνος καρτερήσεις λέγων
9a ⁹ᵃἸδοὺ ἀναμένω χρόνον ἔτι μικρὸν
    προσδεχόμενος τὴν ἐλπίδα τῆς σωτηρίας μου,
9b ⁹ᵇἰδοὺ γὰρ ἠφάνισταί σου τὸ μνημόσυνον ἀπὸ τῆς γῆς,
    υἱοὶ καὶ θυγατέρες, ἐμῆς κοιλίας ὠδῖνες καὶ πόνοι,
    οὓς εἰς τὸ κενὸν ἐκοπίασα μετὰ μόχθων.
9c ⁹ᶜσύ τε αὐτὸς ἐν σαπρίᾳ σκωλήκων κάθησαι διανυκτερεύων
    αἴθριος·
9d ⁹ᵈκἀγὼ πλανωμένη καὶ λάτρις,
    τόπον ἐκ τόπου καὶ οἰκίαν ἐξ οἰκίας,
    προσδεχομένη τὸν ἥλιον πότε δύσεται,
    ἵνα ἀναπαύσωμαι τῶν μόχθων μου καὶ τῶν ὀδυνῶν αἵ με
    νῦν συνέχουσιν.

4 υπερ 1°] υπο ℵ* (υπερ ℵ¹) | οσα] pr παντα ℵ* pr και παντα ℵᶜᵃA | αν- ℵA θρωπω] pr τω A | υπερ 2°] pr δωσει A | om εκτισει A   **5** μην 2°] μη A **6** μονον c praec coniung ℵ | την ψυχην] την δε ψ. ℵ* (om δε ℵᶜᵃ) | διαφυλαξον] διατηρησον A   **7** απο 1°] παρα A | εκει A* (ελκει Aᶜ) | εως] μεχρι ℵᶜᵃ   **8** ελαβεν]+Ιωβ A | τον ιχ. ξυῃ] αποξεη τον ιχωρα αυτου A | και 2°]+αυτος ℵᶜᵃA   **9** χρονου] pr asterisc Aᵃˑᵐᵍ | αυτω] τω Ιωβ A | μεχρις A   **9 a** om αναμενω ℵ* (hab ℵᶜᵃ) | μου] αυτου ℵ* (μου ℵᶜᵃ) **9 b** το μνημοσινον σου A | υιοι]+σου A | εμης] pr της A   **9 c** τε] δε A | om καθησαι ℵ* (hab καθη. [sic] ℵᶜᵃ) καθισαι Aᵛⁱᵈ   **9 d** καγω] και εγω A | πλανωμενη] πλανητις ℵᶜᵃA (-τεις) | τοπου]+περιερχομενη A | οικιας] +περιερχομενη ℵᶜᵃ | δυσεται] δυση A | αναπαυσομαι A | om μου ℵA | οδυνων] pr περιεχουσων με A

523

ΙΩΒ

B 9 ἀλλὰ εἰπόν τι ῥῆμα εἰς Κύριον, καὶ τελεύτα. 9
10 ὁ δὲ ἐμβλέψας εἶπεν αὐτῇ 10
Ὥσπερ μία τῶν ἀφρόνων γυναικῶν ἐλάλησας·
εἰ τὰ ἀγαθὰ ἐδεξάμεθα ἐκ χειρὸς Κυρίου, τὰ κακὰ οὐχ ὑποί-
σομεν;
ἐν πᾶσιν τούτοις τοῖς συμβεβηκόσιν αὐτῷ
οὐδὲν ἥμαρτεν Ἰὼβ τοῖς χείλεσιν ἐναντίον τοῦ θεοῦ

11 Ἀκούσαντες δὲ οἱ τρεῖς φίλοι αὐτοῦ τὰ κακὰ πάντα τὰ ἐπελ- 11
θόντα αὐτῷ,
παρεγένοντο ἕκαστος ἐκ τῆς ἰδίας χώρας πρὸς αὐτόν,
Ἐλειφὰζ ὁ Θαιμανῶν βασιλεύς,
Βαλδὰδ ὁ Σαυχαίων τύραννος,
Σωφὰρ ὁ Μειναίων βασιλεύς·
καὶ παρεγένοντο πρὸς αὐτὸν ὁμοθυμαδὸν
τοῦ παρακαλέσαι καὶ ἐπισκέψασθαι αὐτόν.
12 ἰδόντες δὲ αὐτὸν πόρρωθεν οὐκ ἐπέγνωσαν, 12
καὶ βοήσαντες φωνῇ μεγάλῃ ἔκλαυσαν,
§ C ῥήξαντες ἕκαστος τὴν ἑαυτοῦ στολήν,
καὶ καταπασάμενοι γῆν.
13 παρεκάθισαν αὐτῷ ἑπτὰ ἡμέρας καὶ ἑπτὰ νύκτας, 13
καὶ οὐδεὶς αὐτῶν ἐλάλησεν·
ἑώρων γὰρ τὴν πληγὴν δεινὴν οὖσαν καὶ μεγάλην σφόδρα.

1 Μετὰ τοῦτο ἤνοιξεν Ἰὼβ τὸ στόμα αὐτοῦ 1 III
καὶ κατηράσατο τὴν ἡμέραν αὐτοῦ 2 λέγων 2
3 Ἀπόλοιτο ἡ ἡμέρα ἐν ᾗ ἐγεννήθην, 3

ℵAC 9 αλλα] αλλ ℵA | εις] προς A 10 ωσπερ] pr ινα τι A | ελαλησας] pr
ουτως A | ει] pr sterisc A$^{a?mg}$ | τα αγαθα] τα μεν αγ. A | τα κακα] τα δε
κακα A | τουτοις πασιν A | ουδεν ημαρτεν Ιωβ] ουχ ημ I ουδε εν A | χει-
λεσιν]+αυτου A 11 επελθοτα A* (-θοντα [ν minio superscr] A^a) | παρε-
γενοντο 1°] παρεγενετο ℵ | χωρας] πολεως A | αυτον 1°]+του παρακαλεσαι
και επισκεψασθε αυτο̅ A | Ελιφαζ A | Θεμανων A | Βαλδας A | Σαυχαιων]
Αυχ. A | Σωφαρ] pr και A | Μιναιων A | του παρακαλεσαι] om του ℵ* (hab
του ℵ$^{c a}$) 12 ρηξαντες]+δε A | γην]+επι τας κεφαλας αυτων A 13 πα-
ρεκαθισαν] παρεκαθηντο A | om επτα 2° ℵ* (hab ℵ$^{c a}$) | om και ουδεις αυτων
ελαλησεν ℵ | αυτων] αυτω B^{ab} | ελαλησεν] +προς αυτον λογον AC [om γαρ
ℵ* (hab ℵ$^{c a}$) | ουσαν δεινην ℵ III 1 μετα] pr και A | τουτο] ταυτα A
2 λεγων] pr και απεκριθη Ιωβ A 3 εγεννηθην] εγενηθην (sic) εν αυτη A

ΙΩΒ   III 16

καὶ ἡ νὺξ ἐκείνη ᾖ εἶπαν Ἰδοὺ ἄρσεν.   B

4 ⁴ἡ νὺξ ἐκείνη εἴη σκότος,
   καὶ μὴ ἀναζητήσαι αὐτὴν ὁ κύριος ἄνωθεν,
   μηδὲ ἔλθοι εἰς αὐτὴν φέγγος·
5 ⁵ἐκλάβοι δὲ αὐτὴν σκότος καὶ σκιὰ θανάτου,
   ἐπέλθοι ἐπ' αὐτὴν γνόφος.
6 καταραθείη ἡ ἡμέρα ⁶καὶ ἡ νὺξ ἐκείνη,
   ἀπενέγκαιτο αὐτὴν σκότος·
   μὴ εἴη εἰς ἡμέρας ἐνιαυτοῦ,
   μηδὲ ἀριθμηθείη εἰς ἡμέρας μηνῶν.
7 ⁷ἀλλὰ ἡ νὺξ ἐκείνη εἴη ὀδύνη,
   καὶ μὴ ἔλθοι ἐπ' αὐτὴν εὐφροσύνη μηδὲ χαρμονή·
8 ⁸ἀλλὰ καταράσαιτο αὐτὴν ὁ καταρώμενος τὴν ἡμέραν ἐκείνην,
   ὁ μέλλων τὸ μέγα κῆτος χειρώσασθαι.
9 ⁹σκοτωθείη τὰ ἄστρα τῆς νυκτὸς ἐκείνης
   ὑπομείναι, καὶ εἰς φωτισμὸν μὴ ἔλθοι,
   καὶ μὴ ἴδοι ἑωσφόρον ἀνατέλλοντα.
10 ¹⁰ὅτι οὐ συνέκλεισεν πύλας γαστρὸς μητρός μου·
   ἀπήλλαξεν γὰρ ἂν πόνον ἀπὸ ὀφθαλμῶν μου.
11 ¹¹διὰ τί γὰρ ἐν κοιλίᾳ οὐκ ἐτελεύτησα;
   ἐκ γαστρὸς δὲ ἐξῆλθον καὶ οὐκ εὐθὺς ἀπωλόμην;
12 ¹²ἵνα τί δὲ συνήντησάν μοι τὰ γόνατα;
   ἵνα τί δὲ μαστοὺς ἐθήλασα;
13 ¹³νῦν ἂν κοιμηθεὶς ἡσύχασα,
   ὑπνώσας δὲ ἀνεπαυσάμην
14 ¹⁴μετὰ βασιλέων βουλευτῶν γῆς,
   οἳ ἠγαυριῶντο ἐπὶ ξίφεσιν,
15 ¹⁵ἢ μετὰ ἀρχόντων, ὧν πολὺς ὁ χρυσός,
   οἳ ἔπλησαν τοὺς οἴκους αὐτῶν ἀργυρίου,
16 ¹⁶ἢ ὥσπερ ἔκτρωμα ἐκπορευόμενον ἐκ μήτρας μητρός,

3 η 3°] ση ℵ* (om σ ℵ¹) | om εκεινη ℵAC | η 4°] pr εν ℵAC | ειπον A ℵAC
4 νυξ] ημερα ℵᶜᵇAC | φεγγος] φθεγγος C   5 επελθοι] pr και A
5—6 om καταραθειη σκοτος ℵ* (hab ℵᶜᵃ)   5 ημερα] +εκεινη ℵᶜᵃ (εκιν.)
A   6 απενεγκοιτο BᵃᵇℵᶜᵃAC | ενιαυτων A   7 οδυνη] οδυνηρα AC
8 καταρασαιτο αυτην] κατ. εαυτην ℵ* (αυτ. ℵ¹ᶜᵃ) καταρασε τοιαυτην Aᵛⁱᵈ |
χειρουσασθ, A   9 υπομειναι] pr και μη C* (ras κ μ Cᵃ) | εις φωτισμον μη
ελθοι] εις φως (φωτισμον ℵᶜᵃ) μ ε. ℵ* μη ελθοι και μη φωτισαι A | και μη]
μηδε A | ειδοι C   10 απηλλαξε ℵ απηλλαξ·εν A | πονον] κοπον A
12 ινα τι δε (1°)] και ινα τι A | συνηντησεν A | τα γονατα] om τα ℵA | εθη-
λασα]+μρ̄ς μου A   14 βουλευτων] pr και A   15 η] και A

525

B   ἢ ὥσπερ νήπιοι οἳ οὐκ εἶδον φῶς.
¹⁷ἐκεῖ ἀσεβεῖς ἐξέκαυσαν θυμὸν ὀργῆς,   17
   ἐκεῖ ἀνεπαύσαντο κατάκοποι τῷ σώματι·
¹⁸ὁμοθυμαδὸν δὲ οἱ αἰώνιοι   18
   οὐκ ἤκουσαν φωνὴν φορολόγου.
¹⁹μικρὸς καὶ μέγας ἐκεῖ ἐστιν,   19
   καὶ θεράπων δεδοικὼς τὸν κύριον αὐτοῦ.
²⁰ἵνα τί γὰρ δέδοται τοῖς ἐν πικρίᾳ φῶς,   20
   ζωὴ δὲ ταῖς ἐν ὀδύναις ψυχαῖς,
²¹οἱ ὁμείρονται τοῦ θανάτου καὶ οὐ τυγχάνουσιν,   21
   ἀνορύσσοντες ὥσπερ θησαυρούς·
²²περιχαρεῖς δὲ ἐγένοντο ἐὰν κατατύχωσιν.   22
²³θάνατος ἀνδρὶ ἀνάπαυμα,   23
   συνέκλεισεν γὰρ ὁ θεὸς κατ' αὐτοῦ.
²⁴πρὸ γὰρ τῶν σίτων μου στεναγμὸς ἥκει,   24
   δακρύω δὲ ἐγὼ συνεχόμενος φόβῳ.
²⁵φόβος γὰρ ὃν ἐφρόντισα ἦλθέν μοι,   25
   καὶ ὃν ἐδεδοίκειν, συνήντησέν μοι.
²⁶οὔτε εἰρήνευσα οὔτε ἡσύχασα οὔτε ἀνεπαυσάμην,   26
   ἦλθεν δέ μοι ὀργή.

¹Ὑπολαβὼν δὲ Ἐλειφὰς ὁ Θαιμανείτης λέγει   1   IV
²Μὴ πολλάκις σοι λελάληται ἐν κόπῳ;   2
   ἰσχὺν δὲ ῥημάτων σου τίς ὑποίσει;
³εἰ γὰρ σὺ ἐνουθέτησας πολλούς,   3
   καὶ χεῖρας ἀσθενοῦς παρεκάλεσας,
⁴ἀσθενοῦντάς τε ἐξανέστησας ῥήμασιν,   4
   γόνασίν τε ἀδυνατοῦσιν θάρσος περιέθηκας·

ℵAC   17 εξεκαυσαν (εξεκαυσα C*: ν superscr Cᵃ)] επαυσαν A | τω σωματι] om τω A   18 οι αιωνιοι Bℵ*] δι αιωνος ℵᶜᵃ (restit οι αιων. ℵᶜ) A οι αιωνιοι οι C | ουκ]+ετι A | φορολογου ℵA   19 δεδοικως] pr ου ℵᶜᵇA   20 πικρια]+ψυχης A   21 ομειρονται] ιμειρονται Bᵇ | του θανατου] om του A | ανορυσσοντες]+αυτον ℵᶜᵃ (postea ras) A | θησαυρον A   22 εγινοντο ℵ* (εγεν. ℵᶜᵃ) | κατατυχωσιν (-σι C)]+θανατου A   23 θανατος]+γαρ A | αναπαυμα] αναπαυσις ℵᶜᵃA (-σεις) C+ου ηδος απεκρυβη A | θεος] κ̅ς̅ A   24 ηκει] pr μοι AC   25 εφροντισα Bℵ*C] εφοβουμην ℵᶜᵃ (postea restit εφρ) ευλαβουμην A   26 ηρηνευσα A | om δε C   IV 1 Ελιφας ℵC Ελιφαζ A | Θαιμανιτης ℵA Θεμανιτης C   2 υποισει] οισει C   3 ασθενους] ασθενουντων A   4 τε 1°] δε A | ρημασι C | τε 2°] δε A | αδυνατουσι C | περιεθηκας θαρσος A

526

ΙΩΒ IV 19

5 ⁵νῦν δὲ ἥκει ἐπὶ σὲ πόνος καὶ ἥψατό σου, σὺ ἐσπούδασας. B
6 ⁶πότερον οὐχ ὁ φόβος σού ἐστιν ἐν ἀφροσύνῃ,
καὶ ἡ ἐλπίς σου καὶ ἡ κακία τῆς ὁδοῦ σου,
7 ⁷μνήσθητι οὖν τίς καθαρὸς ὢν ἀπώλετο,
ἢ πότε ἀληθινοὶ ὁλόριζοι ἀπώλοντο;
8 ⁸καθ' ὃν τρόπον ἴδον τοὺς ἀροτριῶντας τὰ ἄτοπα·
οἱ δὲ σπείροντες αὐτὰ ὀδύνας θεριοῦσιν ἑαυτοῖς.
9 ⁹ἀπὸ προστάγματος Κυρίου ἀπολοῦνται,
ἀπὸ δὲ πνεύματος ὀργῆς αὐτοῦ ἀφανισθήσονται.
10 ¹⁰σθένος λέοντος, φωνὴ δὲ λεαίνης,
γαυρίαμα δὲ δρακόντων ἐσβέσθη.
11 ¹¹μυρμηκολέων ὤλετο παρὰ τὸ μὴ ἔχειν βοράν,
σκύμνοι δὲ λεόντων ἔλιπον ἀλλήλους.
12 ¹²εἰ δέ τι ῥῆμα ἀληθινὸν ἐγεγόνει ἐν λόγοις σου,⁕ ¶ C
οὐθὲν ἄν σοι τούτων κακὸν ἀπήντησεν.
πότερον οὐ δέξεταί μου τὸ οὖς ἐξαίσια παρ' αὐτοῦ,
13 ¹³φόβῳ δὲ καὶ ἤχῳ νυκτερινῇ
ἐπιπίπτων φόβος ἐπ' ἀνθρώπους,
14 ¹⁴φρίκη μοι συνήντησεν καὶ τρόμος,
καὶ μεγάλως μου τὰ ὀστᾶ διέσεισεν,
15 ¹⁵καὶ πνεῦμα ἐπὶ πρόσωπόν μου ἐπῆλθεν,
ἔφριξαν δέ μου τρίχες καὶ σάρκες
16 ¹⁶ἀνέστην, καὶ οὐκ ἐπέγνων·
ἴδον, καὶ οὐκ ἦν μορφὴ πρὸ ὀφθαλμῶν μου,
ἀλλ' ἢ αὔραν καὶ φωνὴν ἤκουον
17 ¹⁷Τί γάρ; μὴ καθαρὸς ἔσται βροτὸς ἐναντίον τοῦ κυρίου,
ἢ ἀπὸ τῶν ἔργων αὐτοῦ ἄμεμπτος ἀνήρ;
18 ¹⁸εἰ κατὰ παίδων αὐτοῦ οὐ πιστεύει,
κατὰ δὲ ἀγγέλων αὐτοῦ σκολιόν τι ἐπενόησεν·
19 ¹⁹τοὺς δὲ κατοικοῦντας οἰκίας πηλίνας,

5 νυν] νυνι AC | συ]+δε ℵAC | εσπουδακας A   6 ουχ] ουχι A ℵAC
7 τις] οτι ουδις A | ολορριζοι B^(b(vid))   8 ειδον ℵC | αροτριουντας C | θερισουσιν C | εαυτοις] εν αυτοις A   10 σθενος] δυναμις· ισχυς B^(a mg) | καυριαμα C | εσβεσθη] εσβηθη C   11 βοραν] βορραν AC | ελειπον A | αλληλος C
12 ουδεν A | om σοι A | κακων A | απηντησεν] συνηντησεν μοι A | ποτερον]
+ οιν A | μου] σου A | ους]+μου A | εξαισια]+|εξεσιοι γαρ A   13 φοβω]
φοβος ℵ^(c a) φοβοι A | om δε A   14 φρικη]+δε ℵA | διεσεισεν] συνεσισεν
ℵA^(a?) συνεπεσε] A*   16 ανεστην] pr και A | ειδον ℵ   17 εναντιον του
κυριου] εναντι κ̅υ̅ ℵA   19 τους δε] εα δε τους A

B ἐξ ὧν καὶ αὐτοὶ ἐκ τοῦ αὐτοῦ πηλοῦ ἐσμεν,
ἔπαισεν αὐτοὺς σητὸς τρόπον.
²⁰καὶ ἀπὸ πρωίθεν μέχρι ἑσπέρας οὐκέτι εἰσίν,
παρὰ τὸ μὴ δύνασθαι αὐτοὺς ἑαυτοῖς βοηθῆσαι ἀπώλοντο.
²¹ἐνεφύσησεν γὰρ αὐτοῖς καὶ ἐξηράνθησαν,
ἀπώλοντο παρὰ τὸ μὴ ἔχειν αὐτοὺς σοφίαν.
¹ἐπικάλεσαι δέ, εἴ τίς σοι ὑπακούσεται, V
ἢ εἴ τινα ἀγγέλων ἁγίων ὄψῃ.
²καὶ γὰρ ἄφρονα ἀναιρεῖ ὀργή,
πεπλανημένον δὲ θανατοῖ ζῆλος.
³ἐγὼ δὲ ἑώρακα ἄφρονας ῥίζαν βάλλοντας,
ἀλλ' εὐθέως ἐβρώθη αὐτῶν ἡ δίαιτα.
⁴πόρρω γένοιντο οἱ υἱοὶ αὐτῶν ἀπὸ σωτηρίας,
κολαβρισθείησαν δὲ ἐπὶ θύραις ἡσσόνων, καὶ οὐκ ἔσται ὁ
ἐξαιρούμενος.
⁵ἃ γὰρ ἐκεῖνοι συνήγαγον, δίκαιοι ἔδονται,
αὐτοὶ δὲ ἐκ κακῶν οὐκ ἐξαίρετοι ἔσονται·
ἐκσιφωνισθείη αὐτῶν ἡ ἰσχύς.
⁶οὐ γὰρ μὴ ἐξέλθῃ ἐκ τῆς γῆς κόπος,
οὐδὲ ἐξ ὀρέων ἀναβλαστήσει πόνος·
⁷ἀλλὰ ἄνθρωπος γεννᾶται κόπῳ,
νεοσσοὶ δὲ γυπὸς τὰ ὑψηλὰ πέτονται.
⁸οὐ μὴν δὲ ἀλλὰ ἐγὼ δεηθήσομαι Κυρίου,
Κύριον δὲ τὸν πάντων δεσπότην ἐπικαλέσομαι,
⁹τὸν ποιοῦντα μεγάλα καὶ ἀνεξιχνίαστα,
ἔνδοξά τε καὶ ἐξαίσια, ὧν οὐκ ἔστιν ἀριθμός·
¹⁰τὸν διδόντα ὑετὸν ἐπὶ τὴν γῆν,
ἀποστέλλοντα ὕδωρ ἐπὶ τὴν ὑπ' οὐρανόν

ℵA 19 ων] ου A | εσμεν εκ του αυτου πηλου A   20 om και A | μεχρι (μεχρις Bᵈᵇ)] εως ℵA | ουκ ετι] pr και A | παρα] pr και A   21 αυτοις] αυτοις ℵ* (-τοις ℵᶜ·ᵈ) | εξηρανθησαν] ετελευτησαν A | απωλοντο σοφιαν] και παρα το μη εχειν αυτους σοφιαν απωλοντο A | αυτους] αυτοις ℵᶜ ᵃ V 1 σοι] σου A | υπακουσεται] εισακουσετε A | αγιων αγγελων ℵA   3 εορακα ℵA | ευθεως] ευθυς A | η διαιτα αυτων εβρωθη A   4 γενοιντο] εγενοντο A | αυτων] αυτου ℵ | κολαβρισθεισαν Bᵇℵ (-θιησαν) κολαβρεισθειησαν B* σκολαβρισθιησαν A | εξαιρουμενος] pr ο ℵ   5 συνηγαγον] εθερισαν A | εξαιρετοι εσονται] εξερεθησονται A | εκσιφωνισθειη (εκσειφων. B*ℵ εκσιφον. Bᵇᵛⁱᵈ εξιφων A)] pr και A   6 της γης] om της A   7 γενναται κοπω] εν κοπω γενναται A | γυπων ℵᶜᵃA   8 αλλα] αλλ ℵA | παντων δεσποτην] παντοκρατορα A   10 την γην] της γης A | αποστελλοντα] pr τον A

ΙΩΒ V 24

11 ¹¹τὸν ποιοῦντα ταπεινοὺς εἰς ὕψος,
   καὶ ἀπολωλότας ἐξεγείροντα·
12 ¹²διαλλάσσοντα βουλὰς πανούργων,
   καὶ οὐ μὴ ποιήσουσιν αἱ χεῖρες αὐτῶν ἀληθές.
13 ¹³ὁ καταλαμβάνων σοφοὺς ἐν τῇ φρονήσει,
   βουλὴν δὲ πολυπλόκων ἐξέστησεν·
14 ¹⁴ἡμέρας συναντήσεται αὐτοῖς σκότος,
   τὸ δὲ μεσημβρινὸν ψηλαφήσαισαν ἴσα νυκτί
15 ¹⁵ἀπόλοιντο δὲ ἐν πολέμῳ,
   ἀδύνατος δὲ ἐξέλθοι ἐκ χειρὸς δυνάστου·
16 ¹⁶εἴη δὲ ἀδυνάτῳ ἐλπίς,
   ἀδίκου δὲ στόμα ἐμφραχθείη.
17 ¹⁷μακάριος δὲ ἄνθρωπος ὃν ἤλεγξεν ὁ κύριος·
   νουθέτημα δὲ Παντοκράτορος μὴ ἀπαναίνου.
18 ¹⁸αὐτὸς γὰρ ἀλγεῖν ποιεῖ καὶ πάλιν ἀποκαθίστησιν·
   ἔπαισεν, καὶ αἱ χεῖρες αὐτοῦ ἰάσαντο.
19 ¹⁹ἑξάκις ἐξ ἀναγκῶν σε ἐξελεῖται,
   ἐν δὲ τῷ ἑβδόμῳ οὐ μὴ ἅψηταί σου κακόν.
20 ²⁰ἐν λιμῷ ῥύσεταί σε ἐκ θανάτου,
   ἐν πολέμῳ δὲ ἐκ χειρὸς σιδήρου λύσει σε.
21 ²¹ἀπὸ μάστιγος γλώσσης σε κρύψει,
   καὶ οὐ μὴ φοβηθῇς ἀπὸ κακῶν ἐρχομένων.
22 ²²ἀδίκων καὶ ἀνόμων καταγελάσῃ,
   ἀπὸ δὲ θηρίων ἀγρίων οὐ μὴ φοβηθῇς
23 ²³θῆρες γὰρ ἄγριοι εἰρηνεύσουσίν σοι.
24 ²⁴εἶτα γνώσῃ ὅτι εἰρηνεύσει σου ὁ οἶκος,
   ἡ δὲ δίαιτα τῆς σκηνῆς σου οὐ μὴ ἁμάρτῃ.

12 διαλλασσοντα] pr τον A   13 φρονησει] + αυτων A | βουλην] ℵA βουλας A | πολυπλοκων] πολυτροπων ℵ* (-πλοκων ℵ^{c a})   14 ημερας] εν ημερα A | αυτοις συναντησεται A | σκοτος sup ras B^{1 fort} | ψηλαφησια] A 15 δυναστου] υ 2° sup ras ℵ¹   16 ειη δε] και ειη A | αδικου δε] και αδικου A | ενφραχθιη ℵ   17 ο κυριος] + επι της γης ℵ^{c a} (postea ras) A   18 επαισεν] παταξει A | ιασαντο] ιασονται A   19 εξελειται σε A | ου μη σου αψηται ℵ ουχ αψεται σου A   20 εν πολεμω δε] και εν πολ. A | λυσει] ρυσεται A   21 κρυψει σε A | ου μη φοβηθης] ου φοβηθηση A | ερχομενων] επερχομενων ℵ + και ου φοβηθηση απο ταλαιπωριας| οτι ελευσεται ταλαιπωρια A   22 αγριων] + της γης A | ου μη φοβηθης] ου φοβηθηση A 23 ιρηνευσουσι ℵ | σοι] + οτι μετα των λιθων του αγρου η διαθηκη σου| και τα θηρια του αγρου ειρηνευσει σοι| και γνωση οτι εν ειρηνη το σπερμα σου| και επισκοπη της ευπρεπιας σου και ου μη αμαρτης (asteriscis adscriptis A^{a ⁹ mg}) A 24 ειτα] pr asterisc A^{a ⁹ mg}

ΙΩΒ

B ²⁵γνώσῃ δὲ ὅτι πολὺ τὸ σπέρμα σου,   25
τὰ δὲ τέκνα σου ἔσται ὥσπερ τὸ παμβότανον τοῦ ἀγροῦ.
²⁶ἐλεύσῃ δὲ ἐν τάφῳ ὥσπερ σῖτος ὥριμος κατὰ καιρὸν θεριζόμενος,   26
ἢ ὥσπερ θιμωνιὰ ἅλωνος καθ' ὥραν συνκομισθεῖσα.
²⁷ἰδοὺ ταῦτα οὕτως ἐξιχνιάσαμεν,   27
ταῦτά ἐστιν ἃ ἀκηκόαμεν
§ C   ³σὺ δὲ γνῶθι σεαυτῷ εἴ τι ἔπραξας.

¹Ὑπολαβὼν δὲ Ἰὼβ λέγει   1 VI
²Εἰ γάρ τις ἱστῶν στήσαι μου τὴν ὀργήν,   2
τὰς δὲ ὀδύνας μου ἄραι ἐν ζυγῷ ὁμοθυμαδόν,
³καὶ δὴ ἄμμου παραλίας βαρυτέρα ἔσται·   3
ἀλλ' ὡς ἔοικεν τὰ ῥήματά μού ἐστιν φαῦλα.
⁴βέλη γὰρ Κυρίου ἐν τῷ σώματί μού ἐστιν,   4
ὧν ὁ θυμὸς αὐτῶν ἐκπίνει μου τὸ αἷμα,
ὅταν ἄρξωμαι λαλεῖν κεντοῦσί με.
⁵τί γάρ; μὴ διὰ κενῆς κεκράξεται ὄνος ἄγριος, ἀλλ' ἢ τὰ σῖτα   5
ζητῶν;
εἰ δὲ καὶ ῥήξει φωνὴν βοῦς ἐπὶ φάτνης ἔχων τὰ βρώματα;
⁶εἰ βρωθήσεται ἄρτος ἄνευ ἁλός;   6
εἰ δὲ καὶ ἔστιν γεῦμα ἐν ῥήμασιν κενοῖς,
⁷οὐ δύναται γὰρ παύσασθαί μου ἡ ὀργή·   7
βρόμον γὰρ ὁρῶ τὰ σῖτά μου ὥσπερ ὀσμὴν λέοντος.
⁸εἰ γὰρ δῴη, καὶ ἔλθοι μου ἡ αἴτησις,   8
καὶ τὴν ἐλπίδα μου δῴη ὁ κύριος
⁹ἀρξάμενος ὁ κύριος τρωσάτω με,   9
εἰς τέλος δὲ μή με ἀνελέτω.
¹⁰εἴη δέ μου πόλις τάφος, ἐφ' ἧς ἐπὶ τειχέων ἡλλόμην ἐπ' αὐ-   10
τῆς. οὐ φείσομαι·

ℵAC 25 γνωση δε] και γνωση A | πανβοτανον ℵA   26 ελευση] απελευση A | καιρον]+αυτου A | θειμωνια ℵ | συγκομισθεισα Bᵇ   27 εξιχνιασα ℵ* (-μεν ℵᶜᵃ) | om ει BᵃᵇℵA (hab ℵᶜ¹C): in C pl extersa sunt vel abscissa usque XI 2 | επραξας] εποιησας A   VI 2 ει] τι A   3 βαρυτεραι εισιν A   4 σωματι] στοματι ℵ | om αυτων A | κεντουσι BℵA (hiat C) 5 φατνης] παθμης ℵ* (φατν. ℵᶜᵃ)   6 om ει βρωθησεται αλος ℵ* (hab ℵᶜᵃ) | κενοις] καινοις ℵA   7 γαρ 1°] δε A | μου παυσασθαι ACᵛⁱᵈ | οργη] ψυχη ℵᶜᵃA ευχη C | οσμη ℵ* (οσμην ℵᶜᵃ)   8 δωη 1°] δοιη ℵᶜᵃ (postea restit δωη) | ελθη A | κυριος] θς A   9 om με 1° ℵ* (hab ℵᶜᵃ) A | om με 2° ℵ* (hab ℵᶜᵃ)   10 μου] μοι A | πολις] η π. μου A | ηλλομην] ελλομην A | επ] απ ℵ* (επ ℵᶜᵃ) inc stich ℵ | ου φεισομαι] ου μη φεισωμαι ℵA (φισ) ουδεν φισομαι C inc stich AC

οὐ γὰρ ἐψευσάμην ῥήματα ἅγια θεοῦ μου.

11 ¹¹τίς γάρ μου ἡ ἰσχύς, ὅτι ὑπομένω;
ἢ τίς μου ὁ χρόνος, ὅτι ἀνέχεταί μου ἡ ψυχή,
12 ¹²μὴ ἰσχὺς λίθων ἡ ἰσχύς μου;
ἢ αἱ σάρκες μού εἰσιν χαλκεῖαι,
13 ¹³ἢ οὐκ ἐπ' αὐτῷ ἐπεποίθειν;
βοήθεια δὲ ἀπ' ἐμοῦ ἄπεστιν.
14 ¹⁴ἀπείπατό με ἔλεος,
ἐπισκοπὴ δὲ Κυρίου ὑπερεῖδέν με.
15 ¹⁵οὐ προσεῖδόν με οἱ ἐγγύτατοί μου· ὥσπερ χειμάρρους ἐκλείπων,
ἢ ὥσπερ κῦμα παρῆλθόν με·
16 ¹⁶οἵτινές με διευλαβοῦντο, νῦν ἐπιπεπτώκασίν μοι ὥσπερ χιὼν
ἢ κρύσταλλος πεπηγώς·
17 ¹⁷καθὼς τακεῖσα θέρμης γενομένης οὐκ ἐπεγνώσθη ὅπερ ἦν·
18 ¹⁸οὕτως κἀγὼ κατελείφθην ὑπὸ πάντων,
ἀπωλόμην δὲ καὶ ἔξοικος ἐγενόμην
19 ¹⁹ἴδετε ὁδοὺς Θαιμανῶν,
ἀτραποὺς Σαβῶν οἱ διορῶντες·
20 ²⁰καὶ αἰσχύνην ὀφειλήσουσιν
οἱ ἐπὶ πόλεσιν καὶ χρήμασιν πεποιθότες.
21 ²¹ἀτὰρ δὲ καὶ ὑμεῖς ἐπέβητέ μοι ἀνελεημόνως,
ὥστε ἰδόντες τὸ ἐμὸν τραῦμα φοβήθητε.
22 ²²τί γάρ; μή τι ὑμᾶς ᾔτησα,
23 ἢ τῆς παρ' ὑμῶν ἰσχύος ἐπιδέομαι, ²³ὥστε σῶσαί με ἐξ ἐχθρῶν,
ἢ ἐκ χειρὸς δυναστῶν ῥύσασθαί με;
24 ²⁴διδάξατέ με, ἐγὼ δὲ κωφεύσω
εἴ τι πεπλάνημαι, φράσατέ μοι.

10 ρηματα αγια] αγια ρηματα ℵ εν ρηματι αγιου A **11** η ισχυς] om η ℵAC ℵ* (hab η ℵ^(c.a)) | η τις] τις γαρ C **12** εισι C | χαλκαι A **14** απειπατο]+δε A | επισκοπη δε] και επισκοπη A | υπεριδεν A **15** προσιδον A | εκλιπων ℵ | κυματα A | παρηλθον (παρελθ. ℵ* παρηλθ. ℵ¹) με] παρηλθομεν C **16** διευλαβουντο (διηυλ. C)] ευλαβουντο A **17** τακεις A | γινομενης A | επεγνωσθη] ετι εγνωσθη A ανε[γνωσθη] C | οπερ ην] περ ην sup ras A^a **18** καγω] και εγω A | κατελιφθην B*ℵC (κατελειφθ. B^(ab)A) | δε] τε A **19** ατραπους] pr και A | Σαβων] Εσεβων ℵ^(c.a) ασεβων A^(vid) | οι διορωντες]+αισχυνθηται A **20** om και 1° A | αισχυνην]+οι ορωντες A | οφιλησουσιν ℵA **21** δε] δη A **23** εξ εχθρων] εκ χειρος κακων A | εκ χειρος ρυσασθαι με] ρυσασθαι με εκ χειρος δυναστου A | δυναστων] δυναστω sup ras B^(1*a?)

VI 25 ΙΩΒ

B ²⁵ἀλλ' ὡς ἔοικεν φαῦλα ἀληθινοῦ ῥήματα, 25
οὐ γὰρ παρ' ὑμῶν ἰσχὺν αἰτοῦμαι·
²⁶οὐδὲ ὁ ἔλεγχος ὑμῶν ῥήμασίν με παύσει, 26
οὐδὲ γὰρ ὑμῶν φθέγμα ῥήματος ἀνέξομαι.
²⁷πλὴν ὅτι ἐπ' ὀρφανῷ ἐπιπίπτετε, 27
ἐνάλλεσθε δὲ ἐπὶ φίλῳ ὑμῶν·
²⁸νυνὶ δὲ εἰσβλέψας εἰς πρόσωπα ὑμῶν οὐ ψεύσομαι. 28
²⁹καθίσατε δὴ καὶ μὴ εἴη ἄδικον, 29
καὶ πάλιν τῷ δικαίῳ συνέρχεσθε.
³⁰οὐ γάρ ἐστιν ἐν γλώσσῃ μου ἄδικον· 30
ἢ ὁ λάρυγξ μου οὐχὶ σύνεσιν μελετᾷ;
¹πότερον οὐχὶ πειρατήριόν ἐστιν ὁ βίος ἀνθρώπου ἐπὶ τῆς γῆς, 1 VII
καὶ ὥσπερ μισθίου αὐθημερινοῦ ἡ ζωὴ αὐτοῦ;
²ἢ ὥσπερ θεράπων δεδοικὼς τὸν κύριον αὐτοῦ καὶ τετευχὼς 2
σκιᾶς,
ἢ ὥσπερ μισθωτὸς ἀναμένων τὸν μισθὸν αὐτοῦ;
³οὕτως κἀγὼ ὑπέμεινα μῆνας κενούς, 3
νύκτες δὲ ὀδυνῶν δεδομέναι μοί εἰσιν.
⁴ἐὰν κοιμηθῶ, λέγω Πότε ἡμέρα; 4
ὡς δ' ἂν ἀναστῶ, πάλιν Πότε ἑσπέρα;
πλήρης δὲ γίνομαι ὀδυνῶν ἀπὸ ἑσπέρας ἕως πρωί.
⁵φύρεται δέ μου τὸ σῶμα ἐν σαπρίᾳ σκωλήκων, 5
τήκω δὲ βώλακας γῆς ἀπὸ ἰχῶρος ξύων.
⁶ὁ δὲ βίος μού ἐστιν ἐλαφρώτερος λαλιᾶς, 6
ἀπώλωλεν δὲ ἐν κενῇ ἐλπίδι.
⁷μνήσθητι οὖν ὅτι πνεῦμά μου ἡ ζωή, 7
¶C καὶ οὐκ ἔτι ἐπανελεύσεται ὀφθαλμός μου ἰδεῖν ἀγαθόν.¶
⁸οὐ περιβλέψεταί με ὀφθαλμὸς ὁρῶντός με 8

ℵAC 25 αληθινου] pr ανδρος A | ισχυν] pr ρημα ουδε A   26 ρημασιν με] τα ρηματα μου A | om γαρ A | υμων φθεγμα ρηματος] φθεγματος ρηματος ρηματος ιμων Λ* (ras τος ρημα (2°) Λ¹) | φθεγματο (? φθεγμα το) ℵ* (improb το ℵ¹)   27 om επ Λ   28 εισβλεψας] εμβλεψας A   29 αδικον]+εν κρισι ℵ^{ca} (postea ras) A | συνερχεσθε]+νυν αρξασθαι ℵ^{ca vid} (postea ras)   30 ου γαρ . αδικον] ου γαρ εστιν αδικον εν γλωσση μου A (ου γαρ ε. α. sup ras pl litt Λ^a) | η ο λαρυγξ μου ουχι] inter η et ο superscr ουχι ℵ^{ca} sed ipse postea del : ουχι δε και ο λαρ. μου Λ   VII 1 ουχι] seq β in ℵ* (improb β ℵ¹) | ανθρωπου] pr του ℵ | μισθου Λ   2 τετευχως] τετυχηκως A   3 καγω] και εγω A | κενους] καινους ℵAC   4 πληρεις B | απο] αφ AC   5 ξυων] ξεων AC   6 ελαφροτερος B^{ab}ℵ^{ca}AC | λαλιας] δρομεως ℵ^{ca} (postea restit λαλ) A | κενη] καινη ℵC   7 ουν] δε A | οφθαλμος] pr ο ℵAC   8 ου περιβλεψεται] ου κατενοι A | με 1°] μοι A | οφθαλμος] pr ο A

ΙΩΒ VII 20

οἱ ὀφθαλμοί σου ἐν ἐμοί, καὶ οὐκ ἔτι εἰμί,

9 ⁹ὥσπερ νέφος ἀποκαθαρθὲν ἀπ' οὐρανοῦ
ἐὰν γὰρ ἄνθρωπος καταβῇ εἰς ᾅδην, οὐκ ἔτι μὴ ἀναβῇ,

10 ¹⁰οὐδ' οὐ μὴ ἐπιστρέψῃ εἰς τὸν ἴδιον οἶκον,
οὐδ' οὐ μὴ ἐπιγνῷ αὐτὸν ἔτι ὁ τόπος αὐτοῦ.

11 ¹¹ἀτὰρ οὖν οὐδὲ ἐγὼ φείσομαι τῷ στόματί μου,
λαλήσω ἐν ἀνάγκῃ ὤν,
ἀνοίξω πικρίαν ψυχῆς μου συνεχόμενος.

12 ¹²πότερον θάλασσά εἰμι ἢ δράκων,
ὅτι κατέταξας ἐπ' ἐμὲ φυλακήν;

13 ¹³εἶπα ὅτι Παρακαλέσει με ἡ κλίνη μου,
ἀνοίσω δὲ πρὸς ἐμαυτὸν ἰδίᾳ λόγον τῇ κοίτῃ μου·

14 ¹⁴ἐκφοβεῖς με ἐνυπνίοις, καὶ ἐν ὁράμασίν με καταπλήσσεις.

15 ¹⁵ἀπαλλάξεις ἀπὸ πνεύματός μου τὴν ψυχήν μου,
ἀπὸ δὲ θανάτου τὰ ὀστᾶ μου.

16 ¹⁶οὐ γὰρ εἰς τὸν αἰῶνα ζήσομαι, ἵνα μακροθυμήσω·
ἀπόστα ἀπ' ἐμοῦ, κενὸς γάρ μου ὁ βίος

17 ¹⁷τί γάρ ἐστιν ἄνθρωπος ὅτι ἐμεγάλυνας αὐτόν;
ἢ ὅτι προσέχεις τὸν νοῦν εἰς αὐτόν,

18 ¹⁸ἢ ἐπισκοπὴν αὐτοῦ ποιήσῃ ἕως τὸ πρωί,
καὶ εἰς ἀνάπαυσιν αὐτὸν κρινεῖς,

19 ¹⁹ἕως τίνος οὐκ ἐᾷς με
οὐδὲ προίῃ με, ἕως ἂν καταπίω τὸν πτύελόν μου ἐν ὀδύνῃ;

20 ²⁰εἰ ἐγὼ ἥμαρτον, τί δυνήσομαι πρᾶξαι,
ὁ ἐπιστάμενος τὸν νοῦν τῶν ἀνθρώπων,
διὰ τί ἔθου με κατεντευκτήν σου,
εἰμὶ δὲ ἐπὶ σοὶ φορτίον;

B

8 om ετι A   9 ωσπερ] pr και ουκ ετι ειμι A | ουκ ετι μη αναβη] ου μη ΝΑ αν αναβη ετι A   10 ουδ ου (1°)] ουδε A | επιστρεψη (επιστραφη A)]+ετι ΝΑ | ουδ ου (2°)] ουδε ΝΑ | ο τοπος αυτου ετι A   11 αταρ] τοιγαρ A | om ουν Ν* (hab Νᶜᵃ) | λαλησω]+δε A | ων]+του π̅ν̅ς μου Νᶜᵃ (postea ras) A | ανοιξω]+το στομα μου Νᶜᵃ (postea ras) A | πικριαν] ras ν Νᶜᵃ⁽ᵛⁱᵈ⁾ εν πικρια A | om μου 2° A | συνεχομενος]+φοβω Ν* (improb Ν¹)   12 οτι]επι A | επ εμε] κατ εμου A   13 ειπα] ειπον A | om οτι A | ιδια λογον διαλογον ιδια A   14 εκφοβεις] pr δια τι A   15 απαλλαξεις (απαλλασσεις A)]+δε Νᶜᵃ (postea ras) A | om μου 1° A | ψυχην] ζωην A | απο δε θανατου μου 3°] την δε ψυχην μου απο του σωματος μου A   16 κενος] καινος ΝΑ   18 ποιηση] ποιη A | om εως το πρωι   κρινεις Ν* (hab Νᶜᵃ sed ex κρινις tantum superest s) om εως A   20 δυνησομαι] δυναμαι σοι ΝΑ | εθου] ειθου Ν* (εθ. Ν¹ᶜᵃ⁽ᵛⁱᵈ⁾)

VII 21 ΙΩΒ

B ²¹καὶ διὰ τί οὐκ ἐποίησω τῆς ἀνομίας μου λήθην   21
    καὶ καθαρισμὸν τῆς ἁμαρτίας μου;
    νυνὶ δὲ εἰς γῆν ἀπελεύσομαι,
    ὀρθρίζων δὲ οὐκ ἔτι εἰμί.

¹Ὑπολαβὼν δὲ Βαλδὰδ ὁ Σαυχείτης λέγει   1 VIII
²Μέχρι τίνος λαλήσεις ταῦτα,   2
    πνεῦμα πολυρῆμον τοῦ στόματός σου.
³μὴ ὁ κύριος ἀδικήσει κρίνων;   3
    ἢ ὁ τὰ πάντα ποιήσας ταράξει τὸ δίκαιον;
⁴εἰ οἱ υἱοί σου ἥμαρτον ἐναντίον αὐτοῦ,   4
    ἀπέστειλεν ἐν χειρὶ ἀνομίας αὐτῶν.
⁵σὺ δὲ ὄρθριζε πρὸς Κύριον Παντοκράτορα δεόμενος. 5
⁶εἰ καθαρὸς εἶ καὶ ἀληθινός, δεήσεως ἐπακούσεταί σου, 6
    ἀποκαταστήσει δέ σοι δίαιταν δικαιοσύνης·
⁷ἔσται οὖν τὰ μὲν πρῶτά σου ὀλίγα,   7
    τὰ δὲ ἔσχατά σου ἀμύθητα.
⁸ἐπερώτησον γὰρ γενεὰν πρώτην,   8
    ἐξιχνίασον δὲ κατὰ γένος πατέρων·
⁹χθιζοὶ γάρ ἐσμεν καὶ οὐκ οἴδαμεν,   9
    σκιὰ γάρ ἐστιν ἡμῶν ἐπὶ τῆς γῆς ὁ βίος.
¹⁰ἢ οὐχ οὗτοί σε διδάξουσιν καὶ ἀναγγελοῦσιν,   10
    καὶ ἐκ καρδίας ἐξάξουσιν ῥήματα;
¹¹μὴ θάλλει πάπυρος ἄνευ ὕδατος,   11
    ἢ ὑψωθήσεται βούτομον ἄνευ πότου;
¹²ἔτι ὂν ἐπὶ ρίζης, καὶ οὐ μὴ θερισθῇ·   12
    πρὸ τοῦ πιεῖν πᾶσα βοτάνη οὐχὶ ξηραίνεται;
¹³οὕτως τοίνυν ἔσται τὰ ἔσχατα πάντων τῶν ἐπιλανθανομένων 13
    τοῦ κυρίου·
    ἐλπὶς γὰρ ἀσεβοῦς ἀπολεῖται.

ℵA 21 ουκ ληθην] ου ληθην εποιησω της αμαρτιας μου A | αμαρτιας] ανομιας A | νυν ℵ* (νυνι ℵᵃ)   VIII 1 Σαυχιτης ℵA   2 om ταυτα ℵ* (hab ℵᵃ ante c a)   4 οι υιοι] om οι ℵA | χειρι] χερσιν ℵ | ανομιας] την ανομιαν A   6 αληθινος]+ ει A | σου επακουσεται A   8 γαρ] δε ℵ om A   9 γαρ 2°] δε A | ο βιος επι της γης A   10 διδαξουσιν]+ ρηματα A | αναγγελουσιν]+ σοι συνεσιν σοφιας A | εξαξουσιν] σε διδαξουσιν A   12 om ετι ον.. θερισθη ℵ* (hab ℵᶜᵃ) | πασαν βοτανην A | ουχι] εαν δε μη πιη A   13 κυριου] θῡ A | ασεβων ℵ* (-βους ℵᶜᵃ) | απολειται] ολειται A

ΙΩΒ   IX 6   B

14 ¹⁴ἀοίκητος γὰρ αὐτοῦ ἔσται ὁ οἶκος,
    ἀράχνη δὲ αὐτοῦ ἀποβήσεται ἡ σκηνή.
15 ¹⁵ἐὰν ὑπερείσῃ τὴν οἰκίαν αὐτοῦ, οὐ μὴ στῇ·
    ἐπιλαβομένου δὲ αὐτοῦ οὐ μὴ ὑπομείνῃ·
16 ¹⁶ὑγρὸς γάρ ἐστιν ὑπὸ ἡλίου,
    καὶ ἐκ σαπρίας αὐτοῦ ὁ ῥάδαμνος αὐτοῦ ἐξελεύσεται
17 ¹⁷ἐπὶ συναγωγὴν λίθων κοιμᾶται,
    ἐν δὲ μέσῳ χαλίκων ζήσεται.
18 ¹⁸ἐὰν καταπίῃ, ὁ τόπος ψεύσεται αὐτόν·
    οὐχ ἑόρακας τοιαῦτα.
19 ¹⁹ὅτι καταστροφὴ ἀσεβοῦς τοιαύτη,
    ἐκ δὲ γῆς ἄλλον ἀναβλαστήσει.
20 ²⁰ὁ γὰρ κύριος οὐ μὴ ἀποποιήσηται τὸν ἄκακον,
    πᾶν δὲ δῶρον ἀσεβοῦς οὐ δέξεται.
21 ²¹ἀληθινῶν δὲ στόμα ἐμπλήσει γέλωτος,
    τὰ δὲ χείλη αὐτῶν ἐξομολογήσεως·
22 ²²οἱ δὲ ἐχθροὶ αὐτῶν ἐνδύσονται αἰσχύνην,
    δίαιτα δὲ ἀσεβοῦς οὐκ ἔσται.

IX 1 ¹Ὑπολαβὼν δὲ Ἰὼβ λέγει
   2 ²Ἐπ' ἀληθείας οἶδα ὅτι οὕτως ἐστίν.
      πῶς γὰρ ἔσται δίκαιος βροτὸς παρὰ Κυρίῳ;
   3 ³ἐὰν γὰρ βούληται κριθῆναι αὐτῷ,
      οὐ μὴ ὑπακούσῃ αὐτῷ,
      ἵνα μὴ ἀντείπῃ πρὸς ἕνα λόγον αὐτοῦ ἐκ χιλίω"
   4 ⁴σοφὸς γάρ ἐστιν διανοίᾳ, κραταιός τε καὶ μέγας·
      τίς σκληρὸς γενόμενος ἐναντίον αὐτοῦ ὑπέμεινεν;
   5 ⁵ὁ παλαιῶν ὄρη, οὐκ οἴδασιν,
      ὁ καταστρέφων αὐτὰ ὀργῇ·
   6 ⁶ὁ σείων τὴν ὑπ' οὐρανὸν ἐκ θεμελίων,
      οἱ δὲ στύλοι αὐτῆς σαλεύονται·

14 γαρ] δε A | εσται αυτου ℵA | οικος]+και η οδος αυτου A | αραχνη ℵA σκηνη] η δε σκηνη αυτου αραχνη αποβησετ, A   15 υπερισῃ B*ᶜ⁽ᵛⁱᵈ⁾ ℵ (υπερεισα Bᵃᵇ) υπερεισι A | αυτου 2°] αυτης A   16 om αυτου 1° ℵ   17 συναγωγη A   18 αυτου ο τ. ψευσεται A | εωρακας Bᵃᵇ εορας ℵ   19 αλλο A   20 αποποιησεται A | δεξται Bᵉᵈⁱᵗ   21 τα δε χειλη] και τα χειλη A | εξομολογησεως] αγαλλιασεως A   22 ενδυσωνται A | αισχυνην sup ras 10 circ litt A | διαιτα δε] και διαιτα A | ασεβων ℵ* (-βους ℵᶜ¹)   IX 3 αυτω 1°] μετ αυτου A | χιλιων] χειλιων B χειλεων A   4 εναντιον αυτου γενομενος ℵ   5 ουκ] pr και BᵃᵇℵA | οργη] pr εν A

IX 7   ΙΩΒ

B ⁷ὁ λέγων τῷ ἡλίῳ καὶ οὐκ ἀνατέλλει,   7
   κατὰ δὲ ἄστρων κατασφραγίζει,
   κατὰ δὲ ἀγγέλων αὐτοῦ σκώλιόν τι ἐπενόησεν,
⁸ὁ τανύσας τὸν οὐρανὸν μόνος,   8
   περιπατῶν ὡς ἐπ' ἐδάφους ἐπὶ θαλάσσης
⁹ὁ ποιῶν Πλειάδα καὶ Ἕσπερον καὶ Ἀρκτοῦρον καὶ ταμεῖα 9
   Νότου·
¹⁰ὁ ποιῶν μεγάλα καὶ ἀνεξιχνίαστα,   10
   ἔνδοξά τε καὶ ἐξαίσια, ὧν οὐκ ἔστιν ἀριθμός.
¹¹ἐὰν ὑπερβῇ με, οὐ μὴ ἴδω·   11
   καὶ ἐὰν παρέλθῃ με, οὐδ' ὡς ἔγνων.
¹²ἐὰν ἀπαλλάξῃ, τίς ἀποστρέψει;   12
   ἢ τίς ἐρεῖ αὐτῷ Τί ἐποίησας,
¹³αὐτὸς γὰρ ἀπέστραπται ὀργήν,   13
   ὑπ' αὐτοῦ ἐκάμφθησαν κήτη τὰ ὑπ' οὐρανόν.
¹⁴ἐὰν δέ μου ὑπακούσεται, ἢ διακρινεῖ τὰ ῥήματά μου   14
¹⁵ἐὰν γὰρ ὦ δίκαιος, οὐκ εἰσακούσεταί μου,   15
   τοῦ κρίματος αὐτοῦ δεηθήσομαι·
¹⁶ἐάν τε καλέσω καὶ μὴ ὑπακούσῃ,   16
   οὐ πιστεύω ὅτι εἰσακήκοέν μου.
¹⁷μὴ γνόφῳ με ἐκτρίψῃ;   17
   πολλὰ δέ μου τὰ συντρίμματα πεποίηκεν διὰ κενῆς.
¹⁸οὐκ ἐᾷ γάρ με ἀναπνεῦσαι,   18
   ἐνέπλησεν δέ με πικρίας.
¹⁹ὅτι μὲν γὰρ ἰσχύει, κρατεῖ·   19
   τίς οὖν κρίματι αὐτοῦ ἀντιστήσεται;
²⁰ἐὰν γὰρ ὦ δίκαιος, τὸ στόμα μου ἀσεβήσει·   20
   ἐάν τε ὦ ἄμεμπτος, σκολιὸς ἀποβήσομαι.
²¹εἴτε γὰρ ἠσέβησα, οὐκ οἶδα τῇ ψυχῇ,   21
   πλὴν ἀφαιρεῖταί μου ἡ ζωή.

ℵA   7 ηλιω] +μη ανατελλει A | κατα δε αγγελων   επενοησεν] pr asterisc ℵᶜᵃ
om A   8 περιπατων] pr και Bᵃᵇ A pr o ℵ | επι θαλασσης ως επ εδαφους A |
επ] επι ℵ* (επ [ras ι] ℵʸ) | om επι ℵ* (hab ℵᶜᵃ⁽ᵛⁱᵈ⁾ᶜ ᶜ)   9 Πλιαδα A |
ταμεια Bᵃᵇ (-μια B* ℵA)   11 υπερβη] ap post υ et μ post ρ ℵ* (improb
ℵ¹ et postea ras ℵʸ) | ου, δ ως (sic) A   12 εαν] pr και A   13 οργη
A | αυτου] +δε ℵᶜᵃ | εκαμφθη A   14 υπακουσεται (-σηται ℵ)] εισακουση
A | διακρινη A   15 εαν] +τε ℵᶜᵃ   16 τε] δε ℵ | om μη ℵA |
υπακουση] εισακουση A   17 γνοφω] pι εν A | συντριμματα] +μου A
18 αναπλευσαι ℵ* (αναπν. ℵᶜᵃ) | δε] γαρ ℵ   19 ισχυιι ℵA   21 ησε-
βηκα ℵ | πλην] διο ℵ* πλην ℵᶜᵃ πλην οτι ℵᶜᶜA | αφηρηται A

ΙΩΒ X 1

22 ²²διὸ εἶπον Μέγαν καὶ δυνάστην ἀπολλύει ὀργή, B
23 ²³ὅτι φαῦλοι ἐν θανάτῳ ἐξαισίῳ,
    ἀλλὰ δίκαιοι καταγελῶνται·
24 ²⁴παραδέδονται γὰρ εἰς χεῖρας ἀσεβοῦς
    πρόσωπα κριτῶν αὐτῆς συνκαλύπτει
    εἰ δὲ μὴ αὐτός ἐστιν, τίς ἐστιν;
25 ²⁵ὁ δὲ βίος μού ἐστιν ἐλαφρώτερος δρομέως
    ἀπέδρασαν, καὶ οὐκ εἴδοσαν.
26 ²⁶ἦ καὶ ἔστιν ναυσὶν ἴχνος ὁδοῦ,
    ἢ ἀετοῦ πετομένου ζητοῦντος βοράν,
27 ²⁷ἐάν τε γὰρ εἴπω, ἐπιλήσομαι λαλῶν,
    συνκύψας τῷ προσώπῳ στενάξω.
28 ²⁸σείομαι πᾶσιν τοῖς μέλεσιν,
    οἶδα γὰρ ὅτι οὐκ ἀθῷόν με ἐάσεις.
29 ²⁹ἐπειδὴ δέ εἰμι ἀσεβής, διὰ τί οὐκ ἀπέθανον,
30 ³⁰ἐὰν γὰρ ἀπολούσωμαι χιόνι,
    καὶ ἀποκαθάρωμαι χερσὶν καθαραῖς,
31 ³¹ἱκανῶς ἐν ῥύπῳ με ἔβαψας,
    ἐβδελύξατο δέ με ἡ στολή.
32 ³²οὐ γὰρ εἶ ἄνθρωπος κατ' ἐμὲ ᾧ ἀντικρινοῦμαι,
    ἵνα ἔλθωμεν ὁμοθυμαδὸν εἰς κρίσιν.
33 ³³εἴθε ἦν ὁ μεσίτης ἡμῶν καὶ ἐλέγχων
    καὶ διακούων ἀνὰ μέσον ἀμφοτέρων·
34 ³⁴ἀπαλλαξάτω ἀπ' ἐμοῦ τὴν ῥάβδον,
    ὁ δὲ φόβος αὐτοῦ μή με στροβείτω,
35 ³⁵καὶ οὐ μὴ φοβηθῶ ἀλλὰ λαλήσω·
X 1   οὐ γὰρ οὕτω συνεπίσταμαι, ¹κάμνων τῇ ψυχῇ μου.
    στένων ἐπαφήσω ἐπ' αὐτὸν τὰ ῥήματά μου·

22 απολυει A   23 εξαισιω (εξωσ A)]+απολουνται A   24 αυ- אA της] αυτου A | συγκαλυπτει B^ab | om τις εστιν א^c·a A   25 εστιν ελαφρωτερος (ελαφροτ. B^ab א A)] ελαφρ εστιν A | απεδρασαν] απεδρα A | ειδοσαν] ιδον A   26 βορρα| A   27 συγκυψας B^ab   28 σειομαι]+γαρ A | μεεσιν א* (μελ. א¹)   29 om δε A   30 απολουσομαι A | χερσι A   31 με εν ρυπω A | στολη]+μου A   32 ω] ου A   33 ειθε] ει γαρ A | ελεγχων] ο διελεγχων A | διακουων] διακρινων A | αμφοτερων]+δινειν δε μοι χρια A   34 ραβδον]+αυτου A | ο δε φοβος] και ο φοβος A   35 om μη א* (hab א^c·a) | αλλα] αν א* (αλλα א^c·a) | ουτω] αυτω א* ουτως א^c·a om A | συνεπισταμαι]+εμαυτω αδικον א^c·a A   X 1 om καμνων τη ψυχη μου א* (hab א^c·a) | καμνων] καμνω δε (inc stich) A | επαφησω επ αυτον] επ εμαυτον επαφ. A | τα ρηματα] τον θυμον A

ΙΩΒ

B   λαλήσω πικρίᾳ ψυχῆς μου συνεχόμενος,
²καὶ ἐρῶ πρὸς Κύριον Μή με ἀσεβεῖν δίδασκε·
καὶ διὰ τί με οὕτως ἔκρινας,
³ἦ καλόν σοι ἐὰν ἀδικήσω;
ὅτι ἀπείπω ἔργα χειρῶν σου,
βουλῇ δὲ ἀσεβῶν προσέσχες;
⁴ἦ ὥσπερ βροτὸς ὁρᾷ καθορᾷς;
ἦ καθὼς ὁρᾷ ἄνθρωπος βλέψῃ;
⁵ἦ ὁ βίος σου ἀνθρώπινός ἐστιν,
ἢ τὰ ἔτη σου ἀνδρός;
⁶ὅτι ἀνεζήτησας τὴν ἀνομίαν μου,
καὶ τὰς ἁμαρτίας μου ἐξιχνίασας;
⁷οἶδας γὰρ ὅτι οὐκ ἠσέβησα·
ἀλλὰ τίς ἐστιν ὁ ἐκ τῶν χειρῶν σου ἐξαιρούμενος;
⁸αἱ χεῖρές σου ἔπλασάν με καὶ ἐποίησάν με,
μετὰ ταῦτα μεταβαλών με ἔπαισας.

§ C ⁹μνήσθητι ὅτι πηλόν με ἔπλασας,
εἰς δὲ γῆν με πάλιν ἀποστρέφεις.
¹⁰ἦ οὐχ ὥσπερ γάλα με ἤμελξας,
ἐτύρωσας δέ με ἴσα τυρῷ,
¹¹δέρμα δὲ καὶ κρέας με ἐνέδυσας,
ὀστέοις δὲ καὶ νεύροις με ἔνειρας·
¹²ζωὴν δὲ καὶ ἔλεος ἔθου παρ' ἐμοί,
ἡ δὲ ἐπισκοπή σου ἐφύλαξέν μου τὸ πνεῦμα.
¹³ταῦτα ἔχων ἐν σεαυτῷ οἶδα ὅτι πάντα δύνασαι
ἀδυνατεῖ δέ σοι οὐθέν.
¹⁴ἐάν τε γὰρ ἁμάρτω, φυλάσσεις με,
ἀπὸ δὲ ἀνομίας οὐκ ἀθῷόν με πεποίηκας.
¹⁵ἐάν τε γὰρ ἀσεβήσω, οἴμοι·
ἐὰν δὲ ὦ δίκαιος, οὐ δύναμαι ἀνακύψαι,
πλήρης γὰρ ἀτιμίας εἰμί.

ℵAC 1 λαλησω] ρι τα δε ρηματα μου A | πικρια] πικριας ℵ* (πικρια ℵ^(c a)) pr εν A | om μου 3° A   2 εκρινες A   3 σοι] + εστιν A | αδικησω] ασεβησω A | απειπω] απιπωμε A   4 η καθως   βλεψη] pr asterisc ℵ^(c a) | βλεψη] βλεψις A   5 om εστιν A   7 οιδα A   8 επλασαν] εποιησαν ℵA | εποιησαν] επλασαν ℵA | μετα] + δε A   9 παλιν με ℵ   10 ετυρωσας] επηξας A   11 om δε 1° ℵA | ενειρας με A   12 ελεον A   13 σεαυτω] εαυτω ℵ^(c a) A^(* fort) (σε sup ras A^a) | ουθεν] ουδεν A   14 φυλαξεις ℵ* (-σσεις ℵ^(c a)) A | πεποιηκας] εασις A   15 τε] δε C | οιμμοι B*ℵA (οιμοι B^b) | δε] τε γαρ ℵ τε A | δυναμαι] δυνησομαι A | ανακιμψαι A | ατιμιας ειμι] ειμι ανομιας A

ΙΩΒ XI 7 B

16 ¹⁶ἀγρεύομαι γὰρ ὥσπερ λέων εἰς σφαγήν·
    πάλιν γὰρ μεταβαλὼν δεινῶς με ὀλέκεις,
17 ¹⁷ἐπανακαινίζων ἐπ' ἐμὲ τὴν ἔτασίν μου·
    ὀργῇ δὲ μεγάλῃ μοι ἐχρήσω,
    ἐπήγαγες δὲ ἐπ' ἐμὲ πειρατήρια.
18 ¹⁸ἵνα τί οὖν ἐκ κοιλίας με ἐξήγαγες, καὶ οὐκ ἀπέθανον,
    ὀφθαλμὸς δέ με οὐκ εἶδεν,
19 ¹⁹καὶ ὥσπερ οὐκ ὢν ἐγενόμην;
    διὰ τί γὰρ ἐκ γαστρὸς εἰς μνῆμα οὐκ ἀπηλλάγην;
20 ²⁰ἢ οὐκ ὀλίγος ἐστὶν ὁ βίος τοῦ χρόνου μου;
    ἔασόν με ἀναπαύσασθαι μικρὸν
21 ²¹πρὸ τοῦ με πορευθῆναι ὅθεν οὐκ ἀναστρέψω,
    εἰς γῆν σκοτινὴν καὶ γνοφεράν,
    ⁽²²⁾εἰς γῆν σκότους αἰωνίου, οὗ οὐκ ἔστιν φέγγος
    οὐδὲ ὁρᾶν ζωὴν βροτῶν.

XI 1 ¹Ὑπολαβὼν δὲ Σωφὰρ ὁ Μειναῖος λέγει
2   ²Ὁ τὰ πολλὰ λέγων καὶ ἀντακούσεται·
      ἢ καὶ ὁ εὔλαλος οἴεται εἶναι δίκαιος;
3   ³εὐλογημένος γεννητὸς γυναικὸς ὀλιγόβιος.
      μὴ πολὺς ἐν ῥήμασιν γίνου,
      οὐ γάρ ἐστιν ὁ ἀντικρινόμενός σοι.
4   ⁴μὴ γὰρ λέγε ὅτι Καθαρός εἰμι τοῖς ἔργοις
      καὶ ἄμεμπτος ἐναντίον αὐτοῦ.
5   ⁵ἀλλὰ πῶς ἂν ὁ κύριος λαλῆσαι πρὸς σέ;
      καὶ ἀνοίξει χείλη αὐτοῦ μετὰ σοῦ;
6   ⁶εἶτα ἀναγγελεῖ σοι δύναμιν σοφίας,
      ὅτι διπλοῦς ἔσται τῶν κατὰ σέ·
      καὶ τότε γνώσῃ ὅτι ἄξιά σοι ἀπέβη ἀπὸ Κυρίου ὧν ἡμάρτηκας.
7   ⁷ἢ ἴχνος Κυρίου εὑρήσεις;

16 γαρ 1°] δε A | παλιν γαρ] παλιν δε ℵ^(c a) και παλιν A | μεταβαλων] ℵAC
+με A | ολεκεις] adnot απολεις φονευσεις B^(a ing)   17 μου] σου A | επηγαγες
δε] και επηγειρας A   19 εγενομην] εγεγονειν A | γαρ] δε A | απηλλαγην]
απηλθον A   20 βιος του χρονου] χρονος του βιου A | μικρον] ολιγον ℵ
21 om με ℵ | οθεν ουκ bis scr A* (ras 1° A¹) | αναστρεφω A | σκοτεινην B^(ab)
C^(vid) | om ου ℵ* (superscr ℵ¹)   XI 1 Μιναιος ℵ   2 δικαιος ειναι A
3 γυναικος γεννητος A | ου γαρ sup ras A^a   5 λαλησαι ο κ̄ς̄ A | λαλησει
ℵ | ανοιξει (-ξη A)] διανυξει C | μετα σου] μετ αυτου A* (μ σ. A^(d vid))
6 εσται] εστιν A | τω ℵ* (των ℵ^(c a)) | απεβη] παρεβη A | απο] παρα C
7 η 1°] μη A

ΙΩΒ

Ε ἢ εἰς τὰ ἔσχατα ἀφίκου ἃ ἐποίησεν ὁ παντοκράτωρ;
⁸ὑψηλὸς ὁ οὐρανός, καὶ τί ποιήσεις;
βαθύτερα δὲ τῶν ἐν ᾅδου· τί οἶδας;
⁹ἢ μακρότερα μέτρου γῆς
ἢ εὔρους θαλάσσης.
¹⁰ἐὰν δὲ καταστρέψῃ τὰ πάντα, τίς ἐρεῖ αὐτῷ Τί ἐποίησας,
¹¹αὐτὸς γὰρ οἶδεν ἔργα ἀνόμων,
ἰδὼν δὲ ἄτοπα οὐ παρόψεται.
¹²ἄνθρωπος δὲ ἄλλως νήχεται λόγοις·
βροτὸς δὲ γεννητὸς γυναικὸς ἴσα ὄνῳ ἐρημίτῃ.
¹³εἰ γὰρ σὺ καθαρὰν ἔθου τὴν καρδίαν σου,
ὑπτιάζεις δὲ χεῖρας πρὸς αὐτόν
¹⁴εἰ ἄνομόν τί ἐστιν ἐν χερσίν σου,
πόρρω ποίησον αὐτὸ ἀπὸ σοῦ,
ἀδικία δὲ ἐν διαίτῃ σου μὴ αὐλισθήτω.
¹⁵οὕτως γὰρ ἀναλάμψει σου τὸ πρόσωπον ὥσπερ ὕδωρ καθαρόν,
ἐκδύσῃ δὲ ῥύπον καὶ οὐ μὴ φοβηθῇς
¹⁶καὶ τὸν κόπον ἐπιλήσῃ
ὥσπερ κῦμα παρελθόν, καὶ οὐ πτοηθήσῃ·
¹⁷ἡ δὲ εὐχή σου ὥσπερ ἑωσφόρος,
ἐκ δὲ μεσημβρίας ἀνατελεῖ σοι ζωή·
¹⁸πεποιθώς τε ἔσῃ ὅτι ἔστιν σοι ἐλπίς,
ἐκ δὲ μερίμνης καὶ φροντίδος ἀναφανεῖταί σοι εἰρήνη.
¹⁹ἡσυχάσεις γάρ, καὶ οὐκ ἔσται ὁ πολεμῶν σε·
μεταβαλόμενοι δὲ πολλοί σου δεηθήσονται.
²⁰σωτηρία δὲ αὐτοὺς ἀπολείψει·
ἡ γὰρ ἐλπὶς αὐτῶν ἀπώλεια,
ὀφθαλμοὶ δὲ ἀσεβῶν τακήσονται.

¹Ὑπολαβὼν δὲ Ἰὼβ λέγει   ΧΙΙ

ℵAC   7 a] ων A   8 ο ουρανος] om ο ℵ* (hab ο ℵ^(c a)) C +γη δε βαθια A | βαθυτερα δε] η βαθυτερα A   9 μετρων A | γης]+επιστασε A | ευρος A   11 ανομων sup ras A^a | ιδων] ιδον A*^vid (ο ras A^a) | ατοπον A   12 λογοις] αλογοις A* (improb a A^a) | om ισα A   13 εθου καθαραν ℵ | υπτιαζεις] υπτιασας A | χειρας] τας χ. σου A   14 ανομον πορρω sup ras et in mg A^a | αυτο] αυτον A*^vid (ο sup ras A^a) | απο σου] απ εμου ℵ* (απο σου ℵ^(c a))   15 το προσωπον σου A | φοβηθης] φοβηθηση C   16 τον κοπον] των κοπων σου A | ου]+μη A* (improb μη A^(a')) 17 ανατελλει ℵ   18 τε] δε C | om εση οτι C   19 ησυχασης C | μεταβαλομενοι ℵ* (-βαλομενοι ℵ^(c a) (nisi forte iam antea)) μεταβαλομενου A   20 σωτηρια δε] και σωτηρια A | απωλεια] απολειται A | τακησονται]+παρ αυτω γαρ σοφια και δυναμις· A

ΙΩΒ   XII 16

2   ²Εἶτα ὑμεῖς ἐστε ἄνθρωποι·⸉   B
    ἢ μεθ' ὑμῶν τελευτήσει σοφία.   ¶ C

3   ³κἀμοὶ μὲν καρδία καθ' ὑμᾶς ἐστιν.

4   ⁴δίκαιος γὰρ ἀνὴρ καὶ ἄμεμπτος ἐγενήθη εἰς χλεύασμα·

5   ⁵εἰς χρόνον γὰρ τακτὸν ἡτοίμαστο πεσεῖν ὑπὸ ἄλλων,
    ⁽⁶⁾οἴκους τε αὐτοῦ ἐκπορθεῖσθαι ὑπὸ ἀνόμων.

6   ⁶οὐ μὴν δὲ ἀλλὰ μηδεὶς πεποιθέτω πονηρὸς ὢν ἀθῷος ἔσεσθαι,
    ὅσοι παροργίζουσιν τὸν κύριον,
    ὡς οὐχὶ καὶ ἔτασις αὐτῶν ἔσται.

7   ⁷ἀλλὰ δὴ ἐρώτησον τετράποδα ἐάν σοι εἴπωσιν,
    πετεινὰ δὲ οὐρανοῦ ἐάν σοι ἀπαγγείλωσιν·

8   ⁸ἐκδιήγησαι γῇ ἐάν σοι φράσῃ,
    καὶ ἐξηγήσονταί σοι οἱ ἰχθύες τῆς θαλάσσης.

9   ⁹τίς οὖν οὐκ ἔγνω ἐν πᾶσι τούτοις
    ὅτι χεὶρ Κυρίου ἐποίησεν ταῦτα;

10 ¹⁰εἰ μὴ ἐν χειρὶ αὐτοῦ ψυχὴ πάντων ζώντων
    καὶ πνεῦμα παντὸς ἀνθρώπου;

11 ¹¹νοῦς μὲν γὰρ ῥήματα διακρίνει,
    λάρυγξ δὲ σῖτα γεύεται

12 ¹²ἐν πολλῷ χρόνῳ σοφία,
    ἐν δὲ πολλῷ βίῳ ἐπιστήμη.

13 ¹³παρ' αὐτῷ σοφία καὶ δύναμις,
    αὐτῷ βουλὴ καὶ σύνεσις.

14 ¹⁴ἐὰν καταβάλῃ, τίς οἰκοδομήσει;
    ἐὰν κλείσῃ κατὰ ἀνθρώπων, τίς ἀνοίξει;

15 ¹⁵ἐὰν κωλύσῃ τὸ ὕδωρ, ξηρανεῖ τὴν γῆν·
    ἐὰν δὲ ἐπαφῇ, ἀπώλεσεν αὐτὴν καταστρέψας.

16 ¹⁶παρ' αὐτῷ κράτος καὶ ἰσχύς,
    αὐτῷ ἐπιστήμη καὶ σύνεσις.

XII 2 ειτα] μη A | ανθρωποι]+μονοι A   3 καμοι] και μοι ℵ και εμοι A ℵA
4 εγενηθη] εγενομην A | χλευασμον A   5 om γαρ ℵ | πεσειν]+με A |
υπο] υπ A | αλλων] αλλους Bᵃℵ αλλοις A | αυτου] μου A   6 μηδεις]
μηθεις ℵ | παροργιζουσιν] γαρ οργ. A   7 ερωτησον] επερωτησον A | ειπω-
σιν] ειπη A | δε] τε A | απαγγειλωσιν] αναγγειλη A   8 εκδιηγησαις ℵ*
(-σαι ℵᶜᵃ)+δε A | και]+ει A | om σοι 2° ℵ* (hab ℵᶜᵃ)   9 τις ουν] οτι
τις A | πασιν A   10 ει μη] οτι A | ζωντων] pr των ℵᶜᵃA   12 σοφια]
+ευρισκεται A | πολλω] μακρω A   13 αυτω 2°] pr παρ A   14 καταβαλη]
καταστρεψη A | εαν 2°]+δε και A | κλειση] αποκλιση A | ανθρωπων] ανου A
15 δε]+και A   16 αυτω 2°] pr παρ A |

B ^{17}διάγων βουλευτὰς αἰχμαλώτους,
    κριτὰς δὲ γῆς ἐξέστησεν.
^{18}καθιζάνων βασιλεῖς ἐπὶ θρόνους,
    καὶ περιέδησεν ζώνῃ ὀσφύας αὐτῶν.
^{19}ἐξαποστέλλων ἱερεῖς αἰχμαλώτους,
    δυνάστας δὲ γῆς κατέστρεψεν.
^{20}διαλλάσσων χείλη πιστῶν,
    σύνεσιν δὲ πρεσβυτέρων ἔγνω.
^{21}ἐκχέων ἀτιμίαν ἐπ' ἄρχοντας,
    ταπεινοὺς δὲ ἰάσατο.
^{22}ἀνακαλύπτων βαθέα ἐκ σκότους,
    ἐξήγαγεν δὲ εἰς φῶς σκιὰν θανάτου.
^{23}καταστρωννύων ἔθνη καὶ καθοδηγῶν αὐτά.
^{24}διαλλάσσων καρδίας ἀρχόντων γῆς,
    ἐπλάνησεν δὲ αὐτοὺς ἐν ὁδῷ ᾗ οὐκ ᾔδεισαν
^{25}ψηλαφήσαισαν σκότος καὶ μὴ φῶς,
    πλανηθείησαν δὲ ὥσπερ ὁ μεθύων.
^{1}ἰδοὺ ταῦτα ἑόρακέν μου ὁ ὀφθαλμὸς
    καὶ ἀκήκοέν μου τὸ οὖς·
^{2}καὶ οἶδα ὅσα καὶ ὑμεῖς ἐπίστασθε,
    καὶ οὐκ ἀσυνετώτερός εἰμι ὑμῶν.
^{3}οὐ μὴν δὲ ἀλλ' ἐγὼ πρὸς Κύριον λαλήσω,
    ἐλέγξω δὲ ἐναντίον αὐτοῦ ἐὰν βούληται
^{4}ὑμεῖς δέ ἐστε ἰατροὶ ἄδικοι
    καὶ ἰαταὶ κακῶν πάντες.
^{5}εἴη δὲ ὑμῖν κωφεῦσαι,
    καὶ ἀποβήσεται ὑμῖν σοφία
^{6}ἀκούσατε ἔλεγχον τοῦ στόματός μου,
    κρίσιν δὲ χειλέων μου προσέχετε.
^{7}πότερον οὐκ ἔναντι Κυρίου λαλεῖτε,

ℵA   17 βουλευτας]+γης A   18 καθιζανων] καθιζων A | θρονων ℵ | περιεδησεν] περιζωννυων αυτους A | ζωνη] ζωην A | οσφυας] οσφρυος A* (οσφυος A')   19 εξαποστελλων] pr ο A   20 διαλασσων B* (διαλλ. B$^{a?b}$)   22 ανακαλυπτων] ο αποκαλυπτων A | βαθεια A   23 καταστρωννυων] pr πλανων εθνη και απολλιων αυτα B^{ab}ℵA   24 διαλλασσον ℵ* (-σσων ℵ$^{c\,a}$) | om γης A | om εν ℵA | η ουκ ηδισαν οδω ℵ   25 ψηλαφησειαν A | μη] ου A   XIII 1 εωρακεν B^{ab}ℵ | το ους μου ακηκοεν A   2 και 2°]+γε νεωτερος υμων A | ουκ ειμι ασυνετωτερος A   3 αλλα προς κν λαλησω εγω A   4 δε] γαρ A   5 σοφια] εις σοφιαν A   6 ελεγχους ℵ | του στοματος] om του ℵA | κρισει A

8   ἔναντι δὲ αὐτοῦ φθέγγεσθε δόλον, ⁸ἢ ὑποστελεῖσθε;   B
    ὑμεῖς δὲ αὐτοὶ κριταὶ γένεσθε.
9   ⁹καλὸν γὰρ ἐὰν ἐξιχνιάσῃ ὑμᾶς;
    εἰ γὰρ τὰ πάντα ποιοῦντες προστεθήσεσθε αὐτῷ,
10 ¹⁰οὐθὲν ἧττον ἐλέγξει ὑμᾶς·
    εἰ δὲ καὶ κρυφῇ πρόσωπα θαυμάσεσθε,
11 ¹¹πότερον οὐχὶ δεινὰ αὐτοῦ στροβήσει ὑμᾶς,
    ὁ φόβος δὲ παρ' αὐτοῦ ἐπιπεσεῖται ὑμῖν,
12 ¹²ἀποβήσεται δὲ ὑμῶν τὸ ἀγαυρίαμα ἴσα σποδῷ,
    τὸ δὲ σῶμα πήλινον.
13 ¹³κωφεύσατε, ἵνα λαλήσω καὶ ἀναπαύσωμαι θυμοῦ,
14 ¹⁴ἀναλαβὼν τὰς σάρκας μου τοῖς ὀδοῦσιν,
    ψυχὴν δέ μου θήσω ἐν χειρί
15 ¹⁵ἐάν με χειρώσηται ὁ δυνάστης, ἐπεὶ καὶ ἦρκται,
    ἦ μὴν λαλήσω καὶ ἐλέγξω ἐναντίον αὐτοῦ
16 ¹⁶καὶ τοῦτό μοι ἀποβήσεται εἰς σωτηρίαν,
    οὐ γὰρ ἐναντίον αὐτοῦ δόλος εἰσελεύσεται.
17 ¹⁷ἀκούσατε, ἀκούσατε τὰ ῥήματά μου,
    ἀναγγελῶ γὰρ ὑμῶν ἀκουόντων.
18 ¹³ἰδοὺ ἐγὼ ἐγγύς εἰμι τοῦ κρίματός μου,
    §οἶδα ἐγὼ ὅτι δίκαιος ἀναφανοῦμαι.   §C
19 ¹⁹τίς γάρ ἐστιν ὁ κριθησόμενός μοι,
    ὅτι νῦν κωφεύσω καὶ ἐκλείψω,
20 ²⁰δυεῖν δέ μοι χρήσῃ,
    τότε ἀπὸ τοῦ προσώπου σου οὐ κρυβήσομαι
21 ²¹τὴν χεῖρα ἀπ' ἐμοῦ ἀπέχου,
    καὶ ὁ φόβος σου μή με καταπλησσέτω
22 ²²εἶτ' ἂν καλέσεις, ἐγὼ δέ σοι ὑπακούσομαι

8 η] ει A (inc stich) | υμεις δε αυτοι] αυτοι υμεις A | κριται ℵ* (improb ℵᶜᵃC ν ℵᶜ) | γενεσθε]+καλως γε λαλουντες A   9 καλον γαρ εαν] om εαν B εαν γαρ A | γαρ 2°] και | αυτω] οδω αυτου A   10 προσωπον A | θαυμασεσθε] θαυμασεται A   11 δεινα] διλια A | ο φοβος] om ο ℵᶜᵃA | παρ αυτου] κυ A   12 αποβησεται δε] και αποβ A | υμων] υμιν ℵ | αγαυριαμα] γαυριαμα BᵇℵA | ισα] ισον ℵ   13 θυμου] θυμω μου A 14 οδουσιν]+μου A | χειρι] χερσιν ℵ χερσιν μου A   15 με] pr μη A | η μην] ου μην δε αλλα A | ελεγξω]+υμας A   16 τουτο]+το A | εισελευσεται εναντιον αυτου δολος A   17 ακουσατε 1°]+μου A | μου τα ρηματα A | υμων] pr υμιν ℵ   18 εγω 2°] pr o ℵ* (om o ℵ¹)   19 οτι] ινα A   20 χρηση] χρια A χρησιν C | om ου ℵ   21 χειρα]+σου A | απ εμου απεχου] αποσχου απ εμου A   22 ειτ αν] ειτα Bᶜ εστ αν ℵ* ειτα ℵᶜᵃ⁽ᵛⁱᵈ⁾AC | καλεση ℵ* (-σις ℵᶜᵃ⁽ᵛⁱᵈ⁾) | σοι 1°] σου Bᵃᵛᵉˡᵖᵒᵗⁱᵘˢᵇ ℵ* (σοι ℵᶜᵃ) | υπακουσομαι] υπακουω A

543

ΙΩΒ XIII 23

B ἢ λαλήσεις, ἐγὼ δέ σοι δώσω ἀνταπόκρισιν.
²³πόσαι εἰσὶν αἱ ἁμαρτίαι μου καὶ αἱ ἀνομίαι μου;   23
   δίδαξόν με τίνες εἰσίν.
²⁴διὰ τί ἀπ' ἐμοῦ κρύπτῃ,   24
   ἥγησαι δέ με ὑπεναντίον σοι;
²⁵ἢ ὡς φύλλον κινούμενον ὑπὸ ἀνέμου εὐλαβηθήσῃ,   25
   ἢ ὡς χόρτῳ φερομένῳ ὑπὸ πνεύματος ἀντίκεισαί μοι;
²⁶ὅτι κατέγραψας κατ' ἐμοῦ κακά,   26
   περιέθηκας δέ μοι νεότητος ἁμαρτίας·
²⁷ἔθου δέ μου τὸν πόδα ἐν κωλύματι,   27
   ἐφύλαξας δέ μου πάντα τὰ ἔργα,
   εἰς δὲ ῥίζας τῶν ποδῶν μου ἀφίκου·
²⁸ὃ παλαιοῦται ἴσα ἀσκῷ,   28
   ἢ ὥσπερ ἱμάτιον σητόβρωτον.
¹βροτὸς γὰρ γεννητὸς γυναικὸς ὀλιγόβιος καὶ πλήρης ὀργῆς,   1 XIV
²ἢ ὥσπερ ἄνθος ἀνθῆσαν ἐξέπεσεν,   2
   ἀπέδρα δὲ ὥσπερ σκιὰ καὶ οὐ μὴ στῇ.
³οὐχὶ καὶ τούτου λόγον ἐποίησω,   3
   καὶ τοῦτον ἐποίησας εἰσελθεῖν ἐν κρίματι ἐνώπιόν σου;
⁴τίς γὰρ καθαρὸς ἔσται ἀπὸ ῥύπου; ἀλλ' οὐθείς,   4
⁵ἐὰν καὶ μία ἡμέρα ὁ βίος αὐτοῦ ἐπὶ τῆς γῆς·   5
   ἀριθμητοὶ δὲ μῆνες αὐτοῦ παρ' αὐτοῦ,
   εἰς χρόνον ἔθου καὶ οὐ μὴ ὑπερβῇ.
⁶ἀπόστα ἀπ' αὐτοῦ ἵνα ἡσυχάσῃ   6
   καὶ εὐδοκήσῃ τὸν βίον, ὥσπερ ὁ μισθωτός·
⁷ἔστιν γὰρ δένδρῳ ἐλπίς·   7

ℵAC   22 om η A | ανταποκρισιν] αποκρισιν A   23 αι ανομιαι] διανομιαι ℵ* (αι αν. ℵᶜᵃ) om αι AC | τινες εισιν διδαξον με A | δαξον ℵ* (διδ. ℵ¹)   24 απ εμου κρυπτη] με αποκρυπτη A | υπεναντιον] pr ωσπερ A | σοι] σου ℵ* (σοι ℵᶜᵃ postea restit σου) A   25 ως 1°] ωσπερ ℵA | ανεμου] pr του ℵ* (om ℵᶜᵃ) | χορτον φερομενον A | αντικεισαι (αντικειμαι C)]+δε et c seqq coniung A | μοι] σοι C   26 κατ εμου] επει με C | περιεθηκας δε] και περιεθ. A   27 τον ποδα μου ℵ | κωλυματι] κυκλωματι A | εφυλαξας δε] και εφυλαξες (sic) A | των ποδων] om των A   28 οι παλαιουνται A   XIV 1 γεννητος γαρ γυναικος ℵ* (γαρ γενν. γιν. ℵᶜᵃ) | om γεννητος C   2 εξεπεσον ℵᶠᵒʳᵗ   3 ποιησω B* (εποιησω Bᵃᵉᵗ ᶠᵒʳᵗ ᵇ) | εν κριματι εισελθειν A | ενωπιον] επι A   4 καθαρος εσται] εστε καθαρος A | ρυπου] ρειπου C | αλλ ουθεις] αλλ ουδεις ℵ (-δις) C ουδε εις A: inc stich ℵC   5 μιας ημερας A | ο βιος] pr γενηται A | αυτου 3°] αυτω A | χρονον]+γαρ A   6 απ αυτου] απ εμου A | ησυχασω A | ευδοκησω A | τον βιον] pr μου A | ο μισθωτος] om ο A

ἐὰν γὰρ ἐκκοπῇ, ἔτι ἐπανθήσει,
καὶ ὁ ῥάδαμνος αὐτοῦ οὐ μὴ ἐκλείπῃ·
⁸ἐὰν γὰρ γηράσῃ ἐν γῇ ἡ ῥίζα αὐτοῦ,
ἐὰν δὲ πέτρᾳ τελευτήσῃ τὸ στέλεχος αὐτοῦ,
⁹ἀπὸ ὀσμῆς ὕδατος ἀνθήσει,
ποιήσει δὲ θερισμὸν ὥσπερ νεόφυτον.
¹⁰ἀνὴρ δὲ τελευτήσας ᾤχετο,
πεσὼν δὲ βροτὸς οὐκέτι ἐστίν.
¹¹χρόνῳ γὰρ σπανίζεται θάλασσα,
ποταμὸς δὲ ἐρημωθεὶς ἐξηράνθη.
¹²ἄνθρωπος δὲ κοιμηθεὶς οὐ μὴ ἀναστῇ
ἕως ἂν ὁ οὐρανὸς οὐ μὴ συνραφῇ,
καὶ οὐκ ἐξυπνισθήσονται ἐξ ὕπνου αὐτῶν.
¹³εἰ γὰρ ὄφελον ἐν ᾅδῃ με ἐφύλαξας,
ἔκρυψας δέ με ἕως ἂν παύσηταί σου ἡ ὀργή,
καὶ τάξῃ μοι χρόνον ἐν ᾧ μνείαν μου ποιήσῃ.
¹⁴ἐὰν γὰρ ἀποθάνῃ ἄνθρωπος, ζήσεται,
συντελέσας ἡμέρας τοῦ βίου αὐτοῦ·
ὑπομενῶ ἕως πάλιν γένωμαι.
¹⁵εἶτα καλέσεις, ἐγὼ δέ σοι ὑπακούσομαι,
τὰ δὲ ἔργα τῶν χειρῶν σου μὴ ἀποποιοῦ.
¹⁶ἠρίθμησας δέ μου τὰ ἐπιτηδεύματα,
καὶ οὐ μὴ παρέλθῃ σε οὐδὲν τῶν ἁμαρτιῶν μου·
¹⁷ἐσφράγισας δέ μου τὰς ἀνομίας ἐν βαλαντίῳ,
ἐπεσημήνω δὲ εἴ τι ἄκων παρέβην.
¹⁸καὶ πλὴν ὄρος πίπτον διαπεσεῖται,
καὶ πέτρα παλαιωθήσεται ἐκ τοῦ τόπου αὐτῆς

7 γαρ 2°] δε και A | ετι] pr παλιν ℵ^(c a vid) παλιν AC | επανθησει] ανθησει ℵAC A | εκλιπη ℵA   8 εαν 2° B*^(vid)AC] εν B^(ab) (sup ras) ℵ | πετραις A | τελευτησει A   9 ποιησει δε] και ποιησει A   10 πεσων δε] και πεσων A | ουκ ετι εστιν] adnot [δ]εον ερωτηματικως [α]ναγνωσθῆναι το ουκ' ἔτι εστί B^(a ng) sign interrogat adpinx B^(a b?)   11 ποταμοι δε ερημωθεντες ξηρανθησονται A   12 μη 1°] μην C | αναστη]+και ου μη εξεγερθη A | εως] ως ℵ* (εως ℵ^(c a)) | ου μη συνραφη (συρραφη B^(b (vid)) C)] παλαιωθη A   13 ει] adnot αντι του εἴθε B^(b mg) | φυλαξις A | εκρυψας] κρυψεις A εκρυψαν C | ως ℵ* (εως ℵ^(c a)) | σου] μου C   14 ημερας] pr τας ℵ^(c a)C | υπομενω εως] υπ. εως αν ℵ υπ σαι εως αν A υπομειν . . . . ν C (fort υπομειναs εως αν) | αλιν B* (παλ. B^(ab))   15 καλεσεις]+με A | υπακουσομαι] in om aliq attig ℵ^(?vid) | τα εργα ℵ* (τα δε ε. ℵ^(1(vid)))   16 τα επιτηδευματα] pr παντα C   17 τας ανομιας] τας αμαρτιας ℵ τα αμαρτηματα A | βαλλαντιω ℵAC | επεσημηνω δε] και επισημηνω (sic) A | ει τι] ειπ C   18 πιπτων ℵ* (πιπτον ℵ^(c a)) A | διαπεσειται] πεσειται A

B ¹⁹λίθους ἐλέαναν ὕδατα,
   καὶ κατέκλυσεν ὕδατα ὕπτια τοῦ χώματος τῆς γῆς·
   καὶ ὑπομονὴν ἀνθρώπου ἀπώλεσας
²⁰ὦσας αὐτὸν εἰς τέλος, καὶ ᾤχετο·
   ἐπέστησας αὐτῷ τὸ πρόσωπον, καὶ ἐξαπέστειλας
²¹πολλῶν δὲ γενομένων τῶν υἱῶν αὐτοῦ οὐκ οἶδεν,
   ἐὰν δὲ ὀλίγοι γένωνται, οὐκ ἐπίσταται·
²²ἀλλ' ἢ αἱ σάρκες αὐτοῦ ἤλγησαν, ἡ δὲ ψυχὴ αὐτοῦ ἐπένθησεν.

¹Ὑπολαβὼν δὲ Ἐλειφὰς ὁ Θαιμανείτης λέγει   XV
²Πότερον σοφὸς ἀπόκρισιν δώσει συνέσεως πνεύματος,
   καὶ ἐνέπλησεν πόνον γαστρός, ³ἐλέγχων ἐν ῥήμασιν οἷς
   οὐ δεῖ,
   ἐν λόγοις οἷς οὐδὲν ὄφελος;
⁴οὐ καὶ σὺ ἀπεποιήσω φόβον,
   συνετελέσω δὲ ῥήματα τοιαῦτα ἔναντι τοῦ κυρίου,
⁵ἔνοχος εἶ ῥήμασιν στόματός σου,
   οὐδὲ διέκρινας ῥήματα δυναστῶν·
⁶ἐλέγξαι σε τὸ σὸν στόμα καὶ μὴ ἐγώ,
   τὰ δὲ χείλη σου καταμαρτυρήσουσίν σου.
⁷τί γάρ, μὴ πρῶτος ἀνθρώπων ἐγενήθης;
   ἢ πρὸ θινῶν ἐπάγης;
⁸ἢ σύνταγμα Κυρίου ἀκήκοας,
   εἰς δὲ σὲ ἀφίκετο σοφία;
⁹τί γὰρ οἶδας ὃ οὐκ οἴδαμεν,
   ἢ τί συνίεις ὃ οὐ καὶ ἡμεῖς;
¹⁰καί γε πρεσβύτης καί γε παλαιὸς ἐν ἡμῖν,

ℵAC 19 ελεανεν A | της γης sup ras Bᵃ   20 εις] ει C | επεστησας] pr και A | προσωπον]+σου A | εξαπεστειλας] εξαπεσταλη A   21 δε 2°] τε A | επιστανται ℵ* (-σταται ℵᶜᵃ) απιστaται C   22 αυτου 2°]+επ αυτω A   XV 1 evan in C | Ελιφαζ ℵA | Θαιμανιτης ℵ Θεμανιτις A   2 ποτερον] τινα αρα A | συνεως C | πνευματος] π̄ν̄ς̄ B* πνευματος A π̄ν̄ᾱ BᵇN*C (π̄ν̄ατος ℵᶜᵃ) | και ενεπλησεν] εμπλησει δε A   3 ελεγχων]+με A | οις ου δει] κενοις A   4 ου] οτι A | om και ℵᶜᵃ (postea restit) | συ] σοι BAC | του κυριου] om του AC   5 ουδε] ουδεν ℵ και ου A ου C | διεκρινας ℵ* (διεκρ ℵᶜᵃ) | ρηματα B* ℵᶜᵃ A] ρημα Bᵃᵇ ℵ*   6 ελεγξη A | καταμαρτυρησουσιν] καταμαρτυρησε A -σει A¹ᶠᵒʳᵗ -σαισαν C   7 ανθρωπων] ανος A | εγεννηθης AC   8 εις δε] η εις A   9 συνιεις]+συ Bᵃᵇ συ νοησεις A | ου] ουχι Bᵃᵇℵᶜᵃ⁽ᵛⁱᵈ⁾ᶜᶜ AC (·χει)

βαρύτερος τοῦ πατρός σου ἡμέραις.

11 ¹¹ὀλίγα ὧν ἡμάρτηκας μεμαστίγωσαι,
μεγάλως ὑπερβαλλόντως λελάληκας.

12 ¹²τί ἐτόλμησεν ἡ καρδία σου;
ἢ τί ἐπήνεγκαν οἱ ὀφθαλμοί σου,

13 ¹³ὅτι θυμὸν ἔρρηξας ἔναντι Κυρίου,
ἐξήγαγες δὲ ἐκ στόματος ῥήματα τοιαῦτα;

14 ¹⁴τίς γὰρ ὢν βροτός, ὅτι ἔσται ἄμεμπτος,
ἢ ὡς ἐσόμενος δίκαιος γεννητὸς γυναικός;

15 ¹⁵εἰ κατὰ ἁγίων οὐ πιστεύει,
οὐρανὸς δὲ οὐ καθαρὸς ἐναντίον αὐτοῦ.

16 ¹⁶ἔα δὲ ἐβδελυγμένος καὶ ἀκάθαρτος,
ἀνὴρ πίνων ἀδικίας ἴσα ποτῷ.

17 ¹⁷ἀναγγελῶ δέ σοι, ἄκουέ μου,
ἃ δὴ ἑώρακα ἀναγγελῶ σοι,

18 ¹⁸ἃ σοφοὶ ἐροῦσιν, οὐκ ἔκρυψαν πατέρας αὐτῶν·

19 ¹⁹αὐτοῖς μόνοις ἐδόθη ἡ γῆ,
καὶ οὐκ ἐπῆλθεν ἀλλογενὴς ἐπ' αὐτούς.

20 ²⁰πᾶς ὁ βίος ἀσεβοῦς ἐν φροντίδι,
ἔτη δὲ ἀριθμητὰ δεδομένα δυνάστῃ,

21 ²¹ὁ δὲ φόβος αὐτοῦ ἐν ὠσὶν αὐτοῦ·
ὅταν δοκῇ ἤδη εἰρηνεύειν,
ἥξει αὐτοῦ ἡ καταστροφή.

22 ²²μὴ πιστευέτω ἀποστραφῆναι ἀπὸ σκότους·
ἐντέταλται γὰρ ἤδη εἰς χεῖρας σιδήρου,

23 ²³κατατέτακται δὲ εἰς σῖτα γυψίν·
οἶδεν δὲ ἐν ἑαυτῷ ὅτι μένει εἰς πτῶμα.

10 βαρυτερος] πρεσβυτερος A* (βαρ. Aᵃ)   **11** ημαρτησας C | υπερβαλ- ℵAC λοντως] υπερβαλλον ουτως C   **12** τι ετολμησεν] τι οτι ετολμ. A τετολμησεν C | τι 2°]+σοι A   **13** δε εκ σ sup ras Bᵃᵇ   **14** om οτι A   **15** αγιων] +αυτου ℵᶜ ᵃ | ου 1°] ο C | πιστευει]+μεμψις A | ουρανος] pr ο A | αυτου] +αστρα δε ουκ αμεμπτα A   **16** ανηρ c praec coniung C | αδικιαν A   **17** αναγγελω 1°] αναγγελλω ℵA | δε] ουν A | ακουε μου] συ δε μου ακουε A | εορακα AC | αναγγελω 2°] αναγγελλω A   **18** ερουσιν] ανηγγειλαν A | ουκ] pr και ℵAC | πατερας] p̄r̄ē̄s̄ AC   **19** αυτοις] αυτοις δε ℵᶜ ᵃ (postea ras δε) αυτος δε Cᵉᵈⁱᵗ   **20** ασεβων A   **21** ειρηνευεσθαι A | ηξει] pr τοτε A | η καταστρ. αυτου A   **22** αποστραφηναι ℵ* (·στραφ ℵᶜ ᵃ) | εντεταλται] εντετακται A | σιδηρου]+καταπιπτι δε εις εξαληψιν A (sign adpinx Aʔᵐᵍ)   **23** κατατετακται δε] και κατατετ. A κατατετ. γαρ C | δε 2°] γαρ ℵ | πτωμα] πτωσιν ℵ

XV 24 ΙΩΒ

B ἡμέρα δὲ αὐτὸν σκοτινὴ στροβήσει,
²⁴ἀνάγκη δὲ καὶ θλίψις αὐτὸν καθέξει
ὥσπερ στρατηγὸς πρωτοστάτης πίπτων 24
²⁵ὅτι ἦρκεν χεῖρας ἐναντίον τοῦ κυρίου,
ἔναντι δὲ Κυρίου Παντοκράτορος ἐτραχηλίασεν, 25
²⁶ἔδραμεν δὲ ἐναντίον αὐτοῦ ὕβρει,
ἐν πάχει νώτου ἀσπίδος αὐτοῦ· 26
²⁷ὅτι ἐκάλυψεν τὸ πρόσωπον αὐτοῦ ἐν στέατι αὐτοῦ,
καὶ ἐποίησεν περιστόμιον ἐπὶ τῶν μηρίων. 27
²⁸αὐλισθείη δὲ πολεις ἐρήμους,
εἰσέλθοι δὲ εἰς οἴκους ἀοικήτους·
ἃ δὲ ἐκεῖνοι ἡτοίμασαν, ἄλλοι ἀποίσονται. 28
²⁹οὔτε μὴ πλουτισθῇ, οὔτε μὴ μείνῃ αὐτοῦ τὰ ὑπάρχοντα·
οὐ μὴ βάλῃ ἐπὶ τὴν γῆν σκιάν, 29
³⁰οὐδὲ μὴ ἐκφύγῃ τὸ σκότος·
τὸν βλαστὸν αὐτοῦ μαράναι ἄνεμος,
ἐκπέσοι δὲ αὐτοῦ τὸ ἄνθος. 30
³¹μὴ πιστευέτω ὅτι ὑπομενεῖ,
κενὰ γὰρ ἀποβήσεται αὐτῷ· 31
³²ἡ τομὴ αὐτοῦ πρὸ ὥρας φθαρήσεται,
καὶ ὁ ῥάδαμνος αὐτοῦ οὐ μὴ πυκάσῃ· 32
³³τρυγηθείη δὲ ὡς ὄμφαξ πρὸ ὥρας,
ἐκπέσοι δὲ ὡς ἄνθος ἐλαίας. 33
³⁴μαρτύριον γὰρ ἀσεβοῦς θάνατος,
πῦρ δὲ καύσει οἴκους δωροδεκτῶν. 34
³⁵ἐν γαστρὶ δὲ λήμψεται ὀδύνας, 35

ℵAC 23 om δε 3° A | σκοτινη στροβησει αυτον A σκοτ. αυτον στροβ. C | σκοτεινη
B^{ab} 24 om και ℵ* (superscr ♭ ℵ^{c a}) | πρωτοστρατης ℵ | πιπτων] πεπτωκως
A 25 εναντιον] εναντι A | του κυριου] om του A αυτου C 26 om
δε ℵ* (hab ℵ^{c 1}) | εναντιον] εαντιον C^{edit (txt)} | om αυτου 1° C | παχει νωτου]
πανεχινω της A in νωτου scr θ pro τ C* postea ιενος τ C² 27 μηριων]
μηρων ℵA + αυτου| αινος δε αυτου υβρις| A 28 πολις B*ℵA (-λεις B^{ab}C) |
εισελθοι δε] και εισελθοι A | εκεινος ητοιμασεν ℵ^{c a, c c}A | απουσονται (sic) C
29 τα υπαρχοντα αυτου A | ου] ουδε A | την γην] om την B^{ab}ℵ* γης ℵ^{c a}C
30 το σκοτος] om το A | μαραινει A | εκπεσοι δε] και εκπεσοι A 31 κενα]
καινα C | αυτω αποβησεται A 32 φθαρησεται] θαρησεται sup ras C^a |
πυκασει ℵA (-σι) 33 ως 1°] ωσπερ AC | εκπεσοι δε] και εκπεσοι A |
ως 2°] ωσπερ A 34 καυσει] κατακαυσει A 35 εν γαστρι δε] και
εκ γαστρι (sic) A | λημψονται A

ΙΩΒ   XVI 13

ἀποβήσεται δὲ αὐτῷ κενά,   B
ἡ δὲ κοιλία αὐτοῦ ὑποίσει δόλον.

XVI 1 ¹Ὑπολαβὼν δὲ Ἰὼβ λέγει
2 ²Ἀκήκοα τοιαῦτα πολλά·
παρακλήτορες κακῶν πάντες·
3 ³τί γάρ; μὴ τάξις ἐστὶν ῥήμασιν πνεύματος;
ἢ τί παρενοχλήσει σοι ὅτι ἀποκρίνῃ;
4 ⁴κἀγὼ καθ' ὑμᾶς λαλήσω.
εἰ ὑπέκειτό γε ἡ ψυχὴ ὑμῶν ἀντὶ τῆς ἐμῆς,
5 ⁵εἶτ' ἐναλοῦμαι ὑμῖν ῥήμασιν,
κινήσω δὲ καθ' ὑμῶν κεφαλήν.
(5) 6 ⁶εἴη δὲ ἰσχὺς ἐν τῷ στόματί μου,
κίνησιν δὲ χειλέων οὐ φείσομαι.
(6) 7 ⁷ἐὰν γὰρ λαλήσω, οὐκ ἀλγήσω τὸ τραῦμα·
ἐὰν δὲ καὶ σιωπήσω, τί ἔλαττον τρωθήσομαι;
(7) 8 ⁸νῦν δὲ κατάκοπόν με πεποίηκεν, μωρόν, σεσηπότα,
(8) 9 καὶ ἐπελάβου μου· ⁹εἰς μαρτύριον ἐγενήθη·
καὶ ἀνέστη ἐν ἐμοὶ τὸ ψεῦδός μου,
κατὰ πρόσωπόν μου ἀνταπεκρίθη.
(9) 10 ¹⁰ὀργῇ χρησάμενος κατέβαλέν με,
ἔβρυξεν ἐπ' ἐμὲ τοὺς ὀδόντας,
βέλη πειρατῶν αὐτοῦ ἐπ' ἐμοὶ ἔπεσεν
(10) 11 ¹¹ἀκίσιν ὀφθαλμῶν ἐνήλατο,
ὀξεῖ ἔπαισέν με εἰς τὰ γόνατα,
ὁμοθυμαδὸν δὲ κατέδραμον ἐπ' ἐμοί.
(11) 12 ¹²παρέδωκεν γάρ με ὁ κύριος εἰς χεῖρας ἀδίκου,
ἐπὶ δὲ ἀσεβέσιν ἔρριψέν με.
(12) 13 ¹³εἰρηνεύοντα διεσκέδασέν με·

35 αποβησατε C | κενα] καινα C | υποισει] ουκ οισει ℵ* (υπ. ℵ^(c a)) | δολον] ℵAC πονον A   XVI **1** evan in C   **3** εστι C   **4** καγω] και εγω δε Λ | ει] η C | γε υπεκειτο ΛC | υμων] ημων C | εμης]+ψυχης Λ **5** ειτ]+ει C | εναλλουμαι C | ρημασιν] λογοις A   **6** κινησιν δε] και κεινησιν Λ | χειλεων]+μου ℵ* (om μου ℵ^(c a) postea restit)   **7** τραυμα]+μου ℵ^(c a) (postea ras) A | ελασσον ℵ   **8** κατακοπον] κατα τοπον C? (ν pro τ C*^(vid)) | σεσηποτα] ..νσεσηποτα (sic) B^(ab)   **9** εις] pr και ℵ* (om ℵ^(c a)) | εγενηθην ℵA   XVI 9—XVIII 4 multa evanuer in C   XVI **10** εβρυξεν] +δε A | εμε] εμοι ℵ | οδοντας]+αυτου A | πειρατων] πειρατηριων Λ | εμοι] εμε ℵ | [επε]σαν C   **11** ακισιν..ενηλατο] οξ sup ras pl litt A^a | εις] επι Λ | γονατας A* (ras s Λ°) | δε] δη ℵ | εμοι] εμε A   **12** αδικων ℵ^(c a) (postea restit αδικου) | ασεβεσιν] ασεβεις A | εριψεν ℵ

549

B
λαβών με της κόμης διέτιλεν,
κατέστησέν με ώσπερ σκοπόν.
¹⁴ἐκύκλωσάν με λόγχαις   14 (13)
βάλλοντες εἰς νεφρούς μου, οὐ φειδόμενοι
ἐξέχεαν εἰς τὴν γῆν τὴν χολήν μου·
¹⁵κατέβαλόν με πτῶμα ἐπὶ πτώματι,   15 (14)
ἔδραμον πρὸς μὲ δυνάμενοι·
¹⁶σάκκον ἔραψαν ἐπὶ βύρσης μου,   16 (15)
τὸ δὲ σθένος μου ἐν γῇ ἐσβέσθη.
¹⁷ἡ γαστήρ μου συνκέκαυται ἀπὸ κλαυθμοῦ,   17 (16)
ἐπὶ δὲ βλεφάροις μου σκιά·
¹⁸ἄδικον δὲ οὐδὲν ἦν ἐν χερσίν μου,   18 (17)
εὐχὴ δέ μου καθαρά.
¹⁹γῆ, μὴ ἐπικαλύψῃς ἐφ' αἵματι τῆς σαρκός μου,   19 (18)
μηδὲ εἴη τόπος τῇ κραυγῇ μου.
²⁰καὶ νῦν ἰδοὺ ἐν οὐρανοῖς ὁ μάρτυς μου,   20 (19)
ὁ δὲ συνίστωρ μου ἐν ὑψίστοις.
²¹ἀφίκοιτό μου ἡ δέησις πρὸς Κύριον,   21 (20)
ἔναντι δὲ αὐτοῦ στάζοι μου ὁ ὀφθαλμός.
²²εἴη δὲ ἔλεγχος ἀνδρὶ ἔναντι Κυρίου,   22 (21)
καὶ υἱῷ ἀνθρώπου τῷ πλησίον αὐτοῦ.
²³ἔτη δὲ ἀριθμητὰ ἥκασιν,   23 (22)
ὁδῷ δὲ ᾗ οὐκ ἐπαναστραφήσομαι πορεύσομαι.
¹ὀλέκομαι πνεύματι φερόμενος,   1 XVII
δέομαι δὲ ταφῆς καὶ οὐ τυγχάνω
²λίσσομαι κάμνων, καὶ τί ποιήσας;   2
³ἔκλεψαν δέ μου τὰ ὑπάρχοντα ἀλλότριοι·   3
τίς ἐστιν οὗτος; τῇ χειρί μου συνδεθήτω.
⁴ὅτι καρδίαν αὐτῶν ἔκρυψας ἀπὸ φρονήσεως,   4

ℵAC 13 διετειλεν AC   14 την γην] om την ℵA | χολην] ζωην ℵ^(c a) (postea revoc χλοην) A   15 om πτωμα ℵ* (hab ℵ^(c c fort)) | προς με] προς εμε ℵ επ εμε A | δυναμενοι] δυνατοι A   16 ερραψαν B^(a fort b) ℵ*C εριψαν ℵ^(c a) (postea restit ερραψ.) ερριψαν A | βυρσσης (sic) ℵ* βυρσης ℵ¹ βυρση ℵ^(c a (vid)) A | εν γη] εις γην A | εσβεσθη] εσβεσαν A   17 συγκεκαυται B^b | κλαυθμου] +μου ℵ* (om ℵ¹) | βλεφαρων A | σκια]+θανατου ℵ^(c a) A   18 δε 1°] γαρ A   19 της σαρκος] om της A | της κραυγης A | μου 2°] cett om ℵ* usque XVII 12 (hab ℵ^(c a ing inf))   20 ουρανοις (ουνοις sic A)] ουνω ℵ^(c a) | om μου 1° A   21 η δεησις μου A | σταξοι] σταξαι A | ο οφθαλμος μου A   22 ελεγχος] ο ελ μου A | εναντι] εναντιον C | om και υιω...αυτου ℵ^(c a) | υιω] υιος A   23 ηκασιν] ηκουσιν μοι A   XVII 2 ποιησας Bℵ^(c a)C] ποιησω ℵ^(c c) A   3 αλλοτριοι τα υπαρχοντα A   4 εκρυψαν AC (...ψαν)

ΙΩΒ　　　　　　　　　　　XVIII 1

διὰ τοῦτο οὐ μὴ ὑψώσῃς αὐτούς.　　　　B

5 ⁵τῇ μερίδι ἀναγγελεῖ κακίας,
ὀφθαλμοὶ δὲ ἐφ᾽ υἱοῖς ἐτάκησαν.

6 ⁶ἔθου δέ με θρύλημα ἐν ἔθνεσιν,
γέλως δὲ αὐτοῖς ἀπέβην·

7 ⁷πεπώρωνται γὰρ ἀπὸ ὀργῆς οἱ ὀφθαλμοί μου,
πεπολιόρκημαι μεγάλως ὑπὸ πάντων.

8 ⁸θαῦμα ἔσχεν ἀληθινοὺς ἐπὶ τούτῳ·
δίκαιος δὲ ἐπὶ παρανόμῳ ἐπανασταίη·

9 ⁹σχοίη δὲ πιστὸς τὴν ἑαυτοῦ ὁδόν,
καθαρὸς δὲ χεῖρας ἀναλάβοι θάρσος.

10 ¹⁰οὐ μὴν δὲ ἀλλὰ πάντες ἐρείδετε, καὶ δεῦτε δή·
οὐ γὰρ εὑρίσκω ἐν ὑμῖν ἀληθές.

11 ¹¹αἱ ἡμέραι μου παρῆλθον ἐν βρόμῳ,
ἐρράγη δὲ τὰ ἄρθρα τῆς καρδίας μου·

12 ¹²νύκτα εἰς ἡμέραν ἔθηκα,
φῶς ἐγγὺς ἀπὸ προσώπου σκότους.

13 ¹³ἐὰν γὰρ ὑπομείνω, ᾅδης μου ὁ οἶκος,
ἐν δὲ γνόφῳ ἔστρωταί μου ἡ στρωμνή.

14 ¹⁴θάνατον ἐπεκαλεσάμην πατέρα μου εἶναι,
μητέρα δέ μου καὶ ἀδελφὴν σαπρίαν.

15 ¹⁵ποῦ οὖν μου ἔτι ἐστὶν ἡ ἐλπίς;
ἦ τὰ ἀγαθά μου ὄψομαι;

16 ¹⁶ἦ μετ᾽ ἐμοῦ εἰς ᾅδην καταβήσονται,
ἦ ὁμοθυμαδὸν ἐπὶ χώματος καταβησόμεθα;

VIII 1 ¹Ὑπολαβὼν δὲ Βαλδὰδ ὁ Σαυχίτης λέγει

4 ου] ουν A　　**5** δε]+μου א$^{c.a}$AC　　**6** θριλλημα C^{vid} | γελως δε אAC αυτοις απεβην א$^{c.c}$ (επεβ. B)] γλωσσα δε αυτοις απεβην א$^{c.a}$ και απεβην αυτοις γελος (sic) A　　**7** πεπηρωνται א$^{c.a}$A [᾽γαρ] δε A | οργης]+σου A | πεπολιορκημαι] pr και A | υπο παντων μεγαλως A　　**8** θαυμα]+δε א$^{c.a}$ | τουτω] τουτοις A | δικαιος...επαναασταιη] δικαιω γαρ παρανομος επανεστη A　　**9** καθαρος δε χειρας] και ο καθαρος χερσιν A　　**10** ερειδετε] κρινεται א$^{c.a}$ | om δη A | ευρισκω] εστιν א$^{c.a}$　　**11** και A (c praec coniung) | βρομω Bא$^{c.a}$] δρομω A .ρομω C (θρομω ut vid)　　**12** εθηκαν A　　**13** υπομινη א* (υπομινω א¹) | αδης μου ο οικος] οικος (pr ο א¹) μου αδης א* αδης μου ο οικ. μου א$^{c.a}$ | στρομνη A　　**14** επεκαλεσαμην] προσεκαλεσαμην B^{ab}א$^{c.a}$ (sed e pro π coep A*) C (προσκ.) προσεκαλεσα א*　　**15** μου 1°] μοι C | ετι εστιν η ελπις] ετι η ελπις εστιν א ετι η ελπις A εστιν η ελπις C | οψομαι]+ετι A　　**16** αδην] pr τον A | καταβησετη A　　XVIII **1** evan in C | Βαλδας A | Σαυχιτης] Αυχιτης A

XVI 14   ΙΩΒ

B   λαβών με τῆς κόμης διέτιλεν,
          κατέστησέν με ὥσπερ σκοπόν.
    ¹⁴ἐκύκλωσάν με λόγχαις   14 (13)
       βάλλοντες εἰς νεφρούς μου, οὐ φειδόμενοι
       ἐξέχεαν εἰς τὴν γῆν τὴν χολήν μου·
    ¹⁵κατέβαλόν με πτῶμα   15 (14)

                                                                16 (15)

                                                                17 (16)

                                                                18 (17)

                                                                19 (18)

                                                                20 (19)

                                                                21 (20)

                                                                22 (21)

                                                                23 (22)

                                                              : XVII

                                                                2

                                                                3

                                                                4

18 δε 1°] γαρ A | μου 2°] cett om ℵ* usque XVII
20 ουρανοις (ουνοις sic A)] ουνω ℵ^{c.a} | om μου 1° A
μου A | σταξοι] σταξαι A | ο οφθαλμος μου A   22 ελεγχος]
ο ελ. μου A | εναντι] εναντιον C | om και υιω...αυτου ℵ^{c.a} | υιω] υιος A
23 ηκασιν] ηκουσιν μοι A   XVII 2 ποιησας Bℵ^{c.a}C] ποιησω ℵ^{c.c} A
3 αλλοτριοι τα υπαρχοντα A   4 εκρυψαν AC (...ψαν)

550

ΙΩΒ XVIII 1

διὰ τοῦτο οὐ μὴ ὑψώσῃς αὐτούς. B

5 ⁵τῇ μερίδι ἀναγγελεῖ κακίας,
   ὀφθαλμοὶ δὲ ἐφ' υἱοῖς ἐτάκησαν
6 ⁶ἔθου δέ με θρύλημα ἐν ἔθνεσιν,
   γέλως δὲ αὐτοῖς ἀπέβην·
7 ⁷πεπώρωνται γὰρ ἀπὸ ὀργῆς οἱ ὀφθαλμοί μου,
   πεπολιόρκημαι μεγάλως ὑπὸ πάντων.
8 ⁸θαῦμα ἔσχεν ἀληθινοὺς ἐπὶ τούτῳ·
   δίκαιος δὲ ἐπὶ παρανόμῳ ἐπανασταίη
9 ⁹σχοίη δὲ πιστὸς τὴν ἑαυτοῦ ὁδόν,
   καθαρὸς δὲ χεῖρας ἀναλάβοι θάρσος.
10 ¹⁰οὐ μὴν δὲ ἀλλὰ πάντες ἐρείδετε, καὶ δεῦτε δή,
   οὐ γὰρ εὑρίσκω ἐν ὑμῖν ἀληθές.
11 ¹¹αἱ ἡμέραι μου παρῆλθον ἐν βρόμῳ,
   ἐρράγη δὲ τὰ ἄρθρα τῆς καρδίας μου·
12 ¹²νύκτα εἰς ἡμέραν ἔθηκα,
   φῶς ἐγγὺς ἀπὸ προσώπου σκότους.
13 ¹³ἐὰν γὰρ ὑπομείνω, ᾅδης μου ὁ οἶκος,
   ἐν δὲ γνόφῳ ἔστρωταί μου ἡ στρωμνή.
14 ¹⁴θάνατον ἐπεκαλεσάμην πατέρα μου εἶναι,
   μητέρα δέ μου καὶ ἀδελφὴν σαπρίαν.
15 ¹⁵ποῦ οὖν μου ἔτι ἐστὶν ἡ ἐλπίς,
   ἢ τὰ ἀγαθά μου ὄψομαι;
16 ¹⁶ἢ μετ' ἐμοῦ εἰς ᾅδην καταβήσονται,
   ἢ ὁμοθυμαδὸν ἐπὶ χώματος καταβησόμεθα;

VIII 1   ¹Ὑπολαβὼν δὲ Βαλδὰδ ὁ Σαυχίτης λέγει

4 ου] ουν A   **5** δε]+μου ℵ^{c.a}AC   **6** θρυλημα C^{vid} | γελως δε ℵAC αυτοις απεβην ℵ^{c.c} (επεβ B)] γλωσσα δε αυτοις απεβην ℵ^{c.a} και απεβην αυτοις γελος (sic) A   **7** πεπηρωνται ℵ^{c.a}A | γαρ] δε A | οργης]+σου A | πεπολιορκημαι] pr και A | υπο παντων μεγαλως A   **8** θαυμα]+δε ℵ^{c.a} | τουτω] τουτοις A | δικαιος επανασταιη] δικαιω γαρ παρανομος επανεστη A   **9** καθαρος δε χειρας] και ο καθαρος χερσιν A   **10** ερειδετε] κριναται ℵ^{c.a} | om δη A | ευρισκω] εστιν ℵ^{c.a}   **11** αι] και A (c praec coniung) | βρομω Bℵ^{c.a}] δρομω A .ρομω C (θρομω ut vid)   **12** εθηκαν A   **13** υπομινη ℵ* (υπομινω ℵ¹) | αδης μου ο οικος] οικος (pr ο ℵ¹) μου αδης ℵ* αδης μου ο οικ. μου ℵ^{c.a} | στρομνη A   **14** επεκαλεσαμην] προσεκαλεσαμην B^{ab}ℵ^{c.a}A (sed ε pro π coep A*) C (πρэσκ.) προσεκαλεσα ℵ*   **15** μου 1°] μοι C | ετι εστιν η ελπις] ετι η ελπις εστιν ℵ ετι η ελπις A εστιν η ελπις C | οψομαι]+ετι A   **16** αδην] pr τον A | καταβησετη A   XVIII **1** evan in C | Βαλδας A | Σαυχιτης] Αυχιτης A

B ²Μέχρι τίνος οὐ παύσῃ;
   ἐπίσχες, ἵνα καὶ αὐτοὶ λαλήσωμεν.
³διὰ τί ὥσπερ τετράποδα σεσιωπήκαμεν ἐναντίον σου;
⁴κέχρηταί σοι ὀργή.
   τί γάρ; ἐὰν σὺ ἀποθάνῃς, ἀοίκητος ἡ ὑπ' οὐρανόν,
   ἢ καταστραφήσεται ὄρη ἐκ θεμελίων;
⁵καὶ φῶς ἀσεβῶν σβεσθήσεται,
   καὶ οὐκ ἀποβήσεται αὐτῶν ἡ φλόξ.
⁶τὸ φῶς αὐτοῦ σκότος ἐν διαίτῃ,
   ὁ δὲ λύχνος αὐτῷ σβεσθήσεται.
⁷θηρεύσαισαν ἐλάχιστοι τὰ ὑπάρχοντα αὐτοῦ,
   σφάλαι δὲ αὐτοῦ ἡ βουλή.
⁸ἐμβέβληται δὲ ὁ ποὺς αὐτοῦ ἐν παγίδι·
   ἐν δικτύῳ ἑλιχθείη.
¶ C ⁹ἔλθοισαν δὲ ἐπ' αὐτὸν παγίδες·¶
   κατισχύσει ἐπ' αὐτὸν διψῶντας.
¹⁰κέκρυπται ἐν τῇ γῇ σχοινίον αὐτοῦ,
   καὶ ἡ σύλλημψις αὐτοῦ ἐπὶ τρίβων.
¹¹κύκλῳ ὀλέσαισαν αὐτὸν ὀδύναι·
   πολλοὶ δὲ περὶ πόδα αὐτοῦ ἔλθοισαν ἐν λιμῷ στενῷ,
¹²πτῶμα δὲ αὐτῷ ἡτοίμασται ἐξαίσιον.
¹³βρωθείησαν αὐτοῦ κλῶνες ποδῶν,
   κατέδεται δὲ τὰ ὡραῖα αὐτοῦ θάνατος.
¹⁴ἐκραγείη δὲ ἐκ διαίτης αὐτοῦ ἴασις,
   σχοίη δὲ αὐτὸν ἀνάγκῃ αἰτίᾳ βασιλικῇ

ℵAC 3 δια τι] ινα τι δε A δια τι δε C   4 κεχρηται σοι] κεχρηται σε δε ℵ^{c a} (postea restit κεχρ σοι) κεχρησε δε A | τι γαρ εαν συ] τι συ γαρ εαν ℵ* (τι γαρ εαν συ ℵ^{c c}) | συ] σοι AC (σο) | αποθανης in C vel perut vel ut vid deest | ανοικητος C | η υπ ουρανον]+εσται B^{ab} pr εσται AC | ορη] η γη A   5 αποβησεται] αναβησεται A | αυτων] αυτου A   6 διαιτη]+αυτου A | λυχνος]+αυτου A | αυτω] pr επ B^{ab}ℵAC   7 θηρευσεαν A | τα υπαρχοντα αυτου ελαχιστοι A | σφαλαι δε] και σφαλιη A   8 εμβεβληται] ενβεβλ ℵ ενβληθειη A | εν 2°] pr και ℵ^{c c} AC | ειλιχθειη A   9 ελθοισαν δε] om δε ℵ ελθοι δε εν δε (sic) A | παγιδες]+κυκλοθεν A | κατισχυσει] και κατισχυσουσιν A | διψωντες A   10 κεκρυπται]+δε A | σχοινιον] pr ο ℵ* pr το ℵ¹ | συνλημψις ℵ | τριβων] εριβων κυκλοθεν A   11 κυκλω] και A | ολεσαιαν B^{+} ολεσαιεν B^{ab} (nisi fort ολεσαισαν) ολεσιαν A | πολλοι] πολλων A | ποδας A | om αυτου A | ελθοι A | om εν A   12 πτωμα δε] και πτωμα A | ητοιμασται αυτω ℵ αυτω ητοιμαστο A   13 om δε ℵ | τα ωραια αυτου] αυτου τα ωμια A   14 αιτια] pr και A

ΙΩΒ XIX 7

15 ¹⁵κατασκηνώσει ἐν τῇ σκηνῇ αὐτοῦ ἐν νυκτὶ αὐτοῦ, B
 κατασπαρήσονται τὰ εὐπρεπῆ αὐτοῦ θείῳ.
16 ¹⁶ὑποκάτωθεν αἱ ῥίζαι αὐτοῦ ξηρανθήσονται,
 καὶ ἐπάνωθεν ἐπιπεσεῖται θερισμὸς αὐτοῦ.
17 ¹⁷τὸ μνημόσυνον αὐτοῦ ἀπόλοιτο ἐκ γῆς,
 καὶ ὑπάρχει ὄνομα αὐτῷ ἐπὶ πρόσωπον ἐξωτέρω·
18 ¹⁸ἀπώσειεν αὐτὸν ἐκ φωτὸς εἰς σκότος.
19 ¹⁹οὐκ ἔσται ἐπίγνωστος ἐν λαῷ αὐτοῦ,
 οὐδὲ σεσωσμένος ἐν τῇ ὑπ᾿ οὐρανὸν ὁ οἶκος αὐτοῦ,
 ἀλλ᾿ ἐν τοῖς αὐτοῦ ζήσονται ἕτεροι.
20 ²⁰ἐπ᾿ αὐτῷ ἐστέναξαν ἔσχατοι,
 πρώτους δὲ ἔσχεν θαῦμα.
21 ²¹οὗτοί εἰσιν οἱ οἶκοι ἀδίκων,
 οὗτος δὲ ὁ τόπος τῶν μὴ εἰδότων τὸν κύριον.

XIX 1 ¹Ὑπολαβὼν δὲ Ἰὼβ λέγει
2 ²Ἕως τίνος ἔγκοπον ποιήσετε ψυχήν μου,
 καὶ καθαιρεῖτέ με λόγοις;
3 ³γνῶτε μόνον ὅτι ὁ κύριος ἐποίησέν με οὕτως
 καταλαλεῖτέ μου, οὐκ αἰσχυνόμενοί με ἐπίκεισθέ μοι.
4 ⁴ναὶ δὴ ἐπ᾿ ἀληθείας ἐγὼ ἐπλανήθην,
 παρ᾿ ἐμοὶ δὲ αὐλίζεται πλάνος,
4a ⁴ᵃλαλῆσαι ῥήματα ἃ οὐκ ἔδει,
 τὰ δὲ ῥήματά μου πλανᾶται καὶ οὐκ ἐπὶ καιροῦ.
5 ⁵ἔα δὲ ὅτι ἐπ᾿ ἐμοὶ μεγαλύνεσθε·
 ἐνάλλεσθε δέ μοι ὀνείδει.
6 ⁶γνῶτε οὖν ὅτι ὁ κύριός ἐστιν ὁ ταράξας,
 ὀχύρωμα δὲ αὐτοῦ ἐπ᾿ ἐμὲ ὕψωσεν.
7 ⁷ἰδοὺ γελῶ ὀνείδει καὶ οὐ λαλήσω·

15 εν νυκτι] και εν σωματι A | κατασπαρησεται A **17** απολοιτο] אAC απωλοιτο B απολιται א* (απολοιτο אᶜᵃ) **18** απωσειεν] και απωσιαν A **19** λαω] pr τω A | σεσωσμενον א* (-νος אᶜᵃ) | εν τοις] εντος A **21** οι οικοι] om οι A | ο τοπος] om ο A | ιδοτων A XIX **2** τινος] ποτε A | ενκοπον אA | ποιησετε] εποιησατε א | ψυχην] pr την A | καθαιρειτε] καθελειται A **3** ο κυριος] om ο א | με 1°] μοι A | om ουτως א* (hab אᶜᵃ) | καταλαλειτε] pr και A | μου] με A | επικεισθε] και επικεσθαι (sic) A **4** εγω επ αληθειας A | παρ εμοι δε] και εν εμοι A | αυλιζεται] αυλισθησεται א* (-ζεται אᶜᵃ) **4a** ρηματα a] ρημα ο אA **6** om ουν A | ο κυριος] om ο Bᵃᵇא | ταραξας]+με אᶜᵃ (postea ras) A **7** γελω] λαλω אᶜᵃ (postea restit γελω) A | ονειδη Bᵃ ᶠᵒʳᵗ ᵇ A

XIX 8 ΙΩΒ

B κεκράξομαι, καὶ οὐδαμοῦ κρίμα
⁸κύκλῳ περιῳκοδόμημαι, καὶ οὐ μὴ διαβῶ, 8
ἐπὶ πρόσωπόν μου σκότος ἔθετο.
⁹τὴν δὲ δόξαν ἀπ' ἐμοῦ ἐξέδυσεν, 9
ἀφεῖλεν δὲ στέφανον ἀπὸ κεφαλῆς μου.
¹⁰διέσπασέν με κύκλῳ καὶ ᾠχόμην, 10
ἐξέκοψεν δὲ ὥσπερ δένδρον τὴν ἐλπίδα μου.
¹¹δεινῶς δέ μοι ὀργῇ ἐχρήσατο, 11
ἡγήσατο δέ με ὥσπερ ἐχθρόν.
¹²ὁμοθυμαδὸν δὲ ἦλθον τὰ πειρατήρια αὐτοῦ ἐπ' ἐμοί, 12
ταῖς ὁδοῖς μου ἐκύκλωσαν ἐνκάθετοι
¹³ἀπ' ἐμοῦ ἀδελφοί μου ἀπέστησαν, 13
ἔγνωσαν ἀλλοτρίους ἢ ἐμέ·
φίλοι δέ μου ἀνελεήμονες γεγόνασιν.
¹⁴οὐ προσεποιήσαντό με οἱ ἐγγύτατοί μου, 14
καὶ οἱ εἰδότες μου τὸ ὄνομα ἐπελάθοντό μου.
¹⁵γείτονες οἰκίας θεράπαιναί τε μου, 15
ἀλλογενὴς ἤμην ἐναντίον αὐτῶν.
¹⁶θεράποντά μου ἐκάλεσα, καὶ οὐχ ὑπήκουσεν· 16
στόμα δέ μου ἐδέετο, ¹⁷καὶ ἱκέτευον τὴν γυναῖκά μου, 17
προσεκαλούμην δὲ κολακεύων υἱοὺς παλλακίδων μου·
¹⁸οἱ δὲ εἰς τὸν αἰῶνα ἀπεποιήσαντό με· 18
ὅταν ἀναστῶ, κατ' ἐμοῦ λαλοῦσιν.
¹⁹ἐβδελύξαντό με οἱ ἰδόντες με· 19
οὓς δὴ ἠγαπήκειν, ἐπανέστησάν μοι.
²⁰ἐν δέρματί μου ἐσάπησαν αἱ σάρκες μου, 20

ℵAC 8 επι]+δε A | προσωπον] προσωπου ℵ ατραπους A 9 om δε A | δοξαν]+μου A | αφειλεν δε] και αφειλεν A 10 διεσπασεν]+δε ℵ^{c.a} (postea del) A 11 om δε 1° A | om ηγησατο εχθρον ℵ* (hab ℵ^{c.a}) 12 om δε A | ηλθον τα πειρ αυτου] αυτου ηλθεν τα πειρ. A | εμοι] εμε A | ταις οδοις μου c praec coniung ℵ | εκυκλωσαν]+με ℵA | εγκαθετοι B^{ab} 13 απ εμου c praec coniung ℵ | εμου]+δε A | αδελφοι μου απεστησαν] απεστ. αδελφοι A | εγνωσαν] in γ ras aliq B' | φιλοι] pr οι A 14 ου] pr και A | προσεποιησαντο] προσειδον ℵ | om και A | ειδοτες B^bℵ*] ειδοντες B*ℵ^{c.a} ιδοντες A 15 οικιας] οικιοι A | θεραπαιναι τε μου] θεραποντες θεραπενοι (sic) A | ημην] εγενομην A 16 θεραποντα] θεραποντας δε A | υπηκουσεν] υπηκουσαν μου A | εδεετο (δεετο ℵ^x εδ ℵ¹)] εδεειτο αυτω] A 17 προσεκαλ δε] και προσεκαλ A 18 απεποιησαντο με] με απεποιησ. B^{ab}ℵ¹ (om με ℵ*) με απιπαντο A 19 εβδελυξαντο]+δε ℵA | ιδοντες] ιδοτες A | ους δη] ους δε ℵ¹ και ους A | ηγαπηκειν (-κεν ℵ)] ηγαπων A 20 εσαπησαν] pr a ℵ* (improb a ℵ¹) | αι σαρκες] om αι A

ΙΩΒ XX 2

τὰ δὲ ὀστᾶ μου ἐν ὀδοῦσιν ἔχεται B
21 ²¹ἐλεήσατέ με, ἐλεήσατέ με, ὦ φίλοι·
χεὶρ γὰρ Κυρίου ἡ ἁψαμένη μού ἐστιν.
22 ²²διὰ τί με διώκετε ὥσπερ καὶ ὁ κύριος,
ἀπὸ δὲ σαρκῶν μου οὐκ ἐμπίπλασθε;
23 ²³τίς γὰρ ἂν δῴη γραφῆναι τὰ ῥήματά μου,
τεθῆναι δὲ αὐτὰ ἐν βιβλίῳ εἰς τὸν αἰῶνα,
24 ²⁴ἐν γραφίῳ σιδηρῷ καὶ μολίβῳ;
25 ²⁵οἶδα γὰρ ὅτι ἀέναός ἐστιν ὁ ἐκλύειν με μέλλων·
26 ἐπὶ γῆς ²⁶ἀναστήσαι τὸ δέρμα μου τὸ ἀναντλοῦν ταῦτα.
παρὰ γὰρ Κυρίου ταῦτά μοι συνετελέσθη,
27 ²⁷ἃ ἐγὼ ἐμαυτῷ συνεπίσταμαι,
⁵ἃ ὁ ὀφθαλμός μου ἑόρακεν καὶ οὐκ ἄλλος· § C
πάντα δέ μοι συντετέλεσται ἐν κόλπῳ.
28 ²⁸εἰ δὲ καὶ ἐρεῖτε Τί ἐροῦμεν ἔναντι αὐτοῦ;
καὶ ῥίζαν λόγου εὑρήσομεν ἐν αὐτῷ·
29 ²⁹εὐλαβήθητε δὴ καὶ ὑμεῖς ἀπὸ ἐπικαλύμματος·
θυμὸς γὰρ ἐπ' ἀνόμους ἐπελεύσεται,
καὶ τότε γνώσονται ποῦ ἔστιν αὐτῶν ἡ ὕλη

XX 1 ¹Ὑπολαβὼν δὲ Σωφὰρ ὁ Μειναῖος λέγει
2 ²Οὐχ οὕτως ὑπελάμβανον ἀντερεῖν σε ταῦτα
καὶ οὐχὶ συνίετε μᾶλλον ἢ καὶ ἐγώ.

20 οδουσιν] οδυναις A   21 ελεησατε με (1°)] εγγισατε μοι A | φιλοι] ℵAC
+ ελεησατε με A | εστιν η αψαμενη μου A | αψενη ℵ* (αψαμενη ℵ¹)
22 δια τι]+δε A | om και ο ℵ* (hab ℵ^c^a)   23 om αν ℵ* (hab ℵ^c^a) |
βιβλω ℵ   24 σιδηριω ℵ | και] η A | μολιβω]+η εν πετραις ενγλυφηναι
B^ab (εγγλ. B^b) ℵA   25—26 επι γης αναστησαι c praec coniung ℵ:
item επι γης A   26 αναστησαι] αναστησι δε ℵ^c^a (postea restit αναστησαι)
A (-σει) | το δερμα μου] μου το σωμα ℵ^c^a (postea restit το δ. μου) A | αναν-
τλουν] αντλουν ℵ* (αναντλ. ℵ^c^a) | om γαρ ℵ | μοι ταυτα A   27 α εγω
συνεπισταμαι c praec coniung ℵ | ο οφθαλμος] om ο ℵ*vid (hab ο ℵ^c^a) οι
οφθαλμοι A | εορακεν (εωρ. B^bC)] εορακασιν A | παντα] παν ℵ* (παντα ℵ^c^a) |
συντετελεσται (συντετελεσται ℵ* συντετ. ℵ^c^a)] συντετελεσθαι C | κολπω] κοπω
ℵ* (κολπ. ℵ^c^a)   28 εναντι] εναντιον ℵ^c^aAC | ευρησομεν] ευρησον A
29 δη] δε ℵ* (δη ℵ^c^a) A | επικαλυμματος] pr vid κριματος ℵ^c^a (postea ras)
κριματος A | ανομοις A | τοτε] ο sup ras ℵ¹ | που εστιν αυτων η υλη] που
αυτων η υλη εστιν ℵ¹ οτι ουδαμου αυτων η ισχυς εστιν A   XX 1 evan
in C | Μιναιος ℵA   2 υπελαμβανον]+σε ειναι και A | αντε-
ρειν] αντερι ℵ* (-ριν ℵ^c^a) | συνιετε] συνιεναι ℵ^c^a (postea συνιεται) A | om
και A

ΙΩΒ

B ³παιδείαν ἐντροπῆς μου ἀκούσομαι,
καὶ πνεῦμα ἐκ τῆς συνέσεως ἀποκριθήσεταί μοι.
⁴μὴ ταῦτα ἔγνως ἀπὸ τοῦ ἔτι,
ἀφ' οὗ ἐτέθη ἄνθρωπος ἐπὶ τῆς γῆς;
⁵εὐφροσύνη δὲ ἀσεβῶν πτῶμα ἐξαίσιον,
χαρμονὴ δὲ παρανόμων ἀπώλεια·
⁶ἐὰν ἀναβῇ εἰς οὐρανὸν αὐτοῦ τὰ δῶρα,
ἡ δὲ θυσία αὐτοῦ νεφῶν ἅψηται.
⁷ὅταν γὰρ δοκῇ ἤδη κατεστηρίχθαι,
τότε εἰς τέλος ἀπολεῖται·
οἱ δὲ εἰδότες αὐτὸν ἐροῦσιν Ποῦ ἐστιν;
⁸ὥσπερ ἐνύπνιον ἐκπετασθὲν οὐ μὴ εὑρεθῇ,
ἔπτη δὲ ὥσπερ φάσμα νυκτερινόν·
⁹ὀφθαλμὸς παρέβλεψεν, καὶ οὐ προσθήσει,
καὶ οὐκ ἔτι προσνοήσει αὐτὸν ὁ τύπος αὐτοῦ.
¹⁰τοὺς υἱοὺς αὐτοῦ ὀλέσαισαν ἥττονες,
αἱ δὲ χεῖρες αὐτοῦ πυρσεύσαισαν ὀδύναις
¹¹ὀστᾶ αὐτοῦ ἐνεπλήσθησαν νεότητος αὐτοῦ,
καὶ μετ' αὐτοῦ ἐπὶ χώματος κοιμηθήσεται.
¹²ἐὰν γλυκανθῇ ἐν στόματι αὐτοῦ κακία,
κρύψει αὐτὴν ὑπὸ τὴν γλῶσσαν αὐτοῦ,
¹³οὐ φείσεται αὐτῆς καὶ οὐκ ἐγκαταλείψει αὐτήν·
καὶ συνάξει αὐτὴν ἐν μέσῳ τοῦ λάρυγγος αὐτοῦ,
¹⁴καὶ οὐ μὴ δυνηθῇ βοηθῆσαι ἑαυτῷ·
χολὴ ἀσπίδος ἐν γαστρὶ αὐτοῦ.
¹⁵πλοῦτος ἀδίκως συναγόμενος ἐξεμεσθήσεται,
ἐξ οἰκίας αὐτοῦ ἐξελκύσει αὐτὸν ἄγγελος

ℵAC 3 παιδιαν ℵAC | μου] σου ℵ^{c a} (postea restit μου) A | συνεσεως (συνεως C)] +σου A | αποκριθησεται] αποκριθηται B^{ab vid} αποκρινετε ℵ αποκρινεται AC 4 απο του] απ αυτου B^b om ℵ | om ετι ℵ | αφ] απ ℵ* (αφ ℵ¹) 5 δε 1°] γαρ AC | παρανομων] ασεβων A | απωλια ℵ 6 τα δωρα αυτου A 7 οταν] ταν ℵ* (pr o ℵ^{1 c c mg}) | om γαρ A | κατεστηριχθαι] εστηριχθαι A (-θε) C | οι δε ειδοτες (ιδοτες A)] οι δε ιδοντες ℵ και οι ειδοτες ιδοντες C 8 φασμα] θαυμα ℵ* (φασμα ℵ^{c a}) φαντασμα A 9 προσθησεται ℵ* (προσθησει ℵ^{c a}) | ουκ ετι] ου A | προσνοησει] προνοησει C | αυτου]+ουκ ετι A 10 ολεσαισαν] θλασιαν A | πυρσευσαισαν] πυρσαισαν ℵ* πυρσαισευσαν (sic) ℵ^{c a} ψηλαφησουσιν A | οδυνας B^{ab}ℵ^{c a}AC 11 ενεπλησαν ℵ* (-πλησθησαν ℵ^{c a}) ενεπλησθη A 12 om εαν A | εγλυκανθη A 13 εγκαταλειψει B^{ab} (εγκαταλιψει B* εγκαλιψει C)] ενκαταλιψει ℵA (-ψι) | εν μεσω] εκ μεσου C 14 αυτου]+και πονος· | A 15 εξεμεσθησεται (εξεμεθ. B^bℵ^{c a}C)]+εκ κοιλιας αυτου A | οικιας]+δε A | om αυτου C | εξελκυσαι C | αγγελος]+θανατου A

556

ΙΩΒ XX 26

16 ¹⁶θυμὸν δὲ δρακόντων θηλάσειεν,
ἀνέλοι δὲ αὐτὸν γλῶσσα ὄφεως.
17 ¹⁷μὴ ἴδοι ἄμελξιν νομάδων
μηδὲ νομὰς μέλιτος καὶ βουτύρου.
18 ¹⁸εἰς κενὰ καὶ μάταια ἐκοπίασεν,
πλοῦτον ἐξ οὗ οὐ γεύσεται·
ὥσπερ στρίφνος ἀμάσητος, ἀκατάποτος.
19 ¹⁹πολλῶν γὰρ δυνατῶν οἴκους ἔθλασεν·
δίαιταν δὲ ἥρπασεν, καὶ οὐκ ἔστησεν.
20 ²⁰οὐκ ἔστιν αὐτοῦ σωτηρία τοῖς ὑπάρχουσιν,
ἐν ἐπιθυμίᾳ αὐτοῦ οὐ σωθήσεται.
21 ²¹οὐκ ἔστιν ὑπόλιμμα τοῖς βρώμασιν αὐτοῦ,
διὰ τοῦτο οὐκ ἀνθήσει αὐτοῦ τὰ ἀγαθά.
22 ²²ὅταν δὲ δοκῇ ἤδη πεπληρῶσθαι, θλιβήσεται,
πᾶσα δὲ ἀνάγκη ἐπ᾽ αὐτὸν ἐπελεύσεται.
23 ²³εἴ πως πληρώσαι γαστέρα αὐτοῦ,
ἐπαποστείλαι ἐπ᾽ αὐτὸν θυμὸν ὀργῆς,
νίψαι ἐπ᾽ αὐτὸν ὀδύνας·
24 ²⁴καὶ οὐ μὴ σωθῇ ἐκ χειρὸς σιδήρου,
τρώσαι αὐτὸν τόξον χάλκειον·
25 ²⁵διεξέλθοι δὲ διὰ σώματος αὐτοῦ βέλος,
ἄστρα δὲ ἐν διαίταις αὐτοῦ περιπατήσαισαν
ἐπ᾽ αὐτῷ φόβοι,
26 ²⁶πᾶν δὲ σκότος αὐτῷ ὑπομείναι·

B

16 θυμος A | θηλασει A | ανελοι δε] και ανελοι A   **17** ειδοι C   **18** κε- ℵAC να] καινα ℵ | πλουτον] pr σχοιη δε A | στριφνος B^b (στρειφν. B* adnot το νευρῶδες κρεας των βοων·| εστιν δε και βοτανη ἄβρωτος| δια τουτο δε ακαταποτος·| επειδη κ̅ αμασητος εστιν·| ἔστιν δε κ̅ το του χαλινου| μάσημα· και ομφάκινος| οπώρα.— B^(a ing)) ℵ*C] στρυχνος ℵ^a (mox restit στριφν.) στρυχνον A | αμασητον A | ακαταποτος] ακαταπατητον A   **19** δυνατων] αδυνατων ℵ^c a AC | εθλασεν] εθρασεν A | διαιταν] δι αιτιαν C | δε] γαρ C+αυτων ℵ^c a (mox del) A | ηρπασεν] .πασεν C ras 1 lit ante π et superscr ε vel σ C¹)   **20** ουκ] pr δια τουτο ℵ^c a (ruis del) A | εστιν] εστη A | σωτηρια αυτου ℵ αυτω σωτ. A | τοις υπαρχουσιν] εν τ. υ. αυτου ουδε ανθησει αυτου τα αγαθα A | om ου ℵ* (hab ου ℵ^c a)   **21** υπολειμμα B^ab | om δια τουτο .τα αγαθα A   **22** om δε 1° AC | πεπληρωσθαι] ειρηνευειν C   **23** ει πως ει πληρωσαι Bℵ* (ει πως πληρωσαι ℵ^c a ει 2° postea revoc) και πληρωσει (c praec coniung) A ει πως κληρωσαι C | νιψαι (νειψ. ℵ*)] ρειψαι ℵ* (νειψ. postea revoc) ριψαι δε A   **24** τρωσαι]+δε A | χαλκαιον A χαλκιον C   **25** διεξελθοι] pr και A | αστρα] ανδρα A | διαιτη ℵC | περιπατησαισαν] μη περιπατησαι A   **26** παν δε] και παν A | αυτω] αυτον A

ΙΩΒ

B   κατέδεται αὐτὸν πῦρ ἄκαυστον,
κακώσαι δὲ αὐτοῦ ἐπήλυτος τὸν οἶκον.
²⁷ἀνακαλύψαι δὲ αὐτοῦ ὁ οὐρανὸς τὰς ἀνομίας,   27
γῆ δὲ ἐπαναστάιη αὐτῷ.
²⁸ἑλκύσαι τὸν οἶκον αὐτοῦ ἀπωλία εἰς τέλος,   28
ἡμέρα ὀργῆς ἐπέλθοι αὐτῷ.
²⁹αὕτη ἡ μερὶς ἀνθρώπου ἀσεβοῦς παρὰ Κυρίου,   29
καὶ κτῆμα ὑπαρχόντων αὐτῷ παρὰ τοῦ ἐπισκόπου

¹ Ὑπολαβὼν δὲ Ἰὼβ λέγει   1   XXI
²Ἀκούσατε, ἀκούσατέ μου τῶν λόγων,   2
ἵνα μὴ ᾖ μοι παρ' ὑμῶν αὕτη ἡ παράκλησις.
³ἄρατέ με, ἐγὼ δὲ λαλήσω,   3
εἶτ' οὐ καταγελάσετέ μου.
⁴τί γάρ, μὴ ἀνθρώπου μου ἡ ἔλεγξις;   4
ἢ διὰ τί οὐ θυμωθήσομαι;
⁵εἰσβλέψαντες εἰς ἐμὲ θαυμάσετε,   5
χεῖρα θέντες ἐπὶ σιαγόνι.
⁶ἐάν τε γὰρ μνησθῶ, ἐσπούδακα,   6
ἔχουσιν δέ μου τὰς σάρκας ὀδύναι.
⁷διὰ τί ἀσεβεῖς ζῶσιν,   7
πεπαλαίωνται δὲ καὶ ἐν πλούτῳ;
⁸ὁ σπόρος αὐτῶν κατὰ ψυχήν,   8
τὰ δὲ τέκνα αὐτῶν ἐν ὀφθαλμοῖς.
⁹οἱ οἶκοι αὐτῶν εὐθηνοῦσιν, φόβος δὲ οὐδαμοῦ,   9
μάστιξ δὲ παρὰ Κυρίου οὐκ ἔστιν αὐτοῖς.
¹⁰ἡ βοῦς αὐτῶν οὐκ ὠμοτόκησεν,   10
διεσώθη δὲ αὐτῶν ἐν γαστρὶ ἔχουσα καὶ οὐκ ἔσφαλεν

ℵAC   26 κατεδεται] + δε AC | ακαυστον Bℵ^{c a}C] ακουστον ℵ* ασβεστον ℵ^{c a mg} (postea improb) A | κακωσαι δε] και κακωσαι A   27 om δε 1° A | ανομιας] νομας ℵ* (αν. ℵ^{c 1}) | om δε 2° ℵ* (hab ℵ^{c a})   28 ελκυσαι] εκλυσαι ℵ | απωλεια B^{ab}C | ημερα] και ημεραι A   29 αυτω] αυτου AC   XXI 1 evan in C   2 ακουσατε 1°] + μου A | η 1°] ειη A | αυτη παρ υμων A | η παρακλησις (-σεις A)] om η AC   3 αρατε] βαστασατε A | ειτ ου καταγελασετε (-γελασατε ℵ) μου] ειτα μη μου καταγελαται A   4 μη] μοι C | ανθρωπου] pr εξ A | μου η ελεγξις] η ελ. μου A om μου C | η 2°] και A   5 εισβλεψαντες] εμβλεψ. A | θαυμασετε] θαυμασατε ℵ*A θαυμα σχητε ℵ^{c c} | σιαγονι] στομα A   7 δια τι] + δε A | om εν A   8 om δε ℵ* (hab ℵ^{c c}) | οφθαλμοις] + αυτων A   9 οι οικοι αυτων ευθηνουσι sup ras C? | μαστιγξ ℵ | αυτοις] επ αυτοις B^{ab}A επ αυτους ℵ   10 εν] pr η A | om εχουσα ℵ* (hab ℵ^{c a})

558

ΙΩΒ XXI 23

11 ¹¹μένουσιν δὲ ὡς πρόβατα αἰώνια, B
 τὰ δὲ παιδία αὐτῶν προσπαίζουσιν·
12 ¹²ἀναλαβόντες ψαλτήριον καὶ κιθάραν
 καὶ εὐφραίνονται φωνῇ ψαλμοῦ.
13 ¹³συνετέλεσαν δὲ ἐν ἀγαθοῖς τὸν βίον αὐτῶν,
 ἐν δὲ ἀναπαύσει ᾅδου ἐκοιμήθησαν.
14 ¹⁴λέγει δὲ Κυρίῳ Ἀπόστα ἀπ' ἐμοῦ, ὁδούς σου εἰδέναι οὐ
 βούλομαι·
15 ¹⁵τί ἱκανὸς ὅτι δουλεύσομεν αὐτῷ;
 καὶ τίς ὠφελία ὅτι ἀπαντήσομεν αὐτῷ;
16 ¹⁶ἐν χερσὶν γὰρ ἦν αὐτῶν τὰ ἀγαθά,
 ἔργα δὲ ἀσεβῶν οὐκ ἐφορᾷ.
17 ¹⁷οὐ μὴν δὲ ἀλλὰ καὶ ἀσεβῶν λύχνος σβεσθήσεται,
 ἐπελεύσεται δὲ αὐτοῖς ἡ καταστροφή,
 ὠδῖνες δὲ ἕξουσιν αὐτοὺς ἀπὸ ὀργῆς.
18 ¹⁸ἔσονται δὲ ὥσπερ ἄχυρα ὑπὸ ἀνέμου,
 ἢ ὥσπερ κονιορτὸς ὃν ὑφείλατο λαῖλαψ.
19 ¹⁹ἐκλίποι υἱοὺς τὰ ὑπάρχοντα αὐτοῦ·
 ἀνταποδώσει πρὸς αὐτὸν καὶ γνώσεται.
20 ²⁰ἴδοισαν οἱ ὀφθαλμοὶ αὐτοῦ τὴν ἑαυτοῦ σφαγήν,
 ἀπὸ δὲ Κυρίου μὴ διασωθείη·
21 ²¹ὅτι τὸ θέλημα αὐτοῦ ἐν οἴκῳ αὐτοῦ μετ' αὐτοῦ,
 καὶ ἀριθμοὶ μηνῶν αὐτοῦ διῃρέθησαν.
22 ²²πότερον οὐχὶ ὁ κύριός ἐστιν ὁ διδάσκων σύνεσιν καὶ ἐπι-
 στήμην;
 αὐτὸς δὲ φόνους διακρινεῖ.
23 ²³οὗτος ἀποθανεῖται ἐν κράτει ἁπλοσύνης αὐτοῦ,
 ὅλος δὲ εὐπαθῶν καὶ εὐθηνῶν,

11 ως] ωσπερ AC | προσπαιζουσιν] προσπεξει αυτοις A   12 αναλα- ℵAC βοντες]+αυ ℵ* (improb αυ ℵ¹) αναλαμβανοντα A | ευφραινονται] ευφρανθησονται ℵ* (ευφραιν. ℵ^{c a})   13 om δε 1° A   14 δε]+ο ασεβης A | Κυριω] pr τω ℵA | οδους σου ειδεναι] ειδεναι οδ. σου ℵ τας οδ. σου ειδ. A   15 δουλευσωμεν C | om και τις αυτω (2°) C | ωφελεια B^{ab}A | απαντησωμεν A   16 αυτων ην A | ουκ εφορα] ου καθαρα A   17 λυχνος ασεβων ℵ | σβεσθησεται] pr ου ℵ* (improb et postea ras ℵ?) | ωδινες . αυτους] και ωδ. αυτοις εξ. A ωδ. δε αυτους εξ. C   18 υπο] απο B^{ab} προ AC | om η ℵ* (hab ℵ^{c a}) | υφιλατο ℵAC   19 εκλειποι ℵAC | υιοις A   20 ιδοισαν] ιδοιεν δε A | εαυτου] αυτου C | απο δε] και υπο A   21 αυτου 3°] αυτον A   22 ο κυριος] om ο ℵ | φονους] σοφους AC   23 αποθανειται] απεθανεν ℵ | απλοσυνης] αφροσυνης ℵ^{c c}AC

ΙΩΒ

B ²⁴τὰ δὲ ἔγκατα αὐτοῦ πλήρη στέατος, 24
   μυελὸς δὲ αὐτοῦ διαχεῖται·
   ²⁵ὁ δὲ τελευτᾷ ὑπὸ πικρίας ψυχῆς, οὐ φαγὼν οὐδὲν ἀγαθόν· 25
   ²⁶ὁμοθυμαδὸν δὲ ἐπὶ γῆς κοιμῶνται, 26
   σαπρία δὲ αὐτοὺς ἐκάλυψεν.
   ²⁷ὥστε οἶδα ὑμᾶς ὅτι τόλμῃ ἐπίκεισθέ μοι, 27
   ²⁸ὥστε ἐρεῖτε Ποῦ ἐστιν οἶκος ἄρχοντος; 28
   καὶ ποῦ ἐστιν ἡ σκέπη τῶν σκηνωμάτων τῶν ἀσεβῶν;
   ²⁹ἐρωτήσατε παραπορευομένους ὁδόν, 29
   καὶ τὰ σημεῖα αὐτῶν οὐκ ἀπαλλοτριώσετε·
   ³⁰ὅτι εἰς ἡμέραν ἀπωλείας κουφίζεται ὁ πονηρός, 30
   εἰς ἡμέραν ὀργῆς αὐτοῦ ἀπαχθήσονται.
   ³¹τίς ἀπαγγελεῖ ἐπὶ προσώπου αὐτοῦ τὴν ὁδὸν αὐτοῦ; 31
   καὶ ἃ αὐτὸς ἐποίησεν, τίς ἀνταποδώσει αὐτῷ;
   ³²καὶ αὐτὸς εἰς τάφους ἀπηνέχθη, 32
   καὶ αὐτὸς ἐπὶ σωρῶν ἠγρύπνησεν.
   ³³ἐγλυκάνθησαν αὐτῷ χάλικες χειμάρρου, 33
   καὶ ὀπίσω αὐτοῦ πᾶς ἄνθρωπος ἀπελεύσεται,
   καὶ ἔμπροσθεν αὐτοῦ ἀναρίθμητοι.
   ³⁴πῶς δὲ παρακαλεῖτέ με κενά; 34
   τὸ δὲ ἐμὲ καταπαύσασθαι ἀφ' ὑμῶν οὐδέν.

   ¹Ὑπολαβὼν δὲ Ἐλειφὰς ὁ Θαιμανείτης λέγει 1 XXII
   ²Πότερον οὐχὶ ὁ κύριός ἐστιν ὁ διδάσκων σύνεσιν καὶ ἐπι- 2
   στήμην;
   ³τί γὰρ μέλει τῷ κυρίῳ ἐὰν σὺ ἦσθα τοῖς ἔργοις ἄμεμπτος; 3

ℵAC 24 ενκατα ℵ | πληρης BℵAC | μυελος δε] ο δε μ. A | αυτου 2°] αυτων ℵC
     25 δε]+γε A | πικρια ℵ* (πικριας ℵ^(c a)) | om ουδεν ℵ* (hab ουθεν ℵ^(c a))
     26 δε 1°]+οι υιοι αυτου A | κοιμωνται]+οι υιοι αυτου ℵ^(c a mg) κοιμηθησονται A |
     εκαλυψεν]+επι γης A   28 ωστε] οτι C | ερειται AC | αρχοντος] αρχαιος A |
     η σκεπη] om η A   29 παραπορευομενους] πορευομενους C | απαλλοτριω-
     σετε] απαλλοτριωσεται ℵC απολλοτριωθησεται (sic) A   30 εις 1°] η.s C* |
     απωλιας ℵ | εις 2°] pr και A | απαχθησεται ℵ^(c a (vid)) A   31 απαγγελει]
     απαγγελλει ℵ αναγγελει C | προσωπον ℵ^(c a (vid)) A | om a ℵC   32 om αυ-
     τος 2° ℵ^(c a) AC | σωρων] σωρω ℵ σορω A   33 αναριθμητοι] αριθμητοι A
     34 με παρακαλειτε C | εμε καταπαυσασθαι αφ υμων] εμε καταπαυσεσθε αφ
     υ. ℵ αφ υ. καταπαυσαι με A εμε καταπαυσασθαι αφ ημων C | ουδεν]+εστιν
     A   XXII 1 evan in C | Ελιφας ℵ Ελιφαζ A | Θαιμανιτης ℵ Θεμανιτης
     A   2 συνεσιν] pr σ initio lin quasi inc stich ℵ^·   3 ησθα]
     ης A | αμεμπτος τοις εργοις A

ΙΩΒ

^{4}ἢ ὠφελία ὅτι ἀπώσῃς τὴν ὁδόν σου;

4 ^{4}ἢ λόγον σου ποιούμενος ἐλέγξει σε, καὶ συνεισελεύσεταί
σοι εἰς κρίσιν;

5 ^{5}πότερον οὐχ ἡ κακία σού ἐστιν πολλή,
ἀναρίθμητοι δέ σού εἰσιν αἱ ἁμαρτίαι;

6 ^{6}ἠνεχύραζες δὲ τοὺς ἀδελφούς σου διὰ κενῆς,
ἀμφίασιν δὲ γυμνῶν ἀφείλου·

7 ^{7}οὐδὲ ὕδωρ διψῶντας ἐπότισας,
ἀλλὰ πεινώντων ἐστέρησας ψωμόν·

8 ^{8}ἐθαύμασας δέ τινων πρόσωπον,
ᾤκισας δὲ τοὺς ἐπὶ τῆς γῆς·

9 ^{9}χήρας δὲ ἐξαπέστειλας κενάς,
ὀρφανοὺς δὲ ἐκάκωσας.

10 ^{10}τοιγαροῦν ἐκύκλωσάν σε παγίδες,
καὶ ἐσπούδασέν σε πόλεμος ἐξαίσιος.

11 ^{11}τὸ φῶς σοι σκότος ἀπέβη,
κοιμηθέντα δὲ ὕδωρ σε ἐκάλυψεν.

12 ^{12}μὴ οὐχὶ ὁ τὰ ὑψηλὰ ναίων ἐφορᾷ,
τοὺς δὲ ὕβρει φερομένους ἐταπείνωσεν;

13 ^{13}καὶ εἶπας Τί ἔγνω ὁ ἰσχυρός,
ἢ κατὰ τοῦ γνόφου κρίνει,

14 ^{14}νεφέλη ἀποκρυφῆς αὐτοῦ, καὶ οὐχ ὁραθήσεται,
καὶ γῦρον οὐρανοῦ διαπορεύεται

15 ^{15}μὴ τρίβον αἰώνιον φυλάξεις ἣν ἐπάτησαν ἄνδρες δίκαιοι,

16 ^{16}οἳ συνελήμφθησαν ἄωροι;
ποταμὸς ἐπιρρέων οἱ θεμέλιοι αὐτῶν·

17 ^{17}οἱ λέγοντες Κύριος τί ποιήσει ἡμῖν;
ἢ τί ἐπάξεται ἡμῖν ὁ παντοκράτωρ,

18 ^{18}ὃς δὲ ἐνέπλησεν τοὺς οἴκους αὐτῶν ἀγαθῶν,
βουλὴ δὲ ἀσεβῶν πόρρω ἀπ' αὐτοῦ,

3 ωφελεια B^{ab}A (evan in C) + αυτω A | απωσης] απλωσης ℵ$^{c\,?}$A απλωσεις C ℵAC
5 ουχ] ουχι A | om εισιν A   6 δε 1°] om ℵ γαρ A | αφιλου ℵA   8 προσωπον] προσωπα ℵ$^{c\,a}$AC | ωκισας] εκομισας A | τους επι της γης] πτωχους επι της γης ℵ$^{c\,a}$C τους επι της γης πτωχους ℵ$^{c\,c}$ πτωχους επι γης A   9 ορφανους δε] και ορφανους A   11 σκοτος] pr εις ℵA | υδωρ σε] σε υδωρ A om σε ℵ
12 om ουχι A | ναιων B^{ab} (νεων B*ℵA)] αιων C pr και ℵ* (om και ℵ$^{c\,a}$) | εφορα] pr ουκ A   13 ειπα C   14 νεφελη] νεφη ℵ post νεφ cett absciss sunt in C | αποκρυφη ℵA | διαπορευσεται ℵA   15 επατησαν] επανεστησαν A* (επατ. A^{b})   17 Κυριος ημιν 1°] τι ποιησει ημιν ο κ̄ς A | επαξει A   18 ος δε] οτε γε A

B ¹⁹ἰδόντες δίκαιοι ἐγέλασαν,
    ἄμεμπτος δὲ ἐμυκτήρισεν·
²⁰εἰ μὴ ἠφανίσθη ἡ ὑπόστασις αὐτῶν,
    καὶ τὸ κατάλιμμα αὐτῶν καταφάγεται πῦρ.
²¹γενοῦ δὴ σκληρός, ἐὰν ὑπομείνῃς
    εἶτ' ὁ καρπός σου ἔσται ἐν ἀγαθοῖς.
²²ἔκβαλε δὲ ἐκ στόματος αὐτοῦ ἐξηγορίαν,
    καὶ ἀνάλαβε τὰ ῥήματα αὐτοῦ ἐν καρδίᾳ σου.
²³ἐὰν δὲ ἐπιστραφῇς καὶ ταπεινώσῃς σεαυτὸν ἔναντι Κυρίου,
    πόρρω ἐποίησας ἀπὸ διαίτης σου ἄδικον
²⁴θήσῃ ἐπὶ χώματι ἐν πέτρᾳ,
    καὶ ὡς πέτρα χειμάρρου Σωφείρ
²⁵ἔσται οὖν σου ὁ παντοκράτωρ βοηθὸς ἀπὸ ἐχθρῶν,
    καθαρὸν δὲ ἀποδώσει σε ὥσπερ ἀργύριον πεπυρωμένον.
²⁶εἶτα παρρησιασθήσῃ ἐναντίον Κυρίου, ἀναβλέψας εἰς τὸν οὐ-
    ρανὸν ἱλαρῶς·
²⁷εὐξαμένου δέ σου πρὸς αὐτὸν εἰσακούσεταί σου,
    δώσει δέ σοι ἀποδοῦναι τὰς εὐχάς·
²⁸ἀποκαταστήσει δέ σοι δίαιταν δικαιοσύνης,
    ἐπὶ δὲ ὁδοῖς σου ἔσται φέγγος.
²⁹ὅτι ἐταπείνωσας σεαυτόν, καὶ ἐρεῖς Ὑπερηφανεύσατο,
    καὶ κύφοντα ὀφθαλμοῖς σώσει
³⁰ῥύσεται ἀθῷον,
    καὶ διασώθητι ἐν καθαραῖς χερσίν σου

¹Ὑπολαβὼν δὲ Ἰὼβ λέγει
²Καὶ δὴ οἶδα ὅτι ἐκ χειρός μου ἡ ἔλεγξίς ἐστιν,

ℵA 19 εμυκτηρισεν] +αυτους ℵ^{c.a}A   20 η υποστασις (-σεις A)] om η A | καταλειμμα B^{ab}ℵ   21 δη] δε ℵA | ειτ] η A   22 εκβαλε] εκλαβοι ℵ* εκλαβαι ℵ^{c.a} εκλαβε A | εξηγοριαν] pr συν A   23 πορρω εποιησας] και πορρω ποιησης A^{vid} (-σον sup ras A^a) | αδικον] κακον ℵ* το κακον A*^{fort} το αδικον ℵ^{c.c}A^a   24 θησῃ] θησεις A | χωματος A | ως] ωσπερ ℵ^{c.a} (ως ℵ^{c.c}) A | om πετρα 2° ℵ* (hab ℵ^{c.c}) A | χειμαρρουσωφειρ BA χειμαρρουσσωφειρ ℵ   25 ουν σου] δε σοι A   26 παρρησιασθησῃ] ενπαρρησιαση A | εναντιον] εναντι ℵA   27 σοι αποδουναι τας ευχας] σοι αποδ τ. ε. σου ℵ^{c.a} τας ευχας σου αποδ A   28 οδους ℵ* (οδοις ℵ^{c.c}) | σου] σοι A   29 ερειτε ℵ^{c.a} (mox restit ερεις) | υπερηφανευσατο] υπερηφανευσαμην ℵ^{c.a vid} (sup τ scr μ quasi -μην) ει υπερηφανευσαμην A   30 ρυσεται] +δε A | διασωθητι] διασωθηση ℵ^{c.a} (mox restit -θητι) A   XXIII 1 λεγει] λ sup ras B*   2 χειρων A

ΙΩΒ XXIII 16

καὶ ἡ χείρ αὐτοῦ βαρεῖα γέγονεν ἐπ' ἐμῷ στεναγμῷ. B

3 ³τίς δ' ἄρα γνοίη ὅτι εὕροιμι αὐτὸν καὶ ἔλθοιμι εἰς τέλος;
4 ⁴εἴποιμι δὲ ἐμαυτοῦ κρίμα,
  τὸ δὲ στόμα μου ἐμπλῆσαι ἐλέγχων·
5 ⁵γνῴην δὲ ἰάματα ἅ μοι ἐρεῖ,
  αἰσθοίμην δὲ τίνα μοι ἀπαγγελεῖ.
6 ⁶καὶ ἐν πολλῇ ἰσχύι ἐπελεύσεταί μοι·
  εἶτα ἐν ἀπειλῇ μοι οὐ χρήσεται.
7 ⁷ἀλήθεια γὰρ καὶ ἔλεγχος παρ' αὐτοῦ,
  ἐξαγάγοι δὲ εἰς τέλος τὸ κρίμα μου
8 ⁸εἰς γὰρ πρῶτα πορεύσομαι, καὶ οὐκ ἔτι εἰμί,
  τὰ δὲ ἐπ' ἐσχάτοις, τί οἶδα;
9 ⁹ἀριστερὰ ποιήσαντος αὐτοῦ καὶ οὐ κατέσχον,
  περιβαλεῖ δεξιὰ καὶ οὐκ ὄψομαι.
10 ¹⁰οἶδεν γὰρ ἤδη ὁδόν μου,
  διέκρινεν δέ με ὥσπερ τὸ χρυσίον.
11 ¹¹ἐξελεύσομαι δὲ ἐν ἐντάλμασιν αὐτοῦ,
  ὁδοὺς γὰρ αὐτοῦ ἐφύλαξα, καὶ οὐ μὴ ἐκκλίνω·
12 ¹²ἀπὸ ἐνταλμάτων αὐτοῦ καὶ οὐ μὴ παρέλθω,
  ἐν δὲ κόλπῳ μου ἔκρυψα ῥήματα αὐτοῦ.
13 ¹³εἰ δὲ καὶ αὐτὸς ἔκρινεν οὕτως, τίς ἐστιν ὁ ἀντειπὼν αὐτῷ;
  ὃ γὰρ αὐτὸς ἠθέλησεν, καὶ ἐποίησεν.
(15) 14 ¹⁴διὰ τοῦτο ἐπ' αὐτῷ ἐσπούδακα·
  νουθετούμενος δὲ ἐφρόντισα αὐτοῦ
15 ¹⁵ἐπὶ τούτῳ ἀπὸ προσώπου αὐτοῦ κατασπουδασθῶ·
  κατανοήσω, καὶ πτοηθήσομαι ἐξ αὐτοῦ
16 ¹⁶Κύριος δὲ ἐμαλάκυνεν τὴν καρδίαν μου,

2 om και 2° A | εμων στεναγμων ℵ* (εμω στεναγμω ℵᶜᵃ) εμοι| στεναξω δε ℵA επ εμαυτον A   3 δ αρα] om δ ℵ γαρ αν A | γνοιη] γνωη A | ελθοιμι] pr οτι A   4 ειποιμι] ιδοιμι ℵ* ιποιμι ℵᶜᵃ (ειπ. ℵᶜᶜ) | εμαυτου Bℵ*ᶜᶜ] επ αυτου ℵᶜᵃA | εμπλησαι] εμπλησω ℵᶜᵃ εμπλησει με A | ελεγχου A   5 γνωην] γνοιην Bᵃᵇℵᶜᵃ | ιαματα] ρηματα ℵᶜᵃA | τινα] ατινα ℵ* (τινα ℵᶜᵃ) | απαγγελλει ℵA   6 εν 1°] ει A | ειτα] και ει A | ου χρησεται μοι A   7 αληθια ℵ | παρ αυτου] παρ αυτω sup ras Aᵃ*   8 εις γαρ πρωτα παρευσομαι] εαν γαρ πορευθω εις τα πρωτα A | om και A   10 μου]+αυτος A | διεκρινεν (εδιεκρινεν ℵ* improb ε 1° ℵ¹ᶜᵃ) δε] και διεκρινεν A | το χρυσιον] om το A   12 ενταλματων] εντολων A | om και A | παρελθω]+ινα μη αποθανω A   13 αυτος 1° sup ras Bᵃ | αντειπων] αντειπιπτων ℵᶜᵃ (restit αντειπων) αντερων A   14 εσπουδακειν A   15 κατασπουδασω ℵ* (-δασθω ℵᶜᵃ) postea restit -δασω)   16 Κυριος]+μου A | om δε 1° A

563 NN 2

B   ὁ δὲ παντοκράτωρ ἐσπούδασέν με.
¹⁷οὐ γὰρ ᾔδειν ὅτι ἐπελεύσεταί μοι σκότος,
   πρὸ προσώπου δέ μου ἐκάλυψεν γνόφος.
¹διὰ τί δὲ Κύριον ἔλαθον ὧραι,   XXIV
²ἀσεβεῖς δὲ ὅριον ὑπερέβησαν, ποίμνιον σὺν ποιμένι ἁρπάσαντες;
³ὑποζύγιον ὀρφανῶν ἀπήγαγον,
   καὶ βοῦν χήρας ἠνεχύρασαν.
⁴ἐξέκλιναν ἀδυνάτους ἐξ ὁδοῦ δικαίας,
   ὁμοθυμαδὸν δὲ ἐκρύβησαν πραεῖς γῆς.
⁵ἀπέβησαν δὲ ὥσπερ ὄνοι ἐν ἀγρῷ,
   ὑπὲρ ἐμοῦ ἐξελθόντες τὴν ἑαυτῶν τάξιν·
   ἡδύνθη αὐτῷ ἄρτος εἰς νεωτέρους.
⁶ἀγρὸν πρὸ ὥρας οὐκ αὐτῶν ὄντα ἐθέρισαν
   ἀδύνατοι ἀμπελῶνας ἀσεβῶν ἀμισθὶ καὶ ἀσιτὶ ἠργάσαντο.
§ C   §⁷γυμνοὺς πολλοὺς ἐκοίμισαν ἄνευ ἱματίων,
   ἀμφίασιν δὲ ψυχῆς αὐτῶν ἀφείλαντο·
⁸ἀπὸ ψεκάδων ὀρέων ὑγραίνονται,
   παρὰ τὸ μὴ ἔχειν ἑαυτοὺς σκέπην πέτραν περιεβάλοντο.
⁹ἥρπασαν ὀρφανὸν ἀπὸ μαστοῦ,
   ἐκπεπτωκότα δὲ ἐταπείνωσαν.
¹⁰γυμνοὺς δὲ ἐκοίμισαν ἀδίκως,
   πεινώντων δὲ τὸν ψωμὸν ἀφείλαντο.
¹¹ἐν στενοῖς ἀδίκως ἐνήδρευσαν,

ℵAC   16 εσπουδασεν με Bℵᶜᵃ] εσπουδασεν σε ℵ* εσπουδακεν επ εμε A
17 σκοτος] γνοφος A | προ προσωπου] προσωπον A | εκαλυψεν] καλυψει A |
γνοφος] σκοτος A   XXIV 1 Κυριον] κε A | ωραι] ωρας ασεβεις ανδρες A
2 om ασεβεις A | οριον δε A | ποιμνιον] pr και A | αρπασαντες] ηρπασαν A
3 υποζυγιον]+δε ℵᶜᵃA | ηνεχυρασαν] ενεχυρασον ℵ (-σαν ℵ¹)   4 εξεκλιναν]
εξεκλινον δε A | δικαιας] δικαιων ℵ* (-ας ℵᶜᵃ) | om δε ℵ   5 απεβησαν] pr
ᵇ ℵᶜᵃ⁽ᵐᵍ⁾ (postea ras) A | om δε ℵA | την εαυτων] τη εαυτω (sic) ℵᶜᵃ τη
εαυτων A | ταξιν] πραξιν ℵ πραξει A   5—6 ηδυνθη εθερισαν] αγρον
προ ωρας ουκ αυτων οντα εθερισαν| ηδυνηθη δε αυτω αρτος εις νεωτερους A
5 εις νεωτερους αρτος ℵ   6 αδυνατοι]+δε ℵᶜᵃA | αμπελωνας ασεβων] αμ
πελωνα ℵ* (αμπελωνας ασ ℵᶜᵃ) ασεβων αμπελωνας A | αμισθι (-θει Bᵃᵇℵ) και
ασιτι (-τει Bᵃᵇ)] ασιτι και αμισθι A | ηργασαντο] ειργασαντο BᵃᵇA   7 γυμ
νους]+δε A | αυτων] εαυτων A | αφιλαντο B*AC   8 παρα] pr και A |
εαυτους] αυτους ℵC | om πετραν ℵ* (hab ℵᶜᵃ)   9 ηρπασαν]+δε A | ορ
φανους A | εκπεπτωκοτα δε] και εκπεπτ. A   10 om δε 1° A   10—12 πει
νωντων ..εξεβαλλοντο] pauca supersunt in C   10 τον ψωμον] om τον
A | αφιλαντο ℵA (de C non liq)   11 στενοις] σκοτινοις ℵᶜᵃ (mox restit
στεν) A evan in C + δε C | ενηδρευσαν αδικως A

ΙΩΒ XXIV 21

ὁδὸν δὲ δικαίων οὐκ ᾔδεισαν. B

12 ¹²οἱ ἐκ πόλεως καὶ οἴκων ἰδίων ἐξεβάλλοντο,
ψυχὴ δὲ νηπίων ἐστέναξεν μέγα.

13 ¹³αὐτὸς δὲ διὰ τί τούτων ἐπισκοπὴν οὐ πεποίηται;
⁽¹³⁾ἐπὶ γῆς ὄντων αὐτῶν καὶ οὐκ ἐπέγνωσαν,
ὁδὸν δὲ δικαιοσύνης οὐκ ᾔδεισαν,
οὐδὲ ἀτραποὺς αὐτῶν ἐπορεύθησαν.

14 ¹⁴γνοὺς δὲ αὐτῶν τὰ ἔργα παρέδωκεν αὐτοὺς εἰς σκότος,
καὶ νυκτὸς ἔσται ὡς κλέπτης.

15 ¹⁵καὶ ὀφθαλμὸς μοιχοῦ ἐφύλαξεν σκότος,
λέγων Οὐ προσνοήσει με ὀφθαλμός,
καὶ ἀποκρυβὴν προσώπου ἔθετο.

16 ¹⁶διώρυξεν ἐν σκότει οἰκίας·
ἡμέρας ἐσφράγισαν ἑαυτούς,
οὐκ ἐπέγνωσαν φῶς·

17 ¹⁷ὅτι ὁμοθυμαδὸν αὐτοῖς τὸ πρωὶ σκιὰ θανάτου,
ὅτι ἐπιγνώσεται τάραχος σκιᾶς θανάτου.

18 ¹⁸ἐλαφρός ἐστιν ἐπὶ πρόσωπον ὕδατος·
καταραθείη ἡ μερὶς αὐτῶν ἐπὶ γῆς,

19 ἀναφανείη δὲ τὰ φυτὰ αὐτῶν ¹⁹ἐπὶ γῆς ξηρά·
ἀγκαλίδα γὰρ ὀρφανῶν ἥρπασαν.

20 ²⁰εἶτ' ἀνεμνήσθη αὐτοῦ ἡ ἁμαρτία·
ὥσπερ δὲ ὁμίχλη δρόσου ἀφανὴς ἐγένετο·
ἀποδοθείη δὲ αὐτῷ ἃ ἔπραξεν,
συντριβείη δὲ πᾶς ἄδικος ἴσα ξύλῳ ἀνιάτῳ.

21 ²¹στεῖραν δὲ οὐκ εὖ ἐποίησεν, καὶ ἀγύναιον οὐκ ἠλέησεν,

11 om δε ℵ* (hab ℵ^{c a}) | δικαιων] δικαιαν B^a (α 2° sup ras) ℵ evan in C ℵAC
12 om οι ℵ^{c a} (postea restit) A | πολεων ℵ* (πολεως ℵ^{c a}) | οικων] εξ οικιων A | εξεβαλλοντο] εξεβαλλον αυτους ℵ^{c a} (mox revoc εξεβαλλοντο) εξεβαλον αυτους Λ εξ .C | μεγα] μεγαλως A   **13** επι γης'οντων αυτων] ετι οντ. αυτ. επι γης A | γης] γη sup ras B^{ab} | επεγνωσαν] επεγνωσομαι (sic) A | ουκ 2°] ου C | ατραπους αυτων επορ.] επορ ατραπους αυτης Λ ατρ. αυτης επορ. ℵ^{c a}C
15 προσνοησει] προσθησει ℵ* (προσν. ℵ^{c a}) προνοησει C | οφθαλμος 2°] pr o A | προσωπου] προς με που A   **16** διωρυξεν ℵ* (-ξεν ℵ^{1 (vid) c a}) | ημερας]+δε Λ | εαυτοις C   **17** το πρωι αυτοις C | σκια θανατου] διεσκεδασεν A | ταραχας ℵ^{c a}A | σκιας] σκια ℵ* (-ας ℵ^{c a}) A   **18** προσωπου A   **19** αγκαλιδα] adnot δραγμα B^{a mg} αγκ. γαρ evan in C | ορφανου A   **20** ειτ ανεμνησθη] ειτα εμνησθη A | αυτου] αυτων A | η αμαρτια] ημαρτια C | ωσπερ δε] και ωσπερ A | om δε 2° ℵA | α] pr καθ ℵ^{c a} (mox del) A | inter πας et αδικος 1as 1 lit (ο ut vid) C: item inter ξυλω et ανιατω (ν ut vid)   **21** δε 1°] γαρ ℵAC | ευ εποιησεν] εποικτειραν A | και] ουδε A | αγυναιον] γυναιον ℵ^{c a}C | ηλεησεν] ηλεασαν A

565

B. ²²θυμῷ δὲ κατέστρεψεν ἀδυνάτους. 22
ἀναστὰς τοιγαροῦν οὐ μὴ πιστεύσῃ κατὰ τῆς ἑαυτοῦ ζωῆς·
²³μαλακισθεὶς μὴ ἐλπιζέτω ὑγιασθῆναι, ἀλλὰ πεσεῖται νόσῳ 23
²⁴πολλοὺς γὰρ ἐκάκωσεν τὸ ὕψωμα αὐτοῦ 24
ἐμαράνθη δὲ ὥσπερ μολόχη ἐν καύματι,
ἢ ὥσπερ στάχυς ἀπὸ καλάμης αὐτόματος ἀποπεσών.
²⁵εἰ δὲ μή, τίς ἐστιν ὁ φάμενος ψευδῆ με λέγειν, καὶ θήσει εἰς 25
οὐδὲν τὰ ῥήματά μου;

¹Ὑπολαβὼν δὲ Βαλδὰδ ὁ Σαυχίτης λέγει 1 XXV
²Τί γὰρ προοίμιον ἢ φόβος ὁ παρ' αὐτοῦ, 2
ὁ ποιῶν τὴν σύμπασαν ἐν ὑψίστῳ;
³μὴ γὰρ τις ὑπολάβοι ὅτι ἐστὶν παρέλκυσις πειραταῖς· 3
ἐπὶ τίνας δὲ οὐκ ἐπελεύσεται ἔνεδρα παρ' αὐτοῦ;
⁴πῶς γὰρ ἔσται δίκαιος βροτὸς ἔναντι Κυρίου; 4
ἢ τίς ἂν ἀποκαθαρίσαι αὐτὸν γεννητὸς γυναικός;
⁵ἢ σελήνη συντάσσει, καὶ οὐκ ἐπιφαύσκει· 5
ἄστρα δὲ οὐ καθαρὰ ἐναντίον αὐτοῦ.
⁶ἔα δέ, ἄνθρωπος σαπρία καὶ υἱὸς ἀνθρώπου σκώληξ 6

¹Ὑπολαβὼν δὲ Ἰὼβ λέγει 1 XXVI
²Τίνι πρόσκεισαι ἢ τίνι μέλλεις βοηθεῖν; 2
πότερον οὐχ ᾧ πολλὴ ἰσχὺς καὶ ᾧ βραχίων κραταιός ἐστιν,
³τίνι συμβεβούλευσαι; οὐχ ᾧ πᾶσα σοφία; 3
τίνι ἐπακολουθήσεις; οὐχ ᾧ μεγίστη δύναμις;
⁴τίνι ἀνήγγειλας ῥήματα; 4
πνοὴ δὲ τίνος ἐστὶν ἡ ἐξελθοῦσα ἐκ σοῦ;

ℵAC   22 κατεστρεψαν A | αδινατους] δυνατους sup ras Aᵃ | πιστευσῃς C [κατα] υπερ A | εαυτου] αυτου A σεαυτου C   23 μαλακισθεις]+δε AC | om μη C | υγιασθηναι] υγιαναι A   24 om δε ℵ* (hab ℵᶜ ᵃ) C | μολοχη] χλοη A | om η ℵ* (hab ℵ¹⁽ᵐᵍ⁾) | αυτοματος αποπεσων απο καλαμης A   25 φαμενος] λεγων Bᵃᵐᵍ | με ψευδη A | θησει] θησις ℵ* (θησι ℵᶜ ᵃ) | ουδεν] ουθεν AC XXV 1 evan in C   2 γαρ]+εστιν A | η φοβος ο παρ αυτου] η φ παρ αυτου BᵃᵇℵC ο φοβος παρ αυτω A | συμπασαν A | υψιστω]+εστιν A   3 δε]+αυτων A   4 βροτος δικαιος A | βροτος] adnot ανος B¹ᵐᵍ | om αν C | αυτου] εαυτον ℵᶜ ᵃAC | γεννητης A* (-τος Aᵃ) | γυναικος]+ουδ ανος ου καθαρος| ο λεγων τω ηλιω μη ανατελλειν και ουκ ανατελλει A   5 η σεληνη] σεληνην δε A ει σεληνη ℵC | επιφαυσει A | ου καθαρα] ουκ αμεμπτα A   6 ανθρωπος] ανον ℵ* (ανος ℵᶜ ᵃ) pr πας A   XXVI 1 evan in C   2 ισχυς] pr η A | ω 2°] o A   3 συμβεβουλευσαι] βεβουλευσαι ℵ* συνβεβ ℵᶜ ᵃ ⁿⁱˢⁱ ᶠᵒʳᵗ ⁱᵃᵐ ᵃⁿᵗᵉᵃ A | πασα] pr η A | τινι 2°] pr η ℵᶜ ᶜAC | επακολουθεις A | μεγιστη] pr η A

ΙΩΒ　　　XXVII 3

5　⁵μὴ γίγαντες μαιωθήσονται ὑποκάτωθεν ὕδατος καὶ τῶν γειτό- B
　　νων αὐτοῦ;
6　⁶γυμνὸς ὁ ᾅδης ἐνώπιον αὐτοῦ,
　　καὶ οὐκ ἔστιν περιβόλαιον τῇ ἀπωλείᾳ.
7　⁷ἐκτείνων βορέαν ἐπ' οὐδέν,
　　κρεμάζων γῆν ἐπὶ οὐδενός.
8　⁸δεσμεύων ὕδωρ ἐν νεφέλαις αὐτοῦ,
　　καὶ οὐκ ἐρράγη νέφος ὑποκάτω αὐτοῦ·
9　⁹ὁ κρατῶν πρόσωπον θρόνου,
　　ἐκπετάζων ἐπ' αὐτὸν νέφος αὐτοῦ·
10　¹⁰πρόσταγμα ἐγύρωσεν ἐπὶ πρόσωπον ὕδατος
　　μέχρι συντελείας φωτὸς μετὰ σκότους.
11　¹¹στύλοι οὐρανοῦ ἐπετάσθησαν, καὶ ἐξέστησαν ἀπὸ τῆς ἐπιτιμή-
　　σεως αὐτοῦ.
12　¹²ἰσχύι κατέπαυσεν τὴν θάλασσαν,
　　ἐπιστήμῃ δὲ ἔστρωται τὸ κῆτος.
13　¹³κλεῖθρα δὲ οὐρανοῦ δεδοίκασιν αὐτόν·
　　προστάγματι δὲ ἐθανάτωσεν δράκοντα ἀποστάτην
14　¹⁴ἰδοὺ ταῦτα μέρη ὁδοῦ αὐτοῦ,
　　καὶ ἐπὶ ἰκμάδα λόγου ἀκουσόμεθα ἐν αὐτῷ
　　σθένος δὲ βροντῆς αὐτοῦ, τίς οἶδεν ὁπότε ποιήσει,

XVII 1　¹"Ἔτι δὲ προσθεὶς Ἰὼβ εἶπεν τῷ προοιμίῳ
2　²Ζῇ ὁ θεὸς ὃς οὕτω με κέκρικεν,
　　καὶ ὁ παντοκράτωρ ὁ πικράνας μου τὴν ψυχήν,
3　³εἰ μὴν ἔτι τῆς πνοῆς μου ἐνούσης,
　　πνεῦμα δὲ θεῖον τὸ περιὸν μοι ἐν ῥινί,

5 γιγαντες] γειτονες ℵ* (γιγ ℵ^{c c}) | μαιωθησονται (μεωθ ℵ^{c c}AC)] μαται- ℵAC ωθησονται ℵ* | των γειτονων] om των A τ γ. evan in C　　6 τη απωλεια (-λια ℵ^{c a} A απολ . C)] της πτωχιας ℵ* τη πτωχια ℵ¹　　7 βορεα BA | κρεμαζων] κρεμνων A | ουδενος] μηδενος C　　8 υποκατωθεν A　　9 om ο κρατων προσ θρονου ℵ* (hab ℵ^{c c nisi iam antea}) | εκπεταζων] σκεπων A　　10 συντελιας ℵC　　11 επετασθησαν] επεσταθησαν A　　12 ισχυι]+μεν A | εστρωται] εστρωσαι ℵ^{c a} (postea restit -ται) εστρωσεν AC (-σε)　　13 δε 1°] τε A | εθανατωσε ℵ　　14 οδου] λογου ℵ* (οδ. ℵ^{c a}) | σθενος] adnot δυναμις· ισχυς B^{a mg} | οποτε] ποτε ℵ* (οπ. ℵ^{c c})　　XXVII 1 τω προοιμιω ειπεν A　　2 ο θ̅ς] ο κς ℵ* κ̅ς ℵ^{c c}AC | ουτως A | κεκρινεν C | πικρανας] πικρωσας A　　3 ει] η ℵC | ετι] ειτι C* | ενουσης]+εν εμοι A | το περιον μοι] ετι περιον A | εν ρινι] εν ρισιν ℵ^{c a}C εν ρημασιν μου (sup ras et in mg) A^a

ΙΩΒ XXVII 4

B ⁴μὴ λαλήσειν τὰ χείλη μου ἄνομα, 4
 οὐδὲ ἡ ψυχή μου μελετήσει ἄδικα.
⁵μή μοι εἴη δικαίους ὑμᾶς ἀποφῆναι ἕως ἂν ἀποθάνω, 5
 οὐ γὰρ ἀπαλλάξω μου τὴν ἀκακίαν·
⁶δικαιοσύνῃ δὲ προσέχων οὐ μὴ προῶμαι, 6
 οὐ γὰρ σύνοιδα ἐμαυτῷ ἄτοπα πράξας.
⁷οὐ μὴν δὲ ἀλλὰ εἴησαν οἱ ἐχθροί μου ὥσπερ ἡ καταστροφὴ 7
 τῶν ἀσεβῶν,
 καὶ οἱ ἐπ' ἐμὲ ἐπανιστανόμενοι ὥσπερ ἡ ἀπώλεια τῶν
 παρανόμων.
⁸καὶ τίς γάρ ἐστιν ἐλπὶς ἀσεβεῖ ὅτι ἐπέχει. 8
 πεποιθὼς ἐπὶ κύριον ἆρα σωθήσεται;
⁹ἢ τὴν δέησιν αὐτοῦ εἰσακούσεται ὁ θεός; 9
 ἢ ἐπελθούσης αὐτῷ ἀνάγκης
¹⁰μὴ ἔχει τινὰ παρρησίαν ἔναντι αὐτοῦ, 10
 ἢ ὡς ἐπικαλεσαμένου αὐτοῦ εἰσακούσεται αὐτοῦ;
¹¹ἀλλὰ δὴ ἀναγγελῶ ὑμῖν τί ἐστιν ἐν χειρὶ Κυρίου, 11
 ἅ ἐστιν παρὰ Παντοκράτορι οὐ ψεύσομαι.
¹²ἰδοὺ πάντες οἴδατε ὅτι κενὰ κενοῖς ἐπιβάλλετε. 12
¹³αὕτη ἡ μερὶς ἀνθρώπου ἀσεβοῦς παρὰ Κυρίου, 13
 κτῆμα δὲ δυναστῶν ἐλεύσεται παρὰ Παντοκράτορος ἐπ' αὐ-
 τούς.
¹⁴ἐὰν δὲ πολλοὶ γένωνται οἱ υἱοὶ αὐτῶν, εἰς σφαγὴν ἔσονται 14
 ἐὰν δὲ καὶ ἀνδρωθῶσιν, προσαιτήσουσιν·

ℵAC 4 μη λαλησειν] ου μη ληλησει A | τα χειλη μου] το στομα μου A μου τα χειλη C | ανομα] αδικα A | αδικα] ανομα A   5 μου την κακιαν ℵ την ακακιαν μου AC (ακικ C* ακακ C¹(vid))   6 προεχων A | μη] μην C | ατοπον A   7 αλλα] αλλ ℵA | επ εμε επανιστανομενοι (επανισταμενοι B^b)] επανισταν.μοι A | απωλια A | παρανομων] ανομων ℵ   8 και] ναι μην A | εστιν] +ετι A | ασεβει ελπις ℵ | πεποιθως]+δε ℵ^(c a) pr μη A | αρα] pr ει A   9 εισακουσεται] ακουση A | ο θεος] ο κ̅ς̅ A κ̅ς̅ C | η επελθουσης] επελθ. δε A   10 εχειν ℵ (εχ̅ι̅ι̅) C | τινα] τι ℵ* (τινα ℵ^(c ?)) om A | εναντι] εναντιον AC | ως] πως ℵ^(c a) (mox restit ως) A | αυτου 2°] αυτον ℵ^(c a)   11 αλλα] α ℵ* (αλλα ℵ^(c c)) | αναγγελλω ℵ | Παντοκρατορι] pr τω A | ψευδομαι C   12 ιδου] +δη ℵAC | παντες (παν C)]+υμεις A | οιδατε] εορακατε A | οτι] δια τι δε A | επιβαλλετε] επιβαλλεται ℵC επιβαλλεσθε A   13 κτημα] οργη ℵ^(c a) (mox restit κτ) A | ελευσεται] εξελευσετε A επελευσεται C | αυτους] αυτου C^(vid)   14 om δε 1° A | αυτων] αυτου ℵAC | εισφαγην C | om και C | ανδροθωσιν C | προσαιτησουσιν (-τησωσιν A -τουσιν C)] + οι δε περιοντες αυτου εν θανατω τελευτησουσιν B^(ab mg) ℵ + οι δε π αυτων κακω θανατω τελευτησωσιν A + οι δε π. αυτου θανατω τελευτησουσιν C

ΙΩΒ   XXVIII 6

15 ¹⁵χήρας δὲ αὐτῶν οὐθεὶς ἐλεήσει.
16 ¹⁶ἐὰν συναγάγῃ ὥσπερ γῆν ἀργύριον,
    ἴσα δὲ πηλῷ ἑτοιμάσῃ χρυσίον,
17 ¹⁷ταῦτα πάντα δίκαιοι περιποιήσονται,
    τὰ δὲ χρήματα αὐτοῦ ἀληθινοὶ καθέξουσιν.
18 ¹⁸ἀπέβη δὲ ὁ οἶκος αὐτοῦ ὥσπερ σῆτες καὶ ὥσπερ ἀράχνη.
19 ¹⁹πλούσιος κοιμηθεὶς καὶ οὐ προσθήσει,
    ὀφθαλμοὺς αὐτοῦ διήνοιξεν καὶ οὐκ ἔστιν.
20 ²⁰συνήντησαν αὐτῷ ὥσπερ ὕδωρ αἱ ὀδύναι,
    νυκτὶ δὲ ὑφείλατο αὐτὸν γνόφος·
21 ²¹ἀναλήμψεται δὲ αὐτὸν καύσων καὶ ἀπελεύσεται,
    καὶ λικμήσει αὐτὸν ἐκ τοῦ τόπου αὐτοῦ.
22 ²²καὶ ἐπιρίψει αὐτὸν καὶ οὐ φείσεται·
    ἐκ χειρὸς αὐτοῦ φυγῇ φεύξεται.
23 ²³κροτήσει ἐπ' αὐτοῦ χεῖρας αὐτῶν,
    καὶ συριεῖ αὐτὸν ἐκ τοῦ τόπου αὐτοῦ.

XXVIII 1 ¹Ἔστιν γὰρ ἀργυρίῳ τόπος ὅθεν γίνεται,
    τόπος δὲ χρυσίου ὅθεν διηθεῖται·
2   ²σίδηρος μὲν γὰρ ἐκ γῆς γίνεται,
    χαλκὸς δὲ ἴσα λίθῳ λατομεῖται.
3   ³τάξιν ἔθετο σκότει,
    καὶ πᾶν πέρας αὐτὸς ἐξακριβάζεται
    λίθος σκοτίας καὶ σκιὰ θανάτου,
4   ⁴διακοπὴ χειμάρρου ἀπὸ κονίας·
    οἱ δὲ ἐπιλανθανόμενοι ὁδὸν δικαίαν ἠσθένησαν ἐκ βροτῶν.
5   ⁵γῆ, ἐξ αὐτῆς ἐξελεύσεται ἄρτος,
    ὑποκάτω αὐτῆς ἐστράφη ὡσεὶ πῦρ.
6   ⁶τόπος σαπφείρου οἱ λίθοι αὐτῆς,

15 χηρας δε] και χ. A χ τε C | ουθεις] ουδεις Λ ου.. . C   **16** χρυσιον ℵAC ετοιμαση A   **17** ταυτα]+δε ℵ   **18** σητος A | αραχνη (-ναι ℵ)]+ο πλουτος αυτου A   **19** κοιμηθεις] κοιμηθησεται ℵ^{c a}C | om και 1° A | ου]+μη ℵ | οφθαλμους (-μος A)]+δε ℵ   **20** συνηντησαν] κοιμηθειτι συναντησονται A | υδωρ] σητες ℵ* (υδ ℵ^{c c}) | αι οδυναι] om αι A | υφιλατο ℵA | γνοφος] λαιλαψ ℵ   **21** αναλημψεται (αναλαμψ. C) δε] και αναλημψ. ℵ om δε AC   **22** επιριψει] απορειψει A | αυτον] pr επ ℵ^{c a}C | φεισεται] γνωσεται C   **23** αυτου 1°] αυτους ℵ⁺ αυτου ℵ^{c a} (mox revoc -τους) A | αυτων] αυτου AC **XXVIII 1** αργυριου ℵ* (-ριω ℵ^{c c}) | χρυσιω ℵ^{c c}AC   **3** παν] καιρων A | αυτος] αυτους A | σκοτιας] σκοτια ℵAC   **4** επιλαθανομενοι C | οδον δικαιαν] οδους δικαιοσυνης A   **5** ωσει] ως A   **6** οι λιθοι] pr και A

ΧΧVIII 7 ΙΩΒ

B   καὶ χῶμα χρυσίον αὐτῷ.
⁷τρίβος, οὐκ ἔγνω αὐτὴν πετεινόν, 7
καὶ οὐ παρέβλεψεν αὐτὴν ὀφθαλμὸς γυπός·
⁸καὶ οὐκ ἐπάτησαν αὐτὸν υἱοὶ ἀλαζόνων, 8
οὐ παρῆλθεν ἐπ' αὐτῆς λέων.
⁹ἐν ἀκροτόμῳ ἐξέτεινεν χεῖρα αὐτοῦ, 9
κατέστρεψεν δὲ ἐκ ῥιζῶν ὄρη·
¹⁰δίνας δὲ ποταμῶν ἔρρηξεν, 10
πᾶν δὲ ἔντιμον ἴδεν μου ὁ ὀφθαλμός·
¹¹βάθη δὲ ποταμῶν ἀνεκάλυψεν, 11
ἔδειξεν δὲ ἑαυτοῦ δύναμιν εἰς φῶς.
¹²ἡ δὲ σοφία πόθεν εὑρέθη; 12
ποῖος δὲ τόπος ἐστὶν τῆς ἐπιστήμης;
¹³οὐκ οἶδεν βροτὸς ὁδὸν αὐτῆς, 13
οὐδὲ μὴν εὑρέθη ἐν ἀνθρώποις.
¹⁴ἄβυσσος εἶπεν Οὐκ ἔνεστιν ἐν ἐμοί· 14
καὶ ἡ θάλασσα εἶπεν Οὐκ ἔνεστιν μετ' ἐμοῦ.
¹⁵οὐ δώσει συνκλεισμὸν ἀντ' αὐτῆς, 15
καὶ οὐ σταθήσεται αὐτῇ ἀργύριον ἀντάλλαγμα αὐτῆς
¹⁶καὶ οὐ συνβασταχθήσεται χρυσίῳ Σωφείρ, 16
ἐν ὄνυχι τιμίῳ καὶ σαπφείρῳ·
¹⁷οὐκ ἰσωθήσεται αὐτῇ χρυσίον καὶ ὕαλος, 17
καὶ τὸ ἄλλαγμα αὐτῆς σκεύη χρυσᾶ
¹⁸μετέωρα καὶ γαβεὶς οὐ μνησθήσεται, 18
καὶ ἕλκυσον σοφίαν ὑπὲρ τὰ ἐσώτατα·
¹⁹οὐκ ἰσωθήσεται αὐτῇ τοπάζιον Αἰθιοπίας, 19
χρυσίῳ καθαρῷ οὐ συνβασταχθήσεται.

ℵAC   6 χρυσιον] χρυσιοιν ℵ* (σιον ℵ¹) χρυσαιον ℵ^(c a) (mo\ ιε\oc -σιον) | αυτω] αυτη ℵ^(c a) (restit αυτω)   7 τριβος c praec coniung vid ℵ | πετεινω| A   8 om και ℵ^(c a)AC | ουκ επατησαν] ου κατεπατησαν ℵ | αυτον] αυτην ℵAC | παρηλθεν] γαρ ηλθεν A   10 δ.νας (δεινας ℵA θινας C)] adnot τα κοιλωματα των υδατων τας ιλιγγας B^(a mg inf) | εντιμον] τιμιον AC | ιδεν (ειδ. B^(ab) ℵ)] ιδειν C | μου] αι του ℵ^(c a)A   11 βαθη δε] και βαθη A | εαυτου] αυτου A αυτων C   12 της επιστημης] om της A   13 οδον] pr την C | μην] μη ℵ^(c a)AC   14 ενεστιν bis] εστιν ℵAC | η θαλασσα] om η ℵAC   15 συγκλεισμον B^bC | om αυτη B^(ab)ℵAC | αυτης 2°] pr αντ ℵ* (improb ℵ^(c a))   16 συμβασταχθ B' | Σωφειρ (-φιρ ℵ)] Ωφειρ AC   17 ουκ] pr και A | ισοθησεται B | αλλαγμα] ανταλλαγμα C | χρυσα] ρ sup ras A^a   18 γαβεις ου] γαβεις sup ras A^a εις ου sup ras C^a | ου] +μη ℵ* (improb ℵ^(c a)) | om και 2° ℵ* (hab ↑ ℵ^(c a)) | εσωτατα] εσωτα A   19 συμβασταχθ. B'A

²⁰ἡ δὲ σοφία πόθεν εὑρέθη;
ποῖος δὲ τόπος ἐστὶν τῆς συνέσεως;
²¹λέληθεν πάντα ἄνθρωπον,
καὶ ἀπὸ πετεινῶν τοῦ οὐρανοῦ ἐκρύβη.
²²ἡ ἀπώλεια καὶ ὁ θάνατος εἶπαν
Ἀκηκόαμεν δὲ αὐτῆς τὸ κλέος.
²³ὁ θεὸς εὖ συνέστησεν αὐτῆς τὴν ὁδόν,
αὐτὸς δὲ οἶδεν τὸν τόπον αὐτῆς.
²⁴αὐτὸς γὰρ τὴν ὑπ' οὐρανὸν πᾶσαν ἐφορᾷ,
εἰδὼς τὰ ἐν τῇ γῇ πάντα ²⁵ἐποίησεν,
ἀνέμων σταθμόν, ὕδατος μέτρα, ²⁶ὅτε ἐποίησεν·
οὕτως ἰδὼν ἠρίθμησεν,
καὶ ὁδὸν ἐν τινάγματι φωνάς.
²⁷τότε εἶδεν αὐτὴν καὶ ἐξηγήσατο αὐτῇ,
ἑτοιμάσας ἐξιχνίασεν·
²⁸εἶπεν δὲ ἀνθρώπῳ Ἰδοὺ ἡ θεοσέβειά ἐστιν σοφία,
τὸ δὲ ἀπέχεσθαι ἀπὸ κακῶν ἐστιν ἐπιστήμη.

XXIX ¹Ἔτι δὲ προσθεὶς Ἰὼβ εἶπεν τῷ προοιμίῳ
²Τίς ἄν με θείη κατὰ μῆνα ἔμπροσθεν ἡμερῶν ὧν με ὁ θεὸς ἐφύλαξεν;
³ὡς ὅτε ηὔγει ὁ λύχνος αὐτοῦ ὑπὲρ κεφαλῆς μου,
ὅτε τῷ φωτὶ αὐτοῦ ἐπορευόμην ἐν σκότει
⁴ὅτε ἤμην ἐπιβρίθων ὁδούς,
ὅτε ὁ θεὸς ἐπισκοπὴν ἐποιεῖτο τοῦ οἴκου μου·
⁵ὅτε ἤμην ὑλώδης λίαν, κύκλῳ δέ μου οἱ παῖδες·
⁶ὅτε ἐχέοντο αἱ ὁδοί μου βουτύρῳ,

20 δε 1°] δη A | εστιν τοπος A | της συν] om της A   21 λεληθε C | ℵAC εκρυβη] pr ουκ A   22 απωλια ℵA | ειπαν] ειπεν AC | om δε ℵ^{c a} (postea restit) A   23 θεος] κ̄ς̄ ℵ^{c a, c c} AC | δε] γαρ A   24 υπ] επ C | ιδως A | παντα]+α ℵA   25 εποιησεν]+εποιησεν δε| C* (ras επ. δε C^{a vid}) | ανεμων] pr |εποιησεν δε AC | υδατος]+τε ℵ^{c a}C και υδατων A   26 οτε εποιησεν c seqq coniung A | οτε] α C* om C^a | φωνας] φωνης C^{a vid}   27 ειδεν] ιδων AC^a (ιδεν C* fort) | om και C | αυτη] αυτην ℵAC   28 θεοσεβια ℵAC | επεχεσθαι C   XXIX 1 ετι δε προοιμιω] προσθεις δε ετι τω προοιμ. I. λεγει A evan in C   2 κατα μηνα] pr μηνα A | εμπροσθεν] pr ημερων των A | με ο θεος εφυλαξεν] ο θ̄ς̄ εφυλαττεν με A   3 ο λυχνος] om ο A | τω φωτι] pr εν A   4 επιβριθων] επιτριβων ℵ* (επιβριθ. ℵ^{c a}) | οδους] οδοις ℵ^{c a}AC | θεος] κ̄ς̄ ℵ^{c a}AC   6 μου αι οδοι ℵAC | βουτυρων C

ΙΩΒ

B τὰ δὲ ὄρη μου ἐχέοντο γάλακτι·
⁷ὅτε ἐξεπορευόμην ὄρθριος ἐν πόλει,
 ἐν δὲ πλατείαις ἐτίθετό μου ὁ δίφρος.
⁸ἰδόντες με νεανίσκοι ἐκρύβησαν,
 πρεσβῦται δὲ πάντες ἔστησαν·
⁹ἁδροὶ δὲ ἐπαύσαντο λαλοῦντες, δάκτυλον ἐπιθέντες ἐπὶ στόματι.
¹⁰οἱ δὲ ἀκούσαντες ἐμακάρισάν με,
 καὶ γλῶσσα αὐτῶν τῷ λάρυγγι αὐτῶν ἐκολλήθη·
¹¹ὅτι οὖς ἤκουσεν καὶ ἐμακάρισέν με,
 ὀφθαλμὸς δὲ ἰδών με ἐξέκλινεν.
¹²διέσωσα γὰρ πτωχὸν ἐκ χειρὸς δυνάστου,
 καὶ ὀρφανῷ ᾧ οὐκ ἦν βοηθὸς ἐβοήθησα·
¹³εὐλογία ἀπολλυμένου ἐπ' ἐμὲ ἔλθοι,
 στόμα δὲ χήρας με εὐλόγησεν.
¹⁴δικαιοσύνην δὲ ἐνδεδύκειν,
 ἠμφιασάμην δὲ κρίμα ἴσα διπλοΐδι.
¹⁵ὀφθαλμὸς ἤμην τυφλῶν,
 ποὺς δὲ χωλῶν.
¹⁶ἐγὼ ἤμην πατὴρ ἀδυνάτων,
 δίκην δὲ ἣν οὐκ ᾔδειν ἐξιχνίασα
¹⁷συνέτριψα δὲ μύλας ἀδίκων·
 ἐκ μέσου τῶν ὀδόντων αὐτῶν ἅρπαγμα ἐξήρπασα
¹⁸εἶπα δέ Ἡ ἡλικία μου γηράσει·
 ὥσπερ στέλεχος φοίνικος, πολὺν χρόνον βιώσω·
¹⁹ἡ ῥίζα διήνοικται ἐπὶ ὕδατος,
 καὶ δρόσος αὐλισθήσεται ἐν τῷ θερισμῷ μου·
²⁰ἡ δόξα μου καινὴ μετ' ἐμοῦ,
 καὶ τὸ τόξον μου ἐν χειρὶ αὐτοῦ πορεύεται.

ℵAC 6 εχεοντο 2°] εχειτο A   8 εκρυβησαν] +εαυτοις A | εστησαν] επανεστησαν A   9 αδοι A* (αδρ A¹) | επιθεντες] επιτιθεντες A | στοματι] + αυτων A   10 ακουσαντες] + περι εμου A   11 ους] ωτιον C | με ιδων A   12 διεσωσας ℵ* (-σα ℵ^(1 c ?) | πτωχον] ο sup ras A^(a°) | ουκ ην] ουχ υπηρχεν A   13 με ευλογησεν] με ευλογησαι ℵ*txt [-σαν ℵ* comm] (-σεν ℵ^(c a)) ηυλογησεν με A με ηυλ. C   14 δικαιοσυνη C | δε 1°] γαρ C | ενδεδυκειν] εδεδοικιν ℵ*A (-κειν) ενδεδοικιν ℵ^(c a)   17 εκ]+ δε ℵAC | μεσων ℵC | των οδοντων] om των A | εξηρπασα] εξεσπασα ℵ^(c c)AC   18 ειπα] ειπον A | δε] om A evan in C | η ηλικια] om η ℵAC^vid | ωσπερ στελ. φοιν. c praec coniung A | πολυν] πολυν δε A   19 ριζα]+μου A | εν] επι A   20 καινη] κενη Bℵא | μου 2°] αυτου A | πορευσεται AC

572

ΙΩΒ XXX 8

21 ²¹ἐμοῦ ἀκούσαντες προσέσχον,   B
ἐσιώπησαν δὲ ἐπὶ τῇ ἐμῇ βουλῇ·

22 ²²ἐπὶ τῷ ἐμῷ ῥήματι οὐ προσέθεντο,
περιχαρεῖς δὲ ἐγίνοντο ὁπόταν αὐτοῖς ἐλάλουν·

23 ²³ὥσπερ γῆ διψῶσα προσδεχομένη τὸν ὑετόν, οὕτως οὗτοι τὴν
ἐμὴν λαλιάν.

24 ²⁴ἐὰν γελάσω πρὸς αὐτούς, οὐ μὴ πιστεύσωσιν·
καὶ φῶς τοῦ προσώπου μου οὐκ ἀπέπιπτεν.

25 ²⁵ἐξελεξάμην ὁδὸν αὐτῶν καὶ ἐκάθισα ἄρχων,
καὶ κατεσκήνουν ὡσεὶ βασιλεὺς ἐν μονοζώνοις, ὃν τρόπον
παθεινοὺς παρακαλῶν.

XXX 1 ¹νυνὶ δὲ κατεγέλασάν μου·
ἐλάχιστοι νῦν νουθετοῦσίν με ἐν μέρει,¶   ¶ C
ὧν ἐξουδένουν τοὺς πατέρας αὐτῶν,
οὓς οὐχ ἡγησάμην ἀξίους κυνῶν τῶν ἐμῶν νομάδων.

2 ²καί γε ἰσχὺς χειρῶν αὐτῶν ἵνα τί μοι;
ἐπ' αὐτοὺς ἀπώλετο συντέλεια.

3 ³ἐν ἐνδείᾳ καὶ λιμῷ ἄγονος,
οἱ φεύγοντες ἄνυδρον ἐχθὲς συνοχὴν καὶ ταλαιπωρίαν·

4 ⁴οἱ περικυκλοῦντες ἅλιμα ἐπὶ ἠχοῦντι,
οἵτινες ἅλιμα ἦν αὐτῶν τὰ σῖτα·
ἄτιμοι δὲ καὶ πεφαυλισμένοι, ἐνδεεῖς παντὸς ἀγαθοῦ.

5/6 ⁵ἐπανέστησάν μοι κλέπται, ⁶ὧν οἱ οἶκοι αὐτῶν ἦσαν τρῶγλαι
πετρῶν·

7 ⁷ἀνὰ μέσον εὐήχων βοήσονται
οἱ ὑπὸ φρύγανα ἄγρια διῃτῶντο

8 ⁸ἀφρόνων υἱοὶ καὶ ἀτίμων ὄνομα,

21 εμου ακουσαντες] πρεσβυτεροι ακ. μου A εμου ακ. πρ σ..τ.... C (πρεσβ. ℵAC sup ras Cᵃ) | εμη] εμου C   22 επι]+δε AC | περιχαρεις δε] και περιχ. A | οποταν] οποτε A   23 τον υετον] om τον A | ουτοι ουτως C | λαλιαν]+προσεδεχοντο A   24 εαν γελασω] ει εγελων A | ου μη πιστευσωσιν] ουκ επιστευε| Aᵛⁱᵈ   25 βαλευς ℵ* (βασιλευς ℵᶜᶜ) | παθεινους (παθιν. ℵ* ποθιν. ℵᶜᵃ παθην. C)] συνπαθεις A | παρακαλων B*ᵇℵ* (pr κ ℵ* improb ℵ¹) A] παρεκαλουν Bᵃᵇℵᶜᵃ επαρεκαλουν C   XXX 1 νυνι δε] νυν ιδε ℵᵛⁱᵈ (item 9) νυν δε Cᵛⁱᵈ | ελαχιστοι c praec coniung AC | νυν νουθετουσ ιεsci A¹ | εξουδενων ℵA | αξιους]+ειναι A | κυνων] κοινων A   2 συντελια ℵ   3 λιμων A | χθες Bᵇ   4 αλιμα 1°] αλιμμα ℵA | οιτινες] ων A | αλιμα 2°] αλειμα ℵ* αλειμμα ℵᶜᵃ αλιμμα A | δε] τε A | om παντος A | αγαθου]+οι και ριζας ξυλων εμασωντο υπο λιμου (λειμ. ℵ) μεγαλου Bᵃᵇ ⁿⁱᵍ ⁱⁿᶠℵA   6 ησαν τρωγλαι] om ησαν ℵ* (hab ℵᶜᶜ) ως τρ. ℵᶜᵃ | πετρων] pr των A

ΧΧΧ 9 ΙΩΒ

Ε   καὶ κλέος ἐσβεσμένον ἀπὸ γῆς.
⁹νυνὶ δὲ κιθάρα ἐγώ εἰμι αὐτῶν, καὶ ἐμὲ θρύλημα ἔχουσιν 9
¹⁰ἐβδελύξαντό δέ με ἀποστάντες μακράν, 10
ἀπὸ δὲ προσώπου μου οὐκ ἐφείσαντο πτύελον.
¹¹ἀνοίξας γὰρ φαρέτραν αὐτοῦ ἐκάκωσέν με, 11
καὶ χαλινὸν τοῦ προσώπου μου ἐξαπέστειλεν.
¹²ἐπὶ δεξιῶν βλαστοῦ ἐπανέστησαν, 12
πόδα αὐτῶν ἐξέτειναν καὶ ὡδοποίησαν ἐπ' ἐμὲ τρίβους ἀπω-
λείας αὐτῶν
¹³ἐξετρίβησαν τρίβοι μου, 13
ἐξέδυσαν γάρ μου τὴν στολήν·
¹⁴βέλεσιν αὐτοῦ κατηκόντισέν με, 14
κέχρηταί μοι ὡς βούλεται· ἐν ὀδύναις πέφυρμαι
¹⁵ἐπιστρέφονταί μου αἱ ὀδύναι, 15
ᾤχετό μου ἡ ἐλπὶς ὥσπερ πνεῦμα,
καὶ ὥσπερ νέφος ἡ σωτηρία μου.
¹⁶καὶ νῦν ἐπ' ἐμὲ ἐκχυθήσεται ἡ ψυχή μου, 16
ἔχουσιν δέ με ἡμέραι ὀδυνῶν·
¹⁷νυκτὶ δέ μου τὰ ὀστᾶ συγκέχυται, 17
τὰ δὲ νεῦρά μου διαλέλυται.
¹⁸ἐν πολλῇ ἰσχύι ἐπελάβετό μου τῆς στολῆς, 18
ὥσπερ τὸ περιστόμιον τοῦ χιτῶνός μου περιέσχεν με.
¹⁹ἥγησαι δέ με ἴσα πηλῷ, 19
ἐν γῇ καὶ σποδῷ μου ἡ μερίς·
²⁰κέκραγα δὲ πρὸς σὲ καὶ οὐκ ἀκούεις μου, 20
ἔστησαν δὲ καὶ κατενόησάν με·
²¹ἐπέβησαν δέ μοι ἀνελεημόνως, 21
χειρὶ κραταιᾷ με ἐμαστίγωσας·

ℵA 8 εσβεσμενων ℵ* (-νον ℵᶜᵃ) | απο] επι A   9 αυτων εγω ειμι A   10 om δε 1° A | om απο δε προσωπου πτυελον ℵ* (hab απο δε προσ. μου ουκ εφισαντο πτυελο ℵᶜᵃ [sic πτυελον ℵᶜᶜ]) | πτιελου A   11 γαρ]+οδε A | τω προσωπω ℵ | εξαπεστειλαν Bᵃᵇℵ* (-λεν ℵᶜᵃ)   12 βλαστου] pr του A | αυτων 1°] αυτου ℵ | ωδοποιησεν ℵ¹ | απωλιας A   13 εξεδυσεν ℵ | μου την στολην] με την στ. μου A   14 βελεσιν] βελος γαρ ℵ* (βελεσιν ℵᶜᵃ) | κεχρηται]+δε A | βουλεται] εβουλετο A   15 επιστρεφονται]+δε ℵᶜᵃA | μου 3°]+παρηλθεν A   16 εκχυθησεται] εκλιθησεται ℵᶜᵃ (postea restit εκχυθ.)   17 νυκτες A | συγκεχυται (συνκεχ ℵ)] συνεθλασαν A | τα δε νευρα] και τα νευρα A   18 om εν A   19 ηγηται A | om δε ℵ* (hab ℵᶜᵃ) | η μερις μου A   20 ακουεις] εισακουση ℵ εισακουεις A | om δε 2° A | με] μοι A   21 επεβησαν] επεβης ℵ απεβησαν A | ανελεημονες A | χειρι] pr ως A

ΙΩΒ XXXI 4

22 ²²ἔταξας δέ με ἐν ὀδύναις, B
καὶ ἀπέρριψάς με ἀπὸ σωτηρίας.
23 ²³οἶδα γὰρ ὅτι θάνατός με ἐκτρίψει·
οἰκία γὰρ παντὶ θνητῷ γῆ.
24 ²⁴εἰ γὰρ ὄφελον δυναίμην ἐμαυτὸν χειρώσασθαι,
ἢ δεηθείς γε ἑτέρου, καὶ ποιήσει μοι τοῦτο
25 ²⁵ἐγὼ δὲ ἐπὶ παντὶ ἀδυνάτῳ ἔκλαυσα,
ἐστέναξα δὲ ἰδὼν ἄνδρα ἐν ἀνάγκαις.
26 ²⁶ἐγὼ δὲ ἐπέχων ἀγαθοῖς, ἰδοὺ συνήντησάν μοι μᾶλλον ἡμέραι κακῶν.
27 ²⁷ἡ κοιλία μου ἐξέζεσεν καὶ οὐ σιωπήσεται,
προέφθασάν με ἡμέραι πτωχίας.
28 ²⁸στένων πεπύρευμαι ἄνευ φιμοῦ,
ἕστηκα δὲ ἐν ἐκκλησίᾳ κεκραγώς.
29 ²⁹ἀδελφὸς γέγονα σειρήνων,
ἑταῖρος δὲ στρουθῶν.
30 ³⁰τὸ δὲ δέρμα μου ἐσκότωται μεγάλως,
τὰ δὲ ὀστᾶ μου ἀπὸ καύματος.
31 ³¹ἀπέβη δὲ εἰς πάθος μου ἡ κιθάρα,
ὁ δὲ ψαλμός μου εἰς κλαυθμὸν ἐμοί.

XXXI 1 ¹διαθήκην ἐθέμην τοῖς ὀφθαλμοῖς μου,
καὶ οὐ συνήσω ἐπὶ παρθένον.
2 ²καὶ ἔτι ἐμέρισεν ὁ θεὸς ἄνωθεν,
καὶ κληρονομία ἱκανοῦ ἐξ ὑψίστων
3 ³οὐαί, ἀπώλεια τῷ ἀδίκῳ, καὶ ἀπαλλοτρίωσις τοῖς ποιοῦσιν ἀνομίαν.
4 ⁴οὐχὶ αὐτὸς ὄψεται ὁδόν μου,
καὶ πάντα τὰ διαβήματά μου ἐξαριθμηθήσεται;

22 απεριψας A   **23** γη παντι θνητω A | παντι] πανθ incep ℵ* (παντι ℵA θν. ℵ¹)   **24** δεηθεις] δεηθηναι A | om γε ℵ* (hab ℵᶜ ᵃ) A   **25** εστεναξα δε] και εστεν A | αναγκη A   **26** εγω δε επεχων] εγω δε επεσχον ℵᶜ ᵃ (mox restit επεχ.) και επιχον εγω A | αγαθοις] pr εν A | ιδου] pr και A | συνηντησεν A   **27** προεφθασεν] + δε A | πτωχειας Bᵃᵇ   **29** εταιρος] ετερος ℵ   **30** om δε 1° ℵ | εσκοτωται] μεμελανωται A | καυματος] + συνεφρυγησαν ℵᶜ ᶜ + συνεφρυγη A   **31** om δε 1° A | παθος] πενθος A | η κιθαρα μου A   **XXXI 1** οφθαλμοις] αδελφοις ℵ* (οφθ. ℵᶜ ᶜ) | παρθενων A   **2** om ετι ℵA | εμερισεν] διεμερισεν ℵ* τι εμερ. ℵᶜ ᵃ ετι εμερ. ℵᶜ ᶜ επεμερισεν A | ανωθεν] απανωθεν ℵᶜ ᵃ | εξ υψιστων Bℵᶜ ᵈ] εν υψιστω ℵ* εξ υψιστου A   **3** ουαι] + και A | απωλια ℵA | απαλλοτρισεις A   **4** εξαριθμησεται Bᵇ

ΧΧΧΙ 5 ΙΩΒ

P. ⁵εἰ δὲ ἤμην πεπορευμένος μετὰ γελοιαστῶν,
εἰ δὲ καὶ ἐσπούδασεν ὁ πούς μου εἰς δόλον·
ᵇ C ⁶ἕσταμαι γὰρ ἐν ζυγῷ δικαίῳ,
οἶδεν δὲ ὁ κύριος τὴν ἀκακίαν μου·
⁷εἰ ἐξέκλινεν ὁ πούς μου ἐκ τῆς ὁδοῦ,
εἰ δὲ καὶ τῷ ὀφθαλμῷ ἐπηκολούθησεν ἡ καρδία μου,
εἰ δὲ καὶ ταῖς χερσίν μου ἡψάμην δώρων·
⁸σπείραιμι ἄρα καὶ ἄλλοι φάγοισαν,
ἄριζος δὲ γενοίμην ἐπὶ γῆς.
⁹εἰ ἐξηκολούθησεν ἡ καρδία μου γυναικὶ ἀνδρὸς ἑτέρου,
εἰ καὶ ἐνκάθετος ἐγενόμην ἐπὶ θύραις αὐτῆς·
¹⁰ἀρέσαι ἄρα καὶ ἡ γυνή μου ἑτέρῳ,
τὰ δὲ νήπιά μου ταπεινωθείη.
¹¹θυμὸς γὰρ ὀργῆς ἀκατάσχετος, τὸ μιᾶναι ἀνδρὸς γυναῖκα
¹²πῦρ γάρ ἐστιν καιόμενον ἐπὶ πάντων τῶν μερῶν·
οὗ δ' ἂν ἐπέλθῃ, ἐκ ῥιζῶν ἀπώλεσεν.
¹³εἰ δὲ καὶ ἐφαύλισα κρίμα θεράποντός μου ἢ θεραπαίνης, κρινο-
μένων αὐτῶν πρός με·
¹⁴τί γὰρ ποιήσω ἐὰν ἔτασίν μου ποιῆται ὁ κύριος;
ἐὰν δὲ καὶ ἐπισκοπήν, τίνα ἀπόκρισιν ποιήσομαι;
¹⁵πότερον οὐχ ὡς καὶ ἐγὼ ἐγενόμην ἐν γαστρί, καὶ ἐκεῖνοι
γεγόνασιν;
γεγόναμεν δὲ ἐν τῇ αὐτῇ κοιλίᾳ.
¹⁶ἀδύνατοι δὲ χρείαν ἥν ποτ' εἶχον οὐκ ἀπέτυχον,
χήρας δὲ τὸν ὀφθαλμὸν οὐκ ἐξέτηξα·
¹⁷εἰ δὲ καὶ τὸν ψωμόν μου ἔφαγον μόνος, καὶ οὐχὶ ὀρφανῷ
μετέδωκα·
¹⁸ὅτι ἐκ νεότητός μου ἐξέτρεφον ὡς πατήρ,
καὶ ἐκ γαστρὸς μητρός μου ὡδήγησα·
¹⁹εἰ δὲ καὶ ὑπερεῖδον γυμνὸν ἀπολλύμενον καὶ οὐκ ἠμφίασα αὐτόν·

ℵAC 5 δε 1°] γε A | εις δολο] ο πους μου A 6 εσταμαι] ισταμαι ℵ εισταμε
(? εισται με) A | δε] om A γαρ C 7 εκ] απο A | οδου]+αυτου ℵ^{c a} (mox
del) A | οφθαλμω]+μου ℵ^{c c}A | ει δε και (2°)] και ει A 8 σπειροιμι A |
om αρα ℵ* (hab ℵ^{c c}) | φαγοισαν] φαγονται A 9 ει 1°]+δε AC | εγκα-
θετος B^{ab} εγκαθητος C 10 ετερω] εταιρω ℵ αλλω A 11 ακατασχετος]
ακαθετος A 12 επι] εκ A | μερων] λερων (fort pro μελων) ℵ^{c c} 13 με]
εμε ℵA 14 ποιηται] ποιησηται ℵ ποιηση AC 15 om και 1° A | om
εγω ℵ* (hab ℵ¹) 16 ποτ] ποτε B^{ab}ℵ^{c a}AC | χηρας δε] και χηρας A | εξε-
τηξα] ετηξα A 17 μετεδωκα ορφανω A | μετεδωκα]+εξ αυτου ℵ^{c a}C
18 οτι] και A | om μου C bis 19 υπεριδον AC | om αυτον A

576

ΙΩΒ XXXI 32

20 ²⁰ἀδύνατοι δὲ εἰ μὴ εὐλόγησάν με, B
ἀπὸ δὲ κουρᾶς ἀμνῶν μου ἐθερμάνθησαν οἱ ὦμοι αὐτῶν·
21 ²¹εἰ ἐπῆρα ὀρφανῷ χεῖρα, πεποιθὼς ὅτι πολλή μοι βοήθεια
περίεστιν,
22 ²²ἀποσταίη ἄρα ὁ ὦμός μου ἀπὸ τῆς κλειδός,
ὁ δὲ βραχίων μου ἀπὸ τοῦ ἀγκῶνος συντριβείη.
23 ²³φόβος γὰρ συνέσχεν με,
καὶ ἀπὸ τοῦ λήμματος αὐτοῦ οὐχ ὑποίσω.
24 ²⁴εἰ ἔταξα χρυσίον εἰς χοῦν μου,
εἰ δὲ καὶ λίθῳ πολυτελεῖ ἐπεποίθησα,
25 ²⁵εἰ δὲ καὶ εὐφράνθην πολλοῦ πλούτου μου γενομένου,
εἰ δὲ καὶ ἐπ' ἀναριθμήτοις ἐθέμην χεῖρά μου·
26 ²⁶ἢ οὐχ ὁρῶμεν ἥλιον τὸν ἐπιφαύσκοντα ἐκλείποντα,
σελήνην δὲ φθίνουσαν; οὐ γὰρ ἐπ' αὐτοῖς ἐστιν·
27 ²⁷καὶ εἰ ἠπατήθη λάθρα ἡ καρδία μου,
εἰ δὲ χεῖρά μου ἐπιθεὶς ἐπὶ στόματί μου ἐφίλησα·
28 ²⁸καὶ τοῦτό μοι ἄρα ἀνομία ἡ μεγίστη λογισθείη,
ὅτι ἐψευσάμην ἐναντίον Κυρίου τοῦ ὑψίστου.
29 ²⁹εἰ δὲ καὶ ἐπιχαρὴς ἐγενόμην πτώματι ἐχθρῶν μου,
καὶ εἶπεν ἡ καρδία μου Εὖγε
30 ³⁰ἀκούσαι ἄρα τὸ οὖς μου τὴν κατάραν μου,
θρυληθείην δὲ ἄρα ὑπὸ λαοῦ μου κακούμενος
31 ³¹εἰ δὲ καὶ πολλάκις εἶπον αἱ θεράπαιναί μου Τίς ἂν δῴη ἡμῖν
τῶν σαρκῶν αὐτοῦ πλησθῆναι;
λίαν μου χρηστοῦ ὄντος·
32 ³²ἔξω δὲ οὐκ ηὐλίζετο ξένος,
ἡ δὲ θύρα μου παντὶ ἐλθόντι ἀνέῳκτο·

20 δε] ε ℵ* (δ superscr ℵ^{c a}) | ευλογησαν (υλογη C)] ευλογουν A | αμνων] ℵAC αρνων A   21 ει]+δε και A | μοι πολλη ℵC | περιεστιν] παρεστιν ℵA 22 μου 1°] σου ℵ* (μου ℵ^{c a, c c}) | απο της κλ. ο ωμ. μου A | αγκωνος]+μου AC 23 γαρ]+κ̄ῑ ℵAC | συνεσχεν] συνειχεν A | απο] pr και AC | υποισω] οιποισω ℵA (in C σω tantum superest)+δολον ℵ* (impr ob δ ℵ^{c a})   25 ευφρανθη ℵ* (-θην ℵ^{c a}) ηυφρανθην C | γενομενου μου A | μου 1°] μοι ℵ om μου C | ει δε και (2°)] και ει A   26 εκλειποντα] εκλιποντα ℵ pr και ℵ* (om και ℵ^{iam ante c a}) A | φθινυθουσαν ℵ* (φθινουσαν ℵ?)   27 ει δε]+και ℵAC 28 om αρα ℵ | ανομια] pr η ℵ* (om ℵ^{c a}) | η μεγιστη λογισθειη] λογισθειη μεγαλη A | εναντιον] εναντι ℵAC   29 ει δε και] και ει δε C | επιχαρις ℵ* (-ρης ℵ^{c a}) | πτωματι] pr επι ℵA | εχθρων] εχθρου A | ειπεν η καρδια] ει ειπον τη κ A | ευγε]+ευγε AC   30 θρυλληθειην C | om αρα 2° A | om μου 3° A 31 εμπλησθηναι A   32 ευλιζετο A | η δε θυρα] και η θ A | ανεωκτο] ηνεωκτο ℵA διηνεωκτο C

B ³³εἰ δὲ καὶ ἁμαρτὼν ἀκουσίως ἔκρυψα τὴν ἁμαρτίαν μου, 33
   ³⁴οὐ γὰρ διετράπην πολυοχλίαν πλήθους τοῦ μὴ ἐξαγορεῦσαι 34
   ἐνώπιον αὐτῶν·
   εἰ δὲ καὶ εἴασα ἀδύνατον ἐξελθεῖν θύραν μου κόλπῳ κενῷ
   ³⁵τίς δῴη ἀκούοντά μου; 35
   χεῖρα δὲ Κυρίου εἰ μὴ ἐδεδοίκειν,
      συγγραφὴν δὲ ἣν εἶχον κατά τινος ³⁶ἐπ' ὤμοις ἂν περιθέ- 36
   μενος στέφανον ἀνεγίνωσκον,
   ³⁷καὶ εἰ μὴ ῥήξας αὐτὴν ἀπέδωκα, 37
   οὐθὲν λαβὼν παρὰ χρεωφιλέτου·
   ³⁸εἰ ἐπ' ἐμοί ποτε ἡ γῆ ἐστέναξεν, 38
   εἰ δὲ καὶ οἱ αὔλακες αὐτῆς ἔκλαυσαν ὁμοθυμαδόν·
   ³⁹εἰ δὲ καὶ τὴν ἰσχὺν αὐτῆς ἔφαγον μόνος ἄνευ τιμῆς, 39
   εἰ δὲ καὶ ψυχὴν κυρίου τῆς γῆς ἐκλαβὼν ἐλύπησα·
   ⁴⁰ἀντὶ πυροῦ ἄρα ἐξέλθοι μοι κνίδη, 40
   ἀντὶ δὲ κριθῆς βάτος.

   Καὶ ἐπαύσατο Ἰὼβ ῥήμασιν· 1 XXXII
   ⁽¹⁾ἡσύχασαν δὲ καὶ οἱ τρεῖς φίλοι αὐτοῦ ἔτι ἀντειπεῖν Ἰώβ,
   ἦν γὰρ Ἰὼβ δίκαιος ἐναντίον αὐτῶν
   ²ὠργίσθη δὲ Ἐλιοὺς ὁ τοῦ Βαραχιὴλ ὁ Βουζείτης ἐκ τῆς συγγενείας 2
   Ῥάμ, τῆς Αὐσείτιδος χώρας·
   ὠργίσθη δὲ τῷ Ἰὼβ σφόδρα, διότι ἀπέφηνεν ἑαυτὸν δίκαιον
   ἐναντίον Κυρίου.
   ³καὶ κατὰ τῶν τριῶν δὲ φίλων ὠργίσθη σφόδρα, διότι οὐκ ἠδυνή- 3
   θησαν ἀποκριθῆναι ἀντίθετα Ἰώβ,

ℵAC   33 εκουσιως ℵ*ᵛⁱᵈ (ακ ℵ¹ᶜᵃ)   34 πληθους] λαου A | om μη C | ενωπιον] εναντιον A | αυτων] αυτου ℵ* (-των ℵᶜᵃ) | ειασα] ιασα A ασα C | θυραν] pr την ℵᶜᵃ Cᵛⁱᵈ την θιρα (sic) A | om κολπω κενω Cᵛⁱᵈ   35 ηδεδοικειν A | συγγραφην ℵA   36 επ] pr ει A | om αν A | στεφανον] pr ως A | ανεγινωσκον] ανεειγνωσκον A   37 ουθεν] ουδεν A | χρεωφειλετου Bᵃᵇ χρεοφιλ. ℵA [χρε]ιοφιλ. Cᵛⁱᵈ +μου A   39 om δε και (1°) A | μονος ανευ τιμης] om μονος ℵ ανευ τιμης μονος A | κυριου] κ̅υ̅ Bᵀ κυριου Bᵃ | εκλαβων] εκβαλων A   40 om αρα A | εξελθοι μοι] εξελθη μοι A εξελθοιμι (XXXII 1 ετι]+δε A | αντειπεν A | δικαιος εν. αυτ. Ιωβ A | om αυτων C   2 ο Βουζειτης] ο του Βουζι A ο Βουζιτης C | συγγενιας A | Ραμ] Ραμα A Αραμ C | Αυσιτιδος BᵇAC | ωργισθη δε 2°] και ωργισθη A | διοτι] οτι C | εαυτον] αυτον ℵ* (εαυτον ℵᶜᵃ) | εναντιον] εναντι ℵA   3 τριων δε] om δε ℵ* (hab ℵᶜᵃ) δε τριων A | φιλων]+αυτου ℵᶜᵃA | σφοδρα ωργισθη ℵ | ηδυνηθησαν] ηδυνασθησαν C | Ιωβ] pr τω ℵA

ΙΩΒ XXXII 16

καὶ ἔθεντο αὐτὸν εἶναι ἀσεβῆ. Β

4 ⁴Ἐλιοῦς δὲ ὑπέμεινεν δοῦναι ἀπόκρισιν Ἰώβ, ὅτι πρεσβύτεροι
αὐτοῦ εἰσιν ἡμέραις.
5 ⁵καὶ εἶδεν Ἐλιοῦς ὅτι οὐκ ἔστιν ἀπόκρισις ἐν στόματι τῶν τριῶν
ἀνδρῶν,
καὶ ἐθυμώθη ὀργῇ αὐτοῦ.
6 ⁶ὑπολαβὼν δὲ Ἐλιοῦς ὁ τοῦ Βαραχιὴλ ὁ Βουζείτης εἶπεν
Νεώτερος μέν εἰμι τῷ χρόνῳ, ὑμεῖς δέ ἐστε πρεσβύτεροι·
διὸ ἡσύχασα, φοβηθεὶς τοῦ ὑμῖν ἀναγγεῖλαι τὴν ἐμαυτοῦ
ἐπιστήμην
7 ⁷εἶπα δὲ ὅτι Οὐχ ὁ χρόνος ἐστὶν ὁ λαλῶν,
ἐν πολλοῖς δὲ ἔτεσιν οὐκ οἴδασιν σοφίαν·
8 ⁸ἀλλὰ πνεῦμά ἐστιν ἐν βροτοῖς,
πνοὴ δὲ Παντοκράτορός ἐστιν ἡ διδάσκουσα·
9 ⁹οὐχ οἱ πολυχρόνιοί εἰσιν σοφοί, οὐδ᾽ οἱ γέροντες οἴδασιν κρίμα.
10 ¹⁰διὸ εἶπα Ἀκούσατέ μου, καὶ ἀναγγελῶ ὑμῖν ἃ οἶδα·
11 ¹¹ἐνωτίζεσθέ μου τὰ ῥήματα ὑμῶν ἀκουόντων,
ἄχρις οὗ ἐτάσητε λόγους.
12 ¹²καὶ μέχρι ὑμῶν συνήσω·
καὶ ἰδοὺ οὐκ ἦν τῷ Ἰὼβ ἐλέγχων,
ἀνταποκρινόμενος ῥήματα αὐτοῦ ἐξ ὑμῶν
13 ¹³ἵνα μὴ εἴπητε Εὕρομεν σοφίαν Κυρίῳ προσθέμενοι·
14 ¹⁴ἀνθρώπῳ δὲ ἐπετρέψατε λαλῆσαι τοιαῦτα ῥήματα.
15 ¹⁵ἐπτοήθησαν, οὐκ ἀπεκρίθησαν ἔτι,
ἐπαλαίωσαν ἐξ αὐτῶν λόγους.
16 ¹⁶ὑπέμεινα, οὐ γὰρ ἐλάλησα·
ὅτι ἔστησαν, οὐκ ἀπεκρίθησαν.

3 ασεβη Bℵ*Aᵃ (-βῆ|) C] ευσεβη ℵᶜᶜA* (-βῆ|)   4 Ιωβ] pr τω A | εισιν ℵAC αυτου A | ημεραις] ημερων A ημερας C   5 ιδεν A   6 υπολαβων ειπεν evan in C | ο Βουζειτης] ο του Βουζι A | ειπεν] λεγει A | om μεν ℵ* (hab ℵᶜᵃ) | διο] διοτι A | εμαυτου] εμην A εαυτου C   7 ειπα] ειπον A | om οτι C | ουχ ο χρονος] om ουχ ο A ου χρ. C | om ουκ AC¹   8 αλλα] pr και ουχ ουτως A | εστιν 1°] εσται A | Παντοκρατορος] pr παρα κ̄υ C | διδασκουσα]+σε ℵ* (σε improb postea ras ℵ?)+με A   9 ουχ] ου γαρ A | ουδ] ουδε ℵA | οιδασιν] εισιν ℵ* εισασιν ℵᶜᵃ   10 ειπα] ειπον A   11 ενωτιζεσθε] ενωτισθαι C | τα ρηματα μου A | υμων] pr ερω γαρ ℵᶜᵈAC | αχρις (αχρι ℵC)] pr ιδου ηκουσα τους λογους υμων| ενωτισαμην μεχρι συνεσε|ως υμων| A | λογους] τους λ. υμων A   12 μεχρι] εως A | ελεγχων] pr ο A | om ανταποκρινομενος .. υμων ℵ* (hab ℵᶜᵃ) | ρηματα αυτου] ρημασιν αυτου Α αυτου ρηματα C   13 ινα]+δε A | Κυριω] κ̄υ C | προσθεμενοι κ̄ω A   15 ουκ] pr και ℵ* (om και ℵᵃᶜ)   16 ου] ουδε ℵ* (ου ℵᶜᵃ)

ΙΩΒ

B ¹⁷Ὑπολαβὼν δὲ Ἐλιοῦς λέγει   17
¹⁸Πάλιν λαλήσω· πλήρης γάρ εἰμι ῥημάτων,   18
ὀλέκει γάρ με τὸ πνεῦμα τῆς γαστρός·
¹⁹ἡ δὲ γαστήρ μου ὥσπερ ἀσκὸς γλεύκους ζέων δεδεμένος,   19
ἢ ὥσπερ φυσητὴρ χαλκέως ἐρρηγώς.
²⁰λαλήσω, ἵνα ἀναπαύσωμαι, ἀνοίξας τὰ χείλη·   20
²¹ἄνθρωπον γὰρ οὐ μὴ αἰσχυνθῶ,   21
ἀλλὰ μὴν οὐδὲ βροτὸν οὐ μὴ ἐντραπῶ·
²²οὐ γὰρ ἐπίσταμαι θαυμάσαι πρόσωπα·   22
εἰ δὲ μή, καὶ ἐμὲ σῆτες ἔδονται.

¹οὐ μὴν δὲ ἀλλὰ ἄκουσον, Ἰώβ, τὰ ῥήματά μου,   1   XXXIII
καὶ λαλιὰν ἐνωτίζου μου·
²ἰδοὺ γὰρ ἤνοιξα τὸ στόμα μου,   2
καὶ ἐλάλησεν ἡ γλῶσσά μου.
³καθαρά μου ἡ καρδία ῥήμασιν,   3
σύνεσιν δὲ χειλέων μου καθαρὰ νοήσει.
⁴πνεῦμα θεῖον τὸ ποιῆσάν με,   4
πνοὴ δὲ Παντοκράτορος ἡ διδάσκουσά με
⁵ἐὰν δύνῃ, δός μοι ἀπόκρισιν πρὸς ταῦτα·   5
ὑπόμεινον, στῆθι κατ' ἐμὲ καὶ ἐγὼ κατὰ σέ.
⁶ἐκ πηλοῦ διήρτισαι σὺ ὡς καὶ ἐγώ·   6
ἐκ τοῦ αὐτοῦ διηρτίσμεθα.
⁷οὐχ ὁ φόβος μού σε στροβήσει,   7
οὐδὲ ἡ χείρ μου βαρεῖα ἔσται ἐπὶ σοί.
⁸πλὴν εἶπας ἐν ὠσίν μου,   8
φωνὴν ῥημάτων ἀκήκοα·
⁹διότι λέγεις Καθαρός εἰμι, οὐχ ἁμαρτών   9

ℵAC   17 evan in C   18 γαρ 2°] δε A   19 η δε γαστηρ] και η γ. A | (ζεων] ζεμων A | δεδεμενος] δεμενος ℵ* (δεδ. ℵᶜᵃ) | φυσητης ℵ* (-τηρ ℵᶜᵃ) | ερρηγως] om ℵ* δεδεμενος και κατερρηγως A   20 τα χειλη] τα σα χ ℵ* (σα improb postea ras ℵˀ) +αποκριθω ℵᶜᶜ +μου A   22 επισταμαι ℵ* (-μαι ℵᶜᶜ) | προσωπον ℵA   XXXIII 1 λαλιαν] pr την ℵᶜᵃA | om μου 2° A   2 ηνοιξα] pr ο ℵ* (om ℵ¹⁽ᵛⁱᵈ⁾ᶜᵃ) | μου 1°] σου ℵ* (μου ℵ¹) post μου 1 lit (s ut vid) ras ℵˀ   3 ρημασιν] pr εν A | συνεσις ℵC συνεσεις A | om μου 2° ℵ* (hab ℵᶜᵃ) | καθαρα νοησει] καθαραν θησι A   5 δυνη] δυνηθης A | προς ταυτα c seqq coniung C | στηθι] και στηθει συ A | και εγω] καγω ℵC   6 πηλου]+αρ ℵ* +γαρ ℵ¹ (om γαρ ℵˀ) | om συ ℵ | και εγω] καγω Cᵃ | διηρτισμεθα]+πηλου ℵᶜᵃ (postea ras) A pr πηλου (π. διηρτισμεθα rescr) Cᵃ   7 ουχ] ουχι A | μου 1°] σου A* (μ. Aᵃˀ) | στροβησει σε A   8 φωνην]+δε ℵᶜᵃA | ρηματων]+σου ℵA   9 ουχ] in o attig aliq ut vid ℵˀ (postea restit o) | αμαρτων] ημαρτον τοις εργοις A

ΙΩΒ

ἄμεμπτός εἰμι, οὐ γὰρ ἠνόμησα.

10 ¹⁰μέμψιν δὲ κατ' ἐμοῦ εὗρεν,
ἥγηται δέ με ὥσπερ ὑπεναντίον·
11 ¹¹ἔθετο δὲ ἐν ξύλῳ τὸν πόδα μου,
ἐφύλαξεν δέ μου πάσας τὰς ὁδούς.
12 ¹²πῶς γὰρ λέγεις Δίκαιός εἰμι, καὶ οὐκ ἐπακήκοέν μου;
αἰώνιος γάρ ἐστιν ὁ ἐπάνω βροτῶν.
13 ¹³λέγεις δέ Διὰ τί τῆς δίκης μου οὐκ ἐπακήκοέν μου πᾶν ῥῆμα;
14 ¹⁴ἐν γὰρ τῷ ἅπαξ λαλῆσαι ὁ κύριος,
15 ἐν δὲ τῷ δευτέρῳ· ¹⁵ἐνύπνιον, ἢ ἐν μελέτῃ νυκτερινῇ,
ὡς ὅταν ἐπιπίπτῃ δεινὸς φόβος ἐπ' ἀνθρώπους, ἐπὶ νυσταγ-
μάτων ἐπὶ κοίτης·
16 ¹⁶τότε ἀνακαλύπτει νοῦν ἀνθρώπων,
ἐν εἴδεσιν φόβου τοιούτοις αὐτοὺς ἐξεφόβησεν,
17 ¹⁷ἀποστρέψαι ἄνθρωπον ἀπὸ ἀδικίας·
τὸ δὲ σῶμα αὐτοῦ ἀπὸ πτώματος ἐρρύσατο.
18 ¹⁸ἐφείσατο δὲ τῆς ψυχῆς αὐτοῦ ἀπὸ θανάτου,
καὶ μὴ πεσεῖν αὐτὸν ἐν πολέμῳ·
19 ¹⁹πάλιν δὲ ἤλεγξεν αὐτὸν ἐπὶ μαλακίᾳ ἐπὶ κοίτης,
καὶ πλῆθος ὀστῶν αὐτοῦ ἐνάρκησεν·
20 ²⁰πᾶν δὲ βρωτὸν σίτου οὐ μὴ δύνηται προσδέξασθαι,
καὶ ἡ ψυχὴ αὐτοῦ βρῶσιν ἐπιθυμήσει·
21 ²¹ἕως ἂν σαπῶσιν αὐτοῦ αἱ σάρκες, καὶ ἀποδείξῃ τὰ ὀστᾶ αὐτοῦ
κενά.
22 ²²ἤγγισεν δὲ εἰς θάνατον ἡ ψυχὴ αὐτοῦ,
ἥδε ἡ ζωὴ αὐτοῦ ἐν ᾅδῃ·

9 αμεμπτος] +γαρ ℵ*C +δε ℵ^{c a(vid)} A   10 ευρον ℵ* (-ρεν ℵ^{c a}) | ηγηται ℵAC δε] και ηγ. A | υπεναντιον] επεναντιον C   11 εν ξυλω τον ποδα μου] τον ποδα μου εν κυκλωματι A μου τον ποδα εν ξ C | εφυλαξεν δε] και εφυλαξεν A | μου πασας τας οδους] τας οδ. μ. πασας C   12 αιωνος C* (αιωνιος C^a) | εστιν] pr ο ℵ* (improb ο ℵ^{l(vid)} postea ias)   13 δε] γαρ A | om δια τι C | δικης] δικαιοσυνης ℵ^{c a}AC | om μου 2° ℵAC | παν ρημα] εν παντι ρηματι A   15 η] ως φασμα A* (ras A¹) | ως] pr η C | φοβος δεινος A | νυσταγματων] σταγματων C   16 ειδεσι C | αυτους εξεφοβησεν Bℵ^{c d}] αυτους εξεφοβησαν B^{ab} αυτου εξεφοβησαν ℵ* εξεφοβησεν αυτους A   17 απο αδικιας] εξ αδ. αυτου A εξ αδ. C | απο 2°] απ A' | πτωματος] pr αδικιας A | ερυσατο ℵC   18 εφεισατο δε] και εφ. A | και] του ℵ^{c a}A   19 επι 1°] εν ℵC om A | οστεων AC   20 βρωτον] βροτον C | επιθυμει C   21 κενα] καινα ℵ   22 ηγγισεν] εγγιση A | η ψυχη αυτου εις θανατον A αυτου η ψ. εις θ. C | ηδε η] ηδ η B^{b vid} η δε ℵAC | αδη] pr τω A

XXXIII 23 ΙΩΒ

B ²³ἐὰν ὦσιν χίλιοι ἄγγελοι θανατηφόροι, εἷς αὐτῶν οὐ μὴ τρώσῃ 23
αὐτόν.
ἐὰν νοήσῃ τῇ καρδίᾳ ἐπιστραφῆναι πρὸς Κύριον,
ἀναγγείλῃ δὲ ἀνθρώπῳ τὴν ἑαυτοῦ μέμψιν,
τὴν δὲ ἄνοιαν αὐτοῦ δείξῃ,
²⁴ἀνθέξεται τοῦ μὴ πεσεῖν εἰς θάνατον·   24
ἀνανεώσει δὲ αὐτοῦ τὸ σῶμα ὥσπερ ἀλοιφὴν ἐπὶ τοίχου,
τὰ δὲ ὀστᾶ αὐτοῦ ἐμπλήσει μυελοῦ
²⁵ἁπαλυνεῖ δὲ αὐτοῦ τὰς σάρκας ὥσπερ νηπίου,   25
ἀποκαταστήσει δὲ αὐτὸν ἀνδρωθέντα ἐν ἀνθρώποις
²⁶εὐξάμενος δὲ πρὸς Κύριον, καὶ δεκτὰ αὐτῷ ἔσται,   26
εἰσελεύσεται δὲ προσώπῳ ἱλαρῷ σὺν ἐξηγορίᾳ·
ἀποδώσει δὲ ἀνθρώποις δικαιοσύνην.
²⁷εἶτα τότε ἀπομέμψεται ἄνθρωπος αὐτὸς ἑαυτῷ λέγων Οἷα συνε- 27
τέλουν;
καὶ οὐκ ἄξια ἤτασέν με ὧν ἥμαρτον.
²⁸σῶσον ψυχήν μου τοῦ μὴ ἐλθεῖν εἰς διαφθοράν,   28
καὶ ἡ ζωή μου φῶς ὄψεται.
²⁹ἰδοὺ ταῦτα πάντα ἐργᾶται ὁ ἰσχυρὸς   29
ὁδοὺς τρεῖς μετὰ ἀνδρός
³⁰ἀλλ' ἐρύσατο τὴν ψυχήν μου ἐκ θανάτου,   30
ἵνα ἡ ζωή μου ἐν φωτὶ αἰνῇ αὐτόν.
³¹ἐνωτίζου, Ἰώβ, καὶ ἄκουέ μου·   31
κώφευσον, καὶ ἐγώ εἰμι λαλήσω

ℵAC 23 αυτων] pr εξ A | τρωσει C* vid (-ση Cᵃ) | την καρδια B* (τη κ. Bᵃᵇ) | προς] επι BᵃᵇℵAC | Κυριον] pr τον A | την δε] και την A | ανοιαν] ανομιαν ℵᶜᵃ (postea revoc ανοιαν) C | δειξει ℵ 24 ανθεξεται]+αυτου A | πεσειν]+αυτον ℵᶜᵃ (postea ras) AC | τα δε οστα] και τα οστα A 25 αποκαταστησει δε] και αποκαταστ. A | ανθρωποις] in ανθρ ras aliq B¹ᶠᵒʳᵗ 26 ευξαμενος δε] ευξαμενος ℵ* ευξαμενου δε αυτου ℵᶜᵃ (postea restit -νος) ευξετε A | και δεκτα αυτω εσται] εισακουσεται αυτου ℵ δεκτα αυτω εσται ℵᶜᵃ | ιλαρω] καθαρω ℵᶜᵃ (postea restit ιλ.) AC | αποδωσει] απο ℵ* (αποδωσι ℵᶜᵃ) | ανθρωποις] ᾱνῶ A | δικαιοσυνην] την δ. αυτου A 27 απομεμψεται] απομπεμψεται A | συνετελουμην A | ητασεν] ητοιμασεν ℵ* (ητασεν ℵᶜᵃ) 28 ψυχην] pr την A | om μου 1° ℵ* (hab ℵ¹⁽ᵛⁱᵈ⁾ᶜᶜ) | ελθειν] εξελθειν A | η ζωη] η δ ζωη (sic) ℵ* (om δ ℵ¹) η ψυχη ℵᶜᵃ (postea revoc η ζ.) ζωη A 29 om παντα C 30 αλλ] και A | ερρυσατο AC | ζωη] ψυχη ℵᶜᵃ (postea restit ζ) A 31 ενωτιζου] pr υπολαβων δε Ελιους λεγει ακουσατε μου σοφοι επισταμενοι ενωτιζεσθαι το καλον ότι ειρηκεν Ιωβ ιδου ταυτα παντα εργαται ο ισχυρος· οδους τρις μετα ανδρος του επιστρεψαι ψυχην αυτου εκ διαφθορας του φωτισαι αυτω εν φωτι ζωντω· A | ενωτιζου] προσεχε A | ακουε] ακουσον A | και εγω ειμι] ινα A

ΙΩΒ

32 ³²εἰ ἔστιν λόγος, ἀποκρίθητί μοι·
λάλησον, θέλω γὰρ δικαιωθῆναί σε.
33 ³³εἰ μή, σὺ ἄκουσόν μου·
κώφευσον, καὶ διδάξω σε.

XXXIV 1 ¹Ὑπολαβὼν δὲ Ἐλιοῦς λέγει
2 ²Ἀκούσατέ μου, σοφοί·
ἐπιστάμενοι, ἐνωτίζεσθε·
3 ³ὅτι οὖς λόγους δοκιμάζει, καὶ λάρυγξ γεύεται βρῶσιν.
4 ⁴κρίσιν ἑλώμεθα ἑαυτοῖς,
γνῶμεν ἀνὰ μέσον ἑαυτῶν ὅ τι καλόν.
5 ⁵ὅτι εἴρηκεν Ἰὼβ Δίκαιός εἰμι,
ὁ κύριος ἀπήλλαξέν μου τὸ κρίμα.
6 ⁶ἐψεύσατο δὲ τῷ κρίματί μου·
βίαιον τὸ βέλος μου ἄνευ ἀδικίας.
7 ⁷τίς ἀνὴρ ὥσπερ Ἰώβ, πίνων μυκτηρισμὸν ὥσπερ ὕδωρ;
8 ⁸οὐχ ἁμαρτὼν οὐδὲ ἀσεβήσας, ἢ ὁδοῦ κοινωνήσας μετὰ ποιούντων τὰ ἄνομα,
τοῦ πορευθῆναι μετὰ ἀσεβῶν.
9 ⁹μὴ γὰρ εἴπῃς ὅτι Οὐκ ἔσται ἐπισκοπὴ ἀνδρός·
καὶ ἐπισκοπὴ αὐτῷ παρὰ Κυρίου
10 ¹⁰διό, συνετοὶ καρδίας, ἀκούσατέ μου
Μή μοι εἴη ἔναντι Κυρίου ἀσεβῆσαι,
καὶ ἔναντι Παντοκράτορος ταράξαι τὸ δίκαιον·
11 ¹¹ἀλλὰ ἀποδιδοῖ ἀνθρώπῳ καθὰ ποιεῖ ἕκαστος αὐτῶν,
καὶ ἐν τρίβῳ ἀνδρὸς εὑρήσει αὐτόν.
12 ¹²οἴῃ δὲ τὸν κύριον ἄτοπα ποιήσειν;

32 εστιν λογος] εισι σοι λογοι B^b εστιν λογοις (sic) ℵ* εστιν σοι λογοι ℵ\C ℵ^c a (vid) (postea 1as σοι) εισιν σοι λογοι AC | αποκριθητι] pr ο C | σε δικαιωθηναι A   33 ει μη] ει δε μη A | σε]+σοφιαν ℵAC   XXXIV 1 evan in C   2 ενωτιζεσθε]+το καλον ℵ^c a (rurs del) AC   3 ους] νους A | δοκιμαζει λογους A | και λαρυγξ (-ρυξ C)] λαρυγξ δε A   4 εαυτων] αυτων ℵ* (εαυτ. ℵ^c a) A | ο τι] τι A   6 εψευσατο δε] και εψ A | βιαιον] βιβλιον ℵ* (βιαιον ℵ^c a) | μου 2°] αυτου C   8 αμαρτων] αμαρτανων ℵ* (-των ℵ^c a postea restit -τανων) | η οδου] η ουδ ου B ουδε A ουδ ολως ℵ^c a C | κοινωνησας]+οδου A | ποιουντων] pr τω| A   9 οτι] εσται ℵ* (οτι ℵ¹) | εσται] εστιν A | αυτω] αυτου A   10 καρδια A | εναντι κυ ειη ℵ | και εναντι] εναντι δε A   11 αλλα]+γαρ A | αποδιδοι] αποδοι B^ab αποδιδωσιν A | ποιει] εποιει ℵ | om αυτων C | τριβη C   12 ατοπα ποιησειν τον κν ℵ | ατοπα] pr τα A | ποιησειν] ποιειν C^a

ἢ ὁ παντοκράτωρ ταράξει κρίσιν, ¹³ὃς ἐποίησεν τὴν γῆν;
τίς δέ ἐστιν ὁ ποιῶν τὴν ὑπ' οὐρανὸν καὶ τὰ ἐνόντα
πάντα;
¹⁴εἰ γὰρ βούλοιτο συνέχειν, καὶ τὸ πνεῦμα παρ' αὐτῷ κατασχεῖν,
¹⁵τελευτήσει πᾶσα σὰρξ ὁμοθυμαδόν,
πᾶς δὲ βροτὸς εἰς γῆν ἀπελεύσεται ὅθεν καὶ ἐπλάσθη.
¹⁶εἰ δὲ μὴ νουθετῇ, ἄκουε ταῦτα,
ἐνωτίζου φωνὴν ῥημάτων.
¹⁷ἴδε σὺ τὸν μισοῦντα ἄνομα καὶ τὸν ὀλλύντα τοὺς πονηρούς,
ὄντα αἰώνιον δίκαιον.
¹⁸ἀσεβὴς ὁ λέγων βασιλεῖ Παρανομεῖς,
Ἀσεβέστατε, τοῖς ἄρχουσιν·
¹⁹ὃς οὐκ ἐπαισχυνθῇ πρόσωπον ἐντίμου,
οὐδὲ οἶδεν τιμὴν θέσθαι ἁδροῖς, θαυμασθῆναι πρόσωπα
αὐτῶν.
²⁰κενὰ δὲ αὐτοῖς ἀποβήσεται τὸ κεκραγέναι καὶ δεῖσθαι ἀνδρός
ἐχρήσαντο γὰρ παρανόμως, ἐκκλινομένων ἀδυνάτων.
²¹αὐτὸς γὰρ ὁρατής ἐστιν ἔργων ἀνθρώπων,
λέληθεν δὲ αὐτὸν οὐδὲν ὧν πράσσουσιν·
²²οὐδὲ ἔσται τόπος τοῦ κρυβῆναι τοὺς ποιοῦντας τὰ ἄνομα·
²³ὅτι οὐκ ἐπ' ἄνδρα θήσει ἔτι.
ὁ γὰρ κύριος πάντας ἐφορᾷ, ²⁴ὁ καταλαμβάνων ἀνεξιχνίαστα,
ἔνδοξά τε καὶ ἐξαίσια, ὧν οὐκ ἔστιν ἀριθμός
²⁵ὁ γνωρίζων αὐτῶν τὰ ἔργα,
καὶ στρέψει νύκτα, καὶ ταπεινωθήσεται
²⁶ἔσβεσεν δὲ ἀσεβεῖς,
ὁρατοὶ δὲ ἐναντίον αὐτοῦ

ℵAC 12 κρισιν] το δικαιον A   13 oς] o ℵ* (oς ℵ^(c a)) | ποιων] ποιησας A | ουρανον] ο̄ῡν̄ο̄ῡν̄ C | ενοντα] οντα ℵ εν αυτη C   14 συνεχειν] συσχειν ℵ^c a C^a | κατασχειν] κατεσχεν ℵ* (κατασχ. ℵ^c a)   15 πας δε βροτος] βρ. δε A πας γαρ βρ C | om και ℵ* (hab ⸽ ℵ^c a)   16 ταυτα]+Ιωβ A   17 ιδε] ειδε BA | συ] σοι A | τον μισουντα] pr ουκ οιει A | ανομα] pr τα A | αιωνιον]+ειναι A   18 ασεβεστατε τοις αρχ] ασεβεστατοις αρχ. ℵ* ασεβεστατος τοις αρχ ℵ^c a ασεβεστατοι τοις αρχ. A   19 επαισχυνθη] αισχυνθη A | ουδε οιδεν] ουκ εδωκεν δε A | αδροις] ανδρω̄ A | θαυμασθηναι] pr του A | προσωπα] προσωπον ℵ τα προσωπα A   20 ανδρος] αυτοις C | παρανομως] ανομοις A | εκκλινομενων] εκκλιομενων ℵ εκκλιο̈μενοις A | αδυνατων] και αδυνατοις A   21 δε] γαρ ℵ   22 εσται] εστιν ℵ^c a C   23 παντας] παντα ℵ^c c C τα παντα A   25 ο γνωριζων] om o A | ταπεινωθησονται AC   26 om δε 1° C | ορατοι δε] και ορατοι A | εναντιον] pr εγενοντο A | αυτου] των εκθρω̄ A

ΙΩΒ XXXV 2

27 ²⁷ὅτι ἐξέκλιναν ἐκ νόμου θεοῦ, B
δικαιώματα δὲ αὐτοῦ οὐκ ἐπέγνωσαν,
28 ²⁸τοῦ ἐπαγαγεῖν ἐπ' αὐτὸν κραυγὴν πενήτων,
καὶ κραυγὴν πτωχῶν εἰσακούσεται.
29 ²⁹καὶ αὐτὸς ἡσυχίαν παρέξει, καὶ τίς καταδικάσεται;
καὶ κρύψει πρόσωπον, καὶ τίς ὄψεται αὐτόν,
καὶ κατὰ ἔθνους καὶ κατὰ ἀνθρώπου ὁμοῦ·
30 ³⁰βασιλεύων ἄνθρωπον ὑποκριτὴν ἀπὸ δυσκολίας λαοῦ.
31 ³¹ὅτι πρὸς τὸν ἰσχυρὸν ὁ λέγων Εἴληφα, οὐκ ἐνεχυράσω·
32 ³²ἄνευ ἐμαυτοῦ ὄψομαι, σὺ δεῖξόν μοι·
εἰ ἀδικίαν ἠργασάμην, οὐ μὴ προσθήσω.
33 ³³μὴ ἀπὸ σοῦ ἀποτίσει αὐτήν,
ὅτι ἀπώσῃ; ὅτι σὺ ἐκλέξῃ καὶ οὐκ ἐγώ·
καὶ τί ἔγνως λάλησον.
34 ³⁴διὸ συνετοὶ καρδίας ἐροῦσιν ταῦτα,
ἀνὴρ δὲ σοφὸς ἀκήκοέν μου τὸ ῥῆμα
35 ³⁵Ἰὼβ δὲ οὐκ ἐν συνέσει ἐλάλησεν, τὰ ῥήματα αὐτοῦ οὐκ ἐν
ἐπιστήμῃ.
36 ³⁶οὐ μὴν δὲ ἀλλὰ μάθε, Ἰώβ,
μὴ δῷς ἔτι ἀνταπόκρισιν ὥσπερ οἱ ἄφρονες
37 ³⁷ἵνα μὴ προσθῶμεν ἐφ' ἁμαρτίας ἡμῶν,
ἀνομία δὲ ἐφ' ἡμῖν λογισθήσεται, πολλὰ λαλούντων ῥήματα
ἐναντίον τοῦ κυρίου.

XXXV 1 ¹Ὑπολαβὼν δὲ Ἐλιοῦς λέγει
2 ²Τί τοῦτο ἡγήσω ἐν κρίσει,
σὺ τίς εἶ ὅτι εἶπας Δίκαιός εἰμι ἔναντι Κυρίου;

28 πενητος ℵ^{c a}AC (ενητος) 29 παρεξεται C | ομου] ομοιου ℵ* (ομου ℵAC ℵ^{c d}) 31 om ο λεγων ℵ* (hab ℵ^{c a}) | ενεχυρασα A 32 ανευ εμαυτου c praec coniung A | om οψομαι ℵ* (hab ℵ^{c a}) | δειξον] διδαξον A | μοι] με A | ηργασαμην] ειργασαμην ℵ^{c a}C | προσθησω] προσθω A 33 απο] παρα ℵAC | αποτισει] αποτιεις C | οτι 1°]+συ C | απωσω A | εκλεξη] εκδεξη ℵ εκλεξω A | om ουκ A 34 καρδιας] καρδια ℵ^{c a}A om C | σοφος] φρονιμος A 35 om δε A | ελαλησας A ελαλησε| C | τα ρηματα αυτου] τα δε ρηματα αυτ. ℵ^{c a}C τα δε ρηματα σου A 36 om δε ℵ* (hab ℵ^{c a}) | ανταποκρισιν] αποκρισιν A 37 αμαρτιαις ℵAC | ημιν] ημων C | λογισθησεται] εστε A | λαλουντων] λαλουσιν A | εναντιον] ras aliq B^{1 vid} εναντι A | του κυριου] om του A XXXV 1 evan in C 2 συ] σοι ℵ | οτι] ο ℵ* (οτι ℵ^{c a}) | Κυριου]+(3) η ερεις (-ρις ℵ^{c a}) τι ποιησω αμαρτων ℵ^{c a}AC

ΙΩΒ

B ⁴ἐγὼ σοὶ δώσω ἀπόκρισιν καὶ τοῖς τρισὶν φίλοις σου. 4
⁵ἀνάβλεψον εἰς τὸν οὐρανὸν καὶ ἴδε, 5
κατάμαθε δὲ νέφη ὡς ὑψηλὰ ἀπὸ σοῦ.
⁶εἰ ἥμαρτες, τί πράξεις; 6
εἰ δὲ καὶ πολλὰ ἠνόμησας, τί δύνασαι ποιῆσαι;
⁷ἐπεὶ δὲ οὖν δίκαιος εἶ, τί δώσεις αὐτῷ, 7
ἢ τί ἐκ χειρός σου λήμψεται;
⁸ἀνδρὶ τῷ ὁμοίῳ σου ἡ ἀσέβειά σου, 8
καὶ υἱῷ ἀνθρώπου ἡ δικαιοσύνη σου
⁹ἀπὸ πλήθους συκοφαντούμενοι κεκράξονται, 9
βοήσονται ἀπὸ βραχίονος πολλῶν
¹⁰καὶ οὐκ εἶπεν Ποῦ ἐστιν ὁ θεὸς ὁ ποιήσας με, 10
ὁ κατατάσσων φυλακὰς νυκτερινάς,
¹¹ὁ διορίζων με ἀπὸ τετραπόδων γῆς, ἀπὸ δὲ πετεινῶν 11
οὐρανοῦ,
¹²ἐκεῖ κεκράξονται, καὶ οὐ μὴ εἰσακούσῃ, 12
καὶ ἀπὸ ὕβρεως πονηρῶν
¹³ἄτοπα γὰρ οὐ βούλεται ὁ κύριος ἰδεῖν· 13
αὐτὸς γὰρ ὁ παντοκράτωρ ὁρατής ἐστιν ¹⁴τῶν συντελούν- 14
των τὰ ἄνομα, καὶ σώσει με
κρίθητι δὲ ἐναντίον αὐτοῦ, εἰ δύνασαι αἰνέσαι αὐτὸν ὡς ἔστιν

¶ C ¹⁵καὶ νῦν ὅτι οὐκ ἔστιν ἐπισκεπτόμενος ὀργὴν αὐτοῦ,¶ 15
καὶ οὐκ ἔγνω παράπτωμά τι σφόδρα,
¹⁶καὶ Ἰὼβ ματαίως ἀνοίγει τὸ στόμα αὐτοῦ, 16
ἐν ἀγνωσίᾳ ῥήματα βαρύνει

¹Προσθεὶς δὲ Ἐλιοῦς ἔτι λέγει 1 XXXVI
²Μεῖνόν με μικρὸν ἔτι ἵνα διδάξω σε· 2
ἔτι γὰρ ἐν ἐμοί ἐστιν λέξις.
³ἀναλαβὼν τὴν ἐπιστήμην μου μακράν, 3

ℵAC 4 εγω σοι] om σοι ℵ* εγω δε σοι ℵᶜᵃC | τρισι C | om σου C   5 om δε A | νεφη] νεφελη ℵ* (-φη ℵ¹ᶜᵃ) pr τα A | ως] pr και ιδε A   6 ηνομησας πολλα A | δυναμαι ℵ* (-νασαι ℵᶜᵃ) | ποιησαι] pr σοι ℵ* (om σοι ℵᶜᵃ)   7 επει δε ουν] επειδη ουν ℵᶜᵃ και ει A | διωσεις ℵ* (δωσ. ℵ¹) | ληψεται C   8 ασεβια A   9 βραχειομος ℵ* (βραχειονος ℵ¹)   11 ο διοριζων] om ο ℵ* (hab ℵᶜᵃ) | απο δε] και απο A   12 κεκραζονται ᴮᵉᵈⁱᵗ κεκραξον A | om και 2° A   13 ιδειν ου βουλεται ο κ̅ς̅ AC   14 και] ος A | αυτο⟩ αινεσαι A αινεσει αυτον C   XXXVI 2 μεικρον με μεινον A | εν εμοι εστιν] μοι ενεστιν A | λεξεις A

ΙΩΒ   XXXVI 16

⁴ ἔργοις δέ μου δίκαια ἐρῶ ἐπ' ἀληθείας ⁴καὶ οὐκ ἄδικα B
ῥήματα·
ἀδίκως συνίεις.
⁵ ⁵γίγνωσκε δὲ ὅτι ὁ κύριος οὐ μὴ ἀποποιήσηται τὸν ἄκακον,
⁶ δυνατὸς ἰσχύι καρδίας ⁶ἀσεβῆ οὐ μὴ ζωοποιήσει,
καὶ κρίμα πτωχῶν δώσει.
⁷ ⁷οὐκ ἀφελεῖ ἀπὸ δικαίου ὀφθαλμοὺς αὐτοῦ,
καὶ μετὰ βασιλέων εἰς θρόνον
καὶ καθιεῖ αὐτοὺς εἰς νῖκος, καὶ ὑψωθήσονται.
⁸ ⁸καὶ οἱ πεπεδημένοι ἐν χειροπέδαις συσχεθήσονται ἐν σχοινίοις
πενίας·
⁹ ⁹καὶ ἀναγγελεῖ αὐτοῖς τὰ ἔργα αὐτῶν
καὶ τὰ παραπτώματα αὐτῶν, ὅτι ἰσχύσουσιν
¹⁰ ¹⁰ἀλλὰ τοῦ δικαίου εἰσακούσεται·
καὶ εἶπεν ὅτι ἐπιστραφήσονται ἐξ ἀδικίας
¹¹ ¹¹ἐὰν ἀκούσωσιν καὶ δουλεύσωσιν,
συντελέσουσιν τὰς ἡμέρας αὐτῶν ἐν ἀγαθοῖς,
καὶ τὰ ἔτη αὐτῶν ἐν εὐπρεπείαις.
¹² ¹²ἀσεβεῖς δὲ οὐ διασώζει, παρὰ τὸ μὴ βούλεσθαι εἰδέναι αὐτοὺς
τὸν κύριον,
καὶ διότι νουθετούμενοι ἀνήκοοι ἦσαν.
¹³ ¹³καὶ ὑποκριταὶ καρδίᾳ τάξουσιν θυμόν
οὐ βοήσονται, ὅτι ἔδησεν αὐτούς
¹⁴ ¹⁴ἀποθάνοι τοίνυν ἐν νεότητι ἡ ψυχὴ αὐτῶν,
ἡ δὲ ζωὴ αὐτῶν τιτρωσκομένη ὑπὸ ἀγγέλων,
¹⁵ ¹⁵ἀνθ' ὧν ἔθλιψαν ἀσθενῆ καὶ ἀδύνατον·
κρίμα δὲ πραέων ἐκθήσει.
¹⁶ ¹⁶καὶ προσεπιηπάτησέν σε ἐκ στόματος ἐχθροῦ
ἄβυσσος, κατάχυσις ὑποκάτω αὐτῆς,
καὶ κατέβη τράπεζά σου πλήρης πιότητος.

3 αληθιας ℵA   5 γιγνωσκε δε] γινωσκω δε εγω A   6 ασεβ..ν ℵ^{c d}A ℵA
7 οφθαλμον A | βασιλεως ℵ* (-λεων ℵ^{c a(vid)}) | om και 2° ℵA | εις νικος και]
και εις ν. A | υψωθησεται A   8 συσχεθησονται A | σχοινιοις] συχοινιοις ℵ*
(improb υ ℵ¹ postea ras) σχοινιω ℵ^{c a}   9 αυτων 1°] αυτοις ℵ¹ | om και
τα παραπτ. αυτων ℵ* (hab ℵ^{c a}) | οτι] οταν A | ισχυσωσιν A   10 om
εξ ℵ* (hab ℵ^{c a}) | αδικιας] ακακιας ℵ* (αδικ ℵ^{c a})   11 ευπρεπιαις ℵ
12 αυτους ιδεναι A   13 εδεησεν ℵ* (εδησεν ℵ^{c a})   14 αποθανη A | υπο]
pr ειη A   16 προσεπιηπατησεν Bℵ*A] προσετι ηπατησεν ℵ^{c a} | καταχυσεις A

XXXVI 17 ΙΩΒ

B ^{17}οὐχ ὑστερήσει δὲ ἀπὸ δικαίων κρίμα, 17
 ^{18}θυμὸς δὲ ἐπ' ἀσεβεῖς ἔσται, 18
 δι' ἀσέβειαν δώρων ὧν ἐδέχοντο ἐπ' ἀδικίαις.
 ^{19}μὴ σε ἐκκλινάτω ἑκὼν ὁ νοῦς 19
 δεήσεως ἐν ἀνάγκῃ ὄντων ἀδυνάτων,
 καὶ πάντας τοὺς κραταιοῦντας ἰσχύν.
 ^{20}μὴ ἐξελκύσῃς τὴν νύκτα, 20
 τοῦ ἀναβῆναι λαοὺς ἀντ' αὐτῶν·
 ^{21}ἀλλὰ φύλαξαι μὴ πράξῃς ἄδικα· 21
 ἐπὶ τοῦτον γὰρ ἐξείλω ἀπὸ πτωχείας
 ^{22}ἰδοὺ ὁ ἰσχυρὸς κραταιώσει ἐν ἰσχύι αὐτοῦ· 22
 τίς γάρ ἐστιν κατ' αὐτὸν δυνάστης;
 ^{23}τίς δέ ἐστιν ὁ ἐτάζων αὐτοῦ τὰ ἔργα; 23
 ἢ τίς ὁ εἴπας Ἔπραξεν ἄδικα;
 ^{24}μνήσθητι ὅτι μεγάλα ἐστὶν αὐτοῦ τὰ ἔργα 24
 ὧν ἦρξαν ἄνδρες·
 ^{25}πᾶς ἄνθρωπος εἶδεν ἐν ἑαυτῷ, 25
 ὅσοι τιτρωσκόμενοί εἰσιν βροτοί.
 ^{26}ἰδοὺ ὁ ἰσχυρὸς πολύς, καὶ οὐ γνωσόμεθα· 26
 ἀριθμὸς ἐτῶν αὐτοῦ καὶ ἀπέραντος.
 ^{27}ἀριθμηταὶ δὲ αὐτῷ σταγόνες ὑετοῦ, 27
 καὶ ἐπιχυθήσονται ὑετῷ εἰς νεφέλην·
 ^{28}ῥυήσονται παλαιώματα, 28
 ἐσκίασεν δὲ νέφη ἐπὶ ἀμυθήτῳ βροτῷ.
 ^{28a}ὥραν ἔθετο κτήνεσιν, 28 a
 οἴδασιν δὲ κοίτης τάξιν.
 ^{28b}ἐπὶ τούτοις πᾶσιν οὐκ ἐξίσταταί σου ἡ διάνοια, 28 b
 οὐδὲ διαλλάσσεταί σου ἡ καρδία ἀπὸ σώματος,

ℵA 17 ουχ] pr και A 18 εσται] ηξει A | δι] δια A | ασεβειας ℵ | αδικειας A
19 εκκλινη A | ο νους εκων A | εναγκη B* (εν αναγκη B^{ab}) | οντων] ων των
ℵ* (οντ. ℵ$^{c\,a}$) | αδυνατων εν αναγκη οντων A | κρατουντας ℵ* (κραταιουντας
ℵ$^{c\,a}$) 20 λαους] αδους A^{vid} 21 om αλλα φυλαξαι μη πρ. αδικα A |
αδικα] ατοπα ℵ$^{c\,c}$ | επι] απο ℵ$^{c\,a}$ | τουτων ℵ | πτωχιας A 22 κραταιωσει
εν] κραταιως εν ℵ κραταιωσει σε εν A 23 om η ℵ | ειπας] ειπων A
24 μνησθητι]+ουν Ιωβ A | αυτου εστιν A | ων] ης ℵ* (ων ℵ$^{c\,a}$) 25 ιδεν
A | εαυτω] αυτω ℵ | τιτρωσκομενοι] τιτ rescr ℵ$^{c\,a}$ 26 om ου ℵ* (hab ℵ$^{c\,a}$) |
αριθμος] αριθμητος ℵ 27 αριθμηται] αναριθμητοι ℵ* αριθμητοι ℵ$^{c\,a}$
αριθμηται ℵ$^{c\,c}$ | υετου σταγονες A | επιχυθησονται ℵ* (επιχυθ. ℵ$^{c\,a}$) 28 επι
αμυθητω] επιθυμητα ℵ* (om ω ℵ^{1}) αμιθητων ℵ$^{c\,a}$A | βροτω ℵ$^{1(vid)}$ c a fort
βροτων A 28 a οιδασιν δε] και οιδασιν A 28 b εξιστατο A | διαλλασεται
B* (διαλλασσ B^{ab}) | σωματος] pr του A

ΙΩΒ XXXVII 8

29 ²⁹καὶ ἐὰν συνῇ ἀπεκτάσεις νεφέλης, ἰσότητα σκηνῆς αὐτοῦ, B
30 ³⁰ἰδοὺ ἐκτενεῖ ἐπ' αὐτὸν ἡ ᾠδή,
  καὶ ῥιζώματα τῆς θαλάσσης ἐκάλυψεν.
31 ³¹ἐν γὰρ αὐτοῖς κρινεῖ λαούς,
  δώσει τροφὴν τῷ ἀκούοντι.
32 ³²ἐπὶ χειρῶν ἐκάλυψεν φῶς,
  καὶ ἐνετείλατο περὶ αὐτῆς ἐν ἀπαντῶντι·
33 ³³ἀναγγελεῖ περὶ αὐτοῦ φίλον αὐτοῦ·
  Κύριος κτῆσις καὶ περὶ ἀδικίας.

XXVII 1 ¹καὶ ταύτης ἐταράχθη ἡ καρδία μου
  καὶ ἀπερρύη ἐκ τοῦ τόπου αὐτῆς.
2 ²ἄκουε ἀκοὴν ἐν ὀργῇ θυμοῦ Κυρίου,
  καὶ μελέτη ἐκ στόματος αὐτοῦ ἐξελεύσεται.
3 ³ὑποκάτω παντὸς τοῦ οὐρανοῦ ἀρχὴ αὐτοῦ,
  καὶ τὸ φῶς αὐτοῦ ἐπὶ πτερύγων τῆς γῆς.
4 ⁴ὀπίσω αὐτοῦ βοήσεται φωνῇ,
  βροντήσει ἐν φωνῇ ὕβρεως αὐτοῦ·
  καὶ οὐκ ἀνταλλάξει αὐτούς, ὅτι ἀκούσῃ φωνὴν αὐτοῦ.
5 §⁵βροντήσει ὁ ἰσχυρὸς ἐν φωνῇ αὐτοῦ θαυμάσια, §C
  ἐποίησεν γὰρ μεγάλα ἃ οὐκ ᾔδειμεν·
6 ⁶συντάσσων χιόνι Γίνου ἐπὶ τῆς γῆς,
  καὶ χειμὼν ὑετός, καὶ χειμὼν ὑετῶν δυναστείας αὐτοῦ.
7 ⁷ἐν χειρὶ παντὸς ἀνθρώπου κατασφραγίζει,
  ἵνα γνῷ πᾶς ἄνθρωπος τὴν ἑαυτοῦ ἀσθένειαν.
8 ⁸εἰσῆλθεν δὲ θηρία ὑπὸ σκέπην.
  ἡσύχασαν δὲ ἐπὶ κοίτης.

29 συνης ℵ^{c a} (postea restit -νη) A | απεκτασεις (-σις Bℵ*)] επεκτασιν ℵ^{c a} ℵAC (mox revoc απ) A   **30** αυτον] αυτην ℵA | η ωδη] ηδω ℵ^{c a} adnot τοξον ℵ^{c a mg} ωρηδον (postea op.) ℵ^{c c vid} το τοξον A | ριζωμα A   **31** ακουοντι] ισχυοντι ℵA   **32** αυτης] αυτου ℵ^{c a} (restit -της) A*^{vid} (ης sup ras A^a)   **33** φιλον] φιλος ℵ^{c a} A*^{vid} (ν sup ras A^a) | Κυριος] ras κ̄ς A' | κτησεις A   XXXVII **1** ταυτης] pr υπερ A   **2** ακουε]+Ιωβ ℵ^{c a}A | om εν ℵ* (superscr ℵ¹)   **3** om υποκατω αυτου A | της γης] om της A   **4** ανταλλαξη ℵ* (-ξει ℵ¹) | φωνης ℵ* (-νην ℵ^{c a})   **5** αυτου εν φωνη ℵ* (εν φ. αυτου ℵ^{c a}) | θαυμασια]+ωραν εθετο κτηνεσιν οιδασιν δε κοιτης ταξιν| επι τουτοις·πασιν ουκ εξισταται σου η διανοια| ουδε διαλλασσεται σου η καρδια απο σωματος C | γαρ] δε C | ηδειμεν] ηδειν μεν C^{vid} (post ηδει ras 1 lit C')   **6** γινου επι της γης] επι γης γεινου A | om και χειμων υετος ℵ^{c a}C | χειμων 1°] χειμωνι ινα η A | υετων] υετου C | δυναστιας ℵ δυναστειαις A   **7** κατασφαγιζει C* (κατασφραγ. C^a) | ασθενιαν ℵAC   **8** εισηλθον A | σκεπης A | ησυχασαν δε] και ησυχασεν A

ΙΩΒ XXXVII 9

B ⁹ἐκ ταμείων ἐπέρχονται ὀδύναι, 9
   ἀπὸ δὲ ἀκρωτηρίων ψῦχος.
¹⁰καὶ ἀπὸ πνοῆς Ἰσχυροῦ δώσει πάγος, 10
   οἰακίζει δὲ τὸ ὕδωρ ὡς ἐὰν βούληται·
¹¹καὶ ἐκλεκτὸν καταπλάσσει νεφέλη. 11
   διασκορπιεῖ νέφος φῶς αὐτοῦ.
¹²καὶ αὐτὸς κυκλώματα διαστρέψει, 12
   ἐν θεεβουλαθωθ εἰς ἔργα αὐτῶν·
   πάντα ὅσα ἂν ἐντείληται αὐτοῖς,
   ταῦτα συντέτακται παρ' αὐτοῦ ἐπὶ τῆς γῆς,
¹³ἐὰν εἰς παιδείαν, ἐὰν εἰς τὴν γῆν αὐτοῦ, 13
   ἐὰν εἰς ἔλεος εὑρήσει αὐτόν
¹⁴ἐνωτίζου ταῦτα, Ἰώβ· 14
   στῆθι, νουθετούμενος δύναμιν Κυρίου.
¹⁵οἴδαμεν ὅτι ὁ θεὸς ἔθετο ἔργα αὐτοῦ, 15
   φῶς ποιήσας ἐκ σκότους
¹⁶ἐπίσταται δὲ διάκρισιν νεφῶν, 16
   ἐξαίσια δὲ πτώματα πονηρῶν.
¹⁷σοῦ δὲ ἡ στολὴ θερμή· ἡσυχάζεται δὲ ἐπὶ τῆς γῆς. 17
¹⁸στερεώσεις μετ' αὐτοῦ εἰς παλαιώματα, 18
   ἰσχυραὶ ὡς ὅρασις ἐπιχύσεως.
¹⁹διὰ τί δίδαξόν με, τί ἐροῦμεν αὐτῷ· καὶ παυσώμεθα πολλὰ 19
   λέγοντες.
²⁰μὴ βίβλος ἢ γραμματεύς μοι παρέστηκεν, 20
   ἵνα ἄνθρωπον ἑστηκὼς κατασιωπήσω;
²¹πᾶσιν δ' οὐχ ὁρατὸν τὸ φῶς, 21
   τηλαυγές ἐστιν ἐν τοῖς παλαιώμασιν,

ℵAC 9 ταμιων B*ℵC (-μειων B^(ab)A) | επερχονται] εξερχονται A | ακρωτηριων A
10 οιακιζει] adnot διασχιζει| χωριζει ἄ|π αλληλων B^(amg inf) οικιαζει ℵ* (οιακιζ-
ℵ^(c a)) οικεια A | το υδωρ] om το A   11 καταπλησσει ℵ^(c a)A | om νεφελη
C | διασκορπισει A om C   12 διαστρεφει ℵ | εν θεεβουλαθωθ εις]
εθετο βουλαθεις (? εθετοβουλαθ εις) ℵ* ενθα εβουλετο θεις ℵ^(c a) (postea εν
θεεβουλαθ εις) εν τοις κατωτατω θεις A εν θεεβουλαθωθ εις C | αν] εαν ℵ | εν-
τειλη A   13 εαν 1°] +τε ℵAC | παιδιαν ℵAC | εαν 2°] +τε ℵAC | εαν
3°] +τε A | ελεος] +αυτου A | om ευρησει αυτον A   14 Ιωβ ταυτα A |
νουθετου ℵAC   15 οιδαμεν] οιδας A | οτι] ως A | ο θεος εθετο] ἔθετο ο
θς A κ̄ς εθετο C | ποιησας φως A   16 επιστασαι A | διακρισιν] διαθεσιν ℵ
17 γης]+απο νωτου (postea νοτ) ℵ^(c a)   18 στερεωσεις (σις Bℵ)] στερεωθεις
A στερωσις C pr απο νοτου (inc stich) C | ισχυρα A | ορασεις A | επισχυσεως A
19 παυσομεθα ℵC   20 εστηκως] εστως A   21 δ] γαρ A δε C | το
φως] om το A | παλαιωμασιν] pr .. ω̄ ℵ^(c a) (postea ras)

ΙΩΒ XXXVIII 9

ὥσπερ τὸ παρ' αὐτοῦ ἐπὶ νεφῶν. B

22 ²²ἀπὸ βορρᾶ νέφη χρυσαυγοῦντα·
ἐπὶ τούτοις μεγάλη ἡ δόξα καὶ τιμὴ Παντοκράτορος.

23 ²³καὶ οὐχ εὑρίσκομεν ἄλλον ὅμοιον τῇ ἰσχύι αὐτοῦ·
ὁ τὰ δίκαια κρίνων, οὐκ οἴει ἐπακούειν αὐτόν;

24 ²⁴διὸ φοβηθήσονται αὐτὸν οἱ ἄνθρωποι,
φοβηθήσονται δὲ αὐτὸν καὶ οἱ σοφοὶ καρδίᾳ.

XXXVIII 1 ¹Μετὰ δὲ τὸ παύσασθαι Ἐλιοῦν τῆς λέξεως εἶπεν ὁ κύριος τῷ
Ἰὼβ διὰ λαίλαπος καὶ νεφῶν

2 ²Τίς οὗτος ὁ κρύπτων με βουλήν,
συνέχων δὲ ῥήματα ἐν καρδίᾳ, ἐμὲ δὲ οἴεται κρύπτειν;

3 ³ζῶσαι ὥσπερ ἀνὴρ τὴν ὀσφύν σου,
ἐρωτήσω δέ, σὺ δέ μοι ἀποκρίθητι.

4 ⁴ποῦ ἦς ἐν τῷ θεμελιοῦν με τὴν γῆν,
ἀπάγγειλον δέ μοι, εἰ ἐπίστῃ σύνεσιν.

5 ⁵τίς ἔθετο τὰ μέτρα αὐτῆς, εἰ οἶδας;
ἢ τίς ὁ ἐπαγαγὼν σπαρτίον ἐπ' αὐτῆς;

6 ⁶ἐπὶ τίνος οἱ κρίκοι αὐτῆς πεπήγασιν;
τίς δέ ἐστιν ὁ βαλὼν λίθον γωνιαῖον ἐπ' αὐτῆς;

7 ⁷ὅτε ἐγενήθησαν ἄστρα, ᾔνεσάν με φωνῇ μεγάλῃ πάντες ἄγγελοί μου.

8 ⁸ἔφραξα δὲ θάλασσαν πύλαις, ὅτε ἐμαίμασσεν ἐκ κοιλίας
μητρὸς αὐτὴ ἐκπορευομένη

9 ⁹ἐθέμην δὲ αὐτῇ νέφος ἀμφίασιν,
ὁμίχλῃ δὲ αὐτὴν ἐσπαργάνωσα·

21 νεφων] + εξελθεν (sic) A   **22** χρυσαυνουντα C | Παντοκρατορος (-κρα- ℵAC
τος C)] pr παρα ℵ^(c c)C pr του A   **23** τη ισχυι] pr αυτω και A | ουκ οιει]
οιει οτι ουκ A ουκ οιη C | επακουειν] επακουσειν ℵ εισακουει A εισακουειν C |
24 οι ανθρωποι] om οι A | καρδια] pr τη A   XXXVIII **1** evan in
C | Ιωβ] διωβ|αβολω ℵ* (improb δ ℵ¹ αβολω improb et unc incl ℵ⁹ |
νεφους A   **2** κρυπτειν] + αλλα νυν C^a | om με ℵ* (hab ℵ^(c a))   **3** δε
1°] + σε ℵAC   **4** ης] ησθα A | εν τω θεμελιουν με] οτε εθεμελιωσα
A | απαγγειλον] αναγγειλον A | δε] om A δη C | επιστη] επιστασαι A
5 τα μετρα] om τα C | επαγαγων] επαγων C   **6** επι] pr η ℵ | τινος] + δε
A | κρικοι] στυλοι A | βαλλων ℵ | αυτης 2°] αυτην C   **7** εγενηθη A |
φωνη] pr εν A | μου] αυτου ℵ* (μου ℵ^(c a)) + και υμνησαν A   **8** εμαιμασ-
σεν] εμαιμαξεν ℵ⁺ (-σσεν ℵ^(c a)) εμεουτο A εμεμασεν C | εκ] pr και A | αυτη]
αυτης ℵAC | εκπορευομενη] εξεπορευετο A   **9** αμφιεσιν C

XXXVIII 10   ΙΩΒ

B 10ἐθέμην δὲ αὐτῇ ὅρια, περιθεὶς κλεῖθρα καὶ πύλας· 10
11εἶπα δὲ αὐτῇ Μέχρι τούτου ἐλεύσῃ, καὶ οὐχ ὑπερβήσῃ, 11
ἀλλ' ἐν σεαυτῇ συντριβήσεταί σου τὰ κύματα.
12ἦ ἐπὶ σοῦ συντέταχα φέγγος πρωινόν, 12
ἑωσφόρος δὲ ἴδεν τὴν ἑαυτοῦ τάξιν,
13ἐπιλαβέσθαι πτερύγων γῆς, 13
ἐκτινάξαι ἀσεβεῖς ἐξ αὐτῆς;
14ἦ σὺ λαβὼν γῆν πηλὸν ἔπλασας ζῶον, 14
καὶ λαλητὸν αὐτὸν ἔθου ἐπὶ γῆς,
15ἀφεῖλας δὲ ἀπὸ ἀσεβῶν τὸ φῶς, 15
βραχίονα δὲ ὑπερηφάνων συνέτριψας,
16ἦλθες δὲ ἐπὶ πηγὴν θαλάσσης, 16
ἐν δὲ ἴχνεσιν ἀβύσσου περιεπάτησας,
C 17ἀνοίγονται δέ σοι φόβῳ πύλαι θανάτου, 17
πυλωροὶ δὲ ᾅδου ἰδόντες σε ἔπτηξαν;
18νενουθέτησαι δὲ τὸ εὖρος τῆς ὑπ' οὐρανόν; ἀνάγγειλον δή μοι 18
πόση τίς ἐστιν.
19ποίᾳ δὲ γῇ αὐλίζεται τὸ φῶς, 19
σκότους δὲ ποῖος ὁ τύπος;
20εἰ ἀγάγοις με εἰς ὅρια αὐτῶν, 20
εἰ δὲ καὶ ἐπίστασαι τρίβους αὐτῶν;
21οἶδα ἄρα ὅτι τότε γεγέννησαι, 21
ἀριθμὸς δὲ ἐτῶν σου πολύς.
22ἦλθες δὲ ἐπὶ θησαυροὺς χιόνος, 22
θησαυροὺς δὲ χαλάζης ἑόρακας,
23ἀπόκειται δέ σοι εἰς ὥραν ἐχθρῶν, 23
εἰς ἡμέραν πολέμων καὶ μάχης,
24πόθεν δὲ ἐκπορεύεται πάχνη, 24
ἢ διασκεδάννυται νότος εἰς τὴν ὑπ' οὐρανόν,
25τίς δὲ ἡτοίμασεν ὑετῷ λάβρῳ ῥύσιν, 25
ὁδὸν δὲ κυδοιμῶν,

AC   10 πυλας sup ras B^ab   11 ειπα] ειπον A   12 φεγγος] φθεγγος C |
ιδεν] ειδεν B^ab ℵ επιδεν A   13 εκτιναξαι] pr και A   14 γην] γης C |
αυτον] αυτο (ras ν) ℵ*A   15 αφειλας] αφιλω A αφειλες C | βραχιονα δε]
και βραχ. A   16 ηλθας ℵ* (ηλθες ℵ^c a) | πηγην] γην AC   17 αδον
ℵ* (αδου ℵ^1)   18 δη] δε A | τις] ητις A   19 ποια] pr εν A | το φως] om
το A | ποιος]+εστιν A | ο τοπος] om ο A   20 ει 1°]+αρα A   21 οιδας
ℵ^c c | τοτε] εις τουτο A   22 χαλαζης] θαλασσης ℵ* (χαλ. ℵ^c c) | εωρακας
B^ab ℵ   23 αποκειται] αποκινται A | πολεμον ℵA   25 κιδοιμω']
sign adnotat prae se fert B'

592

ΙΩΒ XXXVIII 40

26 ²⁶τοῦ ὑετίσαι ἐπὶ γῆν οὗ οὐκ ἀνήρ,
ἔρημον οὗ οὐχ ὑπάρχει ἄνθρωπος ἐν αὐτῇ,
27 ²⁷τοῦ χορτάσαι ἄβατον καὶ ἀοίκητον,
καὶ τοῦ ἐκβλαστῆσαι ἔξοδον χλόης;
28 ²⁸τίς ἐστιν ὑετοῦ πατήρ;
τίς δέ ἐστιν ὁ τετοκὼς βώλους δρόσου;
29 ²⁹ἐκ γαστρὸς δὲ τίνος ἐκπορεύεται ὁ κρύσταλλος;
πάχνην δὲ ἐν οὐρανῷ τίς τέτοκεν
30 ³⁰ἢ καταβαίνει ὥσπερ ὕδωρ ῥέον;
πρόσωπον δὲ ἀσεβοῦς τίς ἔπτηξεν;
31 ³¹συνῆκας δὲ δεσμὸν Πλειάδος,
καὶ φραγμὸν Ὠρίωνος ἤνοιξας;
32 ³²ἢ διανοίξεις Μαζουρὼθ ἐν καιρῷ αὐτοῦ,
καὶ Ἕσπερον ἐπὶ κόμης αὐτοῦ, ἄξεις αὐτά;
33 ³³ἐπίστασαι δὲ τροπὰς οὐρανοῦ
ἢ τὰ ὑπ' οὐρανὸν ὁμοθυμαδὸν γινόμενα;
34 ³⁴καλέσεις δὲ νέφος φωνῇ, καὶ τρόμῳ ὕδατος λάβρῳ ὑπακούσε-
ταί σου;
35 ³⁵ἀποστελεῖς δὲ κεραυνοὺς καὶ πορεύσονται;
ἐροῦσιν δέ σοι Τί ἐστιν;
36 ³⁶τίς δὲ ἔδωκεν γυναιξὶν ὑφάσματος σοφίαν ἢ ποικιλτικὴν ἐπι-
στήμην;
37 ³⁷τίς δὲ ὁ ἀριθμῶν νέφη σοφίᾳ,
οὐρανὸν δὲ εἰς γῆν ἔκλινεν;
38 ³⁸κέχυται δὲ ὥσπερ γῆ κονία,
κεκόλληκα δὲ αὐτὸν ὥσπερ λίθῳ κύβον.
39 ³⁹θηρεύσεις δὲ λέουσιν βοράν,
ψυχὰς δὲ δρακόντων ἐμπλήσεις;
40 ⁴⁰δεδοίκασιν γὰρ ἐν κοίταις αὐτῶν,
κάθηνται δὲ ἐν ὕλαις ἐνεδρεύοντες.

26 γην] την γην ℵ γης A   28 βωλους] pr συνοχας και A   29 ο ℵA
κρυσταλλος] om ο ℵA | παχνη A   30 ωσπερ] ως A | επτηξεν] ετηξεν ℵA
31 συνηκας c praec coniung A | δεσμον δε A | Πλειαδος (Ιλιαδ ℵA)]+εγνως
A | και] η A | φραγμον] βραγμον Bᵃ (φρ. B*ᵇ)   32 αξεις] pr και A
34 τρομω] δρομω A | υδατος λαβρω] λαβρω υδατος ℵ υδ. λαβρου A | υπακου-
σεται] επακουσεται ℵ   36 om δε A | γυναικι A | η] και A | ποικιλτικην
(ποικιατ. A)]+σοφιας A   37 ο αριθμων (-θμω ℵᵉᵈⁱᵗ)] om ο ℵ* (superscr ο
ℵ¹) | ουρανον] ουνος ℵ   38 δε 1°] γαρ A | γη] γης A | κεκολληκεν A | λιθω
κυβον] κυβον λιθοις A

XXXVIII 41　　　　　ΙΩΒ

B　⁴¹τίς δὲ ἡτοίμασεν κόρακι βοράν;　　　　　41
　　νεοσσοὶ γὰρ αὐτοῦ πρὸς Κύριον κεκράγασιν, πλανώμενοι τὰ
　　σῖτα ζητοῦντες.
　¹εἰ ἔγνως καιρὸν τοκετοῦ τραγελάφων πέτρας,　　　1　XXXIX
　　ἐφύλαξας δὲ ὠδῖνας ἐλάφων;
　²ἠρίθμησας δὲ μῆνας αὐτῶν πλήρεις τοκετοῦ,　　　2
　　ὠδῖνας δὲ αὐτῶν ἔλυσας;
　³ἐξέθρεψας δὲ αὐτῶν τὰ παιδία ἔξω φόβου;　　　3
　　ὠδῖνας αὐτῶν ἐξαποστελεῖς;
　⁴ἀπορρήξουσιν τὰ τέκνα αὐτῶν, πληθυνθήσονται ἐν γενήματι　4
　　ἐξελεύσονται, καὶ οὐ μὴ ἀνακάμψουσιν αὐτοῖς.
　⁵τίς δέ ἐστιν ὁ ἀφεὶς ὄνον ἄγριον ἐλεύθερον,　　　5
　　δεσμοὺς δὲ αὐτοῦ τίς ἔλυσεν,
　⁶ἐθέμην δὲ τὴν δίαιταν αὐτοῦ ἔρημον,　　　6
　　καὶ τὰ σκηνώματα αὐτοῦ ἁλμυρίδα.
　⁷καταγελῶν πολυοχλίας πόλεως,　　　7
　　μέμψιν δὲ φορολόγου οὐκ ἀκούων,
　⁸κατασκέψεται ὄρη, νομὴν αὐτοῦ,　　　8
　　καὶ ὀπίσω παντὸς χλωροῦ ζητεῖ.
　⁹βουλήσεται δέ σοι μονόκερως δουλεῦσαι,　　　9
　　ἢ κοιμηθῆναι ἐπὶ φάτνης σου;
　¹⁰δήσεις δὲ ἐν ἱμᾶσι ζυγὸν αὐτοῦ,　　　10
　　ἢ ἑλκύσει σου αὔλακας ἐν πεδίῳ,
　¹¹πέποιθας δὲ ἐπ' αὐτῷ, ὅτι πολλὴ ἰσχὺς αὐτοῦ,　　　11
　　ἐπαφήσεις δὲ αὐτῷ τὰ ἔργα σου;
　¹²πιστεύσεις δὲ ὅτι ἀποδώσει σοι τὸν σπόρον,　　　12
　　εἰσοίσει δέ σου τὸν ἅλωνα;

אA　41 γαρ] δε A | αυτου προς Κυριον] προς κν αυτου A | σιτα] adnot τας
τροφας, τα βρωματα B^(amg)　　XXXIX 1—3 ει εγνως εξω φοβου] εφυ-
λαξας δε ωδινας ελαφω| ηριθμησας δε αυτων μηνας πληρεις τοκετου| ωδινας δε
αυτων ελυσας| εξεθρεψας δε αυτων τα παιδια| ανευ φοβου η εγνως καιρον το-
κετου τραγελαφων πετρας A　　2 αυτων μηνας א | πληρεις] πληρης B
3 ωδινας] + δε א^(c a) (postea improb) A | εξαποστελλεις א* (-στελεις א^(c a))
4 γεννηματι A | εξελευσονται] + δε א^(c a) (postea improb) | αυτοις] εαυτοις א^(c a) A
6 αυτου την διαιταν A　　7 πολυοχλιας B^b (-χλειας B*) א πολυοχιας A
8 ζητει] ζητησει A　　9 μονοκερως] pr ατραπελος A | δουλευσαι] δουλευει
א* (-σαι א^(c a)) | φατνης] παθμη א* φατνη א^(c a)　　10 δησεις] δεησεις א*
(ε improb et postea ras א°) | εν ιμασι ζυγον αυτου] εν ιμασιν ζ αυτ. א αυτ. εν
ειμασιν ζ. A | σου] σοι A　　11 δε 1°] τ א* δ א^(c a) | ισχυς] pr η אA | επα-
φησεις δε] και επαφ. A　　12 δε 1°]+αυτω א* (improb א^(c a)) A | εισοισει
δε] και εισοισει A | τον αλωνα] την αλ. A

ΙΩΒ XXXIX 28

13 ¹³πτέρυξ τερπομένων, ἐὰν συλλάβῃ ἀσιδὰ καὶ νεσσά· B
14 ¹⁴ὅτι ἀφήσει εἰς γῆν τὰ ᾠὰ αὐτῆς, καὶ ἐπὶ χοῦν θάλψει·
15 ¹⁵καὶ ἐπελάθοντο ὅτι πούς σκορπιεῖ
   καὶ θηρία ἀγροῦ καταπατήσει.
16 ¹⁶ἀπεσκλήρυνεν τὰ τέκνα ἑαυτῆς, ὥστε μὴ ἑαυτήν·
   εἰς κενὸν ἐκοπίασεν ἄνευ φόβου.
17 ¹⁷ὅτι κατεσιώπησεν αὐτῇ ὁ θεὸς σοφίαν,
   καὶ οὐκ ἐμέρισεν αὐτῇ ἐν τῇ συνέσει.
18 ¹⁸κατὰ καιρὸν ἐν ὕψει ὑψώσει,
   καταγελάσεται ἵππου καὶ τοῦ ἐπιβάτου αὐτοῦ.
19 ¹⁹ἢ σὺ περιέθηκας ἵππῳ δύναμιν,
   ἐνέδυσας δὲ τραχήλῳ αὐτοῦ φόβον;
20 ²⁰περιέθηκας δὲ αὐτῷ πανοπλίαν,
   δόξαν δὲ στηθέων αὐτοῦ τόλμῃ;
21 ²¹ἀνορύσσων ἐν πεδίῳ γαυριᾷ,
   ἐκπορεύεται δὲ εἰς πεδίον ἐν ἰσχύι·
22 ²²συναντῶν βασιλεῖ καταγελᾷ,
   καὶ οὐ μὴ ἀποστραφῇ ἀπὸ σιδήρου
23 ²³ἐπ' αὐτῷ γαυριᾷ τόξον καὶ μάχαιρα,
24 ²⁴καὶ ὀργῇ ἀφανιεῖ τὴν γῆν·
   καὶ οὐ μὴ πιστεύσῃ ἕως ἂν σημάνῃ σάλπιγξ
25 ²⁵σάλπιγγος δὲ σημαινούσης λέγει Εὖγε·
   πόρρωθεν δὲ ὀσφραίνεται πολέμου σὺν ἅλματι καὶ κραυγῇ.
26 ²⁶ἐκ δὲ τῆς σῆς ἐπιστήμης ἕστηκεν ἱέραξ,
   ἀναπετάσας τὰς πτέρυγας ἀκίνητος, καθορῶν τὰ πρὸς νότον;
27 ²⁷ἐπὶ δὲ σῷ προστάγματι ὑψοῦται ἀετός,
28   γὺψ δὲ ἐπὶ νοσσιᾶς αὐτοῦ ⁽²⁸⁾καθεσθεὶς αὐλίζεται, ²⁸ἐπ' ἐξοχῇ
   πέτρας καὶ ἀποκρύφῳ;

13 τερπομενων]+νεελασα אᶜᶜA | συνλαβη א | ασιδα] ασειδα א ασσιδα A* אA (ασιδα Aᵃ) pr η א | νεσσα (νεεσσ. A)]+ελαλησαν A 14 ωα]ωτα אA | θαλψει] θαιψει א*ᵛⁱᵈ (θαλψ. א¹) 15 επελαθοντο] επελθοντος א* (επελαθ. אᶜᵃ) επελαθετο A | πους] που אᶜᵃ 16 εαυτης] αυτης אA 17 κατεσιωπησεν] κατεπηξεν א* (κατεσιωπ. אᶜᵃ) | om ουκ א* (hab אᶜᵃ) | αυτη 2°] αυτης א* (-τη אᶜᵃ)+ο θ̄ς A 18 καιρων A | om εν א* (hab אᶜᵃ) | υψωσει υψει א* υψωσει εν υψει אᶜᵃ | ιππου] αυτου א* (ιππ. אᶜᵃ) 19 ενεδυσας δε] και ενεδυσας A 20 δοξαν δε] και δοξη A | τολμη̄] A 21 ανορυσσων] α ορυσσων Bᵇ | πεδιω] ποδι אᶜᵃ (postea revoc πεδ.) 22 βασιλει]βελει אᶜᶜA (-λι) | απο σιδηρου] σιδηρον A 23 επ αυτω]+γαρ א | μαχαιρα] pr οξυσθενης A 24 σημανη] σημανιει (sic) A 25 λεγει] ερει A | συν] pr και A | και] om και א* (hab ϗ א¹⁽ᵛⁱᵈ⁾ᶜᵃ) | κραυγης א* (-γη א¹)]+εκπορευετ̄ A 27 επι δε] η επι A | σω] pr τω A

595 PP 2

XXXIX 29 ΙΩΒ

B ²⁹ἐκεῖσε ὢν ζητεῖ τὰ σῖτα, 29
πόρρωθεν οἱ ὀφθαλμοὶ αὐτοῦ σκοπεύουσιν·
³⁰νεοσσοὶ δὲ αὐτοῦ φύρονται ἐν αἵματι, 30
οὗ δ' ἂν ὦσι τεθνεῶτες παραχρῆμα εὑρίσκονται.

³¹Καὶ ἀπεκρίθη Κύριος ὁ θεὸς τῷ Ἰὼβ καὶ εἶπεν 31 (1) (XL)
³²Μὴ κρίσιν μετὰ Ἱκανοῦ ἐκκλινεῖ; 32 (2)
ἐλέγχων δὲ θεὸν ἀποκριθήσεται αὐτήν;

³³Ὑπολαβὼν δὲ Ἰὼβ λέγει τῷ κυρίῳ 33 (3)
³⁴Τί ἔτι ἐγὼ κρίνομαι, νουθετούμενος καὶ ἐλέγχων Κύριον, 34 (4)
ἀκούων τοιαῦτα οὐθὲν ὤν,
ἐγὼ δὲ τίνα ἀπόκρισιν δώσω πρὸς ταῦτα;
χεῖρα θήσω ἐπὶ στόματί μου.
³⁵ἅπαξ λελάληκα, ἐπὶ δὲ τῷ δευτέρῳ οὐ προσθήσω. 35 (5)

¹Ἔτι δὲ ὑπολαβὼν ὁ κύριος εἶπεν τῷ Ἰὼβ ἐκ τοῦ νέφους 1 (6) XL
²Μή, ἀλλὰ ζῶσαι ὥσπερ ἀνὴρ τὴν ὀσφύν σου, 2 (7)
ἐρωτήσω δέ σε, σὺ δέ μοι ἀπόκριναι·
³μὴ ἀποποιοῦ μου τὸ κρίμα. 3 (8)
οἴει δέ με ἄλλως σοι κεχρηματικέναι ἢ ἵνα ἀναφανῇς δίκαιος,
⁴ἢ βραχίων σοί ἐστιν κατὰ τοῦ κυρίου, 4 (9)
ἢ φωνῇ κατ' αὐτοῦ βροντᾷς;
⁵ἀνάλαβε δὴ ὕψος καὶ δύναμιν, 5 (10)
δόξαν δὲ καὶ τιμὴν ἀμφίεσαι.
⁶ἀπόστειλον δὲ ἀγγέλους ὀργῇ, 6 (11)
πᾶν δὲ ὑβριστὴν ταπείνωσον,
⁷ὑπερήφανον δὲ σβέσον· 7 (12)

ℵA 29 ζητει] ζησει ℵ* (-τει ℵᶜ ᵃ) | πορρωθεν] +δε A   30 ου δ αν] ουδε εαν A | ωσιν ℵA   32 εκκλινει] εκκλινιν ℵ* κρινις ℵᶜ ᵃ (postea restit εκκλινιν) | om δε ℵA | αποκριθησεται] υποκριθ. ℵ* (αποκρ. ℵᶜ ᵃ mox restit υποκρ) | αυτην] αυτω ℵᶜ ᵃ (mox revoc -την)   33 λεγει] ειπεν A   34 om ετι ℵ* (hab ℵᶜ ᵃ) | ελεγχων Κυριον] ελεγχομενος υπο κυ A | ουθεν ων] μηδεν ων εγω A | εγω δε τινα αποκρισιν] αποκρ. δε τινα A | δωσω] δω ℵA   35 λελαληκα] ελαλησα A   XL 1 om δε ℵ | ο κυριος] θ pro ο 1° ℵ* ᵛⁱᵈ (ο ℵ¹) | εκ] δια A   2 αποκριναι] αποκριθητι ℵA   3 μη αποποιου] η αποποιη ℵᶜ ᵃ (mox restit μη αποποιου) | οιει δε] οιη δε ℵ μηδε οιου A | η] αλλ A | δικαιος αναφανης A   4 η 1°] ει A | του κυριου] κυ ℵᶜ ᵃ (postea revoc του κυ) A | φωνη]+βροντης A | αυτου] αυτον ℵΛ | βροντας] φροντις ℵ* (βροντας ℵᶜ ᵃ) βροντα ισα A   5 δη] δε A | υψος] pr εις A | om και 1° A | om δε A | αμφιασαι ℵA   6 οργη] εν ο. σου A | παν] παντα A

ΙΩΒ XL 21

σῆψον δὲ ἀσεβεῖς παραχρῆμα, B
(13) 8 ⁸κρύψον δὲ εἰς γῆν ὁμοθυμαδόν,
τὰ δὲ πρόσωπα αὐτῶν ἀτιμίας ἔμπλησον·
(14) 9 ⁹ὁμολογήσω ὅτι δύναται ἡ δεξιά σου σῶσαι.
(15) 10 ¹⁰ἀλλὰ δὴ ἰδοὺ δὴ θηρία παρὰ σοί, χόρτον ἴσα βουσὶν ἐσθίουσιν.
(16) 11 ¹¹ἰδοὺ δὴ ἰσχὺς αὐτοῦ ἐπ' ὀσφύι,
ἡ δὲ δύναμις ἐπ' ὀμφαλοῦ γαστρός·
(17) 12 ¹²ἔστησεν οὐρὰν ὡς κυπάρισσον,
τὰ δὲ νεῦρα αὐτοῦ συμπέπλεκται·
(18) 13 ¹³αἱ πλευραὶ αὐτοῦ πλευραὶ χάλκειαι,
ἡ δὲ ῥάχις αὐτοῦ σίδηρος χυτός.
(19) 14 ¹⁴τοῦτ' ἔστιν ἀρχὴ πλάσματος Κυρίου, πεποιημένον ἐνκαταπαίζεσθαι ὑπὸ τῶν ἀγγέλων αὐτοῦ.
(20) 15 ¹⁵ἐπελθὼν δὲ ἐπ' ὄρος ἀκρότομον ἐποίησεν χαρμονὴν τετράποσιν ἐν τῷ ταρτάρῳ·
(21) 16 ¹⁶ὑπὸ παντοδαπὰ δένδρα κοιμᾶται,
παρὰ πάπυρον καὶ κάλαμον καὶ βούτομον·
(22) 17 ¹⁷σκιάζονται δὲ ἐν αὐτῷ δένδρα μεγάλα σὺν ῥαδάμνοις, καὶ κλῶνες ἀγροῦ.
(23) 18 ¹⁸ἐὰν γένηται πλήμμυρα, οὐ μὴ αἰσθηθῇ,
πέποιθεν ὅτι προσκρούσει ὁ Ἰορδάνης εἰς τὸ στόμα αὐτοῦ·
(24) 19 ¹⁹ἐν τῷ ὀφθαλμῷ αὐτοῦ δέξεται αὐτόν;
ἐνσκολιευόμενος τρήσει ῥῖνα;
(25) 20 ²⁰ἄξεις δὲ δράκοντα ἐν ἀγκίστρῳ,
§περιθήσεις δὲ φορβεὰν περὶ ῥῖνα αὐτοῦ; § C
(26) 21 ²¹εἰ δήσεις κρίκον ἐν τῷ μυκτῆρι αὐτοῦ,
ψελίῳ δὲ τρυπήσεις τὸ χεῖλος αὐτοῦ;

8 δε 1°] +αυτους ℵ^{c a} (postea del) A | γην]+εξω ℵA   9 ομολογησω]+αρα ℵAC A | σου η δεξια A   10 αλλα δη ιδου δη] αλλα δη ιδυ ℵ αλλ ιδου A | παρα σοι θηρια A | ισα βουσι] χορτον A | εσθιει ℵA   11 ισχυς] pr η ℵA | επ οσφυι] επι οσφυος αυτου A | δυναμις]+αυτου ℵA | γαστρος]+αυτου A   12 ουραν]+αυτου A [ως] ω ℵ* (ως ℵ¹) ωσπερ A | συμπεπλεκται (συνπεπλ. ℵ)] pr ωσπερ σχοινια A   13 πλευραι χαλκειαι] ως πετραι χαλκαι A | σιδηρος] pr ως A   14 τουτ] τουτο ℵ^{c a} (postea ras o) A | ενκαταπαιζεσθαι (εγκ. B^b)] pr εις το A   16 καλαμον κ. παπυρον A   17 om εν A | ραδαμνοις] ραμνοις ℵ* (ραδ. ℵ^{c a}) δαραμνοις A | αγρου] αγνου ℵ^{c a}A   18 αισθηθη] εσθητ, A   19 ρινα]+αυτου A   20 αγγιστρω Bℵ* (αγκ. ℵ^{c a}A) | περιθησεις]......σεις C | φορβεαν Bℵ AC | περι] επι C | ρινον C   21 ει (η C) δησεις] και ειλησεις A | κρικον] κλοιον A | [ψελ]λιω C^{vid}

B ⁴²λαλήσει δέ σοι δεήσει, ἱκετηρίᾳ μαλακῶς;   22 (27)
   ²³θήσεται διαθήκην μετὰ σοῦ;   23 (28)
   λήμψῃ δὲ αὐτὸν δοῦλον αἰώνιον;
   ²⁴παίξῃ δὲ ἐν αὐτῷ ὥσπερ ὀρνέῳ, ἢ δήσεις αὐτὸν ὥσπερ   24 (29)
   στρουθίον παιδίῳ;
   ²⁵ἐνσιτοῦνται δὲ ἐν αὐτῷ ἔθνη,   25 (30)
   μεριτεύονται δὲ αὐτὸν Φοινίκων ἔθνη;
   ²⁶πᾶν δὲ πλωτὸν συνελθὸν οὐ μὴ ἐνέγκωσιν βύρσαν μίαν   26 (31)
   οὐρᾶς αὐτοῦ,
   καὶ ἐν πλοίοις ἁλιέων κεφαλὴν αὐτοῦ.
   ²⁷ἐπιθήσει δὲ αὐτῷ χεῖρα, μνησθεὶς πόλεμον τὸν γινόμενον ἐν 27 (32)
   σώματι αὐτοῦ.
   ¹οὐδὲ ἐπὶ τοῖς λεγομένοις τεθαύμακας,   1   XLI
   ⁽²⁾οὐδὲ δέδοικας ὅτι ἠτοίμασταί μοι,   (2)
   ²τίς γάρ ἐστιν ὁ ἐμοὶ ἀντιστας;   2 (3)
   ἢ τίς ἀντιστήσεταί μοι καὶ ὑπομενεῖ;
   εἰ πᾶσα ἡ ὑπ' οὐρανὸν ἐμή ἐστιν,
   ³οὐ σιωπήσομαι δι' αὐτόν,   3 (4)
   καὶ λόγον δυνάμεως ἐλεήσει τὸν ἴσον αὐτοῦ.
   ⁴τίς ἀποκαλύψει πρόσωπον ἐνδύσεως αὐτοῦ,   4 (5)
   εἰς δὲ πτύξιν θώρακος αὐτοῦ τίς ἂν εἰσέλθοι;
   ⁵πύλας προσώπου αὐτοῦ τίς ἀνοίξει;   5 (6)
   κύκλῳ ὀδόντων αὐτοῦ φόβος.
   ⁶τὰ ἔγκατα αὐτοῦ ἀσπίδες χάλκειαι,   6 (7)
   σύνδεσμος αὐτοῦ ὥσπερ σμιρίτης λίθος·
   ⁷εἷς τοῦ ἑνὸς κολλῶνται,   7 (8)

ℵAC 22 δεησεις A | ικετηρια] pr η ℵ και ικετηριας A | μαλακη ℵ* (-κως ℵᶜᵃ)
23 θησεται]+δε ℵAC | μετα σου διαθηκην AC | ληψη Cᵛⁱᵈ 24 παιξη δε
εν] και εμπεξις A | η δησεις] δησεις δε A 25 εν αυτω] αυτον A | μερι-
τευονται δε] μεριου incep ℵ* (μεριτ. δε ℵ¹) μεριουνται δε ℵᶜᵃ (sed postea revoc
μεριτ. δε) και μεριτευονται A | Φενικων C | εθνη 2°] γενη AC 26 ενεγκη
A | βυρσαν μιαν] β. μιας ℵ* (β. μιαν ℵᶜᵃ) μιαν βυρσαν A 27 επιθησει] επι-
θησεις ℵAᵃ (πιθησεις sup ras) [επι]θησεις C | αυτω] pr επ ℵA | πολεμου του
γιγνομενου A | σωματι] pr τω A | αυτου]+και μηκετι γινεσθω ℵᶜᵃ (postea
ras) AC XLI 1 ουδε 1°] pr ουκ εορακας αυτον ℵᶜᵃ (rurs 1as) pr ουχ εορακας
αυτον ACᵛⁱᵈ | δεδοικας]+αυτον ℵᶜᵃ (postea improb) A | μοι] σοι A 2 γαρ]
δε ℵ* (γαρ ℵᶜᵃ) | αντιστας] ανθισταμενος A | τις 2°]+εστιν ος A | ει] η ουχι A
3 λογος A | αυτω C 4 τις 1°]+δε A | ανακαλυψει A 5 πυλας]
+δε ℵᶜᵃ (postea ras δε) A 6 εγκατα (ενκ. ℵA)]+δε A | χαλκειαι] χαλκαι
ℵA χαλκειαι C | συνδεσμος] συνδεσμοι A+δε ℵC pr και A | σμιριτος A
7 του ενος] pr εκ A

ΙΩΒ XLI 21

πνεῦμα δὲ οὐ μὴ διέλθῃ αὐτόν· B

(9) 8 ⁸ἀνὴρ τῷ ἀδελφῷ αὐτοῦ προσκολληθήσεται·
συνέχονται, καὶ οὐ μὴ ἀποσπασθῶσιν.

(10) 9 ⁹ἐν πταρμῷ αὐτοῦ ἐπιφαύσκεται φέγγος,
οἱ δὲ ὀφθαλμοὶ αὐτοῦ εἶδος ἑωσφόρου.

(11) 10 ¹⁰ἐκ στόματος αὐτοῦ ἐκπορεύονται λαμπάδες καιόμεναι,
καὶ διαρριπτοῦνται ἐσχάραι πυρός.

(12) 11 ¹¹ἐκ μυκτήρων αὐτοῦ ἐκπορεύεται καπνὸς καμίνου καιομένης
πυρὶ ἀνθράκων·

(13) 12 ¹²ἡ ψυχὴ αὐτοῦ ἄνθρακες,
φλὸξ δὲ ἐκ στόματος αὐτοῦ ἐκπορεύεται

(14) 13 ¹³ἐν δὲ τραχήλῳ αὐτοῦ αὐλίζεται δύναμις,
ἔμπροσθεν αὐτοῦ τρέχει ἀπωλία.

(15) 14 ¹⁴σάρκες δὲ σώματος αὐτοῦ κεκόλληνται·
καταχέει ἐπ' αὐτόν, οὐ σαλευθήσεται.

(16) 15 ¹⁵ἡ καρδία αὐτοῦ πέπηγεν ὡς λίθος,
ἕστηκεν δὲ ὥσπερ ἄκμων ἀνήλατος.

(17) 16 ¹⁶στραφέντος δὲ αὐτοῦ φόβος θηρίοις τετράποσιν ἐπὶ γῆς
ἁλλομένοις.

(18) 17 ¹⁷ἐὰν συναντήσωσιν αὐτῷ λόγχαι, οὐδὲν μὴ ποιήσωσιν
δόρυ καὶ θώρακα·

(19) 18 ¹⁸ἥγηται μὲν γὰρ σίδηρον ἄχυρα,
χαλκὸν δὲ ὥσπερ ξύλον σαθρόν.

(20) 19 ¹⁹οὐ μὴ τρώσῃ αὐτὸν τόξον χάλκειον·
ἥγηται μὲν πετροβόλον χόρτον,

(21) 20 ²⁰ὡς καλάμη ἐλογίσθησαν σφυρά,
καταγελᾷ δὲ σεισμοῦ πυρφόρου.

(22) 21 ²¹ἡ στρωμνὴ αὐτοῦ ὀβελίσκοι ὀξεῖς,

---

7 αυτον] pr δι ℵ* (om δι ℵ^(c a))   8 αυτου] εαυτου ℵ | συνεχωνται ℵAC A | αποσπασθωσιν] παθωσιν ℵ* αποσπαθωσιν ℵ^(c a)   9 επιφωσκεται A | om δε C   10 διαριπτουνται ℵ^(c a)A (hiat C)   11 πυρι] φλογι A   13 αυλιζεται] αυλιζ sup ras B^(ab) | ενπροσθεν A | τρεχει] προτρεχει A | απωλεια B^(ab)   14 om σωματος ℵ | κεκολληνται] ante κεκ. 2 vel 3 litt (? κε vel και) perier in C   15 ως] ωσπερ AC   16 om δε A | αλλομενοις επι γης A   17 ουδεν] ουδε C | μη] pr ου ℵ^(c a)A | ποιησωσιν] + αυτω ℵ^(c a) (postea ras) A ποιησουσιν C | δορυ] + επηρμενον ℵ^(c.a)C | θωραξ A   18 αχυρα] pr ωσπερ ℵ^(c a) (postea ras) A   19 om τοξον χαλκειον A | χαλκεον C | μεν] γαρ A om C | πετροβολον μεν ℵ^(c a) | χορτον] pr ως AC   20 καλαμην ℵC | ελογισθησαν] ελογισατο ℵ ελογισθη αυτω A | σφυρα] σφυραν ℵ^(c a)C σφυραι ℵ^(c c)   21 στρωμη ℵ* (-μνη ℵ^(c a))

B πᾶς δὲ χρυσὸς θαλάσσης ὑπ' αὐτὸν ὥσπερ πηλὸς ἀμύ-
θητος.
²²ἀναζεῖ τὴν ἄβυσσον ὥσπερ χαλκεῖον· 22 (23)
ἥγηται δὲ τὴν θάλασσαν ὥσπερ ἐξάλιπτρον,
²³τὸν δὲ τάρταρον τῆς ἀβύσσου ὥσπερ αἰχμάλωτον· 23 (24)
ἐλογίσατο ἄβυσσον εἰς περίπατον.
²⁴οὐκ ἔστιν οὐδὲν ἐπὶ τῆς γῆς ὅμοιον αὐτῷ, πεποιημένον 24 (25)
ἐνκαταπαίζεσθαι ὑπὸ τῶν ἀγγέλων μου·
²⁵πᾶν ὑψηλὸν ὁρᾷ, 25 (26)
αὐτὸς δὲ βασιλεὺς πάντων τῶν ἐν τοῖς ὕδασιν.

¹Ὑπολαβὼν δὲ Ἰὼβ λέγει τῷ κυρίῳ 1 XLII
²Οἶδα ὅτι πάντα δύνασαι, ἀδυνατεῖ δέ σοι οὐθέν 2
³τίς γάρ ἐστιν ὁ κρύπτων σε βουλήν; 3
φειδόμενος δὲ ῥημάτων, καὶ σὲ οἴεται κρύπτειν;
τίς δὲ ἀναγγελεῖ μοι ἃ οὐκ ᾔδειν,
μεγάλα καὶ θαυμαστὰ ἃ οὐκ ἠπιστάμην;
⁴ἄκουσον δέ μου, Κύριε, ἵνα κἀγὼ λαλήσω· 4
ἐρωτήσω δέ, σὺ δέ με δίδαξον.
⁵ἀκοὴν μὲν ὠτὸς ἤκουόν σου τὸ πρότερον, 5
νυνὶ δὲ ὁ ὀφθαλμός μου ἑόρακέν σε.
⁶διὸ ἐφαύλισα ἐμαυτὸν καὶ ἐτάκην· 6
ἥγημαι δὲ ἐγὼ ἐμαυτὸν γῆν καὶ σποδόν.

⁷Ἐγένετο δὲ μετὰ τὸ λαλῆσαι τὸν κύριον πάντα τὰ ῥήματα 7
ταῦτα τῷ Ἰώβ, εἶπεν ὁ κύριος Ἐλειφὰς τῷ Θαιμανείτῃ
⁷Ἥμαρτες σὺ καὶ οἱ φίλοι σου·
οὐ γὰρ ἐλαλήσατε ἐνώπιόν μου ἀληθὲς οὐδέν, ὥσπερ ὁ
θεράπων μου Ἰώβ.

ℵAC   21 πηλος] πυλος ℵ* (πηλ. ℵ¹)   22 εξαλειπτρον B^ab   23 ωσπερ] ω sup ras B^ab | εις] ως C   24 της γης] om της A την γην C (ante την litt nonnull (? οληυ) evanuer in C) | πεποιημ. c praec coniung ℵ | εγκαταπαιζεσθαι B^abC | om μου ℵ* (hab ℵ^c a)   XLII 1 evan in C   2 δυνασαι παντα AC | σοι δε ℵ | ουθεν] ουδεν AC   3 om τις γαρ. βουλην ℵ* (hab ℵ^c a) ; τις δε αναγγελει] τις δε αναγγελη ℵ ανηγγελη δε A | επισταμην C   4 δε 1°] δη A | δε 2°]+σε ℵA (hiat C)   5 ακοην μεν ωτος] εως μεν ωτος ακοης A | εωρακεν B^abℵC   6 ηγημαι] ηγη A | om εγω ℵ^c a AC | εμαυτον εγω ℵ*   7 om ταυτα A | Ελιφας ℵA Ελιφας C | Θαιμανιτη ℵC Θεμανιτη A | φιλοι] pr δυο ℵAC

ΙΩΒ XLII 12

8 ⁸νῦν δὲ λάβετε ἑπτὰ μόσχους καὶ ἑπτὰ κριούς, B
καὶ πορεύθητε πρὸς τὸν θεράποντά μου Ἰώβ, καὶ ποιήσει
καρπώσεις περὶ ὑμῶν.
Ἰὼβ δὲ ὁ θεράπων μου εὔξεται περὶ ὑμῶν,
ὅτι εἰ μὴ πρόσωπον αὐτοῦ λήμψομαι·
εἰ μὴ γὰρ δι' αὐτόν, ἀπώλεσα ἂν ὑμᾶς·
οὐ γὰρ ἐλαλήσατε κατὰ τοῦ θεράποντός μου Ἰὼβ ἀληθές.
9 ⁹ἐπορεύθη δὲ Ἐλειφὰς ὁ Θαιμανείτης καὶ Βαλδὰδ ὁ Σαυχίτης
καὶ Σωφὰρ ὁ Μειναῖος,
καὶ ἐποίησαν καθὼς συνέταξεν αὐτοῖς ὁ κύριος·
καὶ ἔλυσεν τὴν ἁμαρτίαν αὐτοῖς διὰ Ἰώβ.
10 ¹⁰ὁ δὲ κύριος ηὔξησεν τὸν Ἰώβ·
εὐξαμένου δὲ αὐτοῦ καὶ περὶ τῶν φίλων ἀφῆκεν αὐτοῖς τὴν
ἁμαρτίαν·
ἔδωκεν δὲ ὁ κύριος διπλᾶ ὅσα ἦν ἔμπροσθεν Ἰὼβ εἰς
διπλασιασμόν.
11 ¹¹ἤκουσαν δὲ πάντες οἱ ἀδελφοὶ αὐτοῦ καὶ αἱ ἀδελφαὶ αὐτοῦ
πάντα τὰ συμβεβηκότα αὐτῷ,
καὶ ἦλθον πρὸς αὐτόν,
καὶ πάντες ὅσοι ᾔδεισαν αὐτὸν ἐκ πρώτου·
φαγόντες δὲ καὶ πιόντες παρ' αὐτῷ παρεκάλεσαν αὐτόν,
καὶ ἐθαύμασαν ἐπὶ πᾶσιν οἷς ἐπήγαγεν αὐτῷ ὁ κύριος·
ἔδωκεν δὲ αὐτῷ ἕκαστος ἀμνάδα μίαν καὶ τετράδραχμον
χρυσοῦ καὶ ἀσήμου.
12 ¹²ὁ δὲ κύριος εὐλόγησεν τὰ ἔσχατα Ἰὼβ ἢ τὰ ἔμπροσθεν·

8 νυν δε] και νυν A | θεραποντα] παιδα A | ποιησεις A* (-σει A¹) | καρπω- ℵAC
σεις] καρπωμα A καρπωσιν C | om μου 2° ℵ* (hab ℵ^{c a}) | improb ει μη (1°)
ℵ^{c.a} (postea restit) | ληψομαι C | ει μη γαρ] και ει μη A | απωλεσα αν] απω-
λεσαν C* | bis scr ελαλησατε ℵ* (om 2° ℵ^{c a}) | αληθες κατα του θερ μου Ιωβ
ℵC | bis scr μου Ιωβ 2° ℵ* (improb 2° ℵ^{c a} postea restit 2° improb vero
1°) | αληθες] ουδεν αγαθον A   9 επορευθησαν A | Ελειφαζ ℵ Ελιφαζ
A Ελιφας C | Θαιμανιτης ℵC Θεμανιτης A | Σαυχειτης ℵ | Μιναιος ℵAC |
εποιησαν]+εαυτοις A | αυτοις 1°] αυτω ℵ* (-τοις ℵ^{c a}) | αυτοις 2°] αυτων
ℵ* (-τοις ℵ^{c a} postea restit -των) AC   10 om δε 2° ℵ* (hab ℵ^{c a}) |
om και A | φιλων]+αυτου AC | εδωκεν] προσεθηκεν A | ο κυριος rescr
κ C^a (ο θ̄ς̄ C*^{fort})+τω Ιωβ A | διπλα οσα ην] τα διπλα ων ειχεν A | om
Ιωβ 2° A   11 παντες 2°]+δε A | εκ πρωτου] προ τουτου A ωτου rescr
C^a (? εκ προσωπου C*) | om παρ A | παρεκαλεσαν] εκαλεσαν ℵ* (παρεκ.
ℵ¹) | ο κυριος] ο θ̄ς̄ ℵ* (ο κ̄ς̄ ℵ^{c a}) | εδωκεν δε] και εδωκαν A | τετραδαχμον ℵ*
(τετραδρ. ℵ^{c a (vid)}) | χρυσου και ασημου] χρυσουν ασημον ℵAC* χρ. ασ. εν C^a
12 ηυλογησεν ℵAC | τα εσχατα Ιωβ] τον Ιωβ· τα εσχατα A | η] pr μαλλον A

XLII 13 ΙΩΒ

B ἦν δὲ τὰ κτήνη αὐτοῦ πρόβατα μύρια τετρακισχίλια,
κάμηλοι ἑξακισχίλιαι,
ζεύγη βοῶν χίλια,
ὄνοι θήλειαι νομάδες χίλιαι.
¹³γεννῶνται δὲ αὐτῷ υἱοὶ ἑπτὰ καὶ θυγατέρες τρεῖς· 13
¹⁴καὶ ἐκάλεσεν τὴν μὲν πρώτην Ἡμέραν, 14
τὴν δὲ δευτέραν Κασίαν,
τὴν δὲ τρίτην Ἀμαλθείας κέρας·
¹⁵καὶ οὐχ εὑρέθησαν κατὰ τὰς θυγατέρας Ἰὼβ βελτίους αὐτῶν 15
ἐν τῇ ὑπ' οὐρανόν·
ἔδωκεν δὲ αὐταῖς ὁ πατὴρ κληρονομίαν ἐν τοῖς ἀδελφοῖς.
¹⁶ἔζησεν δὲ Ἰὼβ μετὰ τὴν πληγὴν ἔτη ἑκατὸν ἑβδομήκοντα, 16
τὰ δὲ πάντα ἔτη ἔζησεν διακόσια τεσσεράκοντα·
καὶ ἴδεν Ἰὼβ τοὺς υἱοὺς αὐτοῦ καὶ τοὺς υἱοὺς τῶν υἱῶν αὐτοῦ,
τετάρτην γενεάν·
¹⁷καὶ ἐτελεύτησεν Ἰὼβ πρεσβύτερος καὶ πλήρης ἡμερῶν. 17
¹⁷ᵃγέγραπται δὲ αὐτὸν πάλιν ἀναστήσεσθαι μεθ' ὧν ὁ κύριος 17 a
ἀνίστησιν.

¹⁷ᵇΟὗτος ἑρμηνεύεται ἐκ τῆς Συριακῆς βίβλου, 17 b
ἐν μὲν γῇ κατοικῶν τῇ Αὐσίτιδι ἐπὶ τοῖς ὁρίοις τῆς Ἰδου-
μαίας καὶ Ἀραβίας·
προυπῆρχεν δὲ αὐτῷ ὄνομα Ἰωβάβ.
¹⁷ᶜλαβὼν δὲ γυναῖκα Ἀράβισσαν γεννᾷ υἱὸν ᾧ ὄνομα Ἐννών· 17 c
ἦν δὲ αὐτὸς πατρὸς μὲν Ζάρε, ἐκ τῶν Ἡσαῦ υἱῶν υἱός, μητρὸς
δὲ Βοσόρρας,
ὥστε εἶναι αὐτὸν πέμπτον ἀπὸ Ἀβραάμ.
¹⁷ᵈκαὶ οὗτοι οἱ βασιλεῖς οἱ βασιλεύσαντες ἐν Ἐδώμ, ἧς καὶ αὐτὸς 17 d
ἦρξεν χώρας.

ℵAC 12 μυρια] pr ε ℵ* (improb ε ℵ' et postea ras) | τετρακισχιλια] πτα pro τετρα ℵ*ᵛⁱᵈ (τετρακ. ℵ¹ᶜ ᵃ°) | ονομαδες ℵ* (ras o 1° ℵ') 14 Κασσιαν A | Αμαλθειας κερας] adnot ἐνθυμῶν ὑγία Bᵃ⁽ᵛⁱᵈ⁾ ᵐᵍ Αμαθιας κ. ℵ* (Αμαλθ. κ. ℵ¹⁽ᵛⁱᵈ⁾) | Μαλθεας A Αμαλθιας C   15 τας θυγατερας Ιωβ] τας Ιωβ θυγ. και τους υιους αυτου A | εν τη] υπο την A | υπ ουρανον] υπο τον ουρ. ℵ | αυταις ο πατηρ] Ιωβ ταις θυγατρασιν αυτου A | αδελφοις]+αυτου (sic) A 16 ετη εξησεν] ζη ετη A εξησεν ετη C | τεσσερακοντα (τεσσαρ Bʔ)]+οκτω ℵᶜᵃAC | ειδεν Bᵃᵇℵ 17 πρεσβυτερος] πρεσβυτης ℵ | πληρες A
17 a om δε A | παλιν αυτον αναστησεσθαι ℵ παλιν αναστ. αυτον A | ανιστησιν ο κ̅ς̅ A   17 b τη Αυσειτιδι κατοικων ℵ   17 c πατρος] in π̅ρ̅ς̅ rescr ρς C¹ | Ζαρεθ A | om εκ ℵAC | των υιων Ησαυ AC | Βοσσορας A Βο[σ]σορρας C*ᵛⁱᵈ (ras σ 1° C²)

602

ΙΩΒ XLII 17 e

πρῶτος Βαλὰκ ὁ τοῦ Βεώρ, καὶ ὄνομα τῇ πόλει αὐτοῦ Β
Δενναβα·
μετὰ δὲ Βαλὰκ Ἰωβὰβ ὁ καλούμενος Ἰώβ·
μετὰ δὲ τοῦτον Ἀσὸμ ὁ ὑπάρχων ἡγεμὼν ἐκ τῆς Θαιμα-
νείτιδος χώρας·
μετὰ δὲ τοῦτον Ἀδὰδ υἱὸς Βαρὰδ ὁ ἐκκόψας Μαδιὰμ ἐν τῷ
πεδίῳ Μωάβ, καὶ ὄνομα τῇ πόλει αὐτοῦ Γεθθάιμ.

17 e ¹⁷ᵉ οἱ δὲ ἐλθόντες πρὸς αὐτὸν φίλοι
Ἐλειφὰς τῶν Ἡσαῦ υἱῶν, Θαιμανῶν βασιλεύς,
Βαλδὰδ ὁ Σαυχαίων τύραννος,
Σωφὰρ ὁ Μειναίων βασιλεύς.

17 d Βεωρ] Βαιωρ ℵ Σεμφωρ Aᵛⁱᵈ | Ασσομ A Ασωμ C | Θαιμανιτιδος ℵC ℵAC Θεμανιτιδος A | Βαρα ℵ*C* (Βαραδ ℵⁱC') **17 e** Ελειφας ℵ Ελιφας Λ Ελιφας C + υιος Σωφαν A | Βαλδας A + υιος Αμνων του Χοβαρ A | ο Σαυχαιων τυραννος] του Αυχειτου τυραννου A ο Σαυχιων (-χαιων Cᵃ) τυρ. C* | Σωιφαρ ℵ* (ιmprob ι ℵ') | Μιναιων A | βασιλευς 2°] + Θαιμαν υιος Ελιφας ηγεμων της Ιδουμαιας· ουτος ερμηνευεται εκ της Συριακης βιβλου | εν μεν γη κατοικων τη Αυσιτιδι | επι των οριων του Ευφρατου | προυπηρχεν δε το ονομα αυτου | Ιωβαβ· ην δε ο πατηρ αυτου Ζαρεθ' | εξ ανατολων ηλιου A

Subscr Ιωβ BℵAC
Stich 2153 B 2126 ℵ 2021 A

ΣΟΦΙΑ ΣΑΛΩΜΩΝΟΣ

B ΑΓΑΠΗΣΑΤΕ δικαιοσύνην, οἱ κρίνοντες τὴν γῆν· 1 I
φρονήσατε περὶ τοῦ κυρίου ἐν ἀγαθότητι,
καὶ ἐν ἁπλότητι καρδίας ζητήσατε αὐτόν.
²ὅτι εὑρίσκεται τοῖς μὴ πειράζουσιν αὐτόν, 2
ἐμφανίζεται δὲ τοῖς μὴ ἀπιστοῦσιν αὐτῷ·
³σκολιοὶ γὰρ λογισμοὶ χωρίζουσιν ἀπὸ θεοῦ, 3
δοκιμαζομένη τε ἡ δύναμις ἐλέγχει τοὺς ἄφρονας.
⁴ὅτι εἰς κακότεχνον ψυχὴν οὐκ εἰσελεύσεται σοφία, 4
οὐδὲ κατοικήσει ἐν σώματι κατάχρεῳ ἁμαρτίας.
⁵ἅγιον γὰρ πνεῦμα παιδείας φεύξεται δόλον, 5
καὶ ἀπαναστήσεται ἀπὸ λογισμῶν ἀσυνέτων,
καὶ ἐλεγχθήσεται ἐπελθούσης ἀδικίας.
⁶φιλάνθρωπον γὰρ πνεῦμα σοφία, 6
καὶ οὐκ ἀθῳώσει βλάσφημον ἀπὸ χειλέων αὐτοῦ·
ὅτι τῶν νεφρῶν αὐτοῦ μάρτυς ὁ θεός,
καὶ τῆς καρδίας αὐτοῦ ἐπίσκοπος ἀληθὴς
καὶ τῆς γλώσσης ἀκουστής·
⁷ὅτι πνεῦμα Κυρίου πεπλήρωκεν τὴν οἰκουμένην, 7
καὶ τὸ συνέχον τὰ πάντα γνῶσιν ἔχει φωνῆς
⁸διὰ τοῦτο φθεγγόμενος ἄδικα οὐδεὶς μὴ λάθῃ, 8
οὐδὲ μὴν παροδεύσῃ αὐτὸν ἐλέγχουσα ἡ δίκη.

ℵA   Inscr σοφια Σαλωμωνος B* σ. Σαλωμων Bᶜ σ. Σαλομωντος ℵ σ. Σολομωντος A   I 2 απιστουσιν] πιστευουσιν A   3 τε] δε ℵ   5 παιδειας (·διας ℵ)] σοφιας A | απαναστησεται] αποστησεται ℵᶜ ᵃ   6 σοφιας A | αθοωσει B* (αθωωσ. Bᵇ) ℵA | επισκοπος] σκοπος sup ras Aᵃ | γλωσσης] + αυτου A   7 πεπληρωκεν] επληρωσεν A   8 μην] μη ℵA | παροδευσι ℵ?

ΣΟΦΙΑ ΣΑΛΩΜΩΝΟΣ

9 ⁹ἐν γὰρ διαβουλίοις ἀσεβοῦς ἐξέτασις ἔσται,
λόγων δὲ αὐτοῦ ἀκοὴ πρὸς Κύριον ἥξει
εἰς ἔλεγχον ἀνομημάτων αὐτοῦ·
10 ¹⁰ὅτι οὖς ζηλώσεως ἀκροᾶται τὰ πάντα,
καὶ θροῦς γογγυσμῶν οὐκ ἀποκρύπτεται.
11 ¹¹φυλάξασθε τοίνυν γογγυσμὸν ἀνωφελῆ,
καὶ ἀπὸ καταλαλιᾶς φείσασθε γλώσσης·
ὅτι φθέγμα λαθραῖον κενὸν οὐ πορεύσεται,
στόμα δὲ καταψευδόμενον ἀναιρεῖ ψυχήν.
12 ¹²μὴ ζηλοῦτε θάνατον ἐν πλάνῃ ζωῆς ὑμῶν,
μηδὲ ἐπισπᾶσθε ὄλεθρον ἔργοις χειρῶν ὑμῶν·
13 ¹³ὅτι ὁ θεὸς θάνατον οὐκ ἐποίησεν,
οὐδὲ τέρπεται ἐπ᾽ ἀπωλείᾳ ζώντων·
14 ¹⁴ἔκτισεν γὰρ εἰς τὸ εἶναι τὰ πάντα,
καὶ σωτήριοι αἱ γενέσεις τοῦ κόσμου,
καὶ οὐκ ἔστιν ἐν αὐταῖς φάρμακον ὀλέθρου,
οὔτε ᾅδου βασίλειον ἐπὶ γῆς·
15 ¹⁵δικαιοσύνη γὰρ ἀθάνατός ἐστιν·
16 ¹⁶ἀσεβεῖς δὲ ταῖς χερσὶν καὶ τοῖς λόγοις προσεκαλέσαντο αὐτόν,
φίλον ἡγησάμενοι αὐτὸν ἐτάκησαν,
καὶ συνθήκην ἔθεντο πρὸς αὐτόν,
ὅτι ἄξιοί εἰσιν τῆς ἐκείνου μερίδος εἶναι.

II 1 ¹Εἶπον γὰρ ἐν ἑαυτοῖς λογισάμενοι οὐκ ὀρθῶς
Ὀλίγος ἐστὶν καὶ λυπηρὸς ὁ βίος ἡμῶν,
καὶ οὐκ ἔστιν ἴασις ἐν τελευτῇ ἀνθρώπου,
καὶ οὐκ ἐγνώσθη ὁ ἀναλύσας ἐξ ᾅδου.
2 ²ὅτι αὐτοσχεδίως ἐγενήθημεν,
καὶ μετὰ τοῦτο ἐσόμεθα ὡς οὐχ ὑπάρξαντες·
ὅτι καπνὸς ἡ πνοὴ ἐν ῥισὶν ἡμῶν,
καὶ ὁ λόγος σπινθὴρ ἐν κινήσει καρδίας ἡμῶν,
3 ³οὗ σβεσθέντος τέφρα ἀποβήσεται τὸ σῶμα,

9 ακοη αυτου ℵ   10 ους] ου ℵ* (s ins ℵ¹)   11 λαθραιον (-θρεον B*A)] ℵA λαθριον B^{a?b} | κενον] καινον ℵA | om ου πορ ℵ* (hab ℵ^{c.a})   12 εργοις] pr εν A   13 απωλεια (-λια ℵ)] αγγελεια A   14 εκτισεν γαρ εις] ου γαρ εκτισεν εις ℵ* (improb ου γαρ, εις ℵ¹) ην sup ras B¹ fort | γενεσις A | ουτε] ουδε A | γης] pr της A   16 προσεκαλεσατο ℵ*vid (-σαντο ℵ^{1.a?})
II 2 εγεννηθημεν B^{ab}ℵA | υπαρξαντες] υπαρχοντες ℵ^{1?a(vid)} | εν ρισιν η πνοη ℵ* (η πν. εν ρ. ℵ^{c.a})   3 σβενθεντος ℵ σβενσθ. A

ΣΟΦΙΑ ΣΑΛΩΜΩΝΟΣ

B   καὶ τὸ πνεῦμα διαχυθήσεται ὡς χαῦνος ἀήρ.
⁴καὶ τὸ ὄνομα ἡμῶν ἐπιλησθήσεται ἐν χρόνῳ,
  καὶ οὐθεὶς μνημονεύσει τῶν ἔργων ἡμῶν·
καὶ παρελεύσεται ὁ βίος ἡμῶν ὡς ἴχνη νεφέλης,
  καὶ ὡς ὁμίχλη διασκεδασθήσεται
διωχθεῖσα ὑπὸ ἀκτίνων ἡλίου
  καὶ ὑπὸ θερμότητος αὐτοῦ βαρυνθεῖσα.
⁵σκιᾶς γὰρ πάροδος ὁ βίος ἡμῶν,
  καὶ οὐκ ἔστιν ἀναποδισμὸς τῆς τελευτῆς ἡμῶν,
ὅτι κατεσφραγίσθη, καὶ οὐδεὶς ἀναστρέφει.
⁶δεῦτε οὖν καὶ ἀπολαύσωμεν τῶν ὄντων ἀγαθῶν,
  καὶ χρησώμεθα τῇ κτίσει ὡς νεότητι σπουδαίως·
⁷οἴνου πολυτελοῦς καὶ μύρων πλησθῶμεν,
  καὶ μὴ παροδευσάτω ἡμᾶς ἄνθος ἀέρος
⁸στεψώμεθα ῥόδων κάλυξιν πρὶν ἢ μαρανθῆναι·
⁹μηδεὶς ἡμῶν ἄμοιρος ἔστω τῆς ἡμετέρας ἀγερωχίας,
πανταχῇ καταλίπωμεν σύμβολα τῆς εὐφροσύνης,
ὅτι αὕτη ἡ μερὶς ἡμῶν καὶ ὁ κλῆρος οὗτος.
¹⁰καταδυναστεύσωμεν πένητα δίκαιον,
μὴ φεισώμεθα χήρας,
μηδὲ πρεσβύτου ἐντραπῶμεν πολιὰς πολυχρονίους·
¹¹ἔστω δὲ ἡμῶν ἡ ἰσχὺς νόμος τῆς δικαιοσύνης,
  τὸ γὰρ ἀσθενὲς ἄχρηστον ἐλέγχεται.
¹²ἐνεδρεύσωμεν δὲ τὸν δίκαιον, ὅτι δύσχρηστος ἡμῖν ἐστιν,
καὶ ἐναντιοῦται τοῖς ἔργοις ἡμῶν,
καὶ ὀνειδίζει ἡμῖν ἁμαρτήματα νόμου,
  καὶ ἐπιφημίζει ἡμῖν ἁμαρτήματα παιδείας ἡμῶν·
¹³ἐπαγγέλλεται γνῶσιν ἔχειν θεοῦ,
  καὶ παῖδα Κυρίου ἑαυτὸν ὀνομάζει·
¹⁴ἐγένετο ἡμῖν εἰς ἔλεγχον ἐννοιῶν ἡμῶν·
βαρύς ἐστιν ἡμῖν καὶ βλεπόμενος,

ℵA   4 μνημονευει ℵ (-σει ℵ^{c a})   5 βιος B*A^a] καιρος B^{ab}ℵA* | ανταποδισμος ℵ | κατεσφραγισθη και ουδεις] φραγισθη και ου sup ras A^a   6 om και 1° A | κτησει A | νεοτητος ℵ (-τει ℵ^{c a}) A   7 ημας] με ℵ* (ημ. ℵ^{c a}) | αερος] εαρος A   8 καλυξι ℵA   9 εστω] εστε ℵ | αγερωχιας] adnot υψηλοφρονιας B^{a mg} | καταλειπωμεν A | ουτος] ημων A   10 πρεσβυτου] πρεσβυτερου A   12 om δε ℵ* (hab ℵ^{c d}) A | αμαρτηματα] pr τα ℵ | επιφημιζει (-μηζει B*^{comm})] επιφηζετ^{al} B^{ab} | παιδιας ℵA

ΣΟΦΙΑ ΣΑΛΩΜΩΝΟΣ

15 ¹⁵ὅτι ἀνόμοιος τοῖς ἄλλοις ὁ βίος αὐτοῦ,
   καὶ ἐξηλλαγμέναι αἱ τρίβοι αὐτοῦ·
16 ¹⁶εἰς κίβδηλον ἐλογίσθημεν αὐτῷ,
   καὶ ἀπέχεται τῶν ὁδῶν ἡμῶν ὡς ἀπὸ ἀκαθαρσιῶν·
   μακαρίζει ἔσχατα δικαίων,
   καὶ ἀλαζονεύεται πατέρα θεόν.
17 ¹⁷ἴδωμεν εἰ οἱ λόγοι αὐτοῦ ἀληθεῖς,
   καὶ πειράσωμεν τὰ ἐν ἐκβάσει αὐτοῦ.
18 ¹⁸εἰ γάρ ἐστιν ὁ δίκαιος υἱὸς θεοῦ, ἀντιλήμψεται αὐτοῦ,
   καὶ ῥύσεται αὐτὸν ἐκ χειρὸς ἀνθεστηκότων.
19 ¹⁹ὕβρει καὶ βασάνῳ ἐτάσωμεν αὐτόν,
   ἵνα γνῶμεν τὴν ἐπιεικίαν αὐτοῦ
   καὶ δικάσωμεν τὴν ἀνεξικακίαν αὐτοῦ·
20 ²⁰θανάτῳ ἀσχήμονι καταδικάσωμεν αὐτόν,
   ἔσται γὰρ αὐτοῦ ἐπισκοπὴ ἐκ λόγων αὐτοῦ.
21 ²¹ταῦτα ἐλογίσαντο, καὶ ἐπλανήθησαν·
   ἀπετύφλωσεν γὰρ αὐτοὺς ἡ κακία αὐτῶν,
22 ²²καὶ οὐκ ἔγνωσαν μυστήρια αὐτοῦ,
   οὐδὲ μισθὸν ἤλπισαν ὁσιότητος,
   οὐδὲ ἔκριναν γέρας ψυχῶν ἀμώμων.
23 ²³ὅτι ὁ θεὸς ἔκτισεν τὸν ἄνθρωπον ἐπ' ἀφθαρσίᾳ,
   καὶ εἰκόνα τῆς ἰδίας ἰδιότητος ἐποίησεν αὐτόν·
24 ²⁴φθόνῳ δὲ διαβόλου θάνατος εἰσῆλθεν εἰς τὸν κόσμον,
   ⁽²⁵⁾πειράζουσιν δὲ αὐτὸν οἱ τῆς ἐκείνου μερίδος ὄντες.

III 1 ¹Δικαίων δὲ ψυχαὶ ἐν χειρὶ θεοῦ,
   καὶ οὐ μὴ ἅψηται αὐτῶν βάσανος.
2 ²ἔδοξαν ἐν ὀφθαλμοῖς ἀφρόνων τεθνάναι,
   καὶ ἐλογίσθη κάκωσις ἡ ἔξοδος αὐτῶν,
3 ³καὶ ἡ ἀφ' ἡμῶν πορεία σύντριμμα·
   οἱ δέ εἰσιν ἐν εἰρήνῃ.
4 ⁴καὶ γὰρ ἐν ὄψει ἀνθρώπων ἐὰν κολασθῶσιν,

---

15 οτι . αυτου (1°) rescr A¹   **16** ελογισθημεν] εγενηθημεν ℵ* (ελογ. ℵA ℵ^(c a))   **17** ιδωμεν] και ειδωμεν ℵ* (improb και ℵ^(c a))   **19** επιεικειαν B^(ab) | δικασωμεν] δοκιμασωμεν ℵA   **21** ελογισαντο] ελογισθησαν ℵ* (-σαντο ℵ^(c a)) | απετυφλωσεν] ετυφλωσεν ℵ   **22** αυτου] θῦ B^(ab mg) ℵA | ψυχων] ψυχαν ℵ* (sic) (-χων ℵ^(c a))   **23** επ] επι ℵ   **25** μεριδος] μ superscr et δ sup ras A^(a)   III **2** εδοξαν]+γαρ ℵ^(c.a) | αφρονων] φρον sup ras B^(ab)   **3** ημων] η bis scr B | πορια ℵA

ΣΟΦΙΑ ΣΑΛΩΜΩΝΟΣ

B ἡ ἐλπὶς αὐτῶν ἀθανασίας πλήρης·
⁵καὶ ὀλίγα παιδευθέντες μεγάλα εὐεργετηθήσονται,
ὅτι ὁ θεὸς ἐπείρασεν αὐτοὺς
καὶ εὗρεν αὐτοὺς ἀξίους ἑαυτοῦ·
⁶ὡς χρυσὸν ἐν χωνευτηρίῳ ἐδοκίμασεν αὐτούς,
καὶ ὡς ὁλοκάρπωμα θυσίας προσεδέξατο αὐτούς.
⁷καὶ ἐν καιρῷ ἐπισκοπῆς αὐτῶν ἀναλάμψουσιν,
καὶ ὡς σπινθῆρες ἐν καλάμῃ διαδραμοῦνται
⁸κρινοῦσιν ἔθνη καὶ κρατήσουσιν λαῶν,
καὶ βασιλεύσει αὐτῶν Κύριος εἰς τοὺς αἰῶνας.
⁹οἱ πεποιθότες ἐπ' αὐτῷ συνήσουσιν ἀλήθειαν,
καὶ οἱ πιστοὶ ἐν ἀγάπῃ προσμενοῦσιν αὐτῷ,
ὅτι χάρις καὶ ἔλεος τοῖς ἐκλεκτοῖς αὐτοῦ.
¹⁰οἱ δὲ ἀσεβεῖς καθ' ἃ ἐλογίσαντο ἕξουσιν ἐπιτιμίαν,
οἱ ἀμελήσαντες τοῦ δικαίου καὶ τοῦ κυρίου ἀποστάντες
¹¹σοφίαν γὰρ καὶ παιδείαν ὁ ἐξουθενῶν ταλαίπωρος,
καὶ κενὴ ἡ ἐλπὶς αὐτῶν καὶ οἱ κόποι ἀνόνητοι,
καὶ ἄχρηστα τὰ ἔργα αὐτῶν.
¹²αἱ γυναῖκες αὐτῶν ἄφρονες,
καὶ πονηρὰ τὰ τέκνα αὐτῶν,
ἐπικατάρατος ἡ γένεσις αὐτῶν.
¹³ὅτι μακαρία στεῖρα ἡ ἀμίαντος,
ἥτις οὐκ ἔγνω κοίτην ἐν παραπτώματι,
ἕξει καρπὸν ἐν ἐπισκοπῇ ψυχῶν·
¹⁴καὶ εὐνοῦχος ὁ μὴ ἐργασάμενος ἐν χειρὶ ἀνόμημα,
μηδὲ ἐνθυμηθεὶς κατὰ τοῦ κυρίου πονηρά,
δοθήσεται γὰρ αὐτῷ τῆς πίστεως χάρις ἐκλεκτὴ
καὶ κλῆρος ἐν ναῷ Κυρίου θυμηρέστερος.
¹⁵ἀγαθῶν γὰρ πόνων ὁ καρπὸς εὐκλεής,
καὶ ἀδιάπτωτος ἡ ῥίζα τῆς φρονήσεως.
¹⁶τέκνα δὲ μοιχῶν ἀτέλεστα ἔσται,
καὶ ἐκ παρανόμου κοίτης σπέρμα ἀφανισθήσεται.
¹⁷ἐάν τε γὰρ μακρόβιοι γένωνται, εἰς οὐθὲν λογισθήσονται,

ℵA 4 πληρης] η 2º sup ras B^(ab vid)   9 αληθιαν ℵ | τοις εκλεκτοις] τοις οσιοις ℵ pr εν A | αυτου] + και επισκοπη εν τοις εκλεκτοις (οσιοις A) αυτου ℵA   11 γαρ] δε ℵ* (γαρ ℵ^(c a)) | παιδιαν ℵA | κοποι] + αυτων ℵ | ανωνητοι B*ℵ (ανον. B^(ab)A)   12 αι γυναικες] pr και ℵ | γεννησεις ℵ* (γενεσις ℵ^(c a))   13 η αμιαντος] om η ℵ* (hab ℵ^(c a)) | ψυχων] + αυτων A   14 om ο ℵ* (hab ℵ^(c a)) | θυμηρεστερος] adnot ηδυτερος ευνοιστυτερος B^(amg)   15 ο καρπος] om ο B^(ab)ℵA .

ΣΟΦΙΑ ΣΑΛΩΜΩΝΟΣ IV 10

καὶ ἄτιμον ἐπ' ἐσχάτων τὸ γῆρας αὐτῶν·
18 ¹⁸ἐάν τε ὀξέως τελευτήσωσιν, οὐκ ἔχουσιν ἐλπίδα
οὐδὲ ἐν ἡμέρᾳ διαγνώσεως παραμύθιον·
19 ¹⁹γενεᾶς γὰρ ἀδίκου χαλεπὰ τὰ τέλη.
IV 1 ¹κρείσσων ἀτεκνία μετὰ ἀρετῆς·
ἀθανασία γάρ ἐστιν ἐν μνήμῃ αὐτῆς,
ὅτι καὶ παρὰ θεῷ γινώσκεται καὶ παρὰ ἀνθρώποις.
2 ²παροῦσάν τε μιμοῦνται αὐτήν,
καὶ ποθοῦσιν ἀπελθοῦσαν·
καὶ ἐν τῷ αἰῶνι στεφανηφοροῦσα πομπεύει,
τὸν τῶν ἀμιάντων ἄθλων ἀγῶνα νικήσασα.
3 ³πολύγονον δὲ ἀσεβῶν πλῆθος οὐ χρησιμεύσει,
καὶ ἐκ νόθων μοσχευμάτων οὐ δώσει ῥίζαν εἰς βάθος,
οὐδὲ ἀσφαλῆ βάσιν ἑδράσει·
4 ⁴κἂν γὰρ ἐν κλάδοις πρὸς καιρὸν ἀναθάλῃ,
ἐπισφαλῶς βεβηκότα ὑπὸ ἀνέμου σαλευθήσεται,
καὶ ὑπὸ βίας ἀνέμων ἐκριζωθήσεται·
5 ⁵περικλασθήσονται κλῶνες ἀτέλεστοι,
καὶ ὁ καρπὸς αὐτῶν ἄχρηστος, ἄωρος εἰς βρῶσιν
καὶ εἰς οὐθὲν ἐπιτήδειος·
6 ⁶ἐκ γὰρ ἀνόμων ὕπνων τέκνα γεννώμενα
μάρτυρές εἰσιν πονηρίας κατὰ γονέων ἐν ἐξετασμῷ αὐτῶν.
7 ⁷δίκαιος δὲ ἐὰν φθάσῃ τελευτῆσαι, ἐν ἀναπαύσει ἔσται.
8 ⁸γῆρας γὰρ τίμιον οὐ τὸ πολυχρόνιον,
οὐδὲ ἀριθμῷ ἐτῶν μεμέτρηται
9 ⁹πολιὰ δέ ἐστιν φρόνησις ἀνθρώποις,
καὶ ἡλικία γήρως βίος ἀκηλίδωτος.
10 ¹⁰εὐάρεστος τῷ θεῷ γενόμενος ἠγαπήθη,
καὶ ζῶν μεταξὺ ἁμαρτωλῶν μετετέθη·

18 εαν τε οξ. τελευτησωσιν] εαν τε γαρ οξ. τελευτησουσιν εις ουδεν λογι- ℵA σθησονται| και ατιμον επ εσχατων το γηρας αυτω| εαν τε γαρ οξεως τελευτησουσιν ℵ* (improb γαρ bis, et unc incl εαν τε γαρ οξ. τελευτησουσιν, και ατιμον . αυτω ℵ^(c a)) | εαν τε]+γαρ A | ουκ εχουσιν] ουχ εξουσιν ℵA   IV 1 κρεισσων]+γαρ ℵ* (improb γαρ ℵ^(c a)) | ατεκνεια B* (-νια B^b)   2 μιμουνται] τιμωσιν A | στεφανηφορουσα πομπευει] στεφανηφορους| αποπεμπει A* (-ρου|-σαποπ. A?)   3 μοχευματων ℵ* (μοσχ. ℵ^(c a)) | εδρασσει A   4 καν] και ℵ* (καν ℵ^(c a)) | αδοις A* (κλαδ. A^(a?)) | βεβηκοτα] βεβιωκοτα ℵ* (βεβηκ. ℵ^(c a))
5 περικλασθησονται]+αυτων ℵ* (improb αυτ. ℵ^(c a)) | ατελεστατοι A   7 τελευτησαι] incep ε ℵ* (improb ε ℵ^(c a))   9 ανθρωποις] pr εν ℵ^(c a)   10 τω θεω] om τω B^(ab)A

ΣΟΦΙΑ ΣΑΛΩΜΩΝΟΣ

B ¹¹ἡρπάγη, μὴ κακία ἀλλάξῃ σύνεσιν αὐτοῦ,
ἢ δόλος ἀπατήσῃ ψυχὴν αὐτοῦ
¹²βασκανία γὰρ φαυλότητος ἀμαυροῖ τὰ καλά,
καὶ ῥεμβασμὸς ἐπιθυμίας μεταλλεύει νοῦν ἄκακον.
¹³τελειωθεὶς ἐν ὀλίγῳ ἐπλήρωσεν χρόνους μακρούς·
¹⁴ἀρεστὴ γὰρ ἦν Κυρίῳ ἡ ψυχὴ αὐτοῦ,
διὰ τοῦτο ἔσπευσεν ἐκ μέσου πονηρίας.
οἱ δὲ λαοὶ ἰδόντες καὶ μὴ νοήσαντες,
μηδὲ θέντες ἐπὶ διανοίᾳ τὸ τοιοῦτο,
¹⁵ὅτι χάρις καὶ ἔλεος ἐν τοῖς ἐκλεκτοῖς αὐτοῦ
καὶ ἐπισκοπὴ ἐν τοῖς ὁσίοις αὐτοῦ.
¹⁶κατακρινεῖ δὲ δίκαιος καμὼν τοὺς ζῶντας ἀσεβεῖς,
καὶ νεότης τελεσθεῖσα ταχέως πολυετὲς γῆρας ἀδίκου.
¹⁷ὄψονται γὰρ τελευτὴν σοφοῦ,
καὶ οὐ νοήσουσιν τί ἐβουλεύσατο περὶ αὐτοῦ,
καὶ εἰς τί ἠσφαλίσατο αὐτὸν ὁ κύριος·
¹⁸ὄψονται καὶ ἐξουθενήσουσιν,
αὐτοὺς δὲ ὁ κύριος ἐκγελάσεται·
¹⁹καὶ ἔσονται μετὰ τοῦτο εἰς πτῶμα ἄτιμον
καὶ εἰς ὕβριν ἐν νεκροῖς δι᾽ αἰῶνος.
ὅτι ῥήξει αὐτοὺς ἀφώνους πρηνεῖς,
καὶ σαλεύσει αὐτοὺς ἐκ θεμελίων·
καὶ ἕως ἐσχάτου χερσωθήσονται,
καὶ ἔσονται ἐν ὀδύνῃ,
καὶ ἡ μνήμη αὐτῶν ἀπολεῖται.
²⁰ἐλεύσονται ἐν συλλογισμῷ ἁμαρτημάτων αὐτῶν δειλοί,
καὶ ἐλέγξει αὐτοὺς ἐξ ἐναντίας τὰ ἀνομήματα αὐτῶν.

¹Τότε στήσεται ἐν παρρησίᾳ πολλῇ ὁ δίκαιος   V
κατὰ πρόσωπον τῶν θλιψάντων αὐτὸν

ℵA 11 κακια] pr η ℵ | om αυτου 1°ℵ*(hab ℵ^(c a)) | απατησει ℵ   12 βασκανεια B^b | μεταλλευει] adnot ἀνασκάπτει ἐξορύσσει B^(a mg inf)   14 ην] εν ℵ* (revoc ην ℵ^(c a)) | πονηρειας B* (-ριας B^b) | λαοι] αλλοι A* (λα sup ras A^a) | ειδοντες ℵ   15 om εν 1° ℵ | εκλεκτοις] οσιοις A | οσιοις] εκλεκτοις A   16 καμων B*^bℵ] θανων B^(b?c)A | νεοτητος A | om ταχεως ℵ* (hab ℵ^(c a))   17 ησφαλισα ℵ   18 οψονται]+αυτον ℵ* (improb αυτ ℵ¹) + γαρ ℵ^(c a) | εξουθενησουσιν]+αυτους ℵ* (om αιτους ℵ^(c a))   19 om δι A | πρηνεις (πρηνις ℵ* -νεις ℵ^(c c) πριννεις A*^(vid) ras ν 2° A')]+(nisi potius adnot) επι προσωπον B^(a mg) | εσχατων A   20 δειλοι] δηλοι ℵ^(c a)

ΣΟΦΙΑ ΣΑΛΩΜΩΝΟΣ

καὶ τῶν ἀθετούντων τοὺς πόνους αὐτοῦ.
2 ²ἰδόντες ταραχθήσονται φόβῳ δεινῷ,
καὶ ἐκστήσονται ἐπὶ τῷ παραδόξῳ τῆς σωτηρίας·
3 ³ἐροῦσιν ἐν ἑαυτοῖς μετανοοῦντες,
καὶ διὰ στενοχωρίαν πνεύματος στενάξονται
Οὗτος ἦν ὃν ἔσχομέν ποτε εἰς γέλωτα
4 καὶ εἰς παραβολὴν ὀνειδισμοῦ, ⁴οἱ ἄφρονες·
τὸν βίον αὐτοῦ ἐλογισάμεθα μανίαν
καὶ τὴν τελευτὴν αὐτοῦ ἄτιμον·
5 ⁵πῶς κατελογίσθη ἐν υἱοῖς θεοῦ,
καὶ ἐν ἁγίοις ὁ κλῆρος αὐτοῦ ἐστιν;
6 ⁶ἄρα ἐπλανήθημεν ἀπὸ ὁδοῦ ἀληθείας,
καὶ τὸ τῆς δικαιοσύνης φῶς οὐκ ἔλαμψεν ἡμῖν,
καὶ ὁ ἥλιος οὐκ ἀνέτειλεν ἡμῖν·
7 ⁷ἀνομίας ἐνεπλήσθημεν τρίβοις καὶ ἀπωλείας,
καὶ διωδεύσαμεν ἐρήμους ἀβάτους,
τὴν δὲ ὁδὸν Κυρίου οὐκ ἔγνωμεν.
8 ⁸τί ὠφέλησεν ἡμᾶς ἡ ὑπερηφανία,
καὶ τί πλοῦτος μετὰ ἀλαζονίας συμβέβληται ἡμῖν;
9 ⁹παρῆλθεν ἐκεῖνα πάντα ὡς σκιὰ
καὶ ὡς ἀγγελία παρατρέχουσα·
10 ¹⁰ὡς ναῦς διερχομένη κυμαινόμενον ὕδωρ,
ἧς διαβάσης οὐκ ἔστιν ἴχνος εὑρεῖν,
οὐδὲ ἀτραπὸν τρόπιος αὐτῆς ἐν κύμασιν·
11 ¹¹ἢ ὡς ὀρνέου διιπτάντος ἀέρα
οὐθὲν εὑρίσκεται τεκμήριον πορείας,
πληγῇ δὲ μαστιζόμενον ταρσῶν πνεῦμα κοῦφον
καὶ σχιζόμενον βίᾳ ῥοίζου,
κινουμένων πτερύγων διωδεύθη,
καὶ μετὰ τοῦτο οὐχ εὑρέθη σημεῖον ἐπιβάσεως ἐν αὐτῷ·
12 ¹²ἢ ὡς βέλους βληθέντος ἐπὶ σκοπὸν

V 2 σωτηριας]+αυτου א   3 ερουσιν] pr και A | om εν א* (hab א^(c a)) | אA στεναξονται] στεναξουσι א +οι και ερουσιν א* +και ερουσιν א^(c a) A   4 ατιμιαν א* (-μον א^(c a))   6 αληθιας אA | ελαμψεν] επελαμψεν א | ημιν 1°] pr εν A   7 απωλιας א | διωδευσαμεν] ωδευσαμεν A | εγνωμεν] επεγνωμεν א   8 και] η A | αλαζονειας B^(ab) | συνβεβληται B^(ab)   9 αγγελεια B* (-λια B^b)   10 ως] pr η א^(c a) | τροπιος (-πιας א* -πεως א^(c a) A)] τριβων B^b   11 διιπταντος B^(ab)אA | πορειας] πονηριας א* (πορια̣ς א^(c a)) | ταρσων μαστιζομενον B^aאA | εν αυτω] αυτου א* (εν αυτ. א^(c a))

ΣΟΦΙΑ ΣΑΛΩΜΩΝΟΣ

τμηθεὶς ὁ ἀὴρ εὐθέως εἰς ἑαυτὸν ἀνελύθη,
ὡς ἀγνοῆσαι τὴν δίοδον αὐτοῦ·
¹³οὕτως καὶ ἡμεῖς γενηθέντες ἐξελίπομεν,
καὶ ἀρετῆς μὲν σημεῖον οὐδὲν ἔσχομεν δεῖξαι,
ἐν δὲ τῇ κακίᾳ ἡμῶν κατεδαπανήθημεν.
¹⁴ὅτι ἐλπὶς ἀσεβοῦς ὡς φερόμενος χνοῦς ὑπὸ ἀνέμου,
καὶ ὡς πάχνη ὑπὸ λαίλαπος διωχθεῖσα λεπτή,
καὶ ὡς καπνὸς ὑπὸ ἀνέμου διεχύθη,
καὶ ὡς μνεία καταλύτου μονοημέρου παρώδευσεν.
¹⁵δίκαιοι δὲ εἰς τὸν αἰῶνα ζῶσιν,
καὶ ἐν Κυρίῳ ὁ μισθὸς αὐτῶν,
καὶ ἡ φροντὶς αὐτῶν παρὰ Ὑψίστῳ
¹⁶διὰ τοῦτο λήμψονται τὸ βασίλειον τῆς εὐπρεπείας
καὶ τὸ διάδημα τοῦ κάλλους ἐκ χειρὸς Κυρίου,
ὅτι τῇ δεξιᾷ σκεπάσει αὐτούς,
καὶ τῷ βραχίονι ὑπερασπιεῖ αὐτῶν.
¹⁷λήμψεται πανοπλίαν τὸν ζῆλον αὐτοῦ,
καὶ ὁπλοποιήσει τὴν κτίσιν εἰς ἄμυναν ἐχθρῶν·
¹⁸ἐνδύσεται θώρακα δικαιοσύνην,
καὶ περιθήσεται κόρυθα κρίσιν ἀνυπόκριτον·
¹⁹λήμψεται ἀσπίδα ἀκαταμάχητον ὁσιότητα,
²⁰ὀξυνεῖ δὲ ἀπότομον ὀργὴν εἰς ῥομφαίαν,
συνεκπολεμήσει δὲ αὐτῷ ὁ κόσμος ἐπὶ τοὺς παράφρονας
²¹πορεύσονται εὔστοχοι βολίδες ἀστραπῶν,
καὶ ὡς ἀπὸ εὐκύκλου τόξου τῶν νεφῶν ἐπὶ σκοπὸν
  ἁλοῦνται, .
²²καὶ ἐκ πετροβόλου θυμοῦ πλήρεις ῥιφήσονται χάλαζαι·
ἀγανακτήσει κατ' αὐτῶν ὕδωρ θαλάσσης,
ποταμοὶ δὲ συνκλύσουσιν ἀποτόμως·
²³ἀντιστήσεται αὐτοῖς πνεῦμα δυνάμεως,
καὶ ὡς λαῖλαψ ἐκλικμήσει αὐτούς·

ℵA 12 διοδον] οδον ℵ* (διοδ ℵ^{c a})   13 γεννηθεντες ℵA | εξελειπομεν A
14 και ως μνεια] ως μνιαν ℵ* η ως μνια ℵ^{c a} | μονημερου ℵ | παρωδευσεν] διωδευσεν ℵ* (παρωδ. ℵ^{c a})   16 ευπρεπιας ℵ | τη δεξια] δεξια κ̄ῑ ℵ | υπερασπιει] υπερασπισει ℵ* (-πιει ℵ^{c a}) | αυτων] αυτου ℵ* (-των ℵ^{c a})   17 το ζηλος ℵ* (τον ζηλον ℵ^{c a}) | οπλοποιησει] οδοποιησει ℵ* (οπλ ℵ^{c a})   18 δικαιοσυνης ℵ   20 συνπολεμησει ℵ | om δε 2° A   21 νεφων] νεφελων ℵ
22 om και ℵ* (hab ℵ^{c a}) | πληρης ℵ | δε] τε ℵ* (δε ℵ^{c a}) | συγκλυσουσιν B^{ab} συνκλυουσιν A   23 εκλιμμησει A

ΣΟΦΙΑ ΣΑΛΩΜΩΝΟΣ

καὶ ἐρημώσει πᾶσα τὴν γῆν ἀνομία,
καὶ ἡ κακοπραγία περιτρέψει θρόνους δυναστῶν.

VI (2) 1 ¹Ἀκούσατε οὖν, βασιλεῖς, καὶ σύνετε·
μάθετε, δικασταὶ περάτων γῆς·
(3) 2 ²ἐνωτίσασθε, οἱ κρατοῦντες πλήθους
καὶ γεγαυρωμένοι ἐπὶ ὄχλοις ἐθνῶν.
(4) 3 ³ὅτι ἐδόθη παρὰ τοῦ κυρίου ἡ κράτησις ὑμῖν,
καὶ ἡ δυναστεία παρὰ Ὑψίστου,
ὃς ἐξετάσει ὑμῶν τὰ ἔργα καὶ τὰς βουλὰς διερευνήσει·
(5) 4 ⁴ὅτι ὑπηρέται ὄντες τῆς αὐτοῦ βασιλείας οὐκ ἐκρίνατε ὀρθῶς,
οὐδὲ ἐφυλάξατε νόμον,
οὐδὲ κατὰ τὴν βουλὴν τοῦ θεοῦ ἐπορεύθητε.
(6) 5 ⁵φρικτῶς καὶ ταχέως ἐπιστήσεται ὑμῖν,
ὅτι κρίσις ἀπότομος ἐν τοῖς ὑπερέχουσιν γίνεται.
(7) 6 ⁶ὁ γὰρ ἐλάχιστος συγγνωστός ἐστιν ἐλέους,
δυνατοὶ δὲ δυνατῶς ἐτασθήσονται·
(8) 7 ⁷οὐ γὰρ ὑποστελεῖται πρόσωπον ὁ πάντων δεσπότης,
οὐδὲ ἐντραπήσεται μέγεθος·
ὅτι μικρὸν καὶ μέγαν αὐτὸς ἐποίησεν,
ὁμοίως τε προνοεῖ περὶ πάντων·
(9) 8 ⁸τοῖς δὲ κραταιοῖς ἰσχυρὰ ἐφίσταται ἔραυνα.
(10) 9 ⁹πρὸς ὑμᾶς οὖν, ὦ τύραννοι, οἱ λόγοι μου,
ἵνα μάθητε σοφίαν καὶ μὴ παραπέσητε.
(11) 10 ¹⁰οἱ γὰρ φυλάξαντες ὁσίως τὰ ὅσια ὁσιωθήσονται,
καὶ οἱ διδαχθέντες αὐτὰ εὑρήσουσιν ἀπολογίαν.
(12) 11 ¹¹ἐπιθυμήσατε οὖν τῶν λόγων μου,
ποθήσατε καὶ παιδευθήσεσθε.

(13) 12 ¹²Λαμπρὰ καὶ ἀμάραντός ἐστιν ἡ σοφία,
καὶ εὐχερῶς θεωρεῖται ὑπὸ τῶν ἀγαπώντων αὐτήν·

---

23 πασαν B^ab ℵ A | κακοπραγεια B*A (-για B^b ℵ)   VI 1 βασιλευς ℵ* ℵA (-λεις ℵ^c a(vid) c c)   2 οχλους ℵ* (-λοις ℵ^c a)   3 του κυριου] om του A | δυναστια ℵΛ | εξετασει] εξεται ℵ | διερευνησει (διερευν. B^ab A)] εξεραυνησει ℵ* (εξερευν. ℵ^c c)   5 υπερεχουσι ℵ   6 συγγνωστος] ευγνωστος ℵ* συγν. (sic) ℵ^c a A | ελεου A   7 προνοειται ℵ   8 επισταται Β | ερευνα B^ab ℵ A   10 τα οσια οσιως ℵ* (οσιως τα οσια ℵ^c a)   12 αυτην]+ και ευρισκεται υπο των ζητουντων αυτην B^al. mg ℵA

ΣΟΦΙΑ ΣΑΛΩΜΩΝΟΣ

B ¹³φθάνει τοὺς ἐπιθυμοῦντας προγνωσθῆναι. 13 (14)
¹⁴ὁ ὀρθρίσας ἐπ' αὐτὴν οὐ κοπιάσει, 14 (15)
πάρεδρον γὰρ εὑρήσει τῶν πυλῶν αὐτοῦ.
¹⁵τὸ γὰρ ἐνθυμηθῆναι περὶ αὐτῆς φρονήσεως τελειότης, 15 (16)
καὶ ὁ ἀγρυπνήσας δι' αὐτὴν ταχέως ἀμέριμνος ἔσται·
¹⁶ὅτι τοὺς ἀξίους αὐτῆς αὕτη περιέρχεται ζητοῦσα, 16 (17)
καὶ ἐν ταῖς τρίβοις φαντάζεται αὐτοῖς εὐμενῶς,
καὶ ἐν πάσῃ ἐπινοίᾳ ὑπαντᾷ αὐτοῖς.
¹⁷ἀρχὴ γὰρ αὐτῆς ἡ ἀληθεστάτη παιδείας ἐπιθυμία, 17 (18)
¹⁸φροντὶς δὲ παιδείας ἀγάπη, 18 (19)
ἀγάπη δὲ τήρησις νόμων αὐτῆς,
προσοχὴ δὲ νόμων βεβαίωσις ἀφθαρσίας,
¹⁹ἀφθαρσία δὲ ἐγγὺς εἶναι ποιεῖ θεοῦ· 19 (20)
²⁰ἐπιθυμία ἄρα σοφίας ἀνάγει ἐπὶ βασιλείαν. 20 (21)
²¹εἰ οὖν ἥδεσθε ἐπὶ θρόνοις καὶ σκήπτροις, τύραννοι λαῶν, 21 (22)
τιμήσατε σοφίαν, ἵνα εἰς τὸν αἰῶνα βασιλεύσητε.
²²τί δέ ἐστιν σοφία καὶ πῶς ἐγένετο ἀπαγγελῶ, 22 (24)
καὶ οὐκ ἀποκρύψω ὑμῖν μυστήρια,
ἀλλὰ ἀπ' ἀρχῆς γενέσεως ἐξιχνιάσω
καὶ θήσω εἰς τὸ ἐμφανὲς τὴν γνῶσιν αὐτῆς,
καὶ οὐ μὴ παροδεύσω τὴν ἀλήθειαν·
²³οὔτε μὴν φθόνῳ τετηκότι συνοδεύσω, 23 (25)
ὅτι οὗτος οὐ κοινωνήσει σοφίᾳ.
²⁴πλῆθος δὲ σοφῶν σωτηρία κόσμου, 24 (26)
καὶ βασιλεὺς φρόνιμος εὐσταθία δήμου.
²⁵ὥστε παιδεύεσθε τοῖς ῥήμασίν μου, καὶ ὠφεληθήσεσθε. 25 (27)

¹Εἰμὶ μὲν κἀγὼ θνητὸς ἴσος ἅπασιν, 1 VII
καὶ γηγενοῦς ἀπόγονος πρωτοπλάστου·
καὶ ἐν κοιλίᾳ μητρὸς ἐγλύφην σάρξ

ℵA 13 επιθυμουντας]+αυτην ℵ   14 επ] προς A | πυλων] πλουτων ℵ* (πυλ. ℵᶜᵃ)   15 περι αυτης ενθυμηθηναι ℵ   16 om αυτη ℵ | υπαντα] απαντα ℵA   17 η αληθ] η ras et 1am antea improb ℵ? | παιδιας ℵ (item 18, ℵA)   18 αγαπη 1°] επιθυμια ℵ* (αγ. ℵ¹) | τηρησεις ℵ | αφθαρσια ℵ* (-σιας ℵᶜᵃ)   20 επιθυμιας ℵ* (-μια ℵᶜᵃ) | αρα] γαρ ℵ pr γ A* | om σοφιας ℵ* (hab ℵᶜᵃ) | αναγει] αναιρει ℵ* (αναγ. ℵᶜᵃ)   22 τις ℵ* (τι ℵᶜᵃ) | αποκρυψω] απογρ. (nisi αποπρ) ℵ* (αποκρ. ℵᶜᵃ)   23 κοινωνει A   24 ευσταθεια A   VII 1 θνητος]+ανος (superscr) Bᵃᵇ A | απογονον ℵ* (·νος ℵᶜᵃ)

ΣΟΦΙΑ ΣΑΛΩΜΩΝΟΣ

²δεκαμηνιαίῳ χρόνῳ, παγεὶς ἐν αἵματι
ἐκ σπέρματος ἀνδρὸς καὶ ἡδονῆς ὕπνῳ συνελθούσης·
³καὶ ἐγὼ δὲ γενόμενος ἔσπασα τὸν κοινὸν ἀέρα,
καὶ ἐπὶ τὴν ὁμοιοπαθῆ κατέπεσον γῆν,
πρώτην φωνὴν τὴν ὁμοίαν πᾶσιν ἴσα κλαίων·
⁴ἐν σπαργάνοις ἀνετράφην καὶ ἐν φροντίσιν.
⁵οὐδεὶς γὰρ βασιλεὺς ἑτέραν ἔσχεν γενέσεως ἀρχήν·
⁶μία δὲ πάντων εἴσοδος εἰς τὸν βίον ἔξοδός τε ἴση.
⁷διὰ τοῦτο εὐξάμην, καὶ φρόνησις ἐδόθη μοι·
ἐπεκαλεσάμην, καὶ ἦλθέν μοι πνεῦμα σοφίας.
⁸προέκρινα αὐτὴν σκήπτρων καὶ θρόνων,
καὶ πλοῦτον οὐδὲν ἡγησάμην ἐν συγκρίσει αὐτῆς·
⁹οὐδὲ ὡμοίωσα αὐτῇ λίθον ἀτίμητον,
ὅτι ὁ πᾶς χρυσὸς ἐν ὄψει αὐτῆς ψάμμος ὀλίγη,
καὶ ὡς πηλὸς λογισθήσεται ἄργυρος ἐναντίον αὐτῆς·
¹⁰ὑπὲρ ὑγείαν καὶ εὐμορφίαν ἠγάπησα αὐτήν,
καὶ προειλόμην αὐτὴν ἀντὶ φωτὸς ἔχειν,
ὅτι ἀκοίμητον τὸ ἐκ ταύτης φέγγος.
¹¹ἦλθεν δέ μοι τὰ ἀγαθὰ ὁμοῦ πάντα μετ' αὐτῆς,
καὶ ἀναρίθμητος πλοῦτος ἐν ταῖς χερσὶν αὐτῆς·
¹²εὐφράνθην δὲ ἐπὶ πάντων, ὅτι αὐτῶν ἡγεῖται σοφία,
ἠγνόουν δὲ αὐτὴν γένεσιν εἶναι τούτων.
¹³ἀδόλως τε ἔμαθον, ἀφθόνως τε μεταδίδωμι,
τὸν πλοῦτον αὐτῆς οὐκ ἀποκρύπτομαι
¹⁴ἀνεκλιπὴς γὰρ θησαυρός ἐστιν ἀνθρώποις,
ὃν οἱ χρησάμενοι πρὸς θεὸν ἐστείλαντο φιλίαν,
διὰ τὰς ἐκ παιδείας δωρεὰς συσταθέντες.
¹⁵ἐμοὶ δὲ δῴη ὁ θεὸς εἰπεῖν κατὰ γνώμην
καὶ ἐνθυμηθῆναι ἀξίως τῶν δεδομένων,
ὅτι αὐτὸς καὶ τῆς σοφίας ὁδηγός ἐστιν
καὶ τῶν σοφῶν διορθωτής.

2 υπνου ℵ   3 κατεπεσα ℵ | πασιν] απασι ℵ | om ισα ℵ   4 ανε- ℵA στραφην A | om εν 2° ℵA   5 βασιλεων A   6 βιον] κοσμον ℵ
7 ηυξαμην ℵA   9 αυτη] αυτην A | ψαμμος] pr ως ℵ^{c a}   10 υγειαν (-γιαν B*ℵ)] υγιειαν B^{a?b}A | προειλαμην A   11 αγαθα] αγα ℵ* + θα ℵ^{c?} iam ante c a mg | ταις χερσιν] om ταις B^{ab}A χειρι ℵ   12 ηυφραθην A | παντων] πασιν ℵA | ηγνοουν] ηγνωων ℵ^{c a vid} (postea ras ω) | γενεσιν] γενετιν A   13 τε 1°] δε ℵ | αφθονως τε] φθονως τε sup ras A^a   14 εστιν θησαυρος ℵ | χρησαμενοι] κτησαμενοι ℵ^{c a vid} (superscr κ) A | παιδιας ℵA   15 δεδομενων] λεγομενων ℵA

ΣΟΦΙΑ ΣΑΛΩΜΩΝΟΣ

¹⁶ἐν γὰρ χειρὶ αὐτοῦ καὶ ἡμεῖς καὶ οἱ λόγοι ἡμῶν,
πᾶσά τε φρόνησις καὶ ἐργατειῶν ἐπιστήμη.
¹⁷αὐτὸς γάρ μοι ἔδωκεν τῶν ὄντων γνῶσιν ἀψευδῆ,
εἰδέναι σύστασιν κόσμου καὶ ἐνέργειαν στοιχείων,
¹⁸ἀρχὴν καὶ τέλος καὶ μεσότητα χρόνων,
τροπῶν ἀλλαγὰς καὶ μεταβολὰς καιρῶν,
¹⁹ἐνιαυτῶν κύκλους καὶ ἀστέρων θέσεις,
²⁰φύσεις ζώων καὶ θυμοὺς θηρίων,
πνευμάτων βίας καὶ διαλογισμοὺς ἀνθρώπων,
διαφορὰς φυτῶν καὶ δυνάμεις ῥιζῶν.
²¹ὅσα τέ ἐστιν κρυπτὰ καὶ ἐμφανῆ ἔγνων
²²ἡ γὰρ πάντων τεχνῖτις ἐδίδαξέν με σοφία.

(²²)Ἔστιν γὰρ ἐν αὐτῇ πνεῦμα νοερόν, ἅγιον,
μονογενές, πολυμερές, λεπτόν,
εὐκίνητον, τρανόν, ἀμόλυντον,
σαφές, ἀπήμαντον, φιλάγαθον, ὀξύ,
ἀκώλυτον, εὐεργετικόν, ²³φιλάνθρωπον,
βέβαιον, ἀσφαλές, ἀμέριμνον,
παντοδύναμον, πανεπίσκοπον,
καὶ διὰ πάντων χωροῦν πνευμάτων
νοερῶν καθαρῶν λεπτοτάτων.
²⁴πάσης γὰρ κινήσεως κινητικώτερον σοφία,
διήκει δὲ καὶ χωρεῖ διὰ πάντων διὰ τὴν καθαρότητα.
²⁵ἀτμὶς γάρ ἐστιν τῆς τοῦ θεοῦ δυνάμεως,
καὶ ἀπόρροια τῆς τοῦ παντοκράτορος δόξης εἰλικρινής
διὰ τοῦτο οὐδὲν μεμιαμμένον εἰς αὐτὴν παρεμπίπτει.
²⁶ἀπαύγασμα γάρ ἐστιν φωτὸς ἀιδίου,
καὶ ἔσοπτρον ἀκηλίδωτον τῆς τοῦ θεοῦ ἐνεργείας,
καὶ εἰκὼν τῆς ἀγαθότητος αὐτοῦ.
²⁷μία δὲ οὖσα πάντα δύναται,
καὶ μένουσα ἐν αὑτῇ τὰ πάντα καινίζει,

ℵA 16 εργατιων ℵA 17 ενεργιαν ℵ 19 ενιαυτου ℵ* (-των ℵᶜ ᵃ) A |
κυκλου ℵ* (-κλους ℵᶜ ᵃ) | αστρων ℵ* (-τερων ℵᶜ ᵃ) | θεσις ℵA 20 φυσις
BℵA | θυμους] νομους ℵ* (revoc θυμ. ℵᶜ ᵃ) | θηριων] pr και ℵ (improb και
ℵᵇ) 22 η rescr A¹ | om εν A | ευεργετον ℵ* (-τικον ℵᶜ ᵃ) 23 παντε-
πισκοπον ℵ ᵃˑᶜA 24 καθαριοτητα ℵ* (ras ι ℵᵇ) 25 εστι ℵ |
απορροια ℵ* (απορρ. ℵᶜ ᵃ) | ειλικρινης] ιλικρινειας A 26 ενεργιας ℵ
27 αυτη] εαυτη A | τα παντα] om τα A

ΣΟΦΙΑ ΣΑΛΩΜΩΝΟΣ

καὶ κατὰ γενεὰς εἰς ψυχὰς ὁσίας μεταβαίνουσα
φίλους θεοῦ καὶ προφήτας κατασκευάζει·
23 ²⁸οὐθὲν γὰρ ἀγαπᾷ ὁ θεὸς εἰ μὴ τὸν σοφίᾳ συνοικοῦντα.
29 ²⁹ἔστιν γὰρ αὕτη εὐπρεπεστέρα ἡλίου,
καὶ ὑπὲρ πᾶσαν ἄστρων θέσιν.
φωτὶ συγκρινομένη εὑρίσκεται προτέρα·
30 ³⁰τοῦτο μὲν γὰρ διαδέχεται νύξ,
σοφίας δὲ οὐκ ἀντισχύει κακία

VIII 1 ¹διατείνει δὲ ἀπὸ πέρατος εἰς πέρας εὐρώστως,
καὶ διοικεῖ τὰ πάντα χρηστῶς.

2 ²Ταύτην ἐφίλησα καὶ ἐξεζήτησα ἐκ νεότητός μου,
καὶ ἐζήτησα νύμφην ἀγαγέσθαι ἐμαυτῷ,
καὶ ἐραστὴς ἐγενόμην τοῦ κάλλους αὐτῆς.
3 ³εὐγένειαν δοξάζει συμβίωσιν θεοῦ ἔχουσα,
καὶ ὁ πάντων δεσπότης ἠγάπησεν αὐτήν·
4 ⁴μύστις γάρ ἐστιν τῆς τοῦ θεοῦ ἐπιστήμης,
καὶ αἱρετὶς τῶν ἔργων αὐτοῦ.
5 ⁵εἰ δὲ πλοῦτός ἐστιν ἐπιθυμητὸν κτῆμα ἐν βίῳ,
τί σοφίας πλουσιώτερον τῆς τὰ πάντα ⁵ἐργαζομένης;
6 ⁶εἰ δὲ φρόνησις ἐργάζεται,
τίς αὐτῆς τῶν ὄντων μᾶλλόν ἐστιν τεχνῖτις,
7 ⁷καὶ εἰ δικαιοσύνην ἀγαπᾷ τις,
οἱ πόνοι ταύτης εἰσὶν ἀρεταί·
σωφροσύνην γὰρ καὶ φρόνησιν ἐκδιδάσκει,
δικαιοσύνην καὶ ἀνδρείαν,
ὧν χρησιμώτερον οὐδέν ἐστιν ἐν βίῳ ἀνθρώποις.
8 ⁸εἰ δὲ καὶ πολυπειρίαν ποθεῖ τις,
οἶδεν τὰ ἀρχαῖα καὶ τὰ μέλλοντα εἰκάζειν,
ἐπίσταται στροφὰς λόγων καὶ λύσεις αἰνιγμάτων,
σημεῖα καὶ τέρατα προγινώσκει

27 προσφητας ℵ* (προφ. ℵ¹)   28 ουθεν] ουδεν ℵA | ο θ̄ς̄ αγαπα A | ο ℵAC θεος] θ̄ο̄ς̄ ℵᶜᶜ (postea revoc ut vid ο θ̄ς̄)   29 ευπρεπεστερα ℵ* (ρ 2° improb mox ras ℵ') | αστρων] αστερων A | συγκρινομενη BᵃᵇA   30 σοφιας] σοφια ℵ* (-φιας ℵᶜᵃ) σοφιαν A | ουκ αντισχυει] ου κατισχυει ℵA (-σχυι) VIII 1 εις BA*] επι ℵAᵃ | διοικειται A   3 ευγενιαν ℵ   5 πλουσιωτερον] τιμιωτερον ℵ | εργαζομενης] περιεργαζ ℵ* (περι improb ℵ¹ˀᶜᵃ⁽ᵛⁱᵈ⁾) incip |ζομενης C   6 τεχνιτης AC   7 σωφροσυνης A | ανδριαν ℵAC   8 πολυπειριαν BᵇℵC (-ρειαν B*)] πολυπειραν A | οιδε ℵ* (-δεν ℵᶜᵃ) | εικαζει ℵ? (ras ν) A | λυσις B*ℵAC (-σεις Bᵃᵇ)

VIII 9 ΣΟΦΙΑ ΣΑΛΩΜΩΝΟΣ

B   καὶ ἐκβάσεις καιρῶν καὶ χρόνων.
⁹ἔκρινα τοίνυν ταύτην ἀγαγέσθαι πρὸς συμβίωσιν,   9
    εἰδὼς ὅτι ἔσται μοι σύμβουλος ἀγαθῶν,
    καὶ παραίνεσις φροντίδων καὶ λύπης.
¹⁰ἕξω δι' αὐτὴν δόξαν ἐν ὄχλοις,   10
    καὶ τιμὴν παρὰ πρεσβυτέροις ὁ νέος·
¹¹ὀξὺς εὑρεθήσομαι ἐν κρίσει,   11
    καὶ ἐν ὄψει δυναστῶν θαυμασθήσομαι·
¹²σιγῶντά με περιμενοῦσιν, καὶ φθεγγομένῳ προσέξουσιν,   12
    καὶ λαλοῦντος ἐπὶ πλεῖον
    χεῖρα ἐπιθήσουσιν ἐπὶ στόμα αὐτῶν.
¹³ἕξω δι' αὐτὴν ἀθανασίαν,   13
    καὶ μνήμην αἰώνιον τοῖς μετ' ἐμὲ ἀπολείψω.
¹⁴διοικήσω λαούς, καὶ ἔθνη ὑποταγήσεταί μοι·   14
¹⁵φοβηθήσονταί με ἀκούσαντες τύραννοι φρικτοί,   15
    ἐν πλήθει φανοῦμαι ἀγαθὸς καὶ ἐν πολέμῳ ἀνδρεῖος.
¹⁶εἰσελθὼν εἰς τὸν οἶκόν μου προσαναπαύσομαι αὐτῇ·   16
    οὐ γὰρ ἔχει πικρίαν ἡ συναναστροφὴ αὐτῆς,
    οὐδὲ ὀδύνην ἡ συμβίωσις αὐτῆς,
    ἀλλὰ εὐφροσύνην καὶ χαράν.
¹⁷ταῦτα λογισάμενος ἐν ἐμαυτῷ   17
    καὶ φροντίσας ἐν καρδίᾳ μου
    ὅτι ἔστιν ἀθανασία ἐν συγγενείᾳ σοφίας,
¹⁸καὶ ἐν φιλίᾳ αὐτῆς τέρψις ἀγαθή,   18
    καὶ ἐν πόνοις χειρῶν αὐτῆς πλοῦτος ἀνεκλιπής,
    καὶ ἐν συνγυμνασίᾳ ὁμιλίας αὐτῆς φρόνησις,
    καὶ εὔκλεια ἐν κοινωνίᾳ λόγων αὐτῆς,
    περιῄειν ζητῶν ὅπως λάβω αὐτὴν εἰς ἐμαυτόν.
¹⁹παῖς δὲ ἤμην εὐφυής,   19
    ψυχῆς τε ἔλαχον ἀγαθῆς,

ℵAC   9 αγαγεσθαι ταυτην A | om αγαγεσθαι C | συνβουλος C   10 οχλω C
12 χειρα] χειρας ℵ χειρα δε C | στομα] pr το ℵ* (om το ℵ^{c a})   13 αθα-
νασιαν]+ [και τιμην παρα . (evan 12 fere litt quae seq leg fort [του παντο-
κρα]τορος) C | απολειψω] καταλιψω C   14 υποταγησονται ℵ^{c a}   15 φανου-
μαι] φανησομαι C   16 συνβιωσις C   17 αθανασια εστιν B^a ℵAC | εν
συγγενεια (σιγγενια ℵA συνγενια C)] om εν ℵ* (hab ℵ^{c a})   18 φιλιαυτης
A | τερψις] τρεψις C | αγαθη] γαθη sup ras A^a | πλουτος] τερψις ℵ* (πλ.
ℵ^{c a}) | ανεκλειπης A | συνγυμνασια (συγγ. B^{ab})] γυμνασια C | ομιλια A |
φρονησεις A | ευκλεια] ευκλεης AC | λαβω] αγαγω ℵ

618

ΣΟΦΙΑ ΣΑΛΩΜΩΝΟΣ

20 ²⁰μᾶλλον δὲ ἀγαθὸς ὢν ἦλθον εἰς σῶμα ἀμίαντον.
21 ²¹γνοὺς δὲ ὅτι οὐκ ἄλλως ἔσομαι ἐγκρατὴς ἐὰν μὴ ὁ θεὸς δῷ,
καὶ τοῦτο δ' ἦν φρονήσεως τὸ εἰδέναι τίνος ἡ χάρις,
ἐνέτυχον τῷ κυρίῳ καὶ ἐδεήθην αὐτοῦ,
καὶ εἶπον ἐξ ὅλης τῆς καρδίας μου

IX 1 ¹Θεὲ πατέρων καὶ Κύριε τοῦ ἐλέους σου,
ὁ ποιήσας τὰ πάντα ἐν λόγῳ σου,
2 ²καὶ τῇ σοφίᾳ σου κατεσκεύασας ἄνθρωπον
ἵνα δεσπόζῃ τῶν ὑπὸ σοῦ γενομένων κτισμάτων,
3 ³καὶ διέπῃ τὸν κόσμον ἐν ὁσιότητι καὶ δικαιοσύνῃ,
καὶ ἐν εὐθύτητι ψυχῆς κρίσιν κρίνῃ·
4 ⁴δός μοι τὴν τῶν σῶν θρόνων πάρεδρον σοφίαν,
καὶ μή με ἀποδοκιμάσῃς ἐκ παίδων σου.
5 ⁵ὅτι ἐγὼ δοῦλος σὸς καὶ υἱὸς τῆς παιδίσκης σου,
ἄνθρωπος ἀσθενὴς καὶ ὀλιγοχρόνιος
καὶ ἐλάσσων ἐν συνέσει κρίσεως καὶ νόμων·
6 ⁶κἂν γάρ τις ᾖ τέλειος ἐν υἱοῖς ἀνθρώπων,
τῆς ἀπὸ σοῦ σοφίας ἀπούσης εἰς οὐδὲν λογισθήσεται.
7 ⁷σύ με προείλω βασιλέα λαοῦ σου
καὶ δικαστὴν υἱῶν σου καὶ θυγατέρων·
8 ⁸εἶπας οἰκοδομῆσαι ναὸν ἐν ὄρει ἁγίῳ σου,
καὶ ἐν πόλει κατασκηνώσεώς σου θυσιαστήριον,
μίμημα σκηνῆς ἁγίας ἣν προητοίμασας ἀπ' ἀρχῆς.
9 ⁹καὶ μετὰ σοῦ ἡ σοφία ἡ εἰδυῖα τὰ ἔργα σου,
καὶ παροῦσα ὅτε ἐποίεις τὸν κόσμον,
καὶ ἐπισταμένη τί ἀρεστὸν ἐν ὀφθαλμοῖς σου
καὶ τί εὐθὲς ἐν ἐντολαῖς σου.
10 ¹⁰ἐξαπόστειλον αὐτὴν ἐξ ἁγίων οὐρανῶν,
καὶ ἀπὸ θρόνου δόξης σου πέμψον αὐτήν·
ἵνα συμπαροῦσά μοι κοπιάσῃ,

---

21 ουκ αλλως] ου καλως AC | ενκρατης C | om εαν μη ο θεος δω C | ℵAC τουτο] το C | δ ην] δη ℵ*C δε ℵ^(c a) | φρονησεως] +εστιν C | η χαρις] om η A pr εστιν C   IX 1 om σου 1° C   2 om σου 1° C | κατασκευασας ℵA | δεσποζει C   3 κρινη] κρινι A   6 τις η] η τις C | om εις ℵ* (hab ℵ^(c a)) C | ουδεν] ουθεν AC | λογισθησονται ℵ* (-θησεται ℵ^(c a)) 7 προειλω] προειλου ℵ προσειλου C   8 οικοδομησαι] οι bis scr ℵ* (improb 1° ℵ^(c a)) οικοδομησω C | κατασκηνεσεως A | μιμμασσκηνης C   9 ιδυια ℵA ειδυεια C | εποιει C   10 συμπαρουσα B^(ab) συνπαρουσαν C | κοπιασει C

ΣΟΦΙΑ ΣΑΛΩΜΩΝΟΣ

B   καὶ γνῶ τί εὐάρεστόν ἐστιν παρὰ σοί.
¹¹οἶδε γὰρ ἐκείνη πάντα καὶ συνίει,
    καὶ ὁδηγήσει με ἐν ταῖς πράξεσί μου σωφρόνως,
    καὶ φυλάξει με ἐν τῇ δόξῃ αὐτῆς·
¹²καὶ ἔσται προσδεκτὰ τὰ ἔργα μου,
    καὶ διακρινῶ τὸν λαόν σου δικαίως,
    καὶ ἔσομαι ἄξιος θρόνων πατρός μου.
¹³τίς γὰρ ἄνθρωπος γνώσεται βουλὴν θεοῦ;
    ἢ τίς ἐνθυμηθήσεται τί θέλει ὁ κύριος;
¹⁴λογισμοὶ γὰρ θνητῶν δειλοί,
    καὶ ἐπισφαλεῖς αἱ ἐπίνοιαι ἡμῶν·
¹⁵φθαρτὸν γὰρ σῶμα βαρύνει ψυχήν,
    καὶ βρίθει τὸ γεῶδες σκῆνος νοῦν πολυφρόντιδα.
¹⁶καὶ μόλις εἰκάζομεν τὰ ἐπὶ γῆς,
    καὶ τὰ ἐν χερσὶν εὑρίσκομεν μετὰ πόνου·
    τὰ δὲ ἐν οὐρανοῖς τίς ἐξιχνίασεν;
¹⁷βουλὴν δέ σου τίς ἔγνω, εἰ μὴ σὺ ἔδωκας σοφίαν
    καὶ ἔπεμψας τὸ ἅγιόν σου πνεῦμα ἀπὸ ὑψίστων,
¹⁸καὶ οὕτως διωρθώθησαν αἱ τρίβοι τῶν ἐπὶ γῆς,
    καὶ τὰ ἀρεστά σου ἐδιδάχθησαν ἄνθρωποι,
⁽¹⁹⁾καὶ τῇ σοφίᾳ ἐσώθησαν.

¹Αὕτη πρωτόπλαστον πατέρα κόσμου
    μόνον κτισθέντα διεφύλαξεν,
    καὶ ἐξείλατο αὐτὸν ἐκ παραπτώματος ἰδίου,
²ἔδωκέν τε αὐτῷ ἰσχὺν κρατῆσαι ἁπάντων.
³ἀποστὰς δὲ ἀπ' αὐτῆς ἄδικος ἐν ὀργῇ αὐτοῦ
    ἀδελφοκτόνοις συναπώλετο θυμοῖς·
⁴δι' ὃν κατακλυζομένην γῆν πάλιν διέσωσεν σοφία,
    δι' εὐτελοῦς ξύλου τὸν δίκαιον κυβερνήσασα.

ℵAC   10 εστι A   11 οιδεν ℵ^{c a}AC | om εν 1° C | πραξεσιν ℵA | αυτης]
εαυτης ℵ* (αυτ. ℵ^{c a})   12 μου 1°] αυτου ℵ* (μ. ℵ¹) | δικαιως] σωφρονως C |
θρονων] θρονου ℵ* (-νων ℵ^{c a})   14 επισφαλεις Bℵ^{c c}A (-λις ℵ*C)] pr αι ℵ*
(improb αι ℵ¹)   15 γαιωδες A   16 μολις] μογις ℵA | χερσιν] ποσιν ℵ |
εξιχνιασε C   17 συ εδωκας] συνεδωκας C | απο υψιστων] απο υψηλω̄ ℵ*
(απο υψιστ. ℵ^{c a}) αφ υψους C   18 διορθωθησαν ℵC | των επι γης] τ. εθνων
επι της γ. C | και 2°] κ̄ε A | αριστα C | σοφια]+σου ℵ   X 1 διεφυλαξε C
2 τε] δε C | απαντων] παντων ℵAC pr απο ℵ^{c a}   4 δι ον] διο ℵ* (δι ον
ℵ^{c a}) C | διεσωσεν] εσωσεν ℵAC | om δι 2° C

ΣΟΦΙΑ ΣΑΛΩΜΩΝΟΣ   X 14

5 ⁵αὕτη καὶ ἐν ὁμονοίᾳ πονηρίας ἐθνῶν συγχυθέντων   B
   εὗρεν τὸν δίκαιον, καὶ ἐτήρησεν αὐτὸν ἄμεμπτον θεῷ,
   καὶ ἐπὶ τέκνου σπλάγχνοις ἰσχυρὸν ἐφύλαξεν.
6 ⁶αὕτη δίκαιον ἐξαπολλυμένων ἀσεβῶν ἐρρύσατο
   φυγόντα πῦρ καταβάσιον Πενταπόλεως·
7 ⁷ἧς ἔτι μαρτύριον τῆς πονηρίας
   καπνιζομένη καθέστηκε χέρσος,
   καὶ ἀτελέσιν ὥραις καρποφοροῦντα φυτά,
   ἀπιστούσης ψυχῆς μνημεῖον ἑστηκυῖα στήλη ἁλός.
8 ⁸σοφίαν γὰρ παροδεύσαντες
   οὐ μόνον ἐβλάβησαν τοῦ μὴ γνῶναι τὰ καλά,
   ἀλλὰ καὶ τῆς ἀφροσύνης ἀπέλιπον τῷ βίῳ μνημόσυνον,
   ἵνα ἐν οἷς ἐσφάλησαν μηδὲ λαθεῖν δυνηθῶσιν.
9 ⁹σοφία δὲ τοὺς θεραπεύσαντας αὐτὴν ἐκ πόνων ἐρρύσατο
10 ¹⁰αὕτη φυγάδα ὀργῆς ἀδελφοῦ δίκαιον
   ὡδήγησεν ἐν τρίβοις εὐθείαις·
   ἔδειξεν αὐτῷ βασιλείαν θεοῦ,
   καὶ ἔδωκεν αὐτῷ γνῶσιν ἁγίων·
   εὐπόρησεν αὐτὸν ἐν μόχθοις,
   καὶ ἐπλήθυνεν τοὺς πόνους αὐτοῦ·
11 ¹¹ἐν πλεονεξίᾳ κατισχυόντων αὐτὸν παρέστη,
   καὶ ἐπλούτισεν αὐτόν·
12 ¹²διεφύλαξεν αὐτὸν ἀπὸ ἐχθρῶν,
   καὶ ἀπὸ ἐνεδρευόντων ἠσφαλίσατο,
   καὶ ἀγῶνα ἰσχυρὸν ἐβράβευσεν αὐτῷ,
   ἵνα γνῷ ὅτι παντὸς δυνατωτέρα ἐστὶν εὐσέβεια
13 ¹³αὕτη πραθέντα δίκαιον οὐκ ἐγκατέλιπεν,
   ἀλλὰ ἐξ ἁμαρτίας ἐρρύσατο αὐτόν·
14 ¹⁴συνκατέβη αὐτῷ εἰς λάκκον,
   καὶ ἐν δεσμοῖς οὐκ ἀφῆκεν αὐτόν,

5 ευρεν] εγνω ℵAC | θεω] pr τω C | τεκνουσπλ. ℵ* (ras σ 1° ℵ') A ℵAC
6 ερυσατο C | φευγοντα ℵ* (φυγ ℵ^{c a}) | καταβασιον πυρ ℵAC   7 ης ετι]
η εστι C | καθεστηκεν C | εστηκυιη ℵ* (-α ℵ^{c a}) εστηκυιας A   8 απελειπο͞|
A | μνημοσυνον] μνημην ℵ* (-μοσυνον ℵ^{c a})   9 θεραπευοντας ℵ* (-σαντας
ℵ^{c a}) AC | ερυσατο C   10 αυτη]+και C | αγιων] αν̅ω̅ν̅ C | πονους]
κοπους ℵA   11 αυτον 2°]+εν μοχθοις C   12 διεφυλαξεν] και εφυλ.
ℵ | παντος] παντως ℵ* παντων ℵ^{c a} | ευσεβεια] pr η A   13 εγκατελειπεν
A ενκατελιπεν C | αλλα] αλλ ℵ | ερυσατο ℵC   14 συγκατεβη B^{ab}A

ἕως ἤνεγκεν αὐτῷ σκῆπτρα βασιλείας
καὶ ἐξουσίαν τυραννούντων αὐτοῦ·
ψευδεῖς τε ἔδειξεν τοὺς μωμησαμένους αὐτόν,
καὶ ἔδωκεν αὐτῷ δόξαν αἰώνιον.
¹⁵αὕτη λαὸν ὅσιον καὶ σπέρμα ἄμεμπτον ἐρρύσατο ἐξ ἔθνους 15
θλιβόντων.
¹⁶εἰσῆλθεν εἰς ψυχὴν θεράποντος Κυρίου, 16
καὶ ἀντέστη βασιλεῦσιν φοβεροῖς ἐν τέρασι καὶ σημείοις
¹⁷ἀπέδωκεν ὁσίοις μισθὸν κόπων αὐτῶν, 17
ὡδήγησεν αὐτοὺς ἐν ὁδῷ θαυμαστῇ,
καὶ ἐγένετο αὐτοῖς εἰς σκέπην ἡμέρας
καὶ εἰς φλόγα ἄστρων τὴν νύκτα.
¹⁸διεβίβασεν αὐτοὺς θάλασσαν ἐρυθράν, 18
καὶ διήγαγεν αὐτοὺς δι' ὕδατος πολλοῦ·
¹⁹τοὺς δὲ ἐχθροὺς αὐτῶν κατέκλυσεν, 19
καὶ ἐκ βάθους ἀβύσσου ἀνέβρασεν αὐτούς.
²⁰διὰ τοῦτο δίκαιοι ἐσκύλευσαν ἀσεβεῖς, 20
καὶ ὕμνησαν, Κύριε, τὸ ὄνομα τὸ ἅγιόν σου,
τήν τε ὑπέρμαχόν σου χεῖρα ᾔνεσαν ὁμοθυμαδόν·
²¹ὅτι ἡ σοφία ἤνοιξεν στόμα κωφῶν, 21
καὶ γλώσσας νηπίων ἔθηκεν τρανάς.

¹Εὐόδωσεν τὰ ἔργα αὐτῶν ἐν χειρὶ προφήτου ἁγίου. 1 XI
²διώδευσαν ἔρημον ἀοίκητον, 2
καὶ ἐν ἀβάτοις ἔπηξαν σκηνάς·
³ἀντέστησαν πολεμίοις, καὶ ἠμύναντο ἐχθρούς 3
⁴ἐδίψησαν καὶ ἐπεκαλέσαντό σε, 4
καὶ ἐδόθη αὐτοῖς ἐκ πέτρας ἀκροτόμου ὕδωρ,
καὶ ἴαμα δίψης ἐκ λίθου σκληροῦ.
⁵δι' ὧν γὰρ ἐκολάσθησαν οἱ ἐχθροὶ αὐτῶν, 5

ℵAC   14 αυτου] αυτον ℵ^{c a}C   15 ερυσατο AC   16 ανεστη ℵ* (αντεστη ℵ^{c a}) |
βασιλευς ℵ βασιλευσι AC   17 μισθον οσιοις A | αυτων] αυτου ℵ* (-των ℵ^{c a})
C | φλογας ℵ | αστερων ℵ^{c a}AC   18 θαλασσαν] pr εις ℵC | δι] δια ℵ   19 αυτων] αυτου C | κατεκλυσεν] κατεπαυσε| ℵ* (κατεκλ. ℵ^{c a}) κατεκλυσα| A | εκ βαθους] εκ θαμβους ℵ* (εκ β ℵ^{c a}) | om αβυσσου ℵ | ανεβρασεν] αβρασεν ℵ*
(ανεβρ. ℵ¹) διεβιβασεν C | αυτους]+ εισηλθεν εις ψυχην θεραποντος κυ| και αντεστη βασιλευσιν φοβε|ροις εν τερασιν και σημιοις| ℵ* (unc incl ℵ^{1c a})   20 τε]
δε C | χειραν ℵC   21 εθηκε C   XI 1 ευωδωσεν B^{ab} | αυτων] αυτου A |
προφητων αγιων A   3 εχθρους ημυναντο B^aℵAC

ΣΟΦΙΑ ΣΑΛΩΜΩΝΟΣ   XI 18

(6)   ⁽⁶⁾διὰ τούτων αὐτοὶ ἀποροῦντες εὐεργετήθησαν.   B
(7) 6 ⁶ἀντὶ μὲν πηγῆς ἀενάου ποταμοῦ
       αἵματι λυθρώδει ταραχθέντες
(8) 7 ⁷εἰς ἔλεγχον νηπιοκτόνου διατάγματος,
(9) 8 ἔδωκας αὐτοῖς δαψιλὲς ὕδωρ ἀνελπίστως, ⁸δείξας
       διὰ τοῦ τότε δίψους πῶς τοὺς ὑπεναντίους ἐκόλασας.
(10) 9 ⁹ὅτε γὰρ ἐπειράσθησαν, καίπερ ἐν ἐλέει παιδευόμενοι,
       ἔγνωσαν πῶς ἐν ὀργῇ κρινόμενοι ἀσεβεῖς ἐβασανίζοντο·
(11) 10 ¹⁰τούτους μὲν γὰρ ὡς πατὴρ νουθετῶν ἐδοκίμασας,
       ἐκείνους δὲ ὡς ἀπότομος βασιλεὺς καταδικάζων ἐξήτασας.
(12) 11 ¹¹καὶ ἀπόντες δὲ καὶ παρόντες ὁμοίως ἐτρύχοντο·
(13) 12 ¹²διπλῆ γὰρ αὐτοὺς ἔλαβεν λύπη
       καὶ στεναγμὸς μνημῶν τῶν παρελθουσῶν.
(14) 13 ¹³ὅτε γὰρ ἤκουσαν διὰ τῶν ἰδίων κολάσεων
       εὐεργετουμένους αὐτούς, ᾔσθοντο τοῦ κυρίου.
(15) 14 ¹⁴τὸν γὰρ ἐν ἐκθέσει πάλαι ῥιφέντα ἀπεῖπον χλευάζοντες
       ἐπὶ τέλει τῶν ἐκβάσεων ἐθαύμασαν,
       οὐχ ὅμοια δικαίοις διψήσαντες.
(16) 15 ¹⁵ἀντὶ δὲ λογισμῶν ἀσυνέτων ἀδικίας αὐτῶν,
       ἐν οἷς πλανηθέντες ἐθρήσκευον ἄλογα ἑρπετὰ καὶ κνώδαλα εὐτελῆ,
       ἐπαπέστειλας αὐτοῖς πλῆθος ἀλόγων ζῴων εἰς ἐκδίκησιν,
(17) 16 ¹⁶ἵνα γνῶσιν ὅτι δι' ὧν τις ἁμαρτάνει, διὰ τούτων κολάζεται
(18) 17 ¹⁷οὐ γὰρ ἠπόρει ἡ παντοδύναμός σου χεὶρ
       καὶ κτίσασα τὸν κόσμον ἐξ ἀμόρφου ὕλης
       ἐπιπέμψαι αὐτοῖς πλῆθος ἄρκων ἢ θρασεῖς λέοντας,
(19) 18 ¹⁸ἢ νεοκτίστους θυμοῦ πλήρεις θῆρας ἀγνώστους,
       ἤτοι πυρπνόον φυσῶντας ἆσθμα,

6 πηγας C | αεναου] εναου C | ταραχθεντος ℵA   8 δειξας c seqq ℵAC coniung A | του υπεν. B | εκολασας] κολασας ℵ* (εκολ. ℵ^(c a)) εκαλεσας C   9 ελεει] ε‖ει ℵ* (ελεει ℵ^(c a)) | εν οργη] μετ οργης ℵC   10 εξητασας] εξητησας C   12 παρελθοντων ℵA   13 ενεργετημενους ℵAC | του κ̅υ̅] σου κ̅ε̅ ℵ^(c a)   14 τον] ον A | εκθεσει] εχθεσει ℵAC (-σι) | παλαι ριφεντα] om παλαι ℵ^(c a) ριφ. παλαι αν̅ο̅ν̅ C | απειπον χλευαζοντες] απειπαν χλ. ℵ^(c a) απειποντες εχλευαζον C | εθαυμαζον A | δικαιοις] pr τοις ℵ   15 εθρησκευον] εθνησκευον ℵ* (εθρ. ℵ^(c a)) | κνωδαλα] adnot θηρια μικρα λεπτα B^(mg) κλωδαλα (δαλα sup ras) A^a   16 κολαζεται] pr και ℵ   17 και] pi η ℵ^(c a) | επιπεμψαι] επιμεμψαι C   18 νεοκτιστου AC* (-τους C^a) | θυμους ℵ | πληρης ℵ | θηρας αγνωστους] θρασυγνωστους ℵ* (θηρας αγν. ℵ^(c a)) | πυρπνεον ℵ | ασθμα] θμα non inst E^(bvid)

623

ΣΟΦΙΑ ΣΑΛΩΜΩΝΟΣ

B. ἢ βρόμους λικμωμένους καπνοῦ,
   ἢ δεινοὺς ἀπ' ὀμμάτων σπινθῆρας ἀστράπτοντας,
¹⁹ὧν οὐ μόνον ἡ βλάβη ἠδύνατο συνεκτρῖψαι αὐτούς, 19 (20)
   ἀλλὰ καὶ ἡ ὄψις ἐκφοβήσασα διολέσαι.
²⁰καὶ χωρὶς δὲ τούτων ἑνὶ πνεύματι πεσεῖν ἐδύναντο 20 (21)
   ὑπὸ τῆς δίκης διωχθέντες,
   καὶ λικμηθέντες ὑπὸ πνεύματος δυνάμεώς σου·
   ἀλλὰ πάντα μέτρῳ καὶ ἀριθμῷ καὶ σταθμῷ διέταξας.
²¹τὸ γὰρ μεγάλως ἰσχύειν πάρεστίν σοι πάντοτε, 21 (22)
   καὶ κράτει βραχίονός σου τίς ἀντιστήσεται,
²²ὅτι ὡς ῥοπὴ ἐκ πλαστίγγων ὅλος ὁ κόσμος ἐναντίον σου, 22 (23)
   καὶ ὡς ῥανὶς δρόσου ὀρθρινὴ κατελθοῦσα ἐπὶ γῆν.
²³ἐλεεῖς δὲ πάντας, ὅτι πάντα δύνασαι, 23 (24)
   καὶ παρορᾷς ἁμαρτήματα ἀνθρώπων εἰς μετάνοιαν.
²⁴ἀγαπᾷς γὰρ τὰ ὄντα πάντα, καὶ οὐδὲν βδελύσσῃ ὧν ἐποί- 24 (25)
   ησας,
   οὐδὲ γὰρ ἂν μισῶν τι κατεσκεύασας.
²⁵πῶς δὲ ἔμεινεν ἄν τι εἰ μὴ σὺ ἠθέλησας, 25 (26)
   ἢ τὸ μὴ κληθὲν ὑπὸ σοῦ διετηρήθη;
²⁶φείδῃ δὲ πάντων, ὅτι σά ἐστιν, Δέσποτα φιλόψυχε. 26 (27)
   ¹τὸ γὰρ ἄφθαρτόν σου πνεῦμά ἐστιν ἐν πᾶσιν. 1 XII
   ²διὸ τοὺς παραπίπτοντας κατ' ὀλίγον ἐλέγχεις, 2
   καὶ ἐν οἷς ἁμαρτάνουσιν ὑπομιμνήσκων νουθετεῖς,
   ἵνα ἀπαλλαγέντες τῆς κακίας πιστεύσωσιν ἐπὶ σέ, Κύριε.

   ³Καὶ γὰρ τοὺς παλαιοὺς οἰκήτορας τῆς ἁγίας σου γῆς 3
   ⁴μισήσας ἐπὶ τῷ ἔχθιστα πράσσειν ἔργα φαρμακειῶν 4
   καὶ τελετὰς ἀνοσίους, ⁵τέκνων τε φονέας ἀνελεήμονας, 5
   καὶ σπλαγχνοφάγων ἀνθρωπίνων σαρκῶν θοῖναν καὶ αἵματος,

ℵAC 18 βρομον ℵAC | λιχμωμενους A | πινθηρας ℵ* (σπ. ℵ^{c a}) 19 εδυνατο A | συνεκτριψαι] εκτριψαι ℵ^{c a}AC 20 ενι] pr εν C | om δικης ℵ* (hab ℵ^{c a}) | om σου C | om και σταθμω C 21 σοι παρεστιν B^aℵAC | σου τις] ουθεις C 22 πλαστιγγων] παστ. B* (πλ. B^{ab}) πλαστιγων ℵ | εναντιον] κατεναντιον C | ορθινη C | γην] γης ℵ^{c a}C 24 ουδενα A 25 δε] γαρ C | εμεινεν] διεμεινεν ℵC | αν τι] pr εν (? εναντι) ℵ* improb εν ℵ' αν τις C | κληθεν] κληθηναι C^{vid} 26 εστιν]+ παντα AC^{vid} XII 1 πασιν] απασι ℵ 2 υπομνησκων C | κακιας]+ αυτου ℵ* (improb αυτου ℵ^{c a}) | πιστευσωσιν] om ℵ* (hab ℵ^{c a}) πιστευσωμεν A 3 παλαιους] παλαι ℵ 4 φαρμακιων ℵ φαρμακιας C | ανοσιων C 5 φρονεας C | σαρκων] σαρκος (| και αιματος c seqq coniung ℵ

ΣΟΦΙΑ ΣΑΛΩΜΩΝΟΣ

ἐκ μέσου μύστας θιάσου,
6 ⁶καὶ αὐθέντας γονεῖς ψυχῶν ἀβοηθήτων,
ἐβουλήθης ἀπολέσαι διὰ χειρῶν πατέρων ἡμῶν,
7 ⁷ἵνα ἀξίαν ἀποικίαν δέξηται θεοῦ παίδων
ἡ παρὰ σοὶ πασῶν τιμιωτάτη γῆ.
8 ⁸ἀλλὰ καὶ τούτων ὡς ἀνθρώπων ἐφείσω,
ἀπέστειλάς τε προδρόμους τοῦ στρατοπέδου σου σφῆκας,
ἵνα αὐτοὺς κατὰ βραχὺ ἐξολεθρεύσωσιν·
9 ⁹οὐκ ἀδυνατῶν ἐν παρατάξει ἀσεβεῖς δικαίοις ὑποχειρίους δοῦναι,
ἢ θηρίοις δεινοῖς, ἢ λόγῳ ἀποτόμῳ ὑφ᾽ ἓν ἐκτρῖψαι·
10 ¹⁰κρίνων δὲ κατὰ βραχὺ ἐδίδους τόπον μετανοίας,
οὐκ ἀγνοῶν ὅτι πονηρὰ ἡ γένεσις αὐτῶν
καὶ ἔμφυτος ἡ κακία αὐτῶν,
καὶ ὅτι οὐ μὴ ἀλλαγῇ ὁ λογισμὸς αὐτῶν εἰς τὸν αἰῶνα,
11 ¹¹σπέρμα γὰρ ἦν κατηραμένον ἀπ᾽ ἀρχῆς·
οὐδὲ εὐλαβούμενός τινα ἐφ᾽ οἷς ἡμάρτανον ἄδειαν ἐδίδους.
12 ¹²τίς γὰρ ἐρεῖ Τί ἐποίησας; ἢ τίς ἀντιστήσεται τῷ κρίματί σου;
τίς δὲ ἐγκαλέσει σοι κατὰ ἐθνῶν ἀπολωλότων, ἃ σὺ ἐποίησας;
ἢ τίς εἰς κατάστασίν σοι ἐλεύσεται ἔκδικος κατὰ ἀδίκων ἀνθρώπων;
13 ¹³οὔτε γὰρ θεός ἐστιν πλὴν σοῦ, ᾧ μέλει περὶ πάντων,
ἵνα δείξῃς ὅτι οὐκ ἀδίκως ἔκρινας·
14 ¹⁴οὔτε βασιλεὺς ἢ τύραννος ἀντοφθαλμῆσαι δυνήσεταί σοι περὶ ὧν ἐκόλασας.
15 ¹⁵δίκαιος δὲ ὢν δικαίως τὰ πάντα διέπεις,
αὐτὸν τὸν μὴ ὀφείλοντα κολασθῆναι καταδικάσαι
ἀλλότριον ἡγούμενος τῆς σῆς δυνάμεως.
16 ¹⁶ἡ γὰρ ἰσχύς σου δικαιοσύνης ἀρχή,
καὶ τὸ πάντων σε δεσπόζειν πάντων φείδεσθαι ποιεῖ·

5 εκ μεσου] εκ μυσου (? εκμ.) Bᵃ εμμεσω C | μυστας θιασου ℵ*ᵃA (θειασου)] ℵAC μυσταθειασου B* μυστασ|θειασσου Bᵃᵐᵍⁱⁿᶠ μυσταθιασου ℵ* μυσταθιασσου C 6 αυθεντας] λυθεντας C | εβουληθης] εαν βουληθης ℵ* (εβουλ. ℵᶜᵃ) 7 ινα] κατα ℵ* (ινα ℵᶜᵃ) | αξια C | om η ℵ* (hab ℵᶜᵃ) | πασων] παντων ℵᶜᵃ 8 τους στρατοπεδους Bℵ | εξολοθρευσωσιν ℵ 9 δουναι] διδοναι ℵ 10 κρινων] κεινων ℵ* (κριν. ℵᶜ·ᵃ) | δε] γαρ ℵ* (δε ℵᶜᵃ) | om οτι 2° ℵ* (hab ℵᶜᵃ) 11 κεκατηραμενον ℵ 12 ενκαλεσει ℵ εγκαλεσαι A | ελευσεται σοι ℵ 13 δειξης] s ras ℵᶜᵃ rursus inst ℵᶜᶜ 15 τα παντα δικαιως ℵ* (δικ. τα παντα ℵᶜᵃ) | οφειλοντα (οφιλ. ℵA) κολασθηναι (pr λ ℵ* improb ℵ¹ postea ras)] τα κολα sup ras Aᵃ | ηγουμενον ℵ* (-νος ℵᶜᵃ) 16 φειδεσθαι]+σε ℵᶜᵃA

B ¹⁷ἰσχὺν γὰρ ἐνδείκνυσαι ἀπιστούμενος ἐπὶ δυνάμεως τελειότητι,
καὶ ἐν τοῖς εἰδόσι τὸ θράσος ἐξελέγχεις·
¹⁸σὺ δὲ δεσπόζων ἰσχύος ἐν ἐπιεικείᾳ κρίνεις,
καὶ μετὰ πολλῆς φειδοῦς διοικεῖς ἡμᾶς·
πάρεστιν γάρ σοι ὅταν θέλῃς τὸ δύνασθαι.
¹⁹ἐδίδαξας δέ σου τὸν λαὸν διὰ τῶν τοιούτων ἔργων,
ὅτι δεῖ τὸν δίκαιον εἶναι φιλάνθρωπον
καὶ εὐέλπιδας ἐποίησας τοὺς υἱούς σου,
ὅτι διδοῖς ἐπὶ ἁμαρτήμασιν μετάνοιαν.
²⁰εἰ γὰρ ἐχθροὺς παίδων σου καὶ ὀφειλομένους θανάτῳ
μετὰ τοσαύτης ἐτιμώρησας προσοχῆς καὶ δεήσεως,
δοὺς χρόνους καὶ τόπον δι' ὧν ἀπαλλαγῶσι τῆς κακίας,
²¹μετὰ πόσης ἀκριβείας ἔκρινας τοὺς υἱούς σου,
ὧν τοῖς πατράσιν ὅρκους καὶ συνθήκας ἔδωκας ἀγαθῶν
ὑποσχέσεων;
²²ἡμᾶς οὖν παιδεύων τοὺς ἐχθροὺς ἡμῶν ἐν μυριότητι μαστι-
γοῖς,
ἵνα σου τὴν ἀγαθότητα μεριμνῶμεν κρίνοντες,
κρινόμενοι δὲ προσδοκῶμεν ἔλεος.
²³ὅθεν καὶ τοὺς ἐν ἀφροσύνῃ ζωῆς βιώσαντας ἀδίκους
διὰ τῶν ἰδίων ἐβασάνισας βδελυγμάτων.
²⁴καὶ γὰρ τῶν πλάνης ὁδῶν μακρότερον ἐπλανήθησαν,
θεοὺς ὑπολαμβάνοντες τὰ καὶ ἐν ζῴοις τῶν ἐχθρῶν ἄτιμα,
νηπίων δίκην ἀφρόνων ψευσθέντες.
²⁵διὰ τοῦτο ὡς παισὶν ἀλογίστοις
τὴν κρίσιν εἰς ἐμπαιγμὸν ἔπεμψας
²⁶οἱ δὲ παιγνίοις ἐπιτιμήσεως μὴ νουθετηθέντες
ἀξίαν θεοῦ κρίσιν πειράσουσιν.
²⁷ἐφ' οἷς γὰρ αὐτοὶ πάσχοντες ἠγανάκτουν,
ἐπὶ τούτοις οὓς ἐδόκουν θεούς, ἐν αὐτοῖς κολαζόμενοι,

ΣΟΦΙΑ ΣΑΛΩΜΩΝΟΣ XIII 10

ἰδόντες ὃν πάλαι ἠρνοῦντο εἰδέναι θεὸν ἐπέγνωσαν ἀληθῆ· 13
διὸ καὶ τὸ τέρμα τῆς καταδίκης ἐπ' αὐτοὺς ἐπῆλθεν.

XIII 1 ¹Μάταιοι μὲν γὰρ πάντες ἄνθρωποι φύσει, οἷς παρῆν θεοῦ ἀγνωσία,
καὶ ἐκ τῶν ὁρωμένων ἀγαθῶν οὐκ ἴσχυσαν εἰδέναι τὸν ὄντα,
οὔτε τοῖς ἔργοις προσχόντες ἐπέγνωσαν τὸν τεχνίτην·

2 ²ἀλλ' ἢ πῦρ ἢ πνεῦμα ἢ ταχινὸν ἀέρα
ἢ κύκλον ἄστρων ἢ βίαιον ὕδωρ
ἢ φωστῆρας οὐρανοῦ πρυτάνεις κόσμου θεοὺς ἐνόμισαν.

3 ³ὧν εἰ μὲν τῇ καλλονῇ τερπόμενοι θεοὺς ὑπελάμβανον,
γνώτωσαν πόσῳ τούτων ὁ δεσπότης ἐστὶ βελτίων·
ὁ γὰρ τοῦ κάλλους γενεσιάρχης ἔκτισεν αὐτά.

4 ⁴εἰ δὲ δυνάμει καὶ ἐνεργείᾳ ἐκπλαγέντες,
νοησάτωσαν ἀπ' αὐτῶν πόσῳ ὁ κατασκευάσας αὐτὰ δυνατώτερός ἐστιν·

5 ⁵ἐκ γὰρ μεγέθους καλλονῆς καὶ κτισμάτων
ἀναλόγως ὁ γενεσιουργὸς αὐτῶν θεωρεῖται.

6 ⁶ἀλλ' ὅμως ἐπὶ τούτοις ἐστὶν μέμψις ὀλίγη,
καὶ γὰρ αὐτοὶ τάχα πλανῶνται
θεὸν ζητοῦντες καὶ θέλοντες εὑρεῖν·

7 ⁷ἐν γὰρ τοῖς ἔργοις αὐτοῦ ἀναστρεφόμενοι διερευνῶσιν,
καὶ πείθονται τῇ ὄψει ὅτι καλὰ τὰ βλεπόμενα.

8 ⁸πάλιν δ' οὐδ' αὐτοὶ συγγνωστοί·

9 ⁹εἰ γὰρ τοσοῦτον ἴσχυσαν εἰδέναι
ἵνα δύνωνται στοχάσασθαι τὸν αἰῶνα,
τὸν τούτων δεσπότην πῶς τάχιον οὐχ εὗρον;

10 ¹⁰Ταλαίπωροι δὲ καὶ ἐν νεκροῖς αἱ ἐλπίδες αὐτῶν,
οἵτινες ἐκάλεσαν θεοὺς ἔργα χειρῶν ἀνθρώπων,

27 ιδοντες]+δε ℵ | ειδεναι (ιδ. A)] om ℵ | αυτους] αυτον ℵ* αυτων ℵ^{c a} ℵA
XIII **1** om μεν ℵ* (hab ℵ^{c a}) | φυσι ανθρωποι ℵ | ιδεναι A | ουτε] ουδε ℵ | προσχοντες] προσεχοντες ℵΛ | επεγνωσαν] εγνωσαν ℵ   **2** αστερων ℵ^{c a} | πρυτανις ℵ   **3** θεους] ταυθ ℵ* τουθ' ℵ^{c a} pr ταυτα A | εστιν ℵ | βελτειω B* (-τιω B^b) βελτειον ℵ* (-τειων ℵ^{c a}) | καλλους] κοσμου ℵ^{c a}   **4** ει δε] om δε ℵ* εις δε ℵ^{c a} A | δυναμιν ℵΛ | ενεργειαν ℵ (-γιαν) A | εκπλαγεντες] pr και ℵ* (om και ℵ^{c 1})   **5** καλλονης και] και καλλ ℵ^{c a} om και A | ο γενεσιουργος bis scr ℵ* (improb 2° ℵ^{c a})   **6** επι] ετι A | μεμψις εστιν A
7 διερευνωσιν B^{ab}ℵ^{c a}A   **8** ουδ] ουδε A | συγγνωστοι B^b συγνωστοι A
9 ιδεναι A

ΣΟΦΙΑ ΣΑΛΩΜΩΝΟΣ

B   χρυσὸν καὶ ἄργυρον, τέχνης ἐμμελέτημα,
    καὶ ἀπεικάσματα ζῴων,
    ἢ λίθον ἄχρηστον, χειρὸς ἔργον ἀρχαίας.
¹¹ εἰ δὲ καί τις ὑλοτόμος τέκτων εὐκίνητον φυτὸν ἐκπρίσας
    περιέξυσεν εὐμαθῶς πάντα τὸν φλοιὸν αὐτοῦ,
    καὶ τεχνησάμενος εὐπρεπῶς
    κατεσκεύασεν χρήσιμον σκεῦος εἰς ὑπηρεσίαν ζωῆς,
¹² τὰ δὲ ἀποβλήματα τῆς ἐργασίας εἰς ἑτοιμασίαν τροφῆς ἀναλώ-
    σας ἐνεπλήσθη·
¹³ τὸ δὲ ἐξ αὐτῶν ἀπόβλημα εἰς οὐθὲν εὔχρηστον,
    ξύλον σκολιὸν καὶ ὄζοις συμπεφυκός,
    λαβὼν ἔγλυψεν ἐν ἐπιμελείᾳ ἀργίας αὐτοῦ,
    καὶ ἐμπειρίᾳ ἀνέσεως ἐτύπωσεν αὐτό,
    ἀπείκασεν αὐτὸ εἰκόνι ἀνθρώπου,
¹⁴ ἢ ζῴῳ τινὶ εὐτελεῖ ὡμοίωσεν αὐτό,
    καταχρίσας μίλτῳ καὶ φύκει ἐρυθήνας χρόαν αὐτοῦ,
    καὶ πᾶσαν κηλῖδα τὴν ἐν αὐτῷ καταχρίσας,
¹⁵ καὶ ποιήσας αὐτῷ αὐτοῦ ἄξιον οἴκημα,
    ἐν τοίχῳ ἔθηκεν αὐτὸ ἀσφαλισάμενος σιδήρῳ.
¹⁶ ἵνα μὲν οὖν μὴ καταπέσῃ προενόησεν αὐτοῦ,
    εἰδὼς ὅτι ἀδυνατεῖ ἑαυτῷ βοηθῆσαι,
    καὶ γάρ ἐστιν εἰκὼν καὶ χρείαν ἔχει βοηθείας.
¹⁷ περὶ δὲ κτημάτων καὶ γάμων αὐτοῦ καὶ τέκνων προσευχόμενος
    οὐκ αἰσχύνεται τῷ ἀψύχῳ προσλαλῶν·
    καὶ περὶ μὲν ὑγείας τὸ ἀσθενὲς ἐπικαλεῖται,
¹⁸ περὶ δὲ ζωῆς τὸ νεκρὸν ἀξιοῖ,
    περὶ δὲ ἐπικουρίας τὸν ἀπειρότατον ἱκετεύει,
    περὶ δὲ ὁδοιπορίας τὸ μηδὲ βάσει χρῆσθαι δυνάμενον,
¹⁹ περὶ δὲ πορισμοῦ καὶ ἐργασίας καὶ χειρῶν ἐπιτυχίας
    τὸ ἀδρανέστατον ταῖς χερσὶν εὐδράνειαν αἰτεῖται.

ℵA   10 εμμελετηματα ℵ^{c a}   11 φλυον B* (φλοιον B^{a* b}) | ευτρεπως ℵ   12 αποβληματα] υπολιμματα A | ετοιμασιαν] υπηρεσιαν A | αναλωσεως ℵ   13 ουθεν] ουδε˙ A | συμπεφυκως ℵ* (-κος ℵ^{c a}) | λαβων] ιαβων ℵ* (λ. ℵ^{c a (vid) c c}) | om εν ℵA | αργιας] εργασιας ℵ^{c a}A | ανεσεως] συνεσεως ℵ^{c a} | απεικασεν]+τε A   14 ωμοιωσεν] αφωμοιωσεν ℵ | ερυθηνας Bℵ^{c a}] ερυθημα ℵ* ερυθηνος A | χροαν B*ℵ^{c a}] χροας B^{ab}ℵ* | καταχρισας]+γη ℵ^{c a, c c}   15 om αυτου ℵ   17 προσευχομενος] ευχομενος ℵ | υγειας (·γιας B* ℵ)] υγιειας B^{a vid}A   18 επικουριας] εμπειριας (εμπε sup ras) ℵ¹ (επεικουριας ℵ^{c,a}) | τον] το ℵA | om ικετευει ℵ | οδοιπορίας] πορίας ℵ* (οδ. ℵ^{c a})   19 περι] pr και ℵ | om δε ℵ^{c a} | om και 2° ℵ | αδρανεστατον (αδραδ. A)] αδρανες ℵ* (-νεστατον ℵ^{c a}) | ευδρανειαν] αδρανιαν ℵ* (ευδρανιαν ℵ^{c a}) | αιτειται] επικαλειται ℵ* (αιτ. ℵ^{c a})

ΣΟΦΙΑ ΣΑΛΩΜΩΝΟΣ

XIV 1 ¹Πλοῦν τις πάλιν στελλόμενος καὶ ἄγρια μέλλων διοδεύειν B
κύματα
τοῦ φέροντος αὐτὸν πλοίου σαθρότερον ξύλον ἐπιβοᾶται.

2 ²ἐκεῖνο μὲν γὰρ ὄρεξις πορισμῶν ἐπενόησεν,
τεχνῖτις δὲ σοφία κατεσκεύασεν·

3 ³ἡ δὲ σή, πάτερ, διακυβερνᾷ πρόνοια,
ὅτι ἔδωκας καὶ ἐν θαλάσσῃ ὁδὸν
καὶ ἐν κύμασι τρίβον ἀσφαλῆ,

4 ⁴δεικνὺς ὅτι δύνασαι ἐκ παντὸς σώζειν,
ἵνα κἂν ἄνευ τέχνης τις ἐπιβῇ.

5 ⁵θέλεις δὲ μὴ ἀργὰ εἶναι τὰ τῆς σοφίας σου ἔργα·
διὰ τοῦτο καὶ ἐλαχίστῳ ξύλῳ πιστεύουσιν ἄνθρωποι ψυχάς,
καὶ διελθόντες κλύδωνα σχεδίᾳ διεσώθησαν.

6 ⁶καὶ ἀρχῆς γὰρ ἀπολλυμένων ὑπερηφάνων γιγάντων,
ἡ ἐλπὶς τοῦ κόσμου ἐπὶ σχεδίας καταφυγοῦσα
ἀπέλιπεν τῷ αἰῶνι σπέρμα γενέσεως, τῇ σῇ κυβερνηθεῖσα
χειρί·

7 ⁷εὐλόγηται γὰρ ξύλον δι' οὗ γίνεται δικαιοσύνη·

8 ⁸τὸ χειροποίητον δέ, ἐπικατάρατον αὐτὸ καὶ ὁ ποιήσας αὐτό,
ὅτι ὁ μὲν ἠργάζετο, τὸ δὲ φθαρτὸν θεὸς ὠνομάσθη.

9 ⁹ἐν ἴσῳ γὰρ μισητὰ θεῷ καὶ ὁ ἀσεβῶν καὶ ἡ ἀσέβεια αὐτοῦ·
10 ¹⁰καὶ γὰρ τὸ πραχθὲν σὺν τῷ δράσαντι κολασθήσεται.

11 ¹¹διὰ τοῦτο καὶ ἐν εἰδώλοις ἐθνῶν ἐπισκοπὴ ἔσται,
ὅτι ἐν κτίσματι θεοῦ εἰς βδέλυγμα ἐγενήθησαν
καὶ εἰς σκάνδαλα ψυχαῖς ἀνθρώπων
καὶ εἰς παγίδα ποσὶν ἀφρόνων.

12 ¹²Ἀρχὴ γὰρ πορνείας ἐπίνοια εἰδώλων, εὑρέσεις δὲ αὐτῶν φθορὰ
ζωῆς.

13 ¹³οὔτε γὰρ ἦν ἀπ' ἀρχῆς, οὔτε εἰς τὸν αἰῶνα ἔσται·
14 ¹⁴κενοδοξίᾳ γὰρ ἀνθρώπων εἰσῆλθεν εἰς κόσμον,
καὶ διὰ τοῦτο σύντομον αὐτῶν τέλος ἐπενοήθη.

XIV 1 πλοιου] ξυλου A   3 κυμασιν ℵA   4 εκ παντος δυνασαι ℵ δ. ℵA εκ παντων A | om ινα ℵ^(c a) | καν] και A   5 om σου ℵ   6 απελιπεν] υπελιπεν ℵ* (απ. ℵ^(c a)) απελειπεν A | τω αιωνι] om τω B^(ab) A   8 το χ. δε] το δε χ. ℵ | οτι] και ℵ* (οτι ℵ^(c a)) | ηργαζετο] ειργαζετο B^b ηργαζενητο ℵ* (ηργαζετο ℵ^c)   9 ασεβια ℵ   11 om και 1° ℵ | εις] incep εν ℵ* (εις ℵ^(1 c c))   12 πορνιας ℵ | αυτων] αυτω ℵ   14 γαρ] δε ℵ^(c a) | εισηλθεν] pr θανατος ℵ* (improb θ. ℵ^(c d)) A | κοσμον] pr τον ℵA | τελος] pi το A

ΣΟΦΙΑ ΣΑΛΩΜΩΝΟΣ

Β ¹⁵ἀώρῳ γὰρ πένθει τρυχόμενος πατὴρ
τοῦ ταχέως ἀφαιρεθέντος τέκνου εἰκόνα ποιήσας
τὸν τότε νεκρὸν ἄνθρωπον νῦν ὡς θεὸν ἐτίμησεν,
καὶ παρέδωκεν τοῖς ὑποχειρίοις μυστήρια καὶ τελετάς·
¹⁶εἶτα ἐν χρονῳ κρατυνθὲν τὸ ἀσεβὲς ἔθος ὡς νόμος ἐφυλάχθη,
καὶ τυράννων ἐπιταγαῖς ἐθρησκεύετο τὰ γλυπτά·
¹⁷οὓς ἐν ὄψει μὴ δυνάμενοι τιμᾶν ἄνθρωποι διὰ τὸ μακρὰν οἰκεῖν,
τὴν πόρρωθεν ὄψιν ἀνατυπωσάμενοι,
ἐμφανῆ εἰκόνα τοῦ τιμωμένου βασιλέως ἐποίησαν,
ἵνα τὸν ἀπόντα ὡς παρόντα κολακεύωσιν διὰ τῆς σπουδῆς.
¹⁸εἰς ἐπίτασιν δὲ θρησκείας καὶ τοὺς ἀγνοοῦντας
ἡ τοῦ τεχνίτου προετρέψατο φιλοτιμία.

§C §¹⁹ὁ μὲν γὰρ τάχα κρατοῦντι βουλόμενος ἀρέσαι
ἐξεβιάσατο τῇ τέχνῃ τὴν ὁμοιότητα ἐπὶ τὸ κάλλιον·
²⁰τὸ δὲ πλῆθος ἐφελκόμενον διὰ τὸ εὔχαρι τῆς ἐργασίας
τὸν πρὸ ὀλίγου τιμηθέντα ἄνθρωπον νῦν σέβασμα ἐλογίσαντο.
²¹καὶ τοῦτο ἐγένετο τῷ βίῳ εἰς ἔνεδρον,
ὅτι ἢ συμφορᾷ ἢ τυραννίδι δουλεύσαντες ἄνθρωποι
τὸ ἀκοινώνητον ὄνομα λίθοις καὶ ξύλοις περιέθεσαν.

²²Εἶτ' οὐκ ἤρκεσεν τὸ πλανᾶσθαι περὶ τὴν τοῦ θεοῦ γνῶσιν,
ἀλλὰ καὶ μεγάλῳ ζῶντες ἀγνοίας πολέμῳ
τὰ τοσαῦτα κακὰ εἰρήνην προσαγορεύουσιν.
²³ἢ γὰρ τεκνοφόνους τελετὰς ἢ κρύφια μυστήρια
ἢ ἐμμανεῖς ἐξάλλων θεσμῶν κώμους ἄγοντες,
²⁴οὔτε βίους οὔτε γάμους καθαροὺς ἔτι φυλάσσουσιν,
ἕτερος δ' ἕτερον ἢ λοχῶν ἀναιρεῖ, ἢ νοθεύων ὀδυνᾷ.
²⁵πάντα δ' ἐπιμὶξ ἔχει αἷμα καὶ φόνος, κλοπὴ καὶ δόλος,
φθορά, ἀπιστία, τάραχος, ἐπιορκία,

ℵAC 15 τοτε] ποτε A | ετιμησαν B | τελευτας A* (ras υ A?) 16 ειτα] ειτ A | εθνος] εθνος ℵ* (ras ν ℵ°) | νομον ℵ* (νομος ℵ¹ᶜᵃ) 17 ως παροντα τον απoντα ℵ | κολακευωσι ℵ κολακευσωσιν A | της σπουδης] om της A 18 θρησκιας ℵA 19 οι μεν ℵ* (ras ι ℵ°) | κρατουντι] pr τω B (Mai) 20 ευχαρες AC 21 ενεδρα ℵ* (-δρον ℵᶜᵃ) | περιεθεσαν] περιεθηκαν ℵᶜᵃC 22 ειτα Bᵃᵇ | ηρκεσεν] + αυτοις Aᵃ | το πλανασθαι] om το ℵ | το πλανασθ, πε sup ras et in mg Aᵃ | μεγαλῳ] μεγαλως ℵ* εν μεγαλω ℵᶜᵃAC | αγνοιας] incep ann A*ᵛⁱᵈ 24 δ] δε ℵAC | λοχων] λοχευων ℵᶜᵃ 25 δ] δε ℵA | επιμιξ εχει] επιμιξιν εχει ℵ* επιμιξιαν ℵᶜᵃ | εφιορκια C

ΣΟΦΙΑ ΣΑΛΩΜΩΝΟΣ

26 θόρυβος ἀγαθῶν, ²⁶χάριτος ἀμνησία,
ψυχῶν μιασμός, γενέσεως ἐναλλαγή,
γάμων ἀταξία, μοιχεία καὶ ἀσέλγεια.

27 ²⁷ἡ γὰρ τῶν ἀνωνύμων εἰδώλων θρησκεία
παντὸς ἀρχὴ κακοῦ καὶ αἰτία καὶ πέρας ἐστίν·

28 ²⁸ἢ γὰρ εὐφραινόμενοι μεμήνασιν, ἢ προφητεύουσιν ψευδῆ,
ἢ ζῶσιν ἀδίκως, ἢ ἐπιορκοῦσιν ταχέως·

29 ²⁹ἀψύχοις γὰρ πεποιθότες εἰδώλοις
κακῶς ὀμόσαντες ἀδικηθῆναι οὐ προσδέχονται.

30 ³⁰ἀμφότερα δὲ αὐτοὺς μετελεύσεται τὰ δίκαια,
ὅτι κακῶς ἐφρόνησαν περὶ θεοῦ προσχόντες εἰδώλοις,
καὶ ἀδίκως ὤμοσαν ἐν δόλῳ καταφρονήσαντες ὁσιότητος.

31 ³¹οὐ γὰρ ἡ τῶν ὀμνυμένων δύναμις,
ἀλλ' ἡ τῶν ἁμαρτανόντων δίκη
ἐπεξέρχεται ἀεὶ τὴν τῶν ἀδίκων παράβασιν.

XV 1 ¹Σὺ δὲ ὁ θεὸς ἡμῶν χρηστὸς καὶ ἀληθής,
μακρόθυμος καὶ ἐλέει διοικῶν τὰ πάντα.

2 ²καὶ γὰρ ἐὰν ἁμάρτωμεν, σοί ἐσμεν, εἰδότες σου τὸ κράτος·
οὐχ ἁμαρτησόμεθα, εἰδότες ὅτι σοὶ λελογίσμεθα.

3 ³τὸ γὰρ ἐπίστασθαί σε ὁλόκληρος δικαιοσύνη,
καὶ εἰδέναι σου τὸ κράτος ῥίζα ἀθανασίας·

4 ⁴οὔτε γὰρ ἐπλάνησεν ἡμᾶς ἀνθρώπων κακότεχνος ἐπίνοια,
οὐδὲ σκιαγράφων πόνος ἄκαρπος,
εἶδος σπιλωθὲν χρώμασιν διηλλαγμένοις·

5 ⁵ὧν ὄψις ἄφροσιν εἰς ὄνειδος ἔρχεται,
ποθεῖ τε νεκρᾶς εἰκόνος εἶδος ἄπνουν.

6 ⁶κακῶν ἐρασταὶ ἄξιοί τε τοιούτων ἐλπίδων
καὶ οἱ δρῶντες καὶ οἱ ποθοῦντες καὶ οἱ σεβόμενοι.

---

26 αμνηστια ℵ^(c a)AC | μοιχια ℵ | ασελγια ℵA   **27** ανυωνυμων ℵ* ℵAC (improb υ postea ias ℵ^c) | θρησκια ℵA   **28** εφιορκουσιν A   **29** ωμοσαντες C   **30** αυτους] αυτου C | δικαια Bℵ^(c a) (δικια ℵ*) A^aC] αδικα A* | οτι]+και ℵ* (om και ℵ^(c a)) | προσχοντες] προσεχοντες ℵAC   **31** om η 1° ℵ* (hab ℵ^(c a)) | ομνυομενων C   **XV 1** ελεει] ελεημων ℵ^(c a)   **2** αμαρτανωμεν ℵ* (-τωμεν ℵ^(c a)) | κρατος] κριμα ℵ* (κρατ ℵ^(c a)) | αμαρτησομεθα]+δε B^(ab)ℵAC   **3** ειδεναι] pr το ℵ^(c a)   **4** σκιογραφων ℵ^(c a) | σπινωθεν ℵ* (σπιλ. ℵ^(c a)) | διηλλαγμενοι ℵ* (-νοις ℵ^(c a))   **5** οψις] pr η ℵ^(c a) | αφροσιν] αφρονι ℵ*A*^vid (-σιν ℵ^(c a)A^a) | ονειδος] ορεξιν ℵAC | εικονας C | απνουν] αγνουν A

ΣΟΦΙΑ ΣΑΛΩΜΩΝΟΣ

B ⁷Καὶ γὰρ κεραμεὺς ἁπαλὴν γῆν θλίβων ἐπίμοχθον
πλάσσει πρὸς ὑπηρεσίαν ἡμῶν ἕκαστον·
ἀλλ' ἐκ τοῦ αὐτοῦ πηλοῦ ἀνεπλάσατο
τά τε τῶν καθαρῶν ἔργων δοῦλα σκεύη
τά τε ἐναντία, πάνθ' ὁμοίως·
τούτων δὲ ἑτέρου τίς ἑκάστου ἐστὶν ἡ χρῆσις,
κριτὴς ὁ πηλουργός·
⁸καὶ κακόμοχθος θεὸν μάταιον ἐκ τοῦ αὐτοῦ πλάσσει πηλοῦ,
ὃς πρὸ μικροῦ ἐκ γῆς γενηθεὶς
μετ' ὀλίγον πορεύεται ἐξ ἧς ἐλήμφθη,
τὸ τῆς ψυχῆς ἀπαιτηθεὶς χρέος.
⁹ἀλλ' ἔστιν αὐτῷ φροντὶς οὐχ ὅτι μέλλει κάμνειν,
οὐδ' ὅτι βραχυτελῆ βίον ἔχει,
ἀλλ' ἀντερείδεται μὲν χρυσουργοῖς καὶ ἀργυροχόοις,
χαλκοπλάστας τε μιμεῖται,
καὶ δόξαν ἡγεῖται ὅτι κίβδηλα πλάσσει.
¹⁰σποδὸς ἡ καρδία αὐτοῦ, καὶ γῆς εὐτελεστέρα ἡ ἐλπὶς αὐτοῦ,
πηλοῦ τε ἀτιμότερος ὁ βίος αὐτοῦ,
¹¹ὅτι ἠγνόησεν τὸν πλάσαντα αὐτὸν
καὶ τὸν ἐμπνεύσαντα αὐτῷ ψυχὴν ἐνεργοῦσαν
καὶ ἐμφυσήσαντα πνεῦμα ζωτικόν·
¹²ἀλλ' ἐλογίσατο παίγνιον εἶναι τὴν ζωὴν ἡμῶν
καὶ τὸν βίον πανηγυρισμὸν ἐπικερδῆ,
δεῖν γάρ φησιν ὅθεν δὴ κἂν ἐκ κακοῦ πορίζειν.
¹³οὗτος γὰρ παρὰ πάντας οἶδεν ὅτι ἁμαρτάνει,
ὕλης γεώδους εὔθραυστα σκεύη καὶ γλυπτὰ δημιουργῶν.
¹⁴πάντες δὲ ἀφρονέστατοι καὶ τάλανες ὑπὲρ ψυχὴν νηπίου,
οἱ ἐχθροὶ τοῦ λαοῦ σου οἱ καταδυναστεύσαντες αὐτόν.

ℵAC   7 om θλιβων C | επιμοχθον] θον sup ras B^{ab} εμιμουθον C | εκαστον] pr εν ℵAC | αλλ ανεπλασατο] pr asterisc ℵ^{c a} | om τα τε εν. πανθ ομοιως C | πανθ] παντα ℵA | ετερου] ετερων ℵ* (-ρου ℵ^{c a}) εκατερου AC (-τερουν) | η χρησις] om η ℵ* (hab ℵ^{c a} postea ras)   8 πλασσει εκ του αυτου πηλου A | γεννηθεις ℵ (-θις) A | πορευσεται C   9 αντερειδεται (αντεριδ. ℵ)] εντεριδειται C | πλασσει] πρασσει C   10 ευτελεστερα] ευ|τερα ℵ* (ευτελ. ℵ^{c a})   11 πλασαντα] ποιησαντα AC | ψυχην] pr εις C | εμφυσησαντα (ενφ ℵ)] +αυτω ℵ^{c a}C^{*vid} (ras C^a)   12 αλλ] αλλα A | ελογισαντο B^{ab}ℵ* (-σατο ℵ^{c a}) AC | δειν] adnot δεῖν γάρ φησι πόθεν δει κᾶν ἐκ κακοῦ πορίζῃ B^{bmg sup} | φασιν AC | om οθεν δη ℵ | καν] και A om C   13 ευθραστα ℵAC   14 παντες] παντων AC | αφρονεστεροι ℵC | ψυχας νηπιων AC | οι καταδυν.] om οι B^{ab}ℵ* (hab ℵ^{c a}) C | αυτον] αυτων ℵ^{c a}

ΣΟΦΙΑ ΣΑΛΩΜΩΝΟΣ

15 ¹⁵ὅτι καὶ πάντα τὰ εἴδωλα τῶν ἐθνῶν ἐλογίσαντο θεούς,
οἷς οὔτε ὀμμάτων χρῆσις εἰς ὅρασιν,
οὔτε ῥῖνες εἰς συνολκὴν ἀέρος,
οὔτε ὦτα ἀκούειν,
οὔτε δάκτυλοι χειρῶν εἰς ψηλάφησιν,
καὶ οἱ πόδες αὐτῶν ἀργοὶ πρὸς ἐπίβασιν.
16 ¹⁶ἄνθρωπος γὰρ ἐποίησεν αὐτούς,
καὶ τὸ πνεῦμα δεδανισμένος ἔπλασεν αὐτούς·
οὐδεὶς γὰρ αὐτῷ ὅμοιον ἄνθρωπος ἰσχύει πλάσαι θεόν·
17 ¹⁷θνητὸς δὲ ὢν νεκρὸν ἐργάζεται χερσὶν ἀνόμοις·
κρείττων γάρ ἐστιν τῶν σεβασμάτων αὐτοῦ,
ὧν αὐτὸς μὲν ἔζησεν, ἐκεῖνα δὲ οὐδέποτε.

18 ¹⁸Καὶ τὰ ζῷα δὲ τὰ ἔχθιστα σέβονται·
ἀνοίᾳ γὰρ συγκρινόμενα τῶν ἄλλων ἐστὶ χείρονα.
19 ¹⁹οὐδ' ὅσον ἐπιποθῆσαι ὡς ἐν ζῴων ὄψει καλὰ τυγχάνει,
ἐκπέφευγεν δὲ καὶ τὸν τοῦ θεοῦ ἔπαινον καὶ τὴν εὐλογίαν αὐτοῦ.

XVI 1 ¹διὰ τοῦτο δι' ὁμοίων ἐκολάσθησαν ἀξίως,
καὶ διὰ πλήθους κνωδάλων ἐβασανίσθησαν.
2 ²ἀνθ' ἧς κολάσεως εὐεργετήσας τὸν λαόν σου,
εἰς ἐπιθυμίαν ὀρέξεως ξένην γεῦσιν,
τροφὴν ἡτοίμασας ὀρτυγομήτραν·
3 ³ἵνα ἐκεῖνοι μὲν ἐπιθυμοῦντες τροφὴν
διὰ τὴν δειχθεῖσαν τῶν ἐπαπεσταλμένων
καὶ τὴν ἀναγκαίαν ὄρεξιν ἀποστρέφωνται,
αὐτοὶ δὲ ἐπ' ὀλίγον ἐνδεεῖς γενόμενοι
καὶ ξένης μετάσχωσι γεύσεως.
4 ⁴ἔδει γὰρ ἐκείνοις ἀπαραίτητον ἔνδειαν ἐπελθεῖν τυραννοῦσιν,
τούτοις δὲ μόνον δειχθῆναι πῶς οἱ ἐχθροὶ αὐτῶν ἐβασανίζοντο.

15 om και 1° AC | χρησεις ℵA | om εις 1° C | επιβασιν] a sup ras Aᵃ ℵAC 16 και] + ο ℵᶜᵃ | δεδανισμενος (-νεισμ. Bᵃᵘ)] δεδανισμενον ℵ* (νος ℵᶜᵃ) | αυτω] om ℵA | ομοιον. θεον] ανθρωπων πλασαι θν ομοιον ισχυει ℵ* αυτων ομ. ανθρωπος ισχ. πλ. θν ℵᶜᵃ ανθρωπων ομοιον ισχ. πλ. θν A (ανων ομοιων sup ras Aᵃ)   17 κρειττων] κρισσον ℵ κρισσων AC | σεβηματων A | om αυτου ℵ* (hab ℵᶜᵃ) | ων 2°] pr ανθ ℵ | εξησεν] ϛ sup ras Aᵃ | δε 2°] pr ο ℵ* (improb ο ℵ¹ postea ras)   18 συνκρινομενα ℵAC | εστιν ℵC XVI 2 ευεργετησας] ευηργετησεν ℵ* (-σαν ℵᶜᵃ) | εις] pr οις AC | γευσεως ℵ* (γευσειν ℵᶜᵃ)   3 τροφης ℵ | δειχθεισαν (διχθ. B* δειχθ. Bᵃᵇ)] χθεισαν ℵ* διχθ. ℵ¹ ειδεχθειαν C | επαποστρεφονται C | αυτοι] ουτοι ℵAC | μετασχωσιν ℵ* (-σι ℵᶜᵃ) AC   4 εκεινοις]+μεν BᵃᵇℵAC

XVI 5 ΣΟΦΙΑ ΣΑΛΩΜΩΝΟΣ

B ⁵καὶ γὰρ ὅτε αὐτοῖς δεινὸς ἐπῆλθεν θηρίων θυμός, 5
δήγμασίν τε σκολιῶν διεφθείροντο ὄφεων,
οὐ μέχρι τέλους ἔμεινεν ἡ ὀργή σου·
⁶εἰς νουθεσίαν δὲ πρὸς ὀλίγον ἐταράχθησαν, 6
σύμβολον ἔχοντες σωτηρίας, εἰς ἀνάμνησιν ἐντολῆς νόμου
σου·
⁷ὁ γὰρ ἐπιστραφεὶς οὐ διὰ τὸ θεωρούμενον ἐσώζετο, 7
ἀλλὰ διὰ σέ, τὸν πάντων σωτῆρα.
⁸καὶ ἐν τούτῳ δὲ ἔπεισας τοὺς ἐχθροὺς ἡμῶν, 8
ὅτι σὺ εἶ ὁ ῥυόμενος ἐκ παντὸς κακοῦ·
⁹οὓς μὲν γὰρ ἀκρίδων καὶ μυιῶν ἀπέκτεινεν δήγματα, 9
καὶ οὐχ εὑρέθη ἴαμα τῇ ψυχῇ αὐτῶν,
ὅτι ἄξιοι ἦσαν ὑπὸ τοιούτων κολασθῆναι·
¹⁰τοὺς δὲ υἱούς σου οὐδὲ ἰοβόλων δρακόντων ἐνίκησαν ὀδόντες, 10
τὸ ἔλεος γάρ σου ἀντιπαρῆλθεν καὶ ἰάσατο αὐτούς.
¹¹εἰς γὰρ ὑπόμνησιν τῶν λογίων σου ἐνεκεντρίζοντο, 11
καὶ ὀξέως διεσώζοντο,
ἵνα μὴ εἰς βαθεῖαν ἐμπεσόντες λήθην
ἀπερίσπαστοι γένωνται τῆς σῆς εὐεργεσίας.
¹²καὶ γὰρ οὔτε βοτάνη οὔτε μάλαγμα ἐθεράπευσεν αὐτούς, 12
ἀλλὰ ὁ σός, Κύριε, λόγος ὁ πάντα ἰώμενος.
¹³σὺ γὰρ ζωῆς καὶ θανάτου ἐξουσίαν ἔχεις, 13
καὶ κατάγεις εἰς πύλας ᾅδου καὶ ἀνάγεις.
¹⁴ἄνθρωπος δὲ ἀποκτέννει μὲν τῇ κακίᾳ αὐτοῦ, 14
ἐξελθὸν δὲ πνεῦμα οὐκ ἀναστρέφει,
οὐδὲ ἀναλύει ψυχὴν παραλημφθεῖσαν.

¹⁵Τὴν δὲ σὴν χεῖρα φυγεῖν ἀδύνατόν ἐστιν. 15
¹⁶ἀρνούμενοι γάρ σε εἰδέναι ἀσεβεῖς 16
ἐν ἰσχύι βραχίονός σου ἐμαστιγώθησαν,

ℵAC 5 τε] δε C | διεφθειροντο] εφθειροντο ℵ* (διεφθ ℵᶜᵃ) 6 εταραχθη ℵ*
(-χθησαν ℵᶜᵃ) | συμβουλον ℵA | νομον A | om σου ℵ 7 τον π. σω-
τηρα aliter legi vid in C 8 ημων] σου ℵ* (ημ ℵᶜᵃ) 9 om γαρ ℵ*
(hab ℵᶜᵃ) | απεκτινε ℵᶜᵃ | δηγματα] δηματα ℵ* (δηγμ ℵᶜᵃ⁽ᶠᵒʳᵗ⁾ᶜᶜ) | ευρεθη]
ευρη incep ℵ* (ευρεθ. ℵ¹) | τοιουτων] τουτων ℵ* (τοιουτ. ℵᶜᵃ) 10 γαρ
σου] σου γαρ ℵ | αντιπαρηλθε C | ιασατο] ιατο ℵ 11 ενεκεντριζοντο
ACᵛⁱᵈ | om ινα μη εις βαθειαν ℵ* (hab ινα μη εις βαθιαν ℵᶜᵃ) 12 αλλα]
αλλ C | λογος pr ο ℵ | παντας AC | ιωμενος] δυναμενος ℵᶜ¹ 14 δε 1°]
μεν ℵ* (δε ℵᶜᵃ) | αποκτενι ℵ | om μεν ℵ* (hab ℵᶜᵃ) | πνευμα] pr το ℵᶜᵃ |
αναλυσει ℵ 16 ιδενε C | ισχυι A

ΣΟΦΙΑ ΣΑΛΩΜΩΝΟΣ XVI 25

ξένοις ὑετοῖς καὶ χαλάζαις καὶ ὄμβροις διωκόμενοι ἀπαραιτήτοις B
καὶ πυρὶ καταναλισκόμενοι.

17 ¹⁷τὸ γὰρ παραδοξότατον, ἐν τῷ πάντα σβεννύντι ὕδατι
πλεῖον ἐνήργει τὸ πῦρ,
ὑπέρμαχος γὰρ ὁ κόσμος ἐστὶν δικαίων.

18 ¹⁸ποτὲ μὲν γὰρ ἡμεροῦτο φλόξ,
ἵνα μὴ καταφλέξῃ τὰ ἐπ' ἀσεβεῖς ἀπεσταλμένα ζῷα,
ἀλλ' αὐτοὶ βλέποντες εἰδῶσιν ὅτι θεοῦ κρίσει ἐλαύνονται·

19 ¹⁹ποτὲ δὲ καὶ μεταξὺ ὕδατος ὑπὲρ τὴν πυρὸς δύναμιν φλέγει,
ἵνα ἀδίκου γῆς γενήματα διαφθείρῃ·

20 ²⁰ἀνθ' ὧν ἀγγέλων τροφὴν ἐψώμισας τὸν λαόν σου,
καὶ ἕτοιμον ἄρτον αὐτοῖς ἀπ' οὐρανοῦ ἔπεμψας ἀκοπιάτως,
πᾶσαν ἡδονὴν ἰσχύοντα καὶ πρὸς πᾶσαν ἁρμόνιον γεῦσιν.

21 ²¹ἡ μὲν γὰρ ὑπόστασίς σου τὴν σὴν γλυκύτητα πρὸς τέκνα
ἐνεφάνισεν,
τῇ δὲ τοῦ προσφερομένου ἐπιθυμίᾳ ὑπηρετῶν
πρὸς ὅ τις ἐβούλετο μετεκιρνᾶτο.

22 ²²χιὼν δὲ καὶ κρύσταλλος ὑπέμεινε πῦρ καὶ οὐκ ἐτήκετο,
ἵνα γνῶσιν ὅτι τοὺς τῶν ἐχθρῶν καρποὺς
κατέφθειρε πῦρ φλεγόμενον ἐν τῇ χαλάζῃ
καὶ ἐν τοῖς ὑετοῖς διαστράπτον·

23 ²³τοῦτο πάλιν δ', ἵνα τραφῶσιν δίκαιοι,
καὶ τῆς ἰδίας ἐπιλελῆσθαι δυνάμεως.

24 ²⁴ἡ γὰρ κτίσις σοι τῷ ποιήσαντι ὑπηρετοῦσα
ἐπιτείνεται εἰς κόλασιν κατὰ τῶν ἀδίκων,
καὶ ἀνίεται εἰς εὐεργεσίαν ὑπὲρ τῶν εἰς σὲ πεποιθότων·

25 ²⁵διὰ τοῦτο καὶ τότε εἰς πάντα μεταλλευομένη

16 απαραιτητοις] απαρετητως C   17 παραδοξοτατον] α 3° sup ras ℵAC Aᵃ? | παντα] pr τα ℵ | πλειον] πλεον ℵC | εστιν ο κοσμος ℵ | δικαιοις A
18 ημερουτο] ειμερουτο B* (ιμ. Bᵇ) ℵ* (ημ. ℵᶜᵃ) | om ζωα ℵ* (hab ℵᶜᵃ) | αλλ] αλλα ℵ*AC αλλ ινα ℵᶜᵃ | om αυτοι ℵ* (hab ℵᶜᵃ) | ειδωσιν] ιδωσι ℵ | κρισει θῡ C | ελαυνωνται A   19 γεννηματα ℵA | διαφθειρη] καταφθειρη ℵA καταφθαρει C   20 αυτοις απ ουρανου επεμψας] απ ουρανου παρεσχες αυτοις ℵACᵛⁱᵈ | ακοπιαστως A | αρμονιαν ℵ   21 om σου C | προς τεκνα γλυκυτητα ενεφανιζεν ℵ προς τ. ενεφανιζεν γλ. A προς τ. ενεφανισεν γλ. C | τη] την ℵ* (ras ν ℵ?) | μετεκιρνατο] μετεκρινατον ℵᶜᵃ⁽ᵛⁱᵈ⁾ᶜᶜ   22 υπεμινεν ℵ υπεμενε A | γνωσιν] γνωμεν ℵᶜᵃ | εχθρων] εθνων A | φλεγομενον] φλεγον ℵ | εν τοις υετοις] ξενοις υ ℵᶜᵃ | διαστραπτεν C   23 παλιν δ] om δ ℵ δε παλιν AC | επιλελησται ℵAC   24 κτισις] κτησεις A | ποιησαντι]+αυτον C | om υπηρετουσα C | εις σε] επι σοι ℵAC   25 om εις παντα ℵ | μεταλλευομενη A

ΣΟΦΙΑ ΣΑΛΩΜΩΝΟΣ

τῇ παντοτρόφῳ σου δωρεᾷ ὑπηρετεῖ,
πρὸς τὴν τῶν δεομένων θέλησιν·
²⁶ἵνα μάθωσιν οἱ υἱοί σου, οὓς ἠγάπησας, Κύριε,
ὅτι οὐχ αἱ γενέσεις τῶν καρπῶν τρέφουσιν ἄνθρωπον,
ἀλλὰ τὸ ῥῆμά σου τοὺς σοὶ πιστεύοντας διατηρεῖ.
²⁷τὸ γὰρ ὑπὸ πυρὸς μὴ φθειρόμενον
ἁπλῶς ὑπὸ βραχείας ἀκτῖνος ἡλίου θερμαινόμενον ἐτήκετο,
²⁸ὅπως γνωστὸν ᾖ ὅτι δεῖ φθάνειν τὸν ἥλιον ἐπ' εὐχαριστίαν σου
καὶ πρὸς ἀνατολὴν φωτὸς ἐντυγχάνειν σοι.
²⁹ἀχαρίστου γὰρ ἐλπὶς ὡς χειμέριος πάχνη τακήσεται,
καὶ ῥυήσεται ὡς ὕδωρ ἄχρηστον.

¹Μεγάλαι γάρ σου αἱ κρίσεις καὶ δυσδιήγητοι·
διὰ τοῦτο ἀπαίδευτοι ψυχαὶ ἐπλανήθησαν.
²ὑπειληφότες γὰρ καταδυναστεύειν ἔθνος ἅγιον ἄνομοι,
δέσμιοι σκότους καὶ μακρᾶς πεδῆται νυκτὸς
κατακλεισθέντες ὀρόφοις, φυγάδες τῆς αἰωνίου προνοίας
ἔκειντο.
³λανθάνειν γὰρ νομίζοντες ἐπὶ κρυφαίοις ἁμαρτήμασιν,
ἀφεγγεῖ λήθης παρακαλύμματι
ἐσκορπίσθησαν, θαμβούμενοι δεινῶς
καὶ ἰνδάλμασιν ἐκταρασσόμενοι·
⁴οὐδὲ γὰρ ὁ κατέχων αὐτοὺς μυχὸς ἀφόβως διεφύλασσεν,
ἦχοι δ' ἐκταράσσοντες αὐτοὺς περιεκόμπουν,
καὶ φάσματα ἀμειδήτοις κατηφῆ προσώποις ἐνεφανίζετο.
⁵καὶ πυρὸς μὲν οὐδεμία βία κατίσχυεν φωτίζειν,
οὔτε ἄστρων ἔκλαμπροι φλόγες

ℵAC   25 δεομενων]+σου ℵᶜᵃ   26 μαθουσιν C | γενεσις ℵAC | καρπων] ανων A | ανθρωπον] pr τον ℵᶜᵃ   27 μη φθειρομενων] διαφθειρομενων ℵ* μη διαφθ. ℵᶜᵃ   28 ην] η ℵA | δει φθανειν] διαφθανιν ℵ* (improb a 1° ℵᶜᵃ) δει φθαννειν AC | επ] επι ℵ | om και C | προς ανατολην φωτος] προ ανατολης του φ. ℵᶜᵃ   29 χειμεριος Bᵃᵇ (χιμ. B*)] χειμερινη ℵA (χιμ.)   XVII 1 κρισις ℵ* (-σεις ℵᶜᶜ) A   2 επειληφοτες C | ανομον ℵ* (-μοι ℵᶜ ᵃ,ᶜ ᶜ) | δεσμιοις ℵ* (-μιοι ℵᶜᵃ) | πεδηται B   3 ληθη C | εσκορπισθησαν] διεσκορπισθησαν ℵ εσκοτισθησαν AC | ινδαλμασιν] adnot φαντασμασιν Bᵃᵐᵍ   4 μυχος] adnot ενδοτερον σκοτος Bᵃⁱⁿᵍ μοιχος ℵ* (μυχ. ℵᶜᵃ) μυθος A | μυχοσσαφ. C | αφοβους AC | διεφυλαττεν AC | ὁ εκταρασσοντες] δε καταρασσοντες Bᵃᵇ AC δε ταρασσοντες ℵ | κατειφη ℵ* (κατηφ. ℵᶜᵃ)   5 κατισχυε ℵ | φωτιζειν] φωτειν C | ουτε]+πυρογενις ℵᶜᵃ (-νεις ℵᶜ ᶜ)

ΣΟΦΙΑ ΣΑΛΩΜΩΝΟΣ XVII 15

καταυγάζειν ὑπέμενον τὴν στυγνὴν ἐκείνην νύκτα.

6 ⁶διεφαίνετο δ' αὐτοῖς μόνον
αὐτομάτη πυρὰ φόβου πλήρης,
ἐκδειματούμενοι δὲ τῆς μὴ θεωρουμένης ἐκείνης ὄψεως
ἡγοῦντο χείρω τὰ βλεπόμενα.

7 ⁷μαγικῆς δὲ ἐμπαίγματα κατέκειτο τέχνης,
καὶ τῆς ἐπὶ φρονήσει ἀλαζονίας ἔλεγχος ἐφύβριστος·

8 ⁸οἱ γὰρ ὑπισχνούμενοι δείματα καὶ ταραχὰς ἀπελαύνειν ψυχῆς
νοσούσης,
οὗτοι καταγέλαστον εὐλάβειαν ἐνόσουν.

9 ⁹καὶ γὰρ εἰ μηδὲν αὐτοὺς ταραχῶδες ἐφόβει,
κνωδάλων παρόδοις καὶ ἑρπετῶν συριγμοῖς ἐκσεσοβημένοι,

10 ¹⁰διώλλυντο ἔντρομοι
καὶ τὸν μηδαμόθεν φευκτὸν ἀέρα προσιδεῖν ἀρνούμενοι.

(10) 11 ¹¹δειλὸν γὰρ ἰδίως πονηρία μαρτυρεῖ καταδικαζομένη,
ἀεὶ δὲ προσείληφεν τὰ χαλεπὰ συνεχομένη τῇ συνειδήσει.

(11) 12 ¹²οὐθὲν γάρ ἐστιν φόβος εἰ μὴ προδοσία τῶν ἀπὸ λογισμοῦ
βοηθημάτων·

(12) 13 ¹³ἔνδοθεν δὲ οὖσα ἥττων ἡ προσδοκία
πλείονα λογίζεται τὴν ἄγνοιαν τῆς παρεχούσης τὴν βά-
σανον αἰτίας.

(13) 14 ¹⁴οἱ δὲ τὴν ἀδύνατον ὄντως νύκτα
καὶ ἐξ ἀδυνάτου ᾅδου μυχῶν ἐπελθοῦσαν
τὸν αὐτὸν ὕπνον κοιμώμενοι,

(14) 15 ¹⁵τὰ μὲν τέρασιν ἠλαύνοντο φαντασμάτων,
τὰ δὲ τῆς ψυχῆς παρελύοντο προδοσίᾳ·
αἰφνίδιος γὰρ αὐτοῖς καὶ ἀπροσδόκητος φόβος ἐπῆλθεν.

5 καταυγαζειν BᵃᵇℵᶜᵃAC] καταγαζειν B* καταγαυζειν ℵ* | υπεμενον] ℵAC επεμενον C   6 δ] δε ℵ¹ | πληρεις ℵ | εκδειματουμενοι] superscr εκφοβουμενοι Bᵃ εκδειμαντουμενοι C | δε] τε ℵ* (δε ℵᶜᵃ) A μεν C | της] τε incep ℵ* (της ℵ¹) | om μη A   7 κατεκειτο] κατεκιντο AC | επι] επιφερομενης ℵ* (επι ℵᶜᵃ) | αλαζονιας (-νειας Bᵃᵇ)] αλαζονια ℵ* (-νιας ℵᶜᵃ)   8 δειματα] διγματα C | ταραχας] καταρχας ℵ* (ταρ. ℵᶜᵃ) | ευλοβιαν ℵ* (ευλαβ. ℵᶜᵃ)   9 ταραχωδες] τερατωδες ℵ* | συρισμοις ℵ* (συριγμ ℵᶜᵃ) AC | εκσεσοβημενοι] εκπεφοβημενοι A   10 εντρομοι] εν τρομω C | τον] το ℵ* (τον ℵᶜᵃ) | αφευκτον ℵ* (φευκτ. ℵ¹ᶜᵃ)   11 om γαρ C | πονηρια]+ιδιω ℵᶜᵃ | μαρτυρει (-ρι ℵA)] μαρτυρια C | προσειληφεν] προειληφεν ℵᶜᵃ   12 ουθεν] ουδεν ℵA* (ουδε A*ᵛⁱᵈ) C | προδοσια] προσδοκια ℵ   13 ηττων]..των C (non ηττων) | η προσδοκια] om η C | λογιζεται] αναλογιζεται ℵ | την αγνοιαν] om την ℵ   15 ηλαυνετο ℵ* (-νοντο ℵᶜᵃ) | φοβος] pr ε ℵ* (improb ε ℵ¹) | επηλθεν] επεχυθη ℵ

XVII 16   ΣΟΦΙΑ ΣΑΛΩΜΩΝΟΣ

B ¹⁶εἶθ' οὕτως, ὃς δή ποτ' οὖν ἦν ἐκεῖ καταπίπτων,   16 (15)
    ἐφρουρεῖτο εἰς τὴν ἀσίδηρον εἱρκτὴν κατακλεισθείς
  ¹⁷εἴ τε γὰρ γεωργὸς ἦν τις ἢ ποιμὴν   17 (16)
    ἢ τῶν κατ' ἐρημίαν ἐργάτης μόχθων,
    προλημφθεὶς τὴν δυσάλυκτον ἔμενεν ἀνάγκην.
  ¹⁸μιᾷ γὰρ ἁλύσει σκότους πάντες ἐδέθησαν.   18 (17)
    εἴ τε πνεῦμα συρίζον,
¶ C ἢ περὶ ἀμφιλαφεῖς κλάδους ὀρνέων ἦχος εὐμελής,¶
    ἢ ῥυθμὸς ὕδατος πορευομένου βίᾳ,
  ¹⁹ἢ κτύπος ἀπηνὴς καταριπτομένων πετρῶν,   19 (18)
    ἢ σκιρτώντων ζῴων δρόμος ἀθεώρητος,
    ἢ ὠρυομένων ἀπηνεστάτων θηρίων φωνή,
    ἢ ἀντανακλωμένη ἐκ κοιλότητος ὀρέων ἠχώ,
    παρέλυσεν αὐτοὺς ἐκφοβοῦντα.
  ²⁰ὅλος γὰρ ὁ κόσμος λαμπρῷ κατελάμπετο φωτί,   20 (19)
    καὶ ἀνεμποδίστοις συνείχετο ἔργοις·
  ²¹μόνοις δὲ ἐκείνοις ἐπέτατο βαρεῖα νύξ,   21 (20)
    εἰκὼν τοῦ μέλλοντος αὐτοὺς διαδέχεσθαι σκότους,
    ἑαυτοῖς δὲ ἦσαν βαρύτεροι σκότους.
  ¹τοῖς δὲ ὁσίοις σου μέγιστον ἦν φῶς.   1 XVIII
    ὧν φωνὴν ἀκούοντες μορφὴν δὲ οὐχ ὁρῶντες,
    ὅτι μὲν οὖν κἀκεῖνοι ἐπεπόνθεισαν, ἐμακάριζον
  ²ὅτι δ' οὐ βλάπτουσιν προηδικημένοι, εὐχαριστοῦσιν.   2
    καὶ τοῦ διενεχθῆναι χάριν ἐδέοντο.
  ³ἀνθ' ὧν πυριφλεγῆ στῦλον,   3
    ὁδηγὸν μὲν ἀγνώστου ὁδοιπορίας,
    ἥλιον δὲ ἀβλαβῆ φιλοτίμου ξενιτείας παρέσχες.
  ⁴ἄξιοι μὲν γὰρ ἐκεῖνοι στερηθῆναι φωτὸς καὶ φυλακισθῆναι σκότει,   4

ℵAC   16 ειρκτην] τῇ| non inst B^b   17 ην τις η] τις ην ℵ*C τις ην η ℵ^ca |
ερημιας ℵ | δυσαλυκτον] adnot δυσφευκτον B^amg δυσαληκτον ℵ* (-λυκτον ℵ^ca
postea restit -ληκτον) A sup ras rescr aliq C¹   18 συριζον] διασυριζον
ℵ* (improb δια ℵ^c) | αμφιλαφεις] αμφις ℵ* (-φιλαφις ℵ^ca,cc) | ορνεων] pr
η A   19 ζωων] incep τ ℵ* (improb τ ℵ¹) | απηνεστατων θηριων] θηριων
απηνεστατων ℵ απηνεστατος θηριων A | παρελυεν A | εκφοβουντα] εκφο-
βουσα ℵ^cc   21 εκεινοις] επκεινοις ℵ* (improb π ℵ¹ postea ras) | επε-
τατο] επεκειτο ℵ | αυτους] αυτου ℵ* (-τους ℵ^ca)   XVIII 1 ων] ην ℵ^ca |
φωνην]+μεν B^abℵA | ουν] ου A   2 δ] δε B^abℵ^caA | βλαπτουσιν (-σι A)]
βλαστουσιν ℵ* βλεπουσιν ℵ^ca | ηυχαριστουν A | εδεοντο] οδοντων ℵ* (εδ. ℵ^ca)
3 οδηγον] ολιγον ℵ* (οδ. ℵ^ca) | φιλοτιμου ξενιτειας (-τιας B*A -τειας B^ab)]
φιλοτιμιας ℵ* (φ. ξεν. ℵ^ca) | παρεσχες ℵ* (-σχες ℵ^ca)   4 εκεινου A |
σκοτει] pr εν B^ab σκοτους ℵ* (-τει ℵ^ca(vid)cc)

638

ΣΟΦΙΑ ΣΑΛΩΜΩΝΟΣ XVIII 15

οἱ κατακλείστους φυλάξαντες τοὺς υἱούς σου,
δι' ὧν ἤμελλεν τὸ ἄφθαρτον νόμου φῶς τῷ αἰῶνι δίδοσθαι.
5 ⁵βουλευσαμένους αὐτοὺς τὰ τῶν ὁσίων ἀποκτεῖναι νήπια,
καὶ ἑνὸς ἐκτεθέντος τέκνου καὶ σωθέντος,
εἰς ἔλεγχον τὸ αὐτῶν ἀφεῖλω πλῆθος τέκνων,
καὶ ὁμοθυμαδὸν ἀπώλεσας ἐν ὕδατι σφοδρῷ·
6 ⁶ἐκείνη ἡ νὺξ προεγνώσθη πατράσιν ἡμῶν,
ἵνα ἀσφαλῶς εἰδότες οἷς ἐπίστευσαν ὅρκοις ἐπευθυμήσωσιν.
7 ⁷προσεδέχθη ὑπὸ λαοῦ σου
σωτηρία μὲν δικαίων, ἐχθρῶν δὲ ἀπωλία·
8 ⁸ὡς γὰρ ἐτιμωρήσω τοὺς ὑπεναντίους,
τούτῳ ἡμᾶς προσκαλεσάμενος ἐδόξασας.
9 ⁹κρυφῇ γὰρ ἐθυσίαζον ὅσιοι παῖδες ἀγαθῶν,
καὶ τὸν τῆς θειότητος νόμον ἐν ὁμονοίᾳ διέθεντο,
τῶν αὐτῶν ὁμοίως καὶ ἀγαθῶν
καὶ κινδύνων μεταλήμψεσθαι τοὺς ἁγίους,
πατέρων ἤδη προαναμελπόντων αἴνους.
10 ¹⁰ἀντήχει δ' ἀσύμφωνος ἐχθρῶν ἡ βοή,
καὶ οἰκτρὰ διεφέρετο θρηνουμένων παίδων.
11 ¹¹ὁμοίᾳ δὲ δίκῃ δοῦλος ἅμα δεσπότῃ κολασθείς,
καὶ δημότης βασιλεῖ τὰ αὐτὰ πάσχων
12 ¹²ὁμοθυμαδὸν δὲ πάντες ἐν ἑνὶ ὀνόματι θανάτου
νεκροὺς εἶχον ἀναριθμήτους·
οὐδὲ γὰρ πρὸς τὸ θάψαι οἱ ζῶντες ἦσαν ἱκανοί,
ἐπεὶ πρὸς μίαν ῥοπὴν ἡ ἐντιμοτέρα γένεσις αὐτῶν διεφθάρη.
13 ¹³πάντα γὰρ ἀπιστοῦντες διὰ τὰς φαρμακείας,
ἐπὶ τῷ τῶν πρωτοτόκων ὀλέθρῳ ὡμολόγησαν θεοῦ υἱὸν λαὸν εἶναι.
14 ¹⁴ἡσύχου γὰρ σιγῆς περιεχούσης τὰ πάντα

4 φυλαξαντες] φυλασσοντες ℵ | εμελλεν ℵ | φωτος ℵ* (φως ℵ^(c a))   **5** αυ- ℵA τους] pr δ A | αποκτειναι] αποκτεινειν ℵ* (-κτιναι ℵ^(c a)) | το] om ℵ^(1 c a) τον A | αφειλω] αφιλου A | και 2°] τους δε εχθρους του λαου ℵ* (και ℵ^(c a))   **6** επευθυμησωσιν] επιθυμησωσιν ℵ   **7** προσεδεχθη] προσδεχθη δε A | απωλεια B^(ab)   **9** om οσιοι A | θειοτητος] οσιοτητος ℵ | om και 2° ℵ^(c a) | πατερων] πατερ ℵ^(c a, c c) | προαναμελποντες ℵ^(c a)A .   **10** δ] δε A | η βοη] om η ℵ^(c a)A | διεφερετο] διεφενετο A | θρηνουμενων] pr φωνη ℵA   **11** βασιλεια ℵ* (-λει ℵ^(c a)) | τα αυτα] ταυτα ℵ   **12** ομοθυμαδον] ομοθυμο incep ℵ* (improb ο 3° ℵ¹) | om δε ℵ* (hab ℵ^(c.a)) | improb εν ℵ^(c a) | η εντιμοτερα] om η ℵ* (hab ℵ^(c a)) | διεφθαρη] διεφθαρτο ℵA   **13** φαρμακιας ℵA

ΣΟΦΙΑ ΣΑΛΩΜΩΝΟΣ XVIII 15

B   καὶ νυκτὸς ἐν ἰδίῳ τάχει μεσαζούσης τὰ πάντα,
¹⁵ὁ παντοδύναμός σου λόγος ἀπ' οὐρανῶν ἐκ θρόνων βασιλείων
ἀπότομος πολεμιστὴς εἰς μέσον τῆς ὀλεθρίας ἥλατο γῆς·
¹⁶ξίφος ὀξὺ τὴν ἀνυπόκριτον ἐπιταγήν σου φέρων,
καὶ στὰς ἐπλήρωσεν τὰ πάντα θανάτου·
καὶ οὐρανοῦ μὲν ἥπτετο, βεβήκει δ' ἐπὶ γῆς.
¹⁷τότε παραχρῆμα φαντασίαι μὲν ὀνείρων
δεινῶς ἐξετάραξαν αὐτούς,
φόβοι δὲ ἐπέστησαν ἀδόκητοι,
¹⁸καὶ ἄλλος ἀλλαχῇ ῥιφεὶς ἡμίθνητος
δι' ἣν ἔθνησκεν αἰτίαν ἐνεφάνιζεν·
¹⁹οἱ γὰρ ὄνειροι θορυβήσαντες αὐτοὺς τοῦτο προεμήνυσαν,
ἵνα μὴ ἀγνοοῦντες δι' ὃ κακῶς πάσχουσιν ἀπόλωνται.

²⁰Ἥψατο δὲ καὶ δικαίων πεῖρα θανάτου,
καὶ θραῦσις ἐν ἐρήμῳ ἐγένετο πλήθους·
ἀλλ' οὐκ ἐπὶ πολὺ ἔμεινεν ἡ ὀργή.
²¹σπεύσας γὰρ ἀνὴρ ἄμεμπτος προεμάχησεν,
τὸ τῆς ἰδίας λειτουργίας ὅπλον
προσευχὴν καὶ θυμιάματος ἐξιλασμὸν κομίσας·
ἀντέστη τῷ θυμῷ καὶ πέρας ἐπέθηκε τῇ συμφορᾷ,
δεικνὺς ὅτι σός ἐστιν θεράπων.
²²ἐνίκησεν τὸν ὄχλον οὐκ ἰσχύι τοῦ σώματος, οὐχ ὅπλων ἐνεργείᾳ,
ἀλλὰ λόγῳ τὸν κολάζοντα ὑπέταξεν,
ὅρκους πατέρων καὶ διαθήκας ὑπομνήσας.
²³σωρηδὸν γὰρ ἤδη πεπτωκότων ἐπ' ἀλλήλων νεκρῶν,
μεταξὺ στὰς ἀνέκοψε τὴν ὀργὴν
καὶ διέσχισεν τὴν πρὸς τοὺς ζῶντας ὁδόν.

§ C   ^{§24}ἐπὶ γὰρ ποδήρους ἐνδύματος ἦν ὅλος ὁ κόσμος,
καὶ πατέρων δόξαι ἐπὶ τετραστίχου λίθου γλυφῆς,

ℵAC   14 om τα παντα (2°) B^{ab}ℵA   16 επιταγην] υποταγην A | δ επι] δε ℵ* (δ επι ℵ^{c a}) δε επι A   17 δεινων ℵA   18 ριφεις] ριφθις A | εθνησκον ℵ* (-σκεν ℵ^{c a}) A | ενεφανιζο| A   19 om τουτο ℵ | προσεμηνυσαν A   20 δικαιων]+τοτε ℵ*+ποτε ℵ^{c a} | πειρα] a sup ras A^a | η οργη]+σου ℵ* (improb ℵ^{c a})   21 προσευχης ℵ^{c a} | τω θυμω] om τω ℵ* (hab τω ℵ^{c a}) | επεθηκεν ℵA | δεικνυς A   22 ενικησεν]+δε B^{ab}ℵA | ενεργια B* fort (-γεια B^a)   23 σωρηδον] adnot ἀναριθμή|των ὥσπερ| σωρός B^{amg} | πεπτωκοτων] ε sup ras A^{a?} | ανεκοψεν ℵ | διεσχισεν] διεκοψεν ℵ^{c a}   24 τετραστ....C | λιθων AC | γλυφη ℵ* (-φης ℵ^{c a})

ΣΟΦΙΑ ΣΑΛΩΜΩΝΟΣ XIX 9

καὶ μεγαλωσύνη σου ἐπὶ διαδήματος κεφαλῆς αὐτοῦ.
25 ²⁵τούτοις εἶξεν ὁ ὀλοθρεύων, ταῦτα δὲ ἐφοβήθησαν·
ἦν γὰρ μόνη ἡ πεῖρα τῆς ὀργῆς ἱκανή.

XIX 1 ¹Τοῖς δὲ ἀσεβέσιν μέχρι τέλους ἀνελεήμων θυμὸς ἐπέστη·
προῄδει γὰρ αὐτῶν καὶ τὰ μέλλοντα,
2 ²ὅτι αὐτοὶ ἐπιστρέψαντες τοῦ ἀπεῖναι
καὶ μετὰ σπουδῆς προπέμψαντες αὐτούς,
διώξουσιν μεταμεληθέντες.
3 ³ἔτι γὰρ ἐν χερσὶν ἔχοντες τὰ πένθη
καὶ προσοδυρόμενοι τάφοις νεκρῶν,
ἕτερον ἐπεσπάσαντο λογισμὸν ἀνοίας,
καὶ οὓς ἱκετεύοντες ἐξέβαλον, τούτους ὡς φυγάδας ἐδίωκον.
4 ⁴εἷλκεν γὰρ αὐτοὺς ἡ ἀξία ἐπὶ τοῦτο πέρας ἀνάγκη,
καὶ τῶν συμβεβηκότων ἀμνηστίαν ἐνέβαλεν,
ἵνα τὴν λείπουσαν ταῖς βασάνοις προαναπληρώσωσιν κόλασιν,
5 ⁵καὶ ὁ μὲν λαός σου παράδοξον ὁδοιπορίαν πειράσῃ,
ἐκεῖνοι δὲ ξένον εὕρωσι θάνατον.
6 ⁶ὅλη γὰρ ἡ κτίσις ἐν ἰδίῳ γένει πάλιν ἄνωθεν διετυποῦτο,
ὑπηρετοῦσα ταῖς ἰδίαις ἐπιταγαῖς,
ἵνα οἱ σοὶ παῖδες φυλαχθῶσιν ἀβλαβεῖς.
7 ⁷ἡ τὴν παρεμβολὴν σκιάζουσα νεφέλη,
ἐκ δὲ προϋφεστῶτος ὕδατος ξηρᾶς ἀνάδυσις γῆς ἐθεωρήθη,
ἐξ ἐρυθρᾶς θαλάσσης ὁδὸς ἀνεμπόδιστος,
καὶ χλοηφόρον πεδίον ἐκ κλύδωνος βιαίου·
8 ⁸δι᾽ οὗ πανεθνεὶ διῆλθον οἱ τῇ σῇ σκεπαζόμενοι χειρί,
θεωρήσαντες θαυμαστὰ τέρατα.
9 ⁹ὡς γὰρ ἵπποι ἐνεμήθησαν
καὶ ὡς ἀμνοὶ διεσκίρτησαν,
αἰνοῦντές σε, Κύριε, τὸν ῥυόμενον αὐτούς·

24 μεγαλωσυνη] pr η ℵ^{c a}   25 ολεθρευων AC | om δε ℵ* (hab ℵ^{c a}) | ℵAC εφοβηθη ℵ^{c a}A | οργης]+σου ℵ   XIX 1 ασεβεσι A   2 επεστρεψαντες ℵ* (επιστρ. ℵ^{1 (vid)}) επιτρ ℵ^{c a}A   3 om ανοιας ℵ* (hab ℵ^{c a})
4 περας] pr το AC | αμνηστειαν B* (-τιαν B^b) | ενεβαλεν] εβαλεν C | λιπουσαν ℵ ειπουσαν A* (λειπ. A¹) | προσαναπληρωσουσιν ℵ προσαναπληρωσωσι AC (σῖ|)   5 οδοιπορειαν B* (-ριαν B^b) | περαση B^{ab}A | ευρωσιν ℵ   6 γενει] adnot ταχι ℵ^{c a} | ιδιαις] σαις ℵA | αβλαβις ℵ* (-βεις ℵ^{c c})   7 τη την π. σκιαζουση A | δε] γαρ ℵ^{c a} | εθεωρηθη Bℵ^{c a}C] εθεωρειτο ℵ*A (-ριτο) | εξ] pr και ℵ^{c a}   8 δι η ℵ⁺ (δι ου ℵ¹) | πανεθνει] παν εθνος B^{ab}ℵ* (πανεθνι ℵ^{c a}) AC | θεωρησαντας A   9 διε........ C | ρυσαμενον AC

ΣΟΦΙΑ ΣΑΛΩΜΩΝΟΣ

B ¹⁰ἐμέμνηντο γὰρ ἔτι τῶν ἐν τῇ παροικίᾳ αὐτῶν, 10
πῶς ἀντὶ μὲν γενέσεως ζῴων ἐξήγαγεν ἡ γῆ σκνῖπα,
ἀντὶ δὲ ἐνύδρων ἐξηρεύξατο ὁ ποταμὸς πλῆθος βατράχων.
¹¹ἐφ' ὑστέρῳ δὲ εἶδον καὶ νέαν γένεσιν ὀρνέων, 11
ὅτε ἐπιθυμίᾳ προαχθέντες ᾐτήσαντο ἐδέσματα τρυφῆς·
¹²εἰς γὰρ παραμυθίαν ἀνέβη αὐτοῖς ἀπὸ θαλάσσης ὀρτυγο- 12
μήτρα,
¹³καὶ αἱ τιμωρίαι τοῖς ἁμαρτωλοῖς ἐπῆλθον, 13
οὐκ ἄνευ τῶν γεγονότων τεκμηρίων τῇ βίᾳ τῶν κεραυνῶν·
δικαίως γὰρ ἔπασχον ταῖς ἰδίαις αὐτῶν πονηρίαις,
⁽¹³⁾καὶ γὰρ χαλεπωτέραν μισοξενίαν ἐπετήδευσαν.
¹⁴οἱ μὲν γὰρ τοὺς ἀγνοοῦντας οὐκ ἐδέχοντο παρόντας, 14
οὗτοι δὲ εὐεργέτας ξένους ἐδουλοῦντο.
¹⁵καὶ οὐ μόνον, ἀλλ' ἤ τις ἐπισκοπὴ ἔσται αὐτῶν, 15 (14)
ἐπεὶ ἀπεχθῶς προσεδέχοντο τοὺς ἀλλοτρίους·
¹⁶οἱ δὲ μετὰ ἑορτασμάτων 16 (15)
εἰσδεξάμενοι τοὺς ἤδη τῶν αὐτῶν μετεσχηκότας δικαίων
δεινοῖς ἐκάκωσαν πόνοις.
¹⁷ἐπλήγησαν δὲ καὶ ἀορασίᾳ, 17 (16)
ὥσπερ ἐκεῖνοι ἐπὶ ταῖς τοῦ δικαίου θύραις,
ὅτε ἀχανεῖ περιβληθέντες σκότει
ἕκαστος τῶν αὐτοῦ θυρῶν τὴν δίοδον ἐζήτει.
¹⁸δι' ἑαυτῶν γὰρ τὰ στοιχεῖα μεθαρμοζόμενα, 18 (17)
ὥσπερ ἐν ψαλτηρίῳ φθόγγοι τοῦ ῥυθμοῦ τὸ ὄνομα
διαλλάσσουσιν,
πάντοτε μένοντα ἤχῳ,
ὅπερ ἐστὶν εἰκάσαι ἐκ τῆς τῶν γεγονότων ὄψεως ἀκριβῶς.
¹⁹χερσαῖα γὰρ εἰς ἔνυδρα μετεβάλλετο, 19 (18)
καὶ νηκτὰ μετέβαινεν ἐπὶ γῆς

ℵAC 10 om μεν C | η γη] om η C | σκνιπα B^b (σκνειπα B*)] σκνιφα ℵ* σκνιφας ℵ^(c a)A (ras 1 vel 2 litt post φ A') σκν... C | ανυδρων A | εξηρευξατο] εξηρευσατο A εξηρευ . C | πληθος βατραχων] βατραχους ℵ* (-χων ℵ^(c a) pr πληθος ℵ^(1 a* mg)) 11 ιδον AC | γενεσιν νεαν A 12 ανεβη αυτοις απο θαλασσης] εκ θαλ. ανεβη αυτοις ℵ 13 γεγονοτων] προγεγονοτων ℵAC | των κεραυνων] om των ℵ^(c a) | πονηριαις αυτων ℵ | om γαρ 2° ℵ 14 γαρ τους] αρτους C^(vid) | ουτοι] αυτοι C 15 αλλ] αλλα C 16 om των αυτων ℵ | δικαιων] pr των ℵ 17 αυτου] εαυτου AC 18 γαρ] δε C | στοιχεια μεθαρμοζομενα] ιχεια μεθαρμο sup ras A^a | διαλασσουσιν ℵ | παντοτε] παντα ℵ^(c a) | ηχω] pr εν ℵ^(c a) | οψεως] s sup ras A^a 19 ενυδρα] ενεδρα ℵ* (ενυδρα ℵ^(c a)) | μεταβαλλετο C | επι γης] εις γην ℵ* (επι γης ℵ^(c a))

ΣΟΦΙΑ ΣΑΛΩΜΩΝΟΣ   XIX 22

(19) 20 ^{20}πῦρ ἴσχυσεν ἐν ὕδατι τῆς ἰδίας δυνάμεως,   B
          καὶ ὕδωρ τῆς σβεστικῆς δυνάμεως ἐπελανθάνετο·
(20) 21 ^{21}φλόγες ἀνάπαλιν εὐφθάρτων ζώων
          οὐκ ἐμάραναν σάρκας ἐμπεριπατούντων,
          οὐδὲ τηκτὸν εὔτηκτον κρυσταλλοειδὲς γένος ἀμβροσίας
          τροφῆς.

  22   ^{22}Κατὰ πάντα γάρ, Κύριε, ἐμεγάλυνας τὸν λαόν σου καὶ
          ἐδόξασας,
          καὶ οὐχ ὑπερεῖδες ἐν παντὶ καιρῷ καὶ τόπῳ παριστά-
          μενος.

20 ισχυεν ℵAC | δυναμεως 1°]+επιλελησμενον AC | τησβεστικης A | δυνα- ℵAC μεως 2°] φυσεως ℵAC   **21** ενπεριπατουντων A | κρυσταλλοειδες ευτηκτον B^{a}ℵAC | αμβροσιας] adnot θειας B^{amg} | τρυφης ℵ* (τροφ. ℵ$^{c\,a}$)   **22** κατα-[παντ]απαντα C*^{vid} (ras παντ 1° C^a) | om και 2° C | υπεριδες C | τοπω] το πρωι ℵ* (τοπω ℵ$^{c\,afort}$ postea ras omnia ℵ') | παρισταμενος] περισταμε[νος] C

Subscr σοφια Σαλωμωνος B σ. Σαλομωντος ℵ σ. Σολομωνος A σ. Σολομωντος C

Stich 1124 B 1121 ℵ 1092 A

ΣΟΦΙΑ ΣΕΙΡΑΧ

προλογος

B   ΠΟΛΛΩΝ καὶ μεγάλων ἡμῖν διὰ τοῦ νόμου καὶ τῶν προφητῶν καὶ 1
τῶν ἄλλων τῶν κατ' αὐτοὺς ἠκολουθηκότων δεδομένων, ὑπὲρ ὧν δέον ἐστὶν
ἐπαινεῖν τὸν Ἰσραὴλ παιδείας καὶ σοφίας καὶ ὡς οὐ μόνον αὐτοὺς τοὺς
ἀναγινώσκοντας δέον ἐστὶν ἐπιστήμονας γίνεσθαι, ἀλλὰ καὶ τοῖς ἐκτὸς δύ-
νασθαι τοὺς φιλομαθοῦντας χρησίμους εἶναι καὶ λέγοντας καὶ γράφοντας· 5
ὁ πάππος μου Ἰησοῦς ἐπὶ πλεῖον ἑαυτὸν δοὺς εἴς τε τὴν τοῦ νόμου καὶ τῶν
προφητῶν καὶ τῶν ἄλλων πατρίων βιβλίων ἀνάγνωσιν, καὶ ἐν τούτοις ἱκανὴν
ἕξιν περιποιησάμενος, προήχθη καὶ αὐτὸς συγγράψαι τι τῶν εἰς παιδείαν καὶ
σοφίαν ἀνηκόντων, ὅπως οἱ φιλομαθεῖς καὶ τούτων ἔνοχοι γενόμενοι πολλῷ
μᾶλλον ἐπιπροσθῶσιν διὰ τῆς ἐννόμου βιώσεως. παρακέκλησθε οὖν μετ' εὐ- 10
νοίας καὶ προσοχῆς τὴν ἀνάγνωσιν ποιεῖσθαι, καὶ συγγνώμην ἔχειν ἐφ' οἷς
ἂν δοκῶμεν τῶν κατὰ τὴν ἑρμηνείαν πεφιλοπονημένων τισὶ τῶν λέξεων ἀδυ-
ναμεῖν· οὐ γὰρ ἰσοδυναμεῖ αὐτὰ ἐν ἑαυτοῖς Ἑβραϊστὶ λεγόμενα καὶ ὅταν
μεταχθῇ εἰς ἑτέραν γλῶσσαν· οὐ μόνον δὲ ταῦτα, ἀλλὰ καὶ αὐτὸς ὁ νόμος
καὶ αἱ προφητεῖαι καὶ τὰ λοιπὰ τῶν βιβλίων οὐ μικρὰν ἔχει τὴν διαφο- 15
ρὰν ἐν ἑαυτοῖς λεγόμενα. ἐν γὰρ τῷ ὀγδόῳ καὶ τριακοστῷ ἔτει ἐπὶ τοῦ
Εὐεργέτου βασιλέως παραγενηθεὶς εἰς Αἴγυπτον καὶ συνχρονίσας, εὗρον οὐ
μικρᾶς παιδείας ἀφόμοιον. ἀναγκαιότατον ἐθέμην αὐτὸς προσενέγκασθαί
τινα σπουδὴν καὶ φιλοπονίαν τοῦ μεθερμηνεῦσαι τήνδε τὴν βίβλον· πολλὴν
γὰρ ἀγρυπνίαν καὶ ἐπιστήμην προσενεγκάμενος ἐν τῷ διαστήματι τοῦ χρό- 20
νου πρὸς τὸ ἐπὶ πέρας ἄγοντα τὸ βιβλίον ἐκδόσθαι καὶ τοῖς ἐν τῇ παροικίᾳ
βουλομένοις φιλομαθεῖν, προκατασκευαζομένους τὰ ἤθη ἐν νόμῳ βιοτεύειν.

ℵAC   Inscr προλογος BA πρ Σιραχ C deest in ℵ   2 ακολουθηκοτων C | δεδομενων] δεομε-
νων ℵ   3 παιδιας ℵAC   4 γενεσθαι ℵC   5 om και 1° ℵ   6 πλεον ℵ | του
νομου] om του A   7 αλλων]+των δεοντων ℵ | ικανον εστιν ℵ* (ικανην εξιν ℵc.a)
8 περιποιησαμενον ℵ | περιοσηχθην ℵ* (προηχθη ℵ') | συνγραψαι ℵAC | om τι ℵ | των] pr
περι ℵ | παιδιαν ℵAC   9 τουτων] pr οι ℵ* (om ℵc.a) | ενοχοι] ενηχοι ℵc.a A
10 επιπροσθωσιν] ετι προσθησουσιν ℵ | εκ νομου ℵ* (εννομου ℵc.a)   10—12 βιω-
σεως . των κατα τ[ην] perier in C   10 παρακεκλησθαι ℵA   11 ποιεισθε B | συν-
γνωμην ℵA   12 αν] εαν ℵ | ερμηνειαν B*A (ερμηνειαν Bab ℵ) ηρμενειαν C | τισιν ℵc.a |
om αδυναμειν B* ℵ* (hab αδυναμει Bab mg -μιν ℵc.a AC)   14 ταυτα αλλα] τα α sup ras
Aa   15 αι προφηται ℵA οι προφηται C   16 om εν 1° ℵ | γαρ] δε ℵ* (γαρ ℵc.a)
17 παραγενηθεις] αναγενηθεις ℵ* (παραγειηθ ℵc.a) | εις] κατ ℵ* (εις ℵc.a) | συγχρονισας
Bb (?C) συγχρονισας A   18 παιδιας ℵAC (post π distinx A) | αναγκαιοτατον]+ουν
ℵC | εθεμην] προεθμην ℵ* (εθ ℵc.a) | αυτος] και αυτ εγω ℵ* και αυτος ℵc.a AC | προσενεγκα-
σθαι τινα] om τινα ℵ* (hab ℵc.a) τινα προσενεγκ ACvid   19 om τηνδε A   20 om
γαρ A | om και C   21 προς] εις ℵc.a | αγοντα] αγαγοντας ℵ* αγαγοντα ℵc.a AC | τον
βιβλιον B* (το β Bab)   22 προκατασκευαζομενους Bℵc.a AC*] προκατασκευαζοντας
ℵ* προκατασκευαζομενοις Cavid | εν νομω] εννομως ACc (εν νομω Ca(vid)) | βιωτευειν ℵC
Subscr προλογος B deest in ℵAC

ΣΟΦΙΑ ΣΕΙΡΑΧ

I 1 ΠΑΣΑ σοφία παρὰ Κυρίου, καὶ μετ' αὐτοῦ ἐστιν εἰς τὸν αἰῶνα. B

2 ²ἄμμον θαλασσῶν καὶ σταγόνας ὑετοῦ καὶ ἡμέρας αἰῶνος τίς ἐξαριθμήσει;

3 ³ὕψος οὐρανοῦ καὶ πλάτος γῆς καὶ ἄβυσσον καὶ σοφίαν τίς ἐξιχνιάσει;

4 ⁴προτέρα πάντων ἔκτισται σοφία, καὶ σύνεσις φρονήσεως ἐξ αἰῶνος.

6 ⁶ῥίζα σοφίας τίνι ἀπεκαλύφθη; καὶ τὰ πανουργεύματα αὐτῆς τίς ἔγνω;

8 ⁸εἷς ἐστὶν σοφός, φοβερὸς σφόδρα, καθήμενος ἐπὶ τοῦ θρόνου αὐτοῦ.

9 Κύριος ⁹αὐτὸς ἔκτισεν αὐτήν, καὶ ἴδεν καὶ ἐξηρίθμησεν αὐτήν,

(10) καὶ ἐξέχεεν αὐτὴν ἐπὶ πάντα τὰ ἔργα αὐτοῦ,

10 ¹⁰μετὰ πάσης σαρκὸς κατὰ τὴν δόσιν αὐτοῦ, καὶ ἐχορήγησεν αὐτὴν τοῖς ἀγαπῶσιν αὐτόν.

11 ¹¹φόβος Κυριου δόξα καὶ καύχημα καὶ εὐφροσύνη καὶ στέφανος ἀγαλλιάματος.

12 ¹²φόβος Κυρίου τέρψει καρδίαν, καὶ δώσει εὐφροσύνην καὶ χαρὰν καὶ μακροημέρευσιν.

13 ¹³τῷ φοβουμένῳ τὸν κύριον εὖ ἔσται ἐπ' ἐσχάτων, καὶ ἐν ἡμέρᾳ τελευτῆς αὐτοῦ εὑρήσει χάριν.

(16) 14 ¹⁴ἀρχὴ σοφίας φοβεῖσθαι τὸν θεόν, καὶ μετὰ πιστῶν ἐν μήτρᾳ συνεκτίσθη αὐτοῖς·

15 ¹⁵καὶ μετὰ ἀνθρώπων θεμέλιον αἰῶνος ἐνόσσευσεν,

Inscr σοφια Σειραχ B σ. Ιησου υιου Σειραχ ℵ σ. Ι. υιου Σιραχ AC ℵAC I 1—2 omnia evan in C | 2 ημεραν ℵ* (-ρας ℵ^{c a}) | 3 ουρανου] υρανου ℵ* (ουρ. ℵ^{c a, c c} A^a) | τις εξ sup ras B^{v vid} | 6 πανουργηματα ℵAC | 9 ειδεν ℵC | 10 εχορηγησεν] ε[χορηγει] C^{vid} | 11 ευφροσυνη αγαλλιαματος] δωσει ευφροσυνην και χαραν και μακροημερευσιν C | 13 εσχατω ℵ* (-των ℵ^{c a}) | ευρησει χαριν] ευλογηθησεται ℵAC^{vid} | 14 φοβεισθαι (-σθε B* -σθαι B^{ab}: item 16, 20) τον θεον] φοβεισθαι τον κ̄ν̄ ℵA φοβος κ̄[ῡ] C | 15 om και 1° ℵA

ΣΟΦΙΑ ΣΕΙΡΑΧ

E καὶ μετὰ τοῦ σπέρματος αὐτῶν ἐμπιστευθήσεται.
¹⁶ πλησμονὴ σοφίας φοβεῖσθαι τὸν κύριον, 16 (20)
    καὶ μεθύσκει αὐτοὺς ἀπὸ τῶν καρπῶν αὐτῆς·
¹⁷ πάντα τὸν οἶκον αὐτῆς ἐμπλήσει ἐπιθυμημάτων, 17 (21)
    καὶ τὰ ἀποδοχεῖα ἀπὸ τῶν γενημάτων αὐτῆς.
¹⁸ στέφανος σοφίας φόβος Κυρίου, 18 (22)
    ἀναθάλλων εἰρήνην καὶ ὑγείαν ἰάσεως.
¹⁹ καὶ εἶδεν καὶ ἐξηρίθμησεν αὐτήν, 19 (23)
    ⁽²⁴⁾ ἐπιστήμην καὶ γνῶσιν συνέσεως ἐξώμβρησεν, (24)
    καὶ δόξαν κρατούντων αὐτῆς ἀνύψωσεν.
²⁰ ῥίζα σοφίας φοβεῖσθαι τὸν κύριον, 20 (25)
    καὶ οἱ κλάδοι αὐτῆς μακροημέρευσις.

²² Οὐ δυνήσεται θυμὸς ἄδικος δικαιωθῆναι· 22 (28)
    ἡ γὰρ ῥοπὴ τοῦ θυμοῦ αὐτοῦ πτῶσις αὐτῷ.
²³ ἕως καιροῦ ἀνθέξεται μακρόθυμος, 23 (29)
    καὶ ὕστερον αὐτῷ ἀναδώσει εὐφροσύνη·
²⁴ ἕως καιροῦ κρύψει τοὺς λόγους αὐτοῦ, 24 (30)
    καὶ χείλη πιστῶν ἐκδιηγήσεται σύνεσιν αὐτοῦ.
²⁵ ἐν θησαυροῖς σοφίας παραβολὴ ἐπιστήμης, 25 (26)
    βδέλυγμα δὲ ἁμαρτωλῷ θεοσέβεια.
²⁶ ἐπιθυμήσας σοφίαν διατήρησον ἐντολάς, 26 (33)
    καὶ Κύριος χορηγήσει σοι αὐτήν.
²⁷ σοφία γὰρ καὶ παιδεία φόβος Κυρίου, 27 (34)
    καὶ ἡ εὐδοκία αὐτοῦ ⁽³⁵⁾ πίστις καὶ πραΰτης. (35)
²⁸ μὴ ἀπειθήσῃς φόβῳ Κυρίου, 28 (36)
    καὶ μὴ προσέλθῃς αὐτῷ ἐν καρδίᾳ δισσῇ
²⁹ μὴ ὑποκριθῇς ἐν στόμασιν ἀνθρώπων, 29 (37)
    καὶ ἐν τοῖς χείλεσίν σου πρόσεχε.

ℵAC 15 εμπιστευθησεται] εμπιστευει ℵ* (-τευθησεται ℵ^(c a))   16 αυτους] αυτην ℵ* (-τους ℵ^(c a)) A*fort (ους sup ras A^b)   17 αποδοχια B*C (-χεια B^(ab)ℵ) 18 υγειαν (-γιαν B*ℵC)] υγιειαν B^(ab vid) A | ιασεως] αιωνος ℵ^(c a)   19 ιδεν A | αυτης] αυτην ℵC   20 μακροημερευσουσι] ℵ* (-σις ℵ^(c a (vid), c c))   22 ροπη] οργη ℵ* (ρ. ℵ^(c a)) | om αυτου ℵ* (hab ℵ^(c a))   23 αυτω αναδωσει] αυτω αναδιδωσιν ℵ^(c a, c c) (αυτ. αναδωσ. ℵ*) αναδωσει αυτω C | ευφροσυνην ℵ* (ras ν ℵ^?) AC   24 κρυψει] κα incep ℵ* (κρ. ℵ^1) | πιστων] πολλων ℵA 25 παραβολαι ℵ | αμαρτωλου A | θεοσεβια AC   26 Κυριος] pr ο ℵ 27 παιδια ℵAC | ευδοξια ℵ* (-κια ℵ^(c a)) | πραυτης ℵAC   28 απειθησης] απιστησης ℵ   29 στοματι ℵ | τοις χειλεσιν] om τοις C

ΣΟΦΙΑ ΣΕΙΡΑΧ   II 10

(38) 30   ³⁰μὴ ἐξύψου σεαυτόν, ἵνα μὴ πέσῃς
   καὶ ἐπαγάγῃς τῇ ψυχῇ σου ἀτιμίαν,
(39) ⁽³⁹⁾καὶ ἀποκαλύψει Κύριος τὰ κρυπτά σου,
   καὶ ἐν μέσῳ συναγωγῆς καταβαλεῖ σε,
(40) ⁽⁴⁰⁾ὅτι οὐ προσῆλθες φόβῳ Κυρίου,
   καὶ ἡ καρδία σου πλήρης δόλου.

II 1 ¹Τέκνον, εἰ προσέρχῃ δουλεύειν Κυρίῳ θεῷ,
   ἑτοίμασον τὴν ψυχήν σου εἰς πειρασμόν·
 2 ²εὔθυνον τὴν καρδίαν σου καὶ καρτέρησον,
   καὶ μὴ σπεύσῃς ἐν καιρῷ ἐπαγωγῆς·
 3 ³κολλήθητι αὐτῷ καὶ μὴ ἀποστῇς,
   ἵνα αὐξηθῇς ἐπ' ἐσχάτων σου.
 4 ⁴πᾶν ὃ ἐὰν ἐπαχθῇ σοι δέξαι,
   καὶ ἐν ἀλλάγμασιν ταπεινώσεώς σου μακροθύμησον·
 5 ⁵ὅτι ἐν πυρὶ δοκιμάζεται χρυσός,
   καὶ ἄνθρωποι δεκτοὶ ἐν καμίνῳ ταπεινώσεως
 6 ⁶πίστευσον αὐτῷ καὶ ἀντιλήμψεταί σου·
   εὔθυνον τὰς ὁδούς σου καὶ ἔλπισον ἐπ' αὐτόν
 7 ⁷οἱ φοβούμενοι τὸν κύριον, ἀναμείνατε τὸ ἔλεος αὐτοῦ,
   καὶ μὴ ἐκκλίνητε, ἵνα μὴ πέσητε.
 8 ⁸οἱ φοβούμενοι Κύριον, πιστεύσατε αὐτῷ,
   καὶ οὐ μὴ πταίσῃ ὁ μισθὸς ὑμῶν.
 9 ⁹οἱ φοβούμενοι Κύριον, ἐλπίσατε εἰς ἀγαθὰ
   καὶ εἰς εὐφροσύνην αἰῶνος καὶ ἐλέους.
(11) 10 ¹⁰ἐμβλέψατε εἰς ἀρχαίας γενεὰς καὶ ἴδετε·
   τίς ἐνεπίστευσεν Κυρίῳ καὶ κατῃσχύνθη;
(12) ⁽¹²⁾ἢ τίς ἐνέμεινεν τῷ φόβῳ αὐτοῦ καὶ ἐγκατελείφθη;
   ἢ τίς ἐπεκαλέσατο αὐτόν, καὶ ὑπερεῖδεν αὐτόν,

II 1 om θεω ℵAC 3 ινα αυξηθης] και αυξηθησεται ℵ* (ινα αυξηθης ℵAC ℵᶜ ᵃ) | om σου ℵ* (hab ℵᶜ ᵃ) 4 αλαγμασιν C 5 οτι] τι ℵ* (pr o ℵ¹) | om καμινω C | ταπεινωσεως] + εν νοσοις και πενια (πενια ℵᶜ ᶜ) επ αυτω πεποιθως γεινου (γεινου· ℵᶜ ᶜ) ℵᶜ ᵃ 6 ευθυνον] pr και ℵ* (improb και ℵᶜ ᵃ) A | ελπισον επ αυτον sup ras Bᵃ 7 τον κυριου] om τον C | om ινα ℵ* (hab ℵᶜ ᵃ) 8 Κυριον] pr τον ℵ 9 Κυριον] pr τον ℵC | ελεους] + οτι δοσις αιωνια μετα χαρας το ανταποδομα αυτου ℵᶜ ᵃ 10 ενεπιστευσεν] επιστευσεν ℵᶜ ᵃ | Κυριω] pr τω ℵ* (om τω ℵ?) | om και 2° ℵᶜ ᵃ | κατῃσχυνθη B* (ι non inst Bᵇ) | εγκατελειφθη Bᵃᵇ (-λιφθη B*)] ενκατελειφθη A (-λιφθη ℵC) | επεκαλεσατι ℵ* (-το ℵ¹ᶜ ᶜ) | υπεριδεν C

647

ΣΟΦΙΑ ΣΕΙΡΑΧ

B ¹¹διότι οἰκτείρμων καὶ ἐλεήμων ὁ κύριος, 11 (13)
καὶ ἀφίησιν ἁμαρτίας καὶ σώζει ἐν καιρῷ θλίψεως
¹²οὐαὶ καρδίαις δειλαῖς καὶ χερσὶν παρειμέναις, 12 (14)
καὶ ἁμαρτωλῷ ἐπιβαίνοντι ἐπὶ δύο τρίβους.
¹³οὐαὶ καρδίᾳ παρειμένῃ, ὅτι οὐ πιστεύει 13 (15)
διὰ τοῦτο οὐ σκεπασθήσεται.
¹⁴οὐαὶ ὑμῖν τοῖς ἀπολωλεκόσιν τὴν ὑπομονήν· 14 (16)
⁽¹⁷⁾καὶ τί ποιήσετε ὅταν ἐπισκέπτηται ὁ κύριος, (17)
¹⁵οἱ φοβούμενοι Κύριον οὐκ ἀπειθήσουσιν ῥημάτων αὐτοῦ, 15 (18)
καὶ οἱ ἀγαπῶντες αὐτὸν συντηρήσουσιν τὰς ὁδοὺς αὐτοῦ.
¹⁶οἱ φοβούμενοι Κύριον ζητήσουσιν εὐδοκίαν αὐτοῦ, 16 (19)
καὶ οἱ ἀγαπῶντες αὐτὸν ἐμπλησθήσονται τοῦ νόμου.
¹⁷οἱ φοβούμενοι Κύριον ἑτοιμάσουσιν καρδίας αὐτῶν, 17 (20)
καὶ ἐνώπιον αὐτοῦ ταπεινώσουσιν τὰς ψυχὰς αὐτῶν.
¹⁸ἐμπεσούμεθα εἰς χεῖρας Κυρίου καὶ οὐκ εἰς χεῖρας ἀνθρώ- 18 (22)
πων·
⁽¹⁹⁾ὡς γὰρ ἡ μεγαλωσύνη αὐτοῦ, οὕτως καὶ τὸ ἔλεος αὐτοῦ. (23)

¹Ἐμοῦ τοῦ πατρὸς ἀκούσατε, τέκνα, 1 (2) III
καὶ οὕτως ποιήσατε, ἵνα σωθῆτε
²ὁ γὰρ Κύριος ἐδόξασεν πατέρα ἐπὶ τέκνοις, 2 (3)
καὶ κρίσιν μητρὸς ἐστερέωσεν ἐφ᾽ υἱοῖς
³ὁ τιμῶν πατέρα ἐξιλάσεται ἁμαρτίας 3 (4)
⁴καὶ ὡς ὁ ἀποθησαυρίζων ὁ δοξάζων μητέρα αὐτοῦ. 4 (5)
⁵ὁ τιμῶν πατέρα εὐφρανθήσεται ὑπὸ τέκνων, 5 (6)
καὶ ὡς ὁ ἀποθησαυρίζων ὁ δοξάζων μητέρα αὐτοῦ
καὶ ἐν ἡμέρᾳ προσευχῆς αὐτοῦ εἰσακουσθήσεται
⁶ὁ δοξάζων πατέρα μακροημερεύσει, 6 (7)
καὶ ὁ εἰσακούων Κυρίου ἀναπαύσει μητέρα αὐτοῦ,
⁷καὶ ὡς δεσπόταις δουλεύσει ἐν τοῖς γεννήσασιν αὐτόν. 7 (8)

ℵAC 11 οικτιρμων ℵ | ο κυριος]+μακροθυμος καὶ πολυελεος ℵ^(c a) | αφησιν C*vid (superscr ι C^c) 12 χερσι C 13 ου πιστευει] ουκ εμπιστευει ℵ 14 απολωλεκοσι ℵ | την υπομονην] om την C | ο κυριος] om ο ℵ* (superscr ο ℵ¹) 15 Κυριον] pr τον ℵ^(c a) C | ουκ απειθησουσιν (-σι C) ρηματων] ουκ απ. των ρ ℵ* (improb των ℵ^(c a)) ζητησουσιν ευδοκιαν A | οδους] εντολας ℵ^(c d) 16 Κυριον] pr τον ℵ^(c a) C | του νομου] om του ℵC 17 Κυριον] pr τον ℵ^(c a) 18 μεγαλοσυνη C | το ελεος] pr πολυ ℵ^(c a) III 3 εξιλασκεται ℵ^(c a) (εξειλ) AC 4 ο αποθησαυριζων] om ο AC 5 υπο τεκνων] επι τεκνοις C | και ως αυτου (1°) unc incl B^(1 v a ? b) om ℵAC | ο δοξαζων] om ο B* (superscr B¹ vid) 6 μακροημερευσαι C 7 om εν ℵ^(c a)

ΣΟΦΙΑ ΣΕΙΡΑΧ

(9) 8   ⁸ἐν ἔργῳ καὶ λόγῳ τίμα τὸν πατέρα σου,
(10)   ⁽¹⁰⁾ἵνα ἐπέλθῃ σοι εὐλογία παρ' αὐτοῦ·
(11) 9   ⁹εὐλογία γὰρ πατρὸς στηρίζει οἴκους τέκνων,
         κατάρα δὲ μητρὸς ἐκριζοῖ θεμέλια.
(12) 10   ¹⁰μὴ δοξάζου ἐν ἀτιμίᾳ πατρός σου,
         οὐ γάρ ἐστίν σοι δόξα πρὸς ἀτιμίαν·
(13) 11   ¹¹ἡ γὰρ δόξα ἀνθρώπου ἐκ τιμῆς πατρὸς αὐτοῦ,
         καὶ ὄνειδος τέκνοις μήτηρ ἐν ἀδοξίᾳ.
(14) 12   ¹²τέκνον, ἀντιλαβοῦ ἐν γήρᾳ πατρός σου,
         καὶ μὴ λυπήσῃς αὐτὸν ἐν τῇ ζωῇ αὐτοῦ·
(15) 13   ¹³κἂν ἀπολείπῃ σύνεσιν, συγγνώμην ἔχε,
         καὶ μὴ ἀτιμάσῃς αὐτὸν ἐν πάσῃ ἰσχύι σου.
    14   ¹⁴ἐλεημοσύνη γὰρ πατρὸς οὐκ ἐπιλησθήσεται,
(16,17)   ⁽¹⁶⁾καὶ ἀντὶ ἁμαρτιῶν ⁽¹⁷⁾προσανοικοδομηθήσεταί σοι
    15   ¹⁵ἐν ἡμέρᾳ θλίψεώς σου ἀναμνησθήσεταί σου·
         ὡς εὐδία ἐπὶ παγετῷ, οὕτως ἀναλυθήσονταί σου αἱ
         ἁμαρτίαι.
(18) 16   ¹⁶ὡς βλάσφημος ὁ ἐγκαταλιπὼν πατέρα,
         καὶ κεκατηραμένος ὑπὸ Κυρίου ὁ παροργίζων μητέρα
         αὐτοῦ.

(19) 17   ¹⁷Τέκνον, ἐν πραΰτητι τὰ ἔργα σου διέξαγε,
         καὶ ὑπὸ ἀνθρώπου δεκτοῦ ἀγαπηθήσῃ.
(20) 18   ¹⁸ὅσῳ μέγας εἶ, τοσούτῳ ταπεινοῦ σεαυτόν,
         καὶ ἔναντι Κυρίου εὑρήσεις χάριν·
(21) 20   ²⁰ὅτι μεγάλη ἡ δυναστεία τοῦ κυρίου
         καὶ ὑπὸ τῶν ταπεινῶν δοξάζεται.
(22) 21   ²¹χαλεπώτερά σου μὴ ζήτει,

---

10 om σοι C | προς ατιμιαν (-μειαν ℵ) BℵAC   **11** μητηρ] μητερ A*ᵛⁱᵈ ℵAC (η 2° sup ras Aᵃ)   **12** γηρι Cᵗˣᵗ (-ρει Cᶜᵒᵐᵐ) | τη ζωη] πασῃ ισχυι ℵ* (τη ζ ℵᶜ ᵃ) | αυτου] σου ℵ* (αυτ. ℵᶜ ᵃ)   **13** καν] και εαν ℵAC | απολιπῃ ℵ απολειπῃς C | συγγνωμην] συ|γνωμην A συνγνωμην C | ατιμησῃς C   **14** πατρος]+σου ℵ* (om σου ℵ') | προσανοικοδομησεται ℵ   **15** om σου 1° ℵ* (superscr ℵ¹) | αναμνησθησεται] σθησε sup ras Aᵃ | επι] εν ℵ* (επι ℵᶜ ᵃ) | αναλυθησονται] αναφθησονται ℵ* (αναλυθ. ℵᶜ ᵃ)   **16** ενκαταλιπων ℵC | πατερα] μρα C | και κεκατηραμενος] και κατηραμενος (? καικατ.) ℵC | υπο] παρα A   **17** τα εργα σου εν πραυτητι A | διεξαγαγε ℵᶜ ᵃ)   **18** χαριν]+πολλοι εισιν υψηλοι και επιδοξοι· αλλα πραεσιν αποκαλυπτι (-τει ℵᶜ ᶜ) τα μυστηρια αυτου ℵᶜ ᵃ   **20** δυναστια ℵAC | του κυριου] om του ℵAC   **21** χαλεπωτερα] βαθυτερα ℵᶜ ᵃ

B   καὶ ἰσχυρότερά σου μὴ ἐξέταζε.
²²ἃ προσετάγη σοι, ταῦτα διανοοῦ·   22
⁽²³⁾οὐ γάρ ἐστίν σοι χρεία τῶν κρυπτῶν.   (23)
²³ἐν τοῖς περισσοῖς τῶν ἔργων σου μὴ περιεργάζου·   23 (24)
⁽²⁵⁾πλείονα γὰρ συνέσεως ἀνθρώπων ὑπεδείχθη σοι.   (25)
²⁴πολλοὺς γὰρ ἐπλάνησεν ἡ ὑπόλημψις αὐτῶν,   24 (26)
    καὶ ὑπόνοια πονηρὰ ὠλίσθησεν διανοίας αὐτῶν.
²⁶καὶ ὁ ἀγαπῶν κίνδυνον ἐν αὐτῷ ἐμπεσεῖται·   26 (27)
    καρδία σκληρὰ κακωθήσεται ἐπ' ἐσχάτων,
    καρδία σκληρὰ βαρυνθήσεται ἐπ' ἐσχάτων.
²⁷καρδία σκληρὰ βαρυνθήσεται πόνοις,   27 (28)
    καὶ ὁ ἁμαρτωλὸς προσθήσει ἁμαρτίαν ἐφ' ἁμαρτίαις.
²⁸ἐπαγωγῇ ὑπερηφάνου οὐκ ἔστιν ἴασις,   28 (30)
    φυτὸν γὰρ πονηρίας ἐρρίζωκεν ἐν αὐτῷ.
²⁹καρδία συνετοῦ διανοηθήσεται παραβολήν,   29 (31)
    καὶ οὖς ἀκροατοῦ ἐπιθυμία σοφοῦ.
³⁰πῦρ φλογιζόμενον ἀποσβέσει ὕδωρ,   30 (33)
    καὶ ἐλεημοσύνη ἐξιλάσεται ἁμαρτίας.
³¹ὁ ἀνταποδιδοὺς χάριτας μέμνηται εἰς τὰ μετὰ ταῦτα,   31 (34)
    καὶ ἐν καιρῷ πτώσεως εὑρήσει στήριγμα.

¹Τέκνον, τὴν ζωὴν τοῦ πτωχοῦ μὴ ἀποστερήσῃς,   1   IV
    καὶ μὴ παρελκύσῃς ὀφθαλμοὺς ἐπιδεεῖς.
²ψυχὴν πεινῶσαν μὴ λυπήσῃς,   2
    καὶ μὴ παροργίσῃς ἄνδρα ἐν ἀπορίᾳ αὐτοῦ.
³καρδίαν παρωργισμένην μὴ προσταράξῃς,   3
    καὶ μὴ παρελκύσῃς δόσιν προσδεομένου.
⁴ἱκέτην θλιβόμενον μὴ ἀπαναίνου,   4

ℵAC   23 υπεδειχθη] υπεδοθη C   24 υποληψις A | om και ℵ* (hab ʄ ℵ^{c a}) | ωλισθησεν διανοιας] ωλισθη εν διανοια A*^{vid} ωλισθησεν διανοιαν ℵA^a   26 και ο αγαπων...επ εσχατων (1°)] καρδια σκληρα (1°)   εμπεσειται ℵ^{c a} | εν αυτω] εαιτω ℵ* (εν αυτ. ℵ^{1c a}) | εμπεσειται] απολειται ℵAC (-λιτε) | καρδια. επ εσχατων (2°) unc incl B^{1 ab} om ℵAC   27—28 inter βαρυνθησεται et φυτον ras plus quam 3 stichos C^a   27 αμαρτιαις] μαρ sup ras B^{1 fort} αμαρτιας ℵ* (-τιαις ℵ^{c a})   28 υπερηφανων C^a | ιασις (-σεις A)]+οδοιποριαι αυτου εκριζωθησονται C*^{vid} | ερριζωκεν] ερριζωσεν C | om εν C   29 παραβολην] εν παραβολα ℵ* (παραβολην ℵ^{c a})   30 εξιλασκεται C   31 πτωσεως]+αυτου ℵAC   IV 1 τεκνον sup ras ℵ¹   2 λυπησῃς sup ras A^b | απορεια B* ras aliq B' (-ρια B^b)   3 παρωργισμενην ℵA | προσταραξῃς] ς sup ras 3 ut vid litt in A

ΣΟΦΙΑ ΣΕΙΡΑΧ   IV 17

καὶ μὴ ἀποστρέψῃς τὸ πρόσωπόν σου ἀπὸ πτωχοῦ.   B
5 ⁵ἀπὸ δεομένου μὴ ἀποστρέψῃς ὀφθαλμόν,
   καὶ μὴ δῷς τόπον ἀνθρώπῳ καταράσασθαί σε·
6 ⁶καταρωμένου γάρ σε ἐν πικρίᾳ ψυχῆς αὐτοῦ,
   τῆς δεήσεως αὐτοῦ ἐπακούσεται ὁ ποιήσας αὐτόν.
7 ⁷προσφιλῆ συναγωγῇ σεαυτὸν ποίει,
   καὶ μεγιστᾶνι ταπείνου τὴν κεφαλήν σου.
8 ⁸κλῖνον πτωχῷ τὸ οὖς σου,
   καὶ ἀποκρίθητι αὐτῷ εἰρηνικὰ ἐν πραΰτητι
9 ⁹ἐξελοῦ ἀδικούμενον ἐκ χειρὸς ἀδικοῦντος,
   καὶ μὴ ὀλιγοψυχήσῃς ἐν τῷ κρίνειν σε.
10 ¹⁰γίνου ὀρφανοῖς ὡς πατήρ,
   καὶ ἀντὶ ἀνδρὸς τῇ μητρὶ αὐτῶν·
(11)   ⁽¹¹⁾καὶ ἔσῃ ὡς υἱὸς Ὑψίστου,
   καὶ ἀγαπήσει σε μᾶλλον ἢ μήτηρ σου

(12) 11 ¹¹Ἡ σοφία υἱοὺς ἑαυτῇ ἀνύψωσεν,
   καὶ ἐπιλαμβάνεται τῶν ζητούντων αὐτήν.
(13) 12 ¹²ὁ ἀγαπῶν αὐτὴν ἀγαπᾷ ζωήν,
   καὶ οἱ ὀρθρίζοντες πρὸς αὐτὴν ἐμπλησθήσονται εὐφρο-
   σύνης·
(14) 13 ¹³ὁ κρατῶν αὐτῆς κληρονομήσει δόξαν,
   καὶ οὗ εἰσπορεύεται, εὐλογήσει Κύριος·
(15) 14 ¹⁴οἱ λατρεύοντες αὐτῇ λειτουργήσουσιν ἁγίῳ,
   καὶ τοὺς ἀγαπῶντας αὐτὴν ἀγαπᾷ ὁ κύριος·
(16) 15 ¹⁵ὁ ὑπακούων αὐτῆς κρινεῖ ἔθνη,
   καὶ ὁ προσελθὼν αὐτῇ κατασκηνώσει πεποιθώς.
(17) 16 ¹⁶ἐὰν ἐμπιστεύσῃς, κατακληρονομήσεις αὐτήν,
   καὶ ἐν κατασχέσει ἔσονται αἱ γενεαὶ αὐτοῦ·
(18) 17 ¹⁷ὅτι διεστραμμένως πορεύεται μετ' αὐτοῦ ἐν πρώτοις,

5 δεομενου] προσδεομενου ℵ* (improb προσ ℵ^{c a}) | καταρασασθαι] σ 2° sup ℵAC ras B^{1? vid}   6 επακουσεται] εισακουσεται ℵC   7 συναγωγη] pr εν C | μεγιστανι] πρεσβυτερω ℵ^{c a}   8 ante εν 2 litt ras C*   9 κρινειν] κρινε-σθαι ℵ   11 εαυτη] αυτης ℵAC   12 ορθιζοντες C* (ορθρ. C^a)   13 ευ-λογησει] ευλογει ℵAC   14 λειτουργησουσιν] ειτουργησουσ sup ras ut vid C¹ | ο κυριος] om ο ℵC   15 υπακουων] εισακουων ℵ | προσελθων] προσ-εχων ℵAC   16 εμπιστευση B^bℵ -σει AC (ενπ.) | κατακληρονομησει ℵAC | αυτου] αυτης ℵ* (-του ℵ^{a c})   17 διεστραμμενης C | πορευσεται ℵ^{c a}AC^{vid} (πορευεσται)

651

ΣΟΦΙΑ ΣΕΙΡΑΧ

⁽¹⁹⁾φόβον δὲ καὶ δειλίαν ἐπάξει ἐπ' αὐτόν, (19)
καὶ βασανίσει αὐτὸν ἐν παιδίᾳ αὐτῆς,
ἕως οὗ ἐνπιστεύσῃ τῇ ψυχῇ αὐτοῦ·
καὶ πειράσει αὐτὸν ἐν τοῖς δικαιώμασιν αὐτῆς·
¹⁸καὶ πάλιν ἐπανήξει κατ' εὐθεῖαν πρὸς αὐτὸν καὶ εὐφρανεῖ 18 (20)
αὐτόν,
⁽²¹⁾καὶ ἀποκαλύψει αὐτῷ τὰ κρυπτὰ αὐτῆς. (21)
¹⁹ἐὰν ἀποπλανηθῇ, ἐγκαταλείψει αὐτόν, 19 (22)
καὶ παραδώσει αὐτὸν εἰς χεῖρας πτώσεως αὐτοῦ.

²⁰Συντήρησον καιρὸν καὶ φύλαξαι ἀπὸ πονηροῦ, 20 (23)
⁽²⁴⁾καὶ περὶ τῆς ψυχῆς σου μὴ αἰσχυνθῇς· (24)
²¹ἔστιν γὰρ αἰσχύνη ἐπάγουσα ἁμαρτίαν, 21 (25)
καὶ ἔστιν αἰσχύνη δόξα καὶ χάρις.
²²μὴ λάβῃς πρόσωπον κατὰ τῆς ψυχῆς σου, 22 (26)
⁽²⁷⁾καὶ μὴ ἐντραπῇς εἰς πτῶσίν σου. (27)
²³μὴ κωλύσῃς λόγον ἐν καιρῷ σωτηρίας· 23 (28)
²⁴ἐν γὰρ λόγῳ γνωσθήσεται σοφία, 24 (29)
καὶ παιδεία ἐν ῥήματι γλώσσης.
²⁵μὴ ἀντίλεγε τῇ ἀληθείᾳ, 25 (30)
καὶ περὶ τῆς ἀπαιδευσίας σου ἐντράπητι·
²⁶μὴ αἰσχυνθῇς ὁμολογῆσαι ἐφ' ἁμαρτίαις σου, 26 (31)
⁽³²⁾καὶ μὴ βιάζου ῥοῦν ποταμοῦ. (32)
²⁷καὶ μὴ ὑποστρώσῃς σεαυτὸν ἀνθρώπῳ μωρῷ, 27
καὶ μὴ λάβῃς πρόσωπον δυνάστου.
²⁸ἕως τοῦ θανάτου ἀγώνισαι περὶ τῆς ἀληθείας, 28 (33)
καὶ Κύριος ὁ θεὸς πολεμήσει ὑπὲρ σοῦ.
²⁹μὴ γίνου τραχὺς ἐν γλώσσῃ σου, 29 (34)
καὶ νωθρὸς καὶ παρειμένος ἐν τοῖς ἔργοις σου
³⁰μὴ ἴσθι ὡς λέων ἐν τῷ οἴκῳ σου, 30 (35)
καὶ φαντασιοκοπῶν ἐν τοῖς οἰκέταις σου

ℵAC   17 om δε ℵAC | βασανιζει ℵ* (-σει ℵ^{c a}) | εμπιστευση B^bA ενπιστευσει C | πειρασει] περασεις ℵ* (-σει ℵ^{c a})   18 ευφραινει A   19 ενκαταλιψει ℵ
21 επαγουσα] εναγουσα A*^{vid}   23 μη] pr ϗ ℵ^{c a}   24 om και παιδ. εν ρ. γλωσσης C | παιδια ℵA | γλωσσης] γλωσσωδους ℵ* (-σσης ℵ^{c a})   25 αληθεια (-θια ℵ)] + κατα μηδεν ℵ^{c a} | παιδευσιας ℵ* (απαιδ. ℵ¹) | εντραπηθι B^bℵ
27 ανθρωπω μωρω σεαυτον ℵAC   28 του θανατου] om του ℵAC | αληθιας ℵC   29 τραχυς] ταχυς ℵ*A θρασυς ℵ^{c a} | γλωσση] ακροασει ℵ* | om και 2° C | τοις λογοις ℵ^{c a}   30 τω οικω] τη οικια ℵ

ΣΟΦΙΑ ΣΕΙΡΑΧ   V 11

(36) 31   ³¹μὴ ἔστω ἡ χείρ σου ἐκτεταμένη εἰς τὸ λαβεῖν,   B
και ἐν τῷ ἀποδιδόναι συνεσταλμένη.
V   1   ¹μὴ ἔπεχε ἐπὶ τοῖς χρήμασίν σου,
και μὴ εἴπῃς Αὐτάρκη μοί ἐστιν.
    2   ²μὴ ἐξακολούθει τῇ ψυχῇ σου καὶ τῇ ἰσχύι σου, πορεύεσθαι
ἐν ἐπιθυμίαις καρδίας σου·
    3   ³καὶ μὴ εἴπῃς Τίς με δυναστεύσει;
ὁ γὰρ κύριος ἐκδικῶν ἐκδικήσει σε.
    4   ⁴μὴ εἴπῃς Ἥμαρτον, καὶ τί μοι ἐγένετο;
ὁ γὰρ κύριός ἐστιν μακρόθυμος.
    5   ⁵περὶ ἐξιλασμοῦ μὴ ἄφοβος γίνου,
προσθεῖναι ἁμαρτίαν ἐφ' ἁμαρτίαις·
    6   ⁶καὶ μὴ εἴπῃς Ὁ οἰκτειρμὸς αὐτοῦ πολύς,
τὸ πλῆθος τῶν ἁμαρτιῶν μου ἐξιλάσεται·
(7)   ⁽⁷⁾ἔλεος γὰρ καὶ ὀργὴ παρ' αὐτοῦ,
και ἐπὶ ἁμαρτωλοὺς καταπαύσει ὁ θυμὸς αὐτοῦ·
(8) 7   ⁷μὴ ἀνάμενε ἐπιστρέψαι πρὸς Κύριον,
και μὴ ὑπερβάλλου ἡμέραν ἐξ ἡμέρας·
(9)   ⁽⁹⁾ἐξάπινα γὰρ ἐξελεύσεται ὀργὴ Κυρίου,
και ἐν καιρῷ ἐκδικήσεως ἐξολῇ.
(10) 8   ⁸μὴ ἔπεχε ἐπὶ χρήμασιν ἀδίκοις·
οὐδὲν γὰρ ὠφελήσεις ἐν ἡμέρᾳ ἐπαγωγῆς.
(11) 9   ⁹μὴ λίκμα ἐν παντὶ ἀνέμῳ,
και μὴ πορεύου ἐν πάσῃ ἀτραπῷ·
οὕτως ὁ ἁμαρτωλὸς ὁ δίγλωσσος.
(12) 10 ¹⁰ἴσθι ἐστηριγμένος ἐν συνέσει σου,
και εἷς ἔστω σου ὁ λόγος.
(13) 11 ¹¹γίνου ταχὺς ἐν ἀκροάσει σου,
και ἐν μακροθυμίᾳ φθέγγου ἀπόκρισιν.

31 μη] pr και φ ℵ* (improb και φ ℵ¹)   V 2—3 om μη εξακολουθει ℵAC
δυναστευσει ℵ* hab μη εξακ. τη ψυχη σου [ς] τη ισχυι σου πορευεσθαι
(hucusque sup ras) εν επιθυμια καρδια (sic) σου μη επης (sic) τις με δυνα-
στευσει· ℵ^(c c (vid)) | om πορευεσθαι εν επιθ. καρδιας σου AC | καρδιαις B
3 om μη C | om σε ℵA   4 om και C | om ο γαρ κυριος εστιν μακροθυ-
μος C   6 οικτιρμος ℵA | αυτου 2°] αυτω ℵAC | καταπαυσεται ℵ* (-σει
ℵ^c a)   7 προς] επι ℵ | οργη] pr η ℵ | Κυριου] αυτου ℵ* κυ ς ως μελισσαι
εκτριβηση ℵ^c a | εν καιρω] εν τω κ. ℵ* (om τω ℵ^c a) εξελουσα C   8 ωφε-
λησει ℵ*A + σε ℵ^c aA   9 λιγμα C | om και C   10 om σου 1° C^fort | εις]
εισθι ℵ* (εις ℵ^c a)

ΣΟΦΙΑ ΣΕΙΡΑΧ

¹²εἰ ἔστιν σοι σύνεσις, ἀποκρίθητι τῷ πλησίον·   12 (14)
εἰ δὲ μή, ἡ χείρ σου ἔστω ἐπὶ στόματί σου.
¹³δόξα καὶ ἀτιμία ἐν λαλιᾷ,   13 (15)
καὶ γλῶσσα ἀνθρώπου πτῶσις αὐτῷ.
¹⁴μὴ κληθῇς ψίθυρος,   14 (16)
καὶ τῇ γλώσσῃ σου μὴ ἐνεδρευθῇς·
⁽¹⁷⁾ἐπὶ γὰρ τῷ κλέπτῃ ἐστὶν αἰσχύνη,   (17)
καὶ κατάγνωσις πονηρὰ ἐπὶ διγλώσσου.
¹⁵ἐν μεγάλῳ καὶ ἐν μικρῷ μὴ ἀγνόει,   15 (18)
¹καὶ ἀντὶ φίλου μὴ γίνου ἐχθρός·   1   VI
ὄνομα γὰρ πονηρὸν αἰσχύνη, καὶ ὄνειδος κληρονομήσει·
οὕτως ὁ ἁμαρτωλὸς ὁ δίγλωσσος.
²μὴ ἐπάρῃς σεαυτὸν ἐν βουλῇ ψυχῆς σου,   2
ἵνα μὴ διαρπαγῇ ὡς ταῦρος ἡ ψυχή σου·
³τὰ φύλλα σου καταφάγεσαι   3
καὶ τοὺς καρπούς σου ἀπολέσεις,
καὶ ἀφήσεις σεαυτὸν ὡς ξύλον ξηρόν.

⁴Ψυχὴ πονηρὰ ἀπολεῖ τὸν κτησάμενον αὐτήν,   4
καὶ ἐπίχαρμα ἐχθρῶν ποιήσει αὐτόν.
⁵λάρυγξ γλυκὺς πληθυνεῖ φίλους αὐτοῦ,   5
καὶ γλῶσσα εὔλαλος πληθυνεῖ εὐπροσήγορα.
⁶οἱ εἰρηνεύοντές σοι ἔστωσαν πολλοί,   6
οἱ δὲ σύμβουλοί σου εἷς ἀπὸ χιλίων.
⁷εἰ κτᾶσαι φίλον, ἐν πειρασμῷ κτῆσαι αὐτόν,   7
καὶ μὴ ταχὺ ἐμπιστεύσῃς αὐτῷ.
⁸ἔστιν γὰρ φίλος ἐν καιρῷ αὐτοῦ,   8
καὶ οὐ μὴ παραμείνῃ ἐν ἡμέρᾳ θλίψεώς σου
⁹καὶ ἔστιν φίλος μετατιθέμενος εἰς ἔχθραν,   9
καὶ μάχην ὀνειδισμοῦ σου ἀποκαλύψει
¹⁰καὶ ἔστιν φίλος κοινωνὸς τραπεζῶν,   10

ℵAC   12 om σοι C | εστω] εσται C | επι] εν C | στοματι] pr τω ℵC   13 λαλλα ℵ* (λαλια ℵ^{c.a et postea}) | γλωσσα] pr η C | ανθρωπου] αυτου C | αυτω] αυτου ℵ   14 ενεδρευθης] ενεδρευε B^{ab}ℵAC | ονηρα ℵ* (πον. ℵ¹)   VI 1 αισχυνην ℵAC   2 διαρπαγη] αρπαγη ℵ   3 αφησεις σεαυτον] αφησεις αυτον ℵ* αφησεις σε (nisi potius αφησει σε) ℵ^{ca} | ξυλον] φυλλον AC | ξηρον] +σεαυτον ℵ* (improb ℵ^c)   4 εχθροις ℵ   5 λαρυξ C | ευπροσηγοριαν C   6 εστωσαν]+σοι ℵ* (improb σοι 2° ℵ^{ca})   7 ενπιστευσης ℵC   9—10 om και εστιν..θλιψεως σου ℵ* (hab ℵ^{ca})   9 εχθρον AC | μαχη C

ΣΟΦΙΑ ΣΕΙΡΑΧ

καὶ οὐ μὴ παραμείνῃ ἐν ἡμέρᾳ θλίψεώς σου·
11 ¹¹καὶ ἐν τοῖς ἀγαθοῖς σου ἔσται ὡς σύ,
καὶ ἐπὶ τοὺς οἰκέτας σου παρρησιάσεται·
12 ¹²ἐὰν ταπεινωθῇς, ἔσται κατὰ σοῦ,
καὶ ἀπὸ τοῦ προσώπου σου κρυβήσεται.
13 ¹³ἀπὸ τῶν ἐχθρῶν σου διαχωρίσθητι,
καὶ ἀπὸ τῶν φίλων σου πρόσεχε.
14 ¹⁴φίλος πιστὸς σκέπη κραταιά·
ὁ δὲ εὑρὼν αὐτόν, εὗρεν θησαυρόν.
15 ¹⁵φίλου πιστοῦ οὐκ ἔστιν ἀντάλλαγμα,
καὶ οὐκ ἔστιν σταθμὸς τῆς καλλονῆς αὐτοῦ.
16 ¹⁶φίλος πιστὸς φάρμακον ζωῆς,
καὶ οἱ φοβούμενοι Κύριον εὑρήσουσιν αὐτόν.
17 ¹⁷ὁ φοβούμενος Κύριον εὐθυνεῖ φιλίαν αὐτοῦ,
ὅτι κατ' αὐτὸν οὕτως καὶ ὁ πλησίον αὐτοῦ.

18 ¹⁸Τέκνον, ἐκ νεότητός σου ἐπίλεξαι παιδίαν,
καὶ ἕως πολιῶν εὑρήσεις σοφίαν·
19 ¹⁹ὡς ὁ ἀροτριῶν καὶ ὁ σπείρων πρόσελθε αὐτῇ,
καὶ ἀνάμενε τοὺς ἀγαθοὺς καρποὺς αὐτῆς·
(20) ⁽²⁰⁾ἐν γὰρ τῇ ἐργασίᾳ αὐτῆς ὀλίγον κοπιάσεις,
καὶ ταχὺ φάγεσαι τῶν γενημάτων αὐτῆς.
(21) 20 ²⁰ὡς ταχεῖά ἐστιν σφόδρα τοῖς ἀπαιδεύτοις,
καὶ οὐκ ἐμμενεῖ ἐν αὐτῇ ἀκάρδιος·
(22) 21 ²¹ὡς λίθος δοκιμασίας ἰσχυρὸς ἔσται ἐπ' αὐτῷ,
καὶ οὐ χρονιεῖ ἀπορῖψαι αὐτήν.
(23) 22 ²²σοφία γὰρ κατὰ τὸ ὄνομα αὐτῆς ἐστιν,
καὶ οὐ πολλοῖς ἐστιν φανερά.
(24) 23 ²³ἄκουσον, τέκνον, καὶ δέξαι γνώμην μου,
καὶ μὴ ἀπαναίνου τὴν συμβουλίαν μου·
(25) 24 ²⁴καὶ εἰσένεγκον τοὺς πόδας σου εἰς τὰς πέδας αὐτῆς,
καὶ εἰς τὸν κλοιὸν αὐτῆς τὸν τράχηλόν σου·

11 οικεταις ℵ* (-τας ℵ^ca)   12 ταπεινωθης εσται] ταπινωθησεται C ℵAC
14 ευρε C   15 εστιντασθμος A | om αυτου C   16 Κυριον] pr τον ℵC
17 οι πλησιον ℵ* (ras ι 1° ℵ?)   18 om σου ℵ | παιδειαν B^abA | σοφιαν]
χαριν ℵ   19 ο αροτριων] om ο ℵ | ο σπειρων] om ο ℵ* (hab ο ℵ^ca) pr ως
AC   20 ταχεια] τραχεια B^cℵAC   21 ισχυρος] ισχυς ℵ* ισχυος (sic)
ℵ^ca | εσται] εστιν ℵ^ca | αποριψαι B' (-ρειψ. B*)] απορριψαι ℵ (-ρειψ.) AC
22 om εστιν 1° ℵ | εστι (2°) C   23 δεξαι] εκδεξαι ℵA | γνωμην] pr την
ℵAC   24 om και 1° ℵ | εισενεγκαι A

655

ΣΟΦΙΑ ΣΕΙΡΑΧ

B ²⁵ὑπόθες τὸν ὦμόν σου καὶ βάσταξον αὐτήν, 25 (26)
   καὶ μὴ προσοχθίσῃς τοῖς δεσμοῖς αὐτῆς·
²⁶ἐν πάσῃ ψυχῇ σου πρόσελθε αὐτῇ, 26 (27)
   καὶ ἐν ὅλῃ δυνάμει σου συντήρησον τὰς ὁδοὺς αὐτῆς.
²⁷ἐξίχνευσον καὶ ζήτησον, καὶ γνωσθήσεταί σοι, 27 (28)
   καὶ ἐγκρατὴς γενόμενος μὴ ἀφῇς αὐτήν·
²⁸ἐπ' ἐσχάτων γὰρ εὑρήσεις τὴν ἀνάπαυσιν αὐτῆς, 28 (29)
   καὶ στραφήσεταί σοι εἰς εὐφροσύνην·
²⁹καὶ ἔσονταί σοι αἱ πέδαι εἰς σκέπην ἰσχύος, 29 (30)
   καὶ οἱ κλάδοι αὐτῆς εἰς στολὴν δόξης.
³⁰κόσμος γὰρ χρύσεός ἐστιν ἐπ' αὐτῆς, 30 (31)
   καὶ οἱ δεσμοὶ αὐτῆς κλῶσμα ὑακίνθινον
³¹στολὴν δόξης ἐνδύσῃ αὐτήν, 31 (32)
   καὶ στέφανον ἀγαλλιάματος περιθήσεις σεαυτῷ
³²ἐὰν θέλῃς, τέκνον, παιδευθήσῃ, 32 (33)
   καὶ ἐὰν δῷς τὴν ψυχήν σου, πανοῦργος ἔσῃ·
³³ἐὰν ἀγαπήσῃς ἀκούειν, ἐκδέξῃ, 33 (34)
   καὶ ἐὰν κλίνῃς τὸ οὖς σου, σοφὸς ἔσῃ.
³⁴ἐν πλήθει πρεσβυτέρων στῆθι· 34 (35)
   καὶ τίς σοφός; αὐτῷ προσκολλήθητι.
³⁵πᾶσαν διήγησιν θείαν θέλε ἀκούειν, 35
   καὶ παροιμίαι συνέσεως μὴ ἐκφευγέτωσάν σε.
³⁶ἐὰν ἴδῃς συνετόν, ὄρθριζε πρὸς αὐτόν, 36
   καὶ βαθμοὺς θυρῶν αὐτοῦ ἐκτριβέτω ὁ πούς σου.
³⁷διανοοῦ ἐν τοῖς προστάγμασιν Κυρίου, 37
   καὶ ἐν ταῖς ἐντολαῖς αὐτοῦ μελέτα διὰ παντός·
αὐτὸς στηριεῖ τὴν καρδίαν σου,
   καὶ ἡ ἐπιθυμία τῆς σοφίας σου δοθήσεταί σοι.

¹Μὴ ποίει κακά, καὶ οὐ μή σε καταλάβῃ κακόν   1   VII

ℵAC   **25** τοις δεσμοις] pr εν ℵ* (improb εν ℵᶜᵃ)   **26** ολη] πωη C | συντηρησον] τηρησον ℵA | τας οδ sup ras Bᵃᵇ ᵛⁱᵈ   **27** ζητησον] +αυτην ℵᶜᵃ | αυτην] η sup ras Aᵃ   **28** αυτης] σου C   **29** πεδαι] παιδες Λ | κλαδοι] κλοιοι AC   **30** ante κοσμος 3 fere litt (forte κοσ) ras C?   **31** ενδυσεις ℵ* -σει ℵᶜᵃ   **32** εαν 1°]+γαρ ℵ* (om γαρ ℵᶜᵃ) | δως] επιδως ℵAC   **33** εαν 1°] pr και A | κλινῃς] εκκλινῃς ℵ   **34** αυτων ℵ* (-τω ℵᶜᵃ)   **35** ακουειν] ακροασθαι ℵAC | εκφυγετωσαν ℵ* (εκφευγ. ℵᶜᵃ) A   **36** ειδης C | θυρων B*ᶠᵒʳᵗ ℵAC] τριβων (τριβ sup ras) Bᵃᵇ | εκτριβετω] εκτριβ sup ras Bᵃᵇ   **37** om σου 2° ℵAC   **VII 1** μη] incep κα ℵ* (improb κα ℵ¹) | om σε ℵ

ΣΟΦΙΑ ΣΕΙΡΑΧ

2 ²ἀπόστηθι ἀπὸ ἀδίκου, καὶ ἐκκλινεῖ ἀπὸ σοῦ.
3 ³υἱέ, μὴ σπεῖρε ἐπ' αὔλακας ἀδικίας,
　καὶ οὐ μὴ θερίσῃς αὐτὰς ἑπταπλασίως.
4 ⁴μὴ ζήτει παρὰ Κυρίου ἡγεμονίαν,
　μηδὲ παρὰ βασιλέως καθέδραν δόξης.
5 ⁵μὴ δικαιοῦ ἔναντι Κυρίου,
　καὶ παρὰ βασιλεῖ μὴ σοφίζου.
6 ⁶μὴ ζήτει γενέσθαι κριτής,
　μὴ οὐκ ἐξισχύσεις ἐξᾶραι ἀδικίας·
　μή ποτε εὐλαβηθῇς ἀπὸ προσώπου δυνάστου,
　καὶ θήσεις σκάνδαλον ἐν εὐθύτητί σου.
7 ⁷μὴ ἁμάρτανε εἰς πλῆθος πόλεως,
　καὶ μὴ καταβάλῃς σεαυτὸν ἐν ὄχλῳ.
8 ⁸μὴ καταδεσμεύσῃς δὶς ἁμαρτίαν,
　ἐν γὰρ τῇ μιᾷ οὐκ ἀθῷος ἔσῃ.
(11) 9 ⁹μὴ εἴπῃς Τῷ πλήθει τῶν δώρων μου ἐπόψεται,
　καὶ ἐν τῷ προσενέγκαι με θεῷ ὑψίστῳ προσδέξεται.
— 10 ¹⁰μὴ ὀλιγοψυχήσῃς ἐν τῇ προσευχῇ σου,
　καὶ ἐλεημοσύνην ποιῆσαι μὴ παρίδῃς.
(12) 11 ¹¹μὴ καταγέλα ἄνθρωπον ὄντα ἐν πικρίᾳ ψυχῆς αὐτοῦ·
　ἔστιν γὰρ ὁ ταπεινῶν καὶ ἀνυψῶν.
(13) 12 ¹²μὴ ἀροτρία ψεῦδος ἐπ' ἀδελφῷ σου,
　μηδὲ φίλῳ τὸ ὅμοιον ποίει.
(14) 13 ¹³μὴ θέλε ψεύδεσθαι πᾶν ψεῦδος·
　ὁ γὰρ ἐνδελεχισμὸς αὐτοῦ οὐκ εἰς ἀγαθόν.
(15) 14 ¹⁴μὴ ἀδολέσχει ἐν πλήθει πρεσβυτέρων,
　καὶ μὴ δευτερώσῃς λόγον ἐν προσευχῇ σου.
(16) 15 ¹⁵μὴ μισήσῃς ἐπίπονον ἐργασίαν
　καὶ γεωργίαν ὑπὸ Ὑψίστου ἐκτισμένην
(17) 16 ¹⁶μὴ προσλογίζου σεαυτὸν ἐν πλήθει ἁμαρτωλῶν·
(19) 17 ¹⁷ταπείνωσον σφόδρα τὴν ψυχήν σου.
(18) 16 ¹⁶μνήσθητι ὅτι ὀργὴ οὐ χρονιεῖ,
(19) 17 ¹⁷ὅτι ἐκδίκησις ἀσεβοῦς πῦρ καὶ σκώληξ

2 αδικου] κακου C　　3 σπειρῃς C | αυτας] αυτα ℵAC | επταπλασια A ℵAC
4 ηγεμονιαν παρα κ̄ῡ ℵ　　6 εξισχυσεις] ισχυσεις ℵAC (εισχ) | εξαραι] pr ε
C　　8 καταδεσμευσεις C | τῃ μιᾳ] om τῃ ℵA　　9 εποψομαι A | θεῳ] κω
ℵ* (θω̄ ℵ^{c a}) | προσδεξεται] ετ sup ras A^a　　10 παρειδῃς AC　　11 αν-
θρωπον οντα] ανο̄ῡ ℵ | ανυψων] pr ο ℵ^{c a}　　12 φιλῳ] pr επι ℵ^{c a}　　16—17 μνη-
σθητι χρονιει ante ταπεινωσον σου ℵA　　17 εκδικησεις ℵA

ΣΟΦΙΑ ΣΕΙΡΑΧ

B ¹⁸μὴ ἀλλάξῃς φίλον ἕνεκεν ἀδιαφόρου,   18 (20)
   μηδὲ ἀδελφὸν γνήσιον ἐν χρυσίῳ Σουφείρ.
¹⁹μὴ ἀστόχει γυναικὸς σοφῆς καὶ ἀγαθῆς,   19 (21)
   καὶ γὰρ χάρις αὐτῆς ὑπὲρ τὸ χρυσίον.
²⁰μὴ κακώσῃς οἰκέτην ἐργαζόμενον ἐν ἀληθείᾳ, 20 (22)
   μηδὲ μίσθιον διδόντα ψυχὴν αὐτοῦ·
²¹οἰκέτην ἀγαθὸν ἀγαπάτω σου ἡ ψυχή·   21 (23)
   μὴ στερήσῃς αὐτὸν ἐλευθερίας.

²²Κτήνη σοί ἐστιν; ἐπισκέπτου αὐτά,   22 (24)
   καὶ εἰ ἔστιν σοι χρήσιμα, ἐμμενέτω σοι.
²³τέκνα σοί ἐστιν; παίδευσον αὐτά,   23 (25)
   καὶ κάμψον ἐκ νεότητος τὸν τράχηλον αὐτῶν.
²⁴θυγατέρες σοί εἰσιν; πρόσεχε τῷ σώματι αὐτῶν, 24 (26)
   καὶ μὴ ἱλαρώσῃς πρὸς αὐτὰς τὸ πρόσωπόν σου
²⁵ἔκδου θυγατέρα, καὶ ἔσῃ τετελεκὼς ἔργον μέγα, 25 (27)
   καὶ ἀνδρὶ συνετῷ δώρησαι αὐτήν.
²⁶γυνή σοί ἐστιν κατὰ ψυχήν; μὴ ἐκβάλῃς αὐτήν. 26 (28)
²⁷ἐν ὅλῃ καρδίᾳ ⁽²⁹⁾δόξασον τὸν πατέρα σου, 27 (29)
   καὶ μητρὸς ὠδῖνας μὴ ἐπιλάθῃ·
²⁸μνήσθητι ὅτι δι' αὐτῶν ἐγενήθης,   28 (30)
   καὶ τί ἀνταποδώσεις αὐτοῖς καθὼς αὐτοὶ σοί,
²⁹ἐν ὅλῃ ψυχῇ σου εὐλαβοῦ τὸν κύριον,   29 (31)
   καὶ τοὺς ἱερεῖς αὐτοῦ θαύμαζε·
³⁰ἐν ὅλῃ δυνάμει ἀγάπησον τὸν ποιήσαντά σε,   30 (32)
   καὶ τοὺς λειτουργοὺς αὐτοῦ μὴ ἐγκαταλίπῃς.
³¹φοβοῦ τὸν κύριον καὶ δόξασον ἱερέα,   31 (33)
   ⁽³⁴⁾καὶ δὸς τὴν μερίδα αὐτῷ καθὼς ἐντέταλταί σοι ἀπ' ἀρχῆς, (34)
   ⁽³⁵⁾καὶ περὶ πλημμελίας καὶ δόσιν βραχιόνων   (35)
   καὶ θυσίαν ἁγιασμοῦ καὶ ἀπαρχήν.

ℵA   18 om ενεκεν ℵA   19 και γαρ χαρις] η γαρ χ. ℵ¹ (incep η χ ℵ*) A
20 ψυχην] pr την ℵA   21 αγαθον] συνετον ℵA   23 τον τραχ.] om τον
A*vid   24 ιλαρωσης] ιλαρυνης ℵ | προς] incep a ℵ* (improb a ℵ¹)
προς αυτα A   25 τετελιωκως ℵ* (τετελεκως ℵᶜ ᵃ) | αυτην]+και μισουμενω
(μισουση σε ℵᶜ ᵃ) μη εμπιστευσης σεαυτον ℵ* (post 26 poni vult ℵᶜ ᵃ)   26 ψυ-
χην] pr την ℵ   27 καρδια] δυναμι A+σου ℵA | ον ℵ* (τον ℵ¹)   28 εγεν-
νηθης ℵA   30 δυναμι]+σου ℵ | λειτουργοις αυτου] λιτουργουντας (λειτ.
ℵᶜ ᶜ) αυτω ℵ* (-γους αυτου ℵᶜ ᵃ) | ενκαταλιπης ℵ εγκαταλειπης A   31 απ
αρχης] απαρχην BᵃᵇℵA (c seqq coniung BℵA) | πλημμελειας Bᵃᵇ | βραχιονος
ℵ* (-νων ℵᶜ ᵃ) | απαρχην]+αγιων ℵA

ΣΟΦΙΑ ΣΕΙΡΑΧ

(36) 32 ³²καὶ πτωχῷ ἔκτεινον τὴν χεῖρά σου,
         ἵνα τελειωθῇ ἡ εὐλογία σου.
(37) 33 ³³χάρις δόματος ἔναντι παντὸς ζῶντος,
         καὶ ἐπὶ νεκρῷ μὴ ἀποκωλύσῃς χάριν.
(38) 34 ³⁴μὴ ὑστέρει ἀπὸ κλαιόντων,
         καὶ μετὰ πενθούντων πένθησον.
(39) 35 ³⁵μὴ ὄκνει ἐπισκέπτεσθαι ἄρρωστον·
         ἐκ γὰρ τῶν τοιούτων ἀγαπηθήσῃ.
(40) 36 ³⁶ἐν πᾶσι τοῖς λόγοις σου μιμνήσκου τὰ ἔσχατά σου,
         καὶ εἰς τὸν αἰῶνα οὐχ ἁμαρτήσεις.

VIII 1   ¹Μὴ διαμάχου μετὰ ἀνθρώπου δυνάστου,
          μή ποτε ἐμπέσῃς εἰς τὰς χεῖρας αὐτοῦ.
      2   ²μὴ ἔριζε μετὰ ἀνθρώπου πλουσίου,
          μή ποτε ἀντιστήσῃ σου τὴν ὁλκήν·
(3)   ⁽³⁾πολλοὺς γὰρ ἀπώλεσεν τὸ χρυσίον,
          καὶ καρδίας βασιλέων ἐξέκλινεν.
(4) 3   ³μὴ διαμάχου μετὰ ἀνθρώπου γλωσσώδους,
          καὶ μὴ ἐπιστοιβάσῃς ἐπὶ τὸ πῦρ αὐτοῦ ξύλα.
(5) 4   ⁴μὴ πρόσπαιζε ἀπαιδεύτῳ,
          ἵνα μὴ ἀτιμάζωνται οἱ πρόγονοί σου.
(6) 5   ⁵μὴ ὀνείδιζε ἄνθρωπον ἀποστρέφοντα ἀπὸ ἁμαρτίας
          μνήσθητι ὅτι πάντες ἐσμὲν ἐν ἐπιτίμοις.
(7) 6   ⁶μὴ ἀτιμάσῃς ἄνθρωπον ἐν γήρει αὐτοῦ,
          καὶ γὰρ ἐξ ἡμῶν γηράσκουσιν.
(8) 7   ⁷μὴ ἐπίχαιρε ἐπὶ νεκρῷ·
          μνήσθητι ὅτι πάντες τελευτῶμεν.
(9) 8   ⁸μὴ παρίδῃς διήγημα σοφῶν,
          καὶ ἐν ταῖς παροιμίαις αὐτῶν ἀναστρέφου·
(10)   ⁽¹⁰⁾ὅτι παρ' αὐτῶν μαθήσῃ παιδείαν
          καὶ λειτουργῆσαι μεγιστᾶσιν.
(11) 9   ⁹μὴ ἀστόχει διηγήματος γερόντων,
          καὶ γὰρ αὐτοὶ ἔμαθον παρὰ τῶν πατέρων αὐτῶν·
(12)   ⁽¹²⁾ὅτι παρ' αὐτῶν μαθήσῃ σύνεσιν καὶ ἐν καιρῷ χρείας
          δοῦναι ἀπόκρισιν.

33 χαρις] χαρισμα ℵ   35 αρρωστον]+ανθρωπον (sic) ℵ   36 πασιν A ℵA
VIII 2 αντιστησηση B* (-στηση B^b) αντιστη A | την ολκην σου ℵ* (σου την
o. ℵ^(c a))   5 επιτιμοις B^(ab)ℵ^(c c(vid))   6 ανθρωπον] ανδρα A | γηρα ℵA
8 παρειδης B* (παριδ. B^b) A | παιδειαν (-διαν A)] σοφιαν ℵ

ΣΟΦΙΑ ΣΕΙΡΑΧ

B ¹⁰μὴ ἔκκαιε ἄνθρακας ἁμαρτωλοῦ,   10 (13)
μὴ ἐμπυρισθῇς ἐν πυρὶ φλογὸς αὐτοῦ.
¹¹μὴ ἐξαναστῇς ἀπὸ προσώπου ὑβριστοῦ,   11 (14)
ἵνα μὴ ἐγκαθίσῃ ὡς ἔνεδρον τῷ στόματί σου
¹²μὴ δανίσῃς ἀνθρώπῳ ἰσχυροτέρῳ σου,   12 (15)
καὶ ἐὰν δανίσῃς, ὡς ἀπολωλεκὼς γίνου.
¹³μὴ ἐγγυήσῃ ὑπὲρ δύναμίν σου,   13 (16)
καὶ ἐὰν ἐγγυήσῃ, ὡς ἀποτίσων φρόντιζε
¹⁴μὴ δικάζου μετὰ κριτοῦ·   14 (17)
κατὰ γὰρ τὴν δόξαν αὐτοῦ κρινοῦσιν αὐτῷ.
¹⁵μετα τολμηροῦ μὴ πορεύου ἐν ὁδῷ,   15 (18)
ἵνα μὴ καταβαρύνηται κατὰ σοῦ·
§ C [§]αὐτὸς γὰρ κατὰ τὸ θέλημα αὐτοῦ ποιήσει,
καὶ τῇ ἀφροσύνῃ αὐτοῦ συναπολῇ.
¹⁶μετὰ θυμώδους μὴ ποιήσῃς μάχην,   16 (19)
καὶ μὴ διαπορεύου μετ' αὐτοῦ τὴν ἔρημον·
ὅτι ὡς οὐδὲν ἐν ὀφθαλμοῖς αὐτοῦ αἷμα,
καὶ ὅπου οὐκ ἔστιν βοήθεια καταβαλεῖ σε
¹⁷μετὰ μωροῦ μὴ συμβουλεύου,   17 (20)
οὐ γὰρ δυνήσεται λόγον στέξαι.
¹⁸ἐνώπιον ἀλλοτρίου μὴ ποιήσῃς κρυπτόν,   18 (21)
οὐ γὰρ γινώσκεις τί τέξεται
¹⁹παντὶ ἀνθρώπῳ μὴ ἔκφαινε σὴν καρδίαν,   19 (22)
καὶ μὴ ἀναφερέτω σοι χάριν.

¹Μὴ ζήλου γυναῖκα τοῦ κόλπου σου,   1   IX
μηδὲ διδάξῃς ἐπὶ σεαυτὸν παιδείαν πονηράν·
²μὴ δῷς γυναικὶ τὴν ψυχήν σου,   2
ἐπιβῆναι αὐτὴν ἐπὶ τὴν ἰσχύν σου.
³μὴ ὑπάντα γυναικὶ ἑταιριζομένῃ,   3
μή ποτε ἐμπέσῃς εἰς τὰς παγίδας αὐτῆς

א^{AC}   10 εκκεαι B εκκεε A | ανθρακα א* (-κας א^{c a}) | ενπυρισθης אA   11 εγκαθιση B^bA (εγκαθεισ)   12 δανεισης bis B^{ab}   13 αποτιζων B* (-σων B^{ab})   15 καταβαρυνηται] βαρυνη τα א* βαρυνηται א^{c a}A | φροσυνη א* (αφρ א¹)   16 ποιησης] ποιησις C | εστι C | καταβαλλει א* (-βαλει א^{c a})   17 συνβουλευου א   19 σην (η vel non inst B^b vel instaurata evan) καρδιαν] καρδιαν σου אA   IX 1 παιδειαν (-διαν AC)] καρδιαν א (pr ε א* improb ε et καρ ex πι (? παι) fec א^{1 (vid)})

660

ΣΟΦΙΑ ΣΕΙΡΑΧ

4 ⁴μετὰ ψαλλούσης μὴ ἐνδελέχιζε, B
μή ποτε ἁλῷς ἐν τοῖς ἐπιχειρήμασιν αὐτῆς.
5 ⁵παρθένον μὴ καταμάνθανε,
μή ποτε σκανδαλισθῇς ἐν τοῖς ἐπιτιμίοις αὐτῆς.
6 ⁶μὴ δῷς πόρναις τὴν ψυχήν σου,
ἵνα μὴ ἀπολέσῃς τὴν κληρονομίαν σου.
7 ⁷μὴ περιβλέπου ἐν ῥύμαις πόλεως,
καὶ ἐν ταῖς ἐρήμοις αὐτῆς μὴ πλανῶ.
8 ⁸ἀπόστρεψον ὀφθαλμὸν ἀπὸ γυναικὸς εὐμόρφου,
καὶ μὴ καταμάνθανε κάλλος ἀλλότριον·
(9) ⁽⁹⁾ἐν κάλλει γυναικὸς πολλοὶ ἐπλανήθησαν,
καὶ ἐκ τούτου φιλία ὡς πῦρ ἀνακαίεται.
(12) 9 ⁹μετὰ ὑπάνδρου γυναικὸς μὴ κάθου τὸ σύνολον,
(13) ⁽¹³⁾καὶ μὴ συμβολοκοπήσῃς μετ᾽ αὐτῆς ἐν οἴνῳ·
μή ποτε ἐκκλίνῃ ἡ ψυχή σου ἐπ᾽ αὐτήν,
καὶ τῷ πνεύματί σου ὀλισθήσῃς εἰς ἀπώλειαν.

(14) 10 ¹⁰Μὴ ἐγκαταλίπῃς φίλον ἀρχαῖον,
ὁ γὰρ πρόσφατος οὐκ ἔστιν ἔφισος αὐτῷ·
(15) ⁽¹⁵⁾οἶνος νέος φίλος νέος·
ἐὰν παλαιωθῇ, μετ᾽ εὐφροσύνης πίεσαι αὐτόν.
(16) 11 ¹¹μὴ ζηλώσῃς δόξαν ἁμαρτωλοῦ·
οὐ γὰρ οἶδας τί ἔσται ἡ καταστροφὴ αὐτοῦ.
(17) 12 ¹²μὴ εὐδοκήσῃς ἐν εὐδοκίᾳ ἀσεβῶν,
μνήσθητι ὅτι ἕως ᾅδου οὐ μὴ δικαιωθῶσιν.
(18) 13 ¹³μακρὰν ἄπεχε ἀπὸ ἀνθρώπου ὃς ἔχει ἐξουσίαν τοῦ φονεῦσαι,
καὶ οὐ μὴ ὑποπτεύσῃς φόβον θανάτου·

4 ψαλλουσης] superscr λυριζουσης Bᵃ | ενδελεχιζε] superscr συνηθιζε Bᵃ | ℵAC αλως] adnot πιασθεις Bᵃᵐᵍ   5 σκανδαλισθης] σκανδαλιση (σ 1° ex ε ut vid) σε ℵ   6 ινα μη απολ την κλ σου] ινα μη ατιμαζωνται οι προγονοι σου ℵ* (hab ινα μη απολ τῇ κλ. σου ℵᶜ ᵃ)   7 ερημοις] ρυμαις ℵ* (ερ. ℵᶜ ᵃ)   8 οφθαλμον]+σου ℵᶜ ᵃC | om και 1° C | καταμανθανε καλλος αλλοτριον] ανε καλλος αλλοτρι sup ras Cᵃ | εκ τουτου] pr η C   9 μετα sup ras Aᵃ | συνβολοκοπησης ℵ | εν οινω μετ αυτης ℵᶜ ᵃ | επ] εις C | ολισθησης] ολισθης ℵC ολισθηση A | απωλιαν C   10 ενκαταλιπης ℵ εγκαταλειπης A | εφ᾽ ισος B* (apostr non inst Bᵇ) επισος A | εαν]+δε C | μετ] ετ ℵ* (μ. ℵᶜ ᵃ) | ευφροσυνη A   11 τι] τις ℵ* (s ras ℵ') A   12 om εν ℵAC | ευδοκιαις ℵC (-κειαις) | δικαιωθωσι C   13 εξουσιας ℵ* (-σιαν ℵᶜ ᵃ) | φονευσαι] φονευειν BᵃᵇℵAC | υποπτευσης] υποπνευσης C | φοβω ℵ* (φοβον ℵᶜ ᵃ)

661

ΣΟΦΙΑ ΣΕΙΡΑΧ

B ⁽¹⁹⁾κἂν προσέλθῃς, μὴ πλημμελήσῃς, (19)
ἵνα μὴ ἀφέληται τὴν ζωήν σου·
⁽²⁰⁾ἐπίγνωθι ὅτι ἐν μέσῳ παγίδων διαβαίνεις, (20)
καὶ ἐπὶ ἐπάλξεων πόλεων περιπατεῖς.
¹⁴κατὰ τὴν ἰσχύν σου στόχασαι τοὺς πλησίον, 14 (21)
καὶ μετὰ σοφῶν συμβουλεύου·
¹⁵καὶ μετὰ συνετῶν ἔστω ὁ διαλογισμός σου, 15 (22)
καὶ πᾶσα διήγησίς σου ἐν νόμῳ Ὑψίστου.
¹⁶ἄνδρες δίκαιοι ἔστωσαν σύνδειπνοί σου, 16 (23)
καὶ ἐν φόβῳ Κυρίου ἔστω τὸ καύχημά σου.
¹⁷ἐν χειρὶ τεχνιτῶν ἔργον ἐπαινεσθήσεται, 17 (24)
καὶ ὁ ἡγούμενος λαοῦ σοφὸς ἐν λόγῳ αὐτοῦ.
¹⁸φοβερὸς ἐν πόλει αὐτοῦ ἀνὴρ γλωσσώδης, 18 (25)
καὶ ὁ προπετὴς ἐν λόγῳ αὐτοῦ μισηθήσεται.

¹Κριτὴς σοφὸς παιδεύσει τὸν λαὸν αὐτοῦ, 1   X
καὶ ἡγεμονία συνετοῦ τεταγμένη ἔσται.
²κατὰ τὸν κριτὴν τοῦ λαοῦ αὐτοῦ οὕτως καὶ οἱ λειτουργοὶ 2
αὐτοῦ,
καὶ κατὰ τὸν ἡγούμενον τῆς πόλεως πάντες οἱ κατοι-
κοῦντες αὐτήν.
³βασιλεὺς ἀπαίδευτος ἀπολεῖ τὸν λαὸν αὐτοῦ, 3
καὶ πόλις οἰκισθήσεται ἐν συνέσει δυναστῶν.
⁴ἐν χειρὶ Κυρίου ἐξουσία τῆς γῆς, 4
καὶ τὸν χρήσιμον ἐγερεῖ εἰς καιρὸν ἐπ' αὐτῆς.
⁵ἐν χειρὶ Κυρίου εὐοδία ἀνδρός, 5
καὶ προσώπῳ γραμματέως ἐπιθήσει δόξαν αὐτοῦ.

⁶Ἐπὶ παντὶ ἀδικήματι μὴ μηνιάσῃς τῷ πλησίον, 6
καὶ μὴ πρᾶσσε μηδὲν ἐν ἔργοις ὕβρεως.

ℵAC   13 καν] και μην ℵ* (καν ℵᶜᵃ) | αφελη A | παγιδος A | διαβεννεις C | πο-
λεως ℵ* (-λεων ℵᶜᵃ) C   14 τους πλησιον] τω πλ. A του πλ. C | συμβου-
λευου] βουλευου ℵA   15 om και 1° ℵAC | διηγησις] pr η ℵᶜᵃAC   16 om
σου 2° C   17 επαινεθησεται BᵇℵᶜC (επενεθ.) | λογοις ℵ* (-γω ℵᶜᵃ)
18 πολει] λογω C | πρεπετης A | λογω]   ω C (ras alιq Cᵃᵛⁱᵈ)   X 1 om
και C   2 om αυτου 1° ℵᶜᵃ | om και 1° ℵ* (hab ₅ ℵᶜᵃ) AC | αυτην]
αυτης C   4 εξουσια] pr η ℵA | εγειρει C   4—5 inter καιρον et ανδρος
ras plus quam 3 stichos C?   5 γραμματεως] pr vid δοξης ℵᶜᵃ | om
αυτου ℵᶜᵃ   6 μηνισης ℵCᵃᵛⁱᵈ μινησης A

ΣΟΦΙΑ ΣΕΙΡΑΧ

7 ⁷μισητὴ ἔναντι Κυρίου καὶ ἀνθρώπων ὑπερηφανία,
   καὶ ἐξ ἀμφοτέρων πλημμελήσει ἄδικα.
8 ⁸βασιλεία ἀπὸ ἔθνους εἰς ἔθνος μετάγεται
   διὰ ἀδικίας καὶ ὕβρεις καὶ χρήματα.
9 ⁹τί ὑπερηφανεύεται γῆ καὶ σποδός;
   ὅτι ἐν ζωῇ ἔρριψα τὰ ἐνδόσθια αὐτοῦ.
(12) 10 ¹⁰μακρὸν ἀρρώστημα, σκώπτει ἰατρός·
   καὶ βασιλεὺς σήμερον, καὶ αὔριον τελευτήσει.
(13) 11 ¹¹ἐν γὰρ τῷ ἀποθανεῖν ἄνθρωπον κληρονομήσει ἑρπετὰ καὶ
   θηρία, σκώληκας.
(14) 12 ¹²ἀρχὴ ὑπερηφανίας ἀνθρώπου ἀφισταμένου ἀπὸ Κυρίου,
(15)   ⁽¹⁵⁾καὶ ἀπὸ τοῦ ποιήσαντος αὐτὸν ἀπέστη ἡ καρδία αὐτοῦ.
13 ¹³ὅτι ἀρχὴ ὑπερηφανίας ἁμαρτία,
   καὶ ὁ κρατῶν αὐτῆς ἐξομβρήσει βδέλυγμα.
(16)   ⁽¹⁶⁾διὰ τοῦτο παρεδόξασεν Κύριος τὰς ἐπαγωγάς,
   καὶ κατέστρεψεν εἰς τέλος αὐτούς·
(17) 14 ¹⁴θρόνους ἀρχόντων καθεῖλεν ὁ κύριος,
   καὶ ἐκάθισεν πραεῖς ἀντ' αὐτῶν·
(18) 15 ¹⁵ῥίζας ἐθνῶν ἐξέτιλεν ὁ κύριος,
   καὶ ἐφύτευσεν ταπεινοὺς ἀντ' αὐτῶν·
(19) 16 ¹⁶χώρας ἐθνῶν κατέστρεψεν ὁ κύριος,
   καὶ ἀπώλεσεν αὐτὰς ἕως θεμελίων γῆς·
(20) 17 ¹⁷ἐξήρανεν ἐξ αὐτῶν καὶ ἀπώλεσεν αὐτούς,
   καὶ κατέπαυσεν ἀπὸ γῆς τὸ μνημόσυνον αὐτῶν.
(22) 18 ¹⁸οὐκ ἔκτισται ἀνθρώποις ὑπερηφανία,
   οὐδὲ ὀργὴ θυμοῦ γεννήμασιν γυναικῶν.
(23) 19 ¹⁹σπέρμα ἔντιμον ποῖον; σπέρμα ἀνθρώπου·
   σπέρμα ἔντιμον ποῖον; οἱ φοβούμενοι τὸν κύριον.
   σπέρμα ἄτιμον ποῖον; σπέρμα ἀνθρώπου·

---

7 υπερηφανια] pr η ℵ^(c a, c c) | πλημμεληση ℵ*A πλημμελια ℵ^(c a) | αδικια ℵAC ℵA αδικιαν C   8 υβρις ℵA   9 τι]+η C | υπερηφανευται C | εν ζωη ερριψα] και εν γη αυτου εκριψι ℵ^(c a)   10 σκοπτει C | ιατρον ℵ^(c a) | σημερον και αυριον] σ. και αυτος αυριον ℵ* os σ αυριον δε ℵ^(c a) | τελευτησει] τελευτα C   11 αποθνειν ℵ* (αποθαν. ℵ¹) | ανθρωπον] αυτον C | om σκωληκας ℵ* ϗ σκωληκες ℵ^(c a) και σκωληκας AC   12 αφεστη C   13 υπερηφανια A* (-νιας A^a) | αμαρτιας A* (-τια A^(a'(vid)) | τελος] τελου A   15 εξετιλεν ℵ^(c.a(vid), c.c) C (-τειλ. BA)] εξειλεν ℵ* | ο κυριος] om o ℵ   16 εως] εκ ℵ^(c a) C   17 εξηρανεν] εξηρεν ℵAC | εξ αυτων] αυτους ℵ^(c a)A αυτας C | αυτους] αυτας C | απο] εκ ℵ   18 γεννημασιν (-σι ℵ)] pr εν ℵ^(1(vid) c c)   19 σπερμα ..ανθρωπου (1°) ras C?

ΣΟΦΙΑ ΣΕΙΡΑΧ

σπέρμα ἄτιμον ποῖον; οἱ παραβαίνοντες ἐντολάς.

²⁰ἐν μέσῳ ἀδελφῶν ὁ ἡγούμενος αὐτῶν ἔντιμος, 20 (24)
καὶ οἱ φοβούμενοι Κύριον ἐν ὀφθαλμοῖς αὐτοῦ.

²²πλούσιος καὶ ἔνδοξος καὶ πτωχός, 22 (25)
τὸ καύχημα αὐτῶν φόβος Κυρίου.

²³οὐ δίκαιον ἀτιμάσαι πτωχὸν συνετόν, 23 (26)
καὶ οὐ καθῆκεν δοξάσαι ἄνδρα ἁμαρτωλόν.

²⁴μεγιστὰν καὶ κριτὴς καὶ δυνάστης δοξασθήσεται, 24 (27)
καὶ οὐκ ἔστιν αὐτῶν τις μείζων τοῦ φοβουμένου τὸν
κύριον.

²⁵οἰκέτῃ σοφῷ ἐλεύθεροι λειτουργήσουσιν, 25 (28)
καὶ ἀνὴρ ἐπιστήμων οὐ γογγύσει

²⁶Μὴ σοφίζου ποιῆσαι τὸ ἔργον σου, 26 (29)
καὶ μὴ δοξάζου ἐν καιρῷ στενοχωρίας σου

²⁷κρείσσων ἐργαζόμενος ἐν πᾶσιν ἢ περιπατῶν, 27 (30)
ἢ δοξαζόμενος καὶ ἀπορῶν ἄρτων.

²⁸τέκνον, ἐν πραΰτητι δόξασον τὴν ψυχήν σου, 28 (31)
καὶ δὸς αὐτῇ τιμὴν κατὰ τὴν ἀξίαν αὐτῆς.

²⁹τὸν ἁμαρτάνοντα εἰς τὴν ψυχὴν αὐτοῦ τίς δικαιώσει, 29 (32)
καὶ τίς δοξάσει τὸν ἀτιμάζοντα τὴν ζωὴν αὐτοῦ;

³⁰πτωχὸς δοξάζεται δι' ἐπιστήμην αὐτοῦ, 30 (33)
καὶ πλούσιος δοξάζεται διὰ τὸν πλοῦτον αὐτοῦ.

³¹ὁ δὲ δοξαζόμενος ἐν πτωχείᾳ, καὶ ἐν πλούτῳ ποσαχῶς, 31 (34)
καὶ ὁ ἄδοξος ἐν πλούτῳ, ἐν πτωχείᾳ ποσαχῶς;

¹σοφία ταπεινοῦ ἀνύψωσεν κεφαλήν, 1 XI
καὶ ἐν μέσῳ μεγιστάνων καθίσει αὐτόν.

²μὴ αἰνέσῃς ἄνδρα ἐν κάλλει αὐτοῦ, 2

ℵAC 19 om ποιον 4° ℵ* (hab ℵᶜᵃ)   22 και πτωχος] πτωχος και πενης C
23 καθηκει ℵ   24 μεγιστας C | τις αυτων ℵ | των φοβουμενων AC
25 σοφω] συνετω ℵ* (σοφ. ℵᶜᵃ) ante σοφ. ras 1 lit C?   26 δοξασου ℵ
27 εν πασιν] pr η και περισσευων ℵ* pr και περισσευων ℵ'A pr εν πασιν
και περισσευων ℵᶜᵃ | η περιπατων] om ℵ c seqq coniung A | om η 2° ACᵃ |
απορων] υστερων A   28 τη ψυχη C | τιμη ℵ* (-μην ℵ¹)   29 την
ψυχην] om την A | δοξαζει ℵ   30 επιστημην ℵ* (-μης ℵᶜᵃ)   31 δε
δοξαζομενος] om δε ℵ δεδοξασμενος AC | πτωχεια 1°] πλουτω ℵ | πλουτω 1°]
πτωχια ℵ | ποσαχως 1°] ποσαπλως ℵ | πλουτω 2°] πτωχια ℵC | εν 4°] pr και
BᵃᵇℵᶜᵃAC | πτωχεια 2° (-χια A)] πλουτω ℵC | ποσαχως 2° (προσαχως C)]
ποσαπλως ℵᶜᵃ   XI 1 ανυψωσει ℵA ανυψωσαι C | κεφαλην]+αυτου
ℵAC | καθιση ℵ* (-σι ℵᶜᵃ⁽ᵛⁱᵈ⁾ -σει ℵᶜᶜ) C καθησει A   2 ανδρα] α̅ν̅ο̅ν̅ ℵ

ΣΟΦΙΑ ΣΕΙΡΑΧ   XI 14

καὶ μὴ βδέλυξῃ ἄνθρωπον ἐν ὁράσει αὐτοῦ.   B

3   ³μικρὰ ἐν πετεινοῖς μέλισσα,
    καὶ ἀρχὴ γλυκασμάτων ὁ καρπὸς αὐτῆς.

4   ⁴ἐν περιβολῇ ἱματίων μὴ καυχήσῃ,
    καὶ ἐν ἡμέρᾳ δόξης μὴ ἐπαίρου·
    ὅτι θαυμαστὰ τὰ ἔργα Κυρίου,
    καὶ κρυπτὰ τὰ ἔργα αὐτοῦ ἐν ἀνθρώποις.

5   ⁵πολλοὶ τύραννοι ἐκάθισαν ἐπὶ ἐδάφους,
    ὁ δὲ ἀνυπονόητος ἐφόρεσεν διάδημα·

6   ⁶πολλοὶ δυνάσται ἠτιμάσθησαν σφόδρα,
    καὶ ἔνδοξοι παρεδόθησαν εἰς χεῖρας ἑταίρων.

7   ⁷πρὶν ἐξετάσῃς μὴ μέμψῃ,
    νόησον πρῶτον καὶ τότε ἐπιτίμα.

8   ⁸πρὶν ἢ ἀκοῦσαι μὴ ἀποκρίνου,
    καὶ ἐν μέσῳ λόγων μὴ παρεμβάλλου.

9   ⁹περὶ πράγματος οὗ οὐκ ἔστιν σοι χρεία μὴ ἔριζε,
    καὶ ἐν κρίσει ἁμαρτωλῶν μὴ συνέδρευε.

10 ¹⁰τέκνον, μὴ περὶ πολλὰ ἔστωσαν αἱ πράξεις σου·
    ἐὰν πληθύνῃς, οὐκ ἀθῳωθήσῃ·
    καὶ ἐὰν διώκῃς, οὐ μὴ καταλάβῃς,
    καὶ οὐ μὴ ἐκφύγῃς διαδράς.

11 ¹¹ἔστιν κοπιῶν καὶ πονῶν καὶ σπεύδων,
    καὶ τόσῳ μᾶλλον ὑστερεῖται.

12 ¹²ἔστιν νωθρὸς καὶ προσδεόμενος ἀντιλήμψεως,
    ὑστερῶν ἰσχύι καὶ πτωχείᾳ περισσεύει·

(13) ⁽¹³⁾καὶ οἱ ὀφθαλμοὶ Κυρίου ἐπέβλεψαν αὐτῷ εἰς ἀγαθά,
    καὶ ἀνώρθωσεν αὐτὸν ἐκ ταπεινώσεως αὐτοῦ.

13 ¹³καὶ ἀνύψωσεν κεφαλὴν αὐτοῦ,
    καὶ ἀπεθαύμασαν ἐπ' αὐτῷ πολλοί.

14 ¹⁴ἀγαθὰ καὶ κακά, ζωὴ καὶ θάνατος,

2 ανθρωπον] ανδρα ℵC | ορασει] θρασει ℵ (καλλ incep ℵ* improb ℵ¹) ℵAC
3 μελισσα] pr η ℵC | αυτης]+εστι ℵᶜᵃ   4 om εν 3° ℵA   6 δυναστοι ℵ*
(-ται ℵᶜᵃ) | εταιρων] ετερων BᵃᵇAC   7 πριν]+η ℵA   8 om η ℵAC   9 om
χρεια ℵAC*ᵛⁱᵈ (hab χρια Cᵃ)   10 πραξις A | εαν 1°]+γαρ ℵ | αθωωθηση
Bᵃ ᶠᵒʳᵗ ᵇ (αθωωθ. B⁻AC αθωοθ. ℵᶜᵃ)] αθωος εση ℵ*   11 τοσω B*ℵᶜᵃC]
τοσουτω Bᵃ ᶠᵒʳᵗ ᵇℵ* ποσω A   12 om και 1° ℵ* (hab ϗ ℵᶜᵃ)A | προσδεο-
μενος] δεομενος C | ισχυι] pr εν ℵᶜ ᵃ, ᶜᶜ | πτωχια C | περισσευων ℵ | ο οφ-
θαλμος ℵ* (οι οφθαλμοι ℵᶜᵃ) | επεβλεψεν ℵ* (-ψαν ℵᶜᵃ) | ανωρθωσαν C
13 απεθαυμασαν] ανεθαυμασαν A?ᵛⁱᵈ εθαυμασαν Cᵃ   14 κακα] κα B* (κακα
Bᵃ ᶠᵒʳᵗ ᵇ)

665

ΧΙ 17   ΣΟΦΙΑ ΣΕΙΡΑΧ

B   πτωχεία καὶ πλοῦτος παρὰ Κυρίου ἐστίν.

¶ C ¹⁷Δόσις Κυρίου παραμένει εὐσεβέσιν,⸆   17
      καὶ ἡ εὐδοκία αὐτοῦ εἰς τὸν αἰῶνα εὐοδωθήσεται.
     ¹⁸ἔστιν πλουτῶν ἀπὸ προσοχῆς καὶ σφιγγίας αὐτοῦ,   18
      καὶ αὕτη ἡ μερὶς τοῦ μισθοῦ αὐτοῦ·
     ¹⁹ἐν τῷ εἰπεῖν αὐτόν Εὗρον ἀνάπαυσιν,   19
      καὶ νῦν φάγομαι ἐκ τῶν ἀγαθῶν μου,
     ⁽²⁰⁾καὶ οὐκ οἶδεν τίς καιρὸς παρελεύσεται,   (20)
      καὶ καταλείψει αὐτὰ ἑτέροις καὶ ἀποθανεῖται.
     ²⁰στῆθι ἐν διαθήκῃ σου καὶ ὁμίλει ἐν αὐτῇ,   20 (21)
      καὶ ἐν τῷ ἔργῳ σου παλαιώθητι.
     ²¹μὴ θαύμαζε ἐν ἔργοις ἁμαρτωλοῦ·   21 (22)
      πίστευε τῷ κυρίῳ καὶ ἔμμενε τῷ πόνῳ σου·
     ⁽²³⁾ὅτι κοῦφον ἐν ὀφθαλμοῖς Κυρίου διὰ τάχους ἐξάπινα πλου-   (23)
      τίσαι πένητα.
     ²²εὐλογία Κυρίου ἐν μισθῷ εὐσεβοῦς,   22 (24)
      καὶ ἐν ὥρᾳ ταχινῇ ἀναθάλλει εὐλογίαν αὐτοῦ.
     ²³μὴ εἴπῃς Τίς ἐστίν μου χρεία,   23 (25)
      καὶ τίνα ἀπὸ τοῦ νῦν ἔσται μου τὰ ἀγαθά;
     ²⁴μὴ εἴπῃς Αὐτάρκη μοί ἐστιν,   24 (26)
      καὶ τί ἀπὸ τοῦ νῦν κακωθήσομαι;
     ²⁵ἐν ἡμέρᾳ ἀγαθῶν ἀμνησία κακῶν,   25 (27)
      καὶ ἐν ἡμέρᾳ κακῶν οὐ μνησθήσεται ἀγαθῶν·
     ²⁶ὅτι κοῦφον ἔναντι Κυρίου ἐν ἡμέρᾳ τελευτῆς   26 (28)
      ἀποδοῦναι ἀνθρώπῳ κατὰ τὰς ὁδοὺς αὐτοῦ.
     ²⁷κάκωσις ὥρας ἐπιλησμονὴν ποιεῖ τρυφῆς,   27 (29)
      καὶ ἐν συντελείᾳ ἀνθρώπου ἀποκάλυψις ἔργων αὐτοῦ.
     ²⁸πρὸ τελευτῆς μὴ μακάριζε μηδένα,   28 (30)
      καὶ ἐν τέκνοις αὐτοῦ γνωσθήσεται ἀνήρ.

     ²⁹Μὴ πάντα ἄνθρωπον εἴσαγε εἰς τὸν οἶκόν σου·   29 (31)
      πολλὰ γὰρ τὰ ἔνεδρα τοῦ δολίου.

ℵAC   14 πτωχια C   17 δοσεις A | ευσεβεσιν] ευλαβεσιν ℵ*ᵃ | ευοδωθή-
σεται] ευ δοθησεται ℵ   18 πλουτων] ν sup ras Aᵃ | του μισθου] pr απο ℵ*
(om απο ℵ*ᵃ)   21 πιστευε] +δε ℵA | τω κυριω] om τω ℵA | πλουτησαι A
22 εν μισθω] εμμεσω A   23 μου 2°] μοι ℵ* (μου ℵ*ᵃ) | τα αγαθα] om τα
ℵ* (hab τα ℵ*ᵃ)   25 αγαθων] αγαθη A   26 εναντι] εν οφθαλμοις A
27 αποκαλυψεις ℵA   28 om ανηρ A

ΣΟΦΙΑ ΣΕΙΡΑΧ

(32) 30   30 πέρδιξ θηρευτὴς ἐν καρτάλλῳ·
           οὕτως καρδία ὑπερηφάνου,
           καὶ ὡς ὁ κατάσκοπος ἐπιβλέπει πτῶσιν.
(33) 31   31 τὰ γὰρ ἀγαθὰ εἰς κακὰ μεταστρέφων ἐνεδρεύει,
           καὶ ἐν τοῖς αἱρετοῖς ἐπιθήσει μῶμον·
(34) 32   32 ἀπὸ σπινθῆρος πυρὸς πληθυνθήσεται ἀνθρακιά,
           καὶ ἄνθρωπος ἁμαρτωλὸς εἰς αἷμα ἐνεδρεύει.
(35) 33   33 πρόσεχε ἀπὸ κακούργου, πονηρὰ γὰρ τεκταίνει,
           μή ποτε μῶμον εἰς τὸν αἰῶνα δῷ σοι.
(36) 34   34 ἐνοίκισον ἀλλότριον, καὶ διαστρέψει σε ἐν ταραχαῖς
           καὶ ἀπαλλοτριώσει σε τῶν ἰδίων σου.

XII   1   1 ἐὰν εὖ ποιῇς, γνῶθι τίνι ποιεῖς,
           καὶ ἔσται χάρις τοῖς ἀγαθοῖς σου.
      2   2 εὖ ποίησον εὐσεβεῖ, καὶ εὑρήσεις ἀνταπόδομα,
           καὶ εἰ μὴ παρὰ αὐτοῦ, ἀλλὰ παρὰ Ὑψίστου.
      3   3 οὐκ ἔστιν ἀγαθὰ τῷ ἐνδελεχίζοντι εἰς κακὰ
           καὶ τῷ ἐλεημοσύνην μὴ χαριζομένῳ.
(5) 4   4 δὸς τῷ εὐσεβεῖ, καὶ μὴ ἀντιλάβῃ τοῦ ἁμαρτωλοῦ.
(6) 5   5 εὖ ποίησον τῷ ταπεινῷ καὶ μὴ δῷς ἀσεβεῖ·
           ἐμπόδισον τοὺς ἄρτους αὐτοῦ καὶ μὴ δῷς αὐτῷ,
           ἵνα μὴ ἐν αὐτοῖς σε δυναστεύσῃ·
(7)   (7) διπλάσια γὰρ κακὰ εὑρήσεις
           ἐν πᾶσιν ἀγαθοῖς οἷς ἂν ποιήσῃς αὐτῷ.
      6   6 ὅτι καὶ ὁ ὕψιστος ἐμίσησεν ἁμαρτωλούς,
           καὶ τοῖς ἀσεβέσιν ἀποδώσει ἐκδίκησιν.
(5) 7   7 δὸς τῷ ἀγαθῷ, καὶ μὴ ἀντιλάβῃ τοῦ ἁμαρτωλοῦ.
      8   8 Οὐκ ἐκδικηθήσεται ἐν ἀγαθοῖς ὁ φίλος,
           καὶ οὐ κρυβήσεται ἐν κακοῖς ὁ ἐχθρός.

30 καρταλλω]+αυτου ℵ* (improb αυτ. ℵc a) | γαρ δια A* (καρδια Aa f) | ℵA επιβλεπτει B* (-πει Bb)   31 αιρετοις] ετεροις A   32 πληθυνθησεται] πληθυνεται Bab ℵ* (-θησεται ℵc a) A   33 τεκταινεται ℵ* (-νει ℵc a)   34 ταραχη ℵ   XII 2 ανταποδομα A | παρα 1°] παρ ℵA | Υψιστου] pr του ℵA   3 εστιν] εσται ℵA | ελεημοσυνην] pr μη ℵ* (improb μη ℵc a)   4 αντιλαβη] αντιλαμβανου A | του αμαρτωλου] om του ℵ   5 τω ταπεινω] om τω ℵA | ασεβει] pr τω ℵc a | om αυτου ℵ* (hab ℵc a) | κακα ευρησεις] κακα· ευρησουσιν A | αν] εαν ℵA | ποιης ℵ* (ποιησης ℵc a)   6 αποδωσει] αποδω εις A   7 αντιλαβου A | του αμαρτωλου] om του ℵA   8 ουκ εκδικηθησεται] ου γνωσθησεται ℵc a ουκ ενβληθησεται A

ΣΟΦΙΑ ΣΕΙΡΑΧ

B ⁹ἐν ἀγαθοῖς ἀνδρὸς οἱ ἐχθροὶ αὐτοῦ ἐν λύπῃ, 9
καὶ ἐν τοῖς κακοῖς αὐτοῦ καὶ ὁ φίλος διαχωρισθήσεται.
¹⁰μὴ πιστεύσῃς τῷ ἐχθρῷ σου εἰς τὸν αἰῶνα· 10
ὡς γὰρ ὁ χαλκὸς ἰοῦται, οὕτως ἡ πονηρία αὐτοῦ·
¹¹καὶ ἐὰν ταπεινωθῇ καὶ πορεύηται συνκεκυφώς, 11
ἐπίστησον τὴν ψυχήν σου καὶ φύλαξαι ἀπ' αὐτοῦ,
καὶ ἔσῃ αὐτῷ ὡς ἐκμεμαχὼς ἔσοπτρον,
καὶ γνώσῃ ὅτι οὐκ εἰς τέλος κατίωσεν.
¹²μὴ στήσῃς αὐτὸν παρὰ σεαυτόν, 12
μὴ ἀνατρέψας σε στῇ ἐπὶ τὸν τόπον σου
μὴ καθίσῃς αὐτὸν ἐκ δεξιῶν σου,
μή ποτε ζητήσῃ τὴν καθέδραν σου,
καὶ ἐπ' ἐσχάτῳ ἐπιγνώσῃ τοὺς λόγους μου,
καὶ ἐπὶ τῶν ῥημάτων μου κατανυγήσῃ.
¹³τίς ἐλεήσει ἐπαοιδὸν ὀφιόδηκτον 13
καὶ πάντας τοὺς προσάγοντας θηρίοις;
¹⁴οὕτως τὸν προσπορευόμενον ἀνδρὶ ἁμαρτωλῷ 14
καὶ συνφυρόμενον ἐν ταῖς ἁμαρτίαις αὐτοῦ.
¹⁵ὥραν μετὰ σοῦ διαμενεῖ, 15 (14)
καὶ ἐὰν ἐκκλίνῃς, οὐ μὴ καρτερήσῃ.
¹⁶καὶ ἐν τοῖς χείλεσιν αὐτοῦ γλυκανεῖ ὁ ἐχθρός, 16 (15)
καὶ ἐν τῇ καρδίᾳ αὐτοῦ βουλεύσεται ἀνατρέψαι σε εἰς
βόθρον·
⁽¹⁶⁾ἐν ὀφθαλμοῖς αὐτοῦ δακρύσει ὁ ἐχθρός, (16)
C ⁹καὶ ἐὰν εὕρῃ καιρόν, οὐκ ἐμπλησθήσεται ἀφ' αἵματος·
¹⁷κακὰ ἂν ὑπαντήσῃ σοι, εὑρήσεις αὐτὸν πρότερον ἐκεῖ σου, 17
⁽¹⁸⁾καὶ ὡς βοηθῶν ὑποσχάσει πτέρναν σου· (18)
¹⁸κινήσει τὴν κεφαλὴν αὐτοῦ 18 (19)
καὶ ἐπικροτήσει ταῖς χερσὶν αὐτοῦ,

ℵAC **11** συγκεκυφως B^bℵ | τη ψυχη A | κατιωσεν Bℵ^c^a (καθιωσεν ℵ*)] κατιωται A **12** σεαυτω ℵA | ανατρεψας] αναστρεψας ℵA | του τοπου ℵ^c^a | εσχατων ℵA | κατανυγηση]+μη δεσμευσης δις αμαρτιαν| εν γαρ μια ουκ αθωωθηση B^ab mg sup **13** ελεηση ℵ | παντες B **14** συνφυρομενον (συμφ. B^bℵ)] συμφερομενον A **15** καρτερηση] ρτερηση sup ras A^a **16** γλυκαινει ℵ* (-κανει ℵ') | εχθρος 1°]+και πολλα ψιθυρισει και ερει σοι καλα λεγων B^ab mg inf | τη καρδια] om τη ℵ* (hab τη ℵ^c^a) | βουλευσεται] τ sup ras A^a | ανατρεψαι] αναστρεψαι ℵ | om εν 3° ℵ* (hab ℵ^c^a) | om ουκ C **17** αν] εαν ℵA | υπαντησει C | προτερον] ρ 1° sup ras A^a | σου εκει ℵ^c^a C **18** την κεφαλην αυτου κινησει ℵA (κειν.) C | om αυτου 2° ℵ* (hab ℵ^c^a)

668

ΣΟΦΙΑ ΣΕΙΡΑΧ

καὶ πολλὰ διαψιθυρίσει καὶ ἀλλοιώσει τὸ πρόσωπον Β
αὐτοῦ.

XIII 1 ¹Ὁ ἁπτόμενος πίσσης μολυνθήσεται,
καὶ ὁ κοινωνῶν ὑπερηφάνῳ ὁμοιωθήσεται αὐτῷ.

2 ²βάρος ὑπὲρ σὲ μὴ ἄρῃς,
καὶ ἰσχυροτέρῳ σου καὶ πλουσιωτέρῳ μὴ κοινώνει.

(3) ⁽³⁾τί κοινωνήσει χύτρα πρὸς λέβητα;
αὕτη προσκρούσει, καὶ αὕτη συντριβήσεται.

(4) 3 ³πλούσιος ἠδίκησεν, καὶ αὐτὸς προσενεβριμήσατο·
πτωχὸς ἠδίκηται, καὶ αὐτὸς προσδεηθήσεται.

(5) 4 ⁴ἐὰν χρησιμεύσῃς, ἐργᾶται ἐν σοί·
καὶ ἐὰν ὑστερήσῃς, καταλείψει σε·

(6) 5 ⁵ἐὰν ἔχῃς, συμβιώσεταί σοι
καὶ ἀποκενώσει σε, καὶ αὐτὸς οὐ πονέσει·

(7) 6 ⁶χρείαν ἔσχηκέν σου, καὶ ἀποπλανήσει σε,
καὶ προσγελάσεταί σοι καὶ δώσει σοι ἐλπίδα·
λαλήσει σοι καλὰ καὶ ἐρεῖ Τίς ἡ χρεία σου;

(8) 7 ⁷καὶ αἰσχυνεῖ σε ἐν τοῖς βρώμασιν αὐτοῦ,
ἕως οὗ ἀποκενώσῃ σε δὶς ἢ τρίς,
καὶ ἐπ' ἐσχάτῳ καταμωκήσεταί σου·
μετὰ ταῦτα ὄψεταί σε καὶ καταλείψει σε,
καὶ τὴν κεφαλὴν αὐτοῦ κινήσει ἐπὶ σοί.

(10,11) 8 ⁸πρόσεχε μὴ ἀποπλανηθῇς, καὶ μὴ ταπεινωθῇς ἐν εὐφροσύνῃ σου.

(12) 9 ⁹προσκαλεσαμένου σε δυνάστου ὑποχωρῶν γίνου,
καὶ τόσῳ μᾶλλον προσκαλέσεταί σε·

(13) 10 ¹⁰μὴ ἔμπιπτε, ἵνα μὴ ἀπωσθῇς,
καὶ μὴ μακρὰν ἀφιστῶ, ἵνα μὴ ἐπιλησθῇς.

18 διαψιθυρισει] διαψιθυριζει A ψιθυρισει C   XIII 1 μολυνθησεται] pr ℵAC ου ℵ* (om ου ℵᶜᵃ) | ομοιωθησεται] η sup ras Aᵃ   2 πλουσιωτερω (-οτερω A)]+σου ℵA | τι] incep αυ ℵ* (improb αυ ℵ¹) | χυτρα] κυθρα ℵ | αυτη 1° Cᵃ (de C* non liq) | προσκουση (sic) C | αυτη 2°] ατη C* (αυτ. Cᵃ)   3 προσδεηθησεται] προσαπιληθησεται ℵ   4–5 εαν 1° ... πονεσει sup ras Cᵃ (vid duo tantum stich fuisse sed evan omnia)   5 συμβιωσετα Bᵉᵈⁱᵗ   6 ελπιδαν A | om σοι 3° ℵ | ερει] ερις A   7 αποκενωσει ℵA | εσχατων ℵᶜᵃ (mox ipse revoc -τω) | καταμωκησεται] adnot καταγε|λασει ἢ ψεξει Bᵃᵐᵍ | καταλειψει] καλυψει ℵ   8 om μη 2° ℵ   9 μαλλον] ον sup ras Aᵃ | σε προσκαλεσεται ℵ σε προσκαλεσητ, A   10 om ινα 1° ℵAC

669

XIII 11 ΣΟΦΙΑ ΣΕΙΡΑΧ

B ¹¹μὴ ἔπεχε ἰσηγορεῖσθαι μετ' αὐτοῦ,   11 (14)
καὶ μὴ πίστευε τοῖς πλείοσιν λόγοις αὐτοῦ·
ἐκ πολλῆς γὰρ λαλιᾶς πειράσει σε,
καὶ ὡς προσγελῶν ἐξετάσει σε·
¹²ἀνελεήμων ὁ μὴ συντηρῶν λόγους,   12 (15)
καὶ οὐ μὴ φείσηται περὶ κακώσεως καὶ δεσμῶν.
¹³συντήρησον καὶ πρόσεχε σφοδρῶς,   13 (16)
ὅτι μετὰ τῆς πτώσεώς σου περιπατεῖς.
¹⁵πᾶν ζῷον ἀγαπᾷ τὸ ὅμοιον αὐτῷ,   15 (19)
καὶ πᾶς ἄνθρωπος τὸν πλησίον αὐτοῦ·
¹⁶πᾶσα σὰρξ κατὰ γένος συνάγεται,   16 (20)
καὶ τῷ ὁμοίῳ αὐτοῦ προσκολληθήσεται ἀνήρ
¹⁷τί κοινωνήσει λύκος ἀμνῷ;   17 (21)
οὕτως ἁμαρτωλὸς πρὸς εὐσεβῆ.
¹⁸τίς εἰρήνη ὑαίνῃ πρὸς κύνα;   18 (22)
καὶ τίς εἰρήνη πλουσίῳ πρὸς πένητα;
¹⁹κυνήγια λεόντων ὄναγροι ἐν ἐρήμῳ·   19 (23)
οὕτως νομαὶ πλουσίων πτωχοί.
²⁰βδέλυγμα ὑπερηφάνῳ ταπεινότης,   20 (24)
οὕτως βδέλυγμα πλουσίῳ πτωχός.
²¹πλούσιος σαλευόμενος στηρίζεται ὑπὸ φίλων,   21 (25)
ταπεινὸς δὲ πεσὼν προσαπωθεῖται ὑπὸ φίλων.
²²πλουσίου σφαλέντος πολλοὶ ἀντιλήμπτορες,   22 (26)
ἐλάλησεν ἀπόρρητα καὶ ἐδικαίωσαν αὐτόν·
⁽²⁷⁾ταπεινὸς ἔσφαλεν καὶ προσεπετίμησαν αὐτῷ,   (27)
ἐφθέγξατο σύνεσιν καὶ οὐκ ἐδόθη αὐτῷ τόπος.
²³πλούσιος ἐλάλησεν καὶ πάντες ἐσίγησαν,   23 (28)
καὶ τὸν λόγον αὐτοῦ ἀνύψωσαν ἕως τῶν νεφελῶν
⁽²⁹⁾πτωχὸς ἐλάλησεν καὶ εἶπαν Τίς οὗτος;   (29)
κἂν προσκόψῃ, προσανατρέψουσιν αὐτόν.
²⁴ἀγαθὸς ὁ πλοῦτος ᾧ μή ἐστιν ἁμαρτία,   24 (30)
καὶ πονηρὰ ἡ πτωχεία ἐν στόμασιν εὐσεβοῦς.

ℵAC   11 ισηγορεισθαι] εισηγορ. Bℵ* (improb postea ras ε 1° ℵ¹) | μετ] μετα Bᶜ⁽ᵛⁱᵈ⁾ | πλειοσι ℵ   13 περιπατεις] sign prae se fert B†⁽ᵐᵍ⁾   17 ευσεβην Bℵ   20 ταπεινοτης] in π ras aliq B' ταπινωσις A   21 ταπεινος] πτωχος ℵ* (ταπ. ℵᶜᵃ)   21—XIV 4 evan plurima in C   22 εσφαλη A   23 προσανατρεπουσιν A   24 αγαθος]+εστιν A | εστιν] προσεστιν ℵᶜᵃ | πτωχια ℵ | στοματι ℵA | ευσεβους] ασεβους ℵA

ΣΟΦΙΑ ΣΕΙΡΑΧ   XIV 13

(31) 25   ²⁵καρδία ἀνθρώπου ἀλλοιοῖ τὸ πρόσωπον αὐτοῦ,   B
          ἐὰν εἰς ἀγαθὰ ἐάν τε εἰς κακά.
(32) 26   ²⁶ἴχνος καρδίας ἐν ἀγαθοῖς πρόσωπον ἱλαρόν,
          καὶ εὕρεσις παραβολῶν διαλογισμοὶ μετὰ κόπου.

XIV   1   ¹Μακάριος ἀνὴρ ὃς οὐκ ὠλίσθησεν ἐν στόματι αὐτοῦ,
          καὶ οὐ κατενύγη ἐν λύπῃ ἁμαρτίας·
      2   ²μακάριος οὗ οὐ κατέγνω ἡ ψυχὴ αὐτοῦ,
          καὶ ὃς οὐκ ἔπεσεν ἀπὸ τῆς ἐλπίδος αὐτοῦ
      3   ³ἀνδρὶ μικρολόγῳ οὐ καλὸς ὁ πλοῦτος,
          καὶ ἀνθρώπῳ βασκάνῳ ἵνα τί χρήματα;
      4   ⁴ὁ συνάγων ἀπὸ τῆς ψυχῆς αὐτοῦ συνάγει ἄλλοις,
          καὶ ἐν τοῖς ἀγαθοῖς αὐτοῦ τρυφήσουσιν ἕτεροι
      5   ⁵ὁ πονηρὸς ἑαυτῷ τίνι ἀγαθὸς ἔσται;
          καὶ οὐ μὴ εὐφρανθήσεται ἐν τοῖς χρήμασιν αὐτοῦ.
      6   ⁶τοῦ βασκαίνοντος ἑαυτὸν οὐκ ἔστιν πονηρότερος,
          καὶ τοῦτο ἀνταπόδομα τῆς κακίας αὐτοῦ·
      7   ⁷κἂν εὖ ποιῇ, ἐν λήθῃ ποιεῖ,
          καὶ ἐπ' ἐσχάτων ἐκφαίνει τὴν κακίαν αὐτοῦ.
      8   ⁸πονηρὸς ὁ βασκαίνων ὀφθαλμῷ,
          ἀποστρέφων πρόσωπον καὶ ὑπερορῶν ψυχάς
      9   ⁹πλεονέκτου ὀφθαλμὸς οὐκ ἐμπίπλαται μερίδι,
          καὶ ἀδικία πονηρὰ ἀναξηρανεῖ ψυχήν.
      10 ¹⁰ὀφθαλμὸς πονηρὸς φθονερὸς ἐπ' ἄρτῳ,
          καὶ ἐνλιπὴς ἐπὶ τῆς τραπέζης αὐτοῦ.

      11 ¹¹Τέκνον, καθὼς ἐὰν ἔχῃς εὖ ποίει σεαυτόν,
          καὶ προσφορὰς Κυρίῳ ἀξίως πρόσαγε·
      12 ¹²μνήσθητι ὅτι θάνατος οὐ χρονιεῖ,
          καὶ διαθήκη ᾅδου οὐχ ὑπεδείχθη σοι
      13 ¹³πρίν σε τελευτῆσαι εὖ ποίει φίλῳ,

25 εαν 1°]+τε ℵA   26 ευρεσεις A | κοπων ℵA   XIV 1 στο- ℵAC
ματι] pr τω A | αμαρτιων ℵA   2 μακαριος]+ανηρ A   4 αλλως A*
(-οις A?) | τρυφησουσιν] εντρυφ ℵ^{c a}   6 βασκανοντος A | εαυτον] αυτον ℵ*
(εαυτ. ℵ¹)   7 εκφανει ℵ?   8 οφθαλμω] οφθαλμον εαυτου A οφθαλμοις C
9 πλεονεκτου]+δε A | ουκ εμπιπλαται] ου πιπλαται A* (ουκ εμπιπλ. A') | με-
ριδα A | αναξηραινει ℵ (-νι) AC   10 φθονερος] pr ο ℵ^{c a} | αρτων C |
ελλιπης B^{ab}ℵA (?C)   11 σεαυτον] σαυτον A σεαυτω C   12 θανατος]
pr ο ℵ^{c.a} | υποδιχθησεται ℵ^{c a}

ΣΟΦΙΑ ΣΕΙΡΑΧ

B   καὶ κατὰ τὴν ἰσχύν σου ἔκτεινον καὶ δὸς αὐτῷ.
¹⁴μὴ ἀφυστερήσῃς ἀπὸ ἀγαθῆς ἡμέρας,
 καὶ μερὶς ἐπιθυμίας ἀγαθῆς μή σε παρελθάτω.
¹⁵οὐχὶ ἑτέρῳ καταλείψεις τοὺς πόνους σου,
 καὶ τοὺς κόπους σου εἰς διαίρεσιν κλήρου;
¹⁶δὸς καὶ λάβε, καὶ ἀπάτησον τὴν ψυχήν σου,
 ⁽¹⁷⁾ὅτι οὐκ ἔστιν ἐν ᾅδου ζητῆσαι τρυφήν.
¹⁷πᾶσα σὰρξ ὡς ἱμάτιον παλαιοῦται·
 ⁽¹²⁾ἡ γὰρ διαθήκη ἀπ᾽ αἰῶνος Θανάτῳ ἀποθανῇ.
¹⁸ὡς φύλλον θάλλον ἐπὶ δένδρου δασέος,
 ⁽¹⁹⁾τὰ μὲν καταβάλλει, ἄλλα δὲ φύει·
οὕτως γενεὰ σαρκὸς καὶ αἵματος,
 ἡ μὲν τελευτᾷ, ἑτέρα δὲ γεννᾶται.
¹⁹πᾶν ἔργον σηπόμενον ἐκλείπει,
 καὶ ὁ ἐργαζόμενος αὐτὸ μετ᾽ αὐτοῦ ἀπελεύσεται.

²⁰Μακάριος ἀνὴρ ὃς ἐν σοφίᾳ τελευτήσει,
 καὶ ὃς ἐν συνέσει αὐτοῦ διαλεχθήσεται·
²¹ὁ διανοούμενος τὰς ὁδοὺς αὐτῆς ἐν καρδίᾳ αὐτοῦ,
 καὶ ἐν τοῖς ἀποκρύφοις αὐτῆς νοηθήσεται.
²²ἔξελθε ὀπίσω αὐτῆς ὡς ἰχνευτής,
 καὶ ἐν ταῖς εἰσόδοις αὐτῆς ἐνέδρευε.
²³ὁ παρακύπτων διὰ τῶν θυρίδων αὐτῆς,
 καὶ ἐπὶ τῶν θυρωμάτων αὐτῆς ἀκροάσεται·
²⁴ὁ καταλύων σύνεγγυς τοῦ οἴκου αὐτῆς,
 καὶ πήξει πάσσαλον ἐν τοῖς τοίχοις αὐτῆς·
²⁵στήσει τὴν σκηνὴν αὐτοῦ κατὰ χεῖρας αὐτῆς,
 καὶ καταλύσει ἐν καταλύματι ἀγαθῶν·
²⁶θήσει τὰ τέκνα αὐτοῦ ἐν τῇ σκέπῃ αὐτῆς,
 καὶ ὑπὸ τοὺς κλάδους αὐτῆς αὐλισθήσεται

ℵAC **14** om απο αγαθης A | παρελθετω ℵA   **15** ετεροις ℵA | διαιρεσις ℵ^{c a} A | κληρων A   **15—16** evan nonnulla in C   **16** απατησον] απαιτησον ℵ* (απατ. ℵ^{1(vid)}) αγιασον ℵ^{c a} αποτησον A | αδη A | τρυφης A **17** αποθανη] αποθανιτα incep ℵ* (-νη ℵ¹)   **18** δασεως ℵA | τα μεν.. φυει] pr ουτως αιματος ℵ* (invert ℵ¹) | ουτως] ουτω και ℵ ουτως και AC **20** τελευτησει] μελετησει ℵ^{c a} | διαδεχθησεται A   **21** ο διανοουμενος] om ο A | νοηθησεται] εννοηθησεται ℵA   **22** εισοδοις B^{ab} (εισοδ. B*)] οδοις ℵA **24** om και ℵ^{c a} | πηξει] πησσει A | τοιχοις (τυχ. A)] οικοις ℵ* (τοιχ ℵ^{c a}) **25** στηση A | χειρας] pr τας C   **26** θησει] και στησει ℵ* (θησ. ℵ^{c a}) AC | τη σκεπη] τη σκηνη ℵ* (τη σκεπ. ℵ^{c a}) om τη A

ΣΟΦΙΑ ΣΕΙΡΑΧ

27 ²⁷σκεπασθήσεται ὑπ' αὐτῆς ἀπὸ καύματος,
καὶ ἐν τῇ δόξῃ αὐτῆς καταλύσει.

XV 1 ¹ὁ φοβούμενος Κύριον ποιήσει αὐτό,
καὶ ὁ ἐγκρατὴς τοῦ νόμου καταλήμψεται αὐτήν·

2 ²καὶ ὑπαντήσεται αὐτῷ ὡς μήτηρ,
καὶ ὡς γυνὴ παρθενείας προσδέξεται αὐτόν·

3 ³ψωμιεῖ αὐτὸν ἄρτον συνέσεως,
καὶ ὕδωρ σοφίας ποτίσει αὐτόν·

4 ⁴στηριχθήσεται ἐπ' αὐτὴν καὶ οὐ μὴ κλιθῇ,
(4) ⁽⁴⁾καὶ ἐπ' αὐτῆς ἐφέξει καὶ οὐ μὴ καταισχυνθῇ·

5 ⁵καὶ ὑψώσει αὐτὸν παρὰ τοὺς πλησίον αὐτοῦ,
(5) ⁽⁵⁾καὶ ἐν μέσῳ ἐκκλησίας ἀνοίξει στόμα αὐτοῦ·

6 ⁶εὐφροσύνην καὶ στέφανον ἀγαλλιάματος
καὶ ὄνομα αἰώνιον κατακληρονομήσει.

7 ⁷οὐ μὴ καταλήμψονται αὐτὴν ἄνθρωποι ἀσύνετοι,
καὶ ἄνδρες ἁμαρτωλοὶ οὐ μὴ ἴδωσιν αὐτήν·

8 ⁸μακράν ἐστιν ὑπερηφανίας,
(8) ⁽⁸⁾καὶ ἄνδρες ψεῦσται οὐ μὴ μνησθήσονται αὐτῆς.

9 ⁹Οὐχ ὡραῖος αἶνος ἐν στόματι ἁμαρτωλοῦ,
(10) ⁽¹⁰⁾ὅτι οὐ παρὰ Κυρίου ἀπεστάλη·

10 ¹⁰ἐν γὰρ σοφίᾳ ῥηθήσεται αἶνος,
καὶ ὁ κύριος εὐοδώσει αὐτόν.

11 ¹¹μὴ εἴπῃς ὅτι Διὰ Κύριον ἀπέστην·
ἃ γὰρ ἐμίσησεν, οὐ ποιήσεις.

12 ¹²μὴ εἴπῃς ὅτι Αὐτός με ἐπλάνησεν·
οὐ γὰρ χρείαν ἔχει ἀνδρὸς ἁμαρτωλοῦ.

13 ¹³πᾶν βδέλυγμα ἐμίσησεν Κύριος,
καὶ οὐκ ἔστιν ἀγαπητὸν τοῖς φοβουμένοις αὐτόν.

27 σκεπασθησεται] pr και ℵ* (improb και ℵ*ᵃ) | υπ] απ ℵ* (υπ ℵ*ᵃ) A ℵAC
XV 1 Κυριον] pr τον C | αυτην] αυτον A   2 υπαντησει ℵA | παρθενιας
BᵇℵAC   3 ποτιει ℵAC   4 στηρισθησεται ℵAC | αυτην] αυτον ℵ*
(-την ℵ*ᵃ) | κλιθη] κλισθη ℵ | αυτης] αυτη ℵ*ᵃ A   5 στομα] pr το ℵAC
6 αγαλλιαματος]+ευρησει ℵ* (improb ευρ. ℵ*ᵃ) A | αιωνιον] αιωνος ℵAC |
κατακληρονομησει]+αυτον ℵ*ᵃ   7 ανδρες] ανοι A   8 υπερηφανειας C |
μνησθησονται] μνηωνται ℵ* (μνησθησ. ℵ*ᵃ)   9 αινος bis scr ℵ* (improb
2° ℵ*ᵃ) | απεσταλη] τ sup ras Aᵃ   11 απεστην Bℵ*ᵃ (-στη ℵ*)] ἀπ]εσταλην Cᵛⁱᵈ   12 om οτι ℵ   13 Κυριος] pr ο ℵAC | αγαπητον
τοις] de C non liq

SEPT. II.   673   UU

ΣΟΦΙΑ ΣΕΙΡΑΧ

B ¹⁴αὐτὸς ἐξ ἀρχῆς ἐποίησεν ἄνθρωπον,   14
     καὶ ἀφῆκεν αὐτὸν ἐν χειρὶ διαβουλίου αὐτοῦ.
¹⁵ἐὰν θέλῃς, συντηρήσεις ἐντολάς,   15 (16)
     καὶ πίστιν ποιῆσαι εὐδοκίας.
¹⁶παρέθηκέν σοι πῦρ καὶ ὕδωρ,   16 (17)
     οὗ ἐὰν θέλῃς ἐκτενεῖς τὴν χεῖρά σου
¹⁷ἔναντι ἀνθρώπων ἡ ζωὴ καὶ ὁ θάνατος,   17 (18)
     καὶ ὃ ἐὰν εὐδοκήσῃ δοθήσεται αὐτῷ
¹⁸ὅτι πολλὴ σοφία τοῦ κυρίου·   18 (19)
     ἰσχυρὸς ἐν δυναστείᾳ καὶ βλέπων τὰ πάντα·
¹⁹καὶ οἱ ὀφθαλμοὶ αὐτοῦ ἐπὶ τοὺς φοβουμένους αὐτόν,   19 (20)
     καὶ αὐτὸς ἐπιγνώσεται πᾶν ἔργον ἀνθρώπου·
²⁰καὶ οὐκ ἐνετείλατο οὐδενὶ ἀσεβεῖν,   20 (21)
     καὶ οὐκ ἔδωκεν ἄνεσιν οὐδενὶ ἁμαρτάνειν.

C ¹Μὴ ἐπιθύμει τέκνων πλῆθος ἀχρήστων,   1 (22) XVI (XV)
     ⁽¹⁾μηδὲ εὐφραίνου ἐπὶ υἱοῖς ἀσεβέσιν·   (1) (XVI)
²ἐὰν πληθύνωσιν, μὴ εὐφραίνου ἐπ' αὐτοῖς·   2
εἰ μή ἐστιν φόβος Κυρίου μετ' αὐτῶν, ³μὴ ἐνπιστεύσῃς   3 (2)
     τῇ ζωῇ αὐτῶν,
     καὶ μὴ ἔπεχε ἐπὶ τὸν τόπον αὐτῶν·
⁽³⁾κρείσσων γὰρ εἷς ἢ χίλιοι,   (3)
     ⁽⁴⁾καὶ ἀποθανεῖν ἄτεκνον ἢ ἔχειν τέκνα ἀσεβῆ·   (4)
⁴ἀπὸ γὰρ ἑνὸς συνετοῦ συνοικισθήσεται πόλις,   4 (5)
     φυλὴ δὲ ἀνόμων ἐρημωθήσεται.
⁵πολλὰ τοιαῦτα ἑόρακα ἐν ὀφθαλμοῖς μου,   5 (6)
     καὶ ἰσχυρότερα τούτων ἀκήκοεν τὸ οὖς μου.
⁶ἐν συναγωγῇ ἁμαρτωλῶν ἐκκαυθήσεται πῦρ,   6 (7)
     καὶ ἐν ἔθνει ἀπειθεῖ ἐξεκαύθη ὀργή.

C   14 χειρι] pr τη C   15 θελης] θελησης ℵ* (θελης ℵ^{c a}) | συντηρησε ℵ^{c a}
17 ευδοκησει A   18 σοφια] pr η ℵ^{c a}A | δυναστια ℵA   19 ανθρωπου]
ανθρωπων ℵ* (-που ℵ^{c a}) αυτου A   20 om και 1º ℵAC | εδωκεν] εδωσεν
A | ανεσιν] αινεσιν C | αμαρτειν C   XVI 1 τεκνον ℵ^{c.a} | αχρηστον AC
2 πληθυνθωσιν (superscr θ) ℵ^{c a}   3 εμπιστευσης B^bℵA | τον τοπον] το
πληθος ℵA | αυτων 2º]+στεναξις γαρ πενθι αωρω και εξεφνης αυτων συντε-
λιαν γνωσεται· κρισσων γαρ εις δικαιος ποιων θελημα κ̅υ̅ η μυριοι παρανομοι
ℵ^{c a} | κρεισσων χιλιοι] signa adpinx ℵ^{c a} | και 2º] δικαιον ℵ^{c a}   5 εο-
ρακα (εωρ. B^{ab}A) εν οφθαλμοις] εορακεν ο οφθαλμος ℵ | μου 2º] σου A
6 απειθη A

ΣΟΦΙΑ ΣΕΙΡΑΧ XVI 20

(8) 7 ⁷οὐκ ἐξιλάσατο περὶ τῶν ἀρχαίων γιγάντων, B
οἳ ἀπέστησαν τῇ ἰσχύι αὐτῶν·
(9) 8 ⁸οὐκ ἐφείσατο περὶ τῆς παροικίας Λώτ,
οὓς ἐβδελύξατο διὰ τὴν ὑπερηφανίαν αὐτῶν·
(10) 9 ⁹οὐκ ἠλέησεν ἔθνος ἀπωλείας,
τοὺς ἐξηρμένους ἐν ἁμαρτίαις αὐτῶν·
(11) 10 ¹⁰καὶ οὕτως ἑξακοσίας χιλιάδας πεζῶν
τοὺς ἐπισυναχθέντας ἐν σκληροκαρδίᾳ αὐτῶν.
11 ¹¹κἂν ᾖ εἷς σκληροτράχηλος, θαυμαστὸν τοῦτο εἰ ἀθῳωθήσεται·
(12) ⁽¹²⁾ἔλεος γὰρ καὶ ὀργὴ παρ' αὐτοῦ,
δυνάστης ἐξιλασμῶν καὶ ἐκχέων ὀργήν.
(13) 12 ¹²κατὰ τὸ πολὺ ἔλεος αὐτοῦ, οὕτως καὶ πολὺς ὁ ἔλεγχος αὐτοῦ·
ἄνδρα κατὰ τὰ ἔργα αὐτοῦ κρινεῖ.
(14) 13 ¹³οὐκ ἐκφεύξεται ἐν ἁρπάγμασιν ἁμαρτωλός,
καὶ οὐ μὴ καθυστερήσει ὑπομονὴν εὐσεβοῦς.
(15) 14 ¹⁴πάσῃ ἐλεημοσύνῃ ποιήσει τόπον,
ἕκαστος κατὰ τὰ ἔργα αὐτοῦ εὑρήσει.
(16) 17 ¹⁷μὴ εἴπῃς ὅτι Ἀπὸ Κυρίου κρυβήσομαι·
μὴ ἐξ ὕψους τίς μου μνησθήσεται;
(17) ⁽¹⁷⁾ἐν λαῷ πλείονι οὐ μὴ μνησθῶ,
τίς γὰρ ἡ ψυχή μου ἐν ἀμετρήτῳ κτίσει;
18 ¹⁸ἰδοὺ ὁ οὐρανὸς καὶ ὁ οὐρανὸς τοῦ οὐρανοῦ τοῦ θεοῦ,
ἄβυσσος καὶ γῆ σαλευθήσονται ἐν τῇ ἐπισκοπῇ αὐτοῦ
19 ¹⁹ἅμα τὰ ὄρη καὶ τὰ θεμέλια τῆς γῆς
ἐν τῷ ἐπιβλέψαι εἰς αὐτὰ τρόμῳ συνσείονται,
20 ²⁰καὶ ἐπ' αὐτοῖς οὐ διανοηθήσεται καρδία·
(21) ⁽²¹⁾καὶ τὰς ὁδοὺς αὐτοῦ τίς ἐνθυμηθήσεται;

7 εξιλασατο] εξιλατο A   9 απωλειας (-λιας ℵ*)] Χανααν ℵᶜᵃ | αυ- ℵA των]+ταυτα παντα εποιησεν εθνεσιν σκληροκαρδιοις και επι πληθει αγιων αυτου ου παρεκληθη ℵᶜᵃ   10 και πεζων, τους αυτων] pr asteriscos ℵᶜᵃ   11 εισκληροτρ. A | αθοωθησεται B*ℵA (αθωωθ. Bᵃ⁼ᵇ) | αυτου] αυτω ℵ* Λ κ̄ῡ ℵᶜᵃ | δυναστων A   12 ελεος αυτου 2°] εος αυτου ου, s ο ελεγχος αυτου sup ras Aᵃ | ουτω A | πολυς ο] ο πολυς ℵ* (π. ο ℵᶜᵃ) | κρινει] κτινι A   13 αρπαγματι ℵA | καθυστερηση ℵ | υπομονη ℵA   17 απο] παρα A | μη 2°] και ℵA | υψους τις μου] υψιστου ℵ* (υψους τ. μ. ℵᶜᵃ) | μνησθω] γνωσθω ℵA   18 om του θεου ℵA | γη] pr η ℵ | εν τη επισκοπη αυτου σαλευθησονται ℵ* (σαλευονται ℵᶜᵃ) A   19 συσσειονται Bᵃᵇ 20 ενθυμηθησεται]+και καθο ποιει ᾱν̄ο̄ς̄ οψεται ο οφθαλμος αυτου ℵᶜ·ᵃ

XV 14 ΣΟΦΙΑ ΣΕΙΡΑΧ

ΣΟΦΙΑ ΣΕΙΡΑΧ

B ²¹καὶ καταιγίς, ἣν οὐκ ὄψεται ἄνθρωπος,   21
   ⁽²²⁾τὰ δὲ πλείονα τῶν ἔργων αὐτοῦ ἐν ἀποκρύφοις.   (22)
²²ἔργα δικαιοσύνης τίς ἀναγγελεῖ;   22
   ἢ τίς ὑπομενεῖ; μακρὰν γὰρ ἡ διαθήκη.
²³ἐλαττούμενος καρδίᾳ διανοεῖται ταῦτα,   23
   καὶ ἀνὴρ ἄφρων καὶ πλανώμενος διανοεῖται μωρά.

²⁴Ἄκουσόν μου, τέκνον, καὶ μάθε ἐπιστήμην,   24
   καὶ ἐπὶ τῶν λόγων μου πρόσεχε τῇ καρδίᾳ σου·
²⁵ἐκφαίνω ἐν σταθμῷ παιδείαν,   25
   καὶ ἐν ἀκριβείᾳ ἀπαγγέλλω ἐπιστήμην.
²⁶ἐν κρίσει Κυρίου τὰ ἔργα αὐτοῦ ἀπ' ἀρχῆς,   26
   καὶ ἀπὸ ποιήσεως αὐτῶν διέστελλεν μερίδας αὐτῶν·
²⁷ἐκόσμησεν εἰς αἰῶνα τὰ ἔργα αὐτοῦ,   27
   καὶ τὰς ἀρχὰς αὐτῶν εἰς γενεὰς αὐτῶν·
   οὔτε ἐπείνασαν οὔτε ἐκοπίασαν,
   καὶ οὐκ ἐξέλιπον ἀπὸ τῶν ἔργων αὐτῶν·
²⁸ἕκαστος τὸν πλησίον αὐτοῦ οὐκ ἔθλιψεν,   28
   καὶ ἕως αἰῶνος ⁽²⁹⁾οὐκ ἀπειθήσουσιν τοῦ ῥήματος αὐτοῦ.   (29)
²⁹καὶ μετὰ ταῦτα Κύριος εἰς τὴν γῆν ἐπέβλεψεν   29 (30)
   καὶ ἐνέπλησεν αὐτὴν τῶν ἀγαθῶν αὐτοῦ·
³⁰ψυχὴν παντὸς ζῴου ἐκάλυψεν τὸ πρόσωπον αὐτῆς,   30 (31)
   καὶ εἰς αὐτὴν ἡ ἀποστροφὴ αὐτῶν.

¹Κύριος ἔκτισεν ἐκ γῆς ἄνθρωπον,   1 (1ᵃ) XVII
   ⁽²ᵃ⁾καὶ πάλιν ἀπέστρεψεν αὐτὸν εἰς αὐτήν·   (2ᵃ)
²ἡμέρας ἀριθμοῦ καὶ καιρὸν ἔδωκεν αὐτοῖς,   2 (3)
   καὶ ἔδωκεν αὐτοῖς ἐξουσίαν τῶν ἐπ' αὐτῆς.
³καθ' ἑαυτοὺς ἐνέδυσεν αὐτοὺς ἰσχύν,   3 (2ᵇ)
   ⁽¹ᵇ⁾καὶ κατ' εἰκόνα αὐτοῦ ἐποίησεν αὐτούς·   (1ᵇ)
⁴καὶ ἔθηκεν τὸν φόβον αὐτοῦ ἐπὶ πάσης σαρκός,   4

ℵA   21 ανθρωπος] pr πας ℵ* (improb πας ℵᶜᵃ) + επελευσεται αυτω ℵᶜᵃ |
αυτου] αυτων A   22 αναγγελλει ℵ | υπομονει (ε sup ras) Aᵃ   23 ελατ-
τονουμενος A   25 εκφανω ℵA | om εν 1° ℵ* (hab ℵᶜᵃ) | παιδιαν ℵA |
ακριβια BᵇℵA | απαγγελω ℵA   26 διεστειλεν ℵᶜᵃA   27 αιωνα] pr
τον ℵᶜᵃA | αυτου] αυτων ℵ | εκοπιασαν]+ουτε ησθενησαν ℵ | εξελειπον A
28 om αυτου 1° ℵ* (hab ℵᶜᵃ) | εθλιψεν] εξεθλιψεν ℵA | του ρηματος] των
ρηματων ℵᶜᵃ   29 εις] επι A   30 ψυχη ℵ   XVII 3 αυτου] εαυτου
ℵA   4 om και 1° ℵA

ΣΟΦΙΑ ΣΕΙΡΑΧ XVII 23

καὶ κατακυριεύειν θηρίων καὶ πετεινῶν. B

(5) 6 ⁶διαβούλιον καὶ γλῶσσαν καὶ ὀφθαλμούς,
ὦτα καὶ καρδίαν ἔδωκεν διανοεῖσθαι αὐτοῖς·

(6) 7 ⁷ἐπιστήμην συνέσεως ἐνέπλησεν αὐτούς,
καὶ ἀγαθὰ καὶ κακὰ ὑπέδειξεν αὐτοῖς·

(7) 8 ⁸ἔθηκεν τὸν ὀφθαλμὸν αὐτοῦ ἐπὶ τὰς καρδίας αὐτῶν,
δεῖξαι αὐτοῖς τὸ μεγαλεῖον τῶν ἔργων αὐτοῦ·

(8) 10 ¹⁰καὶ ὄνομα ἁγιασμοῦ αἰνέσουσιν,
9 ⁹ἵνα διηγῶνται τὰ μεγαλεῖα τῶν ἔργων αὐτοῦ.

(9) 11 ¹¹προσέθηκεν αὐτοῖς ἐπιστήμην,
καὶ νόμον ζωῆς ἐκληροδότησεν αὐτοῖς·

(10) 12 §¹²διαθήκην αἰῶνος ἔστησεν μετ' αὐτῶν, ⸱C
καὶ τὰ κρίματα αὐτοῦ ὑπέδειξεν αὐτοῖς·

(11) 13 ¹³μεγαλεῖον δόξης εἶδον οἱ ὀφθαλμοὶ αὐτῶν,
καὶ δόξαν φωνῆς αὐτῶν ἤκουσεν τὸ οὖς αὐτῶν·

14 ¹⁴καὶ εἶπεν αὐτοῖς Προσέχετε ἀπὸ παντὸς ἀδίκου,

(12) ⁽¹²⁾καὶ ἐνετείλατο αὐτοῖς ἑκάστῳ περὶ τοῦ πλησίον.

(13) 15 ¹⁵αἱ ὁδοὶ αὐτῶν ἐναντίον αὐτοῦ διὰ παντός,
οὐ κρυβήσονται ἀπὸ τῶν ὀφθαλμῶν αὐτοῦ..

(14) 17 ¹⁷ἑκάστῳ ἔθνει κατέστησεν ἡγούμενον,

(15) ⁽¹⁵⁾καὶ μερὶς Κυρίου Ἰσραήλ ἐστιν.

(16) 19 ¹⁹ἅπαντα τὰ ἔργα αὐτῶν ὡς ὁ ἥλιος ἐναντίον αὐτοῦ,
καὶ οἱ ὀφθαλμοὶ αὐτοῦ ἐνδελεχεῖς ἐπὶ τὰς ὁδοὺς αὐτῶν·

(17) 20 ²⁰οὐκ ἐκρύβησαν αἱ ἀδικίαι αὐτῶν ἀπ' αὐτοῦ,
καὶ πᾶσαι αἱ ἁμαρτίαι αὐτῶν ἔναντι Κυρίου

(18) 22 ²²ἐλεημοσύνη ἀνδρὸς ὡς σφραγὶς μετ' αὐτοῦ,
καὶ χάριν ἀνθρώπου ὡς κόρην συντηρήσει.

(19) 23 ²³μετὰ ταῦτα ἐξαναστήσεται καὶ ἀνταποδώσει αὐτοῖς,
καὶ τὸ ἀνταπόδομα αὐτῶν εἰς κεφαλὴν αὐτῶν ἀποδώσει·

6 διαβουλιαν ℵ* (-λιον ℵ^ca) | αυτοις] αυτους ℵ^ca   8 εθηκεν] pr και ℵAC
A | αυτου 1°] αυτων ℵ | αυτου 2°]+ ϗ καυχασθαι εν τοις θαυμασιοις αυτου ℵ^ca
9 διηγουνται A   11 προσεθηκεν] pr και ℵ | αυτοις 2°] αυτους ℵ^ca (statim
revoc -τοις) A   12 αιωνος] αιωνιον A   13 ιδον AC | αυτων 2°] αυτου ℵC
15 αυτων] αυτου A | εναντιον] ενωπιον ℵC | αυτου 2°] αυτων A   17 ηγου-
μενον] seq sign in B   19 απαντα] παντα ℵAC | αυτων 1°] αυτου ℵ* (-των
ℵ^ca) | αυτων 2°] των α̅ν̅ω̅ν̅ ℵ* (αυτ ℵ^ca)   20 απ] a sup ras A^a | αυτων
2°]+απ αυτου ℵ* (improb απ αυτ. ℵ^ca)   22 κοραν ℵ   23 μετα] pr
και ℵ* (improb ℵ^ca) | αυτων εις κεφ.] ων εις κε rescr C^a nisi iam antea | αυτων
2°] αυτου AC*^fort | αποδωσει] ανταποδωσει ℵC

677

ΣΟΦΙΑ ΣΕΙΡΑΧ

B   24 πλὴν μετανοοῦσιν ἔδωκεν ἐπάνοδον,   24 (20)
    καὶ παρεκάλεσεν ἐκλείποντας ὑπομονήν.

25 Ἐπίστρεφε ἐπὶ Κύριον καὶ ἀπόλειπε ἁμαρτίας,   25 (21)
  (22) δεήθητι κατὰ πρόσωπον καὶ σμίκρυνον πρόσκομμα·   (22)
26 ἐπάναγε ἐπὶ Ὕψιστον καὶ ἀπόστρεφε ἀπὸ ἀδικίας,   26 (23)
  καὶ σφόδρα μίσησον βδέλυγμα.
27 Ὑψίστῳ τίς αἰνέσει ἐν ᾅδου   27
  (25) ἀντὶ ζώντων καὶ διδόντων ἀνθομολόγησιν;   (25)
28 ἀπὸ νεκροῦ ὡς μηδὲ ὄντος ἀπόλλυται ἐξομολόγησις·   28 (26)
  (27) ζῶν καὶ ὑγιὴς αἰνέσει τὸν κύριον.   (27)
29 ὡς μεγάλη ἡ ἐλεημοσύνη τοῦ κυρίου,   29 (28)
  καὶ ἐξιλασμὸς τοῖς ἐπιστρέφουσιν ἐπ' αὐτόν.
30 οὐ γὰρ δύναται πάντα εἶναι ἐν ἀνθρώποις,   30 (29)
  ὅτι οὐκ ἀθάνατος υἱὸς ἀνθρώπου.
31 τί φωτεινότερον ἡλίου; καὶ τοῦτο ἐκλείπει,   31 (30)
  καὶ πονηρὸς ἐνθυμήσεται σάρκα καὶ αἷμα.
32 δύναμιν ὕψους οὐρανοῦ αὐτὸς ἐπισκέπτεται,   32 (31)
  καὶ οἱ ἄνθρωποι πάντες γῆ καὶ σποδός.

1 Ὁ ζῶν εἰς τὸν αἰῶνα ἔκτισεν τὰ πάντα κοινῇ·   1   XVIII
2 Κύριος μόνος δικαιωθήσεται.   2
4 οὐθενὶ ἐξεποίησεν ἐξαγγεῖλαι τὰ ἔργα αὐτοῦ   4 (2)
  (3) καὶ τίς ἐξιχνιάσει τὰ μεγαλεῖα αὐτοῦ;   (3)
5 κράτος μεγαλωσύνης αὐτοῦ τίς ἐξαριθμήσεται;   5 (4)
  καὶ τίς προσθήσει ἐκδιηγήσασθαι τὰ ἐλέη αὐτοῦ;
6 οὐκ ἔστιν ἐλαττῶσαι οὐδὲ προσθεῖναι,   6 (5)
  καὶ οὐκ ἔστιν ἐξιχνιάσαι τὰ θαυμάσια τοῦ κυρίου·

ℵAC   24 μετανοουσιν] pr τοις C | εκλιποντας ℵC   25 επιστρεφε] επιστρεψον C | και απολειπε] καταλιπε ℵ* και απολιπε ℵ[c.a]C | προσκομμα A   26 επαναγε] επαναγαγε ℵC   27 αδου B[b] (-δους B*) ℵ[c a]AC] αδη ℵ* | bis scr ζωντων και B   29 εξιλασμος] εξειλασμον ℵ* ο εξειλασμος ℵ[c a]   30 υιος] pr ο A   31 τι] το ℵ* (τι ℵ[c a]) | και πονηρος ενθυμησεται] και πονηρος ενθυμηθησεται B[a fort] ℵ* ꝗ τι πονηροτερο ενθυμιται ℵ[c a] και πονηρον ενθυμηθησεται A | σαρκα B*[b]ℵ (in ℵ sunt signa corr)] σαρξ B[ab]AC   32 υψους] ους sup ras 5 vel 6 litt A[a] | αυτος] pr και ℵ (improb και ℵ[c a]) | οι ανθρωποι] om οι ℵA   XVIII 4 ουθενι] ουδενι ℵ[c a]AC | αξαγγειλαι B[edit] | εξιχνευσει ℵAC | αυτου 2°] του κ̅υ̅ C   5 αυτου 1°] εαυτου ℵ* (ras et improb ε ℵ') | εξαριθμηθησεται ℵ* (improb θη ℵ[1 c a]) | ελεη] εργα C   6 ελαττωσαι] ω sup ras 2 fere litt item ras 1 lit post σ C[a] (ελαττουσθαι C*[vid]) | του κυριου] om του ℵ

ΣΟΦΙΑ ΣΕΙΡΑΧ XVIII 21

(6) 7   ⁷ὅταν συντελέσῃ ἄνθρωπος τότε ἄρχεται,   B
         καὶ ὅταν παύσηται τότε ἀπορηθήσεται.
(7) 8   ⁸τί ἄνθρωπος καὶ τί ἡ χρῆσις αὐτοῦ;
         τί τὸ ἀγαθὸν αὐτοῦ, καὶ τί τὸ κακὸν αὐτοῦ;
(8) 9   ⁹ἀριθμὸς ἡμερῶν ἀνθρώπου πολλὰ ἔτη ἑκατόν·
    10   ¹⁰ὡς σταγὼν ὕδατος ἀπὸ θαλάσσης καὶ ψῆφος ἄμμου,
         οὕτως ὀλίγα ἔτη ἐν ἡμέρᾳ αἰῶνος.
(9) 11 ¹¹διὰ τοῦτο ἐμακροθύμησεν Κύριος ἐπ' αὐτοῖς,
         καὶ ἐξέχεεν ἐπ' αὐτοὺς τὸ ἔλεος αὐτοῦ·
(10) 12 ¹²ἴδεν καὶ ἐπέγνω τὴν καταστροφὴν αὐτῶν ὅτι πονηρά,
(11)   ⁽¹¹⁾διὰ τοῦτο ἐπλήθυνεν τὸν ἐξιλασμὸν αὐτοῦ.
(12) 13 ¹³ἔλεος ἀνθρώπου ἐπὶ τὸν πλησίον αὐτοῦ,
         ἔλεος δὲ Κυρίου ἐπὶ πᾶσαν σάρκα·
(13)   ⁽¹³⁾ἐλέγχων καὶ παιδεύων καὶ διδάσκων
         καὶ ἐπιστρέφων ὡς ποιμὴν τὸ ποίμνιον αὐτοῦ.
    14   ¹⁴τοὺς ἐκδεχομένους παιδείαν ἐλεᾷ,
         καὶ τοὺς κατασπεύδοντας ἐπὶ τὰ κρίματα αὐτοῦ.

    15   ¹⁵Τέκνον, ἐν ἀγαθοῖς μὴ δῷς μῶμον,
         καὶ ἐν πάσῃ δόσει λύπην λόγων.
    16   ¹⁶οὐχὶ καύσωνα ἀναπαύσει δρόσος;
         οὕτως κρείσσων λόγος ἢ δόσις,
    17   ¹⁷οὐκ ἰδοὺ λόγος ὑπὲρ δόμα ἀγαθόν;
         καὶ ἀμφότερα παρὰ ἀνδρὶ κεχαριτωμένῳ.
    18   ¹⁸μωρὸς ἀχαρίστως ὀνειδιεῖ,
         καὶ δόσις βασκάνου ἐκτήκει ὀφθαλμούς.
    19   ¹⁹πρὶν ἢ λαλῆσαι μάνθανε,
         καὶ πρὸ ἀρρωστείας θεραπεύου·
    20   ²⁰πρὸ κρίσεως ἐξέταζε σεαυτόν,
         καὶ ἐν ὥρᾳ ἐπισκοπῆς εὑρήσεις ἐξιλασμόν·
    21   ²¹πρὶν ἀρρωστῆσαί σε ταπεινώθητι,

---

7 συντελεσει A | αρχεται] ερχετ̣η A | απορρηθησεται AC   **8** τι 1°] τις ℵAC ℵ* (ras s ℵ')   **9** ανθρωπου] αυτου C   **10** om εν ℵ* (hab ℵᶜᵃ) | ημεραις C   **11** Κυριος] pr o ℵ   **12** ιδεν .. πονηρα, δια τουτο αυτου] pr asteriscos ℵᶜᵃ | ειδεν ℵ | αυτων] ων sup ras Aᵃ (-του A*ᵛⁱᵈ)   **13** om και 3° ℵᶜᵃC | αυτου 2°] αυτων C   **14** παιδιαν ℵAC | ελεει Bᵃᵇ   **15** τεκνον] pr tit εγκρατεια ψυχης ℵ | λογω C   **16** καυσωναναπ. AC   **17** δομα αγαθον] μα α sup ras Aᵃ | παρα bis scr C   **19** αρρωστιας BᵇℵA   **20** εξιλασμον] ιλασμον A

XVIII 22   ΣΟΦΙΑ ΣΕΙΡΑΧ

B   καὶ ἐν καιρῷ ἁμαρτημάτων δεῖξον ἐπιστροφήν.
²²μὴ ἐμποδισθῇς τοῦ ἀποδοῦναι εὐχὴν εὐκαίρως,   22
   καὶ μὴ μείνῃς ἕως θανάτου δικαιωθῆναι·
²³πρὶν εὔξασθαι ἑτοίμασον σεαυτόν,   23
   καὶ μὴ γίνου ὡς ἄνθρωπος πειράζων τὸν κύριον.
²⁴μνήσθητι θυμοῦ ἐν ἡμέραις τελευτῆς,   24
   καὶ καιρὸν ἐκδικήσεως ἐν ἀποστροφῇ προσώπου
²⁵μνήσθητι καιρὸν λιμοῦ ἐν καιρῷ πλησμονῆς,   25
   πτωχείαν καὶ ἔνδειαν ἐν ἡμέραις πλούτου.
²⁶ἀπὸ πρωίθεν ἕως ἑσπέρας μεταβάλλει καιρός,   26
   καὶ πάντα ἐστὶν ταχινὰ ἔναντι Κυρίου.
²⁷ἄνθρωπος σοφὸς ἐν παντὶ εὐλαβηθήσεται,   27
   καὶ ἐν ἡμέραις ἁμαρτιῶν προσέξει ἀπὸ πλημμελίας.
²⁸πᾶς συνετὸς ἔγνω σοφίαν,   28
   καὶ τῷ εὑρόντι αὐτὴν δώσει ἐξομολόγησιν.
²⁹συνετοὶ ἐν λόγοις καὶ αὐτοὶ ἐσοφίσαντο,   29
   καὶ ἀνώμβρησαν παροιμίας ἀκριβεῖς.

              Ἐγκράτεια ψυχῆς.
³⁰Ὀπίσω τῶν ἐπιθυμιῶν σου μὴ πορεύου,   30
   καὶ ἀπὸ τῶν ὀρέξεών σου κωλύου·
³¹ἐὰν χορηγήσεις τῇ ψυχῇ σου εὐδοκίαν ἐπιθυμίας,   31
   ποιήσει σε ἐπίχαρμα τῶν ἐχθρῶν σου.
³²μὴ εὐφραίνου ἐπὶ πολλῇ τρυφῇ,   32
   μηδὲ προσδεθῇς συμβολῇ αὐτῆς·
³³μὴ γίνου πτωχὸς συμβολοκοπῶν ἐκ δανισμοῦ,   33
   καὶ οὐδέν σοί ἐστιν ἐν μαρσιππίῳ.
¹ἐργάτης μέθυσος οὐ πλουτισθήσεται·   1 XIX
   ὁ ἐξουθενῶν τὰ ὀλίγα κατὰ μικρὸν πεσεῖται.

ℵAC   22 μεινης εως θανα sup ras 16 fere litt Aᵃ   23 ευξασθαι (-ξεσθαι C)]
+σε ℵᶜᵃC | σεαυτον] την ευχην σου ℵᶜᵃ   24 θυμου] θεου ℵ* (θυμ. ℵᶜᵃ)
θυ ιας C' | ημερα ℵCᵃ | αποστροφη] επιστροφη C   25 καιρον] pr κατα A |
καιρω] ημεραις A | πτωχιαν C   27 om και A | πλημμελειας BᵃᵇA
29 ανωμβρησαν C | παροιμιας] s sup ras Aᵃ | ακριβως ℵ* (-βεις ℵᶜᵃ)   30 tit
evan in C nisi potius raserit Cᵃ | εγκρατια A | om μη C | κωλυου] pr μη A
31 χορηγησεις (-σης BᵃᵇℵC)] ευδοκησεις A | ποιησει σε] ποιησεις ℵ* (-σει
σε ℵᶜᵃ) A   32 πολλυ A | μηδε] μη A | προσδεθης] προσδεηθης ℵ* (-δεθης
ℵᶜᵃ) AC+συ C | συμβολη] pr τη ℵᶜᵃ συμβολης A   33 δανεισμου Bᵃᵇ |
μαρσιππιω Bℵ* (-πω AC)] βαλλαντιω ℵᶜᵃ   XIX 1 μεθυς ℵ* (μεθυσος
ℵ¹) | ο εξουθενων] pr ϗ ℵᶜᵃ ο εξουδενων C

ΣΟΦΙΑ ΣΕΙΡΑΧ   XIX 16

2 ²οἶνος καὶ γυναῖκες ἀποστήσουσιν συνετούς,   B
  καὶ ὁ κολλώμενος πόρναις τολμηρότερος ἔσται·
3 ³σήπη καὶ σκώληκες κληρονομήσουσιν αὐτόν,
  καὶ ψυχὴ τολμηρὰ ἐξαρθήσεται.
4 ⁴ὁ ταχὺ ἐνπιστεύων κοῦφος καρδίᾳ,
  καὶ ὁ ἁμαρτάνων εἰς ψυχὴν αὐτοῦ πλημμελήσει.
(5) { 5 ⁵ὁ εὐφραινόμενος καρδίᾳ καταγνωσθήσεται,
      6 ⁶καὶ ὁ μισῶν λαλιὰν ἐλαττονοῦται κακίᾳ.
7 ⁷μηδέποτε δευτερώσῃς λόγον,
  καὶ οὐθέν σοι οὐ μὴ ἐλαττονωθῇ.
8 ⁸ἐν φίλῳ καὶ ἐν ἐχθρῷ μὴ διηγοῦ,
  καὶ εἰ μή ἐστίν σοι ἁμαρτία, μὴ ἀποκάλυπτε·
9 ⁹ἀκήκοεν γάρ σου καὶ ἐφυλάξατό σε,
  καὶ ἐν καιρῷ μισήσει σε.
10 ¹⁰ἀκήκοας λόγον; συναποθανέτω σοι·
   θάρσει, οὐ μή σε ῥήξει.
11 ¹¹ἀπὸ προσώπου λόγου ὠδινήσει μωρός,
   ὡς ἀπὸ προσώπου βρέφους ἡ τίκτουσα.
12 ¹²βέλος πεπηγὸς ἐν μηρῷ σαρκός,
   οὕτως λόγος ἐν κοιλίᾳ μωροῦ.

13 ¹³Ἔλεγξον φίλον, μή ποτε οὐκ ἐποίησεν,
   καὶ εἴ τι ἐποίησεν, μή ποτε προσθῇ.
14 ¹⁴ἔλεγξον τὸν φίλον, μή ποτε οὐκ εἶπεν
   καὶ εἰ εἴρηκεν, ἵνα μὴ δευτερώσῃ.
15 ¹⁵ἔλεγξον φίλον, πολλάκις γὰρ γίνεται διαβολή,
(16)   ⁽¹⁶⁾καὶ μὴ παντὶ λόγῳ πίστευε.
16 ¹⁶ἔστιν ὀλισθάνων καὶ οὐκ ἀπὸ ψυχῆς,

2 τολμηροτερος] τολμηρος ℵC   3 σηπη] σητες Bᵇ σηπες ℵ* (σηπη ℵAC ℵᶜᵃ) | αυτον] την γην ℵ* (αυτ. ℵᶜᵃ) | τολμηρας ℵ* (-ρα ℵᶜᵃ)   4 ο ταχυ] om ο ℵ* (hab ο ℵ¹ᵛⁱᵈ ᵐᵍ) | εμπιστευων Bᵃᵇℵ | πλημμελει ℵ* (-λησει ℵᶜᵃ)   5 καρδια] πονηρα ℵ* (καρδ. ℵᶜᵃ)   6 ελαττονουται] ελαττουται ℵ | κακια] καρδια A   7 μηδεποτε] μηποτε ℵ | λογον] + εν ευχη ℵᶜᵃ | ουδεν C | ελαττονηθη A   8 om εν 2° ℵAC   9 ακηκοα ℵ* (-κοεν ℵ¹) | σου γαρ C | μισησει] μασησει A   10 λογον] λεγων ℵ* (λογον ℵᶜᵃ) | συναποθανειτω C | θαρση A   12 πεπηγως Bℵc | μηρω] η sup ras 1 vel 2 litt Aᵃ   13 ελεγχον C | εποιησε (1°) C   13—14 om και ει τι ουκ ειπεν A   13 ει] η AC | om τι ℵᶜᵃ | μη 2°] pr ινα ℵ | om ποτε 2° ℵ   14 ελεγχον C*ᵛⁱᵈ (-ξον Cᵃ): item 15 | φιλον] πλησιον ℵC | ει] η ℵAC | δευτερωσει A   15 διαβολη] αβολη (sic) A   16 εστι C | ολισθαινων ℵ¹ᶜᵃC (-σθενων)

681

XIX 17   ΣΟΦΙΑ ΣΕΙΡΑΧ

B (17)καὶ τίς οὐχ ἥμαρτεν ἐν τῇ γλώσσῃ αὐτοῦ;   (17)
   17ἔλεγξον τὸν πλησίον σου πρὶν ἢ ἀπειλῆσαι,   17
   (18)καὶ δὸς τόπον νόμῳ Ὑψίστου.   (18)

20Πᾶσα σοφία φόβος Κυρίου,   20
   καὶ ἐν πάσῃ σοφίᾳ ποίησις νόμου.
22καὶ οὐκ ἔστιν σοφία πονηρίας ἐπιστήμη,   22 (19)
   καὶ οὐκ ἔστιν ὅπου βουλὴ ἁμαρτωλῶν φρόνησις.
23ἔστιν πονηρία καὶ αὕτη βδέλυγμα,   23 (20)
   καὶ ἔστιν ἄφρων ἐλαττούμενος σοφίᾳ.
24κρείττων ἡττώμενος ἐν συνέσει ἔμφοβος   24 (21)
   ἢ περισσεύων ἐν φρονήσει καὶ παραβαίνων νόμον.
25ἔστιν πανουργία ἀκριβὴς καὶ αὕτη ἄδικος,   25 (22)
   καὶ ἔστιν διαστρέφων χάριν τοῦ ἐκφᾶναι κρίμα.
26ἔστιν πονηρευόμενος συνκεκυφὼς μελανίᾳ,   26 (23)
   καὶ τὰ ἐντὸς αὐτοῦ πλήρης δόλου·
27συνκύφων πρόσωπον καὶ ἑτεροκωφῶν,   27 (24)
   ὅπου οὐκ ἐπεγνώσθη προφθάσει σε·
23καὶ ἐὰν ὑπὸ ἐλαττώματος ἰσχύος κωλυθῇ ἁμαρτεῖν,   28 (25)
   ἐὰν εὕρῃ καιρὸν κακοποιήσει.
29ἀπὸ ὁράσεως ἐπιγνωσθήσεται ἀνήρ,   29 (26)
   καὶ ἀπὸ ἀπαντήσεως προσώπου ἐπιγνωσθήσεται νοήμων·
30στολισμὸς ἀνδρὸς καὶ γέλως ὀδόντων καὶ βήματα ἀνθρώπου 30 (27)
   ἀναγγέλλει τὰ περὶ αὐτοῦ.
1ἔστιν ἔλεγχος ὃς οὐκ ἔστιν ὡραῖος,   1 (28) XX
   καὶ ἔστιν σιωπῶν καὶ αὐτὸς φρόνιμος.

2Ὡς καλὸν ἐλέγξαι ἢ θυμοῦσθαι,   2 (1)
   καὶ ὁ ἀνθομολογούμενος ἀπὸ ἐλαττώσεως κωλυθήσεται.

ℵAC   16 ημαρτεν] ημαρτησεν Bab ℵ   17 om σου ℵ | νομον C   20 φοβος] παρα C | ποιησεις ACa   22 om οπου ℵ* (hab ℵc.a) AC
23 αυτη] λυτη ℵedit   24 κρειττων] των sup ras Aa (και A*vid) κρισσων C | ηττωμενος] ηλαττωμενος Bab | φρονησει] συνεσει A   26 συγκεκυφως Bab | πληρης] πληρη ℵ* (-ρης ℵc a) πληρεις A   27 συνκυφων
(συγκ. BabAC)] συνκρυφων B*ℵ1fort c.a | επεγνωσθη] εγνωσθη C   28 om
και ℵ* (hab ϟ ℵc a) | κωλυθης ℵ | κακοποιησει] κακοπ. σε sup ras et in mg
Aa   29 απο 1°] pr [κ]αι C* (om και Ca) | ανηρ] νοημω̄ ℵ* (ανηρ ℵc a)
30 βηματα] βημα ποδος ℵc a βημα C | αναγγελει ℵAC (-λι)+σοι C | αυτου]
εμου A | σιωπων sup ras Ca (τις σιγων C*fort)   XX 2 θυμουσθαι sup ras
Bab | ελλαττωσις C | κωλυσθησεται C

682

ΣΟΦΙΑ ΣΕΙΡΑΧ

(2,3) 4 ⁴ἐπιθυμία εὐνούχου ἀποπαρθενῶσαι νεάνιδα,   B
οὕτως ὁ ποιῶν ἐν βίᾳ κρίματα.

5 ⁵ἔστιν σιωπῶν εὑρισκόμενος σοφός,¶   ¶ C
καὶ ἔστιν μισητὸς ἀπὸ πολλῆς λαλιᾶς

6 ⁶ἔστιν σιωπῶν, οὐ γὰρ ἔχει ἀπόκρισιν,
καὶ ἔστιν σιωπῶν, εἰδὼς καιρόν.

7 ⁷ἄνθρωπος σοφὸς σιγήσει ἕως καιροῦ,
ὁ δὲ λαπιστὴς καὶ ἄφρων ὑπερβήσεται καιρόν.

8 ⁸ὁ πλεονάζων λόγῳ βδελυχθήσεται,
καὶ ὁ ἐνεξουσιαζόμενος μισηθήσεται

9 ⁹Ἔστιν εὐοδία ἐν κακοῖς ἀνδρί,
καὶ ἔστιν εὕρεμα εἰς ἐλάττωσιν.

10 ¹⁰ἔστιν δόσις ἣ οὐ λυσιτελήσει σοι,
καὶ ἔστιν δόσις ἧς τὸ ἀνταπόδομα διπλοῦν.

11 ¹¹ἔστιν ἐλάττωσις ἕνεκεν δόξης,
καὶ ἔστιν ὃς ἀπὸ ταπεινώσεως ἦρεν κεφαλήν.

12 ¹²ἔστιν ἀγοράζων πολλὰ ὀλίγου
καὶ ἀποτιννύων αὐτὰ ἑπταπλάσιον.

13 ¹³ὁ σοφὸς ἐν λόγῳ ἑαυτὸν προσφιλῆ ποιήσει,
χάριτες δὲ μωρῶν ἐκχυθήσονται.

14 ¹⁴δόσις ἄφρονος οὐ λυσιτελήσει σοι,
οἱ γὰρ ὀφθαλμοὶ αὐτοῦ ἀνθ' ἑνὸς πολλοί·

15 ¹⁵ὀλίγα δώσει καὶ πολλὰ ὀνειδίσει,
καὶ ἀνοίξει τὸ στόμα αὐτοῦ ὡς κήρυξ·

(16) ⁽¹⁶⁾σήμερον δανιεῖ καὶ αὔριον ἀπαιτήσει,
μισητὸς ἄνθρωπος ὁ τοιοῦτος.

(17) 16 ¹⁶μωρὸς ἐρεῖ Οὐχ ὑπάρχει μοι φίλος,
καὶ οὐκ ἔστιν χάρις τοῖς ἀγαθοῖς μου·

(18) ⁽¹⁸⁾οἱ ἔσθοντες τὸν ἄρτον μου φαῦλοι γλώσσῃ.

‾ 4 αποπαρθενωσεν C | om εν ℵ* (hab ℵ^{c a})   6 om και ℵ* (hab 𝔨 ℵ^{c a}) | ℵAC ειδως καιρον] ιδως (sic) καιρ sup ras A^a (ουκ ιδ. A*^{fort})   7 σιγησει] σιωπησει ℵ | λαπιστης] adnot ψεύστης B^{a mg} | αφρων] αφιων A | καιρον] καιρω ℵ* (-ρον ℵ^{c a})   8 λογον A | εξουσιαζομενος A   9 ευοδια] ευωδια A 11 ελαττωσις] ελαττων A | ταπεινως (sic) A   12 αγοραζων] pr ο A | αποτηννυων A | επταπλασια ℵ   13 λογοις ℵA | ante ποιησει ras 1 lit A? | μωρων εκχ] ων ε sup ras B^{1fort}   15 απαιτησει] αποτισει A   16 om μοι A | μου 1°] αυτου ℵ* (μ. ℵ^{c.a}) | γλωσσης ℵ* (-σση ℵ^{c a})

ΣΟΦΙΑ ΣΕΙΡΑΧ

B ¹⁷ποσάκις καὶ ὅσοι καταγελάσονται αὐτοῦ; 17 –

¹⁸Ὀλίσθημα ἀπὸ ἐδάφους μᾶλλον ἢ ἀπὸ γλώσσης, 18 (20)
οὕτως πτῶσις κακῶν κατὰ σπουδὴν ἥξει.
¹⁹ἄνθρωπος ἄχαρις, μῦθος ἄκαιρος 19 (21)
ἐν στόματι ἀπαιδεύτων ἐνδελεχισθήσεται.
²⁰ἀπὸ στόματος μωροῦ ἀποδοκιμασθήσεται παραβολή, 20 (22)
οὐ γὰρ μὴ εἴπῃ αὐτὴν ἐν καιρῷ αὐτῆς
²¹ἔστιν κωλυόμενος ἁμαρτάνειν ἀπὸ ἐνδείας, 21 (23)
καὶ ἐν τῇ ἀναπαύσει αὐτοῦ οὐ κατανυγήσεται.
²²ἔστιν ἀπολλύων τὴν ψυχὴν αὐτοῦ δι' αἰσχύνην, 22 (24)
καὶ ἀπὸ ἄφρονος προσώπου ἀπολεῖ αὐτήν.
²³ἔστιν χάριν αἰσχύνης ἐπαγγελλόμενος φίλῳ, 23 (25)
καὶ ἐκτήσατο αὐτὸν ἐχθρὸν δωρεάν.
²⁴μῶμος πονηρὸς ἐν ἀνθρώπῳ ψεῦδος, 24 (26)
ἐν στόματι ἀπαιδεύτων ἐνδελεχισθήσεται.
²⁵αἱρετὸν κλέπτης ἢ ἐνδελεχίζων ψεύδει, 25 (27)
ἀμφότεροι δὲ ἀπωλίαν κληρονομήσουσιν.
²⁶ἦθος ἀνθρώπου ψευδοῦς ἀτιμία, 26 (28)
καὶ ἡ αἰσχύνη αὐτοῦ μετ' αὐτοῦ ἐνδελεχῶς.

Λόγοι παραβολῶν.

²⁷Ὁ σοφὸς ἐν λόγοις προάξει ἑαυτόν, 27 (29)
καὶ ἄνθρωπος φρόνιμος ἀρέσει μεγιστᾶσιν·
²⁸ὁ ἐργαζόμενος γῆν ἀνυψώσει θιμωνιὰν αὐτοῦ, 28 (30)
καὶ ὁ ἀρέσκων μεγιστᾶσιν ἐξιλάσεται ἀδικίαν
²⁹ξένια καὶ δῶρα ἀποτυφλοῖ ὀφθαλμοὺς σοφῶν, 29 (31)
καὶ ὡς φιμὸς ἐν στόματι ἀποτρέπει ἐλεγμούς.
³⁰σοφία κεκρυμμένη καὶ θησαυρὸς ἀφανής, 30 (32)
τίς ὠφέλεια ἐν ἀμφοτέροις;
³¹κρείσσων ἄνθρωπος ἀποκρύπτων τὴν μωρίαν αὐτοῦ 31 (33)
ἢ ἄνθρωπος ἀποκρύπτων τὴν σοφίαν αὐτοῦ.

¹Τέκνον, ἥμαρτες; μὴ προσθῇς μηκέτι, 1 XX

ℵA   19 απαιδευτου ℵ   22 απολει] απολλυει A   24 ψευδος] pr το ℵ^{c a}
25 om η A | ενδελεχιζων] pr ο B^{ab}ℵ | απωλειαν B^{ab}A   26 ψευδος B^{ab}A
27 προαξει εαυτον] προσαξεις αυτον A^{vid} | αρεσκει ℵ* (αρεσει ℵ^{c a})   28 θει-
μωνιων A*^{vid} (θειμωνιαν A¹^{vid}) | αδικιας A   29 αποτρεμει A   30 ωφελια
ℵ   31 κριττων ℵA | αποκρυπτων 2°] αποκαλυπτων ℵ

ΣΟΦΙΑ ΣΕΙΡΑΧ XXI 15

   καὶ περὶ τῶν προτέρων σου δεήθητι.   B
2 ²ὡς ἀπὸ προσώπου ὄφεως φεῦγε ἀπὸ ἁμαρτίας·
   ἐὰν γὰρ προσέλθῃς, δήξεταί σε·
(3) ⁽³⁾ὀδόντες λέοντος οἱ ὀδόντες αὐτῆς,
   ἀναιροῦντες ψυχὰς ἀνθρώπων.
(4) 3 ³ὡς ῥομφαία δίστομος πᾶσα ἀνομία,
   τῇ πληγῇ αὐτῆς οὐκ ἔστιν ἴασις.
(5) 4 ⁴καταπληγμὸς καὶ ὕβρις ἐρημώσουσιν πλοῦτον,
   οὕτως οἶκος ὑπερηφάνου ἐρημωθήσεται.
(6) 5 ⁵δέησις πτωχοῦ ἐκ στόματος ἕως ὠτίων αὐτοῦ,
   καὶ τὸ κρίμα αὐτοῦ κατὰ σπουδὴν ἔρχεται.
(7) 6 ⁶μισῶν ἐλεγμὸν ἐν ἴχνει ἁμαρτωλοῦ,
   καὶ ὁ φοβούμενος Κύριον ἐπιστρέψει ἐν καρδίᾳ.
(8) 7 ⁷γνωστὸς μακρόθεν ὁ δυνατὸς ἐν γλώσσῃ,
   ὁ δὲ νοήμων οἶδεν ἐν τῷ ὀλισθάνειν αὐτόν.
(9) 8 ⁸ὁ οἰκοδομῶν τὴν οἰκίαν αὐτοῦ ἐν χρήμασιν ἀλλοτρίοις
   ὡς συνάγων αὐτοῦ τοὺς λίθους εἰς χειμῶνα.
(10) 9 ⁹στιππύον συνηγμένον συναγωγὴ ἀνόμων,
   καὶ ἡ συντέλεια αὐτῶν φλὸξ πυρός.
(11) 10 ¹⁰ὁδὸς ἁμαρτωλῶν ὡμαλισμένη ἐκ λίθων,
   καὶ ἐπ' ἐσχάτῳ αὐτῆς βόθρος ᾅδου.
(12) 11 ¹¹ὁ φυλάσσων νόμον κατακρατεῖ τοῦ ἐννοήματος αὐτοῦ,
(13) ⁽¹³⁾καὶ συντέλεια τοῦ φόβου Κυρίου σοφία.
(14) 12 §¹²οὐ παιδευθήσεται ὃς οὐκ ἔστιν πανοῦργος·   § C
(15) ⁽¹⁵⁾ἔστιν πανουργία πληθύνουσα πικρίαν.
(16) 13 ¹³γνῶσις σοφοῦ ὡς κατακλυσμὸς πληθυνθήσεται,
   καὶ ἡ βουλὴ αὐτοῦ ὡς πηγὴ ζωῆς.
(17) 14 ¹⁴ἔγκατα μωροῦ ὡς ἄγγιον συντετριμμένον,
   καὶ πᾶσαν γνῶσιν οὐ κρατήσει.
(18) 15 ¹⁵λόγον σοφὸν ἐὰν ἀκούσῃ ἐπιστήμων,

XXI 2 λεοντες ℵ* (-τος ℵ^{c a})   3 τη πληγη] pr και A   4 καταπληγμος ℵAC
και] κακων πληθος ₅ B^{a ? c 9 mg} | υπερηφανων ℵ^{c a}A   5 στοματος εως] τος
εως sup litur B^{? vid}   6 ελεγμον] ελεγχον A | ιχνη B[?] | αμαρτωλου] retract
aliq B[?] | Κυριον] τον θν A   7 ολισθαινειν ℵ^{c a (vid)}   8 συναγων] pr ο
ℵ | τους λιθους αυτου ℵA   9 στυππιον A | συναγωγη] υνα sup litur B^a
εισαγωγη A   10 εσχατω] εσχατου ℵ εσχατω̄| A   11 κατακρατει]
κατακρατησει ℵ | om του εννοηματος αυτου ℵ* (hab τ νοηματος αυτ. ℵ^{c a}) |
συντελια ℵ   12 εστιν 2°]+δε ℵAC | πανουργεια A | πικριαν] παιδιαν
(αιδι sup ras) A^a   13 αυτου] αυτων C   14 om ως C | αγγειον B^{ab}

685

ΧΧΙ 16 ΣΟΦΙΑ ΣΕΙΡΑΧ

B
αἰνέσει αὐτὸν καὶ ἐπ᾽ αὐτὸν προσθήσει·
ἤκουσεν ὁ σπαταλῶν καὶ ἀπήρεσεν αὐτῷ,
καὶ ἀπέστρεψεν αὐτὸν ὀπίσω τοῦ νώτου αὐτοῦ.

16 ἐξήγησις μωροῦ ὡς ἐν ὁδῷ φορτίον,   16 (19)
ἐπὶ δὲ χείλους συνετοῦ εὑρεθήσεται χάρις.

17 στόμα φρονίμου ζητηθήσεται ἐν ἐκκλησίᾳ,   17 (20)
καὶ τοὺς λόγους αὐτοῦ διανοηθήσεται ἐν καρδίᾳ.

18 ὡς οἶκος ἠφανισμένος οὕτως μωρῷ σοφία,   18 (21)
καὶ γνῶσις ἀσυνέτου ἀδιεξέταστοι λόγοι.

19 πέδαι ἐν ποσὶν ἀνοήτοις παιδεία,   19 (22)
καὶ ὡς χειροπέδαι ἐπὶ χειρὸς δεξιᾶς.

20 μωρὸς ἐν γέλωτι ἀνυψοῖ φωνὴν αὐτοῦ,   20 (23)
ἀνὴρ δὲ πανοῦργος μόλις ἡσυχῇ μειδιάσει.

21 ὡς κόσμος χρυσοῦς φρονίμῳ παιδεία,   21 (24)
καὶ ὡς χλιδὼν ἐπὶ βραχίονι δεξιῷ.

22 πούς μωροῦ ταχὺς εἰς οἰκίαν,   22 (25)
ἄνθρωπος δὲ πολύπειρος αἰσχυνθήσεται ἀπὸ προσώ-
που.

23 ἄφρων ἀπὸ θύρας παρακύπτει εἰς οἰκίαν,   23 (26)
ἀνὴρ δὲ πεπαιδευμένος ἔξω στήσεται.

24 ἀπαιδευσία ἀνθρώπου ἀκροᾶσθαι παρὰ θύραν,   24 (27)
ὁ δὲ φρόνιμος βαρυνθήσεται ἀτιμίᾳ.

25 χείλη ἀλλοτρίων ἐν τούτοις βαρυνθήσεται,   25 (28)
λόγοι δὲ φρονίμων ἐν ζυγῷ σταθήσονται.

26 ἐν στόματι μωρῶν ἡ καρδία αὐτῶν,   26 (29)
καρδία δὲ σοφῶν στόμα αὐτῶν.

27 ἐν τῷ καταρᾶσθαι ἀσεβῆ τὸν σατανᾶ   27 (30)
αὐτὸς καταρᾶται τὴν ἑαυτοῦ ψυχήν.

ΝΑC   **15** του νωτου] τωνωτων Λ   **16** om ως ℵ* (hab ℵ^{c a}) | φορτιον] φ..ρητιον C | χιλουσυνετου Α | χαρις] παραβολη ℵ^{c a} om Α   **17** στομα] + δε ℵ* (om ℵ^{c a}) | διανοηθησονται ΝΑC   **18** συνετου ℵ* (ασυν. ℵ^{c a})   **19** ποσιν] πασιν C | ανοητοις παιδεια] ανομια του παιδιου Α ανοητου παιδια ΝC | om ως ℵ* (hab ℵ^{c a}) | χειροπαιδες Λ   **20** φωνην] pr την ΝΑC | μηδιασει ℵ* (μιδ. ℵ[?]) ΑC   **21** παιδια ΝΑC | χλιδων] χελιδων C* (ε ras C[?])   **23** θυρας] υ sup ras 3 fere litt C^a   **24** ακροασασθαι ℵ | θυραν] θυρας C | ατιμιαν ΝΑC   **25** αλλοτρια ℵ^{c a} | ταυτοις ℵ* (τουτ. ℵ^{c a}) | βαρυνθησεται] διηγησονται ℵ βαρυνθησονται C   **26** η Β^{ab}ΝΑC] εν Β* | σοφων] φρονιμων Α   **27** καταρασασθαι Α | ασεβη (-βην Α)] pr τον ℵC | σαταναν Β^{b†c?}ΝΑC | την εαυτου ψυχην] την ψ. αυτου Α

ΣΟΦΙΑ ΣΕΙΡΑΧ XXII 13

(31) 28   ²⁸μολύνει τὴν ἑαυτοῦ ψυχὴν ὁ ψιθυρίζων, B
          καὶ ἐν παροικήσει μισηθήσεται.

XXII 1   ¹Λίθῳ ἠρδαλωμένῳ συνεβλήθη ὀκνηρός,
          καὶ πᾶς ἐκσυριεῖ ἐπὶ τῇ ἀτιμίᾳ αὐτοῦ.
     2   ²βολβίτῳ κοπρίων συνεβλήθη ὀκνηρός,
          πᾶς ὁ ἀναιρούμενος αὐτὸν ἐκτινάξει χεῖρα.
     3   ³αἰσχύνη πατρὸς ἐν γεννήσει ἀπαιδεύτου,
          θυγάτηρ δὲ ἐπ' ἐλαττώσει γίνεται.
     4   ⁴θυγάτηρ φρονίμη κληρονομήσει ἄνδρα αὐτῆς,
          καὶ ἡ καταισχύνουσα εἰς λύπην γεννήσαντος·
     5   ⁵πατέρα καὶ ἄνδρα καταισχύνει ἡ θρασεῖα,
          καὶ ὑπὸ ἀμφοτέρων ἀτιμασθήσεται.
     6   ⁶μουσικὰ ἐν πένθει ἄκαιρος διήγησις,
          μάστιγες καὶ παιδεία ἐν παντὶ καιρῷ σοφίας.
     7   ⁷συνκολλῶν ὄστρακον ὁ διδάσκων μωρόν,
   (8)   ⁽⁸⁾ἐξεγείρων καθεύδοντα ἐκ βαθέος ὕπνου
   (9) 8 ⁸διηγούμενος νυστάζοντι ὁ διηγούμενος μωρῷ,
          καὶ ἐπὶ συντελείᾳ ἐρεῖ Τί ἐστιν;
  (10) 11 ¹¹ἐπὶ νεκρῷ κλαῦσον, ἐξέλιπεν γὰρ φῶς·
          καὶ ἐπὶ μωρῷ κλαῦσον, ἐξέλιπεν γὰρ σύνεσιν·
  (11)   ⁽¹¹⁾ἥδιον κλαῦσον ἐπὶ νεκρῷ, ὅτι ἀνεπαύσατο,
  (12)   ⁽¹²⁾τοῦ δὲ μωροῦ ὑπὲρ θάνατον ἡ ζωὴ πονηρά.
  (13) 12 ¹²πένθος νεκροῦ ἑπτὰ ἡμέραι,
          μωροῦ δὲ καὶ ἀσεβοῦς πᾶσαι αἱ ἡμέραι τῆς ζωῆς αὐτοῦ.
  (14) 13 ¹³μετὰ ἄφρονος μὴ πληθύνῃς λόγον,
          καὶ πρὸς ἀσύνετον μὴ πορεύου·
  (15)   ⁽¹⁵⁾φύλαξαι ἀπ' αὐτοῦ, ἵνα μὴ κόπον ἔχῃς
          καὶ οὐ μὴ μολυνθῇς ἐν τῷ ἐντιναγμῷ αὐτοῦ·

28 μολυνει]. ınter υ et ν om 1 lıtt (ν fort) C¹ | ψιθυριζων] θυρ sup ras 4 lıtt ℵAC
Aᵃ | εν] ου εαν C   XXII 1 ηρδαλωμενω (αλ sup ras Cᵃ)] adnot ηρδαλω-
μενω| μεμελισμενω| μεμιασμενω Bᵇ ᶠᵒʳᵗ ᶜ ᵐᵍ ˢᵘᵖ | συνεβληθη] ελιθοβοληθη ℵᶜ ᵃ
2 κοπριω ℵA | συνεβληθη] ımprob συν ℵᶜ ᵃ | εκτιναξαι C   3 δε επ ελαττω-
σει] δε επ ελατ sup ras Cᵃ   4 αυτης] εαυτης ℵ | γεννησαντος] ενγενν. ℵ*
(ımprob εν ℵᶜ ᵃ)   5 θρασεια] θρησκια A   6 μαστιγες]+δε ℵAC |
παιδια ℵAC | σοφια ℵ* (-ας ℵᶜ ᵃ)   7 συγκολλων BᵃᵇAC | οστρακων ℵ |
βαθεου A   8 συντελια ℵC   11 εξελειπεν (bis) AC | συνεσις Bᵃᵇ |
ηδιον (ηδεῖον ℵ)] ιδιον AC | δε] γαρ ℵ* (δε ℵᶜ ᵃ) A om C | θανατον η ζωη]
om η AC*ᵛⁱᵈ (τον η ζ sup ras Cᵃ)   12 πασαι αι ημεραι sup ras Cᵃ | αυτου]
αυτων A   13 νης λογον sup ras pl lıtt Aᵃ | εντιναγματι A

ΧΧΙΙ 14 ΣΟΦΙΑ ΣΕΙΡΑΧ

B ⁽¹⁶⁾ἔκκλινον ἀπ' αὐτοῦ καὶ εὑρήσεις ἀνάπαυσιν, (16)
  καὶ οὐ μὴ ἀκηδιάσῃς ἐν τῇ ἀπονοίᾳ αὐτοῦ.
 ¹⁴ὑπὲρ μόλιβον τί βαρυνθήσεται; 14 (17)
  καὶ τί αὐτῷ ὄνομα ἀλλ' ἢ μωρός;
 ¹⁵ἄμμον καὶ ἅλα καὶ βῶλον σιδήρου 15 (18)
  εὔκοπον ὑπενεγκεῖν ἢ ἄνθρωπον ἀσύνετον.
 ¹⁶ἱμάντωσις ξυλίνη ἐνδεδεμένη εἰς οἰκοδομὴν 16 (19)
  ἐν συσσεισμῷ οὐ διαλυθήσεται,
  οὕτως καρδία ἐστηριγμένη ἐπὶ διανοήματος βουλῆς
 ⁽²⁰⁾ἐν καιρῷ οὐ δειλιάσει. (20)
 ¹⁷καρδία ἡδρασμένη ἐπὶ διανοίας συνέσεως 17
  ὡς κόσμος ψαμμωτὸς τοίχου ξυστοῦ.
 ¹⁸χάρακες ἐπὶ μετεώρου κείμενοι 18 (21)
  κατέναντι ἀνέμου οὐ μὴ ὑπομείνωσιν·
^(22,23)οὕτως καρδία δειλὴ ἐπὶ διανοήματος μωροῦ (22,23)
  κατέναντι παντὸς φόβου οὐ μὴ ὑπομείνῃ.
 ¹⁹ὁ νύσσων ὀφθαλμὸν κατάξει δάκρυα, 19 (24)
¶ C καὶ νύσσων καρδίαν ἐκφαίνει αἴσθησιν.¶
 ²⁰βάλλων λίθον ἐπὶ πετεινὰ ἀποσοβεῖ αὐτά, 20 (25)
  καὶ ὁ ὀνειδίζων φίλον διαλύσει φιλίαν.
 ²¹ἐπὶ φίλον ἐὰν σπάσῃς ῥομφαίαν, 21 (26)
  μὴ ἀφελπίσῃς, ἔστιν γὰρ ἐπάνοδος·
 ²²ἐπὶ φίλον ⁽²⁷⁾ἐὰν ἀνοίξῃς στόμα, 22 (27)
  μὴ εὐλαβηθῇς, ἔστιν γὰρ διαλλαγή
  πλὴν ὀνειδισμοῦ καὶ ὑπερηφανίας καὶ μυστηρίου ἀποκα-
   λύψεως καὶ πληγῆς δολίας·
  ἐν τούτοις ἀποφεύξεται πᾶς φίλος.
 ²³πίστιν κτῆσαι ἐν πτωχείᾳ μετὰ τοῦ πλησίον, 23 (28)
  ἵνα ἐν τοῖς ἀγαθοῖς αὐτοῦ ὁμοῦ πλησθῇς·

ℵAC 13 ακηδιασης] ακηδιασεις ℵ κηδιασης A | απονοια] υπονοια C 14 μολιβον] βολιβον A | ονομα αυτω ℵ 15 αμμων A | σιδηρουν ℵ* (-ρου ℵ^{c a}) A 16 ενδεδεμενη εις οικοδομην] εις οικοδομην A* + ενδεδεμενη A^{a(mg)} ενδεδ. sup ras C^{a vid} | συσεισμω BC (συσισμ) συνσισμω ℵ συσσισμω A | εν καιρω ου δειλ. c seqq coniung ℵ 17 διανοια ℵ[?] (ras s) A | ψαμμωτος] τ sup ras A^a | ξυστου] ξεστου ℵ^{c a} 18 χαρακες] χαλικες AC | ου μη (1°)] ουκ C | υπομεινωσιν] μινωσιν ℵ* (υπομιν. ℵ^{c a}) υπομενουσιν A υπομινουσιν C | om ου 2° A* (superscr A^a) 19 οφθαλμους A [νυσσων 2°] pr o ℵ^{c a} A | αναφαινει A 20 βαλλων] pr o ℵ* (om o ℵ^{c a}) 21 απελπισης A 22 ανοιξηστομα A | διαλλαγη] αλλαγη sup ras A^a | φιλος] pr o A 23 πιστον ℵ* (-τιν ℵ^{c a}) | εν 2°] επι A | ομου πλησθης] ευφρανθης ℵ ευφρ. συ A

ΣΟΦΙΑ ΣΕΙΡΑΧ XXIII 7

(29) ⁽²⁹⁾ἐν καιρῷ θλίψεως διάμενε αὐτῷ,   B
    ἵνα ἐν τῇ κληρονομίᾳ αὐτοῦ συνκληρονομήσῃς.
(30) 24 ²⁴πρὸ πυρὸς ἀτμὶς καμίνου καὶ καπνός,
    οὕτως πρὸ αἱμάτων λοιδορίαι.
(31) 25 ²⁵φίλον σκεπάσαι οὐκ αἰσχυνθήσομαι,
    καὶ ἀπὸ προσώπου αὐτοῦ οὐ μὴ κρυβῶ,
26 ²⁶καὶ εἰ κακά μοι συμβήσεται δι' αὐτόν,
(32) ⁽³²⁾πᾶς ὁ ἀκούων φυλάξεται ἀπ' αὐτοῦ.

(33) 27 ²⁷Τίς δώσει μοι ἐπὶ στόμα μου φυλακὴν
    καὶ ἐπὶ τῶν χειλέων μου σφραγῖδα πανοῦργον,
    ἵνα μὴ πέσω ἀπ' αὐτῆς,
    καὶ ἡ γλῶσσά μου ἀπολέσῃ με;
XXIII 1 ¹Κύριε, πάτερ καὶ δέσποτα ζωῆς μου,
    μὴ ἐγκαταλίπῃς με ἐν βουλῇ αὐτῶν,
    μὴ ἀφῇς με πεσεῖν ἐν αὐτοῖς.
2 ²τίς ἐπιστήσει ἐπὶ τοῦ διανοήματός μου μάστιγας,
    καὶ ἐπὶ τῆς καρδίας μου παιδείαν σοφίας,
    ἵνα ἐπὶ τοῖς ἀγνοήμασίν μου μὴ φείσωνται,
    καὶ οὐ μὴ παρῇ τὰ ἁμαρτήματα αὐτῶν·
3 ³ὅπως μὴ πληθύνωσιν αἱ ἄγνοιαί μου,
    καὶ αἱ ἁμαρτίαι μου πλεονάσωσιν,
    καὶ πεσοῦμαι ἔναντι τῶν ὑπεναντίων,
    καὶ ἐπιχαρεῖταί μοι ὁ ἐχθρός μου;
4 ⁴Κύριε, πάτερ καὶ θεὲ ζωῆς μου,
(5) ⁽⁵⁾μετεωρισμὸν ὀφθαλμῶν μὴ δῷς μοι,
5 ⁵καὶ ἐπιθυμίαν ἀπόστρεψον ἀπ' ἐμοῦ·
6 ⁶κοιλίας ὄρεξις καὶ συνουσιασμὸς μὴ καταλαβέτωσάν με,
    καὶ ψυχῇ ἀναιδεῖ μὴ παραδῷς με.

    Παιδεία στόματος.
7 ⁷Παιδείαν στόματος ἀκούσατε, τέκνα,
    καὶ ὁ φυλάσσων οὐ μὴ ἁλῷ·

---

23 συγκληρονομησης B^cA   **25** ουκ αισχυνθησομαι] ου κατεσχυνθ. ℵ* ℵA (ουκ εσχυνθ. ℵ^{c a})   **26** συμβησεται] συμβη B^{ab} (improb et unc incl σεται) συνεβη ℵ* (συνβεη ℵ^{c a}) συμβεβηκεν A | ο ακουων] om ο A   **27** om μοι ℵA | στομα] τω στοματι ℵ^{c a} στοματι A | πανουργων ℵA   **XXIII 1** πατερ] π̅η̅ρ̅ A | δεσποτα] θ̅ε̅ A | εγκαταλειπης A | μη 2°] pr και ℵ^{c a}A   **2** επιστησει] επιστησε ℵ¹ (ras ι 2°) επιστηση A | παιδιας A | και ου μη αυτων] pr asterisc ℵ^{c a} | αυτων] ω sup ras A^a   **3** πληθυνθωσιν ℵA   **4** μετεωρισμον] ρ sup ras A^a   **6** κοιλιας A | αναιδη A   **7** om tit ℵA | παιδιαν ℵA

ΧΧΙΙΙ 8　　　　　　ΣΟΦΙΑ ΣΕΙΡΑΧ

Ε　ἐν τοῖς χείλεσιν αὐτοῦ ⁸καταλειφθήσεται　　　　8
　　ἁμαρτωλὸς καὶ λοίδορος καὶ ὑπερήφανος·
　　σκανδαλισθήσονται ἐν αὐτοῖς.
⁹ὅρκῳ μὴ ἐθίσῃς τὸ στόμα σου,　　　　　　　　　9
　⁽¹⁰⁾καὶ ὀνομασίᾳ τοῦ ἁγίου μὴ συνεθισθῇς.　　　(10)
¹⁰ὥσπερ γὰρ οἰκέτης ἐξεταζόμενος ἐνδελεχῶς　　　10 (11)
　　ἀπὸ μώλωπος οὐκ ἐλαττωθήσεται,
　οὕτως καὶ ὁ ὀμνύων καὶ ὀνομάζων διὰ παντὸς
　　ἀπὸ ἁμαρτίας οὐ μὴ καθαρισθῇ.
¹¹ἀνὴρ πολύορκος πλησθήσεται ἀνομίας,　　　　　11 (12)
　καὶ οὐκ ἀποστήσεται ἀπὸ τοῦ οἴκου αὐτοῦ μάστιξ·
⁽¹³⁾ἐὰν πλημμελήσῃ, ἁμαρτία αὐτοῦ ἐπ' αὐτῷ,　　(13)
　κἂν ὑπερίδῃ, ἥμαρτεν δισσῶς·
⁽¹⁴⁾καὶ εἰ διὰ κενῆς ὤμοσεν, οὐ δικαιωθήσεται,　　(14)
　πλησθήσεται γὰρ ἐπαγωγῶν ὁ οἶκος αὐτοῦ.
¹²ἔστιν λέξις ἀντιπεριβεβλημένη θανάτῳ,　　　　12 (15)
　μὴ εὑρεθήτω ἐν κληρονομίᾳ Ἰακώβ
⁽¹⁶⁾ἀπὸ γὰρ εὐσεβῶν ταῦτα πάντα ἀποστήσεται,　(16)
　καὶ ἐν ἁμαρτίαις οὐκ ἐνκυλισθήσονται
¹³ἀπαιδευσίαν ἀσυρῆ μὴ συνεθίσῃς τὸ στόμα σου·　13 (17)
　ἔστιν γὰρ ἐν αὐτῇ λόγος ἁμαρτίας
¹⁴μνήσθητι πατρὸς καὶ μητρός σου,　　　　　　　14 (18)
　ἀνὰ μέσον γὰρ μεγιστάνων συνεδρεύει
⁽¹⁹⁾μή ποτε ἐπιλάθῃ ἐνώπιον αὐτῶν,　　　　　　(19)
　καὶ τῷ ἐθισμῷ σου μωρανθῇς,
　καὶ θελήσεις εἰ μὴ ἐγεννήθης,
　καὶ τὴν ἡμέραν τοῦ τοκετοῦ σου μὴ καταράσῃ
¹⁵ἄνθρωπος συνεθιζόμενος λόγοις ὀνειδισμοῦ　　　15 (20)
　ἐν πάσαις ταῖς ἡμέραις αὐτοῦ οὐ μὴ παιδευθῇ

¹⁶Δύο εἴδη πληθύνουσιν ἁμαρτίας,　　　　　　　16 (21)
　καὶ τὸ τρίτον ἐπάξει ὀργήν·

ΝΑ　7 εν] pr ουτε ℵ^{c.a}　　8 λοιδοριαι ℵ* (λοιδορος ℵ^{c.a})　　9 αγιου] υψιστου ℵ^{c.a}A | post μη 2° 2 fere litt ras A'　　10 ονομαζων] pr ο ℵA | δια παντος]+το ονομα κυ ℵ^{c.a}A　　11 μαστιγξ ℵ | καν] και εαν ℵ | υπερειδη A | κενης] καινης ℵ　　12 εγκυλισθησονται B^{ab} εκυλισθησονται A* (ενκυλ. A^a) 13 απαιδευσια ℵ^{c.a} | εθισης ℵ* (συνεθισης ℵ^{c.a})　　14 πατρος]+σου ℵA | συνεδρευεις B^cA συνεδρευσεις ℵ | om μη 3° B^cℵA | om καταραση A 16 πληθινωσιν A

690

ΣΟΦΙΑ ΣΕΙΡΑΧ   XXIII 25

(22)   ⁽²²⁾ψυχὴ θερμὴ ὡς πῦρ καιόμενον,   B
       οὐ μὴ σβεσθῇ ἕως ἂν καταποθῇ·
(23)   ⁽²³⁾ἄνθρωπος πόρνος ἐν σώματι σαρκὸς αὐτοῦ,
       οὐ μὴ παύσηται ἕως ἂν ἐκκαύσῃ πῦρ·
(24) 17 ¹⁷ἀνθρώπῳ πόρνῳ πᾶς ἄρτος ἡδύς,
       οὐ μὴ κοπάσῃ ἕως ἂν τελευτήσῃ·
(25) 18 ¹⁸ἄνθρωπος παραβαίνων ἀπὸ τῆς κλίνης αὐτοῦ,
       λέγων ἐν τῇ ψυχῇ αὐτοῦ Τίς με ὁρᾷ;
(26)   ⁽²⁶⁾σκότος κύκλῳ μου, καὶ οἱ τοῖχοί με καλύπτουσιν,
       καὶ οὐθείς με ὁρᾷ, τί εὐλαβοῦμαι;
       τῶν ἁμαρτιῶν μου οὐ μὴ μνησθήσεται ὁ ὕψιστος.
(27) 19 ¹⁹καὶ ὀφθαλμοὶ ἀνθρώπων ὁ φόβος αὐτοῦ,
(28)   ⁽²⁸⁾καὶ οὐκ ἔγνω ὅτι ὀφθαλμοὶ Κυρίου μυριοπλασίως ἡλίου
           φωτεινότεροι,
       ἐπιβλέποντες πάσας ὁδοὺς ἀνθρώπων
       καὶ κατανοοῦντες εἰς ἀπόκρυφα μέρη.
(29) 20 ²⁰πρὶν ἢ κτισθῆναι τὰ πάντα ἔγνωσται αὐτῷ,
       οὕτως καὶ μετὰ τὸ συντελεσθῆναι.
(30) 21 ²¹οὗτος ἐν πλατείαις πόλεως ἐκδικηθήσεται,
       καὶ οὗ οὐχ ὑπενόησεν πιασθήσεται.
(32) 22 ²²οὕτως καὶ γυνὴ καταλιποῦσα τὸν ἄνδρα
       καὶ παριστῶσα κληρονόμον ἐξ ἀλλοτρίου·
(33) 23 ²³πρῶτον μὲν γὰρ ἐν νόμῳ Ὑψίστου ἠπείθησεν,
       καὶ δεύτερον εἰς ἄνδρα ἑαυτῆς ἐπλημμέλησεν
       καὶ τὸ τρίτον ἐν πορνείᾳ ἐμοιχεύθη,
       ἐξ ἀλλοτρίου ἀνδρὸς τέκνα παρέστησεν.
(34) 24 ²⁴αὕτη εἰς ἐκκλησίαν ἐξαχθήσεται,
       καὶ ἐπὶ τὰ τέκνα αὐτῆς ἐπισκοπὴ ἔσται·
(35) 25 ²⁵οὐ διαδώσουσιν τὰ τέκνα αὐτῆς εἰς ῥίζαν,
       καὶ οἱ κλάδοι αὐτῆς οὐ δώσουσιν καρπόν·

16 καταποθη] καταπιη τι ℵᶜᵃ   17 τελευτησει A   18 ανθρωπος] ℵA
+πορνος A | κλινης] κοιτης A | om εν A | τη ψυχη] om τη ℵ* (hab τη ℵᶜᵃ) |
οι τοιχοι] om οι ℵ* (hab οι ℵᶜᵃ) | και ουθεις ευλαβουμαι] pr asterisc ℵᶜᵃ |
τι] τινα A | ο υψιστος] οψιστος ℵ* (ο υψ. ℵᶜ ᶜ)   19 πασας] pr επι ℵᶜᵃ | om
εις A   20 κτισθηναι (-θεναι A)] κτ sup ras Bᵃᵇ | συντελεσθηναι] τελε-
σθηναι A   21 ου] ος A | πιασθησεται] κολασθησετ A   22 καταλει-
πουσα A   23 Υψιστω A | εαυτης] αυτης ℵA | πορνια ℵ | εξ] pr και
ℵA   24 αυτης] αυτη B* (-της Bᵃᵇ b(vid))   25 ου δωσουσιν] ουκ
οισουσιν ℵA

691   Χλ 2

ΧΧΙΙΙ 26 ΣΟΦΙΑ ΣΕΙΡΑΧ

B ²⁶καταλείψει εἰς κατάραν τὸ μνημόσυνον αὐτῆς,   26 (36)
    καὶ τὸ ὄνειδος αὐτῆς οὐκ ἐξαλειφθήσεται·
²⁷καὶ ἐπιγνώσονται οἱ καταλειφθέντες   27 (37)
    ὅτι οὐθὲν κρεῖττον φόβου Κυρίου,
    καὶ οὐθὲν γλυκύτερον τοῦ προσέχειν ἐντολαῖς Κυρίου

         Αἴνεσις σοφίας.

¹Ἡ σοφία αἰνέσει ψυχὴν αὐτῆς,   XXIV
    καὶ ἐν μέσῳ λαοῦ αὐτῆς καυχήσεται.
²ἐν ἐκκλησίᾳ Ὑψίστου στόμα αὐτῆς ἀνοίξει,   2
    καὶ ἔναντι δυνάμεως αὐτοῦ καυχήσεται
³Ἐγὼ ἀπὸ στόματος Ὑψίστου ἐξῆλθον,   3 (5)
    ⁽⁶⁾καὶ ὡς ὁμίχλη κατεκάλυψα γῆν·   (6)
⁴ἐγὼ ἐν ὑψηλοῖς κατεσκήνωσα,   4 (7)
    καὶ ὁ θρόνος μου ἐν στύλῳ νεφέλης·
⁵γῦρον οὐρανοῦ ἐκύκλωσα μόνη,   5 (8)
    καὶ ἐν βάθει ἀβύσσων περιεπάτησα·
⁶ἐν κύμασιν θαλάσσης ⁽⁹⁾καὶ ἐν πάσῃ τῇ γῇ,   6 (9)
    ⁽¹⁰⁾καὶ ἐν παντὶ λαῷ καὶ ἔθνει ἐκτησάμην   (10)
⁷μετὰ τούτων πάντων ἀνάπαυσιν ἐζήτησα,   7 (11)
    καὶ ἐν κληρονομίᾳ τίνος αὐλισθήσομαι;
⁸τότε ἐνετείλατό μοι ὁ κτίστης ἁπάντων,   8 (12)
    καὶ ὁ κτίσας με κατέπαυσεν τὴν σκηνήν μου
⁽¹³⁾καὶ εἶπεν Ἐν Ἰακὼβ κατασκήνωσον,   (13)
    καὶ ἐν Ἰσραὴλ κατακληρονομήθητι
⁹πρὸ τοῦ αἰῶνος ἀπ' ἀρχῆς ἔκτισέν με,   9 (14)
    καὶ ἕως αἰῶνος οὐ μὴ ἐκλίπω.
¹⁰ἐν σκηνῇ ἁγίᾳ ἐνώπιον αὐτοῦ ἐλειτούργησα,   10
    ⁽¹⁵⁾καὶ οὕτως ἐν Σειὼν ἐστηρίχθην·   (15)
¹¹ἐν πόλει ἠγαπημένῃ ὁμοίως με κατέπαυσεν,   11
    καὶ ἐν Ἰερουσαλὴμ ἡ ἐξουσία μου·

ℵΑ   **26** καταλειψις Α   **XXIV 1** tit σοφιας αινεσις ℵΑ | η σοφια] om η ℵ* ᵛⁱᵈ (hab ℵ?⁽ᵐᵍ ˢⁱⁿⁱˢᵗʳ⁾) | καυχησοντ, Α   **2** στομα] pr το ℵ   **3** ομιχλην Α   **6** κυμασι ℵ | om και 3° ℵ* (hab ℵᶜ ᵃ) | εκτησαμην] ηγησαμην ℵᶜ ᵃ   **7** εζητησα αναπαυσιν Α   **8** κτισας] κτιστης ℵ* (κτισας ℵ¹ᶜ ᵃ) | om εν 1° Α, Ιακωβ· Α | κατακληρονομηθητι] κληρονομηθητι Α   **9** απαρχην Α | post εως ras 1 lit A¹ | αιωνος 2°] αιωνων ℵΑ | εκλειπω Α   **10** ελειτουργουν Α | Σιων Βᵇ (ita saepius)   **11** om με ℵ | η εξουσια] εξουσιαν Α

ΣΟΦΙΑ ΣΕΙΡΑΧ XXIV 25

(16) 12 ¹²καὶ ἐρρίζωσα ἐν λαῷ δεδοξασμένῳ, B
         ἐν μερίδι Κυρίου κληρονομίας αὐτοῦ.
(17) 13 ¹³ὡς κέδρος ἀνυψώθην ἐν τῷ Λιβάνῳ,
         καὶ ὡς κυπάρισσος ἐν ὄρεσιν Ἀερμών·
(18) 14 ¹⁴ὡς φοῖνιξ ἀνυψώθην ἐν αἰγιαλοῖς,
         καὶ ὡς φυτὰ ῥόδου ἐν Ἱερειχώ·
(19)   ⁽¹⁹⁾ὡς ἐλαία εὐπρεπὴς ἐν πεδίῳ,
         καὶ ἀνυψώθην ὡς πλάτανος.
(20) 15 ¹⁵ὡς κιννάμωμον καὶ ἀσπάλαθος ἀρωμάτων δέδωκα ὀσμήν,
         καὶ ὡς σμύρνα ἐκλεκτὴ διέδωκα εὐωδίαν,
(21)   ⁽²¹⁾ὡς χαλβάνη καὶ ὄνυξ καὶ στακτή,
         καὶ ὡς λιβάνου ἀτμὶς ἐν σκηνῇ·
(22) 16 ¹⁶ἐγὼ ὡς τερέμινθος ἐξέτεινα κλάδους μου,
         καὶ οἱ κλάδοι μου κλάδοι δόξης καὶ χάριτος.
(23) 17 ¹⁷ἐγὼ ὡς ἄμπελος βλαστήσασα χάριν,
         καὶ τὰ ἄνθη μου καρπὸς δόξης καὶ πλούτου.
(26) 19 ¹⁹προσέλθετε πρὸς μέ, οἱ ἐπιθυμοῦντές μου,
         καὶ ἀπὸ τῶν γενημάτων μου ἐμπλήσθητε·
(28) 20 ²⁰τὸ γὰρ μνημόσυνόν μου ὑπὲρ μέλι γλυκύ,
         καὶ ἡ κληρονομία μου ὑπὲρ μέλιτος κηροῦ.
(29) 21 ²¹οἱ ἐσθίοντές με ἔτι πεινάσουσιν,
         καὶ οἱ πίνοντές με ἔτι διψήσουσιν·
(30) 22 ²²ὁ ὑπακούων μου οὐκ αἰσχυνθήσεται,
         καὶ οἱ ἐργαζόμενοι ἐν ἐμοὶ οὐχ ἁμαρτήσουσιν.
(32) 23 ²³ταῦτα πάντα βίβλος διαθήκης θεοῦ Ὑψίστου,
         νόμον ὃν ἐνετείλατο Μωυσῆς
         κληρονομίαν συναγωγαῖς Ἰακώβ·
(35) 25 ²⁵ὁ πιμπλῶν ὡς Φισὼν σοφίαν,
         καὶ ὡς Τίγρις ἐν ἡμέραις νέων·

12 δεδοξασμενω] δεδοκιμασμενω ℵ^{c a}   **13** ορεσιν] ορει A   **14** αιγιαλοις] ℵA Ενγαδδοις ℵ^{c a} | Ιεριχω B^bA | ως 3°] pr και ℵA   **15** ασπαλαθος] pr ως ℵ^{c a} | οσμη ℵ^{c a} | ζμυρναν εκλεκτην ℵ* (ζμυρνα εκλεκτη ℵ^{c a}) | διεδωκα] δεδωκα ℵ* (διεδ. ℵ^{c a}) A | ως 3°] pr και A | χαλβανη] χαρβανη A   **16** εγω]+δε A | τερεμινθος] τερεβινθος ℵA   **17** βλαστησασα] εβλαστησα ℵA   **19** προσελθατε ℵA | με] εμε ℵ* (με ℵ^{c a}) | οι επιθυμουντες] παντες οι επιθουντες ℵ* π. οι επιθυμ. ℵ^{c a}   **20** μελι γλυκυ] το μ. το γλ. ℵ (το μ γλ. ℵ^{c a}) A | κηρου] και κηριου A   **21** εσθοντες ℵA | με 2°] μ sup ras B*   **22** ουκ αισχυνθησεται] ου κατεσχυνθ. ℵ* (ουκ αισχ. ℵ^{c a})   **23** ενετειλατο (ετ incep ℵ*)]+ημιν ℵA | Μωσης ℵ   **25** ο πιμπλων] ος (ο ℵ¹) πειπλων ℵ* (ο πειμπλων ℵ^c) ο πιπλων A | Φεισων B^{b (vid)} ℵ

693

ΣΟΦΙΑ ΣΕΙΡΑΧ

B
²⁶ὁ ἀναπληρῶν ὡς Εὐφράτης σύνεσιν,   26 (36)
   καὶ ὡς Ἰορδάνης ἐν ἡμέραις θερισμοῦ·
²⁷ὁ ἐκφαίνων ὡς φῶς παιδείαν,   27 (37)
   ὡς Γηῶν ἐν ἡμέραις τρυγητοῦ.
²⁸οὐ συνετέλεσεν ὁ πρῶτος γνῶναι αὐτήν,   28 (38)
   καὶ οὕτως ὁ ἔσχατος οὐκ ἐξιχνίασεν αὐτήν
²⁹ἀπὸ γὰρ θαλάσσης ἐπληθύνθη διανόημα αὐτῆς,   29 (39)
   καὶ ἡ βουλὴ αὐτῆς ἀπὸ ἀβύσσου μεγάλης.
³⁰κἀγὼ ὡς διῶρυξ ἀπὸ ποταμοῦ,   30 (41)
   καὶ ὡς ὑδραγωγὸς ἐξῆλθον εἰς παράδεισον·
³¹εἶπα Ποτιῶ μου τὸν κῆπον,   31 (42)
   καὶ μεθύσω μου τὴν πρασιάν·
⁽⁴³⁾καὶ ἰδοὺ ἐγένετό μοι ἡ διῶρυξ εἰς ποταμόν,   (43)
   καὶ ὁ ποταμός μου ἐγένετο εἰς θάλασσαν.
³²ἔτι παιδείαν ὡς ὄρθρον φωτιῶ,   32 (44)
   καὶ ἐκφανῶ αὐτὰ ἕως εἰς μακράν·
³³ἔτι διδασκαλίαν ὡς προφητείαν ἐκχεῶ,   33 (46)
   καὶ καταλείψω αὐτὴν εἰς γενεὰς αἰώνων.
³⁴ἴδετε ὅτι οὐκ ἐμοὶ μόνῳ ἐκοπίασα,   34 (47)
   ἀλλὰ πᾶσιν τοῖς ἐκζητοῦσιν αὐτήν.

¹Ἐν τρισὶν ὡραΐσθην καὶ ἀνέστην ὡραία ἔναντι Κυρίου 1   XXV
   καὶ ἀνθρώπων·
⁽²⁾ὁμόνοια ἀδελφῶν, καὶ φιλία τῶν πλησίον,   (2)
   καὶ γυνὴ καὶ ἀνὴρ ἑαυτοῖς συμπεριφερόμενοι.
²τρία δὲ εἴδη ἐμίσησεν ἡ ψυχή μου   2 (3)
   καὶ προσώχθισα σφόδρα τῇ ζωῇ αὐτῶν·
⁽⁴⁾πτωχὸν ὑπερήφανον, καὶ πλούσιον ψεύστην,   (4)
   γέροντα μοιχὸν ἐλαττούμενον συνέσει.
³ἐν νεότητι οὐ συναγίοχας,   3 (5)

ℵA   26 Ιορδανης] pr o ℵ   27 παιδιαν ℵA (item 32)   29 διανοηματα A | αυτης 2°] αυτου A   30 απο] απρο A* (ras ρ A?)   31 ποτισω Bᵃᵇ A | μοι] μου A   32 ορθον B | εκφαινω ℵ* (εκφανω ℵ? postea inst εκφαιν) εμφαινω A | αυτα] αυτας ℵ   33 προφητιᾳ] A | γενεαν ℵA   34 εκοπιασα] ras aliq Bᵛ | αλλα] αλα B* (αλλα Bᵇ) | πασιν] απασιν ℵ* (ras α ℵ?) | αυτην] ras aliq B   XXV 1 ωραισθην]+εκοιμηθην ℵ* (improb εκοιμ. ℵᶜᵃ) | συμπεριφερομενοι Bᵇ·ⁱᵈ   2 προσωχθισα] προσωφθισα A | μοιχον ελαττουμενον] μωρον ϗ μοιχον και ελασσουμενον ℵᶜᵃ   3 εν 1°] pr α A | συναγιοχας Bᵇ (ita alias) συναγειοχας ℵ (super χας superscr aliq mox extinx ℵᶜᵃ) A

ΣΟΦΙΑ ΣΕΙΡΑΧ

καὶ πῶς ἂν εὕροις ἐν τῷ γήρᾳ σου; B

(6) 4   ⁴ὡς ὡραῖον πολιαῖς κρίσις,
καὶ πρεσβυτέροις ἐπιγνῶναι βουλήν·

(7) 5   ⁵ὡς ὡραία γερόντων σοφία,
καὶ δεδοξασμένοις διανόημα καὶ βουλή

(8) 6   ⁶στέφανος γερόντων πολυπειρία,
καὶ τὸ καύχημα αὐτῶν φόβος Κυρίου.

(9) 7   ⁷Ἐννέα ὑπονοήματα ἐμακάρισα ἐν καρδίᾳ,
καὶ τὸ δέκατον ἐρῶ ἐπὶ γλώσσης·

(10)   ⁽¹⁰⁾ἄνθρωπος εὐφραινόμενος ἐπὶ τέκνοις,
ζῶν καὶ βλέπων ἐπὶ πτώσει ἐχθρῶν·

(11) 8   ⁸μακάριος ὁ συνοικῶν γυναικὶ συνετῇ,
καὶ ὃς ἐν γλώσσῃ οὐκ ὠλίσθησεν,
καὶ ὃς οὐκ ἐδούλευσεν ἀναξίῳ αὐτοῦ

(12) 9   ⁹μακάριος ὃς εὗρεν φρόνησιν,
καὶ ὁ διηγούμενος εἰς ὦτα ἀκουόντων

(13) 10   ¹⁰ὡς μέγας ὁ εὑρὼν σοφίαν,
ἀλλ' οὐκ ἔστιν ὑπὲρ τὸν φοβούμενον τὸν κύριον·

(14) 11   ¹¹φόβος Κυρίου ὑπὲρ πᾶν ὑπερέβαλεν,
ὁ κρατῶν αὐτοῦ τίνι ὁμοιωθήσεται;

(17) 13   ¹³Πᾶσαν πληγήν, καὶ μὴ πληγὴν καρδίας·
καὶ πᾶσαν πονηρίαν, καὶ μὴ πονηρίαν γυναικός·

(20) 14   ¹⁴πᾶσαν ἐπαγωγήν, καὶ μὴ ἐπαγωγὴν μισούντων·

(21)   ⁽²¹⁾καὶ πᾶσαν ἐκδίκησιν, καὶ μὴ ἐκδίκησιν ἐχθρῶν.

(22) 15   ¹⁵οὐκ ἔστιν κεφαλὴ ὑπὲρ κεφαλὴν ὄφεως,

(23)   ⁽²³⁾καὶ οὐκ ἔστιν θυμὸς ὑπὲρ θυμὸν ἐχθροῦ.

16   ¹⁶συνοικῆσαι λέοντι καὶ δράκοντι εὐδοκήσω
ἢ ἐνοικῆσαι μετὰ γυναικὸς πονηρᾶς.

(24) 17   ¹⁷πονηρία γυναικὸς ἀλλοιοῖ τὴν ὅρασιν αὐτῆς,
καὶ σκοτοῖ τὸ πρόσωπον αὐτῆς ὡς σάκκον·

---

5 δεδοξασμενοις διανοη sup ras B¹⁽ᵛⁱᵈ⁾   6 πουπειρια B* (πο\υπ. Bᵃᵇ) ℵA
7 υπονοηματα] adscr ανυπονοητα ℵᶜᵃ | καρδια] κ. μου ℵ τη κ. μου A | επι 1°]
απο Λ   8 αναξιω] αξιω ℵ* (αναξ. ℵᶜᵃ postea restit αξ) | αυτου] εαυτου A
9 μακαριος]+ανηρ ℵ* (improb αν. ℵᶜᵃ)   11 αυτου τινι ομοιωθησεται sup
ras Bᵃᵇ   14 πασαν 1°] pr και ℵA   16 ευδοκησω] ευδοκησαι ℵᶜᵃA
(-σε) | ενοικησαι] συνοικησαι ℵᶜᵃA   17 ως σακκον] ως αρκος ℵA

XXV 18 ΣΟΦΙΑ ΣΕΙΡΑΧ

B   ¹⁸ἀνὰ μέσον τοῦ πλησίον αὐτοῦ ⁽²⁵⁾ἀναπεσεῖται ὁ ἀνὴρ αὐτῆς,   18 (25)
    καὶ ἀκούσας ἀνεστέναξεν πικρά.
¹⁹μικρὰ πᾶσα κακία πρὸς κακίαν γυναικός,   19 (26)
    κλῆρος ἁμαρτωλοῦ ἐπιπέσοι αὐτῇ.
²⁰ἀνάβασις ἀμμώδης ἐν ποσὶν πρεσβυτέρου,   20 (27)
    οὕτως γυνὴ γλωσσώδης ἀνδρὶ ἡσύχῳ
²¹μὴ προσπέσῃς ἐπὶ κάλλος γυναικός,   21 (28)
    καὶ γυναῖκα μὴ ἐπιποθήσῃς
²²ὀργὴ καὶ ἀναίδεια καὶ αἰσχύνη μεγάλη   22 (29)
    ⁽³⁰⁾γυνὴ ἐὰν ἐπιχορηγῇ τῷ ἀνδρὶ αὐτῆς.   (30)
³καρδία ταπεινὴ καὶ πρόσωπον σκυθρωπὸν   23 (31)
    καὶ πληγὴ καρδίας γυνὴ πονηρά·
⁽³²⁾χεῖρες παρειμέναι καὶ γόνατα παραλελυμένα,   (32)
    ἥτις οὐ μακαριεῖ τὸν ἄνδρα αὐτῆς.
²⁴ἀπὸ γυναικὸς ἀρχὴ ἁμαρτίας,   24 (33)
    καὶ δι' αὐτὴν ἀποθνήσκομεν πάντες.
²⁵μὴ δῷς ὕδατι διέξοδον,   25 (34)
    μηδὲ γυναικὶ πονηρᾷ ἐξουσίαν
²⁶εἰ μὴ πορεύεται κατὰ χεῖρά σου,   26 (35)
    ⁽³⁶⁾ἀπὸ τῶν σαρκῶν σου ἀπότεμε αὐτήν   (36)

¹Γυναικὸς ἀγαθῆς μακάριος ὁ ἀνήρ,   1   XXVI
    καὶ ἀριθμὸς τῶν ἡμερῶν αὐτοῦ διπλάσιος.
²γυνὴ ἀνδρεία εὐφραίνει τὸν ἄνδρα αὐτῆς,   2
    καὶ τὰ ἔτη αὐτοῦ πληρώσει ἐν εἰρήνῃ.
³γυνὴ ἀγαθὴ μερὶς ἀγαθή,   3
    ἐν μερίδι φοβουμένων Κύριον δοθήσεται.
⁴πλουσίου δὲ καὶ πτωχοῦ καρδία ἀγαθή,   4
    ἐν παντὶ καιρῷ πρόσωπον ἱλαρόν.
⁵ἀπὸ τριῶν εὐλαβήθη ἡ καρδία μου,   5
    καὶ ἐπὶ τῷ τετάρτῳ προσώπῳ ἐδεήθην·
⁽⁶⁾διαβολὴν πόλεως, καὶ ἐκκλησίαν ὄχλου,   (6)

ℵA   18 ανεστεναξε ℵ* (-ξεν ℵ^{c a}) | πικρα] μεικρα ℵ* (πεικρα ℵ[?])   19 κακιαν sup ras B^{1 fort}   20 ησυχω sup ras A^a   21 καλλος] καλλους ℵ^{c a} | γυναικα]+εν καλλει ℵ (-λλι) A   25 εξουσιαν] παρρησιαν ℵA   26 χειρας ℵ   XXVI 1 αγαθης] pr ο ℵ* (improb et ras ℵ^{1(vid)}) | αριθμος] pr ο A | δ.πλασιον A   3 Κυριον] pr τον A   4 om δε ℵ^{c a}   5 ηυλαβηθη ℵA | η καρδια] om η A | εδεηθην] εδοθην ℵ* εφοβηθην ℵ^{c a}A | διαβολην] η sup ras A^a | om οχλου A* (hab A^a)

ΣΟΦΙΑ ΣΕΙΡΑΧ

(7) ⁽⁷⁾καὶ καταψευσμόν, ὑπὲρ θάνατον πάντα μοχθηρά.   B
(8) 6   ⁶ἄλγος καρδίας καὶ πένθος γυνὴ ἀντίζηλος ἐπὶ γυναικί,
(9)   ⁽⁹⁾καὶ μάστιξ γλώσσης πᾶσιν ἐπικοινωνοῦσα.
(10) 7 ⁷βοοζύγιον σαλευόμενον γυνὴ πονηρά,
   ὁ κρατῶν αὐτῆς ὡς ὁ δρασσόμενος σκορπίου
(11) 8. ⁸ὀργὴ μεγάλη γυνὴ μέθυσος,
   καὶ ἀσχημοσύνην αὐτῆς οὐ συνκαλύψει.
(12) 9 ⁹πορνεία γυναικὸς ἐν μετεωρισμοῖς ὀφθαλμῶν,
   καὶ ἐν τοῖς βλεφάροις αὐτῆς γνωσθήσεται.
(13) 10 ¹⁰ἐπὶ θυγατρὶ ἀδιατρέπτως στερέωσον φυλακήν,
   ἵνα μὴ εὑροῦσα ἄνεσιν ἑαυτῇ χρήσηται·
(14) 11 ¹¹ὀπίσω ἀναιδοῦς ὀφθαλμοῦ φύλαξαι,
   καὶ μὴ θαυμάσῃς ἐὰν εἰς σὲ πλημμελήσῃ·
(15) 12 ¹²ὡς διψῶν ὁδοιπόρος τὸ στόμα ἀνοίγει,
   καὶ ἀπὸ παντὸς ὕδατος τοῦ σύνεγγυς πίεται,
   κατέναντι παντὸς πασσάλου καθήσεται,
   καὶ ἔναντι βέλους ἀνοίξει φαρέτραν.
(16) 13 ¹³χάρις γυναικὸς τέρψει τὸν ἄνδρα αὐτῆς,
   ᾽καὶ τὰ ὀστᾶ αὐτοῦ πιανεῖ ἡ ἐπιστήμη αὐτῆς.
(17) 14 ¹⁴δόσις Κυρίου γυνὴ σιγηρά,
(18)   ⁽¹⁸⁾καὶ οὐκ ἔστιν ἀντάλλαγμα πεπαιδευμένης ψυχῆς·
(19) 15 ¹⁵χάρις ἐπὶ χάριτι γυνὴ αἰσχυντηρά,
(20)   ⁽²⁰⁾καὶ οὐκ ἔστιν σταθμὸς πᾶς ἄξιος ἐγκρατοῦς ψυχῆς.
(21) 16 ¹⁶ἥλιος ἀνατέλλων ἐν ὑψίστοις Κυρίου,
   καὶ κάλλος ἀγαθῆς γυναικὸς ἐν κόσμῳ οἰκίας αὐτοῦ·
(22) 17 ¹⁷λύχνος ἐκλάμπων ἐπὶ λυχνίας ἁγίας,
   καὶ κάλλος προσώπου ἐπὶ ἡλικίᾳ στασίμῃ·
(23) 18 ¹⁸στύλοι χρύσεοι ἐπὶ βάσεως ἀργυρᾶς,
   καὶ πόδες ὡραῖοι ἐπὶ στέρνοις εὐσταθοῦς.

(25) 28 ²⁸Ἐπὶ δυσὶ λελύπηται ἡ καρδία μου,

6 αλγος] γ sup ras Aᵃ | επικοινωνουσα] α sup ras 2 litt Λᵃ   7 ο δρασ- ℵA σομενος] om ο A   8 αυτης] s sup ras Bᵗ | ου]+μη ℵA | συγκαλυψει Bᵇᵇ A (αλυψει sup ras Λᵗ ᵛⁱᵈ)   9 πορνια ℵ   10 αδιατρεπτως] αδιαστρεπτω· ℵ αδιατρεπτω A | ευρη incep ℵ* (ευρουσα ℵ¹)   11 οφθαλμου] οφθαλμων ℵ* (-μου ℵᶜ ¹) seq ras 1 lit A | πλημμελησει A   12 το στομα] om το ℵᶜ ᵃ | ανοιγει] ανοιξει ℵᶜ ᵃ A | και εναντι] κατεναντι ℵ* (και εν. ℵ¹)   13 τον ανδρα] om τον ℵA | πιαινει ℵ   15 ενκρατους A | ψυχης]+αυτης ℵᶜ ᵃ   16 αυτου] αυτης ℵA   18 χρυσεοι] χρυσεως Λ | στερνοις] πτερνοις ℵ* (στ. ℵᶜ ᵃ) | ευσταθους] ευσταθμοις ℵ* (ευσταθους ℵᶜ ᵃ)

697

ΣΟΦΙΑ ΣΕΙΡΑΧ

B καὶ ἐπὶ τῷ τρίτῳ θυμός μοι ἐπῆλθεν·
(26) ἀνὴρ πολεμιστὴς ὑστερῶν δι' ἔνδειαν, (26)
καὶ ἄνδρες συνετοὶ ἐὰν σκυβαλισθῶσιν,
(27) ἐπανάγων ἀπὸ δικαιοσύνης ἐπὶ ἁμαρτίαν· (27)
ὁ κύριος ἑτοιμάσει εἰς ῥομφαίαν αὐτόν.

29 Μόλις ἐξελεῖται ἔμπορος ἀπὸ πλημμελείας, 29 (28)
καὶ οὐ δικαιωθήσεται κάπηλος ἀπὸ ἁμαρτίας
1 χάριν ἀδιαφόρου πολλοὶ ἥμαρτον, 1   XXVII
καὶ ὁ ζητῶν πληθῦναι ἀποστρέψει ὀφθαλμόν.
2 ἀνὰ μέσον ἁρμῶν λίθων παγήσεται πάσσαλος, 2 (2, 3)
καὶ ἀνὰ μέσον πράσεως καὶ ἀγορασμοῦ συντριβήσεται
ἁμαρτία.
3 ἐὰν μὴ ἐν φόβῳ Κυρίου κρατήσῃ κατὰ σπουδήν, 3 (4)
ἐν τάχει καταστραφήσεται αὐτοῦ ὁ οἶκος.
4 ἐν σείσματι κοσκίνου διαμένει κοπρία, 4 (5)
οὕτως σκύβαλα ἀνθρώπου ἐν λογισμῷ αὐτοῦ.
5 σκεύη κεραμέως δοκιμάζει κάμινος, 5 (6)
καὶ πειρασμὸς ἀνθρώπου ἐν διαλογισμῷ αὐτοῦ.
6 γεώργιον ξύλου ἐκφαίνει ὁ καρπὸς αὐτοῦ, 6 (7)
οὕτως λόγος ἐνθυμήματος καρδίας ἀνθρώπου.
7 πρὸ λογισμοῦ μὴ ἐπαινέσῃς ἄνδρα, 7 (8)
οὗτος γὰρ πειρασμὸς ἀνθρώπων.
8 ἐὰν διώκῃς τὸ δίκαιον, καταλήμψῃ, 8 (9)
καὶ ἐνδύσῃ αὐτὸ ὡς ποδήρη δόξης.
9 πετεινὰ πρὸς τὰ ὅμοια αὐτοῖς καταλύσει, 9 (10)
καὶ ἀλήθεια πρὸς τοὺς ἐργαζομένους αὐτὴν ἐπανήξει
10 λέων θύραν ἐνεδρεύει, 10 (11)
οὕτως ἁμαρτίαι ἐργαζομένους ἄδικα.
11 διήγησις εὐσεβοῦς διὰ παντὸς σοφία, 11 (12)
ὁ δὲ ἄφρων ὡς σελήνη ἀλλοιοῦται.

ℵA   29 πλημμελιας ℵ | καπηλος Bc? ℵA] καμηλος B*   XXVII 1 αδιαφορου] διαφορου ℵ* (αδιαφ. ℵc a) | ημαρτον] μ saltem sup ras B?   2 λιθων] λιθινων ℵc a | παγησεται] αγησ sup ras Aa   4 σησματι BℵA | κοσκινου] κοκκινου ℵ* (κοσκ. ℵc a)   5 δοκιμαζει] δοκιμα ℵ* (-μαζι ℵc a) δοκειμασει A | διαλογισμω] λογισμω ℵc aA   6 καρδια A   7 λογισμου] λ sup ras Aa | επαινεσης] επαινει A   8 το δικαιον] in τ ras aliq B· vid   9 αυτοις] αυτων A | αληθεια] η αληθια ℵ   10 θυραν] θηραν ℵA | αμαρτια ℵA | αδικα] αδικια ℵ* αδικιαν ℵc a   11 ευσεβους] σοφου A

ΣΟΦΙΑ ΣΕΙΡΑΧ XXVII 23

(13) 12 ¹²εἰς μέσον ἀσυνέτων συντήρησον καιρόν, B
         εἰς μέσον δὲ διανοουμένου ἐνδελέχιζε.
(14) 13 ¹³διήγησις μωρῶν προσόχθισμα,
         καὶ ὁ γέλως αὐτῶν ἐν σπατάλῃ ἁμαρτίας.
(15) 14 ¹⁴λαλιὰ πολυόρκου ὀρθώσει τρίχας,
         καὶ ἡ μάχη αὐτῶν ἐνφραγμὸς ὠτίων.
(16) 15 ¹⁵ἔκχυσις αἵματος μάχη ὑπερηφάνων,
         καὶ ἡ διαλοιδόρησις αὐτῶν ἀκοὴ μοχθηρά.

(17) 16 ¹⁶Ὁ ἀποκαλύπτων μυστήρια ἀπώλεσεν πίστιν,
         καὶ οὐ μὴ εὕρῃ φίλον πρὸς τὴν ψυχὴν αὐτοῦ.
(18) 17 ¹⁷στέρξον φίλον καὶ πιστώθητι μετ' αὐτοῦ·
(19)   ⁽¹⁹⁾ἐὰν δὲ ἀποκαλύψῃς τὰ μυστήρια αὐτοῦ,
         οὐ μὴ καταδιώξῃς ὀπίσω αὐτοῦ.
(20) 18 ¹⁸καθὼς γὰρ ἀπώλεσεν ἄνθρωπος τὸν ἐχθρὸν αὐτοῦ,
         οὕτως ἀπώλεσας τὴν φιλίαν τοῦ πλησίον·
(21) 19 §¹⁹καὶ ὡς πετεινὸν ἐκ χειρός σου ἀπέλυσας, §C
         οὕτως ἀφῆκας τὸν πλησίον, καὶ οὐ θηρεύσεις αὐτόν.
(22) 20 ²⁰μὴ αὐτὸν διώξῃς, ὅτι μακρὰν ἀπέστη,
         καὶ ἐξέφυγεν ὡς δορκὰς ἐκ παγίδος.
(23) 21 ²¹ὅτι τραῦμα ἔστιν ⁽²³⁾καταδῆσαι,
         καὶ λοιδορίας ἐστὶν διαλλαγή·
(24)   ⁽²⁴⁾ὁ δὲ ἀποκαλύψας μυστήρια ἀφήλπισεν.
(25) 22 ²²διανεύων· ὀφθαλμῷ τεκταίνει κακά,
         καὶ οὐδεὶς αὐτὸν ἀποστήσει ἀπ' αὐτοῦ·
(26) 23 ²³ἀπέναντι τῶν ὀφθαλμῶν σου γλυκανεῖ στόμα σου
         καὶ ἐπὶ τῶν λόγων σου ἐκθαυμάσει,
         ὕστερον δὲ διαστρέψει τὸ στόμα αὐτοῦ
         καὶ ἐν τοῖς λόγοις σου δώσει σκάνδαλον.

---

12 διανοουμενων ℵA   **13** διηγησεις A | προσοχθισμα (προσωχθ. ℵA)] ℵAC pr και A | εν] ως ℵ   **14** πολυορκου] ο 2° sup ras B^vid πολορκου ℵ* (πολυορκ. ℵ¹⁽ᵛⁱᵈ⁾) | ορθωσει] ανωρθωσει A | ενφραγμος] στεναγμος ℵ* (εμφρ. ℵᶜᵃ)   **15** εκχυσεις A | μοχθηρα] πονηρα ℵᶜᵃ   **16** την ψυχην] om την ℵ* (hab τ ℵᶜᵃ)   **17** om ου ℵᶜᵃA   **18** απωλεσεν ℵ* (-σας ℵᶜᵃ)   **19** αφηκας] απελυσας C | ου θηρευσεις] ουχ ευρησις C   **20** παγιδος] βροχων ℵᶜᵃ   **21** μυστηριον ℵC | απηλπισεν BᶜN   **22** διανευων] και εννευων A pr ο C | τεκταινει] adnot κατασκευαζει B^{at b! mg} τεκταινεται ℵᶜᵃ | αυτον] αυτα AC | αυτου] αυτων A   **23** γλυκαινει ℵ* (ras ι 1° ℵ¹) | στομα 1°] pr το ℵAC | σου 2°] αυτου ℵAC | δε bis scr C

ΣΟΦΙΑ ΣΕΙΡΑΧ

B 24 πολλὰ ἐμίσησα καὶ οὐχ ὁμοίωσα αὐτῷ,   24 (27)
καὶ ὁ κύριος μισήσει αὐτόν.
25 ὁ βάλλων λίθον εἰς ὕψος ἐπὶ κεφαλὴν αὐτοῦ βάλλει,   25 (28)
καὶ πληγὴ δολία διελεῖ τραύματα.
26 ὁ ὀρύσσων βόθρον εἰς αὐτὸν ἐμπεσεῖται,   26 (29)
καὶ ὁ ἱστῶν παγίδα ἐν αὐτῇ ἁλώσεται·
27 ὁ ποιῶν πονηρὰ εἰς αὐτὸν κυλισθήσεται,   27 (30)
καὶ οὐ μὴ ἐπιγνῷ πόθεν ἥκει αὐτῷ.
28 ἐμπαιγμὸς καὶ ὀνειδισμὸς ὑπερηφάνων,   28 (31)
καὶ ἡ ἐκδίκησις ὡς λέων ἐνεδρεύσει αὐτόν.
29 παγίδι ἁλώσονται οἱ εὐφραινόμενοι πτώσει εὐσεβῶν,   29 (32)
καὶ ὀδύνη καταναλώσει αὐτοὺς πρὸ τοῦ θανάτου αὐτῶν.

30 Μῆνις καὶ ὀργή, καὶ ταῦτά ἐστιν βδελύγματα,   30 (33)
καὶ ἀνὴρ ἁμαρτωλὸς ἐγκρατὴς ἔσται αὐτῶν.
1 ὁ ἐκδικῶν παρὰ Κυρίου εὑρήσει ἐκδίκησιν,   1   XXVIII
καὶ τὰς ἁμαρτίας αὐτοῦ διαστηριῶν διαστηρίσει.
2 ἄφες ἀδίκημα τῷ πλησίον σου,   2
καὶ τότε δεηθέντος σου αἱ ἁμαρτίαι σου λυθήσονται
3 ἄνθρωπος ἀνθρώπῳ συντηρεῖ ὀργήν,   3
καὶ παρὰ Κυρίου ζητεῖ ἴασιν;
4 ἐπ' ἄνθρωπον ὅμοιον αὐτῷ οὐκ ἔχει ἔλεος,   4
καὶ περὶ τῶν ἁμαρτιῶν αὐτοῦ δεῖται;
5 αὐτὸς σὰρξ ὢν διατηρεῖ μῆνιν,   5
τίς ἐξιλάσεται τὰς ἁμαρτίας αὐτοῦ;
6 μνήσθητι τὰ ἔσχατα καὶ παῦσαι ἐχθραίνων,   6
(7) καταφθορὰν καὶ θάνατον, καὶ ἔμμενε ἐντολαῖς.   (7)
7 μνήσθητι ἐντολῶν καὶ μὴ μηνίσῃς τῷ πλησίον,   7 (8)
(9) καὶ διαθήκην Ὑψίστου, καὶ πάριδε ἄγνοιαν.   (9)

8 Ἀπόσχου ἀπὸ μάχης, καὶ ἐλαττώσεις ἁμαρτίας·   8 (10)

ℵAC   24 ωμοιωσα B^b AC | αυτω] αυτοις A | μισησει] μεισει ℵ* (μεισησει ℵ^(c.a)) C (μισ) εμισει A   25 ο βαλλων] om ο A | διελει] ελει A* (superscr δι A^(a?)) 26 αυτη] ταυτη ℵ* (αυτ. ℵ^(c.a))   27 om ο ποιων   κυλισθησεται C | αυτον] αυτα ℵ^(c.a) A   28 ονειδισμος] ονιδος ℵ   29 παγιδα A* (-δι A?) | του θανατου] om του ℵ* (hab τ. ℵ^(c.a)) | αυτων] αυτου C   30 om και 2° ℵ | εγκρατης εσται] εγκρατησεται B*^fort C   XXVIII 1 διαστηρισει (-ρησει C)] διαστηριει ℵ* (-ρισει ℵ^1)   2 αδικηματα ℵ | δεηθεντος] incep εδ ℵ* (improb ε ℵ^(c.a))   4 ομοιον] pr τον ℵ* (om τον ℵ^(c.a))   7 πλησιον]+σου ℵ 8 αποσχου] απολιπε ℵ^(c.a) | μαχης] μεθης ℵ^(c.a) | ελαττωσις ℵC

ΣΟΦΙΑ ΣΕΙΡΑΧ XXVIII 19

(11) (11)ἄνθρωπος γὰρ θυμώδης ἐκκαύσει μάχην, B
9 9καὶ ἀνὴρ ἁμαρτωλὸς ταράξει φίλους,
   καὶ ἀνὰ μέσον εἰρηνευόντων ἐκβάλλει διαβολήν.
(12) 10 10κατὰ τὴν ὕλην πυρὸς οὕτως ἐκκαυθήσεται,
   κατὰ τὴν ἰσχὺν τοῦ ἀνθρώπου ὁ θυμὸς αὐτοῦ ἔσται·
   καὶ κατὰ τὸν πλοῦτον ἀνυψώσει ὀργὴν αὐτοῦ,
   καὶ κατὰ τὴν στερέωσιν τῆς μάχης ἐκκαυθήσεται
(13) 11 11ἔρις κατασπευδομένη ἐκκαίει πῦρ,
   καὶ μάχη κατασπεύδουσα ἐκχέει αἷμα.
(14) 12 12ἐὰν φυσήσῃς σπινθῆρα ἐκκαήσεται,
   καὶ ἐὰν πτύσῃς ἐπ' αὐτὸν σβεσθήσεται·
   καὶ ἀμφότερα ἐκ τοῦ στόματός σου ἐκπορεύεται.

(15) 13 13Ψίθυρον καὶ δίγλωσσον καταρᾶσθε,
   πολλοὺς γὰρ εἰρηνεύοντας ἀπώλεσαν.
(16) 14 14γλῶσσα τρίτη πολλοὺς ἐσάλευσεν
   καὶ διέστησεν αὐτοὺς ἀπὸ ἔθνους εἰς ἔθνος,
(17) (17)καὶ πόλεις ὀχυρὰς καθεῖλεν,
   καὶ οἰκίας μεγιστάνων κατέστρεψεν·
(19) 15 15γλῶσσα τρίτη γυναῖκας ἀνδρείας ἐξέβαλεν,
   καὶ ἐστέρεσεν αὐτὰς τῶν πόνων αὐτῶν·
(20) 16 16ὁ προσέχων αὐτῇ οὐ μὴ εὕρῃ ἀνάπαυσιν,
   οὐδὲ κατασκηνώσει μεθ' ἡσυχίας.
(21) 17 17πληγὴ μάστιγος ποιεῖ μώλωπας,
   πληγὴ δὲ γλώσσης συνκλάσει ὀστᾶ.
(22) 18 18πολλοὶ ἔπεσαν ἐν στόματι μαχαίρας,
   καὶ οὐχ ὡς οἱ πεπτωκότες διὰ γλῶσσαν.
(23) 19 19μακάριος ὁ σκεπασθεὶς ἀπ' αὐτῆς,

9 om και 1°..φιλους C* (hab C^a(mg)) | ταραξει] κακοι C^a | εκβαλλει] ℵAC εμβαλει ℵA   10 πυρος] pr του ℵ^c a | κατα την ισχυν εκκαυθησεται και κατα την στερεωσιν . εκκαυθησεται [+και ℵ] κατα την ισχυν οργην αυτου ℵAC | om εσται C | πλουτον]+αυτου ℵ | μαχης]+σου ουτως ℵ 10—11 κατα την ισχυν . εκκαιει πυρ sup ras C^a   11 εκχεαι ℵ   12 φυσησησπινθ. ℵ* (φυσησης σπινθ. ℵ^c a) | σπινθηρα (ante ν ras 1 lit [ν fort A?)] pr εις AC | πτυσις C | επ] εις AC | εκπορευεται] εξελευσεται ℵA εξελευσονται C   13 καταρασθε (-σθαι Bℵ^c a)] καταρασασθαι ℵ*C -σασθε A | απωλεσε] A 14 γλωσσα τριτη] adnot τετρυπημενη γλῶσσα τρητη B^a?c'mg sup | εθνους] εθνος ℵ* (-θνους ℵ^c a) | πολις C   15 ανδριας C | εστερησεν B^abC εστερεσαν A 17 μωλωπα ℵAC | συγκλασει B^abAC   18 μαχαιρας] ρομφαιας C | οι πεπτωκοτες] ο πεπτωκως A

701

ΣΟΦΙΑ ΣΕΙΡΑΧ XXVIII 20

B ὃς οὐ διῆλθεν ἐν τῷ θυμῷ αὐτῆς,
   ὃς οὐχ εἵλκυσεν τὸν ζυγὸν αὐτῆς,
   καὶ ἐν τοῖς δεσμοῖς αὐτῆς οὐκ ἐδέθη·
²⁰ὁ γὰρ ζυγὸς αὐτῆς ζυγὸς σιδηροῦς,   20 (24)
   καὶ οἱ δεσμοὶ αὐτῆς δεσμοὶ χαλκεῖοι·
²¹θάνατος πονηρὸς ὁ θάνατος αὐτῆς,   21 (25)
   καὶ λυσιτελὴς μᾶλλον ὁ ᾅδης αὐτῆς
²²οὐ μὴ κρατήσῃ εὐσεβῶν,   22 (26)
   καὶ ἐν τῇ φλογὶ αὐτῆς οὐ καήσονται·
²³οἱ καταλείποντες Κύριον ἐμπεσοῦνται εἰς αὐτήν,   23 (27)
   καὶ ἐν αὐτοῖς ἐκκαήσεται καὶ οὐ μὴ σβεσθῇ·
   ἐξαποσταλήσεται ἐπ' αὐτοῖς ὡς λέων,
   καὶ ὡς πάρδαλις λυμανεῖται αὐτούς.
²⁴ἴδε, περίφραξον τὸ κτῆμά σου ἀκάνθαις,   24 (28)
   ⁽²⁹⁾τὸ ἀργύριόν σου καὶ τὸ χρυσίον κατάδησον·   (29)
¶ C ²⁵καὶ τοῖς λόγοις σου ποίησον ζυγὸν καὶ σταθμόν,¶   25
   καὶ τῷ στόματί σου ποίησον θύραν καὶ μοχλόν.
²⁶πρόσεχε μή πως ὀλισθήσῃς ἐν αὐτῇ,   26 (30)
   μὴ πέσῃς κατέναντι ἐνεδρεύοντος

¹Ὁ ποιῶν ἔλεος δανιεῖ τῷ πλησίον,   1   XXIX
   καὶ ὁ ἐπισχύων τῇ χειρὶ αὐτοῦ τηρεῖ ἐντολάς.
²δάνισον τῷ πλησίον ἐν καιρῷ χρείας αὐτοῦ,   2
   καὶ πάλιν ἀπόδος τῷ πλησίον εἰς τὸν καιρόν
³στερέωσον λόγον καὶ πιστώθητι μετ' αὐτοῦ,   3
   καὶ ἐν παντὶ καιρῷ εὑρήσεις τὴν χρείαν σου.
⁴πολλοὶ ὡς εὕρεμα ἐνόμισαν δάνος,   4
   καὶ παρέσχον πόνον τοῖς βοηθήσασιν αὐτοῖς
⁵ἕως οὗ λάβῃ, καταφιλήσει χεῖρα αὐτοῦ,   5
   καὶ ἐπὶ τῶν χρημάτων τοῦ πλησίον ταπεινώσει φωνήν·
⁽⁶⁾καὶ ἐν καιρῷ ἀποδόσεως παρελκύσει χρόνον,   (6)

ℵAC   19 ος 1°] pr ḣ ℵ^(c a) | ειλκυσι C | om εν 2° AC   20 χαλκειοι B^a (-κιοι B*ℵ^(c a))] χαλκεοι ℵ*A   χαλκοι C   22 κρατησει ℵ | ου 2°]+μη ℵAC   23 καταλιποντες ℵ | Κυριον] θ͞υ C | εμπεσειται C | εκκαησονται ℵ | επαποσταλησεται ℵAC | om επ ℵAC | ωσσπαρδαλις C | λοιμανειται B*ℵ (λυμ. B^bA)   24 κτημα] στομα ℵ | χρυσιον]+σου ℵC   26 ολισθης ℵ* (-θησις ℵ^(c a)) A | εν αυτη] εν αυ sup ras A^a   XXIX 1 δανειει B^(ab) | τηρει] ποιει A   2 δανεισον B^(ab) | τον καιρον] om τον ℵA   4 πονον] κοπον ℵA   5 χειρας ℵ (χιρ) A | αυτου] σου ℵ^(c d)

ΣΟΦΙΑ ΣΕΙΡΑΧ XXIX 18

καὶ ἀποδώσει λόγους ἀκηδίας B
καὶ τὸν καιρὸν αἰτιάσεται.
(7) 6 ⁶ἐὰν ἰσχύσῃ, μόλις κομίσεται τὸ ἥμισυ
καὶ λογιεῖται αὐτὸ ὡς εὕρεμα·
(8) ⁽⁸⁾εἰ δὲ μή, ἀπεστέρησεν αὐτὸν τῶν χρημάτων αὐτοῦ,
καὶ ἐκτήσατο αὐτὸν ἐχθρὸν οὐ δωρεάν
(9) ⁽⁹⁾κατάρας καὶ λοιδορίας ἀποδώσει αὐτῷ,
καὶ ἀντὶ δόξης ἀποδώσει αὐτῷ ἀτιμίαν.
(10) 7 ⁷πολλοὶ χάριν πονηρίας ἀπέστρεψαν,
ἀποστερηθῆναι δωρεὰν εὐλαβήθησαν.
(11) 8 ⁸πλὴν ἐπὶ ταπεινῷ μακροθύμησον,
καὶ ἐπ' ἐλεημοσύνην παρελκύσεις αὐτόν
(12) 9 ⁹χάριν ἐντολῆς ἀντιλαβοῦ πένητος,
καὶ κατὰ τὴν ἔνδειαν αὐτοῦ μὴ ἀποστρέψῃς αὐτὸν κενόν.
(13) 10 ¹⁰ἀπόλεσον ἀργύριον δι' ἀδελφὸν καὶ φίλον,
καὶ μὴ ἰωθήτω ὑπὸ τὸν λίθον εἰς ἀπωλίαν·
(14) 11 ¹¹θὲς τὸν θησαυρόν σου κατ' ἐντολὰς Ὑψίστου,
καὶ λυσιτελήσει σοι μᾶλλον ἢ τὸ χρυσίον
(15) 12 ¹²σύνκλεισον ἐλεημοσύνην ἐν τοῖς ταμείοις σου,
καὶ αὕτη ἐξελεῖταί σε ἐκ πάσης κακώσεως·
(16–18) 13 ¹³ὑπὲρ ἀσπίδα κράτους καὶ ὑπὲρ δόρυ ἀλκῆς
κατέναντι ἐχθροῦ πολεμήσει ὑπὲρ σοῦ.
(19) 14 ¹⁴ἀνὴρ ἀγαθὸς ἐγγυήσεται τὸν πλησίον,
καὶ ὁ ἀπολωλεκὼς αἰσχύνην καταλείψει αὐτόν.
(20) 15 ¹⁵χάριτας ἐγγύου μὴ ἐπιλάθῃ,
ἔδωκεν γὰρ τὴν ψυχὴν αὐτοῦ ὑπὲρ σοῦ.
(22) 16 ¹⁶ἀγαθὰ ἐγγύου ἀνατρέψει ἁμαρτωλός,
17 ¹⁷καὶ ἀχάριστος ἐν διανοίᾳ ἐγκαταλείψει ῥυσάμενον.
(24) 18 ¹⁸ἐγγύη πολλοὺς ἀπώλεσεν κατευθύνοντας,
καὶ ἐσάλευσεν αὐτοὺς ὡς κῦμα θαλάσσης
(25) ⁽²⁵⁾ἄνδρας δυνατοὺς ἀπῴκισεν,
καὶ ἐπλανήθησαν ἐν ἔθνεσιν ἀλλοτρίοις.

5 ακηδειας B* (-διας Bᵇ)   6 εαν] pr και ℵ | κομιειται A | om ου ℵA ℵᶜᵃA | λοιδορειας B* (-ριας Bᵇ)   7 πολλοι]+ουν ℵ* (ου ℵ?) A   8 επ] επι A | ελεημοσυνη ℵA | παρελκυσεις] μη παρελκυσης ℵA   9 πενητος] πενητ sup ras Aᵃ (πτωχου A*ᵛⁱᵈ) | κενον] καινον ℵ   10 απωλειαν BᵃᵇA   11 το χρυσιον] om το A* (superscr Aᵃ?)   12 συγκλεισον Bᵇ | ταμειοις Bᵃᵇ (-μιοις B*ℵ)] ταμειοις A   13 αλκης BA*] ολκης ℵAᵃ   14 καταλειψει ενκαταλειψει ℵ (-λιψ.) A   17 ενκαταλειψει ℵA

703

B ^{19}ἁμαρτωλὸς ἐμπεσὼν εἰς ἐγγύην 19 (26)
καὶ διώκων ἐργολαβείας ἐμπεσεῖται εἰς κρίσεις.
^{20}ἀντιλαβοῦ τοῦ πλησίον κατὰ δύναμίν σου, 20 (27)
καὶ πρόσεχε σεαυτῷ μὴ ἐμπέσῃς.

^{21}Ἀρχὴ ζωῆς ὕδωρ καὶ ἄρτος καὶ ἱμάτιον, 21 (28)
καὶ οἶκος καλύπτων ἀσχημοσύνην.
^{22}κρείσσων βίος πτωχοῦ ὑπὸ σκέπην δοκῶν 22 (29)
ἢ ἐδέσματα λαμπρὰ ἐν ἀλλοτρίοις.
^{23}ἐπὶ μικρῷ καὶ μεγάλῳ εὐδοκίαν ἔχε. 23 (30)
^{24}ζωὴ πονηρὰ ἐξ οἰκίας εἰς οἰκίαν, 24 (31)
καὶ οὗ παροικήσει οὐκ ἀνοίξει στόμα·
^{25}ξενιεῖς καὶ ποτιεῖς εἰς ἀχάριστα, 25 (32)
καὶ πρὸς ἐπὶ τούτοις πικρὰ ἀκούσῃ
^{26}Πάρελθε, πάροικε, κόσμησον τράπεζαν, 26 (33)
καὶ εἴ τι ἐν τῇ χειρί σου ψώμισόν με
^{27}ἔξελθε, πάροικε, ἀπὸ προσώπου δόξης, 27 (34)
ἐπεξένωταί μοι ὁ ἀδελφός, χρεία τῆς ξενίας.
^{28}βαρέα ταῦτα ἀνθρώπῳ ἔχοντι φρόνησιν, 28 (35)
ἐπιτίμησις οἰκίας καὶ ὀνειδισμὸς δανιστοῦ.

Περὶ τέκνων.

^{1}Ὁ ἀγαπῶν τὸν υἱὸν αὐτοῦ ἐνδελεχήσει μάστιγας αὐτῷ, 1 XXX
ἵνα εὐφρανθῇ ἐπ' ἐσχάτων αὐτοῦ
^{2}ὁ παιδεύων τὸν υἱὸν αὐτοῦ ὀνήσεται ἐπ' αὐτῷ, 2
καὶ ἀνὰ μέσον γνωρίμων ἐπ' αὐτῷ καυχήσεται
^{3}ὁ διδάσκων τὸν υἱὸν αὐτοῦ παραζηλώσει τὸν ἐχθρόν, 3
καὶ ἔναντι φίλων ἐπ' αὐτῷ ἀγαλλιάσεται.
^{4}ἐτελεύτησεν αὐτοῦ ὁ πατήρ, καὶ ὡς οὐκ ἀπέθανεν, 4
ὅμοιον γὰρ αὐτῷ κατέλιπεν μετ' αὐτόν.

ℵA   19 εμπεσων] εμπεσειται ℵ$^{c\,a}$ (-σιτ.) A | εργολαβιας ℵ | κρισεις Bℵ$^{c\,a}$ (-σις ℵ*)] εγγυῇ] A   21 υδωρ κ. αρτος κ. ιματιον] ανοῦ αρτος κ. υδωρ κ. ιματιο] (sup ras) A^{a} | ασχημοσυνην] +ανδρος ℵ$^{c\,a}$ 22 κρεισσων] κρισσον ℵ* (-σσων ℵ$^{c\,a}$ mox revoc -σσον) | υπο] ο sup ras B^{a} (υπερ B* fort)   23 εχε]+κ ονιδισμον οικειας σου μη ακουσης ℵ$^{c\,a}$ 24 παροικησεις ℵA | ανοιξεις ℵA   25 om εις ℵ* (hab ℵ$^{c\,a}$) A | ακουσῃ] ακουειν ℵ* (-σῃ ℵ$^{c\,a}$)   27 αροικε ℵ* (παρ. ℵ^{1}) | ξενιας B^{*b}] οικιας B$^{b?c?}$ℵA   28 επιτιμησεις ℵA | ονιδισμον ℵ* (-σμος ℵ$^{c\,a}$) | δανειστου B$^{a\,*b}$ XXX 1 ενδελεχησει] λε sup ras B^{1vid} | εσχατω B^{ab}A   2 ονησεται] αινεθησεται ℵ$^{c\,a}$ | επ αυτω (1°) sup ras A^{a} 3 εχθρον]+αυτου ℵ* (om αυτ. ℵ$^{c\,a}$)   4 ως ουκ] οιχ (ουκ A) ως ℵA | κατελειπεν A | μετ] μεθ A

ΣΟΦΙΑ ΣΕΙΡΑΧ

XXX 18

5 ⁵ἐν τῇ ζωῇ αὐτοῦ εἶδεν καὶ εὐφράνθη,   B
  καὶ ἐν τῇ τελευτῇ αὐτοῦ οὐκ ἐλυπήθη·
6 ⁶ἐναντίον ἐχθρῶν κατέλιπεν ἔκδικον,
  καὶ τοῖς φίλοις ἀνταποδιδόντα χάριν.
7 ⁷περὶ ψυχῶν υἱῶν καταδεσμεύσει τραύματα αὐτοῦ,
  καὶ ἐπὶ πάσῃ βοῇ ταραχθήσεται σπλάγχνα αὐτοῦ.
8 §⁸ἵππος ἀδάμαστος ἀποβαίνει σκληρός,   § C
  καὶ υἱὸς ἀνειμένος ἐκβαίνει προαλής.
9 ⁹τιθήνησον τέκνον καὶ ἐκθαμβήσει σε,
  σύνπαιξον αὐτῷ καὶ λυπήσει σε.
10 ¹⁰μὴ συνγελάσῃς αὐτῷ, ἵνα μὴ συνοδυνηθῇς,
  καὶ ἐπ᾽ ἐσχάτῳ γομφιάσεις τοὺς ὀδόντας σου.
11 ¹¹μὴ δῷς αὐτῷ ἐξουσίαν ἐν νεότητι·
12 ¹²θλάσον τὰς πλευρὰς αὐτοῦ ὡς ἔστιν νήπιος,
  μή ποτε σκληρυνθεὶς ἀπειθήσῃ σοι.
13 ¹³παίδευσον τὸν υἱόν σου καὶ ἔργασαι ἐν αὐτῷ,
  ἵνα μὴ ἐν τῇ ἀσχημοσύνῃ σου προσκόψῃ.
14 ¹⁴κρείσσων πτωχὸς ὑγιὴς καὶ ἰσχύων τῇ ἕξει
  ἢ πλούσιος μεμαστιγωμένος εἰς σῶμα αὐτοῦ.
15 ¹⁵ὑγεία καὶ εὐεξία βελτίων παντὸς χρυσίου,
  καὶ σῶμα εὔρωστον ἢ ὄλβος ἀμέτρητος.

Περὶ βρωμάτων.

16 ¹⁶Οὐκ ἔστιν πλοῦτος βελτίων ὑγείας σώματος,
  καὶ οὐκ ἔστιν εὐφροσύνη ὑπὲρ χαρὰν καρδίας.
17 ¹⁷κρείσσων θάνατος ὑπὲρ ζωὴν πικρὰν ἢ ἀρρώστημα ἔμμονον.
18 ¹⁸ἀγαθὰ ἐκκεχυμένα ἐπὶ στόματι κεκλεισμένῳ,
  θέμα βρωμάτων παρακείμενα ἐπὶ τάφῳ.

5 ιδεν A | ηυφρανθη ℵA   6 κατελειπεν A   7 υιον ℵ^{c a}A | αυτου 1°] ℵAC αυτων ℵ* (-του ℵ^{c a})   8 αποβαινει] εκβαινει ℵ (-νι) AC | ανειμενος] adnot ἀναπτόμενος B^{amg}   9 συμπαιξον B^{ab}ℵ (-πεξ.) A συμπεξον C
10 συγγελασης B^{ab}A | εσχατων AC | σου sup ras A^a   12 ως] εως A | απιθησι ℵAC   13 και εργασαι εν αυτω] ως εστιν νηπιος C | σου 2°] αυτου ℵAC | προσκοψης ℵAC   14 inter lineas pr tit π̄ υγιειας B^{a?b}
15 υγεια ℵC (-για B*)] υγιεια B^{ab vid}A | ευεξεια ℵ ευξεια C | βελτιον ℵ | χρυσιου] χρυσι sup ras B^{ab}   16 tit περι βρωματων impr1ob B^c περι υγιας A^{?mg sup} evan in C^{vid} | υγειας ℵ (-γιας B*C)] υγιειας B^{a*b}A | χαριν ℵ* (-ραν ℵ^{c a})   17 πικραν] πικρō| ℵ+κ αναπαυσις αιωνιος ℵ^{c a} | ενμονον ℵAC
18 στοματι] μ sup ras B^a | θεματα ℵAC

ΣΟΦΙΑ ΣΕΙΡΑΧ

B ¹⁹τί συμφέρει κάρπωσις εἰδώλῳ; 19
οὔτε γὰρ ἔδεται οὔτε μὴ ὀσφρανθῇ·
⁽²⁰⁾οὕτως ὁ ἐκδιωκόμενος ὑπὸ Κυρίου. (20)
²⁰βλέπων ἐν ὀφθαλμοῖς καὶ στενάζων 20 (21)
ὥσπερ εὐνοῦχος περιλαμβάνων παρθένον καὶ στενάζων.
²¹μὴ δῷς εἰς λύπην τὴν ψυχήν σου, 21 (22)
καὶ μὴ θλίψῃς σεαυτὸν ἐν βουλῇ σου.
²²εὐφροσύνη καρδίας ζωὴ ἀνθρώπου, 22 (23)
καὶ ἀγαλλίαμα ἀνδρὸς μακροημέρευσις.
²³ἀγάπα τὴν ψυχήν σου καὶ παρακάλει τὴν καρδίαν σου, 23 (24)
καὶ λύπην μακρὰν ἀπόστησον ἀπὸ σοῦ·
⁽²⁵⁾πολλοὺς γὰρ ἀπέκτεινεν ἡ λύπη, (25)
καὶ οὐκ ἔστιν ὠφελία ἐν αὐτῇ.
²⁴ζῆλος καὶ θυμὸς ἐλαττοῦσιν ἡμέρας, 24 (26)
καὶ πρὸ καιροῦ γῆρας ἄγει μέριμνα.
13ᵇλαμπρὰ καρδία καὶ ἀγαθὴ ἐπὶ ἐδέσμασιν 13ᵇ (27) XXXIII
τῶν βρωμάτων αὐτῆς ἐπιμελήσεται. (XXX)
¹ἀγρυπνία πλούτου ἐκτήκει σάρκας, 1 XXXIV
καὶ ἡ μέριμνα αὐτοῦ ἀφιστᾷ ὕπνον· (XXXI)
²μέριμνα ἀγρυπνίας ἀπαιτήσει νυσταγμόν, 2
καὶ ἀρρώστημα βαρὺ ἐκνήψει ὕπνον.
³ἐκοπίασεν πλούσιος ἐν συναγωγῇ χρημάτων, 3
καὶ ἐν τῇ ἀναπαύσει ἐμπίμπλαται τῶν τρυφημάτων
αὐτοῦ·
⁴ἐκοπίασεν πτωχὸς ἐν ἐλαττώσει βίου, 4
καὶ ἐν τῇ ἀναπαύσει ἐπιδεὴς γίνεται.
⁵ὁ ἀγαπῶν χρυσίον οὐ δικαιωθήσεται, 5
καὶ ὁ διώκων διαφθορὰν αὐτὸς πλησθήσεται.

ℵAC 19 καρπωσεις ℵA^vid 20 ante βλεπων ras aliq B? | οφθαλμοις]+αυτου C | στεναζων 2°]+ουτως ο ποιων εν βια κριματα B^b mg inf 21—22 μη δως...μακροημερ. (2 stich) sup ras C^a 21 βουλη] ζωη C^a 22 καρδιας] α 1° sup ras B? | μακροημερευσις] μεγαλοημερευσεις ℵ* (μακροημ. ℵ^c.a) 23 αγαπα] απατα ℵ^c.aC | παρακαλει] πα sup ras 4 fere litt C^a | και λυπην...απο σου bis scr B* (unc incl 1° B^ab) | απεκτεινεν] απωλεσεν ℵAC | η λυπη] om η A | ωφελεια B^abAC 24 ελαττουσιν] ελαττονουσιν C | προ] incep a ℵ* (improb postea ras a ℵ?) | γηρας] γηρους ℵ^c.a | μεριμνᾶ] ℵ XXXIV 1 αγρυπνεια B* (-νια B^b) 1—2 post πλουτου ras omnia usque μεριμνα αγρ. C? (om αυτου...μεριμνα 2° C*^vid) 1 αφιστατο A 2 μεριμνα] pr η C^vid | υπνον B*^b(vid)C] υπνος B^aℵA 3 εμπιμπλαται ℵAC 4 εκοπιασεν] ε 1° rescr ℵ¹ 5 αυτος] ουτος ℵ

ΣΟΦΙΑ ΣΕΙΡΑΧ (XXXI 22) XXXIV 19

6 ⁶πολλοὶ ἐδόθησαν εἰς πτῶμα χάριν χρυσίου,   B
    καὶ ἐγενήθη ἀπώλεια αὐτῶν κατὰ πρόσωπον αὐτῶν.
7 ⁷ξύλον προσκόμματός ἐστιν τοῖς ἐνθυσιάζουσιν αὐτῷ,
    καὶ πᾶς ἄφρων ἁλώσεται ἐν αὐτῷ.
8 ⁸μακάριος πλούσιος ὃς εὑρέθη ἄμωμος,
    καὶ ὃς ὀπίσω χρυσίου οὐκ ἐπορεύθη·
9 ⁹τίς ἐστιν, καὶ μακαριοῦμεν αὐτόν;
    ἐποίησεν γὰρ θαυμάσια ἐν λαῷ αὐτοῦ.
10 ¹⁰τίς ἐδοκιμάσθη ἐν αὐτῷ καὶ ἐτελειώθη; καὶ ἔστω εἰς καύχησιν.
    τίς ἐδύνατο παραβῆναι καὶ οὐ παρέβη,
    καὶ ποιῆσαι κακὰ καὶ οὐκ ἐποίησεν;
11 ¹¹στερεωθήσεται τὰ ἀγαθὰ αὐτοῦ,
    καὶ τὰς ἐλεημοσύνας αὐτοῦ ἐκδιηγήσεται ἐκκλησία.

12 ¹²Ἐπὶ τραπέζης μεγάλης ἐκάθισας·
    μὴ ἀνοίξῃς ἐπ' αὐτῆς τὸν φάρυγγά σου,
(13)   ⁽¹³⁾καὶ μὴ εἴπῃς Πολλά γε τὰ ἐπ' αὐτῆς.
(14) 13 ¹³μνήσθητι ὅτι κακὸν ὀφθαλμὸς πονηρός·
(15)   ⁽¹⁵⁾πονηρότερον ὀφθαλμοῦ τί ἔκτισται;
    διὰ τοῦτο ἀπὸ παντὸς προσώπου δακρύει.
(16) 14 ¹⁴οὗ ἐὰν ἐπιβλέψῃ, μὴ ἐκτείνῃς χεῖρα,
(17)   ⁽¹⁷⁾καὶ μὴ συνθλίβου αὐτῷ ἐν τρυβλίῳ.
(18) 15 ¹⁵νόει τὰ τοῦ πλησίον ἐκ σεαυτοῦ,
    καὶ ἐπὶ παντὶ πράγματι διανοοῦ.
(19) 16 ¹⁶φάγε ὡς ἄνθρωπος τὰ παρακείμενά σοι,
    καὶ μὴ διαμασῶ, μὴ μισηθῇς·
(20) 17 ¹⁷παῦσαι πρῶτος χάριν παιδείας,
    καὶ μὴ ἀπληστεύου, μή ποτε προσκόψῃς·
(21) 18 ¹⁸καὶ εἰ ἀνὰ μέσον πλειόνων ἐκάθισας,
    πρότερος αὐτῶν μὴ ἐκτείνῃς τὴν χεῖρά σου.
(22) 19 ¹⁹ὡς ἱκανὸν ἀνθρώπῳ πεπαιδευμένῳ τὸ ὀλίγον,

---

6 απωλεια] η απωλια ℵ   7 ξυλον προσκομματος Bℵ^{c a}Λ (προσσκ.) C] ℵAC ουδε προσταγματος ℵ* | ενθουσιαζουσιν ℵ* (ενθυσ. ℵ^{c a})   9 om γαρ C   10 εστω] εσται αυτω ℵ^{c a} | εποιησε C   11 εκκλησια] σοφια A   12 ανοιξας ℵ* (-ξης ℵ^{c a}) | αυτης] αυτη ℵ | τον φαρυγγα] om τον B^{ab}ℵAC | om μη 2° AC 14 επιβλεψης ℵ* (improb s postea revoc ℵ[?]) | τρυβλιω] pr τω ℵC   16 διαμασου ℵ* (-σω ℵ^{c a})   17 παιδιας ℵAC | προσσκοψης A

XXXIV 20 (XXXI 24) ΣΟΦΙΑ ΣΕΙΡΑΧ

B καὶ ἐπὶ τῆς κοίτης αὐτοῦ οὐκ ἀσθμαίνει.
²⁰ὕπνος ὑγείας ἐπὶ ἐντέρῳ μετρίῳ· 20 (24)
ἀνέστη πρωί, καὶ ἡ ψυχὴ αὐτοῦ μετ' αὐτοῦ·
⁽²³⁾πόνος ἀγρυπνίας καὶ χολέρας καὶ στρόφος μετὰ ἀνδρὸς (23)
ἀπλήστου.
²¹καὶ εἰ ἐβιάσθης ἐν ἐδέσμασιν, 21 (25)
ἀνάστα μεσοπορῶν, καὶ ἀναπαύσῃ.
²²ἄκουσόν μου, τέκνον, καὶ μὴ ἐξουδενήσῃς με, 22 (26)
καὶ ἐπ' ἐσχάτῳ εὑρήσεις τοὺς λόγους μου.
⁽²⁷⁾ἐν πᾶσι τοῖς ἔργοις σου γίνου ἐντρεχής, (27)
¶ C καὶ πᾶν ἀρρώστημα οὐ μή σοι⸠ ἀπαντήσῃ.
²³λαμπρὸν ἐπ' ἄρτοις εὐλογήσει χείλη, 23 (28)
καὶ μαρτυρία τῆς καλλονῆς αὐτοῦ πιστή·
²⁴πονηρῷ ἐπ' ἄρτῳ διαγογγύσει πόλις, 24 (29)
καὶ ἡ μαρτυρία τῆς πονηρίας αὐτοῦ ἀκριβής.

²⁵Ἐν οἴνῳ μὴ ἀνδρίζου, 25 (30)
πολλοὺς γὰρ ἀπώλεσεν ὁ οἶνος·
²⁶κάμινος δοκιμάζει στόμωμα ἐν βαφῇ, 26 (31)
οὕτως οἶνος καρδίας ἐν μάχῃ ὑπερηφάνων.
²⁷ἔφισον ζωῆς οἶνος ἀνθρώπῳ, 27 (32)
ἐὰν πίνῃς αὐτὸν μέτρῳ αὐτοῦ·
⁽³³⁾τίς ζωὴ ἐλασσουμένῳ οἴνῳ; (33)
⁽³⁵⁾καὶ αὐτὸς ἔκτισται εἰς εὐφροσύνην ἀνθρώποις. (35)
²⁸ἀγαλλίαμα καρδίας καὶ εὐφροσύνη ψυχῆς 28 (36)
οἶνος πινόμενος ἐν καιρῷ αὐτάρκης·
²⁹πικρία ψυχῆς οἶνος πινόμενος πολὺς 29 (39)
ἐν ἐρεθισμῷ καὶ ἀντιπτώματι.
³⁰πληθύνει μέθη θυμὸν ἄφρονος εἰς πρόσκομμα, 30 (40)
ἐλαττῶν ἰσχὺν καὶ προσποιῶν τραύματα

ℵAC **19** ασθμαινει] ασθενει C   **20** υγειας (-γιας B*ℵC)] υγιειας Bᵃᵇ A |
πονος]+δε ℵ | αγρυπνειας B* (-νιας Bᵇ) | στροφος] στρεφομενος ℵ* (στροφ.
ℵᶜ ᵃ)   **21** εν εδεσμασιν] ενδεσμασιν C | μεσοπορων ℵᶜ ᵃ] μεσοπωρων BAC
μεσοπωρον ℵ*   **22** εξουδενωσης ℵAC | εσχατω Bℵ*] εσχατων ℵᶜ ᵃ
εσχατου AC | πασιν ℵ | εργοις] λογοις A   **23** μαρτυρια] pr η ℵᶜ ᵃA
26 δοκιμαζει] δοκιμα (sic) ℵ* (-μαζι ℵᶜ ᵃ) δοκιμαζεις A   **27** επισον A |
ανθρωπω] ανο̅ι̅ς̅ ℵA | μετρω] pr εν ℵᶜ ᵃ | οινω] pr εν ℵᶜ ᵃ οινου A | ανθρωποις]
ανω̅ν̅ ℵ* (ανο̅ι̅ς̅ ℵᶜ ᵃ)   **29** πινομενος] γινομενος A | αντιπτωμα ℵ* (-ματι
ℵᶜ ᵃ)   **30** προσσκομμα A

ΣΟΦΙΑ ΣΕΙΡΑΧ   (XXXII 16) XXXV 12

(41) 31 ³¹ἐν συμποσίῳ οἴνου μὴ ἐλέγξῃς τὸν πλησίον,   B
         καὶ μὴ ἐξουθενήσῃς αὐτὸν ἐν εὐφροσύνῃ αὐτοῦ·
(42)   ⁽⁴²⁾λόγον ὀνειδισμοῦ μὴ εἴπῃς αὐτῷ,
         καὶ μὴ αὐτὸν θλίψῃς ἐν ἀπαιτήσει.

XXXV   1   ¹Ἡγούμενόν σε κατέστησαν; μὴ ἐπαίρου·
(XXXII)   γίνου ἐν αὐτοῖς ὡς εἷς ἐξ αὐτῶν,
(2)   ⁽²⁾φρόντισον αὐτῶν καὶ οὕτω κάθισον·
        2   ²καὶ πᾶσαν τὴν χρείαν σου ποιήσας ἀνάπεσε,
(3)   ⁽³⁾ἵνα εὐφρανθῇς δι' αὐτούς,
              καὶ εὐκοσμίας χάριν λάβῃς στέφανον.

(4) 3   ³Λάλησον, πρεσβύτερε, πρέπει γάρ σοι,
(5)   ⁽⁵⁾ἐν ἀκριβεῖ ἐπιστήμῃ, καὶ μὴ ἐμποδίσῃς μουσικά.
(6) 4   ⁴ὅπου ἀκρόαμα, μὴ ἐκχέῃς λαλιάν,
         καὶ ἀκαίρως μὴ σοφίζου.
(7) 5   ⁵σφραγὶς ἄνθρακος ἐπὶ κόσμῳ χρυσῷ,
         σύγκριμα μουσικῶν ἐν συμποσίῳ οἴνου·
(8) 6   ⁶ἐν κατασκευάσματι χρυσῷ σφραγὶς σμαράγδου,
         μέλος μουσικῶν ἐφ' ἡδεῖ οἴνῳ.
(10) 7   ⁷λάλησον, νεανίσκε, εἰ χρεία σου,
(11)   ⁽¹¹⁾μόλις δὶς ἐὰν ἐπερωτηθῇς·
(12) 8   ⁸κεφαλαίωσον λόγον, ἐν ὀλίγοις πολλά·
         γίνου ὡς γινώσκων καὶ ἅμα σιωπῶν.
(13) 9   ⁹ἐν μέσῳ μεγιστάνων μὴ ἐξισάζου,
         καὶ ἑτέρου λέγοντος μὴ πολλὰ ἀδολέσχει.
(14) 10 ¹⁰πρὸ βροντῆς κατασπεύδει ἀστραπή,
         καὶ πρὸ αἰσχυντηροῦ προελεύσεται χάρις.
(15) 11 ¹¹ἐν ὥρᾳ ἐξεγείρου καὶ μὴ οὐράγει,
         ἀπότρεχε εἰς οἶκον καὶ μὴ ῥᾳθύμει·
(16) 12 ¹²ἐκεῖ παῖζε καὶ ποίει τὰ ἐνθυμήματά σου,
         καὶ μὴ ἁμάρτῃς λόγῳ ὑπερηφάνῳ.

31 εξουδενωσης ℵ εξουθενωσης A   XXXV 1 ηγουμενον] pr π͞ ηγȣ́μνῳ̄ ℵA
Bᵇ?ᶜ?ᵐᵍ ᵈᵉˣᵗʳ | om εν ℵ | ουτως ℵA | καθισε A   2 αναπεσον A | στεφανον]
pr τον ℵ*A pr δι αυτων ℵᶜᵃ   3 ακριβη A | om και ℵ* (hab ϗ ℵᶜᵃ)
5 συνκριμα ℵA | συμποσια A   6 ϛσμαραγδου ℵ* (σμ. ℵ?)   8 om λογον
ℵ | om ως A   9 εξισαζου] εξουσιαζου ℵ   11 εν] κεν ℵ* (κ improb ℵ?) |
ραθυμει] αθυμει A   12 αμαρτης] αμαρτια και ℵ* (αμαρτης ℵᶜᵃ) αμαρτησης A

XXXV 13 (XXXII 17)   ΣΟΦΙΑ ΣΕΙΡΑΧ

B ¹³καὶ ἐπὶ τούτοις εὐλόγησον τὸν ποιήσαντά σε   13 (17)
καὶ μεθύσκοντά σε ἀπὸ τῶν ἀγαθῶν αὐτοῦ.

¹⁴Ὁ φοβούμενος Κύριον ἐκδέξεται παιδίαν,   14 (18)
καὶ οἱ ὀρθρίζοντες εὑρήσουσιν εὐδοκίαν·
¹⁵ὁ ζητῶν νόμον ἐμπλησθήσεται αὐτοῦ,   15 (19)
καὶ ὁ ὑποκρινόμενος σκανδαλισθήσεται ἐν αὐτῷ·
¹⁶οἱ φοβούμενοι Κύριον εὑρήσουσιν κρίμα,   16 (20)
καὶ δικαιώματα ὡς φῶς ἐξάψουσιν.
¹⁷ἄνθρωπος ἁμαρτωλὸς ἐκκλινεῖ ἐλεγμόν,   17 (21)
καὶ κατὰ τὸ θέλημα αὐτοῦ εὑρήσει σύγκριμα.
¹⁸ἀνὴρ βουλῆς οὐ μὴ παρίδῃ διανόημα,   18 (22)
ἀλλότριος καὶ ὑπερήφανος οὐ καταπτήξει φόβον,
⁽²³⁾καὶ μετὰ τὸ ποιῆσαι μετ' αὐτοῦ ἄνευ βουλῆς.   (23)
¹⁹ἄνευ βουλῆς μηθὲν ποιήσῃς,   19 (24)
καὶ ἐν τῷ ποιῆσαί σε μὴ μεταμελοῦ.
²⁰ἐν ὁδῷ ἀντιπτώματος μὴ πορεύου,   20 (25)
καὶ μὴ προσκόψῃς ἐν λιθώδεσιν·
²¹μὴ πιστεύσῃς ἐν ὁδῷ ἀπροσκόπῳ,   21
²²καὶ ἀπὸ τῶν τέκνων σου φύλαξαι.   22 (26)
²³ἐν παντὶ ἔργῳ πίστευε τῇ ψυχῇ σου,   23 (27)
καὶ γὰρ τοῦτό ἐστιν τήρησις ἐντολῶν.
²⁴ὁ πιστεύων νόμῳ προσέχει ἐντολαῖς,   24 (28)
καὶ ὁ πεποιθὼς Κυρίῳ οὐκ ἐλαττωθήσεται.
¹τῷ φοβουμένῳ Κύριον οὐκ ἀπαντήσει κακόν,   1   XXXVI
ἀλλ' ἐν πειρασμῷ καὶ πάλιν ἐξελεῖται.   (XXXIII)
²ἀνὴρ σοφὸς οὐ μισήσει νόμον,   2
ὁ δὲ ὑποκρινόμενος ἐν αὐτῷ ὡς ἐν καταιγίδι πλοῖον.
³ἄνθρωπος συνετὸς ἐνπιστεύσει νόμῳ,   3
καὶ ὁ νόμος αὐτῷ πιστὸς ⁽⁴⁾ὡς ἐρώτημα δικαίων.
⁴ἑτοίμασον λόγον καὶ οὕτως ἀκουσθήσῃ,   4
σύνδησον παιδείαν καὶ ἀποκρίθητι.

ℵA   14 Κυριον] pr τον ℵ | εκδεξεται] εκλεξετε (sic: comm) Bᵇ﹖ᶜ﹖ | παιδειαν
BᵃᵇA   15 εμπλησθησεται] επιλησθησεται ℵ* (εμπλ. ℵᶜ·ᵃ)   16 κριμα]
χαριν ℵ* (κριμα ℵᶜ·ᵃ)   17 εκκλειν| B*ᵛⁱᵈ εκκλεινει Bᵃ (εκκλινει Bᵇ)
18 και μετα…βουλης] pr asterisc ℵᶜ·ᵃ   19 μηδεν A   21 μη] pr και A
24 εντολη ℵ εντολης A   XXXVI 1 Κυριον] pr τον ℵ | εξελειται]+αυτον
ℵᶜ·ᵃ   2 υποκρινομενος] ενυποκρ. ℵ   3 εμπιστευσει Bᵇ A | ερωτημα]
επερωτημα ℵ | δικαιων] δηλων ℵA   4 παιδιαν ℵA | και 2°]+ουτως ℵ

ΣΟΦΙΑ ΣΕΙΡΑΧ (XXXIII 17) XXX 25

5 ⁵τροχὸς ἁμάξης σπλάγχνα μωροῦ,
 καὶ ὡς ἄξων στρεφόμενος ὁ διαλογισμὸς αὐτοῦ.
6 ⁶ἵππος εἰς ὀχείαν ὡς φίλος μῶκος,
 ὑποκάτω παντὸς ἐπικαθημένου χρεμετίζει.
7 ⁷διὰ τί ἡμέρα ἡμέρας ὑπερέχει,
 καὶ πᾶν φῶς ἡμέρας ἐνιαυτοῦ ἀφ᾽ ἡλίου,
8 ⁸ἐν γνώσει Κυρίου διεχωρίσθησαν,
 καὶ ἠλλοίωσεν καιροὺς καὶ ἑορτάς·
(10) 9 ⁹ἀπ᾽ αὐτῶν ἀνύψωσεν καὶ ἡγίασεν,
 καὶ ἐξ αὐτῶν ἔθηκεν εἰς ἀριθμὸν ἡμερῶν.
10 ¹⁰καὶ ἄνθρωποι πάντες ἀπὸ ἐδάφους,
 καὶ ἐκ γῆς ἐκτίσθη Ἀδάμ·
11 ¹¹ἐν πλήθει ἐπιστήμης Κύριος διεχώρισεν αὐτούς,
 καὶ ἠλλοίωσεν τὰς ὁδοὺς αὐτῶν·
12 ¹²ἐξ αὐτῶν εὐλόγησεν καὶ ἀνύψωσεν,
 καὶ ἐξ αὐτῶν ἡγίασεν καὶ πρὸς αὐτὸν ἤγγισεν
 ἀπ᾽ αὐτῶν κατηράσατο καὶ ἐταπείνωσεν,
 καὶ ἀνέστρεψεν αὐτοὺς ἀπὸ στάσεως αὐτῶν.
13 ¹³ὡς πηλὸς κεραμέως ἐν χειρὶ αὐτοῦ,
(14) ⁽¹⁴⁾πᾶσαι αἱ ὁδοὶ αὐτοῦ κατὰ τὴν εὐδοκίαν αὐτοῦ·
 οὕτως ἄνθρωποι ἐν χειρὶ τοῦ ποιήσαντος αὐτούς,
 ἀποδοῦναι αὐτοῖς κατὰ τὴν κρίσιν αὐτοῦ.
(15) 14 ¹⁴ἀπέναντι τοῦ κακοῦ τὸ ἀγαθόν,
 καὶ ἀπέναντι τοῦ θανάτου ἡ ζωή·
 οὕτως ἀπέναντι εὐσεβοῦς ἁμαρτωλός.
15 ¹⁵καὶ οὕτως ἔμβλεψον εἰς πάντα τὰ ἔργα τοῦ ὑψίστου,
 δύο δύο, ἓν κατέναντι τοῦ ἑνός.

(16) 16ᵃ ¹⁶ᵃ Κἀγὼ ἔσχατος ἠγρύπνησα,
XXX 25 §²⁵ὡς καλαμώμενος ὀπίσω τρυγητῶν·
(17) ⁽¹⁷⁾ἐν εὐλογίᾳ Κυρίου ἔφθασα,
 καὶ ὡς τρυγῶν ἐπλήρωσα ληνόν.

6 οχειαν BΝ*ᶜᵃ] οχειον Ν* (-χιον A) | om ως Νᶜᵃ | μωκος] μωρος Νᶜᵃ | χρε- ΝAC
μετισει A   9 αυτων 1°] ων sup ras Aᵃ | ηγιασεν κ. ανυψωσεν Ν   10 εκτι-
σθη εκ γης Ν   12 ηυλογησεν ΝA | εταπεινωσεν] προς αυτον ηγγισεν
A | απο στασεως] απο| αποστασεως (?απο bis scr) A   13 πηλον Ν* (-λος
Νᶜᵃ)   14 ευσεβους] pr του Ν   15 om εν Ν   XXX 25 καλαμωμενος]
καλαμενος Ν* (καλαμωμ Νᶜᵈ) καλαμουμενος C

XXX 26 (XXXIII 18)   ΣΟΦΙΑ ΣΕΙΡΑΧ

B ²⁶κατανοήσατε ὅτι οὐκ ἐμοὶ μόνῳ ἐκοπίασα,   26 (18)
    ἀλλὰ πᾶσιν τοῖς ζητοῦσιν παιδείαν.
²⁷ἀκούσατέ μου, μεγιστᾶνες λαοῦ,   27 (19)
    καὶ οἱ ἡγούμενοι ἐκκλησίας, ἐνωτίσασθε.
²⁸υἱῷ καὶ γυναικί, ἀδελφῷ καὶ φίλῳ   28 (20)
    μὴ δῷς ἐξουσίαν ἐπὶ σὲ ἐν ζωῇ σου·
    καὶ μὴ δῷς ἑτέρῳ τὰ χρήματά σου,
    ἵνα μὴ μεταμεληθεὶς δέῃ περὶ αὐτῶν.
²⁹ἕως ἔτι ζῇς καὶ πνοὴ ἐν σοί, μὴ ἀλλάξῃς σεαυτὸν πάσῃ 29 (21)
    σαρκί.
³⁰κρεῖσσον γάρ ἐστιν τὰ τέκνα δεηθῆναί σου   30 (22)
    ἢ σὲ ἐμβλέπειν εἰς χεῖρας υἱῶν σου.
³¹ἐν πᾶσι τοῖς ἔργοις σου γίνου ὑπεράγων,   31 (23)
    μὴ δῷς μῶμον ἐν τῇ δόξῃ σου.
³²ἐν ἡμέρᾳ συντελείας ἡμερῶν ζωῆς σου   32 (24)
    καὶ ἐν καιρῷ τελευτῆς διάδος κληρονομίαν.
³³χορτάσματα καὶ ῥάβδος καὶ φορτία ὄνῳ,   33 (25)
    ἄρτος καὶ παιδεία καὶ ἔργον οἰκέτῃ.
³⁴ἔργασαι ἐν παιδί, καὶ εὑρήσεις ἀνάπαυσιν·   34 (26)
    ἄνες χεῖρας αὐτῷ, καὶ ζητήσει ἐλευθερίαν.
³⁵ζυγὸς καὶ ἱμὰς κάμψουσιν τράχηλον,   35 (27)
    καὶ οἰκέτῃ κακούργῳ στρέβλαι καὶ βάσανοι·
³⁶ἔμβαλε αὐτὸν εἰς ἐργασίαν, ἵνα μὴ ἀργῇ,   36 (28)
    ³⁷πολλὴν γὰρ κακίαν ἐδίδαξεν ἡ ἀργία·   37 (29)
³⁸εἰς ἔργα κατάστησον καθὼς πρέπει αὐτῷ,   38 (30)
    κἂν μὴ πειθαρχῇ, βάρυνον τὰς πέδας αὐτοῦ.
    καὶ μὴ περισσεύσῃς ἐν πάσῃ σαρκί,
    καὶ ἄνευ κρίσεως μὴ ποιήσῃς μηδέν.
³⁹εἰ ἔστιν σοι οἰκέτης, ἔστω ὡς σύ,   39 (31)
    ὅτι ἐν αἵματι ἐκτήσω αὐτόν·

ℵAC 26 εκοπιασατε C | αλλα]+ς ℵᶜᵃ | πασι C | ζητουσιν (-σι C)] εκζητουσιν
ℵᶜᵃ | παιδειαν (-διαν ℵA)] σοφιαν C   27 οι ηγουμενοι] om οι ℵ
29 παση] pr εν ℵᶜᵃAC   31 πασιν ℵA | υπεραγων] υπερανω C | μη] pr
ς ℵᶜᵃ   32 συντελιας C   33 χορτασματα] χορτασμα A pr περι δουλων
C ʿman satis ant ʾmg | αρτος] pr ⨳ δούλῳ Bᵃᵇᵇ* | παιδια ℵ (πεδ.) AC | om και
4⁰ ℵ* (hab ς ℵᶜᵃ)   34 ζητησεις ℵ*A* (-σει ℵᶜᵃA*) C*ᶠᵒʳᵗ (τησει ελευθ.
sup ras Cᵃ)   35 τραχηλον καμψουσι] ℵA τραχ. καμπτουσιν C   37 πολλη
C* (ν superscr C!ᵛⁱᵈ)   38 om αυτου Bᵃᵇℵ* (hab ℵᶜᵃ) AC | εν] επι ℵAC
39 συ] σοι C

ΣΟΦΙΑ ΣΕΙΡΑΧ (XXXIV 14) XXXI 14

εἰ ἔστιν σοι οἰκέτης, ἄγε αὐτὸν ὡς σεαυτόν,
ὅτι ὡς ἡ ψυχή σου ἐπιδέησις αὐτῷ·
(32) 40 ⁴⁰ἐὰν κακώσῃς αὐτὸν καὶ ἀπάρας ἀποδρᾷ,
(33) ⁽³³⁾ἐν ποίᾳ ὁδῷ ζητήσεις αὐτόν;

XXXI
XXXIV)
1 ¹Κεναὶ ἐλπίδες καὶ ψευδεῖς ἀσυνέτῳ ἀνδρί,
καὶ ἐνύπνια ἀναπτεροῦσιν ἄφρονας.
2 ²ὡς δρασσόμενος σκιᾶς καὶ διώκων ἄνεμον,
οὕτως ὁ ἐπέχων ἐνυπνίοις
3 ³τοῦτο κατὰ τούτου ὅρασις ἐνυπνίων,
κατέναντι προσώπου ὁμοίωμα προσώπου.
4 ⁴ἀπὸ ἀκαθάρτου τί καθαρισθήσεται;
καὶ ἀπὸ ψεύδους τί ἀληθεύσει;
5 ⁵μαντεῖαι καὶ οἰωνισμοὶ καὶ ἐνύπνια μάταιά ἐστιν,
⁽⁶⁾καὶ ὡς ὠδινούσης φαντάζεται καρδία.
6 ⁶ἐὰν μὴ παρὰ Ὑψίστου ἀποσταλῇ ἐν ἐπισκοπῇ,
μὴ δῷς εἰς αὐτὰ τὴν καρδίαν σου·
7 ⁷πολλοὺς ἐπλάνησεν τὰ ἐνύπνια,
καὶ ἐξέπεσον ἐλπίζοντες ἐπ' αὐτοῖς.
8 ⁸ἄνευ ψεύδους συντελεσθήσεται νόμος,
καὶ σοφία στόματι πιστῷ τελείωσις.

9 ⁹Ἀνὴρ πεπαιδευμένος ἔγνω πολλά,
καὶ ὁ πολύπειρος ἐκδιηγήσεται σύνεσιν·
10 ¹⁰ὃς οὐκ ἐπειράθη ὀλίγα οἶδεν,
11 ¹¹ὁ δὲ πεπλανημένος πληθυνεῖ πανουργίαν.
12 ¹²πολλὰ ἑώρακα ἐν τῇ ἀποπλανήσει μου,
καὶ πλείονα τῶν λόγων μου σύνεσίς μου·
13 ¹³πλεονάκις ἕως θανάτου ἐκινδύνευσα,
καὶ διεσώθην τούτων χάριν.
14 ¹⁴πνεῦμα φοβουμένων Κύριον ζήσεται,

39 om ει 2° ℵ* (hab ℵᶜᵃ) | σεαυτον] αδελφον ℵAC | επιδεησεις BℵA επι- ℵAC δεησι C   40 απαρας] in πα ras aliq B!   XXXI 2 ενυπνιοις] pr ο ℵ* (ιμpιοb ο ℵᶜᵃ)   3 τουτου] τουτο ℵ   4 απο 1°] pr και A   5 μαντιαι ℵC   6 παρα Υψ. αποσταλη] αποστ. παρα Υψ. ℵ απο Υψ. αποστ. A   7 πολλους]+γαρ A | εξεπεσαν ℵ | επ] εν ℵ* (επ ℵᶜᵃ)   9 πεπαιδευμενος] πεπλανημενος ℵA*ᵛⁱᵈ (αιδευ sup ras Aᵃ)   10 επειραθη] επιρασθη ℵ   11 πανουργειαν A   12 εορακα ℵA | πλειονα] τα πλεονα ℵ* τα πλειονα ℵᶜᵃ

XXXI 15 (XXXIV 15)   ΣΟΦΙΑ ΣΕΙΡΑΧ

B ¹⁵ἡ γὰρ ἐλπὶς αὐτῶν ἐπὶ τὸν σώζοντα αὐτούς· 15
¹⁶ὁ φοβούμενος Κύριον οὐ μὴ εὐλαβηθήσεται, 16
καὶ οὐ μὴ δειλιάσει, ὅτι αὐτὸς ἐλπὶς αὐτοῦ.
¹⁷φοβουμένου τὸν κύριον μακαρία ἡ ψυχή· 17
¹⁸τίνι ἐπέχει; καὶ τίς ἀντιστήριγμα αὐτοῦ, 18
¹⁹οἱ ὀφθαλμοὶ Κυρίου ἐπὶ τοὺς ἀγαπῶντας αὐτόν, 19
ὑπερασπισμὸς δυναστείας καὶ στήριγμα ἰσχύος,
σκέπη ἀπὸ καύσωνος καὶ σκέπη ἀπὸ μεσημβρίας,
⁽²⁰⁾φυλακὴ ἀπὸ προσκόμματος καὶ βοήθεια ἀπὸ πτώματος·
²⁰ἀνυψῶν ψυχὴν καὶ φωτίζων ὀφθαλμούς, 20
ἴασιν διδοὺς ζωὴν καὶ εὐλογίαν.

²¹Θυσιάζων ἐξ ἀδίκου, προσφορὰ μεμωκημένη, 21 ⎫
²²καὶ οὐκ εἰς εὐδοκίαν μωκήματα ἀνόμων· 22 ⎬ (21)
²³οὐκ εὐδοκεῖ ὁ ὕψιστος ἐν προσφοραῖς ἀσεβῶν, 23
οὐδὲ ἐν πλήθει θυσιῶν ἐξιλάσκεται ἁμαρτίας
²⁴θύων υἱὸν ἔναντι τοῦ πατρὸς αὐτοῦ 24
ὁ προσάγων θυσίαν ἐκ χρημάτων πενήτων.
²⁵ἄρτος ἐπιδεομένων ζωὴ πτωχῶν, 25
ὁ ἀποστερῶν αὐτὴν ἄνθρωπος αἱμάτων·
²⁶φονεύων τὸν πλησίον ὁ ἀφαιρούμενος συμβίωσιν, 26
²⁷καὶ ἐκχέων αἷμα ὁ ἀποστερῶν μισθὸν μισθίου. 27
²⁸εἷς οἰκοδομῶν καὶ εἷς καθαιρῶν, 28
τί ὠφέλησαν πλεῖον ἢ κόπου;
²⁹εἷς εὐχόμενος καὶ εἷς καταρώμενος, 29
τίνος φωνῆς εἰσακούσεται ὁ δεσπότης;
³⁰βαπτιζόμενος ἀπὸ νεκροῦ καὶ πάλιν ἁπτόμενος αὐτοῦ, 30
τί ὠφέλησεν τῷ λουτρῷ αὐτοῦ;
³¹οὕτως ἄνθρωπος νηστεύων ἐπὶ τῶν ἁμαρτιῶν αὐτοῦ 31
καὶ πάλιν πορευόμενος καὶ τὰ αὐτὰ ποιῶν·
τῆς προσευχῆς αὐτοῦ τίς εἰσακούσεται;
καὶ τί ὠφέλησεν ἐν τῷ ταπεινωθῆναι αὐτόν;

ℵA   15 αυτων] ω sup ras Aᵇ   16 ου μη 1°] ουδεν ℵ πολλα A | δειλιαση Bᵇ⁽ᵛⁱᵈ⁾
17 φοβουμενω ℵ* (-νου ℵᶜ ᵃ)   18 αντιστηριγμα αυτου] improb αντι Bᵃᵇ
αυτου στηριγμα BᵃᵇᵇℵA   19 δυναστιας ℵ | σκεπη 2°] σκεπην A | πτω-
ματος] πτωσεως A   21 μεμωκημενη] μεμωμημενη A   22 μωκηματα]
μωμηματα ℵᶜ ᵃ (sed adscr in mg δωρηματα) A (a 1° sup ras Aᵃ)   24 του
πατρος] om του ℵ | προσαγων] προσαγαγων A   25 επενδεομενων ℵA | αυτην]
αυτον ℵᶜ·ᵃ   26 συμβιωσιν] εμβιωσιν ℵA (εν β.)   27 ο αποστερων] και
αποστ. A   28 ωφελησεν A | κοπους ℵA   30 τω λουτρω] pr εν ℵA

ΣΟΦΙΑ ΣΕΙΡΑΧ (XXXV 20) XXXII 20

XXXII (XXXV)

1 ¹Ὁ συντηρῶν νόμον πλεονάζει προσφοράς,
2 ²θυσιάζων σωτηρίου ὁ προσέχων ἐντολαῖς·
(4) 3 ³ἀνταποδιδοὺς χάριν προσφέρων σεμίδαλιν,
4 ⁴καὶ ὁ ποιῶν ἐλεημοσύνην θυσιάζων αἰνέσεως.
5 ⁵εὐδοκία Κυρίου ἀποστῆναι ἀπὸ πονηρίας,
  καὶ ἐξιλασμὸς ἀποστῆναι ἀπὸ ἀδικίας.
6 ⁶μὴ ὀφθῇς ἐν προσώπῳ Κυρίου κενός,
7 ⁷πάντα γὰρ ταῦτα χάριν ἐντολῆς.
8 ⁸προσφορὰ δικαίου λιπαίνει θυσιαστήριον,
  καὶ ἡ εὐωδία αὐτῆς ἔναντι Ὑψίστου·
9 ⁹θυσία ἀνδρὸς δικαίου δεκτή,
  καὶ τὸ μνημόσυνον αὐτῆς οὐκ ἐπιλησθήσεται.
10 ¹⁰ἐν ἀγαθῷ ὀφθαλμῷ δόξασον τὸν κύριον,
  καὶ μὴ μικρύνῃς ἀπαρχὴν χειρῶν σου·
11 ¹¹ἐν πάσῃ δόσει ἱλάρωσον τὸ πρόσωπόν σου,
  καὶ ἐν εὐφροσύνῃ ἁγίασον δεκάτην.
12 ¹²δὸς Ὑψίστῳ κατὰ τὴν δόσιν αὐτοῦ,
  καὶ ἐν ἀγαθῷ ὀφθαλμῷ καθ' εὕρεμα χειρός·
13 ¹³ὅτι Κύριος ἀνταποδιδούς ἐστιν,
  καὶ ἑπταπλᾶ ἀνταποδώσει σοι.
14 ¹⁴μὴ δωροκόπει, οὐ γὰρ προσδέξεται·
15 ¹⁵καὶ μὴ ἔπεχε θυσίᾳ ἀδίκῳ,
  ὅτι Κύριος κριτής ἐστιν,
  καὶ οὐκ ἔστιν παρ' αὐτῷ δόξα προσώπου.
16 ¹⁶οὐ λήμψεται πρόσωπον ἐπὶ πτωχοῦ,
  καὶ δέησιν ἠδικημένου εἰσακούσεται·
17 ¹⁷οὐ μὴ ὑπερίδῃ ἱκετίαν ὀρφανοῦ,
  καὶ χήραν ἐὰν ἐκχέῃ λαλιάν.
(18) 18 ¹⁸οὐχὶ δάκρυα χήρας ἐπὶ σιαγόνα καταβαίνει,
19 ¹⁹καὶ ἡ καταβόησις ἐπὶ τῷ καταγαγόντι αὐτά;
20 ²⁰θεραπεύων ἐν εὐδοκίᾳ δεχθήσεται,
  καὶ ἡ δέησις αὐτοῦ ἕως νεφελῶν συνάψει

XXXII 1 προσφορας B*ᵛⁱᵈ ℵA] συμφορας Bᶜ   2 θυσιαζων] θυσια A! ℵA (ras ζων)   4 θυσιαζων] θυσια ℵ* (-ζων ℵᶜᵃ)   5 εξιλασμος] ειλασμος ℵ* (εξειλ. ℵᶜ·ᵃ)   10 κυριον]+θῡ ℵ | μικρυνης] σμικρυνης ℵᶜᵃ   11 τον προσωπον ℵ* (το πρ. ℵᴵ⁽ᵛⁱᵈ⁾ᶜᵃ)   12 αυτου] σου A | ευρεμα] αιρεμα ℵ   13 επταπλα] επταπλασια ℵA | ανταποδωσει] ανταποδιδωσειν (sic) ℵᶜᵃ αποδωσει A   17 υπεριδη] παριδη A | ικετιαν (υκ. A*)] ικετειαν Bᵃᵇ | χηρα ℵ   18 σιαγονας ℵ σιαγονει A   19 καταβοησις] καταπτωσις ℵ

715

ΧΧΧΙΙ 21 (XXXV 21)   ΣΟΦΙΑ ΣΕΙΡΑΧ

B ²¹προσευχὴ ταπεινοῦ νεφέλας διῆλθεν,
καὶ ἕως συνεγγίσῃ, οὐ μὴ παρακληθῇ·
καὶ οὐ μὴ ἀποστῇ ἕως ἐπισκέψηται ὁ ὕψιστος,
²²καὶ κρινεῖ δικαίως καὶ ποιήσει κρίσιν.

C ⁵καὶ ὁ κύριος οὐ μὴ βραδύνῃ
οὐδὲ μὴ μακροθυμήσει ἐπ' αὐτοῖς,
ἕως ἂν συντρίψῃ ὀσφὺν ἀνελεημόνων,
²³καὶ τοῖς ἔθνεσιν ἀνταποδώσει ἐκδίκησιν·
ἕως ἐξάρῃ πλῆθος ὑβριστῶν
καὶ σκῆπτρα ἀδίκων συντρίψει·
²⁴ἕως ἀνταποδῷ ἀνθρώπῳ κατὰ τὰς πράξεις αὐτοῦ,
καὶ τὰ ἔργα τῶν ἀνθρώπων κατὰ τὰ ἐνθυμήματα αὐτῶν·
²⁵ἕως κρίνῃ τὴν κρίσιν τοῦ λαοῦ αὐτοῦ
καὶ εὐφρανεῖ αὐτοὺς ἐν τῷ ἐλέει αὐτοῦ.
²⁶ὡραῖον ἔλεος ἐν καιρῷ θλίψεως αὐτοῦ,
ὡς νεφέλαι ὑετοῦ ἐν καιρῷ ἀβροχίας.

¹Ἐλέησον ἡμᾶς, δέσποτα ὁ θεὸς πάντων, ²καὶ ἐπίβλεψον,   XXXIII
⁽²⁾καὶ ἐπίβαλε τὸν φόβον σου ἐπὶ πάντα τὰ ἔθνη·   (XXXVI
³ἔπαρον τὴν χεῖρά σου ἐπὶ ἔθνη ἀλλότρια,
καὶ ἰδέτωσαν τὴν δυναστείαν σου.
⁴ὥσπερ ἐνώπιον αὐτῶν ἡγιάσθης ἐν ἡμῖν,
οὕτως ἐνώπιον ἡμῶν μεγαλυνθείης ἐν αὐτοῖς
⁵καὶ ἐπιγνώτωσάν σε καθάπερ καὶ ἡμεῖς ἐπέγνωμεν,
ὅτι οὐκ ἔστιν θεὸς πλὴν σοῦ, Κύριε.
⁶ἐγκαίνισον σημεῖα καὶ ἀλλοίωσον θαυμάσια,
⁷δόξασον χεῖρα καὶ βραχίονα δεξιόν·
⁸ἔγειρον θυμὸν καὶ ἔκχεον ὀργήν,
⁹ἔξαρον ἀντίδικον καὶ ἔκτριψον ἐχθρόν.
¹⁰σπεῦσον καιρὸν καὶ μνήσθητι ὁρκισμοῦ,
καὶ ἐκδιηγησάσθωσαν τὰ μεγαλεῖά σου.

C 21 ο υψιστος] κ̅ς̅ A   22 δικαιως] δικαιοις ℵ* (-ως ℵᶜ ᵃ) A | μακροθυμηση ℵA | om αν C   23 ανταποδωσει] ανταποδιδωσιν C | αδικων] δικαιων A | συντριψη ℵAC   24 ανταποδοι ℵ* (-δω ℵᶜ ᵃ) | κατα 2°] και A   25 εως]+αν ℵᶜ ᵃ | κρινει C | om και ευφρανει ελεει αυτου C | ελεει] ελει A   26 ωραιον] pr ως ℵ | om αυτου ℵ | ως] εως ℵ* (ως ℵᶜ ᵃ)   XXXIII 1 om δεσποτα A   3 ιδετωσαν την] επι εθνη ταν (sic) ℵ* (ιδ. την ℵᶜ ᵃ) | δυναστιαν AC   4 ηγιασθης] εθαυμασθης ℵ* (ηγ. ℵᶜ ᵃ) | μεγαλυνθης ℵ* (-θιης ℵ¹ ⁽ᶠᵒʳᵗ⁾) C   5 επεγνωμεν]+σε ℵA   6 ενκαινισον ℵ   10 ορκισμου] ορισμου ℵ ορκων C

ΣΟΦΙΑ ΣΕΙΡΑΧ   XXXVI 27

11 ¹¹ἐν ὀργῇ πυρὸς καταβρωθήτω ὁ σωζόμενος,   B
    καὶ οἱ ἀδικοῦντες τὸν λαόν σου εὕροισαν ἀπώλειαν.
12 ¹²σύντριψον κεφαλὰς ἀρχόντων ἐχθρῶν,
    λεγόντων Οὐκ ἔστιν πλὴν ἡμῶν.
(13) 13ᵃ ¹³ᵃσύναγε πάσας φυλὰς Ἰακώβ,¶   ¶C
XXVI 16ᵇ ¹⁶ᵇκαὶ κατακληρονομήσεις αὐτοὺς καθὼς ἀπ' ἀρχῆς.
(14) 17 ¹⁷ἐλέησο...
(15) 18 ¹⁸οἰκτείρ...
        Ἱερ...
(16) 19 ¹⁹πλῆσα...
        καὶ
(17) 20 ²⁰δὸς μ...
        καὶ
(18) 21 ²¹δὸς μ...
        κα...
22 ²²εἰσάκ...
(19) (19)κα...
        καὶ γ...
        ὅτ...
(20) 23 ²³Πᾶν...
        ἐ...
(21) 24 ²⁴φάρ...
        ο...
(22) 25 ²⁵καρ...
        κ...
(23) 26 ²⁶πά...
(24) 27 ²⁷κἀ...

11 καταβρωθ...
βης ℵ^{c.a} | αδικο...
13 συναγε] συνατ...
τακληρονομησεις...
πρωτογονω] πρ...
πλησιον Bᵇ | αρ...
A | τας επ] om...
οικετων ℵA | λ...
βαρυγξ A | γευσεται ℵ   26 θυγατηρος ℵ* (η improb ℵ* postea ras) |
κρισσων ℵA

XXXII 21 (XXXV 21)   ΣΟΦΙΑ ΣΕΙΡΑΧ

                                                          ...θεν,   21
                                                          ...ρακληθῇ·
                                                          ...ται ὁ ὕψιστος,
                                                          ...κρίσιν.   22

                                                          ...ς,
                                                          ...ων,
                                                          ...κδίκησιν·   23

                                                          ...ράξεις αὐτοῦ,   24
                                                          ...τὰ ἐνθυμήματα αὐτῶν·
                                                                                               25
                                                          ...τοῦ.
                                                                                               26
                                                          ...ας.

                                                          ..., ᵘκαὶ ἐπίβλεψον,   1   XXX
                                                          ...ντα τὰ ἔθνη·   2   (XXX
                                                          ...μα,   3

                                                                                            4
                                                          ...αὐτοῖς·
                                                          ...πέγνωμεν,   5
                                                          ...α,   6
                                                                                            7
                                                                                            8
                                                                                            9
                                                          ...ορκισμοῦ,   10
                                                    ...κδιηγησάσθωσαν τὰ μεγαλεῖά σου.

ℵAC   **21** ο υψιστος] κϛ A   **22** δικαιως] δικαιοις ℵ* (-ως ℵ^c.a) A | μακροθυμηση ℵA | om αν C   **23** ανταποδωσει] ανταποδιδωσιν C | αδικων] δικαιων A | συντριψη ℵAC   **24** ανταποδοι ℵ^a (-δω ℵ^c.a) | κατα 2°] και A   **25** εως] +αν ℵ^c.a | κρινει C | om και ευφρανει...ελεει αυτου C | ελεει] ελει A   **26** ωραιον] pr ως ℵ | om αυτου ℵ | ως] εως ℵ* (ως ℵ^c.a)   XXXIII **1** om δεσποτα A   **3** ιδετωσαν την] επι εθνη ταν (sic) ℵ* (ιδ. την ℵ^c.a) | δυναστιαν AC   **4** ηγιασθης] εθαυμασθης ℵ* (ηγ. ℵ^c.a) | μεγαλυνθης ℵ* (-θιης ℵ^1 (fort)) C   **5** επεγνωμεν] +σε ℵA   **6** ευκαινισον ℵ   **10** ορκισμου] ορισμου ℵ ορκων C

716

ΣΟΦΙΑ ΣΕΙΡΑΧ

11 ¹¹ἐν ὀργῇ πυρὸς καταβρωθήτω ὁ σωζόμενος, B
   καὶ οἱ ἀδικοῦντες τὸν λαόν σου εὕροισαν ἀπώλειαν.
12 ¹²σύντριψον κεφαλὰς ἀρχόντων ἐχθρῶν,
   λεγόντων Οὐκ ἔστιν πλὴν ἡμῶν.
(13) 13ᵃ ¹³ᵃσύναγε πάσας φυλὰς Ἰακώβ,¶ ¶ C
XXXVI 16ᵇ ¹⁶ᵇκαὶ κατακληρονομήσεις αὐτοὺς καθὼς ἀπ' ἀρχῆς.
(14) 17 ¹⁷ἐλέησον λαόν, Κύριε, κεκλημένον ἐπ' ὀνόματί σου,
   καὶ Ἰσραὴλ ὃν πρωτογόνῳ ὡμοίωσας.
(15) 18 ¹⁸οἰκτείρησον πόλιν ἁγιάσματός σου,
   Ἰερουσαλήμ, πόλιν καταπαύματός σου·
(16) 19 ¹⁹πλῆσον Σιὼν ἀρεταλογίας σου,
   καὶ ἀπὸ τῆς δόξης σου τὸν λαόν σου.
(17) 20 ²⁰δὸς μαρτύριον τοῖς ἐν ἀρχῇ κτίσμασίν σου,
   καὶ ἔγειρον προφητείας τὰς ἐπ' ὀνόματί σου·
(18) 21 ²¹δὸς μισθὸν τοῖς ὑπομένουσίν σε,
   καὶ οἱ προφῆταί σου ἐμπιστευθήτωσαν.
22 ²²εἰσάκουσον, Κύριε, δεήσεως τῶν ἱκετῶν σου
(19) ⁽¹⁹⁾κατὰ τὴν εὐλογίαν Ἀαρὼν περὶ τοῦ λαοῦ σου,
   καὶ γνώσονται πάντες οἱ ἐπὶ τῆς γῆς
   ὅτι Κύριος εἶ, ὁ θεὸς τῶν αἰώνων.

(20) 23 ²³Πᾶν βρῶμα φάγεται κοιλία,
   ἔστιν δὲ βρῶμα βρώματος κάλλιον.
(21) 24 ²⁴φάρυγξ γεύεται βρώματα θήρας,
   οὕτως καρδία συνετὴ λόγους ψευδεῖς.
(22) 25 ²⁵καρδία στρεβλὴ δώσει λύπην,
   καὶ ἄνθρωπος πολύπειρος ἀνταποδώσει αὐτῷ.
(23) 26 ²⁶πάντα ἄρρενα ἐπιδέξεται γυνή,
   ἔστιν δὲ θυγάτηρ θυγατρὸς κρεῖσσον.
(24) 27 ²⁷κάλλος γυναικὸς ἱλαρύνει πρόσωπον,

11 καταβρωθιητω A* | ο σωζ{ο}μενος] ο μη σωζ. ℵ* (improb μη et pr ο ασεβης ℵᶜᵃ) ℵAC | αδικουντες] κατοικουντες A*ᵛⁱᵈC κακουντες (ras τοι) Aᵃ | απωλιαν ℵ 13 συναγε] συναγαγε A συναγαγεται C* συναγαγε τας Cᵛⁱᵈ   XXXVI 16ᵇ κατακληρονομησεις (vid praef)] κατεκληρονομησα BℵAC   17 om Κυριε ℵ | πρωτογονω] πρωτοτοκω ℵᶜᵃ   18 πολιν 2°] τοπον ℵA   19 πλησον B*ᶜℵA] πλησιον Bᵇ | αρεταλογιας] αραι (αρε ℵA) τα λογια Bᵇℵ Aᵛⁱᵈ   20 προφητιας A | τας επ] om τας ℵ* (hab ℵᶜᵃ)   21 εμπιστευθησονται ℵA   22 ικετων] οικετων ℵA | λαου] υιου ℵ* (λαου ℵᶜᵃ) | Κυριος ει] συ ει κ̄ς̄ ℵ   24 φαρυγξ] βαρυγξ A | γευσεται ℵ   26 θυγατηρος ℵ* (η improb ℵ¹ postea ras) | κρισσων ℵA

ΣΟΦΙΑ ΣΕΙΡΑΧ

B   καὶ ὑπὲρ πᾶσαν ἐπιθυμίαν ἀνθρώπου ὑπεράγει·
²⁸εἰ ἔστιν ἐπὶ γλώσσης αὐτῆς ἔλεος καὶ πραΰτης,   28 (25)
   οὐκ ἔστιν ὁ ἀνὴρ αὐτῆς καθ' υἱοὺς ἀνθρώπων
²⁹ὁ κτώμενος γυναῖκα ἐνάρχεται κτήσεως,   29 (26)
   βοηθὸν κατ' αὐτὸν καὶ στύλον ἀναπαύσεως.
³⁰οὗ οὐκ ἔστιν φραγμός, διαρπαγήσεται κτῆμα·   30 (27)
   καὶ οὗ οὐκ ἔστιν γυνή, στενάξει πλανώμενος
³¹τίς γὰρ πιστεύσει εὐζώνῳ λῃστῇ   31 (28)
   σφαλλομένῳ ἐκ πόλεως εἰς πόλιν,
   οὕτως ἀνθρώπῳ μὴ ἔχοντι νοσσιὰν
   καὶ καταλύοντι οὗ ἐὰν ὀψίσῃ.

¹Πᾶς φίλος ἐρεῖ Ἐφιλίασα αὐτῷ κἀγώ·   1   XXXVII
   ἀλλ' ἔστιν φίλος ὀνόματι μόνον φίλος.
²οὐχὶ λύπη ἔνι ἕως θανάτου   2
   ⁽²⁾ἑταῖρος καὶ φίλος τρεπόμενος εἰς ἔχθραν,   (2)
³ὦ πονηρὸν ἐνθύμημα, πόθεν ἐνεκυλίσθης   3
   καλύψαι τὴν ξηρὰν ἐν δολιότητι;
⁴ἑταῖρος φίλου ἐν εὐφροσύνῃ ἥδεται,   4
   καὶ ἐν καιρῷ θλίψεως ἔσται ἀπέναντι·
⁵ἑταῖρος φίλῳ συμπονεῖ χάριν γαστρός,   5
   ἔναντι πολέμου λήμψεται ἀσπίδα.
⁶μὴ ἐπιλάθῃ φίλου ἐν τῇ ψυχῇ σου,   6
   καὶ μὴ ἀμνημονήσῃς αὐτοῦ ἐν χρήμασίν σου.
⁷πᾶς σύμβουλος ἐξαίρει βουλήν,   7 (8)
   ἀλλ' ἔστιν συμβουλεύων εἰς αὑτόν.
⁸ἀπὸ συμβούλου φύλαξον τὴν ψυχήν σου,   8 (9)
   καὶ γνῶθι πρότερον τίς αὐτοῦ χρεία·
   καὶ γὰρ αὐτὸς ἑαυτῷ βουλεύσεται,
   ⁽¹⁰⁾μή ποτε βάλῃ ἐπὶ σοὶ κλῆρον,   (10)
⁹καὶ εἴπῃ σοι ⁽¹¹⁾Καλὴ ἡ ὁδός σου,   9 (11)

ΝΑ   29 αναπαυσεως] litur 1 lit post ε A   31 σφαλλομενω] αφαλλομενω ΝΑ
XXXVII 1 om αυτω ΝΑ   2 ενι] μενει B^{b(vid)} N^{c a} (-νι) | εταιρος] ετερος Ν
(item 4, 5) | εχθρον A   5 φιλω συνπονει (συμπ. B^b)] συνπονει φιλω Ν |
εναντι] απεναντι A   6 επιλαθου A | ψι incep Ν* (ψυχ. Ν^{1 et postea}) | αμνημονησης] μνημονευσης Ν* (αμνημ. Ν^{c a}) | αυτου] αυτω A   7 εξαρει Ν*
(εξαιρει Ν^{c a}) | εστιν]+σοι Ν | αυτον (υτον sup ras B^a)] εαυτον B^a (ε non inst
B^b) Ν   8 την ψυχην] om την Ν* (hab Ν^{c.a}) | om και 1° Ν* (hab Ν^{c a}) |
εαυτω] pr εν Ν

ΣΟΦΙΑ ΣΕΙΡΑΧ XXXVII 20

καὶ στήσεται ἐξ ἐναντίας ἰδεῖν τὸ συμβησόμενόν σοι. Β
(7) 10 ¹⁰μὴ βουλεύου μετὰ τοῦ ὑποβλεπομένου σε,
καὶ ἀπὸ τῶν ζηλούντων σε κρύψον βουλήν·
(12–14) 11 §¹¹μετὰ γυναικὸς τῆς ἀντιζήλου αὐτῆς §C
καὶ μετὰ δειλοῦ περὶ πολέμου
καὶ μετὰ ἐμπόρου περὶ μεταβολίας
καὶ μετὰ ἀγοράζοντος περὶ πράσεως,
μετὰ βασκάνου περὶ εὐχαριστίας
καὶ μετὰ ἀνελεήμονος περὶ χρηστοηθείας,
μετὰ ὀκνηροῦ περὶ παντὸς ἔργου
καὶ μετὰ μισθίου ἀφεστίου περὶ συντελείας,
οἰκέτῃ ἀργῷ περὶ πολλῆς ἐργασίας,
μὴ ἔπεχε ἐπὶ τούτοις περὶ πάσης συμβουλίας·
(15) 12 ¹²ἀλλ' ἢ μετὰ ἀνδρὸς εὐσεβοῦς ἐνδελέχιζε,
ὃν ἂν ἐπιγνῷς συντηροῦντα ἐντολάς,
(16) ⁽¹⁶⁾ὃς ἐν τῇ ψυχῇ αὐτοῦ κατὰ τὴν ψυχήν σου,
καὶ ἐὰν πταίσῃς συναλγήσει σοι.
(17) 13 ¹³καὶ βουλὴν καρδίας στῆσον,
οὐ γάρ ἐστίν σοι πιστότερος αὐτῆς·
(18) 14 ¹⁴ψυχὴ γὰρ ἀνδρὸς ἀπαγγέλλειν ἐνίοτε εἴωθεν
ἢ ἑπτὰ σκοποὶ ἐπὶ μετεώρου καθήμενοι ἐπὶ σκοπῆς.
(19) 15 ¹⁵καὶ ἐπὶ πᾶσι τούτοις δεήθητι Ὑψίστου
ἵνα εὐθύνῃ ἐν ἀληθείᾳ τὴν ὁδόν σου.
(20) 16 ¹⁶ἀρχὴ παντὸς ἔργου λόγος,
καὶ πρὸ πάσης πράξεως βουλή.
(21) 17/18 ¹⁷ἴχνος ἀλλοιώσεως καρδία· ¹⁸τέσσερα μέρη ἀνατέλλει,
ἀγαθὸν καὶ κακόν, ζωὴ καὶ θάνατος,
καὶ κυριεύουσα ἐνδελεχῶς αὐτῶν γλῶσσά ἐστιν
(22) 19 ¹⁹ἔστιν ἀνὴρ πανοῦργος καὶ πολλῶν παιδευτής,
καὶ τῇ ἰδίᾳ ψυχῇ ἐστιν ἄχρηστος.
(23) 20 ²⁰ἔστιν σοφιζόμενος ἐν λόγοις μισητός,

11 της αντιζηλου] pr περι ℵAC | om και 2° BᵃᵇℵAC | εμπορου] ευπορου ℵAC
C | μεταβολης ℵ | ανελεημονος] ελεημονος C | om και 5° ℵ* (hab ϗ ℵᶜ ᵃ) |
αφεστιου] εφεστιου ℵ*C (επεστ.) επαιτιου ℵᶜ ᵃ (επετ.) A | επι] ι sup ras 3 fere
litt in A | περι πασης συμβουλιας] om πασης A επι παση συμβουλια C
12 ov] o C | αν] εαν ℵ | επιγνω A   **13** καρδιαν ℵ* (-διας ℵᶜ ᵃ)   **14** καθημενοι επι μετεωρου επι σκοπης ℵ   **15** πασι] πα sup ras Bˡʼᵃᵇ | αληθια C
17 καρδιας Bᵃᵇℵᶜ ᵃAC+προσ[ωπον] C   **18** τεσσαρα Bᶜ | κυριευουσα (κυριευσα ℵ)] pr η AC | ενδελεχως αυτων] ενδ. αυτω A αυτων ενδ. C   **19** om
και 1° ℵAC

XXXVII 21   ΣΟΦΙΑ ΣΕΙΡΑΧ

B οὗτος πάσης τροφῆς καθυστερήσει·
²¹οὐ γὰρ ἐδόθη αὐτῷ παρὰ Κυρίου χάρις,   21 (24)
ὅτι πάσης σοφίας ἐστερήθη.
²²ἔστιν σοφὸς τῇ ἰδίᾳ ψυχῇ,   22 (25)
καὶ οἱ καρποὶ τῆς συνέσεως αὐτοῦ ἐπὶ στόματος πιστοί.
²³ἀνὴρ σοφὸς τὸν ἑαυτοῦ λαὸν παιδεύσει,   23 (26)
καὶ οἱ καρποὶ τῆς συνέσεως αὐτοῦ πιστοί.
²⁴ἀνὴρ σοφὸς πλησθήσεται εὐλογίας,   24 (27)
καὶ μακαριοῦσιν αὐτὸν πάντες οἱ ὁρῶντες.
²⁵ζωὴ ἀνδρὸς ἐν ἀριθμῷ ἡμερῶν,   25 (28)
καὶ αἱ ἡμέραι τοῦ Ἰσραὴλ ἀναρίθμητοι.
²⁶ὁ σοφὸς ἐν τῷ λαῷ αὐτοῦ κληρονομήσει πίστιν,   26 (29)
καὶ τὸ ὄνομα αὐτοῦ ζήσεται εἰς τὸν αἰῶνα.
²⁷τέκνον, ἐν τῇ ζωῇ σου πείρασον τὴν ψυχήν σου,   27 (30)
καὶ ἴδε τί πονηρὸν αὐτῇ, καὶ μὴ δῷς αὐτῇ·
²⁸οὐ γὰρ πάντα πᾶσιν συμφέρει,   28 (31)
καὶ οὐ πᾶσα ψυχὴ ἐν παντὶ εὐδοκεῖ.
²⁹μὴ ἀπληστεύου ἐν πάσῃ τρυφῇ,   29 (32)
καὶ μὴ ἐκχυθῇς ἐπὶ ἐδεσμάτων
³⁰ἐν πολλοῖς γὰρ βρώμασιν ἔσται πόνος,   30 (33)
καὶ ἡ ἀπληστία ἐγγιεῖ ἕως χολέρας·
³¹δι' ἀπληστίαν πολλοὶ ἐτελεύτησαν,   31 (34)
ὁ δὲ προσέχων προσθήσει ζωήν.

¹Τίμα ἰατρὸν πρὸς τὰς χρείας τιμαῖς αὐτοῦ,   1   XXXVIII
καὶ γὰρ αὐτὸν ἔκτισεν Κύριος·
²παρὰ γὰρ Ὑψίστου ἐστὶν ἴασις,   2
καὶ παρὰ βασιλέως λήμψεται δόμα.
³ἐπιστήμη ἰατροῦ ἀνυψώσει κεφαλὴν αὐτοῦ,   3
καὶ ἔναντι μεγιστάνων θαυμασθήσεται
⁴Κύριος ἔκτισεν ἐκ γῆς φάρμακα,   4
καὶ ἀνὴρ φρόνιμος οὐ προσοχθιεῖ αὐτοῖς.

ℵAC   20 ουτος] και αυτος C | τροφης] σοφιας ℵ* (τροφ. ℵ^{c a})   21 πασσης C* (σ 2° ras C^{vid})   22 στοματι ℵ   24 ενπλησθησεται A | om και A   26 ζησεται] ζησει A   27 τη ζωη] om τη ℵΛC | αυτη 2°] αυτω C   28 πασι ℵC | om εν παντι C   29 τρυφη] ψυχη C   30 πονος] νοσος ℵA | απληστεια B* (-τια B^b)   31 δι] δια ℵΛC | απληστειαν B* (-τιαν B^b) ℵCA
XXXVIII 1 τιμα] π incep ℵ*^{vid} | χρειας]+αυτου ℵA | om τιμαις αυτου ℵ^{c.a} | Κυριος] pr ο ℵC   2 om γαρ ℵ* (superscr ℵ^{1 (vid)})   3 ιατρου] καιρου ℵ* (ιατρ. ℵ^{c a}) | κεφαλην] pr την ℵ

ΣΟΦΙΑ ΣΕΙΡΑΧ

5 ⁵οὐκ ἀπὸ ξύλου ἐγλυκάνθη ὕδωρ
(6) ⁽⁶⁾εἰς τὸ γνωσθῆναι τὴν ἰσχὺν αὐτοῦ;
6 ⁶καὶ αὐτὸς ἔδωκεν ἀνθρώποις ἐπιστήμην
ἐνδοξάζεσθαι ἐν τοῖς θαυμασίοις αὐτοῦ·
(7) 7 ⁷ἐν αὐτοῖς ἐθεράπευσεν καὶ ἦρεν τὸν πόνον αὐτοῦ,
8 ⁸μυρεψὸς ἐν τούτοις ποιήσει μίγμα·
καὶ οὐ μὴ συντελέσῃ ἔργα αὐτοῦ,
(8) ⁽⁸⁾καὶ εἰρήνη παρ' αὐτοῦ ἐστιν ἐπὶ προσώπου τῆς γῆς.
9 ⁹τέκνον, ἐν ἀρρωστήματί σου μὴ παράβλεπε,
ἀλλ' εὖξαι Κυρίῳ, καὶ αὐτὸς ἰάσεταί σε·
10 ¹⁰ἀπόστησον πλημμελίαν καὶ εὔθυνον χεῖρας,
καὶ ἀπὸ πάσης ἁμαρτίας καθάρισον καρδίαν·
11 ¹¹δὸς εὐωδίαν καὶ μνημόσυνον σεμιδάλεως,
καὶ λίπανον προσφοράν, ὡς μὴ ὑπάρχων.
12 ¹²καὶ ἰατρῷ δὸς τόπον, ⁽¹²⁾καὶ γὰρ αὐτὸν ἔκτισεν Κύριος,
καὶ μὴ ἀποστήτω σου, καὶ γὰρ αὐτοῦ χρεία.
13 ¹³ἔστιν καιρὸς ὅτε καὶ ἐν χερσὶν αὐτῶν εὐοδία·
14 ¹⁴καὶ γὰρ αὐτοὶ Κυρίου δεηθήσονται,
ἵνα εὐοδώσῃ αὐτοῖς ἀνάπαυσιν
καὶ ἴασιν χάριν ἐμβιώσεως.
15 ¹⁵ὁ ἁμαρτάνων ἔναντι τοῦ ποιήσαντος αὐτὸν
ἐμπέσοι εἰς χεῖρας ἰατροῦ.
16 ¹⁶τέκνον, ἐπὶ νεκρῷ κατάγαγε δάκρυα,
καὶ ὡς δεινὰ πάσχων ἔναρξαι θρήνου,
κατὰ δὲ τὴν κρίσιν αὐτοῦ περίστειλον τὸ σῶμα αὐτοῦ,
καὶ μὴ ὑπερίδῃς τὴν ταφὴν αὐτοῦ.
17 ¹⁷πίκρανον κλαυθμὸν καὶ θέρμανον κοπετόν,
(18) ⁽¹⁸⁾καὶ ποίησον τὸ πένθος κατὰ τὴν ἀξίαν αὐτοῦ
ἡμέραν μίαν καὶ δύο χάριν διαβολῆς,
καὶ παρακλήθητι λύπης ἕνεκα·
(19) 18 ¹⁸ἀπὸ λύπης γὰρ ἐκβαίνει θάνατος,
καὶ λύπη καρδίας κάμψει ἰσχύν·
(20) 19 ¹⁹ἐν ἀπαγωγῇ παραβαίνει καὶ λύπη,

---

6 ανθρωποις] αν̅ω̅ A | ενδοξαζεσθε ℵ   7 τον πονον] παν πονον A ℵAC παν.... C (cett perier) | αυτου] αυτων ℵᶜᵃ   8 συντελεσθη ℵAC 9 αρρωστημασιν A   10 πλημμελειαν Bᵃʔᵇ A   13 ευωδια ℵC   14 om γαρ ℵ* (hab ℵᶜᵃ) | ευοδωσει C   15 εις χε.... C | ιατρου] αυτου A 16 καταγε ℵ   18 απο γαρ λυπης ℵ | καμψει] καμπτι ℵ* (καμψι ℵᶜᵃ) 19 επαγωγη ℵA | παραβαινει] παραμενε ℵ* παραμενει ℵ-ᵃA | om και 1° ℵᶜᵃ

ΣΟΦΙΑ ΣΕΙΡΑΧ

B   καὶ βίος πτωχοῦ κατὰ καρδίας.
²⁰μὴ δῷς εἰς λύπην τὴν καρδίαν σου, 20 (21)
ἀπόστησον αὐτὴν μνησθεὶς τὰ ἔσχατα·
²¹μὴ ἐπιλάθῃ, οὐ γάρ ἐστιν ἐπάνοδος, 21 (22)
καὶ τοῦτον οὐκ ὠφελήσεις καὶ σεαυτὸν κακώσεις.
²²μνήσθητι ὅτι τὸ κρίμα αὐτοῦ οὕτω ὡς καὶ τὸ σόν· 22 (23)
ἐμοὶ ἐχθὲς καὶ σοὶ σήμερον.
²³ἐν ἀναπαύσει νεκροῦ κατάπαυσον τὸ μνημόσυνον αὐτοῦ, 23 (24)
καὶ παρακλήθητι ἐν αὐτῷ ἐν ἐξόδῳ πνεύματος αὐτοῦ.

²⁴Σοφία γραμματέως ἐν εὐκαιρίᾳ σχολῆς, 24 (25)
καὶ ὁ ἐλασσούμενος πράξει αὐτοῦ σοφισθήσεται.
²⁵τί σοφισθήσεται (²⁶)ὁ κρατῶν ἀρότρου, 25 (26)
καὶ καυχώμενος ἐν δόρατι κέντρου,
βόας ἐλαύνων καὶ ἀναστρεφόμενος ἐν ἔργοις αὐτῶν,
καὶ ἡ διήγησις αὐτῶν ἐν υἱοῖς ταύρων;
²⁶καρδίαν αὐτοῦ δώσει ἐκδοῦναι αὔλακας, 26 (27)
καὶ ἡ ἀγρυπνία αὐτοῦ εἰς χορτάσματα δαμάλεων
²⁷οὕτως πᾶς τέκτων καὶ ἀρχιτέκτων, 27 (28)
ὅστις νύκτωρ ὡς ἡμέρᾳ διάγει·
οἱ γλύφοντες γλύμματα σφραγίδων,
καὶ ἡ ὑπομονὴ αὐτοῦ ἀλλοιῶσαι ποικιλίαν·
καρδίαν αὐτοῦ δώσει εἰς ὁμοιῶσαι ζωγραφίαν,
καὶ ἡ ἀγρυπνία αὐτοῦ τελέσαι ἔργον.
²⁸οὕτως χαλκεὺς καθήμενος ἐγγὺς ἄκμονος 28 (29)
καὶ καταμανθάνων ἀργῷ σιδήρῳ·
ἀτμὶς πυρὸς πήξει σάρκας αὐτοῦ,
καὶ ἐν θέρμῃ καμίνου διαμαχήσεται·
(³⁰)φωνὴ σφύρης καινιεῖ τὸ οὖς αὐτοῦ, (30)
καὶ κατέναντι ὁμοιώματος σκεύους οἱ ὀφθαλμοὶ αὐτοῦ·
(³¹)καρδίαν αὐτοῦ δώσει εἰς συντέλειαν ἔργων, (31)
καὶ ἡ ἀγρυπνία αὐτοῦ κοσμῆσαι ἐπὶ συντελείας.
²⁹οὕτως κεραμεὺς καθήμενος ἐν ἔργῳ αὐτοῦ 29 (32)

ℵA   22 οτι το κριμα αυτου ουτω ως] το κριμα αυτου οτι ουτω ως B^(ab) το κρ. οτι ουτως ℵ το κρ. μου οτι ουτως A | εχθες] χθες B^b   23 πνευματος] π̅ρ̅ς̅ ℵ* (π̅υ̅ς̅ ℵ^(c a))   25 τι σοφισθησεται] τις οφθησεται A | om και 1° ℵA , αυτων 2°] αυτου B^b ℵ^(c a) A   27 ημερας ℵA | γλυμματα] γραμματα ℵ* (γλ. ℵ^(c a)) | υπομονη] επιμονη ℵA | om εις ℵ^(c a) | τελεσαι] συντελεσαι ℵ^(c a)   28 ακμωνος B | αργω σιδηρω] εργα σιδηρου ℵ εργον σιδηρου A | πηξει] τηξει ℵA | φωνη] σ incep ℵ* (improb postea ras σ ℵ^?) | καινιει] κενιει A

ΣΟΦΙΑ ΣΕΙΡΑΧ XXXIX 4

    καὶ συστρέφων ἐν ποσὶν αὐτοῦ τροχόν,   B
    ὃς ἐν μερίμνῃ κεῖται διὰ παντὸς ἐπὶ τὸ ἔργον αὐτοῦ,
    καὶ ἐναρίθμιος πᾶσα ἡ ἐργασία αὐτοῦ
(33) 30 ³⁰ἐν βραχίονι αὐτοῦ τυπώσει πηλόν,
    καὶ πρὸ ποδῶν κάμψει ἰσχὺν αὐτοῦ·
(34)   ⁽³⁴⁾καρδίαν ἐπιδώσει συντελέσαι τὸ χάρισμα,
    καὶ ἡ ἀγρυπνία αὐτοῦ καθαρίσαι κάμινον.
(35) 31 ³¹πάντες οὗτοι εἰς χεῖρας αὐτῶν ἐνεπίστευσαν,
    καὶ ἕκαστος ἐν τῷ ἔργῳ αὐτοῦ σοφίζεται·
(36) 32 ³²ἄνευ αὐτῶν οὐκ οἰκισθήσεται πόλις,
(37)   ⁽³⁷⁾καὶ οὐ παροικήσουσιν οὐδὲ περιπατήσουσιν·
   33 ³³καὶ ἐν ἐκκλησίᾳ οὐχ ὑπεραλοῦνται,
    καὶ διαθήκην κρίματος οὐ διανοηθήσονται·
(38)   ⁽³⁸⁾ἐπὶ δίφρον δικαστοῦ οὐ καθιοῦνται,
    οὐδὲ μὴ ἐκφάνωσιν δικαιοσύνην καὶ κρίμα,
    καὶ ἐν παραβολαῖς οὐχ εὑρεθήσονται·
(39) 34 ³⁴ἀλλὰ κτίσμα αἰῶνος στηρίσουσιν,
    καὶ ἡ δέησις αὐτῶν ἐν ἐργασίᾳ τέχνης.

    Πλὴν τοῦ ἐπιδόντος τὴν ψυχὴν αὐτοῦ
    καὶ διανοουμένου ἐν νόμῳ Ὑψίστου,
XXXIX   1 ¹σοφίαν πάντων ἀρχαίων ἐκζητήσει,
    καὶ ἐν προφητείαις ἀσχοληθήσεται·
   2 ²διηγήσεις ἀνδρῶν ὀνομαστῶν συντηρήσει,
    καὶ ἐν στροφαῖς παραβολῶν συνεισελεύσεται·
   3 ³ἀπόκρυφα παροιμιῶν ἐκζητήσει,
    καὶ ἐν αἰνίγμασι παραβολῶν ἀναστραφήσεται.
   4 ⁴ἀνὰ μέσον μεγιστάνων ὑπηρετήσει,
    καὶ ἔναντι ἡγουμένου ὀφθήσεται·

29 συστρεφων ℵ | τροχον] πηλον ℵ$^{c\,a}$ 30 εν] pr ος ℵ | βραχειοσιν ℵA ℵ | επιδωσει] αυτου δωσει ℵ | χαρισμα B*^{b}] χρισμα B^{a}ℵA   31 αυτων] εαυτων A   32 οικισθησεται] οικηθησεται ℵ* οικησεται ℵ$^{c\,a}$A | περιπατησουσιν]+αλλ εις βουλην λαου ζητηθησονται ℵ$^{c\,a}$ 33 om και 1° ℵ* (hab ϛ ℵ$^{c\,a}$) | και διαθηκην διανοηθησονται bis scr B* (improb 1° B^c: 2° B^b) | και διαθηκην καθιουνται] επι διφρον .διανοηθησονται (invers stichs) ℵA | ου 1°] σου ℵ* (improb σ ℵ$^?$) | δικαστου] δυναστου A | καθιονται A | εκφανουσιν ℵ | δικαιοσυνην] παιδιαν ℵA   34 στηρισουσιν (-ρησουσιν B)] στηριζουσιν ℵ* -ριουσιν ℵ^c postea revoc -ριζουσιν pr ου ℵ* (improb ου ℵ$^{c\,a}$) | om εν 1° ℵ | επιδιδοντος A | διανοουμενω A   XXXIX 1 αρχαιων] αρχοντων ℵ* (-χαιων ℵ$^{c\,a}$)   2 διηγησεις B^{ab} (-σις B*)] διηγησιν ℵA   3 αποκρυφια B* (-φα B^{ab}ℵA) | αινιγμασιν ℵA   4 ηγουμενων ℵ

723   ZZ 2

ΣΟΦΙΑ ΣΕΙΡΑΧ

B ⁽⁵⁾ἐν γῇ ἀλλοτρίων ἐθνῶν διελεύσεται, (5)
ἀγαθὰ γὰρ καὶ κακὰ ἐν ἀνθρώποις ἐπείρασεν.
⁵τὴν καρδίαν αὐτοῦ ἐπιδώσει ὀρθρίσαι 5 (6)
πρὸς Κύριον τὸν ποιήσαντα αὐτόν,
καὶ ἔναντι Ὑψίστου δεηθήσεται·
⁽⁷⁾καὶ ἀνοίξει στόμα αὐτοῦ ἐν προσευχῇ, (7)
καὶ περὶ τῶν ἁμαρτιῶν αὐτοῦ δεηθήσεται.
⁶ἐὰν Κύριος ὁ μέγας θελήσῃ, 6 (8)
πνεύματι συνέσεως ἐμπλησθήσεται·
⁽⁹⁾ἀνομβρήσει ῥήματα σοφίας αὐτός, (9)
καὶ ἐν προσευχῇ ἐξομολογήσεται Κυρίῳ·
§ C ⁵⁷αὐτὸς κατευθυνεῖ βουλὴν αὐτοῦ καὶ ἐπιστήμην, 7 (10)
καὶ ἐν τοῖς ἀποκρύφοις αὐτοῦ διανοηθήσεται·
⁸αὐτὸς ἐκφαίνει παιδείαν διδασκαλίας αὐτοῦ, 8 (11)
καὶ ἐν νόμῳ διαθήκης Κυρίου καυχήσεται.
⁹αἰνέσουσιν τὴν σύνεσιν αὐτοῦ πολλοί, 9 (12)
ἕως τοῦ αἰῶνος οὐκ ἐξαλειφθήσεται·
⁽¹³⁾οὐκ ἀποστήσεται τὸ μνημόσυνον αὐτοῦ, (13)
καὶ ὄνομα αὐτοῦ ζήσεται εἰς γενεὰς γενεῶν·
¹⁰τὴν σοφίαν αὐτοῦ διηγήσονται ἔθνη, 10 (14)
καὶ τὸν ἔπαινον αὐτοῦ ἐξαγγελεῖ ἐκκλησία·
¹¹ἐὰν ἐμμείνῃ, ὄνομα καταλείψει ἢ χίλιοι, 11 (15)
καὶ ἐὰν ἀναπαύσηται, ἐμποιεῖ αὐτῷ.

¹²Ἔτι διανοηθεὶς ἐκδιηγήσομαι, 12 (16)
καὶ ὡς διχομηνία ἐπληρώθην.
¹³εἰσακούσατέ μου, υἱοὶ ὅσιοι, καὶ βλαστήσατε 13 (17)
ὡς ῥόδον φυόμενον ἐπὶ ῥεύματος ἀγροῦ,
¹⁴καὶ ὡς λίβανος εὐωδιάσατε ὀσμήν, 14 (18)
⁽¹⁹⁾καὶ ἀνθήσατε ἄνθος ὡς κρίνον, (19)

ℵAC   4 om γαρ ℵ* (hab ℵᶜᵃ) | om εν 2° A   5 στομα] pr το ℵ
6 Κυριος] pr ο ℵᶜ¹A | εμπλησθησεται] εμπλησει (-σι ℵᶜᵃ) αυτον ℵᶜᵃA |
ανομβρησει] pr αυτος Bᵃ?ᶜ?ℵA | αυτος] αυτου Bᵃ⁽ᵛⁱᵈ⁾ℵA | om Κυριω ℵ* (hab
κω ℵᶜᵃ)   7 om αυτου 1° ℵ   8 αυτος] pr και C | εκφανει C | παι-
διαν ℵAC | κυ διαθηκης A   9 εως] pr και ℵAC | ονομα] pr το ℵAC |
ζησεται] ζητησεται A   10 διηγησεται ℵAC | εθνει B*ℵ* (εθνη Bᵃᵇℵ¹) |
τον επαινον (παινον ℵ* επ. ℵᶜᵃ)] om τον C | εξαγγελ|λει ℵ εξαγγελησεται C
11 αναπαυσηται] παυσηται ℵAC | εμποιησει ℵ* (εμποιει ℵᶜᵃ)   12 ετι]+
δε ℵ | εκδιηγηθησομαι A | διχοτομηνια ℵ   13 εισακουσεται C* (-σαται
Cᵃ) | μοι C* (μου Cᵃ) | βλαστησεται C | αγρου] υγρου ℵAC   14 λιβανον
ℵ | ευωδιασατε οσμην] τε οσμην rescr C¹

ΣΟΦΙΑ ΣΕΙΡΑΧ XXXIX 26

διάδοτε ὀσμὴν καὶ αἰνέσατε ᾆσμα. B
εὐλογήσατε Κύριον ἐπὶ πᾶσιν τοῖς ἔργοις,
(20) 15 ¹⁵δότε τῷ ὀνόματι αὐτοῦ μεγαλωσύνην,
καὶ ἐξομολογήσασθε ἐν αἰνέσει αὐτοῦ,
ἐν ᾠδαῖς χειλέων καὶ ἐν κινύραις,
καὶ οὕτως ἐρεῖτε ἐν ἐξομολογήσει
(21) 16 ¹⁶Τὰ ἔργα Κυρίου πάντα ὅτι καλὰ σφόδρα,
καὶ πᾶν πρόσταγμα ἐν καιρῷ αὐτοῦ ἔσται·
(26) 17 ¹⁷οὐκ ἔστιν εἰπεῖν Τί τοῦτο; εἰς τί τοῦτο,
πάντα γὰρ ἐν καιρῷ αὐτοῦ ζητηθήσεται.
(22) ⁽²²⁾ἐν λόγῳ αὐτοῦ ἔστη ὡς θιμωνιὰ ὕδωρ,
καὶ ἐν ῥήματι στόματος αὐτοῦ ἀποδοχεῖα ὑδάτων
(23) 18 ¹⁸ἐν προστάγματι αὐτοῦ πᾶσα ἡ εὐδοκία,
καὶ οὐκ ἔστιν ὃς ἐλαττώσει τὸ σωτήριον αὐτοῦ.
(24) 19 ¹⁹ἔργα πάσης σαρκὸς ἐνώπιον αὐτοῦ,
καὶ οὐκ ἔστιν κρυβῆναι ἀπὸ τῶν ὀφθαλμῶν αὐτοῦ·
(25) 20 ²⁰ἀπὸ τοῦ αἰῶνος εἰς τὸν αἰῶνα ἐπέβλεψεν,
καὶ οὐθέν ἐστιν θαυμάσιον ἐναντίον αὐτοῦ.
(26) 21 ²¹οὐκ ἔστιν εἰπεῖν Τί τοῦτο; εἰς τί τοῦτο;
πάντα γὰρ εἰς χρείας αὐτῶν ἔκτισται.
(27) 22 ²²ἡ εὐλογία αὐτοῦ ὡς ποταμὸς ἐπεκάλυψεν,
(28) ⁽²⁸⁾καὶ ὡς κατακλυσμὸς ξηρὰν ἐμέθυσεν·
23 ²³οὕτως ὀργὴν αὐτοῦ ἔθνη κληρονομήσει,
(29) ⁽²⁹⁾ὡς μετέστρεψεν ὕδατα εἰς ἅλμην.
24 ²⁴αἱ ὁδοὶ αὐτοῦ τοῖς ὁσίοις εὐθεῖαι,
οὕτως τοῖς ἀνόμοις προσκόμματα·
(30) 25 ²⁵ἀγαθὰ τοῖς ἀγαθοῖς ἔκτισται ἀπ᾽ ἀρχῆς,
οὕτως τοῖς ἁμαρτωλοῖς κακά.
(31) 26 ²⁶ἀρχὴ πάσης χρείας εἰς ζωὴν ἀνθρώπου,
ὕδωρ, πῦρ καὶ σίδηρος καὶ ἅλα καὶ σεμίδαλις,

14 πασι ℵC | εργοις]+αυτου ℵ^{c a}A   16 καιρω] κω ℵ* (καιρω ℵ^{c ?}) ℵAC
17 εις τι] εστι C* (εις τι C^a) | θειμωνια ℵ θημωνια C | αποδοχια B*C (-χεια
B^{atb}ℵA)   18 η ευδοκια] om η ℵ^{c a}   19 των οφθαλμων] ν 1º sup ras A^a
20 εις] επι ℵ* (εις ℵ^{c a}) | ουθεν] ουκ ℵ* ουδεν ℵ^{c a}AC | εστι C | θαυμαστον
ℵAC | αυτου] pr των οφθαλμων ℵ* (improb ℵ^{c a} antea uncis incl ℵ[?])
21 om τι 2º C | χριαν ℵAC   22 επεκαλυψεν] απεκαλυψε C   23 οργη
ℵ^{c a} | εθνει B | om ως μετεστρεψεν αλμην AC   24 προσκομματα (προσσκ
A)]+ως μετεστρεψεν υδατα εις αλμην AC   26 ζωην] ψυχην C | πυρ] pr
και ℵ^{c a}AC | om και 1º ℵ | αλας A | και σεμιδ. inc stich ℵ | σεμιδαλιν ℵ*
(-λις ℵ^{c a}) C

725

ΣΟΦΙΑ ΣΕΙΡΑΧ

B   πυρὸς καὶ μέλι καὶ γάλα,
     αἷμα σταφυλῆς καὶ ἔλαιον καὶ ἱμάτιον·
²⁷ταῦτα πάντα τοῖς εὐσεβέσιν εἰς ἀγαθά,
  οὕτως τοῖς ἁμαρτωλοῖς τραπήσεται εἰς κακά
²⁸ἔστιν πνεύματα ἃ εἰς ἐκδίκησιν ἔκτισται,
  καὶ ἐν θυμῷ αὐτῶν ἐστερέωσαν μάστιγας αὐτῶν
⁽³⁴⁾καὶ ἐν καιρῷ συντελείας ἰσχὺν ἐκχεοῦσιν,
  καὶ τὸν θυμὸν τοῦ ποιήσαντος αὐτοὺς κοπάσουσιν.
²⁹πῦρ καὶ χάλαζα καὶ λιμὸς καὶ θάνατος,
  πάντα ταῦτα εἰς ἐκδίκησιν ἔκτισται·
³⁰θηρίων ὀδόντες καὶ σκορπίοι καὶ ἔχεις
  καὶ ῥομφαία ἐκδικοῦσα εἰς ὄλεθρον ἀσεβεῖς,
³¹ἐν τῇ ἐντολῇ αὐτοῦ εὐφρανθήσονται,
  καὶ ἐπὶ τῆς γῆς εἰς χρείας ἑτοιμασθήσονται,
  καὶ ἐν τοῖς καιροῖς αὐτῶν οὐ παραβήσονται λόγον
³²διὰ τοῦτο ἐξ ἀρχῆς ἐστηρίχθην
  καὶ διενοήθην καὶ ἐν γραφῇ ἀφῆκα
³³τὰ ἔργα Κυρίου πάντα ἀγαθά,
  καὶ πᾶσαν χρείαν ἐν ὥρᾳ αὐτῆς χορηγήσει·
³⁴καὶ οὐκ ἔστιν εἰπεῖν Τοῦτο τούτου πονηρότερον,
  πάντα γὰρ ἐν καιρῷ εὐδοκιμηθήσεται.
³⁵καὶ νῦν ἐν πάσῃ καρδίᾳ καὶ στόματι ὑμνήσαμεν,
  καὶ εὐλογήσατε τὸ ὄνομα Κυρίου.

¹Ἀσχολία μεγάλη ἔκτισται παντὶ ἀνθρώπῳ,
  καὶ ζυγὸς βαρὺς ἐπὶ υἱοὺς Ἀδάμ,
  ἀφ᾿ ἡμέρας ἐξόδου ἐκ γαστρὸς μητρὸς αὐτῶν
  ἕως ἡμέρας ἐπὶ ταφῇ εἰς μητέρα πάντων·
²τοὺς διαλογισμοὺς αὐτῶν καὶ φόβον καρδίας,
  ἐπίνοια προσδοκίας, ἡμέρα τελευτῆς

ℵAC 26 πυρος] πυρου ℵ πυρ C | και γαλα και μελι ℵ   27 ταυτα παντα] παντα τοαιτα (sic) ℵ* π ταυτα ℵ¹ᶜᵃ | ευσεβεσι C | ευσεβεσι C   28 πνευματα] πν̄α ℵ* (πν̄ατα ℵᶜᵃ) C | αυτων 1°] αυτου ℵᶜᵃ | εστερεωσεν ℵᶜᵃ | om και 2° A | συντελιας C | εκχεουσι C | κοπασουσι C   30 εκδικουσα] εκδιωκουσα ℵᶜᵃ (mox ipse ιενος ελδικ)   31 χρειας] χειρας A | τοις καιροις] om τοις ℵAC | αυτων] αυτου C   32 εστηρισθην ℵ* (-χθην ℵᶜᵃ) | και εν γραφη αφηκα και διενοηθην C   33 αγαθα] pr τα C | ωρα] καιρω C | χορηγησει] εχορηγησεν C   34 ευδοκιμηθησεται] δοκιμασθησεται ℵ ευδοκιμησεται A   35 υμνησατε BᵇℵAC (-ται)   XL 1 υιοις Αδαμ] υς Αδαμ sup ras Bᵃᵇ υιοις Αδ ℵ | αυτων] αυτου C | ημερα (2°) ℵ* (-ρας ℵᶜᵃ) | επι ταφη] επι ταφης (? επιταφης) AC επιστραφη ℵᶜᵃ   2 καρδιαν A | προσδοκια ℵ* (-κιας ℵᶜᵃ)

ΣΟΦΙΑ ΣΕΙΡΑΧ

3 ³ἀπὸ καθημένου ἐπὶ θρόνου ἐν δόξῃ
καὶ ἕως τεταπεινωμένου ἐν γῇ καὶ σποδῷ,
4 ⁴ἀπὸ φοροῦντος ὑάκινθον καὶ στέφανον
καὶ ἕως περιβαλλομένου ὠμόλινον·
5 ⁵θυμὸς καὶ ζῆλος καὶ ταραχὴ καὶ σάλος
καὶ φόβος θανάτου καὶ μηνίαμα καὶ ἔρις.
⁽⁵⁾καὶ ἐν καιρῷ ἀναπαύσεως ἐπὶ κοίτης
ὕπνος νυκτὸς ἀλλοιοῖ γνῶσιν αὐτοῦ·
6 ⁶ὀλίγον ὡς οὐδὲν ἐν ἀναπαύσει,
καὶ ἀπ' ἐκείνου ἐν ὕπνοις ὡς ἐν ἡμέρᾳ σκοπιᾶς·
⁽⁷⁾τεθορυβημένος ἐν ὁράσει καρδίας αὐτοῦ,
ὡς ἐκπεφευγὼς ἀπὸ προσώπου πολέμου
7 ⁷ἐν καιρῷ σωτηρίας αὐτοῦ ἐξηγέρθη,
καὶ ἀποθαυμάζων εἰς οὐδένα φόβον.
8 ⁸μετὰ πάσης σαρκὸς ἀπὸ ἀνθρώπου ἕως κτήνους,
καὶ ἐπὶ ἁμαρτωλῶν ἑπταπλάσια πρὸς ταῦτα
9 ⁹θάνατος καὶ αἷμα καὶ ἔρις καὶ ῥομφαία,
10 ¹⁰ἐπὶ τοὺς ἀνόμους ἐκτίσθη ταῦτα πάντα,
καὶ δι' αὐτοὺς ἐγένετο ὁ κατακλυσμός.
11 ¹¹πάντα ὅσα ἀπὸ γῆς εἰς γῆν ἀναστρέφει,
καὶ ἀπὸ ὑδάτων εἰς θάλασσαν ἀνακάμπτει
12 ¹²πᾶν δῶρον καὶ ἀδικία ἐξαλειφθήσεται,
καὶ πίστις εἰς τὸν αἰῶνα στήσεται.
13 ¹³χρήματα ἀδίκων ὡς ποταμὸς ξηρανθήσεται,
καὶ ὡς βροντὴ μεγάλη ἐν ὑετῷ ἐξηχήσει·
14 ¹⁴ἐν τῷ ἀνοῖξαι αὐτὸν χεῖρας εὐφρανθήσεται,
οὕτως οἱ παραβαίνοντες εἰς συντέλειαν ἐκλείψουσιν.
15 ¹⁵ἔκγονα ἀσεβῶν οὐ πληθυνεῖ κλάδους,
καὶ ῥίζαι ἀκάθαρτοι ἐπ' ἀκροτόμου πέτρας

3 εν δοξη] ευδοξου ℵAC | om και 1° A | εως τεταπεινωμενου] ωστε ταπει- ℵAC νουμενου A   4 υακινθινον ℵA | εως] ως C   5 om και 2° ℵC | μηνιαμα] μηνιμα ℵA μηνεις C | ερεις C | κοιτης] της non inst B^b | νυκτος] και νυξ ℵ* (νυκτ. ℵ^ᶜᵃ)   6 ορασει B*ᶜ] θρασει B^{a?b} | απο προσωπου πολεμου εκπεφευγως C   7 αποθαυμαζων] αποθαυμαζοντων ℵ^ᶜᵃ   8 om και επι αμαρτωλων προς ταυτα C   9 και ερις και αιμα ℵ | ερις] εις (sic) C | ρομφαια] + επαγωγαι λειμος (λιμ. B^bAC) και συντριμμα και μαστιξ B^{ab mg sup} ℵ^ᶜᵃAC επαγ. λειμος συντρ και μαστιγες ℵ*   10 παντα ταυτα ℵ
11 αναστρεψει A   14 συντελιαν C | εκλειψουσιν B^{ab}C (εκλιψ. B*ℵ)] εκθλιψουσιν A   15 ακαθαρτοι] καθαρτοι sup ras B^{ab}

ΣΟΦΙΑ ΣΕΙΡΑΧ

B ¹⁶ἄχει ἐπὶ παντὸς ὕδατος καὶ χείλους ποταμοῦ 16
πρὸ παντὸς χόρτου ἐκτιλήσεται.
¹⁷χάρις ὡς παράδεισος ἐν εὐλογίαις, 17
καὶ ἐλεημοσύνη εἰς τὸν αἰῶνα διαμενεῖ.
¹⁸ζωὴ αὐτάρκους ἐργάτου γλυκανθήσεται, 18
καὶ ὑπὲρ ἀμφότερα ὁ εὑρίσκων θησαυρόν.
¹⁹τέκνα καὶ οἰκοδομὴ πόλεως στηρίζουσιν ὄνομα, 19
καὶ ὑπὲρ ἀμφότερα γυνὴ ἄμωμος λογίζεται.
²⁰οἶνος καὶ μουσικὰ εὐφραίνουσιν καρδίαν, 20
καὶ ὑπὲρ ἀμφότερα ἀγάπησις σοφίας.
²¹αὐλὸς καὶ ψαλτήριον ἡδύνουσιν μέλη, 21
καὶ ὑπὲρ ἀμφότερα γλῶσσα ἡδεῖα.
²²χάριν καὶ κάλλος ἐπιθυμήσει ὁ ὀφθαλμός σου, 22
καὶ ὑπὲρ ἀμφότερα χλόην σπόρου.
²³φίλος καὶ ἑταῖρος εἰς καιρὸν ἀπαντῶντες, 23
καὶ ὑπὲρ ἀμφότερα γυνὴ μετὰ ἀνδρός.
²⁴ἀδελφοὶ καὶ βοήθεια εἰς καιρὸν θλίψεως, 24
καὶ ὑπὲρ ἀμφότερα ἐλεημοσύνη ῥύσεται
²⁵χρυσίον καὶ ἀργύριον ἐπιστήσουσιν πόδα, 25
καὶ ὑπὲρ ἀμφότερα γυνὴ εὐδοκιμεῖται.
²⁶χρήματα καὶ ἰσχὺς ἀνυψώσουσιν καρδίαν, 26
καὶ ὑπὲρ ἀμφότερα φόβος Κυρίου·
⁽²⁷⁾οὐκ ἔστιν φόβῳ Κυρίου ἐλάττωσις, (27)
καὶ οὐκ ἔστιν ἐπιζητῆσαι ἐν αὐτῷ βοήθειαν·
²⁷φόβος Κυρίου ὡς παράδεισος εὐλογίας, 27 (28)
καὶ ὑπὲρ πᾶσαν δόξαν ἐκάλυψαν αὐτόν.
²⁸τέκνον, ζωὴν ἐπαιτήσεως μὴ βιώσῃς· 28 (29)
κρεῖσσον ἀποθανεῖν ἢ ἐπαιτεῖν.
²⁹ἀνὴρ βλέπων εἰς τράπεζαν ἀλλοτρίαν, 29 (30)

ℵAC 16 αχει] αχι A evan in C | χειλους] χιλος A   17 παραδεισον ℵ* (-σος ℵ¹ᶜᵃ) | ελεημοσυνη] pr εν ℵ* (improb εν ℵᶜᵃ) | διαμενει] μενει C   18 αμφοτερα ο ευρ] om ο ℵ* (hab o ℵᶜᵃ) αμφοτερας ευρ A   20 αγαπησεις σοφιαν sup ras ℵ¹ ευρησις σοφ. C   22 ο οφθαλμος σου] οφθαλμος A οφθ. σου C | χλοη C | σποριμου ℵ* (σπορου ℵᶜᵃ)   23 εταιρος] ετερος C | μετα] μετ A   24 αδελφοι] pr και ℵ* (om και ℵᶜᵃ) | βοηθεια] β sup litur in B | ρυεται ℵAC   25 γυνη] βουλη BᵃᵇℵAC   26 ανυψωσουσιν] ανυψουσιν ℵ¹ᶜᵃ (ανουψουσ. ℵ*) A | Κυριου 1°] θῡ ℵ* (κῡ ℵᶜᵃ) | φοβῳ] pr εν ℵAC | Κυριου 2°] θῡ ℵ* (κῡ ℵᶜᵃ) | επιζητησαι εν αυτω βοηθειαν] εν αυτω ζητησαι β C   27 πασαν] αμφοτερα C | εκαλυψεν ℵA   28 κρεισσον (-σσων B)] + γαρ ℵᶜᵃ   29 βλεπων] incep tr ℵ* (improb tr ℵ¹ postea ras)

ΣΟΦΙΑ ΣΕΙΡΑΧ

(31)
(32) 30

XLI 1

(2)

(3) 2

(4)

(5) 3

4

(6)

(7)

(8) 5

(9) 6

(10) 7

(11) 8

(12) 9

(13) 10

(14) 11

οὐκ ἔστιν αὐτοῦ ὁ βίος ἐν λογισμῷ ζωῆς, B
ἀλισγήσει τὴν ψυχὴν αὐτοῦ ἐν ἐδέσμασιν ἀλλοτρίοις·
⁽³¹⁾ἀνὴρ δὲ ἐπιστήμων καὶ πεπαιδευμένος φυλάξεται.
³⁰ἐν στόματι ἀναιδοῦς γλυκανθήσεται ἐπαίτησις,
καὶ ἐν κοιλίᾳ αὐτοῦ πῦρ καήσεται.

¹᷉Ω θάνατε, ὡς πικρόν σου τὸ μνημόσυνόν ἐστιν
ἀνθρώπῳ εἰρηνεύοντι ἐν τοῖς ὑπάρχουσιν αὐτοῦ,
⁽²⁾ἀνδρὶ ἀπερισπάστῳ καὶ εὐοδουμένῳ ἐν πᾶσιν
καὶ ἔτι ἰσχύοντι ἐπιδέξασθαι τροφήν.
²ὦ θάνατε, καλόν σου τὸ κρίμα ἐστὶν
ἀνθρώπῳ ἐπιδεομένῳ καὶ ἐλασσουμένῳ ἰσχύι,
⁽⁴⁾ἐσχατογήρῳ καὶ περισπωμένῳ περὶ πάντων,
καὶ ἀπειθοῦντι καὶ ἀπολωλεκότι ὑπομονήν.
³μὴ εὐλαβοῦ κρίμα θανάτου,
μνήσθητι προτέρων σου καὶ ἐσχάτων·
⁴τοῦτο τὸ κρίμα παρὰ Κυρίου πάσῃ σαρκί,
⁽⁶⁾καὶ τί ἀπαναίνῃ ἐν εὐδοκίᾳ Ὑψίστου;
εἴτε δέκα εἴτε ἑκατὸν εἴτε χίλια ἔτη,
⁽⁷⁾οὐκ ἔστιν ἐν ᾅδου ἐλεγμὸς ζωῆς.
⁵τέκνα βδελυκτὰ γίνεται τέκνα ἁμαρτωλῶν,
καὶ συναναστρεφόμενα παροικίαις ἀσεβῶν·
⁶τέκνων ἁμαρτωλῶν ἀπολεῖται κληρονομία,
καὶ μετὰ τοῦ σπέρματος αὐτῶν ἐνδελεχιεῖ ὄνειδος.
⁷πατρὶ ἀσεβεῖ μέμψεται τέκνα,
ὅτι δι' αὐτὸν ὀνειδισθήσονται.
⁸οὐαὶ ὑμῖν ἄνδρες ἀσεβεῖς,
οἵτινες ἐγκατελείπετε νόμον θεοῦ Ὑψίστου·
⁹καὶ ἐὰν γεννηθῆτε, εἰς κατάραν γεννηθήσεσθε,
καὶ ἐὰν ἀποθάνητε, εἰς κατάραν μερισθήσεσθε.
¹⁰πάντα ὅσα ἐκ γῆς εἰς γῆν ἀπελεύσεται,
οὕτως ἀσεβεῖς ἀπὸ κατάρας εἰς ἀπωλίαν.
¹¹πένθος ἀνθρώπων ἐν σώμασιν αὐτῶν,

29 διαλογισμω ℵ | αλισγησει] αλγησει ℵ | την ψυχην] om την ℵA ℵAC
30 απαιτησις ℵ   **XLI 1** αυτου] αυτω ℵ | πασι C | επιδεξασθαι] δεξασθε ℵ
2 καλον] pr ως ℵ^{c a} | επιδεομενω A | ισχυι] pr εν ℵA | περι παντων] pr και
ℵ* (improb και ℵ^c)   **4** το κριμα] om το AC | om εν 1° ℵ* (hab εν ℵ^{c c (vid)})
5 βδελυκτα] βδελυρα ℵAC   **6** ενδελεχει A   **7** μεμφε[ται] C   **8** εγκατε-
λειπετε] εγκατελιπετε B^bℵ (ενκ.) εγκατελιπατε C | om θεου ℵ   **10** απε-
λευσονται C | απωλειαν B^{b(vid)}AC   **11** σωματι ℵ* (-μασιν ℵ^{c a})

ΧLI 12   ΣΟΦΙΑ ΣΕΙΡΑΧ

B   ὄνομα δὲ ἁμαρτωλῶν οὐκ ἀγαθὸν ἐξαλειφθήσεται.
   12 φρόντισον περὶ ὀνόματος, αὐτὸ γάρ σοι διαμενεῖ   12 (15)
         ἢ χίλιοι μεγάλοι θησαυροὶ χρυσίου·
   13 ἀγαθῆς ζωῆς ἀριθμὸς ἡμερῶν,   13 (16)
         καὶ ἀγαθὸν ὄνομα εἰς αἰῶνα διαμενεῖ.
   14 παιδείαν ἐν εἰρήνῃ συντηρήσατε, τέκνα·   14 (17)
         σοφία δὲ κεκρυμμένη καὶ θησαυρὸς ἀφανής,
         τίς ὠφελία ἐν ἀμφοτέροις,
   15 κρείσσων ἄνθρωπος ἀποκρύπτων τὴν μωρίαν αὐτοῦ   15 (18)
         ἢ ἄνθρωπος ἀποκρύπτων τὴν σοφίαν αὐτοῦ
   16 τοιγαροῦν ἐντράπητε ἐπὶ τῷ ῥήματί μου·   16 (19)
      (20) οὐ γάρ ἐστιν πᾶσαν αἰσχύνην διαφυλάξαι καλόν,   (20)
         καὶ οὐ πάντα πᾶσιν ἐν πίστει εὐδοκιμεῖται.
   17 αἰσχύνεσθε ἀπὸ πατρὸς καὶ μητρὸς περὶ πορνείας,   17 (21)
         καὶ ἀπὸ ἡγουμένου καὶ δυνάστου περὶ ψεύδους,
   18 ἀπὸ κριτοῦ καὶ ἄρχοντος περὶ πλημμελίας,   18 (22)
         ἀπὸ συναγωγῆς καὶ λαοῦ περὶ ἀνομίας,
      (22) ἀπὸ κοινωνοῦ καὶ φίλου περὶ ἀδικίας,   (23)
   19 καὶ ἀπὸ τόπου οὗ παροικεῖς (24) περὶ κλοπῆς,   19 (24)
         καὶ ἀπὸ ἀληθείας θεοῦ καὶ διαθήκης,
         καὶ ἀπὸ πήξεως ἀγκῶνος ἐπ' ἄρτους,
         ἀπὸ σκορακισμοῦ λήμψεως καὶ δόσεως,
   20 καὶ ἀπὸ ἀσπαζομένων περὶ σιωπῆς,   20 (25)
         ἀπὸ ὁράσεως γυναικὸς ἑταίρας,
   21 καὶ ἀπὸ ἀποστροφῆς προσώπου συγγενοῦς,   21 (26)
         ἀπὸ ἀφαιρέσεως μερίδος καὶ δόσεως,
      (27) καὶ ἀπὸ κατανοήσεως γυναικὸς ὑπάνδρου,   (27)
   22 ἀπὸ περιεργείας παιδίσκης αὐτοῦ,   22
         καὶ μὴ ἐπιστῇς ἐπὶ τὴν κοίτην αὐτῆς·
      (28) ἀπὸ φίλων περὶ λόγων ὀνειδισμοῦ,   (28)

ℵAC   11 ουκ αγαθον] αγαθον ουκ ℵc a   12 ονοματος] +καλου ℵc a   14 παιδιαν ℵAC | om δε ℵc ¹ | ωφελεια Bab A   16 διαφυλαξαι] αποκαλυψαι ℵc a | παστει ℵ* (πιστ. ℵc a)   17 περι πορνειας] απο πονηριας ℵ* (περι πορν. ℵc a) | ηγουμενου] προηγουμενου ℵ   18 πλημμελειας Bab A | απο 3°] pr και C | om απο κοινωνου   αδικιας A | περι 3°] pr κ ℵ* (ras κ ιam antea improb ℵ¹)   19 κλοπης] πλοκης ℵ πης resci Cª | αληθιας ℵ (αλ ex δι fec ℵ¹) | om και 4° A | αρτοις ℵAC | απο 4°] pr και AC | κορακισμου C   20 απο 1°] περι ℵ* (απο ℵc a) | απο 2°] pr και AC | εταιρας] ετερας ℵAC   21 om και 3° AC   22 περιεργιας Bb (-γειας B*)] περιεργασιας ϛ ℵc a | παιδισκης] pr και ℵc a | λογου ℵAC | ονειδισμου] ωνιδισμων C

ΣΟΦΙΑ ΣΕΙΡΑΧ

καὶ μετὰ τὸ δοῦναι μὴ ὀνείδιζε·
¹ἀπὸ δευτερώσεως καὶ λόγου ἀκοῆς,
καὶ ἀπὸ ἀποκαλύψεων λόγων κρυφίων·
καὶ ἔσῃ αἰσχυντηρὸς ἀληθινῶς,
καὶ εὑρίσκων χάριν ἔναντι παντὸς ἀνθρώπου.

Μὴ περὶ τούτων αἰσχυνθῇς,
καὶ μὴ λάβῃς πρόσωπον τοῦ ἁμαρτάνειν·
²περὶ νόμου Ὑψίστου καὶ διαθήκης,
καὶ περὶ κρίματος δικαιῶσαι τὸν ἀσεβῆ,
³περὶ λόγου κοινωνοῦ καὶ ὁδοιπόρων,
περὶ δόσεως κληρονομίας ἑταίρων,
⁴περὶ ἀκριβείας ζυγοῦ καὶ σταθμίων,
περὶ κτήσεως πολλῶν καὶ ὀλίγων,
⁵περὶ ἀδιαφόρου πράσεως καὶ ἐμπόρων,
καὶ περὶ παιδείας τέκνων πολλῆς,
καὶ οἰκέτῃ πονηρῷ πλευρὰν αἱμάξαι·
⁶ἐπὶ γυναικὶ πονηρᾷ καλὸν σφραγίς,
⁽⁷⁾καὶ ὅπου χεῖρες πολλαὶ κλεῖσον·
⁷ὃ ἐὰν παραδιδῷς, ἐν ἀριθμῷ καὶ σταθμῷ,
καὶ δόσις καὶ λῆμψις παντὶ ἐν γραφῇ·
⁸περὶ παιδείας ἀνοήτου καὶ μωροῦ
καὶ ἐσχατογήρως κρινομένου πρὸς νέους,
καὶ ἔσῃ πεπαιδευμένος ἀληθινῶς
καὶ δεδοκιμασμένος ἔναντι παντὸς ζῶντος.
⁹θυγάτηρ πατρὶ ἀπόκρυφος ἀγρυπνία,
καὶ ἡ μέριμνα αὐτῆς ἀφιστᾷ ὕπνον·
ἐν νεότητι αὐτῆς μή ποτε παρακμάσῃ,
καὶ συνῳκηκυῖα μή ποτε μισηθῇ·
¹⁰ἐν παρθενείᾳ μή ποτε βεβηλωθῇ

22 δουναι]+με ℵ* (improb με ℵ^(c a))   XLII 1 om και 2° ℵ | om ℵAC απο 2° ℵC | αποκαλυψεως ℵ (απολυψ) AC | αληθινως] και αληθινος ℵ | ανου ℵ* (ανου ℵ^(c a(vid))) | προσωπον] pr τ ℵ* (improb τ ℵ¹ postea ras)   2 ασεβην C   3 κοινωνων ℵC | περι 2°] pr και B^(ab(mg)) ℵC | εταιρων] ετερων ℵAC   4 ακριβιας ℵC | περι 2°] pr και ℵAC   5 αδιαφορου] διαφορου ℵAC | om και 1° ℵAC | εμπορου C | παιδιας ℵAC (item 8) | αιμαξαι] εμαξας A   6 κλεισον] κλισσον C* (σ 2° ras C^(†vid))   7 παραδως ℵ | παντα ℵAC   8 εσχατογηρους ℵ εσχατογηρω AC | κρινομενω AC | δεδοκιμασμενος B^b (δεδοκισμ. B*) ℵ^(c a)] δεδοκιμασμενοι ℵ*   9 πατρι C | αυτης] αυτου A | συνωκηκυια]+ανδρι ℵ^(c a)   10 παρθενια B^b (-νεια B*A) ℵC

ΣΟΦΙΑ ΣΕΙΡΑΧ

B καὶ ἐν τοῖς πατρικοῖς αὐτῆς ἔγκυος γένηται·
μετὰ ἀνδρὸς οὖσα μή ποτε παραβῇ,
καὶ συνῳκηκυῖα μή ποτε στειρώσῃ.
¹¹ἐπὶ θυγατρὶ ἀδιατρέπτῳ στερέωσον φυλακήν, 11
μή ποτε ποιήσῃ σε ἐπίχαρμα ἐχθροῖς,
λαλιὰν ἐν πόλει καὶ ἔκκλητον λαοῦ,
καὶ καταισχυνεῖ σε ἐν πλήθει πολλῶν.
¹²παντὶ ἀνθρώπῳ μὴ ἔμβλεπε ἐν κάλλει, 12
καὶ ἐν μέσῳ γυναικῶν μὴ συνέδρευε·
¹³ἀπὸ γὰρ ἱματίων ἐκπορεύεται σής, 13
καὶ ἀπὸ γυναικὸς πονηρία γυναικός
¹⁴κρείσσων πονηρία ἀνδρὸς ἢ ἀγαθοποιὸς γυνή, 14
καὶ γυνὴ καταισχύνουσα εἰς ὀνειδισμόν.

¹⁵Μνησθήσομαι δὲ τὰ ἔργα Κυρίου, 15
καὶ ἃ ἑόρακα ἐκδιηγήσομαι·
ἐν λόγοις Κυρίου τὰ ἔργα αὐτοῦ.
¹⁶ἥλιος φωτίζων κατὰ πᾶν ἐπέβλεψεν, 16
καὶ τῆς δόξης αὐτοῦ πλῆρες τὸ ἔργον αὐτοῦ
¹⁷οὐκ ἐνεποίησεν τοῖς ἁγίοις Κύριος 17
ἐκδιηγήσασθαι πάντα τὰ θαυμάσια αὐτοῦ,
ἃ ἐστερέωσεν Κύριος ὁ παντοκράτωρ,
στηριχθῆναι ἐν δόξῃ αὐτοῦ τὸ πᾶν.
¹⁸ἄβυσσον καὶ καρδίαν ἐξίχνευσεν, 18
καὶ ἐν πανουργεύμασιν αὐτῶν διενοήθην·
⁽¹⁹⁾ἔγνω γὰρ ὁ κύριος πᾶσαν εἴδησιν
καὶ ἐνέβλεψεν εἰς σημεῖον αἰῶνος,
¹⁹ἀπαγγέλλων τὰ παρεληλυθότα καὶ ἐπεσύμενα, 19
καὶ ἀποκαλύπτων ἴχνη ἀποκρύφων·
²⁰οὐ παρῆλθεν αὐτὸν πᾶν διανόημα, 20
οὐκ ἐκρύβη ἀπ' αὐτοῦ οὐδὲ εἷς λόγος.

ℵAC 10 μετα] pr και ℵ | στειρωση] στειρωθη ℵAC (στιρ) 11 αδιαστρεπτω
ℵ | ποιηση σε] ποιησης ℵ* (-ση σε ℵᶜ ᵃ) C ποιησει σε A | καταισχυνη ℵ
12 ενβλεπε ℵA 13 εκπορευεται] εξελευσεται C 14 κρισσω A
15 δε] δη ℵAC | εωρακα Bᵇ | αυτου] + ϟ γεγονεν εν ευλογια αυτου κριμα ℵᶜ ᵃ
16 αυτου 1°] κ̄ῡ ℵᶜ ᵃAC | πληρης Bℵ πληρεις C   17 Κυριος 1°] κ̄ῡ ℵ | εκδιη-
γησασθαι] pr και ℵ* (improb και ℵᶜ ᵃ) | om α C 18 πανουργημασιν ℵ*
(-γευμασιν ℵᶜ ᵃ) A | διενοηθη ℵA | κυριος] υψιστος ℵAC*ᵛⁱᵈ (?κ̄ς Cᵃ) | ειδησιν
(ιδ. A)] συνιδησιν ℵ συν[ειδησιν] C   19 απαγγελλων] pr και ℵC | επεσο-
μενα] τα εσομενα ℵAC | αποκαλυπτων] pr ο ℵ* (om ο ℵᶜ ᵃ)   20 ου]+γαρ
ℵ* (om γαρ ℵᶜ ᵃ) | ουκ] pr ϟ ℵᶜ ᵃ | om ουδε AC

732

ΣΟΦΙΑ ΣΕΙΡΑΧ XLIII 8

21 ²¹τὰ μεγαλεῖα τῆς σοφίας αὐτοῦ ἐκόσμησεν· B
καὶ ἕως ἔστιν πρὸ τοῦ αἰῶνος καὶ εἰς τὸν αἰῶνα,
(22) ⁽²²⁾οὔτε προσετέθη οὔτε ἠλαττώθη,
καὶ οὐ προσεδεήθη οὐδενὸς συμβούλου.
(23) 22 ²²ὡς πάντα τὰ ἔργα αὐτοῦ ἐπιθυμητά,
καὶ ὡς σπινθήρός ἐστιν θεωρῆσαι.
(24) 23 ²³πάντα ταῦτα ζῇ καὶ μένει εἰς τὸν αἰῶνα
ἐν πάσαις χρείαις, καὶ πάντα ὑπακούει·
(25) 24 ²⁴πάντα δισσὰ ἓν κατέναντι τοῦ ἑνός,
καὶ οὐκ ἐποίησεν οὐδὲν ἐκλιπόν·
(26) 25 ²⁵ἓν τοῦ ἑνὸς ἐστερέωσεν τὰ ἀγαθά,
καὶ τίς πλησθήσεται ὁρῶν δόξαν αὐτοῦ;

XLIII 1 ¹γαυρίαμα ὕψους στερέωμα καθαριότητος,
εἶδος οὐρανοῦ ἐν ὁράματι δόξης.
2 ²ἥλιος ἐν ὀπτασίᾳ διαγγέλλων ἐν ἐξόδῳ,
σκεῦος θαυμαστόν, ἔργον Ὑψίστου·
3 ³ἐν μεσημβρίᾳ αὐτοῦ ἀναξηραίνει χώραν,
καὶ ἐναντίον καύματος αὐτοῦ τίς ὑποστήσεται;
4 ⁴κάμινον φυλάσσων ἐν ἔργοις καύματος,
⁽⁴⁾τριπλασίως ἥλιος ἐκκαίων ὄρη·
ἀτμίδας πυρώδεις ἐμφυσῶν,
καὶ ἐκλάμπων ἀκτῖνας ἀμαυροῖ ὀφθαλμούς.
5 ⁵μέγας Κύριος ὁ ποιήσας αὐτόν,
καὶ ἐν λόγοις αὐτοῦ κατέσπευσεν πορείαν·
6 ⁶καὶ ἡ σελήνη ἐν πᾶσιν εἰς καιρὸν αὐτῆς,
ἀνάδειξιν χρόνων καὶ σημεῖον αἰῶνος·
7 ⁷ἀπὸ σελήνης σημεῖον ἑορτῆς,
φωστὴρ μειούμενος ἐπὶ συντελείας·
8 ⁸μὴν κατὰ τὸ ὄνομα αὐτῆς ἐστιν,
αὐξανομένη θαυμαστῶς ἐν ἀλλοιώσει.

21 εκοσμησε C | και εως] ως ℵ ος AC | ηλασσωθη ℵA | και ου] ουδε ℵ* ℵAC (ϟ ου ℵᶜᵃ) | συμβουλου] pr ανδρος ℵ* (om ℵᶜᵃ) 22 ως σπινθηρος] εως σπινθ. ℵC (εωσπ.) | om εστιν ℵ | θεωρησαι] επιθεωρησαι ℵ 24 εκλιπον] εκλειπον Bᵃᵇ ᵛⁱᵈ Cᵛⁱᵈ ενλειπον ℵ ελλιπον A XLIII 1 καθαριοτητος] και καθαριοτης ℵ | ουρανου] a͞v͞o͞v ℵ* (ου͞v͞o͞v ℵᶜ·ᵃ) 2 διαγγελλων] αγγελλων ℵᶜᵃ διαγγελων A 4 φυλασσων] φυσων ℵᶜᵃA | τριπλασιων A | εμφυσων] εκφυσων ℵAC 5 Κυριος] pr o A | αυτον] αυτους ℵ* (-τον ℵᶜᵃ) | κατεσπευσεν] κατεπαυσεν ℵᶜᵃ | ποριαν ℵC 7 συντελειας] συντελεια αιωνος ℵ* συντελεια ℵ¹A συντελειαις (sic) ℵᶜ ᵃ 8 αυξανομενος ℵAC | θαυμαστος ℵ

ΣΟΦΙΑ ΣΕΙΡΑΧ

B (9)σκεῦος παραβολῶν ἐν ὕψει, (9)
ἐν στερεώματι οὐρανοῦ ἐκλάμπων·
9 κάλλος οὐρανοῦ, δόξα ἄστρων, 9 (10)
κόσμος φωτίζων, ἐν ὑψίστοις Κύριος·
10 ἐν λόγοις ἁγίοις στήσονται κατὰ κρίμα, 10 (11)
καὶ οὐ μὴ ἐκλυθῶσιν ἐν φυλακαῖς αὐτῶν.
11 ἴδε τόξον, καὶ εὐλόγησον τὸν ποιήσαντα αὐτό, 11 (12)
σφόδρα ὡραῖον ἐν τῷ αὐγάσματι αὐτοῦ·
12 ἐγύρωσεν οὐρανὸν ἐν κυκλώσει δόξης, 12 (13)
χεῖρες Ὑψίστου ἐτάνυσαν αὐτό.
13 προστάγματι αὐτοῦ κατέπαυσεν χιόνα, 13 (14)
καὶ ταχύνει ἀστραπὰς κρίματος αὐτοῦ·
14 διὰ τοῦτο ἠνεῴχθησαν θησαυροί, 14 (15)
καὶ ἐξέπτησαν νεφέλαι ὡς πετεινά·
15 ἐν μεγαλείῳ αὐτοῦ ἴσχυσεν νεφέλας, 15 (16)
καὶ διεθρύβησαν λίθοι χαλάζης.
16 καὶ ἐν ὀπτασίαις αὐτοῦ σαλευθήσεται ὄρη, 16 (17)
ἐν θελήματι πνεύσεται νότος.
17 φωνὴ βροντῆς αὐτοῦ ὠνείδισεν γῆν, 17 (18)
καὶ καταιγὶς βορέου καὶ συστροφὴ πνεύματος.
(19) ὡς πετεινὰ καθιπτάμενα πάσσει χιόνα, (19)
καὶ ὡς ἀκρὶς καταλύουσα ἡ κατάβασις αὐτῆς·
18 κάλλος λευκότητος αὐτῆς ἐκθαυμάσει ὀφθαλμός, 18 (20)
καὶ ἐπὶ τοῦ ὑετοῦ αὐτῆς ἐκστήσεται καρδία.
19 καὶ πάχνην ὡς ἅλα ἐπὶ γῆς χέει, 19 (21)
καὶ παγεῖσα γίνεται σκολόπων ἄκρα.
20 ψυχρὸς ἄνεμος βορέης πνεύσει, 20 (22)
καὶ παγήσεται κρύσταλλος ἀφ' ὕδατος
ἐπὶ πᾶσαν συναγωγὴν ὕδατος καταλύσει,
καὶ ὡς θώρακα ἐνδύσεται τὸ ὕδωρ.
21 καταφάγεται ὄρη καὶ ἔρημον ἐκκαύσει, 21 (23)

ΝAC 8 παραβολων] παρεμβολων ΝAC   9 αστερων Ν | Κυριος] κυ Νc a AC
10 αγιου ΝAC   11 αυτο] αυτον AC   12 αυτο] αυτον C   13 κατεπαυσεν
B* vid Ν] κατεσπευσεν Bab (εσπευ sup ras) AC   15 νεφελαις A | χαλα-
ζης] post ʃ ras 1 lit Aa   16 οπτασια ΝAC | σαλευθησεται] σαλευθησονται
ΝA σαλευονται C | εν 2°] pr και AC | θεληματι]+αυτου ΝAC   17 ωνει-
δισεν] ωδινησεν A | γην] γη A | κατιπταμενα B   18 αυτης 2°] αυτο incep Ν*
(-της Νc a)   19 παχνη Ν* (-χνην Νc a)   20 βορεας ΝAC | αφ
υδατος] εφ υδατος ΝA φυδατος (sic) C | επι] pr και C | εκδυσεται Ν

ΣΟΦΙΑ ΣΕΙΡΑΧ

καὶ ἀποσβέσει χλόην ὡς πῦρ.

(24) 22 ²²ἴασις πάντων κατὰ σπουδὴν ὁμίχλη,
δρόσος ἀπαντῶσα ἀπὸ καύσωνος ἱλαρώσει.

(25) 23 ²³λογισμῷ αὐτοῦ ἐκόπασεν ἄβυσσον,
καὶ ἐφύτευσεν αὐτὴν Ἰησοῦς.

(26) 24 ²⁴οἱ πλέοντες τὴν θάλασσαν διηγοῦνται τὸν κίνδυνον αὐτῆς,
καὶ ἀκοαῖς ὠτίων ἡμῶν θαυμάζομεν·

(27) 25 ²⁵καὶ ἐκεῖ τὰ παράδοξα καὶ θαυμάσια ἔργα,
ποικιλία παντὸς ζῴου, κτίσις κητῶν.

(28) 26 ²⁶δι' αὐτὸν εὐοδία τέλος αὐτοῦ,
καὶ ἐν λόγῳ αὐτοῦ σύνκειται πάντα

(29) 27 ²⁷πολλὰ ἐροῦμεν καὶ οὐ μὴ ἀφικώμεθα,
καὶ συντέλεια λόγων Τὸ πᾶν ἐστιν αὐτός.

(30) 28 ²⁸δοξάζοντες ποῦ ἰσχύσωμεν;
αὐτὸς γὰρ ὁ μέγας παρὰ πάντα τὰ ἔργα αὐτοῦ.

(31) 29 ²⁹φοβερὸς Κύριος καὶ σφόδρα μέγας,
καὶ θαυμαστὴ ἡ δυναστεία αὐτοῦ.

(32, 33) 30 ³⁰δοξάζοντες Κύριον ὑψώσατε
καθ' ὅσον ἂν δύνησθε, ὑπερέξει γὰρ καὶ ἔτι·

(34) ⁽³⁴⁾καὶ ὑψοῦντες αὐτὸν πληθύνατε ἐν ἰσχύι·
μὴ κοπιᾶτε, οὐ γὰρ μὴ ἀφίκησθε.

(35) 31 ³¹τίς ἑόρακεν αὐτὸν καὶ ἐκδιηγήσεται,
καὶ τίς μεγαλυνεῖ αὐτὸν καθώς ἐστιν;

(36) 32 ³²πολλὰ ἀπόκρυφά ἐστιν μείζονα τούτων,
ὀλίγα γὰρ ἑωράκαμεν τῶν ἔργων αὐτοῦ

(37) 33 ³³πάντα γὰρ ἐποίησεν ὁ κύριος,
καὶ τοῖς εὐσεβέσιν ἔδωκεν σοφίαν.

Πατέρων ὕμνος.

XLIV 1 ¹Αἰνέσωμεν δὴ ἄνδρας ἐνδόξους
καὶ τοὺς πατέρας ἡμῶν τῇ γενέσει.

21 αποσβεσαι ℵ* (-σι ℵ^{c a}) 22 ιασεις A | παντων] παγων ℵ^{c a} ℵAC
23 αβυσσος ℵ^{c a} | Ιησους] Ις Bℵ Ιησους AC 24 οι πλεοντες . θαυμαζομεν]
και ακοαις .κινδυνον αυτης (invers stichis) AC | την] το incep ℵ* (την ℵ^{1 c a}) |
διηγησονται ℵ | τον κινδυνον] om τον AC 25 θαυμασια και παραδοξα
AC | ποικιλεια C | κτισις] κτησις ℵAC | κητων] κτηνων ℵAC 26 ευωδια]
ευοδια ℵC ευδοκια A | τελους ℵ^{c a} | συγκειται B^{ab}A | παντα] pr τα ℵAC
27 εφικωμεθα C 28 ισχυομεν ℵ ισχυσομεν A 29 Κυριος] κῡ ℵ*
(κς ℵ¹) | δυναστια ℵ 30 Κυριον] pr τον ℵ^{c a} 31 τις 1°] +γαρ ℵ | εω-
ρακεν B^b 33 γαρ]+α ℵ* (improb ℵ^{1 fort} postea ras) | δεδωκεν A

ΣΟΦΙΑ ΣΕΙΡΑΧ

B ²πολλὴν δόξαν ἔκτισεν ὁ κύριος,
   τὴν μεγαλωσύνην αὐτοῦ ἀπ' αἰῶνος.
   ³κυριεύοντες ἐν ταῖς βασιλείαις αὐτῶν,
   καὶ ἄνδρες ὀνομαστοὶ ἐν δυνάμει·
   βουλεύσονται ἐν συνέσει αὐτῶν,
   ἀπηγγελκότες ἐν προφητείαις·
   ⁴ἡγούμενοι λαοῦ ἐν διαβουλίοις
   καὶ συνέσει γραμματείας λαοῦ,
   σοφοὶ λόγοι ἐν παιδείᾳ αὐτῶν·
   ⁵ἐκζητοῦντες μέλη μουσικῶν,
   διηγούμενοι ἔπη ἐν γραφῇ·
   ⁶ἄνδρες πλούσιοι κεχορηγημένοι ἰσχύι,
   εἰρηνεύοντες ἐν παροικίαις αὐτῶν·
   ⁷πάντες οὗτοι ἐν γενεαῖς ἐδοξάσθησαν,
   καὶ ἐν ταῖς ἡμέραις αὐτῶν καύχημα.
   ⁸εἰσὶν αὐτῶν οἳ κατέλιπον ὄνομα
   τοῦ ἐκδιηγήσασθαι ἐπαίνους,
   ⁹καὶ εἰσὶν ὧν οὐκ ἔστιν μνημόσυνον
   καὶ ἀπώλοντο ὡς οὐχ ὑπάρξαντες,
   καὶ ἐγένοντο ὡς οὐ γεγονότες,
   καὶ τὰ τέκνα αὐτῶν μετ' αὐτούς.
   ¹⁰ἀλλ' ἢ οὗτοι ἄνδρες ἐλέους,
   ὧν αἱ δικαιοσύναι οὐκ ἐπελήσθησαν·
   ¹¹μετὰ τοῦ σπέρματος αὐτῶν διαμενεῖ
   ⁽¹²⁾ἀγαθὴ κληρονομία ἔκγονα αὐτῶν·
   ἐν ταῖς διαθήκαις ¹²ἔστη σπέρμα αὐτῶν,
   ⁽¹³⁾καὶ τὰ τέκνα αὐτῶν δι' αὐτούς,
   ¹³ἕως αἰῶνος μενεῖ σπέρμα αὐτῶν,
   καὶ ἡ δόξα αὐτῶν οὐκ ἐξαλειφθήσεται·

ℵA   XLIV 2 πολλα ℵ* (πολλην ℵᶜᵃ) | τη μεγαλωσυνη ℵᶜᵃ   3 αυτων 1°] αυτου A | βουλευονται ℵ βουλευεται A | προφηταις ℵ* (-τιαις ℵᶜᵃ)   4 συνεσει] pr εν ℵ | γραμματειας B* (-τιας Bᵇ)] γραμματιαις ℵ | λογοι εν] εν λογοις A | παιδια ℵA   5 διηγουμενοι] pr και ℵA | γραφη] η sup ras Aᵃ   6 ισχυι] pr εν ℵA | παροικιαις] κατοικιαις ℵA   8 κατελιπον] ενκατελιπον ℵ* (κατελ. ℵᶜᵃ) κατελειπον A   9 εστιν] εισιν B* (εστιν Bᵃ εστι Bᵇ) | υπαρξοντες ℵ* (-ξαντες ℵᶜᵃ)   11 εκγονα] pr τα ℵ   12 σπερμα] pr το ℵA   12—13 και τα τεκνα σπερμα αυτων bis scr ℵ* (εως αιωνος [1°] δι αυτους [2°] unc incl ℵᶜ¹)   12 δι αυτους] μετ αυτ. ℵᶜᵃ   13 μενει] διαμενει ℵᶜᵃ | εξαλειφθησεται] ενκαταλειφθησεται ℵA (εγκ.)

ΣΟΦΙΑ ΣΕΙΡΑΧ XLIV 23

14 ¹⁴τὸ σῶμα αὐτῶν ἐν εἰρήνῃ ἐτάφη, B
και το ὄνομα αυτών ζη εις γενεάς·
15 ¹⁵σοφίαν αὐτῶν διηγήσονται λαοί,
και τον έπαινον εξαγγέλλει εκκλησία.
16 ¹⁶Ἐνὼχ εὐηρέστησεν Κυρίῳ καὶ μετετέθη,
ὑπόδειγμα μετανοίας ταῖς γενεαῖς.
17 ¹⁷Νῶε εὑρέθη τέλειος δίκαιος,
ἐν καιρῷ ὀργῆς ἐγένετο ἀντάλλαγμα·
(18) ⁽¹⁸⁾διὰ τοῦτο ἐγενήθη κατάλιμμα τῇ γῇ,
διὰ τοῦτο ἐγένετο κατακλυσμός·
(19) 18 ¹⁸διαθῆκαι αἰῶνος ἐτέθησαν πρὸς αὐτόν,
ἵνα μὴ ἐξαλειφθῇ κατακλυσμῷ πᾶσα σάρξ.
(20) 19 ¹⁹Ἀβραὰμ μέγας πατὴρ πλήθους ἐθνῶν,
καὶ οὐχ εὑρέθη ὅμοιος ἐν τῇ δόξῃ,
20 ²⁰ὃς συνετήρησεν νόμον Ὑψίστου,
καὶ ἐγένετο ἐν διαθήκῃ μετ' αὐτοῦ,
(21) ⁽²¹⁾καὶ ἐν σαρκὶ αὐτοῦ ἔστησεν διαθήκην,
καὶ ἐν πειρασμῷ εὑρέθη πιστός·
(22) 21 ²¹διὰ τοῦτο ἐν ὅρκῳ ἔστησεν αὐτῷ
ἐνευλογηθῆναι ἔθνη ἐν τῷ σπέρματι αὐτοῦ,
πληθῦναι αὐτὸν ὡς χοῦν τῆς γῆς,
(23) ⁽²³⁾καὶ ὡς ἄστρα ἀνυψῶσαι τὸ σπέρμα αὐτοῦ,
καὶ κατακληρονομῆσαι αὐτοὺς
ἀπὸ θαλάσσης ἕως θαλάσσης
καὶ ἀπὸ ποταμοῦ ἕως ἄκρου γῆς.
(24) 22 ²²καὶ ἐν τῷ Ἰσαὰκ ἔστησεν οὕτως
δι' Ἀβραὰμ τὸν πατέρα αὐτοῦ
(25) ⁽²⁵⁾εὐλογίαν πάντων ἀνθρώπων καὶ διαθήκην,
23 ²³καὶ κατέπαυσεν ἐπὶ κεφαλὴν Ἰακώβ·
(26) ⁽²⁶⁾ἐπέγνω αὐτὸν ἐν εὐλογίαις αὐτοῦ,
καὶ ἔδωκεν αὐτῷ ἐν κληρονομίᾳ·

14 το σωμα] τα σωματα ℵA   **15** επαινον]+αυτων A | εξαγγελει A ℵA
17 εγενετο 1°] εγενοντο ℵ* (-νετο ℵ^{c a}) | om δια τουτο (1°)...τη γη ℵ* (hab
ℵ^{c a}) | εγενηθη] εγενετο ℵ | καταλιμμα (-λειμμα B^b)] καταλιμ sup ras B^a κα
sup ras A^a | δια τουτο (2°)] οτε ℵ^{c d} A | κατακλυσμος] pr ο A   **18** om
κατακλυσμω A   **19** Αβραμ A | ομοιος]+αυτω A | τη δοξη] om τη ℵ^{c a}
20 om και 2° A | εστησεν] εξητησεν ℵ   **21** τω σπερματι] om τω ℵA | om
πληθυναι   σπερμα αυτου ℵ* hab sup ras ℵ^{c (vid) mg} | ανυψωσαι το] αι το sup
ras B^{ab} | γης 2°] pr της ℵA   **22** Ισακ B*ℵ* (Ισαακ B^{ab}ℵ^{c a}) | δι] δια A
23 αυτου 1°] pr υψιστου ℵ* (om ℵ¹)

ΣΟΦΙΑ ΣΕΙΡΑΧ

Β   καὶ διέστειλεν μερίδας αὐτοῦ,
     ἐν φυλαῖς ἐμέρισεν δέκα δύο·
(27)καὶ ἐξήγαγεν ἐξ αὐτοῦ ἄνδρα ἐλέους,   (27)
     εὑρίσκοντα χάριν ἐν ὀφθαλμοῖς πάσης σαρκός,
¹ἠγαπημένον ὑπὸ θεοῦ καὶ ἀνθρώπων   1   XLV
     Μωυσῆν, οὗ τὸ μνημόσυνον ἐν εὐλογίαις·
²ὡμοίωσεν αὐτὸν δόξῃ ἁγίων,   2
     καὶ ἐμεγάλυνεν αὐτὸν ἐν φόβοις ἐχθρῶν·
³ἐν λόγοις αὐτοῦ σημεῖα κατέπαυσεν,   3
(3)ἐδόξασεν αὐτὸν κατὰ πρόσωπον βασιλέων·   (3)
     ἐνετείλατο αὐτῷ πρὸς λαὸν αὐτοῦ,
     καὶ ἔδειξεν αὐτῷ τῆς δόξης αὐτοῦ·
⁴ἐν πίστει καὶ πραΰτητι αὐτοῦ ἡγίασεν,   4
     ἐξελέξατο αὐτὸν ἐκ πάσης σαρκός·
⁵ἠκούτισεν αὐτὸν τῆς φωνῆς αὐτοῦ,   5
     καὶ εἰσήγαγεν αὐτὸν εἰς τὸν γνόφον,
(6)καὶ ἔδωκεν αὐτῷ κατὰ πρόσωπον ἐντολάς,   (6)
     νόμον ζωῆς καὶ ἐπιστήμης,
     διδάξαι τὸν Ἰακὼβ διαθήκην
     καὶ κρίματα αὐτοῦ τὸν Ἰσραήλ.
⁶Ἀαρὼν ὕψωσεν ἅγιον ὅμοιον αὐτῷ   6 (7)
     ἀδελφὸν αὐτοῦ ἐκ φυλῆς Λευεί·
⁷ἔστησεν αὐτὸν διαθήκην αἰῶνος,   7 (8)
     καὶ ἔδωκεν αὐτῷ ἱερατίαν λαοῦ·
     ἐμακάρισεν αὐτὸν ἐν εὐκοσμίᾳ,
(9)καὶ περιέζωσεν αὐτὸν περιστολὴν δόξης·   (9)
⁸ἐνέδυσεν αὐτὸν συντέλειαν καυχήματος,   8
     καὶ ἐστερέωσεν αὐτὸν σκεύεσιν ἰσχύος,
(10)περισκελῆ καὶ ποδήρη καὶ ἐπωμίδα·   (10)
⁹καὶ ἐκύκλωσεν αὐτὸν ῥοΐσκοις,   9
     χρυσοῖς κώδωσιν πλείστοις κυκλόθεν,
(11)ἠχῆσαι φωνὴν ἐν βήμασιν αὐτοῦ,   (11)
     ἀκουστὸν ποιῆσαι ἦχον ἐν ναῷ

ℵA   23 διεστειλεν] διεστησεν A   XLV 1 υπο] απο ℵ | Μωσην ℵA   2 δοξη] pr εν ℵA   4 πραοτητι A | αυτου] αυτον A | ηγιασεν] +αυτον ℵ   5 om αυτου 2° ℵ   6 Αρων A* (Ααρ. Aᵃ?) | υψωσεν] ανυψωσεν ℵ | Λευι A   7 αυτον 1°] αυτω A | ιερατειαν Bᵃᵇ | περιστολη A   8 σκευεσιν] pr εν ℵ   9 om και ℵ | κωδεσιν ℵ* (-δωσιν ℵᶜ ᵃ)

ΣΟΦΙΑ ΣΕΙΡΑΧ XLV 17

B

εἰς μνημόσυνον υἱοῖς λαοῦ αὐτοῦ
(12) 10 ¹⁰στολῇ ἁγίᾳ, χρυσῷ καὶ ὑακίνθῳ
καὶ πορφύρᾳ, ἔργων ποικιλτοῦ,
λογίῳ κρίσεως, δήλοις ἀληθείας,
(13) 11 ¹¹κεκλωσμένη κόκκῳ, ἔργῳ τεχνίτου,
λίθοις πολυτελέσιν γλύμματος σφραγῖδος,
ἐν δέσει χρυσίου, ἔργων λιθουργοῦ,
εἰς μνημόσυνον ἐν γραφῇ κεκολαμμένῃ
κατ' ἀριθμὸν φυλῶν Ἰσραήλ·
(14) 12 ¹²στέφανον χρυσοῦν ἐπάνω κιδάρεως,
ἐκτύπωμα σφραγῖδος ἁγιάσματος,
καύχημα τιμῆς, ἔργον ἰσχύος,
ἐπιθυμήματα ὀφθαλμῶν κοσμούμενα
(15) 13 ὡραῖα ¹³πρὸ αὐτοῦ οὐ γέγονεν τοιαῦτα,
(16) ἕως αἰῶνος ⁽¹⁶⁾οὐκ ἐνεδύσατο ἀλλογενὴς
πλὴν τῶν υἱῶν αὐτοῦ μόνον,
καὶ τὰ ἔκγονα αὐτοῦ διὰ παντός.
(17) 14 ¹⁴θυσίαν αὐτοῦ ὁλοκαρπωθήσονται
καθ' ἡμέραν ἐνδελεχῶς δίς.
(18) 15 ¹⁵ἐπλήρωσεν Μωυσῆς τὰς χεῖρας
καὶ ἔχρισεν αὐτὸν ἐν ἐλαίῳ ἁγίῳ·
(19) ⁽¹⁹⁾ἐγενήθη αὐτῷ εἰς διαθήκην αἰώνιον,
καὶ ἐν τῷ σπέρματι αὐτοῦ ἐν ἡμέραις οὐρανοῦ,
λειτουργεῖν αὐτῷ ἅμα καὶ ἱερατεύειν,
καὶ εὐλογεῖν τὸν λαὸν αὐτοῦ ἐν τῷ ὀνόματι.
(20) 16 ¹⁶ἐξελέξατο αὐτὸν ἀπὸ παντὸς ζῶντος,
προσαγαγεῖν κάρπωσιν Κυρίῳ,
θυμίαμα καὶ εὐωδίαν εἰς μνημόσυνον,
ἐξιλάσκεσθαι περὶ τοῦ λαοῦ σου.
(21) 17 ¹⁷ἔδωκεν αὐτὸν ἐν ἐντολαῖς αὐτοῦ,
ἐξουσίαν ἐν διαθήκαις κριμάτων,

10 στολη] στηλη ℵ | εργω Α | λογιω] λογοι ℵ | αληθιας ℵ   11 πολυ- ℵΑ τελεσι Α | εν δεσει] ειδεσι ℵ* (εν δ. ℵᶜᵃ) | εργων] εργω ℵΑ | μνημοσυνη ℵ* (-νον ℵ¹) | κατ] κατα ℵ* (-λων ℵᶜᵃ) | φυλων] φυλασσων ℵ*   13 om ου ℵ* (hab ℵᶜᵃ) | εως] pr ϗ ℵᶜᵃ | ενεδυσατο] +αυτα ℵᶜᵃ   14 θυσιαι ℵΑ | αυτου] αυτων ℵ   15 Μωσης Α | χειρας] +αυτου ℵᶜᵃ | αιωνιον] αιωνος ℵ | om εν 2° ℵΑ | ονοματι] +αυτου ℵᶜᵃ   16 εξελεξαντο ℵ* (-ξατο ℵᶜᵃ) | καρπωσιν] καρπωμα ℵ | ευωδια Α | om σου ℵ* (hab ℵᶜᵃ)   17 αυτον] αυτω ℵΑ | εν εντολαις] εντολας ℵ εν ταις εντ. Α

B   διδάξαι τὸν Ἰακὼβ τὰ μαρτύρια,
    καὶ ἐν νόμῳ αὐτοῦ φωνῆσαι Ἰσραήλ.
¹⁸ἐπισυνέστησαν αὐτῷ ἀλλότριοι   18 (22)
    καὶ ἐζήλωσαν αὐτὸν ἐν τῇ ἐρήμῳ,
    ἄνδρες οἱ περὶ Δαθὰν καὶ Ἀβειρὼν
    καὶ ἡ συναγωγὴ Κόρε ἐν θυμῷ καὶ ὀργῇ·
¹⁹εἶδεν Κύριος καὶ οὐκ εὐδόκησεν,   19 (23)
    καὶ συνετελέσθησαν ἐν θυμῷ ὀργῆς·
⁽²⁴⁾ἐποίησεν αὐτοῖς τέρατα,   (24)
    καταναλῶσαι ἐν πυρὶ φλογὸς αὐτοῦ.
²⁰καὶ προσέθηκεν Ἀαρὼν δόξαν,   20 (25)
    καὶ ἔδωκεν αὐτῷ κληρονομίαν·
    ἀπαρχὰς πρωτογενημάτων ἐμέρισεν αὐτοῖς,
⁽²⁶⁾ἄρτον πρώτοις ἡτοίμασεν πλησμονήν·   (26)
²¹καὶ γὰρ θυσίας Κυρίου φάγονται,   21
    ἃς ἔδωκεν αὐτῷ τε καὶ τῷ σπέρματι αὐτοῦ.
²²πλὴν ἐν γῇ λαοῦ οὐ κληρονομήσει,   22 (27)
    καὶ μερὶς οὐκ ἔστιν αὐτῷ ἐν λαῷ,
    αὐτὸς γὰρ μερίς σου, κληρονομία.
²³καὶ Φινεὲς υἱὸς Ἐλεαζὰρ τρίτος εἰς δόξαν,   23 (28)
    ἐν τῷ ζηλῶσαι αὐτὸν ἐν φόβῳ Κυρίου
⁽²⁹⁾καὶ στῆσαι αὐτὸν ἐν τροπῇ λαοῦ   (29)
    ἐν ἀγαθότητι προθυμίας ψυχῆς αὐτοῦ
    καὶ ἐξιλάσατο περὶ τοῦ Ἰσραήλ.
²⁴διὰ τοῦτο ἐστάθη αὐτῷ διαθήκη εἰρήνης,   24 (30)
    προστάτην ἁγίων καὶ λαῷ αὐτοῦ,
§ C   ⁵ἵνα αὐτῷ ᾖ καὶ τῷ σπέρματι αὐτοῦ
    ἱερωσύνης μεγαλεῖον εἰς τοὺς αἰῶνας.
²⁵καὶ διαθήκην τῷ Δαυεὶδ υἱῷ ἐκ φυλῆς Ἰούδα,   25 (31)
    κληρονομία βασιλέως υἱοῦ ἐξ υἱοῦ μόνου,
    κληρονομία Ἀαρὼν καὶ τῷ σπέρματι αὐτοῦ.

ℵ.Λ   17 τα μαρτυρια]+αυτου ℵ^{c 1} μαρτυριαν A | φωνησαι] φωτισαι A | Ισραηλ] pr τον ℵ^{c a}Λ   19 ιδεν A | ηυδοκησεν A | αυτοις] pr εν ℵ | αυτου] αυτους ℵA   20 αυτοις] αυτω ℵA | αρτον] αρτος ℵ^{c a} (postea ipse revoc -τον) | πρωτοις] πρωτον γενηματος ℵ* (πρωτοις ℵ^{c a}) | πλησμονην] εν πλησμονη ℵA   21 om τε ℵ* (hab ℵ^{c a})   22 κληρονομια] pr και ℵ^{c a}A   23 στησαι] στηναι A   24 λαου ℵ^{c a}   25 τω Δαυειδ] om τω ℵ | υιω] υιων (nisi fort υιω κ) ℵ* υιω Ιεσσαι ℵ^{c a, c c} Λ | εξ υιου] εξ Ιουδα ℵ^{c a vid} | Ααρων] αυτων ℵ αυτω A

ΣΟΦΙΑ ΣΕΙΡΑΧ XLVI 8

26 ²⁶δῴη ὑμῖν σοφίαν ἐν καρδίᾳ ὑμῶν,
κρίνειν τὸν λαὸν αὐτοῦ ἐν δικαιοσύνῃ,
ἵνα μὴ ἀφανισθῇ τὰ ἀγαθὰ αὐτῶν,
καὶ τὴν δόξαν αὐτῶν εἰς γενεὰς αὐτῶν.

XLVI 1 ¹κραταιὸς ἐν πολέμοις Ἰησοῦς Ναυή,
καὶ διάδοχος Μωσῆ ἐν προφητείαις,
ὃς ἐγένετο κατὰ τὸ ὄνομα αὐτοῦ

(2) ⁽²⁾μέγας ἐπὶ σωτηρίᾳ ἐκλεκτῶν αὐτοῦ,
ἐκδικῆσαι ἐπεγειρομένους ἐχθρούς,
ὅπως κληρονομήσῃ τὸν Ἰσραήλ.

(3) 2 ²ὡς ἐδοξάσθη ἐν τῷ ἐπᾶραι χεῖρας αὐτοῦ
καὶ τῷ ἐκκλῖναι ῥομφαίαν ἐπὶ πόλεις.

(4) 3 ³τίς πρότερον αὐτοῦ οὕτως ἔστη;
τοὺς γὰρ πολεμίους Κύριος αὐτὸς ἐπήγαγεν.

(5) 4 ⁴οὐχὶ ἐν χειρὶ αὐτοῦ ἀνεπόδισεν ὁ ἥλιος,
καὶ μία ἡμέρα ἐγενήθη πρὸς δύο;

(6) 5 ⁵ἐπεκαλέσατο τὸν ὕψιστον δυνάστην
ἐν τῷ θλῖψαι αὐτὸν ἐχθροὺς κυκλόθεν·
καὶ ἐπήκουσεν αὐτῶν μέγας Κύριος
ἐν λίθοις χαλάζης δυνάμεως κραταιᾶς·

(7) 6 ⁶κατέρραξεν ἐπ' ἔθνος πόλεμον,
καὶ ἐν καταβάσει ἀπώλεσεν ἀνθεστηκότας,

(8) ⁽⁸⁾ἵνα γνῶσιν ἔθνη πανοπλίαν αὐτῶν,
ὅτι ἐναντίον Κυρίου ὁ πόλεμος αὐτοῦ·
καὶ γὰρ ἐπηκολούθησεν ὀπίσω Δυνάστου.

(9) 7 ⁷καὶ ἐν ἡμέραις Μωυσέως ἐποίησεν ἔλεος,
αὐτὸς καὶ Χαλὲβ υἱὸς Ἰεφοννή,
ἀντιστῆναι ἔναντι ἐχθροῦ,
κωλῦσαι λαὸν ἀπὸ ἁμαρτίας
καὶ κοπάσαι γογγυσμὸν πονηρίας.

(10) 8 ⁸καὶ αὐτοὶ δύο ὄντες διεσώθησαν

26 δοιη ℵ* (δωη ℵ^{c a}) A | γενεαν ℵΛ   XLVI 1 πολεμω ℵAC | Ναυη] ℵAC o N. ℵ* (ο του N ℵ^{c a}) υιος N. A | Μωυση ℵ | προφητειας B^{edit} | κληρονομηση] κατακληρονομηση ℵΛ   2 τω εκκλιναι] τω εκτιναι ℵ* εν τω εκτειναι ℵ^{c a} (εκτιν.) Λ | πολις ℵ* (-λεις ℵ^{c a (vid) c c})   3 προτερος ℵΛ | πολεμους ℵ^{c a} | κυ ℵ^{c a}Λ | απηγαγε] A   4 ανεποδισεν] ενεποδισεν ℵ* (ανεπ. ℵ^{c a}) ενεποδισθη A   5 υψιστον] pr κυ ℵ | αυτων] αυτου ℵΛ | om εν 2° ℵΛ   6 αυτου] om ℵ* αυτου ℵ^{c a}A   7 Μωσεως A | αυτος] ουτος ℵ | om εχθρου ℵ* (hab ℵ^{c a})

ΣΟΦΙΑ ΣΕΙΡΑΧ

B
ἀπὸ ἑξακοσίων χιλιάδων πεζῶν,
εἰσαγαγεῖν αὐτοὺς εἰς κληρονομίαν,
εἰς γῆν ῥέουσαν γάλα καὶ μέλι.
⁹καὶ ἔδωκεν ὁ κύριος τῷ Χαλὲβ ἰσχύν,   9 (11)
καὶ ἕως γήρους διέμεινεν αὐτῷ,
ἐπιβῆναι αὐτὸν ἐπὶ ὕψος τῆς γῆς,
καὶ τὸ σπέρμα αὐτοῦ κατέσχεν κληρονομίαν·
¹⁰ὅπως ἴδωσιν πάντες οἱ υἱοὶ Ἰσραὴλ   10 (12)
ὅτι καλὸν τὸ πορεύεσθαι ὀπίσω Κυρίου.
¹¹καὶ οἱ κριταί, ἕκαστος τῷ αὐτοῦ ὀνόματι,   11 (13)
⁽¹⁴⁾ὅσων οὐκ ἐξεπόρνευσεν ἡ καρδία   (14)
καὶ ὅσοι οὐκ ἀπεστράφησαν ἀπὸ Κυρίου,
εἴη τὸ μνημόσυνον αὐτῶν ἐν εὐλογίαις·
¹²τὰ ὀστᾶ αὐτῶν ἀναθάλοι ἐκ τοῦ τόπου αὐτῶν,   12
⁽¹⁵⁾καὶ τὸ ὄνομα αὐτῶν ἀντικαταλλασσόμενον   (15)
ἐφ᾽ υἱοῖς δεδοξασμένων αὐτῶν.
¹³ἠγαπημένος ὑπὸ κυρίου αὐτοῦ   13 (16)
προφήτης Κυρίου κατέστησεν βασιλέα,
καὶ ἔχρισεν ἄρχοντας ἐπὶ τὸν λαὸν αὐτοῦ
¹⁴ἐν νόμῳ Κυρίου ἔκρινεν συναγωγήν,   14 (17)
καὶ ἐπεσκέψατο Κύριος τὸν Ἰακώβ.
¹⁵ἐν πίστει αὐτοῦ ἠκριβάσθη προφήτης,   15
⁽¹⁸⁾καὶ ἐγνώσθη ἐν πίστει αὐτοῦ πιστὸς ὁράσεως.   (18)
¹⁶καὶ ἐπεκαλέσατο τὸν κύριον δυνάστην,   16 (19)
ἐν τῷ θλῖψαι ἐχθροὺς αὐτοῦ κυκλόθεν,
ἐν προσφορᾷ ἀρνὸς γαλαθηνοῦ·
¹⁷καὶ ἐβρόντησεν ἀπ᾽ οὐρανοῦ Κύριος,   17 (20)
καὶ ἐν ἤχῳ μεγάλῳ ἀκουστὴν ἐποίησεν τὴν φωνὴν αὐτοῦ,
¹⁸καὶ ἐξέτριψεν ἡγουμένους Τυρίων   18 (21)
καὶ πάντας ἄρχοντας Φυλιστιείμ.
¹⁹καὶ πρὸ καιροῦ κοιμήσεως αἰῶνος   19 (22)
ἐπεμαρτύρατο ἔναντι Κυρίου καὶ χριστοῦ

ℵAC   **8** εισαγειν A   **9** υψος] pr το ℵA? (pr του A*) C | κατεσχεν] και την A   **10** ιδωσι ℵ | το πορευεσθαι (incep πορι ℵ* πορευ. ℵ^(c a))] om το ℵ   **11** εκαστος ℵ^(c a) A] εκαστω Bℵ*   **12** τα οστα] pr και ℵ | αντικαταλλασσομενον] αντικαταλλαξοι ξενον ℵ* (αντικαταλλασσ. ℵ^(c a))   **13** αυτου 1°]+Σαμουηλ ℵAC | βασιλεα] βασιλειαν ℵAC   **15** πιστει 2°] ρημασιν ℵAC   **16** επεκαλεσα ℵ* (-σατο ℵ^(c a)) | αυτου εχθρους ℵ* (εχθρ αυτου ℵ^(c a))   **17** Κυριος] pr ο ℵ   **18** Τυρων ℵ* (-ριων ℵ^(c a))   **19** χριστου]+αυτου ℵ^(c a)

ΣΟΦΙΑ ΣΕΙΡΑΧ XLVII 8

Χρήματα καὶ ἕως ὑποδημάτων
ἀπὸ πάσης σαρκὸς οὐκ εἴληφα·
καὶ οὐκ ἐνεκάλεσεν αὐτῷ ἄνθρωπος.

(23) 20 ²καὶ μετὰ τὸ ὑπνῶσαι αὐτὸν προεφήτευσεν
καὶ ὑπέδειξεν βασιλεῖ τὴν τελευτὴν αὐτοῦ,
καὶ ἀνύψωσεν ἐκ γῆς τὴν φωνὴν αὐτοῦ
ἐν προφητείᾳ, ἐξαλεῖψαι ἀνομίαν λαοῦ.

XLVII 1 ¹καὶ μετὰ τοῦτον ἀνέστη Ναθὰν
προφητεύειν ἐν ἡμέραις Δαυείδ.

2 ²ὥσπερ στέαρ ἀφωρισμένον ἀπὸ σωτηρίου,
οὕτως Δαυεὶδ ἀπὸ τῶν υἱῶν Ἰσραήλ.

3 ³ἐν λέουσιν ἔπαιζεν ὡς ἐν ἐρίφοις,
καὶ ἐν ἄρκοις ὡς ἐν ἄρνασι προβάτων.

4 ⁴ἐν νεότητι αὐτοῦ ⁽⁴⁾οὐχὶ ἀπέκτεινεν γίγαντα,
καὶ ἐξῆρεν ὀνειδισμὸν ἐκ λαοῦ

(5) ⁽⁵⁾ἐν τῷ ἐπᾶραι χεῖρα ἐν λίθῳ σφενδόνης
καὶ καταβαλεῖν γαυρίαμα τοῦ Γολιάθ;

(6) 5 ⁵ἐπεκαλέσατο γὰρ Κύριον τὸν ὕψιστον,
καὶ ἔδωκεν ἐν τῇ δεξιᾷ αὐτοῦ κράτος,
ἐξᾶραι ἄνθρωπον ἐν πολέμῳ·
ἀνυψῶσει κέρας λαοῦ αὐτοῦ.

(7) 6 ⁶οὕτως ἐν μυριάσιν ἐδόξασεν αὐτόν,
καὶ ᾔνεσεν αὐτὸν ἐν εὐλογίαις Κυρίου
ἐν τῷ φέρεσθαι αὐτῷ διάδημα δόξης.

(8) 7 ⁷ἐξέτριψεν γὰρ ἐχθροὺς κυκλόθεν,
καὶ ἐξουδένωσεν Φυλιστιεὶμ τοὺς ὑπεναντίους
ἕως σήμερον συνέτριψεν αὐτῶν κέρας.

(9) 8 ⁸ἐν παντὶ ἔργῳ αὐτοῦ ἔδωκεν ἐξομολόγησιν
ἁγίῳ Ὑψίστῳ, ῥήματι δόξης·

B

---

19 om και 3° C | ειληφα B*ᵇAC (..λιφα)] ειληφεν Bᵃᵇ ℵᶜ ᵃ   **20** επρο- ℵAC φητευσεν ℵAC | om και 2° ℵ* (hab ℵˡ⁽ᵐᵍ ˢⁱⁿⁱˢᵗʳ⁾ | υπεδειξεν] επε[δειξ]εν C | την φωνην] om την A | προφητεια (-τια C)] προφητειαις ℵ | εξαλιψει ℵ   XLVII **1** τουτον] τουτο C | Ναθαν] Δαθαν A* (Ναθ. Aᵇ) | Δαυειδ] Δαδ ℵ* (Δαδ ℵᶜ ᵃ)   **2** των υιων] om των ℵAC   **3** επαιξεν Bᵃᵇ ℵ επαισεν C | και] seq λ in ℵ* (improb λ ℵˡᶜ ᵃ) | εναρκεις ℵ* (εν αρκοις ℵᶜ ᵃ) | αρνασιν A   **4** χειρας A | κατεβαλεν ℵC | Γολιαδ C   **5** om γαρ C | ανθρωπον]+δυνατον BᵃᵇℵAC | ανυψωσαι ℵAC   **6** ηνεσεν] ηρεσεν ℵ* ηνεσαν ℵᶜ ᵃ   **7** εχθρους]+σου ℵ* (improb σου ℵᶜ ᵃ) | αυτων] αυτω C | κερας] κεραξ C   **8** υψιστου ℵ | ρηματα C

ΣΟΦΙΑ ΣΕΙΡΑΧ

B (10)ἐν πάσῃ καρδίᾳ αὐτοῦ ὕμνησεν (10)
καὶ ἠγάπησεν τὸν ποιήσαντα αὐτόν.
⁹καὶ ἔστησεν ψαλτῳδοὺς κατέναντι τοῦ θυσιαστηρίου, 9 (11)
καὶ ἐξ ἤχους αὐτῶν γλυκαίνειν μέλη·
¹⁰ἔδωκεν ἐν ἑορταῖς εὐπρέπειαν, 10 (12)
καὶ ἐκόσμησεν καιροὺς μέχρι συντελείας,
ἐν τῷ αἰνεῖν αὐτοὺς τὸ ἅγιον ὄνομα αὐτοῦ
καὶ ἀπὸ πρωὶ ἠχεῖν τὸ ἁγίασμα.
¹¹Κύριος ἀφεῖλεν τὰς ἁμαρτίας αὐτοῦ, 11 (13)
καὶ ἀνύψωσεν εἰς αἰῶνα τὸ κέρας αὐτοῦ,
καὶ ἔδωκεν αὐτῷ διαθήκην βασιλέων
καὶ θρόνον δόξης ἐν τῷ Ἰσραήλ.
¹²μετὰ τοῦτον ἀνέστη υἱὸς ἐπιστήμων, 12 (14)
καὶ δι' αὐτὸν κατέλυσεν ἐν πλατυσμῷ·
¹³Σαλωμὼν ἐβασίλευσεν ἐν ἡμέραις εἰρήνης, 13 (15)
ᾧ ὁ θεὸς κατέπαυσεν κυκλόθεν,
ἵνα στήσῃ οἶκον ἐπ' ὀνόματι αὐτοῦ
καὶ ἑτοιμάσῃ ἁγίασμα εἰς τὸν αἰῶνα.
¹⁴ὡς ἐσοφίσθης ἐν νεότητί σου, 14
(16)καὶ ἐνεπλήσθης ὡς ποταμὸς συνέσεως. (16)
¹⁵γῆν ἐπεκάλυψεν ἡ ψυχή σου, 15
(17)καὶ ἐνέπλησας ἐν παραβολαῖς αἰνιγμάτων· (17)
¹⁶εἰς νήσους πόρρω ἀφίκετο τὸ ὄνομά σου, 16
καὶ ἠγαπήθης ἐν τῇ εἰρήνῃ σου·
¹⁷ἐν ᾠδαῖς καὶ παροιμίαις καὶ παραβολαῖς 17 (18)
καὶ ἐν ἑρμηνίᾳ ἀπεθαύμασάν σε χῶραι
¹⁸ἐν ὀνόματι Κυρίου τοῦ θεοῦ, 18 (19)
τοῦ ἐπικεκλημένου θεοῦ Ἰσραήλ,
(20)συνήγαγες ὡς κασσίτερον τὸ χρυσίον, (20)
καὶ ὡς μόλιβον ἐπλήθυνας ἀργύριον.

ℵAC 8 υμνησιν ℵ | ηγαπησε C 9 ψαλμωδους ℵ | του θυσιαστηριου] om του ℵAC | ηχου B^b 10 om εν 1° ℵ | ορταις B* (εορτ. B^b) | ευπρεπιαν ℵC | συντελιας C | το αγιον ονομα] το ονομα το αγιον C | αυτου] σου ℵ | πρωι] πρωιας ℵAC + φωνη ℵ^{c a} 11 Κυριος] κ̅ς̅ B*^b χ̅ς̅ B¹ 12 μετα] pr και C | om και δι αυτον πλατυσμω C | κατελυσεν] κατεπαυσεν ℵ 13 Σολομων ℵA | ω ο θεος] ως θ̅ς̅ B* (ω ο θ̅ς̅ ℵ^{c a}) 14 ενεπλησθης] εσοφισθη C* (-θης C^a) 15 ενεπλησαν C 16 ηγαπηθης] π inst (antea vitio laborasse vid) ℵ^v 17 εν 1°] pr και AC | ερμηνια (-νεια B^{ab})] ερμηνιαις ℵC ερημιαις A | επεθαυμασαν A 18 om θεου 2° C^{vid} | κασιτερον C | μολιβδον C

ΣΟΦΙΑ ΣΕΙΡΑΧ XLVIII 4

(21) 19 ¹⁹παρανέκλινας τὰς λαγόνας σου γυναιξίν,   B
         καὶ ἐνεξουσιάσθης ἐν τῷ σώματί σου·
(22) 20 ²⁰ἔδωκας μῶμον ἐν τῇ δόξῃ σου,
         καὶ ἐβεβήλωσας τὸ σπέρμα σου,
         ἐπαγαγεῖν ὀργὴν ἐπὶ τὰ τέκνα σου,
         καὶ κατενύγην ἐπὶ τῇ ἀφροσύνῃ σου,
(23) 21 ²¹γενέσθαι δίχα τυραννίδα
         καὶ ἐξ Ἐφράιμ ἄρξαι βασιλείαν ἀπειθῆ.
(24) 22 ²²ὁ δὲ Κύριος οὐ μὴ καταλίπῃ τὸ ἔλεος αὐτοῦ,
         καὶ οὐ μὴ διαφθαρῇ ἀπὸ τῶν ἔργων αὐτοῦ,
         οὐδὲ μὴ ἐξαλείψῃ ἐκλεκτοῦ αὐτοῦ ἔκγονα,
         καὶ σπέρμα τοῦ ἀγαπήσαντος αὐτὸν οὐ μὴ ἐξάρῃ·
(25)   ⁽²⁵⁾καὶ τῷ Ἰακὼβ ἔδωκεν κατάλιμμα,
         καὶ τῷ Δαυεὶδ ἐξ αὐτοῦ ῥίζαν.
(26) 23 ²³καὶ ἀνεπαύσατο Σαλωμὼν μετὰ τῶν πατέρων,
(27)   ⁽²⁷⁾καὶ κατέλιπεν μετ' αὐτὸν ἐκ τοῦ σπέρματος αὐτοῦ
(28)   λαοῦ ἀφροσύνην ⁽²⁸⁾καὶ ἐλασσούμενον συνέσει
         Ῥοβοάμ,¶ ὃς ἀπέστησεν λαὸν ἐκ βουλῆς αὐτοῦ,   ¶ C
(29)   ⁽²⁹⁾καὶ Ἰεροβοὰμ υἱὸν Ναβάτ, ὃς ἐξήμαρτεν τὸν Ἰσραὴλ
         καὶ ἔδωκεν τῷ Ἐφράιμ ὁδὸν ἁμαρτίας.
     24 ²⁴καὶ ἐπληθύνθησαν αἱ ἁμαρτίαι αὐτῶν σφόδρα,
(30)   ⁽³⁰⁾ἀποστῆσαι αὐτοὺς ἀπὸ τῆς γῆς αὐτῶν·
(31) 25 ²⁵καὶ πᾶσαν πονηρίαν ἐξεζήτησαν,
         ἕως ἐκδίκησις ἔλθῃ ἐπ' αὐτούς.

XLVIII 1 ¹καὶ ἀνέστη Ἡλίας προφήτης ὡς πῦρ,
          καὶ ὁ λόγος αὐτοῦ ὡς λαμπὰς ἐκαίετο·
       2 ²ὃς ἐπήγαγεν ἐπ' αὐτοὺς λιμόν,
          καὶ τῷ ζήλῳ αὐτοῦ ὠλιγοποίησεν αὐτούς·
       3 ³ἐν λόγῳ Κυρίου ἀνέσχεν οὐρανόν,
          κατήγαγεν οὕτως τρὶς πῦρ.
       4 ⁴ὡς ἐδοξάσθης, Ἡλεία, ἐν τοῖς θαυμασίοις σου·

19 παρεκλινας ℵ   20 om εν ℵ   21 τυραννιδος ℵ^{c a} | Αιφραιμ ℵ* ℵAC (Εφρ. ℵ^{c a}) A | αρξας ℵ   22 καταλιπη] εγκαταλειπη A | διαφθειρη ℵ^{c a} (διαφθιρ.) A | εξαλιψει C | σπερμα] pr το A | Ιακωβ]+ος ℵ* (om ος ℵ^{c a}) | καταλειμμα B^{ab}   23 Σολομων ℵ | πατερων]+αυτου ℵA | κατελειπεν A μετ] μεθ A | ελαττουμενον ℵ | Ροβοαμ] Ροβ .. C | om ος 1° ℵ* (hab ℵ^{c a}) | λαον] pr τον A | υιος ℵ   24 της γης] om της ℵ   25 εως] ως A
XLVIII 1 Ηλειας ℵ   2 ολιγοποιησεν ℵA   3 om ουτως ℵ^{c a}
4 Ηλια B^bA | τοις θαυμασιοις] om τοις ℵA

ΣΟΦΙΑ ΣΕΙΡΑΧ

B   καὶ τίς ὅμοιός σοι καυχᾶσθαι;
⁵ὁ ἐγείρας νεκρὸν ἐκ θανάτου
  καὶ ἐξ ᾅδου ἐν λόγῳ Ὑψίστου·
⁶ὁ καταγαγὼν βασιλεῖς εἰς ἀπωλίαν
  καὶ δεδοξασμένους ἀπὸ κλίνης αὐτῶν
⁷ἀκούων ἐν Σεινὰ ἐλεγμὸν
  καὶ ἐν Χωρὴβ κρίματα ἐκδικήσεως·
⁸ὁ χρίων βασιλεῖς εἰς ἀνταπόδομα,
  καὶ προφήτας διαδόχους μετ' αὐτόν·
⁹ὁ ἀναλημφθεὶς ἐν λαίλαπι πυρὸς
  ἐν ἅρματι ἵππων πυρίνων·
¹⁰ὁ καταγραφεὶς ἐν ἐλεγμοῖς εἰς καιρούς,
  κοπάσαι ὀργὴν πρὸ θυμοῦ
  καὶ ἐπιστρέψαι καρδίαν πατρὸς πρὸς υἱὸν
  καὶ καταστῆσαι φυλὰς Ἰακώβ.

§ C   ¹¹μακάριοι οἱ ἰδόντες σε
  καὶ οἱ ἐν ἀγαπήσει κεκοσμημένοι,
  ⁽¹²⁾καὶ γὰρ ἡμεῖς ζωῇ ζησόμεθα.
¹²Ἠλείας ὃς ἐν λαίλαπι ἐσκεπάσθη·
  καὶ Ἐλεισαῖε ἐνεπλήσθη πνεύματος αὐτοῦ,
  καὶ ἐν ἡμέραις αὐτοῦ οὐκ ἐσαλεύθη ὑπὸ ἄρχοντος,
  καὶ οὐ κατεδυνάστευσεν αὐτὸν οὐδείς.
¹³πᾶς λόγος οὐχ ὑπερῆρεν αὐτόν,
  καὶ ἐν κοιμήσει ἐπροφήτευσεν τὸ σῶμα αὐτοῦ·
¹⁴καὶ ἐν ζωῇ αὐτοῦ ἐποίησεν τέρατα,
  καὶ ἐν τελευτῇ θαυμάσια τὰ ἔργα αὐτοῦ.
¹⁵ἐν πᾶσιν τούτοις οὐ μετενόησεν ὁ λαός,
  καὶ οὐκ ἀπέστησαν ἀπὸ τῶν ἁμαρτιῶν,
  ἕως ἐπρονομεύθησαν ἀπὸ τῆς γῆς αὐτῶν
  καὶ ἐσκορπίσθησαν ἐν πάσῃ τῇ γῇ,

ℵAC   4 καυχασθαι] καυχησεται ℵA   6 απωλειαν BᵃᵇℵA   7 Σινα BᵇA
8 μετ αυτον sup ras Bᵃᵇ   9 λαιλαπι] λαμπαδι A | ιππων] incep π ℵ*
(improb π ℵ¹)   10 εν ελεγμοις] εν ελεγμουις ℵ* (improb ι ℵ¹ postea ras
ℵ¹) ελεγμος A | om εις ℵ* (hab ℵᶜ ᵃ) | om και 1° ℵA   11 ιδοντες] ειδοτες
ℵC | αγαπησει] αγαπη ℵ αγαπησι σου ℵᶜ ᵃ | ζωης ℵ* (ζωη ℵ¹) A   12 Ηλιας
BᵇA | Ελισαιε BᵇℵAC (Ελισ[αιε]) | ενεπλησθη] επλησθη A | αυτου 1°] αγιου
A | ου κατεδυναστευσεν] ουκ εδυναστευσεν ℵ   13 ουχ] κ̄ῡ ℵ   14 ζωη]
pr τη C | τελευτη] pr τη C   15 των α|αμαρτιων B* (των| αμ. Bᵇ) | αμαρ-
τιων]+αυτων ℵ | της γης] om της ℵA | εσκορπισθησαν] διεσκορπισθησαν ℵA

ΣΟΦΙΑ ΣΕΙΡΑΧ

(17) (17)καὶ κατελείφθη ὁ λαὸς ὀλιγοστός, B
καὶ ἄρχων τῷ οἴκῳ Δαυειδ.
(18) 16 16τινὲς μὲν αὐτῶν ἐποίησαν τὸ ἀρεστόν,
τινὲς δὲ ἐπλήθυναν ἁμαρτίας.
(19) 17 17Ἐζεκίας ὠχύρωσεν τὴν πόλιν αὐτοῦ,
καὶ εἰσήγαγεν εἰς μέσον αὐτῶν τὸν Γώγ·
ὤρυξεν σιδήρῳ ἀκρότομον,
καὶ ᾠκοδόμησεν κρήνας εἰς ὕδατα.
(20) 18 18ἐν ἡμέραις αὐτοῦ ἀνέβη Σενναχηρεὶμ
καὶ ἀπέστειλεν Ῥαψάκην, καὶ ἀπῆρεν·
καὶ ἐπῆρεν ἡ χεὶρ αὐτοῦ ἐπὶ Σειών,
καὶ ἐμεγαλαύχησεν ὑπερηφανίᾳ αὐτοῦ
(21) 19 19τότε ἐσαλεύθησαν καρδίαι καὶ χεῖρες αὐτῶν,
καὶ ὠδίνησαν ὡς αἱ τίκτουσαι·
(22) 20 20καὶ ἐπεκαλέσαντο τὸν κύριον τὸν ἐλεήμονα,
ἐκπετάσαντες τὰς χεῖρας αὐτῶν πρὸς αὐτόν.
καὶ ὁ ἅγιος ἐξ οὐρανοῦ ταχὺ ἐπήκουσεν αὐτῶν,
(23) (23)καὶ ἐλυτρώσατο αὐτοὺς ἐν χειρὶ Ἠσαίου·
(24) 21 21ἐπάταξεν τὴν παρεμβολὴν τῶν Ἀσσυρίων,
καὶ ἐξέτριψεν αὐτοὺς ὁ ἄγγελος αὐτοῦ.
(25) 22 22ἐποίησεν γὰρ Ἐζεκίας τὸ ἀρεστὸν Κυρίῳ,
καὶ ἐνίσχυσεν ἐν ὁδοῖς Δαυεὶδ τοῦ πατρὸς αὐτοῦ,
ἃς ἐνετείλατο Ἠσαίας ὁ προφήτης
ὁ μέγας καὶ πιστὸς ἐν ὁράσει αὐτοῦ.
(26) 23 23ἐν ταῖς ἡμέραις αὐτοῦ ἀνεπόδισεν ὁ ἥλιος,
καὶ προσέθηκεν ζωὴν βασιλεῖ
(27) 24 24πνεύματι μεγάλῳ ἴδεν τὰ ἔσχατα,
καὶ παρεκάλεσεν τοὺς πενθοῦντας ἐν Σειών·
(28) 25 25ἕως τοῦ αἰῶνος ὑπέδειξεν τὰ ἐσόμενα
καὶ τὰ ἀπόκρυφα πρὶν ἢ παραγενέσθαι αὐτά.

15 κατελειφθη] κατελημφθη ℵC (κατεληφθ.) | αρχων] αρχοντες ℵ^{c a} | τω ℵAC οικω] pr εν ℵA   17 αυτων] αυτης A | τον Γωγ] τον Ηωγ ℵ* τ αγωγον ℵ^{c a} υδωρ A   18 Σενναχηρειμ] Σεννα... C (cett evan usque 22) | απεστειλεν] απετρεψεν ℵ* (απεστιλεν ℵ^{c a}) | Ραψακην] pr τον ℵ | η χειρ] χειρα A | Σιων (item 24) B^bA | υπερηφανιαν ℵ υπερηφανεια A   19 χειρες] pr αι ℵA   20 επανεκαλεσαντο ℵ* (επεκαλ. ℵ^{c a}) | Ησαιου] Ιησου ℵ 22 om Κυριω ℵ* (hab κ͞ω ℵ^{c a}) | om Δαυειδ ℵ* (hab Δ͞α͞δ ℵ^{c a})   24 ειδεν ℵA   25 παραγινεσθαι C

ΣΟΦΙΑ ΣΕΙΡΑΧ

XLIX 1

¹μνημόσυνον Ἰωσείου εἰς σύνθεσιν θυμιάματος,   1   XLIX
ἐσκευασμένον ἔργῳ μυρεψοῦ·
⁽²⁾ἐν παντὶ στόματι ὡς μέλι γλυκανθήσεται,   (2)
καὶ ὡς μουσικὰ ἐν συμποσίῳ οἴνου.
²αὐτὸς κατευθύνθη ἐν ἐπιστροφῇ λαοῦ,   2 (3)
καὶ ἐξῆρεν βδελύγματα ἀνομίας·
³κατεύθυνεν πρὸς Κύριον τὴν καρδίαν αὐτοῦ,   3 (4)
ἐν ἡμέραις ἀνόμων κατίσχυσεν τὴν εὐσέβειαν.
⁴παρὲξ Δαυεὶδ καὶ Ἐζεκίου καὶ Ἰωσείου   4 (5)
πάντες πλημμελίαν ἐπλημμέλησαν·
⁽⁶⁾κατέλιπον γὰρ τὸν νόμον τοῦ ὑψίστου,   (6)
οἱ βασιλεῖς Ἰούδα ἐξέλιπον.
⁵ἔδωκαν γὰρ τὸ κέρας αὐτῶν ἑτέροις   5 (7)
καὶ τὴν δόξαν αὐτῶν ἔθνει ἀλλοτρίῳ·
⁶ἐνεπύρισεν ἐκλεκτὴν πόλιν ἁγιάσματος,   6 (8)
καὶ ἠρήμωσαν τὰς ὁδοὺς αὐτῆς
ἐν χειρὶ Ἰερεμίου· ⁷ἐκάκωσαν γὰρ αὐτόν,   7 (9)
καὶ αὐτὸς ἐν μήτρᾳ ἡγιάσθη προφήτης,
ἐκριζοῦν καὶ κακοῦν καὶ ἀπολλύειν,
ὡσαύτως οἰκοδομεῖν καὶ καταφυτεύειν.
⁸Ἰεζεκιήλ, ὃς εἶδεν ὅρασιν δόξης   8 (10)
ἣν ὑπέδειξεν αὐτῷ ἐπὶ ἅρματος χερουβείμ·
⁹καὶ γὰρ ἐμνήσθη τῶν ἐχθρῶν ἐν ὄμβρῳ,   9 (11)
καὶ ἀγαθῶσαι τοὺς εὐθύνοντας ὁδούς.
¹⁰καὶ τῶν ιβ΄ προφητῶν τὰ ὀστᾶ   10 (12)
ἀναθάλοι ἐκ τοῦ τόπου αὐτῶν.
παρεκάλεσεν δὲ τὸν Ἰακώβ,
καὶ ἐλυτρώσατο αὐτοὺς ἐν πίστει ἐλπίδος.
¹¹πῶς μεγαλύνωμεν τὸν Ζοροβαβέλ;   11 (13)
καὶ αὐτὸς ὡς σφραγὶς ἐπὶ δεξιᾶς χειρός.
¹²οὕτως Ἰησοῦς υἱὸς Ἰωσεδέκ·   12 (14)

ℵAC   **XLIX 1** Ιωσιου (item 4) B^bAC | εσκευασμενου ℵ | εργον A | μυρεψου] μυρεμου A   **2** κατηυθυνθη ℵA | λαου] αυτου ℵ* (λαου ℵ^{c a})   **3** καρδιαν] οδον A   **4** πλημμελειαν B^{ab}C πλημμελεια A | κατελειπον A hiat C | εξελειπον AC ([εξ]ελ.)   **6** ενεπυρισαν ℵA | Ιηρεμιου A   **7** καταφυτενειν] φυτενειν ℵ* (καταφ. ℵ^{c a})   **8** ιδεν A | χερουβειν ℵA   **9** οδους] pr τας ℵ* (om τας ℵ^{c a})   **10** ιβ] δωδεκα A | παρεκαλεσαν A | δε] γαρ ℵ^{c a} A | ελυτρωσαντο A   **11** μεγαλυνομεν ℵ | ωσφραγις B* (ως σφρ. B^{ab})   **12** ουτος ℵ | Ιως... C

ΣΟΦΙΑ ΣΕΙΡΑΧ

(15) 13
(16) 14
(17) 15
(18)
(19) 16

L. 1

2

3

4

5

6

7

οἱ ἐν ἡμέραις αὐτῶν οἰκοδόμησαν οἶκον
καὶ ἀνύψωσαν λαὸν ἅγιον Κυρίῳ
ἡτοιμασμένον εἰς δόξαν αἰῶνος.
¹³καὶ νέμουσιν ἐπὶ πολὺ τὸ μνημόσυνον
τοῦ ἐγείραντος ἡμῖν τείχη πεπτωκότα,
καὶ στήσαντος πύλας καὶ μοχλούς,
καὶ ἀνεγείραντος τὰ οἰκόπεδα ἡμῶν.
¹⁴οὐδὲ εἷς ἐκτίσθη οἷος Ἐνὼχ τοιοῦτος ἐπὶ τῆς γῆς,
καὶ γὰρ αὐτὸς ἀνελήμφθη ἀπὸ τῆς γῆς·
¹⁵ὁ δὲ Ἰωσὴφ ἐγενήθη ἀνήρ,
ἡγούμενος ἀδελφῶν, στήριγμα λαοῦ,
⁽¹⁸⁾καὶ τὰ ὀστᾶ αὐτοῦ ἐπεσκέπησαν.
¹⁶Σὴμ καὶ Σὴθ ἐν ἀνθρώποις ἐδοξάσθησαν,
καὶ ὑπὲρ πᾶν ζῷον ἐν τῇ κτίσει Ἀδάμ.

¹Σίμων Ὀνίου υἱὸς ἱερεὺς ὁ μέγας,
ὃς ἐν ζωῇ αὐτοῦ ὑπέραψεν οἶκον,
καὶ ἐν ἡμέραις αὐτοῦ ἐστερέωσεν τὸν ναόν·
²καὶ ὑπ' αὐτοῦ ἐθεμελιώθη ὕψος διπλῆς,
ἀνάλημμα ὑψηλὸν περιβόλου ἱεροῦ·
³ἐν ἡμέραις αὐτοῦ ἠλαττώθη ἀποδοχεῖον ὑδάτων,
χαλκὸς ὡσεὶ θαλάσσης τὸ περίμετρον·
⁴ὁ φροντίζων τοῦ λαοῦ αὐτοῦ ἀπὸ πτώσεως,
καὶ ἐνισχύσας πόλιν ἐνπολιορκῆσαι.
⁵ὡς ἐδοξάσθη ἐν περιστροφῇ λαοῦ,
ἐν ἐξόδῳ οἴκου καταπετάσματος
⁶ὡς ἀστὴρ ἑωθινὸς ἐν μέσῳ νεφέλης,
ὡς σελήνη πλήρης ἐν ἡμέραις·
⁷ὡς ἥλιος ἐκλάμπων ἐπὶ ναὸν Ὑψίστου,
καὶ ὡς τόξον φωτίζον ἐν νεφέλαις δόξης·

12 ωκοδομησαν A | οικον B¹ℵ] πυργον B*incep vid A | om και A | λαον] ℵA ναον A   13 νεμοισιν (-σι ℵ*)] Νεεμιου ℵᶜᵃA | ημιν] ημων ℵ | τειχη] χειλη ℵ* (τειχ. ℵᶜᵃ)   14 ουδε εις] ουδεις ℵ ουτ incep A*vid | επι της γης τοιουτος οιος Ενωχ ℵA | om γαρ A | ανελημφθη] μετετεθη A   15 ο δε] ουδε ως ℵA   16 τη κτισει] om τη ℵᶜᵃ   L 1 Ιονιου B*ℵ* (Ονιου Bᵇℵᶜᵃ sed postea inst I ℵ?) | ιερευς] pr o A | υπερραψεν ℵ* υπεγραψεν ℵᶜᵃ | ημεραις] pr ταις ℵ* (om ταις ℵ¹) | τον ναον] om τον ℵA   2 bis scr και υπ αυτου εθεμελιωθη ℵ* (unc incl 1° ℵᶜᵃ) | ιερου] pr υψηλου ℵ* (om ℵ¹ᶜᵃ)   3 αποδοχιον B* (-χειον Bᵃᵇ)] αποδοχεια ℵA (-χια) | χαλκος] λακκος A   4 του λαου] το ελεον ℵ* (του λ. ℵᶜᵃ) | πτωσεως] πτοησεως ℵ* (πτωσ. ℵᶜᵃ) | εμπολιορκησαι BᵇA   5 ως] ος A   6 νεφελων ℵ   7 om και A | φωτιζων ℵ

ΣΟΦΙΑ ΣΕΙΡΑΧ

B ⁸ὡς ἄνθος ῥόδων ἐν ἡμέραις νέων, 3
ὡς κρίνα ἐπ' ἐξόδων ὕδατος,
ὡς βλαστὸς λιβάνου ἐν ἡμέραις θέρους·
⁹ὡς πῦρ καὶ λίβανος ἐπὶ πυρίου· 9
⁽¹⁰⁾ὡς σκεῦος χρυσίου ὁλοσφύρητον (10)
κεκοσμημένον παντὶ λίθῳ πολυτελεῖ·
¹⁰ὡς ἐλαία ἀναθάλλουσα καρπούς, 10 (11)
καὶ ὡς κυπάρισσος ὑψουμένη ἐν νεφέλαις.
¹¹ἐν τῷ ἀναλαμβάνειν αὐτὸν στολὴν δόξης, 11
καὶ ἐνδιδύσκεσθαι αὐτὸν συντέλειαν καυχήματος,
⁽¹²⁾ἐν ἀναβάσει θυσιαστηρίου ἁγίου (12)
ἐδόξασεν περιβολὴν ἁγιάσματος·
¹²ἐν δὲ τῷ δέχεσθαι μέλη ἐκ χειρῶν ἱερέων, 12 (13)
καὶ αὐτὸς ἑστὼς παρ' ἐσχάρᾳ βωμοῦ,
κυκλόθεν αὐτὸς στέφανος ἀδελφῶν
ὡς βλάστημα κέδρου ἐν τῷ Λιβάνῳ,
⁽¹⁴⁾καὶ ἐκύκλωσαν αὐτὸν ὡς στελέχη φοινίκων· (14)
¹³καὶ πάντες οἱ υἱοὶ Ἀαρὼν ἐν δόξῃ αὐτῶν, 13
⁽¹⁵⁾καὶ προσφορὰ Κυρίου ἐν χερσὶν αὐτῶν (15)
ἔναντι πάσης ἐκκλησίας Ἰσραήλ·
¹⁴καὶ συντέλειαν λειτουργῶν ἐπὶ βωμῶν, 14
κοσμῆσαι προσφορὰν Ὑψίστου Παντοκράτορος,
¹⁵ἐξέτεινεν ἐπὶ σπονδείου χεῖρα αὐτοῦ, 15 (16)
καὶ ἔσπεισεν ἐξ αἵματος σταφυλῆς,
⁽¹⁷⁾ἐξέχεεν εἰς θεμέλια θυσιαστηρίου (17)
ὀσμὴν εὐωδίας Ὑψίστῳ Πανβασιλεῖ.
¹⁶τότε ἀνέκραγον υἱοὶ Ἀαρών, 16 (18)
ἐν σάλπιγξιν ἐλαταῖς ἤχησαν,
ἀκουστὴν ἐποίησαν φωνὴν μεγάλην
εἰς μνημόσυνον ἔναντι Ὑψίστου·
¹⁷τότε πᾶς ὁ λαὸς κοινῇ κατέσπευσεν, 17 (19)
καὶ ἔπεσαν ἐπὶ πρόσωπον ἐπὶ τὴν γῆν

ℵA 8 om ως 1° B* (hab B^{ab mg sinistr}) | ως 2°] ωσει ℵA | εξοδω ℵA 9 πυρειου
ℵ | ολοφυρητον ℵ* (ολοσφ. ℵ^{c a}) 9—10 κεκοσμημενον...καρπους] ως ελαια .
καρπους κεκοσμημενω (sic) . πολυτελει ℵ 11 αναλαμβανειν] αναβαλλιν ℵ*
(αναλαμβανιν ℵ¹) | καυχηματος] καυματος A 12 ιερεων] ορεων ℵ* (ιερ.
ℵ^{c a}) | εστως] εστηκως A | εσχαρας ℵ* (s ras ℵ?) | αυτος 2°] αυτου A | κεδρων
ℵA 13 οι υιοι] om οι ℵ | δοξη] pr τη ℵ | αυτων 1°] αυτου ℵ* (-των ℵ¹)
15 σπονδιου A | οσμην] pr σωτηριου ℵ^{c a} | παμβασιλει B^bA 16 υιοι] pr
οι A 17 κατεσπευσαν B^{ab} (κατεσπαυσ. B^{comm}) ℵA

ΣΟΦΙΑ ΣΕΙΡΑΧ

προσκυνῆσαι τῷ κυρίῳ αὐτῶν
Παντοκράτορι θεῷ τῷ ὑψίστῳ·
(20) 18 ¹⁸καὶ ᾔνεσαν οἱ ψαλμῳδοὶ ἐν φωναῖς αὐτῶν,
ἐν πλείστῳ οἴκῳ ἐγλυκάνθη μέλος·
(21) 19 ¹⁹καὶ ἐδεήθη ὁ λαὸς Κυρίου Ὑψίστου
ἐν προσευχῇ κατέναντι Ἐλεήμονος,
ἕως συντελεσθῇ κόσμος Κυρίου
καὶ τὴν λειτουργίαν αὐτοῦ ἐτελείωσαν.
(22) 20 ²⁰τότε καταβὰς ἐπῆρεν χεῖρας αὐτοῦ
ἐπὶ πᾶσαν ἐκκλησίαν υἱῶν Ἰσραήλ,
δοῦναι εὐλογίαν Κυρίῳ ἐκ χειλέων αὐτοῦ
καὶ ἐν ὀνόματι αὐτοῦ καυχᾶσθαι·
(23) 21 ²¹καὶ ἐδευτέρωσεν ἐν προσκυνήσει ἐπιδείξασθαι τὴν εὐλογίαν
παρὰ Ὑψίστου.
(24) 22 ²²καὶ νῦν εὐλογήσατε τῷ θεῷ πάντες
τῷ μεγαλοποιοῦντι πάντη,
τὸν ὑψοῦντα ἡμέρας ἡμῶν ἐκ μήτρας,
καὶ ποιοῦντα μεθ' ἡμῶν κατὰ τὸ ἔλεος αὐτοῦ·
(25) 23 ²³δῴη ὑμῖν εὐφροσύνην καρδίας,
καὶ γενέσθαι εἰρήνην ἐν ἡμέραις ἡμῶν
ἐν Ἰσραὴλ κατὰ τὰς ἡμέρας τοῦ αἰῶνος,
(26) 24 ²⁴ἐνπιστεῦσαι μεθ' ἡμῶν τὸ ἔλεος αὐτοῦ,
καὶ ἐν ταῖς ἡμέραις αὐτοῦ λυτρωσάσθω ἡμᾶς.
(27) 25 ²⁵ἐν δυσὶν ἔθνεσιν προσώχθισεν ἡ ψυχή μου,
καὶ τὸ τρίτον οὐκ ἔστιν ἔθνος·
(28) 26 ²⁶οἱ καθήμενοι ἐν ὄρει Σαμαρείας, Φυλιστιείμ,
καὶ ὁ λαὸς μωρὸς ὁ κατοικῶν ἐν Σικίμοις.

(29) 27 ²⁷Παιδείαν συνέσεως καὶ ἐπιστήμης

17 τω κυριω] τω θ︤ω︥ ℵ^{c a} om τω A | αυτων] εαυτων ℵ om A | τω υψιστω] ℵA om τω ℵ^{c a} A   **18** ψαλμωδοι] ψαλτωδοι A | οικω] ηχω ℵ^{c a} | εγλυκανθη] εμελυνθη ℵ* εμεγαλυνθη ℵ^{c.a}A   **19** ο λαος] om ο ℵ* (hab ο ℵ^{c a}) | συνετελεσθη ℵ¹ | κοσμος] pr ο ℵ | ετελειωσαν] ελιτουργησαν ℵ* (ετελιωσαν ℵ^{c a})   **20** om καταβας A | χειρα A | om πασαν A | υιω A | Κυριω] κ︤υ︥ ℵ | καυχασθαι] καυχησασθαι ℵA   **21** εν] επι A | προσκυνησει] + κ︤υ︥ ℵ^{c a}   **22** παντες] παντων ℵA | μεγαλοποιουντι] μεγαλα ποιουντι ℵA   **23** υμιν] ημιν ℵ | καρδιαν ℵ* (-διας ℵ^{c a}) | ημων] pr νεων ℵ* (om νεων ℵ^{c a}) | Ισραηλ] pr τω ℵ^{c a} | του αιωνος] του αιω sup ras B¹^{fort}   **24** εμπιστευσαι B^bA   **26** Σαμαριος ℵA | Φυλιστιειμ] pr και A | ο λαος] om ο ℵ | μωρος] pr ο ℵA   **27** παιδιαν ℵA

ΣΟΦΙΑ ΣΕΙΡΑΧ

ἐχάραξα ἐν τῷ βιβλίῳ τούτῳ,
Ἰησοῦς υἱὸς Σειρὰχ Ἐλεαζὰρ ὁ Ἱεροσολυμείτης,
ὃς ἀνώμβρησεν σοφίαν ἀπὸ καρδίας αὐτοῦ.
²⁸μακάριος ὃς ἐν τούτοις ἀναστραφήσεται, 28 (30)
καὶ θεὶς αὐτὰ ἐπὶ καρδίαν αὐτοῦ σοφισθήσεται·
²⁹ἐὰν γὰρ αὐτὰ ποιήσῃ, πρὸς πάντα ἰσχύσει· 29 (31)
ὅτι φῶς Κυρίου τὸ ἴχνος αὐτοῦ.

⁽¹⁾Προσευχὴ Ἰησοῦ υἱοῦ Σειράχ.

¹Ἐξομολογήσομαί σοι, Κύριε βασιλεῦ, 1 LI
καὶ αἰνέσω σε θεὸν τὸν σωτῆρά μου,
⁽²⁾ἐξομολογοῦμαι τῷ ὀνόματί σου· (2)
²ὅτι σκεπαστὴς καὶ βοηθὸς ἐγένου μοι, 2
⁽³⁾καὶ ἐλυτρώσω τὸ σῶμά μου ἐξ ἀπωλίας (3)
καὶ ἐκ παγίδος διαβολῆς γλώσσης,
ἀπὸ χειλέων ἐργαζομένων ψεῦδος,
καὶ ἔναντι τῶν παρεστηκότων
ἐγένου βοηθός, ³καὶ ἐλυτρώσω με 3 (4)
κατὰ τὸ πλῆθος ἐλέου καὶ ὀνόματός σου
ἐκ βρυγμῶν ἕτοιμος εἰς βρῶμα,
⁽⁵⁾ἐκ χειρὸς ζητούντων τὴν ψυχήν μου, (5)
ἐκ πλειόνων θλίψεων ὧν ἔσχον,
⁴ἀπὸ πνιγμοῦ πυρᾶς κυκλόθεν 4 (6)
καὶ ἐκ μέσου πυρὸς οὗ οὐκ ἐξέκαυσα,
⁵ἐκ βάθους κοιλίας ᾅδου, 5 (7)
καὶ ἀπὸ γλώσσης ἀκαθάρτου καὶ λόγου ψευδοῦς
⁶βασιλεῖ διαβολὴ γλώσσης ἀδίκου· 6
⁽⁸⁾ἤνεσεν ἕως θανάτου ἡ ψυχή μου, (8)
⁽⁹⁾καὶ ἡ ζωή μου ἦν σύνεγγυς ᾅδου κάτω (9)
⁷περιέσχον με πάντοθεν καὶ οὐκ ἦν ὁ βοηθῶν, 7 (10)

ℵA 27 Σειρακ ℵ Σιραχ A | Ιεροσολυμειτης B* ℵ^c a (-μιτης B^b A)] ιερευς ο Σολυμειτης ℵ* | σοφιας ℵ* (-φιαν ℵ^c a) 28 θεις] pr o ℵ* (om o ℵ^c a) 29 αυτα] ταυτα A | ισχυσει] ισχνει ℵ (ισχυι) A^vid LI (tit) post προσευχη incep υ B* (improb υ B^ab) | Σιραχ A 1 εξομολογησομαι] εξομολογουμαι A | om σε A 2 απωλειας B^ab | διαβολης] διαβουλης A 3 ελεου (-ους B^ab ℵA)] + σου ℵ^c a | ετοιμον A | εκ χειρος] pr και ℵ 4 κυκλοθεν] κλοθεν A* (κυκλ. A^a) | εκ μεσου] ε 1° sup ras B° εν μεσω ℵ | ου] σου ℵ* (ου ℵ^c a) 5 εκ βαθους κοι. πο γλω perier in A | βαθου B* (βαθους B^ab) 6 διαβολης ℵA | ηνεσεν] ηγγισεν ℵA | κατω] κατωτατου ℵ^c a

ΣΟΦΙΑ ΣΕΙΡΑΧ LI 18

ἐμβλέπων εἰς ἀντίλημψιν ἀνθρώπων καὶ οὐκ ἦν.   B

(11) 8 ⁸καὶ ἐμνήσθην τοῦ ἐλέους σου, Κύριε,
 καὶ τῆς ἐργασίας σου τῆς ἀπ᾽ αἰῶνος,

(12) ⁽¹²⁾ὅτι ἐξελῇ τοὺς ὑπομένοντάς σε
 καὶ σώζεις αὐτοὺς ἐκ χειρὸς ἐθνῶν.

(13) 9 ⁹καὶ ἀνύψωσα ἐπὶ γῆν ἱκετίαν μου,
 καὶ ὑπὲρ θανάτου ῥύσεως ἐδεήθην·

(14) 10 ¹⁰ἐπεκαλεσάμην Κύριον πατέρα κυρίου μου,
 μή με ἐγκαταλιπεῖν ἐν ἡμέραις θλίψεως,
 ἐν καιρῷ ὑπερηφανιῶν ἀβοηθησίας.

(15) 11 ¹¹αἰνέσω τὸ ὄνομά σου ἐνδελεχῶς,
 καὶ ὑμνήσω ἐν ἐξομολογήσει·
 καὶ εἰσηκούσθη ἡ δέησίς μου.

(16) 12 ¹²ἔσωσας γάρ με ἐξ ἀπωλείας,
 καὶ ἐξείλου με ἐκ καιροῦ πονηροῦ·

(17) ⁽¹⁷⁾διὰ τοῦτο ἐξομολογήσομαι καὶ αἰνέσω σοι,
 καὶ εὐλογήσω τῷ ὀνόματι Κυρίου.

(18) 13 ¹³Ἔτι ὢν νεώτερος πρὶν ἢ πλανηθῆναί με,
 ἐζήτησα σοφίαν προφανῶς ἐν προσευχῇ μου

(19) 14 ¹⁴ἔναντι ναοῦ ἠξίουν περὶ αὐτῆς,
 καὶ ἕως ἐσχάτων ἐκζητήσω αὐτήν.

15 ¹⁵ἐξ ἄνθους ὡς περκαζούσης σταφυλῆς

(20) ⁽²⁰⁾εὐφράνθη ἡ καρδία μου ἐν αὐτῇ·
 ἐπέβη ὁ πούς μου ἐν εὐθύτητι,
 ἐκ νεότητός μου ἴχνευον αὐτήν.

(21) 16 ¹⁶ἔκλινα ὀλίγον τὸ οὖς μου καὶ ἐδεξάμην,

(22) ⁽²²⁾καὶ πολλὴν εὗρον ἐμαυτῷ παιδείαν·

17 ¹⁷προκοπὴ ἐγένετό μοι ἐν αὐτῇ·

(23) ⁽²³⁾τῷ διδόντι μοι σοφίαν δώσω δόξαν

(24) 18 ¹⁸διενοήθην γὰρ τοῦ ποιῆσαι αὐτήν,
 καὶ ἐζήλωσα τὸ ἀγαθόν, καὶ οὐ μὴ αἰσχυνθῶ

7 εμβλεπων] εβλεπον A   8 om και 1° ℵ* (hab ﹖ ℵ^{c a}) | εξελη] εξαιρη ℵA ℵ (εξερη) A | εθνων] εχθρων ℵA   9 ανυψωσεν ℵ | επι] απο ℵA | γην] γης B^{ab}ℵA | ικετειαν B^{ab} | υπερ] απο A | θανατου] αθανατου A   10 κυριου] pr του ℵ^{c a} | εγκαταλειπειν A | υπερηφανων ℵA   12 πονηρου]+και εξιλου (sic) μαι A | εξομολογησομαι]+σοι ℵA | σοι] σε B^bℵ^{c a}   13 πλαν θηναι B*^{vid} (πλανη|θ B^b)   15 ως] εως A | περικαζουσης A* (περκ A')| ηυφρανθη A   16 παιδιαν ℵA   17 διδοντι] διδοσιν ℵ* (διδοντι ℵ^{c a}) | om μοι 2° A | δωσω] και ℵ* (δωσ. ℵ^{c a})   18 ποιησαι]+με A

ΣΟΦΙΑ ΣΕΙΡΑΧ

B ¹⁹διαμεμάχισται ἡ ψυχή μου ἐν αὐτῇ,   19 (25)
   καὶ ἐν ποιήσει λιμοῦ διηκριβασάμην
⁽²⁶⁾τὰς χεῖράς μου ἐξεπέτασα πρὸς ὕψος,   (26)
   καὶ τὰ ἀγνοήματα αὐτῆς ἐπένθησα
²⁰τὴν ψυχήν μου κατεύθυνα εἰς αὐτήν,   20 (27, 28)
   καρδίαν ἐκτησάμην μετ' αὐτῶν ἀπ' ἀρχῆς,
   καὶ ἐν καθαρισμῷ εὗρον αὐτήν
   διὰ τοῦτο οὐ μὴ ἐγκαταλειφθῶ.
²¹καὶ ἡ κοιλία μου ἐταράχθη ἐκζητῆσαι αὐτήν   21 (29)
   διὰ τοῦτο ἐκτησάμην ἀγαθὸν κτῆμα.
²²ἔδωκεν Κύριος γλῶσσάν μοι μισθόν μου,   22 (30)
   καὶ ἐν αὐτῇ αἰνέσω αὐτόν

²³Ἐγγίσατε πρός μέ, ἀπαίδευτοι,   23 (31)
   καὶ αὐλίσθητε ἐν οἴκῳ παιδείας.
²⁴καὶ ὅτι ὑστερεῖσθαι λέγετε ἐν τούτοις,   24 (32)
   καὶ αἱ ψυχαὶ ὑμῶν διψῶσι σφόδρα,
²⁵ἤνοιξα τὸ στόμα μου καὶ ἐλάλησα   25 (33)
   Κτήσασθε αὑτοῖς ἄνευ ἀργυρίου
²⁶τὸν τράχηλον ὑμῶν ὑπόθετε ὑπὸ ζυγόν,   26 (34)
   καὶ ἐπιδεξάσθω ἡ ψυχὴ ὑμῶν παιδείαν·
   ἐγγύς ἐστιν εὑρεῖν αὐτήν.
²⁷ἴδετε ἐν ὀφθαλμοῖς ὑμῶν ὅτι ὀλίγον ἐκοπίασα,   27 (35)
   καὶ εὗρον ἐμαυτῷ πολλὴν ἀνάπαυσιν.
²⁸μετάσχετε παιδείαν ἐν πολλῷ ἀριθμῷ ἀργυρίου,   28 (36)
   καὶ πολὺν χρυσὸν κτήσασθε ἐν αὐτῇ·
²⁹εὐφρανθείη ἡ ψυχὴ ὑμῶν ἐν τῷ ἐλέει αὐτοῦ,   29 (37)
   καὶ μὴ αἰσχυνθείητε ἐν αἰνέσει αὐτοῦ
³⁰ἐργάζεσθε τὸ ἔργον ὑμῶν πρὸ καιροῦ,   30 (38)
   καὶ δώσει τὸν μισθὸν ὑμῶν ἐν καιρῷ αὐτοῦ.

ℵA   **19** λιμου] μου A | διηκριβωσαμην B ᷉ διηκριβησαμην A   **19—20** α αυτης επεν, ατευθυνα perier in A   **20** κατηυθυνα ℵ | καρδιαν αυτην] και εν καθ ευρον αυτην| καρδιαν εκτ μετ αυτ. απ αρχης ℵ και εν καιρω θερι[σμ]ου ευρον αυτη| καρδιαν εκτησαμην μετ αυτης απ αρχης A | εγκαταλειφθω B^(a·b) (-λιφθ. B*)] ενκαταλειφθω ℵA   **21** εκζητησαι] pr του ℵA   **22** μοι] μου ℵA | μου] μοι ℵ   **23** εγγισατε] αινεσατε ℵ* (ενγεισ ℵ^(c a)) | αυλισθητε] αυλισθησεσθαι BA | παιδιας ℵA   **24** και 1°] τι ℵA | υστερεισθαι (-σθε B)] υστερειτε ℵA | λεγετε] pr η ℵ^(c a)   **25** αυτοις] εαυτοις ℵA   **26** παιδιαν ℵ | εγγυς]+ γαρ ℵ   **27** ειδετε ℵ* (ιδ ℵ^(c a))   **28** παιδειας ℵ^(c a) A   **29** αινεσει] pr τη ℵ^(c a)
Subscr σοφια Ιησου υιου Σειραχ BℵA
Stich 3221 B 3277 ℵ 3090 A

ΕΣΘΗΡ

(XI) (2) **A** 1 ΕΤΟΥΣ δευτέρου βασιλεύοντος Ἀρταξέρξου τοῦ μεγάλου B βασιλέως τῇ μιᾷ τοῦ Νεισὰ ἐνύπνιον ἴδεν Μαρδοχαῖος ὁ τοῦ
(3) 2 Ἰαείρου τοῦ Σεμεείου τοῦ Κεισαίου ἐκ φυλῆς Βενιαμείν, ²ἄνθρωπος Ἰουδαῖος οἰκῶν ἐν Σούσοις τῇ πόλει, ἄνθρωπος μέγας,
(4) 3 θεραπεύων ἐν τῇ αὐλῇ τοῦ βασιλέως· ³ἦν δὲ ἐκ τῆς αἰχμαλωσίας ἧς ᾐχμαλώτευσεν Ναβουχοδονοσὸρ βασιλεὺς Βαβυλῶνος ἐξ
(5) 4 Ἰερουσαλὴμ μετὰ Ἰεχονίου τοῦ βασιλέως τῆς Ἰουδαίας. ⁴καὶ τοῦτο αὐτοῦ τὸ ἐνύπνιον· καὶ ἰδοὺ φωναὶ καὶ θόρυβος, βρονταὶ
(6) 5 καὶ σεισμός, τάραχος ἐπὶ τῆς γῆς. ⁵καὶ ἰδοὺ δύο δράκοντες μεγάλοι ἕτοιμοι προῆλθον ἀμφότεροι παλαίειν· καὶ ἐγένετο
(7) 6 αὐτῶν φωνὴ μεγάλη, ⁶καὶ τῇ φωνῇ αὐτῶν ἡτοιμάσθη πᾶν
(8) 7 ἔθνος εἰς πόλεμον ὥστε πολεμῆσαι δικαίων ἔθνος. ⁷καὶ ἰδοὺ ἡμέρα σκότους καὶ γνόφου, θλῖψις καὶ στενοχωρία, κάκωσις καὶ
(9) 8 τάραχος μέγας ἐπὶ τῆς γῆς. ⁸καὶ ἐταράχθη δίκαιον πᾶν ἔθνος,
(10) 9 φοβούμενοι τὰ ἑαυτῶν κακά, καὶ ἡτοιμάσθησαν ἀπολέσθαι· ⁹καὶ ἐβόησαν πρὸς τὸν θεόν. ἀπὸ δὲ τῆς βοῆς αὐτῶν ἐγένετο
(11) 10 ὡσανεὶ ἀπὸ μικρᾶς πηγῆς ποταμὸς μέγας, ὕδωρ πολύ· ¹⁰φῶς καὶ ὁ ἥλιος ἀνέτειλεν, καὶ οἱ ταπεινοὶ ὑψώθησαν καὶ κατέφαγον
(12) 11 τοὺς ἐνδόξους. ¹¹καὶ διεγερθεὶς Μαρδοχαῖος ἑωρακὼς τὸ ἐνύπνιον τοῦτο, καὶ τί ὁ θεὸς βεβούλευται ποιῆσαι, εἶχεν αὐτὸ ἐν

Inscr Εσθηρ BℵA (mutil)   **A** 1 Αρταρ!ξερξου A | om βασιλεως ℵA | ℵA Νισα ℵ* (-σαν ℵ?) A | ειδεν B^{ab}ℵ | Ιαειρου ℵA | Σεμειου ℵA | φυλης] pr της ℵ^{c.a}A   2 εν Σουσοις] εν μεσ|οις A*^{vid} εν μεσου!σοις (sic) A'   3 βασιλευς] pr ο ℵ^{c.?}A   4 και θορυβος] θορυβον A | ταραχος] pr και ℵ^{c.a}A   5 μεγαλοι]+δυο ℵ* (improb δυο ℵ?) | προσηλθον A | εγενοντο A | φωναι μεγαλαι A   7 γνοφους A | om στενοχωρια A | om και 4° A   8 παν εθνος δικαιον A   9 ωσανει] ως αν ℵA om A   10 φως] φωτος ℵ* (φως ℵ^{c.a}) pr και A | και 1° om ℵ* (hab ℵ^{c.a})   11 εωρακως] pr ο ℵA | βεβουλευται] βουλευεται A | αυτο] το ενυπνιον τουτο A

Α 12 (XII 1)   ΕΣΘΗΡ

Β τῇ καρδίᾳ, καὶ ἐν παντὶ λόγῳ ἤθελεν ἐπιγνῶναι αὐτὸ ἕως τῆς
νυκτός. ¹²καὶ ἡσύχασεν Μαρδοχαῖος ἐν τῇ αὐλῇ μετὰ Γαβάθα 12 (1) (XII)
καὶ Θαρρὰ τῶν δύο εὐνούχων τοῦ βασιλέως τῶν φυλασσόντων
τὴν αὐλήν, ¹³ἤκουσέν τε αὐτῶν τοὺς λογισμοὺς καὶ τὰς μερίμνας 13 (2)
αὐτῶν ἐξηραύνησεν, καὶ ἔμαθεν ὅτι ἑτοιμάζουσιν τὰς χεῖρας
ἐπιβαλεῖν Ἀρταξέρξῃ τῷ βασιλεῖ. καὶ ὑπέδειξεν τῷ βασιλεῖ
περὶ αὐτῶν· ¹⁴καὶ ἐξήτασεν ὁ βασιλεὺς τοὺς δύο εὐνούχους, 14 (3)
καὶ ὁμολογήσαντες ἀπήχθησαν, ¹⁵καὶ ἔγραψεν ὁ βασιλεὺς τοὺς 15 (4)
λόγους τούτους εἰς μνημόσυνον, καὶ Μαρδοχαῖος ἔγραψεν περὶ
τῶν λόγων τούτων· ¹⁶καὶ ἐπέταξεν ὁ βασιλεὺς Μαρδοχαίῳ 16 (5)
θεραπεύειν ἐν τῇ αὐλῇ, καὶ ἔδωκεν αὐτῷ δόματα περὶ τούτων.
¹⁷καὶ ἦν Ἁμὰν Ἀμαδάθου Βουγαῖος ἔνδοξος ἐνώπιον τοῦ βασι- 17 (6)
λέως, καὶ ἐζήτησεν κακοποιῆσαι τὸν Μαρδοχαῖον καὶ τὸν λαὸν
αὐτοῦ ὑπὲρ τῶν δύο εὐνούχων τοῦ βασιλέως.

¹Καὶ ἐγένετο μετὰ τοὺς λόγους τούτους ἐν ταῖς ἡμέραις Ἀρταξέρξου, 1 Ι
οὗτος ὁ Ἀρταξέρξης ἀπὸ τῆς Ἰνδικῆς ἑκατὸν εἴκοσι ἑπτὰ χωρῶν
ἐκράτησεν. ²ἐν αὐταῖς ταῖς ἡμέραις ὅτε ἐθρονίσθη ὁ βασιλεὺς Ἀρτα- 2
ξέρξης ἐν Σούσοις τῇ πόλει, ³ἐν τῷ τρίτῳ ἔτει βασιλεύοντος αὐτοῦ, 3
δοχὴν ἐποίησεν τοῖς φίλοις καὶ τοῖς λοιποῖς ἔθνεσιν καὶ τοῖς Περσῶν
καὶ Μήδων ἐνδόξοις καὶ τοῖς ἄρχουσιν τῶν σατραπῶν. ⁴καὶ μετὰ ταῦτα 4
μετὰ τὸ δεῖξαι αὐτοῖς τὸν πλοῦτον τῆς βασιλείας αὐτοῦ καὶ τὴν δόξαν
τῆς εὐφροσύνης τοῦ πλούτου αὐτοῦ ἐν ἡμέραις ἑκατὸν ὀγδοήκοντα
⁵ὅτε δὲ ἀνεπληρώθησαν αἱ ἡμέραι τοῦ γάμου, ἐποίησεν ὁ βασιλεὺς 5
πότον τοῖς ἔθνεσιν τοῖς εὑρεθεῖσιν εἰς τὴν πόλιν ἐπὶ ἡμέρας ἓξ ἐν
αὐλῇ οἴκου τοῦ βασιλέως, ⁶κεκοσμημένῃ βυσσίνοις καὶ καρπασίνοις 6

ℵA   11 τη καρδια] om τη A | om και 3° ℵ* (superscr ϛ ℵᶜᵃ) | ηθελησεν A |
επιγνωναι αυτο] επιγνωναι (επιγνουναι ℵ* -γνων. ℵᶜᵃ) αυτον ℵ αυτο επι-
γνωναι A | της νυκτος] om της A   12 ησυχαζεν ℵᶜᵃ | Θαρα ℵ*ᵛⁱᵈ (-ρρας
ℵᶜᵃ)   13 ηκουσε ℵ* (-σεν ℵᶜᵇ) | τε Bℵ*ᶜᵇ] δε ℵᶜᵃ ᵛⁱᵈ γαρ A | τους λογισ-
μους αυτων A | εξηραυνησεν Bᵇ | ετοιμαζουσι ℵ | Αρταξερξει ℵA | τω βασιλει
(2°)] τω sup ras Aᵃ   14 εξητασεν] σ sup ras Aᵃ | απηχθησαν] εξηχθησαν
ℵ*ᶜᵇ (απηχθ. ℵᶜᵃ) A   16 αυτω] Μαρδοχαιω ℵᶜᵃ ᵐᵍ A | τουτων ℵ*ᶜᵇ]
αυτων ℵᶜᵃ A   17 Αμαδαθου] Αμαναδαθου B*ᵛⁱᵈ Ναμαναδ. ut vid Bᵇ⁽ᶠᵒʳᵗ⁾
(Αμαδ. Bᵃᵗᶜ) Αμαθαδου A | λαον a sup ras Bᵃ   I 1 ο Αρταξερξης] om ο A |
Ινδικης]+εως Αιθιοπιας ℵᶜᵃ⁽ᵐᵍ⁾   2 αυταις] ταυταις A | εθρονισθη] ενεθρο-
νισθη ℵᶜᵃ | om ο βασιλευς Αρταξερξης ℵ* (hab ℵᶜᵃ ᵐᵍ ⁱⁿᶠ) Αρταξ. ο βασιλευς A
3 εποιησεν δοχην ℵᶜᵃ | και τοις αρχουσιν] και τοις α sup ras Aᵃ | αρχουσι
ℵAᵛⁱᵈ   4 om μετα 2° ℵ* (superscr ℵ') | αυτου 1°] του sup ras Aᵃ | του πλου-
του] pr και ℵ* (improb και ℵ') | εν ημεραις] επι ημερας ℵ ημερας A   5 γαμου]
ποτου ℵᶜᵃ ᵐᵍ A | πολιν]+απο μεγαλου ϛ εως μικρου ποτου ℵᶜᵃ ᵐᵍ ⁱⁿᶠ | om επι
A | οικου] pr του ℵA   6 κεκοσμημενω ℵ* (-νη ℵᶜᵃ) A | καρπασιοις ℵ'

ΕΣΘΗΡ I 15

τεταμένοις ἐπὶ σχοινίοις βυσσίνοις καὶ πορφυροῖς, ἐπὶ κύβοις χρυσοῖς B καὶ ἀργυροῖς, ἐπὶ στύλοις παρίνοις καὶ λιθίνοις· κλῖναι χρυσαῖ καὶ ἀργυραῖ ἐπὶ λιθοστρώτου σμαραγδίτου λίθου καὶ πιννίνου καὶ παρίνου λίθου, καὶ στρωμναὶ διαφανεῖς ποικίλως διηνθισμέναι, 7 κύκλῳ ῥόδα πεπασμένα· ⁷ποτήρια χρυσᾶ καὶ ἀργυρᾶ, καὶ ἀνθράκινον κυλίκιον προκείμενον ἀπὸ ταλάντων τρισμυρίων οἶνος πολὺς καὶ 8 ἡδύς, ὃν αὐτὸς ὁ βασιλεὺς ἔπινεν. ⁸ὁ δὲ πότος οὗτος οὐ κατὰ προκείμενον νόμον ἐγένετο· οὕτως δὲ ἠθέλησεν ὁ βασιλεύς, καὶ ἐπέταξεν τοῖς οἰκονόμοις ποιῆσαι τὸ θέλημα αὐτοῦ καὶ τῶν ἀνθρώπων. 9 ⁹καὶ Ἀστὶν ἡ βασίλισσα ἐποίησε πότον ταῖς γυναιξὶν ἐν τοῖς 10 βασιλείοις ὅπου ὁ βασιλεὺς Ἀρταξέρξης ¹⁰ἐν δὲ τῇ ἡμέρᾳ τῇ ἑβδόμῃ ἡδέως γενόμενος ὁ βασιλεὺς εἶπεν τῷ Ἀμὰν καὶ Μαζὰν καὶ Θαρρὰ καὶ Βωραζῆ καὶ Ζαθολθὰ καὶ Ἀβαταζὰ καὶ Θαραβά, τοῖς ἑπτὰ 11 εὐνούχοις τοῖς διακόνοις τοῦ βασιλέως Ἀρταξέρξου, ¹¹εἰσαγαγεῖν τὴν βασίλισσαν πρὸς αὐτόν, βασιλεύειν αὐτὴν καὶ περιθεῖναι αὐτῇ τὸ διάδημα καὶ δεῖξαι αὐτὴν τοῖς ἄρχουσιν καὶ τοῖς ἔθνεσιν τὸ 12 κάλλος αὐτῆς· ὅτι καλὴ ἦν. ¹²καὶ οὐκ εἰσήκουσεν αὐτοῦ Ἀστὶν ἡ βασίλισσα ἐλθεῖν μετὰ τῶν εὐνούχων καὶ ἐλυπήθη ὁ βασιλεὺς καὶ 13 ὠργίσθη, ¹³καὶ εἶπεν τοῖς φίλοις αὐτοῦ Κατὰ ταῦτα ἐλάλησεν Ἀστίν, 14 ποιήσατε οὖν περὶ τούτου νόμον καὶ κρίσιν. ¹⁴καὶ προσῆλθεν αὐτῷ Ἀρκεσαῖος καὶ Σαρσαθαῖος καὶ Μαλησεὰρ οἱ ἄρχοντες Περσῶν καὶ Μήδων οἱ ἐγγὺς τοῦ βασιλέως, οἱ πρῶτοι παρακαθήμενοι τῷ βασιλεῖ, 15 ¹⁵καὶ ἀπήγγειλαν αὐτῷ κατὰ τοὺς νόμους ὡς δεῖ ποιῆσαι Ἀστὶν τῇ βασιλίσσῃ, ὅτι οὐκ ἐποίησεν τὰ ὑπὸ τοῦ βασιλέως προσταχθέντα διὰ

6 τεταγμενοις ℵ* (τεταμ. ℵ?) | χρυσαι] χρυσοις ℵ* (-σαι ℵ^c a) | αργυραι] αρ- ℵA γυροις ℵ* (-ραις ℵ^c a) | λιθοστρωτους A | σμαραγδιτου (διτου sup ras B^ab) λιθ. και πιννινου και παρινου λιθου] σμ λιθου και πιννου λιθου ℵ* σμ. και παρινου λιθου ℵ^c a σμαραγδου και παρινου και πιννινου λιθου ℵ^c a | στρωμναι διαφανεις] στρ. επιφανις ℵ* (-νεις ℵ^c a) στρωμνης επιφανους A | διηνθεισμενης A | κυκλω] pr και A | ροδα] δορα A | πεπλασμενα ℵ* (πεπασμ ℵ?) 7 ανθρακιον ℵ* (-κινον ℵ?) | κυλικινον ℵ* (-κιον ℵ?) | οινος] pr ϛ ℵ^c.a 8 om ουτος ℵ^c a A | om ου ℵ* (superscr ℵ^c a) | εγενετο] εγεινετο A | ουτω ℵ | δε 2°] γαρ A 9 εποιησεν A | Αρταξερξης A 10 ο βασιλευς γενομενος A | Μαζαν] Βαζαν ℵ^c a Βαζεα A | Θαρρα και Βωραζη] Οαρεβωα (sic) A | Ζαθολθα] Ζηβαθαθα A | Θαραβα] Θαβας A | om Αρταξερξου ℵ* (hab ℵ^c a) 11 περιθειναι αυτη το διαδημα και βασιλευειν αυτην ℵ^c a | τοις αρχουσιν] pr πασιν ℵ (-σι) A 12 αυτου] αυτων ℵ^c a A | om Αστιν ℵ* (superscr A. ℵ^c a) | ελθειν]· εισελθειν ℵ* ελθειν κατα το ρημα του βασιλεως ℵ^c a mg | ελυπηθη] ωργισθη ℵ | ωργισθη] ελυπηθη ℵ + ϛ εξεκαυθη εν αυτω ℵ^c a mg 13 ειπεν] + ο βασιλευς ℵ^c a A | αυτου] εαυτου A | ελαλησεν] pr α ℵ* (improb α ℵ?) 14 Αρκεσαος ℵ* (-σαιος ℵ^c a) | Σαρσαθαιος] Σαρεσθεος A

ΕΣΘΗΡ

B τῶν εὐνούχων. ¹⁶καὶ εἶπεν ὁ Μουχαῖος πρὸς τὸν βασιλέα καὶ τοὺς 16
ἄρχοντας Οὐ τὸν βασιλέα μόνον ἠδίκησεν Ἀστὶν ἡ βασίλισσα, ἀλλὰ
καὶ πάντας τοὺς ἄρχοντας καὶ τοὺς ἡγουμένους τοῦ βασιλέως. ¹⁷καὶ 17
γὰρ διηγήσατο αὐτοῖς τὰ ῥήματα τῆς βασιλίσσης, καὶ ὡς ἀντεῖπεν
τῷ βασιλεῖ. ὡς οὖν ἀντεῖπεν τῷ βασιλεῖ Ἀρταξέρξῃ, ¹⁸οὕτως σήμερον 18
αἱ τυραννίδες αἱ λοιπαὶ τῶν ἀρχόντων Περσῶν καὶ Μήδων ἀκούσασαι
τὰ τῷ βασιλεῖ λεχθέντα ὑπ' αὐτῆς τολμήσουσιν ὁμοίως ἀτιμάσαι τοὺς
ἄνδρας αὐτῶν. ¹⁹εἰ οὖν δοκεῖ τῷ βασιλεῖ, προσταξάτω βασιλικὸν 19
καὶ γραφήτω κατὰ τοὺς νόμους Μήδων καὶ Περσῶν, καὶ μὴ ἄλλως
χρησάσθω, μηδὲ εἰσελθάτω ἔτι ἡ βασίλισσα πρὸς αὐτόν, καὶ τὴν
βασιλείαν αὐτῆς δότω ὁ βασιλεὺς γυναικὶ κρείττονι αὐτῆς. ²⁰καὶ 20
ἀκουσθήτω ὁ νόμος ὁ ὑπὸ τοῦ βασιλέως ὃν ἐὰν ποιῇ ἐν τῇ βασιλείᾳ
αὐτοῦ· καὶ οὕτως πᾶσαι αἱ γυναῖκες περιθήσουσιν τιμὴν τοῖς ἀνδράσιν
ἑαυτῶν, ἀπὸ πτωχοῦ ἕως πλουσίου ²¹καὶ ἤρεσεν ὁ λόγος τῷ βασιλεῖ 21
καὶ τοῖς ἄρχουσι· καὶ ἐποίησεν ὁ βασιλεὺς καθὰ ἐλάλησεν ὁ Μουχαῖος,
²²καὶ ἀπέστειλεν εἰς πᾶσαν τὴν βασιλείαν κατὰ χώραν, κατὰ τὴν 22
λέξιν αὐτῶν, ὥστε εἶναι φόβον αὐτοῖς ἐν ταῖς οἰκίαις αὐτῶν.

¹Καὶ μετὰ τοὺς λόγους τούτους ἐκόπασεν ὁ βασιλεὺς τοῦ θυμοῦ, 1 II
καὶ οὐκέτι ἐμνήσθη τῆς Ἀστίν, μνημονεύων οἷα ἐλάλησεν καὶ ὡς
κατέκρινεν αὐτήν. ²καὶ εἶπαν οἱ διάκονοι τοῦ βασιλέως Ζητηθήτω 2
τῷ βασιλεῖ κοράσια ἄφθορα καλὰ τῷ εἴδει· ³καὶ καταστήσει ὁ 3
βασιλεὺς κωμάρχας ἐν πάσαις ταῖς χώραις τῆς βασιλείας αὐτοῦ, καὶ

ℵA 16 Μουχαιος] Μαμουχαιος ℵ^{c a} | ηδικησεν] ητιμασεν A | Αστιν] pr asterisc
ℵ^{c a} 17 om γαρ ℵ^{c a} A | διηγησατο] επιδιηγησατο ℵ^{c a} | ως 1°] οσα A | om
ως ουν αντειπεν τω βασιλει ℵ* (hab ℵ^{c.a mg}) | τω β Αρταξερξη] αυτω A
18 ουτω ℵ om A | σημερον· A | των αρχοντων] pr αι A | ακουσασαι] pr αιτινες
ℵ^{c a mg} | λεχθεντα υπ αυτης] υπ αυτης λ ℵ^{c a} αχθεντα υπ αυτης A | τολμησωσιν
A | αυτων] εαυτων ℵ^{c a} αυτω A* (-των A^a) 19 Περσων κ. Μηδων
ℵ^{c a} | om μη A | εισελθετω ℵ*^{c b} (-θατω ℵ^{c a}) | ετι] Αστιν ℵ* (ετι ℵ^{c a}) | αυ-
τον] τον βασιλεα Αρταξερξην A | βασιλιαν B* (-λειαν B^{a(vid) b}) | ο βασιλευς
δοτω A   20 νομος] λογος ℵ^{c a mg} A | om ο υπο A | ον εαν] ο εαν ℵ* ον
αν ℵ^{c a} A | αυτου] εαιτου οτι αληθης A | ουτω ℵ* (ουτως ℵ^{c a})   21 τω
βασιλει και τοις αρχου sup ras B^{ab} | αρχουσιν ℵA | Μουχαιος] ευνουχος ℵ*
Μουχεος ℵ^{c a} Μαμουχεος ℵ^{c b}   22 απεστειλεν]+ο βασιλευς ℵ^{c.a mg} A | εις
πασαν την βασιλειαν] εν παση τη βασιλεια A | κατα χωραν] εις χωραν και
χωραν A | αυτοις φοβον A   II 1 ο βασιλευς]+Αρταξερξης ℵ^{c a(mg)} | και
ουκετι εμνησθη] εμνησθη γαρ A | μνημονευων αυτην] καθα εποιησεν και οσα
αυτη κατεκριθη A | ελαλησαν ℵ* (-σεν ℵ^{c a}) | κατεκριναν ℵ* (-νεν ℵ^{c a})
2 του βασιλεως] προς τον βασιλεα A | αφθορα καλα] αφορα κ ℵ* (αφθ. κ. ℵ^{c a})
καλα αφθορα A | ειδει] ειδιν ℵ* (ειδει ℵ^{c a})   3 ταις χωραις] om ταις ℵ*
(superscr ℵ^{c a}) | om αυτου A

ΕΣΘΗΡ II 13

ἐπιλεξάτωσαν κοράσια παρθενικὰ καλὰ τῷ εἴδει εἰς Σουσὰν τὴν πόλιν Β
εἰς τὸν γυναικῶνα, καὶ παραδοθήτωσαν τῷ εὐνούχῳ τοῦ βασιλέως τῷ
φύλακι τῶν γυναικῶν, καὶ δοθήτω σμῆγμα καὶ ἡ λοιπὴ ἐπιμέλεια·
4 ⁴καὶ ἡ γυνὴ ᾗ ἂν ἀρέσῃ τῷ βασιλεῖ βασιλεύσει ἀντὶ Ἀστίν. καὶ
ἤρεσεν τῷ βασιλεῖ τὸ πρόσταγμα, καὶ ἐποίησεν οὕτως.

5 ⁵Καὶ ἄνθρωπος ἦν Ἰουδαῖος ἐν Σούσοις τῇ πόλει, καὶ ὄνομα
αὐτῷ Μαρδοχαῖος ὁ τοῦ Ἰαείρου τοῦ Σεμεείου τοῦ Κεισαίου ἐκ φυλῆς
6 Βενιαμείν, ⁶ὃς ἦν αἰχμάλωτος ἐξ Ἱερουσαλὴμ ἣν ᾐχμαλώτευσε Ναβου-
7 χοδονοσὸρ βασιλεὺς Βαβυλῶνος. ⁷καὶ ἦν τούτῳ παῖς θρεπτή,
θυγάτηρ Ἀμειναδὰβ ἀδελφοῦ πατρὸς αὐτοῦ, καὶ ὄνομα αὐτῇ Ἐσθήρ·
ἐν δὲ τῷ μεταλλάξαι αὐτῆς τοὺς γονεῖς ἐπαίδευσεν αὐτὴν ἑαυτῷ εἰς
8 γυναῖκα· καὶ ἦν τὸ κοράσιον καλὸν τῷ εἴδει. ⁸καὶ ὅτε ἠκούσθη τὸ
τοῦ βασιλέως πρόσταγμα, συνήχθησαν κοράσια πολλὰ εἰς Σουσὰν
τὴν πόλιν ὑπὸ χεῖρα Γαί, καὶ ἤχθη Ἐσθὴρ πρὸς Γαὶ τὸν φύλακα τῶν
9 γυναικῶν. ⁹καὶ ἤρεσεν αὐτῷ τὸ κοράσιον, καὶ εὗρεν χάριν ἐνώπιον
αὐτοῦ· καὶ ἔσπευσεν αὐτῇ δοῦναι τὸ σμῆγμα καὶ τὴν μερίδα καὶ
τὰ ἑπτὰ κοράσια τὰ ἀποδεδιγμένα αὐτῇ ἐκ βασιλικοῦ, καὶ ἐχρήσατο
10 αὐτῇ καλῶς καὶ ταῖς ἅβραις αὐτῆς ἐν τῷ γυναικῶνι· ¹⁰καὶ οὐχ ὑπέ-
δειξεν Ἐσθὴρ τὸ γένος αὐτῆς οὐδὲ τὴν πατρίδα· ὁ γὰρ Μαρδοχαῖος
11 ἐνετείλατο αὐτῇ μὴ ἀπαγγεῖλαι. ¹¹καθ' ἑκάστην δὲ ἡμέραν ὁ Μαρ-
δοχαῖος περιεπάτει κατὰ τὴν αὐλὴν τὴν γυναικείαν, ἐπισκοπῶν τί
12 Ἐσθὴρ συμβήσεται. ¹²οὗτος δὲ ἦν καιρὸς κορασίου εἰσελθεῖν πρὸς
τὸν βασιλέα, ὅταν ἀναπληρώσῃ μῆνας ιβ'· οὕτως γὰρ ἀναπλη-
ροῦνται αἱ ἡμέραι τῆς θεραπείας, μῆνας ἓξ ἀλιφόμεναι ἐν σμυρνίνῳ
ἐλαίῳ, καὶ μῆνας ἓξ ἐν τοῖς ἀρώμασιν καὶ ἐν τοῖς σμήγμασιν τῶν
13 γυναικῶν, ¹³καὶ τότε εἰσπορεύεται πρὸς τὸν βασιλέα· καὶ ᾧ ἐὰν εἴπῃ,

3 επιλεξατωσαν] επιδειξατωσαν A | κορασια] pr παντα $\aleph^{c\,a}$ | παρθενια $\aleph^*$ $\aleph$A
(-νικα $\aleph^{c\,a}$) | σμισμα A*ᵛⁱᵈ σμιγμα Aˡ | επιμελια $\aleph$A   4 η γυνη] om η $\aleph^*$
(superscr $\aleph^{c\,a}$) | προσταγμα] πραγμα Bᵃᵇ$\aleph$A   5 Ιουδαιος ην A | Ιαειρου]
ιατρου A | του Σεμεειου] ο του Σεμειου A   6 ην 2°] ον A   7 Αμι-
ναδαβ $\aleph$A | ονομα] pr το $\aleph$A | αυτη] αυτης $\aleph$A | αυτην]+ Μαρδοχαιος $\aleph^{c\,a\,(mg)}$ |
εαυτω] αυτω A | om εις A | καλον] καλη $\aleph$ | ειδει]+ϗ ωραιο͡ τη οψει σφοδρα
$\aleph^{c\,a\,(mg)}$ 8 om κορασια πολλα εις Σουσαν $\aleph^*$ (hab τα κ. π. εις Σ.
$\aleph^{c\,a\,mg\,inf}$)   9 δωναι B* (δουναι Bᵇ) | σμιγμα A | αποδεδειγμενα Bᵇ⁽ᵛⁱᵈ⁾
10 αυτης το γενος Εσθηρ A   11 καθ εκαστην δε] και καθ εκ. A | γυναι-
κιαν $\aleph$A | τι Εσθηρ συμβησεται] τι συμβ. Εσθηρ $\aleph^{c.a}$ τι Αισθηρ συμβαινει A
12 ουτος δε ην] και οταν η A | αναπληρωση] ανεπληρωσεν $\aleph^{c\,a}$ αναπληρωθη
καιρος κορασια (sic) A | μηνες 1° A | ιβ'] δωδεκα $\aleph$ δεκα δυο A | ουτω $\aleph^*$ (-τως
$\aleph^{c\,a}$) | θεραπιας $\aleph$ | αλιφομεναι B$\aleph$A | εν σμυρνινω ελαιω] σμυρνινον ελαιον
A | om και εν A | om των γυναικων $\aleph$ (hab $\aleph^{c\,a\,mg}$)   13 εαν] αν A

Β παραδώσει αὐτὴν συνεισέρχεσθαι αὐτῷ ἀπὸ τοῦ γυναικῶνος ἕως τῶν βασιλείων. ¹⁴ δείλης εἰσπορεύεται, καὶ πρὸς ἡμέραν ἀποτρέχει 14 εἰς τὸν γυναικῶνα τὸν δεύτερον οὗ Γαὶ ὁ εὐνοῦχος τοῦ βασιλέως ὁ φύλαξ τῶν γυναικῶν, καὶ οὐκέτι εἰσπορεύεται πρὸς τὸν βασιλέα ἐὰν μὴ κληθῇ ὀνόματι ¹⁵ ἐν δὲ τῷ ἀναπληροῦσθαι τὸν χρόνον Ἐσθὴρ 15 τῆς θυγατρὸς Ἀμειναδὰβ ἀδελφοῦ πατρὸς Μαρδοχαίου εἰσελθεῖν πρὸς τὸν βασιλέα, οὐδὲν ἠθέτησεν ὧν ἐνετείλατο ὁ εὐνοῦχος ὁ φύλαξ τῶν γυναικῶν· ἦν γὰρ Ἐσθὴρ εὑρίσκουσα χάριν παρὰ πάντων τῶν βλεπόντων αὐτήν. ¹⁶ καὶ εἰσῆλθεν Ἐσθὴρ πρὸς Ἀρταξέρξην 16 τὸν βασιλέα τῷ δωδεκάτῳ μηνὶ ὅς ἐστιν Ἀδάρ, τῷ ἑβδόμῳ ἔτει τῆς βασιλείας αὐτοῦ. ¹⁷ καὶ ἠράσθη ὁ βασιλεὺς Ἐσθήρ, καὶ εὗρεν χάριν 17 παρὰ πάσας τὰς παρθένους, καὶ ἐπέθηκεν αὐτῇ τὸ διάδημα τὸ γυναικεῖον. ¹⁸ καὶ ἐποίησεν ὁ βασιλεὺς πότον πᾶσι τοῖς φίλοις αὐτοῦ 18 καὶ ταῖς δυνάμεσιν ἐπὶ ἡμέρας ἑπτά, καὶ ὕψωσεν τοὺς γάμους Ἐσθήρ, καὶ ἄφεσιν ἐποίησεν τοῖς ὑπὸ τὴν βασιλείαν αὐτοῦ ¹⁹ ὁ δὲ Μαρδο- 19 χαῖος ἐθεράπευεν ἐν τῇ αὐλῇ. ²⁰ ἡ δὲ Ἐσθὴρ οὐχ ὑπέδειξεν τὴν 20 πατρίδα αὐτῆς· οὕτως γὰρ ἐνετείλατο αὐτῇ Μαρδοχαῖος, φοβεῖσθαι τὸν θεὸν καὶ ποιεῖν τὰ προστάγματα αὐτοῦ, καθὼς ἦν μετ' αὐτοῦ· καὶ Ἐσθὴρ οὐ μετήλλαξεν τὴν ἀγωγὴν αὐτῆς. ²¹ καὶ ἐλυπήθησαν οἱ 21 δύο εὐνοῦχοι τοῦ βασιλέως οἱ ἀρχισωματοφύλακες ὅτι προήχθη Μαρδοχαῖος, καὶ ἐζήτουν ἀποκτεῖναι Ἀρταξέρξην τὸν βασιλέα ²² καὶ ἐδηλώθη Μαρδοχαίῳ ὁ λόγος, καὶ ἐσήμανεν Ἐσθήρ, καὶ αὐτὴ 22 ἐνεφάνισεν τῷ βασιλεῖ τὰ τῆς ἐπιβουλῆς. ²³ ὁ δὲ βασιλεὺς ἤτασεν 23 τοὺς δύο εὐνούχους καὶ ἐκρέμασεν αὐτούς· καὶ προσέταξεν ὁ βασιλεὺς καταχωρίσαι εἰς μνημόσυνον ἐν τῇ βασιλικῇ βιβλιοθήκῃ ὑπὲρ τῆς εὐνοίας Μαρδοχαίου ἐν ἐγκωμίῳ.

¹ Μετὰ δὲ ταῦτα ἐδόξασεν ὁ βασιλεὺς Ἀρταξέρξης Ἁμὰν Ἁμαδά- 1 III

ℵA   13 αυτω] αυτη ℵ^(c a) αυτῇ A   14 ου Γαι ο ευνουχος] ου Γαιος ευν. ℵ* ουσας (sic ut vid σας superscr) Γαι ο ευν. ℵ^(c-a) | ου Τε ο ευν. A | ονομαστι A 15 om της θυγατρος Μαρδοχαιου ℵ* (hab ℵ^(c a mg)) | της θυγατρος] om της A | Αμιναδαβ ℵ^(c a) A | Μαρδοχεου ℵ^(c a) | εισελθειν] pr του ℵ pr εν τω A | ων] +αυτη ℵA | ενετειλατο] ελεγεν ℵ^(c a mg) A | ο φυλαξ] om ο ℵ* (hab ℵ^(c a vid)) om ο φυλαξ A | παρα] ενωπιον A | om παντων A   16 Αρταξερξην] pr τον ℵA | δωδεκατω] δεκατω ℵ^(c a) | Αδαρ] Αδωρ ℵ* Τηβηθ ℵ^(c a)   17 om αυτη ℵ | γυναικιον ℵ (γυνεκ) A + αυτη ℵ^(† mg)   18 επι] εφ A | εποιησε 2° ℵ 19 εθεραπευσεν A   20 ουτω ℵ* (-τως ℵ^(c a)) | Μαρδοχαιος] pr ο A | μετ αυτου] παρ αυτω ℵ^(c a) | ου μετηλλαξεν] ουκ ηλλαξεν A   21 ελυπηθησαν] +Βαγαθαν και Θαρας ℵ^(c a mg sup) | Μαρδοχαιος] pr ο A   22 ο λογος] om ο A | αυτη] η βασιλισσα A | βασιλει] +Αρταξερξη ℵ^(c a mg) A   23 ητασεν] ανητασεν ℵ^(c a) | om εν 2° A   III 1 om δε A | Αρταξεξης B*^(vid) | Αμαν] Αναμ A | Αμαδαθου] Αναμαθαδου A

ΕΣΘΗΡ III 12

θου Βουγαῖον, καὶ ὕψωσεν αὐτὸν καὶ ἐπρωτοβάθρει πάντων τῶν φίλων Ε
2 αὐτοῦ. ²καὶ πάντες οἱ ἐν τῇ αὐλῇ προσεκύνουν αὐτῷ, οὕτως γὰρ
προσέταξεν ὁ βασιλεὺς ποιῆσαι· ὁ δὲ Μαρδοχαῖος οὐ προσεκύνει
3 αὐτῷ. ³καὶ ἐλάλησαν οἱ ἐν τῇ αὐλῇ τοῦ βασιλέως τῷ Μαρδοχαίῳ
4 Μαρδοχαῖε, τί παρακούεις τὰ ὑπὸ τοῦ βασιλέως λεγόμενα; ⁴καθ' ἑκάστην ἡμέραν ἐλάλουν αὐτῷ, καὶ οὐχ ὑπήκουεν αὐτῶν· καὶ ὑπέδειξαν
τῷ Ἁμὰν Μαρδοχαῖον τοῖς τοῦ βασιλέως λόγοις ἀντιτασσόμενον· καὶ
5 ὑπέδειξεν αὐτοῖς ὁ Μαρδοχαῖος ὅτι Ἰουδαῖός ἐστιν. ⁵καὶ ἐπιγνοὺς
6 Ἁμὰν ὅτι οὐ προσκυνεῖ αὐτῷ Μαρδοχαῖος, ἐθυμώθη σφόδρα, ⁶καὶ
ἐβουλεύσατο ἀφανίσαι πάντας τοὺς ὑπὸ τὴν Ἀρταξέρξου βασιλείαν
7 Ἰουδαίους. ⁷καὶ ἐποίησεν ψήφισμα ἐν ἔτει δωδεκάτῳ τῆς βασιλείας
Ἀρταξέρξου, καὶ ἔβαλεν κλήρους ἡμέραν ἐξ ἡμέρας καὶ μῆνα ἐκ
μηνὸς ὥστε ἀπολέσαι ἐν μιᾷ ἡμέρᾳ τὸ γένος Μαρδοχαίου, καὶ ἔπεσεν
8 ὁ κλῆρος εἰς τὴν τεσσαρεσκαιδεκάτην τοῦ μηνὸς ὅς ἐστιν Ἀδάρ. ⁸καὶ
ἐλάλησεν πρὸς τὸν βασιλέα Ἀρταξέρξην λέγων Ὑπάρχει ἔθνος
διεσπαρμένον ἐν τοῖς ἔθνεσιν ἐν πάσῃ τῇ βασιλείᾳ σου, οἱ δὲ νόμοι
αὐτῶν ἔξαλλοι παρὰ πάντα τὰ ἔθνη, τῶν δὲ νόμων τοῦ βασιλέως
9 παρακούουσιν, καὶ οὐ συμφέρει τῷ βασιλεῖ ἐᾶσαι αὐτούς. ⁹εἰ δοκεῖ
τῷ βασιλεῖ, δογματισάτω ἀπολέσαι αὐτούς, κἀγὼ διαγράψω εἰς τὸ
10 γαζοφυλάκιον τοῦ βασιλέως ἀργυρίου τάλαντα μύρια. ¹⁰καὶ περιελόμενος ὁ βασιλεὺς τὸν δακτύλιον ἔδωκεν εἰς χεῖρα τῷ Ἁμάν,
11 σφραγίσαι κατὰ τῶν γεγραμμένων κατὰ τῶν Ἰουδαίων. ¹¹καὶ εἶπεν
ὁ βασιλεὺς τῷ Ἁμὰν Τὸ μὲν ἀργύριον ἔχε, τῷ δὲ ἔθνει χρῶ ὡς βούλει.
12 ¹²καὶ ἐκλήθησαν οἱ γραμματεῖς τοῦ βασιλέως μηνὶ πρώτῳ τῇ τρισκαι-

---

2 αυλη]+του βασιλεως ℵ^{c a} | αυτω 1°] Αμαν Α | πρεσεταξεν] επεταξεν Α | ℵΑ
ποιησαι ο βασιλευς ℵ | om ου Α   4 ελαλουν] ελεγον ℵ^{c a}Α | υπηκουσε
ℵ^{c a}Α | υπεδειξαν] υπεδιξεν ℵ* (-ξαν ℵ^{c.a}) | τοις του βασ. λογοις αντιτασσομενον] μη υπακουοιτα τοις του βασ. λογοις Α | και υπεδειξεν] υπεδ. γαρ Α
5 επιγνους] επεγνω Α | ου]+Μαρδοχαιος ℵ^{c a mg (vid)} | om Μαρδοχαιος ℵ |
εθυμωθη] και εθυμ. Αμαν Α   6 εβουλευσατο]+Αμαν ℵ^{c a}   7 και εποιησεν Αρταξερξου] ετους δωδεκατου βασιλευοντος Αρτ. ψηφ. εποιησεν Α | ψηφισμα]+εν τω μηνι τω πρωτω αυτος ο μην Νισαν: ℵ^{c a (ing)} | εβαλεν] ελαβεν
Α | om ημεραν εξ Α | τεσσαρισκαιδεκ. Β^{ab} | ος] ο ℵ   8 διεσπαρμενον] ενδιεσπαρμ. (? εν διεσπ.) ℵ^{c a} | σου] αυτων ℵ* (σου ℵ^{c a}) | τω βασιλει ου συμφερει Α
9 ει δοκει] ει ουν δοκει ℵ^{c a vid} ει δ ουν Α | απολεσαι αυτους] αυτους απολεσαι
ℵ απολεσθαι Α | διαγραψω] παραστησω επι χειρας| των ποιουντω| τα εργα
εις|αγαγειν ℵ^{c a mg}   10 om ο βασιλευς ℵ*^{vid} (hab ℵ*^{mg}) | τον δακτυλιον]+αυτου Α | εδωκεν εις χειρα] om εις χ ℵ* εις χειρας εδωκεν ℵ^{c a} εδωκεν
εις χειρας Α | τω Αμαν] om τω Α   11 βουλει] saltem β sup ras Β^{ab}
12 γραμματις ℵ* (-τεις ℵ^{c a}) | πρωτω]+αυτος ο μην Νισαν ϛ ℵ^{c a ing inf} | τη
τρισκαιδεκατη]+ημερα αυτου ℵ^{c a mg}

B δεκάτῃ, καὶ ἔγραψαν ὡς ἐπέταξεν Ἀμὰν τοῖς στρατηγοῖς καὶ τοῖς ἄρχουσιν κατὰ πᾶσαν χώραν ἀπὸ Ἰνδικῆς ἕως τῆς Αἰθιοπίας, ταῖς ἑκατὸν εἴκοσι ἑπτὰ χώραις, τοῖς τε ἄρχουσι τῶν ἐθνῶν κατὰ τὴν αὐτῶν λέξιν, δι' Ἀρταξέρξου τοῦ βασιλέως. ¹³καὶ ἀπεστάλη διὰ 13 βιβλιαφόρων εἰς τὴν Ἀρταξέρξου βασιλείαν, ἀφανίσαι τὸ γένος τῶν Ἰουδαίων ἐν ἡμέρᾳ μιᾷ μηνὸς δωδεκάτου, ὅς ἐστιν Ἀδάρ, καὶ διαρπάσαι τὰ ὑπάρχοντα αὐτῶν. ¹Τῆς δὲ ἐπιστολῆς ἐστὶν τὸ 1 B(XIII) ἀντίγραφον τόδε Βασιλεὺς μέγας Ἀρταξέρξης τοῖς ἀπὸ τῆς Ἰνδικῆς ἕως τῆς Αἰθιοπίας ἑκατὸν εἴκοσι ἑπτὰ χωρῶν ἄρχουσι καὶ τοπάρχαις ὑποτεταγμένοις τάδε γράφει. ²πολλῶν ἐπάρξας ἐθνῶν καὶ 2 πάσης ἐπικρατήσας οἰκουμένης, ἐβουλήθην, μὴ τῷ θράσει τῆς ἐξουσίας ἐπαιρόμενος ἐπιεικέστερον δὲ καὶ μετὰ ἠπιότητος ἀεὶ διεξάγων, τοὺς τῶν ὑποτεταγμένων ἀκυμάτους διὰ παντὸς καταστῆσαι βίους, τήν τε βασιλείαν ἥμερον καὶ πορευτὴν μέχρι περάτων παρεξόμενος ἀνανεώσασθαί τε τὴν ποθουμένην τοῖς πᾶσιν ἀνθρώποις εἰρήνην. ³πυθομένου δέ μου τῶν συμβούλων πῶς ἂν ἀχθείη τοῦτο ἐπὶ πέρας, 3 σωφροσύνῃ παρ' ἡμῖν διενέγκας καὶ ἐν τῇ εὐνοίᾳ ἀπαραλλάκτως καὶ βεβαίᾳ πίστει ἀποδεδειγμένος καὶ δεύτερον τῶν βασιλειῶν γέρας ἀπενηνεγμένος Ἀμὰν ⁴ἐπέδειξεν ἡμῖν, ἐν πάσαις ταῖς κατὰ τὴν 4 οἰκουμένην φυλαῖς ἀναμεμίχθαι δυσμενῆ λαόν τινα, τοῖς νόμοις ἀντίθετον πρὸς πᾶν ἔθνος, τά τε τῶν βασιλέων παραπέμποντας διηνεκῶς προστάγματα, πρὸς τὸ μὴ κατατίθεσθαι τὴν ὑφ' ἡμῶν κατευθυνομένην ἀμέμπτως συναρχίαν. ⁵διειληφότες οὖν τόδε τὸ 5

ℵA   12 εγραψαν] εγραψεν ℵ εγραφησαν A | επεταξεν] προσεταξεν A | αρχουσιν κατα] αρχουσιν κα sup ras Aᵃ | αρχουσι (1°) ℵ | χωραν]+ϧ χωραν ℵᶜᵃ | Ινδικης] pr της A | ταις εκατον] om ταις A | επτα] pr και A | αυτων] εαυτων ℵᶜᵃ | λεξιν δι sup ras Aᵃ | λεξιν Bℵ*ᶜ⁻ᵇA] ληξιν ℵᶜᵃ | Αταρξερξου A* | 13 βιβλιοφορων ℵᶜᵃ | Αρταξερξου A | βασιλιαν ℵ | Ιουδαιων] +απο νεανισκου ℵᶜᵃ(mg) | ος] ο ℵ | τα υπαρχοντα] pr ϧ ℵᶜᵃ   B 1 επιστολης] π sup ras Aᵃ? | το αντιγραφον] om το ℵ* (superscr ℵᶜᵃ) | Αρταξερξης A* (ras ρ A') | επτα] pr και A   1—2 και τοπαρχαις υποτεταγμενων ακυ sup ras et infr lineas Aᵃ (om και πασης επαιρομενος A*ᵛⁱᵈ)   2 οικουμενης] pr της Aᵃ | επαιρομενος επιεικεστερον δε] επιεικ. επαιρ. Aᵃ | ηπιοτητος] πραοτητος ℵᶜᵃ πιοτητος A | ακυμαντους Bᵃᵇ | ημερον] ηρεμον A | μεχρι] αχρι A | τοις πασιν] παρα π. A   3 πυθομενου] πυνθανομενου ℵᶜᵃ A | σωφροσυνη παρ ημιν] σωφροσυνης ο παρ υμιν A | βεβαια αποδεδ. πιστει ℵ | αποδεδειγμενος Bᵃᵇ⁽ᵛⁱᵈ⁾A | βασιλεων ℵ* (-λειων ℵᶜᵃ) A | απενηνεγμενος] απενεγκαμενος A   4 επεδειξεν (-διξ ℵ)] υπεδ ℵᶜᵃA | om εν πασαις ℵ* (hab ℵᶜᵃ ᵐᵍ) | ανεμεμιχθε ℵ* (αναμεμ. ℵᶜᵃ) | αντιθετον] αντιτυπον ℵA | παραπεμποντες ℵ* (-τας ℵᶜᵃ) | προσταγματα B*ᵛⁱᵈ] διαταγματα Bᵃᵇ (δια sup ras) ℵA | κα|κατευθυνομενην A | συναρχειαν ℵA   5 το εθνος] om το A

ἔθνος μονώτατον ἐν ἀντιπαραγωγῇ παντὶ διὰ παντὸς ἀνθρώπῳ B
κείμενον, διαγωγὴν νόμων ξενίζουσαν παραλλάσσον, καὶ δυσνοοῦν
τοῖς ἡμετέροις πράγμασιν τὰ χείριστα συντελοῦν κακὰ καὶ πρὸς τὸ
6 μὴ τὴν βασιλείαν εὐσταθίας τυγχάνειν· ⁶προστετάχαμεν οὖν τοὺς
σημαινομένους ὑμῖν ἐν τοῖς γεγραμμένοις ὑπὸ Ἁμὰν τοῦ τεταγμένου
ἐπὶ τῶν πραγμάτων καὶ δευτέρου πατρὸς ἡμῶν, πάντας σὺν γυναιξὶ
καὶ τέκνοις ἀπολέσαι ὁλορριζεὶ ταῖς τῶν ἐχθρῶν μαχαίραις ἄνευ
παντὸς οἴκτου καὶ φειδοῦς τῇ τεσσαρεσκαιδεκάτῃ τοῦ δωδεκάτου
7 μηνὸς Ἀδὰρ τοῦ ἐνεστῶτος ἔτους, ⁷ὅπως οἱ πάλαι καὶ νῦν δυσμενεῖς
ἐν ἡμέρᾳ μιᾷ βιαίως εἰς τὸν ᾅδην κατελθόντες εἰς τὸν μετέπειτα
χρόνον εὐσταθῆ καὶ ἀτάραχα παρέχωσιν ἡμῖν διὰ τέλους τὰ πρά-
III 14 γματα. ¹⁴τὰ δὲ ἀντίγραφα τῶν ἐπιστολῶν ἐξετίθετο κατὰ χώραν·
καὶ προσετάγη πᾶσι τοῖς ἔθνεσιν ἑτοίμους εἶναι εἰς τὴν ἡμέραν
15 ταύτην. ¹⁵ἐσπεύδετο δὲ τὸ πρᾶγμα καὶ εἰς Σουσάν· ὁ δὲ βασιλεὺς
καὶ Ἁμὰν ἐκωθωνίζοντο, ἐταράσσετο δὲ ἡ πόλις.
IV 1 ¹Ὁ δὲ Μαρδοχαῖος ἐπιγνοὺς τὸ συντελούμενον διέρρηξεν τὰ ἱμά-
τια ἑαυτοῦ, καὶ ἐνεδύσατο σάκκον καὶ κατεπάσατο σποδόν, καὶ ἐκπη-
δήσας διὰ τῆς πλατείας τῆς πόλεως ἐβόα φωνῇ μεγάλῃ Αἴρεται ἔθνος
2 μηδὲν ἠδικηκός. ²καὶ ἦλθεν ἕως τῆς πύλης τοῦ βασιλέως, καὶ ἔστη·
οὐ γὰρ ἦν ἐξὸν αὐτῷ εἰσελθεῖν εἰς τὴν αὐλὴν σάκκον ἔχοντι καὶ
3 σποδόν. ³καὶ ἐν πάσῃ χώρᾳ οὗ ἐξετίθετο τὰ γράμματα κραυγὴ
καὶ κοπετὸς καὶ πένθος μέγα τοῖς Ἰουδαίοις, σάκκον καὶ σποδὸν
4 ἔστρωσαν ἑαυτοῖς. ⁴καὶ εἰσῆλθον αἱ ἅβραι καὶ οἱ εὐνοῦχοι τῆς βασι-

5 εν αντιπαραγωγη BN*ᶜᵇ⁽ᵛⁱᵈ⁾A] εναντια παραγωγη Nᶜᵃ | ανθρωπων N* NA (-πω Nᶜᵃ) ανου A | κεινουμενον N* (κειμενον N') | ξενιζουσα N* (-σαν Nᶜᵃ)] pr ras 1 lit A | παραλλασσον (παραλασσον B* παραλλ. Bᵇ⁽ᵛⁱᵈ⁾)] παραλλασσων N* παραλλαξιν NᶜᵃA | δυσνοη A | πραγμα N* (πραγμασιν Nᶜᵃ) | χειριστα] χειρα|στα N* (χειριστα N') χερistα Aᵛⁱᵈ | om και 2° N* (superscr ϗ N') | ευσταθειας Bᵃᵇ⁽ᵛⁱᵈ⁾   6 om ουν Nᶜᵃ | πραγματων] πραγμ. sup ras et in mg Bᵃᵇ | παντα N* (-τας Nᶜᵃ) | γυναιξιν A | ολοριζει NA | εχθρων] εθνων A | μαχαιραις] μαχαις A | οικτρου N* (-του Nᶜᵃ) | φιδω N* (-δους Nᶜᵃ) | τεσσαρισκαιδεκ. Bᵃᵇ | om δωδεκατου N* (hab Nᶜᵃᵐᵍ)   7 βια βιαιως N* (om βια N') | om εις 1° A | αταραχον N* (-χα Nᶜᵃ) | παρεχουσιν A | πραγματα] προσταγματα A   III 14 χωραν]+ϗ χωραν Nᶜ⁻ᵃ | πασι τοις εθνεσιν] τοις εθνεσιν πασιν A   15 εις Σουσαν] εν Σουσοις A | εκωθωνιζοντο] adnot ἐμεθύσκοντω (sic) κώθων γάρ· εἶδος ποτηρίου Bᵃᵐᵍ ⁱⁿᶠ   IV 1 εαυτου] αυτου NA | πλατιας N | αιρεται (-τε A)] ερειται N* (ερεται N') | ηδικηκος]+πικρα Nᶜᵃ⁽ᵐᵍ⁾   2 πυλης] αυλης A | αυτω εξον A | αυλην] πυλην Nᶜᵃᵐᵍ | εχοντα A   3 χωρα]+ϗ τοπω Nᶜᵃ⁽ᵐᵍ⁾ | τα γραμματα] incep το N* το προσταγμα του βασιλεως Nᶜᵃᵐᵍ | κοπετος]+ην A | σακκον] pr και A | εστρωσαν] υπεστρωσαν Nᶜᵃ   4 εισηλθοσαν N

ΙV 5 ΕΣΘΗΡ

B λίσσης καὶ ἀνήγγειλαν αὐτῇ· καὶ ἐταράχθη ἀκούσασα τὸ γεγονός, καὶ ἀπέστειλεν στολίσαι τὸν Μαρδοχαῖον καὶ ἀφελέσθαι αὐτοῦ τὸν σάκκον· ὁ δὲ οὐκ ἐπείσθη. ⁵ἡ δὲ Ἐσθὴρ προσεκαλέσατο Ἀχραθαῖον 5 τὸν εὐνοῦχον αὐτῆς, ὃς παριστήκει αὐτῇ, καὶ ἀπέστειλεν μαθεῖν αὐτῇ παρὰ τοῦ Μαρδοχαίου τὸ ἀκριβές. ⁷ὁ δὲ Μαρδοχαῖος ὑπέδειξεν αὐτῷ 7 τὸ γεγονὸς καὶ τὴν ἐπαγγελίαν ἣν ἐπηγγείλατο Ἀμὰν τῷ βασιλεῖ εἰς τὴν γάζαν μυρίων ταλάντων, ἵνα ἀπολέσῃ τοὺς Ἰουδαίους. ⁸καὶ τὸ 8 ἀντίγραφον τὸ ἐν Σούσοις ἐκτεθὲν ὑπὲρ τοῦ ἀπολέσθαι αὐτοὺς ἔδωκεν αὐτῷ δεῖξαι τῇ Ἐσθήρ· καὶ εἶπεν αὐτῷ ἐντείλασθαι αὐτῇ εἰσελθούσῃ παραιτήσασθαι τὸν βασιλέα καὶ ἀξιῶσαι αὐτὸν περὶ τοῦ λαοῦ, μνησθεῖσα ἡμερῶν ταπεινώσεώς σου ὡς ἐτράφης ἐν χειρί μου, διότι Ἀμὰν ὁ δευτερεύων τῷ βασιλεῖ ἐλάλησεν καθ' ἡμῶν εἰς θάνατον· ἐπικάλεσαι τὸν κύριον καὶ λάλησον τῷ βασιλεῖ περὶ ἡμῶν καὶ ῥῦσαι ἡμᾶς ἐκ θανάτου. ⁹εἰσελθὼν δὲ ὁ Ἀχραθαῖος ἐλάλησεν αὐτῇ πάντας τοὺς 9 λόγους τούτους. ¹⁰εἶπεν δὲ Ἐσθὴρ πρὸς Ἀχραθαῖον Πορεύθητι πρὸς 10 Μαρδοχαῖον καὶ εἰπὸν ¹¹ὅτι Τὰ ἔθνη πάντα τῆς βασιλείας γινώσκει, 11 ὅτι πᾶς ἄνθρωπος ἢ γυνὴ ὃς εἰσελεύσεται πρὸς τὸν βασιλέα εἰς τὴν αὐλὴν τὴν ἐσωτέραν ἄκλητος, οὐκ ἔστιν αὐτῷ σωτηρία· πλὴν ᾧ ἐκτείνει ὁ βασιλεὺς τὴν χρυσῆν ῥάβδον, οὗτος σωθήσεται· κἀγὼ οὐ κέκλημαι εἰσελθεῖν πρὸς τὸν βασιλέα, εἰσὶν αὗται ἡμέραι τριάκοντα. ¹²καὶ ἀπήγγειλεν Ἀχραθαῖος Μαρδοχαίῳ πάντας τοὺς λόγους Ἐσθήρ. 12 ¹³καὶ εἶπεν Μαρδοχαῖος πρὸς Ἀχραθαῖον Πορεύθητι καὶ εἰπὸν αὐτῇ 13 Ἐσθήρ, μὴ εἴπῃς σεαυτῇ ὅτι σωθήσῃ μόνη ἐν τῇ βασιλείᾳ παρὰ πάντας τοὺς Ἰουδαίους· ¹⁴ὡς ὅτι ἐὰν παρακούσῃς ἐν τούτῳ τῷ καιρῷ, 14

ℵA   4 γενος ℵ* (γεγονος ℵ^(c a)) | τον Μαρδοχαιον] om τον A | αυτου] pr απ ℵ^(c a) | επεισθη (επισθη ℵ*)] ετιθει ℵ^(c a) ετιθη A   5 Αχραθεον A | παρειστηκει B^(a (vid)) A | αυτη 2° Bℵ^(*c b)] αυτον ℵ^(c a) A | το ακριβες] +εις την πλατειαν της πολεως η εστιν κατα προσωπον της πυλης της πολεως ℵ^(c a mg) +επι την πλατειαν προς τη (τη A* τα sup ras A^a) βασιλεα (sic) A   7 το γεγονος] pr συνπαν ℵ^(c a mg) | επαγγελιαν]+του αργυριου ℵ^(c a mg) | τω βασιλει   ταλαντων] παραστησαι εις την γαζαν τω βασιλει ταλαντων μυριων ℵ^(c a) | την γαζαν] om την A | ταλαντων μυριων A   8 αντιγραφον] adnot γραμμα το (ras το ℵ^(c b)) του δογματος ℵ^(c a mg inf) | το εν] om το A | εισελθουσαν A | λαου]+και της πατριδος ℵ^(c a mg) A | μνησθεισα] μνησθις αφ ℵ* (μνησθισα ℵ^(c a)) | ετραφης] εστραφης A | διοτι] δια τι A | δευτερεων ℵ* (-ρευων ℵ^(c a)) | τον κυριον] κν A 9 ο Αχθραθαιος ℵ* (Αχραθ. ℵ') Αχθραθαιος A | αυτη] Εσθηρ ℵ* A τη Εσθ. ℵ^(c a) 11 παντα τα εθνη A | βασιλειας]+κ̅ λαος επαρχιων του βασιλεως ℵ^(c a mg) | γιγνωσκει A | η] και A | εσωτεραν] εντοτεραν A | ω] σ vel fort ε incep ℵ^(* vid) | εκτεινει]+αυτω ℵ^(c a) | ουτος] αυτος A | καγω] και εγω A | ου κεκλημαι] ουκ εκληρωθην A | ελθειν ℵ* (εισελθ. ℵ^(c a))   12 Αρχαθαιος A   13 om προς Αχραθαιον A | Αχθραθαιον ℵ | σωθηση] σωθησομαι ℵ^(c a) A | παρα] υπερ A 14 om ως A | παρα(ουσης] pr παρακουουσα ℵ^(c a mg)

764

ΕΣΘΗΡ   (XIII 17)   C 10

ἄλλοθεν βοήθεια καὶ σκέπη ἔσται τοῖς Ἰουδαίοις· σὺ δὲ καὶ ὁ οἶκος B
τοῦ πατρός σου ἀπολεῖσθε. καὶ τίς οἶδεν εἰ εἰς τὸν καιρὸν τοῦτον
15 ἐβασίλευσας; ¹⁵καὶ ἐξαπέστειλεν Ἐσθὴρ τὸν ἥκοντα πρὸς αὐτὴν
16 πρὸς Μαρδοχαῖον λέγουσα ¹⁶Βαδίσας ἐκκλησίασον τοὺς Ἰουδαίους
τοὺς ἐν Σούσοις, καὶ νηστεύσατε ἐπ᾽ ἐμοί, καὶ μὴ φάγητε μηδὲ
πίητε ἐπὶ ἡμέρας τρεῖς νύκτα καὶ ἡμέραν· κἀγὼ δὲ καὶ αἱ ἅβραι
μου ἀσιτήσομεν· καὶ τότε εἰσελεύσομαι πρὸς τὸν βασιλέα παρὰ τὸν
17 νόμον, ἐὰν καὶ ἀπολέσθαι με ᾖ.   ¹⁷Καὶ βαδίσας Μαρδοχαῖος
(XIII) (8) C 1 ἐποίησεν ὅσα ἐνετείλατο αὐτῷ Ἐσθήρ· ¹καὶ ἐδεήθη Κυρίου,
(9)   2 μνημονεύων πάντα τὰ ἔργα Κυρίου, ²καὶ εἶπεν Κύριε, κύριε
βασιλεῦ πάντων κρατῶν, ὅτι ἐν ἐξουσίᾳ σου τὸ πᾶν ἐστιν,
καὶ οὐκ ἔστιν ὁ ἀντιδοξῶν σοι ἐν τῷ θέλειν σε σῶσαι τὸν
(10)   3 Ἰσραήλ· ³ὅτι σὺ ἐποίησας τὸν οὐρανὸν καὶ τὴν γῆν καὶ πᾶν
(11)   4 θαυμαζόμενον ἐν τῇ ὑπ᾽ οὐρανόν, ⁴καὶ κύριος εἶ πάντων, καὶ
(12)   5 οὐκ ἔστιν ὃς ἀντιτάξεταί σοι τῷ κυρίῳ· ⁵σὺ πάντα γινώσκεις,
σὺ οἶδας, Κύριε, ὅτι οὐκ ἐν ὕβρει οὐδὲ ἐν ὑπερηφανείᾳ οὐδὲ ἐν
φιλοδοξίᾳ ἐποίησα τοῦτο, τὸ μὴ προσκυνεῖν τὸν ὑπερήφανον
(13)   6 Ἀμάν. ⁶ὅτι ηὐδόκουν φιλεῖν πέλματα ποδῶν αὐτοῦ πρὸς σω-
(14)   7 τηρίαν Ἰσραήλ, ⁷ἀλλὰ ἐποίησα τοῦτο ἵνα μὴ θῶ δόξαν ἀνθρώ-
που ὑπεράνω δόξης θεοῦ καὶ οὐ προσκυνήσω οὐδένα πλὴν
(15)   8 σοῦ τοῦ κυρίου μου, καὶ οὐ ποιήσω αὐτὰ ἐν ὑπερηφανίᾳ. ⁸καὶ
νῦν, Κύριε ὁ θεὸς ὁ βασιλεὺς ὁ θεὸς Ἀβραάμ, φεῖσαι τοῦ λαοῦ
σου, ὅτι ἐπιβλέπουσιν ἡμῖν εἰς καταφθορὰν καὶ ἐπεθύμησαν
(16)   9 ἀπολέσαι τὴν ἐξ ἀρχῆς κληρονομίαν σου· ⁹μὴ ὑπερίδῃς τὴν
(17)   10 μερίδα σου ἣν σεαυτῷ ἐλυτρώσω ἐκ γῆς Αἰγύπτου· ¹⁰ἐπά-
κουσον τῆς δεήσεώς μου καὶ ἱλάσθητι τῷ κλήρῳ σου, καὶ
στρέψον τὸ πένθος ἡμῶν εἰς εὐωχίαν, ἵνα ζῶντες ὑμνῶμέν
σου τὸ ὄνομα, Κύριε, καὶ μὴ ἀφανίσῃς στόμα αἰνούντων σοι.

14 αλλοθεν]+δε A | ει] η ℵ om A   15 εξαπεστειλεν Εσθηρ] ειπεν Εσθηρ ℵA
εξαποστειλαι παλῖ| A | ηκοντα] εικοτα ℵ* (ηκοντα ℵᶜ ᵃ) | om προς αυτην A
16 εκκλησιασον]+μοι παντας ℵᶜ ᵃ | Ιουδαιους] pr ανδρας ℵ* (om ανδρ ℵᵃ ᶜ) |
επι] εφ A | καγω] και εγω A | ασιτησομεν]+ουτως ℵᶜ ᵃ | με η BℵAᵛⁱᵈ
17 οσα] pr κατα παντα ℵᶜ ᵃ ᵐᵍ ⁱⁿᶠ   C 1 εδεηθη] pr Μαρδοχαιος ℵᶜ ᵃ (-χαος)
A | Κυριου bis] pr του ℵᶜ ᵃ   2 Κυριε 1°]+θε A | παντων κρατων] παντοκρα-
τωρ ℵᶜ ᵃ | om και ουκ ℵ* ᵛⁱᵈ (hab ℵᶜ ᵃ ᵐᵍᵍ)   4 om και 1° A | αντιτασσεται
ℵ* (-ταξ. ℵᶜ ᵃ)   5 γιγνωσκεις A | υπερηφανια ℵA   6 ευδοκουν ℵA
7 ανθρωπου] ανθρωπων ℵ* (-πω ℵᶜ ᵃ) | υπεραν͂ω A | θεου]+μου ℵᶜ·ᵃ A | ου-
θενα A   8 om ο θεος 1° ℵA | ο βασιλευς] βασιλευ ℵᶜ ᵃ A | απολεσαι] απο-
λεσθαι A   9 υπερειδης A   10 σου το ονομα] το ονομα σου A | στομα]
το αιμα ℵ* (στ. ℵᶜ ᵃ) το στομα A

765

C 11 (XIII 18)   ΕΣΘΗΡ

B ¹¹καὶ πᾶς Ἰσραὴλ ἐκέκραξαν ἐξ ἰσχύος αὐτῶν, ὅτι θάνατος 11 (18)
αὐτῶν ἐν ὀφθαλμοῖς αὐτῶν.   ¹²Καὶ Ἐσθὴρ ἡ βασίλισσα 12 (1) (XIV)
κατέφυγεν ἐπὶ τὸν κύριον ἐν ἀγῶνι θανάτου κατειλημμένη, ¹³καὶ 13 (2)
ἀφελομένη τὰ ἱμάτια τῆς δόξης αὐτῆς ἐνεδύσατο ἱμάτια στενο-
χωρίας καὶ πένθους, καὶ ἀντὶ τῶν ὑπερηφάνων ἡδυσμάτων
σποδοῦ καὶ κοπριῶν ἔπλησεν τὴν κεφαλήν· καὶ τὸ σῶμα
ἐταπείνωσεν σφόδρα, καὶ πάντα τόπον κόσμου ἀγαλλιά-
ματος αὐτῆς ἔπλησεν στρεπτῶν τριχῶν αὐτῆς· ¹⁴καὶ ἐδεῖτο 14 (3)
Κυρίου θεοῦ Ἰσραὴλ καὶ εἶπεν Κύριέ μου, ὁ βασιλεὺς ἡμῶν,
σὺ εἶ μόνος· βοήθησόν μοι τῇ μόνῃ καὶ μὴ ἐχούσῃ βοηθὸν εἰ
μὴ σέ, ¹⁵ὅτι κίνδυνός μου ἐν χειρί μου.   ¹⁶ἐγὼ ἤκουον ἐκ 15 (4)
16 (5)
γενετῆς μου ἐν φυλῇ πατριᾶς μου, ὅτι σύ, Κύριε, ἔλαβες τὸν
Ἰσραὴλ ἐκ πάντων τῶν ἐθνῶν καὶ τοὺς πατέρας ἡμῶν ἐκ πάν-
των τῶν προγόνων αὐτῶν εἰς κληρονομίαν αἰώνιον, καὶ ἐποί-
ησας αὐτοῖς ὅσα ἐλάλησας.   ¹⁷καὶ νῦν ἡμάρτομεν ἐνώπιόν σου, 17 (6)
καὶ παρέδωκας ἡμᾶς εἰς χεῖρας τῶν ἐχθρῶν ἡμῶν· ¹⁸ἀνθ' ὧν 18 (7)
ἐδοξάσαμεν τοὺς θεοὺς αὐτῶν. δίκαιος εἶ, Κύριε· ¹⁹καὶ νῦν 19 (8)
οὐχ ἱκανώθησαν ἐν πικρασμῷ δουλείας ἡμῶν, ἀλλὰ ἔθηκαν τὰς
χεῖρας αὐτῶν, ²⁰ἐξᾶραι ὁρισμὸν στόματός σου καὶ ἀφανίσαι κλη- 20 (9)
ρονομίαν σου, καὶ ἐμφράξαι στόμα αἰνούντων σοι καὶ σβέσαι
δόξαν οἴκου σου καὶ θυσιαστήριόν σου, ²¹καὶ ἀνοῖξαι στόμα 21 (10)
ἐθνῶν εἰς ἀρετὰς ματαίων καὶ θαυμασθῆναι βασιλέα σάρκινον
εἰς αἰῶνα.   ²²μὴ παραδῷς, Κύριε, τὸ σκῆπτρόν σου τοῖς μὴ 22 (11)
οὖσιν, καὶ μὴ καταγελασάτωσαν ἐν τῇ πτώσει ἡμῶν, ἀλλὰ
στρέψον τὴν βουλὴν αὐτῶν ἐπ' αὐτούς· τὸν δὲ ἀρξάμενον
ἐφ' ἡμᾶς παραδιγμάτισον.   ²³μνήσθητι, Κύριε, γνώσθητι ἐν 23 (12)
καιρῷ θλίψεως ἡμῶν, καὶ ἐμὲ θάρσυνον, βασιλεῦ τῶν θεῶν

ℵA   11 εκεκραξαν] εκραξεν ℵ εκεκραξεν A | θανατος] pr ο A   12 θανατου]
ο sup ras Aᵃ | κατειλημμενη] κατιλιμμενη ℵ κατηλιμμενη A   13 κεφαλην]
om B*ᵛⁱᵈ (hab Bᵃ⁽ᵐᵍ⁾) +αυτης ℵA | σωμα]+αυτης ℵA | κοσμου αγαλλιαματος
. αυτης (2°)] αγαλλιαματος αυτης κοσμου επληρωσεν στρεπτων τριχων αυ sup
ras Aᵃ   14 εδειτο] εδεετο A | Κυριε] + ο θς A   15 χειρι] pr
τη A   16 εκ γενετης πατριας] κε του πρς A | εν φυλη] εκ φυλης
ℵ | ελαλησας]+αυτοις ℵA   17 και νυν] οτι A | ημαρτομεν] ημαρτηκα-
μεν A   19 εν πικρασμω] τω πικρ A | δουλιας ℵ | αυτων] pr των ειδωλων
ℵ* pr αυτων επι τας χειρας των ειδ. ℵᶜ ᵃ ᵐᵍ   20 εμφραξαι] ενφραξη Λ |
στομα] στοματα ℵ | αινουντων] υμνουντων A | σου 4°] σοι A   21 ανοιξαι
στομα] ι 2° et σ sup ras Aᵃ | εθνων εις α sup ras Bˡ*ᵃᵇ   22 σου]+κε ℵ |
ουσι ℵ | καταγελασατωσαν] γελασατωσαν A | αυτων] αυτου ℵ* (-των ℵᶜ ᵃ) |
αυτους] αυτοις ℵ* (-τους ℵᶜ ᵃ) | παραδειγματισον Bᵃᵇ A

ΕΣΘΗΡ (XV 9) D 6

(13) 24 καὶ πάσης ἀρχῆς ἐπικρατῶν· ²⁴δὸς λόγον εὔρυθμον εἰς τὸ στόμα B
μου ἐνώπιον τοῦ λέοντος, καὶ μετάθες τὴν καρδίαν αὐτοῦ εἰς
μῖσος τοῦ πολεμοῦντος ἡμᾶς, εἰς συντέλειαν αὐτοῦ καὶ τῶν
(14) 25 ὁμονοούντων αὐτῷ· ²⁵ἡμᾶς δὲ ῥῦσαι ἐν χειρί σου, καὶ βοή-
θησόν μοι τῇ μόνῃ καὶ μὴ ἐχούσῃ εἰ μὴ σέ, Κύριε. πάντων
(15) 26 γνῶσιν ἔχεις, ²⁶καὶ οἶδας ὅτι ἐμίσησα δόξαν ἀνόμων, καὶ βδε-
(16) 27 λύσσομαι κοίτην ἀπεριτμήτων καὶ παντὸς ἀλλοτρίου ²⁷σὺ
οἶδας τὴν ἀνάγκην μου, ὅτι βδελύσσομαι τὸ σημεῖον τῆς
ὑπερηφανίας μου ὅ ἐστιν ἐπὶ τῆς κεφαλῆς μου ἐν ἡμέραις
ὀπτασίας μου· βδελύσσομαι αὐτὸ ὡς ῥάκος καταμηνίων, καὶ
(17) 28 οὐ φορῶ αὐτὸ ἐν ἡμέραις ἡσυχίας μου. ²⁸καὶ οὐκ ἔφαγεν ἡ
δούλη σου τράπεζαν Ἀμάν, καὶ οὐκ ἐδόξασα συμπόσιον βασι-
(18) 29 λέως, οὐδὲ ἔπιον οἶνον σπονδῶν· ²⁹καὶ οὐκ ηὐφράνθη ἡ δούλη
σου ἀφ' ἡμέρας μεταβολῆς μου μέχρι νῦν πλὴν ἐπὶ σοί, Κύριε
(19) 30 ὁ θεὸς Ἀβραάμ. ³⁰ὁ θεὸς ὁ ἰσχύων ἐπὶ πάντας, εἰσάκουσον
φωνὴν ἀπηλπισμένων καὶ ῥῦσαι ἡμᾶς ἐκ χειρὸς τῶν πονη-
ρευομένων, καὶ ῥῦσαί με ἐκ τοῦ φόβου μου.

(XV) (4) D 1 ¹Καὶ ἐγενήθη ἐν τῇ ἡμέρᾳ τῇ τρίτῃ ὡς ἐπαύσατο προσευ-
χομένη, ἐξεδύσατο τὰ ἱμάτια τῆς θεραπείας καὶ περιεβάλετο
(5) 2 τὴν δόξαν αὐτῆς· ²καὶ γενηθεῖσα ἐπιφανής, ἐπικαλεσαμένη
τὸν πάντων ἐπόπτην θεὸν καὶ σωτῆρα, παρέλαβεν τὰς δύο
(6)
(7) 3/4 ἅβρας, ³καὶ τῇ μὲν μιᾷ ἐπηρείδετο ὡς τρυφερευομένη, ⁴ἡ δὲ
(8) 5 ἑτέρα ἐπηκολούθει κουφίζουσα τὴν ἔνδυσιν αὐτῆς ⁵καὶ αὐτὴ
ἐρυθριῶσα ἀκμῇ κάλλους αὐτῆς, καὶ τὸ πρόσωπον αὐτῆς ἱλα-
ρὸν ὡς προσφιλές, ἡ δὲ καρδία αὐτῆς ἀπεστενωμένη ἀπὸ τοῦ
(9) 6 φόβου. ⁶καὶ εἰσελθοῦσα πάσας τὰς θύρας κατέστη ἐνώπιον
τοῦ βασιλέως· καὶ αὐτὸς ἐκάθητο ἐπὶ τοῦ θρόνου τῆς βασι-
λείας αὐτοῦ, καὶ πᾶσαν στολὴν τῆς ἐπιφανείας αὐτοῦ ἐνεδε-

23 αρχην ℵ* (-χης ℵ^c a)   24 αυτου bis] αυτων ℵ* (-του ℵ^c a)   25 εχου- ℵA
ση] + βοηθον A | σε| κε· B* fort σε·| κε B?   26—27 om κοιτην βδελυσσο-
μαι (2°) A   27 το σημειον] pr κοι|την απεριτμητω| ℵ* (unc incl ℵ?) | om μου
2° A | ημερα A | καταμηνιαιων ℵ | φορω] φ sup ras A^a (χορ. A*^vid) | αυτο 2°]
o sup ras A^a   28 επινον ℵ   29 ευφρανθη ℵA | om μου ℵ* (superscr
ℵ^c a)   30 φωνης ℵ^c a A | αφηλπισμενων ℵ | με] η incep ℵ* (improb η ℵ')
D 1 θεραπιας ℵA   2 γενηθεισα] εγενηθη ℵ* (γενηθ ℵ^c a) | παρελαβεν]
παρελαβετο ℵ | τας δυο] om τας ℵA   3 επηρειδετο (επηριδ. ℵ)] επερειδετο
B^a b A (επεριδ.)   4 επηκολουθει] θ ex δ fec ut vid A? | κουφισα ℵ*
(-φιζουσα ℵ')   5 ακμη] pr ως ℵ* pr εν ℵ^c a | ιλαρον αυτης ℵ | προφιλες ℵ*
(προσφ ℵ^c a)   6 om πασας ℵ* (hab ℵ^c a) | κατεστη] εστη ℵ^c a A | ενωπιον]
κατενωπιον ℵ^c a | βασιλιας ℵ | πασαν στολην] πασαν την στ. ℵ^c a την στ. A |
επιφανιας ℵA | ενεδεδυκει ℵ*] εν|δυκει B* (ενε|δυκει B') ενδεδυκει ℵ^c a A

767

D 7 (XV 10)　ΕΣΘΗΡ

B δύκει, ὅλος διὰ χρυσοῦ καὶ λίθων πολυτελῶν, καὶ ἦν φοβερὸς
σφόδρα. ⁷καὶ ἄρας τὸ πρόσωπον αὐτοῦ πεπυρωμένον δόξῃ 7　(10)
ἐν ἀκμῇ θυμοῦ ἔβλεψεν· καὶ ἔπεσεν ἡ βασίλισσα καὶ μετέβαλε
τὸ χρῶμα αὐτῆς ἐν ἐκλύσει, καὶ κατεπέκυψεν ἐπὶ τὴν κεφα-
λὴν τῆς ἅβρας τῆς προπορευομένης. ⁸καὶ μετέβαλεν ὁ θεὸς 8　(11)
τὸ πνεῦμα τοῦ βασιλέως εἰς πραΰτητα, καὶ ἀγωνιάσας ἀνεπή-
δησεν ἀπὸ τοῦ θρόνου αὐτοῦ, καὶ ἀνέλαβεν αὐτὴν ἐπὶ τὰς
ἀγκάλας αὐτοῦ μέχρις οὗ κατέστη, καὶ παρεκάλει αὐτὴν λό-
γοις εἰρηνικοῖς ⁹καὶ εἶπεν αὐτῇ Τί ἐστιν, Ἐσθήρ; ἐγὼ ὁ ἀδελ- 9　(12)
φός σου, θάρσει, ¹⁰οὐ μὴ ἀποθάνῃς· ὅτι κοινὸν τὸ πρόσταγμα 10　(13)
ἡμῶν ἐστίν· ¹¹πρόσελθε. ¹²καὶ ἄρας τὴν χρυσῆν ῥάβδον ἐπέ- 11 (14)
θηκεν ἐπὶ τὸν τράχηλον αὐτῆς, καὶ ἠσπάσατο αὐτὴν καὶ εἶπεν　12 (15)
Λάλησόν μοι. ¹³καὶ εἶπεν αὐτῷ Εἶδόν σε, κύριε, ὡς ἄγγελον 13　(16)
θεοῦ, καὶ ἐταράχθη ἡ καρδία μου ἀπὸ φόβου τῆς δόξης σού
¹⁴ὅτι θαυμαστὸς εἶ, κύριε, καὶ τὸ πρόσωπόν σου χαρίτων 14　(17)
μεστόν. ¹⁵ἐν δὲ τῷ διαλέγεσθαι αὐτὴν ἔπεσεν ἀπὸ ἐκλύσεως· 15　(18)
¹⁶καὶ ὁ βασιλεὺς ἐταράσσετο, καὶ πᾶσα ἡ θεραπεία αὐτοῦ πα- 16　(19)
ρεκάλει αὐτήν ³καὶ εἶπεν ὁ βασιλεὺς Τί θέλεις, Ἐσθήρ; καὶ τί 3　V
σού ἐστιν τὸ ἀξίωμα; ἕως τοῦ ἡμίσους τῆς βασιλείας μου, καὶ ἔσται
σοι. ⁴εἶπεν δὲ Ἐσθήρ Ἡμέρα μου ἐπίσημος σήμερόν ἐστιν· εἰ οὖν 4
δοκεῖ τῷ βασιλεῖ, ἐλθάτω καὶ αὐτὸς καὶ Ἁμὰν εἰς τὴν δοχὴν ἣν
ποιήσω σήμερον. ⁵καὶ εἶπεν ὁ βασιλεὺς Κατασπεύσατε Ἁμὰν ὅπως 5
ποιήσωμεν τὸν λόγον Ἐσθήρ· καὶ παραγίνονται ἀμφότεροι εἰς τὴν
δοχὴν ἣν εἶπεν Ἐσθήρ. ⁶ἐν δὲ τῷ πότῳ εἶπεν ὁ βασιλεὺς πρὸς 6
Ἐσθήρ Τί ἐστιν, βασίλισσα Ἐσθήρ, καὶ ἔσται ὅσα ἀξιοῖς. ⁷καὶ εἶπεν 7

ℵA　6 δια χρυσου] διαχρυσω A　　7 αρας] om ℵ* (hab ℵᶜ ᵃ ᵐᵍ) ηρεν
A | πεπυρωμενον] πεπληρωμενη ℵ* πεπυρωμενος ℵᶜ ᵃ | om δοξη A | om
εβλεψεν ℵ* (hab ℵᶜ ᶜ ᵐᵍ) A | μετεβαλε (-λεν A)] μετεβαλετο ℵ | κατεπεκυψεν]
επεκυψεν A | της κεφαλης A | προπορευομενης] προσπορευομενης ℵ+αυτης
ℵᶜ ᵃ　　8 μετεβαλεν] μετελαβεν ℵ* (μετεβ. ℵᶜ ᵃ) | om αυτου A | ανε-
λαβεν] ανεβαλεν A　　12 αυτην] την Εσθηρ A　　13 ειπον ℵ* (-πεν
ℵᶜ ᵃ) | om φοβου A　　15 εκλυσεως]+αυτης ℵA　　V 3 ειπεν]+αυτη
ℵᶜ·ᵃ ⁽ᵐᵍ⁾ A | Εσθηρ]+η βασιλισσα ℵᶜ ᵃ | βασιλιας ℵ　　4 μου] μοι ℵᶜ ᵃ ᵛⁱᵈ A |
σημερον επισημος A | om εστιν A | om ουν ℵ | ελθετω A | και αυτος] ο βασι-
λευς ℵᶜ ᵃ ᵐᵍ A　　5 κατασπευσατω A | Αμαν] pr τον ℵᶜ ᵃ | οπως ποιησωμεν
(οπ. ποιησομεν ℵ)] ποιησαι A | παραγινονται] παρεγεινοντο A | εις] επι A
6 εν δε τω ποτω. Εσθηρ (1°)] και ειπεν ο βασιλευς προς Εσθηρ εν τω ποτω
A | ποτω] incep a ℵ*ᵛⁱᵈ+του οινου ℵᶜ ᵃ ᵐᵍ (om τ. οιν. ℵᶜ ᵇ ᶠᵒʳᵗ) | βασιλισσα
Εσθηρ] Εσθηρ η βασ. A+τι το αιτημα σου κ̅ δοθη|σεται σοι κ̅ τι το αξιωμα|
σου εως του ημισους της| βασιλειας ℵᶜ ᵃ ᵐᵍ | εσται]+σοι ℵᶜ ᵃ A　　7 ειπεν]+
Εσθηρ A

ΕΣΘΗΡ VI 2

8 τὸ αἴτημά μου καὶ τὸ ἀξίωμα· ⁸εἰ εὗρον χάριν ἐνώπιον τοῦ B
βασιλέως, ἐλθάτω ὁ βασιλεὺς καὶ Ἀμὰν ἔτι τὴν αὔριον εἰς τὴν
9 δοχὴν ἣν ποιήσω αὐτοῖς, καὶ αὔριον ποιήσω τὰ αὐτά. ⁹Καὶ
ἐξῆλθεν ὁ Ἀμὰν ἀπὸ τοῦ βασιλέως ὑπερχαρὴς εὐφραινόμενος· ἐν δὲ
τῷ ἰδεῖν Ἀμὰν Μαρδοχαῖον τὸν Ἰουδαῖον ἐν τῇ αὐλῇ ἐθυμώθη σφόδρα.
10 ¹⁰καὶ εἰσελθὼν εἰς τὰ ἴδια ἐκάλεσεν τοὺς φίλους καὶ Ζωσάραν τὴν
11 γυναῖκα αὐτοῦ, ¹¹καὶ ὑπέδειξεν αὐτοῖς τὸν πλοῦτον αὐτοῦ καὶ τὴν
δόξαν ἣν ὁ βασιλεὺς αὐτῷ περιέθηκεν, καὶ ὡς ἐποίησεν αὐτὸν πρω-
12 τεύειν καὶ ἡγεῖσθαι τῆς βασιλείας ¹²καὶ εἶπεν Ἀμὰν Οὐ κέκληκεν
ἡ βασίλισσα μετὰ τοῦ βασιλέως οὐδένα εἰς τὴν δοχὴν ἀλλ' ἢ ἐμέ·
13 καὶ εἰς τὴν αὔριον κέκλημαι. ¹³καὶ ταῦτά μοι οὐκ ἀρέσκει, ὅταν
14 ἴδω Μαρδοχαῖον τὸν Ἰουδαῖον ἐν τῇ αὐλῇ. ¹⁴καὶ εἶπεν πρὸς αὐτὸν
Ζωσάρα ἡ γυνὴ αὐτοῦ καὶ οἱ φίλοι Κοπήτω σοι ξύλον πηχῶν πεν-
τήκοντα, ὄρθρου δὲ εἰπὸν τῷ βασιλεῖ καὶ κρεμασθήτω Μαρδοχαῖος
ἐπὶ τοῦ ξύλου· σὺ δὲ εἴσελθε εἰς τὴν δοχὴν σὺν τῷ βασιλεῖ καὶ
εὐφραίνου. καὶ ἤρεσεν τὸ ῥῆμα τῷ Ἀμάν, καὶ ἡτοιμάσθη τὸ ξύλον.
VI 1 ¹Ὁ δὲ κύριος ἀπέστησεν τὸν ὕπνον ἀπὸ τοῦ βασιλέως τὴν
νύκτα ἐκείνην, καὶ εἶπεν τῷ διδασκάλῳ αὐτοῦ εἰσφέρειν γράμματα
2 μνημόσυνα τῶν ἡμερῶν ἀναγινώσκειν αὐτῷ ²εὗρεν δὲ τὰ γράμματα
τὰ γραφέντα περὶ Μαρδοχαίου, ὡς ἀπήγγειλεν τῷ βασιλεῖ περὶ τῶν
δύο εὐνούχων τοῦ βασιλέως ἐν τῷ φυλάσσειν αὐτοὺς καὶ ζητῆσαι

7 αξιωμα]+μου ℵA   8 ενωπιον] εναντιον A | βασιλεως]+ϗ ο (sic) επι ℵA τον βασιλεα αγαθον| δουναι το αιτημα μου ϗ ποιησαι το αξιωμα μου ℵ^(c a mg inf) | om ετι την ℵ^v επι την A | om εις την δοχην και (2°) ℵ* hab εις την δ. ην ποιησω αυτοις την αυριον (τ. αυρ. sup ras ℵ^c b) ℵ^(c a mg) | αυριον 2°]+γαρ ℵA
9 ο Αμαν] om ο Λ+εν τη ημερα εκεινη ℵ^(c a mg) | ευφραινομενος]+τη καρδια ℵ^(c a) | ιδειν] ειδιν ℵ | om Αμαν 2° A | Μαρδοχαιον] pr τον ℵ^(c a (mg)) | αυλη]+του βασιλεως ϗ ουκ εξανεστη| ουδε ετρομησεν απ αυτου ℵ^(c a mg sup) | εθυμωθη]+Αμαν επι Μαρδοχαο| ℵ^(c a mg)+Αμαν A | σφοδρα]+και ενεκρατευσατο Αμαν ℵ^(c a mg)   10 εισελθων] εισηλθεν A | εκαλεσεν] pr αποστειλας ℵ^(c a) pr και A | Σωσαραν A   11 αυτοις]+Αμαν ℵ^(c a) | αυτου]+ϗ το πληθος των υιων αυτου ℵ^(c a mg) | περιεθηκεν αυτω A | πρωτευειν και] πρωτον A | βασιλιας ℵ
12 om ετιν Αμαν ου λεκληκεν A | η βασιλισσα] pr Εσθηρ ℵ^(c a)A | ουθενα A | δοχην αλλ η]+ην εποιησεν (partim sup ras αλλη ut vid) αλλ η ℵ^(c a) | κεκλημαι] pr εγω ℵ+μετα του βασιλεως ℵ^(c a mg) κεκληκεν A   13 οταν] επαν ℵ* εν πᾱτι χρονω οταν ℵ^(c a mg) | εν τη αυλη] τη αυλη ℵ* καθημενον εν τη αυλη του βασιλεως ℵ^(c a)   14 Σωσαρα A | οι φιλοι] pr παντες ℵ^(c a)+αυτου ℵ^(c a) (sup ras) | om σοι A | ξυλον 1°]+υψηλον ℵ^(c a (mg))   VI 1 εισφερων A | γραμματα] pr τα ℵ^(c a (ing)) | μνημοσυνα]+λογων ℵ^(c a) | αναγιγνωσκειν Λ | αυτω] αυτα ενωπιον του βασιλεως ℵ^(c a)   2 om τα γραφεντα ℵ* (hab γραφεντα sine τα) ℵ^(c a mg) | απηγγειλεν] εν sup ras (-λαι ℵ*^vid) | περι 2°]+Βαγαθαν ϗ Θαρρας ℵ^(c a mg) | του βασιλεως] αυτου A | αυτους] αυτον ℵ* (-τους ℵ^(c a)) | και ζητησαι επιβαλειν] εν τω επιβαλειν αυτους A

VI 3 ΕΣΘΗΡ

B ἐπιβαλεῖν τὰς χεῖρας Ἀρταξέρξῃ. ³εἶπεν δὲ ὁ βασιλεύς Τίνα δόξαν 3
ἢ χάριν ἐποιήσαμεν τῷ Μαρδοχαίῳ; καὶ εἶπαν οἱ διάκονοι τοῦ βασι-
λέως Οὐκ ἐποίησας αὐτῷ οὐδέν. ⁴ἐν δὲ τῷ πυνθάνεσθαι τὸν βασιλέα 4
περὶ τῆς εὐνοίας Μαρδοχαίου, ἰδοὺ Ἁμὰν ἐν τῇ αὐλῇ· εἶπεν δὲ ὁ
βασιλεύς Τίς ἐν τῇ αὐλῇ; ὁ δὲ Ἁμὰν εἰσῆλθεν εἰπεῖν τῷ βασιλεῖ
κρεμάσαι τὸν Μαρδοχαῖον ἐπὶ τῷ ξύλῳ ᾧ ἡτοίμασεν. ⁵καὶ εἶπαν 5
οἱ διάκονοι τοῦ βασιλέως Ἰδοὺ ὁ Ἁμὰν ἕστηκεν ἐν τῇ αὐλῇ· καὶ
εἶπεν ὁ βασιλεύς Καλέσατε αὐτόν. ⁶εἶπεν δὲ ὁ βασιλεὺς τῷ 6
Ἁμάν Τί ποιήσω τῷ ἀνθρώπῳ ὃν ἐγὼ θέλω δοξάσαι; εἶπεν δὲ ἐν
ἑαυτῷ ὁ Ἁμάν Τίνα θέλει ὁ βασιλεὺς δοξάσαι εἰ μὴ ἐμέ; ⁷εἶπεν δὲ 7
πρὸς τὸν βασιλέα Ἄνθρωπον ὃν ὁ βασιλεὺς θέλει δοξάσαι, ⁸ἐνεγκά- 8
τωσαν οἱ παῖδες τοῦ βασιλέως στολὴν βυσσίνην ἣν ὁ βασιλεὺς
περιβάλλεται, καὶ ἵππον ἐφ' ὃν ὁ βασιλεὺς ἐπιβαίνει, ⁹καὶ δότω 9
ἑνὶ τῶν φίλων τοῦ βασιλέως τῶν ἐνδόξων καὶ στολισάτω τὸν ἄν-
θρωπον ὃν ὁ βασιλεὺς ἀγαπᾷ, καὶ ἀναβιβασάτω αὐτὸν ἐπὶ τὸν
ἵππον, καὶ κηρυσσέτω διὰ τῆς πλατείας τῆς πόλεως λέγων Οὕτως
ἔσται παντὶ ἀνθρώπῳ ὃν ὁ βασιλεὺς δοξάζει. ¹⁰εἶπεν δὲ ὁ βασι- 10
λεὺς τῷ Ἁμάν Καλῶς ἐλάλησας· οὕτως ποίησον τῷ Μαρδοχαίῳ τῷ
Ἰουδαίῳ τῷ θεραπεύοντι ἐν τῇ αὐλῇ, καὶ μὴ παραπεσάτω σου λόγος
ὧν ἐλάλησας ¹¹ἔλαβεν δὲ Ἁμὰν τὴν στολὴν καὶ τὸν ἵππον, καὶ 11
ἐστόλισεν τὸν Μαρδοχαῖον καὶ ἀνεβίβασεν αὐτὸν ἐπὶ τὸν ἵππον, καὶ
διῆλθεν διὰ τῆς πλατείας τῆς πόλεως καὶ ἐκήρυσσεν λέγων Οὕτως
ἔσται παντὶ ἀνθρώπῳ ὃν ὁ βασιλεὺς θέλει δοξάσαι. ¹²ἐπέστρεψεν δὲ 12
ὁ Μαρδοχαῖος εἰς τὴν αὐλήν· Ἁμὰν δὲ ὑπέστρεψεν εἰς τὰ ἴδια λυπού-
μενος κατὰ κεφαλῆς. ¹³καὶ διηγήσατο Ἁμὰν τὰ συμβεβηκότα αὐτῷ 13

ℵA 2 Αρταξερξει ℵ 3 Μαρδοχαιω]+περι τουτου ℵ^(c a) | ειπαν] ειπον A |
οι διακονοι του βασιλεως] οι εκ της διακονιας A | ουθεν A 4 Μαρδοχαιου]
pr του ℵ | Αμαν 1°]+εισηλθε ℵ^(c a (mg)) | αυλη 1°]+οικου του βασιλευς την εξω-
τεραν (sic) ℵ^(c a mg) | om ειπεν εισηλθεν ℵ* | ητοιμασεν]+αυτω ℵ^(c a (mg))
5 ειπαν] ειπον ℵA | διακονοι] εκ της διακονιας A | βασιλεως]+προς αυτον
ℵ^(c a mg) | αυτον]+ϗ εισηλθε Αμαν ℵ^(c a (mg)) 6 ον] ω A | εν εαυτω] αυτω ℵ |
ο Αμαν] om ο ℵA +εν εαυτω ℵ^(c a mg) 7 δε]+Αμαν ℵ^(c a) | προς τον βασιλεα]
τω βασιλει A 8 ενεγκατω A | om οι παιδες του βασιλεως A | ην]+εν
αυτη ℵ^(c a mg) | ον]+επ αυτο ℵ^(c a mg) | επιβαινει]+ϗ δοθητω| διαδημα| βασιλειας
επι την| κεφαλην| αυτου ϧ δο|θητω το εν|διμα ϗ ο| ιππος εν| χειρι ℵ^(c a mg)
9 om και δοτω ενι ℵ^(c a) | στολισατωσαν ℵ^(c a) | κηρυσσετω] κηρυσσεται ℵ* -τωσαν
ℵ^(c a) | πλατιας ℵ 10 Αμαν]+ταχεως λαβε συν το ενδυμα ϧ| τον ιππον
ℵ^(c a mg inf) | καλως] καθως ℵ^(c a) | ουτω ℵ | ποιησον] ποιησομεν A | τω Μαρδο-
χαιω] om τω ℵ^(c a) A | εν τη αυλη] ον ειπεν ο βασιλευς A | ων] pr εκ παντων
ℵ^(c a) 11 om και εστολισεν . επι τον ιππον A | πλατιας ℵ 12 αυλην]
+του βασιλεως ℵ^(c a (mg)) | κατα κεφαλης] κατακεκαλυμμενος κεφαλην ℵ^(c a)
13 Αμαν] απαντα ℵ | αυτω]+Αμαν ℵ

ΕΣΘΗΡ VII 8

Ζωσάρᾳ τῇ γυναικὶ αὐτοῦ καὶ τοῖς φίλοις· καὶ εἶπαν πρὸς αὐτὸν οἱ B
φίλοι καὶ ἡ γυνή Εἰ ἐκ γένους Ἰουδαίων Μαρδοχαῖος, ἦρξαι ταπεινοῦ-
σθαι ἐνώπιον αὐτοῦ, πεσὼν πεσῇ· οὐ μὴ δύνῃ αὐτὸν ἀμύνασθαι, ὅτι
14 θεὸς ζῶν μετ' αὐτοῦ. ¹⁴ἔτι αὐτῶν λαλούντων παραγίνονται οἱ εὐνοῦ-
χοι ἐπισπεύδοντες τὸν Ἁμὰν ἐπὶ τὸν πότον ὃν ἡτοίμασεν Ἐσθήρ.
VII 1 ¹Εἰσῆλθεν δὲ ὁ βασιλεὺς καὶ Ἁμὰν συνπιεῖν τῇ βασιλίσσῃ.
2 ²εἶπεν δὲ ὁ βασιλεὺς Ἐσθὴρ τῇ δευτέρᾳ ἡμέρᾳ ἐν τῷ πότῳ Τί ἐστιν,
Ἐσθὴρ βασίλισσα, καὶ τί τὸ αἴτημά σου καὶ τί τὸ ἀξίωμά σου, καὶ
3 ἔστω σοι ἕως τοῦ ἡμίσους τῆς βασιλείας μου ³καὶ ἀποκριθεῖσα
εἶπεν Εἰ εὗρον χάριν ἐνώπιον τοῦ βασιλέως, δοθήτω ἡ ψυχὴ τῷ
4 αἰτήματί μου, καὶ ὁ λόγος μου τῷ ἀξιώματί μου. ⁴ἐπράθημεν γὰρ
ἐγώ τε καὶ ὁ λαός μου εἰς ἀπωλίαν καὶ διαρπαγὴν καὶ δουλίαν,
ἡμεῖς καὶ τὰ τέκνα ἡμῶν εἰς παῖδας καὶ παιδίσκας, καὶ παρήκουσα·
5 οὐ γὰρ ἄξιος ὁ διάβολος τῆς αὐλῆς τοῦ βασιλέως. ⁵εἶπεν δὲ ὁ
βασιλεύς Τίς οὗτος ὅστις ἐτόλμησεν ποιῆσαι τὸ πρᾶγμα τοῦτο;
6 ⁶εἶπεν δὲ Ἐσθήρ Ἄνθρωπος ἐχθρὸς Ἁμὰν ὁ πονηρὸς οὗτος. Ἁμὰν
7 δὲ ἐταράχθη ἀπὸ τοῦ βασιλέως καὶ τῆς βασιλίσσης. ⁷ὁ δὲ βασιλεὺς
ἐξανέστη ἀπὸ τοῦ συμποσίου εἰς τὸν κῆπον· ὁ δὲ Ἁμὰν παρῃτεῖτο
8 τὴν βασίλισσαν, ἑώρα γὰρ ἑαυτὸν ἐν κακοῖς ὄντα. ⁸ἐπέστρεψεν
δὲ ὁ βασιλεὺς ἐκ τοῦ κήπου, Ἁμὰν δὲ ἐπιπεπτώκει ἐπὶ τὴν κλίνην
ἀξιῶν τὴν βασίλισσαν· εἶπεν δὲ ὁ βασιλεύς Ὥστε καὶ τὴν γυναῖκα
βιάζῃ ἐν τῇ οἰκίᾳ μου; Ἁμὰν δὲ ἀκούσας διετράπη τῷ προσώπῳ

13 Σωσαρα A | ειπαν] ειπον A | οι φιλοι]+αυτου ℵ^{c a} | γυνη]+αυτου ℵA
Ζωσαρα. ℵ^{c a mg} | ηρξαι] ου ηρξω ℵ^{c a} | θεος ζων] ο θ̄ς̄ ο ϛ A   14 λαλουν-
των]+μετ αυτου ℵ^{c a mg} | ευνουχοι]+του βασιλεως ℵ^{c a (mg)} | επισπευδοντες]
+αγαγειν ℵ^{c a (mg)} | Αισθηρ ℵ   VII 1 συνπιειν B*^cℵA] συμπιειν B^{b*c} |
βασιλισση]+Εσθηρ ℵ^{c a (mg)}   2 ειπεν δε] και ειπεν A | om Εσθηρ 1º A
τη δευτερα] pr και γε ℵ^{c a} | ποτω]+του οινου ℵ^{c a} | βασιλισσα] pr η A | σου 1º]
+ϛ δοθησεται σοι ℵ^{c a}] εσται A   3 αποκριθεισα] + Εσθηρ η βασι-
λισσα ℵ^{c a mg sup} | βασιλεως]+ϛ ει επι τον βασιλεα αγαθον ℵ^{c a (mg)} | δοθητω]
+μοι ℵ^{c a} | ψυχη]+μου ℵ^{c a (mg)} | αιτηματι] αιματι ℵ* (αιτημ. ℵ^{c a}) | λογος]
λαος ℵ^{c a} | om μου 2º ℵ* (hab ℵ^{c a}) A   4 απωλειαν B^{ab}A | om και διαρπα-
γην A | δουλειαν B^{ab}A | παιδισκας]+επραθημεν ℵ^{c a (mg)}   5 βασιλευς]
+ Αρταξερξης τη Εσθηρ τη βασιλισση ℵ^{c a mg} | ουτος]+εστιν ℵ+ϛ ποιος εστιν
ουτος ℵ^{c a mg} | οστις] ος ℵ   6 εχθρος] pr επιβουλος ϛ ℵ^{c a mg}   7 εξανεστη]
+εν οργη αυτου ℵ^{c a (mg)} | απο] εκ ℵA | κηπον]+τον συμφυτον ℵ^{c a mg} | παρη-
τειτο] εξανεστη και παρ περι της ψυχης αυτου ℵ^{c a} | βασιλισσαν] + Εσθηρ
ℵ^{c a (mg)} | εαυτον Bℵ^{c a}] αυτον ℵ*A | οντα]+παρα του βασιλεως ℵ^{c a}   8 εκ]
απο A | κηπου]+του συμ|φυτον εις| τον οικο̄| του ποτου| του οινου ℵ^{c a (mg)} |
επιπεπτωκει]+και επεσεν A | την βασιλισσαν] αυτην A | γυναικα]+μ ℵ*
(ras μ ℵ^{c a})+μετ εμου ℵ^{c a mg} | βιαζη] εκβιαζη A | om μου ℵ' | Αμαν 2º]
pr ο λογος εξηλθεν εκ του στοματος του βασιλεως ℵ^{c a (mg)}

VII 9 ΕΣΘΗΡ

B ⁹εἶπεν δὲ Βουγαθὰν εἷς τῶν εὐνούχων πρὸς τὸν βασιλέα Ἰδοὺ καὶ ξύ- 9
λον ἡτοίμασεν Ἀμὰν Μαρδοχαίῳ τῷ λαλήσαντι περὶ τοῦ βασιλέως, καὶ
ὤρθωται ἐν τοῖς Ἀμὰν ξύλον πηχῶν πεντήκοντα. εἶπεν δὲ ὁ βασι-
λεύς Σταυρωθήτω ἐπ' αὐτοῦ. ¹⁰καὶ ἐκρεμάσθη Ἀμὰν ἐπὶ τοῦ ξύλου 10
ὃ ἡτοιμάσθη Μαρδοχαίῳ. καὶ τότε ὁ βασιλεὺς ἐκόπασεν τοῦ θυμοῦ.

¹Καὶ ἐν αὐτῇ τῇ ἡμέρᾳ ὁ βασιλεὺς Ἀρταξέρξης ἐδωρήσατο Ἐσθὴρ 1 VIII
ὅσα ὑπῆρχεν Ἀμὰν τῷ διαβόλῳ, καὶ Μαρδοχαῖος προσεκλήθη ὑπὸ
τοῦ βασιλέως· ὑπέδειξεν γὰρ Ἐσθὴρ ὅτι ἐνοικείωται αὐτῇ. ²ἔλαβεν 2
δὲ ὁ βασιλεὺς τὸν δακτύλιον ὃν ἀφείλατο Ἀμὰν καὶ ἔδωκεν αὐτὸν
Μαρδοχαίῳ, καὶ κατέστησεν Ἐσθὴρ Μαρδοχαῖον ἐπὶ πάντων τῶν
Ἀμάν. ³καὶ προσθεῖσα ἐλάλησεν πρὸς τὸν βασιλέα, καὶ προσέ- 3
πεσεν πρὸς τοὺς πόδας αὐτοῦ, καὶ ἠξίου ἀφελεῖν τὴν Ἀμὰν κακίαν
καὶ ὅσα ἐποίησεν τοῖς Ἰουδαίοις. ⁴ἐξέτεινεν δὲ ὁ βασιλεὺς Ἐσθὴρ 4
τὴν ῥάβδον τὴν χρυσῆν· ἐξηγέρθη δὲ Ἐσθὴρ παρεστηκέναι τῷ
βασιλεῖ ⁵καὶ εἶπεν Ἐσθὴρ Εἰ δοκεῖ σοι καὶ εὗρον χάριν, πεμφθήτω 5
ἀποστραφῆναι τὰ γράμματα τὰ ἀπεσταλμένα ὑπὸ Ἀμάν, τὰ γραφέντα
ἀπολέσθαι τοὺς Ἰουδαίους οἵ εἰσιν ἐν τῇ βασιλείᾳ σου. ⁶πῶς γὰρ 6
δυνήσομαι ἰδεῖν τὴν κάκωσιν τοῦ λαοῦ μου, καὶ πῶς δυνήσομαι
σωθῆναι ἐν τῇ ἀπωλείᾳ τῆς πατρίδος μου; ⁷καὶ εἶπεν ὁ βασιλεὺς 7
πρὸς Ἐσθήρ Εἰ πάντα τὰ ὑπάρχοντα Ἀμὰν ἔδωκα καὶ ἐχαρισάμην
σοι, καὶ αὐτὸν ἐκρέμασα ἐπὶ ξύλου ὅτι τὰς χεῖρας ἐπήνεγκε τοῖς
Ἰουδαίοις, τί ἔτι ἐπιζητεῖς; ⁸γράψατε καὶ ὑμεῖς ἐκ τοῦ ὀνόματός μου 8
ὡς δοκεῖ ὑμῖν, καὶ σφραγίσατε τῷ δακτυλίῳ μου· ὅσα γὰρ γράφεται
τοῦ βασιλέως ἐπιτάξαντος καὶ σφραγισθῇ τῷ δακτυλίῳ μου, οὐκ ἔστιν
αὐτοῖς ἀντειπεῖν. ⁹ἐκλήθησαν δὲ οἱ γραμματεῖς ἐν τῷ πρώτῳ μηνὶ 9

ℵA 9 Βουγαθα ℵ* Βουγαζαν ℵ^(c a) | των ευνουχων] pr απο ℵ^(c a) | προς τον βασι-
λεα] του βασιλεως A | ξυλον 1°] το ξ. ο ℵ^(c a) A | λαλησαντι]+αγαθα ℵ^(c a mg) |
ωρθωται] pr ʒ ℵ^(c a) | ξυλον 2°] pr υψηλον ℵ^(c a) om A   10 ο 1°] ου ℵ^(c a) A |
ητοιμασθη] ητοιμασεν ℵ^(c a) A | εκοπασεν ο βασιλευς A | θυμου] improb μου ℵ*
VIII 1 ημερα] ωρα ℵ | om τω διαβολω ℵ* hab τω δ τῶ! Ιουδαιω] ℵ^(c a (mg)) |
Μαρδοχαιος]+δε A | ενοικειωτο A   2 αφιλατο ℵ | Αμαν 1°] pr του ℵ^(c a) A |
om αυτον A   3 προσθεισα]+Εσθηρ ℵ^(c a) | ηξιου]+ʒ εδεηθη αυτου ℵ^(c a (mg))
4 εξετεινεν δε] και εξετεινεν A   5 χαριν]+ενωπιον σου (hactenus Λ) ʒ
ευθης οι λογος ενωπιον του βασιλεως ʒ αγαθα και επι οφθαλμοις αυτου ℵ^(c a mg) |
αποστραφηναι] αποστρεψαι ℵΛ | απεσταλμενα] εξαπεσταλμ. ℵ^(c a) | Αμαν]
+υιον Αμαδαθου βουγαιου ℵ^(c a mg) | απολεσθαι] απολεσαι A | οι] οσοι A |
βασιλια ℵ | om σου A   6 ιδειν] επιδειν A | απωλια ℵ   7 προς Εσθηρ]
Εσθηρ τη βασιλισση A | εδωκε ℵ* (-κα ℵ^(c a)) | om εδωκα και A | ξυλου] pr του
A | επηνεγκε] επηνεγκα αν ℵ* επηνεγκεν ℵ^(c a) A (κ sup ras A^a) | om ετι
A   8 γραψατε] γραφετε ℵ*^(c b) (γραψ. ℵ^(c (vid))) A   9 γραμματεις]+του
βασιλεως εν τω καιρω εκεινω ℵ^(c a mg sup) | πρωτω μηνι ος (ο ℵ^ʏ) εστι Νισα]
τριτω μηνι ο (postea ος) εστιν Σιουαν ℵ^(c a mg)

ΕΣΘΗΡ (XVI 5) E 5

ὅς ἐστι Νισά, τρίτῃ καὶ εἰκάδι τοῦ αὐτοῦ ἔτους, καὶ ἐγράφη τοῖς B
Ἰουδαίοις ὅσα ἐνετείλατο τοῖς οἰκονόμοις καὶ τοῖς ἄρχουσιν τῶν
σατραπῶν ἀπὸ τῆς Ἰνδικῆς ἕως τῆς Αἰθιοπίας, ἑκατὸν εἴκοσι ἑπτὰ
10 σατραπείαις κατὰ χώραν καὶ χώραν, κατὰ τὴν ἑαυτῶν λέξιν. ¹⁰ἐγράφη
δὲ διὰ τοῦ βασιλέως καὶ ἐσφραγίσθη τῷ δακτυλίῳ αὐτοῦ, καὶ ἐξα-
11 πέστειλαν τὰ γράμματα διὰ βιβλιαφόρων, ¹¹ὡς ἐπέταξεν αὐτοῖς
χρῆσθαι τοῖς νόμοις αὐτῶν ἐν πάσῃ τῇ πόλει, βοηθῆσαί τε αὐτοῖς καὶ
χρῆσθαι τοῖς ἀντιδίκοις αὐτῶν καὶ τοῖς ἀντικειμένοις αὐτῶν ὡς
12 βούλονται, ¹²ἐν ἡμέρᾳ μιᾷ ἐν πάσῃ τῇ βασιλείᾳ Ἀρταξέρξου, τῇ
⟨VI⟩ E 1 τρισκαιδεκάτῃ τοῦ δωδεκάτου μηνὸς ὅς ἐστιν Ἀδάρ. ¹⁷Ὧν ἐστὶν
ἀντίγραφον τῆς ἐπιστολῆς τὰ ὑπογεγραμμένα Βασιλεὺς μέγας
Ἀρταξέρξης τοῖς ἀπὸ τῆς Ἰνδικῆς ἕως τῆς Αἰθιοπίας ἑκατὸν εἴκοσι
ἑπτὰ σατραπείαις χωρῶν ἄρχουσι καὶ τοῖς τὰ ἡμέτερα φρονοῦσι
2 χαίρειν. ²πολλοὶ τῇ πλείστῃ τῶν εὐεργετούντων χρηστότητι πυκνό-
3 τερον τιμώμενοι μεῖζον ἐφρόνησαν, ³καὶ οὐ μόνον τοὺς ὑποτεταγμέ-
νους ἡμῖν ζητοῦσι κακοποιεῖν, τόν τε κόρον οὐ δυνάμενοι φέρειν καὶ
4 τοῖς ἑαυτῶν εὐεργέταις ἐπιχειροῦσι μηχανᾶσθαι· ⁴καὶ τὴν εὐχαριστίαν
οὐ μόνον ἐκ τῶν ἀνθρώπων ἀντανῃροῦντες, ἀλλὰ καὶ τοῖς τῶν ἀπει-
ραγάθων κόμποις ἐπαρθέντες, τοῦ τὰ πάντα κατοπτεύοντος ἀεὶ θεοῦ
5 μισοπόνηρον ὑπολαμβάνουσιν ἐκφεύξεσθαι δίκην. ⁵πολλάκις δὲ καὶ
πολλοὺς τῶν ἐπ' ἐξουσίαις τεταγμένων τῶν πιστευθέντων χειρίζειν
φίλων τὰ πράγματα παραμυθία μετόχους αἱμάτων ἀθῴων καταστή-

9 αυτου] δευτερου ℵ* (αυτου ℵ^(c a)) | ετους] μηνος A | ενετειλατο] + Μαρδο- ℵA
χαιος προς Ιουδαιους ℵ^(c a mg) | σατραπων] + οι ησαν ℵ^(c a (mg)) | κατα χωραν κ. χ.
εκατον εικοσι επτα σατραπειαις ℵ | επτα] pr και A | σατραπιαις B^cA | εαυτων]
αυτων A   10 εγραφη δε] και εγραφη A | βασιλεως] + Αρταξερξου ℵ^(c a mg) |
εσφραγισθη A* (εσφρ. A^a) | εξαπεστειλεν ℵ^(c a) A | βιβλιοφορων ℵ^(c a) A*^vid
11 χρησθαι 1°] χρησθε ℵ*^(c b) χρησασθε ℵ^(c a) χρησασθαι A | παση τη πολει]
παση πολει ℵ τη πολει A | om τε A | χρησθαι 2°] χρησθε ℵ*^(c b) χρησασθε
ℵ^(c a) | om τοις αντιδικοις αυτων και A | om αυτων 1° ℵ | βουλονται] + πασαν
δυναμιν λαου₁ ϗ χωρας τους θλιβον|τας αυτους νηπια ϗ| γυναικας ϗ τα σκυλα|
αυτων εις προνομη| ℵ^(c a mg)   12 του δωδεκατου μηνος ος εστιν Αδαρ] om
δωδεκατου ℵ* A om ος εστιν Αδαρ ℵ* hab του ιβ' μηνος ος εστιν Αδαρ ℵ^(c a mg)
E 1 om ων ℵ* (hab ℵ^(c a)) | της επιστολης] om της ℵ* (hab ℵ^(c a (mg))) | τα] τα
υπογεγρ A | επτα] pr και A | σατραπαις ℵ* (-πιαις ℵ^(c a)) | χωρων] pr ιδιων
ℵ* (om ιδ ℵ°) | αρχουσι] αρξουσι ℵ | και] + σατραπαις ℵ^(c a mg) A | φρονουσιν ℵA
2 μειζον] αμινο| ℵ* (μιζο] ℵ°)   3 om και 1° ℵ* (superscr ϗ ℵ^(c a)) | ημιν]
υμιν ℵ* (ημ. ℵ°) | ζητουσι (-σιν A)] αιτουσιν ℵ* (ζητ. ℵ^(c a)) | κορον] ο 1° sup
ras A^a (κωρον A*^vid) | επιχειρουσιν ℵA (επιχιρ)   4 την ευχαριστιαν] pr
κατα ℵA | ανταναιρουντες] ανερουντες ℵ^(c a) | υπολαμβανουσιν] διαλαμβανουσιν
ℵ*^(c b) (υπολαμβ ℵ^(c a (vid))) A | εφευξεσθαι ℵ* (εκφ. ℵ^(c a)) | om δικην ℵ* (superscr
ℵ^(c a))   5 παραμυθιαν ℵ* (-θια ℵ°) | μετοχους] μετενους ℵ* (μετοχ. ℵ^(c a))
μεταγνουσα A | αιματων] μετα των A | καταστησας ℵA

Ε 6 (XVI 6) ΕΣΘΗΡ

Β σασα περιέβαλε συμφοραῖς ἀνηκέστοις, ⁶τῷ τῆς κακοηθείας ψευδεῖ 6
παραλογισμῷ παραλογισαμένων τὴν τῶν ἐπικρατούντων ἀκέραιον
εὐγνωμοσύνην. ⁷σκοπεῖν δὲ ἔξεστιν, οὐ τοσοῦτον ἐκ τῶν παλαιο- 7
τέρων ὡς παρεδώκαμεν ἱστοριῶν, ὅσα ἐστὶν παρὰ πόδας ὑμᾶς ἐκζη-
τοῦντας ἀνοσίως συντετελεσμένα τῇ τῶν ἀνάξια δυναστευόντων λοι-
μότητι, ⁸καὶ προσέχειν εἰς τὰ μετὰ ταῦτα, εἰς τὸ τὴν βασιλείαν 8
ἀτάραχον τοῖς πᾶσιν ἀνθρώποις μετ' εἰρήνης παρεξόμεθα, ⁹χρώμενοι 9
ταῖς μεταβολαῖς, τὰ δὲ ὑπὸ τὴν ὄψιν ἐρχόμενα διακρίνοντες ἀεὶ
μετ' ἐπιεικεστέρας ἀπαντήσεως. ¹⁰ὡς γὰρ Ἀμὰν Ἀμαδάθου Μακεδὼν 10
ταῖς ἀληθείαις ἀλλότριος τοῦ τῶν Περσῶν αἵματος καὶ πολὺ διεστηκὼς
τῆς ἡμετέρας χρηστότητος, ἐπιξενωθεὶς ἡμῖν ¹¹ἔτυχεν ἧς ἔχομεν πρὸς 11
πᾶν ἔθνος φιλανθρωπίας ἐπὶ τοσοῦτον ὥστε ἀναγορεύεσθαι ἡμῶν
πατέρα καὶ προσκυνούμενον ὑπὸ πάντων τὸ δεύτερον τοῦ βασι-
λικοῦ θρόνου πρόσωπον διατελεῖν· ¹²οὐκ ἐνέγκας δὲ τὴν ὑπερη- 12
φανίαν ἐπετήδευσεν τῆς ἀρχῆς στερῆσαι ἡμᾶς καὶ τοῦ πνεύματος,
¹³τόν τε ἡμέτερον σωτῆρα καὶ διὰ παντὸς εὐεργέτην Μαρδοχαῖον καὶ 13
τὴν ἄμεμπτον τῆς βασιλείας κοινωνὸν Ἐσθὴρ σὺν παντὶ τῷ τούτων
ἔθνει πολυπλόκοις μεθόδων παραλογισμοῖς αἰτησάμενος εἰς ἀπω-
λίαν· ¹⁴διὰ γὰρ τῶν τρόπων τούτων ᾠήθη λαβὼν ἡμᾶς ἐρήμους τὴν 14
τῶν Περσῶν ἐπικράτησιν εἰς τοὺς Μακεδόνας μετάξαι. ¹⁵ἡμεῖς δὲ 15
τοὺς ὑπὸ τοῦ τρισαλιτηρίου παραδεδομένους εἰς ἀφανισμὸν Ἰουδαίους
εὑρίσκομεν οὐ κακούργους ὄντας, δικαιοτάτοις δὲ πολιτευομένους
νόμοις, ¹⁶ὄντας δὲ υἱοὺς τοῦ ὑψίστου μεγίστου ζῶντος θεοῦ τοῦ 16

ℵA   6 τω της κακοηθειας (-θιας ℵ)] + τροπω ℵ^{c a (ing)} των της αληθειας A | ψευδει] + δε ℵ* (om δε ℵ^{c a}) | om παραλογισμω A | παραλογισαμενος ℵA | ευγνω-μοσυνην Bℵ^{a?c b?}A (εγν)] επιγνωσιν ℵ*   7 ου τοσουτον] ουτω ου|των ℵ* (ου τοσ ℵ^{c a}) | παλαιωτερων A | om ως ℵ* (superscr ℵ^{c a}) | παρεδωκαμεν ℵ^{c a} | οσα] οσον ℵ | ποδας] μερος ℵ* (ποδ. ℵ^{c a}) | υμας] υμιν ℵ* (υμας ℵ^{c a}) | εκζητουν ℵ* (-ντας ℵ^{c a}) | αναξια δυναστευοντων] αξιας δυναστευω|το ℵ* αξια δυναστευοντω| ℵ^{c a} αξιοδιναστευοντων A | λυμοτητι A   8 τα] το ℵ* (τα ℵ^{c a}) | εις το την] και την ℵ^{c a} το την ℵ^{c b (vid)} | βασιλιαν ℵ   9 χρωμενοι] pr ου ℵ^{c a}A | αει] δει ℵ* (αει ℵ^{c.a}) | μετ] μετα ℵA | απαντησεως] αγανακτη-σεως ℵ* (απαντ. ℵ^c)   10 Αμαδαθου] Αμαθου A | αληθιαις ℵ | διεστηκως] incep λα ℵ* (improb λα ℵ)   11 ωστε] ως A | αναγορευεσθαι] ανα-πορευεσθαι ℵ* (αναγορ ℵ') | προσκυνουμενος A   12 επετηδευσε ℵ επιτηδευσεν A | ημας στερησαι A | στερεσαι ℵ* (-ρησαι ℵ^{c a}) | ημας] υμας ℵ* (ημ. ℵ^{c a}) | om και A   13 σωτηραν ℵ* (improb ν ℵ?) | βασιλειας] βασι-λεως ℵ* (-λειας ℵ^{c a}) | τω] τοις ℵ* (τω ℵ^{c a}) | απωλειαν B^{ab}A   14 om τουτων A | ωηθη] ηθη ℵ* (ωηθη ℵ^{c a}) ωηθει A | λαβειν ℵ^{c a}A | ημας] τας A | την]+τε ℵ^{c a}A | των Περσων] om των A | Μακαιδονας ℵ   15 ου κακουργους] κακουργους ουκ A | δικαιοτατοις] αναγκαιοτατους ℵ* (δικαιοτατοις ℵ^{c a})   16 υιοις ℵ* (-ους ℵ^{c a}) | του υψιστου] om του A | μεγιστου bis scr B

ΕΣΘΗΡ VIII 15

κατευθύνοντος ἡμῖν τε καὶ τοῖς προγόνοις ἡμῶν τὴν βασιλείαν ἐν τῇ B
17 καλλίστῃ διαθέσει. ¹⁷καλῶς οὖν ποιήσετε μὴ προσχρησάμενοι τοῖς
18 ὑπὸ Ἀμὰν Ἀμαδάθου ἀποσταλεῖσι γράμμασιν, ¹⁸διὰ τὸ αὐτὸν τὸν
ταῦτα ἐξεργασάμενον πρὸς ταῖς Σούσων πύλαις ἐσταυρῶσθαι σὺν τῇ
πανοικίᾳ, τὴν καταξίαν τοῦ τὰ πάντα ἐπικρατοῦντος θεοῦ διὰ τάχους
19 ἀποδόντος αὐτῷ κρίσιν· ¹⁹τὸ δὲ ἀντίγραφον τῆς ἐπιστολῆς ταύτης
ἐκθέντες ἐν παντὶ τόπῳ μετὰ παρρησίας, ἐᾶν τοὺς Ἰουδαίους χρῆ-
20 σθαι τοῖς ἑαυτῶν νομίμοις, ²⁰καὶ συνεπισχύειν αὐτοῖς ὅπως τοὺς ἐν
καιρῷ θλίψεως ἐπιθεμένους αὐτοῖς ἀμύνωνται τῇ τρισκαιδεκάτῃ τοῦ
21 δωδεκάτου μηνὸς Ἀδὰρ τῇ αὐτῇ ἡμέρᾳ· ²¹ταύτην γὰρ ὁ πάντα δυνα-
στεύων θεὸς ἀντ᾽ ὀλεθρίας τοῦ ἐκλεκτοῦ γένους ἐποίησεν αὐτοῖς
22 εὐφροσύνην. ²²καὶ ὑμεῖς οὖν ἐν ταῖς ἐπωνύμοις ὑμῶν ἑορταῖς ἐπί-
23 σημον ἡμέραν μετὰ πάσης εὐωχίας ἄγετε, ²³ὅπως καὶ νῦν καὶ μετὰ
ταῦτα σωτηρία ἡμῖν καὶ τοῖς εὐνοοῦσιν Πέρσαις, τοῖς δὲ ἡμῖν ἐπι-
24 βουλεύουσιν μνημόσυνον τῆς ἀπωλείας. ²⁴πᾶσα δὲ πόλις ἢ χώρα
τὸ σύνολον ἥτις κατὰ ταῦτα μὴ ποιήσῃ δόρατι καὶ πυρὶ κατα-
ναλωθήσεται μετ᾽ ὀργῆς· οὐ μόνον ἀνθρώποις ἄβατος, ἀλλὰ καὶ
θηρίοις καὶ πετεινοῖς εἰς τὸν ἅπαντα χρόνον ἔχθιστος κατασταθή-
VIII 13 σεται. ¹³τὰ δὲ ἀντίγραφα ἐκτιθέσθωσαν ὀφθαλμοφανῶς ἐν πάσῃ
τῇ βασιλείᾳ, ἑτοίμους τε εἶναι πάντας τοὺς Ἰουδαίους εἰς ταύτην τὴν
14 ἡμέραν πολεμῆσαι αὐτῶν τοὺς ὑπεναντίους. ¹⁴Οἱ μὲν οὖν ἱπ-
πεῖς ἐξῆλθον σπεύδοντες τὰ ὑπὸ τοῦ βασιλέως λεγόμενα ἐπιτελεῖν·
15 ἐξετέθη δὲ τὸ πρόσταγμα καὶ ἐν Σούσοις. ¹⁵ὁ δὲ Μαρδοχαῖος ἐξῆλθεν

16 κατευθυνοντας ℵ* (-τος ℵ^c a) | ημιν] ημας ℵ* (-μιν ℵ^c a) | βασιλειαν] αγιαν ℵA
ℵ* (βασιλιαν ℵ^c a)   17 ποιησητε ℵ ποιησατε A | προ|σχρησαμενοι B* προσ|χρ.
B^c | Αμαν] Μαν A | Αμαδαθου] Αμαθαδου A | αποσταλιση ℵ* (-σει ℵ^c a) |
γραμμασι A   18 δια 1°] pr ν ℵ* (improb ν ℵ') | om τον ℵ* (superscr ℵ^c a)
A | τα παντα] om τα ℵ* (superscr τα ℵ^c a)   19 εκθεντες] εκτεθεντος ℵ*
(εκθεντες ℵ^c a) εκτεθεντες A | εαν] αν ℵ* (εαν ℵ^c a) | νομιμοις] νομοις ℵA
20 om αυτοις 2° ℵ* (superscr ℵ^c a) | μυνωνται A* (αμ. A^1 fort)   21 ταυτη
ℵ* (ταυτην ℵ^c a) A | om γαρ ℵ* (hab ℵ^c a) | ο παντα] επι παντα A | ολεθρειας
ℵ | ευφροσυνην] pr εις ℵ^c a   22 υμεις] ημις ℵ*¹ᵈ (υμις ℵ^c a) | ουν] ου A
om υμων εορταις A | ημερας ℵ* (-ραν ℵ^c a)   23 σωτηρια ημιν και τοις ευ-
νοουσιν Περσαις] σωτ. υμιν και τοις ευνοουσι| Π. ℵ* σωτ. μεν των ευνοουντων
τοις Π. ℵ^c b σωτ. μεν υμων κ. των ευνοουντων τοις Π. A | τοις δε ημιν επι-
βουλευουσιν] των δε τουτοις επιβουλευσαντων A | απωλιας ℵ   24 χωρας
ℵ* (-ρα ℵ') | δορατι bis scr ℵ* (improb 2° ℵ') | μετ οργης] pr ♄ ℵ^c a (improb
♄ ℵ^c b) | om εις τον απαντα χρονον A | εχθιστος] εχιστο|ς ℵ* εσχιστος ℵ^c a
αισχιστος A | κατασταθησεται] αυτα σταθ. ℵ* (καταστ αθ. ℵ^c a)   VIII 13 αν-
τιγραφα]+της επιστολης ℵ^c a | εκτιθεσθωσαν] εκτιθεσθω ℵ εκτεθεισθω A |
βασιλια ℵ | τε] δε A   14 ιππεις]+ ♄ επιβαται των πο|ριων οι με|γιστανες
ℵ^c a mg | σπευδοντες]+και διωκομενοι ℵ^c a (n¹ᵋ) | προσταγμα] εκθεμα A | Σου-
σοις]+τη βαρει ℵ^c a   15 εξηλθεν]+εκ προσωπου του βασιλεως ℵ^c a mg

775

B ἐστολισμένος τὴν βασιλικὴν στολὴν καὶ στέφανον ἔχων χρυσοῦν καὶ διάδημα βύσσινον πορφυροῦν· ἰδόντες δὲ οἱ ἐν Σούσοις ἐχάρησαν. ¹⁶τοῖς δὲ Ἰουδαίοις ἐγένετο φῶς καὶ εὐφροσύνη ¹⁷κατὰ πόλιν καὶ χώραν οὗ ἂν ἐξετέθη τὸ πρόσταγμα, οὗ ἂν ἐξετέθη τὸ ἔκθεμα· χαρὰ καὶ εὐφροσύνη τοῖς Ἰουδαίοις, κώθων καὶ εὐφροσύνη· καὶ πολλοὶ τῶν ἐθνῶν περιετέμοντο καὶ ἰουδάιζον διὰ τὸν φόβον τῶν Ἰουδαίων.

¹Ἐν γὰρ τῷ δωδεκάτῳ μηνὶ τρισκαιδεκάτῃ τοῦ μηνός, ὅς ἐστιν Ἀδάρ, παρῆν τὰ γράμματα τὰ γραφέντα ὑπὸ τοῦ βασιλέως. ²ἐν αὐτῇ τῇ ἡμέρᾳ ἀπώλοντο οἱ ἀντικείμενοι τοῖς Ἰουδαίοις· οὐδεὶς γὰρ ἀντέστη, φοβούμενος αὐτούς. ³οἱ γὰρ ἄρχοντες τῶν σατραπῶν καὶ οἱ τύραννοι καὶ οἱ βασιλικοὶ γραμματεῖς ἐτίμων τοὺς Ἰουδαίους· ὁ γὰρ φόβος Μαρδοχαίου ἐνέκειτο αὐτοῖς. ⁴προσέπεσεν γὰρ τὸ πρόσταγμα τοῦ βασιλέως ὀνομασθῆναι ἐν πάσῃ τῇ βασιλείᾳ. ⁶καὶ ἐν αὐτῇ τῇ πόλει ἀπέκτειναν οἱ Ἰουδαῖοι ἄνδρας πεντακοσίους, ⁷τόν τε Φαρσὰν καὶ Νεσταῒν καὶ Δελφὼν καὶ Φασγὰ ⁸καὶ Φαραδάθα καὶ Βαρσὰ καὶ Σαρβαχὰ ⁹καὶ Μαρμασιμὰ καὶ Ῥουφαῖον καὶ Ἀρσαῖον καὶ Ζαβουθαῖον, ¹⁰τοὺς δέκα υἱοὺς Ἁμὰν Ἁμαδάθου Βουγαίου τοῦ ἐχθροῦ τῶν Ἰουδαίων, καὶ διήρπασαν ¹¹ἐν αὐτῇ τῇ ἡμέρᾳ· ἐπεδόθη τε ὁ ἀριθμὸς τῷ βασιλεῖ τῶν ἀπολωλότων ἐν Σούσοις. ¹²εἶπεν δὲ ὁ

βασιλεὺς πρὸς Ἐσθήρ Ἀπώλεσαν οἱ Ἰουδαῖοι ἐν Σούσοις τῇ πόλει B
ἄνδρας πεντακοσίους· ἐν δὲ τῇ περιχώρῳ πῶς οἴει ἐχρήσαντο; τί οὖν
13 ἀξιοῖς ἔτι καὶ ἔσται σοι; ¹³καὶ εἶπεν Ἐσθὴρ τῷ βασιλεῖ Δοθήτω
τοῖς Ἰουδαίοις χρῆσθαι ὡσαύτως τὴν αὔριον, ὥστε τοὺς δέκα υἱοὺς
14 κρεμάσαι Ἀμάν. ¹⁴καὶ ἐπέτρεψεν οὕτως γενέσθαι, καὶ ἐξέθηκε
τοῖς Ἰουδαίοις τῆς πόλεως τὰ σώματα τῶν υἱῶν Ἀμὰν κρεμάσαι.
15 ¹⁵καὶ συνήχθησαν οἱ Ἰουδαῖοι ἐν Σούσοις τῇ τεσσαρεσκαιδεκάτῃ τοῦ
16 Ἀδὰρ καὶ ἀπέκτειναν ἄνδρας τριακοσίους, καὶ οὐδὲν διήρπασαν. ¹⁶οἱ
δὲ λοιποὶ τῶν Ἰουδαίων οἱ ἐν τῇ βασιλείᾳ συνήχθησαν καὶ ἑαυτοῖς
ἐβοήθουν, καὶ ἀνεπαύσαντο ἀπὸ τῶν πολεμίων· ἀπώλεσαν γὰρ
αὐτῶν μυρίους πεντακισχιλίους τῇ τρισκαιδεκάτῃ τοῦ Ἀδάρ, καὶ
17 οὐδὲν διήρπασαν. ¹⁷καὶ ἀνεπαύσαντο τῇ τεσσαρεσκαιδεκάτῃ τοῦ
αὐτοῦ μηνός, καὶ ἦγον αὐτὴν ἡμέραν ἀναπαύσεως μετὰ χαρᾶς καὶ
18 εὐφροσύνης. ¹⁸οἱ δὲ Ἰουδαῖοι οἱ ἐν Σούσοις τῇ πόλει συνήχθησαν καὶ
τῇ τεσσαρεσκαιδεκάτῃ καὶ οὐκ ἀνεπαύσαντο· ἦγον δὲ καὶ τὴν
19 πεντεκαιδεκάτην μετὰ χαρᾶς καὶ εὐφροσύνης. ¹⁹διὰ τοῦτο οὖν οἱ
Ἰουδαῖοι οἱ διεσπαρμένοι ἐν πάσῃ χώρᾳ τῇ ἔξω ἄγουσιν τὴν τεσσα-
ρεσκαιδεκάτην τοῦ Ἀδὰρ ἡμέραν ἀγαθὴν μετ᾽ εὐφροσύνης, ἀποστέλ-

12 om προς A | Εσθηρ]+τη βασιλισση ℵ^{c a mg} | Ιουδαιοι]+ϗ εφονευσαν ℵA
ℵ^{c a mg} | om τη πολει ℵ* (superscr τ. πολι ℵ^{c a}) | πεντακοσιους]+ϗ τους ι´
υιους Αμαν ℵ^{c a mg} | περιχωρω] χωρα A | αιει ℵ* (οιει ℵ^{c a}) | εχρησαντο] κς
χρηνται ℵ^{c a} A | τι ουν] και τι A **13** χρησθαι] χρηστε ℵ* χρησασθαι ℵ^{c a} |
την αυριον] τη αυρ ℵ^{c a} | om δεκα A | κρεμασαι Αμαν] κρεμασθηναι Αμαν επι
ξυλου ℵ^{c a} Αμαν κρεμασθηναι A **14** om και επετρεψεν ουτως γενεσθαι A |
επεστρεψεν ℵ* (επετρ. ℵ°) | ουτω ℵ | εξεθηκε] επεθηκεν ℵ* (εξεθηκεν ℵ^{c a}) |
om της πολεως τα σωματα ℵ* (hab ℵ^{c a mg}) **15** Σουσοις] ουσοις sup ras A^a |
τεσσαρεσκαιδεκατη (τεσσαρισκαιδ B^{a?b} item 17, 19, 21)] τρισκαιδεκατη ℵ^{c a} |
Αδαρ] μηνος ℵ* Αδαρ μηνος ℵ^{c a} | απεκτειναν]+οι Ιουδαιοι εν Σουσοις ℵ^{c a mg} |
ουδεν] ουθεν A **16** συνηχθησαν και] συναχθεντες A | εβοηθουν]+περι της
ψυχης αυτω| ℵ^{c a} | αυτων] δυνατων ℵ* (αυτ. ℵ^{c a}) | πεντακισχιλιους]+ ουδεν
διηρπασαν· ουκ απεστειλαν τας χειρας αυτων ℵ^{c a (mg)} | τρισκαιδεκατη] τεσσα-
ρεσκαιδεκατη A | om του Αδαρ ℵ* (hab του αυτου Αδαρ ℵ^{c a mg}) | και 3°] pr
και τεσσαρεσκαιδεκατη ℵ* (unc incl κ τεσσ. ℵ^{c a}) | om και ουδεν διηρπασαν
ℵ^{c a} A **17** om ανεπαυσαντο A | om του μηνος ℵ | και 2°] pr και ουδεν
διηρπασαν και ανεπαυσαντο τη τεσσαρεσκαιδεκατη του αυτου μηνος A | ημεραν]
pr την ℵ **18** οι εν Σουσοις] om οι A | om τη πολει ℵ*^{vid} (hab τη πολι
ℵ^{c a mg}) | συνηχθησαν]+τη γ´ και ι´ του αυτου ℵ^{c a mg} | τεσσαρεσκαιδεκατη
(τεσσαρισκαιδ. B^{bc (fort)})]+του αυτου ℵ^{c a mg} | om και ουκ ℵ*^{c b} (hab ℵ^{c a}) A |
τη πεντεκαιδεκατη ℵ* (την πεντεκαιδεκατην ℵ^{c a}) **19** δια τουτο] δια γαρ τ.
ℵ^{c b} A δια τ. ουν ℵ^{c a vid} | οι διεσπαρμενοι] om οι ℵA | εν] pr οικουντες ℵ^{c a} |
παση χωρα] τη χ. A | om τη εξω ℵ* (hab ℵ^{c a mg}) | την τεσσαρεσκαιδ. (τεσ-
σεαρεσκ ℵ* τεσσαρεσκ ℵ°)] pr και A | Αδαρ] μηνος ℵ* (Αδαρ superscr ℵ^{c a}) |
μετ] μετα ℵA | ευφροσυνης]+ϗ ποτου ℵ^{c a}

B λοντες μερίδας ἕκαστος τῷ πλησίον· οἱ δὲ κατοικοῦντες ἐν ταῖς μητροπόλεσιν καὶ τὴν ε' καὶ ι' τοῦ Ἀδὰρ εὐφροσύνην ἀγαθὴν ἄγουσιν ἐξαποστέλλοντες μερίδας καὶ τοῖς πλησίον. ²⁰*Ἔγραψεν δὲ 20 Μαρδοχαῖος τοὺς λόγους τούτους εἰς βιβλίον, καὶ ἐξαπέστειλεν τοῖς Ἰουδαίοις ὅσοι ἦσαν ἐν τῇ Ἀρταξέρξου βασιλείᾳ, τοῖς ἐγγὺς καὶ τοῖς μακράν, ²¹στῆσαι τὰς ἡμέρας ταύτας ἀγαθάς, ἄγειν τε τὴν τεσσαρεσ- 21 καιδεκάτην καὶ τὴν πεντεκαιδεκάτην τοῦ Ἀδάρ· ²²ἐν γὰρ ταύταις 22 ταῖς ἡμέραις ἀνεπαύσαντο οἱ Ἰουδαῖοι ἀπὸ τῶν ἐχθρῶν αὐτῶν· καὶ τὸν μῆνα ἐν ᾧ ἐστράφη αὐτοῖς, ὅς ἦν Ἀδάρ, ἀπὸ πένθους εἰς χαρὰν καὶ ἀπὸ ὀδύνης εἰς ἀγαθὴν ἡμέραν, ἄγειν ὅλον ἀγαθὰς ἡμέρας γάμων καὶ εὐφροσύνης, ἐξαποστέλλοντας μερίδας τοῖς φίλοις καὶ τοῖς πτωχοῖς. ²³καὶ προσεδέξαντο οἱ Ἰουδαῖοι καθὼς ἔγραψεν αὐτοῖς ὁ 23 Μαρδοχαῖος, ²⁴πῶς Ἀμὰν Ἀμαδάθου ὁ Μακεδὼν ἐπολέμει αὐτούς, 24 καθὼς ἔθετο ψήφισμα καὶ κλῆρον ἀφανίσαι αὐτούς, ²⁵καὶ ὡς εἰσῆλθεν 25 πρὸς τὸν βασιλέα λέγων κρεμάσαι τὸν Μαρδοχαῖον· ὅσα δὲ ἐπεχείρησεν ἐπάξαι ἐπὶ τοὺς Ἰουδαίους κακὰ ἐπ' αὐτὸν ἐγένοντο, καὶ ἐκρεμάσθη αὐτὸς καὶ τὰ τέκνα αὐτοῦ. ²⁶διὰ τοῦτο ἐπεκλήθησαν αἱ 26 ἡμέραι αὗται Φρουραὶ διὰ τοὺς κλήρους, ὅτι τῇ διαλέκτῳ αὐτῶν καλοῦνται Φρουραί, διὰ τοὺς λόγους τῆς ἐπιστολῆς ταύτης, καὶ ὅσα πεπόνθασιν διὰ ταῦτα καὶ ὅσα αὐτοῖς ἐγένετο ²⁷καὶ ἔστησεν· καὶ 27

ℵA 19 μεριδας 1°] μεριδα ℵ* (-δας ℵ^c a) | om εκαστος A | τω πλησιον] τοις πλ. A | om οι δε κατοικουντες .. τοις πλησιον B* (hab B^ab mg inf A) | την ε' και ι'] τη πεντεκαιδεκατη ℵ την πεντεκαιδεκατη| A | ευφροσυνην] ημεραν ευφροσυνης ℵA | om αγουσιν 2° A | εξαποστελλουσιν ℵ* (-λοντες ℵ^c a) | μεριδας 2°] μεριδα ℵ* (-δας ℵ^c a) | om και 3° ℵA   20 τους] τουτ incep ℵ* | εξαπεστειλεν] απεστειλεν A | οσοι ησαν] οι εισιν ℵ^c a A | βασιλια ℵ   21 om τε A | τη τεσσαρεσκαιδεκατη (sic) ℵ* (την τεσσαρεσκαιδεκατην ℵ^c a) +του μηνος Αδαρ ℵ^c a (mg) | πεντεκαιδεκατην] ημεραν πεμπτην και δεκατην ℵ^c a | του Αδαρ] του Αγαρ ℵ* (Αδ. ℵ^c a) om A   22 om γαρ ταυταις A | ανεπαυσαντο] pr os ℵ^c a vid pr αις A | om οι Ιουδαιοι ℵ* hab οι Ιουδ. εν αυταις ℵ^c a (mg) | om απο 1° ℵ* (hab ℵ^c a) | εστραφη] εγραφη ℵA | om os ην Αδαρ A | Αγαρ ℵ* (Αδ. ℵ^c a) | om απο πενθους.. ημεραν ℵ απο οδυνης εις χαραν· και απο πενθους εις αγ. ημ. A | αγειν]+αυτας A | om ολον αγαθας A | ευφροσυνην ℵ* (-νης ℵ^c a) | εξαποστελλοντες A   23 ο Μαρδοχαιος] om o A   24 πως] οπως ℵA | Αμαν] pr o ℵ*^c b (om ℵ^c a) | Αμαδαθου] Αμαγαθοιν ℵ* (Αμαδ. ℵ^c a) Αμαθαδου A+ο Εβουγαιος (sic) ℵ^c a mg | ο Μακεδων] om o A | αυτους 1°] αυτοις ℵ* (-τους ℵ^c a) τους Ιουδαιους A | καθως] και ως ℵ^c a A | και κληρον] ϛ εβαλεν φουρ ο εστιν κληρος ℵ^c a | αφανισαι] απολεσαι ℵ^c a   25 δε] ϛ ℵ^c a om A | επεχειρησαν ℵ* (-σεν ℵ^c a) | επι τους Ιουδαιους] τοις Ιουδαιοις (-δαιους A* -δαιοις A^a) | post κακα ras 2 litt ℵ^vid | εγενετο A | om και 2° A | αυτου]+επι τοις ξυλοις ℵ^c a +επι των ξυλων ℵ^c b A   26 om αι ημεραι αυται A | Φρουραι 1°] Φρουριμ ℵ^c a | κληρους οτι τη διαλεκτ sup ras B^ab | καλοιψται τη διαλεκτω αυτω| A | Φρουραι 2°] αι Φρουραι ℵ*^vid Φρουρ. ℵ^c   27 εστησε ℵ* (-σεν ℵ^c a)

ΕΣΘΗΡ (X 7) F 4

προσεδέχοντο οἱ Ἰουδαῖοι ἐφ' ἑαυτοῖς καὶ ἐπὶ τῷ σπέρματι αὐτῶν καὶ B
ἐπὶ τοῖς προστεθειμένοις ἐπ' αὐτῶν, οὐδὲ μὴν ἄλλως χρήσονται αἱ
δὲ ἡμέραι αὗται μνημόσυνον ἐπιτελούμενον κατὰ γενεὰν καὶ γενεὰν
28 καὶ πόλιν καὶ πατριὰν καὶ χώραν. ²⁸αἱ δὲ ἡμέραι αὗται τῶν
Φρουραὶ ἀχθήσονται εἰς τὸν ἅπαντα χρόνον, καὶ τὸ μνημόσυνον
29 αὐτῶν οὐ μὴ ἐκλίπῃ ἐκ τῶν γενεῶν. ²⁹καὶ ἔγραψεν Ἐσθὴρ ἡ
βασίλισσα θυγάτηρ Ἀμιναδὰβ καὶ Μαρδοχαῖος ὁ Ἰουδαῖος ὅσα
(30, 31) 30 ἐποίησαν τό τε στερέωμα τῆς ἐπιστολῆς τῶν Φρουραί ³⁰καὶ Μαρδο-
χαῖος καὶ Ἐσθὴρ ἡ βασίλισσα ἔστησαν ἑαυτοῖς καθ' ἑαυτῶν, καὶ τότε
(32) 31 στήσαντες κατὰ τῆς ὑγιείας ἑαυτῶν καὶ τὴν βουλὴν αὐτῶν. ³¹καὶ
Ἐσθὴρ λόγῳ ἔστησεν εἰς τὸν αἰῶνα, καὶ ἐγράφη εἰς μνημόσυνον.
X 1 ¹Ἔγραψεν δὲ ὁ βασιλεὺς ἐπὶ τὴν βασιλείαν τῆς γῆς καὶ τῆς
2 θαλάσσης. ²καὶ τὴν ἰσχὺν αὐτοῦ καὶ ἀνδραγαθίαν, πλοῦτόν τε καὶ
δόξαν τῆς βασιλείας αὐτοῦ, ἰδοὺ γέγραπται ἐν βιβλίῳ βασιλέων
3 Περσῶν καὶ Μήδων εἰς μνημόσυνον. ³ὁ δὲ Μαρδοχαῖος διεδέχετο
τὸν βασιλέα Ἀρταξέρξην, καὶ μέγας ἦν ἐν τῇ βασιλείᾳ καὶ δεδο-
ξασμένος ὑπὸ τῶν Ἰουδαίων· καὶ φιλούμενος διηγεῖτο τὴν ἀγωγὴν
(4) F 1 παντὶ τῷ ἔθνει αὐτοῦ. ¹Καὶ εἶπεν Μαρδοχαῖος Παρὰ τοῦ
(5) 2 θεοῦ ἐγένετο ταῦτα. ²ἐμνήσθην γὰρ περὶ τοῦ ἐνυπνίου οὗ
εἶδον περὶ τῶν λόγων τούτων, οὐδὲ γὰρ παρῆλθεν ἀπ' αὐτῶν
(6) 3 λόγος· ³ἡ μικρὰ πηγὴ ἡ ἐγένετο ποταμός, καὶ ἦν φῶς καὶ
ἥλιος καὶ ὕδωρ πολύ. Ἐσθήρ ἐστιν ὁ ποταμός, ἣν ἐγάμησεν
(7) 4 ὁ βασιλεὺς καὶ ἐποίησεν βασίλισσαν· ⁴οἱ δὲ δύο δράκοντες,

27 προσεδεχοντο (προ|σεδ. B^b)] pr ως ℵA | αυτων 1°] αυτου ℵ* (-των ℵ^(c a)) | ℵA om και 4° A | τοις προστεθειμενοις] pr πασιν ℵ^(c a) προτεθιμενοις A | επ αυτων] επ αυτω ℵ* (-των ℵ^(c a)) εφ εαυτων A | μνημοσυναι επιτελουμεναι A | om επιτελουμενον ℵ* (hab ℵ^(c a mg)) | γενεαν 2°] πατριαν A | om και 7° ℵ* (superscr ♄ ℵ^(1(vid))) A | om πατριαν A   28 των Φρουραι] των Φρουρων ℵ* (-ριμ ℵ^(c a)) του Φρουραι A | αχθησονται] αρθησονται ℵ* (αχθ. ℵ^c) | om εις A | εκλειπη A 29 om η βασιλισσα ℵ* (hab ℵ^(c a)) | Αμιναδαν ℵ | om ο Ιουδαιος ℵ* (superscr Ιουδαιοις ℵ^(c a)) | εποιησεν ℵ | το τε στερεωμα] το εστερεωμα ℵ*^(vid) (το τε στ. ℵ^(c a)) om τε A | Φρουρων ℵ* Φρουριμ ℵ^(c b) Φρουραια A   30 Μαρδοχαιος]+ οσα εποιησεν το τε στερεωμα της επιστολης ℵ* (unc incl ℵ^c) | υγιειας] υγιας ℵA | εαυτων] αυτων ℵ* | την βουλην] om την ℵ^(c a) | αυτων] εαυτων A   31 om και 1° ℵ* (superscr ℵ^(c a))   X 1 δε] γαρ A | ο βασιλευς]+Αρταξερξης ℵ^(c a mg inf) | επι] pr τελη ℵA | της βασιλειας ℵ* (την βασιλειαν ℵ^(c a)) | της γης] της τε γ. ℵA   2 αυτου 1°] αυτης ℵ* (-του ℵ^(c a)) | ανδραγαθιαν] ανδραγαθεια ℵ* την ανδραγαθιαν ℵ^(c a) | βασιλιας ℵ | ιδου] om ιδου ℵ* hab ιδου ταυτα ℵ^(c a (mg)) και ιδου A | βιβλιω] βιβλω ℵ* (-λιω ℵ^(c a)) pr τω A | βασιλεως ℵ* (-ων ℵ^(c a))   3 ο δε Μαρδοχαιος] οτε ο Μ ℵ* +ο Ιουδαιος ℵ^(c a mg) ο γαρ Μ. A | βασιλεια] βασιλια ℵ | διηγειτο] ηγειτο ℵ (ηγιτ.) A   F 1 Μαρδοχαιος] pr ο ℵ   2 om γαρ 1° ℵ'A | ουδε γαρ] ου γαρ ℵ ουδεν A | om απ A   3 om η 2° ℵ* (superscr η τις ℵ^(c a)) A   4 om δυο A |

F 5 (X 8) ΕΣΘΗΡ

B ἐγώ εἰμι καὶ Ἁμάν· ⁵τὰ δὲ ἔθνη, τὰ ἐπισυναχθέντα ἀπολέσαι 5 (8)
τὸ ὄνομα τῶν Ἰουδαίων· ⁶τὸ δὲ ἔθνος τὸ ἐμόν, οὗτός ἐστιν 6 (9)
Ἰσραὴλ οἱ βοήσαντες πρὸς τὸν θεὸν καὶ σωθέντες. καὶ ἔσω-
σεν Κύριος τὸν λαὸν αὐτοῦ, καὶ ἐρρύσατο Κύριος ἡμᾶς ἐκ πάν-
των τῶν κακῶν τούτων· καὶ ἐποίησεν ὁ θεὸς τὰ σημεῖα καὶ τὰ
τέρατα τὰ μεγάλα ἃ οὐ γέγονεν ἐν τοῖς ἔθνεσιν. ⁷διὰ τοῦτο (10)
ἐποίησεν κλήρους δύο, ἕνα τῷ λαῷ τοῦ θεοῦ καὶ ἕνα πᾶσι τοῖς
ἔθνεσιν· ⁸καὶ ἦλθον οἱ δύο κλῆροι οὗτοι εἰς ὥραν καὶ καιρὸν καὶ (11)
εἰς ἡμέραν κρίσεως ἐνώπιον τοῦ θεοῦ καὶ πᾶσι τοῖς ἔθνεσιν,
⁹καὶ ἐμνήσθη ὁ θεὸς τοῦ λαοῦ αὐτοῦ, καὶ ἐδικαίωσεν τὴν κλη- 9 (12)
ρονομίαν ἑαυτοῦ. ¹⁰καὶ ἔσονται αὐτοῖς αἱ ἡμέραι αὗται ἐν μηνὶ 10 (13)
Ἀδάρ, τῇ τεσσαρεσκαιδεκάτῃ καὶ τῇ πεντεκαιδεκάτῃ τοῦ αὐτοῦ
μηνός, μετὰ συναγωγῆς καὶ χαρᾶς καὶ εὐφροσύνης ἐνώπιον
τοῦ θεοῦ κατὰ γενεὰς εἰς τὸν αἰῶνα ἐν τῷ λαῷ αὐτοῦ Ἰσραήλ.

¹¹Ἔτους τετάρτου βασιλεύοντος Πτολεμαίου καὶ Κλεο- 11 (1) (XI)
πάτρας εἰσήνεγκεν Δοσίθεος, ὃς ἔφη εἶναι ἱερεὺς καὶ Λευείτης,
καὶ Πτολεμαῖος ὁ υἱὸς αὐτοῦ τὴν προκειμένην ἐπιστολὴν τῶν
Φρουραί, ἣν ἔφασαν εἶναι καὶ ἑρμηνευκέναι Λυσίμαχον Πτολε-
μαίου τῶν ἐν Ἰερουσαλήμ.

ΝΑ 4 ειμι] ημην Ν* (ειμι Νᶜᵃ)   5 επισυναχθεντα] συναχθ A   6 Ισραηλ]
pr o A | om Κυριος 1° A | ερυσατο ΝΑ | om Κυριος 2° Νᶜᵃ A   7 om δια
τουτο . τοις εθνεσιν A | τω λαω του θεου] τω θω του λαου Ν   8 om και
ηλθον. .τοις εθνεσιν B* (hab Bᵃᵇ ᵐᵍ ⁱⁿᶠ) | ουτοι] αυτοι Ν* (ουτ Νᶜᵃ) om A | και-
ρον] κληρον BᵃᵇΝΑ | πασι τοις εθν] pr εν Νᶜᵃ (improb εν Νᶜᵇ) πασί| εθνεσιν A
9 θεος] κς A | εαυτου] αυτου ΝΑ   10 om και τη πεντεκαιδεκατη Ν* (hab
ϛ τη ε′ ϛ ι′ Νᶜᵃ ᵐᵍ) A* (hab ϛ τη π Aᵃ⁹ᵐᵍ) | γενεαν A   11 Κλαιο-
πατρας A | Δωσιθεος B* (Δοσιθ. Bᵃᵇ) Δωσειθεος Ν | om os Ν* (superscr Νᶜᵃ) |
Λευιτης ΝA | ο υιος] om o A | Φρουραια Ν* (Φρουριμ Νᶜᵃ) A | ερμηνευκεναι]
ν 1° sup ras B⁹ ηρμηνευκεναι A

Subscr Εσθηρ BΝA

αντεβληθη προς παλαιω|τατον λιαν αντιγραφον| δεδιορθωμενον χειρι| του
αγιου μαρτυρος Παμ|φιλου προς δε τω τελει| του αυτου παλαιωτατου| βιβλιου
οπερ αρχην μεν| ειχεν απο της πρωτης| των βασιλειων εις δε| την Εσθηρ
εληγεν· τοι|αυτη τις εν πλατει ιδιο|χειρος υποσημιωσις του| αυτου μαρτυρος
υπεκειτο| εχουσα ουτως:

μετελημφθη και διορ|θωθη προς τα εξαπλα| Ωριγενους υπ αυτου διορθω-
μενα Αντωνινος| ομολογητης αντεβαλε| Παμφιλος διορθωσατο| τευχος εν τη
φυλακη| δια την του θυ πολλη| και χαριν και πλατυσμο| και ει γε μη βαρυ
ειπει| τουτω τω αντιγραφω| παραπλησιον ευρειν| αντιγραφον ου ραδιον.|

διεφωνη δε το αυτο| παλαιωτατον βιβλιο| προς τοδε το τευχος| εις τα
(corr τινα) κυρια ονοματα| Ν*·¹⁹ᵐᵍ ⁱⁿᶠ

ΙΟΥΔΕΙΘ

Ι (5ᵃ) 1 ΕΤΟΥΣ δωδεκάτου τῆς βασιλείας Ναβουχοδονοσόρ, ὃς ἐβα- B
(:) σίλευσεν Ἀσσυρίων ἐν Νινευὴ τῇ πόλει τῇ μεγάλῃ, ⁽¹⁾ἐν ταῖς
2 ἡμέραις Ἀρφαξάδ, ὃς ἐβασίλευσεν Μήδων ἐν Ἐκβατάνοις ²καὶ
(2ᵃ) ᾠκοδόμησεν ἐπ' Ἐκβατάνων καὶ κύκλῳ ⁽²ᵃ⁾τείχη ἐκ λίθων λελαξευ-
μένων, εἰς πλάτος πηχῶν τριῶν καὶ εἰς μῆκος πηχῶν ἕξ, καὶ
ἐποίησεν τὸ ὕψος τοῦ τείχους πηχῶν ἑβδομήκοντα καὶ τὸ
(2ᵇ) 3 πλάτος αὐτοῦ πηχῶν πεντήκοντα· ³καὶ τοὺς πύργους αὐτοῦ
ἔστησεν ἐπὶ ταῖς πύλαις αὐτῆς πηχῶν ἑκατόν, καὶ τὸ πλάτος
(3ᵇ) 4 αὐτῆς ἐθεμελίωσεν εἰς πήχεις ἑξήκοντα· ⁴καὶ ἐποίησεν τὰς πύλας
αὐτῆς πύλας διεγειρομένας εἰς ὕψος πηχῶν ἑβδομήκοντα, καὶ τὸ
(4) πλάτος αὐτῆς πήχεις τεσσεράκοντα, ⁽⁴⁾εἰς ἐξόδους δυνάμεως δυ-
(5ᵇ) 5 νατῶν αὐτοῦ καὶ διατάξεις τῶν πεζῶν αὐτοῦ· ⁵καὶ ἐποίησεν
πόλεμον ἐν ταῖς ἡμέραις ἐκείναις βασιλεὺς Ναβουχοδονοσὸρ πρὸς
(6) βασιλέα Ἀρφαξὰδ ⁽⁶⁾τῷ πεδίῳ τῷ μεγάλῳ, τοῦτό ἐστιν τοῖς ὁρίοις
6 Ῥαγαύ. ⁶καὶ συνήντησαν πρὸς αὐτὸν πάντες οἱ κατοικοῦντες
τὴν ὀρινήν, καὶ πάντες οἱ κατοικοῦντες τὸν Εὐφράτην καὶ τὸν
Τίγριν καὶ τὸν Ὑδάσπην, καὶ πεδίῳ Ἀριὼχ ὁ βασιλεὺς Ἐλυμαίων·

Ι 1 τη πολει τη μεγ] τη μεγ. πολει ℵ   2 επ Εκβατανων ΒΑℵᶜᵃ] ℵΑ Εκβατανα ℵ* Εκβατανων ℵᶜᵇ | om και 2⁰ ℵᶜᵃ (hab ℵ*ᶜᵇ) Α | πηχων 2⁰, 3⁰] πηχεων ℵ | υψος] μηκος Α | om και το πλ αυτου πηχ. πεντηκοντα ℵ* (hab και το πλ. αυτου πηχ. ν′ ℵᶜᵃ) | πεντηκοντα] εβδομηκοντα Α   3 αυτου] αυτης ℵ | εστησεν] κατεστησε ℵ | πηχων] πηχεων ℵ   4 διεγηγερμενας ℵ (διεγειρ ℵ*) | εβδομηκοντα] εξηκοντα ℵ | πηχεις] πηχεων ℵ | τεσσαρακ. Βᵇ | εξοδον ℵ* (εξοδους ℵᶜᵃ) | δυναμεως πεζων αυτου] τῳ αρματων αυτων| ℵ* δυναμεως δυνατων αυτου και αρματων αυτου και εις διαταξεις των πεζ. αυτου ℵᶜᵃ δυναμεως δυνατων| αυτου· και διαταξεις των πεζ αυτου Α | και αι δ. Β 5 βασιλευς] ρι ο Α | τω πεδιω] pr εν ℵΑ | εστιν]+πεδιον ℵΑ (παιδ) | om τοις οριοις ℵ εν τ ορ Α   6 συνηντησε| Α | προς αυτον] εις πολεμον ℵ* προς αυτον εις πολ. ℵᶜᵃ | om την ορινην και παντες οι κατοικουντες ℵ* (hab ℵᶜᵃ) | ορειν. Βᵃᵇ (ita fere ubique) | Τριγιν Α | πεδιω] τα παιδια ℵᶜᵃ παιδια Α | Αρι|ασε ℵ* (Αριωχ ℵᶜᵃ) | βασιλεως ℵ* (ο βασιλευς ℵᶜᵃ)

ΙΟΥΔΕΙΘ

B καὶ συνῆλθον ἔθνη πολλὰ εἰς παράταξιν υἱῶν Χελεούλ. ⁷Καὶ 7 (7ᵇ,10)
ἀπέστειλεν Ναβουχοδονοσὸρ βασιλεὺς Ἀσσυρίων ἐπὶ πάντας τοὺς
κατοικοῦντας τὴν Περσίδα καὶ ἐπὶ πάντας τοὺς κατοικοῦντας
πρὸς δυσμαῖς, τοὺς κατοικοῦντας τὴν Κιλικίαν καὶ Δαμασκόν,
τὸν Λίβανον καὶ Ἀντιλίβανον, καὶ πάντας τοὺς κατοικοῦντας
κατὰ πρόσωπον παραλίας, ⁸καὶ τοὺς ἐν τοῖς ἔθνεσι τοῦ Καρ- 8 (8)
μήλου καὶ Γαλαὰδ καὶ τὴν ἄνω Γαλειλαίαν καὶ τὸ μέγα πεδίον
Ἐσρήμ, ⁹καὶ πάντας τοὺς ἐν Σαμαρείᾳ καὶ ταῖς πόλεσιν αὐτῆς, 9 (9ᵃ)
καὶ πέραν τοῦ Ἰορδάνου ἕως Ἰερουσαλὴμ καὶ Βαιτανὴ καὶ Χελοὺς
καὶ Κάδης καὶ τοῦ ποταμοῦ Αἰγύπτου, καὶ Ταφνὰς καὶ Ῥαμεσσὴ
καὶ πᾶσαν γῆν Γέσεμ ¹⁰ἕως τοῦ ἐλθεῖν ἐπάνω Τάνεως καὶ Μέμ- 10 (9ᵇ)
φεως, καὶ πάντας τοὺς κατοικοῦντας τὴν Αἴγυπτον ἕως τοῦ ἐλ-
θεῖν ἐπὶ τὰ ὅρια τῆς Αἰθιοπίας. ¹¹καὶ ἐφαύλισαν πάντες οἱ 11 (11)
κατοικοῦντες πᾶσαν τὴν γῆν τὸ ῥῆμα Ναβουχοδονοσὸρ βασι-
λεως Ἀσσυρίων καὶ οὐ συνῆλθον αὐτῷ εἰς τὸν πόλεμον, ὅτι
οὐκ ἐφοβήθησαν αὐτὸν ἀλλ' ἦν ἐναντίον αὐτῶν ὡς ἀνὴρ ἴσος, καὶ
ἀνέστρεψαν τοὺς ἀγγέλους αὐτοῦ κενοὺς ἐν ἀτιμίᾳ πρὸ προσ-
ώπου αὐτῶν. ¹²Καὶ ἐθυμώθη Ναβουχοδονοσὸρ ἐπὶ πᾶσαν 12 (12)
τὴν γῆν ταύτην σφόδρα, καὶ ὤμοσε κατὰ τοῦ θρόνου καὶ τῆς
βασιλείας αὐτοῦ, εἰ μὴν ἐκδικήσειν πάντα τὰ ὅρια τῆς Κιλικίας
καὶ Δαμασκηνῆς καὶ Συρίας, ἀνελεῖν τῇ ῥομφαίᾳ αὐτοὺς καὶ πάν-
τας τοὺς κατοικοῦντας ἐν τῇ Μωὰβ καὶ τοὺς υἱοὺς Ἀμμὼν καὶ
πᾶσαν τὴν Ἰδουμαίαν καὶ πάντας τοὺς ἐν Αἰγύπτῳ ἕως τοῦ ἐλ-
θεῖν ἐπὶ τὰ ὅρια τῶν δύο θαλασσῶν. ¹³καὶ παρετάξατο ἐν τῇ 13

ℵA   6 συνηλθον] συνηχθησαν ℵ συνηλθαν A | Χελεουλ] Χεσλαιουδα ℵ* Χε-
λαιουδ ℵᶜᵃ Χελεουδ A   7 την Περσιδα] Ιαμνιαν ℵ* την Π. ϛ Ιαμν.
ℵᶜ¹ Περσιδα A | om τους κατοικουντας (2º) ℵ | om προς δυσμαις ℵ* (hab
ℵᶜᵃ) | την Κιλικιαν] om την ℵA | om και Δαμασκον ℵ* (hab ϛ Δαμ ℵᶜᵃ) |
τον Λιβανον] om τον ℵ και Λιβ. A | om και Αντιλιβανον ℵ | παραλιας] pr
της ℵA   8 τους] τοις ℵ | εθνεσιν ℵ | Γαλιλαιαν BᵇA | Εσρημ] Εσρρημ B
Ἐσ'ιδρηλων ℵ Εσδρημ' A   9 Σαμαρια A | εως]+εις ℵ* (om ℵᶜᵃ) | Βα'τανη ℵ
Βλιτανη A | Χεσλους ℵ | του ποταμου] τουϛ χιμαρρους ℵ | γην] την ℵ
10 om επανω .ελθειν 2º ℵ* (hab ℵᶜᵃ)   11 πασαν την γην] τη γη πασαν ℵ*
(παν ℵᶜᵇ postea ut vid penitus om) | συνηλθον] συνηλθοσα! ℵ   11—13
[εφοβηθ]ησαν εκραταιωθη εν τ[ω] retract Aᵇ   11 ισος] εις ℵA | απε-
στρεψαν ℵA*⁽ᵛⁱᵈ⁾ᵇ | προ προσπου] προσπωπων ℵ απο προσωπου Aᵇ   12 om
ταυτην A*ᵇ | ωμοσεν ℵAᵇ | και της sup ras B¹ᵃᵇ και κατα της ℵ | εκδικησει ℵ*
(εκδικησειν ℵᶜᵃ) εκδικησιν A | ορια 1º] ορη Aᵇ | Δαμασκηνης] Δαμασκου ℵ | om
Συριας ℵ* (hab Συριας ϛ ℵᶜᵃ) | τη ρομφ] pr εν ℵ | αυτους] αυτου Aᵇ | om
και 6º ℵᶜᵃ | τη Μωαβ] γη Μ. ℵAᵇ | υιους] υιων Aᵇ | την Ιδουμαιαν] την
Ιου;δαιαν ℵ τῇ Ιουδαιαν A* (non rescr τῇ Aᵇ) | του ελθειν] om του ℵ

ΙΟΥΔΕΙΘ   II 8

δυνάμει αὐτοῦ πρὸς Ἀρφαξὰδ βασιλέα ἐν τῷ ἔτει τῷ ἑπτακαι- B
δεκάτῳ· καὶ ἐκραταιώθη ἐν τῷ πολέμῳ αὐτοῦ, καὶ ἀνέστρεψεν
πᾶσαν τὴν δύναμιν Ἀρφαξὰδ καὶ πᾶσαν τὴν ἵππον αὐτοῦ καὶ
14 πάντα τὰ ἅρματα αὐτοῦ, ¹⁴καὶ ἐκυρίευσεν τῶν πόλεων αὐτοῦ·
καὶ ἀφίκετο ἕως Ἐκβατάνων, καὶ ἐκράτησεν τῶν πύργων καὶ
ἐπρονόμευσε τὰς πλατείας αὐτῆς, καὶ τὸν κόσμον αὐτῆς ἔθηκεν
(5-6) 15 εἰς ὄνειδος αὐτῆς· ¹⁵καὶ ἔλαβε τὸν Ἀρφαξὰδ ἐν τοῖς ὄρεσι Ρα-
— γαύ, καὶ κατηκόντισεν αὐτὸν ἐν ταῖς σιβύναις αὐτοῦ, καὶ ἐξωλέ-
16 θρευσεν αὐτὸν ἕως τῆς ἡμέρας ἐκείνης. ¹⁶καὶ ἀνέστρεψεν μετ' αὐ-
τῶν αὐτὸς καὶ ἡ δύναμις αὐτοῦ ἐφ' ἡμέρας ἑκατὸν εἴκοσι.

II 1 ¹Καὶ ἐν τῷ ἔτει τῷ ὀκτωκαιδεκάτῳ, δευτέρᾳ καὶ εἰκάδι τοῦ πρώτου
μηνός, ἐγένετο λόγος ἐν οἴκῳ Ναβουχοδονοσὸρ βασιλέως Ἀσσυρίων
2 ἐκδικῆσαι πᾶσαν τὴν γῆν καθὼς ἐλάλησεν. ²καὶ συνεκάλεσεν πάν-
τας τοὺς θεράποντας αὐτοῦ καὶ πάντας τοὺς μεγιστᾶνας αὐτοῦ, καὶ
ἔθετο μετ' αὐτῶν τὸ μυστήριον τῆς βουλῆς αὐτοῦ, καὶ συνετέλεσεν
3 πᾶσαν τὴν κακίαν τῆς γῆς ἐκ τοῦ στόματος αὐτοῦ· ³καὶ αὐτοὶ ἔκρι-
ναν ὀλεθρεῦσαι πᾶσαν σάρκα οἳ οὐκ ἠκολούθησαν τῷ λόγῳ τοῦ
4 στόματος αὐτοῦ. ⁴καὶ ἐγένετο ὡς συνετέλεσεν τὴν βουλὴν αὐτοῦ,
ἐκάλεσεν Ναβουχοδονοσὸρ βασιλεὺς Ἀσσυρίων τὸν Ὀλοφέρνην ἀρχι-
(5ᵃ) στράτηγον τῆς δυνάμεως αὐτοῦ, δεύτερον ὄντα μετ' αὐτόν, ⁽⁵ᵃ⁾καὶ
— 5 εἶπεν πρὸς αὐτόν ⁵Τάδε λέγει ὁ βασιλεὺς ὁ μέγας, ὁ κύριος
πάσης τῆς γῆς Ἰδοὺ σὺ ἐξελεύσῃ ἐκ τοῦ προσώπου μου, καὶ
λήμψῃ μετὰ σεαυτοῦ ἄνδρας πεποιθότας ἐν ἰσχύι αὐτῶν, πεζῶν
εἰς χιλιάδας ἑκατὸν εἴκοσι καὶ πλῆθος ἵππων σὺν ἀναβάταις
(5ᵇ) 6 μυριάδας δέκα δύο, ⁶καὶ ἐξελεύσῃ εἰς συνάντησιν πάσῃ τῇ γῇ ἐπὶ
— 7 δυσμάς, ὅτι ἠπείθησαν τῷ ῥήματι τοῦ στόματός μου· ⁷καὶ ἑτοι-
μάζειν γῆν καὶ ὕδωρ, ὅτι ἐξελεύσομαι ἐν θυμῷ μου ἐπ' αὐτούς,
καὶ καλύψω πᾶν τὸ πρόσωπον τῆς γῆς ἐν τοῖς ποσὶν τῆς δυνά-
8 μεώς μου, καὶ δώσω αὐτοὺς εἰς διαρπαγὴν αὐτοῖς· ⁸καὶ οἱ τραυ-

13 βασιλεα] pr του ℵ | ανεστρεψεν] ανετρε|ψεν ℵ | την δυναμιν] om την ℵ | ℵA
om παντα ℵ* (hab ℵ ᶜ ᵃ) | αρματα] χρηματα ℵ   14 επρονομευσεν ℵA
15 ελαβεν ℵA | ορεσιν ℵ ορεσει A | σιβυναις] ζιβυναις BᵃᵇℵᶜᵃA | εξωλοθρ.
Bᵇ | εκεινης] ταυτης ℵ   16 μετ αυτων] αυτος (εις Νινευη αυτος A) και πας ο
συ|μικτος (συμμ. A) αυτου πληθος ανδρων πολεμιστων πολυ (πολυν A¹⁽ᵛⁱᵈ⁾) σφο-
δρα· και ην εκει ραθυμων (ραμυθων A*) και ευωχουμενος ℵA   II 1 βασι-
λεως] βασιλευς A   3 ολοθρευσαι ℵ   5 om συ ℵ | του προσωπου] om του
ℵ | om εις ℵ | om και πληθος ℵ* (hab ҕ πλ. ℵᶜ ᵃ) | μυριαδας] χιλιαδας BᵃᵇA
χειλιαδες ℵ* (-δας ℵᶜ ᵃ) | δεκα δυο] ιβ' ℵ   6 συναντησιν] υπαντησιν ℵ |
πασῃ τῃ γῃ] πασης της γης ℵ | δυσμαις ℵ   7 και 1°] +α|παγγελεις αυτοις|
BᵃᵇℵA | ετοιμαζειν]+μοι ℵᶜ ᵃ

ΙΟΥΔΕΙΘ

B ματίαι αὐτῶν πληρώσουσιν τὰς φάραγγας αὐτῶν καὶ τοὺς χειμάρρους, καὶ ποταμὸς ἐπικλύζων τοῖς νεκροῖς αὐτῶν πληρωθήσεται· ⁹καὶ ἄξω τὴν αἰχμαλωσίαν αὐτῶν ἐπὶ τὰ ἄκρα πάσης τῆς γῆς. ¹⁰σὺ δὲ ἐξελθὼν προκαταλήμψῃ μοι πᾶν ὅριον αὐτῶν, καὶ ἐκδώσουσίν σοι ἑαυτούς, καὶ διατηρήσεις ἐμοὶ αὐτοὺς εἰς ἡμέραν ἐλεγμοῦ αὐτῶν· ¹¹ἐπὶ δὲ τοὺς ἀπειθοῦντας οὐ φείσεται ὁ ὀφθαλμός σου, δοῦναι αὐτοὺς εἰς φόνον καὶ ἁρπαγὴν ἐν πάσῃ τῇ γῇ σου. ¹²ὅτι ζῶν ἐγὼ καὶ τὸ κράτος τῆς βασιλείας μου, λελάληκα καὶ ποιήσω ταῦτα ἐν χειρί μου. ¹³καὶ σὺ δὲ οὐ παραβήσῃ ἕν τι τῶν ῥημάτων τοῦ κυρίου σου, ἀλλὰ ἐπιτελῶν ἐπιτελέσεις καθότι προστέταχά σοι, καὶ οὐ μακρυνεῖς τοῦ ποιῆσαι αὐτά. ¹⁴Καὶ ἐξῆλθεν Ὀλοφέρνης ἀπὸ προσώπου τοῦ κυρίου αὐτοῦ, καὶ ἐκάλεσεν πάντας τοὺς δυνάστας καὶ τοὺς στρατηγοὺς καὶ ἐπιστάτας τῆς δυνάμεως Ἀσσούρ, ¹⁵καὶ ἠρίθμησεν ἐκλεκτοὺς ἄνδρας εἰς παράταξιν, καθότι ἐκέλευσεν αὐτῷ ὁ κύριος αὐτοῦ, εἰς μυριάδας δέκα δύο καὶ ἱππεῖς τοξότας μυρίους δισχιλίους, ¹⁶καὶ διέταξεν αὐτοὺς ὃν τρόπον πολέμου πλῆθος συντάσσεται. ¹⁷καὶ ἔλαβεν καμήλους καὶ ὄνους καὶ ἡμιόνους εἰς τὴν ἀπαρτίαν αὐτῶν, πλῆθος πολὺ σφόδρα, καὶ πρόβατα καὶ βόας καὶ αἶγας εἰς τὴν παρασκευὴν αὐτῶν ὧν οὐκ ἦν ἀριθμός, ¹⁸καὶ ἐπισιτισμὸν παντὶ ἀνδρὶ εἰς πλῆθος, καὶ χρυσίον καὶ ἀργύριον ἐξ οἴκου βασιλέως σφόδρα. ¹⁹καὶ ἐξῆλθεν αὐτὸς καὶ πᾶσα ἡ δύναμις αὐτοῦ εἰς πορείαν τοῦ προελθεῖν βασιλέως Ναβουχοδονοσὸρ καὶ καλύψαι πᾶν τὸ πρόσωπον τῆς γῆς πρὸς δυσμαῖς ἐν ἅρμασι καὶ ἱππεῦσι καὶ πεζοῖς ἐπιλέκτοις αὐτῶν. ²⁰καὶ πολὺς ὁ ἐπίμικτος ὡς ἀκρὶς συνεξῆλθον αὐτοῖς, καὶ ὡς ἡ ἄμμος τῆς γῆς, οὐ γὰρ ἦν ἀριθμὸς ἀπὸ πλήθους αὐτῶν. ²¹καὶ ἐπῆλθον ἐκ Νινευὴ ὁδὸν τριῶν ἡμερῶν ἐπὶ πρόσωπον τοῦ πεδίου Βαικτειλαίθ, καὶ ἐπεστρατοπέδευσαν ἀπὸ Βαικτειλαὶθ πλησίον τοῦ ὄρους τοῦ ἐπ' ἀρι-

ℵ.Λ   8 τους χειμαρρους] πας χιμ ℵ   10 προκαταληψη Bᵇ ("ut alias") προσκαταλημψη Α | σοι εαυτους] αυτους ℵ (σοι εαυτ. ℵᶜ·ᵃ)   11 δουναι] pr του ℵΑ   12 ζω ℵ | λελαληκα] pr οτα ℵᶜ·ᵃ   13 αλλ ℵΑ | μακρυνει Α* (s superscr A¹)   14 επιστατας] τους σατραπας ℵ* (α 1° ℵ¹) + και επιστατας ℵᶜ·ᵃ   15 εκελευσεν] προσεταξεν ℵΑ | δεκα δυο] δωδεκα ℵ   16 πληθος πολεμου ℵ   17 ημιονους] μ pro υ Αᵛⁱᵈ   18 om εξ οικου βας. σφοδρα ℵ* (hab εξ οικου του βας. πολυν σφοδρα ℵᶜ·ᵃ) | σφοδρα] pr πολυ Α   19 η δυν. αυτου πασα ℵ | om και 3° Α | αρμασιν ℵ | ιππευσιν ℵ   20 ο επιμ.] om ο ℵ | ακρις] pr η ℵ | συνεξηλθεν ℵ   21 επηλθον] απηλθον ℵ εξηλθον ℵᶜ·ᵃ εξηλθεν Α | Βαικτειλαιθ] Βαιτουλια ℵ* (Βεκτιλεθ ℵᶜ·ᵃ) Βεκτελεθ Α | απο B. πλησιον] απεναντι ℵ απο Πακταλαι πλ. Α | του επ αρ.] εν αρ. ℵ

ΙΟΥΔΕΙΘ III 3

- 22 στερᾷ τῆς ἄνω Κιλικίας. ²²καὶ ἔλαβεν πᾶσαν τὴν δύναμιν αὐτοῦ, Β
τοὺς πεζοὺς καὶ τοὺς ἱππεῖς καὶ τὰ ἅρματα αὐτοῦ, καὶ ἀπῆλθεν
(13) 23 ἐκεῖθεν εἰς τὴν ὀρινήν. ²³καὶ διέκοψεν τὸ Φοὺδ καὶ Λούδ, καὶ
ἐπρονόμευσαν υἱοὺς πάντας Ῥασσεὶς καὶ υἱοὺς Ἰσμαὴλ τοὺς κατὰ
(14) 24 πρόσωπον τῆς ἐρήμου πρὸς νότον τῆς Χαλδαίων. ²⁴καὶ παρῆλ-
θεν τὸν Εὐφράτην καὶ διῆλθεν τὴν Μεσοποταμίαν, καὶ διέσκαψε
πάσας τὰς πόλεις τὰς ὑψηλὰς τὰς ἐπὶ τοῦ χειμάρρου Ἀβρωνὰ
(15) 25 ἕως τοῦ ἐλθεῖν ἐπὶ θάλασσαν ²⁵καὶ κατελάβετο τὰ ὅρια τῆς
Κιλικίας, καὶ κατέκοψε πάντας τοὺς ἀντιστάντας αὐτῷ, καὶ ἦλ-
θεν ἕως ὁρίων Ἰάφεθ τὰ πρὸς νότον κατὰ πρόσωπον τῆς Ἀρα-
(16) 26 βίας. ²⁶καὶ ἐκύκλωσεν πάντας τοὺς υἱοὺς Μαδιάμ, καὶ ἐνέπρησεν
τὰ σκηνώματα αὐτῶν, καὶ ἐπρονόμευσεν τὰς μάνδρας αὐτῶν.
(17) 27 ²⁷καὶ κατέβη εἰς πεδίον Δαμασκοῦ ἐν ἡμέραις θερισμοῦ πυρῶν
- καὶ ἐνέπρησεν πάντας τοὺς ἀγροὺς αὐτῶν, τὰ ποίμνια καὶ τὰ
βουκόλια ἔδωκεν εἰς ἀφανισμόν, καὶ τὰς πόλεις αὐτῶν ἐσκύλευ-
σεν καὶ τὰ πεδία αὐτῶν ἐξελίκμησεν, καὶ ἐπάταξεν πάντας
(18) 28 τοὺς νεανίσκους αὐτῶν ἐν στόματι ῥομφαίας. ²⁸Καὶ ἐπέ-
πεσεν φόβος καὶ τρόμος αὐτοῦ ἐπὶ τοὺς κατοικοῦντας τὴν παρα-
- λίαν, τοὺς ὄντας ἐν Σιδῶνι καὶ Τύρῳ, καὶ τοὺς κατοικοῦντας
Ἀσσοὺρ καὶ Ὀκεινά, καὶ πάντας τοὺς κατοικοῦντας Ἰεμνάαν,
καὶ οἱ κατοικοῦντες ἐν Ἀζώτῳ καὶ Ἀσκάλωνι ἐφοβήθησαν αὐτὸν
III (1ᵃ) 1 σφόδρα. ¹Καὶ ἀπέστειλαν πρὸς αὐτὸν ἀγγέλους λόγοις
(2-6) 2 εἰρηνικοῖς λέγοντες ²Ἰδοὺ ἡμεῖς οἱ παῖδες Ναβουχοδονοσὺρ βασι-
λέως μεγάλου παρακείμεθα ἐνώπιόν σου, χρῆσαι ἡμῖν καθὼς
3 ἀρεστόν ἐστιν τῷ προσώπῳ σου· ³ἰδοὺ αἱ ἐπαύλεις ἡμῶν καὶ πᾶν

23 το Φουδ] τους Φ. ℵA | επρονομευσεν ℵA | υιους παντας] αυτους παντας ℵA
και τους υιους ℵ | Ρααssεις ℵ | Ισμαηλ] Μαηκ ℵ* (Ισμ. ℵᶜᵃ) | τους κατα] om
τους ℵ | Χαλδαιων] Χελεων ℵA   24 παρηλθεν] διεβη ℵ | διηλθεν] παρηλθεν
ℵ | διεσκαψε] κατεσκαψεν ℵA | πασας τας] in π, τ ras aliq Bʔ | Αβρωνα] Χε-
βρων ℵ | θαλασσαν] pr την ℵ   25 προκατελαβετο ℵ | ορια] ορη ℵ | κατε-
κοψεν ℵA | αντιστατας A* (ν superscr A¹) | Ιαφεθ] a sup ras Aᵃ | τα προς]
του προς ℵ   26 ενεπρησεν] ρ sup ras Aᵃ   27 τα ποιμνια] pr και ℵΛ |
εδωκαν ℵ | om εν 2° ℵ   28 επεπεσεν] επεσεν ℵA | φοβος και τρομος αυτου]
φ αυτου και τρ. ℵ ο φ. και ο τρ. αυτου A | την παραλιαν] την π sup ras
Aᵃ | Τυρω] pr εν ℵA | Ασσουρ] Σουρ Bᵃᵇℵᵃ'ᵃᵇ·ᶜᵃA Τοιρ ℵ* | Οκεινα
Ιεμνααν] Αμμα| ℵ* τους Κιναιους και παντας τους κατοικουντας Ιεμναα ℵᶜᵃ |
οι κατοικουντες] τους κατοικουντας ℵ | Ασκαλωνι]+και Γαζη ℵ   III 2 οιδε
ℵ* (ιδου ℵᶜᵃ) | παιδες]+σου παιδες ℵ | μεγαλου] in ε ras aliq Bʔ | παρεκει-
μεθα ℵ* (παρακ. ℵᶜᵃ) | om σου 1° ℵ* (hab ℵᶜᵃ) | om χρησαι αρεστον ℵ |
αρεστον εστιν] ν εστ sup ras A¹' | τω προσωπω] εν προσ. ℵ*   2—3 om
εν προσωπω . προ προσωπου σου ℵᶜᵃ (hab ℵ*ᶜᵇ)   3 ημων 1°]+και πας
τοπος ημων· A | om και παν πεδιον. των σκηνων ημων ℵ

SEPT. II. 785 3D

III 4   ΙΟΥΔΕΙΘ

B πεδίον πυρῶν καὶ τὰ ποίμνια καὶ τὰ βουκόλια καὶ πᾶσαι αἱ
μάνδραι τῶν σκηνῶν ἡμῶν παράκεινται πρὸ προσώπου σου,
χρῆσαι καθ' ὃ ἂν ἀρέσκῃ σοι· ⁴ἰδοὺ καὶ αἱ πόλεις ἡμῶν καὶ 4
οἱ κατοικοῦντες ἐν αὐταῖς δοῦλοί σοί εἰσιν, ἐλθὼν ἀπάντησον
αὐταῖς ὡς ἔστιν ἀγαθὸν ἐν ὀφθαλμοῖς σου. ⁵καὶ παρεγένοντο 5 (1ʰ)
οἱ ἄνδρες πρὸς Ὀλοφέρνην καὶ ἀπήγγειλαν αὐτῷ κατὰ τὰ ῥή-
ματα ταῦτα. ⁶καὶ κατέβη ἐπὶ τὴν παραλίαν αὐτὸς καὶ ἡ δύναμις 6 (7,8)
αὐτοῦ, καὶ ἐφρούρωσε τὰς πόλεις τὰς ὑψηλάς, καὶ ἔλαβον ἐξ
αὐτῶν εἰς συμμαχίαν ἄνδρας ἐπιλέκτους· ⁷καὶ ἐδέξαντο αὐτὸν 7 (9ʰ,10)
αὐτοὶ καὶ πᾶσα ἡ περίχωρος αὐτῶν μετὰ στεφάνων καὶ χορῶν
καὶ τυμπάνων. ⁸καὶ κατέσκαψεν πάντα τὰ ὅρια αὐτῶν, καὶ τὰ 8 (12,13)
ἄλση αὐτῶν ἐξέκοψεν· καὶ ἦν δεδομένον αὐτῷ ἐξολεθρεῦσαι πάν-
τας τοὺς θεοὺς τῆς γῆς, ὅπως αὐτῷ μόνῳ τῷ Ναβουχοδονοσὸρ
λατρεύωσι πάντα τὰ ἔθνη, καὶ πᾶσαι αἱ γλῶσσαι καὶ πᾶσαι
αἱ φυλαὶ αὐτῶν ἐπικαλέσωνται αὐτὸν εἰς θεόν. ⁹καὶ ἦλθεν κατὰ 9 (14,15)
πρόσωπον Ἐσδραηλὼν πλησίον τῆς Δωταίας, ἥ ἐστιν ἀπέναντι
τοῦ πρίονος τοῦ μεγάλου τῆς Ἰουδαίας, ¹⁰καὶ κατεστρατοπέδευ- 10
σαν ἀνὰ μέσον Γαιβαὶ καὶ Σκυθῶν πόλεως, καὶ ἦν ἐκεῖ μῆνα
ἡμερῶν εἰς τὸ συλλέξαι πᾶσαν τὴν ἀπαρτίαν τῆς δυνάμεως αὐτοῦ.

¹Καὶ ἤκουσαν οἱ υἱοὶ Ἰσραὴλ οἱ κατοικοῦντες ἐν τῇ Ἰουδαίᾳ 1 (1,2) IV
πάντα ὅσα ἐποίησεν Ὀλοφέρνης τοῖς ἔθνεσιν, ὁ ἀρχιστράτηγος
Ναβουχοδονοσὸρ βασιλέως Ἀσσυρίων, καὶ ὃν τρόπον ἐσκύλευ-
σεν πάντα τὰ ἱερὰ αὐτῶν καὶ ἔδωκεν αὐτὰ εἰς ἀφανισμόν· ²καὶ 2
ἐφοβήθησαν σφόδρα σφόδρα ἀπὸ προσώπου αὐτοῦ, καὶ περὶ Ἰε-
ρουσαλὴμ καὶ τοῦ ναοῦ Κυρίου θεοῦ αὐτῶν ἐταράχθησαν. ³ὅτι 3
προσφάτως ἦσαν ἀναβεβηκότες ἐκ τῆς αἰχμαλωσίας, καὶ νεωστὶ
πᾶς ὁ λαὸς συνελέλεκτο τῆς Ἰουδαίας, καὶ τὰ σκεύη καὶ τὸ θυσι-
αστήριον καὶ ὁ οἶκος ἐκ τῆς βεβηλώσεως ἡγιασμένα ἦν. ⁴καὶ 4 (3)
ἀπέστειλαν εἰς πᾶν ὅριον Σαμαρίας καὶ Κωνὰ καὶ Βαιθωρὼν καὶ

ℵA   3 προσωπου σου sup ras et in mg Aᵃ | χρησαι]+ημιν ℵᶜᵃ | om αν ℵ |
αρεσκει ℵ   4 om και 1° ℵ | σοι] σου ℵA   5 ανδρες]+της πολεως ℵ
6 παραλιαν] επαρχιαν A | εφρουρησεν ℵA | ελαβεν ℵA | συμμαχιαν ℵ* (συμμ.
ℵᵃ ᵇ⁽ᵛⁱᵈ⁾)   7 αυτων] αυτης ℵ* (-των ℵᶜ ᵃ)   8 και 3°] οτι ℵ | εξολοθρευσαι
A | om παντας ℵ | θεους] φορους ℵ | om μονω ℵ | λατρευσωσιν ℵ λατρευσι
A | γλωσσαι κ πασαι αι φυλαι] φυλαι κ. αι γλωσσαι ℵ γλ. κ αι φ. A | επι-
καλεσονται ℵ   9 Εσδρηλων ℵᶜ ᵃ (Εσδηρλων ℵ*) A | Δωτεας A | om η
εστιν Ιουδαιας ℵ* (hab ℵᶜ ᵃ)   10 Γαιβαι] Γαιβαν ℵ Ταιβᾶ| A | απαρτιαν]
στρατιαν ℵ   IV 1 om τοις εθνεσιν ℵ* (hab ℵᶜ ᵃ) | ο αρχιστρ] om ο ℵ |
βασιλεως] βασιλευς A | om παντα 2° ℵ | ιερα] ορια A   2 om σφοδρα 2°
ℵA | θεου] pr του ℵ   3 νεωστει ℵ   4 Σαμαριας B*A] Σαμαρειας Bᵃᵇℵ |
Κωνα] Κωλα ℵ Κωνας ℵᶜ ᵃA | Βεθωρω A

ΙΟΥΔΕΙΘ IV 12

Βαιλμάιν καὶ Ἰερειχὼ καὶ εἰς Χωβὰ καὶ Αἰσωρὰ καὶ τὸν αὐλῶνα B
5 Σαλήμ, ⁵καὶ προκατελάβοντο πάσας τὰς κορυφὰς τῶν ὀρέων τῶν
(4) ὑψηλῶν, ⁽⁴⁾καὶ ἐτείχισαντο τὰς ἐν αὐτοῖς κώμας, καὶ παρέθεντο
εἰς ἐπισιτισμὸν εἰς παρασκευὴν πολέμου, ὅτι προσφάτως ἦν
(5) 6 τὰ πεδία αὐτῶν τεθερισμένα. ⁶καὶ ἔγραψεν Ἰωακεὶμ ὁ ἱερεὺς
ὁ μέγας, ὃς ἦν ἐν ταῖς ἡμέραις ἐν Ἰερουσαλήμ, τοῖς κατοικοῦσι
Βαιτουλουὰ καὶ Βαιτομαισθάιμ, ἥ ἐστιν ἀπέναντι Ἐσρηλὼν κατὰ
(6) 7 πρόσωπον τοῦ πεδίου τοῦ πλησίον Δωθάειμ, ⁷λέγων διακατα-
σχεῖν τὰς ἀναβάσεις τῆς ὀρινῆς, ὅτι δι' αὐτῶν ἦν ἡ εἴσοδος εἰς
τὴν Ἰουδαίαν· καὶ ἦν εὐχερῶς διακωλῦσαι αὐτοὺς προσβαίνοντας,
στενῆς τῆς προσβάσεως οὔσης, ἐπ' ἄνδρας τοὺς πάντας δύο.
(7) 8 ⁸καὶ ἐποίησαν οἱ υἱοὶ Ἰσραὴλ καθὰ συνέταξεν αὐτοῖς Ἰωακεὶμ
ὁ ἱερεὺς ὁ μέγας καὶ ἡ γερουσία παντὸς δήμου Ἰσραὴλ οἳ ἐκά-
(8) 9 θηντο ἐν Ἰερουσαλήμ. ⁹Καὶ ἀνεβόησαν πᾶς ἀνὴρ Ἰσραὴλ
πρὸς τὸν θεὸν ἐν ἐκτενείᾳ μεγάλῃ, καὶ ἐταπεινοῦσαν τὰς ψυχὰς
(9ᵇ) 10 αὐτῶν ἐν ἐκτενείᾳ μεγάλῃ, ¹⁰αὐτοὶ καὶ αἱ γυναῖκες αὐτῶν ⁽⁹ᵇ⁾καὶ
τὰ νήπια αὐτῶν καὶ τὰ κτήνη αὐτῶν· καὶ πᾶς πάροικος ἢ μισθω-
τὸς καὶ ἀργυρώνητος αὐτῶν ἐπέθεντο σάκκους ἐπὶ τὰς ὀσφύας
11 αὐτῶν. ¹¹καὶ πᾶς ἀνὴρ Ἰσραὴλ καὶ γυνὴ καὶ παιδία, οἱ κατοι-
κοῦντες ἐν Ἰερουσαλήμ, ἔπεσον κατὰ πρόσωπον τοῦ ναοῦ, καὶ
ἐσποδώσαντο τὰς κεφαλὰς αὐτῶν, καὶ ἐξέτειναν τοὺς σάκκους
12 αὐτῶν κατὰ πρόσωπον Κυρίου, ¹²καὶ τὸ θυσιαστήριον σάκκῳ
(10ᵇ) περιέβαλον· ⁽¹⁰ᵇ⁾καὶ ἐβόησαν πρὸς τὸν θεὸν Ἰσραὴλ ὁμοθυμαδὸν
ἐκτενῶς, τοῦ μὴ δοῦναι εἰς διαρπαγὴν τὰ νήπια αὐτῶν καὶ τὰς
γυναῖκας εἰς προνομὴν καὶ τὰς πόλεις τῆς κληρονομίας αὐτῶν

4 Βαιλμαιν] Αβελμαιν ℵ Βελμ. A | Ιεριχω Bᵇ ("ut alias") Ειεριχω A | ℵA
Χωβα] Χαβα ℵ | Αισωρα] Αρα|σουσια ℵ* Αισωρα (vel potius Αισωραα) ℵᶜᵃ
5 ετειχισαντο Bᵃᵇ (ετιχ. B*)] ετιχισαν ετειχεισαν A   6 εγραψεν]
ηκουσεν ℵ* (εγρ. ℵᶜᵃ) | ος ην εν ταις ημεραις εν] εν ταις ημεραις ℵ* ος ην
εν ταις ημ. εκειναις ℵᵃᶜ | κατοικουσῖ| ℵ | Βαιτουλουα] Βαιτουλια ℵ Βετυλουα
A | om και Βαιτομαισθαιμ Εσρηλων ℵ | Βετομεσθαιμ A | Εσρηλων] Εσε-
ρηχῶ| A | om του πεδιου του πλησιον ℵ   7 η εισοδος] οδος ℵ | αυτους
προσβαινοντας] τους προβ ℵ | της προσβασεως] αναβασεως ℵ* διαβασεως ℵᶜᵃ
της διαβ. A | om τους παντας ℵ   8 om Ιωακειμ ℵ | δημου] λαου A
9 ανεβοησαν] εβοησαν ℵ | εκτενια (1°) ℵ | εταπινωσαν ℵ | αυτων]+νηστια
μεγαλη ℵᶜᵃ | om εν εκτενεια μεγαλη (2°) ℵ   10 η] και ℵA | om αυτων
4° ℵ | επεθεντο] pr και ℵ   11 παιδια] pr τα ℵA | om οι κατοικουντες εν
Ιερ. ℵ* (hab ℵᶜᵃ) pr και A | επεσον] επεσαν ℵ επεθεντο A   11—12 κ̄ῡ
και sup ras Bᵃ?ᵇ   12 θυσιαστηριον] θυσιαστ sup ras Bᵃᵇ | περιεβαλον
Bᵃᶜ ℵA | εβοησαν] ανεβοησαν ℵ | om εκτενως ℵ | γυναικας]+αυτων ℵ | om
αυτων 2° ℵ* (hab ℵᶜᵃ)

IV 13 ΙΟΥΔΕΙΘ

B εἰς ἀφανισμὸν καὶ τὰ ἅγια εἰς βεβήλωσιν καὶ ὀνειδισμόν, ἐπίχαρμα τοῖς ἔθνεσιν. ¹³καὶ εἰσήκουσεν Κύριος τῆς φωνῆς αὐτῶν 13 —
καὶ ἐσεῖδεν τὴν θλίψιν αὐτῶν· καὶ ἦν ὁ λαὸς νηστεύων ἡμέρας
πλείους ἐν πάσῃ τῇ Ἰουδαίᾳ καὶ Ἰερουσαλὴμ κατὰ πρόσωπον
τῶν ἁγίων Κυρίου Παντοκράτορος. ¹⁴καὶ Ἰωακεὶμ ὁ ἱερεὺς ὁ 14 (11,9ª)
μέγας καὶ πάντες οἱ παρεστηκότες ἐνώπιον Κυρίου, ἱερεῖς καὶ οἱ
λειτουργοῦντες Κυρίῳ, σάκκους περιεζωσμένοι τὰς ὀσφύας αὐ-
τῶν προσέφερον τὴν ὁλοκαύτωσιν τοῦ ἐνδελεχισμοῦ καὶ τὰς —
εὐχὰς καὶ τὰ ἑκούσια δόματα τοῦ λαοῦ, ¹⁵καὶ ἦν σποδὸς ἐπὶ τὰς 15 (16,17)
κιδάρεις αὐτῶν· καὶ ἐβόων πρὸς Κύριον ἐκ πάσης δυνάμεως, εἰς
ἀγαθὸν ἐπισκέψασθαι πᾶν οἶκον Ἰσραήλ.

¹Καὶ ἀνηγγέλη Ὀλοφέρνῃ ἀρχιστρατήγῳ δυνάμεως Ἀσσοὺρ διότι 1 V
οἱ υἱοὶ Ἰσραὴλ παρεσκευάσαντο εἰς πόλεμον, καὶ τὰς διόδους τῆς
ὀρινῆς συνέκλεισαν καὶ ἐτείχισαν πᾶσαν κορυφὴν ὄρους ὑψηλοῦ,
καὶ ἔθηκαν ἐν τοῖς πεδίοις σκάνδαλα. ²καὶ ὠργίσθη θυμῷ σφόδρα, 2
καὶ ἐκάλεσεν πάντας τοὺς ἄρχοντας Μωὰβ καὶ τοὺς στρατηγοὺς
Ἀμμὼν καὶ πάντας σατράπας τῆς παραλίας, ³καὶ εἶπεν αὐτοῖς 3
Ἀναγγείλατε δή μοι, υἱοὶ Χαναάν, τίς ὁ λαὸς οὗτος ὁ καθήμενος
ἐν τῇ ὀρινῇ, καὶ τίνες ἃς κατοικοῦσιν πόλεις, καὶ τὸ πλῆθος τῆς
δυνάμεως αὐτῶν, καὶ ἐν τίνι τὸ κράτος αὐτῶν καὶ ἡ ἰσχὺς αὐτῶν,
καὶ τίς ἀνέστηκεν ἐπ' αὐτῶν βασιλεὺς ἡγούμενος στρατιᾶς αὐτῶν,
⁴καὶ διὰ τί κατενωτίσαντο τοῦ μὴ ἐλθεῖν εἰς ἀπάντησίν μοι παρὰ 4
πάντας τοὺς κατοικοῦντας ἐν δυσμαῖς. ⁵Καὶ εἶπεν πρὸς αὐτὸν 5
Ἀχιὼρ ὁ ἡγούμενος πάντων υἱῶν Ἀμμὼν Ἀκουσάτω δὴ λόγον ὁ
κύριός μου ἐκ στόματος τοῦ δούλου σου, καὶ ἀναγγελῶ σοι τὴν
ἀλήθειαν περὶ τοῦ λαοῦ ὃς κατοικεῖ τὴν ὀρινὴν ταύτην πλησίον
σοῦ οἰκοῦντος, καὶ οὐκ ἐξελεύσεται ψεῦδος ἐκ τοῦ στόματος τοῦ
δούλου σου. ⁶ὁ λαὸς οὗτός εἰσιν ἀπόγονοι Χαλδαίων· ⁷καὶ παρῴ- ⁶⁄₇
κησαν τὸ πρότερον ἐν τῇ Μεσοποταμίᾳ, ὅτι οὐκ ἐβουλήθησαν ἀκο-

ℵA 13 εσειδεν] ως ειδεν B^{ab} εισιδεν ℵ* ιδεν ℵ^{ca} εισειδεν A | τη Ιουδαια] γη
Ιουδα ℵ | Ιερουσαλημ] οι εν| Ιερουσαλημ επε|σον ℵ | Παντοκρατορος] pr του A
14 om ο μεγας ℵ* (hab ℵ^{ca}) | om ιερεις...Κυριω ℵ | om και 3° A | περι-
εζωσμενοι σακκους ℵ | προσεφερον] προσφεροντες ℵ | om και τας ευχας του
λαου ℵ   15 και η] και η sup ras B^{1*ab} | παν] παντα ℵ   V 1 δυ-
ναμεως] pr της ℵ | οι υιοι] om οι A | και 2°] κατα ℵ* (και ℵ^{ac(vid)}) | ορινης] in
o ras aliq B? | εθηκα A* (ν superscr A¹)   2 στρατηγους]+υιους (υς υι sup
ras) Lᵃ | om και παντας σατραπας της παραλιας ℵ   3 om δη ℵ | υιοι] pr
οι ℵ | ουτος ο καθημενος] ενκαθημενος ουτος ℵ | ανεστηκεν] καθεστηκεν ℵ | επ
αυτων βασ.] βασ. επ αυτων ℵ | βασιλευς] pr ο A | om ηγουμ. στρατιας αυτων
ℵ | στρατειας A   4 μοι] μου ℵ   5 λαου]+τουτου A

ΙΟΥΔΕΙΘ V 18

λουθῆσαι τοῖς θεοῖς τῶν πατέρων αὐτῶν οἱ ἐγένοντο ἐν γῇ Χαλδαίων. Β
(9) 8 ⁸ἐξέβησαν ἐξ ὁδοῦ τῶν γονέων αὐτῶν ⁽⁹⁾καὶ προσεκύνησαν
τῷ θεῷ τοῦ οὐρανοῦ, θεῷ ᾧ ἐπέγνωσαν· καὶ ἐξέβαλον αὐτοὺς
ἀπὸ προσώπου τῶν θεῶν αὐτῶν, καὶ ἔφυγον εἰς Μεσοπο-
9 ταμίαν, καὶ παρῴκησαν ἐκεῖ ἡμέρας πολλάς. ⁹καὶ εἶπεν ὁ
θεὸς αὐτῶν ἐξελθεῖν ἐκ τῆς παροικίας αὐτῶν καὶ πορευθῆναι
εἰς γῆν Χανάαν· καὶ κατῴκησαν ἐκεῖ, καὶ ἐπληθύνθησαν χρυσίῳ
10 καὶ ἀργυρίῳ καὶ ἐν κτήνεσιν πολλοῖς σφόδρα. ¹⁰καὶ κατέβησαν
εἰς Αἴγυπτον, ἐκάλυψεν γὰρ τὸ πρόσωπον τῆς γῆς Χανάαν
λιμός, καὶ παρῴκησαν ἐκεῖ μέχρις οὗ διετράφησαν· καὶ ἐγένοντο
ἐκεῖ εἰς πλῆθος πολύ, καὶ οὐκ ἦν ἀριθμὸς τοῦ γένους αὐτῶν
(10) 11 ¹¹καὶ ἐπανέστη αὐτοῖς ὁ βασιλεὺς Αἰγύπτου, καὶ κατεσοφίσαντο
αὐτοὺς ἐν πόνῳ καὶ πλίνθῳ, ἐταπείνωσαν αὐτοὺς καὶ ἔθεντο
12 αὐτοὺς εἰς δούλους ¹²καὶ ἀνεβόησαν πρὸς τὸν θεὸν αὐτῶν, καὶ
(11ᵃ) ἐπάταξεν γῆν Αἰγύπτου πληγαῖς ἐν αἷς οὐκ ἦν ἴασις· ⁽¹¹ᵃ⁾καὶ ἐξέ-
(12) 13 βαλον αὐτοὺς οἱ Αἰγύπτιοι ἀπὸ προσώπου αὐτῶν. ¹³καὶ κατε-
(14-16) 14 ξήρανεν ὁ θεὸς τὴν ἐρυθρὰν θάλασσαν ἔμπροσθεν αὐτῶν, ¹⁴καὶ
ἤγαγεν αὐτοὺς εἰς ὁδὸν τοῦ Σεινὰ καὶ Καδὴς Βαρνή· καὶ ἐξέβαλον
(20) 15 πάντας τοὺς κατοικοῦντας ἐν τῇ ἐρήμῳ, ¹⁵καὶ ᾤκησαν ἐν γῇ
Ἀμορραίων, καὶ πάντας τοὺς Ἐσεβωνείτας ἐξωλέθρευσαν ἐν τῇ
ἰσχύι αὐτῶν καὶ διαβάντες τὸν Ἰορδάνην ἐκληρονόμησαν πᾶ-
16 σαν τὴν ὀρινήν. ¹⁶καὶ ἐξέβαλον ἐκ προσώπου αὐτῶν τὸν Χα-
ναναῖον καὶ τὸν Φερεζαῖον καὶ τὸν Ἰεβουσαῖον καὶ τὸν Συχὲμ
καὶ πάντας τοὺς Γεργεσαίους, καὶ κατῴκησαν ἐν αὐτῇ ἡμέρας
(21) 17 πολλάς. ¹⁷καὶ ἕως οὐχ ἥμαρτον ἐνώπιον τοῦ θεοῦ αὐτῶν, ἦν
μετ' αὐτῶν τὰ ἀγαθά, ὅτι θεὸς μισῶν ἀδικίαν μετ' αὐτῶν ἐστιν·
(22) 18 ¹⁸ὅτε δὲ ἀπέστησαν ἀπὸ τῆς ὁδοῦ ἧς διέθετο αὐτοῖς, ἐξωλεθρεύ-
θησαν ἐν πολλοῖς πολέμοις ἐπὶ πολὺ σφόδρα, καὶ ἠχμαλωτεύ-
— θησαν εἰς γῆν οὐκ ἰδίαν, καὶ ὁ ναὸς τοῦ θεοῦ αὐτῶν ἐγενήθη
εἰς ἔδαφος, καὶ αἱ πόλεις αὐτῶν ἐκρατήθησαν ὑπὸ τῶν ὑπεναν-

8 εξεβησαν] pr και A + δε ℵ | εξ] εκ της ℵ | om θεω 2° ℵ   9 ο θ̄ς sup ℵA
ras Aᵃ (seq ras 2 vel 3 litt. bis scr ειπεν A⁺ᵛⁱᵈ) | κατοικησαν ℵ   10 το
προσ της γης X. λιμος] ο λ το προσ. τ γ. X. ℵ | μεχρι A | του γενους] om
του ℵ   11 κατεσοφισατο ℵA | εν] pr και A | πονω] πηλω ℵ | εταπεινωσαν]
και εταπινωσεν ℵ εταπεινωσεν A | εθετο A   12 om και 2° A* (hab ₅
Aᵈ⁹⁽ᵐᵍ⁾) | παταξον A* (επαταξεν· Aᵃ⁹) | γην] pr πασαν την ℵA   14 Σινα
Bᵇ   15 οικησαν ℵ | εν γη] γην ℵ | Εσεβωνειτας] Εσεβωνιτας Bᵇ Εσεβων
ℵA | εξωλεθρευσαν] pr και παντας ℵ   17 εως]+ου ℵ | μετ αυτων ην ℵ |
θεος] pr ο ℵ   18 εξολεθρευθησαν ℵ | ουχ ηδιαν B* (ουκ ιδιαν Bᵃᵇ ουχ
ιδιαν ℵA)

V 19   ΙΟΥΔΕΙΘ

B τίων. ¹⁹ καὶ νῦν ἐπιστρέψαντες ἐπὶ τὸν θεὸν αὐτῶν ἀνέβησαν 19 (23)
ἐκ τῆς διασπορᾶς οὗ διεσπάρησαν ἐκεῖ, κατέσχον τὴν Ἰερου-
σαλὴμ οὗ τὸ ἁγίασμα αὐτῶν, καὶ κατῳκίσθησαν ἐν τῇ ὀρινῇ,
ὅτι ἦν ἔρημος. ²⁰ καὶ νῦν, δέσποτα κύριε, εἰ μέν ἐστιν ἀγνόημα 20 (24)
ἐν τῷ λαῷ τούτῳ καὶ ἁμαρτάνουσιν εἰς τὸν θεὸν αὐτῶν, καὶ
ἐπισκεψόμεθα ὅτι ἐστὶν ἐν αὐτοῖς σκάνδαλον τοῦτο, καὶ ἀνα-
βησόμεθα καὶ ἐκπολεμήσομεν αὐτούς· ²¹ εἰ δ' οὐκ ἔστιν ἀνομία 21 (25)
ἐν τῷ ἔθνει αὐτῶν, παρελθέτω δὴ ὁ κύριος, μή ποτε ὑπερα-
σπίσῃ ὁ κύριος αὐτῶν καὶ ὁ θεὸς αὐτῶν ὑπὲρ αὐτῶν, καὶ ἐσό-
μεθα εἰς ὀνειδισμὸν ἐναντίον πάσης τῆς γῆς. ²² Καὶ ἐγέ- 22 (26)
νετο ὡς ἐπαύσατο Ἀχιὼρ λαλῶν τοὺς λόγους τούτους, καὶ
ἐγόγγυσεν πᾶς ὁ λαὸς ὁ κυκλῶν τὴν σκηνὴν καὶ περιεστώς· καὶ
εἶπαν οἱ μεγιστᾶνες Ὀλοφέρνου καὶ πάντες οἱ κατοικοῦντες τὴν
παραλίαν καὶ τὴν Μωὰβ συγκόψαι αὐτόν ²³ Οὐ γὰρ φοβηθησό- 23 (27)
μεθα ἀπὸ υἱῶν Ἰσραήλ· ἰδοὺ γὰρ λαὸς ἐν ᾧ οὐκ ἔστιν δύναμις
οὐδὲ κράτος εἰς παράταξιν ἰσχυράν. ²⁴ διὸ δὴ ἀναβησόμεθα, καὶ 24 (28)
ἔσονται εἰς κατάβρωμα πάσης τῆς στρατείας σου, δέσποτα Ὀλο-
φέρνη. ¹ Καὶ ὡς κατέπαυσεν ὁ θόρυβος τῶν ἀνδρῶν τῶν 1 (1) VI
κύκλῳ τῆς συνεδρίας, εἶπεν Ὀλοφέρνης ἀρχιστράτηγος δυνάμεως
Ἀσσοὺρ πρὸς Ἀχιὼρ ἐναντίον παντὸς τοῦ δήμου ἀλλοφύλων —
² Καὶ τίς εἶ σὺ Ἀχιὼρ καὶ πρὸς πάντας υἱοὺς Μωὰβ καὶ οἱ 2
μισθωτοὶ Ἐφράιμ, ⁽²⁾ ὅτι ἐπροφήτευσας ἐν ἡμῖν καθὼς σήμερον, (2)
καὶ εἶπας τὸ γένος Ἰσραὴλ μὴ πολεμῆσαι, ὅτι θεὸς αὐτῶν
ὑπερασπιεῖ αὐτῶν; καὶ τίς ὁ θεὸς εἰ μὴ Ναβουχοδονοσόρ; οὗτος —
ἀποστελεῖ τὸ κράτος αὐτοῦ καὶ ἐξολεθρεύσει αὐτοὺς ἀπὸ προσ-
ώπου τῆς γῆς, καὶ οὐ ῥύσεται αὐτοὺς ὁ θεὸς αὐτῶν ³ ἀλλ' ἡμεῖς 3 (3ᵃ)
οἱ δοῦλοι αὐτοῦ πατάξομεν αὐτοὺς ὡς ἄνθρωπον ἕνα, καὶ οὐχ ὑπο-
στήσονται τὸ κράτος τῶν ἵππων ἡμῶν. ⁴ κατακαύσομεν γὰρ 4

ℵA   19 κατεσχον] pr και ℵA | ορεινη BᵃᵇΝ | οτε ℵ* (οτι ℵᶜᵃ)   21 ει δ] ει
δε ℵ ιδου A | αυτων 1°] τοιτω ℵ | παρελθατω ℵA | om δη A | ο κυριος (1°)]
+μου ℵ | om ο κυριος αυτων και ℵ | υπερ] περι A | ονειδισμον] ονειδος ℵA
22 Αχειωρ A | λαλων Αχ. ℵ | κυκλων την σκηνην] κυκλω της σκηνης A |
om και 3° ℵ* (hab ℵᶜᵃ) A | om περιεστως ℵ* (hab ℵᶜᵃ) | om παντες ℵ |
κατοικουντες] κατοικου͞ A* (+ τες Aᵃᵗ⁽ᵐᵍ⁾)   24 καταβρωσιν ℵA | στρατιας
ℵA   VI 1 ειπεν] pr και ℵA | αρχιστρατηγος] pr ο A | δυναμεως] pr της
A | αλλοφυλων] των αλλοφ. και προς παντας τους υιους Μωαβ'· A   2 Αχιωρ]
+εναντιος (prius εναντιον) παντος δημου αλλοφυλων ℵᶜᵃ | om και προς
παντας υιους Μωαβ A | Μωαβ και sup ras Bᵃᵇ | Εφραιμ] pr του BᵃᵇℵA |
θεος αυτων (1°)] ο θ͞ς αυτων ℵ ο θ͞ς A | ο θεος (1°)] om ο ℵ | ουτος] αυτος ℵ |
αποστελει] εξαποστελει ℵ   3 αλλα ℵ | παταξομεν] εξολεθρευσωμεν A

ΙΟΥΔΕΙΘ VI 13

αὐτοὺς ἐν αὐτοῖς, καὶ τὰ ὅρια αὐτῶν μεθυσθήσεται ἐν τῷ αἵματι B
αὐτῶν, καὶ τὰ πεδία αὐτῶν πληρωθήσεται νεκρῶν αὐτῶν· καὶ
οὐκ ἀντιστήσεται τὸ ἴχνος τῶν ποδῶν αὐτῶν κατὰ πρόσωπον
(4ᵃ) ἡμῶν, ἀλλ' ἀπωλείᾳ ἀπολοῦνται, λέγει ὁ βασιλεὺς ⁽⁴ᵃ⁾Ναβουχοδο-
νοσόρ, κύριος πάσης τῆς γῆς. εἶπεν γάρ· οὐ ματαιωθήσεται τὰ
5 ῥήματα τῶν λόγων αὐτοῦ. ⁵σὺ δὲ Ἀχιώρ, μισθωτὲ τοῦ Ἀμμών,
ὃς ἐλάλησας τοὺς λόγους τούτους ἐν ἡμέρᾳ ἀδικίας σου, οὐκ ὄψῃ
ἔτι τὸ πρόσωπόν μου ἀπὸ τῆς ἡμέρας ταύτης ἕως οὗ ἐκδικήσω
(4ᵇ) 6 τὸ γένος τῶν ἐξ Αἰγύπτου· ⁶καὶ τότε διελεύσεται ὁ σίδηρος τῆς
στρατείας μου καὶ ὁ λαὸς τῶν θεραπόντων μου τὰς πλευράς σου,
7 καὶ πέσῃ ἐν τοῖς τραυματίαις αὐτῶν ὅταν ἐπιστρέψωσιν· ⁷καὶ
ἀποκαταστήσουσίν σε οἱ δοῦλοί μου εἰς τὴν ὀρινὴν καὶ θήσουσίν
8 σε ἐν μιᾷ τῶν πόλεων τῶν ἀναβάσεων, ⁸καὶ οὐκ ἀπολῇ ἕως οὗ
(5) 9 ἐξολεθρευθῇς μετ' αὐτῶν. ⁹καὶ εἴπερ ἐλπίζεις τῇ καρδίᾳ σου
ὅτι οὐ λημφθήσονται, μὴ συμπεσέτω σου τὸ πρόσωπον. ἐλά-
(7) 10 λησα, καὶ οὐδὲν διαπεσεῖται τῶν ῥημάτων μου. ¹⁰Καὶ προσ-
έταξεν Ὀλοφέρνης τοῖς δούλοις αὐτοῦ, οἳ ἦσαν παρεστηκότες ἐν
τῇ σκηνῇ αὐτοῦ, συλλαβεῖν τὸν Ἀχιὼρ καὶ ἀποκαταστῆσαι αὐ-
(8) 11 τὸν εἰς Βετυλουὰ καὶ παραδοῦναι εἰς χεῖρας υἱῶν Ἰσραήλ. ¹¹καὶ
συνέλαβον αὐτὸν οἱ δοῦλοι αὐτοῦ καὶ ἤγαγον αὐτὸν ἔξω τῆς
παρεμβολῆς εἰς τὸ πεδίον, καὶ ἀπῆραν ἐκ μέσου τῆς πεδινῆς εἰς
τὴν ὀρινήν, καὶ παρεγένοντο ἐπὶ τὰς πηγὰς αἳ ἦσαν ὑποκάτω
12 Βετυλουά. ¹²καὶ ὡς ἴδαν αὐτοὺς οἱ ἄνδρες τῆς πόλεως ἐπὶ τὴν
κορυφὴν τοῦ ὄρους, ἀνέλαβον τὰ ὅπλα αὐτῶν καὶ ἐπῆλθον ἔξω
τῆς πόλεως ἐπὶ τὴν κορυφὴν τοῦ ὄρους· καὶ πᾶς ἀνὴρ σφεν-
δονήτης διεκράτησαν τὴν ἀνάβασιν αὐτῶν καὶ ἔβαλλον ἐν λίθοις
(9) 13 ἐπ' αὐτούς. ¹³καὶ ὑποδύσαντες ὑποκάτω τοῦ ὄρους ἔδησαν τὸν
Ἀχιὼρ καὶ ἀφῆκαν ἐρριμμένον ὑπὸ τὴν ῥίζαν τοῦ ὄρους, καὶ

4 om εν αυτοις ℵ | ορια] ορη ℵA | μεθυσθησονται A | πληρωθησεται] πλη- ℵA
σθησεται ℵ | νεκρων] pr των A | om αυτων 4° ℵ | αντιστησεται] απα|τησεται
ℵ | των ποδων] του ποδος ℵ | ημων] pr των ποδων A | αλλα ℵA | απωλια
ℵ | βασιλευς] ιιι σιλ ras aliq B* | N. ο βασιλευς ℵ | κυριος] pr ο ℵA | των
λογων] του στοματος ℵ   5 ος] ως ℵ | αδικια σου A | om ετι ℵ | ταυτης] α
sup ras Aᵃ   6 στρατιας A | ταις τραυμ. ℵᶜᵃ | αυτων] αυτ sup ras Bᵃᵇ |
επιστρεψω BᵃᵇA   7 bis scr οι δουλοι μου . θησοισιν σε B* (om 1°
Bᵃᵇ) | om σε 2° ℵ   9 λημφθησονται] συλλημφθ. A | συ|πεσετω ℵ συμπε-
σατω A   10 εν τη σκηνη αυτου] αυτω ℵ | Βαιτουλουα ℵ (item 11) |
παραδουναι]+αυτον ℵ | υιων Ισρ.] rescr I ℵ¹   11 om αυτον 2° ℵ |
επι] εις ℵ | πηγας] rescr γ ℵ¹   12 ως] ω ℵ* (s superscr ℵ¹) | ειδαν
BᵃᵇℵA | επηλθον] απηλθεν A   13 υποδυσαντες] δ sup ras A¹ | ρεριμμενον
A | υπο την] saltem τ sup ras Bᵃᵇ

ἀπῴχοντο πρὸς τὸν κύριον αὐτῶν. ¹⁴καταβάντες δὲ οἱ υἱοὶ 14 (10)
Ἰσραὴλ ἐκ τῆς πόλεως αὐτῶν ἐπέστησαν αὐτῷ, καὶ λύσαντες
αὐτὸν ἀπήγαγον εἰς τὴν Βετυλουά, καὶ κατέστησαν αὐτὸν ἐπὶ
τοὺς ἄρχοντας τῆς πόλεως αὐτῶν, ¹⁵οἳ ἦσαν ἐν ταῖς ἡμέραις ἐκεί- 15 (11)
ναις Ὀζείας ὁ τοῦ Μειχὰ ἐκ τῆς φυλῆς Συμεὼν καὶ Χαβρεὶς ὁ
τοῦ Γοθονιὴλ καὶ Χαρμεὶς υἱὸς Μελχειήλ. ¹⁶καὶ συνεκάλεσεν 16 (12,13)
πάντας τοὺς πρεσβυτέρους τῆς πόλεως, καὶ συνέδραμον πᾶς
νεανίσκος αὐτῶν καὶ αἱ γυναῖκες εἰς τὴν ἐκκλησίαν, καὶ ἔστη-
σαν τὸν Ἀχιὼρ ἐν μέσῳ παντὸς τοῦ λαοῦ αὐτῶν, καὶ ἐπηρώτησεν
αὐτὸν Ὀζείας τὸ συμβεβηκός ¹⁷καὶ ἀποκριθεὶς ἀπήγγειλεν αὐ- 17
τοῖς τὰ ῥήματα τῆς συνεδρείας Ὀλοφέρνου, καὶ πάντα τὰ ῥήμα-
τα ὅσα ἐλάλησεν ἐν μέσῳ τῶν ἀρχόντων υἱῶν Ἀσσούρ, καὶ ὅσα
ἐμεγαλορημόνησεν Ὀλοφέρνης εἰς τὸν οἶκον Ἰσραήλ. ¹⁸καὶ πε- 18 (14)
σόντες ὁ λαὸς προσεκύνησαν τῷ θεῷ, καὶ ἐβόησαν λέγοντες
¹⁹Κύριε ὁ θεὸς τοῦ οὐρανοῦ, κάτιδε ἐπὶ τὰς ὑπερηφανίας αὐτῶν, 19 (15)
καὶ ἐλέησον τὴν ταπείνωσιν τοῦ γένους ἡμῶν, καὶ ἐπίβλεψον
ἔτι τὸ πρόσωπον τῶν ἡγιασμένων σοι ἐν τῇ ἡμέρᾳ ταύτῃ
²⁰καὶ παρεκάλεσαν τὸν Ἀχιώρ, καὶ ἐπήνεσαν αὐτὸν σφόδρα. 20 (16-18)
²¹καὶ παρέλαβεν αὐτὸν Ὀζείας ἐκ τῆς ἐκκλησίας εἰς οἶκον αὐ- 21 (19-21)
τοῦ, καὶ ἐποίησεν πότον τοῖς πρεσβυτέροις καὶ ἐπεκαλέσαντο
τὸν θεὸν Ἰσραὴλ εἰς βοήθειαν ὅλην τὴν νύκτα ἐκείνην.

¹Τῇ δὲ ἐπαύριον παρήγγειλεν Ὀλοφέρνης πάσῃ τῇ στρατείᾳ 1 VII
αὐτοῦ καὶ παντὶ τῷ λαῷ αὐτοῦ οἳ παρεγένοντο ἐπὶ τὴν συμμαχίαν
αὐτοῦ, ἀναζευγνύειν ἐπὶ Βαιτυλουὰ καὶ τὰς ἀναβάσεις τῆς ὀρινῆς
προκαταλαμβάνεσθαι καὶ ποιεῖν πόλεμον πρὸς τοὺς υἱοὺς Ἰσραήλ
²καὶ ἀνέζευξεν ἐν τῇ ἡμέρᾳ ἐκείνῃ πᾶς ἀνὴρ δυνατὸς αὐτῶν· καὶ ἡ 2
δύναμις αὐτῶν ἀνδρῶν πολεμιστῶν χιλιάδες ἀνδρῶν πεζῶν ἑκατὸν
ἑβδομήκοντα καὶ ἱππέων χιλιάδες δέκα δύο, χωρὶς τῆς ἀποσκευῆς
τῶν ἀνδρῶν οἳ ἦσαν πεζοὶ ἐν αὐτοῖς, πλῆθος πολὺ σφόδρα ³καὶ 3

ℵA 14 om δε A* (superscr A¹) | αυτω] επ αυτον A | Βαιτουλουα ℵ | επι] εις A
15 Οζειας] Οζιας B^(ab) O, as sup ras A^(a v) (seq ras 1 vel 2 litt) | Μειχα] Μιχα
B^b Χειμα A | Γοθονιηλ] Γοθονιου ℵ* (Γοθονιηλ ℵ^(c a)) | Χαρμεις] Χαλμεις A |
υιος Μελχειηλ] ο του Σελλημ ℵ* (v̄s Μελχιηλ ℵ^(c a)) υιος Μελχιηλ A
16 συνεκαλεσαν ℵA | της πολεως] Ισραηλ ℵ* της πολ. (non del Ισρ.) ℵ^(c a) |
om αυτων 2° ℵ | Οζιας B^bA (item 21) 17 συνεδριας B^bℵA | ελαλησαν A
18 τω θεω] pr κ̄ω̄ ℵ 19 κατιδε] επιβλεψον ℵ καθειδε A (pr ras 1 litt) |
υπερηφανιας] post α 1° ras 1 litt A¹ | αυτων] α sup ras A¹ VII 1 στρατια
A | τω λαω] om τω A | οι] και ℵ | Βαιτουλουα ℵ | ορεινης B^(ab)A 2 ανε-
ζευξεν] ε 1° sup litur ℵ¹ | om ανδρων 2° ℵA | εκατον εβδομηκοντα] οκτω ℵ*
ρκ' ℵ^(c a) | ιππων ℵ | δεκα δυο] ιβ' ℵ | των ανδρων] ρι και ℵA

ΙΟΥΔΕΙΘ VII 13

παρενέβαλον ἐν τῷ αὐλῶνι πλησίον Βαιτυλουὰ ἐπὶ τῆς πηγῆς, καὶ B
παρέτειναν εἰς εὖρος ἐπὶ Δωθάειμ ἕως Βελβάιμ, καὶ εἰς μῆκος ἕως
Βαιτυλουὰ ἕως Κυαμῶνος ἥ ἐστιν ἀπέναντι Ἐσδρηλών. ⁴οἱ δὲ υἱοὶ
Ἰσραήλ, ὡς ἴδον αὐτῶν τὸ πλῆθος, ἐταράχθησαν σφόδρα, καὶ εἶπαν
ἕκαστος πρὸς τὸν πλησίον αὐτοῦ Νῦν ἐκλίξουσιν οὗτοι τὸ πρόσ-
ωπον τῆς γῆς πάσης, καὶ οὔτε τὰ ὄρη τὰ ὑψηλὰ οὔτε αἱ φάραγγες
⁵οὔτε οἱ βουνοὶ ὑποστήσονται τὸ βάρος αὐτῶν. ⁵καὶ ἀναλαβόντες
ἕκαστος τὰ σκεύη τὰ πολεμικὰ αὐτῶν καὶ ἀνακαύσαντες πυρὰς ἐπὶ
τοὺς πύργους αὐτῶν ἔμενον φυλάσσοντες ὅλην τὴν νύκτα ἐκείνην.
⁶τῇ δὲ ἡμέρᾳ τῇ δευτέρᾳ ἐξήγαγεν Ὀλοφέρνης πᾶσαν τὴν ἵππον
αὐτοῦ κατὰ πρόσωπον τῶν υἱῶν Ἰσραήλ οἳ ἦσαν ἐν Βετυλουά, ⁷καὶ
ἐπεσκέψατο τὰς ἀναβάσεις τῆς πόλεως αὐτῶν, καὶ τὰς πηγὰς τῶν
ὑδάτων ἐφώδευσεν καὶ προκατελάβετο αὐτάς, καὶ ἐπέστησεν αὐταῖς
παρεμβολὰς ἀνδρῶν πολεμιστῶν, καὶ αὐτὸς ἀνέζευξεν εἰς τὸν λαὸν
(8) 8 αὐτοῦ. ⁸Καὶ προσελθόντες αὐτῷ πάντες ἄρχοντες υἱῶν
Ἠσαῦ καὶ πάντες οἱ ἡγούμενοι τοῦ λαοῦ Μωὰβ καὶ οἱ στρατηγοὶ
τῆς παραλίας εἶπαν ⁹Ἀκουσάτω δὴ λόγον ὁ δεσπότης ἡμῶν, ἵνα
μὴ γένηται θραῦσμα ἐν τῇ δυνάμει σου. ¹⁰ὁ γὰρ λαὸς οὗτος τῶν
υἱῶν Ἰσραὴλ οὐ πέποιθαν ἐπὶ τοῖς δόρασιν αὐτῶν ἀλλ' ἐπὶ
τοῖς ὕψεσι τῶν ὀρέων αὐτῶν, ἐν οἷς αὐτοὶ ἐνοικοῦσιν ἐν αὐτοῖς
οὐ γὰρ ἔστιν εὐχερὲς προσβῆναι ταῖς κορυφαῖς τῶν ὀρέων αὐτῶν.
(9) 11 ¹¹καὶ νῦν, δέσποτα, μὴ πολέμει πρὸς αὐτοὺς καθὼς γίνεται πό-
λεμος παρατάξεως, καὶ οὐ πεσεῖται ἐκ τοῦ λαοῦ σου ἀνὴρ εἷς
¹²ἀνάμεινον ἐπὶ τῆς παρεμβολῆς σου, διαφυλάσσων πάντα ἄνδρα
ἐκ τῆς δυνάμεώς σου, καὶ ἐπικρατησάτωσαν οἱ παῖδές σου τῆς
πηγῆς τοῦ ὕδατος ἣ ἐκπορεύεται ἐκ τῆς ῥίζης τοῦ ὄρους, ¹³διότι
ἐκεῖθεν ὑδρεύονται πάντες οἱ κατοικοῦντες Βαιτυλουά, καὶ ἀνελεῖ
αὐτοὺς ἡ δίψα, καὶ ἐκδώσουσι τὴν πόλιν αὐτῶν· καὶ ἡμεῖς καὶ
ὁ λαὸς ἡμῶν ἀναβησόμεθα ἐπὶ τὰς πλησίον κορυφὰς τῶν ὀρέων,

3 Βετυλουα (1°) A | om επι 1° ℵ | Βελβαιμ] Αβελ|βαιμ ℵ | εως 2°] απο ℵA
ℵA | Εσδρηλωμ A   4 ειδον ℵA | om αυτων 1° A | ειπον ℵ ειπεν A | αυτου]
αυτων ℵ | πασης της γης A   5 αυτων 1°] αυτου ℵ* (-των ℵ ᶜ ᵃ) | om και
ανακαυσαντες αυτων (2°) ℵ* (hab ℵ ᶜ ᵃ) | om ολην ℵ* (hab ℵ ᶜ ᵃ) | om εκεινην
ℵ   6 των υιων] om των ℵ | om οι ησαν εν Βετυλουα ℵ* (hab οι ησαν εκ
Βαιτουλουα ℵ ᶜ ᵃ) οι ησαν εκ Βαιτυλουα A   7 υδατων]+αυτων A | παρεμ-
βολας ανδρων πολεμιστων] ανδρας πολεμιστας ℵ   8 της παραλιας] om της
ℵ   10 υψεσι] οψεσι A | om αυτων 2° ℵA | αυτοι] seq ras 1 lit (s ut vid)
in A | ενοικουσιν] κατοικουσιν A   11 προς αυτους] μετ αυτων ℵ | ανηρ]
pr ως ℵ ᶜ ᵃ   13 διοτι] οτι ℵ | κατοικουντες] ενοικουντες ℵ | εκδωσουσιν
ℵA

Β καὶ παρεμβαλοῦμεν ἐπ' αὐταῖς εἰς προφυλακὴν τοῦ μὴ ἐξελθεῖν
ἐκ τῆς πόλεως ἄνδρα ἕνα. ¹⁴καὶ τακήσονται ἐν τῷ λιμῷ αὐτοὶ 14
καὶ αἱ γυναῖκες αὐτῶν καὶ τὰ τέκνα αὐτῶν, καὶ πρὶν ἐλθεῖν τὴν
ῥομφαίαν ἐπ' αὐτοὺς καταστρωθήσονται ἐν ταῖς πλατείαις τῆς
οἰκήσεως αὐτῶν· ¹⁵καὶ ἀνταποδώσεις αὐτοῖς ἀνταπόδομα πονηρὸν 15 –
ἀνθ' ὧν ἐστασίασαν καὶ οὐκ ἀπήντησαν τῷ προσώπῳ σου ἐν
εἰρήνῃ. ¹⁶Καὶ ἤρεσαν οἱ λόγοι αὐτῶν ἐνώπιον Ὀλοφέρνου 16 (10)
καὶ ἐνώπιον πάντων τῶν θεραπόντων αὐτοῦ, καὶ συνέταξε ποιεῖν
καθὰ ἐλάλησαν. ¹⁷καὶ ἀπῆρεν παρεμβολὴ υἱῶν Ἀμμών, καὶ 17
μετ' αὐτῶν χιλιάδες πέντε υἱῶν Ἀσσούρ, καὶ παρενέβαλον ἐν τῷ
αὐλῶνι καὶ προκατελάβοντο τὰ ὕδατα καὶ τὰς πηγὰς τῶν ὑδά-
των τῶν υἱῶν Ἰσραήλ. ¹⁸καὶ ἀνέβησαν οἱ υἱοὶ Ἡσαῦ καὶ οἱ υἱοὶ 18 –
Ἀμμών, καὶ παρενέβαλον ἐν τῇ ὀρινῇ ἀπέναντι Δωθάειμ, καὶ
ἀπέστειλαν ἐξ αὐτῶν πρὸς νότον καὶ ἀπηλιώτην ἀπέναντι Ἐγρε-
βὴλ ἥ ἐστιν πλησίον Χοὺς ἥ ἐστιν ἐπὶ τοῦ χειμάρρου Μοχμούρ·
καὶ ἡ λοιπὴ στρατεία τῶν Ἀσσυρίων παρενέβαλον ἐν τῷ πεδίῳ
καὶ ἐκάλυψαν πᾶν τὸ πρόσωπον τῆς γῆς, καὶ αἱ σκηναὶ καὶ αἱ
ἀπαρτίαι αὐτῶν κατεστρατοπέδευσαν ἐν ὄχλῳ πολλῷ καὶ ἦσαν
εἰς πλῆθος πολὺ σφόδρα. ¹⁹καὶ οἱ υἱοὶ Ἰσραὴλ ἀνεβόησαν πρὸς 19
Κύριον θεὸν αὐτῶν, ὅτι ὠλιγοψύχησεν τὸ πνεῦμα αὐτῶν, ὅτι ἐκύ-
κλωσαν πάντες οἱ ἐχθροὶ αὐτῶν καὶ οὐκ ἦν διαφυγεῖν ἐκ μέσου
αὐτῶν ²⁰καὶ ἔμεινεν κύκλῳ αὐτῶν πᾶσα παρεμβολὴ Ἀσσούρ, 20 (11)
οἱ πεζοὶ καὶ ἅρματα καὶ οἱ ἱππεῖς αὐτῶν, ἡμέρας τριάκοντα
τέσσαρες· καὶ ἐξέλειπεν πάντας τοὺς κατοικοῦντας Βαιτυλουὰ
πάντα τὰ ἀγγεῖα αὐτῶν τῶν ὑδάτων, ²¹καὶ οἱ λάκκοι ἐξεκε- 21
νοῦντο, καὶ οὐκ εἶχον πεῖν εἰς πλησμονὴν ὕδωρ ἡμέραν μίαν, ὅτι
ἐν μέτρῳ ἐδίδοσαν αὐτοῖς πεῖν. ²²καὶ ἠθύμησεν τὰ νήπια αὐ- 22 –
τῶν, καὶ αἱ γυναῖκες καὶ οἱ νεανίσκοι ἐξέλιπον ἀπὸ τῆς δίψης,
καὶ ἔπιπτον ἐν ταῖς πλατείαις τῆς πόλεως καὶ ἐν ταῖς διόδοις

ℵA 13 αυταις] αυτας ℵ | προφυλακην] pr την ℵ 14 πλατιαις A
15 ουκ απηντησαν] ουχ υπηντ. A 16 αυτων] αυτου A | Ολοφερνους ℵ |
συνεταξεν ℵA 17 απηραν παρεμβολην A [προκατελαβον ℵ 18 ορεινη
Bᵃᵇℵ | Εκρεβηλ A | Χουσει A | Μοχμουρ] Μουχμουρ ℵ* Μοκμουρ ℵᶜᵃ ᵛⁱᵈ om
A | στρατια ℵA | εκαλυψαν] επεικαλυψαν ℵ εκαλυψεν A | om παν ℵ | απαρ-
τειαι B*ℵ 19 θεον] pr τον ℵ | εκυκλωσαν]+αυτους A 20 εμεινεν]
εμενον A | αρματα] pr τα A | τριακοντα τεσσαρες] tr. τεσσαρας Bᵇ λδ' ℵ
(prius ut vid δδ' per incur) | εξελιπε Bᵇᵛⁱᵈ εξελιπεν ℵ* εξελιπαν ℵᶜᵃ εξελει-
παν A | παντας τους κατοικουντας] των κατοικουντων ℵᶜᵃ | Βαιτουλουα ℵ |
αγγια ℵA 21 πειν B* bis (πιειν BᵃᵇℵA [πειειν 1°]) 22 ηθυμησαν
ℵᶜᵃ | εξελειπον A

ΙΟΥΔΕΙΘ VIII 1

(12) 23 τῶν πυλῶν, καὶ οὐκ ἦν κραταίωσις ἔτι ἐν αὐτοῖς. ²³Καὶ B
ἐπισυνήχθησαν πᾶς ὁ λαὸς ἐπὶ Ὀζείαν καὶ τοὺς ἄρχοντας τῆς
πόλεως, οἱ νεανίσκοι καὶ αἱ γυναῖκες καὶ τὰ παιδία, καὶ ἀνε-
βόησαν φωνῇ μεγάλῃ καὶ εἶπαν ἐναντίον τῶν πρεσβυτέρων
(13) 24 ²⁴Κρίναι ὁ θεὸς ἀνὰ μέσον ὑμῶν καὶ ἡμῶν, ὅτι ἐποιήσατε ἐν
ἡμῖν ἀδικίαν μεγάλην οὐ λαλήσαντες εἰρηνικὰ μετὰ υἱῶν Ἀσσούρ.
(14) 25 ²⁵καὶ νῦν οὐκ ἔστιν ὁ βοηθὸς ἡμῶν, ἀλλὰ πέπρακεν ἡμᾶς ὁ θεὸς
εἰς τὰς χεῖρας αὐτῶν τοῦ καταστρωθῆναι ἐναντίον αὐτῶν ἐν δίψῃ
(15) 26 καὶ ἀπωλίᾳ μεγάλῃ. ²⁶καὶ νῦν ἐπικαλέσασθε αὐτοὺς καὶ ἔκδοσθε
τὴν πόλιν πᾶσαν εἰς προνομὴν τῷ λαῷ Ὀλοφέρνου καὶ πάσῃ
(16) 27 τῇ δυνάμει αὐτοῦ. ²⁷κρεῖσσον γὰρ ἡμῖν γενηθῆναι αὐτοῖς εἰς
διαρπαγήν· ἐσόμεθα γὰρ εἰς δούλους καὶ ζήσεται ἡ ψυχὴ ἡμῶν,
καὶ οὐκ ὀψόμεθα τὸν θάνατον τῶν νηπίων ἡμῶν ἐν ὀφθαλμοῖς
ἡμῶν καὶ τὰς γυναῖκας καὶ τὰ τέκνα ἡμῶν ἐκλειπούσας τὰς
(17) 28 ψυχὰς αὐτῶν. ²⁸μαρτυρόμεθα ὑμῖν τὸν οὐρανὸν καὶ τὴν γῆν
καὶ τὸν θεὸν ἡμῶν καὶ κύριον τῶν πατέρων ἡμῶν, ὃς ἐκδικεῖ
ἡμᾶς κατὰ τὰς ἁμαρτίας ἡμῶν καὶ κατὰ τὰ ἁμαρτήματα τῶν
πατέρων ἡμῶν, ἵνα μὴ ποιήσῃ κατὰ τὰ ῥήματα ταῦτα ἐν τῇ
(18) 29 ἡμέρᾳ τῇ σήμερον. ²⁹καὶ ἐγένετο κλαυθμὸς μέγας ἐν μέσῳ τῆς
ἐκκλησίας πάντων ὁμοθυμαδόν, καὶ ἐβόησαν πρὸς Κύριον τὸν
(23) 30 θεὸν φωνῇ μεγάλῃ. ³⁰καὶ εἶπεν πρὸς αὐτοὺς Ὀζείας Θαρσεῖτε,
ἀδελφοί, διακαρτερήσωμεν ἔτι πέντε ἡμέρας ἐν αἷς ἐπιστρέψει
Κύριος ὁ θεὸς ἡμῶν τὸ ἔλεος αὐτοῦ ἐφ᾽ ἡμᾶς, οὐ γὰρ ἐγκατα-
(25) 31 λείψει ἡμᾶς εἰς τέλος· ³¹ἐὰν δὲ διέλθωσιν αὗται καὶ μὴ ἔλθῃ
— 32 ἐφ᾽ ἡμᾶς βοήθεια, ποιήσω κατὰ τὰ ῥήματα ὑμῶν. ³²καὶ ἐσκόρ-
πισεν τὸν λαὸν εἰς τὴν ἑαυτοῦ παρεμβολήν, καὶ ἐπὶ τὰ τείχη καὶ
τοὺς πύργους τῆς πόλεως αὐτῶν ἀπῆλθον, καὶ τὰς γυναῖκας καὶ
τὰ τέκνα εἰς τοὺς οἴκους αὐτῶν ἀπέστειλεν· καὶ ἦσαν ἐν ταπει-
νώσει πολλῇ ἐν τῇ πόλει.

VIII 1   ¹Καὶ ἤκουσεν ἐν ἐκείναις ταῖς ἡμέραις Ἰουδεὶθ θυγάτηρ Μεραρεὶ

22 πυλων] οδων ℵ   23 Οζιαν BᵇA | τους αρχ.] pr επι ℵ | om και 5° ℵA
ℵ | ανεβοησαν] εβοησαν A | των πρεσβ.] pr παντων ℵA   24 ημων και
υμων A   25 ο βοηθος] ο βοηθων ℵ βοηθος A | ημων] ημιν ℵ | απωλεια BᵃᵇA
26 Ολοφερνους ℵ   27 ημιν] ημας ℵA | ημων 1°] υμων ℵ* (ημ. ℵᵃ ᵇ ᵛⁱᵈ) |
ουχ οψ. A | om εν οφθαλμοις ημων A | εκλιπουσας ℵ   28 μαρτυρομεθα]
διαμαρτ. ℵ | ος] ως ℵ | om μη ℵ   29 τον θεον] om τον A   30 αυτους]
vs sup ras Aᵃ | Οζιας Bᵇ | ετι] επι A | ημ. πεντε ℵ | επιστρεφει A | ενκατα-
λιψει A   31 om δε ℵ   32 παρεμβολην] pr πολιν A | τους πυργους] pr
επι A | bis scr οικους A*ᵛⁱᵈ (ras 1° A?) | αυτων 2°] εαυτων ℵ | απεστειλαν
ℵᶜᵃA   VIII 1 ταις ημ. εκειναις ℵ

795

B υἱοῦ Ὢξ υἱοῦ Ἰωσὴφ υἱοῦ Ὀζειὴλ υἱοῦ Ἑλκειὰ υἱοῦ Ἠλειοῦ υἱοῦ
Χελκείου υἱοῦ Ἐλειὰβ υἱοῦ Ναθαναὴλ υἱοῦ Σαλαμιὴλ υἱοῦ Σαρασαδαὶ
υἱοῦ Ἰσραήλ. ²καὶ ὁ ἀνὴρ αὐτῆς Μανασσῆς τῆς φυλῆς αὐτῆς καὶ τῆς
πατριᾶς αὐτῆς· καὶ ἀπέθανεν ἐν ἡμέραις θερισμοῦ κριθῶν. ³ἐπέστη
γὰρ ἐπὶ τοῦ δεσμεύοντος τὸ δράγμα ἐν τῷ πεδίῳ, καὶ ὁ καύσων
ἦλθεν ἐπὶ τὴν κεφαλὴν αὐτοῦ, καὶ ἔπεσεν ἐπὶ τὴν κλίνην καὶ ἐτε-
λεύτησεν ἐν Βαιτυλουα τῇ πόλει αὐτοῦ, καὶ ἔθαψαν αὐτὸν μετὰ τῶν
πατέρων αὐτοῦ ἐν τῷ ἀγρῷ τῷ ἀνὰ μέσον Δωθάειμ καὶ Βαλαμών.
⁴καὶ ἦν Ιουδειθ ἐν τῷ οἴκῳ αὐτῆς χηρεύουσα ἔτη τρία καὶ μῆνας
τέσσαρες. ⁵καὶ ἐποίησεν αὐτῇ σκηνὴν ἐπὶ τοῦ δώματος τοῦ οἴκου
αὐτῆς, ⁽⁶⁾καὶ ἐπέθηκεν ἐπὶ τὴν ὀσφὺν αὐτῆς σάκκον, καὶ ἦν ἐπ᾽ αὐτῆς
τὰ ἱμάτια τῆς χηρεύσεως αὐτῆς. ⁶καὶ ἐνήστευε πάσας τὰς ἡμέρας
τῆς χηρεύσεως αὐτῆς χωρὶς προσαββάτων καὶ σαββάτων καὶ προ-
νουμηνιῶν καὶ ἑορτῶν καὶ χαρμοσυνῶν οἴκου Ἰσραήλ. ⁷καὶ ἦν καλὴ
τῷ εἴδει καὶ ὡραία τῇ ὄψει σφόδρα· καὶ ὑπελείπετο αὐτῇ Μανασσῆς
ὁ ἀνὴρ αὐτῆς χρυσίον καὶ ἀργύριον καὶ παῖδας καὶ παιδίσκας καὶ
κτήνη καὶ ἀγρούς, καὶ ἔμενεν ἐπ᾽ αὐτῶν. ⁸καὶ οὐκ ἦν ὃς ἐπήνεγκεν
αὐτῇ ῥῆμα πονηρόν, ὅτι ἐφοβεῖτο τὸν θεὸν σφόδρα ⁹Καὶ (9)
ἤκουσεν ῥήματα τοῦ λαοῦ τὰ πονηρὰ ἐπὶ τὸν ἄρχοντα, ὅτι ὠλι-
γοψύχησαν ἐπὶ τῇ σπάνει τῶν ὑδάτων· καὶ ἤκουσεν πάντας τοὺς
λόγους Ἰουδειθ οὓς ἐλάλησεν πρὸς αὐτοὺς Ὀζείας, ὃς ὤμοσεν
αὐτοῖς παραδώσειν τὴν πόλιν μετὰ ἡμέρας πέντε τοῖς Ἀσσυ-
ρίοις. ¹⁰καὶ ἀποστείλασα τὴν ἅβραν αὐτῆς τὴν ἐφεστῶσαν πᾶσιν
τοῖς ὑπάρχουσιν αὐτῆς ἐκάλεσεν Χάβρειν καὶ Χάρμειν τοὺς πρεσβυ-
τέρους τῆς πόλεως αὐτῆς. ¹¹καὶ ἦλθον πρὸς αὐτὴν καὶ εἶπεν 11 (10)
πρὸς αὐτοὺς Ἀκούσατε δή μου, ἄρχοντες τῶν κατοικούντων ἐν

ℵA 1 Ελκεια] + υιου Ανανιου| υιου Γεδσων υιου Ραφαειν| υιου Αχιτωβ| ℵ + υιου
Ανανιου υιου| Γεδεων· υιου Ραφαιν· υιου Ακιθω | A | Ηλιου B^c | om υιου Χελ-
κειου A | Χελκιου B^b ℵ | Ελειαβ] Εναβ ℵ Ελιαβ A | Σαλαμιηλ] Σαμαμιηλ ℵ |
Σαρισαδαι ℵ Σαλασαδαι A | Ισραηλ] Ιηλ A* Ιεηλ A^a   2 της φυλης]
pr εκ ℵ | κριθων θερισμου A   3 τους δεσμευοντας τα δραγματα ℵA | om
και επεσεν επι την κλινην ℵ* (hab ℵ^(c a)) | κλινην] + αυτου ℵ^(c a) A | Βαιτουλουα
ℵ   4 τεσσαρες] δ' ℵ   5 αυτη] εαυτη ℵA | αυτης 3°] αυτη ℵ   6 ενη-
στευσεν ℵA | προσαββατων] και σαββατων sup ras A^a (προσαββ. A*) | om
και σαββατων A* | προνουμηνιων] + και νουμηνιων B^(ab(mg)) (inter προ et νουμ
ins νουμηνιων ʰ) ℵ + προσαββατων A^(a(mg)) | om και 4° ℵ   7 υπελιπετο ℵ |
ο ανηρ αυτης M. ℵ | εμεινεν ℵ^- (εμενεν ℵ^(c a)) A   9 ρηματα] pr τα B^(ab)
(superscr) ℵA | ωλιγοψυχησεν A | επι 2°] εν ℵA | Ιουδειθ π τους λογους A |
Οζιας B^b (item 28, 35) | ος] ως ℵA   10 αυτης 2°] αυτη ℵ* (-της ℵ^(c a)) |
Χαβρειμ A | Χαρμιν A   11 om εν 1° ℵA

ΙΟΥΔΕΙΘ VIII 21

Βαιτυλουά· ὅτι οὐκ εὐθὴς ὁ λόγος ὑμῶν ὃν ἐλαλήσατε ἐναντίον B
τοῦ λαοῦ ἐν τῇ ἡμέρᾳ ταύτῃ, καὶ ἐστήσατε τὸν ὅρκον ὃν ἐλα-
λήσατε ἀνὰ μέσον τοῦ θεοῦ καὶ ὑμῶν, καὶ εἴπατε ἐκδώσειν τὴν
πόλιν τοῖς ἐχθροῖς ἡμῶν ἐὰν μὴ ἐν αὐταῖς ἐπιστρέψῃ ὁ κύριος
(11-17) 12 βοήθειαν ὑμῖν. ¹²καὶ νῦν τίνες ἐστὲ ὑμεῖς οἳ ἐπειράσατε τὸν
θεὸν ἐν τῇ ἡμέρᾳ τῇ σήμερον, καὶ ἵστατε ὑπὲρ τοῦ θεοῦ ἐν
13 μέσῳ υἱῶν ἀνθρώπων; ¹³καὶ νῦν Κύριον Παντοκράτορα ἐξετάζετε,
14 καὶ οὐθὲν ἐπιγνώσεσθε ἕως τοῦ αἰῶνος· ¹⁴ὅτι βάθος καρδίας
ἀνθρώπου οὐχ εὑρήσετε, καὶ λόγους τῆς διανοίας αὐτοῦ οὐ δια-
λήμψεσθε· καὶ πῶς τὸν θεὸν ὃς ἐποίησεν τὰ πάντα ταῦτα ἐρευ-
νήσετε, καὶ τὸν νοῦν αὐτοῦ ἐπιγνώσεσθε, καὶ τὸν λογισμὸν αὐτοῦ
κατανοήσετε; μηδαμῶς, ἀδελφοί, μὴ παροργίζετε Κύριον θεὸν
15 ἡμῶν. ¹⁵ὅτι ἐὰν μὴ βούληται ἐν ταῖς πέντε ἡμέραις βοηθῆσαι
ἡμῖν, αὐτὸς ἔχει τὴν ἐξουσίαν ἐν αἷς θέλει σκεπάσαι ἡμέραις, ἢ
16 καὶ ὀλεθρεῦσαι ἡμᾶς πρὸ προσώπου τῶν ἐχθρῶν ἡμῶν. ¹⁶ὑμεῖς
δὲ μὴ ἐνεχυράζετε τὰς βουλὰς Κυρίου τοῦ θεοῦ ἡμῶν, ὅτι οὐχ ὡς
ἄνθρωπος ὁ θεὸς ἀπειληθῆναι οὐδ' ὡς υἱὸς ἀνθρώπου διαιτη-
17 θῆναι. ¹⁷διόπερ ἀναμένοντες τὴν παρ' αὐτοῦ σωτηρίαν ἐπικα-
λεσώμεθα αὐτὸν εἰς βοήθειαν ἡμῶν, καὶ εἰσακούσεται τῆς φωνῆς
(18) 18 ἡμῶν, ἐὰν ᾖ αὐτῷ ἀρεστόν. ¹⁸ὅτι οὐκ ἀνέστη ἐν ταῖς γενεαῖς
ἡμῶν οὐδὲ ἔστιν ἐν τῇ ἡμέρᾳ τῇ σήμερον οὔτε φυλὴ οὔτε πατριὰ
οὔτε δῆμος οὔτε πόλις ἐξ ἡμῶν οἳ προσκυνοῦσι θεοῖς χειροποιή-
(19) 19 τοις, καθάπερ ἐγένετο ἐν ταῖς πρότερον ἡμέραις· ¹⁹ὧν χάριν
ἐδόθησαν εἰς ῥομφαίαν καὶ εἰς διαρπαγὴν οἱ πατέρες ἡμῶν, καὶ
20 ἔπεσον πτῶμα μέγα ἐνώπιον τῶν ἐχθρῶν ἡμῶν. ²⁰ἡμεῖς δὲ
ἕτερον θεὸν οὐκ ἐπέγνωμεν πλὴν αὐτοῦ ὅθεν ἐλπίζομεν ὅτι
— 21 οὐχ ὑπερόψεται ἡμᾶς οὐδ' ἀπὸ τοῦ γένους ἡμῶν. ²¹ὅτι ἐν τῷ
λημφθῆναι ἡμᾶς οὕτως καθήσεται πᾶσα ἡ Ἰουδαία, καὶ προνο-
μευθήσεται τὰ ἅγια ἡμῶν, καὶ ζητήσει τὴν βεβήλωσιν αὐτῶν

11 ελαλησατε 1°] τ sup ras Aᵃ˙ | τον ορκον]+τουτον A | ανα μεσον sup ras ℵA
ℵ¹ | επιστρεψει A | ο κυριος] om ο A | βοηθειαν Bᵃᵇ (βοηθιαν B*)] βοηθειν
ℵ βοηθησαι A   12 ιστατε (ισταται B)] ιστασθε ℵᶜ ᵃ   14 λο-
γους] υς sup ras Aᵃ? | διαλημψεσθε] καταλημψ. ℵ | τα παντα] om τα ℵA |
ερευνησετε] εραυνατε ℵ ερευνησατε A | κατανοησετε A*ᵛⁱᵈ (-σατε Aᵃ) | θεον
2°] pr τον ℵA   15 σκεπασαι] και πασαι A   16 υμεις] ημεις A |
ουδ] ουδε A   17 αναμενοντες] ε 2° inst ℵᶜ ᵃ | επικαλεσομεθα A | βοηθιαν
A | ην] η ℵA   18 ουτε πολις ουτε δημος ℵ   19 επεσαν ℵ   20 επε-
γνωμεν] εγνωμεν ℵA | ουδ] ουδε ℵ ουτε A | του γενους] του (το ℵᶜ ᵃ ᵛⁱᵈ)
εθνους ℵ   21 ζητησει] εκζητησει ℵA + κ̄ς̄ ℵ

797

VIII 22 ΙΟΥΔΕΙΘ

B ἐκ τοῦ αἵματος ἡμῶν, ²²καὶ τὸν φόνον τῶν ἀδελφῶν ἡμῶν καὶ 22
τὴν αἰχμαλωσίαν τῆς γῆς καὶ τὴν ἐρήμωσιν τῆς κληρονομίας ἡμῶν
ἐπιστρέψει εἰς κεφαλὴν ἡμῶν ἐν τοῖς ἔθνεσιν οὗ ἐὰν δουλεύ-
σωμεν ἐκεῖ, καὶ ἐσόμεθα εἰς πρόσκομμα καὶ εἰς ὄνειδος ἐναντίον
τῶν κτωμένων ἡμᾶς. ²³ὅτι οὐ κατευθυνθήσεται ἡ δουλεία ἡμῶν 23
εἰς χάριν, ἀλλ' εἰς ἀτιμίαν θήσει αὐτὴν Κύριος ὁ θεὸς ἡμῶν. ²⁴καὶ 24 (21ᵃ)
νῦν, ἀδελφοί, ἐπιδειξώμεθα τοῖς ἀδελφοῖς ἡμῶν, ὅτι ἐξ ἡμῶν
κρέμαται ἡ ψυχὴ αὐτῶν, καὶ τὰ ἅγια καὶ ὁ οἶκος καὶ τὸ θυσια-
στήριον ἐπεστήρισται ἐφ' ἡμῖν. ²⁵παρὰ ταῦτα πάντα εὐχαρι- 25 (21ᵇ)
στήσωμεν Κυρίῳ τῷ θεῷ ἡμῶν, ὃς πειράζει ἡμᾶς καθὰ καὶ τοὺς
πατέρας ἡμῶν. ²⁶μνήσθητε ὅσα ἐποίησεν μετὰ Ἀβραάμ, καὶ ὅσα 26 (22,23)
ἐπείρασεν τὸν Ἰσαάκ, καὶ ὅσα ἐγένετο τῷ Ἰακὼβ ἐν Μεσοπο-
ταμίᾳ τῆς Συρίας ποιμαίνοντι τὰ πρόβατα Λαβὰν τοῦ ἀδελφοῦ
τῆς μητρὸς αὐτοῦ. ²⁷ὅτι οὐ καθὼς ἐκείνους ἐπύρωσεν εἰς ἐτασμὸν 27 (24–27)
τῆς καρδίας αὐτῶν, καὶ ἡμᾶς οὐκ ἐξεδίκησεν, ἀλλ' εἰς νουθέ-
τησιν μαστιγοῖ Κύριος τοὺς ἐγγίζοντας αὐτῷ. ²⁸Καὶ εἶπεν 28 (28)
πρὸς αὐτὴν Ὀζείας Πάντα ὅσα εἶπας ἀγαθῇ καρδίᾳ ἐλάλησας,
καὶ οὐκ ἔστιν ὃς ἀντιστήσεται τοῖς λόγοις σου. ²⁹ὅτι οὐκ ἐν τῇ 29 –
σήμερον ἡ σοφία σου πρόδηλός ἐστιν, ἀλλ' ἀπ' ἀρχῆς ἡμερῶν
σου ἔγνω πᾶς ὁ λαὸς τὴν σύνεσίν σου, καθότι ἀγαθόν ἐστιν τὸ
πλάσμα τῆς καρδίας σου. ³⁰ἀλλὰ ὁ λαὸς ἐδίψησεν σφόδρα, καὶ 30
ἠνάγκασαν ποιῆσαι ἡμᾶς καθὰ ἐλαλήσαμεν αὐτοῖς, καὶ ἐπαγαγεῖν
ἐφ' ἡμᾶς ὅρκον ὃν οὐ παραβησόμεθα. ³¹καὶ νῦν δεήθητι περὶ 31 (29)
ἡμῶν, ὅτι γυνὴ εὐσεβὴς εἶ, καὶ ἀποστελεῖ Κύριος τὸν ὑετὸν εἰς
πλήρωσιν τῶν λάκκων ἡμῶν, καὶ οὐκ ἐκλείψομεν ἔτι. ³²καὶ 32 (30,31)
εἶπεν πρὸς αὐτοὺς Ἰουδείθ Ἀκούσατέ μου, καὶ ποιήσω πρᾶγμα
ὃ ἀφίξεται εἰς γενεὰς γενεῶν υἱοῖς τοῦ γένους ἡμῶν. ³³ὑμεῖς 33 (32)
στήσεσθε ἐπὶ τῆς πύλης τὴν νύκτα ταύτην, καὶ ἐξελεύσομαι ἐγὼ
μετὰ τῆς ἅβρας μου, καὶ ἐν ταῖς ἡμέραις μεθ' ἃς εἴπατε παρα-

ℵA 21—22 ματος ημων αδελφων υ (sic) in mg et sup ras Aᵃ· (om και τον φον. τ. αδ. ημ. A*) 21 ημων 2°] παντων ℵ 24 ημων 1°] αυτων ℵ* (ημ. ℵᶜᵃ) | επεστηρισται] επιστηρισαι A 25 παρα] δια ℵᶜᵃ | παντα ταυτα ℵ om παντα A 26 Ισακ B* (Ισαακ Bᵃ?ᶜ(vid)) | ποιμαινοντι] ποιμενοντος ℵ ποιμαινοντος αυτου A 27 της καρδιας] om της ℵ* (hab ℵᶜᵃ) 28 αγαθη] pr εν ℵA 29 σημε|ριμην ℵ* (σημερον ℵᶜᵃ) | αλλ] αλλα ℵA | πας ο sup ras Bᵃᵇ | της καρδ.] της| sup ras A¹ 30 εδιψησεν] δεδιψηκεν ℵA | ηναγκασεν ℵA | ημας ποιησαι ℵA | επαγαγειν] επηγαγεν A 31 ευ-σεβης] η sup ras Aᵃ· | ει]+ συ ℵ | τον υετον] pr ημιν ℵ | εις πληρωσιν] pr εις πλησμονην ℵ | λακκων] σακκων ℵ | om ετι ℵ 32 υιοις] pr τοις ℵ 33 ημεραις] pr ε' ℵᶜᵃ

ΙΟΥΔΕΙΘ IX 7

(33) 34 δώσειν τὴν πόλιν τοῖς ἐχθροῖς ἡμῶν ἐπισκέψεται Κύριος τὸν B
Ἰσραὴλ ἐν χειρί μου. ³⁴ὑμεῖς δὲ οὐκ ἐξερευνήσετε τὴν πρᾶξίν
(34) 35 μου, οὐ γὰρ ἐρῶ ὑμῖν ἕως τοῦ τελεσθῆναι ἃ ἐγὼ ποιῶ. ³⁵καὶ
εἶπεν Ὀζείας καὶ οἱ ἄρχοντες πρὸς αὐτήν Πορεύου εἰς εἰρήνην,
καὶ Κύριος ὁ θεὸς ἔμπροσθέν σου εἰς ἐκδίκησιν τῶν ἐχθρῶν
36 ἡμῶν. ³⁶καὶ ἀποστρέψαντες ἐκ τῆς σκηνῆς ἐπορεύθησαν ἐπὶ
τὰς διατάξεις αὐτῶν.

IX 1 ¹Ἰουδεὶθ δὲ ἔπεσεν ἐπὶ πρόσωπον, καὶ ἐπέθετο σποδὸν ἐπὶ τὴν
κεφαλὴν αὐτῆς, καὶ ἐγύμνωσεν ὃν ἐδεδύκει σάκκον· καὶ ἦν ἄρτι
προσφερόμενον ἐν Ἰερουσαλὴμ εἰς τὸν οἶκον τοῦ θεοῦ τὸ θυμίαμα
τῆς ἑσπέρας ἐκείνης, καὶ ἐβόησεν φωνῇ μεγάλῃ Ἰουδεὶθ πρὸς Κύριον
2 καὶ εἶπεν ²Κύριε ὁ θεὸς τοῦ πατρός μου Συμεών, ᾧ ἔδωκας ἐν χειρὶ
ῥομφαίαν εἰς ἐκδίκησιν ἀλλογενῶν, οἳ ἔλυσαν μήτραν παρθένου εἰς
μίασμα καὶ ἐγύμνωσαν μηρὸν εἰς αἰσχύνην καὶ ἐβεβήλωσαν μήτραν
– 3 εἰς ὄνειδος· εἶπας γάρ Οὐχ οὕτως ἔσται· καὶ ἐποίησαν. ³ἀνθ᾽ ὧν
ἔδωκας ἄρχοντας αὐτῶν εἰς φόνον, καὶ τὴν στρωμνὴν αὐτῶν ἣ
ᾐδέσατο τὴν ἀπάτην αὐτῶν ἀπατηθεῖσαν εἰς αἷμα, καὶ ἐπάταξας
(3) 4 δούλους ἐπὶ δυνάσταις καὶ δυνάστας ἐπὶ θρόνους αὐτῶν· ⁴καὶ
ἔδωκας γυναῖκας αὐτῶν εἰς προνομὴν καὶ θυγατέρας εἰς αἰχμα-
λωσίαν καὶ πάντα τὰ σκῦλα εἰς διαίρεσιν υἱῶν ἠγαπημένων
ὑπὸ σοῦ, οἳ καὶ ἐζήλωσαν τὸν ζῆλόν σου καὶ ἐβδελύξαντο
μίασμα αἵματος αὐτῶν καὶ ἐπεκαλέσαντό σε εἰς βοηθόν· ὁ θεὸς
(4) 5 ὁ θεὸς ἐμός, καὶ εἰσάκουσον ἐμοῦ τῆς χήρας. ⁵σὺ γὰρ ἐποίησας
τὰ πρότερα ἐκείνων, καὶ ἐκεῖνα καὶ τὰ μετέπειτα καὶ τὰ νῦν
6 καὶ τὰ ἐπερχόμενα διενοήθης, καὶ ἐγενήθησαν ἃ ἐνενοήθης, ⁶καὶ
(5) παρέστησαν ἃ ἐβουλεύσω καὶ εἶπαν Ἰδοὺ πάρεσμεν· ⁽⁵⁾πᾶσαι γὰρ
(6,9,10ᵃ) 7 αἱ ὁδοί σου ἕτοιμοι, καὶ ἡ κρίσις σου ἐν προγνώσει. ⁷ἰδοὺ γὰρ
Ἀσσύριοι ἐπληθύνθησαν ἐν δυνάμει αὐτῶν, ὑψώθησαν ἐφ᾽ ἵππῳ
καὶ ἀναβάτῃ, ἐγαυρίασαν ἐν βραχίονι πεζῶν, ἤλπισαν ἐν ἀσπίδι

34 εξε|ραυνησεται ℵ εξερευνησατε A | ερω] αναγγελω ℵA   35 ημων] η ℵA
sup ras Aᵃ· (υμ. A*)   IX 1 επεθετο] εθετο ℵᶜᵃ | εδεδυκει] ενδεδυκει ℵ
ενεδιδυσκετο A | θεου] κ̄ῡ A | του θυμιαματος A | φωνην μεγαλην A   2 παρ-
θενου] παρ sup ras Aᵃ   2—3 εις μιασμα . εδωκας sup ras Aᵃ   2 εγυμ-
νωσαν]+μητραν παρθενου| εις μιασμα B* (om μητραν 1° . εγυμνωσαν B¹ᵗᵃ·
non inst Bᵇ)   3 om αρχοντας ℵ* (hab ℵᶜᵃ) | om αυτων 2°, 3° ℵA |
om απατην ℵ* ᵛⁱᵈ (hab απατῃ| ℵ¹) A | δυναστais] δυναστας ℵ | om δυνασταις
και A   4 θυγατερας] θυγατε|ρες B+αυτων A | σκυλα]+αυτων A | υιων]+
Ισλ ℵ | ηγαπημενων] pr των ℵ | om οι A | ο θεος ο θεος] ο θ̄ς̄· ο θ̄ς̄ ℵ 'ο
θ̄ς̄ θ̄ς̄ A | εμος] pr ο ℵ | om και 7° A | εμου] μου A   5 om και 2° ℵ |
τα μετεπ.] om τα A   6 η κρισις] αι κρισεις A

IX 8   ΙΟΥΔΕΙΘ

B καὶ ἐν γαίσῳ καὶ τόξῳ καὶ σφενδόνῃ, καὶ οὐκ ἔγνωσαν ὅτι σὺ
εἶ Κύριος συντρίβων πολέμους. ⁸Κύριος ὄνομά σοι· σὺ ῥάξον 8 (10ᵇ,11)
αὐτῶν τὴν ἰσχὺν ἐν δυνάμει σου, καὶ κάταξον τὸ κράτος αὐτῶν
ἐν τῷ θυμῷ σου· ἐβουλεύσαντο γὰρ βεβηλῶσαι τὰ ἅγιά σου,
μιᾶναι τὸ σκήνωμα τῆς καταπαύσεως τοῦ ὀνόματος τῆς δόξης
σου, καταβαλεῖν σιδήρῳ κέρας θυσιαστηρίου σου. ⁹βλέψον εἰς 9 (12-15)
ὑπερηφανίαν αὐτῶν, ἀπόστειλον τὴν ὀργήν σου εἰς κεφαλὰς
αὐτῶν, δὸς ἐν χειρί μου τῆς χήρας ὃ διενοήθην κράτος. ¹⁰πά- 10
ταξον δοῦλον ἐκ χειλέων ἀπάτης μου ἐπ' ἄρχοντι καὶ ἄρχοντα
ἐπὶ θεράποντι αὐτοῦ, θραῦσον αὐτῶν τὸ ἀνάστεμα ἐν χειρὶ θη-
λείας. ¹¹οὐ γὰρ ἐν πλήθει τὸ κράτος σου, οὐδὲ ἡ δυναστεία 11 (16)
σου ἐν ἰσχύουσιν, ἀλλὰ ταπεινῶν εἶ θεός, ἐλαττόνων εἶ βοηθός,
ἀντιλήμπτωρ ἀσθενούντων, ἀπεγνωσμένων σκεπαστής, ἀπηλπι-
σμένων σωτήρ ¹²ναὶ ναὶ ὁ θεὸς τοῦ πατρός μου καὶ θεὸς κλη- 12
ρονομίας Ἰσραήλ, ⁽¹⁷⁾δέσποτα τῶν οὐρανῶν καὶ τῆς γῆς, κτίστα   (17)
τῶν ὑδάτων, βασιλεῦ πάσης κτίσεώς σου, σὺ εἰσάκουσον τῆς
δεήσεώς μου, ¹³καὶ δὸς λόγον μου καὶ ἀπάτην εἰς τραῦμα καὶ 13 (18)
μώλωπα αὐτῶν, οἳ κατὰ τῆς διαθήκης σου καὶ οἴκου ἡγιασμένου
σου καὶ κορυφῆς Σιὼν καὶ οἴκου κατασχέσεως υἱῶν σου ἐβου-
λεύσαντο σκληρά ¹⁴καὶ ποίησον ἐπὶ πᾶν τὸ ἔθνος σου καὶ 14 (19)
πάσης φυλῆς ἐπίγνωσιν, τοῦ εἰδῆσαι ὅτι σὺ εἶ ὁ θεὸς πάσης
δυνάμεως καὶ κράτους, καὶ οὐκ ἔστιν ἄλλος ὑπερασπίζων τοῦ
γένους Ἰσραὴλ εἰ μὴ σύ

¹Καὶ ἐγένετο ὡς ἐπαύσατο βοῶσα πρὸς τὸν θεὸν Ἰσραὴλ καὶ 1 X
συνετέλεσεν πάντα τὰ ῥήματα ταῦτα, ²καὶ ἀνέστη ἀπὸ τῆς πτώσεως 2
⁽²⁾καὶ ἐκάλεσεν τὴν ἅβραν αὐτῆς, καὶ κατέβη εἰς τὸν οἶκον ἐν ᾧ διέτριβεν
ἐν αὐτῷ ἐν ταῖς ἡμέραις τῶν σαββάτων καὶ ἐν ταῖς ἑορταῖς αὐτῆς,
³καὶ περιείλατο τὸν σάκκον ὃν ἐνδεδύκει, καὶ ἐξεδύσατο τὰ ἱμάτια 3

אA   7 om και εν γαισω A | γεισω א* ᵛⁱᵈ (γαισ א¹)   8 συ ραξον] συν-
ραιξον א | μιαναι] pr και א   9 υπερηφανιαν] pr την א   10 αυ-
των]+την οργην| σου εις κεφαλας| αυτων αποστει|λον την οργην σου| εις
κεφαλας αυτω| δος εν χειρι μου| της χηρας ο διενο|ηθην· θραυσον αυ|των א*
(om θραυσον 1° διενοηθην אᶜ¹) | αναστημα A   11 om σου 1° א*
(hab אᶜᵃ) | η δυναστεια] η δεξια א* τη δυναστια אᶜᵃ | θεος] κ̅ς̅ A | αφηλπισμ.
א   12 ο θεος] θε̅ א θ̅ς̅ A | βασιλευς A   13 μου] μοι א | κορυφην א
14 παν το εθνος] παντος εθνους A | ειδησαι] ειδεναι σε אᶜᵃ | ο θεος]+θ̅ς̅ אA |
ει μη συ sup ras Aᵃ   X 1 και εγενετο] ι εγενετο sup ras Aᵃ   2 πτωσεως]
+αυτης א | οικον]+αυτης א   3 περιειλετο א | σακκον]+της (s sup litur
א¹ ᵛⁱᵈ) χηρευσεως αυτης א | ενδεδυκει] ενεδεδυκει Bᵃᵇ ενεδιδυσκετο A

ΙΟΥΔΕΙΘ X 12

τῆς χηρεύσεως αὐτῆς· ⁽³⁾περιεκλύσατο τὸ σῶμα ὕδατι καὶ ἐχρίσατο B
μύρῳ παχεῖ, καὶ διέταξε τὰς τρίχας τῆς κεφαλῆς αὐτῆς καὶ ἐπέθετο
μίτραν ἐπ' αὐτῆς, καὶ ἐνεδύσατο τὰ ἱμάτια τῆς εὐφροσύνης αὐτῆς
ἐν αἷς ἐστολίζετο ἐν ταῖς ἡμέραις τῆς ζωῆς τοῦ ἀνδρὸς αὐτῆς Μανασσῆ·
4 ⁴καὶ ἔλαβεν σανδάλια εἰς τοὺς πόδας αὐτῆς, καὶ περιέθετο τοὺς
χλίδωνας καὶ τὰ ψέλια καὶ τοὺς δακτυλίους καὶ τὰ ἐνώτια καὶ
πάντα τὸν κόσμον αὐτῆς· ⁽⁴ᵇ⁾καὶ ἐκαλλωπίσατο σφόδρα εἰς ἀπάντησιν
5 ὀφθαλμῶν ἀνδρῶν ὅσοι ἂν ἴδωσιν αὐτήν. ⁵καὶ ἔδωκεν τῇ ἅβρᾳ
αὐτῆς ἀσκοπυτίνην οἴνου καὶ καψάκην ἐλαίου, καὶ πήραν ἐπλήρωσεν
ἀλφίτων καὶ παλάθης καὶ ἄρτων καθαρῶν, καὶ περιεδίπλωσε πάντα
6 τὰ ἄγγια αὐτῆς καὶ ἐπέθηκεν αὐτῇ. ⁶καὶ ἐξῆλθοσαν ἐπὶ τὴν πύλην
τῆς πόλεως Βαιτυλουά, καὶ εὕροσαν ἐπεστῶτα ἐπ' αὐτῇ Ὀζείαν καὶ
7 τοὺς πρεσβυτέρους τῆς πόλεως Χάβρειν καὶ Χάρμειν. ⁷ὡς δὲ εἶδον
αὐτήν, καὶ ἦν ἠλλοιωμένον τὸ πρόσωπον αὐτῆς, καὶ τὴν στολὴν μετα-
βεβληκυῖαν, καὶ ἐθαύμασαν ἐπὶ τῷ κάλλει αὐτῆς ἐπὶ πολὺ σφόδρα,
8 ⁽⁸⁾καὶ εἶπαν αὐτῇ ⁸Ὁ θεὸς τῶν πατέρων ἡμῶν δῴη σε εἰς χάριν, καὶ
τελειῶσαι τὰ ἐπιτηδεύματά σου εἰς γαυρίαμα υἱῶν Ἰσραὴλ καὶ ὕψωμα
9 Ἰερουσαλήμ καὶ προσεκύνησεν τῷ θεῷ, ⁹καὶ εἶπεν πρὸς αὐτούς
Ἐπιτάξατε ἀνοῖξαί μοι τὴν πύλην τῆς πόλεως, καὶ ἐξελεύσομαι
εἰς τελείωσιν τῶν λόγων ὧν ἐλαλήσατε μετ' ἐμοῦ καὶ συνέταξαν
10 τοῖς νεανίσκοις ἀνοῖξαι αὐτῇ καθότι ἐλάλησαν. ¹⁰καὶ ἐποίησαν
οὕτως· ⁽¹⁰⁾καὶ ἐξῆλθεν Ἰουδείθ, αὐτὴ καὶ ἡ παιδίσκη αὐτῆς μετ' αὐτῆς·
ἀπεσκόπευον δ' αὐτὴν οἱ ἄνδρες τῆς πόλεως ἕως οὗ κατέβη τὸ ὄρος,
11 ἕως διῆλθεν τὸν αὐλῶνα καὶ οὐκ ἔτι ἐθεώρουν αὐτήν. ¹¹Καὶ
ἐπορεύοντο ἐν τῷ αὐλῶνι εἰς εὐθεῖαν, καὶ συνήντησεν αὐτῇ προ-
12 φυλακὴ τῶν Ἀσσυρίων. ¹²καὶ συνέλαβον αὐτὴν καὶ ἐπηρώτησαν
Τίνων εἶ, καὶ πόθεν ἔρχῃ, καὶ ποῦ πορεύῃ; ⁽¹²⁾καὶ εἶπεν Θυγάτηρ εἰμὶ
τῶν Ἐβραίων, καὶ ἀποδιδράσκω ἀπὸ προσώπου αὐτῶν, ὅτι μέλλουσιν

---

3 om της χηρευσεως αυτης ℵ | περιεκλυσατο] pr και ℵA | παχει] χ sup ℵA ras Bᵃᵇ | διεταξε] διεξανε ℵ διεταξεν A | αις] οις ℵ | εστολιζετο] εκοσμειτο ℵ   4 χλιδωνας] λ sup ras Aᵃᵗ | απαντησιν] απατησιν ℵ¹ᵗᵃ ᵇ¹A   5 ασκοπυτινην (-τεινην A)] ασκον ℵ | om και παλαθης ℵ | περιεδιπλωσεν ℵA | αγγεια Bᵃᵇ   6 εξηλθοσαν] οσ sup ras Aᵃ | Βαιτυλουα ℵ | ευραν ℵ | εφεστωτα ℵA | om επ ℵA | Οζιαν Bᵇ   7 το προσωπον αυτης ηλλοιωμ ℵ | στολην]+αυτης ℵ | μεταβεβληκυιαν]+αυτης Bᵃᵇ ᵐ³A | om και 3° A   8 το επιτηδευμα ℵ | Ἰλῆμ ℵ* Ἰλημ ℵᶜᵃ   9 ελαλησατε] ατ sup ͞ιας Aᵃ | ελαλησαν] ελαλησεν ℵA   10 εποιησα̅] (seq ras 1 lit) A | εξηλθον Bᶜ·ᵛⁱᵈ | Ιουδειθ] seq ras ut vid in B | om μετ αυτης A | δ] δε Aᵃ¹ (e superscr) | εθεωρων ℵ εθεωρουσαν (σ sup ras Aᵃ) A   12 Εβραιων] Εβ, α sup ras Aᵃ*

Β δίδοσθαι ὑμῖν εἰς κατάβρωμα. ¹³κἀγὼ ἔρχομαι εἰς τὸ πρόσωπον 13
Ὀλοφέρνου ἀρχιστρατήγου δυνάμεως ὑμῶν τοῦ ἀναγγεῖλαι ῥήματα
ἀληθείας, καὶ δείξω πρὸ προσώπου αὐτοῦ ὁδὸν καθ' ἣν πορεύσεται
καὶ κυριεύσει πάσης τῆς ὀρινῆς, καὶ οὐ διαφωνήσει τῶν ἀνδρῶν αὐτοῦ
σὰρξ μία οὐδὲ πνεῦμα ζωῆς. ¹⁴ὡς δὲ ἤκουσαν οἱ ἄνδρες τὰ ῥήματα 14
αὐτῆς, καὶ κατενόησαν τὸ πρόσωπον αὐτῆς, καὶ ἦν ἐναντίον αὐτῶν
θαυμάσιον τῷ κάλλει σφόδρα· ⁽¹⁵⁾καὶ εἶπαν πρὸς αὐτήν ¹⁵Σέσωκας 15
τὴν ψυχήν σου σπεύσασα καταβῆναι εἰς πρόσωπον τοῦ κυρίου ἡμῶν·
καὶ νῦν πρόσελθε ἐπὶ τὴν σκηνὴν αὐτοῦ, καὶ ἀφ' ἡμῶν προπέμψουσίν
σε ἕως παραδῶσίν σε εἰς χεῖρας αὐτοῦ. ¹⁶ἐὰν δὲ στῇς ἐναντίον 16
αὐτοῦ, μὴ φοβηθῇς τῇ καρδίᾳ σου, ἀλλὰ ἀνάγγειλον κατὰ τὰ ῥήματά
σου, καὶ εὖ σε ποιήσει. ¹⁷καὶ ἀπέλεξαν ἐξ αὐτῶν ἄνδρας ἑκα- 17
τόν, καὶ παρέζευξαν αὐτῇ καὶ τῇ ἅβρᾳ αὐτῆς, καὶ ἤγαγον αὐτὰς
ἐπὶ τὴν σκηνὴν Ὀλοφέρνου. ¹⁸καὶ ἐγένετο συνδρομὴ ἐν τῇ 18
παρεμβολῇ, διεβοήθη γὰρ εἰς τὰ σκηνώματα ἡ παρουσία αὐτῆς
καὶ ἐλθόντες ἐκύκλουν αὐτὴν ὡς ἱστήκει ἔξω τῆς σκηνῆς Ὀλο-
φέρνου, ἕως προσήγγειλαν αὐτῷ περὶ αὐτῆς. ¹⁹καὶ ἐθαύμαζον 19 (17ᵇ-18)
ἐπὶ τῷ κάλλει αὐτῆς, καὶ ἐθαύμαζον τοὺς υἱοὺς Ἰσραὴλ ἀπ' αὐτῆς
καὶ εἶπεν ἕκαστος πρὸς τὸν πλησίον αὐτοῦ Τίς καταφρονήσει
τοῦ λαοῦ τούτου ὃς ἔχει ἐν ἑαυτῷ γυναῖκας τοιαύτας; ὅτι οὐ
καλόν ἐστιν ὑπολείπεσθαι ἐξ αὐτῶν ἄνδρα ἕνα, οἳ ἀφεθέντες
δυνήσονται κατασοφίσασθαι πᾶσαν τὴν γῆν. ²⁰καὶ ἐξῆλθον οἱ 20
παρακαθεύδοντες Ὀλοφέρνῃ καὶ πάντες οἱ θεράποντες αὐτοῦ,
καὶ εἰσήγαγον αὐτὴν εἰς τὴν σκηνήν. ²¹καὶ ἦν Ὀλοφέρνης ἀνα- 21 (19)
παυόμενος ἐπὶ τῆς κλίνης αὐτοῦ ἐν τῷ κωνωπίῳ, ὃ ἦν ἐκ πορ-
φύρας καὶ χρυσίου καὶ σμαράγδου καὶ λίθων πολυτελῶν καθυ-
φασμένων. ²²καὶ ἀνήγγειλαν αὐτῷ περὶ αὐτῆς, καὶ ἐξῆλθεν εἰς 22
τὸ προσκήνιον, καὶ λαμπάδες ἀργυραῖ προάγουσαι αὐτοῦ ²³ὡς 23 (17ᵃ,20)
δὲ ἦλθεν κατὰ πρόσωπον αὐτοῦ Ἰουδεὶθ καὶ τῶν θεραπόντων
αὐτοῦ, ἐθαύμασαν πάντες ἐπὶ τῷ κάλλει τοῦ προσώπου· καὶ

ℵA 12 διδοσθαι] διδοναι ℵ 13 το προσωπον] om το ℵ | αναγγειλαι] απαγ-
γειλαι ℵA (λαι sup ras Aᵃ) | ρηματα sup ras Aᵃ (seq ras 1 lit) 14 αυτης
1°] ταυτα ℵ | θαυμασιον] θαυμαστον ℵ θαυμασια A | om τω καλλει ℵ 15 εις
προσ. του κυριου] προς τον κν̄ ℵ | παραδωσι ℵ παραδωσουσι ℵᶜᵃ παραδω-
σουσιν A 16 ευ] ευθη A 17 επελεξαν BᵇℵᶜᵃA | Ολοφερνου] pr
του ℵ 18 τη παρεμβολη] pr παση BᵃᵇᵐᵍℵA | ειστηκει Bᵃᵇ . 19 επι
τω καλλει απο (sic) αυτης in mgg et sup ras Aᵃ (om επι εθαυμαζον (2°)
A*) | ειπαν A | om ου ℵ* (hab ℵᶜᵃ) | om εστιν ℵ | υπολιπεϊσθαι ανδρα εξ
αυτων ενα ℵ εξ αυτω̄] υπολειπεσθαι ανδρα ενα A 21 καθυφασμενον ℵ
23 προσωπου]+αυτης ℵA

ΙΟΥΔΕΙΘ

πεσοῦσα ἐπὶ πρόσωπον προσεκύνησεν αὐτῷ, καὶ ἤγειραν αὐτὴν B
XI 1 οἱ δοῦλοι αὐτοῦ. ¹Καὶ εἶπεν πρὸς αὐτὴν Ὀλοφέρνης Θάρ-
σησον, γύναι, μὴ φοβηθῇς τῇ καρδίᾳ σου ὅτι ἐγὼ οὐκ ἐκάκωσα
ἄνθρωπον ὅστις ᾑρέτικεν δουλεύειν βασιλεῖ Ναβουχοδονοσὸρ πάσης
2 τῆς γῆς. ²καὶ νῦν ὁ λαός σου ὁ κατοικῶν τὴν ὀρινήν, εἰ μὴ
ἐφαύλισάν με, οὐκ ἂν ἦρα τὸ δόρυ μου ἐπ' αὐτούς, ἀλλὰ αὐτοὶ
3 ἑαυτοῖς ἐποίησαν ταῦτα ³καὶ νῦν λέγε μοι τίνος ἕνεκεν ἀπέδρας
– ἀπ' αὐτῶν καὶ ἦλθες πρὸς ἡμᾶς· ἥκεις γὰρ εἰς σωτηρίαν·
4 θάρσει, ἐν τῇ νυκτὶ ταύτῃ ζήσῃ καὶ εἰς τὸ λοιπόν· ⁴οὐ γὰρ
ἔστιν ὃς ἀδικήσει σε, ἀλλ' εὖ σε ποιήσει καθὰ γίνεται τοῖς
(4) 5 δούλοις τοῦ κυρίου μου βασιλέως Ναβουχοδονοσόρ. ⁵καὶ εἶπεν
πρὸς αὐτὸν Ἰουδείθ Δέξαι τὰ ῥήματα τῆς δούλης σου, καὶ λαλη-
σάτω ἡ παιδίσκη σου κατὰ πρόσωπόν σου, καὶ οὐκ ἀναγγελῶ
6 ψεῦδος τῷ κυρίῳ μου ἐν τῇ νυκτὶ ταύτῃ. ⁶καὶ ἐὰν κατακολου-
θήσῃς τοῖς λόγοις τῆς παιδίσκης σου, τελείως πρᾶγμα ποιήσει
μετὰ σοῦ ὁ θεός, καὶ οὐκ ἀποπεσεῖται ὁ κύριός μου τῶν ἐπιτη-
(5) 7 δευμάτων αὐτοῦ. ⁷ζῇ γὰρ βασιλεὺς Ναβουχοδονυσὸρ πάσης τῆς
γῆς καὶ ζῇ τὸ κράτος αὐτοῦ, ὃς ἀπέστειλέν σε εἰς κατόρθωσιν
πάσης ψυχῆς, ὅτι οὐ μόνον ἄνθρωποι διὰ σὲ δουλεύουσιν αὐτῷ,
ἀλλὰ καὶ τὰ θηρία τοῦ ἀγροῦ καὶ τὰ κτήνη καὶ τὰ πετεινὰ τοῦ
οὐρανοῦ διὰ τῆς ἰσχύος σου ζήσονται Ναβουχοδονοσὸρ καὶ πάντα
(6) 8 τὸν οἶκον αὐτοῦ ⁸ἠκούσαμεν γὰρ τὴν σοφίαν σου καὶ τὰ πανουρ-
γεύματα τῆς ψυχῆς σου, καὶ ἀνηγγέλη πάσῃ τῇ γῇ ὅτι σὺ μόνος
ἀγαθὸς ἐν πάσῃ βασιλείᾳ καὶ δυνατὸς ἐν ἐπιστήμῃ καὶ θαυμαστὸς
(7) 9 ἐν στρατεύμασιν πολέμου. ⁹καὶ νῦν λόγος ὃν ἐλάλησεν Ἀχιὼρ
ἐν τῇ συνεδρείᾳ σου, ἠκούσαμεν τὰ ῥήματα αὐτοῦ, ὅτι περιεποιή-
σαντο αὐτὸν οἱ ἄνδρες Βαιτυλουά, καὶ ἀνήγγειλεν αὐτοῖς πάντα
– 10 ὅσα ἐξελάλησεν παρὰ σοί. ¹⁰διό, δέσποτα κύριε, μὴ παρέλθῃς
(8) τὸν λόγον αὐτοῦ, ἀλλὰ κατάθου αὐτὸν ἐν τῇ καρδίᾳ σου, ⁽⁸⁾ὅτι
ἐστιν ἀληθής· οὐ γὰρ ἐκδικᾶται τὸ γένος ἡμῶν, οὐ κατισχύει ῥομφαία
(9) 11 ἐπ' αὐτοὺς ἐὰν μὴ ἁμάρτωσιν εἰς τὸν θεὸν αὐτῶν. ¹¹καὶ νῦν

XI 1 μη] pr και ℵ | ηρετικεν] ηκεν ℵ ηρετισεν A   2 ει μη] εφαυλισαν ℵA
με οι κατοικων την] ορ ℵ | εφαυλισεν A | αλλα] αλλ ℵ   3 ενεκα ℵA | απε-
δρασας ℵ | ζησῃ] pr ζωη ℵ   4 ποιησει] ποιεισ ℵ* (η superscr ℵ¹)
βασιλεως] pr του ℵ   7 βασιλευς] pr ο A | πασης της γης Ναβουχ. A |
Ναβουχ. 2°] pr επι ℵᶜᵃA   8 πανουργηματα BᵃᵇA | και 2°] pr α Bᵃᵇ⁽ᵛⁱᵈ⁾A |
βασιλεια] pr τη A   9 λογος]+σου ℵ* (om ℵᵃ?) pr ο ℵA | συνεδρια
BᵇA | Βαιτουλουα ℵ | εξελαλησεν] ελαλησεν ℵ   10 διο] διοτι ℵ* (διο
ℵᶜᵃ) δη A | ου 2°] ουδε ℵ ος A

ΙΟΥΔΕΙΘ

B ἵνα μὴ γένηται ὁ κύριός μου ἔκβολος καὶ ἄπρακτος, ἐπιπεσεῖται
θάνατος ἐπὶ πρόσωπον αὐτῶν, καὶ κατελάβετο αὐτοὺς ἁμάρτημα
ἐν ᾧ παροργιοῦσιν τὸν θεὸν αὐτῶν, ὁπηνίκα ἂν ποιήσωσιν ἀτο-
πίαν. ¹²ἐπεὶ γὰρ ἐξέλειπεν αὐτοὺς τὰ βρώματα καὶ ἐσπανίσθη 12 (10,11)
πᾶν ὕδωρ, ἐβουλεύσαντο ἐπιβαλεῖν τοῖς κτήνεσιν αὐτῶν, καὶ
πάντα ὅσα διεστείλατο αὐτοῖς ὁ θεὸς τοῖς νόμοις αὐτοῦ μὴ φαγεῖν
διέγνωσαν δαπανῆσαι ¹³καὶ τὰς ἀπαρχὰς τοῦ σίτου καὶ τὰς 13 (12)
δεκάτας τοῦ οἴνου καὶ τοῦ ἐλαίου, ἃ διεφύλαξαν ἁγιάσαντες τοῖς
ἱερεῦσιν τοῖς παρεστηκόσιν ἐν Ἰερουσαλὴμ ἀπέναντι τοῦ προσ-
ώπου τοῦ θεοῦ ἡμῶν, κεκρίκασιν ἐξαναλῶσαι, ὧν οὐδὲ ταῖς
⁋ א χερσὶν፧ καθῆκεν ἅψασθαι οὐδένα τῶν ἐκ τοῦ λαοῦ. ¹⁴καὶ ἀπε- 14
στάλκασιν εἰς Ἰερουσαλήμ, ὅτι καὶ οἱ ἐκεῖ κατοικοῦντες ἐποίησαν
ταῦτα, τοὺς μετοικίσαντας αὐτοῖς τὴν ἄφεσιν παρὰ τῆς γερουσίας
¹⁵καὶ ἔσται ὡς ἂν ἀναγγείλῃ αὐτοῖς καὶ ποιήσωσιν, δοθήσονταί 15
σοι εἰς ὄλεθρον ἐν τῇ ἡμέρᾳ ἐκείνῃ. ¹⁶ὅθεν ἐγὼ ἡ δούλη σου 16 (13)
ἐπιγνοῦσα ταῦτα πάντα ἀπέδρων ἀπὸ προσώπου αὐτῶν, καὶ
ἀπέστειλέν με ὁ θεὸς ποιῆσαι μετὰ σοῦ πράγματα ἐφ' οἷς ἐκστή-
σεται πᾶσα ἡ γῆ ὅσοι ἐὰν ἀκούσωσιν αὐτά ¹⁷ὅτι ἡ δούλη σου 17 (14)
θεοσεβής ἐστιν, καὶ θεραπεύουσα νυκτὸς καὶ ἡμέρας τὸν θεὸν
τοῦ οὐρανοῦ· καὶ νῦν μενῶ παρὰ σοί, κύριέ μου, καὶ ἐξελεύ-
σεται ἡ δούλη σου κατὰ νύκτα εἰς τὴν φάραγγα καὶ προσεύξομαι
πρὸς τὸν θεόν, ⁽¹⁵ᵃ⁾καὶ ἐρεῖ μοι πότε ἐποίησαν τὰ ἁμαρτήματα αὐ- (15ᵃ)
τῶν. ¹⁸καὶ ἐλθοῦσα προσανοίσω σοι, καὶ ἐξελεύσῃ σὺν πάσῃ 18
τῇ δυνάμει σου, καὶ οὐκ ἔστιν ὃς ἀντιστήσεταί σοι ἐξ αὐτῶν.
¹⁹καὶ ἄξω σε διὰ μέσου τῆς Ἰουδαίας ἕως τοῦ ἐλθεῖν ἀπέναντι 19
Ἰερουσαλήμ, καὶ θήσω τὸν δίφρον σου ἐν μέσῳ αὐτῆς, καὶ
ἄξεις αὐτοὺς ὡς πρόβατα οἷς οὐκ ἔστιν ποιμήν, καὶ οὐ γρύξει
κύων τῇ γλώσσῃ αὐτοῦ ἀπέναντί σου· ⁽¹⁶⁾ὅτι ταῦτα ἐλαλήθη μοι (16)
κατὰ πρόγνωσίν μου καὶ ἀπηγγέλη μοι, ⁽¹⁷⁾καὶ ἀπεστάλην ἀναγ- (17)
γεῖλαί σοι. ²⁰Καὶ ἤρεσαν οἱ λόγοι αὐτῆς ἐναντίον Ὀλοφέρνου 20 (18)
καὶ ἐναντίον πάντων τῶν θεραπόντων αὐτοῦ, καὶ ἐθαύμασαν ἐπὶ
τῇ σοφίᾳ αὐτῆς καὶ εἶπαν ²¹Οὐκ ἔστιν τοιαύτη γυνὴ ἀπ' ἄκρου 21 (19)
ἕως ἄκρου τῆς γῆς, ἐν καλῷ προσώπῳ καὶ συνέσει λόγων. ²²καὶ 22 (20)

אA 11 επιπεσειται] pr ἡ Bᵃ⁽ᵐᵍ⁾ אᶜᵃ pr και A | προσωπον אA | κατελαβετο] καταλαβοι A | εν τω א* (εν ω אᶜᵃ) | παροργιουσι א | αν] εαν אA 12 om γαρ A | εξελειπεν] εξελιπεν Bᵛא παρεξελειπεν A | βρωματα]+αυτων A | κτησιν א* (κτηνεσιν אᶜᵃ) 13 δεκατα A* (s superscr A¹) | om a A | ουδε] ουδ εν A | post χερσιν‖ excidit fol in א 15 αν] εαν A 17 ερει] αναγγελει A 19 [?ι] σου οτι ταυτα ελαλη sup ras B¹ᵃᵇ | μοι ταυτα ελαληθη A | απηγγελη] ανηγγελη A

ΙΟΥΔΕΙΘ XII 11

εἶπεν πρὸς αὐτὴν Ὀλοφέρνης Εὖ ἐποίησεν ὁ θεὸς ἀποστείλας σε B
ἔμπροσθεν τοῦ λαοῦ, τοῦ γενηθῆναι ἐν χερσὶν ἡμῶν κράτος· ἐν
(21) 23 δὲ τοῖς φαυλίσασι τὸν κύριόν μου ἀπώλεια. ²³καὶ νῦν ἀστεία
εἶ σὺ ἐν τῷ εἴδει σου καὶ ἀγαθὴ ἐν τοῖς λόγοις σου· ὅτι ἐὰν
ποιήσῃ καθὰ ἐλάλησας, ὁ θεός σου ἔσται μοῦ θεός, καὶ σὺ
ἐν οἴκῳ Ναβουχοδονοσὸρ βασιλέως καθήσῃ, καὶ ἔσῃ ὀνομαστὴ
XII 1 παρὰ πᾶσαν τὴν γῆν. ¹Καὶ ἐκέλευσεν εἰσαγαγεῖν αὐτὴν οὗ
ἐτίθετο τὰ ἀργυρώματα αὐτοῦ, καὶ συνέταξεν καταστρῶσαι αὐτῇ ἀπὸ
2 τῶν ὀψοποιημάτων αὐτοῦ καὶ τοῦ οἴνου αὐτοῦ πίνειν. ²καὶ εἶπεν
Ἰουδεὶθ Οὐ φάγομαι ἐξ αὐτῶν, ἵνα μὴ γένηται σκάνδαλον, ἀλλ' ἐκ
3 τῶν ἠκολουθηκότων μοι χορηγηθήσεται. ³καὶ εἶπεν πρὸς αὐτὴν
Ὀλοφέρνης Ἐὰν δὲ ἐκλίπῃ τὰ μετὰ σοῦ ὄντα, πόθεν ἐξοίσομέν
σοι δοῦναι ὅμοια αὐτοῖς; οὐ γάρ ἐστιν μεθ' ἡμῶν ἐκ τοῦ ἔθνους
(4) 4 σου. ⁴καὶ εἶπεν Ἰουδεὶθ πρὸς αὐτόν Ζῇ ἡ ψυχή σου, κύριέ μου,
ὅτι οὐ δαπανήσει ἡ δούλη σου τὰ ὄντα μετ' ἐμοῦ ἕως ἂν ποιήσῃ ἐν
5 χειρί μου ἃ ἐβουλεύσατο. ⁵καὶ ἠγάγοσαν αὐτὴν οἱ θεράποντες
Ὀλοφέρνου εἰς τὴν σκηνήν, καὶ ὕπνωσεν μέχρι μεσούσης τῆς
(5) 6 νυκτός· καὶ ἀνέστη πρὸς τὴν ἑωθινὴν φυλακήν, ⁶καὶ ἀπέστειλεν
πρὸς Ὀλοφέρνην λέγουσα Ἐπιταξάτω δὴ ὁ κύριός μου ἐᾶσαι
(6) 7 τὴν δούλην σου ἐπὶ προσευχὴν ἐξελθεῖν. ⁷καὶ προσέταξεν Ὀλο-
φέρνης τοῖς σωματοφύλαξιν μὴ διακωλύειν αὐτήν. καὶ παρέμεινεν
(7) ἐν τῇ παρεμβολῇ ἡμέρας τρεῖς· ⁽⁷⁾καὶ ἐξεπορεύετο κατὰ νύκτα
εἰς τὴν φάραγγα Βαιτυλουά, καὶ ἐβαπτίζετο ἐν τῇ παρεμβολῇ
(8) 8 ἐπὶ τῆς πηγῆς τοῦ ὕδατος. ⁸καὶ ὡς ἀνέβη, ἐδέετο τοῦ κυρίου
θεοῦ Ἰσραὴλ κατευθῦναι τὴν ὁδὸν αὐτῆς εἰς ἀνάστημα τῶν υἱῶν
(9) 9 τοῦ λαοῦ αὐτοῦ. ⁹καὶ εἰσπορευομένη καθαρὰ παρέμενεν τῇ
σκηνῇ, μέχρι οὗ προσηνέγκατο τὴν τροφὴν αὐτῆς πρὸς ἑσπέ-
(10) 10 ραν. ¹⁰Καὶ ἐγένετο ἐν τῇ ἡμέρᾳ τῇ τετάρτῃ ἐποίησεν
Ὀλοφέρνης πότον τοῖς δούλοις αὐτοῦ μόνοις, καὶ οὐκ ἐκάλεσεν
11 εἰς τὴν χρῆσιν οὐδένα τῶν πρὸς ταῖς χρείαις. ¹¹καὶ εἶπεν
Βαγώᾳ τῷ εὐνούχῳ, ὃς ἦν ἐφεστηκὼς ἐπὶ πάντων τῶν αὐτοῦ
Πεῖσον δὴ πορευθεὶς τὴν γυναῖκα τὴν Ἑβραίαν ἥ ἐστιν παρὰ
σοὶ τοῦ ἐλθεῖν πρὸς ἡμᾶς καὶ φαγεῖν καὶ πιεῖν μεθ' ἡμῶν.

23 ποιηση] ποιησεις A | εν| οικω B* εν οι|κω Bᵇ⁽ᵛⁱᵈ⁾ | βασιλεως Ναβ. A A
XII 1 αυτη] αυτη| A | πινειν] πιειν A   2 αλλ] αλλα A   3 om δε A |
εκλειπη A | οντα μετα σου Bᵗ A | εξοισομεν] εξομεν A | ομοια] pr τα A | εθ-
νους] γενους A   4 ποιηση]+ κ̄ς̄ A   5 της νυκτος] om της A | προς]
περι A   6 εξελθει] επι προσευχην A   8 ως] εως A | εδετο A | του
κυριου] om του A   9 καθαρα] καθα A | τη σκηνη] pr εν A | μεχρις
Bᵃᵇ | τροφην] τρυφην A   10 χρησιν] κλησιν A

805

XII 12 ΙΟΥΔΕΙΘ

B ¹²ἰδοὺ γὰρ αἰσχρὸν τῷ προσώπῳ ἡμῶν εἰ γυναῖκα τοιαύτην 12 (11)
παρήσομεν οὐχ ὁμιλήσαντες αὐτῇ· ὅτι ἐὰν ταύτην μὴ ἐπισπασώ-
μεθα, καταγελάσεται ἡμῶν. ¹³καὶ ἐξῆλθεν Βαγώας ἀπὸ προσώπου 13 (12)
Ὀλοφέρνου, καὶ εἰσῆλθεν πρὸς αὐτὴν καὶ εἶπεν Μὴ ὀκνησάτω
δὴ ἡ παιδίσκη ἡ καλὴ αὕτη ἐλθοῦσα πρὸς τὸν κύριόν μου δοξα-
σθῆναι κατὰ πρόσωπον αὐτοῦ, καὶ πίεσαι μεθ᾽ ἡμῶν εἰς εὐφρο-
σύνην οἶνον, καὶ γενηθῆναι ἐν τῇ ἡμέρᾳ ταύτῃ ὡς θυγάτηρ μία
τῶν υἱῶν Ἀσσοὺρ αἳ παρεστήκασιν ἐν οἴκῳ Ναβουχοδονοσόρ.
¹⁴καὶ εἶπεν πρὸς αὐτὸν Ἰουδείθ Καὶ τίς εἰμι ἐγὼ ἀντεροῦσα τῷ 14 (13,14)
κυρίῳ μου; ὅτι πᾶν ὃ ἔσται ἐν τοῖς ὀφθαλμοῖς αὐτοῦ ἀρεστὸν
σπεύσασα ποιήσω, καὶ ἔσται τοῦτό μοι ἀγαλλίαμα ἕως ἡμέρας
θανάτου μου. ¹⁵καὶ διαναστᾶσα ἐκοσμήθη τῷ ἱματισμῷ καὶ παντὶ 15
τῷ κόσμῳ τῷ γυναικείῳ· καὶ προῆλθεν ἡ δούλη αὐτῆς καὶ ἔστρωσεν
αὐτῇ κατέναντι Ὀλοφέρνου χαμαὶ τὰ κώδια, ἃ ἔλαβεν παρὰ Βαγώου εἰς
τὴν καθημερινὴν δίαιταν αὐτῆς εἰς τὸ ἐσθίειν κατακλινομένην ἐπ᾽ αὐτῶν.
¹⁶καὶ εἰσελθοῦσα ἀνέπεσεν Ἰουδείθ, ⁽¹⁶⁾καὶ ἐξέστη ἡ καρδία Ὀλο- 16
φέρνου ἐπ᾽ αὐτήν, ἐσαλεύθη ἡ ψυχὴ αὐτοῦ· καὶ ἦν κατεπίθυμος
σφόδρα τοῦ συγγενέσθαι μετ᾽ αὐτῆς, καὶ ἐτήρει καιρὸν τοῦ ἀπατῆσαι
αὐτὴν ἀφ᾽ ἧς ἡμέρας εἶδεν αὐτήν. ¹⁷καὶ εἶπεν πρὸς αὐτὴν Ὀλοφέρνης 17
Πίε δὴ καὶ γενηθητι μεθ᾽ ἡμῶν εἰς εὐφροσύνην. ¹⁸καὶ εἶπεν Ἰου- 18
δείθ Πίομαι δή, κύριε, ὅτι ἐμεγαλύνθη τὸ ζῆν μου ἐν ἐμοὶ σήμερον
παρὰ πάσας τὰς ἡμέρας τῆς γενέσεώς μου. ¹⁹καὶ λαβοῦσα ἔφαγεν 19
καὶ ἔπιεν κατέναντι αὐτοῦ ἃ ἡτοίμασεν ἡ δούλη αὐτῆς. ²⁰καὶ ηὐ- 20
φράνθη Ὀλοφέρνης ἀπ᾽ αὐτῆς, καὶ ἔπιεν οἶνον πολὺν σφόδρα ὅσον
οὐκ ἔπιεν πώποτε ἐν ἡμέρᾳ μιᾷ ἀφ᾽ οὗ ἐγεννήθη. ¹Ὡς δὲ 1 XIII
ὀψία ἐγένετο, ἐσπούδασαν οἱ δοῦλοι αὐτοῦ ἀναλύειν· καὶ Βαγώας
συνέκλεισεν τὴν σκηνὴν ἔξωθεν, καὶ ἀπέκλεισεν τοὺς παρεστῶ-
τας ἐκ προσώπου τοῦ κυρίου αὐτοῦ, καὶ ἀπῴχοντο εἰς τὰς κοίτας
αὐτῶν· ⁽²⁾ἦσαν γὰρ πάντες κεκοπωμένοι διὰ τὸ ἐπὶ πλεῖον γεγο- (2)
νέναι τὸν πότον. ²ὑπελείφθη δὲ Ἰουδείθ μόνη ἐν τῇ σκηνῇ, 2 (3)
⁽⁴⁾καὶ Ὀλοφέρνης προπεπτωκὼς ἐπὶ τὴν κλίνην ἑαυτοῦ· ἦν γὰρ (4)

A 13 Βαγως A* (a 2° superscr A¹) | πιεσαι] πιει A | ν μεθ υμων (sic) εις
ευφροσυνη in mgg et sup ras Aᵃ (om εις ευφροσυνην A*) 14 μοι τουτο
A | ημερα A | om μου 2° A 15 αναστασα A | om και παντι τω κοσμω
A | γυναικιω A | προσηλθεν A | κατεναντι] εναντιον A | κωδια] post κ ras 1
lit (λ vel α) Bᵃ¹ | ελαβον A 16 εσαλευθη] pr και A | συνγενεσθαι A
17 μεθ] θ sup ras A¹ 19 επιεν και εφαγεν A 20 επιεν 2°] πι sup
ras A¹ | om πωποτε εν ημ. μια A XIII 1 κ προσωπου του κυριου sup
ras B¹ᵗᵃᵇ 2 om εν τη σκηνη A | επι την sup ras Bᵃᵇ

ΙΟΥΔΕΙΘ XIII 13

(5) 3 περικεχυμένος αὐτῷ ὁ οἶνος. ³καὶ εἶπεν Ἰουδεὶθ τῇ δούλῃ αὐτῆς B
— στῆναι ἔξω τοῦ κοιτῶνος αὐτῆς καὶ ἐπιτηρεῖν τὴν ἔξοδον αὐτῆς
καθάπερ καθ' ἡμέραν, ἐξελεύσεσθαι γὰρ ἔφη ἐπὶ τὴν προσευχὴν
4 αὐτῆς· καὶ τῷ Βαγώᾳ ἐλάλησεν κατὰ τὰ ῥήματα ταῦτα ⁴καὶ
ἀπήλθοσαν πάντες ἐκ προσώπου, καὶ οὐδεὶς κατελείφθη ἐν τῷ
(6) κοιτῶνι ἀπὸ μικροῦ ἕως μεγάλου. ⁽⁶⁾καὶ στᾶσα Ἰουδεὶθ παρὰ τὴν
(7) κλίνην αὐτοῦ εἶπεν ἐν τῇ καρδίᾳ ἑαυτῆς ⁽⁷⁾Κύριε ὁ θεὸς πάσης
δυνάμεως, ἐπίβλεψον ἐν τῇ ὥρᾳ ταύτῃ ἐπὶ τὰ ἔργα τῶν χειρῶν
5 μου, εἰς ὕψωμα Ἰερουσαλήμ· ⁵ὅτι νῦν καιρὸς ἀντιλαβέσθαι τῆς
κληρονομίας σου καὶ ποιῆσαι τὸ ἐπιτήδευμά μου εἰς θραῦμα
(8) 6 ἐχθρῶν οἳ ἐπανέστησαν ἡμῖν. ⁶καὶ προσελθοῦσα τῷ κανόνι τῆς
κλίνης ὃς ἦν πρὸς κεφαλῆς Ὀλοφέρνου καθεῖλε τὸν ἀκινάκην
(9) 7 αὐτοῦ ἀπ' αὐτοῦ, ⁷καὶ ἐγγίσασα τῆς κλίνης ἐδράξατο τῆς κόμης
τῆς κεφαλῆς αὐτοῦ, καὶ εἶπεν Κραταίωσόν με, ὁ θεὸς Ἰσραήλ, ἐν
(10) 8 τῇ ἡμέρᾳ ταύτῃ. ⁸καὶ ἐπάταξεν εἰς τὸν τράχηλον αὐτοῦ δὶς ἐν
9 τῇ ἰσχύι αὐτῆς, καὶ ἀφεῖλεν τὴν κεφαλὴν αὐτοῦ, ⁹καὶ ἀπεκύλισεν
τὸ σῶμα αὐτοῦ $ἀπὸ τῆς στρωμνῆς, καὶ ἀφεῖλε τὸ κωνώπιον § ℵ
(11) ἀπὸ τῶν στύλων· ⁽¹¹⁾καὶ μετ' ὀλίγον ἐξῆλθεν καὶ παρέδωκεν τῇ
10 ἅβρᾳ αὐτῆς τὴν κεφαλὴν Ὀλοφέρνου, ¹⁰καὶ ἐνέβαλεν αὐτὴν εἰς
(12) τὴν πήραν τῶν βρωμάτων αὐτῆς· ⁽¹²⁾καὶ ἐξῆλθον αἱ δύο ἅμα κατὰ
τὸν ἐθισμὸν αὐτῶν. καὶ διελθοῦσαι τὴν παρεμβολὴν ἐκύκλωσαν
τὴν φάραγγα ἐκείνην, καὶ προσανέβησαν τὸ ὄρος Βαιτυλουά, καὶ
(13) 11 ἤλθοσαν πρὸς τὰς πύλας αὐτῆς. ¹¹Καὶ εἶπεν Ἰουδεὶθ μακρό-
θεν τοῖς φυλάσσουσιν ἐπὶ τῶν πυλῶν Ἀνοίξατε, ἀνοίξατε δὴ τὴν
πύλην· μεθ' ἡμῶν ὁ θεὸς ὁ θεὸς ἡμῶν ποιῆσαι ἔτι ἰσχὺν ἐν
Ἰσραὴλ καὶ κράτος κατὰ τῶν ἐχθρῶν ἡμῶν, καθὰ καὶ σήμερον
(14) 12 ἐποίησεν. ¹²καὶ ἐγένετο ὡς ἤκουσαν οἱ ἄνδρες τῆς πόλεως αὐ-
τῆς τὴν φωνὴν αὐτῆς, ἐσπούδασαν τοῦ καταβῆναι ἐπὶ τὴν πύλην
τῆς πόλεως αὐτῶν, καὶ συνεκάλεσαν τοὺς πρεσβυτέρους τῆς
(15) 13 πόλεως. ¹³καὶ συνέδραμον πάντες ἀπὸ μικροῦ ἕως μεγάλου
αὐτῶν, ὅτι παράδοξον ἦν αὐτοῖς τοῦ ἐλθεῖν αὐτήν, καὶ ἤνοιξαν

4 προσωπου]+αυτης A | εαυτης] αυτης A | om εν 3° A   5 θραυσμα Λ ℵA
6 ακεινακην B*A (ακιν. Bᵇ)   7 ο θεος] pr κε A   8 επαταξεν] a 1°
sup ras Aᵃ | αυτου 2°]+απ αυτου A   9 τηστρωμνης A | αφειλεν A | του
κωνωπιον A | μεθ B* (μετ Bᵇ)   10 αυτων]+επι την προσευχην ℵA |
φαραγγαν A | το ορος] προς ℵ* (το ορ. ℵᶜᵃ) | Βαιτουλουα ℵ | ηλθοσαν] ηλθον
ℵ   11 ανοιξ. δη ανοιξ. A | om ημων 3° BᵃᵇℵA   12 om αυτης 1° ℵ |
του καταβ.] om του ℵ   13 om αυτων BᵃᵇℵA | του ελθειν] το ελθ.
BᵃᵇℵA

Β τὴν πύλην καὶ ἀπεδέξαντο αὐτάς· ⁽¹⁶⁾ἅψαντες πῦρ εἰς φαῦσιν (16)
περιεκύκλωσαν αὐτάς. ¹⁴ἡ δὲ εἶπεν πρὸς αὐτοὺς φωνῇ μεγάλῃ 14 (17)
Αἰνεῖτε τὸν θεόν, αἰνεῖτε· αἰνεῖτε τὸν θεὸν ὃς ⁽¹⁸⁾οὐκ ἀπέστησεν (18)
τὸ ἔλεος αὐτοῦ ἀπὸ τοῦ οἴκου Ἰσραήλ, ἀλλ᾽ ἔθραυσε τοὺς ἐχθροὺς
ἡμῶν διὰ χειρός μου ἐν τῇ νυκτὶ ταύτῃ. ¹⁵καὶ προελοῦσα τὴν 15 (19)
κεφαλὴν ἐκ τῆς πήρας ἔδειξεν καὶ εἶπεν αὐτοῖς Ἰδοὺ ἡ κεφαλὴ
Ὀλοφέρνου ἀρχιστρατήγου δυνάμεως Ἀσσούρ, καὶ ἰδοὺ τὸ κωνώ-
πιον ἐν ᾧ κατέκειτο ἐν ταῖς μέθαις αὐτοῦ· καὶ ἐπάταξεν αὐτὸν
ὁ κύριος ἐν χειρὶ θηλείας. ¹⁶καὶ ζῇ Κύριος ὃς διεφύλαξέν με ἐν 16 (20)
τῇ ὁδῷ μου ᾗ ἐπορεύθην, ὅτι ἠπάτησεν αὐτὸν τὸ πρόσωπόν μου
εἰς ἀπώλειαν αὐτοῦ, καὶ οὐκ ἐποίησεν ἁμάρτημα μετ᾽ ἐμοῦ εἰς
μίασμα καὶ αἰσχύνην. ¹⁷καὶ ἐξέστη πᾶς ὁ λαὸς σφόδρα, καὶ 17 (22)
κύψαντες προσεκύνησαν τῷ θεῷ καὶ εἶπαν ὁμοθυμαδόν Εὐλογητὸς
εἶ ὁ θεὸς ἡμῶν ὁ ἐξουδενώσας ἐν τῇ ἡμέρᾳ τῇ σήμερον τοὺς
ἐχθροὺς τοῦ λαοῦ σου. ¹⁸καὶ εἶπεν αὐτῇ Ὀζείας Εὐλογητὴ σύ, 18 (23)
θύγατερ, τῷ θεῷ τῷ ὑψίστῳ παρὰ πάσας τὰς γυναῖκας τὰς ἐπὶ
τῆς γῆς, ⁽²¹⁾καὶ εὐλογημένος Κύριος ὁ θεὸς ὃς ἔκτισεν τοὺς οὐρα- (24)
νοὺς καὶ τὴν γῆν, ὃς κατεύθυνέν σε εἰς τραῦμα κεφαλῆς ἄρχοντος
ἐχθρῶν ἡμῶν· ¹⁹ὅτι οὐκ ἀποστήσεται ἡ ἐλπίς σου ἀπὸ καρδίας 19 (25)
ἀνθρώπων μνημονευόντων ἰσχὺν θεοῦ ἕως αἰῶνος. ²⁰καὶ ποιῆσαι 20
σοι αὐτὰ ὁ θεὸς εἰς ὕψος αἰώνιον, τοῦ ἐπισκέψασθαί σε ἐν
ἀγαθοῖς, ἀνθ᾽ ὧν οὐκ ἐφείσω τῆς ψυχῆς σου διὰ τὴν ταπείνωσιν
τοῦ γένους ἡμῶν, ἀλλ᾽ ἐπεξῆλθες πτώματι ἡμῶν, ἐπ᾽ εὐθεῖαν
πορευθεῖσα ἐνώπιον τοῦ θεοῦ ἡμῶν ⁽²⁶⁾καὶ εἶπαν πᾶς ὁ λαός (26)
Γένοιτο, γένοιτο.

¹Καὶ εἶπεν πρὸς αὐτοὺς Ἰουδείθ Ἀκούσατε δή μου, ἀδελφοί, 1 XIV
καὶ λαβόντες τὴν κεφαλὴν ταύτην κρεμάσατε αὐτὴν ἐπὶ τῆς ἐπάλξεως
τοῦ τείχους ὑμῶν. ²καὶ ἔσται ἡνίκα ἐὰν διαφαύσῃ ὁ ὄρθρος καὶ 2
ἐξέλθῃ ὁ ἥλιος ἐπὶ τὴν γῆν, ἀναλήμψεσθε ἕκαστος τὰ σκεύη τὰ
πολεμικὰ ὑμῶν καὶ ἐξελεύσεσθε πᾶς ἀνὴρ ἰσχύων ἔξω τῆς πύλεως,

ℵA   13 απεδεξαντο] επεδεξαντο Bᵃᵇ εισεδεξ ℵ υπεδεξ A | αψαντες] pr και
ℵᶜᵃ A | πυρ sup ras Bᵈ ᵛⁱᵈ   14 θεον (bis)] κν A | om αινειτε αινειτε
τον θεον ℵ | ος] οτι A | αλλ] ras aliq inferius Bˀ | εθραυσεν ℵA   15 κωνω-
πιον] ᴸ αυτου A   16 Κυριος] pr o A | απωλιαν B*ᵃ⁽ᵛⁱᵈ⁾ (απωλειαν BᵇℵA)
17 ειπαν] a sup ras Aᵈ | om ει ℵ | εξουδενωσας ℵ   18 Οζιας Bᵇ | ευλο-
γητη] ευλογημε|νη A | συ] pr ει A | θεος]+σου ℵ | os 1°] o A | om os 2° ℵ*
(superscr ℵ¹ᶜ ᵃ) | κεφαλης ℵA] κεφαλην B | om ημων A   20 om σοι ℵ |
αλλ] αλλα ℵ | επεξηλθες] s sup ras A¹ | πτωματι] pr τω ℵA | πορευθεισα επ
ευθειαν ℵ | ειπεν ℵ | om γενοιτο 2° A   XIV 1 υμων] ημων ℵ   2 εαν]
αν ℵ | διαφαυση o o sup litu ℵ¹⁽ᵛⁱᵈ⁾ | εξελευσεσθε] εξελευσεται A

ΙΟΥΔΕΙΘ XIV 13

καὶ δώσετε ἀρχηγὸν εἰς αὐτούς, ὡς καταβαίνοντες ἐπὶ τὸ πεδίον εἰς B
3 τὴν προφυλακὴν υἱῶν Ἀσσούρ· καὶ οὐ καταβήσεσθε. ³καὶ ἀναλα-
βόντες οὗτοι τὰς πανοπλίας αὐτῶν πορεύσονται εἰς τὴν παρεμβολὴν
(4) αὐτῶν καὶ ἐγεροῦσι τοὺς στρατηγοὺς τῆς δυνάμεως Ἀσσούρ· ⁽⁴⁾καὶ
συνδραμοῦνται ἐπὶ τὴν σκηνὴν Ὀλοφέρνου, καὶ οὐχ εὑρήσουσιν
αὐτόν· καὶ ἐπιπεσεῖται ἐπ' αὐτοὺς φόβος, καὶ φεύξονται ἀπὸ προσ-
(5) 4 ώπου ὑμῶν. ⁴καὶ ἐπακολουθήσαντες ὑμεῖς καὶ πάντες οἱ κατοι-
κοῦντες πᾶν ὅριον Ἰσραὴλ καταστρώσατε αὐτοὺς ἐν ταῖς ὁδοῖς
(XIII)(27ᵃ,28) 5 αὐτῶν. ⁵πρὸ δὲ τοῦ ποιῆσαι ταῦτα καλέσατέ μοι Ἀχιὼρ τὸν
Ἀμμανείτην, ἵνα ἰδὼν ἐπιγνοῖ τὸν ἐκφαυλίσαντα τὸν οἶκον τοῦ
6 Ἰσραήλ, καὶ αὐτὸν ὡς εἰς θάνατον ἀποστείλαντα εἰς ἡμᾶς. ⁶Καὶ
(29) ἐκάλεσαν τὸν Ἀχιὼρ ἐκ τοῦ οἴκου Ὀζεία· ⁽²⁹⁾ὡς δὲ ἦλθεν καὶ ἴδεν
τὴν κεφαλὴν Ὀλοφέρνου ἐν χειρὶ ἀνδρὸς ἑνὸς ἐν τῇ ἐκκλησίᾳ
τοῦ λαοῦ, ἔπεσεν ἐπὶ πρόσωπον, καὶ ἐξελύθη τὸ πνεῦμα αὐτοῦ.
(30) 7 ⁷ὡς δὲ ἀνέλαβον αὐτόν, προσέπεσεν τοῖς ποσὶν Ἰουδεὶθ καὶ
(31) προσεκύνησεν τῷ προσώπῳ αὐτῆς καὶ εἶπεν ⁽³¹⁾Εὐλογημένη σὺ
ἐν παντὶ σκηνώματι Ἰούδα καὶ ἐν παντὶ ἔθνει, οἵτινες ἀκού-
— 8 σαντες τὸ ὄνομά σου ταραχθήσονται ⁸καὶ νῦν ἀνάγγειλόν μοι
ὅσα ἐποίησας ἐν ταῖς ἡμέραις ταύταις καὶ ἀπήγγειλεν αὐτῷ
Ἰουδεὶθ ἐν μέσῳ τοῦ λαοῦ πάντα ὅσα ἦν πεποιηκυῖα, ἀφ' ἧς
9 ἡμέρας ἐξῆλθεν ἕως οὗ ἐλάλει αὐτοῖς. ⁹ὡς δὲ ἐπαύσατο λαλοῦσα,
ἠλάλαξεν ὁ λαὸς φωνῇ μεγάλῃ καὶ ἔδωκεν φωνὴν εὐφρόσυνον
(XIV) (6) 10 ἐν τῇ πόλει αὐτῶν. ¹⁰ἰδὼν δὲ Ἀχιὼρ πάντα ὅσα ἐποίησεν ὁ
θεὸς τοῦ Ἰσραήλ, ἐπίστευσεν τῷ θεῷ σφόδρα, καὶ περιετέμετο
τὴν σάρκα τῆς ἀκροβυστίας αὐτοῦ, καὶ προσετέθη πρὸς τὸν οἶκον
(7) 11 Ἰσραὴλ ἕως τῆς ἡμέρας ταύτης. ¹¹Ἡνίκα δὲ ὁ ὄρθρος ἀνέβη,
καὶ ἐκρέμασαν τὴν κεφαλὴν Ὀλοφέρνου ἐκ τοῦ τείχους, καὶ ἀνέ-
λαβεν πᾶς ἀνὴρ Ἰσραὴλ τὰ ὅπλα αὐτοῦ καὶ ἐξήλθοσαν κατὰ
(8-12) 12 σπείρας ἐπὶ τὰς ἀναβάσεις. ¹²οἱ δὲ υἱοὶ Ἀσσοὺρ ὡς ἴδον αὐτούς,
διέπεμψαν ἐπὶ τοὺς ἡγουμένους αὐτῶν· οἱ δὲ ἦλθον ἐπὶ τοὺς
13 στρατηγοὺς καὶ χιλιάρχους καὶ ἐπὶ πάντα ἄρχοντα αὐτῶν. ¹³καὶ

2 αρχηγον εις αυτους] αυτους| αρχην ℵ* εις αυτ. αρχην ℵ¹ εις αυτ ℵA
αρχηγον ℵᶜᵃ   3 ουτοι] αυτοι ℵ | τας παρεμβολας A | εγερουσι
BℵA | om υμων ℵ   ' 4 καταστρωσετε ℵ   5 επιγνω ℵA | εκφαυ-
λισαντα] a 1° sup ras Bᵃᵇ | του Ισραηλ] om του A   6 εκαλεσεν ℵ |
Οζια Bᵇ Οζειου ℵ | ειδεν ℵA   7 ανελαβεν A | συ] ευ A* (ε improb Aᵃ)
8 εξηλθες ℵ* (εξηλθεν ℵᶜᵃ)   9 ευφροσυνης Λ   10 προς] εις ℵA
11 ο ορθρος] om ο A | om και 1° A | om Ισραηλ ℵA | σπειραν A | αναβασεις]
+του ορους Bᵃᵇ⁽ᵐᵍ⁾ ℵA   12 ειδον ℵA | τους στρατ.] om τους Bᵃᵇℵ

XIV 14 ΙΟΥΔΕΙΘ

B παρεγένοντο ἐπὶ τὴν σκηνὴν Ὀλοφέρνου, καὶ εἶπαν τῷ ὄντι ἐπὶ πάντων τῶν αὐτοῦ Ἔγειρον δὴ τὸν κύριον ἡμῶν, ὅτι ἐτόλμησαν οἱ δοῦλοι καταβαίνειν ἐφ' ἡμᾶς εἰς πόλεμον, ἵνα ἐξολεθρευθῶσιν εἰς τέλος. ¹⁴καὶ εἰσῆλθεν Βαγώας καὶ ἔκρουσε τὴν αὐλαίαν τῆς 14 (13) σκηνῆς· ὑπενοεῖτο γὰρ καθεύδειν αὐτὸν μετὰ Ἰουδείθ. ¹⁵ὡς δ' οὐ- 15 (14) θεὶς ἐπήκουσεν, διαστείλας εἰσῆλθεν εἰς τὸν κοιτῶνα, καὶ εὗρεν αὐτὸν ἐπὶ τῆς χελωνίδος ἐριμμένον νεκρόν, καὶ ἡ κεφαλὴ αὐτοῦ ἀφῄρητο ἀπ' αὐτοῦ. ¹⁶καὶ ἐβόησεν φωνῇ μεγάλῃ μετὰ κλαυθμοῦ 16 καὶ στεναγμοῦ καὶ βοῆς ἰσχυρᾶς, καὶ διέρρηξεν τὰ ἱμάτια αὐτοῦ. ¹⁷καὶ εἰσῆλθεν εἰς τὴν σκηνὴν οὗ ἦν Ἰουδεὶθ καταλύουσα, καὶ 17 (15) οὐχ εὗρεν αὐτήν· καὶ ἐξεπήδησεν εἰς τὸν λαὸν ⁽¹⁶⁾κράζων ¹⁸Ἠθέ- 18 (16) τησαν οἱ δοῦλοι, ἐποίησεν αἰσχύνην μία γυνὴ τῶν Ἑβραίων εἰς τὸν οἶκον τοῦ βασιλέως Ναβουχοδονοσόρ· ὅτι ἰδοὺ Ὀλοφέρνης χαμαί, καὶ ἡ κεφαλὴ οὐκ ἔστιν ἐπ' αὐτῷ ¹⁹ὡς δὲ ἤκουσαν τὰ 19 (17) ῥήματα οἱ ἄρχοντες τῆς δυνάμεως Ἀσσούρ, τοὺς χιτῶνας αὐτῶν διέρρηξαν, καὶ ἐταράχθη αὐτῶν ἡ ψυχὴ σφόδρα, ⁽¹⁸⁾καὶ ἐγένετο (18) αὐτῶν κραυγὴ καὶ βοὴ μεγάλη σφόδρα ἐν μέσῳ τῆς παρεμβολῆς. ¹Καὶ ὡς ἤκουσαν οἱ ἐν τοῖς σκηνώμασιν ὄντες, ἐξέ- 1 (1) XV στησαν ἐπὶ τὸ γεγονός, ²καὶ ἐπέπεσεν ἐπ' αὐτοὺς τρόμος καὶ 2 φόβος, ⁽²⁾καὶ οὐκ ἦν ἄνθρωπος μένων κατὰ πρόσωπον τοῦ πλη- (2) σίον ἔτι, ἀλλ' ἐκχυθέντες ὁμοθυμαδὸν ἔφευγον ἐπὶ πᾶσαν ὁδὸν τοῦ πεδίου καὶ τῆς ὀρινῆς. ³καὶ οἱ παρεμβεβληκότες ἐν τῇ 3 (3,4) ὀρινῇ κύκλῳ Βαιτυλουὰ καὶ ἐτράπησαν εἰς φυγήν· καὶ τότε οἱ υἱοὶ Ἰσραὴλ πᾶς ἀνὴρ πολεμιστὴς ἐξ αὐτῶν ἐξεχύθησαν ἐπ' αὐτούς. ⁴καὶ ἀπέστειλεν Ὀζείας εἰς Βαιτομασθάιμ καὶ Χωβαὶ καὶ 4 (5) Χωλὰ καὶ εἰς πᾶν ὅριον Ἰσραὴλ τοὺς ἀπαγγέλλοντας ὑπὲρ τῶν συντετελεσμένων, καὶ ἵνα πάντες ἐπεκχυθῶσιν τοῖς πολεμίοις εἰς τὴν ἀναίρεσιν αὐτῶν. ⁵ὡς δὲ ἤκουσαν οἱ υἱοὶ Ἰσραήλ, πάντες 5 (6)

א A   13 παρεγενοντο] παραγεν. א* vid (παρεγ. א¹) παρεγενε|νοντο A | καταβαινειν] καταβηναι א   14 εκρουσε] A | αυλαιαν] αυλην A | υπενοει א A   15 δ] δε א A | ουδεις א | υπηκουσεν A | διεστειλας A | ερριμμ. Bᵃᶜ א A | αφειρητο א   17 κραζων] λεγων א και εβοησεν A   18 του βασ] om του א   19 τα ρηματα] pr ταυτα A | διερρηξαν τους χιτ. αυτων א A | η ψυχη αυτων A   XV 1 οι εν] om οι א | τοις σκηνωμασιν] τω σκηνω|ματι א   2 επεπεσεν] επεσεν א A | αυτοις א* (αυτους א ᶜ ᵃ) | φοβος κ. τρομος A | του πλησιον] αυτου πλ. א* (om αυ א¹)   3 πα|ραβεβληκοτες א | Βαιτουλουα א Βετυλουα A | om και 2° א A | om επ αυτους א   4 επεστειλεν א | Οζιας Bᵇ | Βαιτομασθεν א | Χωβαι και Χωλα] Αβε\βαιμ και Χωβα א* (Αβ. κ. Χωβαι ϗ| Κεειλα א ᶜ ᵃ) Βηβαι και Χωβαι και Κωλα A | απαγγελλοντας] αποστελλοντας א* (απαγγ. א ᶜ ᵃ) | συντελεσμενων A | επεκχυθωσι א απεκχυθωσιν A

ΙΟΥΔΕΙΘ XV 12

ὁμοθυμαδὸν ἐπέπεσον ἐπ' αὐτοὺς καὶ ἔκοπτον αὐτοὺς ἕως Χωβά. Β ὡσαύτως δὲ καὶ οἱ ἐξ Ἰερουσαλὴμ παρεγενήθησαν καὶ ἐκ πάσης τῆς ὀρινῆς, ἀνήγγειλαν γὰρ αὐτοῖς τὰ γεγονότα τῇ παρεμβολῇ τῶν ἐχθρῶν αὐτῶν· καὶ οἱ ἐν Γαλαὰδ καὶ οἱ ἐν τῇ Γαλειλαίᾳ ὑπερεκέρασαν αὐτοὺς πληγῇ μεγάλῃ, ἕως οὗ παρῆλθον Δαμασκὸν
(7) 6 καὶ τὰ ὅρια αὐτῆς. ⁶οἱ δὲ λοιποὶ οἱ κατοικοῦντες Βαιτυλουὰ ἐπέπεσαν τῇ παρεμβολῇ Ἀσσοὺρ καὶ ἐπρονόμευσαν αὐτούς, καὶ
(8) 7 ἐπλούτησαν σφόδρα. ⁷οἱ δὲ υἱοὶ Ἰσραὴλ ἀναστρέψαντες ἀπὸ τῆς κοπῆς ἐκυρίευσαν τῶν λοιπῶν, καὶ αἱ κῶμαι καὶ ἐπαύλεις ἐν τῇ ὀρινῇ καὶ πεδινῇ ἐκράτησαν πολλῶν λαφύρων, ἦν γὰρ πλῆθος πολὺ σφόδρα
(9) 8 ⁸Καὶ Ἰωακεὶμ ὁ ἱερεὺς ὁ μέγας καὶ ἡ γερουσία τῶν υἱῶν Ἰσραὴλ οἱ κατοικοῦντες ἐν Ἰερουσαλὴμ ἦλθον τοῦ θεάσασθαι τὰ ἀγαθὰ ἃ ἐποίησεν Κύριος τῷ Ἰσραήλ, καὶ τοῦ ἰδεῖν τὴν Ἰουδεὶθ καὶ
(10) 9 λαλῆσαι μετ' αὐτῆς εἰρήνην. ⁹ὡς δὲ εἰσῆλθον πρὸς αὐτήν, εὐλόγησαν αὐτὴν πάντες ὁμοθυμαδὸν καὶ εἶπαν πρὸς αὐτήν Σὺ ὕψωμα Ἰερουσαλήμ, σὺ γαυρίαμα μέγα τοῦ Ἰσραήλ, σὺ καύχημα μέγα
(11) 10 τοῦ γένους ἡμῶν. ¹⁰ἐποίησας πάντα ταῦτα ἐν χειρί σου, ἐποίησας τὰ ἀγαθὰ μετὰ Ἰσραήλ, καὶ εὐδοκῆσαι ἐπ' αὐτοῖς ὁ θεός· εὐλογημένη γίνου παρὰ τῷ παντοκράτορι κυρίῳ εἰς τὸν αἰῶνα
(12,13) 11 χρόνον. ⁽¹²⁾καὶ εἶπεν πᾶς ὁ λαὸς Γένοιτο. ¹¹καὶ ἐλαφύρευσεν
(14) πᾶς ὁ λαὸς τὴν παρεμβολὴν ἐφ' ἡμέρας τριάκοντα, ⁽¹⁴⁾καὶ ἔδωκαν τῇ Ἰουδεὶθ τὴν σκηνὴν Ὀλοφέρνου καὶ πάντα τὰ ἀργυρώματα καὶ τὰς κλίνας καὶ τὰ ὁλκια καὶ πάντα τὰ σκευάσματα αὐτοῦ· καὶ λαβοῦσα αὐτὴ ἐπέθηκεν ἐπὶ τὴν ἡμίονον αὐτῆς, καὶ ἔζευξεν τὰς
(15) 12 ἁμάξας αὐτῆς, καὶ ἐσώρευσεν αὐτὰ ἐπ' αὐτῶν. ¹²Καὶ συνέδραμεν πᾶσα γυνὴ Ἰσραὴλ τοῦ ἰδεῖν αὐτήν, καὶ εὐλόγησαν αὐτήν, καὶ ἐποίησαν αὐτῇ χορὸν ἐξ αὐτῶν· καὶ ἔλαβεν θύρσους ἐν ταῖς

5 επεπεσον] επιπεσοντες ℵ | om και 1° ℵ | εκοπτοντο A | εξ] εν ℵ | τα ℵA γεγονοτα] pr οι ℵ* (om ℵ¹ᶜᵃ) | Γαλααδ] pr τη A | Γαλιλαια BᵇA | πληγην| μεγαλην ℵ | και τα] κατα τα ℵ   6 Βαιτουλουα ℵ | επεπεσον A   7 ε| εκυριευσαν B* (om ε 1° Bᵃᵇ) | επαυλεις] αι πολεις ℵA | εν] pr αι ℵ | ορεινη BᵃᵇEℵ
8 om ηλθον ℵ* (hab ℵᶜᵃ) | εποιησεν] εποιη| ℵ | την Ιουδειθ] om την A | λαλησαι] pr του ℵ   9 εισηλθον] εξηλθαν ℵ εισηλθαν A | συ 1°]+ει ℵ |
10 ταυτα παντα ℵA | εποιησας 2°] ευ ποιησας A | Ισραηλ] Ιλη᾽ A | ευδοκησαι] ευδοκησεν ℵA | επ] εν A*ᵛⁱᵈ | παρα] pr τω ℵ* (om ℵ¹⁽ᵛⁱᵈ⁾)   11 om πας ℵA | εφ] επι ℵ | Ολοφερνους ℵ* (Ολοφερνου ℵᶜᵃ) | ολκεια ℵA | σκευασματα] κατασκευασματα ℵA | αυτη] αυτα ℵ | επεθηκεν] εθηκεν ℵ | επ] μετ A
12 om αυτην και εποιησαν A* (ευλογησαν et αυτη signis not Aᵃ?) | αυτων] εαυτων ℵ | ελαβον ℵ* (ελαβεν ℵ¹⁽ᵛⁱᵈ⁾ᶜᵃ)

811

XV 13 ΙΟΥΔΕΙΘ

Β χερσὶν αὐτῆς, καὶ ἔδωκεν ταῖς γυναιξὶν ταῖς μετ' αὐτῆς, ¹³καὶ ἐστεφανώσαντο τὴν ἐλαίαν αὕτη καὶ αἱ μετ' αὐτῆς· καὶ προῆλθεν παντὸς τοῦ λαοῦ ἐν χορείᾳ ἡγουμένη πασῶν τῶν γυναικῶν, καὶ ἠκολούθει πᾶς ἀνὴρ Ἰσραὴλ ἐνωπλισμένοι μετὰ στεφάνων καὶ ὕμνων ἐν τῷ στόματι αὐτῶν. ¹⁴καὶ ἐξῆρχεν Ἰουδεὶθ τὴν ἐξομο- 14 (1) (XVI)
λόγησιν ταύτην ἐν παντὶ Ἰσραήλ, καὶ ὑπερεφώνει πᾶς ὁ λαὸς
τὴν αἴνεσιν ταύτην· ¹καὶ εἶπεν Ἰουδεὶθ   1   XVI

⁽²⁾Ἐξάρχετε τῷ θεῷ μου ἐν τυμπάνοις,   (2)
ᾄσατε τῷ κυρίῳ ἐν κυμβάλοις,
ἐναρμόσασθε αὐτῷ ψαλμὸν καὶ αἶνον, ὑψοῦτε καὶ ἐπικα-
    λεῖσθε τὸ ὄνομα αὐτοῦ.
²ὅτι θεὸς συντρίβων πολέμους Κύριος,   2 (3)
⁽⁴⁾ὅτι εἰς παρεμβολὰς αὐτοῦ ἐν μέσῳ λαοῦ ἐξείλατό με   (4)
    ἐκ χειρὸς καταδιωκόντων με.
³ἦλθεν Ἀσσοὺρ ἐξ ὀρέων ἀπὸ βορρᾶ,   3 (5)
ἦλθεν ἐν μυριάσι δυνάμεων αὐτοῦ,
ὧν τὸ πλῆθος αὐτῶν ἐνέφραξεν χειμάρρους,
καὶ ἡ ἵππος αὐτῶν ἐκάλυψεν βουνούς.
⁴εἶπεν ἐμπρήσειν τὰ ὄρη μου,   4 (6)
καὶ τοὺς νεανίσκους μου ἀνελεῖν ῥομφαίᾳ,
καὶ τὰ θηλάζοντά μου θήσειν εἰς ἔδαφος,
καὶ τὰ νήπιά μου δώσειν εἰς προνομήν,
καὶ τὰς παρθένους σκυλεῦσαι.
⁵Κύριος Παντοκράτωρ ἠθέτησεν αὐτοὺς ἐν χειρὶ θηλείας.   5 (7)
⁶οὐ γὰρ ὑπέπεσεν ὁ δυνατὸς αὐτῶν ὑπὸ νεανίσκων,   6 (8)
οὐδὲ υἱοὶ Τιτάνων ἐπάταξαν αὐτόν,
οὐδὲ ὑψηλοὶ γίγαντες ἐπέθεντο αὐτῷ·
ἀλλὰ Ἰουδεὶθ θυγάτηρ Μεραρεί·
ἐν κάλλει προσώπου αὐτῆς παρέλυσεν αὐτόν
⁷ἐξεδύσατο γὰρ στολὴν χηρεύσεως αὐτῆς εἰς ὕψος τῶν πο- 7 (9)
    νούντων ἐν Ἰσραήλ,

ℵΑ 12 μετ'] μεθ Α   13 εστεφανωσατο Α | αι μετ] οι μ. Α | υμνουν ℵ
14 εξηρεν Α* (χ superscr Αᵃ) | om εν ℵ   XVI 1 τω κυριω]+μου ℵΑ |
και αινον] καινον Α   2 θεος] pr ο Α | λαου] pr του ℵ | εξειλατο] εξελευ-
σεσθαι ℵ* εξεσεσθαι ℵᶜᵃ εξελεσθαι ℵᶜᵇ | εκ] εως ℵ* (εκ ℵᶜᵃ)   3 μυριασιν
Α | δυναμεως ℵΑ | ων] ως ℵ* (ων ℵᶜᵃ) | ενεφραξεν] εφραξε ℵ   4 ενπρησει]
ℵ | ορη] ορια ℵΑ | ρομφαια] pr εν Α | δωσει Α | παρθενους]+μου ℵΑ
6 υπεπεσεν] επεσεν ℵ | Μαραρει ℵ Μεραρι Α   6—7 om παρελυσεν..
προσωπον αυτης ℵ* (hab ℵᶜᵃ)   7 Ισραηλ] Ιλη̅ Α

ΙΟΥΔΕΙΘ XVI 17

(10) (10) ἠλείψατο τὸ πρόσωπον αὐτῆς ἐν μυρισμῷ, B
 8 ⁸καὶ ἐδήσατο τὰς τρίχας αὐτῆς ἐν μίτρᾳ,
    καὶ ἔλαβεν στολὴν λινῆν εἰς ἀπάτην αὐτοῦ.
(11) 9 ⁹τὸ σανδάλιον αὐτῆς ἥρπασεν ὀφθαλμὸν αὐτοῦ,
    καὶ τὸ κάλλος αὐτῆς ᾐχμαλώτισεν ψυχὴν αὐτοῦ.
    διῆλθεν ὁ ἀκινάκης τὸν τράχηλον αὐτοῦ.
(12) 10 ¹⁰ἔφριξαν Πέρσαι τὴν τόλμαν αὐτῆς,
    καὶ Μῆδοι τὸ θράσος αὐτῆς ἐρράχθησαν.
(13) 11 ¹¹τότε ἠλάλαξαν οἱ ταπεινοί μου,
    καὶ ἐφοβήθησαν οἱ ἀσθενοῦντές μου καὶ ἐπτοήθησαν·
    ὕψωσαν τὴν φωνὴν αὐτῶν καὶ ἀνετράπησαν.
(14) 12 ¹²υἱοὶ κορασίων κατεκέντησαν αὐτούς,
    καὶ ὡς παῖδας αὐτομολούντων ἐτίτρωσκον·
    ἀπώλοντο ἐκ παρατάξεως κυρίου μου
(15) 13 ¹³ὑμνήσω τῷ θεῷ μου ὕμνον καινόν.
(16)   (16) Κύριε, μέγας εἶ καὶ ἔνδοξος,
    θαυμαστὸς ἐν ἰσχύι, ἀνυπέρβλητος.
(17) 14 ¹⁴σοὶ δουλευσάτω πᾶσα ἡ κτίσις σου·
    ὅτι εἶπας, καὶ ἐγενήθησαν·
    ἀπέστειλας τὸ πνεῦμά σου,
    καὶ ᾠκοδόμησεν· καὶ οὐκ ἔστιν ὃς ἀντιστήσεται τῇ φωνῇ σου.
(18) 15 ¹⁵ὄρη γὰρ ἐκ θεμελίων σὺν ὕδασιν σαλευθήσεται,
    πέτραι δ' ἀπὸ προσώπου σου ὡς κηρὸς τακήσονται·
(19)   (19) ἔτι δὲ τοῖς φοβουμένοις σε,
 —   σὺ εὐιλατεύεις αὐτοῖς.
 16 ¹⁶ὅτι μικρὸν πᾶσα θυσία εἰς ὀσμὴν εὐωδίας,
    καὶ ἐλάχιστον πᾶν στέαρ εἰς ὁλοκαύτωμά σοι·
    ὁ δὲ φοβούμενος τὸν κύριον μέγας διὰ παντός.
(20) 17 ¹⁷οὐαὶ ἔθνεσιν ἐπανισταμένοις τῷ γένει μου·

7 το προσωπον] om το A* (superscr A¹) | εν μυρισμω] pr και ℵ* (om ℵA ℵᶜᵃ)   8 εδησατο] ανεδησατο ℵᶜᵃ   9 ο ακινακης] ακινακις A   10 τολμην A | ερραχθησαν] εταραχθησαν ℵᶜᵃA   11 οι ασθ.] om οι Bᵃᵇ | επτοησαν ℵ* (επτοηθησαν ℵᶜᵃ) | αυτου ℵ* (αυτων ℵᶜᵃ)   12 παιδες A | ετιτρωσκον]+αυτους ℵ   13 θεω μου] κω A   14 απεστειλας] επεστρεψας ℵ | ωκοδομησεν] ωκοδομηθησα̅ ℵ   15 σαλευθησεται πετραι δ (δε A)] εσαλευθησαν·|| σαλευθησεται] πετρα ℵ* εσαλευθησαν·|| πετραι δε ℵᶜᵃ | τακησεται A | ευιλατευεις Bᵇ (ευειλ. B*)] ειλατευσεις ℵ* (ιλ. ℵᶜᵃ) ευειλατευσεις A   16 ολοκαυτωμα] ολοκαρπωμα ℵ   17 επανιστανομενοις ℵA

813

XVI 18 ΙΟΥΔΕΙΘ

B Κύριος Παντοκράτωρ ἐκδικήσει αὐτοὺς ἐν ἡμέρᾳ κρίσεως,
(21) δοῦναι πῦρ καὶ σκώληκας εἰς σάρκας αὐτῶν, (21)
καὶ κλαύσονται ἐν αἰσθήσει ἕως αἰῶνος.

¹⁸ Ὡς δὲ ἤλθοσαν εἰς Ἰερουσαλήμ, προσεκύνησαν τῷ θεῷ, 18 (22) καὶ ἡνίκα ἐκαθαρίσθη ὁ λαός, ἀνήνεγκαν τὰ ὁλοκαυτώματα αὐτῶν καὶ τὰ ἑκούσια αὐτῶν καὶ τὰ δόματα. ¹⁹ καὶ ἀνέθηκεν 19 (23) Ἰουδεὶθ πάντα τὰ σκεύη Ὀλοφέρνου ὅσα ἔδωκεν ὁ λαὸς αὐτῇ, καὶ τὸ κωνώπιον ὃ ἔλαβεν ἑαυτῇ ἐκ τοῦ κοιτῶνος αὐτοῦ εἰς ἀνάθημα τῷ θεῷ ἔδωκεν. ²⁰ καὶ ἦν ὁ λαὸς εὐφραινόμενος ἐν 20 (24) Ἰερουσαλὴμ κατὰ πρόσωπον τῶν ἁγίων ἐπὶ μῆνας τρεῖς, καὶ Ἰουδεὶθ μετ' αὐτῶν κατέμεινεν. ²¹ Μετὰ δὲ τὰς ἡμέρας ταύτας 21 (25) ἀνέζευξεν ἕκαστος εἰς τὴν κληρονομίαν αὐτοῦ, καὶ Ἰουδεὶθ ἀπῆλθεν εἰς Βαιτυλουὰ καὶ κατέμεινεν ἐπὶ τῆς ὑπάρξεως αὐτῆς· καὶ ἐγένετο κατὰ τὸν καιρὸν αὐτῆς ἔνδοξος ἐν πάσῃ τῇ γῇ. ²² καὶ 22 (26) πολλοὶ ἐπεθύμησαν αὐτήν, καὶ οὐκ ἔγνω ἀνὴρ αὐτὴν πάσας τὰς ἡμέρας τῆς ζωῆς αὐτῆς, ἀφ' ἧς ἡμέρας ἀπέθανεν Μανασσῆς ὁ ἀνὴρ αὐτῆς καὶ προσετέθη πρὸς τὸν λαὸν αὐτοῦ ²³ καὶ ἦν προβαίνουσα 23 (27) μεγάλη σφόδρα, (²³) καὶ ἐγήρασεν ἐν τῷ οἴκῳ τοῦ ἀνδρὸς αὐτῆς ἔτη (28) ἑκατὸν πέντε, καὶ ἀφῆκεν τὴν ἅβραν αὐτῆς ἐλευθέραν. καὶ ἀπέθανεν εἰς Βαιτυλουά, καὶ ἔθαψαν αὐτὴν ἐν τῷ σπηλαίῳ τοῦ ἀνδρὸς αὐτῆς Μανασσῆ. ²⁴ καὶ ἐπένθησεν αὐτὴν οἶκος Ἰσραὴλ 24 (29) ἡμέρας ἑπτά. καὶ διεῖλεν τὰ ὑπάρχοντα αὐτῆς πρὸ τοῦ ἀποθανεῖν αὐτὴν πᾶσι τοῖς ἔγγιστα Μανασσῆ τοῦ ἀνδρὸς αὐτῆς καὶ τοῖς ἔγγιστα τοῦ γένους αὐτῆς ²⁵ καὶ οὐκ ἦν ἔτι ὁ ἐκφοβῶν 25 (30) τοὺς υἱοὺς Ἰσραὴλ ἐν ταῖς ἡμέραις Ἰουδεὶθ καὶ μετὰ τὸ ἀποθανεῖν αὐτὴν ἡμέρας πολλάς. ἀμήν.

ℵA   18 εκαθερισθη A | δοματα]+αυτων A   19 Ολοφερνους ℵ | αυτη] εαυτη A | αυτου] εαυτου A | αναθημα Bℵ^(c a)] αναθεμα ℵ*A | θεω] κω̄ ℵA   20 εν] εις A   21 ταιτας τας ημερας A | ανεζευξαν ℵ | om εκαστος A | αυτου] εαυτου A | απηλθεν]+εις τον οικο| αυτης ℵ | Βαιτουλουα ℵ (item 23)   22 Μανασση A   23 προβαινουσα ην A | om εν A | ανδρος] os sup ras A^(a?) | εκατον πεντε ετη A   24 επενθησαν A | οικος] pr o ℵ | ημερας] pr επι ℵ | πασιν ℵ | om Μανασση..εγγιστα (2°) ℵ | αυτης 3°] s sup ras A^a   25 om αμην ℵA
    Subscr Ιουδειθ BℵA

ΤΩΒΕΙΤ

I 1 ΒΙΒΛΟΣ λόγων Τωβεὶτ τοῦ Τοβιὴλ τοῦ Ἀνανιὴλ τοῦ Ἀδουὴλ τοῦ Β
2 Γαβαήλ, ἐκ τοῦ σπέρματος Ἀσιήλ, ἐκ τῆς φυλῆς Νεφθαλείμ, ²ὃς
ἠχμαλωτεύθη ἐν ἡμέραις Ἐνεμεσσάρου τοῦ βασιλέως Ἀσσυρίων ἐκ
Θίσβης, ἥ ἐστιν ἐκ δεξιῶν Κυδιὼς τῆς Νεφθαλεὶμ ἐν τῇ Γαλειλαίᾳ
ὑπεράνω Ἀσήρ.
3 ³Ἐγὼ Τωβεὶτ ὁδοῖς ἀληθείας ἐπορευόμην καὶ δικαιοσύνῃ πάσας
τὰς ἡμέρας τῆς ζωῆς μου. καὶ ἐλεημοσύνας πολλὰς ἐποίησα τοῖς
ἀδελφοῖς μου καὶ τῷ ἔθνει τοῖς προπορευθεῖσιν μετ᾽ ἐμοῦ εἰς χώραν
4 Ἀσσυρίων εἰς Νινευή ⁴καὶ ὅτε ἤμην ἐν τῇ χώρᾳ μου ἐν τῇ γῇ
Ἰσραήλ, νεωτέρου μου ὄντος, πᾶσα φυλὴ τοῦ Νεφθαλεὶμ τοῦ πατρός
μου ἀπέστη ἀπὸ τοῦ οἴκου Ἱεροσολύμων, τῆς ἐκλεγείσης ἀπὸ πασῶν
τῶν φυλῶν Ἰσραὴλ εἰς τὸ θυσιάζειν πάσας τὰς φυλάς· καὶ ἡγιάσθη
ὁ ναὸς τῆς κατασκηνώσεως τοῦ ὑψίστου καὶ ᾠκοδομήθη εἰς πάσας

I 1 ΒΙΒΛΟΣ λόγων Τωβεὶθ τοῦ Τωβιὴλ τοῦ Ἀνανιὴλ τοῦ Ἀδουὴλ τοῦ א
Γαβαὴλ τοῦ Ῥαφαὴλ τοῦ Ῥαγουήλ, ἐκ τοῦ σπέρματος Ἀσιήλ, ἐκ φυλῆς
2 Νεφθαλείμ, ²ὃς ἠχμαλωτεύθη ἐν ταῖς ἡμέραις Ἐνεμεσσάρου τοῦ βασιλέως
τῶν Ἀσσυρίων ἐκ Θίσβης, ἥ ἐστιν ἐκ δεξιῶν Κυδιὼς τῆς Νεφθαλεὶμ ἐν τῇ
ἄνω Γαλειλαίᾳ ὑπεράνω Ἀσώρ, ὀπίσω δυσμῶν ἡλίου, ἐξ ἀριστερῶν Φογώρ.
3 ³Ἐγὼ Τωβεὶθ ὁδοῖς ἀληθείας ἐπορευόμην καὶ ἐν δικαιοσύναις πάσας τὰς
ἡμέρας τῆς ζωῆς μου. καὶ ἐλεημοσύνας πολλὰς ἐποίησα τοῖς ἀδελφοῖς μου
καὶ τῷ ἔθνει μου τοῖς πορευθεῖσιν μετ᾽ ἐμοῦ ἐν τῇ αἰχμαλωσίᾳ εἰς τὴν χώραν
4 τῶν Ἀσσυρίων εἰς Νινευή. ⁴καὶ ὅτε ἤμην ἐν τῇ χώρᾳ μου ἐν γῇ Ἰσραήλ,
καὶ ὅτε ἤμην νέος, πᾶσα ἡ φυλὴ Νεφθαλεὶμ τοῦ πατρός μου ἀπέστησαν
ἀπὸ τοῦ οἴκου Δαυεὶδ τοῦ πατρός μου καὶ ἀπὸ Ἰερουσαλήμ, πόλεως τῆς ἐκ πα-
σῶν φυλῶν Ἰσραὴλ εἰς τὸ θυσιάζειν πάσαις φυλαῖς Ἰσραήλ· καὶ ἡγιάσθη
ὁ ναὸς τῆς κατασκηνώσεως τοῦ θεοῦ, καὶ ᾠκοδομήθη ἐν αὐτῇ εἰς πάσας τὰς

Inscr Τωβειθ א | 1 1 Τωβιτ A | Τωβιηλ A | Αδουηλ] Ναυη A | A
Γαβαηλ] Γαμαηλ A   2 Θιβης A | Κυδιων A | Γαλιλ. B'A | υπερ'ανω
B* υπερα|νω Bᵇ υπερ א'   3 Τωβιτ A | δικαιοσυνης A | εθνει]+μου A
προπορευθεισιν] συνπορευομενοις A   4 οικοδομηθη A

B τὰς γενεὰς τοῦ αἰῶνος· ⁵καὶ πᾶσαι αἱ φυλαὶ αἱ συναποστᾶσαι ἔθυον 5
τῇ Βάαλ τῇ δαμάλει, καὶ ὁ οἶκος Νεφθαλεὶμ τοῦ πατρός μου. ⁶κἀγὼ 6
μόνος ⁽⁶⁾ἐπορευόμην πλεονάκις ἐν Ἱεροσολύμοις ταῖς ἑορταῖς, (6)
καθὼς γέγραπται παντὶ τῷ Ἰσραὴλ ἐν προστάγματι αἰωνίῳ, τὰς
ἀπαρχὰς καὶ τὰς δεκάτας τῶν γενημάτων καὶ τὰς προκουρίας
ἔχων ⁷καὶ ἐδίδουν αὐτὰς τοῖς ἱερεῦσιν τοῖς υἱοῖς Ἀαρὼν πρὸς 7
τὸ θυσιαστήριον τῶν γενημάτων· τὴν δεκάτην ἐδίδουν τοῖς υἱοῖς
Λευεὶ τοῖς θεραπεύουσιν εἰς Ἱερουσαλήμ, καὶ τὴν δευτέραν δεκά-
την ἀπεπρατιζόμην, καὶ ἐπορευόμην καὶ ἐδαπάνων αὐτὰ ἐν Ἱερο-
σολύμοις καθ' ἕκαστον ἐνιαυτόν· ⁸καὶ τὴν τρίτην ἐδίδουν οἷς 8 (7,8)
καθήκει, καθὼς ἐνετείλατο Δεββώρα ἡ μήτηρ τοῦ πατρός μου,
διότι ὀρφανὸς κατελείφθην ὑπὸ τοῦ πατρός μου. ⁹καὶ ὅτε ἐγε- 9 (9)
νόμην ἀνήρ, ἔλαβον Ἄνναν γυναῖκα ἐκ τοῦ σπέρματος τῆς πατριᾶς
ἡμῶν, καὶ ἐγέννησα ἐξ αὐτῆς Τωβίαν ¹⁰καὶ ὅτε ἠχμαλωτίσθημεν 10 (11,12)

ℵ γενεὰς τοῦ αἰῶνος. ⁵πάντες οἱ ἀδελφοί μου καὶ ὁ οἶκος Νεφθαλεὶμ τοῦ 5
πατρός μου, ἐθυσίαζον ἐκεῖνοι τῷ μόσχῳ ὃν ἐποίησεν Ἱεροβεὰμ ὁ βασιλεὺς
Ἰσραὴλ ἐν Δὰν ἐπὶ πάντων ὀρέων τῆς Γαλειλαίας. ⁶κἀγὼ μονώτατος ἐπο- 6
ρευόμην πολλάκις εἰς Ἱεροσόλυμα ἐν ταῖς ἑορταῖς, καθὼς γέγραπται ἐν παντὶ
Ἰσραὴλ ἐν προστάγματι αἰωνίῳ τὰς ἀπαρχὰς καὶ τὰ πρωτογενήματα καὶ
τὰς δεκάτας τῶν κτηνῶν καὶ τὰς πρωτοκουρὰς τῶν προβάτων ἔχων ἀπέτρε-
χον εἰς Ἱεροσόλυμα· ⁷καὶ ἐδίδουν αὐτὰ τοῖς ἱερεῦσιν τοῖς υἱοῖς Ἀαρὼν πρὸς 7
τὸ θυσιαστήριον, καὶ τὴν δεκάτην τοῦ οἴνου καὶ τοῦ σίτου καὶ ἐλαίων
καὶ ῥοῶν καὶ τῶν λοιπῶν ἀκροδρύων τοῖς υἱοῖς Λευεὶ τοῖς θεραποῦσιν ἐν
Ἱερουσαλήμ. καὶ τὴν δεκάτην τὴν δευτέραν ἀπεδεκάτιζον ἀργυρίῳ τῶν ἓξ
ἐτῶν εἰς ἑορτ] καὶ ἐπορευόμην καὶ ἐδαπάνων αὐτὰ εἰς Ἱερουσαλὴμ καθ' ἕκαστον
ἐνιαυτόν· ⁸καὶ ἐδίδουν αὐτὰ τοῖς ὀρφανοῖς καὶ ταῖς χήραις, καὶ προσηλύτοις 8
τοῖς προσκειμένοις τοῖς υἱοῖς Ἰσραὴλ εἰσέφερον καὶ ἐδίδουν αὐτοῖς ἐν τῷ
τρίτῳ ἔτει καὶ ἠσθίομεν αὐτὰ κατὰ τὸ πρόσταγμα τὸ προστεταγμένον περὶ
αὐτῶν ἐν τῷ νόμῳ Μωσῆ καὶ κατὰ τὰς ἐντολὰς ἃς ἐνετείλατο Δεββώρα
ἡ μήτηρ Ἀνανιὴλ τοῦ πατρὸς ἡμῶν, ὅτι ὀρφανὸν κατέλιπέν με ὁ πατὴρ
καὶ ἀπέθανεν ⁹καὶ ὅτε ἐγενήθην ἀνήρ, ἔλαβον γυναῖκα ἐκ τοῦ σπέρματος 9
τῆς πατριᾶς ἡμῶν, καὶ ἐγέννησα ἐξ αὐτῆς υἱὸν καὶ ἐκάλεσα τὸ ὄνομα αὐτοῦ
Τωβίαν ¹⁰μετὰ τὸ αἰχμαλωτισθῆναι εἰς Ἀσσυρίους καὶ ὅτε ἠχμαλωτίσθην, 10

A **5** om παντες οι αδελφοι μου (ου ℵ* μ superscr ℵ^{a(vid)}) ℵ^{ca} (hab πασαι αι
φυλαι αι συναποστασαι εθυον τη Βααλ τη δαμαλ. ℵ^{camg}) | Νεφθαλειμ] pr
του A   **6** καγω] και εγω A | εν Ιεροσολυμοις B*^{vid}] εις Ιεροσολυμα B^{ab}A |
ταις εορτ] pr εν B^{ab}A (om B*^{vid}) | τας προκουριας] post ras seq ιας in B: π
B*^{mg sinistr} τ. πρωτοκουριας A   **7** αυτας] αυτα A | Ααρων A | θυσιαστηριον]
+ παντων των γενηματων ℵ^{camg} | των γεν] των των γεν. B* παντων των γεν.
B^{ab}A | του σιτου και του οινου ℵ^{ca} | ελαιων ℵ*] ελαιου ℵ^{ca} | και 6°]+των
συκων ჼ ℵ^{camgg} | κροδρυων ℵ* (ακρ ℵ^{ca}) | om εις A   **8** οις] τοις B* (οις
B^{bvid}) | τοις υιοις] pr εδιδουν ℵ^{cavid} | Δεμβωρα A   **9** εγεθην ℵ* (εγενηθ. ℵ^{ca})
10 αιχμαλωτισθηναι ℵ*]+ με ℵ^{ca} | ηχμαλωτισθημεν] ηχμαλωτισθην A

816

ΤΩΒΕΙΤ I 19

εἰς Νινευή, πάντες οἱ ἀδελφοί μου καὶ οἱ ἐκ τοῦ γένους ἤσθιον B
11 ἐκ τῶν ἄρτων τῶν ἐθνῶν· ¹¹ἐγὼ δὲ συνετήρησα τὴν ψυχήν
(13) 12 μου μὴ φαγεῖν, ¹²καθότι ἐμεμνήμην τοῦ θεοῦ ἐν ὅλῃ τῇ ψυχῇ
13 μου. ¹³καὶ ἔδωκεν ὁ ὕψιστος χάριν καὶ μορφὴν ἐνώπιον Ἐνεμεσ-
(16,17) 14 σάρου, καὶ ἤμην αὐτοῦ ἀγοραστής. ¹⁴ἐπορευόμην εἰς τὴν Μηδείαν,
καὶ παρεθέμην Γαβαήλῳ τῷ ἀδελφῷ Γαβρία ἐν Ῥάγοις τῆς
(18) 15 Μηδείας ἀργυρίου τάλαντα δέκα. ¹⁵Καὶ ὅτε ἀπέθανεν
Ἐνεμεσσάρ, ἐβασίλευσεν Ἀχηρεὶλ ὁ υἱὸς αὐτοῦ ἀντ' αὐτοῦ, καὶ
αἱ ὁδοὶ αὐτοῦ ἠκαταστάτησαν καὶ οὐκέτι ἠδυνάσθην πορευθῆναι
(19) 16 εἰς τὴν Μηδείαν. ¹⁶καὶ ἐν ταῖς ἡμέραις Ἐνεμεσσάρου ἐλεημο-
(20) 17 σύνας πολλὰς ἐποίουν τοῖς ἀδελφοῖς μου· ¹⁷τοὺς ἄρτους μου
ἐδίδουν τοῖς πεινῶσιν καὶ ἱμάτια τοῖς γυμνοῖς, καὶ εἴ τινα ἐκ
τοῦ γένους μου ἐθεώρουν τεθνηκότα καὶ ῥεριμμένον ὀπίσω τοῦ
(21) 18 τείχους Νινευή, ἔθαπτον αὐτόν. ¹⁸καὶ εἴ τινα ἀπέκτεινεν Ἀχηρεὶλ
ὁ βασιλεύς, ὅτε ἦλθεν φεύγων ἐκ τῆς Ἰουδαίας, ἔθαψα αὐτοὺς
κλέπτων· πολλοὺς γὰρ ἀπέκτεινεν ἐν τῷ θυμῷ αὐτοῦ· καὶ ἐζη-
(22) 19 τήθη ὑπὸ τοῦ βασιλέως τὰ σώματα, καὶ οὐχ εὑρέθη. ¹⁹πορευ-

εἰς Νινευὴ ἐπορευόμην καὶ πάντες οἱ ἀδελφοί μου καὶ οἱ ἐκ τοῦ γένους μου ℵ
11 ἤσθιον ἐκ τῶν ἄρτων τῶν ἐθνῶν, ¹¹ἐγὼ δὲ συνετήρησα τὴν ψυχήν μου μὴ
12 φαγεῖν ἐκ τῶν ἄρτων τῶν ἐθνῶν· ¹²καὶ ὅτε ἐμεμνήμην τοῦ θεοῦ μου ἐν ὅλῃ
13 ψυχῇ μου, ¹³καὶ ἔδωκέν μοι ὁ ὕψιστος χάριν καὶ μορφὴν ἐνώπιον Ἐνε-
14 μεσσάρου καὶ ἠγόραζον αὐτῷ πάντα τὰ πρὸς τὴν χρῆσιν ¹⁴καὶ ἐπορευόμην
εἰς Μηδίαν καὶ ἠγόραζον αὐτῷ ἐκεῖθεν ἕως αὐτὸν ἀποθανεῖν. καὶ παρεθέμην
Γαβήλῳ βαλλάντια τῷ ἀδελφῷ τῷ Γαβρεὶ ἐν τῇ χώρᾳ τῆς Μηδίας, ἀργυρίου
15 τάλαντα δέκα. ¹⁵Καὶ ὅτε ἀπέθανεν Ἐνεμασσὰρ καὶ ἐβασίλευσεν
Σενναχηρεὶμ υἱὸς αὐτοῦ ἀντ' αὐτοῦ, καὶ αἱ ὁδοὶ τῆς Μηδίας ἀπέστησαν
16 καὶ οὐκέτι ἠδυνάσθην πορευθῆναι εἰς τὴν Μηδίαν. ¹⁶ἐν ταῖς ἡμέραις Ἐνε-
μεσσάρου ἐλεημοσύνας πολλὰς ἐποίησα τοῖς ἀδελφοῖς μου τοῖς ἐκ τοῦ γένους
17 μου· ¹⁷τοὺς ἄρτους μου ἐδίδουν τοῖς πεινῶσιν καὶ ἱμάτια τοῖς γυμνοῖς,
καὶ εἴ τινα τῶν ἐκ τοῦ ἔθνους μου ἐθεώρουν τεθνηκότα καὶ ἐρριμμένον ὀπίσω
18 τοῦ τείχους Νινευή, ἔθαπτον αὐτόν ¹⁸καὶ εἴ τινα ἀπέκτεινεν Σενναχηρεὶμ,
ὅτε ἀπῆλθεν φεύγων ἐκ τῆς Ἰουδαίας ἐν ἡμέραις τῆς κρίσεως ἧς ἐποίησεν
ἐξ αὐτοῦ ὁ βασιλεὺς τοῦ οὐρανοῦ περὶ τῶν βλασφημιῶν ὧν ἐβλασφήμησεν,
ἔθαψα· πολλοὺς γὰρ ἀπέκτεινεν ἐν τῷ θυμῷ αὐτοῦ ἐκ τῶν υἱῶν Ἰσραήλ,
καὶ ἔκλεπτον τὰ σώματα αὐτῶν καὶ ἔθαπτον. καὶ ἐξήτησεν αὐτὰ Σεννα-

10 γενους]+μου A   14 επορευομην] pr και A | Μηδειαν (item 15), A
Μηδειας Bᵃᵇ | Γαβηλω ℵ*] Γαβαηλω ℵᶜᵃ   15 Ενεμεσσαρος A | Αχηρειλ]
Αχηρεια Bᵇᵛⁱᵈ Σενναχηρειμ A | ηκαταστατησαν] κατεστησαν A   16 εν
ταις] pr και ℵᶜᵃ? | εποιουν] ουν sup ras 4 litt Aᵃ   17 ιματια] τα ιμ.
μου A | εριμμενον A | οπισω] επι A | Νινευη] pr εις A   18 Αχηρειλ]
Σενναχηρειμ A | Σενναχηρειμ 1° ℵ*]+ο βασιλευς ℵᶜᵃ⁽ᵛⁱᵈ⁾

SEPT. II.   817   3 F

ΤΩΒΕΙΤ

Β θεὶς δὲ εἷς τῶν ἐν Νινευὴ ὑπέδειξε τῷ βασιλεῖ περὶ ἐμοῦ ὅτι
θάπτω αὐτούς, καὶ ἐκρύβην· ἐπιγνοὺς δὲ ὅτι ζητοῦμαι ἀποθανεῖν,
φοβηθεὶς ἀνεχώρησα. ²⁰καὶ διηρπάγη πάντα τὰ ὑπάρχοντά μου, 20
⁽²³⁾καὶ οὐ κατελείφθη μοι οὐδὲν πλὴν Ἄννας τῆς γυναικός μου καὶ (23)
Τωβεὶτ τοῦ υἱοῦ μου. ²¹καὶ οὐ διῆλθον ἡμέραι πεντήκοντα ἕως 21 (24)
οὗ ἀπέκτειναν αὐτὸν οἱ δύο υἱοὶ αὐτοῦ, καὶ ἔφυγον εἰς τὰ ὄρη
Ἀραράθ καὶ ἐβασίλευσεν Σαχερδονὸς ὁ υἱὸς αὐτοῦ ἀντ' αὐτοῦ,
καὶ ἔταξεν Ἀχιάχαρον τὸν Ἀναὴλ υἱὸν τοῦ ἀδελφοῦ μου ἐπὶ
πᾶσαν τὴν ἐκλογιστείαν τῆς βασιλείας αὐτοῦ καὶ ἐπὶ πᾶσαν
τὴν διοίκησιν. ²²καὶ ἠξίωσεν Ἀχιάχαρος περὶ ἐμοῦ, καὶ ἦλθον 22 (25)
εἰς Νινευή. Ἀχιάχαρος δὲ ἦν ὁ οἰνοχόος καὶ ἐπὶ τοῦ δακτυλίου
καὶ διοικητὴς καὶ ἐκλογιστής, καὶ κατέστησεν αὐτὸν ὁ Σαχερδονός,
υἱὸς ἐκ δευτέρας· ἦν δὲ ἐξάδελφός μου.

¹Ὅτε δὲ κατῆλθον εἰς τὸν οἶκόν μου καὶ ἀπεδόθη μοι Ἄννα ἡ 1 II
γυνή μου καὶ Τωβίας ὁ υἱός μου, ἐν τῇ πεντηκοστῇ ἑορτῇ ἥ ἐστιν
ἁγία ἑπτὰ ἑβδομάδων, ἐγενήθη ἄριστον καλόν μοι· ἀνέπεσα τοῦ
φαγεῖν. ²καὶ ἐθεασάμην ὄψα πολλά, καὶ εἶπα τῷ υἱῷ μου Βάδισον 2

ℵ χηρεὶμ καὶ οὐχ εὗρεν αὐτά. ¹⁹καὶ ἐπορεύθη εἷς τις τῶν ἐκ τῆς Νινευὴ καὶ 19
ὑπέδειξεν τῷ βασιλεῖ περὶ ἐμοῦ, ὅτι ἐγὼ θάπτω αὐτοὺς καὶ ἐκρύβην· καὶ
ὅτε ἐπέγνων ὅτι ἔγνω περὶ ἐμοῦ ὁ βασιλεὺς καὶ ὅτι ζητοῦμαι τοῦ ἀποθανεῖν,
ἐφοβήθην καὶ ἀπέδρασα. ²⁰καὶ ἡρπάγη πάντα ὅσα ὑπῆρχέν μοι, καὶ οὐ 20
κατελείφθη μοι οὐδὲν ὃ οὐκ ἀνελήμφθη εἰς τὸ βασιλικὸν πλὴν Ἄννας τῆς
γυναικός μου καὶ Τωβία τοῦ υἱοῦ μου. ²¹καὶ οὐ διῆλθον ἡμέραι τεσσεράκοντα 21
ἕως οὗ ἀπέκτειναν αὐτὸν οἱ δύο υἱοὶ αὐτοῦ, καὶ ἔφυγον εἰς τὰ ὄρη Ἀραρὰτ
καὶ ἐβασίλευσεν Σαχερδονὸς υἱὸς αὐτοῦ μετ' αὐτόν, καὶ ἔταξεν Ἀχείχαρον τὸν
Ἀναὴλ τὸν τοῦ ἀδελφοῦ μου υἱὸν ἐπὶ πᾶσαν τὴν ἐκλογιστίαν τῆς βασιλείας
αὐτοῦ, καὶ αὐτὸς εἶχεν τὴν ἐξουσίαν ἐπὶ πᾶσαν τὴν διοίκησιν. ²²τότε 22
ἠξίωσεν Ἀχείχαρος περὶ ἐμοῦ, καὶ κατῆλθον εἰς τὴν Νινευή. Ἀχείχαρος γὰρ
ἦν ὁ ἀρχιοινοχόος καὶ ἐπὶ τοῦ δακτυλίου καὶ διοικητὴς καὶ ἐκλογιστὴς ἐπὶ
Σενναχηρεὶμ βασιλέως Ἀσσυρίων, καὶ κατέστησεν αὐτὸν Σαχερδονὸς ἐκ
δευτέρας· ἦν δὲ ἐξάδελφός μου καὶ ἐκ τῆς συγγενίας μου.

¹Καὶ ἐπὶ Σαρχεδόνος βασιλέως κατῆλθον εἰς τὸν οἶκόν μου καὶ ἀπεδόθη 1 II
μοι ἡ γυνή μου Ἄννα καὶ Τωβίας ὁ υἱός μου, καὶ ἐν τῇ πεντηκοστῇ τῆς
ἑορτῆς ἡμῶν, ἥ ἐστιν ἁγία ἑβδομάδων, ἐγενήθη μοι ἄριστον καλόν· καὶ
ἀνέπεσα τοῦ ἀριστῆσαι. ²καὶ παρετέθη μοι ἡ τράπεζα καὶ παρετέθη μοι 2
ὀψάρια πλείονα, καὶ εἶπα τῷ Τωβείᾳ τῷ υἱῷ μου Παιδίον, βάδιζε καὶ ὃν

Α 19 εν Νινευη] Νινευιτων A | υπεδειξεν A | θαπτω] εθαπτον A 20 Τω-
βειτ] Τωβιου A 21 τεσσερακοντα] ν' ℵ^(c a mg) | εφυγεν ℵ* (-γον ℵ^(c a)) |
Αραρατ A | Σαχερδαν A | Αχειαχαρον ℵ^(c a) | υιον] pr τον A | εκλογιστιαν A
22 οινοχοος] οινοδοχος A | βασιλεως] βασιλεα ℵ^(c a) | Σαχερδονοσος A ο Σαχ.
ℵ^(c a) (om ο ℵ*) | ην] η ℵ* II 1 om δε A | εορτη] pr τη A | ανεπεσα] και
ανεπαυ|σαμην A | φαγειν] α sup ras A^a

ΤΩΒΕΙΤ ΙΙ 10

καὶ ἄγαγε ὃν ἐὰν εὕρῃς τῶν ἀδελφῶν ἡμῶν ἐνδεῆ ὃς μέμνηται τοῦ Β
3 κυρίου, καὶ ἰδοὺ μένω σε. ³καὶ ἐλθὼν εἶπεν Πάτερ, εἷς ἐκ τοῦ
4 γένους ἡμῶν ἐστραγγαλωμένος ἔρριπται ἐν τῇ ἀγορᾷ. ⁴κἀγὼ πρὶν
ἢ γεύσασθαί με ἀναπηδήσας ⁽⁴⁾ἀνειλόμην αὐτὸν εἴς τι οἴκημα ἕως οὗ
5 ἔδυ ὁ ἥλιος. ⁵καὶ ἐπιστρέψας ἐλουσάμην, καὶ ἤσθιον τὸν ἄρτον μου
6 ἐν λύπῃ· ⁶καὶ ἐμνήσθην τῆς προφητείας Ἀμώς, καθὼς εἶπεν
Στραφήσονται αἱ ἑορταὶ ὑμῶν εἰς πένθος,
καὶ πᾶσαι αἱ εὐφροσύναι ὑμῶν εἰς θρῆνον.
7 ⁷καὶ ἔκλαυσα. ⁽⁷⁾καὶ ὅτε ἔδυ ὁ ἥλιος, ᾠχόμην καὶ ὀρύξας ἔθαψα αὐτόν.
8 ⁸καὶ οἱ πλησίον ἐπεγέλων λέγοντες Οὐκέτι φοβεῖται φονευθῆναι
περὶ τοῦ πράγματος τούτου· καὶ ἀπέδρα, καὶ ἰδοὺ πάλιν θάπτει
(10) 9 τοὺς νεκρούς. ⁹καὶ ἐν αὐτῇ τῇ νυκτὶ ἀνέλυσα θάψας, καὶ
ἐκοιμήθην μεμιαμμένος παρὰ τὸν τοῖχον τῆς αὐλῆς, καὶ τὸ πρόσ-
(11) 10 ωπόν μου ἀκάλυπτον ἦν. ¹⁰καὶ οὐκ ᾔδειν ὅτι στρουθία ἐν τῷ
τοίχῳ ἐστίν· καὶ τῶν ὀφθαλμῶν μου ἀνεῳγότων, ἀφώδευσαν τὰ
στρουθία θερμὸν εἰς τοὺς ὀφθαλμούς μου, καὶ ἐγενήθη λευκώ-
—. ματα εἰς τοὺς ὀφθαλμούς μου· καὶ ἐπορεύθην πρὸς ἰατρούς, καὶ

ἂν εὕρῃς πτωχὸν τῶν ἀδελφῶν ἡμῶν ἐκ Νινευητῶν αἰχμαλώτων ὃς μέμνηται ℵ
ἐν ὅλῃ καρδίᾳ αὐτοῦ, καὶ ἄγαγε αὐτὸν καὶ φάγεται κοινῶς μετ' ἐμοῦ· καὶ ἴδε
3 προσμενῶ σε, παιδίον, μέχρι τοῦ σε ἐλθεῖν. ³καὶ ἐπορεύθη Τωβίας ζητῆσαί
τινα πτωχὸν τῶν ἀδελφῶν ἡμῶν καὶ ἐπιστρέψας λέγει Πάτερ. καὶ εἶπα
αὐτῷ Ἰδοὺ ἐγώ, παιδίον· ὁ δὲ ἀποκριθεὶς εἶπεν Πάτερ, ἰδοὺ εἷς ἐκ τοῦ
ἔθνους ἡμῶν πεφόνευται καὶ ἔρριπται ἐν τῇ ἀγορᾷ, καὶ αὐτόθι νῦν ἐστραγ-
4 γάληται. ⁴καὶ ἀναπηδήσας ἀφῆκα τὸ ἄριστον πρὶν ἢ γεύσασθαί με αὐτοῦ,
καὶ ἀναιροῦμαι αὐτὸν ἐκ τῆς πλατείας καὶ εἰς ἓν τῶν οἰκιδίων ἔθηκα μέχρι
5 τοῦ τὸν ἥλιον δύειν καὶ θάψω αὐτόν. ⁵ἐπιστρέψας οὖν ἐλουσάμην καὶ
6 ἤσθιον τὸν ἄρτον μετὰ πένθους ⁶καὶ ἐμνήσθην τοῦ ῥήματος τοῦ προφήτου
ὅσα ἐλάλησεν Ἀμὼς ἐπὶ Βαιθὴλ λέγων
Στραφήσονται ὑμῶν αἱ ἑορταὶ εἰς πένθος,
καὶ πᾶσαι αἱ ὁδοὶ ὑμῶν εἰς θρῆνος.
7 ⁷καὶ ἔκλαυσα. καὶ ὅτε ἔδυ ὁ ἥλιος, ᾠχόμην καὶ ὀρύξας ἔθαψα αὐτόν.
8 ⁸καὶ οἱ πλησίον μου κατεγέλων λέγοντες Οὐ φοβεῖται οὐκέτι; ἤδη γὰρ
ἐπεζητήθην τοῦ φονευθῆναι περὶ τοῦ πράγματος τούτου· καὶ ἀπέδρα, καὶ
9 πάλιν ἰδοὺ θάπτει τοὺς νεκρούς. ⁹καὶ αὐτῇ τῇ νυκτὶ ἐλουσάμην καὶ εἰσῆλ-
θον εἰς τὴν αὐλήν μου, καὶ ἐκοιμήθην παρὰ τὸν τοῖχον τῆς αὐλῆς, καὶ τὸ
10 πρόσωπόν μου ἀνακεκαλυμμένον διὰ τὸ καῦμα. ¹⁰καὶ οὐκ ᾔδειν ὅτι στρουθία
ἐν τῷ τοίχῳ ἐπάνω μού εἰσιν, καὶ ἐκάθισεν τὸ ἀφόδευμα αὐτῶν εἰς τοὺς
ὀφθαλμούς μου θερμὸν καὶ ἐπήγαγεν λευκώματα καὶ ἐπορευόμην πρὸς τοὺς

---

2 om ενδεη ος μεμνηται A | ιδε ℵ*] ιδου ℵᶜᵃ   3 εστραγγαλημενος Bᵃᵇ A   A
4 om η A   6 προφητιας A   8 επεζητηθη ℵᵃ ᵇ* | αποδρα A
9 ανελυσα] ανελυσ sup ras Bᵃᵇ   10 om και εγενηθη...οφθαλμους μου (2°)
A | τους οφθαλμοις (2°) Bᵉᵈⁱᵗ

819   3 F 2

ΤΩΒΕΙΤ

B οὐκ ὠφέλησάν με· Ἀχιάχαρος δὲ ἔτρεφέν με ἕως οὗ ἐπορεύθην εἰς τὴν Ἐλλυμαΐδα. ¹¹Καὶ ἡ γυνή μου Ἄννα ἠριθεύετο 11 (19) ἐν τοῖς γυναικείοις· ¹²καὶ ἀπέστελλεν τοῖς κυρίοις, καὶ ἀπέδωκαν 12 (20) αὐτῇ καὶ αὐτοὶ τὸν μισθόν, προσδόντες καὶ ἔριφον. ¹³ὅτε δὲ 13 (21) ἦλθεν πρός μέ, ἤρξατο κράζειν· καὶ εἶπα αὐτῇ Πόθεν τὸ ἐρίφιον, μὴ κλεψιμαῖόν ἐστιν; ἀπόδος αὐτὸ τοῖς κυρίοις· οὐ γὰρ θεμιτόν ἐστιν φαγεῖν κλεψιμαῖον. ¹⁴ἡ δὲ εἶπεν Δῶρον δέδοταί μοι ἐπὶ 14 — τῷ μισθῷ. καὶ οὐκ ἐπίστευον αὐτῇ, καὶ ἔλεγον ἀποδιδόναι αὐτὸ τοῖς κυρίοις, καὶ ἠρυθρίων πρὸς αὐτήν· ⁽²²⁾ἡ δὲ ἀποκριθεῖσα εἶπέν (22) μοι Ποῦ εἰσιν αἱ ἐλεημοσύναι σου καὶ αἱ δικαιοσύναι σου; ἰδοὺ γνωστὰ πάντα μετὰ σοῦ. ¹Καὶ λυπηθεὶς ἔκλαυσα, καὶ προσ- 1 III ευξάμην μετ᾽ ὀδύνης ⁽²⁾λέγων ²Δίκαιος εἶ, Κύριε, καὶ πάντα τὰ 2 ἔργα σου καὶ πᾶσαι αἱ ὁδοί σου ἐλεημοσύναι καὶ ἀλήθεια, καὶ κρίσιν ἀληθινὴν καὶ δικαίαν σὺ κρίνεις εἰς τὸν αἰῶνα ³μνήσθητί 3 μου καὶ ἐπίβλεψον ἐπ᾽ ἐμέ· μὴ ἐκδικῇς ταῖς ἁμαρτίαις μου καὶ τοῖς ἀγνοήμασίν μου καὶ τῶν πατέρων μου, ἃ ἥμαρτον ἐνώπιόν σου. ⁴παρήκουσαν γὰρ τῶν ἐντολῶν σου· ἔδωκας ἡμᾶς εἰς διαρπαγὴν καὶ 4

ℵ ἰατροὺς θεραπευθῆναι, καὶ ὅσῳ ἐνεχρίοσάν με τὰ φάρμακα, τοσούτῳ μᾶλλον ἐξετυφλοῦντο οἱ ὀφθαλμοί μου τοῖς λευκώμασιν μέχρι τοῦ ἀποτυφλωθῆναι. καὶ ἤμην ἀδύνατος τοῖς ὀφθαλμοῖς ἔτη τέσσερα. καὶ πάντες οἱ ἀδελφοί μου ἐλυποῦντο περὶ ἐμοῦ, καὶ Ἀχειάχαρος ἔτρεφέν με ἔτη δύο πρὸ τοῦ αὐτὸν βαδίσαι εἰς τὴν Ἐλυμαΐδα. ¹¹Καὶ ἐν τῷ χρόνῳ ἐκείνῳ Ἄννα ἡ 11 γυνή μου ἠριθεύετο ἐν τοῖς ἔργοις τοῖς γυναικίοις· ¹²καὶ ἀπέστελλε τοῖς 12 κυρίοις αὐτῶν, καὶ ἀπεδίδουν αὐτῇ τὸν μισθόν· καὶ ἐν τῇ ἑβδόμῃ τοῦ Δύστρου ἐξέτεμε τὸν ἱστὸν καὶ ἀπέστειλεν αὐτὸν τοῖς κυρίοις, καὶ ἔδωκαν αὐτῇ τὸν μισθὸν πάντα καὶ ἔδωκαν αὐτῇ ἐφ᾽ ἑστίᾳ ἔριφον ἐξ αἰγῶν. ¹³καὶ ὅτε 13 εἰσῆλθεν πρός μέ, ὁ ἔριφος ἤρξατο κράζειν, καὶ ἐκάλεσα αὐτὴν καὶ εἶπα Πόθεν τὸ ἐρίφιον τοῦτο; μήποτε κλεψιμαῖόν ἐστιν, ἀπόδος αὐτὸ τοῖς κυρίοις αὐτοῦ· οὐ γὰρ ἐξουσίαν ἔχομεν ἡμεῖς φαγεῖν οὐδὲν κλεψιμαῖον ¹⁴καὶ λέγει 14 μοι αὐτή Δόσει δέδοταί μοι ἐπὶ τῷ μισθῷ· καὶ οὐκ ἐπίστευον αὐτῇ, καὶ ἔλεγον ἀποδοῦναι τοῖς κυρίοις, καὶ προσηρυθρίων χάριν τούτου πρὸς αὐτήν. εἶτα ἀποκριθεῖσα λέγει μοι Καὶ ποῦ εἰσιν αἱ ἐλεημοσύναι σου, ποῦ εἰσιν αἱ δικαιοσύναι σου, ἴδε ταῦτα μετὰ σοῦ γνωστά ἐστιν. ¹Καὶ 1 III περίλυπος γενόμενος τῇ ψυχῇ καὶ στενάξας ἔκλαυσα καὶ ἠρξάμην προσεύχεσθαι μετὰ στεναγμῶν ²Δίκαιος εἶ, Κύριε, καὶ πάντα τὰ ἔργα σου 2 δίκαια καὶ πᾶσαι αἱ ὁδοί σου ἐλεημοσύνη καὶ ἀλήθεια· σὺ κρίνεις τὸν αἰῶνα ³καὶ νῦν σύ, Κύριε, μνήσθητί μου καὶ ἐπίβλεψον, καὶ μή με ἐκ- 3 δικήσῃς ταῖς ἁμαρτίαις μου καὶ ἐν τοῖς ἀγνοήμασίν μου καὶ τῶν πατέρων μου ἥμαρτον ἐναντίον σου ⁴καὶ παρήκουσα τῶν ἐντολῶν σου, καὶ ἔδωκας 4

A 10 Ελιμαιδα A   11 γυναικιοις A   12 αυτη] αυτη·| A   13 κραζειν] κραυαζειν A | ειπα] ειπον A   14 ιδε ℵ*] ιδου ℵ^{c.a}   III 2 συ] σοι A   3 μη]+με A | εκδικησης A | α] οι ℵ^{c.1}A   4 παρηκουσα ℵ*] παρηκουσαν ℵ^{c.a} | εδωκας] pr και A | διαρπαγην] αρπαγην A

ΤΩΒΕΙΤ   III 9

αἰχμαλωσίαν καὶ θάνατον καὶ παραβολὴν ὀνειδισμοῦ πᾶσιν τοῖς B
5 ἔθνεσιν ἐν οἷς ἐσκορπίσμεθα. ⁵καὶ νῦν πολλαὶ αἱ κρίσεις σού
εἰσιν ἀληθιναί, ἐξ ἐμοῦ ποιῆσαι περὶ τῶν ἁμαρτιῶν μου καὶ τῶν
πατέρων μου, ὅτι οὐκ ἐποιήσαμεν τὰς ἐντολάς σου· οὐ γὰρ ἐπορεύ-
6 θημεν ἐν ἀληθείᾳ ἐνώπιόν σου. ⁶καὶ νῦν κατὰ τὸ ἀρεστόν σου
ποίησον μετ᾽ ἐμοῦ· ἐπίταξον ἀναλαβεῖν τὸ πνεῦμά μου, ὅπως ἀπολυθῶ
καὶ γένωμαι γῆ· διότι λυσιτελεῖ μοι ἀποθανεῖν ἢ ζῆν, ὅτι ὀνειδι-
σμοὺς ψευδεῖς ἤκουσα, λύπη ἐστὶν πολλὴ ἐν ἐμοί· ἐπίταξον ἀπο-
λυθῆναί με τῆς ἀνάγκης ἤδη εἰς τὸν· αἰώνιον τόπον, μὴ ἀποστρέψῃς
τὸ πρόσωπόν σου ἀπ᾽ ἐμοῦ
7 ⁷Ἐν τῇ αὐτῇ ἡμέρᾳ συνέβη τῇ θυγατρὶ Ῥαγουὴλ Σάρρᾳ ἐν Ἐκβα-
τάνοις τῆς Μηδείας, καὶ ταύτην ὀνειδισθῆναι ὑπὸ παιδισκῶν πατρὸς
8 αὐτῆς, ⁸ὅτι ἦν δεδομένη ἀνδράσιν ἑπτά, καὶ Ἀσμόδαυς τὸ πονηρὸν
δαιμόνιον ἀπέκτεινεν αὐτοὺς πρὶν ἢ γενέσθαι αὐτοὺς μετ᾽ αὐτῆς ὡς
ἐν γυναιξίν· ⁽⁹⁾καὶ εἶπαν αὐτῇ Οὐ συνίεις ἀποπνίγουσά σου τοὺς
9 ἄνδρας; ἤδη ἑπτὰ ἔσχες, καὶ ἑνὸς αὐτῶν οὐκ ὠνάσθης. ⁹τί ἡμᾶς
μαστιγοῖς; εἰ ἀπέθαναν, βάδιζε μετ᾽ αὐτῶν· μὴ ἴδοιμέν σου υἱὸν ἢ

ἡμᾶς εἰς ἁρπαγὴν καὶ αἰχμαλωσίαν καὶ θάνατον καὶ εἰς παραβολὴν καὶ ℵ
λάλημα καὶ ὀνειδισμὸν ἐν πᾶσιν τοῖς ἔθνεσιν ἐν οἷς ἡμᾶς διεσκόρπισας.
5 ⁵καὶ νῦν πολλαί σου αἱ κρίσεις ὑπάρχουσιν ἀληθιναί, ποιῆσαι ἐξ ἐμοῦ περὶ
τῶν ἁμαρτιῶν μου, ὅτι οὐκ ἐποιήσαμεν τὰς ἐντολάς σου καὶ οὐκ ἐπορεύθημεν
6 ἀληθινῶς ἐνώπιόν σου. ⁶καὶ νῦν κατὰ τὸ ἀρεστόν σου ποίησον μετ᾽ ἐμοῦ,
καὶ ἐπίταξον ἀναλαβεῖν τὸ πνεῦμά μου ἐξ ἐμοῦ, ὅπως ἀπολυθῶ ἀπὸ προσώπου
τῆς γῆς καὶ γένωμαι γῆ· διὸ λυσιτελεῖ μοι ἀποθανεῖν μᾶλλον ἢ ζῆν, ὅτι
ὀνειδισμοὺς ψευδεῖς ἤκουσα, καὶ λύπη πολλὴ μετ᾽ ἐμοῦ. Κύριε, ἐπίταξον
ὅπως ἀπολυθῶ ἀπὸ τῆς ἀνάγκης ταύτης, ἀπόλυσόν με εἰς τὸν τόπον τὸν
αἰώνιον, καὶ μὴ ἀποστρέψῃς τὸ πρόσωπόν σου, Κύριε, ἀπ᾽ ἐμοῦ· διὸ λυσι
τελεῖ μοι ἀποθανεῖν μᾶλλον ἢ βλέπειν ἀνάγκην πολλὴν ἐν τῇ ζωῇ μου, καὶ μὴ
ἀκούειν ὀνειδισμούς
7 ⁷Ἐν τῇ ἡμέρᾳ ταύτῃ συνέβη Σάρρᾳ τῇ θυγατρὶ Ῥαγουὴλ τοῦ ἐν Ἐκ-
βατάνοις τῆς Μηδείας, καὶ αὐτὴν ἀκοῦσαι ὀνειδισμοὺς ὑπὸ μιᾶς τῶν παιδισκῶν
8 τοῦ πατρὸς ἑαυτῆς, ⁸διότι ἦν ἐκδεδομένη ἀνδράσιν ἑπτά, καὶ Ἀσμοδαῖος
τὸ δαιμόνιον τὸ πονηρὸν ἀπέκτεννεν αὐτοὺς πρὶν ἢ γενέσθαι αὐτοὺς μετ᾽ αὐτῆς,
καθάπερ ἀποδεδειγμένον ἐστὶν ταῖς γυναιξίν. καὶ εἶπεν αὐτῇ ἡ παιδίσκη
Σὺ εἶ ἡ ἀποκτέννουσα τοὺς ἄνδρας σου· ἰδοὺ ἤδη ἀπεκδέδοσαι ἑπτὰ ἀνδράσιν,
9 καὶ ἑνὸς αὐτῶν οὐκ ὠνομάσθης. ⁹τί ἡμᾶς μαστιγοῖς περὶ τῶν ἀνδρῶν σου
ὅτι ἀπέθανον; βάδιζε μετ᾽ αὐτῶν καὶ μὴ ἴδοιμεν υἱὸν μηδὲ θυγατέρα εἰς

---

5 αληθιναι]+αι οδοι σου ℵ^(c a) | μου ℵ*]+ϛ των π̅ρ̅ω̅ν̅ μου ℵ^(c a)   6 σου 1°] A
pr ενωπιον A | αποθανειν] pr μαλλον A | λυπη] pr και A   7 τη θυγατρι] om
τη A | Μηδιας A | υπο] απο A | πατρος] pr του A   8 Ασμοδεος ℵ
Ασμοδαιος A | ειπαν] ειπεν A | ωνασθης] ωνομασθης B^(a ?b)   9 απεθανε̄
B^(a ?) | υιον ℵ*]+σου ℵ^(c a)

821

B θυγατέρα εἰς τὸν αἰῶνα. ¹⁰ταῦτα ἀκούσασα ἐλυπήθη σφόδρα ὥστε 10
ἀπάγξασθαι· καὶ εἶπεν Μία μέν εἰμι τῷ πατρί μου· ἐὰν ποιήσω
τοῦτο, ὄνειδος αὐτῷ ἔσται, καὶ τὸ γῆρας αὐτοῦ κατάξω μετ' ὀδύνης
εἰς ᾅδου. ¹¹καὶ ἐδεήθη πρὸς τῇ θυρίδι καὶ εἶπεν Εὐλογητὸς 11 (11-13)
εἶ, Κύριε ὁ θεός μου, καὶ εὐλογητὸν τὸ ὄνομά σου τὸ ἅγιον καὶ
ἔντιμον εἰς τοὺς αἰῶνας· εὐλογήσαισάν σε πάντα τὰ ἔργα σου
εἰς τὸν αἰῶνα. ¹²καὶ νῦν, Κύριε, τοὺς ὀφθαλμούς μου καὶ τὸ 12 (14)
πρόσωπόν μου εἰς σὲ δέδωκα. ¹³εἰπὸν ἀπολῦσαί με ἀπὸ τῆς 13 (15)
γῆς καὶ μὴ ἀκοῦσαί με μηκέτι ὀνειδισμόν. ¹⁴σὺ γινώσκεις, 14 (16-18)
Κύριε, ὅτι καθαρά εἰμι ἀπὸ πάσης ἁμαρτίας καὶ ἀνδρός, ¹⁵καὶ 15
οὐκ ἐμόλυνα τὸ ὄνομά μου οὐδὲ τὸ ὄνομα τοῦ πατρός μου ἐν
τῇ γῇ τῆς αἰχμαλωσίας μου. μονογενής εἰμι τῷ πατρί μου,
καὶ οὐχ ὑπάρχει αὐτῷ παιδίον ὁ κληρονομήσει αὐτόν, οὐδὲ
ἀδελφὸς ἐγγὺς οὐδὲ ὑπάρχων αὐτῷ υἱὸς ἵνα συντηρήσω ἐμαυτὴν
αὐτῷ γυναῖκα. ἤδη ἀπώλοντό μοι ἑπτά· ἵνα τί μοι ζῆν; καὶ
εἰ μὴ δοκεῖ σοι ἀποκτεῖναί με, ἐπίταξον ἐπιβλέψαι ἐπ' ἐμὲ
καὶ ἐλεῆσαί με, καὶ μηκέτι ἀκοῦσαί με ὀνειδισμόν.

¹⁶Καὶ εἰσηκούσθη προσευχῆς ἀμφοτέρων ἐνώπιον τῆς δόξης 16 (24,25)

ℵ τὸν αἰῶνα ¹⁰ἐν τῇ ἡμέρᾳ ἐκείνῃ ἐλυπήθη ἐν τῇ ψυχῇ καὶ ἔκλαυσεν, καὶ 10
ἀναβᾶσα εἰς τὸ ὑπερῷον τοῦ πατρὸς αὐτῆς ἠθέλησεν ἀπάγξασθαι· καὶ πάλιν
ἐλογίσατο καὶ λέγει Μή ποτε ὀνειδίσωσιν τὸν πατέρα μου καὶ ἐροῦσιν αὐτῷ
Μία σοι ὑπῆρχεν θυγάτηρ ἀγαπητή, καὶ αὐτὴ ἀπήγξατο ἀπὸ τῶν κακῶν·
καὶ κατάξω τὸ γῆρας τοῦ πατρός μου μετὰ λύπης εἰς ᾅδου. χρησιμώτερόν
μοί ἐστιν μὴ ἀπάγξασθαι, ἀλλὰ δεηθῆναι τοῦ κυρίου, ὅπως ἀποθάνω καὶ
μηκέτι ὀνειδισμοὺς ἀκούσω ἐν τῇ ζωῇ μου ¹¹ἐν αὐτῷ τῷ καιρῷ διαπετάσασα 11
τὰς χεῖρας πρὸς τὴν θυρίδα ἐδεήθη καὶ εἶπεν Εὐλογητὸς εἶ, θεὲ ἐλεήμων,
καὶ εὐλογητὸν τὸ ὄνομά σου εἰς τοὺς αἰῶνας, καὶ εὐλογησάτωσάν σε πάντα
τὰ ἔργα σου εἰς τὸν αἰῶνα. ¹²καὶ νῦν ἐπὶ σὲ τὸ πρόσωπόν μου καὶ τοὺς 12
ὀφθαλμούς μου ἀνέβλεψα. ¹³εἰπὸν ἀπολυθῆναί με ἀπὸ τῆς γῆς καὶ μὴ 13
ἀκούειν με μηκέτι ὀνειδισμούς ¹⁴σὺ γινώσκεις, δέσποτα, ὅτι καθαρά εἰμι 14
ἀπὸ πάσης ἀκαθαρσίας ἀνδρός, ¹⁵καὶ οὐχὶ ἐμόλυνά μου τὸ ὄνομα καὶ οὐδὲ 15
τὸ ὄνομα τοῦ πατρός μου ἐν τῇ γῇ τῆς αἰχμαλωσίας μου. μονογενής εἰμι
τῷ πατρί μου, καὶ οὐχ ὑπάρχει αὐτῷ ἕτερον τέκνον ἵνα κληρονομήσῃ αὐτόν,
οὐδὲ ἀδελφὸς αὐτῷ ἐγγὺς οὔτε συγγενὴς αὐτῷ ὑπάρχει ἵνα συντηρήσω
ἐμαυτὴν αὐτῷ γυναῖκα ἤδη ἀπώλοντό μοι ἑπτα, καὶ ἵνα τί μοί ἐστιν ἔτι
ζῆν; καὶ εἰ μή σοι δοκεῖ ἀποκτεῖναί με, Κύριε, νῦν εἰσάκουσον ὀνειδισμόν
μου.

¹⁶Ἐν αὐτῷ τῷ καιρῷ εἰσηκούσθη ἡ προσευχὴ ἀμφοτέρων ἐνώπιον τῆς 16

A 10 εσται] εστιν A | αδους ℵ* (αδου ℵᶜᵃ) 14 om και BᵃᵇA 15 της
αιχμ] om της A | υιος ινα] υιος ι sup ras Aᵃ | αυτην ℵ* (εμαυτην ℵᶜᵃ) | αυτω
γυ sup ras ℵ¹ αυτω γυναι sup ras Aᵃ (seq ras 2 litt) | κ̄α (pro κ̄ε) ℵᵉᵈⁱᵗ
16 εισηκουσθη] εισηκουσεν κ̄ς A | προσευχης] προσευχη Bᵃ pi της A

- 17 τοῦ μεγάλου Ῥαφαήλ, 17καὶ ἀπεστάλη ἰάσασθαι τοὺς δύο, τοῦ B
Τωβεὶτ λεπίσαι τὰ λευκώματα, καὶ Σάρραν τὴν τοῦ Ῥαγουὴλ
δοῦναι Τωβίᾳ τῷ υἱῷ Τωβεὶτ γυναῖκα, καὶ δῆσαι Ἀσμώδαυν τὸ
πονηρὸν δαιμόνιον, διότι Τωβίᾳ ἐπιβάλλει κληρονομῆσαι αὐτήν.
ἐν αὐτῷ τῷ καιρῷ ἐπιστρέψας Τωβεὶτ εἰσῆλθεν εἰς τὸν οἶκον
αὐτοῦ, καὶ Σάρρα ἡ τοῦ Ῥαγουὴλ κατέβη ἐκ τοῦ ὑπερῴου αὐτῆς.

IV (1,2) 1 ¹Ἐν τῇ ἡμέρᾳ ἐκείνῃ ἐμνήσθη Τωβεὶτ περὶ τοῦ ἀργυρίου
2 οὗ παρέθετο Γαβαὴλ ἐν Ῥάγοις τῆς Μηδίας. ²καὶ εἶπεν ἐν
ἑαυτῷ Ἐγὼ ᾐτησάμην θάνατον, τί οὐ καλῶ Τωβείαν τὸν υἱόν
3 μου ἵνα αὐτῷ ὑποδείξω πρὶν ἀποθανεῖν με; ³καὶ καλέσας
(3) αὐτὸν εἶπεν Παιδίον, ⁽³⁾ἐὰν ἀποθάνω θάψον με, καὶ μὴ ὑπερίδῃς
τὴν μητέρα σου· τίμα αὐτὴν πάσας τὰς ἡμέρας τῆς ζωῆς σου,
(4) 4 καὶ ποίει τὸ ἀρεστὸν αὐτῇ καὶ μὴ λυπήσῃς αὐτήν. ⁴μνή-
σθητι, παιδίον, ὅτι πολλοὺς κινδύνους ἑόρακεν ἐπὶ σοὶ ἐν τῇ
(5) κοιλίᾳ· ⁽⁵⁾ὅταν ἀποθάνῃ, θάψον αὐτὴν παρ' ἐμοὶ ἐν ἑνὶ τάφῳ.
(6) 5 ⁵πάσας τὰς ἡμέρας, παιδίον, Κυρίου τοῦ θεοῦ ἡμῶν μνημόνευε·
μὴ θελήσῃς παραβῆναι τὰς ἐντολὰς αὐτοῦ. δικαιοσύνην ποίει

---

17 δόξης τοῦ θεοῦ, 17καὶ ἀπεστάλη Ῥαφαὴλ ἰάσασθαι τοὺς δύο· Τωβείθ, ἀπο- ℵ
λῦσαι τὰ λευκώματα ἀπὸ τῶν ὀφθαλμῶν αὐτοῦ ἵνα ἴδῃ τοῖς ὀφθαλμοῖς τὸ
φῶς τοῦ θεοῦ, καὶ Σάρρα τῇ Ῥαγουήλ, δοῦναι αὐτὴν Τωβείᾳ τῷ υἱῷ Τωβείθ
γυναῖκα, καὶ λῦσαι Ἀσμοδαῖον τὸ δαιμόνιον τὸ πονηρὸν ἀπ' αὐτῆς, διότι
Τωβίᾳ ἐπιβάλλει κληρονομῆσαι αὐτὴν παρὰ πάντας τοὺς θέλοντας λαβεῖν
αὐτήν. ἐν ἐκείνῳ τῷ καιρῷ ἐπέστρεψεν Τωβεὶθ ἀπὸ τῆς αὐλῆς εἰς τὸν οἶκον
αὐτοῦ, καὶ Σάρρα ἡ τοῦ Ῥαγουὴλ καὶ αὐτὴ κατέβη ἐκ τοῦ ὑπερῴου.

IV 1 ¹Ἐν τῇ ἡμέρᾳ ἐκείνῃ ἐμνήσθη Τωβεὶθ τοῦ ἀργυρίου ὃ παρέθετο Γαβαήλῳ
2 ἐν Ῥάγοις τῆς Μηδίας· ²καὶ εἶπεν ἐν τῇ καρδίᾳ αὐτοῦ Ἰδοὺ ἐγὼ ᾐτη-
σάμην θάνατον· τί οὐχὶ καλῶ Τωβίαν τὸν υἱόν μου καὶ ὑποδείξω αὐτῷ
3 περὶ τοῦ ἀργυρίου τούτου πρὶν ἀποθανεῖν με, ³καὶ ἐκάλεσεν Τωβείαν τὸν
υἱὸν αὐτοῦ, καὶ ἦλθεν πρὸς αὐτόν· καὶ εἶπεν αὐτῷ Θάψον με καλῶς, καὶ
τίμα τὴν μητέρα σου καὶ μὴ ἐγκαταλίπῃς αὐτὴν πάσας τὰς ἡμέρας τῆς
ζωῆς αὐτῆς, καὶ ποίει τὸ ἀρεστὸν ἐνώπιον αὐτῆς καὶ μὴ λυπήσῃς τὸ πνεῦμα
4 αὐτῆς ἐν παντὶ πράγματι. ⁴μνήσθητι αὐτῆς, παιδίον, ὅτι κινδύνους πολλοὺς
ἑώρακεν ἐπὶ σοὶ ἐν τῇ κοιλίᾳ αὐτῆς· καὶ ὅταν ἀποθάνῃ θάψον αὐτὴν παρ' ἐμοὶ
5 ἐν ἑνὶ τάφῳ. ⁵καὶ πάσας τὰς ἡμέρας σου, παιδίον, τοῦ κυρίου μνημόνευε,
καὶ μὴ θελήσῃς ἁμαρτεῖν καὶ παραβῆναι τὰς ἐντολὰς αὐτοῦ. δικαιοσύνας

---

17 Τωβιτ A (ter: ita ubique) | λεπισαι] λιπεισαι A* ras λι A² | Σαρρα ℵ* A
(Σαρραν ℵ¹) | τη Ραγουηλ ℵ*] την του Ραγ. ℵᶜᵃ | Τωβειτ 2°] pr του
A | Ασμοδαιον A   IV 1 αργυριου] inter ρ 2° et ι parva ras in Bᵛⁱᵈ |
Μηδειας Bᵃᵇ   2 εν εαυτω] αυτω A | om Τωβειαν A   4 εωρακεν BᵇA |
5 πασας τας ημ. cum praeced coniung Aᵛⁱᵈ | μη 1°] pr και A | θελησης]+
αμαρτανειν και Bᵃᵇ ⁱⁿᵍA | δικαιοσυνην] pr και A | ποιειν A

B πάσας τὰς ἡμέρας τῆς ζωῆς σου, καὶ μὴ πορευθῇς ταῖς ὁδοῖς τῆς ἀδικίας. ⁶διότι ποιοῦντός σου τὴν ἀλήθειαν εὐοδίαι ἔσονται 6 ἐν τοῖς ἔργοις σου καὶ πᾶσι τοῖς ποιοῦσι τὴν δικαιοσύνην. ⁷ἐκ 7 (7) τῶν ὑπαρχόντων σοι ποίει ἐλεημοσύνην, καὶ μὴ φθονεσάτω σου ὁ ὀφθαλμὸς ἐν τῷ ποιεῖν σε ἐλεημοσύνην· καὶ μὴ ἀποστρέψῃς τὸ πρόσωπόν σου ἀπὸ παντὸς πτωχοῦ, καὶ ἀπὸ σοῦ οὐ μὴ ἀποστραφῇ τὸ πρόσωπον τοῦ θεοῦ. ⁸ὡς σοὶ ὑπάρχει κατὰ τὸ 8 (3,9) πλῆθος, ποίησον ἐξ αὐτῶν ἐλεημοσύνην· ἐὰν ὀλίγον σοι ὑπάρχῃ, κατὰ τὸ ὀλίγον μὴ φοβοῦ ποιεῖν ἐλεημοσύνην. ⁹θέμα γὰρ ἀγαθὸν 9 (10) θησαυρίζεις σεαυτῷ εἰς ἡμέραν ἀνάγκης. ¹⁰διότι ἐλεημοσύνη ἐκ 10 (11) θανάτου ῥύεται, καὶ οὐκ ἐάσει εἰσελθεῖν εἰς τὸ σκότος. ¹¹δῶρον 11 (12) γὰρ ἀγαθόν ἐστιν ἐλεημοσύνη πᾶσι τοῖς ποιοῦσιν αὐτὴν ἐνώπιον τοῦ ὑψίστου. ¹²πρόσεχε σεαυτῷ, παιδίον, ἀπὸ πάσης πορνείας, 12 (13) καὶ γυναῖκα πρῶτον λάβε ἀπὸ τοῦ σπέρματος τῶν πατέρων σου· μὴ λάβῃς γυναῖκα ἀλλοτρίαν ἣ οὐκ ἔστιν ἐκ τῆς φυλῆς τοῦ πατρός σου, διότι υἱοὶ προφητῶν ἐσμεν. Νῶε, Ἀβραάμ, Ἰσαάκ, Ἰακώβ, οἱ πατέρες ἡμῶν ἀπὸ τοῦ αἰῶνος, μνήσθητι, παιδίον, ὅτι αὐτοὶ πάντες ἔλαβον γυναῖκας ἐκ τῶν ἀδελφῶν αὐτῶν, καὶ εὐλογήθησαν ἐν τοῖς τέκνοις αὐτῶν, καὶ τὸ σπέρμα αὐτῶν κληρονομήσει γῆν. ¹³καὶ νῦν, παιδίον, ἀγάπα τοὺς ἀδελ- 13 φούς σου, ⁽¹⁴⁾καὶ μὴ ὑπερηφανεύου τῇ καρδίᾳ σου ἀπὸ τῶν (14) ἀδελφῶν σου καὶ τῶν υἱῶν καὶ θυγατέρων τοῦ λαοῦ σου, λαβεῖν σεαυτῷ ἐξ αὐτῶν γυναῖκα· διότι ἐν τῇ ὑπερηφανίᾳ ἀπωλία καὶ ἀκαταστασία πολλή, καὶ ἐν τῇ ἀχρεότητι ἐλάττωσις καὶ ἔνδεια μεγάλη· ἡ γὰρ ἀχρεότης μήτηρ ἐστὶν τοῦ λιμοῦ. ¹⁴μισθὸς 14 (15) παντὸς ἀνθρώπου ὃς ἐὰν ἐργάσηται παρὰ σοὶ μὴ αὐλισθήτω, ἀλλὰ ἀπόδος αὐτῷ παραυτίκα· ἐὰν δουλεύσῃς τῷ θεῷ, ἀποδοθή- σεταί σοι. πρόσεχε σεαυτῷ, παιδίον, ἐν πᾶσι τοῖς ἔργοις σου, καὶ ἴσθι πεπαιδευμένος ἐν πάσῃ ἀναστροφῇ σου. ¹⁵καὶ ὃ μισεῖς 15 (16)

ℵ ποίει πάσας τὰς ἡμέρας τῆς ζωῆς σου καὶ μὴ πορευθῇς ταῖς ὁδοῖς τῆς ἀδικίας· ⁶διότι οἱ ποιοῦντες ἀλήθειαν εὐοδωθήσονται ἐν τοῖς ἔργοις αὐτῶν. καὶ πᾶσιν 6

A   6 αληθιαν B*ℵA (-θειαν Bᵃᵇ)   7 σοι] σου A | om σε A | om και 2° A
8 φοβου ποιειν] ου ποι sup ras Bᵃᵇ   10 ελεημοσυνην A* (ν ras A') | εασει]
εα A   11 om γαρ A | πασιν A   12 μη] pr και A | Ισαακ] pr και A
Ιακωβ] pr και A | αυτοι] ουτοι A | ηυλογισθησαν A   13 απωλεια BᵃᵇA
14 εαν 2°] pr και A

- μηδενὶ ποιήσῃς. οἶνον εἰς μέθην μὴ πίῃς, καὶ μὴ πορευθήτω B
(17) 16 μετὰ σοῦ μέθη ἐν τῇ ὁδῷ σου. ¹⁶ἐκ τοῦ ἄρτου σου δίδου
πεινῶντι, καὶ ἐκ τῶν ἱματίων σου τοῖς γυμνοῖς· πᾶν ὃ ἐὰν περισ-
σεύσῃ σοι ποίει ἐλεημοσύνην, καὶ μὴ φθονεσάτω σου ὁ ὀφθαλμὸς
(18) 17 ἐν τῷ ποιεῖν σε ἐλεημοσύνην. ¹⁷ἔκχεον τοὺς ἄρτους σου ἐπὶ
(19) 18 τὸν τάφον τῶν δικαίων, καὶ μὴ δῷς τοῖς ἁμαρτωλοῖς. ¹⁸συμ-
βουλίαν παρὰ παντὸς φρονίμου ζήτησον, καὶ μὴ καταφρονήσῃς
(20) 19 ἐπὶ πάσης συμβουλίας χρησίμης. ¹⁹καὶ ἐν παντὶ καιρῷ εὐλόγει
Κύριον τὸν θεόν, καὶ παρ' αὐτοῦ αἴτησον ὅπως αἱ ὁδοί σου
εὐθεῖαι γένωνται καὶ πᾶσαι αἱ τρίβοι καὶ βουλαὶ εὐοδωθῶσιν.
- διότι πᾶν ἔθνος οὐκ ἔχει βουλήν, ἀλλὰ αὐτὸς ὁ κύριος δίδωσιν
πάντα τὰ ἀγαθὰ καὶ ὁ ἐὰν θέλῃ ταπεινοῖ, καθὼς βούλονται. καὶ
νῦν, παιδίον, μνημόνευε τῶν ἐντολῶν μου, καὶ μὴ ἐξαλειφθή-
(21) 20 τωσαν ἐκ τῆς καρδίας σου. ²⁰καὶ νῦν ἐπιδεικνύω σοι τὰ δέκα
τάλαντα τοῦ ἀργυρίου ἃ παρεθέμην Γαβαήλῳ τῷ τοῦ Γαβρεία
(23) 21 ἐν Ῥάγοις τῆς Μηδείας. ²¹καὶ μὴ φοβοῦ, παιδίον, ὅτι ἐπτω-
χεύσαμεν· ὑπάρχει σοι πολλά, ἐὰν φοβηθῇς τὸν θεὸν καὶ ἀποστῇς
ἀπὸ πάσης ἁμαρτίας καὶ ποιήσῃς τὸ ἀρεστὸν ἐνώπιον αὐτοῦ.
V 1 ¹Καὶ ἀποκριθεὶς Τωβίας εἶπεν αὐτῷ Πάτερ, ποιήσω πάντα ὅσα
2 ἐντέταλσαί μοι. ²ἀλλὰ πῶς δυνήσομαι λαβεῖν τὸ ἀργύριον, καὶ οὐ
3 γινώσκω αὐτόν; ³καὶ ἔδωκεν αὐτῷ τὸ χειρόγραφον, καὶ εἶπεν

---

19 τοῖς ποιοῦσιν δικαιοσύνας, ¹⁹δώσει Κύριος αὐτοῖς βουλὴν ἀγαθήν· καὶ ὃν ℵ
ἂν θέλῃ Κύριος ταπεινοῖ ἕως ᾅδου κατωτάτω   καὶ νῦν, παιδίον, μνημόνευε
20 τὰς ἐντολὰς ταύτας, καὶ μὴ ἐξαλειφθήτωσαν ἐκ τῆς καρδίας σου. ²⁰καὶ νῦν,
παιδίον, ὑποδεικνύω σοι ὅτι δέκα τάλαντα ἀργυρίου παρεθέμην Γαβαήλῳ
21 τῷ τοῦ Γαβρεὶ ἐν Ἄργοις τῆς Μηδείας. ²¹καὶ μὴ φοβοῦ, παιδίον, ὅτι
ἐπτωχεύσαμεν· ὑπάρχει σοι πολλὰ ἀγαθά, ἐὰν φοβηθῇς τὸν θεὸν καὶ φύγῃς
ἀπὸ πάσης ἁμαρτίας καὶ ποιήσῃς τὰ ἀγαθὰ ἐνώπιον Κυρίου τοῦ θεοῦ σου.
V 1 ¹Τότε ἀποκριθεὶς Τωβίας εἶπεν Τωβεὶθ τῷ πατρὶ αὐτοῦ Πάντα ὅσα
2 ἐντέταλσαί μοι ποιήσω, πάτερ. ²πῶς δὲ δυνήσομαι αὐτὸ λαβεῖν παρ'
αὐτοῦ, καὶ αὐτὸς οὐ γινώσκει με καὶ ἐγὼ οὐ γινώσκω αὐτόν; τί σημεῖον
δῶ αὐτῷ καὶ ἐπιγνῷ με καὶ πιστεύσῃ μοι καὶ δῷ μοι τὸ ἀργύριον; καὶ
3 τὰς ὁδοὺς τὰς εἰς Μηδείαν οὐ γινώσκω τοῦ πορευθῆναι ἐκεῖ. ³τότε ἀπο-
κριθεὶς Τωβεὶθ εἶπεν Τωβίᾳ τῷ υἱῷ αὐτοῦ Χειρόγραφον αὐτοῦ ἔδωκέν μοι
καὶ χειρόγραφον ἔδωκα αὐτῷ, καὶ διεῖλον εἰς δύο καὶ ἐλάβομεν ἑκάτεροσεν
καὶ ἔθηκα μετὰ τοῦ ἀργυρίου· καὶ νῦν ἰδοὺ ἔτη εἴκοσι ἀφ' οὗ παρεθέμην

---

16 διδου] διαδιδου A | τοις γυμν.] τοις sup ras B^{ab} | περισσευη A | om σε A A
18 καταφρονησης] μεταφρον. A   19 o 2°] ον A | βουλονται] βουλεται A
20 επιδεικνυω] υποδ. A | Γαβαηλω] Γαμαηλω A | Γαβρια A | Μηδιας A
21 παιδιον] διον absciss est in A | θεον] κν A   V 1 εντεταλσαι]
σ sup ras A^{a?}

ΤΩΒΕΙΤ

B αὐτῷ ⁽⁴⁾Ζήτησον σεαυτῷ ἄνθρωπον ὃς συμπορεύσεταί σοι, καὶ δώσω (4)
αὐτῷ μισθὸν ἕως ζῶ, καὶ λάβε πορευθεὶς τὸ ἀργύριον. ⁴καὶ 4 (5,6)
ἐπορεύθη ζητῆσαι ἄνθρωπον, καὶ εὗρεν Ῥαφαὴλ ὃς ἦν ἄγγελος,
καὶ οὐκ ᾔδει· ⁵καὶ εἶπεν αὐτῷ Εἰ δύναμαι πορευθῆναι μετὰ σοῦ 5 (7)
ἐν Ῥάγοις τῆς Μηδείας, καὶ εἰ ἔμπειρος εἶ τῶν τόπων, ⁶καὶ 6 (8)
εἶπεν αὐτῷ ὁ ἄγγελος Πορεύσομαι μετὰ σοῦ, καὶ τῆς ὁδοῦ ἐμπειρῶ,
καὶ παρὰ Γαβαὴλ τὸν ἀδελφὸν ἡμῶν ηὐλίσθην. ⁷ καὶ εἶπεν αὐτῷ 7 (9)
Τωβίας Ὑπόμεινόν με, καὶ ἐρῶ τῷ πατρί. ⁸καὶ εἶπεν αὐτῷ 8 —
Πορεύου καὶ μὴ χρονίσῃς. ⁹Καὶ εἰσελθὼν εἶπεν τῷ πατρί 9 (10)
Ἰδοὺ εὕρηκα ὃς συνπορεύσεταί μοι. ὁ δὲ εἶπεν Φώνησον αὐτὸν
πρὸς μέ, ἵνα ἐπιγνῶ ποίας φυλῆς ἐστιν, καὶ εἰ πιστὸς τοῦ πορευ-
θῆναι μετὰ σοῦ. ¹⁰καὶ ἐκάλεσεν αὐτόν· καὶ εἰσῆλθεν, καὶ ἠσπά- 10 (11)

ℵ τὸ ἀργύριον τοῦτο ἐγώ. καὶ νῦν, παιδίον, ζήτησον σεαυτῷ ἄνθρωπον πιστὸν
ὃς πορεύσεται μετὰ σοῦ, καὶ δώσομεν αὐτῷ μισθὸν ἕως ὅτου ἔλθῃς, καὶ
λάβε παρ' αὐτοῦ τὸ ἀργύριον τοῦτο ⁴ἐξῆλθεν δὲ Τωβίας ζητῆσαι ἄνθρωπον 4
ὃς πορεύσεται μετ' αὐτοῦ εἰς Μηδίαν, ὃς ἐμπειρεῖ τῆς ὁδοῦ, καὶ ἐξῆλθεν
καὶ εὗρεν Ῥαφαὴλ τὸν ἄγγελον ἑστηκότα ἀπέναντι αὐτοῦ. καὶ οὐκ ἔγνω ὅτι
ἄγγελος τοῦ θεοῦ ἐστιν ⁵καὶ εἶπεν αὐτῷ Πόθεν εἶ, νεανίσκε; καὶ εἶπεν 5
αὐτῷ Ἐκ τῶν υἱῶν Ἰσραὴλ τῶν ἀδελφῶν σου, καὶ ἐλήλυθα ὧδε ἐργα-
τεύεσθαι. καὶ εἶπεν αὐτῷ Ἐπίστῃ τὴν ὁδὸν πορευθῆναι εἰς Μηδίαν;
⁶καὶ εἶπεν αὐτῷ Ναί, πολλάκις ἐγὼ ἐγενόμην ἐκεῖ, καὶ ἐμπειρῶ καὶ 6
ἐπίσταμαι τὰς ὁδοὺς πάσας· πλεονάκις ἐπορεύθην εἰς Μηδίαν καὶ ηὐλιζόμην
παρὰ Γαβαήλῳ τῷ ἀδελφῷ ἡμῶν τῷ οἰκοῦντι ἐν Ἐκβατάνοις τῆς Μηδείας, καὶ
ἀπέχει ὁδὸν ἡμερῶν δύο τεταγμένων ἀπὸ Ἐκβατάνων εἰς Γάρρας· κεῖται
γὰρ ἐν τῷ ὄρει, Ἐκβάτανα ἐν μέσῳ τῷ πεδίῳ. ⁷καὶ εἶπεν αὐτῷ Μεῖνόν 7
με, νεανίσκε, μέχρι ὅτου εἰσελθὼν ὑποδείξω τῷ πατρί μου· χρείαν γὰρ ἔχω
ἵνα βαδίσῃς μετ' ἐμοῦ, καὶ δώσω σοι τὸν μισθόν σου. ⁸καὶ εἶπεν αὐτῷ 8
Ἰδοὺ ἐγὼ προσκαρτερῶ, μόνον μὴ χρονίσῃς. ⁹Καὶ εἰσελθὼν Τωβείας 9
ὑπέδειξεν Τωβεὶθ τῷ πατρὶ αὐτοῦ καὶ εἶπεν αὐτῷ Ἰδοὺ ἄνθρωπον εὗρον τῶν
ἀδελφῶν ἡμῶν τῶν υἱῶν Ἰσραήλ. καὶ εἶπεν αὐτῷ Κάλεσόν μοι τὸν ἄνθρω-
πον, ὅπως ἐπιγνῶ τί τὸ γένος αὐτοῦ καὶ ἐκ ποίας φυλῆς ἐστιν, καὶ εἰ πιστός
ἐστιν ἵνα πορευθῇ μετὰ σοῦ, παιδίον. καὶ ἐξῆλθεν Τωβείας καὶ ἐκάλεσεν
αὐτὸν καὶ εἶπεν αὐτῷ Νεανίσκε, ὁ πατήρ καλεῖ σε. ¹⁰καὶ εἰσῆλθεν πρὸς αὐτὸν 10
καὶ ἐχαιρέτισεν αὐτὸν Τωβεὶθ πρῶτος. καὶ εἶπεν αὐτῷ Χαίρειν σοι πολλὰ
γένοιτο. καὶ ἀποκριθεὶς Τωβεὶθ εἶπεν αὐτῷ Τί μοι ἔτι ὑπάρχει χαίρειν;
καὶ ἐγὼ ἄνθρωπος ἀδύνατος τοῖς ὀφθαλμοῖς καὶ οὐ βλέπω τὸ φῶς τοῦ οὐρανοῦ,
ἀλλ' ἐν τῷ σκότει κεῖμαι ὥσπερ οἱ νεκροὶ οἱ μηκέτι θεωροῦντες τὸ φῶς· ζῶν
ἐγὼ ἐν νεκροῖς εἰμι, φωνὴν ἀνθρώπων ἀκούω καὶ αὐτοὺς οὐ βλέπω. καὶ
εἶπεν αὐτῷ Θάρσει, ἐγγὺς παρὰ τῷ θεῷ ἰάσασθαί σε· θάρσει καὶ εἶπεν
αὐτῷ Τωβεὶθ Τωβείας ὁ υἱός μου θέλει πορευθῆναι εἰς Μηδίαν· εἰ δυνήσῃ

A   4 Ραφαηλ] pr τον A   5 Μηδειας A   6 om εις Γαρρας Εκβατανα
ℵ*ᵛⁱᵈ (hab ℵ¹ᵐᵍ)   7 μενον ℵ | πατρι] + μου A   9 συμπορευσεται BᵇA |
πιστος] + εστιν A   10 αυτους ℵ* (αυτος ℵᶜᵃ)

ΤΩΒΕΙΤ V 17

(16) 11 σαντο ἀλλήλους. ¹¹καὶ εἶπεν αὐτῷ Τωβείτ Ἀδελφέ, ἐκ ποίας B
(17) 12 φυλῆς καὶ ἐκ ποίας πατρίδος σὺ εἶ; ὑπόδειξόν μοι. ¹²καὶ εἶπεν
αὐτῷ Φυλὴν καὶ πατριὰν σὺ ζητεῖς, ἢ μίσθιον ὃς συμπορεύ-
σεται μετὰ τοῦ υἱοῦ σου; καὶ εἶπεν αὐτῷ Τωβεὶτ Βούλομαι, ἀδελφέ,
(18) 13 ἐπιγνῶναι τὸ γένος σου καὶ τὸ ὄνομα. ¹³ὃς δὲ εἶπεν Ἐγὼ
(19) 14 Ἀζαρίας Ἀνανίου τοῦ μεγάλου, τῶν ἀδελφῶν σου. ¹⁴καὶ εἶπεν
αὐτῷ Ὑγιαίνων ἔλθοις, ἀδελφέ· καὶ μή μοι ὀργισθῇς ὅτι ἐζήτησα
τὴν φυλήν σου καὶ τὴν πατριάν σου ἐπιγνῶναι. καὶ σὺ τυγ-
χάνεις ἀδελφός μου ἐκ τῆς καλῆς καὶ ἀγαθῆς γενεᾶς· ἐπε-
γίνωσκον γὰρ ἐγὼ Ἀνανίαν καὶ Ἰαθὰν τοὺς υἱοὺς Σεμεοῦ τοῦ
μεγάλου, ὡς ἐπορευόμεθα κοινῶς εἰς Ἱεροσόλυμα προσκυνεῖν,
ἀναφέροντες τὰ πρωτότοκα καὶ τὰς δεκάτας τῶν γενημάτων,
καὶ οὐκ ἐπλανήθησαν ἐν τῇ πλάνῃ τῶν ἀδελφῶν ἡμῶν· ἐκ ῥίζης
15 καλῆς εἶ, ἀδελφέ. ¹⁵ἀλλ᾽ εἰπόν μοι τίνα σοι ἔσομαι μισθὸν
διδόναι; δραχμὴν τῆς ἡμέρας καὶ τὰ δέοντά σοι ὡς καὶ τῷ υἱῷ
16 μου; ¹⁶καὶ ἔτι προσθήσω σοι ἐπὶ τὸν μισθόν, ἐὰν ὑγιαίνοντες
(21,22) 17 ἐπιστρέψητε ¹⁷εὐδόκησαν οὕτως· καὶ εἶπεν πρὸς Τωβίαν Ἕτοι-
μος γίνου πρὸς τὴν ὁδόν· καὶ εὐοδωθείητε. καὶ ἡτοίμασεν ὁ υἱὸς

συνελθεῖν αὐτῷ καὶ ἀγαγεῖν αὐτόν; καὶ δώσω σοι τὸν μισθόν σου, ἀδελφέ. ℵ
καὶ εἶπεν αὐτῷ Δυνήσομαι πορευθῆναι μετ᾽ αὐτοῦ, καὶ ἐπίσταμαι ἐγὼ τὰς
ὁδοὺς πάσας, καὶ πολλάκις ᾠχόμην εἰς Μηδείαν καὶ διῆλθον πάντα τὰ πεδία
11 αὐτῆς, καὶ τὰ ὄρη καὶ πάσας τὰς ὁδοὺς αὐτῆς ἐγὼ γινώσκω. ¹¹καὶ εἶπεν
αὐτῷ Ἀδελφέ, ποίας πατριᾶς εἶ καὶ ἐκ ποίας φυλῆς, ὑπόδειξόν μοι, ἀδελφέ.
12 ¹²καὶ εἶπεν Τί χρείαν ἔχεις φυλῆς; καὶ εἶπεν αὐτῷ Βούλομαι γνῶναι τὰ
13 κατ᾽ ἀλήθειαν τίνος εἶ, ἀδελφέ, καὶ τί τὸ ὄνομά σου. ¹³καὶ εἶπεν αὐτῷ Ἐγὼ
14 Ἀζαρίας Ἀνανίου τοῦ μεγάλου, τῶν ἀδελφῶν σου. ¹⁴καὶ εἶπεν αὐτῷ Ὑγιαί-
νων ἔλθοις καὶ σωζόμενος, ἀδελφέ· καὶ μή μοι πικρανθῇς, ἀδελφέ, ὅτι τὴν
ἀλήθειαν ἐβουλόμην γνῶναι καὶ τὴν πατριάν σου. καὶ σὺ τυγχάνεις ἀδελφὸς
ὤν, καὶ ἐκ γενεᾶς καλῆς καὶ ἀγαθῆς εἶ σύ. ἐγίνωσκον Ἀνανίαν καὶ Ναθὰν
τοὺς δύο υἱοὺς Σεμελίου τοῦ μεγάλου, καὶ αὐτοὶ συνεπορεύοντό μοι εἰς
Ἱερουσαλὴμ καὶ προσεκύνουν μετ᾽ ἐμοῦ ἐκεῖ καὶ οὐκ ἐπλανήθησαν. οἱ ἀδελφοί
15 σου ἄνθρωποι ἀγαθοί· ἐκ ῥίζης ἀγαθῆς εἶ σύ, καὶ χαίρων ἔλθοις. ¹⁵καὶ
εἶπεν αὐτῷ Ἐγώ σοι δίδωμι μισθὸν τὴν ἡμέραν δραχμήν, καὶ τὰ δέοντά
16 σοι ὁμοίως τῷ υἱῷ μου· καὶ πορεύθητι μετὰ τοῦ υἱοῦ μου, ¹⁶καὶ ἐπιπροσθήσω
σοι τῷ μισθῷ. καὶ εἶπεν αὐτῷ ὅτι Πορεύσομαι μετ᾽ αὐτοῦ καὶ μὴ φοβηθῇς·
ὑγιαίνοντες ἀπελευσόμεθα καὶ ὑγιαίνοντες ἐπιστρέψομεν πρός σε, διότι ἡ
17 ὁδὸς ἀσφαλής. ¹⁷καὶ εἶπεν αὐτῷ Εὐλογία σοι γένοιτο, ἀδελφέ. καὶ ἐκά-
λεσεν τὸν υἱὸν αὐτοῦ καὶ εἶπεν αὐτῷ Παιδίον, ἑτοίμασον τὰ πρὸς τὴν ὁδὸν

---

11 πατριδος] πατριας A   12 του υιου] τ sup ras B^{ab}   13 ος δε] και A | A
om εγω A   14 om σου 2° B^{ab}A | επεγινωσκον] εγιγνωσκον A | Σεμειου
A | εν τη πλανη] την πλανην A | καλης] μεγαλης A   15 αλλ] αλλα A |
δραχμην sup ras B' | της ημ] in της parvam ras prae se fert B'   16 υγιαι-
νοντες] τε sup ras A^{a?}   17 ευδοκησαν] pr και A

ΤΩΒΕΙΤ

B αὐτοῦ τὰ πρὸς τὴν ὁδόν· καὶ εἶπεν αὐτῷ ὁ πατὴρ αὐτοῦ Πορεύου μετὰ τοῦ ἀνθρώπου· ὁ δὲ ἐν τῷ οὐρανῷ οἰκῶν θεὸς εὐοδώσει τὴν ὁδὸν ὑμῶν, καὶ ὁ ἄγγελος αὐτοῦ συνπορευθήτω ὑμῖν. καὶ ἐξῆλθαν ἀμφότεροι ἀπελθεῖν, καὶ ὁ κύων τοῦ παιδαρίου μετ' αὐτῶν. ¹⁸Ἔκλαυσεν δὲ Ἄννα ἡ μήτηρ αὐτοῦ, καὶ εἶπεν 18 (23) πρὸς Τωβείτ Τί ἐξαπέστειλας τὸ παιδίον ἡμῶν; ἢ οὐχὶ ἡ ῥάβδος τῆς χειρὸς ἡμῶν ἐστιν ἐν τῷ εἰσπορεύεσθαι αὐτὸν καὶ ἐκπορεύεσθαι ἐνώπιον ἡμῶν; ¹⁹ἀργύριον τῷ ἀργυρίῳ μὴ φθάσαι, ἀλλὰ 19 (24) περίψημα τοῦ παιδίου ἡμῶν γένοιτο. ²⁰ὡς γὰρ δέδοται ἡμῖν ζῆν 20 (25) παρὰ τοῦ κυρίου, τοῦτο ἱκανὸν ἡμῖν ὑπάρχει. ²¹ καὶ εἶπεν αὐτῇ 21 (26) Τωβείτ Μὴ λόγον ἔχε, ἀδελφή· ὑγιαίνων ἐλεύσεται, καὶ οἱ ὀφθαλμοί σου ὄψονται αὐτόν. ²²ἄγγελος γὰρ ἀγαθὸς συνπορεύ- 22 (27) σεται αὐτῷ, καὶ εὐοδωθήσεται ἡ ὁδὸς αὐτοῦ, καὶ ὑποστρέψει ὑγιαίνων. ¹καὶ ἐπαύσατο κλαίουσα. 1 (28) VI

²Οἱ δὲ πορευόμενοι τὴν ὁδὸν ἦλθον ἑσπέρας ἐπὶ τὸν Τίγριν 2 (1) (VI) ποταμόν, καὶ ηὐλίζοντο ἐκεῖ. ³τὸ δὲ παιδάριον κατέβη περι- 3 (2, 3) κλύσασθαι, καὶ ἀνεπήδησεν ἰχθὺς ἀπὸ τοῦ ποταμοῦ καὶ ἐβουλήθη καταπεῖν τὸ παιδάριον. ⁴ὁ δὲ ἄγγελος εἶπεν αὐτῷ Ἐπιλαβοῦ τοῦ 4

ℵ καὶ ἔξελθε μετὰ τοῦ ἀδελφοῦ σου, καὶ ὁ θεὸς ὁ ἐν τῷ οὐρανῷ διασώσαι ὑμᾶς ἐκεῖ καὶ ἀποκαταστήσαι ὑμᾶς πρὸς ἐμὲ ὑγιαίνοντας, καὶ ὁ ἄγγελος αὐτοῦ συνοδεύσαι ὑμῖν μετὰ σωτηρίας, παιδίον. καὶ ἐξῆλθεν πορευθῆναι τὴν ὁδὸν αὐτοῦ καὶ ἐφίλησεν τὸν πατέρα αὐτοῦ καὶ τὴν μητέρα, καὶ εἶπεν αὐτῳ Τωβεὶθ Πορεύου ὑγιαίνων. ¹⁸Καὶ ἔκλαυσεν ἡ μήτηρ αὐτοῦ, καὶ εἶπεν πρὸς 18 Τωβεὶθ Τί ὅτι ἀπέστειλας τὸ παιδίον μου; οὐχὶ αὐτὸς ῥάβδος τῆς χειρὸς ἡμῶν ἐστιν καὶ αὐτὸς εἰσπορεύεται καὶ ἐκπορεύεται ἐνώπιον ἡμῶν; ¹⁹ἀργύριον 19 τῷ ἀργυρίῳ μὴ φθάσαι, ἀλλὰ περίψημα τοῦ παιδίου ἡμῶν γένοιτο ²⁰ὡς 20 δέδοται ζῆν ἡμῖν παρὰ τοῦ κυρίου, τοῦτο ἱκανὸν ἡμῖν. ²¹καὶ εἶπεν αὐτῇ Μὴ 21 λόγον ἔχε, ὑγιαίνων πορεύσεται τὸ παιδίον ἡμῶν καὶ ὑγιαίνων ἐλεύσεται πρὸς ἡμᾶς, καὶ οἱ ὀφθαλμοί σου ὄψονται ἐν τῇ ἡμέρᾳ ᾗ ἂν ἔλθῃ πρὸς σὲ ὑγιαίνων μὴ λόγον ἔχε, μὴ φοβοῦ περὶ αὐτῶν, ἀδελφή· ²²ἄγγελος γὰρ 22 ἀγαθὸς συνελεύσεται αὐτῷ, καὶ εὐοδωθήσεται ἡ ὁδὸς αὐτοῦ καὶ ὑποστρέψει ὑγιαίνων. ¹καὶ ἐσίγησεν κλαίουσα. 1 VI

²Καὶ ἐξῆλθεν τὸ παιδίον καὶ ὁ ἄγγελος μετ' αὐτοῦ, καὶ ὁ κύων ἐξῆλθεν 2 μετ' αὐτοῦ καὶ ἐπορεύθη μετ' αὐτῶν, καὶ ἐπορεύθησαν ἀμφότεροι καὶ ἔτυχεν αὐτοῖς νὺξ μία, καὶ ηὐλίσθησαν ἐπὶ τοῦ Τίγριδος ποταμοῦ. ³καὶ κατέβη 3 τὸ παιδίον περινίψασθαι τοὺς πόδας εἰς τὸν Τίγριν ποταμόν, καὶ ἀναπηδήσας ἰχθὺς μέγας ἐκ τοῦ ὕδατος ἐβούλετο καταπεῖν τὸν πόδα τοῦ παιδαρίου, καὶ ἔκραξεν. ⁴καὶ ὁ ἄγγελος τῷ παιδαρίῳ εἶπεν Ἐπιλαβοῦ καὶ ἐγκρατὴς 4

A 17 οικων] κατοικων A | συμπορευθητω Bᵇ A | εξηλθον A 18 om Αννα A 20 ως ℵ*] +γαρ ℵᶜ·ᵃ 22 συμπορευσεται Bᵇ συνπορευεται A VI 3 ανεπηδησεν] seq ras 2 circ litt in B | καταπειν Bᵃᵇ A | εκραξεν ℵ*] pr απο του φοβου ℵᶜ·ᵃ

ΤΩΒΕΙΤ VI 13

ἰχθύος· καὶ ἐκράτησεν τὸν ἰχθὺν τὸ παιδάριον, καὶ ἀνέβαλεν αὐτὸν ἐπὶ B
5 τὴν γῆν. ⁵καὶ εἶπεν αὐτῷ ὁ ἄγγελος Ἀνάτεμε τὸν ἰχθύν, καὶ λαβὼν
6 τὴν καρδίαν καὶ τὸ ἧπαρ καὶ τὴν χολὴν θὲς ἀσφαλῶς. ⁶καὶ ἐποίησεν
τὸ παιδάριον ὡς εἶπεν αὐτῷ ὁ ἄγγελος, τὸν δὲ ἰχθὺν ὀπτήσαντες
7 ἔφαγον· καὶ ὥδευον ἀμφότεροι ἕως ἤγγισαν ἐν Ἐκβατάνοις. ⁷καὶ
εἶπεν τὸ παιδάριον τῷ ἀγγέλῳ Ἀζαρία ἀδελφέ, τί ἐστιν τὸ ἧπαρ
8 καὶ ἡ καρδία καὶ ἡ χολὴ τοῦ ἰχθύος; ⁸καὶ εἶπεν αὐτῷ Ἡ καρδία
καὶ τὸ ἧπαρ, ἐάν τινα ὀχλῇ δαιμόνιον ἢ πνεῦμα πονηρόν· ταῦτα δὲ
9 καπνίσαι ἐνώπιον ἀνθρώπου ἢ γυναικός, καὶ οὐ μηκέτι ὀχληθῇ. ⁹ἡ
δὲ χολὴ ἐνχρῖσαι ἄνθρωπον ὃς ἔχει λευκώματα ἐν τοῖς ὀφθαλμοῖς,
10
11 καὶ ἰαθήσεται. ¹⁰Ὡς δὲ προσήγγισαν τῇ Ῥάγῃ, ¹¹εἶπεν ὁ ἄγγελος
τῷ παιδαρίῳ Ἀδελφέ, σήμερον αὐλισθησόμεθα παρὰ Ῥαγουηλῷ· καὶ
αὐτὸς συγγενής σού ἐστιν, καὶ ἔστιν αὐτῷ θυγάτηρ ὀνόματι Σάρρα.
12 ¹²λαλήσω περὶ αὐτῆς τοῦ δοθῆναί σοι αὐτὴν εἰς γυναῖκα, ὅτι σοὶ
ἐπιβάλλει ἡ κληρονομία αὐτῆς, καὶ σὺ μόνος εἶ ἐκ τοῦ γένους αὐτῆς·
13 καὶ τὸ κοράσιον καλὸν καὶ φρόνιμόν ἐστιν. ¹³καὶ νῦν ἄκουσόν μου

τοῦ ἰχθύος γενοῦ καὶ ἐκράτησεν τὸ παιδάριον τοῦ ἰχθύος καὶ ἀνήνεγκεν ℵ
5 αὐτὸν ἐπὶ τὴν γῆν. ⁵καὶ εἶπεν αὐτῷ ὁ ἄγγελος Ἀνάσχισον τὸν ἰχθύν,
καὶ ἔξελε τὴν χολὴν καὶ τὴν καρδίαν καὶ τὸ ἧπαρ αὐτοῦ καὶ ἀπόθες αὐτὰ
μετὰ σαυτοῦ, καὶ τὰ ἔγκατα ἔκβαλε· ἔστιν γὰρ εἰς φάρμακον χρήσιμον
6 ἡ χολὴ καὶ ἡ καρδία καὶ τὸ ἧπαρ αὐτοῦ. ⁶καὶ ἀνασχίσας τὸ παιδάριον
τὸν ἰχθὺν συνήγαγεν τὴν χολὴν καὶ τὴν καρδίαν καὶ τὸ ἧπαρ, καὶ ὤπτησεν
τοῦ ἰχθύος καὶ ἔφαγεν, καὶ ἀφῆκεν ἐξ αὐτοῦ ἡλισμένον. καὶ ἐπορεύθησαν
7 ἀμφότεροι κοινῶς ἕως ἤγγισαν εἰς Μηδίαν. ⁷καὶ τότε ἠρώτησεν τὸ παιδάριον
τὸν ἄγγελον καὶ εἶπεν αὐτῷ Ἀζαρία ἀδελφέ, τί τὸ φάρμακον ἐν τῇ καρδίᾳ
8 καὶ τῷ ἥπατι τοῦ ἰχθύος καὶ ἐν τῇ χολῇ, ⁸καὶ εἶπεν αὐτῷ Ἡ καρδία καὶ τὸ
ἧπαρ τοῦ ἰχθύος κάπνισον ἐνώπιον ἀνθρώπου ἢ γυναικός, ᾧ ἀπάντημα δαι-
μονίου ἢ πνεύματος πονηροῦ· καὶ φεύξεται ἀπ' αὐτοῦ πᾶν ἀπάντημα καὶ
9 οὐ μὴ μείνωσιν μετ' αὐτοῦ εἰς τὸν αἰῶνα. ⁹καὶ ἡ χολὴ ἐνχρῖσαι ἀνθρώπου
ὀφθαλμούς, οὗ λευκώματα ἀνέβησαν ἐπ' αὐτοῦ, ἐμφυσῆσαι ἐπ' αὐτοὺς ἐπὶ
10 τῶν λευκωμάτων, καὶ ὑγιαίνουσιν. ¹⁰Καὶ ὅτε εἰσῆλθεν εἰς Μηδείαν καὶ
11 ἤδη ἤγγιζεν εἰς Ἐκβάτανα, ¹¹λέγει Ῥαφαὴλ τῷ παιδαρίῳ Τωβείᾳ ἀδελφέ.
καὶ εἶπεν αὐτῷ Ἰδοὺ ἐγώ· καὶ εἶπεν αὐτῷ Ἐν τοῖς Ῥαγουήλου τὴν νύκτα
ταύτην δεῖ ἡμᾶς αὐλισθῆναι· καὶ ὁ ἄνθρωπος συγγενής σού ἐστιν, καὶ ἔστιν
12 αὐτῷ θυγάτηρ ᾗ ὄνομα Σάρρα. ¹²καὶ υἱὸς ἄρσην οὐδὲ θυγάτηρ ὑπάρχει
αὐτῷ πλὴν Σάρρας μόνης, καὶ σὺ ἔγγιστα αὐτῆς εἶ παρὰ πάντας ἀνθρώπους
κληρονομῆσαι αὐτήν, καὶ τὰ ὄντα τῷ πατρὶ αὐτῆς σοὶ δικαιοῦται κληρονο-
μῆσαι· καὶ τὸ κοράσιον φρόνιμον καὶ ἀνδρεῖον καὶ καλὸν λίαν καὶ ὁ πατήρ

---

8 η καρδια ℵ*ᶜᵇ] την καρδιαν ℵᶜᵃ | αυτου ιχθ. ℵ* (του ιχθ. ℵᶜᵃ⁽ᵛⁱᵈ⁾) | δε] A
εδει A | καπνισον ℵ* (καπνισαι ℵᶜᵃ) | ου μηκετι] ουκετι ου μη A   9 εγχρ.
Bᵃ?ᵇ | λευκωμα A   10 Εκβατανων ℵ   11 Ραγουηλ A | θυγατηρ]
+μονογενης A   12 σοι 2°] συ B

VI 14

B καὶ λαλήσω τῷ πατρὶ αὐτῆς, καὶ ὅταν ὑποστρέψωμεν ἐκ Ῥάγων, ποιήσωμεν τὸν γάμον. διότι ἐπίσταμαι Ῥαγουὴλ ὅτι οὐ μὴ δῷ αὐτὴν ἀνδρὶ ἑτέρῳ κατὰ τὸν νόμον Μωυσῆ, ἢ ὀφειλέσει θάνατον, ὅτι τὴν κληρονομίαν σοὶ καθήκει λαβεῖν ἢ πάντα ἄνθρωπον. ¹⁴τότε 14 εἶπεν τὸ παιδάριον τῷ ἀγγέλῳ Ἀζαρία ἀδελφέ, ἀκήκοα ἐγὼ τὸ κοράσιον δεδόσθαι ἑπτὰ ἀνδράσιν, καὶ πάντας ἐν τῷ νυμφῶνι ἀπολωλότας. ¹⁵καὶ νῦν ἐγὼ μόνος εἰμὶ τῷ πατρί, καὶ φοβοῦμαι μὴ 15 εἰσελθὼν ἀποθάνω καθὼς καὶ οἱ πρότεροι, ὅτι δαιμόνιον φιλεῖ αὐτὴν ὃ οὐκ ἀδικεῖ οὐδένα πλὴν τῶν προσαγόντων αὐτῇ. καὶ νῦν ἐγὼ φοβοῦμαι μὴ ἀποθάνω, καὶ κατάξω τὴν ζωὴν τοῦ πατρός μου καὶ τῆς μητρός μου μετ' ὀδύνης ἐπ' ἐμοὶ εἰς τὸν τάφον αὐτῶν· καὶ υἱὸς ἕτερος οὐχ ὑπάρχει αὐτοῖς ὃς θάψει αὐτούς. ¹⁶εἶπεν δὲ αὐτῷ ὁ ἄγγελος 16 Οὐ μέμνησαι τῶν λόγων ὧν ἐνετείλατό σοι ὁ πατήρ σου ὑπὲρ τοῦ λαβεῖν σε γυναῖκα ἐκ τοῦ γένους σου; καὶ νῦν ἄκουσόν μου, ἀδελφέ, διότι σοὶ ἔσται εἰς γυναῖκα, καὶ τοῦ δαιμονίου μηδένα λόγον ἔχε, ὅτι τὴν νύκτα ταύτην δοθήσεταί σοι αὕτη εἰς γυναῖκα. ¹⁷καὶ 17 (18,19) ἐὰν εἰσέλθῃς εἰς τὸν νυμφῶνα, λήμψῃ τέφραν θυμιαμάτων καὶ

ℵ αὐτῆς καλός. ¹³καὶ εἶπεν Δεδικαίωταί σοι λαβεῖν αὐτήν· καὶ ἄκουσόν μου, 13 ἀδελφέ, καὶ λαλήσω τῷ πατρὶ περὶ τοῦ κορασίου τὴν νύκτα ταύτην ἵνα λημψόμεθά σοι αὐτὴν νύμφην· καὶ ὅταν ἐπιστρέψωμεν ἐκ Ῥαγουὴλ ποιήσομεν τὸν γάμον αὐτῆς. καὶ ἐπίσταμαι ὅτι οὐ μὴ δυνηθῇ Ῥαγουὴλ κωλῦσαι αὐτὴν ἀπὸ σοῦ ἢ ἐγγυᾶσθαι ἑτέρῳ, ὀφειλήσειν θάνατον κατὰ τὴν κρίσιν τῆς βίβλου Μωυσέως, διὰ τὸ γινώσκειν ὅτι σοὶ κληρονομία καθήκει λαβεῖν τὴν θυγατέρα αὐτοῦ παρὰ πάντα ἄνθρωπον. καὶ νῦν ἄκουσόν μου, ἀδελφέ, καὶ λαλήσωμεν περὶ τοῦ κορασίου τὴν νύκτα ταύτην καὶ μνηστευσόμεθά σοι αὐτήν· καὶ ὅταν ἐπιστρέψωμεν ἐκ Ῥάγων λημψόμεθα αὐτήν, καὶ ἀπάξωμεν αὐτὴν μεθ' ἡμῶν εἰς τὸν οἶκόν σου. ¹⁴τότε ἀποκριθεὶς Τωβείας εἶπεν τῷ 14 Ῥαφαὴλ Ἀζαρία ἀδελφέ, ἤκουσα ὅτι ἑπτὰ ἤδη ἐδόθη ἀνδράσιν, καὶ ἀπέθανον ἐν τοῖς νυμφῶσιν αὐτῶν· τὴν νύκτα ὁπότε εἰσεπορεύοντο πρὸς αὐτὴν καὶ ἀπέθνησκον. καὶ ἤκουσα λεγόντων αὐτῶν ὅτι δαιμόνιον ἀποκτέννει αὐτούς. ¹⁵καὶ νῦν φοβοῦμαι ἐγὼ ὅτι αὐτὴν οὐκ ἀδικεῖ, ἀλλ' ὃς ἂν θελήσῃ ἐγγίσαι 15 αὐτῆς, ἀποκτέννει αὐτόν· μονογενής εἰμι τῷ πατρί μου, μὴ ἀποθάνω, καὶ κατάξω τὴν ζωὴν τοῦ πατρός μου καὶ τῆς μητρός μου μετ' ὀδύνης ἐπ' ἐμοὶ εἰς τὸν τάφον αὐτῶν· καὶ υἱὸς ἕτερος οὐχ ὑπάρχει αὐτοῖς ἵνα θάψῃ αὐτούς. ¹⁶καὶ 16 λέγει αὐτῷ Οὐ μέμνησαι τὰς ἐντολὰς τοῦ πατρός σου, ὅτι ἐνετείλατό σοι λαβεῖν γυναῖκα ἐκ τοῦ οἴκου τοῦ πατρός σου; καὶ νῦν ἄκουσόν μου, ἀδελφέ, καὶ μὴ λόγον ἔχε τοῦ δαιμονίου τούτου καὶ λάβε. καὶ γινώσκω ἐγὼ ὅτι τὴν νύκτα ταύτην δοθήσεταί σοι γυνή. ¹⁷καὶ ὅταν εἰσέλθῃς εἰς τὸν νυμφῶνα, 17

A 13 ποιησομεν A | οφειλησιν ℵ οφειλησει A | σοι] συ ℵ | αυτην θυγ. ℵ* (την θυγ. ℵ¹ᶜᵃ) 14 εδθη ℵ* (εδοθη ℵᶜᵃ) 15 οτι] διοτι A 16 ο πατηρ σου. γυναικα] ο πηρ σου υπερ του λογου τουτου του λαβει σε γυναι sup ras et in mg Aᵃ* | om αυτη A 17 τον νυμφ] τον ν sup ras Bᵃᵇ

830

ΤΩΒΕΙΤ VII 5

ἐπιθήσεις ἀπὸ τῆς καρδίας καὶ τοῦ ἥπατος τοῦ ἰχθύος· καὶ B
18 καπνίσεις, ¹⁸καὶ ὀσφρανθήσεται τὸ δαιμόνιον καὶ φεύξεται, καὶ
— οὐκ ἐπανελεύσεται τὸν αἰῶνα τοῦ αἰῶνος. ὅταν δὲ προσπορεύῃ
αὐτῇ, ἐγέρθητε ἀμφότεροι καὶ βοήσατε πρὸς τὸν ἐλεήμονα θεόν,
καὶ σώσει ὑμᾶς καὶ ἐλεήσει. μὴ φοβοῦ, ὅτι σοὶ αὕτη ἡτοι-
μασμένη ἦν ἀπὸ τοῦ αἰῶνος, καὶ σὺ αὐτὴν σώσεις, καὶ πορεύ-
σεται μετὰ σοῦ, καὶ ὑπολαμβάνω ὅτι σοὶ ἔσται ἐξ αὐτῆς παιδία.
καὶ ὡς ἤκουσεν Τωβείας ταῦτα, ἐφίλησεν αὐτήν, καὶ ἡ ψυχὴ
αὐτοῦ ἐκολλήθη αὐτῇ σφόδρα.

VII 1 ¹Καὶ ἦλθεν εἰς Ἐκβάτανα καὶ παρεγένετο εἰς τὴν οἰκίαν Ῥαγουήλ,
καὶ Σάρρα δὲ ὑπήντησεν αὐτῷ· καὶ ἐχαιρέτισεν αὐτὸν καὶ αὐτὸς
2 αὐτούς. καὶ εἰσήγαγεν αὐτοὺς εἰς τὴν οἰκίαν. ²καὶ εἶπεν Ἔδνᾳ τῇ
3 γυναικὶ αὐτοῦ Ὡς ὅμοιος ὁ νεανίσκος Τωβεὶτ τῷ ἀνεψιῷ μου. ³καὶ
ἠρώτησεν αὐτοὺς Ῥαγουὴλ Πόθεν ἐστέ, ἀδελφοί; καὶ εἶπαν αὐτῷ
4 Ἐκ τῶν υἱῶν Νεφθαλεὶ τῶν αἰχμαλώτων ἐκ Νινευή. ⁴καὶ εἶπεν αὐτοῖς
5 Γινώσκετε Τωβεὶτ τὸν ἀδελφὸν ἡμῶν; ⁵οἱ δὲ εἶπαν Καὶ ζῇ καὶ ὑγι-

λάβε ἐκ τοῦ ἥπατος τοῦ ἰχθύος καὶ τὴν καρδίαν καὶ ἐπίθες ἐπὶ τὴν τέφραν ℵ
18 τῶν θυμιαμάτων, καὶ ἡ ὀσμὴ πορεύσεται ¹⁸καὶ ὀσφρανθήσεται τὸ δαιμόνιον καὶ
φεύξεται, καὶ οὐκέτι μὴ φανῇ περὶ αὐτὴν τὸν πάντα αἰῶνα. καὶ ὅταν μέλλῃς
γίνεσθαι μετ' αὐτῆς, ἐξεγέρθητε πρῶτον ἀμφότεροι καὶ προσεύξασθε καὶ δεήθητε
τοῦ κυρίου τοῦ οὐρανοῦ ἵνα ἔλεος γένηται καὶ σωτηρία ἐφ' ὑμᾶς. καὶ μὴ
φοβοῦ, σοὶ γάρ ἐστιν μεμερισμένη πρὸ τοῦ αἰῶνος, καὶ σὺ αὐτὴν σώσεις, καὶ
μετὰ σοῦ πορεύσεται, καὶ ὑπολαμβάνω ὅτι ἔσονταί σοι ἐξ αὐτῆς παιδία
καὶ ἔσονταί σοι ὡς ἀδελφοί· μὴ λόγον ἔχε. καὶ ὅτε ἤκουσεν Τωβείας τῶν
λόγων Ῥαφαὴλ καὶ ὅτι ἔστιν αὐτῷ ἀδελφὴ ἐκ τοῦ σπέρματος τοῦ οἴκου
τοῦ πατρὸς αὐτοῦ, λίαν ἠγάπησεν αὐτὴν καὶ ἡ καρδία αὐτοῦ ἐκολλήθη εἰς
αὐτήν.

VII 1 ¹Καὶ ὅτε εἰσῆλθεν εἰς Ἐκβάτανα λέγει αὐτῷ Ἀζαρία ἀδελφέ, ἀπάγαγέ
με εὐθεῖαν πρὸς Ῥαγουὴλ τὸν ἀδελφὸν ἡμῶν. καὶ ἀπήγαγεν αὐτὸν εἰς
τὸν οἶκον Ῥαγουήλου, καὶ εὗρον αὐτὸν καθήμενον παρὰ τὴν θύραν τῆς αὐλῆς
καὶ ἐχαιρέτισαν αὐτὸν πρῶτοι· καὶ εἶπεν αὐτοῖς Χαίρετε πολλά, ἀδελφοί,
2 καὶ καλῶς ἤλθατε ὑγιαίνοντες. καὶ ἤγαγεν αὐτοὺς εἰς τὸν οἶκον αὐτοῦ. ²καὶ
εἶπεν Ἔδνᾳ τῇ γυναικὶ αὐτοῦ Ὡς ὅμοιος ὁ νεανίσκος οὗτος Τωβείᾳ τῷ ἀδελφῷ
3 μου. ³καὶ ἠρώτησεν αὐτοὺς Ἔδνα καὶ εἶπεν αὐτοῖς Πόθεν ἐστέ, ἀδελφοί; καὶ
εἶπαν αὐτῇ Ἐκ ~ων υἱῶν Νεφθαλεὶμ ἡμεῖς τῶν αἰχμαλωτισθέντων ἐν Νινευή.
4 ⁴καὶ εἶπεν αὐτοῖς Γινώσκετε Τωβεὶθ τὸν ἀδελφὸν ἡμῶν; καὶ εἶπαν αὐτῇ
5 Γινώσκομεν ἡμεῖς αὐτόν. καὶ εἶπεν αὐτοῖς Ὑγιαίνει; ⁵καὶ εἶπαν αὐτῇ

---

18 επανελευσεται] post επανε| ras aliq B¹?ᵃ*ᵇ | τον αιωνα] pr εις A | προσ- A
πορευση A | υμας] ημας A | προ ου ℵ* (προ του ℵ¹) | Τωβιας A | αυτην 2°] in
η ras aliq B' | εκολληθη] κεκολλητο A | om αυτη 3° A   VII 1 ηλθον A |
παρεγενοντο A | om και 3° A | αυτω] αυτοις A | αυτον] αυτους A | αυτος αυ-
τους] αυτοι αυτην A   2 Τωβειτ] τω Τωβιτ A   3 ειπαν] ειπεν A | Νεφθα-
λειμ A | εκ Νιν.] των εν Νιν. A   4 γιγνωσκεται A | ημων]+ οι δε ειπᾶ|
γιγνωσκομεν·| και ειπεν αυτοις· υγιαινει· A

831

VII 6 ΤΩΒΕΙΤ

B αίνει. καὶ εἶπεν Τωβίας Πατήρ μού ἐστιν. ⁶καὶ ἀνεπήδησεν Ῥαγουὴλ, 6
καὶ κατεφίλησεν αὐτὸν καὶ ἔκλαυσε· ⁷καὶ εὐλόγησεν αὐτὸν καὶ εἶπεν 7
αὐτῷ Ὁ τοῦ καλοῦ καὶ ἀγαθοῦ ἀνθρώπου· καὶ ἀκούσας ὅτι Τωβεὶτ
ἀπώλεσεν τοὺς ὀφθαλμοὺς ἑαυτοῦ, ἐλυπήθη καὶ ἔκλαυσεν. ⁸καὶ 8
Ἔδνα ἡ γυνὴ αὐτοῦ καὶ Σάρρα ἡ θυγάτηρ αὐτοῦ ἔκλαυσαν· καὶ
ὑπεδέξαντο αὐτοὺς προθύμως. ⁹καὶ ἔθυσαν κριὸν προβάτων, καὶ 9
παρέθηκαν ὄψα πλείονα. ⁽¹⁰⁾Εἶπεν δὲ Τωβείας τῷ Ῥαφαὴλ (10-14)
Ἀζαρία ἀδελφέ, λάλησον ὑπὲρ ὧν ἔλεγες ἐν τῇ πορείᾳ, καὶ
τελεσθήτω τὸ πρᾶγμα. ¹⁰καὶ μετέδωκεν τὸν λόγον τῷ Ῥαγουήλ. 10
καὶ εἶπεν Ῥαγουὴλ πρὸς Τωβείαν Φάγε, πίε καὶ ἡδέως γίνου, σοὶ
γὰρ καθήκει τὸ παιδίον μου λαβεῖν· πλὴν ὑποδείξω τὴν ἀλή-
θειαν. ¹¹ἔδωκα τὸ παιδίον μου ἑπτὰ ἀνδράσιν, καὶ ὁπότε ἐὰν 11
εἰσεπορεύοντο πρὸς αὐτήν, ἀπέθνησκον ὑπὸ νύκτα. ἀλλὰ τὸ
νῦν ἔχων ἡδέως γίνου. καὶ εἶπεν Τωβίας Οὐ γεύσομαι οὐδὲν ὧδε
ἕως ἂν στήσητε καὶ σταθῆτε πρός μέ. καὶ εἶπεν Ῥαγουὴλ
Κομίζου αὐτὴν ἀπὸ τοῦ νῦν κατὰ τὴν κρίσιν· σὺ δὲ ἀδελφὸς

ℵ Ὑγιαίνει καὶ ζῇ. καὶ εἶπεν Τωβείας Ὁ πατήρ μού ἐστιν. ⁶καὶ ἀνεπήδησεν 6
Ῥαγουὴλ, καὶ κατεφίλησεν αὐτὸν καὶ ἔκλαυσεν· ⁷καὶ ἐλάλησεν καὶ εἶπεν 7
αὐτῷ Εὐλογία σοι γένοιτο, παιδίον, ὁ τοῦ καλοῦ καὶ ἀγαθοῦ πατρός· ὦ
ταλαιπώρων κακῶν, ὅτι ἐτυφλώθη ἀνὴρ δίκαιος καὶ ποιῶν ἐλεημοσύνας. καὶ
ἐπιπεσὼν ἐπὶ τὸν τράχηλον Τωβεία τοῦ ἀδελφοῦ αὐτοῦ ἔκλαυσεν. ⁸καὶ 8
Ἔδνα ἡ γυνὴ αὐτοῦ ἔκλαυσεν αὐτόν, καὶ Σάρρα ἡ θυγάτηρ αὐτῶν ἔκλαυσεν
καὶ αὐτή. ⁹καὶ ἔθυσεν κριὸν ἐκ προβάτων καὶ ὑπεδέξατο αὐτοὺς προθύ- 9
μως. Καὶ ὅτε ἐλούσαντο καὶ ἐνίψαντο καὶ ἀνέπεσαν δειπνῆσαι εἶπεν
Τωβείας τῷ Ῥαφαὴλ Ἀζαρία ἀδελφέ, εἰπὸν Ῥαγουὴλ ὅπως δῷ μοι Σάρραν
τὴν ἀδελφήν μου ¹⁰καὶ ἤκουσεν Ῥαγουὴλ τὸν λόγον καὶ εἶπεν τῷ παιδί 10
Φάγε καὶ πίε καὶ ἡδέως γενοῦ τὴν νύκτα ταύτην, οὐ γάρ ἐστιν ἄνθρωπος
ᾧ καθήκει λαβεῖν Σάρραν τὴν θυγατέρα μου πλὴν σοῦ, ἀδελφέ· ὡσαύτως
δὲ καὶ ἐγὼ οὐκ ἔχω ἐξουσίαν δοῦναι αὐτὴν ἑτέρῳ ἀνδρὶ πλὴν σοῦ, ὅτι σὺ
ἔγγιστά μου. καὶ μάλα τὴν ἀλήθειάν σοι ὑποδείξω, παιδίον. ¹¹ἔδωκα 11
αὐτὴν ζ´ ἀνδράσιν τῶν ἀδελφῶν ἡμῶν, καὶ πάντες ἀπέθανον τὴν νύκτα
ὁπότε εἰσεπορεύοντο πρὸς αὐτήν. καὶ νῦν, παιδίον, φάγε καὶ πίε καὶ Κύριος
ποιήσει ἐν ὑμῖν. καὶ εἶπεν Τωβείας Οὐ μὴ φάγω ἐντεῦθεν οὐδὲ μὴ πίω
ἕως ἂν διαστήσῃς τὰ πρὸς ἐμέ. καὶ εἶπεν αὐτῷ Ῥαγουὴλ ὅτι Ποιῶ,
καὶ αὐτὴ δίδοταί σοι κατὰ τὴν κρίσιν τῆς βίβλου Μωυσέως, καὶ ἐκ τοῦ
οὐρανοῦ κέκριταί σοι δοθῆναι κομίζου τὴν ἀδελφήν σου. ἀπὸ τοῦ νῦν
σὺ ἀδελφὸς εἶ αὐτῆς καὶ αὐτὴ ἀδελφή σου· δέδοταί σοι ἀπὸ τῆς σήμερον

A 7 ηυλογησεν A | om εαυτου A   8 η γυνη] pr και A | εκλαυσεν B^{ab}
9 om δε A* (superscr A^{aˀ}) | Τωβιας B^bA | πορεια] ενπορια A | τελεσθητω]
στητω A   10 Τωβιαν B^bA | πιε] pr και A | υποδειξω]+σοι A | αληθιαν B*
(αληθειαν B^{ab}A)   11 παιδιον] παιδαριον A* (παιδειεν [ε sup ras] A^{aˀ}) | om
μου A | εαν] αν A | απεθνησκοσαν B^1A | νυκτα] pr την A | εχον B^{ab}A | Τω-
βιας B^bA (item 11) | γευσομαι A | om δε 1° A

ΤΩΒΕΙΤ VIII 3

εἶ αὐτῆς, καὶ αὐτή σού ἐστιν· ὁ δὲ ἐλεήμων θεὸς εὐοδώσει ὑμῖν B
(15) 12 τὰ κάλλιστα. ¹²καὶ ἐκάλεσεν Σάρραν τὴν θυγατέρα αὐτοῦ, καὶ
λαβὼν τῆς χειρὸς αὐτῆς παρέδωκεν αὐτὴν Τωβείᾳ γυναῖκα, καὶ
εἶπεν Ἰδοὺ κατὰ τὸν νόμον Μωυσέως κομίζου αὐτὴν καὶ ἄπαγε
13 πρὸς τὸν πατέρα σου· καὶ εὐλόγησεν αὐτοῖς. ¹³καὶ ἐκάλεσεν
(16) Ἔδναν τὴν γυναῖκα αὐτοῦ· ⁽¹⁶⁾καὶ λαβὼν βιβλίον ἔγραψεν συν-
(17) 14 γραφὴν καὶ ἐσφραγίσαντο. ¹⁴καὶ ἤρξαντο ἐσθίειν. ¹⁵καὶ ἐκά-
(18) 15 λεσεν Ῥαγουὴλ Ἔδναν τὴν γυναῖκα αὐτοῦ καὶ εἶπεν αὐτῇ Ἀδελφή,
(19) 16 ἑτοίμασον τὸ ἕτερον ταμεῖον καὶ εἴσαγε αὐτήν. ¹⁶καὶ ἐποίησεν
ὡς εἶπεν καὶ εἰσήγαγεν αὐτὴν ἐκεῖ, καὶ ἔκλαυσεν· καὶ ἀπεδέ-
(20) 17 ξατο τὰ δάκρυα τῆς θυγατρὸς αὐτῆς ⁽²⁰⁾καὶ εἶπεν αὐτῇ ¹⁷Θάρσει,
τέκνον, ὁ κύριος τοῦ οὐρανοῦ καὶ τῆς γῆς δῴη σοι χάριν ἀντὶ
VIII 1 τῆς λύπης σου ταύτης· θάρσει, θύγατερ. ¹⁷Ὅτε δὲ συνε-
2 τέλεσαν δειπνοῦντες, εἰσήγαγον Τωβείαν πρὸς αὐτήν. ²ὁ δὲ πορευό-
μενος ἐμνήσθη τῶν λόγων Ῥαφαήλ, καὶ ἔλαβεν τὴν τέφραν τῶν
θυμιαμάτων καὶ ἐπέθηκεν τὴν καρδίαν τοῦ ἰχθύος καὶ τὸ ἧπαρ,
3 καὶ ἐκάπνισεν. ³ὅτε δὲ ὠσφράνθη τὸ δαιμόνιον τῆς ὀσμῆς, ἔφυγεν

καὶ εἰς τὸν αἰῶνα. καὶ ὁ κύριος τοῦ οὐρανοῦ εὐοδώσει ὑμᾶς, παιδίον, τὴν ℵ
12 νύκτα ταύτην καὶ ποιήσαι ἐφ᾽ ὑμᾶς ἔλεος καὶ εἰρήνην. ¹²καὶ ἐκάλεσεν
Ῥαγουὴλ Σάρραν τὴν θυγατέρα αὐτοῦ, καὶ ἦλθεν πρὸς αὐτόν, καὶ λαβόμενος
τῆς χειρὸς αὐτῆς παρέδωκεν αὐτὴν αὐτῷ καὶ εἶπεν Κόμισαι κατὰ τὸν νόμον
καὶ κατὰ τὴν κρίσιν τὴν γεγραμμένην ἐν τῇ βίβλῳ Μωυσέως δοῦναί σοι
τὴν γυναῖκα, ἔχε καὶ ἀπάγαγε πρὸς τὸν πατέρα σου ὑγιαίνων· καὶ ὁ
13 θεὸς τοῦ οὐρανοῦ εὐοδώσαι ὑμῖν εἰρήνην. ¹³καὶ ἐκάλεσεν τὴν μητέρα αὐτῆς
καὶ εἶπεν ἐνεγκεῖν βιβλίον, καὶ ἔγραψεν συγγραφὴν βιβλίου συνοικήσεως καὶ ὡς
14 δίδωσιν αὐτὴν αὐτῷ γυναῖκα κατὰ τὴν κρίσιν τοῦ Μωυσέως νόμου. ¹⁴ἀπ᾽ ἐκεί-
15 νου ἤρξαντο φαγεῖν καὶ πεῖν. ¹⁵καὶ ἐκάλεσεν Ῥαγουὴλ Ἔδναν τὴν γυναῖκα
αὐτοῦ καὶ εἶπεν αὐτῇ Ἀδελφή, ἑτοίμασον τὸ ταμεῖον τὸ ἕτερον καὶ εἰσάγαγε
16 αὐτὴν ἐκεῖ. ¹⁶καὶ βαδίσασα ἔστρωσεν εἰς τὸ ταμεῖον ὡς εἶπεν αὐτῇ, καὶ
ἤγαγεν αὐτὴν ἐκεῖ· καὶ ἔκλαυσεν περὶ αὐτῆς καὶ ἀπεμάξατο τὰ δάκρυα καὶ
17 εἶπεν αὐτῇ ¹⁷Θάρσει, θύγατερ, ὁ κύριος τοῦ οὐρανοῦ δῴη σοι χαρὰν ἀντὶ τῆς
VIII 1 λύπης σου· θάρσει, θύγατερ. καὶ ἐξῆλθεν. ¹Καὶ ὅτε συνετέλεσαν τὸ
φαγεῖν καὶ πεῖν, ἠθέλησαν κοιμηθῆναι καὶ ἀπήγαγον τὸν νεανίσκον καὶ
2 εἰσήγαγον αὐτὸν εἰς τὸ ταμεῖον. ²καὶ ἐμνήσθη Τωβείας τῶν λόγων Ῥαφαήλ,
καὶ ἔλαβεν τὸ ἧπαρ τοῦ ἰχθύος καὶ τὴν καρδίαν ἐκ τοῦ βαλαντίου οὗ εἶχεν
3 καὶ ἐπέθηκεν ἐπὶ τὴν τέφραν τοῦ θυμιάματος. ³καὶ ἡ ὀσμὴ τοῦ ἰχθύος
ἐκώλυσεν, καὶ ἀπέδραμεν τὸ δαιμόνιον ἄνω εἰς τὰ μέρη Αἰγύπτου· καὶ βαδίσας

11 υμιν] ημ ν A* (υμ. Aᵃ) 12 Σαρρα A | Τωβεια] τω Τωβια A | ηυ- A
λογησεν A 13 συγγραφην Bᵃᵇ | εσφραγισατο A 14 ηρξατο Bᵃᵇ
15 om Ραγουηλ A | ταμιον B*ℵA (ταμειον Bᵃ) | εισαγε] εισαγαγε A
16 εισηγαγον A 17 δω A* (δωη Aᵃ?) VIII 1 το φαγειν ℵ*] του φ
ℵᶜᵃ | Τωβιαν BᵃA | ταμιον ℵ 2 om και 4° A

VIII 4 ΤΩΒΕΙΤ

B εἰς τὰ ἀνώτατα Αἰγύπτου, καὶ ἔδησεν αὐτὸ ὁ ἄγγελος. ⁴ὡς δὲ συνε- 4
κλείσθησαν ἀμφότεροι, ἀνέστη Τωβείας ἀπὸ τῆς κλίνης καὶ εἶπεν
Ἀνάστηθι, ἀδελφή, καὶ προσευξώμεθα ἵνα ἡμᾶς ἐλεήσῃ ὁ κύριος.
⁵καὶ ἤρξατο Τωβίας λέγειν Εὐλογητὸς εἶ ὁ θεὸς τῶν πατέρων 5 (7)
ἡμῶν, καὶ εὐλογητὸν τὸ ὄνομά σου τὸ ἅγιον καὶ ἔνδοξον εἰς
τοὺς αἰῶνας· εὐλογησάτωσάν σε οἱ οὐρανοὶ καὶ πᾶσαι αἱ κτίσεις
σου ⁶σὺ ἐποίησας Ἀδάμ, καὶ ἔδωκας αὐτῷ βοηθὸν Εὔαν στή- 6 (8)
ριγμα τὴν γυναῖκα αὐτοῦ· ἐκ τούτων ἐγενήθη τὸ ἀνθρώπων
σπέρμα. σὺ εἶπας Οὐ καλὸν εἶναι τὸν ἄνθρωπον μόνον, ποιή- –
σωμεν αὐτῷ βοηθὸν ὅμοιον αὐτῷ. ⁷καὶ νῦν, Κύριε, οὐ διὰ πορ- 7 (9)
νείαν ἐγὼ λαμβάνω τὴν ἀδελφήν μου ταύτην, ἀλλ᾽ ἐπ᾽ ἀληθείας·
ἐπίταξον ἐλεῆσαί με καὶ αὐτῇ συνκαταγηρᾶσαι. ⁸καὶ εἶπεν 8 (10)
μετ᾽ αὐτοῦ Ἀμήν. ⁹καὶ ἐκοιμήθησαν ἀμφότεροι τὴν νύκτα   ⁽¹¹⁾Καὶ 9 (11)
ἀναστὰς Ῥαγουὴλ ἐπορεύθη καὶ ὤρυξεν τάφον, ¹⁰λέγων Μὴ καὶ 10 (12)
οὗτος ἀποθάνῃ. ¹¹καὶ ἦλθεν Ῥαγουὴλ εἰς τὴν οἰκίαν ἑαυτοῦ, 11 (13)
¹²καὶ εἶπεν Ἔδνᾳ τῇ γυναικὶ αὐτοῦ ⁽¹⁴⁾Ἀπόστειλον μίαν τῶν 12 (14)
παιδισκῶν, καὶ εἰδέτωσαν εἰ ζῇ· εἰ δὲ μή, ἵνα θάψωμεν αὐτὸν
καὶ μηδεὶς γνῷ ¹³καὶ εἰσῆλθεν ἡ παιδίσκη ἀνοίξασα τὴν θύραν, 13 (15)

א Ῥαφαὴλ συνεπόδισεν αὐτὸν ἐκεῖ καὶ ἐπέδησεν παραχρῆμα ⁴καὶ ἐξῆλθον καὶ 4
ἀπέκλεισαν τὴν θύραν τοῦ ταμείου. καὶ ἠγέρθη Τωβείας ἀπὸ τῆς κλίνης καὶ
εἶπεν αὐτῇ Ἀδελφή, ἀνάστηθι, προσευξώμεθα καὶ δεηθῶμεν τοῦ κυρίου ἡμῶν
ὅπως ποιήσῃ ἐφ᾽ ἡμᾶς ἔλεος καὶ σωτηρίαν. ⁵καὶ ἀνέστη καὶ ἤρξαντο 5
προσεύχεσθαι καὶ δεηθῆναι ὅπως γένηται αὐτοῖς σωτηρία, καὶ ἤρξατο λέγειν
Εὐλογητὸς εἶ ὁ θεὸς τῶν πατέρων ἡμῶν καὶ εὐλογητὸν τὸ ὄνομά σου εἰς
πάντας τοὺς αἰῶνας τῆς γενεᾶς· εὐλογησάτωσάν σε οἱ οὐρανοὶ καὶ πᾶσα
ἡ κτίσις σου εἰς πάντας τοὺς αἰῶνας. ⁶σὺ ἐποίησας τὸν Ἀδάμ, καὶ ἐποίησας 6
αὐτῷ βοηθὸν στήριγμα Εὔαν τὴν γυναῖκα αὐτοῦ, καὶ ἐξ ἀμφοτέρων ἐγενήθη
τὸ σπέρμα τῶν ἀνθρώπων· καὶ σὺ εἶπας ὅτι Οὐ καλὸν εἶναι τὸν ἄνθρωπον
μόνον, ποιήσωμεν αὐτῷ βοηθὸν ὅμοιον αὐτῷ. ⁷καὶ νῦν οὐχὶ διὰ πορνίαν 7
ἐγὼ λαμβάνω τὴν ἀδελφήν μου ταύτην, ἀλλ᾽ ἐπ᾽ ἀληθείας· ἐπίταξον ἐλεῆσαί
με καὶ αὐτὴν καὶ συνκαταγηρᾶσαι κοινῶς. ⁸καὶ εἶπαν μεθ᾽ ἑαυτῶν Ἀμήν. 8
⁹καὶ ἐκοιμήθησαν τὴν νύκτα.   Καὶ ἀναστὰς Ῥαγουὴλ ἐκάλεσεν τοὺς 9
οἰκέτας μεθ᾽ ἑαυτοῦ καὶ ᾤχοντο καὶ ὤρυξαν τάφον· ¹⁰εἶπεν γὰρ Μή ποτε 10
ἀποθάνῃ καὶ γενώμεθα καταγέλως καὶ ὀνειδισμός ¹¹καὶ ὅτε συνετέλεσαν 11
ὀρύσσοντες τὸν τάφον, ἦλθεν Ῥαγουὴλ εἰς τὸν οἶκον καὶ ἐκάλεσεν τὴν
γυναῖκα αὐτοῦ ¹²καὶ εἶπεν Ἀπόστειλον μίαν τῶν παιδισκῶν καὶ εἰσελθοῦσα 12
ἰδέτω εἰ ζῇ· καὶ εἰ τέθνηκεν, ὅπως ἂν θάψωμεν αὐτόν, ὅπως μηδεὶς γνῷ.
¹³καὶ ἀπέστειλαν τὴν παιδίσκην καὶ ἧψαν τὸν λύχνον καὶ ἤνοιξαν τὴν θύραν, 13

A   3 εις] pr εως A   4 Τωβιας BᵃA (item 5) | προσευξωμεθα] ξωμ sup ras
Bᵃᵇ | ελ. ο κ̄ς̄ ημας A   6 om ομοιον A* (hab A?)   7 αλλα A |
αυτη] ταυτη A | συγκαταγηρασαι Bᵃᵇ συνκαταγηρασομε (αγηρα sup ras Aᵃ) A
10 οιτος] αυτος A   12 ιδετωσαν Bᵇ | γνω] γνωτω A

ΤΩΒΕΙΤ IX 2

(16) 14 καὶ εὗρεν τοὺς δύο καθεύδοντας. ¹⁴καὶ ἐξελθοῦσα ἀπήγγειλεν B
(17) 15 αὐτοῖς ὅτι ζῇ. ¹⁵Καὶ εὐλόγησεν Ῥαγουὴλ τὸν θεὸν λέγων
Εὐλογητὸς εἶ σὺ ὁ θεὸς ἐν πάσῃ εὐλογίᾳ καὶ εὐλογείτωσάν σε
οἱ ἅγιοί σου καὶ πᾶσαι αἱ κτίσεις σου, πάντες οἱ ἄγγελοί σου
16 καὶ οἱ ἐκλεκτοί σου εὐλογείτωσάν σε εἰς τοὺς αἰῶνας ¹⁶εὐλο-
γητὸς εἶ ὅτι ηὔφρανάς με, καὶ οὐκ ἐγένετό μοι καθὼς ὑπενόουν,
(18,19) 17 ⁽¹⁸⁾ἀλλὰ κατὰ τὸ πολὺ ἔλεός σου ἐποίησας μεθ᾽ ἡμῶν. ¹⁷εὐλογητὸς
εἶ ὅτι ἠλέησας δύο μονογενεῖς· ποίησον αὐτοῖς, δέσποτα, ἔλεος,
συντέλεσον τὴν ζωὴν αὐτῶν ἐν ὑγείᾳ μετὰ εὐφροσύνης καὶ
(20) 18 ἐλέους. ¹⁸ἐκέλευσεν δὲ τοῖς οἰκέταις χῶσαι τὸν τάφον ¹⁹Καὶ
(21,22) 19
(23) 20 ἐποίησεν αὐτοῖς γάμον ἡμερῶν δέκα τεσσάρων. ²⁰ καὶ εἶπεν αὐτῷ
Ῥαγουὴλ πρὶν ἢ συντελεσθῆναι τὰς ἡμέρας τοῦ γάμου ἐνόρκως,
μὴ ἐξελθεῖν αὐτὸν ἐὰν μὴ πληρωθῶσιν αἱ δέκα τέσσαρες ἡμέραι
(24) 21 τοῦ γάμου, ²¹καὶ τότε λαβόντα τὸ ἥμισυ τῶν ὑπαρχόντων αὐτοῦ
πορεύεσθαι μετὰ ὑγείας πρὸς τὸν πατέρα· καὶ τὰ λοιπὰ ὅταν
ἀποθάνω καὶ ἡ γυνή μου

IX (1) 1/2 ¹Καὶ ἐκάλεσεν Τωβίας τὸν Ῥαφαὴλ καὶ εἶπεν αὐτῷ ²Ἀζαρία
(3) ἀδελφέ, ⁽³⁾λάβε μετὰ σεαυτοῦ παῖδα καὶ δύο καμήλους, καὶ πορεύ-

---

14 καὶ εἰσῆλθεν καὶ εὗρεν αὐτοὺς καθεύδοντας καὶ ὑπνοῦντας κοινῶς. ¹⁴καὶ ἐξελ- ℵ
15 θοῦσα ἡ παιδίσκη ὑπέδειξεν αὐτοῖς ὅτι Ζῇ καὶ οὐδὲν κακόν ἐστιν ¹⁵Καὶ
εὐλόγησαν τὸν θεὸν τοῦ οὐρανοῦ καὶ εἶπαν Εὐλογητὸς εἶ, θεέ, ἐν πάσῃ
16 εὐλογίᾳ καθαρᾷ· εὐλογείτωσάν σε εἰς πάντας τοὺς αἰῶνας ¹⁶καὶ εὐλογητὸς
εἶ ὅτι εὔφρανάς με, καὶ οὐκ ἐγένετο καθὼς ὑπενόουν, ἀλλὰ κατὰ τὸ πολὺ ἔλεός
17 σου ἐποίησας μεθ᾽ ἡμῶν. ¹⁷καὶ εὐλογητὸς εἶ ὅτι ἠλέησας δύο μονογενεῖς.
ποίησον αὐτοῖς, δέσποτα, ἔλεος καὶ σωτηρίαν, καὶ συντέλεσον τὴν ζωὴν
18 αὐτῶν μετ᾽ εὐφροσύνης καὶ ἐλέου. ¹⁸Τότε εἶπεν τοῖς οἰκέταις αὐτοῦ χῶσαι
19 τὸν τάφον πρὸ τοῦ ὄρθρον γενέσθαι ¹⁹Καὶ τῇ γυναικὶ εἶπεν ποιῆσαι
ἄρτους πολλούς. καὶ εἰς τὸ βουκόλιον βαδίσας ἤγαγεν βόας δύο καὶ κριοὺς
20 τέσσαρες καὶ εἶπεν συντελεῖν αὐτούς· καὶ ἤρξαντο παρασκευάζειν. ²⁰καὶ
ἐκάλεσεν Τωβείαν καὶ εἶπεν αὐτῷ Δέκα τεσσάρων ἡμερῶν οὐ μὴ κινηθῇς
ἐντεῦθεν, ἀλλ᾽ αὐτοῦ μενεῖς ἔσθων καὶ πίνων παρ᾽ ἐμοὶ καὶ εὐφρανεῖς τὴν
21 ψυχὴν τῆς θυγατρός μου τὴν κατωδυνωμένην. ²¹καὶ ὅσα μοι ὑπάρχει,
λάμβανε αὐτόθεν τὸ ἥμισυ καὶ ὕπαγε ὑγιαίνων πρὸς τὸν πατέρα σου, καὶ
τὸ ἄλλο ἥμισυ ὅταν ἀποθάνω ἐγώ τε καὶ ἡ γυνή μου ὑμέτερόν ἐστιν. θάρσει,
παιδίον, ἐγώ σου ὁ πατὴρ καὶ Ἔδνα ἡ μήτηρ σου. καὶ παρὰ σοῦ νῦν ἐσμεν
ἡμεῖς καὶ τῆς ἀδελφῆς σου· ἀπὸ τοῦ νῦν ἐσμεν εἰς τὸν αἰῶνα θάρσει, παιδίον.
IX 1/2 ¹Τότε ἐκάλεσεν Τωβείας Ῥαφαὴλ καὶ εἶπεν αὐτῷ ²Ἀζαρία ἀδελφέ,
παράλαβε μετὰ σεαυτοῦ τέσσαρες οἰκέτας καὶ καμήλους δύο, καὶ πορεύθητι

---

15 ηυλογησεν A | ευλογια]+καθαρα και αγια B^(ab mg)A | παντες] pr και A | A
τους αιωνας] pr παντας A   **16** ηυφρανας B*^bA] ευφρανας A   **17** υγεια
B^ab υγια A | μετα] μετ A   **20** αυτω] αυτοις A   **21** υγιας B*A (υγειας
B^ab)   IX 1 Τωβιας B^aA (item 6)

B θητι ἐν Ῥάγοις τῆς Μηδείας παρὰ Γαβαήλ, καὶ κόμισαί μοι τὸ ἀργύριον καὶ αὐτὸν ἄγε μοι εἰς τὸν γάμον. ³διότι ὀμώμοχεν 3 (5) Ῥαγουὴλ μὴ ἐξελθεῖν με· ⁴καὶ ὁ πατήρ μου ἀριθμεῖ τὰς ἡμέρας, 4 (4) καὶ ἐὰν χρονίσω μέγα, ὀδυνηθήσεται λίαν. ⁵καὶ ἐπορεύθη Ῥαφαήλ, 5 (6) καὶ ηὐλίσθη παρὰ Γαβαήλ, καὶ ἔδωκεν αὐτῷ τὸ χειρόγραφον· ὃς δὲ προήνεγκεν τὰ θυλάκια ἐν ταῖς σφραγῖσιν καὶ ἔδωκεν αὐτῷ. ⁶καὶ ὤρθρευσαν κοινῶς καὶ ἦλθοσαν εἰς τὸν γάμον, 6 (7ᵇ) καὶ εὐλόγησεν Τωβείας τὴν γυναῖκα αὐτοῦ.

¹Καὶ Τωβεὶτ ὁ πατὴρ αὐτοῦ ἐλογίσατο ἑκάστης ἡμέρας· καὶ ὡς 1 X ἐπληρώθησαν αἱ ἡμέραι τῆς πορείας καὶ οὐκ ἤρχετο, ²εἶπεν Μή 2 ποτε κατῃσχύνται; ⁽²⁾ἢ μή ποτε ἀπέθανεν Γαβαήλ, καὶ οὐδεὶς δίδωσιν αὐτῷ τὸ ἀργύριον; ³καὶ ἐλυπεῖτο λίαν. ⁴εἶπεν δὲ αὐτῷ 3/4 (4) ἡ γυνή Ἀπώλετο τὸ παιδίον, διότι κεχρόνικεν· καὶ ἤρξατο θρηνεῖν αὐτὸν καὶ εἶπεν ⁵Οὐ μέλει μοι, τέκνον, ὅτι ἀφῆκά σε τὸ φῶς τῶν 5

ℵ εἰς Ῥάγας καὶ ἧκε παρὰ Γαβαήλῳ, καὶ δὸς αὐτῷ τὸ χειρόγραφον· κόμισαι τὸ ἀργύριον, καὶ παράλαβε αὐτὸν μετὰ σοῦ εἰς τοὺς γάμους. ⁴σὺ γὰρ 4 γινώσκεις ὅτι ἔσται ἀριθμῶν ὁ πατὴρ τὰς ἡμέρας, καὶ ἐὰν χρονίσω ἡμέραν μίαν, λυπήσω αὐτὸν λίαν. ³καὶ θεωρεῖς τί ὤμοσεν Ῥαγουήλ, καὶ οὐ δύναμαι 3 παραβῆναι τὸν ὅρκον αὐτοῦ. ⁵καὶ ἐπορεύθη Ῥαφαὴλ καὶ οἱ τέσσαρες οἰκέται 5 καὶ αἱ δύο κάμηλοι εἰς Ῥάγας τῆς Μηδίας, καὶ ηὐλίσθησαν παρὰ Γαβαήλῳ, καὶ ἔδωκεν αὐτῷ τὸ χειρόγραφον αὐτοῦ, καὶ ὑπέδειξεν αὐτῷ περὶ Τωβείου τοῦ υἱοῦ Τωβείτ, ὅτι ἔλαβεν γυναῖκα καὶ ὅτι καλεῖ αὐτὸν εἰς τὸν γάμον. καὶ ἀναστὰς παρηρίθμησεν αὐτῷ τὰ θυλάκια σὺν ταῖς σφραγῖσιν καὶ συνέθηκαν αὐτά. ⁶καὶ ὤρθρισαν κοινῶς καὶ εἰσῆλθον εἰς τὸν γάμον, καὶ εἰσῆλθον 6 εἰς τὰ Ῥαγουὴλ καὶ εὗρον Τωβείαν ἀνακείμενον καὶ ἀνεπήδησεν καὶ ἠσπάσατο αὐτόν, καὶ ἔκλαυσεν καὶ εὐλόγησεν αὐτὸν καὶ εἶπεν αὐτῷ Καλὲ καὶ ἀγαθέ, ἀνδρὸς καλοῦ καὶ ἀγαθοῦ, δικαίου καὶ ἐλεημοποιοῦ δῴη σοι Κύριος εὐλογίαν οὐρανοῦ καὶ τῇ γυναικί σου καὶ τῷ πατρί σου καὶ τῇ μητρὶ τῆς γυναικός σου. εὐλογητὸς ὁ θεὸς ὅτι εἶδον Τωβείαν τὸν ἀνεψιόν μου ὅμοιον αὐτῷ

¹Ἑκάστην δὲ ἡμέραν ἐξ ἡμέρας ἐλογίζετο Τωβεὶθ τὰς ἡμέρας ἐν πόσαις 1 X πορεύσεται καὶ ἐν πόσαις ἐπιστρέφει καὶ ὅτε συνετελέσθησαν αἱ ἡμέραι καὶ ὁ υἱὸς αὐτοῦ οὐ παρῆν, ²εἶπεν Μή ποτε κατεσχέθη ἐκεῖ; ἢ μή ποτε ἀπέθανεν 2 ὁ Γαβαήλ, καὶ οὐδεὶς αὐτῷ δίδωσιν τὸ ἀργύριον; ³καὶ ἤρξατο λυπεῖσθαι. 3 ⁴καὶ Ἅννα ἡ γυνὴ αὐτοῦ λέγει Ἀπώλετο τὸ παιδίον μου καὶ οὐκέτι ὑπάρχει 4 ἐν τοῖς ζῶσιν· καὶ ἤρξατο κλαίειν καὶ θρηνεῖν περὶ τοῦ υἱοῦ αὐτῆς καὶ εἶπεν ⁵Οὐαί μοι, τέκνον, ὅτι ἀφῆκά σε πορευθῆναι, τὸ φῶς τῶν ὀφθαλμῶν μου. 5

A 2 Μηδιας A | και κομισαι] om και ℵ* (hab ℵ¹⁽ᵛⁱᵈ⁾) | om μοι 2° A   3 ομωμοκεν Bᵃᵇ   4 μεγα] γ sup ras Aᵃ   5 Γαβαηλω A   6 ωρθρισαν A | ηλθοσαν B*ᵇ (ηλθον BᵃA)   X 1 Τωβιτ A | ελογιζετο A | ποριας A | ηρχετο] ηρχοντο A   2 ειπεν] +Τωβιας A   4 γυνη] +αυτου A 5 μοι] μ A sup ras Aᵃ

ΤΩΒΕΙΤ X 12

6 ὀφθαλμῶν μου; ⁶καὶ Τωβεὶτ λέγει αὐτῇ Σίγα, μὴ λόγον ἔχε, ὑγιαίνει. B
7 ⁷καὶ εἶπεν αὐτῷ Σίγα, μὴ πλάνα με· ἀπώλετο τὸ παιδίον μου. καὶ
ἐπορεύετο καθ' ἡμέραν εἰς τὴν ὁδὸν ἔξω οἵας ἀπῆλθεν, ἡμέρας τε
ἄρτον οὐκ ἤσθιεν, τὰς δὲ νύκτας οὐ διελίμπανεν θρηνοῦσα Τωβείαν
τὸν υἱὸν αὐτῆς, ἕως οὗ συνετελέσθησαν αἱ δέκα τέσσαρες ἡμέραι
τοῦ γάμου ἃς ὤμοσεν Ῥαγουὴλ ποιῆσαι αὐτὸν ἐκεῖ. Εἶπεν δὲ
Τωβείας τῷ Ῥαγουὴλ Ἐξαπόστειλόν με, ὅτι ὁ πατήρ μου καὶ ἡ μήτηρ
8 μου οὐκέτι ἐλπίζουσιν ὄψεσθαί με. ⁸εἶπεν δὲ αὐτῷ ὁ πενθερός
Μεῖνον παρ' ἐμοί, κἀγὼ ἐξαποστελῶ πρὸς τὸν πατέρα σου καὶ
9 δηλώσουσιν αὐτῷ τὰ κατὰ σέ. ⁹καὶ Τωβείας λέγει Ἐξαπόστειλόν
10 με πρὸς τὸν πατέρα μου. ¹⁰ἀναστὰς δὲ Ῥαγουὴλ ἔδωκεν αὐτῷ
Σάρραν τὴν γυναῖκα αὐτοῦ καὶ τὰ ἥμισυ τῶν ὑπαρχόντων, σώματα
11 καὶ κτήνη, ἀργύριον· ¹¹καὶ εὐλογήσας αὐτοὺς ἐξαπέστειλεν λέγων
Εὐοδώσει ὑμᾶς, τέκνα, ὁ θεὸς τοῦ οὐρανοῦ πρὸ τοῦ με ἀποθανεῖν.
(12,13) 12 ¹²καὶ εἶπεν τῇ θυγατρὶ αὐτοῦ Τίμα τοὺς πενθερούς σου, αὐτοὶ

---

6 ⁶καὶ Τωβεὶθ ἔλεγεν αὐτῇ Σίγα, μὴ λόγον ἔχε, ἀδελφή, ὑγιαίνει· καὶ μάλα ℵ
περισπασμὸς αὐτοῖς ἐγένετο ἐκεῖ, καὶ ὁ ἄνθρωπος ὁ πορευθεὶς μετ' αὐτοῦ
πιστός ἐστιν καὶ εἷς τῶν ἀδελφῶν ἡμῶν· μὴ λυποῦ περὶ αὐτοῦ, ἀδελφή,
7 ἤδη παρέσται. ⁷καὶ εἶπεν αὐτῷ Σίγα ἀπ' ἐμοῦ καὶ μή με πλάνα· ἀπώλετο
τὸ παιδίον μου. καὶ ἐκπηδήσασα περιεβλέπετο τὴν ὁδὸν ᾗ ᾤχετο ὁ υἱὸς
αὐτῆς καθ' ἡμέραν καὶ οὐκ ἐπείθετο οὐδενί, καὶ ὅτε ἔδυ ὁ ἥλιος εἰσπορευομένη
ἐθρήνει καὶ ἔκλαιεν τὴν νύκτα ὅλην καὶ οὐκ εἶχεν ὕπνον Καὶ ὅτε
συνετελέσθησαν αἱ δέκα τέσσαρες ἡμέραι τοῦ γάμου ἃς ὤμοσεν Ῥαγουὴλ
ποιῆσαι τῇ θυγατρὶ αὐτοῦ, εἰσῆλθεν πρὸς αὐτὸν Τωβείας καὶ εἶπεν Ἐξ-
απόστειλόν με, γινώσκω γὰρ ἐγὼ ὅτι ὁ πατήρ μου καὶ ἡ μήτηρ μου οὐ πιστεύ-
ουσιν ὅτι ὄψονταί με ἔτι· καὶ νῦν ἀξιῶ σε, πάτερ, ὅπως ἐξαποστείλῃς με
3 καὶ πορευθῶ πρὸς τὸν πατέρα μου· ἤδη ὑπέδειξά σοι ὡς ἀφῆκα αὐτόν. ⁸καὶ
εἶπεν Ῥαγουὴλ τῷ Τωβείᾳ Μεῖνον, παιδίον, μεῖνον μετ' ἐμοῦ καὶ ἐγὼ
ἀποστέλλω ἀγγέλους πρὸς Τωβεὶν τὸν πατέρα σου καὶ ὑποδείξουσιν αὐτῷ
9 περὶ σοῦ. ⁹καὶ εἶπεν αὐτῷ Μηδαμῶς, ἀξιῶ σε ὅπως ἐξαποστείλῃς με
10 ἐντεῦθεν πρὸς τὸν πατέρα μου. ¹⁰καὶ ἀναστὰς Ῥαγουὴλ παρέδωκεν Τωβείᾳ
Σάρραν τὴν γυναῖκα αὐτοῦ καὶ τὸ ἥμισυ πάντων τῶν ὑπαρχόντων αὐτῷ,
παῖδας καὶ παιδίσκας, βόας καὶ πρόβατα, ὄνους καὶ καμήλους, ἱματισμὸν καὶ
11 ἀργύριον καὶ σκεύη ¹¹καὶ ἐξαπέστειλεν αὐτοὺς ὑγιαίνοντας καὶ ἠσπάσατο
αὐτὸν καὶ εἶπεν αὐτῷ Ὑγίαινε, παιδίον, ὑγιαίνων ὕπαγε· ὁ κύριος τοῦ
οὐρανοῦ εὐοδώσαι ὑμᾶς καὶ Σάρραν τὴν γυναῖκά σου, καὶ ἴδοιμι ὑμῶν παιδία
12 πρὸ τοῦ ἀποθανεῖν με. ¹²καὶ εἶπεν Σάρρᾳ τῇ θυγατρὶ αὐτοῦ Ὕπαγε πρὸς

---

7 απηλθαν A | ησθιε Bᵇ | νυκτας]+ολας A | διελιπανεν B* (διελιμπ. A Bᵇ⁽ᵛⁱᵈ⁾A) | τω Ραγουηλ] om τω Bᵃᵇ   8 πενθερος]+αυτου A | εξαποστελω B*ᵛⁱᵈA] εξαποστελλω Bᵃ*   9 εξαποστειλον] pr ουχι Bᵃᵇ pr ουχι αλλα A 10 τα (a sup ras) ημισυ Aᵗ το ημ. A*ᵛⁱᵈ | αργυριον] pr και A   11 ευοδωσει] ευλο-γησει A | ο θ͞ς τ͞ου ουρανου τεκνα A   12 σου 1°] ου sup ras (seq ras 1 lit) A¹

837

B νῦν γονεῖς σού εἰσιν· ἀκούσαιμί σου ἀκοὴν καλήν. καὶ ἐφίλησεν
αὐτήν. καὶ Ἔδνα εἶπεν πρὸς Τωβείαν Ἀδελφὲ ἀγαπητέ, ἀπο-
καταστήσει σε ὁ κύριος τοῦ οὐρανοῦ, καὶ δῴη μοι ἰδεῖν σου
παιδία ἐκ Σάρρας τῆς θυγατρός μου, ἵνα εὐφρανθῶ ἐνώπιον τοῦ
κυρίου· καὶ ἰδοὺ παρατίθεμαί σοι τὴν θυγατέρα μου ἐν παρακατα-
θήκῃ, μὴ λυπήσῃς αὐτήν.

¹Μετὰ ταῦτα ἐπορεύετο καὶ Τωβείας εὐλογῶν τὸν θεὸν ὅτι 1 XI
εὐόδωσεν τὴν ὁδὸν αὐτοῦ, καὶ κατευλόγει Ῥαγουὴλ καὶ Ἔδναν
τὴν γυναῖκα αὐτοῦ· ⁽¹⁾καὶ ἐπορεύετο μέχρις οὗ ἐγγίσαι αὐτὸν εἰς
Νινευή.

²Καὶ εἶπεν Ῥαφαὴλ πρὸς Τωβείαν Οὐ γινώσκεις, ἀδελφέ, πῶς 2
ἀφῆκες τὸν πατέρα σου; ³προδράμωμεν ἔμπροσθεν τῆς γυναικός 3
σου καὶ ἑτοιμάσωμεν τὴν οἰκίαν, ⁴λάβε δὲ παρὰ χεῖρα τὴν χολὴν 4
τοῦ ἰχθύος. καὶ ἐπορεύθησαν, καὶ συνῆλθεν ὁ κύων ὄπισθεν
αὐτῶν. ⁵καὶ Ἄννα ἐκάθητο περιβλεπομένη εἰς τὴν ὁδὸν τὸν 5
παῖδα αὐτῆς, ⁶καὶ προσενόησεν αὐτὸν ἐρχόμενον· εἶπεν τῷ πατρὶ 6
αὐτοῦ Ἰδοὺ ὁ υἱός μου ἔρχεται καὶ ὁ ἄνθρωπος ὁ πορευθεὶς
μετ' αὐτοῦ. ⁷καὶ Ῥαφαὴλ εἶπεν Ἐπίσταμαι ἐγὼ ὅτι ἀνοίξει τοὺς 7

ℵ τὸν πενθερόν σου, ὅτι ἀπὸ τοῦ νῦν αὐτοὶ γονεῖς σου, ὡς οἱ γεννήσαντές σε·
βάδιζε εἰς εἰρήνην, θύγατερ, ἀκούσαιμί σου ἀγαθὴν ἀκοὴν ἕως ζῶ. καὶ
ἀπασπασάμενος ἀπέλυσεν αὐτούς. καὶ Ἔδνα λέγει Τωβίᾳ Τέκνον καὶ ἀδελφὲ
ἠγαπημένε, ἀποκαταστήσαι σε Κύριος καὶ ἴδοιμί σου τέκνα ἕως ζῶ καὶ
Σάρρας τῆς θυγατρός μου πρὸ τοῦ με ἀποθανεῖν. ἐνώπιον τοῦ κυρίου παρα-
τίθεμαί σοι τὴν θυγατέρα μου ἐν παραθήκῃ, μὴ λυπήσῃς αὐτὴν πάσας
τὰς ἡμέρας τῆς ζωῆς σου. παιδίον, εἰς εἰρήνην· ἀπὸ τοῦ νῦν ἐγώ σου μήτηρ
καὶ Σάρρα ἀδελφή. εὐοδωθείημεν πάντες ἐν τῷ αὐτῷ πάσας τὰς ἡμέρας
ἐν τῇ ζωῇ ἡμῶν. καὶ κατεφίλησεν ἀμφοτέρους καὶ ἀπέστειλεν ὑγιαίνοντας.
¹³καὶ ἀπῆλθεν Τωβίας ἀπὸ Ῥαγουὴλ ὑγιαίνων καὶ χαίρων καὶ εὐλογῶν τῷ 13
κυρίῳ τοῦ οὐρανοῦ καὶ τῆς γῆς, τῷ βασιλεῖ τῶν πάντων, ὅτι εὐόδωκεν τὴν
ὁδὸν αὐτοῦ· καὶ εἶπεν αὐτῷ Εὐοδωθῇ σοι τιμᾶν αὐτοὺς πάσας τὰς ἡμέρας τῆς
ζωῆς αὐτῶν.

¹Καὶ ὡς ἤγγισαν εἰς Κασερείν, ἥ ἐστιν κατέναντι Νινευή, ²εἶπεν Ῥαφαήλ 1 XI
Σὺ γινώσκεις πῶς ἀφήκαμεν τὸν πατέρα σου· ³προδράμωμεν τῆς γυναικός 3
σου καὶ ἑτοιμάσωμεν τὴν οἰκίαν ἐν ᾧ ἔρχονται. ⁴καὶ ἐπορεύθησαν ἀμφότεροι 4
κοινῶς καὶ εἶπεν αὐτῷ Λάβε μετὰ χεῖρας τὴν χολήν. καὶ συνῆλθεν αὐτοῖς ὁ
κύριος ἐκ τῶν ὀπίσω αὐτοῦ καὶ τοῦ υἱοῦ αὐτῆς. ⁵καὶ Ἄννα ἐκάθητο περι- 5
βλεπομένη τὴν ὁδὸν τοῦ υἱοῦ αὐτῆς. ⁶καὶ προσενόησεν αὐτὸν ἐρχόμενον 6
καὶ εἶπεν τῷ πατρὶ αὐτοῦ Ἰδοὺ ὁ υἱός σου ἔρχεται καὶ ὁ ἄνθρωπος ὁ πορευ-
θεὶς μετ' αὐτοῦ. ⁷καὶ Ῥαφαὴλ εἶπεν Τωβείᾳ πρὸ τοῦ ἐγγίσαι αὐτὸν πρὸς 7

A 12 αποκαταστησαι A | παρακαταθηκη] κατα sup ras A¹   XI 1 ευωδω-
σεν B^ab | αυτον] αυτους B^(b°c°)   2 αφηκας (s abscis) A   6 ειπεν] pr και
A | μου] σου A   7 εγω]+Τωβια A | οτι bis scr A | ανοιγει A

ΤΩΒΕΙΤ   XI 16

(8) 8 ὀφθαλμοὺς ὁ πατήρ σου· ⁸σὺ ἔνχρισον τὴν χολὴν εἰς τοὺς ὀφθαλ- B
μοὺς αὐτοῦ, καὶ δηχθεὶς διατρίψει καὶ ἀποβαλεῖται τὰ λευκώματα
— 9 καὶ ὄψεταί σε. ⁹Καὶ προσδραμοῦσα Ἄννα ἐπέπεσεν ἐπὶ
τὸν τράχηλον τοῦ υἱοῦ αὐτῆς, καὶ εἶπεν αὐτῷ Εἶδόν σε, παιδίον,
(11,10) 10 ἀπὸ τοῦ νῦν ἀποθανοῦμαι. ⁽¹¹⁾καὶ ἔκλαυσαν ἀμφότεροι ¹⁰καὶ
Τωβεὶτ ἐξήρχετο πρὸς τὴν θύραν καὶ προσέκοπτεν· ὁ δὲ υἱὸς
(13) 11 προσέδραμεν αὐτῷ, ¹¹καὶ ἐπελάβετο τοῦ πατρὸς αὐτοῦ, καὶ προσέ-
πασεν τὴν χολὴν ἐπὶ τοὺς ὀφθαλμοὺς τοῦ πατρὸς αὐτοῦ λέγων
— 12 Θάρσει, πάτερ. ¹²ὡς δὲ συνεδήχθησαν, διέτριψε τοὺς ὀφθαλ-
(14) 13 μοὺς αὐτοῦ, ¹³καὶ ἐλεπίσθη ἀπὸ τῶν κανθῶν τῶν ὀφθαλμῶν
αὐτοῦ τὰ λευκώματα. καὶ ἰδὼν τὸν υἱὸν αὐτοῦ ἐπέπεσεν ἐπὶ τὸν
(17) 14 τράχηλον αὐτοῦ, ¹⁴καὶ ἔκλαυσεν καὶ εἶπεν Εὐλογητὸς εἶ ὁ θεός,
καὶ εὐλογητὸν τὸ ὄνομά σου εἰς τοὺς αἰῶνας, καὶ εὐλογημένοι
15 πάντες οἱ ἅγιοι ἄγγελοί σου, ¹⁵ὅτι ἐμαστίγωσας καὶ ἠλέησάς με
(18) ἰδοὺ βλέπω Τωβείαν τὸν υἱόν μου ⁽¹⁸⁾καὶ εἰσῆλθεν ὁ υἱὸς αὐτοῦ
(19) χαίρων, ⁽¹⁹⁾καὶ ἀπήγγειλεν τῷ πατρὶ αὐτοῦ τὰ μεγαλεῖα τὰ γενό-
16 μενα αὐτῷ ἐν τῇ Μηδείᾳ ¹⁶Καὶ ἐξῆλθεν Τωβείας εἰς συνάν-

---

8 τὸν πατέρα Ἐπίσταμαι ὅτι οἱ ὀφθαλμοὶ αὐτοῦ ἀνεῳχθήσονται· ⁸ἔνπλασον ℵ
τὴν χολὴν τοῦ ἰχθύος εἰς τοὺς ὀφθαλμοὺς αὐτοῦ, καὶ ἀποστύψει τὸ φάρμακον
καὶ ἀπολεπίσει τὰ λευκώματα ἀπὸ τῶν ὀφθαλμῶν αὐτοῦ, καὶ ἀναβλέψει
9 ὁ πατήρ σου καὶ ὄψεται τὸ φῶς. ⁹Καὶ ἀνέδραμεν καὶ ἐπέπεσεν ἐπὶ τὸν
τράχηλον τοῦ υἱοῦ αὐτῆς, καὶ εἶπεν αὐτῷ Εἶδόν σε, παιδίον· ἀπὸ τοῦ νῦν
10 ἀποθανοῦμαι. καὶ ἔκλαυσεν. ¹⁰καὶ ἀνέστη Τώβεις καὶ προσέκοπτεν τοῖς
ποσὶν καὶ ἐξῆλθεν τὴν θύραν τῆς αὐλῆς. καὶ ἐβάδισεν Τωβείας πρὸς αὐτὸν
11 ¹¹καὶ ἡ χολὴ τοῦ ἰχθύος ἐν τῇ χειρὶ αὐτοῦ, καὶ ἐνεφύσησεν εἰς τοὺς ὀφθαλ-
μοὺς αὐτοῦ καὶ ἐλάβετο αὐτοῦ καὶ εἶπεν Θάρσει, πάτερ ἐπέβαλεν τὸ
13 φάρμακον ἐπ' αὐτὸν καὶ ἐπέδωκεν· ¹³καὶ ἀπελέπισεν ἑκατέραις ταῖς χερσὶν
αὐτοῦ ἀπὸ τῶν κανθῶν τῶν ὀφθαλμῶν αὐτοῦ, καὶ ἔπεσεν ἐπὶ τὸν τράχηλον
14 αὐτοῦ, ¹⁴καὶ ἔκλαυσεν καὶ εἶπεν αὐτῷ Εἶδόν σε, τέκνον, τὸ φῶς τῶν ὀφθαλ-
μῶν μου. καὶ εἶπεν Εὐλογητὸς ὁ θεός, καὶ εὐλογητὸν τὸ ὄνομα τὸ μέγα
αὐτοῦ, καὶ εὐλογημένοι πάντες οἱ ἄγγελοι οἱ ἅγιοι αὐτοῦ. γένοιτο τὸ ὄνομα
τὸ μέγα αὐτοῦ ἐφ' ἡμᾶς καὶ εὐλογητοὶ πάντες οἱ ἄγγελοι εἰς πάντας τοὺς
15 αἰῶνας ¹⁵ὅτι αὐτὸς ἐμαστίγωσέν με, καὶ ἰδοὺ βλέπω Τωβείαν τὸν υἱόν
μου. καὶ εἰσῆλθεν Τωβείας χαίρων καὶ εὐλογῶν τὸν θεὸν ἐν ὅλῳ τῷ σώματι
αὐτοῦ, καὶ ἐπέδειξεν Τωβείας τῷ πατρὶ αὐτοῦ ὅτι εὐοδώθη ἡ ὁδὸς αὐτοῦ καὶ
ὅτι ἐνήνοχεν ἀργύριον, καὶ ὡς ἔλαβεν Σάρραν τὴν θυγατέρα Ῥαγουὴλ γυναῖκα,
16 καὶ ὅτι ἰδοὺ παραγίνεται καί ἐστιν σύνεγγυς τῆς πύλης Νινευή. ¹⁶Καὶ

---

7 οφθαλμους] seq ras 1 lit in A   8 συ]+ουν A | εγχρισον Bᵇ | A
αποβαλει A   9 επεπεσεν] επεσεν A | ιδον A   11 προσεπασεν] a sup
ras Aᵃ | επι] εις A   12 διετριψεν A   13 επεπεσεν] επεσεν A   14 σου
αγγελοι BᶜA   15 Μηδεια A   16 Τωβειας] Τωβειτ Bᵃᵇ Τωβιτ Aᵛⁱᵈ

B τησιν τῇ νύμφῃ αὐτοῦ, χαίρων καὶ εὐλογῶν τὸν θεόν, πρὸς τῇ
πύλῃ Νινευή. καὶ ἐθαύμαζον οἱ θεωροῦντες αὐτὸν πορευόμενον,
ὅτι ἔβλεψεν· ¹⁷καὶ Τωβεὶτ ἐξωμολογεῖτο ἐνώπιον αὐτοῦ ὅτι ἠλέη- 17
σεν αὐτοὺς ὁ θεός. καὶ ὡς ἤγγισεν Τωβεὶτ Σάρρᾳ τῇ νύμφῃ
αὐτοῦ, κατευλόγησεν αὐτὴν λέγων Ἔλθοις ὑγιαίνουσα, θύγατερ·
εὐλογητὸς ὁ θεός, ὃς ἤγαγέν σε πρὸς ἡμᾶς, καὶ ὁ πατήρ σου καὶ
ἡ μήτηρ σου ⁽²⁰⁾καὶ ἐγένετο χαρὰ πᾶσι τοῖς ἐν Νινευὴ ἀδελ- (20)
φοῖς αὐτοῦ. ¹⁸καὶ παρεγένετο Ἀχιάχαρος καὶ Νασβᾶς ὁ ἐξά- 18
δελφος αὐτοῦ, ¹⁹καὶ ἤχθη ὁ γάμος Τωβεία μετ' εὐφροσύνης ἑπτὰ 19 (21)
ἡμέρας.

¹Καὶ ἐκάλεσεν Τωβεὶτ Τωβείαν τὸν υἱὸν αὐτοῦ καὶ εἶπεν αὐτῷ 1 XII
Ὅρα, τέκνον, μισθὸν τῷ ἀνθρώπῳ τῷ συνελθόντι σοι, καὶ προσ-
θεῖναι αὐτῷ δεῖ. ²καὶ εἶπεν Πάτερ, οὐ βλάπτομαι δοὺς αὐτῷ 2 (2-4)
τὸ ἥμισυ ὧν ἐνήνοχα, ³ὅτι με ἀγίοχέν σοι ὑγιῆ, καὶ τὴν γυναῖκά 3
μου ἐθεράπευσεν καὶ τὸ ἀργύριόν μου ἤνεγκεν, καὶ σὲ ὁμοίως
ἐθεράπευσεν. ⁴καὶ εἶπεν ὁ πρεσβύτης Δικαιοῦται αὐτῷ. ⁵καὶ ἐκά- 4/5
λεσεν τὸν ἄγγελον καὶ εἶπεν αὐτῷ Λάβε τὸ ἥμισυ πάντων ὧν

א ἐξῆλθεν εἰς ἀπάντησιν τῆς νύμφης αὐτοῦ χαίρων καὶ εὐλογῶν τὸν θεὸν πρὸς
τὴν πύλην Νινευή. καὶ ἰδόντες αὐτὸν οἱ ἐν Νινευὴ πορευόμενον καὶ δια-
βαίνοντα αὐτὸν πάσῃ τῇ ἰσχύι αὐτοῦ καὶ ὑπὸ μηδενὸς χειραγωγούμενον
ἐθαύμασαν· ¹⁷καὶ Τωβεὶθ ἐξωμολογεῖτο ἐναντίον αὐτῶν, ὅτι ἠλέησεν αὐτὸν 17
ὁ θεὸς καὶ ὅτι ἤνοιξεν τοὺς ὀφθαλμοὺς αὐτοῦ. καὶ ἤγγισεν Τωβεὶθ Σάρρα
τῇ γυναικὶ Τωβία τοῦ υἱοῦ αὐτοῦ καὶ εὐλόγησεν αὐτὴν καὶ εἶπεν αὐτῇ
Εἰσέλθοις ὑγιαίνουσα, θύγατερ, καὶ εὐλογητὸς ὁ θεός σου, ὃς ἤγαγέν σε πρὸς
ἡμᾶς, θύγατερ· καὶ εὐλογημένος ὁ πατήρ σου, καὶ εὐλογημένος Τωβείας ὁ υἱός
μου, καὶ εὐλογημένη σύ, θύγατερ· εἴσελθε εἰς τὴν οἰκίαν σου ὑγιαίνουσα
ἐν εὐλογίᾳ καὶ χαρᾷ, εἴσελθε, θύγατερ. ἐν τῇ ἡμέρᾳ ταύτῃ ἐγένετο χαρὰ
πᾶσιν τοῖς Ἰουδαίοις τοῖς οὖσιν ἐν Νινευή ¹⁸καὶ παρεγένοντο Ἀχεικὰρ 18
καὶ Ναβὰδ οἱ ἐξάδελφοι αὐτοῦ χαίροντες πρὸς Τώβειν

¹Καὶ ὅτε ἐπετελέσθη ὁ γάμος ἐκάλεσεν Τωβεὶθ Τωβείαν τὸν υἱὸν αὐτοῦ 1 XII
καὶ εἶπεν αὐτῷ Παιδίον, ὅρα δοῦναι τὸν μισθὸν τῷ ἀνθρώπῳ τῷ πορευθέντι
μετὰ σοῦ, προσθεῖναι αὐτῷ εἰς τὸν μισθόν. ²καὶ εἶπεν αὐτῷ Πάτερ, πόσον 2
αὐτῷ δώσω τὸν μισθόν; οὐ βλάπτομαι διδοὺς αὐτῷ τὸ ἥμισυ τῶν ὑπαρ-
χόντων ὧν ἐνήνοχεν μετ' ἐμοῦ. ³ἐμὲ ἀγίοχεν ὑγιαίνοντα, καὶ τὴν γυναῖκά 3
μου ἐθεράπευσεν, καὶ τὸ ἀργύριον ἤνεγκεν μετ' ἐμοῦ, καὶ σὲ ἐθεράπευσεν·
πόσον αὐτῷ ἔτι δῶ μισθόν; ⁴καὶ εἶπεν αὐτῷ Τώβεις Δικαιοῦται αὐτῷ, 4
παιδίον, λαβεῖν τὸ ἥμισυ πάντων ὧν ἔχων ἦλθεν. ⁵καὶ ἐκάλεσεν αὐτὸν 5
καὶ εἶπεν Λάβε τὸ ἥμισυ πάντων ὧν ἔχων ἦλθες εἰς τὸν μισθόν σου, καὶ

A 16 τη πυλη] την πυλην A 17 εξομολογειτο A | αυτου 1°] αυτων A | αυτους]
αυτον A | ο πατηρ σου א*]+ κ η μηρ σου אᶜᵃ 18 Αχεικαρ א*] Αχειαχαρος
אᶜᵃ | οι εξαδελφοι א*] ο εξαδελφος אᶜᵃ | om χαιροντες אᶜᵇ (postea restituit)
XII 1 om οτε א* (hab אˡ⁽ᵛⁱᵈ⁾) 2 ειπεν]+ αυτω A 3 αγηοχεν Bᵃˀᵇ

ΤΩΒΕΙΤ XII 13

6 ἐνηνόχατε. ⁶καὶ καλέσας τοὺς δύο κρυπτῶς εἶπεν αὐτοῖς Εὐλογεῖτε B
τὸν θεὸν καὶ αὐτῷ ἐξομολογεῖσθε, μεγαλωσύνην δίδοτε αὐτῷ, καὶ
ἐξομολογεῖσθε αὐτῷ ἐνώπιον πάντων τῶν ζώντων περὶ ὧν ἐποίησεν
μεθ᾽ ὑμῶν. ἀγαθὸν τὸ εὐλογεῖν τὸν θεὸν καὶ ὑψοῦν τὸ ὄνομα αὐτοῦ,
τοὺς λόγους τῶν ἔργων τοῦ θεοῦ ἐντίμως ὑποδεικνύοντες· καὶ μὴ
7 ὀκνεῖτε ἐξομολογεῖσθαι αὐτῷ. ⁷μυστήριον βασιλέως καλὸν κρύψαι,
τὰ δὲ ἔργα τοῦ θεοῦ ἀνακαλύπτειν ἐνδόξως. ἀγαθὸν ποιήσατε, καὶ
8 κακὸν οὐχ εὑρήσει ὑμᾶς. ⁸ἀγαθὸν προσευχὴ μετὰ νηστείας καὶ
ἐλεημοσύνης καὶ δικαιοσύνης· ἀγαθὸν τὸ ὀλίγον μετὰ δικαιοσύνης ἢ
πολὺ μετὰ ἀδικίας· καλὸν ποιῆσαι ἐλεημοσύνην ἢ θησαυρίσαι χρυσίον.
9 ⁹ἐλεημοσύνη ἐκ θανάτου ῥύεται, καὶ αὕτη ἀποκαθαριεῖ πᾶσαν ἁμαρ-
τίαν· οἱ ποιοῦντες ἐλεημοσύνας καὶ δικαιοσύνας πλησθήσονται ζωῆς·
10 ¹⁰οἱ δὲ ἁμαρτάνοντες πολέμιοί εἰσιν τῆς ἑαυτῶν ζωῆς. ¹¹οὐ μὴ κρύψω
11
ἀφ᾽ ὑμῶν πᾶν ῥῆμα· εἴρηκα δὴ μυστήριον βασιλέως κρύψαι καλόν,
12 τὰ δὲ ἔργα τοῦ θεοῦ ἀνακαλύπτειν ἐνδόξως. ¹²καὶ νῦν ὅτε προσ-
ηύξω σὺ καὶ ἡ νύμφη σου Σάρρα, ἐγὼ προσήγαγον τὸ μνημόσυνον
τῆς προσευχῆς ὑμῶν ἐνώπιον τοῦ ἁγίου· καὶ ὅτε ἔθαπτες τοὺς
13 νεκρούς, ὡσαύτως συμπαρήμην σοι· ¹³καὶ ὅτε οὐκ ὤκνησας ἀνα-
στῆναι καὶ καταλιπεῖν τὸ ἄριστόν σου ὅπως ἀπελθὼν περιστείλῃς

---

6 ὕπαγε ὑγιαίνων. ⁶τότε ἐκάλεσεν τοὺς δύο κρυπτῶς καὶ εἶπεν αὐτοῖς Τὸν ℵ
θεὸν εὐλογεῖτε καὶ αὐτῷ ἐξομολογεῖσθε ἐνώπιον πάντων τῶν ζώντων ἃ
ἐποίησεν μεθ᾽ ὑμῶν ἀγαθά, τοῦ εὐλογεῖν καὶ ὑμνεῖν τὸ ὄνομα αὐτοῦ. τοὺς
λόγους τοῦ θεοῦ ὑποδείκνυτε πᾶσιν ἀνθρώποις ἐντίμως, καὶ μὴ ὀκνεῖτε
7 ἐξομολογεῖσθαι αὐτῷ ⁷μυστήριον βασιλέως κρύπτειν καλόν, τὰ δὲ ἔργα τοῦ
θεοῦ ἐξομολογεῖσθαι καὶ ἀνακαλύπτειν. καὶ ἐξομολογεῖσθε ἐντίμως. τὸ ἀγαθὸν
8 ποιεῖτε, καὶ κακὸν οὐχ εὑρήσει ὑμᾶς. ⁸ἀγαθὸν προσευχὴ μετὰ ἀληθείας καὶ
ἐλεημοσύνη μετὰ δικαιοσύνης μᾶλλον ἢ πλοῦτος μετὰ ἀδικίας· καλὸν ποιῆσαι
9 ἐλεημοσύνην μᾶλλον ἢ θησαυρίσαι χρυσίον. ⁹ἐλεημοσύνη ἐκ θανάτου ῥύεται,
καὶ αὕτη ἀποκαθαίρει πᾶσαν ἁμαρτίαν· οἱ ποιοῦντες ἐλεημοσύνην χορτασ-
10 θήσονται ζωῆς· ¹⁰οἱ ποιοῦντες ἁμαρτίαν καὶ ἀδικίαν πολέμιοί εἰσιν τῆς
11 ἑαυτῶν ψυχῆς. ¹¹πᾶσαν τὴν ἀλήθειαν ὑμῖν ὑποδείξω καὶ οὐ μὴ κρύψω
ἀφ᾽ ὑμῶν πᾶν ῥῆμα. ἤδη ὑμῖν ὑπέδειξα καὶ εἶπον Μυστήριον βασιλέως
12 καλὸν κρύψαι, καὶ τὰ ἔργα τοῦ θεοῦ ἀνακαλύπτειν ἐνδόξως. ¹²καὶ νῦν ὅτε
προσηύξω καὶ Σάρρα, ἐγὼ προσήγαγον τὸ μνημόσυνον τῆς προσευχῆς ὑμῶν
13 ἐνώπιον τῆς δόξης Κυρίου, καὶ ὅτε ἔθαπτες τοὺς νεκροὺς ὡσαύτως· ¹³καὶ
ὅτε οὐκ ὤκνησας ἀναστῆναι καὶ καταλιπεῖν σου τὸ ἄριστον καὶ ᾤχου καὶ

---

5 ενηνοχας A   6 και 1°] τοτε A | om εξομολογεισθε 1°   και 3° A | A
om αυτω 3° A | υψουν A | υποδειγν A   7 κρυψαι] κρυπτειν A | om
αγαθον...υμας A   8 νηστιας A | ποιησαι] pr το A   9 ελεημοσυνη]+γαρ
A   11 δη] δε A   12 συμπαρημην (συνπ. A)] μην sup ras Aᵃ?
13 καταλειπιν A

841

B τὸν νεκρόν, οὐκ ἔλαθές με ἀγαθοποιῶν, ἀλλὰ σὺν σοὶ ἤμην. ¹⁴καὶ
νῦν ἀπέστειλέν με ὁ θεὸς ἰάσασθαί σε καὶ τὴν νύμφην σου Σάρραν.
¹⁵ἐγώ εἰμι Ῥαφαήλ, εἷς ἐκ τῶν ἑπτὰ ἁγίων ἀγγέλων οἳ προσαναφέρουσιν τὰς προσευχὰς τῶν ἁγίων καὶ εἰσπορεύονται ἐνώπιον
τῆς δόξης τοῦ ἁγίου. ¹⁶Καὶ ἐταράχθησαν οἱ δύο καὶ ἔπεσον
ἐπὶ πρόσωπον, ὅτι ἐφοβήθησαν. ¹⁷καὶ εἶπεν αὐτοῖς Μὴ φοβεῖσθε,
εἰρήνη ὑμῖν ἔσται· τὸν δὲ θεὸν εὐλογεῖτε εἰς τὸν αἰῶνα, ¹⁸ὅτι οὐ
τῇ ἐμαυτοῦ χάριτι ἀλλὰ τῇ θελήσει τοῦ θεοῦ ὑμῶν· ὅθεν εὐλογεῖτε
αὐτὸν εἰς τὸν αἰῶνα. ¹⁹πάσας τὰς ἡμέρας ὠπτανόμην ὑμῖν, καὶ
οὐκ ἔφαγον οὐδὲ ἔπιον, ἀλλὰ ὅρασιν ὑμεῖς ἐθεωρεῖτε. ²⁰καὶ νῦν ἐξομολογεῖσθε τῷ θεῷ, διότι ἀναβαίνω πρὸς τὸν ἀποστείλαντά με, καὶ
γράψατε πάντα τὰ συντελεσθέντα εἰς βιβλίον. ²¹καὶ ἀνέστησαν, καὶ
οὐκ εἶδον αὐτόν. ²²καὶ ἐξομολογοῦντο τὰ ἔργα τὰ μεγάλα καὶ θαυμαστὰ αὐτοῦ, ὡς ὤφθη αὐτοῖς ἄγγελος Κυρίου.

¹Καὶ Τωβεὶτ ἔγραψεν προσευχὴν εἰς ἀγαλλίασιν καὶ εἶπεν   XIII
Εὐλογητὸς ὁ θεὸς ὁ ζῶν εἰς τοὺς αἰῶνας καὶ ἡ βασιλεία αὐτοῦ,
²ὅτι αὐτὸς μαστιγοῖ καὶ ἐλεᾷ, κατάγει εἰς ᾅδην καὶ ἀνάγει,
καὶ οὐκ ἔστιν ὃς ἐκφεύξεται τὴν χεῖρα αὐτοῦ.
³ἐξομολογεῖσθε αὐτῷ, οἱ υἱοὶ Ἰσραήλ, ἐνώπιον τῶν ἐθνῶν,

ℵ περιέστειλες τὸν νεκρόν, ¹⁴τότε ἀπέσταλμαι ἐπὶ σὲ πειράσαι σε, καὶ ἅμα
ἀπέσταλκέν με ὁ θεὸς ἰάσασθαι καὶ Σάρραν τὴν νύμφην σου. ¹⁵ἐγώ εἰμι
Ῥαφαήλ, εἷς τῶν ἑπτὰ ἀγγέλων οἳ παρεστήκασιν καὶ εἰσπορεύονται ἐνώπιον
τῆς δόξης Κυρίου ¹⁶Καὶ ἐταράχθησαν οἱ δυο καὶ ἔπεσαν ἐπὶ πρόσωπον
αὐτῶν καὶ ἐφοβήθησαν. ¹⁷καὶ εἶπεν αὐτοῖς Μὴ φοβεῖσθε, εἰρήνη ὑμῖν·
τὸν θεὸν εὐλογεῖτε εἰς πάντα τὸν αἰῶνα. ¹⁸ἐγὼ ὅτε ἤμην μεθ' ὑμῶν οὐχὶ τῇ
ἐμῇ χάριτι ἤμην μεθ' ὑμῶν, ἀλλὰ τῇ θελήσει τοῦ θεοῦ· αὐτὸν εὐλογεῖτε
κατὰ πάσας τὰς ἡμέρας, αὐτῷ ὑμνεῖτε. ¹⁹καὶ θεωρεῖτέ με ὅτι οὐκ ἔφαγον
οὐθέν, ἀλλὰ ὅρασις ὑμῖν ἐθεωρεῖτο. ²⁰καὶ νῦν εὐλογεῖτε ἐπὶ τῆς γῆς Κύριον
καὶ ἐξομολογεῖσθε τῷ θεῷ. ἰδοὺ ἐγὼ ἀναβαίνω πρὸς τὸν ἀποστείλαντά
με· γράψατε πάντα ταῦτα τὰ συμβάντα ὑμῖν. καὶ ἀνέβη. ²¹καὶ ἀνέστησαν
καὶ οὐκέτι ἠδύναντο ἰδεῖν αὐτόν. ²²καὶ ηὐλόγουν καὶ ὕμνουν τὸν θεὸν καὶ
ἐξωμολογοῦντο αὐτῷ ἐπὶ τὰ ἔργα αὐτοῦ τὰ μεγάλα ταῦτα, ὡς ὤφθη αὐτοῖς
ἄγγελος θεοῦ.
¹Καὶ εἶπεν Εὐλογητὸς ὁ θεὸς ὁ ζῶν εἰς τὸν αἰῶνα καὶ ἡ βασιλεία αὐτοῦ,   XIII
²ὅτι αὐτὸς μαστιγοῖ καὶ ἐλεᾷ, κατάγει ἕως ᾅδου κατωτάτω τῆς γῆς καὶ αὐτὸς
ἀνάγει ἐκ τῆς ἀπωλείας τῆς μεγάλης, καὶ οὐκ ἔστιν οὐδὲν ὃ ἐκφεύξεται
τὴν χεῖρα αὐτοῦ. ³ἐξομολογεῖσθε αὐτῷ, οἱ υἱοὶ Ἰσραήλ, ἐνώπιον τῶν ἐθνῶν,

A   13 ελαθες με] s με sup ras Aᵃ | αγαθοποιων] αγαθον ποιων A   16 επεσαν
A   17 ειρηνη] pr οτι A   18 υμων]+ηλθον A   21 ανεστησαν] ανε sup
ras Bᵃᵇ | ουκ]+ετι A   22 εξωμολογουντο A | αυτου] του θεου και A |
αγγελος] pr ο A   XIII 2 ελεα] ελεει Bᵃᵇ   3 εξωμολογεισθαι A

(4)   ⁽⁴⁾ὅτι αὐτὸς διέσπειρεν ἡμᾶς ἐν αὐτοῖς.   B

4   ⁴ἐκεῖ ὑποδείξατε τὴν μεγαλωσύνην αὐτοῦ,
         ὑψοῦτε αὐτὸν ἐνώπιον παντὸς ζῶντος
         καθότι αὐτὸς κύριος ἡμῶν,
         καὶ θεὸς αὐτὸς πατὴρ ἡμῶν εἰς πάντας τοὺς αἰῶνας.

5   ⁵καὶ μαστιγώσει ἡμᾶς ἐν ταῖς ἀδικίαις ἡμῶν,
         καὶ πάλιν ἐλεήσει καὶ συνάξει ἡμᾶς ἐκ πάντων τῶν ἐθνῶν,
         οὗ ἐὰν σκορπισθῆτε ἐν αὐτοῖς.

6   ⁶ἐὰν ἐπιστρέψητε πρὸς αὐτὸν ἐν ὅλῃ καρδίᾳ ὑμῶν καὶ ἐν ὅλῃ τῇ ψυχῇ
         ποιῆσαι ἐνώπιον αὐτοῦ ἀλήθειαν,
         τότε ἐπιστρέψει πρὸς ὑμᾶς
         καὶ οὐ μὴ κρύψῃ τὸ πρόσωπον αὐτοῦ ἀφ' ὑμῶν.

(6)   ⁽⁶⁾καὶ θεάσασθε ἃ ποιήσει μεθ' ὑμῶν,
         καὶ ἐξομολογήσασθε αὐτῷ ἐν ὅλῳ τῷ σώματι ὑμῶν
         καὶ εὐλογήσατε τὸν κύριον τῆς δικαιοσύνης,
         καὶ ὑψώσατε τὸν βασιλέα τῶν αἰώνων.

(7)   ⁽⁷⁾ἐγὼ ἐν τῇ γῇ τῆς αἰχμαλωσίας μου ἐξομολογοῦμαι αὐτῷ,
         καὶ δεικνύω τὴν ἰσχὺν καὶ τὴν μεγαλωσύνην αὐτοῦ ἔθνη ἁμαρτωλῶν.

(8)   ⁽⁸⁾ἐπιστρέψατε, ἁμαρτωλοί, καὶ ποιήσατε δικαιοσύνην ἐνώπιον αὐτοῦ·
         τίς γινώσκει εἰ θελήσει ὑμᾶς καὶ ποιήσει ἐλεημοσύνην ὑμῖν;

---

4 ὅτι αὐτὸς διέσπειρεν ὑμᾶς ἐν αὐτοῖς, ⁴καὶ ἐκεῖ ὑπέδειξεν ὑμῖν τὴν μεγαλω- ℵ
σύνην αὐτοῦ· καὶ ὑψοῦτε αὐτὸν ἐνώπιον παντὸς ζῶντος, καθότι αὐτὸς ἡμῶν
κύριός ἐστιν, καὶ αὐτὸς θεὸς ἡμῶν καὶ αὐτὸς πατὴρ ἡμῶν καὶ αὐτὸς θεὸς
5 εἰς πάντας τοὺς αἰῶνας. ⁵μαστιγώσει ὑμᾶς ἐπὶ ταῖς ἀδικίαις ὑμῶν, καὶ
πάντας ὑμᾶς ἐλεήσει ἐκ πάντων τῶν ἐθνῶν, ὅπου ἂν διασκορπισθῆτε ἐν
6 αὐτοῖς. ⁶ὅταν ἐπιστρέψητε πρὸς αὐτὸν ἐν ὅλῃ τῇ καρδίᾳ ὑμῶν καὶ ἐν
ὅλῃ τῇ ψυχῇ ὑμῶν ποιῆσαι ἐνώπιον αὐτοῦ ἀλήθειαν, τότε ἐπιστρέψει πρὸς
ὑμᾶς καὶ οὐ μὴ κρύψῃ τὸ πρόσωπον αὐτοῦ ἀφ' ὑμῶν οὐκέτι. καὶ νῦν
θεάσασθε ἃ ἐποίησεν μεθ' ὑμῶν, καὶ ἐξομολογήσασθε αὐτῷ ἐν ὅλῳ τῷ
στόματι ὑμῶν, καὶ εὐλογήσατε τὸν κύριον τῆς δικαιοσύνης καὶ ὑψώσατε
τὸν βασιλέα τῶν αἰώνων.

---

4 θεος αυτος] ο θς ο A   **5** εσκορπισθητε A   **6** καρδια] pr τη A | ψυχη] A + υμων A | επιστρεψει] ε sup ras A¹ | μεθ] με sup ras Bᵃᵇ | σωματι] στοματι A | ευλογησατε] ευλογειτε A | γιγνωσκει A | η B*] non inst Bᵇ ει A | υμιν] εις υμας A

B ⁷τὸν θεόν μου ὑψῶ, 7 (9)
καὶ ἡ ψυχή μου τῷ βασιλεῖ τοῦ οὐρανοῦ,
καὶ ἀγαλλιάσεται τὴν μεγαλωσύνην αὐτοῦ.
⁸λεγέτωσαν πάντες καὶ ἐξομολογείσθωσαν αὐτῷ ἐν Ἱεροσο- 8 (10)
λύμοις.
⁹Ἱεροσόλυμα πόλις ἁγίου· 9 (11)
μαστιγώσει ἐπὶ τὰ ἔργα τῶν υἱῶν σου,
καὶ πάλιν ἐλεήσει τοὺς υἱοὺς τῶν δικαίων.
¹⁰ἐξομολογοῦ τῷ κυρίῳ ἀγαθῶς, 10 (12)
καὶ εὐλόγει τὸν βασιλέα τῶν αἰώνων,
ἵνα πάλιν ἡ σκηνή αὐτοῦ οἰκοδομηθῇ σοι μετὰ χαρᾶς
καὶ εὐφράναι ἐν σοὶ τοὺς αἰχμαλώτους
καὶ ἀγαπῆσαι ἐν σοὶ τοὺς ταλαιπώρους
εἰς πάσας τὰς γενεὰς τοῦ αἰῶνος.
¹¹ἔθνη πολλὰ μακρόθεν ἥξει πρὸς τὸ ὄνομα Κυρίου τοῦ θεοῦ, 11 (14)
δῶρα ἐν χερσὶν ἔχοντες καὶ δῶρα τῷ βασιλεῖ τοῦ οὐρανοῦ·
γενεαὶ γενεῶν δώσουσίν σοι ἀγαλλίαμα.
¹²ἐπικατάρατοι πάντες οἱ μισοῦντές σε, 12 (16)
εὐλογημένοι ἔσονται πάντες οἱ ἀγαπῶντές σε εἰς τὸν
αἰῶνα.
¹³χάρηθι καὶ ἀγαλλίασαι ἐπὶ τοῖς υἱοῖς τῶν δικαίων, 13 (17)
ὅτι συναχθήσονται καὶ εὐλογήσουσιν τὸν κύριον τῶν
δικαίων.

ℵ ¹⁰καὶ παλιν ἡ σκηνή σου οἰκοδομηθήσεταί σοι μετὰ χαρᾶς· καὶ εὐ- 10
φράναι ἐν σοὶ πάντας τοὺς αἰχμαλώτους καὶ ἀγαπῆσαι ἐν σοὶ πάντας
τοὺς ταλαιπώρους καὶ πάσας τὰς γενεὰς τοῦ αἰῶνος. ¹¹φῶς λαμπρὸν 11
λάμψει εἰς πάντα τὰ πέρατα τῆς γῆς· ἔθνη πολλὰ μακρόθεν καὶ κατοι-
κιεῖ πάντων τῶν ἐσχάτων τῆς γῆς πρὸς τὸ ὄνομα τὸ ἅγιόν σου, καὶ
τὰ δῶρα αὐτῶν ἐν ταῖς χερσὶν αὐτῶν ἔχοντες τῷ βασιλεῖ τοῦ οὐρανοῦ.
γενεαὶ γενεῶν δώσουσιν ἐν σοὶ ἀγαλλίαμα, καὶ ὄνομα τῆς ἐκλεκτῆς εἰς τὰς
γενεὰς τοῦ αἰῶνος. ¹²ἐπικατάρατοι πάντες οἳ ἐροῦσιν λόγον σκληρόν, ἐπι- 12
κατάρατοι ἔσονται πάντες οἱ καθαιροῦντές σε καὶ κατασπῶντες τὰ τείχη σου,
καὶ πάντες οἱ ἀνατρέποντες τοὺς πύργους σου καὶ ἐμπυρίζοντες τὰς οἰκήσεις
σου· καὶ εὐλογητοὶ ἔσονται πάντες εἰς τὸν αἰῶνα οἱ φοβούμενοί σε. ¹³τότε 13
πορεύθητι καὶ ἀγαλλίασαι πρὸς τοὺς υἱοὺς τῶν δικαίων, ὅτι πάντες ἐπι-
συναχθήσονται καὶ εὐλογήσουσιν τὸν κύριον τοῦ αἰῶνος. ¹⁴μακάριοι οἱ ἀγα- 14

A 7 τω βασιλει] τον βασιλεα A   8 Ιεροσολυμοις] seq ras 2 vel 3 litt in A
9 αγιου] αγια A   10 κυριω αγαθως] αγαθω A | η σκηνη] om η A | σοι 1°]
pr εν A | ευφρανη A | αιχμαλωτους] pr εκει A   11 om και A | γενεα A |
δωσουσιν] pr αινε|σουσιν σοι και A | om σοι A | αγαλλιαμα] αγαλλιασιν A
13 χαρητι B*A (χαρηθι B^(ab))

844

ΤΩΒΕΙΤ   XIV 2

(18) 14   ¹⁴ὦ μακάριοι οἱ ἀγαπῶντές σε·   B
           χαρήσονται ἐπὶ τῇ εἰρήνῃ σου.
           μακάριοι ὅσοι ἐλυπήθησαν ἐπὶ ταῖς μάστιξίν σου,
           ὅτι ἐπὶ σοὶ χαρήσονται θεασάμενοι πᾶσαν τὴν δόξαν σου·
           καὶ εὐφρανθήσεται εἰς τὸν αἰῶνα ἡ ψυχή μου.
(19) 15   ¹⁵εὐλόγει τὸν θεὸν τὸν βασιλέα τὸν μέγαν,
(21) 16   ¹⁶ὅτι οἰκοδομηθήσεται Ἰερουσαλὴμ σαπφείρῳ καὶ σμα-
           ράγδῳ,
           καὶ λίθῳ ἐντίμῳ τὰ τείχη σου,
           καὶ οἱ πύργοι καὶ οἱ προμαχῶνες χρυσίῳ καθαρῷ,
(22) 17   ¹⁷καὶ αἱ πλατεῖαι Ἰερουσαλὴμ βηρύλλῳ καὶ ἄνθρακι καὶ λίθῳ
           ἐκ Σουφεὶρ ψηφολογηθήσονται.
     18   ¹⁸καὶ ἐροῦσιν πᾶσαι αἱ ῥύμαι αὐτῆς ἀλληλουιὰ καὶ αἴνεσιν,
(23)   λέγοντες ⁽²³⁾Εὐλογητὸς ὁ θεὸς ὃς ὕψωσεν πάντας τοὺς
           αἰῶνας.
XIV (1) 1 ¹Καὶ ἐπαύσατο ἐξομολογούμενος Τωβείτ. ²καὶ ἦν ἐτῶν πεντή-
    (3) 2 κοντα ὀκτὼ ὅτε ἀπώλεσεν τὰς ὄψεις, καὶ μετὰ ἔτη ὀκτὼ ἀνέ-
    (4)   βλεψεν· καὶ ἐποίει ἐλεημοσύνας, ⁽⁴⁾καὶ προσέθετο φοβεῖσθαι

       πῶντές σε, καὶ μακάριοι οἳ χαρήσονται ἐπὶ τῇ εἰρήνῃ σου· καὶ μακάριοι ℵ
       πάντες οἱ ἄνθρωποι οἳ ἐπὶ σοὶ λυπηθήσονται, ἐπὶ πάσαις ταῖς μάστιξίν
       σου, ὅτι ἐν σοὶ χαρήσονται καὶ ὄψονται πᾶσαν τὴν χαράν σου εἰς τὸν αἰῶνα.
¹⁵   ¹⁵ἡ ψυχή μου εὐλογεῖ τὸν κύριον τὸν βασιλέα τὸν μέγαν, ¹⁶ὅτι Ἰερουσαλὴμ
¹⁶   οἰκοδομηθήσεται τῇ πόλει οἶκος αὐτοῦ εἰς πάντας τοὺς αἰῶνας. μακάριος
       ἔσομαι ἂν γένηται τὸ κατάλιμμα τοῦ σπέρματός μου ἰδεῖν τὴν δόξαν σου καὶ
       ἐξομολογήσασθαι τῷ βασιλεῖ τοῦ οὐρανοῦ. καὶ αἱ θύραι Ἰερουσαλὴμ σαπ-
       φείρῳ καὶ σμαράγδῳ οἰκοδομηθήσονται, καὶ λίθῳ τιμίῳ πάντα τὰ τείχη σου·
       οἱ πύργοι Ἰερουσαλὴμ χρυσίῳ οἰκοδομηθήσονται καὶ οἱ προμαχῶνες αὐτῶν
17   χρυσίῳ καθαρῷ, ¹⁷αἱ πλατεῖαι Ἰερουσαλὴμ ἄνθρακι ψηφολογηθήσονται
18   καὶ λίθῳ Σουφείρ. ¹⁸καὶ αἱ θύραι Ἰερουσαλὴμ ᾠδὰς ἀγαλλιάματος ἐροῦσιν,
       καὶ πᾶσαι αἱ οἰκίαι αὐτῆς ἐροῦσιν Ἀλληλουιά, εὐλογητὸς ὁ θεὸς τοῦ Ἰσραήλ·
       καὶ εὐλογητοὶ εὐλογήσουσιν τὸ ὄνομα τὸ ἅγιον εἰς τὸν αἰῶνα καὶ ἔτι.
XIV 1 ¹Καὶ συνετελέσθησαν οἱ λόγοι τῆς ἐξομολογήσεως Τωβείθ· καὶ ἀπέθανεν
    2 ἐν εἰρήνῃ ἐτῶν ἑκατὸν δώδεκα καὶ ἐτάφη ἐνδόξως ἐν Νινευή. ²καὶ ξβ΄ ἐτῶν
       ἦν ὅτε ἐγένετο ἀνάπειρος τοῖς ὀφθαλμοῖς, καὶ μετὰ τὸ ἀναβλέψαι αὐτὸν
       ἔζησεν ἐν ἀγαθοῖς καὶ ἐλεημοσύνας ἐποίησεν, καὶ ἔτι προσέθετο εὐλογεῖν

---

14 οσοι] οι A | ταις μαστιξιν] pr πασαις Bᵃ⸱ᵇA | ευφρανθησονται A | A
αιωνα· A   15 ευλογειτω A   16 οικοδομηθησεται] ι sup ras (seq ras 1
lit) Aᵃ | σαπφειρω B σαπφιρω A | εντιμω] επιτιμω· A | χρυσιω] pr εν A
17 πλατιαι A   18 αινεσιν] αινεσουσιν (σουσιν sup ras) Aᵃ | λεγοντες]
λεγον sup ras Aᵃ | παντας] pr εις A   XIV 2 πεντηκοντα] ογδοηκοντα A |
και προσεθετο] bis scr και προσ A* (ras 1° A¹)

XIV 3   ΤΩΒΕΙΤ

B Κύριον τὸν θεὸν καὶ ἐξωμολογεῖτο αὐτῷ. ³μεγάλως δὲ ἐγήρασεν· 3 (5)
καὶ ἐκάλεσεν τὸν υἱὸν αὐτοῦ καὶ τοὺς υἱοὺς αὐτοῦ, καὶ εἶπεν
αὐτῷ Τέκνον, λάβε τοὺς υἱούς σου· ἰδοὺ γεγήρακα, καὶ πρὸς τὸ
ἀποτρέχειν ἐκ τοῦ ζῆν εἰμί. ⁴ἄπελθε εἰς τὴν Μηδείαν, τέκνον, 4 (6,7)
ὅτι πέπεισμαι ὅσα ἐλάλησεν Ἰωνᾶς ὁ προφήτης περὶ Νινευὴ ὅτι
καταστραφήσεται, ἐν δὲ τῇ Μηδείᾳ ἔσται εἰρήνη μᾶλλον ἕως
καιροῦ· καὶ ὅτι οἱ ἀδελφοὶ ἡμῶν ἐν τῇ γῇ σκορπισθήσονται ἀπὸ
τῆς ἀγαθῆς γῆς, καὶ Ἱεροσόλυμα ἔσται ἔρημος καὶ ὁ οἶκος τοῦ
θεοῦ ἐν αὐτῇ κατακαήσεται, καὶ ἔρημος ἔσται μέχρι χρόνου. ⁵καὶ 5
πάλιν ἐλεήσει αὐτοὺς ὁ θεὸς καὶ ἐπιστρέψει αὐτοὺς εἰς τὴν γῆν,
καὶ οἰκοδομήσουσιν τὸν οἶκον, οὐχ οἷος ὁ πρότερος, ἕως πληρω-
θῶσιν καιροὶ τοῦ αἰῶνος. καὶ μετὰ ταῦτα ἐπιστρέψουσιν ἐκ
τῶν αἰχμαλωσιῶν καὶ οἰκοδομήσουσιν Ἰερουσαλὴμ ἐντίμως, καὶ
ὁ οἶκος τοῦ θεοῦ ἐν αὐτῇ οἰκοδομηθήσεται ἐνδόξως, καθὼς
ἐλάλησαν περὶ αὐτῆς οἱ προφῆται. ⁶καὶ πάντα τὰ ἔθνη ἐπι- 6 (8,9)
στρέψουσιν ἀληθινῶς φοβεῖσθαι Κύριον τὸν θεόν· κατορύξουσιν

א τὸν θεὸν καὶ ἐξομολογεῖσθαι τὴν μεγαλωσύνην τοῦ θεοῦ. ³καὶ ὅτε ἀπέθνησκεν, 3
ἐκάλεσεν Τωβείαν τὸν υἱὸν αὐτοῦ καὶ ἐνετείλατο αὐτῷ λέγων Παιδίον,
ἀπάγαγε τὰ παιδία σου ⁴καὶ ἀπότρεχε εἰς Μηδείαν, ὅτι πιστεύω ἐγὼ τῷ 4
ῥήματι τοῦ θεοῦ ἐπὶ Νινευή, ἃ ἐλάλησεν Ναούμ, ὅτι πάντα ἔσται καὶ ἀπαντήσει
ἐπὶ Ἀθὴρ καὶ Νινευή, καὶ ὅσα ἐλάλησαν οἱ προφῆται τοῦ Ἰσραήλ, οὓς ἀπέστειλεν
ὁ θεός, πάντα ἀπαντήσει· καὶ οὐ μηθὲν ἐλαττονωθῇ ἐκ πάντων τῶν ῥημάτων,
καὶ πάντα συμβήσεται τοῖς καιροῖς αὐτῶν· καὶ ἐν τῇ Μηδείᾳ ἔσται σωτηρία
μᾶλλον ἤπερ ἐν Ἀσσυρίοις καὶ ἐν Βαβυλῶνι· διὸ γινώσκω ἐγὼ καὶ πιστεύω
ὅτι πάντα ἃ εἶπεν ὁ θεὸς συντελεσθήσεται καὶ ἔσται καὶ οὐ μὴ διαπέσῃ ῥῆμα
ἐκ τῶν λόγων· καὶ οἱ ἀδελφοὶ ἡμῶν οἱ κατοικοῦντες ἐν τῇ γῇ Ἰσραήλ
πάντων λογισθήσονται καὶ αἰχμαλωτισθήσονται ἐκ τῆς γῆς τῆς ἀγαθῆς,
καὶ ἔσται πᾶσα ἡ γῆ τοῦ Ἰσραὴλ ἔρημος, καὶ Σαμαρία καὶ Ἱερουσαλὴμ
ἔσται ἔρημος καὶ ὁ οἶκος τοῦ θεοῦ ἐν λύπῃ καὶ καυθήσεται μέχρι χρόνου.
⁵καὶ πάλιν ἐλεήσει αὐτοὺς ὁ θεὸς καὶ ἐπιστρέψει αὐτοὺς ὁ θεὸς εἰς τὴν 5
γῆν τοῦ Ἰσραήλ, καὶ πάλιν οἰκοδομήσουσιν τὸν οἶκον, καὶ οὐχ ὡς τὸν πρῶτον,
ἕως τοῦ χρόνου οὗ ἂν πληρωθῇ ὁ χρόνος τῶν καιρῶν. καὶ μετὰ ταῦτα
ἐπιστρέψουσιν ἐκ τῆς αἰχμαλωσίας αὐτῶν πάντες καὶ οἰκοδομήσουσιν Ἰερου-
σαλὴμ ἐντίμως, καὶ ὁ οἶκος τοῦ θεοῦ ἐν αὐτῇ οἰκοδομηθήσεται, καθὼς ἐλάλη-
σαν περὶ αὐτῆς οἱ προφῆται τοῦ Ἰσραηλ. ⁶καὶ πάντα τὰ ἔθνη τὰ ἐν ὅλῃ τῇ 6
γῇ, πάντες ἐπιστρέψουσιν καὶ φοβηθήσονται τὸν θεὸν ἀληθινῶς, καὶ ἀφή-
σουσιν πάντες τὰ εἴδωλα αὐτῶν, τοὺς πλανῶντας ψευδῆ τὴν πλάνησιν αὐτῶν,

A   2 εξωμολογειτο] εξομολογεισθαι A   3 υιους 1°] εξ υιους (nisi potius
εξυιους) A | εκ] απο A   4 Μηδιαν B*A (Μηδειαν B^ab) | καταστραφησεται]
κατασκαφησεται A | Μηδια A | μηθεν א* μη ουθεν א^c.a   5 εως] ως A |
οικοδομηθησεται]+εις πασας τας γε[νεας του αιωνος οικοδομη (seq ras) B^abmg
+εις] πασας τας γενεας του αιωνος·| οικοδομη A | ενδοξω B^bA   7 κατο-
ρυξουσιν] και κατορυξωσιν A

ΤΩΒΕΙΤ XIV 11

7 τὰ εἴδωλα αὐτῶν· ⁷καὶ εὐλογήσουσιν πάντα τὰ ἔθνη Κύριον. Β καὶ ὁ λαὸς αὐτοῦ ἐξομολογήσεται τῷ θεῷ, καὶ ὑψώσει Κύριος τὸν λαὸν αὐτοῦ· καὶ χαρήσονται πάντες οἱ ἀγαπῶντες Κύριον τὸν θεὸν ἐν ἀληθείᾳ καὶ δικαιοσύνῃ, ποιοῦντες ἔλεος τοῖς ἀδελφοῖς (10–13) 8 ἡμῶν. ⁸καὶ νῦν, τέκνον, ἄπελθε ἀπὸ Νινευή, ὅτι πάντως ἔσται ἃ 9 ἐλάλησεν ὁ προφήτης Ἰωνᾶς. ⁹σὺ δὲ τήρησον τὸν νόμον καὶ τὰ προστάγματα, καὶ γενοῦ φιλελεήμων καὶ δίκαιος, ἵνα σοι καλῶς 10 ἦν. ¹⁰καὶ θάψον με καλῶς, καὶ τὴν μητέρα σου μετ' ἐμοῦ, καὶ μηκέτι αὐλισθῆτε εἰς Νινευή. τέκνον, ἴδε τί ἐποίησεν Ἀδὰμ Ἀχιαχάρῳ τῷ θρέψαντι αὐτόν, ὡς ἐκ τοῦ φωτὸς ἤγαγεν αὐτὸν εἰς τὸ σκότος καὶ ὅσα ἀνταπέδωκεν αὐτῷ· καὶ Ἀχιάχαρον μὲν ἔσωσεν, ἐκείνῳ δὲ τὸ ἀνταπόδομα ἀπεδόθη, καὶ αὐτὸς κατέβη εἰς τὸ σκότος. Μανασσῆς ἐποίησεν ἐλεημοσύνην, καὶ ἐσώθη ἐκ παγίδος θανάτου ἧς ἔπηξεν αὐτῷ, Ἀδὰμ δὲ ἐνέπεσεν εἰς τὴν 11 παγίδα καὶ ἀπώλετο. ¹¹καὶ νῦν, παιδία, ἴδετε τί ἐλεημοσύνη ποιεῖ καὶ δικαιοσύνη ῥύεται. καὶ ταῦτα αὐτοῦ λέγοντος ἐξέλιπεν αὐτοῦ ἡ ψυχὴ ἐπὶ τῆς κλίνης· ἦν δὲ ἐτῶν ἑκατὸν πεντή-

---

7 ⁷καὶ εὐλογήσουσιν τὸν θεὸν τοῦ αἰῶνος ἐν δικαιοσύνῃ. πάντες οἱ υἱοὶ τοῦ ℵ Ἰσραὴλ οἱ σωζόμενοι ἐν ταῖς ἡμέραις ἐκείναις, μνημονεύοντες τοῦ θεοῦ ἐν ἀληθείᾳ, ἐπισυναχθήσονται καὶ ἥξουσιν εἰς Ἰερουσαλήμ, καὶ οἰκήσουσιν τὸν αἰῶνα ἐν τῇ γῇ Ἀβραὰμ μετὰ ἀσφαλείας, καὶ παραδοθήσεται αὐτοῖς· καὶ χαρήσονται οἱ ἀγαπῶντες τὸν θεὸν ἐπ' ἀληθείας, καὶ οἱ ποιοῦντες τὴν ἁμαρ-
9 τίαν καὶ τὴν ἀδικίαν ἐκλείψουσιν ἀπὸ πάσης τῆς γῆς. ⁹καὶ νῦν, παιδία, ἐγὼ ὑμῖν ἐντέλλομαι, δουλεύσατε τῷ θεῷ ἐν ἀληθείᾳ καὶ ποιήσατε τὸ ἀρεστὸν ἐνώπιον αὐτοῦ καὶ τοῖς παιδίοις ὑμῶν ἐνυποταγήσεται ποιεῖν δικαιοσύνην καὶ ἐλεημοσύνην, καὶ ἵνα ὦσιν μεμνημένοι τοῦ θεοῦ καὶ εὐλογῶσιν 8 τὸ ὄνομα αὐτοῦ ἐν παντὶ καιρῷ ἐν ἀληθείᾳ καὶ ὅλῃ τῇ ἰσχύι αὐτῶν. ⁸καὶ 10 νῦν σύ, παιδίον, ἔξελθε ἐκ Νινευὴ καὶ μὴ μείνῃς ὧδε. ¹⁰ἐν ᾗ ἂν ἡμέρᾳ θάψῃς τὴν μητέρα σου μετ' ἐμοῦ, αὐτῇ τῇ ἡμέρᾳ μὴ αὐλισθῇς ἐν τοῖς ὁρίοις αὐτῆς· ὁρῶ γὰρ ὅτι πολλὴ ἀδικία ἐν αὐτῇ καὶ δόλος πολὺς συντελεῖται ἐν αὐτῇ καὶ οὐκ αἰσχύνονται. ἴδε, παιδίον, ὅσα Ναδὰβ ἐποίησεν Ἀχεικάρῳ τῷ ἐκθρέψαντι αὐτόν, οὐχὶ ζῶν κατηνέχθη εἰς τὴν γῆν; καὶ ἀπέδωκεν ὁ θεὸς τὴν ἀτιμίαν κατὰ πρόσωπον αὐτοῦ· καὶ ἐξῆλθεν εἰς τὸ φῶς Ἀχίκαρος, καὶ Ναδὰβ εἰσῆλθεν εἰς τὸ σκότος τοῦ αἰῶνος ὅτι ἐζήτησεν ἀποκτεῖναι Ἀχείκαρον. ἐν τῷ ποιῆσαί με ἐλεημοσύνην ἐξῆλθεν ἐκ τῆς παγίδος τοῦ θανάτου ἣν ἔπηξεν αὐτῷ Ναδάβ, καὶ Ναδὰβ ἔπεσεν εἰς τὴν παγίδα τοῦ θανάτου 11 καὶ ἀπώλεσεν αὐτόν. ¹¹καὶ νῦν, παιδία, ἴδετε τί ποιεῖ ἐλεημοσύνη καὶ τί ποιεῖ ἀδικία, ὅτι ἀποκτέννει. καὶ ἰδοὺ ἡ ψυχή μου ἐκλείπει. καὶ ἔθηκαν

---

7 Κυριον 1°] pr τον A   8 πα|τως B   9 γενου] γινου A | ην] η Bᵇ A A
10 εις 1°] εν A | Αδαμ] Αμαν A (bis) | το σκοτος 1°] om το A | Αχιαχαρος A |
εσωσεν] εσωθη A | πακιδος, πακιδα ℵ* (παγ. ℵᶜᵃ bis)   11 και 2°] +τι
A | εξελειπεν A

847

XIV 12 ΤΩΒΕΙΤ

B κοντα ὀκτώ· καὶ ἔθαψεν αὐτὸν ἐνδόξως. ¹²Καὶ ὅτε ἀπέθανεν 12 (14)
Ἄννα, ἔθαψεν αὐτὴν μετὰ τοῦ πατρὸς αὐτοῦ· ἀπῆλθεν δὲ Τωβίας
μετὰ τῆς γυναικὸς αὐτοῦ καὶ τῶν υἱῶν αὐτοῦ εἰς Ἐκβάτανα πρὸς
Ῥαγουὴλ τὸν πενθερὸν αὐτοῦ. ¹³καὶ ἐγήρασεν ἐντίμως, καὶ 13 (15)
ἔθαψεν τοὺς πενθεροὺς αὐτοῦ ἐνδόξως, καὶ ἐκληρονόμησεν τὴν
οὐσίαν αὐτῶν καὶ Τωβεὶτ τοῦ πατρὸς αὐτοῦ. ¹⁴καὶ ἀπέθανεν 14 (16)
ἐτῶν ἑκατὸν ἑπτὰ ἐν Ἐκβατάνοις τῆς Μηδείας. ¹⁵καὶ ἤκουσεν 15 —
πρὶν ἢ ἀποθανεῖν αὐτὸν τὴν ἀπωλίαν Νινευὴ ἣν ᾐχμαλώτισεν
Ναβουχοδονοσὸρ καὶ Ἀσύηρος· ἐχάρη πρὸ τοῦ ἀποθανεῖν ἐπὶ
Νινευή. ἀμήν.

ℵ αὐτὸν ἐπὶ τὴν κλίνην καὶ ἀπέθανεν· καὶ ἐτάφη ἐνδόξως. ¹²Καὶ ὅτε 12
ἀπέθανεν ἡ μήτηρ αὐτοῦ ἔθαψεν αὐτὴν Τωβείας μετὰ τοῦ πατρὸς αὐτοῦ,
καὶ ἀπῆλθεν αὐτὸς καὶ ἡ γυνὴ αὐτοῦ εἰς Μηδείαν καὶ ᾤκησεν ἐν Ἐκβατανοις
μετὰ Ῥαγουήλου τοῦ πενθεροῦ αὐτοῦ. ¹³καὶ ἐγηροβόσκησεν αὐτοὺς ἐντίμως 13
καὶ ἔθαψεν αὐτοὺς ἐν Ἐκβατάνοις τῆς Μηδείας, καὶ ἐκληρονόμησεν τὴν οἰκίαν
Ῥαγουήλου καὶ Τωβεὶθ τοῦ πατρὸς αὐτοῦ. ¹⁴καὶ ἀπέθανεν ἐτῶν ἑκατὸν 14
δέκα ἑπτὰ ἐνδόξως. ¹⁵καὶ εἶδεν καὶ ἤκουσεν πρὸ τοῦ ἀποθανεῖν αὐτὸν τὴν 15
ἀπωλίαν Νινευή, καὶ εἶδεν τὴν αἰχμαλωσίαν αὐτῆς ἀγομένην εἰς Μηδείαν ἣν
ᾐχμαλώτισεν Ἀχιαχαρος ὁ βασιλεὺς τῆς Μηδίας. καὶ εὐλόγησεν τὸν θεὸν ἐν
πᾶσιν οἷς ἐποίησεν ἐπὶ τοὺς υἱοὺς Νινευὴ καὶ Ἀθουρείας· ἐχάρη πρὶν τοῦ
ἀποθανεῖν ἐπὶ Νινευή, καὶ εὐλόγησεν Κύριον τὸν θεὸν εἰς τοὺς αἰῶνας τῶν
αἰώνων. ἀμήν.

A 12 om αυτου 3° A   14 επτα] pr εικοσι A | Μηδιας A   15 απω-
λειαν B^(b(vid))A | ηχμαλωτευσεν A | Αχιαχαρος ℵ*] Ναβουχοδονοσορ ϗ Ασσυ-
ηρος ℵ^(ca) | Ασουηρος A | Αθουρειας ℵ*] Ασυερος ℵ^(ca) | εχαρη] pr και A
Subscr Τωβειτ BA Τωβειθ ℵ

ΠΑΡΑΛΕΙΠΟΜΕΝΩΝ Α
ΠΑΡΑΛΕΙΠΟΜΕΝΩΝ Β
ΕΣΔΡΑΣ Α
ΕΣΔΡΑΣ Β
ΨΑΛΜΟΙ
ΠΑΡΟΙΜΙΑΙ
ΕΚΚΛΗΣΙΑΣΤΗΣ
ΑΣΜΑ
ΙΩΒ
ΣΟΦΙΑ ΣΑΛΩΜΩΝΟΣ
ΣΟΦΙΑ ΣΕΙΡΑΧ
ΕΣΘΗΡ
ΙΟΥΔΕΙΘ
ΤΩΒΕΙΤ

ἵνα μή τι ἀπόληται

APPENDIX

ΠΑΡΑΛΕΙΠΟΜΕΝΩΝ Α

I 10 γειγας B* (γιγ. B^b) || 29 γενεσις A || 32 πολλακης A* (παλλ. A^a) || 46 παιδιω B* (πεδ. B^ab) A
III 23 τρις A
IV 2 γενεσις A || 23 κατωκεισαν A || 27 τρις A || 32 επαυλις A
V 18 χειλ. B (item 21 quater) || 20 κατεισχυσαν B* (κατισχ. B^a) || 23 ημισις A
VI 32 λιτουργ. B* bis (λειτ. B*) A : item 48 || 49 εξειλασκεσθαι B εξιλασκαισθαι A || 56 παιδια A | αυτης] αυ|αυτης A
VII 2 χειλ. B (item 4, 5, 7, 9, 11, 40) || 6 τρις A || 9 γενεσις A || 40 εκλετοι B* (εκλεκτοι B^ab)
VIII 3 κα (2°) B^edit || 28 γενεσις A
IX 1 συλλοχισμος B^ab A || 9 γενεσις A (item 34) || 13 χειλιοι B | λιτουργιας B* (λειτ. B^ab) λιτουργειας A || 19 λιτουργιας B* (λειτ. B^ab) A || 22 πιστι A (item 26, 31 [cum ℵ]) || 27 κλιδων A || 28 λιτουργιας B* (λειτ. B^ab) ℵA || 32 αιτοιμασαι A || 38 εμμεσω (1°) A
X 1 ορι ℵA || 4 αιροντι] εροντι ℵ | εμπεξωσιν ℵ | αιρων] ερων ℵ (item 5) || 6 τρις ℵA || 7 αυλωνει B*^b (-νι B^ac) || 9 απεστιλαν ℵ || 14 απεκτινεν ℵ | βασιλιαν ℵ
XI 3 εχρεισαν B || 5 πολεις A || 10 κατεισχυοντες B*^b (κατισχ. B^ac) || 13 κρειθων B || 15 σπηλεον ℵ || 18 τρις A (item 19) | εσπισεν ℵA || 19 ειλεως Bℵ | πιομε ℵ || 23 υφενοντων ℵ | απεκτινεν ℵ || 25 τρις ℵΛ || 26 δυναμαιων A
XII 1 σφενδονητε ℵ || 8 θυραιους A || 14 μεικρος B* (μικρ. B^ab) | χειλ. B (item 20, 24 [cum ℵ], 25, 26, 27, 29, 30, 31, 33, 34 bis, 35, 36, 37) || 15 διαβαντες] μαβ. B^b vid | κρηπειδα

B* (κρηπιδα B^b) || 17 χιρος ℵ || 18 ιρηνη (3°) ℵ || 19 ελθιν ℵ || 23 βασιλιαν ℵ || 28 εκοσι A* (εικ A?) || 29 τρις ℵ | πλιστον ℵ || 32 γεινωσκοντες B* (γιν. B^b) || 38 ιρηνικη ℵ || 39 τρις A | πεινοντες B* (πιν. B^b) || 40 ελεον A
XIII 2 υμειν B* (υμιν B^ab) | αποστιλωμεν ℵ || 8 δυναμι A || 9 εξετινεν ℵ | κατασχιν B* (-σχειν B^ab) | εξεκλεινεν B || 10 εκι ℵ | εκτιναι ℵ || 13 εξεκλεινεν B* (εξεκλιν. B^b) || 14 τρις A
XIV 1 απεστιλεν ℵ || 8 εχρεισθη B | ζητησε ℵ || 10 χιρας ℵ (bis) || 11 εις] ις B* (εις B^ab) | χιρι ℵ || 12 κατεκαυσε ℵ || 15 συνσισμου ℵA || 16 ενετιλατο ℵ
XV 2 κειβωτ. ℵ (item 23 [1°], 24 [1°], 25, 27) | λιτουργειν B* (λειτ. B^ab) ℵ || 13 ημειν B* (ημιν B^ab) || 15 ενετειλατο ℵ || 26 κρειος B* (κριους B^b) || 27 αιροντες] εροντες ℵ || 28 αναφωνουνταις A || 29 πεζοντα ℵ
XVI 1 εμμεσω A || 4 λιτουργουντας B* (λειτ. B^ab) | αινιν ℵ (item 7, 37, 41) || 15 ενετιλατο ℵ || 19 εσμεικρυνθησαν B* (εσμικρ. B^b) || 21 βασιλις ℵ || 22 αψησθαι A | χρειστων B* (χριστ. B^b) | πονηρευεσθαι ℵA || 26 ιδωλα ℵ || 27 επενος ℵ || 33 κρειναι B || 34 ελαιος A (item 41) || 37 λιτουργειν B* (λειτ. B^ab) ℵA || 40 αναφεριν ℵ || 42 αναφωνιν ℵ
XVII 1 κειβωτος ℵ || 4 οικοδομησις ℵ || 6 ποιμενιν ℵ || 7 ερις ℵ || 9 θησομε ℵ | ταπινωσε ℵ || 10 εταπινωσα ℵ || 11 εστε ℵ (bis) || 13 ελαιος A || 17 εσμεικρυνθη B* (εσμικρ B^b)
XVIII 3 επιστησε ℵ || 4 χειλια Bℵ | χειλιαδας 1° Bℵ | χειλιαδας 2° B || 5 βοηθησε ℵ || 6 φαιροντας A || 10 απεστιλεν A || 12 χειλιαδας B

ΠΑΡΑΛΕΙΠΟΜΕΝΩΝ Β [APP.

XIX 2 ελαιος (1°) A | απεστιλεν ℵ (item 3, 4, 5, 6, 8) ‖ 5 απαγγιλαι ℵ | ητειμωμενοι B* (ητιμ. B^b) καθεισατε ℵ | ανατιλαι ℵ ‖ 6 χειλ. B (item 18) | καιππεις B* (και ιππ. B^ab) ‖ 9 παιδιω B* (πεδ. B^a) ℵ ‖ 19 πεδες A

XX 1 ετι A ‖ 2 τειμιος B* (τιμ. B^b) ‖ 4 εταπινωσεν A ‖ 7 ωνιδισεν A

XXI 1 επεσισεν A ‖ 5 χειλ. B (ter· item 14) ‖ 6 κατεισχυσεν B* (κατισχ. B^b) ‖ 12 λειμου B* (λιμ. B^b) | τρις A | αποστιλαντι A ‖ 13 οικτιρμοι B^b

XXII 14 χειλ. B (ter) ‖ 15 τεχνειται B* (τεχνιτ. B^b)

XXIII 3 χειλ. B (item 4 bis, 5) ‖ 9 τρις A (item 23) ‖ 13 λιτουργ. B* (λειτ. B^ab: item 24 [cum A], 26, 28 bis [2° cum A], 32)

XXIV 3 λιτουργιαν B* (λειτ. B^ab item 19) λιτουργειαν A ‖ 19 λειτουργειαν A

XXV 7 συνειων B* (συνιων B^b) ‖ 8 μεικρον B* (μικρ. B^b) | τελιων A

XXVI 12 λιτουργειν B* (λειτ. B^ab) ‖ 13 μεικρον B* (μικρ. B^ab) ‖ 18 τρις A ‖ 26 χειλ. B (item 30, 32) ‖ 29 διακρεινειν B* (διακριν. B^b) ‖ 30 λιτουργειαν B* (λειτουργειαν B^a λειτουργιαν B^b) A ‖ 31 γενεσις A

XXVII 1 χειλ. B (bis: item 2, 4, 5, 7, 8, 9, 10, 11, 12, 13, 14, 15) | λιτουργουντες B* (λειτ. B^ab) | διαιρεσεις] διαιρεσις A | διαιρεσις] διαιρεσεις A ‖ 24 αριθμιν A ‖ 28 ελεωνων B* (ελαιων. B^ab) | συκαμεινων B* (συκαμιν. B^ab)

XXVIII 1 χειλιαδων B ‖ 2 εμμεσω A | επιτηδια A ‖ 11 εξιλασμου B* (εξιλ. B^b) ‖ 12 παραδιγμα A ‖ 13 λιτουργιας B* (λειτ. B^ab) | λιτουργησιμων B* (λειτ B^ab) A ‖ 20 λιτουργιας B* (λειτ. B^ab) A | ειλασμου B* (ιλ. B^b) ‖ 21 λειτουργειαν A

XXIX 2 τειμιον B* (τιμ. B^b) ‖ 4 χειλ. B* bis (item 6, 7 quater, 21 ter) | ειερου A ‖ 5 τεχνειτων B* (τεχνιτ. B^b) ‖ 12 κατεισχυσαι B* (κατισχ. B^b) ‖ 22 εχρεισαν B* (εχρισ. B^b)

ΠΑΡΑΛΕΙΠΟΜΕΝΩΝ Β

I 2 χειλ. B (item 6, 14 bis) ‖ 7 νυκτει A ‖ 15 συκαμεινους B* (συκαμιν. B^b) ‖ 16 τειμη B* (τιμ. B^b)

II 2 χειλ. B (ter: item 10 ter, 17 bis, 18 ter) ‖ 4 αναφαιρειν A ‖ 6 ισχυσι A ‖ 10 σειτον B* (σιτ. B^b item 15) | κρειθων B* (κριθ. B^b) ‖ 12 επισταμενον A^b vid ‖ 15 κρειθην B* (κριθ. B^b) ‖ 16 χριαν A

III 6 τειμιοις B* (τιμ. B^b)

IV 4 τρις (1°) A

V 9 αναφοραιων A ‖ 13 ελαιος A ‖ 14 λιτουργειν B* (λειτ. B^ab(vid))

VI 13 εμμεσω A ‖ 21 ειλεως B* (ιλ. B^b: item 25, 27, 39) ‖ 28 λειμος B* (λιμ. B^b) | θλειψη B* (θλιψ. B^b) ‖ 29 δεησεις A ‖ 30 γεινωσκεις B* (γιν. B^b) ‖ 32 βραχειονα B* (βραχιονα B^b)

VII 3 ελαιος A (item 6) ‖ 5 χειλιαδες B | ενεκενισεν A ‖ 14 ειλεως B* (ιλ. B^b) ‖ 19 αποστρεψηται A | λατρευσηται A

VIII 2 κατωκεισεν A ‖ 3 κατεισχυσεν B* (κατισχ B^b) ‖ 5 μοκλοι B* (μοχλ. B^ab) ‖ 8 καταλιφθεντων A ‖ 14 λιτουργιας B* (λειτ. B^ab) λειτουργειας A | λιτουργειν B* (λειτ. B^ab) ‖ 16 ετελιωσεν A

IX 1 τειμιον B* (τιμ B^b: item 9, 10) ‖ 4 λιτουργων B* (λειτ. B^ab) ‖ 5 αληθεινος A ‖ 11 πευκεινα A ‖ 25 χειλ. B* bis (χιλ. B') | θηλιαι A ‖ 27 συκαμεινους B* (συκαμιν. B^b) | παιδινη A

X 6 βουλεσθαι A (item 9) ‖ 10 μεικρος B* (μικρ. B^ab)

XI 1 χειλ. B* (χιλ. B') ‖ 5 τιχηρεις A (item 10) ‖ 12 κατεισχυσ. B* (κατισχ. B^b: item 17 bis) ‖ 14 Λευειτε A | λιτουργειν B* (λειτ. B')

XII 7 μεικρον B* (μικρ. B^ab) ‖ 13 κατεισχυσεν B* (κατισχ. B^b) ‖ 15 αιπολεμει A

XIII 3 χειλ. B* (χιλ. B' bis: item 17) ‖ 4 θρι A ‖ 9 κρεισις B* (κρισις B^b) | εγεινετο B* (εγιν. B^b) ‖ 10 λιτουργουσιν B* (λειτ. B^a(vid)b) ‖ 18 κατεισχυσ. B* (κατισχυσ. B^ab· item 21)

XIV 3 συνετρειψεν B ‖ 6 πολις A | τιχηρεις A ‖ 7 μοκλους B* (μοχλ.

APP.] ΠΑΡΑΛΕΙΠΟΜΕΝΩΝ Β

B^(ab)) || 8 χειλ. B* (χιλ. B? bis) || 10 φαραγγει A || 11 κατεισχυσ. B* (κατισχ. B^(ab) bis)

XV 2 εγκαταλειψι A || 3 αληθεινω A || 6 θλειψει B || 8 κατεισχυσεν B* (κατισχ. B^(ab)) || 10 ετι A || 11 επτακισχειλ. B || 16 λιτουργουσαν B* (λειτ. B^(ab))

XVI 9 κατεισχυσαι B* (κατισχ B^a) || 14 κλεινης B* (κλιν. B^b)

XVII 1 κατεισχυσεν B* (κατισχ. B^(ab)) || 7 ετι A || 11 κρειους B* (κριους B^b) | επτακισχειλ. B* (επτακισχιλ. B') || 14 χειλ. B* (χιλ. B? bis: item 15, 16, 17, 18) || 19 λιτουργουντες B* (λειτ. B^(ab))

XVIII 7 εμεισησα B* (εμισ. B^b) || 26 θλειψεως B* (θλιψ. B^b bis) || 30 μεικρον B* (μικρ. B^b)

XIX 2 μεισουμενω B* (μισ. B^b) A || 6 κρεινετε B κρινεται A || 8 κρεινειν B || 10 διαστελεισθαι A | αμαρτησεσθαι A

XX 9 λειμος B* (λιμ. B^b) | θλειψεως B* (θλιψ. B^b) || 10 εξεκλειναν A || 11 επειχιρουσιν A || 15 φοβεισθαι A || 16 ευρησεται A || 20 εμπιστευσεσθαι A | ευοδωθησεσθαι A || 21 ελαιος A || 23 εκτρειψει B* (εκτριψ. B^b) || 25 τρις A || 32 εξεκλεινεν B* (εξεκλιν. B^b) A

XXI 3 τετευχεισμινων B || 17 μεικροτατος B* (μικρ B^(ab))

XXII 1 μεικρον B* (μικρ. B^(ab)) || 7 χρειστον B* (χριστ. B^b) || 11 κλεινων B* (κλιν. B^b)

XXIII 4 ποιησεται A || 6 λιτουργουντες B* (λειτ. B^(ab)) A || 10 ωμειας (2°) A || 11 εχρεισεν B* (εχρισ. B^b)

XXIV 14 λιτουργικα B* (λειτ. B^(ab)) A || 20 παραπορευεσθαι A | ευοδωθησεσθαι A || 22 ελαιους A | κρεινατω B* (κριν. B^b) || 25 κλεινης B* (κλιν. B^b)

XXV 5 χειλ B* (χιλ B°. item 6) || 11 κατεισχυσεν B* (κατισχ. B^(ab)) | χειλ. B (item 12, 13) || 13 τρις A || 16 μαστειγωθης B* (μαστιγ. B^b) | γεινωσκω B* (γιν. B^b) || 19 βαρια A || 24 συμμειξεων B* (συμμιξ. B^b) || 26 ουχ B* (ουκ B^(ab))

XXVI 7 κατεισχυσεν B* (κατισχ B^(ab): item 8, 9) || 12 χειλ. B* (item 13 bis) || 15 κατεισχυσεν B (item 16) || 21 κρεινων B* (κριν. B^b) || 23 παιδιω A

XXVII 3 τειχι B* (-χει B^(ab)) A || 5 κατεισχυσεν B* (κατισχ. B^(ab): item 6) | χειλ. B (bis) | κρειθων B* (κριθ. B^(ab))

XXVIII 8 χειλ. B || 10 ουχ B* (ουκ B^(ab)) || 19 εταπινωσεν A || 23 κατεισχυσουσιν B* (κατισχ. B^(ab)) || 24 εκλισεν A

XXIX 11 λιτουργ B* (bis: λειτ B^(ab)) || 21 κρειους B* (κριους B^b item 22) | χιμαρρους B* (χιμαρους B^b) χειμαρρους A || 23 χιμαρρους B* (χιμαρους B^b) A || 24 εξειλασαντο B* (εξιλ. B^b bis) || 32 κρειοι B* (κριοι B^b) || 33 τρισχειλια B

XXX 3 ουκ A || 7 γεινεσθε B* (γιν. B^b) || 14 ερρειψαν B* (ερριψ B^b) || 18 εξειλασθω B* (εξιλ. B^b) || 24 χειλ. B (quater)

XXXI 1 συνετρειψαν B* (συνετριψ B^b) || 2 λιτουργ B* (λειτ B^(ab) bis. item 4) || 4 κατεισχυσουσιν B* (κατισχ. B^b) || 5 σειτου B* (σιτ. B^b) || 15 μεικρου B* (μικρ. B^b) || 16 λιτουργιαν B* (λειτ. B^(ab)) A

XXXII 3 συνεπεισχυσαν B* (συνεπισχ. B^(ab)) || 4 κατεισχυσα. B* (κατισχ. B^(ab): item 5 bis) || 5 προτιχισμα A | 7 ανδριζεσθαι A || 8 βραχιονες B* (βραχιον. B^b) || 11 λειμον B* (λιμ B^b) || 13 γνωσεσθαι A || 15 πιστευεται A || 17 ονιδιζειν A || 21 εξετρειψεν B* (εξετριψ. B^b) || 26 εταπινωθη A || 27 τειμιου (τιμ B^b) || 28 σειτου B* (σιτ. B^b) || 29 πολις A || 32 ελαιος A || 33 τειμην B* (τιμ. B^b)

XXXIII 11 πεδαις] παιδες A || 23 εταπινωθη (1°) A

XXXIV 2 εξεκλεινεν B* (εξεκλιν. B^b) A || 4 συνετρειψεν B* (συνετριψ. B^b) | ερρειψεν B* (ερριψ. B^b) || 8 ετι A || 10 κατεισχυσαι B* (κατισχ. B^(1?b)) || 26 ερειται A || 27 εταπινωθης (1°) A || 30 μεικρου B* (μικρ. B^b) || 33 εξεκλεινεν B* (εξεκλιν. B^b)

XXXV 2 κατεισχυσεν B* (κατισχ. B^(ab)) || 3 λιτουργ. B* (λειτ B^(ab) item 10 [cum A], 16) || 5 διαιρεσις A (item 10) || 7 χειλ. B (bis: item 8,

ΕΣΔΡΑΣ Α   [APP.

9) | τρις A ‖ 14 αιτοιμασαι A ‖
15 κεινεισθαι B* (κιν. B^b) A ‖
22 παιδιω A
XXXVI 1 εχρεισαν B* (εχρισ. B^b) ‖

8 ουχ B* (ουκ B^a†b) ‖ 13 κατεισχυσεν
B* (κατισχ. B^ab) ‖ 17 εφισατο A ‖
18 μεικρα B* (μικρ. B^ab) ‖ 20 απωκεισεν A

ΕΣΔΡΑΣ Α

I 4 αιτοιμασατε A (item 6) | μεγαλιοτητα A ‖ 7 χειλ. B (bis: item 8, 9 bis) | βασιλεικων B* (-λικων B^b) | ιερευσειν A ‖ 27 παιδιω A ‖ 28 λειαν B* (λιαν B^b) ‖ 32 ετων] αιτων A ‖ 33 τρεις] τρις B* (τρεις B^a(fort)b) ‖ 39 απηρισατο A ‖ 47 ιεραιων A ‖ 48 εφιδετο A ‖ 50 εφισαντο A ‖ 51 βασιλεικας A ‖ 52 τιχη A
II 6 βοηθιτωσαν B* (βοηθειτ. B^ab) ‖ 12 χειλ. B (ter item 13) ‖ 16 προσπειπτοντα B* (προσπιπτ. B^b: item 21) ‖ 18 επι B* (επει B^ab) ‖ 20 τιχη A ‖ 21 γραμματι A^vid ‖ 25 μεχρει A
III 2 μεχρει A ‖ 5 επινεικια B* (-νικια B^b) ‖ 6 πεινειν B* (πιν. B^b) | χρυσοχαλεινον B* (-χαλιν. B^b) ‖ 8 προσκαιφαλαιον A ‖ 9 κρεινη B* (κριν B^b) | τρις A | νεικος B* (νικ. B^ab) ‖ 11 υπερισχυι A ‖ 12 νεικα B* (νικ. B^ab) ‖ 17 υπερισχυι B* (-σχυει B^ab) ‖ 19 οφιλημα A ‖ 21 πεινωσιν B* (πιν B^b) ‖ 23 ουκ B* (ουχ B^ab) | εσειγησεν B* (εσιγ. B^b)
IV 2 ουκ B* (ουχ B^ab) ‖ 3 υπερισχυι B*vid (-σχυει B^ab) ‖ 5 νεικησωσιν B* (νικ. B^ab) ‖ 10 πεινει B* (πιν. B^b) ‖ 12 ουκ B* (ουχ B^ab) A | υπερισχυι B* (-σχυει B^ab) | εσειγησεν B* (εσιγ B^b) ‖ 14 ισχυι B* (-σχυει B^ab) ‖ 16 γεινεται B ‖ 21 μεμνητε A ‖ 22 ουχει A | πονειται A | μοχθειται A | διδοται A | φερεται A ‖ 24 σκοτι A ‖ 32 ουχ B* (ουκ B^b. item ut vid 34) ‖ 34 στρεφετε A ‖ 40 μεγαλιοτης A ‖ 41 εσειωπησεν B* (εσιωπ B^b) | υπερισχυι B* (-ισχυει B^ab) A ‖ 46 δαιομαι

A ‖ 53 κτεισαι A
V 2 χειλ. B (item 11, 13, 14, 17, 23, 41 bis, 42 bis) ‖ 6 επι] επει A (item 59) ‖ 43 παραγεινεσθαι B* (παραγιν. B^b) ‖ 45 κατοικεισθησαν A ‖ 49 διλινον A
VI 1 ετι A ‖ 4 οικοδομειται A | επιτελειται A ‖ 9 γεινομενα B ‖ 17 απηρισατο A ‖ 19 οικοδουμενος B* (οικοδομουμ. B^ab) ‖ 20 κρεινεται B* (κριν. B^b) ‖ 26 συνετεροις A ‖ 27 οικοδοδομησαι B* (οικοδομ. B^ab) ‖ 31 παραβωσειν A | βασιλεικα B* (-λικα B^ab)
VII 1 συνετεροι A ‖ 2 ιεροστατες A ‖ 3 εγεινετο B ‖ 7 κρειους B* (κριους B^b) ‖ 8 χειμαρρους B* (χιμαρους B^b) χιμαρρους A
VIII 10 κρεινας B* (κριν. B^b) | ιεραιων A ‖ 14 κρειους B* (κριους B^b) ‖ 17 υποπειπτη B* (-πιπτη B^b) ‖ 22 γεινηται B ‖ 26 ετειμησεν B* (ετιμ. B^b) ‖ 53 ευειλατου B* (ευιλ. B^b) ‖ 58 αγρυπνειται A ‖ 64 βασιλεικοις A ‖ 69 επεκεινουντο B* (-κινουντο B^b) A | διλινης A ‖ 71 ησχυμμε A ‖ 74 βασιλευειο (2°) A ‖ 75 ελαιος A ‖ 77 βασιλαιων A ‖ 80 εισερχεσθαι A ‖ 83 γεινεται B ‖ 84 επιμιγηναι (sic) B* (επιμιγ B^b) ‖ 86 αληθεινος A ‖ 92 ιεραιων A
IX 6 χιμωνα A ‖ 11 χιμερινη A | εισχυσομεν B* (ισχ B^b) ‖ 20 εξειλασμον B* (εξιλ. B^b) | κρειους B* (κριους B^b(vid)) A ‖ 41 ανεγεινωσκεν B ‖ ανεγεινωσκον B* (ανεγιν. B^b) ‖ 52 λυπεισθαι A (item 53) ‖ 54 ευφρενεσθαι A

ΕΣΔΡΑΣ Β

I 8 χιρα A ‖ 9 χειλ. B (item 10, 11) ‖ 11 πεντακεισχιλ. A
II 3 χειλ. B (item 6, 7, 11, 31, 34, 64, 65, 69 bis) ‖ 61 ιεραιων A (item 69)
III 3 αιτοιμασιαν A | ολοκαυτωσεις A ‖ 4 κρισεις A ‖ 11 ελαιος A | θεμελειωσει A (item 12) ‖ 12 ιεραιων A ‖ 13 επιγεινωσκων B* (επιγιν. B^b)
IV 1 θλειβοντες B* (θλιβ B^b) ‖ 9 εκρεινεν B* (εκριν. B^b) ‖ 10 τειμιος B* (τιμ. B^b) | κατωκεισεν A ‖ 12 απο-

APP.]   ΕΣΔΡΑΣ Β

στατειν A ‖ 15 εμμεσω A ‖ 17 γραμματαια A ‖ 19 πολεις A (item 21) | επερεται A | γεινονται B (item 20) ‖ 22 κακοποιησειν A
V 8 γεινεται B
VI 1 βιβλιοθηκες A ‖ 2 πολι A | κεφαλεις B* (-λις B^b) ‖ 7 οικοδομιτωσαν A ‖ 17 κρειους B | χειμαρους A
VII 7 ιεραιων A (item 16) ‖ 11 γραμματι B* (-τει B^a) A ‖ 12 γραμματι A ‖ 17 κρειους B ‖ 19 λιτουργιαν B* (λειτ. B^{ab}) ‖ 21 γεινεσθω B ‖ 24 λιτουργοις B* (λειτ. B^b) A ‖ 26 γεινομενον B ‖ 28 εκλεινεν B* (εκλιν. B^b) A | ελαιος A
VIII 21 ταπινωθηναι A | ευθιαν A ‖ 24 ιεραιων A (item 29) ‖ 27 χειλιοι B χειλειοι A ‖ 35 κρειους B | χιμαρους B* (χιμαρους B^b) χειμαρους A
IX 4 εσπερεινης A ‖ 5 εσπερεινη A | κλεινω B* (κλιν. B^b) ‖ 8 μεικραν B* (μικρ. B^b) ‖ 9 εκλεινεν B* (εκλιν B^b) A | ελαιος A ‖ 11 χειρει ℵ | εισπορευεσθαι (εισν incep ℵ*) ℵ*A | μετακειν. bis B* (μετακιν. B^b) A ‖ 12 ιρηνην ℵ
X 4 ημις ℵ | κρατεου ℵ ‖ 6 ασυνθεσεια A ‖ 8 υπαρξεις ℵ ‖ 9 ικαδει ℵ εικαδει A | χιμωνος A ‖ 11 αινεσειν A ‖ 18 ιεραιων A
XI 5 ελαιος A ‖ 6 ακουσε ℵ ‖ 7 ενετιλω ℵ (item 8) ‖ 9 επιστρεψηται ℵ ‖ 11 φοβισθαι ℵ
XII 3 μνημιων A (item 5) ‖ 6 απεστιλεν ℵ (item 9) ‖ 8 εισελευσομε ℵ | χιρ ℵ ‖ 12 απηγγιλα ℵ ‖ 13 συντρειβων B* (συντριβ. B^b: item 15) | τειχη A ‖ 14 κτηνι ℵ | παρελθιν ℵ ‖ 15 τιχει (1°) ℵA | τειχη (2°) A ‖ 16 εντειμοις B* (εντιμ. B^b) ‖ 18 χειρες] χειραις A ‖ 20 ημις ℵ
XIII 1 ιερεις] ιερις ℵ | 3 κλιθρα A (item 13, 14) ‖ 4 επι 1°, 3°] επει (item 5, 9, 10 bis, 17) ‖ 5 χιρα A (item 9, 10 bis, 17) ‖ 8 τιχους ℵ | πλαταιος A ‖ 13 χειλιους B ‖ 15 κλειμακων B* (κλιμ. B^b)
XIV 1 ημις ℵ (item 15, 19, 21) | τιχος ℵ (item 3, 15) ‖ 3 θυσιασουσειν A ‖ 5 ονιδισμον ℵ ‖ 7 τιχεσιν ℵ ‖ 10 τειχη A ‖ 11 θλειβοντες B* (θλιβ. B^b) ‖ 13 τιχους ℵ | σκεπινοις ℵ ‖ 14 εντειμους B* (εντιμ. B^b) ℵ (item 19) | παραταξασθαι A ‖ 16 εκινης ℵ | αντιχοντο ℵ* | θυραιοι A ‖ 17 τειχη A | εκρατι B* (-τει B^{ab}) ‖ 20 ακουσηται | συναχθησεσθαι ℵA ‖ 22 εμμεσω A
XV 2 σειτον B* (σιτ. B^b: item 3, 11) ℵ ‖ 3 οικειαι ℵ ‖ 5 εντειμοις B* (εντιμ. B^b) ‖ 7 εντειμους B* (εντιμ. B^b) ℵ ‖ 8 ημις ℵ | υμις ℵ (item 9) ‖ 9 ποιειται ℵ | ονιδισμου ℵ ‖ 11 οικειας ℵ | σειτον ℵ ‖ 14 ενετιλατο ℵ ‖ 15 εξουσιαζοντε A ‖ 18 γεινομενον B | χειμαρρος B* (χιμαρος B^b) χειμαρος A | εγεινοντο BA
XVI 1 κατελιφθη ℵ ‖ 2 απεστιλ. ℵ (item 3, 4 bis, 12) | παιδιω A ‖ 3 τελιωσω ℵ ‖ 6 λογιζεσθαι A ‖ 7 καθεισης A ‖ 9 χιρες ℵ ‖ 10 εμμεσω A ‖ 13 ονιδισωσιν ℵ ‖ 15 εικαδει A ‖ 16 τελιωθηναι ℵA ‖ 17 εντειμων B* (εντιμ. B^b) ‖ 19 επεστιλεν ℵ
XVII 2 ενετιλαμην ℵ ‖ 5 εντειμους B* (εντιμ. B^b) ‖ 8 χειλ. B (item 11, 12, 17, 19, 34, 42, 66, 69, 71) ‖ 63 ιεραιων A (item 70) ‖ 73 εκαθεισαν A
XVIII 1 γραμματι A | ενετιλατο ℵ (item 14) ‖ 8 αναγνωσει] αναγνωσι ℵ ‖ 9 πενθιται ℵ πενθειται A | κλαιεται ℵA ‖ 10 πορευεσθαι A | φαγεται ℵA | λειπασματα A | πιεται ℵA | αποστιλατε ℵ ‖ 11 καταπιπτεται ℵA ‖ 13 γραμματαια A
XIX 5 ευλογειται ℵ ‖ 9 ταπινωσιν ℵ*A ‖ 10 σημια ℵ ‖ 11 εμμεσω A ‖ 14 ενετιλω ℵ ‖ 15 εξετινας ℵ | χιρα ℵ ‖ 17 πολυελαιος A ‖ 19 εξεκλεινας BA ‖ 20 δειψει ℵA ‖ 21 ειματια A | αιπαλαιωθησαν A ‖ 24 εξετρειψας B | χιρας ℵ (item 28) ‖ 25 πολις ℵ* (-λεις ℵ^{c a}) | πληρις ℵ ‖ 27 προφοτητας ℵ | απεκτιναν ℵ ‖ 28 θλειβοντων B | εθλειψαν B | θλειψεως B | θλειβοντος B ‖ 29 επιστρεψε ℵ | απιθουντα ℵ ‖ 30 χιρι ℵ (bis) ‖ 31 οικτιρμοις ℵ ‖ 32 ελαιος A | ολιωθητω B*^{vid} (ολιγ. B^{ab}) ‖ 35 πλατια ℵA ‖ 37 θλειψει B ‖ 38 ιερις ℵ
XX 33 ενδελεχεισμου A | των νουμηνιων] του νουμ. A* | εξειλασασθαι ℵ (pr ι vel η ℵ*) ‖ 36 προτοτοκα (2°)

ΨΑΛΜΟΙ [APP.

A | λιτουργουσιν B* (λειτ. B^(ab)) ℵA ||
37 σειτων B* (σιτ. B^b) || 39 σειτου
B*^b (σιτ. B^b) | λιτουργοι B* (λειτ.
B^(ab)) ℵA
XXI 2 καθεισαι A || 3 εκαθεισαν
A || 10 ιεραιων A
XXII 7 ιεραιων A || 24 υμνιν ℵ | αι-
νιν ℵ (item 37) || 27 τιχους ℵA || 28 επ-
αυλαιων A || 35 σαλπιγξειν A || 36 εν]
αιν A || 37 κλειμακας B*(κλιμ. B^b) |
τιχους ℵ || 43 εκινη ℵ
XXIII 5 ιεραιων A || 6 ετι ℵ ||

8 σφοδα B* (σφοδρ. B^(ab)) | ερρειψα
B* (ερριψ B^b) || 12 ελεου ℵ || 13 γραμ-
ματαιως A | επι χειρα (2°)] επει χιρα
A || 14 εξαλιφθητω ℵ | ελαιος ℵA ||
17 ποιειται ℵA | βεβηλουται ℵA ||
18 υμις ℵ | προστιθεται ℵ || 20 πρα-
σειν A | δεις A || 21 αυλιζεσθαι A |
τιχους ℵ | δευτερωσηται ℵ || 22 φισαι
ℵ | ελαιους A || 24 επιγεινωσκοντει
B* (επιγιν. B^b) || 26 εξεκλειναν B*
(εξεκλιν. B^b) A || 27 καθεισαι A ||
30 ιερευσειν A

ΨΑΛΜΟΙ

I

I 5 εμβουλη ℵ^a || 6 γεινωσκει B*
(γιν. B^b)
II 3 απορρειψωμεν B* (απορριψ.
B^b) || 9 ωσκευη A | συντρειψεις B ||
10 συνεται A | κρεινοντες B || 11 α-
γαλλιασθαι A
III 2 θλειβοντες B || 6 αντιλημψετε
A || 8 συνετρειψας B
IV 3 αγαπαται A | ζητειται A ||
5 οργιζεσθαι A | αμαρτανεται A | λε-
γεται A || 7 διξει A | εσημιωθη B*
(εσημειωθη B^(ab)) ℵA || 8 σειτου B*
(σιτ. B^b)
V 5 ουχει A || 6 εμεισησας ℵ ||
8 ελαιου A || 11 ασεβιων A || 12 κα-
τασκηνωσις A
VI 5 ελαιους A || 7 κλεινην ℵ |
11 αισχυνθιησαν (1°) A | ταραχθι-
ησαν A
VII 8 κυκλωσι A || 14 κεομενοις A ||
15 ωδεινησεν ℵ
VIII 8 ετει A | παιδιου A
IX 6 επετειμησας B* (επετιμ. B^b) |
εξηλιψας B* (εξηλειψ. B^(ab)) ℵ || 7 κα-
θιλες A || 10 ευκεριαις A || 11 γεινω-
σκοντες B || 14 ταπινωσιν B* (ταπειν.
B^a) ℵ || 15 αινεσις A || 22 ευκεριαις B*
(ευκαιρ. B^(ab)) A | θλιψι A || 23 συλ-
λαμβανοντε B* (-ται B^(ab)) || 24 ε-
παινειτε B* (-ται B^(ab)) επενειται A |
ενευλογιται A || 26 αντανεριται
A || 29 αποκτιναι A || 35 ενκατα-
λειπται B* (-λειπται B^(ab)) ℵ εν-
καταλελιππε A^(vid) || 36 συντρειψον B*

(συντριψ. B^b) || 38 αιτοιμασιαν A ||
39 κρειναι ℵ | ταπινω B* (ταπειν
B^?)
X 1 ερειται A || 2 ενετινα| A ||
5 μεισει B* (μισ. B^b) ℵ
XI 5 εισταν (1°) U
XII 4 υπνωσω] επνωσω U || 5 θλει-
βοντες B || 6 η] ε U
XIII 3 εξεκλειναν B* (-κλιναν B^b)
ℵU | ενος] αινος A | εκχεε B* (-αι
B^(ab)) | και (1°) bis scr U || 5 εδιλιασαν
A || 6 κατησχυναται A | ειστιν U ||
7 εχμαλωσιαν U
XIV 3 ονιδισμον B* (ονειδ. B^(ab))
ℵA || 4 εξουδενωτε B* (-ται B^(ab)) A
XV 3 θαυμαστωσεν U || 4 πληθυν-
θησαν U* (ras ν 1° U?) | χειλεων] χι-
λαιων A || 6 σχοινεια U | κρακρατιστοις
U | ειστιν U (item 8) || 9 ελπειδι A
XVI 6 κλεινον ℵ || 10 συνεκλισαν
B* (-κλεισαν B^(ab)) A || 11 οθεντο U |
εκκλειναι ℵ || 12 αιτοιμος A || 13 υπο-
σκελεισον U
XVII 3 αντιλημτωρ U || 5 ωδεινες
B* (ωδιν. B^b) ℵ | χιμαρροι B* (χειμ.
B^(ab)) ℵ || 6 ωδεινες ℵA || 7 θλειβεσθαι
B || 8 η] ε U | οραιων A | εισαλευ-
θησαν U || 10 εκλεινεν B* (εκλιν. B^b)
ℵ || 16 επιτειμησεως B^(afort) (επιτιμ.
B*) || 18 ρυσαιτε A | μεισουντων B*
(μισ. B^b) ℵ || 21 ανταποδωσι (1°)
B* (-σει B^(ab)) | ανταποδωσι (2°) A ||
25 των 1° bis scr U || 28 ταπινον,
ταπινωσεις B* (ταπειν. B^(ab)) || 30 πι-

ρατηριου B* (πειρ. B^{ab}) | υπερβησον-
μαι U || 31 εισταν U || 36 η 1°, 3°] ε
U || 37 εσθηνησαν U || 39 εκθλειψω
B || 41 μεισουντας ℵ || 43 πλατιων A ||
51 ελαιος A

XVIII 10 αληθεινα A || 14 φισαι A
XIX 2 θλειψεως B || 4 μνησθιη B*
(-θειη B^{ab})
XX 4 ευλογειαις A || 7 ευλογειαν
A || 9 μεισουντας ℵ || 12 εκλειναν
Bℵ || 14 δυναμι B* (-μει B^{ab}) ℵA
XXI 5 π̅ρ̅ε̅ε̅ς U || 7 ειμι] εμι U |
α̅α̅νος U | ονιδος B* (ονειδ. B^{a?b}) ||
8 εκεινησαν B* (εκιν. B^b) ℵA || 11
εμμου U || 14 ηνεξαν U || 15 ωσοι
(1°) R^{vid} || 16 καικολληται U || 19 αι-
ματια U | αιματισμον U || 20 βοηθιαν
ℵ || 21 εκ χειρος] εχειρος U || 22 ταπι-
νωσιν B* (ταπειν. B^{ab}) ℵ || 23 της
αδελφοις U | εμμεσω B* (εν μ. B^b) ||
25 προσωχθεισαν U || 27 πενηταις
A || 28 επιστραφησονται R* | προσ-
κυνησουσειν U || 29 κ̅υ̅ριου (sic) U
XXII 1 με 1°] μαι A | υστερησι B*
(-σει B^{ab}) || 4 εμμεσω A || 5 οιτοι-
μασας U | των] τον U | θλειβοντων
B || 6 ελαιος A
XXIII 1 λατεκουντες U || 4 ελαβεν]
αλαβεν A || 5 λημψαι U || 7 επαρ-
θηται B* (-τε B^{ab}: item 9) || 10 δυνα-
μαιων A | ειστιν 2° U
XXIV 7 ελαιος A (item 11) | της
χρηστοτης A || 11 καιλαση B* (και
ιλ. B^{ab(vid)}) και ειλαση ℵ || 12 ειστιν
U | ανθροπως U || 18 ταπινωσιν B*
(ταπειν. B^{ab}) ℵ || 19 μεισος, εμεισησαν
ℵ || 22 θλειψεων B θλιψαιων A
XXV 1 κρεινον ℵ || 2 πιρασον B*
(πειρ. B^{ab}) || 3 ελαιος A | ειστιν U ||
5 εμεισησα ℵ || 10 η] ε U || 12 ειστη U
XXVI 1 χρεισθηναι B | φοβηθησο-
μαι] φοβηθησονμαι U | διλιασω B*
(δειλ. B^{ab}) ℵAT || 2 θλειβοντες B ||
3 πολεμον U || 5 εν ημερα] ειν εμερα
U || 6 ασομε A || 7 ειακουσον U ||
9 εκκλεινης Bℵ A || 11 νομοθητησον
U* (νομοθετ. U^c) | ευθια T || 12 θλει-
βοντων B || 14 υπομινον B* (υπομειν.
B^{ab}) bis : A (2°)
XXVII 1 καταβα|νουσιν B^{edit} || 2 ε-
ρειν AT

XXVIII 1 κρειων ℵ || 3 εβρωντησεν
U || 4 ισχυει ℵ || 5 Λιβανους U ||
7 Κηριου U || 10 κατοικειει A
XXIX 1 ενκενισμου A || 3 εισω
A | με] μαι A || 5 εξομολογεισθαι
B* (-σθε B^{ab}) A εξομολογισθε U*
(-γεισθε U¹) || 6 αγαλλιασεις A || 8
καλλι B* (-λει B^{ab}) ℵA
XXX 2 καταισχυνθιην ℵA κατη-
σχυνθειην U | ρυσε A | με 2°] μαι A ||
3 κλεινον ℵ || 7 εμεισησας ℵ | μαται-
ωτητας U || 8 ταπινωσιν B* (ταπειν.
B^{ab}) ℵ ταπεινωσειν U || 9 συνεκλισας
AU || 10 η bis] ε U || 11 ετη] αιτη
A | ασθενησεν U || 12 γιτοσιν ℵA
14 κυκλοθην U || 16 εκ χειρος] εχειρος
U || 18 καταισχυνθιην A κατεσχυν-
θειην U | επικαλεσαμην U | αισχυν-
θιησαν A | καταχθιησαν A || 22 ελαιος
A || 23 εκεκστασει U | απερριμμε A |
κεκραγενε A [κ]εκραγενη U || 24 τοις]
της U || 25 ανδριζεσθαι B* (-σθε
B^{ab}) AU
XXXI 2 εισταν U || 4 ταλυπωριαν
U || 5 ειγνωρισα U || 7 θλειψεως B |
λυτρωσε A || 9 γεινεσθε B* γινεσθαι
AU | συνεσεις A συνε|εις U || 10 ε-
λαιος A || 11 αγαλλιασθαι B* (-σθε
B^{ab}) A | καυχασθαι B* (-σθε B^{ab}) A
XXXII 1 αγαλλιασθαι B* (-σθε
B^{ab}) A | ευθεσει A | αινεσεις A ||
2 εξομολογισθαι B* (-γεισθε B^{ab(vid)})
εξομολογεισθαι A εξομολογισθε U*
(-γεισθε U¹) || 5 ελαιους A || 11 γε-
ναιαν (2°) A || 12 ειστιν U (item 20) ||
13 ανθροπων A || 14 κατηκητηριον
U || 17 ψευδεις A || 18 ελαιος A ||
19 ρυσασθε ℵ
XXXIII 2 αινεσεις A || 3 ακουσα-
τοσαν U || 7 θλειψεων B (item 18)
θλιψαιων A (item 18) || 8 αυτον] αυ-
των U || 9 γευσασθαι B* (-σθε B^{ab})
A | ιδεται A || 10 οι] ε U || 11 επινα-
σαν B* (επειν. B^a) ℵAU (επινα[σαν]) ||
15 εκκλεινον ℵA | ερηνην A || 19 τα-
πινους ℵ | σωσι B* (-σει B^a) || 20 αι]
ε U | θλειψεις B || 22 μεισουντες ℵ
XXXIV 2 θυραιου A | αναστηθει
A || 3 εκχαιον A | συνκλισον AU |
ειμι] εμι U || 5 εκθλειβων B || 7 δυ-
ραιαν A (item 19) | ωνιδισαν B*

ΨΑΛΜΟΙ [APP.

(ωνειδ. B^ab) ‖ 11 εγεινωσκον B ‖ 13 εταπινουν B* (εταπειν. B^ab) א ‖ 14 εταπινουμην B* (εταπειν. B^ab) א ‖ 16 επιρασαν B* (επειρ. B^ab) ‖ 19 μεισουντες א ‖ 23 κρισι B* (-σει B^ab)

XXXV 3 μεισησαι א ‖ 6 ελαιος (item 8, 11) ‖ 9 χιμαρρουν B* (χειμ. B^ab) א ‖ 11 παρατινον B* (παρατειν. B^ab) אA | ευθεσει A

XXXVI 7 υποταγηθει A ‖ 8 παισε A ‖ 16 κρισσον B* (κρισσ B^ab) A ‖ 18 γινωσκι B* (-σκει B^ib) ‖ 21 αποτησει A | οικτειρι B* (-ρει B^ab) οικτιρι A οικτιρει T ‖ 27 εκκλεινον א ‖ 28 ενκαταλιψει א εγκαταλειψι A ‖ 30 κρισει] A ‖ 31 ουκ B* (ουχ B^ab) א ‖ 34 υπομινον B* (υπομειν. B^ab) A ‖ 35 επερομενον A ‖ 37 ιρηνικω B* (ειρ. B^ab) ‖ 39 θλειψεως B θλιψαιως A ‖ 40 εξελιται B* (-λειται B^ab)

XXXVII 4 ιασεις A (item 8) ‖ 9 εταπινωθην B* (εταπειν. B^ab) אAT ‖ 18 αιτοιμος A ‖ 20 μεισουντες אT

XXXVIII 3 εταπινωθην B* (εταπειν. B^ab) אT | εσειγησα B* (εσιγ. B^b) | ανεκενισθη A ‖ 7 ικονι AT ‖ 9 ονιδος B* (ονειδ. B^ab) T | αφρονει A ‖ 10 ηνυξα B* (ηνοιξ. B^ab) ‖ 12 ελλεγμοις A

XXXIX 9 εμμεσω AT ‖ 11 ελαιος A (item 12) ‖ 12 οικτειρμους א ‖ 15 εντραπιησαν (1°) T ‖ 17 ευφρανθιησαν A

XL 4 κλεινης Bא ‖ 5 ιασε A ‖ 10 αισθιων T ‖ 13 εβαιβεωσας A

II

XLI 7 μεικρου B* (μικρ. B^al.) א ‖ 9 ελαιος A ‖ 10 ει] ι A ‖ 11 θλειβοντες B | καθ εκαστην] κατ εκ. א ‖ 12 συνταρασσοις B* (-σεις B^ab)

XLII 1 κρεινον א ‖ 2 μαι B* (με B^ab) A | εκθλειβειν B* (εκθλιβ B^ab) ! 4 ναιοτητα A ‖ 5 συνταρασσις B* (-σεις B^ab)

XLIII 7 σωσι B* (-σει B^ab) [11 οπεισω A | μεισουντες אT ‖ 12 διεσπιρας T ‖ 14 ονιδος B* (ονειδ B^ab) AT | γιτοσιν B* (γειτ. B^ab) אAT ‖ 15 κεινησιν B* (κιν. B^ab) אAT ‖ 17 ονιδιζοντος B* (ονειδ. B^b) אT ‖ 20 εταπινωσας B* (εταπειν. B^ab) אT ‖ 21 ει 2°] ι A ‖ 24 αναστηθει A ‖ 26 εταπινωθη B* (εταπειν. B^ab) אT

XLIV 2 γραμματαιως AT ‖ 3 καλλι A ‖ 4 δυναται A (item 5) | καλλι B* (καλλει B^ab) אA ‖ 5 εντινον AT ‖ 8 εμεισησας אT | εχρεισεν B* (εχρισ. B^ab) א | ελεον B* (ελαιον B^ab) ‖ 9 βαραιων A ‖ 10 βασιλεισσα א ‖ 11 κλεινον Bא ‖ 16 απενχθησονται T

XLV 2 βοηθς T | θλειψεσιν B ‖ 6 εμμεσω T ‖ 7 εκλειναν א ‖ 8 δυναμαιων A (item 12) ‖ 10 θιραιους AT

XLVI 7 ψαλαται (4°) A

XLVII 4 γηηνωσκεται A ‖ 7 ωδεινες א ‖ 10 ελαιος A | εμμεσω T ‖ 13 διηγησασθαι B* (-σθε B^ab) A ‖ 14 θεσθαι B* (-σθε B^ab) A | καταδιελεσθαι B* (-σθε B^ab) A | διηγησασθε T

XLVIII 2 ενωτισασθαι B* (-σθε B^ab) A ‖ 3 γιγενεις A ‖ 5 κλεινω א | ανυξω A ‖ 7 δυναμι אA ‖ 8 εξειλασμα Bא ‖ 9 τειμην B* (τιμ. B^b) ‖ 10 ουχ B* (ουκ B^ab) ‖ 12 γεναιαν (1°) A | γαιων] γεων A ‖ 18 αποθνησκιν א ‖ 20 ουχ B* (ουκ B^ab) T

XLIX 5 συναγαγεται A ‖ 9 χιμαρρους B* (χιμαρους B^b) א χειμαρους AT ‖ 12 πινασω B* (πειν. B^ab) אAT ‖ 13 αιμα] εμα A | πειομαι T ‖ 14 αινεσαιως A ‖ 15 θλειψεως B θλιψαιως A | δοξασις B* (-σεις B^ab) A ‖ 16 αναλαμβανις A ‖ 17 εμεισησας אT ‖ 23 διξω B* (δειξ. B^ab) T

L 3 εξαλιψον B* (εξαλειψ. B^ab) אT ‖ 4 πλιον B* (πλειον B^ab) ‖ 9 πλινις B* (πλυνεις B^ab) | χειονα T ‖ 10 τεταπινωμενα B* (τεταπειν. B^ab) אT ‖ 11 εξαλιψον B* (εξαλειψ. B^ab) אT ‖ 19 τεταπινωμενην B* (τεταπειν. B^ab) אT

LI 2 αναγγιλαι T

APP.] ΨΑΛΜΟΙ

LII 4 εξεκλειναν Bא
LIII 2 ουχ B* (ουκ B^(ab)) RT ‖ 3 δυναμι B* (-μει B^(ab)) | κρεινον א* ‖ 9 θλειψεως B
LIV 4 εξεκλειναν Bא ‖ 5 διλια B* (δειλ. B^(ab)) T ‖ 11 εμμεσω T (item 16) ‖ 12 πλατιων T ‖ 13 μεισων T ‖ 15 αιδεσματα T ‖ 20 ταπινωσει אT ‖ 21 εξετινεν T ‖ 22 ελεον B* (ελαιον B^(ab))
LV 9 εξηγγιλα T
LVI 4 εξαπεστιλεν T | ονιδος T ‖ 5 οξια T
LVII 1 διαφθιρης T ‖ 2 ευθια T ‖ 3 εργαζεσθαι B ‖ 8 εντενι B* (-νει B^(ab)) ‖ 9 τακις B* (τακεις B^(ab)) | αντανερεθησονται T
LVIII 1 διαφθιρης T ‖ 2 με 1°] μαι B* (με B^(ab)) א ‖ 9 εξουδενωσις B* (-σεις B^(ab)) ‖ 12 αποκτινης T | δυναμι B* (-μει B^(ab)) item 17 ‖ 17 θλειψεως B
LIX 2 χειλιαδας B ‖ 4 συνεσισας B* (συνεσεισ. B^(ab)) א ‖ 5 εδιξας B* (εδειξ. B^(ab)) ‖ 6 σημιωσιν B* (σημειωσιν B^(ab)) א ‖ 13 βοηθιαν T ‖ 14 θλειβοντας B
LXI 2 επιτιθεσθαι B* (-σθε B^(ab)) ‖ 8 βοηθιας T ‖ 11 προστιθεσθαι B* (-σθε B^(ab))

LXII 4 κρισσον T ‖ 6 πειοτητος T
LXIII 4 ενετιναν B* (ενετειν B^(ab)) T ‖ 7 βαθια T ‖ 10 ανηγγιλαν T
LXIV 4 ειλαση Bא ‖ 7 ισχνει א ‖ 9 σημιων B* (-μειων B^(ab)) | τερψις B ‖ 12 παιδια B* (πεδ. B^(ab))
LXV 11 θλιψις B* (-ψεις B^(ab)) ‖ 15 χιμαρρων Bא
LXVII 2 μεισουντες א ‖ 5 αγαλλιασθαι B* (-σθε B^(ab)) ‖ 15 χειονωθησονται B* (χιον. B^(ab)) ‖ 18 χειλιαδες א ‖ 29 δυναμι B* (-μει B^(ab)) ‖ 31 αποκλισθηναι B* (αποκλεισθ. B^(ab))
LXVIII 7 εντραπιησαν B* (-πεισησαν B^(ab)) א ‖ 8 ονιδισμον א (item 11, 21) ‖ 10 ονιδισμοι B* (ονειδ. B^(ab)) ‖ 13 πεινοντες B* (πιν. B^b) ‖ 15 μεισουντων א ‖ 17 οικτιρμων B^b ‖ 18 θλειβομαι B ‖ 20 ονιδισμον B* (ονειδ. B^(ab)) | θλειβοντες B ‖ 29 εξαλιφθητωσαν B* (εξαλειφθ. B^(ab)) א
LXIX 3 αποστραφιησαν א (item 4) | καταισχυνθιησαν א
LXX 2 κλεινον א ‖ 19 μεγαλια B* (μεγαλεια B^(ab)) ‖ 20 θλιψις B* (-ψεις B^(ab)) ‖ 22 αληθιαν B* (-θειαν B^(ab)) א
LXXI 4 ταπινωσει T ‖ 7 αντανερεθη B* (ανταναιρ. B^(ab)) T ‖ 13 φισεται T

III

LXXII 20 ικονα T ‖ 28 εξαγγιλαι T | αινεσις B* (-σεις B^(ab)) א
LXXIII 4 μεισουντες אT | εμμεσω T ‖ 5 αξειναις א ‖ 6 πελεκι B* (-κει B^(ab)) א ‖ 10 ονιδιει B* (ονειδ. B^(ab)) אT ‖ 13 δυναμι B* (-μει B^(ab)) ‖ 15 χιμαρρους B* (χειμ B^(ab)) א ‖ 18 ωνιδισεν T ‖ 21 τεταπινωμενος B* (τεταπειν B^(ab)) אT ‖ 22 ονιδισμων א*T ‖ 23 μεισουντων אT
LXXIV 1 διαφθιρης T ‖ 3 κρεινω א ‖ 6 επερετε B* (επαιρ. B^(ab)) T | λαλιτε T ‖ 8 ταπινοι B* (ταπειν. B^(ab)) אT ‖ 9 εκλεινεν א | πειονται T
LXXV 11 εορτασι B* (-σει B^(ab)) ‖ 12 ενξασθαι B* (-σθε B^(ab))
LXXVII 1 κλεινατε א ‖ 4 τας αινεσις B* (-σεις B^(ab)) τανεσεις R ‖

5 ενετιλατο T (item 23) ‖ 9 εντινοντες T ‖ 11 εδιξεν T ‖ 12 παιδιω B* (πεδ. B^(a?b)) ‖ 18 εξεπιρασαν אT ‖ 20 επι B* (επει B^(ab)) T | χιμαρροι B* (χειμ. B^(ab)) א ‖ 25 απεστιλει T ‖ 27 πετινα T ‖ 31 απεκτινεν B* (απεκτειν. B^(ab)) T | πλιοσιν (πλει B^(ab)) ‖ 38 ειλασεται B ‖ 43 σημια B* (-μεια B?) ‖ 44 πειωσιν T ‖ 45 εξαπεστιλεν T (item 49) | διεφθιρεν T ‖ 47 απεκτινεν אT | συκαμεινους B* (συκαμιν. B^b) א ‖ 50 εφισατο T | συνεκλισεν T (item 62) ‖ 51 απαρχημ R ‖ 53 εδιλιασεν אT ‖ 66 ονιδος T ‖ 72 συνεσι א*
LXXVIII 2 πετινοις T ‖ 4 ονιδος T | γιτοσιν (item 12) אT ‖ 9 ειλασθητι Bא ‖ 12 ονιδισμον, ωνιδισαν T

ΨΑΛΜΟΙ [APP.

LXXIX 3 εξεγιρον Τ || 7 γιτοσιν Β* (γειτ. Β⁰) ℵΤ || 12 εξετινεν ℵΤ || 15 δυναμαιων Α (item 20)
LXXX 2 αγαλλιασθαι Α || 7 αρσαιων Α || 8 θλειψει Β | με] μαι ℵΑ || 13 εξαπεστιλα Τ || 15 εταπινωσα ℵΑ Τ | θλειβοντος Β
LXXXI 1 εμμεσω Β* (εν μ. Βᵇ) | διακρεινει Β || 2 κρεινετε Β | λαμβανεται Α || 3 κρεινατε Βℵ | ταπινον Τ || 4 εξελεσθαι Α | ρυσασθαι Α || 5 σκοτι ΑΤ | θεμελεια Α || 6 εσται Α || 7 αποθνησκεται Α | πιπτεται Α || 8 κρεινον Βℵ
LXXXII 3 μεισουντες Β* (μισ. Βᵇ "et alias") ℵΤ || 10 χιμαρρω Β* (χειμ. Βᵃᵇ) ℵΤ
LXXXIII 2 δυναμαιων Α (item 4, 9, 13) || 3 εκλιπει ℵ εκλειπι Α || 6 αντιλημψεις Α || 7 ευλογειας Α ||
8 δυναμαιως Α || 11 χειλιαδας Βℵ || 12 ελαιον Α
LXXXIV 6 γεναιαν Α || 8 διξον ΑΤ | ελαιος Α (item 11) || 12 ανετιλεν Τ
LXXXV 1 κλεινον Βℵ || 5 πολυελαιος Α (item 15) || 7 θλειψεως Β || 11 φοβισθαι Τ || 13 ελαιος Α || 15 αληθεινος ΑΤ || 17 μεισουντες Βℵ Τ
LXXXVII 2 νυκιτ Τᵉᵈⁱᵗ || 3 σου 1⁰] σι Τ | κλεινον Βℵ || 7 σκοτινοις ΑΤ || 12 ελαιος Α || 13 σκοτι ℵΑΤ || 16 εταπινωθην ℵΤ
LXXXVIII 3 ελαιος (item 15, 25, 29, 34) || 5 αιτοιμασω Α | γεναιαν (1⁰) Α || 9 δυναμαιων Α || 11 εταπινωσας ℵΤ || 21 εχρεισα Β* (εχρισ. Βᵇ) || 24 μεισουντας Β* (μισ. Βᵇ) ℵΤ || 41 διλιαν ℵΑΤ || 42 ονιδος Τ | γιτοσιν Β* (γειτ. Βᵃ'ᵇ) ℵΑΤ || 49 ουχ Τ || 51 ονιδισμου Τ || 52 ωνιδισαν bis Τ

IV

LXXXIX 3 ταπινωσιν Β* (ταπειν Βᵃᵇ) ℵΑΤ || 4 χειλια Βℵ || 10 ετη 1⁰] αιτη Α || 15 εταπινωσας Β* (εταπειν. Βᵃᵇ) ℵΑΤ
XC 4 επισκιασι Α || 6 σκοτι ΑΤ || 7 πεσειτε Α | χειλιας Β || 11 εντελειτε Α | διαφυλαξε Α || 13 λαιοντα Α || 15 θλειψει Α || 16 διξω ΑΤ
XCI 2 εξομολογεισθε Αᵛⁱᵈ εξομολογισθαι Τ | ψαλλιν Α || 3 αναγγελλιν Α | ελαιος Α || 8 ανατιλαι Τ || 11 πειονι Α || 15 γηρι (ι sup ras) Α'Τ | πειονι Τ || 16 αναγγιλαι Τ
XCII 1 κατωκεισται Α
XCIII 1 εκδικησαιων bis Α || 2 κρεινων Β || 5 εταπινωσαν Β* (εταπειν. Βᵃᵇ) ℵΑ || 19 παρακλησις Α
XCIV 4 οραιων Α || 8 ακουσηται Α | σκληρυνηται Α | πιρασμου Β* (πειρ Βᵃᵇ) ℵ
XCV 1 καινον] κενον Α || 2 ευαγγελιζεσθαι Α || 3 αναγγιλατε Τ || 8 εισπορευεσθαι Α || 10 κρεινει Β (item 13) || 11 ευφρενεσθωσαν Α || 12 παιδια Α || 13 κρειναι Β
XCVI 6 ανηγγιλαν Τ || 7 ιδωλοις Τ || 10 μεισειτε Β* (μισ. Βᵇᶜ) ℵΤ μισιται Α || 11 ανετιλεν Τ | ευθεσει Α || 12 εξομολογεισθαι Α
XCVII 1 καινον] κενον Α || 3 ελαιους ℵΑ || 4 αγαλλιασθαι Α || 8 χειρει Β* (χειρι Βᵇ) χιρι Α || 9 κρεινει Β
XCVIII 5 προσκυνειτε Τ (item 9) || 8 ευειλατος Β* (ευιλ Βᵇ) ℵΑ | εγεινου Β || 9 προσκυνειται ℵΑ
XCIX 2 αγαλλιασι ℵ || 3 ημις ℵ || 4 εξομολογεισθαι ℵΑ | αινειται ℵ αινιτε Τ || 5 ελαιος Α
C 2 εμμεσω ΒΑΤ || 3 παραβασις Α | εμεισησα Τ || 4 εκκλεινοντος ΒΑ || 6 ελιτουργει Β* (ελειτ. Βᵃᵇ) ℵΑΤ || 7 εμμεσω ΒΤ
CI 3 θλειβωμαι Β | κλεινον Β || 5 φαγιν ℵ || 7 οικοπαιδω Α || 9 ωνιδιξον Τ || 12 εκλιθισαν Α || 13 μενις ℵ | γεναιαν (2⁰) Α || 14 οικτιρησεις ℵ | οικτιρησαι ℵΤ || 18 ταπινων Τ || 24 αναγγιλον ℵΤ || 25 ημισι ℵ ημεισει Α | γεναιων Α || 27 ειματιον ℵΑ || 28 εκλιψουσιν ℵ
CII 1 ευλογι ℵ (item 2, 22) || 3 ευειλατευοντα Β* (ευιλ. Βᵇ) ℵ || 4 οικτιρμοις Τ || 5 ανακενισθησεται Α || 8 πολυελαιος Α || 11 ελαιος Α (item 17) ||

APP.] ΨΑΛΜΟΙ

13 οικτιρει אT οικτειρι A | οικτιρησεν T ‖ 20 ευλογειται אA ευλογιτε T | ισχυει B* (ισχυι B^b) | ακουσε A ‖ 21 ευλογειται אA ευλογιτε T | δυναμις א | λιτουργοι B* (λειτ. B^ab) AT ‖ 22 ευλογειται א ευλογιτε T

CIII 1 ευλογι א ‖ 2 εκτινων אT | ωσι א ‖ 4 λιτουργους B* (λειτ. B^ab) אAT ‖ 6 οραιων A (item 10, 32) ‖ 7 δειλειασουσιν B* (δειλιασ. B^b) διλιασουσιν אA ‖ 8 παιδια אA ‖ 11 δειψαν B ‖ 12 πετινα אT ‖ 15 ευφρενει A | στηριξι א ‖ 16 παιδιου A ‖ 17 ηγιται AT ‖ 22 ανετιλεν אT ‖ 26 εμπεξειν A ‖ 29 εκλιψουσιν א ‖ 30 ανακενιεις A ‖ 32 τρεμιν א ‖ 34 ηδυνθιη א | ευφρανθησομε א ‖ 35 ευλογι א | υπαρχ:ν A

CIV 1 εξομολογεισθαι A | επικαλεισθαι אA | απαγγειλαται א απαγγιλατε T ‖ 2 διηγησασθαι אA ‖ 3 επαινεισθαι A επαινισθε T ‖ 4 ζητησαται א bis ‖ 8 εν-ετιλατο אT | χειλιας B ‖ 14 βασιλις א ‖ 15 χρειστων B* (χριστ. B^b) א | πονηρευεσθαι A ‖ 17 απεστιλεν אT ‖ 18 εταπινωσαν B* (εταπειν. B^ab) אT | πεδαις] παιδες A ‖ 20 εξαπεστιλεν א* απεστιλεν א^c^a T ‖ 25 μεισησαι T ‖ 26 εξαπεστιλεν אT ‖ 27 σημιων א ‖ 28 εξαπεστιλεν א ‖ 29 απεκτινεν אT ‖ 43 αγαλλιασι א

CV 1 εξομολογεισθαι A εξομολογισθε T | ελαιος A ‖ 4 ευδοκεια A | επισκεψε א ‖ 5 επαινισθαι T ‖ 7 ελαιους אA ‖ 10 μεισουντων B* (μισ. B^b) μεισουντος T ‖ 11 θλειβοντας B | εις] ις T | υπελιφθη B* (υπελειφθ. B^ab) א ‖ 13 υπεμιναν א ‖ 14 επιρασαν א ‖ 15 εξαπεστιλεν א ‖ 30 εξειλασατο א | θραυσεις A ‖ 33 διεστιλεν אT | χιλεσιν א ‖ 41 χιρας א (item 42) | μεισουντες T ‖ 42 εταπινωθησαν (item 43) אT ‖ 43 πλεονακεις A ‖ 44 θλιβεσθε א ‖ 45 ελαιους A ‖ 47 αινεσι אA ‖ 48 γενοιτγεονοιτο T^edit

V

CVI 1 εξομολογεισθαι A εξομολογισθε T | ελαιος A ‖ 2 χιρος א ‖ 5 πινωντες אAT ‖ 7 ευθιαν אT ‖ 9 πινωσαν אAT ‖ 10 σκοτι אAT ‖ 12 εταπινωθη אT ‖ 17 εταπινωθησαν אAT ‖ 20 απεστιλεν אT ‖ 22 εξαγγιλατωσαν T | αγαλλειασει A ‖ 36 πινωντας אAT ‖ 37 εσπιραν AT ‖ 39 θλιψαιως A

CVII 5 ελαιος A | αληθια א ‖ 13 θλιψαιως A ‖ 14 εξουδενωσι א

CVIII 2 ηνυχθη א ‖ 3 μεισους T | δωραιαν A ‖ 5 μεισος אT ‖ 10 επετησατωσαν אA | οικοπαιδων A ‖ 13 εξαλιφθητω א*A ‖ 14 αναμνησθιη א | εξαλιφθειη א εξαλειφθιη A εξαλιφθιη T ‖ 16 ελαιος A (item 21 [A^a?], 26) ‖ 18 ελεον א (item 24) ‖ 21 ρυσε א ‖ 23 εκκλειναι A ‖ 25 ονιδος אT ‖ 27 χιρ א

CIX 2 εξαποστελι א ‖ 5 βασιλις A ‖ 7 πειεται T

CX 4 μνιαν AT ‖ 6 ανηγγιλεν T ‖ 9 απεστιλεν אT | ενετιλατο אT

CXI 2 εστε א ‖ 4 εξανετιλεν אT | σκοτι אAT | ευθεσει A ‖ 7 αιτοιμη A

CXII 1 αινιτε bis T ‖ 6 ταπινα אT ‖ 7 εγιρων אT ‖ 9 στιραν אT

CXIII 4 εσκειρτησαν A ‖ 6 εσκιρτισατε A ‖ 12 ιδωλα T ‖ 13 ουκ] ουχ T ‖ 14 ρεινας א ‖ 22 προσθιη א ‖ 23 υμις א ‖ εσται א

CXIV 3 ωδεινες A ‖ 5 ελαιημων א ‖ 6 εταπινωθην אAT ‖ 8 εξιλατο T

CXV 1 εταπινωθην אT ‖ 2 εκστασι א ‖ 10 εμμεσω A

CXVI 1 αινειται א ‖ 2 μενι א

CXVII 1 εξομολογεισθαι אA εξομολογισθε T | ελαιος A (item 2, 3, 29) ‖ 12 μελισσε A ‖ 13 ωσθις A ‖ 19 ανυξατε A ‖ 27 συστησασθαι אA ‖ 29 εξομολογισθαι אA

CXVIII 4 ενετιλω אT ‖ 5 κατευθυνθιησαν א ‖ 6 επιβλεπιν א ‖ 13 χιλεσιν א | εξηγγιλα אT ‖ 22 ονιδος אT ‖ 25 εδαφι T ‖ 26 εξηγγιλα אT ‖ 36 κλεινον A ‖ 39 ονιδος א ‖ 41 ελαιος

ΨΑΛΜΟΙ [APP.

(1°) A (item 76, 88) || 42 ονιδιζουσι
א || 46 βασιλαιων A || 48 χιρας א ||
50 ταπινωσει אT ταπινωσι A || 62 μεσονυκτειον א | εξομολογισθαι T || 64
ελαιους A | με] μαι A || 67 ταπινωθηναι אT || 71 εταπινωσας אT ||
81 εκλιπει א || 89 διαμενι א || 91
διαταξι אA || 92 ει] ι א* (ει א¹) |
ταπινωσι אT || 103 μελει אA || 104
εμεισησα T (item 113, 128, 163) ||
107 εταπινωθην אT || 115 εκκλειναTε
A || 130 δηλωσεις אA || 131 ηνυξα
א*A || 136 επι AT || 138 ενετιλω א
T || 142 αληθια א (item 151) || 153 ταπινωσιν אT | με] μαι A || 161 δωραιαν A | εδιλιασεν אAT || 164 επτακεις
A || 171 χιλη א

CXIX 1 θλειβεσθαι A || 2 χιλαιων
A || 6 μεισουντων AT || 7 ιρηνικος א |
δωραιαν AT

CXX 1 ηξι א | βοηθια אT || 2 βοηθια T

CXXI 3 πολεις A || 7 δυναμι A

CXXII 2 δυλων T | χιρας א bis ||
4 πλιον אA | ονιδος T | εξουδενωσεις A

CXXIII 2 εφ ημας] φημεμας T^edit

CXXIV 3 αφησι א | εκτινωσιν אT

CXXV 1 επιστρεψε א || 4 χιμαρρους
א || 5 σπιροντες אT

CXXVI 1 φυλαξαι T^edit || 4 ωσι א ||
5 κατεσχυνθησεται א

CXXVII 2 φαγεσε A || 3 ελεων א

CXXVIII 1 πλεονακεις A (item 2) ||
3 ετεκτενον אA || 5 μεισουντες אT ||
8 ευλογεια A

CXXIX 3 υποστησητε א || 4 ειλασμος א || 5 υπεμινεν א || 7 ελαιος
A | λυτρωσεις A

CXXX 2 εταπινοφρονουν אT

CXXXI 3 κλεινης A || 6 δασεσει
A || 8 αναστηθει A | κειβωτος A ||
11 αληθιαν א | θησομε א || 14 καταπαυσεις אA

CXXXII 3 ενετιλατο אT | ευλογειαν A

CXXXIII 1 ευλογειται א ευλογιτε
T || 2 επαραται א | ευλογιται א ευλογειται A ευλογιτε T

CXXXIV 1 αινειται (1°) אA αινιτε
T | αινιται (2°) א αινειται A αινιτε

T || 3 αινειται אA αινιτε T || 9 εξαπεστιλεν אT | σημια א | εμμεσω T |
Αιγυπται A || 10 απεκτινεν אT | κρατεους T || 15 ιδωλα אT || 16 ουκ]
ουχ T

CXXXV 1 εξομολογεισθαι A (item
2, 3, 26) εξομολογισθε T (item 2, 3,
26) | ελαιος A (item vicies bis) ||
2 εξομολογεισθαι A (item 3) || 5 συνεσι א || 13 διερεσεις א || 18 αποκτινανTι אAT || 19 βασιλαια A || 24 χιρος א

CXXXVI 1 εκαθεισαμεν A || 2 εμμεσω T || 5 επιλησθιη אA || 6 κολληθιη A || 8 ανταποδωσι א

CXXXVII 2 αληθια א || 3 δυναμι
א || 6 ταπινα אAT | γινωσκι א ||
7 εμμεσω B* (εν μ. B^a²b) T | θλειψεως B θλιφαιως A | εξετινα א* |
εξετινας א^c a T || 8 ελαιος A | χιρων א

CXXXVIII 3 σχυνον A || 8 παρι
T || 14 γινωσκι A || 16 ουδις A ||
17 λειαν B* (λιαν B^b) bis || 19 αποκτινης אT | εκκλειναTε B || 20 πολις
אA || 21 μεισουνTας, εμεισησα B*
(μισ., εμισ. B^b) T || 22 τελιον T |
μεισος אT | εμεισουν AT

CXXXIX 2 με 1°] μαι אA | ανδικου
א* (αδ. א¹) || 4 ωσι A | χιλη א ||
5 αμαρTολου B^edit || 6 διετιναν AT ||
8 δυναμεις A || 13 ποιησι א

CXL 2 χιρων א || 4 εκκλεινης B*
(εκκλιν. B^b) | προφασις אA | αμαρTιαις] αρμαTιαις A

CXLI 3 εκχαιω A || 7 εταπινωθην
B* (εταπειν. B^b) אT

CXLII 1 αληθια א || 3 εταπινωσεν
B* (εταπειν. B^ab) אAT || 8 ελαιος
A | πορευσομε א || 9 με] μαι A ||
10 ευθια אT || 11 ζησις A | θλιψαιως
A | 12 θλειβοντας B

CXLIII 1 χιρας א || 2 ελαιος A ||
4 ωσι א* (ωσει א^c a) || 5 κλεινον B |
καTαβηθει B* (-θι B^b) | οραιων A ||
6 εξαποστιλον (item 7) אT || 7 με 1°]
μαι A | ρυσε א* (-σαι א^c a) || 11 με
2°] μαι A

CXLIV 4 επαινεσι א || 8 πολυελαιος A || 14 αναρθοι R || 15 ευκερια
A || 16 χιρας א || 19 ποιησι א ||
21 ευλογιτω אT

APP.]　　　　ΠΑΡΟΙΜΙΑΙ

CXLV 4 εκινη ℵ ‖ 6 αληθιαν ℵ ‖ 7 πινωσιν ℵAT | πεπαιδημενους A ‖ 8 αναρθοι R ‖ 9 φυλασσι A ‖ 10 γεναιαν (2°) A
CXLVI 1 αινειται ℵA | ηδυνθιη ℵA ‖ 3 ειωμενος A ‖ 6 ταπινων ℵT ‖ 8 αιτοιμαζοντι A ‖ 9 θροφην R ‖ 12 ελαιος A
CXLVII 1 αιπαινι ℵ* (επαινι ℵ{c a}) αιπενει A ‖ 2 μοκλους B* (μοχλ B{ab}) ‖ 5 χειονα T | ωσι (1°) ℵ · (2°) A ‖ 7 αποστελι ℵ | τηξι ℵ
CXLVIII 1 αινειτε 1°] αινειται ℵT | αινειτε 2°] αινειται ℵAT (item 2 bis, 4, 7, ℵ: 2 bis, 3 bis, 4, 7, T) ‖ 2 δυναμις ℵ ‖ 5 ενετιλατο ℵT ‖ 8 χειων ℵT ‖ 10 πετινα ℵT ‖ 13 εξομολογησεις ℵA
CXLIX 1 αινεσεις A ‖ 8 πεδαις] παιδες A | χιροπεδαις A
CL 1 αινειται (bis: item 2 bis, 3 bis, 4 bis, 5 bis) ℵ αινειτε T
[**CLI**] 1 μεικρος ℵ ‖ 2 χειραις ℵ ‖ 4 εξαπεστιλεν T | εχρεισεν, χρεισεως B χρισιος R{vid} ‖ 6 ιδωλοις ℵT ‖ 7 ονιδος AT

ΠΑΡΟΙΜΙΑΙ

I 2 νοησε C ‖ 3 δεξασθε C | κατευθυνιν ℵ ‖ 15 εκκλεινον B ‖ 17 εκτινετε ℵ ‖ 20 υμνιται C | πλατιαις ℵAC ‖ 21 τιχεων ℵC ‖ 22 εμεισησαν B* (εμισ. B{b}) A: item 29 ‖ 24 επιδη ℵ | ουκ B* (ουχ B{a?b}) | εξετινον ℵ ‖ 25 εποιειται ℵ
II 5 ευρησις C ‖ 10 αισθησεις ℵ* (-σις ℵ{c a}) ‖ 13 ευθιας ℵ (item 16, 19) ‖ 17 διδασκαλειαν A ‖ 21 υπολιφθησονται B* (υπολειφθ. B{ab})
III 1 τηριτω ℵ ‖ 3 ελαιημοσυναι A ‖ 7 εκκλεινε B ‖ 10 ε ληνοι ℵ* (αι λ. ℵ{c a}) ‖ 14 κριττον ℵ ‖ 16 a ελαιον A ‖ 18 επεριδομενοις B* (επερειδ. B{ab}) ℵA ‖ 23 ιρηνη ℵ ‖ 27 χιρ ℵ ‖ 31 ονιδη ℵ ‖ 34 ταπινοις ℵ
IV 12 συνκλισθησεται ℵ ‖ 15 στρατοπαιδευσωσιν ℵA | εκκλεινον BA ‖ 17 σειτουνται B* (σιτ. B{b}) ℵ | σειτα B* (σιτ. B{b(vid)}) ℵ ‖ 23 τηρι ℵ ‖ 27 εκκλεινης BA ‖ 27 b ιρηνη ℵ
V 3 αποσταξι ℵ ‖ 5 εριδεται ℵA ‖ 9 αναιλεημοσιν A ‖ 11 ηνικα] ινικα A ‖ 12 εμεισησα B* (εμισ. B{b}) A | εξεκλεινεν B ‖ 14 εμμεσω BA ‖ 15 πεινε B{b} (πινε B{b}) ℵ ‖ 16 υπερεκχισθω ℵ | πλατιας ℵ ‖ 19 ομειλειτω B* (ομιλ. B{b}) A ομιλιτω ℵ ‖ 22 σιραις ℵ
VI 1 χιρα ℵ ‖ 2 χιλεσιν ℵ ‖ 3 χιρας ℵ ‖ 8 ετοιμαζετε A ‖ 8 b ποθινη A ‖ 9 κατεκεισε B* (-σαι B{ab}) ℵA ‖ 10 μεικρον B* (μικρ. B{b}) ‖ 11 ενπαραγεινεται BℵA | ενδια A (bis) ‖ 13 σημαινι ℵ ‖ 14 τεκτενεται A ‖ 16 μεισει B* (μισ. B{b}) | συντρειβεται B ‖ 18 τεκτενομενη A ‖ 30 πινων ℵ ‖ 33 ονιδος ℵ | εξαλιφθησεται B* (εξαλειφθ. B{ab}) ‖ 34 φισεται ℵ
VII 2 βιωσις A ‖ 6 πλατιας ℵ ‖ 9 σκοτι A ‖ 11 ουκ B* (ουχ B{a?b}) ℵA ‖ 12 πλατιαις ℵ ‖ 13 αναιδι ℵ ‖ 16 κλεινην B ‖ 21 ομειλεια B* (ομιλια B{b}) ομιλεια A ‖ 25 εκκλειναται B ‖ 27 ταμια B* (ταμεια B{ab}) ℵ
VIII 4 προιεμε ℵ ‖ 11 κρισσων B* (κρεισσ B{ab}) ℵA ‖ 13 μεισει B* (μισ. B{b}) μισι ℵ ‖ 19 καρπιζεσθε ℵ ‖ 21 a γεινομενα ℵ ‖ 30 ευφρενομην A ‖ 31 ενευφρενετο | ευφρενετο ℵ ‖ 34 εισακουσετε A | εμαις] εμες A ‖ 35 ετοιμαζετε A | θελησεις ℵA ‖ 36 μεισουντες B* (μισ. B{b})
IX 1 υπερισεν B* (υπερεισεν B{ab}) ℵ ‖ 4 εκκλεινατω B (item 16) ‖ 6 ινα εινα A ‖ 7 λημψετε ℵ | μωμησετε ℵ ‖ 11 ζησις ℵ ‖ 12 αντλησις ℵ ερειδεται ℵ ερειδετε A ‖ 14 πλατιαις ℵA ‖ 16 ενδεεσει ℵ | παρακελευομε ℵ ‖ 17 αψασθαι A
X 1 ευφρενει ℵ ‖ 4 ταπινοι ℵ | ανδριων A ‖ 4 a αφρονει A ‖ 5 γεινεται ℵ ‖ 12 μεισος B* (μισ. B{b}) | νικος B* (νεικ. B{ab}) ℵA | φιλονικουντας B* (φιλονεικ. B{ab}) ℵA ‖ 13 τυπτι ℵ ‖ 19 φιδομενος A | χιλεων A ‖ 20 εκλιψει ℵA ‖ 23 τικτι ℵ ‖ 25 εκκλεινας ℵ ‖ 32 χιλη ℵ
XI 2 ταπινων B* (ταπειν. B{ab}) ℵ ‖ 3 γεινεται ℵ ‖ 9 πολιταις B* (πολειτ.

ΠΑΡΟΙΜΙΑΙ   [APP.

Bᵃ) ‖ 13 κρυπτι ℵ ‖ 15 μεισει B*
(μισ. Bᵇ) ℵ ‖ 16 μεισουσα B* (μισ.
Bᵇ) | ανδριοι ℵA | εριδονται ℵ ‖
18 αληθιας ℵ ‖ 21 σπιρων ℵ ‖ 22 ρεινι
B* (ρινι Bᵇ) | κακοφρονει A ‖ 24 πλι-
ονα A ‖ 26 σειτον ℵ ‖ 27 τεκτενομενος
A ‖ 28 πεσιτ, A ‖ 30 αφερουνται A
XII 1 μεισων B* (μισ. Bᵇ) ℵ ‖
2 κρισσων A ‖ 4 ανδρια ℵA ‖ 9 κρισ-
σων ℵA ‖ 10 οικτιρει ℵ ‖ 11 a κατα-
λιψει B* (-λειψει Bᵃᵇ) ‖ 13 χιλεων
ℵ | εμπιπτι ℵ ‖ 13 a ελαιηθησεται
ℵ | εκθλειψει A ‖ 16 κρυπτι ℵ ‖
17 επιδικνυμενην B* (επιδεικν. Bᵃᵇ)
ℵ ‖ 19 χιλη ℵ (item 22) | αληθεινα
A ‖ 20 τεκτενομενου A ‖ 22 πιστις
ℵA ‖ 25 αγγελεια A
XIII 3 τηρι ℵ | χιλεσιν ℵ ‖ 4 αν-
δριων ℵ ‖ 8 απιλην ℵ ‖ 9 a οικτι-
ρουσιν ℵ | ελαιωσιν B* (ελεωσ. Bᵃᵇ) ‖
11 γεινεται ℵ | οικτιρει ℵ ‖ 12 κρισ-
σων A ‖ 13 καταφρονι ℵ ‖ 13 a αι-
σονται ℵ* (εσονται ℵᶜ ᵃ) ‖ 14 θανιται
ℵ ‖ 24 φιδεται A | μισι ℵ
XIV 3 χιλη ℵ ‖ 6 αισθησεις A ‖
9 οικειαι A (bis: item 11) | οφιλη-
σουσιν ℵA ‖ 10 εσθητικη ℵ | ευφραι-
νητε ℵ | υβρι B* (υβρει Bᵃᵇ) ‖
12 τελευτεα B* (-ταια Bᵃᵇ: item 13) ‖
13 προσμειγνυται A ‖ 16 εξεκλεινεν
B | μειγνυται A ‖ 21 αμαρτανι ℵ*
(-νει ℵᶜ ᵃ) ‖ 22 αληθιαν ℵ ‖ 23 ενδια
ℵ ‖ 26 καταλιπει ℵ* ‖ 27 εκκλεινειν
B ‖ 28 εκλιψει ℵ ‖ 29 φρονησι ℵ ‖
33 διαγεινωσκεται ℵ
XV 7 εσθησει A ‖ 10 μεισουντες
B* (μισ. Bᵇ) ℵ ‖ 14 ζητι ℵ ‖ 16 κρισ-
σων ℵA: item 17 ‖ 18 κατασβεσι
A ‖ 19 ανδριων A ‖ 20 ευφρενει ℵ ‖
22 συνεδρεια B* (-δρια Bᵃᵇ) ‖ 24 εκ-
κλεινας B ‖ 27 μεισων B* (μισ. Bᵇ)
ℵA | εκκλεινει B εκκλινι ℵ ‖ 28 απο-
κρεινεται B | γεινονται ℵ
XVI 3 μεισει B* (μισ. Bᵇ) ‖ 5 τα-
πινου ℵC ‖ 6 χιρας ℵ ‖ 10 μαντιον
ℵC | χιλεσιν A | κρισι ℵ ‖ 14 εξει-
λασεται Bℵ ‖ 16 νοσσειαι ℵ (νοσσιαι
Bᵃ) C: bis | ερετωτεραι (1°) C | χρυ-
σειου B* (-σιου Bᵇ) ‖ 17 εκκλεινουσιν
B | τηρι ℵ | φισεται A ‖ 19 κρισσων
ℵA | ταπινωσεως B* (ταπειν. Bᵃᵇ) |

διερειται ℵC ‖ 23 επει A (item 27) |
χιλεσιν ℵ (item 30) | φορεσι C ‖
27 χιλεων ℵ ‖ 29 αποπιραται ℵ ‖
32 κρισσων (1°) B* (κρεισσ. Bᵃᵇ⁽ᵛⁱᵈ⁾)
AC | κρισσων (2°) C
XVII 1 κρισσων A ‖ 3 καμεινω ℵ ‖
4 χιλεσιν A ‖ 7 αφρονει A ‖ 9 μεισει
ℵ | οικιους ℵ ‖ 10 απιλη A | μαστει-
γωθεις B* (μαστιγ. Bᵇ) ‖ 13 κεινη-
θησεται B* (κιν. Bᵇ) A ‖ 15 κρινι
ℵ ‖ 16 ζητι ℵ ‖ 18 επικροτι ℵ ‖
21 ευφρενεται A | απεδευτω ℵ | ευ-
φρενι ℵ ‖ 22 ευφρενομενη A | ευεκτιν
A | ξηρενεται ℵ ‖ 23 εκκλεινει B ‖
27 φιδεται ℵ ‖ 28 αινεον B* (ενν. Bᵇ)
XVIII 1 επονιδιστος B* (επονειδ.
Bᵃᵇ) ‖ 2 χριαν ℵA ‖ 3 καταφρονι
ℵ | ονιδος ℵA ‖ 5 εκκλεινειν B εκ-
κλινιν ℵ | κρισι ℵ ‖ 6 χιλη ℵ (item
7) ‖ 8 πινασουσι] ℵA ‖ 12 ταπινου-
ται ℵ ‖ 13 αποκρεινεται B | ονιδος
A ‖ 16 καθιζανι ℵ ‖ 17 πρωτολογεια
A ‖ 19 ισχυι A ‖ 20 χιλεων ℵ ‖
23 αιτειαται A
XIX 3 γεινεται ℵ | ονιδος ℵ ‖ 4 μει-
σει B* (μισ. Bᵇ) ‖ 5 ευρησι ℵ ‖ 6 εστε
ℵ ‖ 7 συμφερι ℵ ‖ 8 επερχετε A ‖
9 απιλη ℵ ‖ 11 πατεραις A ‖ 12 δει-
λεια B* (δειλια Bᵇ ᵛⁱᵈ) διλια ℵ | πι-
νασει ℵA ‖ 13 τηρι ℵ ‖ 19 κρισσων
ℵA ‖ 22 γεινεται ℵ ‖ 23 επονιδι-
στος B* (επονειδ. Bᵃ⁽ᵛⁱᵈ⁾ᵇ) A
XX 2 απιλη ℵ | αμαρτανι ℵ ‖ 4 ο-
νειδειζομενος A ‖ 6 ελαιημων ℵ ‖
7 καταλιψει B* (-λειψει Bᵃᵇ) ℵ ‖
12 υπομεινον ℵ ‖ 14 ευθια ℵ ‖ 16 κα-
ταλαλιν ℵ
XXI 1 εκλεινεν B ‖ 2 κατευθυνι
ℵ ‖ 6 διωκι ℵ ‖ 9 κρισσον ℵ | οικιν
ℵ ‖ 11 γεινεται ℵ ‖ 14 ανατρεπι ℵ |
φιδομενος A ‖ 17 ελεον A ‖ 19 οικιν
ℵ ‖ 21 ελαιημοσυνης ℵ ‖ 22 καθιλεν
ℵ | επεποιθισαν ℵ ‖ 24 καλιται ℵ ‖
25 αποκτινουσιν ℵ* ‖ 26 επιθυμι ℵ |
αφιδως ℵA
XXII 8 συντελεσι A ‖ 10 νικος B*
(νεικ. Bᵃᵇ) ℵ ‖ 13 πλατιαις ℵ ‖ 14 μει-
σηθεις B* (μισ. Bᵇ) ‖ 14 a ουχ A ‖
18 χιλεσιν ℵA ‖ 23 κρινι ℵ ‖ 24 ισθει
C | ετερος C ‖ 28 μετερε ℵA ‖ 29 βα-
σιλευσει A

[APP.]   ΕΚΚΛΗΣΙΑΣΤΗΣ

XXIII 1 καθεισης A | διπνειν ℵ ‖ 3 αιδεσματων B* (εδεσμ. B^b) | εχετε A ‖ 4 παρεκτινου AC ‖ 6 συνδιπνι ℵ ‖ 7 πινι ℵ ‖ 8 εξαιμεσει B* (εξεμ. B^ab) ℵ ‖ 11 κρινι ℵ ‖ 16 χιλη (1°) ℵ ‖ 17 ισθει C (item 20) ‖ 26 τηριτωσαν ℵA ‖ 28 απολιται ℵ ‖ 31 ομειλειτε bis B* (ομιλ B^b) ομειλειτε ℵ ομιλειται A ‖ 32 εκτινεται ℵ ‖ 35 ενεπεξαν ℵA

XXIV 2 χιλη ℵ ‖ 5 κρισσων ℵA ‖ 6 γεινεται ℵ ‖ 7 σοφεια ℵ | εκκλεινουσιν B ‖ 11 φιση ℵA ‖ 12 γεινωσκε ℵ | γινωσκι ℵ ‖ 14 εγκαταλιψει B* (-λειψει B^ab) ℵA ‖ 18 οψετε A ‖ 21 απιθησης ℵA ‖ 22 εξεφνης A ‖ 25 φρονησεις A ‖ 30 αποθανιν ℵ* (-νειν ℵ^c a) ‖ 33 χιρας ℵ ‖ 35 κρινι ℵ (-νει ℵ^c) ‖ 36 επερεται A ‖ 37 ταπινους ℵ ‖ 38 επιγινωσκιν ℵ ‖ 39 εστε A ‖ 41 χιλη ℵ ‖ 43 πολειτην B* (-λιτην B^b) | χιλεσιν ℵA ‖ 44 χρησομε C | τεισομαι ℵ ‖ 46 γεινεται ℵ ‖ 49 ενδια ℵC ‖ 50 τρις A (bis) | θυγατεραις ℵ | ειπιν A ‖ 56 σιεται ℵA | φεριν A ‖ 57 σειτιων B* (σιτ B^b) ℵ ‖ 63 εριδομενος B* (ερειδ. B^ab) ℵ 66 θηλιαις ℵ | εθνι ℵ ‖ 67 εκτινης ℵ ‖ 71 υστεροβουλειαν A ‖ 72 ινον ℵ* (οιν. ℵ^c a) | πεινετωσαν B* (πιν. B^b) ‖ 73 κρειναι B | ασθενις ℵ ‖ 74 διδοται A | πεινειν B* (πιν. B^b) πινιν ℵ ‖ 76 ανοιγε] ανυγε ℵ (item 77)

XXV 2 κρυπτι ℵ ‖ 5 κτινε ℵ κτειναι A ‖ 7 κρισσον ℵA ‖ 8 ονειδειση B* (-διση B^b) A ονιδειση ℵ ‖ 9 αναχωρι ℵ | καταφρονι ℵA ‖ 10 ονιδιση ℵ ονειδειση A ‖ 10 a επονιδιστος Bℵ ‖ 11 ειπιν ℵ ‖ 13 ωφελι ℵ | αποστιλαντας ℵ ‖ 14 δοσι A ‖ 15 συντρειβει B ‖ 16 μελει A | εξαιμεσης B* (εξεμ. B^b) A ‖ 17 μεισηση ℵ ‖ 19 ολιται ℵ ‖ 20 a ειματιω ℵ ‖ 21 πινα ℵA ‖ 22 σωρευσις ℵ ‖ 23 ανεδες A | αιρεθιζει ℵ ‖ 24 κριττον ℵ | οικιν ℵ | οικεια A ‖ 25 δειψωση A | αγγελεια A ‖ 28 ατιχιστος A | πρασσι A

XXVI 4 αποκρεινου B* (-κρινου B^1·a^1) | αφρονει (1°) A ‖ 6 ονιδος ℵ | αποστιλας ℵ ‖ 10 χιμαζεται ℵ ‖ 11 αιμετον B* (εμ. B^ab) ‖ 14 κλειψης B ‖ 20 θαλλι ℵ ‖ 23 καλυπτι ℵ ‖ 24 αποκλεομενος A | τεκτενεται A ‖ 25 πισθης ℵA ‖ 27 εμπεσειτε ℵ | αληθιαν ℵ

XXVII 2 χιλη ℵA ‖ 5 κρισσους ℵA ‖ 8 νοσσειας B* (-σσιας B^b) C ‖ 11 γεινου ℵ ‖ 12 τεισουσιν ℵ ‖ 13 λοιμενετε A ‖ 15 χιμερινη B* (χειμ. B^ab) ℵ ‖ 19 ουκ C ‖ 20 a ακρατις ℵ* (-τεις ℵ^c a) ‖ 21 a εκζητι ℵ | ζητι ℵ ‖ 22 εμμεσω B^b ‖ 25 παιδιω A ‖ 26 παιδιον A

XXVIII 3 ανδριος ℵA | συκοφαντι ℵ ‖ 4 τιχος ℵ ‖ 6 κρισσων ℵA | αληθια B* (-θεια B^ab) ‖ 9 εκκλεινων B ‖ 12 βοηθιαν | γεινεται ℵ ‖ 15 πινων B^b ℵA | δειψων A | τυραννι A ‖ 16 μεισων ℵ ‖ 17 a εθνι ℵ ‖ 22 σπευδι ℵ | πλουτιν ℵ ‖ 24 αμαρτανιν ℵ ‖ 25 κρινι ℵA

XXIX 1 κρισσων ℵA ‖ 7 κρινιν ℵ ‖ 16 γεινονται ℵ (bis) ‖ 17 αναπαυσι A ‖ 20 γεινωσκε ℵ ‖ 22 νικος B* (νεικ. B^ab) ℵA ‖ 23 υβρεις ℵ | ταπινοι ℵ | ταπινοφρονας B* (ταπειν. B^ab) ℵ ‖ 24 μεισει ℵ ‖ 26 γεινεται ℵ (item 41) ‖ 31 ερεια B* (ερια B^b) ‖ 35 ηρισεν ℵ | βραχειονας B^b ‖ 38 εξετινεν ℵ ‖ 41 συνεδρειω B* (-δριω B^b) ‖ 43 εστιλατο ‖ 45 σταιγναι A | σειτα B* (σιτα B^b) ℵ | ελαιημοσυνη A ‖ 47 υπερκισαι ℵA ‖ 48 ευλογιται ℵ | αινιτω ‖ 49 χιλεων A

ΕΚΚΛΗΣΙΑΣΤΗΣ

I 3 μοχθει] μοχθι A ‖ 6 πορευετε (1°) C ‖ 7 χιμαρροι bis B* (χειμ. B^ab) A ‖ 8 λαλιν C

II 1 πιρασω A ‖ 5 παραδισους ℵA ‖ 10 αφιλον ℵ ‖ 12 επελευσετε A ‖ 14 σκοτι ℵA ‖ 16 αποθανιται ℵ ‖ 17 εμεισησα ℵ ‖ 18 γεινομενω ℵ ‖ 22 γεινεται ℵ ‖ 24 διξει ℵAC

III 2 καιρος 2°] κερος C (item 4 [4°], 5 [2°], 8 [4°]) | αποθανιν ℵ ‖

ΑΣΜΑ [APP.

3 αποκτιναι ℵ || 4 καιρος 2°] κεαρος ℵ* (καιρ. ℵ^c a) | κοψασθε A || 6 εκβαλιν A || 7 καιρος 2°, 4°] κερος A || 8 ιρηνης ℵ || 17 κρινι ℵ || 18 λαλειας A | διακρινι ℵ
IV 5 χιρας ℵ* (χειρ. ℵ^c c) || 10 εγειραι] εγιραι ℵ* (εγειρ ℵ^c c)
V 2 παραγεινεται ℵ | πιρασμου ℵ || 13 απολιται ℵ || 16 σκοτι ℵC || 17 ιδιν ℵ
VI 4 σκοτι bis ℵAC || 6 χειλιων B
VII 2 ελεον ℵA || 15 ζηθει A || 17 γεινου ℵ (item 18) || 21 ουκ C || 23 πλιστακις B* (πλειστ. B^ab) πλιστακεις A || 24 επιρασα ℵ || 27 χιρας ℵ | εξερεθησεται AC
VIII 1 μεισηθησεται ℵ || 5 γεινωσκει ℵ || 6 γνωσεις ℵ || 11 γεινομενη ℵ || 12 γεινωσκω ℵ || 15 φαγιν ℵ || 17 ευρειν bis] ευριν A
IX 1 μεισος ℵ || 10 χιρ A || 14 μεικρα ℵ
X 6 ταπινω ℵA || 8 καθερουντα ℵ || 12 χιλη ℵ || 18 ταπινωθησεται ℵC | δοκωσεις A | χιρων ℵ || 19 ελεον ℵ | ταπινωσει ℵ* || 20 συνιδησι ℵ | πετινον ℵ
XI 1 αποστιλον ℵ || 6 χιρ A || 7 βλεπιν A || 9 ευφρενου ℵ | γνωθει A | αξι C
XII 1 ερις A || 4 κλισουσιν AC | ταπινωθησονται ℵA || 9 εξηχνισεται A || 10 ευριν ℵA || 14 κρισι ℵ* (-σει ℵ^c a)

ΑΣΜΑ

I 5 μελενα C || 6 βλεψηται A || 10 ωρεωθησαν C || 12 ανακλισι ℵA || 15 πλισιον C || 16 κλεινη Bℵ
II 1 παιδιον A || 7 εγειρηται ℵAC | εξεγειρηται ℵAC || 9 νεφρω A | ελαβων A || 11 χιμων A || 14 προτιχισματος ℵA | διξον ℵ || 17 κεινηθωσιν ℵ
III 4 μεικρον ℵ || 5 εγιρηται ℵ εγειρηται AC | εξεγιρηται ℵ εξεγειρηται AC
IV 3 χιλη ℵA (item 11, ℵ) || 4 χειλιοι B | θυραιοι B* (-ρεοι B^a?b) A || 12 κεκλισμενος bis ℵA || 13 παραδισος B* (-δεισος B^a?b)
V 1 μεθυσθηται A || 2 αγρυπνι A | τελια ℵ || 4 απεστιλεν ℵ | χιρα ℵ || 5 κλιθρου ℵA || 8 απαγγειληται A || 14 σαπφιρου A || 17 αδελφειδος 2° ℵ
VI 5 χιλη ℵA || 7 βασιλεισσαι A || 8 τελια ℵ || 9 ωσι A || 10 ιδειν 1°] ειδειν ℵ ειδιν A | χιμαρρου B* (χειμ. B^ab) ℵ | ιδειν 2°] ειδιν ℵ ιδιν A
VII 1 οψεσθαι ℵA | τεχνειτου B* (-νιτου B^b) || 8 φοινικει ℵ (item 8) | ρεινος B* (ριν. B^b) || 9 χιλεσιν ℵ
VIII 4 εγειρηται A | εξεγιρητε ℵ εξεγειρηται A || 9 τιχος B* (τειχ. B^ab) ℵA || 11 χειλιους B || 12 χειλιοι Bℵ

ΙΩΒ

I 2 τρις A || 3 θηλιαι ℵA | τρις ℵA || 4 πινιν ℵ || 8 αληθεινος A || 11 αποστιλον ℵ | αψε A || 13 επεινον B* (επιν. B^b) || 14 θηλιαι A || 15 παιδας] πεδας ℵ | απεκτιναν ℵ || 16 ποιμαινας A || 18 ερχετε A | πεινοντων B* (πιν. B^b) || 19 εξεφνης A || 21 αφιλατο A
II 4 εκτεισει B* (-τισει B^b) || 5 αποστιλας ℵ | αψε A || 7 επαισεν] επεσεν ℵA || 8 ειχωρα B* (ιχ. B^b) || 9 a μεικρον ℵ || 9 b ηφανιστε A | ωδεινες ℵ || 9 d αι] ε A || 10 χιλεσιν ℵA || 11 τρις ℵA
III 5 καταραθιη ℵ^c aC || 6 εκινη ℵ^c a | αριθμηθιη ℵ || 8 εκινην ℵ || 10 συνεκλισεν ℵAC (item 23, ℵA) || 13 κοιμηθις C || 21 ομιρονται ℵ || 22 περιχαρις A || 25 εδεδοικιν ℵA
IV 2 υποισι A || 6 ουκ B* (ουχ B^ab)

APP.] ΙΩΒ

ℵC ‖ 7 αληθεινοι Λ ‖ 8 σπιροντες C ‖ 10 λεενης Α ‖ 11 εχιν ℵ (item 21) ‖ 12 αληθεινον Α | εξεσια Α ‖ 19 επαισεν] επεσεν ℵΑ

V 1 επικαλεσε Α ‖ 4 εστε Λ | εξερουμενος ℵ ‖ 5 εξερετοι ℵ ‖ 9 εξεσια Α ‖ 11 ταπινους ℵ ‖ 15 χιρος ℵ (item 20) ‖ 18 αλγιν Α ‖ 19 εξελιται ℵ | λυσι ℵ ‖ 20 λειμω Β* (λιμ Β^b) ‖ 24 ειρηνευσι ℵ ‖ 26 συνκομισθισα ℵ ‖ 27 γνωθει Α

VI 4 εκπεινει Β* (εκπιν. Β^b) εκπινι ℵ | αρξωμε C ‖ 5 καικραξεται C ‖ 8 ετησις C ‖ 10 τιχεων ℵΑ ‖ 12 αι] ε Α* (αι Α^a) | χαλκιαι C ‖ 13 επεποιθιν Α ‖ 14 απιπατο ΑC ‖ 15 χιμαρρους Β* (χειμ Β^ab) ‖ 16 χειων ℵΑ ‖ 17 τακισα C ‖ 21 υμις ℵ | επεβηται ΑC | φοβηθηται ℵΑ ‖ 25 αληθεινου Α ‖ 27 επιπιπτεται Α | εναλλεσθαι Α ‖ 28 νυνει ℵ

VII 1 πιρατηριον ℵΑ ‖ 3 υπεμινα ℵ ‖ 4 γεινομαι ℵ ‖ 5 φυρετε Α | ειχωρος Β* (ιχ. Β^b) ‖ 6 ελπιδει Λ ‖ 7 ιδιν Α ‖ 13 κλεινη Β* (κλιν. Β^b) ‖ 17 προσεχις ℵ

VIII 1 λεγι ℵ ‖ 4 απεστιλεν ℵ ‖ 6 αληθεινος Α ‖ 12 ξηρενεται ℵ ‖ 15 επειλαβομενου Α | υπομινη ℵ ‖ 21 αληθεινων Α | εμπλησι ℵ | χιλη ℵ ‖ 22 ενδυσοντε ℵ

IX 3 αντιπη ℵΑ | χειλιων Β ‖ 4 υπεμινεν ℵ ‖ 6 σιων ℵΑ ‖ 10 εξεσια Α ‖ 14 διακρινι ℵ ‖ 15 ισακουσεται ℵ ‖ 19 κρατι ℵ ‖ 24 χιρας ℵ | συνκαλυπτι Α ‖ 28 σιομε Α | εασις Α ‖ 29 επιδη ℵ ‖ 32 αντικρινουμε ℵ ‖ 33 μεσειτης Β* (μεσιτ. Β^b) ‖ 34 στροβιτω ℵ

X 2 ασεβιν Α ‖ 3 απιπω ℵ ‖ 7 χιρων ℵ | εξερουμενος Α ‖ 8 χιρες ℵ | επαισας] επεσας Α ‖ 13 αδυνατι Β* (-τει Β^ab) ‖ 16 αγρευομε Α | δινως ℵ ‖ 17 επανακενιζων Α | αιτασιν Α ‖ 18 ουκ 2°] ουχ Β* (ουκ Β^ab)

XI 5 χιλη ℵ ‖ 12 ερημειτη Β* (-μιτη Β^b) ΑC ‖ 13 χιρας ℵ ‖ 18 αναφανιται ℵ | ιρηνη ℵ ‖ 19 εστε Α ‖ 20 απολιψει ℵ

XII 2 υμις ℵ ‖ 5 πεσιν Α ‖ 7 πετινα ℵ | απαγγιλωσιν ℵ ‖ 8 εκδιηγησε Α ‖ 14 κλιση ℵ ‖ 15 ξηρανι ℵ ‖ 19 ιερις ℵ ‖ 20 χιλη ℵ ‖ 21 ταπινους ℵ ‖ 25 πλανηθισαν ℵ

XIII 2 υμις ℵ | επιστασθαι ℵΑ ‖ 4 εσται ℵ ‖ 5 κωφευσε Α ‖ 6 χιλεων ℵΑ | προσεχεται Α ‖ 7 λαλειται Α | φθεγγεσθαι ℵΑ ‖ 8 υποστελεισθαι ℵΑ | γενεσθαι ℵΑ ‖ 9 προστεθησεσθαι ℵΑ ‖ 10 θαυμαξεσθαι ℵ ‖ 11 στροβησι ℵ ‖ 15 χειρωσητε Α | επι ℵΑ ‖ 19 εκλιψω Β* (-λειψ. Β^ab) ℵ ‖ 21 με] μαι C ‖ 23 αμαρτιε C ‖ 24 ηγησε Α ‖ 25 κεινουμενον Β* (κιν. Β^b) Α | αντικισαι ℵ αντικεισε Α ‖ 26 καταιγραψας C ‖ 27 αφεικου Β* (αφικ. Β^ab)

XIV 11 ερημωθις ℵ ‖ 12 κοιμηθις ℵ | αιξυπνισθησονται C ‖ 13 μνιαν ℵΑC ‖ 15 χιρων ℵ ‖ 18 παλεωθησεται C ‖ 19 ελαιαναν C ‖ 20 εξαπεστιλας ℵ ‖ 22 αι] ε Α* (αι Λ^a)

XV 6 χιλη ℵ ‖ 7 θεινων Β* (θιν. Β^b) ℵC ‖ 8 αφεικετο Β* (αφικ. Β^b) ℵ ‖ 9 ημις ℵ ‖ 22 εντεταλτε C | χιρας ℵ (item 25) C | σειδηρου C ‖ 23 εις 1°] ις C ‖ 24 θλειψεις C ‖ 26 υβρι ΑC | παχι Β* (-χει Β^ab) ℵ ‖ 28 αυλισθιη Β* (-θειη Β^ab) ℵ ‖ 29 μινη ℵ ‖ 33 τρυγηθιη ℵ | ελεας Α

XVI 3 παρενοχλησι ℵ παρενοχλισει Α^vid ‖ 4 κεινησω Α ‖ 5 κεινησιν ΑC | χιλεων ℵΑ | φισομαι ΑC ‖ 9 πιρατων ℵ ‖ 10 οξι ℵ* (-ξει ℵ^ca) | επαισεν] επεσεν Β* (επαισ. Β^ab) ℵΑ ‖ 11 χιρας ℵΑ ‖ 13 λογχες C | φιδομενοι Λ ‖ 20 δεησεις ΑC ‖ 21 επαναστραφησομε C

XVII 1 ολεκομε ℵΑ | δεομε Α ‖ 2 λισσομε C ‖ 5 αναγγελι ℵ^ca ‖ 8 αληθεινους Α | επαναστεη ℵ^ca ‖ 10 εριδετε Α ερειδεται C ‖ 13 εστρωτε C

XVIII 1 λεγι ℵ ‖ 8 ελιχθιη ℵ ‖ 12 εξεσιό] Α ‖ 13 βρωθιησαν Α | κατεδετε Α ‖ 14 εκραγιη ℵΑ ‖ 15 κατασκηνωσι ℵ | θιω ℵΑ

XIX 3 γνωται Α | καταλαλειται ℵΑ | εσχυνομενοι ℵ | επικεισθαι ℵ ‖ 4 αληθιας ℵ | αυλιζετε Α ‖ 5 μεγαλυνεσθαι ℵ^caΛ | εναλλεσθαι ℵ | ονιδει ℵΑ ‖ 6 γνωται ‖ 7 ονειδι ℵ ‖

ΙΩΒ   [APP.

8 περιωκοδομημε A ‖ 11 δινως A ‖ 12 πιρατηρια ℵ ‖ 15 γιτονες B* (γειτ. B^{ab}) A | θεραπεναι B* (-παιναι B^b) θεραπαινε ℵ ‖ 17 εικετενον A ‖ 22 διωκεται ℵ | εμπεπλασθαι ℵA ‖ 28 ερειται A ‖ 29 ευλαβηθηται ℵAC |υμις ℵC

XX 2 αντεριν A | συνιεται ℵ* ‖ 5 εξεσιον A ‖ 7 απολιται ℵ ‖ 9 προσθησι A ‖ 12 κρυψι A ‖ 13 φισεται A | εμμεσω B* (εν μ. B^b) ‖ 15 εξαιμεσθησεται B* (εξεμ. B^b) ‖ 19 διεται A ‖ 23 επαποστιλαι ℵ ‖ 26 κατεδετε ℵ καταιδεται C ‖ 27 επαναστεη A

XXI 2 ακουσαται bis C ‖ 3 καταγελεσετε (sic) C ‖ 5 εμαι C ‖ 10 εγγαστρι A ‖ 11 προσπεζουσιν ℵ ‖ 17 ωδεινες B* (ωδιν B^b) ‖ 19 ανταποδωσι ℵ ‖ 20 διασωθιη ℵ δειασωθειη C ‖ 22 διακρινι ℵ ‖ 23 κρατι ℵ ‖ 27 επιλισθε ℵ επικεισθαι AC ‖ 28 ερειται C ‖ 29 σημια ℵ ‖ 31 ανταποδωσι A ‖ 33 χιμαρρου B* (χειμ. B^{ab}) C ‖ 34 παρακαλιτε ℵ παρακαλειται A

XXII 3 μελι ℵC ‖ 7 πινωντων ℵA ‖ 9 εξαπεστιλας ℵ ‖ 10 εξεσιος A ‖ 12 υβρι B*^{vid} (υβρει B^*) A | εταπινωσεν B* (εταπειν. B^{ab}) ℵAC ‖ 14 οραθησετε ℵ ‖ 21 υπομινης A ‖ 23 ταπινωσης B* (ταπειν B^{ab}) ℵA ‖ 24 χιμαρρ. B* (χειμ. B^{ab}) ‖ 27 εισακουσετε ℵ | δωσι ℵ ‖ 28 αποκαταστησι ℵ | εστε A ‖ 29 εταπινωσας B* (εταπειν. B^{ab}) ℵ ‖ 30 ρυσετε A^{vid}

XXIII 2 χιρος ℵ | βαρια ℵA ‖ 6 ισχυει B* (ισχυι B^b) | απιλη ℵ ‖ 9 περιβαλι ℵ ‖ 11 εκκλεινω B ‖ 17 ηδιν A | επελευσετε A

XXIV 2 ποιμενι] ποιμαινι ℵ ποιμαινει A ‖ 4 εξεκλειναν B ‖ 8 εχιν ℵ ‖ 9 εταπινωσαν B* (εταπειν B^{ab}) ℵAC ‖ 10 πινωντων ℵA ‖ 11 ηδισαν ℵ (item 13) ‖ 16 σκοτι ℵAC ‖ 18 καταραθιη B* (-θειη B^{ab}) | αναφανιη B* (-νειη B^{ab}) ℵ ‖ 20 απιδοθιη ℵ | συντριβιη ℵ ‖ 21 στιραν ℵ ‖ 23 μαλακεισθεις A | υγιασθηνε A

XXV 3 παρελκυσεις A παρεκυσις C | πιραταις ℵ

XXVI 2 βραχειων ℵ ‖ 4 ανηγγιλας ℵ ‖ 5 γιτονων B* (γειτ. B^{ab}) ‖ 7 εκτινων ℵ ‖ 12 ισχυει B* (-σχυι B^b) ‖ 13 κλιθρα B* (κλειθρ. B^{ab}) A

XXVII 3 θιον ℵ | ρεινει B* (ρινι B^b) ‖ 4 λαλησιν ℵ* (-σειν ℵ^{cc}) C | χιλη ℵ ‖ 6 προωμε ℵ ‖ 7 εκχθροι A ‖ 11 χιρι ℵ ‖ 15 ουθις ℵ ‖ 17 αληθεινοι A ‖ 19 διηνυξεν ℵ ‖ 22 επιρειψει B* (επιριψ. B^b) ℵ ‖ 23 χιρας A

XXVIII 2 γεινεται Bℵ ‖ 4 ισα] εισα C ‖ 3 σκοτι AC ‖ 5 ωσι ℵ ‖ 6 σαπφιρου AC ‖ 7 πετινον ℵ ‖ 8 αλλαζονων A ‖ 9 εξετινεν ℵC | χιρα ℵ ‖ 15 δωσι ℵ | συνκλισμον B*ℵA ‖ 16 ονυχει A | σαπφιρω ℵ ‖ 17 ουχ B* (ουκ B^b) ℵA ‖ 19 ουχ B* (ουκ B^b) ℵ ‖ 21 πετινων ℵC

XXIX 2 θιη ℵ ‖ 3 σκοτι ℵAC ‖ 5 λειαν B* (λιαν B^b) ‖ 7 πολι ℵA | πλατιαις ℵAC ‖ 11 εξεκλεινεν BC ‖ 12 χιρος ℵ ‖ 13 ευλογεια A ‖ 16 ηδιν A ‖ 19 διηνυκται ℵ διηνυκτε A ‖ 22 περιχαρις ℵC | εγεινοντο B ‖ 23 δειψωσα A ‖ 25 ελαθεισα A | ωσι ℵ* (-σει ℵ^{ca})

XXX 1 μερι ℵA ‖ 3 ενδια A | λειμω B* (λιμ. B^b) | εκθες A ‖ 4 σειτα ℵ ‖ 10 εφισαντο A ‖ 11 εξαπεστιλ. ℵ ‖ 14 πεφυρμε A ‖ 18 ισχυει B* (-σχυι B^d) ‖ 21 εμαστειγωσας B* (εμαστιγ. B^b) ‖ 29 σιρηνων B* (σειρ. B^{ab}) ℵ

XXXI 7 εξεκλεινεν B* (εξεκλιν. B^b) ‖ 8 σπιραιμι ℵ ‖ 10 αραισαι ℵ* (αρεσ. ℵ^{ca}) | ταπινωθειη ℵ ‖ 13 θεραπενης A ‖ 14 αιτασιν A ‖ 16 χριαν A ‖ 22 κλιδος ℵA | βραχειων ℵA | συντριβιη ℵ ‖ 26 φθεινουσαν B* (φθιν. B^b) A ‖ 27 χιρα ℵ ‖ 31 θεραπαινε A | λειαν B* (λιαν B^b) ℵ ‖ 35 εδεδοικιν ℵ ‖ 36 ανεγεινωσκον C

XXXII 1 τρις A ‖ 4 υπεμινεν ℵ ‖ 7 υμις ℵ | εσται B* (εστε B^{ab}) ‖ 8 ουκ B* (ουχ B^{ab}) ‖ 11 ενωτιζεσθαι A | εταση̄ται A ‖ 13 προσθαιμενοι C ‖ 18 ολεκι C ‖ 19 χαλκαιως A ‖ 20 χιλη ℵ ‖ 21 εσχυνθω A

XXXIII 1 λαλειαν A ‖ 2 ηνυξα ℵ ‖ 3 χιλεων ℵ ‖ 6 διηρτισε ℵA ‖ 7 ουκ B* (ουχ B^b) ℵ | βαρια ℵA | εστε A ‖ 16 ανακαλυπτι ℵ ‖ 18 εφισατο ℵA |

πεσιν AC ‖ 20 επιθυμησι A ‖ 21 αποδιξη ℵ ‖ 23 χειλιοι BA ‖ 24 πεσιν ℵAC ‖ 25 απαλυνι A ‖ 26 εισελευσετε A ‖ 29 τρις A

XXXIV 2 ενωτιζεσθαι AC ‖ 3 δοκειμαζει A | γευετε A ‖ 10 κατασσων C ‖ 14 εναντειον C ‖ 17 μεισουντα ℵ ‖ 19 επεσχυνθη ℵ ‖ 20 δισθαι A | εκκλεινομενων BC ‖ 24 εξεσια A ‖ 25 ταπινωθησεται ℵ ‖ 27 εξεκλειναν B ‖ 32 οψομε A

XXXV 2 κρισι ℵ ‖ 7 χιρος ℵ ‖ 11 πετινων ℵ ‖ 16 ανοιγι ℵ

XXXVI 1 προσθις ℵ ‖ 2 μινον ℵ ‖ 5 ισχυει B* (ισχυι B^b) ‖ 7 νεικος B* (νικ. B^ab) ‖ 8 χιροπεδες ℵ χειροπαιδαις A ‖ 16 εκχθρου A ‖ 18 αδικειας A ‖ 19 εκκλειναι B ‖ 22 ισχυει B* (ισχυι B^b) ‖ 27 αριθμητε A ‖ 28 εσκειασεν A ‖ 30 εκτενι ℵ ‖ 31 κρινι ℵ . δωσι ℵ ‖ 32 ενετιλατο ℵ

XXXVII 5 ηδιμεν A ‖ 14 στηθει A ‖ 16 εξεσια A ‖ 23 ισχυει B* (ισχυι B^b)

XXXVIII 2 κρυπτειν] κρυπτι͡ A ‖ 10 ορεια B* (ορια B^b : item 20) | κλιθρα B* (κλειθρ. B^ab) ℵA ‖ 11 ουκ A ‖ 15 βραχειονα ℵ ‖ 17 ανυγονται ℵ ‖ 26 ουχ] ουκ B* (ουχ B^b) ℵA ‖ 29 εκπορευετε A ‖ 32 αξις ℵ ‖ 37 εκλεινεν B ‖ 39 θηρευσις ℵ ‖ 40 καθηητε A ‖ 41 σειτα ℵ

XXXIX 1 κερον ℵ | ωδεινας B* (ωδιν. B^b) ℵ: item 2 ‖ 2 πληρις ℵ ‖ 3 ωδεινας B* (ωδιν. B^b) ℵA ‖ 8 κατασκεψετε A ‖ 10 παιδιω A (item 21) ‖ 17 συνεσι A ‖ 21 παιδιον A | ισχυει B* (ισχυι B^b) ‖ 22 βασιλι ℵ* ‖ 26 ακεινητος B* (ακιν. B^b) A ‖ 27 υψουτε A | νοσσειας B* (-σσιας B^b) ‖ 32 εκκλεινει B

XL 3 με] μαι A ‖ 4 βραχεων A ‖ 6 αποστιλον ℵ | ταπινωσον B* (ταπειν B^b) ℵA ‖ 11 οσφυει ℵ ‖ 14 ενκαταπεξεσθαι ℵ ‖ 20 ρεινα B* (ρινα B^b) ‖ 21 χιλος ℵA ‖ 24 δησις ℵ ‖ 27 γεινομενον ℵ

XLI 2 υπομενι ℵ* (-νει ℵ^c c) ‖ 3 ελεησι ℵ ‖ 9 ιδος A ‖ 10 κεομεναι B* (καιομ. B^ab) | αισχαραι A ‖ 11 καμεινου B* (-μιν. B^b) | κεομενης B* (καιομ. B^ab) A ‖ 20 σισμου B* (σεισμ B^ab) ℵA ‖ 22 χαλκιον ℵA ‖ 24 ενκαταπεξεσθαι ℵA

XLII 2 αδυνατι ℵA ‖ 3 φιδομενος A | οιαιται A | ηδιν A ‖ 5 νυνει ℵ ‖ 8 λαβεται ℵ | πορευθηται ℵA | ελαλησαται C ‖ 11 ηδισαν A ‖ 12 τετρακισχιλεια C | χειλια B | θηλιαι ℵAC | χειλιαι B ‖ 13 τρις A ‖ 15 ουκ C | βελτειους B* (-τιοις B^b) ℵ ‖ 16 γεναιαν C ‖ 17 b ερμηνευετε A ‖ 17 d πολι (bis) C | πα.διω ℵA

ΣΟΦΙΑ ΣΑΛΩΜΩΝΟΣ

I 2 πιραξουσιν ℵ ‖ 4 εισελευσετε A | κατοικησι ℵ ‖ 5 απαναστησετε A ‖ 8 ουδις A ‖ 9 διαβουλειοις B* (-λιοις B^b) | ηξι A ‖ 11 φυλαξασθαι ℵA | φεισασθαι Bℵא ‖ 12 ζηλουται ℵA | επισπασθαι ℵא ‖ 13 τερπετε A ‖ 14 βασιλιον A

II 2 ρεισιν B* (ρισ. B^b) | κεινησει B* (κιν. B^b) κινησι ℵ ‖ 4 παρελευσετε A | ακτεινων B* (ακτιν. B^b) ‖ 5 ουδις ℵ ‖ 10 φισωμεθα A ‖ 12 ονειδιζει B* (-διζει B^b) ονιδιζει ℵ ονιδειζει A ‖ 13 επαγγελλετε A | εχιν A ‖ 16 απεχετε A ‖ 17 αληθις ℵ | πιρασωμεν ℵ | εκβασι ℵA ‖ 18 χιρος ℵ* (χειρ. ℵ^c a) ‖

19 υβρι ℵΛ ‖ 22 εκρειναν B ‖ 23 ικονα A ‖ 24 πιραζουσιν ℵ

III 5 επιρασεν ℵ ‖ 13 στιρα ℵ

IV 1 κρισσων ℵA | γεινωσκεται ℵ ‖ 6 γοναιων A ‖ 7 εστε ℵ ‖ 14 ειδοντες ℵ ‖ 16 τελεσθισα ℵ ‖ 19 πρηνις ℵ* (-νεις ℵ^c a)

V 1 θλειψαντων B ‖ 2 δινω ℵA ‖ 3 ονιδισμου B* (ονειδ. B^ab) ‖ 10 ευρι͡ A ‖ 11 ουκ B* (ουχ B^b) | σημιον B*vid (-μειον B^ab) ℵA ‖ 13 ημις ℵ | σημιον ℵA ‖ 14 λελαπος A | μνια A ‖ 16 βασιλιον B* (-λειον B^ab) A | βραχιονει ℵ ‖ 18 ενδυσετε A

VI 2 ενωτισασθαι ℵA ‖ 4 εκριναται

ΣΟΦΙΑ ΣΑΛΩΜΩΝΟΣ [APP.

ℵ | επορευθηται A ‖ 7 μεικρον ℵ ‖ 9 μαθηται A | παραπεσηται A ‖ 12 θεωριται ℵ ‖ 13 φθανι ℵ ‖ 15 τελιοτης ℵ ‖ 20 βασιλιαν ℵ ‖ 21 βασιλευσηται A ‖ 25 παιδευεσθαι ℵA | ωφεληθησεσθαι ℵ

VII 5 ουδις ℵ ‖ 6 ιση] εισην ℵ ‖ 8 προεκρεινα B | συγκρισι A ‖ 14 εστιλαντο ℵ ‖ 16 χειρει B* (-ρι B^b) | ημις ℵ | φρονησεις A ‖ 17 στοιχιων ℵ ‖ 21 τεχνειτις B* (-νιτις B^b) ‖ 22 ευκεινητον B* (ευκιν. B^b) ‖ 24 κεινησεως ℵA | κεινητικωτερον A ‖ 27 κατασκευαζι A

VIII 1 διατινει B* (-τειν. B^ab) ℵ ‖ 2 αγαγεσθε B* (-σθαι B^ab) ℵ ‖ 4 ερετις ℵ ‖ 6 φρονησεις C | τεχνειτις B* (-νιτις B^b) ‖ 8 ποθι C | ενιγματων C | σημια ℵ | προγινωσκι ℵ* (-σκει ℵ^c c) ‖ 9 παρενεσις C ‖ 11 οψι C ‖ 12 πλιον A ‖ 15 με] μαι A* (με A^a) | ανδριος ℵAC ‖ 16 προσαναπαυσομε ℵ ‖ 18 χιρων ℵ | ομειλιας C | ευκλια A | περιηιν A ‖ 19 τε] ται C

IX 5 συνεσι C ‖ 6 τελιος ℵC ‖ 7 προιλω A ‖ 8 ορι C | πολι C ‖ 10 εξαποστιλον ℵC ‖ 13 θελι A* (-λει A^a) C ‖ 14 διλοι ℵC ‖ 15 βαρυνι ℵA | βριθι A βρηθι C ‖ 16 ιλαζομεν AC

X 1 εξιλατο AC ‖ 7 απειστουσης C | μνημιον ℵAC ‖ 8 λαθιν C ‖ 10 ευθιαις ℵC | εδιξεν C (item 14) ‖ 14 βασιλιας ℵC ‖ 15 θλειβοντων B ‖ 16 σημιοις ℵC ‖ 21 ηνυξεν ℵ

XI 4 σε] σαι C ‖ 6 λυθρωδι C ‖ 7 δαψειλες ℵ ‖ 8 διξας C | δειψους A ‖ 9 επιρασθησαν ℵ ‖ 14 δειψησαντες A ‖ 15 επαπεστιλας ℵC ‖ 16 αμαρτανι ℵ* (-νει ℵ^c c) ‖ 17 ηπορι ℵ | θρασις ℵ* (-σεις ℵ^c a) AC ‖ 18 δινους ℵAC ‖ 19 συνεκτρειψαι B* (-τριψ. B^b) ‖ 20 πεσιν ℵ ‖ 21 ισχυιν A | κρατι ℵC ‖ 22 ρανεις C ‖ 25 εμινεν A ‖ 26 φιδη ℵAC

XII 2 νουθετις ℵ ‖ 4 εχθειστα ℵ ‖ 6 γονις C ‖ 8 εφισω ℵAC | απεστιλας ℵC ‖ 9 παραταξι ℵ | δινοις C | εκτρειψαι B* (-τριψ. B^b) ‖ 11 αδιαν B* (αδειαν B^ab) ℵA ‖ 13 μελι ℵ* (-λει ℵ^c c) | διξης C ‖ 15 διεπις ℵ |

καταδικασε ℵ* (-σαι ℵ^c a) ‖ 16 φιδεσθαι ℵA ‖ 17 τελιοτητι B* (τελειοτ. B^ab) ℵ ‖ 18 φιδους ℵ | διοικις ℵ | δυνασθε ℵ ‖ 25 εμπεγμον A ‖ 26 πεγνιοις ℵ | πιρασουσιν ℵ* (πειρ. ℵ^c c)

XIII 5 θεωρειτε ℵ ‖ 7 πιθονται ℵA | οψι ℵA ‖ 9 ταχειον A ‖ 10 απικασματα ℵA ‖ 13 εμπειρεια B* (-ρια B^b) εμπιρια ℵ ‖ 14 τινει A | ευτελι ℵ* (-λει ℵ^c c) | καταχρεισας B* (-χρισ. B^b) bis | φυκι ℵ* (-κει ℵ^c c) ‖ 16 αδυνατι ℵ | χριαν ℵ* (χρειαν ℵ^c c) A | βοηθιας ℵ ‖ 17 αισχυνετε A ‖ 19 πορεισμου A

XIV 4 δικνυς B* (δεικν. B^ab) ‖ 5 θελις ℵ* (-λεις ℵ^c c) ‖ 6 κυβερνηθισα ℵ ‖ 7 γεινεται ℵ ‖ 11 ιδωλοις A ‖ 12 ευρεσις ℵ ‖ 13 εστε ℵ ‖ 17 οικι A ‖ 18 τεχνειτου B* (-νιτου B^b) ‖ 25 απιστεια C ‖ 27 ιδωλων ℵ

XV 5 τε] ται C ‖ 7 πλασσι ℵ (item 8, 9) ‖ 8 απατηθις ℵ ‖ 9 καμνιν A | αντεριδεται ℵ | μιμειτε C ‖ 13 διμιουργω C ‖ 15 ρεινες B* (ριν. B^b) ℵ ‖ 18 εκθιστα ℵ ‖ 19 επιποθησε C ευλογειαν C

XVI 4 επελθιν ℵ ‖ 5 εμινεν ℵC ‖ 8 επισας ℵ ‖ 9 απεκτιν. ℵ ‖ 13 εχις ℵ* (-χεις ℵ^c c) ‖ 14 αποκτεννι C | παραλημφθισαν C ‖ 16 ισχυει B* (ισχυι B^b) ℵC | εμαστειγωθησαν B* (εμαστιγ. B^b) | χαλαζες ℵ* (-ζαις ℵ^c a) ‖ 17 πλιον A ‖ 18 κρισι ℵ ‖ 22 υπεμινε C ‖ 24 επιτινεται ℵAC | ανειεται ℵ ανιετε A ‖ 25 δωραια ℵ | υπηρετι ℵ* (-τει ℵ^c c) ‖ 26 διατηρι C ‖ 27 βραχιας A | ακτεινος B* (ακτιν. B^b) | θερμενομενον AC ‖ 28 εντυγχανιν ℵ* (-νειν ℵ^c c) C ‖ 29 ρυησετε A

XVII 2 παιδηται C | κατακλισθεντες ℵAC | εκιντο ℵA ‖ 3 λανθανιν ℵ | αφεγγι C | δινως ℵA ‖ 4 αμιδητοις AC^vid ‖ 6 διεφενετο AC | εκδιματουμενοι ℵ* (εκδειμ. ℵ^c c) A ‖ 7 εμπεγματα ℵA | φρονησι ℵ ‖ 8 υπεισχνοιμενοι A | διματα ℵ* (δειμ. ℵ^c c) | απελαυνιν ℵ* (-νειν ℵ^c c) | καταταγελαστον C ‖ 10 προσιδιν ℵ* (προσειδιν ℵ^c a) ‖ 11 διλον ℵ | μαρτυρι ℵA | συνιδησει ℵ ‖ 13 πλιονα

ΣΟΦΙΑ ΣΕΙΡΑΧ

A ‖ 15 εφνιδιος ℵ | εφρουριτο ℵ ‖ 16 κατακλισθεις ℵAC ‖ 18 αλυσι C ‖ 20 φωτει ℵ^{c c} ‖ 21 βαρια ℵ

XVIII 1 επεπονθισαν ℵ ‖ 4 σκοτι A | κατακλιστους ℵ ‖ 6 εκινη ℵ* (εκειν. ℵ^{c c}) ‖ 12 επι ℵ | γενεσεις ℵ* (-σις ℵ^{c c}) ‖ 14 σειγης ℵ ‖ 15 βασιλιων ℵ | ολεθρειας B ‖ 16 ανυποκριτον] ο 2° om ℵ* (-τον ℵ¹) ‖ 17 φαντασεαι B* (-σιαι B^c) | ονιρων ℵ ‖ 18 ριφις ℵ ‖ 19 ονιροι ℵ ‖ 20 πιρα ℵA* (πειρ. A^a) | θραυσεις ℵA | εμινεν

ℵ ‖ 21 λιτουργιας B* (λειτ. B^{ab}) ℵ | εξειλασμον Bℵ^{c c} | δικνυς B* (δεικν. B^{ab}) ‖ 22 ισχυει B* (ισχυι B^b) ℵ ‖ 25 πιρα ℵ

XIX 1 προηδι ℵ ‖ 6 γενι ℵ ‖ 7 αναδυσεις ℵ | παιδιον ℵAC ‖ 11 αιδεσματα B* (εδ. B^{ab}) ‖ 15 επι A ‖ 16 δινοις C ‖ 17 αχανι ℵ | σκοτι ℵ* (-τει ℵ^{c c}) C | εξητι ℵ* (-τει ℵ^{c c}) ‖ 18 στοιχια ℵC | ικασαι A ‖ 19 χερσεα ℵA | μετεβενεν A

ΣΟΦΙΑ ΣΕΙΡΑΧ

Προλογ. 6 πλιον ℵAC ‖ 17 περιγενηθις C ‖ 21 παροικεια B* (-κια B^b) ‖ 22 φιλομαθι| C

I 18 ιρηνην ℵ* (ειρ. ℵ^{c c}) ‖ 24 χιλη ℵA ‖ 26 χορηγησι C ‖ 28 απιθησης B* (απειθ. B^{ab}) A ‖ 29 χιλεσιν ℵA ‖ 30 εμμεσω B* (εν μ. B^b)

II 1 πιρασμον ℵC ‖ 4 δεξε C | ταπινωσεως B* (ταπειν. B^{ab}) ℵC ‖ 5 ταπινωσεος B* (ταπειν B^{ab}) ℵA ‖ 7 αναμινατε ℵC | εκκλεινητε B | πεσηται AC ‖ 8 πτεση ℵC ‖ 9 ελπισαται C ‖ 10 εμβλεψαται C | ιδεται C | ενεμινεν ℵC ‖ 13 παριμενη ℵ ‖ 14 ποιησεται ℵAC ‖ 15 απιθησουσιν B* (απειθ. B^{ab}) ℵ ‖ 16 ευδοκειαν C ‖ 17 αιτοιμασουσιν A | ταπινωσουσιν B* (ταπειν. B^{ab}) ℵC ‖ 18 χιρας ℵ (bis)

III 3 εξειλασεται Bℵ* ‖ 7 αναπαυσι C ‖ 8 τειμα ℵ ‖ 10 ατιμεια C | ατιμειαν ℵ ‖ 11 ονιδος AC | αδοξεια C ‖ 13 ισχυει B* (ισχυι B^b) ‖ 15 ευδεια B* (ευδια B^b) ‖ 18 ταπινου ℵ ‖ 20 ταπινων B* (ταπειν. B^{ab}) ℵC ‖ 21 ζητι C ‖ 22 χρια AC ‖ 29 διανοηθησετε ℵ ‖ 30 αποσβεσι A | εξειλασεται B ‖ 31 ευρησι C

IV 2 πινωσαν ℵAC | απορεια A ‖ 5 καταρασασθε ℵC ‖ 7 μεγιστανει ℵ*AC | ταπινου B* (ταπειν. B^{ab}) ℵ ‖ 8 κλεινον B ‖ 9 χιρος ℵ* (χειρ. ℵ^{c c}) ‖ 10 γεινου ℵ (item 29) ‖ 13 κληρονομησι A ‖ 14 λιτουργησουσιν ℵ*

(λειτουργ. ℵ^{c a}) ‖ 17 δειλειαν B* (-λιαν B^b) διλιαν ℵ διλειαν AC ‖ 18 ευθιαν ℵ ‖ 19 χιρας ℵ* (χειρ. ℵ^{c c}) ‖ 20 φυλαξε C ‖ 30 εισθι C ‖ 31 λαβιν C

V 2 ισχυει BC ‖ 5 εξειλασμου Bℵ | γεινου ℵ ‖ 6 εξειλασεται Bℵ ‖ 7 αναμεναι A ‖ 10 συνεσι ℵA ‖ 11 γεινου ℵ | ακροασι AC ‖ 12 χιρ ℵ* (χειρ ℵ^{c c}) ‖ 13 λαλεια C

VI 1 γεινου ℵ | ονιδος ℵ ‖ 3 καταφαγεσε C | απολεσις C | αφησις C ‖ 6 ιρηνευοντες ℵ* (ειρ. ℵ^{c c}) | χειλιων B ‖ 7 πιρασμω ℵ ‖ 8 παραμινη ℵ* (-μεινη ℵ^{c c}) C ‖ 9 ονιδισμου ℵ^{c a} (om ℵ*) AC ‖ 10 παραμινη ℵ^{c a} (om ℵ*) A ‖ 12 ταπινωθης ℵA ‖ 19 κοπιασις ℵC ‖ 20 απεδευτοις ℵ ‖ 23 συμβουλειαν A ‖ 24 πεδας] παιδας A ‖ 25 προσοχθεισης C ‖ 26 δυναμι ℵA ‖ 29 αι πεδαι] ε πεδ. ℵ* (αι π. ℵ^{c a}) ‖ 33 κλεινης B ‖ 34 στηθει A | προσκολληθητει A

VII 2 αποστηθει A | εκκλεινει B εκκλινι ℵ ‖ 6 ζητι ℵ | θησεις] θεισεις C ‖ 9 προσενεγκε C ‖ 10 ελαιημοσυνην ℵ ‖ 11 ταπινων B* (ταπειν. B^{a (vid)}) ℵC ‖ 13 ψευδεσθε ℵ ‖ 14 αδολεσχι ℵ | πληθι ℵ ‖ 15 εκτεισμενην A ‖ 27 ωδεινας B* (ωδιν[|]. B^b) ‖ 30 λιτουργους B* (λειτουργ. B^{ab}) ‖ 32 εκτινων ℵ ‖ 34 υστερι ℵ ‖ 36 αμαρτησις A

VIII 1 χιρας ℵ ‖ 2 εξεκλεινεν B ‖ 4 προσπεξε A | απεδευτω ℵ ‖ 5 ονι-

ΣΟΦΙΑ ΣΕΙΡΑΧ [APP.

διξε B* (ονειδ. B^{ab}) ονειδειξε A ||
8 λιτουργησαι B* (λειτουργ. B^{ab}) ℵ ||
9 χριας ℵA || 10 ενκαθειση A ||
12 γεινου B* (γιν. B^b) || 15 ποιησι
ℵ || 16 καταβαλι C || 19 εκφενε AC

IX 3 ετεριζομενη ℵA || 4 ενδελε-
χειξε A || 8 καλλει] καλλι C | ανα-
κεεται AC || 9 εκκλεινη B || 10 πιεσε
C || 13 επιγνωθει A | εμμεσω B* (εν
μ. B^b) AC || 16 συνδιπνοι C || 17 χιρι
ℵ* (χειρι ℵ^{cc}) | τεχνειτων B* (τεχνιτ.
B^b) ℵ || 18 μεισηθησεται B* (μισηθ.
B^b) ℵ

X 2 λιτουργοι B* (λειτ. B^{ab}) ℵ ||
3 πολεις C | οικεισθησεται C | σινεσι
B* (-σει B^{ab}) || 7 μεισητη B* (μισ.
B^b) ℵ || 9 υπερηφανευετε A || 14 καθι-
λεν A || 15 ταπινους ℵC || 20 εμ-
μεσω B* (εν μ B^b) C | εντειμος ℵ ||
25 λιτουργησουσιν B* ℵ* (λειτουργ.
B^{ab} ℵ^{cc}) C || 27 κρισσων AC

XI 1 ταπινου ℵC | εμμεσω B* (εν
μ. B^b) C: item 8 || 2 καλλι A ||
3 πετινοις ℵAC || 5 επει C || 6 χιρας
ℵ || 11 υστεριται C || 12 ισχυει B*
(ισχυι B^b) C | ταπινωσεως ℵAC ||
19 ειπιν ℵA | φαγομε A | καταλιψει
B* (-λειψει B^{ab}) ℵ || 20 στηθει A |
ομειλει B* (ομιλει B^b) ομιλι ℵ ||
21 εξαπεινα A || 22 ταχεινη A | ανα-
θαλλι ℵ* (-θαλλει ℵ^{ca}) || 23 χρια ℵ ||
27 κακωσεις A || 30 περδειξ B* (-διξ
B^{ab}) || 33 τεκτενει A || 34 απαλλο-
τριωσι ℵ

XII 3 ελαιημοσυνην ℵ || 5 ταπινω
ℵ || 6 εμεισησεν A || 11 ταπινωθη
ℵ || 12 καθεισης A || 15 εκκλεινης B ||
16 χιλεσιν A | ανατρεψαι | σε] σαι
A | αιματος] εματος A || 17 ευρησις C

XIII 2 κοινωνησει] κοινωνησι ℵ ||
4 χρησειμευσης A | καταλιψει B* ℵ^{cc}
(-λειψ. B^{ab}) καταλιψι ℵ* A || 6 χριαν
ℵAC | δωσι C | χρια A || 7 καταλιψι
C | κεινησει ℵA || 8 ταπινωθης B*
(ταπειν. B^{ab}) ℵ || 11 εισηγορισθε C |
πλιοσιν A | λαλειας A | πειρασι ℵ*
πειρασι ℵ^{cc} || 12 φισηται ℵ || 13 πε-
ριπατις C || 18 νενη ℵA || 19 κυνη-
γεια B* (-για B^b) C || 20 ταπινοτης ℵ ||
22 ταπινος ℵ

XIV 6 βασκενοντος C || 7 εκφενει

C || 8 βασκενων A || 12 υπεδιχθη B*
(υπεδειχθ. B^{ab}) A || 13 εκτινον B*
(εκτειν. B^b) ℵ || 15 καταλιψεις B*
(καταλειψ. B^{ab}) ℵ | διερεσιν ℵ* ||
19 εκλιπει ℵA || 25 χιρας ℵ* (χειρας
ℵ^{cc})

XV 5 εμμεσω C || 8 ψευστε A ||
9 ουχ] ουκ ℵ || 11 εμεισησεν ℵA*
(εμισ. B^b. item 13) || 12 χριαν ℵA ||
14 χιρι ℵ* (χειρι ℵ^{cc}) || 15 ποιησε
A || 16 εκτενις ℵ || 20 ενετιλατο ℵ |
αμαρτανιν ℵ* (-νειν ℵ^{cc})

XVI 1 ευφρενου ℵ || 3 κρισσων A |
αποθανιν ℵ | εχιν ℵA || 6 εθνι ℵ |
απιθει ℵ || 7 εξειλασατο B | ισχυει
B* (ισχυι B^b) || 8 εφισατο ℵA ||
11 ει] ι A | εξειλασμων B || 12 κρινι
ℵ* (-νει ℵ^{cc}) || 17 πλιονι A | κτισι
ℵA || 19 συνσιονται ℵA || 21 κατεγις
A || 27 επινασαν ℵA || 28 απιθη-
σουσιν B* (απειθ. B^{ab}) ℵ

XVII 3 κατ] καθ B* ℵ* (κατ B^{a'b}
ℵ^{ca}) || 7 υπεδιξεν ℵ (item 12) || 10 ενε-
σουσιν A || 9 μεγαλια ℵ || 13 μεγα-
λιον C || 14 ενετιλατο ℵ || 19 ενδε-
λεχις ℵ || 22 συντηρησι ℵC || 23 αν-
ταποδωσι C || 25 επιστρεφαι A | απο-
λειπαι A || 26 μεισησον B* (μισ. B^b)
ℵA || 29 εξειλασμος B || 31 φωτινοτε-
ρον A | ηλειου ℵ | εκλιπει ℵC

XVIII 4 εξαγγιλαι ℵ | μεγαλια C ||
8 χρησεις A || 12 εξειλασμον B ||
16 αναπαυσι C | κρισσων ℵAC ||
17 ουχ B* (ουκ B^b) ℵA | καιχαριτω-
μενω C || 18 ονιδιει ℵAC | δοσεις A
εστηκι ℵ || 20 εξεταξαι A | εξειλασμον
B || 21 αρρωστησε A | ταπινωθητι ℵ
(ταπειν. B^{ab}) ℵC | διξον C || 22 μνης
ℵC || 23 γεινου ℵC || 25 λειμου B*
(λιμ. B^b) C || 26 ταχεινα B* (ταχιν.
B^b) ℵAC || 29 ακρειβεις B* (ακριβ.
B^b) || 33 γεινου ℵ

XIX 9 μισησι ℵC || 11 ωδεινησει
B* (ωδιν. B^b) || 15 γεινεται ℵ ||
17 απιλησαι ℵC || 22 φρονησεις A ||
24 κριττων ℵA || 25 πανουργεια A ||
27 προφθασι C || 28 αμαρτιν ℵ ||
29 απαντησαιως A

XX 5 μεισητος B* (μισ. B^b: item
15) || 8 μεισηθησεται B* (μισ. B^b)
ℵ || 10 δοσεις A | λυσιτελησι A |

ΣΟΦΙΑ ΣΕΙΡΑΧ

δειπλουν A ‖ 11 ταπινωσεως ℵ ‖ 15 ονιδισει ℵA ‖ 16 ουχ B* (ουκ B^b) ‖ 18 πτωσεις A ‖ 21 αμαρτανιν ℵ ‖ 25 ψευδι A ‖ 28 εξειλασεται B ‖ 29 φειμος ℵ

XXI 3 ιασεις A ‖ 8 χιμωνα B* (χειμ. B^ab) ℵA ‖ 12 πανουργεια A ‖ 16 εξηγησεις A | επει C | χιλους ℵ ‖ 19 πεδαι] παιδε AC ‖ 21 χλειδων ℵ κλιδων A | βραχειονι ℵ ‖ 22 πολυπιρος ℵ ‖ 23 πεπεδευμενος ℵA ‖ 28 μολυνι ℵC

XXII 2 εκτειναξει A | χιρα ℵ* (χειρ. ℵ^c c) ‖ 4 κληρονομησι C ‖ 5 καταισχυνι A | θρασια ℵC ‖ 6 πενθι C | διηγησεις AC | μαστειγες B* (μαστιγ. B^b) ‖ 11 ηδειον ℵ ‖ 13 φυλαξε BA | εντειναγμω C | εκκλεινον B | ακιδιασης C ‖ 15 υπενεγκιν A ‖ 16 ημαντωσις A | διλιασει B* (δειλ. B^ab) ℵC διλειασει A ‖ 18 κιμενοι ℵ | δειλι A | υπομινη ℵ* (-μειν. ℵ^c c) ‖ 19 εκφενει C ‖ 20 πετινα ℵ | ονιδιζων B* (ονειδ. B^ab) ονειδειζων A ‖ 22 ονιδισμου ℵ | δολειας A ‖ 23 διαμεναι A ‖ 24 καμεινου Bℵ ‖ 26 φυλαξετε A ‖ 27 χιλεων ℵ

XXIII 1 πεσιν ℵA ‖ 2 φισωνται A | χιλεσιν A ‖ 9 εθεισης ℵ αιθισης A ‖ 13 απεδευσιαν A ‖ 15 ονιδισμου B* (ονειδ. B^ab) ℵ ‖ 18 κλεινης B* (κλιν. B^b) ‖ 19 φωτινοτεροι ℵA ‖ 21 πλατιαις ℵ ‖ 23 ηπιθησεν ℵ ‖ 26 καταλιψει B* (καταλειψ. B^ab) ℵ | εξαλιφθησεται B* (εξαλειφθ. B^b) ℵ | κριττον ℵA ‖ 27 καταλιφθεντες B* (καταλειφθ. B^b)

XXIV 1 εμμεσω A ‖ 5 βαθι ℵ ‖ 8 ενετιλατο ℵ (item 23) ‖ 10 ελιτουργησα B*ℵ* (ελειτουργ. B^abℵ^c c) ‖ 14 φυνιξ A | παιδιω A ‖ 16 εξετινα ℵ ‖ 21 πινασουσιν ℵA | πεινοντες B* (πιν. B^b) ‖ 22 ουχ] ουκ B* (ουχ B^b) ‖ 30 παραδισον ℵA ‖ 32 φωτειω B* (-τιω B^b) ‖ 33 καταλιψω B* (-λειψ. B^ab) ℵ

XXV 2 προσωχθεισα B* (-χθισα B^b) ℵ ‖ 6 πολυπιρεια A ‖ 16 συνοικησε A ‖ 19 μεικρα ℵ ‖ 20 αναβασεις A ‖ 23 ταπινη B* (ταπειν. B^ab) ℵ

XXVI 2 ανδρια A | ευφραινι ℵ ‖ 14 πεπεδευμενης A ‖ 17 λυκνιας B | ιλικια A ‖ 28 δυσει A ‖ 29 εξελιται ℵ

XXVII 5 καμεινος B* (καμιν. B^b) ℵ ‖ 7 πιρασμος B* (πειρ. B^ab) ‖ 9 πετινα ℵ ‖ 15 διαλοιδορησεις A ‖ 19 πετινον ℵ ‖ 22 τεκτενει A | ουδις A ‖ 23 εκθαυμασι C ‖ 24 εμεισησα B* (εμισ. B^b) | μεισησει B* (μισ. B^b) ‖ 25 δολεια A ‖ 28 εμπεγμος A | ονιδισμος B* (ονειδ. B^ab) C | εκδικησεις ℵA | ενεδρευσι C ‖ 29 παγειδει ℵ

XXVIII 3 συντηρι C | ζητι ℵ* (-τει ℵ^c c) ‖ 5 εξειλασεται Bℵ ‖ 6 εμμεναι ' AC ‖ 7 μηνισης] μινησης A | παρειδε AC ‖ 9 ιρηνευοντων ℵ ‖ 11 ερεις C ‖ 14 καθιλεν C ‖ 19 ουχ] ουκ ℵ ‖ 20 χαλκιοι B* (-κειοι B^ab) ‖ 22 φλογει A ‖ 23 παρδαλεις ℵ | λυμανειτε A ‖ 25 μοκλον B* (μοχλ. B^b)

XXIX 1 τηρι ℵ ‖ 2 χριας A ‖ 3 χριαν ℵA ‖ 5 ταπινωσει ℵ ‖ 8 ταπινω ℵ ‖ 12 συνκλισον ℵA | εξελιται ℵ ‖ 14 καταλιψει B* (-λειψ. B^b(vid)) ‖ 17 εγκαταλιψει B* (-λειψ. B^b(vid)) ‖ 22 κρισσων A | αιδεσματα B* (εδεσμ. B^b) ‖ 23 μεικρω ℵ ‖ 27 χρια A ‖ 28 ονιδισμος B* (ονειδ. B^a b) A

XXX 1 μαστειγας B* (μαστιγ. B^ab) ‖ 8 εκβαινι ℵ ‖ 9 εκθαμβησι AC | λυπησι C ‖ 14 κρισσων (item 17) ℵAC ‖ 15 ενεξεια ℵ ‖ 18 κεκλισμενω ℵA | παρακιμενα ℵ ‖ 19 συμφερι ℵ | ιδωλω C | εδετε A

XXXIII 13 b αιδεσμασιν B* (εδεσμ. B^b)

XXXIV 1 εκτηκι ℵ* (-κει ℵ^c c) ‖ 4 ελαττωσι B*A* (-σει B^a?bA^a) | αναπαυσι C | γεινεται ℵ ‖ 10 ετελιωθη B* (-λειωθη B^a?b) ℵAC ‖ 14 εκτινης ℵA | χιρα A | συνθλειβου B ‖ 16 μεισηθης B* (μισ. B^b) ℵ ‖ 18 πλιονων A | εκτινης ℵC ‖ 21 αιδεσμασιν B* (εδεσμ. B^b) ‖ 22 ευρεσις C | γεινον ℵ ‖ 23 χιλη B*vid (χειλ. B^ab) ℵA ‖ 26 καμεινος B* (καμιν. B^b) A ‖ 27 πεινης B* (πιν. B^b) ‖ 29 αιρεθισμω B* (ερεθ. B^b) ‖ 31 ονιδισμου B* (ονειδ. B^ab) ℵ

ΣΟΦΙΑ ΣΕΙΡΑΧ [APP.

XXXV 1 γεινου ℵ (item 8) ‖ 2 χριαν A ‖ 3 πρεπι ℵ | ακριβη ℵ* (-βει ℵ^{c a}) A ‖ 7 χρια ℵ* (χρεια ℵ^{c c}) ‖ 11 εξεγιρου ℵ ‖ 12 πεξε ℵ ‖ 18 παρειδη A ‖ 23 τηρησεις A

XXXVI 1 πιρασμω ℵ* (πειρ. ℵ^{c c}) ‖ 2 μεισησει ℵ | κατεγιδι ℵ ‖ 11 εμπληθει ℵ ‖ 12 εταπινωσεν B* (εταπειν. B^{b(vid)}) ℵ

XXX 26 κατανοησαται C ‖ 27 ενωτισασθαι AC ‖ 30 κρισσον ℵAC | χιρας ℵ ‖ 31 γεινου ℵ ‖ 34 πεδι ℵ | ευρησις C | και 2°] κα C* (και C^a) ‖ 38 πρεπι C | πιθαρχη B* (πειθ. B^{ab}) ℵAC | παιδας C ‖ 39 ψυχη σου] ψυσου C ‖ 40 ζητησις C

XXXI 5 ωδεινουσης ℵ ‖ 8 τελιωσις B* (τελειωσ. B^{ab}) ℵ ‖ 12 αποπλανησι BℵA | πλιονα A ‖ 16 δειλειασει B* (δειλιασ. B^b) διλιασει ℵA ‖ 20 φωτειζων ℵ ‖ 23 εξειλασκεται B ‖ 28 πλιον A ‖ 31 ταπινωθηναι ℵ

XXXII 3 σεμειδαλιν A ‖ 5 εξειλασμος B ‖ 8 λειπενει A ‖ 18 καταβοησεις A ‖ 20 δεησεις ℵA ‖ 21 ταπινου B* (ταπειν. B^{ab}) ℵ ‖ 22 ποιησι A ‖ 23 ανταποδωσι A ‖ 25 ευφρανι ℵ

XXXIII 5 ημις ℵ* (-μεις ℵ^{c a}) ‖ 6 σημια ℵ ‖ 7 βραχειονα ℵ

XXXVI 17 λαιωσλ ℵ* (ras ι 1° ℵ^c) ‖ 18 οικτιρησον ℵ ‖ 31 νοσσειαν B* (-σσιαν B^b) ℵ

XXXVII 1 εφιλησα ℵ^{c a} ‖ 4 απεναντει ℵ^{c c} ‖ 8 γνωθει A | χρια B^{a b} (χρεια B^a) A ‖ 11 ευχαριστειας B* (-τιας B^b) C ‖ 12 πτεσης B* (πταισ. B^{b(vid)}) C | συναλγησι C ‖ 20 μεισητος B* (μισ. B^b) ‖ 23 παιδευσι C ‖ 27 πιρασον C ‖ 29 αιδεσματων B* (εδαισμ. B^{b(vid)}) ‖ 31 προσθησι C

XXXVIII 4 προσοχθιει ℵ ‖ 6 ενδοξαζεσθε ℵ ‖ 8 ποιησι A | ιρηνη ℵ* (ειρ. ℵ^{c c}) ‖ 11 λειπανον A ‖ 12 χρια A ‖ 15 χιρας ℵ* (χειρ ℵ^{c c}: item 31) ‖ 18 εκβαινι ℵ ‖ 23 αναπαυσι ℵ ‖ 25 διηγησεις A ‖ 27 σφραγειδω| ℵ ‖ 30 καμεινον B* (καμιν. B^b) A ‖ 33 ουχ] ουκ ℵ ‖ 34 δεησεις A

XXXIX 4 επιρασεν ℵ ‖ 8 διδασκαλειας B* (-λιας B^b) ℵA ‖ 9 εξαλιφθησεται B* (εξαλειφθ. B^{ab}) ℵ ‖ 11 εμμινη ℵ* (-μειν. ℵ^{c c}) C | καταλιψει B* (-λειψ. B^{ab}) C | χειλιοι B ‖ 14 ανθησαται C | αινεσαται C | ευλογησαται C ‖ 15 χιλεων ℵA* (χειλ. A^{a1}) | ερειται BA ‖ 16 και] κα C ‖ 17 ειπιν C (item 21, 34) ‖ 24 ευθιαι ℵC ‖ 26 χριας A ‖ 29 λειμος ℵ ‖ 30 εχις C ‖ 31 χριας ℵ ‖ 33 χριαν A

XL 3 τεταπινωμενου B* (τεταπειν. B^{ab}) ℵC ‖ 12 εξαλιφθησεται B* (εξαλειφθ. B^{ab}) C ‖ 14 εκλιψουσιν B* (εκλειψ. B^{ab}) ‖ 16 χιλους ℵ | εκτειλησεται A ‖ 17 παραδισος B* (παραδεισ. B^{ab}) AC ‖ 23 κερον ℵ ‖ 24 θλειψεως B ‖ 25 ευδοκειμειται AC ‖ 26 ελαττωσεις A ‖ 27 παραδισος ℵC | ευλογειας A ‖ 28 κρισσον ℵAC | αποθανιν ℵC | επαιτιν ℵ* (-τειν ℵ^{c c}) επετειν C ‖ 29 αλισγησι C | αιδεσμασιν B* (εδεσμ. B^b) | πεπεδευμενος ℵ ‖ 30 επαιτησεις A επετησις C

XLI 2 ισχυει B* (ισχυι B^b) εισχυι C | απιθουντι B* (απειθ. B^{b(vid)}) ℵC ‖ 5 γεινεται ℵ ‖ 6 ονιδος ℵ ‖ 7 δι] δει A | ονιδισθησονται B* (ονειδ. B^{b(vid)}) ℵ ‖ 9 [γ]εννηθηται C | γεννηθησεσθαι ℵ | [αποθ]ανηται C | μερισθησεσθαι ℵ ‖ 11 εξαλιφθησεται B* (εξαλειφθ. B^{ab}) ℵC ‖ 12 χειλιοι B ‖ 15 κρισσων ℵAC ‖ 16 εντραπηται C | πιστι A | ευδοκειμειται ℵC ‖ 17 αισχυνεσθαι AC ‖ 19 παροικις C ‖ 21 αφερεσεως C ‖ 22 ονιδισμου B* (ονειδ. B^{ab}) ℵA | ονιδιζε ℵAC

XLII 4 ακρειβειας B* (ακριβ. B^b) ‖ 5 εμαξαι C ‖ 6 σφραγεις ℵ | κλισον A ‖ 8 πεπεδευμενος ℵ πεπαιδευμενο (sic) C ‖ 11 λαλειαν C | πολι C | πληθι C ‖ 12 καλλι C | εμμεσω C ‖ 14 κρισσων ℵC | ονιδισμον ℵAC ‖ 18 σημιον ℵ

XLIII 4 καμεινον B* (καμιν. B^b) ‖ 6 αναδιξιν B* (αναδειξ. B^{ab(vid)}) ℵC | σημιον ℵC ‖ 7 μιουμενος B* (μειουμ. B^{ab(vid)}) ℵAC ([μι]ουμ) ‖ 12 κυκλωσι AC ‖ 13 χειονα ℵ ‖ 14 πετινα A ‖ 16 πνευσετε ℵ ‖ 17 ωνιδισεν B* (ωνειδ. B^{b(vid)}) ℵ | πετινα ℵC | πασσι ℵAC | καταβασεις ℵ ‖ 19 παγισα C |

APP.] ΕΣΘΗΡ

γεινεται ℵ || 22 ιλαρωσι C || 24 ακοες C || 29 φοβερος] οβερος ℵ || 30 δυνησθαι Α | ισχυει Β* (ισχυι Β^b) || 32 μιζονα ℵ

XLIV 6 ισχυει Β* (ισχυι Β^b) ℵ || 8 επενους ℵ* (επαιν. ℵ^c a) || 13 εξαλιφθησεται Β* (εξαλειφθ. Β^a?b) || 16 υποδιγμα Β* (υποδειγμ. Β^a?b) ℵ || 18 εξαλιφθη Β* (εξαλειφθ. Β^a?b) ℵ || 20 πιρασμω Β || 23 ευλογειαις Α | διεστιλεν ℵ

XLV 1 ευλογειαις Α || 3 σημια ℵ | ενετιλατο ℵ || 4 πιστι ℵ || 9 πλιστοις Β* (πλειστ. Β^ab) Α || 11 τεχνειτου Β* (τεχνιτ. Β^b) | δεσι ℵ | λειτουργου Α || 15 χιρας ℵ* (χειρ. ℵ^c c) Α | εχρεισεν Β* (εχρισ. Β^b) | ελεω Α | λιτουργειν Β* ℵ* (λειτ. Β^ab ℵ^c.c) || 16 εξειλασκεσθαι Β || 23 εξειλασατο Βℵ || 24 μεγαλιον C

XLVI 2 εκκλειναι Β |' 4 χιρι ℵ* (χειρ. ℵ^c c) || 8 χειλιαδων Β | μελει Α || 9 διεμινεν ℵ || 10 πορευεσθε Α || 13 εχρεισεν Β* (εχρισ. Β^b) || 15 πιστι (1°) ℵ | ηκρειβασθη Β* (ηκριβ. Β^b) || 20 εξαλιψαι Β* (εξαλειψ. Β^a?b)

XLVII 3 επεξεν Α || 4 απεκτινεν ℵC | ονιδισμον Β* (ονειδ Β^a(vid) b) ℵC ονιδεισμον Α | καταβαλιν Α ||

9 γλυκενιν C || 10 αινιν ℵ* (-νειν ℵ^c c) ενιν C || 11 αφιλεν ℵAC || 16 ιρηνη ℵ || 19 παρανεκλεινας Β || 20 επαγαγιν C || 21 απιθη Α || 22 εξαλιψη Β* (-λειψη Β^ab) ℵ || 25 εκδικησεις Α

XLVIII 1 εκεετο Α || 2 λειμον ℵ || 8 χρεων Β* (χριων Β^b) ℵ || 12 λελαπι ℵAC || 13 ουκ C || 15 κατελιφθη Β* (-λειφθη Β^ab) || 19 ωδεινησαν Β* (ωδιν. Β^b) || 20 χιρας ℵ* (χειρ. ℵ^c.c) || 22 ενετιλατο ℵ

XLIX 5 εθνι ℵ || 7 οικοδομιν ℵ || 8 υπεδιξεν ℵ || 10 πιστι ℵ || 13 μοκλους Β* (μοχλ. Β^b) || 16 κτεισει ℵ

L 6 εμμεσω Α || 14 λιτουργων Β* (λειτ. Β^ab) || 15 εξετινεν ℵ | εσπισεν ℵ || 19 λιτουργιαν Β* (λειτ. Β^ab) ℵ λειτουργειαν Α | ετελιωσαν Α || 20 χιλεων ℵ || 21 επιδιξασθαι Α

LI 1 εξομολογουμε ℵ || 2 χιλεων Α || 3 πλιονων Α | θλειψεων Β || 4 πνειγμου ℵ || 10 αβοηθησειας ℵ || 11 δεησεις Α || 12 εξειλου Α | με]μαι Λ || 16 εκλεινα Β || 19 ποιησι ℵ || 25 κτησασθαι Α || 28 κτησασθαι Β* (-σθε Β^ab) Α || 29 αισχυνθιητε ℵ || 30 εργαζεσθαι Λ

ΕΣΘΗΡ

Α 4 σισμος ℵΑ || 8 απολεσθε ℵ^vid || 10 ταπινοι ℵ || 13 χιρας ℵ | επιβαλιν ℵ | υπεδιξεν ℵ

I 6 σχυνιοις ℵ | κλειναι Β || 7 επεινεν Β* (επιν. Β^b) || 8 προκιμενον ℵ || 11 βασιλεισσαν Β* (βασιλισσ. Β^a) | διξαι Β* (δειξ. Β^a?b) || 15 δει] δι ℵ || 17 αντιπε (1°) ℵ || 18 τυραννειδες Α || 19 βασιλεικον Α | γυνακει ℵ | κριτονι Β* (κρειττ. Β^a(vid)b) ℵΑ || 22 απεστιλεν ℵ | λεξιν] λεξιν Β^b vid

II 3 γυνεκωνα ℵ | φυλακει ℵ | γυνεκων ℵ || 7 επεδευσεν ℵ || 9 βασιλεικου ℵΑ | γυνεκωνι ℵ || 10 ουκ ℵ | υπεδιξεν ℵ (item 20) | ενετιλατο ℵ (item 20) || 13 γυνεκωνος ℵ || 14 γυνεκωνα ℵ || 15 ενετιλατο ℵ* || 23 βασιλεικη Λ

III 4 υπεδιξεν (2°) ℵ || 7 ετι ℵ

Β 1 αρχουσει Α || 2 επερομενος ℵ | ανανεωσασθαι ℵ | ιρηνην ℵ || 3 πιστι ℵ || 4 κατατιθεσθε ℵ || 5 τυγχανι ℵ || 6 σημενομενους ℵ* (σημαιν. ℵ^c) | μαχαιρες ℵ | φιδους Α

III 14 αιτοιμους Α

IV 4 ανηγγιλαν ℵ | απεστιλεν ℵ (item 5) || 5 ακρειβες Β* (ακριβ. Β^b) || 7 υπεδιξεν ℵ || 8 διξαι ℵ | εντιλασθαι ℵ | παρετησασθαι ℵ | ταπινωσεως ℵ | χιρι ℵ | βασιλι ℵ || 11 εκτινει ℵΑ | κεκλημε ℵ || 14 απολεισθαι ℵΑ || 15 εξαπεστιλεν ℵ || 16 φαγηται Α | ασειτησομεν ℵ | εισελευσομε ℵ | απολεσθε ℵ || 17 ενετιλατο ℵ

C 5 γεινωσκεις ℵ | υβρι ℵ | προσκυνιν ℵ || 7 και 2°] κε Α || 8 φισαι

ΙΟΥΔΕΙΘ [APP.

ℵA || 10 ειλασθητι ℵ || 13 εταπι-
νωσεν ℵ || 15 χιρι ℵ (item 25) ||
17 χιρας ℵ (item 19) || 24 μεισος A ||
26 εμεισησα B* (εμισ. B^b) | βδελυσ-
σομε ℵ (item 27) || 27 σημιον B*
(-μειον B^ab) ℵ || 30 χιρος ℵ
   D 9 θαρσι ℵ || 15 διαλεγεσθε ℵ
   V 11 υπεδιξεν ℵ | ηγισθαι ℵ ||
14 ευφρενου ℵ
   VI 1 εισφερῑ ℵ || 2 χιρας ℵ ||
4 κραμασαι A || 11 θελι ℵ || 13 γυ-
νεκι ℵ | ταπινουσθαι ℵ
   VII 7 παρητιτο ℵ παρειτειτο A ||
8 κλεινην B || 9 ωρθωτε ℵA
   VIII 1 υπεδιξεν ℵ | ενοικιωται ℵ ||
3 προσθισα ℵ || 4 εξετινεν ℵ || 5 δοκι
ℵ || 6 δυνησομε ℵ (bis) | ειδιν ℵ ||
7 χιρας ℵ || 8 υμις ℵ | γραφεται]
γραφετε B* (-ται B^ab) A || 9 εικαδει

A | ενετιλατο ℵ || 10 εξαπεστιλαν
ℵ || 11 βοηθησαι τε] βοηθησεται
ℵ | αντικιμενοις ℵ || 12 τρισκεδεκα-
τη ℵ
   E 2 πλιστη ℵ | μιζον B* (μειζ.
B^ab) || 3 φεριν ℵ || 4 μεισοπονηρον
A | αντανερουντες ℵ* || 5 πολλακεις
A | χειρειζειν B* χιριζειν B^b ℵ | συμ-
φορες ℵ || 6 ακερεον ℵ || 8 ιρηνης ℵ |
παρεξομαιθα A || 11 βασιλεικου A |
διατελιν A || 15 ημις ℵ || 17 αποστα-
λισι A || 22 αγεται A || 24 πετινοις ℵ
   VIII 15 βασιλεικην A
   IX 2 αντικιμενοι ℵ || 3 ενεκιτο ℵ ||
15 απεκτιναν ℵ || 16 πεντακισχειλιους
B || 20 εξαπεστιλεν ℵ || 21 αγιν ℵ ||
27 προστεθιμενοις ℵ
   X 3 φειλουμενος A
   F 6 σημια ℵ

ΙΟΥΔΕΙΘ

   I 5 παιδιω A || 8 παιδιον A ||
10 ελθιν ℵ^ca (om ℵ*) | ορεια ℵ ||
12 αναιλειν A^b | θαλασεων A^b vid
(θαλασσ. A*) || 14 αφεικετο B*
(αφικ. B^b) | ονιδος B* (ονειδ. B^ab)
A* vid
   II 1 εικαδει A | μηνος] μινος A ||
5 ισχυει B* (ισχυι B^ab) ℵ || 6 ηπι-
θησαν B* (ηπειθ. B^ab) || 8 χιμαρρους
B* (χειμ. B^ab) || 11 φισεται A ||
15 δισχειλιους B || 21 παιδιου A |
επεστρατοπαιδευσαν A || 24 χιμαρρου
B* (χειμ. B^ab) ℵ || 25 ορεια B* (ορια
B^b) || 27 παιδια BA
   III 3 παιδιον A || 10 κατεστρατο-
παιδευσαν ℵ
   IV 5 οραιων A | ετιχισαντο B*
(ετειχ. B^ab) | παιδια A || 6 παιδιου
A || 7 ευχαιρως A || 9 εταπινουσαν
B* (εταπειν. B^a?b) || 12 ονιδισμον B*
(ονειδ. B^ab) A || 14 λιτουργουντες B*
(λειτ. B^ab) A || 15 επισκεψασθε A
   V 5 συνεκλισαν B* | ετιχισαν B*
(ετειχ. B^ab) A | παιδιοις A || 3 πολις
A || 8 γοναιων A || 10 λειμος A ||
11 εταπιωσαν B* (εταπειν. B^ab) ||
15 ισχυει B* (ισχυι B^ab) ℵ || 17 μει-
σων ℵ || 18 πολις A || 19 κατωκει-

σθησαν A || 21 ονιδισμον B* (ονειδ.
B^n vid)
   VI 3 ουκ ℵ || 4 παιδια A || 11 παι-
δινης A || 16 εμμεσω A^1 (item 17,
A) || 19 ταπινωσιν B* (ταπειν. B^a b)
ℵ
   VII 1 αναβασις B* (-σεις B^ab) ||
2 χειλιαδες (bis) Bℵ | ιππαιων A ||
3 παρετιναν A || 7 αναβασις ℵ ||
9 δυναμι A || 10 οραιων A (bis) ||
12 δυναμιως A | παιδες] πεδες A ||
17 χειλιαδες ℵA || 18 χιμαρρου B*
(χειμ. B^b) ℵ | παιδιω A | κατεστρα-
τοπαιδευσαν ℵA || 26 επικαλεσασθαι
B* (-σθε B^ab) A | εκδοσθαι A ||
27 κρισσον A | ουχ A || 29 εμμεσω
ℵA || 30 ελαιος A | εγκαταλιψει B*
(-λειψ. B^ab) ℵ
   VIII 3 παιδιω A | κλεινην B |
7 οψι A || 12 εσται A | ισταται
B | εμμεσω B* (εν μεσω B^b) || 13
επιγνωσεσθαι A (item 14) || 14 ευρη-
σεται A | διαλημψεσθαι A || 18 πολεις
A || 20 υπεροψαιται A || 27 μαστειγοι
B* (μαστιγ. B^b) || 31 εκλιψομεν ℵA ||
32 αφειξεται B* (αφιξ. B^b) ℵ | γε-
ναιων A || 33 στησεσθαι A
   IX 10 θηλιας ℵA || 11 δυναστια A

APP.] ΤΩΒΕΙΤ

X 3 εχρεισατο ℵ ‖ 5 ελεου B* (ελαιου B^(ab)) ‖ 8 τελιωσαι A ‖ 9 τελιωσιν B* (τελειωσ. B^(ab)) ‖ 18 προσηγγιλᾱ| ℵ ‖ 21 κλεινης ℵ ‖ 23 καλλι Λ
XI 3 νυκτει A ‖ 4 γεινεται ℵ ‖ 10 κατισχυι A ‖ 23 αστια A | ειδι B* (-δει B^(ab))
XII 4 χειρει B* (χειρι B^b) ‖ 10 χριαις A ‖ 12 ομειλησαντες B* (ομιλ. B^b) A
XIII 1 οψεια B* (οψια B^b) | συνεκλισεν A | απεκλισεν A ‖ 2 υπελιφθη B* (υπελειφθ. B^(ab)) | κλεινην B (item 4) ‖ 4 κατελιφθη B* (κατελειφθ. B^(ab)) ‖ 6 κλεινης B (item 7) ‖ 8 ισχυει B* (ισχυι B^b) ‖ 13 μεικρον ℵ ‖ 14 αινειτε 2°] αινειται A | ελαιος A ‖ 15 θηλιας A ‖ 20 εφισω A | ταπινωσιν ℵ
XIV 2 καταβησεσθαι A
XV 5 οι 4°] θι A ‖ 7 παιδινη Λ ‖ 11 κλεινας Bℵ A ‖ 13 χορια A
XVI 1 εναρμοσασθαι A | επικαλεισθαι A ‖ 3 οραιων A | χιμαρρους B* (χειμ. B^(ab)) ℵ ‖ 4 εμπρησιν A ‖ 5 θηλιας A ‖ 7 ηλιψατο ℵ^(c.a) (om ℵ*) A ‖ 13 ισχυει B* (ισχυι B^b) ℵ ‖ 16 μεικρον ℵ

ΤΩΒΕΙΤ

I 4 εκλεγισης A ‖ 5 δαμαλι A | ορεων] οιεων ℵ^(vid) ‖ 8 κατελιφθην B* (-λειφθ B^(ab)) ‖ 17 πινωσιν A | τιχους A ‖ 20 κατελιφθη B* (-λειφθ. B^(a?b)) | βασιλεικον ℵ
II 10 ενεχρειοσαν ℵ ‖ 11 γυναικιοις A
III 2 αληθεινην A ‖ 4 ονιδισμου A ‖ 5 κρισις A | αληθειναι A ‖ 6 ονιδισμους ℵA ‖ 8 αποπνειγουσα B* (αποπνιγ. B^b) ‖ 9 μαστειγοις B* (μαστιγ. B^b) ‖ 13 ονιδισμον ℵA (item 15, A) ‖ 15 ουχ] ουκ B* (ουχ B^(a·b))
IV 13 αχρειοτητι B^(ab) αχριοτητι A | ελαττωσεις A | ενδια A | αχριοτης A | λειμου B* (λιμ. B^b) ‖ 15 μεισεις B* (μισ. B^b) ‖ 16 πινωντι B* (πειν. B^(ab)) A ‖ 17 εκχαιον A ‖ 19 εξαλιφθητωσαν B* (εξαλειφθ. B^a) ℵ ‖ 20 υποδικνυω ℵ
VI 9 ενχρεισαι B*ℵ (-χρισαι B^(a†b)A) ‖ 12 λειαν ℵ ‖ 15 ουχ] ουκ B* (ουχ B^(ab)) ℵ ‖ 18 φευξετε A | επανελευσετε A | λειαν ℵ
VII 1 εχερετισεν A ‖ 9 κρειον ℵ ‖ 12 κομισε ℵ
VIII 4 συνεκλισθησαν A | κλεινης ℵ ‖ 5 κτισις A (item 15) ‖ 12 αποστιλον A ‖ 16 ελαιος A (item 17) ‖ 17 ελαιους A ‖ 20 κεινηθης ℵ | πεινων ℵ
IX 2 κομισε ℵ ‖ 4 λειαν B* (λιαν B^b) ℵ
X 3 λειαν B* (λιαν B^b) ‖ 5 μελι A ‖ 6 σειγμ B* (σιγ. B^b) ℵ: item 7 ‖ 8 μινον A ‖ 12 γονις A
XI 2 αιτοιμασωμεν A ‖ 7 ενχρεισον B* (-χρισον B^b Λ) ‖ 14 εμαστειγωσας B* (εμαστιγ. B^b) εμαστειγωσεν ℵ ‖ 15 ισχυει ℵ
XII 4 δικαιουτε A ‖ 6 εξομολογεισθαι A | υποδικνυτε ℵ | οκνειται A ‖ 7 ουχ] ουκ B*^b (ουχ B^b) ‖ 17 φοβεισθαι A | ευλογειται A (item 18) ‖ 19 εθεωρειται A
XIII 2 μαστιγοι B* (μαστιγ. B^b) ℵ ‖ 3 εξομολογεισθαι A ‖ 5 μαστειγωσει B* (μαστιγ. B^b: item 9) ‖ 6 θεασασθαι A | εξομολογησασθαι A | εθνη] εθνει A
XIV 2 οψις A ‖ 4 πεπισμαι A ‖ 6 αληθεινως A ‖ 7 ελαιος A | εκλιψουσιν ℵ ‖ 9 ισχυει ℵ ‖ 10 συντελειτε ℵ ‖ 11 εκλιπει ℵ | κλεινης B

ADDENDA

ADDITIONS and corrections to be made in the text (*t*), notes (*n*), and appendix (*a*) of Vol. I., communicated by Dr Nestle—the result of a comparison of the text and 'hands' of B as represented in that volume with his *Supplementum editionum* (Lips. 1887).

Gen xlix 19 *t* αυτον 2°] αυτων B
Exod iii 22 *a* επιθησεται B ‖ **v** 8 *a* κατ B* (καθ B^{a?b}) | 11 *n* αφαιρειτε B ‖ **vi** 15 *t* Ιαμειν B ‖ **vii** 10 *t* εριψεν B ‖ **viii** 17 *t* εν τε] και εν B ‖ **xi** 2 *n* πλησιον] + γυνη περι της πλησιον B^{c (vid)} ‖ **xii** 19 *n* γιωραις] adnot φυλαξιν δραπαταις η μετοικους· ει γουν παροικους B^{v mg} ‖ **xiii** 17 *a* ουκ B* (ουχ B^{ab}) ‖ **xx** 21 *n* εστηκει B^{edit} ‖ **xxi** 25 *n* adnot κατειμα αντι κατειματος B^{c mg} ‖ **xxv** 9 *a* ημισυς ter BA ‖ **xxvii** 12 *t* βασεις] pr αι B : item 13 *t* ‖ **xxxi** 6 *t* ποιησουσιν] ποιησουσιν B ‖ **xxxiv** 29 *t* Μωυσης (1°) B ‖ **xxxvii** 2 *t* πηχεων (1°) πηχων (2°) B | 7 *a* επ B* (εφ B^{b*c}) | 9 *a* επ B (bis) | 13 *t* πεντε και δεκα] πεντηκοντα B ‖ **xxxviii** 7 *n* τον δευτερον] του δευτερου B^{ab} | 24 *n* του πυρειου B*^b το πυρειου B^a ‖ **xxxix** 22 *t* τω Μωση] om τω B

Lev. v 15 *n* η αν B^{ab} | 19 *n* πλημμελιαν B^a ‖ **vii** 9 *n* οσα εαν] ος αν B*^{vid} | 10 *n* ο B^{a vid} ‖ **viii** 7 *n* αυτον 2°] αυτω B*^{fort} | 29 *t* Μωση (2°) B | 33 *n* θυρας] θυσρας B* ‖ **xi** 27 *n* εσται υμιν B^a ‖ **xiii** 43 *n* αυτο B^{c vid} ‖ **xix** 31 *t* εγγαστριμυθοις B ‖ **xx** 21 *t* γυναικα] pr την B ‖ **xxi** 18 *n* τυφλος (om η χωλος) B^c ‖ **xxiii** 4 *n* αγιαι ας B^c | 22 *a* υποληψη B

Num. i 49 *t* Λευει] pr την B ‖ **vii** 60 *t* Γαδαιωνει B | 84 *n* υιων] pr αρχοντων (sine των) B^{ab} ‖ **xi** 5 *n* σικυου B^b | 15 *t* δ] δε B ‖ **xvi** 3 *t* Μωυση B ‖ **xx** 5 *t* ανηγαγες B | 27 *n* αυτω Κυριος B^{ab} | 28 *t* τον Ααρων] om τον B ‖ **xxi** 1 *t* κατεπρονομευσαν B | 26 *n* εστιν 1°] ει B^b ‖ **xxii** 17 *n* οσα] ο B^{ab} ‖ **xxiv** 7 *t* βασιλεια (2°)] pr η B ‖ **xxvii** 13 *n* om οψει αυτην B*^{vid} ‖ **xxxii** 2 *n* Εσεβαμα B^{ab} | 35 *t* Σωφαρ B ‖ **xxxiii** 34 *n* dele εν Σεβρωνα B^{ab} | 35 *n* εις] εν B^{ab} | 55 *n* εαν 2°] αν B^{ab} ‖ **xxxiv** 10 *t* Αρσεναειν B ‖ **xxxv** 8 *t* κατακληρονομησουσιν] κληρονομησουσιν B

Deut i 3 *n* αυτω Κυριος B^a | 8 *n* Ιακωβ] pr τω B^{ab} ‖ **ii** 20 *t* Ζοχομμειν B | 30 *n* om ως B^{ab} (*dele* om εις B^{ab}) ‖ **iii** 10 *t* Εδραειν B ‖ **v** 6 *a* εξαγαγαγων B | 33 *n* μακροημερευητε B^{ab} ‖ **vii** 6 *t* προειλατο B | 8 *t* Κυριος υμας B | 20 *n* om και 1° B* ‖ **viii** 4 *a* τεσερακοντα B^{edit} ‖ **xiv** 23 *n* dele om επικληθηναι etc | 24 *n* αυτον] + επικληθηναι το ονομα αυτου εκει B^{ab (mg)} ‖ **xv** 18 *t* om σε B ‖ **xxiii** 2 *t* και] ουδε B ‖ **xxviii** 61 *n* leg τουτον pro την μη γεγραμμ ‖ **xxxii** 6 *t* om και επλασεν σε B | 42 *t* om και η μαχαιρα μου φαγεται κρεα αφ αιματος B ‖ **xxxiii** 27 *n* om και 2° B*^{vid} (hab B^{ab (mg)})

ADDENDA

Jos. xi 3 *t* γην] την B ‖ **xii** 7 *n* του Λιβανου B^a | 16 *t* Ηλαδ] Ηααδ B ‖ **xiii** 3 *a* Χαναναιων B | 5 *t* Γαλγαδ] Γαλγαα B | 10 *t* εβασιλευσεν] βασιλευς εν B | 21 *n* αρχοντας Ναρα (pro αρχοντα εναρα) B?vid ‖ **xix** 26 *t* Ελειμελεκ B ‖ **xxi** 44 *n* k̄s αυτους B* ‖ **xxiv** 20 *a* λατρεσητε B

Jud. vi 35 *t* om εν 3° B | 39 *t* δη 2°] δε B ‖ **ix** 20 *t* Βηθμααλλων bis B ‖ **xi** 31 *t* εαν] pr os B ‖ 33 *t* Εβελχαρμειν B ‖ **xxi** 17 *t* τω Βεν. B

Ruth ii 8 *n* θυγατηρ B

1 Regn. ii 1 *t* επ εχθρους μου] επι εχθρους B | 12 *t* οι υιοι] om οι B ‖ **iii** 2 *t* ηδυνατο B ‖ **v** 6 *t* η χειρ] om η B | 8 *t* om Ισραηλ 2° B ‖ **vi** 20 *n* αναβησηται B ‖ **vii** 1 *t* τον υιον] om τον B ‖ **ix** 13 *t* om εις 1° B ‖ **x** 5 *t* Ναβαλ B ‖ **xiii** 2 *t* om και 4° B | 16 *t* εν 2°] εις B ‖ **xiv** 1 *t* η ημερα] om η B ‖ **xv** 23 *n* τα ρημα B* ‖ **xxvi** 25 *t* αυτου 2°] pi την οδον B ‖ **xxix** 1 *t* Αεδδων B ‖ **xxx** 14 *t* τον Γελβ. B

2 Regn. iv 8 *t* ειπαν B ‖ **vi** 19 *t* εκαστο̄ B ‖ **ix** 13 *t* om αυτος B ‖ **x** 19 *n* εθεντο B^ab ‖ **xv** 18 *t* Χεττει] pr o B ‖ **xvi** 2 *n* πειν B*vid | εκλελυμ.] ειλελυμ. B^vid | 20 *n* Αχιτοφελ B* (Αχειτ. B^ab) | 23 *t* του Αχειτ] τω Αχειτ. B ‖ **xvii** 25 *t* Ιοθορ B ‖ **xviii** 9 *n* η ημιονος B^ab bis | 11 *n* εορακας B* (εωρ. B^ab) ‖ **xix** 27 *t* ως] pr ενωπιον B | **xxi** 18 *n* Οεβοχα] sign var lect adscr B†mg ‖ **xxiii** 4 *t* θεω B | 23 *n* εις B*b προς B^a ‖ **xxiv** 6 *t* Ναδασαι B

3 Regn. iv 4 *t* Σαδουχ B | 9 *t* Μαχεμας B | Βαιθλαμαν B | 13 *t* Ερεταβαμ B ‖ **vi** 17 *a* το πλευρον bis scr B ‖ **vii** 16 *n* και 1° non inst B^b ‖ **viii** 1 *n* συντελεσεν B | 36 *t* λαω] δουλω B ‖ **x** 7 *n* ουκ εισιν] sign var lect adscr B†mg | 21 *t* om και 3° B ‖ **xi** 34 *a* αντιτασσομενος bis sci B | 35 *a* δεκα] δεδα B^edit ‖ **xii** 21 *a* εξεκλησιασεν B | 24 *e t* ην] η B ‖ **xvi** 7 *t* om υιον B ‖ **xxii** 7 *n* pro 32 bis leg 32 (2°)

4 Regn. i 9 *a* πεντηχοντα B^edit ‖ **iii** 4 *n* ην] μη B ‖ **xii** 5 *n* βεδεκ] adnot τα δεοντα B†mg ‖ **xvi** 15 *t* αυτω] αυτο B ‖ **xvii** 24 *t* κατωκισθησαν 2°] κατωκησαν B ‖ **xxii** 13 *t* om τουτου B | 14 *t* Θεκκουαυ B

END OF VOL. II.

CAMBRIDGE
PRINTED BY C. J CLAY M.A. AND SONS
AT THE UNIVERSITY PRESS

THEOLOGICAL PUBLICATIONS OF
The Cambridge University Press.

THE HOLY SCRIPTURES, &c.

HEBREW.

A short Commentary on the Hebrew and Aramaic Text of the Book of Daniel, by A. A. BEVAN, M.A., Fellow of Trinity College. Demy 8vo. 8*s*.

GREEK.

The Old Testament in Greek according to the Septuagint. Edited by the Rev. Professor H. B. SWETE, D.D. Crown 8vo. Vol. I. Genesis—IV Kings. 7*s*. 6*d*. Vol. II. I Chronicles—Tobit. 7*s*. 6*d*.
[Vol. III. *In the Press.*

The Book of Psalms in Greek according to the Septuagint. Being a portion of Vol. II. of the above work. Crown 8vo. 2*s*. 6*d*.

The Parallel New Testament Greek and English. The New Testament, being the Authorised Version set forth in 1611 Arranged in Parallel Columns with the Revised Version of 1881, and with the original Greek, as edited by the late F. H. A. SCRIVENER, M.A., D.C.L., LL.D. Crown 8vo. 12*s*. 6*d*. (*The Revised Version is the joint Property of the Universities of Cambridge and Oxford.*)

Greek and English Testament, in parallel columns on the same page. Edited by J. SCHOLEFIELD, M.A. *New Edition, with the marginal references as arranged and revised by* DR SCRIVENER. 7*s*. 6*d*.

Greek and English Testament. THE STUDENT'S EDITION of the above on *large writing paper*. 4to. 12*s*.

The New Testament in the Original Greek, according to the Text followed in the Authorised Version, together with the Variations adopted in the Revised Version. Edited by the late F. H. A. SCRIVENER, M.A., D.C.L., LL.D. Small Crown 8vo. 6*s*.

Biblical Fragments from Mount Sinai, edited by J. RENDEL HARRIS, M.A. Demy 4to. 10*s*. 6*d*.

Notitia Codicis Quattuor Evangeliorum Græci membranacei viris doctis hucusque incogniti quem in museo suo asservat Eduardus Reuss Argentoratensis. 2*s*.

London: Cambridge Warehouse, Ave Maria Lane.

SYRIAC.

The Harklean Version of the Epistle to the Hebrews, Chap. XI. 28—XIII. 25. Now edited for the first time with Introduction and Notes on this version of the Epistle. By ROBERT L. BENSLY. Demy 8vo. 5*s*.

LATIN.

The Latin Heptateuch. Published piecemeal by the French printer WILLIAM MOREL (1560) and the French Benedictines E. MARTÈNE (1733) and J. B. PITRA (1852—88). Critically reviewed by JOHN E. B. MAYOR, M.A. Demy 8vo. 10*s*. 6*d*.

The Missing Fragment of the Latin Translation of the Fourth Book of Ezra, discovered and edited with Introduction, Notes, and facsimile of the MS., by Prof. BENSLY, M.A. Demy 4to. 10*s*.

Codex S. Ceaddae Latinus. Evangelia SSS. Matthaei, Marci, Lucae ad cap. III. 9 complectens, circa septimum vel octavum saeculum scriptvs, in Ecclesia Cathedrali Lichfieldiensi servatus. Cum codice versionis Vulgatae Amiatino contulit, prolegomena conscripsit, F. H. A. SCRIVENER, A.M., LL D. Imp. 4to £1. 1*s*.

The Codex Sangallensis (Δ). A Study in the Text of the Old Latin Gospels, by J RENDEL HARRIS, M.A. Royal 8vo. 3*s*.

The Origin of the Leicester Codex of the New Testament. By J. R. HARRIS, M.A. With 3 plates. Demy 4to 10*s*. 6*d*.

ANGLO-SAXON.

The Four Gospels in Anglo-Saxon and Northumbrian Versions. By Rev. Prof. SKEAT, Litt.D. One Volume Demy Quarto. 30*s*. Each Gospel separately. 10*s*.

ENGLISH.

The Authorised Edition of the English Bible (1611), its Subsequent Reprints and Modern Representatives. By the late F. H. A. SCRIVENER, M.A., D.C.L., LL.D. Crown 8vo. 7*s*. 6*d*.

The Cambridge Paragraph Bible of the Authorized English Version, with the Text revised by a Collation of its Early and other Principal Editions, the Use of the Italic Type made uniform, the Marginal References remodelled, and a Critical Introduction, by the late F. H. A. SCRIVENER, M.A., LL.D. Crown 4to., cloth gilt, 21*s*.

THE STUDENT'S EDITION of the above, on *good writing paper*, with one column of print and wide margin to each page for MS. notes. Two Vols. Crown 4to., cloth, gilt, 31*s*. 6*d*.

The Lectionary Bible, with Apocrypha, divided into Sections adapted to the Calendar and Tables of Lessons of 1871. Cr. 8vo. 3*s*. 6*d*.

London: Cambridge Warehouse, Ave Maria Lane.

The Book of Ecclesiastes. Large Paper Edition. By the Very Rev. E. H. PLUMPTRE, late Dean of Wells. Demy 8vo. 7s. 6d.

The Gospel History of our Lord Jesus Christ in the Language of the Revised Version, arranged in a Connected Narrative, especially for the use of Teachers and Preachers. By Rev. C. C. JAMES, M.A Crown 8vo. 3s. 6d.

A Harmony of the Gospels in the words of the Revised Version with copious references, tables &c. Arranged by Rev C. C. JAMES, M.A. Crown 8vo. 5s.

Wilson's Illustration of the Method of explaining the New Testament, by the early opinions of Jews and Christians concerning Christ. Edited by T. TURTON, D.D. Demy 8vo. 5s.

SERVICE-BOOKS.

A Classified Index to the Leonine, Gelasian, and Gregorian Sacramentaries of Muratori. By H. A. WILSON, M.A., Fellow of Magdalen College, Oxford. Demy 8vo. 5s. net.

Breviarium ad Usum Sarum. A Reprint of the folio edition by Chevallon and Regnault, Paris, 1531. Edited by F. PROCTER, M.A. and CHR. WORDSWORTH, M.A. Demy 8vo.

    Vol. 1. Kalendar and Temporale 18s.

    Vol. 2. Psalter &c. 12s.

    Vol. 3. Sanctorale. With an Introduction, lists of editions from the papers of H. Bradshaw, and complete Indexes 15s.

    The three volumes together £2 2s.

Breviarium Romanum a FRANCISCO CARDINALI QUIGNONIO editum et recognitum iuxta editionem Venetiis A.D. 1535 impressam curante JOHANNE WICKHAM LEGG. Demy 8vo. 12s.

The Greek Liturgies. Chiefly from original Authorities. By C. A. SWAINSON, D.D., late Master of Christ's College. Cr. 4to. 15s.

The Pointed Prayer Book, being the Book of Common Prayer with the Psalter or Psalms of David, pointed as they are to be sung or said in Churches. Royal 24mo, cloth, 1s. 6d.

The same in square 32mo. cloth, 6d.

Wheatly on the Common Prayer, edited by G. E. CORRIE, D.D., late Master of Jesus College. Demy Octavo. 7s. 6d.

The Cambridge Psalter, for the use of Choirs and Organists. Specially adapted for Congregations in which the "Cambridge Pointed Prayer Book" is used. Demy 8vo. cloth, 3s. 6d. Cloth limp cut flush, 2s. 6d.

The Paragraph Psalter, arranged for the use of Choirs by the Right Rev B. F. WESTCOTT, D.D., Lord Bp. of Durham. Fcp. 4to. 5s.

The same in royal 32mo. Cloth, 1s. Leather, 1s. 6d.

London: Cambridge Warehouse, Ave Maria Lane.

The Homilies, with Various Readings, and the Quotations from the Fathers given at length in the Original Languages. Edited by G. E. CORRIE, D.D., late Master of Jesus College. Demy 8vo. 7s. 6d.

Two Forms of Prayer of the time of Queen Elizabeth. Now First Reprinted. Demy Octavo. 6d.

THEOLOGY.

Sayings of the Jewish Fathers, comprising Pirqe Aboth and Pereq R. Meir in Hebrew and English, with Critical Notes. By C. TAYLOR, D.D., Master of St John's College. [*New Edition. Preparing.*

The Palestinian Mishna. By W. H. LOWE, M.A. Royal 8vo. 21s.

Chagigah from the Babylonian Talmud. A Translation of the Treatise with Notes, etc by A. W. STREANE, B D. Demy 8vo. 10s.

Psalms of the Pharisees, commonly known as the Psalms of Solomon, by H. E. RYLE, B.D. and M. R. JAMES, M.A. Demy 8vo. 15s.

The Witness of Hermas to the Four Gospels. By C. TAYLOR, D D. Master of St John's College, Cambridge. Fcap 4to. Buckram. 7s. 6d. Net.

Fragments of Philo and Josephus. Newly edited by J. RENDEL HARRIS, M.A. With two Facsimiles. Demy 4to. 12s. 6d.

The Rest of the Words of Baruch: A Christian Apocalypse of the year 136 A D. The Text revised with an Introduction by J. RENDEL HARRIS, M.A. Royal 8vo. 5s.

The Teaching of the Apostles. Newly edited, with Facsimile Text and Commentary, by J. R. HARRIS, M.A. Demy 4to. 21s.

A Collation of the Athos Codex of the Shepherd of Hermas. Together with an Introduction by SPYR. P. LAMBROS, PH.D, translated and edited with a Preface and Appendices by J. ARMITAGE ROBINSON, B D. Demy 8vo. 3s. 6d

The Philocalia of Origen. The Greek Text edited from the Manuscripts, with Critical Apparatus and Indexes, and an Introduction on the Sources of the Text. By J. ARMITAGE ROBINSON, B D.
[*In the Press.*

Theodore of Mopsuestia's Commentary on the Minor Epistles of S. Paul. The Latin Version with the Greek Fragments, edited from the MSS. with Notes and an Introduction, by Professor H. B. SWETE, D.D. Vol. I., containing the Introduction, and the Commentary upon Galatians—Colossians. Demy Octavo. 12s.

Volume II., containing the Commentary on 1 Thessalonians—Philemon, Appendices and Indices. 12s.

The Acts of the Martyrdom of Perpetua and Felicitas; the original Greek Text now first edited from a MS. in the Library of the Convent of the Holy Sepulchre at Jerusalem, by J. RENDEL HARRIS and SETH K. GIFFORD. Royal 8vo. 5s.

The Diatessaron of Tatian. By J. RENDEL HARRIS, M.A. Royal 8vo. 5s.

London: Cambridge Warehouse, Ave-Maria Lane.

TEXTS AND STUDIES: CONTRIBUTIONS TO BIBLICAL AND PATRISTIC LITERATURE.

Edited by J. ARMITAGE ROBINSON, B.D., Fellow and Assistant Tutor of Christ's College.

Vol. I. No. 1. **The Apology of Aristides on behalf of the Christians.** Edited from a Syriac MS., with an Introduction and Translation by J. RENDEL HARRIS, M.A., and an Appendix containing the chief part of the Original Greek, by J. ARMITAGE ROBINSON, B.D. Demy 8vo. [*Reprinting*

No. 2. **The Passion of S. Perpetua**: the Latin Text freshly edited from the Manuscripts with an Introduction and Appendix containing the Original Latin Form of the Scillitan Martyrdom; by J. ARMITAGE ROBINSON, B.D. 4s. Net.

No. 3. **The Lord's Prayer in the Early Church**: with Special Notes on the Controverted Clauses, by F. H. CHASE, B.D., Christ's College. 5s. Net.

No. 4. **The Fragments of Heracleon**: the Greek Text with an Introduction by A. E BROOKE, M.A., Fellow of King's College. 4s. Net.

Vol. II. No. 1. **A Study of Codex Bezae**: by J. RENDEL HARRIS, M.A. 7s. 6d Net.

No. 2. **The Testament of Abraham.** By M. R. JAMES, M.A., with an Appendix containing Translations from the Arabic of the Testaments of Abraham, Isaac and Jacob, by W. E. BARNES, B.D. 5s. Net.

The following are in course of preparation:

The Rules of Tyconius: freshly edited from the MSS., with an examination of his witness to the Old Latin Version: by F. C BURKITT, M.A.

Apocrypha Anecdota: containing the Latin Version of the Apocalypse of Paul, the Apocalypses of the Virgin, of Sedrach, of Zosimas, &c.: by M. R. JAMES, M.A.

The Homeric Centones: by J. RENDEL HARRIS, M.A., University Lecturer in Palaeography.

The Curetonian Syriac Gospels: re-edited with a new translation into English: by R L. BENSLY, M.A., Lord Almoner's Reader in Arabic

---

Tertullianus de Corona Militis, de Spectaculis, de Idololatria with Analysis and English Notes, by G. CURREY, D.D. Crown 8vo. 5s.

London: Cambridge Warehouse, Ave Maria Lane.

THEOLOGICAL PUBLICATIONS.

Sancti Irenæi Episcopi Lugdunensis libros quinque adversus Hæreses, edidit W. WIGAN HARVEY, S.T.B. Collegii Regalis olim Socius. 2 Vols. Demy Octavo. 18*s*.

Theophili Episcopi Antiochensis Libri Tres ad Autolycum. Edidit Prolegomenis Versione Notulis Indicibus instruxit GULIELMUS GILSON HUMPHRY, S.T.B. Post Octavo. 5*s*.

Theophylacti in Evangelium S. Matthæi Commentarius. Edited by W. G. HUMPHRY, B D. Demy Octavo. 7*s*. 6*d*.

M. Minucii Felicis Octavius. The text newly revised from the original MS. with an English Commentary, Analysis, Introduction, and Copious Indices. By H. A. HOLDEN, LL.D. Cr. 8vo. 7*s*. 6*d*.

S. Austin and his place in the History of Christian Thought. Being the Hulsean Lectures for 1885. By W. CUNNINGHAM, D.D. Demy 8vo. Buckram, 12*s*. 6*d*.

Works of Isaac Barrow, compared with the original MSS A new Edition, by A. NAPIER, M.A. 9 Vols. Demy 8vo. £3. 3*s*.

Treatise of the Pope's Supremacy, and a Discourse concerning the Unity of the Church, by I. BARROW. Demy 8vo. 7*s*. 6*d*.

Select Discourses, by JOHN SMITH, late Fellow of Queens' College, Cambridge. Edited by H. G. WILLIAMS, B.D., late Professor of Arabic. Royal Octavo. 7*s*. 6*d*.

Pearson's Exposition of the Creed, edited by TEMPLE CHEVALLIER, B.D. 3rd Edition revised by R. SINKER, D.D. Demy 8vo. 12*s*.

An Analysis of the Exposition of the Creed, written by the Right Rev. Father in God, JOHN PEARSON, D.D. Compiled by W. H. MILL, D.D. Demy Octavo. 5*s*.

De Obligatione Conscientiæ Prælectiones decem Oxonii in Schola Theologica habitæ a ROBERTO SANDERSON, SS. Theologiæ ibidem Professore Regio. With English Notes, including an abridged Translation, by W. WHEWELL, D.D. Demy 8vo. 7*s*. 6*d*.

Lectures on Divinity delivered in the University of Cambridge. By JOHN HEY, D.D. Third Edition, by T. TURTON, D.D., late Lord Bishop of Ely. 2 vols. Demy Octavo. 15*s*.

Cæsar Morgan's Investigation of the Trinity of Plato, and of Philo Judæus. 2nd Ed., revised by H. A. HOLDEN, LL.D. Cr. 8vo. 4*s*

Christ the Life of Men. Being the Hulsean Lectures for 1888. By Rev. H. M. STEPHENSON, M.A. Crown 8vo. 2*s*. 6*d*.

Complete Catalogues forwarded on application.

London: C J. CLAY AND SONS,
CAMBRIDGE UNIVERSITY PRESS WAREHOUSE

BS 741 .C8 1887 2

Bible.

The Old Testament in Greek,
according to the Septuagint

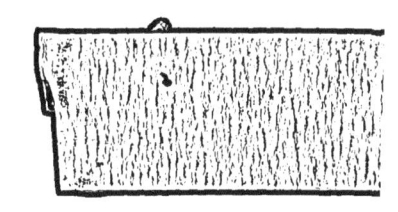

Lightning Source UK Ltd.
Milton Keynes UK
UKHW021819181122
412445UK00005B/203

9 781373 396761